아동·청소년 제3판
정신병리학

아동·청소년 제3판
정신병리학

Eric J. Mash, Russell A. Barkley 엮음

김혜리, 박민, 박영신, 정명숙, 정현희, 하은혜 옮김

Σ 시그마프레스

아동·청소년 정신병리학, 제3판

발행일 | 2017년 8월 30일 1쇄 발행
　　　　　2022년 1월 20일 2쇄 발행

편저자 | Eric J. Mash, Russell A. Barkley
역　자 | 김혜리, 박민, 박영신, 정명숙, 정현희, 하은혜
발행인 | 강학경
발행처 | (주)시그마프레스
디자인 | 송현주
편　집 | 류미숙

등록번호 | 제10-2642호
주소 | 서울특별시 영등포구 양평로 22길 21 선유도코오롱디지털타워 A401~402호
전자우편 | sigma@spress.co.kr
홈페이지 | http://www.sigmapress.co.kr
전화 | (02)323-4845, (02)2062-5184~8
팩스 | (02)323-4197

ISBN | 978-89-6866-960-6

Child Psychopathology, Third Edition

＊책값은 뒤표지에 있습니다.
＊이 도서의 국립중앙도서관 출판예정도서목록(CIP)은 서지정보유통지원시스템 홈페이지(http://seoji.nl.go.kr)와 국가자료공동목록시스템(http://www.nl.go.kr/kolisnet)에서 이용하실 수 있습니다.(CIP제어번호 : CIP2017020330)

아동의 발달과정은 신비롭기 짝이 없다. 특별히 가르치지 않아도 대부분의 아동은 일정 시기가 되면 그 시기에 거쳐야 할 발달과업들을 잘 수행해 나간다. 하지만 일부 아동들은 이렇게 당연히 나타날 것으로 기대했던 행동들을 보이지 않거나 혹은 일탈된 형태로 보이기도 한다. 과거에는 이러한 아동들에게 많은 관심과 도움을 주지 못했지만 약 20여 년 전부터 이런 아동에 대한 관심을 가지고 이런 아동에 대한 연구가 활발하게 진행되어 왔다.

전형적인 발달에서 벗어난 발달과정을 겪는 이 아동들에 대한 관심이 부각된 데에는 여러 가지 이유가 있을 것이다. 우선 아동기 문제는 평생 지속적으로 나타나는 경우가 많고, 사회적인 문제를 야기하기도 한다. 또한 성인들이 보이는 장애는 초기 아동기 경험이나 아동기 문제행동에서 근원을 찾을 수 있는 경우가 많다. 따라서 아동기에 보이는 문제행동을 이해하는 것은 아동기 문제 행동 자체뿐만 아니라 성인들이 보이는 문제행동을 이해하기 위해서도 필요하다. 이러한 점에 대한 인식과 함께 아동정신병리에 대한 연구가 증가하였다. 특히 최근 10여 년 동안에는 뇌과학과 분자유전학과 같은 기초과학적 연구 및 발달과정에서 일어나는 다양한 변화와 관련 변인들 간의 인과관계를 분석해 줄 수 있는 분석모형이 아동정신병리 연구에 적용됨에 따라 이 분야의 지식은 급속도로 향상되고 있다.

다양한 아동·청소년 정신질환에 대한 최신 연구결과와 개념을 포괄적으로 잘 정리해 주고 있는 책이 바로 Mash, Barkley 박사가 편저한 *Child Psychopathology* 제3판이다. 역자들이 10여 년 전, 아동정신병리를 강의하는 과정에서 좋은 교재의 필요성을 절감하며 번역했던 책이 바로 이 책의 이전 판인 *Child Psychopathology* 제2판이었다. 개정판인 3판을 번역하면서 10여 년 동안 이 분야의 지식이 얼마나 확장되었는지를 절감하였다. 아동·청소년이 보일 수 있는 다양한 정신질환의 본질을 밝혀주는 최신의 연구에 대한 논의가 특히 눈에 띄는 부분이었다.

제2판의 번역에 참가하였던 4명의 역자 외에 두 명의 역자가 제3판의 번역에 참여하였다. 제1·11·15장은 김혜리 교수, 제2·14·18장은 하은혜 교수, 제3·4·16·17장은 박영신 교수, 제5·12·13장은 정명숙 교수, 제6·7·19장은 박민 교수, 제8·9·10장은 정현희 교수가 맡았다.

좋은 책을 추천하여 번역을 맡겨 주신 (주)시그마프레스 강학경 사장님과 좋은 번역서가 되도록 꼼꼼하게 편집해 준 편집부에 감사를 표한다. Mash 박사와 Barkley 박사가 편저자 머리글에서 쓰고 있듯이, 이 책이 연구자, 학생, 그리고 아동·청소년 정신병리 분야에서 일하고 있는 임상전문가들에게 많은 도움이 되길 바란다.

아동·청소년 및 발달정신병리 연구는 끊임없이 활발하게 지속되고 있는데, 이 책의 첫판이 출판되었던 때보다 현재 더 활발하다. 이전에 처음으로 인식되었던 장애들은 수년 전에 비해 현재 더 잘 기술되고 있으며, 그 과정에서 몇몇 새로운 장애도 발견되었다. 이 분야에서 새로운 결과가 학술지에 출판되는 비율은 놀라울 정도여서 많은 학술지가 현재 아동기 정신질환과 건강만을 다루고 있으며, 한때는 성인의 정신병리만을 다루었던 학술지에서도 매월 아동에 대한 수많은 논문을 볼 수 있다. 정신병리에 대해 발달적 관점을 가지고 있는 우리와 같은 사람들에게 이러한 현 상태는 매우 감사할 만한 상황인데, 왜냐하면 우리는 많은 성인기 장애는 아동기와 청소년기에 뿌리를 두고 있다고 인식하고 있기 때문이다. 물론 부정적인 측면은 다양한 장애를 전공하고 있는 전문 연구자들조차도 이렇게 빠른 속도로 이루어지는 최신 연구를 접하는 것이 그 어느 때보다 어려워졌다는 것이다. 아동기 장애를 다루어야 하는 임상전문가의 비애는 자신이 이러한 임상적 상태에 대한 지식의 진보에 뒤처져 있다는 것을 아주 쉽게 또 절망적으로 느낄 가능성이 있다는 것이다. 따라서 임상전문가, 학생, 그리고 아동·청소년 정신병리 분야에서 현재 일하고 있는 전문가들을 돕기 위해 책이 필요하게 되었는데, 특히 이 책의 제3판을 저술하는 데에 있어서 이러한 필요성이 중요하였다.

그 어느 때보다 현재 아동정신병리 분야는 정신질환에 대한 새로운 발견이 확장되고, 또 이 새로운 발견이 기존에 알고 있던 사실에 연결되어 나아감으로써 과학계의 역동적이고, 누적적이고, 자기 수정적으로 수정해 가는 특성을 전형적으로 보여주고 있다. 이 새로운 발견들은 장애에 대한 기존의 이론적·개념적 개념 또는 보다 분명한 모델에 대해 도전하며, 때로는 이론적인 관점에서 작은 패러다임을 전환시킨다. 간단히 말하자면 아동·청소년 정신병리에 관한 연구문헌들은 현재 활발하게 잘 진행되고 있으며, 또 빠르게 발달하고 있다. 이전의 질문에 대한 답을 분명 찾게 되었으며, 그 과정에서 이러한 답은 연구자에게 이 책에서 다루고 있는 여러 아동기 장애에 대한 훨씬 복잡한 연구 프로그램에서 추구해 나아가야 할 새로운 질문을 제기한다. 아동·청소년 정신병리 영역마다 그 속도와 열기 수준에는 차이가 있지만, 뇌영상기법, 행동분자유전학, 구조방정식 모델, 종단설계 등과 같은 새로운 연구방법이 기존의 방법에 합쳐지고, 그 결과 장애를 더 잘 이해할 수 있는 기회를 제공하게 되면서 각 영역에서 새로운 지식에 대한 기대가 명백해지고 있다.

첫판에서 문제가 되었던 것은 이 제3판에서도 역시 문제가 된다. 그것은 이렇게 빠른 속도로 변화하고 있는 분야에서 현재 상태를 어떻게 파악하는가의 문제이다. 첫판에서와 같이 각 장애를 전문적으로 연구하고 전문적 경력을 쌓아온 전문가들을 찾아서 이들이 새롭게 배우게 된 것을 우리에게 알려주게 하는 것이 한 가지 방법일 것이다. 달리 말하면 주어진 장애를 가장 많이 알고 있는 전문가를 찾아내서 그들이 전문적으로 알고 있는 장애의 성질에 대한 가장 최근의 내용을 포괄적으로 정리하게 하는 것이다. 우리는 이 전문가들에게 임상 지식, 독단적인 지혜, 정치적 관점은 피하고, 연구문헌에 근거해서 논의해달라고 부탁하였다. 또 장애 자체에 대한 새로운 발견들에 대해 충분하게 다루기 위해서 장애에 대한 평가와 치료 문제는 제쳐두기를 부탁하였다. 이러한 주제는 이 책과 관련된 다른 책에서 다루었다(Mash & Barkley, 2006, 2007).

기본적으로 각 장애에 대해 저술한 저자들은 다음과 같은 기본적인 질문에 대해 답을 해야 했다. "우리가 이 장애에 대해 무엇을 알고 있는가?", "이 장애에 대해 더 잘 이해하기 위한 앞으로의 연구에 대해 함의하는 것은 무엇인가?" 그리고 또 중요한 것은 "앞으로 관심을 가져야 할 우리가 현재 알고 있는 지식의 제한점과 틈새는 무엇인가?" 또 만약 장애에 대한 과학적 근거가 있는 견고한 이론적·개념적 모델이 있다면 이러한 것들도 개관되었다. 이러한 질문에 대해 답을 할 때 이 책을 위해 모인 전문가들은 다음의 내용을 포함하도록 힘을 기울였다. (1) 각 장애의 핵심을 특징짓는 행동·증상 또는 인지적·정서적 결함의 성질, (2) 역사적 관점, (3) 진단을 위한 기준과 이 기준에 대한 솔직한 평가, (4) 유병률·성 분포·민족 및 문화적 요인들과 관련된 역학 지식, (5) 각 장애와 관련된 것으로 알려진 발달경과 및 경로, (6) 장애에 가장 흔하게 동반되는 정신의학적·심리적·사회적 장애나 어려움(동반이환), (7) 장애를 일으킨다고 생각되는 원인에 대한 조사(병인론). 우리는 이 책에 참

여한 저자들은 이러한 요구들을 훌륭하게 소화했다고 생각한다. 독자들도 우리의 평가에 동의할 것으로 믿는다.

이전과 같이 이 책의 새로운 판을 위해 각 장애에 대해 저술할 것에 동의해 준 전문가들에게 감사드린다. 이들이 각 장을 쓰는 데 그 많은 시간을 할애한 것에 대해 진심으로 감사하게 생각하는데, 많은 장은 이전 작업을 대폭 업데이트하였다. 고마움을 전해야 할 또 다른 사람들이 있다. 이 책의 출판 과정에서 많은 원고를 관리해 준 Kitty Moore, Sawitree Somburanakul, Marie Sprayberry 그리고 Laura Specht Patchkofsky에게 감사한다. 이 책을 포함하여 다른 여러 책의 출판에 대해 30년 이상 지지를 아끼지 않은 우리의 오랜 친구인 The Guilford Press의 설립자이자 편집인 Seymour Weingarten과 대표인 Bob Matloff에게 특별히 감사한다. 마지막으로 함께하는 가족 시간을 포기하고 우리의 일에 대해 격려와 지지를 보내주고 인내로 지켜봐 준 우리의 가족인 Heather Mash와 Pat, Ken, 그리고 Steve Barkley에게 감사한다.

Eric J. Mash, PhD

Russell A. Barkley, PhD

참고문헌

Mash, E. J., & Barkley, R. A. (Eds.). (2006). *Treatment of childhood disorders* (3rd ed.). New York: Guilford Press.

Mash, E. J., & Barkley, R. A. (Eds.). (2007). *Assessment of childhood disorders* (4th ed.). New York: Guilford Press.

| 차 례 |

제5부   신경발달장애

제6부   장애 위험이 있는 영아와 아동

제7부   섭식, 성격 및 건강 관련 장애

제1부

아동정신병리 소개

제1장   아동 발달정신병리 : 발달적 체계 관점

01

아동정신병리
발달적 체계 관점

ELIZABETH P. HAYDEN
ERIC J. MASH

이 책은 아동기 정신병리의 진단, 현상, 발달경로, 관련요인, 원인, 결과에 대해 포괄적으로 설명하고 있다. 발달정신병리에 대한 우리의 이해는 지난 수십 년간 급격히 향상되었다(Beauchaine & Hinshaw, 2013; Cicchetti, 2006; Cicchetti & Toth, 2009; Mash & Wolfe, 2013; Rutter, 2005).[1] 아동기 장애에 대한 지식 및 방법에 대한 발전뿐만 아니라 새로운 개념적 틀과 연구 발견은 아동기 장애를 평가하고 치료하는 우리의 능력을 향상시키고 있을 뿐만 아니라(Gunnar, Fisher, & The Early Experience, Stress, and Prevention Network, 2006; Kraemer et al., 2003; March, 2009; Mash & Barkley, 2006; Weisz, Sandler, Durlak, & Anton, 2005) 장애에 대한 우리의 이해수준을 지속적으로 향상시키고 있다(Granic, 2005; Iacono & Malone, 2011; Moffitt, 2005; Roth & Wseatt, 2011; Rutter & Sroufe, 2000; Sameroff & Mackenzie, 2003). 그러나 아동정신병리에 대한 연구결과가 비체계적이고 분열된 방식으로 축적되고 있고, 매우 빠르게 변하는 분야의 연구가 가질 수밖에 없는 개념 및 연구상의 복잡함으로 인해 아동정신병리에 대한 이해는 종종 약화되기도 한다(Hinshaw, 2001; Sameroff & Mackenzie, 2003). 이

장에서는 아동기 기능장애를 개념화하는 데에 관련된 핵심적인 주제와 쟁점, 그리고 아동기 기능장애의 결정요인에 대해 기술하고자 한다. 또 아동정신병리를 이해하는 틀로는 발달적 체계 관점을 택할 것이다. 발달적 체계 관점은 적응적 발달과 부적응적 발달이 형성되는 데에 발달 과정의 역할, 맥락의 중요성, 그리고 다양한 사건과 과정들이 상호작용하여 미치는 영향을 강조한다.

아동정신병리 연구를 복잡하게 만드는 요인

정신질환에 대한 현대적 관점은 18세기 후반과 19세기 초반에 나타나기 시작하였으므로, 아동정신병리 연구는 성인연구에 비해 늦었다(Silk, Nath, Siegel, & Kendall, 2000). 예를 들어 미국 최초의 정신과 의사인 벤자민 러쉬는 아동의 뇌는 발달 과정에 있는 미성숙한 뇌여서 이상을 야기한 정신사건을 머릿속에 유지할 수 없기 때문에 성인에 비해 정신질환으로 덜 고통받을 것이라고 시사하였다(Silk et al., 2000). 그러나 지금은 많은 아동기 정신장애가 흔하게 나타나고, 일찍 발생하며, 만성적이며, 아동과 이들의 가족 및 사회에 큰 대가를 치르게 한

다는 사실이 분명해졌다(Costello, Egger, & Angold, 2006; Costello, Foley, & Angold, 2006). 더욱이 아동기 장애는 종종 이후의 아동기 및 성인정신병리와 동형 연속성과 이형 연속성을 보임으로써(Bufferd, Dougherty, Carlson, Rose, & Klein, 2012; Copeland, Shanahan, Costello, & Angold, 2009; Reef, Diamantopoulou, van Meurs, Verhulst, & van der Ende, 2009), 아동기 정신병리가 장기적 적응과 관련됨을 시사한다. 역학 연구자들은 성인기부터 과거를 추적하여서, 정신장애를 가지고 있는 많은 성인이 정신장애를 아동기 때 처음으로 보이기 시작하였음을 발견하였다(Kessler et al., 2005). 그리하여 당연히 아동기 정신병리 연구에 대한 관심이 극적으로 증가하였다.

그러나 해결되지 않은 많은 문제들이 아동정신병리 연구의 발전에 걸림돌이 되었다. 아동에서의 정신병리에 대한 개념화와 정의에 관한 문제는 여전히 격렬하게 논쟁되고 있다(Rutter & Uher, 2012). 비교적 최근까지도 아동기 장애의 현상에 대해 축적된 많은 지식은 성인에 대한 연구에서 추정된 것이었다. 예를 들어 수십 년 전에야 비로소 아동에 초점을 둔 우울장애 모델이 제안되었다(Abela & Hankin, 2008). 아동도 주로 성인연구에서 유도된 우울 기준을 충족한다는 사실이 잘 밝혀졌지만 발달시점에 따라 우울장애의 표현에 중요한 차이가 있다는 것 또한 분명하다(Rohde, Lewinsohn, Klein, Seeley, & Gau, 2013). 더구나 성인 우울에 비해 아동기 우울의 유전적 근거에 대한 증거는 분명 엇갈리고 있는데(Rice, 2010), 이는 성인 우울증 모델의 특징이 이 장애의 초기 표현에 잘 적용되지 않을 가능성을 시사한다. 이는 발달에서 장애의 연속성과 비연속성에 관한 문제가 복잡함을 보여주는 한 예에 불과하다.

아동을 대상으로 한 연구에서도 우리의 지식은 발달의 어느 한 시점과 한 맥락에서 수집된 결과에 기초하고 있다. 이러한 결과들이 유용하긴 하지만, 이러한 결과들은 움직이는 목표물에 대한 한순간의 정지된 사진을 제시하므로 아동정신병리의 주요 특징인 시간에 따른 역동적 변화를 찾아내기는 어렵다(Achenbach & Dumenci, 2001; Lewis & Granic, 2000). 맥락적 모델(Bronfenbrenner,

1977)과 종단적 접근(Robins, 1966)이 수십 년간 아동연구 분야에 적용되어 왔으나, 최근에 와서야 연구자들이 아동의 정신병리 발생을 설명하기 위해 발달적 변화를 민감하게 보여줄 수 있는 체계지향적 모델을 사용하기 시작하였다(Granic, 2005; Sameroff, 2000). 종단연구가 훨씬 더 일반적이 되었지만, 종단연구는 발달 과정에서 진정 변화된 것과 안정된 것을 평가 책략의 차이로 인해 나타난 변화와 구분해줄 수 있는 발달적 변화에 민감한 평가방식을 어떻게 도입할 수 있는가를 포함한 다양한 문제들로 인해 복잡해진다(Singer & Willett, 2003, pp. 13-14). 그 외에 과거의 많은 연구들은 전형적이지 않은 아동발달이 일어나는 가정, 사회 및 문화 등의 넓은 맥락을 일관되게 주의하지 않았으며(Davies & Cummings, 2006; Marks, Patton, & García Coll, 2011; Serafica & Vargas, 2006), 대개는 아동의 내적 특성에만 초점을 맞추고 발달이 일어나는 넓은 발달적 맥락을 소홀히 하였다.

아동정신병리 연구는 많은 아동기 문제들이 그 범위와 표현에서 좁지 않으며, 아동의 정신병리 형태가 대부분 다른 장애와 중복된다는 점에서 문제가 더 복잡해진다(Angold, Costello, & Erkanli, 1999; Costello, Mustillo, Erkanli, Keeler, & Angold, 2003; Drabick & Kendall, 2010; Lilienfeld, 2003). 예를 들어 아동학대, 폭력, 정서행동장애, 물질남용, 비행, 그리고 학습장애의 문제들 간, 아동기 불안과 우울 간, 읽기장애와 불안, 우울 간의 전반적 중복이 있음이 밝혀졌다(Garber & Weersing, 2010; Oshri, Rogosch, & Cicchetti, 2013; Seligman & Ollendick, 1998; Willcutt & Pennington, 2000b). 젊은이의 많은 정서행동장애가 특정 신체적 증상, 의학적 조건 및 나쁜 건강 결과와 관련된다(Costello, Egger, & Angold, 2006; Nigg, 2013; Pinquart & Shen, 2010; Reynolds & Helgeson, 2011; Spady, Schopflocher, Svenson, & Thompson, 2005).

아동기에 흔히 나타나는 행동문제(예 : 불복종, 반항)와 장애로 명명되는 문제들(예 : 반항성 장애) 간의 분명한 경계를 결정하는 것이 쉽지 않다는 문제도 있다(Loeber, Burke, Lahey, Winters, & Zera, 2000). 대부분 발달장애 형태는 정상적인 행동과 그 종류에서 차이가 있는 것이 아니라 정도에서 차이가 있다는 증거도 증가하고 있다(정상행동과 비정상행동 간의 구분이 질적이 아니고 양적이라는 것임; 이에 대한 아동정신병리 분야에서의 증거에 대한 개관은 Coghill & Sonuga-Barke, 2012 참조). 더욱이 이탈에 대한 판단은 아동의 특정한 행동에 대해 판단할 때와 같이 아동의 다른 특징들(연령, 성, 지능 등), 아동행동의 상황 적합성, 판단이 내려진 사회적 문화적 맥락, 그리고 이 판단을 한 성인의 특징과 결정 규칙에 의존한다(Achenbach, 2000; De Los Reyes & Kazdin, 2005; Mash & Barkley, 2007).

대부분의 아동정신병리 형태가 원인이 서로 다르고 하나의 원인으로 귀인시킬 수 없다는 것이 점차 분명해지고 있다. 몇몇 드문 장애들(페닐케톤뇨증, X 결함 염색체 관련 지적장애, 레트증후군)은 단일 유전자에 의해 발생될 수 있을지라도, 더 흔하고 복잡한 장애들은 여러 유전자의 결과이며(Goldsmith, Gottesman, & Lemery, 1997; McGuffin, Riley, & Plomin, 2001; O'Conner & Plomin, 2000) 대부분의 아동정신병리 형태는 다른 유전자와 상호작용하거나 환경이 영향과 상호작용하는 감수성 유전자를 포함하는 소수 또는 다수의 유전적 기초를 가지고 있을 가능성이 있음을 행동유전학과 분자유전학 연구들이 보여주고 있다(Dodge & Rutter, 2011; Dodge & Sherrill, 2007; Moffitt, Caspi, & Rutter, 2006; State, Lombroso, Pauls, & Leckman, 2000). 아동 장애와 가정 장애는 상보적이며 상호작용하고 자주 함께 발생하는 다중의 위험요인, 인과적 사건 및 과정의 결과일 수 있다(El-Sheikh, Keiley, Erath, & Dyer, 2013; Jaffee & Price, 2007; Rutter, 2007a). 맥락적 사건은 아동과 청소년 장애의 발달에 상당한 영향을 미치는데, 그 크기는 아동 '내부'에 존재하는 것으로 생각되는 요인이 미치는 영향과 유사한 정도이거나 더 크다(Davies & Cummings, 2006; Reiss & Neiderhiser, 2000; Rutter, 2000). 더구나 장애 위험에 미치는 유전적인 영향은 동질다형성(polymorphisms)의 기능적 영향이 후생유전적 영향(epigenetic effects)으로 알려진 조절과정에 의해 더 조정되는 것과 같이(Mill, 2011; Zhang & Meaney, 2010), 고정된 것으로 간주되지

않으며, 환경조건에 반응하여 나타난다. 예를 들어 동물 모델에서 어미의 초기 양육행동이 새끼의 특정 유전자 표현에 영향을 미쳐서 새끼가 특정 결과를 갖게 되는 것을 후생유전적 효과로 설명할 수 있다(Weaver, Meaney, & Szyf, 2006). 일란성 쌍생아가 유전성이 높은 정신장애 표현에서 일치하지 않는 현상도 유전자 표현을 바꾸는 생애 경험으로 설명될 수 있다(Petronis et al., 2003). 정신병리 과정에서 이러한 유전과 환경위험 간의 역동적 상호작용을 파악하기 위한 최선의 방법은 아직 결정되지 않았다.

아동정신병리에 대한 다양한 위험 표지가 밝혀졌는데, 이에는 유전적 영향(Goodyer, Bacon, Ban, Croudace, & Herbert, 2009; Gotlib, Joormann, Minor, & Hallmayer, 2008; Sheikh et al., 2013), 기질(Hayden, Klein, Durbin, & Olino, 2006; Olino, Klein, Dyson, Rose, & Durbin, 2010), 불안정 아동-부모 애착(Lee & Hankin, 2009; Priddis & Howieson, 2012), 사회인지 결함(Luebbe, Bell, Allwood, Swenson, & Early, 2010; Zadeh, Im-Bolter, & Cohen, 2007), 사회학습 결함(Arsenio & Lemerise, 2010; Lansford, Malone, Dodge, Pettit, & Bates, 2010), 정서조절과 조절 불능(Feng et al., 2009; Tortella-Feliu, Balle, & Sesé, 2010), 억제통제 및 이와 관련된 구성개념들(Eisenberg et al., 2005; Gusdorf, Karreman, van Aken, Dekovic, & van Tuijl, 2011), 신경심리적, 신경생물학적 기능장애(Cicchetti & Cannon, 1999; Lopez-Duran, Kovacs, & George, 2009), 부정적 형태의 양육과 학대(Beauchaine, Neuhaus, Zalewski, Crowell, & Potapova, 2011; Cicchetti & Toth, 2005; Harkness, Stewart, & Wynne-Edwards, 2011; Lovejoy, Graczyk, O'Hare, & Neuman, 2000), 부모의 정신병리(Goodman & Gotlib, 1999; Pettit, Olino, Roberts, Seeley, & Lewinsohn, 2008), 부부 불화(Fear et al., 2009; Pagani, Japel, Vaillancourt, Côté, & Tremblay, 2008; Shelton & Harold, 2008), 제한된 가족 자원 및 가난과 관련된 다른 생활 스트레스 유발요인(Dupéré, Leventhal, & Lacourse, 2009; Najman et al., 2010; Schreier & Chen, 2013; Tracy, Zimmerman, Galea, McCauley, & Vander

Stoep, 2008), 제도적 결핍(Ellis, Fisher, & Zaharie, 2004) 등이 있으며, 이 외에도 무수한 다른 요인들이 있다. 그러나 이러한 요인들은 개별적으로는 이해될 수 없으며 대부분의 장애에 대한 연구는 특정의 단일 위험요인이 핵심적인 병인이 됨을 지지하지 않고 있다(Sameroff, 2010).

아동정신병리의 많은 원인과 결과가 상호관련되어 있고, 시간에 걸쳐서 역동적이고 상호작용적인 방식으로 작용하므로 이들을 분리하는 것은 결코 쉽지 않다. 특정 요인을 아동정신병리의 원인 또는 결과로 지정하는 것은 일반적으로 (1) 진행 중인 발달 과정 중에서 아동이 관찰된 바로 그 시점과 (2) 관찰자의 관점을 반영한다. 예컨대 언어장애는 그 자체로 장애로 간주될 수도 있고(언어장애), 다른 장애나 조건의 결과로(자폐스펙트럼장애) 간주될 수도 있다. 이 외에 생물학적 환경적 결정요인들은 발달의 모든 시점에서 상호작용한다. 예를 들어 최근 Belsky와 de Haan(2011)은 부모가 사용하는 특징적 양식이 아동기와 청소년기까지 피질과 피질하 영역의 뇌발달 패턴에 결정적인 영향을 미친다고 지적하였다. 이와 일치되는 결과로 Dougherty, Klein, Rose 및 Laptook(2011)은 공동체 거주 유아 집단에서 가족 우울과 부모 적대감의 상호작용이 유아들의 스트레스에 대한 높은 수준의 피질 반응성을 예언한다고 보고하였는데, 이는 정신병리에 대한 다양한 위험요인을 가지고 있는 아동들에서 스트레스 조절 기제인 시상하부-뇌하수체-부신피질(HPA) 시스템의 반응성이 변화되었음을 시사하는 발견이다. 이 연구의 대부분은 심각한 초기 역경(예 : 학대)의 영향에 초점을 두고 있어서, 더 정상적인 경험이 아동의 뇌발달에 미치는 영향에 대해서는 알려진 것이 훨씬 적다. 그럼에도 불구하고 이러한 발견과 다른 발견들은 초기 경험이 신경계의 구조와 기능을 형성하며, 이것이 아동의 이후 경험과 행동을 이끌고 형성하는 경향성을 만들어낼 수 있음을 보여준다(Cicchetti & Walker, 2001; Fox, Zeanah, & Nelson, 2012; Glaser, 2000; Kaufman & Charney, 2001).

아동정신병리를 다루는 책에서는 특히 아동에게 있어서 정신질환의 낙인과 관련된 문제가 있을 수 있음에 주목할 필요가 있다. 연구에 따라 낙인에 대한 정의가 다르지만, 낙인은 다차원적인 구성개념으로 보이는데, 성인기 장애에 비해 아동기 장애와 관련하여서는 그 구성이 잘 특징지어지지 않았다. 낙인은 다양한 맥락과 대상에 걸쳐서 경험될 수 있으며(Mukolo, Heflinger, & Wallston, 2010), 정신장애 아동, 특히 소수집단 및 문화에 속한 아동을 위해 서비스를 추구할 가능성을 감소시키는 역할을 하는 것으로 보인다(Yeh, McCabe, Hough, Dupuis, & Hazen, 2003). 장애의 증상과 관련된 결과와 정신건강 낙인의 결과를 구분하는 것이 어려울 수 있으며, 연구에서도 이를 구분하기 위한 세밀한 주의가 충분하지는 않았다(양육자의 긴장은 자신의 아이가 환자라는 사실에 대한 부정적 반응뿐만 아니라 아동이 보이는 장애의 증상과 부모 자신의 증상에서 올 수 있다; Brannan & Heflinger, 2006). 자신의 아이가 정신장애라는 낙인은 아이를 보살피고 장애의 원인에 관한 기초과학연구에 참여하려는 가족의 의지와 관련되므로, 낙인의 시작과 낙인이 미치는 역할에 대한 추가적인 연구가 결정적이다.

이 책을 통해서 논의될 것이지만 아동정신병리에 대한 현재의 모델은 지금까지 진화되어 온 다양한 기제의 역할을 통합하고자 하는 것이다. 이러한 기제로는 신경생물학적 요인, 초기 부모-자녀 관계, 애착과정, 연령과 경험에 따라 발달하는 장기기억, 사회의 거시적·미시적 영향, 문화 요인, 연령과 성, 시간에 걸쳐 상호작용하고 변화하는 변인과 과정으로서의 사회적 환경으로부터의 반응 등이 있다. 간단히 기술하면 현재의 접근은 아동의 발달적 심리적 장애의 근원을 생물학적인 뇌 성숙과 다차원적인 경험이 발달 과정에서 복잡하게 상호작용한 결과로 보는 것이다(Belsky & de Haan, 2011; D'Onofrio, Rathouz, & Lahey, 2011; Reiss & Neiderhiser, 2000; Rutter et al., 1997).

아동에서의 정신병리적 경험과 표현은 인지적, 정서적, 생리적, 행동적인 부분이 있으며, 이런 점에서 아동의 기능장애에 대해 다양하게 기술되고 제안되었다. 이어지는 장에서 논의하듯이 아동정신병리를 정의하는 데에 있어서 공통적인 주제는 이러한 부분의 하나 또는 그 이상에서의 또는 이러한 부분들이 조직화되고 상호작용하는 방식에서의 '적응 실패'라는 것이다(Rutter & Sroufe, 2000; Sameroff, 2000). 적응 실패는 연령에 적합한 규준에서 이탈되는 것이다(Achenbach, 2001). 이를테면 정상의 발달적 표현이 과장 또는 감소되는 것, 정상 발달 과정이 방해받는 것, 발달과업을 숙달하지 못하는 것, 특정 기능이나 조절기제를 발달시키지 못하는 것, 조절문제와 외상적 경험에 적응하는 방식으로 비규범적인 기술을 사용하는 것(의식적 행동, 해리되는 것) 등이다(Sroufe, 1997).

아동의 정신병리를 설명하고 치료하기 위해 수많은 병인론적 모델과 치료접근이 제안되었다. 불행히도 이 대부분은 앞으로 입증되어야 하고 검증되어야 한다(Kazdin, 2000, 2001). 여러 모델과 접근은 특정 인과적 기제와 구성개념을 강조하는 정도에 있어서 차이가 있으며, 유사해 보이는 아동의 특징과 행동을 매우 다른 용어와 개념을 사용하여 설명한다. 이러한 모델이 유용하긴 하지만 많은 모델은 아동정신병리의 복잡성을 잘 파악하지 못하고 인과적 영향에 대해 한 개의 경로를 가정하는 잘못된 전제에 기초하고 있다(Kazdin & Kagan, 1994).

이런 점에서 진화 모델은 수백만 년에 걸쳐 인류에 작용하였던 진화적 선택 압력의 역할을 강조한다. 생물학적 패러다임은 정신병리에 기여하는 요인으로 유전자 돌연변이, 신경해부학, 신경생물학적 기제를 강조한다. 심리역동적 모델은 내면적 심리기제, 갈등, 방어기제에 초점을 맞춘다. 애착 모델은 초기 관계의 중요성과 초기 관계에 대한 내적 표상이 자신, 타인, 그리고 더 일반적으로 인간관계에 대한 작동 모델의 구성에 토대로 제공되는 방식의 중요성을 강조한다. 행동적/강화 모델은 지나치고 부적절하고 부적응적인 강화와 학습 역사를 강조한다. 사회학습 모델은 관찰학습, 대리적 경험, 그리고 상보적인 사회학습의 중요성을 강조한다. 인지 모델은 일반적으로 왜곡되고 결함이 있는 아동의 인지구조와 인지과정에 초점을 맞춘다. 정서 모델은 기능적이지 않은 정서조절 기제를 강조한다. 가족체계 모델은 세대 내, 세대 간 가족체계와 하위체계의 틀 내에서 개념화하며, 가족관계의 어려움과 관련된 구조적·기능적 요인을 강조한다.

위에서 언급한 여러 모델 간의 차별성은 특정 사건과 과정에 부여하는 상대적 중요성에 있다. 그러나 다른 원인에 비해 특정 원인에 대한 상대적 강조의 차이에도 불구하고 대부분의 모델이 다중의 원인이 상호작용하여 미치는 영향임을 인정하고 있다는 사실을 인식해야 할 것이다. 예를 들어 사회학습 모델과 애착 모델이 강조하는 점에서 차이가 있지만 두 모델이 모두 아동기 기능장애를 설명하는 데 상징적 표상 과정의 역할을 중시한다.

한 학문 영역 내의 연구와 학제간 연구를 통해 다양한 모델을 통합해야 할 필요성에 대한 인식이 점차 증가하고 있다. 이러한 통합을 이루기 위해서는 다양한 이론적 틀에서 얻은 결과와 개념을 연결시키려는 일반적인 개방성뿐만 아니라 각각의 단일 원인 이론의 주장을 넘어서 다른 접근에서 무엇을 배울 수 있을 것인지를 아는 안목이 요구된다(Arkowitz, 1992). 정신병리 연구에서 이론적 통합이 점차 일반적이 되고 있음을 많은 연구들이 시사하고 있다(Beauchaine, 2001). 예를 들어 애착이론은 점차 인지 모델과 통합되고 있다(Ingram & Ritter, 2000). 이론적 통합은 근접적인 변인인 인지적, 대인관계 요인을 원격의 변인인 위험에 대한 유전적 표지, 초기 가정환경과 애착 형태와 같은 변인과 결합하는 연구에서도 분명하게 드러난다(Caspi et al., 2003; Gibb, Beevers, & McGeary, 2013; Hayden, Klein, et al., 2010; Lara, Klein, & Kasch, 2000). 인지적 기능과 신경심리적 기능 간의 연결도 역시 자주 시도되고 있다(Nigg, Blaskey, Huang-Pollack, & Rappley, 2002). 그러므로 연구자들은 점차 이론적 접근을 연결하는 것의 중요성을 인식하고 있으며, 자신의 연구에 상당한 수준의 복잡성을 포함시켜야 하는 엄청난 과제를 수용하게 되었다. 이러한 통합적 연구 접근이 필요하다는 것은 미래의 발달정신병리학자들이 상당히 넓은 범위의 연구 접근과 이론에 정통하도록 훈련되어야 함을 시사한다.

이와 관련하여 아동정신병리에 관한 학제간 관점은 다양한 학문과 직업분야에서 아동연구에 대해 상당한 투자를 하고 있음을 보여준다. 아동정신병리의 원인과 유지에 관한 연구는 심리학, 의학, 정신의학, 교육 및 그 밖의 여러 분야의 주제였으며 앞으로도 계속 주제가 될 것이다. 분명 어떤 분야도 아동기 장애 연구에 대한 소유권을 가지고 있지 않으며, 각 분야는 고유의 관점에 따라 아동정신병리를 공식화하는 경향이 있다. 이 장의 맥락에서 특히 관련되는 것은 의학과 정신의학에서 아동의 정신병리와 정상성은 아동 내부에 존재하는 것으로 생각되는 특정 장애 또는 증후군이 있는지 없는지에 따라 범주적으로 개념화되고 정의되는 것이다. 이에 반해 심리학은 정신병리와 정상성을 특정한 특성 차원의 연속선상에 위치한 극단으로 간주하며, 아동 외부에서 작용하는 환경의 영향에 초점을 맞춘다. 그러나 범주와 차원의 경계는 임의적으로 내려진 것이므로, 정신의학/의학과 심리학의 두 가지 관점을 통합할 수 있는 방법을 찾아야 한다는 인식이 증가하고 있다(Pickles & Angold, 2003; Richters & Cicchetti, 1993; Scotti & Morris, 2000; Shaffer, Lucas, & Richters, 1999).

이 분야에는 앞서 본 바와 같은 논쟁 중인 문제들이 있지만, 이 책의 이어지는 장들은 아동정신병리에 대한 상당한 양의 연구들이 빠르게 증가하고 있음을 보여준다. 이는 이 분야의 지식 기반을 빠르게 확장하고 변화시키는 결과를 초래한다. 이 책의 각 장에서 특정 형태의 아동정신병리에 관한 연구결과들과 이론들을 포괄적으로 개괄할 것이며, 관련된 장애에 대한 새로운 연구방향과 발전에 대해 논의할 것이다. 이 장의 나머지 부분에서는 아동정신병리의 중요성와 시사점에 대한 개관, 역학적 고려사항, 이 분야에서의 핵심 개념, 아동기 장애의 정의와 개념화에 대한 다양한 접근, 발달정신병리의 개념적 틀에 대한 개관, 병인에 관한 주요한 이론들, 그리고 이 책에서 설명하고 있는 다양한 장애 스펙트럼에 걸친 주요한 개념적 방법론적 문제들에 대해 논의할 것이다. 이러한 논의에서 개념과 방법, 그리고 아동정신병리에 대한 여러 모델과 연구들이 아동정신병리를 이해하는 데 결정적인 것으로 밝혀낸 복잡성, 상호적 영향과 다양한 경로를 밝히는 책략에 주안점을 둘 것이다.

아동정신병리의 중요성

아동기 장애에 관한 틀린 정보와 생각이 여전히 많다. 입증되지 않은 많은 이론들을 대중적인 문헌과 과학 문헌에서 볼 수 있다. 예로는 교실에서의 지나친 자극이 비정상을 유발한다(Makari, 1993)는 19세기 중반의 관점에서부터 부적절한 양육이 자폐를 유발한다(Bettelheim, 1967)거나 화학적 식품첨가물이 과잉활동의 주요 원인이라는(Feingold, 1975) 20세기 중반의 관점에 이르기까지 다양하다. 이 외에 아동의 정신병리 특징과 상태를 기술하기 위해 사용된 많은 구성개념이 지나치게 일반적으로 또는 부정확하게 정의되었다(예: 적응문제, 정서장애). 이러한 제한점, 불확실성, 모호한 정의와 같은 문제점이 있음에도 불구하고, 아동기 정신병리가 자주 발생하고 사회적으로도 관심사가 되어 점차 정치적 의제의 중심이 되고 있는 것 또한 분명하다.

아동발달, 발달정신병리, 소아정신의학, 임상아동심리학 분야의 연구자들은 점차 자신들의 직업이 가지는 사회정책에 대한 함의를 고려하기 시작하고 있으며 정신건강 문제가 있는 아동·청소년에 대한 확인과 서비스 제공의 향상을 위해 노력을 하게 되었다(Cicchetti & Toth, 2000; Kazdin & Blase, 2011; Shonkoff, 2010; Shonkoff & Bales, 2011). 예를 들어 그러한 일들은 최근 자살 예방에 관한 미군 의무감의 보고서에 기여했는데, 이 보고서의 일부분은 젊은이의 자살 예방에 초점을 맞추고 있다(미국 공공건강서비스, 2012). 이러한 노력은 결정적인데, 초기 사회정서적 안녕을 증진시키고 초기 아동학대로 이어지는 조건을 감소시키는 공공정책이 이후의 성공적인 학교생활, 긍정적인 또래 및 교사와의 관계에 필요한 기초를 제공할 수 있기에 그렇다. 정책입안자들은 일반적으로 아동정신건강 문제나 초기 부적응이 미치는 심각한 영향 등에 대해 잘 모른다(Nelson & Mann, 2011). 더욱이 공공정책은 아동정신병리 분야의 발전을 따라가지 못하고 있는데(Zero to Three, 2012), 특히 아동기 장애가 얼마나 흔하고 전반적인지, 이에 대한 초기 진단과 개입이 얼마나 도움이 되는지 그 효과를 알지 못한다

(Sices, 2007). 초기의 정신건강 문제를 예방하고 치료하는 것뿐만 아니라 긍정적인 초기 발달을 촉진하기 위한 책략을 개발하기 위해서는 연방정부와 주정부의 의미 있는 투자뿐만 아니라 공공정책이 경험적 연구에 의해 계획되어야 함을 인식하는 것이 필요하다. 필요한 정책으로 제안된 것은 (1) 아동정신건강에 대한 필요한 전문성을 가진 개인의 훈련을 지원하기 위한 정책과 (2) 많은 부모가 전문성을 가진 사람들을 어떻게 투입시켜야 할 것인지에 대해 잘 알지 못하는 등 직면한 난관을 다루기 위한 정책이다(Zero to Three, 2012).

아동정신건강 문제와 능력에 대한 관심이 증가하게 된 근원으로 몇 가지를 들 수 있다. 첫째, 많은 젊은 사람들이 정상의 발달과 기능을 방해하는 중요한 정신건강 문제를 경험한다. 미국에서 1/3이나 되는 아동들이 어려움을 겪는 것으로 나타났는데(Costello, Mustillo, et al., 2003), 이 종단연구는 16세까지 정신과적 장애를 경험하게 될 위험은 과거의 횡단적 자료에 의해 도출된 위험보다 훨씬 높다는 것을 보여주고 있다. 더구나 이 추정은 젊은이에서의 정신병리 효과를 과소평가하고 있을 것인데, 왜냐하면 이후에 더 심각한 임상적 문제로 발전하게 될 수 있는, 현재 임상적 기준 이하의 진단되지 않는 수준의 장애는 잡아내지 않았기 때문이다(Keenan et al, 2008). 이 외에 공식적인 진단기준은 충족하지 않지만 임상수준 이하의 다양한 상태(우울한 기분, 섭식문제)들이 의미 있는 기능손상과 관련된다(Angold, Costello, Farmer, Burns, & Erkanli, 1999; Lewinsohn, Striegel-Moore, & Seeley, 2000). 세계보건기구(WHO)가 수집한 증거에 의하면 2020년까지 아동기 신경정신과적 장애는 전 세계적으로 50% 이상 증가하여 아동의 유병률, 사망률, 장애의 가장 흔한 다섯 가지 원인의 하나가 될 것이다(미국 공공건강서비스, 2001b).

둘째, 아동기 문제는 시간이 지남에 따라 표현되는 방식이 역동적으로 변화하지만, 상당수의 아동은 아동기 문제를 극복하지 못한다(Masten & Cicchetti, 2010). 이후에 진단 가능한 정신병리가 분명하지 않을 경우에도 어린 시절의 적응 실패는 이후의 가정, 직업, 사회적 적응에 지속적인 부정적 영향을 미칠 수도 있다. 더구나 조기에 시작된 반사회적 행동 패턴과 같은 특정 유형의 아동정신병리는 이후 인생에서 무수한 부정적 결과를 강하게 예언한다(Kim-Cohen et al., 2005).

셋째, 최근의 사회적 변화와 조건은 아동이 장애를 발달시키게 될 위험과 이후 젊은 시절에 더 심한 문제를 발달시키게 될 위험을 증가시킬 수 있다(Dupéré et al., 2009; Masten & Narayan, 2012). 이러한 사회적 변화와 조건에는 도심 빈민지역의 다세대 가족의 역경이 포함된다. 즉, 여성과 아이들의 심한 빈곤, 가족 붕괴와 한부모 양육 및 노숙의 압력, 도시 빈민의 문제, 외상적 사건에의 직간접적 노출(테러리스트 공격 또는 교내 총격 사건 등), 이민 가정 아동의 적응문제, 미국 원주민 아동의 어려움, 조숙의 영향과 관련된 조건인 HIV, 코카인, 알코올이 아동의 성장과 발달에 미치는 영향 등이다(McCall & Groark, 2000; Shonkoff & Phillips, 2000). 사회적 변화 외에 높은 태아 생존율과 관련된 의학기술 발달도 어린 나이에 심각한 행동문제와 학습장애를 보이는 아동의 수가 증가하는 것에 기여할 수 있다.

넷째, 정신건강 문제를 경험하는 대부분의 아동에게 있어서 그 문제들이 치료되지 않고 있다. Kataoka, Zhng 및 Wells(2002)는 정신건강 서비스가 필요한 것으로 판단되는 아동 중 20%만이 그러한 지원을 받고 있다고 보고하였다. 치료받지 못하는 비율은 소수민족 집단과 의료보험이 없는 아동에서 훨씬 더 크다. 문제가 밝혀져서 도움을 받을 경우에도 그 도움이 덜 적절할 수 있다. 예를 들어 실제 치료 장면에 주의력결핍 과잉활동장애(ADHD)로 진단된 아동의 반 정도만이 권장되는 가이드라인에 맞는 치료를 받는다(Hoagwood, Kelleher, Feil, & Comer, 2000). 정신건강 문제가 있는 아동 중 그렇게 적은 수의 아동만이 적절한 도움을 받고 있다는 사실은 다음과 같은 요인과 관련된 것으로 볼 수 있다. 검사의 부족, 비접근성, 비용, 부모의 입장에서는 도움의 필요성을 지각하지 못하는 것, 서비스에 대한 부모의 불만, 그리고 아동과 그 가족이 자주 경험하게 되는 낙인과 배제 등이다(Hinshaw, 2007; Hinshaw & Cicchetti, 2000). 최근에는 이러한 요인들과 다른 요인들로 인해 필요한 치료를 받지 못하고 있는 아동을 확인하려고 시도하고 있다(Jensen et al., 2011). 경험적으로 지지받는 아동기 장애 예방 및 치료 프로그램들이 최근 수십 년 동안 점차 더 증가하고 있지만(Chorpita et al., 2011; Kazak et al., 2010), 규준적 아동발달, 발달적 정신병리 그리고 경험적 증거에 기초한 예방 및 중재 프로그램의 개발과 평가에 대한 더 많은 연구가 절실히 요구되는 실정이다(Greenberg, Domitrovich, & Bumbarger, 2001; Kazdin, 2001; Rapport, 2001; Silverman & Hinshaw, 2008).[2]

다섯째, 정신건강의 문제가 있지만 진단되지 않고 도움을 받지 못한 대부분의 아동은 젊은 성인이 되었을 때 결국 형사사법 제도나 정신건강 제도와 관련될 수 있다(Loeber & Farrington, 2000). 이들은 학교를 졸업하지 못하거나 성인이 되었을 때 충분히 기능할 수 있는 사회인이 되지 못할 가능성이 훨씬 크다. 이는 인간이 경험하는 고통과 재정적 부담 차원에서 아동기 장애의 비용을 가중하는 것이다. 예를 들어 ADHD 청소년에 대한 의학적 관리에 드는 평균비용은 ADHD가 없는 청소년에 비해 2배가 된다(Leibson, Katusic, Barbaresi, Ransom, & O'Brien, 2001). 더욱이 1명의 청소년이 학교를 떠나서 범죄와 약물남용으로 점철된 인생행로로 들어섰을 때 드는 사회적 비용은 170만에서 230만 달러에 이르는 것으로 추정된다(Cohen, 1998; Cohen & Piquero, 2009).

마지막으로 북미에서 상당수의 아동들이 아동기에 학대를 경험하며, 아동기에 경험한 심각한 수준의 학대는 아동정신병리 및 성인정신병리와 관련된다(Fergusson, Borden, & Horwood, 2008; Gunnar et al., 2006). De Bellis(2001)는 학대 사례의 증거들을 검토하여 학대의 심리생물학적 결과는 '환경에 의해 유발된 복잡한 발달장애(p.539)'로 볼 수 있다고 제안하였다. 문제의 본질이 잘 드러나지 않을 뿐만 아니라 표본과 보고의 편향 등의 문제로 인해 학대 발생률의 정확한 추정이 쉽지 않지만(Cicchetti & Manly, 2001; Wekerle, Wolfe, Dunston, & Alldred, 이 책의 제16장 참조), 그 수는 많은 것으로 보인다. 매해 350만 이상의 아동학대와 방치가 의심되는

사례를 아동보호 서비스 기관이 조사하고 있으며, 2010년 미국에서 1백만 명의 아동이 학대 피해자로 확인되었다(USDHHS, 2011). 이에 더하여 '우연한' 상해로 보고되는 많은 상해들은 부모나 형제자매에 의한 보고되지 않은 학대의 결과일 수도 있다(Peterson & Brown, 1994). 그러므로 북미에서 학대의 부정적인 심리적 신체적 영향을 보이는 전체 아동 수는 충격적일 것으로 보인다.

역학적 고려사항

유병률

역학연구는 연령, 성, 사회경제적 지위(SES), 인종 또는 기타 다른 특징에 따라 구분되는 다양한 특정 집단에서 나타나는 장애의 유병률과 분포, 그리고 장애와 관련된 변인들을 찾으려고 한다(Costello & Angold, 2000). 아동정신병리에 대한 역학연구는 아직 성인정신병리에 대한 역학연구 범위 정도로 수행되지는 않았지만(Kessler et al., 2005), 아동기 장애도 흔한 것으로 보인다. 연구에 따라 보고된 유병률이 크게 다르지만, 전 세계 20~40%에 이르는 아동이 임상적으로 진단 가능한 장애를 겪고 있으며, 이보다 훨씬 많은 아동이 특정 증상이나 임상적 수준 이하 정도의 증상을 보이는 것으로 추정된다(Belfer, 2008; Kessler et al., 2012; Merikangas, He, Brody, et al., 2010). 아동기 문제에 대한 전반적인 평생유병률은 전 아동의 약 36%에 이른다(Costello, Mustillo, et al., 2003). 초기 연구들도 높은 발생률을 보고하였는데, 예를 들어 Rutter, Tizard 및 Whitmore(1970)는 고전적인 아일 오브 와이트(Isle of Wight) 지역에 대한 연구에서 9세에서 11세 아동의 아동정신의학적 장애의 비율이 6~8%임을 발견하였다. Richman, Stevenson 및 Graham(1975)은 런던 역학연구에서 중등도에서 중도의 행동문제가 있는 아동의 비율은 7%이고, 추가로 15%의 아동이 약한 정도의 문제를 가지고 있음을 발견하였다. 온타리오 아동건강연구에서 Boyle과 동료들(1987), Offer와 동료들(1987)은 19%의 남아와 17%의 여아가 한 가지 이상의 장애를 가지고 있는 것으로 보고하였다. 많은 다른 역학연구들도

유사한 정도의 유병률을 보고하고 있다(Brandenburg, Friedman, & Silver, 1990; Costello, Farmer, Angold, Burns, & Erkanli, 1997; Earls, 1980; Hewitt et al., 1997; Lapouse & Monk, 1958; MacFarlane, Allen, & Honzik, 1954; Shaffer et al., 1996; Verhulst & Koot, 1992; Werner, Bierman, & French, 1971). 이러한 연구들에서 도출할 수 있는 가장 일관된 일반적인 결론은 아동기 장애의 유병률이 일반적으로 상당히 높지만, 그 비율은 장애의 본질 및 다른 많은 요인에 따라 다를 것이라는 것이다. 아동의 연령, 성, SES 및 인종, 현재 시점 및 시간에 걸쳐서 문제를 정의하는 데 사용된 준거, 정보를 수집하는 데 사용된 방법(인터뷰인지 설문지인지), 정보 제공자(아동, 부모, 교사), 표본 수집방법 및 그 밖의 수많은 요인에 따라 다를 것이다.

연령 차이

Bird, Gould, Yager, Staghezza 및 Camino(1989)는 4~16세 아동에게 **정신질환의 진단 및 통계편람, 3판**(*Diagnostic and Statistical Manual of Mental Disorders;* DSM-III)으로 진단했을 때 장애로 진단된 아동의 수가 연령에 따라 차이가 나지 않는다고 보고하였다. 그러나 일부 연구들은 아동의 연령, 문제의 수와 유형, 성, 임상적 지위, 그리고 정보의 출처 등이 상호작용한다는 것을 보고하고 있다(Simonoff et al., 1997). 예를 들어 Achenbach, Howell, Quay 및 Conners(1991)는 내면화 문제에 비해 외현화 문제는 연령에 따라 감소하지만 이러한 경향은 치료를 받게 했을 경우에만 나타났다. 더 최근에 Costello, Mustillo와 동료들(2003)은 표본 크기가 상당히 큰 청소년 집단에 대한 구조화된 임상적 인터뷰 자료를 사용하여 9~10세 사이에 장애 유병률이 가장 높다가 12세까지 점차 감소하며, 이후 청소년기 동안 다시 증가한다고 보고하였다. 저자들은 많은 아동기 장애(ADHD, 분리불안장애)의 유병률이 12세까지는 감소하는데 청소년기와 성인기 장애(주요우울)는 아직 나타나지 않기 때문인 것으로 보았다. 최근 Merikangas, He, Burstein과 동료들(2010)은 전국적으로 표집한 13~18세 청소년에 대한 조사연구에서

22%의 청소년들이 심각한 손상 또는 고통이 있는 장애를 가지고 있음을 보고하였다.

이러한 발견은 아동의 문제행동의 연령 차이에 관한 다양한 질문을 제기한다. "연령에 따라 문제행동이 감소하는가(또는 증가하는가)?"와 같이 단순해 보이는 질문에 대한 답도 다음과 같은 요인에 의해 복잡해진다. (1) 넓은 연령 범위에 걸쳐서 사용될 수 있는 동일한 행동 측정의 부족, (2) 발달에 따른 행동 표현의 질적 변화, (3) 아동의 연령과 성 간의 상호작용, (4) 발달시점에 따라 다른 정보 출처 사용, (5) 관심 대상이 되는 특정 문제행동, (6) 평가되는 아동의 임상적 지위, (7) 아동의 연령에 따라 다른 진단준거 사용. 이러한 어려움에도 불구하고 일반 모집단에 대한 종단적·횡단적 조사 연구들은 부모, 교사 또는 아동이 보고한 특정 문제행동의 비율이 연령에 따라 변하는 변화를 보여주며, 문제의 유형, 아동의 성 그리고 아동의 임상적 지위에 따라 연령 변화가 나타나는 방식이 다르다는 것을 보여준다. 그러나 이러한 일반적인 연령 경향은 집단자료에 기초한 것이어서 개별 아동에서 나타나는 선형적인 변화나 비규준적 변화를 분명하게 드러내지 못한다는 것을 인식해야 한다. 그밖에 일반적 조사는 연령 변화가 일어나는 과정에 대해서는 정보를 제공하지 않는다. 이러한 과정에 대해서 이해하기 위해서는 한 아동의 시간에 걸친 변화와 그러한 변화가 일어나는 맥락에 관한 연구가 필요하다.

사회경제적 지위

정신건강 문제로 치료받는 대부분의 아동이 중산층 아동이지만 정신건강 문제는 매우 가난한 가정에서 훨씬 더 많다. 북미에서 빈곤한 아동은 20%가 넘는 것으로 추정되며, 빈곤 속에서 성장하는 아동은 사회, 행동, 학업기능에서 일정 수준으로 손상되어 있다(McLeod & Nonnemaker, 2000). 낮은 SES 아동은 높은 SES 아동에 비해 정신병리 및 다른 문제를 더 많이 보이는 것으로 보고되고 있다(McMahon & Luthar, 2007; Samaan, 2000). 그러나 SES와 아동정신병리 간의 보고된 관계가 통계적으로 의미 있지만, 그 효과는 작으며 SES에 대한 전반적 추정치는 SES

가 아동의 적응적·부적응적 발달에 관련되는 다양한 측면의 과정에 대해 거의 알려주지 않으므로(Schreier & Chen, 2013), SES와 아동정신병리 간의 관계는 조심스럽게 해석되어야 한다(Achenbach et al., 1991). SES가 아동의 발달에 관련되는 다양한 과정에 대한 지식은 우리가 장애를 이해하는 데에, 또 부적응적인 발달로 이끌어 가는 문제가 되는 기제를 목표로 하는 예방적 방안을 개발하는 데에 필요하다. 예를 들어 SES가 공격성에 미치는 영향은 부분적으로는 낮은 SES 가정의 스트레스가 많은 인생 사건과 공격성에 대한 관용과 수용을 반영하는 믿음으로 설명될 수도 있다(Guerra, Tolan, Huesmann, Van Acker, & Eron, 1995). 전반적인 외현화 문제에 미치는 SES의 영향은 빈곤한 부모들이 자녀를 감독하고 지도하는 능력이 부족한 것과 관련될 수 있음을 시사하는 연구도 있다(Costello, Compton, Keeler, & Angold, 2003). 이 두 위험요인 간의 복잡한 관계를 보여주는 것은 성인 ADHD의 경우에서처럼 부모가 제공하는 환경은 부모의 정신병리와도 관련되며, 부모의 정신병리는 낮은 SES와 관련된다(Mannuzza, Klein, Bessler, Malloy, & LaPadula, 1998). 그러한 경우 부모는 자녀에게 유전적 위험과 맥락적 위험을 모두 주는 것이며, 이 맥락적 위험은 적어도 부분적으로는 유전자-환경 간의 상관으로 나타난다(이 경우 장애가 경제적 기회를 감소시키는 것과 같은 '하향 이동'의 가능성이 있다).

사회경제적 불리함과 아동정신건강 간의 이 관계는 SES가 많은 부정적 영향의 근원에 대한 신호라는 사실로부터 온다(Bradley, Corwyn, McAdoo, & García Coll, 2001). 낮은 SES는 낮은 수입 이외에도, 모(母)의 낮은 교육, 낮은 고용수준, 한 부모로서의 지위, 부모의 정신병리, 제한된 자원, 만성적이고 극심한 인생사건(부실한 영양 상태, 폭력에의 노출 등)의 특징이 있다. 일반적으로 한 연구에서 전반적인 SES 표지로 이러한 변인들의 한두 가지를 포함시키고 있으므로, SES와 아동정신병리 간의 보고된 관계는 인종 요인뿐만 아니라 어떤 표지를 사용했느냐에 따라 달라질 수 있다(McLeod & Nonnemaker, 2000). 즉, SES는 아동정신병리의 위험에 영향을 주는 많

은 요인의 표지이며, 이 표지가 정의되는 방식에 따라 SES와 아동기 장애 간의 관계가 다르게 나타나는 것이다.

아동정신병리에 대한 어떤 연구결과는 모형에 SES를 포함시키지 않음으로써 연구결과가 오염되어 있다. 예를 들어 신체적으로 학대받은 아동이 학대받지 않은 아동에 비해 더 높은 수준의 외현화 문제를 보이지만(Mash, Johnston, & Kovitz, 1983), SES의 효과를 통제했을 때에도 신체적 학대와 외현화 문제 간에 관계가 있는지는 분명하지 않다(Cummings, Hennessy, Rabideau, & Cicchetti, 1994; Fergusson et al., 2008). 학대와 외현화 장애 간의 관계가 SES 관련 조건과 관련될 수 있는 데 반해 신체적 학대가 내면화 장애에 미치는 영향은 SES와 무관하다는 연구결과로 인해 SES와 학대 및 행동장애 간의 관계는 더 복잡해진다(Okun, Parker, & Levendosky, 1994).

성차

프로이트가 20세기 초에 성에 대한 관점을 발표한 이래로, 정신병리의 표현에 성 차이가 있음이 공식적으로 인식되어 왔지만, 아주 최근까지도 소녀의 정신병리는 소년의 정신병리에 비해 훨씬 주목을 받지 못했다(Bell-Dolan, Foster, & Mash, 2005; Rose & Rudolph, 2006). 최근까지도 많은 연구들이 연구대상에서 여아를 제외하거나 또는 양쪽 성 간에 차이가 있는지를 연구하는 데 실패하였다. 예를 들어 상당히 최근까지도 여아에서의 파괴적 행동장애를 다룬 연구가 거의 없었는데(Moffitt, Caspi, Rutter & Silva, 2001; Silverthorn & Frick, 1999), 이는 이러한 장애가 아동기에 여아보다는 남아에서 더 흔하기 때문일 수 있다. 또 표집의 편향(더 심각하게 파괴적인 남아들이 더 많이 치료에 의뢰되고 또 연구에 포함되는)과 가장 흔히 사용되는 진단준거가 남아 연구에서 도출되었고 타당화되었다는 점도 여아 대상의 연구가 적다는 데에 기여한다(Frick & Nigg, 2012; Spitzer, Davies, & Barkley, 1990).

유병률, 표현, 동반되는 장애, 기저의 과정, 결과, 정신병리의 발달 과정에 있어서 성 차이가 있음을 많은 연구들이 확인해주고 있다(Willcutt & Pennington, 2000a;

Zahn-Waxler, Shirtcliff, & Marceau, 2008). ADHD, 자폐스펙트럼장애, 아동기 품행장애와 반항성 장애, 학습장애와 의사소통장애는 여아보다 남아에서 더 흔하며, 내면화 증상은 초기 아동기에는 남아와 여아가 유사한 수준이다가 점차 여아들의 내면화 수준이 청소년기까지 더 빠르게 증가한다(Bongers, Koot, van der Ende, & Verhulst, 2003). 이러한 성 차이는 분명한 것으로 나타났지만 그 의미는 아직 밝혀지지 않았다(Martel, 2013). 예를 들어 관찰된 성 차이가 관련기관에 의뢰되는 정도 및 보고의 편향과 관련되는지, 장애가 현재 정의되는 방식과 관련된 것인지, 장애가 표현되는 특징에 기인하는 것인지 (예 : 직접적 공격행동과 간접적 공격행동), 장애에 대한 유전적 침투도(genetic penetrance)에서의 성 차이, 성적 선택 효과/진화과정 또는 생물학적 특징과 환경 민감성의 성 차이에 기인하는 것인지 결정하기 어렵다. 모든 것이 가능하므로 관찰된 성차의 기초가 되는 과정에 대한 연구가 필요하다. 분명 성차의 원인과 기제는 장애에 따라(ADHD 대 우울증) 다를 것이며, 같은 장애도 시기에 따라 다를 것이다(아동의 강박장애와 청소년 강박장애, 또는 초기에 시작된 품행장애와 늦게 시작된 품행장애). 예를 들어 Moffitt과 Caspi(2001)는 평생 지속되는 반사회적 행동에서의 성 차이는 초기에 시작되고 지속적인 행동에 대한 위험요인으로, 여아에 비해 남아에 더 크게 영향을 미치는 과잉활동, 부적합한 양육, 신경심리적 기능장애와 같은 요인의 성 차이에 기이함을 발견하였다.

성차에 관한 초기 연구는 주로 서로 다른 연령층에서 남아와 여아가 보이는 서로 다른 문제행동 빈도를 기술적으로 비교하는 데 주로 초점을 맞추었다. 일반적으로 양성 간의 문제행동의 차이는 학령전기나 더 어린 시기에는 작지만(Briggs-Gowan, Carter, Skuban, & Horwitz, 2001; Gadow, Sprafkin, & Nolan, 2001), 연령이 증가하면서 커진다. 예컨대 Weisz와 Suwanlert(1989)는 미국과 태국 아동을 연구하였는데 성 차이가 있는 거의 모든 문제, 즉 전체 문제 수, 억제되지 않는 문제, 과잉 억제 문제, 문화 특정적 문제에서 남아가 여아보다 더 문제수준이 높음을 발견하였다. 여러 문화에 걸쳐서 남아가 싸움,

충동성 및 다른 억제되지 않는 행동을 여아보다 더 많이 보이는 것으로 나타난다(Olweus, 1979). 남아는 여아보다 초기와 중기 아동기에 더 많은 문제, 특히 ADHD 및 파괴적 행동장애와 관련된 문제를 보이는 것으로 나타났다(Costello, Mustillo et al., 2003). 여아의 문제는 청소년기에 증가할 수 있어서, 우울과 기분부전의 유병률이 청소년 중기부터 성인기까지 남아보다 더 높다. 예를 들어 품행장애와 ADHD는 12~16세 소녀보다 소년에서 더 많이 나타나지만, 이 시기에 정서적 문제는 여아에서 더 많이 나타난다(Boyle et al., 1987; Offord et al., 1987).

그러나 모든 연구가 전체 문제행동의 비율에 유의미한 성차가 있음을 보고하는 것은 아니며(Achenbach & Edelbrock, 1981; Velez, Johnson, & Cohen, 1989), 성차가 보고된 경우에도 그 정도가 작으며 설명하는 변이의 정도가 작은 경향이 있다. 또 외현화 문제는 남아에서 훨씬 더 우세하고 내면화 문제는 여아에서 더 우세하지만, 의뢰되지 않은 아동집단에서는 외현화 문제와 내면화 문제에서의 성차가 최소 수준인 것으로 나타났다(Achenbach et al., 1991). 더욱이 일부 형태의 정신병리에서의 성차에는 시대배경 효과가 있을 수 있다. 예를 들어 물질사용장애에서의 성차는 역사적으로 여아에 비해서 남아에서 더 비율이 높았지만 최근에는 여아의 물질사용이 증가함에 따라 성 차이가 사라지고 있는 것으로 보인다(Jonston, O'Malley, Bachman, & Schulenberg, 2011).

여아와 남아의 행동적 문제와 정서적 문제를 시간의 흐름에 따라 비교하는 것은 성 관련된 특징에 대한 유용한 정보를 제공할 수 있다. 그러나 성차만을 분리하여 전체적인 비교만을 한다면 다음과 같은 문제에서의 질적인 차이에 대해 설명할 수 없다. (1) 남아와 여아 간 정신병리의 표현 차이, (2) 이러한 표현의 차이에 관여하는 과정, (3) 특정 행동에 대한 장기적 결과에서의 남아와 여아의 차이, (4) 특정 환경 사건이 남아와 여아에 미치는 영향의 차이(Zahn-Waxler et al., 2008). Hops(1995)가 지적하였듯이 "아동기부터 청소년기 및 성인기 병리로의 발달경로는 연령과 성 특정적인 것으로 보이며, 이러한

차이는 건강한 발달 또는 병리적 발달을 양육하는 사회적 맥락이 여성과 남성 간에 차이가 있기에 나타나는 결과일 수 있다."(p.428) 남녀 간의 정신병리의 표현과 결과의 차이는 서로 다른 사회적 훈련 이외에도 생물학적인 기초의 차이에 기인할 수 있다. 예를 들어 남아와 여아의 파괴적 행동의 생리심리에 관한 연구에서 Zahn-Waxler, Cole, Welsh와 Fox(1995)는 파괴적 여아는 파괴적 남아에 비해 피부전도반응이 더 높으며 슬픈 감정 유도 시에 더 많이 각성됨을 발견하였다. 이 연구자들은 남아의 파괴적 행동에 비해 여아의 파괴적 행동이 더 불안경험과 관련됨을 시사하였다. 다른 연구들은 청소년기에 여성의 우울 증가는 주로 에스트로겐과 테스토스테론 수준의 변화와 관련됨을 발견하였다(Angold, Costello, Erkanli, & Worthman, 1999). 또 일부 장애(예 : ADHD)에서는 장애가 발현되는 데에 남아보다 여아가 더 높은 유전적 부하가 필요할 수 있다(Rhee, Waldman, Hay, & Levy, 1999).

남아와 여아 간에 정신병리 및 고통을 표현하는 과정에 차이가 있을 수도 있다(Chaplin & Aldao, 2013; Kistner, 2009; Rutter, Caspi, & Moffitt, 2003). 예를 들어 기질 변인의 성차뿐만 아니라(Else-Quest, Hyde, & Goldsmith, 2006; Frick & Morris, 2004; Olino, Durbin, Klein, Hayden, & Dyson, 2013), 생물학적 성숙의 느린 속도(Zahn-Waxler, Crick, Shirtcliff, & Woods, 2006; Zahn-Waxler et al., 2008)가 여아에 비해 남아의 품행문제의 높은 발생 빈도를 설명할 수 있다. 그 밖에 청소년기 남아의 우울은 어린 시절의 지원적 양육의 결여와 관련되는 데에 반하여 여아의 우울은 모성 우울과 강하게 연관되어 있다(Duggal, Carlson, Sroufe, & Egeland, 2001). 역경에 대한 탄력성을 예언하는 양육 환경의 유형도 남녀 간에 차이가 있는 것으로 나타났다. 남아의 탄력성은 남성 모델(아빠, 할아버지, 손위 형제 등)과 구조 및 규칙이 존재하고, 정서적 반응성을 격려하는 가정과 관련된다. 이에 반해 탄력적인 여아는 여성 양육자(어머니, 할머니, 언니 등)로부터 지지받는 독립성과 위험감수가 결합된 가정과 관련된다(Werner, 1995). 이 문제에 대한 앞으로의 연구 목표와

관련하여, 아동기 결과에 영향을 미치는 다른 요인들(예 : 부모 양육; Wilson & Durbin, 2010)의 영향력이 잘 알려진 것에 비해, 아버지의 정신병리가 자녀의 정신병리에 미치는 영향과 그 영향이 남아와 여아에서 다른가 하는 문제는 다루어졌어야만 했음에도 불구하고 제대로 다루어지지 않았다(Connell & Goodman, 2002).

Zahn-Waxler와 동료들(2008)은 파괴적 행동의 유병률은 남아보다 여아에서 더 낮지만 불안과 같은 공병 위험이 여아에서 더 높은 현상을 '공병에 대한 성 역설'이라 하였다. 이러한 역설을 설명하기 위해 이들은 여아가 대인관계에 대한 민감성, 염려, 공감수준이 높은 것이 비사회적 행동발달에 대한 보호요인일 수 있음을 시사하였다. 동시에 여아들이 다른 사람의 역경에 대한 민감도가 높고, 갈등과 고통을 경험하고 있는 상황에서 자신의 요구를 주장하기 꺼리는 특성이 내면화 문제를 발달시킬 위험을 증가시킬 수 있다. 그러나 성과 공병 간의 관계는 장애의 종류, 아동의 연령, 정보 출처 및 기타 요인에 따라 달라진다. 예를 들어 Zahn-Waxler와 동료들(1995), Biederman과 동료들(2002)은 ADHD 여아는 ADHD 남아에 비해 주요우울과 공병되는 비율이 더 낮다. Martel(2013)은 이러한 성차는 높은 생존 가치 또는 이러한 생물학적 조건이 교미 기회에 미치는 영향과 관련된 성적 선택 과정을 통해 나타날 수 있을 것으로 주장한다.

아동정신병리와 성차의 관계를 다룬 연구결과들이 복잡하고 일관되지 않으며, 종종 해석하기 어렵지만 여러 연구에서 얻은 누적된 결과들은 대부분의 아동기 장애의 표현과 경로를 이해하는 데에 성별의 영향이 결정적임을 보여주고 있다(Bell-Dolan et al., 2005; Zahn-Waxler et al., 2008). 발견된 성차를 설명하는 데 있어서 성이 영향을 미치는 과정과 기제를 이해하고, 발달 과정을 통해서 생물학적 영향과 양성 간의 다른 사회화 과정이 상호작용할 것임을 인식하는 것이 특히 중요하다.

시골과 도시 간의 차이

아동행동장애의 비율이 시골보다 도시지역에서 더 높을 것으로 일반적으로 생각하지만 이러한 생각을 지지해주

는 연구결과가 별로 없거나 또는 일관적이지 않다. 미국 버지니아 주 아일 오브 와이트 카운티, 런던 도심지역 자치구에 관한 연구와 온타리오 아동건강연구들은 시골 아동보다 도시 아동에서 문제행동의 발생비율이 높다는 것을 보여주었다(Offord et al., 1987; Rutter, 1981). 이에 반해 Weisz와 Suwanlert(1991)는 비교문화연구에서 연구 된 어떤 문화에서도(미국과 태국) 부모와 교사가 평가한 아동의 문제행동에 있어서 도시와 시골 간의 차이가 거의 나타나지 않았음을 보고하였다. SES와 민족을 통제하고 도시화의 정도를 고려하여 정교하게 분석한 연구에서 Achenbach와 동료들(1991)은 도시 환경에서 아동의 비행 점수가 유의하지만 약간 더 높은 정도이나, 아동의 행동문제와 능력에 있어서는 도시와 시골 간의 차이가 거의 없다는 것을 보여주었다. 이들은 시골에 비해 도시 에서 문제행동의 비율이 더 높다는 이전의 연구결과들은 "중간 정도의 도시화가 된 지역과 대도시지역을 합하여 시골지역과 비교하였고 인구통계학적 차이를 통제하지 못한 것을 반영할 수 있다."(p.86)고 결론내렸다. 도시와 시골 간의 차이가 발견된 연구에서도 이러한 차이의 대 부분은 두 지역 간의 경제적·문화적 차이와 관련되어 있으며, 도시화 자체와는 관련되지 않았다(Zahner, Jacobs, Freeman, & Trainor, 1993). 문제를 더 복잡하게 하는 것 은 정신병리에 미치는 도시화의 효과는 장애에 따라 다 르다는 것이다. 예를 들어 van Son, van Hoeken, Bartelds, van Furth 및 Hoek(2006)은 신경성 식욕부진증의 비율은 도시화에 따른 차이가 없지만 신경성 폭식증은 도시지역 에서 더 높다는 것을 발견하였다. 흥미롭게도 정신병리 에 미치는 도시화의 일부 효과는 유전자-환경 간의 상호 작용을 통해 작용할 수 있다. 예컨대 유전이 외현화 형 태의 정신병리에 미치는 상대적 영향을 환경조건이 조절 하는 것으로 보인다(Legrand, Keys, McGue, Iacono, & Krueger, 2008).

민족성과 문화

민족성

민족의 영향을 기술하기 위해 많은 용어가 사용되고 있 다. 이러한 용어로 민족성(ethnicity), 인종(race), 민족 정 체성(ethnic identity), 민족 지향(ethnic orientation), 문화 적응(acculturation), 이중문화 지향(bicultural orientation), 문화 등이 있다. Foster와 Martinez(1996)가 지적하였듯 이, 민족성을 기술하기 위해 사용된 용어가 다양하고 이 러한 용어들이 서로 관련되어 있지만 서로 다른 것을 지 칭한다는 것을 인식해야 한다. 북미 인구의 민족적 다양 성이 증가하고 있음에도 불구하고 아동정신병리에 관한 연구에서 민족집단의 대표성이나 민족 관련된 문제에 관한 연구들이 큰 관심을 받지 못하였다(García Coll, Akerman, & Cicchetti, 2000; U.S. Public Health Servies, 2001a). 최 근까지 아동정신병리를 다룬 연구들은 특정 민족집단 내 에서도 상당한 차이가 있을 수 있을 뿐만 아니라(Murry, Bynum, Brody, Willert, & Stephens, 2001; Serafica & Vargas, 2006), 민족집단에 따라 유병률, 시작연령, 발달 과정, 위험요인이 다를 가능성에 대해 일반적으로 무심 하였다(Yasui & Dishion, 2007). 또한 SES, 성, 연령, 지역 과 같은 중요한 변인을 통제하여 민족집단을 비교한 연 구가 드물다. 일부 최근 연구들은 소수집단 아동이 물질 남용과 같은 일부 장애에서 지나치게 많은 것으로 평가 되었음을 시사하고 있다(Nguyen, Huang, Arganza, & Liao, 2007). 전반적으로 유럽계, 아프리카계, 히스패닉계 미국인을 모두 포함하는 큰 집단을 대상으로 한 연구는 SES, 성, 연령, 전문가 도움 여부를 통제하면 인종이나 민족과 관련된 차이가 없거나 아주 작다고 보고하였다 (Achenbach & Edelbrock, 1981; Achenbach et al., 1991; Lahey et al., 1995). 따라서 외현화 문제가 아프리카계 미국 아동에서 더 빈번하게 보고되고 있지만(McLaughlin, Hilt, & Nolen-Hoeksema, 2007), 이러한 발견은 SES와 관련되어 나타난 결과일 수 있다. 불행하게도 아프리카 계와 히스패닉계 미국 아동은 정신보건서비스나 정신과 적 약물치료를 훨씬 적게 받고 있다(García Coll & Garrido,

2000). 북미 원주민은 물질남용과 자살을 포함하는 문제 행동의 비율이 더 높은 것으로 보인다(Whitbeck, Yu, Johnson, Hoyt, & Walls, 2008). 섭식제한, 이상적 신체상, 신체불만족과 같은 준(準)임상적 섭식장애에 있어서는 유럽계 미국인과 다른 민족집단 간의 차이가 보고되고 있지만(Wildes & Emery, 2001), 민족성이 섭식장애 위험과 강한 관계가 있지 않은 것으로 나타났다(Leon, Fulkerson, Perry, & Early-Zald, 1995). 중요한 것으로 보이는 제3의 변인(예 : SES)을 적절하게 짚어내는 연구들이 많이 수행되어야 할 것이지만, 이러한 결과들과 다른 결과들은 어떤 문제를 고려하느냐에 따라, 또 그 문제의 정도에 따라 달라질 것임을 시사한다.

SES와 성차의 경우와 같이 서로 다른 민족집단에 대해 각기 다른 유형의 문제가 나타날 유병률을 전체적으로 비교하는 것은 정확한 정보를 보여주지 못할 것이다. 반면에 여러 민족집단에서 형태에 영향을 주는 과정, 이와 연합된 요인들, 다른 장애로 나타나는 결과에 대한 연구들은 민족성과 아동정신병리와의 관계를 더 잘 이해할 수 있게 해줄 것이다(Bird et al., 2001; Bradley, Corwyn, Burchinal, McAdoo, & García Coll, 2001).

문화

특정 민족문화 집단을 특징짓는 가치, 믿음, 관습은 아동기 고통과 장애의 표현과 발달에 기여하며, 이는 다시 장애의 발달과 표현에 더 영향을 주는 문화적 과정을 통해서 범주로 조직화된다(Achenbach & Rescorla, 2007; Harkness & Super, 2000; Wong & Ollendick, 2001). 한 문화는 인과관계와 중재에 대해 관점을 공유하므로 문화는 사람들이나 제도가 아동의 문제에 반응하는 방식을 구조화한다. 아동의 사회적 행동의 의미는 문화적·사회적 가치에 의해 영향을 받기 때문에 다양한 아동정신병리의 표출 형태, 발생 빈도, 예언적 중요성이 문화에 따라 다르거나, 문화적 태도가 치료를 의뢰하는 패턴에 영향을 준다는 것은 놀랄 일이 아니다(Lambert et al., 1992). 예를 들어 아동의 수줍음과 과민성은 서양 문화에서는 또래의 거부 및 사회 부적응과 관련되지만 상하이의 중

국 아동들에서는 리더십, 학교에서의 유능성 및 학업성취와 관련된다(Chen, Rubin, & Li, 1995). 유사하게 Lambert, Weisz 및 Knight(1989)는 미국 젊은이보다 자메이카 젊은이가 과잉조절 문제를 더 많이 보고한다는 것을 발견하였는데, 이는 아동의 공격성 및 다른 통제되지 않는 행동을 금지하고, 억제와 과잉통제된 행동을 더 장려하는 아프리카 영국계 자메이카인의 문화적 태도나 관습과 일치하는 것이다.

Weisz와 Sigman(1993)은 케냐, 태국과 미국의 11~15세 아동의 행동문제와 정서문제에 대한 부모의 보고를 이용하여, 케냐 아동은 주로 신체에 대한 보고를 많이 하기에 과잉통제 문제들(공포, 죄의식, 신체에 대한 염려)이 특히 높게 평정되었다는 것을 발견하였다. 다양한 인종이 혼합된 표집에서 백인 아동은 과소통제 문제(주장하기, 가정에서 불복종, 타인에 대한 잔인성)가 특히 높게 평정되었다. Weisz와 Suwanlert(1987)는 불교문화 지향적이고 정서적으로 통제된 문화인 태국과 미국의 6~11세 아동을 비교하였다. 부모보고에 의하면 54개 문제행동에서 문화차가 있는 것으로 나타났는데, 대부분의 차이는 그 정도가 작았다. 태국 아동은 미국 아동보다 불안과 우울과 같은 과잉통제 행동을 포함하는 문제행동에서 더 높게 평정된 반면에, 미국 아동은 불복종, 싸움과 같은 과소통제 행동에서 더 높게 평정되었다.

Weisz와 Suwanlert(1991)는 태국과 미국에 있는 2~9세 아동의 행동문제와 정서문제에 대한 평정을 비교하였다. 태국의 부모와 교사들은 과잉통제 문제와 과소통제 문제를 덜 심각하고 덜 걱정스럽고, 성격 특성을 덜 반영하며 시간이 지나면서 나아질 가능성이 더 많은 것으로 평정하였다. 이러한 발견은 문화에 따라 문제행동에 대한 의미가 다르다는 것을 시사한다.

이러한 연구와 다른 연구들은 아동의 많은 행동장애와 정서장애의 표현과 이를 수용하는 정도가 사회적·문화적 가치와 관련됨을 시사한다. 이 관계를 조정하는 과정에 대해서는 앞으로 연구해야 할 필요가 있다. 이런 점에서 한 문화에서 얻은 아동정신병리 연구결과가 다른 문화에도 적용된다는 분명한 증거가 있지 않는 한, 다른

문화로 일반화하지 않는 것이 중요하다. 일부 과정, 예를 들어 정서조절 및 정서조절과 사회적 유능성의 관계에 관련된 일부 과정은 여러 문화에 걸쳐 유사할 수 있다(Eisenberg, Pidada, & Liew, 2001). 어떤 장애의 표현 비율, 특히 신경생물학적 기초가 강한 장애(예 : ADHD, 자폐스펙트럼장애)의 비율은 다른 장애에 비해 문화적 영향이 적을 수 있다. 그러나 그런 경우도 사회적 · 문화적 생각과 가치가 이러한 행동에 부여하는 의미, 이들에 대해 반응하는 방식, 표현의 형태, 결과, 중재에 대한 반응에 영향을 미친다(Castro, Barrera, & Holleran-Steiker, 2010).

문화 간 비교에서 중시해야 할 차이는 문화에 따른 장애의 비율 또는 이러한 문제에 대한 평가자의 지각에 대한 차이다. 예를 들어 Weisz와 Suwanlert(1989)는 태국과 미국 아동(6~11세 아동)의 행동/정서문제에 대한 교사의 보고를 비교하였다. 태국 교사는 미국 교사보다 학교에서 행동문제와 정서문제를 더 보이는 아동을 접하지만 자신들이 관찰한 학생의 행동에 대해 다른 판단기준을 적용하는 것으로 나타났다. 유사하게 문화적 요인이 비공식적으로 명명하는 것뿐만 아니라 진단적 관례에도 영향을 주는 것으로 알려져 있다. 영국에서의 ADHD 유병률이 미국에서보다 낮은데, 이는 양 국가 간에 진단준거를 적용하는 방식에 차이가 있기 때문이다. 진단적 관례에서의 이러한 차이로 인해 아동정신병리의 서로 다른 형태에 대해 문화에 따라 서로 다른 유병률을 보고하는 허구를 초래할 수 있다.

아동정신병리에 대한 문화 간 비교연구는 아동의 정신장애의 표현과 경험이 문화 보편적이지 않음을 시사한다(Fisman & Fisman, 1999). 병의 시작과 기간, 그리고 특정 증상들의 본질과 증상 간의 관계는 문화에 따라 다르며 한 문화에서도 민족집단에 따라 다르다(Achenbach, 2001; Hoagwood & Jensen, 1997; Yasui & Dishion, 2007). 그러나 정신장애 아동에 대한 태도, 행동, 이들의 생물학적 · 심리학적 과정에 대한 문화 간 비교는 거의 연구되지 않았다. 전통적 문화에서의 강한 사회적 연결과 지원, 그리고 산업화된 사회에서의 자원에의 접근성

과 기회는 여러 문화에서 공통적으로 아동정신병리의 결과를 변화시킬 수 있는 기제가 될 것이다. 아동정신병리에 미치는 문화적 영향에 대한 관심이 증가하고 있는데(Evans & Lee, 1998; Lopez & Guarnaccia, 2000), 이러한 경향은 세계화와 빠른 문화적 변화가 점차 증가하고 있기에 더 지속될 것이다(García Coll et al., 2000).

아동정신병리의 핵심 개념

아동정신병리 연구에서 특징적으로 반복적으로 논의되는 몇몇 주제가 있다(Cicchetti & Toth, 2009; Rutter & Sroufe, 2000). 이러한 몇 가지 주제가 이 절에서 다루어질 것인데, 이에는 (1) 정신병리와 정상을 개념화하는 문제의 어려움, (2) 건강한 기능과 적응을 고려해야 할 필요성, (3) 발달적 연속성과 불연속성에 관한 문제, (4) 발달경로의 개념, (5) 위험과 탄력성에 관한 견해, (6) 보호요인과 취약요인, (7) 맥락적 영향의 역할이 포함된다.

정신병리 대 정상

정상적 기능과 비정상적 기능을 구분하는 경계를 확립하려는 시도는 그 경계가 정상이나 다른 임상적으로 중요한 요인에 대해 중요한 정보를 제공한다면 의미 없는 것은 아니겠지만 기본적으로 임의적인 과정이다(Achenbach, 1997). 아동의 정신장애에 대한 전통적 접근은 증상, 진단, 질환 및 치료와 같은 개념을 강조하는데, 그렇게 함으로써 아동정신병리 및 관련된 질문에 대해 우리가 생각하는 방식에 크게 영향을 준다(Richters & Cicchetti, 1993). 아동기 장애는 일반적으로 적응적 기능의 붕괴, 통계적 차원에서의 일탈, 기대되지 않는 고통과 장애 및 생물학적 손상을 포함하는 일탈로 개념화되어 왔다.

Wakefield(1992, 1997, 1999b, 2010)는 정신장애의 중요한 개념을 '해로운 기능장애'라고 제안하였다. 이 개념은 아동의 신체적 정신기능을 아우르며, 가치에 기초하고 과학에 기초한 기준을 포함한다. 아동정신병리의 맥락에서 아동의 상태가 장애로 간주되는 경우는 (1) 사회적 규준으로 판단했을 때 아동을 해롭게 하거나, 아동의

이익을 박탈하는 상태, (2) 자연적인 기능(예 : "기제의 기능과 존재에 대한 진화적 설명의 효과"; Wakefield, 1992, p.384)을 수행하는 내적 기제가 기능하지 못함으로써 생기는 상태 등이다. 정신장애에 대한 이러한 관점은 내적으로 진화된 기제에 주의를 기울이게 해준다. 예를 들어 자기조절의 맥락에서 실행기능에 주의한다(Barkley, 2001). 그럼에도 불구하고 Richeters와 Cicchetti (1993)가 지적하였듯이 이 개념은 정신장애를 정의하는 데 필요한 것이 무엇인가를 확인해줄 뿐이며, 그러한 결정이 어떻게 내려져야 하는지는 밝혀주지 않는다.

지금까지 제안되어 왔던 정신장애에 대한 대부분의 정의에서와 같이 정상과 비정상 간의 경계를 정의하는 것, 정상적인 변이와 장애 간의 차이를 이해하는 것, 어떤 것이 '해로운 조건'이 되는 것인지를 정의하는 것, 기능장애를 그러한 조건과 연결하는 것, 그리고 '자연적' 기제와 다른 제안된 기제의 영역을 제한하는 것 등은 상당히 논쟁이 되는 것이다(Hudziak, Achenbach, Althoff, & Pine, 2007; Lilienfeld & Marino, 1995). 정신장애의 범주는 인간이 만든 언어적 구분과 개념화에서 유래하며, 정상적 조건과 비정상적 조건을 구성하는 경계 또는 서로 다른 비정상적 조건의 경계가 쉽게 내려지는 것은 아니다. 정신장애를 범주화하려는 노력은 '연결 부분을 구분하는' 것으로 보이지만, 그러한 '연결 부분'이 실제로 존재하는지는 논란이 되고 있다(Angold & Costello, 2009; Cantor, Smith, French, & Mezzich, 1980; Lilienfeld & Marino, 1995).[3] 그러나 범주적 구분이 유용하기 위해서 꼭 분명한 구분이 존재해야만 하는 것은 아니다. 예를 들어 낮과 밤을 구분하는 것은 인간이 사회적 담화와 계약을 하는 데 매우 유용할지라도 밤으로부터 낮을 구분할 수 있는 분명한 연결 부분은 없다. 이와 유사하게 높은 수준의 증상에서 장애를 결정하는 역치가 모호할 수 있지만 대부분의 사람들이 입은 손상의 정도가 한 지점에 위치하거나 그 지점을 넘는다면 그 지점을 장애의 지점으로 규정할 수 있다. 그러므로 정상과 비정상의 분명한 경계가 부족함에도 불구하고, 이러한 범주적 구분이 어떤 아동이 특수교육이나 치료 또는 장애의 지위를 받

는 것으로부터 이득을 볼 수 있을 것인지를 적절하게 예언하는 한 이는 유용한 것이다.

건강한 기능

아동정신병리의 연구는 몇 가지 이유에서 적응적 발달 과정에도 주의해야 한다. 첫째, 일탈에 대한 판단은 아동의 수행이 동년배에 비해, 또 아동 자신의 발달 기초선에 비해 어떤 수준인지를 보아야 한다는 점에서 정상적인 규준적 발달기능에 대한 지식을 필요로 한다. 둘째, 부적응과 적응은 많은 경우 동전의 양면과 같아서 특정 영역의 발달장애(예 : 부적절한 행동의 발생)는 같은 영역에서의 발달과제나 기대를 충족하지 못하는 것(적절한 행동의 부재)과 함께 나타난다. 그러나 적응이 단순히 정신병리의 부재와 같은 것으로, 또는 그 반대와 같은 것(증상을 부적응으로 보는 것)으로 보아서는 안 된다. 전자에 있어서 Kendall과 동료들(Kendall, Marrs-Garcia, Nath, & Sheldrick, 1999; Kendall & Sheldrick, 2000)은 치료결과를 평가할 때 규준적 비교를 하는 것이 중요하다고 주장한다. 이들은 향상은 증상의 감소뿐만 아니라 건강한 기능이 특정 범위 안에 드는 것도 포함한다고 시사한다. 더욱이 적응은 심리적, 신체적, 대인관계적 및 지적 자원을 가지고 있고 또 그것이 발달하는 것을 포함한다(Fredrickson, 2001). 후자의 관점에 있어서 증상과 손상이 중간 정도로만 상관관계를 보이는 경향이 있는데, 이는 어떤 아동에게 있어서 증상이 인생의 중요한 영역에 전반적으로 부정적인 영향을 미치는 것은 아님을 시사한다(Barkley, 2012a; Gordon et al., 2006).

셋째, 장애가 있는 아동은 의뢰와 진단을 하도록 만든 특정 문제 외에 다른 적응기능에서도 손상을 보일 수 있다. 예를 들어 ADHD 아동은 일반적으로 그 핵심 증상인 과잉활동/충동성 및 부주의 외에도 사회화, 의사소통 및 일상의 활동에서도 평균 이하의 기능을 보인다(Stein, Szumowski, Blondis, & Roizen, 1995). 넷째, 특정 장애가 있는 대부분의 아동들은 일부 영역의 생활에서는 효율적으로 기능하는 것으로 알려져 있다. 아동의 장점을 이해하는 것은 아동장애에 대한 우리의 지식과 효과적인 치

료 책략을 개발하는 데 기초가 된다. 다섯째, 아동은 발달 과정에서 병리적 기능과 병리적이지 않은 기능 사이에서 변화를 보인다. 각 아동은 문제의 유형과 빈도에서 '상승과 하락'을 보일 수 있다. 여섯째, 특정 시점에서 일탈로 분류되지 않는 다양한 아동기 행동은 이미 존재하고 있는 장애의 덜 심각한 형태의 표현이거나 또는 발달이 지속됨에 따라 이후에 더 심한 일탈로 진행될 수 있는 초기 표현일 수도 있다(Adelman, 1995). 마지막으로 아동기 장애에 관한 이론은 내재하는 정상적인 능력이 어떻게 발달하는지 또 정상 발달 과정의 어떤 요인이 빗겨가서 장애가 되는지에 대한 이론과 연결될 수 없다면 결코 완전할 수 없다. 따라서 아동정신병리에 대해 이해하기 위해서는 덜 극단적인 형태의 문제에 주의해야 하며 정신병리에 내재하는 정상 발달 과정에 대한 더 완벽한 모델을 개발해야 한다.

이러한 이유로 인해 아동정신병리 연구에는 비정상적 기능과 건강한 기능 모두에 대한 이해가 필요하다(Cicchetti, 2006). Cicchetti와 Richters(1993)가 지적하였듯이 "한 개인 내의 적응적 과정과 부적응적 과정 모두를 고려할 때에야 비로소 정신병리의 실재, 본질과 경계에 대한 의미 있는 말을 할 수 있게 된다."(p.335) 현재까지 건강한 기능보다 정신병리의 기술과 분류에 대해 훨씬 더 많이 주의하여 왔다. 정서적 분노, 비행 및 학습에 관련된 병리적이지 않은 사회심리적 문제들, 발달과업을 성공적으로 해결하도록 촉진하는 요인들에 대해서는 덜 주의하였다(Adelman, 1995; Sonuga-Barke, 1998). 이러한 불균형에 비추어볼 때 정상 발달 과정에 대한 연구(Lewis, 2000), 규준적이고 대표적인 아동 표본에 대한 조사(Ialongo, Kellam, & Poduska, 2000; Kazdin, 1989) 및 역경 속에서도 정상적 발달을 보여주는 '탄력적인' 아동에 대한 연구가 필요할 것이다(Masten & Cicchetti, 2010).

발달적 연속성과 불연속성

아동정신병리에 대한 이론과 연구의 핵심 주제는 한 시점에서 확인된 장애의 지속성과 아동, 청소년, 성인 장애 간의 관계이다(Caspi, 2000; Rutter, Kim-Cohen, & Maughan, 2006; Schulenberg, Sameroff, & Cicchetti, 2004). 지적장애와 자폐스펙트럼장애와 같은 일부 아동기 장애는 아동기부터 성인기까지 지속되는 전형적인 만성질환이다. 기능적 유뇨증, 유분증과 같은 다른 장애는 아동기에 발생하며 성인에서는 거의 나타나지 않는다(Walker, 2003). 그러나 대부분의 장애(기분장애, 조현병, 범불안장애)는 비록 변형된 형태로 나타나긴 하지만 아동기와 성인기에 모두 나타나며 시간이 지남에 따라 연속성의 정도가 달라진다. 아동 장애와 성인 장애 간의 연속성을 지지하는 증거는 불분명하며, 연구설계, 측정 도구, 표본의 성질, 그리고 장애의 유형 및 심각성과 관련된 방법론적 요인들에 따라 차이가 난다(Garber, 1984). 일반적으로 여러 문헌이 아동정신병리가 일부 문제에서는 성인기 장애로 연속되지만 모든 문제가 연속되지는 않는다고 시사하고 있다. 아래에서 논의하겠지만 내면화 문제에 비해 외현화 문제의 안정성을 지지하는 것으로 보이는 증거들이 있다. 그러나 이러한 발견은 평가된 장애의 심각성과 파급성, 의뢰인의 편향, 내면화 문제나 기타 문제를 겪는 아동에 대한 종단연구가 이제야 비로소 시작되었다는 사실을 반영할 수도 있다. 예를 들어 최근의 종단연구들은 아동기 불안장애는 다양한 청소년기 정신과적 장애를 예견함을 보여주고 있다(Bittner et al., 2007). 다른 보고에서는 일찍 시작된 신경성 폭식증은 후기 청소년기의 신경성 폭식증 위험의 9배 증가와, 또 성인기 신경성 폭식증의 20배 증가와 관련되는 것으로 나타났다(Kotler, Cohen, Davies, Pine, & Walsh, 2001).

초기 부적응과 이후의 장애행동 간의 관계에 내재하는 기제가 다양하며 직접적으로 또는 간접적으로 작용할 수 있다(Garber, 1984; Rutter, 1994a; Sroufe & Rutter, 1984). 초기 문제와 이후 문제 간의 직접적 관계에 대한 예로는 (1) 영아기 또는 아동기에 발달한 장애가 이후까지 지속되는 것, (2) 영아나 아동의 신체적 상태를 변화시키는 경험(신경적 가소성)이 이후의 기능에 영향을 미치는 것(Courchesne, Chisum, & Townsend, 1994; Johnson, 1999; Nelson, 2000), (3) 초기에 습득한 반응(강압적 강요, 분리 등)이 현재의 발달수준에는 적응적일 수 있으나 이후 환경이 변하고 새로운 발달적 도전에 직면했을 때 정신병리가 초래되는 것 등이 포함된다.

아동기 정신병리와 성인기 정신병리 간의 간접적인 관계를 보여주는 예는 후에 환경적 경험(예 : 스트레스 유발 인자)과 상호작용하는 초기의 경향성 및 이 둘이 결합하여 장애를 초래하는 것이다. 예를 들어 Egeland와 Hiester (1995)는 생후 42개월 된 열악한 환경에 있는 문제를 일으킬 위험이 높은 아동에게 보육이 미치는 영향은 12개월에 형성된 애착의 질과 관련된다는 것을 발견하였는데, 안정애착된 아동이 일찍 시작된 가정 밖의 보육에 더 부정적으로 영향을 받았다. 아동의 장애와 성인의 장애 간의 간접적 관계에 대한 다른 예로는 (1) 자아존중감을 변화시키는 경험(예 : 또래의 거부)(DuBois & Tevendale, 1999)이나 부정적인 인지 태도를 형성시키는 경험이 이후의 어려움을 초래하는 것, (2) 다양한 기회 또는 장벽을 제공하는 경험이 특정 환경 조건을 선택하게 만들며, 그렇게 함으로써 아동의 발달 과정을 이끄는 것(Rutter, 1987; Sroufe & Rutter, 1984)이 있다.

많은 연구들이 아동기 장애의 연속성과 불연속성뿐만 아니라 이를 예언하는 요인들을 찾고자 하였다. 품행장애의 맥락에서 연구된 한 요인은 시작 연령인데, 일찍 시작된 품행장애는 흔히 10세 이전에 품행장애 증상이 나타나는 것으로 간주되고 있다(APA, 2013b). 일찍 시작된 품행장애 증상은 남아와 여아에서 모두 장기간에 걸친 더 심각하고 더 빈번한 반사회적 행위와 관련되는 것으로 밝혀졌다(Lavigne et al., 2001). 그러나 일찍 시작한 아동들에도 서로 다른 하위집단이 있을 수 있어서, 품행장애가 시작되기 이전부터 존재하고 이후에도 지속되는 성향적이고 심리사회적 변인들이 품행장애의 심각성과 지속성에 시작 연령 자체보다 더 영향을 미칠 수 있다(Frick & Viding, 2009; Tolan & Thomas, 1995). 여기서 제기되는 중요한 질문은 조기 시작이 이후의 문제에 인과적 방식으로 작용하는지, 작용한다면 어떻게 작용하는지 하는 문제이다. 또 다른 문제는 장애(예 : 우울증)의 조기 시작과 관련된 인과적 과정이 장애를 유지하는 데 기여하는 과정과 서로 다른가이다. 설령 그렇다 하더라

도 시작 연령을 너무 분명하게 할 필요는 없다. 시작 연령을 너무 분명하게 정함으로써, ADHD에서 일어난 것과 같이(Nigg & Barkley, 이 책의 제2장), 장애가 아닌 것을 장애로 잘못 구분하게 될 수 있다. 정확성을 찾으려는 노력은 정확한 시작 시점을 잘 회상하지 못하는 동일한 장애를 가지고 있는 10대와 성인에 대한 연구를 방해함으로써, 또 질적으로 동일한 증상과 손상을 가지고 있지만 늦게 시작한 경우는 그 장애에 대한 타당한 예가 아닌 것으로 가정하게 함으로써 역효과를 일으킬 수 있다.

연구결과들이 장애가 연속된다는 견해를 지지하고 있지만, 동일한 증상의 시간에 걸친 연속성(즉, '동형 일치성')은 지지하지 않는다. 특정 증상보다는 행동 패턴의 시간에 걸친 연속성이 일반적이다. 예를 들어 남아의 외현화 장애가 안정적이지만 이러한 행동 패턴이 표현되는 방식은 발달 과정에서 극적으로 변화한다(Olweus, 1979). 시간에 걸쳐 행동 표현은 크게 변동하지만, "아동이 자신의 경험을 구조화하고 환경과 상호작용하는 일반적인 적응적·부적응적 패턴은 일관적일 수 있다."(Garber, 1984, p.34) 몇몇 연구결과들이 이 일관된 '구조화 패턴' 견해를 보여준다. 예를 들어 초기의 높은 행동 억제수준은 이후에 아동이 새롭고 익숙하지 않은 상황에 적응하는 방식과 뒤이어 일어나는 사람-환경 간의 상호작용에 영향을 미침으로써 이후의 적응에 영향을 줄 수 있다(Kagan, 1994a). 구조화된 패턴의 또 다른 예는 초기의 애착 질과 아동이 이후의 관계에서 적용하게 되는 내적 작동 모델의 발달이다(Bowlby, 1988; Goldberg, 1991). 자신과 인간관계에 대한 내적 작동 모델은 시간에 걸쳐서 비교적 안정적일 수 있으며, 동시에 내적 모델에 대한 행동적 표현은 발달하면서 변화한다. 신경과학적 관점에서 Pennington과 Ozonoff(1991)는 어떤 유전자와 신경 체계가 정신병리의 연속성에 영향을 미치는 중요한 성향을 가지도록 한다고 주장하는데, "한 수준에서의, 가령 관찰 가능한 행동수준에서의 불연속성은 더 깊은 수준에서의 연속성을 가릴 수 있어서, 관찰 가능한 행동에 내재하는 기제에 대한 관심을 가진 사람들을 가릴 수 있다."(p.117)고 주장한다.

발달적 연속성이 개별적인 행동이나 증상에 있는 것이 아니라 일반적인 구조화 패턴에 반영되어 있으므로, 초기의 적응과 이후의 정신병리 간의 관계는 직접적이거나 단순하지 않을 것이다. 아동정신병리와 성인정신병리 간의 연결은 연속성과 불연속성이 모두 존재한다. 연속성-불연속성 정도는 변화하는 환경조건에 따라 또 아동의 발달궤도에 영향을 미치는 환경과 아동 간의 교류에 따라 변한다.

발달경로

'발달경로'의 개념은 정신병리의 연속성과 불연속성을 이해하는 핵심이다. 이러한 경로는 직접적으로 관찰할 수는 없지만 아동을 시간에 걸쳐서 반복적으로 평가함으로써 추론될 수 있으며, 종합하고 통합하기 위한 틀로써 사용될 수 있다(Loeber, 1991; Pickles & Hill, 2006). Loeber (1991)에 의하면 경로는 "행동의 연속성과 변형의 순서와 시기를 정의하며, 이상적으로는 연속적인 행동들 간의 확률적 관계를 요약해준다."(p.98) 발달경로가 '이탈'되었는지 또는 '정상'인지를 확인하는 데 있어서, 다음과 같은 사실을 인식하는 것이 중요하다. (1) 서로 다른 경로가 정신병리에 대한 유사한 표현으로 이어질 수 있다(등결과성), (2) 경로가 발생한 더 큰 체계의 조직화에 따라서, 유사한 초기 경로가 서로 다른 형태의 기능장애로 이어질 수 있다(중다결과성; Cicchetti & Rogosch, 1996; Lewis, 2000; Loeber, 1991).

아동학대와 관련된 연구결과들은 학대받은 대부분의 아동이 부정적인 결과를 보여주는 것이 아니라는 조건부 학대 결과로 이어지는 발달경로의 예를 제시해주고 있다. 왜 어떤 아동은 학대의 영향을 받기 쉬운가 하는 의문은 아동의 유전적 표지와 같은 취약성 요인을 찾도록 영향을 주었다(Wekerle et al., 이 책의 제16장). 그러나 신체적으로 학대받은 아동은 불안정애착을 발달시킬 가능성이 높고 대인관계를 강압적이고 위협적인 것으로 보며, 적대적 단서를 경계하고 선택적으로 주의하며, 다른 사람들을 순간적으로 위협적이거나 위협적이지 않은 사람으로 분류하고, 대인관계 문제를 해결하기 위해 공격

적 행동 책략을 습득하는 것으로 나타났다(Cicchetti & Manly, 2001). 이러한 아동들은 또래관계에 부정적이고 대립적이며 예측 불가능한 표상 모델을 적용한다. 이 아동들은 편향되고 일탈된 방식으로 사회 정보를 처리하며, 또래관계에서 사회적 위축, 인기 없음, 또래로부터의 명백한 사회적 거부 등의 문제를 가지게 된다(Dodge, Pettit, & Bates, 1994). 발달경로의 다른 예에서 품행장애 진단에는 전형적으로 다양한 물질사용의 시작이 먼저 선행되고, 물질사용은 청소년기 알코올 의존 진단이 선행된다(Kuperman et al., 2001). 비극적으로 이는 다시 알코올 의존성과 반사회적 행동이 서로 영향을 미침으로써 지속적인 반사회적 행동의 위험을 악화시킨다(Barkley, Fischer, Smallish, & Fletcher, 2004).

발달경로에 대한 체계적인 묘사는 역학연구와 아동기 장애 결과에 대한 연구에 몇 가지 이점을 가져다줄 뿐만 아니라 중재 책략에 대해서도 시사해준다. Loeber(1991, p.99)는 이러한 이점을 시간이 지남에 따라 "특정 장애가 변화되어 나타나는 가변적인 표현형을 파악하려는 시도"로 기술하였다. 이러한 방식으로 발달경로에 대한 연구는 역학적 고려, 시간이 지남에 따라 나타나는 동반이환에 대한 평가, 다양한 결과에 대한 민감성을 포함하게 된다(White, Bates, & Buyske, 2001).

위험과 탄력성

아동정신병리에 대한 이전 연구들은 일탈과 부적응으로의 발달경로를 밝히는 데 집중하였으며, 유능성과 적응으로의 발달경로는 상대적으로 배제하였다(예외로는 Luthar, 1993; Rutter, 1985, 1987, 1994b; Rutter & Rutter, 1993). 그러나 위험에 처한 상당수의 아동은 후에 문제를 발달시키지 않는다. 위험요인뿐만 아니라 취약한 아동을 기능장애로부터 보호하고 역경에도 불구하고 성공적으로 적응하도록 유도하는 조건에 대해서도 탐구해야 한다는 인식이 점차 증가하고 있다(Cicchetti & Garmezy, 1993; Masten & Wright, 2010).

심각한 역경을 경험한 아동의 성공적인 적응을 의미하는 '탄력성'은 이제 매우 주목받고 있다(Luthar, Cicchetti,

& Becker, 2000). 초기 적응 패턴은 이후의 적응에 복잡하고 상호적인 방식으로 영향을 미친다. 힘든 조건, 적응하기 위한 초기 갈등, 발달과업의 실패가 반드시 부정적인 결과를 초래하는 것은 아니다. 오히려 많은 요인들이 전환점을 제공하여서, 특정 발달과제의 성공(교육적 발달, 또래관계)이 아동을 더 적응적인 궤도로 이동하도록 한다. 역으로 다양한 사건과 상황, 내면의 역동적인 생물학적 체계가 아동의 발달궤도를 부적응으로 들어가도록 영향을 줄 수도 있다(역기능적 가정환경, 또래 거부, 학교에서의 어려움, 부모의 정신병리, 세대 간 갈등, 유전적 영향 등).

'탄력성'이라는 용어가 분명하게 정의되지는 않았지만, 이 용어는 일반적으로 다음과 같은 아동을 기술한다. (1) 정신병리를 일으킬 심각한 위험에 처했음에도 불구하고 부정적 결과를 피하고 긍정적인 결과를 성취한다. (2) 스트레스에도 지속적으로 유능성을 발휘한다. (3) 외상적 경험에서 회복한다(Werner, 1995). 위험은 흔히 부정적 결과와 연합된 것으로 알려진 아동의 특성 차원, 예를 들어 까다로운 기질(Ingram & Price, 2001; Rothbart, Ahadi, & Evans, 2000)과 극단적이거나 해로운 환경조건(예 : 가난 또는 학대)에의 노출로 정의된다. 정신병리를 발달시킬 것으로 예상되는 아동과 고위험 상황에서 부정적인 발달적 결과에 대한 취약성을 보이는 아동을 '취약한' 아동이라 한다. 고위험 환경에 처한 아동의 취약성에 기여할 것으로 가정되는 두 요인은 유전적 구성과 기질이다(Rutter, 1985; Seifer, 2000).

이러한 모델을 더 복잡하게 하는 것은 특정 유전적 변이와 기질 특성이 고위험 환경에 대한 취약성의 표지로서만 작용하는 것이 아니라 일련의 긍정적, 부정적 맥락에 대한 취약성 차이의 표지로서도 작용함을 시사하는 최근의 연구결과이다(Ellis, Boyce, Belsky, Bakermans-Kranenburg, & van IJzendoorn, 2011). 환경에 대한 취약성 차이 견해는 어떤 개인차 요인은 초기 환경이 해로웠는지 아니면 지원적이었는지에 따라 아동에게 긍정적 결과와 관련될 수도 있고 부정적인 결과와 관련될 수도 있다는 것을 의미한다. 이에 반해 그와 같은 가소성 표지

가 없는 아동(Ellis & Boyce, 2008)은 초기 환경의 질에 상관없이 중간 정도의 결과를 나타내는 경향이 있을 것이다. 이러한 두 유형(환경에 아주 잘 반응하는 아동과 환경 영향에 잘 견디는 아동)의 아동은 연약한 난과 강한 민들레에 비교되는데(Ellis & Boyce, 2008), '민들레' 같은 아동은 초기의 역경에 대해 탄력성을 보인다.

탄력성에 관한 연구는 일치되는 용어, 개념적 틀 및 방법론적 접근이 부족하다(Luthar et al., 2000; Masten, 2011; Rutter, 2000). 탄력성은 아동의 보편적이고, 범주적이고 또 고정된 속성으로 정의되는 것이 아니라, 오랜 시간에 걸쳐 작용하는 몇몇 다양한 유형의 역동적 과정으로 정의되고 있음에 주목하는 것이 중요하다. 한 아동이 어떤 특정 스트레스 요인에 대해서는 탄력적이지만 다른 스트레스 요인에 대해서는 탄력적이지 않을 수 있으며, 또 탄력성이 시간과 맥락에 따라 변할 수도 있다(Rutter, 2012). 탄력성 모델은 아동과 아동의 환경 간의 역동적 관계에 대해 설명하며, 발달심리의 이론적 공헌과 경험적 공헌을 통합하며, 정상적 행동과 일탈적 행동에 관련된 다양한 요인을 인정하고 있다(Rutter, 2006; Shiner & Masten, 2012).

탄력성에 관한 연구에서의 한 가지 문제는 긍정적인 발달적 결과에 대한 합의된 기준이 없다는 것이다(탄력성 연구에서 긍정적 결과가 조작적으로 정의되는 방식에 관한 개관은 Kaufman, Cook, Arny, Jones, & Pittinsky, 1994 참조). 예를 들어 탄력성과 적응을 정의하는 기준이 외적 기준(예 : 학업 수행)의 증거에 기초해야 하는지, 내적 기준(예 : 주관적 행복)의 증거에 기초해야 하는지, 아니면 이 둘 모두를 포함해야 하는지에 대해 아직도 논쟁 중이다(Matsen, 2001). 정보의 근원(예 : 부모 또는 교사), 평가방법(예 : 인터뷰, 질문지, 관찰), 사용된 적응 기준, 그리고 평가 횟수와 시기에서의 연구에 따른 차이가 탄력적인 아동으로 분류된 아동과 분류되지 않은 아동의 비율에 쉽게 영향을 미친다(Kaufman et al., 1994; Masten, 2001). 이 외에 '탄력성'이라는 용어가 결과와 결과의 원인 모두를 지칭하기 위해 사용되는 등 용어가 사용되는 방식에 혼란과 논리적 순환성이 있다. 더욱이

역경에도 불구하고 긍정적 적응능력이 있을 것으로 추정해주는 아동이 가지고 있는 표지의 질을 지칭하기 위해 탄력성이 사용되는 경우에도 위험 모델 이상으로 아동의 긍정적 결과를 타당하게 보여줄 수 있도록 탄력성 표지가 취약성의 부재 이상을 반영하는 것이어야 한다(다음 절 참조).

탄력성에 대한 여러 가지 모델이 제안되었는데, 이들 중 가장 일반적인 모델은 상보적 모델, 도전 모델 및 보호요인 모델이다(Garmezy, Masten, & Tellegen, 1984). 다년간의 연구에 의하면 탄력성은 아동이 가지고 있는 드물거나 특별한 질을 나타내는 것이 아니라('취약하지 않은' 아동이라는 용어로 시사되는 것과 같이), 뇌발달, 인지, 성격발달, 양육자-아동 간의 관계, 정서와 행동조절 그리고 학습동기와 같은 정상 발달 과정의 상호작용 결과이다(Masten, 2001). 일부 연구자들은 탄력성이 과거에 생각했던 것보다 더 흔한 것일 수 있으며, 이러한 현상은 인간의 기본적인 적응의 구조와 '일상적인 마법'의 일환이라고 주장한다(Masten, 2001; Sheldon & King, 2001). 아동기 정신병리 위험이 증가하는 것은, 흔히 장기간 지속되고 반복적인 역경으로 인해 이러한 적응체계가 손상될 때인 것이다.

마지막으로 아동은 약하거나 중간 수준의 스트레스에 대한 노출에서 실제적인 이득을 볼 수 있을 가능성이 제안되었으나(Rutter, 2012; Taleb, 2012), 이는 경험적 연구의 관점에서는 잘 이해되지 않는다. 요약하면 이 가설 이면의 견해는 스트레스 경험이 아동으로 하여금 대처기술과 미래의 스트레스 요인을 더 성공적으로 관리하는 기술을 발달시키도록 한다는 것이다. 만약 그렇다면 지나치게 보호적이고 과민한 부모의 양육 스타일은 아동이 대처기술을 개발하는 경험을 방해함으로써 아동에게 부정적인 영향을 미칠 것이다. 이러한 견해가 상식적으로 설득력이 있고 불안과 다른 정신병리적 문제에 대한 노출에 기초한 치료적 접근을 보완하지만 더 많은 연구적 관심이 필요하며, 이로 인해 스트레스가 아동의 발달에 어떻게 영향을 미치는지에 대한 앞으로의 연구 방향을 제시한다.

보호요인과 취약요인

위험요인과 스트레스 요인에 대한 아동의 반응에 영향을 미치는 것으로 발견된 많은 보호요인과 취약요인이 있다(Kim-Cohen & Gold, 2009; Luthar, 2006). 이에는 아동 내 요인, 가족 요인과 지역사회 요인이 포함된다(Osofsky & Thompson, 2000; Werner & Smith, 1992). 아동 내 위험요인의 예는 유전적 위험의 개인차가 역경과 부정적 결과 간의 관계를 조절하는 것이다(Brody et al., 2014). 아동에게 해로운 영향을 미치는 것으로 밝혀진 공통적인 위험요인들은 극심한 긴장 상황과 만성적인 역경을 모두 포함한다. 이에는 만성적인 가난, 빈약한 양육, 부모의 정신병리, 부모 사망, 지역 재난, 노숙, 사회지원 감소, 재정적 자원 감소, 가족 붕괴, 부모의 결혼 갈등과 출산 전후의 스트레스가 포함된다(Brennan et al., 2008; Deater-Deckard & Dunn, 1999; Luecken & Lemery, 2004; Repetti, Taylor, & Seeman, 2002; Rutter, 1999; Tebes, Kaufman, Adnopoz, & Racusin, 2001).

아동 내의 보호요인으로 밝혀진 것에는 아이가 다른 사람과 관계를 잘할 수 있도록 해주는 '편한' 기질(활발하고, 사랑스럽고, 잘 안기고, 성질이 좋고, 다루기 쉬운), 자율성과 도움이 필요할 때는 도움을 청하는 초기 대처 책략, 높은 지능과 학업능력, 효율적인 의사소통과 문제해결기술, 긍정적인 자존감과 정서, 높은 자기효능감, 유전적 요인(Dodge & Sherrill, 2007), 무엇인가 되려고 또 해보려는 의지(Fredrickson, 2001; Gilgun, 1999) 등이 있다. 아동 내의 보호요인일 가능성이 있는 예는, 호흡성 부정맥과 피부전도가 높은 수준으로 함께 나타나는 것은 아동이 부모의 결혼 갈등에 노출되었을 때 나타날 수 있는 내면화 증상의 증가로부터 아동을 보호할 수 있음을 보여주는 연구결과(El-Sheikh et al., 2013)에서 찾을 수 있는데, 호흡성 부정맥과 피부전도가 모두 높은 것은 자기 위안을 통한 자기조절 능력, 집중된 주의, 목표 지향적이고 체계화된 행동을 나타내는 지수로 간주될 수 있다.

가족 수준에서 보호요인으로 밝혀진 것은 아동의 요구에 민감한 적어도 한 사람과의 가까운 관계를 형성하는 기회, 긍정적 양육, 가용한 지원(예 : 보육), 성인이나 또래가 가치를 인정해주는 재능과 취미, 고난과 역경의 시기에 안정성과 의미를 제공해주는 가족의 종교적 믿음 (Werner & Smith, 1992)이다. 지역사회의 보호요인은 염려해주는 이웃이나 지역사회의 어른, 또는 또래 등 가족 외 관계, 긍정적인 역할 모델과 지지자가 되어주는 교사가 있는 효과적인 학교 환경, 주요한 인생 전환의 기회가 열려 있는 것(예 : 성인 교육, 자발적 군복무, 교회 또는 지역사회에의 참여, 지원적인 친구 또는 배우자/파트너) 등이다.

요약하면 어린 시절의 적응 형태는 이후의 정서에 복잡하고 상보적인 방식으로 영향을 준다. 역경, 어린 시절의 적응 갈등, 발달과업의 실패가 고정되고 변화될 수 없는 기능장애로의 경로로 항상 이끄는 것이 아니다(Rutter, 2007a). 그보다는 오히려 앞서 지적했듯이 많은 요인들이 아동의 발달 과정을 더 좋은 방향으로 전환하는 데 영향을 줄 수 있다. 역으로 다양한 사건과 환경이 이 과정을 더 나쁘게 변경시킬 수도 있다.

발달적 연속성-불연속성, 발달경로, 위험, 탄력성 및 반취약성, 취약성과 보호요인 간의 서로 관련된 문제는 거의 해결되지 않았거나 분명하게 이해되지 못하고 있다. 아동정신병리의 역학과 과정에 포함되어 있는 상호 의존적이고 호혜적인 수많은 영향, 기제 및 과정들은 더 복잡한 이론(예 : 카오스 이론, 비선형적 역동 모델 등) (Granic, 2005; Glantz & Johnson, 1999), 연구설계와 자료분석 책략이 필요함을 분명하게 시사하고 있다(Rutter, 2007b; Singer & Willett, 2003).

맥락적 영향

Messick(1983)은 아동정신병리에 대한 고려는 반드시 다음과 같은 세 가지 종류의 맥락적 변인을 고려하고 설명해야만 한다고 설득력 있게 주장하였다. (1) 맥락으로서의 아동 : 이는 아동이 가지고 있는 고유의 특징, 성향, 특질이 발달 과정에 영향을 미친다는 개념이다. (2) 맥락의 아동 : 아동은 가족, 또래, 학급, 교사, 학교, 지역사회 및 문화의 서로 관련된 영향의 배경에서 왔다는 개념이

다. (3) 맥락 내의 아동 : 아동은 역동적이고 빠르게 변화하는 실체이며 서로 다른 시간과 상황에서의 아동 특징에 대한 기술은 매우 다른 정보를 제공할 수 있다는 개념이다.

발달 과정에 있는 아동과 발달 및 정신병리적 증상이 일어나는 다양한 사회적·환경적 맥락 간의 상호적인 교류에 대한 인식이 점차 증가하고 있다(Deater-Deckard, 2001; Dirks, De Los Reyes, Briggs-Gowan, Cella, & Wakschlag, 2012). 맥락을 이해하기 위해서는 특정 시점에서 특정 상황에 있는 아동에게 직접적으로 영향을 주는 사건, 아동에 간접적으로 영향을 미치는 상황 외적 사건들(예 : 부모의 직장 관련 스트레스), 시간적으로 오래전에 일어났지만 아동이 현재 가지고 있는 인지적 또는 정서적 표상을 통해 아동에게 계속 영향을 주는 사건들을 고려할 필요가 있다.

분명 물리적 맥락의 비교적 분명한 측면이 아동발달에 영향을 미치는 것으로 알려져 있다(예 : 식이요법, 납; Chandramouli, Steer, Ellis, & Emond, 2009; Grantham-McGregor & Baker-Henningham, 2005). 그러나 맥락을 정의하는 것은 복잡한 일이다. 학대의 맥락은 정의하기 어렵다. 학대는 그 유형, 빈도, 심각한 정도, 가정에서 어느 정도 만성적으로 지속되었는지로 정의될 수 있다 (Manly, Kim, Rogosch, & Cicchetti, 2001). 이러한 각각의 변수와 이 변수 간의 상호작용은 아동에게 각기 다른 방식으로 영향을 미친다. 예를 들어 Manly, Cicchetti 및 Barnett(1994)은 여러 유형의 학대를 연구하였는데, 방치된 아동과 학대받은 아동 간에 학대의 결과에 차이가 없는 것으로 나타났다. 그러나 회귀분석은 방치가 다른 유형의 학대보다 아동 문제에서의 변산을 더 많이 설명함을 보여주었다. 이 연구에서 성적으로 학대받은 아동은 다른 유형의 학대를 받은 아동보다 사회적으로 더 유능한 것으로 나타났다. 이는 성적 학대가 만성적이지 않아서일 수도 있고, 또는 성이 더 현저한 문제가 되는 아동발달의 후기까지 성적 학대와 관련된 문제들이 드러나지 않기 때문일 수도 있다. 또 다른 연구들은 심리적 학대와 정서적 학대가 일반적인 학대에 기인하는 발달 왜곡

의 대부분을 설명하며, 아동에게 가장 부정적인 결과를 초래함을 보여주었다(Crittenden, Claussen, & Sugarman, 1994).

학대의 예는 발달 맥락이 얼마나 다양한 종류의 상황을 포함하는지를 보여주며, 또 아동의 결과가 다음과 같은 기능에 따라 달라질 수 있음을 보여준다. (1) 시간에 걸친 상황 형태, (2) 결과를 평가한 시기와 상황, (3) 영향을 받은 발달의 특정 측면. 학대의 영향, 또는 학대와 관련된 맥락적 사건(부모양육 스타일, 가족 지원, 지적 자극, 영양 등)을 이해하기 위해서는 정확한 정의가 필요하다.

신경생물학적 영향이 강한 형태의 아동정신병리에서도 장애의 표현은 맥락과 상호작용할 수 있다. 예를 들어 Iaboni, Douglas 및 Baker(1995)는 ADHD 아동이 보이는 전반적인 반응 패턴은 전반적인 억제 결함을 보여주지만, 이 아동들이 보이는 자기조절의 어려움은 지속적인 억제나 노력이 요구되는 과제에서 더 분명해진다. 마찬가지로 흥미수준이 매우 높거나 외적 유인가가 높은 과제는 덜 흥미롭고 유인가가 낮은 과제에 대한 이 아동들의 수행 결함을 조절할 수 있다(Carlson & Tamm, 2000; Slusarek, Velling, Bunk, & Eggers, 2001).

아동정신병리 연구는 점차 가족체계의 역할, 가족 내의 복잡한 관계, 가족의 여러 하위체계 간의 상호 영향에 초점을 맞추고 있다(Fiese, Wilder, & Bickham, 2000). 장애가 있는 가족 내에서 발생하는 과정뿐만 아니라 이러한 과정이 가족 개개인과 가족 하위체계에 영향을 미치는 공통적인 방식과 독특한 방식을 고려해야 할 필요가 있다. 가족 내에서 엄마-자녀, 부부 하위체계의 역할이 현재까지 가장 많은 관심을 받았으며, 형제자매의 역할(Hetherington, Reiss, & Plomin, 1994)과 아버지의 역할은 큰 관심 대상이 되지 못했다(Phares, Rojas, Thurston, & Hankinson, 2010). 가족 과정과 아동정신병리를 다룬 연구들은 대부분 가족이론과 보조를 맞추지 않고 있는데, 장애가 있는 가족체계와 일반 가정체계에 작동하는 것으로 가정되는 복잡한 관계를 찾아낼 수 있는 정교한 방법론과 타당한 척도를 개발하는 것이 필요하다(Bray,

1995; Bray, Maxwell, & Cole, 1995). 이는 복잡한 일인데, 건강한 가족 기능과 가족 역기능이 어떻게 정의되어야 하는지에 대한 합의가 부족하기에 그렇다. 어떤 특정 가족 과정이 평가되어야 하는 중요한 것인지(Mash & Johnston, 1995), 그러한 가족 환경 측정이 진정한 환경의 영향을 반영하는 정도 또는 부모와 자녀가 공유하는 유전적 영향을 반영하는 정도(Plomin, 1995)에 대한 합의가 부족한 실정이다.

아동정신병리의 정의

아동의 정신병리를 어떻게 정의해야 하는지에 대한 합의가 현재 부족하며 앞으로도 지속적으로 그럴 것이다(Angold & Costello, 2009; Rutter, 2011). 논쟁에도 불구하고 실용적 목적에서 연구자들과 임상가들은 아동정신병리를 가장 최신판의 DSM-5(미국 정신의학회[APA], 2013a)나 ICD-10(세계건강기구[WHO], 2010)과 같은 표준화된 진단체계를 사용하여 정의한다. DSM-5가 이용하는 진단기준은 북미에서 가장 보편적으로 사용되는 것인데, 이 책의 이어지는 장에서 기술되고 있는 각 장애에 대해 이 기준들이 제시되어 있다. 그러나 DSM-5와 그 이전 판들을 사용하고 수용한다는 것을, 아동기 정신병리를 구성하는 기본적인 성질이 무엇인가 또는 그러한 정신병리를 정의하는 데 사용되어야 하는 특정한 기준이 무엇인가에 대해 폭넓은 합의가 이루어진 것으로 받아들여서는 안된다(Coghill & Sonuga-Barke, 2012; Hudziak et al., 2007; Rutter, 2011). 이러한 체계를 사용하는 것은 연구자와 임상가들이 보다 나은 대안적 접근방법을 발달시킬 전망을 어느 정도 체념하였음을 반영한다. 그럼에도 불구하고 이 장의 뒷부분에서 논의하고 있듯이 정신병리 분류체계를 개발하기 위해 현재의 연구결과들을 적용하는 대안적 접근방법이 진행되고 있다(Insel et al., 2010; Sanislow et al., 2010).

아동정신병리가 어떻게 정의되어야 하는가에 대한 대부분의 논쟁에 포함되는 몇 가지 기본적인 질문이 있다.

1. 아동정신병리를 개별 아동 내에서 일어나는 장애로 봐야 하는가(예 : 뇌장애, 심리장애)? 관계장애로 봐야 하는가? 환경적 상황에 대한 반응으로 봐야 하는가? 또는 이러한 것이 모두 결합된 것으로 봐야 하는가?

2. 아동정신병리는 정상과 질적으로 다른 조건(일탈)을 구성하는가? 또는 특질이나 차원의 연속선상에서 극단점을 구성하는가? 정상적 특성이 전형적으로 나타나는 속도가 느린 것인가? 또는 이 셋의 결합인가? '역학' 문제는 어떻게 다루어져야 하는가?

3. 동질적인 여러 장애들이 확인될 수 있는가? 또는 아동정신병리는 동시에 발생하는 장애들의 구성으로 가장 잘 정의되는가, 또는 특질과 특징들의 프로파일로 가장 잘 정의되는가?

4. 아동정신병리는 특정 시점의 정지된 실체로 정의되는가? 아니면 시간과 맥락에 따라 다른 방식으로 표현되는 역동적이고 계속되는 과정으로 발달을 정의하는 것이 필요한가?

5. 아동정신병리는 현재 나타난 증상으로 가장 잘 정의되는가? 또는 아직은 문제를 일으키고 있지 않지만 후에 문제를 일으킬 위험요인들을 가지는 병리적이지 않은 조건도 포함시킬 필요가 있는가? 이 질문은 영아와 걸음마기의 장애와 장애 위험을 고려할 때 특히 중요하다(Lyons-Ruth, Zeanah, Benoit, Madigan, & Mills-Koonce, 이 책의 제15장).

이러한 질문에 대한 명확한 답이 현재로서는 없다. 이론 또는 특정한 목적이나 목표에 따라(연구를 위해 표집을 정의하거나 또는 프로그램이나 보장을 결정하는 것) 이러한 질문에 대해 답하는 방식이 달라질 것이다.

적응적 어려움으로서의 정신병리

앞서 지적하였듯이 아동정신병리를 정의하는 데 있어서 공통된 주제는 적응의 어려움이나 실패를 어떻게 정의하는가에 대한 것이었다(Garber, 1984; Mash, 1998). Sroufe와 Rutter(1984)는 "초기 적응의 특정 패턴은 어느 정도

내재적인 경향성이나 초기 경험의 영향을 받지만 그럼에도 불구하고 적응 패턴이다."(p.23)라고 지적하였다. 아동이 성공적인 적응을 위하여 내재적인 자원과 외재적인 자원을 사용하는 능력을 보일 때 건강한 발달이 나타나고(Masten, Burt, & Coatsworth, 2006; Waters & Sroufe, 1983), 아동이 성공적으로 적응하는 데 실패했을 때 문제가 발생한다. 이론에 따라 설명하는 기제와 용어가 다르지만 부적응이 발달에서의 중지, 퇴행, 일탈을 표현한다는 데는 일반적으로 동의한다(Garber, 1984; Simeonsson & Rosenthal, 1992).

정신병리를 적응적 어려움으로 개념화하고 정의하는 데에 있어서, 다양한 연령이나 발달 시기에 아동에게 중요한 특정한 발달과제와 아동을 둘러싸고 있는 많은 맥락적 변인들을 개념화하고 구별하는 것 또한 필수적이다(Garber, 1984; Luthar, Burack, Cicchetti, & Weisz, 1997; Mash, 1989). 이러한 점에서 아동정신병리 연구와 발달 및 맥락에 대한 연구는 그 목적과 의도에 있어서 분리될 수 없다(Cicchetti & Aber, 1998).

주어진 행동이 일탈되었다고 간주되어야 하는지를 결정하는 데 있어서, Garber(1984)는 단계 특정적 문제와 관련하여 4개의 주요한 매개변수를 이해할 필요가 있다는 것을 강조한다. 첫째, '강도'는 행동이 지나치거나 결핍된 것으로 행동의 크기를 지칭한다. 둘째, '빈도'는 문제행동의 심각성을 지칭하거나, 행동이 얼마나 자주 발생하는지 또는 발생하지 않는지를 지칭한다. 셋째, 행동의 '지속기간'이 고려되어야 한다. 어떤 문제는 일시적으로 나타나다가 저절로 완화되기도 하는 반면, 어떤 문제는 시간의 흐름에 따라 지속되기도 한다. 이러한 매개변수에 행동이 전반적으로 얼마나 비전형적인지를(예 : 투렛장애에서 보이는 복잡한 강박행동) 반영하는 질적 변수를 첨가하여, 강도가 약하고, 덜 빈번하게 나타나며 지속기간이 짧더라도 매우 기이한 것은 '정신병리'로 간주한다. 아동행동의 강도, 빈도, 지속성은 주어진 연령에서의 규준에 근거하여(발달적으로 적절한 행동인지) 평가하는 것이 중요하다. 일탈의 마지막 매개변인은 '다른 증상의 수'와 그것들의 '구성(configuration)'에 관심을 갖

는다. 이상의 매개변인들은 연구와 이론에서 또한 적응 실패, 퇴행, 발달부진, 일탈에 대한 특정한 정의를 내리는 데 중요하다.

사회적 판단

아동정신병리의 진단은 아동, 아동에게 중요한 어른, 전문가의 특징과 행동을 거의 항상 반영한다(Lewis, 2000). 행동문제 체크리스트와 면접을 이용한 연구결과들은 아동의 문제행동에 관해 정보 제공자들(예 : 부모, 교사, 전문가) 사이에 상당한 이견이 있을 수 있다는 것을 지적하고 있다(Achenbach, McConaughy, & Howell, 1987; Feiring & Lewis, 1996; Youngstrom, 2013). 엄마가 아버지보다 더 많은 문제를 보고하며(예 : Achenbach et al., 1991), 교사는 여러 영역에서 다른 정보 제공자들보다 더 많은 문제를 찾아낸다. 예를 들어 학대 아동연구에서 교사의 보고에서는 21%만이 탄력적인 아동으로 범주화되는 반면에, 다른 정보 제공자의 보고에서는 64%가 탄력적인 것으로 범주화되었다(Kaufman et al., 1994).

정보 제공자들 사이의 이견/동의에 관한 쟁점은 동의의 정도가 아동의 연령과 성별(Offord, Boyle, & Racine, 1989), 보고되는 문제의 성질(예 : 내면화 대 외현화; De Los Reyes & Kazdin, 2005), 정보를 모으는 데 사용되는 방법(예 : 면접 대 질문지) 및 비교되는 정보 제공자에 따라 달라진다는 사실 때문에 더 복잡해진다. 예를 들어 Tarullo, Richardson, Radke-Yarrow 및 Martinez(1995)는 모자 사이의 동의와 부자 사이의 동의 모두가 청소년기 아동들보다 청소년기 이전의 아동들에서 더 높다는 것을 발견하였다. 메타분석에서 Duhig, Renk, Epstein 및 Phares (2000)는 내면화 문제보다 외현화 문제에서 부모 간의 동의가 더 높다고 보고하였다. 정보 제공자 간의 불일치는 역학자료를 다른 출처로부터 얻었을 때 그 자료를 해석하는 데서, 또한 연구나 임상장면에서 어떻게 특정한 진단을 내리게 되었는지를 설명하는 데서 방법론적인 문제를 일으킨다. 대부분의 연구에서 임상가들은 정보 제공자가 인정한 증상은 실제로 존재하는 것으로 간주한다 (Costello, Mustillo, et al., 2003).

또한 정보 제공자들 사이의 불일치를 어떻게 해석하는가가 중요하다(De Los Reyes, 2011). 예컨대 불일치는 다음과 같이 간주된다. (1) 정보 제공자들의 입장에서의 편견이나 오류, (2) 다른 사람들에 의해 관찰된 상황에 따라 아동의 행동이 다르게 나타난다는 증거, (3) 정보 제공자가 특정한 유형의 행동(예 : 개인적 사건)에 접근하지 못한 것, (4) 문제를 부정하는 것, (5) 다른 목적을 위해서 정보를 적극적으로 왜곡하는 것(예 : 방어적 제외, 치료 적격성).

학대를 받았거나 우울한 엄마가 자신의 아이를 부정적으로 또는 과장하여 기술하거나(Gotlib & Hammen, 1992; Mash et al., 1983; Richters, 1992; Youngstrom, Izard, & Ackerman, 1999), 또는 전문가들이 높은 수준의 정서적 문제를 관찰했음에도 불구하고 이를 무시하거나 회피하는 성인 정보 제공자들이 이러한 문제가 있다는 것을 부정하는(Dozier & Lee, 1995) 것처럼, 부모의 정신병리는 아동문제에 '색깔'을 입혀서 기술하게 할 수도 있다. 후자 유형의 보고 불일치 문제는 고통을 경험한 정도와 그것이 표출되는 정도가 일치하지 않는 아동과 성인들에게서 나타날 가능성이 있다. 하지만 부모의 정신병리와 아동의 증상을 과장하여 보고하는 것이 관계가 있을 것이라는 가정이 항상 지지되는 것은 아니다. 예를 들어 최근의 한 연구는 우울한 엄마가 왜곡된 보고를 한다는 증거를 발견하지 못하였다(Tarullo et al., 1995). 그러나 아동행동에 대한 엄마뿐만 아니라 객관적인 평가자도 포함하고 있는 최근의 연구(Durbin & Wilson, 2012)는 엄마의 정신과적 진단과 성격 특질이 자녀의 정서적 행동에 대한 엄마의 보고와 관련되며, 일부 정서에서는 아동의 정서적 행동에 대한 객관적 표지보다 엄마의 정신건강과 성향 변인이 더 아동의 정서에 대한 엄마의 보고와 강하게 관련됨을 보고하였다. 관련된 연구(Hayden, Durbin, Klein, & Olino, 2010)에서도 엄마 자신의 성격 특질과 같은 엄마의 특징이 자신의 아이가 보이는 유사한 행동을 성공적으로 인식하고 보고하는 정도에 영향을 주는 것으로 나타났다. 흥미롭게도 아동행동에 관한 정보 제공자 간의 불일치 정도는 개별 정보 제공자가 예측하는 정도보다 훨씬 더 좋지 않은 아동의 결과를 예측할 수도 있다(De Los Reyes, 2011). 그러므로 정보 제공자 간의 불일치가 존재함은 잘 알려져 있지만, 이러한 불일치가 의미하는 바와 시사하는 점에 대해서는 더 많은 연구가 필요하다.

아동정신병리 개념화에 대한 접근방법

아동이 치료에 의뢰될 때 보이는 문제의 유형들은 그 문제를 개념화하고 범주화하는 데 사용되어 온 여러 접근방법에 반영된다. 보다 일반적인 접근방법들은 다음과 같다.

1. 개별 아동 증상을 열거하는 일반적인 행동문제 체크리스트와 특정한 행동문제 체크리스트, 예로 아동행동 체크리스트(Achenbach & Rescorla, 2001)와 아동 우울증 척도 2(Kovacs, 2010).
2. 행동문제 체크리스트로부터 나오는 증상의 군집이나 증후군에 초점을 맞춘 차원적 접근방법, 예로 아동행동 체크리스트와 프로파일(Achenbach, 1993; Achenbach & Rescorla, 2001).
3. 특별한 장애가 있는지 없는지를 정의하기 위해 미리 결정된 진단기준을 사용하는 범주적 접근방법, 예로 DSM-5(APA, 2013)와 ICD-10(WHO, 2010)[4].
4. 아동 및 (부)적응에 기여하는 환경 내에 존재하는 발달적 선행사건과 능력을 강조하는 중다-경로의 발달적 접근(Sroufe, 1997).

이와 같은 여러 분류적 접근방법의 사용과 관련된 쟁점들은 이 장의 후반부에서 논의될 것이다. 다음 절에서는 앞에서 언급한 접근방법들을 간략하게 기술할 것인데, 이러한 접근방법들은 아동기에 발생하는 문제행동, 차원, 장애의 유형에 대한 개요를 제공해주고, 이 책의 각 장에서 초점이 될 것이다.

개별 증상

대부분의 아동정신병리를 특징지어주는 개별적인 행동 문제와 정서문제(예 : 증상)는 거의 모든 아동에서 발달의 어느 한 시점이나 또 다른 시점에서 발생하는 것으로 밝혀졌다(예 : Achenbach & Edelbrock, 1981; Achenbach et al., 1991; MacFarlane et al., 1954). 특정한 증상을 하나씩 따로 살펴보면, 이 증상이 아동의 현재의 전반적인 적응이나 이후의 결과에 대해 거의 일치를 보이지 않는다. 이는 예를 들어 4세 이후의 손가락 빨기와 같이, 이전에 아동정신병리의 중요한 척도로 가정되었던 많은 증상에서조차도 그렇다(Friman, Larzelere, & Finney, 1994). 아동정신병리는 대개 개별 증상이 있는가보다는 증상의 연령 적절성, 군집화, 패턴화 등에 의해 정의된다.

치료에 의뢰되는 아동들이 보이는 많은 개별 행동문제들은 일반 모집단이나 보다 어린 아동에서도 덜 극단적인 형태로 발생한다. 예를 들어 Achenbach 등(1991)은 치료에 의뢰된 아동이 의뢰되지 않은 아동보다 부모가 평정한 216개의 문제 중 209개에서 더 높은 점수를 받았지만, 209개 항목 중 오직 9개만이 Cohen(1988)이 규정한 기준에서 차이가 있다고 간주되는 임상적 상태(변이의 13.8% 이상을 설명하는)와 관련되어 있다는 것을 보여주었다. 의뢰되지 않은 아동들보다 의뢰된 아동에게서 보다 더 공통적으로 나타나는 부모가 보고한 개별 증상으로, 임상적 상태의 변이의 10% 또는 그 이상을 설명해주는 증상은 '슬프거나 우울한', '비협동적인', '신경질적인', '극도로 긴장된', '성공할 수 없다고 느끼는', '가치가 없거나 열등하다고 느끼는', '학교에서 불복종하는', '쉽게 주의 산만해지는', '거짓말하는', '시작한 일을 끝내지 못하는', '반항하는'과 '다른 아이들과 어울리지 못하는'이다(Achenbach et al., 1991). 의뢰된 아동과 의뢰되지 않은 아동을 가장 잘 구별해주는 문제들조차도 어느 정도는 모든 아동에게서 나타나는 비교적 공통된 행동이라는 것을 볼 수 있다. 다시 말해 그러한 문제행동들이 특별히 이상하거나 드문 행동이 아니라는 것이다. 그 밖에 대부분의 개별문제 행동들(행동문제 체크리스트에서의 문제행동의 거의 90%)이 그 자체로 임상 아동과 비임상 아동집단을 구별하지는 않는다. 이 두 집단을 구별하지 않는 항목들은 양 집단 아동들에게 비교적 공통적으로 나타나는 문제들(예 : '뻐기기', '소리 지르기')과 자주 나타나지 않는 문제들(예 : '방화하기', '화장실 아닌 곳에서 배변하기')을 포함한다.

아동정신병리의 차원

아동정신병리를 기술하는 두 번째 접근방법은 요인분석이나 군집분석과 같은 다변인 통계 절차를 이용하여 증상의 군집이나 '증후군'을 밝혀내는 것이다(예 : Achenbach, 1993, 1997; McDermott, 1993; McDermott & Weiss, 1995). 이러한 접근방법을 취하는 연구들은 아동정신병리를 크게 두 개의 차원으로 구별하였는데, 한 차원은 외현화 문제 또는 과소통제 문제를, 다른 한 차원은 내면화 문제 또는 과잉통제 문제를 반영한다(Reynolds, 1992). 외현화 차원은 종종 다른 사람으로 향하는 것으로 생각되는 행동들을 포함하는 반면에, 내면화 차원은 보통 '자신의 내부로 향하는' 것으로 간주되는 감정이나 상태를 기술한다. 이 두 차원의 존재는 내면화 장애(예 : 우울과 불안)와 외현화 장애(예 : 반항문제와 품행문제) 간에 전반적인 공병이 나타나는 것을 설명할 수 있을 것이다. 더욱이 성인에 이 연구를 확장한 결과 유사한 구조가 성인 정신병리에도 나타남을 시사함으로써(Krueger & Markon, 2006; Kotov et al., 2011), 이러한 차원적 구조의 평생 연속성을 지지하고 있다. 외현화 장애와 내면화 장애로 구별되는 두 개의 차원 내에 하위 차원이나 증상들이 포함되는데, 이에는 불안/우울(예 : '우는', '다양한 상황을 두려워하는'), 위축/우울(예 : '거의 즐거워하지 않는', '위축된') 신체적 고통의 호소(예 : '어지럽다고 느끼는', '지친'), 사회적 문제(예 : '외로운', '놀림을 받는'), 사고의 문제(예 : '헛것을 듣거나 보는'), 주의집중 문제(예 : '가만히 앉아 있거나 주의하지 못하는 문제'), 규칙위반 행동(예 : '훔친다', '욕한다'), 그리고 공격적인 행동(예 : '시비를 건다', '신체적으로 공격적인')이 포함된다(Achenbach & Rescorla, 2001).

아동정신병리의 범주

DSM-5 진단체계(미국 정신의학회[APA], 2013a)는 정신장애 아동이 보이는 일반적인 유형의 증상 군집을 폭넓게 포함하고 있다. 아동에게 적용되는 DSM-5 범주들이 표 1.1에서 표 1.3에 정리되어 있다. 이 표들은 아동에게 적용될 수 있는 모든 DSM-5 진단을 다 포괄하지는 않으며, 아동기에 전형적으로 발생하는 장애의 범위와 다양성을 개괄해준다. 특정한 DSM-5 장애와 그것들의 하위 유형은 이 책의 각 장에서 자세히 논의될 것이다.

표 1.1은 지적장애, 의사소통장애(예 : 언어장애), 자폐 스펙트럼장애, ADHD, 특정 학습장애 및 운동장애를 포함하는 신경발달장애를 나열하고 있다. 이러한 많은 장애들은 일찍 나타나고, 다양한 발달 이정표적 과업을 달성하지 못하거나 지체되는 특징이 발생하며, 다양한 영역의 기능손상(예 : 사회적, 학업적)을 보인다. 개별 환자에 대한 좀 더 상세한 기술을 제시하고 장애의 과정에 대한 예측을 위해 시작 연령과 심각도와 같은 일련의 명시자들(specifiers)이 적용될 수 있다. 장애가 의학적 조건이나 유전적 조건을 수반하는지, 또는 가능한 병리적 중요성을 가지는 환경요인을 수반하는지도 진단에 포함될 수 있다.

표 1.2는 아동기과 청소년기에 진단될 수 있는 DSM-5 범주들(예 : 조현병, 우울장애, 양극성 및 관련된 장애, 불안장애)을 열거하고 있는데, 모든 범주를 다 제시하고 있지는 않다. 이전 판과는 달리 DSM-5는 영아기와 아동기 장애를 별도의 편으로 구분하지 않고 있다. 대신 DSM-IV의 영아기와 아동기 장애 편에 위치했었던 장애들이 이제는 신경발달장애(예 : ADHD) 편이나 편람의 여러 편에 포함되어 있다(예 : 분리불안장애). 이러한 변화는 정신장애 개념화에 대한 생애발달적 접근을 강조하기 위한 목적으로, 또 많은 장애들이 전생애에 걸쳐 나타날 수 있음을 인식하여 시도된 것이다(APA, 2013b). 아동기 장애와 다른 연령집단의 장애를 구분하는 경계는 임의적이며 정신병리의 시간에 걸친 연속성 검증을 방해할 것이 사실이지만, DSM 체계에 대한 이러한 중요한 변화의 장기적인 함의는 불분명하다. DSM-III에 아동기 장애 편을 추가한 것이 아동기 장애에 대한 연구 관심을 증가시키는 데 중요한 역할을 했다는 것이 널리 인정되

표 1.1 신경발달장애에 대한 DSM-5 범주

지적장애
　지적장애(지적발달장애)
　전반적 발달지연
　명시되지 않은 지적장애(지적발달장애)

의사소통장애
　언어장애
　말소리장애
　아동기 발병 유창성 장애(말더듬)
　사회적(실용적) 의사소통장애
　명시되지 않은 의사소통장애

자폐스펙트럼장애
　자폐스펙트럼장애

주의력결핍 과잉행동장애
　주의력결핍 과잉행동장애
　달리 명시된 주의력결핍 과잉행동장애
　명시되지 않은 주의력결핍 과잉행동장애

특정학습장애
　특정학습장애

운동장애
　발달성 협응장애
　상동증적 운동장애
　투렛장애
　지속성(만성) 운동 또는 음성 틱장애
　잠정적 틱장애
　달리 명시된 틱장애
　명시되지 않은 틱장애

기타 신경발달장애
　달리 명시된 신경발달장애
　명시되지 않은 신경발달 장애

표 1.2 영아기, 아동기 또는 청소년기에 진단되는 기타 장애로 선택된 DSM-5 범주

조현병 스펙트럼 및 기타 정신병적 장애
　조현형 성격장애, 조현병, 조현정동장애, 조현형 장애, 망상장애, 단기 정신병적 장애

양극성 및 관련장애
　제1형 양극성 장애, 제2형 양극성 장애, 순환성 장애

우울장애
　파괴적 기분조절부전장애, 주요우울장애,
　단일 삽화 또는 재발성 삽화,
　지속성 우울장애(기분저하증)

불안장애
　분리불안장애, 선택적 함구증, 특정공포증,
　사회불안장애(사회공포증), 공황장애, 광장공포증

강박 및 관련장애
　강박장애, 신체이형장애, 수집광, 발모광(털뽑기장애),
　피부뜯기장애

외상 및 스트레스 관련장애
　반응성 애착장애, 탈억제성 사회적 유대감 장애, 외상후 스트레스장애, 급성 스트레스장애, 적응장애

급식 및 섭식장애
　이식증, 되새김장애, 회피적/제한적 음식섭취장애
　신경성 식욕부진증, 신경성 폭식증, 폭식장애

배설장애
　유뇨증, 유분증

파괴적, 충동조절 및 품행장애
　적대적 반항장애, 간헐적 폭발장애, 품행장애, 반사회성 성격장애, 병적 방화, 병적 도벽

물질관련 및 중독장애
　물질관련장애, 물질로 유발된 장애

고 있다. 이 편을 제거한 것이 아동기 장애에 기울여야 할 관심의 수준을 감소시키게 될 것인지 여부는 앞으로 지켜봐야 한다.

　마지막으로 표 1.3에는 정신장애로 정의되지는 않지만 임상적 관심의 대상이 될 수 있는 다른 상태에 대한 범주들이 열거되어 있다. 관계적 문제, 학대, 그리고 학업과 적응문제를 강조한다는 점에서 아동기와 청소년기에 가장 크게 관련되는 것들에 초점을 맞추었다.

아동정신병리의 분류와 진단에 대한 접근방법

의학, 정신과학 및 심리학 분야에서 아동기 장애에 대한 분류체계가 필요하다는 것에 대해서 일반적으로 동의하고 있다. 그러나 어떤 장애들이 체계에 포함되어야 하는지, 장애를 체계화하고 군집하는 최적의 책략이 어떤 것인지, 특정 장애를 정의하는 데 어떤 기준이 사용되어야 하는지는 쟁점이 되고 있다(Achenbach, 1985; Achenbach

표 1.3 임상적 관심의 초점이 될 수 있는 기타의 상태에 대한 DSM-5 범주

관계문제

  가족 양육과 관련된 문제(예 : 부모-자녀 관계문제, 부모의 관계 고통에 영향받은 아동)

  1차 지지 집단과 관련된 문제(예 : 별거 또는 이혼으로 인한 가족 붕괴, 애도반응)

학대와 방임

  아동학대와 방임문제(예 : 확인된 또는 의심되는 신체적 학대와 성적 학대, 확인된 또는 의심되는 방치, 이러한 문제로 정신의료서비스를 받게 됨)

교육과 직업문제

  교육문제(예 : 학업문제)

주거와 경제문제

  주거문제(예 : 노숙, 부적절한 주거)

  경제문제(적절한 음식이나 안전한 식수 부족, 극도의 가난, 적은 수입)

& Edelbrock, 1989; Mash & Barkley, 2007; Sonuga-Barke, 1998).

아동정신병리의 진단과 분류에 대한 가장 일반적인 두 개의 접근방법은 다음 두 가지를 이용한다. (1) 임상적 정보에 주로 근거한 '범주적' 분류, 이것은 이 영역에서 가장 많이 사용되어 왔고, 또한 앞으로도 가장 많이 사용될 접근방법이다(APA, 1994, 2000, 2013a). (2) 다변인 통계적 기술을 사용하여 경험적으로 도출된 '차원적' 분류 도식(Achenbach, 1993, 1997; Achenbach & Rescorla, 2001). 그 밖에 범주적 접근방법이나 차원적 접근방법을 사용할 때 발견된 결함을 해결하기 위하여 분류에 대한 대안적 접근방법들이 제시되어 왔다. 대안적 방법에는 발달에 근거한 접근방법(Garber, 1984; Mohr & Regan-Kubinski, 1999; Sroufe, 1997), 실험실에서 수행에 근거한 측정방법의 사용(Frick, 2000), 원형 분류(Cantor et al., 1980; Shaffner, 2012), 행동과다, 행동결핍, 잘못된 자극통제에 근거한 행동분류/기능분석(Mash & Hunsley, 1990; Ringdahl & Falcomata, 2009) 등이 포함된다. 그러나 이러한 대안적 접근방법들은 아동기 장애의 분류에 대해 제시하는 것이 있기는 하지만, 일반적으로 뒤떨어져 있

고, 표준화되어 있지 않기에 연구나 임상장면에서 널리 사용되지 않고 있다.

이상과 같은 대안적 접근 외에 전문가들의 합의에서 도출된 진단체계(예 : DSM-5)의 한계로 인해 분류체계에 포함된 다양한 정신병리의 기저에 있는 신경생물학적 기전을 더 강조할 것이 요구되고 있으며, 이에 대한 반응으로 연구 분야 기준[RDoC(Research Domain Criteria); Insel et al., 2010; Sanislow et al., 2010]이 개발되었다. 국립정신보건원(NIMH)이 주관한 RDoC 제안은 정신병리의 생물학적 기전에 대한 연구를 창출하고 장애에 내재하는 병리생리학에 확실하게 일치하는 새로운 분류체계를 이후에 개발하는 것을 목적으로 하고 있다. RDoC의 주 관심은 신경회로에 있지만(Insel et al., 2010), 다양한 영역의 기능(예 : 인지 체계, 각성/조절 체계)을 정의하기 위한 목적으로 많은 워크숍이 2010~2012에 개최되었는데, 기능 영역들은 유전, 분자, 신경 및 행동수준(Morris & Cuthbert, 2012)의 분석 단위인 더 작은 구성개념(예 : 주의, 24시간 생리적 리듬)으로 나뉘어 있다. 이러한 분석 수준들의 많은 것들이 전통적으로 정의된 장애들을 다르게 나눌 수 있을 것임이 이미 알려졌는데, 이는 현재의 진단체계가 장애의 경계를 파악하지 못하며 RDoC 틀을 고려해야 함을 시사한다.

RDoC 제안의 장기적인 목적은 유전적 서열분석, 뇌영상촬영 및 다른 실험접근이 임상적 합의에 기초한 진단체계를 대체하고, 임상적 평가에 중요한 역할을 하고 치료를 직접적으로 제안하게 되는 것이다(Insel, 2013; Insel et al., 2010). 현재의 유전자 및 신경영상 연구들이 치료에 대한 반응과 다른 중요한 임상적 결과를 예측할 수 있는 정도가 제한적인 만큼, 이는 아주 야심찬 목표임이 분명하다. 현재 임상적 결과(예 : 시작 연령, 부정적 생애 사건)를 예언할 수 있는 대부분의 구성개념은 생물학적이라기보다는 '심리적'이거나 '행동적'인 것으로 간주되고 있다. 더욱이 RDoC 제안에는 정신장애가 뇌장애라는 견해가 포함되어 있어서 임상적 신경과학 방법과 유전체학(genomics)을 적용하는 것이 정신장애를 가장 잘 이해할 수 있으며, 궁극적으로는 치료도 가능하다고

본다. 이러한 관점은 환원주의로 간주될 수도 있는데, 이 관점은 적어도 자료에 의해서 궁극적으로 지지되거나 지지되지 못하는 경험적 입장이다. 따라서 RDoC의 이면에 있는 핵심 가정(예: 현재의 진단체계는 병인을 잘 반영하지 못한다는 주장)이 특별히 논란이 되지는 않지만 장애에 대한 생물학적 접근의 탁월성은 이 분야에서는 논란이 될 수 있다.

오늘날까지 적절한 신뢰도와 타당도를 가진 아동기 장애에 대한 단일한 분류 도식은 없다(Cantwell, 1996; Mash & Barkley, 2007; Rutter & Uher, 2012). 많은 연구자들과 임상전문가들은 현재의 진단체계나 분류체계가 다음과 같은 문제점을 가지고 있다는 것을 계속 우려하고 있다. (1) 영아기나 아동기의 장애를 실제 수보다 적게 나타낸다, (2) 많은 아동기 장애 사이에 발견되는 중복되는 특징과 장애들이 어떻게 서로 연결되는지를 나타내는 데 부적절하다, (3) 대부분의 아동정신병리를 특징지어주는 것으로 알려진 발달적 · 맥락적 · 관계적 매개변인이 충분히 반영되어 있지 않다, (4) 병인이 다양하다(Jensen & Hoagwood, 1997; Kagan, 1997; Rice, 2010).

범주적 접근

아동기 장애 분류에 대한 범주적 접근방법은 정신의학 발전을 위한 집단(1974), 세계건강기구(2010), 미국 정신의학회(2013a), 임상적 영아 프로그램을 위한 0-3 국립센터(2005a)가 개발한 체계들을 포함하고 있다. 이 책에서 이 모든 체계를 자세히 소개할 수는 없지만, **정신질환의 진단 및 통계편람**(*Diagnostic and Statistical Manuals of Mental Disorders, DSM*)의 발달에 대한 간략한 역사적 개관을 통해 범주적 접근방법과 그와 관련된 쟁점들, 아동기 장애에 대한 보다 신뢰할 수 있는 분류적 도식에 대한 관심의 증가, 지난 60년 동안 나타난 아동기 장애에 대한 발전된 형태의 개념화를 제시할 것이다. 특정의 아동 및 청소년 장애와 관련된 DSM 접근에 대한 논의를 이어지는 장에서 볼 수 있을 것이다. 또한 발달 정보와 맥락 정보를 영아와 어린 아동들의 문제 진단에 통합하려고 시도하는 범주적 접근방법을 보여주기 위해 **영아기**

와 초기 아동기의 정신건강과 발달장애의 진단적 분류 개정판(*Diagnostic Classification of Mental Health and Developmental Disorders of Infancy and Early Childhood-Revised*) 또는 **진단분류 : 0-3 개정판**(*Diagnostic Classification : 0-3R*; 임상적 영아 프로그램을 위한 0-3 국립센터, 2005a)에 대해 기술할 것이다.

DSM 접근의 개발

정신병에 대한 자료를 모으려 했던 첫 번째 시도 중 하나는 1840년의 U.S. 인구조사에서 '백치/정신이상'의 단일 범주의 빈도를 기록한 것이다. 40년 후에 7개의 범주의 정신병이 구분되었는데, 이에는 치매, 발작성 음주벽, 간질, 조증, 울병(melancholia), 편집광(monomania), 부전마비(paresis)가 포함된다(APA, 1994). 훨씬 후에(1940년대에), WHO의 분류체계가 **국제질병분류**(International Classification of Diseases, ICD)의 안내서와 함께 나왔는데, 이 ICD의 6번째 판이 처음으로 정신장애를 포함하였다(APA, 1994; Cantwell, 1996).

ICD 체계가 정신장애를 분류하는 데 부적절하다는 것이 지각되면서, 그에 대한 반응으로 미국 정신의학회(APA)의 명명법 및 통계 위원회는 1952년에 **정신질환의 진단 및 통계편람**(DSM-I)을 발행하였다(APA, 1952). DSM-I에는 기능장애에 대한 기질적 뇌증후군, 기능장애, 정신적 결함의 3개의 주된 범주(Kessler, 1971)가 있었으며, 이 아래에 106가지 범주가 포함되었다. '반응(reaction)'이란 용어가 책 전반에 걸쳐서 사용되었는데, 이것은 정신병이 심리적 · 사회적 · 생물학적 요인들에 대한 성격의 반응을 포함한다는 아돌프 마이어의 심리 생물학적 관점을 반영한 것이었다(APA, 1987). DSM의 초기판에서 아동은 무시되었다(Cass & Thomas, 1979; Silk et al., 2000). 실제로 DSM-I은 아동에 대한 유일한 범주로 '아동기와 청소년기의 적응 반응'을 포함하였는데, 이것은 '일시적인 상황장애(transient situational disorders)'라는 이름의 범주 안에 포함되었다.

'반응'이란 용어가 사용된 점에서 볼 수 있듯이 정신분석학 이론은 아동정신병리와 성인정신병리를 분류하는 데 상당한 영향을 주었다(Clementz & Iacono, 1993). 이는 부분적으로는 아동기 정신병리에 처음으로 초점을 맞춘 첫 분류체계가 1965년 안나 프로이트에 의해 개발된 것에 기인한다(Cantwell, 1996). '반응'이라는 용어는 DSM-II(APA, 1968)부터 제거되었지만, 한 개의 단일 편이 신경증을 분류하기 위하여 할당되었고, 진단은 환자가 보이는 증후학(symptomatology)이나 그의 무의식적 과정에 대한 추론을 평가함으로써 이루어졌다(Clementz & Iacono, 1993). DSM-II 역시 정신지체와 아동기 조현병을 제외하고는 아동기 장애를 성인 범주와 분리하여 인식하지 않았다(Cass & Thomas, 1979).

공식적인 분류로서 DSM-III(APA, 1980)는 DSM의 초기 판에 비해 중요한 발전을 보여준다. 첫 판과 두 번째 판은 증상을 오직 나열하여 기술하였기에, 임상전문가들은 진단을 위해 자기 나름의 정의를 내려야만 했는데(APA, 1980), 따라서 정신과적 진단에 대한 평가자 간 신뢰도가 상당히 낮았다. 증상을 나열적으로 기술했던 것들을 DSM-III에서는 명확한 기준으로 대치하였고, 이러한 기준은 진단적 신뢰도를 증가시키는 결과를 가져왔다(Achenbach, 1985; APA, 1980). 더구나 이 판에서는 정신분석이론과 깊게 관련된 증명되지 않는 추론이 빠졌고, 더 많은 아동 범주들이 포함되었고, 경험적 증거가 더 많이 강조되었다(Achenbach, 1985). 이러한 변화는 정신병리를 아동 내부에 존재하는 것으로만 초점을 맞추던 것에서 아동 주변의 맥락을 강조하는 방향으로, 진단체계와 병인 모델에서 개념적 변화가 일어나기 시작했다는 것을 보여주는 것이다. DSM-III는 그것이 사용될 때 지적되었던 많은 비일관성과 애매성을 명료화하기 위해 1987년에 개정되었다(DSM-III-R). 예를 들어 그 당시의 경험적 자료는 과잉활동이 없는 주의력결핍장애를 독특한 증상 군집으로 분류하는 것을 지지하지 않았으며(Routh, 1990), 그리하여 이 범주는 DSM-III-R에서 배제되었다. 또한 DSM-III-R에서는 아동이 모든 기준을 충족시키지 않고 증상의 특정 부분만을 보여도 진단할 수 있게 되었다. 대부분의 아동기 장애가 빠르게 변화하는 성질과 이질성을 가진다는 점을 고려할 때, 이것은 중요한

변화이다(Mash & Barkley, 2007). 이전 판들에 비해 DSM-IV에서는 아동 범주들에 대한 경험적 결과를 특히 강조하였다(APA, 1994).

DSM-IV와 예정되었던 DSM-5 간의 12년의 기간 중 DSM-IV의 수정판(DSM-IV-TR)이 2000년에 출판되었다(APA, 2000), DSM-IV-TR은 텍스트만 수정되었는데(예 : 관련된 특징과 장애, 유병률), DSM-IV의 오류를 수정하기 위한 목적으로 계획되었으며, 당시에도 여전히 옳은 것으로 인정받는 정보로 제한하고 DSM-IV에 대한 문헌 개관이 완성된 1992년 이후의 새로운 정보도 반영되도록 애썼다. 상당한 기간이 지난 후인 2013년에 DSM-5가 발표되었다.

DSM 현재 판은 이전 DSM들보다 많이 개선되어, 경험적 연구를 더욱 강조하고 보다 명확한 진단기준과 알고리즘을 갖추고 있지만, DSM 체계는 계속 비판을 받고 있다(Hyman, 2010; Rutter, 2011; Uher & Rutter, 2012). 첫째, DSM-5가 이전 판에 비해 장애를 더 차원적으로 표상하고 있지만, 아동의 요구를 충분히 충족시키지 못할 수 있는 범주적 틀에 여전히 의존하고 있다. 예를 들어 아동이 학습장애를 위한 특수학급에 배정되기 위해서는 학습장애의 특정한 진단기준들을 충족시켜야 한다. 그러나 아동의 문제가 임상적 치료를 받아야 할 정도로 심각하지 않을 때, 또는 아동의 문제가 하나 이상의 DSM 범주와 관련되어 있을 때, 그 아동은 적절한 조처를 받지 못하게 될 수도 있다(Achenbach, 2000). 장애에 대한 차원적 정의의 장점(예 : 정보 향상)을 범주적 접근의 장점(예 : 의사소통의 용이)과 융합하려는 목적의 유용한 접근이 제안되었는데(예 : Kamphuis & Noordhof, 2009) 이 분야에 더 자주 적용되어야 한다.

DSM-5의 또 다른 문제는 특정한 기준들이 경험적 적절성이 부족하다는 것과 기준을 표현하는 어법과 관련되어 있다. 예를 들어 ADHD와 품행장애 기준에서 '자주'라는 단어나 분리불안장애 기준에서 '지속적인'과 '지나친'이라는 단어는 분명하게 정의되지 않는다. 평가하는 정보의 주된 출처가 종종 아동의 부모이고, 그들이 이러한 용어를 독특하고 부정확하게 지각하거나 이해할지 모

른다는 것을 고려하면, 이러한 애매성은 특별한 문제를 제기한다. 이 애매성과 다른 요인들로 인해 DSM이 어떤 아동기 장애를 진단하는 데 있어서 신뢰롭지 못하고 적절하지 못할 수 있다(Nicholls, Chater, & Lask, 2000).

DSM-5의 더 큰 문제는 여러 가지의 장애를 일으키는 주변의 상황적, 또는 맥락적 요인들을 강조하지 않았다는 점이다. 이것은 DSM-5가 정신장애를 심리사회적 적응에서의 문제라기보다는 정신병리에 대한 위험이나 개별적인 정신병리로 계속 본다는 사실을 반영한다. DSM의 비이론적 본질이 가지는 한 가지 문제는 자연 역사, 심리사회적 상관변인, 생물학적 요인 또는 치료에 대한 반응들을 고려하지 않고, 증상에 대한 기술만으로 충분히 진단할 수 있다는 잘못된 가정을 양산했을 수 있다는 것이다(Cantwell, 1996). 그러나 가족문제와 가족 밖에서 관계를 맺는 데에서의 어려움이 점차로 중요하게 인식되고 있는 것과 더불어, DSM-5가 각 장애의 표출과 관련되는 문화, 연령, 성과 같은 요인들을 고려하고 있는 점은 바람직하다.

동반이환이 어느 정도는 DSM의 중다축 기준이 만들어낸 것이라든가(Angold, Costello, & Erkanli, 1999; Nottelmann & Jensen, 1995), DSM이 아동에서 정신병리적 조건을 확인하지 않으려고 하는 경향에서 비교적 건강한 아동을 장애가 있는 것으로 지나치게 쉽게 진단하는 경향으로 너무 간 것이 아닌지 하는 우려도 있다(Silk et al., 2000). 새로운 발견과 다른 고려사항(예 : 서비스 수혜 자격)에 기초한 진단기준의 지속적인 변화가 많은 아동기 장애의 유병률 추정에 영향을 줄 가능성도 있다. 예를 들어 자폐스펙트럼장애에 대한 현재의 유병률 추정(Kogan et al., 2009)은 비교적 최근의 과거 추정에 비해 상당히 높은데(Fombonne, 1999; Tanguay, 2000), 이러한 상승은 더 약한 형태의 자폐스펙트럼장애를 과거보다 더 잘 알아볼 수 있게 된 것뿐만 아니라, 주로 자폐스펙트럼장애 진단에 사용되는 기준의 범위가 넓혀진 것에 기인한다(Costello, Foley, & Angold, 2006).

DC : 0-3R 체계의 개발

위에서 언급한 제한점 외에도 DSM-5는 영아나 어린 아동의 가족 맥락에 내포되어 있는 정신건강이나 발달문제를 깊게 다루지 못한다. 이러한 제한점을 보완하기 위해 최근에 0-3/임상적 영아 프로그램을 위한 국립센터의 진단적 분류 과제 담당국에 의해 DC : 0-3와 이의 현재 판인 DC : 0-3R이 개발되었다(0-3/임상적 영아 프로그램을 위한 국립센터, 1994, 2005a). DC : 0-3가 사용된 지 10년 후에 개정된 현재 판이 이전 판에 비해 장애를 조작적으로 정의하는 데 특정 기준을 더 많이 사용하고, 따라서 평가자 간 신뢰도가 더 높다는 점에서 주요한 차이가 있지만(0-3/임상적 영아 프로그램을 위한 국립센터, 2005b; Postert, Averbeck-Holocher, Beyer, Müller, & Furniss,2009), 이러한 목적이 달성되었는지를 검증한 자료는 드물다. DC : 0-3R은 생애 첫 3~4년까지 발생하는 문제들에 대한 종합적인 진단체계를 제공하고자 하였다(0-3/임상적 영아 프로그램을 위한 국립센터, 2005b). DSM-5와는 달리 DC : 0-3R은 모든 영아나 어린 아동들이 가족 내의 관계에 적극적으로 참여한다는 원칙하에서 진단이 행해져야 한다는 전제를 기초로 한다. 그리하여 영아와 양육자 사이의 상호작용 형태를 기술하고, 이러한 상호작용 형태가 영아나 아동발달의 적응적인 형태, 또는 부적응적인 형태로 연결되는가가 진단과정에서 기본이 된다.

관계적 문제의 중요성을 명시적으로 인정하면서, DC : 0-3R은 중다축 접근방법(축 I – 임상적 장애, 축 III – 의학적 · 발달적 장애 및 상태, 축 IV – 심리사회적인 스트레스 유발인자, 축 V – 기능적 정서적 발달수준)에서 관계 분류를 독립된 축(축 II)으로 포함하고 있다. 관계에 대한 공식적 분류는 부모-자녀의 상호작용에 대한 관찰과 부모 및 자녀의 주관적 경험에 대한 정보에 근거한다. DC : 0-3 축 II의 관계 분류를 위해 부모의 과잉/과소 관여, 불안/긴장 및 분노/적대 증거를 평가하고, 임상가가 관계문제의 강도, 빈도 및 지속기간에 대해 평가하여, 이를 동요, 혼란, 또는 장애로 구분한다. DC : 0-3R의 축 V인 기능적 정서적 발달수준은 영아나 어린 아동들이 자기들의 정서적 경험, 상호작용, 의사소통 경험을 조직화하는 방법을 포함한다. 축 V의 평가는 대체로 부모-자녀 상호작용에 대한 직접적인 관찰에 근거한다. 서로에게 주의 기울이기, 상호적 관여나 감정 공유하기, 상보적 상호작용, 정서적/상징적 의사소통과 같은 여러 가지 수준의 사회적 과정을 포함한다. 스트레스 받을 때 정서적 위축을 보이거나 정서발달이 기대되는 수준에 도달하지 못하는 등의 문제를 반영한다.

DC : 0-3R은 초기 관계문제의 중요성과 아동정신병리를 분류할 때 진단적 접근과 관계적 접근을 통합할 필요성을 인정한다는 점에서 다른 분류체계와 크게 다르다. 그뿐만 아니라 분류에 사용되는 차원이나 특정한 과정(예 : 부정적 정서, 무반응성, 비참여, 상호관계의 부족, 상호작용에서 상보성의 부족)은 최근의 발달적 또는 임상적 연구에서 초기 관계에서 중요하다고 밝혀진 것들을 포함하며, 이 체계는 DSM-5보다 발달적인 또는 맥락적인 매개변인에 더 민감하다. DC : 0-3R이 유망하기는 하지만, 여전히 비교적 검증되지 않았으며, DSM-5에 대한 비판과 같은 종류의 비판을 받고 있다(Eppright, Bradley, & Sanfacon, 1998). 그럼에도 불구하고 이 도식은 정신병리가 생의 첫 몇 년 동안 표현되는 방식을 설명하는 데 보다 풍부한 기술적인 근거를 제공하고, 그러한 초기 문제와 후기의 개인 또는 가족장애 사이에서 잠재적인 연속성을 연구할 필요를 주지시켜준다(Postert et al., 2009).

차원적 접근

분류에 대한 차원적 접근방법은 행동에는 많은 독립된 차원이나 특질이 있고, 모든 아동은 이것들을 가지고 있지만 가지고 있는 정도가 다르다고 가정한다. 이러한 특질이나 차원들은 전형적으로 요인분석이나 군집분석과 같은 다요인 통계적 방법을 사용하여 도출된다(Achenbach, 1993). 경험적으로 도출된 분류 도식들은 임상적으로 도출된 분류체계보다 더 객관적이고 더 신뢰성을 가지고 있다. 그러나 사용할 때 많은 문제가 나타날 수 있어서 표집, 방법, 정보 제공자의 특성, 아동의 연령과 성별에 따라 정보가 달라질 수 있을 뿐만 아니라 복잡하다(Mash

& Barkley, 2007). 따라서 다른 방법이나 다른 정보 제공자들로부터 얻은 정보, 또는 시간의 흐름에 따라 다른 시점에서의 정보, 여러 다른 상황에서 얻은 정보를 통합하는 데 어려움이 있을 수 있다. 최근에 상황적 내용을 포함하는 문항 은행에 근거하여 차원적 분류 도식을 발전시키려 노력해 왔지만, 그래도 차원적 접근방법은 맥락적 영향에 대한 민감성이 부족하다는 것을 보여주고 있다(예 : McDermott, 1993). 더구나 차원적 접근이 적용된 많은 맥락에서 치료를 해야 하는지 등 치료와 관련된 '범주적' 결정이 내려져야 한다. 따라서 대부분의 차원적 측정은 전형적으로 치료를 해야만 하는지에 관한 결정을 내리도록 하는 임상적으로 중요한 증상의 수준인 역치를 제공한다. 그럼에도 불구하고 정도 또는 심각성에 대한 차원적 측정은 얼마나 집중적인 치료가 필요한지에 대한 중요한 단서를 제공할 수 있다(예 : 우울증의 경우 주의 깊은 감시가 필요한지 심리치료가 필요한지 아니면 약물치료와 심리치료를 병행해야 하는지 등; Klein, 2008).

최근에 Thomas Achenbach와 그의 동료들이 수행한 부모, 교사, 젊은이, 관찰자용 및 면접용의 아동행동 체크리스트와 프로파일에 대한 광범위한 작업[Achenbach의 경험에 기반한 측정 체계에 대해서는 웹사이트(www.aseba.org) 참조] 및 이와 유사한 평가 배터리의 개발(예 : 아동행동 평가체계 제2판; Reynolds & Kamphaus, 2004)로 인해, 아동과 가족 평가에서 다변인적 분류 접근방법의 사용이 증가하였다. 이러한 접근방법에 대한 포괄적인 논의와 경험적으로 유도된 분류 도식에 대한 보다 일반적인 사용에 대해 Achenbach(1993), Hart와 Lahey(1999), Mash와 Barkely(2007)를 참조하라.

분류에 대한 범주적 접근방법과 차원적 접근방법이 점점 더 수렴하는 경향이 있다는 것을 주시할 필요가 있다. DSM-IV 아동 범주에 포함된 많은 항목들은 다변인 연구들로부터 추출되었으며, DSM-IV의 개발을 이끈 과정들은 대부분의 아동기 장애들을 차원으로 처리하였는데, 여러 항목의 절단점수를 사용함으로써 이러한 차원에서 범주를 임의적으로 산출할 수 있었다(Spitzer et al., 1990). 발달 과정에 걸쳐서 정신병리에 대한 차원적 측정을 강조하는 이러한 경향은 DSM-5에서도 유지되고 있다.

수행에 근거한 진단 정보

수행에 근거한 정보와 관찰에 의한 측정은 자신이나 다른 사람에 의해 비슷한 증상이 보고된 아동들 간의 차이를 보여주는 추가적인 진단 정보를 제공한다(Frick, 2000; Kazdin & Kagan, 1994). 이러한 측정은 표준화된 검사에서의 아동의 수행을 평가하는데, 이러한 검사는 생물학적, 인지적, 정서적, 또는 사회적 기능을 반영한다. 예를 들어 이러한 과제는 공포와 회피행동의 관찰, 스트레스를 받는 조건에서의 회상기억, 위협 자극에 대한 지연된 반응시간, 위협 자극에 대해 눈꺼풀 반사를 보일 가능성 등을 포함하는데, 이러한 모든 과제는 불안장애 아동이나 불안장애의 하위집단을 진단하는 데 유용할 것으로 제안되고 있다(Kazdin & Kagan, 1994; Vasey & Lonigan, 2000). 마찬가지로 멈추기-신호주기(stop-signal) 패러다임과 같은 행동-억제 과제와 지속적인 주의집중이 요구되는 과제(예 : 연속적인 수행 검사)와 같은 과제는 ADHD 아동의 문제를 이해하는 데 유용한 것으로 입증되었다(Rapport, Chung, Shore, Denney, & Isaacs, 2000). 이후의 공격적 행동에 대한 초기 생물학적 표지로서의 낮은 심박(Raine, Venables, & Mednick, 1997), 정신병질적 성향의 아동을 확인하는 데 얼굴 정서재인 과제와 도박게임의 유용성(Blair, Colledge, & Mitchell, 2001; Blair, Colledge, Murray, & Mitchell, 2001), 자폐스펙트럼장애 아동을 위한 다양한 인지과제(Klinger & Renner, 2000)들이 진단적 가치가 있음이 밝혀졌다.

Rubin, Coplan, Fox 및 Calkins(1995)의 연구는 수행에 근거한 진단 정보의 유용성을 보여준다. 이 연구자들은 '정서성'(예 : 정서반응의 역치와 강도)과 마음의 '진정도'(예 : 자신이나 다른 사람에 의해 진정되어서 정서적 반응으로부터 회복되는 것)의 두 차원과 또래와의 사회적 상호작용의 양에 근거하여 학령 전 아동집단을 분류하였다. 아동의 기질적 특징과 행동 양식이 결과를 예언하는 데 사용되었다. 정서조절을 못하는 자기중심적인 아동들은 내면화 문제를 더 많이 갖고 있었다. 이에 반해 정서조절을 못하는 사회적 아동들은 외현화 문제가 더 많은 것으로 평정되었다. 행동 차원과 정서 차원을 분류에 포함시킴으로써, 오직 어떤 유형의 자기중심적인 아동들(즉, 정서조절을 못하는 말이 없는 아동)이 후에 문제를 보일 것이라는 식으로 더 정확한 예언이 가능해졌다.

수행에 근거한 측정을 진단에 사용할 수 있는가는 잘 알려진 특성을 가진 아동집단에 대해 그 측정이 신뢰성 있고 타당성 있는 수행 표지가 되는가에 따라 결정된다. 이러한 자료가 광범위한 장애를 다양하게 설명하는 데 유용하긴 하나, 그러한 결과가 진단의 목적에 맞는다는 것을 타당화할 필요가 있다. 또한 이러한 측정에 대한 수행 기준들이 다른 진단 절차를 통해 이미 진단된 아동으로부터 얻은 정보에 근거하는 경우도 있다. 이것은 자료 출처의 비독립성과 대표성에 대한 의문을 제기한다. 또한 이러한 과제에 대해 특별한 반응 형태를 보이는 일반 모집단 아동들의 기저율에 관한 정보가 거의 없다.

분류의 쟁점

범주인가, 차원인가, 아니면 둘 다 인가

아동정신병리에 대한 심리학적 연구들은 질적 차원에서 또는 연속적인 차원에서 행동, 정서, 인지를 개념화하려는 경향이 있는 반면에, 아동정신의학은 아동정신병리를 범주적 용어로 개념화하려는 경향이 있다. 어떤 장애들은 질적으로 구별된 상태로 가장 잘 개념화되고 또 어떤 장애들은 하나 이상의 연속적인 차원의 극단점으로 가장 잘 개념화된다는 점에서 이 접근방법들은 모두 아동기 장애를 분류하는 데 적절하다. 그러나 어떤 아동기 장애가 범주로 가장 잘 개념화되고 어떤 것이 차원적으로 잘 개념화될 것인가에 대해서는 여전히 논란이 되고 있다(Coghill & Sonuga-Barke, 2012). 불안, 우울, ADHD, 파괴적 행동장애와 같은 많은 아동기 장애는 범주적 조건보다는 성격 차원을 반영하는 것으로 보인다(Werry, 2001). 예를 들어 부주의-혼란과 과잉활동-충동성의 아동기 ADHD 증상은 각각 낮은 성실성(conscientiousness) 및 친화성(agreeableness)과 관련된다(Nigg et al., 2001). 더구나 아동들은 당연히 주의 능력과 활동성에 있어서(예 : Rothbart, 2007), 그리고 임상적 상태와 겹치는 다른 차원적 행동에 있어서(예 : 기질적 두려움과 불안장애 — Goldsmith & Lemery, 2000; 긍정적 부정적 정서성과 우울 — Klein, Durbin, & Shankman, 2009) 개인 차이가 있다. 흔히 범주적으로 간주되는 자폐스펙트럼장애조차도 세상과 다른 사람에 접근하고 이해하는 일반적 스타일의 극단적 형태로 개념화될 수도 있다(Baron-Cohen, 2000; Lawson, Baron-Cohen, & Wheelwright, 2004). 내재하는 차원이 있음을 반영하는 장애에 있어서 범주적 진단은 정상과 비정상을 임의적으로 구분하게 될 것이라는 우려가 있다(진단기준인 절단점수 바로 아래의 점수를 받은 아동이, 무작위적 변동에 의해, 다른 평가에서는 기준을 충분하게 충족할 수 있는데 이 아이들이 종종 충분한 기준을 충족하고 있는 아동이 보이는 수준의 손상을 보임). 어떤 분류체계도 실제이기보다는 구성한 것이므로 대부분의 장애가 하나의 장애로 명확하게 구분될 가능성은 별로 없다(Lilienfeld & Marino, 1995). 특정 상태가 질적으로 다른 범주로 분류되는지, 또는 연속적인 차원에 놓여 있는지, 또는 둘 다로 이해될 것인지는 아동정신병리를 이해하고 치료하기 위해 장애를 특정한 집단이나 하위 집단으로 묶는 것의 유용성, 타당성, 예언 가능성에 의해 결정될 가능성이 있다(예 : Kendall, Brady, & Verduin, 2001). 아동기 정신병리를 분류하는 데 있어서 어떤 접근을 택하든, 진단적 결정은 각 아동에 대한 심층적인 평가, 즉 다중의 선행변인의 복잡성, 발달적 고려, 동반이환, 연속성과 불연속성, 그리고 끊임없이 변화하는 아동의 특성에 대한 민감성과 이해에 대한 포괄적인 평가에 기초해야 한다(Frick, Barry, & Kamphaus, 2010; Mash & Hunsley, 2007). 일반적으로 인지행동적 접근이 아동기 장애에 가장 효과적인 경향이 있기에(Mash & Barkley, 2006), 아동행동에 대한 기능분석 또한 중요한 역할을 할 것이다.

동반이환

아동정신병리를 정의하고 분류하기 위한 이론과 연구에서 또 다른 중요한 쟁점은 동반이환에 관한 것이다(Achenbach, 1995; Angold, Costello, & Erkanli, 1999; Carey & DiLalla, 1994; Caron & Rutter, 1991; Sonuga-Barke, 1998). 동반이환은 일반적으로 2개 이상의 장애가 나타나는 것을 지칭하는데, 같이 발생할 확률이 우연 이상인 경우이다. 일반 모집단에서 ADHD나 품행장애가 발생할 확률은 각 장애에 대해 10% 이하이지만, 역학연구들은 ADHD로 진단받은 아동 중 거의 50%가 품행장애로 진단된다는 것을 발견하였다(Kazdin & Johnson, 1994; Loeber & Keenan, 1994). 동반이환은 집단표본과 임상표본에서 더 높게 나타나는 것으로 보고된다(Bird et al., 1988; Caron & Rutter, 1991; Costello, Mustillo, et al., 2003). 일반적으로 같이 발생하는 아동 및 청소년 장애는 품행장애와 ADHD, 자폐스펙트럼장애와 지적장애, 그리고 아동/청소년 우울과 불안장애이다.

동반이환에 대한 정의와 성질에 대해서는 논쟁이 계속되고 있다(Angold, Costello, & Erkanli, 1999; Blashfield, McElroy, Pfohl, & Blum, 1994; Cunningham & Ollendick, 2010; Lilienfeld, Waldman, & Israel, 1994; Meehl, 2001; Robins, 1994; Rutter, 1994b; Sameroff, 2000). 어떤 연구자들은 이 용어가 전적으로 부적절하다고 주장하는데, 왜냐하면 이 용어는 생체의학에서의 상태(예 : 질병)와 정신건강에서 기술되는 잠재적 상태(예 : 증후군과 장애)가 명확하게 구별되지 않기 때문이라는 것이다(Lilienfeld et al., 1994). 다른 연구자들은 동반이환, 동시발생, 공병 등 어떤 용어를 사용해야만 하는지에 대한 논쟁은 주로 의미론적이라고 주장한다(Rutter, 1994b; Spitzer, 1994; Widiger & Ford-Black, 1994).

동반이환이 실제보다 과장되거나 인위적으로 만들어지는 경향이 있는데, 그 이유를 문헌에서는 다음과 같이 설명하고 있다(Angold, Costello, & Erkanli, 1999; Lilienfeld et al., 1994; Rutter, 1994b; Verhulst & van der Ende, 1993; Wolff & Ollendick, 2006). 장애를 보이는 사람들보다 임상기관에 의뢰되는 사람들의 수가 적을 때 표본에

편향이 있을 수 있다. 그런 경우에 임상표본이 동반이환을 보이는 피험자들을 불균형적으로 더 많이 포함할 수 있다. 왜냐하면 한 가지 장애를 가진 아동들보다 동반이환을 보이는 아동들이 정신건강기관에 의뢰될 가능성이 더 높기 때문이다. 이러한 표본 편향과 관련하여 임상표본에서 동반이환의 정도를 부풀리는 다른 요인들이 있다. 예를 들면 동반이환이 있을 때 더 복잡한 사례의 치료를 전문으로 하는 병원이나 의사들에게 의뢰될 가능성이 더 클 수도 있다. 그 밖에 우울과 같은 내면화 문제를 가진 아동들이 외현화 증상을 함께 보인다면, 부모나 학교에 의해 치료에 의뢰될 가능성이 더 높은데, 왜냐하면 대체로 외현화 문제들이 더 파괴적으로 보이기 때문이다.

동반이환은 또한 아동기 장애가 개념화되고 조직화되는 방식에서 유발되는 분류적인 혼란을 보여줄지도 모른다. 예들 들어 Widiger와 Ford-Black(1994)은 동반이환이 높은 비율로 나타나는 것은 DSM-III에서의 변화에 부수적으로 나타나는 듯하다고 주장한다(예 : 다루는 범주 범위의 확장, 진단범주들의 구분, 다축의 조합). DSM-5가 복합적인 증후군이 없어도 복합적인 진단을 할 수 있게 한다는 것이 또 다른 예이다(Cantwell, 1996; Robins, 1994). 이러한 혼란은 현재 사용하는 분류 도식 내의 기준들이 중복되는 것에서 생긴다(Drabick & Kendall, 2010; Rutter, 2010). DSM-5에서 진단은 특정한 증상들을 포함하는 다중적 기준들의 집합에 근거하여 행해진다. 많은 경우에 어떤 장애 범주에서 다른 범주에 속하는 증상이 부수적으로 나타나는 경우 그 증상은 그 범주에서 무시되고, 결과적으로 그 부수적인 증상을 다른 진단범주에서 나타나는 것으로 진단할 가능성이 높아진다(Caron & Rutter, 1991). 그러나 Sonuga-Barke(1998)는 이전의 진단체계는 위계적인 배제기준을 사용하여 동반이환을 배제하려고 하였으나, "이러한 접근은 분명 장애의 구조를 잘못 표상하도록 만들기 때문에 포기되었다."(p.119)고 주장한다. 예를 들어 이러한 접근은 장애의 기본 비율을 낮추고 평가자 간 동의를 저조하게 만들었다.

동반이환이 없는데도 동반이환이라고 잘못 판단하게

하는 요인들과는 달리, '진정한' 동반이환을 보여주는 표지들도 있다(Rutter, 1994b). 적응하기 위해 분투하는 일반적인 경향성은 모든 장애에 핵심이지만, 표현형이 어떻게 나타나는가는 무수한 환경적 조건과 개인-환경 간의 상호작용에 달려 있다(Caron & Rutter, 1991). 이 견해와 같이 Lilienfeld와 동료들(1994)은 아동기 장애에서의 동반이환은 충분히 변별되지 않은 내재적 처리과정의 발달적 수준에 따라 부분적으로 달라진다고 주장한다. 예를 들어 우울에 선행되는 불안(Brady & Kendall, 1992)이나 주의집중 문제에 선행되는 충동성(Hart et al., 1995)의 경우에서처럼 동반이환율이 연령에 따라 다르게 나타나는 것은 어떤 장애나 문제가 다른 장애보다 먼저 나타난다는 사실을 반영할지도 모른다. 또 다른 가능성은 "어린 아동에서는 정신병리의 표현이 확실한 형태가 없고, 나이가 더 들어서야 결정적인 정신병리로 결정화될 수 있어서"(Cantwell, 1996, p.4) 동반이환이 나타날 수 있다. 동반이환은 한 장애의 심각도가 후에 다른 장애를 초래하거나 위험을 높이는 인과적 관계의 결과(예 : ADHD와 반항성 장애), 또는 공통의 유전적 영향(예 : 품행장애와 우울)이나 신경생물학적 과정(예 : 불안과 우울)과 같은 공유된 내재적 원인으로 인해 발생할 수도 있다. 공유된 병인의 경우 실제는 동일한 신경회로의 붕괴가 두 장애로 서로 다르게 나타난 것일 수 있는데, 장애 간의 불분명한 경계가 동반이환의 발생에 기여할 수 있다(Morris & Cuthbert, 2012).

요약한다면 동반이환의 어떤 경우는 사용된 기능장애의 정의가 애매해서, 또는 인위적/방법론적 쟁점으로 인해 발생된 결과일지도 모른다. 그러나 Kazdin과 Kagan (1994)이 지적하였듯이, "더 넓은 관점이 여전히 관련되는 것이며, 진단적 수수께끼의 문제가 아니다. 즉, 복합적인 증상들이 종종 함께 나타난다."(p.40) 이는 모든 장애가 함께 묶음으로 나타난다는 것을 제안하는 것은 아니다. 오히려 많은 장애가 함께 나타난다는 사실은 아동정신병리가 어떻게 개념화되어야 하는지에 대한 중요한 시사점을 보여준다. 동반이환의 복잡성 때문에 연구자들이 단일 모델이 아니라 아동기 기능장애의 다양한 표현,

역학, 경로를 조사하는 방향으로 나아가게 되는 것이다 (Beauchaine, Hinshaw, & Pang, 2010; Burt, Krueger, McGue, & Iacono, 2001; Kazdin & Johnson, 1994).

발달정신병리 관점

발달정신병리 관점은 아동정신병리를 개념화하고 이해하는 데 유용한 작업 틀을 제공하는 것을 목표로 한다. 이 접근은 아동정신병리가 어떻게 그리고 왜 일어나는지, 시간의 흐름에 따라 어떻게 변화하는지, 그리고 아동의 발달능력과 발달이 일어나는 맥락에 의해 어떻게 영향을 받는지를 이해하기 위한 틀과 원리를 제공해주기 위해(Cicchetti & Toth, 2009), 각기 서로 다른 변인과 방법, 설명에 집중하는 다양한 이론(예 : 심리역동적, 행동적, 인지적, 생물학적, 가족체계적, 사회적 이론)을 통합한다(Achenbach, 2000). 여러 이론적 접근방법들을 포함하는 거시적 패러다임으로 기술되는데(Cicchetti, 1984; Cicchetti & Cohen, 1995; Lewis, 2000; Luthar et al., 1997; Rutter & Sroufe, 2000; Sameroff, 2000), "발달정신병리"는 "시작 연령이 언제이든 간에, 원인이 무엇이든 간에, 행동 표출에서 어떤 변형이 일어나든 간에, 발달 패턴의 과정이 얼마나 복잡하든 간에, **부적응적 행동의 개인적 패턴의 원인과 과정에 대한 연구**"로 정의되어 왔다(Sroufe & Rutter, 1984, p.18 : 고딕체는 원문에서 강조됨). 간단히 말해 발달정신병리는 정상발달과 그것의 부적응적 일탈 둘 다를 이해하기 위한 일반적 틀을 제공한다. 이 접근의 주요 초점은 발달 과정을 밝히고, 극단적인 발달 결과를 조사하고, 규준적인 결과와 극단적인 부정적 결과, 극단적인 긍정적 결과에서의 변이를 조사함으로써 발달 과정이 어떻게 기능하는지를 밝히는 것이다. 발달정신병리는 아동기 장애 연구에만 초점을 맞추는 것이 아니라 폭넓은 발달 과정과 결과를 연구함으로써 장애를 이해하고 치료하는 데 도움을 주고자 한다.

발달정신병리 관점은 교류적 관점이나 생태학적 관점과 일치하고, 진행되는 변화나 변형 내에 일관성이 있으며, 적응적 발달과 부적응적 발달을 예측할 수 있다고 가정한다(Campbell, 1989; Cicchetti & Toth, 1997). 이 관점은 또한 발달적 변화를 예측하고 이해하기 위해서 내인성(예 : 유전적, 신경생물학적) 요인과 외인성(예 : 가족, 사회, 문화적) 요인들이 중요하다는 것을 강조한다(Achenbach, 2000; Lewis, 2000). 이러한 방식으로 발달정신병리는 전생애에 걸쳐 일어나는 아동발달에 미치는 복잡한 영향을 접근하려고 한다. 이러한 시도를 함으로써 심리학, 정신의학, 사회학, 교육학, 범죄학, 역학, 신경과학을 포함하는 다양한 영역에서의 지식에 기초하고, 이러한 지식을 발달적 틀 안에서 통합하려고 시도한다(Rutter & Sroufe, 2000).

발달정신병리는 정상발달 패턴, 기능에서의 연속성과 비연속성, 다른 발달 시기에서 적응 또는 부적응의 결과를 가져오는 변형적 상호작용에 초점을 맞춘다. 건강한 발달과 병리적 발달에 내재된 처리과정 모두 아동과 맥락 간의 독특한 교류를 통해 생겨나는 것으로 간주한다(Achenbach, 2000; Sroufe & Rutter, 1984). 따라서 이 접근방법의 중심적인 생각은 부적응 행동을 적절하게 이해하기 위해서는 주어진 발달 동안에 부적응 행동을 규준적인 행동과 관련하여 볼 필요가 있다는 것이다(Edelbrock, 1984). 그리하여 정상 범위 내에서의 발달적 일탈과 그렇지 않은 일탈을 구별하고, 상호작용하는 수많은 변인 속에서 어떤 것이 발달적 일탈을 설명하는지를 밝히는 것이 앞으로 연구에서의 중요한 과제이다. 또한 발달정신병리 관점은 아동은 자신의 발달을 구조화하는 데에 적극적인 역할을 한다는 견해나 발달적 결과는 이전의 경험과 최근의 적응을 함께 조사함으로써 가장 잘 예측될 수 있다는 견해, 그리고 발달의 전환점 시기 또는 민감기가 발달 과정이 긍정적으로 또는 부정적으로 자기 구조화하려는 노력에 가장 크게 영향을 받는 시기라는 견해를 포함하는 몇몇 다른 원리에도 기초하고 있다(Cicchetti & Tucker, 1994).

최근까지 발달정신병리 관점은 잘 타당화되었다기보다는 활발하게 개념적인 시도가 진행되었다(Lewis, 2000)고 하겠다. 그러나 짧은 시간 동안 이 접근방법은 아동정신병리에 대한 연구를 이해하고 이끄는 유용한 틀이라는 것이 증명되었고, 단일 인과 가설로부터 복잡하고 다양한 영향의 경로에 근거한 관점으로의 중요한 전환을 보여주고 있다. "일련의 자료를 수집하여 설명 모델을 지지하려고 노력한 결과 모델 수정이 필요해졌으며, 이 분야는 원인과 결과에 관한 관심에서 인간행동을 구성하는 역동적 개인과 역동적 맥락 간의 확률적 상호변화를 중시하는 것으로 변화되고 있다."(Sameroff, 2000, p.297)

통합적인 발달정신병리의 틀 내에서 유사한 형태의 정신병리가 나타나는 여러 다른 경로들을 알아내고, 왜 유사해 보이는 발달경로가 서로 다른 결과를 초래하는지를 이해하려고 노력한다. 장애와 문제에 집중하는 여러 이론들이 제안되었다. 이러한 모델들은 경험적 자료에 기초한 것이며 특정 장애나 문제를 이해하는 데에 중요하다고 밝혀진 특정한 특징과 과정에 민감하다. 이러한 대표적인 모델의 예로 Barkley(2004, 2012a)의 '억제 실행적 역기능' 이론을 들 수 있는데, 이 이론은 원래 행동 억제의 문제가 ADHD 아동의 주의, 인지, 정서 및 사회적 어려움에 내재하는 주요한 결함으로 제안된 것이다. 이 이론은 이후 수차례 반복되면서 이제는 이 장애의 핵심으로 억제결함 이외에 작업기억과 같은 다른 실행기능까지도 포함하는 것으로 확장되었다(Barkley, 2004, 2012a). 이러한 초기의 결함은 이 장애의 확장된 다양한 표현형을 구성하는 개인의 사회 생태에 공간적·시간적 거리를 증가시키는 수많은 효과를 가져온다(Barkley, 2012b). 다른 예는 Cummings와 Davies(1996, 2010; Davies & Cummings, 1994)의 '정서적 안정 가설'인데, 이는 몇몇 근원(예 : 엄마의 우울, 결혼 갈등)에서 초래되는 정서적 불안정성은 아동이 자기 조절하는 데 문제를 일으키게 하고, 다른 사람을 지나치게 조절하려고 하며, 부적응적 관계 표상을 하게 한다는 가설이다. 공격성은 사회적 상황에 대한 아동의 왜곡되고 편향된 해석의 결과라고 보는 Crick과 Dodge(1994)의 공격 아동에 대한 사회적 정보처리 결함 모델도 또 다른 예이다.

이러한 문제와 장애 및 다른 문제와 장애들을 설명하기 위해 제안된 다른 이론들은 이 책의 이어지는 장에서 설명할 것이다. 이러한 이론들의 수가 증가하는 것은 일반적인 아동정신병리보다 특정 형태의 아동정신병리의 기저에 있는 과정에 집중하는 모델로 연구 경향이 점차 변화되고 있음을 보여준다. 그러나 특정 장애를 강조하는 대부분의 현재의 인과적 모델들은 공통의 요인(예 : 성격, 유전적 위험, 가족 불화/스트레스)이 존재할 가능성이 있음에도 불구하고 추정되는 병인적 요인의 특정성에 대한 필요한 경험적 검증을 하지 않았다(Epkins & Heckler, 2011). 병인적 영향이 어떻게 유사하게 또는 서로 다르게 장애에 관련되는지를 밝히는 것은 앞으로의 연구에서 해야 할 중요한 과제이다.

아동정신병리에 대한 일반 이론

아동의 정신병리의 출현을 설명하기 위해 몇 가지 주요 이론들이 제안되었다(표 1.4 참조). 이에는 정신역동 모델(Dare, 1985; Fonagy & Target, 2000; Shapiro & Esman, 1992), 애착 모델(Atkinson & Goldberg, 2004; Bowlby, 1973, 1988), 행동적/강화 모델(Bijou & Baer, 1961; Skinner, 1953), 사회학습 모델(Bandura, 1977, 1986), 대인관계 모델(Gotlib & Hammen, 1992; Joiner & Coyne, 1999; Rudolph, Flynn, & Abaied, 2008), 인지 모델(Beck, 1964; Beck, Rush, Shaw, & Emery, 1979; Evraire, Dozois, & Hayden, 출판 중; Ingram, Miranda & Segal, 1998), 체질적/신경생물학적 모델(Cappadocia, Desrocher, Pepler, & Schroeder, 2009; Heim & Nemeroff, 2001; Matthys, Vanderschuren, & Schutter, 2013; Tripp & Wickens, 2009), 정서 모델(Davidson, 2000; Rubin, Cheach, & Fox, 2001), 그리고 가족체계 모델(Cowan & Cowan, 2002; Davies & Cicchetti, 2004; Grych & Fincham, 2001)이 있다. 이 장에서는 이 일반 이론들의 기본적 주장에 대해서 자세히 다루지 않는다. 이 이론들에 대한 포괄적인 논의를 이해하기 위해서 독자들은 이 책에서 계속 인용하고 있는 원전과 특정 참고문헌을 참조하기 바란다. 여기에서는 이 이론들과 관련된 몇 가지 일반적인 요점을 논의할 것이다.

각 이론적 접근방법은 다양한 관점을 보여준다. 예를

표 1.4 아동정신병리를 개념화하는 데 사용되는 일반적 모델[a]

정신역동 모델
　　선천적인 추동, 정신 내의 기제, 갈등, 방어, 심리성적 단계, 고착과 퇴행

애착 모델
　　초기 애착관계, 자기, 타인, 그리고 일반적인 관계에 대한 내적 작동 모델

행동적/강화 모델
　　지나친, 부적절한, 또는 부적응적인 강화와 학습 경험

사회학습 모델
　　대리적, 관찰적 경험, 상호적 부모-아동 상호작용

대인관계 모델
　　대인관계 스타일, 사회기술 결함, 사회적 어려움, 스트레스가 많은 대인관계 환경

인지 모델
　　왜곡되거나 결함 있는 인지 구조와 처리과정

체질적/신경생물학적 모델
　　기질, 유전적 영향, 구조적·기능적 신경생물학적 기제

정서 모델
　　기능장애적인 정서조절 기제

가족체계 모델
　　세대 간-세대 내 가족체계, 가족 내의 구조적 그리고/또는 기능적 요소들

[a] 모델들은 어떤 점을 강조하는가에 따라 구분된다.

들어 정신역동 이론은 전통적인 프로이트와 클라인의 정신분석적 구성요소들과 자기분석 이론과 객관적 관계이론에서 파생된 개념들을 포함한다(Fonagy & Target, 2000; Lesser, 1972). 행동적/강화 관점은 전통적인 조작적/고전적 조건형성의 구성요소들, 중재 모델, 학습의 현대 이론들을 포함한다(Klein & Mower, 1989; Krasner, 1991; Viken & McFall, 1994). 인지이론들은 인지-구조적 모델, 인지왜곡 모델, 잘못된 정보처리 모델을 포함한다(Clark, Beck, & Alford, 1999; Ingram et al., 1998; Kendall & Dobson, 1993). 가족체계 이론들은 체계적·구조적·사회학습 모델을 포함한다(Jacob, 1987). 그리하여 어떤 이론을 논의할 때 접근방법이 포괄하는 여러 관점을 구별하는 것이 중요하다.

많은 아동정신병리 이론은 초기의 접근방법들로부터 파생되었다. 예를 들어 정신역동 이론들은 20세기 초반 동안 아동정신병리에 대한 생각을 지배하였다. 이러한 이론들은 관계, 초기 경험, 정신적 기제, 무의식 과정에 대한 중요성을 강조하면서 아동정신병리를 이해하도록 해주었고, 애착이론 같은 다른 많은 모델을 발달시켰다(Rutter, 1995). 애착이론의 등장은 개인 내적인 방어에 대한 전통적인 정신분석적 역할에서 대인관계로 주의가 바뀐 것을 보여준다(Bretherton, 1995). 마찬가지로 사회학습 이론의 등장으로 학습의 비매개적 모델에서 벗어나고, 상징적 과정의 역할에 대한 관심이 증가되었다.

아동정신병리의 이론에 대해 언급될 수 있는 일반적인 점들은 다음과 같다.

1. 각 이론은 아동정신병리의 병인에 관하여 설명해준다. 각 이론의 장점은 정신병리의 여러 가지 형태를 얼마나 세부적으로 잘 예언하는가와 경험적 지지를 어느 정도 받고 있는가로 평가된다.

2. 각 개념화를 지지하는 정도가 다르다는 것은 어떤 단일 모델도 아동정신병리의 복잡성을 충분히 설명할 수 없다는 것을 시사한다. 이러한 견지에서 볼 때 보다 통합적이고 협동적으로 노력할 때 이해가 증진될 것이다.

3. 아동기 장애에 대한 많은 설명들은 제한된 수의 선행조건들과 주어진 장애 사이의 단순한 연합을 암시적으로 또는 명시적으로 가정한다. 그러나 앞에서 논의했듯이, 상황에 따라 다른 결과를 가져올 수 있다는 다양한 경로의 개념이 현재 연구결과에서 보면 더 실행 가능한 틀이 될 것이다.

4. 특정한 모델을 검증하는 것이 간단하기는 하지만, 어떤 모델이 적용되거나 적용되지 않는 특유의 맥락과 조건에 보다 더 많은 주의를 기울여야 할 필요가 있다.

5. 기능장애에 대한 연구는 주어진 연령에서의 장애 표현과 특정한 스트레스 유발인자의 영향과 같은 고정된 상태와 영향을 조사한다. 그러나 아동의 정

신병리의 표현과 병인론은 시간이 흐름에 따라 계속 변화하며, 이론이 이러한 유형의 변화를 설명할 필요가 있다는 증거들이 제시되고 있다.

현재의 모델들은 아동기 기능장애의 여러 가지 구성 요소들에 점차 민감해지고 있다. 실제로 기질적, 행동적, 인지적, 정서적, 사회적 요소들이 여러 이론적 영역에 걸쳐서 나타나고 있는데, 이는 혼합 모델들(예 : 인지적-행동적, 사회적 정보처리, 인지-신경심리적)의 출현뿐만 아니라 가족과 생태적 구성이 여러 다른 이론에 포함되는 것에서 볼 수 있다. 조건형성 원리만을 강조하는 특징을 보이는 행동적 모델 또한 체계 영향에 점점 더 민감해지고 있다(Viken & McFall, 1994).

아동정신병리에 대한 현재의 연구에서 다음의 네 가지 이론적 접근에 대한 관심이 증가되고 있다 : (1) 애착이론, (2) 인지이론, (3) 정서이론, (4) 체질적/신경생물학적 이론. 각 접근방법은 다음 절에서 소개될 것이다.

애착이론

Bowlby(1973, 1988)의 애착이론은 생태학적 관점과 정신분석적 관점 둘 다에 기본을 두고 있다(Cassidy & Shaver, 2008; Cicchetti, Toth, & Lynch, 1995). 그럼에도 불구하고 Bowlby는 개인이 이전 단계로의 고착이나 퇴행이 일어날 수 있는 일련의 단계를 경험한다는 것과 정서적 유대가 음식이나 성욕에 근거한 추동에서 파생된다는 정신분석의 기본 생각을 거부한다. 생태학과 통제 이론에 근거하여 Bowlby와 그의 추종자들은 정신 에너지에 근거한 프로이트 개념을 위계적인 계획으로 구조화되는 인공지능적으로 통제화된 동기적-행동적 체계로 대치하였다(Bowlby, 1973; Bretherton, 1995). 애착이론에서 본능적 행동은 엄격하게 미리 정해져 있는 것이 아니라 오히려 학습과 피드백을 통해 유연한 목표 지향적인 체계로 구조화된다. 행동/동기 체계(예 : 애착, 탐색)는 시간적으로 제한된 완료행동(consummatory behavior)과 시간 제한이 없는 본능행동을 조절하여 유기체가 환경과 관련되도록 한다. 애착은 생리적 각성-조절 체계와 함께 작동하는 스트레스 감소행동 체계에 속한다. 아동은 친숙성을 유지시키고, 스트레스를 감소시키는 행동과 탐색적이고 정보를 찾는 행동 사이의 균형을 유지하기 위해 동기화된다. 애착 대상이 되는 사람이 탐색을 위한 안정된 기초를 제공할 때 자기신뢰는 최적으로 발달한다(Bretherton, 1995).

영아가 자기와 타인에 대한 '내적 작동 모델'을 발달시키는 것은 애착관계를 통해서이다. Bowlby(1988)는 정신병리의 발달이 양육자가 아동의 욕구에 적절하게 반응하지 못하는 것과 직접적으로 관련이 있다고 주장했다. 그러나 이 주장은 연구자들 사이에서 논쟁이 되고 있다. 예를 들어 Sroufe(1985)는 부모의 직접적인 영향에 대해 의문을 제기했는데, 영아의 기질 자체와 그 '까다로운 기질'이 부모와 상호작용할 때 나타나는 부모의 반응이 애착관계에서의 변이와 계속되는 불안정애착의 문제를 더 잘 설명한다고 주장한다. 하지만 Sroufe(1985)는 영아 기질과 애착을 조사한 연구들을 개괄하면서 일부 연구가 안정애착과 불안정애착 사이의 차이가 기질 때문이라는 관점을 지지하지만, 대부분의 증거는 양육자에 따라 영아의 애착 패턴이 달라지는 것으로 제안하고 있다고 시사하였다.

초기 애착과 이후의 정신병리 간의 관계를 가정할 때 특정한 하위 유형의 애착이 하나의 특별한 아동기 장애를 일으키는 것이 아니라는 점을 유념해야 한다. 오히려 발달경로의 궤도와 정신병리의 표현은 환경에서의 경험, 생물학적 경향성, 학습의 결과로 나타난다. 정신병리와 관련된 요인들로서 가능한 발달경로가 무엇인지를 밝히려고 할 때 아동의 내적 작동 모델의 개념이 유용하지만, 내적 작동 모델이 변화 가능한 적극적인 구성을 표상한다는 것과 후의 정신병리를 일으키는 것이 절대적이라기보다는 확률적이라는 것을 유념해야 한다.

Rutter(1995)는 애착연구에서 다음과 같은 중요한 쟁점을 강조했다. (1) 근접성-찾기 행동에 포함된 기제를 구별할 필요성, (2) 범주뿐만 아니라 차원을 포함하도록 애착 측정에 대한 근거를 확장하는 것, (3) '불안정감'으로 파악되지 않는 관계 질을 연구하는 것, (4) 기질과 애착 사이의 관계를 이해하는 것, (5) 상이한 관계들이 개인적인 특징으로 어떻게 전환되는지를 다루는 것, (6) 내적 작동 모델을 조작적으로 정의하는 것, (7) 전생애에 걸친 애착 질과 그 의미가 다른 연령에서도 동일한지, (8) 하나의 관계가 다른 관계에 어떻게 영향을 주는지를 결정하는 것, (9) 애착관계와 다른 측면의 관계들 간의 경계를 구별하는 것. 애착과 이후의 기능 간의 관계, 자녀 양육과 애착의 질, 안정애착의 적응적 가치(예 : 불안정애착은 정신병리와 같지 않다), 학대와 방치와 관련된 애착의 혼란, 기관 수용과 관련된 애착 분산(diffuse attachment)을 이해하는 것이 앞으로 연구에서의 쟁점이 될 것이다. Bowlby의 애착이론은 부모-자녀 관계의 질, 관계에서의 안정성과 독립성 성장 간의 상호작용, 위급한 인간관계를 생물학적/진화적 맥락에서 밝히는 것의 중요성(예 : Kraemer, 1992), 내적 작동 모델의 개념, 정신병리발달의 근거로서 초기 불안정애착(Barnett & Vondra, 1999)에 초점을 맞추는 데 중요한 역할을 했다.

인지이론

많은 연구들이 성인과 아동의 정신병리에서 인지(예 : 주의, 기억, 학습, 문제해결과 의사결정을 포함하는 정신과정들)의 역할에 초점을 맞추어 왔다(Clark et al., 1999; Ingram et al., 1998; Ingram & Price, 2001). 몇몇 이론적 관점은 아동기 인지에 관심을 둔다. 이러한 관점에 인지-구조적 모델(Ingram et al., 1998; Selman, Beardslee, Schultz, Krupa, & Poderefsky, 1986), 정보처리 접근(Crick & Dodge, 1994; Ingram & Ritter, 2000; Taylor & Ingram, 1999), 그리고 인지행동적 접근방법(Braswell & Kendall, 2001; Dobson & Dozois, 2001; Meichenbaum, 1977)이 포함된다. 정보처리와 인지행동적 접근방법의 대표적인 예를 아래에서 기술할 것이다. 최근 인지이론들은 긍정적 인지의 중요성, 인지 특정성의 역할, 인지에 미치는 맥락의 역할, 동반이환의 중요성, 정보처리 위험 패러다임의 사용, 단순한 인지적 특성-스트레스 모델에서부터 정보처리 매개변인을 찾는 것으로의 변화, 이론적 통합의 필요성에 집중하고 있다.

정보처리

잘못된 정보처리가 많은 아동기 장애와 관련되는 것으로 시사되어 왔다. 예를 들어 사회적으로 공격적인 아동들은 부정적으로 편향된 귀인을 하는 것으로 발견되었고 (Dodge & Pettit, 2003; Schwartz & Proctor, 2000), 불안장애를 지닌 아동들은 위협적인 자극에 대한 주의편향을 보이며(Bar-Haim, Lamy, Pergamin, Bakermans-Kranenburg, & van IJzendoorn, 2007; Waters, Henry, Mogg, Bradley, & Pine, 2010), 우울한 아동은 부정적 자료에 대해 부호화 편향을 더 보이고 긍정적 정보는 덜 지지하고 회상하며, 다른 형태의 부정적 인지(Abela & Hankin, 2008; Lakdawalla, Hankin, & Mermelstein, 2007)를 보이는 것으로 나타났다. 정보처리와 아동정신병리에 관한 연구들은 세 가지 흐름에서 이루어졌다. 한 흐름은 주의, 기억, 그리고 다른 인지기능과 관련된 기본적인 정보처리에서의 결함에 초점을 맞추며(예 : Carter & Swanson, 1995), 다른 한 흐름은 사회적 정보처리와 관련되어 있으며 (Crick & Dodge, 1994), 세 번째 흐름은 부적응적 인지에 초점을 맞춘다(예 : Ingram et al., 1998; Ingram & Ritter, 2000; Taylor & Ingram, 1999).

사회적으로 공격적인 소년에게 적용되는 Dodge의 모델은 사회적 정보처리 접근을 보여준다(Dodge & Pettit, 2003; Dodge & Somberg, 1987). 최초의 모델에서 일련의 사고과정(예 : 부호화, 해석, 반응 탐색, 반응결정, 실행)이 적절한 사회적 상호작용 과정에서 일어나는데, 부적절한 사회적 상호작용 동안에는 이러한 사고 과정이 일어나지 않거나 왜곡되는 것으로 가정하였다. 이 모델은 이후 더 발전된 형태로 진화되었다. 진화된 모델에서는 기본적인 정보처리 구조는 같지만, 각 단계에서 개인의 '데이터베이스'(사회적 도식, 기억, 사회적 지식, 문화적 가치나 규칙의 집합)와 사회적 교류 맥락에서 요구되는 정보처리 기술들 간에 상보적 상호작용이 지속적으로 진행되는 것으로 가정되었다(Crick & Dodge, 1994; Dodge & Pettit, 2003). 일차 함수적 처리 모델 대신에, 모든 처리 단계를 연결하는 순환적 피드백 루프를 포함하는 것으로 가정되었다. 또래의 칭찬과 반응의 영향,

정서처리 과정, 인지기술의 발달과 습득이 사회적 적응에 중요한 공헌을 한다는 인식이 개선된 모델에 의미 있게 반영되었다. 발달궤도에 대한 민감성이 증가된 것 외에도 개선된 모델은 초기 경향(예 : 기질)과 정보처리 및 사회적 적응을 매개하는 다른 요인들(예 : 연령, 성, 사회적 맥락)의 역할을 강조한다. 몇몇 연구들이 이 확장된 모델을 지지하는 경험적 자료를 보여주었다(Contreras, Kerns, Weimer, Getzler, & Tomich, 2000; Gomez & Gomez, 2000; Gomez, Gomez, DeMello, & Tallent, 2001).

인지행동 이론

인지행동 이론은 "개인의 인지활동과 정보처리 요인들을 모델에 포함시키면서도, 행동적 접근방법의 긍정적 특성들을 유지하려는 목적을 가진 시도"를 나타내며(Kendall & MacDonald, 1993, p.387; 또한 Braswell & Kendall, 2001 참조), 우울과 불안에 대한 인지적 취약성은 특히 위험과 치료의 중심적 모델로 확실하게 정립되었다. 이러한 인지 모델에 대한 연구들은 다양한 종류의 인지적 위험을 조작하여 성인에 초점을 맞추었다. 이 연구들은 일반적으로 인지이론의 핵심 주장을 지지하는 방대한 연구들을 산출하였는데, 연구들에서 인지적 취약성이 부정적 생활사건과 상호작용하여 증상의 증가를 예언하는 특질인 것으로 나타났다(Ingram et al., 1998).

심리적 장애의 병인을 이해하기 위한 목적으로 인지 구조, 인지 내용, 인지 조작과 인지 산출의 네 가지 인지 요소를 구분한다(Beck et al., 1979; Dozois & Dobson, 2001; Ingram et al., 1998; Kendall & Dobson, 1993). '인지 구조'는 정보가 구조화되고 기억에 저장되는 방법을 나타내고 계속되는 경험을 걸러내거나 선별하는 기능을 한다. '인지 내용'(또는 명제)은 기억에 저장된 정보(즉, 인지적 구조의 실체)를 지칭한다. 인지 구조와 내용은 '도식'을 구성한다. 도식은 아동의 생활 경험의 처리과정을 통해 형성되는데, 기대에 영향을 주고 아동이 생각하는 양식으로 정보를 걸러내는 핵심적인 철학이나 지침서로서 작용한다. 이러한 점에서 인지 도식은 '필터'나 '판

형'이라고 지칭되기도 한다(Kendall & MacDonald, 1993). 도식은 아동의 인지, 행동, 정서에서 관찰되는 일관성에 영향을 주는 것으로 가정된다(Stark, Rouse, & Livingston, 1991). Beck의 모델에 따르면 부적응적인 도식은 초기 아동기에 발달하지만 불리한 사건이 잠재적인 도식을 이끌어낼 때까지 잠자고 있고, 도식이 이끌어진 후에는 사람들은 도식과 일치하는 방식으로 정보를 부호화하고, 처리하고, 해석하기 시작한다. 예를 들어 우울한 도식을 가진 사람은 자기 자신, 세계, 미래에 대한 정보를 부정적으로 편파된 방식으로 처리하고 해석하는 반면에, 불안 도식을 가진 사람은 환경에서의 자극을 미래에 대한 불안에 인지적으로 초점을 맞추어 해석한다. 그 밖에 우울에 특정적으로 보이는 것은 긍정적 인지의 부족이다(Gencoez, Voelz, Gencoez, Pettit, & Joiner, 2001). '인지 과정' 또는 '인지 조작'은 인지적 체계가 기능하는 방식에 관한 것이다. 그리하여 도식에 의해 이끌어지는 인지 과정은 사람이 내적 자극과 외적 자극을 지각하고 해석하는 양식을 제시해준다. 마지막으로 인지 산출은 인지 체계의 여러 가지 구성요소 사이에서 동시적으로 그리고 상호적으로 일어나는 상호작용으로부터 비롯된 사고이다.

우울의 인지 모델을 검증하는 연구는 최근 이러한 모델이 청소년과 아동에 유용한지를 탐색하는 방향으로 전환되었다(Abela & Hankin, 2008). 이 문헌의 개관은 젊은이의 인지적 취약성은 흔히 스트레스가 많은 인생사건과 함께 조사했을 때, 우울증을 예언하는 요인이라는 주장을 지지한다(예 : Hankin et al., 2009). 좀 더 상세하게 기술하면, 대부분의 연구들은 부정적 인지와 스트레스 간의 상호작용이 아동과 청소년의 우울증상의 증가를 예언하는지를 집중적으로 검증하였다. 이 연구들은 스트레스가 많은 인생사건은 젊은이가 부정적 인지 스타일, 부정적 자극을 더 강하게 처리하는 정보처리 편향, 다른 측면의 우울한 인지를 가지고 있을 때 우울과 더 강하게 관련됨을 보여주었다(Abela & Hankin, 2008; Lakdawalla et al., 2007).

'인지적 결함'과 '인지적 왜곡'을 구별하는 것이 유용

할 수 있다. Kendall(1993)은 이러한 구분이 젊은 시절의 다양한 장애를 기술하고, 분류하고, 이해하는 데 유용하다고 주장한다. '결함'을 가지고 있는 아동은 도움이 되는 사고를 하지 못하는 것이다. 예를 들어 공격적인 젊은이는 종종 대인관계 문제를 부호화하는 능력(Coy, Speltz, DeKlyen, & Jones, 2001; Pakaslahti, 2000; Schwartz & Proctor, 2000)이나 사회적 문제를 적절하게 해결하는 능력(Crick & Dodge, 1994; Lochman & Dodge, 1994)이 부족하며, 충동적인 아동은 종종 반응하기 전에 생각하지 못한다(Moore & Hughes, 1988). 역으로 인지적 '왜곡'을 보이는 아동들은 정보를 구조화하고 처리하는 능력이 부족하지 않다. 그보다는 그들의 사고는 편파되고, 비기능적이고 오도된 것으로 기술된다(Kendall, 1993; Kendall & MacDonald, 1993). 우울증을 보이는 사람이 자기 자신, 세계, 그리고 미래에 대해 부정적인 관점을 갖고 있는 것이 왜곡된 사고의 예이다. Kendall(1985, 1993)은 결함적인 사고와 왜곡된 사고의 구분은 외현화 장애와 내면화 장애를 구분하는 것(Achenbach, 2000)과 관련된다고 주장한다. 일반적으로 내면화 장애는 사고에서의 왜곡과 관련되는 반면에, 외현화 장애는 보다 일반적으로 인지적 결함과 연합된다. 그러나 경험적 증거들은 공격적인 행동들이 왜곡과 결함을 모두 보임을 시사한다(Lochman, White, & Wayland, 1991).

인지 모델에는 많은 장점과 제한점이 있다. 이론적 모델은 안정적이고 잠재된 도식이 아동기에 발달하고 부정적인 사건이 이를 촉발할 때까지 잠자고 있다고 주장한다. 따라서 이 모델은 인지적 위험에 대한 평가와 치료작업에 관한 강한 가설을 생성한다(Braswell & Kendall, 2001; Kendall, 1993). 중요하게 이 이론들은 어린 시절에 나타난 인지적 위험 표지의 안정성을 주장한다. 언제 인지적 취약성의 의미 있고 안정적인 측면이 떠오르는지에 대한 논쟁은 여전히 진행 중에 있다(Abela & Hankin, 2011; Cole et al., 2008, Garber, 2010; Gibb & Coles, 2005; Hammen & Rudolph, 2003). 더구나 아동기 인지적 취약성의 안정성에 대해 말해주는 연구들이 축적되고 있으며(Cole et al., 2009; Hankin, 2008; Hayden, Olino,

Mackrell, et al., 2013), 그 증거는 안정성과 변화에 모두 일치한다(Hankin et al., 2009). 이 문헌은 일부 순위 안정성(rank-order stability)이 후기 아동기에 나타나지만 일부 아동에서는 유의미한 변화 또한 일어난다는 것을 보여주고 있다. 그러나 이 연구는 아동기 후기와 초기 청소년기 그리고 비교적 짧은 기간의 추수연구에 걸쳐서 자기보고된 인지 위험에만 초점을 맞추었는데, 이러한 요인으로 인해 더 어린 표본을 대상으로 실험에 기초한 평가를 하고 더 긴 기간 추적한 연구에 비해 안정성 증가가 나타났을 수 있다. 우울의 인지적 위험을 나타내는 일련의 방법을 충분하게 연결하는 접근으로, 더 어린 아동에서 나타나고 있는 인지적 위험에 대한 후속연구가 분명 필요하다. 발달 과정에서 아동의 인지적 취약성이 장애 위험과 가소성 모두에 대해 의미 있는 함의를 나타내는 시기를 찾아낼 수 있다면, 그러한 시기는 예방적 노력을 위한 중요한 창이 될 수 있을 것이다.

인지행동 접근방법의 다른 제한점은 발생하는 인지적 위험의 발달적 기원에 대해, 특히 아동기 인지적 위험이라는 보다 넓은 맥락에서 충분히 탐구되지 않았다는 것이다. 더 상세하게 기술하면 장애 위험에 시사되는 부정적 인지의 초기 전조를 찾으려는 시도를 한 연구가 거의 없다. 다양한 요인 간의 역동적 상호작용의 가능성을 검증하는 포괄적인 모델이 여전히 부족하긴 하지만, 최근 부정적 인지를 초기 역경(Gibb, 2002), 부모의 정신병리, 정서적 특성(Davidson et al., 2002; Hamburg, 1998; Hayden et al., 2006)과 유전적 위험(Gibb, Beevers, & McGeary, 2013; Hayden, Olino, Bufferd, et al., 2013)에 연관시키는 연구들이 나타나고 있다.

정서이론

정서와 정서조절 기능은 여러 개념 모델의 구성개념이다. 이러한 개념 모델에는 방어기제 개념을 포함하는 정신역동 이론, 정서의 결정인자로서 사고 유형과 행동 역할을 강조하는 인지행동 이론, 내적 작동 모델이 초기 인간관계를 근거로 형성되고 그 후의 관계에서 정서를 계속 조절한다고 전제하는 애착이론(Cassidy, 1994), 정서

조절의 구조적 신경화학적 상관인자를 강조하는 생물학적 이론(Pennington & Ozonoff, 1991; Posner & Rothbart, 2000) 등이 있다. 정서와 정서조절은 아동정신병리의 초기 모델의 개념적 패러다임에서 중요한 역할을 한다. 예를 들어 정신분석 이론은 방어기제 사용을 통한 정서조절을 강조하는데, 그러한 조절이 없을 때 불안과 정신병리가 생긴다는 것이다(Cole, Michel, & Teti, 1994 참조). 감정을 피하고, 최소화하거나 전환하는 기회를 가짐으로써, 방어기제들은 의식 수준에서는 처리하기 어려운 정서 경험을 조절하는 기능을 하는 것으로 가정된다.

인지와 행동 모델의 발달이 정서 과정에 대한 관심을 앗아갔지만, 최근에 아동정신병리에서 정서처리 과정에 대한 연구가 부활하고 있다(Arsenio & Lemerise, 2001; Belsky, Friedman, & Hsieh, 2001; Insel, 2003; Rubin et al., 2001). 이와 같은 관심이 새롭게 등장한 것은 아동의 정서 경험, 표현, 조절이 그들의 사회적 상호작용과 관계의 질에 영향을 줄 가능성이 높다는 인식이 증가되었기 때문이다(예 : Flavell, Flavell, & Green, 2001; Rubin et al., 2001; Schultz, Izard, Ackerman, & Youngstrom, 2001). 기능주의자의 관점에서 볼 때 정서는 아동이 환경에서의 사건에 대해 반응하는 방식을 이끌고 구조화하는 데 중심적인 역할을 하는 것으로 간주된다. 이러한 관점은 아동에게 부정적인 정서를 유발시켰을 때 아동의 괴로움, 부정적 기대, 성인 갈등에 대한 평가가 증가하는 반면에, 아동에게 긍정적인 정서를 유발시켰을 때는 반대 효과가 나타난다는 결과로 설명된다(Davies & Cummings, 1995). 몇몇 연구들이 적응적 기능과 부적응적 기능 둘 다에 영향을 주는 정서조절 능력의 발달에 초점을 맞추어 논의하고 있다(Fredrickson, 2001; Kagan, 1994b; Kagan, 1994b; Mayer & Salovey, 1995; Thompson, 2011). 일반적으로 정서성과 조절이 현재와 이후의 장기적인 아동의 사회적 능력 및 적응에 관련된다는 견해를 지지하는 증거들이 증가하고 있다(Eisenberg, Fabes, Guthrie, & Reiser, 2000).

정서 체계의 주요 기능은 행동의 동기화/구조화와 자기 및 다른 사람과의 의사소통이다. 정서는 다음 구성요소 중 몇 가지를 포함하는 패턴을 보여준다. (1) 신경·감각운동·인지·정서적 자극을 활성화하는 것, (2) 관련된 신경처리과정, (3) 생리학적 반응에서의 변화, (4) 운동/표현 행동에서의 변화, (5) 관련된 인지적 평가, (6) 수반되는 주관적 경험이나 감정 상태의 변화(Cicchetti, Ackerman, & Izard, 1995; Izard, 1993; Kagan, 1994b).

여러 다른 이론들은 아동정신병리가 다음에서 비롯된다고 본다. (1) 억제되지 않은 정서들(인지적 또는 정서-인지적 통제 과정과 연결되지 않은 정서들), (2) 정서조절을 방해하는 인지와 행동에서의 결함이나 왜곡(상황적으로 부적절한 인지과정이나 행동과 연결된 감정들), (3) 계획적인 인지과정을 가진 정서 방해(정서 홍수), (4) 재인·해석·표현에서의 문제를 포함하는 감정처리 과정과 의사소통에서의 기능장애적인 패턴, (5) 정서조절에서 정서처리 과정과 인지처리 과정을 협응하지 못하는 것(Cicchetti, Ackerman, & Izard, 1995).

정서기능장애는 다양한 생물학적 취약성과 스트레스 등 여러 가지 근원에서 유발된다. 아동정신병리를 연구할 때, 긍정적인 정서가 주는 유익한 점과 완충 효과(Fredrickson, 2001; Masten, 2001; Tugade & Fredrickson, 2004; Wichers et al., 2007), 중간 정도의 부정적인 정서 또는 경우에 따라서는 극도로 심한 부정적인 정서의 적응적 가치와 촉진 효과, 그리고 아동행동에서의 정서적 내용이나 의미의 중요성을 고려하지 않고, 부정적 정서에만 초점을 맞추지 않는 것이 중요하다. 또한 부정적 정서가 구조적으로 또 기능적으로 단일 차원적인 것이 아니기 때문에 여러 형태의 아동정신병리에 내재된 서로 다른 정서나 정서적 패턴을 밝히는 것이 중요하다(Cicchetti, Ackerman, & Izard, 1995). 우울한 아동들의 부정적 행동이 공격적/대항적이고 우울하고/고통스러운 것 둘 다를 보이는 것과 마찬가지로 우울과 연합된 부정적 정서는 슬픔, 분노, 죄책감을 포함한다(Hops, 1995).

정서반응성과 정서조절의 2개 차원을 구분하는 것이 유용할 수 있다. 반응성은 정서 경험의 역치와 강도에서의 개인차를 보여주는 반면에, 조절은 반응을 통제하거나 조절하도록 해주는 과정(예 : 주의, 억제, 접근/회피,

대처양식)을 기술한다(Rubin et al., 1995). Rubin과 동료들(1995)에 의하면 이 구분은 일반적인 기질과 특정한 조절기제 사이의 역동적 상호작용이 필요하다는 것을 강조하기 때문에, 다시 말해 정서 각성(반응성)이 행동을 억제하거나, 촉진하거나, 파괴할 수 있다는 것을 인식할 필요를 강조하기 때문에 중요하다. 조절에서의 문제와 조절장애에서의 문제는 구별될 수 있는데, 조절에서의 문제는 약한 통제 구조를 갖고 있거나 통제 구조가 없거나, 손상을 유발하는 유입자극에 의해 통제 구조가 압도당하는 것을 포함하고, 조절장애에서의 문제는 기존의 통제 구조가 부적응적인 방식으로 작동하여 부적절한 목표로 감정을 인도하는 것을 포함한다(Cicchetti, Ackerman, & Izard, 1995). 정서의 기능은 자신과 환경을 감시하는 것을 포함하여, 자신과 다른 사람의 정서와 행동을 알아낼 수 있도록 정서에 대해 아는 것을 포함한다. 감시를 하지 않거나 약하게 하면 정서과정과 인지과정이 분리되고 정서 누출이 초래되는 반면에, 감시가 지나치면 정서 신호를 편협하게 받아들이고 의사소통에서 특정한 정서를 지나치게 사용하는 결과를 가져온다(Cicchetti, Ackerman, & Izard, 1995).

이 장에서는 정신병리와 관련하여 정서조절이 어떻게 정의되고 개념화되는가에 대해 관심을 둔다(Keenan, 2000). 정서조절 과정에는 현재 경험하고 있는 감정을 약화시키거나 무효화하고, 현재 느껴지는 감정을 극대화하고, 바라는 감정을 활성화시키고, 감정 상태를 차폐하는 것이 포함된다(Cicchetti, Ackerman, & Izard, 1995). Thompson(1994)은 정서조절을 "자신의 목표를 달성하기 위해 특히 강렬하고 일시적인 특질을 가진 감정적 반응을 탐지하고 평가하고 수정하는 데 필요한 내적 과정과 외적 과정"(p.27)으로 구성된 것으로 정의한다. 이 정의는 정서조절의 몇 가지 중요한 특성들을 강조한다. 첫째, 정서조절은 개인의 목표에 부합하도록 정서적 각성을 고양시키고, 유지하고, 억제하는 것을 포함한다. 둘째, 정서조절 책략의 발달과 사용에 영향을 주는 내재적인 요인과 외재적인 요인이 있다. 마지막으로 시간적 차원이 있다. 정서적 각성이 즉각적으로 다루어져야 하는 급작

스럽고 일시적인 변화가 있는 반면에(예 : 급성 또는 상태 불안), 여러 해 동안의 경험에 의해 발생하여 오래 지속되는 정서적 각성도 있다(예 : 만성적 불안 또는 특질 불안; Kagan, 1994b; Terr, 1991). 그러나 아동발달과 정신병리에서 정서조절의 역할에 관해 현재 알려진 것이 무엇인지에 대한 질문에서 핵심적인 중요한 개념적 주제는 연구들이 정서 경험(예 : 초기 정서반응의 강도)과 조절과정(예 : 초기 반응을 조절하는 과정)을 적절하게 구분한 정도이다. 정서와 정서조절이 이론적으로 구분되지만 Campos, Frankel 및 Camras(2004)는 이 둘에 내재된 과정은 거의 전적으로 중복되며 평가를 위해 이 둘을 적절하게 구분한다는 것은 거의 불가능한 일이라고 설득력 있게 주장하였다. 실제로 문헌들에 대한 개관에 의하면 많은 연구들이 정서성과 조절과정의 결여에 모두 적용될 수 있는 표지를 사용함으로써, 방법론적으로 높은 정서성(예 : 높은 수준의 부정적 정서 표현)과 조절과정의 결여를 혼합하였다(이에 대한 논의는 Lewis, Zinbarg, & Durbin, 2010 참조). 정신병리에서 정서조절의 유용성에 대해 더 잘 이해하기 위해서는 유사한 두 개념을 구분하기 위해 더 많은 노력을 하는 것이 필수적이다.

정서조절이나 정서조절장애는 본유적인 경향성과 사회화에 의해 발달되는 것으로 생각된다. 여러 가지 신경회로와 기질적 특질들은 체질적 요인에 해당한다. 예를 들어 억제된 아동들은 환경, 특히 새롭거나 친숙하지 않은 상황에 대해 높은 수준의 반응성을 보이는 듯하다. 이러한 생물학적 경향성은 메시지를 신경해부학적 구조로 전달하고, 또한 신경해부학적 구조로부터 중추신경계와 말초신경계로 (신경전기와 신경화학을 통해서) 메시지를 전달하는 것과 같은 몇 가지 신경학적 요인들에 의해 초래되는 것으로 보인다(Fox, Henderson, Marshall, Nichols, & Ghera, 2005). 인지발달과 언어발달도 정서조절에 기여한다. 아동은 인지가 성장하면서 다양한 종류의 정서유발 자극을 구별하고 이에 대처하게 된다. 감정 언어의 발달 또한 다른 사람에게 감정적 의미를 전달하고 자기조절 기제를 통해 감정을 다룰 수 있는 기회를 제공해준다(Cole et al., 1994; Thompson, 1994).

마지막으로 정서조절은 아동의 독특한 맥락 내에 내포되어 있다. 사회화는 가족 내에서 영향을 주고 문화는 정서발달과 표현에서 중요하고 정서조절을 다양한 방식으로 지지하거나 방해한다. 부모가 아동의 첫 번째 감정 표현에 어떻게 반응하는지, 부모와 아동이 상호작용하고 있는 맥락에서 감정이 어떻게 전달되는가가 정서조절에 영향을 미치는 한 가지 방식이다(Cassidy, 1994; Volling, 2001)). 정서조절은 적절하거나 적절하지 못한 감정 표현을 모방함으로써도 발달된다(Shipman & Zeman, 2001). 또한 가족과 사회에 의해 형성된 감정 표현의 규칙이나 경계도 정서조절 발달에 영향을 준다(Cole et al., 1994).

정서조절장애는 특정 맥락에서 자기조절하려는 노력으로 시작되는데, 이것이 후에 보다 안정된 패턴의 반응으로 발달하여 정신병리로 발달하게 된다. 정서조절이 적응적인지 부적응적인지를 결정하는 것은 상황에 따라 달라지지만 그래도 일반적으로 반응의 유연성 정도, 반응이 문화적 규칙과 가족의 규칙에 일치하는 정도, 반응 결과가 아동과 부모의 단기 목표와 장기 목표와 일치하는지 등으로 결정된다(Thompson, 1994).

어떤 형태의 정서조절장애는 특정 환경에서는 적응적이지만 다른 상황에서는 부적응적일 수 있다(Fischer et al., 1997; Thompson & Calkins, 1996). Terr(1991)는 정서적, 성적으로 학대받은 아동에 대해 논의하면서 아동을 막대한 고통과 외상으로부터 보호해주는 '무반응 (numbing)'(외상후 스트레스 반응의 증상) 과정을 기술하였다. 그러나 무반응이 나중에 스트레스를 대처하는 한 가지 특징적인 방식이 될 때, 이것은 장기적으로 적응 기능을 방해할 수 있다. 또 다른 예는 애착의 질에 관한 연구에서 볼 수 있다. 거부하거나 일관성이 없는 애착 대상에 대한 반응으로 영아들이 감정 표현이 가장 적은 불안정/회피애착을 발달시킬지도 모른다. 감정 표현을 줄이는 것은 영아가 애착관계에 덜 참여함으로써 상실감을 극소화하는 책략적 기능을 하지만, 후의 관계발달에 부적응적인 감정 반응의 패턴을 형성할 수 있다 (Cassidy, 1994).

요약하면 정서 이론가들은 정서조절의 발달을 점차 복잡해지는 발달과업의 다양성으로 개념화한다. 이러한 과제들을 방해하는 정도는 아동, 아동의 환경, 그리고 이 둘 사이의 상호작용이 얼마나 적합한지에 의존한다. 정서조절장애는 정서와 연합된 발달 과정이 방해되어 나타난 결과로 생각된다. 조절장애는 다양한 범위의 정서와 연합되어 있는데, 전반적인 맥락에 따라 특정한 양식의 패턴을 보이기도 하고 보이지 않기도 하고, 후에 정신병리를 일으키기도 하고 일으키지 않기도 한다.

유전적/신경생물학적 이론

아동정신병리를 이해하기 위해 유전적/신경생물학적 모델은 유전적 기초가 있는 신경생물학적 특성 및 과정에서의 개인차를 인정한다. 이 관점에서 정신장애는 뇌에 생물학적 실체로 표상되어 있는 것이다(Insel et al., 2010). 따라서 이 분야의 연구 목적은 정신병리에서의 유전적·구조적·기능적 뇌의 기초를 특징짓는 것이다. 가족연구와 쌍생아연구, 분자유전학적·신경생물학적·신경생리학적·신경해부학적 연구를 포함하여 다양한 계통의 연구들은 몇 가지만 예를 들어도 ADHD, 자폐스펙트럼장애, 청소년 우울, 소아 양극성 장애, 사회적 위축, 일부 불안장애, 강박장애 등의 많은 아동기 장애에 유전적·신경생물학적 기초가 있음을 시사한다. 뇌영상기법을 사용하여 뇌구조와 기능을 다룬 연구들은 ADHD (Frodl & Skokauskas, 2012; Peterson et al., 2009), 불안장애(De Bellis et al., 2002; McClure et al., 2007), 자폐스펙트럼장애(Di Martino et al., 2009) 등 많은 다른 장애에 관련된 특징적인 뇌 영역이 있음을 시사하고 있는데, 이에 대해서는 이어지는 장들에서 개관할 것이다. 뇌의 한 영역의 문제로 발생하는 장애가 거의 없는 만큼, 최근에는 장애에 대한 신경 네크워크 관점에 대한 관심이 증가하고 있다. 이러한 연구들은 정신병리와 관련된 처리과정에 함께 작용하여 영향을 미치는 뇌 영역 간의 기능적 연결(Gaffrey, Luby, Botteron, Repovš, & Barch, 2012)과 구조적 연결(Zielinski et al., 2012)을 밝히려고 한다.

뇌영상연구는 특정 장애가 어떤 영역과 관련되는지를 알려주지만 왜 그런지에 대해서는 알려주지 않으며, 특정 장애에 대한 발견이 여러 연구 간에, 아동의 연령에 따라, 성별에 따라 항상 일관되게 나타나지도 않았다. 더욱이 이러한 많은 연구는 발달정신병리 분야에서의 다른 형태의 연구 기준에 미치지 못한다. 예를 들어 시간 경과에 따라 장애가 뇌구조와 관련되는 과정 및 뇌기능과 관련되는 과정을 적절하게 구분한 연구가 거의 없다 (예 : 뇌구조와 활동성에서의 차이는 장애의 원인에 의해서도 또 결과에 의해서도 나타날 수 있다; 이 가능성을 다루기 위해서는 종단연구가 필요하다). 그 밖에 이러한 연구들의 많은 경우에 표본 수가 적으며 다른 방법론적 비일관성이 있어서 연구결과의 견고성이 의문시된다(Vul & Pashler, 2012). 연구결과들이 일관되지는 않지만 특정 신경전달물질에 대한 연구도 전망이 있다. 이 분야 연구에서의 문제는 여러 형태의 아동정신병리가 동일한 뇌구조와 신경전달물질과 관련되어서 이들이 특정 장애에 기여하는 정도를 평가하기 힘들다는 것이다. 이러한 결과는 RDoC 제안에 대해 이전 절에서(p.31 참조) 기술하였듯이, 현재의 범주적 진단체계의 한계를 반영할 수 있다(Insel et al., 2010).

아동정신병리에 대한 유전적 기제의 증거를 제공하는 첫 단계는 가족 집적(familiar aggregation)으로 간주된다. 일단 집안 내력이 입증되면 쌍생아연구, 입양연구, 분리분석과 연계연구(linkage study)들이 수행될 수 있다(Szatmari, Boyle, & Offord, 1993). '가족 집적'은 일반 모집단에서 특정 장애가 무작위적으로 나타나는 것에 비해, 가족 내에서는 특정 장애가 무작위적이지 않고 뭉쳐 나타나는 것을 의미한다(Szatmari et al., 1993). 이 패러다임은 장애에 유전적 요인이 있다면 그 표현형(또는 명백한 병리)이 나타나는 빈도는 일반 모집단보다 생물학적으로 관련 있는 가족 집단 내에서 더 높을 것으로 가정한다(Lombroso, Pauls, & Leckman, 1994).

쌍생아연구는 아동정신병리의 병인에서 유전적 요인의 영향력을 확인하는 데 도움이 된다. 쌍생아연구 접근은 오래된 '천성 대 양육', '유전 대 환경' 논쟁에서 시작된다(Lombroso et al., 1994). 쌍생아연구들이 정신과적 장애와 비정신과적 장애 두 영역에서 유전적 영향의 역

할을 조사하는 데 강력한 연구 책략을 제공해주지만, 다양한 방법론적 쟁점으로 인해 결과를 해석하는 데 주의해야 할 필요가 있다. Willerman(1973)은 과잉활동성의 일치율이 약 70%임을 발견하였는데, 이는 과잉활동성에서 변이의 70%가 반드시 유전적 변이로 설명된다는 것을 의미하지는 않는다. 예를 들어 일란성 쌍생아가 더 많은 시간을 함께 보내면서 유사한 활동을 더 자주하고, 같은 친구를 공동으로 두고 있을 수 있다는 것이 연구에서 나타났다(Torgersen, 1993). 따라서 공통의 또는 공유된 환경은 쌍생아연구에 혼합되어 있을 수 있으며, 쌍생아가 분리되어 양육되지 않았다면, 또는 이란성 쌍생아를 비교집단으로 연구에 포함하고 있지 않다면, 유전적 영향과 환경 영향의 효과를 분리하기 힘들어지는 것이다. 더구나 돌연변이가 쌍태아의 세포증식의 아주 초기 단계에서도 일어날 수 있으며, 이는 표현형의 불일치를 초래하게 된다(Czyz, Morahan, Ebers, & Ramagopalan, 2012). 그러한 차이는 분명 유전에 기인하지만 연구에서 특성의 변인을 분리할 때는 '환경적'인 것으로 분류될 수 있다. 일반 모집단에 대한 대표성과 일반화 가능성은 쌍생아연구에서의 또 다른 문제를 보여준다(Lombroso et al., 1994; Torgersen, 1993). 예를 들어 같은 연령의 형제와 함께 자란다는 것은 그들에게 특별한 도전(예 : 형제 사이의 경쟁, 서로에 대한 더 큰 의존성)이 되는데, 이것은 쌍생아 환경을 독특하게 해준다.

입양연구가 쌍생아연구와 가족 집적 연구의 일부 문제를 피하기 위해 사용되어 왔다. 입양연구는 유전 가능성 방정식에서 환경적 변인을 통제하려고 시도한다. 이러한 책략에 전제된 가정은 장애에 유전적 병인이 있을 때 입양으로 관련된 사람들에서보다 생물학적으로 관련된 사람들 사이에서는 더 높은 빈도로 표현될 것이라는 것이다. 역으로 환경적 요인이 정신병리의 병인에서 더 많은 역할을 한다고 가정할 때 장애 빈도는 생물학적인 부모보다 양부모와의 사이에서 더 높을 것이 기대될 것이다(Lombroso et al., 1994; Torgersen, 1993).

입양 책략을 이용한 연구들의 수가 적은 몇 가지 이유가 있다. 하나는 입양된 아동의 생물학적 부모에 관한

신뢰성 있는 정보를 획득하기 어렵다는 것이다. 어느 시기에 입양되었는가에는 많은 것들이 혼합되어 있다. 많은 아동은 다양한 연령에서 입양되기 때문에, 생의 가장 초기에 생물학적 부모가 처했을 환경적 영향이 무엇인지를 결정하기 어렵다(Lombroso et al., 1994). 마찬가지로 많은 아동들이 입양 전에 보육시설을 거치게 된다. 이러한 조건이 아동발달에 영향을 줄 수 있는데, 이것은 입양 책략으로는 설명될 수 없을 것이다. 입양 시기 문제와 비슷한 혼합요인은 생물학적 가족의 가정환경과 비슷한 가정환경으로 입양될 확률이 높다는 것이다. 예들 들어 입양 알선 기관은 어떤 가정이 입양에 적합한지에 대한 아주 엄격한 기준을 갖고 있는데, 입양 가정은 최소한 현재 중산층의 규준을 만족시켜야 한다(Torgersen, 1993).

그러나 앞서 기술한 연구설계(예 : 가족연구, 쌍생아연구, 입양연구)가 장애의 유전성 증거를 제공하는 데에는 핵심적인 역할을 하였고 유전적 병인에 대한 미래 연구의 토대가 되지만 장애의 발병에 중요한 역할을 하는 특정 유전적 변이를 찾아내기에는 부족하다. 병인과 관련된 유전자(예 : 장애의 병리생리에 시사되는 것들)를 밝히는 것은 가능한 치료 기제뿐만 아니라 장애에 대한 이해를 크게 향상시킬 수 있다(Stodgell, Ingram, & Hyman, 2000). 이 목표를 향해 지난 수십 년 동안 장애위험과 관련될 가능성이 있는 유전적 요인에서의 개인차에 대한 방대한 양의 정보를 도출하는 연구자들의 능력이 빠르게 향상되고 있으며 따라서 정신병리학자들도 이러한 기술을 활용할 수 있게 되었다(Allen et al., 2008; Gizer, Ficks, & Waldman, 2009; Levinson, 2006).

불행하게도 분자유전적 발견의 반복연구는 여전히 중요한 관심사로 남아 있으며, 정신병리의 유전적 기초에 대해 이견이 많은 것이 현실이다(Hudziak & Faraone, 2010; Willcutt et al., 2010). 단일 유전자와 장애의 관계에 대한 모델을 정립하려는 노력과 관련하여 제기된 문제에는 다음과 같은 것들이 포함된다. (1) 이러한 설계가 정신병리적 현상의 다유전자적 기초를 파악하지 못한다는 사실, (2) 진단적 증상이 분자유전적 연구의 적절한

표현형일 가능성이 매우 낮은 것, (3) 일부 변이가 맥락 의존적 방식으로(예 : 유전자-환경 간의 상호작용 경우, 또는 G×E) 작동할 가능성, 이와 관련하여 (4) 유전자 기능은 환경, 다른 유전적 변이 및 유전자형-표현형 간의 연합만을 평가하는 연구로는 파악될 수 없는 다양한 여러 가지 후생적 과정들에 의해 영향을 받는 역동적 현상이라는 사실, 그리고 (5) 다양한 사례의 장애는 아직 밝혀지지 않은 드문 변형과 관련되어 있어서, 후보 유전자의 사전 선택이 잘못 유도될 수 있는 가능성. 이러한 문제에 대해서 이어서 논의하고자 한다.

전장유전체 연관(genome-wide association) 연구는 반복기록이 미약한 것으로 보이고 전체적인 효과 크기가 작다는 문제가 있지만 정신병리에 미치는 다유전적 영향을 파악하려는 수단으로 시작되었다(Manolio, 2010; McCarthy et al., 2008). 더욱이 이러한 연구들은 장애에 미치는 환경 영향과 G×E를 파악하는 연구 프레임 내에 어떻게 통합시킬 것인지가 불분명하다. 진단적 표현형의 사용에 관한 관심과 관련하여, 장애의 분자수준의 기초에 관심 있는 많은 연구자들은 이 전체를 사용하지 않고 내적 표현형(endophenotype)에만 집중하는 것을 선택하거나(Gottesman & Gould, 2003), 진단적 결과보다는 유전자의 활동에 더 가깝게 있는 것으로 생각되는 장애 위험의 표지에 집중한다. 예를 들어 신경심리학적 기능(반응시간 변화, 시간 재생산, 반응 억제 등)과 관련된 내적 표현형은 ADHD에서의 유전적 조사(Nigg, 2010)에 적용되고 있으며, 기억 편향은 우울 위험에 대한 전망 있는 내적표현형일 수 있다(Hayden et al., 2006; Hayden, Olino, Bufferd, et al., 2013). 그러나 연구에 따라 내적 표현형을 정의하는 방식에 차이가 있어서 반복연구 시도가 어렵다는 문제가 있다.

유전자의 조건적 효과에 관하여 정신의학 유전학에서 쟁점이 되고 있는 한 방향은 정신병리를 초래하는 특정 유전적 변이와 환경 위험요인들 간의 상호작용을 파악하려는 시도인 G×E를 검증하려는 연구들이 지난 10년간 대두된 것이다(Kendler, 2011; Uher, 2011). 이러한 독창적인 가장 초기 연구들은 성인의 정신장애에 초점을 맞

추었지만(Caspi et al., 2003), 이 연구들은 종종 초기 아동기의 역경이 이후의 장애에 미치는 유전적 위험 효과를 강화하는 역할에 초점을 맞추었다. 이는 이러한 접근이 내생적인 아동과 맥락적 위험요인 간의 역동적 상호작용에 관심을 두고 있는 발달정신병리 분야에서 지대한 관심을 끌게 된 이유가 된다. 더구나 많은 유전적 영향이 맥락 의존적이고 조건적이라면, G×E를 밝히려는 연구들은 단일 유전자 주 효과를 밝히기 위한 연구들의 낮은 반복검증률을 설명할 가능성이 있다. 따라서 발달 과정에 걸쳐서 G×E를 검증하려는 연구에 대한 기사가 매체에 범람하는 것은 놀라울 것이 없다.

불행하게도 이러한 연구들 중 많은 연구가 수준이 낮은 분자유전결합 연구에서 발견되는 제한점(예 : 적은 표본 수, 비교적 복잡하고 생물학적으로 타당해 보이지 않는 표현형에 대한 유전적 영향을 검증함)을 가지고 있으며, 잘못하여 긍정하는 결과를 제시할 수 있다(Duncan & Keller, 2011). 또한 복잡한 정신의학적 표현형에 미치는 단일유전자 효과에 대한 모델은 환경 위험이 있는 맥락에서조차도 잘못될 수 있을 것이다. 많은 인기 있는 G×E 모델을 위해 메타분석 결과 이러한 발견이 지지되기도 하고(Karg, Burmeister, Shedden, & Sen, 2011; Kim-Cohen et al., 2006) 반박되기도 하였다(Risch et al., 2009). 표현형에 대한 좋지 않은 측정(예 : 자기보고 질문지)과 환경 맥락이 참된 G×E를 탐지하려는 연구 능력을 제한한다는 주장이 있다. 더욱이 Brown(2012)은 세로토닌 전달물질 유전자형과 스트레스를 포함하는 G×E에 대한 지지가 분명한 성인연구는 성인 스트레스가 아동기 역경의 표지로 해석될 수 있음에 주목하였는데, 이는 G×E에 대한 연구는 가소성이 더 큰 발달시기(예 : 아동기)에 중점을 두어야 함을 시사한다. 왜냐하면 아동기는 환경이 유전적 영향을 조절하는 시기이기 때문이다. 결론적으로 환경에 대한 유전적으로 영향받은 반응이 정신병리 위험에 중요한 힘이 된다는 것은 의문의 여지가 없어 보이지만, 이러한 상호작용을 어떻게 모델화하는 것이 최선인지는 아직 불분명하다.

이러한 문제 외에 G×E에 대한 연구가 통계적 방법으로, 알려지지 않은 기저의 생물학적 과정에 대한 모델을 만들려고 시도한다는 사실이 중요하지 않다고 보는 사람은 별로 없다. 달리 표현한다면 G×E 검증은 유전자의 조건적 효과가 나타나는 생물학적 기제에 대해 모르는 채로 이에 대한 모델을 통계적으로 만드는 것이다(Mill, 2011). 정신병리의 위험에 시사되고 위치에 대한 정확한 유전형 분석을 이제는 비교적 수행할 수 있을 정도가 되었지만, 유전자의 활동을 더 조성하는 '후성적 영향'으로 알려진 많은 역동적 과정들(이에 대한 개관은 Mill, 2011 참조)은 아직까지도 제대로 파악되지 않았다. 그러나 후성적 영향은 과거에 생각했던 것보다 유전자의 기능에 더 중요한 역할을 하는 것으로 보인다. 정신과적 장애와 이와 관련된 후성적 표지를 인간에서 탐구하기 위해 수많은 연구들이 시도되고 있다(Petronis, 2010). 그러나 인간에 대한 후성적 연구에 가용적인 비침습적 방법이, 정신병리에 가장 크게 관련될 것으로 보이는 정신병리 기제로서 인간 뇌의 후성적 과정을 적절하게 반영할 수 있을 것인지는 분명하지 않다.

마지막으로 각기 작은 영향을 미치는 수많은 유전자들의 합쳐진 영향에서 장애가 발생하는 널리 받아들여지는 견해와는 극적으로 다르게, 각각의 개별 유전자들의 드문 변이가 신경 기능에 크고 유해한 영향을 미쳐서 정신과적 장애의 유전적 기초에 결정적인 역할을 한다는 주장이 있다(McClellan & King, 2010). 분명 그와 같은 드문 변이가 장애의 많은 사례를 설명하지는 않지만 이러한 연구를 통해서 장애의 병리생리학에 대해 더 잘 이해할 수 있을 것이라는 희망을 가져볼 수 있다. 이는 비교적 새로운 접근이어서 아직까지는 이 접근이 제기한 통찰을 평가하기는 어렵다.

요약 및 결론

이 장에서는 아동정신병리에 대한 발달적 체계 틀을 기술하였는데, 이 틀에서는 다음의 세 가지 중요한 주제를 강조한다. (1) 아동정신병리를 진행 과정에 있는 정상적 발달 과정과 병리적 발달 과정과 관련하여 연구할 필요성,

(2) 아동기 장애가 표현되고 결과로 나타나도록 결정하는 데에 있어서 맥락의 중요성, (3) 적응적 발달과 부적응적 발달을 형성하는 데에 있어서 다양하고 상호작용하는 사건들의 역할. 이 책의 각 장에서 제시된 연구결과들은 광범위한 문제와 상태를 보여주는 아동과 청소년들을 이해하고자 할 때 이러한 주제의 중요성을 보여준다.

발달적 체계 틀은 아동정신병리를 이해하는 데에 있어서 인과성의 단순한 일차함수적 모델을 피하고 체계적이고 발달적인 요인과 그것들의 상호작용을 강조한다. 다양한 병인과 그것들의 상호작용은 대부분의 아동정신병리에 대한 기준을 제공해준다. 예를 들어 품행장애 연구에서는 유전적 영향, 체질적 요인, 불안정한 애착관계, 충동성, 편향된 인지적 처리과정, 부모의 거부, 부모 감독의 결핍, 대인관계의 어려움과 그 밖의 많은 다른 영향들이 시사되었다. 그러나 이러한 영향 중 많은 것들이 다른 장애에도 시사되어 왔으며, 이러한 위험요인을 보이고 있는 모든 아동들이 품행장애를 보이지는 않는다. 이러한 다양한 근원의 영향이 미치는 역할을 분리하는 연구와 이러한 영향들의 상호작용을 다른 아동기 장애와 관련하여 밝히는 연구가 필요하다.

모든 아동정신병리는 정적인 실체보다는 발달적 궤도로 더 잘 개념화되고, 어떤 문제이든 이 표현과 결과도 아동 내부와 외부에서의 사건을 포함하는 주변 환경이 어떤 모습으로 어떤 시점에서 일어나는가에 의존할 것이다. 역동적으로 변화하는 어떤 발달적 궤도에도, 시간의 흐름에도 불구하고 구조, 과정, 기능에서 어느 정도의 연속성과 안정성이 있다. 변화의 맥락에서 그러한 연속성과 안정성을 이해하는 것은 앞으로의 연구에서 다루어져야 할 것이다. 또한 아동정신병리는 여러 가지 방법을 이용하고 다양한 학문적 배경의 지식에 의존하면서 많은 다양한 관점에서 시간의 흐름에 따라 연구될 필요가 있다.

아동정신병리를 이해하기 위한 발달적 체계 틀과 관련된 복잡성을 밝히기 위한 연구를 이끌어줄 이론이 분명히 필요하다. 발달적 정신병리 관점은 아동기 장애를 일반적으로 개념화하고 이해하기 위한 폭넓은 거시적 패러다임을 제공하지만, 장애-특정적, 또는 문제-특정적인

이론들 또한 특정 장애와 관련된 특정 변인들을 설명하기 위해 필요하다. 이 책의 각 장에서는 이러한 문제-특정적인 이론들을 다루게 될 것이다. 발달적 궤도, 복합적인 영향, 확률적인 관계 및 다양한 결과로 아동정신병리를 개념화하는 것은 일부 영향이 많은 여러 장애에 공통적이며, 다른 영향은 특별한 문제에 특정적일 가능성이 있다는 것을 시사한다. 이론들은 이 두 가지 형태의 영향을 모두 설명할 필요가 있다.

아동기 장애는 중요한 사회문제인데, 경험적으로 증명되지 않은 이론이 이러한 문제들을 해결하기 위한 기초로 사용되어 왔다. 중재와 예방 노력에 대한 종단적 연구가 절실하게 필요하다. 이러한 연구들이 시간의 흐름에 따른 변화와 다양하게 상호작용하는 영향을 파악하는 데 성공하기 위해서는 아동기 장애를 새로운 방식으로 개념화하고, 다른 학문 분야와 더 협동하고, 새로운 기술과 정교한 설계 그리고 복잡한 통계 도구를 사용해야 할 필요가 있다. 이 책의 이전 판이 출판된 이후로 이러한 영역에서 상당한 진전이 있었다. 이 책의 각 장에서는 광범위한 아동기 장애들에 있어서 현재 사용하는 정의, 이론 및 연구에 대해 개괄하고 이에 대한 비판도 제시하고 있다. 또한 현재 무엇이 필요한지를 밝히고, 아동정신장애에서의 앞으로의 연구 방향을 제안한다.

감사의 글

이 장을 준비할 때 Elizabeth P. Hayden은 캐나다 건강연구협회로부터 연구비를 지원받았다. David Dozois가 이 장의 이전 판에 기여한 것에 대해 깊은 감사를 전한다. 참고문헌 부분을 준비하는 데 도움을 준 Jasmine Desjardins에게도 감사한다.

참고사항

1. 편의상 우리는 이 장과 책 전체에서 '아동'이란 용어를 영아기부터 청소년기까지의 모든 연령의 아동들을 지칭하는 것으로 사용한다. 이러한 광범위한 연령 범주에는 다양성이 있기 때문에 보다 적절한 논의를 위해서는 연령과 발달적 수준을 보다 구

체적으로 지정하여 사용할 필요가 있을 것이다. 우리는 이 장과 이 책에서 '발달정신병리'와 '아동정신병리'라는 용어를 동일한 의미로서 상호 교환적으로 사용하였다. 아동기의 문제를 기술하기 위해 사용되어 왔던 다른 용어는 '이상아동심리학', '아동기 장애', '비전형적 아동발달', '아동기 행동장애', '예외적인 아동발달' 등이다. 용어에서의 이러한 차이는 장애 아동을 이해하고 도와주는 데 관심을 가져온 많은 교육 지침과 이론적 관점을 반영해준다.

2. 우리는 아동정신병리에서의 이론과 연구가 응용 영역에서 검증될 필요가 있다는 것을 인정한다. 그러나 이 책에서는 문제에 접근할 수 있는 평가, 치료, 예방 책략에 대해서는 자세히 논의하지 않는다. 우리가 이 책에서 평가, 치료, 예방에 대해서 논의하지 않기로 결정한 것은 두 가지 요인에 기초한다. 첫째, 우리가 현재 아동기 장애에 대해서 알고 있는 것을 실질적으로 개괄할 필요성을 인식하였기 때문이다. 아동기 장애에 대한 현재의 많은 치료들은 비교적 검증되지 않았고(Kazdin, 2000; Mash & Barkley, 2006), 아동기 정신병리에 대한 현재의 지식을 자세히 논의하는 것이 앞으로 치료 방법을 검증하는 데 도움이 될 것으로 생각된다. 둘째, 평가와 중재에 대해 대략적으로만 다룸으로써 아동정신병리에서의 이론과 연구의 논의를 희석시키지 않기를 바라기 때문이다. 대신 독자들에게 아동 평가(Mash & Barkley, 2007)나 아동 치료(Mash & Barkley, 2006)에 초점을 맞춘 책을 참조할 것을 추천한다.

3. 해로운 기능장애의 개념과 관련된 쟁점에 대한 완전한 논의는 그 범위와 복잡성에서 이 장의 범위를 벗어나는 것이다. 이 문제 및 관련된 쟁점에 대한 뛰어난 논의는 *Journal of Abnormal Psychology*(개괄논문으로 Clark, 1999 참조)와 *Bahaviour Research and Therapy*(Houts, 2001; McNally, 2001; Wakefield, 1999a, 1999b, 2001)에 게재된 논문들을 참조하면 좋다.

4. ICD-10은 현재 개정 중에 있어서 ICD-11이 2015년에 나올 것으로 기대된다. ICD-11에 대한 정보는 웹사이트(www.who.int/classifications/icd/revision/icd-11faq/en)를 보라.

참고문헌

Abela, J. R. Z., & Hankin, B. L. (Eds.). (2008). *Handbook of depression in children and adolescents*. New York: Guilford Press.

Abela, J. R. Z., & Hankin, B. L. (2011). Rumination as a vulnerability factor to depression during the transition from early to middle adolescence: A multiwave longitudinal study. *Journal of Abnormal Psychology, 120*, 259–271.

Achenbach, T. M. (1985). *Assessment and taxonomy of child and adolescent psychopathology*. Beverly Hills, CA: Sage.

Achenbach, T. M. (1993). *Empirically based taxonomy: How to use syndromes and profile types derived from the CBCL/4–18, TRF, and YSR*. Burlington: University of Vermont, Department of Psychiatry.

Achenbach, T. M. (1995). Diagnosis, assessment, and comorbidity in psychosocial treatment research. *Journal of Abnormal Psychology, 23*, 45–65.

Achenbach, T. M. (1997). What is normal? What is abnormal?: Developmental perspectives on behavioral and emotional problems. In S. S. Luthar, J. A. Burack, D. Cicchetti, & J. R. Weisz (Eds.), *Developmental psychopathology: Perspectives on adjustment, risk, and disorder* (pp. 93–114). Cambridge, UK: Cambridge University Press.

Achenbach, T. M. (2000). Assessment of psychopathology. In A. J. Sameroff, M. Lewis, & S. M. Miller (Eds.), *Handbook of developmental psychopathology* (2nd ed., pp. 41–56). New York: Kluwer Academic/Plenum Press.

Achenbach, T. M. (2001). What are norms and why do we need valid ones? *Clinical Psychology: Science and Practice, 8*, 446–450.

Achenbach, T. M., & Dumenci, L. (2001). Advances in empirically based assessment: Revised cross-informant syndromes and new DSM-oriented scales for the CBCL, YSR, and TRF. Comment on Lengua, Sadowski, Friedrich, and Fisher (2001). *Journal of Consulting and Clinical Psychology, 69*, 699–702.

Achenbach, T. M., & Edelbrock, C. (1981). Behavioral problems and competencies reported by parents of normal and disturbed children aged four through sixteen. *Monographs of the Society for Research in Child Development, 46*(1, Serial No. 188).

Achenbach, T. M., & Edelbrock, C. (1989). Diagnostic, taxonomic, and assessment issues. In T. H. Ollendick & M. Hersen (Eds.), *Handbook of child psychopathology* (2nd ed., pp. 53–73). New York: Plenum Press.

Achenbach, T. M., Howell, C. T., Quay, H. C., & Conners,

C. K. (1991). National survey of problems and competencies among four- to sixteen-year-olds. *Monographs of the Society for Research in Child Development, 56*(3, Serial No. 225).

Achenbach, T. M., McConaughy, S. H., & Howell, C. T. (1987). Child/adolescent behavioral and emotional problems: Implications of cross-informant correlations for situational specificity. *Psychological Bulletin, 101*, 213–232.

Achenbach, T. M., & Rescorla, L. A. (2001). *Manual for the ASEBA School-Age Forms & Profiles.* Burlington: University of Vermont, Research Center for Children, Youth, & Families.

Achenbach, T. M., & Rescorla, L. A. (2007). *Multicultural understanding of child and adolescent psychopathology: Implications for mental health assessment.* New York: Guilford Press.

Adelman, H. S. (1995). Clinical psychology: Beyond psychopathology and clinical interventions. *Clinical Psychology: Science and Practice, 2*, 28–44.

Allen, N. C., Bagade, S., McQueen, M. B., Ioannidis, J. P., Kavvoura, F. K., Khoury, M. J., et al. (2008). Systematic meta-analyses and field synopsis of genetic association studies in schizophrenia: The SzGene database. *Nature Genetics, 40*, 827–834.

American Psychiatric Association (APA). (1952). *Diagnostic and statistical manual of mental disorders.* Washington, DC: Author.

American Psychiatric Association (APA). (1968). Diagnostic and statistical manual of mental disorders (2nd ed.). Washington, DC: Author.

American Psychiatric Association (APA). (1980). *Diagnostic and statistical manual of mental disorders* (3rd ed.). Washington, DC: Author.

American Psychiatric Association (APA). (1987). *Diagnostic and statistical manual of mental disorders* (3rd ed., rev.). Washington, DC: Author.

American Psychiatric Association (APA). (1994). *Diagnostic and statistical manual of mental disorders* (4th ed.). Washington, DC: Author.

American Psychiatric Association (APA). (2000). *Diagnostic and statistical manual of mental disorders* (4th ed., text rev.). Washington, DC: Author.

American Psychiatric Association (APA). (2013a). *Diagnostic and statistical manual of mental disorders* (5th ed.). Arlington, VA: Author.

American Psychiatric Association (APA). (2013b). DSM-5 and diagnoses for children. Retrieved from *www.psychiatry.org/dsm5*.

Angold, A., & Costello, E. J. (2009). Nosology and measurement in child and adolescent psychiatry. *Journal of Child Psychology and Psychiatry, 50*, 9–15.

Angold, A., Costello, E. J., & Erkanli, A. (1999). Comorbidity. *Journal of Child Psychology and Psychiatry, 40*, 57–87.

Angold, A., Costello, E. J., Erkanli, A., & Worthman, C. M. (1999). Pubertal changes in hormone levels and depression in girls. *Psychological Medicine, 29*, 1043–1053.

Angold, A., Costello, E. J., Farmer, E. M. Z., Burns, B. J., & Erkanli, A. (1999). Impaired but undiagnosed. *Journal of the American Academy of Child and Adolescent Psychiatry, 38*, 129–137.

Arkowitz, H. (1992). Integrative theories of therapy. In D. K. Freedheim (Ed.), *History of psychotherapy: A century of change* (pp. 261–303). Washington, DC: American Psychological Association.

Arsenio, W. F., & Lemerise, E. A. (2001). Varieties of childhood bullying: Values, emotion processes, and social competence. *Social Development, 10*, 59–73.

Arsenio, W. F., & Lemerise, E. A. (Eds.). (2010). *Emotions, aggression, and morality in children: Bridging development and psychopathology.* Washington, DC: American Psychological Association.

Atkinson, L., & Goldberg, S. (Eds.). (2004). *Attachment issues in psychopathology and intervention.* Mahwah, NJ: Erlbaum.

Bandura, A. (1977). *Social learning theory.* Englewood Cliffs, NJ: Prentice-Hall.

Bandura, A. (1986). *Social foundations of thought and action: A social cognitive theory.* Englewood Cliffs, NJ: Prentice-Hall.

Bar-Haim, Y., Lamy, D., Pergamin, L., Bakersmans-Kranenburg, M. J., & van IJzendoorn, M. H. (2007). Threat-related attentional bias in anxious and nonanxious individuals: A meta-analytic study. *Psychological Bulletin, 133*, 1–24.

Barkley, R. A. (2001). The executive functions and self-regulation: An evolutionary neuropsychological perspective. *Neuropsychology Review, 11*, 1–29.

Barkley, R. A. (2004). Attention-deficit/hyperactivity disorder and self-regulation: Taking an evolutionary perspective on executive functioning. In R. F. Baumeister & K. D. Vohs (Eds.), *Handbook of self-regulation: Research, theory, and applications* (2nd ed., pp. 301–323). New York: Guilford Press.

Barkley, R. A. (2012a). *Barkley Functional Impairment Scale—Children and Adolescents (BFIS-CA).* New York: Guilford Press.

Barkley, R. A. (2012b). *Executive functions: What they are, how they work, and why they evolved.* New York: Guilford Press.

Barkley, R. A., Fischer, M., Smallish, L., & Fletcher, K. (2004). Young adult follow-up of hyperactive children: Antisocial activities and drug use. *Journal of Child Psychology and Psychiatry, 45*, 195–211.

Barnett, D., & Vondra, J. I. (Eds.). (1999). Atypical attachment in infancy and early childhood among children at developmental risk. *Monographs of the Society for Research in Child Development, 64*(3, Serial No. 258).

Baron-Cohen, S. (2000). Is Asperger syndrome/high functioning autism necessarily a disability? *Development and Psychopathology, 12*, 489–500.

Beauchaine, T. P. (2001). Vagal tone, development, and

Gray's motivational theory: Toward an integrated model of autonomic nervous system functioning in psychopathology. *Development and Psychopathology, 13*, 183–214.

Beauchaine, T. P., & Hinshaw, S. P. (2013). *Child and adolescent psychopathology* (2nd ed.). Hoboken, NJ: Wiley.

Beauchaine, T. P., Hinshaw, S. P., & Pang, K. L. (2010). Comorbidity of attention-deficit/hyperactivity disorder and early-onset conduct disorder: Biological, environmental, and developmental mechanisms. *Clinical Psychology: Science and Practice, 17*, 327–336.

Beauchaine, T. P., Neuhaus, E., Zalewski, M., Crowell, S. E., & Potapova, N. (2011). The effects of allostatic load on neural systems subserving motivation, mood regulation, and social affiliation. *Development and Psychopathology, 23*, 975–999.

Beck, A. T. (1964). Thinking and depression: Theory and therapy. *Archives of General Psychiatry, 10*, 561–571.

Beck, A. T., Rush, A. J., Shaw, B. F., & Emery, G. (1979). *Cognitive therapy of depression*. New York: Guilford Press.

Belfer, L. M. (2008). Child and adolescent mental disorders: The magnitude of the problem across the globe. *Journal of Child Psychology and Psychiatry, 49*, 226–236.

Bell-Dolan, D., J., Foster, S. L., & Mash, E. J. (Eds.). (2005). *Handbook of behavioral and emotional problems in girls*. New York: Kluwer Academic/Plenum Press.

Belsky, J., & de Haan, M. (2011). Annual research review: Parenting and children's brain development: The end of the beginning. *Journal of Child Psychology and Psychiatry, 52*, 409–428.

Belsky, J., Friedman, S. L., & Hsieh, K. H. (2001). Testing a core emotion-regulation prediction: Does early attentional persistence moderate the effect of infant negative emotionality on later development? *Child Development, 72*, 123–133.

Bettelheim, B. (1967). *The empty fortress*. New York: Free Press.

Biederman, J., Mick, E., Faraone, S. V., Doyle, A., Spencer, T., Wilens, T. E., et al. (2002). Influence of gender on attention deficit hyperactivity disorder in children referred to a psychiatric clinic. *American Journal of Psychiatry, 159*, 36–42.

Bijou, S. W., & Baer, D. M. (1961). *Child development: Systematic and empirical theory*. New York: Appleton-Century-Crofts.

Bird, H. R., Canino, G. J., Davies, M., Zhang, H., Ramirez, R., & Lahey, B. B. (2001). Prevalence and correlates of antisocial behavior among three ethnic groups. *Journal of Abnormal Child Psychology, 29*, 465–478.

Bird, H. R., Canino, G. J., Rubio-Stipec, M., Gould, M. S., Ribera, J., Sesman, M., et al. (1988). Estimates of the prevalence of childhood maladjustment in a community survey of Puerto Rico: The use of combined measures. *Archives of General Psychiatry, 45*, 1120–1126.

Bird, H. R., Gould, M. S., Yager, T., Staghezza, B., & Camino, G. (1989). Risk factors for maladjustment in Puerto Rican children. *Journal of the American Academy of Child and Adolescent Psychiatry, 28*, 847–850.

Bittner, A., Egger, H. L., Erkanli, A., Costello, E. J., Foley, D. L., & Angold, A. (2007). What do childhood anxiety disorders predict? *Journal of Child Psychology and Psychiatry, 48*, 1174–1183.

Blair, R. J. R., Colledge, E., & Mitchell, D. V. G. (2001). Somatic markers and response reversal: Is there orbitofrontal cortex dysfunction in boys with psychopathic tendencies. *Journal of Abnormal Child Psychology, 29*, 499–511.

Blair, R. J. R., Colledge, E., Murray, L., & Mitchell, D. V. G. (2001). A selective impairment in the processing of sad and fearful expressions in children with psychopathic tendencies. *Journal of Abnormal Child Psychology, 29*, 491–498.

Blashfield, R. K., McElroy, R. A., Jr., Pfohl, B., & Blum, N. (1994). Comorbidity and the prototype model. *Clinical Psychology: Science and Practice, 1*, 96–99.

Bongers, I. L., Koot, H. M., van der Ende, J., & Verhulst, F. C. (2003). The normative development of child and adolescent problem behavior. *Journal of Abnormal Psychology, 112*, 179-192.

Bowlby, J. (1973). *Attachment and loss: Vol. 2. Separation: Anxiety and anger*. New York: Basic Books.

Bowlby, J. (1988). *A secure base: Parent–child attachment and healthy human development*. New York: Basic Books.

Boyle, M. H., Offord, D. R., Hoffman, H. G., Catlin, G. P., Byles, J. A., Cadman, D. T., et al. (1987). Ontario Child Health Study: I. Methodology. *Archives of General Psychiatry, 44*, 826–831.

Bradley, R. H., Corwyn, R. F., Burchinal, M., McAdoo, H. P., & García Coll, C. (2001). The home environments of children in the United States: II. Relations with behavioral development through age thirteen. *Child Development, 72*, 1868–1886.

Bradley, R. H., Corwyn, R. F., McAdoo, H. P., & García Coll, C. (2001). The home environments of children in the United States: I. Variations by age, ethnicity, and poverty status. *Child Development, 72*, 1844–1867.

Brady, E. U., & Kendall, P. C. (1992). Comorbidity of anxiety and depression in children and adolescents. *Psychological Bulletin, 111*, 244–255.

Brandenburg, N. A., Friedman, R. M., & Silver, S. E. (1990). The epidemiology of childhood psychiatric disorders: Prevalence findings from recent studies. *Journal of the American Academy of Child and Adolescent Psychiatry, 29*, 76–83.

Brannan, A. M., & Heflinger, C. A. (2006). Caregiver, child, family and service system contributors to caregiver strain in two child mental health service systems. *Journal of Behavioral Health Services and Research, 33*, 408–422.

Braswell, L., & Kendall, P. C. (2001). Cognitive-behavioral therapy with youth. In K. S. Dobson (Ed.), *Handbook of cognitive-behavioral therapies* (2nd ed., pp. 246–294). New York: Guilford Press.

Bray, J. H. (1995). Methodological advances in family psychology research: Introduction to the special section.

Journal of Family Psychology, 9, 107–109.

Bray, J. H., Maxwell, S. E., & Cole, D. (1995). Multivariate statistics for family psychology research. *Journal of Family Psychology, 9,* 144–160.

Brennan, P. A., Pargas, R., Walker, E. F., Green, P., Newport, D. J., Stowe, Z. N. (2008). Maternal depression and infant cortisol: Influences of timing, comorbidity and treatment. *Journal of Child Psychology and Psychiatry, 49,* 1099–1107.

Bretherton, I. (1995). Attachment theory and developmental psychopathology. In D. Cicchetti & S. L. Toth (Eds.), *Emotion, cognition, and representation* (Vol. 6, pp. 231–260). Rochester, NY: University of Rochester Press.

Briggs-Gowan, M. J., Carter, A. S., Skuban, E., & Horwitz, S. (2001). Prevalence of social-emotional and behavioral problems in a community sample of 1- and 2-year-old children. *Journal of the American Academy of Child and Adolescent Psychiatry, 40,* 811–819.

Brody, G. H., Chen, Y. F., Beach, S. R., Kogan, S. M., Yu, T., Diclemente, R. J., et al. (2014). Differential sensitivity to prevention programming: A dopaminergic polymorphism-enhanced prevention effect on protective parenting and adolescent substance use. *Health Psychology, 33,* 182–191.

Bronfenbrenner, U. (1977). Toward an experimental ecology of human development. *American Psychologist, 32,* 513–531.

Brown, G. W. (2012). The promoter of the serotonin transporter genotype, environment and depression: A hypothesis supported? *Journal of Affective Disorders, 137,* 1–3.

Bufferd, S. J., Dougherty, L. R., Carlson, G. A., Rose, S., & Klein, D. N. (2012). Psychiatric disorders in preschoolers: Continuity from ages 3 to 6. *American Journal of Psychiatry, 169,* 1157–1164.

Burt, S. A., Krueger, R. F., McGue, M., & Iacono, W. G. (2001). Sources of covariation among attention-deficit/hyperactivity disorder, oppositional defiant disorder, and conduct disorder: The importance of shared environment. *Journal of Abnormal Psychology, 110,* 516–525.

Campbell, S. B. (1989). Developmental perspectives. In T. H. Ollendick & M. Hersen (Eds.), *Handbook of child psychopathology* (2nd ed., pp. 5–28). New York: Plenum Press.

Campos, J. J., Frankel, C. B., & Camras, L. (2004). On the nature of emotion regulation. *Child Development, 75,* 377–394.

Cantor, N., Smith, E. E., French, R. S., & Mezzich, J. (1980). Psychiatric diagnosis as prototype categorization. *Journal of Abnormal Psychology, 89,* 181–193.

Cantwell, D. P. (1996). Classification of child and adolescent psychopathology. *Journal of Child Psychology and Psychiatry, 37,* 3–12.

Cappadocia, M. C., Desrocher, M., Pepler, D., Schroeder, J. H. (2009). Contextualizing the neurobiology of conduct disorder in an emotion dysregulation framework. *Clinical Psychology Review, 29,* 506–518.

Carey, G., & DiLalla, D. L. (1994). Personality and psychopathology: Genetic perspectives. *Journal of Abnormal Psy-*

chology, 103, 32–43.

Carlson, C. L., & Tamm, L. (2000). Responsiveness of children with attention deficit-hyperactivity disorder to reward and response cost: Differential impact on performance and motivation. *Journal of Consulting and Clinical Psychology, 68,* 73–83.

Caron, C., & Rutter, M. (1991). Comorbidity in child psychopathology: Concepts, issues, and research strategies. *Journal of Child Psychology and Psychiatry, 32,* 1063–1080.

Carter, J. D., & Swanson, H. L. (1995). The relationship between intelligence and vigilance in children at risk. *Journal of Abnormal Child Psychology, 23,* 201–220.

Caspi, A. (2000). The child is father of the man: Personality continuities from childhood to adulthood. *Journal of Personality and Social Psychology, 78,* 158–172.

Caspi, A., Sugden, K, Moffitt, T. E., Taylor, A., Craig, I. W., Harrington, H., et al. (2003). Influence of life stress on depression: Moderation by a polymorphism in the 5-HTT gene. *Science, 301,* 386–389.

Cass, L. K., & Thomas, C. B. (1979). *Childhood pathology and later adjustment.* New York: Wiley.

Cassidy, J. (1994). Emotion regulation: Influences of attachment relationships. In N. A. Fox (Ed.), The development of emotion regulation: Biological and behavioral considerations. *Monographs of the Society for Research in Child Development,* 59(2–3, Serial No. 240), 228–249.

Cassidy, J., & Shaver, P. R. (Eds.). (2008). *Handbook of attachment: Theory, research, and clinical applications* (2nd ed.). New York: Guilford Press.

Castro, F. G., Barrera, M., Jr., & Holleran-Steiker, L. K. (2010). Issues and challenges in the design of culturally adapted evidence-based interventions. *Annual Review of Clinical Psychology, 6,* 213–239.

Chandramouli, K., Steer, C. D., Ellis, M., & Emond, A. M. (2009). Effects of early childhood lead exposure on academic performance and behaviour of school age children. *Archives of Disease in Childhood, 94,* 844–848.

Chaplin, T. A., & Aldao, A. (2013). Gender differences in emotion expression in children: A meta-analytic review. *Psychological Bulletin, 139,* 735–765.

Chen, X., Rubin, K. H., & Li, Z. Y. (1995). Social functioning and adjustment in Chinese children: A longitudinal study. *Developmental Psychology, 31,* 531–539.

Chorpita, B., Daleiden, E. L., Ebesutani, C., Young, J., Becker, K. D., Nakamura, B. J., et al. (2011). Evidence-based treatments for children and adolescents: An updated review of indicators of efficacy and effectiveness. *Clinical Psychology: Science and Practice, 18,* 152-172.

Cicchetti, D. (1984). The emergence of developmental psychopathology. *Child Development, 55,* 1–7.

Cicchetti, D. (2006). Development and psychopathology. In D. Cicchetti & D. J. Cohen (Eds.), *Developmental psychopathology: Vol. 1. Theory and method* (2nd ed., pp. 1–23). Hoboken, NJ: Wiley.

Cicchetti, D., & Aber, J. L. (Eds.). (1998). Contextualism and developmental psychopathology [Special issue]. *Develop-*

ment and Psychopathology, 10(2).

Cicchetti, D., Ackerman, B. P., & Izard, C. E. (1995). Emotions and emotion regulation in developmental psychopathology. *Development and Psychopathology, 7*, 1–10.

Cicchetti, D., & Cannon, T. D. (1999). Neurodevelopmental processes in the ontogenesis and epigenesis of psychopathology. *Development and Psychopathology, 11*, 375–393.

Cicchetti, D., & Cohen, D. J. (Eds.). (1995). *Developmental psychopathology: Risk, disorder, and adaptation* (Vol. 2). New York: Wiley.

Cicchetti, D., & Garmezy, N. (1993). Prospects and promises in the study of resilience. *Development and Psychopathology, 4*, 497–502.

Cicchetti, D., & Manly, J. T. (Eds.). (2001). Operationalizing child maltreatment: Developmental processes and outcomes [Special issue]. *Development and Psychopathology, 13*(4).

Cicchetti, D., & Richters, J. E. (1993). Developmental considerations in the investigation of conduct disorder. *Development and Psychopathology, 5*, 331–344.

Cicchetti, D., & Rogosch, F. A. (1996). Equifinality and multifinality in developmental psychopathology. *Development and Psychopathology, 8*, 597–600.

Cicchetti, D., & Toth, S. L. (1997). Transactional ecological systems in developmental psychopathology. In S. S. Luthar, J. A. Burack, D. Cicchetti, & J. R. Weisz (Eds.), *Developmental psychopathology: Perspectives on adjustment, risk, and disorder* (pp. 317–349). Cambridge, UK: Cambridge University Press.

Cicchetti, D., & Toth, S. L. (2000). Social policy implications of research in developmental psychopathology, *Development and Psychopathology, 12*, 551–554.

Cicchetti, D., & Toth, S. L. (2005). Child maltreatment. *Annual Review of Clinical Psychology, 2005*, 409–438.

Cicchetti, D., & Toth, S. L. (2009). The past achievements and future promises of developmental psychopathology: The coming of age of a discipline. *Journal of Child Psychology and Psychiatry, 50*, 16–25.

Cicchetti, D., Toth, S. L., & Lynch, M. (1995). Bowlby's dream comes full circle: The application of attachment theory to risk and psychopathology. *Advances in Clinical Child Psychology, 17*, 1–75.

Cicchetti, D., & Tucker, D. (1994). Development and self-regulatory structures of the mind. *Development and Psychopathology, 6*, 533–549.

Cicchetti, D., & Walker, E. F. (2001). Stress and development: Biological and psychological consequences [Editorial]. *Development and Psychopathology, 13*, 413–418.

Clark, D. A., Beck, A. T., & Alford, B. A. (1999). *Scientific foundations of cognitive theory and therapy of depression.* New York: Wiley.

Clark, L. A. (1999). Introduction to the special section on the concept of disorder. *Journal of Abnormal Psychology, 108*, 371–373.

Clementz, B. A., & Iacono, W. G. (1993). Nosology and diagnosis. In A. S. Bellack & M. Hersen (Eds.), *Psychopathol-*

ogy in adulthood (pp. 3–20). Boston: Allyn & Bacon.

Coghill, D., & Sonuga-Barke, E. J. S. (2012). Annual research review: Categories versus dimensions in the classification and conceptualisation of child and adolescent mental disorders—implications of recent empirical study. *Journal of Child Psychology and Psychiatry, 53*, 469–489.

Cohen, J. (1988). *Statistical power analysis for the behavioral sciences* (2nd ed.). New York: Academic Press.

Cohen, M. (1998). The monetary value of saving a high risk youth. *Journal of Quantitative Criminology, 14*, 5–34.

Cohen, M. A., & Piquero, A. R. (2009). New evidence on the monetary value of saving a high risk youth. *Journal of Quantitative Criminology, 25*, 25–49.

Cole, D. A., Ciesla, J. A., Dallaire, D. H., Jacquez, F. M., Pineda, A. Q., LaGrange, B., et al. (2008). Emergence of attributional style and its relation to depressive symptoms. *Journal of Abnormal Psychology, 117*, 16–31.

Cole, D. A., Jacquez, F. M., Truss, A. E., Pineda, A. Q., Weitlauf, A. S., Tilghman-Osborne, C. E., et al. (2009). Gender differences in the longitudinal structure of cognitive diatheses for depression in children and adolescents. *Journal of Clinical Psychology, 65*, 1312–1326.

Cole, P. M., Michel, M. K., & Teti, L. O. (1994). The development of emotion regulation and dysregulation: A clinical perspective. In N. A. Fox (Ed.), The development of emotion regulation: Biological and behavioral considerations. *Monographs of the Society for Research in Child Development, 59*(2–3, Serial No. 240), 53–72.

Connell, A. M., & Goodman, S. H. (2002). The association between psychopathology in fathers versus mothers and children's internalizing and externalizing behavior problems: A meta-analysis. *Psychological Bulletin, 128*, 746–773.

Contreras, J. M., Kerns, K. A., Weimer, B. L., Gentzler, A., & Tomich, P. L. (2000). Emotion regulation as a mediator of associations between mother–child attachment and peer relationships in middle childhood. *Journal of Family Psychology, 14*, 111–124.

Copeland, W. E., Shanahan, L., Costello, E. J., & Angold, A., (2009). Childhood and adolescent psychiatric disorders as predictors of young adult disorders. *Archives of General Psychiatry, 66*, 764–772.

Copeland, W. E., Shanahan, L., Costello, E. J., & Angold, A. (2011). Cumulative prevalence of psychiatric disorders by young adulthood: A prospective cohort analysis from the Great Smoky Mountains Study. *Journal of the American Academy of Child and Adolescent Psychiatry, 50*, 252–261.

Costello, E. J., & Angold, A. (2000). Developmental epidemiology: A framework for developmental psychopathology. In A. J. Sameroff, M. Lewis, & S. M. Miller (Eds.), *Handbook of developmental psychopathology* (2nd ed., pp. 57–73). New York: Kluwer Academic/Plenum Press.

Costello, E. J., Compton, S. N., Keeler, G., & Angold, A. (2003). Relationships between poverty and psychopathology: A natural experiment. *Journal of the American Medi-*

cal Association, 290, 2023–2029.

Costello, E. J., Egger, H. L., & Angold, A. (2006). Physical and psychiatric illness across adolescence. In W. W. Eaton (Ed.), *Medical and psychiatric comorbidity over the course of life* (pp. 3–20). Arlington, VA: American Psychiatric Publishing.

Costello, E. J., Farmer, E. M. Z., Angold, A., Burns, B. J., & Erkanli, A. (1997). Psychiatric disorders among American Indian and white youth in Appalachia: The Great Smoky Mountains Study. *American Journal of Public Health, 87,* 827–832.

Costello, E. J., Foley, D. L., & Angold, A. (2006). 10-year research update review: The epidemiology of child and adolescent psychiatric disorders: II. Developmental epidemiology. *Journal of the American Academy of Child and Adolescent Psychiatry, 45,* 8–25.

Costello, E. J., Mustillo, S., Erkanli, A., Keeler, G., & Angold, A. (2003). Prevalence and development of psychiatric disorders in childhood and adolescence. *Archives of General Psychiatry, 60,* 837–844.

Courchesne, E., Chisum, H., & Townsend, J. (1994). Neuralactivity-dependent brain changes in development: Implications for psychopathology. *Development and Psychopathology, 6,* 697–722.

Cowan, P. A., & Cowan, C. P. (2002). Interventions as tests of family systems theories: Marital and family relationships in children's development, and psychopathology. *Development and Psychopathology, 14,* 731–760.

Coy, K., Speltz, M. L., DeKlyen, M., & Jones, K. (2001). Social-cognitive processes in preschool boys with and without oppositional defiant disorder. *Journal of Abnormal Child Psychology, 29,* 107–119.

Crick, N. R., & Dodge, K. A. (1994). A review and reformulation of social information-processing mechanisms in children's social adjustment. *Psychological Bulletin, 115,* 73–101.

Crittenden, P. M., Claussen, A. H., & Sugarman, D. B. (1994). Physical and psychological maltreatment in middle childhood and adolescence. *Development and Psychopathology, 6,* 145–164.

Cummings, E. M., & Davies, P. T. (1996). Emotional security as a regulatory process in normal development and the development of psychopathology. *Development and Psychopathology, 8,* 123–139.

Cummings, E. M., & Davies, P. T. (2010). *Marital conflict and children: An emotional security perspective.* New York: Guilford Press.

Cummings, E. M., Hennessy, K. D., Rabideau, G. J., & Cicchetti, D. (1994). Responses of physically abused boys to interadult anger involving their mothers. *Development and Psychopathology, 6,* 31–41.

Cunningham, N. R., & Ollendick, T. H. (2010). Comorbidity of anxiety and conduct problems in children: Implications for clinical research and practice. *Clinical Child and Family Psychology Review, 13,* 333–347.

Czyz, W., Morahan, J. M., Ebers, G. C., & Ramagopalan, S.

V. (2012). Genetic, environmental and stochastic factors in monozygotic twin discordance with a focus on epigenetic differences. *BMC Medicine, 10,* 93.

Dare, C. (1985). Psychoanalytic theories of development. In M. Rutter & L. Hersov (Eds.), *Child and adolescent psychiatry: Modern approaches* (2nd ed., pp. 205–215). Oxford: Blackwell Scientific.

Davidson, R. J. (2000). *Anxiety, depression, and emotion.* New York: Oxford University Press.

Davidson, R. J., Lewis, D. A., Alloy, L. B., Amaral, D. G., Bush, G., Cohen, J. D., et al. (2002). Neural and behavioral substrates of mood and mood regulation. *Biological Psychiatry, 52,* 478–502.

Davies, P. T., & Cicchetti, D. (2004). Toward an integration of family systems and developmental psychopathology. *Development and Psychopathology, 16,* 477–797.

Davies, P. T., & Cummings, E. M. (1994). Marital conflict and child adjustment: An emotional security hypothesis. *Psychological Bulletin, 116,* 387–411.

Davies, P. T., & Cummings, E. M. (1995). Children's emotions as organizers of their reactions to interadult anger: A functionalist perspective. *Developmental Psychology, 31,* 677–684.

Davies, P. T., & Cummings, E. M. (2006). Interparental discord, family process, and developmental psychopathology. In D. Cicchetti & D. J. Cohen (Eds.), *Developmental psychopathology: Vol. 3. Risk, disorder, and adaptation* (2nd ed., pp. 86–128). Hoboken, NJ: Wiley.

Deater-Deckard, K. (2001). Annotation: Recent research examining the role of peer relationships in the development of psychopathology. *Journal of Child Psychology and Psychiatry, 42,* 565–579.

Deater-Deckard, K., & Dunn, J. (1999). Multiple risks and adjustment in young children growing up in different family settings: A British community study of stepparent, single mother, and nondivorced families. In E. M. Hetherington (Ed.), *Coping with divorce, single parenting, and remarriage: A risk and resiliency perspective* (pp. 47–64). Mahwah, NJ: Erlbaum.

De Bellis, M. D. (2001). Developmental traumatology: The psychobiological development of maltreated children and its implications for research, treatment, and policy. *Development and Psychopathology, 13,* 539–564.

De Bellis, M. D., Keshavan, M. S., Shifflett, H., Iyengar, S., Dahl, R. E., Axelson, D. A., et al. (2002). Superior temporal gyrus volumes in pediatric generalized anxiety disorder. *Biological Psychiatry, 51,* 553–562.

De Los Reyes, A. (2011). Introduction to the special section: More than measurement error: Discovering meaning behind informant discrepancies in clinical assessments of children and adolescents. *Journal of Clinical Child and Adolescent Psychology, 40,* 1–9.

De Los Reyes, A., & Kazdin, A. E. (2005). Informant discrepancies in the assessment of childhood psychopathology: A critical review, theoretical framework, and recommendations for further study. *Psychological Bulletin, 131,*

483–509.

Di Martino, A., Ross, K., Uddin, L. Q., Sklar, A. B., Castellanos, F. X., & Milham, M. P. (2009). Functional brain correlates of social and nonsocial processes in autism spectrum disorders: An activation likelihood estimation meta-analysis. *Biological Psychology, 65*, 63–74.

Dirks, M. A., De Los Reyes, A., Briggs-Gowan, M., Cella, D., & Wakschlag, L. S. (2012). Annual research review: Embracing not erasing contextual variability in children's behavior—theory and utility in the selection and use of methods and informants in developmental psychopathology. *Journal of Child Psychology and Psychiatry, 53*, 558–574.

Dobson, K. S., & Dozois, D. J. A. (2001). Historical and philosophical bases of the cognitive-behavioral therapies. In K. S. Dobson (Ed.), *Handbook of cognitive-behavioral therapies* (2nd ed., pp. 3–39). New York: Guilford Press.

Dodge, K. A., & Pettit, G. S. (2003). A biopsychosocial model of the development of chronic conduct problems in adolescence. *Developmental Psychology, 39*, 349–371.

Dodge, K. A., Pettit, G. S., & Bates, J. E. (1994). Effects of physical maltreatment on the development of peer relations. *Development and Psychopathology, 6*, 43–55.

Dodge, K. A., & Rutter, M. (Eds.). (2011). *Gene–environment interactions in developmental psychopathology.* New York: Guilford Press.

Dodge, K. A., & Sherrill, M. R. (2007). The interaction of nature and nurture in antisocial behavior. In D. J. Flannery, A. T. Vazsonyi, & I. D. Waldman (Eds.), *The Cambridge handbook of violent behavior and aggression* (pp. 215–242). New York: Cambridge University Press.

Dodge, K. A., & Somberg, D. R. (1987). Hostile attributional biases among aggressive boys are exacerbated under conditions of threats to the self. *Child Development, 58*, 213–224.

D'Onofrio, B. M., Rathouz, P. J., & Lahey, B. B. (2011). The importance of understanding gene-environment correlations in the development of antisocial behavior. In K. S. Kendler, S. Jaffe, & K. D. Romer (Eds.), *The dynamic genome and mental health: The role of genes and environments in youth development* (pp. 340–364). New York: Oxford University Press.

Dougherty, L. R., Klein, D. N., Rose, S., & Laptook, R. S. (2011). Hypothalamic–pituitary–adrenal axis reactivity in the preschool-age offspring of depressed parents: Moderation by early parenting. *Psychological Science, 22*, 650–658.

Dozier, M., & Lee, S. (1995). Discrepancies between self- and other-report of psychiatric symptomatology: Effects of dismissing attachment strategies. *Development and Psychopathology, 7*, 217–226.

Dozois, D. J. A., & Dobson, K. S. (2001). Information processing and cognitive organization in unipolar depression: Specificity and comorbidity issues. *Journal of Abnormal Psychology, 110*, 236–246.

Drabick, D. A. G., & Kendall, P. C. (2010). Developmental psychopathology and the diagnosis of mental health problems among youth. *Clinical Psychology, 17*, 272–280.

DuBois, D. L., & Tevendale, H. D. (1999). Self-esteem in childhood and adolescence: Vaccine or epiphenomenon? *Applied and Preventive Psychology, 8*, 103–117.

Duggal, S., Carlson, E. A., Sroufe, A., & Egeland, B. (2001). Depressive symptomatology in childhood and adolescence. *Development and Psychopathology, 13*, 143–164.

Duhig, A. M., Renk, K., Epstein, M. K., & Phares, V. (2000). Interparental agreement on internalizing, externalizing, and total behavior problems: A meta-analysis. *Clinical Psychology: Science and Practice, 7*, 435–453.

Duncan, L. E., & Keller, M. C. (2011). A critical review of the first ten years of candidate gene-by-environment interaction research in psychiatry. *American Journal of Psychiatry, 168*, 1041–1049.

Dupéré, V., Leventhal, T., & Lacourse, É. (2009). Neighborhood poverty and suicidal thoughts and attempts in late adolescence. *Psychological Medicine, 39*, 1295–1306.

Durbin, C. E., & Wilson, S. (2012). Convergent validity and bias in maternal reports of child emotion. *Psychological Assessment, 24*, 647–660.

Earls, F. J. (1980). Prevalence of behavior problems in 3-year-old children. *Archives of General Psychiatry, 37*, 1153–1157.

Edelbrock, C. (1984). Developmental considerations. In T. H. Ollendick & M. Hersen (Eds.), *Child behavioral assessment: Principles and procedures* (pp. 20–37). New York: Pergamon Press.

Egeland, B., & Hiester, M. (1995). The long-term consequences of infant day-care and mother–infant attachment. *Child Development, 66*, 474–485.

Eisenberg, N., Fabes, R. A., Guthrie, I. K., & Reiser, M. (2000). Dispositional emotionality and regulation: Their role in predicting quality of social functioning. *Journal of Personality and Social Psychology, 78*, 136–157.

Eisenberg, N., Pidada, S., & Liew, J. (2001). The relations of regulation and negative emotionality to Indonesian children's social functioning. *Child Development, 72*, 1747–1763.

Eisenberg, N., Zhou, Q., Spinrad, L., Valiente, C., Fabes, R. A., & Liew, J. (2005). Relations among positive parenting, children's effortful control, and externalizing problems: A three-wave longitudinal study. *Child Development, 76*, 1055–1071.

Ellis, B. H., Fisher, P. A., & Zaharie, S. (2004). Predictors of disruptive behavior, developmental delays, anxiety, and affective symptomatology among institutionally reared Romanian children. *Journal of the American Academy of Child and Adolescent Psychiatry, 43*, 1283–1292.

Ellis, B. J., & Boyce, W. T. (2008). Biological sensitivity to context. *Current Directions in Psychological Science, 17*, 183–187.

Ellis, B. J., Boyce, W. T., Belsky, J., Bakermans-Kranenburg, M. J., & van IJzendoorn, M. H. (2011). Differential susceptibility to the environment: An evolutionary–neurodevelopmental theory. *Development and Psychopathology, 23,* 7–28.

Else-Quest, N., Hyde, J., & Goldsmith, H. H. (2006). Gender difference in temperament: A meta-analysis. *Psychological Bulletin, 132,* 33–72.

El-Sheikh, M., Keiley, M., Erath, S., & Dyer, J. W. (2013). Marital conflict and growth in children's internalizing symptoms: The role of autonomic nervous system activity. *Developmental Psychology, 49,* 92–108.

Epkins, C. C., & Heckler, D. R. (2011). Integrating etiological models of social anxiety and depression in youth: Evidence for a cumulative interpersonal risk model. *Clinical Child and Family Psychology Review, 14,* 329–376.

Eppright, T. D., Bradley, S., & Sanfacon, J. A. (1998). The diagnosis of infant psychopathology: Current challenges and recent contributions. *Child Psychiatry and Human Development, 28,* 213–222.

Evans, B., & Lee, B. K. (1998). Culture and child psychopathology. In S. S. Kazarian & D. R. Evans (Eds.), *Cultural clinical psychology: Theory, research, and practice* (pp. 289–315). New York: Oxford University Press.

Evraire, L. E., Dozois, D. J. A., &Hayden, E. P. (in press). Assessment of cognitive vulnerability to psychopathology: Issues in theory and practice. In G. P. Brown & D. A. Clark (Eds.), *Cognitive therapy assessment, diagnosis, and case formulation: Charting a new course for research and practice.* New York: Guilford Press.

Fear, J. M., Champion, J. E., Reeslund, K. L., Forehand, R., Colletti, C., Roberts, L., et al. (2009). Parental depression and interparental conflict: Children and adolescents' self-blame and coping responses. *Journal of Family Psychology, 23,* 762–766.

Feingold, B. (1975). *Why your child is hyperactive.* New York: Random House.

Feiring, C., & Lewis, M. (1996). Finality in the eye of the beholder: Multiple sources, multiple time points, multiple paths. *Development and Psychopathology, 8,* 721–733.

Feng, X., Keenan, K., Hipwell, A. E., Hennenberger, A. K., Rischall, M. S., Butch, J., et al. (2009). Longitudinal associations between emotion regulation and depression in preadolescent girls: Moderation by the caregiving environment. *Development and Psychopathology, 45,* 798–808.

Fergusson, D. M., Borden, J. M., & Horwood, L. J. (2008). Exposure to childhood sexual and physical abuse and adjustment in early adulthood. *Child Abuse and Neglect, 32,* 607–619.

Fiese, B. H., Wilder, J., & Bickham, N. L. (2000). Family context in developmental psychopathology. In A. J. Sameroff, M. Lewis, &, S. M. Miller (Eds.), *Handbook of developmental psychopathology* (2nd ed., pp. 115–134). New York: Kluwer Academic/Plenum Press.

Fischer, K. W., Ayoub, C., Singh, I., Noam, G., Maraganore, A., & Rayna, P. (1997). Psychopathology as adaptive development along distinctive pathways. *Development and Psychopathology, 9,* 749–779.

Fisman, S., & Fisman, R. (1999). Cultural influences on symptom presentation in childhood. *Journal of the American Academy of Child and Adolescent Psychiatry, 38,* 782–783.

Flavell, J. H., Flavell, E. R., & Green, F. L. (2001). Development of children's understanding of connections between thinking and feeling. *Psychological Science, 12,* 430–432.

Fombonne, E. (1999). The epidemiology of autism: A review. *Psychological Medicine, 29,* 769–786.

Fonagy, P., & Target, M. (2000). The place of psychodynamic theory in developmental psychopathology. *Development and Psychopathology, 12,* 407–425.

Foster, S. L., & Martinez, C. R., Jr. (1995). Ethnicity: Conceptual and methodological issues in child clinical research. *Journal of Clinical Child Psychology, 24,* 214–226.

Fox, N. A., Henderson, H. A., Marshall, P. J., Nichols, K. E., & Ghera, M. M. (2005). Behavioral inhibition: Linking biology and behavior within a developmental framework. *Annual Review of Psychology, 56,* 235–262.

Fox, N. A., Zeanah, C. H., & Nelson, C. A. (2012). Introduction to the special issue on the effects of early experience and stress on brain and behavioral development. *International Journal of Behavioral Development, 36,* 1.

Fredrickson, B. L. (2001). The role of positive emotions in positive psychology: The broaden-and-build theory of positive emotions. *American Psychologist, 56,* 218–226.

Frick, P. J. (2000). Laboratory and performance-based measures of childhood disorders. *Journal of Clinical Child Psychology, 29,* 475–478.

Frick, P. J., Barry, C. T., & Kamphaus, R. W. (2010). *Clinical assessment of child and adolescent personality and behavior* (3rd ed.). New York: Springer.

Frick, P. J., & Morris, A. S. (2004). Temperament and developmental pathways to conduct problems. *Journal of Clinical Child and Adolescent Psychology, 33,* 54–68.

Frick, P. J., & Nigg, J. T. (2012). Current issues in the diagnosis of attention-deficit hyperactivity disorder, oppositional defiant disorder, and conduct disorder. *Annual Review of Clinical Psychology, 8,* 77–107.

Frick, P. J., & Viding, E. M. (2009). Antisocial behavior from a developmental psychopathology perspective. *Development and Psychopathology, 21,* 1111–1131.

Friman, P. C., Larzelere, R., & Finney, J. W. (1994). Exploring the relationship between thumbsucking and psychopathology. *Journal of Pediatric Psychology, 19,* 431–441.

Frodl, T., & Skokauskas, N. (2012). Meta-analysis of structural MRI studies in children and adults with attention deficit hyperactivity disorder indicates treatment effects. *Acta Psychiatrica Scandinavica, 125,* 114–126.

Gadow, K. D., Sprafkin, J., & Nolan, E. E. (2001). DSM-IV symptoms in community and clinic preschool children. *Journal of the American Academy of Child and Adolescent Psychiatry, 40,* 1383–1392.

Gaffrey, M. S., Luby, J. L., Botteron, K., Repovš, G., & Barch, D. M. (2012). Default mode network connectivity in children with a history of preschool onset depression. *Journal of Child Psychology and Psychiatry, 53*, 964–972.

Garber, J. (1984). Classification of childhood psychopathology: A developmental perspective. *Child Development, 55*, 30–48.

Garber, J. (2010). Vulnerability to depression in childhood and adolescence. In R. E. Ingram & J. M. Price (Eds.), *Vulnerability to psychopathology: Risk across the lifespan* (2nd ed., pp. 189–247). New York: Guilford Press.

Garber, J., & Weersing, V. (2010). Comorbidity of anxiety and depression in youth: Implications for treatment and prevention. *Clinical Psychology: Science and Practice, 17*, 293-306.

García Coll, C., Akerman, A., & Cicchetti, D. (2000). Cultural influence on developmental processes and outcomes: Implications for the study of development and psychopathology. *Development and Psychopathology, 12*, 333–356.

García Coll, C., & Garrido, M. (2000). Minorities in the United States: Sociocultural context for mental health and developmental psychopathology. In A. J. Sameroff, M. Lewis, & S. M. Miller (Eds.), *Handbook of developmental psychopathology* (2nd ed., pp. 177–195). New York: Kluwer Academic/Plenum Press.

Garmezy, N., Masten, A. S., & Tellegen, A. (1984). The study of stress and competence in children: A building block of developmental psychopathology. *Child Development, 55*, 97–111.

Gencoez, T., Voelz, Z. R., Gencoez, F., Pettit, J. W., & Joiner, T. E. (2001). Specificity of information processing styles to depressive symptoms in youth psychiatric inpatients. *Journal of Abnormal Child Psychology, 29*, 255–262.

Gibb, B. E. (2002). Childhood maltreatment and negative cognitive styles: A quantitative and qualitative review. *Clinical Psychology Review, 22*, 223–246.

Gibb, B. E., Beevers, C. G., & McGeary, J. E. (2013). Toward an integration of cognitive and genetic models of risk for depression. *Cognition and Emotion, 27*, 193–216.

Gibb, B. E., & Coles, M. (2005). Cognitive vulnerability–stress models of psychopathology: A developmental perspective. In B. L. Hankin & J. R. Abela (Eds.), *Development of psychopathology: A vulnerability–stress perspective* (pp. 104–135). Thousand Oaks, CA: Sage.

Gilgun, J. F. (1999). Mapping resilience as process among adults with childhood adversities. In H. I. McCubbin, E. A. Thompson, A. I. Thompson, & J. A. Futrell (Eds.), *Resiliency in families: Vol. 4. The dynamics of resilient families* (pp. 41–70). Thousand Oaks, CA: Sage.

Gizer, I. R., Ficks, C., & Waldman, I. D. (2009). Candidate gene studies of ADHD: A meta-analytic review. *Human Genetics, 26*, 51–90.

Glantz, M. D., & Johnson, J. L. (Eds.). (1999). *Resilience and development: Positive life adaptations*. New York: Kluwer Academic/Plenum Press.

Glaser, D. (2000). Child abuse and neglect and the brain: A review. *Journal of Child Psychology and Psychiatry, 41*, 97–116.

Goldberg, S. (1991). Recent developments in attachment theory and research. *Canadian Journal of Psychiatry, 36*, 393–400.

Goldsmith, H. H., Gottesman, I. I., & Lemery, K. S. (1997). Epigenetic approaches to developmental psychopathology. *Development and Psychopathology, 9*, 365–397.

Goldsmith, H. H., & Lemery, K. S. (2000). Linking temperamental fearfulness and anxiety symptoms: A behavior–genetic perspective. *Biological Psychiatry, 48*, 1199–1209.

Gomez, R., & Gomez, A. (2000). Perceived maternal control and support as predictors of hostile–biased attribution of intent and response selection in aggressive boys. *Aggressive Behavior, 26*, 155–168.

Gomez, R., Gomez, A., DeMello, L., & Tallent, R. (2001). Perceived maternal control and support: Effects on hostile biased social information processing and aggression among clinic-referred children with high aggression. *Journal of Child Psychology and Psychiatry, 42*, 513–522.

Goodman, S. H., & Gotlib, I. H. (1999). Risk for psychopathology in the children of depressed mothers: A developmental model for understanding mechanisms of transmission. *Psychological Review, 106*, 458–490.

Goodyer, I. M., Bacon, A., Ban, M., Croudace, T., & Herbert, J. (2009). Serotonin transporter genotype, morning cortisol and subsequent depression in adolescents. *British Journal of Psychiatry, 195*, 39–45.

Gordon, M., Antshel, K., Faraone, S., Barkley, R., Lewandowski, L., Hudziak, J., et al. (2006). Symptoms versus impairment: The case for respecting DSM-IV's Criterion D. *Journal of Attention Disorders, 9*, 465–475.

Gotlib, I. H., & Hammen, C. L. (1992). *Psychological aspects of depression: Toward a cognitive–interpersonal integration*. Chichester, UK: Wiley.

Gotlib, I. H., Joormann, J., Minor, K. L., & Hallmayer, J. (2008). HPA axis reactivity: A mechanism underlying the associations among 5-HTTLPR, stress, and depression. *Biological Psychiatry, 9*, 847–851.

Gottesman, I. I., & Gould, T. D. (2003). The endophenotype concept in psychiatry: Etymology and strategic intentions. *American Journal of Psychiatry, 160*, 636–645.

Granic, I. (2005). Timing is everything: Developmental psychopathology from a dynamic systems perspective. *Developmental Review, 25*, 386–407.

Grantham-McGregor, S., & Baker-Henningham, H. (2005). Review of the evidence linking protein and energy to mental development. *Public Health Nutrition, 8*, 1191–1201.

Greenberg, M. T., Domitrovich, C., & Bumbarger, B. (2001). The prevention of mental disorders in school-aged children: Current state of the field. *Prevention and Treatment, 4*, Article 0001a.

Group for the Advancement of Psychiatry. (1974). *Psychopathological disorders in childhood: Theoretical considerations and a proposed classification*. New York: Aronson.

Grych, J. H., & Fincham, F. D. (Eds.). (2001). *Interparental conflict and child development: Theory, research, and ap-*

plications. Cambridge, UK: Cambridge University Press.

Guerra, N. G., Tolan, P. H., Huesmann, L. R., Van Acker, R., & Eron, L. D. (1995). Stressful events and individual beliefs as correlates of economic disadvantage and aggression among urban children. *Journal of Consulting and Clinical Psychology, 63,* 518–528.

Gunnar, M. R., Fisher, P. A., & The Early Experience, Stress, and Prevention Network. (2006). Bringing basic research on early experience and stress neurobiology to bear on preventive interventions for neglected and maltreated children. *Development and Psychopathology, 18,* 651–677.

Gusdorf, L. M., Karreman, A., van Aken, M. A. G., Dekovic, M., & van Tuijl, C. (2011). The structure of effortful control in preschoolers and its relation to externalizing problems. *British Journal of Developmental Psychology, 29,* 612–634.

Hamburg, S. (1998). Inherited hypohedonia leads to learned helplessness: A conjecture updated. *Review of General Psychology, 2,* 384–403.

Hamilton, J. P., Furman, D. J., Chang, C., Thomason, M. E., Dennis, E., & Gotlib, I. H. (2011). Default-mode and task-positive network activity in major depressive disorder: Implications for adaptive and maladaptive rumination. *Biological Psychiatry, 70,* 327–333.

Hammen, C., & Rudolph, K. (2003). Childhood depression. In E. J. Mash & R. A. Barkley (Eds.), *Child psychopathology* (2nd ed., pp. 233–278). New York: Guilford Press.

Hankin, B. L. (2008). Stability of cognitive vulnerabilities to depression: A short-term prospective multiwave study. *Journal of Abnormal Psychology, 117,* 324–333.

Hankin, B. L., Oppenheimer, C., Jenness, J., Barrocas, A., Shapero, B. G., & Goldband, J. (2009). Developmental origins of cognitive vulnerabilities to depression: Review of processes contributing to stability and change across time. *Journal of Clinical Psychology, 65,* 1327–1338.

Harkness, K., Stewart, J., & Wynne-Edwards, K. (2011). Cortisol reactivity to social stress in adolescents: Role of depression severity and child maltreatment. *Psychoneuroendocrinology, 36,* 173–181.

Harkness, S., & Super, C. M. (2000). Culture and psychopathology. In A. J. Sameroff, M. Lewis, & S. M. Miller (Eds.), *Handbook of developmental psychopathology* (2nd ed., pp. 197–214). New York: Kluwer Academic/Plenum Press.

Hart, E. L., & Lahey, B. B. (1999). General child behavior rating scales. In D. Shaffer, C. P. Lucas, & J. Richters (Eds.), *Diagnostic assessment in child and adolescent psychopathology* (pp. 65–87). New York: Guilford Press.

Hart, E. L., Lahey, B. B., Loeber, R., Applegate, B., Green, S. M., & Frick, P. J. (1995). Developmental change in attention-deficit hyperactivity disorder in boys: A four-year longitudinal study. *Journal of Abnormal Child Psychology, 23,* 729–749.

Hayden, E. P., Durbin, C. E., Klein, D. N., & Olino, T. M. (2010). Maternal personality influences the relationship between maternal reports and laboratory measures of child temperament. *Journal of Personality Assessment, 92,* 586–593.

Hayden, E. P., Klein, D. N., Dougherty, L. R., Olino, T. M., Durbin, C. E., Sheikh, H. I., et al. (2010). The role of BDNF genotype, parental depression, and relationship discord in predicting early-emerging negative emotionality. *Psychological Science, 21,* 1678–1685.

Hayden, E. P., Klein, D. N., Durbin, C. E., & Olino, T. M. (2006). Positive emotionality at age 3 predicts cognitive styles in seven-year-old children. *Development and Psychopathology, 18,* 409–423.

Hayden, E. P., Olino, T. M., Bufferd, S. J., Miller, A., Dougherty, L. R., Sheikh, H. I., et al. (2013). The 5-HTTLPR and BDNF Val66Met polymorphisms and maternal history of depression: Associations with cognitive vulnerability to depression in childhood. *Development and Psychopathology, 25,* 587–598.

Hayden, E. P., Olino, T. M., Mackrell, S. V. M., Jordan, P. J., Desjardins, J., & Katsiroumbas, P. (2013). Stability and prediction of cognitive vulnerability to depression across middle childhood. *Personality and Individual Differences, 55,* 892–897.

Heim, C., & Nemeroff, C. B. (2001). The role of childhood trauma in the neurobiology of mood and anxiety disorders: Preclinical and clinical studies. *Biological Psychiatry, 49,* 1023–1039.

Hetherington, E. M., Reiss, D., & Plomin, R. (Eds.). (1994). *Separate social worlds of siblings: The impact of nonshared environment on development.* Hillsdale, NJ: Erlbaum.

Hewitt, J. K., Silberg, J. L., Rutter, M., Simonoff, E., Meyer, J. M., Maes, H., et al. (1997). Genetics and developmental psychopathology: 1. Phenotypic assessment in the Virginia Twin Study of Adolescent Behavioral Development. *Journal of Child Psychology and Psychiatry, 38,* 943–963.

Hinshaw, S. P. (2001, June). *Process, mechanism, and explanation related to externalizing behavior.* Presidential address to the International Society for Research in Child and Adolescent Psychopathology, Vancouver, British Columbia, Canada.

Hinshaw, S. P. (2007). *The mark of shame: Stigma of mental illness and an agenda for change.* New York: Oxford University Press.

Hinshaw, S. P., & Cicchetti, D. (2000). Stigma and mental disorder: Conceptions of illness, public attitudes, personal disclosure, and social policy. *Development and Psychopathology, 12,* 555–598.

Hoagwood, K., & Jensen, P. (1997). Developmental psychopathology and the notion of culture. *Applied Developmental Science, 1,* 108–112.

Hoagwood, K., Kelleher, K. J., Feil, M., & Comer, D. M. (2000). Treatment services for children with ADHD: A national perspective. *Journal of the American Academy of Child and Adolescent Psychiatry, 39,* 198–206.

Hops, H. (1995). Age- and gender-specific effects of parental depression: A commentary. *Developmental Psychology,*

31, 428–431.

Houts, A. C. (2001). The diagnostic and statistical manual's new white coat and circularity of plausible dysfunctions: Response to Wakefield, Part 1. *Behaviour Research and Therapy, 39*, 315–345.

Hudziak, J. J., Achenbach, T. M., Althoff, R. R., & Pine, D. S. (2007). A dimensional approach to developmental psychopathology. *International Journal of Methods in Psychiatric Research, 16*, S16–S23.

Hudziak, J. J., & Faraone, S. V. (2010). The new genetics in child psychiatry. *Journal of the American Academy of Child and Adolescent Psychiatry, 49*, 729–735.

Hyman, S. E. (2010). The diagnosis of mental disorders: The problem of reification. *Annual Review of Clinical Psychology, 6*, 155–179.

Iaboni, F., Douglas, V. I., & Baker, A. G. (1995). Effects of reward and response costs on inhibition in ADHD children. *Journal of Abnormal Psychology, 104*, 232–240.

Iacono, W. G., & Malone, S. M. (2011). Developmental endophenotypes: Indexing genetic risk for substance abuse with the P300 brain event-related potential. *Child Development Perspectives, 5*, 239–247.

Ialongo, N. S., Kellam, S. G., & Poduska, J. (2000). A developmental epidemiological framework for clinical child and pediatric psychology research. In D. Drotar (Ed.), *Handbook of research in pediatric and clinical child psychology: Practical strategies and methods* (pp. 3–19). New York: Kluwer Academic/Plenum Press.

Ingram, R. E., Miranda, J., & Segal, Z. V. (1998). *Cognitive vulnerability to depression*. New York: Guilford Press.

Ingram, R. E., & Price, J. M. (Eds.). (2001). *Vulnerability to psychopathology: Risk across the lifespan*. New York: Guilford Press.

Ingram, R. E., & Ritter, J. (2000). Vulnerability to depression: Cognitive reactivity and parental bonding in high-risk individuals. *Journal of Abnormal Psychology, 109*, 588–596.

Insel, T. (2003). The neurobiology of affiliation: Implications for Autism. In R. J. Davidson, K. R. Sherer, & H. H. Goldsmith (Eds.), *Handbook of affective sciences* (pp. 1010–1020). New York: Oxford University Press.

Insel, T. (2013, April 29). Director's blog: Transforming diagnosis [Web log comment]. Retrieved from *www.nimh.nih.gov/about/director/2013/transforming-diagnosis.shtml*

Insel, T., Cuthbert, B., Garvey, M., Heinssen, R., Pine, D. S., Quinn, K., et al. (2010) Research Domain Criteria (RDoC): Toward a new classification framework for research on mental disorders. *American Journal of Psychiatry, 167*, 748–751.

Izard, C. E. (1993). Four systems for emotion activation: Cognitive and noncognitive processes. *Psychological Review, 100*, 68–90.

Jacob, T. (Ed.). (1987). *Family interaction and psychopathology: Theories, methods, and findings*. New York: Plenum Press.

Jaffee, S. R., & Price, T. S. (2007). Gene–environment correlations: A review of the evidence and implications for prevention of mental illness. *Molecular Psychiatry, 12*, 432–442.

Jensen, P. S., Goldman, E., Offord, D., Costello, E. J., Freidman, R., Huff, B., et al. (2011). Overlooked and underserved: "Action signs" for identifying children with unmet mental health needs. *Pediatrics, 128*, 970–979.

Jensen, P. S., & Hoagwood, K. (1997). The book of names: DSM-IV in context. *Development and Psychopathology, 9*, 231–249.

Johnson, M. H. (1999). Cortical plasticity in normal and abnormal cognitive development: Evidence and working hypotheses. *Development and Psychopathology, 11*, 419–437.

Johnston, L. D., O'Malley, P. M., Bachman, J. G., & Schulenberg, J. E. (2011). *Demographic subgroup trends for various licit and illicit drugs, 1975–2010* (Monitoring the Future Occasional Paper No. 74). Ann Arbor, MI: Institute for Social Research.

Joiner, T., & Coyne, J. C. (Eds.). (1999). *The interactional nature of depression*. Washington, DC: American Psychological Association.

Kagan, J. (1994a). *Galen's prophecy: Temperament in human nature*. New York: Basic Books.

Kagan, J. (1994b). On the nature of emotion. In N. A. Fox (Ed.), The development of emotion regulation: Biological and behavioral considerations. *Monographs of the Society for Research in Child Development, 59*(2–3, Serial No. 240), 7–24.

Kagan, J. (1997). Conceptualizing psychopathology: The importance of developmental profiles. *Development and Psychopathology, 9*, 321–334.

Kamphuis, J. H., & Noordhof, A. (2009). On categorical diagnoses in DSM-V: Cutting dimensions at useful points? *Psychological Assessment, 21*, 294–301.

Karg, K., Burmeister, M., Shedden, K., & Sen, S. (2011). The serotonin transporter promoter variant (5-HTTLPR), stress, and depression meta-analysis revisited: Evidence of genetic moderation. *Archives of General Psychiatry, 68*, 444–454.

Kataoka, S. H., Zhang, L., & Wells, K. B. (2002). Unmet need for mental health care among U.S. children: Variation by ethnicity and insurance status. *American Journal of Psychiatry, 159*, 1548–1555.

Kaufman, J., & Charney, D. (2001). Effects of early stress on brain structure and function: Implications for understanding the relationship between child maltreatment and depression. *Development and Psychopathology, 13*, 451–471.

Kaufman, J., Cook, A., Arny, L., Jones, B., & Pittinsky, T. (1994). Problems defining resiliency: Illustrations from the study of maltreated children. *Development and Psychopathology, 6*, 215–229.

Kazak, A. E., Hoagwood, K., Weisz, J. R., Hood, K., Kratochwill, T. R., Vargas, L. A., et al. (2010). A meta-systems approach to evidence-based practice for children and adolescents. *American Psychologist, 65*, 85–97.

Kazdin, A. E. (1989). Developmental psychopathology: Current research, issues and directions. *American Psychologist, 44,* 180–187.

Kazdin, A. E. (2000). *Psychotherapy for children and adolescents: Directions for research and practice.* New York: Oxford University Press.

Kazdin, A. E. (2001). Bridging the enormous gaps of theory with therapy research and practice. *Journal of Clinical Child Psychology, 30,* 59–66.

Kazdin, A. E., & Blase, S. L. (2011). Rebooting psychotherapy research and practice to reduce the burden of mental illness. *Perspectives on Psychological Science, 6,* 21–37.

Kazdin, A. E., & Johnson, B. (1994). Advances in psychotherapy for children and adolescents: Interrelations of adjustment, development, and intervention. *Journal of School Psychology, 32,* 217–246.

Kazdin, A. E., & Kagan, J. (1994). Models of dysfunction in developmental psychopathology. *Clinical Psychology: Science and Practice, 1,* 35–52.

Keenan, K. (2000). Emotion dysregulation as a risk factor for child psychopathology. *Clinical Psychology: Science and Practice, 7,* 418–434.

Keenan, K., Hipwell, A., Feng, X., Babinski, D., Hinze, A., Rischall, M., & Henneberger, A. (2008). Subthreshold symptoms of depression in preadolescent girls are stable and predictive of depressive disorders. *Journal of the American Academy of Child and Adolescent Psychiatry, 47,* 1433–1442.

Kendall, P. C. (1985). Toward a cognitive-behavioral model of child psychopathology and a critique of related interventions. *Journal of Abnormal Child Psychology, 13,* 357–372.

Kendall, P. C. (1993). Cognitive-behavioral therapies with youth: Guiding theory, current status, and emerging developments. *Journal of Consulting and Clinical Psychology, 61,* 235–247.

Kendall, P. C., Brady, E. U., & Verduin, T. L. (2001). Comorbidity in childhood anxiety disorders and treatment outcome. *Journal of the American Academy of Child and Adolescent Psychiatry, 40,* 787–794.

Kendall, P. C., & Dobson, K. S. (1993). On the nature of cognition and its role in psychopathology. In K. S. Dobson & P. C. Kendall (Eds.), *Psychopathology and cognition* (pp. 3–17). San Diego, CA: Academic Press.

Kendall, P. C., & MacDonald, J. P. (1993). Cognition in the psychopathology of youth and implications for treatment. In K. S. Dobson & P. C. Kendall (Eds.), *Psychopathology and cognition* (pp. 387–427). San Diego, CA: Academic Press.

Kendall, P. C., Marrs-Garcia, A., Nath, S. R., & Sheldrick, R. C. (1999). Normative comparisons for the evaluation of clinical significance. *Journal of Consulting and Clinical Psychology, 67,* 285–299.

Kendall, P. C., & Sheldrick, R. C. (2000). Normative data for normative comparisons. *Journal of Consulting and Clinical Psychology, 68,* 767–773.

Kendler, K. S. (2011). A conceptual overview of gene–environment interaction and correlation in a developmental context. In K. S. Kendler, S. Jaffee, & D. Romer (Eds.), *The dynamic genome and mental health: The role of genes and environments in youth development* (pp. 5–28). New York: Oxford University Press.

Kessler, J. W. (1971). Nosology in child psychopathology. In H. E. Rie (Ed.), *Perspectives in child psychopathology* (pp. 85–129). Chicago: Aldine-Atherton.

Kessler, R. C., Avenevoli, S., Costello, E. J., Georgiades, K., Green, J. G., Gruber, M. J., et al. (2012). Prevalence, persistence, and sociodemographic correlates of DSM-IV disorders in the National Comorbidity Survey Replication Adolescent Supplement. *Archives of General Psychiatry, 69,* 372–380.

Kessler, R. C., Berglund, P., Demler, O., Jin, R., Merikangas, K. R., & Walters, E. E. (2005). Lifetime prevalence and age-of-onset distributions of DSM-IV disorders in the National Comorbidity Survey Replication. *Archives of General Psychiatry, 62,* 593–602.

Kim-Cohen, J., Arseneault, L., Caspi, A., Polo Tomás, M., Taylor, A., & Moffitt, T. E. (2005). Validity of DSM-IV conduct disorder in 4½–5-year-old children: A longitudinal epidemiological study. *American Journal of Psychiatry, 162,* 1108–1117.

Kim-Cohen, J., Caspi, A., Taylor, A., Williams, B., Newcombe, R., Craig, I. W., et al. (2006). MAOA, maltreatment, and gene–environment interaction predicting children's mental health: New evidence and a meta-analysis. *Molecular Psychiatry, 11,* 903–913.

Kim-Cohen, J., & Gold, L. A. (2009). Measured gene–environment interactions and mechanisms promoting resilient development. *Current Directions in Psychological Science, 18,* 138–142.

Kistner, J. A. (2009). Sex differences in child and adolescent psychopathology: An introduction to the special section. *Journal of Clinical Child and Adolescent Psychology, 38,* 453–459.

Klein, D. N. (2008). Classification of depressive disorders in DSM-V: Proposal for a two-dimension system. *Journal of Abnormal Psychology, 117,* 552–560.

Klein, D. N., Durbin, C. E., & Shankman, S. A. (2009). Personality and mood disorders. In I. H. Gotlib & C. L. Hammen (Eds.), *Handbook of depression* (2nd ed., pp. 93–112). New York: Guilford Press.

Klein, S. B., & Mower, R. R. (Eds.). (1989). *Contemporary learning theories: Instrumental conditioning theory and the impact of biological constraints on learning.* Hillsdale, NJ: Erlbaum.

Klinger, L. G., & Renner, P. (2000). Performance-based measures in autism: Implications for diagnosis, early detection, and identification of cognitive profiles. *Journal of Clinical Child Psychology, 29,* 479–492.

Kogan, M. D., Blumberg, S. J., Schieve, L. A., Boyle, C. A., Perrin, J. M., Ghandour, R. M., et al. (2009). Prevalence of parent-reported diagnosis of autism spectrum disorder among children in the US, 2007. *Pediatrics, 124,* 1395–1403.

Kotler, L. A., Cohen, P., Davies, M., Pine, D. S., & Walsh, B. T. (2001). Longitudinal relationships between childhood, adolescent, and adult eating disorders. *Journal of the American Academy of Child and Adolescent Psychiatry, 40,* 1434–1440.

Kotov, R., Ruggero, C. J., Krueger, R. F., Watson, D., Yuan, Q., & Zimmerman, M. (2011). New dimensions in the quantitative classification of mental illness. *Archives of General Psychiatry, 68,* 1003–1011.

Kovacs, M. (2010). *Children's Depression Inventory 2 (CDI 2): Brief assessment of depressive symptoms in youth.* Upper Saddle River, NJ: Pearson.

Kraemer, G. W. (1992). A psychobiological theory of attachment. *Behavioral and Brain Sciences, 15,* 493–541.

Kraemer, H. C., Measelle, J. R., Ablow, J. C., Essex, M. J., Boyce, W. T., & Kupfer, D. J. (2003). A new approach to integrating data from multiple informants in psychiatric assessment and research: Mixing and matching contexts and perspectives. *American Journal of Psychiatry, 160,* 1566–1577.

Krasner, L. (1991). History of behavior modification. In A. S. Bellack & M. Hersen (Eds.), *International handbook of behavior modification and therapy* (2nd ed., pp. 3–25). New York: Plenum Press.

Krueger, R. F., & Markon, K. E. (2006). Reinterpreting comorbidity: A model-based approach to understanding and classifying psychopathology. *Annual Review of Clinical Psychology, 2,* 111–133.

Kuperman, S., Schlosser, S. S., Kramer, J. R., Bucholz, K., Hesselbrock, V., & Reich, T. (2001). Developmental sequence from disruptive behavior diagnosis to adolescent alcohol dependence. *American Journal of Psychiatry, 158,* 2022–2026.

Lahey, B. B., Loeber, R., Hart, E. L., Frick, P. J., Applegate, B., Zhan, Q., et al. (1995). Four-year longitudinal study of conduct disorder in boys: Patterns and predictors of persistence. *Journal of Abnormal Psychology, 104,* 83–93.

Lakdawalla, Z., Hankin, B. L., & Mermelstein, R. (2007). Cognitive theories of depression in children and adolescents: A conceptual and quantitative review. *Clinical Child and Family Psychology Review, 10,* 1–24.

Lambert, M. C., Weisz, J. R., & Knight, F. (1989). Over- and undercontrolled clinic referral problems of Jamaican and American children and adolescents: The culture general and the culture specific. *Journal of Consulting and Clinical Psychology, 57,* 467–472.

Lambert, M. C., Weisz, J. R., Knight, F., Desrosiers, M.-F., Overly, K., & Thesiger, C. (1992). Jamaican and American adult perspectives on child psychopathology: Further exploration of the threshold model. *Journal of Consulting and Clinical Psychology, 60,* 146–149.

Lansford, J. E., Malone, P. S., Dodge, K. A., Pettit, G. S., & Bates, J. E. (2010). Developmental cascades of peer rejection, social information processing biases, and aggression during middle childhood. *Development and Psychopathology. 22,* 593–602.

Lapouse, R., & Monk, M. A. (1958). An epidemiologic study of behavior characteristics in children. *American Journal of Public Health, 48,* 1134–1144.

Lara, M. E., Klein, D. N., & Kasch, K. L. (2000). Psychosocial predictors of the short-term course and outcome of major depression: A longitudinal study of a nonclinical sample with recent-onset episodes. *Journal of Abnormal Psychology, 109,* 644–650.

Lavigne, J. V., Cicchetti, C., Gibbons, R. D., Binns, H. J., Larsen, L., & DeVito, C. (2001). Oppositional defiant disorder with onset in preschool years: Longitudinal stability and pathways to other disorders. *Journal of the American Academy of Child and Adolescent Psychiatry, 40,* 1393–1400.

Lawson, J., Baron-Cohen, S., & Wheelwright, S. (2004). Empathising and systemising in adults with and without Asperger syndrome. *Journal of Autism and Developmental Disorders, 34,* 301–310.

Lee, A., & Hankin, B. J. (2009). Insecure attachment, dysfunctional attitudes, and low self-esteem predicting prospective symptoms of depression and anxiety during adolescence. *Journal of Clinical Child and Adolescent Psychology, 38,* 219–231.

Legrand, L. N., Keyes, M., McGue, M., Iacono, W. G., & Krueger, R. F. (2008). Rural environments reduce the genetic influence on adolescent substance use and rule-breaking behavior. *Psychological Medicine, 38,* 1341–1350.

Leibson, C. L., Katusic, S. K., Barbaresi, W. J., Ransom, J., & O'Brien, P. (2001). Use and costs of medical care for children and adolescents with and without attention-deficit/hyperactivity disorder (ADHD). *Journal of the American Medical Association, 285,* 60–66.

Leon, G. R., Fulkerson, J. A., Perry, C. L., & Early-Zald, M. B. (1995). Prospective analysis of personality and behavioral vulnerabilities and gender influences in later development of disordered eating. *Journal of Abnormal Psychology, 104,* 140–149.

Lesser, S. T. (1972). Psychoanalysis of children. In B. B. Wolman (Ed.), *Manual of child psychopathology* (pp. 847–864). New York: McGraw-Hill.

Levinson, D. F. (2006). The genetics of depression: A review. *Biological Psychiatry, 60,* 84–92.

Lewinsohn, P. M., Striegel-Moore, R., & Seeley, J. (2000). Epidemiology and natural course of eating disorders in young women from adolescence to young adulthood. *Journal of the American Academy of Child and Adolescent Psychiatry, 39,* 1284–1292.

Lewis, A. R., Zinbarg, R. E., & Durbin, C. E. (2010). Advances, problems, and challenges in the study of emotion regulation: A commentary. *Journal of Psychopathology and Behavioral Assessment, 32,* 83–91.

Lewis, M. D. (2000). Toward a development of psychopathology: Models, definitions, and prediction. In A. J. Sameroff, M. Lewis, & S. M. Miller (Eds.), *Handbook of devel-*

opmental psychopathology (2nd ed., pp. 3–22). New York: Kluwer Academic/Plenum Press.

Lewis, M. D., & Granic, I. (Eds.). (2000). *Emotion, development, and self-organization: Dynamic systems approaches to emotional development.* New York: Cambridge University Press.

Lilienfeld, S. O. (2003). Comorbidity between and within childhood externalizing and internalizing disorders: Reflections and directions. *Journal of Abnormal Child Psychology, 31,* 285–291.

Lilienfeld, S. O., & Marino, L. (1995). Mental disorder as a Roschian concept: A critique of Wakefield's "harmful dysfunction" analysis. *Journal of Abnormal Psychology, 104,* 411–420.

Lilienfeld, S. O., Waldman, I. D., & Israel, A. C. (1994). A critical examination of the use of the term and concept of comorbidity in psychopathology research. *Clinical Psychology: Science and Practice, 1,* 71–83.

Lochman, J. E., & Dodge, K. A. (1994). Social-cognitive processes of severely violent, moderately aggressive, and nonaggressive boys. *Journal of Consulting and Clinical Psychology, 62,* 366–374.

Lochman, J. E., White, K. J., & Wayland, K. K. (1991). Cognitive-behavioral assessment with aggressive children. In P. C. Kendall (Ed.), *Child and adolescent therapy: Cognitive-behavioral procedures* (pp. 25–65). New York: Guilford Press.

Loeber, R. (1991). Questions and advances in the study of developmental pathways. In D. Cicchetti & S. L. Toth (Eds.), *Rochester Symposium on Developmental Psychopathology: Vol. 3. Models and integrations* (pp. 97–116). Rochester, NY: University of Rochester Press.

Loeber, R., Burke, J. D., Lahey, B. B., Winters, A., & Zera, M. (2000). Oppositional defiant and conduct disorder: A review of the past 10 years, part I. *Journal of the American Academy of Child and Adolescent Psychiatry, 39,* 1468–1484.

Loeber, R., & Farrington, D. P. (2000). Young children who commit crime: Epidemiology, developmental origins, risk factors, early interventions, and policy implications. *Development and Psychopathology, 12,* 737–762.

Loeber, R., & Keenan, K. (1994). Interaction between conduct disorder and its comorbid conditions: Effects of age and gender. *Clinical Psychology Review, 14,* 497–523.

Lombroso, P. J., Pauls, D. L., & Leckman, J. F. (1994). Genetic mechanisms in childhood psychiatric disorders. *Journal of the American Academy of Child and Adolescent Psychiatry, 33,* 921–938.

Lopez, S. R., & Guarnaccia, P. J. (2000). Cultural psychopathology: Uncovering the social world of mental illness. *Annual Review of Psychology, 51,* 571–598.

Lopez-Duran, N. L., Kovacs, M., & George, C. J. (2009). Hypothalamic–pituitary–adrenal axis dysregulation in depressed children and adolescents: A meta-analysis. *Psychoneuroendocrinology, 34,* 1272–1283.

Lovejoy, M. C., Graczyk, P. A., O' Hare, E., & Neuman, G. (2000). Maternal depression and parenting behavior: A meta-analytic review. *Clinical Psychology Review, 20,* 561–592.

Luebbe, A. M., Bell, D. J., Allwood, M. A., Swenson, L. P., & Early, M. C. (2010). Social information processing in children: Specific relations to anxiety, depression, and affect. *Journal of Clinical Child and Adolescent Psychology, 39,* 386–399.

Luecken, L. J., & Lemery, K. S. (2004). Early caregiving and physiological stress responses. *Clinical Psychology Review, 24,* 171–191.

Luthar, S. S. (1993). Annotation: Methodological and conceptual issues in research on childhood resilience. *Journal of Child Psychology and Psychiatry, 34,* 441–453.

Luthar, S. S. (2006). Resilience in development: A synthesis of research across five decades. In D. Cicchetti & D. J. Cohen (Eds.), *Developmental psychopathology: Vol. 3. Risk, disorder, and adaptation* (2nd ed., pp. 739–795). Hoboken, NJ: Wiley.

Luthar, S. S., Burack, J. A., Cicchetti, D., & Weisz, J. R. (Eds.). (1997). *Developmental psychopathology: Perspectives on adjustment, risk, and disorder.* Cambridge, UK: Cambridge University Press.

Luthar, S. S., Cicchetti, D., & Becker, B. (2000). The construct of resilience: A critical evaluation and guidelines for future work. *Child Development, 71,* 543–562.

MacFarlane, J. W., Allen, L., & Honzik, M. P. (1954). *A developmental study of the behavior problems of normal children between twenty-one months and fourteen years.* Berkeley: University of California Press.

Makari, G. J. (1993). Educated insane: A nineteenth-century psychiatric paradigm. *Journal of the History of the Behavioral Sciences, 29,* 8–21.

Manly, J. T., Cicchetti, D., & Barnett, D. (1994). The impact of subtype, frequency, chronicity, and severity of child maltreatment on social competence and behavior problems. *Development and Psychopathology, 6,* 121–143.

Manly, J. T., Kim, J. E., Rogosch, F. A., & Cicchetti, D. (2001). Dimensions of child maltreatment and children's adjustment: Contributions of developmental timing and subtype. *Development and Psychopathology, 13,* 759–782.

Mannuzza, S., Klein, R. G., Bessler, A., Malloy, P., & LaPadula, M. (1998). Adult psychiatric status of hyperactive boys grown up. *American Journal of Psychiatry, 155,* 493–498.

Manolio, T. A. (2010). Genomewide association studies and assessment of the risk of disease. *New England Journal of Medicine, 363,* 166–176.

March, J. S. (2009). The future of psychotherapy for mentally ill children and adolescents. *Journal of Child Psychology and Psychiatry, 50,* 170–179.

Marks, A. K., Patton, F., & García Coll, C. (2011). Being bicultural: A mixed-methods study of adolescents' implicitly and explicitly measured multiethnic identities. *Developmental Psychology, 47,* 270–288.

Martel, M. M. (2013). Sexual selection and sex differences in the prevalence of childhood externalizing and adolescent internalizing disorders. *Psychological Bulletin, 139*(6), 1221–1259.

Mash, E. J. (1998). Treatment of child and family disturbance: A behavioral–systems perspective. In E. J. Mash & R. A. Barkley (Eds.), *Treatment of childhood disorders* (2nd ed., pp. 3–38). New York: Guilford Press.

Mash, E. J., & Barkley, R. A. (Eds.). (2006). *Treatment of childhood disorders* (3rd ed.). New York: Guilford Press.

Mash, E. J., & Barkley, R. A. (Eds.). (2007). *Assessment of childhood disorders* (4th ed.). New York: Guilford Press.

Mash, E. J., & Hunsley, J. (1990). Behavioral assessment: A contemporary approach. In A. S. Bellack & M. Hersen (Eds.), *International handbook of behavior modification and behavior therapy* (2nd ed., pp. 87–106). New York: Plenum Press.

Mash, E. J., & Hunsley, J. (2007). Asessment of child and family disturbance: A developmental–systems approach. In E. J. Mash & R. A. Barkley (Eds.), *Assessment of childhood disorders* (4th ed., pp. 3–50). New York: Guilford Press.

Mash, E. J., & Johnston, C. (1995). Family relational problems. In V. E. Caballo, G. Buela-Casal, & J. A. Carrobles (Eds.), *Handbook of psychopathology and psychiatric disorders* (Vol. 2). Madrid: Siglo XXI.

Mash, E. J., Johnston, C., & Kovitz, K. (1983). A comparison of the mother–child interactions of physically abused and non-abused children during play and task situations. *Journal of Clinical Child Psychology, 12*, 337–346.

Mash, E. J., & Wolfe, D. A. (2013). *Abnormal child psychology* (5th ed.). Belmont, CA: Wadsworth/Cengage.

Masten, A. S. (2001). Ordinary magic: Resilience processes in development. *American Psychologist, 56*, 227–238.

Masten, A. S. (2011). Resilience in children threatened by extreme adversity: Frameworks for research, practice, and translational synergy. *Development and Psychopathology, 23*, 493–506.

Masten, A. S., Burt, K. B., & Coatsworth, J. D. (2006). Competence and psychopathology in development. In D. Cicchetti & D. J. Cohen (Eds.), *Developmental psychopathology: Vol. 3. Risk, disorder, and adaptation* (2nd ed., pp. 696–738). Hoboken, NJ: Wiley.

Masten, A. S., & Cicchetti, D. (2010). Developmental cascades. *Development and Psychopathology. 22*, 491–495.

Masten, A. S., & Narayan, A. J. (2012). Child development in the context of disaster, war and terrorism: Pathways of risk and resilience. *Annual Review of Psychology, 63*, 227–257.

Masten, A. S., & Wright, M. O. (2010). *Resilience over the lifespan: Developmental perspectives on resistance, recovery, and transformation*. In J. W. Reich, A. J. Zautra, & J. S. Hall (Eds.), *Handbook of adult resilience* (pp. 213–237) New York: Guilford Press.

Matthys, W., Vanderschuren, L. J., & Schutter, D. J. (2013). The neurobiology of oppositional defiant disorder and conduct disorder: Altered functioning in three mental domains. *Development and Psychopathology, 25*, 193–207.

Mayer, J. D., & Salovey, P. (1995). Emotional intelligence and the construction and regulation of feelings. *Applied and Preventive Psychology, 4*, 197–208.

McCall, R. B., & Groark, C. J. (2000). The future of applied child development research and public policy. *Child Development, 71*, 197–204.

McCarthy, M. I., Abecasis, G. R., Cardon, L. R., Goldstein, D. B., Little, J., Ioannidis, J. P., et al. (2008). Genome-wide association studies for complex traits: Consensus, uncertainty and challenges. *Nature Reviews Genetics, 9*, 356–369.

McClellan, J., & King, M. C. (2010). Genetic heterogeneity in human disease. *Cell, 141*, 210–217.

McClure, E. B., Monk, C. S., Nelson, E. E., Parrish, J. M., Adler, A., Blair, R. J. R., et al. (2007). Abnormal attention modulation of fear circuit function in pediatric generalized anxiety disorder. *Archives of General Psychiatry, 64*, 97–106.

McDermott, P. A. (1993). National standardization of uniform multisituational measures of child and adolescent behavior pathology. *Psychological Assessment, 5*, 413–424.

McDermott, P. A., & Weiss, R. V. (1995). A normative typology of healthy, subclinical, and clinical behavior styles among American children and adolescents. *Psychological Assessment, 7*, 162–170.

McGuffin, P., Riley, B., & Plomin, R. (2001). Toward behavioral genomics. *Science, 291*, 1232–1249.

McLaughlin, K. A., Hilt, L. M., & Nolen-Hoeksema, S. (2007). Racial/ethnic differences in internalizing and externalizing symptoms in adolescents. *Journal of Abnormal Child Psychology, 5*, 801–816.

McLeod, J. D., & Nonnemaker, J. M. (2000). Poverty and child emotional and behavioral problems: Racial/ethnic differences in processes and effects. *Journal of Health and Social Behavior, 41*, 137–161.

McMahon, T. J., & Luthar, S. S. (2007). Defining characteristics and potential consequences of caretaking burden among children living in urban poverty. *American Journal of Orthopsychiatry, 77*, 267–281.

McNally, R. J. (2001). On Wakefield's harmful dysfunction analysis of mental disorder. *Behaviour Research and Therapy, 39*, 309–314.

Meehl, P. E. (2001). Comorbidity and taxometrics. *Clinical Psychology: Science and Practice, 8*, 507–519.

Meichenbaum, D. (1977). *Cognitive-behavior modification: An integrative approach*. New York: Plenum Press.

Merikangas, K. R., He, J. P., Brody, D., Fisher, P. W., Bourdon, K., & Koretz, D. S. (2010). Prevalence and treatment of mental disorders among US children in the 2001–2004 NHANES. *Pediatrics, 125*, 75–81.

Merikangas, K. R., He, J. P., Burstein, M., Swanson, S. A., Avenevoli, S., Cui, L., et al. (2010). Lifetime prevalence of mental disorders in U.S. adolescents: results from the National Comorbidity Survey Replication—Adolescent Supplement (NCS-A). *Journal of the American Academy of Child and Adolescent Psychiatry, 49*, 980–989.

Messick, S. (1983). Assessment of children. In P. H. Mussen (Series Ed.) & W. Kessen (Vol. Ed.), *Handbook of child psychology: Vol. 1. History, theory, and methods* (4th ed., pp. 477–526). New York: Wiley.

Mill, J. (2011). Epigenetic effects on gene function and their role in mediating gene-environment interactions. In K. S. Kendler, S. Jaffee, & K. D. Romer (Eds.), *The dynamic genome and mental health: The role of genes and environments in youth development* (pp 145–171). New York: Oxford University Press.

Moffitt, T. E. (2005). The new look of behavioral genetics in developmental psychopathology: Gene–environment interplay in antisocial behaviors. *Psychological Bulletin, 131,* 533–554.

Moffitt, T. E., & Caspi, A. (2001). Childhood predictors differentiate life-course persistent and adolescence-limited antisocial pathways among males and females. *Development and Psychopathology, 13,* 335–375.

Moffitt, T. E., Caspi, A., & Rutter, M. (2006). Measured gene–environment interactions in psychopathology: Concepts, research strategies, and implications for research, intervention, and public understanding of genetics. *Perspectives on Psychological Science, 1,* 5–27.

Moffitt, T. E., Caspi, A., Rutter, M., & Silva, P. A. (2001). *Sex differences in antisocial behaviour: Conduct disorder, delinquency, and violence in the Dunedin longitudinal study.* Cambridge, UK: Cambridge University Press.

Mohr, W. K., & Regan-Kubinski, M. J. (1999). The DSM and child psychiatric nursing: A cautionary reflection. *Scholarly Inquiry for Nursing Practice, 13,* 305–318.

Monroe, S. M., & Reid, M. W. (2008). Gene–environment interactions in depression research: Genetic polymorphisms and life-stress polyprocedures. *Psychological Science, 19,* 947–956.

Moore, L. A., & Hughes, J. N. (1988). Impulsive and hyperactive children. In J. N. Hughes (Ed.), *Cognitive behavior therapy with children in schools* (pp. 127–159). New York: Pergamon Press.

Morris, S. E., & Cuthbert, B. N. (2012). Research Domain Criteria: Cognitive systems, neural circuits, and dimensions of behavior. *Dialogues in Clinical Neuroscience, 14,* 29–37.

Mukolo, A., Heflinger, C. A., & Wallston, K. A. (2010). The stigma of childhood mental disorders: A conceptual framework. *Journal of the American Academy of Child and Adolescent Psychiatry, 49,* 92–103.

Murry, V. M., Bynum, M. S., Brody, G. H., Willert, A., & Stephens, D. (2001). African American single mothers and children in context: A review of studies on risk and resilience. *Clinical Child and Family Psychology Review, 4,* 133–155.

Najman, J. M., Hyatbakhsh, M. H., Clavarino, A., Bor, W., O'Callaghan, M. J., & Williams G. M. (2010). Family poverty over the early life course and recurrent adolescent and young adult anxiety and depression: A longitudinal study. *American Journal of Public Health, 9,* 1719–1723.

National Advisory Mental Health Council (NAMHC) Workgroup on Child and Adolescent Mental Health Intervention Development and Deployment. (2001). *Blueprint for change: Research on child and adolescent mental health.* Washington, DC: U.S. Government Printing Office.

Nelson, C. A. (2000). The neurobiological basis of early intervention. In J. P. Shonkoff & S. J. Meisels (Eds.), *Handbook of early childhood intervention* (2nd ed., pp. 204–227). New York: Cambridge University Press.

Nelson, F., & Mann, T. (2011). Opportunities in public policy to support infant and early childhood mental health. *American Psychologist, 66,* 129–139.

Nguyen, L., Huang, L. N., Arganza, G. F., & Liao, Q. (2007). The influence of race and ethnicity on psychiatric diagnoses and clinical characteristics of children and adolescents in children's services. *Cultural Diversity and Ethnic Minority Psychology, 13,* 18–25.

Nicholls, D., Chater, R., & Lask, B. (2000). Children into DSM don't go: A comparison of classification systems for eating disorders in childhood and early adolescence. *International Journal of Eating Disorders, 28,* 317–324.

Nigg, J. T. (2010). Attention-deficit/hyperactivity disorder: Endophenotypes, structure, and etiological pathways. *Current Directions in Psychological Science, 19,* 24–29.

Nigg, J. T. (2013). Attention-deficit/hyperactivity disorder and adverse health outcomes. *Clinical Psychology Review, 33,* 215-228.

Nigg, J. T., Blaskey, L. G., Huang-Pollack, C. L., & Rappley, M. D. (2002). Neuropsychological and executive functions in DSM-IV ADHD subtypes. *Journal of the American Academy of Child and Adolescent Psychiatry, 41,* 1–8.

Nigg, J. T., John, O. P., Blaskey, L., Huang-Pollack, C., Willcutt, E. G., Hinshaw, S. P., et al. (2001). *Big Five dimensions and ADHD symptoms: Links between personality traits and clinical symptoms.* Unpublished manuscript, Department of Psychology, Michigan State University.

Nottelmann, E. D., & Jensen, P. S. (1995). Comorbidity of disorders in children and adolescents: Developmental perspectives. In T. H. Ollendick & R. J. Prinz (Eds.), *Advances in clinical child psychology* (Vol. 17, pp. 109–155). New York: Plenum Press.

O'Conner, T. G., & Plomin, R. (2000). Developmental and behavioral genetics. In A. J. Sameroff, M. Lewis, & S. M. Miller (Eds.), *Handbook of developmental psychopathology* (2nd ed., pp. 197–214). New York: Kluwer Academic/Plenum Press.

Offord, D. R., Boyle, M. H., & Racine, Y. A. (1989). Ontario Child Health Study: Correlates of disorder. *Journal of the American Academy of Child and Adolescent Psychiatry, 28,* 856–860.

Offord, D. R., Boyle, M. H., Szatmari, P., Rae-Grant, N. I., Links, P. S., Cadman, D. T., et al. (1987). Ontario Child Health Study: II. Six-month prevalence of disorder and rates of service utilization. *Archives of General Psychiatry, 44,* 832–836.

Okun, A., Parker, J. G., & Levendosky, A. A. (1994). Distinct and interactive contributions of physical abuse, socioeconomic disadvantage, and negative life events to children's social, cognitive, and affective adjustment. *Development and Psychopathology, 6,* 77–98.

Olino, T. M., Durbin, C. E., Klein, D. N., Hayden, E. P., & Dyson, M. W. (2013). Gender differences in young children's temperament traits: Comparisons across observational and parent-report methods. *Journal of Personality, 81,* 119-129.

Olino, T. M., Klein, D. N., Dyson, M. W., Rose, S. A., & Durbin, C. E. (2010). Temperamental emotionality in preschool-aged children and depressive disorders in parents: Association in a large community sample. *Journal of Abnormal Psychology, 119,* 468–478.

Olweus, D. (1979). Stability of aggressive reaction patterns in males: A review. *Psychological Bulletin, 86,* 852–875.

Oshri, A., Rogosch, F. A., & Cicchetti, D. (2013). Child maltreatment and mediating influences of childhood personality types on the development of adolescent psychopathology. *Journal of Clinical Child and Adolescent Psychology, 42,* 287-301.

Osofsky, J. D., & Thompson, M. D. (2000). Adaptive and maladaptive parenting: Perspectives on risk and protective factors. In J. P. Shonkoff & S. J. Meisels (Eds.), *Handbook of early childhood intervention* (2nd ed., pp. 54–75). New York: Cambridge University Press.

Pagani, L. S., Japel, C., Vaillancourt, T., Côté, S., & Tremblay, R. E. (2008). Links between life course trajectories of family dysfunction and anxiety during middle childhood. *Journal of Abnormal Child Psychology, 36,* 41–53.

Pakaslahti, L. (2000). Children's and adolescents' aggressive behavior in context: The development and application of aggressive problem-solving strategies. *Aggression and Violent Behavior, 5,* 467–490.

Pennington, B. F., & Ozonoff, S. (1991). A neuroscientific perspective on continuity and discontinuity in developmental psychopathology. In D. Cicchetti & S. L. Toth (Eds.), *Rochester Symposium on Developmental Psychopathology: Vol. 3. Models and integrations* (pp. 117–159). Rochester, NY: University of Rochester Press.

Peterson, B. S., Potenza, M. N., Wang, A., Zhu, H., Martin, A., Marsh R., et al. (2009). An fMRI study of the effects of psychostimulants on default-mode processing during Stroop task performance in youths with ADHD. *American Journal of Psychiatry, 166,* 1286–1294.

Peterson, L., & Brown, D. (1994). Integrating child injury and abuse–neglect research: Common histories, etiologies, and solutions. *Psychological Bulletin, 116,* 293–315.

Petronis, A. (2010). Epigenetics as a unifying principle in the aetiology of complex traits and diseases. *Nature, 465,* 721–727.

Petronis, A., Gottesman, I. I., Kan, P., Kennedy, J. L., Basile, V. S., Paterson, A. D., et al. (2003). Monozygotic twins exhibit numerous epigenetic differences: Clues to twin discordance? *Schizophrenia Bulletin, 29,* 169–178.

Pettit, J. W., Olino, T. M., Roberts, R. E., Seeley, J. R., & Lewinsohn, P. M. (2008). Intergenerational transmission of internalizing problems: Effects of parental and grandparental major depressive disorder on child behavior. *Journal of Clinical Child and Adolescent Psychology, 37,* 640–650.

Phares, V., Rojas, A., Thurston, I. B., & Hankinson, J. C. (2010). Including fathers in clinical interventions for children and adolescents. In M. E. Lamb (Ed.), *The role of the father in child development* (5th ed., pp. 459–485). Hoboken, NJ: Wiley.

Pickles, A., & Angold, A. (2003). Natural categories or fundamental dimensions: On carving nature at the joints and the rearticulation of psychopathology. *Development and Psychopathology, 15,* 529–551.

Pickles, A., & Hill, J. (2006). Developmental pathways. In D. Cicchetti & D. J. Cohen (Eds.), *Developmental psychopathology: Vol. 1: Theory and method* (2nd ed., pp. 211–243). Hoboken, NJ: Wiley.

Pinquart, M., & Shen, Y. (2010). Depressive symptoms and adolescent physical illness: An updated meta-analysis. *Journal of Pediatric Psychology, 36,* 375–384.

Plomin, R. (1995). Genetics and children's experiences in the family. *Journal of Child Psychology and Psychiatry, 36,* 33–68.

Posner, M. I., & Rothbart, M. K. (2000). Developing mechanisms of self-regulation. *Development and Psychopathology, 12,* 427–441.

Postert, C., Averbeck-Holocher, M., Beyer, T., Müller, J., & Furniss, T. (2009). Five systems of psychiatric classification for preschool children: Do differences in validity, usefulness and reliability make for competitive or complimentary constellations? *Child Psychiatry and Human Development, 40,* 25–41.

Priddis, L., & Howieson, N. D. (2012). Insecure attachment patterns at five years: What do they tell us? *Early Child Development and Care, 182,* 1, 45–58.

Raine, A., Venables, P. H., & Mednick, S. A. (1997). Low resting heart rate at age 3 years predisposes to aggression at age 11 years: Evidence from the Mauritius Child Health Project. *Journal of the American Academy of Child and Adolescent Psychiatry, 36,* 1457–1464.

Rapport, M. D. (2001). Bridging theory and practice: Conceptual understanding of treatments for children with attention deficit hyperactivity disorder (ADHD), obsessive–compulsive disorder (OCD), autism, and depression. *Journal of Clinical Child Psychology, 30,* 3–7.

Rapport, M. D., Chung, K., Shore, G., Denney, C. B., & Isaacs, P. (2000). Upgrading the science and technology of assessment and diagnosis: Laboratory and clinic-based assessment of children with ADHD. *Journal of Clinical Child Psychology, 29,* 555–568.

Reef, J., Diamantopoulou, S., van Meurs, I., Verhulst, F. C., & van der Ende, J. (2009). Developmental trajectories of child to adolescent externalizing behavior and adult DSM-IV disorder: Results of a 24-year longitudinal study.

Social Psychiatry and Psychiatric Epidemiology, 46, 1233–1241.

Reiss, D., & Neiderhiser, J. M. (2000). The interplay of genetic influences and social processes in developmental theory: Specific mechanisms are coming into view. *Development and Psychopathology, 12,* 357–374.

Repetti, R. L., Taylor, S. E., & Seeman, T. E. (2002). Risky families: Family social environments and the mental and physical health of offspring. *Psychological Bulletin, 128,* 330–366.

Reynolds, C. R., & Kamphaus, R. W. (2004). *BASC-2: Behavior Assessment System for Children, Second Edition.* Circle Pines, MN: American Guidance Service.

Reynolds, K. A., & Helgeson, V. S. (2011). Children with diabetes compared to peers: Depressed? Distressed? *Annals of Behavioral Medicine, 42,* 29–41.

Reynolds, W. M. (Ed.). (1992). *Internalizing disorders in children and adolescents.* New York: Wiley.

Rhee, S. H., Waldman, I. D., Hay, D. A., & Levy, F. (1999). Sex differences in genetic and environmental influences on DSM-III-R attention-deficit/hyperactivity disorder. *Journal of Abnormal Psychology, 108,* 24–41.

Rice, F. (2010). Genetics of childhood and adolescent depression: Insights into etiological heterogeneity and challenges for future genomic research. *Genome Medicine, 2,* 68.

Richman, N., Stevenson, J. E., & Graham, P. J. (1975). Prevalence of behaviour problems in 3-year-old children: An epidemiological study in a London borough. *Journal of Child Psychology and Psychiatry, 16,* 277–287.

Richters, J. E. (1992). Depressed mothers as informants about their children: A critical review of the evidence for distortion. *Psychological Bulletin, 112,* 485–499.

Richters, J. E., & Cicchetti, D. (1993). Mark Twain meets DSM-III-R: Conduct disorder, development, and the concept of harmful dysfunction. *Development and Psychopathology, 5,* 5–29.

Ringdahl, J. E., & Falcomata, T. S. (2009). Applied behavior analysis and the treatment of childhood psychopathology and developmental disabilities. In J. L. Matson, F. Andrasik, & M. L. Matson (Eds.) *Treating childhood psychopathology and developmental disabilities* (pp. 29–54). New York: Springer.

Risch, N., Herrell, R., Lehner, T., Liang, K. Y., Eaves, L., Hoh, J., et al. (2009). Interaction between the serotonin transporter gene (5-HTTLPR), stressful life events, and risk of depression: A meta-analysis. *Journal of the American Medical Association, 301,* 2462–2471.

Robins, L. N. (1966). *Deviant children grown up.* Baltimore: Williams & Wilkins.

Robins, L. N. (1994). How recognizing "comorbidities" in psychopathology may lead to an improved research nosology. *Clinical Psychology: Science and Practice, 1,* 93–95.

Rohde, P., Lewinsohn, P. M., Klein, D. N., Seeley, J. R., & Gau, J. M. (2013). Key characteristics of major depressive disorder occurring in childhood, adolescence, emerging adulthood, and adulthood. *Clinical Psychological Science, 1,* 41–53.

Rose, A. J., & Rudolph, K. D. (2006). A review of sex differences in peer relationship processes: Potential tradeoffs for the emotional and behavioral development of girls and boys. *Psychological Bulletin, 132,* 98–131.

Roth, T. L., & Sweatt, J. D. (2011). Annual research review: Epigenetic mechanisms and environmental shaping of the brain during sensitive periods of development. *Journal of Child Psychology and Psychiatry, 52,* 398–408.

Rothbart, M. K. (2007). Temperament, development, and personality, *Current Directions in Psychological Science, 16,* 207–212.

Rothbart, M. K., Ahadi, S. A., & Evans, D. E. (2000). Temperament and personality. Origins and outcomes. *Journal of Personality and Social Psychology, 78,* 122–135.

Routh, D. K. (1990). Taxonomy in developmental psychopathology: Consider the source. In M. Lewis & S. M. Miller (Eds.), *Handbook of developmental psychopathology* (pp. 53–62). New York: Plenum Press.

Rubin, K. H., Cheah, C. S. L., & Fox, N. (2001). Emotion regulation, parenting and display of social reticence in preschoolers. *Early Education and Development, 12,* 97–115.

Rubin, K. H., Coplan, R. J., Fox, N. A., & Calkins, S. D. (1995). Emotionality, emotion regulation, and preschoolers' social adaptation. *Development and Psychopathology, 7,* 49–62.

Rudolph, K. D., Flynn, M., & Abaied, J. L. (2008). A developmental perspective on interpersonal theories of youth depression. In J. R. Z. Abela & B. L. Hankin (Eds.), *Handbook of depression in children and adolescents* (pp. 79–102). New York: Guilford Press.

Rutter, M. (1981). The city and the child. *American Journal of Orthopsychiatry, 51,* 610–625.

Rutter, M. (1985). Resilience in the face of adversity: Protective factors and resistance to psychiatric disorder. *British Journal of Psychiatry, 147,* 598–611.

Rutter, M. (1987). Psychosocial resilience and protective mechanisms. *American Journal of Orthopsychiatry, 57,* 316–331.

Rutter, M. (1994a). Beyond longitudinal data: Causes, consequences, and continuity. *Journal of Consulting and Clinical Psychology, 62,* 928–940.

Rutter, M. (1994b). Comorbidity: Meanings and mechanisms. *Clinical Psychology: Science and Practice, 1,* 100–103.

Rutter, M. (1995). Clinical implications of attachment concepts: Retrospect and prospect. *Journal of Child Psychology and Psychiatry, 36,* 549–571.

Rutter, M. (1999). Psychosocial adversity and child psychopathology. *British Journal of Psychiatry, 174,* 480–493.

Rutter, M. (2000). Resilience reconsidered: Conceptual considerations, empirical findings, and policy implications. In J. P. Shonkoff & S. J. Meisels (Eds.), *Handbook of early childhood intervention* (2nd ed., pp. 651–682). New York: Cambridge University Press.

Rutter, M. (2005). Multiple meanings of a developmental perspective on psychopathology. *European Journal of Devel-*

opmental Psychology, 2, 221–252.

Rutter, M. (2006). Implications of resilience concepts for scientific understanding. *Annals of the New York Academy of Sciences, 1094*, 1–12.

Rutter, M. (2007a). Gene–environment interdependence. *Developmental Science, 10*, 12–18.

Rutter, M. (2007b). Proceeding from observed correlation to causal inference: The use of natural experiments. *Perspectives on Psychological Science, 2*, 377–395.

Rutter, M. (2010). Child and adolescent psychiatry: Past scientific achievements and challenges for the future. *European Child and Adolescent Psychiatry, 19*, 689–703.

Rutter, M. (2011). Research review: Child psychiatric diagnosis and classification: Concepts, findings, challenges and potential. *Journal of Child Psychology and Psychiatry, 52*, 647–660.

Rutter, M. (2012). Resilience as a dynamic concept. *Development and Psychopathology, 24*, 335-344.

Rutter, M., Caspi, A., Fergusson, D., Horwood, L. J., Goodman, R., Maughan, B., et al. (2004). Sex differences in developmental reading disability: New findings from 4 epidemiological studies. *Journal of the American Medical Association, 291*, 2007–2012.

Rutter, M., Caspi, A., & Moffitt, T. E. (2003). Using sex differences in psychopathology to study causal mechanisms: Unifying issues and research strategies. *Journal of Child Psychology and Psychiatry 44*, 1092–1115.

Rutter, M., Dunn, J., Plomin, R., Simonoff, E., Pickles, A., Maughan, B., et al. (1997). Integrating nature and nurture: Implications of person–environment correlations and interactions for developmental psychopathology. *Development and Psychopathology, 9*, 335–364.

Rutter, M., Kim-Cohen, J., & Maughan, B. (2006). Continuities and discontinuities in psychopathology between childhood and adult life. *Journal of Child Psychology and Psychiatry, 47*, 276-295.

Rutter, M., & Rutter, M. (1993). *Developing minds: Challenge and continuity across the life span*. New York: Basic Books.

Rutter, M., & Sroufe, L. A. (2000). Developmental psychopathology: Concepts and challenges. *Developmental and Psychopathology, 12*, 265–296.

Rutter, M., Tizard, J., & Whitmore, K. (Eds.). (1970). *Education, health, and behaviour*. London: Longman.

Rutter, M., & Uher, R. (2012). Classification issues and challenges in child and adolescent psychopathology. *International Review of Psychiatry, 24*, 514–529.

Samaan, R. A. (2000). The influences of race, ethnicity, and poverty on the mental health of children. *Journal of Health Care for the Poor and Underserved, 11*, 100–110.

Sameroff, A. J. (2000). Developmental systems and psychopathology. *Development and Psychopathology, 12*, 297–312.

Sameroff, A. J. (2010). A unified theory of development: A dialectic integration of nature and nurture. *Child Development, 81*, 6–22.

Sameroff, A. J., & Mackenzie, M. J. (2003). Research strategies for capturing transactional models of development: The limits of the possible. *Development and Psychopathology, 15*, 613–640.

Sanislow, C. A., Pine, D. S., Quinn, K. J., Kozak, M. J., Garvey, M. A., Heinssen, R. K., et al. (2010) Developing constructs for psychopathology research: Research Domain Criteria. *Journal of Abnormal Psychology, 119*, 631–639.

Schreier, H. M. C., & Chen, E. (2013). Socioeconomic status and the health of youth: A multilevel, multidomain approach to conceptualizing pathways. *Psychological Bulletin, 139*, 606–654.

Schulenberg, J. E., Sameroff, A. J., & Cicchetti, D. (2004). The transition to adulthood as a critical juncture in the course of psychopathology and mental health. *Development and Psychopathology, 16*, 799–806.

Schultz, D., Izard, C. E., Ackerman, B. P., & Youngstrom, E. A. (2001). Emotion knowledge in economically disadvantaged children: Self-regulatory antecedents and relations to social difficulties and withdrawal. *Development and Psychopathology, 13*, 53–67.

Schwartz, D., & Proctor, L. J. (2000). Community violence exposure and children's social adjustment in the school peer group: The mediating roles of emotion regulation and social cognition. *Journal of Consulting and Clinical Psychology, 68*, 670–683.

Scotti, J. R., & Morris, T. L. (2000). Diagnosis and classification. In M. Hersen & R. T. Ammerman (Eds.), *Advanced abnormal child psychology* (2nd ed., pp. 15–32). Mahwah, NJ: Erlbaum.

Seifer, R. (2000). Temperament and goodness of fit: Implications for developmental psychopathology. In A. J. Sameroff, M. Lewis, & S. M. Miller (Eds.), *Handbook of developmental psychopathology* (2nd ed., pp. 257–276). New York: Kluwer Academic/Plenum Press.

Seligman, L. D., & Ollendick, T. H. (1998). Comorbidity of anxiety and depression in children and adolescents: An integrative review. *Clinical Child and Family Psychology Review, 1*, 125–144.

Selman, R. L., Beardslee, W., Schultz, L. H., Krupa, M., & Poderefsky, D. (1986). Assessing adolescent interpersonal negotiation strategies: Toward the integration of structural and functional models. *Developmental Psychology, 22*, 450–459.

Serafica, F. C., & Vargas, L. A. (2006). Cultural diversity in the development of child psychopathology. In D. Cicchetti & D. J. Cohen (Eds.), *Developmental psychopathology: Vol. 1. Theory and method* (2nd ed., pp. 588–626). Hoboken, NJ: Wiley.

Shaffer, D., Fisher, P., Dulcan, M. K., Davies, M., Piacentini, J., Schwab-Stone, M. E., et al. (1996). The NIMH Diagnostic Interview Schedule for Children Version 2.3 (DISC-2.3): Description, acceptability, prevalence rates, and performance in the MECA study. *Journal of the American Academy of Child and Adolescent Psychiatry,*

35, 865–877.

Shaffer, D., Lucas, C. P., & Richters, J. E. (Eds.). (1999). *Diagnostic assessment in child and adolescent psychopathology.* New York: Guilford Press.

Shaffner, K. F. (2012). A philosophical overview of the problem of validity for psychiatric disorders. In K. S. Kendler & J. Parnas (Eds.), *Philosophical issues in psychiatry II: Nosology* (pp. 169–189). Oxford, UK: Oxford University Press.

Shapiro, T., & Esman, A. (1992). Psychoanalysis and child and adolescent psychiatry. *Journal of the American Academy of Child and Adolescent Psychiatry, 31,* 6–13.

Sheikh, H. I., Kryski, K. R., Smith, H. J., Dougherty, L. R., Bufferd, S. J., Klein, D. N., et al. (2013). Catechol-O-methyltransferase gene val158met polymorphism and depressive symptoms during early childhood. *American Journal of Medical Genetics: Neuropsychiatric Genetics, 162,* 245–252.

Sheldon, K. M., & King, L. (2001). Why positive psychology is necessary. *American Psychologist, 56,* 216–217.

Shelton, K. H., & Harold, G. T. (2008). Interparental conflict, negative parenting, and children's adjustment: Bridging links between parents' depression and children's psychological distress. *Journal of Family Psychology, 22,* 712–724.

Shiner, R. L., & Masten, A. S. (2012). Childhood personality as a harbinger of competence and resilience in adulthood. *Development and Psychopathology, 24,* 507–528.

Shipman, K. L., & Zeman, J. (2001). Socialization of children's emotion regulation in mother–child dyads: A developmental psychopathology perspective. *Development and Psychopathology, 13,* 317–336.

Shonkoff, J. P. (2010). Building a new biodevelopmental framework to guide the future of early childhood policy. *Child Development, 81,* 357–367.

Shonkoff, J. P., & Bales, S. N. (2011). Science does not speak for itself: Translating child development research for the public and its policymakers. *Child Development, 82,* 17–32.

Shonkoff, J. P., & Phillips, D. A. (Eds.). (2000). *From neurons to neighborhoods: The science of early childhood development.* Washington, DC: National Academy Press.

Sices, L. (2007). *The Commonwealth Fund Report: Vol. 77. Developmental screening in primary care: The effectiveness of current practice and recommendations for improvement.* New York: Commonwealth Fund.

Silk, J. S., Nath, S. R., Siegel, L. R., & Kendall, P. C. (2000). Conceptualizing mental disorders in children: Where have we been and where are we going? *Development and Psychopathology, 12,* 713–735.

Silverman, W. K., & Hinshaw, S. P. (2008). The second special issue on evidence-based psychosocial treatments for children and adolescents: A ten-year update. *Journal of Clinical Child and Adolescent Psychology, 37,* 1–7.

Silverthorn, P., & Frick, P. J. (1999). Developmental pathways to antisocial behavior: The delayed-onset pathway in girls.

Development and Psychopathology, 11, 101–126.

Simeonsson, R. J., & Rosenthal, S. L. (1992). Developmental models and clinical practice. In C. E. Walker & M. C. Roberts (Eds.), *Handbook of clinical child psychology* (2nd ed., pp. 19–31). New York: Wiley.

Simonoff, E., Pickles, A., Meyer, J. M., Silberg, J. L., Maes, H. H., Loeber, R., et al. (1997). The Virginia Twin Study of Adolescent Behavioral Development: Influence of age, sex, and impairment on rates of disorder. *Archives of General Psychiatry, 54,* 801–808.

Singer, J. D., & Willett, J. B. (2003). *Applied longitudinal data analysis: Modeling change and event occurrence.* New York: Oxford University Press.

Skinner, B. F. (1953). *Science and human behavior.* New York: Macmillan.

Slusarek, M., Velling, S., Bunk, D., & Eggers, C. (2001). Motivational effects on inhibitory control in children with ADHD. *Journal of the American Academy of Child and Adolescent Psychiatry, 40,* 355–363.

Sonuga-Barke, E. J. S. (1998). Categorical models of childhood disorder: A conceptual and empirical analysis. *Journal of Child Psychology and Psychiatry, 39,* 115–133.

Spady, D. W., Schopflocher, D. P., Svenson, L. W., & Thompson, A. H. (2005). Medical and psychiatric comorbidity and health care use among children 6 to 17 years old. *Archives of Pediatric and Adolescent Medicine, 159,* 231–237.

Spitzer, R. L. (1994). Psychiatric "co-occurrence"? I'll stick with "comorbidity." *Clinical Psychology: Science and Practice, 1,* 88–92.

Spitzer, R. L., Davies, M., & Barkley, R. A. (1990). The DSM-III-R field trial of disruptive behavior disorders. *Journal of the American Academy of Child and Adolescent Psychiatry, 29,* 690–697.

Sroufe, L. A. (1985). Attachment classification from the perspective of infant–caregiver relationships and infant temperament. *Child Development, 56,* 1–14.

Sroufe, L. A. (1997). Psychopathology as an outcome of development. *Development and Psychopathology, 9,* 251–268.

Sroufe, L. A., Carlson, E. A., Levy, A. K., & Egeland, B. (1999). Implications of attachment theory for developmental psychopathology. *Development and Psychopathology, 11,* 1–13.

Sroufe, L. A., & Rutter, M. (1984). The domain of developmental psychopathology. *Child Development, 55,* 17–29.

Stark, K. D., Rouse, L. W., & Livingston, R. (1991). Treatment of depression during childhood and adolescence: Cognitive-behavioral procedures for the individual and family. In P. C. Kendall (Ed.), *Child and adolescent therapy: Cognitive-behavioral procedures* (pp. 165–206). New York: Guilford Press.

State, M. W., Lombroso, P. J., Pauls, D. L., & Leckman, J. F. (2000). The genetics of childhood psychiatric disorders: A decade of progress. *Journal of the American Academy of Child and Adolescent Psychiatry, 39,* 946–962.

Stein, M. A., Szumowski, E., Blondis, T. A., & Roizen, N. J. (1995). Adaptive skills dysfunction in ADD and ADHD children. *Journal of Child Psychology and Psychiatry, 36*, 663–670.

Stodgell, C. J., Ingram, J. L., & Hyman, S. L. (2000). The role of candidate genes in unraveling the genetics of autism. *International Review of Research in Mental Retardation, 23*, 57–82.

Szatmari, P., Boyle, M. H., & Offord, D. R. (1993). Familial aggregation of emotional and behavioral problems of childhood in the general population. *American Journal of Psychiatry, 150*, 1398–1403.

Taleb, N. N. (2012). *Antifragile: Things that gain from disorder.* New York: Random House.

Tanguay, P. E. (2000). Pervasive developmental disorders: A 10-year review. *Journal of the American Academy of Child and Adolescent Psychiatry, 39*, 1079–1095.

Tarullo, L. B., Richardson, D. T., Radke-Yarrow, M., & Martinez, P. E. (1995). Multiple sources in child diagnosis: Parent–child concordance in affectively ill and well families. *Journal of Clinical Child Psychology, 24*, 173–183.

Taylor, L., & Ingram, R. E. (1999). Cognitive reactivity and depressotypic information processing in children of depressed mothers. *Journal of Abnormal Psychology, 108*, 202–210.

Tebes, J. K., Kaufman, J. S., Adnopoz, J., & Racusin, G. (2001). Resilience and family psychosocial processes among children of parents with serious mental disorders. *Journal of Child and Family Studies, 10*, 115–136.

Terr, L. C. (1991). Childhood traumas: An outline and overview. *American Journal of Psychiatry, 148*, 10–20.

Thompson, R. A. (1994). Emotion regulation: A theme in search of definition. In N. A. Fox (Ed.), The development of emotion regulation: Biological and behavioral considerations. *Monographs of the Society for Research in Child Development, 59*(2–3, Serial No. 240), 25–52.

Thompson, R. A. (2011). Emotion and emotion regulation: Two sides of the developing coin. *Emotion Review, 3*, 53–61.

Thompson, R. A., & Calkins, S. D. (1996). The double-edged sword: Emotion regulation for children at risk. *Development and Psychopathology, 8*, 163–182.

*Thompson, R. A., & Ontai, L. (2000). Striving to do well what come naturally: Social support, developmental psychopathology, and social policy. *Development and Psychopathology, 12*, 657–676.

Tolan, P., & Thomas, P. (1995). The implications of age of onset for delinquency risk: II. Longitudinal data. *Journal of Abnormal Child Psychology, 23*, 157–181.

Torgersen, S. (1993). Genetics. In A. S. Bellack & M. Hersen (Eds.), *Psychopathology in adulthood* (pp. 41–56). Boston: Allyn & Bacon.

Tortella-Feliu, M., Balle, M., & Sesé, A. (2010). Relationships between negative affectivity, emotion regulation, anxiety, and depressive symptoms in adolescents as examined through structural equation modeling. *Journal of Anxiety Disorders, 24*, 686–693.

Tracy, M., Zimmerman, F. J., Galea, S., McCauley, E., & Vander Stoep, A. (2008). What explains the relation between family poverty and childhood depressive symptoms? *Journal of Psychiatric Research, 42*, 1163–1175.

Tripp, G., & Wickens, J. R. (2009). Attention deficit hyperactivity disorder (ADHD): Improved understanding and novel drug treatment. *Neuropharmacology, 57*, 579–589.

Tugade, M. M., & Fredrickson, B. L. (2004). Resilient individuals use positive emotions to bounce back from negative emotional experiences. *Journal of Personality and Social Psychology, 86*, 320–333.

Uher, R. (2011). Gene–environment interactions. In K. S. Kendler, S. Jaffee, & D. Romer (Eds.), *The dynamic genome and mental health: The role of genes and environments in youth development* (pp. 29–58). New York: Oxford University Press.

Uher, R., & Rutter, M. (2012). Basing psychiatric classification on scientific foundations: Problems and prospects. *International Review of Psychiatry, 24*, 591–605.

U.S. Department of Health and Human Services (USDHHS), Administration on Children, Youth and Families, Children's Bureau. (2011). *Child maltreatment 2010.* Washington, DC: U.S. Department of Health and Human Services.

U.S. Public Health Service. (1999). *Mental health: A report of the Surgeon General.* Washington, DC: U.S. Department of Health and Human Services.

U.S. Public Health Service. (2001a). *Culture, race, and ethnicity: A supplement to mental health: A report of the Surgeon General.* Washington, DC: U.S. Department of Health and Human Services.

U.S. Public Health Service. (2001b). *Report of the Surgeon General's conference on children's mental health: A national action agenda.* Washington, DC: U.S. Department of Health and Human Services.

U.S. Public Health Service. (2001c). *Youth violence: Report from the Surgeon General.* Washington, DC: U.S. Department of Health and Human Services.

U.S. Public Health Service. (2012). *National Strategy for Suicide Prevention: Goals and objectives for action.* Washington, DC: U.S. Department of Health and Human Services.

van Son, G. E., van Hoeken, D., Bartelds, A. I., van Furth, E. F., & Hoek, H. W. (2006). Urbanisation and the incidence of eating disorders. *British Journal of Psychiatry, 189*, 562–563.

Vasey, M. W., & Lonigan, C. J. (2000). Considering the clinical utility of performance-based measures of child anxiety. *Journal of Clinical Child Psychology, 29*, 493–508.

Velez, C. N., Johnson, J., & Cohen, P. (1989). A longitudinal analysis of selected risk factors for childhood psychopathology. *Journal of the American Academy of Child and Adolescent Psychiatry, 28*, 861–864.

Verhulst, F. C., & Koot, H. M. (1992). *Child psychiatric epidemiology: Concepts, methods, and findings.* Newbury Park, CA: Sage.

Verhulst, F. C., & van der Ende, J. (1993). "Comorbidity" in an epidemiological sample: A longitudinal perspective. *Journal of Child Psychology and Psychiatry, 34,* 767–783.

Viken, R. J., & McFall, R. M. (1994). Paradox lost: Contemporary reinforcement theory for behavior therapy. *Current Directions in Psychological Science, 3,* 123–125.

Volling, B. L. (2001). Early attachment relationships as predictors of preschool children's emotion regulation with a distressed sibling. *Early Education and Development, 12,* 185–207.

Vul, E., & Pashler, H. (2012). Voodoo and circularity errors. *NeuroImage, 62,* 945–948.

Wakefield, J. C. (1992). The concept of mental disorder: On the boundary between biological facts and social values. *American Psychologist, 47,* 373–388.

Wakefield, J. C. (1997). When is development disordered?: Developmental psychopathology and the harmful dysfunction analysis of mental disorder. *Development and Psychopathology, 9,* 269–290.

Wakefield, J. C. (1999a). The concept of disorder as a foundation for the DSM's theory-neutral nosology: Response to Follette and Houts, Part II. *Behaviour Research and Therapy, 37,* 1001–1027.

Wakefield, J. C. (1999b). Evolutionary versus prototype analyses of the concept of disorder. *Journal of Abnormal Psychology, 108,* 374–399.

Wakefield, J. C. (2001). Evolutionary history versus current causal role in the definition of disorder: Reply to McNally. *Behaviour Research and Therapy, 39,* 347–366.

Wakefield, J. C. (2010). Taking disorder seriously: A critique of psychiatric criteria for mental disorders from the harmful-dysfunction perspective. In T. Millon, R. F. Krueger, & E. Simonsen (Eds.), *Contemporary directions in psychopathology: Scientific foundations of the DSM-V and ICD-11* (pp. 275–300). New York: Guilford Press.

Walker, C. E. (2003). Elimination disorders: Enuresis and encopresis. In M. C. Roberts (Ed.), *Handbook of pediatric psychology* (3rd ed., pp. 544–560). New York: Guilford Press.

Waters, E., Henry, J., Mogg, K., Bradley, B. P., & Pine, D. S. (2010). Attentional bias towards angry faces in childhood anxiety disorders. *Journal of Behavior Therapy and Experimental Psychiatry, 41,* 158–164.

Waters, E., & Sroufe, L. A. (1983). Social competence as a developmental construct. *Developmental Review, 3,* 79–97.

Weaver, I. C., Meaney, M. J., & Szyf, M. (2006). Maternal care effects on the hippocampal transcriptome and anxiety-mediated behaviors in the offspring that are reversible in adulthood. *Proceedings of the National Academy of Sciences USA, 103,* 3480–3485.

Weiss, B., & Garber, J. (2003). Developmental differences in the phenomenology of depression. *Development and Psychopathology, 15,* 403–430.

Weisz, J. R., Sandler, I. N., Durlak, J. A., & Anton, B. S. (2005). Promoting and protecting youth mental health through evidence-based prevention and treatment. *Ameri-can Psychologist, 60,* 628–648.

Weisz, J. R., & Sigman, M. (1993). Parent reports of behavioral and emotional problems among children in Kenya, Thailand, and the United States. *Child Development, 64,* 98–109.

Weisz, J. R., & Suwanlert, S. (1987). Epidemiology of behavioral and emotional problems among Thai and American children: Parent reports for ages 6 to 11. *Journal of the American Academy of Child and Adolescent Psychiatry, 26,* 890–897.

Weisz, J. R., & Suwanlert, S. (1989). Over- and undercontrolled referral problems among children and adolescents from Thailand and the United States: The wat and wai of cultural differences. *Journal of Consulting and Clinical Psychology, 55,* 719–726.

Weisz, J. R., & Suwanlert, S. (1991). Adult attitudes toward over- and undercontrolled child problems: Urban and rural parents and teachers from Thailand and the United States. *Journal of Child Psychology and Psychiatry, 32,* 645–654.

Werner, E. E. (1995). Resilience in development. *Current Directions in Psychological Science, 4,* 81–85.

Werner, E. E., Bierman, J. M., & French, F. E. (1971). *The children of Kauai: A longitudinal study from the prenatal period to age ten.* Honolulu: University of Hawaii Press.

Werner, E. E., & Smith, R. S. (1992). *Overcoming the odds: High risk children from birth to adulthood.* Ithaca, NY: Cornell University Press.

Werry, J. S. (2001). Pharmacological treatments of autism, attention deficit hyperactivity disorder, oppositional defiant disorder, and depression in children and youth: Commentary. *Journal of Clinical Child Psychology, 30,* 110–113.

Whitbeck, L. B., Yu, M., Johnson, K. D., Hoyt, D. R., & Walls, M. L. (2008). Diagnostic prevalence rates from early to mid-adolescence among indigenous adolescents: First results from a longitudinal study. *Journal of the American Academy of Child and Adolescent Psychiatry, 47,* 890–900.

White, H. R., Bates, M. E., & Buyske, S. (2001). Adolescence-limited versus persistent delinquency: Extending Moffitt's hypothesis into adulthood. *Journal of Abnormal Psychology, 110,* 600–609.

Wichers, M. C., Myin-Germeys, I., Jacobs, N., Peeters, F., Kenis, G., Derom, C., et al. (2007). Evidence that moment-to-moment variation in positive emotions buffer genetic risk for depression: A momentary assessment twin study. *Acta Psychiatrica Scandinavica, 115,* 451-457.

Widiger, T. A., & Ford-Black, M. M. (1994). Diagnoses and disorders. *Clinical Psychology: Science and Practice, 1,* 84–87.

Wildes, J. E., & Emery, R. E. (2001). The roles of ethnicity and culture in the development of eating disturbance and body dissatisfaction: A meta-analytic review. *Clinical Psychology Review, 21,* 521–551.

Willcutt, E. G., & Pennington, B. F. (2000a). Comorbidity of reading disability and attention-deficit/hyperactivity disorder: Differences by gender and subtype. *Journal of*

Learning Disabilities, 33, 179–191.

Willcutt, E. G., & Pennington, B. F. (2000b). Psychiatric comorbidity in children and adolescents with reading disability. *Journal of Child Psychology and Psychiatry, 41,* 1039–1048.

Willcutt, E. G., Pennington, B. F., Duncan, L., Smith, S. D., Keenan, J. M., Wadsworth, S., et al. (2010). Understanding the complex etiologies of developmental disorders: Behavioral and molecular genetic approaches. *Journal of Developmental and Behavioral Pediatrics, 31,* 533–544.

Willerman, L. (1973). Activity level and hyperactivity in twins. *Child Development, 44,* 1411–1415.

Wilson, S., & Durbin, C. E. (2010). Effects of paternal depression on fathers' parenting behaviors: A meta-analytic review. *Clinical Psychology Review, 30,* 167–180.

Wolff, J. C., & Ollendick, T. H. (2006). The comorbidity of conduct problems and depression in childhood and adolescence, *Clinical Child and Familgy Psychology Review, 9,* 201–220.

Wong, Y., & Ollendick, T. H. (2001). A cross-cultural and developmental analysis of self-esteem in Chinese and Western children. *Clinical Child and Family Psychology Review, 4,* 253–271.

World Health Organization (WHO). (2010). *The ICD-10: Version 2010 classification of mental and behavioural disorders: Clinical descriptions and diagnostic guidelines.* Geneva: Author.

Yasui, M., & Dishion, T. J. (2007). The ethnic context of child and adolescent problem behavior: Implications for child and family interventions. *Clinical Child and Family Psychology Review, 10,* 137–179.

Yeh, M., McCabe, K., Hough, R. L., Dupuis, D., & Hazen, A. (2003). Racial/ethnic differences in parent endorsement of barriers to mental healthservices for youth. *Mental Health Services Research, 5,* 65–77.

Youngstrom, E. A. (2013). Future directions in psychological assessment: Combining evidence-based medicine innovations with psychology's historical strengths to enhance utility. *Journal of Clinical Child and Adolescent Psychology, 42,* 139–159.

Youngstrom, E., Izard, C., & Ackerman, B. (1999). Dysphoria-related bias in maternal ratings of children. *Journal of Consulting and Clinical Psychology, 67,* 905–916.

Zadeh, Z. Y., Im-Bolter, N., & Cohen, N. J. (2007). Social cognition and externalizing psychopathology: An investigation of the mediating role of language. *Journal of Abnormal Child Psychology, 35,* 141–152.

Zahn-Waxler, C., Cole, C. M., Welsh, J. D., & Fox, N. A. (1995). Psychophysiological correlates of empathy and prosocial behaviors in preschool children with behavior problems. *Development and Psychopathology, 7,* 27–48.

Zahn-Waxler, C., Crick, N. R., Shirtcliff, E. A., & Woods, K. E. (2006). The origins and development of psychopathology in females and males. In D. Cicchetti & D. J. Cohen (Eds.), *Developmental psychopathology: Vol. 1. Theory and method* (pp. 76–138). Hoboken, NJ: Wiley.

Zahn-Waxler, C., Shirtcliff, E. A., & Marceau, K. (2008). Disorders of childhood and adolescence: Gender and psychopathology. *Annual Review of Clinical Psychology, 4,* 275–303.

Zahner, G. E., Jacobs, J. H., Freeman, D. H., & Trainor, K. F. (1993). Rural–urban child psychopathology in a northeastern U.S. state: 1986–1989. *Journal of the American Academy of Child and Adolescent Psychiatry, 32,* 378–387.

Zero to Three. (2012). Making it happen: Overcoming barriers to providing infant–early childhood mental health. Retrieved from *www.zerotothree.org/public-policy/federal-policy/early-child-mental-health-final-singles.pdf*

Zero to Three/National Center for Clinical Infant Programs. (1994). *Diagnostic classification of mental health and developmental disorders of infancy and early childhood (Diagnostic classification: 0–3).* Washington, DC: Author.

Zero to Three/National Center for Clinical Infant Programs. (2005a). *Diagnostic classification of mental health and developmental disorders of infancy and early childhood (Diagnostic classification: 0–3R).* Washington, DC: Author.

Zero to Three/National Center for Clinical Infant Programs. (2005b, September). *Introducing DC:0–3R. Zero to Three, 26* (1), 35–41.

Zhang, T.-Y., & Meaney, M. J. (2010). Epigenetics and the environmental regulation of the genome and its function. *Annual Review of Psychology, 61,* 439–466.

Zielinski, B. A., Anderson, J. S., Froehlich, A. L., Prigge, M. B. D., Nielsen, J. A., Cooperrider, J. R., et al. (2012) scMRI reveals large-scale brain network abnormalities in autism. *PLoS ONE, 7,* e49172.

제2부

주의력결핍 과잉행동장애,
품행장애와 물질사용장애

02

주의력결핍 과잉행동장애

JOEL T. NIGG

RUSSELL A. BARKLEY

개관

부주의와 충동성은 정신병리의 광범위한 범위에서 발생할 수 있다. 예를 들어 물질남용, 도박 및 반사회적 행동은 모두 성인기의 충동성과 관련되어 있다. 어느 연령대에서나 불안이나 우울증으로 인해 집중하는 데 어려움을 겪을 수 있다. 또한 어린 아동들은 활동적이고 활기차며, 충동적이고(결과를 생각하지 않고 행동하는), 자주 부주의(집중하지 않거나 주변을 살피지 않고 정신없이 돌아다니는)한 것이 정상이다. 심지어 성인기에도 — 요즘 사람들에게 공통된 불만으로써 — 서둘러야 되는 압박이 많거나 너무 많은 일들로 과부하에 걸릴 때는 대부분의 사람들이 집중하는 데 어려움을 겪을 수 있다. 마지막으로 자발성과 창조성은 그로 인해 종종 충동성과 주제에서 벗어난 생각이 떠오르긴 해도 실제로는 건강한 것이다.

그러나 일부 개인은 활동수준과 충동(행동 또는 정서적·언어적 표현)을 제어하는 데 어려움이 있거나 부주의한 행동이 너무 극단적이어서 사회생활을 유지하기 힘들다. 주의력결핍 과잉행동장애(ADHD) 아동은 너무 활동적이고 충동적이어서 가만히 앉아 있지 못하고 지속적으로 꼼지락거린다. 그들은 들어야 할 때 이야기하고, 다른 사람을 항상 방해하고, 과제를 지속하지 못하고, 경청하지 않는 것처럼 보이고, 계속해서 물건을 잃어버린다. 종종 실수로 자신을 다치게 하거나 교실에 앉아 있을 수 없고 너무 부주의해서 학습하지 못할 수 있다. 그들은 단순히 의도적으로 즉흥적인 것이 아니라 지속적으로 자기 자신을 제어할 수 없고, 자신의 즉흥성을 통제하지 못하는 것이다. 실제로 이런 아동은 정서적으로 너무 변덕스럽고 통제가 어렵기 때문에 부모나 교사를 힘들게 한다. 성인기가 되어도 그들은 많은 어려움을 계속 겪는다. 즉, 일을 끝내지 못하고, 교통사고가 자주 일어나고, 주제에서 벗어나거나 잘못된 순간에 끼어들어서 대화하는 중에 다른 사람을 화나게 한다. 상황이 악화되면 더 이상 보통의 아동이나 외향적이고 낙천적인 성인들이 하는 **삶의 기쁨**을 표현하지 않는다. 그들은 사회적, 인지적, 학업적, 가족적 그리고 직업적 영역에서 손상을 입을 가능성이 매우 높다. 이런 손상들은 광범위할 수 있는데 나중에 상세하게 살펴볼 것이다. 그림 2.1은 ADHD에 대한 우리의 일반적인 개념적 틀을 나타낸 것이다. 발달초기의 다양한 위험요인들로부터 나타나고 일

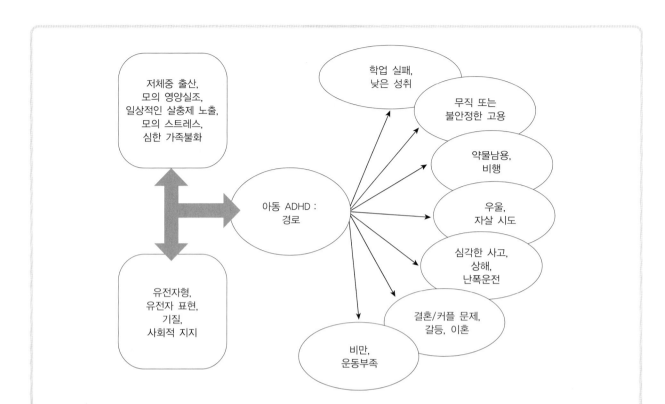

그림 2.1 ADHD의 위험경로 : 대부분의 경우 태아기와 초기 발달적 위험요인들로부터 초래된다. 평생 빈약한 자기통제의 압도적 효과와 관련된 광범위한 결과의 위험성을 증가시킨다.

력의 빈약한 삶의 결과 수준을 결정하는 발달적 경로를 고려할 때 우리가 왜 ADHD를 매우 중요하게 생각해야 하는지를 보여준다.

이 책은 1775년에 멜키오르 아담 바이카르트(Barkley & Peters, 2012)가 의학문헌에서 처음으로 주의력의 장애를 기술했던 이후로 거의 240년이 지나서 출판되었다. 그의 업적은 한 세대 후인 1798년 알렉산터 크라이튼(Palmer & Finger, 2001)의 의학교과서에서 더욱 자세하게 기술되었다. 벤자민 러쉬(1812/1962)가 오늘날의 ADHD 아동과 유사한 매우 충동적인 아동에 대해 최초로 의학적 설명을 제공한 이래로 200년이 지났을 뿐이다. 암페타민류의 약물이 효과가 있다고 발견(Bradley, 1937)한 것도 불과 75년이 지났다. 아동기 과잉운동반응에 대한 최초의 공식적인 진단기준이 미국 정신의학회(APA)의 **정신질환의 진단 및 통계편람, 제2판**(DSM-II; APA, 1968)

에서 개념화된 지 겨우 45년이 지났다. 주의력결핍장애에 대한 최초의 공식적인 진단기준이 DSM-III(APA, 1980)에서 공포된 후 거의 35년 만에 미세뇌기능장애(minimal brain dysfunction)(Taylor, 2011)의 오래된 구성 개념이 수정되고 축소되었다. 현재 이 책의 출판은 DSM-5(APA, 2013) 출판 직후에 나오게 되어 진단기준에 대해 최신 업데이트를 하였고, 정신의학의 정신장애에 대한 권고 및 설명문을 포함하고 있다. 세계보건기구(www.who.int/ classifications/icd/revision/icd11faq/en)의 **국제질병분류, 제11판**(ICD-11)은 2015년에 출판되었으며 DSM-5와 계속되는 차이점이 있다. 역사적으로 주요한 차이점은 ICD 정의가 DSM 정의보다 좁다는 것이다(즉, 더 적은 수의 아동을 식별). 이 책에서는 DSM-5 개념화에 초점을 둘 것이다.

앞에서 살펴본 역사에서 알 수 있듯이 연구문헌에서

는 이 증후군에 대한 희귀한 조사부터 포괄적인 조사까지 진행했으며, 이러한 아동(지금은 성인도)에 대한 진단적 명칭과 잘못된 개념들이 지난 200년 동안 여러 번 바뀌었다. 그렇지만 임상적 기술은 세기를 지나 더 오랫동안 본질적인 특징들이 바뀌지 않고 매우 일관되게 남아 있다. 이 행동문제 집단은 우리 시대에 가장 잘 연구되어 온 아동기 장애 중 하나이다. 그럼에도 불구하고 이 아동은 여전히 수수께끼로 남아 있다. 많은 일반인은 이 장애가 생물학적인 기원을 가진 발달장애이거나 신체적으로 문제가 있는 것처럼 보이지 않는 뇌손상의 결과일 수 있다는 개념을 받아들이기 힘들어한다.

DSM-5에서 놀랄 만한 것은 ADHD가 자폐스펙트럼장애, 특정학습장애, 의사소통장애 및 지적장애와 함께 신경발달장애로 분류되었다는 것이다. 이런 분류는 ADHD가 조기 발병과 지속성이라는 특성을 다른 장애들과 공유하기 때문이다. 이 장애들과 마찬가지로 ADHD는 종종 기타 지연을 수반하며 신경발달의 지속적인 변화와 관련되어 있다. 또한 언어, 운동 및 사회적 발달에서의 다른 미묘한 문제가 종종 동시에 발생하거나 중첩된다.

이 장에서는 ADHD의 특성을 개관하고 서구사회의 다채로운 역사의 핵심 부분을 요약할 것이다. 그리고 ADHD의 진단기준, 발달적 과정과 경과 및 원인으로 알려진 것에 대해 기술할 것이다. 우리는 중요한 전문가적 요구를 고려하여 핵심 쟁점들을 다룰 것이며, 이 장애를 위해 향후 다루어야 할 것에 대해 생각해 볼 것이다. 이 장애의 현재 명칭에도 불구하고 핵심적 어려움은 단순한 주의력의 문제보다 훨씬 더 복잡하다.

역사적 맥락

ADHD가 고대에는 매우 드물었지만 상대적으로 최근에 발병한 정신장애(예 : 신경성 식욕부진증)인지 혹은 수천년 동안 인류에 영향을 미친 장애(예 : 정신분열증)인지 조망해 보는 것은 흥미롭다. 만약 우리가 역사적 지식을 통해 이러한 차이를 메울 수 있다면, ADHD의 원인에 대한 이론들에 대해 유용한 제한을 줄 수 있다. Galen

이 독특한 성격 유형을 가진 사람이라고 기술한 것 외에는 고대의 문헌에서는 분명하게 기술된 것이 없다. 부주의, 과잉행동 및 충동을 통제문제가 있는 개인에 대해 언급된 문헌을 참조해 보면, 셰익스피어의 작품인 **헨리 8세**에서 주의집중의 질병이 있는 등장인물을 발견할 수 있다. 앞서 언급했듯이 ADHD가 의학부분에서 서술된 것은 근대사에서 200년을 거슬러 올라갈 수 있다. 초기 역사는 Taylor(2011)에 의해 전문적으로 기술되었지만, 아래에 논의된 바와 같이 그 역사에 더 최근의 발견들이 보완되어야 한다. 이 책에서는 Taylor의 작업을 제시하면서 추가적인 강조점과 함께 최신 연구를 더 제시하였다.

주의장애가 처음 기술된 것은 1775년 독일의 멜키오르 아담 바이카르트(1770; Barkley & Peters, 2012 참조)가 쓴 의학교재였다. 바이카르트는 오늘날의 ADHD에 대한 기술과 유사하게 나타나는 특징인 부주의하고, 산만하고, 지속성이 부족하고, 과잉활동적이고 충동적인 성인과 아동에 대해 묘사했다. 바이카르트의 설명은 그의 의학 훈련과정에서 함께 연구를 수행한 스코틀랜드 의사 알렉산더 크라이튼(Crichton, 1798; Palmer& Finger, 2001)이 쓴 교재에 ADHD와 유사한 증상의 기술로 이어졌다. 크라이튼은 "극단적 정신적 초초"를 가진 환자에 대해 기술했다. 이후에 유명한 미국 의사 벤자민 러쉬(1812/1962)는 주의를 기울이지 못하는 것과 관련된 증후군을 언급했다. 1800년대 중반 독일 소아과 의사 하인리히 호프먼은 **더벅머리 페터**(*Der Struwwelpeter*)라는 동화책을 출판했다(Hoffman, 1865). 이 책에서 '산만한 필립'이라고 불리는 매우 충동적이고 안절부절 못하는 아이와 '멍한 조니'라고 불리는 매우 부주의한 아이를 묘사하였다(Stewart, 1970). 둘 다 현대의 임상가들에게 잘 알려져 있다. 윌리엄 제임스(1890/1950)는 그의 책 **심리학의 원리**(*The Principles of Psychology*)에서 오늘날의 ADHD가 경험하는 어려움과 흡사한 '폭발적인 의지'라고 불리는 정상적인 성격 중 한 변종에 대해 설명했다.

Bader과 Hidjikhani(2013)가 지적한 바와 같이 프랑스에서 ADHD의 개념은 19세기 후반에 파리 비세트르 병원의 데지레 마그와르 부르느뷰(1885 또는 1886, 1895)

의 지도하에 도입된 '정신적 불안정성'이라는 개념에서 유래되었다. 부르느뷰는 '비정상'으로 분류되어 의학 및 교육기관에 배정된 아동과 청소년을 관찰했다. 부르느뷰 (1895)에 따르면 그의 제자 찰스 베이커가 1892년 학위 논문에서 과잉행동과 충동성 증상을 보이는 4명의 아동에 대해 처음으로 임상적 기술을 하였다. 이 논문에서 한 사례를 통해 주의집중 문제도 언급하였다. 영국에서는 조지 스틸(1902)이 왕립 아카데미 의사들을 대상으로 3번의 강연을 통해 ADHD 아동에 대한 강력한 임상적 관심을 불러일으켰다. 스틸은 임상경험에서 행동에 대한 '의지적 억제'(p.1008)의 결핍과 '도덕적 통제의 결함'(p.1009)이 있다고 정의한 20명의 아동집단에 대해 보고했다. 1908년에 전반적 두뇌손상의 증거가 보이지 않으나 ADHD와 유사한 행동장애를 보이는 아동집단을 설명하기 위해 '미세뇌손상'이란 용어가 의학사전(Taylor, 2011)에 수록되었다. 스페인 의사 로드리게스-라포라(1917)는 아동기 정신질환에 대한 관심을 기술하였고 정신병질적 성질을 가진 아동집단에 대해 설명했는데, 그중 일부를 '불안정'이라고 불렀다. 이 아동집단에 대한 그의 설명은 이들이 모험심 넘치는 기질로 인해 종종 도망을 갔다는 관찰뿐 아니라 주의집중의 비일관성, 과도한 활동성 및 충동적 행동을 포함하고 있으며 ADHD에 대한 현대적 견해와 상당히 일치하였다(Bauermeister & Barkley, 2010).

1915년부터 1920년 사이에 뇌염이 크게 유행한 후 뇌감염에서 생존한 아동들이 반항, 충동성, 과잉행동과 같은 많은 행동문제를 보였다. 이러한 설명이 현대의 ADHD의 개념과 완벽하게 일치하지는 않으나 매우 유사했다(Ebaugh, 1923; Hohman, 1922; Stryker, 1925). 이 사례와 함께 출생외상, 두부외상, 독소에 대한 노출과 감염(Barkley, 2006)으로 발생했다고 알려진 사례들이 '뇌손상 아동증후군'(Strauss & Lehtinen, 1947)의 개념으로 통합되었는데, 보통 지적장애와 관련되었다. 이런 명칭은 두뇌손상이나 지체의 증거는 없지만 이와 동일한 행동특성을 분명하게 보이는 아동에게 적용되었다(Dolphin & Cruickshank, 1951; Strauss & Kephardt, 1955). 이 개념은 이후에 '미세뇌손상'으로 발전했고, 많은 경우에 대뇌외

상의 증거가 없다는 점에서 이 이름에 대한 의문이 제기되자 결국 '미세뇌기능장애(minimal brain dysfunction, MBD)'로 발전했다(MBD에 대한 좀 더 자세한 역사는 Kessler, 1980 참조).

Bradley(1937)는 우연한 기회에 과잉행동과 다른 MBD의 특성을 가진 아동들이 각성제에 반응하여 눈에 띄게 호전되는 것을 발견하였다. 비록 1950년대와 1960년대까지는 의사들이 MBD에 대해 정기적으로 각성제 처방을 시작하지 않았으나 Bradley의 발견은 이 장애의 개념에 영향을 미쳤고, 인지 및 학습문제에서 과잉행동으로 관심이 옮겨 가게 되는 계기가 되었다.

정신과적 분류는 제2차 세계대전이 끝날 때까지 정식으로 의학사전에 포함되지 않았고, 오늘날의 ADHD에 대한 최초의 공식적인 정의도 1980년까지 나타나지 않았지만 현대적 개념이 점진적으로 출현될 장이 마련되었다. 1950년 후반부터는 '과잉운동 충동장애'나 '과잉행동 아동증후군'(Burks, 1960; Chess, 1960)과 같은 명칭도 사용되었다. 이 장애는 시상에서 대뇌로 들어오는 자극들을 잘 여과하지 못하여 대뇌피질이 과잉 자극되기 때문에 발생된다고 간주되었다(Knobel, Wolman, & Mason, 1959; Laufer, Denhoff, & Solomons, 1957). 그 당시 임상가와 연구자들은 이 장애가 일종의 신경학적 원인 때문에 생긴다고 믿었음에도 불구하고, 정신분석적 관점과 심리사회적 이론들이 더 지배적으로 영향을 미치고 있었다. 그리고 **정신질환의 진단 및 통계편람, 제2판(DSM-II)**이 출판되었을 때 모든 아동기의 장애는 외인성 인과관계를 강조하기 위해 '반응'으로 기술하였고, 과잉행동 아동증후군은 '아동기의 과잉운동 반응'이 되었다.

이 장애가 뇌손상으로 인한 것이 아니라는 관점은 유명한 아동 정신의학자인 스텔라 체스(1960)의 이전 주장을 따른 것이다. 이러한 관점은 유럽 전문가와 미국 전문가들 사이에 차이를 낳은 계기가 되었고, 현재까지도 미국과 유럽에서 ADHD의 이해와 치료방법에 대해 이견이 계속되고 있다. 유럽의 실습 지침서는 치료에서 1차로 심리학적 개입을 하고 2차로 약물을 사용하는 것을 선호하는 반면, 미국 실습 지침서는 반대 순서를 취하는

경향이 있다. 더욱이 유럽의 전문가들은 20세기 중후반에도 극도의 과잉행동문제는 상대적으로 드물고 대부분 과잉운동증이라는 관점을 지속했고, ICD 수정판에서도 '과잉운동장애'로 이 증후군을 언급했다. 역사적으로 북미와 캐나다, 오스트레일리아에서는 이 아동을 발달장애인 ADHD로 진단하지만, 1900년대 후반 유럽에서는 가족의 역기능과 사회적 불리함 때문에 행동장애가 나타난 것으로 보면서 품행문제나 장애로 진단했다. 이 아동이 초기 신경생물학적 문제 혹은 행동적/심리사회적 문제로 인한 것인가라는 관점 간의 근본적인 갈등은 현재도 ADHD에 대한 다양한 논쟁에서 나타난다. 흥미롭게도 이런 갈등은 ADHD와 품행장애가 실제로는 상대적으로 다른 유전적 배열과 환경적 영향을 보인다는 최신 연구 결과들을 인정함으로써 개념적으로 어느 정도 해결되었다. 예를 들어 공유된 환경은 ADHD의 병인론보다는 행동문제와 공격성에서 더 큰 역할을 한다(Burt, 2009). 그러나 이런 관점의 차이가 여전하기 때문에 ADHD와 품행문제가 동시에 발생했을 때 임상가는 어떤 것을 우선적으로 다루어야 할지 결정하기 어렵다. 이 책에서는 나중에 이 문제에 대한 통합적인 견해를 다룰 것이다.

1970년대까지의 연구들은 주의집중을 조작적으로 정의할 때 인지심리학과 실험심리학의 영향을 받았고, 과잉행동과 더불어 지속적인 주의집중과 충동성 통제의 중요성을 강조했다(Douglas, 1972). Douglas(1980, 1983)는 MBD가 (1) 주의와 노력을 투입하고 조직화하고 유지하는 것, (2) 충동적 행동을 억제하는 능력, (3) 상황의 요구에 맞추어 각성수준을 조절하는 능력의 주요 결함과 관련되는 것으로 이론화하였다. 이런 결함은 모두 즉각적인 강화를 추구하는 비정상적으로 강한 성향으로 통합되었다. 주의력, 충동성 및 기타 인지적 후유증에 대한 수많은 연구들(Douglas, 1983; Douglas & Peters, 1978 개관)에서 주의력에 대해 강조한 Douglas의 논문은 결과적으로 DSM-III(APA, 1980)에서 이 장애를 '주의력결핍장애(ADD)'로 재명명하게 해주었다. 당시 이 증후군은 이전에 MBD에 사용된 것보다 더 좁은 개념의 용어로 재정의되었으며 MBD라는 용어는 폐기되었다.

DSM-III에서 주목할 만한 것은 부주의하지만 과잉활동적이지는 않은 아동에게 임상적 인식을 기울인 것이다. DSM-III에서는 ADD의 두 유형에 대한 기준을 세분화하였고, '과잉행동을 수반한' 장애와 '과잉행동을 수반하지 않은' 장애를 구분했다(비록 두 번째 하위유형에 대한 진단기준은 제안하지 않았지만). 당시에는 이렇게 구별한 논문이 거의 없었지만 이런 제안에 따라 ADD 아동의 집단 간 차이에 대한 연구를 촉진시켰다. 이 책에서는 부주의 아동과 하위유형에 대한 의문점에 대해 다시 다룰 것이다.

그런데 ADD라는 명칭이 생긴 지 얼마 되지 않아 과잉행동과 충동성 통제의 중요 특징들이 중시되지 않는다는 우려가 생겼다. 사실 과잉행동과 충동성 통제의 특징은 이 장애와 다른 장애를 구별하고 이후의 발달적 위험을 예측하는 데 매우 중요하기 때문이다(Barkley, 2006; Weiss & Hechtman, 1993). 더욱이 새롭게 적용된 전산화된 요인분석에서는 DSM-III에서 제안한 세 가지 증상 집단(부주의, 과잉행동, 충동성)이 통계적으로 유의하지 않았다. DSM-III-R(APA, 1987)에서 이 장애를 '주의력결핍 과잉행동장애'로 재명명하였고, 세 가지 증상을 모두 상세화한 단일한 진단목록으로 통합되었다. 과잉행동을 수반하지 않는 ADD는 '미분화된 ADD'로 재명명하였지만, ADHD의 주요 진단 부분에서 분리되어 부록에 포함하였고 조작적 준거를 정의하지 않고 그대로 제시했다. 당시 ADD를 위한 진단기준을 제시하기에는 연구가 충분하지 않았기 때문이었다.

1980년대에는 많은 연구들이 일반적인 동기의 문제, 그리고 구체적으로는 반응계열에 대한 무감각에 초점을 두었다(Barkley, 1989b; Glow & Glow, 1979; Haenlein & Caul, 1987). 지속적인 보상이 없는 조건에서 ADHD 아동은 실험실 과제 수행이 정상아동의 반응과 달랐는데, 부분강화나 지연강화 또는 보상이 없는 소거 조건으로 바뀌면 ADHD 아동의 수행은 통제집단에 비해 유의하게 감소했다(Douglas & Parry, 1983, 1994; Parry & Douglas, 1983). 이 아동의 특징인 규칙에 따른 행동통제의 결함이 관찰되었다(Barkley, 1989b).

1980년대 후반 ADHD를 연구하기 위해 정보처리 패러다임을 사용했는데, 지각과 정보처리 과정에서의 문제는 동기부여와 반응억제의 문제만큼 명확하지 않은 것을 발견했다(Barkley, Grodzinsky, & Dupaul, 1992; Schachar & Logan, 1990; Sergeant, 1988; Sergeant & Scholten, 1985a, 1985b). 과잉행동과 충동성의 문제는 독립된 증상이 아니라 다른 연구자들이 '탈억제'(Barkley, 1994, 1997a, 1997b)라고 기술한 모든 실용적 목적을 위한 행동의 단일차원으로 이루어진다고 간주하였다(Achenbach & Edelbrock, 1983; Goyette, Conners, & Ulrich, 1978; Lahey et al., 1988). 이로 인해 증상의 항목 세트와 요인분석에 대한 추가 연구로 이어졌다. 그 결과 DSM-IV(APA, 1994)가 출판되었을 때 ADHD는 2개의 분명하지만 상관관계가 있는 행동의 차원이나 영역을 반영하는 것으로 다시 기술되었다. 증상들의 한 세트는 '부주의'에 대한 것이고 또 다른 세트는 '과잉행동-충동성'에 대한 것이었다.[1] DSM-III-R과 달리 DSM-IV는 비록 개념적 정의가 DSM-III (DSM-III에서는 충동적이지만 과잉활동적이지 않은 아동에게 이 진단을 허용했기 때문에)와 약간 다름에도 불구하고 주의력 문제를 가진 ADHD 하위유형(ADHD, 부주의 우세형)을 본격적으로 진단할 수 있게 해주었으며, 처음으로 이 집단을 위한 구체적 진단기준을 제공했다. 또한 DSM-IV는 심각한 부주의 없이 과잉행동-충동적 행동으로만 이루어진 ADHD의 하위유형(ADHD, 과잉행동-충동 우세형)에 대한 구분을 처음으로 허용했다. 두 가지 항목 모두에서 심각한 문제가 있는 아동은 ADHD 복합형으로 기술했다.

21세기가 시작되면서 연구에 주목할 만한 여러 발전들이 있었다. ADHD의 이론적 개념은 계속해서 범위가 확대되었다. 이러한 개정에는 주의(attention)의 특징들에 작업기억과 단기정보 처리와 같이 보다 광범위한 정의에 대한 관심이 포함되었다. 주의에 대한 공식적인 정의가 상당히 확장되었고 '실행기능'이라는 포괄적인 용어의 일부로 자리하게 되었다(Barkley, 1997a; Castellanos, Sonuga-Barke, Milham, & Tannock, 2006). 이 용어는 목표 지향적 행동과 문제해결과 관련되는 개인의 인지적 능력이라

고 언급된다(Barkley, 2013). 또한 보상과 강화기제에 초점을 두었던 도파민 반응이론들에 대한 관심이 되살아났다(Sagvolden, Johansen, Asase, & Russell, 2005; Tripp & Wickens, 2008). 특히 우리의 관점인 ADHD의 '다중경로 모델'을 더욱 강조하게 된 것이 주목할 만하다. 이런 관점은 주의 관련 이론들과 동기 관련 이론들 모두가 일부 사실을 포함하고 있음을 시사한다. 아마도 부주의-비조직화된 증상 영역은 배측 전두엽-선조체 신경회로와 실행기능 또는 인지적 통제에서의 결함을 통해 발생하는 반면, 과잉행동-충동성 증상 영역은 보상 평가, 규제 및 갈등 해결에 관여하는 복측-전두엽-변연계 신경회로의 문제와 관련되는 것으로 본다. 아마도 각 ADHD 아동의 행동에 다른 이유가 있을 것이다. 어떤 아동은 인지적 통제가 주요 문제일 수 있고, 다른 아동은 보상반응이 주요 문제일 수 있다. 우리는 나중에 이 분야의 미래 방향을 고려하면서 이 견해를 다시 다룰 것이다(더 자세한 논의는 Nigg, Hinshaw, & Huang-Pollock, 2006; Nigg, Willcutt, Doyle, & Sonuga-Barke, 2005; Sonuga-Barke, 2005 참조).

DSM-IV가 나오고 거의 20년이 지난 후에 DSM-5가 출판되었다(APA, 2013). 이 동안 이론의 발전과 더불어 기술이 아동정신병리학 연구에 혁명을 일으켰다. 먼저 ADHD 아동에게 자기공명영상(MRI) 등 장치의 사용이 포함된 구조적·기능적 뇌영상에 대한 대규모 연구가 이루어졌다. 그 기간에 ADHD에 대한 분자유전학 연구가 폭발적으로 증가했다. 이와 함께 여러 문헌에서 ADHD의 생물학적 상관관계에 대한 새롭고 흥미로운 증거들이 제시되었다. 이로 인해 DSM-5의 저자들은 진단기준에 수많은 잠재적 개선방안들을 고려했다. 결국 몇 가지는 실질적인 변화를 주었지만 동일한 18개 항목과 두 가지 행동 영역(부주의와 과잉행동-충동성)은 바뀌지 않고 그대로 남아 있다.[2] 지난 20년간의 연구문헌에서 이 두 가지 증상 영역을 구별하기 위한 임상적 유용성과 타당성에 대한 강력한 증거가 제시되었다. 두 가지 증상 영역은 높은 상관관계에도 불구하고, 다른 손상들을 예측하고 서로 다른 신경학적 상관관계를 보였다(Willcutt et al., 2012). 특히 부주의-비조직화 증상은 또래의 무시, 자동차 운전의 어려움 그리고 학업문제 같은 결과들을 예측하는 경향이 있고, 과잉행동-충동성 증상은 다른 어려움들 중에서도 공격성, 또래거부와 과속위반을 예측하는 경향이 있다.

역사적으로 잠재적인 두 번째 주의장애에 대한 추가 기술이 있었다는 것이 중요하다. 이것은 원래 ADHD의 하위유형 또는 하위집단으로 간주되었는데, DSM-IV 범주인 'ADHD, 부주의 우세형'으로 임상가들에게 인식된 것이었다. 이 조건은 DSM-III에서 과잉행동이 있는 ADD와 과잉행동이 없는 ADD를 구별하려는 노력에서 처음으로 확인되었다. 두 ADD 집단 아동들을 비교한 Lahey, Schaughency, Strauss와 Frame(1984)의 연구에서 굼뜨고, 졸리고, 백일몽을 꾸는 듯 보이며 과잉행동이 없는 아동 하위집단에 대해 처음으로 기술하였다. 이 구별을 평가한 연구결과들은 혼합되어 있지만(Milich, Balentine, & Lynam, 2001 참조), 일부 연구자는 Carlson, Lahey와 Neeper(1986)가 "굼뜬 인지적 속도(SCT)"로 명명했던 완전히 다른 패턴의 부주의와 과소활동성을 지닌 아동 하위집단을 반복해서 확인했다. 이 증상은 무기력, 과소활동과 심지어 졸음뿐 아니라 허공 응시하기, 백일몽, 나른함, 정신이 흐릿함/혼란스러움과 느린 정보처리 과정을 포함한다. 아동에 대한 연구(Barkley, 2013; Bauermeister, Barkley, Bauermeister, Martinez, & McBurnett, 2012)와 성인(Barkley, 2012b)에 대한 후속연구들을 통해 SCT가 ADHD와 분리된 장애라고 제안하도록 이끌었지만, 어떤 연구에서는 각 사례의 35~50%만이 SCT와 ADHD가 공존했다. SCT는 이 장에서 더 구체적으로 논의될 것이다.

기술과 진단

핵심 증상

위에서 강조한 것처럼 요인분석 연구에서 ADHD가 두 가지 주요 증상으로 구별되는 것을 반복적으로 확인했으나 실제 ADHD의 특성으로 생각되는 다양한 행동증상에 기저하는 행동적 차원들은 상관관계가 상당히 높다(130쪽 참고사항 1 참조; Burns, Boe, Walsh, Sommers-Flanagan, & Teegarden, 2001; DuPaul, Power, Anastopoulos, & Reid, 1998; Lahey et al., 1994; Pillow, Pelham, Hoza, Molina, & Stultz, 1998; 개관은 Willcutt et al., 2012). 이 두 가지 차원은 다양한 민족과 문화집단에 걸쳐 확인되었고(Beiser, Dion, & Gotowiec, 2000) 높은 신뢰도와 타당도를 보였다(Willcutt et al., 2012). 이에 따라 ADHD는 상관관계가 있으나 2개의 독립적 증후군으로 간주된다.

부주의

우리는 DSM에서 부주의가 실험심리학 연구를 토대로 정식으로 정의되지 않았다는 것을 먼저 강조한다. 주의는 다차원 구성개념을 반영하며(Bate, Mathias, & Crawford, 2001; Mirsky, 1996; Strauss, Thompson, Adams, Redline, & Burant, 2000), 아동에게 질적으로 구별되는 주의력 문제가 분명하게 나타난다(Barkley, 2001c). ADHD에서 손상된 차원은 주의지속의 어려움, 과제 및 놀이활동을 지속할 수 없음, 규칙과 지시사항을 기억하고 따르기, 그렇게 하는 동안 주의가 분산되지 않도록 저항할 수 없다는 것을 반영한다. 또한 시간 내 작업, 각성 유지뿐 아니라 계획 및 조직화를 유지하는 데 어려움을 포함한다. 한 가지 관점은 이 차원이 실제로는 지남력이나 초점조절 같은 주의의 다른 유형보다는 인지적 통제, 노력이 들어간 통제나 특히 작업기억과 같은 실행기능의 문제를 반영한다는 것이다(Barkley, 1997a; Oosterlanm Scheres, & Sergeant, 2005; Seguin, Boulerice, Harden, Tremblay, & Pihl, 1999; Wiers, Gunning, & Sergeant, 1998).

부모와 교사는 이들이 그 연령에서 기대되는 만큼 잘 듣지 않고, 주의집중을 못하고, 쉽게 주의가 분산되고, 과제를 마치지 못하고, 잘 잊어버리고, 다른 아동들보다 더 자주 활동을 바꾼다고 불평한다(DuPaul, Power, et al., 1998). 객관적으로 평가한 연구들이 이를 입증하였다. 정상아동에 비해 과제 중단이 많고, 일을 잘 마치지 못하며, 할당된 과제(TV도 포함)로부터 자주 이탈하였다. 지루한 과제(연속수행 과제와 같은)를 지속하는 것이 어렵고, 한 번 중단된 활동으로 되돌아가는 것이 더 느리거나 어려웠다. 과제에 적용되는 규칙 변화에 주의를 덜 기울이고, 과제 융통성을 통해 주의를 전환하는 능력이 부족했다(Borger & van der Meere, 2000; Hoza, Pelham, Waschbusch, Kipp, & Owens, 2001; Lorch et al., 2000; Luk, 1985; Newcorn etal., 2001; Seidman, Biederman, Faraone, Weber, & Ouellette, 1997; Shelton et al., 1998). 이런 부주의행동은 학습장애 아동이나 (Barkley, DuPaul, & McMurray, 1990), 다른 정신장애 아동(Chang et al., 1999; Swaab-Barneveld et al., 2000)과는 다르다. 그러나 부주의행동이 다른 조건에서도 나타날 수 있더라도 동시발생 조건은 ADHD에서 보이는 부주의를 설명하지 못한다(Klorman et al., 1999; Murphy, Barkley, & Bush, 2001; Newcorn et al., 2001; Nigg, 1999; Seidman, Biederman, et al., 1995).

과잉행동-충동성 행동

충동성은 부주의처럼 다차원적인 구조이다(Nigg, 2000; Olson, Schilling, & Bates, 1999). 여러 심리학 연구에서 미래의 보상에 대한 일시적 평가절하, 지연 혐오, 단서에 대한 반응 속도와 같은 실험실 패러다임뿐 아니라 성격과 행동 두 가지를 평가하여 충동성의 정의를 탐색했다. 비록 우리가 그 방법을 정교화함으로써 충동성과 탈억제 간 차이를 구별하게 되었지만 충동성은 탈억제와 관련지어 생각할 수 있다.

탈억제를 이해하기 위해 행동으로서의 충동성을 생각해보면 그것은 '~할 준비'라고 할 수 있다 — 아동이 바로 그렇게 행동했기 때문이다(예 : 어린 아동이 "이제 그만해!"라는 말을 듣고도 어른들을 웃기는 행동을 반복한다. 그 행동은 점화되고 준비되었고 지금 멈추는 데 노력이 필요하다). 아동이 시간이 정해진 시험에서 빠르게 대답했기 때문이고, 끊임없이 그것에 대해 생각하고 이제 그것을 할 기회가 생겼기 때문이다(예 : 학교종이 울려서 아동은 자기 자리를 떠날 자유가 생겼다). 또는 강렬한 동기유발의 단서가 나타났기 때문이다(예 : 아이스크림 트럭이 집 앞에 멈췄다!).

그러나 중요한 차이가 문헌에 빠져 있는데 충동을 멈추는 것은 주의력을 포함하는 두 가지 기본적인 방식으로 나타날 수 있다. 첫 번째 방법은 아동이 노력을 기울이거나 인지적 통제를 하는 것이다(즉, 아동은 주의를 기울여서 그 행동을 자발적으로 억누르거나 가능한 억제할 수 있다). 매우 어린 아동은 보상에 눈을 돌리면서 금지된 인형을 잡으려는 유혹에 저항한다. 좀 더 나이든 아동은 말을 하지 않도록 스스로 노력하는 것을 관찰할 수 있다. 여러분은 이것을 내성을 통해 상상할 수 있다. 여러분은 잘못된 말을 하고 있는 누군가를 보게 되면 그를 방해하고 싶은 충동이 생기겠지만 예의가 중요하다고 믿기 때문에 스스로에게 차례를 기다리라고 압박할 것이다.

충동성을 억제하는 두 번째 방법은 더 강력한 충동에 따른 것이다. 공포나 불안으로 인해 행동을 멈출 수 있고 그 과정에서 부지불식간에 주의를 사로잡을 수 있다. 교사가 없는 교실에서 야단법석한 아동도 문을 크게 두드리는 소리가 나거나 더 크고 낯선 아동이 교실에 불쑥 들어올 때는 — 최소한 잠시 동안 — 무의식적으로 행동을 멈추게 된다. 당신이 화나게 할까 봐 두려워하는 사람(예 : 상사, 경찰관)을 방해하는 것을 주저하는 상황을 내성을 통해 상상해 볼 수 있다. 상대방이 화내는 반응을 막기 위한 충동은 당신이 말하는 것을 자동적으로 멈추게 만들고, 만약 당신이 말을 하려고 한다면 공포를 압도하기 위해 의도적인 노력을 기울여야 할 것이다.

그러나 충동성은 억제되지 않고 오히려 보상의 가치를 높이는 무언가와 관련된 것으로 간주할 수 있다(Sagvolden et al., 2005). 개별 아동 또는 성인은 미래의 보상에 대해 어떤 독특하고 가치 있는 것을 줄 것으로 예상한다. 이 독특성은 많은 요인의 영향을 받는다. 미래의 보상이 얼마나 멀리 놓여 있는지, 얼마나 확실하고 가능성 있는지, 미래에 대해 일반적으로 얼마나 낙관적인지에 따라 영향을 받을 수 있다. 즉, 비교를 통해 가치절하 기능을 평가할 수 있다. 예를 들어 하루에 10달러를 받을지 일주일에 100달러를 받을지 선택권이 있을 때, 당신은 당장 10달러를 받는 대신 일주일에 100달러를 받는 것을 선택할 것이다. 그러나 아마 5년이나 10년 후에 100달러를 받는 것보다는 지금 당장 10달러를 받는 것을 선택할 것이다. 당신은 시간상 얼마나 멀리 떨어져 있는지에 따라 미래의 100달러 가치를 '가치절하'한 것이다. 이 충동성 이론에서는 즉각적인 보상이 차후 보상에 비해 상대적으로 훨씬 높은 영향을 미치고, 또한 즉각적 보상이 충동적 스타일을 향한 학습과 행동을 형성한다고 했다. 신경생물학적으로 이것은 도파민 시스템에 기초하고 있는 것으로 간주된다. 인지적으로는 빠른 의사결정의 지속적 과정으로 생각된다. 경제학에서 이것은 높은 시간적 선호라고 설명한다(시간적으로 가까운 결과를 선호하는 것). 지난 20년 동안 충동성에 대한 행동적 설명에 대한 관심이 새롭게 제기되었다. Whiteside와 Lynam(2001)은 충동성이 네 가지 행동적 요소, 즉 긍정적 긴급성, 미리 생각하기의 부족, 인내심의 부족과 감각 추구 성향 등으로 구성되어 있다고 제안하였다.

DSM-5는 이러한 여러 종류의 충동성을 잘 포착하지 못한다. 그것은 충동적인 의사결정과정(즉각적 보상을 가치 있게 여기는) 및 여러 종류의 탈억제를 잘 포착하지 못한다. 오히려 충동성의 증상 항목들은 충동적 행동에 대한 운동적·인지적·정서적 동기부여 방식들은 무시하는 반면, 사회적으로 방해하는 언어적 행동 및 조급함은 반영하는 경향이 있다. 따라서 현재의 과학적 문헌에 반영된 것처럼 DSM의 미래 버전에서는 전생애에 걸쳐 있는 충동성을 보다 잘 포착하기 위해 더 많은 연구를 해야 한다. 또한 충동성의 어떤 측면이 ADHD를 가장 잘 특징짓고 다양한 결과를 가장 밀접하게 중재하는지 결정하는 연구가 필요하다.

임상적으로 ADHD 아동은 과도한 활동수준과 안절부절못함으로 인해 어려움을 나타낸다. 즉, 필요한 자리에 앉아 있지 못하고, 물건들을 더 많이 건드리고, 다른 아동보다 더 많이 움직이고, 달리고, 기어 올라가고, 시끄럽게 놀고, 지나치게 말을 많이 하고, 충동적으로 행동하고, 다른 사람의 활동을 방해하며 줄서기나 게임에서 차례를 기다리는 능력이 다른 아동들보다 부족하다(APA, 1994, 2013). 부모와 교사는 그들이 끊임없이 움직이고 활동하고, 일어날 상황을 기다리지 못한다고 묘사한다.

여러 연구에서 객관적으로 다른 아동보다 더 활동적이고(Barkley & Cunningham, 1979b; Dane, Schachar, & Tannock, 2000; Luk, 1985; Porrino et al., 1983; Shelton et al., 1998), 진행 중인 활동을 중지하는 것이 아주 어렵고(Schachar, Tannock, & Logan, 1993; Milich, Hartung, Matrin, & Haigler, 1994; Nigg, 1999, 2001; Oosterlaan, Logan, & Sergeant, 1998), 다른 사람보다 말을 더 많이 하고(Barkley & Cunningham, & Karlsson, 1983), 다른 사람의 대화를 방해하며(Malone & Swanson, 1993), 즉각적인 유혹과 만족지연에 저항하는 능력이 부족하고(Anderson, Hinshaw, & Simmel, 1994; Barkley, Edwards, Laneri, Fletcher, & Metevia, 2001; Olson et al., 1999; Rapport, Tucker, DuPaul, Merlo, & Stoner, 1986; Solanto et al., 2001), 어떤 일이 일어날지 기다리는 것이 필요한 때에도 마치 연속수행 검사에서 충동성 오류를 보이는 것처럼 너무 빠르게, 그리고 너무 자주 반응한다(Losier, McGrath, & Klein, 1996; Newcorn et al., 2001). 비록 많이 연구되지는 않았지만, 학습장애와 ADHD 아동이 활동과 충동성에서 유사한 차이를 보인다는 사실이 밝혀졌다(Barkley, DuPaul, et al., 1990; Bayliss & Roodenrys, 2000; Klorman et al., 1999; Willcutt et al., 2001). 그러나 이러한 억제 결핍이 ADHD와 중복되는 다른 정신장애의 기능이 아니라는 것을 보여주는 증거가 점차 많아졌다(Barkley, Edwards, et al., 2001; Fischer, Barkley, Smallish, & Fletcher, 2005; Halperin, Matier, Bedi, Sharpin, & Newcorn, 1992; Murphy et al., 2001; Nigg, 1999; Oosterlaan et al., 1998; Seidman et al., 1997).

발달적으로 충동성(과 과잉행동) 문제는 부주의(5~7세)와 관련된 것보다 먼저 나타난다(3~4세). 앞서 언급한 바와 같이 주의력장애와 관련되지만 분명히 다른 SCT 증상은 심지어 더 나중에(8~10세) 발생하기도 한다(Hart, Lahey, Loeber, Applegate, & Frick, 1995; Loeber, Green, Lahey, Christ, & Frick, 1992; Milich et al., 2001). 정상발달 과정에서 과잉행동은 연령이 증가함에 따라 감소하는 경향이 있다. 그리고 청소년 ADHD의 과잉행동 증상은 어린 아동이 방에서 뛰어다니는 것과는 달리 오히려 극도의 안절부절과 빠른 속도의 형태로 나타난다. ADHD 아동의 충동성은 성장하는 동안 또래에 비해 상대적으로 높게 유지되겠지만, DSM에서는 충동성이 과잉활동과 밀접하게 관련되어 있어서 아동기에서 청소년기로 가면서 과잉행동-충동성 증상은 발달과 함께 보통 감소하는 경향이 있다. 이와 달리 부주의와 비조직화는 초등학교 때뿐만 아니라 청소년기 동안 상당히 안정되게 유지된다(Hart et al., 1995). 그러나 부주의 증상도 정상 범주까지는 아니어도 청소년기에는 감소한다(Fischer, Barkley, Fletcher, & Smallish, 1993b).

왜 부주의가 탈억제 증상보다 더 늦게 나타나고 탈억제 증상은 발달 과정에서 감소하는 데 반해 부주의는 감소하지 않는지 의문이 남아 있다. 간략한 이유를 찾자면 아동이 학교에 입학하는 때인 5~7세에 인지적 통제와 주의집중에 대한 사회적 요구가 급격하게 늘어난다는 것이다. 발달적 관점에서 흥미로운 가능성은 신경의 발달이 동시에 일어나지 않는 성질에 있다. 대뇌변연계와 피질하부의 구조는 보상민감성을 추구함으로써 과잉활동과 충동성에 큰 역할을 하는 것 같다(Sonuga-Barke, 2005). 이 신경학적 구조는 몇 개의 피질하의 영역보다 더 빨리 성숙한다. 이와 달리 부주의와 실행기능은 피질하 영역보다 성숙이 더 느린 전전두엽피질의 성숙에 의존한다. 다른 가능성은 인지적 통제와 실행기능은 뇌 전체에 걸친 광범위한 신경 연결의 상호작용에 의존하며 이것의 완전한 성숙은 느리게 진행된다는 것이다(Shaw, Greenstein, et al., 2006).

상황 및 맥락요인

비록 ADHD가 신경발달장애이지만, 모든 상황에서 명확하게 드러나는 다운증후군과 같은 극적인 장애는 아니라는 점을 인식해야 한다. MBD 비유를 되살려 보면, ADHD는 인지, 자기조절 및 위험 상황에서 드러나는 여러 능력의 미세한 감소가 있기는 하지만 명백한 신체적 손상은 없는 경미한 폐쇄성 두부손상과 더 유사한 것 같다. ADHD 증후군의 많은 사례가 '한눈에' 명백하게 보일 정도로 충분히 극적임에도 불구하고, 대부분의 행동적 · 인

지적 문제들은 상황 의존적이어서 어떤 상황에서는 분명하게 나타나지만 다른 상황에서는 잘 드러나지 않는다. 예전에 Douglas(1972)는 ADHD 아동의 작업수행 능력이 통제집단과 비교할 때 훨씬 변산성이 크다고 하였다.

ADHD 아동이 과제를 수행하기 위해 주의를 계속 유지하고, 행동에 대한 충동을 통제하며, 활동수준을 조절하고, 어떤 일을 일관성 있게 해내는 능력에 영향을 미치는 많은 요인이 밝혀졌다. (1) 하루 중 이른 시간보다는 늦은 시간에(Dane et al., 2000; Porrino et al., 1983; Zagar & Brower, 1983), (2) 조직화 책략이 필요할 정도로 과제가 점점 더 복잡해지는 경우(Douglas, 1983), (3) 그 상황에서 요구되는 억제의 정도(Barkley & Ullman, 1975; Luk, 1985), (4) 자극의 수준이 낮은 상황에서(Antrop, Roeyers, Van Oost, & Buysse, 2000; Zentall, 1985), (5) 과제에서 즉각적인 결과의 보상계획이 매우 변동적인 경우에(Carlson & Tamm, 2000; Douglas & Parry, 1983, 1994; Slusarek, Velling, Bunk, & Eggers, 2001; Tripp & Alsop, 1999), (6) 유용한 보상을 받기 전에 기다리는 시간이 더 길어지는 상황에서(Solanto et al., 2001; Sonuga-Barke, Taylor, & Heptinstall, 1992; Tripp & Alsop, 2001), (7) 과제를 수행하는 동안 성인의 감독이 없을 때(Draeger, Prior, & Sanson, 1986; Gomez & Sanson, 1994) 아동의 수행이 더 나쁘다.

과제수행에 단순히 적용되는 위의 요인들 외에 더 거시적인 상황에서도 차이가 나타난다. ADHD 아동은 자유놀이 상황에서보다는 과제를 수행하기 위해 지구력이 요구되거나(집안일, 숙제 등) 대중이 보는 상황에서 행동을 억제할 필요가 있을 때(교회, 식당, 부모가 전화를 걸고 있을 때) 행동문제가 더 많았다(Altepeter & Breen, 1992; Barkley, 2012a; Barkley & Edelbrock, 1978; DuPaul & Barkley, 1992). ADHD 아동은 자유놀이 동안보다 아버지가 집에 있을 때 더 산만하긴 해도 다른 상황보다는 문제를 덜 보이는 것으로 평가되었다. ADHD 증상의 심각도 차이는 학교상황에서도 다양했다(Barkley & Edelbrock, 1987; DuPual & Barkley, 1992). 이 경우에도 과제수행을 위해 지구력이 필요한 상황(예 : 교실)에서 문제가 가장

많았고, 공부를 하지 않거나 행동적 제약이 없는 상황
(예 : 점심시간, 복도, 쉬는 시간 등)에서는 문제가 적었
으며, 특별활동(예 : 현장학습, 조회 등) 동안에는 문제가
훨씬 적었다(Altepeter & Breen, 1992).

관련 발달적 손상

ADHD 아동은 다른 인지적 능력과 정서적 능력에서도
많은 결함을 보인다. 이들 가운데 가장 많이 발견되는
것은 (1) 신체운동, 대근육 및 소근육운동 협응능력, 순차
적 운동(Breen, 1989; Denckla & Rudel, 1978; Harvey &
Reid, 1997; Kadesjo & Gillberg, 2001; Mariani & Barkley,
1997), (2) 색깔 명명의 속도(Carte, Nigg, & Hinshaw,
1996), (3) 언어적 · 비언어적 작업 기억과 암산(Barkley,
1997b; Mariani & Barkley, 1997; Murphy et al., 2001;
Zentall & Smith, 1993), (4) 이야기 회상(Lorch et al.,
2000; Sanchez, Lorch, Milich, & Welsh, 1999), (5) 계획
과 예상하기(Grodzinsky & Diamond, 1992; Klorman et
al., 1999), (6) 언어 유창성과 대립적 의사소통(Grodzinsky
& Diamond, 1992; Zentall, 1988), (7) 노력 배분(Douglas,
1983; Nigg, Hinshaw, Carte, & Treuting, 1998; Sergeant
& van der Meere, 1994; Voelker, Carter, Sprague,
Gdowski, & Lachar, 1989), (8) 조직화 전략의 개발, 적용
및 자기감찰(Clark, Prior, & Kinsella, 2000; Hamlett,
Pellegrini, & Connors, 1987; Purvis & Tannock, 1997;
Zentall, 1988), (9) 자기 지시적 언어의 내면화(Berk &
Potts, 1991; Copeland, 1979; Winsler, 1998; Diaz, Atencio,
McCarthy, & Chabay, 2000), (10) 구속적 지시에 따르기
(Danforth, Barkley, & Stokes, 1991; Roberts, 1990; Routh
& Schroeder, 1976), (11) 정서의 자기통제(Barkley, 2010;
Braaten & Rosen, 2000; Hinshaw, Buhrmester, & Heller,
1989; Maeden & Carlson, 2000) 등이다.

마지막에 언급한 정서적 통제에 대한 어려움은 특히
적대적 반항장애(ODD)가 공존하는 ADHD 아동에게서
가장 두드러진다(Melinick & Hinshaw, 2000). 몇몇 연구
에서 ADHD가 도덕발달이 미성숙하거나 감소된 것과 관
련된다는 것을 밝혔다(Hinshaw, Herbsman, Melnick, Nigg,

& Simmel, 1993; Nucci & Herman, 1982; Simmel &
Hinshaw, 1993). 이러한 인지적 문제는 대부분 ADHD에
특수한 것으로 보이며 학습장애, 우울장애, 불안, 또는
ODD/품행장애(CD)와 같이 흔히 공존되는 장애의 기능
이 아니다(Barkley, Edwards, et al., 2001; Clark et al.,
2000; Klorman et al., 1999; Murphy et al., 2001; Nigg,
1999; Nigg et al., 1998). 그러나 더 최근의 연구(Barkley,
2010)는 ADHD에 동반되는 정서조절에서의 문제들을 보
다 명확하게 설명했다. 임상적으로 ADHD 아동은 ADHD
가 아닌 아동보다 더 쉽게 화를 내고, 슬퍼하고, 폭발하
며, 변덕스러움을 의미한다. 이것은 정서의 생리적 조절
의 효율성 감소를 통해 공식적으로 평가할 수 있다
(Musser et al., 2011).

진단기준 및 관련 쟁점

최근 DSM-5(APA, 2013)에서 정의된 ADHD의 진단기준
이 표 2.1에 제시되어 있다. DSM-IV와 같이 DSM-5의
진단기준도 방대한 문헌개관, 자료 재분석, 현장연구, 그
리고 오랜 기간의 공적인 논의 후에 이 분야 전문가들이
합의하고 승인했다.

그럼에도 불구하고 진단기준에 대한 논쟁을 피할 수
없고 제한점도 없지 않다. 앞에서 언급한 대로 논쟁은
계속될 것이며, 우리는 더 동질적인 부주의집단을 분리
할 수 있는 경계와 타당도 연구, 성급함과 정서적 조절
문제, 특히 성인기의 충동성 평가, 그리고 ADHD 집단의
이질성을 포착할 수 있는 여러 방법에 대한 새로운 연구
가 이루어지기를 희망한다. DSM-IV의 ADHD 하위유형
지정은 본질적으로 DSM-5에도 남게 되었지만 '유형(type)'
대신에 '표현형(presentation)'이라는 용어를 각각 사용하
였다. 진단기준의 본문에서 설명한 바와 같이 이 표현형
은 매우 불안정해서 임상가들이 이를 영구적인 용어로
보지 말 것을 전달하기 위해 조절자(modifiers)로 분류했
다. DSM-IV에서 제시된 과잉행동-충동성 유형은 학령전
기 연령을 넘어서면 타당도가 제한적이었고(Willcutt et
al., 2012), 이 때문에 하위유형보다 표현형에 관심을 두

표 2.1 주의력결핍 과잉행동장애의 DSM-5 진단기준

A. 기능 또는 발달을 저해하는 지속적인 부주의 및 과잉행동-충동성이 (1) 그리고/또는 (2)의 특징을 갖는다.

1. **부주의** : 다음 9개 증상 가운데 6개 이상이 적어도 6개월 동안 발달수준에 적합하지 않고 사회적 · 학업적/직업적 활동에 직접적으로 부정적인 영향을 미칠 정도로 지속된다.
   주의점 : 이러한 증상은 단지 반항적 행동, 적대감 또는 과제나 지시 이해의 실패로 인한 양상이 아니어야 한다. 청소년 후기나 성인(17세 이상)의 경우에는 적어도 다섯 가지 증상을 만족해야 한다.

   a. 종종 세부적인 면에 대해 면밀한 주의를 기울이지 못하거나 학업, 직업 또는 다른 활동에서 부주의한 실수를 저지른다(세부적인 것을 못 보고 넘어가거나 놓침, 작업이 부정확함).
   b. 종종 과제를 하거나 놀이를 할 때 지속적으로 주의집중을 할 수 없다(강의, 대화 또는 긴 글을 읽을 때 계속해서 집중하기가 어려움).
   c. 종종 다른 사람이 직접 말을 할 때 경청하지 않는 것처럼 보인다(명백하게 주의집중을 방해하는 것이 없는데도 마음이 다른 곳에 있는 것처럼 보임).
   d. 종종 지시를 완수하지 못하고 학업, 잡일 또는 작업장에서의 임무를 수행하지 못한다(과제를 시작하지만 주의를 빨리 잃고, 쉽게 곁길로 샘).
   e. 종종 과제와 활동을 체계화하는 데 어려움이 있다(순차적인 과제를 처리하는 데 어려움, 물건이나 소지품을 정리하는 데 어려움, 지저분하고 체계적이지 못한 작업, 시간관리를 잘하지 못함, 마감시간을 맞추지 못함).
   f. 종종 지속적인 정신적 노력을 요구하는 과제에 참여하기를 기피하고, 싫어하거나 저항한다(학업 또는 숙제, 후기 청소년이나 성인의 경우에는 보고서 준비하기, 서류 작성하기, 긴 서류 검토하기).
   g. 과제나 활동에 꼭 필요한 물건들(학습과제, 연필, 책, 도구, 지갑, 열쇠, 문서 작업, 안경, 휴대전화)을 자주 잃어버린다.
   h. 종종 외부자극(청소년 후기나 성인의 경우에는 관련이 없는 생각들이 포함될 수 있음)에 의해 쉽게 산만해진다.
   i. 종종 일상적인 활동을 잊어버린다(잡일하기, 심부름하기, 청소년 후기나 성인의 경우에는 전화 회답하기, 청구서 지불하기, 약속 지키기).

2. **과잉행동-충동성** : 다음 9개 증상 가운데 6개 이상이 적어도 6개월 동안 발달수준에 적합하지 않고 사회적 · 학업적/직업적 활동에 직접적으로 부정적인 영향을 미칠 정도로 지속된다.
   주의점 : 이러한 증상은 단지 반항적 행동, 적대감 또는 과제나 지시 이해의 실패로 인한 양상이 아니어야 한다. 청소년 후기나 성인(17세 이상)의 경우에는 적어도 다섯 가지 증상을 만족해야 한다.

   a. 종종 손발을 만지작거리며 가만두지 못하거나 의자에 앉아서도 몸을 꿈틀거린다.
   b. 종종 앉아 있도록 요구되는 교실이나 다른 상황에서 자리를 떠난다(교실이나 사무실 또는 다른 업무 현장, 또는 자리를 지키는 게 요구되는 상황에서 자리를 이탈).
   c. 종종 부적절하게 지나치게 뛰어다니거나 기어오른다(**주의점** : 청소년 또는 성인에서는 주관적으로 좌불안석을 경험하는 것에 국한될 수 있음).
   d. 종종 조용히 여가활동에 참여하거나 놀지 못한다.
   e. 종종 '끊임없이 활동하거나' 마치 '태엽 풀린 자동차처럼' 행동한다(음식점이나 회의실에 장시간 동안 가만히 있을 수 없거나 불편해함. 다른 사람에게 가만히 있지 못하는 것처럼 보이거나 가만히 있기가 어려워 보일 수 있음).
   f. 종종 지나치게 수다스럽게 말한다.
   g. 종종 질문이 끝나기 전에 성급하게 대답한다(다른 사람의 말을 가로챔, 대화 시 자신의 차례를 기다리지 못함).
   h. 종종 자신의 차례를 기다리지 못한다(줄 서 있는 동안).
   i. 종종 다른 사람의 활동을 방해하거나 침해한다(대화나 게임, 활동에 참견함, 다른 사람에게 묻거나 허락을 받지 않고 다른 사람의 물건을 사용하기도 함, 청소년이나 성인의 경우 다른 사람이 하는 일을 침해하거나 꿰찰 수 있음).

B. 몇 가지 부주의 또는 과잉행동-충동성 증상이 12세 이전에 나타난다.

C. 몇 가지 부주의 또는 과잉행동-충동성 증상이 두 가지 또는 그 이상의 환경에서 존재한다(가정, 학교나 직장, 친구들 또는 친척들과의 관계, 다른 활동에서).

D. 증상이 사회적 · 학업적 또는 직업적 기능의 질을 방해하거나 감소시킨다는 명확한 증거가 있다.

표 2.1 (계속)

E. 증상이 조현병 또는 기타 정신병적 장애의 경과 중에만 발생되지는 않으며, 다른 정신질환(기분장애, 불안장애, 해리장애, 성격 장애, 물질중독 또는 금단)으로 더 잘 설명되지 않는다.

다음 중 하나를 명시할 것
    314.01(F90.2) 복합 표현형 : 지난 6개월 동안 진단기준 A1(부주의)과 진단기준 A2(과잉행동-충동성)를 모두 충족한다.
    314.00(F90.0) 주의력결핍 우세 표현형 : 지난 6개월 동안 진단기준 A1(부주의)은 충족하지만 A2(과잉행동-충동성)는 충족하지 않는다.
    314.01(F90.1) 과잉행동-충동 우세 표현형 : 지난 6개월 동안 진단기준 A2(과잉행동-충동성)는 충족하지만 A1(부주의)은 충족하지 않는다.

다음의 경우 명시할 것
    부분관해상태 : 과거에 완전한 진단기준을 충족하였고, 지난 6개월 동안에는 완전한 진단기준을 충족하지는 않지만 여전히 증상 이 사회적·학업적 또는 직업적 기능에 손상을 일으키는 상태다.

현재의 심각도를 명시할 것
    경도 : 현재 진단을 충족하는 수준을 초과하는 증상은 거의 없으며, 증상으로 인한 사회적·학업적 또는 직업적 기능의 손상은 경미한 수준을 넘지 않는다.
    중등도 : 증상 또는 기능적 손상이 '경도'와 '고도' 사이에 있다.
    고도 : 진단을 충족하는 수준을 초과하는 다양한 증상 또는 특히 심각한 몇 가지 증상이 있다. 혹은 증상이 사회적 또는 직업적 기능에 뚜렷한 손상을 야기한다.

주 : *Diagnostic and Statistical Manual of Mental Disorders, Fifth Edition* (pp.59-61). Copyright 2013 by the American Psychiatric Association의 허락하에 사용함.

게 된 것이다. DSM-IV의 현장 적용에 있어 ADHD 복합형은 주로 학령기 아동인 데 반해 ADHD 과잉행동-충동 우세형은 주로 학령전기 아동이라고 밝혀졌다. 이런 그림은 20여 년 동안 크게 변화되지 않았고, Willcutt 등(2012)이 중요한 개관을 통해 학령전기 이후 아동의 과잉행동-충동성 유형의 진단범주의 타당도에 대해 의미 있는 의문을 제기했다.

진단기준의 발달적 적절성에 대한 쟁점은 계속되는 관심사이다. DSM-IV의 현장연구들은 4~16세 아동에게 실시되었었고, 진단기준 세트 및 절단점의 주요 근거를 유지하도록 해주었다. 그러나 DSM-5에서조차 성인에 대한 적절한 현장연구는 이루어지지 않았다. 실질적인 이유는 성인에게는 증상들의 역치를 더 낮추는 것이 적절하다는 기대가 있었기 때문이다. DSM-5는 성인과 나이든 청소년에게 적절하도록 아동의 기준점(6개 증상)보다 증상이 하나 더 적은 기준점(5개 증상)으로 역치를 낮추었다. 이 작업은 2차적으로 수행되어서 5개의 다른 자료 세트에 대한 분석결과가 아직 출판되지 않았다. 다른 연구에서는 더 낮은 절단점이 적절했다(아마도 4개 증상; Barkley, Murphy, & Fischer, 2008). 또한 4세 미만의 미취학 아동에 대한 증상의 지속기간 또는 절단점에 대한 개정이 필요할 수 있다. 마지막으로 성인을 대상으로 5개 증상을 절단점으로 할 때 세 가지 표현형(부주의 우세형, 과잉행동-충동 우세형, 복합형)에 대한 타당도는 알려져 있지 않다.

또한 앞에서 언급했듯이 진단기준에는 특히 나이든 청소년과 성인의 충동성의 적절한 범위가 제시되지 않았다. DSM의 이후 개정판에서는 ADHD에 대한 진단기준을 위해 대두되고 있는 다양한 충동성 평가방법들을 통합하기 위해 더 많은 연구가 필요하다.

DSM-5 진단기준에서는 말(language)을 기록하는 것이 중요하다. 그래서 매뉴얼 본문에서 환자와 함께 다른 사람들로부터, 특히 다양한 상황에서 증상이 나타나는지 확인하기 위해 확실한 정보를 얻는 것의 중요성을 반복해서 언급하고 있다. 이것은 DSM-IV보다 개선된 점이며 임상실무에서 너무 쉽게 간과되는 부분이기도 하다. 증상의 과잉보고 대 과소보고는 이 집단에서 중요한 쟁점이기 때문에 매우 중요하다(Barkley, Knouse, & Murphy, 2011; Edwards, Barkley, Laneri, Fletcher, & Metevia, 2001; Fischer, Barkley, Fletcher, & Smallish, 1993a; Henry, Moffitt, Caspi, Langley, & Silva, 1994; Mannuzza & Gittelman, 1986; Romano, Tremblay, Vitaro, Zoccolillo, & Pagani, 2001).

ADHD의 진단기준에 대한 또 다른 중요한 쟁점은 진단받는 아동의 성별에 따른 진단기준의 조정 여부에 대한 것이다. 진단항목 및 관련항목에 대한 여러 연구에 의하면 일반 전집에서는 어린 남아가 어린 여아보다 진단항목들을 더 많이 보였고 심각도도 높았다(Achenbach, 1991; DuPaul, Power, et al., 1998). DSM-IV의 현장연구의 대다수가 남아들이었고(Lahey et al., 1994), DSM-IV의 증상 역치가 DSM-5에도 남게 되었는데, 최소한 아동의 경우 이 기준은 남아에게는 적절하다. 이것은 남아가 다른 남아에 비해 충족시켜야 하는 증상 절단점에 비해 ADHD로 진단받는 여아가 다른 여아에 비해 상대적으로 더 높은 절단점을 충족시켜야만 하는 결과를 낳는다. 성별에 따라 절단점을 조정하는 것이 이 문제를 해결할 것처럼 보이지만, 만약 성별에 따라 기준을 달리 적용한다면 여러 아동연구에서 발견된 남 : 여 2.5 : 1의 불균형적 성비는 무효가 될 것이다(아래 절 참조). ADHD와 관련된 신경발달의 호르몬 조절과 같은 관련 병인적 요인들을 불분명하게 할 가능성이 있다(Martel, 2013). 이와 대조적으로 ADHD 성인의 경우 남자 대 여자의 진단율이나 증상 특성에서 유의한 성차가 나타나지 않는다(Barkley, 2011). 왜 성별의 차이가 성인기에 약화되는지 의문으로 남아 있다.

연령과 발달적 고려사항

미취학 아동

논란의 핵심은 매우 어린 아동(2~3세)의 ADHD 진단에 있다. DSM-5 본문(APA, 2013)에는 4세 이하에는 타당한 진단을 확립하기 어렵다고 밝혔지만, 진단기준에는 유아를 진단하는 것을 금지하지 않는다. 더 어린 연령에서 보이는 짜증, 반항, 공격성이나 미성숙함을 가지고 부주의 또는 충동성을 변별하는 것이 가능할지 불분명하다. 또한 증상 지속기간으로 6개월을 요구하는 것은 학령전기 아동에게 문제가 될 가능성이 많다. 많은 3세 유아(또는 더 어린 영아)의 경우 부모 또는 유치원 교사가 활동수준이나 주의력에 대한 염려를 표현할 수 있지만 이러한 염려는 12개월 내에 호전될 가능성이 높다(Beitchman, Wekerle, & Hood, 1987; Campbell, 2006; Lerner, Inui, Trupin, & Douglas, 1985). 학령전기 아동에게는 DSM-5 진단기준에 명시된 6개월의 지속기간이 너무 짧아서 이 연령대에 ADHD 아동을 지나치게 많이 진단하는 결과를 낳을 수 있다(긍정오류). 그러나 유사한 주제의 연구결과 문제가 적어도 12개월 동안 지속되거나 4세 이후까지 지속되는 아동의 경우 이러한 문제행동이 강하게 지속되며, 학령기까지 지속될 것으로 예측된다. 관련 연구에서 최소 학령전기 아동에게는 증상의 지속기간을 12개월 또는 더 길게 잡을 것을 제안하였다. 이것은 DSM의 다음 판에서 고려되어야 할 쟁점이다.

성인

위에서 언급한 바와 같이 DSM-5는 5개의 서로 다른 자료 세트 분석에 근거하여 6개 증상에서 5개 증상으로 성인의 절단점을 낮추었다. 성인 진단의 핵심문제는 증상의 과거력을 결정하는 것이다. 그런데 현재 종단연구를 통해 청소년과 성인의 결과가 많이 알려져 있다. 우리는 다음 절에서 성인의 결과에 대해 더 논의할 것이다.

하위유형

ADHD의 두 영역구조에 대한 타당도가 분명함에도 불구하고, 하위유형을 구별하는 것은 쉽지 않다. 상당한 연구문헌이 있음에도 불구하고 하위유형에 대한 양상이 모호하게 남아 있다. 이는 2개 차원이 상관관계가 너무 높고, 최소 50~64% 이상의 변량을 공유한다는 것을 고려한다면 예상할 수 있다. DSM-5의 저자들에게 정보를 제공하기 위해 수행된 종합적 개관에 몇 가지 경향이 제시되었다(Willcutt et al., 2012).

1. 종단연구에서 채택된 것과 같이 단지 정보 제공자 한 명만 면담해서 DSM-IV 하위유형을 결정하면 시간이 지남에 따라 안정적이지 않았다. 따라서 첫 해에 어떤 유형으로 진단받았든 아동이 다음 해에 는 다른 유형으로 진단받을 수 있다.

2. 하위유형들 간 차이는 종류보다는 주로 심각도에 있다. ADHD 복합형 아동은 부주의 우세형 아동보 다 손상이 더 심하고, 과잉행동-충동성 우세형은 학령전기 이후 아동에서는 드물어서 연구가 거의 되어 있지 않다.

3. ADHD의 하위유형들을 직접 비교한 신경생리학적 연구(예 : 기능적 뇌손상이나, 분자유전학)는 여전 히 거의 존재하지 않는다. 그래서 DSM-5는 '유형' 이라는 명칭을 제거하고 임상적 '표현형'으로 대체 했다. 이는 실제 DSM-IV 하위유형과 유사한 방식 으로 기능할 수 있는 별개의 코드를 여전히 갖고 있기 때문이지만, 경과의 변경인자로 보이도록 의 도한 것이다. 이것은 불안정했던 '유형'으로 되돌 아가는 경향을 막고, 이 표현형들 간의 생물학적 차이를 밝히는 새로운 자료에 대한 가능성을 열어 놓으려는 의도였다.

Willcutt과 동료들(2012)은 개관을 통해 부주의하지만 과잉행동을 보이지 않는 아동에 대한 경험적 연구가 충 분하지 않다고 밝혔다. DSM-IV의 부주의 우세형 또는 DSM-5의 부주의 우세 표현형 아동이 혼합 표현형의 진 단기준을 충족시킬 정도로 충분히 활동적이지는 않지만 여전히 과잉행동을 보일 수 있다. 이에 따라 몇몇 관찰 자들은 만일 실제로 구별되는 하위유형이 있다면, DSM 개념화에 '순수 부주의' 아동과 함께 '역치 하 복합형' 아 동도 포함되어야 한다고 생각했다. 이런 관점은 기준 절 단점이 잘못되었다는 것이다.

이 주장은 직관적으로는 호소력이 있지만 두 가지 이 유 때문에 납득하기 어렵다. 첫째, 대부분 연구에서 DSM- IV 하위유형을 사용했기 때문에 처음에 집단 구별이 '잘

못'되었는지 여부에 대한 질문을 피할 수 있다. 둘째, 사 용된 정의(DSM-IV 이전에는 DSM-III가 이 집단에 대한 공식적인 기준을 제공하지 않았기 때문에 다양한 정의가 사용됨)와 상관없이 연구자료는 심각한 양상을 따르는 경향이 있다. 즉, 부주의집단에서 부주의와의 상관관계 가 반복되고, 복합형 집단에서도 부주의 및 과잉행동과 의 상관관계가 반복되므로 하위유형이란 서로 다른 방식 으로 혼합될 수 있는 행동차원들에 대한 임의적인 절단 점에 지나지 않는다.

그럼에도 불구하고 새로운 증거가 나타나고 있다. 아 동의 가족력을 검토한 Stawicki, Nigg와 von Eye(2006)는 DSM의 부주의 우세형 아동이 역치 하 복합형 아동을 포함한다는 증거를 내놓았다. 그들이 여러 연구에 포함 된 수천 명의 가족연구를 검토한 결과 부주의 우세형 ADHD 아동은 부주의 우세형과 복합형 친척이 있을 가 능성이 큰 반면, 복합형 아동은 복합형 친척이 있을 가 능성이 높았다. 대조적으로 DSM은 여전히 '부주의' 표현 형 아동에게 과잉행동-충동성 증상을 최대 5개까지 허용 한다. 비록 타당한 자료가 드물지만 초기의 증거에 의하 면 이 아동의 양상은 약간 다르며, 어떤 영역에서는 과 잉행동-충동성 증상이 4~5개로 역치 하 복합형 표현형 의 아동보다 인지적 문제가 덜 심각하지도 않았다(Carr, Henderson, & Nigg, 2010; Milich et al., 2001). 낮은 수 준의 과잉행동-충동성 증상을 보이는 부주의 표현형은 초기 연구자들이 SCT라고 확인한 것으로 이후 연구자들 은 잠재적으로 주의력문제와 공존하지만 구분되는 조건 이라고 제안했는데, 이는 아래에서 더 논의할 것이다.

결국 현재 이 분야의 핵심적인 질문에 답하기 위해서 는 정밀조사가 필요하다. 단순히 증상이 더 많을수록 더 많은 손상을 나타내고, 그래서 하위유형이 단순히 종류 의 차이가 아니라 정도의 차이를 나타내는 것인가? 또는 현재 DSM의 관련변인에 내재하는 종류의 차이가 실제하 는가? 이런 점이 향후 '뜨거운 주제'가 될 것이다. 그리 고 DSM의 다음 판에서는 순수 부주의 아동 또는 부주의 -굼뜬 속도의 아동에 대한 변화된 인식을 뒷받침할 연구 가 충분히 제시될 것이다.

DSM-IV와 DSM-5 모두에서 '부주의'와 '충동성'이 공식적으로 정의되지 않았다는 것을 다시 언급하는 것이 중요하다. 사실 현재까지 이해된 충동성은 앞에서도 언급했지만 DSM-5 진단기준에서 잘 포착되지 않았다. DSM-5(전에 DSM-IV이 그랬던 것처럼)는 주로 언어적 행동 및 사회적 침입성과 관련된 세 가지 충동성 항목을 제시한다. 그러나 충동성에 대한 현재의 이해는 의사결정 과정 동안 지연보상보다는 즉각적 보상에 상대적으로 비중을 두는(앞서 설명한 바와 같이 1980년대의 ADHD 관점을 연상하게 하는)을 강조한다. 그러나 이런 행동유형이 DSM에서 잘 제시되지 않았다. 이와 유사하게 DSM에서 부주의는 단순히 집중하는 데 문제가 있거나 과제에서 벗어나는 행동으로 정의되었다. 공식적 용어로서 부주의는 낮은 에너지, 작업기억의 부족, 감각조절 또는 인지적 간섭의 문제, 부족한 인지적 통제, 부족한 자기조절의 문제에서 기인한다. 이것은 주의력의 형태나 유형을 포착하는 더 정확한 용어들이다. 종류가 다른 주의력을 어떻게 다른 유형의 ADHD 아동의 양상에 통합시킬 것인지에 대한 논쟁이 지속된다.

그러나 ADHD는 인지 및 신경생물학적으로 다양한 근본적인 손상을 반영한다는 믿음이 갈수록 늘고 있다. 모두 그런 것은 아니지만 ADHD 아동집단에서 동일한 신경생물학적 또는 동일한 인지적 역기능을 보일 가능성이 있다. ADHD를 보이는 개인을 신경생물학적 하위유형 또는 하위집단으로 묶는 것은 이 분야에서 미래에 추구해야 할 '성배'로 남아 있는데, 이는 '앞으로의 연구 방향(p.129)' 부분에 자세히 설명되어 있다.

비록 DSM-5가 다양한 정보 제공자로부터 나온 자료를 고려하라고 촉구했지만, DSM-5 저자들은 그러한 정보를 통합하는 방법에 대한 관심을 미래의 몫으로 남겨두었다는 점이 핵심문제이다. 만약 어떤 정보 제공자가 지지한다면 그 증상이 존재하는 것일까? 여러 정보 제공자로부터 나온 보고들의 평균을 계산해야 하는가? 또는 일부 정보 제공자는 어떤 연령대의 어떤 증상에 대해 다른 사람보다 더 타당한가? 특히 부모와 교사가 잘 확립된 기준에 모두 동의한다면 그 보고를 비중 있게 다루는

것이 이상적이다(Achenbach, McConaughy, & Howell, 1987). 스마트폰에서 볼 수 있는 것과 같은 마이크로컴퓨터 기술이 세계적으로 넓게 퍼지면서 이런 방법의 실현 가능성이 커지고 있다. 이런 맥락에서 정보원들 사이의 불일치는 실제적인 다양한 요구에 따른 기능으로서 아동행동의 확연한 차이가 반영된 것일 수 있다. 그러나 정보의 불일치는 서로 다른 사람의 태도와 판단의 차이도 반영한다. 임상가는 ADHD가 적절한 명명인지 결정할 때 서로 다른 보고들의 신뢰성과 다양한 상황의 변산성, 또는 가정이나 학교에서의 상황적 문제를 더 파악할 필요성을 결정하기 어렵다. 다른 집단으로부터 ADHD 아동을 가장 잘 변별해 내기 위해서는 부모와 교사의 보고를 통합해야 한다. 즉, 이전 DSM-IV의 현장연구에서 실제 수행된 바와 같이(Lahey et al., 1994), 두 가지 출처의 정보를 통해 인정된 여러 다른 증상들의 수를 세는 것이다(Crystal, Ostrander, Clen, & August, 2001; Mitsis, McKay, Schulz, Newcorn, & Halperin, 2000).

이러한 많은 쟁점들은 미래의 DSM 개정판에서 다루어야 할 것이다. 그러나 현재의 진단기준은 실제 이 장애에 대해 가장 발전된 부분이며, 1980년 이전에 존재했던 여러 상황으로부터 엄청난 향상을 보였다. DSM의 다양한 개정판은 ADHD의 증상, 하위유형, 진단기준, 그리고 병인론에 대한 많은 양의 연구를 창출했다. 그렇지 않았으면 전문적인 적용과 비판을 향한 새로운 준거가 제시되지 못했을 것이다. 가장 최근의 진단기준은 임상가에게 특수하고 신뢰성 있고, 경험적으로 타당하고, 예측 가능하며, 과학적 문헌에 기초를 둔 일련의 지침을 제공한다.

굼뜬 인지속도

SCT는 DSM-5에서 인정되지 않았으므로 임상적 활용을 위한 공식적으로 인정된 진단기준이 없다. 최근 Saxbe와 Barkley(2013)는 임상가를 위한 문헌을 검토했고, 이 논의의 대부분은 이 연구를 기반으로 한다. SCT의 가장 두드러진 증상은 다음과 같다(Barkley, 2012b, 2013; Carlson & Mann, 2002; Garner, Marceaux, Mrug, Patterson, &

Hodgens, 2010; McBurnett, Pfiffner, & Frick, 2001; Penny, Waschbusch, Klein, Corkum, & Eskes, 2009). 아동은 (1) 백일몽, (2) 각성/변화를 유지하는 데 어려움, (3) 정신이 흐릿해지고 쉽게 혼란됨, (4) 잦은 응시, (5) '멍하게' 있음/마음이 딴 데 가 있음, (6) 무기력, (7) 활동 부족, (8) 느린 움직임/굼뜸, (9) 설명이나 질문 과정이 정확하지 못함, (10) 졸리고/잠든 모습을 보임, (11) 무감각/철수, (12) 생각을 잊어버림, (13) 작업을 완료하는 속도가 느림, (14) 주도성 결여/노력 유지의 어려움 등이 있다. 그러나 마지막 두 가지 증상은 아동과 청소년에서 SCT뿐 아니라 ADHD와도 연관될 가능성이 높기 때문에 이 두 가지 유형의 주의력장애를 감별진단할 때 사용하는 것을 추천하지는 않는다(Barkley, 2013). 그러나 나머지 12개는 이 구분에 매우 유용한 것으로 나타났다(Penny et al., 2009).

SCT 증상은 ADHD의 부주의와 과잉행동-충동성과 서로 강한 상관관계가 있는 두 가지 전통적인 증상차원이 아동(Jacobson et al., 2012; Penny et al., 2009)과 성인(Barkley, 2011) 모두에서 분리되어 군집화되었다. 두 가지(혹은 그 이상) 증상차원은 매우 분명하다. 즉 (1) 백일몽/졸음, (2) 느림/부진/기면상태(Barkley, 2013; Penny et al., 2009)이다. 낮은 주도성/지속성을 나타내는 세 번째 차원도 존재할 수 있으나(Jacobson et al., 2012) SCT와 마찬가지로 ADHD 부주의 증상과도 상관관계가 있어 사례 변별에는 유용하지 않다. 평가방법에 관계없이 임상장면에 의뢰되거나 지역사회에 근거한 사례들 모두에서 이 요인이 나타난다. 학부모와 교사 평정을 사용하거나(Barkley, 2013; Bauermeister et al., 2012; Garner et al., 2010; Hartman, Willcutt, Rhee, & Pennington, 2004; Jacobson et al., 2012; Penny et al., 2009), 학교에서의 행동관찰(McConaughy, Ivanova, Antshel, Eiraldi, & Dumenci, 2009), 그리고 임상상황에서의 행동관찰을 사용하였는지 여부와는 상관없이(McConaughy, Ivanova, Antshel, & Eiraldi, 2009), SCT 증상은 ADHD 증상차원과는 구별되는 것으로 나타났다. 이는 성인의 자기보고에서도 동일했다(Barkley, 2012b). SCT 증상은 ADHD의 증

상, 특히 부주의 증상과 관련되지만 중간 정도의 상관관계가 있으며 변량의 약 10~25% 정도를 공유한다. 그러나 ADHD의 두 가지 증상차원이 서로 상관되는 정도보다 SCT 증상과 ADHD 증상의 상관관계가 더 낮다(Barkley, 2012b, 2013; Penny et al., 2009). SCT 증상은 부주의 증상보다 과잉행동-충동성 증상과의 상관관계가 훨씬 낮다(Barkley, 2012b, 2013; Garner et al., 2010; Hartman et al., 2004; Jacobson et al., 2012; Penny et al., 2009; Wahlstedt & Bohlin, 2010). 따라서 SCT 증상은 아동 및 성인의 정신병리의 다른 증상차원과도 서로 관련되어 있으므로 ADHD 증상과 독립적이거나 부분적으로 섞여 있다.

ADHD와는 달리 SCT는 실행기능검사를 사용하는지(Bauermeister et al., 2012; Wahlsted & Bohin, 2010), 일상생활 기능과 같은 평정척도를 사용하는지(Barkley, 2012b, 2013)에 관계없이 ADHD만큼 실행기능장애가 심각하거나 전반적이지 않다. 사실 SCT는 실행기능장애가 아닐 수도 있다(Barkley, 2013).

SCT는 ADHD와 중첩된다. Barkley(2013)의 미국 아동 연구에서 SCT로 확인된 참가자 중 절반 이상(59%)이 ADHD를 보였다. ADHD와 SCT의 중첩이 존재하는 경우 주로 DSM-IV의 ADHD 하위유형 중에서 과잉행동-충동성보다는 부주의 증상이 더 심각했다. 이 발견은 아동(Garner et al., 2010; Penny et al., 2009; Skirbekk, Hansen, Oerbeck, & Kristensen, 2011)과 성인(Barkley, 2012b)을 대상으로 이런 중첩을 탐구한 초기 연구결과와 일치한다. 어떤 하위유형이든 ADHD 아동 중 39%는 SCT도 해당하였다. 또한 이 연구결과는 아동(Garner et al., 2010; Hartman et al., 2004)과 성인(Barkley, 2012b)에 대한 이전 연구들과 일치한다. 예를 들어 최근 미국 성인에 대한 자기보고식 조사(Barkley, 2012b)에서 표본의 5.8%가 높은 SCT 증상 기준을 충족시키는 것으로 나타났다. SCT를 충족시키는 참가자의 절반 정도(54%)가 자기보고식 증상에서 ADHD 준거도 충족하였다. 또한 ADHD의 하위유형과 관계없이 ADHD에 해당되는 개인의 약 절반 정도(46%)가 SCT도 해당되었다. SCT와 ADHD

와의 관계는 불안장애와 우울장애와 같이 상대적으로 구별되면서도 관련성이 있거나 부분적으로 결합된 두 가지 동반이환 중 하나와 비슷하다. 또한 단일장애 내에서 하나의 하위유형도 아닌 것으로 나타났다.

SCT 차원은 ADHD 증상보다 내면화 증상과 더 밀접하게 관련된다(Bauermeister et al., 2012; Becker & Langberg, 2012; CapdevilaBrophy et al., 출판 중; Carlson & Mann, 2002; Garner et al., 2010; Hartman et al., 2004; Penny et al., 2009). 이는 ADHD 증상들의 영향력을 통제한 후에도 동일했다(Bauermeister et al., 2012; Becker & Langberg, 2012; Penny et al., 2009). 또한 아동의 ODD, CD 또는 정신병질과 같은 외현화 증상이나 장애는 SCT와 상관관계가 낮은 편이다. 이와는 달리 ADHD는 일반적으로 위에서 논의한 ODD와 CD와 같은 외현화 증상차원과 특히 공병 위험이 높다.

SCT와 ADHD는 일상생활 활동의 손상평가에서 현저한 차이가 있다(Barkley, 2012b, 2013). 지면이 제한되므로 이 결과에 대한 자세히 논의하지 못하였다. SCT는 사회적 철수와 외톨이, 방치와 연관되는 반면에 ADHD는 심각한 또래갈등, 공격성, 괴롭힘/가해, 거부와 연관된다(Milich et al., 2001; Penny et al., 2009). 두 가지 장애모두 학업수행을 저해하지만 ADHD는 학교에서 지장을 주는 행동과 학교 밖에서 규칙 준수, 심부름, 과제수행 또는 운전과 같이 자기통제나 억제가 요구되는 일이 심하게 손상된 것과 밀접한 관련이 있다. 이와 달리 SCT는 ADHD와 마찬가지로 학업수행과 직업기능에서 손상이 있으나 자동차 운전에 지장을 주는 행동은 적다.

이 논의를 마치면서 Saxbe와 Barkley(2013)가 지적한 바와 같이 SCT가 이 장애에 대한 가장 최선의 용어가 아닐 수도 있다는 점이 중요하다. 첫째, SCT의 근본적인 신경심리적 결함이 아직 잘 이해되지 않았다는 점 때문이고, 둘째, 맞지 않음에도 불구하고 '느린 학습자' 또는 '지능이 낮다'와 같은 문구에서 전달될 수 있는 유사한 경멸적인 의미를 지니고 있기 때문이다. 이 책에서는 '집중력 결핍장애', '발달적 집중력장애', '초점적 주의력장애'와 같이 일반적이고 사회적으로 용인되는 용어를

지지한다. 이런 용어들은 기저의 인지과정이나 모욕에 대한 어떤 함의 없이 ADHD와는 별개의 문제인 주의력이나 각성/기민함의 문제를 강조할 수 있다.

이론적 고려사항

ADHD의 핵심 병리생리학 이론들은 심리학적 관점과 신경생물학적 관점을 통해 이해될 수 있다. 심리학적 관점에서 지난 1세기 동안 이 장애에 관한 명백한 결과의 다양성을 설명하기 위해 많은 ADHD 이론이 제안되었다(자세한 개관은 Barkley, 1999 참조). 그런데 심리학적 관점에서 볼 때 인지조절을 강조하는지(하향식 이론), 동기 또는 에너지 요인을 강조하는지(상향식 이론)에 따라 두 가지 주요 이론집단으로 분류되며, 최근 이론은 이런 관점을 통합한다. 이런 다양한 이론은 포괄성의 정도나 이론 또는 가설수준인가에 따라 매우 다양하다. 우리는 다음에 몇 가지 중요한 제안을 기술했다. 이 논의 중 보다 쉽게 찾아볼 수 있도록 심리학적 기제의 주요 현대 이론들을 표 2.2에 열거하였다.

이 이론 중 일부는 앞에서 논의된 바 있다(81쪽 '역사적 맥락' 참조). 초기의 하향식 이론은 Still(1902)의 의지

표 2.2 ADHD에 대한 심리장애의 현대 이론의 예

연도	저자	핵심개념	이론의 유형
1972	Douglas	주의	하향식 이론
1981	Barkley	규칙-통제행동	하향식 이론
1997	Barkley	반응억제	하향식 이론
1972	Sagvolden	강화 기울기	상향식 이론
1987	Haenlein & Caul	보상반응	상향식 이론
1997	Quay	행동억제	상향식 이론
1988	Sergeant	각성/활성화	상향식 이론
1992	Sonuga Barke	지연 혐오	상향식 이론
1993	Schachar	반응억제	하향식 이론
2002	Castellanos & Tannock	시간처리와 조절	혼합이론
2005	Sagvolden	강화 기울기/도파민	상향식 이론
2005	Sonuga Barke	복측-배측 이중경로	혼합이론
2005	Nigg & Casey	인지적, 정서적 경로	혼합이론

억제와 행동의 도덕적 통제결함에 대한 개념과 Douglas (1972, 1983)의 주의력결핍, 억제, 각성, 즉각적인 보상에 대한 선호 이론, 그리고 Barkley(1981, 1989b)의 규칙-통제행동의 결함에 대한 개념들이었다. 고전적 또는 초기의 상향식 이론들은 ADHD를 강화에 대한 민감성의 결함(Haenlein & Caul, 1987)이나 보상-무시의 급격한 변화를 포함하는 것으로 설명했다(그의 개념에 대한 20년간의 연구결과 요약은 Sagvolden et al., 2005 참조). Gray (1982)의 불안에 대한 신경심리학적 모델에 기초하여 Quay(1997)는 ADHD가 뇌의 행동억제 체계[Nigg(2000)가 '동기의 억제'라고 명명함]의 결함 때문에 발생한다고 제안했다. Sergeant(1988)는 ADHD 문제를 보다 잘 파악할 수 있는 영향력 있는 통합 모델을 제시했다. 이 모델에 따르면 행동조절은 각성(신호를 인식할 준비), 활성화(반응할 준비), 노력(동기 부여)과 같은 '에너지 요인'과 '실행기능'(예 : 오늘날 '인지적 통제'라고 부르는 것) 간 특정한 상호작용에서 발생한다. Sergeant는 ADHD가 활성화나 각성의 문제와 가장 관련이 깊다는 증거를 개관했다.

그동안 Logan의 억제의 '경쟁' 모델에 기초하여 Schachar 등(1993)은 우리가 '하향식 또는 통제된 억제(실행억제)'라고 부르는 관점을 사용하였고, ADHD 환자의 억제과정의 중요한 결함을 주장하면서 하향식 이론을 정교화했다. 이 모델에서 사건이나 자극은 일차반응과 억제반응 모두를 활성화하여 이 두 반응 중 어느 것이 먼저 실행될지 경쟁이나 경합을 이끌어 내는 것으로 간주된다. ADHD와 같이 탈억제된 개인은 일반 아동보다 억제과정을 더 느리게 시작하는 것으로 보았다. 광범위한 문헌에서 이를 확인했지만 다른 ADHD 증상에 대한 설명력은 해결되지 않았다.

도파민 신호가 조절에 미치는 영향에 대한 향상된 신경과학적 이해에 힘입어 상향식 동기부여 또는 강화 기울기 이론이 더 상세화되고 정교해졌다. '자연 발생적 고혈압성' 쥐라고 불리는 동물 종을 이용해 모델을 개발한 Sagvolden과 동료들(2005)이 이 관점의 가장 포괄적인 설명을 제시했다. 이 동물은 비교 종보다 미래 강화인자

들의 더 가파른 감소를 보였다. ADHD에 대해 적용하려면 강화×지연 변동이 다양한 상황에서 충동적 행동의 가능성을 변화시키는 방식에 대한 상세한 이해에 달려 있다. 가장 중요한 점은 이 이론이 급격히 변동하는 반응 유관성 경험의 무수한 반복을 통해 시간경과에 따라 과잉행동-충동양식의 발달을 촉진시킨다는 것으로, 도파민 활성화의 특정 실패를 가정한다. 이 이론에 대한 미세한 대안으로 Tripp과 Wickens(2008)는 미래의 강화 요인이 아닌 현재의 강화요인에 대한 비정상적인 도파민 반응을 제기했다.

Sonuga-Barke(2005; Sonuga-Barke et al., 1992)는 '지연 회피'라는 용어를 사용해 이와 관련된 개념을 제안했다. 이 이론의 변형에 따르면 자극에 대한 욕구는 피드백이 없으면(또는 강화의 부재) ADHD가 비정상적으로 불쾌감을 느끼게 만들어 스스로 환경으로부터 반응을 유발하는 행동을 하도록 만든다. 이러한 행동은 환경이나 사회적 반응을 자극함으로써 보상의 가능성을 창출한다. 그러나 이 이론과 관련된 대부분의 증거는 급격한 강화학습 또는 충동적 선택보상 변동의 결과에 의존하기 때문에 변동강화 이론의 증거들과 중첩된다.

Barkley(1994, 1997a, 1997b, 2001b, 2001a, 2012c)는 하향식 모델의 가장 통합적인 설명을 제시했다. 다양한 관찰을 더 포괄적 이론으로 통합하기 위해 ADHD 이론의 윤곽을 만들었고, 최초로 우세반응 억제의 결핍이라는 잘 정립된 개념을 확립했다. 그림 2.2에 기본 이론이 제시되어 있다(Barkley, 1997a).

이 이론은 자기조절은 행동반응을 억제할 수 있는 능력을 필요로 하며, 4개의 다른 실행기능이 효율적으로 작동하는 것은 이 억제능력에 달렸다고 제안했다. 이 네 가지 실행기능은 시간과 즉각적인 결과에 대한 미래의 영향력을 통제함으로써 행동을 점차 늘려 자기조절을 하도록 만든다. 이러한 실행기능들의 상호작용은 사회적 미래(사회적 자기효능감)에 대한 보다 효율적 적응기능을 가능하게 한다. 이 모델에서 각성 조절과 보상 가치 절하의 문제는 행동억제라는 근원적인 문제에서 파생된 하위요인이다. 다른 이론과 마찬가지로 이 이론은 순수

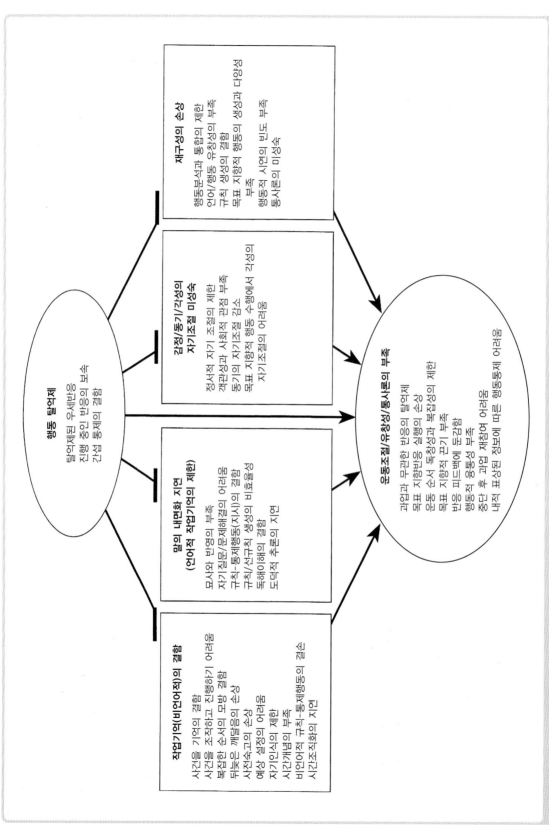

그림 2.2 실행기능과 행동억제 및 운동통제 시스템의 네 가지 기능의 관계에 대한 최초의 통합 모형을 보여주는 그림

출처 : Barkley(1997b). Copyright 1997 by The Guilford Press의 허락하에 사용함.

부주의형/표현형이나 굼뜬 인지속도(SCT)보다는 ADHD의 복합형/표현형과 더 관련이 있다.

다섯 가지 실행기능은 공통된 과정을 통해 발달되는 것으로 생각된다. 이는 초기 아동기 발달상(및 인간진화) 한때는 전부 외현적 관찰이 가능했고, 타인이나 외부세계를 향해 지시했던 사적이고 은밀한 행동양식을 반영한다. 아동이 성숙함에 따라 이 외부 지시적 행동은 자신의 행동을 통제하는 수단으로써 자기 자신을 향하게 된다. 이러한 자기 지시적 행동은 행동의 공적, 지엽적, 근골격계 움직임이 억제됨에 따라 다른 사람들은 점차 잘 관찰하지 못하게 된다. 아동은 활성화된 실제행동을 공적으로 나타내지 않으면서 자기 지시적인 행동을 할 수 있게 된다. 공적으로 관찰 가능한 행동을 억제할 수 있도록 점진적으로 발달하는 대단한 능력을 여기서는 '은밀한', '개인화된' 또는 '내면화된'이라는 용어로 설명한다. 아동은 말초근육을 통해 그 반응을 드러내지 않게 되고, 적어도 다른 사람이 보지 못할 정도로 (뇌에서) 내적으로 행동할 수 있게 된다. 다른 곳에서도 논의된 바와 같이(Barkley, 1997a, 2001a) 내적으로 향한 이 행동은 공적으로 수행할 때 사용되는 근육을 포함하여 말초근육의 전위가 미세하고 변화 흔적만 남아 있는 형태로 탐지된다(예 : 언어적 생각에 몰두할 때 사람들은 입술, 혀, 후두 등을 여전히 약간 움직인다). 이런 의미에서 모든 실행기능은 언어가 내재화(Diaz & Berk, 1992; Vygotsky, 1967/1987, 1978)됨에 따라 동일한 일반적 순서를 따르는데, 이 모델에서 제3의 실행기능에 해당한다.

이 이론은 '실행기능'(자기 지시적 행동이나 자기조절의 한 형태)의 조작적 정의를 보다 명확하게 설명함으로써 실행기능에 대한 새로운 연구를 자극했다. 또한 ADHD에 관련된 실행기능의 종류를 확인하고, 이론적 관점에서 ADHD를 보다 더 정확하게 설명할 수 있게 해 주었다. 최근에 Barkley는 ADHD에서의 주요 결핍은 초기에 제안했던 행동억제뿐 아니라 억제결핍에 따른 부가적 결함으로 여겼던 메타인지(자기인식과 작업기억)에서도 결핍이 있다고 인정했다(Barkley, 1997b). 최신판(Barkley, 2012c)에 억제(자제력)와 함께 발달하는 기본적인 실행기능인 자기자각(자기 지시적 주의)이 모델에 추가되었다. 이러한 실행기능은 비언어적 및 언어적 작업기억(자아상과 자기 말), 정서 및 동기부여적 자기조절, 계획/문제해결(사적인 자기 주도적 놀이)과 같은 다른 발달영역에 선행하며, 결국 공존하게 된다.

또한 이 최신판에서 Barkley는 실행기능이 사회적 존재로 살아가는 인간집단에서 발생하는 문제를 해결하기 위해 진화된 것이며, 본질적으로 사회적인 신경심리학적 적응이라고 간주했다. 그는 이 실행기능이 일상생활에서 네 가지 수준의 실행기능을 형성하기 위해 상당한 공간적·시간적·사회적 거리에도 불구하고 어떻게 효과를 낼 수 있는지 설명하기 위해 진화생물학에서 '확장된 표현형'이라는 개념을 가져왔다. 이러한 수준은 (1) 방금 논의된 실행기능으로 구성되는 도구적/자기 지시적이며, (2) 도구적 실행기능이 자기관리, 다른 사람으로부터의 독립, 그리고 사회적 자기방어의 발달을 뒷받침한다는 면에서 적응적/자립적이며, (3) 더 낮은 수준의 실행기능은 목표를 성취하기 위해 우정과 사회적 관계망의 형성 및 타인과의 사회적 교환의 다른 상호 호혜적 형태들을 형성하는 데 기여한다는 면에서 전략적/상호 호혜적이며, (4) 더 낮은 수준의 실행기능은 단독으로 또는 교환(상호성)을 통해서는 개인이 달성할 수 없는 공동의 목표를 성취하기 위해 같은 마음의 사람들과 함께 협력적인 집단을 형성한다는 면에서 전략적/협력적이다. 이 모델에 따르면 일상생활에서 낮은 수준의 결핍은 더 높은 수준의 결함을 생산하기 위해 위쪽으로 방출된다. 매우 심각한 경우 이러한 결함으로 인해 이 위계적 배치가 아래로 붕괴될 수 있다. ADHD는 실행기능의 일차적 또는 도구적 수준의 주요한 결함을 야기한다고 간주되므로 확장된 표현형 효과의 다른 영역들에서 위쪽으로(그리고 바깥쪽으로) 방출하는 효과를 가져온다.

가장 최근의 ADHD 이론들은 거의 대부분 명백한 '다중경로' 이론이 되었다. 즉, 이론들은 모두 평행적 발달의 흐름이 ADHD에 영향을 미친다는 것과 다양한 원인을 가진 ADHD의 하위집단이 있으며, 그 증후군의 구성요소는 각기 다른 유발요인을 가지고 있다는 것을 인정한다. 따라서 Sonuga-Barke(2005)는 부주의가 (배측 선조체와 전전두엽피질을 포함하는 신경회로에 위치해 있는) 실행기능과 반응억제의 결함과 관련이 있지만 과잉행동-충동성은 (복측 선조체나 중격핵과 복내측 시상하핵 전전두엽피질을 포함하는 신경회로에 위치해 있는) 동기부여와 변동 보상의 결함과 관련이 있다고 주장했다. 이전의 모델이 모두 자기조절에서 하향적 및 상향적 과정의 변증법적 특성을 인정했지만, 이 이론은 주요한 단일요소를 가지고 있는 순차적 모델이 아닌 하향 및 상향적 측면들을 병렬적 모델로 통합하려고 시도했다는 장점을 지니고 있다.

Nigg와 Casey(2005)는 새로운 제안을 했다. 이 이론은 또한 인지적 통제(Nigg와 Casey가 '내용' 회로를 구성하는 것으로 언급한)와 관련된 전전두엽-선조체-시상회로와 학습에 관여하는 전두엽-소뇌회로(그들이 '시간' 회로를 구성하는 것으로서 언급한 것), 그리고 감정조절과 동기부여에 관련된 변연계-전두엽 회로 등 여러 신경회로를 통합한다. 그들은 주의력 포착과 경쟁 정보의 주의억제(복측과 배측의 주의 회로)에서 전두엽-두정엽-피질 하부 신경회로의 중요한 역할을 고려한 인지신경 과학의 새로운 발견을 통합했다. 본질적으로 매우 신경생물학적인 이 모델은 이 분야의 최근 몇 가지 발전을 통합했다. 특히 감정조절에 관한 연구를 주의력 인지신경과학에 관한 연구와 통합하는 방법을 제공하며, ADHD에서 두 가지가 어떻게 조율된 방식으로 관련될 수 있는지 보여준다. 또한 이런 회로에 대한 예측함수를 구체화함으로써 ADHD 전산 모델의 문을 열었다.

Castellanos와 Tannock(2002)은 작업기억 및 인지적 조절에 관한 인지신경과학과 단기 정보처리 과정에 관한 연구의 연결을 시도하면서 또 다른 영향력 있는 관점을 제시했다. 이 연구는 ADHD에서 작업기억과 소뇌가 관여하는 시간 추정 기능에 대한 더 많은 연구를 촉진시켰다. 저자들은 반응시간 평가에서 ADHD의 반응시간 프로파일에 대한 새로운 연구를 강조했기 때문에 ADHD의 반응 변산성에 대한 관심을 다시 불러일으켰다. ADHD 아동은 주기적으로 매우 느린 반응을 보이는 것 같고,

이는 규칙적 간격으로 발생하는 것으로 보인다. 이는 중추신경계의 비정상적 파장과 일치하는 것으로 생각된다. 이 모델의 핵심적이고 흥미로운 전제는 특정 주파수에서 느린 반응을 보인다는 것이다. Karalunas, Huang-Pollock 및 Nigg(2013)는 최근 이 이론을 반박하면서 ADHD 아동이 사실 여러 시간 주파수에서 느리게 반응한다는 것을 보여주었다. 그럼에도 이 이론은 ADHD에서 시간에 따른 주의력의 변화 패턴을 핵심적인 상향적 기제로 이해하려는 연구를 계속 자극할 것이다.

Nigg와 동료들(2005)은 어떤 심리적 결함도 ADHD의 모든 사례를 설명할 수는 없다고 지적했다. 오히려 각 ADHD 아동은 자신의 문제를 설명할 수 있는 근본적인 신경심리학적 또는 신경생물학적 기제가 서로 다를 것이다. 이러한 의미에서 각각의 가설이나 이론은 전체 그림의 일부만을 포착한다고 할 수 있다. 그 모델을 지지하는 Nigg와 동료들(Fair, Bathula, Nikolas, & Nigg, 2012)은 최근에 대규모 ADHD 아동 표본에 신경심리 배터리를 실시하고 '지역사회 선별'이라는 정교한 수학적 분석을 실시했다. 이 모델은 한 집단의 아동은 반응 억제에, 다른 집단은 각성에, 또 다른 집단은 과잉반응 가변성에 문제가 있다는 것을 보여주었다. 하지만 각 집단은 비슷한 수준의 ADHD 증상을 보였다.

결론적으로 ADHD에 대한 이론적 배경은 점점 더 풍부해지고 정교해지고 있다. 아직도 가설이 아닌 사실로 확인된 실제 이론이 거의 없으나, 연구자들의 예측을 포괄하는 최소 2개의 이론(Barkley, 1997a, 2012c; Sagvolden et al., 2005)이 있으며, 이는 많은 다른 연구에서 ADHD를 신경생물학적으로 이해할 수 있는 강력한 출발점을 제공했다. 이 이론의 주요 주제는 자기조절에서 하향식 및 상향식 과정의 통합을 명확히 밝히고 ADHD에서 이 과정이 어떻게 손상되는지 보여주는 노력뿐 아니라 도파민 회로의 중요성을 포함하고 있다.

ADHD는 '실재'하는 정신장애인가

사회비평가들은 수십 년 동안 활기가 넘치고 열광적인

아동에게 전문가들이 성급하게 정신장애라고 명명하는 것에 대해 우려를 표했다(Breggin, 1998; Kohn, 1989; Schrag & Divoky, 1975; Sroufe, 2012). 교육자들도 단순히 열악한 교육환경에 대한 변명으로 이 명칭을 사용하는 것 같다고 비판했다. 즉, 과잉활동이나 ADHD로 진단받는 아동이 실제로는 보통의 아동인데도 부모와 교사의 완고함(Kohn, 1989)과 잘못된 돌봄이나 가정에서의 애정 결핍(Breggin,1998) 때문에 정신장애로 낙인을 붙인다는 것이다. 물론 그런 경우가 간혹 발생할 수 있다는 것은 의심의 여지가 없지만, ADHD에서 확인된 생물학적 상관관계들의 배열을 볼 때 그런 주장에 동의하기 어렵다. 위의 주장이 사실이라면 ADHD 아동과 정상아동은 어떤 인지적, 행동적, 또는 사회적 측면에서도 의미 있는 차이를 보이지 않아야 한다. 그러나 ADHD 아동은 4세부터 두뇌의 크기가 의미 있게 작았고(Castellanos et al., 2002), 대뇌피질층의 성숙이 더 느렸고(Shaw, Greenstein, et al., 2006), 혈중 납의 농도가 증가되어 있고(Nigg et al., 2008), ADHD가 있는 가족구성원이 더 많았고(Stawicki et al., 2006), 유전자형에도 차이가 있었다(Banaschewski, Becker, Scherag, Franke, & Coghill, 2010).

비평가들이 언급하는 핵심적 문제는 생물학적 지표만으로 임상적으로 진단하기에는 부족하다는 것이다. 진단은 여전히 행동증상에 대한 임상적 판단에 의존한다. 이 판단에 있어 전문임상가의 신중함보다 더 좋은 것은 없다. DSM 진단기준은 본질적으로 당위적인 것이 아니라 임상 경험적 발견법에 따른 것이다. DSM 진단기준은 임상가가 치료 없이는 상태가 악화될 가능성이 있는 아동, 이미 손상을 입은 아동, 여러 영역에서 현재와 미래에 손상의 위험성이 많은 아동, 그리고 치료를 하지 않는 것보다는 치료를 받는 것이 해롭지 않은 아동을 신뢰 있고 타당하게 식별할 수 있게 해준다. 진단기준이 이러한 목적을 위해 적절하게 적용되었을 때 매우 효과적이다(이 주장에 대한 더 자세한 뒷받침은 Willcutt et al., 2012 참조).

암이나 유행성 독감 같은 질병의 경우 정의 가능한 생물학적 과정을 평가할 수 있으므로 '실재' 조건이라고 한다면, ADHD의 존재론적 상태를 다루기에는 아직도 갈 길이 멀다. 장기적으로 비록 그런 생물학적 지표가 확인된다고 해도 그런 지표가 현재 ADHD로 진단된 모든 개인에게 적용되지는 않을 가능성이 있다. 실제로 모든 복잡한 질병(고혈압, 비만, 당뇨, 암과 여러 정신 장애)에 대해 단일한 생물학적 원인을 식별할 수 있는 능력은 우리가 그 질병의 하위집단을 구별할 수 있을 때만 가능하기 때문이다. 그러나 복잡한 질병은 본질적으로 이환율과 사망률을 예측하는 위험요인에 근거해 확률적 예측으로 특징지을 수 있다. ADHD는 상당한 이환율의 위험성(아래에 논의)이 전달되므로 확률적인 진단범주를 평가하는 것이 유용하다. 이것이 향후 주요 관심사가 될 것이다.

역학

유병률

지난 10년 동안 ADHD에 대한 체계적인 인구 기반 전국 조사연구가 처음으로 수행되었다. 여러 가지 방법을 사용했기 때문에 모두 동일한 결과를 얻지는 못했지만, ADHD가 매우 흔한 질병이라는 일관된 결과가 나왔다. 한 전국조사결과 아동과 청소년의 1년 유병률이 8.5%로 나타났다(Muthen & Muthen, 2000). 미국 성인 중 ADHD 유병률은 4~5%이다(Barkley, 2012b; Polanczyk, de Lima, Horta, Biederman, & Rohde, 2007). 미국 질병통제예방센터(CDC)의 임상실무자 설문조사에 따르면 1990년대 후반부터 2000년대 후반까지 미국에서 ADHD 유병률이 더 증가한 것으로 나타났지만(Boyle et al., 2011), 이런 증가가 실제적인 장기적 추세에 의한 것인지 아니면 식별의 영향 요인들이 다양하게 변화된 데 따른 것인지는 불분명하다. 전 세계적 연구 또는 여러 국가의 자료를 합쳐 실시한 메타분석 개관 결과 아동과 청소년 ADHD의 1년 유병률이 약 5.3%(Polanczyk et al., 2007)이고, 성인은 2~3%(Nylund, Bellmore, Nishina, & Graham, 2007)이다.

그러나 이 유병률은 높게 추정되었을 가능성이 있다.

조사와 평가방법의 편차를 고려하고 두 명의 정보 제공자에 대한 보수적인 수준의 확실한 합의를 통해 ADHD의 존재를 고려한 정교한 베이지안 분석결과 ADHD의 실제 유병률은 2.2%로 추정되었고, 약간의 지역적 편차가 있었지만 지난 10년 넘게 유병률의 변화는 없는 것으로 나타났다(Erskine et al., 2014). 따라서 ADHD가 보수적으로 정의된다면 ADHD의 유병률은 안정적이며 임상적으로 확인되는 비율보다 더 낮을 가능성이 있다. 그러나 가장 최근의 이 논문에서 ADHD를 너무 보수적으로 정의했을 가능성도 있고, ADHD가 수십 년의 오랜 기간 동안 증가했을 가능성도 있다. 또한 저자들이 인정한 바와 같이 많은 국가에서 조사연구 자료가 너무 부족하다. 그러므로 유병률의 실제 변화에 대한 의문점을 해결하기 위해서는 더 많은 자료가 필요하다.

여러 자료가 수렴되었다 해도 이 유병률 수치는 궁극적으로 신경생리학적 손상 또는 발달이상과 관련된 손상된 증후군을 가진 개인을 높게 추정했을 가능성을 나타낸다. 예를 들어 DSM-IV 또는 DSM-5의 전체 진단기준을 사용하거나 다중 정보 제공자를 확보했거나, 신중하게 손상을 평가하거나, 동시에 발생하는 의학적 상태 또는 정신과적 상태를 완전하게 설명할 수 있는 관찰증상을 배제한 연구는 거의 없었다. ICD-10 준거에서는 ADHD의 유병률이 훨씬 낮은데(전형적으로 약 1%, Döpfner et al., 2008) 이는 주로 ICD-10이 기분장애 또는 행동문제를 공병으로 가진 아동을 배제하기 때문이다.

성차

아동기에 발현되는 대부분의 정신 및 발달장애가 그렇듯이 ADHD는 2 : 1의 비율로 남성에게 우세하게 나타난다(Polanczyk et al., 2007); 이 비율은 성인기에 접어들면 단지 1.6 : 1부터 심지어 1 : 1까지로 감소한다(Nigg, Lewis, Edinger, & Falk, 2012). 이는 일부 여아에 대한 진단과 평가가 소극적으로 이뤄지기 때문이다. 남아는 여아보다 더 높은 비율로 치료에 의뢰되는데, 부분적으로 더 높은 수준의 공격성 때문이다. 또한 아동기에 더 큰 성차가 나타나는 것은 주로 남아 표본을 근거로 만든 진단기준

에 따른 결과이다. 여아가 부주의한 행동을 더 많이 보일 수 있지만, 그들이 내재화 문제와 공병을 더 많이 보이는지는 아직 논란의 여지가 있다. 임상적으로 치료가 의뢰된 ADHD 여아와 남아에 관한 연구에서는 학업 및 사회적 기능에서는 유사한 수준의 손상을 나타내지만 ADHD 여아는 지적인 결손이 더 큰 것으로 나타났다(Gaub & Carlson, 1997). 그러나 지역사회표본에서는 여아가 남아보다 외현화 문제의 공병이 나타날 가능성이 더 낮았지만, ADHD 여아가 더 심한 지적 손상을 보이지는 않았다(Gaub & Carlson, 1997). 인지 및 생물학적 상관 요인을 고려하면 ADHD 여아는 실행기능 및 인지적 조절능력에서 남아와 유사한 손상 패턴을 보인다(Hinshaw, Carte, Sami, Treuting, & Zupan, 2002; Rucklidge & Tannock, 2001). 일련의 주요한 임상 사례연구에서 ADHD 남아와 여아는 목표변화와 간섭조절의 평가 결과 비슷한 손상 패턴을 보였고, 남아와 여아 모두 통제집단보다 현저히 낮은 수행을 보였다(Seidman et al., 2005). Doyle 등(2005)의 연구에서 ADHD 남아의 친척들이 보이는 신경심리적 손상 패턴이 ADHD 여아의 친척들에서도 유사하게 나타났다. 이러한 결과는 (발달에 따른 증상 정도에 관한 종단연구와 함께) ADHD 남아와 여아의 증상 사이에 중요한 유사성이 있다는 것을 시사한다(Lahey et al., 2007; Monuteaux, Mick, Faraone, & Biederman, 2010).

아동기부터 초기 성인기의 ADHD 여아를 대상으로 한 최근의 대규모 종단연구결과 학업수행 문제, 학습장애 동반, 또래문제 또는 다른 아동으로부터 배척당하는 것과 같은 다양한 손상의 위험성이 높았다는 면에서 ADHD 남아와 여아 사이에 비슷한 점이 많다(Hinshaw et al., 2012; Owens, Hinshaw, Lee, & Lahey, 2009). 그러나 이러한 위험성에는 몇 가지 중요한 차이가 있을 수 있다. 즉 ADHD 여아(특별히 부주의 우세형 표현형인 여아)는 남아보다 학업수행이나 또래관계에서 더 많은 어려움을 겪을 수 있다(Elkins, Malone, Keyes, Iacono, & McGue, 2011). 또한, ADHD 여아 및 여성들이 ADHD 남성보다 섭식장애(주로 폭식장애와 신경성 폭식증의 위험성 증

가), 불안, 그리고 우울증일 가능성이 더 컸다(Barkley et al., 2008; Lahey et al., 2007). 이러한 문제는 청소년기로 발달하면서 ADHD 남아보다 ADHD 여아에게서 더 지속적으로 나타날 수 있다(Monuteaux et al., 2010). 하지만 두 성별 모두 정상적으로 발달하는 아동이나 성인보다는 이러한 장애에 노출되기가 더 쉽다(Barkley et al., 2008; Lahey et al., 2007; Monuteaux et al., 2010). 또한 ADHD 남성은 ADHD 여성보다 반사회적 행동, 특정 형태의 물질사용장애, 그리고 난폭운전을 할 가능성이 더 높다(Barkley et al., 2008; Nussbaum, 2012). 그러나 다시 강조하지만 ADHD 남녀 모두 동일한 성별의 정상아동 비교집단보다 더 높은 수준의 문제를 겪는다(Barkley et al., 2008).

그런데 중요한 쟁점들이 아직 남아 있다. 첫째, 여아 ADHD를 진단할 때 남아와 동일한 기준을 적용해야 하는지 여부는 명확하지 않다(Petty et al., 2009). 비록 여아가 남아보다 전체적으로 덜 활동적이고 덜 산만하지만 실제 ADHD를 진단하기 위해서 기록되는 증상 횟수와 빈도는 남녀 모두에게 같다. 따라서 손상되어 있지만 2개의 DSM 증상차원 중 어느 한쪽에서 6개 미만의 증상을 보이는 여아는 현재 진단기준에서는 놓쳤을 가능성이 있다. 둘째, 여아는 ADHD를 유발하는 병인적 요소들에 더 큰 저항을 가질 수 있다. 한 쌍생아연구에서 Rhee, Waldman, Hey, 그리고 Levy(2008)는 여아가 ADHD를 명백하게 나타내려면 더 많은 위험 유전자들을 필요로 한다는 것을 제안한 변별 역치 모델(differential threshold model)과 일치하는 증거를 발견했다. ADHD에 대해 완전히 이해하기 위해서는 초기 발달시기에 호르몬 및 성별로 특수한 다른 영향요인에 관한 연구들을 통합한 후속연구가 중요하다. 최근 연구의 발전에도 불구하고 여아 ADHD는 남아 ADHD보다 잘 이해되지 못하였고, 청소년기와 성인기의 유병률이 같아지는 것도 잘 설명하지 못하고 있다.

사회경제적 차이

ADHD와 사회경제적 지위(SES)의 관계에 대한 연구는

많지 않을 뿐 아니라 특별한 일관성이 없다. Lambert, Sandoval과 Sassone(1978)의 연구에서 부모, 교사, 의사가 모두 진단에 일치했을 때 사회경제적 지위에 따른 과잉행동의 유병률 차이가 약간 있었다. 그러나 이 세 명의 정보 제공자 중 두 명만 일치한 경우 사회경제적 지위에 따라 유병률 차이가 커졌다. 즉, 높은 사회경제적 지위보다 낮은 사회경제적 지위에서 ADHD 아동이 더 많았다. 예를 들어 부모와 교사가 일치한 경우(의사는 불일치) 과잉행동으로 진단받은 아동 중 18%가 상위계층, 36%는 중간계층, 45%는 하위계층에 속했다. 교사의 의견만 적용한 경우 각각 17%, 41%, 그리고 41% 등이었다. Trites(1979)와 Szatmari(1992)는 낮은 사회경제적 지위에서 ADHD의 비율이 높아진다고 하였다. 그러나 Szatmari, Offord와 Boyle(1989)은 품행장애와 같은 다른 공병 조건을 통제하면 낮은 사회경제적 지위는 더 이상 ADHD 비율과 상관이 없다는 것을 발견했다. 현재로는 ADHD가 모든 사회계층에서 나타난다는 것이 분명하다. 각 SES에 나타난 유병률의 차이는 장애를 정의할 때 활용한 정보원 및 SES가 관여하는 다른 장애(ODD와 CD 등)가 ADHD와 공병하는 것에 따른 허구일 수 있다.

인종·문화·국가적 쟁점

'비정상'을 문화적으로 받아들이는 행동기준에서 크게 벗어나는 것이라고 정의한다면 ADHD와 같은 증후군에서 문화적 다양성을 고려할 때 수많은 요인이 작용한다. 예를 들어 단순 수렵-채취 사회나 비문명화된 문화에서 ADHD는 어떻게 정의될까? 부주의하고, 충동적이고, 자기통제력이 심각하게 부족한 개인이 이러한 문화에서 성공할 수 없다고 예측할 수 있지만, 행동양상과 이러한 장애에 대한 사회적 용인은 우리의 예상과 다를 것이다. 이와 마찬가지로 현대 문화권별 차이를 평가하려는 우리의 노력에도 같은 우려가 미묘한 방식으로 작용될 것이다.

유병률 이야기부터 시작해 보자. DSM 정의를 사용할 때 우리는 지난 20년 동안 전 세계에서 시행된 수많은 조사연구들의 도움을 받았다. Polanczyk 등(2007)이 진행한 메타회귀분석은 모든 주요 거주 지역(대부분의 조

사가 북미지역과 유럽지역에서 이루어지긴 해도)에 있는 170,000명의 참가자를 대상으로 한 102개의 조사자료를 포함시켰다. 연구자는 평가방법에 따라 유병률이 다르다는 것을 발견했지만, 최종자료의 전 세계 유병률은 5.3%로 이는 꽤 합당한 수치이다. 세계의 주요 지역 간 유의한 차이도 나타났다. 남미(11.8%)와 아프리카(8.5%)에서 유병률이 가장 높았고, 중동(2.4%)에서 가장 낮았는데, 이러한 차이는 확인 차이(예 : ADHD 평가방법의 차이)에 대한 조정 이후 통계적으로 유의하지 않았다. 이 세 지역에서 활용 가능한 연구의 수가 너무 적었기 때문에 지역 간 차이를 확인할 수 있는 신뢰구간의 범위가 너무 넓다. 물론 충분한 사례수가 유의하게 다를 가능성도 있지만, 신뢰구간을 충분히 좁게 한 자료들은 모두 비슷한 유병률을 나타냈다(북미 6.3%, 유럽 4.7%, 오세아니아 4.6%, 아시아 3.7%).

위에 설명했듯이 Erskine 등(2014)이 더 포괄적인 분석을 했다. 통계적으로 더 강력한 연구를 통해 신뢰할 만한 지역적 편차를 확인했다. 북아프리카, 중동, 그리고 오세아니아에서 유병률이 가장 높았고, 남아시아에서 가장 낮았다. 그러나 이 지역의 자료가 매우 부족했기 때문에 자료의 통계적 조정에 의존했다. 그럼에도 불구하고 실제 유병률의 지역적 차이를 제안할 수 있다면 병인론과 질병 조절자에 대해 중요한 단서들을 제공할 수 있을 것이다.

그러나 지역적 편차를 정확히 찾아내는 것이 매우 어렵다. 지역 내, 혹은 국가 내의 차이(도시와 시골)가 매우 중요한데 이것이 지역 간 또는 국가 간 편차보다도 더 중요할 수 있다. 그러나 한 국가 내의 자료는 해석하기에 모집단의 크기가 너무 작아서 위의 연구들에서는 분석되지 않았다. 따라서 추가적인 유병률 자료가 병인론적 이론에 있어 중요하다. 예컨대 만일 납 노출, 빈혈증, 혹은 영양실조가 ADHD의 원인이 된다면 개발 국가에서 다른 병인론적 요인(예 : 출생 시 영아 몸무게가 낮을수록 생존율이 높음)에 의해서 반대결과가 나타나지 않는 한 이들에 더 많이 노출되어 있는 지역, 국가, 혹은 주변지역(예 : 남아프리카)의 유병률이 더 높아야 한다.

그럼에도 불구하고 역사적 접근, 법률 및 전문적 임상수행의 차이로 인해 미국에서는 여러 다른 나라보다 각성제 치료의 비율이 2배 이상 더 높고 더 많다(Giles et al., 1997). 다른 부유한 나라들도 비슷한 양상을 보인다(Steckler, Goodman, & Alciati, 1997).

유병률 외에 몇 가지 복잡한 부분에 대해 논의할 필요가 있다. 첫째, ADHD 관련 행동이 여러 문화집단에서 교사와 부모의 눈에는 같은 의미로 비치지 않을 수 있다. 예를 들어 Mann 등(1992)은 다른 문화적 배경을 가진 임상가들이 동일한 아역 배우의 똑같은 행동(각 아동의 인종과 무관)에 대해서도 유의하게 다른 증상수준으로 평가한다는 것을 발견했다. 반면에 Epstein 등(2008)은 아프리카계 미국인 아동의 심한 ADHD 증상에 대한 교사의 평가가 다른 아동에 대한 교실의 행동관찰과 일치하는 것을 발견했다. 인종에 대한 주 효과는 부분적으로 미국 흑인 아동이 잘못된 행동을 많이 보이는 일반 학급에 더 많았다는 사실에서 기인한다. 이런 쟁점에 대한 연구가 부족하여 여전히 지식 기반에 빈틈이 많다.

둘째, 서로 다른 인종과 문화집단 간 ADHD 증후군의 내적 타당도가 어느 정도인지와 어떤 조건에서 이것이 바뀔지 분명하지 않다. 기존 자료는 ADHD 증상의 요인 구조가 국가 간 본질적으로 똑같다는 것을 보여준다(Goodman, Steckler, & Alciati, 1997). Reid 연구집단(1998)은 아프리카계 미국 아동과 유럽계 미국 아동의 ADHD 증상의 요인 부하량을 조사했다. 일반적인 2요인 구조가 두 집단에서 확인되었지만, 증상별 항목 부하량이 달랐는데, 이 증후군이 두 집단에서 다른 의미를 갖는다는 것을 나타낸다. 아프리카계 아동은 유럽계 아동과 확인되는 비율이 달랐지만, 그 원인은 분명하지 않다(Miller, Nigg, & Miller, 2009). 같은 행동이 미국의 다른 인종집단에 다른 의미를 가지는 이유를 추론하는 것은 어렵지 않다(예 : 아프리카계 아동은 집단 내에서 큰소리로 말하도록 사회화되는 반면, 유럽계 아동은 큰 집단 내에서 조용히 있거나 자신의 차례를 지키도록 사회화되었을 가능성이 있다).

이러한 가정에 반대되는 것으로 Rohde 등(1999)은 주요 개관을 통해 개발도상국가에서 산출된 요인구조, 치료 예후, 유병률 및 생물학적 관련 요인이 선진국의 결과와 유사하다고 결론을 내렸다. 이는 ADHD의 교차 문화적 타당성을 지지하는 결과이다. 이러한 증거는 ADHD 평가에 인종 및 문화적으로 특수한 기준을 포함시켜야 하는지에 대한 의문을 제기한다. 즉, 연구가 부족하기 때문에 이 영역에 대한 미래 연구자들이 ADHD의 문화적 타당도에 관한 지역적 편차나 경계 조건(만약 존재한다면)을 명확히 밝히고, 구성타당도에 대한 변별력 있는 지도를 제공할 연구를 시행하는 것이 중요하다.

셋째, 치료율은 국가 간 차이가 매우 심하고(Forero, Arboleda, Vasquez, & Arboleda, 2009), 치료법 역시 미국 내 문화권마다 다를 수 있다(Kandziora et al., 2003). 이러한 불일치가 소수민족 아동이 빈약한 결과를 초래하는지와 같은 주요 쟁점의 연구자료가 부족하다. 이런 서비스에서의 차이는 진료를 받을 수 있는 접근 가능성의 부족이나 진단 및 치료의 사회기반 시설에 대한 상이한 태도를 반영할 수 있다. 따라서 치료비용, 치료받을 기회, 치료에 대한 태도/신념 및 서로 다른 결과에 관한 쟁점에 대해 추가적인 실증적 연구가 필요하다.

특히 우리는 표준화된 탐색조사(예 : 아동 연기자)를 통해 행동 평가 시 아동의 인종, 정보 제공자의 인종 및 평가 제공자의 인종이 미치는 영향력에 대한 더 많은 연구를 기대한다. 인종은 고정관념 효과뿐 아니라 문화적 편차(일부 사례)를 포함하므로 점점 다양성이 증가하는 사회에서 문화적으로 효율적인 평가를 늘리는 것이 매우 중요하다.

발달 과정과 성인기 결과

지난 40년간 과잉행동이나 ADHD로 치료가 의뢰된 아동에 대한 중요한 추적연구가 여러 지역에서 이루어졌는데 (1) 몬트리올(Weiss & Hechtman, 1993), (2) 뉴욕시(Gittelman, Mannuzza, Shenker, & Bonagura, 1985; Klein et al., 2012; Mannuzza, Klein, Bessler, Malloy, & LaPadula, 1993), (3) 아이오와시(Loney, Kramer, & Milich, 1981),

(4) 로스엔젤레스(Satterfield, Hoppe, & Schell, 1982), (5) 밀워키(Barkley et al., 2008), (6) 샌프란시스코(Lee, Lahey, Owens, & Hinshaw, 2008), (7) 보스턴(Biederman, Faraone, Milberger, et al., 1996; Biederman, Petty, Evans, Small, & Faraone, 2010), (8) 로체스터와 미네소타(Barbaresi et al., 2013)에서였다. 일반 모집단에서 과잉행동으로 확인된 아동에 대한 추적연구도 미국(Lambert, 1988), 뉴질랜드(McGee, Williams, & Silva, 1984; Moffitt, 1990), 영국(Taylor, Sandberg, Thorley, & Giles, 1991), 그리고 기타 국가에서 실시되었다. 짧은 기간(예 : 아동기부터 청소년기까지)에 대한 여러 다른 추적연구가 지난 10년간 출판되었는데, 너무 많아 여기에 다 열거할 수 없을 정도이다.

연구결과를 요약하기 전에 주의할 점은 다음과 같다. 첫째, 대부분의 장기 추적연구가 현재의 DSM에 근거한 ADHD 정의 이전에 시작되었으므로 현재 기준으로 정의된 아동과 중복 정도에 따라 추정치가 달라질 수 있다. 대부분의 초기 연구들은 그 당시 '과잉행동'이라고 알려진 아동을 선택했다. 이들은 현재 DSM 분류에서 ADHD 과잉행동-충동 우세 표현형이나 ADHD 복합형/표현형에 해당할 것이다. 대부분의 연구에서 시작 시점에 증상에 대한 부모와 교사의 평가집단 편차를 확인하지 않았다. 또한 ADHD의 부주의 우세형/표현형이나 SCT(굼뜬 인지속도)를 반영하지 못하여, 현재 사용할 수 있는 추적자료가 없다. 임상장면에 의뢰된 ADHD 아동 중 추적연구의 아동과 동일한 연령대면서 지속적으로 추적되지 않은 집단에 대한 설명이 각 발달시점의 관련 위험요인을 이해하는 데 도움을 줄 것이다.

둘째, 아동 성장 환경이 급속히 변하고 주의집중과 외현화 문제에 영향을 주기 때문에(예 : 스크린 미디어와 폭력적 비디오 게임, 맞벌이 가정) 수십 년 전에 모집된 아동연구를 현재 아동에게 적용하는 것이 적절치 않다. 적어도 과거에는 동시대 집단효과(cohort effects)가 어떤 면에서 사소한 것이었다. 즉, 치료가 의뢰된 ADHD 청소년은 청소년기까지 추적해 연구된 ADHD 아동과 유형과 손상 정도가 비슷했다(예 : Barkley, Anastopoulos,

Guevremont, & Fletcher, 1991; Barkley, Fischer, Edelbrock, & Smallish, 1990). 병원에 의뢰된 ADHD 성인과 성인기까지 추적된 ADHD 아동도 이와 같았으나(Barkley et al., 2008), 아동기부터 성인기까지 추적된 경우 어떤 영역(교육, 직업)에서 더 심각한 결과를 보였다.

셋째, 추적연구에서 평가시점이 제각각 다른 평가 불연속성 때문에 발달 과정에 대해 확실히 결론 내리기 어렵다. 넷째, 아동의 모집단을 달리하는 것이 결과에 큰 영향을 미쳤는데, 특히 병원에 의뢰된 모집단이 일반 모집단 아동보다 2~3배까지 부정적 결과가 더 많았고, 더 다양한 종류의 부정적 결과를 보였다(예 : Barkley, Fischer, et al., 1990; Lambert, 1988). 그러나 최근 연구에서는 결과가 비슷했다(예 : Barkley et al., 2008; Barbaresi et al., 2013). 병원에서 모집된 표본의 결과를 일반집단으로 일반화하는 것은 간단하지 않다.

이 부분에서는 장애 자체의 과정에 초점을 두며, 이절 뒷부분('동반이환 정신장애')에서 ADHD 과정에서 발생할 수 있는 공존장애 및 관련 조건으로 돌아갈 것이다.

ADHD의 평균 발병시기는 학령전기인 3~4세인데(Applegate, Lahey, Hart, Waldman, Biederman et al., 1997; Loeber et al., 1992; Taylor et al., 1991), 이는 일반적인 공식학교 교육이 시작되기 전이다. 그러나 발병시기는 연구하는 ADHD 하위유형에 따라 크게 좌우된다. 과잉행동-충동적 행동양상(어떤 경우 반항적이고 공격적 행동)이 먼저 발현되는데, 이 하위유형이 가장 이른 발병연령을 나타낸다. ADHD 복합형은 진단에 반드시 과잉행동과 부주의가 모두 있어야 한다는 조건 때문에 초등학교 저학년(5~8세; Hart et al., 1995)에 발병한다. ADHD 부주의 우세형은 다른 유형들보다 몇 년 더 늦게(8~12세) 나타난다(Applegate et al., 1997).

부주의와 과잉행동이 심각할 정도로 나타나고, 부모나 교사가 통제하기 어렵고, 이런 행동이 적어도 1년 또는 그 이상 지속되는 학령전기 아동은 ADHD일 가능성이 높고 학령기에도(Beitchman et al., 1987; Campbell, 2006; Palfrey et al., 1985), 심지어 청소년기에도(Olson, Bates, Sandy, & Lanthier, 2000) ADHD일 가능성이 있다. 부모-자녀 상호작용에서 갈등이 있고, 엄마가 더 지시적이고 부정적이며, 아동이 더 반항적이고, 확연한 ODD가 있을 경우 ADHD가 지속될 가능성이 크다(Campbell, March, Pierce, Ewing, & Szumowski, 1991; Olson et al., 2000; Richman, Stevenson, & Graham, 1982). 학령전기 ADHD 아동의 경우 부정적 기질과 사건에 대한 정서적 반응을 더 흔히 나타낸다(Barkley, DuPaul, & McMurray, 1990; Campbell, 2006). 학령전기 ADHD 아동과 관련된 부모의 양육 스트레스가 매우 컸으며, 더 나이든 연령 집단에 비해 가장 높았다(Mash & Johnston, 1983a, 1983b). 유치원에서도 ADHD 아동은 자기 자리에서 자주 벗어나고, 교실을 돌아다니며, 지나치게 말이 많고, 말소리가 시끄럽고, 다른 아동의 활동을 방해한다(Campbell, Schleifer, & Weiss, 1978; Schleifer et al., 1975).

ADHD 아동은 학령기인 6세에서 12세까지 과잉행동-충동성 행동과 관련된 문제가 계속되고, 주의력의 문제(실행기능과 목표 지향적 지속성)가 추가된다. 과제 완성과 생산성의 어려움과 주의분산, 필요한 일을 잊어버리는 것, 계획 부족, 작업활동에 대한 조직화 능력의 부족, 집안일과 학교과제의 마감시간을 지키지 못함, 사회적 약속에 대한 책임감과 친구에게 대해 충실하지 못한 것 등이 학령전기부터 있었던 충동성, 부주의 및 탈억제 행동과 결합되어 나타난다. 반항적이고 사회적으로 공격적인 행동문제가 이 연령의 ADHD 아동 40~70%에서 나타난다(Loeber, Burke, Lahey, Winters, & Zera, 2000; Loeber, Burke, & Pardini, 2009; Loeber et al., 1992; Taylor et al., 1991).

품행장애(CD)가 이전에 없던 경우 모든 ADHD 아동 중 25~45% 이상이 8세부터 12세에 반항적이고 적대적인 행동이나 노골적인 ODD의 조기 형태들이 향후 CD로 발전할 가능성이 있다(Barkley, Fischer, et al., 1990; Gittelman et al., 1985; Loeber et al., 1992; Mannuzza et al., 1993; Taylor et al., 1991). 확실히 후기 아동기에는 위에 제시된 모델에 나타난 억제와 관련된 실행기능에서의 결함이 나타나서 적절한 자기조절을 방해한다(Barkley, 1997a). 많은 ADHD 아동의 전반적인 적응기능(자기효능감)이 그들의 지적 능력과 비교해도 유의하게 더 낮다(Stein, Szumowski, Blondis, & Roizen, 1995). 높은 외현화 증상을 보이는 학령전기 아동의 경우에도 마찬가지다(Barkley, Shelton, et al., 2002). 적응기능과 연령에 적절한 기대치(또는 IQ) 사이의 불일치는 그 자체로 ADHD의 더 큰 심각성에 대한 예측요인일 뿐만 아니라 아동기 후반에 나타나는 반항 및 품행문제에 대한 위험요인이다(Shelton et al., 1998). 이 장애는 특정시간 안에 과제를 수행하는 것, 도덕적 행동뿐 아니라 자기 자신 돌보기, 개인적 책임감, 집안일의 수행, 신용, 독립심, 적절한 사회기술을 손상시킨다(Barkley, 2006; Hinshaw et al., 1993).

치료에 의뢰된 아동에서 ADHD가 나타나면, 이 중 50~80%는 이 장애가 청소년기까지 지속될 수 있는데, 대부분의 연구에서 더 높은 수치도 나타냈다(August, Stewart, & Holmes, 1983; Claude & Firestone, 1995; Barkley, Fischer, et al., 1990; Gittelman et al., 1985; Lee et al., 2008; Mannuzza et al., 1993). Fischer 등(1993b)은 아동기와 청소년기 평가 시점에서 동일한 부모평가척도를 사용한 연구결과 부주의, 과잉행동-충동적 행동, 그리고 가족갈등이 청소년기에는 줄어들었다고 하였다. 과잉행동집단이 통제집단보다 훨씬 더 큰 감소를 보였는데, 그 이유는 과잉행동 집단이 아동기부터 규준집단의 평균보다 훨씬 증상이 심하기 때문이다. 청소년기에도 이 집단의 과잉행동의 평균은 통제집단의 평균보다 2표준편차 이상으로 여전히 유의한 차이를 보였다. 이는 앞에서 지적된 것으로 증상의 심각도가 발달에 따라 감소한다 해도 과잉행동 아동이 정상아동에 비해 문제에서 벗어나는 것은 아니라는 점을 의미한다. ADHD는 지적장애처럼 절대적 결함이나 시간이 지나도 대부분의 아동에게 계속되는 것이 아니라 발달적으로 보이는 상대적 결함으로 정의된다.

아동기뿐 아니라 초기 청소년기에 걸쳐 ADHD 증상이 지속되는 것은 아동기 초기의 과잉행동-충동적 행동의 정도, 품행문제나 반항성 적대적 행동과의 공병, 나쁜 가족관계(특히 부모-자녀의 상호작용에서의 갈등), 어머니의 정신건강 치료기간뿐 아니라 어머니의 우울증과 관계가 있는 것 같다(Fischer et al., 1993a; Taylor et al., 1991). 이러한 예측변인들은 이 연령대(12~17세)의 적대적 반항장애와 품행장애의 발달 및 지속과 관련이 있다(Barkley et al., 2008; Fischer et al., 1993a; Loeber, 1990; Mannuzza & Klein, 1992; Taylor et al., 1991).

과잉행동이나 ADHD로 치료가 의뢰된 아동의 대규모 표본을 성인기까지 추적조사한 연구는 아주 소수였다. 7개의 추적연구만이 표본의 50% 이상을 아동기부터 성인기까지 유지했는데, 성인기까지 증상이 지속된 것으로 나타났다. 이 연구는 (1) Weiss, Hechtman 등의 몬트리올 연구(Weiss & Hechtman, 1993), (2) Mannuzza, Klein과 동료의 뉴욕시 연구(Klein et al., 2012; Mannuzza et al., 1993; Mannuzza, Klein, Bessler, Malloy, & LaPadula, 1998), (3) Rasmussen과 Gillberg의 스웨덴 연구(2001), (4) Barkley와 Mariellen Fischer의 밀워키 연구(Barkley et al., 2008), (5) 로체스터, (6) 미네소타 연구(Barbaresi et al., 2013), (7) 보스턴 연구(Biederman et al., 2010) 등이 있다. 초기 성인기(20대 중반)까지 장애가 지속되는가에 대한 연구결과는 뒤섞여 있는데, 사용된 정보 제공자와 진단기준의 영향이 다양했기 때문이다(Barkley, Fischer, Smallish, & Fletcher, 2002).

몬트리올 연구(n =103명)는 원래 표본의 2/3(64명, 평균 25세)가 성인이 되어서도 원래 장애의 주요 증상(산만함, 충동적 행동, 부주의) 중 최소 한 개 이상으로 고통을 겪었으며, 34%는 보통 수준에서 심각한 수준까지의 과잉행동, 충동성, 그리고 부주의 증상을 겪었다(Weiss & Hechtman, 1993). Rasmussen과 Gillberg(2001)는 스웨덴(n =50명)에서도 유사한 결과를 얻었는데, 22세에 통제집단은 9%인 데 비해 ADHD 집단은 49%가 뚜렷한 ADHD 증상을 보였다. 그러나 DSM-III나 후속 판에서 사용된 ADHD의 공식적인 진단기준은 이전 연구 시점에 사용되지 않았다. 반면 뉴욕시 연구는 장애의 지속성을 평가하기 위해 DSM 진단기준을 사용하여 2개의 다른 과잉행동 아동집단에 대해 추적연구했다. 그 결과 초기 평가집단의 31%(n =101명)와 두 번째 평가 시 43%

(n=94명)가 16~23세(평균 18.5세)에 DSM-III의 ADHD 진단기준을 충족했다(Gittelman et al., 1985; Mannuzza et al., 1991). 그러나 8년 후(평균 26세) 이 수치는 각각 8%와 4%로 떨어졌다(이때는 DSM-III-R 진단기준 사용) (Mannuzza et al., 1993, 1998). 저자들은 40세 때 ADHD 의 유병률이 22%였고 통제집단은 5%였다고 보고했다 (Klein et al., 2012). 성인에 민감한 진단 역치를 사용한 다면(예 : 위에서 설명했듯이 6개의 증상 대신 4개의 증상을 사용한다면), 완전한 장애의 지속성은 32%였다. 이전 추적연구보다 이 추적연구에서 유병률이 약간 증가한 것은 부분적으로 자기보고식 증상에 의존했기 때문인데, 초기 성인기에는 보통 과소보고되지만 연령이 증가할수록 더 많이 보고된다(Barkley et al., 2008). 미네소타 로체스터시의 최근 추적연구(Barbaresi et al., 2013)는 밀워키 연구처럼 아동들을 27세 이상까지 추적했다. 그 결과 초기 성인기까지 장애가 29% 지속됐다. 이 결과는 대부분의 과잉행동 아동이 성인기에는 더 이상 ADHD 진단을 받지 않는다는 것을 의미한다.

선별 진단기준의 차이를 제외하고도 최소 두 가지 쟁점이 성인기에 ADHD가 상대적으로 낮은 비율로 지속되는 것에 대한 해석을 어렵게 만든다. 하나는 이 연구들에서 사용된 장애에 관한 정보의 출처가 아동기 및 청소년기 평가로부터 성인 평가로 바뀌었다는 것이다. 연구의 시작과 청소년기에는 모든 연구에서 다른 사람(주로 부모와 교사)의 보고를 활용했는데, 과잉행동을 보이는 대부분의 연구대상자(50~80%)가 청소년기 중반까지도 상당한 수준의 장애를 나타냈다(위의 내용 참조). 그러나 상당수 연구에서 초기 성인기(약 26세)에는 장애의 평가방법이 자기보고식으로 바뀌었다. 행동장애에 관한 종단연구에서 정보 제공자가 바뀌면 장애의 지속성 평가에서 큰 차이를 야기할 수 있다(Barkley, Fischer, et al., 2002; Barkley et al., 2008).

"누구의 평가가 더 정확한가?"라는 확실한 의문이 생긴다. 이것은 평가의 목적에 좌우되겠지만 삶에서 주요 활동의 손상을 예측하는 것은 정신질환연구에 매우 중요하다. 밀워키 연구에서 초기 성인기(21세) 추적 시 참가자와 부모 모두에게 ADHD 증상에 관해 면접함으로써 이 쟁점을 조사했다. 상대 정보 제공자의 기여도를 통제한 후 주요한 인생활동(교육, 직업, 사회적 관계 등)에 대한 각 제공자의 보고들의 관계를 검증했다. 위에 언급했듯 초기 연구의 한계점은 DSM 진단기준이 연령이 증가할수록 장애에 대한 민감성이 줄어든다는 것이다. 진단을 결정하기 위해 발달을 참조하는 규준(나이 비교)을 사용하면 DSM 접근보다 더 많은 사례를 확인할 수 있다. 위에 설명했듯이 밀워키 연구에서 성인기까지 ADHD가 지속되는 것은 정보의 제공자(자신 또는 부모)와 진단기준(DSM 혹은 발달을 참조한 기준)에 따라 달라진다. 자기보고에서는 5~12%만 현재 ADHD(DSM-III-R)가 있다고 파악된 반면, 부모 보고에서는 46~66로 달라졌다. 발달을 고려한 기준점(98백분위)을 사용하면 더 높은 지속성 비율을 보였으나(자기보고 12%, 부모 보고 66%), DSM을 사용하면 지속성 비율이 더 낮게 나왔다(자기보고 5%, 부모 보고 46%). 자기보고에 비해 부모 보고는 장애 및 여러 가지 현재 손상에 대한 기여도가 크기 때문에 타당성이 높다(Barkley, Fischer, et al., 2002). 우리는 과거 추적연구들이 특히 성인 초기에 자기보고에만 의존했고, 증상을 잘 알고 있는 정보원의 신뢰할 만한 정보를 얻지 못했기 때문에 ADHD의 성인기 지속성을 과소평가했다고 결론지었다.

동반이환 정신장애

ADHD로 진단받은 개인은 보통 ADHD 외에 다른 장애들도 가지고 있다. 공존장애에 대해 알려진 것은 대체로 ADHD 복합형/표현형에 국한되어 있다. 지역사회표본에서 ADHD 아동 중 최대 44%가 다른 장애를 가지고 있고, 43%는 최소 2개 이상의 추가 장애가 있다(Willcutt et al., 2012). 이 수치는 병원에 의뢰된 아동에서 더 높게 나타나는데, 이들 중 80~87%가 최소 한 개 이상의 다른 장애를 가지고 있다(Kadesjo & Gillberg, 2001). 이것은 ADHD로 병원에 의뢰된 성인의 경우에도 유사하다(Barkley et al., 2008). ADHD와 함께 나타날 가능성이 높은 장애는 다음과 같다.

품행문제와 반사회성 장애

파괴적 행동 및 외현화 장애는 ADHD의 가장 흔한 동반 이환장애이다. 이 진단군 중 가장 흔한 장애는 적대적 반항장애(ODD)이고, 그다음으로 품행장애(CD)가 있다. 일반 인구 연구에서는 ADHD의 존재 여부가 ODD/CD의 가능성을 10.7배(95% 신뢰구간 [CI] : 7.7~14.8) 높인다(Angold, Costello, & Erkanli, 1999). ADHD로 병원에 의뢰된 아동에 관한 연구에서 7세 이후부터 54~67%까지의 아동이 ODD로 진단받을 수 있다. 공존장애가 증가하는 것에 대해 Barkley(2010)는 ODD가 본질적으로 2차원 또는 3차원적이며(Kimonis, Frick, & McMahon, 이 책의 제3장 참조), 그 차원 중 하나에 정서조절장애(분노, 울화통, 짜증 등)가 포함되는 것이 하나의 원인이 될 수 있다고 하였다.

ODD는 CD 이전에 발병하거나 동반하는 장애이고, CD는 ODD보다 더 심각하며(항상 그런 것은 아니지만) 주로 더 나중 단계에 나타난다(Loeber et al., 2000, 2009). CD가 ADHD와 함께 나타나는 비율은 ADHD 아동의 20~50%이고 ADHD 청소년의 44~50%이다(Barkley, 2006; Barkley, Fischer, et al., 1990; Biederman, Faraone, & Lapey, 1992; Lahey, McBurnett, & Loeber, 2000). 성인기까지 최대 26%는 CD가 지속되고, 12~21%는 반사회적 성격장애(ASPD)로 진단받을 수 있다(Barbaresi et al., 2013; Barkley et al., 2008; Biederman et al., 1992; Klein et al., 2012; Mannuzza & Klein, 1992; Rasmussen & Gillberg, 2001; Weiss & Hechtman, 1993). 역학적으로 파악된 표본연구에서는 병원에 의뢰된 표본연구와 비슷하거나 약간 더 낮은 정도의 중복을 보인다.

ADHD는 ODD, CD, ASPD와 강한 관련성을 가지고 있고 이 장애들의 가장 신뢰할 수 있는 예측변수 중 하나이다(Fischer et al., 1993a; Kimonis et al., 이 책의 제3장; Lahey et al., 2000). 실제로 남아의 경우 CD가 관찰되면 거의 대부분 ADHD가 선행된다. 최근의 종단연구 결과 초기 적대적 반항장애의 심각도와 관계없이 초기

ADHD의 심각도가 추후의 ODD의 위험에 기여하는 요인이었다(Burns & Walsh, 2002; Loeber et al., 2009). 이는 위에서 언급한 ADHD에서 나타나는 감정(분노)조절 문제 때문일 수 있다(Barkley, 2010). 남아 및 여아 ADHD, 유럽계 미국인 및 아프리카계 미국인 집단에 걸쳐 이 장애의 가족 요인이 지속적으로 밝혀졌다(Biederman et al., 1995; Faraone et al., 2000; Samuel et al., 1999). 이것은 이 장애들에 어떤 인과적 연관이 있다는 것을 시사한다.

쌍생아연구를 통해 ADHD, ODD, CD, 특히 ADHD와 ODD의 경우 공유하는 공통유전요인이 있는 것으로 밝혀졌다(Coolidge, Thede, & Young, 2000; Silberg et al., 1996; Tuvblad, Zheng, Raine, & Baker, 2009). CD가 ADHD와 함께 진단된 경우 ADHD와 가족 유전적 요인이 큰 것이며 더 심각한 형태의 ADHD를 보인다(Thapar, Harrington, & McGuffin, 2001). 그러나 또 다른 연구에서는 공유된 유전적 요인보다 공유된 환경적 위험요인이 ODD 및 CD와 ADHD의 공존을 더 잘 설명했다(Burt, Krueger, McGue, & Iacono, 2001), 이 위험요인은 일반적인 가족 역경, 구체적으로는 역기능적 양육을 말한다(Patterson, Degarmo, & Knutson, 2000). 요약하면 ODD와 CD는 ADHD와 동시에 일어날 확률이 크고, ODD/CD는 ADHD의 심각한 정도와 가족 유전적 요인, 일부는 가족 환경의 문제로 인해 나타날 수 있다.

물질사용장애

ADHD는 물질사용장애(substance use disorder, SUD)의 강력한 위험요인이다(Charach, Yeung, Climans, & Lillie, 2011; Lee, Humphreys, Flory, Liu, & Glass, 2011). ADHD 아동이 청소년기와 성인기가 되었을 때 SUD가 있을 위험성의 큰 예측요인 중 하나는 이전 혹은 현재 존재하는 CD와 ASPD이다(Burke, Loeber, & Lahey, 2001; Charach et al., 2011; Chilcoat & Breslau, 1999; Molina & Pelham, 1999; White, Xie, Thompson, Loeber, & Stouthamer-Loeber, 2001). ADHD 아동이 성장할수록 ODD/CD/ASPD의 위험성이 커지므로, SUD의 위험성도 더 클 것으로 예상된다. 모든 추적연구에서 확인되지는 않았지만 알코올 남용 위

험성의 증가가 여러 연구에서 제시되었다(Barkley et al., 2008). 과잉행동 아동을 성인기까지 추적한 연구에서 다른 물질사용장애의 위험성은 12~24%로 나타났다(Barbaresi et al., 2013; Barkley et al., 2008; Gittelman et al., 1985; Klein et al., 2012; Mannuzza et al., 1993, 1998; Rasmussen & Gillberg, 2001). 과잉행동 아동에 대한 한 종단연구에서 아동기에 각성제 치료를 한 경우 청소년기에 SUD 발달에 취약한 것으로 나타났다(Lambert & Hartsough, 1998). 그러나 다른 모든 종단연구에서는 이러한 위험성의 증가를 찾지 못했고, 일부 사례에서는 각성제 치료가 1년 이상 혹은 청소년기까지 지속될 경우 물질사용장애의 보호효과를 나타냈다(Barkley, Fischer, Smallish, & Fletcher, 2003). Lambert와 Hartsough(1998)의 연구에서 나온 이런 상반된 결과는 청소년기와 초기 성인기의 ADHD와 CD의 심각도를 평가하거나 통계적으로 통제하지 못했기 때문에 발생했을 가능성이 있다(Barkley et al., 2003).

불안장애와 기분장애

병원에 의뢰된 아동 가운데 ADHD와 불안장애가 공존하는 경우는 10~40% 정도이고, 평균 25%이다(개관자료 Jarrett & Ollendick, 2008; Shatz & Rostain, 2006; Tannock, 2000). 그러나 ADHD 아동에 대한 종단연구에서 불안장애의 위험은 청소년기나 초기 성인기의 통제집단에 비해 크지 않다(Barkley et al., 2008; Mannuzza et al., 1993, 1998; Russo & Beidel, 1994; Weiss & Hechtman, 1993). 몇몇 후속연구에서 그 비율이 연령과 함께 증가하였고(Barkley et al., 2008), 다른 연구에서 특히 중년기에는 통제집단과 차이가 없었다(Klein et al., 2012). 이런 연구결과들의 차이는 당황스럽다. 아동에게 나타나는 ADHD와 불안장애의 공존은 아마도 의뢰편향에 의한 것일 수 있다(Biederman et al., 1992; Tannock, 2000). 그러나 일반 인구 연구에서 ADHD가 있을 때 불안장애 발생의 승산비는 3.0(95% CI : 2.1~4.3)으로 높았다. 이 관계는 동반이환장애인 ODD/CD를 통제한 후에도 유의했다(Angold et al., 1999). 이는 의뢰편향을 제외하고도 최

소한 아동기에는 두 장애가 관련성을 가질 수 있다는 것을 시사한다. ADHD와 불안장애가 있는 아동은 불안장애가 없는 아동에 비해 충동성이 감소하였다(Pliszka, 1992). 일부 연구에서 이 장애가 가족 내에서 서로 독립적으로 전달되며 서로 유전적 관련이 없음을 시사했다(Biederman, Newcorn, & Sprich, 1991; Last, Hersen, Kazdin, Orvaschel, & Perrin, 1991). 이것은 ADHD 부주의 우세형이나 혹은 특히 굼뜬 인지속도(SCT)인 경우에는 해당되지 않는다. 이 아동에 관한 일부 연구에서는 불안장애의 비율이 더 높았고(Milich et al., 2001), 항상 그렇지는 않았지만(Lahey & Carlson, 1992; Milich et al., 2001), 그들의 부모 형제자매도 마찬가지로 불안장애의 비율이 높았다(Barkley, DuPaul, & McMurray, 1990; Biederman et al., 1992). 유감스럽게도 ADHD와 불안장애의 공존에 대한 연구에서 문제를 평가할 때 보통 불안장애의 유형을 구분하지 않고 단일집단으로 고려했다. 만일 불안장애의 유형을 개별적으로 분리했다면 결과가 좀 더 분명하고 임상적 유용성이 컸을 것이다.

공존장애가 소수의 ADHD에만 존재하긴 해도 DSM 이전 판에서 정의된 기분장애(예 : 우울장애, 양극성 장애에 대한 설명은 이 절에서 제외)가 ADHD와 함께 발생한다는 증거가 현재 상당히 많다(Biederman et al., 2008; Faraone & Biederman, 1997; Jensen, Martin, & Cantwell, 1997; Jensen, Shervette, Xenakis, & Richters, 1993; Spencer, Wilens, Biederman, Wozniak, & Harding-Crawford, 2000). 대부분의 연구에서 ADHD 사례 중 20~30% 정도가 우울증과 ADHD가 관련성이 있고(Barkley et al., 2008; Biederman et al., 1992; Cuffe et al., 2001), 위험성은 청소년기와 초기 성인기로 접어들수록 커진다(Barkley et al., 2008). 일반 인구표본에서 ADHD가 있을 때 우울증일 승산비는 5.5(95% CI : 3.5~8.4)이다(Angold et al., 1999). 위의 '성차' 부분에서 설명했듯이 ADHD 여아가 남아보다 우울증 위험성이 크지만 정상적으로 발달하는 보통 아동에 비하면 두 성별 모두 높은 위험성을 보인다. ADHD와 우울증의 공존 중 일부는 ADHD와 관련된 정서조절 결핍의 증가에 의해 매개될 수 있다(특히

짜증스러움. 이는 우울증의 증상이기도 하지만 ADHD 및 기타 장애에서도 보일 수 있음).

이 장애들이 유전적으로 서로 관련이 있다는 일부 증거가 있다(Cole, Ball, Martin, Scourfield, & McGuffin, 2009). 한 장애에 대한 가족의 위험성이 다른 장애에 대한 위험성을 실질적으로 증가시키는데(Biederman, Faraone, Keenan, & Tsuang, 1991; Biederman, Newcorn, & Sprich, 1991; Faraone & Biederman, 1997), 이는 ADHD가 CD와 공병인 경우 특히 더 그렇다. CD의 매개적 역할을 뒷받침한 연구(Barkley et al., 2008)에서 ADHD 아동의 초기 성인기까지 주요 우울증의 위험성이 26%라는 것을 밝혔으나, 이 위험성은 주로 CD의 동시발생에 의해 매개되었다. 마찬가지로 일반인 대상 연구에 대한 메타분석에 따르면 ADHD와 우울증의 연관성은 두 질환의 CD와의 연관성에 의해 완전 매개되는 것으로 나타났다(Angold et al., 1999). CD가 없는 경우 ADHD가 우울증과 관련될 가능성이 더 크지 않았다. 이것은 또한 ADHD 아동을 청소년기까지 추적한 일부 연구에서 나타났다(Bagwell, Molina, Kashdan, Pelham, & Hoza, 2006).

ADHD와 양극성 장애(조울증)와의 공병은 지난 25년 동안 논란이 되어 왔다(Carlson, 1990; Geller & Luby, 1997; Skirrow, Hosang, Farmer, & Asherson, 2012). ADHD 아동에 대한 일부 연구에서 10~20%가 양극성 장애를 보였다(Spencer et al., 2000; Wozniak et al., 1995). 이는 일반인구의 위험성 1%보다 훨씬 높은 수치이다(Lewinsohn, Klein, & Seeley, 1995). 그러나 다른 연구에서는 지지되지 않았다. 예를 들어 Hassan, Agha, Langley와 Thapar(2011)는 ADHD의 표본 중 1% 이하만 조증의 진단기준을 충족한다고 하였다. ADHD 아동을 성인기까지 추적한 후속연구에서 양극성 장애의 위험성이 유의하게 높지 않았다(Barbaresi et al., 2013; Barkley et al., 2008; Klein et al., 2012; Mannuzza et al., 1993, 1998; Skirrow et al., 2012; Weiss & Hechtman, 1993). 그러나 표본 크기가 작았기 때문에 공병을 탐지할 수 있는 충분한 검증력을 가지려면 그 위험성이 7%를 넘어야 한다. 따라서 ADHD 아동은 양극성 장애에 대한 위험이 약간

증가한다(Skirrow et al., 2012; Youngstrom, Arnold, & Frazier, 2010). ADHD 아동을 4년 동안 추적한 연구에서 12%가 청소년기에 양극성 장애의 진단기준을 충족시켰다(Biederman, Faraone, Mick, et al., 1996). ADHD가 있으나 양극성 장애가 없는 아동은 생물학적 친척들 가운데 양극성 장애의 유병률이 높지는 않았다(Biederman et al., 1992; Faraone, Biederman, & Monuteaux, 2001; Lahey et al., 1988). 그러나 다른 연구 개관에서는 각 장애를 가진 아동의 친척 중 각 장애를 가진 가족이 있었다(Faraone, Biederman, & Wozniak, 2012; Skirrow et al., 2012; Youngstrom et al., 2010). 그럼에도 불구하고 ADHD와 양극성 장애가 모두 있는 아동은 가족 중에 두 장애 모두에 대한 발생률이 증가되었다(Faraone et al., 1997, 2001). 이것은 공병이 발생하는 경우 가족 요인이 서로 다른 ADHD 하위집단이 있을 수 있다는 것을 시사한다. 아동기에 양극성 장애로 진단받은 아동 및 청소년은 평생 특히 초기 아동기 동안 ADHD의 유병률이 유의하게 높았다(Skirrow et al., 2012; Youngstrom et al., 2010). 두 장애가 공존하는 경우 양극성 장애의 발병은 양극성 장애가 단독으로 있을 때보다 더 이른 시기에 나타난다(Faraone et al., 1997, 2001; Sachs, Baldassano, Truman, & Guille, 2000). ADHD와 중복되는 경우 중 일부는 두 장애 진단에 사용되는 증상 목록 중 비슷한 증상(과잉행동, 주의력결핍, 판단능력결핍 등)으로 인한 결과일 수 있다(Geller & Luby, 1997; Youngstrom et al., 2010). 어떤 경우이든 ADHD와 양극성 장애의 공존은 대부분 일방향적인 것 같다. 즉, ADHD의 진단이 양극성 장애의 위험성을 높이거나 약간만 높이지만, 아동기의 양극성 장애 진단은 ADHD의 이전 또는 동시 진단에 대한 위험성을 극적으로 증가시키는 것 같다(Geller & Luby, 1997; Skirrow et al., 2012; Spencer et al., 2000; Youngstrom et al., 2010).

투렛장애와 여러 틱장애

아동기에 최대 18%의 아동에게 운동 틱이 생길 수 있지만, 청소년기 중반 기저율이 약 2%까지 감소하고 성

인기에는 1% 이하까지 감소한다(Peterson, Pine, Cohen, & Brook, 2001). 투렛장애는 여러 운동 틱과 음성 틱을 동반하는 더 심각한 장애로, 전 인구의 0.4% 이하에서 발생한다(Peterson et al., 2001). ADHD 진단은 틱장애 혹은 투렛장애의 위험성을 다소 증가시킬 수 있지만(Simpson, Jung, & Murphy, 2011), 이 주장에 논쟁의 소지가 있다(Peterson et al., 2001). ADHD를 진단받고 병원에 의뢰된 성인에게 틱장애가 조금 더 많이 나타났다(12%; Spencer et al., 2001). 반면 강박장애나 투렛장애가 있는 개인에서 ADHD의 위험성이 최대 55%(Freeman, 2007), 평균 48% 이상(범위 : 35~71%; Comings, 2000; Simpson et al., 2011)으로 상당히 높았다. 공병 사례의 경우 ADHD의 발병이 흔히 투렛장애의 발병보다 선행하므로 상황이 복잡한데(Comings, 2000; Freeman, 2007), 다른 장애에 대한 실질적인 공병뿐 아니라 투렛장애의 조기 발병으로 이어진다(Freeman, 2007).

자폐스펙트럼장애

DSM-5는 현재 ADHD와 자폐스펙트럼장애(autism spectrum disorder, ASD)의 동시진단을 허용한다. ASD가 있는 아동 중 무려 절반이 부주의와/또는 과잉행동에 대한 의학적 진단기준을 충족시키므로 이러한 동시진단은 합리적이다. 이 두 장애와 관련된 신경심리학적, 신경영상학적, 그리고 유전적 영역에서의 중복을 제시하는 연구가 많아졌다(Nijmeijer et al., 2010; Rommelse, Franke, Geurts, Hartman, & Buitelaar, 2010; Rommelse et al., 2011).

관련된 건강의 결과

최근에 Nigg(2013)는 ADHD와 관련된 건강 결과를 구체적으로 연구했다. 우리는 그 연구를 개관하고 최근의 다른 결과도 추가할 것이다.

사고 취약성과 손상

이 쟁점의 최초 연구 중 하나인 Stewart, Pitts, Craig와 Dieruf(1966)의 연구에서 부모 보고에 따르면 통제집단의 아동보다 과잉활동적인 아동이 4배 이상(11% 대 44%) 사고를 자주 일으켰다. 후속연구 또한 그런 위험성을 확인했는데, 부모 보고에 따르면 통제집단은 11% 이하인 반면, 과잉행동이나 ADHD 아동의 최대 57%가 사고에 취약했다(Mitchell, Aman, Turbott, & Manku, 1987). 흥미롭게도 안전에 대한 지식은 과잉활동적, 충동적인 아동이 통제집단보다 부족하지 않았다. 그러므로 단순히 안전에 대해 더 많은 정보를 가르친다 해도 과잉활동적인 아동의 사고 위험을 줄이기에는 충분하지 않다(Mori & Peterson, 1995).

20년이 넘는 동안 여러 소규모연구, 지역연구 또는 편의적 표본연구에서 ADHD 아동은 통제집단에 비해 다양한 종류의 상해를 더 많이 경험한 것으로 나타났다. 예를 들면 통제집단 아동이 단지 5%인 것에 비해 과잉행동 집단은 16%가 적어도 4번 이상의 심각한 사고 부상(골절, 열상, 두부손상, 심각한 타박상, 치아손상 등)을 경험했다(Hartsough & Lambert, 1985). Jensen, Shervette, Xenakis와 Bain(1988)은 통제집단 아동이 39%인 데 비해 DSM-III ADHD 아동 68%가 봉합, 입원, 또는 광범위하고/고통스러운 과정이 필요할 정도의 심한 물리적 외상을 경험한 것을 밝혔다. 편의 및 지역표본의 다른 소규모연구에서도 통제집단보다 사고손상이 더 빈번했다(Shelton et al., 1998; Taylor et al., 1991).

최근 건강보험 데이터베이스를 활용한 대규모 인구 조사를 통해 보다 정확한 추정치가 제공되었다. ADHD가 있는 개인에게 흔한 물리적 외상은 표피손상, 타박상, 개방창, 탈구, 변형, 염좌 및 상지 골절을 포함한다(Marcus, Wan, Zhang, & Olfson, 2008; Merrill, Lyon, Baker, & Gren, 2009). ADHD와 뜻하지 않은 손상 사이의 관계를 확인한 연구는 의료기록에 의존했기 때문에 의사의 치료를 받은 개인으로 제한되었다. 그러나 Pastor와 Reuben(2006)은 6~17세 50,000명 이상을 대상으로 건강보험 면접조사(National Health Interview Survey) 자료를 사용하여 의료 전문가와 상담을 요구했던 부모 보고 손상(중독 제외)을 조사했다. 일반 인구의 연간 손상 비율은 115/1,000(11.5%)였지만, 지금까지 ADHD로 진단된 이들의 비율은 204/1,000였다(20.4%, 조정된 승산비 : 1.83; 95% CI : 1.48~2.26).

당연히 ADHD와 관련된 손상의 유형은 개인의 발달 단계에 따라 다르게 나타난다. 아주 어린 아동의 경우 ADHD 및 과잉행동은 일반적으로 코와 귀의 이물질 삽입의 위험성이 증가되는 것과 관련이 있다(Perera, Fernando, Yasawardena, & Karunaratne, 2009). ADHD 소아 환자는 화상의 위험성이 크고(Badger, Anderson, & Kagan, 2008; Fritz & Butz, 2007; Perera et al., 2009), ADHD 청소년의 경우 자동차 사고(Barkley & Cox, 2007) 및 그와 관련된 사고(Barkley & Cox, 2007; Barkley, Murphy, DuPaul, & Bush, 2002; Barkley, Murphy, & Kwasnik, 1996a)의 위험성이 컸는데, 이는 다음에 논의되는 것처럼 신호위반이나 면허 정지를 포함하는 부적절한 운전 때문이다(Barkley & Cox, 2007; Barkley, Guevremont, Anastopoulos, DuPaul, & Shelton, 1993; Jerome, Segal, & Habinski, 2006).

운전 위험성과 자동차 사고

과잉행동 또는 ADHD에게 발생하는 사고에 관해 가장 광범위하게 연구된 형태는 자동차 충돌에 관한 것이다. 몇 년 전부터 과잉행동성을 보이는 10대들은 일반 10대보다 운전할 때 더 빈번하게 차량충돌을 한다는 증거가 나왔다(1.3 대 0.07, p<.05)(Weiss & Hechtman, 1993). 또한 그들의 운전 이력에서 속도위반에 대한 기록이 상당히 빈번했다는 것이 주목할 만하다. Barkley 등(1993)은 10대 ADHD들이 운전을 시작한 처음 몇 년 동안 통제집단 10대들보다 더 많은 충돌사고를 겪었다고 밝혔다(1.5 대 0.4). 통제집단의 청소년은 약 6%인 데 비해 ADHD 집단의 40%가 적어도 2회 이상 충돌사고를 경험했다. ADHD 청소년이 통제집단의 청소년보다 충돌 시 4배 이상 과실이 있는 것으로 파악되었고(48.6% 대 11.1%), 통제집단보다 더 자주 과실을 저질렀다(0.8 대 0.4). Weiss와 Hechtman(1993)의 연구결과 초기 연구와 일관되게 ADHD 청소년은 속도위반 처분을 받을 가능성이 더 컸고(65.7% 대 33.3%), 벌칙을 더 자주(평균 2.4

대 0.6) 받았다. 지역사회의 표본을 사용한 뉴질랜드의 두 가지 연구도 이와 유사하게 ADHD와 차량사고 위험성 사이에 강한 상관관계를 주장했다(Nada-Raja et al., 1997; Woodward, Fergusson, & Horwood, 2000). ADHD로 진단된 성인 또한 안전하지 않은 자동차 작동 및 차량 충돌을 더 많이 보였다. ADHD 성인은 통제집단에 비해 운전면허 중지가 6배 이상 많았고(24% 대 4.0%), 4배나 더 많은 속도위반 딱지(평균 : 4.9 대 1.1)를 받았다(Murphy & Barkley, 1996). 그러나 자동차 충돌 빈도에 대한 두 집단 간 차이의 유의확률은 미미하였다(평균 2.8 대 1.8, p<.06).

운전에 관한 보다 더 철저한 조사에서 Barkley와 동료들(1996a)은 ADHD 집단이 통제집단보다 더 많은 차량충돌을 경험했고(평균 2.7 대 1.6), ADHD 집단의 많은 수가 통제집단보다(60% 대 17%) 더 심한 충돌(부상 발생)을 경험했다고 보고했다. 자기보고식 결과에서 ADHD 집단이 과속딱지를 지나치게 많이 받았고(100% 대 56%), 실제 통제집단에 비해 ADHD 집단에서 더 자주 발생했다(평균 4.9 대 1.3).

ADHD가 있는 성인 초기의 운전수행에 대한 가장 체계적인 연구에서는 다양한 방법 및 다중 정보원의 종합 평가 방식을 사용했다. 일반 청소년 통제집단에 비해 ADHD 청소년이 운전자로서 3번 이상의 차량충돌에 연루된 것이 2배 이상(26% 대 9%)이었고, 그런 3번 이상의 차량충돌 시 과실을 더 많이 저지른 것으로 나타났다(7% 대 3%). 전반적으로 ADHD 집단은 통제집단에 비해 차량충돌을 더 많이 경험했고(평균 1.9 대 1.2), 충돌 시 과실이 더 많았다(평균 : 1.8 대 0.9). 첫 사고에서 발생된 금전적 피해는 ADHD 집단이 통제집단에 비해 2배 이상 더 많은 것으로 추정되었다(평균 4,221달러 대 1,665달러). 이전의 연구에서처럼 ADHD 집단은 더 자주 과속 딱지를 받았고(3.9 대 2.4), 면허정지 비율이 더 높았다(22% 대 5%). 수년 동안 ADHD가 있는 청소년의 공식 운전기록에서 과속딱지 및 면허정지 비율이 높다는 것이 확인되었다.

운전사고 또는 위험한 운전과 같은 핵심행동과 ADHD

와의 관련성을 설명할 기제에 대해 중요한 의문이 생긴다. 가능한 기제는 상당히 명백해 보인다. 주의산만(Farmer & Peterson, 1995; Merrill et al., 2009)이나 충동적인 모험추구(Badger et al., 2008; Garzon, Huang, & Todd, 2008)가 쉽게 거론된다. 그러나 운전문제와 관련하여 Oliver, Nigg, Cassavaugh와 Backs(2012)는 작은 모의실험 연구를 수행했는데, ADHD가 있는 개인이 보이는 운전오류와 사고들이 부주의와 관련되는 것이 아니라 부정적 정서성과 좌절에 대한 인내력의 부족과 관련된다고 제안했다. 이런 결과는 ADHD 아동에서 성인기까지 나타나는 다양한 위험과 손상의 예측인자로서 충동적 감정의 중요성을 검증한 또 다른 연구(Barkley & Fischer, 2010)에서도 제안되었다.

이상의 연구들을 통해 ADHD 또는 부주의와 과잉행동-충동성 행동(그리고 정서조절장애의 가능성) 증상이 ADHD가 없는 개인보다 불안전한 운전 및 자동차 사고에 대한 높은 위험성과 관련되어 있다는 것은 의심할 여지가 없다. 이는 품행장애의 공존과는 관계없이 독립적인 것으로 보이지만 혼입된 장애의 잠재적인 역할에 대해서는 추가조사가 필요하다(Barkley & Cox, 2007). 역기능적 운전 결과의 높은 비율과 관련된 실제 피해비용을 고려할 때 ADHD가 있는 개인의 운전 위험성을 줄이기 위한 예방 및 개입에 관한 노력이 확실히 필요하다. ADHD 치료약물이 청소년 및 성인 ADHD 환자의 운전능력을 향상시킬 수 있다는 일부 증거가 있지만(Barkley & Cox, 2007), 아직까지 이 위험 영역에 대한 심리사회적 치료의 가치에 대해 보고한 연구는 없었다.

수면장애

지난 40여 년 이상 수많은 연구에서 ADHD와 수면장애 사이의 관련성에 대해 제안했다(Ball, Tiernan, Janusz, & Furr, 1997; Gruber, Sadeh, & Raviv, 2000; Kaplan, McNichol, Conte, & Moghadam, 1987; Stewart et al., 1966; Trommer, Hoeppner, Rosenberg, Armstrong, & Rothstein, 1988; Wilens, Biederman, & Spencer, 1994). ADHD와 수면의 관계는 복잡하고 양방향적일 수 있다.

그것은 ADHD와 관련 있는 부주의나 각성의 기본적인 기능과 수면과 주간리듬 간의 광범위한 상호작용, 수많은 공유신경 전달 시스템, 행동이나 상황과 수면의 준비나 수면의 질 사이의 상호작용 때문이다. ADHD와 수면 문제에 관한 임상적 관찰자료가 여러 곳에서 확인되었으며, 관심 있는 학생은 Cortese, Faraone, Konofal과 Lecendreux(2009), 그리고 다른 자료들(Corkum, Tannock, & Moldofsky, 1998; Spruyt & Gozal, 2011; Yoon, Jain, & Shapiro, 2012)을 참조할 수 있다. ADHD와 수면에 대해 생산적으로 추구하는 기본 기제와 연구가설 및 질문에 대한 자세한 자료는 최근 특별 개관 연구집단에 의해 요약되어 Owens 등(2013)이 출판했다.

이 임상적 개관 결과 일반적으로 (1) ADHD의 고유한 수면장애(예 : 수면 무호흡증, 몽유병, 초조성 다리 증후군, 일주기 리듬 수면장애)에 대한 연구가 많으나 결과는 일관되지 않다, (2) 부모평가자료와 운동기록 연구결과 ADHD가 보통 수면 질의 손상(사례의 50% 이상)과 관련되어 있다는 상당히 설득력 있는 증거가 있다. 수면 질의 손상은 취침저항, 수면시작의 어려움, 아침의 기상 어려움 같은 수면과 관련된 행동문제들에서 기인하며, 이 모든 것이 적어도 아동기에 낮 동안의 부주의와 과잉행동을 악화시킬 수 있다(Dahl, 1996; Spruyt & Gozal, 2011). ADHD가 있는 성인은 수면장애를 경험할 위험이 통제집단에 비해 실질적으로 더 높다. 이 결과는 다른 정신과적 동반이환과는 무관하며 ADHD 약물치료에 의해 설명되지 않는다(Surman et al., 2009).

보다 구체적인 수면 관련 행동문제로는 잠드는 데 시간이 더 오래 걸리고, 수면시간의 불안정성, 깨어 있을 때 피로함 또는 밤에 자주 깨는 것이 포함된다. 예를 들어 Stein(1999)은 정신과적 진단을 받은 아동 125명과 소아과 외래 환아 83명을 비교했는데, 소아과 외래 환아의 6%, 정신의학적 통제집단의 13%, ADHD의 19%에서 중등도에서 중증수준까지 수면장애를 발견했다. 이러한 문제는 일반적으로 세 가지 요인에 의해 감소될 수 있다. (1) 수면이상(취침저항, 수면시작의 어려움, 기상 어려움), (2) 수면 관련 불수의 운동(이갈이, 잠꼬대, 초조성 수면 등), (3) 사건수면(몽유병, 불면장애, 야경증). 사건수면은 통제집단과 유의한 차이가 없었던 반면 수면이상은 주로 각성제 약물치료와 ODD의 공병과 관련 있었다. 그러나 불수의 운동은 ADHD 복합형 아동에게서 크게 증가했다.

비장애인구 중에서 수면의 양은 학교행동 문제, 특히 과잉행동-충동성 행동보다는 주간 수면과 부주의(Fallone, Acebo, Arnedt, Seifer, & Carskadon, 2001)의 위험증가와 반비례 관계에 있다(Aronen, Paavonen, Fjallberg, Soinen, & Torronen, 2000). 그러나 ADHD와 수면장애 간의 효과의 방향성은 명확하지 않다. 일반 아동연구에서 알 수 있듯이 수면의 어려움은 낮 시간 동안 ADHD 증상, 특히 부주의를 증가시킨다. 그러나 일부 연구는 ADHD 아동의 수면장애는 증상 심각도와 관련이 적다는 것을 발견했다. 이것은 ADHD가 수면장애가 아닌 행동문제, 부주의와 주간 각성의 손상에 기여하는 것임을 시사한다(Lecendreux, Konofal, Bouvard, Falissard, & Mouren-Simeoni, 2000). 요약하면 낮은 수면의 질이 부주의를 일으킬 수 있는 것은 분명하지만, 주요 수면장애가 ADHD 사례 대부분을 설명하지 못한다. 오히려 행동 관련 수면장애는 ADHD 문제, 특히 부주의와 복합적으로 작용하며 경우에 따라 치료적 개입의 지표를 제공할 수도 있다.

관련된 기능문제

ADHD 아동과 청소년은 다양한 정신의학적 장애의 위험이 큰 것 이외에도 발달적, 사회적, 그리고 건강의 위험과 관련된 일련의 어려움을 경험할 가능성이 상당히 높다. 이에 대해서는 이번 절과 다음 절에서 논의한다. 이런 문제가 활기가 부족하거나 굼뜬 ADHD 하위집단에 나타나는지는 분명히 알려지지 않았다.

운동협응문제

운동발달과 관련된 문제는 지속적으로 ADHD와 상관관계가 있다. 일반 아동은 35%인 것에 비해 ADHD 아동은 60%가 빈약한 운동협응 혹은 발달적 협응장애를 보인다

(Barkley, DuPaul, & McMurray, 1990; Hartsough & Lambert, 1985; Kadesjo & Gillberg, 2001; Stewart et al., 1966; Szatmari et al., 1989). 운동협응 및 운동과잉 움직임과 관련된 신경심리적 신호에 대한 신경학적 검사결과 ADHD 아동이 '순수' 학습장애 아동을 포함한 통제집단 아동보다 (일반적인 부진한 대근육운동 움직임에 더하여) 이런 신호를 좀 더 많이 나타낸다는 것을 발견했다(Carte et al., 1996; Denckla & Rudel, 1978; Denckla, Rudel, Chapman, & Krieger, 1985; Mcmahon & Greenberg, 1977). 이러한 과잉움직임은 운동억제 능력의 발달지연을 나타내는 지표로 해석된다(Denckla et al., 1985).

균형 평가, 소근육운동 검사, 전자식 또는 지필식 미로검사 및 추적검사 등과 같은 소근육 협응능력 검사를 사용한 연구결과 ADHD 아동이 이러한 행동에서 협응이 부족하였다(Hoy, Weiss, Minde, & Cohen, 1978; Mariani & Barkley, 1997; McMahon & Greenberg, 1977; Moffitt, 1990; Ullman, Barkley, & Brown, 1978). 손가락 두드리기 검사의 속도나 막대검사(grooved pegboard tests)로 측정한 단순운동 속도는 복잡하고 순차적 협응운동 동작을 실행하는 것만큼 ADHD에서 영향을 받지 않았다(Barkley, Murphy, & Kwasnik, 1996b; Breen, 1989; Grodzinsky & Diamond, 1992; Marcotte & Stern, 1997; Mariani & Barkley, 1997; Seidman, Benedict, et al., 1995; Seidman, Biederman, et al., 1995). 따라서 이용 가능한 증거의 대부분은 ADHD 환자의 경우 운동조절 특히 순차적 운동 동작의 수행에 손상이 있음을 뒷받침한다(Harvey et al., 2007). 이러한 운동장애는 ADHD의 가족 표현형의 일부일 수 있는데, 이런 문제가 ADHD가 아닌 형제에게도 분명하게 나타나기 때문이다.

학업기능

치료가 의뢰된 ADHD 아동 대부분은 학교수행에 어려움이 있고, 대부분 낮은 성취를 보인다. ADHD 아동은 표준화된 성취검사에서 정상아동이나 통제집단보다 점수가 더 낮다(Barkley et al., 1990a, 1990b; Fischer, Barkley, Edelbrock, & Smallish, 1990; Hinshaw, 1992,

1994). 그러나 이러한 차이는 학령전기 ADHD에서도 나타나는데(Barkley, Shelton, et al., 2002; Mariani & Barkley, 1997), 이는 1학년 입학 전부터 ADHD 증상이 학업기술과 지식의 습득을 방해한다는 것을 시사한다. 실제 일반 인구표본에서 나온 후향적 자료에서 ADHD를 공식적으로 평가하지는 않았지만 IQ와 파괴적 행동문제를 통제한 후에도 아동의 주의집중문제(CBCL 아동행동 평가척도 점수로 정의)가 향후 청소년의 학업 실패를 예측했다(Breslau et al., 2010). 앞에서 제시된 모델에서 ADHD 아동에게 어려움이 있는 것으로 생각되는 실행기능의 일부가 학업성취와 관계있을 가능성이 높다(즉, 암산에서 작업기억, 철자법, 읽기 이해에서 내면화된 말하기, 말하기와 쓰기에서 언어 유창성 등). 최근 연구에서 ADHD 아동의 45%가 학습장애 진단기준에 부합한다고 밝혀졌다(Dupaul, Gormley, & Laracy, 2013). ADHD 아동의 19~26%는 적어도 한 가지 유형의 학습장애가 있을 가능성이 있는데, 학습장애는 지능에 비해 읽기, 산수나 철자법이 많이 뒤떨어지고 이 세 영역 가운데 하나에서 7백분위 또는 그 이하의 수행을 보이는 것으로 정의된다(Barkley, 1990). 학습장애를 단순히 지능과 성취 간의 심한 불일치로 정의한다면, 과잉행동 아동 중 53%가 학습장애이다(Lambert & Sandoval, 1980). 또는 학년 수준보다 두 학년 이하라는 단순한 기준을 사용한다면 후기 아동기(연령 11세) ADHD의 80%가 학습장애를 나타낸다(Cantwell & Baker, 1992). ADHD 아동 중 읽기장애에 대한 위험은 16~39%인 반면, 쓰기장애는 24~27%, 그리고 산수장애는 13~33%의 위험을 보였다(August & Garfinkel, 1990; Barkley, 1990; Capano, Minden, Chen, Schachar, & Ickowies, 2008; Casey, Rourke, & Del Dotto, 1996; Frick et al., 1991; Semrud-Clikerman et al., 1992).

ADHD 아동에게 학습장애가 있을 가능성이 크다는 발견(Gross-Tsur, Shalev, & Amir, 1991; Tannock & Brown, 2000)은 이 두 장애 사이에 유전적 연관이 있다는 것을 시사한다. 그러나 다른 연구에서는 두 장애가 가계에 독립적으로 전해지는 것으로 나타났다(Doyle, Faraone, DuPre, & Biederman, 2001; Faraone et al., 1993; Gilger, Pennington, & Defries, 1992). ADHD와 관련된 어떤 유형의 읽기장애는 ADHD와 공통된 유전적 병인을 가지고 있다(Gilger et al., 1992; Paloyelis, Rijsdijk, Wood, Asherson, & Kuntsi, 2010). 조기에 발병한 ADHD 부주의는 특정 유형의 읽기장애에 선행하는 반면에, 초기에 나타난 읽기장애는 보통 이후 ADHD 증상을 유발하거나 더 심해지도록 할 가능성이 훨씬 낮기 때문이다(Chadwick, Talor, Taylor, Heptinstall, & Danckaerts, 1999; Grevens, Rijsdijk, Asherson, & Plomin, 2012; Rabiner, Coie, & The Conduct Problems Prevention Research Group, 2000; Velting & Whitehurst, 1997; Wood & Felton, 1994). 철자장애의 경우 ADHD와 유전적 병인을 공유하는지 분명하지 않은데, 런던과 콜로라도 쌍생아표본을 통합 분석한 결과 ADHD와 철자장애가 공통적인 유전적 병인을 가지고 있다는 것이 밝혀졌다(Stevenson, Pennington, Gilger, DeFries, & Gillis, 1993). 이는 어린 시절의 철자능력이 작업기억의 통합성과 연관되어 있을 가능성이 있고(Mariani & Barkley, 1997; Levy & Hobbes, 1989), ADHD 아동의 작업기억이 손상되었기 때문일 수 있다(96쪽의 '이론적 고려사항' 참조). ADHD, 특히 복합형 아동에서 종종 쓰기장애가 많이 발견되었으나 연구에서 주목을 받지 못했다(Marcotte & Stern, 1997). Re, Pedron과 Cornoldi(2007)는 쓰기문제 유병률과 본질을 탐색한 세 가지 연구를 보고했다. ADHD 증상이 있는 아동은 네 가지 질적 변인(적합성, 구조, 문법, 어휘)의 점수가 통제집단보다 낮았고, 문장이 더 짧고, 더 많은 오류를 보였다고 결론 내렸다. 이것이 운동이나 다른 학습문제와 구별되거나 관련되는지 앞으로 더 연구되어야 할 영역이다.

Rapport, Scanlan, 그리고 Denney(1999)는 초기에 ADHD와 낮은 학업성취 간 연관성에 대한 이중경로 모델의 몇 가지 증거를 제시하였다. 요약하면 ADHD는 교실에서 낮은 학업성취에 선행하며, ODD/CD에 대한 더 큰 위험성에 기여함으로써 학업성취도를 낮추고 학교수행과 생산성에 부정적인 영향을 미친다. 그러나 ADHD는 주의력뿐 아니라 일반지능(아래 절 '낮은 지능' 참조) 및 작업기억(115쪽 '학업기능' 참조)에서 인지적 결핍과 관련되어 있으며, 이 모든 것이 학업성취에 직접적이고 부정적인 영향을 줄 수 있다. ADHD의 부주의 차원이 과잉행동-충동성 차원보다 학업 성취 문제와 좀 더 밀접하게 관련된다는 발견 또한 이러한 관점을 지지한다(Faraone, Biederman, Weber, & Russell, 1998; Hynd et al., 1991; Marshall, Hynd, Handwerk, & Hall, 1997; Paloyelis et al., 2010). 이중경로 모델에 따르면 만약 ADHD가 학습부진과 뚜렷하게 관련되어 있는 경우 두 경로 모두에 대한 개입이 필요하다.

　ADHD 아동에 대한 많은 연구에서 말하기 및 언어장애의 유병률이 높게 나타났는데 일반적으로 표본의 30∼64%를 보였다(Bellani, Moretti, Perlini, & Brambilla, 2011; Gross-Tsur et al., 1991; Hartsough & Lambert, 1985; Szatmari et al., 1989; Taylor et al., 1991). 그 반대의 경우도 있다. 즉, 말하기와 언어장애가 있는 아동은 다른 정신과적 장애에서 기대되는 ADHD 유병률보다 더 높은 유병률(약 30∼58%)을 보였다(McGrath et al., 2008; ADHD 동반이환율의 검토를 위해 Tannock & Brown, 2000 참조). ADHD 아동에게는 손상된 언어적 작업기억과 담화분석과 같은 말하기의 실용적 측면이 가장 큰 어려움이다(Bellani et al., 2011).

낮은 지능

수십 년 동안 ADHD로 클리닉에 의뢰된 아동은 지능검사에서 통제집단보다 더 낮은 점수를 받았고, 특히 언어성 지능이 더 낮았다(Barkley, Karlsson, & Pollard, 1985; Mariani & Barkley, 1997; McGee, Williams, & Feehan, 1992; Moffitt, 1990; Werry, Elkind, & Reeves, 1987). 유동지능 및 결정지능 둘 다에서 결함이 있다(Tillman, Bohlin, Sorensen, & Lundervold, 2009). 또한 IQ 차이는 과잉행동적인 소년과 정상 형제에게도 발견되었다(Halperin & Gittelman, 1982; Tarver-Behring, Barkley, & Karlsson, 1985; Welner, Welner, Stewart, Palkes, & Wish, 1977). 이런 연구결과 보통 표준점수 7점에서 10점 범위의 차이가 있었다. 또한 지역사회표본(Hinshaw, Morrison, Carte, & Cornsweet, 1987; McGee et al., 1984; Peterson et al., 2001)과 행동문제가 있는 아동 표본(Sonuga-Barke, Lamparelli, Stevenson, Thompson, & Henry, 1997)을 사용한 연구 모두에서 ADHD 및 지능수준 사이에 유의한 부적 상관관계가 있었다($r's=-.25−.35$). 이와는 대조적으로 특히 과잉행동-충동적 행동을 통제했을 때 품행문제와 지능평가 사이의 관련성은 훨씬 작거나 유의하지 않았다(Hinshaw et al., 1987; Lynam, Moffitt, & Stouthamer-Loeber, 1993; Sonuga-Barke et al., 1994). 이것은 IQ와 ADHD 사이의 관계가 품행문제 공병에 따른 결과가 아니라는 것을 의미한다(개관은 Hinshaw, 1992 참조). IQ 불균형의 일부분은 ADHD가 실행기능(이 또한 IQ와도 관련)에 미치는 영향 때문이지만 실행기능 결함을 통계적으로 통제한 후에도 IQ 불균형이 남아 있으며 실행적 주의력결핍에서 기인한다고 제안했다(Tillman et al., 2009).

사회적 문제

사회적 손상을 검토하면 ADHD와 또래 거부 및 무시 사이의 연관성이 가장 두드러질 것이다. 부주의는 또래의 무시와 관련되고, 과잉행동-충동성은 또래의 거부(침입이나 정서성, 특히 ADHD의 과잉행동 차원과 관련되는 공격성에서 기인하는)와 더 밀접한 관련이 있다. ADHD와 방해적 또래관계의 전반적인 관련성은 수십 년 전에 처음 언급되었지만(Cunningham & Siegel, 1987; Whalen, Henker, Collins, Mcauliffe, & Vaux, 1979), 이에 대해 잘 기술하는 문헌이 점점 늘고 있다(Hoza, 2007; Hoza et al., 2005). 이 문헌은 정신사회 영역뿐 아니라(예 : 양육과 또래관계; Hurt, Hoza, & Pelham, 2007; Mikami, Jack, Emeh, & Stephens, 2010 참조) ADHD의 전체 기능에 또래관계가 미치는 영향의 중요성을 강조한다(Hoza et al., 2005; Mikami & Lorenzi, 2011; Mrug et al., 2012). 이러한 영향은 남녀 모두에서 나타났고, 여아에 대해서는 연구 중인데 여아에서 위험과 보호요인의 독특한 방식이 있다고 제안하였다(Blachman & Hinshaw, 2002; Mikami & Lorenzi, 2011).

또래가 ADHD 아동을 좋아하지 않고 친구가 적으며, 만약 품행문제가 동반이환되면 심하게 거부당한다(Gresham, MacMillan, Bocian, Ward, & Forness, 1998; Hinshaw & Melnick, 1995; Hoza, 2007). 품행문제의 동반이환이 있는 아동 70%까지 또래에게 거부당할 수 있고, 4학년 정도에도 상호 간 우정관계가 없다(Gresham et al., 1998). 이러한 또래관계 문제는 ADHD 아동이 좀 더 활동적이고 수다스럽고 충동적인 행동뿐 아니라 과장된 정서, 얼굴 표정, 음색, 그리고 몸으로 많이 표현하는 것(특히 분노), 상호작용에서 상호성이 더 제한되어 있는 점, 긍정적 사회적 진술이 더 적으며 사회적 기술의 지식이 더 제한되어 있는 점, 부정적인 신체행동이 더 많은 점 등 때문이다(Barkley, 2010; Grenell, Glass, & Katz, 1987; Madan-Swain & Zentall, 1990). 또한 ODD/CD 아동은 감각추구, 재미추구, 그리고 문제추구 활동을 좀 더 선호하는데, 이것이 비장애 또래들로부터 소외감을 많이 느끼게 만든다(Hinshaw & Melnick, 1995; Melnic & Hinshaw, 1996). ODD나 CD의 동반이환이 또래문제와 훨씬 많이 연관되어 있는 반면 동반이환 단독으로는 ADHD에서 보이는 또래와의 사회적 문제에 대한 증거를 설명할 수 없다(Becker, Luebbe, & Langberg, 2012). 또한 ADHD 아동은 타인이 제공하는 정서적 정보에 주의를 기울이지 못하는 만큼 타인으로부터 제공되는 사회적·정서적 단서를 좀 더 제한되고 오류 발생에 취약한 방식으로 처리하는 것 같다. 그러나 다른 아동의 정서적 표현을 이해하는 능력에 차이가 있는 것은 아니다(Casey, 1996). ODD/CD 공병 아동은 일반 아동에 비해 분노를 오지각하는 경험이 더 많고, 또래에 대한 분노와 공격성 반응이 더 많다(Cadesky, Mota, & Schachar, 2000; Casey, 1996; Matthys, Cuperus, & van Engeland, 1999). 그러므로 일반 아동에 비해 ADHD 아동 자신이 또래로부터 사회적 지지가 부족하다고 인식하는 것은 별로 놀랄 일이 아니다(Demaray & Elliot, 2001). 또한 공격성과 빈약한 정서조절의 문제는 이 아동이 또래와 함께하는 스포츠 행동에서 분명하게 나타난다(Johnson & Rosen, 2000). 각성제 약물치료는 교사(Whalen, Henker, & Dotemoto, 1980)와 또래(Cunningham, Siegel, & Offord, 1985; Wallander, Schroeder, Michelli, & Gualtieri, 1987; Whalen et al., 1987)에 대한 부정적 방해행동을 감소시키는 것으로 나타났지만, 또래를 향한 좀 더 친사회적이거나 긍정적인 주도적 행동을 늘리지는 못했다(Wallander et al., 1987).

아동의 ADHD는 가족관계(Johnston & Mash, 2001; Mash & Johnston, 1990) 및 다른 가족구성원에게 직접적으로 부정적 영향을 미칠 수 있다(Barkley, 2006; Harpin, 2005). 이러한 영향은 유전과 환경 간 상관관계(아동은 ADHD에, 부모는 우울증이나 물질사용에 취약하게 만드는 유전자를 부모와 아동이 공유)를 반영하거나 ADHD 아동을 돌보는 부담에 대처하는 부모의 무능력을 반영할 수 있다. 어머니와 아버지가 이런 부담을 다르게 지각할 가능성은 있지만, 부모 모두 스트레스가 상승하며, 이는 아동의 반항/저항행동이 공존하는 데 그 원인이 있다(Podoski & Nigg, 2001; Theule, Wiener, Rogers, & Marton, 2011).

ADHD의 부모-자녀 갈등은 상황을 더 복잡하게 만드는 문제이며, 부모-자녀 갈등이 ADHD 증상을 유지시키는 데 기여하기 때문에 행동적 개입을 위한 목표로 삼는 것이 중요하다(Wells et al., 2000). 그러나 ADHD 아동은 ADHD가 아닌 아동보다 부모 간 갈등을 좀 더 많이 목격한 것으로 보고했는데, 이것은 교사가 평가한 ADHD 심각도와 상관관계가 있으며(Counts, Nigg, Stawicki, Rappley, & von Eye, 2005), 아동의 유전자형에 따라 조절된다(Martel et al., 2011; Nikolas, Friderici, Waldman, Jernigan, & Nigg, 2010). 행동유전학 방법을 사용한 쌍생아연구 결과는 이런 아동의 보고가 단지 아동의 유전자형만이 아니라(예: 기질), 가정 내 갈등과 같은 환경적 영향도 있다는 점을 반영하였다(Nikolas & Nigg, 2013). 즉, ADHD가 부모 간 갈등을 유발하고, 결국 아동에게 정서적 과부하와 ADHD 증상을 악화시킬 수 있는 반복되는 악순환의 고리가 생긴다. 이런 가능성과 함께 특별히 취약한 ADHD 하위집단이 있을 가능성은 개입 및 기저의 병인적 과정을 이해하는 길을 제안한다.

ADHD는 부모와 아동의 상호작용 및 부모가 자녀에게 반응하는 방식에 영향을 미친다(Johnston & Mash, 2001). ADHD 아동은 더 수다스럽고, 부정적이며, 반항적이고, 말을 더 안 듣고, 비협조적이며, 다른 사람의 도움을 더 많이 구하고, 어머니로부터 독립적으로 활동하거나 놀지 못한다(Danforth et al., 1991; Gomez & Sanson, 1994; Johnson, 1996; Johnston & Mash, 2001). 어머니는 ADHD 아동의 질문에 대답을 잘 안 하고, 좀 더 부정적이고 지시적이며, 아동의 행동에 대해 보상을 적게 준다(Danforth et al., 1991; Johnston & Mash, 2001). ADHD 아동의 어머니는 딸보다 아들에게 보상이나 지시를 더 많이 할 뿐 아니라(Barkley, 1989a; Befera & Barkley, 1984), 아들과의 상호작용에서 더 감정적이고 격렬한 모습을 보였다(Buhrmester, Camparo, Christensen, Gonzalez, & Hinshaw, 1992; Taylor et al., 1991). ADHD 아동 및 10대는 어머니보다 아버지와 문제를 적게 일으킨다(Buhrmester et al., 1992; Edwards et al., 2001; Johnston, 1996; Tallmadge & Barkley, 1983). 그러나 일반적인 어머니-자녀 상호작용에서 볼 수 있는 것과 달리 실제 아버지가 상호작용에 참여할 때 ADHD 아동 및 청소년(특히 남학생)과 어머니 사이의 갈등이 증가한다(Buhrmester et al., 1992; Edwards et al., 2001). 상호작용에서 아들을 향한 어머니의 부정적 성향과 격한 감정의 증가는 아들의 부정성과 부모 정신병리의 영향을 통계적으로 통제한 후에도 자녀의 학습과 놀이상황에서 말을 더 안 듣는 것과 집 밖에서 훔치는 행동을 예측하였다(Anderson et al., 1994). 이러한 부정적인 부모-아동 간 상호작용은 학령전기 집단에서도 나타나는데(Cohen, Sullivan, Minde, Novak, & Keens, 1983; DuPaul, McGoey, Eckert, & VanBrakle, 2001), 후기 연령 집단보다 학령전 연령대에서 부모에게 가장 부정적이고 스트레스를 많이 준다(Mash & Johnston, 1982, 1990). 연령이 증가함에 따라 이러한 상호작용에서 나타나는 갈등수준은 감소하지만 후기 아동기(Barkley, Karlsson, & Pollard, 1985; Mash & Johnston, 1982)와 청소년기(Barkley, Anastopoulos, Guevremont, & Fletcher, 1992; Barkley, Fischer, Edelbrock,

& Smallish, 1991; Edwards et al., 2001)에도 여전히 정상 범위에서 벗어나 있다. 아동기에 보이는 부모-자녀 사이의 부정적 상호작용은 ADHD 아동의 가족에서 8~10년 이후 청소년기의 부모와 자녀 사이의 갈등을 유의하게 예측하였다(Barkley, Fischer, et al., 1991). ADHD 아동과 어머니의 상호작용은 이 아동의 형제와 어머니의 상호작용과 비교하면 별 차이가 없었다(Tarver-Behring et al., 1985).

ADHD 아동 및 청소년의 어머니와 상호작용에서 나타나는 대부분의 갈등이 ADHD와 공존하는 반항성 장애(ODD)와 관계가 크다(Barkley, Anastopoulos, et al., 1992; Barkley, Fischer, et al., 1991; Edwards et al., 2001; Johnston, 1996). 이러한 부모-10대의 상호작용에 대한 계열분석 결과 어머니와 자녀 어느 한쪽의 행동을 결정하는 데 있어 가장 중요한 것은 상대방이 바로 직전에 보인 행동이었다(Fletcher, Fischer, Barkley, & Smallish, 1996). 즉, 각 구성원의 행동은 상호작용의 연쇄에서 훨씬 이전에 일어난 행동에 의해 결정되는 것이 아니라 주로 상대방의 바로 직전 행동에 의해 결정된다. ADHD/ODD 동반이환이 있는 청소년과 부모의 상호작용은 각 구성원의 행동유형(긍정적, 중립적, 부정적)이 바로 직전의 같은 유형의 행동에 영향을 가장 많이 받는다는 점에서 '맞받아치는' 전략으로 볼 수 있다. ADHD만 있는 청소년과 정상 10대의 어머니는 바로 선행하는 10대의 행동에 관계없이 긍정적이며 중성적인 행동을 더 많이 보였는데, 이는 더 성숙한 것이며 장기적으로 양자에게 사회적 성공으로 간주되는 '관대하고 용서하라'는 책략의 특성이다(Fletcher et al., 1996). ADHD만 있는 아동 역시 ADHD/ODD 동반이환 아동에 비해 그 정도는 낮으나 상호작용 양상이 규준에서 일탈되어 정상과 차이가 있다. ODD가 함께 있으면 어머니의 스트레스와 정신병리가 더 심하고 부부 문제도 더 많다(Barkley, Anastopoulos, et al., 1992; Barkley, Fischer, et al., 1991; Johnston & Mash, 2001; Theule et al., 2011).

ADHD 아동의 가족에서 나타나는 상호작용 갈등은 단지 부모-자녀 상호작용에만 국한되지 않는다. 정상아동-

형제 쌍에 비해 ADHD 아동과 형제 간 갈등이 더 많이 나타난다(Mash & Johnston, 1983b; Taylor et al., 1991). 좀 더 큰 규모의 가족기능 연구에서 ADHD 아동의 가족은 양육 스트레스를 더 많이 받고, 부모로서의 유능감이 감소하고(Johnston & Mash, 2001; Mash & Johnston, 1990; Theule et al., 2011), 부모의 음주량이 증가하고(Cunningham, Benness & Siegel, 1988; Pelham & Lang, 1993), 다른 친척과의 접촉이 감소되며(Cunningham et al., 1988), 부부/커플 갈등, 별거, 이혼뿐 아니라 부모 우울증이 증가했다(Barkley, Fischer, et al., 1990; Befera & Barkley, 1984; Cunningham et al., 1988; Johnston & Mash, 2001; Lahey et al., 1988; Taylor et al., 1991). ADHD만 있는 아동의 부모보다 ODD나 CD와 ADHD를 같이 보이는 아동의 부모는 더 심한 수준의 정신병리를 경험할 뿐 아니라 부부/커플 갈등, 이혼이 많았다(Barkley, Fischer, et al., 1990, 1991; Lahey et al., 1988; Taylor et al., 1991). 또한 Pelham과 Lang(1993)에 의하면 부모가 음주를 더 많이 하는 것은 부분적으로 ADHD 자녀와 스트레스가 많은 힘든 상호작용 때문이었다. 이러한 결과는 최근 대규모 연구에서 반복 검증되었는데, 술 소비의 증가가 부모의 스트레스 반응성에 의해 부분적으로 매개되었다(Kashdan, Adams, Kleiman, Pelham, & Lang, 2013).

연구결과 이런 상호작용에서 주된 영향의 방향은 아동으로부터 부모에게 발생하며, 반대로는 일어나지 않았다(Danforth et al., 1991; Johnston & Mash, 2001; Mash & Johnston, 1990). 즉, 상호작용에서 나타나는 대부분의 문제가 아동에 대한 부모행동의 결과에 기인하기보다는, 아동이 부모에게 과도하고 충동적이며 규칙을 지키지 않고, 말을 듣지 않으며 감정적인 행동이 부모에게 미치는 효과 때문이다. 이는 행동에 대한 각성제 약물치료가 아동과 어머니의 상호작용 양상에 어떤 영향을 주는지 검토한 연구에서 밝혀졌다. 약물치료가 ADHD 아동의 규칙 준수를 늘렸고, 부정적이고 수다스럽고 과도한 행동을 감소시켰으며 이런 변화는 부모의 지시적이고 부정적인 행동 또한 감소시켰다(Barkley & Cunningham, 1979a; Barkley, Karlsson, Pollard, & Murphy, 1989; Danforth et al., 1991; Humphries, Kinsbourne, & Swanson, 1978). 이러한 약물치료의 효과는 학령전기 ADHD 아동뿐 아니라(Barkley, 1988), 후기 아동기 ADHD에서도 나타났고(Barkley, Karlsson, Pollard, & Murphy, 1985), 남녀 ADHD 아동 모두에서 나타났다(Barkley, 1989a).

그런데 부모의 ADHD는 ADHD 아동의 적응과 관련된 효과를 예측하는 데 어려움을 준다. 왜냐하면 ADHD는 가계에 유전되고, 많은 ADHD 아동의 적어도 한쪽 부모에게 ADHD가 있기 때문이다. 부모의 ADHD는 양육 효율성의 실패에 기여할 수 있고, 특별히 도전적인 아동을 다루는 데 부모가 좀 더 어려움을 겪게 된다(Johnston, Mash, Miller, & Ninowski, 2012). 대신에 ADHD 부모는 부모-자녀 갈등을 줄이고, ADHD 자녀를 좀 더 쉽게 공감할 수 있다. 이와 관련된 연구들이 흥미로울 것이다.

각성제 약물치료 결과 ADHD 아동과 부모 간 부정적이고 방해적이며 대립적인 상호작용이 감소할 뿐만 아니라 일반적인 가족기능 역시 아동이 약물치료를 받을 때 개선된다(Schachar, Taylor, Weiselberg, Thorley, & Rutter, 1987). 그럼에도 아동의 방해행동에 대한 부모의 반응, 아동관리와 일상적 양육에서 양육기술과 유능감, 그리고 부모의 심리적 결함이 ADHD 아동에게 중요한 영향을 준다. 여러 연구결과 ODD, CD, 주요우울증 및 ADHD와 동반이환될 가능성이 있는 다른 장애의 발달에는 부모의 관리, 아동 모니터링, 부모의 반사회적 활동, 어머니의 우울증, 아버지의 부재, 그리고 기타 부모 및 가족 요인들이 매우 중요한 요인이었다(Johnson, Cohen, Kasen, Smailes, & Brook, 2001; Johnston & Mash, 2001; Patterson et al., 2000; Pfiffner, McBurnett, & Rathouz, 2001). 그러나 다음에서 설명하는 행동유전연구에서 확실히 입증된 것으로 이 요인이 충동적, 과잉행동 및 부주의행동이나 실행기능 및 자기조절 결함의 원인이 아니라는 점이 강조되어야 한다.

병인학과 병리생리학

ADHD는 '복합질환'이라는 장애집단에 속하는데, 이는 병인이 다요인적이고 확률적이라는 것을 의미한다. 중요한 목표는 위험요인으로 작용할 수 있는 특정한 병인을 확인하여 임상적 결과를 예측하고 예방에 대한 문을 여는 데 사용하는 것이다. 병인의 요인에는 유전적 취약성과 환경의 잠재요인 간 상호작용이 포함된다. 병리생리학은 발달에 관련되는 특별한 신경생리학적 과정에 관심을 두는데, 이는 보다 정확한 ADHD의 생물학적 지표를 찾도록 해준다. 따라서 우리는 먼저 신경생물학적 요인을 다루고 나서 유전적 요인을 살펴볼 것이다.

신경생물학적 요인

ADHD에 대한 다양한 신경학적 병인들이 제시되었다. 처음에 뇌손상이 ADHD의 주요 원인으로 제시되었다(81쪽 '역사적 맥락' 참조). 뇌손상은 뇌감염, 외상, 혹은 임신기간이나 출산 시의 다른 부상이나 합병증으로 인해 발생할 수 있다.

몇몇 연구에서 뇌손상, 특히 저산소증/무산소증 유형이 주의력결핍 과잉행동과 관련이 높다고 밝혔다(Cruickshank, Eliason, & Merrifield, 1998; O'Dougherty, Nuechterlein, & Drew, 1984). 또한 ADHD 증상이 기저의 신경학적 기능이상과 분명하게 연관되어 있는 발작장애 아동에서 보다 자주 일어난다(Holdsworth & Whitmore, 1974). 그러나 대부분의 ADHD 아동은 유의미한 뇌손상이나 발작장애의 이력이 없기 때문에 뇌손상은 ADHD 아동 다수를 설명하는 것 같지는 않다(Rutter, 1977).

지난 100년 동안 연구자들은 보다 일반적으로는 전두엽 그리고 보다 명확하게는 전전두엽피질의 병변이나 손상에 의한 증상과 ADHD 증상 간 유사성을 조사했다(Barkley, 1997a; Benton, 1991; Heilman, Voeller, & Nadeau, 1991; Levin, 1938; Mattes, 1980). 전전두엽 부위의 손상으로 고통받는 아동과 성인 모두 지속적 주의력, 억제, 정서와 동기의 조절, 그리고 시간에 따른 행동을 조직화하는 능력에서 결함을 보인다(Fuster, 1997; Stuss & Benson, 1986). 지난 20년간 이 논의는 신경영상기술과 신경발달의 복합적이고 상호의존적이며 비선형적인 속성을 고려함으로써 극적으로 변화되었다.

초창기인 1960년대와 1970년대 연구에서 신경계(중추 및 자율)의 전기적 활동, 심리생리학적 측정에 집중했다. 신경계(중추신경계와 자율신경계)의 전기활동을 다양한 방법(뇌전도[EEGs], 전기피부전도, 심장박동률의 감소)으로 측정한 결과 ADHD와 통제집단 아동 간 차이에 일관성이 없었다. 그러나 일반 아동과 차이가 나타나는 경우는 ADHD 아동의 자극에 대한 반응이나 각성이 일관되게 감소했다(개관 Hastings & Barkley, 1978 참조). 이후의 연구에서 ADHD 아동의 자극에 대한 반응에서 전기피부전도와 심장박동률의 차이를 보인다는 것이 지속적으로 입증되었다(Borger & van der Meere, 2000). 이는 CD 아동과 ADHD와 CD가 동반이환된 아동을 변별할 수 있게 한다(Beauchaine, Katkin, Strassberg, & Snarr, 2001; Herpertz et al., 2001).

정량적 뇌파(quantitative EEG, qEEG)와 사건관련전위(ERP) 결과는 보통 각성상태 검사와 함께 실시되어 더 일관된 결과를 보였다(Frank, Lazar, & Seiden, 1992; Klorman, 1992; Klorman, Salzman & Borgstedt, 1988). 여러 연구결과가 상당히 다양하지만(Loo & Makieg, 2012 참조), qEEG 연구에서 가장 일관된 유형은 서파 또는 세타활동(특히 전두엽), 그리고 베타활동의 과도한 증가이다. 이 모두는 잠재적으로 ADHD의 낮은 각성상태와 저조한 활동 패턴의 지표이다(Loo & Makieg, 2012; Monastra, Lubar, & Linden, 2001). qEEG 몇 가지 차이는 이 장애의 위험을 증가시키는 것으로 알려진 DRD4 유전자 다형성과 관련될 수 있다(Loo et al., 2010). ADHD 아동은 ERP의 후발 양성성분과 음성성분의 진폭이 더 적었다. 이 후발성분은 대뇌 전전두엽의 기능을 나타내는데, 주의검사에서의 수행저하와 관련이 있고, 각성제 약물치료와 동기조절에 의해 향상되었다(Groom et al., 2010; Johnstone, Barry, & Anderson, 2001; Johnstone, Barry, Markovska, Dimoska, & Clarke, 2009; Kuperman, Johnson, Arndt, Lindgren, & Wolraich, 1996; Pliszka, Liotti, &

Woldorff, 2000). 따라서 지속된 주의력과 억제와 관련된 정신생리학적 이상은 ADHD 아동이 자극에 대한 반응이 적다는 것을 나타내며, 이는 각성제 약물치료로 향상되거나 교정될 수 있다.

또한 몇 가지 연구에서 단광자 방사선 단층촬영법(SPECT)을 사용하여 ADHD와 일반 아동의 대뇌혈류를 조사했다(개관 Hendren, De Backer, & Pandina, 2000; Tannock, 1998 참조). 전전두엽에서 (가장 최근에는 우측 전두엽 영역에서) 선조체를 경유하여 변연계 영역과 연결된 경로, 더 구체적으로 미상과 소뇌로 알려진 앞쪽 영역에서 일관되게 혈류가 감소되었다(Gustafsson, Thernlund, Ryding, Rosen, & Cederblad, 2000; Yeh et al., 2012). 우측 전두엽의 혈류량 정도는 ADHD의 행동적 심각도와 관련 있고, 전두엽 뒷부분과 소뇌에서 혈류량 정도는 운동장애의 수준과 관련 있었다(Gustafsson et al., 2000).

10여 년 전에 [I^{123}] Altropane으로 알려진 방사성 화학적 리간드가 뇌의 선조체 내에서 도파민 수송 단백질에 결합하도록 개발되어 이 영역에서 도파민 수송체 활동 수준을 알려주는 지표로 사용되고 있다. 리간드를 정맥주사한 다음 선조체에서 Altropane의 결합활동을 확인하기 위해 SPECT를 사용한다. 도파민 수송은 뉴런 방출 후 시냅스 간극으로부터 세포 밖 도파민의 재흡수에 관여한다. 여러 예비연구에서 ADHD 성인에서 Altropane의 결합 가능성이 유의하게 증가하여 도파민 수송체 활동이 활발해진다는 것을 밝혀냈다(Dougherty et al., 1999; Krause, Dresel, Krause, Kung, & Tatsch, 2000). ADHD 치료제로 흔히 사용되는 약물인 메틸페니데이트가 뇌의 이 영역의 활동에 상당한 영향을 미치고, 도파민 수송체의 활동을 느리게 함으로써 치료효과를 준다는 의미로서 매우 흥미롭다(Krause et al., 2000; Volkow et al., 2001).

대뇌 포도당 대사를 평가하기 위해 양전자방출단층촬영(PET)을 사용한 연구에서 특히 ADHD 성인과 여자 청소년(Ernst et al., 1994)의 대사가 감소되었으나(Schweitzer et al., 2000; Zametkin et al., 1990), ADHD 남자 청소년의 경우 반대의 결과가 나왔다(Zametkin et al., 1993). ADHD 여자 청소년에서 나타난 결과를 좀 더 어린 ADHD 여아에게 반복실험한 결과 대사가 감소되는 것을 발견하지 못했다(Ernst, Cohen, Liebenauer, Jons, & Zametkin, 1997). 이러한 연구들은 표본 크기가 매우 작기 때문에 집단 차이를 발견하는 데 있어 검증력이 낮으며 이전 연구결과를 반복 검증하기에 신뢰성이 낮다는 결론에 이른다. 그러나 ADHD 청소년의 ADHD 증상의 심각도와 앞쪽 전두 영역에서 감소된 대사활동이 유의미한 상관관계가 있었다(Zametkin et al., 1993). 또한 Ernst 등(1999)은 도파민 활동성을 나타내는 방사성 추적자를 사용하여 ADHD 아동의 우측 중뇌 영역에서 비정상적인 도파민 활동을 찾아냈고, 증상 심각도가 이러한 비정상성의 정도와 관련되는 것을 밝혔다. 특정 뇌 영역의 대사활동과 ADHD 증상과 관련된 집행결함 간의 관련성을 제시하는 것은 뇌 활성화와 ADHD 행동 간의 연결고리를 증명하는 데 있어 중요하다.

현재 ADHD 연구에 MRI(기능적 및 구조적 둘 다)를 주요 방법으로 사용하고 있다. 가장 최근에 Cortese 등(2012)에 의해 자세하게 메타분석으로 개관되었다. 1990년대 후반에 ADHD의 회로망의 기본 개요가 분명해졌다. ADHD 아동이 주의집중과 억제과제를 수행하는 동안의 기능적 MRI 활동을 확인한 결과 다양한 뇌 영역, 특히 우측 전전두엽, 기저핵(선조체와 경막), 그리고 소뇌에서 활성화 양식이 다른 것으로 나타났다(Cortese et al., 2012; Rubia et al., 1999; Teicher et al., 2000).

1990년대에 미국 국립보건원의 학교 아동 정신의학 분과에서 실시된 종단적 뇌영상연구에 중요한 발전이 있었고, 지난 10년간 여러 흥미로운 보고와 개관자료가 출판되었다(Castellanos et al., 2002; Giedd, Blumenthal, Molly, & Castellanos, 2001; Krain & Castellanos, 2006; Shaw et al., 2007; Shaw, Lerch, et al., 2006). 오직 뇌구조에 초점이 맞춰진 이 연구결과 ADHD의 구조적 용량의 변화는 생애 초기에 나타나고 약물치료에 의해 설명되지 않으며, 계속 진행되지는 않는다고 하였다. 이러한 발견은 생애 초기에 받는 손상 또는 유전적 영향이 ADHD의 뇌구조에서 관찰되는 변화에 주요한 원인이 된다는 것을 시사한다. 보다 최근에는 일련의 연구에서 대뇌피질 두께 측정치를 조사했다(Shaw, Lerch et al., 2006 참조). 이들은 보다 역동적인 유형을 나타내는 것으로 보이는데 청소년기 발달 동안 대뇌피질의 지층이 두꺼워지는 궤도의 변화와 지연이 나타난 후 정상적으로 얇아지는 식으로 진행된다. 이 결과에 따라 초기 변화가 있음에도 불구하고 발달의 궤도와 발달적 사건의 시기를 명확히 밝히는 것이 향후 10년간 ADHD 연구에서 매우 중요하다는 점을 강조할 수 있다.

ADHD에 관여하는 특정한 뇌조절 시스템의 존재는 현재 수많은 연구들(Casey et al., 2007; Cubillo et al., 2010; Epstein et al., 2009; Gatzke-Kopp et al., 2009; Rubia, 2011; Rubia et al., 2010; Stanley et al., 2008), 그리고 최종적으로 종합적인 메타분석(Bush, 2010; Dickstein, Bannon, Castellanos, & Milham, 2006)에 의해 지지를 받고 있다. 첫째, ADHD는 행동과 정서, 충동의 조절에 중요한 전두-피질하(전두-변연계/전두-선조) 회로와 연관이 있다(배외측과 복내측 전전두엽피질, 배 선측 대상회피질, 편도체, 그리고 선조체 영역 및 시상 포함; Dickstein et al., 2006; Nigg & Casey, 2005). 이러한 결과는 또한 확산 장근 영상연구(diffusion tensor imaging studies)에 의해 지지되었는데, 메타분석 결과 백질의 광범위한 변화를 보였다(van Ewijk, Heslenfeld, Zwiers, Buitelaar, & Oosterlaan, 2012). 또한 우리의 회로 모형과 일관되게, 앞쪽의 방사관/종적인 속(fasciculus)과 내포에서도 광범위한 변화를 보인다.

둘째, 2개의 독립된 메타분석에서 보여주듯이(Cortese et al., 2012), ADHD는 전두-두정-피질하 회로의 연결망에서 비정상성을 나타낸다(배측면 전두엽피질과 하두정소엽을 포함하는 배후 부분뿐만 아니라 배쪽의 기준이 되는 주의력 부분). 셋째, 최근까지 잠깐 논의되었던 '기본 설정 모드 네트워크'라고 불리는 회로는 ADHD에서 비정상적으로 작동하는 것으로 보인다. 기본 설정 모드 회로는 쉴 때에도(예 : 정신이 산만하거나 과제에 몰두하지 못할 때) 활동하는 경향이 있는 네트워크 구조이다. 이 회로는 과제수행 동안 멈추는 경향이 있지만 ADHD의 경우 그렇지 않다. 이것은 내측 그리고 측면의 두정

피질, 내측 전전두엽피질, 그리고 설전부/뒤쪽 대상피질(혹은 팽대후부 피질)을 포함한다(Cortese et al., 2012). 이러한 회로를 평가하는 데 사용하는 한 방법—휴지기의 기능적 연결성—은 뇌가 실제로 매우 활동적일 때와 완전히 쉴 때의 활동수준과 상관관계를 평가한다. 뇌 평가에 있어 새로운 방법에 대한 많은 방법론적 의문이 남아 있지만, 연구결과들은 아주 흥미로우며 ADHD 뇌발달에 대해 계속해서 정보를 제공하고 있다.

이러한 뇌 변화는 구조와 기능, 그리고 영역 사이의 연결성을 포함한다. ADHD와 관련 있는 다양한 뇌 영역과 회로는 그림 2.3에 설명되어 있다. 이는 관련 있는 세 가지 핵심적 회로의 유형을 보여준다. 전전두엽피질이 행동통제와 규제에 중요하지만, Casey, Nigg, 그리고 Durston(2007), Nigg와 Casey(2005)에 의해 알려졌듯이, 피질하부와 후두부 영역은 통제 시스템이 작동하도록 신호를 주는 데 있어 중요하다. 전두-두정 회로는 주의력 포착과 연관되는데, 이는 새로운 정보에 대해 주의 할당 및 주의력 포착과 각각 관련되어 있는 배측 및 복측 주의 회로를 포함한다. 전두-시상-기저핵 고리는 운동반응과 정서반응을 조정하는 데 있어 사실상 다르게 관여하는 다중 병행 신경회로를 의미한다. 소뇌-전두 고리는 사건과 결과의 일시적 연계를 학습하는 데 도움을 주는

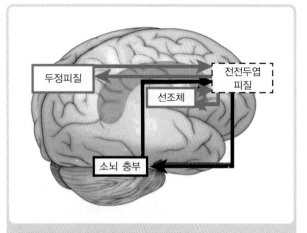

그림 2.3 ADHD와 연관된 개념적 회로

출처 : Casey, Nigg, and Durston(2007). Copyright 2007 by Lippincott Williams & Wilkins의 허락하에 사용함.

것과 관련된다.

이와 같은 연구에서 ADHD의 증상, 그리고 실행 결함의 심리학적 평가치와 뇌구조 및 기능의 연결을 입증하는 것이 특별히 중요한데, ADHD를 구성하는 인지적·행동적 이상성에 있어 이런 대뇌이상의 역할에 대한 인과적 추론이 가능하기 때문이다. 그러나 각각의 경우를 구분하기에 그 효과가 여전히 크지 않거나 충분히 명확하지 않다. 각 ADHD 사례와 관련된 특정한 뇌의 변화가 있는 개별 아동의 선발을 통해 이를 임상적으로 적용하기 위해서는 여전히 해야 할 연구가 많다.

ADHD 관련 신경전달물질

ADHD를 신경전달물질 기능장애 또는 불균형의 가능성, 그중 특히 도파민 경로가 상당히 오랫동안 강조되었다(Tripp & Wickens, 2008)(초기 개관 Pliszka, McCracken, & Mass, 1996 참조. 대안적 시각 Arnsten, 2001 참조. 보다 최근의 개념화는 이 장의 '이론적 고려사항'에 논의됨). 이러한 발상은 주로 초기에 ADHD 아동이 다른 약물에 보이는 반응에 따른 것이다.

ADHD 아동은 각성제에 극적으로 반응하는 경향이 있는데, 이는 대부분 다양한 기제를 통해 시냅스에서 도파민의 유용성을 변화시키고 노르아드레날린에 의해 활성화된 경로에서 몇 가지 효과를 만들어 낸다(Connor, 2006). ADHD에서 작동 기제는 역동적인데, 시냅스에서 도파민 유용성이 급격히 증가하지만 시간이 지나면서 몇몇 뇌부위에서 수용기 농도가 변화된다. 그럼에도 불구하고 시냅스에서 증가된 도파민 유용성은 특히 동기와 동기부여 반응과 관련된 회로망에서 나타나는 효과의 한 부분이다(최근 결과와 전문가 논의 Swanson, Baler, & Vilkow, 2011; Volknow et al., 2012 참조). 또한 ADHD 아동은 노르아드레날린 활성제에 잘 반응하는데, 이는 ADHD의 노르아드레날린 기반 가능성을 지지한다(Arnsten, 2001). 결국 이러한 두 가지 신경전달물질이 장애와 관련된다는 가설이 합당하다. 그러나 비장애 아동이 각성제에 정적 반응(비록 더 적을지라도)을 보인다는 연구결과는 부분적으로 이 논리를 약화시킨다. 좀 더 직접적인 증거는

ADHD 아동과 일반 아동의 뇌척수액 연구에서 나왔는데, ADHD 아동의 뇌에서 도파민이 감소되었다(Raskin, Shaywitz, Shaywitz, Anderson & Cohen, 1984). 다른 연구에서 주로 도파민 통제와 관련되고, ADHD에서 결함을 추론하기 위해 혈액과 소변 대사물질을 사용했다. 이런 종류의 초기 연구결과는 선행연구들과 상반되었다(Shaywitz, Shaywitz, Cohen, & Young, 1983; Shaywitz et al., 1986; Zametkin & Rapoport, 1986). 이 신경전달물질의 대사물질 수준이 유의미하게 낮은 점에서 추론되듯이 이후 실시된 연구에서 ADHD에서 노르아드레날린 활동이 감소되는 것을 지지하는 결과를 얻었다(Halperin et al., 1997).

환경적·유전적 요인

유전적 요인

가족연구에서 ADHD는 가계에 유전되며, 적어도 부모-자녀 간에는 위험이 2배에서 4배까지 증가된다는 것이 오래전부터 입증되었다(Mick & Faraone, 2009). 가족이 공유하는 유사성의 어느 정도가 유전자에 의한 것인가, 아니면 공통된 가족 경험에서 기인하는 것인가? ADHD에 대한 10여 개 이상의 행동유전학(쌍생아 그리고/또는 입양) 연구에서 부모 평가를 통해 병에 걸리기 쉬운 취약성의 상당 부분이 유전적 변이에 의해 전이되는 것을 확인했다. 여러 연구의 유전 가능성 계수는 평균 .80을 넘는다(Boomsma, Cacioppo, Muthen, Asparouhov, & Clark, 2007; Grant et al., 2007). 그러나 네덜란드 대규모 표본에서 부모와 교사 평가가 일치했을 때 공유한 잠재변인의 유전 가능성이 .78이었으나, 교사 평가만 실시하면 유전 가능성 추정치는 다소 낮았다(Willcutt, Doyle, Nigg, Faraone, & Pennington, 2005). 종합적 임상 평가나 부모와 교사가 함께 증상과 결함에 대해 보고하여 쌍생아의 ADHD 진단 일치도를 조사한 연구는 비교적 적다.

교사 대 부모 평가 결과에 변량이 있는 것은 유전 가능성 추정치에 영향을 미치는 요인인 평가자 편향('대조편향'이라고 알려진)에 대한 의문을 제기한다. 대조편향

(예 : 부모 평가 시 일란성 쌍생아보다 이란성 쌍생아에 대해 차이를 강조하는)은 미취학 아동의 활동수준에 대한 유전 가능성 추정치를 부풀리는 것으로 알려져 있다. ADHD 평정에 대한 이러한 효과는 사용된 평가척도에 달려 있다. Rietveld, Hudziak, Bartels, van Beijsterveldt와 Boomsma(2004)는 유럽에서 네 연령 시점(3, 7, 10 그리고 12세)에 어머니가 아동행동평가척도를 사용하여 광범위한 쌍생아 표본의 종단연구를 발표했다. 평가자 차이의 효과를 통제했을 때에도 유전 가능성은 각 연령에서 .70 이상이었다. Simonoff 등(1998)은 어머니의 대조효과를 확인했을 뿐 아니라 특히 일란성 쌍생아에서 쌍생아 혼란('상관 오류'라고 알려진)에 기인하는 교사 평가의 편향도 강조했다. 다시 말해 쌍생아들은 교사가 같은 경우가 많고, 교사는 일란성 쌍생아들을 정확히 구별하는 데 많은 어려움을 경험한다. 이러한 효과를 고려할 때 유전 가능성은 .60~.70의 범위였다.

요약하면 ADHD의 유전 가능성은 대략 .70인데, 이는 심리적 특성으로는 상당한 수준이며 다른 많은 특성 및 장애보다 더 큰 것이다. 공유되지 않은 환경적 영향은 ADHD 취약성 변량의 나머지를 설명한다. 이러한 연구 결과에 따라 연구자들은 2000년부터 2010년까지 분자유전학 연구를 과감하게 추진했다.

처음에 ADHD에서 분자의 상관요인을 연구하는 가장 공통된 접근법은 후보 유전자를 검토하는 것이었다. 즉, 도파민 수용기 유전자와 같이 이론적 근거를 바탕으로 흥미가 있는 유전 지표를 선택하는 것이다. 메타분석 문헌에서 6개 유전자가 확실히 ADHD와 신뢰할 만한 상관관계가 있는 공통된 지표를 가지는 것으로 나타났다 : 도파민 수송체(DAT1), 도파민 D4 그리고 D5 수용기(DRD4, DRD5), 세로토닌 수송체(5-HTTPLR), 세로토닌 1B 수용기 유전자(HTP1B), 그리고 분자량 25kDa(SNAP25)의 시냅토솜 연합 단백질. 그러나 진행 중인 대규모 연구에서 더 새로운 연관성을 규명할 것으로 예상된다.

두 번째 접근은 전체 유전체를 검사하는 것이다. 이러한 접근법으로 공통된 지표(단일-염기 반복 혹은 다형현상이라 불리는) 수십만 개가 검색되었다. 많은 과학자

들에게 다소 뜻밖이면서 실망스럽게도 전체 유전체 검사는 ADHD에 중요한 새로운 유전자를 발견하는 데 실패했다(Maliakkal et al., 1992). 이 실패의 원인은 부분적으로 매우 많은 통계적 검증이 요구되기 때문이며 결과적으로 통계적 검증력이 낮아졌다. 그러나 현재 진행 중인 연구들에서 정신장애의 전체 유전체 지표를 확인할 수 있을 것이다. 메타분석 결과 전체 유전체와 상관관계가 매우 강하여 반복검증될 만한 부가적 후보자로 카데린 부호화 유전자인 카데린 13(CDH13)을 발견했다(Lasky-Su et al., 2008). 이 유전자는 니코틴성 수용체와 신경돌기에서 뻗어 나온다(Canino & Alegria, 2008).

세 번째 접근은 공통된 유전자 변종들을 '경로'라고 불리는 화학적·생리적 집단으로 분류하는 것이다. 이 접근법은 과대 혹은 과소 발현된 경로에서 중요한 상관관계를 검증하므로 개별적인 지표를 검색하는 것보다 더 많은 영향력이 있다. 지금까지 오직 2개 연구에서 ADHD에 대해 이 접근법을 시도했고, 모두 이미 알려진 경로(불완전할 뿐 아니라 매우 다양한 유전자 집합체, 그리고 현존하는 생물학적 유전자 경로의 목록)의 하위 집합의 응집을 검증하는 제한된 접근법을 사용했다. 결과들은 매우 흥미로웠다. Poelmans, Pauls, Buitelaar과 Franke(2011)는 니코틴 수용체(ADHD의 생화학적 이론의 하나), 그리고 신경의 증가(신경발달 지연이라는 새로운 이론과 관련)와 관계있는 일관된 연결망을 확인했다. 또한 Stergiakouli 등(2012)은 중추신경계 발달과 콜레스테롤 대사(신경발달에 필수적인)와 관련된 대사 체계에서 생물학적 경로를 발견했다. 비록 이러한 접근법이 단지 처음 시도되는 단계이고 향후 몇 년 동안 최신 정보가 추가될 것이지만, 연구결과를 보면 병리생리학에 대해 새로운 관점을 자극시켜 준다. 유전자-경로 기반 접근법이 장차 좀 더 많은 결실을 맺을 것이다.

네 번째 접근은 조현병과 자폐스펙트럼장애 연구에서 다소 성공적이었던 것인데, 복제 개수 변이(주어진 뉴클레오타이드 배열이 너무 많이 반복되는 변이들의 차이를 뜻함) 중 많은 부분인 구조상 드문 변종을 조사하는 것이다. 이는 전체 유전체 검사를 통해 자료를 재분석하여

이루어진다. 예를 들어 이 방법을 통해 처음 시도한 것 중 하나인데, 인구의 1% 미만으로 적게 일어나지만 ADHD 와 관련된 위치에서는 위험이 2배가 되는 것으로 q13.3 에 있는 염색체 15에서 유전체 단위반복 변이의 증거를 발견했다(Williams et al., 2012). 유사한 접근을 사용한 또 다른 연구에서 인구의 1% 미만에서 발생하는 희귀변 이인 PARK2 유전자(알츠하이머병과 관련된 유전자)가 ADHD에서는 지나치게 많이 일어난다고 결론지었다(Jarick et al., 2014). 이런 유형의 연구도 좀 더 많이 나올 것이다.

새로운 변이는 유전체의 비동질적인 외부변이 순서와 전체 유전체의 순서에 의해 발견되었다. 현재 ADHD에 대해 이러한 유형의 연구들이 대규모로 진행 중이며, 향후 10년 내에 새로운 발견이 있을 것이다. 이 글을 쓰는 중에 국제협의회가 일반 인구에서 대부분 상대적으로 드물며 비동질적 (기능적)인 변종의 분석을 위해 ADHD 아동 및 통제집단 아동 표본 15,000개를 모았다. 연구자들은 아직 배열을 확정하지 않았고, 조각 배열을 사용한다. 배열을 확인하는 중이고, 자폐스펙트럼 연구에서 이미 밝혀진 것과 유사하게 몇 가지 드문 원인 변형체를 확인할 것으로 예상된다.

요약하면 ADHD의 분자유전학은 지금까지 놀라우면서도 실망스러운 결과에도 불구하고 매우 흥미로운 분야로 남아 있다. 정신의학의 모든 분야가 그렇듯이 ADHD에서 '유전 가능성'을 밝히는 것은 흥미 있는 문제로 남아 있다. 최근 연구에서 우리가 다중유전의 영향을 고려할 때 결국 유전 가능성을 찾을 가능성이 크다는 것을 시사한다. 그러나 유전-환경 상호작용(G×E) 그리고/또는 후생적 영향도 여전히 주요 주제이다.

유전×환경 상호작용

지난 10년간 유전-환경의 상호작용은 정신의학 연구에서 규준이 되었다. 이러한 연구 대부분은 환경에서 선택된 측정치와 관련해서 하나 또는 두 개의 선택된 유전표지(후보자)를 검증한다. 이와 같은 연구는 위험요소가 많다. 특히 (1) 환경의 측정은 그 자체가 측정되지 않은

유전자의 변화에 의해 영향을 받을 수 있다. 그리고 (2) 만약 변수들이 적절하게 조정되지 않는다면 인위적이거나 허위 양성(false-positive) 효과가 쉽게 발견된다. 그렇기는 하지만 이 분야에서 초기의 노력은 흥미롭다. 최근의 메타분석(Nigg, Nikolas, & Burt, 2010)에서 심리사회적 고통 측정치와 유전자형, 특히 ADHD를 예측하는 데 있어 DAT1과 5-HTTLPR의 신뢰할 수 있는 일관된 상호작용을 보여주었다. 비록 이러한 효과가 소수의 연구에 계속 의존하고 있고 여전히 결과가 뒤집힐 수 있긴 하지만 앞으로 수년간 ADHD에서 유전-환경 상호작용에 좀 더 많은 작업이 이루어지고 상당한 관심을 받게 될 것이다.

또한 최근 몇 해는 '후생유전학'의 흥미로운 발전이 있었다. 즉, 경험이 유전체와 표현형을 때로 극적으로 바꿀 수 있다는 것이다. 이는 여러 방식의 복합적인 기제를 통해 일어난다. 지금까지 가장 공통적으로 연구된 것은 유전자 표현형을 바꿀 수 있는 DNA 메틸화(DNA가 '보관되어 있는' 물질인 염색질의 변형)이다. 즉, 인간 변이의 표현 중 많은 부분이 단지 DNA 구조에만 의존하는 것이 아니라 유전자가 표현되는 부위와 방식을 통제하는 조절 표지에 의존할 수 있다.

유전-환경 상호작용과 후성학적 영향의 중요성이라는 두 가지 통찰은 여러 다른 정신의학적 상태뿐 아니라 ADHD에 대한 환경의 기여를 연구하는 방향으로 촉발시켰다.

환경적 위험요인과 촉발요인

유전-환경 상호작용과 후생유전학적 기제를 확인할 때 ADHD의 병인론과 관련된 많은 잠재적 환경적 기여 인자가 중요한 것으로 드러났다. ADHD의 병인론에 대해 생각하는 생산적인 방법은 구조적 DNA(우리가 알고 있는 한 돌연변이 외에 변화될 수 있는 방법이 없는 부분)는 ADHD에 대한 취약성만 가지는 것으로 보는 것이다. 경험은 뇌 또는 생리학에서 직접적인 변화를 야기하거나, 혹은 유전자 표현을 변화시키는 후생유전학적 지표를 통해 질병을 활성화시킨다. 이 모형은 주어진 환경적

위험요인이 모든 아동에게 영향을 미치지는 않을 것이라고 제안한다. 일부는 이러한 효과에 '면역이 있으나', 반면 어떤 아동은 이 위험요인의 존재에 민감하고 ADHD를 발달시킬 것이다.

유전-환경 상호작용에 대한 경험적 연구들은 이러한 가능성을 지지하는 경향이 있다. 예를 들어, (1) 신체의 신경독성 살충제 제거율은 유전자형에 의해 결정된다(Engel et al., 2011), (2) 혈중 납 수준은 철분 섭취에 의해 조절되고, 이는 유전자형에 의해 통제된다. 그리고 (3) 식품 첨가제에 대한 반응은 유전자형에 의해 조절될 수 있다(Stevenson et al., 2010)고 밝혀졌다. 또한 불일치하는 일란성 쌍생아(쌍생아 중 한 명은 ADHD이고 한 명은 ADHD가 아닌)에 대한 신경영상 연구에서 ADHD와 관련된 뇌의 주요한 변화가 유전적으로는 설명되지 않는다고 결론지었다(Castellanos et al., 2002). 따라서 민감성-가소성 모델은 유전적 주효과 모델보다 궁극적으로 ADHD에 (그리고 아마 정신병리학과 일반적으로 다른 복잡한 질환에서도) 가장 잘 적용되는 것으로 보인다.

특정 환경에 관해서 몇 가지가 주목할 만하다. 우선 비평가들은 불충분한 학교 교육, 빠른 사회 변화 속도, 그리고 가족 스트레스가 ADHD 발생의 증가에 기여한다고 제안한다. 이러한 여러 사회학적인 발상은 흥미롭기는 하지만 검증되지 않았고 (혹은 검증될 수 없고), 몇 가지 제안된 요인(예 : 학교 교육)은 ADHD의 발병을 설명하기에는 발달상 너무 늦은 시기이다.

유전적 취약성을 증가시키는 다른 잠재적 환경요인으로 태아기 그리고 출생 후의 생물학적 맥락 둘 다 특히 중요하다. 예를 들어 저체중 출산(2.5kg 미만)은 부주의, 과잉활동과 특정 학습 및 운동 문제에 대한 명확한 위험요인이지만, 6세에서 나타날 수 있는 다른 행동적 또는 정서적 문제에 대한 위험요인이 아니다(Willcutt, 2012). 그러나 저체중 출산은 그 자체로 어머니의 건강과 영양, 흡연, 체중, 낮은 사회경제적 지위, 스트레스 등 여러 원인과 함께 증폭되므로, 특정한 생물학적 기제를 확인하기 어렵다.

몇몇 연구에서 일반 아동과 비교할 때 ADHD 아동에서 임신 혹은 출산 합병증이 더 많이 일어난다는 것을 확인하지 못한 반면(Barkley, DuPaul, & McMurray, 1990), 다른 연구에서는 특별히 짧거나 긴 분만, 태아가 받는 스트레스, 낮은 겸자 분만과 임신중독증 및 혈류독소에 해당하는 경우 유병률이 약간 높았다(Hartsough & Lambert, 1985; Minde, Webb, & Sykes, 1968). 그런데 ADHD 아동 전체가 많은 임신 합병증, 조산, 혹은 저체중을 경험하는 것은 아닐지라도, 조산으로 태어났거나 현저하게 저체중으로 태어난 아동은 이후 과잉행동이나 ADHD의 위험이 높아진다(Breslau et al., 1996; Schothorst & van Engeland, 1996; Sykes et al., 1997; Szatmari, Saigal, Rosenbaum, & Campbell, 1993). 이는 단지 저체중 출산이 (다른 정신의학적 장애 중) ADHD의 증상이나 장애 자체에 대한 위험을 제기하는 것이 아니라, 실질 조직의 병변 그리고/또는 심실의 확대와 같은 출생 시 부상에 기인하는 백질 이상 정도를 제기한다(Whittaker et al., 1997). 이러한 결과는 비록 특정 임신 합병증이 ADHD의 주요 원인은 아니라 해도 어떤 경우 이와 같은 합병증, 특히 뇌의 작은 출혈 동반과 관련된 조산으로 인해 발생될 수 있다.

여러 연구에서 ADHD 아동의 어머니가 대조군 어머니보다 임신 당시 더 어렸고, 이러한 임신은 좀 더 많은 어려움을 겪을 위험이 크다고 제안하였다(Denson, Nanson, & McWatters, 1975; Hartsough & Lambert, 1985; Minde et al., 1968). 임신 합병증은 어린 어머니에게 더 많이 발생하고, ADHD 아동의 어머니는 더 높은 합병증의 위험을 지니며, 이로 인해 자녀가 신경학적으로 ADHD에 취약하게 될 수 있다. 그러나 지금까지 언급된 합병증은 가벼운 것들로서 ADHD의 원인인 태아기 혹은 주산기 뇌손상의 강력한 증거가 되긴 어렵다. 일부 역학연구에서 일반적으로 태아기 또는 주산기 문제(위에 언급된 조산 외에도)와 ADHD 증상 간 유의미한 상관관계를 발견했다(Froehlich et al., 2011; Pineda et al., 2007). 그러나 이러한 관계의 일부는 어머니의 흡연(아래 참조), 사회경제적인 불리함과 같은 다른 요인들을 고려하면 사라지는데, 이 두 요인은 주산기 문제와 과잉행동에 선행할 수 있다(Goodman & Stevenson, 1989; Werner et al., 1971).

한 연구에서 적어도 학습장애가 있거나 정신의학적 동반이환이 없는 아동들의 하위집단에서 아동의 출생 계절이 ADHD의 위험요인과 상당히 연관되어 있다는 것을 발견했다(Mick, Biederman, & Faraone, 1996). ADHD의 이 하위집단에서 9월 출생 아동이 과도하게 많았다. 연구자들은 출생 계절이 어머니와 태아가 노출되었을 계절성 바이러스성 감염이 발생한 계절적 시기에 의해 매개되었을 가능성이 있다고 주장했는데, 이런 감염은 ADHD 사례의 약 10%를 설명할 수 있다.

다른 한편 방대한 양의 문헌에서 태아기의 상당한 기형발생물질이 ADHD의 위험을 증가시키는 것으로 나타났다. 예를 들어 일부 연구에서 알코올 노출(Huo et al., 1992), 즉 적어도 중간 정도의 음주를 하는 미국 여성은 자녀에게 ADHD 위험을 증가시키는 것으로 보인다. 그러나 다른 연구에서는 그 연결이 공존하는 사회적 역경과 흡연으로 인한 혼입에서 기인한다고 제안했다(Rodrigues et al., 2009). 태아 알코올 노출은 시각적 주의와 수학에서 특정 문제를 보이는데, 이는 전형적인 ADHD와 다소 다른 신경심리적 프로파일이다. 일반 인구에 대한 전향적 연구에서 ADHD를 예측하는 요인으로 임신 중 결정기 동안 가정과 야외에서의 살충제 노출이 제기되었다(Goldman et al., 1997; Sagiv et al., 2010). 이것이 인구 기반의 전향적 연구에서 드러나더라도 이 연관성이 인과적인지 결정하는 것은 민감한 문제이다. 비록 유전-환경 상관관계에 더하여 유전×환경 상호작용이 환경적 영향을 감출 수 있다 하더라도, 이 또한 유전적 영향도 가릴 수 있다. 기형발생물질과 독소는 유전-환경 상관관계 때문에 유전적 위험요인도 될 수 있다.

인간에게서 실험적 증거를 얻기가 어렵기는 하지만, 특히 임상시험을 통해서는 불가능한 것도 아니다. 무선적 실험자료에 대한 메타분석 결과 식이요인이 ADHD에 영향을 주고 임상적으로 의미 있는 인과관계를 지닌다고 결론 내렸다(Nigg, Lewis, Edinger, & Falk, 2012). 반면에 두 가지 기발한 가족 설계 — 하나는 대리모의 자녀와 상관관계 여부에 대한 연구, 다른 하나는 임신기 동안 어머니의 흡연 여부가 달랐던 형제자매에 대한 연구 — 를 통해 ADHD에서 태아기 흡연의 인과적 영향이 이전에 생각했던 것보다는 훨씬 작다고 결론 내렸다(D'Onofrio et al., 2008; Thapar et al., 2009). 또한 태아기의 니코틴 노출은 ADHD보다는 품행문제들과 좀 더 분명하게 연관이 있다(예 : Gatzke-Kopp et al., 2009).

신경독소가 어떤 범주에 들어갈지는 불확실하다. 그러나 전 인구에 보편적으로 노출되므로 어머니의 흡연과는 달리 신경독소의 노출은 유전적 위험요인이 되지는 않는다. 초기에 가정 살충제와 함께 납 노출의 영향에 관한 연구가 특히 많이 이루어졌다. 수 세기 동안 납이 신경독이라는 것이 알려졌고, 수십 년간 높은 수준의 납 노출이 과잉행동과 다른 건강문제를 일으킬 수 있다는 것이 알려졌다. 지난 10년간 미국 인구(혈액의 1 ug/dL 정도)에서 매우 보편적으로 발견된다는 배경에도 불구하고, 혈중 납 수준은 ADHD 증상과 상관이 있다는 예상 밖의 결과를 얻었다(Nigg et al., 2008; Nigg, Nikolas, Knottnerus, Cavanagh, & Friderici, 2010; Roa et al., 1994; Willcutt et al., 2012). 납 수준과 ADHD 간의 연관성을 신뢰할 수 있는 만큼 납과 낮은 지능의 상관관계도 유사한 유의도를 나타냈다(Goodlad, Marcus, & Fulton, 2013). 이런 원인의 영향을 증명하기는 매우 어렵지만 예방 및 공중보건학적으로 이 관점은 매우 중요한 관심사이다. 왜냐하면 미국에서 납 수준에 대해 많은 연구가 존재하며 전 세계적인 문제이기 때문이다.

'더 빠른 속도의 삶'과 같은 일반적인 사회학적 주장에서부터 뇌발달 초기의 전자 미디어 노출과 같은 좀 더 검증 가능한 영향들까지 많은 다른 실험요인들이 ADHD에 영향을 주는 것으로 가정되었다. 이런 다양한 견해에 대해 결정적인 증거는 아직 없으나, 경험적 촉발요인을 고려할 때 향후 중요한 발견을 하게 될 가능성이 있다.

요약

위에 개관한 연구들을 통해 ADHD가 다중요인으로부터 발생하고, 신경학적 · 유전적 요인들이 상당히 많이 기여한다는 것은 분명하다. Taylor(1999), Nigg와 Casey(2005),

Sonuga-Barke(2005), 그리고 다른 연구자들의 주장과 같이 우리는 행동증후군으로 이끄는 ADHD의 다양한 발달경로와 이질적인 병인들이 있다고 본다. 그러나 다양한 경로는 신경계의 마지막 공통경로에서 문제가 생김으로써 ADHD가 발현되게 할 수 있다. 그 경로는 전전두엽 대뇌피질-선조-소뇌 망의 연결망이다. 유전적 요인은 아동에게 있어 ADHD 증상을 발생시키는 데 가장 큰 역할을 하는 것으로 보인다. 유전적으로 전달되는 것은 전전두엽-선조-소뇌의 망이 더 작고 덜 활발하게 하는 경향일 수 있다. 이러한 조건은 또한 임신 합병증, 독소 노출, 혹은 신경질환에 의해 일어나거나 악화될 수 있다. 사회적 요인 단독으로는 장애의 원인이라고 지지될 수 없으나, 이는 상태를 악화시키거나 약화시킬 수도 있고, 지속시킬 수 있다. 또한 삶의 중요 활동에 심각한 손상을 입히며, ADHD와 관련된 동반이환장애의 유형에 영향을 미칠 가능성도 크다. 또한 ADHD는 유전적 소인 없이도 최후의 공통된 신경경로의 심각한 분열이나 손상으로 인해 일어날 수 있으나 이는 ADHD 아동 중 소수에게만 해당된다.

그다음으로 이 책의 제2판이 출간된 이후 수행된 연구에서 ADHD의 원인으로 이전의 많은 사례에서 거론된 것처럼 순수하게 유전적 혹은 전적으로 환경적인 요인보다는 유전적-발달적 신경학적 요소에 대한 증거를 제시했다. 그럼에도 드문 유전적 돌연변이에 기인하는 일부 사례도 있다. 또한 심각한 환경적 박탈에서 기인한 일부 사례도 있다. 그러나 대다수의 사례에서는 유전적 취약성과 초기 환경적 문제 혹은 박탈과 같은 요인들의 다양한 조합의 결과이며 이는 후성적 기제에 의해 매개된다.

앞으로의 연구 방향

이번 장에서 제기된 다수의 쟁점은 향후 유망한 연구 방향을 제시해 준다. 위에서 논의된 이론적 모형들은 다중구조 모형의 결합(예 : 측두엽의 정보처리와 인지)에 대해 지속적으로 검토할 필요가 있다고 제안한다. 즉, ADHD 현상에 대한 기존의 연구를 정서와 정서조절에 대한 연구로 확대해야 하고, 발달이론을 고려해야 하며, 신경발달과 신경생물학적 기반으로 제한해야 한다. 또한 유전-환경 상호작용의 영향과 ADHD의 행동유전학에 대해 분명하게 이해해야 한다.

최근에 개발된 진단기준은 가장 엄격하고 실증적이지만 여전히 중요한 한계를 지니고 있다. 이런 기준이 이론에 근거하거나 발달적으로 참조되지 않았다는 사실은 경험에 기초해 얻은 것이라 하더라도 장애를 이해하고 기준을 임상적으로 적용하는 데 몇 가지 어려움을 주는 위험요소가 된다. 이 기준은 신경생물학과 분명하게 일치되지 않으며, 좀 더 구분이 필요한 몇 가지 동시발생적인 신경생물학적 차원을 구성한다. 또한 이질성이 충분히 포착되지 못하였고, 만일 존재한다면 기제에 따른 하위유형에 대한 해결책이 절실히 필요하다.

ADHD를 자기통제와 자기조절의 장애로 보는 견해가 점점 더 분명해질 것이고, 주의력의 조절은 근본적 쟁점의 일부일 뿐이다. 이런 점에서 순수 ADHD 수준에 도달하지 않더라도 자기통제와 조절은 삶의 다양한 결과와 문제에 관련이 된다. 약물남용에서부터 실업까지 자기통제와 관련된 거의 모든 결과가 왜 위험요인으로서 ADHD에 연관되는지 이유를 설명할 수 있다.

ADHD에 대한 분자유전학 연구가 엄청나게 증가함과 동시에 지난 10년간 이를 지켜보는 사람들을 상당히 실망시켰음에도 불구하고, 분자유전학 연구결과는 인간의 행동과 발달, 그리고 ADHD에 대한 이해에 큰 변화를 가져올 것으로 보인다. 이러한 관점에서 후성학적 분석을 향한 움직임은 인간 뇌기능을 연구할 수 있는 적절한 방법을 개발해야 하므로 더디기는 하겠지만 향후 더 큰 변화를 가져올 것이다.

병리생리학과 관련해서 신경영상 연구가 유용한 정보를 계속 제공하겠지만 병리생리학이 임상적 유용성으로 이어지기 위한 방법에서는 도전에 직면할 것이다. 그 혜택은 병리생리학을 명확하게 이해하도록 하여 아직까지 상상하지 못한 치료적 발상을 규명하는 데 기여할 것이다.

ADHD를 이해하는 핵심은 다음과 같은 개념들이다. 즉, 기술보다는 실제 수행행동의 장애라는 개념, 지능 그 자체보다는 어떻게 지능을 일상생활에서 효과적이고 적합한 기능으로 응용할 것인지에 대한 개념, '무엇을 하는지 아는' 것보다는 '아는 것을 행하는' 것과 관련된 개념, 그리고 일반적인 행동수행에 있어 어떻게 보다는 언제와 관련된 개념 등이다. 시간 개념은 일반적으로 전전두엽 피질의 독특한 역할이라는 점이 밝혀진 것처럼(Fuster, 1997), 이것이 어떻게 감지되며 특히 자기조절에서 이를 어떻게 활용하는지의 측면에서 ADHD에 대한 우리의 이해에 결정적 요인이다(Barkley, 2012c). 이와 유사하게 사건이 정신적으로 표상되고 작업기억에서 오래 지속되는 방식, 그리고 내면화의 발달 과정을 통해 처음에는 공적인 행동으로부터 사적인 생각이 발생하는 방식에 대한 연구는 ADHD 자체를 이해하는 데 있어 중요한 정보가 될 것이다. 그리고 전전두엽의 진화적(적응적인) 목적과 전전두엽 부분이 매개하는 실행기능을 더욱 잘 이해하게 될 것이다(Barkley, 2012c). 이러한 연구결과들은 ADHD의 여러 적응적 결함에 대한 통찰을 가져다줄 것이다.

감사의 글

이 장을 준비하는 동안 Joel T. Nigg는 미국 국립보건원 승인 번호 MH59105와 MH86654에 의해 지원받았다.

참고사항

1. DSM-IV와 DSM-5 문항 세트의 확인적 요인분석결과 두 가지보다는 세 가지 요인(충동성, 과잉행동, 부주의) 모형이 적합도가 약간 더 좋았다. 그러나 적합도는 두 요인 모형에서도 매우 좋았다. 따라서 DSM-IV와 DSM-5를 위한 전문가 위원회는 보다 단순한 모형을 채택했다.

2. DSM-5는 발병연령을 7세에서 12세로 바꾸었고, 성인 ADHD를 진단할 때 절단점을 6개 증상에서 5개 증상으로 바꾸었다. 그리고 ADHD와 자폐스펙트럼장애의 동반이환 진단을 허용했다. 이런 변화가 역학 혹은 임상 실무에는 최소한의 효과를 주겠지만 규준을 좀 더 경험적 결과와 일치되게 만들 것이다.

참고문헌

Achenbach, T. M. (1991). *Manual for the Revised Child Behavior Profile and Child Behavior Checklist*. Burlington: University of Vermont, Department of Psychiatry.

Achenbach, T. M., & Edelbrock, C. S. (1983). *Manual for the Child Behavior Profile and Child Behavior Checklist*. Burlington: University of Vermont, Department of Psychiatry.

Achenbach, T. M., McConaughy, S. H., & Howell, C. T. (1987). Child/adolescent behavioral and emotional problems: Implications of cross-informant correlations for situational specificity. *Psychological Bulletin, 101*, 213–232.

Altepeter, T. S., & Breen, M. J. (1992). Situational variation in problem behavior at home and school in attention deficit disorder with hyperactivity: A factor analytic study. *Journal of Child Psychology and Psychiatry, 33*, 741–748.

American Psychiatric Association (APA). (1968). *Diagnostic and statistical manual of mental disorders* (2nd ed.). Washington, DC: Author.

American Psychiatric Association (APA). (1980). *Diagnostic and statistical manual of mental disorders* (3rd ed.). Washington, DC: Author.

American Psychiatric Association (APA). (1987). *Diagnostic and statistical manual of mental disorders* (3rd ed., rev.). Washington, DC: Author.

American Psychiatric Association (APA). (1994). *Diagnostic and statistical manual of mental disorders* (4th ed.). Washington, DC: Author.

American Psychiatric Association (APA). (2013). *Diagnostic and statistical manual of mental disorders* (5th ed.). Arlington, VA: Author.

Anderson, C. A., Hinshaw, S. P., & Simmel, C. (1994). Mother–child interactions in ADHD and comparison boys: Relationships with overt and covert externalizing behavior. *Journal of Abnormal Child Psychology, 22*, 247–265.

Angold, A., Costello, E. J., & Erkanli, A. (1999). Comorbidity. *Journal of Child Psychology and Psychiatry, 40*, 57–88.

Antrop, I., Roeyers, H., Van Oost, P., & Buysse, A. (2000). Stimulant seeking and hyperactivity in children with ADHD. *Journal of Child Psychology and Psychiatry, 41*, 225–231.

Applegate, B., Lahey, B. B., Hart, E. L., Waldman, I., Biederman, J., Hynd, G. W., et al. (1997). Validity of the age-of-onset criterion for ADHD: A report of the DSM-IV field trials. *Journal of American Academy of Child and Adolescent Psychiatry, 36*, 1211–1221.

Arnsten, A. F. T. (Ed.). (2001). *Dopaminergic and noradrenergic influences on cognitive functions mediated by prefrontal cortex*. New York: Oxford University Press.

Aronen, E. T., Paavonen, J., Fjallberg, M., Soininen, M., & Torronen, J. (2000). Sleep and psychiatric symptoms in school-age children. *Journal of the American Academy of Child and Adolescent Psychiatry, 39*, 502–508.

August, G. J., & Garfinkel, B. D. (1990). Comorbidity of ADHD and reading disability among clinic-referred children. *Journal of Abnormal Child Psychology, 18*, 29–45.

August, G. J., Stewart, M. A., & Holmes, C. S. (1983). A four-year follow-up of hyperactive boys with and without conduct disorder. *British Journal of Psychiatry, 143*, 192–198.

Bader, M., & Hidjikhani, M. (2013). *The concept of instability: A French participation in the emergence of the concept of ADHD.* Manuscript submitted for publication.

Badger, K., Anderson, L., & Kagan, R. J. (2008). Attention deficit-hyperactivity disorder in children with burn injuries. *Journal of Burn Care and Research, 29*, 724–729.

Bagwell, C. L., Molina, B. S. G., Kashdan, T. B., Pelham, W. E., Jr., & Hoza, B. (2006). Anxiety and mood disorders in adolescents with attention-deficit/hyperactivity disorder. *Journal of Emotional and Behavioral Disorders, 14*, 178–187.

Ball, J. D., Tiernan, M., Janusz, J., & Furr, A. (1997). Sleep patterns among children with attention-deficit hyperactivity disorder: A reexamination of parent perceptions. *Journal of Pediatric Psychology, 22*, 389–398.

Banaschewski, T., Becker, K., Scherag, S., Franke, B., & Coghill, D. (2010). Molecular genetics of attention-deficit/hyperactivity disorder: An overview. *European Child and Adolescent Psychiatry, 19*, 237–257.

Barbaresi, W. J., Colligan, R. C., Weaver, A. L., Voight, R. G., Kilian, J. M., & Kalusic, S. K. (2013). Mortality, ADHD, and psychosocial adversity in adults with childhood ADHD: A prospective study. *Pediatrics, 131*(4), 637–644.

Barkley, R. A. (1981). *Hyperactive children: A handbook for diagnosis and treatment.* New York: Guilford Press.

Barkley, R. A. (1989a). Hyperactive girls and boys: Stimulant drug effects on mother–child interactions. *Journal of Child Psychology and Psychiatry, 30*, 379–390.

Barkley, R. A. (1989b). The problem of stimulus control and rule-governed behavior in children with attention deficit disorder with hyperactivity. In J. Swanson & L. Bloomingdale (Eds.), *Attention deficit disorders* (pp. 203–234). New York: Pergamon Press.

Barkley, R. A. (1990). *Attention-deficit hyperactivity disorder: A handbook for diagnosis and treatment.* New York: Guilford Press.

Barkley, R. A. (1994). Impaired delayed responding: A unified theory of attention deficit hyperactivity disorder. In D. K. Routh (Ed.), *Disruptive behavior disorders: Essays in honor of Herbert Quay* (pp. 11–57). New York: Plenum Press.

Barkley, R. A. (1997a). *ADHD and the nature of self-control.* New York: Guilford Press.

Barkley, R. A. (1997b). Behavioral inhibition, sustained attention, and executive functions: Constructing a unifying theory of ADHD. *Psychological Bulletin, 121*, 65–94.

Barkley, R. A. (1999). Theories of attention-deficit/hyperactivity disorder. In H. Quay & A. Hogan (Eds.), *Handbook of disruptive behavior disorders* (pp. 295–316). New York: Plenum Press.

Barkley, R. A. (2001a). The executive functions and self-regulation: An evolutionary neuropsychological perspective. *Neuropsychology Review, 11*, 1–29.

Barkley, R. A. (2001b). Genetics of childhood disorders: XVII. ADHD, Part I: The executive functions and ADHD. *Journal of the American Academy of Child and Adolescent Psychiatry, 39*, 1064–1068.

Barkley, R. A. (2001c). The inattentive type of ADHD as a distinct disorder: What remains to be done. *Clinical Psychology: Science and Practice, 8*, 489–493.

Barkley, R. A. (2006). *Attention-deficit hyperactivity disorder: A handbook for diagnosis and treatment* (3rd ed.). New York: Guilford Press.

Barkley, R. A. (2010). Deficient emotional self-regulation is a core component of ADHD. *Journal of ADHD and Related Disorders, 1(2)*, 5–37.

Barkley, R. A. (2011). *Barkley Adult ADHD Rating Scale–IV (BAARS-IV).* New York: Guilford Press.

Barkley, R. A. (2012a). *Barkley Functional Impairment Scale–Children and Adolescents (BFIS-CA).* New York: Guilford Press.

Barkley, R. A. (2012b). Distinguishing sluggish cognitive tempo from attention deficit hyperactivity disorder in adults. *Journal of Abnormal Psychology, 121*(4), 978–990.

Barkley, R. A. (2012c). *Executive functions: What they are, how they work, and why they evolved.* New York: Guilford Press.

Barkley, R. A. (2013). Distinguishing sluggish cognitive tempo from ADHD in children and adolescents: Executive functioning, impairment, and comorbidity. *Journal of Clinical Child and Adolescent Psychology, 42*(2), 161–173.

Barkley, R. A., Anastopoulos, A. D., Guevremont, D. G., & Fletcher, K. F. (1991). Adolescents with attention deficit hyperactivity disorder: Patterns of behavioral adjustment, academic functioning, and treatment utilization. *Journal of the American Academy of Child and Adolescent Psychiatry, 30*, 752–761.

Barkley, R. A., Anastopoulos, A. D., Guevremont, D. G., & Fletcher, K. F. (1992). Adolescents with attention deficit hyperactivity disorder: Mother–adolescent interactions, family beliefs and conflicts, and maternal psychopathology. *Journal of Abnormal Child Psychology, 20*, 263–288.

Barkley, R. A., & Cox, D. (2007). A review of driving risks and impairments associated with attention-deficit/hyperactivity disorder and the effects of stimulant medication on driving performance. *Journal of Safety Research, 38*, 113–138.

Barkley, R. A., & Cunningham, C. E. (1979a). The effects of methylphenidate on the mother–child interactions of hyperactive children. *Archives of General Psychiatry, 36*, 201–208.

Barkley, R. A., & Cunningham, C. E. (1979b). Stimulant drugs and activity level in hyperactive children. *American Journal of Orthopsychiatry, 49*, 491–499.

Barkley, R., Cunningham, C., & Karlsson, J. (1983). The speech of hyperactive children and their mothers: Comparisons with normal children and stimulant drug effects. *Journal of Learning Disabilities, 16*, 105–110.

Barkley, R. A., DuPaul, G. J., & McMurray, M. B. (1990). A comprehensive evaluation of attention deficit disorder with and without hyperactivity. *Journal of Consulting and Clinical Psychology, 58*, 775–789.

Barkley, R. A., & Edelbrock, C. S. (1987). Assessing situational variation in children's behavior problems: The Home and School Situations Questionnaires. In R. Prinz (Ed.), *Advances in behavioral assessment of children and families* (Vol. 3, pp. 157–176). Greenwich, CT: JAI Press.

Barkley, R. A., Edwards, G., Laneri, M., Fletcher, K., & Metevia, L. (2001). Executive functioning, temporal discounting, and sense of time in adolescents with attention deficit hyperactivity disorder and oppositional defiant disorder. *Journal of Abnormal Child Psychology, 29*, 541–556.

Barkley, R. A. & Fischer, M. (2010). The unique contribution of emotional impulsiveness to impairment in major life activities in hyperactive children as adults. *Journal of the American Academy of Child and Adolescent Psychiatry, 49*, 503–513.

Barkley, R. A., Fischer, M., Edelbrock, C. S., & Smallish, L. (1990). The adolescent outcome of hyperactive children diagnosed by research criteria: I. An 8 year prospective follow-up study. *Journal of the American Academy of Child and Adolescent Psychiatry, 29*, 546–557.

Barkley, R. A., Fischer, M., Edelbrock, C. S., & Smallish, L. (1991). The adolescent outcome of hyperactive children diagnosed by research criteria: III. Mother–child interactions, family conflicts, and maternal psychopathology. *Journal of Child Psychology and Psychiatry, 32*, 233–256.

Barkley, R. A., Fischer, M., Smallish, L., & Fletcher, K. (2002). Persistence of attention deficit hyperactivity disorder into adulthood as a function of reporting source and definition of disorder. *Journal of Abnormal Psychology, 111*, 269–289.

Barkley, R. A., Fischer, M., Smallish, L., & Fletcher, K. (2003). Does the treatment of ADHD with stimulant medication contribute to illicit drug use and abuse in adulthood?: Results from a 15-year prospective study. *Pediatrics. 111*, 109–121.

Barkley, R. A., Grodzinsky, G., & DuPaul, G. (1992). Frontal lobe functions in attention deficit disorder with and without hyperactivity: A review and research report. *Journal of Abnormal Child Psychology, 20*, 163–188.

Barkley, R. A., Guevremont, D. G., Anastopoulos, A. D., DuPaul, G. J., & Shelton, T. L. (1993). Driving-related risks and outcomes of attention deficit hyperactivity disorder in adolescents and young adults: A 3–5 year follow-up survey. *Pediatrics, 92*, 212–218.

Barkley, R. A., Karlsson, J., & Pollard, S. (1985). Effects of age on the mother–child interactions of hyperactive children. *Journal of Abnormal Child Psychology, 13*, 631–638.

Barkley, R. A., Karlsson, J., Pollard, S., & Murphy, J. V. (1985). Developmental changes in the mother–child interactions of hyperactive boys: Effects of two dose levels of Ritalin. *Journal of Child Psychology and Psychiatry and Allied Disciplines, 26*, 705–715.

Barkley, R. A., Knouse, L. E., & Murphy, K. R. (2011). Correspondence and disparity in the self and other ratings of current and childhood symptoms and impairments in adults with ADHD. *Psychological Assessment, 23*, 437–446.

Barkley, R. A., Murphy, K. R., DuPaul, G. J., & Bush, T. (2002). Driving in young adults with attention deficit hyperactivity disorder: Knowledge, performance, adverse outcomes and the role of executive functions. *Journal of the International Neuropsychological Society, 8*, 655–672.

Barkley, R. A., Murphy, K. R., & Fischer, M. (2008). *ADHD in adults: What the science says.* New York: Guilford Press.

Barkley, R. A., Murphy, K. R., & Kwasnik, D. (1996a). Motor vehicle driving competencies and risks in teens and young adults with attention deficit hyperactivity disorder. *Pediatrics, 98*, 1089–1095.

Barkley, R. A., Murphy, K. R., & Kwasnik, D. (1996b). Psychological functioning and adaptive impairments in young adults with ADHD. *Journal of Attention Disorders, 1*, 41–54.

Barkley, R. A., & Peters, H. (2012). The earliest reference to ADHD in the medical literature?: Melchior Adam Weikard's description in 1775 of "Attention Deficit" (*Mangel der Aufmerksamkeit, attentio volubilis*). *Journal of Attention Disorders, 16*, 623–630.

Barkley, R. A., Shelton, T. L., Crosswait, C., Moorehouse, M., Fletcher, K., Barrett, S., et al. (2002). Preschool children with high levels of disruptive behavior: Three-year outcomes as a function of adaptive disability. *Development and Psychopathology, 14*, 45–68.

Barkley, R. A., & Ullman, D. G. (1975). A comparison of objective measures of activity level and distractibility in hyperactive and nonhyperactive children. *Journal of Abnormal Child Psychology, 3*, 213–244.

Bate, A. J., Mathias, J. L., & Crawford, J. R. (2001). Performance of the Test of Everyday Attention and standard tests of attention following severe traumatic brain injury. *Clinical Neuropsychologist, 15*, 405–422.

Bauermeister, J. J. & Barkley, R. A. (2010). A new milestone in ADHD history: Dr. Gonzalo Rodriguez-Lafora (1917) and the unstables. *The ADHD Report, 18(1)*, 12–13.

Bauermeister, J. J., Barkley, R. A., Bauermeister, J. A., Martinez, J. V., & McBurnett, K. (2012). Validity of the sluggish cognitive tempo, inattention, and hyperactivity symptom dimensions: Neuropsychological and psychosocial correlates. *Journal of Abnormal Child Psychology, 40*, 683–697.

Bayliss, D. M., & Roodenrys, S. (2000). Executive processing and attention deficit hyperactivity disorder: An application of the supervisory attentional system. *Developmental Neuropsychology, 17*, 161–180.

Beauchaine, T. P., Katkin, E. S., Strassberg, Z., & Snarr, J. (2001). Disinhibitory psychopathology in male adolescents: Discriminating conduct disorder from attention-deficit/hyperactivity disorder through concurrent assessment of multiple autonomic states. *Journal of Abnormal Psychology, 110*, 610–624.

Becker, S. P., & Langberg, J. M. (2013). Sluggish cognitive tempo among young adolescents with ADHD: Relations to mental health, academic, and social functioning. *Journal of Attention Disorders, 17*(8), 681–689.

Becker, S. P., Luebbe, A. M., & Langberg, J. M. (2012). Co-occurring mental health problems and peer functioning among youth with attention-deficit/hyperactivity disorder: A review and recommendations for future research. *Clinical Child and Family Psychology Review, 15*(4), 279–302.

Befera, M., & Barkley, R. A. (1984). Hyperactive and normal girls and boys: Mother–child interactions, parent psychiatric status, and child psychopathology. *Journal of Child Psychology and Psychiatry, 26*, 439–452.

Beiser, M., Dion, R., & Gotowiec, A. (2000). The structure of attention-deficit and hyperactivity symptoms among Native and non-Native elementary school children. *Journal of Abnormal Child Psychology, 28*, 425–537.

Beitchman, J. H., Wekerle, C., & Hood, J. (1987). Diagnostic continuity from preschool to middle childhood. *Journal of the American Academy of Child and Adolescent Psychiatry, 26*, 694–699.

Bellani, M., Moretti, A., Perlini, C., & Brambilla, F. (2011). Language disturbances in ADHD. *Epidemiology and Psychiatric Sciences, 20*(4), 311–315.

Benton, A. (1991). Prefrontal injury and behavior in children. *Developmental Neuropsychology, 7*, 275–282.

Berk, L. E., & Potts, M. K. (1991). Development and functional significance of private speech among attention-deficit hyperactivity disorder and normal boys. *Journal of Abnormal Child Psychology, 19*, 357–377.

Biederman, J., Faraone, S. V., Keenan, K., & Tsuang, M. T. (1991). Evidence of a familial association between attention deficit disorder and major affective disorders. *Archives of General Psychiatry, 48*, 633–642.

Biederman, J., Faraone, S. V., & Lapey, K. (1992). Comorbidity of diagnosis in attention-deficit hyperactivity disorder. *Child and Adolescent Psychiatric Clinics of North America, 1*(2), 335–360.

Biederman, J., Faraone, S. V., Mick, E., Spencer, T., Wilens, T., Kiely, K., et al. (1995). High risk for attention deficit hyperactivity disorder among children of parents with childhood onset of the disorder: A pilot study. *American Journal of Psychiatry, 152*, 431–435.

Biederman, J., Faraone, S., Mick, E., Wozniak, J., Chen, L., Ouellette, C., et al. (1996). Attention-deficit hyperactivity disorder and juvenile mania: An overlooked comorbidity? *Journal of the American Academy of Child and Adolescent Psychiatry, 35*, 997–1008.

Biederman, J., Faraone, S., Milberger, S., Curtis, S., Chen, L., Marrs, A., et al. (1996). Predictors of persistence and remission of ADHD into adolescence: Results from a four-year prospective follow-up study. *Journal of the American Academy of Child and Adolescent Psychiatry, 35*, 343–351.

Biederman, J., Makris, N., Valera, E. M., Monuteaux, M. C., Goldstein, J. M., Buka, S., et al. (2008). Towards further understanding of the co-morbidity between attention deficit hyperactivity disorder and bipolar disorder: a MRI study of brain volumes. *Psychological Medicine, 38*, 1045–1056.

Biederman, J., Newcorn, J., & Sprich, S. (1991). Comorbidity of attention deficit hyperactivity disorder with conduct, depressive, anxiety, and other disorders. *American Journal of Psychiatry, 148*, 564–577.

Biederman, J. Petty, C. R., Evans, M., Small, J., & Faraone, S. V. (2010). How persistent is ADHD?: A controlled 10-year follow-up study of boys with ADHD. *Psychiatry Research, 177*, 299–308.

Blachman, D. R., & Hinshaw, S. P. (2002). Patterns of friendship among girls with and without attention-deficit/hyperactivity disorder. *Journal of Abnormal Child Psychology, 30*(6), 625–640.

Boomsma, D. I., Cacioppo, J. T., Muthen, B., Asparouhov, T., & Clark, S. (2007). Longitudinal genetic analysis for loneliness in Dutch twins. *Twin Research and Human Genetics, 10*, 267–273.

Borger, N., & van der Meere, J. (2000). Visual behaviour of ADHD children during an attention test: An almost forgotten variable. *Journal of Child Psychology and Psychiatry, 41*, 525–532.

Bourneville, D. M. (1885 or 1886). Recherches cliniques et thérapeutiques sur l'épilepsie, l'hystérie et l'idiotie: Compte rendu du service des épileptiques et des enfants idiots et arriérés de Bicêtre pendant l'année 1885. Le progrès médical. Retrieved from *http://jubilotheque. upmc.fr/list-results.html?mode=subset&champ1=subset all&query1=charcot_recherches_cliniques&cop1=AND*

Bourneville, D. M. (1895). *Assistance, traitement et education des enfants idiots et dégénérés.* Paris: Alcan, Progrès Médical.

Boyle, C. A., Boulet, S., Schieve, L. A., Cohen, R. A., Blumberg, S. J., Yeargin-Allsopp, M., et al. (2011). Trends in the prevalence of developmental disabilities in US children, 1997–2008. *Pediatrics, 127*, 1034–1042.

Braaten, E. B., & Rosen, L. A. (2000). Self-regulation of affect in attention deficit–hyperactivity disorder (ADHD) and non-ADHD boys: Differences in empathic responding. *Journal of Consulting and Clinical Psychology, 68*, 313–321.

Bradley, C. (1937). The behaviour of children receiving Benzedrine. *American Journal of Psychiatry, 94*, 577–585.

Breen, M. J. (1989). Cognitive and behavioral differences in ADHD boys and girls. *Journal of Child Psychology and Psychiatry, 30*, 711–716.

Breggin, P. (1998). *Talking back to Ritalin*. Monroe, ME: Common Courage Press.

Breslau, N., Breslau, J., Peterson, E., Miller, E., Lucia, V. C., Bohnert, K., et al. (2010). Change in teachers' ratings of attention problems and subsequent change in academic achievement: A prospective analysis. *Psychological Medicine, 40*, 159–166.

Breslau, N., Brown, G. G., DelDotto, J. E., Kumar, S., Exhuthachan, S., Andreski, P., et al. (1996). Psychiatric sequelae of low birth weight at 6 years of age. *Journal of Abnormal Child Psychology, 24*, 385–400.

Buhrmester, D., Camparo, L., Christensen, A., Gonzalez, L. S., & Hinshaw, S. P. (1992). Mothers and fathers interacting in dyads and triads with normal and hyperactive sons. *Developmental Psychology, 28*, 500–509.

Burke, J. D., Loeber, R., & Lahey, B. B. (2001). Which aspects of ADHD are associated with tobacco use in early adolescence? *Journal of Child Psychology and Psychiatry, 42*(4), 493–502.

Burks, H. (1960). The hyperkinetic child. *Exceptional Children, 27*, 18–28.

Burns, G. L., Boe, B., Walsh, J. A., Sommers-Flanagan, R., & Teegarden, L. A. (2001). A confirmatory factor analysis on the DSM-IV ADHD and ODD symptoms: What is the best model for the organization of these symptoms? *Journal of Abnormal Child Psychology, 29*, 339–349.

Burns, G. L., & Walsh, J. A. (2002). The influence of ADHD-hyperactivity/impulsivity symptoms on the development of oppositional defiant disorder symptoms in a two-year longitudinal study. *Journal of Abnormal Child Psychology, 30*, 245–256.

Burt, S. A. (2009). Rethinking environmental contributions to child and adolescent psychopathology: A meta-analysis of shared environmental influences. *Psychological Bulletin, 135*, 608–637.

Burt, S. A., Krueger, R. F., McGue, M., & Iacono, W. G. (2001). Sources of covariation among attention-deficit hyperactivity disorder, oppositional defiant disorder, and conduct disorder: The importance of shared environment. *Journal of Abnormal Psychology, 110*, 516–525.

Bush, G. (2010). Attention-deficit/hyperactivity disorder and attention networks. *Neuropsychopharmacology, 35*, 278–300.

Cadesky, E. B., Mota, V. L., & Schachar, R. J. (2000). Beyond words: How do children with ADHD and/or conduct problems process nonverbal information about affect? *Journal of the American Academy of Child and Adolescent Psychiatry, 39*, 1160–1167.

Campbell, S. B. (2006). *Behavior problems in preschool children* (3rd ed.). New York: Guilford Press.

Campbell, S. B., March, C. L., Pierce, E. W., Ewing, L. J., & Szumowski, E. K. (1991). Hard-to-manage preschool boys: Family context and the stability of externalizing behavior. *Journal of Abnormal Child Psychology, 19*, 301–318.

Campbell, S. B., Schleifer, M., & Weiss, G. (1978). Continuities in maternal reports and child behaviors over time in hyperactive and comparison groups. *Journal of Abnormal Child Psychology, 6*, 33–45.

Canino, G., & Alegria, M. (2008). Psychiatric diagnosis: Is it universal or relative to culture? *Journal of Child Psychology and Psychiatry, 49*, 237–250.

Cantwell, D. P., & Baker, L. (1992). Association between attention deficit-hyperactivity disorder and learning disorders. In S. E. Shaywitz & B. A. Shaywitz (Eds.), *Attention deficit disorder comes of age: Toward the twenty-first century* (pp. 145–164). Austin, TX: PRO-ED.

Capano, L., Minden, D., Chen, S. X., Schachar, R. J., & Ickowicz, A. (2008). Mathematical learning disorder in school-age children with attention-deficit hyperactivity disorder. *Canadian Journal of Psychiatry, 53*, 392–399.

Capdevila-Brophy, C., Artigas-Pallares, J., Nacarro-Pastor, J. B., Garcia-Nonell, K., Rigau-Ratera, E., & Obiols, J. E. (in press). ADHD predominantly inattentive subtype with high sluggish cognitive tempo: A new clinical entity? *Journal of Attention Disorders..*

Carlson, C. L., Lahey, B. B., & Neeper, R. (1986). Direct assessment of the cognitive correlates of attention deficit disorders with and without hyperactivity. *Journal of Behavioral Assessment and Psychopathology, 8*, 69–86.

Carlson, C. L., & Mann, M. (2002). Sluggish cognitive tempo predicts a different pattern of impairment in the attention deficit hyperactivity disorder, predominantly inattentive type. *Journal of Clinical Child and Adolescent Psychology, 31*, 123–129.

Carlson, C. L., & Tamm, L. (2000). Responsiveness of children with attention deficit-hyperactivity disorder to reward and response cost: Differential impact on performance and motivation. *Journal of Consulting and Clinical Psychology, 68*, 73–83.

Carlson, G. A. (1990). Child and adolescent mania: Diagnostic considerations. *Journal of Child Psychology and Psychiatry, 31*, 331–342.

Carr, L., Henderson, J., & Nigg, J. T. (2010). Cognitive control and attentional selection in adolescents with ADHD versus ADD. *Journal of Clinical Child and Adolescent Psychology, 39*, 726–740.

Carte, E. T., Nigg, J. T., & Hinshaw, S. P. (1996). Neuropsychological functioning, motor speed, and language processing in boys with and without ADHD. *Journal of Abnormal Child Psychology, 24*, 481–498.

Casey, B. J., Epstein, J. N., Buhle, J., Liston, C., Davidson, M. C., Tonev, S. T., et al. (2007). Frontostriatal connectivity and its role in cognitive control in parent–child dyads with ADHD. *American Journal of Psychiatry, 164*, 1729–1736.

Casey, B. J., Nigg, J. T., & Durston, S. (2007). New potential leads in the biology and treatment of attention-deficit hyperactivity disorder. *Current Opinion in Neurology, 20*, 119–124.

Casey, J. E., Rourke, B. P., & Del Dotto, J. E. (1996). Learning disabilities in children with attention deficit disorder with and without hyperactivity. *Child Neuropsychology, 2*, 83–98.

Casey, R. J. (1996). Emotional competence in children with externalizing and internalizing disorders. In M. Lewis & M. W. Sullivan (Eds.), *Emotional development in atypical children* (pp. 161–183). Mahwah, NJ: Erlbaum.

Castellanos, F. X., Lee, P. P., Sharp, W., Jeffries, N. O., Greenstein, D. K., Clasen, L. S., et al. (2002). Developmental trajectories of brain volume abnormalities in children and adolescents with attention-deficit/hyperactivity disorder. *Journal of the American Medical Association, 288*, 1740–1748.

Castellanos, F. X., Sonuga-Barke, E. J. S., Milham, M. P., & Tannock, R. (2006). Characterizing cognition in ADHD: beyond executive dysfunction. *Trends in Cognitive Sciencs, 10*, 117–123.

Castellanos, F. X., & Tannock, R. (2002). Neuroscience of attention-deficit/hyperactivity disorder: The seaerch for endophenotypes. *Nature Reviews Neuroscience, 3*(8), 617–628.

Chadwick, O., Taylor, E., Taylor, A., Heptinstall, E., & Danckaerts, M. (1999). Hyperactivity and reading disability: A longitudinal study of the nature of the association. *Journal of Child Psychology and Psychiatry, 40*, 1039–1050.

Chang, H. T., Klorman, R., Shaywitz, S. E., Fletcher, J. M., Marchione, K. E., Holahan, J. M., et al. (1999). Paired-associate learning in attention-deficit/hyperactivity disorder as a function of hyperactivity–impulsivity and oppositional defiant disorder. *Journal of Abnormal Child Psychology, 27*, 237–245.

Charach, A., Yeung, E., Climans, T., & Lillie, E. (2011). Childhood attention-deficit hyperactivity disorder and future substance use disorders: Comparative meta-analysis. *Journal of the American Academy of Child and Adolescent Psychiatry, 50*, 9–21.

Chess, S. (1960). Diagnosis and treatment of the hyperactive child. *New York State Journal of Medicine, 60*, 2379–2385.

Chilcoat, H. D., & Breslau, N. (1999). Pathways from ADHD to early drug use. *Journal of the American Academy of Child and Adolescent Psychiatry. 38*, 1347–1354.

Clark, C., Prior, M., & Kinsella, G. J. (2000). Do executive function deficits differentiate between adolescents with ADHD and oppositional defiant/conduct disorder?: A neuropsychological study using the Six Elements Test and Hayling Sentence Completion Test. *Journal of Abnormal Child Psychology, 28*, 405–414.

Claude, D., & Firestone, P. (1995). The development of ADHD boys: A 12-year follow-up. *Canadian Journal of Behavioural Science, 27*, 226–249.

Cohen, N. J., Sullivan, J., Minde, K., Novak, C., & Keens, S. (1983). Mother–child interaction in hyperactive and normal kindergarten aged children and the effect of treatment. *Child Psychiatry and Human Development, 13*, 213–224.

Cole, J., Ball, H. A., Martin, N. C., Scourfield, J., & McGuffin, P. (2009). Genetic overlap between measures of hyperactivity/inattention and mood in children and adolescents. *Journal of the American Academy of Child and Adolescent Psychiatry, 48*(11), 1094–1101.

Comings, D. E. (2000). Attention deficit hyperactivity disorder with Tourette syndrome. In T. E. Brown (Ed.), *Attention-deficit disorders and comorbidities in children, adolescents, and adults* (pp. 363–392). Washington, DC: American Psychiatric Press.

Connor, D. F. (2006). Other medications in the treatment of child and adolescent ADHD. In R. A. Barkley, *Attention-deficit hyperactivity disorder: A handbook for diagnosis and treatment* (3rd ed., pp. 564–581). New York: Guilford Press.

Coolidge, F. L., Thede, L. L., & Young, S. E. (2000). Heritability and the comorbidity of attention deficit hyperactivity disorder with behavioral disorders and executive function deficits: A preliminary investigation. *Developmental Neuropsychology, 17*, 273–287.

Copeland, A. P. (1979). Types of private speech produced by hyperactive and nonhyperactive boys. *Journal of Abnormal Child Psychology, 7*, 169–177.

Corkum, P., Tannock, R., & Moldofsky, H. (1998). Sleep disturbances in children with attention-deficit/hyperactivity disorder. *Journal of the American Academy of Child and Adolescent Psychiatry, 37*(6), 637–646.

Cortese, S., Faraone, S. V., Konofal, E., & Lecendreux, M. (2009). Sleep in children with attention-deficit/hyperactivity disorder: Meta-analysis of subjective and objective studies. *Journal of the American Academy of Child and Adolescent Psychiatry, 48*, 894–908.

Cortese, S., Kelly, C., Chabernaud, C., Proal, E., Di Martino, A., Milham, M. P., et al. (2012). Toward systems neuroscience of ADHD: A meta-analysis of 55 fMRI studies. *American Journal of Psychiatry, 169*(10), 1038–1055.

Counts, C. A., Nigg, J. T., Stawicki, J. A., Rappley, M. D., & von Eye, A. (2005). Family adversity in DSM-IV ADHD combined and inattentive subtypes and associated disruptive behavior problems. *Journal of the American Academy of Child and Adolescent Psychiatry, 44*, 690–698.

Crichton, A. (1976). *An inquiry into the nature and origin of mental derangement: Comprehending a concise system of the physiology and pathology of the human mind and a history of the passions and their effects.* New York: AMS Press, 1976. (Original work published 1798)

Cruickshank, B. M., Eliason, M., & Merrifield, B. (1988). Long-term sequelae of water near-drowning. *Journal of Pediatric Psychology, 13*, 379–388.

Crystal, D. S., Ostrander, R., Chen, R. S., & August, G. J. (2001). Multimethod assessment of psychopathology among DSM-IV subtypes of children with attention-deficit/hyperactivity disorder: Self-, parent, and teacher reports. *Journal of Abnormal Child Psychology, 29*, 189–205.

Cubillo, A., Halari, R., Ecker, C., Giampietro, V., Taylor, E., & Rubia, K. (2010). Reduced activation and inter-regional functional connectivity of fronto-striatal networks in adults with childhood attention-deficit hyperactivity disorder (ADHD) and persisting symptoms during tasks of motor inhibition and cognitive switching [Research Support, Non-U.S. Gov't]. *Journal of Psychiatric Research, 44*(10), 629–639.

Cuffe, S. P., McKeown, R. E., Jackson, K. L., Addy, C. L., Abramson, R., & Garrison, C. Z. (2001). Prevalence of attention-deficit/hyperactivity disorder in a community sample of older adolescents. *Journal of the American Academy of Child and Adolescent Psychiatry, 40*, 1037–1044.

Cunningham, C. E., Benness, B. B., & Siegel, L. S. (1988). Family functioning, time allocation, and parental depression in the families of normal and ADDH children. *Journal of Clinical Child Psychology, 17*, 169–177.

Cunningham, C. E., & Siegel, L. S. (1987). Peer interactions of normal and attention-deficit disordered boys during free-play, cooperative task, and simulated classroom situations. *Journal of Abnormal Child Psychology, 15*, 247–268.

Cunningham, C. E., Siegel, L. S., & Offord, D. R. (1985). A developmental dose response analysis of the effects of methylphenidate on the peer interactions of attention deficit disordered boys. *Journal of Child Psychology and Psychiatry, 26*, 955–971.

Dahl, R. E. (1996). The impact of inadequate sleep on children's daytime cognitive function. *Seminars in Pediatric Neurology, 3*(1), 44–50.

Dane, A. V., Schachar, R. J., & Tannock, R. (2000). Does actigraphy differentiate ADHD subtypes in a clinical research setting? *Journal of the American Academy of Child and Adolescent Psychiatry, 39*, 752–760.

Danforth, J. S., Barkley, R. A., & Stokes, T. F. (1991). Observations of parent–child interactions with hyperactive children: Research and clinical implications. *Clinical Psychology Review, 11*, 703–727.

Demaray, M. K., & Elliot, S. N. (2001). Perceived social support by children with characteristics of attention-deficit/hyperactivity disorder. *School Psychology Quarterly, 16*, 68–90.

Denckla, M. B., & Rudel, R. G. (1978). Anomalies of motor development in hyperactive boys. *Annals of Neurology, 3*, 231–233.

Denckla, M. B., Rudel, R. G., Chapman, C., & Krieger, J. (1985). Motor proficiency in dyslexic children with and without attentional disorders. *Archives of Neurology, 42*, 228–231.

Denson, R., Nanson, J. L., & McWatters, M. A. (1975). Hyperkinesis and maternal smoking. *Canadian Psychiatric Association Journal, 20*, 183–187.

Diaz, R. M., & Berk, L. E. (Eds.). (1992). *Private speech: From social interaction to self-regulation.* Hillsdale, NJ: Erlbaum.

Dickstein, S. G., Bannon, K., Castellanos, F. X., & Milham, M. P. (2006). The neural correlates of attention deficit hyperactivity disorder: An ALE meta-analysis. *Journal of Child Psychology and Psychiatry, 47*, 1051–1062.

Dolphin, J. E., & Cruickshank, W. M. (1951). Pathology of concept formation in children with cerebral palsy. *American Journal of Mental Deficiency, 56*, 386–392.

D'Onofrio, B. M., Van Hulle, C. A., Waldman, I. D., Rodgers, J. L., Harden, K. P., Rathouz, P. J., et al. (2008). Smoking during pregnancy and offspring externalizing problems: An exploration of genetic and environmental confounds. *Developmental Psychopathology, 20*, 139–164.

Döpfner, M., Breuer, D., Wille, N., Erhart, M., Ravens-Sieberer, U., & BELLA Study Group. (2008). How often do children meet ICD-10/DSM-IV criteria of attention deficit-/hyperactivity disorder and hyperkinetic disorder?: Parent-based prevalence rates in a national sample—results of the BELLA study. *European Child and Adolescent Psychiatry, 17*(Suppl. 1), 59–70.

Dougherty, D. D., Bonab, A. A., Spencer, T. J., Rauch, S. L., Madras, B. K., & Fischman, A. J. (1999). Dopamine transporter density in patients with attention deficit hyperactivity disorder. *Lancet, 354*, 2132–2133.

Douglas, V. I. (1972). Stop, look, and listen: The problem of sustained attention and impulse control in hyperactive and normal children. *Canadian Journal of Behavioural Science, 4*, 259–282.

Douglas, V. I. (1980). Higher mental processes in hyperactive children: Implications for training. In R. Knights & D. Bakker (Eds.), *Treatment of hyperactive and learning disordered children* (pp. 65–92). Baltimore: University Park Press.

Douglas, V. I. (1983). Attention and cognitive problems. In M. Rutter (Ed.), *Developmental neuropsychiatry* (pp. 280–329). New York: Guilford Press.

Douglas, V. I., & Parry, P. A. (1983). Effects of reward on delayed reaction time task performance of hyperactive children. *Journal of Abnormal Child Psychology, 11*, 313–326.

Douglas, V. I., & Parry, P. A. (1994). Effects of reward and non-reward on attention and frustration in attention deficit disorder. *Journal of Abnormal Child Psychology, 22*, 281–302.

Douglas, V. I., & Peters, K. G. (1978). Toward a clearer definition of the attentional deficit of hyperactive children. In G. A. Hale & M. Lewis (Eds.), *Attention and the development of cognitive skills* (pp. 173–248). New York: Plenum Press.

Doyle, A. E., Faraone, S. V., DuPre, E. P., & Biederman, J. (2001). Separating attention deficit hyperactivity disorder and learning disabilities in girls: A familial risk analysis. *American Journal of Psychiatry, 158*, 1666–1672.

Doyle, A. E., Wilens, T. E., Kwon, A., Seidman, L. J., Faraone, S. V., Fried, R., et al. (2005). Neuropsychological functioning in youth with bipolar disorder. *Biological Psychiatry, 58*, 540–548.

Draeger, S., Prior, M., & Sanson, A. (1986). Visual and auditory attention performance in hyperactive children: Competence or compliance. *Journal of Abnormal Child Psychology, 14*, 411–424.

DuPaul, G. J., & Barkley, R. A. (1992). Situational variability of attention problems: Psychometric properties of the Revised Home and School Situations Questionnaires. *Journal of Clinical Child Psychology, 21*, 178–188.

DuPaul, G. J., Barkley, R. A., & Connor, D. F. (1998). Stimulants. In R. A. Barkley, *Attention-deficit hyperactivity disorder: A handbook for diagnosis and treatment* (2nd ed., pp. 510–551). New York: Guilford.

DuPaul, G. J., Gormley, M. J., & Laracy, S. D. (2013). Comorbidity of LD and ADHD: Implications of DSM-5 for assessment and treatment. *Journal of Learning Disabilities, 46*(1), 43–51.

DuPaul, G. J., McGoey, K. E., Eckert, T. L., & VanBrakle, J. (2001). Preschool children with attention-deficit/hyperactivity disorder: Impairments in behavioral, social, and school functioning. *Journal of the American Academy of Child and Adolescent Psychiatry, 40*(5), 508–515.

DuPaul, G. J., Power, T. J., Anastopoulos, A. D., & Reid, R. (1998). *ADHD Rating Scale–IV: Checklists, norms, and clinical interpretation*. New York: Guilford Press.

Ebaugh, F. G. (1923). Neuropsychiatric sequelae of acute epidemic encephalitis in children. *American Journal of Diseases of Children, 25*, 89–97.

Edwards, F., Barkley, R., Laneri, M., Fletcher, K., & Metevia, L. (2001). Parent–adolescent conflict in teenagers with ADHD and ODD. *Journal of Abnormal Child Psychology, 29*, 557–572.

Elkins, I. J., Malone, S., Keyes, M., Iacono, W. G., & McGue, M. (2011). The impact of attention-deficit/hyperactivity disorder on preadolescent adjustment may be grater for girls than for boys. *Journal of Clinical Child and Adolescent Psychology, 40*, 532–545.

Engel, S. M., Wetmur, J., Chen, J., Zhu, C., Barr, D. B., Canfield, R. L., et al. (2011). Prenatal exposure to organophosphates, paraoxonase 1, and cognitive development in childhood. *Environmental Health Perspectives, 119*, 1182–1188.

Epstein, J. N., Delbello, M. P., Adler, C. M., Altaye, M., Kramer, M., Mills, N. P., et al. (2009). Differential patterns of brain activation over time in adolescents with and without attention deficit hyperactivity disorder (ADHD) during performance of a sustained attention task. *Neuropediatrics, 40*(1), 1–5.

Epstein, J. N., Langberg, J. M., Lichtenstein, P. K., Mainwaring, B. A., Luzader, C. P., & Stark, L. J. (2008). Community-wide intervention to improve the attention-deficit/hyperactivity disorder assessment and treatment practices of community physicians. *Pediatrics, 122*(1), 19–27.

Ernst, M., Cohen, R. M., Liebenauer, L. L., Jons, P. H., & Zametkin, A. J. (1997). Cerebral glucose metabolism in adolescent girls with attention-deficit/hyperactivity disorder. *Journal of the American Academy of Child and Adolescent Psychiatry, 36*, 1399–1406.

Ernst, M., Liebenauer, L. L., King, A. C., Fitzgerald, G. A., Cohen, R. M., & Zametkin, A. J. (1994). Reduced brain metabolism in hyperactive girls. *Journal of the American Academy of Child and Adolescent Psychiatry, 33*, 858–868.

Ernst, M., Zametkin, A. J., Matochik, J. A., Pascualvaca, D., Jons, P. H., & Cohen, R. M. (1999). High midbrain [18F]

DOPA accumulation in children with attention deficit hyperactivity disorder. *American Journal of Psychiatry, 156*, 1209–1215.

Erskine, H. E., Ferrari, A. J., Nelson, P., Polanczyk, G. V., Flaxman, A. D., Vos, T., et al. (2014). Epidemiological modelling of attention-deficit/hyperactivity disorder and conduct disorder for the Global Burden of Disease Study 2010. *Journal of Child Psychology and Psychiatry, 55*, 328–336.

Fair, D. A., Bathula, D., Nikolas, M. A., & Nigg, J. T. (2012). Distinct neuropsychological subgroups in typically developing youth inform heterogeneity in children with ADHD. *Proceedings of the National Academy of Sciences USA, 109*(17), 6769–6774.

Fallone, G., Acebo, C., Arnedt, J. T., Seifer, R., & Carskadon, M. A. (2001). Effects of acute sleep restriction on behavior, sustained attention, and response inhibition in children. *Perceptual and Motor Skills, 93*, 213–229.

Faraone, S. V., & Biederman, J. (1997). Do attention deficit hyperactivity disorder and major depression share familial risk factors? *Journal of Nervous and Mental Disease, 185*, 533–541.

Faraone, S. V., Biederman, J., Lehman, B., Keenan, K., Norman, D., Seidman, L. J., et al. (1993). Evidence for the independent familial transmission of attention deficit hyperactivity disorder and learning disabilities: Results from a family genetic study. *American Journal of Psychiatry, 150*, 891–895.

Faraone, S. V., Biederman, J., Mick, E., Williamson, S., Wilens, T., Spencer, T., et al. (2000). Family study of girls with attention deficit hyperactivity disorder. *American Journal of Psychiatry, 157*, 1077–1083.

Faraone, S. V., Biederman, J., & Monuteaux, M. C. (2001). Attention deficit hyperactivity disorder with bipolar disorder in girls: Further evidence for a familial subtype? *Journal of Affective Disorders, 64*, 19–26.

Faraone, S. V., Biederman, J., Weber, W., & Russell, R. L. (1998). Psychiatric, neuropsychological, and psychosocial features of DSM-IV subtypes of attention-deficit/hyperactivity disorder: Results from a clinically referred sample. *Journal of the American Academy of Child and Adolescent Psychiatry, 37*, 185–193.

Faraone, S. V., Biederman, J., & Wozniak, J. (2012). Examining the comorbidity between attention deficit hyperactivity disorder and bipolar I disorder: A meta-analysis of family genetic studies. *American Journal of Psychiatry, 169*, 1256–1266.

Faraone, S. V., Biederman, J., Wozniak, J., Mundy, E., Mennin, D., & O'Donnell, D. (1997). Is comorbidity with ADHD a marker for juvenile-onset mania? *Journal of the American Academy of Child and Adolescent Psychiatry, 36*, 1046–1055.

Farmer, J. E., & Peterson, L. (1995). Injury risk factors in children with attention deficit hyperactivity disorder. *Health Psychology, 14*, 325–332.

Fischer, M., Barkley, R. A., Edelbrock, C., & Smallish, L.

(1990). The adolescent outcome of hyperactive children diagnosed by research criteria: II. Academic, attentional, and neuropsychological status. *Journal of Consulting and Clinical Psychology, 58*, 580–588.

Fischer, M., Barkley, R. A., Fletcher, K., & Smallish, L. (1993a). The adolescent outcome of hyperactive children diagnosed by research criteria: V. Predictors of outcome. *Journal of the American Academy of Child and Adolescent Psychiatry, 32*, 324–332.

Fischer, M., Barkley, R. A., Fletcher, K. & Smallish, L. (1993b). The stability of dimensions of behavior in ADHD and normal children over an 8 year period. *Journal of Abnormal Child Psychology, 21*, 315–337.

Fischer, M., Barkley, R. A., Smallish, L., & Fletcher, K. R. (2005). Hyperactive children as young adults: Deficits in attention, inhibition, and response perseveration and their relationship to severity of childhood and current ADHD and conduct disorder. *Developmental Neuropsychology, 27*, 107–133.

Fletcher, K., Fischer, M., Barkley, R. A., & Smallish, L. (1996). A sequential analysis of the mother–adolescent interactions of ADHD, ADHD/ODD, and normal teenagers during neutral and conflict discussions. *Journal of Abnormal Child Psychology, 24*, 271–298.

Fliers, E. A., de Hoog, M., Franke, B., Faraone, S. V., Rommelse, N. N. J., Buitelaar, J. K., et al. (2010). Actual motor performance and self-perceived motor competence in children with attention-deficit hyperactivity disorder compared with health siblings and peers. *Journal of Developmental and Behavioral Pediatrics, 31*, 35–40.

Forero, D. A., Arboleda, G. H., Vasquez, R., & Arboleda, H. (2009). Candidate genes involved in neural plasticity and the risk for attention-deficit hyperactivity disorder: A meta-analysis of 8 common variants. *Journal of Psychiatry and Neuroscience, 34*(5), 361–366.

Frank, Y., Lazar, J. W., & Seiden, J. A. (1992). Cognitive event-related potentials in learning-disabled children with or without attention-deficit hyperactivity disorder [Abstract]. *Annals of Neurology, 32*, 478.

Freeman, R. D. (2007). Tic disorders and ADHD: Answers from a world-wide clinical dataset of Tourette syndrome. *European Child and Adolescent Psychiatry, 16*(Suppl. 1), 1/15–1/23.

Frick, P. J., Kamphaus, R. W., Lahey, B. B., Loeber, R., Christ, M. A. G., Hart, E. L., et al. (1991). Academic underachievement and the disruptive behavior disorders. *Journal of Consulting and Clinical Psychology, 59*, 289–294.

Fritz, K. M., & Butz, C. (2007). Attention deficit/hyperactivity disorder and pediatric burn injury: Important considerations regarding premorbid risk. *Current Opinion in Pediatrics, 19*, 565–569.

Froehlich, T. E., Anixt, J. S., Loe, I. M., Chirdkiatgumchai, V., Kuan, L., & Gilman, R. C. (2011). Update on environmental risk factors for attention deficit hyperactivity disorder. *Current Psychiatry Reports, 13*(5), 333–344.

Fuster, J. M. (1997). *The prefrontal cortex* (3rd ed.). New York: Raven Press.

Garner, A. A., Marceaux, J. C., Mrug, S., Patterson, C., & Hodgens, B. (2010). Dimensions and correlates of attention deficit/hyperactivity disorder and sluggish cognitive tempo. *Journal of Abnormal Child Psychology, 38*, 1097–1107.

Garzon, D. L., Huang, H., & Todd, R. D. (2008). Do attention deficit/hyperactivity disorder and oppositional defiant disorder influence preschool unintentional injury risk? *Archives of Psychiatric Nursing, 22*, 288–296.

Gatzke-Kopp, L. M., Beauchaine, T. P., Shannon, K. E., Chipman, J., Fleming, A. P., Crowell, S. E., et al. (2009). Neurological correlates of reward responding in adolescents with and without externalizing behavior disorders. *Journal of Abnormal Psychology, 118*, 203–213.

Gaub, M., & Carlson, C. L. (1997). Gender differences in ADHD: A meta-analysis and critical review. *Journal of the American Academy of Child and Adolescent Psychiatry, 36*, 1036–1045.

Geller, B., & Luby, J. (1997). Child and adolescent bipolar disorder: A review of the past 10 years. *Journal of the American Academy of Child and Adolescent Psychiatry, 36*, 1168–1176.

Giedd, J. N., Blumenthal, J., Molloy, E., & Castellanos, F. X. (2001). Brain imaging of attention deficit/hyperactivity disorder. *Annals of the New York Academy of Sciences, 931*, 33-49.

Giles, R. H., Petrij, F., Dauwerse, H. G., den Hollander, A. I., Lushnikova, T., van Ommen, G. J., et al. (1997). Construction of a 1.2-Mb contig surrounding, and molecular analysis of, the human CREB-binding protein (CBP/CREBBP) gene on chromosome 16p13.3. *Genomics, 42*(1), 96–114.

Gilger, J. W., Pennington, B. F., & DeFries, J. C. (1992). A twin study of the etiology of comorbidity: Attention-deficit hyperactivity disorder and dyslexia. *Journal of the American Academy of Child and Adolescent Psychiatry, 31*, 343–348.

Gittelman, R., Mannuzza, S., Shenker, R., & Bonagura, N. (1985). Hyperactive boys almost grown up: I. Psychiatric status. *Archives of General Psychiatry, 42*, 937–947.

Gizer, I. R., Waldman, I. D., Abramowitz, A., Barr, C. L., Feng, Y., Wigg, K. G., et al. (2008). Relations between multi-informant assessments of ADHD symptoms, DAT1, and DRD4. *Journal of Abnormal Psychology, 117*(4), 869–880.

Glow, P. H., & Glow, R. A. (1979). Hyperkinetic impulse disorder: A developmental defect of motivation. *Genetic Psychological Monographs, 100*, 159–231.

Goldman, S. A., Nedergaard, M., Crystal, R. G., Fraser, R. A., Goodman, R., Harrison-Restelli, C., et al. (1997). Neural precursors and neuronal production in the adult mammalian forebrain. *Annals of the New York Academy of Sciences, 835*, 30–55.

Gomez, R., & Sanson, A. V. (1994). Mother–child interactions and noncompliance in hyperactive boys with and without conduct problems. *Journal of Child Psychology and Psychiatry, 35*, 477–490.

Goodlad, J. K., Marcus, D. K., & Fulton, J. J. (2013). Lead and attention-deficit/hyperactivity disorder (ADHD) symptoms: A meta-analysis. *Clinical Psychology Review, 33*(3), 417–425.

Goodman, J. R., & Stevenson, J. (1989). A twin study of hyperactivity: II. The aetiological role of genes, family relationships, and perinatal adversity. *Journal of Child Psychology and Psychiatry, 30*, 691–709.

Goodman, R. M., Steckler, A., & Alciati, M. H. (1997). A process evaluation of the National Cancer Institute's Data-based Intervention Research program: A study of organizational capacity building. *Health Education Research, 12*(2), 181–197.

Goyette, C. H., Conners, C. K., & Ulrich, R. F. (1978). Normative data on revised Conners Parent and Teacher Rating Scales. *Journal of Abnormal Child Psychology, 6*, 221–236.

Grant, B. F., Harford, T. C., Muthen, B. O., Yi, H. Y., Hasin, D. S., & Stinson, F. S. (2007). DSM-IV alcohol dependence and abuse: Further evidence of validity in the general population. *Drug and Alcohol Dependence, 86*(2–3), 154–166.

Gray, J. A. (1982). *The neuropsychology of anxiety*. New York: Oxford University Press.

Grenell, M. M., Glass, C. R., & Katz, K. S. (1987). Hyperactive children and peer interaction: Knowledge and performance of social skills. *Journal of Abnormal Child Psychology, 15*, 1–13.

Gresham, F. M., MacMillan, D. L., Bocian, K. M., Ward, S. L., & Forness, S. R. (1998). Comorbidity of hyperactivity–impulsivity–inattention and conduct problems: Risk factors in social, affective, and academic domains. *Journal of Abnormal Child Psychology, 26*, 393–406.

Grevens, C. U., Rijsdijk, F., Asherson, P., & Plomin, R. (2012). A longitudinal twin study on the association between ADHD symptoms and reading. *Journal of Child Psychology and Psychiatry, 53*(3), 234–242.

Grodzinsky, G. M., & Diamond, R. (1992). Frontal lobe functioning in boys with attention-deficit hyperactivity disorder. *Developmental Neuropsychology, 8*, 427–445.

Groom, M. J., Scerif, G., Liddle, P. F., Batty, M. J., Liddle, E. B., Roberts, K. L., et al. (2010). Effects of motivation and medication on electrophysiological markers of response inhibition in children with attention-deficit/hyperactivity disorder. *Biological Psychiatry, 67*, 624-631.

Gross-Tsur, V., Shalev, R. S., & Amir, N. (1991). Attention deficit disorder: Association with familial–genetic factors. *Pediatric Neurology, 7*, 258–261.

Gruber, R., Sadeh, A., & Raviv, A. (2000). Instability of sleep patterns in children with attention-deficit/hyperactivity disorder. *Journal of the American Academy of Child and Adolescent Psychiatry, 39*, 495–501.

Gustafsson, P., Thernlund, G., Ryding, E., Rosen, I., & Cederblad, M. (2000). Associations between cerebral blood flow measured by single photon emission computed tomography (SPECT), electro-encephalogram (EEG), behavior symptoms, cognition and neurological soft signs in children with attention-deficit hyperactivity disorder (ADHD). *Acta Paediatrica, 89*, 830–835.

Haenlein, M., & Caul, W. F. (1987). Attention deficit disorder with hyperactivity: A specific hypothesis of reward dysfunction. *Journal of the American Academy of Child and Adolescent Psychiatry, 26*, 356–362.

Halperin, J. M., & Gittelman, R. (1982). Do hyperactive children and their siblings differ in IQ and academic achievement? *Psychiatry Research, 6*, 253–258.

Halperin, J. M., Matier, K., Bedi, G., Sharma, V., & Newcorn, J. H. (1992). Specificity of inattention, impulsivity, and hyperactivity to the diagnosis of attention-deficit hyperactivity disorder. *Journal of the American Academy of Child and Adolescent Psychiatry, 31*, 190–196.

Halperin, J. M., Newcorn, J. H., Koda, V. H., Pick, L., McKay, K. E., & Knott, P. (1997). Noradrenergic mechanisms in ADHD children with and without reading disabilities: A replication and extension. *Journal of the American Academy of Child and Adolescent Psychiatry, 36*, 1688–1697.

Hamlett, K. W., Pellegrini, D. S., & Conners, C. K. (1987). An investigation of executive processes in the problem solving of attention deficit disorder-hyperactive children. *Journal of Pediatric Psychology, 12*, 227–240.

Harpin, V. A. (2005). The effect of ADHD on the life of an individual, their family, and community from preschool to adult life. *Archives of Diseases of Children, 90*(Suppl. 1), i2–i7.

Hart, E. L., Lahey, B. B., Loeber, R., Applegate, B., & Frick, P. J. (1995). Developmental changes in attention-deficit hyperactivity disorder in boys: A four-year longitudinal study. *Journal of Abnormal Child Psychology, 23*, 729–750.

Hartman, C. A., Willcutt, E. G., Rhee, S. H., & Pennington, B. F. (2004). The relation between sluggish cognitive tempo and DSM-IV ADHD. *Journal of Abnormal Child Psychology, 32*, 491–503.

Hartsough, C. S., & Lambert, N. M. (1985). Medical factors in hyperactive and normal children: Prenatal, developmental, and health history findings. *American Journal of Orthopsychiatry, 55*, 190–210.

Harvey, W. J., & Reid, G. (1997). Motor performance of children with attention-deficit hyperactivity disorder: A preliminary investigation. *Adapted Physical Activity Quarterly, 14*, 189–202.

Harvey, W. J., Reid, G., Grizenko, N., Mbekou, V., Ter-Stepanian, M., & Joober, R. (2007). Fundamental movement skills and children with attention-deficit hyperactivity disorder: Peer comparisons and stimulant effects. *Journal of Abnormal Child Psychology, 35*, 871–882.

Hassan, A., Agha, S. S., Langley, K., & Thapar, A. (2011). Prevalence of bipolar disorder in children and adolescents with attention-deficit hyperactivity disorder. *British Journal of Psychiatry, 198*(3), 195–198.

Hastings, J., & Barkley, R. A. (1978). A review of psycho-physiological research with hyperactive children. *Journal of Abnormal Child Psychology, 7*, 413–337.

Heilman, K. M., Voeller, K. K. S., & Nadeau, S. E. (1991). A possible pathophysiological substrate of attention deficit hyperactivity disorder. *Journal of Child Neurology, 6*, 74–79.

Hendren, R. L., De Backer, I., & Pandina, G. J. (2000). Review of neuroimaging studies of child and adolescent psychiatric disorders from the past 10 years. *Journal of the American Academy of Child and Adolescnt Psychiatry, 39*, 815–828.

Henry, B., Moffitt, T. E., Caspi, A., Langley, J., & Silva, P. A. (1994). On the "remembrance of things past": A longitudinal evaluation of the retrospective method. *Psychological Assessment, 6*, 92–101.

Herpertz, S. C., Wenning, B., Mueller, B., Qunaibi, M., Sass, H., & Herpetz-Dahlmann, B. (2001). Psychological responses in ADHD boys with and without conduct disorder: Implications for adult antisocial behavior. *Journal of the American Academy of Child and Adolescent Psychiatry, 40*, 1222–1230.

Hinshaw, S. P. (1992). Externalizing behavior problems and academic underachievement in childhood and adolescence: Causal relationships and underlying mechanisms. *Psychological Bulletin, 111*, 127–155.

Hinshaw, S. P. (1994). *Attention deficits and hyperactivity in children.* Thousand Oaks, CA: Sage.

Hinshaw, S. P., Buhrmester, D., & Heller, T. (1989). Anger control in response to verbal provocation: Effects of stimulant medication for boys with ADHD. *Journal of Abnormal Child Psychology, 17*, 393–408.

Hinshaw, S. P., Carte, E. T., Sami, N., Treuting, J. J., & Zupan, B. A. (2002). Preadolescent girls with attention-deficit/hyperactivity disorder: II. Neuropsychological performance in relation to subtypes and individual classification. *Journal of Consulting and Clinical Psychology, 70*, 1099–1111.

Hinshaw, S. P., Herbsman, C., Melnick, S., Nigg, J., & Simmel, C. (1993, February). *Psychological and familial processes in ADHD: Continuous or discontinuous with those in normal comparison children?* Paper presented at the annual meeting of the Society for Research in Child and Adolescent Psychopathology, Santa Fe, NM.

Hinshaw, S. P., & Melnick, S. M. (1995). Peer relationships in boys with attention-deficit hyperactivity disorder with and without comorbid aggression. *Development and Psychopathology, 7*, 627–647.

Hinshaw, S. P., Morrison, D. C., Carte, E. T., & Cornsweet, C. (1987). Factorial dimensions of the Revised Behavior Problem Checklist: Replication and validation within a kindergarten sample. *Journal of Abnormal Child Psychology, 15*, 309–327.

Hinshaw, S. P., Owens, E. B., Zalecki, C., Huggins, S. P., Montenegro-Nevado, A. J., Schrodek, E., et al. (2012). Prospective follow-up of girls with attention-deficit/hy-peractivity disorder into early adulthood: continuing impairment includes elevated risk for suicide attempts and self-injury. Journal of Consulting and Clinical Psychology, 80(6), 1041–1051.

Hoffman, H. (1865). *Der Struwwelpeter.* Germany: Pestalozzi-Verlag.

Hohman, L. B. (1922). Post-encephalitic behavior disorders in children. *Johns Hopkins Hospital Bulletin, 33*, 372–375.

Holdsworth, L., & Whitmore, K. (1974). A study of children with epilepsy attending ordinary schools: I. Their seizure patterns, progress, and behaviour in school. *Developmental Medicine and Child Neurology, 16*, 746–758.

Hoy, E., Weiss, G., Minde, K., & Cohen, N. (1978). The hyperactive child at adolescence: Cognitive, emotional, and social functioning. *Journal of Abnormal Child Psychology, 6*, 311–324.

Hoza, B. (2007). Peer functioning in children with ADHD. *Journal of Pediatric Psychology, 32*, 655–663.

Hoza, B., Gerdes, A. C., Mrug, S., Hinshaw, S. P., Bukowski, W. M., Gold, J. A., et al. (2005). Peer-assessed outcomes in the multimodal treatment study of children with attention deficit hyperactivity disorder. *Journal of Clinical Child and Adolescent Psychology, 34*(1), 74–86.

Hoza, B., Pelham, W. E., Waschbusch, D. A., Kipp, H., & Owens, J. S. (2001). Academic task performance of normally achieving ADHD and control boys: Performance, self-evaluations, and attributions. *Journal of Consulting and Clinical Psychology, 69*, 271–283.

Humphries, T., Kinsbourne, M., & Swanson, J. (1978). Stimulant effects on cooperation and social interaction between hyperactive children and their mothers. *Journal of Child Psychology and Psychiatry, 19*, 13–22.

Huo, M. H., Salvati, E. A., Browne, M. G., Pellicci, P. M., Sculco, T. P., & Johanson, N. A. (1992). Primary total hip arthroplasty in systemic lupus erythematosus. *Journal of Arthroplasty, 7*(1), 51–56.

Hurt, E. A., Hoza, B., & Pelham, W. E., Jr. (2007). Parenting, family loneliness, and peer functioning in boys with attention-deficit/hyperactivity disorder. *Journal of Abnormal Child Psychology, 35*(4), 543–555.

Hynd, G. W., Lorys, A. R., Semrud-Clikeman, M., Nieves, N., Huettner, M. I. S., & Lahey, B. B. (1991). Attention deficit disorder without hyperactivity: A distinct behavioral and neurocognitive syndrome. *Journal of Child Neurology, 6*, S37–S43.

Jacobson, L. A., Murphy-Bowman, S. C., Pritchard, A. E., Tart-Zelvin, A., Zabel, T. A., & Mahone, E. M. (2012). Factor structure of a sluggish cognitive tempo scale in clinically-referred children. *Journal of Abnormal Child Psychology, 40*(8), 1327–1337.

James, W. (1950). *The principles of psychology.* New York: Dover. (Original work published 1890)

Jarick, I., Volckmar, A. L., Pütter, C., Pechlivanis, S., Nguyen, T. T., Dauvermann, M. R., et al. (2014). Genome-wide analysis of rare copy number variations reveals PARK2 as a candidate gene for attention-deficit/hyperactivity disorder. *Molecular Psychiatry, 19*(1), 115–121.

Jarrett, M. A., & Ollendick, T. H. (2008). A conceptual review of the comorbidity of attention-deficit/hyperactivity disorder and anxiety: Implications for future research and practice. *Clinical Psychology, Review, 28*, 1266–1280.

Jensen, P. S., Martin, D., & Cantwell, D. P. (1997). Comorbidity in ADHD: Implications for research, practice, and DSM-V. *Journal of the American Academy of Child and Adolescent Psychiatry, 36*, 1065–1079.

Jensen, P. S., Shervette, R. E., Xenakis, S. N., & Bain, M. W. (1988). Psychosocial and medical histories of stimulant-treated children. *Journal of the American Academy of Child and Adolescent Psychiatry, 27*, 798–801.

Jensen, P. S., Shervette, R. E., III, Xenakis, S. N., & Richters, J. (1993). Anxiety and depressive disorders in attention deficit disorder with hyperactivity: New findings. *American Journal of Psychiatry, 150*, 1203–1209.

Jerome, L., Segal, A., & Habinski, L. (2006). What we know about ADHD and driving risk: A literature review, meta-analysis, and critique. *Journal of the Canadian Academy of Child and Adolescent Psychiatry, 15*, 105–125.

Johnson, J. G., Cohen, P., Kasen, S., Smailes, E., & Brook, J. S. (2001). Association of maladaptive parental behavior with psychiatric disorder among parents and their offspring. *Archives of General Psychiatry, 58*, 453–460.

Johnson, R. C., & Rosen, L. A. (2000). Sports behavior of ADHD children. *Journal of Attention Disorders, 4*, 150–160.

Johnston, C. (1996). Parent characteristics and parent–child interactions in families of nonproblem children and ADHD children with higher and lower levels of oppositional-defiant disorder. *Journal of Abnormal Child Psychology, 24*, 85–104.

Johnston, C., & Mash, E. J. (2001). Families of children with attention-deficit/hyperactivity disorder: Review and recommendations for future research. *Clinical Child and Family Psychology Review, 4*, 183–207.

Johnston, C., Mash, E. J., Miller, N., & Ninowski, J. E. (2012). Parenting in adults with attention-deficit/hyperactivity disorder (ADHD). *Clinical Psychology Review, 32*, 215–228.

Johnstone, S. J., Barry, R. J., & Anderson, J. W. (2001). Topographic distribution and developmental timecourse of auditory event-related potentials in two subtypes of attention-deficit hyperactivity disorder. *International Journal of Psychophysiology, 42*, 73–94.

Johnstone, S. J., Barry, R. J., Markovska, V., Dimoska, A., & Clarke, A. R. (2009). Response inhibition control in children with AD/HD: A visual ERP investigation. *International Journal of Psychophysiology, 72*(2), 145–153.

Kadesjo, B., & Gillberg, C. (2001). The comorbidity of ADHD in the general population of Swedish school-age children. *Journal of Child Psychology and Psychiatry, 42*, 487–492.

Kandziora, F., Pflugmacher, R., Scholz, M., Schafer, J., Schollmeier, G., Schmidmaier, G., et al. (2003). Dose-dependent effects of combined IGF-I and TGF-beta1 ap-plication in a sheep cervical spine fusion model. *European Spine Journal, 12*(5), 464–473.

Kaplan, B. J., McNichol, J., Conte, R. A., & Moghadam, H. K. (1987). Sleep disturbance in preschool-aged hyperactive and nonhyperactive children. *Pediatrics, 80*, 839–844.

Karalunas, S. L., Huang-Pollock, C. L., Nigg, J. T. (2013). Is reaction time variability in ADHD mainly at low frequencies? *Journal of Child Psychology and Psychiatry, 54*(5), 536–544.

Kashdan, T. B., Adams, L. M., Kleiman, E. M., Pelham, W. E., & Lang, A. R. (2013). Stress-induced drinking in parents of boys with attention-deficit-hyperactivity disorder: Heterogeneous groups in an experimental study of adult–child interactions. *Journal of Abnormal Child Psychology, 41*(6), 919–927.

Kessler, J. W. (1980). History of minimal brain dysfunction. In H. Rie & E. Rie (Eds.), *Handbook of minimal brain dysfunctions: A critical view* (pp. 18–52). New York: Wiley.

Klein, R. G., Mannuzza, S., Olazagasti, M. A. R., Roizen, E., Hutchinson, J. A., Lashua, E. C., et al. (2012). Clinical and functional outcomes of attention-deficit/hyperactivity disorder 33 years later. *Archives of General Psychiatry, 69*(12), 1295–1303.

Klorman, R. (1992). Cognitive event-related potentials in attention deficit disorder. In S. E. Shaywitz & B. A. Shaywitz (Eds.), *Attention deficit disorder comes of age: Toward the twenty-first century* (pp. 221–244). Austin, TX: PRO-ED.

Klorman, R., Hazel-Fernandez, H., Shaywitz, S. E., Fletcher, J. M., Marchione, K. E., Holahan, J. M., et al. (1999). Executive functioning deficits in attention-deficit/hyperactivity disorder are independent of oppositional defiant or reading disorder. *Journal of the American Academy of Child and Adolescent Psychiatry, 38*, 1148–1155.

Klorman, R., Salzman, L. F., & Borgstedt, A. D. (1988). Brain event-related potentials in evaluation of cognitive deficits in attention deficit disorder and outcome of stimulant therapy. In L. Bloomingdale (Ed.), *Attention deficit disorder* (Vol. 3, pp. 49–80). New York: Pergamon Press.

Knobel, M., Wolman, M. B., & Mason, E. (1959). Hyperkinesis and organicity in children. *Archives of General Psychiatry, 1*, 310–321.

Kohn, A. (1989, November). Suffer the restless children. *Atlantic Monthly*, pp. 90–100.

Krain, A. L., & Castellanos, F. X. (2006). Brain development and ADHD. *Clinical Psychology Review, 26*(4), 433–444.

Krause, K., Dresel, S. H., Krause, J., Kung, H. F., & Tatsch, K. (2000). Increased striatal dopamine transporter in adult patients with attention deficit hyperactivity disorder: Effects of methylphenidate as masured by single photon emission computed tomography. *Neuroscience Letters, 285*, 107–110.

Kuperman, S., Johnson, B., Arndt, S., Lindgren, S., & Wolraich, M. (1996). Quantitative EEG differences in a non-clinical sample of children with ADHD and undifferentiated ADD. *Journal of the American Academy of Child and*

Adolescent Psychiatry, 35, 1009–1017.

Lahey, B. B., Applegate, B., McBurnett, K., Biederman, J., Greenhill, L., Hynd, G. W., et al. (1994). DSM-IV field trials for attention deficit/hyperactivity disorder in children and adolescents. *American Journal of Psychiatry, 151*, 1673–1685.

Lahey, B. B., & Carlson, C. L. (1992). Validity of the diagnostic category of attention deficit disorder without hyperactivity: A review of the literature. In S. E. Shaywitz & B. A. Shaywitz (Eds.), *Attention deficit disorder comes of age: Toward the twenty-first century* (pp. 119–144). Austin, TX: PRO-ED.

Lahey, B. B., Hartung, C. M., Loney, J., Pelham, W. E., Chronis, A. M., & Lee, S. S. (2007). Are there sex differences in the predictive validity of DSM-IV ADHD among younger children? *Journal of Clinical Child and Adolescent Psychology, 36*, 113–126.

Lahey, B. B., McBurnett, K., & Loeber, R. (2000). Are attention-deficit/hyperactivity disorder and oppositional defiant disorder developmental precursors to conduct disorder? In A. J. Sameroff, M. Lewis, & S. M. Miller (Eds.), *Handbook of developmental psychopathology* (2nd ed., pp. 431–446). New York: Kluwer Academic/Plenum Press.

Lahey, B. B., Pelham, W. E., Schaughency, E. A., Atkins, M. S., Murphy, H. A., Hynd, G. W., et al. (1988). Dimensions and types of attention deficit disorder with hyperactivity in children: A factor and cluster-analytic approach. *Journal of the American Academy of Child and Adolescent Psychiatry, 27*, 330–335.

Lahey, B. B., Schaughency, E., Strauss, C., & Frame, C. (1984). Are attention deficit disorders with and without hyperactivity similar or dissimilar disorders? *Journal of the American Academy of Child Psychiatry, 23*, 302–309.

Lambert, N. M. (1988). Adolescent outcomes for hyperactive children. *American Psychologist, 43*, 786–799.

Lambert, N. M., & Hartsough, C. S. (1998). Prospective study of tobacco smoking and substance dependencies among samples of ADHD and non-ADHD participants. *Journal of Learning Disabilities, 31*, 533–544.

Lambert, N. M., & Sandoval, J. (1980). The prevalence of learning disabilities in a sample of children considered hyperactive. *Journal of Abnormal Child Psychology, 8*, 33–50.

Lambert, N. M., Sandoval, J., & Sassone, D. (1978). Prevalence of hyperactivity in elementary school children as a function of social system definers. *American Journal of Orthopsychiatry, 48*, 446–463.

Lasky-Su, J., Anney, R. J., Neale, B. M., Franke, B., Zhou, K., Maller, J. B., et al. (2008). Genome-wide association scan of the time to onset of attention deficit hyperactivity disorder. *American Journal of Medical Genetics, Part B: Neuropsychiatric Genetics, 147B*(8), 1355–1358.

Last, C. G., Hersen, M., Kazdin, A., Orvaschel, H., & Perrin, S. (1991). Anxiety disorders in children and their families. *Archives of General Psychiatry, 48*, 928–934.

Laufer, M., Denhoff, E., & Solomons, G. (1957). Hyperkinetic impulse disorder in children's behavior problems. *Psychosomatic Medicine, 19*, 38–49.

Lecendreux, M., Konofal, E., Bouvard, M., Falissard, B., & Mouren-Simeoni, M. (2000). Sleep and alertness in children with ADHD. *Journal of Child Psychology and Psychiatry, 41*, 803–812.

Lee, S. S., Humphreys, K. L., Flory, K., Liu, R., & Glass, K. (2011). Prospective association of childhood attention-deficit/hyperactivity disorder (ADHD) and substance use and abuse/dependence: a meta-analytic review. *Clinical Psychology Review, 31*, 328–341.

Lee, S. S., Lahey, B. B., Owens, E. B., & Hinshaw, S. P. (2008). Few preschool boys and girls with ADHD are well-adjusted during adolescence. *Journal of Abnormal Child Psychology, 36*, 373–383.

Lerner, J. A., Inui, T. S., Trupin, E. W., & Douglas, E. (1985). Preschool behavior can predict future psychiatric disorders. *Journal of the American Academy of Child Psychiatry, 24*, 42–48.

Levin, P. M. (1938). Restlessness in children. *Archives of Neurology and Psychiatry, 39*, 764–770.

Levy, F., & Hobbes, G. (1989). Reading, spelling, and vigilance in attention deficit and conduct disorder. *Journal of Abnormal Child Psychology, 17*, 291–298.

Lewinsohn, P. M., Klein, D. N., & Seeley, J. R. (1995). Bipolar disorders in a community sample of older adolescents: Prevalence, phenomenology, comorbidity, and course. *Journal of the American Academy of Child and Adolescent Psychiatry, 34*, 454–463.

Loeber, R. (1990). Development and risk factors of juvenile antisocial behavior and delinquency. *Clinical Psychology Review, 10*, 1–42.

Loeber, R., Burke, J. D., Lahey, B. B., Winters, A., & Zera, M. (2000). Oppositional defiant and conduct disorder: A review of the past 10 years, Part I. *Journal of the American Academy of Child and Adolescent Psychiatry, 39*, 1468–1484.

Loeber, R., Burke, J., & Pardini, D. A. (2009). Perspectives on oppositional defiant disorder, conduct disorder, and psychopathic features. *Journal of Child Psychology and Psychiatry, 50*, 133–142.

Loeber, R., Green, S. M., Lahey, B. B., Christ, M. A. G., & Frick, P. J. (1992). Developmental sequences in the age of onset of disruptive child behaviors. *Journal of Child and Family Studies, 1*, 21–41.

Loney, J., Kramer, J., & Milich, R. (1981). The hyperkinetic child grows up: Predictors of symptoms, delinquency, and achievement at follow-up. In K. Gadow & J. Loney (Eds.), *Psychosocial aspects of drug treatment for hyperactivity* (pp. 381–415). Boulder, CO: Westview Press.

Loo, S., Hale, S., Hanada, G., Macion, J., Shrestha, A., McGough, J. J., et al. (2010). Familial clustering and DRD4 effects on electroencephalogram measures in multiplex families with attention deficit/hyperactivity disorder. *Journal of the American Academy of Child and Adolescent Psychiatry, 49*, 368–377.

Loo, S., & Makeig, S. (2012). Clinical utility of EEG in attention-deficit/hyperactivity disorder: A research update. *Neurotherapeutics, 9*, 569–587.

Lorch, E. P., Milich, M., Sanchez, R. P., van den Broek, P., Baer, S., Hooks, K., et al. (2000). Comprehension of televised stories in boys with attention deficit/hyperactivity disorder and nonreferred boys. *Journal of Abnormal Psychology, 109*, 321–330.

Losier, B. J., McGrath, P. J., & Klein, R. M. (1996). Error patterns on the continuous performance test in non-medication and medicated samples of children with and without ADHD: A meta-analysis. *Journal of Child Psychology and Psychiatry, 37*, 971–987.

Luk, S. (1985). Direct observations studies of hyperactive behaviors. *Journal of the American Academy of Child and Adolescent Psychiatry, 24*, 338–344.

Lynam, D., Moffitt, T., & Stouthamer-Loeber, M. (1993). Explaining the relation between IQ and delinquency: Class, race, test motivation, school failure, or self-control? *Journal of Abnormal Psychology, 102*, 187–196.

Madan-Swain, A., & Zentall, S. S. (1990). Behavioral comparisons of liked and disliked hyperactive children in play contexts and the behavioral accommodations by teir classmates. *Journal of Consulting and Clinical Psychology, 58*, 197–209.

Maedgen, J. W., & Carlson, C. L. (2000). Social functioning and emotional regulation in the attention deficit hyperactivity disorder subtypes. *Journal of Clinical Child Psychology, 29*, 30–42.

Maliakkal, R. J., Blackburn, G. L., Willcutts, H. D., Williams, M., Levin, R., Willcutts, H. D., Jr., et al. (1992). Optimal design of clinical outcome studies in nutrition and cancer: future directions. *Journal of Parenteral and Enteral Nutrition, 16*(6, Suppl.), 112S–116S.

Malone, M. A., & Swanson, J. M. (1993). Effects of methylphenidate on impulsive responding in children with attention deficit hyperactivity disorder. *Journal of Child Neurology, 8*, 157–163.

Mann, E. M., Ikeda, Y., Mueller, C. W., Takahashi, A., Tao, K. T., Humris, E., et al. (1992). Cross-cultural differences in rating hyperactive–disruptive behaviors in children. *American Journal of Psychiatry, 149*(11), 1539–1542.

Mannuzza, S., & Gittelman, R. (1986). Informant variance in the diagnostic assessment of hyperactive children as young adults. In J. E. Barrett & R. M. Rose (Eds.), *Mental disorders in the community* (pp. 243–254). New York: Guilford Press.

Mannuzza, S., & Klein, R. G. (1992). Predictors of outcome of children with attention-deficit hyperactivity disorder. *Child and Adolescent Psychiatric Clinics of North America, 1*(2), 567–578.

Mannuzza, S., Klein, R., G., Bessler, A., Malloy, P., & La-Padula, M. (1993). Adult outcome of hyperactive boys: Educational achievement, occupational rank, and psychiatric status. *Archives of General Psychiatry, 50*, 565–576.

Mannuzza, S., Klein, R., G., Bessler, A., Malloy, P., & La-Padula, M. (1998). Adult psychiatric status of hyperactive boys grown up. *American Journal of Psychiatry, 155*, 493–498.

Marcotte, A. C., & Stern, C. (1997). Qualitative analysis of graphomotor output in children with attentional disorders. *Child Neuropsychology, 3*, 147–153.

Marcus, S. C., Wan, G. J., Zhang, H. F., & Olfson, M. (2008). Injury among stimulant-treated youth with ADHD. *Journal of Attention Disorders, 12*(1), 64–69.

Mariani, M., & Barkley, R. A. (1997). Neuropsychological and academic functioning in preschool children with attention deficit hyperactivity disorder. *Developmental Neuropsychology, 13*, 111–129.

Marshall, R. M., Hynd, G. W., Handwerk, M. J., & Hall, J. (1997). Academic underachievement in ADHD subtypes. *Journal of Learning Disabilities, 30*, 635–642.

Martel, M. M. (2013). Sexual selection and sex differences in the prevalence of childhood externalizing and adolescent internalizing disorders. *Psychological Bulletin, 139*(6), 1221–1259.

Martel, M. M., Nikolas, M., Jernigan, K., Friderici, K., Waldman, I., & Nigg, J. T. (2011). The dopamine receptor D4 gene (DRD4) moderates family environmental effects on ADHD. *Journal of Abnormal Child Psychology, 39*(1), 1–10.

Mash, E. J., & Johnston, C. (1982). A comparison of mother–child interactions of younger and older hyperactive and normal children. *Child Development, 53*, 1371–1381.

Mash, E. J., & Johnston, C. (1983a). The prediction of mothers' behavior with their hyperactive children during play and task situations. *Child and Family Behavior Therapy, 5*, 1–14.

Mash, E. J., & Johnston, C. (1983b). Sibling interactions of hyperactive and normal children and their relationship to reports of maternal stress and self-esteem. *Journal of Clinical Child Psychology, 12*, 91–99.

Mash, E. J., & Johnston, C. (1990). Determinants of parenting stress: Illustrations from families of hyperactive children and families of physically abused children. *Journal of Clinical Child Psychology, 19*, 313–328.

Mattes, J. A. (1980). The role of frontal lobe dysfunction in childhood hyperkinesis. *Comprehensive Psychiatry, 21*, 358–369.

Matthys, W., Cuperus, J. M., & van Engeland, H. (1999). Deficient social problem-solving in boys with ODD/CD, with ADHD, and with both disorders. *Journal of the American Academy of Child and Adolescent Psychiatry, 38*, 311–321.

McBurnett, K., Pfiffner, L. J., & Frick, P. J. (2001). Symptom properties as a function of ADHD type: An argument for continued study of sluggish cognitive tempo. *Journal of Abnormal Child Psychology, 29*, 207–213.

McConaughy, S. H., Ivanova, M., Antshel, K., & Eiraldi, R. B. (2009). Standardized observational assessment of attention deficit/hyperactivity disorder combined and predominantly inattentive subtypes: I. Test session observations. *School Psychology Review, 38*, 45–66.

McConaughy, S. H., Ivanova, M., Antshel, K., Eiraldi, R. B., & Dumenci, L. (2009). Standardized observational assessment of attention deficit/hyperactivity disorder combined and predominantly inattentive subtypes: II. Classroom observations. *School Psychology Review, 39,* 362–381.

McGee, R., Williams, S., & Feehan, M. (1992). Attention deficit disorder and age of onset of problem behaviors. *Journal of Abnormal Child Psychology, 20,* 487–502.

McGee, R., Williams, S., & Silva, P. A. (1984). Behavioral and developmental characteristics of aggressive, hyperactive, and aggressive–hyperactive boys. *Journal of the American Academy of Child Psychiatry, 23,* 270–279.

McGrath, L. M., Hutaff-Lee, C., Scott, A., Boada, R., Shriberg, L. D. & Pennington, B. F. (2008). Children with comorbid speech sound disorder and specific language impairment are at increased risk for attention-deficit/hyperactivity disorder. *Journal of Abnormal Child Psychology, 36,* 151–163.

McMahon, S. A., & Greenberg, L. M. (1977). Serial neurologic examination of hyperactive children. *Pediatrics, 59,* 584–587.

Melnick, S. M., & Hinshaw, S. P. (1996). What they want and what they get: The social goals of boys with ADHD and comparison boys. *Journal of Abnormal Child Psychology, 24,* 169–185.

Melnick, S. M., & Hinshaw, S. P. (2000). Emotion regulation and parenting in AD/HD and comparison boys: Linkages with social behaviors and peer preference. *Journal of Abnormal Child Psychology, 28,* 73–86.

Merrill, R. M., Lyon, J. L., Baker, R. K., & Gren, L. H. (2009). Attention deficit hyperactivity disorder and increased risk of injury. *Advances in Medical Science, 54*(1), 20–26.

Mick, E., Biederman, J., & Faraone, S. V. (1996). Is season of birth a risk factor for attention-deficit hyperactivity disorder? *Journal of the American Academy of Child and Adolescent Psychiatry, 35,* 1470–1476.

Mick, E., & Faraone, S. V. (2009). Genetics of attention deficit disorder. *Child and Adolescent Psychiatric Clinics of North America, 17,* 261–284.

Mikami, A. Y., Jack, A., Emeh, C. C., & Stephens, H. F. (2010). Parental influence on children with attention-deficit/hyperactivity disorder: I. Relationships between parent behaviors and child peer status. *Journal of Abnormal Child Psychology, 38*(6), 721–736.

Mikami, A. Y., & Lorenzi, J. (2011). Gender and conduct problems predict peer functioning among children with attention-deficit/hyperactivity disorder. *Journal of Clinical Child and Adolescent Psychology, 40*(5), 777–786.

Milich, R., Balentine, A. C., & Lynam, D. R. (2001). ADHD combined type and ADHD predominantly inattentive type are distinct and unrelated disorders. *Clinical Psychology: Science and Practice, 8,* 463–488.

Milich, R., Hartung, C. M., Matrin, C. A., & Haigler, E. D. (1994). Behavioral disinhibition and underlying processes in adolescents with disruptive behavior disorders. In D. K. Routh (Ed.), *Disruptive behavior disorders in childhood* (pp. 109–138). New York: Plenum Press.

Miller, T. W., Nigg, J. T., & Miller, R. L. (2009). Attention deficit hyperactivity disorder in African American children: What can be concluded from the past ten years? *Clinical Psychology Review, 29,* 77–86.

Minde, K., Webb, G., & Sykes, D. (1968). Studies on the hyperactive child: VI. Prenatal and perinatal factors associated with hyperactivity. *Developmental Medicine and Child Neurology, 10,* 355–363.

Mirsky, A. F. (1996). Disorders of attention: A neuropsychological perspective. In R. G. Lyon & N. A. Krasnegor (Eds.), *Attention, memory, and executive function* (pp. 71–96). Baltimore: Brookes.

Mitchell, E. A., Aman, M. G., Turbott, S. H., & Manku, M. (1987). Clinical characteristics and serum essential fatty acid levels in hyperactive children. *Clinical Pediatrics, 26,* 406–411.

Mitsis, E. M., McKay, K. E., Schulz, K. P., Newcorn, J. H., & Halperin, J. M. (2000). Parent–teacher concordance in DSM-IV attention-deficit/hyperactivity disorder in a clinic-referred sample. *Journal of the American Academy of Child and Adolescent Psychiatry, 39,* 308–313.

Moffitt, T. E. (1990). Juvenile delinquency and attention deficit disorder: Boys' developmental trajectories from age 3 to 15. *Child Development, 61,* 893–910.

Molina, B. S. G., & Pelham, W. E. (2001). Substance use, substance abuse, and LD among adolescents with a childhood history of ADHD. *Journal of Learning Disabilities, 34,* 333–342.

Monastra, V. J., Lubar, J. F., & Linden, M. (2001). The development of a quantitative electroencephalographic scanning process for attention deficit-hyperactivity disorder: Reliability and validity studies. *Neuropsychology, 15,* 136–144.

Monuteaux, M. C., Mick, E., Faraone, S. V., & Biederman, J. (2010). The influence of sex on the course and psychiatric correlates of ADHD from childhood to adolescence: A longitudinal study. *Journal of Child Psychology and Psychiatry, 51,* 233–241.

Mori, L., & Peterson, L. (1995). Knowledge of safety of high and low active–impulsive boys: Implications for child injury prevention. *Journal of Clinical Child Psychology, 24,* 370–376.

Mrug, S., Molina, B. S., Hoza, B., Gerdes, A. C., Hinshaw, S. P., Hechtman, L., et al. (2012). Peer rejection and friendships in children with attention-deficit/hyperactivity disorder: Contributions to long-term outcomes. *Journal of Abnormal Child Psychology, 40,* 1013–1026.

Murphy, K. R., & Barkley, R. A. (1996). Prevalence of DSM-IV symptoms of ADHD in adult licensed drivers: Implications for clinical diagnosis. *Journal of Attention Disorders, 1,* 147–161.

Murphy, K. R., Barkley, R. A., & Bush, T. (2001). Executive functioning and olfactory identification in young adults with attention deficit hyperactivity disorder. *Neuropsy-*

chology, 15, 211–220.

Musser, E. D., Backs, R. W., Schmitt, C. F., Ablow, J. C., Measelle, J. R., & Nigg, J. T. (2011). Emotion regulation via the autonomic nervous system in children with attention-deficit/hyperactivity disorder (ADHD). *Journal of Abnormal Child Psychology, 39*(6), 841–852.

Muthen, B., & Muthen, L. K. (2000). Integrating person-centered and variable-centered analyses: Growth mixture modeling with latent trajectory classes. *Alcoholism: Clinical and Experimental Research, 24*(6), 882–891.

Nada-Raja, S., Langley, J. D., McGee, R., Williams, S. M., Begg, D. J., & Reeder, A. I. (1997). Inattentive and hyperactive behaviors and driving offenses in adolescence. *Journal of the American Academy of Child and Adolescent Psychiatry, 36*, 515–522.

Newcorn, J. H., Halperin, J. M., Jensen, P. S., Abikoff, H. B., Arnold, L. E., Cantwell, D. P., et al. (2001). Symptom profiles in children with ADHD: Comorbidity and gender. *Journal of the American Academy of Child and Adolescent Psychiatry, 40*, 137–146.

Nigg, J. T. (1999). The ADHD response-inhibition deficit as measured by the stop task: Replication with DSM-IV combined type, extension, and qualification. *Journal of Abnormal Child Psychology, 27*, 393–402.

Nigg, J. T. (2000). On inhibition/disinhibition in developmental psychopathology: Views from cognitive and personality psychology and a working inhibition taxonomy. *Psychological Bulletin, 126*, 220–246.

Nigg, J. T. (2001). Is ADHD an inhibitory disorder? *Psychological Bulletin, 125*, 571–596.

Nigg, J. T. (2013). Attention-deficit/hyperactivity disorder and adverse health outcomes. *Clinical Psychology Review, 33*, 215–228.

Nigg, J. T., & Casey, B. J. (2005). An integrative theory of attention-deficit/hyperactivity disorder based on the cognitive and affective neurosciences. *Developmental Psychopathology, 17*(3), 785–806.

Nigg, J. T., Hinshaw, S. P., Carte, E. T., & Treuting, J. J. (1998). Neuropsychological correlates of childhood attention-deficit/hyperactivity disorder: Explainable by comorbid disruptive behavior or reading problems? *Journal of Abnormal Psychology, 107*, 468–480.

Nigg, J. T., Hinshaw, S. P., & Huang-Pollock, C. (2006). Disorders of attention and impulse regulation. In D. Cicchetti & D. Cohen (Eds.), *Developmental psychopathology: Vol. 3. Risk, disorder, and adaptation* (2nd ed., pp. 358–403). Hoboken, NJ: Wiley.

Nigg, J. T., Knottnerus, G. M., Martel, M. M., Nikolas, M., Cavanagh, K., Karmaus, W., et al. (2008). Low blood lead levels associated with clinically diagnosed attention-deficit/hyperactivity disorder and mediated by weak cognitive control [Research Support, N.I.H., Extramural Research Support, Non-U.S. Gov't]. *Biological Psychiatry, 63*, 325–331.

Nigg, J. T., Lewis, K., Edinger, T., & Falk, M. (2012). Meta-analysis of attention-deficit/hyperactivity disorder or attention-deficit/hyperactivity disorder symptoms, restriction diet, and synthetic food color additives. *Journal of the American Academy of Child and Adolescent Psychiatry, 51*, 86–97.

Nigg, J. T., Nikolas, M., & Burt, S. A. (2010). Measured gene-by-environment interaction in relation to attention-deficit/hyperactivity disorder. *Journal of the American Academy of Child and Adolescent Psychiatry, 49*, 863–873.

Nigg, J. T., Nikolas, M., Knottnerus, G., Cavanagh, K., & Friderici, K. (2010). Confirmation and extension of association of blood lead with attention-deficit/hyperactivity disorder (ADHD) and ADHD symptom domains at population-typical exposure levels. *Journal of Child Psychology and Psychiatry, 51*, 58–65.

Nigg, J. T., Willcutt, E. G., Doyle, A. E., & Sonuga-Barke, E. J. (2005). Causal heterogeneity in attention-deficit/hyperactivity disorder: Do we need neuropsychologically impaired subtypes? *Biological Psychiatry, 57*, 1224–1230.

Nijmeijer, J. S., Arias-Vásquez, A., Rommelse, N. N., Altink, M. E., Anney, R. J., Asherson, P., et al. (2010). Identifying loci for the overlap between attention-deficit/hyperactivity disorder and autism spectrum disorder using a genome-wide QTL linkage approach. *Journal of the American Academy of Child and Adolescent Psychiatry, 49*, 675–685.

Nikolas, M., Friderici, K., Waldman, I., Jernigan, K., & Nigg, J. T. (2010). Gene × environment interactions for ADHD: Synergistic effect of 5HTTLPR genotype and youth appraisals of inter-parental conflict. *Behavioral and Brain Functions, 6*, 23.

Nikolas, M., & Nigg, J. T. (2013). Neuropsychological performance and attention-deficit hyperactivity disorder subtypes and symptom dimensions. *Neuropsychology, 27*, 107–120.

Nucci, L. P., & Herman, S. (1982). Behavioral disordered children's conceptions of moral, conventional, and personal issues. *Journal of Abnormal Child Psychology, 10*, 411–426.

Nussbaum, N. L. (2012). ADHD and female specific concerns: A review of the literature and clinical implications. *Journal of Attention Disorders, 16*, 87–100.

Nylund, K., Bellmore, A., Nishina, A., & Graham, S. (2007). Subtypes, severity, and structural stability of peer victimization: What does latent class analysis say? *Child Development, 78*, 1706–1722.

O'Dougherty, M., Nuechterlein, K. H., & Drew, B. (1984). Hyperactive and hypoxic children: Signal detection, sustained attention, and behavior. *Journal of Abnormal Psychology, 93*, 178–191.

Oliver, M. L., Nigg, J. T., Cassavaugh, N. D., & Backs, R. W. (2012). Behavioral and cardiovascular responses to frustration during simulated driving tasks in young adults with and without attention disorder symptoms. *Journal of Attention Disorders, 16*(6), 478–490.

Olson, S. L., Bates, J. E., Sandy, J. M., & Lanthier, R. (2000). Early developmental precursors of externalizing behavior in middle childhood and adolescence. *Journal of Abnor-*

mal Child Psychology, 28, 119–133.

Olson, S. L., Schilling, E. M., & Bates, J. E. (1999). Measurement of impulsivity: Construct coherence, longitudinal stability, and relationship with externalizing problems in middle childhood and adolescence. *Journal of Abnormal Child Psychology, 27*, 151–165.

Oosterlaan, J., Logan, G. D., & Sergeant, J. A. (1998). Response inhibition in AD/HD, CD, comorbid AD/HD + CD, anxious, and control children: A meta-analysis of studies with the stop task. *Journal of Child Psychology and Psychiatry, 39*, 411–425.

Oosterlaan, J., Scheres, A., & Sergeant, J. A. (2005). Verbal fluency, working memory, and planning in children with ADHD, ODD/CD, and comorbid ADHD + ODD/ CD: Specificity of executive functioning deficits. *Journal of Abnormal Psychology, 33*, 69–85.

Owens, E. B., Hinshaw, S. P., Lee, S. S., & Lahey, B. B. (2009). Few girls with childhood attention-deficit/hyperactivity disorder show positive adjustment during adolescence. *Journal of Clinical Child and Adolescent Psychology, 38*, 132–143.

Owens, J., Gruber, R., Brown, T., Corkum, P., Cortese, S., O'Brien, L., et al. (2013). Future research directions in sleep and ADHD: Report of a consensus working group. *Jouranal of Attention Disorders, 17*(7), 550–564.

Palfrey, J. S., Levine, M. D., Walker, D. K., & Sullivan, M. (1985). The emergence of attention deficits in early childhood: A prospective study. *Journal of Developmental and Behavioral Pediatrics, 6*, 339–348.

Palmer, E. D., & Finger, S. (2001). An early description of ADHD (inattentive subtype): Dr. Alexander Crichton and "mental restlessness" (1798). *Child Psychology and Psychiatry Review, 6*, 66–73.

Paloyelis, Y., Rijsdijk, F., Wood, A. C., Asherson, P., & Kuntsi, J. (2010). The genetic association between ADHD symptoms and reading difficulties: the role of inattentiveness and IQ. *Journal of Abnormal Child Psychology, 38*, 1083-1095.

Parry, P. A., & Douglas, V. I. (1983). Effects of reinforcement on concept identification in hyperactive children. *Journal of Abnormal Child Psychology, 11*, 327–340.

Pastor, P. N., & Reuben, C. A. (2006). Identified attention-deficit/hyperactivity disorder and medically attended, nonfatal injuries: US school-age children, 1997–2002. *Ambulatory Pediatrics, 6*(1), 38–44.

Patterson, G. R., Degarmo, D. S., & Knutson, N. (2000). Hyperactive and antisocial behaviors: Comorbid or two points in the same process. *Development and Psychopathology, 12*, 91–106.

Pelham, W. E., & Lang, A. R. (1993). Parental alcohol consumption and deviant child behavior: Laboratory studies of reciprocal effects. *Clinical Psychology Review, 13*, 763–784.

Penny, A. M., Waschbusch, D. A., Klein, R. M., Corkum, P., & Eskes, G. (2009). Developing a measure of sluggish cognitive tempo for children: Content validity, factor structure, and reliability. *Psychological Assessment, 21*, 380–389.

Perera, H., Fernando, S. M., Yasawardena, A. D., & Karunaratne, I. (2009). Prevalence of attention deficit hyperactivity disorder (ADHD) in children presenting with self-inserted nasal and aural foreign bodies. *International Journal of Pediatric Otorhinolaryngology, 73*, 1362–1364.

Peterson, B. S., Pine, D. S., Cohen, P., & Brook, J. S. (2001). Prospective, longitudinal study of tic, obsessive–compulsive, and attention-deficit/hyperactivity disorders in an epidemiological sample. *Journal of the American Academy of Child and Adolescent Psychiatry, 40*, 685–695.

Petty, C. R., Monuteaux, M. C., Mick, E., Hughes, S., Small, J., Faraone, S. V., et al. (2009). Parsing the familiality of oppositional defiant disorder from that of conduct disorder: A familial risk analysis. *Journal of Psychiatric Research, 43*, 345–352.

Pfiffner, L. J., McBurnett, K., & Rathouz, P. J. (2001). Father absence and familial antisocial characteristics. *Journal of Abnormal Child Psychology, 29*, 357–367.

Pillow, D. R., Pelham, W. E., Jr., Hoza, B., Molina, B. S. G., & Stultz, C. H. (1998). Confirmatory factor analyses examining attention deficit hyperactivity disorder symptoms and other childhood disruptive behaviors. *Journal of Abnormal Child Psychology, 26*, 293–309.

Pineda, D. A., Palacio, L. G., Puerta, I. C., Merchan, V., Arango, C. P., Galvis, A. Y., et al. (2007). Environmental influences that affect attention deficit/hyperactivity disorder: Study of a genetic isolate. *European Child and Adolescent Psychiatry, 16*, 337–346.

Pliszka, S. R. (1992). Comorbidity of attention-deficit hyperactivity disorder and overanxious disorder. *Journal of the American Academy of Child and Adolescent Psychiatry, 31*, 197–203.

Pliszka, S. R., Liotti, M., & Woldorff, M. G. (2000). Inhibitory control in children with attention-deficit/hyperactivity disorder: Event-related potentials identify the processing component and timing of an impaired right-frontal response-inhibition mechanism. *Biological Psychiatry, 48*, 238–246.

Pliszka, S. R., McCracken, J. T., & Maas, J. W. (1996). Catecholamines in attention deficit hyperactivity disorder: Current perspectives. *Journal of the American Academy of Child and Adolescent Psychiatry, 35*, 264–272.

Podolski, C. L. & Nigg, J. T. (2001). Parent stress and coping in relation to child ADHD severity and associated child disruptive behavior problems. *Journal of Clinical Child Psychology, 30*, 503–513.

Poelmans, G., Pauls, D. L., Buitelaar, J. K., & Franke, B. (2011). Integrated genome-wide association study findings: Identification of a neurodevelopmental network for attention deficit hyperactivity disorder. *American Journal of Psychiatry, 168*, 365–377.

Polanczyk, G., de Lima, M. S., Horta, B. L., Biederman, J., & Rohde, L. A. (2007). The worldwide prevalence of ADHD: A systematic review and metaregression analysis.

American Journal of Psychiatry, 164(6), 942–948.

Porrino, L. J., Rapoport, J. L., Behar, D., Sceery, W., Ismond, D. R., & Bunney, W. E., Jr. (1983). A naturalistic assessment of the motor activity of hyperactive boys. *Archives of General Psychiatry, 40*, 681–687.

Prince, J. B., Wilens, T. E., Biederman, J., Spencer, T. J., & Wozniak, J. R. (1996). Clonidine for sleep disturbances associated with attention-deficit hyperactivity disorder: A systematic chart review of 62 cases. *Journal of the American Academy of Child and Adolescent Psychiatry, 35*, 599–605.

Purvis, K. L., & Tannock, R. (1997). Language abilities in children with attention deficit hyperactivity disorder, reading disabilities, and normal controls. *Journal of Abnormal Child Psychology, 25*, 133–144.

Quay, H. C. (1997). Inhibition and attention deficit hyperactivity disorder. *Journal of Abnormal Child Psychology, 25*, 7–13.

Rabiner, D., Coie, J. D., & the Conduct Problems Prevention Research Group. (2000). Early attention problems and children's reading achievement: A longitudinal investigation. *Journal of the American Academy of Child and Adolescent Psychiatry, 39*, 859–867.

Rapoport, J. L., Buchsbaum, M. S., Zahn, T. P., Weingarten, H., Ludlow, C., & Mikkelsen, E. J. (1978). Dextroamphetamine: Cognitive and behavioral effects in normal prepubertal boys. *Science, 199*, 560–563.

Rapport, M. D., Scanlan, S. W., & Denney, C. B. (1999). Attention-deficit/hyperactivity disorder and scholastic achievement: A model of dual developmental pathways. *Journal of Child Psychology and Psychiatry, 40*, 1169–1183.

Rapport, M. D., Tucker, S. B., DuPaul, G. J., Merlo, M., & Stoner, G. (1986). Hyperactivity and frustration: The influence of control over and size of rewards in delaying gratification. *Journal of Abnormal Child Psychology, 14*, 181–204.

Raskin, L. A., Shaywitz, S. E., Shaywitz, B. A., Anderson, G. M., & Cohen, D. J. (1984). Neurochemical correlates of attention deficit disorder. *Pediatric Clinics of North America, 31*, 387–396.

Rasmussen, P., & Gillberg, C. (2001). Natural outcome of ADHD with developmental coordination disorder at age 22 years: A controlled, longitudinal, community-based study. *Journal of the American Academy of Child and Adolescent Psychiatry, 39*, 1424–1431.

Re, A., Pedron, M., & Cornoldi, C. (2007). Expressive writing difficulties in children described as exhibiting ADHD symptoms. *Journal of Learning Disabilities, 40*, 244–255.

Reid, R., DuPaul, G. J., Power, T. J., Anastopoulos, A. D., Rogers-Adkinson, D., Noll, M. B., et al. (1998). Assessing culturally different students for attention deficit hyperactivity disorder using behavior rating scales. *Journal of Abnormal Child Psychology, 26*, 187–198.

Rhee, S. H., Waldman, I. D., Hay, D. A., & Levy, F. (1999). Sex differences in genetic and environmental influences on DSM-III-R attention-deficit hyperactivity disorder (ADHD). *Journal of Abnormal Psychology, 108*, 24–41.

Richman, N., Stevenson, J., & Graham, P. (1982). *Preschool to school: A behavioural study.* New York: Academic Press.

Rietveld, M. J., Hudziak, J. J., Bartels, M., van Beijsterveldt, C. E., & Boomsma, D. I. (2004). Heritability of attention problems in children: Longitudinal results from a study of twins, age 3 to 12. *Journal of Child Psychology and Psychiatry, 45*, 577–588.

Roa, W. H., Hazuka, M. B., Sandler, H. M., Martel, M. K., Thornton, A. F., Turrisi, A. T., et al. (1994). Results of primary and adjuvant CT-based 3-dimensional radiotherapy for malignant tumors of the paranasal sinuses. *International Journal of Radiation Oncology*Biology*Physics, 28*(4), 857–865.

Roberts, M. A. (1990). A behavioral observation method for differentiating hyperactive and aggressive boys. *Journal of Abnormal Child Psychology, 18*, 131–142.

Rodriguez, A., Olsen, J., Kotimaa, A. J., Kaakinen, M., Moilanen, I., Henriksen, T. B., et al. (2009). Is prenatal alcohol exposure related to inattention and hyperactivity symptoms in children?: Disentangling the effects of social adversity. *Journal of Child Psychology and Psychiatry, 50*, 1073–1083.

Rodriguez-Lafora, G. (1917). *Los ninos mentalmente anormales [The mentally abnormal children].* Madrid: Ediciones de la Lectura.

Rohde, L. A., Biederman, J., Busnello, E. A., Zimmermann, H., Schmitz, M., Martins, S., et al. (1999). ADHD in a school sample of Brazilian adolescents: A study of prevalence, comorbid conditions, and impairments. *Journal of the American Academy of Child and Adolescent Psychiatry, 38*, 716–722.

Romano, E., Tremblay, R. E., Vitaro, F., Zoccolillo, M., & Pagani, L. (2001). Prevalene of psychiatric diagnoses and the role of perceived impairment: Findings from an adolescent community sample. *Journal of Child Psychology and Psychiatry, 42*, 451–462.

Rommelse, N. N., Franke, B., Geurts, H. M., Hartman, C. A., & Buitelaar, J. K. (2010). Shared heritability of attention-deficit/hyperactivity disorder and autism spectrum disorder. *European Child and Adolescent Psychiatry, 19*, 281–295.

Rommelse, N. N., Geurts, H. M., Franke, B., Buitelaar, J. K., & Hartman, C. A. (2011). A review on cognitive and brain endophenotypes that may be common in autism spectrum disorder and attention-deficit/hyperactivity disorder and facilitate the search for pleiotropic genes. *Neuroscience and Biobehavioral Reviews, 35*, 1363–1396.

Routh, D. K., & Schroeder, C. S. (1976). Standardized playroom measures as indices of hyperactivity. *Journal of Abnormal Child Psychology, 4*, 199–207.

Rubia, K. (2011). "Cool" inferior frontostriatal dysfunction in attention-deficit/hyperactivity disorder versus "hot" ventromedial orbitofrontal-limbic dysfunction in conduct disorder: A review [Comparative Study Research Support,

Non-U.S. Gov't Review]. *Biological Psychiatry, 69,* e69–e87.

Rubia, K., Cubillo, A., Smith, A. B., Woolley, J., Heyman, I., & Brammer, M. J. (2010). Disorder-specific dysfunction in right inferior prefrontal cortex during two inhibition tasks in boys with attention-deficit hyperactivity disorder compared to boys with obsessive-compulsive disorder [Research Support, Non-U.S. Gov't]. *Human Brain Mapping, 31*(2), 287–299.

Rubia, K., Overmeyer, S., Taylor, E., Brammer, M., Williams, S. C. R., Simmons, A., et al. (1999). Hypofrontality in attention deficit hyperactivity disorder during higher-order motor control: A study with functional MRI. *American Journal of Psychiatry, 156,* 891–896.

Rucklidge, J. J., & Tannock, R. (2001). Psychiatric, psychosocial, and cognitive functioning of female adolescents with ADHD. *Journal of the American Academy of Child and Adolescent Psychiatry, 40,* 530–540.

Rush, B. (1962). *Medical inquiries and observations upon the diseases of the mind.* New York: Hafner. (Original work published 1812)

Russo, M. F., & Beidel, D. C. (1994). Comorbidity of childhood anxiety and externalizing disorders: Prevalence, associated characteristics, and validation issues. *Clinical Psychology Review, 14,* 199–221.

Rutter, M. (1977). Brain damage syndromes in childhood: Concepts and findings. *Journal of Child Psychology and Psychiatry, 18,* 1–21.

Sachs, G. S., Baldassano, C. F., Truman, C. J., & Guille, C. (2000). Comorbidity of attention deficit hyperactivity disorder with early- and late-onset bipolar disorder. *American Journal of Psychiatry, 157,* 466–468.

Sagiv, S. K., Thurston, S. W., Bellinger, D. C., Tolbert, P. E., Altshul, L. M., & Korrick, S. A. (2010). Prenatal organochlorine exposure and behaviors associated with attention deficit hyperactivity disorder in school-aged children. *American Journal of Epidemiology, 171*(5), 593–601.

Sagvolden, T., Johansen, E. B., Aase, H., & Russell, V. A. (2005). A dynamic developmental theory of attention-deficit/hyperactivity disorder (ADHD) predominantly hyperactive/impulsive and combined subtypes. *Behavioral and Brain Sciences, 28*(3), 397–419; discussion 419–468.

Samuel, V. J., George, P., Thornell, A., Curtis, S., Taylor, A., Brome, D., et al. (1999). A pilot controlled family study of DSM-III-R and DSM-IV ADHD in African-American children. *Journal of the American Academy of Child and Adolescent Psychiatry, 38,* 34–39.

Sanchez, R. P., Lorch, E. P., Milich, R., & Welsh, R. (1999). Comprehension of televised stories in preschool children with ADHD. *Journal of Clinical Child Psychology, 28,* 376–385.

Satterfield, J. H., Hoppe, C. M., & Schell, A. M. (1982). A prospective study of delinquency in 110 adolescent boys with attention deficit disorder and 88 normal adolescent boys. *American Journal of Psychiatry, 139,* 795–798.

Saxbe, C., & Barkley, R. A. (2013). *The second attention disorder?: Sluggish cognitive tempo (SCT) vs. ADHD. Update for clinicians.* Manuscript submitted for publication.

Schachar, R. J., & Logan, G. D. (1990). Impulsivity and inhibitory control in normal development and childhood psychopathology. *Developmental Psychology, 26,* 710–720.

Schachar, R. J., Tannock, R., & Logan, G. D. (1993). Inhibitory control, impulsiveness, and attention deficit hyperactivity disorder. *Clinical Psychology Review, 13,* 721– 40.

Schachar, R., Taylor, E., Weiselberg, M., Thorley, G., & Rutter, M. (1987). Changes in family function and relationships in children who respond to methylphenidate. *Journal of the American Academy of Child and Adolescent Psychiatry, 26,* 728–732.

Schleifer, M., Weiss, G., Cohen, N. J., Elman, M., Cvejic, H., & Kruger, E. (1975). Hyperactivity in preschoolers and the effect of methylphenidate. *American Journal of Orthopsychiatry, 45,* 38–50.

Schothorst, P. F., & van Engeland, H. (1996). Long-term behavioral sequelae of prematurity. *Journal of the American Academy of Child and Adolescent Psychiatry, 35,* 175–183.

Schrag, P., & Divoky, D. (1975). *The myth of the hyperactive child.* New York: Pantheon.

Schweitzer, J. B., Faber, T. L., Grafton, S. T., Tune, L. E., Hoffman, J. M., & Kilts, C. D. (2000). Alterations in the functional anatomy of working memory in adult attention deficit hyperactivity disorder. *American Journal of Psychiatry, 157,* 278–280.

Seidman, L. J., Benedict, K. B., Biederman, J., Bernstein, J. H., Seiverd, K., Milberger, S., et al. (1995). Performance of children with ADHD on the Rey–Osterrieth Complex Figure: A pilot neuropsychological study. *Journal of Child Psychology and Psychiatry, 36,* 1459–1473.

Seidman, L. J., Biederman, J., Faraone, S. V., Milberger, S., Norman, D., Seiverd, K., et al. (1995). Effects of family history and comorbidity on the neuropsychological performance of children with ADHD: Preliminary findings. *Journal of the American Academy of Child and Adolescent Psychiatry, 34,* 1015–1024.

Seidman, L. J., Biederman, J., Faraone, S. V., Weber, W., & Ouellette, C. (1997). Toward defining a neuropsychology of attention deficit-hyperactivity disorder: Performance of children and adolescence from a large clinically referred sample. *Journal of Consulting and Clinical Psychology, 65,* 150–160.

Seidman, L. J., Biederman, J., Monuteaux, M. C., Valera, E., Doyle, A. E., & Faraone, S. V. (2005). Impact of gender and age on executive functioning: Do girls and boys with and without attention deficit hyperactivity disorder differ neuropsychologically in preteen and teenage years? *Developmental Neuropsychology, 27*(1), 79–105.

Seguin, J. R., Boulerice, B., Harden, P. W., Tremblay, R. E., & Pihl, R. O. (1999). Executive functions and physical aggression after controlling for attention deficit hyperactivity disorder, general memory, and IQ. *Journal of Child Psychology and Psychiatry, 40,* 1197–1208.

Semrud-Clikeman, M., Biederman, J., Sprich-Buckminster,

S., Lehman, B. K., Faraone, S. V., & Norman, D. (1992). Comorbidity between ADDH and learning disability: A review and report in a clinically referred sample. *Journal of the American Academy of Child and Adolescent Psychiatry, 31*, 439–448.

Sergeant, J. (1988). From DSM-III attentional deficit disorder to functional defects. In L. Bloomingdale & J. Sergeant (Eds.), *Attention deficit disorder: Criteria, cognition, and intervention* (pp. 183–198). New York: Pergamon Press.

Sergeant, J., & Scholten, C. A. (1985a). On data limitations in hyperactivity. *Journal of Child Psychology and Psychiatry, 26*, 111–124.

Sergeant, J., & Scholten, C. A. (1985b). On resource strategy limitations in hyperactivity: Cognitive impulsivity reconsidered. *Journal of Child Psychology and Psychiatry, 26*, 97–109.

Sergeant, J., & van der Meere, J. P. (1994). Toward an empirical child psychopathology. In D. K. Routh (Ed.), *Disruptive behavior disorders in children* (pp. 59–86). New York: Plenum Press.

Shatz, D. B. & Rostain, A. (2006). ADHD with comorbid anxiety: A review of the current literature. *Journal of Attention Disorders, 10*, 141–149.

Shaw, P., Gornick, M., Lerch, J., Addington, A., Seal, J., Greenstein, D., et al. (2007). Polymorphisms of the dopamine D4 receptor, clinical outcome, and cortical structure in attention-deficit/hyperactivity disorder. *Archives of General Psychiatry, 64*(8), 921–931.

Shaw, P., Greenstein, D., Lerch, J., Clasen, L., Lenroot, R., Gogtay, N., et al. (2006). Intellectual ability and cortical development in children and adolescents. *Nature, 440*(7084), 676–679.

Shaw, P., Lerch, J., Greenstein, D., Sharp, W., Clasen, L., Evans, A., et al. (2006). Longitudinal mapping of cortical thickness and clinical outcome in children and adolescents with attention-deficit/hyperactivity disorder. *Archives of General Psychiatry, 63*(5), 540–549.

Shaywitz, S. E., Shaywitz, B. A., Cohen, D. J., & Young, J. G. (1983). Monoaminergic mechanisms in hyperactivity. In M. Rutter (Ed.), *Developmental neuropsychiatry* (pp. 330–347). New York: Guilford Press.

Shaywitz, S. E., Shaywitz, B. A., Jatlow, P. R., Sebrechts, M., Anderson, G. M., & Cohen, D. J. (1986). Biological differentiation of attention deficit disorder with and without hyperactivity: A preliminary report. *Annals of Neurology, 21*, 363.

Shelton, T. L., Barkley, R. A., Crosswait, C., Moorehouse, M., Fletcher, K., Barrett, S., et al. (1998). Psychiatric and psychological morbidity as a function of adaptive disability in preschool children with high levels of aggressive and hyperactive–impulsive–inattentive behavior. *Journal of Abnormal Child Psychology, 26*, 475–494.

Silberg, J., Rutter, M., Meyer, J., Maes, H., Hewitt, J., Simonoff, E., et al. (1996). Genetic and environmental influences on the covariation between hyperactivity and conduct disturbance in juvenile twins. *Journal of Child Psychology and Psychiatry, 37*, 803–816.

Simmel, C., & Hinshaw, S. P. (1993, March). *Moral reasoning and antisocial behavior in boys with ADHD*. Poster presented at the biennial meeting of the Society for Research in Child Development, New Orleans, LA.

Simonoff, E., Pickles, A., Hervas, A., Silberg, J. L., Rutter, M., & Eaves, L. (1998). Genetic influences on childhood hyperactivity: Contrast effects imply parental rating bias, not sibling interaction. *Psychological Medicine, 28*, 825–837.

Simpson, H. A., Jung, L., & Murphy, T. K. (2011). Update on attention-deficit hyperactivity disorder and tic disorders: A review of the current literature. *Current Psychiatry Reports, 13*, 351–356.

Skirbekk, B., Hansen, B. H., Oerbeck, B., & Kristensen, H. (2011). The relationship between sluggish cognitive tempo, subjects of attention-deficit/hyperactivity disorder, and anxiety disorders. *Journal of Abnormal Child Psychology, 39*(4), 513–525.

Skirrow, C., Hosang, G. M., Farmer, A. E., & Asherson, P. (2012). An update on the debated association between ADHD and bipolar disorder across the lifespan. *Journal of Affective Disorders, 141*(2–3), 143–159.

Slusarek, M., Velling, S., Bunk, D., & Eggers, C. (2001). Motivational effects on inhibitory control in children with ADHD. *Journal of the American Academy of Child and Adolescent Psychiatry, 40*, 355–363.

Solanto, M. V., Abikoff, H., Sonuga-Barke, E., Schachar, R., Logan, G. D., Wigal, T., et al. (2001). The ecological validity of delay aversion and response inhibition as measures of impulsivity in AD/HD: A supplement to the NIMH Multimodal Treatment Study of ADHD. *Journal of Abnormal Child Psychology, 29*, 215–228.

Sonuga-Barke, E. J. (2005). Causal models of attention-deficit/hyperactivity disorder: From common simple deficits to multiple developmental pathways. *Biological Psychiatry, 57*(11), 1231–1238.

Sonuga-Barke, E. J., Lamparelli, M., Stevenson, J., Thompson, M., & Henry, A. (1994). Behaviour problems and pre-school intellectual attainment: The associations of hyperactivity and conduct problems. *Journal of Child Psychology and Psychiatry, 35*, 949–960.

Sonuga-Barke, E. J., Taylor, E., & Heptinstall, E. (1992). Hyperactivity and delay aversion: II. The effect of self versus externally imposed stimulus presentation periods on memory. *Journal of Child Psychology and Psychiatry, 33*, 399–409.

Spencer, T. J., Biederman, J., Faraone, S., Mick, E., Coffey, B., Geller, D., et al. (2001). Impact of tic disorders on ADHD outcome across the life cycle: Findings from a large group of adults with and without ADHD. *American Journal of Psychiatry, 158*, 611–617.

Spencer, T., Wilens, T., Biederman, J., Wozniak, J., & Harding-Crawford, M. (2000). Attention-deficit/hyperactivity disorder with mood disorders. In T. E. Brown (Ed.), *Attention deficit disorders and comorbidities in children, adolescents, and adults* (pp. 79–124). Washington, DC: American Psychiatric Press.

Spruyt, K., & Gozal, D. (2011). Sleep disturbances in children with attention-deficit/hyperactivity disorder. *Expert Reviews in Neurotherapeutics, 11*(4), 565–577.

Sroufe, A. (2012, January 29). Ritalin gone wrong. *New York Times*, p. SR1. Retrieved from *www.nytimes. com/2012/01/29/opinion/sunday/childrens-add-drugs-dont-work-long-term.html?pagewanted=all&_r=0*

Stanley, J. A., Kipp, H., Greisenegger, E., MacMaster, F. P., Panchalingam, K., Keshavan, M. S., et al. (2008). Evidence of developmental alterations in cortical and subcortical regions of children with attention-deficit/hyperactivity disorder: A multivoxel *in vivo* phosphorus 31 spectroscopy study. *Archives of General Psychiatry, 65*(12), 1419–1428.

Stawicki, J. A., Nigg, J. T., & von Eye, A. (2006). Family psychiatric history evidence on the nosological relations of DSM-IV ADHD combined and inattentive subtypes: New data and meta-analysis [Meta-Analysis Research Support, N.I.H., Extramural]. *Journal of Child Psychology and Psychiatry, 47*(9), 935–945.

Steckler, A., Goodman, R. M., & Alciati, M. H. (1997). The impact of the National Cancer Institute's Data-based Intervention Research program on state health agencies. *Health Education Research, 12*(2), 199–211.

Stein, M. A. (1999). Unravelling sleep problems in treated and untreated children with ADHD. *Journal of Child and Adolescent Psychopharmacology, 9*, 157–168.

Stein, M. A., Szumowski, E., Blondis, T. A., & Roizen, N. J. (1995). Adaptive skills dysfunction in ADD and ADHD children. *Journal of Child Psychology and Psychiatry, 36*, 663–670.

Stergiakouli, E., Hamshere, M., Holmans, P., Langley, K., Zaharieva, I., deCODE Genetics, et al. (2012). Investigating the contribution of common genetic variants to the risk and pathogenesis of ADHD. *American Journal of Psychiatry, 169*(2), 186–194.

Stevenson, J., Pennington, B. F., Gilger, J. W., DeFries, J. C., & Gillis, J. J. (1993). Hyperactivity and spelling disability: Testing for shared genetic aetiology. *Journal of Child Psychology and Psychiatry, 34*, 1137–1152.

Stevenson, J., Sonuga-Barke, E., McCann, D., Grimshaw, K., Parker, K. M., Rose-Zerilli, M. J., et al. (2010). The role of histamine degradation gene polymorphisms in moderating the effects of food additives on children's ADHD symptoms. *American Journal of Psychiatry, 167*, 1108–1115.

Stewart, M. A. (1970). Hyperactive children. *Scientific American, 222*, 94–98.

Stewart, M. A., Pitts, F. N., Craig, A. G., & Dieruf, W. (1966). The hyperactive child syndrome. *American Journal of Orthopsychiatry, 36*, 861–867.

Still, G. F. (1902). Some abnormal psychical conditions in children. *Lancet, i*, 1008–1012, 1077–1082, 1163–1168.

Strauss, A. A., & Kephardt, N. C. (1955). *Psychopathology and education of the brain-injured child: Vol. 2. Progress in theory and clinic*. New York: Grune & Stratton.

Strauss, A. A., & Lehtinen, L. E. (1947). *Psychopathology and education of the brain-injured child*. New York: Grune & Stratton.

Strauss, M. E., Thompson, P., Adams, N. L., Redline, S., & Burant, C. (2000). Evaluation of a model of attention with confirmatory factor analysis. *Neuropsycholoy, 14*, 201–208.

Stryker, S. (1925). Encephalitis lethargica—The behavior residuals. *Training School Bulletin, 22*, 152–157.

Stuss, D. T., & Benson, D. F. (1986). *The frontal lobes*. New York: Raven Press.

Surman, C. B. H., Adamson, J. J., Petty, C., Biederman, J., Kenealy, D. C., Levine, M., et al. (2009). Association between attention-deficit/hyperactivity disorder and sleep impairment in adulthood: Evidence from a large controlled study. *Journal of Clinical Psychiatry, 70*, 1523–1529.

Swaab-Barneveld, H., DeSonneville, L., Cohen-Kettenis, P., Gielen, A., Buitelaar, J., & van Engeland, H. (2000). Visual sustained attention in a child psychiatric population. *Journal of the American Academy of Child and Adolescent Psychiatry, 39*, 651–659.

Swanson, J. M., Baler, R. D., & Volkow, N. D. (2011). Understanding the effects of stimulant medications on cognition in individuals with attention-deficit hyperactivity disorder: A decade of progress. *Neuropsychopharmacology, 36*(1), 207–226.

Sykes, D. H., Hoy, E. A., Bill, J. M., McClure, B. G., Halliday, H. L., & Reid, M. M. (1997). Behavioural adjustment in school of very low birthweight children. *Journal of Child Psychology and Psychiatry, 38*, 315–325.

Szatmari, P. (1992). The epidemiology of attention-deficit hyperactivity disorders. *Child and Adolescent Psychiatric Clinics of North America, 1*(2), 361–372.

Szatmari, P., Offord, D. R., & Boyle, M. H. (1989). Correlates, associated impairments, and patterns of service utilization of children with attention deficit disorders: Findings from the Ontario Child Health Study. *Journal of Child Psychology and Psychiatry, 30*, 205–217.

Szatmari, P., Saigal, S., Rosenbaum, P. & Campbell, D. (1993). Psychopathology and adaptive functioning among extremely low birthweight children at eight years of age. *Development and Psychopathology, 5*, 345–357.

Tallmadge, J., & Barkley, R. A. (1983). The interactions of hyperactive and normal boys with their mothers and fathers. *Journal of Abnormal Child Psychology, 11*, 565–579.

Tannock, R. (1998). Attention deficit hyperactivity disorder: Advances in cognitive, neurobiological, and genetic research. *Journal of Child Psychology and Psychiatry, 39*, 65–100.

Tannock, R. (2000). Attention-deficit/hyperactivity disorder with anxiety disorders. In T. E. Brown (Ed.), *Attention deficit disorders and comorbidities in children, adolescents, and adults* (pp. 125–170). Washington, DC: American Psychiatric Press.

Tannock, R., & Brown, T. E. (2000). Attention-deficit disorders with learning disorders in children and adolescents.

In T. E. Brown (Ed.), *Attention deficit disorders and co-morbidities in children, adolescents, and adults* (pp. 231–296). Washington, DC: American Psychiatric Press.

Tarver-Behring, S., Barkley, R. A., & Karlsson, J. (1985). The mother–child interactions of hyperactive boys and their normal siblings. *American Journal of Orthopsychiatry, 55*, 202–209.

Taylor, E. (1999). Developmental neuropsychology of attention deficit and impulsiveness. *Development and Psychopathology, 11*, 607–628.

Taylor, E. (2011). Antecedents of ADHD: A historical account of diagnostic concepts. *ADHD: Attention Deficit and Hyperactivity Disorders, 3*(2), 69–75.

Taylor, E., Sandberg, S., Thorley, G., & Giles, S. (1991). *The epidemiology of childhood hyperactivity*. Oxford: Oxford University Press.

Teicher, M. H., Anderson, C. M., Polcari, A., Glod, C. A., Maas, L. C., & Renshaw, P. F. (2000). Functional deficits in basal ganglia of children with attention-deficit/hyperactivity disorder shown with functional magnetic resonance imaging relaxometry. *Nature Medicine, 6*, 470–473.

Thapar, A., Harrington, R., & McGuffin, P. (2001). Examining the comorbidity of ADHD-related behaviours and conduct problems using a twin study design. *British Journal of Psychiatry, 179*, 224–229.

Thapar, A., Rice, F., Hay, D., Boivin, J., Langley, K., van den Bree, M., et al. (2009). Prenatal smoking might not cause attention-deficit/hyperactivity disorder: Evidence from a novel design. *Biological Psychiatry, 66*(8), 722–727.

Theule, J., Wiener, J., Rogers, M. A., & Marton, I. (2011). Predicting parenting stress in families of children with ADHD: Parent and contextual factors. *Journal of Child and Family Studies, 20*, 640–647.

Tillman, C. M., Bohlin, G., Sorenson, L., & Lundervold, A. J. (2009). Intellectual deficits in children with ADHD beyond central executive and non-executive functions. *Archives of Clinical Neuropsychology, 24*, 769–782.

Tripp, G., & Alsop, B. (1999). Sensitivity to reward frequency in boys with attention deficit hyperactivity disorder. *Journal of Clinical Child Psychology, 28*, 366–375.

Tripp, G., & Alsop, B. (2001). Sensitivity to reward delay in children with attention deficit hyperactivity disorder (ADHD). *Journal of Child Psychology and Psychiatry, 42*, 691–698.

Tripp, G., & Wickens, J. R. (2008). Research review: Dopamine transfer deficit: A neurobiological theory of altered reinforcement mechanisms in ADHD. *Journal of Child Psychology and Psychiatry, 49*, 691–704.

Trites, R. L. (1979). *Hyperactivity in children: Etiology, measurement, and treatment implications*. Baltimore: University Park Press.

Trommer, B. L., Hoeppner, J. B., Rosenberg, R. S., Armstrong, K. J., & Rothstein, J. A. (1988). Sleep disturbances in children with attention deficit disorder. *Annals of Neurology, 24*, 325.

Tuvblad, C., Zheng, M., Raine, A., & Baker, L. A. (2009). A common genetic factor explains the covariation among ADHD, ODD, and CD symptoms in 9–10 year old boys and girls. *Journal of Abnormal Child Psychology, 37*, 153–167.

Ullman, D. G., Barkley, R. A., & Brown, H. W. (1978). The behavioral symptoms of hyperkinetic children who successfully responded to stimulant drug treatment. *American Journal of Orthopsychiatry, 48*, 425–437.

van der Meer, J. M., Oerlemans, A. M., van Steijn, D. J., Lappenschaar, M. G., de Sonneville, L. M., Buitelaar, J. K., et al. (2012). Are autism spectrum disorder and attention-deficit/hyperactivity disorder different manifestations of one overarching disorder?: Cognitive and symptom evidence from a clinical and population-based sample. *Journal of the American Academy of Child and Adolescent Psychiatry, 51*, 1160–1172.

van Ewijk, H., Heslenfeld, D. J., Zwiers, M. P., Buitelaar, J. K., & Oosterlaan, J. (2012). Diffusion tensor imaging in attention deficit/hyperactivity disorder: A systematic review and meta-analysis. *Neuroscience and Biobehavioral Reviews, 36*(4), 1093–1106.

Velting, O. N., & Whitehurst, G. J. (1997). Inattention–hyperactivity and reading achievement in children from low-income families: A longitudinal model. *Journal of Abnormal Child Psychology, 25*, 321–331.

Voelker, S. L., Carter, R. A., Sprague, D. J., Gdowski, C. L., & Lachar, D. (1989). Developmental trends in memory and metamemory in children with attention deficit disorder. *Journal of Pediatric Psychology, 14*, 75–88.

Volkow, N. D., Wang, G. J., Fowler, J. S., Logan, J., Gerasimov, M., Maynard, L., et al. (2001). Therapeutic doses of oral methylphenidate significantly increase extracelluar dopamine in the human brain. *Journal of Neuroscience, 21*, 1–5.

Volkow, N. D., Wang, G. J., Tomasi, D., Kollins, S. H., Wigal, T. L., Newcorn, J. H., et al. (2012). Methylphenidate-elicited dopamine increases in ventral striatum are associated with long-term symptom improvement in adults with attention deficit hyperactivity disorder. *Journal of Neuroscience, 32*(3), 841–849.

Vygotsky, L. S. (1978). *Mind in society*. Cambridge, MA: Harvard University Press.

Vygotsky, L. S. (1987). Thinking and speech. In R. W. Rieber & A. S. Carton (Eds.) & N. Minick (Trans.), *The collected works of L. S. Vygotsky: Vol. 1. Problems in general psychology* (pp. 37–285). New York: Plenum Press. (Original work published 1966)

Wahlstedt, C., & Bohlin, G. (2010). DSM-IV defined inattention and sluggish cognitive tempo: Independent and interactive relations to neuropsychological factors and comorbidity. *Child Neuropsychology, 16*(4), 250–365.

Wallander, J. L., Schroeder, S. R., Michelli, J. A., & Gualtieri, C. T. (1987). Classroom social interactions of attention deficit disorder with hyperactivity children as a function of stimulant medication. *Journal of Pediatric Psychology,

12, 61–76.

Weiss, G., & Hechtman, L. (1993). *Hyperactive children grown up* (2nd ed.). New York: Guilford Press.

Wells, K. C., Epstein, J. N., Hinshaw, S. P., Conners, C. K., Klaric, J., Abikoff, H. B., et al. (2000). Parenting and family stress treatment outcomes in attention deficit hyperactivity disorder (ADHD): An empirical analysis in the MTA study. *Journal of Abnormal Child Psychology, 28*(6), 543–553.

Welner, Z., Welner, A., Stewart, M., Palkes, H., & Wish, E. (1977). A controlled study of siblings of hyperactive children. *Journal of Nervous and Mental Disease, 165*, 110–117.

Werner, E. E., Bierman, J. M., French, F. W., Simonian, K., Connor, A., Smith, R. S., et al. (1971). Reproductive and environmental casualties: A report on the 10-year follow-up of the children of the Kauai pregnancy study. *Pediatrics, 42*, 112–127.

Werry, J. S., Elkind, G. S., & Reeves, J. S. (1987). Attention deficit, conduct, oppositional, and anxiety disorders in children: III. Laboratory differences. *Journal of Abnormal Child Psychology, 15*, 409–428.

Whalen, C. K., Henker, B., Collins, B. E., McAuliffe, S., & Vaux, A. (1979). Peer interaction in structured communication task: Comparisons of normal and hyperactive boys and of methylphenidate (Ritalin) and placebo effects. *Child Development, 50*, 388–401.

Whalen, C. K., Henker, B., & Dotemoto, S. (1980). Methylphenidate and hyperactivity: Effects on teacher behaviors. *Science, 208*, 1280–1282.

Whalen, C. K., Henker, B., Swanson, J. M., Granger, D., Kliewer, W., & Spencer, J. (1987). Natural social behaviors in hyperactive children: Dose effects of methylphenidate. *Journal of Consulting and Clinical Psychology, 55*, 187–193.

White, H. R., Xie, M., Thompson, W., Loeber, R., & Stouthamer-Loeber, M. (2001). Psychopathology as a predictor of adolescent drug use trajectories. *Psychology of Addictive Behavior, 15*, 210–218.

Whiteside, S. P., & Lynam, D. R. (2001). The Five Factor Model and impulsivity: Using a structure of personality to understand impulsivity. *Personality and Individual Differences, 30*, 669–689.

Whittaker, A. H., Van Rossem, R., Feldman, J. F., Schonfeld, I. S., Pinto-Martin, J. A., Torre, C., et al. (1997). Psychiatric outcomes in low-birth-weight children at age 6 years: Relation to neonatal cranial ultrasound abnormalities. *Archives of General Psychiatry, 54*, 847–856.

Wiers, R. W., Gunning, W. B., & Sergeant, J. A. (1998). Is a mild deficit in executive functions in boys related to childhood ADHD or to parental multigenerational alcoholism? *Journal of Abnormal Child Psychology, 26*, 415–430.

Wilens, T. E., Biederman, J., & Spencer, T. (1994). Clonidine for sleep disturbances associated with attention-deficit hyperactivity disorder. *Journal of the American Academy of Child and Adolescent Psychiatry, 33*, 424–426.

Willcutt, E. G. (2012). The prevalence of DSM-IV attention-deficit/hyperactivity disorder: A meta-analytic review. *Neurotherapeutics, 9*(3), 490–499.

Willcutt, E. G., Doyle, A. E., Nigg, J. T., Faraone, S. V., & Pennington, B. F. (2005). Validity of the executive function theory of attention-deficit/hyperactivity disorder: A meta-analytic review. *Bioloigcal Psychiatry, 57*(11), 1336–1346.

Willcutt, E. G., Nigg, J. T., Pennington, B. F., Solanto, M. V., Rohde, L. A., Tannock, R., et al. (2012). Validity of DSM-IV attention deficit/hyperactivity disorder symptom dimensions and subtypes. *Journal of Abnormal Psychology, 121*(4), 991–1010.

Willcutt, E. G., Pennington, B. F., Boada, R., Ogline, J. S., Tunick, R. A., Chhabildas, N. A., et al. (2001). A comparison of the cognitive deficits in reading disability and attention-deficit/hyperactivity disorder. *Journal of Abnormal Psychology, 110*, 157–172.

Williams, N. M., Franke, B., Mick, E., Anney, R. J., Freitag, C. M., Gill, M., et al. (2012). Genome-wide analysis of copy number variants in attention deficit hyperactivity disorder: The role of rare variants and duplications at 15q13.3. *American Journal of Psychiatry, 169*, 195–204.

Winsler, A. (1998). Parent–child interaction and private speech in boys with ADHD. *Applied Developmental Science, 2*, 17–39.

Winsler, A., Diaz, R. M., Atencio, D. J., McCarthy, E. M., & Chabay, L. A. (2000). Verbal self-regulation over time in preschool children at risk for attention and behavior problems. *Journal of Child Psychology and Psychiatry, 41*, 875–886.

Wood, F. B., & Felton, R. H. (1994). Separate linguistic and attentional factors in the development of reading. *Topics in Language Disorders, 14*, 52–57.

Woodward, L. J., Fergusson, D. M., & Horwood, L. J. (2000). Driving outcomes of young people with attentional difficulties in adolescence. *Journal of the American Academy of Child and Adolescent Psychiatry, 39*, 627–634.

Wozniak, J., Biederman, J., Kiely, K., Ablon, S., Faraone, S. V., Mundy, E., et al. (1995). Mania-like symptoms suggestive of childhood-onset bipolar disorder in clinically referred children. *Journal of the American Academy of Child and Adolescent Psychiatry, 34*, 867–876.

Yeh, C. B., Huang, W. S., Lo, M. C., Chang, C. J., Ma, K. H., & Shyu, J. F. (2012). The rCBF brain mapping in adolescent ADHD comorbid with developmental coordination disorder and its changes after MPH challenging. *European Journal of Paediatric Neurology, 16*(6), 613–618.

Yoon, S. Y., Jain, U., & Shapiro, C. (2012). Sleep in attention-deficit/hyperactivity disorder in children and adults: Past, present, and future. *Sleep Medicine Reviews, 16*(4), 371–388.

Youngstrom, E. A., Arnold, L. E., & Frazier, T. W. (2010). Bipolar disorder and ADHD comorbidity: Both artifact and outgrowth of shared mechanisms. *Clinical Psychology: Science and Practice, 17*, 350–359.

Zagar, R., & Bowers, N. D. (1983). The effect of time of day on problem-solving and classroom behavior. *Psychology in the Schools, 20,* 337–345.

Zametkin, A. J., Liebenauer, L. L., Fitzgerald, G. A., King, A. C., Minkunas, D. V., Herscovitch, P., et al. (1993). Brain metabolism in teenagers with attention-deficit hyperactivity disorder. *Archives of General Psychiatry, 50,* 333–340.

Zametkin, A. J., Nordahl, T. E., Gross, M., King, A. C., Semple, W. E., Rumsey, J., et al. (1990). Cerebral glucose metabolism in adults with hyperactivity of childhood onset. *New England Journal of Medicine, 323,* 1361–1366.

Zametkin, A. J., & Rapoport, J. L. (1986). The pathophysiology of attention deficit disorder with hyperactivity: A review. In B. B. Lahey & A. E. Kazdin (Eds.), *Advances in clinical child psychology* (Vol. 9, pp. 177–216). New York: Plenum Press.

Zentall, S. S. (1985). A context for hyperactivity. In K. Gadow & I. Bialer (Eds.), *Advances in learning and behavioral disabilities* (Vol. 4, pp. 273–343). Greenwich, CT: JAI Press.

Zentall, S. S. (1988). Production deficiencies in elicited language but not in the spontaneous verbalizations of hyperactive children. *Journal of Abnormal Child Psychology, 16,* 657–673.

Zentall, S. S., & Smith, Y. S. (1993). Mathematical performance and behaviour of children with hyperactivity with and without coexisting aggression. *Behaviour Research and Therapy, 31,* 701–710.

03

품행 및 적대적 반항장애

EVA R. KIMONIS

PAUL J. FRICK

ROBERT J. MCMAHON

적대적 반항장애(oppositional defiant disorder, ODD)와 품행장애(conduct disorder, CD)는 '품행문제'라고도 하며 아동과 청소년이 정신건강치료에 의뢰되는 가장 흔한 장애 중 하나이다. 주양육자가 정신건강치료에 의뢰하는 아동의 40%가 품행문제 진단을 받는다. ADHD가 50% 정도이고 품행장애는 그다음으로 많다(Rushton, Bruckman, & Kelleher, 2002). 이처럼 비율이 높은 것은 이런 아동이 가족, 친구와 교사에게 큰 어려움과 고통을 끼치기 때문인 것 같다. 반사회적 행동이나 범죄행동을 보이는 청소년으로 인한 사회적 피해와 비용은 막대하고, 어렸을 때 이런 문제가 발생할수록 피해는 더 심각하다. 한 추정치에 의하면 한 명의 위험한 청소년이 범죄이력에 빠지지 않도록 돕는 데 320만 달러에서 550만 달러에 달하는 경비가 소요된다(Cohen & Piquero, 2009).

ODD와 CD는 보통 아동기나 청소년기에 처음 진단되고, 탈억제나 외현화 행동이 특징인 폭넓은 차원의 정신장애이다(미국정신의학회[APA], 2013). 요인분석연구에 의하면 ODD 진단기준에 해당하는 분노하고 반항하는 행동과 CD 진단기준에 해당하는 반사회적 및 공격적 행동은 서로 구분된다(Frick et al., 1992; Lahey et al., 2008). 그렇지만 외현화 영역에 속하는 모든 장애들은 유전적 영향을 상당히 공유하는데, 이는 이 장애들에 어떤 공통적인 인과적 요인이 있음을 의미한다(Lahey, Van Hulle, Singh, Waldn, & Rathouz, 2011; Markon & Krueger, 2005). 이러한 외현화 차원은 아동과 청소년에게 흔히 나타나는 두 번째 정신장애 차원과 대조가 되는데, 두 번째 차원은 과도하게 통제되거나 내재화된 증상을 개념적으로 묶어준다. 내재화 증상에는 사회적 위축, 불안과 우울이 포함된다(Hammen, Rudolph, & Abaied, 제5장, Higa-McMillan, Francis, & Chorpita, 제8장 참조). 여러 요인분석연구에 의하면 이런 증상은 외현화 영역의 증상과는 구분된다(Achenbach, 1995; Lahey et al., 2008).

역사와 논쟁점

CD는 미국 정신의학회에서 발간한 DSM-II에서 처음으로 정신과 진단으로 포함되었다. 진단에는 병리적인 환경요인에 대한 반응으로 나타나는 반사회적 및 공격적 행동이나 비행이 포함되었다. 그렇지만 초기 DSM의 다른 모든 진단과 마찬가지로 CD에 대한 진단기준이 부실하게 정의되었다. DSM-II 정의에서 특정한 유형의 품행문제(가출반응, 비사회적 공격반응, 집단비행반응)를 보이는 아동과 청소년을 구분하면서 하위유형을 강조하였다. 하위유형화의 문제는 오늘날까지도 진단 분류에 계속 영향을 주고 있다.

요즘과 같이 ODD와 CD를 구분하는 것은 DSM-III에서 처음으로 소개되었다(APA, 1980). 그 이후로 CD의 예언타당도는 잘 확립되었다(Moffitt et al., 2008). CD는 정신건강문제(예 : 약물남용), 법적 문제(예 : 구속가능성), 교육적 문제(예 : 학교자퇴), 사회적 문제(예 : 결혼부적응), 직업적 문제(예 : 직업부적응)와 신체건강문제(예 : 호흡기능장애)를 포함하여 평생 일어나는 다양한 적응상 문제와 관련된다(Odgers et al., 2007, 2008). 4~5세 어린 아동의 CD는 5년 후의 행동상 문제나 교육상 문제를 잘 예측하였다(Kim-Cohen et al., 2009).

이와 대조적으로 ODD는 처음 공식적 분류체계에 포함된 이후에 심각한 우려가 제기되어 왔다. 이런 우려는 크게 두 가지 문제점에 집중되어 있다(Moffit et al., 2008). 첫 번째 문제점은 ODD 진단기준에 포함되는 반항적/논쟁적 행동은 정상적으로 발달하는 아동에서도 많이 나타난다는 점이다. 두 번째 문제점은 ODD는 다른 여러 가지 적응상 문제와 동시에 발생하는 경우가 많다는 점이다. 이로 인해 어떤 사람들은 진단이 정상 행동을 지나치게 병리화한다고 생각하게 되었고, 다른 장애와 같이 발생하지 않는다면 일시적 현상으로 해롭지 않기 때문에 독립된 장애로 볼 필요가 없다고 생각하게 되었다. 그러나 Frick과 Nigg(2012)는 관련된 연구의 개관에서 ODD와 동시에 발생하는 대부분의 아동기 장애(ADHD와 CD)를 통제하였을 때에도 ODD가 적응상 문제(예 : 나중의 반사회적 행동, 약물남용 및 정서장애)를 잘 예측하였으며, 3~5세 정도 어린 아동에서도 예측력이 있다고 보고하였다(Gadow & Nolan, 2002). 이런 증거는 ODD가 임상적으로 유용한 진단이고, ODD 진단을 포기하는 것은 바람직하지 않음을 시사한다.

장애에 대한 기술

핵심 증상

DSM-5(APA, 2013)에는 ODD와 CD가 간헐적 폭발장애, 병적 방화 및 병적 도벽과 함께 파괴적, 충동조절 및 품행장애 범주에 포함되어 있다. 이 범주에 속하는 장애들은 정서와 행동에 대한 자기조절의 문제를 내포하고 있다. 많은 다른 정신장애에서도 정서 및 행동조절문제가 나타나지만 ODD와 CD의 파괴적 장애는 다른 사람의 권리를 침해하는 행동(예 : 공격성, 재산파괴)으로 나타나며, 사회적 규준이나 권위적 인물과 심각한 갈등에 처하게 만든다는 점에서 특이하다(APA, 2013).

ODD의 진단기준에 의하면 분노하고, 과민하고, 논쟁적이고, 반항적이거나 보복적 행동이 적어도 6개월 이상 지속되면서 반복적으로 나타나야 한다(표 3.1 참조). 요인분석연구에 의하면 진단기준에 대한 삼차원적 개념화가 지지되고 있다(Burke, 2012; Burke, Hipwell, & Loeber, 2010; Rowe, Costello, Angold, Copeland, & Maughan, 2010). 문항 적재값(item loading)이 표본에 따라 약간씩 달라지지만 연구들은 분노/과민한 기분차원(예 : 욱하고 화를 내기, 분노/분개)이 반항적-고집불통 차원(예 : 성인과 다투기, 반항적/비순종적)과 독립된 요인이라는 점에서는 일치한다. 이 분석에서 확실하지 않은 것은 DSM-IV에서 '흔히 악의에 차 있거나 앙심을 품고 있다.'로 알려진 증상을 적절하게 배치하는 문제이다(APA, 2000, p.102). 이 증상이 항상 다른 두 증상차원과 함께 적재되지 않았기 때문에 해로운 차원으로 따로 포함되었으며(Burke, Hipwell, & Loeber, 2010; Rowe et al., 2010), 심각한 CD의 품행문제와 더 관련되어 있을지 모른다(Stingaris & Goodman, 2009). 또한 세 차원의 관련성이 커서 상관계수가 .62에서 .78 사이이다(Stingaris & Goodman, 2009). 이는 한 차원에서 점수가 높은 많은 청소년이 다른 차원에서도 높은 점수를 보일 것임을 시사한다. 이 연구는 DSM-5에 영향을 미쳐서 ODD 증상을 분노/과민한 기분, 논쟁적/반항적 행동과 보복적 특성의 세 차원으로 조직화하였다(표 3.1).

표 3.1 적대적 반항장애에 대한 DSM-5 진단기준

A. 분노/과민한 기분, 논쟁적/반항적 행동, 또는 보복적 특성이 적어도 6개월 이상 지속되고 아래 범주에서 적어도 네 가지 증상이 나타나야 하며, 적어도 형제가 아닌 다른 한 사람과의 상호작용 동안에 나타나야 한다.

분노/과민한 기분
1. 자주 성질을 낸다.
2. 자주 과민하거나 쉽게 짜증을 낸다.
3. 자주 화를 내거나 분개한다.

논쟁적/반항적 행동
4. 자주 권위자, 그리고 아동과 청소년의 경우에는 성인과 자주 논쟁을 한다.
5. 자주 권위자의 요구나 규칙에 따르는 것에 적극적으로 반항하거나 거절한다.
6. 자주 의도적으로 다른 사람을 괴롭힌다.
7. 자주 자신의 실수나 잘못된 행동을 남의 탓으로 돌린다.

보복적 특성
8. 지난 6개월 동안 적어도 2번 이상 악의에 차거나 보복하려 했다.
주의점 : 이런 행동의 지속성과 빈도로 정상범위에 있는 행동과 증상을 보이는 행동을 구분한다. 5세 이하 아동에게는 달리 명시되지 않았으면(기준 A8) 이런 행동이 적어도 6개월 동안 거의 매일 나타나야 한다. 5세 이상의 아동에게는 달리 명시되지 않았으면(기준 A8) 적어도 6개월 동안 매주 일어나야 한다. 이런 빈도기준은 증상을 정의하기 위한 최소 수준의 빈도에 대한 지침을 제공하지만 행동의 빈도와 강도가 아동의 발달수준, 성별과 문화에서 정상적인 범위를 벗어나는지 같은 다른 요인도 고려해야 한다.

B. 행동장애가 본인이나 가까운 사회적 맥락 내에 있는 다른 사람들(예 : 가족, 또래집단, 동료)의 고통과 관련이 있거나 또는 행동장애가 사회적, 교육적, 직업적 또는 다른 중요한 영역의 기능에 부정적으로 영향을 미친다.

C. 이런 행동이 정신과적 장애, 물질사용, 우울장애나 양극성 장애의 과정 동안에 국한되어 나타나지 않는다. 또한 파괴적 기분조절부전장애의 진단기준을 충족하지 않아야 한다.

현재의 심각도를 명시할 것
경도 : 증상이 한 가지 상황(예 : 집, 학교, 직장, 또래)에서만 나타난다.
중등도 : 증상이 적어도 두 가지 상황에서 나타난다.
고도 : 증상이 세 가지나 그 이상의 상황에서 나타난다.

출처 : *Diagnostic and Statistical Manual of Mental Disorders, Fifth Edition* (pp.462-463). Copyright 2013 by the American Psychiatric Associations의 허락하에 사용함.

CD는 다른 사람의 권리를 침해하거나 연령에 적절한 사회적 규범이나 규칙을 위반하는 행동이 반복적이고, 지속적으로 나타나는 것으로 정의된다(APA, 2013). CD 증상은 네 차원으로 구성되며 DSM-5에서 DSM-IV와 별 차이 없이 그대로 유지되었다(표 3.2).

- 사람과 동물에 대한 공격성
- 재산 파괴
- 사기 또는 절도
- 심각한 규칙위반

아형

품행장애가 있는 청소년은 아주 다양해서 그들이 보이는 행동적 증상, 인과적 요인, 발달 과정, 위험요인 및 중재에 대한 반응이 아주 다양하다(McMahon & Frick, 2007; McMahon, Wells, & Kotler, 2006). 따라서 이러한 다양성을 이해하는 것이 인과적 연구와 효과적 중재 모두에 중요하다. 품행장애 청소년을 좀 더 동질적인 하위집단으로 분류하기 위해 여러 가지 방법이 제안되어 왔다. 처음에는 ODD와 CD를 구분하였지만 현재에는 (심각한 행동상 문제가 처음 나타났던 연령 같은) 다른 차원을 고

표 3.2 품행장애에 대한 DSM-5 진단기준

A. 반복적이고 지속적으로 다른 사람의 기본 권리나 연령에 적합한 중요한 사회적 규범이나 규칙을 어기는 행동이 나타난다. 지난 12개월 동안 아래의 범주의 해당하는 15가지 기준 가운데에서 적어도 세 가지가 나타나야 하고, 이 가운데에서 적어도 한 가지는 지난 6개월 동안 나타나야 한다.

사람과 동물에 대한 공격성
1. 자주 다른 사람을 괴롭히거나 협박하거나 위협한다.
2. 자주 신체적 싸움을 시작한다.
3. 다른 사람에게 심각한 신체적 해를 입힐 수 있는 무기를 사용한다(예 : 몽둥이, 벽돌, 깨진 병, 칼, 총).
4. 다른 사람에게 신체적으로 잔인하게 대한다.
5. 동물에게 신체적으로 잔인하게 대한다.
6. 피해자와 대면상태에서 훔친다(예 : 노상강도, 소매치기, 강탈하기, 무장강도).
7. 다른 사람에게 성적 활동을 강요한다.

재산 파괴
8. 심각한 손해를 입히려는 의도를 가지고 고의로 불을 지른다.
9. 다른 사람의 재산을 고의로 파괴한다(방화 제외).

사기 또는 절도
10. 다른 사람의 집, 건물이나 자동차에 침입한다.
11. 자주 물건이나 환심을 얻기 위해서 또는 의무를 피하기 위해서 거짓말을 한다(즉, 다른 사람을 '속인다').
12. 피해자와 대면하지 않은 상태에서 귀중품을 훔친다(예 : 부수거나 침입하지 않은 채 가게 물건 훔치기, 문서위조).

심각한 규칙위반
13. 자주 부모가 허락하지 않는데도 불구하고 13세 이전부터 밤늦게까지 집에 들어오지 않는다.
14. 부모나 부모 대리자의 집에 살고 있는 동안 적어도 2번 이상 밤에 집에 들어오지 않거나, 한 번 이상 장기가출을 한다.
15. 13세 이전부터 자주 학교에 무단결석을 한다.

B. 행동장애가 사회적, 학업적, 또는 직업적 기능에 심각한 손상을 초래한다.

C. 연령이 18세 이상이면 반사회성 성격장애의 기준을 충족하지 않는다.

다음 중 하나를 명시할 것
　312.81 (F91.1) 아동기 발병 유형 : 10세 이전에 품행장애의 특징적인 증상 가운데 적어도 하나를 보인다.
　312.82 (F91.2) 청소년기 발병 유형 : 10세 이전에 품행장애의 특징적인 증상을 보이지 않는다.
　312.89 (F91.9) 명시되지 않은 발병 : 품행장애 진단기준을 충족하지만 첫 증상이 10세 이전 또는 이후에 일어났는지를 결정할 수 있는 정보가 충분하지 않다.

다음의 경우 명시할 것
　제한된 친사회적 정서 : 이 명시자를 진단하려면 적어도 다음 두 가지 특징이 적어도 12개월 동안 여러 관계와 상황에서 지속적으로 나타나야 한다. 이런 특징이 이 기간 동안 개인이 보이는 대인관계 및 정서적 기능의 전형적 형태이며 어떤 상황에서 가끔 일어나서는 안 된다. 따라서 명시자를 평가하기 위해서 여러 정보출처가 필요하다. 개인의 자기보고뿐 아니라 개인을 상당히 오랫동안 알고 있었던 다른 사람들의 보고도 고려해야 한다(예 : 부모, 교사, 동료, 확대가족구성원, 또래).

　　후회나 죄책감의 결여 : 잘못을 저질렀을 때 나쁜 기분이나 죄책감을 느끼지 않는다(붙잡히거나 처벌에 직면했을 때에만 표현하는 후회는 포함되지 않음). 일반적으로 자신의 행동의 부정적 결과에 대해 염려하지 않는다. 이를테면 다른 사람을 다치게 하고도 자책하지 않거나 규칙을 위반하고도 결과에 신경을 쓰지 않는다.
　　냉담-공감 결여 : 다른 사람의 감정을 무시하거나 신경 쓰지 않는다. 사람들이 차갑고 무정하다고 생각한다. 자기 행동으로 인해 다른 사람이 상당한 피해를 입었어도 자기 행동이 다른 사람에게 미치는 영향보다는 자신에게 미치는 영향을 더 걱정한다.
　　수행에 대한 무관심 : 학교, 직장, 또는 다른 중요한 활동에 있어서 저조한/문제있는 수행에 대해 걱정하지 않는다. 목표가 분

(계속)

표 3.2 (계속)

명할 때에도 잘하기 위해 노력하지 않으며, 자신의 저조한 수행을 남의 탓으로 돌린다.
  피상적이거나 결여된 정서 : 깊이가 없고, 진지하지 않거나, 피상적인 방식 이외에는 자신의 기분이나 정서를 표현하지 않는다 (예 : 행동과 표현된 정서가 상반된다. 정서를 빠르게 전환시킬 수 있다). 또는 무엇을 얻기 위해서만 정서를 표현한다(예 : 다른 사람을 조정하거나 위협하기 위해 정서를 표현한다).

현재의 심각도를 명시할 것
  경도 : 진단에 필요한 수준보다 품행문제가 많기는 하지만 그 수가 적고, 품행문제가 다른 사람에게 비교적 적은 피해를 주는 경우이다(예 : 거짓말하기, 무단결석, 허락 없이 밤늦게까지 집에 들어가지 않는 것, 기타 규칙위반).
  중등도 : 품행문제의 수와 다른 사람에 대한 영향이 '경도'와 '고도'에 명시된 기준의 중간에 해당하는 경우이다(예 : 피해자와 대면하지 않은 상황에서 물건 훔치기, 공공기물파손).
  고도 : 품행문제가 진단에 필요한 수준보다 많거나, 품행문제가 다른 사람에게 심각한 피해를 주는 경우이다(예 : 성적 강요, 신체적 잔인함, 무기사용, 피해자와 대면한 상태에서 물건 훔치기, 파괴와 침입).

출처 : *Diagnostic and Statistical Manual of Mental Disorders, Fifth Edition* (pp.469-471). Copyright 2013 by the American Psychiatric Associations의 허락하에 사용함.

려하거나 동반이환 여부, 공격성 여부, 또는 냉담하고 비정서적 대인관계 양식 여부를 고려하고 있다.

아동기 발병 및 청소년기 발병 아형

CD 진단에서 아형을 나누는 데 가장 많이 사용되는 방법은 반사회적 행동이 처음 발생한 연령을 고려하는 것이다. 이 방법에서는 아동의 CD 증상이 청소년기 이전(아동기 발병)에 발생했는지 또는 청소년기에 시작되었는지(후기 발병 혹은 청소년기 발병)를 중요하게 고려하는데, 많은 연구가 이런 구분을 지지하고 있다(개관을 위해서는 Frick & Viding, 2009; Moffitt, 2006 참조). 아동기 발병 집단은 청소년기 발병 집단과 비교해 볼 때 아동기와 청소년기에 공격적 행동을 보일 가능성이 크고 (Moffitt, Caspi, Dickson, Silva, & Stanton, 1996), 반사회적 행동이 성인기까지 지속될 가능성이 크다(Odgers et al., 2007). 또한 아동기 발병 집단의 품행문제는 청소년기 발병 집단의 품행문제보다 여러 가지 신경심리학적, 인지적, 기질적, 가족적 및 심리사회적 위험요인과 더 강하게 관련된다(Dandreaux & Frick, 2009; Moffitt et al., 1996).

오랫동안 청소년기 발병 CD는 청소년의 정상적인 행동이 과장된 것으로서 청소년기에 한정된다고 생각해 왔지만 요즘에는 훨씬 덜 낙관적으로 보고 있다. Moffitt

(1993)이 처음에 이렇게 분류하였던 근거가 되는 더니든 자료에 의하면 청소년기에 발병했던 사람은 20대와 30대 중반까지 지속적으로 심각한 수준의 반사회적 행동과 여러 가지 적응문제를 보였다(예 : 충동성, 약물관련문제, 경제적 문제, 건강문제). 이런 발견 때문에 더 이상 '청소년기-한정'이라는 용어를 사용하지 않게 되었다(Moffitt, Caspi, Harrington, & Milne, 2002; Oders et al., 2008). 게다가 약물사용장애, 범죄기록이나 10대 임신 같이 어렸을 때 개입했던 비행의 '올가미'로 인해 다양한 삶의 기회(예 : 돈벌이가 되는 일자리, 고등교육)를 얻기 어려워진다.

반사회적 청소년을 이렇게 분류하는 데 대해 강한 지지가 있음에도 불구하고 사실은 여러 가지 문제점이 있다. 첫째, 아동기 발병과 청소년기 발병을 구분하는 연령이 확실하게 정해져 있지 않다. 초기에 이루어진 여러 연령 절단점의 차별적 예언타당도에 대한 연구에서 Robins(1966)는 심각한 품행문제가 발생했을 때 11세 이하였던 청소년이 11세 이상이었던 청소년에 비해 성인이 되어서 반사회적 성격장애로 진단될 확률이 2배 이상임을 발견했다. 그 이후로 아동기 발병 집단을 정의하는 연령 절단점은 10세(APA, 2000, 2013)에서 14세였다(Patterson & Yoerger, 1997; Tibbetts & Piquero, 1999). 발병연령의 절단점을 정확하게 정의하기 어렵기 때문에 일부 연구자들은 이런 구분이 범주적이기보다 차원적이어야 한다고 주장하게 되었다(Lahey, Waldman, & McBurnett, 1999b). 그러나 DSM-5에서도 여전히 10세를 연령 절단점으로 사용하고 있으며 아동기 발병 유형과 청소년기 발병 유형을 구분하고 있다(APA, 2013).

특히 나이가 든 청소년이 과거의 행동을 회고하여 기억해 내는 것이 어렵기 때문에 처음으로 심각한 품행장애를 보였던 연령을 정확하게 찾아내기 어렵다(Moffitt et al., 2008). 연구에서 발병연령을 정하는 일반적인 방법은 여러 정보출처(청소년의 자기보고, 부모 보고, 공식기록)로부터 정보를 수집하고, 이 출처에서 공통적으로 언급되는 가장 어린 연령을 사용하는 것이다(Dandreaux & Frick, 2009). 심각한 문제행동이 최초로 나타난 연령을 결정하기 위해 부모와 아동의 보고를 모두 사용하는 방법은 부모와 청소년이 보고한 반사회적 행동의 발병연령의 중앙치가 유사했고, 각각이 외적 준거(문제의 심각도)와 상관이 있었기 때문에 지지를 받고 있다(Lahey, Miller, Gordon, & Riley, 1999). 게다가 Farrington, Barnes와 Lambert(1996)는 자기보고에는 권위자나 부모가 볼 수 없는 문제가 포함된다고 보고하였다. 또한 부모 보고와 공식기록에는 청소년이 인정하고 싶지 않은 행동이 포함될 수 있다.

이렇게 폭넓게 하위집단으로 나누려는 접근의 또 다른 문제는 아동기 발병 집단 안에서도 의미 있는 구분이 있을 수 있다는 점이다. 첫째, 모든 아동기 발병 CD 청소년이 성인기까지 문제를 보이지 않는다. 적어도 일부는 아동기에만 문제를 보인다(Odgers et al., 2007; Tremblay, 2003). 예를 들어 더니든 표본의 24.3%에 해당하는 '아동기 한정' 경로에 있는 남자는 성인이 되어서 신체적 문제나 정신건강상 문제를 별로 보이지 않았고, 단지 일부 남성이 성인기 중기에 내재화 문제를 보였다(Odgers et al., 2008). 둘째, 아동기 발병 집단이 청소년기 발병 집단에 비해 기질적 위험요인을 더 많이 보이는 경향이 있지만 아동기 발병 집단 안에서도 하위집단에 따라 기질적 위험요인이 다를 수 있다(Frick & Vinding, 2009). 후자의 발견으로 인해 연구자들은 아동기 발병

CD 범주 내에 있는 하위집단을 구분하기 위해 여러 가지 다른 방법을 찾고 있다.

동반이환에 근거한 아형

아동기 발병 유형 내에서 특이한 아형을 구분해 내기 위한 또 다른 시도는 ADHD 같은 동시에 발생하는 장애를 고려하는 것이다(Lynam, 1996). ADHD와 품행문제를 동시에 보이는 아동은 품행문제만 보이는 아동에 비해 더 심각하고 공격적인 양상의 반사회적 행동을 보인다(Lilienfeld & Waldman, 1990; Waschbusch, 2002). 게다가 ADHD와 품행문제가 같이 일어나면 결과가 더 나빠서 청소년기의 비행률과 성인기의 체포율이 더 높아진다(Babinski, Hartsough, & Lambert, 1999; Loeber, Brinthaupt, & Green, 1990). 그렇지만 아동기 발병 품행장애 아동의 대부분이, 특히 치료에 의뢰된 아동은 ADHD를 동시에 보이기 때문에 이렇게 아형을 구분하는 데에도 문제점이 있다(Abikoff & Klein, 1992). 이렇게 ADHD 여부로 아형을 구분하게 되면 조기 발병연령으로 정의된 더 큰 집단과 아주 다른 아동과 청소년 집단을 구분해 내지 못할 수 있다.

공격성에 근거한 아형

아동기 발병 품행장애를 아형으로 구분하는 또 다른 접근은 공격적 행동을 보이는 아동과 그렇지 않은 아동을 구분하는 것이다(APA, 1980; Frick et al., 1993). 최근에 이 접근이 확장되면서 공격적 품행문제가 있는 아동이나 청소년이 보이는 두 가지 공격적 행동이 관심을 받고 있다(Poulin & Boivin, 2002). 특히 '반응적' 공격성은 실제적이거나 지각된 도발이나 협박에 대해 충동적·방어적 반응을 보이는 것이 특징이다. 대조적으로 '주도적' 또는 '도구적' 공격성은 도발과는 관계가 없는 도구적 목표(예 : 이득)를 달성하기 위한 공격성으로써 대개 사전에 치밀하게 계획된다(Dodge & Pettit, 2003).

반응적 및 주도적 공격성은 서로 다른 행동과 상관을 보인다. 예컨대 주도적 공격성은 성인기의 범죄뿐 아니라 청소년기의 비행 및 알코올 남용과 더 큰 상관을 보

이지만(Pulkkinen, 1996; Vitaro, Brendgen, & Tremblay, 2002), 반응적 공격성은 학교적응문제, 또래관계와 더 큰 상관을 보인다(Poulin & Boivin, 2000; Waschbusch, Willouughby, & Pelham, 1998). 두 종류의 공격성은 또한 서로 다른 사회인지적 및 정서적 특징과 관련된다. 특히 주도적 공격성은 공격성으로 인해 얻게 될 긍정적 결과를 과대평가하고 나쁜 행동이 벌을 받을 가능성을 과소평가하는 것과 관련되지만(Price & Dodge, 1989; Schwartz et al., 1998), 반응적 공격성은 또래의 불확실한 도발을 적대적 의도로 귀인하는 것과 사회적 상황에서 일어나는 문제에 대해 공격적이지 않는 해결책을 모색하지 못하는 것과 관련된다(Crick & Dodge, 1996; Hubbard, Dodge, Cillesseb, Coie, & Schwartz, 2001). 또한 반응적 공격성의 경우에 도발을 지각하면 생리적 반응이 높아지는 데 반해 주도적 공격성의 경우에는 그렇지 않다(Hubbard et al., 2002; Munoz, 2009; Pitts, 1997).

주도적 공격성이나 반응적 공격성과 관련되는 현상이 서로 다르다는 증거에도 불구하고 이 구분이 유용한지는 뜨거운 논란이 되고 있다(Bushman & Anderson, 2001; Walters, 2005). 주요한 관심사는 두 종류의 공격성의 상호관련성이다. 두 가지 메타분석에 의하면 반응적 및 주도적 공격성은 아동과 청소년 표본에서 .64에서 .68의 상관을 보였다(Card & Little, 2006; Polman, Orobio de Casgtro, Koops, van Boxtel, & Merk, 2007). 주도적 공격성과 반응적 공격성의 관계를 살펴본 여러 연구에서 두 종류의 공격성 사이에 특이한 관계가 발견되었다. 두 집단의 공격적 아동이 있는 것 같다. 첫 번째 집단은 두 종류의 공격성을 모두 보이는 아동들이고, 두 번째 집단은 전반적으로 덜 공격적이며 반응적 공격성만 보이는 아동들이다(Crapanzano, Frick, & Terranova, 2010; Dodge & Coie, 1987; Frick, Cornell, Barry, Bodin, & Dane, 2003; Munoz, 2009; Pitts, 1997). 따라서 두 종류의 공격성의 차이는 크게는 주도적 집단이 더 심각한 공격성을 보이기 때문일 수 있다.

냉담-무정서 특성

아동기 발병 품행문제 안에서 아동과 청소년을 의미 있는 하위집단으로 정의하려는 또 다른 시도가 있었다. 이 시도는 정신병질적 특성이 반사회적 성인의 중요한 하위집단을 구분한다는 사실을 밝혀주었던 오랫동안 이루어진 임상연구에 기초하고 있다(Cleckley, 1941; Hare, 1993; Lykken, 1995). 역사적으로 정신병질적 특성에 대한 연구는 이러한 개인의 반사회적 행동에만 집중되지 않았고 그들의 정서적(공감 부재, 죄책감 부재, 피상적 정서) 및 대인관계 양식(자기중심성, 자신의 이익을 위해 다른 사람을 냉담하게 이용하는 것)에 집중되어 왔다. 중요한 사실은 정신병질적 특성을 보이는 반사회적 성인이 그렇지 않은 성인보다 훨씬 정서적 및 대인관계 양상에서 더 심하고, 폭력적이고, 만성적인 반사회적 행동을 보인다는 점이다(Hare & Neumann, 2008). 그들은 또한 이런 특성을 보이지 않는 사람과는 아주 다른 정서적, 인지적 및 신경학적 특징을 보인다(Blair, Mitchell, & Blair, 2005; Newman & Lorenz, 2003; Patrick, 2007).

지난 수십 년 동안 정신병질의 정서적 및 대인관계적 특성을 이용하여 품행문제가 있는 아동과 청소년을 의미 있는 집단으로 구분해 내기 위해 다양한 시도가 이루어졌다(Forth, Hart, & Hare, 1990; Frick, 2009; McCord & McCord, 1964; Quay, 1864). 이 접근으로 인해 DSM-III에서 품행장애를 '사회화된' 유형과 '비사회화된' 유형으로 구분하게 되었다(APA, 1980). DSM-III에서 나온 다음 인용문에는 비사회화된 품행장애의 특징을 성인 정신병질과 관련시켜서 기술하고 있다.

비사회화된 품행장애의 특징은 다른 사람과 정상적인 수준의 애정, 공감 또는 연결을 형성하지 못하는 것이다. 또래들과 피상적인 수준에서는 인간관계를 형성할지 모르지만 전반적으로 볼 때 또래관계가 부족하다. 이들은 분명하고 직접적인 이득이 없으면 다른 사람을 위해 노력하지 않는다. 도움을 얻기 위해 쉽게 다른 사람을 조정하면서도 보답을 하지 않는 데에서 자기중심성이 잘 드러난다. 냉담한 행동에서 나타나듯이 일반적으로 다른 사람의 감정, 바람과 행복에 관심이 없다. 적절한 후회의 감정도 일반적으로 부족하다. 이런 아동은 주변 아이들에 대해 쉽게 고자질하면서 책임을 전가하려고 애쓴다(APA, 1980, p.45).

비사회화된 품행장애에 대한 연구에 의하면 정신병질적 특성을 보이는 품행장애 청소년이 그렇지 않은 품행장애 청소년보다 소년원에서 더 적응을 못하였고, 성인기까지 계속적으로 반사회적 행동을 하였는데 이는 비사회화된 품행장애의 타당성을 입증한다(Frick & Loney, 1999; Quay, 1987). 비사회화된 집단에서는 반사회적 행동이 낮은 세로토닌 수준이나 자율신경계의 불규칙성 같은 여러 가지 신경학적 특징과 상관을 보였다(Lahey, HArt, Pliszka, Applegate, & McBurnett, 1993; Quay, 1993; Raine, 1993).

이런 접근으로부터 좋은 연구결과가 나오기는 한다. 그렇지만 비사회화된 하위집단을 정의하고 이 집단을 다른 반사회적 아동 및 청소년 집단과 구분해 주는 핵심 특징에 대해서는 상당한 혼란이 있었다. 이런 혼란은 두 가지 문제에 기인하였다. 첫째, '정신병질'이라는 비하하는 용어를 피하기 위해 '비사회화된'이라는 용어를 사용하였다. 불행하게도 이 용어는 정신병질의 정서적 및 대인관계적 특징을 잘 드러내지 못하기 때문에 다른 의미로 잘못 해석되었다(예 : 부모가 그런 아동을 잘 사회화시키지 못했다거나 또는 또래와 사회적 관계를 맺지 못한다). 둘째, DSM-III에서 비사회화된 하위집단을 조작적으로 정의하면서 여러 가지 지표를 열거하였는데, 이 목록에는 정신병질의 정서적 및 대인관계적 차원에 대해서는 단지 한 가지 증상만이 포함되어 있었다(즉, 붙잡혔을 때나 어려움에 빠져 있을 때만이 아니라 적절한 상황에서 겉으로 보기에는 죄책감이나 후회를 느끼는 것처럼 보인다; APA, 1980, p.48). 다른 네 가지 증상은 사회적 애착에 초점을 맞추고 있는데(예 : "하나 이상의 또래 집단과 6개월 이상 친구관계를 유지한다.", "친구를 비난하거나 고발하지 않는다."), 이 증상들은 정신병질의 정서적 및 대인관계적 특징을 잘 나타내지 못한다(Frick, 2009).

품행장애 아동을 이렇게 하위집단으로 나누는 접근은 정의의 문제 때문에 DSM 이후 판에서는 사용되지 않았다. 그러나 최근에 아동과 청소년에서 정신병질의 주요 특징이 어떻게 나타나는지를 보여주고, 이런 특징을 사용하여 반사회적 하위집단을 구분하는 것의 임상적 및 병인적 중요성을 보여주는 연구가 많이 이루어지고 있다. 특히 '냉담하고'(예 : 공감 부재, 죄책감 부재, 무신경한 태도) '무정서적'(예 : 정서적 반응이 피상적이거나 결핍된) 대인관계 양상을 보이는 반사회적 아동과 청소년 하위집단이 있는 것 같다(Kahn, Frick, Youngstrom, Findling, & Youngstrom, 2012). 아동기 발병 품행장애는 청소년기 발병 품행장애보다 높은 수준의 냉담-무정서 특성을 보인다(Dandreaux & Frick, 2009; Silverthorn, Frick, & Reynolds, 2001). 냉담-무정서 특성은 아동기 발병 집단 내에서 중요한 하위집단을 나타낸다(그림 3.1 참조). 예를 들어 어려서 심한 품행문제를 보였던 아동 중에서 냉담-무정서 특성을 보였던 아동이 더 심하고, 안정적이며 공격적인 형태의 행동을 보였다(Kahn et al., 2012; McMahon, Wikiewitz, Kotler, & Conduct Problem Prevention Research Group, 2010; Rowe et al., 2009). 또한 냉담-무정서 특성을 보이는 아동과 청소년은 주도적인 공격적 행동을 더 심하게 보이고 더 많이 보인다(Flight & Forth, 2007; Frick et al., 2003; Kruh, Frick, & Clements, 2005). Frick, Ray, Thornton과 Kahn(2014)은 냉담-무정서 특성을 보이는 청소년과 보이지 않는 청소년의 여러 가지 정서적, 인지적, 성격적 및 사회적 차이를 발견한 연구들을 종합적으로 개관하였다. 이 연구들은 나중에 논할 것이다.

냉담-무정서 특성 여부에 따라 품행장애 아동과 청소년을 하위유형으로 구분함으로써 이전에 시도되었던 여러 가지 방법을 통합하고 발전시킬 수 있다. 첫째, 냉담-무정서 특성이 아동기 발병 품행장애에서 많이 나타나지만 많은 연구가 발병연령을 통제하였을 때에도 냉담-무정서 특성이 나중의 행동을 예측한다는 사실을 발견했다(Loeber et al., 2005; McMahon et al., 2010; Stickle, Kirkpatrick, & Brush, 2009; Vitacco, Caldwell, Van Rybroek,

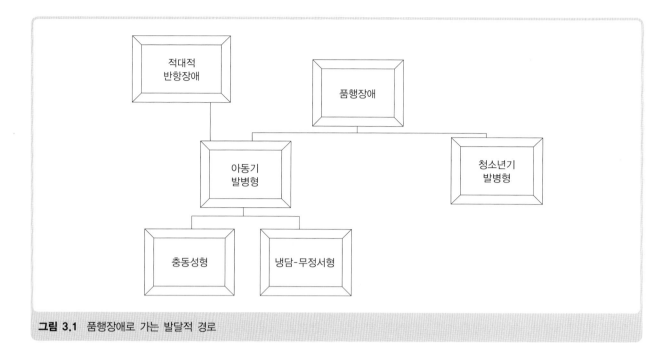

그림 3.1 품행장애로 가는 발달적 경로

& Gabel, 2007). 예를 들면 대규모의 고위험 지역사회표본(N=754)에서 McMahon과 동료들(2010)은 ADHD, ODD, CD와 아동기 발병 CD 진단을 통제하였을 때에도 7학년에서 측정된 냉담-무정서 특성이 성인이 되었을 때의 반사회적 결과(체포, 반사회적 성격 증상)를 유의하게 예측한다고 보고하였다. 둘째, 냉담-무정서 특성은 CD와 ADHD를 모두 가지고 있는 아동과 청소년 하위집단을 잘 구분하였다. Barry와 동료들(2000)은 치료기관에 의뢰된 ADHD, 품행문제와 냉담-무정서 특성을 보이는 아동은 ADHD와 품행문제를 보이지만 냉담-무정서 특성을 보이지 않는 아동과 다르게 기질상 두려움이 적고 보상지배성(reward dominance)이 높았다고 보고했다. 마지막으로 위에서 지적하였듯이 냉담-무정서 특성을 보이는 아동과 청소년에서 반응적 공격성과 주도적 공격성이 혼재되어 있는데, 이 특징도 또한 품행문제가 있는 아동과 청소년 가운데에서 중요한 하위집단을 구분해 낸다. 심각한 형태의 공격적 행동을 보이는 아동은 나중에 부정적인 발달적 결과를 보이는데 불행하게도 이런 결과가 공격적 행동 때문인지 또는 냉담-무정서 특성 때문인지는 분명하지 않다. 그러나 주도적 공격성과 관련되는 일

부 사회-인지적 결손(예 : 공격적 행동의 보상적 측면을 강조하고 벌을 무시하는 경향성)과 일부 정서적 특징(예 : 도발에 대한 정서적 반응성의 부재)이 냉담-무정서 특성과 특별하게 더 관련될 수 있다(Munoz, Frick, Kimonis, & Aucoin, 2008; Pardini, Lochman, & Frick, 2003).

흔한 동반이환

앞에서 언급한 ADHD의 동반이환과 더불어 ODD나 CD 아동은 다른 정서적 및 행동적 문제를 보이는 경우가 많다. 특히 ODD는 정서장애(Biederman, Petty, Dolan, et al., 2008; Biderman, Petty, Monuteaux, et al., 2008; Burke, Waldman, & Lahey, 2010; Garland & Garland, 2001; Harpold et al., 2007; Nock, Kazdin, Hiripi, & Kessler, 2007)를 포함한 여러 가지 다른 장애와 같이 일어날 때가 많다. 예컨대 ODD 아동의 10~20%가 학령전기에 내재화 장애를 일으키는데 나이가 많고 특히 ODD가 지속적인 경우에는 그 비율이 좀 더 높다(지역사회표본에서 15~46%가 주요우울장애를 동시에 보였고 7~14%가 불안장애를 동시에 보임)(Boylan, Vaillancourt, Boyle, &

Szatmari, 2007). ODD 진단기준에 속하는 여러 증상차원에 따라서 이런 동반이환이 달라질 수 있다는 점이 중요하다(Frick & Nigg, 2012). 예로 영국에서 이루어진(5~16세) 18,415명에 대한 횡단연구에서 ODD의 세 차원이 모두 CD와 관련이 있음이 밝혀졌다(Stingaris & Goodman, 2009). 그러나 분노/과민한 기분차원은 정서장애와도 관련이 있었다. 반항적 행동차원은 ADHD와도 관련이 있었다. 또한 악의적/보복적 증상은 냉담-무정서 특성의 지표와도 관련이 있었다(Drabick & Gadow, 2012; Ezpeleta, de la Osa, Granero, Penelo, & Domenech, 2012). 종단연구에서도 유사하게 ODD의 각 차원이 다른 증상을 예측하였는데 세 차원이 모두 이후의 CD 위험을 예측하였지만 분노/과민한 차원만이 나중의 정서장애의 위험을 예측하였다(Burke, Hipwell, & Loeber, 2010; Rowe et al., 2010; Stingaris & Goodman, 2009).

이전에 지적하였듯이 (특히 아동기 발병) CD는 ADHD와 같이 발생하는 경우가 많아서 아동과 청소년 지역사회표본에서 높게는 41%까지 나타났다(Angold, Costello, & Erkanli, 1999). 아동기에 CD/ODD와 ADHD를 같이 보였던 아동은 통제집단에 비해 청소년기에 담배, 알코올, 불법약물을 사용할 위험이 높았고 이런 경향은 CD 증상이 지속적일 때 특히 더 심했다(Molina & Pelham, 2003; Wilens et al., 2011). 더구나 네덜란드에서 수행된 전국조사연구에 의하면 품행문제가 ADHD와 알코올 사용의 관계를 완전하게 설명하였다(Tuithof, ten Have, van den Brink, Vollebergh, & de Graaf, 2012). CD는 불안 및 기분장애와 같이 발생하는 경우가 많다(Boylan et al., 2007). CD가 있는 지역사회 아동의 1/3과 CD로 치료기관에 의뢰된 아동의 3/4이 우울 및 불안장애 동반이환 진단기준에 부합되는 것으로 추정된다(Russo & Beidel, 1994; Zoccolillo, 1993). 품행문제가 있는 아동과 청소년의 내재화 문제, 특히 우울은 대인관계에서 자주 일어나는 갈등(부모, 또래, 교사와 경찰)과 문제행동으로 인한 다른 스트레스원들(가족역기능, 학교에서 실패하는 것)에 기인한다(Capaldi, 1991; Frick, Lilienfeld, Ellis, Loney, & Silverthorn, 1999). CD와 내재화 문제의 중첩의 상당

부분은 동시에 발생하는 ODD 때문일 수 있다(Loeber, Burke, & Pardini, 2009). 특히 ODD 증상 가운데 분노/과민한 기분은 정서조절에 어려움이 있는 CD 아동집단을 구분해 내는 데 도움이 될 수 있고, 이런 정서조절문제는 이들이 나중에 정서장애를 일으킬 위험을 증가시킬 수 있다(Burke, Hipwell, & Loeber, 2010; Drabick & Gadow, 2012; Ezpeleta et al., 2013; Rowe et al., 2010).

정의 및 진단적 쟁점

앞의 '핵심 증상'에서 논하였던 것과 같이 DSM-5 진단기준에 반영된 ODD의 세 가지 중요한 증상차원은 지지를 받고 있다(표 3.1 참조) : 분노/과민한 기분, 논쟁적/반항적 행동, 보복적 특성. ODD의 심각도를 나타내는 또 다른 중요한 지표는 여러 상황에서 그런 행동이 얼마나 광범위하게 나타나는가이다. Youngstrom (2011)은 ODD로 진단되어 치료기관에 의뢰된 292명의 아동과 청소년의 자료를 분석하였다. ODD 진단기준에 부합되었던 사람들 가운데에서 11%는 집에서만, 27%는 두 가지 상황에서, 62%는 세 가지 상황에서 문제를 보였다. 더 중요한 사실은 집에서만 문제를 보였던 소수도 두 가지 이상의 상황에서 문제를 보였던 사람만큼 심하지는 않았지만 여전히 적응상 심각한 문제를 보였다. 더구나 두 가지 상황에서 문제를 보였던 사람이 세 가지 상황에서 문제를 보였던 사람보다 적응상 문제가 더 적었다. 유사하게 부모만이 보고하였던 ODD는 여러 정보원이 보고하였던 ODD보다 적응상 문제를 덜 보였지만 여전히 문제가 있었다(Drabick, Gadow, & Loney, 2007). 마지막으로 Wakschlag와 동료들(2007)은 학령전기 ODD 아동은 보통 세 가지 상호작용 상황(즉, 부모와 두 가지 상황과 실험자와 한 가지 상황) 중 한 상황에서만 문제를 보인다고 밝혔다. 그러나 하나 이상의 상황에서 문제가 있었던 아동이 더 심각한 행동상 문제를 보였다.

냉담-무정서 특성이 CD 아동과 청소년 하위집단을 구분해 내는 데 유용하기 때문에 DSM-5의 진단기준에 냉담-무정서 특성이 포함되어 있다. DSM-5에는 CD 아동

에 대해서는 "제한된 친사회적 정서를 보인다."는 명시자(specifier)를 포함시키고 있다(표 3.2 참조). 특히 CD 진단기준에 부합되는 아동이 적어도 12개월 동안 여러 관계와 상황에서 아래 제시된 두 가지 이상의 특징을 보일 때 명시자가 진단된다.

- 후회나 죄책감 결여
- 냉담-공감 결여
- 수행에 대한 무관심(학교, 일터나 다른 중요한 활동에서)
- 피상적이거나 결여된 정서

이런 증상의 집합을 "제한된 친사회적 정서를 보인다'라고 이야기하는 것의 문제점 가운데 하나는 '냉담-무정서'라는 용어의 부정적 함의이다(Frick & Nigg, 2012 참조). '냉담-무정서 특성'이라는 명칭의 영향을 직접 살펴본 연구는 없지만 아동과 청소년에게 '정신병질'이라는 용어를 사용하는 것의 부정적 영향을 살펴본 연구는 있다(Murie, Boccaccini, McCoy, & Cornell, 2007의 개관 참조). 요약하면 '정신병질'이라는 용어는 전문가가 내리는 결정(임상가의 치료 가능성에 대한 추측)에는 영향을 미치지만, '품행장애'라는 용어보다 더 부정적 영향을 미치지 않았다. 이처럼 반사회적 행동이나 특성을 보이는 개인을 기술하기 위해 사용하는 어떤 용어도 부정적 함의를 획득하게 되는 것 같다. 또한 위에서 언급하였듯이 DSM 이전 판에서 냉담-무정서 특성을 포함시키면서 용어와 관련된 낙인효과를 최소화하기 위해 '비사회화된'이라는 용어를 사용하였다. 그러나 이 용어가 다른 용어보다 부정적 함의가 더 적은지는 확실하지 않다. 오히려 이 용어의 불명확성으로 인해 연구자와 임상가들이 그 개념을 정의하고 측정하는 방법이 너무 다양해지게 되었다. 마지막으로 낙인 가능성을 감소시키기 위해 덜 심각한 문제(무정한)를 의미하는 것처럼 들리는 용어를 명시자로 사용하는 데에도 위험이 있다. 그러한 정의는 임상가들이 문제가 덜한 아동과 청소년에게 공식적 진단을 하도록 만들기 때문에 실제로 더 해로울 수 있다. 이러한 문제 때문에 DSM-5에서는 CD의 명시자로 "제한된

친사회적 정서를 보이는"이라는 용어를 선택하게 되었다. 이 명칭은 진단기준이 죄책감의 결여, 공감 결여, 다른 사람의 기대에 부응하는 데 대한 무관심에 초점을 맞추고 있음을 보여주는데, 이 특징들의 주요 기능은 친사회적 행동을 증진하는 것이다(Eisenberg & Miller, 1987).

발달경과 및 예후

ODD와 CD의 발달은 이 장애를 가진 아동과 청소년의 하위집단에 따라 크게 달라질 수 있다. 많은 연구자들은 ODD가 아동기 발병 CD의 전조라고 본다(Burke, Waldman, & Lahey, 2010; Moffitt et al., 2008). 많은 아동기 발병 CD 아동에서 ODD가 먼저 나타나고, 그 이후 학령전기나 학령기 초기에 약한 CD 증상이 시작된다. 아동기와 청소년기 동안 이런 행동은 점점 더 심해지고 자주 발생하는 형태의 품행문제로 악화된다(Kim-Cohen et al., 2009; Loeber, Lahey, & Thomas, 1991; Shaw, Gilliom, Ingoldsby, & Nagin, 2003). Beauchaine, Hinshaw와 Pang (2010)은 남아 비행의 전형적 발달경로를 아동기 초기에 심각한 과잉행동적-충동적 행동이 나타나고, 학령전기에 ODD, 학령기에 아동기 발병 CD, 청소년기에 약물관련 장애, 성인기에 반사회적 성격장애가 나타나는 것으로 기술하였다. 그러나 많은 ODD 아동에서 CD가 나타나지 않는다(Maughan, Rowe, Messer, Goodman, & Meltzer, 2004; Rowe, Maughan, Pickles, Costello, & Angold, 2002). 예를 들면 발달경향 종단연구에 의하면 ODD로 진단된 아동의 3/4에서 3년 내에 CD가 나타나지 않았다(Hinshaw, Lahey, & Hart, 1993)

많은 연구가 아동기 발병 CD와 청소년기 발병 CD가 일생 서로 다른 궤적을 그린다고 밝히고 있다. 청소년기 이후에는 특히 아동기 발병 CD의 반사회적 행동과 범죄 행동이 청소년기 발병 CD보다 더 심각해진다(Odgers et al., 2007). 예를 들어 뉴질랜드에서 태어난 동시대 출생 집단의 성인 결과에 대한 전향적 연구(prospective study)인 더니든 연구에서 Odgers와 동료들(2008)은 어려서 심각한 품행문제를 보였던 두 집단의 성인(연령 32세)을

비교하였다. 사춘기 이전에 심각한 문제를 보였던 아동기 발병 집단은 남성의 10.5%, 여성의 7.5%였고, 청소년기 발병 집단은 남성의 19.6%와 여성의 17.4%였다. 청소년기 발병 집단과 비교했을 때 아동기 발병 남성이 26세와 32세 사이에 폭력적 범법행위로 인해 유죄판결을 받을 가능성이 4배 이상이었고, 여성은 (유죄판결 여부는 알 수 없지만) 사람들이 보고한 폭력에 개입할 가능성이 4배 이상이었고, 배우자나 애인 폭력에 개입할 가능성은 6배 정도였다. 이 출생 집단 남성에 대해 이전에 이루어졌던 추수연구에 의하면 26세에는 아동기 발병 집단이 폭력적 범법의 43%, 약물관련 유죄판결의 40%, 여성폭력 관련 유죄판결의 62%를 설명하였다. 대조적으로 청소년기 발병 집단은 성인이 되어서 범법으로 유죄판결을 받을 가능성이 50~60% 더 낮았고, 범법행위도 덜 심각하고(예 : 사소한 절도, 공공장소에서의 만취) 덜 폭력적이었다(예 : 재산관련 범죄의 50%를 설명)(Moffitt et al., 2002). 앞에서 지적하였듯이 청소년기에 품행문제가 시작되었던 사람은 성인기에도 지속적으로 반사회적 행동과 적응상 문제(예 : 재정문제)를 보였지만 이 문제들(예 : 신경심리학적 손상, 사회적 기술의 결손과 같은)은 지속적인 심리사회적 취약성과 관련이 적었으며 대개 그들이 보인(예 : 낮은 교육적 성취, 전과와 같은) 반사회적 행동의 직접적 결과였다(Moffitt & Caspi, 2001; Moffitt et al., 2002).

냉담-무정서 특성이 있는 아동집단은 반사회적 행동을 아주 안정적으로 나타내 보였다. Byrd, Loeber와 Pardini(2012)는 남자 표본(*N*=503)에서 부모와 교사가 7세에 평가한 냉담-무정서 특성은 아동기 ODD, CD와 ADHD를 통제하였을 때에도 25세 때의 범죄행동을 예측한다는 사실을 밝혔다. 유사하게 다른 두 연구도 아동기의 냉담-무정서 특성은 아동기 품행문제와 반사회적 행동에 대한 다른 위험요인의 영향을 통제하였을 때에도 성인기의 정신병질에 대한 측정치와 의미 있는 상관을 보임을 발견했다(Burke, Loeber, & Lahey, 2007; Lynam, Caspi, Moffitt, Loeber, & Stouthamer-Loeber, 2007).

역학

유병률

지역사회 상황에서 2~6%의 아동과 청소년(즉, ODD나 CD 같은)이 심각한 품행문제를 보이고 임상상황에서 그 비율이 더 높을 것으로 추정된다(Boylan et al., 2007; Loeber, Burke, Lahey, Winters, & Zera, 2000). 최근에 이루어진 메타분석에서 6~18세 아동과 청소년에서 ODD와 CD의 세계적 유병률이 각각 3.3%와 3.2%로 보고되었다(Canino, Polanczyk, Bauermeister, Rohde, & Frick, 2010). 이 추정치는 국가에 따라서 크게 차이가 없었지만 진단기준에 따라서 크게 달라졌다. 예상할 수 있듯이 품행문제를 정의할 때 품행문제로 인한 심각한 손상을 포함시키지 않으면 유병률의 추정치는 더 높아진다.

성차

대부분의 연구에 의하면 남아가 여아보다 품행문제를 보일 가능성이 더 크다. 그렇지만 성별에 따른 유병률의 차이는 연령에 따라서 크게 차이가 난다. 학령전기에는 성별에 따른 차이가 작거나 없다. ODD는 남아와 여아에서 비슷한 비율로 나타난다(Keenan & Shaw, 1997; Maughan et al., 2004). 학령기가 되면 이런 경향이 변해서 ODD와 CD 모두 여아보다 남아에서 진단될 확률이 2~3배 더 높다(Lavigne, Lebailly, Hopkins, Gouze, & Binns, 2009; Moffitt, Caspi, Rutter, & Silva, 2001). ODD와 CD가 급격하게 증가하는 청소년기가 되면 이 비율이 약 2 : 1에 접근한다(Loeber et al., 2000).

연령에 따른 유병률의 차이가 실제적 차이인지 또는 진단기준이 성별에 따라 품행문제가 드러나는 방식의 차이에 민감하지 못하기 때문인지는 분명하지 않다. 중요한 논쟁거리는 성별에 따라 CD 진단기준이 달라야 하는가이다. CD 진단기준의 두 가지 특수한 문제점이 논의되어 왔다(Frick & Nigg, 2012). 첫째, 어떤 사람들은 CD 진단을 위한 역치(즉, 세 가지 증상)가 여아에게 지나치게 높다고 생각한다. 따라서 일부 사람들은 성별에 따라 다른 역치를 사용할 것을 제안한다(Zoccolillo, Trembly,

& Vitaro, 1996). 한 가지나 두 가지 CD 증상을 보이는 여아들은 현재(Keenan, Wroblewski, Hipwell, Loeber, & Stouthamer-Loeber, 2010)와 미래에 모두 기능의 손상을 보인다(Messer, Goodman, Rowe, Meltzer, & Maughan, 2006). 임상수준에 못 미치는 CD를 보이는 여아가 현재와 미래에 위험할 가능성이 있지만 역시 한 가지나 두 가지 증상을 보일 때보다는 세 가지 증상을 모두 보일 때 더 심한 손상을 보인다(Keenan et al., 2010).

둘째, 여아가 보일 가능성이 큰 품행문제를 포함하도록 CD 진단기준을 확장하는 것이다. 다시 말해 여아가 공격적으로 행동할 때(예 : 신체적으로 다른 사람에게 상처를 주려는 시도와 같은)에는 신체적 공격성(예 : 소문내기, 다른 사람의 대인관계에 흠집 내기와 같은)보다는 간접적이고 관계적인 형태의 공격성을 보인다(Crapanzano et al., 2010; Underwood, 2003). 이런 입장과 일치하여 신체적이지 않고 관계적인 공격성을 보이는 상당수의 여아는 (즉, 집단따돌림과 같은) 사회적 기능의 손상을 보이고, CD와 밀접하게 관련되는 여러 가지 위험요인을 보유하고 있다(예 : 분노조절장애, 충동성; Crapanzano et al., 2010). 여아의 ODD와 CD를 진단하기 위해 관계적 공격성을 기준으로 사용하는 것이 유용한지를 검증하는 여러 연구 가운데 한 연구에서 관계적 공격성 점수가 높은 여아가 ODD와 CD 비율도 높다는 사실이 발견되었다(Keenan, Coyne, & Lahey, 2008). 그러나 관계적 공격성 점수는 높았지만 어떤 진단도 받지 않았던 여아는 관계적 공격성 점수가 높지 않았던 여아와 손상의 정도에는 별 차이가 없었다. 따라서 현재 연구에 의하면 성별에 따라 다른 진단기준을 개발해야 할 정도는 아닌 것 같다(Frick & Nigg, 2012; Moffitt et al., 2008).

성별에 따른 CD 진단과 관련된 또 다른 문제점은 하위유형의 타당성이다. 연구들은 일관되게 아동기 발병 CD는 남아보다 여아에서 덜 나타난다고 밝히고 있다(Moffitt & Caspi, 2001; White & Piquero, 2004). 예를 들어 뉴질랜드의 한 동시대 출생 집단 아동 가운데에서 아동기 발병 CD 여아는 단지 6명이었는데 청소년기 발병 CD 여아($n=78$), 아동기 발병 CD 남아($n=47$), 청소년기 발병 CD 남아($n=122$; Moffitt & Caspi, 2001)는 아주 많았다. 이와 유사하게 진단을 받은 남자와 여자 청소년 표본에서 아동기 발병 남아(46%)와 청소년기 발병 남아(54%)의 수는 비슷하였지만 청소년기 발병 여아는 94%였다(Silverthorn et al., 2001). 여아에서는 청소년기 발병이 우세하지만 이 여아들은 아동기 발병 남아가 보이는 많은 특성적 및 상황적 위험요인을 보인다는 증거가 있다(Frick & Dickens, 2006). 예로 CD 여아는 성인기의 결과가 좋지 못해서 범죄, 폭력, 반사회적 성격장애와 다른 여러 가지 정신과적 장애를 더 많이 보였다(Zoccolillo, 1993).

이러한 발견을 정리하기 위해 Silverrthorn과 Frick(1999)은 소수 여아에서는 품행문제가 아동기에 발병하고 아동기 발병 남아와 유사하다고 제안하였다. Silverthorn과 Frick은 일찍부터 아동기 발병 남아와 비슷한 위험요인이 있음에도 불구하고 여아에서는 품행문제가 청소년기가 되어서 발병할 가능성이 있다는 CD에 대한 '지연발병경로'를 제안하였다. 그들은 취약성(예 : 냉담-무정서 특성, 정서조절문제)이 있는 여아에서 심각한 품행문제는 청소년기까지 나타나지 않다가 청소년기에 생물학적(예 : 사춘기와 연관된 호르몬 변화) 및 심리적(예 : 부모의 관리와 감독의 약화, 문제가 있는 또래와의 접촉 증가) 변화가 일어나면서 품행문제가 발생한다고 제안하였다. 이 이론에 대한 초기 검증에서 청소년기 발병 CD 진단을 받았던 여아는 냉담-무정서 수준이 높았고, 충동통제도 어려웠으며, 청소년기 발병 남아보다 아동기 발병 남아와 더 유사한 여러 가지 사회적 및 기질적 취약성을 보였다(Silverthorn et al., 2001). 초기의 이러한 긍정적 발견에도 불구하고 그 이후에 이루어진 연구에서는 결과가 일관성이 없었다(Moffitt & Caspi, 2001; Odgers et al., 2008; White & Piquero, 2004). 따라서 현재로는 여아의 지연발병경로를 CD 진단분류체계에 포함시킬 정도로 증거가 충분하지 않은 실정이다.

문화적 차이

ODD와 CD의 문화적 차이에 대한 증거는 일관성이 없다. 16개국에서 실시된 25개 역학연구를 개관했을 때 문화가 서로 다른 국가에서도 ODD와 CD 유병률은 아주 비슷하였다(Canino et al., 2010). 그러나 일부 연구에서는 아프리카계 미국인의 품행문제가 더 많은 것으로 나타났지만(Fabrega, Ulrich, & Mezzich, 1993) 그렇지 않은 경우도 있었다(McCoy, Frick, Loney, & Ellis, 2000). 또한 유럽계 미국인, 아프리카계 미국인보다 아시아계 미국인에서 CD 비율이 더 낮게 보고되었다(Compton, Conway, Stinson, Colliver, & Grant, 2005). 더 중요한 것은 소수민족과 품행문제 사이의 관련성이 어떤 소수민족이 경제적으로 더 빈곤하고 범죄율이 높은 도시지역에 살고 있다는 사실과 관련이 있을 수 있다는 점이다(Lahey, Waldman, & McBurnett, 1999). 미국 내 이민자가 증가하면서 CD의 위험도 이민 여부와 미국 문화에 대한 노출 정도에 따라서 달라지는 것 같다. 예를 들어 CD 위험이 멕시코에서 태어나서 미국에서 성장한 이민자와 일반 멕시코 사람에 비해 미국에서 태어난 멕시코계 부모의 미국인 아동에서 가장 높게 나타났다(승산비=0.54; Breslau, Saito, Tancredi, Nock, & Gilman, 2012).

위험요인과 보호요인

수많은 연구가 아동기 발병 및 청소년기 발병 품행문제의 원인을 이해하려고 노력해 왔다. 품행문제로 인해 발생하는 범죄행동과 폭력행동 때문에 사회가 짊어져야 할 막대한 비용뿐 아니라 현재와 미래의 손상수준을 고려할 때 이는 놀라운 일이 아니다(Dodge & Pettit, 2003; Frick & Viding, 2009; Moffitt, 2006의 개관 참조). 이런 연구로 인해 아동이 반사회적 행동이나 공격적 행동을 하게 만드는 위험요인의 긴 목록이 만들어졌다(표 3.3 참조). 여기에는 유전적 소인, 신경화학적(낮은 세로토닌 수준) 및 자율신경계(낮은 심박수)의 불규칙성, 신경인지적 결손(집행기능의 손상), 사회적 정보처리의 결손(인지적 편향), 기질적 취약성(정서조절 결함), 성격적 소인(충동성)과 같은 성향적 위험요인이 포함된다. 이 밖에도 복합적인 환경적 위험요인도 있는데 태내요인(유독물질에 대한

노출), 초기경험의 특징(질 낮은 보육), 가족변인(비효율적 훈육, 애착문제), 또래변인(문제성 있는 또래와의 접촉), 이웃의 특징(폭력에 많이 노출되는 것)이 있다. 중요한 사실은 ODD와 CD에 동일한 성향적 및 환경적 위험요인이 관여한다는 점이다(Boden, Fergusson, & Horwood, 2010; Rowe et al., 2002).

연구가 ODD와 CD의 위험요인을 성공적으로 발견했지만 그 수도 많고 너무 다양하다. 따라서 품행장애의 발달을 설명하는 일관적이고 종합적인 인과모델을 구성하기 위해 이들을 통합하는 최상의 방법이 무엇인지에 대해서 많은 논란이 있었다. 이런 논란이 생겨나는 이유는 우선 요인의 수가 너무 많고, 너무 많은 서로 다른 인과과정이 내포되어 있기 때문이다. 그러나 일치점도 있다. 첫째, 품행문제와 관련된 공격적 및 반사회적 행동의 발달을 적절하게 설명하기 위해서는 인과모형에서 복합적인 인과요인의 역할을 고려해야 한다. 둘째, 위험요인은 보통 독립적으로 작용하지 않고 상호작용 방식(예 : 한 위험요인이 다른 위험요인에 영향을 미치는)이나 (유전자 환경 상호작용의 경우에서처럼) 상승적 방식으로 작용한다(Dodge & Pettit, 2003). 예를 들어 Jaffe와 동료들(2005)은 아동기 발병 품행문제는 유전적 취약성을 가지고 있으면서 학대를 경험한 아동에게서 더 흔하게 일어난다는 사실을 밝혔다. 셋째, 인과모델을 구성할 때 품행문제가 있는 아동과 청소년이라도 하위집단에 따라 반사회적 및 공격적 행동의 기저가 되는 인과적 기제가 서로 다를 수 있음을 염두에 두어야 한다. 마지막으로 인과모델에는 품행문제의 발달에 대한 연구와 정상발달에 대한 연구가 통합되어야 한다. 정서와 행동을 적절하게 조절하는 능력과 다른 사람에게 공감하고 죄책감을 느끼는 능력이 CD 발달에 중요한 역할을 한다(Frick & Viding, 2009). 따라서 이런 능력의 정상적 발달 과정을 이해해야만 왜 어떤 아동은 정상적으로 발달하지 않고 공격적 또는 반사회적으로 행동하게 되는지를 이해할 수 있다.

여기에서는 이전에 개관하였던 CD 하위유형에 대한 연구와 품행문제와 관련된 다양한 위험요인에 대한 연구

표 3.3 품행장애 하위유형에 따른 위험요인에 대한 요약

위험요인	ODD	아동기 발병 CD	청소년기 발병 CD	냉담-무정서 특성
생물학적				
• 유전적	✔	✔	>✔	<✔
• 전대상 피질과 후대상 피질의 발달				✔
• 전전두엽의 이상 반응				✔
• 편도체 활동의 감소				✔
심리생리적/신경내분비적				
• 정서반응의 둔화				✔
• 코르티솔 반응성의 둔화				✔
기질적				
• 정서조절장애	✔	✔		
• 고통에 대한 둔감				✔
• 겁 없음, 낮은 불안				✔
• 충동성	✔	✔		✔
인지적/신경인지적				
• 실행기능결함		✔		
• 낮은 언어성 IQ		✔		
• 적대적 귀인편향		✔		
• 긍정적 결과에 대한 기대				✔
• 도덕적 추론의 손상				✔
• 다른 사람 탓하기				✔
• 반응조절결함/역전학습결함				✔
• 덜 전통주의적/더 반항적			✔	
태내				
• 독소노출	✔	✔		
가족				
• 낮은 사회계층	✔	✔	✔	
• 가족 스트레스/갈등/불안정성	✔	✔	✔	
• 어머니의 우울증	✔	✔		
• 부모의 별거	✔	✔		
• 역기능적 양육(예 : 가혹한, 비일관적인)	✔	✔	✔	
• 감독부족, 관리부족, 낮은 관심	✔	✔	✔	
• 부모사랑의 부족				✔
• 혼란애착		✔		✔
또래				
• 비행또래와의 연결		✔	✔	⟨✔
• 또래거부	✔	✔	✔	
• 집단따돌림				⟨✔
이웃				
• 폭력에 대한 노출	✔	✔		
• 열악한 이웃, 무질서	✔	✔		

주의 : 체크 표시는 품행장애의 하위유형과 관련되는 위험요인을 나타낸다.

를 통합함으로써 ODD와 CD에 대한 인과적 모델을 제시하고자 한다. 또한 우리는 발달정신병리적 입장에서 이런 위험요인과 품행문제로 유도하는 특수한 발달기제를 연결해 볼 것이다.

성향적 위험요인

유전적 요인

행동유전학 연구에 의하면 품행문제에 대한 유전의 영향은 적어도 중간 정도이다($h^2 = .53 - .54$; Bornovalova, Hicks, Iacono, & McGue, 2010; Gelhorn et al., 2005). 유전의 영향은 비공격적 품행문제보다 아동기의 공격적 품행문제에서 더 크고($h^2 = .49$; Eley, Lichtenstein, & Stevenson, 1999), 청소년기 발병 CD보다 아동기 발병 CD에서 더 크다(Moffitt, 2003, 2006). 이런 결과를 보면 청소년기 발병 CD는 기질적 요인과 덜 관련되고 환경적 요인과 더 관련됨을 알 수 있다. 연구에 의하면 품행문제와 다른 동반이환장애(예 : ADHD)를 같이 보이는 아동과 청소년에서는 공통된 유전요인이 동반이환을 많이 설명한다(Bornoova et al., 2010).

중요한 사실은 아동기 발병 CD에 대한 유전요인의 영향이 냉담-무정서 특성의 수준에 따라 달라지는 것 같다는 점이다(Larsson, Andershed, & Lichtenstein, 2006; Taylor, Loney, Bobadilla, Iacono, & McGue, 2003). 7세 쌍생아에 대한 대규모 연구가 이런 주장을 지지하였다. 이 연구는 품행문제의 유전 가능성은 냉담-무정서 특성이 높은 아동(.81)이 냉담-무정서 특성이 낮은 아동(.30)의 2배 이상이라고 보고하였다(Viding, Blair, Moffitt, & Plomin, 2005). 유전 가능성의 차이는 품행문제의 정도나 충동성-과잉행동의 정도 때문은 아니다(Viding et al., 2005; Viding, Jones, Frick, Moffitt, & Plomin, 2008). 냉담-무정서 특성에 대한 유전의 영향을 탐색하였던 또 다른 쌍생아연구는 좌측 후방 대상피질(posterior cingulate)과 우측 배쪽 전방 대상피질(dorsal anterior cingulate)의 회백질 밀도가 유전의 영향을 많이 받고(각각 .46과 .37), 남아 표본에서는 이 부위들과 냉담-무정서 특성의 관계

를 동일한 유전적 요인이 설명한다고 밝혔다(Rijsdijk et al., 2010). 이런 연구에 의하면 냉담-무정서 특성에 대한 유전의 영향은 전방 및 후방 대상피질 발달에 미치는 영향을 통해서 나타날 수 있음을 시사한다.

특별히 유망한 분야는 냉담-무정서 특성과 관련되는 유전자 다형성(polymorphism)의 연구이다. Fowler와 동료들(2009)은 아동기 ADHD를 보였던 12세에서 19세 청소년 가운데에서 저활성 세로토닌 수송체(serotonin transporter; 5-HTT) 대립유전자가 동형이거나, 저활성 모노아민 산화효소 A 수용체(monoamine oxidase A receptor, MAOA) 대립유전자를 가지고 있거나 혹은 과활성 카테콜-O-메틸전달효소(catechol-o-methyltransferase, COMT) Val/Val 유전자형을 가지고 있을 때 심각하게 높은 수준의 냉담-무정서 특성을 보인다고 보고하였다. 또한 162명의 6세에서 16세 아동과 청소년에 대한 연구에서 냉담-무정서 특성은 옥시토신 수용체(oxytocin receptor, OXTR) 유전자의 두 가지 다형성과 관련이 있음이 밝혀졌다(Beitchman et al., 2012). 특히 냉담-무정서 특성은 OXTR_rs237885 A 대립유전자와 OXTR_rs2268493 A 대립유전자로 구성되는 일배체형과 관련이 있었다. 아직 분자유전학 연구가 많이 이루어지지 않았기 때문에 냉담-무정서 특성의 발달과 관련될 수 있는 유전적 다형성에 대해서 결론을 내릴 단계는 아니다. 그러나 냉담-무정서 특성이 있는 사람이 타인과 연계하고 타인의 정서를 재인하는 데에서 보이는 어려움에 옥시토신이 중요하다는 사실을 고려할 때 후자의 발견은 특별히 기대가 된다(Campbell, 2010).

정서/기질 요인

여러 가지 정서적 위험요인이 ODD와 CD의 발생과 관련되고 정서조절의 문제는 여러 이론에서 중요한 위치를 차지하고 있다(Frick & Morris, 2004). ODD와 낮은 의도적 통제(나이에 맞지 않는 정서조절) 사이에 확실한 관계가 있고, 아동의 감각조절장애와 부정적 정서 사이에는 보통 정도의 관계가 있다(Lavigne et al., 2012). Barkely(2010, 2013)는 ODD의 정서조절장애는 ADHD와

ODD가 상당히 중복되기 때문에 나타난다고 주장했다. 그에 의하면 자기통제장애인 ADHD는 정서적 자기통제에 심각한 결함을 보이기 때문에 ADHD 아동이 ODD를 같이 보일 위험이 더 크다. 정서조절장애는 또한 좌절상황에서 인내하지 못하고, 조바심을 내고, 쉽게 분노하게 만든다. 게다가 Barkley는 '순수하게' ODD만 보이는 아동은 강압적 가족관계에서 학습된 ODD의 사회갈등적 측면을 더 나타내 보이지만, ODD와 ADHD를 동시에 보이는 아동보다 정서적 차원의 문제는 덜 보인다(예: 분노, 짜증, 조바심)고 주장했다.

정서조절문제는 청소년기 발병 CD보다는 아동기 발병 CD와 관계가 더 깊은 것 같다(Moffitt et al., 1996). 그러나 아동기 발병 집단이 냉담-무정서 특성이 있는지 여부에 따라 아주 다른 정서적 특징을 보인다. 특히 냉담-무정서 특성이 없는 사람은 부정적 정서자극과 다른 사람의 고통에 대해 아주 반응적이다(Kimonis, Frick, Fazekas, & Loney, 2006; Loney, FRick, Clements, Ellis, & Kerlin, 2003; Munoz et al., 2008). 그들은 높은 수준의 불안을 자주 보인다(Andershed, Gustafson, Kerr, & Stattin, 2002; Frick et al., 1999; Pardini, Lochman, & Powell, 2007). 그들은 자기 행동이 다른 사람에게 미치는 영향을 보고 아주 고통스러워한다(Loney et al., 2003; Pardini et al., 2003). 이런 결과는 품행문제가 있지만 냉담-무정서 특성이 낮은 아동은 높은 수준의 정서적 반응성과 관련된 정서조절에는 어려움이 있을 가능성을 시사한다.

대조적으로 비정상적 수준으로 냉담-무정서 특성이 높은 아동은 부정적 정서자극의 처리에 결손을 보인다. 좀 더 구체적으로 말하면 다른 사람이 보이는 공포와 고통의 신호에 대해 반응하지 못한다. 이는 다른 사람의 고통에 대해 자율신경계의 반응이 감소되고(Blair, 1999), 두려움과 슬픔을 나타내는 얼굴 표정을 잘 인식하지 못하고(Blair, Colledge, Murray, & Mitchell, 2001; Stevens, Charman, & Blair, 2001), 두려움을 나타내는 목소리 톤에 대한 반응성이 감소하고(Blair, Budani, Colledge, & Scott, 2005), 두려운 얼굴 표정을 처리할 때 눈에 초점을

덜 맞추고(Dadds, El Masry, Wimalaweera, & Guastella, 2008), 다른 사람의 고통에 주의를 덜 기울이는 데에서 잘 드러난다(Kimonis et al., 2006, 2008). 흥미롭게도 Willoughby, Waschbusch, Propper와 Moore(2011)는 품행문제가 있는 아동집단에서 나타나는 이러한 정서처리의 차이는 생의 초기부터 나타날지 모른다고 제안했다. 특히 부모가 냉담-무정서 특성이 높고 ODD 증상을 보인다고 보고하였던 5세 아동(n=178)은 ODD 증상을 보이지만 냉담-무정서 특성이 없었던 아동보다 6개월에 달래기가 더 어려웠고 '정지된 얼굴' 패러다임(즉, 부모의 얼굴에 정서가 없거나 영아들과 상호작용을 하지 않을 때)에서 부정적 반응을 더 적게 보였다.

또한 충동성이나 품행문제를 통제한 연구에서 냉담-무정서 특성이 있는 아동은 공포와 불안을 덜 보이는 경향이 있었다. 예를 들어 Pardini, Stepp, Hipwell, Stouthamer-Loeber와 Loeber(2012)는 5~8세에 처음으로 평가를 실시하였던 1,862명 여아에 대한 종단연구의 결과를 보고하였다. 높은 수준의 냉담-무정서 특성을 보였던 CD 여아는 그렇지 않은 CD 여아보다 6년 후에 불안문제를 덜 보였다. 또 다른 연구에서(N=7,000) 2세에 측정되었던 겁이 없는 기질이 13세의 냉담-무정서 특성과 품행문제를 예측하였다(Barker, Oliver, Viding, Salekin, & Maughan, 2011). 그러나 역추적 연구에서 13세에 품행문제와 냉담-무정서 특성을 모두 높게 보였던 아동은 냉담-무정서 특성을 보이지 않았던 품행장애 아동보다 2세 때에 처벌에 대해 공포반응을 덜 보였다. 냉담-무정서 특성이 높은 아동과 청소년의 이러한 정서적 특징은 '행동을 잘 억제하지 못하는' 또는 '겁이 없는'으로 기술되었던 기질과 아주 흡사하다. 특히 억제를 못하는 아동은 새롭고 위험한 활동을 추구하는 경향이 있고 처벌의 위협에도 생리적 각성을 덜 보인다(Kagan, Reznik, & Snidman, 1988; Rothbart, 1981). 이와 같이 억제를 잘 못하거나 겁이 없는 기질의 아동은 양심이 잘 발달하지 않는다는 증거가 있어서(Kochanska, GRoss, Lin, & Nichols, 2002; Rothbart, Ahadi, & Hershey, 1994) 양심이 정상적으로 발달하지 못하는 것이 냉담-무정서 특성 아동이 품

행문제를 보이게 만드는 중요한 발달기제라는 가설을 지지한다(Frick & Viding, 2009).

인지적 결손

다른 성향적 위험요인에 대한 발견처럼 아동기 발병 CD 아동과 청소년은 실행기능에도 인지적 결손이 있고 언어적 지능도 낮았다(Fergussons, Lynsky, & Horwood, 1996; Kratzer & Hodgins, 1999; Piquero, 2001; Raine, Yaralian, Reynolds, Venables, & Mednick, 2002). 또한 냉담-무정서 특성이 있는지 여부에 따라 인지적 결손의 유형이 달라지는 것 같다. 냉담-무정서 특성이 없는 CD 아동은 그런 특성이 있는 CD 아동에 비해 언어적 지능이 더 심각하게 떨어지고(Loney, Frick, Ellis, & McCoy, 1998) 또래의 행동에 적대적 의도(즉, 적대적 귀인편향)가 있다고 생각하는 경향이 더 강했다(Frick et al., 2003).

대조적으로 품행문제와 냉담-무정서 특성을 보이는 아동과 청소년은 또래에 대한 자신의 공격적 행동에서 더 큰 도구적 이득(즉, 소유물이나 사회적 목표를 달성하는 것)을 기대하는 경향이 있다(Pardini et al., 2003). 게다가 여러 연구는 냉담-무정서 특성이 높은 반사회적 아동과 청소년은 공격성을 자신의 목표를 달성하기 위해서 사용해도 괜찮은 방법으로 생각하고, 자신의 잘못된 행동을 다른 사람의 탓으로 돌리고, 사회적 갈등에서 지배와 복수의 중요성을 강조하는 것과 같이 사회적 상황에서 좀 더 왜곡된 가치관과 목표의식을 가지고 있음을 보여주었다(Chabrol, Van Leeuwen, Rodgers, & Gibbs, 2011; Pardini et al., 2003; Stickle et al., 2009). 친사회적 행동을 측정하는 실험실 과제에서 품행문제와 냉담-무정서 특성 점수가 높았던 청소년은 통제집단보다 다른 사람에게 해가 되지만 자신에게 득이 되는 결정을 더 많이 하였다(Sakai, Dalwani, Gelhorn, Mikulich-Gilbertson, & Crowley, 2012).

품행장애와 냉담-무정서 특성을 보이는 아동의 가장 놀라운 인지적 특징은 이전에 강화와 처벌을 받았던 대상과 행동의 가치에 대한 정서적 학습에서 드러난다. 특히 냉담-무정서 특성이 높은 아동과 청소년은 이전에는 강화를 받았지만 강화유관성이 변화되어서 이제는 처벌을 받게 되는 반응을 중지해야 하는 과제에서 학습을 잘 못한다(Fisher & Blair, 1998; O'Brien & Frick, 1996). 그들은 강화유관성이 변화되어서 이전에 자극과 연합되었던 반응을 역전시켜야 하는 역전학습을 잘 못했다(Blair, Monson, & Frederickson, 2001; Budhani & Blair, 2005). 이런 연구는 정신병질에 대한 초기 설명에서 냉담-무정서 특성이 있는 아동과 청소년이 단순히 처벌에 반응하지 않는다고 제안했던 것이 옳지 않음을 보여준다(Lykken, 1995). 좀 더 구체적으로 말하면 그들은 보상과 처벌을 모두 포함하는 역전학습과제에서 어려움을 보인다(Budhani & Blair, 2005). 이러한 역전학습과제에서는 새로운 정확한 반응의 가치를 표상해야만 성공적으로 의사결정을 하게 되는데, 이처럼 새로운 정확한 반응의 가치를 표상하는 데 있어서 안와전두피질이 중요한 역할을 한다(Bechara, Damasio, & Damasio, 2000). 그러나 역전학습과제에서 냉담-무정서 특성이 있는 청소년의 안와전두피질의 반응이 비정상적이라는 결과가 시사하는 것처럼 안와전두피질이 강화정보를 적절하게 표상하지 못할 수 있다(Finger et al., 2008).

냉담-무정서 특성이 높은 사람은 도덕적 사회화에 중요한 사회적 단서(다른 사람의 고통)에 반응하지 못하고 특정한 유형의 정서적 학습(자극-강화 학습)을 못하기 때문에 효율적으로 사회화되는 것이 방해를 받는다고 생각해 왔다(Blair, 2007; Frick & Morris, 2004). 이러한 방해가 냉담-무정서 특성을 보이는 아동과 청소년이 도덕적 판단을 못하게 되는 원인이라고 생각했다(Blair, 1999). 더구나 이러한 문제로 인해서 또래하고 공격적 상황이 벌어졌을 때 긍정적 결과를 기대하는 경향이 증가할지 모른다. 결과적으로 냉담-무정서 특성을 보이는 아동은 희생자의 고통의 부정적 결과를 인지적으로 표상하지 못할 가능성이 크다.

생물학적 요인

앞에서 살펴본 행동유전학 연구가 시사하는 바와 같이 생물학적 요인도 아동기 발병 CD와 관련이 깊은 것 같다. 그러나 관련되는 생물학적 요인의 종류는 심각한 수준의 냉담-무정서 특성이 있는지 여부에 따라 달라진다(Frick & Viding, 2009). 게다가 이런 생물학적 요인은 앞에서 강조한 CD 아동이나 청소년 집단 사이의 정서적 및 인지적 차이와 관계가 있다. 특히 냉담-무정서 특성의 심리생리학적 요인에 대한 연구는 냉담-무정서 특성이 높은 아동과 청소년은 어떤 종류의 자극에 대해서는 둔화된 정서반응을 보인다고 밝혔다. 예를 들면 Anastassiou-Hadjicharalambous와 Warden(2008), de Wied, van Boxtel, Matthys와 Meeus(2012)는 정서적으로 자극적인 영화를 보았을 때 CD와 냉담-무정서 특성을 보이는 아동과 청소년은 CD이지만 정상 수준의 냉담-무정서 특성을 보이는 아동과 청소년보다 심장박동의 변화가 더 적다는 사실을 발견했다. 게다가 수감된 남자 청소년 표본에서 냉담-무정서 특성은 또래의 도발에 반응하는 동안 나타나는 피부전기전도반응성과 부적 상관을 보였다(Kimonis et al., 2008). 마지막으로 냉담-무정서 특성을 보이는 아동은 실험적으로 유도된 스트레스에 대해서 둔화된 코르티솔 반응을 보였다(Stadler et al., 2011).

지금까지 냉담-무정서 특성이 높은 아동과 청소년에 대한 3개의 기능성 뇌영상 연구가 이루어졌다. 2개의 연구에서는 품행문제와 냉담-무정서 특성을 보이는 아동과 청소년은 무서운 얼굴을 보았을 때 우측 편도체의 활동이 통제집단보다 떨어졌다(Jones, Laurens, Herba, Barker, & Viding, 2009; Marsh et al., 2008). 세 번째 연구에서는 품행문제와 냉담-무정서 특성을 보이는 아동과 청소년이 역전오류를 범해서 처벌받는 동안 통제집단보다 복내측 전전두엽 피질에서 비정상적 반응이 나타났다(Finger et al., 2008). 이런 연구는 냉담-무정서 특성을 보이는 아동과 청소년을 구분하는 정서적 및 인지적 특징의 신경학적 지표를 밝히는 데 도움이 될 것이다.

전통주의

심각한 품행장애의 발달과 관련되는 기질적 위험요인에 대한 개관에서 내릴 수 있는 분명한 결론은 기존의 연구는 대부분의 위험요인이 청소년기 발병 CD보다 아동기 발병 CD와 더 강하게 연결되어 있음을 시사한다는 것이다. 그러나 주목할 만한 예외도 있다. 청소년기 발병 CD를 보이는 아동과 청소년은 사회적 규범과 지위서열을 중요하게 여기지 않는 것과 같이 덜 전통적 가치관을 지지하는 성격 특성을 보이고(Dandreaux & Frick, 2009; Moffitt et al., 1996), 아동기 발병 CD와 비교했을 때 부모로부터 자율성을 더 많이 추구하는 등 좀 더 반항적이다(Piquero & Brezina, 2001). 이런 성격 특성으로 인해 청소년기 발병 집단은 청소년기에 자율성을 획득하기 위해 부적절한 시도(반사회적 행동)를 더 많이 하게 될지 모른다(Dandreaux & Frick, 2009).

환경적 위험요인

태내 및 초기 아동기 요인

어린 시절에 경험하는 여러 가지 위험요인이 품행문제의 발달과 관련된다. 어떤 연구에 의하면 임신기간이나 출산 직후 어머니에게서 미래의 품행문제에 대한 위험요인을 발견할 수 있다(Petitclerc, Boivin, Dionne, Zoccolillo, & Tremblay, 2009). 예를 들어 임신 중인 어머니의 흡연은 아동기 품행문제와 항상 관련이 된다. 그러나 동반이환 ADHD나 어머니에게 물려받은 반사회적 경향성이 이런 관계를 얼마나 설명하는지는 아직 잘 모른다(D'Onofrio et al., 2010; Latimer et al., 2012; Murray, Irving, Farrington, Colman, & Bloxsom, 2010). 태아기나 출생 이후 첫 5년 동안에 나타나며 ODD나 CD와 관련되는 그 밖의 위험요인에는 임신 중 어머니의 음주, 스트레스와 바이스러성 감염, 납에 대한 노출, 영양부족, 그리고 입양이다(Barker & Maughan, 2009; Marcus, Fulton, & Clarke, 2010; Murray et al., 2010; Peticlerc et al., 2009). 그러나 이런 초기 위험요인에 대한 노출에 유전적 요인이 어느 정도 기여하는지는 잘 모른다. 왜냐하면 부모가 자녀에게 물려준 외현화 경향성이 아동을 품행문제의 위험에 처하게 하며 동시에 부모가 충동적이고 반사회적인 행동과 약물남용에 빠지게 만들기 때문이다(Markon & Krueger, 2005).

가족 요인

낮은 사회계층, 부모별거와 어머니의 우울증을 포함하여 가족 내에 있는 상당히 많은 위험요인이 ODD와 CD와 관계가 있다(Averdijk, Malti, Eisner, & Ribeau, 2012; Goodman et al., 2011; Lavigne et al., 2012). 가족 내의 높은 스트레스와 갈등도 또한 품행문제의 발생에 기여하고 계속적인 스트레스는 ODD가 지속되도록 한다(Lavigne et al., 2011; 2012). 이런 요인은 또한 다른 요인과 상호작용하여 품행장애를 발생시킨다. 예를 들어 어머니의 우울증이 과잉행동증상이 있는 학령전기 유아의 이후 ODD 발생을 예측하였다(Harvey, Metcalfe, Herbert, & Fanton, 2011). 지역사회의 정상적인 4세 아동에 대한 연구에서 나타나듯이(N=796; Lavigne et al., 2012) 위험요인과 품행문제의 관계는 여러 좀 더 근접한 원인에 의해 매개될 수 있다. 이 연구에서는 낮은 사회계층이 ODD 증상에 미치는 영향이 가족 스트레스와 갈등, 부모의 우울증, 아동에 대한 부모의 적대감/정서적 지지의 부재에 의해 매개되었다. 게다가 스트레스와 갈등은 부모의 우울증과 역기능적 양육에 영향을 미쳤고, 이는 다시 ODD 증상에 영향을 미쳤다.

품행문제의 발생과 지속에 가장 중요하고 또 일관적으로 영향을 미치는 가족 요인은 역기능적 양육방식이다. 많은 연구에서 부모관여의 부재, 지도와 감독의 부족, 부모사랑의 부족, 정적 강화 사용의 실패, 가혹하고 비일관적 훈육의 사용이 ODD와 CD의 발생과 관련되었다(Chamberlain, Reid, Ray, Capaldi, & Fisher, 1997; Frick, 2006; Loeber & Stouthamer-Loeber, 1986; Patterson, 1996). 중요한 사실은 역기능적 양육이 다른 환경적 요인(예: 빈곤, 어머니 우울증, 빈번한 가족갈등)과 아동기 품행문제(Lavigne et al., 2011 참조)의 관계를 매개하는 경우가 많다는 것이다. 일례로 Shaw, Hyde와 Brennan (2012)은 18개월에 높은 수준의 역기능적 양육과 어머니 우울증을 경험하였던 저소득계층 남아들에게 품행장애가 일찍 나타나며 17세에 반사회적 행동이 증가하는 발달경로로 진행할 위험이 컸다. 이처럼 많은 환경적 요인은 부모가 자녀를 적절하게 사회화시키기 위해 효과적인 양육방법을 사용하는 능력에 영향을 미치고, 이는 다시 아동기 품행문제에 영향을 미칠 가능성이 크다.

아동기 품행문제의 병인론을 설명하기 위해 개발된 많은 이론에서 자녀를 사회화시키지 못하는 부모의 실패가 중요한 역할을 한다(Patterson, 1996). 그러나 다른 위험요인과 마찬가지로 그 역할은 발달경로에 따라 차이가 있을 것이다. 특히 여러 연구에서 아동기 발병 CD가 불안정성이 높고, 가족갈등이 많고, 효과적이지 못한 양육방법을 사용하는 가정의 출신이라고 보고하고 있지만(Aguilar, Sroufe, Egeland, & Carlson, 2000; McCabe, Hough, Wood, & Yeh, 2001; Patterson & Yoerger, 1997; Woodward, Fergusson, & Horwood, 2002) 부모요인은 청소년기 발병 CD에 대한 이론에서도 중요한 역할을 한다. 예를 들어 부모감독과 부모관여의 부족은 특히 청소년이 비행또래와 연결되어 있을 때에는 정상수준 이상으로 반항적이 되는 과정에서 중요한 역할을 한다(Moffitt, 2006; Patterson & Yoerger, 1997). 냉담-무정서 특성이 없는 아동기 발병 집단의 품행문제는 아동의 위험한 기질(충동성, 잘 조절되지 않는 정서)과 부적절한 사회적 환경에 대한 노출(비효율적 부모훈육)의 상호작용의 결과로서 나타난다. 이러한 상호작용으로 인해 아동의 사회화가 방해를 받고 아동은 평생 취약성을 보일 뿐 아니라 적응에 문제를 보이게 된다(Patterson, 1996).

위험한 기질은 유전적 소인 때문에 생기는 것 같다. 그러나 유전적 취약성이나 환경적 위험요인만으로 품행문제가 일어나지는 않는다. 오히려 유전자-환경 상호작용이 중요한 역할을 한다는 증거가 쌓여가고 있다. 예컨대 Lahey와 동료들(2011)에 의하면 ADHD 진단기준에 부합되며 어렸을 때 더 부정적이고 덜 긍정적인 양육을 경험했던 4~6세 아동 가운데에서 도파민 수송체 유전자(DAT1)의 3′ 미전사 부위에 있는 9회 반복대립유전자의 VNTR(variable-number tandem repeat) 다형성을 보이는 아동이 이런 다형성을 보이지 않는 아동보다 수년 뒤에 CD 증상을 더 크게 보였다. 유사하게 Edwards와 동료들(2010)에 의하면 X 염색체에 위치한 MAOA 유전자의 프로모터 부위(upstream variable-number tandem repeat, uVNTR)에 저활성 위험대립유전자가 있었고, 아동기에 신체적 처벌을 경험했던 남자가 그러한 위험대립유전자가 없었던 남자보다 인생 후기에 비행을 저지를 가능성이 더 컸다. 일반적으로 신체적 훈육을 경험했던 아동이 비행에 관여할 가능성이 더 크지만 그런 다형성이 있는 사람은 신체적 체벌이 없으면 비행에 관여하지 않았다. 유전자-환경 상호작용에 대한 다른 연구도 도파민 수준의 조절에도 관여하는 COMT Val-158Met에서 다형성을 발견했다(Albaugh et al., 2010). 이런 연구들은 비효율적이고 가혹한 부모양육은 아동의 유전자형과 상호작용하여 품행문제를 일으킨다는 사실을 보여준다(Dodge, 2009 참조).

냉담-무정서 특성이 있는 아동의 품행문제의 발생에 유전자-환경 상호작용이 기여하는 정도는 아직 잘 모른다. 게다가 품행문제의 발생에 있어서 부모양육의 역할은 냉담-무정서 특성이 있는 아동에서는 아주 다른 것 같다. 특히 연구들은 가혹하고 비일관적이며 강압적인 훈육은 냉담-무정서 특성이 낮은 아동과 청소년의 품행문제와 더 관계가 있다고 계속 밝히고 있다(Edens, Skopp, & Cahill, 2008; Hipwell et al., 2007; Oxford, Cavell, & Hughes, 2003; Pasalich, Dadds, Hawes, & Brennan, 2012; Wootton, Frick, Shelton, & Silverthorn, 1997; Yeh, Raine, Baker, & Jacobson, 2011). 대조적으로 부모온정의 결여는 냉담-무정서 특성이 있는 아동과 청소년의 품행문제와 더 관계가 있다(Kroneman, Hipwell, Loeber, Koot, & Pardini, 2011; Pasalich et al., 2012). 연구들은 역기능적 양육이 직접적으로 냉담-무정서 특성 자체와 관련된다고 밝히고 있다(Barker et al., 2011; Waller et al., 2012). 예를 들어 모집단에 기초한 표본(*N* =7,000)에 대한 전향적 종단연구에서 4세에 경험했던 가혹한 양육이 13세의 냉담-무정서 특성을 유의하게 예측하여서, 남아와 여아의 냉담-무정서 특성을 각각 10%와 14%를 설명하였다(Barker et al., 2011). 그러나 부모양육과 냉담-무정서 특성 사이의 영향의 방향성은 분명하지 않았다. 부모양육과 아동특성 사이의 양방향적 영향을 검증한 소수의 종단연구에서 부모양육이 시간에 따른 냉담-무정서 특성의 변화를 예측하는 정도보다 냉담-무정서 특성이 시간에 따른 부모양육의 변화를 더 잘 예측하였다(Hawes, Dadds, Frost, & Hasking, 2011; Munoz, Pakalniskiene, & Frick, 2011).

여러 연구에서 냉담-무정서 특성과 혼란애착의 관련성이 밝혀졌다(Bohlin, Eninger, Brocki, & Thorell, 2012; Fite, Greening, & Stoppelbein, 2008; Pasalich, Dadds, Hawes, & Brennan, 2011). 애착문제와 관련되어 Dadds, Jambrak, Pasalich, Hawes와 Brennan(2011)은 냉담-무정서 특성이 높은 아동은 자유놀이와 '정서적 이야기' 시나리오에서 어머니와 아버지와 눈을 덜 맞추었다고 보고했다. 두 번째 연구에서 Dadds, Allen과 동료들(2012)은 품행문제와 냉담-무정서 특성이 있는 아동은 통제집단이나 냉담-무정서 특성이 없고 품행장애만 있는 아동보다 신체적 및 언어적 정서표현이 더 적었고, 어머니가 아동에게 사랑한다고 말하고 사랑을 표현하는 과제에서 어머니와 눈을 덜 맞추었다고 보고했다. 이런 연구에 근거하여 Dadds, Allen과 동료들은 냉담-무정서 특성이 높은 아동이 애착 대상과 눈을 맞추지 못하는 것은 이들이 "사회적 및 도덕적 발달을 위한 기초가 부족함을 보여준다."고 결론을 내렸다(p.195).

또래관계

ODD와 CD 아동과 청소년은 또래관계에서 문제가 있는 경우가 많다. 가장 흔하게 나타나는 두 가지 문제는 또래거부(친구가 없고 또래들이 적극적으로 싫어한다; Dodge, Bates, & Pettit, 1990; Price & Dodge, 1989)와 반사회적 행동을 많이 보이는 일탈적 또래와 어울리는 것이다(McCabe et al., 2001). 그러나 이러한 문제가 이 장에서 논의되었던 여러 가지 발달경로와 차별적으로 연결되는지는 확실하지 않다. 예를 들어 어떤 연구는 청소년기 발병 집단이 아동기 발병 집단보다 일탈적 또래와 더 많이 어울리는 것을 발견했지만(McCabe et al., 2001) 어떤 연구는 그러한 차이를 발견하지 못했다(Dandreauz & Frick, 2002; Fergusson et al., 1996; Moffitt et al., 1996, 2002; Patterson & Yoerger, 1997). 게다가 냉담-무정서 특성이 낮은 청소년과 비교했을 때 냉담-무정서 특성이 높은 청소년은 집단으로 범죄를 저지를 가능성이 더 컸고, 비행을 보이는 반사회적 또래와 어울릴 가능성이 가장 컸다(Goldweber, Dmitrieva, Cauffman, Piquero, & Sgteinberg, 2011; Kimonis, Frick, & Barry, 2004; Munoz, Frick et al., 2008; Pardini & Loeber, 2008).

이처럼 또래관계문제(특히 일탈또래와 어울리기)는 아동기 발병 및 청소년기 발병 품행문제나 냉담-무정서 특성이 비정상적으로 높거나 낮은 품행문제에서 중요한 역할을 할 수 있다. 그러나 문제가 있는 또래관계와 연결되는 과정은 하위집단에 따라 달라질 수 있다. 예를 들어 많은 이론에서 일탈또래와 연계를 청소년기 발병 집단으로 가는 중요한 인과적 과정으로 보고 있고 또래집단이 아동과 청소년이 자율성을 성취하려는 잘못된 시도를 격려하고 지지한다고 밝히고 있다(Moffitt, 1993, 2006; Patterson & Yoerger, 1997). (냉담-무정서 특성이 없는) 아동기 발병 집단의 경우에는 정서와 행동조절장애의 문제와 인지적 편향으로 인해서 평범한 또래에게 거부당할 위험에 처하게 되고 또래 안에서 사회화 경험을 하지 못하게 되어 사회적 및 인지적 기술이 발달하지 못한다(Dodge et al., 1990; Price & Dodge, 1989). 평범한 또래에게 거부를 당하면 특히 부모의 감독이 부족할 때에는 아동은 평범하지 않고 일탈적인 또래를 찾게 될지 모른다(Coie, Terry, Zakriski, & Lochman, 1995; Dishion, Patterson, Stoolmiller, & Skinner, 1991; McCabe, Rodgers, Yeh, & Hough, 2004; Vitaro, Brendgen, Pagani, Tremblay, & McDuff, 1999).

냉담-무정서 특성을 보이는 아동과 청소년에서 또래거부와 일탈또래와 어울리기의 역할은 별로 연구되지 못했다. 냉담-무정서 특성을 보이는 아동과 청소년의 친구관계에 대한 연구에서 Munoz, Kerr와 Besic(2008)은 전집에 기초한 청소년 표본에서(N=667)(연령 12~15세) 냉담-무정서 특성을 보이는 청소년이 다른 청소년만큼 친구가 있다는 사실을 발견했다. 그러나 친구관계가 덜 안정적이고 갈등이 더 많았다. Munoz와 동료들의 연구와 달리 Kimonis와 동료들(2004)은 품행문제를 살펴보았

다. 그들도 역시 품행문제와 냉담-무정서 특성이 높았던 지역사회 남아와 여아가 친구가 있기는 하였지만 냉담-무정서 특성이나 품행문제 어느 하나만 보였던 아동의 친구보다 더 일탈적임을 발견했다. Kerr, Van Zalk와 Sttattin(2012)은 또래망 분석을 통해 청소년과 친구의 냉담-무정서 특성이 반사회적 또래와 비행의 관계에 미치는 영향을 살펴보았다. 그들의 연구에 의하면 청소년이 냉담-무정서 특성이 높을 때에는 또래비행의 영향을 덜 받았다. 그러나 청소년에게 냉담-무정서 특성이 높은 친구가 있을 때에는 친구비행의 영향을 더 많이 받았다. 이러한 발견은 냉담-무정서 특성을 보이는 청소년의 반사회적 행동은 일탈또래의 영향을 받을 가능성이 적고 오히려 또래집단의 반사회적 행동에 영향을 미친다는 놀라운 가능성을 보여주었다.

품행문제와 집단 괴롭힘의 관계는 잘 알려져 있다(Crapanzano, Frick, Childs, & Terranova, 2011). 집단 괴롭힘과 관련된 아동에게 가장 많이 진단되는 정신과적 장애는 ODD와 CD인데, 이는 자신이 가해자이면서 동시에 피해자일 때 특히 더 하다(Kumpulainen, Räsänen, & Puura, 2001). '집단 괴롭힘'은 피해자에게 겁을 주거나, 괴롭히거나 해치기 위해 반복적으로 이루어지는 고의적인 신체적, 언어적 또는 심리적 공격이나 위협으로 정의된다. 특정한 인간관계 내에서 발생하고, 힘의 불균형이 특징이다(Olweus, 1993). 집단 괴롭힘은 거창한 자기상을 만들고, 키우고, 강화하기 위해 위협을 통해 또래를 지배하는 주도적 공격성의 일종으로 기술된다(Washburn, McMahon, King, Reinecke, & Silver, 2004, p.256). 그러나 집단 괴롭힘에 개입하는 아동과 청소년은 주도적 및 반응적 공격성을 모두 보인다(Camodeca et al., 2002; Salmivalli & Nieminen, 2002). 품행문제가 있고 냉담-무정서 특성도 높은 청소년은 특히 집단 괴롭힘의 위험이 높다. 예를 들어 Viding, Simmonds, Petrides와 Frederickson(2009)은 대규모의 어린 청소년 표본(11~13세, N=704)에서 품행문제와 냉담-무정서 특성의 조합이 어느 한쪽보다 집단 괴롭힘을 더 잘 예측한다는 사실을 발견했다. 더구나 품행문제가 설명하는 변량을 통제하였을 때에도

냉담-무정서 특성이 또래가 보고한 집단 괴롭힘을 통계적으로 예측하였다. 그리스 키프로스 섬에 사는 더 다양한 연령층의 청소년에 대한 연구에서(연령 12~18세; M=14.63세) 냉담-무정서 특성은 집단 괴롭힘과 강한 관계를 보였다(N=347; Fanti, Frick, & Georgiou, 2009). Fanti와 Kimonis(2012)는 종단설계를 사용하여서 냉담-무정서 특성이나 품행문제가 낮거나 중간 정도인 청소년과 비교하였을 때 품행문제와 냉담-무정서 특성을 모두 보이는 청소년(N=1,416)이 집단 괴롭힘에 관여할 가능성이 가장 높다는 사실을 밝혔다. 이 연구들은 냉담-무정서 특성이 독자적으로 또는 품행문제와 조합하여 집단 괴롭힘에 관여할 위험을 더 증가시킴을 시사한다.

이웃의 특징

위험한 동네에 살고 있는 아동은 품행문제를 일으킬 위험이 크다. 미국에서는 빈곤한 동네에 소수인종이 많기 때문에 보통 이웃의 질과 인종이 혼입된다. 이웃의 질이 열악하면 아동과 청소년은 반사회적 행동과 태도를 보이는 또래와 개인에게 노출된다. 또한 빈곤한 동네에서 흔하게 경험하는 지역사회의 폭력성은 품행문제와 강하게 관련된다(Cooley-trickland et al., 2009). 게다가 폭력성이 신체적으로 더 직접적일수록 아동의 결과가 더 부정적이고, 직접 폭력을 당한 아동과 청소년이 가장 나쁜 결과를 보인다(P.J. Fowler, Tompsett, Braciszewski, Jacques-Tiura, & Baltes, 2009). 열악한 이웃의 질과 그로 인한 스트레스는 부모양육의 질에도 영향을 미친다. 부모는 자녀를 통제하고 부정적인 외부 영향으로부터 보호하기 위해 더 엄격하고 가혹한 양육방식을 쓸 수 있다(Campbell, Shaw, & Gilliom, 2000 참조).

보호요인

왜 많은 ODD 아동이 CD가 되지 않는지, 왜 CD 청소년이 성인기에 반사회적 성격장애로 발전하지 않는지를 설명하는 보호요인이 많이 밝혀졌다. 좀 더 일반적으로 말하면 적응유연성에 대한 전체 연구 분야는 왜 환경적 및 유전적 취약성을 가진 아동이 정신병리를 보이지 않는

지를 설명하기 위해 출현하였다(Garmey, Masten, & Tellegen, 1984). 많은 경우에 보호요인은 위험요인의 반대이다. 예를 들어 긍정적 양육은 보호요인으로 작용하고 역기능적 양육은 위험요인으로 작용한다(Burke, Loeber, & Birmaher, 2002). 보호요인은 아동에 대한 위험요인의 영향을 완화시키고, 이런 요인들이 상호작용하여(조절하여) 반사회적 행동을 예측하는지를 검증한다. 가령 가족지지는 이웃의 문제와 상호작용하여 반사회적 행동을 예측한다. 위험하거나 열악한 이웃(위험요인)에 살고 있는 멕시코계(N=673)와 아프리카계 미국 아동은(N=897) 부모지지(즉, 보호요인)가 높을 때에는 반사회적 행동을 덜 보였다(Schofield et al., 2012). 보호요인 또는 적응유연성 요인은 외부적인 사회지지체계(좋은 학교), 긍정적인 기질적 특성(잘 발달된 인지적 및 사회정서적 기술)과 좋은 가정환경(부모나 다른 성인과의 좋은 관계)(Masten et al., 1999)이라는 세 가지 중요한 범주로 나눌 수 있다. 발달 과정의 후반기에는 초기의 부정적 영향을 단절시키고, 성인기에 새로운 기회를 제공하는 요인(군복무, 결혼)이 사회적으로 열악한 반사회적 청소년이 성인기까지 지속적으로 문제행동을 보이지 않도록 보호할 수 있다(Rutter, 2012).

품행문제의 하위유형에 대한 위험요인 연구는 거의 없다. 그러나 일반적으로 품행문제의 발생을 막는 데 중요한 보호요인으로 알려진 어머니의 지지나 반응성과 아동의 안정애착(Shaw et al., 2003)이 냉담-무정서 특성의 발달과 깊은 관계가 있다. 특정한 양육방법의 효과를 검증하는 연구에 의하면 부모의 규준을 내면화하기 위해 처벌을 통한 각성에만 의지하지 않고 부모-아동 사이의 긍정적 관계에 집중하는 양육방법이 겁이 없는 아동의 양심을 발달시키는 데에는 더 효과적이었다(Kochanska et al., 1997). 비슷하게 따뜻하고 깊이 관여하는 양육을 받았던 아동은 1년 후에 냉담-무정서 특성을 덜 보였다. 이처럼 따뜻하고 깊이 관여하는 양육은 특히 겁이 없는 위험한 기질을 지닌 아동이 냉담-무정서 특성을 발전시키지 못하도록 막아준다. 이 예는 기질적 위험요인으로 인해 심각한 품행문제를 보일 수 있는 아동을 돕기 위해

서 잠재적 보호요인에 대한 연구가 얼마나 중요한지를 보여준다. 그들은 또한 품행문제 아동에 대한 연구와 양심발달에 대한 연구를 통합함으로써(즉, 발달정리신병리적 접근) 아동이 심각하지만 안정된 일탈행동의 발달경로에서 벗어나게 하는 보호요인을 연구할 수 있게 해준다.

가능한 발달경로에 대한 중요한 이론적 입장

종합하면 서로 구분되는 하위집단을 지지하는 연구와 더불어 품행문제의 발달과 관련된 많은 요인은 아동이 심각한 품행문제로 나아가는 다양한 발달경로를 이해하기 위한 종합적이고 통합적인 모델을 가능하게 하였다(Frick & Viding, 2009). 이 연구들이 지지하는 첫 번째 경로는 청소년기 발병 경로로 CD 증상이 사춘기의 시작과 더불어 나타난다. 이 경로에 있는 아동은 기질적 위험요인을 적게 보이고, 이 경로의 원인이 되는 발달기제는 지속적인 취약성이라기보다는 청소년의 반항과 자아정체감 형성의 정상적 과정인 것 같다. 어느 정도의 반항적 행동은 정체감 발달의 보편적 과정의 일부로서 청소년기에는 정상적이다. 그러나 청소년기 발병 CD를 보이는 청소년은 정상 수준보다 더 심각하고 악화된 형태의 반항으로 유도하는 요인을 경험한다. 이런 요인에는 일탈또래와의 연결, 부모의 감독부재, 또는 전통적 위계를 거부하는 성격 특성이 포함된다.

아동기 발병 경로에 있는 아동은 청소년기 발병 아동보다 생물학적, 정서적, 인지적 및 환경적 위험요인을 더 많이 보인다. 그러나 아동기 발병 경로 내에서도 냉담-무정서 특성이 높은 사람과 높지 않은 사람은 중요한 차이를 보인다. 정상적인 수준의 냉담-무정서 특성을 보이는 사람은 언어능력에 결손이 있을 가능성이 크고, 이는 부적절한 사회적 경험과 결합하여 행동의 실행적 통제를 어렵게 할 수 있다(부적절한 행동의 부정적 결과를 예상하지 못하는 것 또는 만족을 지연하지 못하는 것). 또한 이 집단에 속하는 아동의 인지적(적대적 귀인편향), 정서적(부정적 자극에 대한 과도한 반응성) 특징도 역시 부적절한 사회적 경험과 결합하여 정서조절을 어렵게 할 수 있다. 정서조절문제가 있으면 아동은 나중에 후회하게 될 충동적이고 계획되지 않은 공격적 및 반사회적 행동을 할 수 있다. 이런 역기능적 상호작용과정으로 인해 아동의 사회화가 방해를 받아서 가족 내(부모와 형제자매) 및 가족 외(또래와 교사) 사람들과 사회적 관계가 나빠질 수 있다.

마지막으로 아동기 발병 집단 중에서 냉담-무정서 특성을 보이는 아동과 청소년은 소수이지만(DSM-5에서는 '친사회적 정서가 제한적인' CD로 명명) 그들은 특히 심각하고, 지속적이며, 공격적인 품행장애 행동을 보인다(그림 3.1 참조). 이 집단은 특별한 유형의 기질을 가지고 있어서 어렸을 때 공감적 관심의 기초가 잘 발달하지 못하는 위험에 처하고, 부모와 다른 사회화 대리인의 금지와 구속에 비교적 무감각하게 된다. 이는 양심발달을 방해하여서 아동은 공격성이나 다른 반사회적 행동으로 대인관계문제를 해결함으로써 얻게 되는 보상과 도구적 이득에만 집중하게 되고 이런 행동이 자신과 다른 사람에게 미치는 해로운 영향을 간과하게 된다.

현재의 문제점과 앞으로의 연구 방향

심각한 품행문제의 발달을 개념화하는 접근은 ODD와 CD에 대한 이해를 발전시키고, ODD와 CD의 측정, 예방과 치료를 향상시킬 수 있는 앞으로의 연구에 대해 여러 가지 중요한 시사점을 제공한다(Frick, 2012). 단순히 어떤 위험요인이 이런 장애와 관련되는지 또는 어떤 위험요인이 반사회적 행동, 공격성, 또는 비행을 잘 설명할 수 있는지를 밝히는 데 집중하는 것으로는 충분하지 않다. 왜냐하면 이런 접근에서는 ODD와 CD를 하나의 결과로 가정하기 때문이다. 즉, 한 변인이 CD 증상과 관련될 수도 있고 전체 표본에서 냉담-무정서 특성을 보이는 아동과 그렇지 않은 아동을 구분할 수도 있다. 그러나 이런 전체적 관련성으로 인해 그 변인이 CD 아동과 청소년의 어떤 하위집단의 행동하고만 관련된다는 사실을 간과할 수도 있다. 이런 사실을 잘 보여주는 연구사례에서 여러 인구학적 변인을 통제하였을 때 역기능적/비효율적 양육은 품행문제와 중간 정도지만 유의한 관계를 보였다. 그러나 이런 전체적 관계와는 대조적으로 냉담-무정서 특성이 낮은 아동에서는 아주 높고 유의한 정적 관계를 보였고, 냉담-무정서 특성이 높은 아동에서는 약하고 유의하지 않은 부적 관계를 보였다(Wootton, Frick, Shelton, & Silverthorn, 1997).

이 장에서 약술한 발달적 모델의 핵심요소는 기질적 성향(예 : 겁이 없음과 낮은 수준의 행동억제, 높은 수준의 정서적 반응성)과 신경체계(예 : 편도체 반응의 감소, 안와전두피질의 비정상적 반응)와 관련이 있는데 이들은 아동이 심각한 품행문제를 일으킬 위험에 처하게 한다. 그러나 대부분의 대규모 연구들은 이미 심각하고 악화된 품행문제를 보이는 아동과 청소년에 집중되어 왔다. 따라서 이런 요인이 나중의 심각한 반사회적 행동을 얼마나 잘 예측하는지를 검증하기 위해 어렸을 때 이런 기질적 및 생물학적 위험요인을 보이는 아동을 연구하는 것이 앞으로는 아주 중요할 것이다. 이러한 종단연구는 발달적 모델의 예측유용성을 확실하게 검증하는 데 중요할 뿐 아니라 기질적 위험요인이 있는 아동이 심각한 품행문제를 보일 가능성을 감소시키는 보호요인을 밝히는 데에도 중요할 것이다. 예를 들어 겁이 없고 억제되지 않는 기질의 아동이 일관성이 있고, 엄격하며, 따뜻한 양육을 받게 되면 양심이 잘 발달하여서 품행문제가 줄어들지 모른다(Cornell & Frick, 2007; Kochanska & Murray, 2000).

많은 연구에서 발달경로에 따라 관련되는 요인이 다르다고 밝히고 있지만 하위집단을 대상으로 특정 생물학적 취약성을 직접 비교하는 연구는 많지 않다. 앞으로 발달경로가 다른 집단의 생물학적 취약성을 비교하는 연구가 심각한 품행문제에 대한 유전적 취약성이 어떻게 ODD와 CD 아동과 청소년이 여러 가지 인지적 및 정서적 결손을 일으키도록 하는지를 밝히는 데 도움이 될 것이다. 예를 들어 Frick과 Viding(2009)은 분자유전학 연구를 개관하여 MAOA 저활성 대립유전자가 주로 충동적이고 반응적인 형태의 품행문제를 보이는 아동과 관련이

있을 것으로 제안하였다. 그들은 또한 다른 연구가 MAOA 고활성 대립유전자가 있을 때에 반사회적 행동에 대한 취약성이 증가한다는 사실을 발견했다고 보고했다(Manuck, Flory, Ferrell, Mann, & Muldoon, 2000). 이처럼 동일한 유전자의 다른 대립유전자가 정서적 불안정에 다르게 영향을 미쳐서 아동과 청소년이 품행장애의 다른 발달경로로 들어서게 할 수 있다.

품행문제가 유전적 및 환경적 위험요인과 관련되기 때문에 다양한 종류의 유전자-환경 상관과 상호작용을 연구하는 데 있어서 쌍생아와 입양아 연구가 또 다른 유망한 연구방법 중 하나가 될 수 있다. 예컨대 전통적으로 환경적 요인(부모양육 방식)으로 개념화되었던 위험요인이 실제로는 아동의 유전된 기질적 특성으로 인해 만들어질 수 있다(유전자-환경 상관; Larson, Viding, Rijsdijk, & Plomin, 2008). 게다가 학대와 같은 환경적 위험요인에 대한 민감성에 유전으로 인한 개인차가 있을 수 있다(유전자-환경 상호작용). 예를 들면 MAOA 저활성 대립유전자로 인한 CD에 대한 유전적 취약성이 학대와 같은 환경적 촉발요인이 있을 때에만 나타날 수 있다(Caspi et al., 2002; Kim-Cohen et al., 2006). 불행하게도 품행장애의 여러 발달경로에 대한 특정 유전자-환경 상관이나 상호작용은 아직 밝혀지지 않고 있다.

ODD와 CD의 여러 발달경로에 대한 연구는 아동과 청소년의 심각한 품행문제를 예방하고 치료하는 데 중요한 함의를 지닐 수 있다. 이런 접근의 한 가지 중요한 함의는 예방의 중요성이다. 앞에서 지적했듯이 가장 공격적인 아동과 청소년 그리고 성인기까지 계속해서 반사회적 행동을 보일 가능성이 가장 큰 아동과 청소년은 아동기에 발병하는 경향이 있다. 게다가 일찍 나타나는 품행문제를 치료하는 데 여러 가지 개입이 효과가 있었지만 나이가 든 아동과 청소년에게는 효과가 크게 감소하였다(Eyberg, Nelson, & Boggs, 2008; McMahon et al., 2006). 발달경로에 대한 연구의 또 다른 함의는 유전적, 기질적, 또는 환경적 위험요인이 독자적으로 작용하지 않는다는 것이다. 따라서 심각한 품행문제에 대해 가장 효과적인 개입이 단지 하나의 위험요인을 목표로 하지 않고 복합

적 요소를 내포하고 있다는 것은 놀라운 일이 아니다 (Conduct Problems Prevention Research Group, 2010). 아마도 치료에 대한 발달경로 연구의 가장 중요한 함의는 ODD와 CD 아동과 청소년에게 적합한 개입은 종합적이어야 할 뿐 아니라 개별 아동과 가족의 필요에 맞아야 한다는 점일 것이다. 왜냐하면 아동의 행동문제를 일으키는 특정 기제에 따라 아동과 가족의 필요가 다를 것이기 때문이다. 따라서 ODD와 CD 아동과 청소년에게 가장 효과적인 치료는 종합적이고 개별화된 개입이다(Burns et al., 2003; Butler, Baruch, Hickey, & Fonagy, 2011; Henggeler, Schoenwald, Borduin, Rowland, & Cunningham, 2009).

여러 발달경로에 대한 연구는 치료에 대한 이러한 개별화된 접근에 대해 많은 것을 알려줄 수 있을 것이다(Frick, 2012). 예를 들어 청소년기 발병 경로에 있는 청소년에게 가장 효과적인 개입은 다른 CD에 대한 개입과 약간 다를 수 있다. 청소년기 발병 경로에 있는 청소년에게는 정체감 발달을 돕고, 멘토링 프로그램과 같이 친사회적 또래와 접촉을 증가시키는(Grossman & Tierney, 1998) 개입이나 구조화된 학교활동을 제공하는 프로그램(Mahoney & Stattin, 2000)이 가장 효과적일 수 있다. 대조적으로 냉담-무정서 특성이 높지 않지만 정서조절장애를 자주 보이고 역기능적 가정에서 온 아동기 발병 경로에 있는 아동에게는 분노조절(Larson & Lochman, 2002)이나 가혹하고 비효과적인 양육을 감소시키는 데 집중하는 개입이 가장 효과가 있을 것이다(McMahon & Pasalich, 출판 중).

유전될 가능성이 높은 ODD/CD와 ADHD에는 동일한 유전적 요인이 작용하기 때문에(Faraone et al., 2005; Faraone & Mick, 2010), ADHD 진단을 받은 아동에 대한 초기 개입에서는 나중에 ODD와 CD가 되지 않도록 예방하는 것이 중요한 것 같다. ADHD 아동에게 가장 바람직한 개입은 부모관리 프로그램과 같은 행동치료(MTA Cooperative Group, 1999, 2004)가 동반되거나 또는 동반되지 않은 약물치료이다. 그러한 약물치료는 ADHD의 주의력 부족과 충동적인 행동을 감소시켜서 ODD와 CD로 발전하지 않도록 할 뿐 아니라 특히 ADHD와 관련된 정서적 충동성과 정서조절문제를 개선할 수 있다(Barkley, 2010). 유사하게 ODD 또는 CD 아동 중에서도 ADHD 동반이환을 보이는 경우에는 ADHD를 치료하지 못하면 치료에 대한 반응이 나쁠 수 있다.

마지막으로 (처벌지향접근보다) 아동과 청소년 개인의 이익을 목표로 하는 보상지향접근을 강조하고 부모의 온정과 관여를 증가시키는 개입은 냉담-무정서 특성을 보이는 아동에게 더 효과적일지 모른다(Caldwell, Skeem, Salekin, & Van Rybroek, 2006; Dadds, Cauchi, & Wimalaweera, Hawes, & Brennan, 2012; Somech & Elizur, 2009). 현재 진단분류체계에 여러 발달경로를 포함시키는 중요한 발전으로 인해서 연구가 지속적으로 이루어질 것이며 다양한 발달경로에 있는 아동과 청소년의 품행문제를 치료하기 위한 혁신적인 개입에 대한 검증도 촉진될 것이다.

참고문헌

Abikoff, H., & Klein, R. G. (1992). Attention-deficit hyperactivity and conduct disorder: Comorbidity and implications for treatment. *Journal of Consulting and Clinical Psychology, 60*, 881–892.

Achenbach, T. M. (1995). Developmental issues in assessment, taxonomy, and diagnosis of child and adolescent psychopathology. In D. Cicchetti & D. J. Cohen (Eds.), *Developmental psychopathology: Vol. 1. Theory and methods* (pp. 57–80). New York: Wiley.

Aguilar, B., Sroufe, A., Egeland, B., & Carlson, E. (2000). Distinguishing the early-onset/persistent and adolescence-onset antisocial behavior types: From birth to 16 years. *Development and Psychopathology, 12*, 109–132.

Albaugh, M. D., Harder, V. S., Althoff, R. R., Rettew, D. C., Ehli, E. A., Lengyel-Nelson, T., et al. (2010). COMT Val-158Met genotype as a risk factor for problem behaviors in youth. *Journal of the American Academy of Child and Adolescent Psychiatry, 49*, 841–849.

American Psychiatric Association (APA). (1968). *Diagnostic and statistical manual of mental disorders* (2nd ed.). Washington, DC: Author.

American Psychiatric Association (APA). (1980). *Diagnostic and statistical manual of mental disorders* (3rd ed.). Washington, DC: Author.

American Psychiatric Association (APA). (2000). *Diagnostic and statistical manual of mental disorders* (4th ed., text rev.). Washington, DC: Author.

American Psychiatric Association (APA). (2013). *Diagnostic and statistical manual of mental disorders* (5th ed.). Arlington, VA: Author.

Anastassiou-Hadjicharalambous, X., & Warden, D. (2008). Can children's heart rate be used as a marker of differential responsiveness to others' varying emotional states? *International Journal of Psychology, 43*, 422.

Andershed, H. A., Gustafson, S. B., Kerr, M., & Stattin, H. (2002). The usefulness of self-reported psychopathy-like traits in the study of antisocial behaviour among non-referred adolescents. *European Journal of Personality, 16*, 383–402.

Angold, A., Costello, E. J., & Erkanli, A. (1999). Comorbidity. *Journal of Child Psychology and Psychiatry, 40*, 57–87.

Averdijk, M., Malti, T., Eisner, M., & Ribeaud, D. (2012). Parental separation and child aggressive and internalizing behavior: An event history calendar analysis. *Child Psychiatry and Human Development, 43*, 184–200.

Babinski, L. M., Hartsough, C. S., & Lambert, N. M. (1999). Childhood conduct problems, hyperactivity–impulsivity, and inattention as predictors of adult criminal activity. *Journal of Child Psychology and Psychiatry, 40*, 347–355.

Barker, E. D., & Maughan, B. (2009). Differentiating early-onset persistent versus childhood-limited conduct problem youth. *American Journal of Psychiatry, 166*, 900–908.

Barker, E. D., Oliver, B. R., Viding, E., Salekin, R. T., & Maughan, B. (2011). The impact of prenatal maternal risk, fearless temperament and early parenting on adolescent callous–unemotional traits: A 14-year longitudinal investigation. *Journal of Child Psychology and Psychiatry, 52*, 878–888.

Barkley, R. A. (2010). Deficient emotional self-regulation is a core symptom of ADHD. *Journal of ADHD and Related Disorders, 1*, 5–37.

Barkley, R. A. (2013). *Defiant children: A clinician's manual for assessment and parent training* (3rd ed.). New York: Guilford Press.

Barry, C. T., Frick, P. J., Grooms, T., McCoy, M. G., Ellis, M. L., & Loney, B. R. (2000). The importance of callous–unemotional traits for extending the concept of psychopathy to children. *Journal of Abnormal Psychology, 109*, 335–340.

Beauchaine, T. P., Hinshaw, S. P., & Pang, K. L. (2010). Comorbidity of attention-deficit/hyperactivity disorder and early-onset conduct disorder: Biological, environmental, and developmental mechanisms. *Clinical Psychology: Science and Practice, 17*, 327–336.

Bechara, A., Damasio, H., & Damasio, A. R. (2000). Emotion, decision making and the orbitofrontal cortex. *Cerebral Cortex, 10*, 295–307.

Beitchman, J. H., Zai, C. C., Muir, K., Berall, L., Nowrouzi, B., Choi, E., et al. (2012). Childhood aggression, callous-unemotional traits and oxytocin genes. *European Child and Adolescent Psychiatry, 21*, 125–132.

Biederman, J., Petty, C. R., Dolan, C., Hughes, S., Mick, E., Monuteaux, M. C., et al. (2008). The long-term longitudinal course of oppositional defiant disorder and conduct disorder in ADHD boys: Findings from a controlled 10-year prospective longitudinal study. *Psychological Medicine, 38*, 1027–1036.

Biederman, J., Petty, C. R., Monuteaux, M. C., Mick, E., Parcell, T., Westerberg, D., et al. (2008). The longitudinal course of comorbid oppositional defiant disorder in girls with attention-deficit/hyperactivity disorder: Findings from a controlled 5-year prospective study. *Journal of Developmental and Behavioral Pediatrics, 29*, 501–507.

Blair, R. J. R. (1999). Responsiveness to distress cues in the child with psychopathic tendencies. *Personality and Individual Differences, 27*, 135–145.

Blair, R. J. R. (2007). The amygdala and ventromedial prefrontal cortex in morality and psychopathy. *Trends in Cognitive Sciences, 11*, 387–392.

Blair, R. J. R., Budhani, S., Colledge, E., & Scott, S. (2005). Deafness to fear in boys with psychopathic tendencies. *Journal of Child Psychology and Psychiatry, 46*, 327–336.

Blair, R. J. R., Colledge, E., Murray, L., & Mitchell, D. G. V. (2001). A selective impairment in the processing of sad and fearful expressions in children with psychopathic tendencies. *Journal of Abnormal Child Psychology, 29*, 491–498.

Blair, R. J. R., Mitchell, D. G. V., & Blair, K. (2005). *The psychopath: Emotion and the brain*. Malden, MA: Blackwell.

Blair, R. J. R., Monson, J., & Frederickson, N. (2001). Moral reasoning and conduct problems in children with emotional and behavioural difficulties. *Personality and Individual Differences, 31*, 799–811.

Boden, J. M., Fergusson, D. M., & Horwood, L. J. (2010). Risk factors for conduct disorder and oppositional defiant disorder: Evidence from a New Zealand birth cohort. *Journal of the American Academy of Child and Adolescent Psychiatry, 49*, 1125–1133.

Bohlin, G., Eninger, L., Brocki, K. C., & Thorell, L. B. (2012). Disorganized attachment and inhibitory capacity: Predicting externalizing problem behavior. *Journal of Abnormal Child Psychology, 40*, 449–458.

Bornovalova, M. A., Hicks, B. M., Iacono, W. G., & McGue, M. (2010). Familial transmission and heritability of childhood disruptive disorders. *American Journal of Psychiatry, 167*, 1066–1074.

Boylan, K., Vaillancourt, T., Boyle, M., & Szatmari, P. (2007). Comorbidity of internalizing disorders in children with oppositional defiant disorder. *European Child and Adolescent Psychiatry, 16*, 484–494.

Breslau, J., Saito, N., Tancredi, D. J., Nock, M., & Gilman, S. E. (2012). Classes of conduct disorder symptoms and their life course correlates in a US national sample. *Psychological Medicine, 42*, 1081–1089.

Budhani, S., & Blair, R. J. R. (2005). Response reversal and children with psychopathic tendencies: Success is a function of salience of contingency change. *Journal of Child Psychology and Psychiatry, 46,* 972–981.

Burke, J. D. (2012). An affective dimension within oppositional defiant disorder symptoms among boys: Personality and psychopathology outcomes into early adulthood. *Journal of Child Psychology and Psychiatry, 53,* 1176–1183.

Burke, J. D., Hipwell, A. E., & Loeber, R. (2010). Dimensions of oppositional defiant disorder as predictors of depression and conduct disorder in preadolescent girls. *Journal of the American Academy of Child and Adolescent Psychiatry, 49,* 484–492.

Burke, J. D., Loeber, R., & Birmaher, B. (2002). Oppositional defiant disorder and conduct disorder: A review of the past 10 years, Part II. *Journal of the American Academy of Child and Adolescent Psychiatry, 41,* 1275–1293.

Burke, J. D., Loeber, R., & Lahey, B. B. (2007). Adolescent conduct disorder and interpersonal callousness as predictors of psychopathy in young adults. *Journal of Clinical Child and Adolescent Psychology, 36,* 334–346.

Burke, J. D., Waldman, I., & Lahey, B. B. (2010). Predictive validity of childhood oppositional defiant disorder and conduct disorder: Implications for DSM-V. *Journal of Abnormal Psychology, 119,* 739–751.

Burns, B., Howell, J. C., Wiig, J. K., Augimeri, L. K., Welsh, B. C., Loeber, R., et al. (2003, March). *Treatment, services, and intervention programs for child delinquents* (Child Delinquency Bulletin Series). Washington, DC: U.S. Department of Justice, Office of Juvenile Justice and Delinquency.

Bushman, B. J., & Anderson, C. A. (2001). Is it time to pull the plug on hostile versus instrumental aggression dichotomy? *Psychological Review, 108,* 273–279.

Butler, S., Baruch, G., Hickey, N., & Fonagy, P. (2011). A randomized controlled trial of multisystemic therapy and a statutory therapeutic intervention for young offenders. *Journal of the American Academy of Child and Adolescent Psychiatry, 50,* 1220–1235.

Byrd, A. L., Loeber, R., & Pardini, D. A. (2012). Understanding desisting and persisting forms of delinquency: The unique contributions of disruptive behavior disorders and interpersonal callousness. *Journal of Child Psychology and Psychiatry, 53,* 371–380.

Caldwell, M., Skeem, J., Salekin, R., & Van Rybroek, G. (2006). Treatment response of adolescent offenders with psychopathy features: A 2-year follow-up. *Criminal Justice and Behavior, 33,* 571–596.

Campbell, A. (2010). Oxytocin and human social behavior. *Personality and Social Psychology Review, 14,* 281–295.

Campbell, S. B., Shaw, D. S., & Gilliom, M. (2000). Early externalizing behavior problems: Toddlers and preschoolers at risk for later maladjustment. *Development and Psychopathology, 12,* 467–488.

Camodeca, M., Goossens, F. A., Terwogt, M. M., & Schuengel, C. (2002). Bullying and victimization among school-age children: Stability and links to proactive and reactive aggression. *Social Development, 11,* 332–345.

Canino, G., Polanczyk, G., Bauermeister, J. J., Rohde, L. A., & Frick, P. J. (2010). Does the prevalence of CD and ODD vary across cultures? *Social Psychiatry and Psychiatric Epidemiology, 45,* 695–704.

Capaldi, D. M. (1991). Co-occurrence of conduct problems and depressive symptoms in early adolescent boys: I. Familial factors and general adjustment at 6th grade. *Development and Psychopathology, 3,* 277–300.

Card, N. A., & Little, T. D. (2006). Proactive and reactive aggression in childhood and adolescence: A meta-analysis of differential relations with psychosocial adjustment. *International Journal of Behavioral Development, 30,* 466–480.

Caspi, A., McClay, J., Moffitt, T. E., Mill, J., Martin, J., Craig, I. W., et al. (2002). Role of genotype in the cycle of violence in maltreated children. *Science, 297,* 851–854.

Chabrol, H., Van Leeuwen, N., Rodgers, R. F., & Gibbs, J. C. (2011). Relations between self-serving cognitive distortions, psychopathic traits, and antisocial behavior in a nonclinical sample of adolescents. *Personality and Individual Differences, 51,* 887–892.

Chamberlain. P., Reid, J. B., Ray, J., Capaldi, D. M., & Fisher, P. (1997). Parent inadequate discipline (PID). In T. A. Widiger, A. J. Frances, H. A. Pincus, R. Ross, M. B. First, & W. Davis (Eds.), *DSM-IV sourcebook* (Vol. 3, pp. 569–629). Washington, DC: American Psychiatric Association.

Cleckley, H. (1941). *The mask of sanity.* St. Louis, MO: Mosby.

Cohen, M. A., & Piquero, A. R. (2009). New evidence on the monetary value of saving a high risk youth. *Journal of Quantitative Criminology, 25,* 25–49.

Coie, J. D., Terry, R., Zakriski, A., & Lochman, J. E. (1995). Early adolescent social influences on delinquent behavior. In J. McCord (Ed.), *Coercion and punishment in long-term perspective* (pp. 229–244). New York: Cambridge University Press.

Compton, W. M., Conway, K. P., Stinson, F. S., Colliver, J. D., & Grant, B. F. (2005). Prevalence, correlates, and comorbidity of DSM-IV antisocial personality syndromes and alcohol and specific drug use disorders in the United States: Results from the National Epidemiologic Survey on Alcohol and Related Conditions. *Journal of Clinical Psychiatry, 66,* 677–685.

Conduct Problems Prevention Research Group. (2010). The Fast Track Project: The prevention of severe conduct problems in school-age youth. In R. C. Murrihy, A. D. Kidman, & T. H. Ollendick (Eds.), *Clinical handbook of assessing and treating conduct problems in youth* (pp. 407–433). New York: Springer.

Cooley-Strickland, M., Quille, T. J., Griffin, R. S., Stuart, E. A., Bradshaw, C. P., & Furr-Holden, D. (2009). Community violence and youth: Affect, behavior, substance use, and academics. *Clinical Child and Family Psychology Review, 12,* 127–156.

Cornell, A. H., & Frick, P. J. (2007). The contribution of parenting styles and behavioral inhibition to the development of conscience in preschool children. *Journal of Clinical Child and Adolescent Psychology, 36*, 305–318.

Crapanzano, A. M., Frick, P. J., Childs, K., & Terranova, A. M. (2011). Gender differences in the assessment, stability, and correlates to bullying roles in middle school children. *Behavioral Sciences and the Law, 29*, 677–694.

Crapanzano, A. M., Frick, P. J., & Terranova, A. M. (2010). Patterns of physical and relational aggression in a school-based sample of boys and girls. *Journal of Abnormal Child Psychology, 38*, 433–445.

Crick, N. R., & Dodge, K. A. (1996). Social information-processing mechanisms in reactive and proactive aggression. *Child Development, 67*, 993–1002.

Dadds, M. R., Allen, J. L., Oliver, B. R., Faulkner, N., Legge, K., Moul, C., et al. (2012). Love, eye contact and the developmental origins of empathy v. psychopathy. *British Journal of Psychiatry, 200*, 191-196.

Dadds, M. R., Cauchi, A. J., Wimalaweera, S., Hawes, D. J., & Brennan, J. (2012). Outcomes, moderators, and mediators of empathic-emotion recognition training for complex conduct problems in childhood. *Psychiatry Research, 199*, 201–207.

Dadds, M. R., El Masry, Y., Wimalaweera, S., & Guastella, A. J. (2008). Reduced eye gaze explains "fear blindness" in childhood psychopathic traits. *Journal of the American Academy of Child and Adolescent Psychiatry, 47*, 455–463.

Dadds, M. R., Jambrak, J., Pasalich, D., Hawes, D., & Brennan, J. (2011). Impaired attention to the eyes of attachment figures and the developmental origins of psychopathy. *Journal of Child Psychology and Psychiatry, 52*, 2238–2245.

Dandreaux, D. M., & Frick, P. J. (2009). Developmental pathways to conduct problems: A further test of the childhood and adolescent-onset distinction. *Journal of Abnormal Child Psychology, 37*, 375–385.

de Wied, M., van Boxtel, A., Matthys, W., & Meeus, W. (2012). Verbal, facial and autonomic responses to empathy-eliciting film clips by disruptive male adolescents with high versus low callous-unemotional traits. *Journal of Abnormal Child Psychology, 40*, 211–223.

Dishion, T. J., Patterson, G. R., Stoolmiller, M., & Skinner, M. L. (1991). Family, school, and behavioral antecedents to early adolescent involvement with antisocial peers. *Developmental Psychology, 27*, 172–180.

Dodge, K. A. (2009). Mechanisms of gene–environment interaction effects in the development of conduct disorder. *Perspectives on Psychological Science, 4*, 408–414.

Dodge, K. A., Bates, J. E., & Pettit, G. S. (1990). Mechanisms in the cycle of violence. *Science, 250*, 1678–1683.

Dodge, K. A., & Coie, J. D. (1987). Social information processing factors in reactive and proactive aggression in children's peer groups. *Journal of Personality and Social Psychology, 53*, 1146–1158.

Dodge, K. A., & Pettit, G. S. (2003). A biopsychosocial model of the development of chronic conduct problems in adolescence. *Developmental Psychology, 39*, 349–371.

Dolan, M. C., & Fullam, R. S. (2010). Moral/conventional transgression distinction and psychopathy in conduct disordered adolescent offenders. *Personality and Individual Differences, 49*, 995–1000.

D'Onofrio, B. M., Singh. A. L., Iliadou, A., Lambe, M., Hultman, C. M., Grann, M., et al. (2010). Familial confounding of the association between maternal smoking during pregnancy and offspring criminality: A population-based study in Sweden. *Archives of General Psychiatry, 67*, 529–538.

Drabick, A. G., & Gadow, K. D. (2012). Deconstructing oppositional defiant disorder: Clinic-based evidence for an anger/irritability phenotype. *Journal of the American Academy of Child and Adolescent Psychiatry, 51*, 384–393.

Drabick, D. A. G., Gadow, K. D., & Loney, J. (2007). Source-specific oppositional defiant disorder: Comorbidity and risk factors in referred elementary schoolboys. *Journal of the American Academy of Child and Adolescent Psychiatry, 46*, 92–101.

Edens, J. F., Skopp, N. A., & Cahill, M. A. (2008). Psychopathic features moderate the relationship between harsh and inconsistent parental discipline and adolescent antisocial behavior. *Journal of Clinical Child and Adolescent Psychology, 37*, 472–476.

Edwards, A. C., Dodge, K. A., Latendresse, S. J., Lansford, J. E., Bates, J. E., Pettit, G. S., et al. (2010). MAOA-uVNTR and early physical discipline interact to influence delinquent behavior. *Journal of Child Psychology and Psychiatry, 51*, 679–687.

Eisenberg, N., & Miller, P. (1987). The relation of empathy to prosocial and related behaviors. *Psychological Bulletin, 101*, 91–119.

Eley, T. C., Lichtenstein, P., & Stevenson, J. (1999). Sex differences in the aetiology of aggressive and nonaggressive antisocial behavior: Results from two twin studies. *Child Development, 70*, 155–168.

Eyberg, S. M., Nelson, M. M., & Boggs, S. R. (2008). Evidence-based psychosocial treatments for children and adolescents with disruptive behavior. *Journal of Clinical Child and Adolescent Psychology, 37*, 215–237.

Ezpeleta, L., de la Osa, N., Granero, R., Penelo, E., & Domenech, J. M. (2013). Inventory of Callous-Unemotional Traits in a community sample of preschoolers. *Journal of Clinical Child and Adolescent Psychology, 42*, 91–105.

Fabrega, J. H., Ulrich, R., & Mezzich, J. E. (1993). Do Caucasian and black adolescents differ at psychiatric intake? *Journal of the American Academy of Child and Adolescent Psychiatry, 32*, 407–413.

Fanti, K. A., Frick, P. J., & Georgiou, S. (2009). Linking callous–unemotional traits to instrumental and non-instrumental forms of aggression. *Journal of Psychopathology and Behavioral Assessment, 31*, 285–298.

Fanti, K. A., & Kimonis, E. R. (2012). Bullying and victimization: The role of conduct problems and psychopathic traits. *Journal of Research on Adolescence, 22,* 617–631.

Faraone, S. V., & Mick, E. (2010). Molecular genetics of attention deficit hyperactivity disorder. *Psychiatric Clinics of North America, 33,* 159–180.

Faraone, S. V., Perlis, R. H., Doyle, A. E., Smoller, J. W., Goralnick, J. J., Holmgren, M. A., et al. (2005). Molecular genetics of attention-deficit/hyperactivity disorder. *Biological Psychiatry, 57,* 1313–1323.

Farrington, D. P., Barnes, G. C., & Lambert, S. (1996). The concentration of offending in families. *Legal and Criminological Psychology, 1,* 47–63.

Fergusson, D. M., Lynsky, M. T., & Horwood, L. J. (1996). Factors associated with continuity and changes in disruptive behavior patterns between childhood and adolescence. *Journal of Abnormal Child Psychology, 24,* 533–553.

Finger, E. C., Marsh, A. A., Mitchell, D. G., Reid, M. E., Sims, C., Budhani, S., et al. (2008). Abnormal ventromedial prefrontal cortex function in children with psychopathic traits during reversal learning. *Archives of General Psychiatry, 65,* 586–594.

Fisher, L., & Blair, R. J. R. (1998). Cognitive impairment and its relationship to psychopathic tendencies in children with emotional and behavioral difficulties. *Journal of Abnormal Child Psychology, 26,* 511–519.

Fite, P. J., Greening, L., & Stoppelbein, L. (2008). Relation between parenting stress and psychopathic traits among children. *Behavioral Science and the Law, 26,* 239–248.

Flight, J. I., & Forth, A. E. (2007). Instrumentally violent youths: The roles of psychopathic traits, empathy, and attachment. *Criminal Justice and Behavior, 34,* 739–751.

Forgatch, M. S., & Patterson, G. R. (2010). PARENT Management Training—Oregon Model: An intervention for antisocial behavior in children and adolescents. *Evidence-Based Psychotherapies for Children and Adolescents, 2,* 159–178.

Forth, A. E., Hart, S. D., & Hare, R. D. (1990). Assessment of psychopathy in male young offenders. *Psychological Assessment, 2,* 342–344.

Fowler, P. J., Tompsett, C. J., Braciszewski, J. M., Jacques-Tiura, A. J., & Baltes, B. B. (2009). Community violence: A meta-analysis on the effect of exposure and mental health outcomes of children and adolescents. *Development and Psychopathology, 21,* 227–259.

Fowler, T., Langley, K., Rice, F., van den Bree, M. B. M., Ross, K., Wilkinson, L., et al. (2009). Psychopathy trait scores in adolescents with childhood ADHD: The contribution of genotypes affecting MAOA, 5HTT, and COMT activity. *Psychiatric Genetics, 19,* 312–319.

Frick, P. J. (2006). Developmental pathways to conduct disorder. *Child and Adolescent Psychiatric Clinics of North America, 15,* 311–331.

Frick, P. J. (2009). Extending the construct of psychopathy to youths: Implications for understanding, diagnosing, and treating antisocial children and adolescents. *Canadian Journal of Psychiatry,12,* 803–812.

Frick, P. J. (2012). Developmental pathways to conduct disorder: Implications for future directions in research, assessment, and treatment. *Journal of Clinical Child and Adolescent Psychology, 41,* 378–389.

Frick, P. J., Cornell, A. H., Barry, C. T., Bodin, S. D., & Dane, H. A. (2003). Callous–unemotional traits and conduct problems in the prediction of conduct problem severity, aggression, and self-report of delinquency. *Journal of Abnormal Child Psychology, 31,* 457–470.

Frick, P. J., & Dickens, C. (2006). Current perspectives on conduct disorder. *Current Psychiatry Reports, 59*–72.

Frick, P. J., Lahey, B. B., Loeber, R., Stouthamer-Loeber, M., Christ, M. A. G., & Hanson, K. (1992). Familial risk factors to conduct disorder and oppositional defiant disorder: Parental psychopathology and maternal parenting. *Journal of Consulting and Clinical Psychology, 60,* 49–55.

Frick, P. J., Lahey, B. B., Loeber, R., Tannenbaum, L. E., Van Horn, Y., Christ, M. A. G., et al. (1993). Oppositional defiant disorder and conduct disorder: A meta-analytic review of factor analyses and cross-validation in a clinic sample. *Clinical Psychology Review, 13,* 319–340.

Frick, P. J., Lilienfeld, S. O., Ellis, M. L., Loney, B. R., & Silverthorn, P. (1999). The association between anxiety and psychopathy dimensions in children. *Journal of Abnormal Child Psychology, 27,* 383–392.

Frick, P. J., & Loney, B. R. (1999). Outcomes of children and adolescents with conduct disorder and oppositional defiant disorder. In H. C. Quay & A. Hogan (Eds.), *Handbook of disruptive behavior disorders* (pp. 507–524). New York: Plenum Press.

Frick, P. J., & Morris, A. S. (2004). Temperament and developmental pathways to conduct problems. *Journal of Clinical Child and Adolescent Psychology, 33,* 54–68.

Frick, P. J., & Nigg, J. T. (2012). Current issues in the diagnosis of attention-deficit hyperactivity disorder, oppositional defiant disorder, and conduct disorder. *Annual Review of Clinical Psychology, 8,* 77–107.

Frick, P. J., Ray, J. V., Thornton, L. C., & Kahn, R. E. (2014). Can callous–unemotional traits enhance the understanding, diagnosis, and treatment of serious conduct problems in children and adolescents?: A comprehensive review. *Psychological Bulletin, 140,* 1–57.

Frick, P. J., & Viding, E. M. (2009). Antisocial behavior from a developmental psychopathology perspective. *Development and Psychopathology, 21,* 1111–1131.

Gadow, K. D., & Nolan, E. E. (2002). Differences between preschool children with ODD, ADHD, and ODD+ADHD symptoms. *Journal of Child Psychology and Psychiatry, 43,* 191–201.

Garland, E. J., & Garland, O. M. (2001). Correlation between anxiety and oppositionality in a children's mood and anxiety disorder clinic. *Canadian Journal of Psychiatry, 46,* 953–958.

Garmezy, N., Masten, A. S., & Tellegen, A. (1984). The study of stress and competence in children: A building block for developmental psychopathology. *Child Development, 55,* 97–111.

Gelhorn, H. L., Stallings, M. C., Young, S. E., Corley, R. P., Rhee, S., & Hewitt, J. K. (2005). Genetic and environmental influences on conduct disorder: Symptom, domain and full-scale analyses. *Journal of Child Psychology and Psychiatry, 46,* 580–591.

Goldweber, A., Dmitrieva, J., Cauffman, E., Piquero, A. R., & Steinberg, L. (2011). The development of criminal style in adolescence and young adulthood: Separating the lemmings from the loners. *Journal of Youth and Adolescence, 40,* 332–346.

Goodman, S. H., Rouse, M. H., Connell, A. M., Broth, M. R., Hall, C. M., & Heyward, D. (2011). Maternal depression and child psychopathology: A meta-analytic review. *Clinical Child and Family Psychology Review, 14,* 1–27.

Grossman, J. B., & Tierney, J. P. (1998). Does mentoring work?: An impact study of the Big Brothers/Big Sisters program. *Evaluation Review, 22,* 403–426.

Hare, R. D. (1993). *Without conscience: The disturbing world of the psychopaths among us.* New York: Pocket Books.

Hare, R. D., & Neumann, C. S. (2008). Psychopathy as a clinical and empirical construct. *Annual Review of Clinical Psychology, 4,* 217–246.

Harpold, T., Biederman, J., Gignac, M., Hammerness, P., Surman, C., Potter, A., & Mick, E. (2007). Is oppositional defiant disorder a meaningful diagnosis in adults? *Journal of Nervous and Mental Disease, 195,* 601–605.

Harvey, E. A., Metcalfe, L. A., Herbert, S. D., & Fanton, J. H. (2011). The role of family experiences and ADHD in the early development of oppositional defiant disorder. *Journal of Consulting and Clinical Psychology, 79,* 784–795.

Hawes, D. J., Dadds, M. R., Frost, A. D., & Hasking, P. A. (2011). Do childhood callous–unemotional traits drive change in parenting practices? *Journal of Clinical Child and Adolescent Psychology, 40,* 507–518.

Henggeler, S. W., Schoenwald, S. K., Borduin, C. M., Rowland, M. D., & Cunningham, P. B. (2009). *Multisystemic therapy for antisocial behavior in children and adolescents.* New York: Guilford Press.

Hinshaw, S. P., Lahey, B. B., & Hart, E. L. (1993). Issues of taxonomy and comorbidity in the development of conduct disorder. *Development and Psychopathology, 5,* 31–49.

Hipwell, A. E., Pardini, D. A., Loeber, R., Sembower, M., Keenan, K., & Stouthamer-Loeber, M. (2007). Callous–unemotional behaviors in young girls: Shared and unique effects relative to conduct problems. *Journal of Clinical Child and Adolescent Psychology, 36,* 293–304.

Hubbard, J. A., Dodge, K. A., Cillessen, A. H. N., Coie, J. D., & Schwartz, D. (2001). The dyadic nature of social information processing in boys' reactive and proactive aggression. *Journal of Personality and Social Psychology, 80,* 268–280.

Hubbard, J. A., Smithmyer, C. M., Ramsden, S. R., Parker, E. H., Flanagan, K. D., Dearing, K., et al. (2002). Obser-

vational, physiological, and self-report measures of children's anger: Relations to reactive versus proactive aggression. *Child Development, 73,* 1101–1118.

Jaffee, S., Caspi, A., Moffitt, T. E., Dodge, K. A., Rutter, M., & Taylor, A. (2005). Nature × nurture: Genetic vulnerabilities interact with physical maltreatment to promote conduct problems. *Development and Psychopathology, 17,* 67–84.

Jones, A. P., Laurens, K. L., Herba, C., Barker, G., & Viding, E. (2009). Amygdala hypoactivity to fearful faces in boys with conduct problems and callous–unemotional traits. *American Journal of Psychiatry, 166,* 95–102.

Kagan, J., Reznick, J. S., & Snidman, N. (1988). Biological bases of childhood shyness. *Science, 240,* 167–171.

Kahn, R. E., Frick, P. J., Youngstrom, E., Findling, R. L., & Youngstrom, J. K. (2012). The effects of including a callous–unemotional specifier for the diagnosis of conduct disorder. *Journal of Child Psychology and Psychiatry, 53,* 271–282.

Keenan, K., Coyne, C., & Lahey, B. B. (2008). Should relational aggression be included in DSM-V? *Journal of the American Academy of Child and Adolescent Psychiatry, 47,* 86–93.

Keenan, K., & Shaw, D. S. (1997). Developmental and social influences on young girls' behavioral and emotional problems. *Psychological Bulletin, 121,* 95–113.

Keenan, K., Wroblewski, K., Hipwell, A., Loeber, R., & Stouthamer-Loeber, M. (2010). Age of onset, symptom threshold, and expansion of the nosology of conduct disorder in girls. *Journal of Abnormal Psychology. 119,* 689–698.

Kerr, M., Van Zalk, M., & Stattin, H. (2012). Psychopathic traits moderate peer influence on adolescent delinquency. *Journal of Child Psychology and Psychiatry, 53,* 826–835.

Kim-Cohen, J., Arseneault, L., Newcombe, R., Adams, F., Bolton, H., Cant, L., et al. (2009). Five-year predictive validity of DSM-IV conduct disorder research diagnosis in 4½–5 year-old children. *European Child and Adolescent Psychiatry, 18,* 284–291.

Kim-Cohen, J., Caspi, A., Taylor, A., Williams, B., Newcombe, R., Craig, I. W., et al. (2006). MAOA, maltreatment, and gene–environment interaction predicting children's mental health: New evidence and a meta-analysis. *Molecular Psychiatry, 11*(10), 903–913.

Kimonis, E. R., Frick, P. J., & Barry, C. T. (2004). Callous–unemotional traits and delinquent peer affiliation. *Journal of Consulting and Clinical Psychology, 72,* 956–966.

Kimonis, E. R., Frick, P. J., Fazekas, H., & Loney, B. R. (2006). Psychopathy, aggression, and the processing of emotional stimuli in non-referred girls and boys. *Behavioral Sciences and the Law, 24,* 21–37.

Kimonis, E. R., Frick, P. J., Skeem, J., Marsee, M. A., Cruise, K., Muñoz, L. C., et al. (2008). Assessing callous–unemotional traits in adolescent offenders: Validation of the Inventory of Callous–Unemotional Traits. *Internation-

al Journal of Law and Psychiatry, 31, 241–252.

Kochanska, G. (1997). Multiple pathways to conscience for children with different temperaments: From toddlerhood to age 5. *Developmental Psychology, 33,* 228–240.

Kochanska, G., Gross, J. N., Lin, M. H., & Nichols, K. E. (2002). Guilt in young children: Development, determinants, and relations with a broader system of standards. *Child Development, 73,* 461–482.

Kochanska, G., & Murray, K. (2000). Mother–child mutually responsive orientation and conscience development: From toddler to early school age. *Child Development, 71,* 417–431.

Kratzer, L., & Hodgins, S. (1999). A typology of offenders: A test of Moffitt's theory among males and females from childhood to age 30. *Criminal Behaviour and Mental Health, 9,* 57–73.

Kroneman, L. M., Hipwell, A. E., Loeber, R., Koot, H. M., & Pardini, D. A. (2011). Contextual risk factors as predictors of disruptive behavior disorder trajectories in girls: The moderating effect of callous–unemotional features. *Journal of Child Psychology and Psychiatry, 5,* 167–175.

Kruh, I. P., Frick, P. J., & Clements, C. B. (2005). Historical and personality correlates to the violence patterns of juveniles tried as adults. *Criminal Justice and Behavior, 32,* 69–96.

Kumpulainen, K., Räsänen, E., & Puura, K. (2001). Psychiatric disorders and the use of mental health services among children involved in bullying. *Aggressive Behavior, 27,* 102–110.

Lahey, B. B., Hart, E. L., Pliszka, S., Applegate, B., & McBurnett, K. (1993). Neurophysiological correlates of conduct disorder: A rationale and a review of research. *Journal of Clinical Child Psychology, 22,* 141–153.

Lahey, B. B., Miller, T. L., Gordon, R. A., & Riley, A. (1999). Developmental epidemiology of the disruptive behavior disorders. In H. Quay & A. Hogan (Eds.), *Handbook of disruptive behavior disorders* (pp. 23–48). New York: Plenum Press.

Lahey, B. B., Rathouz, P. J., Lee, S. S., Chronis-Tuscano, A., Pelham, W. E., Waldman, I. E., et al. (2011). Interactions between early parenting and a polymorphism of the child's dopamine transporter gene in predicting future child conduct disorder symptoms. *Journal of Abnormal Psychology, 120,* 33–45.

Lahey, B. B., Rathouz, P. J., Van Hulle, C. A., Urbano, R. C., Krueger, R. F., Applegate, B., et al. (2008). Testing structural models of DSM-IV symptoms of common forms of child and adolescent psychopathology. *Journal of Abnormal Child Psychology, 36,* 187–206.

Lahey, B. B., Van Hulle, C. A., Singh, A. L., Waldman, I. D., & Rathouz, P. J. (2011). Higher order genetic and environmental structure of prevalent forms of child and adolescent psychopathology. *Archives of General Psychiatry, 68,* 181–189.

Lahey, B. B., & Waldman, I. D. (2003). A developmental propensity model of the origins of conduct problems during childhood and adolescence. In B. B. Lahey, T. E. Moffitt, & A. Caspi (Eds.), *Causes of conduct disorder and juvenile delinquency* (pp. 76–111). New York: Guilford Press.

Lahey, B. B., Waldman, I. D., & McBurnett, K. (1999). The development of antisocial behavior: An integrative causal model. *Journal of Child Psychology and Psychiatry, 40,* 669–682.

Larson, J., & Lochman, J. E. (2002). *Helping schoolchildren cope with anger.* New York: Guilford Press.

Larsson, H., Andershed, H., & Lichtenstein, P. (2006). A genetic factor explains most of the variation in the psychopathic personality. *Journal of Abnormal Psychology, 115,* 221–230.

Larsson, H., Viding, E., Rijsdijk, F., & Plomin, R. (2008). Relationships between a parental negativity and childhood antisocial behavior over time: A bidirectional effect model in a longitudinal genetically informative design. *Journal of Abnormal Child Psychology, 36,* 633–645.

Latimer, K. K., Wilson, P. P., Kemp, J. J., Thompson, L. L., Sim, F. F., Gillberg, C. C., et al. (2012). Disruptive behaviour disorders: A systematic review of environmental antenatal and early years risk factors. *Child: Care, Health And Development, 38,* 611–628.

Lavigne, J. V., Gouze, K. R., Hopkins, J., Bryant, F. B., & LeBailly, S. A. (2012). A multi-domain model of risk factors for ODD symptoms in a community sample of 4-year-olds. *Journal of Abnormal Child Psychology, 40,* 741–757.

Lavigne, J. V., Hopkins, J., Gouze, K. R., Bryant, F. B., LeBailly, S. A., Binns, H. J., et al. (2011). Is smoking during pregnancy a risk factor for psychopathology in young children?: A methodological caveat and report on preschoolers. *Journal of Pediatric Psychology, 36,* 10–24.

Lavigne, J., Lebailly, S., Hopkins, J., Gouze, K., & Binns, H. (2009). The prevalence of ADHD, ODD, depression, and anxiety in a community sample of 4-year-olds. *Journal of Clinical Child and Adolescent Psychology, 38,* 315–328.

Lilienfeld, S., & Waldman, I. D. (1990). The relation between childhood attention-deficit hyperactivity disorder and adult antisocial behavior reexamined: The problem of heterogeneity. *Clinical Psychology Review, 10,* 699–725.

Loeber, R., Brinthaupt, V. P., & Green, S. M. (1990). Attention deficits, impulsivity, and hyperactivity with or without conduct problems: Relationships to delinquency and unique contextual factors. In R . J. McMahon & R. D. Peters (Eds.), *Behavior disorders of adolescence: Research, intervention, and policy in clinical and school settings* (pp. 39–61). New York: Plenum Press.

Loeber, R., Burke, J. D., Lahey, B. B., Winters, A., & Zera, M. (2000). Oppositional defiant and conduct disorder: A review of the past 10 years, Part I. *Journal of the American Academy of Child and Adolescent Psychiatry, 39,* 1468–1482.

Loeber, R., Burke, J. D., & Pardini, D. A. (2009). Development and etiology of disruptive and delinquent behavior. *Annual Review of Clinical Psychology, 5,* 291–310.

Loeber, R., Lahey, B. B., & Thomas, C. (1991). Diagnostic

conundrum of oppositional defiant disorder and conduct disorder. *Journal of Abnormal Psychology, 100*, 379–390.

Loeber, R., Pardini, D., Homish, D. L., Wei, E. H, Crawford, A. M., Farrington, D. P., et al. (2005). The prediction of violence and homicide in men. *Journal of Consulting and Clinical Psychology, 73*, 1074–1088.

Loeber, R., & Stouthamer-Loeber, M. (1986). Family factors as correlates and predictors of juvenile conduct problems and delinquency. *Crime and Justice, 7*, 29–149.

Loney, B. R., Frick, P. J., Clements, C. B., Ellis, M. L., & Kerlin, K. (2003). Callous–unemotional traits, impulsivity, and emotional processing in antisocial adolescents. *Journal of Clinical Child and Adolescent Psychology, 32*, 139–152.

Loney, B. R., Frick, P. J., Ellis, M., & McCoy, M. G. (1998). Intelligence, psychopathy, and antisocial behavior. *Journal of Psychopathology and Behavioral Assessment, 20*, 231–247.

Lykken, D. T. (1995). *The antisocial personalities*. Hillsdale, NJ: Erlbaum.

Lynam, D. R. (1996). The early identification of chronic offenders: Who is the fledgling psychopath? *Psychological Bulletin, 120*, 209–234.

Lynam, D. R., Caspi, A., Moffitt, T. E., Loeber, R. & Stouthamer-Loeber, M. (2007). Longitudinal evidence that psychopathy scores in early adolescence predict adult psychopathy. *Journal of Abnormal Psychology, 116*, 155–165.

Mahoney, J. L., & Stattin, H. (2000). Leisure activities and adolescent antisocial behavior: The role of structure and social context. *Journal of Adolescence, 23*, 113–127.

Manuck, S. B., Flory, J. D., Ferrell, R. E., Mann, J. J., & Muldoon, M. F. (2000). A regulatory polymorphism of the monoamine oxidase: A gene may be associated with variability in aggression, impulsivity, and central nervous system serotonergic responsivity. *Psychiatry Research, 95*, 9–23.

Marcus, D. K., Fulton, J. J., & Clarke, E. J. (2010). Lead and conduct problems: A meta-analysis. *Journal of Clinical Child and Adolescent Psychology, 39*, 234–241.

Markon, K. E., & Krueger, R. F. (2005). Categorical and continuous models of liability to externalizing disorders: A direct comparison in NESARC. *Archives of General Psychiatry, 62*, 1352–1359.

Marsh, A. A., Finger, E. C., Mitchell, D. G., Reid, M. E., Sims, C., Kosson, D. S., et al. (2008). Reduced amygdala response to fearful expressions in children and adolescents with callous–unemotional traits and disruptive behavior disorders. *American Journal of Psychiatry, 165*, 712–720.

Masten, A. S., Hubbard, J. J., Gest, S. D., Tellegen, A., Garmezy, N., & Ramirez, M. (1999). Competence in the context of adversity: Pathways to resilience and maladaptation from childhood to late adolescence. *Development and Psychopathology, 11*, 143–169.

Maughan, B., Rowe, R., Messer, J., Goodman, R., & Meltzer, B. (2004). Conduct disorder and oppositional defiant disorder in a national sample: Developmental epidemiology. *Journal of Child Psychology and Psychiatry, 45*, 609–621.

McCabe, K. M., Hough, R., Wood, P. A., & Yeh, M. (2001). Childhood and adolescent onset conduct disorder: A test of the developmental taxonomy. *Journal of Abnormal Child Psychology, 29*, 305–316.

McCabe, K. M., Rodgers, C., Yeh, M., & Hough, R. (2004). Gender differences in childhood onset conduct disorder. *Development and Psychopathology, 16*, 179–192.

McCord, W., & McCord, J. (1964). *The psychopath: An essay on the criminal mind*. Princeton, NJ: Van Nostrand.

McCoy, M. G., Frick, P. J., Loney, B. R., & Ellis, M. L. (2000). The potential mediating role of parenting practices in the development of conduct problems in a clinic-referred sample. *Journal of Child and Family Studies, 8*, 477–494.

McMahon, R. J., & Forehand, R. L. (2003). *Helping the noncompliant child: Family-based treatment for oppositional behavior* (2nd ed.). New York: Guilford Press.

McMahon, R. J., & Frick, P. J. (2007). Conduct and oppositional disorders. In E. J. Mash & R. A. Barkley (Eds.), *Assessment of childhood disorders* (4th ed., pp. 132–183). New York: Guilford Press.

McMahon, R. J., & Pasalich, D. (in press). Family-based interventions for young children with conduct problems as a means of delinquency prevention. In W. M. Craig, D. J. Pepler, & J. Cummings (Eds.), *Creating healthy relationships to prevent bullying: Get the tools to take action* (PREVNet Series, Volume V). Ottawa, ON, Canada: National Printers.

McMahon, R. J., Wells, K. C., & Kotler, J. S. (2006). Conduct problems. In E. J. Mash & R. A. Barkley (Eds.), *Treatment of childhood disorders* (3rd ed., pp. 137–268). New York: Guilford Press.

McMahon, R. J., Witkiewitz, K., Kotler, J. S., & Conduct Problems Prevention Research Group. (2010). Predictive validity of callous–unemotional traits measured early in adolescence with respect to multiple antisocial outcomes. *Journal of Abnormal Psychology, 199*, 752–63.

Messer, J., Goodman, R., Rowe, R., Meltzer, H., & Maughan, B. (2006). Preadolescent conduct problems in girls and boys. *Journal of the American Academy of Child and Adolescent Psychiatry, 45*, 184–191.

Moffitt, T. E. (1993). Adolescence-limited and life-course-persistent antisocial behavior: A developmental taxonomy. *Psychological Review, 100*, 674–701.

Moffitt, T. E. (2003). Life-course persistent and adolescence-limited antisocial behavior: A 10-year research review and research agenda. In B. B. Lahey, T. E. Moffitt, & A. Caspi (Eds.), *Causes of conduct disorder and juvenile delinquency* (pp. 49–75). New York: Guilford Press.

Moffitt, T. E. (2006). Life-course-persistent versus adolescence-limited antisocial behavior. In D. Cicchetti & D. J. Cohen (Eds.), *Developmental psychopathology: Vol. 3. Risk, disorder, and adaptation* (2nd ed., pp. 570–598). Hoboken, NJ: Wiley.

Moffitt, T. E., Arseneault, L., Jaffee, S. R., Kim-Cohen, J., Koenen, K. C., Odgers, C. L., et al. (2008). DSM-V conduct disorder: Research needs for an evidence base. *Journal of Child Psychology and Psychiatry, 49*, 3–33.

Moffitt, T. E., & Caspi, A. (2001). Childhood predictors differentiate life-course persistent and adolescence-limited antisocial pathways among males and females. *Development and Psychopathology, 13*, 355–375.

Moffitt, T. E., Caspi, A., Dickson, N., Silva, P., & Stanton, W. (1996). Childhood-onset versus adolescent-onset antisocial conduct problems in males: Natural history from ages 3 to 18 years. *Development and Psychopathology, 8*, 399–424.

Moffitt, T. E., Caspi, A., Harrington, H., & Milne, B. J. (2002). Males on the life-course persistent and adolescent-limited antisocial pathways: Follow-up at age 26 years. *Development and Psychopathology, 14*, 179–207.

Moffitt, T. E., Caspi, A., Rutter, M., & Silva, P. A. (2001). *Sex differences in antisocial behaviour: Conduct disorder, delinquency, and violence in the Dunedin Longitudinal Study.* New York: Cambridge University Press.

Molina, B. S. G., & Pelham, W. E. (2003). Childhood predictors of adolescent substance use in a longitudinal study of children with ADHD. *Journal of Abnormal Psychology, 112*, 497–507.

MTA Cooperative Group. (1999). A 14-month randomized clinical trial of treatment strategies for attention-deficit/hyperactivity disorder (ADHD). *Archives of General Psychiatry, 56*, 1073–1086.

MTA Cooperative Group. (2004). National Institute of Mental Health Multimodal Treatment Study of ADHD follow-up: 24-month outcomes of treatment strategies for attention-deficit/hyperactivity disorder. *Pediatrics, 113*, 754–761.

Muñoz, L. C. (2009). Callous–unemotional traits are related to combined deficits in recognizing afraid faces and body poses. *Journal of the American Academy of Child and Adolescent Psychiatry, 48*, 554–562.

Muñoz, L. C., Frick, P. J., Kimonis, E. R., & Aucoin, K. J. (2008). Types of aggression, responsiveness to provocation, and callous–unemotional traits in detained adolescents. *Journal of Abnormal Child Psychology, 36*, 15–28.

Muñoz, L. C., Kerr, M., & Besic, N. (2008). The peer relationships of youths with psychopathic personality traits: A matter of perspective. *Criminal Justice and Behavior, 35*, 212–227.

Muñoz, L. C., Pakalniskiene, V., & Frick, P. J. (2011). Parental monitoring and youth behavior problems: Moderation by callous–unemotional traits over time. *European Child and Adolescent Psychiatry, 20*, 261–269.

Murray, J., Irving, B., Farrington, D. P., Colman, I., & Bloxsom, C. J. (2010). Very early predictors of conduct problems and crime: Results from a national cohort study. *Journal of Child Psychology and Psychiatry, 51*, 1198–1207.

Murrie, D. C., Boccaccini, M. T., McCoy, W., & Cornell, D. G. (2007). Diagnostic labeling in juvenile court: How do descriptions of psychopathy and conduct disorder influence judges? *Journal of Clinical Child and Adolescent Psychology, 36*, 228–241.

Newman, J. P., & Lorenz, A. R. (2003). Response modulation and emotion processing: Implications for psychopathy and other dysregulatory psychopathology. In R. J. Davidson, K. Scherer, & H. H. Goldsmith (Eds.), *Handbook of affective sciences* (pp. 1043–1067). London: Oxford University Press.

Nock, M. K., Kazdin, A. E., Hiripi, E., & Kessler, R. C. (2007). Lifetime prevalence, correlates, and persistence of oppositional defiant disorder: Results from the National Comorbidity Survey Replication. *Journal of Child Psychology and Psychiatry, 48*, 703–713.

O'Brien, B. S., & Frick, P. J. (1996). Reward dominance: Associations with anxiety, conduct problems and psychopathy in children. *Journal of Abnormal Child Psychology, 24*, 223–240.

Odgers, D. L., Caspi, A., Broadbent, J. M., Dickson, N., Hancox, R. J., Harrington, H., et al. (2007). Prediction of differential adult health burden by conduct problem subtypes in males. *Archives of General Psychiatry, 64*, 476-84.

Odgers, D. L., Moffitt, T. E., Broadbent, J. M., Dickson, N., Hancox, R. J., Harrington, H., et al. (2008). Female and male antisocial trajectories: From childhood origins to adult outcomes. *Development and Psychopathology, 20*, 673–716.

Olweus, D. (1993). *Bullying at school: What we know and what we can do.* Oxford, UK: Blackwell.

Oxford, M., Cavell, T. A., & Hughes, J. N. (2003). Callous–unemotional traits moderate the relation between ineffective parenting and child externalizing problems: A partial replication and extension. *Journal of Clinical Child and Adolescent Psychology, 32*, 577–585.

Pardini, D. A., Lochman, J. E., & Frick, P. J. (2003). Callous/unemotional traits and social-cognitive processes in adjudicated youths. *Journal of the American Academy of Child & Adolescent Psychiatry, 42*, 364–371.

Pardini, D. A., Lochman, J. E., & Powell, N. (2007). The development of callous–unemotional traits and antisocial behavior in children: Are there shared and/or unique predictors? *Journal of Clinical Child and Adolescent Psychology, 36*, 319–333.

Pardini, D. A., & Loeber, R. (2008). Interpersonal callousness trajectories across adolescence: Early social influences and adult outcomes. *Criminal Justice and Behavior, 35*, 173–196.

Pardini, D. A., Stepp, S., Hipwell, A., Stouthamer-Loeber, M., & Loeber, R. (2012). The clinical utility of the proposed DSM-5 callous–unemotional subtype of conduct disorder in young girls. *Journal of the American Academy of Child and Adolescent Psychiatry, 51*, 62–73.

Pasalich, D. S., Dadds, M. R., Hawes, D. J., & Brennan, J. (2011). Do callous–unemotional traits moderate the relative importance of parental coercion versus warmth in child conduct problems?: An observational study. *Journal of Child Psychology and Psychiatry, 52,* 1308–1315.

Pasalich, D. S., Dadds, M. R., Hawes, D. J., & Brennan, J. (2012). Attachment and callous–unemotional traits in children with early-onset conduct problems. *Journal of Child Psychology and Psychiatry, 53,* 838–845.

Patterson, G. R. (1996). Performance models for antisocial boys. *American Psychologist, 41,* 432–444.

Patterson, G. R., & Yoerger, K. (1997). A developmental model for late-onset delinquency. In D. W. Osgood (Ed.), *Motivation and delinquency* (pp. 119–177). Lincoln: University of Nebraska Press.

Patrick, C. J. (2007). Emotion and psychopathy: Startling new insights. *Psychophysiology, 31,* 319–330.

Petitclerc, A., Boivin, M., Dionne, G., Zoccolillo, M., & Tremblay, R. E. (2009). Disregard for rules: The early development and predictors of a specific dimension of disruptive behavior disorders. *Journal of Child Psychology and Psychiatry, 50,* 1477–1484.

Piquero, A. (2001). Testing Moffitt's neuropsychological variation hypothesis for the prediction of life-course persistent offending. *Psychology, Crime, and Law, 7,* 193–215.

Piquero, A. R., & Brezina, T. (2001). Testing Moffit's account of adolescence limited delinquency. *Criminology, 39,* 353–370.

Pitts, T. B. (1997). Reduced heart rate levels in aggressive children. In A. Raine, P. A. Brennan, D. P. Farrington, & S. A. Mednick (Eds.), *Biosocial bases of violence* (pp. 317–320). New York: Plenum Press.

Polman, H., Orobio de Castro, B., Koops, W., van Boxtel, H. W., & Merk, W. W. (2007). A meta-analysis of the distinction between reactive and proactive aggression in children and adolescents. *Journal of Abnormal Child Psychology, 35,* 522–535.

Poulin, F., & Boivin, M. (2000). Reactive and proactive aggression: Evidence of a two-factor model. *Psychological Assessment, 12,* 115–122.

Price, J. M., & Dodge, K. A. (1989). Reactive and proactive aggression in childhood: Relations to peer status and social context dimensions. *Journal of Abnormal Child Psychology, 17,* 455–471.

Pulkkinen, L. (1996). Proactive and reactive aggression in early adolescence as precursors to anti- and prosocial behavior in young adults. *Aggressive Behavior, 22,* 241–257.

Quay, H. C. (1964). Dimensions of personality in delinquent boys as inferred from the factor analysis of case history data. *Child Development, 35,* 479–484.

Quay, H. C. (1987). Patterns of delinquent behavior. In H. C. Quay (Ed.), *Handbook of juvenile delinquency* (pp. 118–138). New York: Wiley.

Quay, H. C. (1993). The psychobiology of undersocialized aggressive conduct disorder. *Development and Psychopathology, 5,* 165–180.

Raine, A. (1993). *The psychopathology of crime: Criminal behavior as a clinical disorder.* New York: Academic Press.

Raine, A., Yaralian, P. S., Reynolds, C., Venables, P. H., & Mednick, S. A. (2002). Spatial but not verbal cognitive deficits at age 3 years in persistently antisocial individuals. *Development and Psychopathology, 14,* 25–44.

Rijsdijk, F. V., Viding, E., De Brito, S. A., Forgiarini, M., Mechelli, A., Jones, A. P., et al. (2010). Heritable variations in gray matter concentrations as a potential endophenotype for psychopathic traits. *Archives of General Psychiatry, 67,* 406–413.

Robins, L. N. (1966). *Deviant children grown up.* Baltimore: Williams & Wilkins.

Rothbart, M. K. (1981). Measurement of temperament in infancy. *Child Development, 52,* 569–578.

Rothbart, M. K., Ahadi, S. A., & Hershey, K. (1994). Temperament and social behavior in childhood. *Merrill-Palmer Quarterly, 40,* 21–39.

Rowe, R., Costello, E. J., Angold, A., Copeland, W. E., & Maughan, B. (2010). Developmental pathways in oppositional defiant disorder and conduct disorder. *Journal of Abnormal Psychology, 119,* 726–738.

Rowe, R., Maughan, B., Moran, P., Ford, T., Briskman, J., & Goodman, R. (2009). The role of callous and unemotinal traits in the diagnosis of conduct disorder. *Journal of Child Psychology and Psychiatry, 51,* 688–695.

Rowe, R., Maughan, B., Pickles, A., Costello, E. J., & Angold, A. (2002). The relationship between DSM-IV oppositional defiant disorder and conduct disorder: Findings from the Great Smoky Mountains Study. *Journal of Child Psychology and Psychiatry, 43,* 365–373.

Rushton, J., Bruckman, D., & Kelleher, K. (2002). Primary care referral of children with psychosocial problems. *Archives of Pediatrics and Adolescent Medicine, 156,* 592–598.

Russo, M. F., & Beidel, D. C. (1994). Comorbidity of childhood anxiety and externalizing disorders: Prevalence, associated characteristics, and validation issues. *Clinical Psychology Review, 14,* 199–221.

Rutter, M. (2012). Resilience as a dynamic concept. *Development & Psychopathology, 24,* 335–344.

Sakai, J. T., Dalwani, M. S., Gelhorn, H. L., Mikulich-Gilbertson, S. K., & Crowley, T. J. (2012). A behavioral test of accepting benefits that cost others: Associations with conduct problems and callous-unemotionality. *Plos One, 7,* e36158.

Salimivalli, C., & Nieminen, E. (2002). Proactive and reactive aggression among school bullies, victims, and bully-victims. *Aggressive Behavior, 28,* 30–44.

Schofield, T. J., Conger, R. D., Conger, K. J., Martin, M. J., Brody, G., Simons, R., et al. (2012). Neighborhood disorder and children's antisocial behavior: The protective effect of family support among Mexican American and African American families. *American Journal of Community Psychology, 50,* 101–113.

Schwartz, D., Dodge, K. A., Coie, J. D., Hubbard, J. A., Cillessen, A. H. N., Lemerise, E. A., et al. (1998). Social-cognitive and behavioral correlates of aggression and victimization in boys' play groups. *Journal of Abnormal*

Child Psychology, 26, 431–440.

Shaw, D. S., Gilliom, M., Ingoldsby, E. M., & Nagin, D. S. (2003). Trajectories leading to school-age conduct problems. *Developmental Psychology, 39*, 189–200.

Shaw, D. S., Hyde, L. W., & Brennan, L. M. (2012). Early predictors of boys' antisocial trajectories. *Development and Psychopathology, 24*, 871–888.

Silverthorn, P., & Frick, P. J. (1999). Developmental pathways to antisocial behavior: The delayed-onset pathway in girls. *Development and Psychopathology, 11*, 101–126.

Silverthorn, P., Frick, P. J., & Reynolds, R. (2001). Timing of onset and correlates of severe conduct problems in adjudicated girls and boys. *Journal of Psychopathology and Behavioral Assessment, 23*, 171–181.

Somech, L. Y., & Elizur, Y. (2009). Adherence to honor code mediates the prediction of adolescent boys' conduct problems by callousness and socioeconomic status. *Journal of Clinical Child and Adolescent Psychology, 38*, 606–618.

Stadler, C., Kroeger, A., Weyers, P., Grasmann, D., Horschinek, M., Freitag, C., et al. (2011). Cortisol reactivity in boys with attention-deficit/hyperactivity disorder and disruptive behavior problems: The impact of callous unemotional traits. *Psychiatry Research, 187*, 204–209.

Stevens, D., Charman, T., & Blair, R. J. R. (2001). Recognition of emotion in facial expressions and vocal tones in children with psychopathic tendencies. *Journal of Genetic Psychology, 16*, 201–211.

Stickle, T. R., Kirkpatrick, N. M., & Brush, L. N. (2009). Callous–unemotional traits and social information processing: Multiple risk-factor models for understanding aggressive behavior in antisocial youth. *Law and Human Behavior, 33*, 515–529.

Stingaris, A., & Goodman, R. (2009). Longitudinal outcome of youth oppositionality: Irritable, headstrong, and hurtful behaviors have distinctive predictions. *Journal of the American Academy of Child and Adolescent Psychiatry, 48*, 404–412.

Taylor, J., Loney, B. R., Bobadilla, L., Iacono, W. G., & McGue, M. (2003). Genetic and environmental influences on psychopathy trait dimensions in a community sample of male twins. *Journal of Abnormal Child Psychology, 31*, 633–645.

Tibbetts, S. G., & Piquero, A. R. (1999). The influence of gender, low birth weight, and disadvantaged environment in predicting early onset of offending: A test of Moffitt's interactional hypothesis. *Criminology, 37*, 843–877.

Tremblay, R. E. (2003). Why socialization fails: The case of chronic physical aggression. In B. B. Lahey, T. E. Mof?tt, & A. Caspi (Eds.), *Causes of conduct disorder and juvenile delinquency* (pp. 182–224). New York: Guilford Press.

Tuithof, M., ten Have, M., van den Brink, W., Vollebergh, W., & de Graaf, R. (2012). The role of conduct disorder in the association between ADHD and alcohol use (disorder). Results from the Netherlands Mental Health Survey and Incidence Study-2. *Drug and Alcohol Dependence, 123*, 115–121.

Underwood, M. K. (2003). *Social aggression among girls.* New York: Guilford Press.

Viding, E., Blair, R. J. R., Moffitt, T. E., & Plomin, R. (2005). Evidence for a substantial genetic risk for psychopathic traits in 7-year-olds. *Journal of Child Psychology and Psychiatry, 46*, 592–597.

Viding, E., Jones, A. P., Frick, P. J., Moffitt, T. E., & Plomin, R. (2008). Heritability of antisocial behaviour at 9: Do callous–unemotional traits matter? *Developmental Science, 11*, 17–22.

Viding, E., Simmonds, E., Petrides, K. V., & Frederickson, N. (2009). The contribution of callous-unemotional traits and conduct problems to bullying in early adolescence. *Journal of Child Psychology and Psychiatry, 50*, 471–481.

Vitacco, M. J., Caldwell, M. F., Van Rybroek, G. J., & Gabel, J. (2007). Psychopathy and behavioral correlates of victim injury in serious juvenile offenders. *Aggressive Behavior, 33*, 537–544.

Vitaro, F., Brendgen, M., Pagani, L., Tremblay, R. E., & McDuff, P. (1999). Disruptive behavior, peer association, and conduct disorder: Testing the developmental links through early intervention. *Development and Psychopathology, 11*, 287–304.

Vitaro, F., Brendgen, M., & Tremblay, R. E. (2002). Reactively and proactively aggressive children: Antecedent and subsequent characteristics. *Journal of Child Psychology and Psychiatry, 43*, 495–506.

Wakschlag, L. S., Briggs-Gowan, M. J., Carter, A. S., Hill, C., Danis, B., Keenan, K., et al. (2007). A developmental framework for distinguishing disruptive behavior from normative misbehavior in preschool children. *Journal of Child Psychology and Psychiatry, 48*, 976–987.

Waller, R., Gardner, F., Hyde, L. W., Shaw, D. S., Dishion, T. J., & Wilson, M. N. (2012). Do harsh and positive parenting predict parent reports of deceitful–callous behavior in early childhood? *Journal of Child Psychology and Psychiatry, 53*, 946–953.

Walters, G. D. (2005). Proactive and reactive aggression: A lifestyle view. In J. P. Morgan (Ed.), *Psychology of aggression* (pp. 29–43). Hauppauge, NY: Nova.

Waschbusch, D. A. (2002). A meta-analytic examination of comorbid hyperactive–impulsive–attention problems and conduct problems. *Psychological Bulletin, 128*, 118–150.

Waschbusch, D. A., Willoughby, M. T., & Pelham, W. E. (1998). Criterion validity and the utility of reactive and proactive aggression: Comparisons to attention deficit hyperactivity disorder, oppositional defiant disorder, conduct disorder, and other measures of functioning. *Journal of Clinical Child Psychology, 27*, 369–405.

Washburn, J. J., McMahon, S. D., King, C. A., Reinecke, M. A., & Silver, C. (2004). Narcissistic features in young adolescents: Relations to aggression and internalizing symptoms. *Journal of Youth and Adolescence, 33*, 247–260.

White, N. A., & Piquero, A. R. (2004). A preliminary empirical test of Silverthorn and Frick's delayed-onset pathway in girls using an urban, African-American, US-based sample: Comment. *Criminal Behaviour and Mental Health, 14,* 291–309.

Wilens, T. E., Martelon, M., Joshi, G., Bateman, C., Fried, R., Petty, C., et al. (2011). Does ADHD predict substance-use disorders?: A 10-year follow-up study of young adults with ADHD. *Journal of the American Academy of Child and Adolescent Psychiatry, 50,* 543–553.

Willoughby, M. T., Waschbusch, D. A., Propper, C. B., & Moore, G. A. (2011). Using the ASEBA to screen for callous unemotional traits in early childhood: Factor structure, temporal stability, and utility. *Journal of Psychopathology and Behavioral Assessment, 33,* 19–30.

Woodward, L. J., Fergusson, D. M., & Horwood, L. J. (2002). Romantic relationships of young people with childhood and adolescent onset antisocial behavior problems. *Journal of Abnormal Child Psychology, 30,* 231–244.

Wootton, J. M., Frick, P. J., Shelton, K. K., & Silverthorn, P. (1997). Ineffective parenting and childhood conduct problems: The moderating role of callous-unemotional traits. *Journal of Consulting and Clinical Psychology, 65,* 301–308.

Yeh, M. T., Chen, P., Raine, A., Baker, L. A., & Jacobson, K. C. (2011). Child psychopathic traits moderate relationships between parental affect and child aggression. *Journal of the American Academy of Child and Adolescent Psychiatry, 50,* 1051–1064.

Youngstrom, E. (2011). Secondary data analyses testing the use of pervasiveness as a severity index. Retrieved from *www.dsm5.org.*

Zoccolillo, M. (1993). Gender and the development of conduct disorder. *Development and Psychopathology, 5,* 65–78.

Zoccolillo, M., Tremblay, R., & Vitaro, F. (1996). DSM-III-R and DSM-III criteria for conduct disorder in preadolescent girls: Specific but insensitive. *Journal of the American Academy of Child and Adolescent Psychiatry, 35,* 461–470.

04

청소년 물질사용장애

LAURIE CHASSIN
KAITLIN BOUNTRESS
MOIRA HALLER
FRANCES WANG

청소년 물질사용과 물질사용장애(substance use disorders, SUD)는 유병률이 높고 그 결과가 나쁘기 때문에 임상적으로뿐만 아니라 공공보건학에서도 관심을 많이 보이는 문제이다. 경제적 비용 또한 만만치 않다. 모든 연령 집단을 고려할 때 최근에 추정된 비용은 흡연에 1,930억 달러(Centers for Disease Control and Prevention, 2008), 과도한 알코올 사용에 2,230억 달러(Bouchery, Harwood, Sacks, Simon, & Brewer, 2011), 불법약물 사용에 1,930억 달러(National Drug Intelligence Center, 2011)였다. 약물을 시험적으로 사용해 본 많은 청소년이 큰 문제를 보이는 것은 아니지만 물질사용은 청소년 사망의 가장 중요한 세 가지 원인(사고, 자살과 타살)과 관련이 있고 성병과 임상적 물질사용장애의 위험을 증가시킨다(Institute of Medicine, 1994; Moritsugu & Li, 2008). 그 영향의 정도, 특이성과 지속기간은 잘 알려져 있지 않지만 청소년 물질사용은 신경인지기능(Squeglia, Jacobus, & Tapert, 2009 참조)뿐 아니라 발달적 역량과 심리사회적 기능을 손상시킬 수 있다(Baumrind & Moselle, 1985; Chassain, Pitts, & DeLucia, 1999; Chassin et al., 2010).

이 장에서는 청소년 물질사용과 물질사용장애의 특징과 역학을 기술하고 최근 증거에 기초하여 병인론적 요인을 살펴보겠다. 이 장에서 모든 문제를 다루지는 않는데 치료나 예방문제는 제외하였다(치료에 대해서는 Becker & Curry, 2008; Deas & Thomas, 2001; Hser et al., 2001; Liddle, 2004; Waldron & Kaminer, 2004 참조. 예방에 대해서는 Bukoski, 1997; Spoth, Greenberg, & Turrissi, 2008; Substance Abuse and Mental Health Services Administration[SAMHSA], 1999, 2000; Winters, Fawkes, Fahnhorst, Botzet, & August, 2007 참조). 더구나 많은 경험적 연구가 물질사용에만 집중되었기 때문에 여기에서는 청소년 물질사용과 물질사용장애를 모두 다루었다. 마지막으로 초기 아동기에 나타나는 청소년기 물질사용장애의 전조에서부터 물질사용장애가 최고점에 달하는 '성인진입기'(18~25세)까지의 모든 발달단계를 포함시켜 논의하였다.

역사적 맥락

청소년 물질사용과 물질사용장애의 역사를 살펴보려면

청소년에 대한 정의가 역사적으로 어떻게 변해 왔는지를 고려해야 한다. 19세기 이전에는 아동기에서 성인기로의 전환은 짧았다. 사춘기가 지나면 아동은 물질사용을 포함하여 성인기에 가능한 많은 자유를 누릴 수 있었고 또한 책임을 지게 되었다(Lender & Martin, 1987). 그러나 19세기에 미국경제가 변하면서 직업을 갖기 위해서는 더 많은 훈련과 더 높은 수준의 성숙도가 필요하게 되었다. 따라서 청소년기는 성인기를 위한 경제적 및 사회적 준비와 도덕적 교육을 받는 시기로 생각되기 시작했다. 청소년기와 성인기가 구분될수록 사회는 청소년 물질사용을 점점 더 부정적으로 보게 되었다(Lender & Martin, 1987)

19세기 미국에서 청소년 물질사용에 대한 태도가 변함과 동시에 금주운동이 일어나서 금주법이 제정되었다(1919~1933). 그 이후 20세기 초기에는 아편, 1920년대에는 마리화나, 1950년대에는 마약, 그리고 1980년대에는 (크랙을 포함하여) 코카인과 같은 향정신성 물질을 반대하는 사회운동이 일어났다(Bukstein, 1995).

현재의 '마약과의 전쟁'은 1950년대 후기와 1960년대에 일어난 반문화운동에서 시작되었다고 볼 수 있다. 이 시기에 향정신성 약물, 특히 마리화나와 LSD의 사용이 증가했고 사회적으로도 용납되는 분위기였다. 1960년대 미국 대학에 재학하는 중산층 학생 사이에서 물질사용이 점점 더 늘어나면서 약물사용에 대한 우려가 증가하였고 반마약입법이 증가하였다. 1960년대 이전에는 마약만 통제를 받았지만 1965년에 약물남용관리법(The Drug Abuse Control Amendment)과 1970년에 통제물질법(Controlled Substance Act)이 제정됨에 따라서 환각제, 각성제와 진정제가 연방정부의 통제를 받게 되었다(Maisto, Galizio, & Connors, 1999). 1970년대에는 청소년의 물질사용 추세를 알아보기 위해 전국적 역학연구가 실시되었다[1975년에 나중에 논의하게 될 미래모니터링조사(Monitoring the Future Study, MTF)가 시작]. 로널드 레이건 대통령과 조지 부시 대통령의 '마약과의 전쟁'으로 인해 약물문제에 대한 연방예산이 700% 증가하였고, 연방마약단속 총책임자가 임명되었으며 마약공급을 제지하기 위한 군사

행동도 증가하였다(Humphreys & Rapport, 1993). 청소년 물질사용에 대한 사회의 생각과 태도는 계속 변했다. 최근에는 법적으로 음주가 가능한 연령이 상향조정되었고, 의료용 마리화나 법에 대해서 논란이 일고 있으며, 흡연을 중독행동으로 다시 정의하였고, 2009년의 담배규제법에 따라 미국식품의약국이 담배에 대한 규제를 실시하고 있다.

정의 및 진단적 쟁점

현재의 진단기준

미국에서 가장 많이 사용되는 진단체계는 정신질환의 진단 및 통계편람(Disgnostic and Statistical Manual of Mental Disorders, DSM)이다. 현재 새로운 판인 DSM-5가 출간되었다(미국 정신의학회[APA], 2013). DSM-IV(APA, 1994)와 크게 달라진 점은 물질남용과 물질의존의 구분을 없애고 하나의 물질관련장애로 진단을 통일하였다는 점이다(알코올, 대마, 환각제, 흡입제, 아편계, 진정제, 수면제, 항불안제, 자극제, 담배에 적용). 물질관련장애에 대한 DSM-5 진단기준에는 내성(효과를 얻기 위해 더 많은 양의 물질을 필요로 하거나 동일한 양을 사용해서는 효과가 현저하게 감소함을 경험), 금단(물질을 끊으면 나타나는 인지적 및 생리적 변화), 원래 의도했던 것보다 더 많은 양이나 더 오랜 기간 물질을 사용하는 것, 물질사용 때문에 중요한 활동을 포기하는 것, 물질을 감량하려는 시도의 실패나 물질을 감량하려는 지속적인 욕구가 있음, 물질을 얻고 사용하거나 또는 물질효과로부터 벗어나기 위해 많은 시간을 보냄, 물질사용으로 인해 신체적·심리적·사회적 및 대인관계적 문제가 악화됨에도 불구하고 물질을 계속 사용하는 것, 집이나 직장(학교)에서 중요한 역할수행에 실패하는 것, 위험한 상황에서도 물질을 사용하는 것이 포함된다. DSM-5에서 새롭게 추가된 기준은 물질을 사용하고 싶은 강력한 욕구나 충동으로 정의되는 갈망이다. 또한 DSM-IV에 제시되었던 반복적인 법적 문제의 기준이 DSM-5에서는 삭제되었다. DSM-5에서는 12개월 동안에 2개나 그 이상의 증상이 나

타나면 진단된다(2개에서 3개 증상은 경도 장애, 4개나 5개는 중등도 장애, 6개나 그 이상은 고도장애를 나타낸다).

DSM 이전 판에서처럼 청소년 물질관련장애는 성인과 동일한 기준에 의해 진단된다. 그러나 이를 지지하는 경험적 증거는 없다. DSM-IV 기준을 사용하는 연구들은 '진단적 고아'(즉, 물질사용의 문제가 있음에도 불구하고 한두 가지의 증상을 보이기 때문에 물질관련장애로 진단할 수 없는 청소년)의 범주를 보고해 왔다. 이와 같은 진단적 고아의 비율은 상당히 높다. 예를 들어 알코올을 규칙적으로 사용하는 청소년에 대한 연구에서 그 비율이 13~30%에 달했다(Harrison, Fulkerson, & Beebe, 1998; Lewinsohn, Rohde, & Seeley, 1996; Pollock & Martin, 1999). 그러나 최근 일부 연구들은 DSM-IV 진단기준을 적용했을 때 '진단적 고아'로 분류되었던 청소년이 새로운 DSM-5 진단기준에 의하면 알코올(Agrawal, Heath, & Lynskey, 2011)이나 마리화나(Mewton, Slade, & Teeson, 2013) 장애의 진단기준을 충족시킬 가능성이 높다고 밝히고 있다.

여러 가지 이유로 인해 최근의 진단기준(DSM-IV와 DSM-5)이 청소년에게 적합하지 않을지 모른다. 첫째, 청소년은 물질사용을 막 시작했기 때문에 내성의 증가는 성인보다 청소년에서 더 많이 나타난다(Martin, Steinley, Verges, & Sher, 2011; Winters, Martin, & Chung, 2011). 따라서 두 연령 집단에서 내성의 증가가 의미하는 바가 다를지 모른다. 둘째, 아주 소수의 청소년이 금단을 보고한다(Winters, 2013). 셋째, 청소년은 자동차를 덜 사용하기 때문에 위험한 사용의 기준이 적용될 가능성이 더 적다(Martin, Sher, & Chung, 2011; Winters, 2013). 일반적으로 물질관련장애 진단기준이 청소년과 성인의 서로 다른 특징을 포착하지 못하기 때문에 성인분류체계를 어느 정도 수정해야 할 필요성이 있다(Colby, Tiffany, Shiffman, & Niaura, 2000; Mikulich, Hall, Whitemore, & Crowley, 2001; Winters, Latimer, & Stinchfield, 1999). 청소년이 성인보다 물질사용의 수준이 더 낮아도 진단기준을 충족한다는 결과가 있는데, 이런 결과는 물질관련장애 진단기준이 청소년에게 적용되었을 때 발달적으로 부적절할 가능성을 시사한다(Langenbucher et al., 2000). 그러나 청소년이 신경생물학적으로 물질의 어떤 영향에는 더 민감할지 모른다는 보고가 있기 때문에(Adriani & Laviola, 2004; Spear, 2011), 높은 신경생물학적 취약성으로 인해서 청소년이 물질사용의 수준이 더 낮아도 진단기준을 충족할 수 있다.

DSM-5에서 물질사용과 물질의존을 하나의 물질관련장애 진단으로 통합한 것이 청소년에게 적합하다는 사실이 경험적으로 지지를 받고 있지만(Winters et al., 2011), DSM-IV와 DSM-5 진단기준이 중복되기 때문에 DSM-IV에서 청소년을 물질관련장애로 진단하는 데 대해 제기되었던 많은 우려가 DSM-5에도 적용될 가능성이 크다. 더구나 DSM-5에서 법적 문제 증상이 삭제되었는데, 이 증상은 물질관련장애 자체보다 물질장애로 인한 품행문제와 더 관련성이 크기 때문에 청소년 진단의 정확성이 더 향상될 가능성이 크다. 그렇지만 DSM-5에서는 (새로운 기준인) 갈망을 조작적으로 더 정확하게 정의해야 한다는 점과 단지 두 가지 증상으로도 진단이 될 수 있기 때문에 물질관련장애가 과잉진단될 가능성에 대해 우려가 제기되고 있다(Martin, Steinly, et al., 2011; Winters et al., 2011). 내성이 청소년에게 비교적 더 많이 나타나고, 청소년은 또래들과 있을 때 사회적 동조를 위해 '생각보다 더 많은 양'의 물질을 사용한다는 보고를 고려할 때 과잉진단은 성인보다 청소년에게 일어날 가능성이 특히 더 크다고 할 수 있다(Martin, Steinley, et al., 2011).

관련 증상과 장애

청소년 물질관련장애에는 많은 임상적 및 준임상적 증상이 수반되는 것이 보통이다. 가장 두드러진 것은 물질관련장애 청소년은 여러 종류의 약물을 사용한다는 점이다(Roberts, Roberts, & Xing, 2007). 대학생에 대한 최근 연구에 의하면 거의 10%가 의사의 처방전이 필요한 약물과 알코올을 같이 사용하였지만, 알코올과 마리화나를 같이 사용하는 경우가 가장 많았고, 그다음이 알코올과 환각제였다(Deas, Riggs, Langenbucher, Goldman, &

Brown, 2000; Martin, Kaczynski, Maisto, & Tarter, 1996; McMabe, Cranford, Morales, & Young, 2006). 일반 청소년의 물질사용에는 발달적 순서가 있다는 증거가 있다. 초기 약물(알코올과 니코틴)로 시작해서 마리화나를 사용하게 되고 그다음에 불법약물을 사용하게 된다(Kandel, Yamaguchi, & Chen, 1992).

물질관련장애 청소년은 여러 영역에서 기능의 손상을 보인다. 약물을 사용하지 않는 청소년이나 물질관련장애가 아닌 청소년에 비해 학업성적이 열악하고 학업실패율도 높다(Haller, Handley, Chassin, & Bountress, 2010; Moss, Kirisci, Gordon, & Tarter, 1994; Tarter, Mezzich, Hsieh, & Parks, 1995). 물질관련장애 청소년은 일탈또래 집단과 연결될 가능성이 높고; 비행(Blackson et al., 1999; Branstetter, Low, & Furman, 2011; Fergusson, Boden, & Horwood, 2008; Hawkins, Catalano, & Miller, 1992)과 위험한 성행동(Malow, Devieux, Jennings, Lucdenko, & Kalichman, 2001)에 개입할 가능성이 높고, 부모와 부정적 상호작용을 경험할 가능성도 크다(Kuperman et al., 2001; Mezzich et al., 1997).

문헌에서 가장 일관되게 발견되는 점 가운데 하나는 물질관련장애 청소년이 DSM-IV의 파괴적 행동장애를 동시에 많이 보인다는 것이다(Costello, Mustillo, Erkanli, Keeler, & Angold, 2003; Elkins, McGue, & Iacono, 2007; Wilens et al., 2010). Cohen과 동료들(1993), Costello와 동료들(2003)은 적어도 물질관련장애 청소년의 절반 정도가 파괴적 행동장애도 진단받는다는 사실을 발견했다. 물질관련장애 진단을 받은 청소년이 파괴적 행동장애 진단을 받을 승산비(odds ratio)는 .04~30.7 정도로 보고되었고 주의력결핍 과잉행동장애나 적대적 반항장애와 비교했을 때 품행장애의 승산비가 더 크다(Costello et al., 2003; Fergusson, Horwood, & Lynskey, 1993; Lewinsohn, Hops, Roberts, Seeley, & Andrews, 1993). 물질관련장애와 품행장애의 관계가 특이하게 보이지만, ADHD와 물질관련장애의 관계에 대한 논란이 더 많고, 품행장애의 효과를 통제하였을 때 ADHD 효과가 사라지는 경우가 있다(Brook, Brook, Zhang, & Koppel, 2010; Costello,

Erkanli, Federman, & Angold, 1999; Fergusson & Horwood, 1995; Fergusson, Horwood, & Ridder, 2007; Glass & Flory, 2011; Weinberg, Rahdert, Colliver, & Glantz, 1998). 사실 ADHD와 물질사용의 관계를 품행장애증상이 완전 매개한다고 밝힌 연구도 있다(Brook et al., 2010). 어떤 연구는 ADHD와 품행장애가 상호작용하여 청소년 물질관련장애 위험을 증가시킨다고 보고하고 있다(Flory & Lynam, 2003). 또한 어떤 연구는 물질문제에 대한 위험 정도는 ADHD 유형에 따라 달라져서 과잉행동-충동성이 물질문제와 관련되고 부주의는 물질문제와 관련이 없다고 밝히고 있다(Elkins et al., 2007). 청소년 물질문제는 다른 파괴적 문제행동이 없을 때에는 거의 나타나지 않기 때문에 청소년의 과도한 물질사용은 더 일반적인 문제행동의 특수한 발현이라고 보기도 한다(Donovan & Jessor, 1985). 어떤 사람들은 물질관련장애가 아동기와 초기 청소년기에 과소행동통제(behavioral undercontrol)와 반사회적 및 적대적 반항행동으로 나타나는 일탈적 발달경로의 정점이라고 보고 있다(King, Iacono, & McGue, 2004; Tarter, Sambrano, & Dunn, 2002; Tarter & Vanyukov, 1994).

물질관련장애와 내재화 장애의 관계는 확실하지 않다. 분리불안은 부모로부터 떨어져서 또래와 있는 시간을 감소시키기 때문에 물질사용이 시작될 가능성을 실제로는 감소시킬 수 있지만(Kaplow, Curran, Angold, & Costello, 2001), 어떤 연구자는 우울증, 사회적 불안과 범불안이 청소년기 물질사용의 시작과 관계가 있음을 발견하였다(Costello et al., 1999; King et al., 2004; Schneier et al., 2009). 다른 연구는 우울과 불안이 물질관련장애 청소년에게 나타나지만 우울과 관계가 더 깊다는 사실을 발견했다(Fergusson et al., 1993; Kandel et al., 1997; King et al., 2004; Lewinsohn et al., 1993). 또한 여러 가지 형태의 내재화 증상 사이의 상호작용이 물질사용을 예측한다는 보고도 있다. 예를 들어 Valentiner, Mounts와 Deacon(2004)에 의하면 공황발작을 보이는 후기 청소년에서 우울증이 물질사용을 예측하였지만 공황발작이 없는 경우에는 우울증이 물질사용을 의미 있게 예측하지 못했다.

일부 연구에서는 표본이 약간 나이가 많았기 때문에 물질사용과 정서장애의 관계는 연령으로 인해 증가하였을 수 있고, 정서장애가 지속적인 물질사용의 결과일 수 있다. 더구나 어떤 연구는 물질사용과 정서장애의 관계가 남자보다 여자에서 더 강하다고 시사하고 있다. 그렇지만 사회공포증(사회불안장애)은 예외여서 남자에서 관계가 더 강하다(Bukstein, Galncy, & Kaminer, 1992; Federman, Costello, Angold, Farmer, & Erkanli, 1997; Sung, Erkanli, Angold, & Costello, 2004; Tarter, Kirisci, & Mezzich, 1997; Whitemore et al., 1997; Wu, Goodwin, et al., 2010).

역학

유병률

시간에 따른 청소년 물질사용 유병률의 추세를 점검하기 위하여 1970년대에 여러 개의 전국적 역학연구가 이루어졌다. 미래모니터링조사는 미국에서 학교를 중심으로 전국적으로 이루어진 고등학교 고학년의 물질사용에 대한 조사이다. 1975년에 시작되었으며 매해 미국 전역에서 435개 학교 8학년, 10학년과 12학년에 재학 중인 45,000명 이상의 학생에게 실시된다(Johnston, O'Malley, & Bachman, 2000, 2001, 2002, 2005; Johnston, O'Malley, Bachman, & Schulenberg, 2006, 2008, 2012). 약물남용에 대한 전국가구조사(The National Household Survey on Drug Abuse, NHSDA)는 1971년부터 실시되었고, 전국에서 70,000명 이상의 12세 이상 국민을 면대면 인터뷰하여 정보를 수집한다(SAMHSA, 2000, 2001).

부모가 청소년 자녀의 물질사용에 대해 잘 모르기 때문에 청소년에 대한 역학연구는 청소년의 자기보고를 사용한다. 실제 부모와 청소년 보고의 일치도가 낮다(Caldwell, Lewinsohn, Rohde, & Seely, 1997; Fisher et al., 2006). 많은 연구에서 생물학적 측정치를 사용하여 청소년 자기보고의 타당성을 검증하였다. 이런 연구에 의하면 익명성과 비밀이 보장되는 상황에서 자료가 수집되고 반응을 왜곡하지 않으려고 할 때에는 자기보고가 타당성이 있었다. 인터뷰 형식의 질문에 비해 자기보고

식 질문지를 사용할 때 보고가 훨씬 더 향상되었다(Etter, Houzec, & Perneger, 2003; Rogers, Miller, & Turner, 1998).

미래모니터링조사 자료에 의하면 청소년 물질사용은 12학년 말이 되면 비교적 많이 나타난다. 예를 들어 2011년 자료에 의하면 8학년 20.1%와 12학년 49.9%가 불법약물을 사용해 본 적이 있었다(Johnston et al., 2012). 마리화나가 가장 많이 사용된 불법약물이었는데 지난 1년 동안 8학년 12.5%와 12학년 36.4%가 사용하였다(Johnston et al., 2012). 성인에게는 합법적인 물질(예 : 알코올과 담배)의 사용이 훨씬 더 흔해서 고등학교 상급생의 70%가 알코올을 적어도 한 번 사용했고, 40%는 지난달에 사용했다고 보고했다(Johnston et al., 2012). 2011년 자료에 의하면 12학년 40%가 담배를 피워 봤고, 약 20%가 현재 피우고 있었다(즉, 지난 30일 이내; Johnston et al., 2012). 처방약에 대해서는 12학년 21.7%가 의사의 지시가 없이 적어도 한 번 사용한 적이 있었다(Johnston et al., 2012). 다른 약물의 사용은 청소년 역학표본과 임상 표본 모두에서 높은 상호관련성을 보였다(Clayton, 1992; Johnston et al., 2001; Kandel, Davies, Karus, & Yamagichi, 1986; Single, Kandel, & Faust, 1974; Young et al., 2002). 1985년 약물남용에 대한 전국가구조사 자료에 의하면 불법약물을 사용했다고 보고한 사람의 24%가 지난해에 한 가지 이상의 약물을 동시에 복용하였고, 43%가 불법약물과 알코올을 같이 사용했다(Clayton, 1992).

미래모니터링조사 자료는 청소년기에 물질사용이 일반적으로 증가한다는 사실과 더불어 시간에 따라 약물사용이 변하는 흥미로운 패턴을 보여주었다. 일반적으로 청소년 약물사용은 1970년대 중반과 1980년대 초기에 최고점에 달했다가 그 이후에는 감소했다. 물질사용은 1990년대 초기에 다시 증가하였지만 그 이후에는 그대로 유지되었다. 이 글을 쓰는 시점에서는(2013) 담배, 알코올, 엑스터시(MDMA), 옥시콘틴과 바이코딘이 감소하는 추세를 보이고 있다. 반면 지난해에 의사의 처방 없이 각성제(애더럴)를 복용한 비율이 꾸준히 증가해서 2011년 고등학교 상급생에서 6.5%에 달했다(Johnston et al.,

2012). 다른 약물의 사용은 시간에 따라 덜 증가하고 감소하였다. 예를 들어 12학년 학생의 이전 해의 코카인 사용은 1980년대 초기와 중기에 최고점에 달했지만 1986과 1992년 사이에 크게 감소하였고, 그 이후에는 2000년까지 다시 증가하기 시작했다. 2000년과 2006년 사이에 코카인 사용은 변화가 없었으며 2006년 이후에는 꾸준히 감소하였다(Johnston et al., 2012). 고등학생의 이전 해의 흡입제 사용은 1990년대 중기에 최고점에 달했다가 2000년대 초기까지 감소하였고, 그 이후에 약간 증가하였다가 다시 감소하기 시작했다(Johnston et al., 2012). Johnston과 동료들(2012)도 새로운 약물이 나타나면서 구식 약물의 인기가 줄어든다는 사실을 지적했다. LSD와 메타암페타민의 복용은 1960년대에 증가하였다. 헤로인, 크랙과 다른 형태의 코카인과 펜시클리딘은 처음에는 인기가 없었지만 1990년대에 인기를 회복하였다(Johnston et al., 2005). 더구나 어떤 약은 인기가 없다가 다시 인기를 얻기도 한다. Johnston과 동료들(2001, 2005, 2012)은 특정 약물이 사용되지 않는 동안 청소년 사이에서 그 약물의 위험과 부정적 효과에 대한 정보가 망각되면서 그 약물이 다시 사용되기도 한다고 밝혔다. 이런 현상을 '세대적 망각(generational forgetting)'이라고 부른다.

알코올과 약물을 사용하는 상당수의 청소년이 물질사용과 관련된 문제를 보고한다. 이를테면 Zoccolillo, Vitaro와 Tremblay(1999)는 알코올을 다섯 번 이상 사용한 청소년 가운데서 남자 70%와 여자 53%가 적어도 한 번 이상 알코올과 관련된 문제를 보고하였고, 남자 20%와 여자 11%는 세 번 이상의 문제를 보고하였다. 다른 약물을 다섯 번 이상 사용한 청소년 가운데서 남자 94%와 여자 85%가 적어도 한 번의 약물과 관련된 문제를 보고하였고, 남자 68%와 여자 52%가 세 번 이상의 문제를 보고하였다. 13~17세 청소년 가운데서 2~7%가 알코올 사용장애, 3~9%가 다른 약물사용장애 진단을 받는다(Fergusson et al., 1993; Kessler et al., 2012; Merikangas et al., 2010; Roberts, Roberts, & Xing, 2007, 2008). 나이가 많거나 성인진입기에 있는 청소년 가운데서(연령

17~20), 알코올 사용장애는 12~18%, 다른 약물사용장애는 4~11%이다(Cohen et al., 1993; Merikangas & McClair, 2012; SAMHSA, 2001; Young et al., 2002). 일반적으로 청소년기에 물질관련장애 비율이 증가하고 성인진입기에 최고점에 도달했다가 그 이후 감소한다.

인구학적 요인

성별

많은 연구가 성별에 따라 물질사용 유병률에 차이가 있다고 보고하고 있다. 즉, 남자에 비해 여자가 사용하는 약물의 종류와 빈도가 더 적고, 한 번에 사용하는 알코올 양도 더 적다(Johnston et al., 2000, 2002; Wallace at al., 2003). 미래모니터링조사 자료에서 12학년 남학생의 헤로인, LSD, 케타민, 헬루시노겐, 코카인, 스테로이드와 무연 타바코의 1년 사용률과 마리화나와 알코올의 매일 사용률이 훨씬 더 높았다. 그러나 더 어린 학년에서는 남자와 여자가 여러 가지 약물을 사용하는 정도가 비슷하였고, 8학년 여자가 1년 동안 흡입제, 진정제, 암페타민을 더 많이 사용하였다. 이런 패턴은 청소년기에 나타나는 성별의 차이를 보여주는 발달적 현상이나 최근 청소년에서 성별의 차이가 감소하는 동시대 집단효과를 반영하는 것일 수 있다. 두 가지 가능성을 지지하는 증거가 있다. Cohen과 동료들(1993), Johnston과 동료들(2008, 2012)은 청소년기 후기(17~20세)로 가면서 성별에 따른 알코올과 불법약물 사용장애의 차이가 증가하는 것을 발견했다. 더구나 Cohen과 동료들(2012)은 초기 청소년기에 여자가 남자보다 술을 더 많이 마시고, 담배를 더 많이 피우고, 마리화나를 더 많이 사용하지만 남자의 물질사용이 여자보다 더 높은 비율로 증가하여 청소년기 후기와 성인기가 되면 최고점에 달하는 것을 발견했다. 그러나 Wallace와 동료들(2003)은 12학년 남학생이 여학생보다 알코올과 마리화나를 더 많이 사용하지만 그 차이는 1990년에서 2000년대 사이에 감소하는 것을 발견했다.

유병률에 차이가 있을 뿐 아니라 남자와 여자가 약물을 사용하는 이유에도 차이가 있었다. 실제 (15세 이하

의) 어린 여자는 남자보다 사회적 고양감과 적응동기를 더 많이 언급하였는데, 이런 차이는 나이가 많은(18~19세) 청소년에서는 역전되었다(Cooper, 1994). 16~22세 청소년에 대한 연구에서 남자보다 여자가 체중을 감량하고, 깨어 있고, 억압을 풀고, 걱정을 멈추고, 친구와 어울리기 위해서 약물을 사용한다는 보고를 더 많이 하였다(Boys, Marsden, & Strang, 2001). Comeau, Stewart와 Loba(2001)는 (평균 연령 15세) 청소년 표본에서 남자는 동조하기 위해 알코올을 사용할 가능성이 더 크다는 사실을 발견했다. 담배에 대한 연구에서 여자는 남자보다 체중조절과 불안감소를 동기로 더 많이 언급하였고, 남자는 자신감을 고양시키기 위해 담배를 피우는 경향이 강했다(Berlin et al., 2003; Grunberg, Winders, & Wewers, 1991; Piko, Wills, & Walker, 2007; Rose, Chassin, Presson, & Sherman, 1996; 여자 청소년의 약물사용에 대한 개관은 Amaro, Blake, Schwartz, & Flinchbaugh 2001 참조; 성별에 따른 청소년들의 알코올 사용의 차이에 대한 개관은 White & Huselid, 1997 참조).

사회경제적 지위

청소년의 약물사용은 사회경제적 지위와도 관계가 있다. Goodman과 Huang(2012)은 12~18세 청소년 중에서 부모가 교육을 적게 받은 청소년보다 부모가 교육을 많이 받은 청소년이 술을 덜 마시고 담배도 덜 피우는 것을 발견했다. 미래모니터링조사 자료에서 부모의 교육수준이 낮을수록 학령기 중기에 불법약물을 더 많이 사용하였지만 고등학교에서는 그렇지 않았다(Johnston et al., 2008; 2012). 이렇게 차이가 감소하는 것은 부모의 교육수준이나 물질사용에 따라 청소년이 학교를 중퇴하는 정도가 달라지기 때문일 수 있는데, 청소년기 말기가 되면 사회경제적 수준에 따른 차이가 없어진다(Johnston et al., 2008). 어쩌면 동시대 집단효과 때문일 수도 있는데, 좀 더 최근 동시대 집단에서는 물질사용이 교육을 덜 받은 하위집단에 더 집중되고 있다(담배 피우기에서 논하였던 것처럼; Fiore, Newcomb, & McBride, 1993).

청소년 물질사용과 가족수입(Goodman & Huangm, 2012; Parker, Calhoun, & Weaver, 2000), 가족의 사회경제적 지위에 대한 주관적 보고(Fawzy, COmbs, Simon, & Bowman-Terrell, 1987) 같은 사회경제적 지위에 대한 여러 지표 사이에는 약한 관계가 보고되어 왔다. 또한 아동기에 빈곤이 행동문제와 같이 일어났을 때에만 낮은 사회경제적 지위가 청소년 물질사용의 위험을 증가시킨다(Hawkins et al., 1992). 더구나 청소년 물질사용과 사회경제적 지위의 관계는 약물의 종류에 따라 달라질 수 있다. 예를 들어 1980년대 초기에 크랙 코카인 사용이 증가할 때 사회경제적 지위가 낮은 집단에서는 코카인 사용이 증가했지만 사회경제적 지위가 높은 집단에서는 감소하였다. 이런 추세가 1985년에 사라졌지만 이는 사회적 및 경제적 요인이 — 이 경우에는 더 저렴한 코카인을 구할 수 있는 기회의 증가 — 특정 약물을 사용하는 사람의 사회경제적 분포에 영향을 미칠 수 있음을 보여주었다.

사회경제적 지위와 청소년 물질사용의 관계가 약하고 일관성이 없는 이유 가운데 하나는 두 변인의 관계가 곡선적일 수 있기 때문이다. 즉, 양극단의 사회경제적 지위만이 청소년 물질사용에 영향을 미칠 수 있다. 흥미롭게도 사회경제적 지위가 높은 이웃과 낮은 이웃이 청소년 물질사용의 증가와 관련이 있었다. 이웃의 경제적 풍요가 청소년 물질사용에 미치는 영향을 부모 가용성과 감독의 부재(Luthar & Latendresse, 2005), 경제적 자원의 증가(Hanson & Chen, 2007), 높은 성취압력(Luthar & Becker, 2002), 부모의 높은 음주수준(Chuang, Ennett, Bauman, & Foshee, 2005)이 매개할지 모르고, 빈곤한 이웃의 영향은 낮은 사회적 응집성(Duncan, Duncan, & Strycker, 2002), 물질사용에 대한 높은 수용도와 물질사용의 해악에 대한 지각부족(Lambert, Brown, Phillips, & Ialongo, 2004), 방과후 활동에 대한 감독부족(Luthar & Latedresse, 2005)과 또래음주의 증가(Chuang et al., 2005)가 매개할지 모른다.

민족

물질사용과 관련된 민족요인에 대한 미래모니터링조사

에서 아프리카계 고등학교 상급생을 비히스패닉 유럽계와 히스패닉계 고등학교 상급생과 비교했을 때 알코올, 담배와 불법약물사용의 유병률(평생 유병률, 1년 유병률, 한 달 유병률, 하루 유병률)이 가장 낮았다. 6학년과 8학년에서는 히스패닉계 학생이 유럽계 학생보다 물질을 더 사용하였지만 이런 차이는 12학년이 되면서 역전되어 유럽계 학생이 아프리카계와 히스패닉계 학생보다 알코올과 다른 불법약물을 가장 많이 사용하였다(Johnston et al., 2008, 2012). 이런 변화가 일어나는 이유는 히스패닉계 학생이 학교를 더 많이 중퇴하여서 처음에 나타나던 민족차가 감소하고, 유럽계 학생이 청소년기 후기에 약물을 사용하기 시작하여 나중에는 히스패닉계 학생을 능가하기 때문인 것 같다(Johnston et al., 2000, 2008). 미국 원주민 청소년의 물질사용 정도는 지역에 따라 달라지지만 상당히 높다(Plunkett & Mitchell, 2000; Wallace et al., 2003). 대조적으로 아시아계 고등학교 상급생이 약물을 사용하는 정도는 아주 낮았는데, 이런 추세는 아시아계 여성의 약물사용이 아주 낮은 데 기인하였다(Wallace et al., 2003).

물질관련장애 진단을 받은 청소년의 민족차이에 대한 연구결과는 일치하지 않는다. 예를 들어 Costello, Farmer, Angold, Burns와 Erkanli(1997)는 미국 원주민 청소년이 유럽계 청소년보다 물질관련장애로 진단받을 가능성이 더 크다는 사실을 발견했다. 그러나 Mitchell, Beals, Novins, Spicer와 미국 원주민 서비스 활용, 정신장애역학, 위험요인과 보호요인 프로젝트 팀(American Indian Service Utilization, Psychiatric Epidemiology, Risk and Protective Factors Project Team)(2003)은 15~24세 미국 원주민의 물질관련장애 비율이 아주 낮다고 밝혔다. 다른 대규모 연구에 의하면(Kandel et al., 1997) 유럽계와 아프리카계 청소년이 히스패닉계 청소년보다 물질관련장애 진단을 더 많이 받았다(약물사용의 민족차이에 대한 개관은 Barrera, Castro, & Biglan, 1999; Kandel, 1995 참조). 그러나 다른 연구에 의하면(Roberts, Roberts, & Xing, 2006), 유럽계 청소년이 물질관련장애 진단을 가장 많이

받았고, 아프리카계 청소년이 가장 적게 받았으며 멕시코계 청소년은 중간이었다.

물질사용에서 나타나는 민족차이의 일부는 보고편향의 차이를 반영할 수 있다. Bauman과 Ennett(1994)이 생물학적 측정치를 사용하여 담배사용에 대한 자기보고자료를 점검하였을 때 아프리카계 청소년은 담배사용을 실제보다 덜 보고하는 데 비해 유럽계 청소년은 실제보다 더 많이 보고하는 경향이 있었다. 그러나 더 크고 다양한 민족이 포함된 표본을 사용한 최근의 연구에 의하면 자기보고의 타당도는 민족 집단에 따라서 차이가 없었다(Brener et al., 2002; Wills & Cleary, 1997).

청소년 물질사용은 민족에 따라 달라질 뿐 아니라 문화에 따라서도 달라졌다. 특히 술에 취하고 흡연하는 빈도는 미국보다 대부분의 유럽 국가와 오스트레일리아에서 더 높았다(Kuntshe, Knibbe, Kuntshe, & Gmel, 2011; McMorris, Hemphill, Toumbourou, Catalano, & Patton, 2007; Piko, Luszczynska, Gibbons, & Tekozel, 2005). 그러나 한 연구에서는 마리화나 사용의 평생 유병률은 오스트레일리아보다 미국에서 더 높다고 밝혔다(McMorris et al., 2007). 또한 미국 대부분 지역보다 푸에르토리코에서 알코올 사용의 평생유병률이 더 높았다(Warner, Canino, & Colon, 2001). 따라서 청소년 물질사용 유병률은 국가, 대륙과 문화에 걸쳐서 물질의 종류에 따라 차이가 나는 것 같다.

이 자료들이 보여주듯이 청소년 물질사용은 성별, 사회경제적 지위와 민족에 따라 차이가 있었다. 그러나 이런 결론은 더 복잡한 현실을 지나치게 단순화하는 것일지 모른다. 왜냐하면 유병률은 성별과 민족 사이의 복잡한 상호작용과 물질의 종류에 따라 달라지기 때문이다(Griesler & Kandel, 1998). 더구나 민족과 사회경제적 지위가 서로에게 미치는 효과를 분리하기가 어렵다. 또한 이러한 인구학적 차이를 일으키는 기제가 잘 밝혀져 있지 않고, 표집과 보고자 편향 같은 방법론적 문제점이 이런 연구의 결과에 영향을 미칠 수 있다.

발달경과 및 예후

물질사용과 물질관련장애는 청소년기부터 성인기까지 연령에 따라 체계적인 변화를 보이는데, 이로 인해 일부 연구자들은 물질관련장애를 발달장애로 보기도 한다 (Masten, Faden, Zucker, & Spear, 2008; Sher & Gothem, 1999). 물질사용은 보통 청소년기에 시작되는데 청소년이 쉽게 물질을 사용하기 시작하는 데에는 여러 가지 이유가 있다. 최근 자료에 의하면 발달단계로서의 청소년기에 나타나는 중요한 특징은 (사춘기부터 감각추구와 보상추구의 증가를 일으키는) 도파민 보상체계의 변화와 그보다 더 느리게 점진적으로 발달하는 하향식 인지적 통제 사이의 격차이다. 이는 전전두피질의 수초화의 증가와 피질영역과 피질하영역 사이에 일어나는 수초화의 증가와 관련이 있다(Steinberg, 2008). 더구나 청소년기에는 부모감독에도 불구하고 또래와 활동하는 시간이 증가하고, 또래 존재는 위험행동을 일으키는 보상중추를 활성화하는 것으로 밝혀졌다(Chein, Albert, O'Brien, Uckert, & Steinberg, 2011). 마지막으로 청소년은 물질사용의 효과에 특히 취약하여서 십중팔구 물질사용이 증가하게 된다. 예컨대 청소년은 물질의 어떤 긍정적 효과에는 더 민감하지만 어떤 혐오스러운 효과에는 덜 민감하다(Spear, 2011).

청소년기 동안 알코올과 약물사용의 양과 빈도가 증가하여 Arnett(2000)이 '성인진입기(18~25세)'로 지칭한 시기에 최고점에 도달한다. 진단된 물질관련장애의 유병률도 이 시기에 최고점에 달한다(Grant et al., 1994). 그 이후 20대 중기에서 후기에는 알코올과 불법약물의 사용이 감소하기 시작한다. 초기 성인기에 감소하는 물질관련장애를 '발달적으로 한정된(developmentally limited)' 장애라고 부른다(Zucker, 1987).

그러나 '나이가 들면서 물질사용이 줄어드는 현상'은 처음에 제안했던 것보다 훨씬 더 복잡하다. Lee, Chassin과 Villalta(2013)에 의하면 음주감소가 모든 사람에서 비슷한 정도로 나타나는 것이 아니라 다른 유형의 음주보다 과하고, 문제성 있는 음주를 하였던 사람에서 더 흔하게 나타난다. 또한 이들의 음주감소는 술을 완전히 끊는 것이 아니라 절제하는 것이다. Verges와 동료들(2012)은 DSM-IV에 나오는 알코올 의존의 지속성은 인생 후기보다 초기 성인기에 약간 더 낮기는 하지만, 성인이 되면서 알코올 의존이 감소하는 것은 새로운 알코올 의존 사례가 줄어들기 때문이라는 사실을 발견했다. 그들의 발견은 ('단기적' 알코올 사용장애는 어린 나이에서 더 흔하지만) 알코올 의존을 '단기적'이거나 또는 '만성적'으로 생각할 수 있음을 시사한다.

물질사용이 직장인, 배우자와 부모역할에서 요구하는 바와 맞지 않기 때문에 성인진입기의 성인역할이 물질사용과 물질관련장애의 점진적 감소를 설명한다고 생각되었다(Yamaguchi & Kandel, 1985). 그러나 복합적인 요인이 이런 현상을 설명하는 것 같다. 첫째, 앞에서 기술하였듯이 신경생물학적 연구들은 인지적 통제 영역이 20대 초기부터 중기까지 점진적으로 성숙한다는 사실을 밝혔다(Steinberg, 2008). 이러한 인지적 통제의 증가는 일반적으로는 위험행동을 감소시키고, 구체적으로는 물질사용을 감소시킬 것이다. 더구나 최근 연구에 의하면 연령에 따른 성격적 변화─행동적 탈억제/충동성과 부정적 정서성/신경증의 감소와 성실성의 증가─가 성인진입기의 알코올 사용의 감소와 상관이 있었다(Littlefield, Sher, & Wood, 2009). 일관성이 부족하기는 하지만 최근에 이런 방향이 역전되어서 알코올 사용이 연령에 따른 성격의 변화를 일으킬지 모른다는 증거가 일부 나타나고 있다(Hicks, Durbin, Blonigen, Iacono, & McGue, 2012; Littlefield, Verge, Wood, & Sher, 2012).

마지막으로 연령에 따라 물질사용과 물질관련장애에서 일어나는 변화는 상당히 다양하다. 여러 연구에 의하면 어린 나이에 시작되는 물질사용은 이후의 경과와 임상적 손상의 예측요인이다. Grant와 Dawson(1997)은 14세 이전에 알코올을 사용하기 시작하면 알코올 사용장애가 될 위험성이 높아진다는 사실을 밝혔다. 유사하게 Robins와 Pryzbeck(1985)은 (15세 이전에) 일찍 시작되는 불법약물 사용은 이후의 약물사용장애의 가능성을 높인다는 사실을 밝혔다. 또한 물질사용의 시작에서부터 임상적 장애로 진행하는 속도에도 차이가 있다. 예를 들어 부모가 알코올 사용장애가 있고 외현화 문제가 있는 청소년의 진행속도가 더 빠르다(Hussong, Bauer, & Chassin, 2008).

혼합모델을 사용한 종단연구들이 물질사용의 발달에 복합적 경로가 있음을 경험적으로 보여주었다. 가장 위험한 형태는 어린 나이에 물질사용이 시작되어 급격하게 증가하는 경우이다. 담배 피우기(Chassin, Presson, Pitts, & Sherman, 2000)와 과도한 음주(Chassin, Pitts, & Prost, 2002; K.Hill, White, Chung, Hawkins, & Catalano, 2000) 모두에서 발견되었다. 더구나 이런 하위집단에 대한 연구에 의하면 그들에게는 물질사용이나 물질사용장애의 가족력이 있고 높은 수준의 품행문제가 있다(Chassin et al., 2002; Costello et al., 1999; S.Y. Hill, Shen, Lowers, & Locke, 2000; Loeber, Stouthamer-Loeber, & White, 1999).

이와는 대조적으로 청소년에 대한 종단연구는 흡연이나 과도한 음주가 고등학교 이후에 시작된 (적어도 청소년기 후기) 후기 발병 집단도 발견하였다(Chassin et al., 2002). 청소년기에 시작되는 물질사용은 부모의 감독부족과 관련이 있을지 모른다. 고등학교 이후에 시작되는 청소년 물질사용은 연구자들의 관심을 별로 받지 못했고, 대부분의 예방 프로그램은 더 어린 집단을 대상으로 하고 있다. 따라서 앞으로 이 분야가 중요하게 연구되어야 한다.

위험요인과 병인론 모델

청소년 물질사용과 물질사용장애의 위험요인은 개인 내 수준과 거시환경 수준에 걸쳐 다양한 수준에서 밝혀져 왔고(Hawkins et al., 1992 참조) 병인론에 대한 생물심리학적 모델에 통합되어 왔다(Sher, 1991 참조). 물질사용장애의 이질성 때문에 어떤 한 요인이나 병인론적 경로로 그 발달을 설명하기는 어렵다. 예를 들어 알코올 중독에 대한 이론과 연구에 의하면 하위유형에 따라 병인론적 선행요인이 다를 수 있다. 특히 연구자들은 (남

자에서 더 많이 나타나고, 보통 청소년기에 시작되며 반사회성과 강하게 연결되는) 조기 발병 알코올 중독과 (신경증과 부정적 정서성과 더 강하게 연결되는) 후기 발병 알코올 중독을 구분한다(Cloninger, 1987).

여기에서는 최근의 경험적 연구에 초점을 맞추어서 중요한 위험요인과 병인론적 모델을 개관하겠다. 이런 모델들에 의하면 청소년기 물질사용장애의 선행요인과 병인론적 경로의 뿌리는 초기 발달단계에 있다. 이러한 물질사용장애의 병인론을 논하는 데 있어서 그들이 물질사용이 진행되어 가는 더 큰 일련의 단계 가운데 단지 일부라는 사실을 기억하는 것이 중요하다. 이런 단계에는 시작, 실험적 및 간헐적 사용, 규칙적 사용 및 물질사용의 증가, 문제성 있는 사용, 사용중지와 재발도 포함된다(Flay, d'Avernas, Best, Kersell, & Ryan, 1983; Glantz & Pickens, 1992). 따라서 발달단계가 진행되면서 병인론적 결정요인이 달라질 가능성이 크다. 그렇지만 기존의 경험적 연구에서는 이러한 구분이 불분명한 경우가 많았고, 기존의 많은 연구에서는 임상적 물질사용장애보다 청소년 물질사용의 예측요인을 다루었다. 따라서 기존의 데이터베이스로 물질사용행동의 각 단계에서 나타나는 변화에 대한 병인론적 모델을 구성하기는 어렵다.

가족력과 유전적 위험요인

문헌에서 계속 밝혀지고 있는 사실은 위험의 정도는 표본에 따라 다르지만 부모가 물질관련장애를 경험했을 때에는 자녀의 물질사용과 물질사용장애의 위험이 높아진다는 것이다(McGue, 1994; Milne et al., 2009). 예를 들어 부모의 알코올 중독은 자녀가 알코올 중독이 될 위험을 증가시키는데, 지역사회 표본에서 위험비(risk ratio)가 2~3인 데 반해 알코올 의존도가 심각하게 높은 반사회적인 표본에서는 위험비가 9로 증가한다(McGue, 1994; Russell, 1990). 또한 물질관련장애 발단자의 친척에서 물질관련장애의 위험이 (8배 정도까지) 증가한다(Merikangas et al., 1998).

가족력 또한 청소년기 발병 물질사용(Chassin et al., 2000; Costello et al., 1999), 시간에 따른 물질사용의 지

속성(Chassin et al., 2000), 청소년기에 시작되는 과도한 물질사용과 물질관련장애의 과정(Chassin, Flora, & King, 2004; Jackson, Sher, & Wood, 2000)을 포함하여 청소년기 물질사용과 관계가 있다. 연구에 의하면 가족력으로 인한 청소년 물질사용과 물질관련장애의 위험에는 유전적 및 환경적 매개자가 있고, 각각의 영향 정도는 발달 과정에서 변화한다. 청소년 물질사용은 공통적인 환경적 요인의 영향을 강하게 받는다. 그렇지만 청소년기 동안에 환경적 요인의 영향은 감소하는 데 반해 유전적 요인의 영향은 증가한다(Dick, Pagan et al., 2007; Kendler, Schmitt, & Prescott, 2008; Rose, Dick, Viken, & Kaprio, 2001; Rose, Dick, Viken, Pulkkinen, & Kaprio, 2001).

청소년이 성인보다 자신의 사회적 환경을 선택하기가 더 어렵다는 사실이 이런 발견의 일부를 설명해 줄 수 있다. 이러한 자율성의 차이로 인해서 청소년이 자신의 유전적 소인을 표현할 기회가 줄어들게 된다(Meyers & Dick, 2010). 반면 성인은 자신의 환경에 대해 통제력이 더 크고, 적소찾기(niche-picking)로 인해 성인의 사회적 환경에는 유전자-환경 공변성(gene-environment covariation)이 더 커진다. Dick, Pagan과 동료들(2007)의 연구가 이런 생각을 지지하였다. 이들에 의하면 부모가 감독을 많이 할수록 청소년의 흡연에 대한 유전적 영향이 감소하였고, 환경적 영향이 증가하였다. 이런 자료는 청소년에 대한 환경의 영향이 크게 관찰되는 것은 부분적으로는 성인보다 청소년의 환경이 더 제한적이기 때문임을 시사한다. 더구나 청소년의 물질사용이 발달적으로 한정된 형태이기 때문에 유전적 영향이 가려지는 것 같고, 일단 이러한 한정된 형태의 물질사용이 약화되면 유전적 영향이 더 우세해질 것이다.

연구는 또한 물질사용의 발달단계에 따라 유전성에도 차이가 있음을 밝혔다. 가령 어떤 연구는 물질사용의 시작에는 환경적 영향이 더 큰 역할을 하지만 청소년과 성인의 과도하고/문제성 있는 약물사용에는 유전적 및 특수한 환경적 영향이 더 중요한 역할을 한다고 밝혔다(Fowler et al., 2007). 그러나 다른 연구는 유전적 영향은 과도하고/문제성 있는 약물사용보다 약물사용의 시작

에 더 크게 작용하고 이런 영향은 물질의 종류와 성별에 따라 달라진다고 밝혔다(McGue, Elkins, & Iacono, 2000; Rhee et al., 2003).

청소년 물질사용의 유전성에 대해 생각해야 하는 또 다른 중요한 점이 최근 증거에서 밝혀졌는데, 물질사용이 단순히 외현화 장애 스펙트럼의 유전적 위험이 발현되는 방식 가운데 하나라는 것이다. 예를 들어 동일한 유전적 요인이 아동기 CD 증상과 현재의 물질사용이나 나중의 물질사용을 설명한다고 일관되게 밝혀지고 있다(Hicks, Krueger, Iacono, McGue, & Patrick, 2004; Krueger et al., 2002; Slutske et al., 1998; Young, Stallings, Corley, Krauter, & Hewitt, 2000). 청소년 표본에서 Young과 동료들(2000)은 품행장애, ADHD, 물질사용실험, 신기성 추구는 유전성이 높은 하나의 잠재 표현형(latent phenotype)에 의해 설명된다는 사실을 발견했다. 유사하게 Krueger와 동료들(2002)도 17세 쌍생아에서 물질관련장애, 반사회적 행동과 탈억제적 성격과 관련된 고차적이고 유전성이 높은 외현화 요인을 발견했다. 더구나 여러 후보 유전자 연구가 성인물질사용과 청소년 문제행동이 유전자를 공유한다는 사실을 발견했다(Dick et al., 2006; Dick, Agrawal, et al., 2007; Latendresse et al., 2011). 이러한 모든 발견은 여러 외현화 장애가 동시에 발생하는 현상이 부분적으로는 공통적 유전적 취약성으로 설명될 수 있음을 시사한다. 더구나 연구자들은 여러 외현화 장애의 근원적인 원인이 되는 유전된 표현형은 과소행동통제/탈억제라고 생각하고 있다(Zucker, Heitzeg, & Nigg, 2011).

현재 문헌은 청소년 물질사용에 대한 유전학적 연구에서 환경의 조절효과의 중요성을 강조한다. 유전자를 측정하는 연구는 이제 막 시작되었고 연구결과가 반복 관찰될지에 대한 우려가 있기는 하지만 여러 유전자-환경 상호작용 연구에 의하면 고위험 환경에서 물질사용의 유전적 소인이 더 강하게 작용한다. 후보 유전자에 대한 연구와 쌍생아연구에서 청소년 물질사용에 대한 유전적 위험을 조절하는 것으로 알려진 환경적 요인은 부모감독(Dick et al., 2009; Dick, Pagan, et al., 2007; Latendresse et al., 2011), 종교성(Koopmans, Slutske, van Baal, &

Boomsma, 1999), 또래 알코올사용(Dick, Pagan, et al., 2007), 도시 및 농촌 거주(Rose, Dick, Viken, & Kaprio, 2001), 그리고 부모의 규칙 정하기(van der Zwaluw et al., 2010)이다. 유전자×환경 상호작용을 개념화하는 또 다른 틀은 차별적 민감성 모델(differential-susceptibility model)이다. 이 모델에 의하면 환경이 긍정적이든 부정적이든 상관없이 어떤 유전자는 사람을 환경에 더 민감하게 만든다(Belsky et al., 2009). 따라서 '탄력성' 유전자형을 가지고 있는 사람은 고위험 환경에서는 결과가 최악이지만 긍정적 환경에서는 결과가 최고일 것이다. 예를 들어 Laucht와 동료들(2012)은 COMT VAl[158]Met 유전자 다형성에서 메티오닌 대립유전자가 동형인 청소년은 부모개입과 관리수준이 낮을 때에는 음주를 많이 하지만 부모개입과 관리수준이 높을 때에는 음주를 덜 한다고 밝혔다.

연구들은 청소년 물질사용에 대한 유전학 연구에서 내적 표현형(endophenotype)의 중요성을 강조해 왔다. '내적 표현형'이란 관심의 대상인 표현형과 관련되는 측정할 수 있는 지표이며, 유전이 되며, 질환과 동반되고, 장애의 기초가 되는 생물학과 아주 가깝다고 생각되고 있다(Gottesman & Gould, 2003; Lynskey, Agrawal, & Heath, 2010). 물질관련장애의 내적 표현형을 밝히고, 그들의 유전적 관련요인을 연구하는 것이 도움이 될 것이다. 청소년기 물질사용과 관련되는 것으로 제안되고 있는 요인에는 P300의 감소(Carlson, Iacono, & McGue, 2004), 신경행동학적 탈억제(Tarter, Kirisci, Habeych, Reynolds, & Vanyukov, 2004), 물질에 대한 주관적 반응(Inger et al., 2007), 그리고 충동성(Esposito-Smythers, Spirito, Rizzo, McGeary, & Knopik, 2009)이 있다. 어떤 연구에서는 유전자와 청소년 물질사용의 내적 표현형을 연결하고 있지만(Esposito-Smythers et al., 2009; Zeiger et al., 2008), 청소년에서 다른 내적 표현형과 이와 유전적으로 관련되는 요인을 밝히기 위해서 더 많은 연구가 필요하다.

지난 수년 동안 유전자 발견에 대한 문헌이 빠르게 증가하였다. 청소년의 유전자를 발견하려는 노력의 어려운

점은 장애가 아직 나타나지 않았다는 이유만으로 그런 문제가 없다고 청소년을 범주화화는 것이다. 이러한 불명확성 때문에 청소년 물질사용의 위험에 기여하는 게놈 부위를 확인하는 것이 어려울 수 있다. 이 분야의 문헌을 개관하는 것은 이 장의 범위를 넘어서지만 Stallings와 동료들(2003), Corrley와 동료들(2008), 그리고 Zigler와 동료들(2008)이 청소년 물질사용의 유전학을 구체적으로 살펴보고 있다. 물질사용에 관한 좀 더 폭넓은 분자유전학 연구에 대한 개관에는 Foll, Gallo, Strat, Lu와 Gorwood (2009), Agrawal과 Lynskey(2009), Dick과 Foroud(2003), 그리고 Edenberg와 Foroud(2006)가 있다. 이 자료에는 일탈또래와 연계, 부모행동 그리고 환경적 변인과의 상호작용을 통해서 청소년 물질사용과 물질관련장애의 병인에 관련되는 일부 게놈 부위의 예가 제시되고 있다.

연구에 의하면 청소년 물질사용과 물질관련장애에 상당한 유전성이 있지만 가족력의 위험이 태아기의 노출을 통해 영향을 미칠 수 있다. 한 연구에 의하면 현재 물질사용, 사춘기의 단계, 성적 활동, 비행, 또래의 약물사용, 약물장애의 가족력과 가정의 환경변인을 통제했을 때에도 태중에서 마리화나에 노출되었으면 청소년이 되어서 마리화나를 더 많이 사용하였다(Day, Goldschmidt, & Thomas, 2006). 유사하게 Disney, Iacono, McGue, Tully와 Legrand(2008)는 부모의 물질관련장애, 반사회적/행동적 장애와 여러 혼입변인을 통제했을 때에도 태중에서 알코올에 노출되었으면 청소년의 품행장애증상(알코올과 약물사용과 관련되는 행동적 요인)이 증가하였다. 반면 Hill, Lowers, Locke-Wellman과 Shen(2000)이 부모와 형제자매를 모두 포함하여 알코올 문제에 대한 가족위험을 좀 더 종합적으로 측정하였을 때 태중의 알코올과 니코틴 노출이 이러한 가족위험 이상으로 아동/청소년 외현화 문제에 영향을 미치지는 않았다. 연구결과가 불일치하지만 Glantz와 Chanbers(2006)는 문헌개관을 통하여 비록 그 증가의 정도는 모르지만 태중에서 불법약물에 노출되면 부모의 물질관련장애가 영향을 미치는 이상으로 자녀의 물질관련장애 위험이 증가된다고 결론을 내렸다.

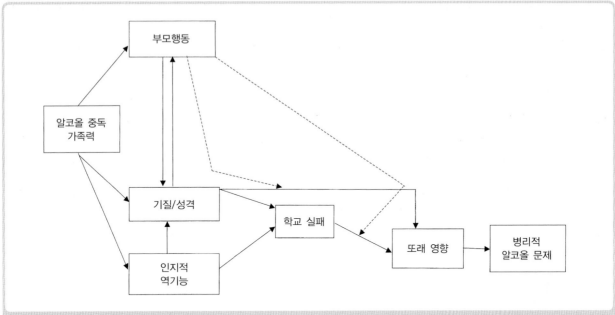

그림 4.1 Sher의 일탈 경향성 모델(1991)의 도식. 매개경로는 실선으로 표시하였고 조절경로는 점선으로 표시하였다. 여기에서는 (1991년 Sher 모델에 포함된) 정서적 스트레스의 영향은 생략되었고, 스트레스와 부정적 정서 하위모델(그림 4.2)에 포함되었다.

출처 : Sher(1991). Copyright 1991 by University of Chicago Press의 허락하에 사용함.

물질관련장애의 가족력은 청소년 물질관련장애에 대해 잘 알려진 강력한 위험요인이기 때문에 중요한 연구목표는 어떻게 이런 위험이 매개되는지를 이해하는 것이다. 앞에서 언급하였듯이 연구는 세대 간 위험의 전이에는 유전적 요인과 환경적 요인이 모두 작용한다는 사실을 보여주었다. 위험은 성격과 기질적 특성(예 : 부정적 정서성, 자기조절의 문제, 충동성, 감각추구), 물질의 약리적 효과와 강화가의 개인차, 위험한 환경의 효과를 통해 매개될 수 있다. 이 과정이 복잡하기 때문에 연구자들은 복합적이고 상호연결된 생물심리사회적 경로를 가정해 왔다. Sher(1991)는 그런 경로에 대한 발견적 모델을 제안하면서 이 개관의 틀을 제공하였다. Sher는 물질관련장애에 대한 취약성은 세 가지 하위모델이나 경로에 의해 기술될 수 있다는 가설을 세웠다 : 일탈 경향성 경로, 스트레스와 부정적 정서를 강조하는 경로, 물질사용의 효과에 집중하는 강화된 강화경로. 이 경로들이 상호배타적일 필요는 없다. 하나의 요인이 하나 이상의 경로

에 영향을 미칠 수 있다. Sher 모델은 가족의 알코올 중독이 알코올 중독의 취약성에 미치는 영향을 설명하기 위해 제안되었지만 동일한 경로들이 물질관련장애에 폭넓게 적용될 수 있을 것이다.

일탈 경향성 모델

(스트레스와 부정적 정서 하위모델에서 고려되기 때문에 부정적 정서로 인한 영향을 제외한) Sher(1991)의 일탈 경향성 하위모델이 그림 4.1에 제시되어 있다. 일반적으로 일탈 경향성 모델에서는 물질관련장애의 발달은 품행문제와 반사회성의 발달이라는 더 큰 맥락 내에서 일어난다고 본다. 물질관련장애의 위험이 있는 청소년은 기질적으로 '까다롭고' 유전적으로 행동을 통제하지 못하는 성향이 있다고 본다(Iacono, Malone, & McGue, 2008). 또한 언어기술과 실행기능의 결함을 포함하여 행동적 및 정서적 자기통제를 어렵게 만드는 인지적 결함을 가지고

있다고 생각된다. 더구나 고위험 아동은 부적절한 양육을 받는다고 생각된다(그런데 실제로는 행동통제능력이 떨어지는 아동을 양육하는 것이 어렵기 때문에 아동이 부적절한 양육을 유도한다). 이렇게 기질적, 인지적 및 환경적 위험요인이 조합하여 학교에서 실패하게 하고, 주류 또래집단에서 축출당하게 만든다. 이로 인해 아동은 약물사용의 기회, 모델을 제공하고 약물사용을 승인하는 일탈 또래와 어울리게 된다. 이 하위모델은 물질사용을 더 폭넓은 반사회적 행동의 맥락에서 보기 때문에 공격성과 품행문제를 더 일반적으로 설명하려는 병인론적 모델과 아주 유사하다(Kimonis, Frick, & McMahon, 이 책의 제3장 참조).

기질과 성격

많은 연구가 과소행동통제 및 자기통제와 관련되는 기질과 성격 특성이 청소년 물질사용과 관련된다고 보고하고 있다. 예를 들어 두 문헌개관에서 청소년 물질사용과 가장 일관된 관계를 보인 성격 특성은 비인습성, 낮은 자아통제, 감각추구, 공격성, 충동성과 만족지연의 어려움이었다(Bates, 1993; Hawkins et al., 1992).

종단연구에 의하면 과소통제된 행동과 관련되는 아동기 기질특성이 청소년기와 초기 성인기에 나타나는 물질사용문제를 잘 예측하였다. 예를 들어 Block과 동료들(Block, Block, & Keyes, 1988; Shedler & Block, 1990)은 적어도 매주 한 번 마리화나를 사용하는 청소년은 아동기에 높은 수준의 과소행동통제와 대인관계에서의 소외를 경험했고, 이런 특성은 3~4세 정도 어린 나이에서도 관찰된다고 밝혔다. 유사하게 Caspi, Moffitt, Newman과 Silva(1996)는 다른 사람으로부터 충동적이고, 가만히 있지 못하고, 집중을 잘 못한다고 평가되었던 3세 남아가 21세에 물질관련장애로 진단될 위험이 크다는 사실을 발견했다. Lerner와 Vicary(1984)는 행동적 반응성/정서성이 높고 적응이 느렸던 '까다로운' 기질의 프로파일을 보였던 5세 아동이 '까다롭지 않았던' 아동보다 청소년기와 초기 성인기에 물질을 사용할 가능성이 더 높다는 사실을 밝혔다. Brook, Whiteman, Cohen, Shapiro와 Balka

(1995)는 비인습적이고 정서를 잘 통제하지 못했던 아동은 청소년기와 초기 성인기에 물질을 사용할 가능성이 높다는 사실을 발견했다. 이러한 발견은 자기통제의 어려움과 통제되지 않는 행동은 물질사용의 단순한 상관변인이 아니라 비록 인과적 기제는 알려져 있지 않지만 청소년기의 약물과 알코올 사용을 전향적으로 예측함을 시사한다.

앞에서도 지적하였듯이 과소행동통제를 나타내는 여러 가지 행동적 지표와 그로 인한 청소년기 물질사용문제의 위험이 밝혀졌다. 하나는 사건관련전위(ERP)의 P3 요소의 감소이다. P3 요소는 새로운 자극이나 과제와 관련된 자극이 제시되고 약 300ms 후에 나타난다. P3 진폭의 감소는 물질관련장애뿐 아니라 반사회적 인격장애, ADHD와 공격성을 포함하여 여러 가지 형태의 통제되지 못한 행동에서 보고되었다(Begleiter & Porjesz, 1999; Iacono, Carlson, Taylor, Elkins, & McGue, 1999; Klorman, 1992). 더구나 알코올 사용장애가 있는 부모의 어린 자녀들은 음주를 시작하기 전부터 P3 진폭이 감소하였고(Begleiter & Porjesz, 1999), P3 진폭의 감소는 이 전집에서 음주의 시작을 예측하였다(S.Y. Hill, Shen et al., 2000; Iacono et al., 1999). 이런 발견으로 인해 P3 진폭의 감소는 조기 발병 물질사용의 소인인 과소행동통제의 잠재적 지표로 생각되었다. 과소행동통제와 물질사용 위험에 대한 또 다른 생물행동적 지표로는 자율신경계 반응성을 조절하는 능력과 신경화학적 및 신경내분비 반응이 있다(Iacono et al., 1999; Tarter et al., 1999 개관 참조).

또 다른 연구는 청소년 물질사용의 세대 간 전이는 과소행동통제 성향에 의해 매개될 가능성을 시사한다. 예를 들어 알코올 사용장애가 있는 부모의 자녀는(알코올 문제를 일으킬 위험이 높은 집단) 충동성, 공격성과 신체활동이 아주 높다(예 : Balckson, 1994; Jansen, Fitzgerald, Ham, & Zucker, 1995; Martin et al., 1994; Tarter, Alterman, & Edwards, 1985). 이런 특성은 알코올 중독인 그들의 부모에서도 발견된다(예 : Balckson, 1994). 쌍생아연구는 과소행동통제의 지표들은 유전 가능성이 높고, 특히 가족들이 알코올 중독을 보이는 환경에서는 청소년 물질사용의 위험을 높인다는 점을 보여주고 있다. 현재 진행 중인 미네소타 가족 쌍생아연구(Iacono et al., 1999)의 종단연구 자료에 의하면 억제의 감소, 스트레스에 대한 심리생리적 조절의 어려움과 높은 수준의 외현화 행동을 포함하여 다양한 과소행동통제의 지표는 유전성이 높다. 특히 (알코올 사용장애와 외현화 장애를 동시에 보이는) '비사회화된 알코올 중독자'의 아들이 (알코올 사용장애가 있지만 외현화 장애를 보이지 않는) '사회화된 알코올 중독자'의 아들이나 알코올 중독이 아닌 부모의 아들보다 ADHD, 품행장애나 반사회적 행동의 진단기준에 더 부합되고, 법을 어기고, 절제가 안 되는 성격 유형일 가능성이 더 컸다. 이런 위험요인은 부모의 알코올 중독을 통제하였을 때에도 청소년 물질관련장애 진단과 관련성이 높았다. 이러한 결과는 모두 청소년 물질사용문제에 대한 유전적인 병적 소인 모델을 지지하는데, 여기에서 유전적 소인이란 과소행동통제의 유전적 개인차를 말한다.

과소행동통제는 청소년 물질사용의 잘 알려진 위험요인이지만 과소행동통제는 복잡하고 이질적인 개념이라는 사실을 잊어서는 안 된다. 예로 성격 측면에서 볼 때 '성급하게 행동하는 경향'은 감각추구, 인내심 부족, 미리 생각하지 않기(계획하지 않고 행동하기)와 긍정적 및 부정적 절박함을 포함하여 5개의 차원으로 이루어진다고 제안되었다(Birkley & Smith, 2011; Lynam, 2011). 일반적으로 물질사용과 물질관련장애에는 보상민감성과 보상추구, 피해 회피와 처벌 회피, 억제통제와 부정적 결과를 피하기 위해 행동을 억제하는 세 종류의 과정이 특히 중요하다고 알려졌다(Castellonos-Ryan, Rubia, & Conrod, 2011; Goldstein & Volkow, 2002). 이처럼 높은 수준의 감각추구와 보상추구를 보이는 청소년, 낮은 수준의 위험회피를 보이는 청소년과 낮은 수준의 억제통제를 보이는 청소년은 물질사용의 위험이 높다. 더구나 이중과정 모델(Wiers, Ames, Hofman, Krank, & Stacy, 2010)에서는 물질사용행동은 물질에 대한 접근이나 회피를 촉진하는 자동적 연합과 억제통제의 상호작용의 결과라고 본다. 예를 들어 더 의도적이고, 내성적이고, 하향

적 인지적 통제가 약화되는 상황에서는 물질사용행동과의 긍정적이고 자동적인 연합은 행동을 몰아 부칠 가능성이 크다. 인지적 통제는 정서적 각성이 높은 상황에서는 약화되기 때문에 또래와 같이 있는 사회적 상황에서는 정서적 각성이 높아지므로 청소년 물질사용의 위험이 특히 높아질 수 있다.

기질은 비교적 안정적인 행동 스타일로 가정되지만 기질이 발달에 미치는 영향은 환경, 특히 양육환경과 가정환경에 의해 수정될 수 있다. 청소년의 외현화 행동에 대한 연구에서 기질적 반응성이 높거나 자기조절의 문제가 심할 때에는 열악한 양육이 특히 해롭다고 보고되고 있다(Bates, Pettit, Dodge, & Ridge, 1998; Stice & Gonzales, 1998). 청소년 물질사용에 대해서도 유사한 결과가 보고되고 있다. 특히 Wills, Sandy, Yaeger와 Shinar (2001)는 (알코올, 담배와 마리화나 사용을 포함한) 청소년 물질사용에 대한 기질과 양육의 조절효과를 연구하였는데, 부모위험요인(물질사용, 갈등)은 활동수준과 부정적 정서성이 높은 청소년 물질사용 위험을 악화시켰다. 이런 결과는 유전적 바탕에도 불구하고 기질적 특성이 물질사용에 미치는 영향은 청소년이 받는 양육의 유형에 따라 악화되거나 완화된다는 사실을 보여준다. 그렇지만 연구는 또한 양육과 가족환경이 물질사용에 미치는 보호적 영향은 과소행동통제와 가족 알코올 중독수준이 높을 때에는 감소하고 위험이 최고 수준일 때에는 사라진다는 사실도 발견했다.

인지기능

자기조절의 문제가 청소년 물질사용과 물질관련장애의 위험요인이라는 또 다른 증거는 인지기능의 수준에서 실행기능결손의 형태로 나타난다. '실행기능'이란 미래-목표-지향적 행동을 가능하게 하는 서로 관련된 다양한 고차적 인지과정으로 구성되는 다차원적 개념이다. 이 개념에는 계획하기, 조직화 기술, 선택적 주의, 가설 만들기, 인지적 유연성, 작업기억, 인지적 세트의 유지, 의사결정, 판단, 억제통제와 자기조절과 같이 다양한 과정이 포함된다(Lezak, Howieson, Bigler, & TRanel, 2012;

Spreen & Strauss, 1998).

청소년 물질관련장애 위험의 관점에서 볼 때 핵심적 주제는 아동이 실행기능의 결손으로 인해 환경적 자극에 대해 전략적이고 목표지향적인 반응을 하지 못할 뿐 아니라, 환경적 사건에 반응하기 위해서 피드백을 사용하여 행동을 수정하지 못한다는 점이다(Peterson & Pihl, 1990).

물질관련장애 청소년은 인지기능에 결손을 보인다. 예를 들어 Brown과 동료들은 알코올 문제가 없는 친척에 비해 알코올 의존적인 청소년은 언어적 및 비언어적 정보를 잘 기억하지 못하고, 주의능력이 떨어지고, 시각적-공간적 계획하기에 어려움을 보인다고 보고하였다(Brown, Tapert, Granholm, & Delis, 2000; Tapert & Brown, 1999). 더구나 인지기술과 적응기술이 낮은 물질 의존적 청소년은 시간이 가면서 계속적으로 알코올과 약물을 사용할 가능성이 높았다(Tapert, Brown, Myers, & Grandholm, 1999). 마찬가지로 Giancola, Mezzich와 Tarter(1998)는 물질관련장애 여자 청소년이 통제집단보다 실행기능이 더 낮음을 발견했다.

실행기능의 결손은 또한 지역사회표본에서 청소년 후기의 알코올 사용과 관계가 있음이 발견되었다. 예를 들어 Deckel, Bauer와 Hesselbrock(1995)은 젊은 성인 표본에서 실행기능의 수준이 낮을수록 음주가 더 일찍 시작되었고, 취할 정도로 마시는 빈도가 더 높았으며, 미시간 알코올 선별검사(Michigan Alcohol Screening Test)에서 더 높은 점수를 보였다. 대학생 연구에서도 비슷한 결과가 나타났다. Giancola, Zeichner, Yarnell과 Dickson(1996)은 절대적 알코올 섭취량을 통제하였을 때에도 실행기능의 수준이 낮을수록 음주의 결과가 더 부정적임을 발견했다. Sher, Martin, Wood와 Rutledge(1997)는 알코올 사용장애 진단을 받은 대학교 1학년 학생이 진단을 받지 않은 학생보다 시공간능력, 운동능력과 주의검사에서 수행이 더 떨어짐을 발견했다. 그러나 모두 횡단연구이므로 인과성의 방향에 대해서는 알려주지 못한다.

여러 연구가 알코올 사용장애 부모의 자녀는 알코올 문제가 나타나기 훨씬 이전의 어린 나이에 이미 실행기능의 결손을 보인다고 밝히고 있다(예 : Corral, Holguin, & Cadaveira, 1999; Drejer, Theilgard, Teasdale, Schulsinger, & Goodwin, 1985; Giancola, Martin, Tarter, Pelham, & Moss, 1996; Harden & Phil, 1995; Peterson, Finn, & Phil, 1992; Poon, Ellis, Fitzgerald, & Zucker, 2000). 이런 자료는 실행기능의 결손이 이 집단에서는 알코올 사용의 결과가 아니라 선행하는 위험요인임을 시사한다. 비슷하게 Deckel과 Hesselbrock(1996)은 알코올 중독 부모의 자녀 가운데에서 실행기능이 떨어지는 아동이 실행기능이 높은 아동에 비해 3년 동안 알코올을 더 많이 사용함을 발견했는데, 이는 고위험 청소년에서는 실행기능이 물질사용의 전향적 예측요인임을 시사한다. 다른 종단연구에서 Atyaclar, Tarter, Kirisci와 Lu(1999)는 평생 사용한 약의 종류, 대마초와 담배를 사용한 정도와 약물사용으로 인한 결과의 심각도 같은 청소년 약물사용의 여러 측면을 부모의 물질사용과 실행기능이 독립적으로 예측한다는 사실을 보고하였다.

이러한 연구는 실행기능의 결손이 부모가 알코올 중독인 고위험 청소년의 물질사용의 발생에 중요한 역할을 한다고 시사하지만 이런 결과가 항상 반복적으로 관찰되지 않았다는 사실에 주목해야 한다. 많은 연구자는 알코올 중독 부모의 자녀와 통제집단 사이에 의미 있는 인지기능의 차이를 발견하지 못했다(Bates & Pandina, 1992; Wiers, Gunning, & Sergeant, 1998). 더구나 주의와 작업기억의 측정은 청소년 물질사용을 항상 예측하지 못했고(Castellanos-Ryan et al., 2011; Handley et al., 2011), 적어도 한 문헌개관에서는 알코올 중독 부모의 자녀가 실행기능에 결손이 있다는 증거가 약하고 연구들 간에도 일관성이 없다고 결론을 내렸다(Hesselbrock, Bauer, Hesselbrock, & Gillen, 1991). 반응억제는 외현화 증상과는 독립적으로 알코올과 관련된 문제와 불법약물사용에 특별하게 영향을 미친다고 밝혀졌지만(Nigg et al., 2006), 어떤 연구에서는 반응억제와 대마초 사용의 관계를 발견하지 못하거나(Griffith-Lendering, Huijbregts, Vollebergh, & Swaab, 2012) 반응억제는 물질사용이 아니라 품행문제를 예측한다는 사실을 발견했다(Castellanos-Ryan et al., 2011; Handley et al., 2011). 청소년 물질사용에 대한 실행기능의 영향이 일관성이 없다. 한 가지 가능성은 실행기능을 주효과를 보이는 예측요인이 아니라 (이중과정 모델에서 제안된 것처럼; Wiers et al., 2010) 좀 더 자동적인 과정에 대한 조절요인으로 개념화하는 것이 더 나을 수 있다. 또는 연구결과가 일관성이 없는 것은 실행기능을 측정하는 방법의 낮은 신뢰도와 낮은 생태학적 타당성 같은 방법론적 문제 때문일 수 있다(Barkely, 2002).

마지막으로 청소년 물질사용은 지연 디스카운팅(delay discounting)뿐 아니라 풍선 아날로그 위험감수 과제(Ballon Analogue Risk Taking, BART; Lejuez et al., 2002), 아이오와 도박과제(Iowa Gambling Task, IGT; Bechra, Damasio, Damasio, & Anderson, 1994) 같은 위험감수 과제와 정서적 의사결정 과제의 수행과 관계가 있다. 보상에 대한 지연 디스카운팅이 더 클수록(Reynolds & Fields, 2012), IGT에서 수행이 더 저조할수록(Goudriaan, Grekin, & Sher, 2007; Xiao et al., 2013), BART에서 위험감수를 더 많이 할수록(Aklin, Lejuez, Zvolensky, Kahler, & Gwadz, 2005; Lejuez et al., 2002) 청소년이 물질사용을 더 많이 하였다. 그렇지만 이러한 복잡한 과제에서는 복합적인 과정에 의해 수행이 결정되기 때문에 이 과제들에서의 수행과 청소년 물질사용을 연결해 주는 기제에 대해서는 아직 잘 알지 못한다.

양육과 사회화

높은 수준의 애정과 일관된 훈육이 결합된 Baumrind(1991)의 '권위적' 양육은 낮은 수준의 청소년 물질사용과 관계된다(Adalbjarnardottir & Hafsteinsson, 2001; Hawkins et al., 1992). 예를 들어 낮은 수준의 부모지지와 훈육은 시간에 따른 청소년 물질사용의 증가를 전향적으로 예측하였다(King & Chassin, 2004; Stice & Barrera, 1995; Wills, Resko, Aintte, & Mendoza, 2004). 더구나 높은 수준의 가혹한 양육(Brody & Ge, 2001)과 가족갈등은 적어도 아프리카계 청소년에서 높은 수준의 물질사용과 물질관련장애와 관련이 있었다. 이런 관계는 남자보다 여자에서 더 강했고, 부정적 정서성이 높은 사람에서 더 강했다(Skeer et al., 2011; Skeer, McCormick, Norman, Bika, & Gilman, 2009; Webb & Baer, 1995; Wills, Sandy, Yaeger, & Shiar, 2001).

낮은 수준의 부모감독/자녀에 대한 부모의 지식이 남자와 여자에게 미치는 영향이 달랐지만 청소년 물질사용의 시작과 과도한 음주를 전향적으로 예측하였다(Barns, Hoffman, Welte, Farrell, & Dintcheff, 2006; Borawaski, Ievers-Landis, Lovegreen, & Trapl, 2003; Coley, Votruba-Drzal, & Schindler, 2008; Dishion, Nelson, & Kavanaugh, 2003; King & Chassin, 2004; Reifman, Barnes, Dintcheff, Farrell, & Uhteg, 1998; Steinberg, Fletcher, & Darling, 1994). 그렇지만 부모감독에 대한 연구에 의하면 부모가 자녀에게 묻기보다는 자녀가 스스로 정보를 공개해서 부모가 자녀에 대해 알게 된다(Fletcher, Steinberg, & Willams-Wheeler, 2004; Laird, Pettot, Bates, & Dodges, 2003; Stattin & Kerr, 2000). 따라서 부모감독/자녀에 대한 부모의 지식과 청소년 물질사용의 연결을 지지하는 결과는 실제로는 물질을 사용하는 청소년이 부모에게 자기 삶에 대해 덜 이야기한다는 사실을 반영할지 모른다. 청소년과 부모의 의사소통에 대한 연구에 의하면 아버지와 의사소통이 아들의 마리화나 사용과 흡연을 막아주는 보호요인으로 작용하였다(Luk, Farhat, Iannotti, & Simons-Morton, 2010).

마지막으로 어떤 연구는 일탈 또래와 어울리지 않는 청소년에서만 나타난다고 밝히고 있기는 하지만 부모이혼과 한부모 가정에서 사는 것(Duncan, Duncan, & Hops, 1996; Waldron, Bucholz, Madden, & Heath, 2009)은 높은 수준의 청소년 물질사용과 관계가 있었다(Eitle, 2005). 또한 한부모 가족구조와 (갈등의 증가나 부모-청소년 관계의 훼손과 같은) 그와 관련된 과정 중에서 어느 요인이 물질사용을 더 강하게 예측하는지는 분명하지 않다(Brody & Forehand, 1993).

청소년 물질사용은 일반적인 양육방식, 가족 분위기와 부모-청소년 관계와 관련이 있을 뿐 아니라 연구에 의하면 청소년 물질사용은 물질에 대한 부모의 특수한 사회화와도 관련된다. 즉, 부모는 청소년의 행동에 대한 일반적 규칙과 기대를 정할 뿐 아니라 담배, 알코올과 다른 약물에 대한 규칙과 방침도 결정한다. 이런 물질을 사용하지 않아야 하는 이유에 대해서 이야기를 나눌 수도 있고, 물질사용을 처벌할 수도 있다. 횡단연구와 종단연구에 의하면 물질사용에 대한 이런 유형의 사회화는 청소년의 약물사용을 막아줄 수 있다(Chassin et al., 2005; Chassin, Presson, Todd, Rose, & Sherman, 1998; de Leeuw, Scholte, Harakeh, Leeuwe, & Engels, 2008; Jackson & Henriksen, 1997).

이처럼 현재 자료는 부모 사회화 — 일반적 양육의 형태이거나 물질사용을 막기 위한 특별한 시도이거나 — 가 청소년 물질사용의 발달에 영향을 미친다고 밝히고 있다. 더구나 자료가 폭넓지는 않지만 여러 매개모델에 의하면 다양한 형태의 일탈 경향성 경로에서 구체화하였듯이 양육이 청소년 물질사용에 미치는 영향은 양육이 일탈 또래와 어울리기에 미치는 영향을 통해 매개되는 것 같다(Chassin, Curran, Hussong, & Colder, 1996; Dishion, Capaldi, Spacklen, & Li, 1995; Dishion, Patterson, & Reid, 1988; Roberts et al., 2012).

청소년 물질사용에 대한 최근 연구는 이러한 영향이 유전자-환경 공변성을 능가하여 특수하게 작용하는지를 검토하고 있다(이 경우에는 유전적 위험과 양육의 관계). (유전적 위험이 있는 청소년이 특수한 양육을 불러오는 것과 같은) 촉발적 유전자-환경 공변성과 (부모가 유전적으로 물질사용 성향을 물려주는 것과 같은) 수동적 유전자-환경 공변성이 모두 일어나는 것 같다(Reiss, Neiderhiser, Hetherington, & Plomin, 2000). 양육은 단순히 유전적 위험의 지표이거나 물질사용에 대한 유전적 영향의 매개자일지 모르기 때문에 유전적 위험을 고려하지 않고 부모양육이 청소년 물질사용에 미치는 영향을 연구하는 것은 잘못된 결론으로 유도할 수 있다. 쌍생아 연구에 의하면 부모의 정서, 갈등, 통제와 자녀활동에 대한 지식을 예측하는 데 있어서 유전적 요인이 중요한 역할을 하는데, 이는 유전자-환경 공변성의 중요성을 시사한다(Cleveland & Crosnoe, 2004; Plomin, Reiss, Hetherington, & Howe, 1994; Reiss et al., 2000).

최근 연구는 특정한 유전자와 양육행동의 관계를 탐색하기 시작하였다. 세로토닌 수송체 유전자의 다형성(5-HTTLPR), 옥시토신 수용체 유전자(OXTR)와 도파민 D2 수용체 유전자(DRD2)가 불안과 기분과 관련이 있다고 밝혀지고 있는데, 이들은 부모의 민감성, 개입, 부모-자녀 사이의 안정애착과 관련된다(Bakermans-Kranenburg & van IJzeddoorn, 2006; Gillath, Shaver, Baek, & Chun, 2008; Laucht et al., 2012). 양육자가 아동을 양육하는 방식을 예측해 주는 유전자에 대한 연구와 더불어 아동행동에 내재한 특정한 수용체계가 부모로 하여금 특정한 행동을 하게 만든다고 주장하는 연구도 있다. 예를 들어 보상과 연결되어 있기 때문에 도파민, 감마아미노낙산(GABA)과 오피오이드 시스템의 여러 유전자가 청소년의 위험감수행동과 일탈 또래와 어울릴 가능성에 영향을 미칠 수 있고, 이는 다시 청소년이 받는 양육에 영향을 미칠지 모른다(Edenberg & Foroud, 2006; Folet et al., 2004; Fowler, Settle, & Christakis, 2011; Rowe et al., 2001; Vaughn, Beaver, DeLisi, Perron, & Schelbe, 2009).

앞에서 논하였듯이 유전자와 양육이 상호작용하여 청소년 물질사용을 예측한다는 연구도 있다. 연구결과가 반복적으로 관찰되어야 하지만 일부 연구에 의하면 환경적 위험수준이 높을 때(부모의 감독/지식수준이 낮을 때)에는 유전자가 물질사용뿐 아니라 관련된 다른 결과를 더 잘 예측하였다(Dick et al., 2009; Dick, Pagan, et al., 2007). 다른 연구에 의하면 '가소성 유전자(plasticity gene)'에 문제가 있는 사람은 긍정적 환경과 부정적 환경 모두의 영향에 더 취약하다(Bakermans-Kranenburg & van IJzendoorn, 2006l Belsky & Pluess, 2009).

마지막으로 양육과 가족환경이 청소년 물질관련장애에 미치는 영향이 인종이나 문화집단에 따라 달라지는지는 잘 알려져 있지 않다. 가족의 영향이 여러 인종집단에 일반화될 수 있다는 증거가 있지만(Barrera et al., 1999; Nowlin & Colder, 2007), 어떤 연구는 인종에 따라 양육과 물질사용의 관계의 정도가 달라지거나(Bohnert, Rios-Bedoya, & Breslau, 2009; 담배에 대해서는 Griesler & Kandel, 1998 참조) 인종과 지역사회에 따라 권위적 양육과 청소년 일탈 경향성의 관계가 달라질 수 있다고 제안하고 있다(Lamborn, Dornbusch, & Steinberg, 1996).

학교 실패와 교육 포부

기질적으로 자기조절이 어렵고, 부모의 사랑과 개입을 충분히 받지 못하고 부모에게 감독과 훈육을 잘 받지 못하고, 부모의 교육수준이 낮고, 실행기능과 언어기능에 인지적 결손이 있는 아동은 학교에서 실패할 가능성이 크다(Blair & Diamond, 2008; Bryant & Zimmerman, 2002; Patterson, 1986; Valiente et al., 2011). 더구나 학교 실패 자체가 여러 가지 기제를 통하여 청소년 물질사용의 위험을 증가시킨다. 첫째, 학교 실패는 스트레스와 부정적 정서를 일으키는데 이러한 정서를 조절하기 위해 물질을 사용할 가능성이 증가된다. 둘째, 학교 실패는 학교에 대한 애착을 약화시킬 수 있다(예 : 고등교육에 대한 포부, 학업적 성공의 가치, 주류학교 활동에 대한 참여). 사회통제이론(Elliot, Huizinga, & Ageton, 1985), 사회발달이론(Catalano, Kosterman, Hawkins, Newcomb, & Abbott, 1996), 문제행동이론(Jessor & Jessor, 1977)을 포함하여 청소년 물질사용과 일탈행동에 대한 많은 이론에서는 청소년이 주류 사회기관으로부터 이탈하게 되면 관습적인 사회규범과 가치의 구속을 덜 받게 되므로 (물질사용을 포함한) 문제행동에 개입할 가능성이 커진다고 보고 있다. 더구나 학업의 성공에 신경을 쓰지 않는 청소년은 학생역할에 대한 요구와 알코올과 약물사용으로 인한 손실 사이에서 역할갈등을 덜 느끼기 때문에 물질사용을 참아야 하는 이유가 더 없어진다. 셋째, 학교 실패는 청소년이 주류 또래집단으로부터 축출될 가능성을 증가시키기 때문에, 특히 학교 실패가 공격적이거나 충분하게 조절되지 못한 행동과 연합될 때에는 약물사용의 위험이 더 증가한다(Bryant, Schulenberg, O'Malley, Bachman, & Johnston, 2003; Dishion, Patterson, Stoolmiller, & Skinner, 1991; Flicek, 1992). 주류 또래집단에서 축출된 청소년은 물질사용에 대한 모델을 제공하고 또 인정해 주는 일탈 또래와 어울릴 가능성이 커지게 된다. 이러한 기제와 일치하여 현재의 경험적 증거는 학업성적이 낮고(Bachman, Staff, O'Malley, Schulenberg, & Freeman-Doan, 2011; Crosnoe, 2006; S.C. Duncan, Duncan, Biglan, & Ary, 1998; Ellickson, Tucker, & Klein, 2008; Gau et al., 2007; Kandel, 1978; Luthar & D'Avanzo, 1999), 교육 포부가 낮고(Bachman et al., 2011; Paulson, Combs, & Richardson, 1990), 학교에서 불행하고(Fitzpatrick, Piko, Wright, & LaGory, 2005), 교육적 성공에 가치를 두지 않고 기대도 낮은(Bergen, Martin, Roeger, & Allison, 2005; Jessor & Jessor, 1977; Luthar & Ansary, 2005) 청소년이 알코올이나 약물을 사용할 가능성이 크다는 사실을 보여 주고 있다. 그렇지만 예외가 있다는 사실을 기억하는 것이 중요하다. 학업적 성공에 대한 지나치게 높은 수준의 압력은 부유한 청소년의 물질사용에 위험요인으로 작용한다(Luthar & Latendresse, 2005).

또래 영향

청소년의 물질사용과 친구의 물질사용은 관계가 깊다(Bullers, Cooper, & Russell, 2001; Hawkins et al., 1992; Kandel, 1978; Rosenquist, Murabito, Fowler, & Christakis, 2010). 약물을 사용하는 또래는 약물사용에 대한 규범뿐 아니라 모델과 기회를 제공하기 때문에 그들과 어울리면 청소년 물질사용의 위험이 증가한다(Oetting & Donnermeyer, 1998). 청소년은 또래와 같이 있을 때 위험행동을 더 많이 하는데, 이는 또래의 존재가 아주 큰 보상이 되기 때문이다(Steinberg, 2008). 실제 Chein과 동료들(2011)은 또래와 같이 있는 상황에서 보상과 관련된 뇌 부위가 활성화된다고 밝혔다.

형제와 자매도 청소년 약물사용의 또 다른 원인이 된다(Conger & Rueter, 1996; Duncan, Duncam, & Hops, 1996; McGue, Sharma & Benson, 1996). 예를 들어 손위 형제의 청소년기와 초기 성인기의 약물사용 경험이 어린 동생의 약물사용을 전향적으로 예측하였다(Bricker, Perterson, Sarason, Anderson, & Rajan, 2007; van der Vorst, Engels, Meeus, Dekovic, & Leeuwe, 2007). 그렇지만 손위 형제가 영향을 미치는 정도는 형제관계의 질에 의해 조절되어서 손위 비행형제와 관계가 따뜻하고 지지적일 때 어린 동생이 물질을 사용할 위험이 더 높아졌다 (East & Khoo, 2005; Slomkowski, Rende, Conger, Simons, & Conger, 2001; Slomkowski, Rende, Novak, Lloyd-Richardson, & Niaura, 2005). 더구나 형제의 성별이 같고 나이차가 적을 때 물질사용이 손위 형제로부터 어린 형제로 잘 이어진다(Trim, Leuthe, & Chassin, 2005).

또래의 물질사용이 청소년 물질사용을 가장 잘 예측하는 요인으로 간주되지만 연구자들은 이 관계를 잘 해석해야 한다고 주장하고 있다. 대부분의 연구에서 청소년에게 자신과 친구의 물질사용에 대해 질문을 한다. 그런데 스스로 물질을 사용하는 청소년은 친구의 물질사용을 과대평가하기 때문에 청소년과 친구의 물질사용의 상관이 과장될 가능성이 있다(Bauman & Ennett, 1996). 또래를 직접 조사했을 때 청소년과 친구의 약물사용의 상관이 여전히 유의하지만 좀 더 작아진다(Kandel, 1978).

청소년과 또래의 물질사용이 일관된 관계를 보이지만 이 상관은 또래 선택과 또래 영향이라는 두 가지 다른 과정 때문에 나타날 수 있다. 알코올을 사용하는 사람은 자신과 비슷하게 알코올을 사용하는 사람을 친구로 선택할 가능성이 크고(즉, 또래 선택) 친구가 알코올을 사용하거나 알코올 사용을 인정할 때 알코올을 사용할 가능성이 더 크다(즉, 또래 영향). 여러 연구에서 또래 선택이나 또래 영향이 청소년의 물질사용과 친구의 물질사용의 관계를 일으키는지를 연구해 왔다(Bauman & Ennett, 1996; Dishion & Owen, 2002; Simons-Morton & Farhat, 2010). 종단연구는 또래 선택과 또래 영향이 모두 작용한다고 보고하고 있다(Bullers et al., 2001; Dishion & Owen, 2002; Rosenquist et al., 2010).

그렇지만 일부 연구자는 또래 선택이 또래 영향보다 더 강하게 작용한다고 밝혔다(Bullers et al., 2001; Simons-Morton & Farhat, 2010). 이로 인해 연구자들은 능동적 유전자-환경 상관의 가능성을 생각하게 되었는데, 특정 유전자형을 가진 청소년은 자신과 비슷한 친구나 물질사용을 격려하는 친구를 찾는 경향을 보일 수 있다(Loehlin, 2010; Reiss et al., 2000). 실제 유전적 요인이 일탈 또래

나 물질을 사용하는 또래와 어울림에 미치는 영향은 쌍생아연구(Cleveland, Wiebe, & Rowe, 2005; Fowler et al., 2007; Kendler & Baker, 2007)와 유전자 측정연구(Beaver, Wright, & DeLisi, 2008; Fowler et al., 20110; Vaughn et al., 2009) 모두에서 발견되었다. 또한 유전적 위험이 물질사용에 미치는 영향을 또래 영향이 매개할 수도 있다. 즉, 특정 유전자형을 가진 청소년은 물질을 사용하는 친구를 선택하고 그 친구는 역으로 청소년이 물질을 사용하도록 영향을 미친다(Reiss et al., 2000). 예를 들어 Chassin과 동료들(2012)은 남자에서는 뮤-오피오이드 수용체(mu-opioid receptor, OPRM1)의 유전자 변이가 알코올 사용을 부추기는 또래와 어울림을 예측하였고, 이는 알코올과 관련된 문제의 위험을 증가시켰다.

또래 영향이 유전적 위험을 매개할 뿐 아니라 유전적 위험을 조절할 수도 있다. Guo, Elder와 Hamilton(2009)은 청소년 음주에 대한 유전적 위험의 영향이 과음하는 또래가 있을 때에 더 커진다는 사실을 발견했다. 유사하게 Agrawal과 동료들(2010)은 또래의 물질사용을 더 많이 보고한 여성에서 규칙적인 물질사용이 유전될 가능성이 더 높다는 사실을 발견했다. 알코올 사용을 제재하는 또래 환경은 유전적 위험의 효과를 억제하지만 알코올 사용을 지지하는 또래 환경은 유전적 취약성을 드러내어서 음주에 대한 유전적 영향이 더 커진다. 이러한 형태의 유전자×환경 상호작용은 연령에 따라 달라질 수 있다. Kendler, Gardner와 Dick(2011)은 또래집단의 일탈과 음주에 대한 유전적 위험의 상호작용은 청소년기 초기에 강하고, 청소년 중기에 약해지고 초기 성인기에는 사라진다는 사실을 발견했다. 마지막으로 유전자와 또래 영향에 대한 유전자×환경 상호작용 연구는 거의 없다. van der Zwaluw, Larsen과 Engels(2012)는 청소년 음주를 예측하는 데 있어서 가장 친한 친구의 음주와 도파민 D4 수용체(DRD4) 사이의 상호작용을 발견하지 못했지만 Johnson과 동료들(2010)은 니코틴 문제를 예측하는 데 있어서 또래 영향과 CHRNA5 사이에 상호작용을 발견하였다.

아동기 품행문제

일탈 경향성 모델에서 가장 핵심이 되는 가정은 청소년 물질사용장애는 더 폭넓은 품행문제와 반사회성 발달과 관련이 있다는 것이고, 이 가정은 폭넓게 경험적 지지를 받고 있다(Hawkins et al., 1992). 품행문제와 공격성은 청소년 물질사용(Henry et al., 1993; Kellman, Brown, Rubin, & Ensminger, 1983), 시간에 따른 물질사용의 악화(K. Hill et al., 2000; Hussong, Curran, & Chassin, 1998)와 이후의 물질관련장애 진단(Chassin, Pitts, & DeLucia, 1999)을 예측한다. 더구나 품행장애는 청소년 물질관련장애에 대한 강력한 위험요인이며(Clark, Parker, & Lynch, 1999; Costello et al., 1999; Disney, Elkins, McGue, & Iacono, 1999; Weinberg & Glamtz, 1999), 품행문제는 남자와 여자 모두의 물질관련장애를 예측하였다(Chassin, Pitts, Delicia, & Todd, 1999; Costello et al., 1999; Disney et al., 1999). 흥미롭게도 이 관계는 모든 외현화 문제에 해당되지 않고 품행문제에만 국한되는 것 같다. 예를 들어 ADHD와 물질관련장애가 관계가 있는데, 이 관계는 ADHD 자체보다 ADHD와 관련된 품행장애의 발달에 의해 매개되는 것 같다(Costello et al., 1999; Disney et al., 1999; Lynsky & Fergusson, 1995; Molina, Smith, & Pelham, 1999). 담배문제에 대해서는 예외가 있어서 품행장애가 없을 때에도 주의력결핍과 관련이 있다(Disney et al., 1999; Elkins et al., 2007; McMahon, 1999).

스트레스와 부정적 정서 하위모델

스트레스와 부정적 정서기제는 스트레스와 부정적 정서를 조절하거나 이겨내기 위해 물질을 사용하는 사람이 물질관련장애의 위험이 높다는 가설을 세우는 데 사용될 수 있다. 따라서 높은 수준의 환경적 스트레스를 경험하고, 기질적으로 부정적 정서를 경험할 가능성이 높은 아동과 청소년이 부정적 정서를 감소시키기 위해(즉, 자기치료의 형태로) 알코올이나 약물을 사용하기 때문에 물질사용과 물질관련장애의 위험이 높다. Sher(1991)의 이

하위모델이 그림 4.2에 제시되어 있다. 이 하위모델은 직관적으로 볼 때에는 매력적이지만 일탈 경향성 모델에 비해 항상 경험적 지지를 받지는 못했고 또 잘 확립되어 있지 않다.

많은 연구에 의하면 높은 수준의 부정적 정서와 내재화 증상은 알코올 사용, 과음, 알코올 사용장애, 흡연, 담배 사용장애, 대마초 사용, 처방약물의 비의료적 사용과 다른 불법약물 사용을 포함하여 청소년 물질사용과 같이 발생한다(Deykin, Buka, & Zeena, 1992; Hussong, Jones, Stein, Baucom, & Boeding, 2011; Kassel, Stroud, & Paronis, 2003; Patton et al., 2002; Rohde, Lewinsohn, & Seeley, 1996; Waller et al., 2006; Wu, Ringwalt, Mannelli, & Paktar, 2008). 더구나 여러 연구가 환경적 스트레스가 높은 청소년이 (알코올, 담배와 다른 약물을 포함하여) 물질을 사용하고, 시간이 가면서 물질사용의 양과 빈도가 증가할 가능성이 높다고 밝히고 있다(Chassion et al., 1996; Dube et al., 2006; Hoffman, Cerborne, & Su, 2000; Hussong & Chassin, 2004; Wills, Sandy, & Yaeger, 2002). 더구나 외상적 경험, 특히 아동학대(성적, 신체적, 또는 정서적 학대와 정서적 또는 신체적 방임)에 노출된 아동과 청소년도 물질사용의 위험이 높다. 여기에는 물질사용의 조기시작(Keyes, Hatzenbueler, & Hasin, 2011; Whitesell, Beals, Mitchell, Manson, & Turner, 2009), 폭음(Cisler et al., 2011), 알코올 관련문제(Sartor, Agrawal, McCutcheon, Duncan, & Lynskey, 2008), 대마초 장애증상(Rogosch, Oshiri, & Cicchetti, 2010)과 물질관련장애(Whitesell et al., 2009)가 포함된다. 마지막으로 물질관련장애 치료를 받고 있는 청소년에 대한 연구는 청소년의 스트레스/부정적 정서와 물질사용의 관계를 지지하는데, 스트레스, 부정적 정서와 우울이 처치 이후의 재발과 관련되었다(Cornelius et al., 2003; McCarthy, Tomlinson, Anderson, Marlatt, & Brown, 2005; White et al., 2004).

스트레스와 부정적 정서가 청소년 물질사용과 관계가 있는 것은 확실하지만 부정적 정서와 내재화 증상이 청소년 물질사용의 원인인지 또는 결과인지, 또는 양쪽 모두에 해당하는지는 아직 분명하지 않다. 여러 전향적 연

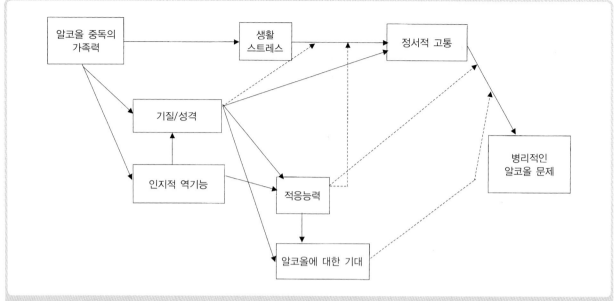

그림 4.2 Sher의 스트레스와 부정적 정서 하위모델(1991)에 대한 도식. 매개경로는 실선으로 표시하였고 조절경로는 점선으로 표시하였다.

출처 : Sher(1991). Copyright 1991 by University of Chicago Press의 허락하에 사용함.

구에서 아동기와 청소년의 내재화 증상을 이후의 물질사용의 시작(King et al., 2004), 시간에 따른 물질사용의 증가(Mason, Hitchings, & Spoth, 2007), 그리고 물질관련장애(Sung et al., 2004; Wittchen et al., 2007)와 연결시켰지만 대개 효과가 작고 특정 집단이나 특정 발달시기에만 발견되었다. 더구나 다른 많은 전향적 연구는 청소년기와 성인기 초기에 물질사용과 물질관련장애와 연결되는 의미 있는 내재화 경로를 전혀 발견하지 못했다(Chassin, Pitts, DeLucia, & Todd, 1999; Hansell & White, 1991; K.Hill et al., 2000; Hussong et al., 1998).

이처럼 결과가 일치하지 않는 한 가지 이유는 청소년의 내재화 증상이 외현화 증상과 같이 나타나는 경우가 많기 때문이다(Lewsohn, Shankman, Gau, & Klein, 2004). 그런데 외현화 증상이 물질사용의 결과에 더 강하고 일관된 영향을 미친다(Dierker, Vesel, Sledjeski, Costello, & Perrine, 2007; Hallfors, Waller, Bauer, Ford, & Halpern, 2005; Hussong et al., 1998; King et al., 2004; Ohannessian & Hesselbrock, 2008). 내재화 증상과 외현

화 증상이 각각 물질사용에 대해 독자적인 위험을 유발할 수 있지만 발달 과정에서 상호작용할 수도 있다(Hussong et al., 2011). 불행하게도 청소년기 동안 내재화 증상과 외현화 증상의 동반이환율이 높기 때문에 이 효과를 분리해 내기가 어렵다(Hussong et al., 2011). 그럼에도 불구하고 높은 수준의 내재화와 외현화 증상을 보이는 청소년은 물질사용문제의 위험이 특히 높을 가능성이 크다(Pardini, White, & Stouthamer-Loeber, 2007).

스트레스와 내재화 증상이 물질사용을 전향적으로 예측하는 요인임을 지지하는 증거가 일관적이지 않은 또다른 이유는 평가 사이의 시간간격이 적절하지 않은 연구가 많았기 때문이다. 자기치료에서는 부정적 사건이 임박해서 물질을 사용할 가능성이 높기 때문에(Park, Armeli, & Tennen, 2004) 오랜 기간에 걸쳐 스트레스/부정적 정서와 물질사용의 관계를 살피는 연구에서는 연구방법과 이론이 맞지 않을 수 있다. 물질사용의 자기치료 모델을 검증하는 데에는 매일의 일기와 경험-표집방법(Hussong, Hicks, Levy, & Curran, 2001)이 더 적절할 수

있다. 대조적으로 물질관련장애로 가는 내재화 경로에서는 보통 물질사용이 늦게 시작되기 때문에 평가 사이의 기간이 충분하지 않다고 보는 사람들도 있다. 알코올 사용장애의 발달에 대한 연구에서는 보통 청소년과 젊은 성인을 대상으로 하지만 Cloninger(1987)의 제1유형 알코올 중독과 Zucker(2006)의 부정적 정서형 알코올 중독과 같은 부정적 정서형 알코올 중독의 하위유형은 청소년기 발병이 아니라 성인기 발병으로 간주된다.

그러나 청소년 중에서 직접적이고 전향적인 내재화 효과는 조기에 발병하고 임상적으로 심각한 내재화 증상을 보이는 소수의 하위집단에서만 발견되었다. Sihvola와 동료들(2008)은 동시에 발생한 장애와 기초선 사용 정도를 통제한 후에도 조기 발병 우울증(즉, 14세)이 하루 흡연 정도, 불법약물사용과 알코올 사용빈도를 포함하여 3.5년 이후에 나타나는 수많은 물질사용의 결과를 유의하게 예측하는 것을 발견했다. 그러나 대부분의 청소년에서는 초기의 내재화 증상이 물질사용문제로 연결되지 않는다. 부정적 정서/내재화 증상이 물질사용문제를 일으키는지 여부는 이런 증상이 일탈 또래와 어울림, 사회적 무능/거부와 학업 실패와 같이 여러 좀 더 근접 영역에서 문제를 일으키는 정도에 달려 있다(Hussong et al., 2011; Zucker, 2008). 다시 말해 스트레스와 부정적 정서가 청소년 물질사용에 미치는 영향은 직접적이기보다 간접적인 것으로 보는 것이 더 적절한 것 같다.

청소년의 부정적 정서/내재화 증상과 물질사용의 관련성은 정서의 유형에 따라서도 달라지는 것 같다 (Colder, Chassin, Lee, & Villalta, 2009 참조). 그렇기 때문에 서로 다른 유형의 정서(우울, 분노, 불안)와 내재화 증상을 통합하게 되면 물질사용과의 관계가 불분명해질 수 있다. 우울에 관한 연구에 의하면 청소년 우울과 물질사용은 상호작용하여서 문제의 정도와 과정에 서로 영향을 미칠 수 있다(Colder et al., 2009). 우울한 청소년은 물질을 실험적으로 사용함으로써 일시적으로 기분이 좋아지고, 그로 인해 강화를 받아서 물질을 더 사용하게 되고, 결국 물질관련장애가 될 수 있다. 이와는 대조적으로 반복적인 물질사용은 생물화학적 변화를 유발하여

또 다른 우울 에피소드를 일으킬 수 있다(Rao, 2006). 분노는 횡단연구에서 물질사용과 관련되지만 전향적 연구에서는 물질사용을 예측하지 못했다(Swaim, Deffenbacer, & Wayman, 2004; Weiner, Pentz, Turner, & Dwyer, 2001). 물질사용에 대한 정서조절 모델에서도 또한 긍정적 정서를 증가시키기 위해 물질을 사용하는 동기를 가정한다(Cooper, Frone, Russell, & Mudar, 1995). 긍정적 정서와 부정적 정서를 분리하였던 소수의 연구에서 낮은 긍정적 정서는 물질사용과 물질사용의 증가와 관련이 있었고(Wills, Sandy, Shinar, & Yaeger, 1999), 충동성이 높은 청소년의 물질사용문제와도 관련이 있었다(Hussong & Hick, 2003). 그러나 다른 연구들은 긍정적 정서와 청소년 물질사용은 관계가 없음을 발견했다.

불안과 물질사용 취약성의 관계는 불안의 유형에 따라 달라지는 것 같다. 예를 들어 청소년기 범불안증상은 청소년 물질사용의 발병과 빈도(Frojd, Ranta, Kaltiala-Heino, & Marttunen, 2011; Kaplow et al., 2001), 초기 성인의 알코올 사용장애(Sartor, Lynskey, Heath, Jacob, & True, 2007)를 증가시키지만 후기 아동기 분리불안은 청소년기의 물질사용을 감소시키는 것 같다(Kaplow et al., 2001). 외상후 스트레스장애(PTSD) 증상은 알코올 사용의 시작(Wu, Bird, et al., 2010)과 젊은 성인의 대마초 사용장애(Cornelius et al., 2010)의 위험을 증가시킨다. 그러나 물질사용에 대한 외상후 스트레스장애의 역할을 결정하기 전에 PTSD에 대한 종단연구가 필요하다. 흥미롭게도 청소년의 사회불안은 청소년기 동안 물질사용의 위험을 감소시키지만(Frojd et al., 2011) 성인 후기의 물질관련장애의 위험은 증가시킨다(Buckner et al., 2008; Zimmermann et al., 2003). 아마도 사회적으로 불안한 청소년은 물질사용을 부추기는 또래집단을 선택할(또는 그들로부터 선택을 받을) 가능성이 적기 때문에 사회불안은 청소년 물질사용의 위험을 감소시키지만 음주와 다른 물질사용이 더 일반적이고 쉽게 접할 수 있는 성인기에는 물질사용문제의 위험을 증가시키는 것 같다.

청소년 물질사용으로 가는 부정적 경로에 대한 연구도 또한 여러 가지 중재요인의 중요성을 강조하고 있는

데, 이는 취약한 청소년 집단에서는 내재화 과정이 더 중요한 역할을 함을 시사한다. 예를 들어 물질사용에 대한 스트레스와 부정적 정서의 영향은 여러 가지 유전적 소인을 가지고 있는 청소년에서 더 강할 수 있다(Audrain-McGovern, Lerman, Wileyto, Rodriguez, & Shields, 2004; Covault et al., 2007). 부정적 정서와 물질사용의 관련성은 사회적 지지를 덜 받고(Hussong et al., 2001), 부모의 정서사회화가 부족하고(Hersh & Hussong, 2009), 적응의 수단으로써 물질사용의 효과에 대해 더 긍정적 기대를 하는 청소년에서 더 강할지 모른다(Hussong, Galloway, & Feagans, 2005; Kassel et al., 2007). 실제 Sher의 모델(1991)에 의하면 스트레스나 부정적 정서와 물질사용의 관계는 물질이 자신의 정서적 스트레스를 완화시켜 준다고 기대하는 사람에서 더 강해야 한다. 부정적 정서를 이겨내기 위해 알코올을 사용한다고 보고한 청소년과 성인은 단지 소수였지만(Kuntsche, Knibbe, Gmel, & Engels, 2005가 개관한 알코올 연구에서 1~7%), 그런 사람들은 알코올과 관련된 문제와 장애를 일으킬 위험이 특히 높다(Hussong et al., 2011 참조).

성별도 중요한 중재요인이다. 성별에 따른 물질사용의 내재화 경로의 차이에 대한 연구는 상당히 복잡하지만 부정적 정서와 물질사용의 관련성은 남자보다 여자에서 더 강한 것 같다(Armstrong & Costello, 2002; Mason et al., 2007; Poulin, Hand, Boudreau, & Santor, 2005). 그러나 조기 발병 우울증 남자는 여자와 우울하지 않는 남자에 비해 물질사용문제의 위험이 훨씬 더 크다(Crum, Storr, Lalongo, & Antholy, 2008; Kovac, Obrosky, & Sherill, 2003). 연구자들은 초기의 무드 증상은 나중에 여자에서는 기분장애가 될 가능성이 높지만 남자에서는 물질사용과 물질관련장애가 될 가능성이 높다고 본다(Klein & Corwin, 2002).

마지막으로 스트레스와 부정적 정서의 영향은 스트레스에 대한 반응의 개인차에 의해 매개되거나 중재될 가능성이 높다. 예를 들어 스트레스/부정적 정서기제는 스트레스에 대한 반응양식이 반추적이고(Skitch & Abela, 2008), 스트레스에 대한 생물학적 반응체계에 문제가 있는(De Bellis, 2002; Schepis, Rao, Yadav, & Adnoff, 2011) 등 부적응적 대응전략을 사용하는 청소년에서 더 강하게 작용할지 모른다(Kassel, Jackson, & Unrod, 2000; Laurent, Catanzaro, & Callan, 1997; Wills, Sandy, Yaeger, Cleary, & Shinar, 2001). 중요한 사실은 어렸을 때의 외상과 만성적 스트레스는 스트레스를 조절하는 시상하부-뇌하수체-부신피질(hypothalamic-pituitary-adrenocortical HPA) 축과 다른 신경생물학적 기제에 문제를 일으켜서 물질사용의 조기 발병과 나중의 물질관련장애의 위험을 증가시킬 수 있다는 것이다(Anderson & Teicher, 2009; De Bellis, 2002). 어려서 경험한 역경은 스트레스를 유발하고, 스트레스는 뇌를 변화시켜서 스트레스와 부정적 정서에 대한 취약성을 증가시킨다. 따라서 어려서 경험한 역경은 물질사용장애의 발달 과정에 오랫동안 지속적으로 영향을 미칠 수 있다.

물질사용 효과 하위모델

앞에서 논의한 일탈 경향성 하위모델과 스트레스와 부정적 정서 하위모델은 청소년 물질사용의 기능을 검토하는 것의 중요성을 보여주었다. 일탈 경향성 모델은 청소년 물질사용은 낮은 행동통제와 약물사용을 부추기는 또래집단이라는 더 폭넓은 사회적 맥락 안에서 일어난다는 사실을 강조하였다. 또래집단 안에서는 청소년 물질사용은 강함과 어른스러움의 이미지를 전달하고, 청소년의 실제적 자아개념이나 이상적 자아개념을 표현하는 기능을 한다(Barton, Chassin, Presson, & Sherman, 1982; Jessor & Jessor, 1977; Sussman, Dent, & McCullar, 2000). 더구나 획득된 준비성 모델(the acquired preparedness model)에 의하면 탈억제가 학습과정을 편향시켜서 충동적이고 감각추구 성향이 강한 청소년은 물질사용의 긍정적 효과에 집중하게 된다(Corbin, Iwamoto, & Fromme, 2011). 스트레스와 부정적 정서 하위모델에서는 청소년에 대한 알코올과 약물사용의 정서조절기능을 강조하였다. 따라서 알코올과 약물사용에는 청소년에게 강화가 되는 약리적 효과가 있다는 점을 기억하고, 청소년 물질관련장애

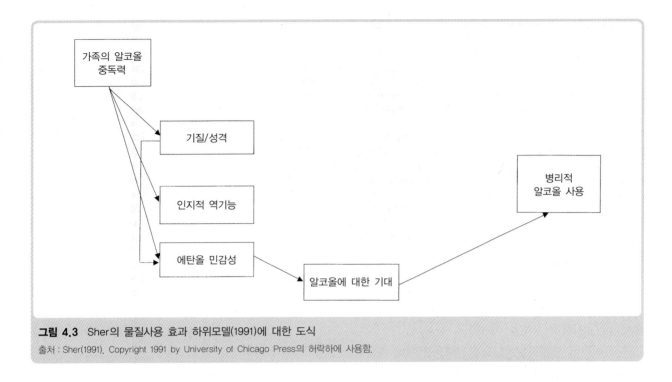

그림 4.3 Sher의 물질사용 효과 하위모델(1991)에 대한 도식

출처 : Sher(1991). Copyright 1991 by University of Chicago Press의 허락하에 사용함.

에 대한 병인론적 모델에서 이런 효과를 고려할 것이 중요하다. Sher(1991)의 물질사용 효과 하위모델이 그림 4.3에 제시되어 있다. 이 모델에서는 가족의 알코올 중독력(또는 다른 물질관련장애)이 알코올과 다른 약물의 약리적 효과에 대한 민감성의 개인차와 관계가 있다고 보고 있다(앞에서 논의했던 기질적 및 인지적 변인). 물질을 사용하고 경험하는 효과가 다르기 때문에 물질사용에 대한 기대가 달라질 수 있다. 이런 기대는 나중에 물질을 다시 사용할 가능성에 영향을 미친다.

인간과 동물을 대상으로 알코올과 약물자가투여의 효과가 많이 연구되었는데, 이 연구는 이 장의 범위를 넘어선다. 더구나 윤리적 이유 때문에 알코올이나 다른 약물투여에 대한 실험실 연구는 성인에 국한되었다. 따라서 실험실에서 일어나는 알코올과 약물의 효과와 자연환경에서 청소년에게 일어나는 알코올이나 약물의 효과 사이의 관계에 대해서는 거의 알려진 바가 없다. 오히려 아동과 청소년 집단에 관심이 있는 연구자들은 물질사용 효과에 대한 그들의 신념이나 기대에 관심을 기울여 왔다. 이런 기대는 아직 물질을 사용해 보지 않은 어린 아

동에서도 측정될 수 있고, 청소년기에는 점점 더 복잡해지고 더 긍정적이 된다(Dunn & Goldman, 1996). 더구나 물질사용 효과에 대한 청소년의 기대는 그들의 물질사용과 체계적으로 관계가 있고(Smith, Goldman, Greenbaum, & Christiansen, 1995; Stacy, Newcomb, & Bentler, 1991), 마리화나와 각성제에 대한 기대도 또한 청소년의 약물선호와 약물사용과 관계가 있다(Aarons, Brown, Stice, & Coe, 2001). 마지막으로 물질에 대한 신념을 스스로 보고하게 하는 것과 더불어서 물질사용 자극을 긍정적 단어나 부정적 단어와 연합하는 반응시간을 측정하는 과제를 사용하여 청소년의 암묵적 태도(물질에 대한 좀 더 자동적인 긍정적 및 부정적 연합)를 간접적으로 평가하였다. 좀 더 자동적인 연합에 대한 측정치가 청소년의 담배 사용(Sherman, Chassin, Presson, Seo, & Macy, 2009), 대마초 사용의 변화(Cousijn, Goudriaan, & Wiers, 2011)를 전향적으로 예측하였다. 청소년 물질사용에 대한 이중과정 모델에 의하면 의식적인 인지적 통제가 약화되었을 때 자동적 연합이 특히 강력한 힘을 발휘한다(Wiers et al., 2010 참조).

이웃과 거시적 수준의 요인

Sher(1991)의 일탈 경향성 모델, 스트레스와 부정적 정서 모델, 물질사용 효과 모델은 또래와 가정환경보다 더 폭넓은 사회적 요인의 효과에 대해서는 별로 관심을 기울이지 않았다. 그렇지만 이웃, 학교와 사회경제적 지위와 같이 더 폭넓고, 거시적 수준의 환경이 청소년 물질사용과 물질관련장애에 어떻게 영향을 미치는지에 대해 연구자들이 점점 더 관심을 기울이고 있다(발달정신병리에 대한 거시적 수준의 영향에 대한 연구에서 나타나고 있는 경향과 비슷하게). 이런 거시적 수준의 요인은 양육, 또래변인, 가족환경, 성격 특성 및 다른 병인론적 요인과 상호작용하여 청소년의 물질사용에 영향을 미친다. 이웃, 학교와 다른 사회적 맥락은 물질사용을 수용하는 정도에 대한 사회적 규준을 제공하고, 물질 종류에 따른 접근 용이성이 달라지게 하고, 물질사용에 대해 다양한 정도의 처벌이나 제재를 가함으로써 물질사용과 물질장애의 위험에 영향을 미칠 수 있다. 이론적으로는 이런 요인은 Sher가 제안한 세 가지 병인론적 경로 모두에서 청소년 물질사용의 유병률에 영향을 미칠 것이다.

알코올을 판매하는 점포 수, 이웃과의 유대 부족(즉, 지역사회 정체성 부재, 지역활동에 대한 낮은 참여도), 주거 이동성과 불안정성, 높은 수준의 범죄나 폭력률, 지역사회의 물질사용에 대한 관대한 규준 같은 이웃의 여러 가지 특성이 청소년 물질사용의 증가와 관련이 있다(Buu et al., 2009; Gibbons, Gerrard, Willsm, Brody, & Conger, 2004; Huckle, Huakau, Sweetsur, Huisman, & Caslwee, 2008; Lambert et al., 2004; Leventhal & Brooks-Gunn, 2000; Tober, Komo, & Maldonado-Molina, 2009; Wilson, Syme, Boyce, Battistich, & Selvin, 2005).

보통 소수인종의 비율이 높은 이웃이 열악하고 위험이 높다고 생각되지만 소수인종 청소년이 유럽계 청소년보다 알코올과 다른 물질을 덜 사용한다(SAMHSA, 2001). 어떤 연구는 인종에 따른 청소년 물질사용의 차이는 이웃의 특성보다는 가족과 또래과정의 차이가 더 잘 설명

할 수 있다고 주장한다. 예를 들어 히스패닉계(Cox, Burr, Blow, & Parra Cardona, 2011)와 아프리카계(Watts & Rogers, 2007) 청소년의 낮은 수준의 물질사용은 가족관계가 더 강조되고 또래 영향을 덜 받는 것과 관련이 있다. 그러나 문화적 동화의 수준이 높을수록 히스패닉계 청소년에 대한 이런 보호요인의 효과가 사라졌다(Cox et al., 2011).

학교도 물질사용의 발달에 중요한 사회적 맥락이다. 연구에 의하면 물질사용이 인정되고 사회적으로 용납되며, 학교 연대감이 낮고, 교사-학생관계가 좋지 않은 학교에 다니는 청소년이 물질사용과 물질관련장애의 위험이 더 높았다(Bond et al., 2007; Bottcello, 2009; Fletcher, Bonell, & Hargreaves, 2008). 유사하게 학교중재연구에 의하면 학교 출석의 증가, 학생-성인(예 : 교사, 코치)관계의 개선, 학교에 대한 즐거움과 흥미의 향상, 무단결석의 감소는 물질사용, 특히 남학생의 물질사용을 감소시켰다(Fletcher et al., 2008). 물질사용에 대한 학교정책이 알코올과 담배 사용에 어떻게 영향을 미치는지에 대해서 알려진 바가 없지만 학교에서 엄격하게 시행되는 금연정책은 청소년의 흡연을 감소시켰다(Evans-Whipp et al., 2004).

가족, 학교와 사회경제적 지위 같은 요인 외에도 공공정책이 청소년 물질사용, 특히 합법적인 약물(알코올과 담배)의 사용을 변화시켰다. 연구에 의하면 알코올(Chaloupka, Grossman, & Saffer, 2002)과 담배의 세금과 가격(Carpenter & Cook, 2008)이 청소년의 음주와 흡연을 많이 감소시켰다. 마찬가지로 합법적 음주연령을 상향조정하고, 21세 이하 운전자에게 허용되는 혈중알코올농도를 낮추고, 알코올과 담배를 판매하는 점포 수를 조정하고, 알코올과 담배 점포와 학교 사이의 거리를 제한하고, 알코올과 담배광고와 미디어 노출 정도를 감소시킴으로써 청소년의 알코올(Anderson, Chisholm, & Fuhr, 2009; Paschall, Grube, & Kypri, 2009)과 담배 사용이 감소하였다.

결론과 앞으로의 연구 방향

앞에서 논의하였듯이 청소년 물질사용과 물질관련장애의 성질과 그 원인이 되는 요인에 대해서는 많이 알려졌다. 더구나 경험적으로 평가된 많은 치료 프로그램과 예방 프로그램이 이미 개발되고 있다. 예를 들어 많은 연구에서 물질관련장애의 가족력, 아동기 품행문제, 행동적 과소통제와 관련된 기질적 및 성격적 특성과 약물을 사용하는 또래집단과의 연계가 모두 약물사용과 물질관련장애의 위험을 증가시킨다는 데 대한 동의가 이루어졌다.

그러나 아직도 해답을 모르는 문제가 많고 앞으로 연구해야 할 내용도 많다. 청소년에게 현재의 진단기준이 적절한지도 분명하게 해야 하고 DSM-5의 두 가지 증상 역치의 영향에 대해서도 평가를 해야 한다. 병인론에 대해서는 가족력의 위험이 잘 알려져 있지만 위험이 세대 간에 전이되는 기제나 이런 위험을 완화시켜 주는 보호요인에 대해서는 아직 잘 알려져 있지 않다. 과소행동통제 성향이 유전될 수 있는 중요한 위험요인이라고 주장하는 유전학적 연구가 증가하고 있지만 내재화 및 외현화 발달경로에서 유전자×환경 상호작용에 대해서는 더 연구가 이루어져야 한다. 외현화 경로에 관해서는 최근 연구들이 과소행동통제가 복잡하고 다면적 개념이라는 생각을 지지하고 있다. 과소행동통제의 여러 측면, 과소행동통제가 어떻게 발달하는지, 환경적 영향을 얼마나 받는지, 청소년 약물사용과 어떻게 관련되는지에 대해 더 많은 것이 밝혀져야 한다. 실험실 의사결정 과제와 위험감수 과제의 수행에 영향을 미치는 복잡한 과정에 대해서도 더 이해해야 한다. 내재화 경로에 관해서는 강한 외현화 효과의 맥락 내에서 내재화의 역할과 여러 가지 부정적 정서의 역할도 밝혀야 한다(특히 적응과 행동적 과소통제와 같은 중재변인의 중요성). 즉, 내재화와 외현화 경로를 따로 생각하기보다는 환경적 스트레스나 부정적 정서와 물질사용의 관계를 과소행동통제가 중재한다고 보는 것이 더 유용할지 모른다. 일반적으로 청소년 물질사용에 대한 이해는 정서적·인지적 및 행동적 자기조절의 발달을 검토하는 연구의 진보로 인해 더 발전할 것이다.

더구나 이러한 병인론적 모델을 연구하는 데 있어서 발달적 관점을 견지하는 것이 중요하다. 최근 연구가 어렸을 때의 역경이 나중의 자기조절능력을 손상시키고(유전자×환경을 포함하여), 이는 다시 청소년 물질사용장애의 위험을 증가시키게 되는 과정을 밝히는 데 관심을 갖기 시작했다. 유사하게 물질사용 효과에 대한 특수한 신경생물학적 민감성 때문에 청소년 물질사용 자체가 위험을 더 증가시킬지 모른다. 또한 물질사용이 청소년의 신경생물학적 발달에 미치는 영향의 정도와 지속기간에 대해서도 더 많은 연구가 필요하다. 모든 병인론적 모델에 대한 기존의 연구결과가 성별과 인종집단에 따라 어떻게 달라지는지를 보여주는 연구가 필요하다. 더구나 이 주제에 대해서는 이론적 발전이 더 필요하다. 그래야만 왜 특정한 위험요인이나 보호요인이 어떤 성별이나 인종집단에서 특정한 방식으로 작용하는지를 해석할 수 있기 때문이다. 성별과 인종적 차이 이외에도 다른 거시적 수준의 사회적 및 문화적 요인(이웃의 효과, 학교 효과와 과세와 같은 사회정책)에 대한 연구가 개인적 수준의 요인에 대한 연구와 관계없이 이루어져 왔다. 이웃, 학교와 사회정책이 개인, 가족과 또래요인과 어떻게 상호작용하는지를 보여주는 연구도 필요하다.

마지막으로 이 장에서 분명해졌지만 청소년의 물질관련장애의 발달을 하나의 병인론적 경로로 설명할 수 없다. 따라서 물질사용의 다양한 발달 과정의 기저가 되는 여러 경로를 구분해 낼 수 있는 연구와 연구방법이 요구된다. 이런 야심찬 목표를 달성하기 위해서는 다양한 수준에서 이루어지는 다학제 간 연구가 필요하며 더 폭넓은 발달적 관점에서 물질관련장애를 연구하는 것이 요구된다. 청소년 물질사용과 물질관련장애의 임상적 및 공공보건학적 중요성을 고려해 볼 때 앞으로 이런 방향으로 이 분야가 계속 확대되어야 할 것이다.

참고문헌

Aarons, G., Brown, S., Stice, E., & Coe, M. (2001). Psychometric evaluation of the Marijuana and Stimulant Effect Expectancy Questionnaires for Adolescents. *Addictive Behaviors, 26*, 219–236.

Adalbjarnardottir, S., & Hafsteinsson, L. G. (2001). Adolescents' perceived parenting styles and their substance use: Concurrent and longitudinal analyses. *Journal of Research on Adolescence, 11*, 401–423.

Adriani, W., & Laviola, G. (2004). Windows of vulnerability to psychopathology and therapeutic strategy in the adolescent rodent model. *Behavioral Pharmacology, 15*, 341–352.

Agrawal, A., Balasubramanian, S., Smith, E. K., Madden, P. A. F., Bucholz, K. K., Heath, A. C., et al. (2010). Peer substance involvement modifies genetic influences on regular substance involvement in young women. *Addiction, 105*, 1844–1853.

Agrawal, A., Heath, A. C., & Lynskey, M. T. (2011). DSM-IV to DSM-5: The impact of proposed revisions on diagnosis of alcohol use disorders. *Addiction, 106*, 1935–1943.

Agrawal, A., & Lynskey, M. T. (2009). Candidate genes for cannabis use disorders: Findings, challenges and directions. *Addiction, 104*, 518–532.

Aklin, W., Lejuez, C., Zvolensky, M., Kahler, C., & Gwadz, M. (2005). Evaluation of behavioral measures of risk taking propensity with inner city adolescents. *Behaviour Research and Therapy, 43*, 215–228.

Amaro, H., Blake. S., Schwartz, P., & Flinchbaugh, L. (2001). Developing theory-based substance abuse prevention programs for young adolescent girls. *Journal of Early Adolescence, 21*, 256–293.

American Psychiatric Association. (1994). *Diagnostic and statistical manual of mental disorders* (4th ed.). Washington, DC: Author.

American Psychiatric Association. (2013). *Diagnostic and statistical manual of mental disorders* (5th ed.). Arlington, VA: Author.

Anderson, P., Chrisholm, D., & Fuhr, D. C. (2009). Effectiveness and cost-effectiveness of policies and programmes to reduce the harm caused by alcohol. *Lancet, 373*, 2234–2246.

Andersen, S. L., & Teicher, M. H. (2009). Desperately driven and no brakes: Developmental stress exposure and subsequent risk for substance abuse. *Neuroscience and Biobehavioral Reviews, 33*, 516–524.

Armstrong, T. D., & Costello, E. J. (2002). Community studies on adolescent substance use, abuse, or dependence and psychiatric comorbidity. *Journal of Consulting and Clinical Psychology, 70*, 1224–1239.

Arnett, J. J. (2000). A theory of development from the late teens through the twenties. *American Psychologist, 55*, 469–480.

Atyaclar, S., Tarter, R. E., Kirisci, L., & Lu, S. (1999). Association between hyperactivity and executive cognitive functioning in childhood and substance use in early adolescence. *Journal of the American Academy of Child and Adolescent Psychiatry, 38*, 172–178.

Audrain-McGovern, J., Lerman, C., Wileyto, E., Rodriguez, D., & Shields, P. (2004). Interacting effects of genetic predisposition and depression on adolescent smoking progression. *American Journal of Psychiatry, 161*, 1224–1230.

Bachman, J. G., Staff, J., O'Malley, P., Schulenberg, J., & Freedman-Doan, P. (2011). Twelfth-grade student work intensity linked to later educational attainment and substance use: New longitudinal evidence. *Developmental Psychology, 47*, 344–363.

Bakermans-Kranenburg, M. J., & van IJzendoorn, M. H. (2006). Gene–environment interaction of the dopamine D4 receptor (DRD4) and observed maternal insensitivity predicting externalizing behavior in preschoolers. *Developmental Psychobiology, 48*, 406–409.

Barkley, R. A. (2012). *Executive functions: What they are, how they work, and why they evolved.* New York: Guilford Press.

Barnes, G. M., Hoffman, J. H., Welte, J. W., Farrell, M. P., & Dintcheff, B. A. (2006). Effects of parental monitoring and peer deviance on substance use and delinquency. *Journal of Marriage and Family, 68*, 1084–1104.

Barrera, M. B., Castro, F. G., & Biglan, A. (1999). Ethnicity, substance use, and development: Exemplars for exploring group differences and similarities. *Development and Psychopathology, 11*, 805–822.

Barton, J., Chassin, L., Presson, C., & Sherman, S. J. (1982). Social image factors as motivators of smoking initiation in early and middle adolescents. *Child Development, 53*, 1499–1511.

Bates, J. E., Pettit, G. S., Dodge, K. A., & Ridge, B. (1998). Interaction of temperamental resistance to control and restrictive parenting in the development of externalizing behavior. *Developmental Psychology, 34*, 982–995.

Bates, M. (1993). Psychology. In M. Galanter (Ed.), *Recent developments in alcoholism: Volume 11. Ten years of progress* (pp. 45–72). New York: Plenum Press.

Bates, M., & Pandina, R. (1992). Familial alcoholism and premorbid cognitive deficit: A failure to replicate subtype differences. *Journal of Studies on Alcohol, 53*, 320–327.

Bauman, K. E., & Ennett, S. T. (1994). Tobacco use by black and white adolescents: The validity of self-reports. *American Journal of Public Health, 84*, 394–398.

Bauman, K. E., & Ennett, S. T. (1996). On the importance of peer influence for adolescent drug use: Commonly neglected considerations. *Addiction, 91*, 185–198.

Baumrind, D. (1991). The influence of parenting style on adolescent competence and substance use. *Journal of Early Adolescence, 11*, 56–95.

Baumrind, D., & Moselle, K. (1985). A developmental perspective on adolescent drug abuse. *Advances in Alcohol and Substance Abuse, 4*, 41–67.

Beaver, K. M., Wright, J. P. & DeLisi, M. (2008). Delinquent peer group formation: Evidence of a gene × environment correlation. *Journal of Genetic Psychology, 169*, 227–244.

Bechara, A., Damasio, A., Damasio, H., & Anderson, S. (1994). Insensitivity to future consequences following damage to human prefrontal cortex. *Cognition, 50*, 7–15.

Becker, S., & Curry, J. (2008). Outpatient interventions for adolescent substance abuse: A quality of evidence review. *Journal of Consulting and Clinical Psychology, 76*, 531–543.

Begleiter, H., & Porjesz, B. (1999). What is inherited in the predisposition toward alcoholism: A proposed model. *Alcoholism: Clinical and Experimental Research, 23*, 1125–1135.

Belsky, J., Jonassaint, C., Pluess, M., Stanton, M., Brummett, B., & Williams, R. (2009). Vulnerability or plasticity genes? *Molecular Psychiatry, 14*, 746–754.

Belsky, J., & Pluess, M. (2009). Beyond diathesis–stress: Differential susceptibility to environmental influence. *Psychological Bulletin, 135*, 885–908.

Bergen, H. A., Martin, G., Roeger, L., & Allison, S. (2005). Perceived academic performance and alcohol, tobacco, and marijuana use: Longitudinal relationships in young community adolescents. *Addictive Behaviors, 30*, 1563–1573.

Berlin, I., Singelton, E. G., Pedarriosse, A. M., Lancrenon, S., Rames, A., Aubin, H. J., et al. (2003). The Modified Reasons for Smoking Scale: Factorial structure, gender effects and relationship with nicotine dependence and smoking cessation in French smokers. *Addiction, 98*, 1575–1583.

Birkley, E. & Smith, G. T. (2011). Recent advances in understanding the personality underpinnings of impulsive behavior and their role in risk for addictive behaviors. *Current Drug Abuse Reviews, 4*, 215–227.

Blackson, T. C. (1994). Temperament: A salient correlate of risk factors for alcohol and drug abuse. *Drug and Alcohol Dependence, 36*, 205–214.

Blackson, T. C., Butler, T., Belsky, J., Ammerman, R. T., Shaw, D. S., & Tarter, R. E. (1999). Individual traits and family contexts predict sons' externalizing behavior and preliminary relative risk ratios for conduct disorder and substance use disorder outcomes. *Drug and Alcohol Dependence, 56*, 115–131.

Blair, C., & Diamond, A. (2008). Biological processes in prevention and intervention: The promotion of self-regulation as a means of preventing school failure. *Developmental Psychopathology, 20*, 899–911.

Block, J., Block, H., & Keyes, S. (1988). Longitudinally foretelling drug usage in adolescence: Early childhood personality and environmental precursors. *Child Development, 59*, 336–355.

Bohnert, K. M., Rios-Bedoya, C. F., & Breslau, N. (2009). Parental monitoring at age 11 and smoking initiation up to age 17 among blacks and whites: A prospective investigation. *Nicotine and Tobacco Research, 11*, 1474–1478.

Bond, L., Butler, H., Thomas, L., Carlin, J., Glover, S., Bowes, G., et al. (2007). Social and school connectedness in early secondary school as predictors of late teenage substance use, mental health, and academic outcomes. *Journal of Adolescent Health, 40*, 357.e9–357.e18.

Borawaski, E. A., Ievers-Landis, C. E., Lovegreen, L. D., & Trapl, E. S. (2003). Parental monitoring, negotiated unsupervised time, and parental trust: The role of perceived parenting practices in adolescent health risk behaviors. *Journal of Adolescent Health, 33*, 60–70.

Botticello, A. L. (2009). School contextual influences on the risk for adolescent alcohol misuse. *American Journal of Community Psychology, 43*, 85–97.

Bouchery, E., Harwood, H., Sacks, J., Simon, C., & Brewer, R. (2011). Economic costs of excessive alcohol consumption in the United States, 2006. *American Journal of Preventive Medicine, 41*, 516–524.

Boys, A., Marsden, J., & Strang, J. (2001). Understanding reasons for drug use amongst young people: A functional perspective. *Health Education Research, 16*, 457–469.

Branstetter, S. A., Low, S., & Furman, W. (2011). The influence of parents and friends on adolescent substance use: A multidimensional approach. *Journal of Substance Use, 16*, 150–160.

Brener, N. D., Kann, L., McManus, T., Kinchen, S. A., Sundberg, E. C., & Ross, J. G. (2002). Reliability of the 1999 Youth Risk Behavior Survey Questionnaire. *Journal of Adolescent Health, 31*, 336–342.

Bricker, J. B., Peterson, A. V., Sarason, I. G., Andersen, M. R., & Rajan, K. B. (2007). Changes in the influence of parents' and close friends' smoking on adolescent smoking transitions. *Addictive Behaviors, 32*, 740–757.

Brody, G. H., & Forehand, R. (1993). Prospective associations among family form, family processes, and adolescents' alcohol and drug use. *Behaviour Research and Therapy, 31*, 587–593.

Brody, G. H., & Ge, A. (2001). Linking parenting processes and self-regulation to psychological functioning and alcohol use during early adolescence. *Journal of Family Psychology, 15*, 82–94.

Brook, D. W., Brook, J. S., Zhang, C., & Koppel, J. (2010). Association between attention-deficit/hyperactivity disorder in adolescence and substance use disorders in adulthood. *Archives of Pediatrics and Adolescent Medicine, 164*, 930–934.

Brook, J. S., Whiteman, M., Cohen, P., Shapiro, J., & Balka, E. (1995). Longitudinally predicting late adolescent and young adult drug use: Childhood and adolescent precursors. *Journal of the American Academy of Child and Adolescent Psychiatry, 34*, 1230–1238.

Brown, S. A., Tapert, S. F., Granholm, E., & Delis, D. C. (2000). Neurocognitive functioning of adolescents: Effects of protracted alcohol use. *Alcoholism: Clinical and Experimental Research, 24*, 164–171.

Bryant, A. L., Schulenberg, J. E., O'Malley, P. M., Bachman, J. G., & Johnston, L. D. (2003). How academic achievement, attitudes and behaviors relate to the course of substance use during adolescence: A 6-year, multiwave national longitudinal study. *Journal of Research on Adolescence, 13,* 361–397.

Bryant, S., & Zimmerman, M. A. (2002). Adolescent resilience: A framework for understanding health development in the face of risk. *Annual Review of Public Health, 26,* 399–419.

Buckner, J. D., Schmidt, N. B., Lang, A. R., Small, J. W., Schlauch, R. C., & Lewinsohn, P. M. (2008). Specificity of social anxiety disorder as a risk factor for alcohol and cannabis dependence. *Journal of Psychiatric Research, 42,* 230–239.

Bukoski, N. (1997). *Meta-analysis of drug abuse prevention programs* (NIDA Research Monograph No. 170). Washington, DC: U.S. Government Printing Office.

Bukstein, O. G. (1995). *Adolescent substance abuse: Assessment, prevention, and treatment.* New York: Wiley.

Bukstein, O. G., Glancy, L. J., & Kaminer, Y. (1992). Patterns of affective comorbidity in a clinical population of dually diagnosed adolescent substance abusers. *Journal of the American Academy of Child and Adolescent Psychiatry, 31,* 1041–1045.

Bullers, S., Cooper, M. L., & Russell, M. (2001). Social network drinking and adult alcohol involvement: A longitudinal exploration of the direction of influence. *Addictive Behaviors, 26,* 181–199.

Buu, A., DiPiazza, C., Wang, J., Puttler, L. I., Fitzgerald, H. E., & Zucker, R. A. (2009). Parent, family, and neighborhood effects on the development of child substance use and other psychopathology from preschool to the start of adulthood. *Journal of Studies on Alcohol and Drugs, 70,* 489–498.

Cantwell, D., Lewinsohn, P., Rohde, P., & Seeley, J. R. (1997). Correspondence between adolescent report and parent report of psychiatric diagnostic data. *Journal of the American Academy of Child and Adolescent Psychiatry, 36,* 610–619.

Carlson, S. R., Iacono, W. G., & McGue, M. (2004). P300 amplitude in nonalcoholic adolescent twin pairs who become discordant for alcoholism as adults. *Psychophysiology, 41,* 841–844.

Carpenter, C., & Cook, P. J. (2008). Cigarette taxes and youth smoking: New evidence from national, state, and local Youth Risk Behavior Surveys. *Journal of Health Economics, 27,* 287–299.

Caspi, A., Moffitt, T., Newman, D., & Silva, P. (1996). Behavioral observations at age 3 predict adult psychiatric disorders. *Archives of General Psychiatry, 53,* 1033–1039.

Castellanos-Ryan, N., Rubia, K., & Conrod, P. (2011). Response inhibition and reward response biases mediate the predictive relationships between impulsivity and sensation seeking and common and unique variance in conduct disorder and substance misuse. *Alcoholism: Clinical and Experimental Research, 35,* 1–15.

Catalano, R. F., Kosterman, R., Hawkins, J. D., Newcomb, M. D., & Abbott, R. D. (1996). Modeling the etiology of adolescent substance use: A test of the social development model. *Journal of Drug Issues, 26,* 429–455.

Centers for Disease Control and Prevention. (2008). Smoking attributable mortality, years of potential life lost, and productivity losses, United States, 2000–2004. *Morbidity and Mortality Weekly Report, 57,* 1225-1228.

Chaloupka, F. J., Grossman, M., & Saffer, H. (2002). The effects of price on alcohol consumption and alcohol-related problems. *Alcohol Research and Health, 26*(1), 22–34.

Chassin, L., Curran, P. J., Hussong, A. M., & Colder, C. R. (1996). The relation of parent alcoholism to adolescent substance use: A longitudinal follow-up study. *Journal of Abnormal Psychology, 105,* 70–80.

Chassin, L., Dmietrieva, J., Modecki, K., Steinberg, L., Cauffman, E., Piquero, A., et al. (2010). Does adolescent alcohol and marijuana use predict suppressed growth in psychosocial maturity among male juvenile offenders? *Psychology of Addictive Behaviors, 24,* 48–60.

Chassin, L., Flora, D. B., & King, K. M. (2004). Trajectories of alcohol and drug use and dependence from adolescence to adulthood: The effects of familial alcoholism and personality. *Journal of Abnormal Psychology, 113*(4), 483–498.

Chassin, L., Lee, M., Cho, Y.-I., Wang, F., Sher, K. J., & Agrawal, A. (2012). Testing multiple levels of influence in the intergenerational transmission of alcohol disorders from a developmental perspective: The example of alcohol use-promoting peers and mu-opioid receptor (OPRM1) variation. *Development and Psychopathology, 24*(3), 953–967.

Chassin, L., Pitts, S., & DeLucia, C. (1999). The relation of adolescent substance use to young adult autonomy, positive activity involvement, and perceived competence. *Development and Psychopathology, 11,* 915–932.

Chassin, L., Pitts, S., DeLucia, C., & Todd, M. (1999). A longitudinal study of children of alcoholics: Predicting young adult substance use disorders, anxiety and depression. *Journal of Abnormal Psychology, 108,* 106–119.

Chassin, L., Pitts, S., & Prost, J. (2002). Heavy drinking trajectories from adolescence to young adulthood in a high risk sample: Predictors and substance abuse outcomes. *Journal of Consulting and Clinical Psychology. 70,* 67–78.

Chassin, L., Presson, C. C., Pitts, S., & Sherman, S. J. (2000). The natural history of cigarette smoking from adolescence to adulthood in a midwestern community sample: Multiple trajectories and their psychosocial correlates. *Health Psychology, 19,* 223–231.

Chassin, L., Presson, C. C., Rose, J., Sherman, S. J., Davis, M. J., & Gonzalez, J. L. (2005). Parenting style and smoking-specific parenting practices as predictors of adolescent smoking onset. *Journal of Pediatric Psychology, 30,* 333–344.

Chassin, L., Presson, C., Todd, M., Rose, J., & Sherman, D. (1998). Maternal socialization of adolescent smoking: The intergenerational transmission of parenting and smoking. *Developmental Psychology, 34,* 1189–1202.

Chein, J., Albert, D., O'Brien, L., Uckert, K., & Steinberg, L.

(2011). Peers increase adolescent risk taking by enhancing activity in the brain's reward circuitry. *Developmental Science, 14*, F1–F10.

Chen, P., & Jacobson, K. C. (2012). Developmental trajectories of substance use from early adolescence to young adulthood: Gender and racial/ethnic differences. *Journal of Adolescent Health, 50*, 154–163.

Chuang, Y.-C., Ennett, S. T., Bauman, K. E., & Foshee, V. A. (2005). Neighborhood influences on adolescent cigarette and alcohol use: Mediating effects through parent and peer behaviors. *Journal of Health and Social Behavior, 46*, 187–204.

Cisler, J. M., Amstadter, A. B., Begle, A. M., Resnick, H. S., Danielson, C. K., Saunders, B. E., et al. (2011). PTSD symptoms, potentially traumatic event exposure, and binge drinking: A prospective study with a national sample of adolescents. *Journal of Anxiety Disorders, 25*, 978–987.

Clark, D. B., Parker, A. M., & Lynch, K. G. (1999). Psychopathology and substance-related problems during early adolescence: A survival analysis. *Journal of Clinical Child Psychology, 28*, 333–341.

Clayton, R. (1992). Transitions in drug use: Risk and protective factors. In M. Glantz & R. Pickens (Eds.), *Vulnerability to drug abuse* (pp. 15–51). Washington, DC: American Psychological Association.

Cleveland, H. H., & Crosnoe, R. (2004). Individual variation and family–community ties: A behavioral genetic analysis of the intergenerational closure in the lives of adolescents. *Journal of Adolescent Research, 19*, 174–191.

Cleveland, H. H., Wiebe, R. P., & Rowe, D. C. (2005). Sources of exposure to smoking and drinking friends among adolescents: A behavioral-genetic evaluation. *Journal of Genetic Psychology, 166*, 153–169.

Cloninger, C. R. (1987). Neurogenetic adaptive mechanisms in alcoholism. *Science, 236*, 410–416.

Cohen, P., Cohen, J., Kassen, S., Velez, C., Hartmark, C., Johnson, J., et al. (1993). An epidemiologic study of disorders in late childhood and adolescence. I. Age-specific and gender-specific prevalence. *Journal of Child Psychology and Psychiatry, 34*, 851–867.

Colby, S., Tiffany, S., Shiffman, S., & Niaura, R. (2000). Measuring nicotine dependence among youth: A review of available approaches and instruments. *Drug and Alcohol Dependence, 59*, S23–S39.

Colder, C., & Chassin, L. (1997). Affectivity and impulsivity: Temperament risk for adolescent alcohol involvement. *Psychology of Addictive Behaviors, 11*, 83–97.

Colder, C., Chassin, L., Lee, M., & Villalta, I. K. (2009). Developmental perspectives: Affect and adolescent substance use. In J. Kassel (Ed.), *Substance abuse and emotion* (pp. 109–135). Washington, DC: American Psychological Association.

Coley, R. L., Votruba-Drzal, E., & Schindler, H. S. (2008). Trajectories of parenting processes and adolescent substance use: Reciprocal effects. *Journal of Abnormal Psychology, 36*, 613–625.

Comeau, N., Stewart, S. H., & Loba, P. (2001). The relations of trait anxiety, anxiety sensitivity and sensation seeking to adolescents' motivations for alcohol, cigarette and marijuana use. *Addictive Behaviors, 26*, 803–825.

Conger, R. D., & Reuter, M. A. (1996). Siblings, parents, and peers: A longitudinal study of social influences in adolescent risk for alcohol use and abuse. In G. H. Brody (Ed.), *Sibling relationships: Their causes and consequences* (pp. 1–30). Norwood, NJ: Ablex.

Cooper, M. L. (1994). Motivations for alcohol use among adolescents: Development and validation of a four-factor model. *Psychological Assessment, 6*, 117–128.

Cooper, M. L., Frone, M. R., Russell, M., & Mudar, P. (1995). Drinking to regulate positive and negative emotions: A motivational model of alcohol use. *Journal of Personality and Social Psychology, 69*, 990–1005.

Corbin, W., Iwamoto, D., & Fromme, K. (2011). A comprehensive longitudinal test of the acquired preparedness model for alcohol use and related problems. *Journal of Studies on Alcohol and Drugs, 72*, 602–610.

Corley, R. P., Zeiger, J. S., Crowley, T., Ehringer, M. A., Hewitt, J. K., Hopfer, C. J., et al. (2008). Association of candidate genes with antisocial drug dependence in adolescents. *Drug and Alcohol Dependence, 96(1–2)*, 90–98.

Cornelius, J. R., Kirisci, L., Reynolds, M., Clark, D. B., Hayes, J., & Tarter, R. (2010). PTSD contributes to teen and young adult cannabis use disorders. *Addictive Behaviors, 35(2)*, 91–94.

Cornelius, J., Maisto, S., Pollock, N., Martin, C., Salloum, I., Lynch, K., et al. (2003). Rapid relapse generally follows treatment for substance use disorders among adolescents. *Addictive Behaviors, 28(2)*, 381–386.

Corral, M. M., Holguin, S. R., & Cadaveira, F. (1999). Neuropsychological characteristics in children of alcoholics: Familial density. *Journal of Studies on Alcohol, 60*, 509–513.

Costello, E. J., Erkanli, A., Federman, E., & Angold, A. (1999). Development of psychiatric comorbidity with substance abuse in adolescents: Effects of timing and sex. *Journal of Clinical Child Psychology, 28*, 298–311.

Costello, E. J., Farmer, E. M. Z., Angold, A., Burns, B. J., & Erkanli, A. (1997). Psychiatric disorders among American Indian and white youth in Appalachia: The Great Smoky Mountains Study. *American Journal of Public Health, 87*, 827–832.

Costello, E. J., Mustillo, S., Erkanli, A., Keeler, G., & Angold, A. (2003). Prevalence and development of psychiatric disorders in childhood and adolescence. *Archives of General Psychiatry, 60*, 837–844.

Cousijn, J., Goudriaan, A., & Wiers, R. (2011). Reaching out towards cannabis: Approach-bias in heavy cannabis users predicts changes in cannabis use. *Addiction, 106*, 1667–1674.

Covault, J., Tennen, H., Armeli, S., Conner, T. S., Herman, A. I., Cillessen, A. H. N., et al. (2007). Interactive effects of the serotonin transporter 5-HTTLPR polymorphism and stressful life events on college student drinking and drug use. *Biological Psychiatry, 61*(5), 609–616.

Cox, R. B., Burr, B., Blow, A. J., & Parra Cardona, J. R. (2011). Latino adolescent substance use in the United States: Using the bioecodevelopmental model as an organizing framework for research and practice. *Journal of Family Theory and Review, 3*, 96–123.

Crosnoe, R. (2006). The connection between academic failure and adolescent drinking in secondary school. *Sociology of Education, 79*, 44–60.

Crum, R. M., Storr, C. L., Ialongo, N., & Anthony, J. C. (2008). Is depressed mood in childhood associated with an increased risk of alcohol use during adolescence? *Addictive Behaviors, 33*, 24–40.

Day, N. L., Goldschmidt, L., & Thomas, C. A. (2006). Prenatal marijuana exposure contributes to the prediction of marijuana use at age 14. *Addiction, 101*, 1313–1322.

Deas, D., Riggs, P., Langenbucher, J., Goldman, M., & Brown, S. (2000). Adolescents are not adults: Developmental considerations in alcohol users. *Alcoholism: Clinical and Experimental Research, 24*, 232–237.

Deas, D., & Thomas, S. (2001). An overview of controlled studies of adolescent substance abuse treatment. *American Journal on Addictions, 10*, 178–189.

De Bellis, M. D. (2002). Developmental traumatology: A contributory mechanism for alcohol and substance use disorders. *Psychoneuroendocrinology, 27*, 155–170.

Deckel, A. W., Bauer, L., & Hesselbrock, V. (1995). Anterior brain dysfunction as a risk factor in alcoholic behaviors. *Addiction, 90*, 1323–1334.

Deckel, A. W., & Hesselbrock, V. (1996). Behavioral and cognitive measurements predict scores on the MAST: A 3-year prospective study. *Alcoholism: Clinical and Experimental Research, 20*, 1173–1178.

de Leeuw, R. N. H., Scholte, R. H. J., Harakeh, Z., Leeuwe, J. F. J., & Engels, R. C. M. E. (2008). Parental smoking-specific communication, adolescents' smoking behavior, and friendship selection. *Journal of Youth and Adolescence, 37*, 1229–1241.

Deykin, E., Buka, S., & Zeena, T. (1992). Depressive illness among chemically dependent adolescents. *American Journal of Psychiatry, 149*, 1341–1347.

Dick, D. M., Agrawal, A., Wang, J. C., Hinrichs, A., Bertelsen, S., Bucholz, K. K., et al. (2007). Alcohol dependence with comorbid drug dependence: Genetic and phenotypic associations suggest a more severe form of the disorder with stronger genetic contribution to risk. *Addiction, 102*, 1131–1139.

Dick., D. M., Bierut, L., Hinrichs, A., Fox, L., Bucholz, K. K., Kramer, J. et al. (2006). The role of *GABRA2* in risk for conduct disorder and alcohol and drug dependence across developmental stages. *Behavior Genetics, 36*, 577–590.

Dick, D. M., & Foroud, T. (2003). Candidate genes for alcohol dependence: A review of genetic evidence from human studies. *Alcoholism: Clinical and Experimental Research, 27*, 868–879.

Dick, D. M., Latendresse, S. J., Lansford, J. E., Budde, J. P., Goate, A., Dodge, K. A., et al. (2009). Role of GABRA2 in trajectories of externalizing behavior across development and evidence of moderation by parental monitoring. *Archives of General Psychiatry, 66*, 649–657.

Dick, D. M., Pagan, J. L., Viken, R., Purcell, S., Kaprio, J., Pulkkinen, L., et al. (2007). Changing environmental influences on substance use across adolescence. *Twin Research and Human Genetics, 10*, 315–326.

Dierker, L. C., Vesel, F., Sledjeski, E. M., Costello, D., & Perrine, N. (2007). Testing the dual pathway hypothesis to substance use in adolescence and young adulthood. *Drug and Alcohol Dependence, 87*(1), 83–93.

Dishion, T. J., Capaldi, D. M., Spracklen, K. M., & Li, F. (1995). Peer ecology of male adolescent drug use. *Development and Psychopathology, 7*, 803–824.

Dishion, T. J., Nelson, S. E., & Kavanagh, K. (2003). The family check-up with high-risk young adolescents: Preventing early-onset substance use by parent monitoring. *Behavior Therapy, 34*, 553–571.

Dishion, T. J., & Owen, L. (2002). A longitudinal analysis of friendships and substance use: Bidirectional influence from adolescence to adulthood. *Developmental Psychology, 38*, 480–491.

Dishion, T., Patterson, G. R., & Reid, J. R. (1988). Parent and peer factors associated with drug sampling in early adolescence: Implications for treatment. In E. R. Rahdert & J. Grabowski (Eds.), *Adolescent drug abuse: Analysis of treatment research* (NIDA Research Monograph No. 77, pp. 69–93). Washington, DC: U.S. Government Printing Office.

Dishion, T., Patterson, G. R., Stoolmiller, M., & Skinner, M. (1991). Family, school, and behavioral antecedents to early adolescent involvement with antisocial peers. *Developmental Psychology, 27*, 127–180.

Disney, E., Elkins, I., McGue, M., & Iacono, W. (1999). Effects of ADHD, conduct disorder, and gender on substance use and abuse in adolescence. *American Journal of Psychiatry, 156*, 1515–1521.

Disney, E. R., Iacono, W., McGue, M., Tully, E., & Legrand, L. (2008). Strengthening the case: Prenatal alcohol exposure is associated with increased risk for conduct disorder. *Pediatrics, 122*, 1225–1230.

Dolcini, M. M., Adler, N. E., & Ginsberg, D. (1996). Factors influencing agreement between self-reports and biological measures of smoking among adolescents. *Journal of Research on Adolescence, 6*, 515–542.

Dolcini, M. M., Adler, N. E., Lee, P., & Bauman, K. E. (2003). An assessment of the validity of adolescent self-reported smoking using three biological indicators. *Nicotine and Tobacco Research, 5*, 473–483.

Donovan, J., & Jessor, R. (1985). Structure of problem behavior in adolescence and young adulthood. *Journal of Consulting and Clinical Psychology, 53*, 890–904.

Drejer, K., Theilgard, A., Teasdale, T. W., Schulsinger, F., & Goodwin, D. W. (1985). A prospective study of young men at high risk for alcoholism: Neuropsychological assessment. *Alcoholism: Clinical and Experimental Research, 9*, 498–502.

Dube, S. R., Miller, J. W., Brown, D. W., Giles, W. H., Felitti, V. J., Dong, M. et al. (2006). Adverse childhood experiences and the association with ever using alcohol and initiating alcohol use during adolescence. *Journal of Adolescent Health, 38*(4), e1–e10.

Duncan, S. C., Duncan, T. E., Biglan, A., & Ary, D. (1998). Contributions of the social context to the development of adolescent substance use: A multivariate latent growth modeling approach. *Drug and Alcohol Dependence, 50*, 57–71.

Duncan, S. C., Duncan, T. E., & Strycker, L. A. (2002). A multilevel analysis of neighborhood context and youth alcohol and drug problems. *Prevention Science, 3*(2), 125–133.

Duncan, T. E., Duncan, S. C., & Hops, H. (1996). Analysis of longitudinal data within accelerated longitudinal designs. *Psychological Methods, 1*, 236–248.

Dunn, M., & Goldman, M. (1996). Empirical modeling of an alcohol expectancy network in elementary-school children as a function of grade. *Experimental and Clinical Psychopharmacology, 4*, 209–217.

East, P. L., & Khoo, S. T. (2005). Longitudinal pathways linking family factors and sibling relationship qualities to adolescent substance use and sexual risk behaviors. *Journal of Family Psychology, 19*, 571–580.

Edenberg, H. J., & Foroud, T. (2006). The genetics of alcoholism: Identifying specific genes through family studies. *Addiction Biology, 11*, 386–396.

Ehringer, M. A., Clegg, H. V., Collins, A. C., Corley, R. P., Crowley, T., Hewitt, J. K., et al. (2007). Association of the neuronal nicotinic receptor ?2 subunit gene (CHRNB2) with subjective responses to alcohol and nicotine. *American Journal of Medical Genetics, Part B: Neuropsychiatric Genetics, 144B*, 596–604.

Eitle, D. (2005). The moderating effects of peer substance use on the family structure–adolescent substance use association: Quantity versus quality of parenting. *Addictive Behaviors, 30*, 963–980.

Elkins, I. J., McGue, M., & Iacono, W. G. (2007). Prospective effects of attention-deficit/hyperactivity disorder, conduct disorder, and sex on adolescent substance use and abuse. *Archives of General Psychiatry, 64*, 1145–1152.

Ellickson, P., Tucker, J., & Klein, D. (2008). Reducing early smokers' risk for future smoking and other problem behavior: Insights from a five-year longitudinal study. *Journal of Adolescent Health, 43*, 394–400.

Elliott, D. S., Huizinga, D., & Ageton, S. (1985). *Explaining delinquency and drug use.* Beverly Hills, CA: Sage.

Esposito-Smythers, C., Spirito, A., Rizzo, C., McGeary, J. E., & Knopik, V. S. (2009). Associations of the DRD2 *TaqIA* polymorphism with impulsivity and substance use: Preliminary results from a clinical sample of adolescents. *Pharmacology, Biochemistry and Behavior, 93*, 306–312.

Etter, J., Houzec, J., & Perneger, T. V. (2003). A self-administered questionnaire to measure dependence on cigarettes: The Cigarette Dependence Scale. *Neuropsychopharmacology, 28*, 359–370.

Evans-Whipp, T., Beyers, J. M., Lloyd, S., Lafazia, A. N., Toumbourou, J. W., Arthur, M., et al. (2004). A review of school drug policies and their impact on youth substance use. *Health Promotion International, 19*, 227–234.

Fawzy, F., Combs, R., Simon, J., & Bowman-Terrell, M. (1987). Family composition, socioeconomic status, and adolescent substance use. *Addictive Behaviors, 12*, 79–83.

Federman, E. B., Costello, E. J., Angold, A., Farmer, E. M. Z., & Erkanli, A. (1997). Development of substance use and psychiatric comorbidity in an epidemiologic study of white and American Indian young adolescents: The Great Smoky Mountains Study. *Drug and Alcohol Dependence, 44*, 69–78.

Fergusson, D. M., Boden, J. M., & Horwood, L. J. (2008). The developmental antecedents of illicit drug use: Evidence from a 25-year longitudinal study. *Drug and Alcohol Dependence, 96*, 165–177.

Fergusson, D. M., & Horwood, L. J. (1995). Predictive validity of categorically and dimensionally scored measures of disruptive childhood behaviors. *Journal of the American Academy of Child and Adolescent Psychiatry, 34*, 477–485.

Fergusson, D. M., Horwood, L. J., & Lynskey, M. T. (1993). Prevalence and comorbidity of DSM-III-R diagnoses in a birth cohort of 15 year olds. *Journal of the American Academy of Child and Adolescent Psychiatry, 32*, 1127–1134.

Fergusson, D. M., Horwood, L. J., & Ridder, E. M. (2007). Conduct and attentional problems in childhood and adolescence and later substance use, abuse, and dependence: Results of a 25-year longitudinal study. *Drug and Alcohol Dependence, 88*(Suppl.), S14–S26.

Fiore, M., Newcomb, P., & McBride, P. (1993). Natural history and epidemiology of tobacco use and addiction. In C. T. Orleans & J. D. Slade (Eds.), *Nicotine addiction: Principles and management* (pp. 89–104). New York: Oxford University Press.

Fisher, S. L., Bucholz, K. K., Reich, W., Fox, L., Kupeman, S., Kramer, J., et al. (2006). Teenagers are right—parents do not know much: An analysis of adolescent–parent agreement on reports of adolescent substance use, abuse, and dependence. *Alcoholism: Clinical and Experimental Research, 30*, 1699–1710.

Fitzpatrick, K., Piko, B. F., Wright, D. R., & LaGory, M. (2005). Depressive symptomatology, exposure to violence, and the role of social capital among African American adolescents. *American Journal of Orthopsychiatry, 75*, 762–274.

Flay, B., d'Avernas, J., Best, J. A., Kersell, M., & Ryan, K. (1983). Cigarette smoking: Why young people do it and ways of preventing it. In P. McGrath & P. Firestone (Eds.), *Pediatric and adolescent behavioral medicine* (pp. 132–

183). New York: Springer.

Fletcher, A., Bonell, C., & Hargreaves, J. (2008). School effects on young people's drug use: A systematic review of intervention and observational studies. *Journal of Adolescent Health, 42*, 209–220.

Fletcher, A. C., Steinberg, L., & Williams-Wheeler, M. (2004). Parental influences on adolescent problem behavior: Revisiting Stattin and Kerr. *Child Development, 75*, 781–796.

Flicek, M. (1992). Social status of boys with both academic problems and attention-deficit hyperactivity disorder. *Journal of Abnormal Child Psychology, 20*, 353–366.

Flory, K., & Lynam, D. (2003). The relation between attention deficit hyperactivity disorder and substance abuse: What role does conduct disorder play? *Clinical Child and Family Psychology Review, 6*, 1–16.

Foley, P. F., Loh, E. W., Innes, D. J., Williams, S. M., Tannenberg, A. E., Harper, C. G., et al. (2004). Association studies of neurotransmitter gene polymorphisms in alcoholic Caucasians. *Annals of the New York Academy of Sciences, 1025*, 39–46.

Foll, B. L., Gallo, A., Strat, Y., Lu, L., & Gorwood, P. (2009). Genetics of dopamine receptors and drug addiction: A comprehensive review. *Behavioural Pharmacology, 20*(1), 1–17.

Fowler, T., Lifford, K., Shelton, K., Rice, F., Thapar, A., Neale, M. C., et al. (2007). Exploring the relationship between genetic and environmental influences on initiation and progression of substance use. *Addiction, 102*, 413–422.

Fowler, J. H., Settle, J. E., & Christakis, N. A. (2011). Correlated genotypes in friendship networks. *Proceedings of the National Academy of Sciences USA, 108*, 1993–1997.

Fröjd, S., Ranta, K., Kaltiala-Heino, R., & Marttunen, M. (2011). Associations of social phobia and general anxiety with alcohol and drug use in a community sample of adolescents. *Alcohol and Alcoholism, 46*(2), 192–199.

Gau, S. S., Chong, M., Yang, P., Yen, C., Liang, K., & Cheng, A. T. A. (2007). Psychiatric and psychosocial predictors of substance use disorders among adolescents: A longitudinal study. *British Journal of Psychiatry, 190*, 42–48.

Giancola, P. R., Martin, C. S., Tarter, R. E., Pelham, W., & Moss, H. B. (1996). Executive cognitive functioning and aggressive behavior in preadolescent boys at high risk for substance abuse/dependence. *Journal of Studies on Alcohol, 57*, 352–359.

Giancola, P. R., Mezzich, A. C., & Tarter, R. E. (1998). Disruptive, delinquent, and aggressive behavior in adolescents with a psychoactive substance use disorder: Relation to executive cognitive functioning. *Journal of Studies on Alcohol, 59*, 560–567.

Giancola, P. R., Zeichner, A., Yarnell, J. E., & Dickson, K. E. (1996). Relation between executive cognitive functioning and the adverse consequences of alcohol use in social drinkers. *Alcoholism: Clinical and Experimental Research, 20*, 1094–1098.

Gibbons, F. X., Gerrard, M., Wills, T. A., Brody, G., & Conger, R. D. (2004). Context and cognitions: Environmental risk, social influence, and adolescent substance use. *Personality and Social Psychology Bulletin, 30*(8), 1048–1061.

Gillath, O., Shaver, P. R., Baek, J. M., & Chun, D. S. (2008) Genetic correlates of adult attachment style. *Personality and Social Psychology Bulletin, 34*, 1396–1405.

Glantz, M. D., & Chambers, J. C. (2006). Prenatal drug exposure effects on subsequent vulnerability to drug abuse. *Development and Psychopathology, 18*, 893–922.

Glantz, M. D., & Pickens, R. (1992). *Vulnerability to drug abuse*. Washington, DC: American Psychological Association.

Glass, K., & Flory, K. (2011). Are symptoms of ADHD related to substance use among college students? *Psychology of Addictive Behaviors, 26*, 124–132.

Goldstein, R. Z., & Volkow, N. D. (2002). Drug addiction and its underlying neurobiological basis: Neuroimaging evidence for the involvement of the frontal cortex. *American Journal of Psychiatry, 159*, 1642–1652.

Goodman, E., & Huang, B. (2012). Socioeconomic status, depressive symptoms, and adolescent substance use. *Archives of Pediatrics and Adolescent Medicine, 156*, 448–453.

Gottesman, I. I., & Gould, T. D. (2003). The endophenotype concept in psychiatry: Etymology and strategic intentions. *American Journal of Psychiatry, 160*, 636–645.

Goudriaan, A., Grekin, E., & Sher, K. J. (2007). Decision making and binge drinking: A longitudinal study. *Alcoholism: Clinical and Experimental Research, 31*, 928–938.

Grant, B. F., & Dawson, D. A. (1997). Age at onset of alcohol use and its association with DSM-IV alcohol abuse and dependence: Results from the National Longitudinal Epidemiologic Survey. *Journal of Substance Abuse, 9*, 103–110.

Grant, B. F., Harford, T., Dawson, D. A., Chou, P., Dufour, M., & Pickering, K. (1994). Prevalence of DSM-IV alcohol abuse and dependence. *Alcohol Health and Research World, 18*, 243–248.

Griesler, P. C., & Kandel, D. B. (1998). Ethnic differences in the correlates of adolescent cigarette smoking. *Journal of Adolescent Health, 23*, 167–180.

Grunberg, N., Winders, S., & Wewers, M. (1991). Gender differences in tobacco use. *Health Psychology, 10*, 143–153.

Griffith-Lendering, M. F., Huijbregts, S. C., Vollebergh, W. A., & Swaab, H. (2012). Motivational and cognitive inhibitory control in recreational cannabis users. *Journal of Clinical and Experimental Neuropsychology, 34*(7), 688–697.

Guo, G., Elder, G. H., & Hamilton, N. (2009). Gene–environment interactions: Peers' alcohol use moderates genetic contribution to adolescent drinking behavior. *Social Science Research, 38*, 213–224.

Haller, M., Handley, E., Chassin, L., & Bountress, K. (2010) Developmental cascades: Linking adolescent substance use, affiliation with substance use promoting peers, and academic achievement to adult substance use disorders. *Developmental Psychopathology, 22*, 899–916.

Hallfors, D. D., Waller, M. W., Bauer, D., Ford, C. A., & Halpern, C. T. (2005). Which comes first in adolescence—sex and drugs or depression? *American Journal of Preventive Medicine, 29*, 163–170.

Handley, E., Haller, M., Bountress, K., Beltran, I., Dandreaux, D., & Chassin, L. (2011). Executive functioning and sensation seeking as mediators of parental alcoholism effects on externalizing spectrum outcomes. *Journal of Abnormal Psychology, 120*, 528–542.

Hansell, S., & White, H. R. (1991). Adolescent drug use, psychological distress, and physical symptoms. *Journal of Health and Social Behavior, 32*, 288–301.

Hanson, M. D., & Chen, E. (2007). Socioeconomic status and substance use behaviors in adolescents: The role of family resources versus family social status. *Journal of Health Psychology, 12*, 32–35.

Harden, P., & Pihl, R. (1995). Cognitive function, cardiovascular reactivity, and behavior in boys at high risk for alcoholism. *Journal of Abnormal Psychology, 104*, 94–103.

Harrison, P., Fulkerson, J., & Beebe, T. (1998). DSM-IV substance use disorder criteria for adolescents: A critical examination based on a statewide school survey. *American Journal of Psychiatry, 155*, 486–492.

Hawkins, J. D., Catalano, R., & Miller, J. (1992). Risk and protective factors for alcohol and other drug problems in adolescence and early adulthood: Implications for substance abuse prevention. *Psychological Bulletin, 112*, 64–105.

Henriksen, L., Feighery, E. C., Schleicher, N. C., Cowling, D. W., Kline, R. S., & Fortmann, S. P. (2008). Is adolescent smoking related to the density and proximity of tobacco outlets and retail cigarette advertising near schools? *Preventive Medicine, 47*, 210–214.

Henry, B., Feehan, M., McGee, R., Stanton, W., Moffitt, T., & Silva, P. (1993). The importance of conduct problems and depressive symptoms in predicting adolescent substance use. *Journal of Abnormal Child Psychology, 21*, 469–480.

Hersh, M. A., & Hussong, A. M. (2009). The association between observed parental emotion socialization and adolescent self-medication. *Journal of Abnormal Child Psychology, 37*(4), 493–506.

Hesselbrock, V., Bauer, L. O., Hesselbrock, M. N., & Gillen, R. (1991). Neuropsychological factors in individuals at high risk for alcoholism. In M. Galanter & H. Begleiter (Eds.), *Recent developments in alcoholism* (Vol. 9, pp. 21–40). New York: Plenum Press.

Hicks, B. M., Krueger, R. F., Iacono, W. G., McGue, M., & Patrick, C. J. (2004). Family transmission and heritability of externalizing disorders: A twin-family study. *Archives of General Psychiatry, 61*, 922–928.

Hicks, B., Durbin, C., Blonigen, D., Iacono, W., & McGue, M. (2012). Relationship between personality change and the onset and course of alcohol dependence in young adulthood. *Addiction, 107*, 540–548.

Hill, K., White, H. R., Chung, I.-J., Hawkins, J. D., & Catalano, R. F. (2000). Early adult outcomes of adolescent binge drinking: Person- and variable-centered analyses of binge drinking trajectories. *Alcoholism: Clinical and Experimental Research, 24*, 892–901.

Hill, S. Y., Lowers, L., Locke-Wellman, J., & Shen, S. (2000). Maternal smoking and drinking during pregnancy and the risk for child and adolescent psychiatric disorders. *Journal of Studies on Alcohol, 61*, 661–668.

Hill, S. Y., Shen, S., Lowers, L., & Locke, J. (2000). Factors predicting the onset of adolescent drinking in families at high risk for developing alcoholism. *Biological Psychiatry, 48*, 265–275.

Hoffman, J., Cerbone, F., & Su, S. (2000). A growth curve analysis of stress and adolescent drug use. *Substance Use and Misuse, 35*, 687–716.

Hser, Y., Grella, C., Hubbard, R., Hsieh, S., Fletcher, B., Brown, B., et al. (2001). An evaluation of drug treatments for adolescents in four US cities. *Archives of General Psychiatry, 58*, 689–695.

Huckle, T., Huakau, J., Sweetsur, P., Huisman, O., & Caslwee, S. (2008). Density of alcohol outlets and teenage drinking: Living in an alcogenic environment is associated with higher consumption in a metropolitan setting. *Addiction, 103*, 1614–1621.

Humphreys, K., & Rappaport, J. (1993). From the community mental health movement to the war on drugs: A study in the definition of social problems. *American Psychologist, 48*, 892–901.

Hussong, A. M., Bauer, D., & Chassin, L. (2008). Telescoped trajectories from alcohol initiation to disorder among children of alcoholic parents. *Journal of Abnormal Psychology, 117*, 63–78.

Hussong, A. M., & Chassin, L. (2004). Stress and coping among children of alcoholic parents through the young adult transition. *Development and Psychopathology. 16*(4), 985–1006.

Hussong, A. M., Curran, P., & Chassin, L. (1998). Pathways of risk for accelerated heavy alcohol use among adolescent children of alcoholic parents. *Journal of Abnormal Child Psychology, 26*, 453–466.

Hussong, A. M., Galloway, C. A., & Feagans, L. A. (2005). Coping motives as moderators of daily mood-drinking covariation. *Journal of Studies on Alcohol, 66*, 344–353.

Hussong, A. M., & Hicks, R. E. (2003). Affect and peer context interactively impact adolescent substance use. *Journal of Abnormal Child Psychology, 31*, 413–426.

Hussong, A. M., Hicks, R., Levy, S., & Curran, P. (2001). Specifying the relations between affect and heavy alcohol use among young adults. *Journal of Abnormal Psychology, 110*, 449–461.

Hussong, A. M., Jones, D., Stein, G., Baucom, D., & Boeding, S. (2011). An internalizing pathway to alcohol use and disorder. *Psychology of Addictive Behaviors, 25*, 390–404.

Iacono, W. G., Carlson, S. R., & Malone, S. M. (2000). Identifying a multivariate endophenotype for substance use disorders using psychophysiological measures. *International Journal of Psychophysiology, 38*, 81–96.

Iacono, W. G., Carlson, S. R., Taylor, J., Elkins, I. J., & McGue, M. (1999). Behavioral disinhibition and the development of substance-use disorders: Findings from the Minnesota Twin Family Study. *Development and Psychopathology, 11*, 869–900.

Iacono, W. G., Malone, S., & McGue, M. (2008). Behavioral disinhibition and the development of early onset addiction: Common and specific influences. *Annual Review of Clinical Psychology, 4*, 325–348.

Institute of Medicine. (1994). *Pathways of addiction: Opportunities in drug abuse research*. Washington, DC: National Academy Press.

Jackson, C., & Henriksen, L. (1997). Do as I say: Parent smoking, antismoking socialization, and smoking onset among children. *Addictive Behaviors, 22*, 107–114.

Jackson, K. M., Sher, K. J., & Wood, P. K. (2000). Trajectories of concurrent substance use disorders: A developmental, typological approach to comorbidity. *Alcoholism: Clinical and Experimental Research, 24(6)*, 902–913.

Jansen, R. E., Fitzgerald, H. E., Ham, H. P., & Zucker, R. E. (1995). Pathways to risk: Temperament and behavior problems in three- to five-year-old sons of alcoholics. *Alcoholism: Clinical and Experimental Research*, 19, 501–509.

Jessor, R., & Jessor, S. (1977). *Problem behavior and psychosocial development: A longitudinal study of youth*. New York: Academic Press.

Johnson, E. O., Chen, L. S., Breslau, N., Hatsukami, D., Robbins, T., Saccone, N., et al. (2010). Peer smoking and the nicotinic receptor genes: An examination of genetic and environmental risks for nicotine dependence. *Addiction, 105*, 2014–2022.

Johnston, L. D., O'Malley, P. M., & Bachman, J. G. (2000). *Monitoring the Future national survey results on drug use, 1975–1999* (NIH Publication No. 00-4802). Bethesda, MD: National Institute on Drug Abuse.

Johnston, L. D., O'Malley, P. M., & Bachman, J. G. (2001). *Monitoring the Future national results on adolescent drug use: Overview of key findings, 2000* (NIH Publication No. 01-4923). Bethesda, MD: National Institute on Drug Abuse.

Johnston, L. D., O'Malley, P. M., & Bachman, J. G. (2002). *Monitoring the Future national results on adolescent drug use: Overview of key findings, 2001* (NIH Publication No. 02-5105). Bethesda, MD: National Institute on Drug Abuse.

Johnston, L. D., O'Malley, P. M., & Bachman, J. G. (2005). *Monitoring the Future national survey results on drug use, 1975–2004, Vol. 2* (NIH Publication No. 00-4803). Bethesda, MD: National Institute on Drug Abuse.

Johnston, L. D., O'Malley, P. M., Bachman, J. G., & Schulenberg, J. E. (2006). *Monitoring the Future national results on adolescent drug use: Overview of key findings, 2005* (NIH Publication No. 06-5882). Bethesda, MD: National

Institute on Drug Abuse.

Johnston, L. D., O'Malley, P. M., Bachman, J. G., & Schulenberg, J. E. (2008). *Monitoring the Future national results on adolescent drug use: Overview of key findings, 2007* (NIH Publication No. 08-6418). Bethesda, MD: National Institute on Drug Abuse.

Johnston, L. D., O'Malley, P. M., Bachman, J. G., & Schulenberg, J. E. (2012). *Monitoring the Future national results on adolescent drug use: Overview of key findings, 2011* Ann Arbor: Institute for Social Research, University of Michigan.

Kandel, D. B. (1978). Convergences in prospective longitudinal surveys of drug use in normal populations. In D. B. Kandel (Ed.), *Longitudinal research on drug use: Empirical findings and methodological issues* (pp. 3–40). New York: Wiley.

Kandel, D. B. (1995). Ethnic differences in drug use: Patterns and paradoxes. In G. J. Botvin, S. Schinke, & M. Orlandi (Eds.), *Drug abuse prevention with multi-ethnic youth* (pp. 81–104). Thousand Oaks, CA: Sage.

Kandel, D. B., Davies, M., Karus, D., & Yamaguchi, K. (1986). The consequences in young adulthood of adolescent drug involvement. *Archives of General Psychiatry, 43*, 746–754.

Kandel, D. B., Johnson, J. G., Bird, H. R., Canino, G., Goodman, S., Lahey, B., et al. (1997). Psychiatric disorders associated with substance use among children and adolescents: Findings from the Methods for the Epidemiology of Child and Adolescent Mental Disorders (MECA) study. *Journal of Abnormal Child Psychology, 25*, 121–132.

Kandel, D. B., Yamaguchi, K., & Chen, K. (1992). Stages of progression in drug use involvement from adolescence to adulthood: Further evidence for the gateway theory. *Journal of Studies on Alcohol, 53*, 447–457.

Kaplow, J. B., Curran, P. J., Angold, A., & Costello, E. J. (2001). The prospective relation between dimensions of anxiety and the initiation of adolescent alcohol use. *Journal of Clinical Child Psychology, 30*, 316–326.

Kassel, J. D., Evatt, D. P., Greenstein, J. E., Wardle, M. C., Yates, M. C., & Veillux, J. C. (2007). The acute effects of nicotine on positive and negative affect in adolescent smokers. *Journal of Abnormal Psychology, 116*, 545–553.

Kassel, J. D., Jackson, S. I., & Unrod, M. (2000). Generalized expectancies for negative mood regulation and problem drinking among college students. *Journal of Studies on Alcohol, 61(2)*, 332–340.

Kassel, J. D., Stroud, L. R., & Paronis, C. A. (2003). Smoking, stress, and negative affect: Correlation, causation, and context across stages of smoking. *Psychological Bulletin, 129(2)*, 270–304.

Kellam, S., Brown, C., Rubin, B., & Ensminger, M. (1983). Paths leading to teenage psychiatric symptoms and substance use: Developmental epidemiological studies in Woodlawn. In S. B. Guze, J. Earls, & J. Barrett (Eds.), *Childhood psychopathology and development* (pp. 17–52). New York: Norton.

Kendler, K. S., & Baker, J. H. (2007). Genetic influences on measures of the environment: A systematic review. *Psychological Medicine, 37*, 615–626.

Kendler, K. S., Gardner, C., & Dick, D. M. (2011). Predicting alcohol consumption in adolescence from alcohol-specific and general externalizing genetic risk factors, key environmental exposures and their interaction. *Psychological Medicine, 41*, 1507–1516.

Kendler, K. S., Schmitt, E., Aggen, S. H., & Prescott, C. A. (2008). Genetic and environmental influences on alcohol, caffeine, cannabis, and nicotine use from early adolescence to middle adulthood. *Archives of General Psychiatry, 65*(6), 674–682.

Kessler, R. C., Avenevoli, S., Costello, J., Georgiadas, K., Green, J. G., Gruber, M. J., et al. (2012). Prevalence, persistence, and sociodemographic correlates of DSM-IV disorders in the National Comorbidity Survey replication adolescent supplement. *Archives of General Psychiatry, 69*, 372–380.

Keyes, K. M., Hatzenbuehler, M. L., & Hasin, D. S. (2011). Stressful life experiences, alcohol consumption, and alcohol use disorders: The epidemiologic evidence for four main types of stressors. *Psychopharmacology, 218*(1), 1–17.

King, K., & Chassin, L. (2004). Mediating and moderated effects of adolescent behavioral undercontrol and parenting in the prediction of drug use disorders in emerging adulthood. *Psychology of Addictive Behaviors, 18*, 239–249.

King, S. M., Iacono, W. G., & McGue, M. (2004). Childhood externalizing and internalizing psychopathology in the prediction of early substance use. *Addiction, 99*, 1548–1559.

Klein, L. C., & Corwin, E. J. (2002). Seeing the unexpected: How sex differences in stress responses may provide a new perspective on the manifestation of psychiatric disorders. *Current Psychiatry Reports, 4*, 441–448.

Klorman, R. (1992). Cognitive event-related potentials in attention deficit disorder. In S. E. Shaywitz & B. A. Shaywitz (Eds.), *Attention deficit disorder comes of age: Toward the twenty-first century* (pp. 221–244). New York: Wiley.

Koopmans, J. R., Slutske, W. S., van Baal, C. M., & Boomsma, D. I. (1999). The influence of religion on alcohol use initiation: Evidence for genotype × environment interaction. *Behavior Genetics, 29*(6), 445–453.

Kovacs, M., Obrosky, D. S., & Sherrill, J. (2003). Developmental changes in the phenomenology of depression in girls compared to boys from childhood onward. *Journal of Affective Disorders, 74*, 33–48.

Krueger, R. F., Hicks, B. M., Patrick, C. J., Carlson, S. R., Iacono, W. G., & McGue, M. (2002). Etiologic connections among substance dependence, antisocial behavior, and personality: Modeling the externalizing spectrum. *Journal of Abnormal Psychology, 111*, 411–424.

Kuntsche, E., Knibbe, R., Gmel, G., & Engels, R. (2005). Why do young people drink?: A review of drinking mo-

tives. *Clinical Psychology Review. 25*, 841–861.

Kuntshe, S., Knibbe, R. A., Kuntsche, E., & Gmel, G. (2011). Housewife or working mum-each to her own?: The relevance of societal factors in the association between social roles and alcohol use among mothers in 16 industrialised countries. *Addiction, 106*, 1925–1932.

Kuperman, S., Schlosser, S. S., Kramer, J. R., Bucholz, K., Hesselbrock, V., Reich, T., et al. (2001). Risk domains associated with an adolescent alcohol dependence diagnosis. *Addiction, 96*, 629–636.

Laird, R. D., Pettit, G. S., Bates, J. E., & Dodge, K. A. (2003). Parents' monitoring-relevant knowledge and adolescents' delinquent behavior: Evidence of correlated developmental changes and reciprocal influences. *Child Development, 74*, 752–768.

Lambert, S. F., Brown, T. L., Phillips, C. M., & Ialongo, N. S. (2004). The relationship between perceptions of neighborhood characteristics and substance use among urban African American adolescents. *American Journal of Community Psychology, 34*, 205–218.

Lamborn, S. D., Dornbusch, S. M., & Steinberg, L. (1996). Ethnicity and community context as moderators of the relations between family decision-making and adolescent adjustment. *Child Development, 67*, 283–301.

Langenbucher, J., Martin, C., Labouvie, E., Sanjuan, P., Bavley, L., & Pollock, N. (2000). Toward the DSM-V: The withdrawal-gate model versus the DSM-IV in the diagnosis of alcohol abuse and dependence. *Journal of Consulting and Clinical Psychology, 68*, 799–809.

Latendresse, S. J., Bates, J. E., Goodnight, J. A., Lansford, J. E., Budde, J. P., Goate, A., et al. (2011). Differential susceptibility to adolescent externalizing trajectories: Examining the interplay between *CHRM2* and peer group antisocial behavior. *Child Development, 82*(6), 1797–1814.

Laucht, M., Blomeyer, D., Buchmann, J. T., Treutlein, J., Schmidt, M. H., Esser, G., et al. (2012). Catechol-O-methyltransferase *Val^{158}Met* genotype, parenting practices and adolescent alcohol use: Testing the differential susceptibility hypothesis. *Journal of Child Psychology and Psychiatry, 53*(4), 351–359.

Laurent, J., Catanzaro, S. J., & Callan, M. K. (1997). Stress, alcohol-related expectancies and coping preferences: A replication with adolescents of the Cooper et al. (1992) model. *Journal of Studies on Alcohol, 58*, 644–651.

Lee, M., Chassin, L., & Villalta, I. K. (2013). Maturing out of alcohol use: Patterns and predictors. *Development and Psychopathology, 25*, 1137–1153.

Lejuez, C., Read, J, Kahler, C., Richards, J., Ramsey, S., Stuart, G., et al. (2002). Evaluation of a behavioral measure of risk taking: The Balloon Analogue Risk Task (BART). *Journal of Experimental Psychology: Applied, 8*, 75–84.

Lender, M. E., & Martin, J. K. (1987). *Drinking in America: A history*. New York: Free Press.

Lerner, J. V., & Vicary, J. R. (1984). Difficult temperament and drug use: Analyses from the New York Longitudinal Study. *Journal of Drug Education*, 14, 1–8.

Leventhal, T., & Brooks-Gunn, J. (2000). The neighborhoods they live in: The effects of neighborhood residence on child and adolescent outcomes. *Psychological Bulletin, 126,* 309–337.

Lewinsohn, P., Hops, H., Roberts, R., Seeley, J., & Andrews, J. (1993). Adolescent psychopathology: I. Prevalence and incidence of depression and other DSM-III-R disorders in high school students. *Journal of Abnormal Psychology, 102,* 133–144.

Lewinsohn, P. M., Rohde, P., & Seeley, J. (1996). Alcohol consumption in high school adolescents: Frequency of use and dimensional structure of associated problems. *Addiction, 91,* 375–390.

Lewinsohn, P. M., Shankman, S. A., Gau, J. M., & Klein, D. N. (2004). The prevalence and co-morbidity of subthreshold psychiatric conditions. *Psychological Medicine, 34,* 613–622.

Lezak, M. D. (1995). *Neuropsychological assessment* (3rd ed.). New York: Oxford University Press.

Lezak, M. D., Howieson, D. B., Bigler, E. D., & Tranel, D. (2012). *Neuropsychological assessment* (5th ed.). New York: Oxford University Press.

Liddle, H. A. (2004). Family based therapies for adolescent alcohol and drug use: Research contributions and future research needs. *Addiction, 99*(Suppl. 2), 76–92.

Littlefield, A. K., Sher, K. J., & Wood, P. K. (2009). Is "maturing out" of problematic alcohol involvement related to personality change? *Journal of Abnormal Psychology, 118,* 360–374.

Littlefield, A. K., Verges, A., Wood, P., & Sher, K. J. (2012). Transactional models between personality and alcohol involvement: A further examination. *Journal of Abnormal Psychology, 121,* 778–783.

Loeber, R., Stouthamer-Loeber, M., & White, H. R. (1999). Developmental aspects of delinquency and internalizing problems and their association with persistent juvenile substance use between ages 7 and 18. *Journal of Clinical Child Psychology. 28,* 322–332.

Loehlin, J. C. (2010). Is there an active gene–environment correlation in adolescent drinking behavior? *Behavior Genetics, 40,* 447–451.

Lucht, M. J., Barnow, S., Sonnenfeld, C., Rosenberger, A., Grabe, J. J., & Schroder, W. (2009). Associations between the oxytocin receptor gene (OXTR) and affect, loneliness and intelligence in normal subjects. *Progress in Neuro-Psychopharmacology and Biological Psychiatry, 33,* 860–866.

Luk, J. W., Farhat, T., Iannotti, R. J., & Simons-Morton, B. G. (2010). Parent–child communication and substance use among adolescents: Do father and mother communication play a different role for sons and daughters? *Addictive Behaviors, 35,* 426–431.

Luthar, S. S., & Ansary, N. S. (2005). Dimensions of adolescent rebellion: Risks for academic failure among high- and low-income youth. *Development and Psychopathology, 17,* 231–250.

Luthar, S. S., & Becker, B. E. (2002). Privileged but pressured?: A study of affluent youth. *Child Development, 73,* 1593–1610.

Luthar, S. S., & D'Avanzo, K. (1999). Contextual factors in substance use: A study of suburban and inner city adolescents. *Development and Psychopathology, 11,* 845–867.

Luthar, S. S., & Latendresse, S. J. (2005). Children of the affluent: Challenges to well-being. *Current Directions in Psychological Science, 14,* 49–53.

Lynam, D. (2011). Impulsivity and deviance. In M. T. Bardo, D. H. Fishbein, & R. Milich (Eds.), *Inhibitory control and drug abuse prevention: From research to translation* (pp. 145–160). New York: Springer.

Lynskey, M. T., Agrawal, A., & Heath, A. C. (2010). Genetically informative research on adolescent substance use: Methods, findings and challenges. *Journal of the American Academy of Child and Adolescent Psychiatry, 49,* 1202–1214.

Lynskey, M. T., & Fergusson, D. M. (1995). Childhood conduct problems, attention deficit behaviors, and adolescent alcohol, tobacco and illicit drug use. *Journal of Abnormal Child Psychology, 23,* 281–302.

Maisto, S. A., Galzio, M., & Connors, G. J. (1999). *Drug use and abuse* (3rd ed.). Orlando, FL: Harcourt Brace.

Malow, R. M., Devieux, J. G., Jennings, T., Lucenko, B. A., & Kalichman, S. C. (2001). Substance-abusing adolescents at varying levels of HIV risk: Psychosocial characteristics, drug use, and sexual behavior. *Journal of Substance Abuse, 13,* 103–117.

Martin, C. S., Earleywine, M., Blackson, T. C., Vanyukov, M., Moss, H. B., & Tarter, R. E. (1994). Aggressivity, inattention, hyperactivity, and impulsivity in boys and high and low risk for substance abuse. *Journal of Abnormal Child Psychology, 22,* 177–203.

Martin, C. S., Kaczynski, N. A., Maisto, S. A., & Tarter, R. E. (1996). Polydrug use in adolescent drinkers with and without DSM-IV alcohol abuse and dependence. *Alcoholism: Clinical and Experimental Research, 20,* 1099–1108.

Martin, C. S., Sher, K. J., & Chung, T. (2011). Hazardous use should not be a diagnostic criterion for substance use disorders in DSM-5. *Journal of Studies on Alcohol and Drugs, 72,* 685–686.

Martin, C. S., Steinley, D., Verges, A., & Sher, K. J. (2011). The proposed 2/11 symptom algorithm for DSM-5 substance use disorders is too lenient. *Psychological Medicine, 41,* 2008–2010.

Mason, W. A., Hitchings, J. E., & Spoth, R. L. (2007). Emergence of delinquency and depressed mood throughout adolescence as predictors of late adolescent problem substance use. *Psychology of Addictive Behaviors, 21*(1), 13–24.

Mason, W. A., Hitchings, J. E., & Spoth, R. L. (2009). Special populations: Adolescents: Longitudinal relations among negative affect, substance use, and peer deviance during the transition from middle to late adolescence. *Substance*

Use and Misuse, 44(8), 1142–1159.

Masten, A., Faden, V., Zucker, R., & Spear, L. (2008). Underage drinking: A developmental framework. *Pediatrics, 121,* S235–S251.

McCabe, S. E., Cranford, J. A., Morales, M., & Young, A. (2006). Simultaneous and concurrent polydrug use of alcohol and prescription drugs: Prevalence, correlates, and consequences. *Journal of Studies on Alcohol, 67,* 529–537.

McCarthy, D., Tomlinson, K., Anderson, K., Marlatt, G. A., & Brown, S. (2005). Relapse in alcohol- and drug-disordered adolescents with comorbid psychopathology: Changes in psychiatric symptoms. *Psychology of Addictive Behaviors, 19*(1), 28–34.

McGue, M. (1994). Genes, environment, and the etiology of alcoholism. In R. Zucker, G. Boyd, & J. Howard (Eds.), *The development of alcohol problems: Exploring the biopsychosocial matrix of risk* (NIAAA Research Monograph No. 26, pp. 1–40). Washington, DC: U.S. Government Printing Office.

McGue, M., Elkins, I., & Iacono, W. (2000). Genetic and environmental influences on adolescent substance use and abuse. *American Journal of Medical Genetics, 96,* 671–677.

McGue, M., Sharma, A., & Benson, P. (1996). Parent and sibling influences on adolescent alcohol use and misuse: Evidence from a U.S. adoption cohort. *Journal of Studies on Alcohol, 57,* 8–18.

McMahon, R. J. (1999). Child and adolescent psychopathology as risk factors for subsequent tobacco use. *Nicotine and Tobacco Research, 1,* S45–S50.

McMorris, B. J., Hemphill, S. A., Toumbourou, J. W., Catalano, R. F., & Patton, G. C. (2007). Prevalence of substance use and delinquent behavior in adolescents from Victoria, Australia and Washington State, United States. *Health Education and Behavior, 34,* 634–650.

Merikangas, K. R., He, J., Burstein, M., Swanson, S. A., Avenevoli, S., Cui, L., et al. (2010). Lifetime prevalence of mental disorders in U.S. adolescents: Results from the National Comorbidity Survey replication—Adolescent Supplement (NCS-A). *Journal of the American Academy of Child and Adolescent Psychiatry, 49,* 980–989.

Merikangas, K., & McClair, V. (2012). Epidemiology of substance use disorders. *Human Genetics, 131,* 779–789.

Merikangas, K., Stolar, M., Stevens, D., Goulet, J., Preisig, M., Fenton, B., et al. (1998). Familial transmission of substance use disorders. *Archives of General Psychiatry, 55,* 973–979.

Mewton, L., Slade, T., & Teeson, M. (2013). An evaluation of the proposed DSM-5 cannabis use disorder criteria using Australian national survey data. *Journal of Studies on Alcohol and Drugs, 74,* 614–621.

Meyers, J. S., & Dick, D. M., (2010). Genetic and environmental risk factors for adolescent-onset substance use disorders. *Child and Adolescent Psychiatric Clinics of North America, 19,* 465–477.

Mezzich, A. C., Giancola, P. R., Tarter, R. E., Lu, S., Parks, S. M., & Barrett, C. M. (1997). Violence, suicidality, and alcohol/drug use involvement in adolescent females with a psychoactive substance use disorder and controls. *Alcoholism: Clinical and Experimental Research, 21,* 1300–1307.

Mikulich, S. K., Hall, S. K., Whitmore, E. A., & Crowley, T. J. (2001). Concordance between DSM-III-R and DSM-IV diagnoses of substance use disorders in adolescents. *Drug and Alcohol Dependence, 61,* 237–248.

Milne, B. J., Caspi, A., Harrington, H., Poulton, R., Rutter, M., & Moffitt, T. E. (2009). Predictive value of family history on severity of illness. The case for depression, anxiety, alcohol dependence, and drug dependence. *Archives of General Psychiatry, 66,* 738–747.

Mitchell, C. M., Beals, J., Novins, D. K., Spicer, P., & American Indian Service Utilization, Psychiatric Epidemiology, Risk and Protective Factors Project Team. (2003). Drug use among two American Indian populations: Prevalence of lifetime use and *DSM IV* substance use disorders. *Drug and Alcohol Dependence, 69,* 29–41.

Molina, B. S. G., Smith, B. H., & Pelham, W. E. (1999). Interactive effects of attention-deficit hyperactivity disorder and conduct disorder on early adolescent substance use. *Psychology of Addictive Behaviors, 13,* 348–358.

Moritsugu, K., & Li, T.-K. (2008). Foreword. *Pediatrics, 121*(Suppl. 4), S231–S232.

Moss, H. B., Kirisci, L., Gordon, H., & Tarter, R. (1994). A neuropsychologic profile of adolescent alcoholics. *Alcoholism: Clinical and Experimental Research, 18,* 159–163.

Murray, D., O'Connell, C., Schmid, L., & Perry, C. (1987). The validity of smoking self-reports by adolescents: A reexamination of the bogus pipeline procedure. *Addictive Behaviors, 12,* 7–15.

National Drug Intelligence Center. (2011). *The economic impact of illicit drug use on American society.* Washington, DC: U.S. Department of Justice.

Nigg, J. T., Wong, M., Martel, M., Jester, J., Puttler, L., Glass, J., et al. (2006). Poor response inhibition as a predictor of problem drinking and illicit drug use in adolescents at risk for alcoholism and other substance use disorders. *Journal of the American Academy of Child and Adolescent Psychiatry, 45,* 468–475.

Nowlin, P. R., & Colder, C. R. (2007). The role of ethnicity and neighborhood poverty on the relationship between parenting and adolescent cigarette use. *Nicotine and Tobacco Research, 9,* 545–556.

Oetting, E. R., & Donnermeyer, J. F. (1998). Primary socialization theory: The etiology of drug use and deviance. *Substance Use and Misuse, 33,* 995–1026.

Ohannessian, C. M., & Hesselbrock, V. M. (2008). A comparison of three vulnerability models for the onset of substance use in a high-risk sample. *Journal of Studies on Alcohol and Drugs, 69,* 75–84.

Pardini, D., White, H., & Stouthamer-Loeber, M. (2007). Early adolescent psychopathology as a predictor of alcohol use disorders by young adulthood. *Drug and Alcohol Dependence, 88*, S38–S49.

Park, C. L., Armeli, S., & Tennen, H. (2004). The daily stress and coping process and alcohol use among college students. *Journal of Studies on Alcohol, 65*(1), 126–135.

Parker, K., Calhoun, T., & Weaver, G. (2000). Variables associated with adolescent alcohol use: A multiethnic comparison. *Journal of Social Psychology, 140*, 51–62.

Paschall, M. J., Grube, J. W., & Kypri, K. (2009). Alcohol control policies and alcohol consumption by youth: A multi-national study. *Addiction, 104*, 1849–1855.

Patterson, G. R. (1986). Performance models for antisocial boys. *American Psychologist, 41*, 432–444.

Patton, G. C., Coffey, C., Carlin, J. B., Degenhardt, L., Lynskey, M., & Hall, W. (2002). Cannabis use and mental health in young people: Cohort study. *British Medical Journal, 325*, 1195–1198.

Paulson, M., Combs, R., & Richardson, M. (1990). School performance, educational aspirations, and drug use among children and adolescents. *Journal of Drug Education, 20*, 289–303.

Peterson, J. B., Finn, P. R., & Pihl, R. O. (1992). Cognitive dysfunction and the inherited predisposition to alcoholism. *Journal of Studies on Alcohol, 53*, 154–160.

Peterson, J. B., & Pihl, R. O. (1990). Information processing, neuropsychological function, and the inherited predisposition to alcoholism. *Neuropsychological Review, 1*, 343–369.

Piko, B. F., Luszczynska, A., Gibbons, F. X., & Tekozel, M. (2005). A culture-based study of personal and social influences of adolescent smoking. *European Journal of Public Health, 15*, 393–398.

Piko, B. F., Wills, T. A., & Walker, C. (2007). Motives for smoking and drinking: Country and gender differences in samples of Hungarian and U.S. high school students. *Addictive Behaviors, 32*, 2087–2098.

Plomin, R., Reiss, D., Hetherington, E. M., & Howe, G. W. (1994). Nature and nurture: Genetic contributions to measures of the family environment. *Developmental Psychology, 30*, 32–43.

Plunkett, M., & Mitchell, C. (2000). Substance use rates among American Indian adolescents: Regional comparisons with Monitoring the Future high school seniors. *Journal of Drug Issues, 30*, 593–620.

Pollock, N. K., & Martin, C. S. (1999). Diagnostic orphans: Adolescents with alcohol symptoms who do not qualify for DSM-IV abuse or dependence diagnoses. *American Journal of Psychiatry, 156*, 897–901.

Poon, E., Ellis, D. E., Fitzgerald, H. E., & Zucker, R. E. (2000). Intellectual, cognitive, and academic performance among sons of alcoholics during the early school years: Differences related to subtypes of familial alcoholism. *Alcoholism: Clinical and Experimental Research, 24*, 1020–1027.

Poulin, C., Hand, D., Boudreau, B., & Santor, D. (2005). Gender differences in the association between substance use and elevated depressive symptoms in a general adolescent population. *Addiction, 100*, 525–535.

Rao, U. (2006). Links between depression and substance abuse in adolescents: Neurobiological mechanisms. *American Journal of Preventive Medicine, 31*, 161–174.

Reifman, A., Barnes, G. M., Dintcheff, B. A., Farrell, M. P., & Uhteg, L. (1998). Parental and peer influences on the onset of heavier drinking among adolescents. *Journal of Studies on Alcohol, 59*, 311–317.

Reiss, D., Neiderhiser, J., Hetherington, E. M., & Plomin, R. (2000). *The relationship code: Deciphering genetic and social patterns in adolescent development.* Cambridge, MA: Harvard University Press.

Reynolds, B., & Fields, S. (2012). Delay discounting by adolescents experimenting with smoking. *Addiction, 107*, 417–424.

Rhee, S. H., Hewitt, J. K., Young, S. E., Corley, R. P., Crowley, T. J., & Stallings, M. C. (2003). Genetic and environmental influences on substance initiation, use, and problem use in adolescents. *Archives of General Psychiatry, 60*, 1256–1264.

Roberts, M. E., Gibbons, F. X., Gerrard, M., Weng, C., Murray, V. M., Simons, L. G., et al. (2012). From racial discrimination to risky sex: Prospective relations involving peers and parents. *Developmental Psychology, 48*, 89–102.

Roberts, R. E., Roberts, C. R., & Xing, Y. (2006). Prevalence of youth-reported *DSM-IV* psychiatric disorders among African, European, and Mexican American adolescents. *Journal of the American Academy of Child and Adolescent Psychiatry, 45*, 1329–1337.

Roberts, R. E., Roberts, C. R., & Xing, Y. (2007). Rates of DSM-IV psychiatric disorders among adolescents in a large metropolitan area. *Journal of Psychiatric Research, 41*, 959–967.

Roberts, R. E., Roberts, C. R., & Xing, Y. (2008). Comorbidity of substance use disorders and other psychiatric disorders among adolescents: Evidence from an epidemiologic survey. *Drug and Alcohol Dependence, 88*, S4–S13.

Robins, L. N., & Pryzbeck, T. R. (1985). Age of onset of drug use as a factor in drug and other disorders. In C. L. Jones & R. J. Battjes (Eds.), *Etiology of drug use: Implications for prevention* (NIDA Research Monograph No. 56, pp. 178–192). Rockville, MD: National Institute on Drug Abuse.

Rogers, S., Miller, H., & Turner, C. (1998). Effects of interview mode on bias in survey measurement of drug use: Do respondent characteristics make a difference? *Substance Use and Misuse, 33*, 2179–2220.

Rogosch, F. A., Oshri, A., & Cicchetti, D. (2010). From childhood maltreatment to adolescent cannabis abuse and dependence: A developmental cascade model. *Development and Psychopathology, 22*, 883–897.

Rohde, P., Lewinsohn, P., & Seeley, J. (1996). Psychiatric comorbidity with problematic alcohol use in high school students. *Journal of the American Academy of Child and Adolescent Psychiatry, 35*, 101–109.

Rose, J., Chassin, L., Presson, C., & Sherman, S. J. (1996). Demographic factors in adult smoking status: Mediating and moderating influences. *Psychology of Addictive Behaviors, 10*, 28–37.

Rose, R. J., Dick, D. M., Viken, R. J., & Kaprio, J. (2001). Gene–environment interaction in patterns of adolescent drinking: Regional residency moderates longitudinal influences on alcohol use. *Alcoholism: Clinical and Experimental Research, 25*(5), 637–643.

Rose, R. J., Dick, D. M., Viken, R. J., Pulkkinen, L., & Kaprio, J. (2001). Drinking or abstaining at age 14?: A genetic epidemiological study. *Alcoholism: Clinical and Experimental Research, 25*, 1594–1604.

Rosenquist, J. N., Murabito, J., Fowler, J. H., & Christakis, N. A. (2010). The spread of alcohol consumption behaviour in a large social network. *Annals of Internal Medicine, 152*, 426–433.

Rowe, D. C., Stever, C., Chase, D., Sherman, S., Abramowitz, A., & Waldman, I. D. (2001). Two dopamine genes related to reports of childhood retrospective inattention and conduct disorder symptoms. *Molecular Psychiatry, 6*, 429–433.

Russell, M. (1990). Prevalence of alcoholism among children of alcoholics. In M. Windle & J. Searles (Eds.), *Children of alcoholics: Critical perspectives* (pp. 9–38). New York: Guilford Press.

Sartor, C. E., Agrawal, A., McCutcheon, V. V., Duncan, A. E., & Lynskey, M. T. (2008). Disentangling the complex association between childhood sexual abuse and alcohol-related problems: A review of methodological issues and approaches. *Journal of Studies on Alcohol and Drugs, 69*, 718–727.

Sartor, C. E., Lynskey, M., Heath, A., Jacob, T., & True, W. (2007). The role of childhood risk factors in initiation of alcohol use and progression to alcohol dependence. *Addiction, 102*, 216–225.

Schepis, T. S., Rao, U., Yadav, H., & Adinoff, B. (2011). The limbic–hypothalamic–pituitary–adrenal axis and the development of alcohol use disorders in youth. *Alcoholism: Clinical and Experimental Research, 35*(4), 595–605.

Schneier, F. R., Foose, T. E., Hasin, D. S., Heimberg, R. G., Grant, B. F., & Blanco, C. (2009). Social anxiety disorder and alcohol use disorder comorbidity in the National Epidemiologic Survey on alcohol and related conditions. *Psychological Medicine, 6*, 977–988.

Shedler, J., & Block, J. (1990). Adolescent drug use and psychological health: A longitudinal inquiry. *Psychological Bulletin, 45*, 612–630.

Sher, K. J. (1991). *Children of alcoholics: A critical appraisal of theory and research.* Chicago: University of Chicago Press.

Sher, K. J., & Gotham, J. J. (1999). Pathological alcohol involvement: A developmental disorder of young adulthood. *Development and Psychopathology, 11*, 933–956.

Sher, K. J., Martin, E. D., Wood, P. K., & Rutledge, P. C. (1997). Alcohol use disorders and neuropsychological functioning in first-year undergraduates. *Experimental and Clinical Psychopharmacology, 5*, 304–315.

Sherman, S. J., Chassin, L., Presson, C. C., Seo, D.-C., & Macy, J. T. (2009). The intergenerational transmission of implicit and explicit attitudes toward smoking. *Journal of Experimental Social Psychology. 45*, 313–319.

Sihvola, E., Rose, R. J., Dick, D., Pulkkinen, L., Marttunen, M., & Kaprio, J. (2008). Early-onset of depressive disorders predict the use of addictive substances in adolescence: A prospective study of Finnish twins. *Addiction, 103*, 2045–2053.

Simons-Morton, B. G., & Farhat, T. (2010). Recent findings on peer group influences on adolescent smoking. *Journal of Primary Prevention, 31*, 191–208.

Single, E., Kandel, D. B., & Faust, R. (1974). Patterns of multiple drug use in high school. *Journal of Health and Social Behavior, 15*, 344–357.

Skeer, M. R., McCormick, M. C., Normand, S. T., Buka, S. L., & Gilman, S. E. (2009). A prospective study of familial conflict, psychological stress, and the development of substance use disorders in adolescence. *Drug and Alcohol Dependence, 104*, 65–72.

Skeer, M. R., McCormick, M. C., Normand, S. T., Mimiaga, M. J., Buka, S. L., & Gilman, S. E. (2011). Gender differences in the association between family conflict and adolescent substance use disorders. *Journal of Adolescent Health, 49*(2), 187–192.

Skitch, S. A., & Abela, J. R. Z. (2008). Rumination in response to stress as a common vulnerability factor to depression and substance misuse in adolescence. *Journal of Abnormal Child Psychology, 36*(7), 1029–1045.

Slomkowski, C., Rende, R., Conger, K. J., Simons, R. L., & Conger, R. D. (2001). Sisters, brothers, and delinquency: Social influence during early and middle adolescence. *Child Development*, 72, 271–283.

Slomkowski, C., Rende, R., Novak, S., Lloyd-Richardson, E., & Niaura, R. (2005). Sibling effects on smoking in adolescence: Evidence for social influence from a genetically-informative design. *Addiction, 100*, 430–438.

Slutske, W. S., Heath, A. C., Dinwiddie, S. H., Madden, P. A. F., Bucholz, K. K., Dunne, M. P., et al. (1998). Common genetic risk factors for conduct disorder and alcohol dependence. *Journal of Abnormal Psychology, 107*(3), 363–374.

Smith, G. T., Goldman, M. S., Greenbaum, P. E., & Christiansen, B. A. (1995). Expectancy for social facilitation from drinking: The divergent paths of high-expectancy and low-expectancy adolescents. *Journal of Abnormal Psychology, 104*, 32–40.

Spear, L. (2011). Adolescent neurobiological characteristics, alcohol sensitivities, and intake: Setting the stage for alcohol use disorders? *Child Development Perspectives, 5*, 231–238.

Spreen, O., & Strauss, E. (1998). *A compendium of neuropsychological tests: Administration, norms, commentary.* New York: Oxford University Press.

Spoth, R., Greenberg, M., & Turrissi, R. (2008). Preventive interventions addressing underage drinking: State of the evidence and steps toward public health impact. *Pediatrics, 121*, 5311–5336.

Squeglia, L., Jacobus, B., & Tapert, S. (2009). The influence of substance use on adolescent brain development. *Clinical EEG and Neuroscience, 40*, 31–38.

Stacy, A., Newcomb, M., & Bentler, P. (1991). Cognitive motivation and problem drug use: A 9 year longitudinal study. *Journal of Abnormal Psychology, 100*, 502–515.

Stallings, M. C., Corley, R. P., Hewitt, J. K., Krauter, K. S., Lessem, J. M., Mikulich, S. K., et al. (2003). A genome-wide search for quantitative trait loci influencing substance dependence vulnerability in adolescence. *Drug and Alcohol Dependence, 70(3)*, 295–307.

Stattin, H., & Kerr, M. (2000). Parental monitoring: A reinterpretation. *Child Development, 71*, 1072–1085.

Steinberg, L. (2008). A social neuroscience perspective on adolescent risk-taking. *Developmental Review, 28*, 78–106.

Steinberg, L., Fletcher, A., & Darling, N. (1994). Parental monitoring and peer influences on adolescent substance use. *Pediatrics, 93*, 1060–1064.

Stice, E., & Barrera, M. (1995). A longitudinal examination of the reciprocal relations between perceived parenting and adolescents' substance use and externalizing behaviors. *Developmental Psychology, 33*, 322–334.

Stice, E., & Gonzales, N. (1998). Adolescent temperament moderates the relationship of parenting to antisocial behavior. *Journal of Adolescent Research, 13*, 5–31.

Substance Abuse and Mental Health Services Administration (SAMHSA). (1999). *Understanding substance abuse prevention: Toward the 21st century: A primer on effective programs* (DHHS Publication No. SMA 99-3301). Washington, DC: U.S. Government Printing Office.

Substance Abuse and Mental Health Services Administration (SAMHSA). (2000). *National Household Survey on Drug Abuse: Main findings, 1999*. Washington, DC: U.S. Government Printing Office.

Substance Abuse and Mental Health Services Administration (SAMHSA). (2001). *Summary of findings from the 2000 National Household Survey on Drug Abuse* (Office of Applied Studies, NHSDA Series No. H-13, DHHS Publication No. SMA 01-3549). Washington, DC: U.S. Government Printing Office.

Sung, M., Erkanli, A., Angold, A., & Costello, E. (2004). Effects of age at first substance use and psychiatric comorbidity on the development of substance use disorders. *Drug and Alcohol Dependence, 75(3)*, 287–299.

Sussman, S., Dent, C., & McCullar, W. (2000). Group self-identification as a prospective predictor of drug use and violence in high-risk youth. *Psychology of Addictive Behaviors, 14*, 192–196.

Swaim, R. C., Deffenbacher, J. L., & Wayman, J. C. (2004). Concurrent and prospective effects of multi-dimensional aggression and anger on adolescent alcohol use. *Aggressive Behavior, 30(5)*, 356–372.

Tapert, S. F., & Brown, S. A. (1999). Neuropsychological correlates of adolescent substance use: Four-year outcomes. *Journal of the International Neuropsychological Society, 5*, 481–493.

Tapert, S. F., Brown, S. A., Myers, M. G., & Granholm, E. (1999). The role of neurocognitive abilities in coping with adolescent relapse to alcohol and drug use. *Journal of Studies on Alcohol, 60*, 500–508.

Tarter, R. E., Alterman, A. I., & Edwards, K. L. (1985). Vulnerability to alcoholism in men: A behavior-genetic perspective. *Journal of Studies on Alcohol, 46*, 329–356.

Tarter, R. E., Kirisci, L., Habeych, M., Reynolds, M., & Vanyukov, M. (2004). Neurobehavior disinhibition in childhood predisposes boys to substance use disorder by young adulthood: Direct and mediated etiologic pathways. *Drug and Alcohol Dependence, 73(2)*, 121–132.

Tarter, R. E., Kirisci, L., & Mezzich, A. (1997). Multivariate typology of adolescents with alcohol use disorder. *American Journal on Addictions, 6*, 150–158.

Tarter, R. E., Mezzich, A. C., Hsieh, Y. C., & Parks, S. M. (1995). Cognitive capacity in female adolescent substance abusers. *Drug and Alcohol Dependence, 39*, 15–21.

Tarter, R. E., Sambrano, S., & Dunn, M. G. (2002). Predictor variables by developmental stages: A center for substance abuse prevention multisite study. *Psychology of Addictive Behaviors, 16*, S3–S10.

Tarter, R. E., & Vanyukov, M. (1994). Alcoholism: A developmental disorder. *Journal of Consulting and Clinical Psychology, 62*, 1096–2007.

Tarter, R. E., Vanyukov, M., Giancola, P., Dawes, M, Blackson, T., Mezzich, A., et al. (1999). Etiology of early age onset substance use disorder: A maturational perspective. *Development and Psychopathology, 11*, 657–683.

Tobler, A. L., Komro, K. A., & Maldonado-Molina, M. M. (2009). Relationship between neighborhood context, family management practices and alcohol use among urban, multi-ethnic, young adolescents. *Prevention Science, 10*, 313–324.

Trim, R. S., Leuthe, E., & Chassin, L. (2005). Sibling influence on alcohol use in a young adult, high-risk sample. *Journal of Studies on Alcohol, 67*, 391–398.

Valentiner, D. P., Mounts, N. S., & Deacon, B. J. (2004). Panic attacks, depression and anxiety symptoms, and substance use behaviours during late adolescence. *Journal of Anxiety Disorders, 18*, 573–585.

Valiente, C., Eisenberg, N., Haugen, R. G., Spinrad, T. L., Hofer, C., Liew, J., et al. (2011). Children's effortful control and academic achievement: Mediation through social functioning. *Early Education and Development, 22*, 411–433.

van der Vorst, H., Engels, R. C., Meeus, W., Dekovic, M., & Leeuwe, J. V. (2007). Similarities and bidirectional influences regarding alcohol consumption in adolescent sibling pairs. *Addictive Behaviors, 32*, 1814–1825.

van der Zwaluw, C. S., Engels, R., Vermulst, A. A., Franke, B., Buitelaar, J., Verkes, R. J., & Scholte, R. H. J. (2010).

Interaction between dopamine D2 receptor genotype and parental rule-setting in adolescent alcohol use: Evidence for a gene-parenting interaction. *Molecular Psychiatry, 15*, 727–735.

van der Zwaluw, C. S., Larsen, H., & Engels, R. C. M. E. (2012). Best friends and alcohol use in adolescence: The role of the dopamine D4 receptor gene. *Addiction Biology, 17*(6), 1036–1045.

Vaughn, M. G., Beaver, K. M., DeLisi, M., Perron, B. E., & Schelbe, L. (2009). Gene–environment interplay and the importance of self-control in predicting polydrug use and substance-related problems. *Addictive Behaviors, 34*, 112–116.

Verges, A., Jackson, K., Bucholz, K., Grant, J., Trull, T., Wood, P., & Sher, K. J. (2012). Deconstructing the age-prevalence curve of alcohol dependence: Why "maturing out" is only a small piece of the puzzle. *Journal of Abnormal Psychology, 121*, 511–523.

Waldron, H., & Kaminer, Y. (2004). On the learning curve: The emerging evidence supporting cognitive behavioral therapies for adolescent substance abuse, *Addiction, 99*(Suppl. 2), 93–105.

Waldron, M., Bucholz, K. K., Madden, P. A. F., & Heath, A. C. (2009). *Early use of alcohol, tobacco, and illicit substances: Risks from parental separation and parental alcoholism.* (2009). Poster (Paper 32) presented at the Samuel B. Guze Symposium on Alcoholism. St. Louis, MO.

Wallace, J. M., Bachman, J. G., O'Malley, P. M., Schulenberg, J. E., Cooper, S. M., & Johnston, L. D (2003). Gender and ethnic differences in smoking, drinking, and illicit drug use among American 8th, 10th, and 12th grade students, 1976–2000. *Addiction, 98*, 225–234.

Waller, M. W., Hallfors, D. D., Halpern, C. T., Iritani, B. J., Ford, C. A., & Guo, G. (2006). Gender differences in associations between depressive symptoms and patterns of substance use and risky sexual behavior among a nationally representative sample of U.S. adolescents. *Archives of Women's Mental Health, 9*, 139–150.

Warner, L. A., Canino, G., & Colon, H. M. (2001). Prevalence and correlates of substance use disorders among older adolescents in Puerto Rico and the United States: A cross-cultural comparison. *Drug and Alcohol Dependence, 63*, 229–243.

Watt, T. T., & Rogers, J. M. (2007). Factors contributing to differences in substance use among black and white adolescents. *Youth and Society, 39*, 54–74.

Webb, J. A., & Baer, P. E. (1995). Influence of family disharmony and parental alcohol use on adolescent social skills, self-efficacy and alcohol use. *Addictive Behaviors, 20*, 127–135.

Weinberg, N., & Glantz, M. (1999). Child psychopathology risk factors for drug abuse: overview. *Journal of Clinical Child Psychology, 28*, 290–297.

Weinberg, N., Rahdert, E., Colliver, J., & Glantz, M. (1998). Adolescent substance abuse: A review of the past ten years. *Journal of the American Academy of Child and Adolescent Psychiatry, 37*, 252–261.

Weiner, M., Pentz, M., Turner, G., & Dwyer, J. (2001). From early to late adolescence: Alcohol use and anger relationships. *Journal of Adolescent Health*, 28, 450–457.

White, A., Jordan, J., Schroeder, K., Acheson, S., Georgi, B., Sauls, G., et al. (2004). Predictors of relapse during treatment and treatment completion among marijuana-dependent adolescents in an intensive outpatient substance abuse program. *Substance Abuse, 25*(1), 53–59.

White, H. R., & Huselid, R. F. (1997). Gender differences in alcohol use during adolescence. In R. W. Wilsnack & S. C. Wilsnack (Eds.), *Gender and alcohol: Individual and social perspectives* (pp. 176–198). New Brunswick, NJ: Rutgers Center for Alcohol Studies.

Whitesell, N. R., Beals, J., Mitchell, C. M., Manson, S. M., & Turner, R. J. (2009). Childhood exposure to adversity and risk of substance-use disorder in two American Indian populations: The meditational role of early substance-use initiation. *Journal of Studies on Alcohol and Drugs, 70*(6), 971–981.

Whitmore, E. A., Mikulich, S. K., Thompson, L. L., Riggs, P. D., Aarons, G. A., & Crowley, T. J. (1997). Influences on adolescent substance dependence: Conduct disorder, depression, attention deficit hyperactivity disorder, and gender. *Drug and Alcohol Dependence, 47*, 87–97.

Wiers, R. W., Ames, L., Hofmann, W., Krank, M., & Stacy, A. (2010). Impulsivity, impulsive and reflective processes and the development of alcohol use and misuse in adolescents and young adults. *Frontiers in Psychology, 1*, 144.

Wiers, R. W., Gunning, W. B., & Sergeant, J. A. (1998). Is a mild deficit in executive function in boys related to childhood ADHD or to parental multigenerational alcoholism? *Journal of Abnormal Child Psychology, 26*, 415–430.

Wilens, T. E., Martleton, M., Joshi, G., Bateman, C., Fried, R., Petty, C., et al. (2010). Does ADHD predict substance-use disorders?: A 10-year follow-up study of young adults with ADHD. *Journal of the American Academy of Child and Adolescent Psychiatry, 50*, 543–553.

Wills, T. A., & Cleary, S. (1997). The validity of self-reports of smoking: Analyses by race/ethnicity in a school sample of urban adolescents. *American Journal of Public Health, 87*, 56–61.

Wills, T. A., Resko, J. A., Ainette, M. G., & Mendoza, D. (2004) Role of parent support and peer support in adolescent substance use: A test of mediated effects. *Psychology of Addictive Behaviors, 18*, 122–134.

Wills, T. A., Sandy, J. M., Shinar, O., & Yaeger, A. (1999). Contributions of positive and negative affect to adolescent substance use: Test of a bidimensional model in a longitudinal study. *Psychology of Addictive Behaviors, 13*, 327–338.

Wills, T. A., Sandy, J. M., & Yaeger, A. M. (2002). Stress and smoking in adolescence: A test of directional hypotheses. *Health Psychology, 21*(2), 122–130.

Wills, T. A., Sandy, J. M., Yaeger, A. M., Cleary, S., & Shinar,

O. (2001). Coping dimensions, life stress, and adolescent substance use: A latent growth analysis. *Journal of Abnormal Psychology, 110,* 309–323.

Wills, T. A., Sandy, J. M., Yaeger, A. M., & Shinar, O. (2001). Family risk factors and adolescent substance use: Moderation effects for temperament dimensions. *Developmental Psychology, 37,* 283–297.

Wilson, N., Syme, L., Boyce, T., Battistich, V., & Selvin, S. (2005). Adolescent alcohol, tobacco, and marijuana use: The influence of neighborhood disorder and hope. *American Journal of Health Promotion, 20,* 11–19.

Winters, K. C. (2013). Advances in the science of adolescent drug involvement: Implications for assessment and diagnosis. *Current Opinions in Psychiatry, 26,* 318–324.

Winters, K. C., Fawkes, T., Fahnhorst, T., Botzet, A., & August, G. (2007). A synthesis review of exemplary drug abuse prevention programs in the United States. *Journal of Substance Abuse Treatment, 32,* 371–380.

Winters, K. C., Latimer, W., & Stinchfield, R. D. (1999). The DSM-IV criteria for adolescent alcohol and cannabis use disorders. *Journal of Studies on Alcohol, 60,* 337–344.

Winters, K. C., Martin, C. S., & Chung, T. (2011). Substance use disorders in DSM-5 when applied to adolescents. *Addiction, 106,* 868–897.

Wittchen, H.-U., Frohlich, C., Behrendt, S., Gunther, A., Rehm, J., Zimmermann, P., et al. (2007). Cannabis use and cannabis disorders and their relationship to mental disorders: A 10-year prospective-longitudinal community study in adolescents. *Drug and Alcohol Dependence, 88*(Suppl.). S60–S70.

Wu, L., Ringwalt, C. L., Mannelli, P., & Paktar, A. A. (2008). Prescription pain reliever abuse and dependence among adolescents: A nationally representative study. *Journal of the American Academy of Child and Adolescent Psychiatry, 47,* 1020–1029.

Wu, P., Bird, H. R., Liu, X., Duarte, C. S., Fuller, C., Fan, B., et al. (2010). Trauma, posttraumatic stress symptoms, and alcohol-use initiation in children. *Journal of Studies on Alcohol and Drugs, 71,* 326–334.

Wu, P., Goodwin, R. D., Fuller, C., Liu, X., Comer, J. S., Cohen, P., et al. (2010). The relationship between anxiety disorders and substance use among adolescents in the community: Specificity and gender differences. *Journal of Youth and Adolescence, 39,* 177–188.

Xiao, L., Bechara, A., Gong, Q., Huang, X., Li, X., Xue, G., et al. (2013). Abnormal affective decision making revealed in adolescent binge drinkers using an FMRI study. *Psychology of Addictive Behaviors, 27*(2), 443–454.

Yamaguchi, K., & Kandel, D. B. (1985). On the resolution of role incompatibility: A life event history analysis of family roles and marijuana use. *American Journal of Sociology, 90,* 1284–1325.

Young, S. E., Corley, R. P., Stallings, M. C., Rhee, S. H., Crowley, T. J., & Hewitt, J. K. (2002). Substance use, abuse and dependence in adolescence: Prevalence, symptom profiles and correlates. *Drug and Alcohol Dependence, 68,* 309–322.

Young, S. E., Stallings, M. C., Corley, R. P., Krauter, K. S., & Hewitt, J. K. (2000). Genetic and environmental influences on behavioral disinhibition. *American Journal of Medical Genetics, Part B: Neuropsychological Genetics, 96,* 684–695.

Zeiger, J. S., Haberstick, B. C., Schlaepfer, I., Collins, A. C., Corley, R. P., Crowley, T. J., et al. (2008). The neuronal nicotinic receptor subunit genes (CHRNA6 and CHRNB3) are associated with subjective responses to tobacco. *Human Molecular Genetics, 17,* 724–734.

Zhou, Q., King, K., & Chassin, L. (2006). Parent alcoholism, family environment and substance use disorders. *Journal of Abnormal Psychology, 115,* 320–331.

Zimmermann, P., Wittchen, H., Hofler, M., Pfister, H., Kessler, R., & Lieb, R. (2003). Primary anxiety disorders and the development of subsequent alcohol use disorders: A 4-year community study of adolescents and young adults. *Psychological Medicine, 33,* 1211–1222.

Zoccolillo, M., Vitaro, F., & Tremblay, R. (1999). Problem drug and alcohol use in a community sample of adolescents. *Journal of the American Academy of Child and Adolescent Psychiatry, 38,* 900–907.

Zucker, R. A. (1987). The four alcoholisms: A developmental account of the etiologic process. In P. C. Rivers (Ed.), *Nebraska symposium on motivation, 1986: Alcohol and addictive behavior* (pp. 27–83). Lincoln: University of Nebraska Press.

Zucker, R. A. (2006). Alcohol use and the alcohol use disorders: A developmental biopsychosocial systems formulation covering the life course. In D. Cicchetti & D. Cohen (Eds.), *Developmental psychopathology: Vol. 3. Risk, disorder, and adaptation* (2nd ed., pp. 620–656). Hoboken, NJ: Wiley.

Zucker, R. A. (2008). Anticipating problem alcohol use developmentally from childhood into middle adulthood: What have we learned? *Addiction, 103,* 100–108.

Zucker, R. A., Heitzeg, M. M., & Nigg, J. T. (2011). Parsing the undercontrol–disinhibition pathway to substance use disorders: A multilevel developmental problem. *Child Development Perspectives, 5*(4), 248–255.

제3부

기분장애와 자살

05

아동기와 청소년기의 우울증

CONSTANCE L. HAMMEN

KAREN D. RUDOLPH

JAMIE L. ABAIED

아동기와 청소년기 우울증의 정의

조이는 10세 소년으로 어머니와 학교 교사 모두 이 아이가 학교나 집에서 쉽게 흥분하고 성질을 부리는 데 대해 걱정하고 있다. 조이는 누가 옆에서 건드리지 않아도 곧잘 울음을 터뜨리면서 소리를 지르고 물건을 집어던진다. 수업시간에는 좀체 집중을 하지 못하고 쉽게 딴 곳으로 정신이 쏠린다. 친구들이 조이를 점점 멀리하게 되면서 조이는 쉬는 시간에 혼자서 놀고, 집에 있을 때에는 방에서 TV를 보면서 대부분의 시간을 보낸다. 조이의 어머니는 조이가 잠을 잘 자지 못하며, 간식을 계속 먹는 바람에 지난 두 달 동안 몸무게가 10파운드나 늘었다고 말한다. 학교심리학자와 상담해 본 결과 조이는 학습장애나 주의력결핍 과잉행동장애(ADHD)가 아니라 대단히 불행하게 느끼는 아이였다. 스스로 아무런 가치나 희망도 없다고 느끼고 있었고 심지어 자기가 죽었으면 좋겠다고 생각하고 있었다. 이런 경험은 아마도 몇 년 전 어머니와 이혼한 아버지가 재혼을 하고 다른 도시로 이사를 하면서 조이와 시간을 많이 보내지 못하게 된 6개월 전 무렵에 시작된 것으로 보인다.

진단준거

정신질환의 진단 및 통계편람(DSM-5; American Psychiatric Association, 2013)은 성인과 아동의 주요우울장애(MDD)에 대해 동일한 기준을 제공한다. 표 5.1에 이 기준이 제시되어 있다. 지속성 우울장애(기분부전장애)는 경미한 수준에서 중간 수준까지의 만성적 우울(아동의 경우 민감한 기분) 증상이 최소 1년 동안(성인의 경우 최소 2년 동안) 지속될 때 내리는 진단이다. DSM-5는 지속성 우울장애라는 새로운 범주를 상정함으로써 DSM-IV와는 차이를 보인다. DSM-IV에서는 만성적 주요우울장애와 기분부전장애를 구분하여 별도의 정의를 내렸으나 DSM-5에서는 장애의 심각성보다는 지속성을 강조한다. 그러나 아동기나 청소년기에 시작되는 지속성 우울(기분부전)장애에 전형적으로 나타나는 증상들 가운데 상당히 경미한 증상조차도 장애가 양성 상태임을 의미하지는 않는다. 그러한 만성증상들은 주요우울 에피소드(MDE)의 발생을 예측하는 경우가 많으며, 상당한 심리사회적 손상이 장기간 진행될 것임을 예측하기도 한다. 그러한 증상들이 가족우울증과 부모-자녀관계의 문제와 관련되어 있는

표 5.1 주요우울장애의 DSM-5 진단기준

A. 다음의 증상 중에서 다섯 가지(또는 그 이상)의 증상이 2주 연속으로 함께 나타나며 종전 기능의 변화를 보여준다. 이들 증상 중 적어도 하나는 (1) 우울한 기분 또는 (2) 흥미나 즐거움의 상실이어야 한다.

   주의점 : 다른 의학적 상태에 의한 것이 분명한 증상들은 포함시키지 않는다.

   1. 주관적 보고(슬프고 공허하며 절망적인 느낌) 또는 다른 사람의 관찰(눈물이 글썽글썽함)로 볼 때 거의 매일 그리고 거의 온종일 우울한 기분을 느낀다(주의사항 : 아동과 청소년의 경우에는 과민한 기분일 수도 있음).

   2. 거의 매일, 거의 온종일, 어떤 활동을 하든지 거의 예외 없이 흥미나 즐거움이 뚜렷하게 감소한다(주관적 보고 또는 관찰에 따르면).

   3. 체중조절을 하지 않는데도 체중이 현저히 감소(한 달 사이에 체중이 5% 이상 변화)하거나, 거의 매일 식욕이 감소하거나 증가한다(주의사항 : 아동의 경우는 체중 증가가 기대치에 미달함).

   4. 거의 매일 불면이나 과다수면이 나타난다.

   5. 거의 매일 정신운동성 초조나 지체를 나타낸다(좌불안석이나 처지는 느낌이 주관적 보고만이 아니라 다른 사람에 의해 관찰될 수 있어야 함).

   6. 거의 매일 피로감이나 활력상실이 나타난다.

   7. 거의 매일 무가치감이나 과도하고 부적절한 죄책감(망상일 수 있음)에 시달린다(병에 걸린 데 대한 자책이나 죄책감만이 아님).

   8. 거의 매일 우유부단함 또는 사고력이나 집중력의 감소가 주관적 보고나 다른 사람의 관찰에서 나타난다.

   9. 죽음에 대한 생각이 계속 떠오르거나(죽음공포를 느끼는 것만이 아니라), 구체적 계획 없이 반복해서 자살생각을 하거나 자살 시도나 자살수행에 대한 구체적인 계획을 세운다.

B. 이 증상들이 사회적, 직업적 또는 다른 중요한 기능 영역에서 임상적으로 현저한 손상을 초래한다.

C. 장애의 에피소드가 약물의 생리적 효과나 다른 의학적 상태에 기인한 것으로 볼 수 없다.

주의점 : 진단기준 A부터 C까지는 주요우울 에피소드에 해당한다.

주의점 : 중요한 상실(사별, 재정파탄, 자연재해로 인한 손실, 심각한 질병이나 장애)에 대한 반응으로 진단기준 A에 기술된 강한 슬픔, 상실에 대한 반추, 불면, 식욕저하, 체중감소 등이 나타날 수 있는데, 이는 우울 에피소드와 유사해 보일 수 있다. 그런 증상들이 이해할 만하거나 상실에 적절한 것으로 간주된다 할지라도 중요한 상실에 대한 정상적 반응에 더해 주요우울 에피소드의 존재 또한 세심하게 고려되어야 한다. 이런 결정을 내릴 때에는 불가피하게 개인의 병력, 그리고 상실이라는 맥락에서 고통을 표출하는 방식에 대한 문화적 규범에 기초하여 임상적 판단을 활용할 필요가 있다.

D. 주요우울 에피소드 발생이 조현정동장애, 조현병, 조현양상장애, 망상장애, 달리 명시된 또는 명시되지 않는 조현병 스펙트럼 및 기타 정신병적 장애로 더 잘 설명되지 않는다.

E. 조증 또는 경조증 에피소드가 나타난 적이 없다.

   주의점 : 이 배제조항은 조증 유사 또는 경조증 유사 에피소드가 물질로 인한 것이거나 다른 의학적 상태의 직접적인 생리적 효과로 볼 수 있을 경우에는 해당되지 않는다.

부호화 및 기록 절차

주요우울장애의 진단부호는 이 장애가 단일 또는 재발성 에피소드인지 여부, 현재 심각도, 정신병적 양상의 존재, 그리고 관해상태에 기초하고 있다. 현재의 심각도와 정신병적 양상은 주요우울 에피소드의 모든 기준을 만족시킬 때에만 사용할 수 있다. 관해 여부 명시자는 주요우울 에피소드의 모든 기준을 만족시키지 않을 때에만 사용할 수 있다.

진단명을 기록할 때 용어는 다음의 순서로 열거해야 한다. 주요우울장애, 단일 또는 재발성 에피소드, 심각도/정신병적 양상 동반/관해 여부 명시자를 열거하고, 현재 에피소드에 해당하는 진단부호 없이 다음의 명시자들을 최대한 많이 열거한다.

명시할 사항

   불안증 동반

   혼재성 양상 동반

   우울한 양상 동반

   비정형적 양상 동반

   기분과 일치하는 정신병적 양상 동반

표 5.1 (계속)

기분과 일치하지 않는 정신병적 양상 동반
긴장증 동반
주산기 발병 동반
계절성 동반

출처 : *Diagnostic and Statistical Manual of Mental Disorders, Fifth Edition* (pp.160-162). Copyright 2013 by the American Psychiatric Association의 허락하에 사용함.

경우에는 특히 그러하다(Klein, Shankman, & Rose, 2008).

DSM-5는 (조이의 사례에서 보았듯이) 우울한 청소년들이 고통을 과민성으로 표출하는 경우가 많다는 점을 인정하고, 과민한 기분이 우울한 기분을 대체할 수 있다는 세부진단을 내린다. 그러나 MDE나 지속성(기분부전)장애에서 나타나는 과민성은 DSM-5에 새로 등장한 우울장애인 파괴적 기분조절부전장애와는 구분되어야 한다. 이 장애는 일상생활에서 흔히 볼 수 있는 기분변화가 아니라 지속적으로 극심한 분노폭발과 과민성을 표출하는 아동들을 지나치게 많이 양극성 장애로 진단하지 않도록 하기 위한 대안으로 제공되었다(더 상세한 논의를 보려면 이 책의 제6장 Youngstrom & Algorta 참조). 파괴적 기분조절부전장애는 아동이 분노와 공격성을 보이고 지속적으로 화난 상태에 있으며 자주 심하게 성질을 부리는 것으로 정의된다(표 5.2 참조). 그러나 이 장애가 우울장애라는 증거는 많지 않으며, 반항성 장애나 품행장애와 구별되지 않거나 우울장애의 발생을 예측하지 못할 수 있다는 비판이 제기되고 있다(예 : Axelson et al., 2012).

우울증상 표출은 공식 진단기준에는 부호화되어 있지 않지만 발달에 따른 차이가 있다. Avenevoli, Knight와 Merikangas(2008; Rao & Chen, 2009도 참조)에 요약되어 있듯이, 젊은이들은 신체증상 호소를 더 많이 하지만 주관적 불쾌감과 무력감은 덜 표현한다. 즉, 청소년기 동안에는 수면과다와 (소녀들의) 식욕감소가 증가한다. 우울한 소년들은 자살행동 위험이 청소년 후기에 가장 높은 반면에, 소녀들은 청소년 중기에 가장 높다. Yorbik, Birmaher, Axelson, Williamson과 Ryan(2004)은 900명에 가까운 아동과 청소년들의 증상들을 비교하였는데, 우울한 청소년들이 아동들에 견주어 피로, 수면과다, 자살생각과 시도, 절망감/무력감, 체중상실을 훨씬 더 많이 보인다는 결과를 얻었다.

발달에 따른 우울증상의 차이를 추가로 연구해 보면 연령에 알맞게 수정된 진단기준을 알아낼 수 있을 것으로 생각된다. 예를 들어 학령전 아동의 MDD에 관한 종단연구는 DSM-IV 기준이 우울증이 있는 어린 아동집단과 아동 초기까지 이어지는 동형연속성을 타당성 있게 정의하고 있기는 하지만(Luby, Si, Belden, Tandon, & Spitznagel, 2009), 지속시간과 빈도의 최소기준이 반드시 충족되지는 않을 수 있다는 것을 발견하였다. 완전한 증상 기준에 해당하지만 지속시간과 빈도에서는 기준을 충족하지 못하는 아동들은 2년 후에 MDD의 심각도, 손상정도나 발병위험에서 차이가 없었다(Gaffrey, Belden, & Luby, 2011). 발달적 차이를 반영한 진단 변경 방안을 알아보는 후속연구가 필요한데, 일정한 수준으로 증상을 보이지만 진단 변경 없이는 진단을 받지 못할 수도 있는 하위 임상사례들의 경우에 이러한 변경이 특히 중요할 것이다.

성인 우울증과 마찬가지로 아동 우울증도 때로 정신증적 증상들과 심한 우울증을 시사해 주는 내인성(우울한) 특징을 나타낸다. 그러나 아동과 청소년이 나타내는 증상 중에서 가장 많은 관심을 이끌어 낸 증상은 자살생각과 행동으로서, 이는 우울장애와 관련성이 상당히 높지만 우울장애에만 나타나는 것은 아니다(이 책의 제7장 Cha & Nock 참조). 이 주제는 두 가지 이유에서 광범위한 관심을 불러일으켰다. 첫째, 미국식품의약국은 아동, 청소년, 젊은 성인들이 항우울제의 부작용으로 인해 자

표 5.2 파괴적 기분조절부전장애의 DSM-5 진단기준

A. 심한 분노발작이 언어(폭언)나 행동(사람이나 사물을 향한 물리적 공격성)으로 또는 두 가지 다에 의해 반복적으로 표출되며, 강도나 지속시간이 상황이나 도발에 비해 매우 과중하다.

B. 분노발작이 발달수준과 일치하지 않는다.

C. 분노발작이 매주 평균 3번 이상 일어난다.

D. 분노발작이 일어나는 사이에는 거의 매일, 온종일 과민한 기분이거나 화가 나 있는 상태인 것을 다른 사람들(예 : 부모, 교사, 또래친구)이 관찰할 수 있다.

E. 진단기준 A~D가 12개월 또는 그 이상 지속된다. 기준 A~D에 해당하는 모든 증상을 보이지 않는 기간이 3개월 이상 연속되지 않는다.

F. 진단기준 A와 D가 세 환경(가정, 학교, 또래와 함께 있을 때) 중 적어도 두 군데에서 나타나며, 이 중 적어도 한 군데에서 심각한 수준으로 나타난다.

G. 6세 이전 또는 18세 이후에 처음으로 진단될 수 없다.

H. 과거력이나 객관적 관찰로 볼 때 진단기준 A~E가 발생하는 연령은 10세 이전이다.

I. 조증이나 경조증 에피소드의 모든 진단기준을 만족하는 기간이 하루 이상 지속되는 경우가 없어야 한다.
   주의점 : 매우 좋은 일이 있거나 그런 일이 예상될 때 나타나는 것과 같이 발달적으로 적절한 기분의 고조는 조증이나 경조증의 증상으로 고려하지 말아야 한다.

J. 이러한 행동들은 주요우울장애 에피소드 기간에만 발생하는 것이 아니어야 하며, 다른 정신질환(자폐스펙트럼장애, 외상후 스트레스장애, 분리불안장애, 지속성 우울장애[기분부전증])으로 더 잘 설명되지 않는다.
   주의점 : 이 진단은 주요우울장애, 주의력결핍 과잉행동장애, 품행장애, 물질사용장애 등의 장애와는 함께 나타날 수 있으나 반항성 장애, 간헐성 폭발장애 또는 양극성 장애와는 동시에 존재할 수 없다. 파괴적 기분조절부전장애와 반항성 장애의 진단기준을 모두 만족시키는 사람들은 파괴적 기분조절부전장애로 진단을 내려야 한다. 조증이나 경조증 에피소드를 경험한 적이 있는 사람이라면 파괴적 기분조절부전장애로 진단해서는 안 된다.

K. 증상들이 물질의 생리적 효과이거나 다른 의학적 또는 신경학적 상태로 인한 것이 아니어야 한다.

출처 : *Diagnostic and Statistical Manual of Mental Disorders, Fifth Edition* (p.156). Copyright 2013 by the American Psychiatric Association의 허락하에 사용함.

살 경향성을 보일 수 있다는 것을 경고하는 '복약 주의 사항'을 발간하였다. 이에 대한 논의는 이 책의 범위를 벗어난다(그러나 www.nimh.nih.gov/health/topics/child-and-adolescent-mental-health/antidepressant-medications-for-children-and-adolescents-information-for-parents-and-caregivers.shtml 참조). 둘째, 자살 경향성은 우울장애가 매우 심각하고 치명적이라는 점을 강조하며, 이 장애가 청소년들의 혼란과 갈등을 드러내는 데 불과한 것이 아니라 심각한 문제라는 것을 상기시켜 준다. Bridge, Goldstein과 Brent(2006)의 평론에 따르면 청소년기에는 자살생각의 시점 유병률이 15~25%로 보고될 정도로 매우 흔하지만 남자 청소년의 1~4%와 여자 청소년의 1.5~10%가 자살을 시도한다는 사실을 지적한다. 실제 자살 비율은 아동기에서 청소년기로 넘어가면서 증가하며, 여성보다 남성이 훨씬 더 높다(예 : 미국 남자 청소년

17% 대 여자 청소년 3%). 실제 자살한 사람의 약 40%에게 우울장애가 있었던 것으로 나타나며, 약물사용장애와 파괴적 행동장애를 공병으로 가지고 있었던 청소년들에게는 이 비율이 훨씬 더 높다(Bridge et al., 2006). 우울증 비율은 자살을 시도한 사람들에게는 40~80%인 것으로 보고되어 왔다(Cash & Bridge, 2009). 우울장애로 인해 임상에 의뢰된 청소년 표본에서는 청년기와 성인 초기에 85%가 자살생각을 보고하며 32%가 자살 시도를 한다(Kovacs, Goldstein, & Gatsonis, 1993).

우울증 심각성의 연속성

'임상적' 형태의 우울증은 지금까지 논의된 진단범주들로 나타낼 수 있다. 그러나 DSM 분류는 신뢰성과 의사소통을 증진한다는 장점이 있음에도 불구하고 사람들이 특정한 장애를 '가지고' 있거나 또는 가지고 있지 않다는

것을 암시한다는 것이 단점이다. 청소년 845명으로 구성된 표본에서 나타난 DSM-IV MDD 증상들의 잠재적 구조를 분류측정학적으로 분석한 결과 우울증은 범주로 나뉘어 있기보다는 남녀노소 모두에게 연속적으로 분포되어 있는 것으로 나타났다(Hankin, Fraley, Lahey, & Waldman, 2005). 이 연구자들은 우울증 현상을 제대로 포착하기 위해서는 우울증의 심각한 정도를 차원에 의해 평가해야 한다고 권고하였다. 그러나 진단기준에 못 미치는 하위증후군적 또는 하위임상적 우울증일지라도 부정적 결과를 예측할 수 있으므로 개입이 필요한 경우가 대부분이다. 예를 들어 성인의 경우 하위임상적 증상수준과 경미한 우울증은 종종 MDD 환자들에 못지않은 정도의 기능적 손상 발생 및 서비스 이용의 전조가 된다(Backenstrauss et al., 2006; Cuijpers, de Graaf, & van Dorsselaer, 2004). 17~18세 청소년 표본에서 나타나는 하위임상적 우울증은 25세 때까지 실시된 두 번의 추수검사에서 우울증상이 없는 청소년들과 비교했을 때 (치료를 위한 내원은 물론이고) MDD 발생률의 증가 및 우울증상들과 기타 장애들을 예측하였다(Fergusson, Horwood, Ritter, & Beautrais, 2005; Shankman et al., 2009 참조).

이 장에 보고된 아동과 청소년의 우울증에 관한 연구들은 상당수가 진단평가에 의거한 것이 아니라 우울증증후군의 다양한 증상들을 포괄하여 우울증의 심각도를 측정하는 연속적 측정치들의 점수 증가에 기초를 두고 있다. 흔히 사용되는 자기보고 척도로는 아동 우울증 검사(Kovacs, 1980)와 역학연구소 우울증 검사(Radloff, 1977)가 있다. 이 검사들이 우울증에 특화된 것인지 아니면 보다 일반적인 부정적 감정을 측정하는 것인지에 대해 의문이 제기되고 있기는 하지만, 둘 다 우울증상의 심각도를 측정하는 검사로서 타당성을 인정받았다. 임상적 진단을 하위임상적 진단과 비교한 연구들과 유사하게 아동이 자기보고검사에서 높은 점수를 받는다면 그 점수가 설사 진단기준에 못 미친다 할지라도 현저한 임상적·기능적 손상의 전조가 될 수 있다(Gotlib, Lewinsohn, & Seeley, 1995). 자기보고형인 우울증 환자 건강 질문지(Kroenke & Spitzer, 2002)는 아동과 청소년용으로 개발되었으며, 아홉 가지 MDD 증상이 존재하는지 평가한다. 이 질문지는 우울증 심각도의 연속적 점수를 제공해 주는데, DSM-5는 이 질문지를 우울증 진단평가의 보조도구로 사용할 것을 권장하고 있다.

우울증의 임상적 경과

발병연령

우울증의 원형은 청소년기에 발병하는 MDD이다. 전국동반이환조사연구(NCS-A)를 보면 DSM-IV의 기분장애가 발병하는 연령의 중앙값은 13세이다(Merikangas et al., 2010). 지역사회 성인들의 회고적 평가는 보통 청소년중기에서 후기가 MDD의 첫 에피소드 또는 현저한 증상들이 가장 많이 발생하는 연령임을 보여준다(예 : Burke, Burke, Regier, & Rae, 1990; Kesler, Berglund, Demler, Jin, & Walters, 2005). Lewinsohn, Pettit, Joiner와 Seeley (2003)는 지역사회표본에서 소년과 소녀 모두 MDD의 평균 발병연령이 14세경이고 기분부전장애의 평균 발병연령이 11세경이라고 보고하였다. 성별과 우울증에 관한 절에서 논의했던 대로 청소년 초기는 소녀들의 주요우울증이 급격히 증가하여 소년의 우울증 발생률을 능가하는 시기이다.

발병연령은 우울장애의 진행과정과 병인이 서로 다른 하위유형들의 존재 가능성을 보여주는 중요한 잠재적 표지인 것으로 보인다. 청소년기 발병은 아동기 발병과 비교해서 동형연속성을 더 많이 예측하는 반면에, 아동기 발병은 이형연속성과 관련되어 있는 경우가 더 많다. 예를 들어 Weissman, Wolk, Wickramaratne와 동료들(1999)은 임상적으로 확인된 우울증을 앓고 있는 사춘기 이전 아동들이 성인기로 진입하는 과정을 10~15년에 걸쳐 추적하였는데, 이 아동들의 대부분이 성인기에까지 계속해서 우울한 경험을 하지는 않는다는 것을 발견하였다. 이 아동들은 상당수가 심리장애와 부적응을 보였지만 반드시 우울장애를 보이는 것은 아니었다. Harrington, Fudge, Rutter, Pickles와 Hill(1990)도 아동기나 청소년기에 우울증 치료를 받았던 사람들의 성인기 기능을 추적한 연구에서 비슷한 결과를 보고하였다. 이들 연구에서 우울증의 아동기 발병은 중대한 장애를 예측하지만, 동반이환, MDD 재발, 우울증의 가족력이 있는 하위표본을 제외하고는 딱 집어서 우울증의 재발을 예측하는 것은 아닐 수도 있다. 우울증에 더해 외현화 장애를 보이는 많은 아동들은 각각 다른 병인에서 비롯된 우울증을 겪고 있거나, 실제로 우울장애가 있지는 않지만 결국에는 비우울성 정신병리로 합병되는 현저한 정서적·행동적 역기능을 겪고 있었다. 나중에 우울증의 유전적 요인에 관한 절에서 보고하고 있듯이, 유전 가능성에 관한 연구들은 대개 청소년기 발병 우울증이 아동기 발병 우울증보다 유전 가능성이 훨씬 더 크다는 증거를 발견한다(Rice, 2010).

재발

청소년기의 우울장애가 성인기로 연결된다는 연구결과들은 성인 우울증의 대부분이 실제로는 청소년기에 발병한 우울증이 재발한 것이라는 전제와 강력한 일치를 보이며 그러한 전제를 강조하고 있다. 몇몇 대규모 지역사회표본들은 청소년기에 MDD 진단을 받았던 사람들이 성인 초기에 보인 결과를 보고하였다. 퀸슬랜드 고위험 연구(Hammen, Brennan, Keenan-Miller, & Herr, 2008), 더니든(뉴질랜드) 다학제적 건강 및 발달연구(Bardone, Moffitt, Caspi, Dickson, & Silva, 1996), 온타리오 아동건강연구(Flemming, Boyle, & Offord, 1993), 오리건 청소년 우울증 프로젝트(Lewinsohn, Rohde, Klein, & Seeley, 1999), 업스테이트 뉴욕 연구(Pine, Cohen, Gurley, Brook, & Ma, 1998)들은 모두 성인 초기에 MDD 재발률이 상당히 높다는 결과를 보고하였다(4년 이내에 약 25~45%). 재발률 40~60%는 임상적으로 확인된 표본들에서 흔히 찾아볼 수 있다. 임상에 의뢰된 청소년들을 평균 26세가 될 때까지 10년간 추적한 대규모 연구는 이 청소년들 가운데 성인기에 MDD 에피소드를 한 번도 겪지 않은 경우는 37%에 불과하다는 결과를 얻었다(Weissman, Wolk, Goldstein, et al., 1999).

아동기 발병 우울증이 있는 사람들 중에서 진정한 아동기 발병 단극성 우울증은 비교적 드물지만 재발 위험

은 상당히 높은 것으로 보인다. 즉, 단극성 우울증이 있는 사람들은 친척들에서도 우울장애가 많이 발생할 뿐 아니라, 조기 발병 기분부전장애와 이에 뒤따르는 MDE(이른바 '이중우울증')를 가지고 있는 경우가 많은 것으로 밝혀졌다(Birmaher et al., 2004; Kovacs, Akiskal, Gatsonis, & Parrone, 1994; Kovacs, Devlin, Pollock, Richards, & Mukerji, 1997; Weissman, Wolk, Wickramaratne, et al., 1999). 여러 연구가 아동기 불안증상들과 억제 또는 위축 행동이 이후의 불안 및 우울장애와 강한 상관이 있다는 것을 발견하였다(예 : Goodwin, Fergusson, & Horwood, 2004; Katz, Conway, Hammen, Brennan, & Najman, 2011).

임상장면에서 처음에 단극성 우울증으로 (잘못) 진단된 소수의 아동들은 결국에는 경조증이나 조증을 보임으로써 양극성 장애로 진단받게 된다는 사실을 유념해야 한다(Kovacs, 1996; 이 책의 제6장 Youngstrom & Algorta 참조). 예를 들어 Kovacs, Akiskal, Gatsonis와 Parrone(1994)은 처음에 우울증으로 진단받은 표본의 13%가 충분히 오랜 기간 추적하는 경우 양극성 장애로 진단이 '변경'되었다는 사실을 발견하였다. Geller, Fox와 Clark(1994)는 심한 우울증이 있는 아동들(6~12세)로 구성된 임상표본 중에서 32%가 2~5년의 추적기간에 제I, II형 양극성 장애로 진단이 변경되었다는 것을 발견하였다. 가족구성원에게 양극성 장애가 있을 경우 아동의 우울증이 양극성 장애의 초기 출현 형태일 가능성이 증가한다. Biederman과 동료들(2009)은 ADHD나 품행장애를 함께 가지고 있는 우울한 아동과 청소년들 또한 궁극적으로 양극성 장애로 진단받을 가능성이 높다는 것을 발견하였다.

동반이환

최근 들어 여러 장애의 동시발생 현상이 큰 관심을 끌고 있으며, 우울한 아동들에게 동반이환은 예외가 아니라 규칙이라는 인식이 널리 퍼지고 있다. 질병을 여러 가지고 있는 사람들은 치료를 더 많이 받고 기능손상도 그만큼 더 크기 때문에 임상 모집단이 편향되어 있다는 점을 고려한다면, 동반이환율을 알아볼 수 있는 가장 좋은 검

사는 지역사회에서 수행된 연구들이다. 영국의 대규모 지역사회 조사연구에서 우울증이 있는 5~15세 아동들은 장애가 있는 모든 아동 중에서 적어도 한 가지 동반이환 진단을 받은 적이 있을 가능성이 가장 컸다(66%)(Ford, Goodman, & Meltzer, 2003). 우울한 아동과 청소년들은 불안장애뿐만 아니라 품행/행동장애를 가지고 있을 확률이 특히 높고, (청소년의 경우에는) 약물사용장애를 가지고 있을 확률도 상당히 높다. Angold, Costello와 Erkani(1999)는 아동들을 대상으로 한 지역사회 연구들이 보고한 동반이환율을 통합분석하였는데, 중앙값 승산비(연관성 정도)가 우울증과 불안장애의 경우 8.2이고 우울증과 품행/반항성 장애는 6.6, 우울증과 ADHD는 5.5라고 보고하였다. 동반이환의 패턴과 여러 장애가 발생하는 시점은 발달단계와 성별에 따라 약간씩 차이가 있을 수 있다는 데 주목할 필요가 있다(O'Neil, Conner, & Kendall, 2011; Zahn-Waxler, Shirtcliff, & Marceau, 2008 참조).

우울증은 어떤 장애가 더 일찍 발병한 이후에 생겨나는 경우가 대부분이다. 특히 눈에 띄는 사례는 불안장애이다. Rohde(2009)는 일부 사례에서 우울증이 불안장애보다 먼저 발생할 수도 있지만, 우울/불안장애가 공존하는 아동들의 85%에서 불안장애가 먼저 발생했다고 보고하였다(Essau, 2003 참조). 외현화 장애들은 공존하는 우울장애보다 흔히 먼저 발생하지만, 이 패턴은 연구에 따라 차이가 있다(Rohde, 2009). Kessler, Avenevoli, McLaughlin과 동료들(2012)은 NCS-A에서 장애들의 시간적 패턴을 회고적으로 평가하였다. 장애들을 요인분석에 의해 4개 범주로 구분하고 각각 공포장애(예 : 사회공포증과 특정공포증, 발작장애), 고통장애(예 : 범불안장애 또는 분리불안장애와 우울장애), 행동장애(예 : 반항성 장애, 품행장애, ADHD), 그리고 물질장애로 명명하였다. 이 연구자들은 범주 내 연관성이 범주 간 연관성보다 훨씬 더 강하다는 것을 보여주었다(예 : 고통장애들은 다른 고통장애들을 예측하였다). 고통장애들은 가장 강력한 범주 간 예측요인이었는데, 이 결과는 조기 발병 불안장애가 우울장애에 앞서 발생한다는 일반적 관찰과 일치한다.

우울증 동반이환의 정도는 중요한 임상적·개념적·방법론적 의문들을 제기한다. 임상적으로 볼 때 우울증과 공존하는 질환의 존재는 기능손상이 더 심할 뿐 아니라 때로 자살행동 비율이 더 높아지고 치료 이용률이 더 높아지지만 치료결과는 덜 성공적일 것임을 예측한다(개관을 보려면 Rohde, 2009 참조). 개념적으로 볼 때 동반이환이 광범위하게 나타난다는 사실은 우울증에서 비롯된 것이라 여겼던 연구결과가 때로는 보고되지 않은 동반이환이나 이와 관련된 심한 손상으로 인한 효과를 반영하는 것일 수도 있음을 의미한다. 높은 동반이환율은 증상의 중복, 공유 병인, 또는 장애들 간의 기능적 관계(예 : 파괴적 행동장애는 스트레스가 큰 결과를 초래하고 이런 결과가 우울증적 반응을 일으킬 수 있음) 등의 진단체계 결함에서 생겨난 것으로 다양하게 가정되고 있다. 우울증과 불안장애가 공유하는 병인적 특징들(예 : 유전, 성격/기질, 신경전달물질/신경인지적 요인), 그리고 여러 장애가 공유하거나 장애 각각에 독특한 예측요인들에 관해 상당히 많은 연구가 수행되었다(예 : Anderson & Hope, 2008; Clark & Watson, 1991).

우울증 동반이환의 기원과 의미를 충분히 논의하는 것은 이 장의 범위를 넘어선다. 그러나 우울증과 그에 따른 독특한 위험요인과 결과들을 정확하게 이해하기 어렵게 만드는 우울증 표현형의 이질성과 동반이환 진단이라는 공동의 문제들을 다룰 분석적 전략과 평가 전략이 부상하고 있다는 점은 언급할 가치가 있다. 상위범주에 속하는 장애들은 공통의 원인을 가지고 있다는 가정에 의거하여 DSM 진단들을 상위범주로 묶는 양적 접근법의 사용도 우울증과 관련이 있다. 주로 성인을 대상으로 하는 수많은 연구들은 일반적인 내재화 및 외현화 요인들을 지지하지만(Eaton et al., 2012; Krueger & Markon, 2006 참조), Kessler, Avenevli, McLaughlin과 동료들(2012)은 장애 진단을 받은 청소년들 사이에서도 광대역 내재화 요인이 공포와 고통이라는 두 하위요인으로 나뉠 수 있다는 것을 입증하였다. 아동과 청소년의 우울/불안을 그러한 초월진단적 관점에서 접근하는 연구는 특정 DSM 진단에 초점을 좁게 맞추는 연구들을 넘어서는 새로운 통찰을 이끌어 낼 수도 있을 것이다. 아울러 미국 국립 정신건강연구소(NIMH)는 연구 영역 기준(Sanislow et al., 2010)을 개발하였는데, 이는 여러 분석단위에 걸쳐 특수한 기능들을 연구하고, 여러 진단 영역을 가로지르며, 기초연구를 정신병리에 대한 통합적이고 개선된 이해와 치료로 전환하고자 하는 전략이다. 이 전략은 '내적 표현형'이나 '중간 표현형'을 찾아내고자 하는 탐색과 상당히 비슷하다. 내적 표현형은 어떤 장애의 더 특수한 표상 또는 요소이지만 진단 실체와 동일한 것은 아니다. 가령 아동 우울증에서 부정적 정서에 대한 편향(부정적 기분), 또는 보상기능 손상(쾌감상실), 또는 정서자극에 대한 편도체의 반응성과 같은 특정한 생물학적 기능은 잠재적 내적 표현형으로서 MDD의 진단 이질성이나 동반이환과는 독립적으로 더 초점이 뚜렷한 연구목표를 제공해 줄 수 있다(Hasler, Drevets, Manji, & Charney, 2004). 아동 우울증을 더 깊이 있게 이해하기 위해서는 DSM 범주들의 사용을 넘어서는 평가 전략들과 사례 확인 방법이 필요하다.

요약

우울증장애들과 아동과 청소년이 보이는 현저한 증상들은 흔히 심각한 심리적·기능적 적응문제 — 때로는 우울증 재발, 때로는 청소년기 후기와 성인기까지 지속되는 다른 형태의 부적응 — 의 전조가 된다. 청소년기 발병 우울증은 성인 MDD의 '원형'이다. 그러나 연령에 따른 우울증상의 차이, 임상적 특징, 동반이환, 그리고 최종결과는 연구에 걸림돌로 작용한다. 따라서 우울증이라는 현상의 특성을 밝혀내기 위해서는 초월진단 및 내적 표현형 접근뿐만 아니라 발달적으로 적절한 진단 및 평가 방법을 더 연구할 필요가 있다.

역학

유병률/발생률

최근 들어 진단면접과 대표성 있는 표본을 사용하여 아동과 청소년의 장애를 연구하는 역학조사가 증가하였다.

평가와 정보제공 방법에 차이가 있기에 연구들 간에 정확한 비교를 하기는 어렵다. Avenevoli와 동료들(2008)은 미국과 세계 여러 나라에서 표준화된 진단기준을 사용하여 수행한 조사연구 28편을 개관한 논문을 보고하였는데, 6개월에서 12개월까지의 MDD 유병률이 청소년(약 13~18세)은 2~13%의 범위에 있고 학령기 아동들(7~12세)은 약 1~3%라는 것을 발견하였다. 가장 규모가 크고 미국 전역을 대표하는 NCS-A는 진단에 기초한 조사연구로서 13~17개월 표본에서 MDD 또는 기분부전증의 12개월 유병률을 8.2%로 보고하였다(Kessler, Avenevoli, Costello, Georgiades, et al., 2012). 우울증이 있는 청소년의 2/3가량은 아동용 전반적 평가척도(Children's Global Assessment Scale)에서 50점 이하 점수에 해당되는 기능손상을 보이는 '고도' 사례인 것으로 판정되었다(Kessler, Avenevoli, Costello, Green, et al., 2012). Merikangas와 동료들(2010)은 NCS-A에서 우울증이 심한 8.7%를 포함하여 MDD나 기분부전증의 평생유병률이 11.7%라고 보고하였다. Avenevoli와 동료들(2008)은 기분부전증이 아동들에게는 MDD보다 유병률이 더 높게 나타나지만 청소년의 경우에는 MDD보다 더 낮다는 것을 발견하였다.

역학연구 표본은 또 우울증상들이 증가하는 비율이 매우 높다고 보고한다. 학교에 기반을 두고 11~15세 아동들을 대상으로 실시된 미국의 한 조사연구는 지난 12개월간 DSM 기준에 따른 MDE 유병률을 자기보고하게 한 결과 전체 아동의 18%(여성 25%, 남성 10%)가 기준을 충족했다는 것을 발견하였다(Saluja et al., 2004). 7~12학년 학생들을 대상으로 실시한 전국 청소년건강 종단연구(National Longitudinal Study of Adolescent Health, AddHealth)에서는 참여 청소년의 29%가 24점 이상으로 '고도' 절단기준에 해당하였다(Rushton, Forcier, & Schectman, 2002). 증상이 심한 청소년의 44%는 1년 후에도 동일하게 높은 수준에 있는 것으로 보고하였다.

성별, 사회경제적 수준 및 인종/문화에 따른 우울증의 차이

우울증이 아동보다 청소년에게 더 높은 비율로 나타난다

는 증거 외에 주목할 만한 다른 역학적 쟁점들은 성별과 그 밖의 인구사회학적 요인에 따른 분포에 관한 것이다. 대부분의 연구들은 아동기에는 소년과 소녀의 우울증 비율이 거의 비슷하지만 청소년 초기에는 소녀의 우울장애 유병률이 급격히 증가하여 소년의 2배가량에 이르며 남녀 간 성차는 성인기 내내 그대로 유지되고 전국적으로 나타난다(예 : Kessler, Avenevoli, Costello, Georgiades, et al., 2012; Merikangas et al., 2010; Nolen-Hoeksema & Girgus, 1994).

여성의 우울증 유병률이 더 높은 현상은 이 장애의 기원에 관한 이론들에 중요한 문제를 제기한다. 몇몇 이론적 관점은 호르몬과 생물학적 기능에서 성과 관련하여 나타나는 차이, 스트레스와 관련된 과정, 청소년기에 생겨나는 대인관계의 성차 등이 상호작용 역할을 한다는 점을 강조한다(Cyranowski, Frank, Young, & Shear, 2000; Hilt & Nolen-Hoeksema, 2009; Rudolph, 2009). 전반적으로 이 관점들은 취약한 사람들이 사춘기 동안 스트레스가 많은 환경에 노출될 때 느끼는 기분과 생물학적 과정에 뇌신경전달물질들과 사춘기와 관련된 성호르몬 간의 복잡한 관계가 영향을 미친다고 제안한다. 또 소녀가 소년보다 우울증에 걸릴 위험이 더 커지는 것은 소녀가 사춘기 동안 사회적 어려움에 더 많이 노출되고 더 민감하게 반응하기 때문이며(Rudolph, 2002; Shih, Eberhart, Hammen, & Brennan, 2006), 소녀의 이같은 문제는 대인관계와 사회적 평가에 초점을 집중하게 만드는 친화 욕구와 사회화 경험의 생물학적 성차에서 비롯되는 것으로 생각된다(Cyranowski et al., 2000; Hilt & Nolen-Hoeksema, 2009; Rudolph, 2009). 소녀들은 또 외상적 성학대 경험에 더 자주 노출되는데, 이러한 경험은 사회적 스트레스 사건에 대한 이들의 생물·심리학적 반응성에 영향을 미칠 수 있다(Hilt & Nolen-Hoeksema, 2009). 스트레스를 유발하는 생활사건들과 우울한 기분에 대처하는 방식에서도 성별 간에 차이가 있다. 즉, 남성들은 부정적 정서성향을 소멸시키는 활동적이고 도구적인 대처를 더 많이 하는 데 반해, 여성들은 우울증상을 증폭시키는 수동적·내재적·반추적 스타일을 더 많이 채택

하는 경향이 있다(Nolen-Hoeksema, 2000). 사춘기 동안 전이가 이루어지면서 대인관계 취약성, 사회적 위험, 규범적 발달의 문제(예 : 신체 성숙, 인지발달 및 사회 맥락의 변화)가 모두 우울증의 성차를 가져온다(Rudolph, 2009). 더욱이 이러한 발달적 위험 맥락은 또래보다 사춘기에 일찍 진입한 소녀들에게 더 뚜렷하게 나타난다. 이러한 결과는 사춘기와 그 타이밍이 생물학적 연령 그 자체보다 성차 출현에 더 중요한 예측요인일지도 모른다는 것을 시사한다(Rudolph, 2014). 청소년기의 우울증 유병률에 성차가 크게 나타나는 현상을 설명하기 위해서는 복합적이고 통합적인 모델들이 필요하다는 것이 확실하다.

비교적 불리한 환경조건들을 나타내는 인구사회학적 변수들 또한 성인 표본의 높은 우울증 비율과 관련성이 있지만 청소년의 경우에는 그 증거가 뚜렷하지 않다(Kessler, Avenevoli, Costello, Georgiades, et al., 2012). NCS-A 연구에서 빈곤은 청소년의 평생 우울장애와 관련성이 없는 것으로 나타났다(Merikangas et al., 2010). Twenge와 Nolen-Hoeksema(2002)는 청소년 표본의 우울증후학을 통합분석한 연구에서 사회경제적 지위와 우울증 간에 상관이 없다는 결과를 내놓았다. 이와 유사하게 우울증이 인종에 따라 체계적 차이가 있는지에 대한 증거는 혼합되어 있는데, 일부 연구는 유럽계 미국인 표본에 비해 아프리카계·라틴계·아시아계 미국인 표본에서 우울장애와 우울증상들이 더 많이 나타난다는 것을 보여주었으나 다른 연구들에서는 그러한 차이가 나타나지 않았다(예 : Anserson & Mayes, 2010; Latzman et al., 2011). NCS-A 평생유병률에서 히스패닉 청소년들이 비히스패닉 유럽계 미국 청소년보다 기분장애 비율이 더 높은 것으로 나타났다(Merikangas et al., 2010). Twenge와 Nolen-Hoeksema(2002)도 히스패닉계 표본이 아프리카계 또는 유럽계 미국인 표본에 비해 우울증상 수준이 더 높다는 것을 발견하였다. 후속연구에서 방법론적 단점을 알아봄으로써 인종과 민족의 효과를 탐구하고, (인종과 관련성이 있을 수 있는 불리한 여건과 우울증상 표출의 문화적 차이가 초래했을지도 모르는) 여러 효과를

분리해 낼 필요가 있다(예 : Anderson & Mayes, 2010).

출생 코호트 효과

국제협력집단(Cross-National Collaborative Group, 1992)은 주요우울증이 최근에 출생한 사람들에게 더 많이 발생한다는 것을 보여주는 출생 코호트 효과의 초창기 연구결과(Klerman et al., 1985)를 미국과 세계 여러 나라에서 반복 검증하였는데, 최근 출생자들일수록 아동기 또는 청소년기 발병 우울증의 비율이 점점 더 높아지고 있다는 것을 보여주었다. 애초에 전국동반이환조사연구가 내놓은 결과도 1960년 이후 출생한 사람들에게 MDE 유병률이 더 높다는 증거를 제시하였다(Kessler, Avenevoli, & Merikangas, 2001). 이러한 유병률 증가의 원인이 무엇인지에 대한 다양한 분석은 일반적으로 기억 또는 우울한 경험을 기꺼이 받아들이고자 하는 마음과 같은 방법론상의 문제를 설명으로 보는 주장에 반론을 제기한다. 대부분의 연구는 회고적 설명에 기초를 두고 있으므로, 이 쟁점을 더 직접적으로 다루기 위해서는 종단적으로 수집된 정보가 필요하다는 것이 분명하다. Twenge와 Nolen-Hoeksema(2002)는 우울증상에 관한 종단연구들을 검토한 결과 종전의 회고적 연구들의 결과와 달리 소년은 증상이 감소하고 소녀는 변화가 없다는 증거를 발견하였다. 최근 들어 젊은이들 사이에 우울장애의 비율이 — 치료 추구, 손상, 자살 경향성의 비율도 덩달아 — 증가하였지만, 그 효과가 이제는 감소한 것인지 아니면 우울증에 대한 지각과 인식의 변화에 상당 부분 기인하는 것인지는 앞으로 해결해야 할 과제이다.

우울증의 병인

우울증에 대한 생물학적 취약성

뇌구조와 신경회로

우울증의 신경적 기초를 이해하기 위한 노력은 흔히 정서 정보의 탐지, 반응 및 조정을 담당하는 뇌구조 — 전전두피질(PFC), 편도체, 해마, 복내측 선조체 및 관련 영역들을 포함하는 대뇌변연계와 피질회로 — 에 초점을 두었다. 편도체는 개인의 즉각적 웰빙에 중요한 자극들을 탐지하는 역할을 한다. 뇌구조와 관련한 연구결과들을 통합적으로 분석한 연구는 우울증이 있는 (특히 약물치료를 받지 않고 있는) 성인들이 통제집단과 비교해서 편도체의 용적이 감소했다는 것을 확인하였다(Hamilton, Siemer, & Gotlib, 2008). 우울한 아동과 청소년들을 대상으로 한 뇌영상 연구들이 모두 예외 없이 우울한 집단과 그렇지 않은 집단의 편도체 용적에 차이가 있다는 것을 지지하는 증거를 내놓고 있는 것은 아니지만(Hulvershorn, Cullen, & Anand, 2011) 전전두피질(PFC), 안와전두피질(OFC), 전측대상회피질(ACC) 등의 피질 영역은 성인 우울증에서 나타나는 바와 유사한 용적 이상을 더 일관성 있게 보여준다.

편도체는 용적이 적을수록 정서적 자극에 더 크게 반응하는 것으로 나타난다. 편도체 활성화 연구들은 흔히 여러 가지 정서를 표현하는 얼굴들을 자극으로 제시한다. 우울한 성인들은 우울증이 없는 통제집단에 비해 무서운 얼굴들을 보고 있는 동안에 편도체가 더 크게 활성화되는 것으로 나타난다(예 : Monk, 2008). 아동과 청소년 표본 간에 일부 불일치가 있기는 하지만 아동과 청소년을 대상으로 비슷한 패러다임을 사용한 연구들도 일반적으로 이에 상응하는 결과를 내놓고 있다(Hulvershorn et al., 2011). Yang과 동료들(2010)은 우울증이 있는 청소년과 통제집단 청소년에게 정서표현이 동일한 얼굴들을 짝짓는 과제를 제시하였는데 우울한 청소년들의 좌반구 편도체에 비정상적으로 과도한 활동이 나타나는 것을 관찰하였다. 편도체 활성화의 증가는 어머니의 우울증으로 인해 우울증에 걸릴 위험이 있는 청소년들에게서도 관찰되었다(Monk et al., 2008). Joormann, Cooney, Henry와 Gotlib(2012)은 신경활성화 패러다임을 사용하여 장애 위험이 있는 소녀들이 (영화가 유발한 슬픈 기분을 '보수'하기 위해 긍정적인 자서전적 기억을 사용하는 것과 같은) 인지적 통제에 덜 성공적이라는 것을 입증하였다. 위험요인을 가진 소녀들은 통제집단의 소녀들에 견줘 볼 때 긍정적 기억들을 모아들여서 슬픈 기분을 완화시키는

PFC의 배측 영역이 덜 활성화되었으며, 편도체의 과잉활성화가 지속되었다. 이 연구자들은 이러한 신경활동 패턴이 부정적 감정 조절의 어려움에서 유래하는 특성표식을 반영하는 것으로 (특히 스트레스 사건에 맞닥뜨렸을 때) 우울증 발병의 전조가 된다고 추측하였다. MDD가 매우 일찍 발병한 아동들도 피질-변연계의 상호작용에 기초한 정서조절 과정이 손상되었을 수 있다. Pagliaccio와 동료들(2012)은 학령전기에 우울증이 발병한 학령기 아동들을 대상으로 Joormann과 동료들의 슬픈 기분 정교화 과제를 사용하여 연구하였는데, PFC 영역에서 유사한 과잉활동을 발견하였다.

앞으로의 연구는 우울증과 관련된 피질-변연계 이상이 어디서 유래했는지, 즉 후천적으로 습득되었는지, 유전에 의한 것인지, 또는 그 둘 다인지를 밝혀내야 할 것이다. 여러 연구가 유전자 변형이 장애의 신경적 상관요인들에 중요한 역할을 한다는 것을 입증하였다. 성인과 아동을 대상으로 한 연구들은 세로토닌 운반 유전자(5-HTTLPR)의 짧은 대립형질을 가진 사람들에게 부정적 정서자극을 제시하면 이들의 편도체 활성화가 증가한다는 것을 보여준다(예 : Furman, Hoorman, Hamilton, & Gotlib, 2011; Hariri et al., 2002). Lau와 동료들(2010)은 우울장애나 불안장애를 가진 청소년들 중에서 Val/Val 동형접합체보다는 뇌 유인성 신경영양인자(BDNF)인 Met 대립유전자를 가지고 있는 보인자들에게 정서를 표현하는 얼굴을 보여주면 편도체가 더욱 크게 활성화된다는 결과를 내놓았다. Pagliaccio와 동료들(2012)은 학령전기에 최초로 발병한 우울증의 심각도가 이후의 역기능적 뇌활동과 연관성이 있으며, 정서에 대한 인지적 통제능력이 우울증상으로 인해 효율적으로 발휘되지 못할 수도 있다는 것을 알아내었다.

편도체 가까이에 있는 해마(HC)는 피질, 변연계, 선조체 영역의 또 다른 요소로서 MDD에서 조절하기 힘든 것으로 생각되는 정서처리의 신경회로와 관련이 있다. HC는 정서적 반응뿐만 아니라 장기기억에 정보를 견고하게 통합하는 중요한 역할을 하며 PFC 기능을 조절하는 역할도 한다. 글루코코르티코이드 수용체를 높은 수준으로 포함하고 있으며, 시상하부를 통해 시상하부-뇌하수체-부신피질(HPA) 축을 조절하는 데에도 관여한다. HC는 스트레스 관련 스테로이드에 취약한데, 이러한 스테로이드는 오래 지속되는 심각한 스트레스 조건에서 HC를 위축시키는 것으로 생각되고 있다. 우울한 성인환자의 HC 용적이 감소된다는 것을 보여주는 증거가 많이 있으며(Kempton et al., 2011; MacQueen & Frodl, 2011), HC 역기능은 스트레스에 대한 반응조절 곤란을 지속시키는 역할을 한다. 일반적으로 아동과 청소년을 대상으로 하는 연구들도 이와 유사한 HC 용적의 감소를 발견하였다(Hulvershorn et al., 2011). Rao와 동료들(2010)은 우울한 청소년과 (부모의 우울증으로 인해) 우울증 위험이 있는 청소년 모두 HC 용적이 적으며, 특히 어린 시절에 역경을 많이 겪은 청소년일수록 HC 용적이 더 적다는 결과를 얻었다. 이와 유사하게 Chen, Hamilton과 Gotlib (2010)도 어머니의 우울증으로 인해 우울증 위험이 있는 9~15세 소녀들에게서 HC 용적이 줄어든 것을 발견하였다. 여러 연구들이 유전과 환경이 HC 용적의 감소에 영향을 미친다고 지적하였다. 예를 들어 Frodl과 동료들(2010)은 성인이 보고한 아동기 스트레스가 5-HTTLPR 유전자의 짧은 대립형질의 존재와 상호작용하여 HC의 용적을 예측한다는 결과를 보고하였다. 이 연구자들은 우울증을 예측하는 유전 과정이 스트레스에 대한 HC 반응의 변화 정도에 부분적으로 영향을 미친다고 보았다.

우울장애의 기저에 있는 정서적 기제를 연구하는 또 하나의 패러다임은 감정, 동기, 결정의 세 요소로 이루어진 보상 처리의 생물학적 기초에 초점을 맞추었다. 우울한 사람들은 기분이 저조하고 즐거운 경험이 감소하며, 부정적 결과에 대한 편향적 지각과 주의를 보인다. 우울한 성인들의 선조체, 편도체, OFC의 이상을 살펴본 과제 기반 뇌영상 연구들은 많은 증거를 내놓았다(Diekhof, Falkai, & Gruber, 2008). 우울한 아동과 청소년들의 보상행동과 신경패턴에 관한 연구들도 이들에게 보상관련 활성화의 둔화와 같은 이상이 나타난다는 것을 보여준다(Forbes et al., 2009). 이와 유사하게 어머니의 우울증을 위험요인으로 가지고 있는 소녀들은 그러한 위험이 없는 비교집단 소녀들에 비해 우울증이 발병하기 이전에도 보상과 손실 조건에서 선조체와 배측 ACC에 이상패턴을 보이는 것으로 나타났다(Gotlib et al., 2010).

보상회로는 PFC 기능의 비대칭에 의해 논의되기도 했는데, PFC는 접근 및 회피와 관련된 기분과 정서, 우울증과 지각감소와 긍정적 인센티브 추구와 관련된 좌반구의 과소활성화, 그리고 억제 및 불안과 관련된 우반구의 과다활성화와 관련성이 있다(Davidson, Pizzagalli, Nitschke, & Putnam, 2002). 우울한 어머니의 아기들과 우울한 청소년들의 뇌파를 측정해 보면 모두 좌반구의 전두엽 활성화가 상대적으로 감소한 것으로 나타난다(개관 논문을 보려면 Davidson et al., 2002 참조). 이 연구자들은 PFC와 그 밖의 피질 및 하위피질 구조들의 상호연결이 역기능적 회로를 나타낸다고 생각했는데, 이 회로에서는 편도체의 조절 결함으로 인해 부정적 감정이 지나치게 오랫동안 처리될 수도 있고 다른 피질기능들도 조절통제가 충분치 못하다. 앞서 지적했듯이 10년간의 뇌영상 연구는 이러한 견해를 뒷받침해 준다. 그러나 뇌기능에 관한 아동기/청소년기 문헌은 그리 많지 않을 뿐 아니라 신경구조와 회로의 이상이 어디서 비롯되었는지는 추측에 불과한 문제라는 점을 인정하는 것이 중요하다. 또한 뇌기능 이상의 발달 과정과 임상적 결과를 밝히고 있는 종단연구는 거의 없다. 예를 들어 우울증 발달에 성호르몬이 담당하는 역할은 엄청나게 복잡한데 부분적으로 호르몬, 뇌의 구조와 기능 및 신경전달물질들 간에 중요한 연결이 있기 때문이다(Blanton et al., 2012).

시상하부-뇌하수체-부신피질 축

HPA 축의 조절이상은 성인기 우울증의 생물학적 상관요인 중에서 가장 강력한 요인으로서, 그러한 이상이 코르티솔 수준 증가, 부신피질자극호르몬 방출호르몬(CRH) 증가, HPA 축의 부정적 피드백 통제 손상 등을 초래한다는 증거가 있다. 스트레스를 많이 일으키는 사건들에 만성적으로 노출되면 부분적으로 HPA 및 이와 관련된 뇌 연결을 통해 우울증 발병이 촉진되는 것으로 가정되며, 어릴 때 심한 스트레스에 노출되면 HPA 축과 신경

의 기능을 변화시킬 수도 있는 것으로 추정된다(Heim, Newport, Mletzko, Miller, & Nemeroff, 2008). 어떤 사람들은 스트레스 반응체계에 유전이나 환경에 의해 매개되는 기존의 이상을 가지고 있고 이러한 이상으로 인해 스트레스를 받을 때 우울한 반응을 보이는 취약성을 갖게된 것으로 추정되기도 한다(Halligan, Herbert, Goodyer, & Murray, 2007).

우울한 아동과 청소년을 대상으로 한 종전 연구들은 HPA 축의 기능이상을 지지하면서도 일관성이 없는 증거를 제공했으나 더 최근의 문헌 개관과 통합분석은 다른 결론을 도출해 냈다. Guerry와 Hastings(2011; Lopez-Duran, Kovacs, & George, 2009 참조)는 덱사메타손 억제, 기저 코르티솔, CRH 주입, 심리적 문제, 우울한 부모의 자녀 등 여러 다른 방법론을 활용한 연구들을 검토하였다. Guerry와 Hastings(2011)와 Lopez-Duran과 동료들(2009)은 이들 연구의 방법론에 많은 결함이 있다는 사실에 주목하였으나, 그럼에도 불구하고 동일한 방법론을 사용한 연구들끼리 묶어 보면 기저 코르티솔 수준의 상승, 심리적 스트레스에 대한 코르티솔 반응의 격화, 코르티솔 증가와 이후 우울증 발병 간의 예언적 관계와 같이 우울한 아동이나 우울증 위험이 있는 아동들의 HPA 축 기능에 이상이 있다는 것을 보여주는 증거가 상당히 일관성 있게 나타난다는 것을 발견하였다. 더욱이 우울증이 있는 아동과 그렇지 않은 아동들 간의 차이는 우울증이 있는 성인과 그렇지 않은 성인의 차이보다 일반적으로 더 적은 것으로 나타났다. 이런 결과는 발달 양상을 고려한 가설과 방법론이 필요하다는 것을 보여준다. 사실 여러 연구 결과들이 아동이 청소년기와 사춘기 발달을 거치는 동안 기저 코르티솔의 수준과 스트레스에 대한 반응성이 증가한다는 것을 보여준다(예 : Gunnar, Wewerka, Frenn, Long, & Griggs, 2009).

Guerry와 Hastings(2011)는 실험실의 스트레스 사건들이나 급성 및 만성 스트레스(예 : 우울한 어머니)에 노출되는 것과 같이 스트레스를 많이 받는 조건에서 특히 코르티솔 차이가 크게 관찰된다고 주장하였다. 자연스러운 상황이 아니라 스트레스가 많은 상황이라는 맥락에서 코

르티솔 수준을 조사하게 되면 미래의 우울증 증상을 더 잘 예측할 수 있을지도 모른다. Susman, Dorn, Inoff-Germain, Nottelmann과 Chrousos(1997)는 한 연구에서 스트레스 상황에 대한 코르티솔 반응성(출혈)이 1년 후의 우울증상을 예측한다는 결과를 얻었다. Rudolph, Troop-Gordon과 Granger(2011)는 또 한 연구에서 또래 괴롭힘이라는 실제 스트레스 경험이 스트레스가 예상되는 상황에서 코르티솔 수준을 증가시키는 결과를 초래하며, 실험실에서 또래와 관련된 스트레스 사건을 기다리는 것이 1년 후의 우울증상을 예측한다는 것을 발견하였다. 이러한 결과들은 계속되는 스트레스 사건들에 대한 HPA 축의 민감성이 특히 스트레스에 노출된 전력이 있는 청소년들에게는 장차 우울증을 일으키는 위험요인으로 작용할 수 있다는 것을 보여준다.

Adam, Sutton, Doane과 Mineka(2008)도 우울증이 발병하기 이전의 청소년들을 대상으로 하는 종단연구의 필요성을 강조하였으며, (아침기상 후 약 40분간 발생하는) '코르티솔 각성 반응(cortisol awakening response, CAR)'이 미래의 우울증 발병의 유력한 예측요인이라고 역설하였다. Adam과 동료들(2010)은 청년 후기의 지역사회표본에서 CAR 기초선 상승이 그다음 해 우울장애 발생률의 대폭 증가를 예측한다는 것을 발견하였다. 취침시간과 일일변화량 등의 다른 코르티솔 측정치들은 그렇지 않았다. 따라서 CAR 측정치가 유일하게 미래 우울증을 예측하는 반면에, 코르티솔 기능을 측정하는 다른 척도들은 현재의 우울증과 공변하는 것으로 간주되었다. CAR은 코르티솔의 일일 최고수준을 나타내는 것이기 때문에 Adam과 동료들은 높은 코르티솔 수준이 시간이 지날수록 HPA 축의 부정적 피드백 조정에 관여하는 뇌의 글루코코르티코이드 수용기에 변화를 가져온다고 생각한다. 해마와 편도체의 변화 및 이러한 변화가 정서조절을 담당하는 피질-변연계 회로에 미치는 역기능적 효과를 한 예로 들 수 있다. 이 연구자들은 CAR 상승이 유전적으로 계승되는 특성에서 비롯될 가능성을 언급하고 있으나, 아동기의 불운한 경험이 발달하는 뇌와 HPA 축의 특성들을 수정할 가능성이 있다는 점을 강조한다.

유전

최근의 유전연구는 경험적·방법론적으로 엄청난 진보를 이루었으며, 유전이 심리장애에 어떤 영향을 미치는지 알아볼 수 있는 다양한 접근법을 제공하였다. 우울증은 공중보건과 관련된 문제들 가운데 가장 흔히 다루어지는 것인데 불행히도 표현형이 매우 이질적일 뿐 아니라 증상, 동반이환, 심각도, 발병연령, 진행경과와 손상이 매우 다양한 장애이다. 아동과 청소년 우울증이라는 주제는 그 자체로 독특한 논점과 의문을 제기한다. 유전적 특징들은 아동, 청소년과 성인 모집단에 모두 동일하게 작용하는가? 천성-육성 문제는 어떤 특성을 가지고 있는가? 유전이 아동 우울증에 미치는 영향은 어떤 성격을 가지고 있으며 그 기제는 무엇인가?

우울증이 가계로 계승된다는 사실은 문헌 개관과 통합분석에서 잘 밝혀져 있다(Rice, Harold, & Thapar, 2002). 그러나 우울증은 심리와 환경에 영향을 미칠 뿐 아니라 우울증 환자가 아닌 가족구성원들도 취약성과 위험요인을 가지고 있기 때문에 유전과 환경의 영향력은 명백히 뒤얽혀 있다. 쌍생아연구의 형태로 수행된 계량적 유전분석은 유전과 환경요인들이 기여하는 변량을 분할하는 기법을 제공해 준다. 일반적으로 성인연구는 유전 추정치가 .4가량 된다고 보고한다. 환경요인이 더 많은 변량을 설명해 주는데, 특히 각 개인에게 독특하고 가족구성원들이 '공유'하지 않는 환경일수록 더욱 그러하다(개관을 보려면 Lau & Eley, 2010 참조). 그러나 아동과 청소년을 대상으로 하는 쌍생아연구는 유전 추정치가 더 다양한 것으로 나타난다. Rice(2010)는 아동기 표본에서는 (환경의 기여율이 높고) 유전은 영향력이 거의 없지만, 청소년의 경우에는 유전 가능성이 성인 우울증에서 발견되는 것과 유사한 정도로 상당히 높다고 지적하고 있다. 아동과 청소년을 대상으로 하는 쌍생아연구들은 대부분이 우울증 증상의 측정에 기초하고 있는데, 자기보고나 부모 보고 중 어느 기법을 사용하느냐에 따라 결과에 약간의 차이가 있다. 후속연구들이 진단에 근거한 확인을 마치기 전까지는 결과 해석에 신중할 필요가 있다. 유전이 아동기 우울증 말고 청소년기 우울증에서만 중요한 작용을 한다는 것을 보여주는 연구결과는 우울한 아동을 성인기까지 추적하여 (성인기에 우울증을 보이지 않은 성인들은 행동장애와 기능손상을 심하게 보였지만) 우울증의 연속성 확률이 비교적 낮다는 것을 발견한 여러 연구들의 결과와도 일치한다(Harrington et al., 1990; Weissman, Wolk, Wickramaratne, et al., 1999 참조). 우울증의 유전 가능성이 연령별로 어느 정도 되는지에 관해 의문이 남아 있기는 하지만 청소년기에 여자 청소년의 우울장애 발생률이 더 높음에도 불구하고 성차를 분석한 연구들은 유전의 영향력이 남녀 간에 차이가 있다는 증거를 발견하지 못하고 있다는 점에 주목할 필요가 있다(Franic, Middledorp, Dolan, Lighthart, & Boomsma, 2010).

쌍생아를 대상으로 하는 종단연구들은 발달과 관련하여 중요한 정보를 내놓았다. 예를 들어 Lau와 Eley(2006)는 G1219 연구에서 청년기에서 성인 초기에 이르기까지 세 차례에 걸쳐 우울한 경험을 조사한 결과, 시간이 갈수록 유전 및 비공유환경의 '새로운' 영향력이 드러난다는 증거를 발견하였다. 이 연구자들은 그러한 변화들이 청소년기의 우울증 유병률을 증가시킬 뿐 아니라 (예컨대 청소년들이 우울증에 대한 또 다른 유전적 취약성을 촉발할 수 있는 스트레스 상황에 진입하는 비율을 증가시킴으로써) 그러한 변화들이 쌍방 간에 영향력을 주고받게 될 수도 있다고 보았다. Kendler, Gardner와 Lichtenstein(2008)은 스웨덴 쌍둥이들을 대상으로 수행한 종단연구에서 8~20세 사이의 4개 시점에서 우울/불안증상들의 유전적·환경적 위험요인들의 변화 양상을 조사하였다. 이 연구자들은 새로운 영향요인이 상시로 유입되면서 유전의 영향력이 변화할 뿐만 아니라 종전의 영향요인들이 이후 증상에 미치는 영향력이 약화된다는 증거를 발견하였다. 연구자들은 유전적 요인들이 발달 과정에서 역동적으로 변화하며 이로 인해 아동기에서 청소년기까지 증상의 연속성이 낮은 것으로 나타난다는 결론을 내렸다.

쌍생아연구들은 고전적인 계량적 유전분석 방법을 사용하여 우울증의 변량을 유전요인과 환경요인으로 분할

할 수 있었다. 그러나 최근의 새로운 방법론들 또한 중요한 단서들을 제공해 주고 있다. 예를 들어 쌍둥이 부모를 둔 자녀를 대상으로 한 연구는 유전과 가정환경의 효과를 분리하여 분석할 수 있게 해준다. 이 연구를 수행한 Silberg, Maes와 Eaves(2010)는 유전 또는 가정환경 중 어느 요인이 (또는 유전과 가정환경 요인 둘 다) 부모와 자녀의 우울증 간의 관계를 가장 잘 설명해 주는지 알아보았다. 이 연구자들은 부모와 자녀 우울증의 관계를 가장 잘 예측해 주는 요인은 가정환경이지만 자녀의 품행장애는 유전과 환경 요인 둘 다에 의해 예측된다는 결론을 내렸다.

일반적 정신병리 연구는 연구기법들을 점점 더 많이 개발해 왔으며, 성인 우울증에 대한 다양한 연구를 포함하여 분자유전학에 의한 유전자 발견 연구에 자원을 투입해 왔다. 그러나 그런 전략은 우울한 아동과 청소년 표본에는 적용되지 않았는데, 아마도 연령 및 발달과 관련된 쟁점들이 더 명확하게 해소될 때까지 그런 전략의 사용을 연기할 필요가 있을 것이다. 그럼에도 불구하고 유전요인이 — 성인과 아동·청소년의 우울증에서 — 어떤 영향력을 발휘하는가 하는 문제에 많은 관심이 집중되면서 후보 유전자를 찾는 노력이 경주되었다. 구체적으로 유전자-환경 상호작용(G×E) 연구들과 그보다는 적지만 유전자-환경 상관(rGE) 연구들은 성인 우울증 연구에서 사용된 것과 동일한 후보 유전자들을 사용하였다. 아동과 청소년의 우울증도 성인 우울증과 마찬가지로 불우한 환경에 많이 노출될수록 유전될 위험이 커지며(rGE) 그러한 환경에 대한 반응성도 더 커지는(G×E) 것으로 보인다. 5-HTTLPR의 다형성[역주: 동종집단 가운데에서 2개 이상의 대립형질이 뚜렷이 구별되는 것]은 특히 스트레스가 많은 조건에서 성인 우울증과 관련성이 있는 것으로 생각되고 있다(개관을 위해 Karg, Burmeister, Shedden, & Sen, 2011 참조). 여러 연구들이 우울증이 있는 또는 (어머니의 우울증으로 인해) 우울증 발생 '위험'이 있는 아동들(Gibb, Uhrlass, Grassia, Benas, & McGeary, 2009; Hayden et al., 2008)과 청소년 또는 아동·청소년 혼합표본(Eley et al., 2004; Goodyer, Croudace, Dudbridge,

Ban, & Herbert, 2010; 종단분석을 보려면 Hankin, Jenness, Abela, & Smolen, 2011 참조)에서 이와 유사한 패턴을 발견하였다. 성인 우울증 환자 표본에서 후보 유전자들을 살펴본 다른 연구들도 유전자-환경 상호작용을 지지하는 증거를 내놓았다(예 : BDNF-Goodyer et al., 2010; Kaufman et al., 2006; 도파민 D2 수용기 유전자-Hayden et al., 2010). 연구자들은 점차 젊은이들의 뇌회로 활성화와 유전적 분석을 통합하고 있다. 예를 들어 뇌 반응성에 관한 문헌 개관에서 언급했듯이, Lau와 동료들(2010)은 우울증 또는 불안증이 있는 청소년 환자들 중에서 BDNF Met 보유자들은 Val/Val 동형접합체 보유자들보다 편도체와 해마가 더 강하게 활성화된다는 것을 발견하였다. 그러나 뇌영상(및 후보 유전자-환경) 연구 간에는 결과가 불일치하는 경우가 많기 때문에 반복검증 연구가 필요하며, 표본의 크기가 더 크고 특성이 더 분명하게 정의된 표본 또는 더 동질적인 표본을 사용하여 엄밀한 측정을 할 필요가 있는 것도 사실이다.

아이들은 유전자만이 아니라 역기능적 양육 등의 환경도 물려받듯이('수동적' rGE의 사례) 우울증은 다양한 환경요인과 강한 상관이 있기 때문에 부모의 우울증에서 초래되는 우울증 발생 위험을 이해하기 위해서는 rGE 연구가 특히 필요하다. 물려받은 특질이 아동에게 특정한 행동을 하게 만들고, 이 행동이 다른 사람들에게서 불러일으키는 반응이 아동의 우울증에 영향을 미치거나(예 : 의존성은 거부반응을 불러일으킬 수 있음) 또는 불우한 환경조건을 선택하게 만드는 경우(예 : 자아존중감이 낮으면 역기능적 이성 파트너를 선택할 수 있음) 촉발적 rGE와 능동적 rGE도 발생한다. rGE는 스트레스 생활사건과 관련하여 잘 알려져 있다. 예를 들어 Hammen (1991)은 (현재 우울증이 있는 사람들뿐만 아니라) 우울증 병력이 있는 사람들이 스트레스를 주는 생활사건들을 촉발하는 경향이 있음을 가리켜서 '스트레스 세대'라는 용어를 사용하였다. 이런 경향은 우울증이 있는 아동과 우울한 여성의 자녀들에게서도 관찰되었다. Starr, Hammen, Brennan과 Najman(2012)은 5-HTTLPR에 짧은 대립유전자가 있으면 이것이 우울증과 상호작용하여 고위험 청소년 집단에게 스트레스 생활사건이 발생하도록 한다는 것을 발견하였다. Lau와 Eley(2008)는 G1219 종단연구에서 쌍생아와 형제들에게 계량적 유전분석 기법을 적용하여 rGE와 G×E의 효과에 차이가 있는지를 검증하였는데, 적어도 부분적으로는 연구 참가자가 초래한 부정적 생활사건과 어머니의 처벌적 훈육방식에 대한 연구 참가자의 보고라는 두 가지 환경척도를 통합하였다. 이 연구의 복잡한 결과는 G×E와 rGE가 이들 환경척도 둘 다에 연루되어 있음을 보여주었다. 또한 청소년 우울증의 유전적 위험이 부분적으로 이와 같은 두 가지 불우한 환경조건에 대한 노출경험에 기인하며, 불우한 조건 자체가 유전효과를 활성화하고 우울반응을 보일 확률을 증가시킬 수 있다는 것을 보여주었다. 이 연구자들은 인지과정과 성격뿐 아니라 편도체의 반응성과 같은 뇌회로를 포함하여 유전효과가 어떤 기제에 의해 매개되는지 앞으로 더 연구할 필요가 있음을 역설하였다.

성인과 아동의 우울증을 이해하기 위한 유전적 연구 기법의 미래는 전통적인 계량적·분자적 패러다임이 확장되고 개선되는 방향으로 진행될 것이 분명하다. 그러나 근원이 되는 DNA 단백질 요소들이 언제, 어디서, 얼마나 많이 만들어져서 작용할 것인지를 결정하는 **후생적** (epigenetic) 과정 또한 행동의 유전적 기제에 대한 인간의 이해를 확장시켜 나갈 것이다. Lau와 Eley(2010)가 개관하고 있듯이 유전 표현형이 환경 경험으로부터 어떤 영향을 받는지를 알아보는 동물연구는 우울증의 기원, 발달 과정, 행동적·정서적 결과의 안정성에 대해 새로운 연구결과들과 질문들을 창출해 낼 것이다.

요약

지난 10년간 성인 우울증 — 그리고 이로부터 확장된 아동 및 청소년의 우울증 — 과 관련성이 있는 것으로 생각되는 생물학적 특성들을 밝혀내는 연구에 대한 관심이 급증하였으며 방법론적 진보가 이루어졌다는 것은 부인할 수 없는 사실이다. HPA 축에서 생물학적 스트레스 과정의 조절곤란이 어떤 효과를 일으키며 신경인지적 기제와는 어떤 연관성을 갖는지, 또한 정서처리의 기저에 있는 역기능적 신경회로와 이들 회로가 정보처리와 인지적 억제를 담당하는 뇌 영역 및 기제들과 어떤 연관성을 갖는지를 보여주는 증거에 많은 관심이 집중되었다. 이와 유사하게 연구들은 유전적으로 매개되는 영향력의 중요성을 강조하였다. 그러나 신경계 이상의 기원과 그 기제에 대한 중요한 의문들은 아직도 풀리지 않고 있다. 경험적 요인과 생물학적 요인의 관계에 대해서도 풀어야 할 문제들이 남아 있다. 이 분야가 아동과 청소년의 우울증에 대한 이해를 증진시켜 나가기 위해서는 종단설계에서 연구된 바와 같이 발달적 쟁점에 민감한 모델들이 개발될 필요가 있다.

우울증에 대한 정서적 취약성

기분 혼란은 우울증에 가장 기본적인 문제이며, 따라서 발달 분야의 이론과 연구는 정서기능이 어떤 경로를 거쳐 아동 우울증의 위험요인으로 작용하게 되는지를 밝혀내기 위해 노력해 왔다. 우울증의 정서적 취약성을 다루는 연구는 이 장의 다른 절들에서 살펴본 바대로 정서와 관련된 생물학적·인지적 과정만이 아니라 특질과 유사한 안정적 정서성향(기질)과 상태와 유사한 상황적 정서처리, 반응 및 조절을 탐구해 왔다.

이론적 모델

일군의 이론적 관점들은 기질에 초점을 맞추는데, 기질은 생물학과 환경의 상호작용에서 비롯되는 것으로 가정되는 자기조절과 감정의 안정적 개인차로 나타난다 (Rothbart & Posner, 2006). 이론가들은 우울증과 관련하여 기질의 세 가지 차원을 강조하였다(개관을 위해 Rothbart & Posner, 2006 참조). 즉, 높은 부정적 정서성향(negative emotionality, NE; 빈번하고 강렬하고 지속적으로 부정적 감정을 경험하는 경향성), 낮은 긍정적 정서성향(positive emotionality, PE; 기쁨과 즐거움 같은 긍정적 정서를 낮은 수준으로 경험하는 경향성), 저조한 통제 노력(effortful control, EC; 바람직하지 못한 충동을 억제하거나 주의를 효율적으로 조절하기 어려움)이다. 이러한 삼원모델에 따르면 높은 NE와 낮은 PE의 조합은 우울증을 불안과

같은 다른 내재화 장애들과 구별할 수 있게 해준다(Clark & Watson, 1991). NE, PE, EC는 아동의 정서성향과 아동이 정서촉발자극에 대해 보이는 반응성을 설명해 준다.

이론가들은 흔히 기질이 우울증을 일으킬 수 있는 소질이라고 본다(Hyde, Mezulis, & Abramson, 2008; Yap, Allen, & Sheeber, 2007). 이 모델에 따르면 기질은 증상들(예 : 우울한 기분, 쾌감상실, 과민성)을 촉진함으로써 직접적으로 우울증에 대한 취약성으로 작용하거나, 정서적 취약성(예 : 반추, 정서조절 곤란)을 촉진하거나 부정적 경험(예 : 스트레스)을 유발하여 우울증을 일으키는 식으로 간접적으로 작용할 수 있다. 기질은 아동이 우울증을 일으키는 환경적 위험요인에 대해 보이는 정서적 반응성에 영향을 미치는 조절요인으로 작용할 수도 있는데, 이는 맥락에 대한 생물학적 민감성 모델과 같이 더 폭넓은 발달이론들과 부합한다(Boyce & Ellis, 2005). 중요한 것은 이러한 이론적 모델들은 직접·간접·조절 경로들이 상호배타적이 아니라 상호보완적이라고 예언한다는 점이다.

다른 관점들은 우울증의 전조가 되는 정서반응, 정서조절 및 정서정보처리의 개인차에 초점을 맞춘다. 반응양식 이론은 정서와 관련하여 비생산적 반추를 하는 경향이 있는 사람들은 부정적인 기분을 해소하는 것이 아니라 오히려 지속하고 확대하므로 반추적 반응양식은 우울증의 발생과 유지에 기여한다고 가정한다(Rood, Roelefs, Bogels, Nolen-Hoeksema, & Schouten, 2009 참조). 정서조절 이론들은 우울증을 포함하는 모든 기분장애의 근간에는 효율적인 정서반응조절 실패가 자리하고 있으며 발달 과정 초기의 정서조절 문제는 이후에 우울증상이 나타날 무대를 마련해 주게 될 것이라고 제안한다(Compas, Jaser, & Benson, 2009). 다른 연구자들은 정서조절 이론들을 바탕으로 정서처리(예 : 정서의 확인과 이해, 정서에 대한 주의의 조절) 결함이 정서조절 곤란을 초래하고 정서조절 곤란이 우울증에 대한 취약성을 증가시킬 것으로 예상된다고 제안하였다(예 : Flynn & Rudolph, 출판중). 아동과 청소년을 대상으로 하는 연구가 더 수행될 필요가 있기는 하지만(우울증에 대한 인지적 취약성과

관련한 이후의 논의 참조) 문제해결, 반응선택, 주의조절 등 정서조절과 관련되어 있는 집행기능의 일부 측면들도 우울증에 대한 취약성을 조성하는 데 일익을 담당한다 (McClintock, Husain, Greer, & Cullum, 2010). 최근 들어 정서처리 및 조절을 다루는 관점들은 정서기능의 발달적 변화, 특히 생물학적 성숙(예 : 사춘기, 신경학적 성숙)과 관련된 변화가 청소년기의 우울증상 유병률에 어떻게 영향을 미치는지에 점차 더 많은 주의를 기울이고 있다 (Forbes, Phillips, Ryan, & Dahl, 2011).

경험적 증거

기질

기질과 우울증의 관계를 다룬 경험적 연구들은 이론적 예언들을 대체로 지지한다. 전향적 연구는 청소년기의 높은 NE와 우울증상 간에 직접적 연관성이 있다는 것을 지지한다(Krueger, 1999). 더욱이 반추 증대(Mezulis, Simonson, McCauley, & Vander Stoep, 2011)와 스트레스 생활사건의 생성(Barrocas & Hankin, 2011)은 NE와 청소년기의 우울증 간에 예상되는 관련성을 매개하며, 정서조절 곤란은 EC와 우울증 간에 예상되는 관련성을 매개한다(Zalewski, Lengua, Wilson, Trancik, & Bazinet, 2011). 기질은 또 환경요인이 우울증에 미치는 영향력을 조절한다. 어떤 사례에서는 기질적 취약성(예 : 높은 NE, 낮은 EC)이 부정적 양육방식(Kiff, Lengua, & Bush, 2011)이나 또래 괴롭힘(Sugimura & Rudolph, 2012)과 같은 환경요인이 우울증에 미치는 영향력을 더 크게 만드는 역할을 한다. 그러나 기질은 적응유연성을 증진할 수도 있다. 가령 Gartstein과 Bateman(2008)은 NE가 낮으면 유아기의 어머니 우울증과 걸음마기의 우울 비슷한 증상들 간 연결이 약화된다는 것을 발견하였다.

정서처리

정서처리의 많은 결함들이 우울증에 대한 청소년기의 취약성과 관련이 있는 것으로 생각되고 있다. 우울증상들은 부모-자녀 상호작용에서 아동이 부모의 정서를 정확히 파악하지 못하는 것과 상관이 있으며(Ehrmantrout, Allen,, Leve, Davis, & Sheeber, 2011), 저강도 얼굴자극에서 분노를 더 많이 지각하고 기쁨을 더 적게 지각하는 것과도 상관이 있다(van Beek & Dubas, 2008). 자기 자신이 느끼는 정서들이 명료하지 않거나 이 정서들을 파악하고 구분하기가 힘든 것과 얼굴정서처리의 지각적 비대칭(우반구 후두엽 편향의 감소)은 청소년기의 우울증상 발생을 예측한다. 중요한 점은 스트레스에 대한 부적응적 반응들(예 : 정서조절 등의 관여 전략은 낮은 수준이고, 반추나 정서마비 같은 조절곤란 반응은 높은 수준)이 이러한 관련성을 매개한다는 것인데, 이는 정서처리 결함이 정서조절력 부족이라는 기제를 통해 우울증에 대한 아동의 취약성을 증가시킨다는 생각을 지지한다 (Flynn & Rudolph, 2010a, 2010b, 출판 중).

정서조절

우울한 아동은 또 정서반응과 조절을 제대로 하지 못하는 것으로 나타난다. 우울증상들은 정서조절 부족에 대한 부모 및 아동 당사자의 보고와 상관이 있다(개관을 보려면 Durbin & Shafir, 2008 참조). 경험표집(Silk et al., 2011)과 관찰(Sheeber et al., 2009) 기법을 통해 우울한 아동이 우울하지 않은 아동에 비해 부정적 감정 표현을 조절하기가 더 힘들다는 것을 보여준 횡단연구는 이 결과들을 확증해 준다. 일부 종단연구는 아동기의 정서기능 저조가 이후 청소년기에 우울증이 발생할 장(場)을 마련해 준다는 견해를 뒷받침한다. 정서와 관련된 반추는 특히 청소년들의 우울증상 증가를 강력히 예측하는 요인이라는 결과는 반응양식 이론과 일치한다(통합분석을 보려면 Rood et al., 2009 참조). 제한된 몇몇 연구는 심한 정서적 무력감(즉, 일시적으로 지속되는 기분; Kuppens et al., 2011)과 슬픔과 분노의 조절부족(Feng et al., 2009)을 포함하는 정서조절 능력 저조와 아동 우울증 간에 전향적 관련성이 있다는 것을 보여준다.

정서적 취약성의 기원과 발달

환경요인과 생물학적 요인은 청소년기에 우울증에 대한

정서적 취약성이 발달하는 데 둘 다 중요한 역할을 한다. 어릴 때 불운(예 : 학대, 부모 우울증)을 겪은 아동들은 (생물학적 수준과 행동수준 둘 다에서) 정서의 처리와 조절에 손상이 있다는 증거가 상당히 많다(개관을 보려면 Abaied & Rudolph, 2014 참조). 부모가 정서조절과 대처를 부적응적인 방향으로 사회화하는 것과 같은 근접 환경요인들도 정서기능 결함과 우울증에 기여한다(Abaied & Rudolph, 2010b, 2011). 그러나 아동의 정서기능이 부모의 사회화 방식과 역경이 장차 우울증에 미치는 영향력을 설명하는지 여부를 직접적으로 검증하기 위해서는 후속연구가 필요하다.

발달신경과학 연구는 우울증에 대한 정서적 취약성이 신경학적 기초도 가지고 있다는 것을 보여준다. 연구자들은 흔히 우울증에 PE 수준이 낮게 나타나는 것은 보상에 대한 신경반응 감소 때문이며, 청소년기의 생물학적 성숙이 이러한 패턴을 더욱 부풀릴 수 있다고 제안하였다(개관을 위해 Forbes & Dahl, 2012 참조). 우울증 위험이 높은 청소년들(예 : 우울한 어머니의 딸들)은 또 정서조절 과제(Joorman et al., 2012)를 하는 동안에도 부적응적인 신경활동 패턴을 보인다. 사춘기의 성숙과 관련이 있는 것으로 생각되는 내분비계의 변화가 이런 과정들에 영향을 미칠 수 있다. Forbes와 동료들(2011)은 사회적 위협에 반응할 때 연령보다는 사춘기의 성숙이 정서조절과 관련이 있는 뇌 영역들의 활성화 하락을 예측한다는 것을 발견하였다. 신경과학 연구의 맥락을 벗어나서 Silk와 동료들(2011)은 우울한 청소년들이 우울하지 않은 청소년들에 비해 부정적 정서들을 더 많이 경험한다는 결과를 얻었는데, 이러한 차이는 사춘기의 성숙 속도가 더 빠른 조숙한 청소년들에게서 더 크게 나타났다. 이와 같이 사춘기와 관련된 정서적 취약성 변화는 아동기보다는 청소년기에 우울증 발생률이 더 높은 현상을 설명하는 데 도움을 줄 수 있다.

요약

우울증에 대한 정서적 취약성은 상태와 유사한 과정과 특질과 유사한 과정 둘 다를 통해 작동한다. 전향적 연구설계는 우울증 발달에 아동의 정서성향과 정서반응 양식이 연루되어 있다는 기질 모델과 반응양식 모델을 뒷받침해 주는 방대한 경험적 자료를 제공한다. 연구는 우울증이 있는 아동과 우울증에 걸릴 위험이 있는(어릴 때 역경을 겪은) 아동들에게 정서처리 및 조절능력에 결함이 있다는 것을 보여주고 있지만, 정서조절 결함이 우울증의 선행조건인지 결과인지를 명확하게 구분하기 위해서는 추가로 종단연구를 수행할 필요가 있다. 앞으로의 연구는 또 여러 수준(생물학적, 인지적, 행동적)의 정서기능이 어떤 경로를 거쳐 결합되고 상호작용하여 아동이 우울증에 취약해지게 만드는지를 밝혀내야 할 것이다.

우울증에 대한 인지적 취약성

인지 모델들은 우울증의 발병과 진행과정에 부정적 신념체계와 부적응적 정보처리가 연루되어 있음을 보여준다. 이 모델들에 따르면 인지적 취약성은 생활 스트레스와 상호작용하여 우울증을 예측하는 안정적 성향의 구실을 한다. 이러한 취약성은 주의, 해석, 정보의 회상에서 드러나는 특징적 편향에 반영되어 있다. 더 구체적으로 인지이론들은 특정한 인지적 취약성과 특정한 스트레스 사건 간의 합치도가 우울증의 핵심적 결정요인이라고 주장한다. 즉, 스트레스를 불러일으키는 사건 혹은 상황들은 특정한 인지적 취약성 영역에서 자기가치의 상실을 초래하는 정도만큼 우울증을 유발한다는 것이다. 이런 점에서 가장 널리 사용되는 구분은 자기가치를 (관계지향성 또는 의존성에 반영되어 있는) 대인관계의 성공에 두느냐, 아니면 (자율성 또는 자기비판에 반영되어 있는) 개인적 성취와 독립에 두느냐 하는 경향성의 개인차에 초점을 맞춘다(Beck, 1987; Blatt & Zuroff, 1992; Coyne & Wiffen, 1995).

이론적 모델

Beck(1967, 1987)의 인지적 우울증 이론은 우울증에 수반되는 인지적 기능손상의 세 가지 측면을 설명한다. 첫째, 우울한 사람들은 (상실, 실패, 무능을 특징으로 하는) 주요 역기능적 태도와 부정적 인지도식을 지니고 있고 이에 따라 정보를 처리한다. 둘째, 이 도식은 사고의 체계적 편향을 이끌어 내고 그 결과 사건들을 자신만의 특이한 방식으로 해석하게 만든다(예 : 부정적 자동사고, 인지오류). 셋째, 우울증은 '부정적 인지삼제(cognitive triad)' 또는 자신이 가치 없고 부적절하며 세상은 비열하고 불공정하며 미래는 희망이 없다는 등의 부정적 관점을 갖는 경향성과 관련성이 있는 것으로 생각된다. Beck의 이론은 이러한 인지양식이 특히 외적 스트레스 사건들에 의해 활성화될 때 우울증에 대한 취약성을 높인다고 주장한다. 인지도식은 경직성이라는 특성을 가지고 있어서 바뀌기가 대단히 어렵기 때문에 우울한 사람들은 지속적으로 어려움에 처할 수 있다.

두 번째 유형의 인지이론은 Seligman(1975)의 '학습된 무력감' 모델을 새로 구성한 것들이다. 원래의 버전은 우울증이 통제할 수 없는 비수반적(noncontingent) 사건들의 경험에서 유래한다고 주장하였다. 이 모델의 수정본(Abramson, Seligman, & Teasdale, 1978)은 '우울증적 귀인양식'이라는 개념을 도입하였는데, 부정적 결과는 전반적이고 안정된 내적 요인들에서 원인을 찾고 긍정적 결과는 특수하고 불안정한 외적 요인들에서 원인을 찾는 성향을 가리킨다. Abramson, Metalsky와 Alloy(1989)는 이 모델의 가장 최근 버전에서 사건의 원인, 결과와 자기연루에 대한 비관적 추론 등 우울증을 유발하는 추론양식이 부정적 사건에 대한 노출경험과 상호작용함으로써 생겨나는 '절망감(hopelessness)'이라는 우울증의 하위요인을 기술하였다.

이와 관련된 자기조절 이론들(Rehm, 1977; Weisz, Sweeney, Proffitt, & Carr, 1994)은 결과에 대한 기대(예 : 통제와 역량의 지각, 결과 수반성)와 개인적 투자(예 : 목표, 기준, 가치)가 함께 작용하여 우울증에 취약해지게 만든다고 주장한다. 역량에 기초한 모델들은 특히 지각된 자기조절 역량이라는 측면에 초점을 둔다(Cole, Martin, & Powers, 1997). 평가에 기초한 모델들은 사건들의 의미에 관한 부적응적 평가(도전적인 사건들을 학습, 숙달, 성장을 위한 기회로 보기보다는 위협적이고 유해하고 스트레스를 유발하는 것으로 평가하는 경향성)

를 강조한다(Lazarus & Folkman, 1984).

반응양식 이론(Nolen-Hoeksema, 1991)은 우울증이 자기초점적 주의의 개인차에서 비롯된다고 주장한다. 이 이론에 따르면 부정적 사건을 겪었을 때 — 주의를 다른 데로 돌리기보다는 — '반추하는' 경향성이 있으면 심각하고 지속적인 우울증에 빠지기 쉽다. 반추는 우울증상과 이러한 증상들의 가능한 원인과 결과에 대해 집요하게 곱씹는 것을 말한다. 이 이론의 최근 버전은 반추를 두 가지 차원으로 구분한다(Treynor, Gonzales, & Nolen-Hoeksema, 2003). '곱씹기(brooding)'는 증상에 수동적으로 집중하는 것인 반면에, '자기반성(self-reflection)'은 자신의 문제에 대한 통찰을 얻고자 하는 능동적 시도이다.

경험적 증거

지난 10년간 연구자들은 인지적 취약성-스트레스 상호작용을 검증하기 위해서만이 아니라 인지적 취약성이 병인으로서 중요한 작용을 하는지 평가하기 위해 전향적 연구설계를 점점 더 많이 사용하고 있다. 연구에 따라 이 모델들을 (연령, 결과의 유형, 다른 취약성과의 상호작용에 의해) 조건부로 지지하거나 전혀 지지하지 않는 등 예외가 있기는 하지만, 이 분야의 연구는 아동기 우울증에 대한 인지적 취약성-스트레스 모델을 강력하게 지지하는 결과를 내놓았다(개관을 보려면 Abela & Hankin, 2008; Gibb & Coles, 2005; Jacobs, Reinecke, Gollan, & Kane, 2008 참조).

자기보고 신념 및 양식

대부분의 종단연구는 역기능적 태도, 부정적 자동사고, 부정적 추론양식, 자기비판적 사고, 낮은 수준의 통제 지각, 반추적 반응양식과 같은 인지적 취약성의 명시적 측면들을 알아보기 위해 자기보고 질문지를 사용한다. 전반적으로 이 분야의 연구는 스스로 보고한 인지적 취약성과 특히 취약성-스트레스 상호작용이 이후의 청소년기에 우울증상들을 초래한다는 생각을 지지하는 압도적인 증거를 제공한다.

Beck 이론을 검증한 몇몇 연구들은 역기능적 태도가 스트레스와 상호작용하여 장차 우울증상을 일으킨다는 생각을 부분적으로 또는 전폭적으로 지지하는 증거를 내놓았다(예 : Abela & Skitch, 2007; Hankin, Abramson, Miller, & Haeffel, 2004; Lewinsohn, Joiner, & Rhode, 2001). 절망감 이론에 입각한 많은 연구들은 사건의 원인에 대한 우울증적 태도가 스트레스와 상호작용하여 우울증상을 일으킨다는 것을 보여준다(Abela et al., 2011; Bohon, Stice, Burton, Fudell, & Nolen-Hoeksema, 2008; Carter & Garber, 2011; Hankin, 2008). 몇몇 연구는 사건의 결과와 자기연루에 대한 우울 유발적 추론이 우울증의 예측요인임을 부분적으로 또는 전체적으로 지지하는 증거를 제공한다(Abela, 2001, 2002). 이런 결과들에 바탕을 두고 Abela와 동료들(Abela & Sarin, 2002)은 인지적 취약성-스트레스 상호작용을 검증하는 연구들이 젊은이들에게 '가장 약한 연결고리' — 가장 부정적인 인지 양식 — 가 무엇인지 찾아내는 것이 중요할 수도 있다는 것을 보여주었다. 연구들은 또 지각된 역량(Tram & Cole, 2000)과 통제(Rudolph, Kurlakowsky, & Conley, 2001)가 우울증상을 예측하는 요인임을 지지하고 있다. 끝으로 반추적 반응양식은 그 자체로(Nolen-Hoeksema, Stice, Wade, & Bohon, 2007) 또는 스트레스와 상호작용하여(Abela & Hankin, 2011) 이후의 우울증을 예측하기도 한다. 하위유형으로 구분하면 자기반성은 효과가 없지만 곱씹기는 효과가 있는데, 곱씹기는 소녀에게서만 우울증상의 안정성을 설명해 준다(Burwell & Shirk, 2007). 인지적 취약성-스트레스 모델들을 지지하는 증거에도 불구하고 일부 연구들은 이 이론들을 부분적으로만 지지하거나 또는 전혀 지지하지 않는다는 데 주목할 필요가 있다(Abela & Hankin, 2008; Gibb & Coles, 2005; Jacobs et al., 2008 참조). 더욱이 우울증상이 이후의 부적응적 인지를 예측하는 식으로 쌍방적 관련성을 지지하는 연구들도 종종 있다(LaGrange et al., 2011).

아동기에 인지적 특수성 모델들의 타당성을 검증한 연구는 많지 않다. 어떤 연구들은 시간이 지나면서 자기비판×성취 스트레스(Abela, Sakellaropoulo, & Taxel,

2007)와 의존성×대인관계 스트레스(Little & Garber, 2000)가 우울증상에 영향을 미친다는 것을 지지하지만, 다른 연구들은 인지적 취약성-스트레스 대응이 우울증을 예측하는 역할을 한다는 것을 지지하지 않고 있다(Abela & Hankin, 2008 참조). 연구는 또 우울증을 유발하는 대인관계 신념과 도식(부정적 신념과 편향된 대인관계 정보처리)이 대인관계에서 스트레스를 겪게 될 때 우울증에 걸리기 쉽게 만든다는 것을 보여준다(Hammen et al., 1995; Shirk, Boergers, Eason, & Van Horn, 1998). 이러한 초기 결과들은 영역에 특수한 인지적 취약성과 인지-스트레스 사건 간의 대응을 살펴보는 종단연구가 필요하다는 것을 보여준다.

정보처리의 편향

연구자들은 암묵적 정보처리 편향이 우울증에 어떤 역할을 하는지 알아보기 위해 두 가지 접근법을 사용하였다. 첫 번째 접근에서는 선택적 주의와 기억을 실험적으로 평가한다. 우울한 젊은이들은 우울하지 않은 젊은이들에 비해 슬픈 얼굴에 주의를 더 많이 기울이는 편향을 보인다(Hankin, Gibb, Abela, & Flory, 2010). 이들은 또 자기 참조 정보(Hammen & Zupan, 1984; Neshat-Doost, Taghavi, Moradi, Yule, & Dalgleish, 1998)와 타인참조 정보(Rudolph, Hammen, & Blurge, 1997)에 대한 개인 특유의 처리편향을 보여준다. 예외가 있기는 하지만 이 연구들은 우울한 젊은이들이 우울하지 않은 젊은이들에 비해 부정적 자극을 더 많이 처리하거나 긍정적 자극을 더 적게 처리하는 편향을 가지고 있다는 것을 보여준다(개관을 보려면 Jacobs et al., 2008 참조).

두 번째 접근에서는 우울한 젊은이들의 인지적 평가가 어느 정도 정확한지를 알아본다. 인지적 취약성을 다루는 대부분의 연구들은 탈맥락적 신념체계(예 : 일반화된 역기능적 태도) 또는 가상적 사건에 대한 해석(예 : 부정적 추론양식)을 평가하는데, 이 경우 우울증을 유발하는 인지양식이 얼마나 정확한지 판단하기가 쉽지 않다. 극단적인 부정적 신념(예 : 파국화)은 적어도 얼마간은 편향되어 있다고 추정할 수 있지만, 사실 우울한 청소년들은 능력 결함과 환경적 불운을 상당히 많이 경험하는 것이 분명하다(개관을 보려면 Rudolph, Hammen, & Daley, 2006 참조). 따라서 우울증에 특징적으로 나타나는 부정적 인지는 적어도 부분적으로는 그러한 혼란을 현실적으로 판단하는 것이라고 볼 수 있다. 몇몇 연구들은 이 문제를 해결하기 위해 평가의 정확성을 알아볼 때 실생활 경험의 맥락에서 인지를 평가하였다.

능력에 대한 자기평가를 알아본 연구들은 우울한 젊은이들이 객관적 평가에 견줘 자신의 능력을 과소평가한다는 것을 보여주는데(Brendgen, Vitaro, Turgeon, & Poulin, 2002) 이런 결과는 자기평가에 우울증적 편향이 존재한다는 것을 지지한다. 자연스럽게 발생하는 생활사건들에 대한 평가를 알아본 연구는 우울한 젊은이들이 객관적 평가에 비해 사건의 스트레스성(사건의 부정적 영향력 정도)과 사건 의존성(젊은이 자신이 사건의 발생에 기여하는 정도)을 과대평가한다는 것을 확인해 준다(Krackow & Rudolph, 2008). 이는 사건의 의미, 원인, 결과를 평가할 때 우울증적 편향이 작용한다는 것을 보여준다.

우울한 젊은이들에게 정보처리 편향이 존재한다는 것을 지지하는 증거에도 불구하고 이러한 연구들은 방법론적 제약이라는 문제를 가지고 있다. 첫째, 정보처리 연구들은 기본적으로 동시발생 설계를 사용함으로써 인지적 취약성이 시간적으로 앞선다는 결론을 확실하게 내리지 못하게 한다. 사실 몇몇 연구들(Cole, Martin, Peeke, Seroczynski, & Hoffman, 1998; McGrath & Repetti, 2002; Pomerantz & Rudolph, 2003)은 시간이 흐르면서 우울증상이 자기보고의 편향(능력의 과소평가)을 촉진한다고 주장한다. 둘째, 우울한 젊은이들이 자기 능력의 실제 결함에 민감하다는 것을 보여주는 연구(Rudolph & Clark, 2001)들은 이 젊은이들의 부정적 평가에 현실적 근거가 있으며 앞으로의 연구에서는 현실적 지각과 현실에 대한 왜곡된 지각을 구분할 필요가 있음을 시사한다. 셋째, 이러한 연구의 대부분은 인지이론들의 맥락요소들, 즉 우울증을 유발하는 인지도식들은 부정적 기분상태나 부정적 사건들에 의해 활성화되기 이전에는 밖으로

드러나지 않고 잠복해 있을 수 있다는 사실을 간과하고 있다. 앞으로의 연구는 정보처리 편향을 부정적 기분을 유도하는(예 : Taylor & Ingram, 1999) 등의 인지적 활성화 조건에서 또는 우울증을 예측하는 스트레스 생활사건과 상호작용하는 병적 소인으로서 평가할 필요가 있다.

인지적 취약성의 기원과 발달

인지적 취약성이 우울증에서 어떤 역할을 하는지 완벽하게 이해하기 위해서는 그러한 취약성이 어떻게 생겨나며 시간에 따라 어떻게 발달하는지 밝혀내는 것이 중요하다. 성인을 대상으로 개발된 원래의 인지이론들은 인지적 취약성이 불운한 경험에서 유래하며 어릴 때 생겨나서 이후로 지속되는 성향이라고 보았다. 이러한 관점은 인지적 취약성이 상당히 안정적이며 잠복해 있는 성격특질로서 기분이나 환경의 촉발인자에 의해 활성화된다고 가정한다(Joorman, 2009). 우울증상이 인지적 '상처'를 남길 수 있다는 것을 보여주는 연구(Nolen-Hoeksema, Girgus, & Seligman, 1992; Pomerantz & Rudolph, 2003)와 인지적 취약성의 안정성과 예측타당도에 발달적 차이가 있다는 연구(Abela & Hankin, 2008 참조)에 자극을 받아서 발달정신병리학 분야에서는 인지적 취약성이 발달 과정에서 — 아마도 청소년기로 전이하는 동안 성숙과 경험적 변화에 따라 — 점차 구체화되고 확고해지는 역동적 개념이라고 보는 시각이 늘어나고 있다.

개인차의 기원

부정적 귀인양식(Lau, Rijsdijk, & Eley, 2006), 정보처리 편향(Beevers, Wells, Ellis, & McGeary, 2009; Perez-Edgar et al., 2010), 반추(Beevers, Wells, & McGeary, 2009) 등의 인지적 취약성이 유전에서 비롯된다는 증거가 있다. 연구들은 또 인지적 취약성의 신경적 기초와 생물학적 기초를 살펴보았다. 예를 들어 뇌 활성화 차이의 패턴(Monk et al., 2008)과 스트레스에 대한 코르티솔 수준 증가(Rudolph, Troop-Gordon, & Granger, 2011)는 각각 주의편향 및 반추와 관련이 있다. 기질이나 성격 특질은 인지적 취약성의 발달에 일익을 담당할 수 있다. 한 연

구는 아동 초기에 긍정적 정서성향 수준이 낮은 아동들이 나중에 정보처리 편향을 보일(긍정적 자기참조 정보를 더 적게 회상할) 가능성이 크다는 것을 보여주었다(Hayden, Klein, Durbin, & Olino, 2006). 또 다른 연구는 우울증적 성격 특질이 어떤 사건이 스트레스를 유발하는 정도와 자신이 그 사건에 기여하는 정도를 소녀들이 과대평가하는 경향성과 관련이 있다는 것을 보여주었다(Rudolph & Klein, 2009). 연구자들이 우울증 병력을 조정한 후에도 결과는 마찬가지였다. 또한 핵심 집행기능들(계획, 의사결정, 자기조절을 이끌어 가는 인지과정들)이 우울증에 대한 인지적 취약성에 어떤 영향을 미치는지에 대한 관심이 점차 증가하였다. 예를 들어 인지적 억제 결함은 작업기억의 효율적 갱신(관련 정보에는 주의를 기울이고 그렇지 않은 정보는 무시)을 방해함으로써 반추, 정보처리 편향(예 : 부정적 자료를 정교화하고 이런 자료에서 벗어나기 어려움), 그 외에도 여러 형태의 인지적 취약성을 드러낼 장을 마련해 준다(Gotlib & Joormann, 2010; Joormann, 2009 참조). 이런 연관성들로 볼 때 집행기능 결함이 성인 우울증과 관련성이 있다고 생각되는 것은 놀라운 일이 아니다(개관을 보려면 Gotlib & Joorman, 2010 참조). 아동과 청소년을 대상으로 한 연구는 더 적은데, 대부분이 인지적 과제보다는 EC와 주의조절 등 집행기능과 관련이 있는 기질 차원들에 대한 성인의 보고에 기대고 있다(Eisenberg, Smith, Sadovsky, & Spinrad, 2004 참조).

사회맥락적 기원

여러 이론이 어린 시절에 겪은 만성적 또는 극심한 역경(예 : 외상, 가족붕괴, 생활 스트레스, 부모의 부적응적 사회화)이 인지적 취약성이라는 형태로 내면화된다고 주장한다(Gibb & Coles, 2005; Rose & Abramson, 1992). 이 생각을 뒷받침해 주는 증거가 많아지고 있는데, 이 증거들은 그러한 역경이 청소년기에 시간이 갈수록 인지적 취약성을 출현하게 만든다는 것을 보여준다(개관을 보려면 Abela & Hankin, 2008; Gibb & Coles, 2005 참조). 연구는 또 우울한 어머니의 자녀들이 정보처리 편

향을 나타낸다는 결과를 보고하고 있다. 한 연구에서 우울한 어머니를 둔 장애 없는 딸들은 부정적 정서 정보에 선택적으로 주의를 기울였으나, 장애 없는 어머니의 장애 없는 딸들은 긍정적 정서 정보에 선택적으로 주의를 기울였다(Joorman, Talbot, & Gotlib, 2007). 또 다른 연구에서는 어머니의 우울증상이 아동(특히 스트레스에 대한 정서적 반응 수준이 높은 아동)이 어머니와 관련된 정보를 처리할 때 보이는 부정적 편향과 관련이 있는 것으로 나타났다(Flynn & Rudolph, 2012). 우울증 병력이 있는 어머니의 자녀들도 선택적 주의에 결함이 있음을 암시하는 정신생리학적 기능의 패턴을 보인다(Perez-Edgar, Fox, Cohn, & Kovacs, 2006). 종합적으로 볼 때 이 연구들은 스트레스가 많은 생활맥락이 인지적 취약성의 발달을 촉진하며 이러한 인지적 취약성이 세대 간에 우울증이 전승되게 한다는 생각을 지지한다. 아동기의 역경과 어머니의 우울증은 인지적 취약성이라는 형태로 설명되는 유전의 역할을 반영하는 것일 가능성도 있다. 역경이라는 맥락과 어머니의 우울증이 어떤 기제에 의해 인지적 취약성을 높이는지 알아내기 위한 연구가 수행될 필요가 있다.

발달적 변화

계량적 논평연구(Lakdawalla, Hankin, & Mermelstein, 2007)는 인지적 취약성-우울증의 연결이 연령에 따라 강화된다는 것을 밝히고 있다. 이런 결과는 인지적 취약성의 안정성, 공고화와 예측력이 발달 과정에서 어떤 변화를 보이는지 이해하는 것이 중요하다는 점을 보여준다. 청소년기로 전이가 이루어지는 동안 일어나는 여러 인지적 변환은 인지적 취약성을 증가시키는 토대가 될 수 있다(Abela & Hankin, 2008; Gibb & Coles, 2005; Jacobs et al., 2008). 인지적 취약성은 아동들이 추상적 추리능력을 갖추고, 여러 상황과 시간에서 얻은 정보들을 통합하며, 행동에 대해 안정적 귀인을 하게 되면서 나타날 수 있다. 인지과정들은 또 발달 과정에서 점점 더 경직성을 띠면서 아동이 자신이 가지고 있는 도식과 부합하지 않는 정보를 융통성 있게 통합하기 어렵게 만든다. 이러한

경직성은 자의식이 증가되는 청소년기 동안에 강화될 수 있다. 이와 동시에 정서적 반응성과 인지적 조절능력 간 성숙의 차이(Dahl, 2004)는 아동이 정서에 휩쓸려 주의의 초점을 조절하기 어렵게 만들고(예 : 반추) 스트레스 사건들에 대해 아무런 확인 없이 마음대로 부정적 추론을 하게 만든다. 성숙에 따른 이같은 변화는 청소년기 동안 생활 스트레스의 증가와 교차하면서(Rudolph & Hammen, 1999) 인지적 취약성이 배양될 터를 닦아준다. 인지적 취약성과 스트레스 사건들 간의 관계에 전환이 일어날 수도 있다. 발달 초기에는 인지적 취약성이 스트레스 사건들(Tram & Cole, 2000)이나 예전의 우울증상(LaGrange et al., 2011; Pomerantz & Rudolph, 2003)으로부터 생겨나지만, 발달 후기에는 이러한 취약성이 스트레스 사건들과 상호작용할 수 있다. 더욱이 인지적 취약성은 스트레스의 생성에도 기여하는데(Eberhart, Auerbach, Bigda-Peyton, & Abela, 2011; Shih, Abela, & Starrs, 2009), 이는 인지와 스트레스 간의 역동적 관계를 강조한다.

청소년기의 인지적 취약성이 상호 구분되는 여러 차원으로 이루어져 있다는 증거로 볼 때(Ginsburg et al., 2009) 이 차원들이 발달의 여러 단계에서 안정적인 특질로 통합되는 것도 가능할 것이다. 정량적인 고급 모델링 접근법을 사용하는 연구는 이런 생각을 뒷받침해 준다. 부정적 귀인양식의 시간 불변적(특질과 유사한) 요소는 청소년 초기까지 나타나지 않지만(Cole et al., 2008), 다른 부정적 인지의 안정적 요소들(부정적 자동사고, 부정적 인지삼제)은 아동 중기에 나타난다(LaGrange et al., 2011). 이러한 연구결과들은 인지적 취약성의 다양한 측면들을 구분해서 살펴볼 필요가 있다는 점을 강조한다. 이들 측면 중 일부는 아동 초기에 잘 발달되어 있고 쉽게 접근할 수 있으나, 다른 측면들은 더 복잡한 인지과정에 관여하며 일정 수준의 인지적 진보에 도달하기 이전에는 안정적으로 자리잡지 못한다. 다양한 요소들이 일단 일정 수준의 안정성에 도달하고 나면(특질과 유사해지면) 이 요소들은 서로 밀접한 관련이 있는 취약성들로 이루어진 하나의 묶음으로 통합될 수 있다(Abela & Hankin, 2008).

요약

초기 연구는 역기능적 인지양식의 시간적 선행성과 안정성, 부정적 기분상태나 스트레스 사건들에 의한 인지적 취약성의 활성화, 부정적 인지의 정확성과 같이 인지적 취약성 모델들의 핵심적 측면들을 검증하는 데 때로 실패했다. 지난 10년간 엄격하고 전향적이고 실험적인 설계를 통해 이런 한계를 많이 극복했다는 것은 주목할 만한 진보이다. 그 결과 이 분야는 논란이 계속되고 있는 쟁점들을 다루고 인지이론들이 우울증의 병인과 지속성을 이해하게 해주는 유용한 개념적 틀이라는 입장을 확인하는 등 상당한 발전을 이뤄냈다. 이와 동시에 최근의 진보는 인지적 취약성이 시간의 흐름에 따라 발생하고 통합되고 강화되는 과정을 설명해 주는 역동적 발달체계의 맥락 안에 인지적 우울증 이론들을 끼워 넣을 필요가 있다는 것을 보여준다. 인지적 우울증 이론을 정련하고 입증할 미래의 연구는 다중수준의 통합적 모델을 개발하겠다는 목표하에 인지적 취약성과 다른 위험요인들(예 : 유전적 · 생물학적 · 정서조절 및 사회적 과정)의 독립적 · 교환적 · 상호작용적 역할들을 밝혀내야 할 것이다.

우울증에 대한 대인관계 취약성

우울증을 이해하기 위한 대인관계 접근법은 우울증이 기본적으로 대인관계 장애라고 상정한다(Coyne, 1976; Joiner & Timmons, 2009). 대인관계의 어려움은 우울증을 예측해 주는 강력한 요인이자 우울증의 결과이며, 우울증을 유발하는 다른 많은 형태의(예 : 인지적, 정서적) 취약성은 대인관계 맥락에서 표출된다. 게다가 우울증에 대한 대인관계 취약성은 청소년들에게는 특히 중요할 수도 있다. 청소년들은 아동기와 청소년기를 거치면서 다른 사람들과의 관계가 극적으로 발달하기 때문이다. 최근 들어 아동과 청소년의 우울증에 대한 대인관계 취약성을 이해하고자 하는 이론과 연구가 크게 발전하였다.

이론적 모델

원래 성인 우울증을 이해하기 위해 개발된 우울증의 대인관계 이론들에 따르면 우울한 사람들은 대인관계의 문제에 반응하기도 하고 기여하기도 한다. 구체적으로 보면 사회적 기술의 손상(예: 과도한 확신 추구, 사회적 위축)과 관계의 문제(예: 비지지적이거나 갈등적인 관계, 대인관계 스트레스)는 우울증에 더욱 취약해지게 만든다. 그 결과 우울한 사람의 특징과 행동은 관계에 스트레스를 일으키고 불쾌한 만남과 거부를 초래함으로써 우울증이 지속되거나 점점 더 심해지게 만든다(Coyne, 1976; Gotlib & Hammen, 1992; Joiner & Timmons, 2009). 이런 순환과정은 우울증의 높은 안정성과 반복성을 설명하는 데 도움이 될 수 있다.

이런 이론들을 청소년에게로 확장한 이론들은 결정적 발달시기들을 거치며 대인관계 문제와 우울증 간에 부단히 전개되는 상호작용은 물론이고 대인관계 문제의 기원에 대해서도 발달적으로 민감한 설명을 제공한다(Cyranowski et al., 2000; Rudolph, Flynn, & Abaied, 2008). 이 모델들에 따르면 발달 초기에 겪은 사회적 역경은 아동에게 근접 대인관계 취약성이 발달할 기초를 마련하는 역할을 할 수 있다. 이 모델들은 발달 과정에서 일어나는 핵심적 전이들을 염두에 두는데, 생물학적(예: 사춘기, 성별), 인지적(예: 집행기능, 추상적 추론), 사회적(예: 또래와 이성교제의 중요성 증가) 발달이 어떤 방식으로 기존의 대인관계 취약성을 악화시키며 청소년 중기에 시작되는 급격한 우울증 증가에 기여하는지에 특히 관심을 기울인다. 끝으로 우울증의 대인관계 맥락을 다루는 발달적 관점들은 대인관계 취약성이 가족, 또래, 이성관계 등 다양한 관계의 맥락에서 나타날 수 있다고 상정한다.

경험적 증거

종단연구는 다양한 대인관계 영역에서 대인관계의 손상과 문제가 청소년의 우울증을 예측하고 청소년의 우울증이 관계의 무능력과 역기능을 예측하는 식으로 영향력이 양방향으로 작용한다는 것을 지지한다. 여기서는 여러 영역의 대인관계 스트레스를 포괄하는 연구를 먼저 논의하고, 이어서 청소년이 맺고 있는 관계들과 우울증의 중점적 측면들 간의 연결에 초점을 두면서 가족, 또래, 이성 파트너 등 특정한 관계들에 초점을 맞추기로 한다.

대인관계 스트레스

대인관계 스트레스를 일으키는 사건들에 노출되는 경험(여러 유형의 관계를 통합)은 이후 청소년기의 우울증 발생을 예측한다(Carter & Garber,, 2011; Hankin, Mermelstein, & Roesch, 2007). 더욱이 우울증적 특성과 행동(예: 과도한 확신추구, 관계에 대한 부정적 개념)이 관계를 파괴하고 새로운 대인관계 스트레스 요인을 만들어 내는 식의 대인관계 스트레스 생성 과정도 우울증 유지에 기여한다(Hammen, 2009a 참조). 우울한 청소년은 비(非)대인관계 스트레스보다 대인관계 스트레스를 생성하기가 더 쉬운데(Hammen, 2009a; Rudolph, Flynn, Abaied, Groot, & Thompson, 2009), 이는 우울증이 대인관계에 특히 크게 해를 끼친다는 생각과 일치한다.

가족관계

청소년의 우울증에 대한 대인관계 취약성을 다루는 많은 연구들은 가족체계(Cox & Paley, 1997)와 애착이론(Bowlby, 1969)의 관점들을 바탕으로 하여 가족맥락에 초점을 맞춘다. 스트레스가 많고 지지를 해주지 않는 가정환경에 노출된 청소년들은 우울증이 생길 위험이 높다. 우울한 청소년의 가족은 우울하지 않은 청소년의 가족에 비해 갈등이 더 많고 응집력이 떨어지며, 우울한 청소년의 부모는 우울하지 않은 청소년의 부모에 비해 부모-자녀 상호작용에서 더 부정적(비지지적, 적대적 또는 침투적)이다(Abaied & Rudolph, 2014). 가정환경(예: 높은 부모-자녀 갈등, 가족구성원들 간에 강압적이고 정서적으로 부정적인 상호작용)과 양육행동(예: 따뜻함이 없는 부모, 부모의 적대감, 심리적 통제)의 여러 측면들은 이후의 우울증 발생을 예측하고(Schwartz et al., 2011; Soenens et al., 2008; Stice, Ragan, & Randall, 2004), 매우 비판적인 양육방식은 청소년 우울증의 발생(Silk et al., 2009)과 지속(McCleary & Sanford, 2002)을 예측한다.

우울증의 대인관계 이론이 예측하는 바와 같이 청소년의 우울증상 또한 가족환경을 파괴한다. 청소년에게 우울증이 있으면 부모-자녀관계에서 스트레스를 더 많이 받고(Raposa, Hammen, & Brennan, 2011), 가족관계의 질을 더 낮게 지각하며(Lewinsohn, Rohde, et al., 2003), 부모의 지지를 더 적게 받는 것으로 지각할 가능성이 높다(Needham, 2007). 더욱이 우울한 청소년은 부모가 시간이 갈수록 더 적대적이고 가혹하고 일관성이 없어진다고 지각한다(Kim, Conger, Elder, & Lorenz, 2003). 관찰 연구는 우울증이 없는 가족에 비해 우울한 아동과 부모 간에는 부정적 교류가 더 많으며, 긍정적 상호작용은 더 적게 하고 부정적 상호작용은 더 많이 한다는 것을 보여주었다(개관을 위해 Abaied & Rudolph, 2014 참조). 따라서 우울한 아동의 증상 또는 역기능적 행동은 부모로부터 부정적 반응을 불러일으키고 부정적인 부모-자녀관계가 장기적으로 지속되도록 한다. 일부 연구는 교류관계가 원활해지도록 지원을 제공함으로써 낮은 부모지지 지각과 우울증상이 상호 간에 영향을 미친다는 것을 밝힐 수 있었다(Allen et al., 2006; Branje, Hale, Frijns, & Meeus, 2010; cf. Stice et al., 2004). 따라서 가족관계의 문제는 청소년 우울증의 예측요인일 뿐 아니라 결과요인이기도 하다는 것을 지지하는 증거가 상당히 많다.

또래관계

대부분의 아동들은 또래친구들과 많은 시간을 함께 보내는데, 또래친구들과 긍정적인 관계를 수립하고 유지하는 법을 배우는 것은 아동기의 핵심적 발달과업이며, 또래관계는 아동이 청소년기로 전이하는 과정에서 자기가치와 정서적 행복을 느끼게 만드는 데 점점 더 중요한 요인으로 작용한다(Laursen, 1996). 따라서 최근 들어 연구자들은 아동이 우울증에 취약해지게 만드는 맥락으로 작용하는 또래관계에 많은 관심을 쏟고 있다. 우울한 아동의 또래관계에서 다양한 손상을 확인한 초기의 횡단연구를 토대로(예 : Rudolph & Clark, 2001; 개관을 보려면 Gotlib & Hammen, 1992 참조) 연구자들은 과도한 확신 추구, 부정적 피드백 추구, 사회적 위축, 또래로 인한 스트레스 사건에 대한 비효율적 반응과 같이 또래관계에서 나타나는 대인관계 행동의 결함이 이후의 우울증 발생에 기여한다는 것을 입증하였다(Agoston & Rudolph, 2011; Borelli & Prinstein, 2006; Prinstein et al., 2005). 더욱이 또래거부, 배척, 따돌림, 부실한 우정과 같은 사회적 어려움에 노출된 경험은 우울증상의 증가를 예측한다(Burton, Stice, & Seely, 2004; Nolan, Flynn, & Garber, 2003; Rudolph, Troop-Gordon, Hessel, & Schmidt, 2011). 우울증상은 또래집단 내에서 전염이 되기도 하는데, 또래친구들의 우울증상은 본인의 우울증 증가를 예측하며 이 효과는 일반적으로 소년보다 소녀의 경우에 더 크게 나타난다(Conway, Rancourt, Adelman, Burk, & Prinstein, 2011; van Zalk, Kerr, Branje, Stattin, & Meeus, 2010). 이러한 결과는 우울증의 초기 대인관계이론(Coyne, 1976)과 수정된 대인관계이론(Joiner & Timmons, 2009)을 뒷받침한다. 우울증이 전염되는 한 가지 기제는 (여러 문제들과 부정적 감정들을 광범위하게 논의하는) '공동반추'일 것이다. 소녀들의 경우 친구들끼리의 공동반추는 이후의 우울증상 증가를 예측한다(Rose, 2002; Rose, Carlson, & Waller, 2007). 종합해 볼 때 이상의 연구결과들은 또래관계 내의 기능손상이 이후에 우울증을 일으키는 상당히 큰 위험요인이라는 것을 보여준다.

우울증은 나중에 아동의 대인관계 기능을 방해하기도 한다. 우울한 아동들은 협상을 통해 또래갈등을 타결하기가 어려우며, 친하지 않은 또래들에게 부정적 감정과 불쾌한 반응을 불러일으킨다(예 : Rudolph, Hammen, & Burge, 1994). 이 결과는 우울한 아동이 가지고 있는 특성들이 상호작용의 질을 훼손한다는 것을 보여준다. 아마도 그 때문에 우울증상을 가장 많이 보이는 아동들이 시간이 지나면서 친구를 잃을 가능성이 가장 높으며(van Zalk et al., 2010), 우울증상들은 장차 아동의 우정관계가 덜 안정적이고 견고하지 못할 것임을 예측한다(Oppenheimer & Hankin, 2011; Prinstein, Borelli, Cheah, Simon, & Aikins, 2005). Agoston과 Rudolph(2013)는 사회적으로 무력한 행동(예 : 사회적 도전에 직면할 때 주도성과 지속성의 결핍)과 공격적 행동이 우울증상이 낮은 사회적 지위에 어느 정도 기여하는지를 설명해 준다는 것을 발견하였다. 이 결과는 우울증이 아동과 청소년의 또래관계를 훼손할 수 있는 두 가지 경로를 제안한다. 요약하면 또래관계 붕괴는 아동과 청소년이 겪는 우울증의 선행조건일 수도 있고 결과일 수도 있다.

이성관계

청소년기의 이성 간 매력과 연애는 발달적으로 뚜렷하고 규범적인 성격을 띠고 있음에도 불구하고(Collins, 2003) 청소년기의 이성관계가 이후에 우울증을 초래하는 위험요인임을 보여주는 문헌이 점점 더 많아지고 있다(Davila et al., 2009; Starr, Avila, et al., 2012). Davila (2008)는 많은 청소년들이 로맨스와 관련된 도전들에 효율적으로 대처할 자원을 가지고 있지 못하며, 따라서 이성과 연인관계를 맺은 청소년들은 우울증에 빠지기 쉽다고 제안한다. 예를 들어 로맨스는 강렬하고 잠재적으로 새로운 정서(예 : 성적 매력, 열정, 로맨틱한 사랑)를 포함하는 경우가 많으며 다양한 스트레스 사건들(예 : 거부, 이별, 성적 행동의 시작)을 도입한다.

이러한 관점과 부합하는 연구결과가 보고되고 있는데, 연인관계를 맺는 것 외에 연인관계에서 받는 스트레스(Daley & Hammen, 2002), 파트너와의 부정적 상호작용(LaGreca & Harrison, 2005), 낮은 수준의 친밀감(Williams, Connolly, & Segal, 2001)이 우울증에 대한 취약성과 관련이 있는 요인들이라는 것이다. 연인관계의 종말은 우울증상과 우울 에피소드의 시작을 특히 강력하게 예측하는 요인이다(Joyner & Udry, 2000). 지지적이고 갈등이 없는 가족관계는 연애하는 청소년이 우울증에 빠지지 않도록 보호해 주는 반면에(Steinberg & Davila, 2008), 과도한 확신추구(Starr & Davila, 2008)와 집착적 관계양식(Davila, Steinberg, Kachadourian, Cobb, & Fincham, 2004)은 우울증과 연애의 관계를 더욱 악화시킨다. 사회적 지지는 연인관계의 스트레스에 대처할 수 있게 해주는데, 이러한 사회적 지지의 결여는 로맨스와 우울증의 관계를 설명하는 데 도움을 줄 수 있다. 여러 연구에서

소년보다는 소녀의 경우에, 그리고 나이든 청소년보다는 어린 청소년의 경우에 연인관계가 우울증이나 내재화 장애와 더 강한 관련성이 있다는 것을 발견하였다(Joyner & Udry, 2000; Zimmer-Gembeck, Siebenbruner, & Collins, 2001).

우울증은 또 연인관계의 역기능을 촉진할 수도 있다. 청소년기의 우울증은 추후 스트레스의 생성(Hankin et al., 2007), 그리고 파트너관계에 대한 불만족과 신체적 강요와 같은 연인관계의 역기능(Rao, Hammen, & Daley, 1999)과 관련성이 있다. 이와 유사하게, Daley와 Hammen (2002)은 청년 후기 여성들의 우울증상이 파트너로부터 낮은 수준의 정서적 지지를 받을 것임을 예측한다는 것을 알아냈다. 따라서 초기의 증거는 연인관계 붕괴가 우울증의 선행요인일 뿐 아니라 결과이기도 하다는 것을 뒷받침해 준다.

요약

여러 관계 영역의 기능이 아동과 청소년의 우울증에 기여하기도 하고 또 그로부터 초래되기도 한다는 연구결과는 우울증의 대인관계 이론들을 지지한다. 이와 관련된 대인관계 측면들에는 역기능적 사회행동, 비지지적 관계, 다른 사람들과의 부정적 상호작용, 대인관계 스트레스들이 있다. 우울증의 대인관계 이론들이 교환적 성격을 띠고 있음에도 불구하고 이 분야에서 수행된 대부분의 종단연구들은 단일방향 경로에 초점을 맞추었다. 교환적 경로를 검증한 연구들은 불일치하는 결과들을 내놓았으며, 일부 연구만이 단일방향 효과를 지지하는 결과를 보고하였다(Agoston & Rudolph, 2013; Borelli & Prinstein, 2006; Oppenheimer & Hankin, 2011; Prinstein et al., 2005; Stice et al., 2004). 우울증에 기여하는 것으로 알려졌으나 연구에는 사용되지 않은 조절요인들(예 : 유전적 위험, 인지양식, 또는 사춘기 발달)이 이들 연구에서 교환적 효과가 나타나지 않도록 가렸을 수도 있다. 앞으로의 연구에서 교환적 경로를 알아내고자 한다면, 연구하고 있는 대인관계 취약성의 여러 측면과 매우 관련성이 깊은 조절요인들에 초점을 두어야 할 것이다. 아

울러 이 분야의 연구들은 대부분이 한 가지 관계에 초점을 맞추고 있는데, 아동과 청소년의 우울증에 여러 대인관계 맥락들이 미치는 상대적 영향력을 알아보는 연구도 수행될 필요가 있다. 끝으로 장기 종단연구는 발달 초기의 사회적 역경이 근접 대인관계 취약성이라는 기제를 통해 아동기와 청소년기에 우울증을 일으킨다는 생각을 포함하여, 우울증의 발달을 대인관계 취약성에 의해 설명하는 이론들에서 유래하는 핵심 예측들에 대해 꼭 필요한 경험적 검증을 제공할 것이다.

생후 초기의 사회적 역경과 우울증

발달정신병리학적 우울증 이론들은 근접 대인관계 맥락을 벗어나서 어린 시절의 사회적 역경이 장기적으로 부정적인 결과를 가져온다는 점을 점점 더 많이 고려하고 있다. 전향적 연구와 회고적 연구 모두 어릴 때 불리한 사회적 환경에 노출된 경험 ― 부모 우울증, 외상, 상실, 학대, 불안정애착 혹은 가정붕괴 ― 이 아동과 청소년 우울증의 전조로 연루되어 있음을 보여준다(Garber & Cole, 2010; Hazel, Hammen, Brennan, & Najman, 2008; 개관을 보려면 Goodman & Brand, 2009 참조). 최근의 연구들은 우울증을 설명해 주는 기제를 더 잘 알아보기 위해 어린 시절의 역경이 아동의 발달을 어떻게 저해하여 이후의 우울증 발생 위험을 높이는지를 분명하게 밝히는 데 초점을 두었다.

위험 모델

발달과학자들은 아동 우울증과 잠재적 관련성이 있는 초기 위험을 설명하는 몇 가지 불특정적 모델들을 제안하였다. O'Connor(2003)는 어린 시절 경험의 장기적 영향을 설명하는 세 가지 모델을 구분하고 있다. 어린 시절의 역경이 우울증에 미치는 영향을 이해하는 데 가장 적절한 모델은 '경험-적응' 혹은 '발달 프로그래밍' 모델과 '축적-효과' 모델이다. 경험-적응 모델은 생물학적 체계가 특히 발달적으로 민감한 시기 동안 환경으로부터 입력되는 자극에 적응한다고 본다. 또한 이러한 유연성은 발달적 제약이 있어서 생물학적 체계가 (직접적 개입을

통해 변화될 수 있기는 하지만) 이후의 환경 변화에 재적응하기는 어렵다고 본다. 축적-효과 모델은 발달 초기의 경험이 이런 효과가 이후 사건들에 의해 강화되거나 유지되는 정도에 장기적으로 영향력을 미친다고 주장한다. 즉, 이 모델은 (이후 역경의 효과가 이전 위험의 효과에 더해지는) 가산효과 변형과 (이후 역경의 효과가 이전 위험의 전력에 좌우되는) 상호작용 효과 변형을 둘 다 포함한다. Boyce와 Ellis(2005)의 '생물학적 맥락 민감성' 모델은 경험-적응 모델과 축적-효과 모델의 요소들을 조합한다. 구체적으로 이 모델은 초기 역경이 스트레스 반응체계를 수정함으로써 발달 초기에 스트레스가 많은 사회적 환경에 노출된 아동과 청소년들이 이후의 스트레스에 높은 생물학적 반응성을 보이게 된다고 주장한다. 다른 위험 모델들과는 달리 이러한 민감성은 이후에 스트레스 조건에 처할 경우에는 위험증대 효과를 발휘하고, 지지적 조건에 처하게 되면 위험방지 효과를 발휘하는 것으로 생각된다.

Rudolph와 동료들(2008)은 대인관계 과정과 우울증을 좀 더 세밀하게 살펴보고 발달 초기의 가족역경(예 : 부모-자녀 간 불안정애착, 부모 우울증)이 적응적 대인관계 행동의 발달을 방해하고 부적응적 대인관계 행동을 촉진한다고 보는 통합 모델을 제안하였다. 이러한 사회적 행동결함은 아동이 관계에서 더 많은 문제를 일으키게 만듦으로써 우울증의 근접 선행조건으로 작용한다. 우울증상들은 다시 대인관계 기능을 훼손하고, 이는 우울증의 보전 또는 악화, 그리고 재발위험으로 이어진다. 더 특수한 위험모델들은 어머니의 우울증(Hammen, 2009b)과 학대(Alink, Ciccetti, Kim, & Rogosch, 2009) 같은 특정한 형태의 역경이 아동 우울증에 어떤 역할을 하는지 설명한다.

최근의 연구들은 장기적 위험을 이해하기 위한 노력으로 발달 초기의 역경이 최근의 스트레스와 어떻게 상호작용하여(상호작용 축적-효과 모델과 유사하게) 아동이 우울증에 취약해지게 만드는지를 알아보고 있다. '스트레스 증폭' 모델에 따르면 아동기에 겪었던 역경은 최근에 받는 스트레스에 대한 우울증적 반응을 증폭시킨

다. 즉, 역경을 겪은 전력이 있는 아동들은 그렇지 않은 아동들에 비해 최근 들어 심한 스트레스에 노출될 때 더 높은 수준의 우울증을 보이는 것으로 가정된다. 경미한 스트레스일 경우에는 그렇지 않다. '스트레스 민감화' 모델에 따르면 아동기 역경은 최근의 스트레스에 대해 우울한 반응을 보이는 역치를 낮춘다. 다시 말해 역경을 경험한 전력이 있는 아동은 경미한 스트레스만 받아도 우울증이 촉발되지만, 그런 전력이 없는 아동은 더 심한 스트레스를 받아야만 우울증이 촉발되는 것으로 가정된다. 스트레스 민감화 모델을 지지하는 증거가 점점 많아지고 있는데, 이는 어린 시절에 역경(예 : 부모의 학대/방임, 여러 형태의 가정붕괴)에 노출된 아동이 그런 경험이 없는 아동들보다 경미한 또는 중간 수준의 스트레스에 노출된 후 우울해질 가능성이 더 크다는 것을 보여준다(Harkness, Bruce, & Lumley, 2006). 한 연구는 사춘기 이전의 소녀들은 스트레스 증폭 효과를 보였으나 사춘기를 겪고 있는 소녀들은 스트레스 민감화 효과를 보인다는 흥미로운 결과를 보고하였다(Rudolph & Flynn, 2007). 이 결과는 청소년기로 전이하는 과정에서 스트레스에 민감한 정도가 변화한다는 것을 시사한다. 스트레스 민감화 효과는 (적어도 생활 스트레스와 우울증 발병 간 연합력 강도의 하락을 조사할 때) 우울증이 발생할 유전적 위험이 적은 사람들에게 가장 크게 나타나는 것으로 보인다. 아마도 유전적 위험이 높은 사람들은 생활 스트레스가 약간만 주어져도 우울증을 일으킬 만큼 이미 충분히 민감해져 있기 때문일 것이다.

위험 경로

최근 연구들은 스트레스 민감화 효과와 스트레스 증폭 효과를 수록하고 있는 연구들을 토대로, 이러한 과정들이 전개되어 나가는 특수한 경로들을 검토하였다(개관을 보려면 Goodman & Brand, 2009 참조). 연구의 한 분야는 뇌가 발달하는 어린 시절에 오래 지속되거나 극심한 역경을 겪은 경험이 뇌 체계가 이후의 삶에서 스트레스에 민감한 반응을 보이게 만든다는 생각에 초점을 맞춘다(문헌 개관을 보려면 Gunnar & Loman, 2011 참조).

또 다른 분야는 초기 역경이 부모의 부적응적 사회화 패턴과 스트레스가 많은 대인관계 맥락에 노출되는 경험을 통해 위험을 유발한다고 제안한다. 그러한 노출은 자기개념, 대처기술, 대인관계능력의 규범적 발달을 훼손함으로써 젊은이들이 장차 스트레스에 취약해지게 만들거나 또는 스트레스 사건들과 상황들을 스스로 생성하도록 만들기도 한다(개관을 보려면 Hammen, 2009b; Rudolph et al., 2008 참조).

발달 초기에 역경에 노출되면 장차 HPA 축의 조절이상(Cicchetti & Rogosch, 2012; Rao, Hammen, Ortiz, Chen, & Poland, 2008), 정서자극의 신경처리 이상(Cicchetti & Curtis, 2005; Parker, Nelson, & The Bucharest Early Intervention Core Group, 2005), 비전형적 전두엽 활동 패턴(Dawson et al., 2003), 면역체계 기능저하(Shirtcliff, Coe, & Pollack, 2009)가 일어나기 쉽다. 이들 결과는 생물학적 위험경로들을 뒷받침해 준다. 이러한 기능 변화와 아울러 최근 연구들은 역경에 평생 노출되면 뇌구조에 차이가 생기게 되는데, 특히 PFC 세부 영역들의 용적이 감소한다는 것을 보여준다. 더욱이 PFC 용적 감소는 평생의 역경이 청소년들의 집행기능(공간 작업기억) 저하로 연결되게 하는 매개역할을 한다(Hanson et al., 2012). 또 뇌구조 및 기능의 개인차와 집행기능의 저조는 우울증으로 연결되는데, 이는 정서조절, 스트레스 반응성과 인지적 자기조절을 담당하는 시스템의 손상이 초기 역경이 미래의 정서적 위험에 기여하는 기제의 하나로 작용할 수 있다는 생각을 뒷받침해 준다(개관을 보려면 Forbes & Dahl, 2005 참조).

발달 초기의 역경(예 : 어머니의 우울증, 학대, 불안정애착)이 아동들을 부적응적인 정서 사회화, 문제 있는 부모-자녀관계, 스트레스가 많은 맥락과 같은 여러 형태의 대인관계 손상에 노출되게 한다는 결과들은 심리사회적 위험경로들을 지지한다(개관을 보려면 Abaied & Rudolph, 2014; Hammen, 2009b; Rudolph et al., 2008). 예를 들어 우울하고 아동을 학대하며 불안정애착을 가진 부모들은 아동의 스트레스와 정서표현에 덜 적응적인 반응을 보이며(Abaied & Rudolph, 2010a; Edward, Shipman, &

Brown, 2005; Shaw et al., 2006), 더 적대적이고 덜 긍정적인 양육방식을 사용한다(개관을 위해 Abaied & Rudolph, 2014 참조). 따라서 이러한 아동들이 정서의 비효율적 조절과 표현, 사회적 행동의 결함(예 : 부정적 피드백 추구, 스트레스 회피반응), 관계의 문제(예 : 부실한 우정, 또래 괴롭힘), 대인관계 스트레스를 생성하는 경향성과 같이 우울증과 관련이 있는 각양각색의 기능적 결함을 겪는 것은 놀라운 일이 아니다. 연구는 심리사회적 경로들에 대해 분명한 지지를 제공하며, 손상된 부모-자녀관계, 스트레스에 대한 노출 증가, 사회적 능력 결함이 어머니의 우울증 같은 발달 초기의 역경이 이후의 우울증에 기여하도록 매개한다는 모델들을 지지한다(Garber & Cole, 2010; Hammen, Shih, & Brennan, 2004). 그러나 이런 연구들은 유전을 고려한 설계를 사용하지 않았기 때문에 사회화 및 유전적 취약성의 공유가 세대 간 위험 계승에 어느 정도 기여하는지를 분리하여 살펴보기는 어렵다.

위험상황에서의 적응유연성

발달 초기에 부모 우울증과 같은 불리한 조건에 노출되는 경험을 했다고 해서 모든 아동이 바람직한 결과를 얻지 못하거나 건강한 발달을 하지 못하도록 일률적으로 방해를 받는 것은 물론 아니다. 우울증과 역기능 결과에 관한 연구들 가운데 위험 및 취약성 요인과 과정들에 대한 연구들이 두드러지게 많기는 하지만, 일부 연구는 보호요인들을 비롯하여 유연하게 적응하는 결과(우울증과 다른 장애의 부재 등)를 예측하는 요인들을 살펴보았다. Masten, Best와 Garmezy(1990)의 고전적 연구는 우울증이라는 결과에 특수한 것이 아닌 적응유연성 프로파일을 보고하였는데, 이는 우울한 어머니의 자녀들을 대상으로 한 연구에서도 검증되었다. "[이 아동들은] 유능한 성인과 긍정적인 관계를 맺고 있고, 뛰어난 학습자이자 문제해결자이며, 사람들에게 관심을 가지고 있고, 자신이나 사회가 가치를 인정하는 여러 영역에서 유능감과 지각된 효능감을 가지고 있다."(p.425) Masten과 동료들(2004) 또한 고위험군인 젊은이들을 대상으로 하는 종단연구에

서 IQ, 긍정적 성격 특성과 대처양식이 양육의 질과 함께 유연한 적응이라는 결과를 예측한다는 것을 발견하였다. 어머니의 우울증 때문에 우울증에 걸릴 위험이 높은 아동들에 관한 연구에서 Brennan, LeBrocque, Hammen (2003)은 긍정적인 양육이 15세 때의 적응유연성을 예측하는 중요한 요인이라는 것을 발견하였다. Pargas, Brennan, Hammen과 LeBrocque(2010)도 어머니의 긍정적 양육방식, 높은 IQ, 높은 자아존중감과 또래관계에서의 사회적 유능성 같은 개인적 자질들이 20세 때의 적응유연성을 예측하는 보호요인이라는 것을 발견하였다. 동일한 고위험 표본에서 Hammen과 동료들(2008)은 어릴 때 우울증이 발병했으나 5~20세 사이의 추적기간에 더 이상 우울증을 보이지 않았던 아동들이 어릴 때 우울증이 발병한 후 20세까지 우울증이 재발하고 만성적으로 지속되는 과정을 거쳤던 아동들에 비해 15세 때 또래관계와 가족관계가 훨씬 더 긍정적이고 자아존중감도 더 높다는 것을 발견하였다. Southwick, Vythilingam과 Charney(2005)는 스트레스를 겪을 때 우울증에 빠지지 않도록 지켜주는 보호요인의 역할을 할 수 있는 요인으로서 유전적, 신경생물학적, 신경내분비계 요인뿐만 아니라 갖가지 긍정적인 개인적 특질과 속성들도 검토하였다.

요약

최근에 모습을 드러내고 있는 이론과 연구는 발달 초기의 역경이 우울증을 일으키는 강력한 요인임을 시사하고 있다. 그러한 역경은 청소년이 장차 스트레스를 겪을 가능성을 높이고 스트레스에 더 민감해지게 만드는 개인 내 및 개인 간 장애를 특징으로 하는 위험경로로 청소년을 밀어붙임으로써 우울증에 걸릴 위험을 크게 높인다는 것이다. 이러한 심리·생물·대인관계의 문제들은 위험의 세대 간 계승을 설명하는 데 도움이 될 수 있다. 그러나 앞서 언급한 대로 발달 초기의 역경과 그 결과로 나타나는 위험은 우울증에 대한 취약성을 설명해 주는 공유된 유전적 문제를 반영하는 것일 가능성도 일부 있다. 앞으로는 발달 초기의 역경과 관련되어 있는 유전적 위험과 환경적 위험의 교차점을 이해하는 방향으로 연구가

진행되어야 할 것이다. 아울러 발달 초기의 사회적 역경이 초래한 부정적 결과들이 노출시점에 좌우되는지, 아니면 특정한 발달단계에서 생겨나는지 알아내는 것이 중요할 것이다. 청소년기로의 전이가 우울증을 초래하는 중요한 대인관계 맥락임을 암시하는 연구로 볼 때(Rudolph, 2009; Rudolph et al., 2008), 발달 초기 역경의 오랜 유산은 이 단계에서 더욱 강화될 수 있으며, 더 심하거나 더 지속적인 형태의 우울증으로 자리 잡을 수도 있을 것이다. 앞으로의 연구는 적응유연성에 관한 초기 연구들에 기반을 두고 우울증에 대한 저항력 및 우울증의 경로가 덜 심한 궤도로 변환되는 과정을 살펴보아야 할 것이다.

아동 우울증의 통합적 발달모델과 앞으로의 연구 방향

이 장은 혁신적 방법을 활용하여 아동과 청소년의 우울증을 천착한 경험적 연구가 엄청나게 많아졌음을 보여주고 있다. 진단과 개념화에 대한 성인 접근방식의 적용 가능성이 어느 정도 되는지, 아동기와 청소년기에 발병하는 우울증이 어떻게 다른지, 그리고 발달과 경험이 특히 우울증과 관련성이 있는 신경계와 신경내분비계를 어떻게 변화시키는지에 대한 중요한 의문들이 남아 있기는 하지만, 발달적으로 민감한 모델들에 초점을 두는 연구가 점점 증가하고 있다. 청소년기에 발병하는 우울증은 지금까지 연구되고 치료된 대다수 성인 우울증의 '원형'이기 때문에 발달적 고려사항을 알아보는 것이 성인 우울증의 재발을 이해하는 데 기초가 될 것이다. 간단히 말해 성인 우울증을 아동기에 적용하는 전형적인 '하향 확장' 모델의 역전이라 할 수 있다. 앞으로의 연구에서는 다음의 세 가지 핵심적인 방법론적 목표가 권장된다.

1. 이질성, 합병증, 초월진단 전략과 내적 표현형 전략 등 임상적 우울증과 비임상적 우울증을 임의로 구분하는 데서 생겨나는 어려움을 다룸으로써 '우울증'의 개념 정의를 더 정교하게 다듬을 필요가 있다. 그러한 전략은 우울증으로 인한 결과의 특수성이라는 문제를 다루는 데에도 도움이 될 것이며, 우울증의 이해와 예측에 독특한 점이 무엇인지도 말해 줄 것이다.

2. 종단설계에 의한 경험적 연구를 더 강조할 필요가 있다. 이를 통해 취약성의 변화를 더 정확하게 밝혀내고 그 기제가 무엇인지 알아낼 수 있을 것이다.

3. 다양한 취약성 영역을 포괄하는 통합적 연구를 통해 생물학적, 정서적, 인지적, 대인관계적 과정들 간의 복잡하고 상호교류적인 관련성을 다룰 필요가 있다. 그런 모델들은 구성하기는 어렵지 않지만 경험적 연구를 통해 검증하고 타당성을 입증하기는 매우 어렵다.

그림 5.1은 우울증의 다차원적 발달 모델을 제시한 것이다. 이 모델은 우울증에 영향을 미치는 다양한 병인들 간의 복잡하고 쌍방적인 상호작용을 부각시키기 위한 의도로 제안되었다. 경험적 연구문헌을 섭렵하고 이를 토대로 앞으로의 연구방향을 권장하려는 목적으로 설계된 모델을 내놓은 것이다. 이 모델은 아동이 출생 시에(또는 태내에서) 맞닥뜨리게 되는 유전적·환경적 취약성에서 시작한다. 발달 초기의 역경으로는 외상적 경험과 심각한 학대도 있지만 가족 불안정성, 부모의 정신장애와 역기능적 행동패턴, 경제적·사회적 어려움, 가혹하고 둔감한 양육방식과 같이 좀 더 흔히 일어나는 문제들을 꼽을 수 있다. 그런 역경은 흔히 생애 초기에 일어나지만 상당히 만성적으로 진행되는 경향이 있다. 이러한 역경들은 생물학적, 정서적, 인지적, 대인관계 기능에서 각 개인의 취약성을 형성한다. 앞으로의 연구는 이러한 역경들이 어떤 방식으로 부적응적 효과를 발휘하는지를 더 세밀하게 밝혀내야 할 것이다. 바람직하게는 어떤 불리한 조건들이 어떤 발달단계에서 어떻게 작용하여 특히 우울증을 촉진하는지를 확실하게 밝히는 작업이 이루어져야 할 것이다.

유전적 요인들은 인간 건강과 행동의 많은 측면을 통해 흥분을 불러일으켰으며, 우울증을 이해하는 데에도

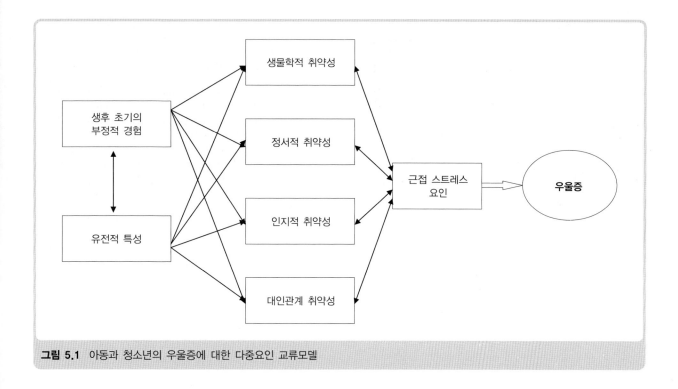

그림 5.1 아동과 청소년의 우울증에 대한 다중요인 교류모델

명백히 중요한 주제이다. 생물학적, 정서적, 인지적, 대인관계적 취약성이 유전될 수 있는 측면을 가지고 있다는 것을 지지하는 증거들이 점차 많아지고 있다. 연구자들은 그러한 유전적 영향력의 성격과 그러한 영향력을 설명해 주는 기제들을 알아내기 위해 상당한 노력을 기울일 것으로 예측된다. 여러 유전자 각각의 작은 효과들이 인간의 행동 경향성에 관여한다는 광범위한 증거로 볼 때 다양한 유전자-환경 상호작용의 탐구와 함께 아동 우울증을 초래하는 후보 유전자들의 확인은 발달에 초점을 둔 연구들에 상당한 관심사가 될 가능성이 크다.

그림 5.1에 제시된 취약성들은 우울증 위험을 예측하는 모든 가능성을 섭렵한 것은 아니고 지금까지의 문헌에서 관련된 결과를 내놓은 주제들을 대표하는 것이다. 취약성 요인들 간의 다양하고 양방향적인 관련성은 너무 복잡하기 때문에 그림에 표시하지 않았다. 발달 초기의 역경과 유전적 요인 간에 있을 수 있는 모든 중재경로와 매개경로를 표시하기도 쉽지 않다. 그러나 그러한 복잡한 경로들을 평가하는 연구들이 필요한 것은 분명하다.

이 모델에서 우울증을 예측하는 근접요인들로는 전형적으로 우울증을 촉발하는 급성 및 만성의 부정적 상황들을 포함하여 최근에 겪은 또는 현재 겪고 있는 스트레스 경험이 있다. 각각의 취약성 요인은 스트레스가 어떻게 해석되는지 또는 정서적·생물학적 수준에서 어떻게 처리되는지에 영향을 미친다. 더욱이 취약성 요인들은 스트레스 사건들이 발생하게 하는 데에도 일정한 역할을 하는데, 어떤 사건이 스트레스 사건으로 지각되는 것을 결정할 뿐만 아니라 스트레스 사건들이 일어나게 만드는 부적응적 행동을 하게 만드는 경우도 많다. 또한 사람들은 어려운 상황을 맞아 이를 처리해야 하지만 스트레스에 효율적으로 대처하거나 이를 방지하는 데 필요한 사회적, 개인적, 생물학적, 인지적 자원을 갖고 있지 못할 수도 있다.

이 모델에서 우울증은 결과이다. 그러나 우울증은 또한 그 자체로 만성적이거나 재발하는 질환으로서 생물학적, 정서적, 인지적, 대인관계 과정에 해로운 영향을 미침으로써 아동발달에 더욱 부정적인 영향을 미칠 확률을 높이거나 유지하는 것으로 가정된다. 우울증이 쏘아올린 화살이 모든 취약성으로 되돌아간다고 상상해 보라. 사실 위험수준들에 대한 중요한 질문은 스트레스와 종전의 우울증 에피소드들이 우울증의 병리생리학에 미치는 영향에 관한 것이다. 우울증은 이 장애를 겪고 있는 많은 사람들에게 되풀이해서 나타나는 문제이며, 청소년기에 겪는 우울증은 정상적인 발달적 성취를 저해할 뿐 아니라 미래의 스트레스 사건들에 대한 반응성을 높이는 '퇴행성' 장애인 것으로 보인다.

청년기에 겪는 우울증은 빈도와 심각도 때문만이 아니라 심신을 쇠약하게 만들고 반복적으로 발생한다는 점에서 상당히 심각한 문제이다. 우울증은 아동이 각 발달단계에서 적절한 능력을 성취하지 못하도록 방해하기 때문에 우울한 젊은이들은 정서적 고통뿐만 아니라 친밀한 관계, 부모역할, 직업기능이 손상된 채 성인기를 맞이하기 쉽다. 병인을 더 상세히 밝혀냄으로써 이 분야에 근본적인 생물학적·심리사회적 과정들에 대한 이해를 확장한다는 과학적 목표를 달성할 수 있을 것이며 부정적 순환을 중단시키는 데 필요한 개입방법이 무엇인지도 알아낼 수 있을 것이라고 희망한다.

참고문헌

Abaied, J. L., & Rudolph, K. D. (2010a). Contributions of maternal adult attachment to socialization of coping. *Journal of Social and Personal Relationships, 27*, 637–657.

Abaied, J. L., & Rudolph, K. D. (2010b). Parents as a resource in times of stress: Interactive contributions of socialization of coping and stress to youth psychopathology. *Journal of Abnormal Child Psychology, 38*, 273–289.

Abaied, J. L., & Rudolph, K. D. (2011). Maternal influences on youth responses to peer stress. *Developmental Psychology, 47*, 1776–1785.

Abaied, J. L., & Rudolph, K. D. (2014). Family relationships, emotional processes, and adolescent depression. In S. Richards & M. O'Hara (Eds.), *The Oxford handbook of depression and comorbidity* (pp. 460–475). Oxford, UK: Oxford University Press.

Abela, J. R. Z. (2001). The hopelessness theory of depression: A test of the diathesis–stress and causal mediation components in third and seventh grade children. *Journal of Abnormal Child Psychology, 29*, 241–254.

Abela, J. R. Z. (2002). Depressive mood reactions to failure in the achievement domain: A test of the integration of the hopelessness and self-esteem theories of depression. *Cognitive Therapy and Research, 26*, 531–552.

Abela, J. R. Z., & Hankin, B. L. (2008). Cognitive vulnerability to depression in children and adolescents: A developmental psychopathology approach. In J. R. Z. Abela & B. L. Hankin (Eds.), *Handbook of child and adolescent depression* (pp. 35–78). New York: Guilford Press.

Abela, J. R. Z., & Hankin, B. L. (2011). Rumination as a vulnerability factor to depression during the transition from early to middle adolescence: A multi-wave longitudinal study. *Journal of Abnormal Psychology, 120*, 259–271.

Abela, J. R. Z., Sakellaropoulo, M., & Taxel, E. (2007). Integrating two subtypes of depression: Psychodynamic theory and its relation to hopelessness depression in schoolchildren. *Journal of Early Adolescence, 27*, 363–385.

Abela, J. R. Z., & Sarin, S. (2002). Cognitive vulnerability to hopelessness depression: A chain is only as strong as its weakest link. *Cognitive Therapy and Research, 26*, 811–829.

Abela, J. R. Z., & Skitch, S. A. (2007). Dysfunctional attitudes, self-esteem, and hassles: Cognitive vulnerability to depression in children of affectively ill parents. *Behaviour Research and Therapy, 45*, 1127–1140.

Abela, J. R. Z., Stolow, D., Mineka, S., Yao, S., Zhu, X. X., & Hankin, B. L. (2011). Cognitive vulnerability to depressive symptoms in urban and rural Hunan, China: A multi-wave longitudinal study. *Journal of Abnormal Psychology, 120*, 765–778.

Abramson, L. Y., Metalsky, G. I., & Alloy, L. B. (1989). Hopelessness depression: A theory-based subtype of depression. *Psychological Review, 96*, 358–372.

Abramson, L. Y., Seligman, M. E. P., & Teasdale, J. D. (1978). Learned helplessness in humans: Critique and reformulation. *Journal of Abnormal Psychology, 37*, 49–74.

Adam, E., Doane, L., Zinbarg, R., Mineka, S., Craske, M., & Griffith, J. (2010). Prospective prediction of major depressive disorder from cortisol awakening responses in adolescence. *Psychoneuroendocrinology, 35*, 921–931.

Adam, E., Sutton, J., Doane, L., & Mineka, S. (2008). Incorporating hypothalamic–pituitary–adrenal axis measures into preventive interventions for adolescent depression: Are we there yet? *Development and Psychopathology, 20*, 975–1001.

Agoston, A. M., & Rudolph, K. D. (2011). Transactional associations between youths' responses to peer stress and depression: The moderating roles of sex and stress exposure. *Journal of Abnormal Child Psychology, 39*, 159–171.

Agoston, A. M., & Rudolph, K. D. (2013). Pathways from depressive symptoms to low social status. *Journal of Abnormal Child Psychology, 41*, 295–308.

Alink, L. R. A., Cicchetti, D., Kim, J., & Rogosch, F. A. (2009). Mediating and moderating processes in the relation between maltreatment and psychopathology: Mother–child relationship quality and emotion regulation. *Journal of Abnormal Child Psychology, 37*, 831–843.

Allen, J. P., Insabella, G., Porter, M. R., Smith, F. D., Land, D., & Phillips, N. (2006). A social-interactional model of the development of depressive symptoms in adolescence. *Journal of Consulting and Clinical Psychology, 74*, 55–65.

American Psychiatric Association. (2013). *Diagnostic and statistical manual of mental disorders* (5th ed.). Arlington, VA: Author.

Anderson, E., & Hope, D. A. (2008). A review of the tripartite model for understanding the link between anxiety and depression in youth. *Clinical Psychology Review. 28*, 275–287.

Anderson, E., & Mayes, L. (2010). Race/ethnicity and internalizing disorders in youth: A review. *Clinical Psychology Review, 30*, 338–348.

Angold, A., Costello, E. J., & Erkanli, A. (1999). Comorbidity. *Journal of Child Psychology and Psychiatry, 40*, 57–87.

Avenevoli, S., Knight, E., Kessler, R. C., & Merikangas, K. R. (2008). Epidemiology of depression in children and adolescents. In J. R. Z. Abela & B. L. Hankin (Eds.), *Handbook of depression in children and adolescents* (pp. 6–34). New York: Guilford Press.

Axelson, D., Findling, R., Fristad, M., Kowatch, R., Youngstrom, E., et al. (2012). Examining the proposed disruptive mood dysregulation disorder diagnosis in children in the Longitudinal Assessment of Manic Symptoms study. *Journal of Clinical Psychiatry, 73*, 1342–1350.

Backenstrass, M., Frank, A., Joest, K., Hingmann, S., Mundt, C., & Kronmuller, K. (2006). A comparative study of nonspecific depressive symptoms and minor depression regarding functional impairment and associated characteristics in primary care. *Comprehensive Psychiatry, 47*, 35–41.

Bardone, A., Moffitt, T., Caspi, A., Dickson, N., & Silva, P. (1996). Adult mental health and social outcomes of adolescent girls with depression and conduct disorder. *Development and Psychopathology, 8*, 811–829.

Barrocas, A. L., & Hankin, B. L. (2011). Developmental pathways to depressive symptoms in adolescence: A multiwave prospective study of negative emotionality, stressors, and anxiety. *Journal of Abnormal Child Psychology, 39*, 489–500.

Beck, A. T. (1967). *Depression: Clinical, experimental, and theoretical aspects*. New York: Harper & Row.

Beck, A. T. (1987). Cognitive models of depression. *Journal of Cognitive Psychotherapy, 1*, 5–37.

Beevers, C. G., Wells, T. T., Ellis, A. J., & McGeary, J. E. (2009). Association of the serotonin transporter gene promoter region (5-HTTLPR) polymorphism with biased attention for emotional stimuli. *Journal of Abnormal Psychology, 118*, 670–681.

Beevers, C. G., Wells, T. T., & McGeary, J. E. (2009). The BDNF Val66Met polymorphism is associated with rumination in healthy adults. *Emotion, 9*, 579–584.

Biederman, J., Petty, C. R., Byrne, D., Wong, P., Wozniak, J., & Faraone, S. V. (2009). Risk for switch from unipolar to bipolar disorder in youth with ADHD: A long term prospective controlled study. *Journal of Affective Disorders, 119*, 16–21.

Birmaher, B., Williamson, D. E., Dahl, R. E., Axelson, D. A., Kaufman, J., Dorn, L. D., et al. (2004). Clinical presentation and course of depression in youth: Does onset in childhood differ from onset in adolescence? *Journal of the American Academy of Child and Adolescent Psychiatry, 43*, 63–70.

Blanton, R., Cooney, R., Joormann, J., Eugène, F., Glover, G., & Gotlib, I. (2012). Pubertal stage and brain anatomy in girls. *Neuroscience, 217*, 105–112.

Blatt, S. J., & Zuroff, D. C. (1992). Interpersonal relatedness and self-definition: Two prototypes for depression. *Clinical Psychology Review, 12*, 527–562.

Bohon, C., Stice, E., Burton, E., Fudell, M., & Nolen-Hoeksema, S. (2008). A prospective test of cognitive vulnerability models of depression with adolescent girls. *Behavior Therapy, 39*, 79–90.

Borelli, J. L., & Prinstein, M. J. (2006). Reciprocal, longitudinal associations among adolescents' negative feedback-seeking, depressive symptoms, and peer relations. *Journal of Abnormal Child Psychology, 34*, 159–169.

Bowlby, J. (1969). *Attachment and loss: Vol. 1. Attachment*. New York: Basic Books.

Boyce, W. T., & Ellis, B. J. (2005). Biological sensitivity to context: I. An evolutionary-developmental theory of the origins and functions of stress reactivity. *Development and Psychopathology, 17*, 271–301.

Branje, S. J. T., Hale, W. W., III, Frijns, T., & Meeus, W. H. J. (2010). Longitudinal associations between perceived parent–child relationship quality and depressive symptoms in adolescence. *Journal of Abnormal Child Psychology, 38*, 751–763.

Brendgen, M., Vitaro, F., Turgeon, L., & Poulin, F. (2002). Assessing aggressive and depressed children's social relations with classmates and friends: A matter of perspective. *Journal of Abnormal Child Psychology, 30*, 609–624.

Brennan, P., Le Brocque, R., & Hammen, C. (2003). Maternal depression, parent–child relationships and resilient outcomes in adolescence. *Journal of the American Academy of Child and Adolescent Psychiatry, 42*, 1469–1477.

Bridge, J. A., Goldstein, T. R., & Brent, D. A. (2006). Adolescent suicide and suicidal behavior. *Journal of Child Psychology and Psychiatry, 47*, 372–394.

Burke, K. C., Burke, J. D., Regier, D. A., & Rae, D. S. (1990). Age at onset of selected mental disorders in five community populations. *Archives of General Psychiatry, 47*, 511–518.

Burton, E., Stice, E., & Seeley, J. R. (2004). A prospective test of the stress-buffering model of depression in adolescent girls: No support once again. *Journal of Consulting and Clinical Psychology, 72*, 689–697.

Burwell, R. A., & Shirk, S. R. (2007). Subtypes of rumination in adolescence: Associations between brooding, reflection, depressive symptoms, and coping. *Journal of Clinical Child and Adolescent Psychology, 36*, 56–65.

Carter, J., & Garber, J. (2011). Predictors of the first onset of a major depressive episode and changes in depressive symptoms across adolescence: Stress and negative cognitions. *Journal of Abnormal Psychology, 120*, 779–796.

Cash, S. J., & Bridge, J. A. (2009). Epidemiology of youth suicide and suicidal behavior. *Current Opinion in Pediatrics, 21*, 613–619.

Chen, M. C., Hamilton, J. P., & Gotlib, I. H. (2010). Decreased hippocampal volume in healthy girls at risk of depression. *Archives of General Psychiatry, 67*, 270–276.

Cicchetti, D., & Curtis, W. J. (2005). An event-related potential study of the processing of affective facial expressions in young children who experienced maltreatment during the first year of life. *Development and Psychopathology, 17*, 641–677.

Cicchetti, D., & Rogosch, F. A. (2012). Neuroendocrine regulation and emotional adaptation in the context of child maltreatment. In T. A. Dennis, K. A. Buss, & P. D. Hastings (Eds.), Physiological measures of emotion from a developmental perspective: State of the science. *Monographs of the Society for Research in Child Development, 77*(2, Serial No. 303), 87–95.

Clark, L. A., & Watson, D. (1991). Tripartite model of anxiety and depression: Psychometric evidence and taxonomic implications. *Journal of Abnormal Psychology, 100*, 316–336.

Cole, D. A., Ciesla, J. A., Dallaire, D. H., Jacquez, F. M., Pineda, A. Q., LaGrange, B., et al. (2008). Emergence of attributional style and its relation to depressive symptoms. *Journal of Abnormal Psychology, 117*, 16–31.

Cole, D. A., Martin, J. M., Peeke, L. G., Seroczynski, A. D., & Hoffman, K. (1998). Are cognitive errors of underestimation predictive or reflective of depressive symptoms in children?: A longitudinal study. *Journal of Abnormal Psychology, 107*, 481–496.

Cole, D. A., Martin, J. M., & Powers, B. (1997). A competency-based model of child depression: A longitudinal study of peer, parent, teacher, and self-evaluations. *Journal of Child Psychology and Psychiatry, 38*, 505–514.

Collins, W. A. (2003). More than myth: The developmental significance of romantic relationships during adolescence. *Journal of Research on Adolescence, 13*, 1–24.

Compas, B. E., Jaser, S. S., & Benson, M. A. (2009). Coping and emotion regulation: Implication for understanding depression in adolescence. In S. Nolen-Hoeksema & L. M. Hilt (Eds.), *Handbook of depression in adolescents* (pp. 419–440). New York: Routledge.

Conway, C. C., Rancourt, D., Adelman, C. B., Burk, W. J., & Prinstein, M. J. (2011) Depression socialization within friendship groups at the transition to adolescence: The roles of gender and group centrality as moderators of peer influence. *Journal of Abnormal Psychology, 120*, 857–867.

Cox, M. J., & Paley, B. (1997). Families as systems. *Annual Review of Psychology, 48*, 243–267.

Coyne, J. C. (1976). Depression and the response of others. *Journal of Abnormal Psychology, 85*, 186–193.

Coyne, J. C., & Whiffen, V. E. (1995). Issues in personality as diathesis for depression: The case of sociotropy–dependency and autonomy–self-criticism. *Psychological Bulletin, 118*, 358–378.

Cross-National Collaborative Group. (1992). The changing rate of major depression: Cross-national comparisons. *Journal of the American Medical Association, 268*, 3098–3105.

Cuijpers, P., de Graaf, R., & van Dorsselaer, S. (2004). Minor depression: Risk profiles, functional disability, health care use and risk of developing major depression. *Journal of Affective Disorders, 79*, 71–79.

Cyranowski, J. M., Frank E., Young, E., & Shear, M. K. (2000). Adolescent onset of the gender difference in lifetime rates of major depression. *Archives of General Psychiatry, 57*, 21–27.

Dahl, R. E. (2004). Adolescent brain development: A period of vulnerabilities and opportunities. *Annals of the New York Academy of Sciences, 1021*, 1–22.

Daley, S. E., & Hammen, C. (2002). Depressive symptoms and close relationships during the transition to adulthood: Perspectives from dysphoric women, their best friends, and their romantic partners. *Journal of Consulting and Clinical Psychology, 70*, 129–141.

Davidson, R., Pizzagalli, D., Nitschke, J., & Putnam, K. (2002). Depression: Perspectives from affective neuroscience. *Annual Review of Psychology, 53*, 545–574.

Davila, J. (2008). Depressive symptoms and adolescent romance: Theory, research, and implications. *Child Development Perspectives, 2*, 26–31.

Davila, J., Stroud, C. B., Starr, L. R., Miller, M. R., Yoneda, A., & Hershenberg, R. (2009). Romantic and sexual activities, parent–adolescent stress, and depressive symptoms among early adolescent girls. *Journal of Adolescence, 32*, 909–924.

Davila, J., Steinberg, S. J., Kachadourian, L., Cobb, R., & Fincham, F. (2004). Romantic involvement and depressive symptoms in early and late adolescence: The role of a preoccupied relational style. *Personal Relationships, 11*, 161–178.

Dawson, G., Ashman, S. B., Panagiotides, H., Hessl, D., Self, J., Yamada, E., et al. (2003). Preschool outcomes of children of depressed mothers: Role of maternal behaviour, contextual risk, and children's brain activity. *Child Development, 74*, 1158–1175.

Diekhof, E., Falkai, P., & Gruber, O. (2008). Functional neuroimaging of reward processing and decision-making: A review of aberrant motivational and affective processing in addiction and mood disorders. *Brain Research Reviews, 59*, 164–184.

Durbin, C., & Shafir, D. (2008). Emotion regulation and risk for depression. In J. R. Z. Abela & H. L. Hankin (Eds.), *Handbook of depression in children and adolescents* (pp. 149–176). New York: Guilford Press.

Eaton, N. R., Keyes, K. M., Krueger, R. F., Balsis, S., Skodol, A. E., Markon, K. W., et al. (2012). An invariant dimensional liability model of gender differences in mental disorder prevalence: Evidence from a national sample. *Journal of Abnormal Psychology, 121*, 282–288.

Eberhart, N. K., Auerbach, R. P., Bigda-Peyton, J. S., & Abela, J. R. Z. (2011). Maladaptive schemas and depression: Tests of stress generation and diathesis–stress models. *Journal of Social and Clinical Psychology*, 30, 74–104.

Edwards, A., Shipman, K., & Brown, A. (2005). The socialization of emotional understanding: A comparison of neglected and nonneglectful mothers and their children. *Child Maltreatment, 10*, 293–304.

Ehrmantrout, N., Allen, N. B., Leve, C., Davis, B., & Sheeber, L. B. (2011). Adolescent recognition of parental affect: Influence of depressive symptoms. *Journal of Abnormal Psychology, 120*, 628–634.

Eisenberg, N., Smith, C. L., Sadovsky, A., & Spinrad, T. L. (2004). Effortful control: Relations with emotion regulation, adjustment, and socialization in childhood. In R. F. Baumeister & K. D. Vohs (Eds.), *Handbook of self-regulation: Research, theory, and applications* (pp. 259–282). New York: Guilford Press.

Eley, T. C., Sugden, K., Corsico, A., Gregory, A. M., Sham, P., McGuffin, P., et al. (2004). Gene–environment interaction analysis of serotonin system markers with adolescent depression. *Molecular Psychiatry, 9*, 908–915.

Essau, C. A. (2003). Comorbidity of anxiety disorders in adolescents. *Depression and Anxiety, 18*, 1–6.

Feng, X., Keenan, K., Hipwell, A. E., Henneberger, A. K., Rischall, M. S., et al. (2009). Longitudinal associations between emotion regulation and depression in preadolescent girls: Moderation by the caregiving environment. *Developmental Psychology, 45*, 798–808.

Fergusson, D. M., Horwood, J., Ridder, E. M., & Beautrais, A. L. (2005). Subthreshold depression in adolescence and mental health outcomes in adulthood. *Archives of General Psychiatry, 62*, 66–72.

Fleming, J. E., Boyle, M. H., & Offord, D. R. (1993). The outcome of adolescent depression in the Ontario Child Health Study follow-up. *Journal of the American Academy of Child and Adolescent Psychiatry, 32*, 28–33.

Flynn, M., & Rudolph, K. D. (2010a). The contribution of deficits in emotional clarity to stress responses and depression. *Journal of Applied Developmental Psychology, 31*, 291–297.

Flynn, M., & Rudolph, K. D. (2010b). Neurophysiological and interpersonal antecedents of youth depression. *Cognition and Emotion, 24*, 94–110.

Flynn, M., & Rudolph, K. D. (in press). A prospective examination of emotional clarity, stress responses, and depressive symptoms during early adolescence. *Journal of Early Adolescence.*

Flynn, M., & Rudolph, K. D. (2012). The trade-offs of emotional reactivity for youths' social information processing in the context of maternal depression. *Frontiers in Integrative Neuroscience. 6*, 43.

Forbes, E. E., & Dahl, R. E. (2005). Neural systems of positive affect: Relevance to understanding child and adolescent depression? *Development and Psychopathology, 17*, 827–850.

Forbes, E. E., & Dahl, R. E. (2012). Research review: Altered reward function in adolescent depression: What, when, and how? *Journal of Child Psychology and Psychiatry, 53*, 3–15.

Forbes, E., Hariri, A., Martin, S., Silk, J., Moyles, D., Fisher, P., et al. (2009). Altered striatal activation predicting real-world positive affect in adolescent major depressive disorder. *American Journal of Psychiatry, 166*, 64–73.

Forbes, E. E., Phillips, M. L., Ryan, N. D., & Dahl, R. E. (2011). Neural systems of threat processing in adolescents: Role of pubertal maturation and relation to measures of negative affect. *Developmental Neuropsychology, 36*, 429–452.

Ford, T., Goodman, R., & Meltzer, H. (2003). The British Child and Adolescent Mental Health Survey 1999: The prevalence of DSM-IV disorders. *Journal of the American Academy of Child and Adolescent Psychiatry, 42*, 1203–1211.

Franic, S., Middeldorp, C. M., Dolan, C. V., Ligthart, L., & Boomsma, D. I. (2010). Childhood and adolescent anxiety and depression: Beyond heritability. *Journal of the American Academy of Child and Adolescent Psychiatry, 49*, 820–829.

Frodl, T., Reinhold, E., Koutsouleris, N., Donohoe, G., Bondy, B., Reiser, M., et al. (2010). Childhood stress, serotonin transporter gene and brain structures in major depression. *Neuropsychopharmacology, 35*, 1383–1390.

Furman, D., Joormann, J., Hamilton, J. P., & Gotlib, I. H. (2011). Altered timing of limbic system activation during elaboration of sad mood as a function of serotonin transporter polymorphism. *Social Cognitive and Affective Neuroscience, 6*, 270–276.

Gaffrey, M. S., Belden, A. C., & Luby, J. L. (2011). The 2-week duration criterion and severity and course of early childhood depression: Implication for nosology. *Journal of Affective Disorders, 133*, 537–545.

Garber, J., & Cole, D. A. (2010). Intergenerational transmission of depression: A launch and grow model of change across adolescence. *Development and Psychopathology, 22*, 819–830.

Gartstein, M. A., & Bateman, A. E. (2008). Early manifestations of childhood depression: Influences of infant temperament and parental depressive symptoms. *Infant and Child Development, 17*, 223–248.

Geller, B., Fox, L. W., & Clark, K. A. (1994). Rate and predictors of prepubertal bipolarity during follow-up of 6- to 12-year-old depressed children. *Journal of the American Academy of Child and Adolescent Psychiatry, 33*, 461–468.

Gibb, B. E., & Coles, M. E. (2005). Cognitive vulnerability–

stress models of psychopathology: A developmental perspective. In B. L. Hankin & J. R. Z. Abela (Eds.), *Development of psychopathology: A vulnerability–stress perspective* (pp. 104–135). Thousand Oaks, CA: Sage.

Gibb, B. E., Uhrlass, D. J., Grassia, M., Benas, J. S., & McGeary, J. (2009). Children's inferential styles, 5-HTTLPR genotype, and maternal expressed emotion-criticism: An integrated model for the intergenerational transmission of depression. *Journal of Abnormal Psychology, 118,* 734–745.

Ginsburg, G. S., Silva, S. G., Jacobs, R. H., Tonev, S., Hoyle, R. H., Kingery, J. N., et al. (2009). Cognitive measures of adolescent depression: Unique or unitary constructs? *Journal of Clinical Child and Adolescent Psychology, 38,* 790–802.

Goodman, S. H., & Brand, S. R. (2009). Depression and early adverse experiences. In I. H. Gotlib & C. Hammen (Eds.), *Handbook of depression* (2nd ed., pp. 249–274). New York: Guilford Press.

Goodwin, R. D., Fergusson, D. M., & Horwood, L. J. (2004). Early anxious/withdrawn behaviours predict later internalising disorders. *Journal of Child Psychology and Psychiatry, 45,* 874–883.

Goodyer, I. M., Croudace, T., Dudbridge, F., Ban, M., & Herbert, J. (2010). Polymorphisms in BDNF (Val^{66}Met) and 5-HTTLPR, morning cortisol and subsequent depression in at-risk adolescents. *British Journal of Psychiatry, 197,* 365–371.

Gotlib, I. H., Hamilton, J. P., Cooney, R., Singh, M., Henry, M., & Joormann, J. (2010). Neural processing of reward and loss in girls at risk for major depression. *Archives of General Psychiatry, 67,* 380–387.

Gotlib, I. H., & Hammen, C. (1992). *Psychological aspects of depression: Toward a cognitive–interpersonal integration.* New York: Wiley.

Gotlib, I. H., & Joormann, J. (2010). Cognition and depression: Current status and future directions. *Annual Review of Clinical Psychology, 6,* 285-312.

Gotlib, I. H., Lewinsohn, P. M., & Seeley, J. R. (1995). Symptoms versus a diagnosis of depression: Differences in psychosocial functioning. *Journal of Consulting and Clinical Psychology, 63,* 90–100.

Guerry, J. D., & Hastings, P. D. (2011). In search of HPA axis dysregulation in child and adolescent depression. *Clinical Child and Family Psychology Review, 14,* 135–160.

Gunnar, M. R., & Loman, M. M. (2011). Early experience and stress regulation in human development. In D. P. Keating (Ed.), *Nature and nurture in early child development* (pp. 97–113). New York: Cambridge University Press.

Gunnar, M. R., Wewerka, S., Frenn, K., Long, J. D., & Griggs, C. (2009). Developmental changes in hypothalamus pituitary–adrenal activity over the transition to adolescence: Normative changes and associations with puberty. *Development and Psychopathology, 21,* 69–85.

Halligan, S. L., Herbert, J., Goodyer, I., & Murray, L. (2007). Disturbances in morning cortisol secretion in association with maternal postnatal depression predict subsequent depressive symptomatology in adolescents. *Biological Psychiatry, 62,* 40–46.

Hamilton, J. P., Siemer, M., & Gotlib, I. H. (2008). Amygdala volume in major depressive disorder: A meta-analysis of magnetic resonance imaging studies. *Molecular Psychiatry, 13,* 993–1000.

Hammen, C. (1991). Generation of stress in the course of unipolar depression. *Journal of Abnormal Psychology, 100,* 555–561.

Hammen, C. (2009a). Adolescent depression: Stressful interpersonal contexts and risk for recurrence. *Current Directions in Psychological Science, 18,* 200–204.

Hammen, C. (2009b). Children of depressed parents. In I. H. Gotlib & C. L. Hammen (Ed.), *Handbook of depression* (2nd edition, pp. 275–297). New York: Guilford Press.

Hammen, C., Brennan, P., Keenan-Miller, D., & Herr, N. (2008). Patterns of adolescent depression to age 20: The role of maternal depression and youth interpersonal dysfunction. *Journal of Abnormal Child Psychology, 36,* 1189–1198.

Hammen, C., Burge, D., Daley, S. E., Davila, J., Paley, B., & Rudolph, K. D. (1995). Interpersonal attachment cognitions and prediction of symptomatic responses to interpersonal stress. *Journal of Abnormal Psychology, 104,* 436–443.

Hammen, C., Shih, J. H., & Brennan, P. A. (2004). Intergenerational transmission of depression: Test of an interpersonal stress model in a community sample. *Journal of Consulting and Clinical Psychology, 72,* 511–522.

Hammen, C., & Zupan, B. A. (1984). Self-schemas, depression, and the processing of personal information in children. *Journal of Experimental Child Psychology, 37,* 598–608.

Hankin, B. L. (2008). Cognitive vulnerability–stress model of depression during adolescence: Investigating symptom specificity in a multi-wave prospective study. *Journal of Abnormal Child Psychology, 36,* 999–1014.

Hankin, B. L., Abramson, L. Y., Miller, N., & Haeffel, G. J. (2004). Cognitive vulnerability–stress theories of depression: Examining affective specificity in the prediction of depression versus anxiety in three prospective studies. *Cognitive Therapy and Research, 28,* 309–345.

Hankin, B. L., Fraley, R. C., Lahey, B. B., & Waldman, I. D. (2005). Is depression best viewed as a continuum or discrete category?: A taxometric analysis of childhood and adolescent depression in a population-based sample. *Journal of Abnormal Psychology, 114,* 96–110.

Hankin, B. L., Gibb, B. E., Abela, J. R. Z., & Flory, K. (2010). Selective attention to affective stimuli and clinical depression among youths: Role of anxiety and specificity of emotion. *Journal of Abnormal Psychology, 119,* 491–501.

Hankin, B. L., Jenness, J., Abela, J. R. Z., & Smolen, A. (2011). Interaction of 5-HTTLPR and idiographic stressors predicts prospective depressive symptoms specifically among youth in a multiwave design. *Journal of Clinical Child and Adolescent Psychology, 40*, 572–585.

Hankin, B. L., Mermelstein, R., & Roesch, L. (2007). Sex differences in adolescent depression: Stress exposure and reactivity models in interpersonal and achievement contextual domains. *Child Development, 78*, 279–295.

Hanson, J. L., Chung, M. K., Avants, B. B., Rudolph, K. D., Shirtcliff, E. A., Gee, J. C., et al. (2012). Structural variations in prefrontal cortex mediate the relationship between early childhood stress and spatial working memory. *Journal of Neuroscience, 32*, 7917–7925.

Hariri, A. R., Mattay, V. S., Tessitore, A., Kolachana, B., Fera, F., Goldman, D., et al R. (2002). Serotonin transporter genetic variation and the response of the human amygdala. *Science, 297*, 400–403.

Harkness, K. L., Bruce, A. E., & Lumley, M. N. (2006). The role of childhood abuse and neglect in the sensitization to stressful life events in adolescent depression. *Journal of Abnormal Psychology, 115*, 730–741.

Harrington, R., Fudge, H., Rutter, M., Pickles, A., & Hill, J. (1990). Adult outcomes of childhood and adolescent depression: Psychiatric status. *Archives of General Psychiatry, 47*, 465–473.

Hasler, G., Drevets, W. C., Manji, H. K., & Charney, D. S. (2004). Discovering endophenotypes for major depression. *Neuropsychopharmacology, 29*, 1765–1781.

Hayden, E. P., Dougherty, L. R., Maloney, B., Olino, T. M., Sheikh, H., Durbin, C. E., et al. (2008). Early-emerging cognitive vulnerability to depression and the serotonin transporter promoter region polymorphism. *Journal of Affective Disorders, 107*, 227–230.

Hayden, E. P., Klein, D. N., Dougherty, L. R., Olino, T. M., Laptook, R. S., Dyson, M. W., et al. (2010). The dopamine D2 receptor gene and depressive and anxious symptoms in childhood: Associations and evidence for gene–environment correlation and gene–environment interaction. *Psychiatric Genetics, 20*, 304–310.

Hayden, E. P., Klein, D. N., Durbin, E., & Olino, T. M. (2006). Positive emotionality at age 3 predicts cognitive styles in 7-year-old children. *Development and Psychopathology, 18*, 409–423.

Hazel, N. A., Hammen, C., Brennan, P. A., & Najman, J. (2008). Early childhood adversity and adolescent depression: The mediating role of continued stress. *Psychological Medicine, 38*, 581–589.

Heim, C., Newport, J., Mletzgo, T., Miller, A., & Nemeroff, C. (2008). The link between childhood trauma and depression: Insights from HPA axis studies in humans. *Psychoneuroendocrinology, 33*, 619–710.

Hilt, L., & Nolen-Hoeksema, S. (2009). The emergence of gender differences in adolescence. In S. Nolen-Hoeksema & L. M. Hilt (Eds.), *Handbook of depression in adolescents* (pp. 111–135). New York: Routledge.

Hulvershorn, L., Cullen, K., & Anand, A. (2011). Toward dysfunctional connectivity: A review of neuroimaging findings in pediatric major depressive disorder. *Brain Imaging and Behavior, 5*, 307–328.

Hyde, J. S., Mezulis, A., & Abramson, L. Y. (2008). The ABCs of depression: Integrating affective, biological, cognitive models to explain the emergence of the gender difference in depression. *Psychological Review, 115*, 291–313.

Jacobs, R. H., Reinecke, M. A., Gollan, J. K., & Kane, P. (2008). Empirical evidence of cognitive vulnerability for depression among children and adolescents: A cognitive science and developmental perspective. *Clinical Psychology Review, 28*, 759–782.

Joiner, T. E., & Timmons, K. E. (2009). Depression and its interpersonal context. In I. H. Gotlib & C. L. Hammen (Eds.), *Handbook of depression* (2nd ed., pp. 322–339). New York: Guilford Press.

Joormann, J. (2009). Cognitive aspects of depression. In I. H. Gotlib, & C. L. Hammen (Eds.), *Handbook of depression* (2nd ed., pp. 298–321). New York: Guilford Press.

Joormann, J., Cooney, R., Henry, M., & Gotlib, I. (2012). Neural correlates of automatic mood regulation in girls at high risk for depression. *Journal of Abnormal Psychology, 121*, 61–72.

Joormann, J., Talbot, L., & Gotlib, I. H. (2007). Biased processing of emotional information in girls at risk for depression. *Journal of Abnormal Psychology, 116*, 135–143.

Joyner, K., & Udry, J. R. (2000). You don't bring me anything but down: Adolescent romance and depression. *Journal of Health and Social Behavior, 41*, 369–391.

Karg, K., Burmeister, M., Shedden, K., & Sen, S. (2011). The serotonin transporter promoter variant (5-HTTLPR), stress, and depression meta-analysis revisited: Evidence of genetic moderation. *Archives of General Psychiatry, 68*(5), 444–454.

Katz, S., Conway, C., Hammen, C., Brennan, P., & Najman, J. (2011). Childhood social withdrawal, interpersonal impairment, and young adult depression: A mediational model. *Journal of Abnormal Child Psychology, 39*, 1227–1238.

Kaufman, J., Yang, B., Douglas-Palumberi, H., Grasso, D., Lipschitz, D., Houshyar, S., et al. (2006). Brain-derived neurotrophic factor–5-HTTLPR gene interactions and environmental modifiers of depression in children. *Biological Psychiatry, 59*, 673–680.

Kempton, M., Salvador, Z., Munafo, M., Geddes, J., Simmons, A., Frangou, S., et al. (2011). Structural neuroimaging studies in major depressive disorder. *Archives of General Psychiatry, 68*, 675–690.

Kendler, K. S., Gardner, C. O., & Lichtenstein, P. (2008). A developmental twin study of symptoms of anxiety and depression: Evidence for genetic innovation and attenuation. *Psychological Medicine, 38*, 1567–1575.

Kendler, K. S., Thornton, L. M., & Gardner, C. O. (2001). Genetic risk, number of previous depressive episodes, and stressful life events in predicting onset of major depression. *American Journal of Psychiatry, 158*, 582–586.

Kessler, R. C., Avenevoli, S., & Merikangas, K. R. (2001). Mood disorders in children and adolescents: An epidemiologic perspective. *Biological Psychiatry, 49,* 1002-1014.

Kessler, R. C., Avenevoli, S., Costello, E. J., Georgiades, K., Green, J. G., Gruber, M. J., et al. (2012). Prevalence, persistence, and socio-demographic correlates of DSM-IV disorders in the National Comorbidity Survey-Replication Adolescent Supplement. *Archives of General Psychiatry, 69,* 372–380.

Kessler, R. C., Avenevoli, S., Costello, E. J., Green, J. G., Gruber, M. J., McLaughlin, K. A., et al. (2012). Severity of 12-month DSM-IV disorders in the National Comorbidity Survey-Replication Adolescent Supplement. *Archives of General Psychiatry, 69,* 381–389.

Kessler, R. C., Avenevoli, S., McLaughlin, K. A., Green, J. G., Lakoma, M. D., Petukhova, M., et al. (2012). Lifetime comorbidity of DSM-IV disorders in the NCS-R Adolescent Supplement (NCS-A). *Psychological Medicine, 42,* 1997–2010.

Kessler, R. C., Berglund, P., Demler, O., Jin, R., & Walters, E. E. (2005). Lifetime prevalence and age of-onset distributions of DSM-IV disorders in the National Comorbidity Survey Replication. *Archives of General Psychiatry, 62,* 593–602.

Kiff, C. J., Lengua, L. J., & Bush, N. R. (2011). Temperament variation in sensitivity to parenting: Predicting changes in depression and anxiety. *Journal of Abnormal Child Psychology, 39,* 1199–1212.

Kim, J. K., Conger, R. D., Elder, G. H., Jr., & Lorenz, F. O. (2003). Reciprocal influences between stressful life events and adolescent internalizing and externalizing problems. *Child Development, 74,* 127–143.

Klein, D. N., Shankman, S. A., & Rose, S. (2008). Dysthymic disorder and double depression: Baseline predictors of 10-year course and outcome. *Journal of Psychiatric Research, 42,* 408–415.

Klerman, G. L., Lavori, P. W., Rice, J., Reich, T., Endicott, J., Andreasen, N. C., et al. (1985). Birth cohort trends in rates of major depressive disorder among relatives of patients with affective disorder. *Archives of General Psychiatry, 42,* 689–693.

Kovacs, M. (1980). Rating scales to assess depression in school-aged children. *Acta Paedopsychiatry, 46,* 305–315.

Kovacs, M. (1996). Presentation and course of major depressive disorder during childhood and later years of the life span. *Journal of the American Academy of Child and Adolescent Psychiatry, 35,* 705–715.

Kovacs, M., Akiskal, H. S., Gatsonis, C., & Parrone, P. L. (1994). Childhood-onset dysthymic disorder: Clinical features and prospective naturalistic outcome. *Archives of General Psychiatry, 51,* 365–374.

Kovacs, M., Devlin, B., Pollock, M., Richards, C., & Mukerji, P. (1997). A controlled family history study of childhood-onset depressive disorder. *Archives of General Psychiatry, 54,* 613–623.

Kovacs, M., Goldston, D., & Gatsonis, C. (1993). Suicidal behaviors and childhood-onset depressive disorders: A longitudinal investigation. *Journal of the American Academy*

of Child and Adolescent Psychiatry, 32, 8–20.

Krackow, E., & Rudolph, K. D. (2008). Life stress and the accuracy of cognitive appraisals in depressed youth. *Journal of Clinical Child and Adolescent Psychology, 37,* 376–385.

Kroenke, K., & Spitzer, R. L. (2002). The PHQ-9: A new depression and diagnostic severity measure. *Psychiatric Annals, 32,* 509–521.

Krueger, R. F. (1999). Personality traits in late adolescence predict mental disorders in early adulthood: A prospective-epidemiological study. *Journal of Personality, 67,* 39–65.

Krueger, R. F., & Markon, K. E. (2006). Reinterpreting comorbidity: A model-based approach to understanding and classifying psychopathology. *Annual Review of Clinical Psychology, 2,* 111–133.

Kuppens, P., Sheeber, L. B., Yap, M. B. H., Whittle, S., Simmons, J. G., & Allen, N. B. (2011). Emotional inertia prospectively predicts the onset of depressive disorder in adolescence. *Emotion, 12,* 283–289.

LaGrange, B., Cole, D. A., Jacquez, F., Ciesla, J., Dallaire, D., Pineda, A., et al. (2011). Disentangling the prospective relations between maladaptive cognitions and depressive symptoms. *Journal of Abnormal Psychology, 120,* 511–527.

La Greca, A. M., & Harrison, H. M. (2005) Adolescent peer relations, friendships, and romantic relationships: Do they predict social anxiety and depression? *Journal of Clinical Child and Adolescent Psychology, 34,* 49–61.

Lakdawalla, Z., Hankin, B. L., & Mermelstein, R. (2007). Cognitive theories of depression in children and adolescents: A conceptual and quantitative review. *Child Clinical and Family Psychology Review, 10,* 1–24.

Latzman, R. D., Naifeh, J. A., Watson, D., Vaidya, J. G., Heiden, L. J., Damon, J. D., et al. (2011). Racial differences in symptoms of anxiety and depression among three cohorts of students in the Southeastern United States. *Psychiatry: Interpersonal and Biological Processes, 74,* 332–348.

Lau, J. Y., & Eley, T. C. (2006). Changes in genetic and environmental influences on depressive symptoms across adolescence and young adulthood. *British Journal of Psychiatry, 189,* 422–427.

Lau, J. Y. , & Eley, T. C. (2008). Disentangling gene–environment correlations and interactions on adolescent depressive symptoms. *Journal of Child Psychology and Psychiatry, 49,* 142–150.

Lau, J. Y., & Eley, T. C. (2010). The genetics of mood disorders. *Annual Review of Clinical Psychology, 6,* 313–337.

Lau, J. Y., Goldman, D., Buzas, B., Hodgkinson, C., Leibenluft, E., Nelson, E., et al. (2010). BDNF gene polymorphism (Val66Met) predicts amygdala and anterior hippocampus responses to emotional faces in anxious and depressed adolescents. *NeuroImage, 53,* 952–961.

Lau, Y. F., Rijsdijk, F., & Eley, T. C. (2006). I think, therefore I am: A twin study of attributional style in adolescents. *Journal of Child Psychology and Psychiatry, 47,* 696–703.

Laursen, B. (1996). Closeness and conflict in adolescent peer relationships: Interdependence with friends and romantic partners. In W. M. Bukowski & A. F. Newcomb (Eds.), *The company they keep: Friendship in childhood and adolescence. Cambridge studies in social and emotional development* (pp. 186–210). New York: Cambridge University Press.

Lazarus, R. S., & Folkman, S. (1984). *Stress, appraisal, and coping.* New York: Springer.

Lewinsohn, P. M., Joiner, T. E., & Rohde, P. (2001). Evaluation of cognitive diathesis–stress models in predicting major depressive disorder in adolescents. *Journal of Abnormal Psychology, 110*, 203–215.

Lewinsohn, P. M., Pettit, J. W., Joiner, T. E., & Seeley, J. R. (2003). The symptomatic expression of major depressive disorder in adolescents and young adults. *Journal of Abnormal Psychology, 112*, 244–252.

Lewinsohn, P. M., Rohde, P., Klein, D. M., & Seeley, J. R. (1999). Natural course of adolescent major depressive disorder: I. Continuity into young adulthood. *Journal of the American Academy of Child and Adolescent Psychiatry, 38*, 56–63.

Lewinsohn, P. M., Rohde, P., Seeley, J. R., Klein, D. N., & Gotlib, I. H. (2003). Psychosocial functioning of young adults who have experienced and recovered from major depressive disorder during adolescence. *Journal of Abnormal Psychology, 112*, 353–363.

Little, S. A., & Garber, J. (2000). Interpersonal and achievement orientations and specific stressors predicting depressive and aggressive symptoms in children. *Cognitive Therapy and Research, 24*, 651–670.

Lopez-Duran, N. L., Kovacs, M., & George, C. J. (2009). Hypothalamic–pituitary–adrenal axis dysregulation in depressed children and adolescents: A meta-analysis. *Psychoneuroendocrinology, 34*, 1272–1283.

Luby, J. L., Si, X., Belden, A. C., Tandon, M., & Spitznagel, E. (2009). Preschool depression: Homotypic continuity and course over 24 months. *Archives of General Psychiatry, 66*, 897–905.

MacQueen, G., & Frodl, T. (2011). The hippocampus in major depression: Evidence for the convergence of the bench and bedside in psychiatric research? *Molecular Psychiatry, 16*, 252–264.

Masten, A. S., Best, K. M., & Garmezy, N. (1990). Resilience and development: Contributions from the study of children who overcome adversity. *Developmental Psychopathology, 2*, 425–444.

Masten, A. S., Burt, K. B., Roisman, G. I., Obradovic, J., Long, J. D., & Tellegen, A. (2004). Resources and resilience in the transition to adulthood: Continuity and change. *Development and Psychopathology, 16*, 1071–1094.

McCleary, L., & Sanford, M. (2002). Parental expressed emotion in depressed adolescents: Prediction of clinical course and relationship to comorbid disorders and social. *Journal of Child Psychology and Psychiatry, 43*, 587–595.

McClintock, S. M., Husain, M. M., Greer, T. L., & Cullum, C. M. (2010). Association between depression severity and neurocognitive function in major depressive disorder: A review and synthesis. *Neuropsychology, 24*(1), 9–34.

McGrath, E. P., & Repetti, R. L. (2002). A longitudinal study of children's depressive symptoms, self-perceptions, and cognitive distortions about the self. *Journal of Abnormal Psychology, 111*, 77–87.

Merikangas, K. R., He, J., Burstein, M., Swanson, S. A., Avenevoli, S., Cui, L., et al. (2010). Lifetime prevalence of mental disorders in U.S. adolescents: Results from the National Comorbidity Survey Replication–Adolescent Supplement (NCS-A). *Journal of the American Academy of Child and Adolescent Psychiatry, 49*, 980–989.

Mezulis, A., Simonson, J., McCauley, E., & Vander Stoep, A. (2011). The association between temperament and depressive symptoms in adolescence: Brooding and reflection as potential mediators. *Cognition and Emotion, 25*, 1460–1470.

Monk, C. (2008). The development of emotion-related neural circuitry in health and psychopathology. *Development and Psychopathology, 20*, 1231–1250.

Monk, C. S., Klein, R. G., Telzer, E. H., Schroth, Elizabeth A., Mannuzza, S. et al. (2008). Amygdala and nucleus accumbens activation to emotional facial expressions in children and adolescents at risk for major depression. *American Journal of Psychiatry, 165*, 90–98.

Needham, B. L. (2007). Reciprocal relationships between symptoms of depression and parental support during the transition from adolescence to young adulthood. *Journal of Youth and Adolescence, 37*, 893–905.

Neshat-Doost, H. T., Taghavi, M. R., Moradi, A. R., Yule, W., & Dalgleish, T. (1998). Memory for emotional trait adjectives in clinically depressed youth. *Journal of Abnormal Psychology, 107*, 642–650.

Nolan, S. A., Flynn, C., & Garber, J. (2003). Prospective relations between rejection and depression in young adolescents. *Journal of Personality and Social Psychology, 85*, 745–755.

Nolen-Hoeksema, S. (1991). Responses to depression and their effects on the duration of depressive episodes. *Journal of Abnormal Psychology, 100*, 569–582.

Nolen-Hoeksema, S. (2000). The role of rumination in depressive disorders and mixed anxiety/depressive symptoms. *Journal of Abnormal Psychology, 109*, 504–511.

Nolen-Hoeksema, S. & Girgus, J. S. (1994). The emergence of gender differences in depression during adolescence. *Psychological Bulletin, 115*, 424–443.

Nolen-Hoeksema, S., Girgus, J. S., & Seligman, M. E. P. (1992). Predictors and consequences of childhood depressive symptoms: A 5-year longitudinal study. *Journal of Abnormal Psychology, 101*, 405–422.

Nolen-Hoeksema, S., Stice, E., Wade, E., & Bohon, C. (2007). Reciprocal relations between rumination and bulimic, substance abuse, and depressive symptoms in female adolescents. *Journal of Abnormal Psychology, 116*, 198–207.

O'Connor, T. G. (2003). Early experiences and psychological development: Conceptual questions, empirical illustrations, and implications for intervention. *Development and Psychopathology, 15*, 671–690.

O'Neil, K. A., Conner, B. T., & Kendall, P. C. (2011). Internalizing disorders and substance use disorders in youth: Comorbidity, risk, temporal order, and implications for interventions. *Clinical Psychology Review, 31*, 104–112.

Oppenheimer, C. W., & Hankin, B. L. (2011). Relationship quality and depressive symptoms among adolescents: A short-term multiwave investigation of longitudinal, reciprocal associations. *Journal of Clinical Child and Adolescent Psychology, 40*, 486–493.

Pagliaccio, D., Luby, J., Gaffrey, M., Belden, A., Botteron, K., Gotlib, I., et al. (2012). Anomalous functional brain activation following negative mood induction in children with pre-school onset major depression. *Developmental Cognitive Neuroscience, 2*, 256–267.

Pargas, R. C. M., Brennan, P. A., Hammen, C., & Le Brocque, R. (2010). Resilience to maternal depression in young adulthood. *Developmental Psychology, 46*, 805–814.

Parker, S. W., Nelson, C. A., & The Bucharest Early Intervention Core Group (2005). An event-related potential study of the impact of institutional rearing on face recognition. *Development and Psychopathology, 17*, 621–639.

Pérez-Edgar, K., Bar-Haim, Y., McDermott, J., Gorodetsky, E., Hodgkinson, C. A., Goldman, D., et al. (2010). Variations in the serotonin-transporter gene are associated with attention bias patterns to positive and negative emotion faces. *Biological Psychology, 83*, 269–271.

Pérez-Edgar, K., Fox, N. A., Cohn, J. F., & Kovacs, M. (2006). Behavioral and electrophysiological markers of selective attention in children of parents with a history of depression. *Biological Psychiatry, 60*, 1131–1138.

Pine, D. S., Cohen, P., Gurley, D., Brook, J. S., & Ma, Y. (1998). The risk for early-adulthood anxiety and depressive disorders in adolescents with anxiety and depressive disorders. *Archives of General Psychiatry, 55*, 56–64.

Pomerantz, E. M., & Rudolph, K. D. (2003). What ensues from emotional distress?: Implications for competence estimation. *Child Development, 74*, 329–345.

Prinstein, M. J., Borelli, J. L., Cheah, C. S. L., Simon, V. A., & Aikins, J. W. (2005). Adolescent girls' interpersonal vulnerability to depressive symptoms: A longitudinal examination of reassurance-seeking and peer relationships. *Journal of Abnormal Psychology, 114*, 676–688.

Radloff, L. (1977). The CES-D Scale: A new self-report depression scale for research in the general population. *Applied Psychological Measurement, 1*, 385–401.

Rao, U., & Chen, L. (2009). Characteristics, correlates, and outcomes of childhood and adolescent depressive disorders. *Dialogues in Clinical Neuroscience, 11*, 45–62.

Rao, U., Chen, L., Bidesi, A., Shad, M., Thomas, M., & Hammen, C. (2010). Hippocampal changes associated with early-life adversity and vulnerability to depression. *Biological Psychiatry, 67*, 357–364.

Rao, U., Hammen, C., & Daley, S. (1999). Continuity of depression during the transition to adulthood: A 5-year longitudinal study of young women. *Journal of the American Academy of Child and Adolescent Psychiatry, 38*, 908–915.

Rao, U., Hammen, C., Ortiz, L. R., Chen, L., & Poland, R. E. (2008). Effects of early and recent adverse experiences on adrenal response to psychosocial stress in depressed adolescents.false *Biological Psychiatry, 64*, 521–526.

Raposa, E. B., Hammen, C. L., & Brennan, P. A. (2011). Effects of child psychopathology on maternal depression: The mediating role of child-related acute and chronic stressors. *Journal of Abnormal Child Psychology, 39*, 1177–1186.

Rehm, L. P. (1977). A self-control model of depression. *Behavior Therapy, 8*, 787–804.

Rice, F. (2010). Genetics of childhood and adolescent depression: Insights into etiological heterogeneity and challenges for future genomic research. *Genome Medicine, 2*, 68–73.

Rice, F., Harold, G., & Thapar, A. (2002). The genetic aetiology of childhood depression: A review. *Journal of Child Psychology and Psychiatry, 43*, 65–79.

Rohde, P. (2009). Comorbidities with adolescent depression. In S. Nolen-Hoeksema & L. M. Hilt (Eds.) *Handbook of depression in adolescents* (pp. 139–178). New York: Routledge.

Rood, L., Roelofs, J., Bogels, S. M., Nolen-Hoeksema, S., & Schouten, E. (2009). The influence of emotion-focused rumination and distraction on depressive symptoms in nonclinical youth: A meta-analytic review. *Clinical Psychology Review, 29*, 607–616.

Rose, A. J. (2002). Co-rumination in the friendships of girls and boys. *Child Development, 73*, 1830–1843.

Rose, A. J., Carlson, W., & Waller, E. M. (2007). Prospective associations of co-rumination with friendship and emotional adjustment: Considering the socioemotional trade-offs of co-rumination. *Developmental Psychology, 43*, 1019–1031.

Rose, D. T., & Abramson, L. Y. (1992). Developmental predictors of depressive cognitive style: Research and theory. In D. Cicchetti & S. L. Toth (Eds.), *Rochester Symposium on Developmental Psychopathology* (Vol. 4, pp. 323–349). Rochester, NY: University of Rochester Press.

Rothbart, M. K., & Posner, M. I. (2006). Temperament, attention, and developmental psychopathology. In D. Cicchetti & D. J. Cohen (Eds.), *Developmental psychopathology: Vol. 2. Developmental neuroscience* (2nd ed., pp. 465–501). Hoboken, NJ: Wiley.

Rudolph, K. D. (2002). Gender differences in emotional responses to interpersonal stress during adolescence. *Journal of Adolescent Health, 30*, 3–13.

Rudolph, K. D. (2009). The interpersonal context of adolescent depression. In S. Nolen-Hoeksema & L. M. Hilt (Eds.), *Handbook of depression in adolescents* (pp. 377–418). New York: Routledge.

Rudolph, K. D. (2014). Puberty and the development of

psychopathology. In M. Lewis & K. D. Rudolph (Eds.), *Handbook of developmental psychopathology* (3rd ed., pp. 331–354). New York: Plenum Press.

Rudolph, K. D., & Clark, A. G. (2001). Conceptions of relationships in children with depressive and aggressive symptoms: Social-cognitive distortion or reality? *Journal of Abnormal Child Psychology, 29*, 41–56.

Rudolph, K. D., & Flynn, M. (2007). Childhood adversity and youth depression: Influence of gender and pubertal status. *Development and Psychopathology, 19*, 497–521.

Rudolph, K. D., Flynn, M., & Abaied, J. L. (2008). A developmental perspective on interpersonal theories of youth depression. In J. R. Z. Abela & B. L. Hankin (Eds.), *Handbook of depression in children and adolescents* (pp. 79–102). New York: Guilford Press.

Rudolph, K. D., Flynn, M., Abaied, J. L., Groot, A., & Thompson, R. J. (2009). Why is past depression the best predictor of future depression?: Stress generation as a mechanism of depression continuity in girls. *Journal of Clinical Child and Adolescent Psychology, 38*, 473–485.

Rudolph, K. D., & Hammen, C. (1999). Age and gender as determinants of stress exposure, generation, and reactions in youngsters: A transactional perspective. *Child Development, 70*, 660–677.

Rudolph, K. D., Hammen, C., & Burge, D. (1994). Interpersonal functioning and depressive symptoms in childhood: Addressing the issues of specificity and comorbidity. *Journal of Abnormal Child Psychology, 22*, 355–371.

Rudolph, K. D., Hammen, C., & Burge, D. (1997). A cognitive-interpersonal approach to depressive symptoms in preadolescent children. *Journal of Abnormal Child Psychology, 25*, 33–45.

Rudolph, K. D., Hammen, C., Burge, D., Lindberg, N., Herzberg, D. S., & Daley, S. E. (2000). Toward an interpersonal life-stress model of depression: The developmental context of stress generation. *Development and Psychopathology, 12*, 215–234.

Rudolph, K. D., Hammen, C., & Daley, S. E. (2006). Mood disorders. In D. A. Wolfe & E. J. Mash (Eds.), *Behavioral and emotional disorders in adolescents: Nature, assessment, and treatment* (pp. 300–342). New York: Guilford Press.

Rudolph, K. D., & Klein, D. N. (2009). Exploring depressive personality traits in youth: Origins, correlates, and developmental consequences. *Development and Psychopathology, 21*, 1155–1180.

Rudolph, K. D., Kurlakowsky, K. D., & Conley, C. S. (2001). Developmental and social-contextual origins of depressive control-related beliefs and behavior. *Cognitive Therapy and Research, 25*, 447–475.

Rudolph, K. D., Troop-Gordon, W., & Granger, D. A. (2011). Individual differences in biological stress responses moderate the contribution of early peer victimization to subsequent depressive symptoms. *Psychopharmacology, 214*, 209–219.

Rudolph, K. D., Troop-Gordon, W., Hessel, E. T., & Schmidt, J. D. (2011). A latent growth curve analysis of early and increasing peer victimization as predictors of mental health across elementary school. *Journal of Clinical Child and Adolescent Psychology, 40*, 111–122.

Rushton, J. L., Forcier, M., & Schectman, R. M. (2002). Epidemiology of depressive symptoms in the National Longitudinal Study of Adolescent Health. *Journal of the American Association of Child and Adolescent Psychiatry, 41*, 199–205.

Saluja, G., Iachan, R., Scheidt, P., Overpeck, M., Sun, W., & Giedd, J. (2004). Prevalence of and risk factors for depressive symptoms among young adolescents. *Archives of Pediatric Adolescent Medicine, 158*, 760–765.

Sanislow, C. A., Pine, D. S., Quinn, K. J., Kozak, M. J., Garvey, M. A., Heinssen, R. K., et al. (2010). Developing constructs for psychopathology research: Research domain criteria. *Journal of Abnormal Psychology, 119*, 631–639.

Schwartz, O. S., Dudgeon, P., Sheeber, L. B., Yap, M. B. H., Simmons, J. G., & Allen, N. B. (2011). Observed maternal responses to adolescent behavior predict the onset of major depression. *Behaviour Research and Therapy, 49*, 331–338.

Seligman, M. E. P. (1975). *Helplessness: On depression, development, and death*. San Francisco: Freeman.

Shankman, S. A., Lewinsohn, P. M., Klein, D. N., Small, J. W., Seeley, J. R., & Altman, S. E. (2009). Subthreshold conditions as precursors for full syndrome disorders: A 15-year longitudinal study of multiple diagnostic classes. *Journal of Child Psychology and Psychiatry, 50*, 1485–1494.

Shaw, D. S., Schonberg, M., Sherrill, J., Huffman, D., Lukon, J., Obrosky, D., et al. (2006). Responsivity to offspring's expression of emotion among childhood-onset depressed mothers. *Journal of Clinical Child and Adolescent Psychology, 35*, 490–503.

Sheeber, L. S., Allen, N. B., Leve, C., Davis, B., Shortt, J. W., & Katz, L. F. (2009). Dynamics of affective experience and behavior in depressed adolescents. *Journal of Child Psychology and Psychiatry, 50*, 1419–1427.

Shih, J. H., Abela, J. R., & Starrs C. (2009). Cognitive and interpersonal predictors of stress generation in children of affectively ill parents. *Journal of Abnormal Child Psychology, 37*, 195–208.

Shih, J. H., Eberhart, N., Hammen, C., & Brennan, P. A. (2006). Differential exposure and reactivity to interpersonal stress predict sex differences in adolescent depression. *Journal of Clinical Child and Adolescent Psychology, 35*, 103–115.

Shirk, S. R., Boergers, J., Eason, A., & Van Horn, M. (1998). Dysphoric interpersonal schemata and preadolescents' sensitization to negative events. *Journal of Clinical Child Psychology, 27*, 54–68.

Shirtcliff, E. A., Coe, C. L., & Pollak, S. D. (2009). Early childhood stress is associated with elevated antibody levels to herpes simplex virus type 1. *Proceeding of the National Academy of Sciences, 106*, 2963–2967.

Silberg, J. L., Maes, H., & Eaves, L. J. (2010). Genetic and environmental influences on the transmission of parental depression to children's depression and conduct disturbance: An extended Children of Twins study. *Journal of Child Psychology and Psychiatry, 51*, 734–744.

Silk, J. D., Forbes, E. E., Whalen, D. J., Jakubcak, J. L., Thompson, W. K., Ryan, N. D., et al. (2011). Daily emotional dynamics in depressed youth: A cell phone ecological momentary assessment study. *Journal of Experimental Child Psychology, 110*, 241–257.

Silk, J. S., Ziegler, M. L., Whalen, D. J., Dahl, R. E., Ryan, N. D., Dietz, L. J., et al. (2009). Expressed emotion in mothers of currently depressed, remitted, high-risk, and low-risk youth: Links to child depression status and longitudinal course. *Journal of Clinical Child and Adolescent Psychology, 38*, 36–47.

Soenens, B., Luyckx, K., Vansteenkiste, M., Luyten, P., Duriez, B., & Goosens, L. (2008). Maladaptive perfectionism as an intervening variable between psychological control and adolescent depressive symptoms: A three-wave longitudinal study. *Journal of Family Psychology, 22*, 465–474.

Southwick, M., Vythilingam, M., & Charney, D. (2005). The psychobiology of depression and resilience to stress: Implications for prevention and treatment. *Annual Review of Clinical Psychology, 1*, 255–291.

Starr, L. R., & Davila, J. (2008). Excessive reassurance seeking, depression, and interpersonal rejection: A meta-analytic review. *Journal of Abnormal Psychology, 117*, 762–775.

Starr, L. R., Davila, J., Stroud, C. B., Li, P. C. C., Yoneda, A., Hershenberg, R., et al. (2012). Love hurts (in more ways than one): Specificity of psychological symptoms as predictors and consequences of romantic activity among early adolescent girls. *Journal of Clinical Psychology, 68*, 403–420.

Starr, L., Hammen, C., Brennan, P., & Najman, J. (2012). Serotonin transporter gene as a predictor of stress generation in depression. *Journal of Abnormal Psychology, 4*, 810–818.

Steinberg, S. J., & Davila, J. (2008). Romantic functioning and depressive symptoms among early adolescent girls: The moderating role of parental emotional availability. *Journal of Clinical Child and Adolescent Psychology, 37*, 350–362.

Stice, E., Ragan, J., & Randall, P. (2004). Prospective relations between social support and depression: Differential direction of effects for parent and peer support? *Journal of Abnormal Psychology, 113*, 155–159.

Sugimura, N., & Rudolph, K. D. (2012). Temperamental differences in children's reactions to peer victimization. *Journal of Clinical Child and Adolescent Psychology, 41*, 314–328.

Susman, E., Dorn, L. D., Inoff-Germain, G., Nottelmann, E. D., & Chrousos, G. P. (1997). Cortisol reactivity, distress behavior, and behavioral and psychological problems in young adolescents: A longitudinal perspective. *Journal of Research on Adolescence, 7*, 81–105.

Taylor, L., & Ingram, R. E. (1999). Cognitive reactivity and depressotypic information processing in children of depressed mothers. *Journal of Abnormal Psychology, 108*, 202–210.

Tram, J. M., & Cole, D. A. (2000). Self-perceived competence and the relation between life events and depressive symptoms in adolescence: Mediator or moderator? *Journal of Abnormal Psychology, 109*, 753–760.

Treynor, W., Gonzalez, R., & Nolen-Hoeksema, S. (2003). Rumination reconsidered: A psychometric analysis. *Cognitive Therapy and Research, 27*, 247–259.

Twenge, J. M., & Nolen-Hoeksema, S. (2002). Age, gender, race, socioeconomic status, and birth cohort differences on the Children's Depression Inventory: A meta-analysis. *Journalof Abnormal Psychology, 111*, 578–588.

van Beek, Y., & Dubas, J. S. (2008). Decoding basic and non-basic facial expressions and depressive symptoms in late childhood and adolescence. *Journal of Nonverbal Behavior, 32*, 53–64.

van Zalk, M. H. W., Kerr, M., Branje, S. J. T., Stattin, H., & Meeus, W. H. J. (2010). Peer contagion and adolescent depression: The role of failure anticipation. *Journal of Clinical Child and Adolescent Psychology, 39*, 837–848.

Weissman, M. M., Wolk, S., Goldstein, R. B., Moreau, D., Adams, P., Greenwald, S.,et al. (1999). Depressed adolescents grown up. *Journal of the American Medical Association, 281*, 1707–1713.

Weissman, M. M., Wolk, S., Wickramaratne, P., Goldstein, R. B., Adams, P., Greenwald, S., et al. (1999). Children with prepubertal-onset major depressive disorder and anxiety grown up. *Archives of General Psychiatry, 56*, 794–801.

Weisz, J. R., Sweeney, L., Proffitt, V., & Carr, T. (1994). Control-related beliefs and self-reported depressive symptoms in late childhood. *Journal of Abnormal Psychology, 102*, 411–418.

Williams, S., Connolly, J., & Segal, Z. V. (2001). Intimacy in relationships and cognitive vulnerability to depression in adolescent girls. *Cognitive Therapy and Research, 25*, 477–496.

Yang, T., Simmons, A., Matthews, S., Tapert, S., Frank, G., Max, J., et al. (2010). Adolescents with major depression demonstrate increased amygdala activation. *Journal of the American Academy of Child and Adolescent Psychiatry, 49*, 42–51.

Yap, M. B. H., Allen, N. B., & Sheeber, L. B. (2007). Using an emotion regulation framework to understand the role of temperament and family processes in risk for adolescent depressive disorders. *Clinical Child and Family Psychology Review, 10*, 180–196.

Yorbik, O., Birmaher, B., Axelson, D., Williamson, D. E., & Ryan, N. D. (2004). Clinical characteristics of depressive symptoms in children and adolescents with major depressive disorder. *Journal of Clinical Psychiatry, 65*, 1654–1659.

Zahn-Waxler, C., Shirtcliff, E. A., & Marceau, K. (2008) Disorders of childhood and adolescence: Gender and psychopathology. *Annual Review of Clinical Psychology, 4,* 275–303.

Zalewski, M., Lengua, L. J., Wilson, A. C., Trancik, A., & Bazinet, A. (2011). Emotion regulation profiles, temperament, and adjustment problems in preadolescents. *Child Development, 82,* 951–966.

Zimmer-Gembeck, M. J., Siebenbruner, J., & Collins, W. A. (2001). Diverse aspects of dating: Associations with psychosocial functioning from early to middle adolescence. *Journal of Adolescence, 24,* 313–336.

06

소아 양극성 장애

ERIC A. YOUNGSTROM

GUILLERMO PEREZ ALGORTA

소아 양극성 장애에 대한 우리의 이해는 지난 20년 동안 급속하게 바뀌어 왔다. 평생 지속되는 양극성 장애는 흔하지 않지만 드물지도 않고, 심각하지만 치료할 수 있다. 우리가 보게 되듯이 양극성 장애의 근원은 주산기를 관통하고, 첫 번째 일화는 흔히 아동기와 청소년기에 나타난다. 이런 초기의 발달단계는 예방, 조기 식별과 중재, 궁극적으로는 양극성 장애에 걸린 사람들과 그 가족에게 더 나은 결과를 좌우한다. 이 장의 초점은 대부분 아동기와 청소년기에 맞추어져 있기는 하지만 내용은 전생애 발달이라는 더 큰 맥락에 있다. 여기서 '양극성 장애'는 성인 범위나 전 연령 범위에 걸쳐 확인되어 온 것을 가리키는 반면, '소아 양극성 장애(pediatric bipolar disorder, PBD)'는 아동과 청소년 자료에 근거한 연구결과들을 나타낸다.

간략한 역사적 맥락

지금은 양극성 장애로 부르는, 조울증의 현대적 개념은 100년 이상 거슬러 올라간다. 필연적으로 병인에 대한 생각이 다르기는 했지만, 심지어 더 오래된 역사적 참고 문헌과 증상 표시에 대한 기술이 존재한다. 카파도키아(지금의 터키)의 아레테우스는 대략 서기 150년에 초기의 임상적 기술들 중의 하나를 제공했고, 히포크라테스와 아리스토텔레스도 현대적으로 해석하면 조증인 것으로 보이는 것에 대해서 기록했다(Angst & Marneros, 2001; Glovinsky, 2002). 아동과 청소년에게서의 조증의 사례는 양극성 장애의 진단만큼이나 오랫동안 인정되어 왔다(Anthony & Scott, 1960). 연구자들은 18세기 리버풀에서 어린 소녀의 조증 일화를 기술하는 정신병원에서 나온 사례 기록을 확인했다(Findling, Kowatch, & Post, 2003). Kraepelin(1921)은 그의 포괄적 내용의 저서, **조울 정신이상과 편집증**(Manic-Depressive Insanity and Paranoia)에서 아동기의 발병 사례를 문서에 기록했다.

양극성 장애의 경계는 항상 분명치 않았다. Kraepelin(1921)은 조울증을 조발성 치매와 구별하려고 애썼는데, 이는 양극성 장애, 정신분열병 및 정신분열적 장애 간의 경계에 대해 지속된 논쟁의 전조가 되었다(Craddock & Owen, 2010). 양극성 장애와 단극성 우울증 간의 경계도 애매하고 이론의 여지가 있었다. 더욱 최근에는 양극성 장애와 경계선 성격장애 간의 관계에 대한 격렬한 논쟁이 있었다(Paris, Gunderson, & Weinberg, 2007; Perugi et al., 2013). 이 모든 장애는 심하게 분열된 기분을 포함할 수 있는데, 이는 양극성 장애에서만 유일무이하게 나타날 수 있는 것이 무엇인가라는 의문을 제기하는 것이다(MacKinnon & Pies, 2006).

최근의 역사적 변화는 청소년들에게서 양극성 장애가 진단되는 빈도의 실질적 증가이다. 1990년대 이전에는 출판된 사례 보고서가 조금밖에 없었다. 1990년대에 그 진단을 훨씬 더 현저하게 만든 연구와 대중화의 결합이 도래했다. 그 결과는 PBD로 임상적 진단이 내려지는 비율의 극적인 증가였다. 지난 20년 동안 양극성 장애 진단으로 청구된 진료실 방문의 수가 40배 증가했고(Moreno et al., 2007), 질병통제예방센터에서 나온 자료는 2003년까지 정신과에 입원한 12세 미만 아동의 50% 이상이 양극성 장애라는 임상적 진단을 받았음을 보여주었다(Blader & Carlson, 2007). 여전히 이런 증가가 과거의 불충분한 진단에 대한 교정, 서로 다른 실체를 PBD라고 잘못된 명칭을 붙인 것, 또는 드물게 내려져야 할 진단의 일시적 유행에 따른 남용을 반영하는 것인지는 뜨겁게 논쟁 중이다.

비평가들은 PBD 진단의 대중적 인기가 제약회사의 마케팅이나 다른 외부의 이익에 영향을 받았을 수 있다는 우려를 제기해 왔다(Healy, 2006; Youngstrom, Van Meter, & Algorta, 2010). 그 논쟁은 청소년에서의 그 진단에 대한 서로 다른 접근방법을 정당화하기 위해 쓴 여러 가지 의견서와 함께 미국 정신의학협회(APA)의 **정신질환의 진단 및 통계편람(DSM)**의 개정판을 통해서도 계속되었다(Leibenluft, 2011; Youngstrom, 2009). DSM-5(APA, 2013)는 국제 양극성 장애 학회(International Society for Bipolar Disorders)의 권고와 같은 태도를 취하여 아동, 청소년, 성인에게 일관된 기준을 사용하는 것을 주장한다(Ghaemi et al., 2008; Youngstrom, Birmaher, & Findling, 2008). PBD라는 개념이 상대적으로 새로운 것이기는 하지만 DSM의 정의는 그 타당도를 조사하는 상당한 연구를 불러일으켰다. 이 글을 쓰고 있는 현 시점에서 9,000편 이상의 동료 평가 논문이 출판되었고, 2008년부터 매년

PubMed에 400편 이상이 추가되었다. 몇몇 사람들도 양극성 장애 개념을 확장하는 데 대한 진단 대안을 만들기 위해 구체적으로 말하자면 PBD로 너무 자주 진단되는 데 대한 대안을 만들기 위해, 만성적으로 화를 잘 내는 청소년을 위한 새로운 진단범주를 만드는 것을 제안해 왔다(Leibenluft, 2011). 따라서 DSM-5에서는 새로운 진단, 파괴적 기분조절장애(disruptive mood dysregulation disorder, DMDD)를 포함시켰다. 청소년의 기분장애 개념화에 대한 접근방법이 급격하게 발전하고 있다.

장애에 대한 기술

양극성 장애는 그 이질성이 상당하기 때문에 기술하기가 쉽지 않다. 임상적 상황 묘사는 어떤가? 사실 정신병적인 탈억제와 혼란에서부터 종종 많은 생산성을 보이는 것과 관련된 높은 활력을 보이는 기간, 심하고 사람을 쇠약하게 만드는 우울증 일화뿐만 아니라 그 사이에 순서가 바뀌는 등 온갖 표현이 나타난다. 그 일화적 성질 때문에 회복되는 동안 정상적인 발달적 한계 내에서 정상 활동도 가능하다.

정의 및 진단적 쟁점

DSM에서 이 양극성 스펙트럼에 포함시킨 장애의 수는 DSM-III(APA, 1980), DSM-III-R(APA, 1987) 및 DSM-IV/DSM-IV-TR(APA, 2000)에서 증가했지만 DSM-5(APA, 2013)에서는 DSM-IV에서의 정의와 동일한 채로 있다. 현행 질병분류에는 제I형 양극성, 제II형 양극성, 순환성 기분장애 및 기타 상술된 양극성 및 관련장애(other specified bipolar and related disorder, OS-BRD) 진단이 포함되어 있다. OS-BRD 범주는 '달리 상술되지 않은 양극성 장애(bipolar disorder not otherwise specified, BP-NOS)'하에 포함되었던 동일한 원형뿐만 아니라 '단기간 순환성 기분장애(short-duration cyclothymia)'의 원형을 추가하는 것도 포함한다. DSM-5와 DSM-IV 둘 다에는 물질로 유발된 조증 증상과 또 다른 건강상태에 기인하는 조증 증상에 대한 명칭이 있다. 그러나 DSM에서의 다른 대부분

의 장애들의 분류와는 달리, 기분장애의 정확한 분류는 (DSM-5에서는 이 범주 이름을 사용하지 않는다는 사실에도 불구하고 우리는 계속 그렇게 부르듯이) 평생 기분 일화가 존재한다는 임상의의 최초 평가가 필요하다. 기분장애는 일화적이고 흔히 되풀이되기 때문에 정확한 생애 진단은 과거에 일어난 지표 일화와 관련되어 있다. 어떤 사람이 지금 우울증 때문에 도움을 구하고 있지만 수년 전에 조증 일화가 있었다면, 그 우울증은 양극성 질병의 일부이고 정확한 진단은 '제I형 양극성 장애, 현재 일화 우울'이 될 것이다. 양극성 장애는 진정 기간이라고 하더라도 증상이 없는 사람들조차도 여전히 그 장애를 가지고 있는 것으로 분류된다는 점에서 암과 유사하다. 그 질병분류에는 기분장애라는 공식적 진단을 위한 구성요소들을 모으기 위해 임상의가 일생의 우울증, 조증, 경조증의 병력, 기분증상의 양극과 기분저하증 기간의 혼합 가능성을 평가하는 것이 필요하다.

양극성 장애는 가능한 모든 기분상태에 이르게 될 수 있는 반면, 단극성 우울증은 평생의 경조증이나 조증 병력이 없다는 점에서 구별된다. 일반적으로 양극성 장애의 현저한 특징으로 오로지 조증에만 초점을 맞추는 것은 (1) 조증이 생애 진단을 제I형 양극성 장애로 바꾸게 함으로써 정의상 조증은 다른 양극성 스펙트럼 진단에 존재하지 않고, (2) 양극성 장애가 있는 청소년과 성인 모두 경조증이나 조증 일화에서보다 우울 일화에서 시간을 더 많이 써버리는 경향이 있기 때문에 문제가 된다 (Axelson, Birmaher, Strober, et al., 2011; Judd et al., 2002). 질병의 부담은 성인(Judd et al., 2002)뿐만 아니라 청소년(Freeman et al., 2009)의 우울 단계 동안 더 큰 것으로 보이고, 사람들은 우울 기간에 도움을 구할 가능성이 더 크다. 따라서 임상의들은 우울증상이 두드러지거나 증상들이 뒤섞인 상태 동안 양극성 질병을 발견할 가능성이 더 크다. 이 책에는 우울증에 관한 별도의 장이 있기 때문에(Hammen, Rudolph, & Abaied, 이 책의 제5장 참조), 주요 우울 일화와 기분저하증/지속성 우울장애의 진단기준은 여기서 되풀이하지 않는다. 이 정보의 조직화가 임상적 실재를 반영하지 않음을 기억하는

것이 매우 중요하다. 기분장애를 포괄적으로 이해하기 위해 독자들은 제5장과 이 장을 함께 읽을 필요가 있는 한 쌍으로 다루어야 하고 임상 실제나 연구에서 우울증과 조증을 구분해서는 안 된다. 마찬가지로 기분저하 표시가 흔히 우울과 양극성 장애를 동반하고 실질적 장애와 결부되어 있듯이 지속성 우울장애를 고려하는 것도 유익할 것이다(APA, 2013).

핵심 증상

양극성 장애의 핵심 증상에는 기분과 활력의 조절 곤란이 포함된다. 기분장애는 DSM-5가 나올 때까지 '기분장애'라는 명칭에 반영되어, 이 병의 핵심 특징으로 강조되어 왔다. 그러나 활력의 변화와 이 병의 신체적 측면도 중요하다. Kraepelin(1921)은 이 장애를 그가 '정서'(지금은 보통 '기분'이라고 부르는), '지능'(인지) 및 '의지'(활력 수준)라고 불렀던 기능의 세 가지 주요한 측면에 영향을 미치는 것으로 기술했다. DSM의 질병분류는 몇몇 인지적 및 신체적 증상과 함께 주로 정서적 구성요소에 초점을 맞추어 왔다. DSM-5 수정판에서는 활력 변화를 더욱 강조함으로써 기분장애를 더욱 두드러진 것으로 만들고 있다. 활력 변화는 자기 자신이 관찰하기가 더 쉽고, 회고적 회상에서의 편향에 영향을 덜 받는다(Angst et al., 2012). 이런 이유로 활력 변화에 대해 물어보는 것이 기분에 대해 물어보는 것보다 경조증을 탐지하는 데 더 민감하다. 활력과 활동에 더욱 초점을 맞추는 것은 평가에서의 몇 가지 측면의 문화적 편향도 감소시킬 수 있다. '기분'이라는 관점에서 틀을 짜는 것이 개념화 문제에 대한 백인, 유럽계, 중산층 중심의 방식인 까닭에 다른 문화적 집단은 흔히 이 병의 신체적 요소에 더욱 초점을 맞춘다(Angst et al., 2010; Carpenter-Song, 2009).

조증과 경조증의 증상

DSM-IV와 DSM-5의 기준에서는 조증과 경조증의 핵심적인 진단적 증상들을 정의하고 있다. 표 6.1은 DSM-5의 조증과 경조증 일화 기준을 묘사하고 있다. 조증과 경조증 간의 구분은 근본적으로 강도의 문제이지 질의

표 6.1 조증과 경조증 일화에 대한 DSM-5 진단기준

조증 일화

A. 거의 매일, 하루의 대부분 동안 나타나고, 최소한 1주일 동안 지속되는(또는 입원이 필요한 지속 기간), 비정상적이고 지속적으로 고양되고 팽창된, 또는 성마른 기분과 비정상적이고 지속적으로 증가된 목표 지향적 활동이나 활력이 뚜렷한 기간

B. 기분장애와 활력이나 활동이 증가된 기간에 다음과 같은 증상 중에서 세 가지(또는 그 이상)가 상당한 정도로 나타나고 평소 행동과는 다른 눈에 띄는 변화가 나타난다.

  1. 과장된 자존감이나 과장
  2. 수면 필요성 감소(3시간만 자고도 쉬었다고 느낌)
  3. 평소보다 말이 많아지거나 계속 말을 해야 한다는 압박
  4. 사고의 비약이나 사고가 질주하는 것 같은 주관적 경험
  5. 보고되었거나 관찰된 주의 산만(즉, 주의가 너무 쉽게 중요하지 않거나 관련이 없는 외부 자극에게로 쏠림)
  6. 목표 지향적 활동(사회적, 직장이나 학교에서의 또는 성적)이나 정신운동성 동요(즉, 목적이 없는 비목표 지향적 활동)가 증가
  7. 고통스러운 결과를 가져올 잠재적 가능성이 높은 활동(억제되지 않은 물건 왕창 사들이기, 무분별한 성적 행동, 또는 어리석은 사업 투자)에 과도하게 관여

C. 기분장애는 사회적 또는 직업적 기능에 현저한 손상을 일으키기에 충분할 만큼 심하거나 자신이나 타인에게 해를 입히는 것을 예방하기 위해 입원이 필요할 만큼 심하거나 또는 정신병적 특징이 있다.

D. 일화는 물질의 생리적 효과(남용하고 있는 약물, 투약, 다른 치료)나 또 다른 건강상태에 기인하는 것은 아니다.
  주의점 : 항우울치료(투약, 전기경련 요법)를 하는 동안 나타나지만 그 치료의 생리적 효과를 넘어서는 완전히 증후군 수준에서 지속되는 완전한 조증 일화는 조증 일화의 충분한 증거이므로 제I형 양극성 장애로 진단
  주의점 : A-D 기준은 조증 일화의 구성요소가 됨. 제I형 양극성 장애의 진단에는 최소한 하나의 평생의 조증 일화가 필요하다.

경조증 일화

A. 거의 매일, 하루의 대부분 동안 나타나고, 최소한 4일 연속으로 지속되는, 비정상적이고 지속적으로 고양되고 팽창된 또는 성마른 기분과 비정상적이고 지속적으로 증가된 활동이나 활력이 뚜렷한 기간

B. 기분장애와 활력이나 활동이 증가된 기간에 다음과 같은 증상 중에서 세 가지(또는 그 이상)가 지속되고 있고(성마른 기분만 있으면 네 가지), 평소 행동과는 다른 눈에 띄는 변화가 나타나며 상당한 변화가 나타난다.

  1. 과장된 자존감이나 과장
  2. 수면 필요성 감소(3시간만 자고도 쉬었다고 느낌)
  3. 평소보다 말이 많아지거나 계속 말을 해야 한다는 압박
  4. 사고의 비약이나 사고가 질주하는 것 같은 주관적 경험
  5. 보고되었거나 관찰된 주의 산만(즉, 주의가 너무 쉽게 중요하지 않거나 관련이 없는 외부 자극에게로 쏠림)
  6. 목표 지향적 활동(사회적, 직장이나 학교에서의 또는 성적)이나 정신운동성 동요
  7. 고통스러운 결과를 가져올 잠재적 가능성이 높은 활동(억제되지 않은 물건 왕창 사들이기, 무분별한 성적 행동, 또는 어리석은 사업 투자)에 과도하게 관여

C. 일화가 증상을 나타내는 것이 아닐 때는 그 사람의 특징이 없는 기능의 명료한 변화와 관련되어 있음

D. 다른 사람들이 기분장애와 기능 변화를 관찰할 수 있다.

E. 일화가 사회적 또는 직업적 기능의 현저한 손상을 일으킬 만큼 또는 입원일 필요할 만큼 충분히 심하지 않음. 정신병적 특징이 있으면, 그 일화는 정의상 조증이다.

F. 일화는 물질의 생리적 효과(남용하고 있는 약물, 투약, 다른 치료)에 기인하는 것은 아니다.
  주의점 : 항우울치료(투약, 전기경련 요법)를 하는 동안 나타나지만 그 치료의 생리적 효과를 넘어서는 완전히 증후군 수준에서 지속되는 완전한 경조증 일화는 경조증 일화 진단의 충분한 증거이다. 그러나 한두 가지 증상(특히 증가된 성마름, 초조, 또는 항우울제 사용 이후의 동요)이 경조증 일화 진단에 충분한 것으로 간주하지 않도록 하고, 반드시 양극성 체질을 나타내는 것으로도 간주하지 않도록 주의가 필요하다.

(계속)

표 6.1 (계속)

주의점 : A-F 기준은 경조증 일화의 구성요소가 됨. 경조증 일화는 제I형 양극성 장애에서 자주 일어나지만 제I형 양극성 장애 진단에 필요한 것은 아니다.

출처 : *Diagnostic and Statistical Manual of Mental Disorders, Fifth Edition* (pp.124-125). Copyright 2013 by the American Psychiatric Association의 허락하에 사용함.

DSM-5에서는 혼재된 일화를 별개의 기분 일화 범주로 배제해 왔다. 그 대신 '혼재된 특징이 있는'이라는 표현이 주요우울, 조증 및 경조증 일화를 포함하는 기분 일화를 수정하는 데 사용될 수 있는 더 상세한 기술이다. 임상 의사가 그 상술 표현이 사용되어야 하는지를 결정할 때 혼재된 특징으로 상술하는 것은 울증이나 조증상태에 더 특정적인 증상에 초점을 맞추려고 하고, 기분의 양극성 모두에 잠재적으로 공통적인 증상을 배제하는 알고리즘을 사용한다.

문제가 아니다. 경조증은 아직 현저한 손상을 일으킬 만큼 극심하지는 않지만 한 개인의 전형적 기능으로부터의 명백한 변화이다. 행동이 실질적 문제를 일으킬 만큼 충분히 심해진다면 경조증 대신 조증으로 간주된다. 기분 조절이 곤란하지만 손상을 일으키지는 않을 때는 사정이 더욱 애매하다. 그 사람이 학교에서 기능할 수 있고 아무도 강력한 정서상태를 알아차리지 못하거나 그 상태에 시달리지 않는다면, 그것이 병리적이라는 점은 덜 분명하다. 10대가 긴 시간 댄스 음악에 맞춰 격렬하게 춤을 추거나 탈진할 때까지 숨속을 무턱대고 혼자 뛰어다니는 것은 그 순간의 강렬함이 두드러짐에도 불구하고, 경조증이나 조증의 충분한 증거가 아닐 수도 있다.

두 번째 구분은 기분상태의 지속 기간에 초점을 맞춘다. DSM-5 기준에서는 조증 일화의 특징이 활력의 현저한 증가와 하루 대부분, 연속적으로 여러 날, 최소한 일주일 동안의 기분장애라고 상세하게 기술하고 있다. 그러나 그 행동이 정신과 입원의 근거가 될 만큼 충분히 심하다면 조증 일화의 존재를 확립하는 데 일주일 동안의 지속 기간이 필요하지 않다. 본질적으로 최소한의 필요조건은 어느 것이 먼저 나타나든지 간에 일주일 동안의 지속 또는 입원이다. 정신과 시설에 접근할 수 있는 방법 부족과 같은 요인들 때문에 입원 선택권이 없는 상황에서는 그 기준이 다시 애매해진다. 그렇다면 행동이 입원을 정당화하기에 충분히 혼란스러웠더라도 입원 대신에 체포가 되거나 전혀 중재를 받지 못했었을 수도 있다.

경조증의 경우 지속 기간 필요조건은 조증과 질적으로 상이한 상태라기보다는 조증의 정도가 감소된 것이라

는 경조증의 일반 원리를 반영하여 더 짧다. DSM-5의 기준에서는 DSM-IV에서 이전에 조작적으로 정의했듯이 하루의 대부분 동안 지속되는 기분이나 활력의 명백한 변화가 4일 동안 일어난다는 지속 기간 역치를 존속시켰다. 임상적 연구와 역학적 연구 둘 다에서 나온 자료는 경조증의 양식적 일화의 길이가 아마도 2일임을 가리킨다(Angst et al., 2011; Merikangas & Pato, 2009; Youngstrom, 2009). DSM-5의 위원회는 지속 기간을 4일 대신 2일로 바꾸어야 하는지에 대해 적극적으로 논쟁을 벌였다(Towbin, Axelson, Leibenluft, & Birmaher, 2013). 한 가지 견해는 2일 지속 기간이 경조증의 진단 비율을 부풀리게 될 위험성이 있고, 따라서 양극성 장애의 진단 비율도 일부 그럴 위험성이 있다는 것이었다. 대조를 이루는 입장은 역치를 4일로 정하는 것이 기준의 민감성을 감소시켜 단극성 우울증이나 몇몇 다른 질병이 있는 것으로 잘못 분류를 하는 허위 부정을 더 많이 하게 되는 결과가 된다는 것이었다. 지속 기간 기준은 아동과 청소년에서의 현상학 문제와 직접적으로 관련되어 있다. 몇몇 연구들에서 왜 많은 청소년들이 BP-NOS로 분류되었는가라는 주요한 이유들 중의 하나가 지표 기분 일화의 불충분한 지속 기간이다(Axelson et al., 2006; Findling et al., 2005; Youngstrom et al., 2008). 아동의 기분 일화는 성인의 경우보다 더 짧은 것으로 기술되고 있지만, 그 자료는 성인이 흔히 2일간의 일화도 나타냄을 가리킨다. 더 큰 문제는 4일 또는 7일 역치가 확고한 자료에 근거를 둔 것이 아니었다는 것이다(Dunner, Russek, Russek, & Fieve, 1982). 마찬가지로 아동 정신과 입원환자 단위에 아동이 부족한 것은 심한 행동이 흔히 입원으로 인도

될 수 없음을 의미하는데, 이는 오진(Neighbors et al., 2007)과 기분장애가 있는 청소년들, 특히 소수민족 사이에서 발견되는 높은 비율의 감금(Pliszka, Sherman, Barrow, & Irick, 2000; Teplin, Abram, McClelland, Dulcan, & Mericle, 2002) 둘 다에 기여하는 것이다.

우울증과 기분저하증의 증상

양극성 장애는 일반적으로 제I형 양극성과 제II형 양극성의 경우에 주요우울 일화의 예민성에 도달하거나 또는 '역치하' 우울을 나타내는(일화의 심한 정도가 더 가볍거나 중간 또는 일화 기간의 짧은 정도에 기인하는) 우울 증상 기간을 포함한다. 예를 들면 2주 미만으로 지속되는 심한 우울증은 주요우울 일화의 지속 기간 기준을 충족하는 데 실패할 것이다. 다시 한 번 우리는 독자들에게 주요우울의 핵심 증상과 관련 특징의 개관을 위해 이책의 제5장을, 증상이 양극성 장애의 핵심 구성요소이기도 한 지속적 우울장애의 기준 개관을 위해서는 DSM-5를 참조하시기를 권한다. 우울증과 기분저하증(현재 DSM-5에서는 지속적 우울장애로 부름)의 DSM 기준은 중복되지만 동일한 것은 아니다. 예컨대 절망감은 기분저하증의 진단적 증상으로 간주되지만 주요우울증의 진단적 증상은 아니다(APA, 2000, 2013). 우리는 이것이 초기 연구들에서 사용된 상이한 측정 방법에 따른 인공적 결과일 수도 있고, 그렇다면 나중의 정의에서 구체화되었을 것이라고 의심하고 있다. DSM에서의 양극성 정의는 우울증상을 강조하지만(기분저하증의 증상을 명확하게 언급하지는 않음), 이것 역시 아마도 자료에 따른 것이라기보다는 관례에 기인하는 누락일 것이다. 이것은 많은 측면에서 기분저하장애의 양극성 유사 장애인 순환성 기분장애의 경우에 문제가 될 가능성이 가장 클 것이다(Van Meter, Youngstrom, & Findling, 2012).

양극성 질병의 우울단계는 더 많은 '비정형적' 특징을 보여줄 수도 있다(Goodwin & Jamison, 2007). 비정형적 우울증은 불면증 대신 과다수면, 식욕 감소 대신 식욕 증가, 체중 감소 대신 증가, 운동지체나 실질적 활력 감소 및 거부 민감성이 두드러진다(APA, 2000, 2013). 거부 민감성은 현재 기분상태에 관계없이 드러나는 특질과 같은 특징인 데 반하여(Davidson, 2007), 다른 비정형적 특징들은 우울상태에 한정된다. 현재 기분장애가 있는 청소년들 사이에서 비정형적 증상이 양극성 대 단극성 어느 우울증에서 더 흔한 것인지를 명확하게 살펴본 자료가 출판된 것은 없다. 그런 자료가 있었다면 상당한 이론적 및 임상적 가치를 가지고 있었을 것이다. 개념적으로 많은 비정형적 특징들은 '내적 표현형' 또는 생물학적 과정과 더욱 밀접하게 연결된 특징들의 기저 집합을 가리키는 식욕, 수면 및 활력과 관련된 증상들의 집합으로 응집된다(Harvey, Mullin, & Hinshaw, 2006; Hasler, Drevets, Gould, Gottesman, & Manji, 2006). 임상적으로 비정형적 특징들은 우울증치료를 받으려고 하지만 양극성 경로를 따라갈 가능성이 더 많은 환자들의 사례에서 확인될 수 있다. 비정형적 가설을 다루는 연구는 (1) 비정형적 증상이 우울증에 덧붙여 경조증이나 조증 일화의 병력이 있는 사람들 사이에서 유의미하게 더 흔한가의 검증, (2) 종단연구나 급성치료 연구에서 비정형적 증상이 경조증이나 조증으로의 더 높은 비율의 '전환'을 예측하는가의 검증, (3) 우울증 시기의 식욕 증가가 조증 시기의 식욕 감소와 상응하거나 우울상태의 과다 수면이 조증 시기의 수면 욕구 감소와 상관이 있는 것과 같은, 다시 말해 우울증 시기의 비정형적 증상이 고양된 기분상태 동안의 대조가 되는 장애와 상응하여 일어나는가의 고찰을 포함할 것이다. 처음의 두 가지 연구 문제는 임상평가에 즉각적 영향을 미치는 데 반하여 세 번째 문제는 어느 비정형적 특징들 중에 어느 것이 일일 주기의 수면 체계, 식욕, 또는 둘 다와 더 많이 연결되어 있는가의 정도를 보여줌으로써 중개 기제를 분명하게 하는 것을 도울 것이다.

혼재된 표현

조증과 우울증은 동일한 연속체상의 정반대의 양극이 아니라 별개의 기분 기능 차원인 것으로 생각된다. 조증은 '반우울증(antidepression)'이 아니다. 정서적 신경과학은 긍정적 정서와 부정적 정서가 상태 수준에서는 그 상관관계가 변할 수도 있지만 특질 수준에서는 사실상 상관이 없음을 보여준다(Carroll, Yik, Russell, & Barrett, 1999). 높은 수준의 긍정적 정서, 높은 수준의 부정적 정서, 둘 다 상승하지 않거나('정상 기분' 또는 정상적 한계 내의 기능), 둘 다 높은 수준을 경험하는 것이 가능하다. 긍정적 및 부정적 정서의 동시 상승 또는 조증 및 울증 증상의 동시 상승은 '혼재된 상태'를 구성한다. 우울증을 높은 부정적 정서로 바꾸거나 조증을 상승된 긍정적 정서로 바꾸는 것은 과잉 단순화가 될 것이다. Kraepelin 이래로 관찰자들은 기분장애도 기분뿐만 아니라 인지적 기능, 활력, 및 행동에서의 변화를 포함한다는 점에 주목해 왔다. '순수한' 우울증은 높은 부정적 정서를 수반할 뿐만 아니라 낮은 긍정적 정서, 낮은 활력, 인지적 둔화와 반추, 낮은 활동도 일으킨다. 반대로 '순수한' 조증은 높은 긍정적 정서를 포함하지만 낮은 부정적 정서, 낮은 활력과 활동 및 인지가 가속되는 느낌도 포함한다. 그러나 인지적, 정서적 및 생리적 체계 간의 적당한 동조와 일치하게, 각각의 구성요소가 다른 구성요소들과의 동시성에서 벗어나서 상승하거나 감소하는 것이 가능하다(Izard, 1993). Kraepelin(1921)은 세 가지 측면에서 임상적으로 높거나 낮은 것이 의미하는 것을 $2 \times 2 \times 2$ 순열에 따라 연구했다. 그래서 그는 여덟 가지 기분상태의 원형, 그중의 여섯 가지는 혼재된 변형을 기술했다.

임상적 현상학은 정서 체계에 대한 실험실 연구에 근거한 예측을 확증한다. 뒤섞인 상태가 통상적 상태인 것 같고, 순수한 표현에는 예외가 더 많다(Van Meter et al., 2012). 많은 우울증들이 흔히 '동요 우울증(agitated depression)'으로 규정되는 높은 활력을 포함하고 있다. 경조증과 조증은 흔히 분노, 좌절 또는 심지어 격노를 포함한다. 피질 활동과 행동적 상관물의 관점에서 보면 비록 분노가 '접근' 지향적 정서이기는 하지만 유인가가 모두 부정적이다(Youngstrom, 2009).

혼재된 기분 표현을 일으킬 수 있는 상이한 두 가지 시간적인 표현이 있다. 한 가지는 우울과 조증 증상의 동시발생을 포함한다. 이 '불쾌 조증(dysphoric mania)'

은 흔히 부정적 유인가를 가진 높은 활력을 포함한다. 그것은 종종 격렬해지기 쉽고 다른 기분상태로 재빨리 바뀐다. 불쾌 조증은 비유를 하자면 초콜릿 우유와 같다. 조증이라는 우유와 우울증이라는 초콜릿이 질적으로 서로 다른 용액을 형성하고, 임상적으로 구성요소들을 분리하는 것이 가능하지 않으며, "낮의 이 부분 동안, 존은 조증으로 보였다. 저녁의 이 부분 동안 그는 우울증으로 보였다."라고 한다.

대안적 표현은 상대적으로 순수한 조증과 우울증 기간을 왕복하는 기분 불안정성이다. 이 경우의 비유는 바닐라와 퍼지가 혼합되어 있지만, 여전히 별개인 퍼지 리플 아이스크림(fudge ripple ice cream)이 될 것이다(Youngstrom et al., 2008). 이 복합적 기분 표현은 흔히 경계선 성격장애와 관련된 정서적 불안정성과 비슷하게 보여서 몇몇 사람으로 하여금 이 성격장애가 매우 짧은 기분 일화를 가지고 있는 양극성 스펙트럼의 극단적 사례일지도 모른다는 추측을 하게 만든다(MacKinnon & Pies, 2006).

혼재된 표현은 일반적으로 양극성 장애에서 임상적으로 흔히 나타나고, PBD에서는 더욱 자주 나타날 수 있다(Algorta et al., 2011; Axelson et al., 2006; Duax, Youngstrom, Calabrese, & Findling, 2007; Kraepelin, 1921). 그런 표현들은 또한 병에 걸린 사람들과 그 주변 사람들 모두에게 고통을 야기하는 매우 손상을 일으키는 것이다. 우울증의 부정성과 절망감을 조증에서 전형적으로 나타나는 높은 활력과 충동성과 짝짓게 됨으로써 혼재된 표현을 보이는 사람은 큰 자살 위험을 지니고 있다(Algorta et al., 2011). 그런 표현들을 보이는 사람은 고전적인 '순수한' 우울증이나 조증처럼 보이지 않기 때문에 알아보기도 정확하게 진단하기도 어렵다.

혼재된 일화에 대한 DSM-IV-TR의 기준(APA, 2000)은 아홉 가지 우울증상 중에서 최소한 다섯 가지와 함께 동일한 일화 동안 조증과 우울증 둘 다의 기준을 완전히 충족시킬 필요가 있었다(즉, 우쭐한 기분에 덧붙여 최소한 세 가지의 기준 B, 또는 성마른 기분에 덧붙여 최소한 네 가지의 조증 기준 B). 혼재된 일화의 지속 기간은 조증의 기준을 따랐다. 7일 또는 그 이상 일화가 지속되거나 2주를 필요로 하는 우울증보다 정신과 입원을 정당화하기에 충분할 만큼 심한 일화. DSM 기준에 대한 염려에는 환자가 흔히 혼재된 경조증을 보임으로써 그 분류 도식이 총망라하는 것이 아님을 보여준다는 것이 포함되었다. 게다가 DSM-IV(-TR)는 혼재된 우울 표현들은 거의 기술하지 않았고, 또한 일화로 진단되는 기준점을 통과하는 데 필요한 하루 중의 시간이나 한 주 동안의 일수에 대해서도 애매하였다.

DSM-5에서는 혼재된 일화를 별개의 일화 유형으로 없앰으로써 이런 단점들을 다루려고 시도했다. 그 대신 조증, 경조증, 우울, 또는 지속적 우울 (이전에는 '기분저하') 일화의 상위에 부호화될 수 있는 '혼재된 특징'이 명시자이다. 임상의들이 그 명시자를 받아들인다면, 혼재된 특징을 포함하는 우울증의 상당 부분을 인정하는 것뿐만 아니라 혼재된 경조증의 특징을 더 정확하게 묘사하는 것을 도울 수 있을 것이다. 그러나 임상적 진단에 대한 개관에서는 명시자들이 진료에서는 거의 부호화되지 않음이 발견된다(Garb, 1998). 따라서 최종적 결과는 양극성 표현에 대한 임상적 민감도가 감소한 것일 수 있다. 혼재된 표현을 분간하기 위한 DSM-5의 알고리즘은 우울증이나 조증에 특정적인 증상들에 더 많은 가중치를 주려고 한다. 성마른 기분과 빈약한 주의집중/주의분산은 순수한 우울증이나 조증에서 나타날 수 있기 때문에 DSM-5의 틀 내에서는 '혼재된 특징'에 포함되지 않는다(APA, 2013, pp.149-150, 184-185).

이 접근방법은 몇 가지 도전에 직면하고 있다. (1) 더 복잡해서 임상의들이 일관성 있게 실행할 가능성이 더 적게 만든다, (2) 증상들이 사실상 한 가지 기분상태에 특정한 것인지를 알아보기 위해 현존하는 자료에 대하여 검증되지 않았다, (3) 비특이성 기분증상들이 실제로 혼재된 표현의 가장 큰 특징일 수 있다, (4) 손상을 가장 많이 주는 증상들이 비특이성일 수 있다(성마른 기분은 대개 부모와 교사가 전문가에게 위탁을 하게 하는 가장 큰 관심사임), (5) 알고리즘은 우울증 대 조증 동안에 증상이 질적으로 다를 수 있다는 가능성을 무시한다. 예를 들면 성마른 기분이나 빈약한 주의집중은 조증과 우울증 모두에서 일어날 수 있다. 그러나 관련된 활력 수준과 다른 맥락요인들로 우울 표현에서 조증 표현을 구별하는 것이 가능하다. 우울증 동안의 과민성은 활력이 낮고, 성마르며, 성미가 까다로우며, 아마도 다그치면 달려들게 될 수도 있다. 조증 동안의 과민성은 활력이 높고, 접근 지향적이며, 사람들이 한계를 설정할 때는 좌절에 이르게 될 수도 있다. 과민성을 '혼재된 특징'에 대한 고려 대상에서 배제하는 것은 각각의 기분 양극성 내에서 질적으로 서로 다른 형태의 과민성을 구별할 잠재적 가능성을 제거한다. 조증이나 경조증 일화(APA, 2013, pp.149-150) 대 주요우울이나 지속적 우울 일화(APA, 2013, pp.184-185)의 맥락에서 부호화된 '혼재된 특징' 명시자에 대해 서로 다른 기준을 부여하게 됨으로써 그 복잡성은 더욱 나빠진다. 새로운 '불안 고통' 명시자의 추가가 기분 표현에 대한 임상적 기술을 더욱 복잡하게 만들 수도 있다. 전반적으로 새로운 DSM-5의 혼재된 특징 명시자(와 다른 기분 명시자)에 대한 경험적 연구가 매우 중요할 것이다. 이 명시자의 타당도가 조사되어야만 할 뿐만 아니라 임상 실제에서 어떻게 사용되는지도 추적해야만 한다.

관련 증상

진단에 대한 DSM 접근방법의 단점은 특정 증상들에게는 진단기준의 일부로서의 특권을 주고, 다른 증상들이나 관련 특징들의 지위는 떨어뜨린다는 점이다. 양극성 장애는 높은 수준의 스트레스 및 불안과 관련이 있다(Wagner, 2006). 이런 불안증상들 중의 다수가 우울증이나 조증 기준 목록에 포함되어 있지 않다는 사실은 그들 간의 구분이 인위적임을 나타낸다. 상당수의 불안증상들이 있을 때에는 임상의가 '동반이환(comorbid)' 불안장애로 진단하는가, 또는 그 불안을 기분증후군에 기인하는 것이고 아마도 '불안 고통' 명시자로 부호화하는가의 여부를 결정할 필요가 있다(APA, 2013, pp.149, 184). DSM의 기준은 위계적이다. 기분장애는 그 증상들이 기분 일화의 맥락의 외부에서도 분명하게 드러나지 않는 한 증상 군집에 대한 설명으로써 우선한다. 그러나 임상의들의 이 원리 이행은 매우 다양해서 그 결과로 서로 다른 연구집단들과 진료소들에 걸쳐서 양극성 장애 사례 중에서 '동반이환' 불안장애 명칭을 붙인 비율에서 중요한 차이가 생긴다(Kowatch, Youngstrom, Danielyan, & Findling, 2005; Wagner, 2006). 유사한 문제가 정신병과 양극성 장애, 분열정동장애 및 조현병 사이의 분명치 않은 경계선에서 나타나거나(Barnett & Smoller, 2009), 충동조절장애나 반사회적 행동과 조증 사이에서 나타난다(Bowring & Kovacs, 1992).

유형과 하위유형

DSM-5에는 DSM-IV-TR과 동일한 폭넓은 집합의 양극성 장애가 있지만 몇 가지 기준이 수정되어 있다. 우리는 먼저 DSM-5에서의 수정에 유의하면서, 그런 기준들을 개관한 다음에 대체하는 하위유형과 질병분류에 대해 간단하게 논의한다. 여기서 개관된 거의 모든 출간된 연구가 DSM-IV 기준을 사용해 왔기 때문에 그런 연구들도 제시한다. DSM-5의 수정에 대한 증거는 현재로서는 DSM-IV의 정의보다 더 적다.

제I형 양극성 장애

DSM에서는 제I형 양극성 장애를 조증 일화가 일생에 최소한 한 번 일어나는 것으로 정의한다. 앞에서 기술한 다른 모든 기분상태들도 제I형 양극성 장애에서 일어날 수 있지만 조증 일화의 병력이 제I형 양극성 장애로 규정하게 만든다. 한다. 앞서 주목했듯이 어떤 사람이 이전에 조증 일화가 있었지만 지금은 순수한 주요우울 일화의 기준을 충족한다면, DSM에서는 이 표현을 '제I형 양극성 장애, 현재 우울 일화(bipolar I disorder, current episode depressed)'로 부호화한다. 이 접근방법의 장점은 우울증이나 다른 기분상태들이 양극성 질병의 맥락에서 일어나지 않았다면 예상한 것보다 치료에 대해 서로 다른 반응을 보일 수 있고 서로 다른 경로를 따른다는 그 인식에 있다. 본질적 문제는 그 정의가 엄청난 이질성을 포함하고 있다는 것이다. 제I형 양극성 장애는 어

떻게 보이는가? 그것은 화려한 조증(florid mania), 심하게 혼재된 기분, 경조증, 우울증, 정상 기분, 또는 각 증상의 서로 다른 측면의 혼합으로 보인다. 시간이라는 요소가 추가될 때 그 복잡성이 증가한다. 어떤 사람들은 일화가 길고, 어떤 사람들은 재발이 빈번하다. 또 다른 사람들은 고기능 기간이 길다. 어떤 사람들은 일생에서 단 한 번의 조증 일화만 경험할 수도 있다. 또 다른 사람들은 우울증이 우세하다. 그리고 어떤 사람들은 우울증 병력은 없이 조증이 재발할 수도 있다. 현재로서는 이런 종단적 경로가 질병의 서로 다른 하위유형을 반영하는 것인지 분명하지 않다. 서로 다른 예측이 가능할 것으로 생각되지만 변별적 치료 반응을 보인다는 점은 잘 확립되어 있지 않다. 기분 일화가 뚜렷할수록 일화들 이전 또는 일화들 간의 기능이 더 낮고, 리튬에 대한 반응이 더 낮다(Alda, Grof, Rouleau, Turecki, & Young, 2005; Duffy et al., 2002).

DSM-IV에서도 혼재된 일화가 있을 때 제I형 양극성 장애로 부호화하는 것을 허용한다. 앞에서 논의했듯이 DSM-5에서는 여전히 평생 한 번의 제I형 양극성 장애 진단으로 지정하기는 하지만, 그런 기분 일화를 '혼재된 특징 있는' 조증으로 재분류한다. 국제질병분류(ICD)에서는 제I형 양극성 장애 확진을 하려면 여러 번의 조증 일화가 필요했다. 단 한 번의 조증 일화라면 ICD에서는 '일시적' 양극성 장애 진단으로 부호화할 것이다(World Health Organization, 1992). 이보다 더 보수적인 접근은 아마도 DSM 기준 대신 ICD 기준을 사용한 연구들에서 제I형 양극성 장애의 비율이 더 낮게 나타나는 데 기여해 왔을 것이다(Dubicka, Carlson, Vail, & Harrington, 2008).

제I형 양극성 장애는 양극성 질병 중에서 가장 많이 연구된 형태이고, 그것에 관한 연구는 대부분 양극성 스펙트럼을 다루는 임상시험으로 구성되어 있다. 그러나 그것은 DSM 기준에 따라 양극성 장애 기준을 충족시키는 사례들의 대략 1/4만 나타낼 뿐이고, 대안적 기준이 사용된다면 더 작은 부분일 것이다(Merikangas & Pato, 2009).

제II형 양극성 장애

임상적 관점에서는, 제II형 양극성 장애는 가장 적절하게 우울질병의 한 형태로 간주된다. 제II형 양극성 장애 진단을 받기 위해서는 경조증 일화와 주요우울증 일화의 기준 둘 다를 완전히 충족시켜야 할 필요가 있다. DSM-5 에서는 경조증 일화와 우울증 일화 둘 중의 하나 또는 둘 다도 '혼재된 명시자'가 될 수 있다. 사람들은 우울 단계 동안 치료방법을 찾을 가능성이 훨씬 더 크고, 당연히 우울증이 경조증보다 훨씬 더 많은 손상을 초래할 것이다(Berk & Dodd, 2005). 사람들은 가벼운 우울증, 단기간의 경조증, 또는 기분저하증과 주요우울증이 동일한 사람에게 순차적으로 영향을 미칠 때 알아차리게 되는 '이중우울증'에 상응하는 지속적 우울성 기분저하 등과 같은 역치 이하의 기분문제들도 나타낸다(Klein, Taylor, Harding, & Dickstein, 1988; Van Meter et al., 2012). 그러나 사람들은 완전한 조증 일화를 나타낼 수 없고, 그렇지 않으면 제I형 양극성 장애로 진단을 바꾸어야만 한다. 임상적 관찰자들은 제II형 양극성 장애의 많은 사례들에서 현저한 정서적 불안정에 주목한다(Berk & Dodd, 2005). DSM-5의 '혼재된 특징' 명시자는 현상의 이런 측면을 문헌에 기록하는 것을 도울 수 있다.

순환성 기분장애

DSM-5에서는 DSM-IV-TR의 순환성 기분장애 진단을 유지하고 있다. 그 정의에서 성인기에 2년이나 그 이상, 청소년기에 1년이나 그 이상의 연장 동안 현저한 경조증 및 우울증 증상을 보이고, 그 기간의 절반 이상 증상이 나타나고 증상이 없는 기간은 고작 2개월 정도인 사람들이라고 상술하고 있다. DSM-5에서는 경조증 증상이 경조증 일화의 기준을 충족시킬 필요가 없음을 명확하게 밝혔다. 순환성 기분장애는 손상과 관련되어 있다. DSM은 기분 표현이 그 사람의 전형적 기능으로부터의 뚜렷한 변화를 수반하는지의 여부에 대해 명확하지 않다. 순환성 기분장애가 별개의 장애인지, 기분저하 장애와 유사한 것인지, 또는 정서적 기질로 개념화하는 것이 더나을 것인지에 대한 개념적 논쟁이 있다(Parker, McCraw, & Fletcher, 2012). 기질 모형은 순환성 기분장애의 특성이 기분장애 발병의 병적 소질을 구성함을 시사한다. 순환성 기분장애는 양극성 질병의 전구증상을 표시하는 것일 수도 있다.

임상적으로 순환성 기분장애는 그 정의에 따르면 가장 심하고 분명한 표현은 배제하기 때문에 구별하기가 어렵다. 경조증 증상은 너무 심하거나 두드러진 것이 될 수 없는데, 그렇지 않으면 조증 일화를 형성하게 된다(그리고 그 진단은 제I형 양극성 장애로 바뀌어야만 한다). 마찬가지로 우울증 증상은 주요우울 일화 발병으로 진행될 수 없는데, 그렇지 않으면 그 진단이 제II형 양극성 장애 또는 혼재된 특징이 있는 주요우울장애로 바뀌어야만 한다. 지표가 되는 기분상태의 오랜 지속 기간도 그 사람의 전형적 기능과 구별하는 것을 어렵게 만든다(Van Meter et al., 2012). 비록 연구들이 순환성 기분장애가 신뢰성 있게 식별될 수 있고 관련된 특징, 경로 및 가족력에 의해 타당도를 보임을 시사하기는 하지만(Van Meter, Youngstrom, Demeter, & Findling, 2013; Van Meter, Youngstrom, Youngstrom, Feeny, & Findling, 2011), 아마도 이런 이유 때문에 순환성 기분장애의 진단이 청소년 대상으로는 거의 사용되지 않았다(Youngstrom, Youngstrom, & Starr, 2005). 더욱이 역학연구들은 순환성 기분장애가 만연하고 있고 전형적으로 손상을 시키는 장애임을 시사한다(Merikangas et al., 2007, 2011; Van Meter, Moreira, & Youngstrom, 2011).

기타 상술된 양극성 및 관련장애 또는 달리 상술되지 않은 양극성 장애

비록 DSM-IV와 DSM-5 사이에 특정한 기준이 바뀐 것은 아무것도 없지만 DSM-5에서는 DSM의 '달리 상술되지 않은(not otherwise specified, NOS)'이라는 모든 진단을 '기타 상술된(other specified, OS)'이라는 이름으로 바꾸었다. 양극성 장애의 경우 OS-BRD와 BP-NOS의 정의는 기분상태(예 : 활력 변화를 더 강조, 일화 정의 대신에 '혼재된 특징' 명시자)와 '하루의 대부분' 역치를 충족시키는 데 필요한 시간에 대한 설명을 위한 주석을 제외하고는 유사하다. OS-BRD 또한 주요우울 일화를 불충분한 경조증의 지속 기간이나 불충분한 경조증 증상의 수를 수반하는 원형에 추가한다. 주요우울증을 필수적 요소로 해석했다면 OS-BRD의 정의는 불충분한 지속 기간이나 증상의 수에 기인하는 제II형 양극성 장애의 기준에 빠진 사례에 초점을 맞출 것이다. DSM-IV에서 사용된 BP-NOS에 대한 다른 연구나 임상적 정의를 충복시키는 많은 수의 다른 사례들은 포함시키지 않는다(Axelson et al., 2006; Findling et al., 2005). OS-BRD 또한 성인기에 24개월 미만이고 청소년기에 12개월 미만으로 표현이 지속되는 "단기간의 순환성 기분장애"라는 새로운 네 번째 원형을 추가한다.

어떤 점에서는 폭이 좁고 다른 점에서는 OS-BRD의 범위를 확장하는, 이런 기준 변화에 비추어 우리는 'BP-NOS'를 DSM-IV 기준에 근거한 연구, 즉 연구의 기초에서 사용된 전문 용어와 일치하는 연구와 OS-BRD를 위한 DSM-5의 새로운 기준을 사용하여 더 새로운 연구들에 기초한 증거를 구별하는 것을 도와주는 연구를 가리킬 때 사용한다. APA의 의도는 OS-BRD(그리고 이전에 BP-NOS가 의도했던)가 임상의가 다른 양극성 장애를 체계적으로 고려한 후에만 채택한 최후 수단으로써의 진단이라는 것이고, 한 사례가 각각의 장애를 위한 엄격한 기준을 충족시키지 않음을 확립해 왔다는 것이다. 그러나 실제에서는 정반대의 일이 흔히 나타나는데, 임상의와 연구자가 모두 또 다른 양극성 장애를 위한 기준이 충족되는가를 체계적으로 점검하지 않고 BP-NOS 진단을 해왔음이 발견되었다(Dubicka et al., 2008; Youngstrom, Youngstrom, & Starr, 2005). 이것은 특히 연구들에서조차 자주 다른 NOS 표현과 함께 묶어서 '기분장애 NOS'라는 이름을 붙여 온 순환성 기분장애의 경우에 흔한 일이다. 많은 개업 임상의들도 NOS 명칭이 낙인을 덜 찍는 것이거나 청소년이 나이가 들었을 때 재평가될 가능성이 더 많다고 생각하여, 젊은 사람이 제I형 또는 제II형 양극성 장애의 기준을 충족시킬 때 NOS 명칭을 사용하였다.

DSM-5에서는 DSM-IV의 'NOS' 선택 사항에 대한 두

가지의 다른 주목할 만한 변경이 있었다. 한 가지는 양극성과 단극성 우울 스펙트럼 질병을 구별하지 않았던 '기분장애 NOS'를 없앤 것이다. 개업 임상의들은 흔히 이것을 훨씬 약한 잠재적인 양극성 스펙트럼 진단으로 사용했다(Youngstrom, Youngstrom, & Starr, 2005). 다른 한 가지는 "임상의가 그 기준이 특정한 양극성 및 관련 장애를 충족시키지 않는 이유를 상술하지 않기로 할 때" 사용하기 위한 새로운 잔여 선택 사항으로 "상술되지 않은 양극성 및 관련장애"를 추가한 것이다(APA, 2013, p.149; 고딕체는 저자의 강조). 다가올 몇 년 동안 진료와 상환 경향이 유사하게 유지된다면 "상술되지 않은 양극성 및 관련장애" 진단은 아마도 진료에서 가장 흔히 사용된 진단 중의 하나가 될 것이다.

BP-NOS와 OS-BRD에는 경조증 증상과 어쩌면 우울증상이 포함된다. 순환성 기분장애의 경우처럼 완전한 조증의 병력은 없을 수 있고, 그렇지 않으면 그 진단은 제I형 양극성 장애로 바뀌어야 한다. 그리고 주요우울증의 병력은 없을 수 있고, 그렇지 않으면 그 진단은 제II형 양극성 장애(또는 DSM-5에서는 아마도 혼재된 특징이 있는 주요우울증)가 되어야 한다. 정신과 질환으로서의 자격을 갖추기 위해 증상들은 최소한 한 가지 장면에서의 중요한 손상과 관련되어 있어야 할 필요가 있다.

DSM-IV-TR에서는 서로 다른 BP-NOS 표현의 원형이 되는 예를 제공했다. 이런 예에는 일생 조증이나 우울증 병력은 없이 정기적으로 되풀이되는 경조증 일화가 포함되었다. DSM-5에서는 제II형 양극성 장애에서 임상적으로 적절하다면 '혼재된 특징이 있는' 명시자를 경조증에 대해 부호화하도록 허용하지만, 이 명시자는 OS-BRD나 상술하지 않은 양극성 및 관련장애를 위한 선택 사항으로 목록에 올라 있지는 않다(APA, 2013, pp.148-149). 그럼에도 불구하고 이 증상 경로를 보이는 사람들이 역학연구(Merikangas et al., 2012), 가족병력연구(Hodgins, Faucher, Zarac, & Ellenbogen, 2002) 및 역치하 기분 표현에 대한 연구(Kwapil et al., 2000)들에서 나타난다. 이런 사람들은 자신들의 기능이 흔히 정상이거나 우월하고 기분과 활력의 변동이 중요한 문제를 일으키지 않기 때문에

좀처럼 임상적 서비스를 찾지 않는다(Klein, Lewinsohn, & Seeley, 1996). 따라서 이 BP-NOS/OS-BRD의 변형은 탄력성과 좋은 예후와 관련된 요인들에 대해서는 정보를 제공해 줄 수 있다고 하더라도 임상적 목적보다는 연구에 더 관심이 있다.

BP-NOS/OS-BRD의 두 번째 변형은 지표 기분 일화를 위한 완전한 기준을 충족시키기에는 증상의 수가 불충분하다. 증상의 수가 불충분하다는 정의는 기분장애를 최소한 한 가지의 다른 조증 증상과 결합시키거나, 또는 DSM의 역치에 한 가지 증상이 모자라는 역치 사례를 조사하는 것과 같이, 대안적인 조작적 정의를 사용하여 자료를 재분석하는 역학연구들에서 가장 널리 사용된다(Lewinsohn, Klein, & Seeley, 1995). 이런 정의들은 자동적으로 더 많은 수의 증상을 필요로 하는 정의보다 더 널리 퍼져 있지만, 여전히 높은 손상 정도와 관련되어 있다(Merikangas & Pato, 2009).

BP-NOS/OS-BRD의 세 번째 변형은 지표 기분 일화를 위한 지속 기간 기준을 충족시키지 못한다. 모든 조증 증상들을 나타내지만, 1주일 동안 지속되지 않거나 또는 입원하게 될 수도 있다. 마찬가지로 경조증은 4일 이상 지속되지 않을 수 있고, 우울증은 2주나 그 이상 지속되지 않을 수 있으며, 순환성 기분장애/기분저하장애의 기간이 1년 미만으로만 지속될 수도 있다. 이런 역치하의 지속 기간은 완전한 기준을 충족시켰던 과거의 일화가 있었다면 문제가 되지 않는다. 그 시나리오에서는 현재의 기분문제가 '부분적 완화'로 부호화될 것이다. 그러나 완전한 기준을 충족시켰던 과거의 일화가 없었고, 현재의 일화가 지속 기간 기준에 미치지 못한다면, DSM-5에서의 기술적으로 정확한 진단은 OS-BRD가 될 것이다(이전에는 BP-NOS). 기분 일화의 길이에 대한 임상 및 역학자료는 이 시나리오와 관련되어 있다. 양극성 장애 증상이 있는 많은 청소년들이 충분한 수의 증상들과 상당한 손상을 나타내지만 불연속적인 기분 일화는 DSM의 지속 기간 역치를 뛰어넘을 만큼 충분히 오래 지속되지 않는다(Youngstrom, 2009). 임상자료는 이것이 젊은 사람들 사이에서 흔히 나타나는 표현임을 가리키고, 역학

및 임상자료는 그것이 성인들 사이에서도 흔히 발생함을 보여준다(Judd & Akiskal, 2003). 경조증 일화는 최소한 4일 동안 지속되어야 한다는 DSM-5의 명기된 규정은 그렇지 않다면 제II형 양극성 장애 기준을 충족시켰을 많은 사례들을 OS-BRD 범주로 바꿀 잠재적 가능성이 있다.

물질로 유도된 조증 증상

DSM-IV에서는 길거리 마약이나 향정신성 약물의 사용과 동시에 나타나는 조증 증상의 사례들은 제I형이나 제II형 양극성 장애의 명칭을 붙이는 대신 "조증 특징이 있는 물질로 유도된 기분장애"로 분류되어야 한다고 본다. 약을 먹고 있는 동안 기분 및 행동의 활성화가 나타날 때 그 증상들이 화학적으로 유도된 '기분 좋음'의 특징인지, 의도하지 않은 약물의 부작용인지, 또는 투약이 양극성 체질을 드러내게 한 것인지가 분명치 않다(Joseph, Youngstrom, & Soares, 2009). 많은 문헌들은 항우울제나 흥분제를 먹고 있는 동안의 행동 활성화는 양극성 장애의 진단적 지표일 수도 있음을 시사한다(Akiskal et al., 2003; Ghaemi, Hsu, Soldani, & Goodwin, 2003). 그러나 항우울제가 유도한 조증으로의 '전환'에 관한 두 가지 개관 문헌에서는 증거들이 '경계(vigilance)' 가설, 즉 약을 먹는 것이 아마도 잠재적 경조증 증상들을 더 잘 모니터링하는 것과 관련되어 있다는 가설과 가장 잘 일치한다고 결론을 내렸다(Joseph et al., 2009; Licht, Gijsman, Nolen, & Angst, 2008). 치료에 따라 나타나는 정서적 전환이 높은 비율로 출현하는 것은 양극성 비율의 기저에 있는 변화와는 대조적으로, 더 큰 평가 민감성에 기인하는 것일 수 있다. DSM-5에서는 약물치료를 하는 동안 증상들이 나타나는 사례에서 독립적 양극성 장애의 진단을 허용하는데, 특히 기분증상들이 물질/약물사용 개시보다 먼저 일어나거나, 그 증상들이 급성 금단이나 중독의 중지 이후에 대략 한 달 동안 지속되거나 또는 독립적 장애와 일치하는 다른 증거가 있으면 그렇다(APA, 2013, p.142). 이것은 경계 가설과 일치하는 것이거나 증상이 치료에 '침투한다'는 생각과 일치하는 것일 것이다. 또한 흥분제나 항우울제가 높은 비율의 양극성 장애나

조증 증상과 관련되어 있지 않다는 점점 많아지는 증거와 일치한다(Carlson, 2003; Pagano, Demeter, Faber, Calabrese, & Findling, 2008; Scheffer, Kowatch, Carmody, & Rush, 2005). 그러나 그 문제는 계속 논쟁 중이고(DelBello, Soutullo, et al., 2001), 약을 먹을 때 기분 탈억제를 보이는 환자들 중의 부분적 사례들과 관련된 유전적 소인이 있을 수 있다는 점도 가능하다(Salvadore et al., 2010).

PBD의 좁은, 중간 및 넓은 표현형

아동과 청소년에 있어서의 양극성 장애의 소견에 대한 논쟁에 대한 반응으로 한 영향력이 있는 논문에서는 PBD에 대한 '좁은', '중간' 및 '넓은' 정의를 기술했다(Leibenluft, Charney, Towbin, Bhangoo, & Pine, 2003). DSM-IV의 기준은 중간 정의였고, 좁은 및 넓은 정의는 DSM의 정의에서 벗어난 것이었다. 좁은 표현형은 주로 PBD에 대한 미국 국립보건원의 선구적인 연구에서 워싱턴대학교의 Geller가 사용한 조작적 정의 연구에 근거한 것이었다(Geller & Luby, 1997). 워싱턴대학교의 기준은 양극성 집단을 위한 포함 기준을 충족시키기 위해 들뜬 기분이나 과장 중의 어느 하나의 존재를 규정했는데, 왜냐하면 성마른 기분은 PBD에만 특이한 것이 아니기 때문이었다(Geller, Zimerman, Williams, DelBello, Bolhofner, et al., 2002). Leibenluft와 동료들(2003)의 좁은 기준도 기분에 분명한 일화적 경계나 변동이 있는 것과 함께 들뜬 기분이나 과장에 대한 주안점을 채택했다. 흥미롭게도 워싱턴대학교 버전(Geller et al., 2001)의 정동장애와 조현병 일람표(Washington University version of the Kiddie Schedule for Affective Disorders and Schizophrenia; WASH-U-KSADS)에서는 별개의 일화들을 조사하기를 지향하기보다는 개별적 증상들의 발현에 초점을 맞추기 때문에 일화를 추적하기가 어렵다(Galanter & Leibenluft, 2008). Geller와 동료들의 자료에 있는 청소년들이 좁은 표현형을 위한 일화 필요조건을 얼마나 많이 충족시키는지에 대해서는 논쟁이 있다.

좁은 표현형은 원래 임상적 사용을 위한 것이 아니라 연구 정의로 구상된 것이었다. 후속연구들에서는 양극성 장애가 있는 많은 성인들에게 주로 성마르지만 들뜨지는 않은 기분이 있음이 발견되었는데, 이는 좁은 표현형이 상당 부분의 성인 양극성 장애 사례들을 배제할 수도 있음을 시사하는 것이다(Judd et al., 2002). 반대로 소아 대상의 연구들에서는 증상이 반구조화된 면접이나 평정 척도에 의해 체계적으로 평가된 경우에 들뜬 기분과 과장이 DSM-IV의 양극성 진단기준을 충족시키는 대다수 사례들에서 발견된다(Kowatch et al., 2005). 들뜬 기분과 과장이 손상을 시키는 가장 큰 증상은 아니며, 그런 이유로 그 증상들은 거의 주된 문제로 보지 않는다(Freeman, Youngstrom, Freeman, Youngstrom, & Findling, 2011; Hawley & Weisz, 2003). 가족들은 자기 자식의 상황에 대한 자발적 기술에서 이런 증상들에 초점을 맞추는 경향이 있다(Carpenter-Song, 2009). 체계적으로 평가되었을 때 심한 정도, 관련된 특징, 또는 다른 상관관계가 있는 것들의 관점에서 들뜬 기분이 있는 사례들과 없는 사례들 간에는 약간의 차이가 있다(Hunt et al., 2009). 체계적으로 이루어졌다면 들뜬 기분이나 과장을 필요로 하는 것이 진단 비율이나 타당도에 큰 영향을 미치지 않을 수도 있다. 그러나 당면한 문제에 대한 최초의 기술에 주의를 집중하는 비구조화된 면접에 의지하는 것은 상당한 부분의 양극성 사례들에 명칭을 잘못 붙일 가능성이 있다(Galanter & Patel, 2005; Jenkins, Youngstrom, Washburn, & Youngstrom, 2011). 영국 국립보건임상연구소의 지침(www.nice.org.uk/nicemedia/live/10990/30193/30193.pdf)에서는 PBD의 좁은 정의를 평가에 대한 상응하는 체계적 접근법을 명시하지 않고 핵심 정의로 채택해 왔다. 아마도 이런 요인들의 결합이 영국에서의 PBD에 대한 임상적 진단 비율이 낮은 한 원인이 되었을 것이다[임상적 일화에 대한 해석에서의 차이의 예를 위해서는 Dubicka 등(2008) 참조].

PBD의 넓은 표현형은 원래 들뜬 기분이나 과장의 분명한 기간이 없이 기분이 대부분 성마른 경우로 기술했다(Nottelmann et al., 2001). 그렇더라도 넓은 표현형의 특징은 분명한 일화가 없는 것으로 간주되었다(Leibenluft et al., 2003). 발병은 점진적이고 잠행적일 수 있고, 또는 기분조절장애가 부모가 '태어날 때부터' 또는 심지어 태어나기 전부터 있었다고 보고할 정도로 만성적일 수 있다(Papolos & Papolos, 2002; Wozniak et al., 1995). 조증, 경조증, 또는 우울증이 타인이 쉽게 관찰했던 그 사람의 전형적인 기능으로부터의 변화임을 분명하게 필요로 했던, 제I형과 제II형 양극성 장애에 대한 DSM-IV(-TR)의 정의와는 확실한 일화가 없다는 점에서 구별된다(APA, 2000). 넓은 정의도 Kraepelin(1921)의 일화적 또는 주기적이라는 기분장애에 대한 개념화와 불일치하였는데, 그는 조울증을 정신분열병 및 더 진행적이고 지속적인 경로를 따랐던 다른 실체들과 구별하는 데 이 개념을 사용했다. 여러 연구 집단이 PBD의 핵심 특징으로서의 성마른 기분에 초점을 맞추었고 비일화적 표현도 양극성 스펙트럼에서 흔히 나타난다고 주장하였다(Mick, Spencer, Wozniak, & Biederman, 2005; Wozniak et al., 2005). 성마른 기분과 공격성이 흔히 위탁과 치료에 이르게 하는 특징이라는 사실에 근거하여 임상적으로 PBD로 진단된 많은 사례들도 중간 또는 좁은 정의라기보다는 넓은 정의의 범위에 들어간다는 의심이 있었다(Blader & Carlson, 2007; Leibenluft, 2011). 그러나 PBD의 임상적 진단 비율이 증가함을 보여주었던 서비스 데이터베이스에서는 양극성 장애의 하위유형들을 구별하지 않았다. 또한 사례가 좁은, 중간, 또는 넓은 표현형에 들어맞는지의 여부를 분리하기 위해 증상 수준의 세부 특징들을 추적하지도 않았다.

파괴적 기분조절장애

넓은 표현형은 들뜬 기분, 과장, 또는 일화를 필요로 하지 않았던 PBD 진단에 대한 일반적인 특성화로 시작되었다. Leibenluft와 동료들(2003)은 연구 진단의 신뢰도를 증가시키려는 시도의 하나로써 '심한 기분조절장애(severe mood dysregulation, SMD)'에 대한 더욱 정확한 조작적 정의를 제안했다. SMD는 원래 조현병, 전반적 발달장애, 물질사용장애, 또는 외상후 스트레스장애(PTSD) 진단 사례뿐만 아니라 양극성 장애나 들뜬 기분의 일화적 증상

사례들을 배제했다. 일련의 2차적 분석에서는 성마른 기분과 공격성을 더욱 만성적이거나 일화적인 것으로 기술하기 위해 진단 면접에서 발췌된 문항들의 조합에 의지하는 다소 다른 조작적 정의를 사용했다(Brotman et al., 2006; Leibenluft, Cohen, Gorrindo, Brook, & Pine, 2006; Stringaris, Cohen, Pine, & Leibenluft, 2009). 동시에 새로운 KSADS 모듈에서는 SMD의 정의를 따르기 위해 더욱 정확한 면접의 줄기 및 탐사 문항을 확립했고, 이 모듈에서는 국립정신건강연구소의 여러 신경인지 및 영상연구들(Rich et al., 2010, 2011)뿐만 아니라 리튬 시험(Dickstein et al., 2009)에 참여했던 청소년 집단을 확인하였다. SMD의 더욱 구체적인 정의에서는 정서적 반응, 기능적 영상 및 가족 병력의 관점에서 PBD가 있는 청소년과는 다른 것으로 나타났던 환자 집단을 확인하였다. SMD가 있는 집단에서도 한 임상시험에서 리튬이 위약보다 유의미하게 더 좋지는 않았다. 만성적 공격성 정의를 사용한 종단적 데이터 세트에 대한 2차적 분석에서는 높은 비율의 우울증이 발견되었지만, 높은 비율의 양극성 장애는 발견되지 않았다(비록 경조증과 제II형 양극성 장애에 대한 이런 연구들의 민감도가 낮은 것이기는 했지만 두 연구는 양극성 장애의 비율이 기저선에 있는 특이한 것이었고, 모든 연구가 경조증에 덜 민감하다고 알려진, 장기간의 후속연구를 한 자기보고에만 의존하였다; Youngstrom, Findling, et al., 2005).

DSM-5에서는 PBD에 대한 약물치료와 높은 비율의 임상진단에 대한 관심과 결합한 SMD에 대한 여러 가지 조작적 정의를 한 이용 가능한 연구에 근거하여 DMDD의 진단을 추가했다. DMDD에 대해 제안된 정의는 DSM-5의 개발 과정을 통하여 SMD에서 '기분조절장애'로 그다음에는 DMDD로 여러 번 바뀌었다. 또한 파괴적 행동장애 집단에서 기분장애 집단으로 이동했다가 마지막으로 우울장애 단락의 시작 부분에 배치되었다(즉, DSM-5의 양극성 및 관련장애 단락에 있지 않다). DSM-5에서의 DMDD의 정의는 SMD에 대한 원래의 공식적 표현과는 배제 기준이 더 적고 요구되는 증상도 더 적은 것과 같은 여러 가지 중요한 점에서 다르다. 많은

전문가들이 DSM-5에서 추천된 실제 기준에 근거한 유병률, 종단적 경로, 치료 반응, 또는 적대적 반항장애(ODD)와 같은 다른 장애들로부터의 묘사에 대한 자료가 없기 때문에 DMDD를 임상적 사용을 위한 새로운 진단으로 포함시키는 것에 대해 걱정했다(Axelson, Birmaher, Findling, et al., 2011). 임상 실제에서의 DSM-5 기준의 신뢰도를 조사한 현장시험에서는 .25의 카파 값이 발견되었는데(세 곳에 걸쳐 범위는 .06에서 .49; Regier et al., 2013), 이는 임상 실제에서 DMDD를 다른 기분 및 행동문제 기준을 사용하기가 어려울 것임을 가리키는 것이다. 현재로서는 심한 성마름과 기분조절장애가 있는 몇몇 청소년들이 양극성 스펙트럼장애 기준을 충족시키지 않는다고 추론하는 것이 합리적이다. 그러나 DMDD가 다른 외현화 행동문제와는 다른 것인지뿐만 아니라 적절한 치료방침을 정하는 더 많은 연구가 신속하게 필요하다(Axelson, Birmaher, Findling, et al., 2011; Towbin et al., 2013). DMDD를 다루는 임상의들은 작용하고 있을 가능성이 큰 발달적 요인들에 대한 감각을 얻기 위해서 이 책의 품행장애(CD)와 ODD에 관한 장(Kimonis, Frick, & McMahon, 제3장)을 참조해야만 한다.

차원 모형

DSM-5의 저자들은 원래 양극성 장애와 다른 형태의 정신병리를 기술하기 위한 더욱 차원적인 접근으로 바꾸려고 하였다(Kraemer, 2007). 결국 DSM-5의 기준에서는 DSM-IV의 양극성 장애에 대한 범주적 정의를 보존하였는데, 이는 차이의 양적인 정도를 기술하기 위해 심한 정도의 척도를 추가함을 시사하는 것이다. NIMH의 연구영역 기준(Research Domain Criteria, RDoC) 발의도 차원적 모형을 강조한다(Insel et al., 2010). 기분 표현의 심한 정도를 평가하는 행동 점검표, 평정 척도 및 면접은 양극성 장애의 특징을 정량화하는 자연스러운 방법을 제공한다. 우울과 조증 증상 둘 다에 대한 분류측정적 분석에서는 표현의 차원적 측면에 대한 강한 지지가 발견되고, 잠재적 계층 모형에서는 심한 정도가 더 큰 다단계의 계층을 발견하는 경향이 있다(Haslam, Holland, &

Kuppens, 2012; Prisciandaro & Roberts, 2009, 2011; Tijssen et al., 2010).

차원적 측정방법을 이용하는 것이 주요 및 경도 우울증 대 다른 고통, 또는 조증 및 경조증 표현 대 기분 및 활력의 더 가벼운 변동 간의 잘못된 이분법을 피하는 것이다. 차원 및 요인 혼합 접근에는 심리측정적 정밀도가 더 크고 통계적 검증력이 향상될 뿐만 아니라 기저에 있는 잠재변인들의 구조에 더 잘 접근한다는 중요한 통계적 이점이 있다(Nylund, Asparouhov, & Muthén, 2007). 그러나 차원 모형은 과거의 기분수준이 치료 반응이나 현재 증상의 예후를 조절할 가능성을 포함하여, 몇몇 기분장애의 복잡한 측면들을 수용할 필요가 있다(Youngstrom, 2010). 차원 모형은 또한 지속 기간과 재발의 문제를 반영하도록 조정될 필요가 있다(Klein, 2008). 이런 필요들이 현재 범주적 방법으로 특별히 잘 다루어지지도 않고 있다. 요점은 단순하게 현재의 기분증상을 측정하는 것이 양극성 장애를 완전하게 이해하는 데 적절하지 않을 것이라는 점이다.

관련된 특징

부정적 정서

PBD에는 성인의 양극성 장애 문헌에서 예상할 수 있는 것과 일치하는 관련된 특징이 있다. PBD는 높은 수준의 부정적 정서와 높은 정서적 반응성과 연결되어 있고(Walsh, Royal, Brown, Barrantes-Vidal, & Kwapil, 2012), 우울 및 불안에 대한 3자 모형과 일치할 뿐만 아니라(Joiner & Lonigan, 2000; Watson et al., 1995), 성인의 양극성 장애가 높은 특질 정서적 불안정성과 신경증적 경향과 상관이 있다는 연구결과들과 일치한다(Barnett et al., 2011). 높은 부정적 정서는 양극성 장애와 함께 흔히 관찰되는 높은 스트레스와 불안증상의 기제일 수 있다. 상태 부정적 정서의 정도는 양극성 장애의 단계에 따라 두드러지게 변화하는데, 우울과 혼재상태 동안 가장 높고, 정상적 기분상태일 때는 보통이며, 도취된 경조증이나 조증인 동안에는 가장 낮다. 높은 특질 수준과 성인에게서 발견되는 일화들 사이의 높은 특질 신경증적 경향은 많은 사례들의 경우에 장기간에 걸친 더 큰 비율의 혼재된 표현과 우울기분의 우세에 한 원인이 될 수 있는 부정적 정서를 경험하는 경향을 가리킨다. 특질 부정적 정서의 수준과 신경증적 경향도 청소년기 이후의 여성이 유의미하게 더 높은데, 이는 여성의 혼재 및 우울 표현 경향을 강화하는 것이다(Cyranowski, Frank, Young, & Shear, 2000; Duax et al., 2007).

행동활성화와 억제

Gray(Gray & McNaughton, 1996)는 포유류 동물에게서 분명하게 나타나고 별도의 신경회로를 가지고 있는 것으로 보이는 세 가지 서로 다른 동기 체계를 확인했다 : 행동활성화 체계(behavioral activation system, BAS), 행동억제 체계(behavioral inhibition system, BIS) 및 투쟁-도피 체계(fight-flight system). 이런 체계들은 기분장애의 기저에 있는 다른 동기 체계에 대한 개념화와 부분적으로 겹친다. 예를 들면 BAS는 Depue의 행동 촉진 체계와 매우 유사한 것으로 보인다(Depue & Lenzenweger, 2006). 이런 모형들은 인간과 동물에서의 수행 측정을 통하여 자기보고로부터 확장된 측정방법과 함께(Carver & White, 1994) 신진대사의 상관, 별개의 뇌회로 및 잠재적인 유전적 상관에 이르기까지(Sanislow et al., 2010) 꽤 강건한 것으로 입증되어 왔다. BAS와 BIS는 특히 주의력결핍 과잉행동장애(ADHD), ODD, CD 및 불안장애뿐만 아니라 청소년의 기분장애를 포함하는 다양한 장애들과 함께 조사되었다(Alloy et al., 2008; Fowles, 1994; Quay, 1993).

BAS는 느슨하게 말하자면 보상 단서와 접근을 재촉하는 행동(재미 추구뿐만 아니라 욕구 불만에 기인하는 공격성을 포함하는)을 향해 몰고 간다는 점에서 '가속 페달'과 유사하다. 조증과 경조증은 높은 수준의 활력 및 목표지향적 행동뿐만 아니라 긍정적 정서와 성마름 및 분노와 일치하는 BAS의 높은 측정 점수와 상관이 있다. 우울증은 우울과 불안에 대한 3자 모형의 예측과 일치하게 낮은 BAS 점수와 관련이 있다. 높은 자기보고 BAS

점수는 나중의 정서적 불안정성과 양극성 장애로의 진행을 예측한다(Alloy et al., 2012). 양극성 장애에 대한 한 가지 이론적 모형은 양극성 장애에는 아마도 보상이나 손실 단서에 대한 더 큰 민감성의 결과로 생기는(Urosevic et al., 2010), 극단적으로 높거나 낮은 BAS 활동수준을 향한 경향이 포함된다고 가정하는 'BAS 조절장애 가설'이다(Alloy et al., 2008). 위협 단서에 대한 민감성은 BIS를 뜻하고, 또한 양극성 장애와 관련된 높은 수준의 불안증상과 일치하는 것이다. 이런 모형들이 성인기와 그 이후를 대상으로 가장 광범위하게 연구되었으나, 최근의 지지하는 자료는 아동기와 청소년기까지 확장된다(Gruber et al., 2013).

신경인지적 수행

PBD는 정서적 처리에서의 더욱 초점적인 결함과 함께 건강한 통제집단에 비해 더 빈약한 처리 속도, 실행기능 및 작업기억을 포함하는 다양한 인지적 수행 결함과 관련되어 있다(Joseph, Frazier, Youngstrom, & Soares, 2008; Walshaw, Alloy, & Sabb, 2010). 이런 결함들의 대부분은 조현병 관련과 건강한 통제집단의 손상되지 않은 기능 사이의 중간 정도이다(DelBello & Kowatch, 2003; Frazier et al., 2012). 또 이것은 성인 대상 문헌에서의 연구결과들과 일치한다(Phillips & Vieta, 2007). 이런 많은 인지기능장애들이 양극성 장애에만 특유한 것은 아니다. 조현병에서의 기능 패턴과 중복되는데다가 ADHD에서 관찰되는 패턴과도 큰 유사성이 있다(Walshaw et al., 2010). 그러나 PBD+ADHD 하위집단 대 PBD 단독집단 또는 ADHD 단독집단을 비교하기에 충분히 큰 연구들에서는 동반이환 집단이 가장 심한 결함을 가지고 있음이 발견된다. 이는 각각의 장애가 추가적·증가적 손상과 관련되어 있을 수도 있음을 시사한다(Henin et al., 2007). PBD에 상대적으로 특유한 것일 수 있는 수행에서의 가장 큰 감소 중의 하나는 런던탑과 같은 과제로 측정된 계획하기의 감소이다(Walshaw et al., 2010). 계획하기, 세트 전환, 처리 속도 및 언어적 작업기억의 평균수준이 더 낮은 것이 학업의 어려움에 하나의 원인이 되기는 하지만, PBD가 있는 청소년의 전체적인 인지적 능력은 정상 범위 내에 있는 경향이 있다. 불행하게도 PBD를 치료하는 데 사용되는 약물도 인지적 수행에 영향을 미칠 수 있고, 투약상태와 진단은 현존하는 연구들에서 흔히 혼동이 되어 질병의 특질 표지나 투약의 부차적 영향으로부터 어떤 상태가 검사 수행에 영향을 미칠 수 있는지를 밝히는 것을 어렵게 만든다(Henin et al., 2007; Joseph et al., 2008).

구조적 이상에 관해서 PBD는 백질 과잉(Adler et al., 2006), 확산텐서영상에서의 회로 붕괴(Gonenc, Frazier, Crowley, & Moore, 2010), 뇌실 용적의 증가, 전측 대상회 용적의 감소(Singh et al., 2012) 및 편도 용적의 감소(Blumberg et al., 2005)와 관련되어 있었다. 연구결과들의 패턴은 또 편도 용적을 제외하고는 성인 양극성 장애에서의 형태학적 변화에 관한 문헌과 매우 일치한다(Schneider, DelBello, McNamara, Strakowski, & Adler, 2012). 여러 연구에서 PBD가 있는 청소년의 편도 용적은 감소한 것이 발견되지만, 성인연구들에서는 용적이 증가한 것이 발견된다. 어떤 사람들은 편도 관련 연구결과가 약물 노출의 영향을 반영한다고(Chang et al., 2005) 추측하지만, 이것은 장래의 분석에 의해 확증되어야 한다(Pavuluri, West, Hill, Jindal, & Sweeney, 2009).

다양한 연구에서 정서적 자극에 대한 반응으로써 편도 활성화의 증가 및 정서조절에 관련된 영역들인 배외측 전전두피질과 전측 대상회에서의 활동조절이상이 가리키듯이 PBD에서는 정서적 처리의 붕괴가 발견된다(Garrett et al., 2012; Pavuluri, Passarotti, Harral, & Sweeney, 2009). 소수의 연구들은 영상연구에서 PBD가 있는 청소년과 ADHD나 다른 장애가 있는 청소년을 비교했고, 활성화 패턴에서의 특정성을 어느 정도 발견했다(Lopez-Larson et al., 2009, 2010). 또 양극성 장애에 미치는 상태와 특질의 영향을 동반이환과 투약 효과와 구별하는 것이 도전거리이다. 그러나 축적된 증거는 신경인지적 수행, 뇌기능에서의 변화 및 신경회로와 형태에서의 변화와의 측정이 가능한 관련성으로 양극성 장애에 대한 연구 진단의 타당도에 대한 강력한 지지를 제공한다.

수면 붕괴

수면 욕구 감소는 PBD가 있는 청소년의 2/3 이상에서 나타나는 조증 증상이다(Kowatch et al., 2005). 양극성 장애가 있는 사람들은 '저녁' 대 '아침 일찍'이라는 매일의 활동 패턴을 보일 가능성이 더 많고, 밤새도록 깨어 있고 낮 동안에 잠을 자는, 24시간 주기의 역전이 일어나기 쉽다(Hasler et al., 2006; Salvatore et al., 2008). 부모 점검표(Meyers & Youngstrom, 2008)와 행동 측정(Mullin, Harvey, & Hinshaw, 2011)을 이용한 최근의 연구들에서 PBD가 있는 청소년에게서 빈약한 수면의 질과 수면 구조의 붕괴 증거가 발견되는데, 이는 성인 문헌에서의 연구결과들을 반복하고 확장하는 것이다(Harvey, 2008; Talbot, Hairston, Eidelman, Gruber, & Harvey, 2009). 수면장애도 ADHD 및 우울증과 관련되어 있다. PBD를 구별하는 것은 잠을 덜 자는 것과 경조증이나 조증 동안 높은 활력수준을 유지하는 것의 조합일 수도 있다(Geller et al., 1998; Luby, Tandon, & Nicol, 2007; Youngstrom et al., 2008).

가족 및 동료와의 관계 붕괴

PBD는 또한 동료 및 태생 가족 내부의 대인관계 둘 다의 상당한 붕괴와 관련이 있다. PBD가 있는 성인, 가족 및 청소년에서의 양극성 장애 연구결과들을 반영하는 것은 높은 수준의 부정적 정서 표현, 매우 부족한 의사소통 기술 및 높은 수준의 갈등을 보여준다(Algorta et al., 2011; Coville, Miklowitz, Taylor, & Low, 2008; Du Rocher Schudlich, Youngstrom, Calabrese, & Findling, 2008; Geller, Tillman, Craney, & Bolhofner, 2004). 청소년 대상의 최근 연구들은 가족과 동료관계의 관점에서 삶의 질에서의 상당한 감소를 보여준다(Freeman et al., 2009; Siegel, La Greca, Freeman, & Youngstrom, 2014). 흥미롭게도 PBD는 사회적 기술에 대한 지식의 결함보다는 수행 결함이 더 많은 것과 관련이 있는 것으로 보인다(T. R. Goldstein, Miklowitz, & Mullen, 2006). PBD가 빈약한 대인관계와 연결되는 많은 그럴듯한 이유가 있는데, 그중에서 몇 가지는 발달경로에 관한 이 절의 아래에서 논의할 것이다.

모험 감수 행동의 증가

PBD는 높은 충동성, 특히 높은 활력 기간과 상관이 있다. 경조증 및 조증 증상들은 위험한 성적 행동 증가, 더 큰 흥분 추구 및 청소년들에게서의 높은 비율의 알코올 및 물질사용과 관련이 있다(Geller, 1999; Stewart et al., 2012). 양극성 장애와 물질사용 간의 강한 상관이 '자가 투약' 또는 감각 추구에 의한 것인지는 분명하지 않지만, 그 연관성은 청소년기에 시작되고 여전히 유해하다. 높은 비율의 물질오용은 경조증 및 조증과 관련된 규칙을 깨뜨리는 행동에 기여하고 이것은 다시 체포와 투옥의 위험성을 추가하는 것이다(Pliszka et al., 2000).

흔한 동반이환

몇몇 서로 다른 질병이 일관되게 PBD와의 높은 동반이환 가능성을 보여준다. 몇몇 공통적인 동반이환은 아마도 방법론적인 문제를 현재의 진단 실제에 드러나게 하겠지만, 다른 질병은 추정하기로 별개의 질병에 의해 공유된 기저의 과정에 대해 알 수 있는 기회를 제공할 수 있다. 동반이환은 여러 가지 서로 다른 상황의 결과로 생길 수 있다. 한 가지는 동시발생이다. 비록 질병이 일반적인 모집단과 상관이 없다고 하더라도 한 사람이 동시에 두 가지의 서로 다른 질병을 경험하는 불운을 겪을 수도 있다. 그러나 두 가지 장애가 서로 통계적으로 유의미한 관련을 보여준다면, 여전히 그 관련의 성질에 대한 많은 다른 가능성들이 있다.

Caron과 Rutter(1991)는 그들이 '가공의' 및 '진정한' 동반이환이라고 이름을 붙인 몇몇 서로 다른 기제들을 기술했고, 다른 기제들은 일반적으로 이 두 가지 범주상에서 유지되고 정교해졌다(Angold, Costello, & Erkanli, 1999; Lilienfeld, Waldman, & Israel, 1994; Youngstrom, Arnold, & Frazier, 2010). 가공의 동반이환은 (1) 의뢰편향 또는 감시와 평가편향에 기인하는 질병 탐지에서의 변화, (2) 차원 범주화 또는 성질상으로 질적 차이가 없

는 인위적 구분하기, (3) 동일한 증상을 다양한 서로 다른 진단에 포함시키는 진단기준의 중복, (4) 발달 과정이 이형적 연속성을 보여주는 사례들을 포함하여 실제로는 동질적인 실체를 인위적으로 하위유형화, (5) 한 가지 명백한 장애가 실제로는 다른 장애의 일부라는 결과로 생길 수 있다. 진정한 동반이환의 기제에는 (1) 공유된 위험요인, (2) 서로 다른 궤적이나 치료 반응을 보여주는 하위유형을 구분하는 것으로서의 동반이환, (3) 한 가지 장애가 다른 장애의 위험성을 완화, 또는 (4) 한 가지 장애가 다른 장애의 발달적 선구 또는 전구증상이 포함될 수 있다. 우리는 정신병리에 대한 발달적 접근과 일치하는 가공의 동반이환 대신에 진정한 동반이환의 한 형태로서 동반이환의 '조기 징후' 모형을 다루는 데 있어서 Caron과 Rutter(1991)로부터 벗어난다. 그 틀은 대규모의 정보를 조직화하는 데 도움이 되는 방법이고, 우리는 그것을 PBD와 우울증, 정신병, ADHD, 파괴적 행동장애(ODD와 CD), 불안, 전반적 발달장애/자폐스펙트럼장애 및 물질사용 사이의 동반이환에 대한 증거를 조사하는 데 발판으로 사용한다. PBD에서의 동반이환에 관한 문헌이 더욱 명확해지면서 동반이환의 패턴이 PBD와 성인 양극성 장애 사이에 일치한다는 점을 분명히 알 수 있는데, 이는 다시 한 번 소아 구성 개념의 타당성을 강화하는 것이다(Robins & Guze, 1970).

우울증

우울증을 양극성 장애의 '동반이환'으로 개념화하는 것이 이상하게 보일 수도 있다. 그러나 경조증과 조증이 우울증의 그것과 부분적으로만 겹치는 위험요인과 병인의 기제를 가지고 있을 수도 있다(Johnson, 2005; McGuffin et al., 2003). 감시와 의뢰편향은 우울증과 경조증 또는 조증 간의 관계에 대한 우리의 이해를 복잡하게 만든다. 사람들이 스스로 치료를 의뢰하는 임상장면에서 우울증은 치료의 모색을 동기화할 가능성이 더 많다. 그런 이유로 흔히 경조증이나 조증을 우울증의 잠재적 동반이환으로 간주하는 것이 임상적으로 더욱 유용할 것이다(DSM-5에서 명시자로 '혼재된 특징'을 사용하는 것과 일

치). 경조증 증상에 대한 정보의 한 출처로서의 자기보고의 한계와 함께 경조증 병력을 체계적으로 평가하는 데 실패하는 것이 제II형 양극성 장애와 순환성 기분장애를 더욱 알아보기 어렵게 할 수도 있다. 그러나 청소년이 부모나 교사에 의해 처음 의뢰될 때 그들은 보통 외현화 행동문제나 특히 성마름에 초점을 맞추고, 우울증이 흔히 직접적으로 평가할 가치가 있는 관련된 특징임을 기억해 두는 것이 임상적으로 유용할 수 있다. 우울증과 조증을 따로따로 연구하는 것이 발견적 가치가 있고, 그다음 그것들이 순차적 또는 동시발생적으로 나타날 때의 잠재적 상호작용 효과를 조사하는 것이다.

동반이환에 대한 서로 다른 가공의 기여요인 중에서 인위적 세분 그대로 차원을 범주화하는 것이 분명히 관련이 있다. 우울증과 조증 둘 다의 잠재 구조에 대한 분류 측정적 조사에서는 범주적 하위유형에 대한 더욱 불일치하는 증거와 함께 둘 다에 대한 주요한 차원적 구성요소에 대한 유력한 증거가 발견된다(Haslam et al., 2012; Prisciandaro & Roberts, 2011).

진정한 동반이환 기제들 중에서 단극성 우울증과 양극성 장애에 대한 유전적, 생물학적, 환경적 및 사회적 위험요인에서의 상당한 중복을 감안하면, 공유된 위험요인의 기제가 관련이 있다(Tsuchiya, Byrne, & Mortensen, 2003). 경조증이나 조증의 위험요인이 우울증과 다른지의 여부에 대해서는 알려진 것이 적지만, 다른 것이 있다면 하위유형으로서의 동반이환의 기제는 신뢰를 얻게 된다. 제II형 양극성 장애가 한 예이다. 경조증의 동시발생은 상이한 자연적 경로를 따르는 우울증의 하위유형을 구별하고 별개의 치료 반응 패턴을 보인다(Berk & Dodd, 2005). 우울 일화는 흔히 경조증이나 조증보다 먼저 임상적 주의를 끌게 되므로 동반이환의 발달적 순서 모형은 일부의 지지를 받았고, 몇몇 종단적 자료에서는 우울증이 먼저 확인된다(Duffy, Alda, Hajek, Sherry, & Grof, 2010; Reichart et al., 2004). 그러나 경조증에 대한 낮은 통찰력과 많은 평가방법들의 빈약한 민감도가 잠재적 의뢰편향과 감시 문제의 한 원인이 된다. 경조증/조증 또는 우울증이 다른 기분 극성의 위험성을 완화할 수

있다는 생각은 지금까지 가장 적게 연구되었다. 조기 발병 우울증은 나중의 양극성 장애 발현과 관련이 있을 수도 있지만(Shankman et al., 2009), 경조증과 조증이 우울증의 위험성을 증가시킬 수 있다는 증거가 일반적으로 그 반대의 경우보다 다소 더 유력하다(Youngstrom & Van Meter, 출판 중).

정신병

정신병적 증상이 조증이나 우울 일화 동안 나타날 수 있다. 조기 발병 조현병의 희귀성 때문에(Kuniyoshi & McClellan, 이 책의 제12장 참조) 기분장애는 실제로 아동과 청소년에게서 나타나는 정신병적 특징의 더욱 흔한 원인이다. PBD에서의 정신병 비율의 추정치 범위는 0에서 88%이다(Kowatch et al., 2005). 그 비율에 영향을 미치는 두 가지 주요한 요인은 사용된 PBD의 정의와 정신병적 특징의 정의이다. PBD의 표본에 순환성 기분장애나 제II형 양극성 장애의 사례가 포함된다면, 배제하는 정신병적 특징으로서 경조증의 정의에 근거한 정신병적 특징은 없어야 한다(APA, 2013). 제II형 양극성 장애는 질병의 우울단계 동안 정신병적 특징을 가지고 있을 수도 있지만, 그렇지 않으면 경조증 일화 동안의 정신병이 조증으로 그 심한 정도가 높아지고, 따라서 진단이 제I형 양극성 장애로 바뀐다. 반대로 망상과 환각이 기분 일화 맥락의 바깥에서 지속된다면, 그 사람은 분열정동장애, 양극성 유형의 기준을 충족시킬 수도 있다. 분열정동장애는 조현병과 기분장애의 동반이환 또는 정신병의 연속체에서 가장 심한 표현으로 개념화될 수 있다(Malhi, Green, Fagiolini, Peselow, & Kumari, 2008).

제I형 양극성 장애 내부에서조차도 정신병 정의에서의 차이가 추정치에 큰 영향을 미친다. 많은 조작적 정의가 환각과 망상에 집중을 하고 있는 까닭에 Geller와 동료들도 과장이나 들뜬 기분의 심한 일화를 포함시키는데, 이는 극단적 사례에서 증상의 심한 정도에는 현실과의 접촉 상실이 관여한다고 주장하는 것이다(Geller, Zimerman, Williams, DelBello, Bolhofner et al., 2002). 초기의 한 연구에서 이 집단도 부모와 자식을 재면접하거나 임상적

판단을 여과하지 않고 분리적 계산법을 적용하여 부모나 아동이 시인을 하면 증상이 나타나는 것으로 계산했다 (Tillman et al., 2008). 분리적 접근은 평가의 민감도를 최대화하고 가장 높은 시인 비율을 산출하지만 결합적 (예 : 계산에 포함되려면 부모와 청소년 둘 다가 증상을 보고하는 것이 필요) 또는 보상적(예 : 정보 제공자 관점의 평균을 사용) 전략을 사용하는 것과 비교하여 평가의 특정성을 낮추는 위험성이 있다(Youngstrom, Findling, & Calabrese, 2003). 정신병에 대한 다양한 대안적 정의와 분리적 전략의 조합이 Geller의 집단에 보고했던 정신병 비율(제I형 양극성 장애 사례의 76%; Tillman et al., 2008)이 제I형 양극성 장애 사례 가운데에서 전형적으로 20~35%에 근접하는, 나머지 현장에서 발견된 비율과 비교하여 왜 특이한 값인지를 설명하는 것을 도울 수 있다 (Kowatch et al., 2005). 다른 연구들은 망상이나 환각에 초점을 맞춘 정의를 사용해 왔고, 정보 제공자의 관점에서의 차이를 조정하는 데 있어서 분리적 접근보다는 흔히 임상적 판단이나 보상적 방법을 사용했다(Birmaher et al., 2006; Findling et al., 2001).

정신병적 특징을 측정하는 것은 성인보다는 청소년의 경우에 더욱더 도전적일 수 있는데, 왜냐하면 보통은 발달 중인 아동들이 인지발달 단계 때문에 이상한 믿음, 마술적 사고 및 사건에 대한 비과학적 설명을 가지고 있을 수 있기 때문이다(Piaget, 1954). 유사하게 청소년들은 발달적으로 표준적인 '개인적 우화' 관념 때문에 흔히 자신들이 특별하고 실수, 사고 및 질병에 덜 취약하다고 생각한다(Alberts, Elkind, & Ginsberg, 2006). 이상적으로는 정신병을 시사하는 어떤 평가결과도 정상적 발달과 현재의 문화적 참조 사항뿐만 아니라 명백한 정신병 사례에 대한 노출에 광범위한 경험이 있는 임상의에 의한 평가가 뒤따라야만 한다(Arnold et al., 2004). 정신병 평가의 복잡성과 높은 비율의 잠재적으로 거짓 양성 소견들을 감안하면 명백한 정신병적 특징을 경조증(순환성 기분장애나 제II형 양극성 장애)에서 조증(제I형 양극성 장애)으로 진단을 바꾸는 데 충분한 증거로 사용하기보다는 추후연구를 유발하는 '황색기(yellow flag)'로 다루

는 데 신중해야 할 것이다(Youngstrom, Jenkins, Jensen-Doss, & Youngstrom, 2012).

역학자료는 동시에 발생하는 기분이나 인지의 손상이 없이 환각이나 망상적 믿음을 경험하는 사람들과 치료를 모색하지 않는 사람들이 있는 것으로 보이므로 의뢰와 감시편향이 정신병적 특징과 기분장애 간의 명백한 중복의 한 원인이 될 수 있음을 시사한다(Bentall, 2003). 부분적으로 겹치는 진단기준과 차원의 범주화는 기분장애와 정신병의 명백한 동반이환에 추가될 것 같지 않다. 그러나 인위적 세분은 양극성 장애나 조현병과의 확고한 경계가 있는 것으로 보이지 않는, Kraepelin의 그 두 장애 사이의 구별에 도전하는 분열정동장애의 사례에서는 관련이 있을 수 있다(Craddock & Owen, 2010).

주의력결핍 과잉행동장애

ADHD는 아마도 PBD로 진단된 청소년 사이에서 가장 흔하게 인식되는 동반이환일 것이다. 그 비율은 표본에 따라 현저하게 바뀌는데, PBD로 진단된 사례들 사이에서 15~98%의 범위이다(Kowatch et al., 2005). 그러나 PBD의 비율은 ADHD로 확인된 대부분의 표본에서 훨씬 더 낮은 것으로 보이고(Galanter et al., 2003; Galanter & Leibenluft, 2008; Wozniak et al., 1995), 역학적 및 임상적 역학표본에서는 ADHD와 PBD 사이에 그다지 크지 않은 관련성이 발견되는 경향이 있다(Merikangas et al., 2012; Arnold et al., 2012). 성인들 사이에서 ADHD는 흔한 동반이환임이 입증되고 있다(Nierenberg et al., 2005; Wilens et al., 2003). 그러나 다른 한편으로 동시발생 비율은 강한 병인 공유를 반영하기보다는 임상장면에서의 각 질병의 기저 비율에 가장 크게 영향을 받는 것으로 보인다(Galanter & Leibenluft, 2008; Youngstrom, Arnold, & Frazier, 2010). 의뢰와 감시 문제는 확실히 서로 다른 확인 패턴을 가지고 있는 관찰된 표본들에서의 동시발생의 정도를 왜곡하는 것이다.

중복되는 기준에 대한 가공의 기제와 일치하는 ADHD나 조증에서 나타날 수 있는 몇몇 증상이 있다(Klein, Pine, & Klein, 1998). 진단적 용어로는 이런 증상들은 어

느 질병에도 특정적이지 않다. 높은 활력이나 활동수준, 빈약한 주의집중과 높은 주의산만 및 수다스러움이나 억제된 말은 모두 애매모호하고, ADHD와 조증 모두에서 흔한 것이다(Klein et al., 1998). 유사하게 성마름이 ADHD가 있는 청소년 사이에서 흔할 뿐만 아니라 조증의 진단적 증상이다(Geller et al., 1998). 그러나 높은 비율의 동반이환은 연구자들이 이런 잠재적으로 '공유된' 증상들을 배제하는 경우에도 지속되고, 동반이환 사례들은 더 큰 평균적 손상과 다수의 진단으로부터 유래하는 추가적 영향과 일치하는 다른 특징들을 보여준다(Biederman et al., 2013; Faraone, Biederman, Mennin, Wozniak, & Spencer, 1997). Geller와 동료들(1998)이 들뜬 기분과 과장을 소아조증의 주요한 특징으로 중시한 것은 PBD 진단의 특정성을 향상시키려는 한 가지 방법이었다. 빈도, 강도, 또는 지속 기간의 관점에서 임상적으로 정상이 아닌 들뜬 기분은 다수의 표본과 면접 전체에 걸쳐 PBD에 매우 특정적인 것으로 보인다(Freeman et al., 2011; Geller, Zimerman, Williams, DelBello, Frazier, et al., 2002). 과장은 CD나 반사회적 경향이 있는 청소년이 흔히 보여주는 자기애와 권리 부여와 유사한 것으로 보일 수 있기는 하지만 그다지 크지 않게 특정적인 것으로 보인다(Youngstrom et al., 2008). 성욕 과다는 더 작은 진단적 실재의 부분집합에 더욱 특정적인 또 다른 증상이다. 그것은 성적 학대, 조증, 또는 성적 그림 재료에 대한 노출과 가장 강력하게 관련이 되어 있다. 조증에 더욱 특정적인 것으로 보이는 모든 증상이 흔히 당면 문제에 대한 기술에서는 두드러지지 않는 결과가 되어(Yeh & Weisz, 2001), 본질적으로 덜 손상적이거나 타인에게 즉각적으로 고통을 주는 증상이 되는 경향이 있다(Freeman et al., 2011).

ADHD와 조증 증상을 구별하는 진단적으로 특정적인 증상에 주의를 집중하는 것에서 유래한 상이한(그렇지만 잠재적으로는 보완적인) 전략이 증상들이 청소년의 전형적인 기능으로부터의 분명한 변화를 보이고 활력과 기분에서의 다른 주목할 만한 변화가 동시에 일어나는, 더욱 특정적인 경로를 따라갔었는지를 탐사하는 것이 될 것이

다. 일화성에 관한 강조는 기분장애 — 기능 변화의 특징을 나타내는 — 들을 다른 보다 더 만성적인 질병들과 구별하는 것을 도와준다. 다른 비특정적 증상들은 만성적 대 일화적 표현의 렌즈를 통해서 볼 때 더 많은 대조를 제공할 수 있다. 예를 들면 주의를 집중하는 것의 어려움은 그 사람의 전형적 특징은 아니지만, 동시에 그 사람이 수면 욕구의 감소나 기분 또는 활력에서의 일화적 변화를 보여줄 때 조증을 더욱 시사하는 것이다. 주의집중에서의 더욱 지속적인 손상은 ADHD와 일치하는 것이나 아마도 불안장애와 같은 일부 다른 만성 증후군과 일치하는 것일 것이다(Youngstrom, Arnold, & Frazier, 2010).

다른 잠재적인 가공의 설명들은 ADHD와 PBD 간의 공변이의 많은 것을 설명해 주지 않는 것으로 보인다. ADHD의 더 큰 유병률(Merikangas et al., 2010)은 양극성 장애의 하위유형이 되는 것을 불가능하게 만들고, PBD가 확실히 ADHD의 하위유형이 아니라는 ADHD가 없는 PBD의 충분한 사례가 있다. 그 두 가지 질병은 동일한 연속체를 따라 있는 단순한 점진적 단계도 아니다. 조증은 일반적으로 ADHD에 관련되지 않는 다른 기분 특징들을 포함하는, 심한 주의 문제와는 질적으로 서로 다르다(Youngstrom, Arnold, & Frazier, 2010).

동일한 사례에서 양극성 장애와 ADHD 기준이 둘 다 충족될 때, 특히 진단의가 과잉활동성, 충동성 및 부주의가 기분 일화의 맥락 바깥에서 지속되거나, 기분 일화 동안 현저한 악화가 있음을 주의 깊게 입증해 왔을 때 진정한 동반이환을 반영할 가능성이 있다. ADHD와 PBD는 중복되는 유전적 위험성(Asherson & Gurling, 2012; Faraone, Glatt, & Tsuang, 2003; Mick & Faraone, 2009), 출생 이전과 출생 전후의 위험성(Tsuchiya et al., 2003) 및 혹은 신경인지 체계의 파괴를 포함하는 많은 위험요인들을 공유한다. ADHD와 PBD는 실행기능과 작업기억에서의 손상과 같은 신경인지적 손상에서의 유사성을 보여주고(Walshaw et al., 2010) 형태적 및 기능적 영상연구들에서 몇몇 유사한 뇌 영역들이 관련되어 있다. ADHD와 양극성 장애 둘 다가 다유전자 질병이고, 둘 다의 환경적 위험요인이 비특정적이고 흔히 중복되는 것을 감안

하면, 동반이환에 대한 한 가지 모형은 공유된 '건축용 블록' 또는 공유된 기제의 모형이다. 또한 증상의 특정한 배열이 단일한 기저의 기제에 관여할 수도 있고, 이 기본적 과정이 다양한 장애에서 붕괴되는 것일 수도 있다. 수면, 식욕 및 활력은 호르몬과 신경적 조절체계가 통합된 24시간 주기 과정의 연결된 측면이고, 이 수면-각성 과정의 붕괴가 광범위한 종류의 장애의 한 원인이 될 수도 있다. 공유된 '건축용 블록' 모형은 동반이환에 대한 더욱 심층적인 개념적 설명을 제공한다(Youngstrom, Arnold, & Frazier, 2010). ADHD와 PBD의 경우에 동반이환은 공유된 기본적 구성요소들을 반영할 가능성이 있지만, 또한 피상적인 방법론적 문제의 결과일 가능성도 있다. 평가과정이 증상들이 일화적인지 주로 다른 기분 및 활력증상들과 함께 동시에 발생하는지를 판별하지 못한다면 동반이환의 비율은 가짜로 증가할 것이다. 반대로 DSM이 권고하는 위계적인 배제적 기준을 적용하는 데 실패하는 것도(증상들이 기분 일화의 맥락에서만 나타나서 동반이환장애들이 진단되지 않는) 비특정적 증상들이 두 진단 모두의 계산에 포함되는 것의 함수로서 ADHD와의 분명한 동반이환 비율을 부풀릴 것이다.

어떤 사람들은 ADHD와 PBD의 동반이환이 별개의 하위유형을 나타낸다고 생각한다(Biederman et al., 2013; Faraone et al., 1997). 자료는 동시발생이 단순한 추가적 효과를 나타내는 것인지, 또는 확고한 진단적 경계나 별개의 치료 반응이나 발달궤적을 가지고 있는 것인지에 대해 결정적인 것이 아니다. 유사하게 아직 ADHD와 PBD가 각각 서로의 발병 위험성을 완화시키는지의 여부를 확신을 가지고 입증을 하기에는 충분한 자료가 없다. 몇몇 사람들은 ADHD가 양극성 장애의 전구증상일 수도 있다고 추측해 왔지만(Tillman & Geller, 2006), 대규모 ADHD 동시출생 집단을 대상으로 한 대부분의 종단적 추적연구에서는 절대 다수의 사례들이 장기간의 추적연구에서 조증 기준을 충족시키지 못함이 발견되었다(Galanter & Leibenluft, 2008; Klein et al., 2012). ADHD 연구들이 망각, 통찰력 부족, 자기보고에 전적으로 의지 및 경조증에 대한 빈약한 민감도에 기여하는 다른 요인

들의 문제 때문에 일부 양극성 스펙트럼 사례들을 놓쳤을 가능성이 있다(Angst et al., 2010). 그러나 Tillman과 동료들(2008)의 표본도 질병들 간의 경계를 흐리게 할 수도 있었던, 면접의 구조 때문에 일화적 증상을 만성적 증상으로부터 구별하는 데 있어서 문제가 있었다(Galanter, Hundt, Goyal, Le, & Fisher, 2012). 전체적으로 자료들은 일부 위험요인들과 체계들이 두 질병 모두에 관여하고 있지만, 다른 특징들은 별개일 수도 있다는 공유된 '건축용 블록' 모형과 일치한다(Youngstrom et al., 2010).

파괴적 행동장애

PBD와 빈번하게 동반이환으로 나타나는 다른 장애들을 DSM-5가 출판될 때까지는 파괴적 행동장애라고 불렀다. 임상의들이 비용을 청구하는 진단으로서도 파괴적 행동장애 NOS와 품행장애가 있는 적응장애를 자주 사용하기는 했지만 대부분의 연구가 축적해 온 두 가지 파괴적 행동 진단이 ODD와 CD이다(Youngstrom, Youngstrom, & Starr, 2005). 파괴적 행동장애에 대한 유전적, 생리학적, 또는 신경인지적 상관물에 대해서는 연구가 덜 수행되었다(성인의 반사회적 성격장애와 정신병질에 대한 연구는 있었지만; Blair, 2006).

아마도 의뢰와 감시편향이 파괴적 행동과 기분장애 사이의 동반이환 패턴에서 큰 역할을 할 것이다. 외현화 행동이 흔히 돌보는 사람들로 하여금 아동이나 청소년을 위한 서비스를 찾도록 동기화하는 관심 목록의 정상을 차지하기 때문에(Garland, Lewczyk-Boxmeyer, Gabayan, & Hawley, 2004; Yeh & Weisz, 2001), 기분문제와 함께 파괴적 행동문제가 있는 청소년은 명백한 외현화 동반이환이 없는 청소년보다 임상적 주의를 끌게 될 가능성이 더 많다. 의뢰편향 가설과 일치하게 경조증이나 심지어 동반이환으로 파괴적 행동장애는 없고, 서비스를 찾지 않으면서 기능을 잘할 수 있는 조증이 재발하는 병력이 있는 청소년과 성인이 있는 것으로 보인다(APA, 2000; Cicero, Epler, & Sher, 2009; Merikangas et al., 2012).

인위적 범주를 기저의 차원에 부과하는 것은 '양극성

프로필'과 아동행동점검표(CBCL; Achenbach & Rescorla, 2001)의 외현화 점수에 대한 연구들에서 나타났듯이 인위적 동반이환에도 기여한다. CBCL에서 PBD가 있는 청소년 집단은 건강한 대조군, ADHD가 있는 청소년 및 외래 서비스를 받고 있는 다른 청소년의 비교집단보다 외현화 문제 광대역을 따라 공격적 행동, 비행/규칙 파괴, 주의 문제 및 우울/불안 척도에서 유의미하게 더 높은 점수를 기록하는 경향이 있다(Mick, Biederman, Pandina, & Faraone, 2003). 그러나 ADHD나 또는 ODD, CD 및 다른 파괴적 행동장애 기준을 충족시키는 청소년은 우울증과 동반이환 ADHD가 있는 청소년이 그러하듯이 동일한 척도에서 중간 정도 또는 임상적 상승을 보여주는 경향이 있다(Diler et al., 2009; Meyer et al., 2009; Youngstrom et al., 2004; Youngstrom, Meyers, et al., 2005). 양극성 진단이 통계적으로 유의미하게 더 높은 평균과 관련이 있기는 하지만 분포에서 많은 중복이 있다. 일부 임상의들과 연구자들은 양극성 진단을 부여할 때 외현화 행동의 극단적 상승에 초점을 맞출 것이다. 대부분의 임상적으로 의뢰된 PBD가 있는 청소년은 부모가 보고한 높은 수준의 외현화 문제가 있을 것이고, 이는 이런 척도들의 진단적 민감도가 높은 결과가 될 것이다(Youngstrom, Meyers, Youngstrom, Calabrese, & Findling, 2006). 그러나 외현화 문제는 광범위한 다른 사회정서적 문제와도 연결되어 있어서 낮은 진단 특정성에 이르게 한다. 이것을 또 다른 방식으로 말하자면 외현화 문제는 수많은 서로 다른 과정들의 결과로 생길 수 있는 발달적 정신병리의 결과이다. 외현화는 다양한 발달경로가 유사한 행동에 이르게 하는 발달적 정신병리에서의 '이인동과성(equifinality)'의 전형이다.

파괴적 행동장애 및 ADHD와 구별하게 만드는 PBD에 더 큰 진단 특정성을 보여주는 척도와 증상은 PBD가 극단적 외현화로 환원될 수 없음을 가리킨다(Youngstrom et al., 2006). 유사하게 특정한 증상 — 수면 욕구의 감소, 들뜬 기분 및 질주하는 사고와 같은 — 에서의 차이는 PBD가 파괴적 행동장애의 한 유형 또는 하위유형이 아님을 보여준다. PBD는 별개의 특징들을 가지고 있고

ODD(Burke, Loeber, & Birmaher, 2002)나 CD/정신병질(Lynam et al., 2009)과는 다른 종단적 궤적을 따른다. 한편으로는 인위적 세분에 대한 비판이 DMDD의 새로운 진단에 가해질 수 있다. DMDD의 증상은 ODD와 완전히 중복되고, 표현의 차이는 주로 심한 정도의 문제이지 질적 차이의 문제가 아니다(Axelson et al., 2012; Axelson, Birmaher, Findling, et al., 2011; Copeland, Angold, Costello, & Egger, 2013).

이인동과성은 임상의들이 양극성 대 파괴적 행동장애를 평가하려고 할 때 혼란을 일으킬 많은 잠재적 가능성을 만들어 낸다. 성마름과 공격성은 기분조절장애나 강압적인 대인관계 과정의 산물일 수 있다. 과장은 조증의 증상이거나(Kowatch et al., 2005) 반사회적 경향이 있는 사람들 사이에서 흔한 권리 부여/자기애 관념의 반영일 수 있다(Frick, Cornell, Barry, Bodin, & Dane, 2003). 이런 궤적들을 풀어내는 것은 행동의 맥락에 대한 정밀성과 주의 깊은 사고를 필요로 한다. 이런 문제들은 점검표의 표현법에서의 차이(Youngstrom, Meyers, et al., 2005)와 시인 비율을 바꾸는 임상 훈련에서의 차이(Dubicka et al., 2008; Mackin, Targum, Kalali, Rom, & Young, 2006)를 만들고, 이는 진단 의견과 동반이환율에서의 차이를 부풀리게 된다(Kowatch et al., 2005).

양극성과 파괴적 행동장애는 몇몇 진정한 동반이환을 포함할 수 있다. 그 질병들은 확실히 위험요인을 공유한다. 양극성의 출발점이 되는 청소년이 있는 가족은 높은 비율의 반사회적 행동을 보여주고(Rende et al., 2007; Wozniak et al., 2010), 비록 기분장애의 위험성이 더 높은 경향이 있기는 하지만, 양극성 장애가 있는 부모를 둔 자녀는 더 높은 비율의 외현화 장애를 보여준다(Birmaher et al., 2009, 2010; Hodgins et al., 2002). 기분장애도 또한 외현화 행동의 위험요인이다. 성마름은 어린 남성에서 슬픈 기분보다 더욱 흔한 우울증의 표현이고(Poznanski & Mokros, 1994), 기분조절장애는 직접적으로 대인관계를 혼란시켜서 또래의 거부에 이르게 하고, 가족갈등의 증가에 기여하게 된다(Algorta et al., 2011; Du Rocher Schudlich et al., 2008). 이 모든 것이

다시 공격적 및 반사회적 행동의 증가에 기여한다(Dishion & Patterson, 2006). 흥미롭게도 그 경로는 반대 방향으로도 뻗어 있을 수 있다. 높은 수준의 외현화 행동을 하는 청소년은 장기간의 추적연구에서 높은 우울증의 위험성을 보여준다(Brotman et al., 2006; Shankman et al., 2009; Stringaris et al., 2009). 우리의 가설은 동반이환이 하위유형을 반영한다면, 주로 대인관계 과정에 의해 정의된 하위유형이고, 유전적 성질은 덜할 것이라는 것이다.

불안과 관련장애

PBD가 있는 청소년은 높은 비율의 일반화된 불안장애, 사회공포증, 분리불안장애, 공황장애 및 PTSD를 보여주는 경향이 있다(Birmaher et al., 2002; Wagner, 2006). 이런 것들은 대체로 성인 대상의 임상(McIntyre et al., 2006) 및 양극성 장애, 일반화된 불안장애 및 공황장애 사이에서 높은 동반이환이 발견되는 역학(Merikangas & Pato, 2009) 연구결과들과 일치하는 것이다. PBD 표본 내에서의 동반이환 불안의 비율에 대한 추정치는 극단적 차이를 보여주는데, 이는 또 방법론적 문제가 최소한 부분적으로는 연구결과들을 오염시키는 것임을 시사하는 것이다. DSM-5에서는 양극성 장애가 있는 사람들이 경조증, 조증, 또는 우울 일화 동안뿐만 아니라 지속적 우울(기분저하증)이나 순환성 기분장애 동안에도 상당한 스트레스와 불안을 가지고 있을 것이라고 지적한다. DSM-5에서는 또한 불안증상이 기분 일화의 맥락 바깥에서 분명하게 지속되는 경우에만 동반이환 불안장애가 부여되어야 한다는, 진단에 대한 위계적 접근을 규정하고 있다(APA, 2013). DSM-5에서는 다른 불필요한 동반이환 진단을 추가하지 않고 불안 특징을 부호화하는 기제를 제공하기 위해 '불안한 고통(with anxious distress)' 명시자를 기분장애 부분에 추가했다. 임상의들과 연구자들이 이 위계적 배제를 시행하는 정도에서의 차이가 명백한 동반이환율에서의 큰 변동에 이르게 할 것이다.

의뢰와 감시편향은 다시 한 번 큰 역할을 할 가능성이 있다. 청소년들이 자신을 치료를 위해 의뢰한다면, 그들은 우울하고 불안할 때 서비스를 찾게 될 가능성이 더

크다. 그리고 임상의들이 처음에 불안증상에 초점을 맞춘다면, 그들은 불안장애로 진단될 가능성이 있고 그렇다면 다른 진단을 "탐색하기를 중지할 것이다"(이른바 '탐색-만족' 인지적 발견법; Garb, 1998). 높은 불안수준도 또한 PBD가 있는 청소년에서의 더 큰 손상과 관련되어 있고(Harpold et al., 2005; Sala et al., 2010; Wozniak, Biederman, Monuteaux, Richards, & Faraone, 2002), 불안한 청소년이 더욱 서비스를 찾게 될 가능성이 많아져서(성인 표본에서 관찰되었듯이; Hamalainen, Isometsa, Sihvo, Pirkola, & Kiviruusu, 2008; Jacobi et al., 2004) 임상표본에서 너무 많이 나타나게 된다(Berkson, 1946).

범주화 차원과 인위적 세분의 기제도 또한 작용하고 있을 가능성이 있다. 우울과 불안의 3자 모형에서는 불안과 우울 간의 동반이환이 어떻게 세 가지 기정 차원상의 패턴을 반영하는가를 기술한다 : 부정적 정서, 긍정적 정서 및 생리적 과잉각성(Clark & Watson, 1991). 부정적 정서 차원은 우울과 불안장애 전체에 걸쳐 공유되는데, 이는 비특정적 구성요소를 나타내는 것이다(Blumberg & Izard, 1986). 부정적 정서도 양극성 질병의 우울 및 혼재 표현에 관여되어 있다(Youngstrom & Izard, 2008). 3자 모형에서 단극성 우울증의 진단적으로 특유한 특징은 낮은 수준의 긍정적 정서인데, 이는 쾌감상실증에 상응하는 것이다(Chorpita, 2002). 양극성 우울증도 낮은 긍정적 정서를 보이겠지만, 경조증과 조증은 긍정적 정서의 상승과 관련되어 있을 것이다. 3자 모형에 따르면 불안장애에 진단적으로 특유한 차원은 생리적 과잉각성일 것이다(Clark & Watson, 1991). 후속연구에서는 생리적 과잉각성이 공황과 가장 강한 연관성을 보여주고, 몇몇 공포증과 강박장애는 그 대신에 혐오와 더 큰 연관성을 보이는 것이 발견되었다(Davey, Forster, & Mayhew, 1993). 그러나 긍정적 정서와 부정적 정서의 조절장애는 분명히 단극성 우울증과 양극성 장애 둘 다에 관여하고, 차원의 범주화는 불안장애(역시 높은 부정적 정서를 수반하는)와의 동반이환 출현에 기여할 수 있다. 그래도 양극성 장애가 불안장애의 부분집합에 해당할(또는 반대의 경우) 가능성은 없는 것으로 보인다. 각 장애의 집합이 서

로에게 핵심적이지는 않은 추가적인 증상차원을 포함한다. 예를 들면 양극성 장애에도 임상적 표현의 핵심 부분으로서 생리적 과잉각성, 혐오, 또는 공포가 포함되지 않는다(Youngstrom & Izard, 2008). 그리고 불안장애에는 핵심 특징으로서 활력 증가, 수면 욕구 감소, 긍정적 정서 상승, 성욕 과다, 또는 과장이 포함되지 않는다.

불안과 양극성 장애 동반이환에 대한 발달적 순서 모형은 다양한 출처의 자료와 일치한다. 양극성 장애가 있는 부모의 자식에 대한 연구들에서는 더 어린 자식에게서 높은 비율의 불안장애가 발견된다(Birmaher et al., 2009; Hodgins et al., 2002). 종단연구들에서는 흔히 일반화된 불안장애가 나중의 주요우울 일화보다 먼저 나타나는 것이 발견된다(Mineka, Watson, & Clark, 1998). 그리고 성인의 양극성 장애에 대한 회고적 연구들에서는 많은 사람들이 완전한 기분 일화의 개시 이전에 불안 상애기준을 충족시키는 것을 보고하는 것이 발견된다(Kessler, Berglund, Demler, Jin, & Walters, 2005; Perlis et al., 2004).

불안 및 양극성 장애는 확실히 위험요인을 공유한다. 가족 연구들에서는 양극성 장애가 있는 출발점이 되는 친척에게서 높은 비율의 불안장애가 발견된다. 성격 구조에서의 높은 특질 부정적 정서나 특질 신경증적 경향 또는 정서적 불안정성이 불안 및 양극성 장애 둘 다와 관련이 있다. 중복되는 위험요인들도 더욱더 입자 수준으로 확장된다. 예를 들면 세로토닌 수송체 유전자의 짧은 대립유전자가 불안 및 기분장애 둘 다의 소질인 것으로 확인되어 왔다(Caspi, Hariri, Holmes, Uher, & Moffitt, 2010). 일부에서는 높은 특질 부정적 정서, 신경증적 경향 및 일반화된 불안장애가 동일한 표현에 대한 서로 다른 명칭이고, 이 특질이 다른 장애의 발병 위험을 증가시키는 중재요인임을 시사해 왔다. 불안장애가 우울증의 위험을 증가시키고, 또한 양극성 질병의 우울단계도 증가시킨다는 점은 잘 확립되어 있다(Sala et al., 2012). 불안이 조증의 위험을 증가시키는지는 훨씬 덜 분명하다. 동반이환 불안이 양극성 장애의 다른 하위유형을 나타낼 가능성이 흥미를 자아내는데, 아직 소아과 문헌에서 검증되지는 않았다. 정서적 하위유형에 관한 성인 문헌으로부터 간접적인 증거가 나타날 수 있음을 시사하고 있다. 불안 기질은 기분 고양 기질과는 다른 것일 수 있는데, 후자는 경조증이나 조증 경향을 보여주는 것이지만 불안장애의 비율은 더 낮다(Karam et al., 2010).

전반적 발달장애/자폐스펙트럼장애

소수의 연구들이 전반적 발달장애(현재 DSM-5에서 자폐스펙트럼장애 또는 ASD로 재정의된)와 PBD 간의 적당히 높은 동반이환율을 보고하고 있다(DeLong & Nohria, 1994; Wozniak et al., 1997). 이런 동시발생은 범주화 차원이나 그런 차원에 적용된 인위적 세분의 결과일 것 같지 않다. PBD는 ASD의 많은 사례들에서처럼 동일한 인지적 기능에서의 현저한 결함 또는 사회적 및 정서적 기능의 대부분의 측면에서의 주요 발달지연과는 관련이 없다. 전반적 발달장애/ASD가 기분장애의 전구증상이거나 그 반대일 수 있는 공유된 발달 순서에 대한 증거가 없다. 명백한 동반이환의 가장 유망한 기제는 전반적 발달장애/ASD가 흔히 빈약한 좌절 내성, 정서 재인의 결함 및 빈약한 정서조절과 관련이 있는데, 이 모든 것이 성마름과 공격적 행동의 위험을 증가시킨다는 것이다. 임상의들이 '조증' 진단을 할 때 성마른 기분과 동요에 큰 가중치를 주고, 다른 기준을 체계적으로 평가하지 않는다면, 그 결과로 생기는 'PBD' 진단은 서로 다른 병인의 결과로 생기는 피상적으로 유사한 증상을 보이는 표현형 모사가 될 것이다(Youngstrom, Arnold, & Frazier, 2010). 그러나 공유된 병인의 경로가 인지적 무능력과 전반적 발달장애/ASD의 다른 증상들과 결합하여 일화적 기분조절장애와 다른 기분증상들에 기여할 수 있다는 몇 가지 증거가 있다. 구개심장안면증후군(velocardiofacial syndrome, VCFS)을 만들어 내는 유전적 미세결실은 심장문제, 안면 형태 이상과 구개열 및 빈약한 인지적 기능(Papolos & Papolos, 2002)뿐만 아니라 높은 비율의 조현병, ADHD 및 자폐증(Gothelf et al., 2004; Kates et al., 2007; Murphy, 2002)과 함께 결과적으로 기분조절장애가 된다. VCFS의 기저 비율이 PBD 사례의 5% 이상을 직접적으로 설명할 가능성은 없지만, 유전적 또는 신경인지적 과정들이 어떻게 사례의 부분 집합에서 명백한 동반이환을 일으키는 다수의 파괴에 기여하는지에 대한 잠재적 예를 제공한다(Youngstrom, Arnold, & Frazier, 2010). 인지발달에 영향을 미치는 출생 이전의 기형유발물질과 출생 전후의 환경적 위험요인들도 두 장애 모두에 걸쳐 공유된다(Hack et al., 2002).

비만과 신진대사증후군

횡단연구에서는 과체중 상태 또는 비만과 PBD 사이에 유의미한 동반이환이 발견된다(Merikangas, Mendola, Pastor, Reuben, & Cleary, 2012). 그 관계는 PBD를 치료하는 데 사용된 약물이 급격하고 심한 체중 증가와 연결된다는 사실에 의해 복잡해진다(Correll, 2008b). 그러나 청소년에 대한 연구들에서는 과체중 상태가 흔히 기분불안정성보다 선행하는 것이 발견된다. 비만과 양극성 장애는 둘 다 염증성 세포질 분열 반응과 상관이 있다(Correll, 2008a; Correll, Frederickson, Kane, & Manu, 2008; Goldstein, Kemp, Soczynska, & McIntyre, 2009; Goldstein, Liu, Schaffer, Sala, & Blanco, 2013). 복부 비만이 심할수록 심장뿐만 아니라 뇌혈관에 염증을 일으키는 만성적인 염증성 반응에 이르게 한다는 잠재적인 직접적 인과관계에 대한 증거가 늘어나고 있다.

비만은 기분장애의 위험성에도 간접적 영향을 미칠 수 있다. 비만은 미국 소녀의 경우에 8세 낮아진(Lee, Guo, & Kulin, 2001), 사춘기의 시작 연령을 감소시킨다(Biro, Khoury, & Morrison, 2006). 더 이른 사춘기의 장기적 추세는 사춘기와 관련된 호르몬의 연쇄 반응이 뇌발달과의 동시성에서 벗어나서 더 어린 나이에 일어난다는 의미이다. 예를 들면 비서구적 식생활을 하는 사회에서 초경의 시작과 동시에 일어나는(Parent et al., 2003) 전전두피질 영역의 수초화는 대부분의 경우에 10대 후반에 일어나서 20대 초반에 완료된다(Shaw et al., 2008). 더 이른 사춘기의 시작은 또한 현재 가족과 지역사회의 지원이 준비되기 이전에 일어날 수도 있는 또래 상호작용에 변화를 가져온다(Ge, Conger, & Elder, 1996). 게다

가 비만 자체가 괴롭힘의 가능성, 또래의 거부 및 낮은 자존감을 증가시켜, 심리사회적 스트레스를 만들어 낸다(Vander Wal & Mitchell, 2011). 불행하게도 일부 청소년은 음식 먹기를 대처 기제로 사용하고, 사회적 고립이 스포츠 참여 감소와 전반적으로 더 낮은 신체적 활동과 관련되어 있을 수 있으므로 그 관계는 양방향일 가능성이 있다(Vander Wal & Mitchell, 2011).

물질오용

PBD는 높은 물질오용 위험성과 관련이 있다(Goldstein et al., 2008; Goldstein & Bukstein, 2010; Wilens et al., 2004, 2009). 그 연관성은 많은 통상적인 잠재적 인공요인에 기인하는 것이 아니다. 양극성 및 물질사용장애의 진단기준은 분명하게 별개이다(APA, 2013). 물질사용은 기분조절장애의 차원으로 환원되지 않고, 모든 물질사용이 양극성 장애의 하위유형일 가능성은 없다. 많은 청소년이 알코올이나 약물에 대해 노출되기 전에 PBD 기준을 충족시킨다는 사실이 PBD가 물질사용장애의 하위유형일 가능성이 잘못된 것임을 나타낸다(Birmaher et al., 2006; Geller & Luby, 1997). 행동적 유전연구들에서도 중독이 대부분의 다른 주요한 정신병들과는 독립적인 유전적 구성요소를 가지고 있음이 발견된다(Kendler, Davis, & Kessler, 1997).

그러나 여전히 Caron과 Rutter(1991)가 확인한 다른 가공의 기제들 중의 일부가 적용될 수 있다. 의뢰와 감시는 아마도 서로 다른 자연에서 관찰된 동반이환율을 왜곡시킬 것이다. 물질오용은 어떤 사람들은 치료를 모색하는 비율을 높이거나, 다른 사람들은 치료를 미루는 비율을 증가시켜서 기저의 기분문제를 감추거나 악화시킬 수 있다(Jane-Llopis & Matytsina, 2006). 물질사용과 기분장애가 있는 성인의 치료 모색 둘 다에 있어서 성차의 증거가 있다. 여성이 도움을 구할 가능성이 더 많고, 남성은 술을 마시고 다른 약물을 사용할 가능성이 더 많다(Potts, Burnam, & Wells, 1991). 이것은 병원에서 확인된 제II형 양극성 장애 비율에서의 성차에 기여할 가능성이 있는데, 여전히 임상표본의 여성들 사이에서 더 자주 인

식되기는 하지만 유전적 수준에서는 제II형 양극성 장애의 반성 유전에 대한 증거가 없다(Berk & Dodd, 2005). 더구나 물질사용문제가 있지만 관련된 기분문제는 없는 사람들은 정신건강 장면에 나타날 가능성이 없는데, 흔히 그 대신에 물질치료나 법의학 체계와 마주치게 된다. 이런 기제들이 아동기에 소진되는 정도는 중요한 연구 영역으로 남아 있다.

동시에 발생하는 물질사용이 양극성 장애의 하위유형을 나타낼 가능성은 그럴듯하지만, 여전히 그것을 다른 양극성 장애들과 구분하여 기술하는 분명한 경계에 대한 증거는 없다. 또한 동반이환 물질사용이 치료 처방을 바꾸어야만 하는지도 분명하지 않다. 성인 — 소아 대상은 물론 — 양극성 장애 대상 연구들에서 중재요인으로서의 동반이환 물질사용장애를 체계적으로 조사한 연구는 없고(Singh & Zarate, 2006), Cochrane Collaborative Systematic Review에서는 물질사용문제에 대한 보조치료가 이용 가능한지의 여부에 따라 기분장애의 치료를 시작하는 것을 권고한다(Cleary, Hunt, Matheson, Siegfried, & Walter, 2008).

가장 가능성이 높은 연관성 패턴은 PBD가 높은 수준의 충동성과 정서조절장애를 포함한다는 것인데, 이것은 다시 물질사용 실험의 위험성을 증가시킨다. 또래관계 문제도 비정상적 또래와의 관련 가능성을 증가시킬 수 있는데, 더 나아가서 물질오용의 위험성을 높일 수 있다. 혼동하게 만드는 세 번째 변인의 가능성도 있다. 이를테면 PBD가 있는 청소년 사이에 높은 비율의 ADHD는 PBD와 물질오용 간 상관의 많은 부분을 설명하는 데 충분할 수도 있다(Wilens et al., 2011). 그렇다고 하더라도 성인의 기분장애와 물질사용에 관한 광범위한 문헌은 기분장애가 물질사용 증가에 점진적으로 기여함을 가리킨다. 물질사용이 기분장애의 위험성을 증가시키는 정도가 잘 확립되어 있지는 않지만, 차후의 기분조절장애와 관계 갈등에 기여하는 오용 및 중독과 함께 일단 물질사용이 시작되면 상호 효과의 가능성이 있다(Wray, Simons, Dvorak, & Gaher, 2012).

발달경과 및 예후

PBD의 발달경과에 대한 우리의 이해에 있어서 상당한 진전이 있었다. 그림 6.1이 보여주듯이 지금까지 아홉 가지의 주요한 전향적인 종단연구들이 있었는데, 2년에서 22년에 이르는 기간 동안의 사례들을 추적해 왔다. 양극성 장애의 일화적 성질 때문에 내부의 발달적 연속성을 보여주기가 본질적으로 어렵다. 초기의 평가에서 경조증이나 조증 증상이 있는 사례들은 나중의 추적조사에서 일관되게 높은 비율의 우울증, 경조증 및 조증을 보여준다. Geller, Tillman, Bolhofner 및 Zimerman(2008)의 8년간의 추적조사 자료에서는 청소년의 40% 이상이 18세가 지난 후 첫 2년 이내에 새로운 조증 일화를 보였으며, 추적 초기의 '성인' 조증의 높은 발생률이 발견되었다.

약간의 역학조사 연구들에는 PBD의 전향적 추적조사가 포함된다. 이것은 임상표본이 더 심한 사례에 초점을 맞추고 있을 수 있고, 따라서 재발 위험성이나 동반이환에 대한 우리의 추정치를 잠재적으로 편향시킬 수 있기 때문에 문헌에서의 중요한 틈이다. 두 가지 대규모 성인 역학표본에 대한 2차적 분석에서는 최초의 평가에서 조증 일화가 있었지만 나중에는 우울이나 조증 일화가 없었던 사례 집단을 시사하는 증거가 발견되었다(Cicero et al., 2009). 그 패턴은 병에 걸린 사람들이 청소년으로서의 기분 불안정성이나 정서적 일화를 보이고, 더 나은 억제 기제와 정서조절 능력이 발달하면서 심한 기분문제를 보이는 경향에서 벗어나는 양극성 장애의 '발달적으로 제한된' 형태의 가능성을 시사한다(Cicero et al., 2009).

'발달적으로 제한된 형태' 가설은 양극성 장애가 주로 성인에게 발병하는 질병이라는 전통적 견해를 뒤집는다. 그러나 그것은 청소년기 후기와 성인기 초기에 뇌의 정서적 조절 센터가 완전히 수초화되는 경향을 포함하여, 신경인지적 발달에 대한 커지고 있는 우리의 이해와 일치한다(Gogtay et al., 2007; Shaw et al., 2008). 발달적으로 제한된 형태 가설도 경조증과 조증은 더 어린 연령 집단에서 더욱 흔하게 나타나는 데 반하여, 중년기와 성

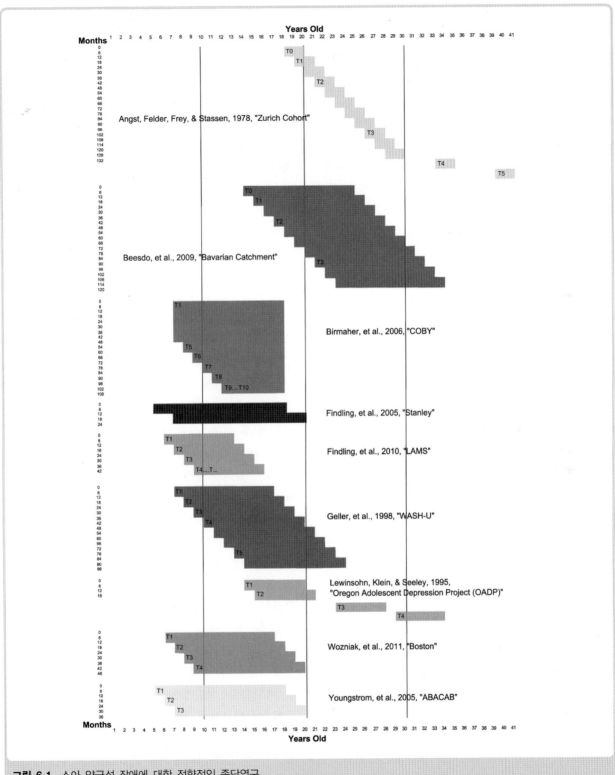

그림 6.1 소아 양극성 장애에 대한 전향적인 종단연구

인기 후기의 양극성 장애는 최소한 임상표본에서는 주로 우울증과 관련이 있다는 관찰 결과와 일치한다(Judd et al., 2002; Kraepelin, 1921). 청소년 대상의 역학연구들에서는 조증이나 경조증의 병력만 있는 일부 사례가 확인된다(Merikangas et al., 2012; Van Meter, Moreira, & Youngstrom, 2011). 전향적 추적조사는 이런 사례들의 중요한 부분이 양성 예후를 보여주는지의 여부를 결정짓는 데 중요하다. 그렇다면 이런 발달적으로 제한된 사례들은 흔히 서비스를 찾지 않아서 임상표본에서 불충분하게 대표가 되게 만들 것이다. 이것은 다시 긍정적 경로와 결과를 보이는 사람들에 대한 자료를 수집하는 데 실패함에 따라 재발 위험성과 빈약한 예후에 대한 우리의 추정치를 과장하게 된다. 좋은 경로를 보이는 집단이 있다면, 이것이 근본적으로 우리의 양극성 장애에 대한 기술을 불치의, 재발하는, 잠재적으로 진행성인 질병에서 정서조절 체계가 완전히 성숙될 때까지 심한 문제를 예방하는 발판을 제공함으로써 우리가 회복을 증진시킬 수 있는 무언가로 바꾼다. 다른 '발달적 지연' 병리 모형에 대한 강력한 유추는 치료에 대한 혁신적 접근을 제공할 수 있다.

임상표본에서의 발달경과

발달경과에 대한 더 많은 자료는 임상표본으로부터 이용할 수 있다(Axelson, Birmaher, Strober, et al., 2011; Geller et al., 2008). 앞에서 언급했듯이 자연적인 임상표본은 사망률의 위험성을 과장하는 쪽으로 편향되어 있을 수 있다. 회복하는 사람들은 치료에 머무르지 않을 것이다. 이것은 우리가 임상표본에 근거한 궤적을 재검토할 때 고려해야 할 중요한 경고이다. 아동의 임상자료는 성인 임상자료와 유사하게 묘사되는데, 이는 높은 비율의 재발, 계속된 서비스 이용 및 어쩌면 심지어 악화하는 경로를 시사하는 것이다. 재발과 진행이 환경에서의 변화, 뇌에서의 변화, 또는 둘 다를 반영하는 것인지의 여부는 분명하지 않다. 신경적 변화는 각각의 기분 일화가 장래의 기분 일화에 대한 감수성을 증가시키고, 환경 유발 요인에의 의존성은 감소시키며, 치료에 대한 저항은

증가시키는 방식으로 시냅스 연결을 변화시킨다고 가정하는, '점화' 가설 형태에서 많은 주의를 끌었다(Post & Leverich, 2006; Post & Weiss, 1997). 한 대안적 가설은 양극성 장애에서 나중에 보이는 신경장애가 질병이 아니라 투약의 결과일 수 있다는 것이다. 그것은 길거리 마약과 알코올(세포의 죽음을 유도할 수 있는)을 '자가투약'한 결과이거나 처방된 약물이 발달 중인 신경계에 미치는 효과일 수 있다(Schneider et al., 2012; Hafeman, Chang, Garrett, Sanders, & Phillips, 2012). 약물 독성 가설에서는 처방된 약물을 포함하여, 높은 비율의 물질사용이 양극성 소질을 유발하거나 나중의 기분조절장애에 대한 잠재적 가능성을 만들어 내는 신경적 변화를 일으킨다고 주장한다(Reichart & Nolen, 2004). 일부 회고적 상관 자료가 물질사용(Post et al., 2010)이나 투약 처방 전 증가(DelBello, Soutullo, et al., 2001) 및 더 이른 발병 연령 간의 연관성을 보여주기는 하지만 다른 연구들에서는 동일한 패턴을 발견하는 데 실패하였다(Pagano et al., 2008). 리튬과 다른 화합물의 신경보호 효과를 증명하는 동물 모델도 있는데(Manji, Moore, & Chen, 2000), 이는 일부 전문가들로 하여금 완전한 기분 일화의 발병을 지연시키거나 예방하는 한 방법으로써 예방적 약물 요법 탐색을 주장하게 만든다(Findling et al., 2007; Miklowitz & Chang, 2008). 전향적 연구에서는 가설들 중의 일부는 정반대이고, 모든 가설이 큰 이해관계를 포함하는, 이런 경쟁하는 가설들 각각을 지지하는 증거의 정도를 분명하게 밝히는 것이 중요할 것이다. 투약과 다른 중재방법들의 위험과 이익에 대한 더 많은 자료가 사람들이 자신들의 치료에 대해 더 나은 정보에 근거한 선택을 하도록 도와줄 것이다.

현상학에서의 성차

양극성 장애가 성인에게서 그렇듯이 아동에게서 서로 다르게 나타나는지에 대해 많은 논의가 있다. 어떤 사람들은 질병의 조기 발병이 기분 불안정성의 증가, 탄수화물 갈망, 또는 감각 입력에 대한 과잉민감성과 관련이 있다고 주장한다(Papolos & Papolos, 2002). 다른 집단들에서

는 이런 변인과 양극성 진단 간에 중요한 연관성이 발견되지 않는다. 그러나 이런 많은 이론적 연관성이나 차이가 기준 진단을 확립하기 위해 반구조화된 진단 면접을 사용한 많은 연구에서 나타나지는 않았다.

DSM의 조증 증상이 양극성 진단의 DSM 기준을 충족시키는 청소년에게서 분명하게 나타나는 정도를 검증하는 데 더 많은 자료가 이용 가능하다. DSM의 모든 증상이 경조증과 조증의 소아 사례들에서 더 자주 나타나는 것으로 보이는데(메타분석을 위해서 Kowatch et al., 2005 참조), 상대적으로 더 적은 증상이 비율에서의 연령과 관련된 효과나 기저의 조증요인과의 관련을 보여준다. 조증 증상은 5세부터 청소년기와 성인기 동안 청소년의 증상 기저에 단 하나의 주요 요인이 있는, 일관된 요인 구조를 보여주는 것으로 생각된다(Frazier et al., 2007). 반대로 우울증의 증상은 아동기의 단일한 총체적 요인에서 청소년기의 2요인 구조로 바뀌는 것으로 보인다(Frazier et al., 2007). 반구조화된 면접을 통한 기분증상 평가의 신뢰도는 연구된 연령 부분에 걸쳐 일관되게 높은 채로 남아 있다.

총체적인 심한 정도의 점수와는 정반대로 몇몇 가장 널리 사용되는 면접으로 동시대출생 집단이 핵심적인 우울증과 조증 증상에 미치는 효과를 검증하는 연구에서, 연구자들이 진단과 동반이환 ADHD를 통제한 후에도 다수의 증상들이 유의미한 연령 효과를 보여주었다(Demeter et al., 2013). 연령이 운동활동, 공격성, 성마름 및 기괴한 사고 내용과 같은 조증 증상들의 변량을 2~4%, 질주하는 사고 변량의 8%를 독자적으로 설명한다. 처음 세 가지는 억제 통제에서의 규준적인 발달적 향상을 반영하고, 나머지 두 가지는 청소년 대 사춘기 이전 표본에서의 더 높은 비율의 정신병적 특징을 반영할 가능성이 있다. 동시대출생 집단이 독자적으로 우울증 증상을 더 많이 독자적으로 설명했는데, 이것은 또 우울증과 ADHD의 비율에 덧붙여 다양한 발달적 영향을 반영하는 것이다. 중요한 것으로는 41가지 증상 평정들 중의 어느 것에서도 유의미한 연령×진단 간의 상호작용이 없었는데, 이는 기분장애의 유무에 기인한다고 생각되는 각 증상에

서의 변화가 연령 범위에 걸쳐 안정적인 것임을 가리키는 것이다. 그 대신 다른 이유로 증상 상승에 기여하는 '배경 소음'이 연령 증가에 따라 더욱 변화하는 것으로 보인다.

평정 척도에 관한 부모의 보고를 살펴본 연구들에서는 성욕 과다가 더 어린 아동보다는 청소년에게서 시인될 가능성이 더 많고, 충동적으로 돈을 써버리는 문제도 더 나이든 청소년에게서 시인될 가능성이 더 크다(Freeman et al., 2011). 둘 다 안면타당도가 높은 관찰 결과이다. 문항반응 이론분석에서도 성마른 기분은 부모가 시인하기 전의 낮은 수준의 조증을 필요로 하는 데 반하여, 정신병적 증상은 극단적으로 높은 수준의 조증을 필요로 하므로 '가장 쉬운' 문항 중의 하나임을 가리킨다(Freeman et al., 2011; Henry, Pavuluri, Youngstrom, & Birmaher, 2008). 청소년과 돌보는 사람의 보고를 비교했을 때 청소년이 자신의 성마른 기분을 시인하려면 더 높은 기저 수준의 조증이 필요했지만, 10대는 더 낮은 수준의 조증에서 과잉활동이나 활력 증가를 시인할 가능성이 더 많았다(Freeman et al., 2011).

이용 가능한 모든 정보를 종합하면 우리는 결론을 더 어린 임상표본이 전체적으로 더 높은 수준의 조증 증상―부분적으로 더 높은 비율의 경조증과 조증에 기인하지만 부분적으로 다른 발달요인(높은 비율의 동반이환 ADHD에 제한적인 것이 아니라 포함하는)에 의해 부풀려진 일부 증상에도 기인하는―을 나타낸다는 결론을 내릴 수 있다. 반대로 청소년 표본은 더 높은 비율의 우울증상―주로 더 높은 비율의 우울 일화에 기인하지만 특정 증상의 수준에 영향을 미치는 발달적 변화에도 기인하는―을 가지고 있다. 그러나 우울증 및 조증과 관련된 핵심 증상들은 연령 범위에 걸쳐 일관성이 있는 것으로 보이고, 점검표와 면접을 통하여 좋은 신뢰도로 측정될 수 있다. 차별적인 문항 기능의 용어로 말하자면 기분증상은 기울기나 연령효과에 기인한 요인 적재편향에 대한 증거를 보여주지 않지만, 많은 기분증상이 기분 진단 조정 이후에 평균적으로 중간 정도의 연령효과를 보여준다('절편편향'; Zumbo, 2007). 자료는 일부 증상이

다른 요인에 기인하는 연령효과를 보여주기는 하지만, 기분 일화가 있는 양극성 장애의 표현에서 큰 발달적 변화가 없음을 가리킨다. 양극성 장애의 표현에 미치는 가장 큰 연령효과는 조증 대 우울증의 일화를 경험하는 경향에서의 변화이다.

역학

유병률/발생률

최근에서야 아동과 청소년에 대한 약간의 역학연구들이 체계적으로 경조증이나 조증의 증상을 평가했다. 한 메타분석에서는 1,500개 이상의 제목과 초록을 개관한 후에 PBD의 비율에 대한 자료가 12개 연구에서만 사용 가능함을 발견했다(Van Meter et al., 2011). 그러나 더 많은 연구에서는 종합 진단 도구에 조증 모듈을 추가하고 있고, 일관성 있는 묘사가 떠오르고 있다. 청소년에게서의 양극성 스펙트럼장애의 가중치를 준 평균 유병률 비율은 12개 연구의 평균이 1.8%인데, 1985년에서 2007년 사이에 확인된 7~21세 청소년 16,222명이 포함되었다. 제I형 양극성 장애의 비율은 0.5%였다. 제II형 양극성 장애, 순환성 기분장애 및 BP-NOS에 대한 보고는 비율을 따로따로 추정하기에는 너무 불완전하다. 흥미롭게도 메타분석에서는 포함된 연구들이 다루었던 22년 동안 양극성 장애의 비율이 증가하는 장기적 추세에 대한 증거가 발견되지 않았다. 지역사회표본에서의 양극성 스펙트럼장애의 안정적인 비율은 동일한 기간의 임상적 진단 비율의 두드러진 상승과는 현저한 대조를 보인다(Blader & Carlson, 2007; Moreno et al., 2007). 또 다른 뜻밖의 연구결과는 미국 대 다른 나라의 표본에서 양극성 스펙트럼장애의 비율이 동일한 것이었다(Van Meter, Moreira, & Youngstrom, 2011). 그 자료는 PBD가 미국에 고립된 것이라는 대중의 인식과는 모순된다. 그 대신 그 자료는 대중의 인식과 임상적 경계의 증가라는 패턴과 들어맞는데, 이는 ASD와 다른 장애들에서 관찰된 것과 일치하는 것이다(Joseph et al., 2009; Rutter, 2009). 더욱 최근의 캐나다의 역학표본은 메타분석 결과에서의 세 가지 주요

한 추세를 확증했는데, 양극성 스펙트럼장애의 전체 비율은 15~18세 사이에서 2.1%였다(Kozloff et al., 2010).

현재의 문헌에서 발생률 대 유병률에 대한 의미 있는 조짐을 풀어내기는 어렵다. 모든 연구들이 별도로 발생률을 보고하는 것은 아니고, 시점 유병률에서 평생유병률 범위에 이르는 관찰 기회를 사용한다(Van Meter, Moreira, & Youngstrom, 2011). 양극성 장애와 다른 구조 특징에 대한 정의에서의 이질성은 지표가 되는 기간에서의 변화에 기인하는 차이를 압도한다. 그러나 연구들에 걸쳐서 몇몇 구조 특징이 메타분석 회귀에서의 상당한 변량을 설명했다. 순환성 기분장애나 BP-NOS를 포함하는 연구들에서는 유의미하게 더 높은 비율의 양극성 스펙트럼장애가 나타났고, 더 나이든 참가자에게서 양극성 장애의 비율이 더 높았다(Van Meter, Moreira, & Youngstrom, 2011). 모든 양극성 스펙트럼장애의 비율이 일반적인 지역사회에서보다 임상장면에서 더 높고, 양극성 장애의 비율은 더 급성 장면에서 증가하는 경향이 있다(그림 6.2 참조).

성차

성인 대상 연구들에서는 제II형 양극성 장애가 여성에게서 더 흔하게 진단된다는 가능성을 제외하고, 양극성 장애의 반성 유전에 대한 증거나 차별적인 유병률에 대한 증거는 발견되지 않는다(Berk & Dodd, 2005). 여성 사이에서의 더 높은 진단 비율이 실제 발생률에서의 차이 또는 치료 모색 패턴이나 진단 면접에서의 변이에 기인하는 것인지의 여부는 분명하지 않다. 우울증의 심리사회적 위험요인에서 차이가 그럴듯하기는 하지만, 일부 호르몬 기제(Cyranowski et al., 2000), 경조증에 대한 비구조화된 임상면접의 빈약한 민감도와 많은 사람들이 과거의 경조증을 잊어버리거나 무시한다는 증거는 모두 단극성 우울증으로 오진하는 데 기여한다.

연구들에서 양극성 장애가 있는 남성이 조증을 겪을 가능성이 더 크고, 여성은 우울 및 혼재된 일화를 경험할 가능성이 더 크다는 것이 발견된다(Goodwin & Jamison, 2007). 소아과의 자료는 더 어린 남자는 더 높은 비율의

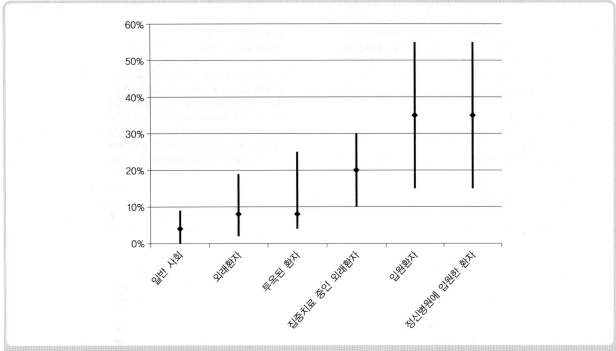

그림 6.2 서로 다른 임상장면에서의 PBD 유병률의 중앙치와 범위. 비율은 이전 개관에 근거(Merikangas & Pato, 2009; Youngstrom, 2007; Youngstrom et al., 2009). 임상장면은 서비스 강도 증가에 따라 분류

조증을 보여주고, 여자 청소년은 더 높은 비율의 우울증을 보여주는 패턴을 따른다. 그러나 제I형 양극성 장애, 순환성 기분장애, 또는 BP-NOS 비율에서의 전반적으로 유의미한 성차는 없다(Axelson et al., 2006; Duax et al., 2007; Van Meter, Moreira, & Youngstrom, 2011). 횡단 자료는 양극성 장애가 여성의 경우에 더 많이 재발하는 우울 경로를 따르거나 여성이 외현화 문제의 궤적 대신 내재화 문제를 향한 더 큰 경향을 보인다는 가설을 시사하지만 전향적 자료로 확증되어야 할 것으로 남아 있다.

사회경제적 요인

양극성 장애는 사회경제적 지위(socioeconomic status, SES)와 복잡한 관계를 보여준다. 성인 대상의 더 오래된 연구들에서는 원래 양극성 장애가 경제적 특권 집단 사이에서 생길 가능성이 더 큰 것으로 보이고, 조현병은 더 낮은 SES 집단 사이에서 생길 가능성이 더 높은 것으로 보인다는 점이 발견되었다(Goodwin & Jamison, 1990). 더 최근의 개관에서는 이 명백한 연관성의 많은 부분이 진단편향에 기인한 것이었다는 결론을 내리고 있는데(Goodwin & Jamison, 2007), 소수민족과 더 빈곤한 사람들이 조현병이나 반사회적 행동으로 진단받을 가능성이 더 컸고, 더 높은 SES의 사람들은 기분장애로 진단받을 가능성이 더 컸다(Strakowski et al., 1997). 그러나 그 자료에서는 여전히 양극성 장애가 경제적으로 불리한 사람들 사이에서 너무 많이 발견되지는 않는다. 두 가지 정반대의 경향이 서로를 평균적으로 상쇄시키는 것이 가능하다. 양극성 장애는 더 높은 창의성과 생산성과 이어지는 것으로 보이는데, 특히 병에 걸린 사람들의 가족구성원 사이에서 그렇다(Johnson, Murray, et al., 2012). 이것은 양극성 장애와 SES 간의 정적 상관의 한 원인이 될 수 있다. 이 가설과 일치하는 부모의 직업적 또는 예술적 성공이 자식의 양극성 장애 위험성을 약간 높이는 것과 관련되어 있다는 몇몇 증거가 있다(Tsuchiya, Agerbo, Byrne, & Mortensen, 2004). 그러나 그 질병에 걸린 사람을 황폐화시키는 효과와 그와 관련된 불완전 고용과 실직이 흔히 병에 걸린 사람과 부모가 병에 걸릴 때 그 가족을 빈곤에 이르게 한다(Lopez, Mathers, Ezzati, Jamison, & Murray, 2006).

SES의 영향은 역학적 맥락에서보다 임상장면에서 훨씬 더 뚜렷하다. 성인 문헌에서의 연구결과와 일치하게 양극성 장애가 있는 소수민족 청소년이 반구조화된 면접으로 재평가될 때 투옥된 표본에서 너무 많이 나타나는 것으로 보인다(Pliszka et al., 2000). 양극성 장애가 있는 아프리카계와 히스패닉계 미국인 청소년이 CD나 조현병이라는 임상적 진단을 받을 가능성이 더 크다(DelBello, Lopez-Larson, Soutullo, & Strakowski, 2001). 유럽계 미국인 청소년이 소수민족 청소년보다 유의미하게 투약받을 가능성이 더 크고(dosReis et al., 2005), 기분안정제와 비정형적 항정신병제 처방전을 받을 가능성이 더 크다(Kowatch et al., 2013). 진단과 서비스 이용에서의 이런 차이는 무엇이 의학적 치료가 적절한 '질병'을 구성하는가에 대한 서로 다른 견해뿐만 아니라 행동과 정서문제의 원인에 대한 믿음을 형성하는 문화적 요인들의 상호작용의 결과일 수 있다(Carpenter-Song, 2009; Yeh, Hough, McCabe, Lau, & Garland, 2004). 나타나는 문제에 대한 기술에서의 문화적 차이는 진단의의 인지적 발견법과 상호작용을 할 수 있다. 상위의 SES 가족이 '기분 변화'에 대한 걱정을 보고할 때 최초의 임상적 가설은 기분장애일 수 있다. 하위의 SES 가족이 '행동문제'에 대한 걱정을 표현할 때 그 출발하는 가설은 품행문제일 수 있다. 그다음에 확증편향과 탐색 만족과 같은 문서에서 충분히 입증된 발견법이 이어받을 수 있는데, 이는 임상적 진단 비율에서의 문서에서 충분히 입증된 불일치를 야기하는 것이다(Garb, 1998; Jenkins, 2012).

문화적 변이

성인 대상 역학연구들에서는 일반적으로 여러 나라와 미국 내의 서로 다른 인종적 및 문화적 집단 내에서 유사한 비율의 양극성 장애가 발견된다. 2개국 이상의 공동연구집단에서는 낮은 비율의 양극성 장애를 포함하여 낮은 비율의 모든 정신장애가 아시아 국가에서 발견되었다(Merikangas, Jin, et al., 2011). 이것은 질병의 정서적 또는 인지적 구성요소들보다 질병의 신체적 측면에 더 크게 초점을 맞추는 것, 기분장애와 비만 또는 오메가-3 지방산 간의 연결에 대한 상관 증거(전통적인 아시아 음식에서 소비된 해산물의 양이 실질적으로 더 많다는 점에 비추어; Hibbeln, 1998), 또는 정신질환에 대한 증가된 낙인의 결과와 일치하는 것으로 다양하게 해석되어 왔다(Hinshaw, 2006). 전체적으로 비율에서의 차이는 상대적으로 그다지 크지 않다.

단극성 조증이 일부 지중해 지역과 같은 세계의 몇몇 지역에서는 더 흔하다(Yazici et al., 2002). 또한 정신질환, 치료 모색 및 특정 행동에 대한 태도에 분명한 문화적 차이가 있다. 그러나 우울증과 조증에 대한 측정에서의 차별적인 문항 기능에 대한 연구와 같은 특정한 측정이나 면접에서의 편향을 조사해 왔던 약간의 연구들에서만 사소한 편향의 증거가 발견되는 경향이 있다. 사람들이 스스로 서비스를 찾도록 내버려 둔다면, 면접은 어떤 사람들이 자원을 하고 자기를 개방하기를 선택하는가에 집중하게 되고, 사람들이 체계적으로 표집되고 반구조화된 진단 면접이나 평정 척도를 완성한다면 문화의 영향은 훨씬 더 큰 것으로 보인다. 문화가 문제의 구조 파악과 임상적 직면을 안내할 때보다 유사한 표본에게 동일한 질문을 할 때, 기분장애에서의 차이는 훨씬 더 작은 것으로 보인다. 이런 패턴이 아동과 청소년 연령 범위에서 어느 정도까지 만연해 있는가에 대해서는 덜 알려져 있지만, 약간의 연구들에서 반구조화된 면접이 역학 및 임상표본 둘 다에서 사용될 때 일관된 비율의 양극성 장애가 아프리카계, 히스패닉계, 유럽계 미국인 청소년에 걸쳐서 발견된다(Pendergast et al., 2014).

이론적 틀

양극성 장애를 설명하기 위해 다양한 이론적 틀이 제안

되어 왔다. 정신역동 모형에서는 조증을 우울증에 대비한 방어 기제로 가정한다(Janowsky, Leff, & Epstein, 1970). 생물학적 모형이 우세하게 떠오르게 되면서 대부분의 연구자들은 현재 정신역동적 접근을 적극적으로 추구하지 않는다. 또 다른 주목할 만한 누락은 조증이나 양극성 장애에 대한 행동적/학습이론 모형의 부족이다. 행동적 중재가 많은 일괄적 심리치료 프로그램에서 어떤 역할을 하기는 하지만, 조증에 대한 모든 것에 우선하는 학습 모형이나 기능적 행동분석은 없었다. 일반적으로 양극성 장애의 일괄치료 프로그램은 주요한 이론을 중심으로 조직화되기보다는 증상을 감소시키고, 대처와 대인관계 기능을 향상시키는 각종 실용적 기법들로 구성되는 경향이 있다.

현재 양극성 장애에 대한 이론적 접근의 대부분은 강력한 생물학적 구성요소를 강조한다. 현재의 이론들은 생물학적 결정론을 피하고 생물학적 및 환경적 요인들이 기분과 활력의 이상조절 패턴을 개시하고 유지하기 위해 상호작용을 하고 서로 영향을 미치는 교류 모형을 주장한다. 그러나 생물학의 일부 측면을 포함시키지 못한 모형은 없다. 모형들은 양극성 장애의 핵심적 구성요소로서 서로 다른 특정한 생물학적 체계를 강조한다. 일부 모형은 수면 체계와 24시간 주기 리듬 조절을 강조한다(Harvey et al., 2006; Murray & Harvey, 2010). 다른 모형들은 Gray의 BAS와 BIS와 같은, 기본적인 동기 체계에 초점을 맞춘다(Gray, 1986; Gray & Mc-Naughton, 1996). 행동 활성화 체계(BAS)의 조절이상은 청소년에서의 기분증상과의 횡단적 연관성(Gruber et al., 2013), 청소년과 젊은 성인 대상의 영상연구들에서의 의미 있는 활성화 패턴(Nusslock et al., 2012; Urosevic et al., 2010) 및 위험한 상태에서 증상이 생기는 기분장애로의 변화에 대한 종단적 예측(Alloy et al., 2008)을 보여주는 축적되는 증거와 함께 특히 유익한 모형이었다. 이론적 모형들도 BAS 조절이상을 단계적으로 경조증이나 조증상태로 빠져드는 양극성 장애에서의 보상 단서에 대한 초점 맞추기의 증가와 목표 달성 이후의 정서 및 행동 활성화 증가를 연결시킨다(Johnson et al., 2000). 최근의 연구도

다른 기분 및 불안장애에 기여하는 것일 뿐만 아니라(Carl, Soskin, Kerns, & Barlow, 2013), 양극성 장애의 핵심 특징으로서의 긍정적 정서조절이상을 조사하고 있다(Gruber, Eidelman, Johnson, Smith, & Harvey, 2011).

진화심리학에서는 우울증이 상실이나 거부를 경험한 후에 자원과 활력을 보존하려는 적응 기제를 나타내는 것일 수 있다고 가정한다(Gilbert, Allan, & Trent, 1995). 정서 이론가들은 더 큰 대인관계에서의 자기주장과 사회적 지배 증가를 포함하여, 조증은 최초의 기회나 성공을 이용하고 그것을 확대하려고 하는 목표 추구를 나타내는 것일 수 있다고 추측해 왔다(Plutchik, 1980; Youngstrom & Izard, 2008). 우울증은 사회적 거부와 대인관계 영향의 상실과 동시에 일어날 수 있다(Gilbert & Allan, 1998). 지배의 정서적 차원은 도전에 대한 기분뿐만 아니라 과장 및 높아진 자존감과 동시에 발생하는 지배의 증가, 기분과 강한 정적 상관이 있을 수 있다. 이 견해에서는 지배에서의 감소가 우울증과 동시에 일어날 수 있다(Demaree, Everhart, Youngstrom, & Harrison, 2005; Johnson, Leedom, & Muhtadie, 2012; Youngstrom & Izard, 2008). 정서 모형들은 우울과 불안에 대한 3자 모형에 대한 이전 연구를 확장하여(Clark & Watson, 1991), 조증과 혼재된 기분상태에서의 긍정적 정서의 더 큰 역할을 자세하게 설명하고 있다. 또한 그런 모형들은 RDoC를 양극성 장애와 통합하는 조직적 구조를 제공하는데, 긍정적 및 부정적 정서성의 주요한 영역들뿐만 아니라 사회적 지배를 결합시키고 있다(Sanislow et al., 2010). BAS, 수면 파괴(Mullin et al., 2011) 및 정서 모형들은 각각 PBD에서 조사되기 시작했는데, 현재까지의 결과들은 성인 문헌의 결과들에 근거한 예상과 일치한다.

가능한 발달경로

양극성 장애는 발달경로를 따른다. 최초의 기분 일화가 불쑥 나타난 것으로 보이는 사례들조차도 — 이전의 높은 수준의 기능으로부터의 갑작스러운 변화 — 가족 병력이나 다른 출처로부터 수집된 생물학 및 환경적 요인

에 근원이 있을 것이다. 빈틈없이 정의된 일화들과 일화들 간의 좋은 기능이 있는 사례들도 발달경로를 따른다. 기분 일화는 대인관계를 바꾸는데, 흔히 돌이킬 수 없을 정도로 바꾼다. 또한 새로운 생물학적 설정 지점과 신경인지적 기능에서의 변화에 이르게 한다.

발달경로에 대한 우리의 이해는 부분적으로 조각그림 맞추기를 완성하는 것과 유사하다. 여러 개의 맞물린 변인의 집합이 있고, 우리는 여러 조각을 모으지만 포괄적인 그림으로 풀어내지 못한다. 예를 들면 각각의 기분 일화가 시냅스의 연결 가능성을 변화시켜서 뒤이어 일어나는 일화를 일으키는 데 환경적 압력을 덜 필요하게 한다는, 신경적 '점화'가 하나의 발달 모형으로 주장되어 왔다. 점화 모형은 진행, 임상표본에서의 높은 재발 비율 및 인생 사건과 뒤이은 일화의 유발 간의 연관성 감소 증거와 일치한다(Post, 2007). 그러나 점화 모형은 아직 위험 또는 보호요인으로서의 기질에서의 개인차를 통합하지 않는다. 규준적인 심리사회적 발달 또는 대인 간의 상호작용에 대한 모형들을 포괄적으로 통합하지도 않는다(Goodwin & Jamison, 2007).

수면조절장애는 관련된 조각 덩어리의 또 다른 예이다. 양극성 장애의 DSM 기준을 충족시키는 청소년의 약 60%만이 수면 욕구 감소의 분명한 증거를 보여준다(Kowatch et al., 2005). 그러나 이 하위 집합의 경우에 수면장애는 분명히 기분 기능과 연결된다. 24시간 주기조절과 관련된 유전자들은 양극성 장애와 관련되어 있고, 우리는 수면과 신진대사 기능 간의 관계에 대해 학습하는데, 이것이 기분문제를 악화시킬 수 있다(Harvey, 2009). 수면은 식욕조절 및 체중 증가와 관련되어 있는데, 성인의 양극성 장애에서 더욱 흔한, 계절성 정서장애 및 비정형적 우울증에서 보이는 증상 패턴과 응집적으로 일치한다(Angst, Gamma, & Lewinsohn, 2002; Perugi, Fornaro, & Akiskal, 2011). 수면조절에 관여된 많은 뇌 영역들도 양극성 장애의 영상연구에서의 관심 영역이다(Harvey et al., 2006). 많은 조각들이 함께 모여서 들어맞기는 하지만, 우리는 아직 수면 체계를 다른 발달 측면들과 관련시키는 포괄적으로 정교화된 모형을 가지고 있지 않다.

세 번째 조각의 덩어리에는 심리사회적 스트레스 요인, 기분 불안정성, 스트레스 생성 및 물질사용의 관계가 포함된다. 스트레스가 기분을 일으키지만 기분 불안정성과 과장된 정서적 반응도 대인관계에 무거운 부담을 지우고 더 많은 거부와 스트레스가 많은 사건에 이르게 할 수도 있다(Rudolph et al., 2000). 따라서 기분과 스트레스는 정적인 피드백의 고리를 만들어 낼 수 있다. 이런 고리들은 다양한 기제들을 통하여 물질오용의 위험성에 기여하는 것으로 보인다. '자가투약' 가설은 임상적으로 인기 있는 모형인데, 물질사용이 기분조절의 한 형태일 수 있음을 시사한다. 현재 이 모형을 지지하는 연구는 중간 정도이다(Wray et al., 2012). 물질사용의 두 번째 발달경로는 물질을 시도하는 기회의 제공을 증가시킬 수 있는, 사회적으로 경계에 있거나 비행을 저지르는 또래들과 교제하게 만드는 또래의 거부를 통한 것이다. 동반이환에 관한 부분에서 개관했듯이 충동성과 빈약한 실행 기능과 같은 공유된 세 번째의 변인들이 기분과 물질사용 간의 명백한 상관에 추가된다.

네 번째 조각의 덩어리는 동기 및 대인기능이다. BAS 가설(Alloy et al., 2008)과 사회적 우세 모형(Johnson, Leedom, & Muhtadie, 2012)은 둘 다 경조증의 악순환과 심한 정서적 반응과 우울증에 이르게 하는 거부나 실패를 제공하게 만드는, 양극성 장애에 걸리기 쉬운 사람들이 어떻게 보상 단서에 초점을 맞추거나 사회적이 되려고 노력하는가에 초점을 맞춘다. 거부 단서에 대한 민감성도 비정형적 우울증의 맥락에서 주목을 받아 왔다(APA, 2000).

표 6.2가 보여주듯이 우리가 양극성 장애에 관한 연구에 전형적인 발달시기를 겹쳐놓을 때 위험요인과 상관관계가 있는 요인이 수정으로부터 임신, 유아기 초기에서 청소년기, 성인기 초기를 거쳐 나타나고, 인생 후기까지 지속적으로 상호 영향을 미친다는 것을 발견하게 된다. 연구들을 발달적 스케줄과 나란히 놓고 보면 양극성 장애가 특정한 연령 범위에 한정되지 않음이 드러나는데, 이는 정신건강연구와 서비스를 '소아'와 '성인' 궤적으로

의 전통적인 분리를 거부하는 것이다. 표는 이전에 '성인' 질병으로 간주되어 왔던 것의 근원이 출생 이전과 출생 전의 환경까지 이어짐을 보여준다. 발달적 정신병리 모형에 대한 포괄적 통합은 양극성 장애에 관한 새롭고 생산적인 연구 방향을 만들어 낼 것이다. 몇몇 가능성은 기질적 선행사건과 아동기 초기에 기분장애가 발병할 위험성을 중재하는 요인을 조사하는 것이나 청소년기와 성인기 초기로의 전환기 동안의 안드로겐의 역할을 조사하는 것을 포함한다. 테스토스테론을 사회적 우세(Bernhardt, 1997; Rowe, Maughan, Worthman, Costello, & Angold, 2004) 및 조증(Ozcan & Banoglu, 2003; Pope, Kouri, & Hudson, 2000)과 관련짓는 상관 자료가 있는데, 이는 안드로겐 수준이 얼마나 더 높아야 여성보다 젊은 남성에서의 조증 일화에 영향을 미치는가에 대한 의문을 제기하는 것이다. 조증이 청소년기의 위험을 감수하는 행동에 기여하는 정도와 임신, 교통사고, 또는 다른 사고로 인한 손상과 같은 발달적 '함정'을 유발하는 정도에 관한 더 많은 연구도 유망해 보인다(Stewart et al., 2012). 발달적 정신병리의 틀을 진지하게 적용하는 것이 현대 정신의학의 생물학적 모형, 성인의 표현 및 급성 질병에 대한 제3의 중재에 관한 역사적 강조로 남겨진 틈을 채우는 데 있어서 급속한 진보를 가져올 것이다.

위험요인과 보호요인

양극성 장애의 발병 위험을 작은 정도에서 중간 정도로 증가시키는 다수의 비특정적 위험요인들이 있다. 이런 요인들에는 위험 유전자(또한 다른 장애의 관심 유전자), 임신 동안의 좋지 않은 어머니의 건강, 임신을 하고 있는 동안의 부족한 영양이나 물질사용, 스트레스가 많은 초기 환경, 외상적 사건에의 노출, 부모의 기분장애, 비만, 사춘기의 이른 시작 및 조기에 발병한 우울증(특히 급성 발병 또는 정신병적 특징, 수면 패턴 붕괴 및 청소년기의 물질사용)이 포함된다(Goodwin & Jamison, 2007). 또래의 거부(Freeman et al., 2009; Siegel et al., 2014) 및

학업 실패(Henin et al., 2007)와 상관이 있는데, 이는 위험요인, 결과, 또는 둘 다를 나타내는 것일 수도 있다. 출생 계절과 유의미하지만 약한 연관성이 있는데, 이는 바이러스 노출이나 다른 기제에 대한 추측에 이르게 한다(Torrey & Miller, 2001). 부족한 생선 섭취는 많은 관심을 불러일으켰던 또 다른 요인이다. 오메가-3 지방산은 신경발달에 중요하고 임신 동안의 높은 비율의 생선 섭취는 걸음마기와 아동기의 낮은 비율의 공격성과 관련되어 있다(Hibbeln et al., 2007). 나중의 생선 섭취는 낮은 비율의 기분장애와 전 세계의 역학 수준의 자살과 상관이 있다(Hibbeln, Ferguson, & Blasbalg, 2006). 효과는 현재의 임상시험 수준에서 그다지 크지 않은 것으로 보이지만 문헌들은 빠르게 바뀌고 있다(Freeman et al., 2006).

양극성 장애의 가족 병력이 위험을 작은 정도에서 중간 정도로 증가시키는 데 기여하는 비특정적 요인의 전반적인 추세에 대한 주된 예외로 보인다(Tsuchiya et al., 2003). 그것은 대체로 병리에 대한 확고한 예측요인이지만, 또한 특히 양극성 장애 발병 위험 그 이상의 증가를 보여준다. 개관과 메타분석에서는 부모에게 양극성 장애가 있을 때 양극성 장애의 위험성이 최소한 5배 증가한다는 결론을 내리고 있다(Hodgins et al., 2002). 이런 것들은 양극성 장애가 있는 부모의 자식에 대한 연구에 근거한 것이고, 자식들은 양극성 장애 발병 위험의 절정 연령을 따르지 않았기 때문에, 과소 추정일 수 있다. 반대로 이런 위험 추정치의 분모는 일반 사회에서의 양극성 장애의 비율에서 나온다. 역학적 추정치가 상승하면서 분모의 크기는 증가하고, 위험 비율이나 확률 변화는 감소해야 한다. 다수의 병에 걸린 가족구성원이 있는 가계를 살펴본 극소수의 연구 중의 하나에서는 훨씬 더 큰 위험 추정치가 발견되었다(Gottesman, Laursen, Bertelsen, & Mortensen, 2010). 그 연구는 덴마크의 등기소와 입원 기록에 근거한 것이었다. 따라서 양극성 장애의 정의가 심한 사례에 초점을 맞춘 것이었고 상대적으로 보수적인 정의였는데, 둘 다가 신호의 강도를 증가시킬 수 있다.

보호요인에 대해 알려진 것은 더 적다. 또 유망한 것

표 6.2 양극성 장애의 평생 발달적 구조

시기	위험요인	보호요인	상호 영향	결과	연령-전형적 문제
수정	• 유전적 요인 • 출생 전 어머니의 좋지 않은 건강	• 유전적 요인 • 출생 전 어머니의 좋은 건강			
임신 제1삼분기					
임신 제2삼분기	• 기형유발물질 약물에 노출	• 어머니의 식생활과 운동			
임신 제3삼분기	• 출생 시의 매우 낮은 체중 • 출생 전의 항병증 • 미생물군 유전체	• 유익한 미생물군 유전체			
유아기	• 미량 영양소가 불충분한 식생활	• 안정애착 • 따뜻하고 반응적인 부모의 양육 • 좋은 영양(비타민 D, 오메가-3 지방산)			
걸음마기	• 까다로운 기질	• 따뜻하고 일관성 있는 부모의 양육	• 기분이 부모의 양육을 방해→갈등 증가→더 극단적인 기분		
취학 이전	• 가정 바깥의 사회적 장면으로의 전환	• 질 높은 데이케어			
초등학교	• 가정에서의 갈등 증가			• 대립성	• 높은 활력과 충동성

중학교	• 상식에서 벗어난 또래 선택 • 사춘기 • 더 직접적으로 갈등에 관여	• 우세성과 주장성이 인기를 증가시킴(또는 반발 유발)	• 또래 및 가족과 더욱 갈등 • 성이 또래관계에 영향을 미침	• 또래의 거부	• 우울증상 증가 • 과체중의 위험
고등학교	• 수면조절장애 • 약물 부작용으로 인한 체중 증가 • 24시간 주기에서의 청소년기의 단계 이동 • 약물 시도	• 긍정적인 사회적 상호작용 • 학업 달성	• 과체중과 부족한 수면이 정서적 피드백 고리: 부족한 그렐린 및 렙틴 수준→더 먹기, 비만→수면 무호흡과 부족한 수면의 질→그렐린 수준의 붕괴 등	• 과체중+기분조절장애+섭식장애 낮은 자존감→더 큰 중독의 위험 • 중독성→더 큰 중독의 위험→조숙한 성적 활동	• 자살 관념, 행동에 축적된 위험요인
성인기 초기	• 정서조절 중추에서의 발달지연이 가능(아래) • 하습된 무기력과 절망감 • 24시간 주기 리듬	• 직장: 24시간 주기 리듬에 동조(일어나기, 출근하기), 재정적 및 사회적 지원 제공 • 정서조절 회로의 규준적 수준화	• 더 큰 독립성=널 구조화된 생활(기본과 활동에 영향을 미침, 식생활에 영향을 미침 등)	• 잠재적 하향 표류: 실직, 10대 임신, 다른 '함정'	
성인기 중기	• 신경적 '점화' • 알로스테이시스 부하: 직장 및 관계 변화에 기인한 물질 사용, 과체중, 스트레스	• 안드로겐 감소	• 스냅스의 '점화' • 물질사용과 외상 노출에 기인한 신경적 변화	• 미혼 또는 이혼 • 불완전 고용 또는 실직	• 더욱 우울 • 조증과 혼제된 기본 특정은 널함
노년기	• 신경순상 축적 • 폐경기	• 호르몬 변화		• 조기 사망: 심장병, 암, 사고, 자살	• 기억손실 가속 • 우울증 • 자살 위험 증가

으로 보이는 요인들은 비특정적인 경향이 있다. 청소년 이나 부모의 인지적 능력이 더 클수록 보호적인 것으로 생각되는데, 아마도 어려움에 대한 보상과 건강관리 체계의 더 나은 찾기를 통해 보호가 될 것이다(Gottfredson, 1997). 종단연구로부터의 상황 증거(Geller et al., 2008)와 이런 것들이 중재의 목표가 되는 치료연구(Fristad, Verducci, Walters, & Young, 2009; Miklowitz, 2004)에 근거하여 보면, 부모 양육에서의 따뜻함과 일관성, 그리고 더 나은 가족의 의사소통이 보호적일 것이다. 기분장애에서의 신진대사와 염증조절장애의 역할을 지지하는 새롭게 떠오르는 증거에 근거하여 보면, 건강한 식생활과 규칙적인 운동도 보호적일 것이다. '난초' 가설도 재미있는 가능성이다. 이 모형에 따르면 지지적 환경과 결합된 기분 민감성의 병적 소질은 단지 병리가 없다기보다는 ― 난초의 섬세한 아름다움이 암시하듯이 ― 결과적으로 더욱 긍정적인 결과가 된다(Ellis, Boyce, Belsky, Bakermans-Kranenburg, & van IJzendoorn, 2011). 따라서 연구에서는 위험 및 보호요인들의 주 효과를 검증하는 것 이외에 상호작용을 조사해야 한다.

병인

이 분야는 양극성 장애의 병인 모형을 개발하는 엄청난 진보를 이루었지만 아직 완전한 설명에는 도달하지 못한 상태이다. 이 도전의 일부는 서로 다른 모형들이 서로 다른 분석 수준에 초점을 맞추고 있고, NIH RDoC와 같은 발의도 유전적 위험, 세포의 과정, 신경생리학적 체계, 대인관계의 상호작용 등의 이런 서로 다른 수준들의 통합 촉진을 추구하고 있다는 점이다(Cuthbert, 2005). 그러나 두 번째 문제는 이제 전문가들이 ADHD, ASD 및 조현병과 같은 다른 다유전자 건강상태를 인식하듯이, DSM의 기분장애에 대한 정의가 별개의 병인을 가지고 있는 이질적인 집단을 포착할 가능성이 있다는 점이다(Youngstrom, Arnold, & Frazier, 2010 참조). 그러므로 단하나의 병인 모형은 아마도 불가능한 목표이겠지만 서로 다른 모형들을 연결지어 생각하는 것은 여전히 가치 있는 노력이다.

유전학

양극성 장애는 주요 정신질환 중에서 가장 유전적인 것 하나로 오랫동안 알려져 왔는데, 유전 가능성의 추정치가 80%보다 더 높다. 아직 특정 유전자의 식별은 좌절감을 줄 정도로 느리고 복제는 실패하기가 쉽다(Mick & Faraone, 2009; Smoller & Finn, 2003). 최근의 성인 대상의 전체 유전체 연관성 연구들에서는 많은 유전자들이 각각 양극성 장애의 위험성에 조금씩 기여하는 것으로 발견되었다(Wellcome Trust Case Control Consortium, 2007). 일부 증거가 축적되어 온 몇몇 유전자들도 우울과 불안(5-HTTPLR), 정신병(COMT), ADHD(DRD4), 또는 수면장애(GRK3, CLOCK)의 후보 유전자가 되는 경향이 있다(Mick & Faraone, 2009). 유전 가능성 추정치가 의미하는 것보다 훨씬 더 적은 변량을 설명하는 특정 유전자에 대한 연구들인 '유전 가능성이 없어진 사례'는 양극성 장애에만 한정되지 않는다. 그것은 정신의학적 유전학에만 고유한 것이 아니다(Mick & Faraone, 2009). 가능한 설명에는 양극성 장애의 위험이 유전자-부호화 DNA가 아니라 전령 RNA에서의 차이와 연결될 수 있다는 것이나, 대규모 연구들에는 별개의 병인 집단이 뒤섞여 있다는 것이 포함된다. 또 다른 문제는 양극성 장애에 대한 임상적 진단의 신뢰도가 빈약하다는 점이다. 대부분의 유전자연구들은 표현형을 기술하기 위해 등기소와 임상적 진단에 의존하고 있다. 표현형 정의의 신뢰도는 카파 .1에서 .4 정도를 맴돌기 때문에(Regier et al., 2013; Rettew, Lynch, Achenbach, Dumenci, & Ivanova, 2009), 효과를 탐지하기가 어려울 것이다. 현재까지의 연구는 여전히 (1) 유전자가 양극성 장애의 발병에 병인 역할을 하고, (2) PBD에서 확인된 유전자들이 성인 표본에서의 관심 유전자들과 일치함을 강력하게 입증하고 있는데, 이는 소아과 진단의 타당도를 강조하는 것이다(Todd & Botteron, 2002).

신경생물학적 요인

PBD에 관여하는 신경생물학적 요인은 우울증, 조현병 및 ADHD에 관여하는 체계와 중복된다. 관심을 끄는 신경전달물질에는 세로토닌, 도파민 및 (더 최근에는) 글루탐산염이 포함된다(Goodwin & Jamison, 2007). 급성조증 감소에 효과가 큰, 비정형적 항정신병제는 도파민성 작용 기제를 가지고 있다(Nandagopal, DelBello, & Kowatch, 2009). 시상하부-뇌하수체-부신피질 축의 조절장애가 양극성 장애와 연결되는데, 단극성 우울증과도 그렇다. 또한 조증에 미치는 안드로겐 효과(Ozcan & Banoglu, 2003)와 우울증에서의 다른 내분비 과정(Cyranowski et al., 2000)의 가능성을 포함하여 호르몬 관여의 증거가 있다.

임상적 관찰자들과 연구자들은 양극성 장애를 맨 먼저 정서의 장애로 오랫동안 간주해 오기는 했지만, 또한 인지, 수면 및 활력의 붕괴도 포함된다. 정서적 과정에 대한 강조와 일치하게, 가장 강력한 증거는 양극성 장애의 발병과 진행에 핵심적인 것으로서 정서조절 체계에 초점을 맞추고 있다(Strakowski et al., 2012). 구체적으로 말하자면 다수의 연구에서 양극성 장애에서는 정서적 자극에 대한 반응으로 편도의 크기와 활성화가 변화함이 발견된다(Chen, Suckling, Lennox, Ooi, & Bullmore, 2011). 두 가지 전전두피질 체계가 편도활동 조절의 원인이 된다. 복외측 전전두피질 체계가 정서적 얼굴 표정과 위협 단서와 같은 외부의 정서적 자극을 처리하는 것으로 생각되고, 복내측(안와전두) 피질 체계가 내부의 감정상태를 감시하는 것으로 생각된다. 이런 두 체계가 편도와 피드백의 고리를 형성한다(Strakowski et al., 2012). 현재 다수의 연구에서 편도와 정서조절 영역들 간의 연결성 감소 증거와 함께 조절을 하는 피질의 활동 감소의 증거가 발견된다(Blond, Fredericks, & Blumberg, 2012; Townsend & Altshuler, 2012). 이런 신경 경로들은 자기공명영상에서의 백질의 과잉 증가와 확산텐서 영상연구들에서의 더 높은 단편적 비등방성에 근거하여 보면 양극성 장애에서 상당히 붕괴되는 것으로 보인다. 한 가지 합의된 모형이 출현하고 있다. 양극성 장애에서 편도는

정서적 단서에 더욱 민감한 것으로 보이고, 편도의 출력으로부터 나오는 공포와 분노 반응을 조절하는 피질 구조들은 덜 연결되어 있고 아마도 더 약하다. 이것이 더욱 극단적인 정서반응 경향과 더욱 심한 기분상태들 간의 이동과 조절장애를 만들어 낸다. 이것이 혼재된 기분 표현과 불안정성에 이르게 한다(Strakowski et al., 2012).

편도 크기의 변화와 신경 경로 붕괴의 증가는 질병의 기간과 상관이 있는데, 이는 연속적인 일화들이 이런 정서적 회로들을 추가로 손상시키고 붕괴시킴을 시사한다. 그러나 이 점은 강력하게 설계된 전향적인 종단적 영상연구들에 의해 입증되어야 할 상태로 남아 있다(Blond et al., 2012; Townsend & Altshuler, 2012). 양극성 장애가 있는 사람들과 건강한 통제집단 대신에 (ADHD나 조현병과 같은) 다른 건강상태의 사람들을 비교하는 연구들은 더 적지만, 이용 가능한 증거들은 이런 두 가지 정서조절 체계의 붕괴가 다른 건강상태들에서보다 양극성 장애에서 더 크다는 것을 암시한다(Frazier et al., 2008; Whalley et al., 2012). 이런 차이가 병적 소질 대 질병의 결과를 얼마나 크게 나타내는지는 아직 분명하지 않고, 양극성 장애가 있는 성인에게서 관찰된 일부 차이는 청소년기 이전의 신경인지적 체계의 결함이라기보다는 이런 영역들의 정상적인 청소년기 발달에 따르는 데 실패한 결과인 것으로 판명될 수 있다(Strakowski et al., 2012). 증거는 이런 변화가 걱정해 온 것보다는 약물에의 노출에 기인할 가능성이 더 적음을 시사하는데, 약물에의 노출은 발달의 정상화 및 건강한 통제집단과 대조한 차이 감소와 관련되는 경향이 있다(Hafeman et al., 2012). 전반적으로 이용 가능한 증거는 양극성 장애가 뿌리 깊은 신경발달적 구성요소를 가지고 있다는 생각을 강화시킨다.

심리사회적 요인

심리사회적 요인들도 양극성 장애에서 중요한 역할을 하지만 최근까지 연구가 미흡했다. 앞에서 언급했듯이 가족에서의 갈등 증가와 더 높은 부정적 정서 표현은 더 이른 발병연령, 더 빠른 재발 및 성인 표본(예 : Hooley &

Hiller, 2001)에서뿐만 아니라 소아표본에서의 치료에 대한 더 빈약한 반응과 관련되어 있다(Geller et al., 2008; Keenan-Miller, Peris, Axelson, Kowatch, & Miklowitz, 2012). 부모의 기분문제를 부모와 자식 간에 공유된 유전적 효과와 구분해 내기가 어렵기는 하지만 그런 문제는 부모의 감시, 개입 또는 통제가 더 적은 것과 관련되어 있다(Goodman & Gotlib, 1999). 기저에 있는 청소년의 기분장애의 병적 소질을 악화시킬 가능성이 있는데, 이것은 양극성 장애 표본에서 명확하게 증명되어야 할 상태로 남아 있다. 부모의 기분조절장애도 가족 내부의 더 많은 스트레스에 기여할 뿐만 아니라(Rudolph et al., 2000) 빈약한 정서조절과 부적응적인 초정서(metaemotion) (Gottman, Katz, & Hooven, 1996)의 모델링에 관여할 가능성이 있다. 부모와 자식의 빈약한 정서조절도 학대 위험성을 증가시키고, 외상과 학대는 증후군성 양극성 장애가 발병할 더 큰 위험과 상관이 있다(Post & Leverich, 2006). 성적 학대가 특히 청소년의 전반적인 기분조절장애와 제II형 양극성 장애의 위험성을 높인다는 징후가 있지만(Garno, Goldberg, Ramirez, & Ritzler, 2005), 이것은 부분적으로 더 높은 우울증과 제II형 양극성 장애의 비율 또한 보여주는, 여성들 사이에서의 더 높은 성적 학대 비율과 혼동되어 있다.

가족 요인

양극성 장애에 대한 가족의 위험성은 잘 확립되어 있지만 다수의 서로 다른 기제들이 포함되어 있다. 가족 위험성의 유전적 및 대인관계의 요소는 앞에서 개관되었다. 가족의 위험성은 다른 과정들도 포함한다. 한 가지는 식생활이다. 음식에 대한 선택(가족의 운동 패턴뿐만 아니라)이 기분에 영향을 미칠 뿐만 아니라 사춘기 시작에서의 변화와 아동기의 비만에 주요한 역할을 한다. 또한 가족의 식생활 패턴에 달려 있는, 비타민 D와 오메가 -3 지방산과 같은 미량 영양소의 중요한 효과가 있다(Rucklidge & Kaplan, 2013). 이론적이지만 흥미를 자아내는 것은 '미생물군 유전체(microbiome)' 또는 우리의 신체에서 공생하며 살고 있는 미생물에서의 차이가 흔히

가족에 모여 있을 가능성이다. 미생물군 유전체에서의 변이는 비만(Smith et al., 2013)과 면역기능(Maynard, Elson, Hatton, & Weaver, 2012)에 큰 영향을 미치는데 이는 미생물군 유전체가 가족 수준과 유전 수준의 추정치들 사이에서 사라진 일부 유전 가능성을 설명하는 후보가 될 수 있음을 시사한다. 가족도 그런 후보인데 많은 환경적 및 문화적 효과가 다음 부분에서 기술된다.

환경적 · 문화적 요인

문화는 식생활의 가장 중요한 결정요인 중의 하나이므로 미량 영양소의 소비, 비만의 위험성 및 앞에서 기술한 다른 과정들을 통하여 양극성 장애의 위험성에 간접적인 영향을 미친다. 문화는 또한 물질을 사용할 기회와 잠재적인 대인관계의 갈등 둘 다에 청소년이 노출되는 것을 완화시킴으로써 물질사용에 대한 태도를 변화시킨다. 문화는 학대의 위험성뿐만 아니라 여성에 대한 태도에서의 차이와 관련되어 있다. 게다가 그것은 공개에 대한 태도와 치료 추구뿐만 아니라 정서적 및 행동적 문제의 원인에 대한 믿음에 강력하게 영향을 미친다(Hinshaw, 2004). 정신병에 대한 낙인은 모든 문화에 걸쳐 나타나는 것으로 보이지만, 이 낙인의 정도와 그것이 행동에 얼마나 영향을 미치는가는 문화에 달려 있다(Hinshaw, 2006). 또한 빈곤과 이웃집의 폭력에 노출되는 것과 같은 환경을 형성하고 가족에 악영향을 미치는 중간체계 요인이 있다. 이런 것들은 또한 내재화 및 외현화 문제가 나타날 위험성을 완화시키므로(Rutter, 2000), 양극성 장애의 위험성을 명확하게 바꿀 가능성이 있다.

더욱 미묘하게 양극성 장애의 발병에 영향을 미치는 환경적 요인들에는 전기와 주위의 조명 변화와 같은 요인들이 포함될 수 있다. 인공조명은 수면 패턴을 상당히 변화시키며, TV와 인터넷도 우리의 수면을 더욱 방해한다. 이런 전자적 영향이 수면과 관련된 실행기능과 정서 조절을 손상시켜 양극성 장애에 이르게 할 뿐만 아니라 비만 증가라는 세속적 추세에 기여하는 것일 수 있다(Harvey, 2009). 이런 가설들은 성인 대상의 시간치료(chronotherapy) 실험으로부터의 강력한 지지뿐만 아니

라(Goodwin & Jamison, 2007), 전자적 자극을 감소시키고 수면 건강법을 향상시키는 데 초점을 맞춘 임상적 중재로부터(Fristad et al., 2009; Hlastala & Frank, 2006) 추가적인 간접적 지지를 받고 있다. 마지막으로 충동적인 주장과 영상이 널리 방송될 수 있고 삭제될 수 없는 방식을 감안하면, 인터넷에 관한 사회적 매체가 기분조절장애 촉발에 대한 가연성 촉진제를 만들어 낼 수 있다.

현재의 문제

이제까지 이 장에서 분명히 하였듯이 PBD와 관련된 수많은 현재의 문제가 있다. 그러나 DSM 질병분류의 최근 개정과 함께 세 가지 주제가 현저하게 두드러지는 것으로 보인다 : (1) 특징을 공유하는 건강상태나 기저의 차원으로 진단적 경계를 분명하게 하기, (2) 기초가 되는 증거의 신뢰도와 타당도를 증가시키기 위해 측정 향상시키기, (3) 특히 양극성 스펙트럼 진단을 위한 치료 선택권 향상시키기.

진단적 경계

앞의 '차원적 접근' 부분에서 논의하였듯이 양극성 장애가 다른 장애나 병리가 없는 것과 질적으로 서로 다른 '자연스러운 범주'에 해당하는지는 분명하지 않다. 몇몇 연구들은 양극성 장애의 많은 핵심적 측면 — 우울증이나 조증의 증상, 또는 충동 통제와 실행기능의 결함과 같은 — 들이 연속적일 가능성이 있음을 시사한다. 다른 사람들이 주목해 왔듯이 유형이라기보다는 정도에 있어서 바뀌는 범주적 정의를 현상에 적용하는 것은 인위적인 동반이환을 위한 수단이다. 높은 부정적 정서가 단극성 및 양극성 기분장애뿐만 아니라 불안장애의 일부인 기능 영역을 정의하듯이 다수의 범주적 정의에 의해 기저 차원의 영역들이 주장될 수 있다(Clark & Watson, 1991).

양극성 장애의 진단적 경계를 분명하게 밝히는 데 중요한 특정한 한 쌍의 진단도 있다. 이런 것들이 자연스러운 범주나 분류집단으로 입증되어야만 그 이후에 연구가 기준을 개선하고 차별적 진단을 안내하게 될 것이다.

토대가 차원적이거나 범주와 연속성의 혼합이라면, 그다음에 RDoC와 다른 차원적 접근의 연구를 인도하는 통찰력과 유사하게 연구가 기본적인 공유 체계와 과정을 기록하는 것을 도울 것이다.

많은 핵심적인 경계 문제들이 '동반이환' 부분에서 논의되었다. 조사하는 데 필수가 될 일부 추가적인 경계에는 BP-NOS/OS-BRD와 순환성 기분장애를 구별하는 것이 포함된다(Van Meter et al., 2012). 이런 것들을 함께 묶는 것에 대한 불일치가 연구표본들을 비교하는 것을 어렵게 만들고 병적 소질의 정의, 일화의 기간 및 다른 현상학의 주요한 측면에 대한 불확실성에 기여한다. 장래의 연구에서도 순환성 기분장애가 기질, 전구증상, 그 자체로서의 급성기분장애, 또는 성격장애(DSM-IV의 질병분류에서 축 II의 진단을 따라)로 가장 잘 개념화가 되는지를 분명하게 밝힐 필요가 있다(Parker et al., 2012; Van Meter et al., 2012). 관련된 맥락에서 경계선 성격장애와 성인의 양극성 장애 간의 중복 또는 연관성의 양에 대한 논쟁이 오랫동안 있었다. 성격장애가 마법처럼 18번째 생일에 출현하지는 않는다. 청소년기에 근원이 있고, 그 측면들에는 초기의 생물학과 경험에서의 선행사건들이 있을 수 있다(Shiner, Tellegen, & Masten, 2001; 이 책의 제18장, Shiner & Tackett 참조). 일부 사람들은 정서조절장애와 관련된 BP-NOS/OSBRD의 표현이 사실상 성인에게서 경계선 성격장애로 진단될 수 있는 것에 해당하는 소아의 전조일 수 있다고 추측하고 있다(Zimmerman, Ruggero, Chelminski, & Young, 2010). 마지막으로 DSM-5에서 DMDD 진단의 추가는 다른 우울 및 파괴적 행동장애뿐만 아니라 순환성 기분장애로 조심스럽게 구분하여 위치시킬 필요가 있는 새로운 경계의 조건을 만들어 낸다(Axelson, Birmaher, Findling, et al., 2011).

평가와 진단적 정확성의 향상

신뢰도는 측정이 타당도를 얻기 위한 필요조건이다. 청소년 대상의 역학연구들의 1%만이 양극성 스펙트럼장애에 대한 자료를 포함시켰다는 사실이 보여주듯이, 연구자들과 임상의들이 진단이나 측정과 관련된 특성을 고려하지 않았기 때문에 수십 년간 PBD에 대한 우리의 이해는 약해졌다(Van Meter, Moreira, & Youngstrom, 2011). 이제 PBD의 개념이 대중화된 지금 주의와 진단 비율이 급상승했지만, 너무 자주 비구조화된 임상면접의 사용(반구조화된 양극성 장애 진단과 비교했을 때 카파의 평균이 <.10; Rettew et al., 2009)이나 검증되지 않은 평정 척도(CBCL 척도의 다양한 변경과 같은; Diler et al., 2009)와 정의에 근거하고 있거나 양극성 장애에 대한 빈약한 특정성을 보여 왔다. 혼재된 기분 특징이나 '급속 순환' 대 기분 불안정성과 같은 현상의 정의뿐만 아니라(Youngstrom, 2009), 장애의 정의에 있어서의 불일치와 부정확성도 진보를 방해한다. 첫째, '양극성' 사례의 표본은 흔히 실제로는 양극성 스펙트럼에 해당하지 않는 큰 부분의 사례를 포함하는데, 이는 PBD의 과잉진단에 대한 우려와 일치한다. 둘째, 양극성 표본 내의 하위유형에 대해서는 애매모호함이 있는데, 이것이 궤적에서의 의미 있는 차이와 치료 반응의 확인을 복잡하게 만든다. 셋째, PBD의 많은 실제 사례가 진단이 되지 않거나 무언가 다른 것으로 오진된다. 앞에서 개관했듯이 종단자료는 아마도 청소년 우울증 사례의 1/3이 결국 양극성 장애의 경로를 따를 것임을 시사한다. 양극성 장애도 특히 소수집단에서 흔히 품행문제나 정신병으로 오진된다. 경조증 증상에 대한 체계적 평가, 조증이나 경조증의 평생의 병력 및 양극성 장애의 가족 병력은 모두 우리의 분류를 빠르고 끊임없이 향상시킬 것이다. 장애에 대한 현재의 정의는 불완전하고, 동질적인 임상적 표현이 나타나는 많은 사례들이 별개의 병인을 가지고 있을 가능성이 있다. 그러나 측정의 정확성을 향상시키고 더 큰 진단의 일관성을 성취하는 것이 매우 중요한 다음 단계이다. 양극성 스펙트럼장애의 유병률에 대한 현재의 자료를 포함시키고 증거에 기초한 평가 전략을 가르치는 임상 훈련의 개선이 진보를 가속시킬 것이다(Youngstrom, Freeman, & Jenkins, 2009).

치료 선택권의 향상

치료는 이 장과 이 책의 범위를 넘어서는 것이기는 하지만 치료연구도 종단적 경로와 기저의 기제에 대해 유익한 정보를 제공한다. 현재의 지식 기초와 PBD의 역학 간에는 문제가 되는 불일치가 있다. 대부분의 치료연구는 제I형 양극성 장애에 집중해 왔는데, 이는 역학연구에서 양극성 스펙트럼의 대략 1/4을 나타내고(Merikangas & Pato, 2009), 대부분의 연구에서는 약물 중재를 사용한다. 예방, 완전한 조증이나 우울 일화로의 진행을 늦추거나 예방하기 위한 표적 중재 및 위험성의 환경적 완화 요인을 겨냥한 접근 연구에 대한 필요성이 충족되지 않고 있다. 연구가 그 상태의 생물학적 측면에 덜 깊게 관여해 왔기 때문에 심리사회적 중재의 부족이 PBD에 대한 우리의 이해를 방해해 왔다. 심리사회적 중재의 이용 가능성이 상대적으로 부족한 것도 양극성 스펙트럼장애를 다른 질병으로 진단하거나 오진하는 '부호화 증가'에 기여한다. 다행히도 심리사회적 중재의 개발에 진척이 있었기 때문에 지금은 '아마도 효과가 있는' 몇몇 중재가 있고, 밝은 전망을 보이는 몇몇 중재가 더 있다(Fristad & Algorta, 2013).

앞으로의 연구 방향

지난 10년간 PBD와 관련된 타당도, 발달경로 및 기저의 기제에 대한 증거기반 확장에 급속한 진전이 있었다. 유익한 조사 영역이 될 수 있는 몇몇 주요한 개념적 주제가 있다. 우리는 유전적 및 신경인지적 기능에 대한 연구가 신속하고도 끊임없이 계속 나올 것이라고 가정한다. 우리는 여기서 밝은 전망을 제공하는 세 가지 개념적 주제에 초점을 맞춘다.

양극성 장애를 RDoC에 위치시키기

앞에서 기술했듯이 양극성 장애는 전부는 아닐지라도 RDoC에서 지금까지 표현된 대부분의 차원과 교차한다(Sanislow et al., 2010). 우리는 증상이나 기능적 차원을 공유하는 다른 모든 질병을 병합하기 위해 양극성 장애의 정의를 확장하는 '양극성 장애의 제국주의'를 주장하지 않는다. 그 대신 우리는 RDoC의 통찰력이 진단적 범주를 분리하는 차원을 확인하는 하나의 수단으로써 생산적인 것으로 판명될 가능성이 있다고 생각한다. 이것은 다른 사람들이 '가공의' 동반이환이라고 부르는 것에 해당하는 많은 사례를 분명하게 밝혀줄 수 있다(Angold et al., 1999; Caron & Rutter, 1991).

RDoC 차원과의 명백한 연관성에도 불구하고 양극성 장애는 또한 몇몇 RDoC 접근에 대한 건설적인 도전을 제시할 것이다. 이런 도전에는 몇몇 과학연구와 인간 대상의 임상연구의 통합을 방해하는 현재 조중에 대한 좋은 동물 모델의 부족도 포함된다. 양극성 장애에 대한 완전한 이해는 RDoC의 발달적 측면에서의 진전을 필요로 할 것이다. 양극성 장애도 RDoC 차원에서의 단순한 평균 차이보다는 불안정성과 변동에 의해 규정될 가능성이 있는데, 이는 변량에서의 차이나 집단 평균의 차이를 검증하는 전통적인 주 효과 모형보다는 다른 개인 내의 변화 측정방법을 고찰하는 모형의 발전을 필요로 한다.

정서적 기질 모형과 발달적 정신병리 통합하기

정서적 기질에 대한 몇몇 서로 다른 모형이 성인을 대상으로 개발되어 왔고, 기분 진단과 관심이 있는 일부 생물학적 변인(심지어 유전자) 둘 다와 상관관계가 있는 것으로서의 타당도의 증거를 축적해 왔다(Akiskal et al., 2005; Cloninger, Svrakic, & Przybeck, 1993). 그러나 그런 모형들은 소아표본을 대상으로 훨씬 깊이 있게 고찰되지 않았고, 발달적 정신병리의 틀로 동화되지 않았다. 정서적 기질은 안정된 것으로 가정되고 정적인 변인으로 취급되는 데 반하여, 발달적 정신병리 모형은 유아기의 기질과 아동기 초기의 기질 및 청소년기와 성인기의 성격이 구성 개념에 대한 모형들을 연결하려고 노력한다(Cicchetti, 2010). 발달적 정신병리 접근도 성인의 정서적 기질에 막 적용되기 시작한 생물학적 및 환경적 영향에 대한 정교한 교류 모형을 제공한다. 이런 접근들의 더 나은 통합이 기질적 병적 소질 대 초기단계의 질병에 대한 우리의 이해를 향상시킬 뿐만 아니라 발달적 연속

성을 분명하게 밝히는 것을 도울 것이다. 예를 들면 순환성 기질은 청소년 대상으로는 거의 연구되지 않았지만 분명히 어려운 기질의 측면과 겹친다. 순환성 기분장애도 행동의 집합을 '기질' 대 더욱 만성적인 장애로 개념화하는 것에 대한 애매모호함의 예가 된다. 다양한 측정방법으로 횡단적 타당도의 증거가 축적되어 왔다(Akiskal et al., 2005; Cloninger et al., 1993; Luby, Svrakic, Mc-Callum, Przybeck, & Cloninger, 1999; Rothbart & Posner, 2006). 다음 단계는 각각의 검증 저자에 의해 동일한 기저의 구성 개념에 서로 다른 명칭이 주어진 경우를 확립하기 위하여 동일한 참가자에게서의 '성인'과 '청소년'의 기질 측정을 짝짓는 '연결하는 표본'을 수집하는 것이 될 것이다. 그다음에 장기적으로 시행을 반복하기 위해 전형적인 발달경로에서 어떤 변화가 일어나는가와 대비하여 전조가 되는 더 빈약한 결과를 추적할 수 있다.

양극성 장애의 체계적이고 발달적 장애로서의 재개념화하기

앞으로의 방향을 위한 우리의 마지막 제안이 가장 야심적이다. 우리는 양극성 장애의 미래가 그것을 예방하거나 적절하게 관리되기 위해 발달적으로 이해할 필요가 있는 체계적 건강상태로 재개념화하는 것에 있다고 생각한다. 우리는 영감과 생각의 근원으로서 심장병에 대한 사고에서의 변화에 기대를 걸고 있다. 심장병처럼 양극성 장애는 단 하나의 신체기관만을 포함하지 않는다. 그 대신 질병의 위험성이 면역기능, 식생활, 수면, 운동, 신진대사 기능, 그리고 스트레스와 같은 사회적 및 대인관계 요인과 연결되어 있다. 이런 동일한 요인들이 심장병과의 복잡하지만 설득력 있는 연관성을 보여준다. 극도로 단순화된 유추는 심장마비와 유사한 것으로서 양극성 장애를 심한 기분 일화가 있는 '뇌 체계의 질병'으로 개념화할 것이다. 이 유추를 해독하는 것이 비록 어떤 사람이 생존하더라도 각각의 일화/발작이 어떻게 지속되는 손상을 일으킬 수 있는가라는 강력한 일치를 포함하여 광범위한 유사점과 공유된 기제를 밝혀준다. 그 대칭성도 개념화와 치료에 대한 전체론적 접근이 더 큰 영향을

미칠 가능성이 있음을 암시한다. 심장병의 예방에 첫 번째 경색을 지연시키거나 예방하기 위해 혈압, 혈당 지수 및 체중관리가 포함되는 것만큼이나 초기의 식별과 중재는 위험요인과 기제의 관리로 바뀔 수 있다. 그런 재개념화는 심리학적 연구와 중재를 위한 광범위한 주제들을 개방한다. 또한 PBD에 대한 우리의 이해에 혁명을 일으키는 급속한 자료의 유입을 조직화하는 구조를 제공한다.

참고문헌

Achenbach, T. M., & Rescorla, L. A. (2001). *Manual for the ASEBA School-Age Forms & Profiles.* Burlington: University of Vermont, Research Center for Children, Youth, & Families.

Adler, C. M., Adams, J., DelBello, M. P., Holland, S. K., Schmithorst, V., Levine, A., et al. (2006). Evidence of white matter pathology in bipolar disorder adolescents experiencing their first episode of mania: A diffusion tensor imaging study. *American Journal of Psychiatry, 163,* 322–324.

Akiskal, H. S., Hantouche, E. G., Allilaire, J. F., Sechter, D., Bourgeois, M. L., Azorin, J. M., et al. (2003). Validating antidepressant-associated hypomania (bipolar III): A systematic comparison with spontaneous hypomania (bipolar II). *Journal of Affective Disorders, 73,* 65–74.

Akiskal, H. S., Mendlowicz, M. V., Jean-Louis, G., Rapaport, M. H., Kelsoe, J. R., Gillin, J. C., et al. (2005). TEMPS-A: Validation of a short version of a self-rated instrument designed to measure variations in temperament. *Journal of Affective Disorders, 85,* 45–52.

Alberts, A., Elkind, D., & Ginsberg, S. (2006). The personal fable and risk-taking in early adolescence. *Journal of Youth and Adolescence, 36,* 71–76.

Alda, M., Grof, P., Rouleau, G. A., Turecki, G., & Young, L. T. (2005). Investigating responders to lithium prophylaxis as a strategy for mapping susceptibility genes for bipolar disorder. *Progress in Neuro-Psychopharmacology and Biological Psychiatry, 29,* 1038–1045.

Algorta, G. P., Youngstrom, E. A., Frazier, T. W., Freeman, A. J., Youngstrom, J. K., & Findling, R. L. (2011). Suicidality in pediatric bipolar disorder: Predictor or outcome of family processes and mixed mood presentation? *Bipolar Disorders, 13,* 76–86.

Alloy, L. B., Abramson, L. Y., Walshaw, P. D., Cogswell, A., Grandin, L. D., Hughes, M. E., et al. (2008). Behavioral approach system and behavioral inhibition system sensitivities and bipolar spectrum disorders: Prospective prediction of bipolar mood episodes. *Bipolar Disorders, 10,* 310–322.

Alloy, L. B., Urosevic, S., Abramson, L. Y., Jager-Hyman, S.,

Nusslock, R., Whitehouse, W. G., et al. (2012). Progression along the bipolar spectrum: A longitudinal study of predictors of conversion from bipolar spectrum conditions to bipolar I and II disorders. *Journal of Abnormal Psychology, 121*(1), 16–27.

American Psychiatric Association (APA). (1980). *Diagnostic and statistical manual of mental disorders* (3rd ed.). Washington, DC: Author.

American Psychiatric Association (APA). (1987). *Diagnostic and statistical manual of mental disorders* (3rd ed., rev.). Washington, DC: Author.

American Psychiatric Association (APA). (2000). *Diagnostic and statistical manual of mental disorders* (4th ed., text rev.). Washington, DC: Author.

American Psychiatric Association (APA) (2013). *Diagnostic and statistical manual of mental disorders* (5th ed.). Arlington, VA: Author.

Angold, A., Costello, E. J., & Erkanli, A. (1999). Comorbidity. *Journal of Child Psychology and Psychiatry, 40,* 57–87.

Angst, J., Azorin, J. M., Bowden, C. L., Perugi, G., Vieta, E., Gamma, A., et al. (2011). Prevalence and characteristics of undiagnosed bipolar disorders in patients with a major depressive episode: The BRIDGE study. *Archives of General Psychiatry, 68,* 791–798.

Angst, J., Felder, W., Frey, R., & Stassen, H. H. (1978). The course of affective disorders. I. Change of diagnosis of monopolar, unipolar, and bipolar illness. *Archiv für Psychiatrie und Nervenkrankheiten, 226,* 57–64.

Angst, J., Gamma, A., Bowden, C. L., Azorin, J. M., Perugi, G., Vieta, E., et al. (2012). Diagnostic criteria for bipolarity based on an international sample of 5,635 patients with DSM-IV major depressive episodes. *European Archives of Psychiatry and Clinical Neuroscience, 262,* 3–11.

Angst, J., Gamma, A., & Lewinsohn, P. (2002). The evolving epidemiology of bipolar disorder. *World Psychiatry, 1,* 146–148.

Angst, J., & Marneros, A. (2001). Bipolarity from ancient to modern times: Conception, birth and rebirth. *Journal of Affective Disorders, 67,* 3–19.

Angst, J., Meyer, T. D., Adolfsson, R., Skeppar, P., Carta, M., Benazzi, F., et al. (2010). Hypomania: A transcultural perspective. *World Psychiatry, 9,* 41–49.

Anthony, J., & Scott, P. (1960). Manic–depressive psychosis in childhood. *Journal of Child Psychology and Psychiatry, 1,* 53–72.

Arnold, L. E., Mount, K., Frazier, T., Demeter, C., Youngstrom, E. A., Fristad, M. A., et al. (2012). Pediatric bipolar disorder and ADHD: Family history comparison in the LAMS clinical sample. *Journal of Affective Disorders, 141,* 382–389.

Arnold, L. M., Keck, P. E., Jr., Collins, J., Wilson, R., Fleck, D. E., Corey, K. B., et al. M. (2004). Ethnicity and first-rank symptoms in patients with psychosis. *Schizophrenia Research, 67,* 207–212.

Asherson, P., & Gurling, H. (2012). Quantitative and molecular genetics of ADHD. *Current Topics in Behavioral Neurosciences, 9*, 239–272.

Axelson, D. A., Birmaher, B., Findling, R. L., Fristad, M. A., Kowatch, R. A., Youngstrom, E. A., et al. (2011). Concerns regarding the inclusion of temper dysregulation disorder with dysphoria in the *Diagnostic and Statistical Manual of Mental Disorders, Fifth Edition. Journal of Clinical Psychiatry, 72*(9), 1257–1262.

Axelson, D. A., Birmaher, B., Strober, M., Gill, M. K., Valeri, S., Chiappetta, L., et al. (2006). Phenomenology of children and adolescents with bipolar spectrum disorders. *Archives of General Psychiatry, 63*, 1139–1148.

Axelson, D. A., Birmaher, B., Strober, M. A., Goldstein, B. I., Ha, W., Gill, M. K., et al. (2011). Course of subthreshold bipolar disorder in youth: Diagnostic progression from bipolar disorder not otherwise specified. *Journal of the American Academy of Child and Adolescent Psychiatry, 50*, 1001–1016, e1003.

Axelson, D. A., Findling, R. L., Fristad, M. A., Kowatch, R. A., Youngstrom, E. A., McCue Horwitz, S., et al. (2012). Examining the proposed disruptive mood dysregulation disorder diagnosis in children in the Longitudinal Assessment of Manic Symptoms study. *Journal of Clinical Psychiatry, 73*, 1342–1350.

Barnett, J. H., Huang, J., Perlis, R. H., Young, M. M., Rosenbaum, J. F., Nierenberg, A. A., et al. (2011). Personality and bipolar disorder: Dissecting state and trait associations between mood and personality. *Psychological Medicine, 41*, 1593–1604.

Barnett, J. H., & Smoller, J. W. (2009). The genetics of bipolar disorder. *Neuroscience, 164*, 331–343.

Beesdo, K., Hofler, M., Leibenluft, E., Lieb, R., Bauer, M., & Pfennig, A. (2009). Mood episodes and mood disorders: Patterns of incidence and conversion in the first three decades of life. *Bipolar Disorders, 11*, 637–649.

Bentall, R. (2003). *Madness explained: Psychosis and human nature.* New York: Penguin.

Berk, M., & Dodd, S. (2005). Bipolar II disorder: A review. *Bipolar Disorders, 7*, 11–21.

Berkson, J. (1946). Limitations of the application of fourfold tables to hospital data. *Biometrics Bulletin, 2*, 47–53.

Bernhardt, P. C. (1997). Influences of serotonin and testosterone in aggression and dominance: Convergence with social psychology. *Current Directions in Psychological Science, 6*, 44–48.

Biederman, J., Faraone, S. V., Petty, C., Martelon, M., Woodworth, K. Y., & Wozniak, J. (2013). Further evidence that pediatric-onset bipolar disorder comorbid with ADHD represents a distinct subtype: Results from a large controlled family study. *Journal of Psychiatric Research, 47*, 15–22.

Birmaher, B., Axelson, D., Goldstein, B., Monk, K., Kalas, C., Obreja, M., et al. (2010). Psychiatric disorders in preschool offspring of parents with bipolar disorder: The Pittsburgh Bipolar Offspring Study (BIOS). *American Journal of Psychiatry, 167*, 321–330.

Birmaher, B., Axelson, D., Monk, K., Kalas, C., Goldstein, B., Hickey, M. B., et al. (2009). Lifetime psychiatric disorders in school-aged offspring of parents with bipolar disorder: The Pittsburgh Bipolar Offspring study. *Archives of General Psychiatry, 66*, 287–296.

Birmaher, B., Axelson, D., Strober, M., Gill, M. K., Valeri, S., Chiappetta, L., et al. (2006). Clinical course of children and adolescents with bipolar spectrum disorders. *Archives of General Psychiatry, 63*, 175–183.

Birmaher, B., Kennah, A., Brent, D., Ehmann, M., Bridge, J., & Axelson, D. (2002). Is bipolar disorder specifically associated with panic disorder in youths? *Journal of Clinical Psychiatry, 63*, 414–419.

Biro, F. M., Khoury, P., & Morrison, J. A. (2006). Influence of obesity on timing of puberty. *International Journal of Andrology, 29*, 272–277; discussion 286–290.

Blader, J. C., & Carlson, G. A. (2007). Increased rates of bipolar disorder diagnoses among U.S. child, adolescent, and adult inpatients, 1996–2004. *Biological Psychiatry, 62*, 107–114.

Blair, R. J. R. (2006). Subcortical brain systems in psychopathy: The amygdala and associated structures. In C. J. Patrick (Ed.), *Handbook of psychopathy* (pp. 296–312). New York: Guilford Press.

Blond, B. N., Fredericks, C. A., & Blumberg, H. P. (2012). Functional neuroanatomy of bipolar disorder: Structure, function, and connectivity in an amygdala–anterior paralimbic neural system. *Bipolar Disorders, 14*, 340–355.

Blumberg, H. P., Fredericks, C., Wang, F., Kalmar, J. H., Spencer, L., Papademetris, X., et al. (2005). Preliminary evidence for persistent abnormalities in amygdala volumes in adolescents and young adults with bipolar disorder. *Bipolar Disorders, 7*, 570–576.

Blumberg, S. H., & Izard, C. E. (1986). Discriminating patterns of emotions in 10- and 11-year-old children's anxiety and depression. *Journal of Personality and Social Psychology, 51*, 852–857.

Bowring, M. A., & Kovacs, M. (1992). Difficulties in diagnosing manic disorders among children and adolescents. *Journal of the American Academy of Child and Adolescent Psychiatry, 31*, 611–614.

Brotman, M. A., Schmajuk, M., Rich, B. A., Dickstein, D. P., Guyer, A. E., Costello, E. J., .et al. (2006). Prevalence, clinical correlates, and longitudinal course of severe mood dysregulation in children. *Biological Psychiatry, 60*, 991–997.

Burke, J. D., Loeber, R., & Birmaher, B. (2002). Oppositional defiant disorder and conduct disorder: A review of the past 10 years, part II. *Journal of the American Academy of Child and Adolescent Psychiatry, 41*, 1275–1293.

Carl, J. R., Soskin, D. P., Kerns, C., & Barlow, D. H. (2013). Positive emotion regulation in emotional disorders: A theoretical review. *Clinical Psychology Review, 33*, 343–360.

Carlson, G. A. (2003). The bottom line. *Journal of Child and Adolescent Psychopharmacology, 13*, 115–118.

Caron, C., & Rutter, M. (1991). Comorbidity in child psychopathology: Concepts, issues and research strategies. *Jour-*

nal of Child Psychology and Psychiatry, 32, 1063–1080.

Carpenter-Song, E. (2009). Caught in the psychiatric net: Meanings and experiences of ADHD, pediatric bipolar disorder and mental health treatment among a diverse group of families in the United States. *Culture, Medicine and Psychiatry, 33*, 61–85.

Carroll, J. M., Yik, M. S. M., Russell, J. A., & Barrett, L. F. (1999). On the psychometric principles of affect. *Review of General Psychology, 3*, 14–22.

Carver, C. S., & White, T. L. (1994). Behavioral inhibition, behavioral activation, and affective responses to impending reward and punishment: The BIS/BAS Scales. *Journal of Personality and Social Psychology, 67*, 319–333.

Caspi, A., Hariri, A. R., Holmes, A., Uher, R., & Moffitt, T. E. (2010). Genetic sensitivity to the environment: The case of the serotonin transporter gene and its implications for studying complex diseases and traits. *American Journal of Psychiatry, 167*, 509–527.

Chang, K., Karchemskiy, A., Barnea-Goraly, N., Garrett, A., Simeonova, D. I., & Reiss, A. (2005). Reduced amygdalar gray matter volume in familial pediatric bipolar disorder. *Journal of the American Academy of Child and Adolescent Psychiatry, 44*, 565–573.

Chen, C. H., Suckling, J., Lennox, B. R., Ooi, C., & Bullmore, E. T. (2011). A quantitative meta-analysis of fMRI studies in bipolar disorder. *Bipolar Disorders, 13*, 1–15.

Chorpita, B. F. (2002). The tripartite model and dimensions of anxiety and depression: An examination of structure in a large school sample. *Journal of Abnormal Child Psychology, 30*, 177–190.

Cicchetti, D. (2010). A developmental psychopathology perspective on bipolar disorder In D. Miklowitz & D. Cicchetti (Eds.), *Understanding bipolar disorder* (pp. 1–34). New York: Guilford Press.

Cicero, D. C., Epler, A. J., & Sher, K. J. (2009). Are there developmentally limited forms of bipolar disorder? *Journal of Abnormal Psychology, 118*, 431–447.

Clark, L. A., & Watson, D. (1991). Tripartite model of anxiety and depression: Psychometric evidence and taxonomic implications. *Journal of Abnormal Psychology, 100*, 316–336.

Cleary, M., Hunt, G. E., Matheson, S. L., Siegfried, N., & Walter, G. (2008). Psychosocial interventions for people with both severe mental illness and substance misuse. *Cochrane Database of Systematic Reviews, 1*, CD001088.

Cloninger, C. R., Svrakic, D. M., & Przybeck, T. R. (1993). A psychobiological model of temperament and character. *Archives of General Psychiatry, 50*, 975–990.

Copeland, W. E., Angold, A., Costello, E. J., & Egger, H. (2013). Prevalence, comorbidity, and correlates of DSM-5 proposed disruptive mood dysregulation disorder. *American Journal of Psychiatry, 170*, 173–179.

Correll, C. U. (2008a). Elevated cardiovascular risk in patients with bipolar disorder: When does it start and where does it lead? *Journal of Clinical Psychiatry, 69*, 1948–1952.

Correll, C. U. (2008b). Monitoring and management of antipsychotic-related metabolic and endocrine adverse events in pediatric patients. *International Review of Psychiatry, 20*, 195–201.

Correll, C. U., Frederickson, A. M., Kane, J. M., & Manu, P. (2008). Equally increased risk for metabolic syndrome in patients with bipolar disorder and schizophrenia treated with second-generation antipsychotics. *Bipolar Disorders, 10*, 788–797.

Coville, A. L., Miklowitz, D. J., Taylor, D. O., & Low, K. G. (2008). Correlates of high expressed emotion attitudes among parents of bipolar adolescents. *Journal of Clinical Psychology, 64*, 438–449.

Craddock, N., & Owen, M. J. (2010). The Kraepelinian dichotomy—going, going . . . but still not gone. *British Journal of Psychiatry, 196*, 92–95.

Cuthbert, B. N. (2005). Dimensional models of psychopathology: Research agenda and clinical utility. *Journal of Abnormal Psychology, 114*, 565–569.

Cyranowski, J. M., Frank, E., Young, E., & Shear, K. (2000). Adolescent onset of the gender difference in lifetime rates of major depression. *Archives of General Psychiatry, 57*, 21–27.

Davey, G. C., Forster, L., & Mayhew, G. (1993). Familial resemblances in disgust sensitivity and animal phobias. *Behaviour Research and Therapy, 31*, 41–50.

Davidson, J. R. (2007). A history of the concept of atypical depression. *Journal of Clinical Psychiatry, 68*(Suppl. 3), 10–15.

DelBello, M. P., & Kowatch, R. A. (2003). Neuroimaging in pediatric bipolar disorder. In B. Geller & M. P. DelBello (Eds.), *Bipolar disorder in childhood and early adolescence* (pp. 158–174). New York: Guilford Press.

DelBello, M. P., Lopez-Larson, M. P., Soutullo, C. A., & Strakowski, S. M. (2001). Effects of race on psychiatric diagnosis of hospitalized adolescents: A retrospective chart review. *Journal of Child and Adolescent Psychopharmacology, 11*, 95–103.

DelBello, M. P., Soutullo, C. A., Hendricks, W., Niemeier, R. T., McElroy, S. L., & Strakowski, S. M. (2001). Prior stimulant treatment in adolescents with bipolar disorder: Association with age at onset. *Bipolar Disorders, 3*, 53–57.

DeLong, R., & Nohria, C. (1994). Psychiatric family history and neurological disease in autistic spectrum disorders. *Developmental Medicine and Child Neurology, 36*, 441–448.

Demaree, H. A., Everhart, D. E., Youngstrom, E. A., & Harrison, D. W. (2005). Brain lateralization of emotional processing: Historical roots and a future incorporating "dominance." *Behavioral and Cognitive Neuroscience Reviews, 4*, 3–20.

Demeter, C. A., Youngstrom, E. A., Carlson, G. A., Frazier, T. W., Rowles, B. M., Lingler, J., et al. (2013). Age differences in the phenomenology of pediatric bipolar disorder. *Journal of Affective Disorders, 147*, 295–303.

Depue, R., & Lenzenweger, M. (2006). Toward a developmental psychopathology of personality disturbance: A neurobehavioral dimensional model. In D. Cicchetti & D. J. Cohen (Eds.), *Developmental psychopathology: Vol. 2. Developmental neuroscience* (2nd ed., pp. 762–796). Hoboken, NJ: Wiley.

Dickstein, D. P., Towbin, K. E., Van Der Veen, J. W., Rich, B. A., Brotman, M. A., Knopf, L., et al. (2009). Randomized double-blind placebo-controlled trial of lithium in youths with severe mood dysregulation. *Journal of Child and Adolescent Psychopharmacology, 19*, 61–73.

Diler, R. S., Birmaher, B., Axelson, D., Goldstein, B., Gill, M., Strober, M., et al. (2009). The Child Behavior Checklist (CBCL) and the CBCL-bipolar phenotype are not useful in diagnosing pediatric bipolar disorder. *Journal of Child and Adolescent Psychopharmacology, 19*, 23–30.

Dishion, T. J., & Patterson, G. R. (2006). The development and ecology of the antisocial behavior in children and adolescents. In D. Cicchetti & D. J. Cohen (Eds.), *Developmental psychopathology: Vol. 3. Risk, disorder, and adaptation* (2nd ed., pp. 503–541). Hoboken, NJ: Wiley.

dosReis, S., Zito, J. M., Safer, D. J., Gardner, J. F., Puccia, K. B., & Owens, P. L. (2005). Multiple psychotropic medication use for youths: A two-state comparison. *Journal of Child and Adolescent Psychopharmacology, 15*, 68–77.

Duax, J. M., Youngstrom, E. A., Calabrese, J. R., & Findling, R. L. (2007). Sex differences in pediatric bipolar disorder. *Journal of Clinical Psychiatry, 68*, 1565–1573.

Dubicka, B., Carlson, G. A., Vail, A., & Harrington, R. (2008). Prepubertal mania: Diagnostic differences between US and UK clinicians. *European Child and Adolescent Psychiatry, 17*, 153–161.

Duffy, A., Alda, M., Hajek, T., Sherry, S. B., & Grof, P. (2010). Early stages in the development of bipolar disorder. *Journal of Affective Disorders, 121*, 127–135.

Duffy, A., Alda, M., Kutcher, S., Cavazzoni, P., Robertson, C., Grof, E., et al. (2002). A prospective study of the offspring of bipolar parents responsive and nonresponsive to lithium treatment. *Journal of Clinical Psychiatry, 63*, 1171–1178.

Dunner, D. L., Russek, F. D., Russek, B., & Fieve, R. R. (1982). Classification of bipolar affective disorder subtypes. *Comprehensive Psychiatry, 23*, 186-189.

Du Rocher Schudlich, T. D., Youngstrom, E. A., Calabrese, J. R., & Findling, R. L. (2008). The role of family functioning in bipolar disorder in families. *Journal of Abnormal Child Psychology, 36*, 849–863.

Ellis, B. J., Boyce, W. T., Belsky, J., Bakermans-Kranenburg, M. J., & van IJzendoorn, M. H. (2011). Differential susceptibility to the environment: An evolutionary–neurodevelopmental theory. *Development and Psychopathology, 23*, 7–28.

Faraone, S. V., Biederman, J., Mennin, D., Wozniak, J., & Spencer, T. (1997). Attention-deficit hyperactivity disorder with bipolar disorder: A familial subtype? *Journal of the American Academy of Child and Adolescent Psychiatry, 36*, 1378–1387.

Faraone, S. V., Glatt, S. J., & Tsuang, M. T. (2003). The genetics of pediatric-onset bipolar disorder. *Biological Psychiatry, 53*, 970–977.

Findling, R. L., Frazier, T. W., Youngstrom, E. A., McNamara, N. K., Stansbrey, R. J., Gracious, B. L., et al. (2007). Double-blind, placebo-controlled trial of divalproex monotherapy in the treatment of symptomatic youth at high risk for developing bipolar disorder. *Journal of Clinical Psychiatry, 68*, 781–788.

Findling, R. L., Gracious, B. L., McNamara, N. K., Youngstrom, E. A., Demeter, C., & Calabrese, J. R. (2001). Rapid, continuous cycling and psychiatric co-morbidity in pediatric bipolar I disorder. *Bipolar Disorders, 3*, 202–210.

Findling, R. L., Kowatch, R. A., & Post, R. M. (2003). *Pediatric bipolar disorder: A handbook for clinicians*. London: Martin Dunitz.

Findling, R. L., Youngstrom, E. A., Fristad, M. A., Birmaher, B., Kowatch, R. A., Arnold, L. E., et al. (2010). Characteristics of children with elevated symptoms of mania: The Longitudinal Assessment of Manic Symptoms (LAMS) study. *Journal of Clinical Psychiatry, 71*, 1664–1672.

Findling, R. L., Youngstrom, E. A., McNamara, N. K., Stansbrey, R. J., Demeter, C. A., Bedoya, D., et al. (2005). Early symptoms of mania and the role of parental risk. *Bipolar Disorders, 7*, 623–634.

Fowles, D. C. (1994). A motivational theory of psychopathology. In W. Spaulding (Ed.), *Integrative views of motivation, cognition, and emotion.* (pp. 181–238). Lincoln: University of Nebraska Press.

Frazier, J. A., Giuliano, A. J., Johnson, J. L., Yakutis, L., Youngstrom, E. A., Breiger, D., et al. (2012). Neurocognitive outcomes in the Treatment of Early-Onset Schizophrenia Spectrum Disorders study. *Journal of the American Academy of Child and Adolescent Psychiatry, 51*, 496–505.

Frazier, J. A., Hodge, S. M., Breeze, J. L., Giuliano, A. J., Terry, J. E., Moore, C. M., et al. (2008). Diagnostic and sex effects on limbic volumes in early-onset bipolar disorder and schizophrenia. *Schizophrenia Bulletin, 34*, 37–46.

Frazier, T. W., Demeter, C. A., Youngstrom, E. A., Calabrese, J. R., Stansbrey, R. J., McNamara, N. K., et al. (2007). Evaluation and comparison of psychometric instruments for pediatric bipolar spectrum disorders in four age groups. *Journal of Child and Adolescent Psychopharmacology, 17*, 853–866.

Freeman, A. J., Youngstrom, E. A., Freeman, M. J., Youngstrom, J. K., & Findling, R. L. (2011). Is caregiver–adolescent disagreement due to differences in thresholds for reporting manic symptoms? *Journal of Child and Adolescent Psychopharmacology, 21*, 425–432.

Freeman, A. J., Youngstrom, E. A., Michalak, E., Siegel, R., Meyers, O. I., & Findling, R. L. (2009). Quality of life in pediatric bipolar disorder. *Pediatrics, 123*, e446–e452.

Freeman, M. P., Hibbeln, J. R., Wisner, K. L., Davis, J. M., Mischoulon, D., Peet, M., et al. (2006). Omega-3 fatty acids: Evidence basis for treatment and future research in psychiatry. *Journal of Clinical Psychiatry, 67*, 1954–1967.

Frick, P. J., Cornell, A. H., Barry, C. T., Bodin, S. D., & Dane, H. E. (2003). Callous–unemotional traits and conduct problems in the prediction of conduct problem severity, aggression, and self-report of delinquency. *Journal of Abnormal Child Psychology, 31*, 457–470.

Fristad, M. A., & Algorta, G. P. (2013). Future directions for research on youth with bipolar spectrum disorders. *Journal of Clinical Child and Adolescent Psychology, 42*, 734–747.

Fristad, M. A., Verducci, J. S., Walters, K., & Young, M. E. (2009). Impact of multifamily psychoeducational psychotherapy in treating children aged 8 to 12 years with mood disorders. *Archives of General Psychiatry, 66*, 1013–1021.

Galanter, C., Carlson, G., Jensen, P., Greenhill, L., Davies, M., Li, W., et al. (2003). Response to methylphenidate in children with attention deficit hyperactivity disorder and manic symptoms in the Multimodal Treatment Study of children with attention deficit hyperactivity disorder titration trial. *Journal of Child and Adolescent Psychopharmacology, 13*, 123–136.

Galanter, C. A., Hundt, S. R., Goyal, P., Le, J., & Fisher, P. W. (2012). Variability among research diagnostic interview instruments in the application of DSM-IV-TR criteria for pediatric bipolar disorder. *Journal of the American Academy of Child and Adolescent Psychiatry, 51*, 605–621.

Galanter, C. A., & Leibenluft, E. (2008). Frontiers between attention deficit hyperactivity disorder and bipolar disorder. *Child and Adolescent Psychiatric Clinics of North America, 17*, 325–346.

Galanter, C. A., & Patel, V. L. (2005). Medical decision making: a selective review for child psychiatrists and psychologists. *Journal of Child Psychology and Psychiatry, 46*, 675–689.

Garb, H. N. (1998). *Studying the clinician: Judgment research and psychological assessment*. Washington, DC: American Psychological Association.

Garland, A. F., Lewczyk-Boxmeyer, C. M., Gabayan, E. N., & Hawley, K. M. (2004). Multiple stakeholder agreement on desired outcomes for adolescents' mental health services. *Psychiatric Services, 55*, 671–676.

Garno, J. L., Goldberg, J. F., Ramirez, P. M., & Ritzler, B. A. (2005). Impact of childhood abuse on the clinical course of bipolar disorder. *British Journal of Psychiatry, 186*, 121–125.

Garrett, A. S., Reiss, A. L., Howe, M. E., Kelley, R. G., Singh, M. K., Adleman, N. E., et al. (2012). Abnormal amygdala and prefrontal cortex activation to facial expressions in pediatric bipolar disorder. *Journal of the American Academy of Child and Adolescent Psychiatry, 51*, 821–831.

Ge, X., Conger, R. D., & Elder, G. H., Jr. (1996). Coming of age too early: Pubertal influences on girls' vulnerability to psychological distress. *Child Development, 67*, 3386–3400.

Geller, B. (1999). Lithium in bipolar adolescents with secondary substance dependency: Reply. *Journal of the Ameri-can Academy of Child and Adolescent Psychiatry, 38*, 4.

Geller, B., & Luby, J. (1997). Child and adolescent bipolar disorder: A review of the past 10 years. *Journal of the American Academy of Child and Adolescent Psychiatry, 36*, 1168–1176.

Geller, B., Tillman, R., Bolhofner, K., & Zimerman, B. (2008). Child bipolar I disorder: Prospective continuity with adult bipolar I disorder; characteristics of second and third episodes; predictors of 8-year outcome. *Archives of General Psychiatry, 65*, 1125–1133.

Geller, B., Tillman, R., Craney, J. L., & Bolhofner, K. (2004). Four-year prospective outcome and natural history of mania in children with a prepubertal and early adolescent bipolar disorder phenotype. *Archives of General Psychiatry, 61*, 459–467.

Geller, B., Williams, M., Zimerman, B., Frazier, J., Beringer, L., & Warner, K. L. (1998). Prepubertal and early adolescent bipolarity differentiate from ADHD by manic symptoms, grandiose delusions, ultra-rapid or ultradian cycling. *Journal of Affective Disorders, 51*, 81–91.

Geller, B., Zimerman, B., Williams, M., Bolhofner, K., Craney, J. L., DelBello, M. P., et al. (2001). Reliability of the Washington University in St. Louis Kiddie Schedule for Affective Disorders and Schizophrenia (WASH-U-KSADS) mania and rapid cycling sections. *Journal of the American Academy of Child and Adolescent Psychiatry, 40*, 450–455.

Geller, B., Zimerman, B., Williams, M., DelBello, M. P., Bolhofner, K., Craney, J. L., et al. (2002). DSM-IV mania symptoms in a prepubertal and early adolescent bipolar disorder phenotype compared to attention-deficit hyperactive and normal controls. *Journal of Child and Adolescent Psychopharmacology, 12*, 11–25.

Geller, B., Zimerman, B., Williams, M., DelBello, M. P., Frazier, J., & Beringer, L. (2002). Phenomenology of prepubertal and early adolescent bipolar disorder: examples of elated mood, grandiose behaviors, decreased need for sleep, racing thoughts and hypersexuality. *Journal of Child and Adolescent Psychopharmacology, 12*, 3–9.

Ghaemi, S. N., Bauer, M., Cassidy, F., Malhi, G. S., Mitchell, P., Phelps, J., et al. (2008). Diagnostic guidelines for bipolar disorder: A summary of the International Society for Bipolar Disorders Diagnostic Guidelines Task Force Report. *Bipolar Disorders, 10*, 117–128.

Ghaemi, S. N., Hsu, D. J., Soldani, F., & Goodwin, F. K. (2003). Antidepressants in bipolar disorder: The case for caution. *Bipolar Disorders, 5*, 421–433.

Gilbert, P., & Allan, S. (1998). The role of defeat and entrapment (arrested flight) in depression: An exploration of an evolutionary view. *Psychological Medicine, 28*, 585–598.

Gilbert, P., Allan, S., & Trent, D. R. (1995). Involuntary subordination or dependency as key dimensions of depressive vulnerability? *Journal of Clinical Psychology, 51*, 740–752.

Glovinsky, I. (2002). A brief history of childhood-onset bipolar disorder through 1980. *Child and Adolescent Psychiat-*

ric Clinics of North America, 11, 443–460.

Gogtay, N., Ordonez, A., Herman, D. H., Hayashi, K. M., Greenstein, D., Vaituzis, C., et al. (2007). Dynamic mapping of cortical development before and after the onset of pediatric bipolar illness. *Journal of Child Psychology and Psychiatry, 48*, 852–862.

Goldstein, B. I., Birmaher, B., Axelson, D. A., Goldstein, T. R., Esposito-Smythers, C., Strober, M. A., et al. (2008). Significance of cigarette smoking among youths with bipolar disorder. *American Journal on Addictions, 17*, 364–371.

Goldstein, B. I., & Bukstein, O. G. (2010). Comorbid substance use disorders among youth with bipolar disorder: Opportunities for early identification and prevention. *Journal of Clinical Psychiatry, 71*, 348–358.

Goldstein, B. I., Kemp, D. E., Soczynska, J. K., & McIntyre, R. S. (2009). Inflammation and the phenomenology, pathophysiology, comorbidity, and treatment of bipolar disorder: A systematic review of the literature. *Journal of Clinical Psychiatry, 70*, 1078–1090.

Goldstein, B. I., Liu, S. M., Schaffer, A., Sala, R., & Blanco, C. (2013). Obesity and the three-year longitudinal course of bipolar disorder. *Bipolar Disorders, 15*(3), 284–293.

Goldstein, T. R., Miklowitz, D. J., & Mullen, K. L. (2006). Social skills knowledge and performance among adolescents with bipolar disorder. *Bipolar Disorders, 8*, 350–361.

Gonenc, A., Frazier, J. A., Crowley, D. J., & Moore, C. M. (2010). Combined diffusion tensor imaging and transverse relaxometry in early-onset bipolar disorder. *Journal of the American Academy of Child and Adolescent Psychiatry, 49*, 1260–1268.

Goodman, S. H., & Gotlib, I. H. (1999). Risk for psychopathology in the children of depressed mothers: A developmental model for understanding mechanisms of transmission. *Psychological Review, 106*, 458–490.

Goodwin, F. K., & Jamison, K. R. (1990). *Manic–depressive illness*. New York: Oxford University Press.

Goodwin, F. K., & Jamison, K. R. (2007). *Manic–depressive illness* (2nd ed.). New York: Oxford University Press.

Gothelf, D., Presburger, G., Levy, D., Nahmani, A., Burg, M., Berant, M., et al. (2004). Genetic, developmental, and physical factors associated with attention deficit hyperactivity disorder in patients with velocardiofacial syndrome. *American Journal of Medical Genetics, Part B: Neuropsychiatric Genetics, 126B*, 116–121.

Gottesman, I. I., Laursen, T. M., Bertelsen, A., & Mortensen, P. B. (2010). Severe mental disorders in offspring with two psychiatrically ill parents. *Archives of General Psychiatry, 67*, 252–257.

Gottfredson, L. S. (1997). Why *g* matters: The complexity of everyday life. *Intelligence, 24*, 79–132.

Gottman, J. M., Katz, L. F., & Hooven, C. (1996). Parental meta-emotion philosophy and the emotional life of families: Theoretical models and preliminary data. *Journal of Family Psychology, 10*, 243–268.

Gray, J. A. (1986). Anxiety, personality and the brain. In A.

Gray & J. A. Edwards (Eds.), *Physiological correlates of human behaviour* (pp. 31–43). London: Academic Press.

Gray, J. A., & McNaughton, N. (1996). The neuropsychology of anxiety: Reprise. In D. A. Hope (Ed.), *Perspectives in anxiety, panic and fear* (Vol. 43, pp. 61–134). Lincoln: University of Nebraska Press.

Gruber, J., Eidelman, P., Johnson, S. L., Smith, B., & Harvey, A. G. (2011). Hooked on a feeling: Rumination about positive and negative emotion in inter-episode bipolar disorder. *Journal of Abnormal Psychology, 120*, 956–961.

Gruber, J., Gilbert, K., Youngstrom, E. A., Youngstrom, J. K., Feeny, N. C., & Findling, R. L. (2013). Reward dysregulation and mood symptoms in an adolescent outpatient sample. *Journal of Abnormal Child Psychology, 41*, 1053–1065.

Hack, M., Flannery, D. J., Schluchter, M., Cartar, L., Borawski, E., & Klein, N. (2002). Outcomes in young adulthood for very-low-birth-weight infants. *New England Journal of Medicine, 346*, 149–157.

Hafeman, D. M., Chang, K. D., Garrett, A. S., Sanders, E. M., & Phillips, M. L. (2012). Effects of medication on neuroimaging findings in bipolar disorder: An updated review. *Bipolar Disorders, 14*, 375–410.

Hamalainen, J., Isometsa, E., Sihvo, S., Pirkola, S., & Kiviruusu, O. (2008). Use of health services for major depressive and anxiety disorders in Finland. *Depression and Anxiety, 25*, 27–37.

Harpold, T. L., Wozniak, J., Kwon, A., Gilbert, J., Wood, J., Smith, L., et al. (2005). Examining the association between pediatric bipolar disorder and anxiety disorders in psychiatrically referred children and adolescents. *Journal of Affective Disorders, 88*, 19–26.

Harvey, A. G. (2008). Sleep and circadian rhythms in bipolar disorder: Seeking synchrony, harmony, and regulation. *American Journal of Psychiatry, 165*, 820–829.

Harvey, A. G. (2009). The adverse consequences of sleep disturbance in pediatric bipolar disorder: Implications for intervention. *Child and Adolescent Psychiatric Clinics of North America, 18*, 321–338.

Harvey, A. G., Mullin, B. C., & Hinshaw, S. P. (2006). Sleep and circadian rhythms in children and adolescents with bipolar disorder. *Development and Psychopathology, 18*, 1147–1168.

Haslam, N., Holland, E., & Kuppens, P. (2012). Categories versus dimensions in personality and psychopathology: A quantitative review of taxometric research. *Psychological Medicine, 42*, 903–920.

Hasler, G., Drevets, W. C., Gould, T. D., Gottesman, I. I., & Manji, H. K. (2006). Toward constructing an endophenotype strategy for bipolar disorders. *Biological Psychiatry, 60*, 93–105.

Hawley, K. M., & Weisz, J. R. (2003). Child, parent, and therapist (dis)agreement on target problems in outpatient therapy: The therapist's dilemma and its implications. *Journal of Consulting and Clinical Psychology, 71*, 62–70.

Healy, D. (2006). The latest mania: Selling bipolar disorder.

PLoS Medicine, 3, e185.

Henin, A., Mick, E., Biederman, J., Fried, R., Wozniak, J., Faraone, S. V., et al. (2007). Can bipolar disorder-specific neuropsychological impairments in children be identified? *Journal of Consulting and Clinical Psychology, 75*, 210–220.

Henry, D. B., Pavuluri, M. N., Youngstrom, E., & Birmaher, B. (2008). Accuracy of brief and full forms of the Child Mania Rating Scale. *Journal of Clinical Psychology, 64*, 368–381.

Hibbeln, J. R. (1998). Fish consumption and major depression. *Lancet, 351*, 1213.

Hibbeln, J. R., Davis, J. M., Steer, C., Emmett, P., Rogers, I., Williams, C., et al. (2007). Maternal seafood consumption in pregnancy and neurodevelopmental outcomes in childhood (ALSPAC study): An observational cohort study. *Lancet, 369*, 578–585.

Hibbeln, J. R., Ferguson, T. A., & Blasbalg, T. L. (2006). Omega-3 fatty acid deficiencies in neurodevelopment, aggression and autonomic dysregulation: Opportunities for intervention. *International Review of Psychiatry, 18*, 107–118.

Hinshaw, S. P. (2004). Parental mental disorder and children's functioning: Silence and communication, stigma and resilience. *Journal of Clinical Child and Adolescent Psychology, 33*, 400–411.

Hinshaw, S. P. (2006). Stigma and mental illness: Developmental issues and future prospects. In D. Cicchetti & D. J. Cohen (Eds.), *Developmental psychopathology: Vol. 3. Risk, disorder, and adaptation* (2nd ed., pp. 841–882). Hoboken, NJ: Wiley.

Hlastala, S. A., & Frank, E. (2006). Adapting interpersonal and social rhythm therapy to the developmental needs of adolescents with bipolar disorder. *Development and Psychopathology, 18*, 1267–1288.

Hodgins, S., Faucher, B., Zarac, A., & Ellenbogen, M. (2002). Children of parents with bipolar disorder: A population at high risk for major affective disorders. *Child and Adolescent Psychiatric Clinics of North America, 11*, 533–553.

Hooley, J. M., & Hiller, J. B. (2001). Family relationships and major mental disorder: Risk factors and preventive strategies. In B. R. Sarason & S. Duck (Eds.), *Personal relationships: Implications for clinical and community psychology* (pp. 61–87). New York: Wiley.

Hunt, J., Birmaher, B., Leonard, H., Strober, M., Axelson, D., Ryan, N., et al. (2009). Irritability without elation in a large bipolar youth sample: Frequency and clinical description. *Journal of the American Academy of Child and Adolescent Psychiatry, 48*, 730–739.

Insel, T., Cuthbert, B., Garvey, M., Heinssen, R., Pine, D. S., Quinn, K., et al. (2010). Research Domain Criteria (RDoC): Toward a new classification framework for research on mental disorders. *American Journal of Psychiatry, 167*, 748–751.

Izard, C. E. (1993). Four systems for emotion activation: Cognitive and noncognitive processes. *Psychological Review, 100*, 68–90.

Jacobi, F., Wittchen, H. U., Holting, C., Hofler, M., Pfister, H., Muller, N., et al. (2004). Prevalence, co-morbidity and correlates of mental disorders in the general population: Results from the German Health Interview and Examination Survey (GHS). *Psychological Medicine, 34*, 597–611.

Jane-Llopis, E., & Matytsina, I. (2006). Mental health and alcohol, drugs and tobacco: A review of the comorbidity between mental disorders and the use of alcohol, tobacco and illicit drugs. *Drug and Alcohol Review, 25*, 515–536.

Janowsky, D. S., Leff, M., & Epstein, R. S. (1970). Playing the manic game: Interpersonal maneuvers of the acutely manic patient. *Archives of General Psychiatry, 22*, 252–261.

Jenkins, M. M. (2012). *Cognitive de-biasing and the assessment of pediatric bipolar disorder.* Unpublished doctoral dissertation, University of North Carolina, Chapel Hill.

Jenkins, M. M., Youngstrom, E. A., Washburn, J. J., & Youngstrom, J. K. (2011). Evidence-based strategies improve assessment of pediatric bipolar disorder by community practitioners. *Professional Psychology: Research and Practice, 42*, 121–129.

Johnson, S. L. (2005). Mania and dysregulation in goal pursuit: A review. *Clinical Psychology Review, 25*, 241–262.

Johnson, S. L., Leedom, L. J., & Muhtadie, L. (2012). The dominance behavioral system and psychopathology: Evidence from self-report, observational, and biological studies. *Psychological Bulletin, 138*, 692–743.

Johnson, S. L., Murray, G., Fredrickson, B., Youngstrom, E. A., Hinshaw, S., Bass, J. M., et al. (2012). Creativity and bipolar disorder: Touched by fire or burning with questions? *Clinical Psychology Review, 32*, 1–12.

Johnson, S. L., Sandrow, D., Meyer, B., Winters, R., Miller, I., Solomon, D., et al. (2000). Increases in manic symptoms after life events involving goal attainment. *Journal of Abnormal Psychology, 109*, 721–727.

Joiner, T. E., & Lonigan, C. J. (2000). Tripartite model of depression and anxiety in youth psychiatric inpatients: Relations with diagnostic status and future symptoms. *Journal of Clinical Child Psychology, 29*, 372–382.

Joseph, M., Frazier, T. W., Youngstrom, E. A., & Soares, J. C. (2008). A quantitative and qualitative review of neurocognitive performance in pediatric bipolar disorder. *Journal of Child and Adolescent Psychopharmacology, 18*, 595–605.

Joseph, M., Youngstrom, E. A., & Soares, J. C. (2009). Antidepressant-coincident mania in children and adolescents treated with selective serotonin reuptake inhibitors. *Future Neurology, 4*, 87–102.

Judd, L. L., & Akiskal, H. S. (2003). The prevalence and disability of bipolar spectrum disorders in the US population: Re-analysis of the ECA database taking into account subthreshold cases. *Journal of Affective Disorders, 73*, 123–131.

Judd, L. L., Akiskal, H. S., Schettler, P. J., Endicott, J., Maser,

J., Solomon, D. A., et al. (2002). The long-term natural history of the weekly symptomatic status of bipolar I disorder. *Archives of General Psychiatry, 59*, 530–537.

Karam, E. G., Salamoun, M., Yeretzian, J. S., Mneimneh, Z., Karam, A. N., Fayyad, J., et al. (2010). The role of anxious and hyperthymic temperaments in mental disorders: A national epidemiologic study. *World Psychiatry, 9*, 103–110.

Kates, W. R., Antshel, K. M., Fremont, W. P., Shprintzen, R. J., Strunge, L. A., Burnette, C. P., et al. (2007). Comparing phenotypes in patients with idiopathic autism to patients with velocardiofacial syndrome (22q11 DS) with and without autism. *American Journal of Medical Genetics, Part A, 143A*, 2642–2650.

Keenan-Miller, D., Peris, T., Axelson, D., Kowatch, R. A., & Miklowitz, D. J. (2012). Family functioning, social impairment, and symptoms among adolescents with bipolar disorder. *Journal of the American Academy of Child and Adolescent Psychiatry, 51*, 1085–1094.

Kendler, K. S., Davis, C. G., & Kessler, R. C. (1997). The familial aggregation of common psychiatric and substance use disorders in the National Comorbidity Survey: A family history study. *British Journal of Psychiatry, 170*, 541–548.

Kessler, R. C., Berglund, P., Demler, O., Jin, R., & Walters, E. E. (2005). Lifetime prevalence and age-of-onset distributions of DSM-IV disorders in the National Comorbidity Survey Replication. *Archives of General Psychiatry, 62*, 593–602.

Klein, D. N. (2008). Classification of depressive disorders in the DSM-V: Proposal for a two-dimension system. *Journal of Abnormal Psychology, 117*, 552–560.

Klein, D. N., Lewinsohn, P. M., & Seeley, J. R. (1996). Hypomanic personality traits in a community sample of adolescents. *Journal of Affective Disorders, 38*, 135–143.

Klein, D. N., Taylor, E. B., Harding, K., & Dickstein, S. (1988). Double depression and episodic major depression: Demographic, clinical, familial, personality, and socioenvironmental characteristics and short-term outcome. *American Journal of Psychiatry, 145*, 1226–1231.

Klein, R. G., Mannuzza, S., Olazagasti, M. A., Roizen, E., Hutchison, J. A., Lashua, E. C., et al. (2012). Clinical and functional outcome of childhood attention-deficit/hyperactivity disorder 33 years later. *Archives of General Psychiatry, 69*, 1295–1303.

Klein, R. G., Pine, D. S., & Klein, D. F. (1998). Resolved: Mania is mistaken for ADHD in prepubertal children. *Journal of the American Academy of Child and Adolescent Psychiatry, 37*, 1093–1096.

Kowatch, R. A., Youngstrom, E. A., Danielyan, A., & Findling, R. L. (2005). Review and meta-analysis of the phenomenology and clinical characteristics of mania in children and adolescents. *Bipolar Disorders, 7*, 483–496.

Kowatch, R. A., Youngstrom, E. A., Horwitz, S. M., Demeter, C., Fristad, M. A., Birmaher, B., et al. (2013). Psychiatric medications in the LAMS cohort. *Psychiatric Services, 64*, 1026–1034.

Kozloff, N., Cheung, A. H., Schaffer, A., Cairney, J., Dewa, C. S., Veldhuizen, S., et al. (2010). Bipolar disorder among adolescents and young adults: Results from an epidemiological sample. *Journal of Affective Disorders, 125*, 350–354.

Kraemer, H. C. (2007). DSM categories and dimensions in clinical and research contexts. *International Journal of Methods in Psychiatric Research, 16*(Suppl. 1), S8–S15.

Kraepelin, E. (1921). *Manic–depressive insanity and paranoia*. Edinburgh: Livingstone.

Kwapil, T. R., Miller, M. B., Zinser, M. C., Chapman, L. J., Chapman, J., & Eckblad, M. (2000). A longitudinal study of high scorers on the Hypomanic Personality Scale. *Journal of Abnormal Psychology, 109*, 222–226.

Lee, P. A., Guo, S. S., & Kulin, H. E. (2001). Age of puberty: Data from the United States of America. *Acta Pathologica, Microbiologica et Immunologica Scandinavica, 109*, 81–88.

Leibenluft, E. (2011). Severe mood dysregulation, irritability, and the diagnostic boundaries of bipolar disorder in youths. *American Journal of Psychiatry, 168*, 129–142.

Leibenluft, E., Charney, D. S., Towbin, K. E., Bhangoo, R. K., & Pine, D. S. (2003). Defining clinical phenotypes of juvenile mania. *American Journal of Psychiatry, 160*, 430–437.

Leibenluft, E., Cohen, P., Gorrindo, T., Brook, J. S., & Pine, D. S. (2006). Chronic versus episodic irritability in youth: A community-based, longitudinal study of clinical and diagnostic associations. *Journal of Child and Adolescent Psychopharmacology, 16*, 456–466.

Lewinsohn, P. M., Klein, D. N., & Seeley, J. R. (1995). Bipolar disorders in a community sample of older adolescents: Prevalence, phenomenology, comorbidity, and course. *Journal of the American Academy of Child and Adolescent Psychiatry, 34*, 454–463.

Licht, R. W., Gijsman, H., Nolen, W. A., & Angst, J. (2008). Are antidepressants safe in the treatment of bipolar depression?: A critical evaluation of their potential risk to induce switch into mania or cycle acceleration. *Acta Psychiatrica Scandinavica, 118*, 337–346.

Lilienfeld, S. O., Waldman, I. D., & Israel, A. C. (1994). A critical examination of the use of the term and concept of comorbidity in psychopathology research. *Clinical Psychology: Science and Practice, 1*, 71–83.

Lopez-Larson, M., Breeze, J. L., Kennedy, D. N., Hodge, S. M., Tang, L., Moore, C., et al. (2010). Age-related changes in the corpus callosum in early-onset bipolar disorder assessed using volumetric and cross-sectional measurements. *Brain Imaging and Behavior, 4*, 220–231.

Lopez-Larson, M., Michael, E. S., Terry, J. E., Breeze, J. L., Hodge, S. M., Tang, L., et al. (2009). Subcortical differences among youths with attention-deficit/hyperactivity disorder compared to those with bipolar disorder with and without attention-deficit/hyperactivity disorder. *Journal of Child and Adolescent Psychopharmacology, 19*, 31–39.

Lopez, A. D., Mathers, C. D., Ezzati, M., Jamison, D. T., &

Murray, C. J. (2006). Global and regional burden of disease and risk factors, 2001: Systematic analysis of population health data. *Lancet, 367*, 1747–1757.

Luby, J., Svrakic, D. M., McCallum, K., Przybeck, T. R., & Cloninger, C. R. (1999). The Junior Temperament and Character Inventory: Preliminary validation of a child self-report measure. *Psychological Reports, 84*, 1127–1138.

Luby, J., Tandon, M., & Nicol, G. (2007). Cardinal symptoms of mania in clinically referred preschoolers: Description of three clinical cases with presumptive preschool bipolar disorder. *Journal of Child and Adolescent Psychopharmacology, 17*, 237–244.

Lynam, D. R., Charnigo, R., Moffitt, T. E., Raine, A., Loeber, R., & Stouthamer-Loeber, M. (2009). The stability of psychopathy across adolescence. *Development and Psychopathology, 21*, 1133–1153.

Mackin, P., Targum, S. D., Kalali, A., Rom, D., & Young, A. H. (2006). Culture and assessment of manic symptoms. *British Journal of Psychiatry, 189*, 379–380.

MacKinnon, D. F., & Pies, R. (2006). Affective instability as rapid cycling: Theoretical and clinical implications for borderline personality and bipolar spectrum disorders. *Bipolar Disorders, 8*, 1–14.

Malhi, G. S., Green, M., Fagiolini, A., Peselow, E. D., & Kumari, V. (2008). Schizoaffective disorder: Diagnostic issues and future recommendations. *Bipolar Disorders, 10*, 215–230.

Manji, H. K., Moore, G. J., & Chen, G. (2000). Clinical and preclinical evidence for the neurotrophic effects of mood stabilizers: Implications for the pathophysiology and treatment of manic–depressive illness. *Biological Psychiatry, 48*, 740–754.

Maynard, C. L., Elson, C. O., Hatton, R. D., & Weaver, C. T. (2012). Reciprocal interactions of the intestinal microbiota and immune system. *Nature, 489*, 231–241.

McGuffin, P., Rijsdijk, F., Andrew, M., Sham, P., Katz, R., & Cardno, A. (2003). The heritability of bipolar affective disorder and the genetic relationship to unipolar depression. *Archives of General Psychiatry, 60*, 497–502.

McIntyre, R. S., Soczynska, J. K., Bottas, A., Bordbar, K., Konarski, J. Z., & Kennedy, S. H. (2006). Anxiety disorders and bipolar disorder: A review. *Bipolar Disorders, 8*, 665–676.

Merikangas, K. R., Akiskal, H. S., Angst, J., Greenberg, P. E., Hirschfeld, R. M. A., Petukhova, M., et al. (2007). Lifetime and 12-month prevalence of bipolar spectrum disorder in the National Comorbidity Survey Replication. *Archives of General Psychiatry, 64*, 543–552.

Merikangas, K. R., Cui, L., Kattan, G., Carlson, G. A., Youngstrom, E. A., & Angst, J. (2012). Mania with and without depression in a community sample of US adolescents. *Archives of General Psychiatry, 69*, 943–951.

Merikangas, K. R., He, J. P., Burstein, M., Swanson, S. A., Avenevoli, S., Cui, L., et al. (2010). Lifetime prevalence of mental disorders in U.S. adolescents: Results from the National Comorbidity Survey Replication—Adolescent Supplement (NCS-A). *Journal of the American Academy of Child and Adolescent Psychiatry, 49*, 980–989.

Merikangas, K. R., He, J. P., Burstein, M., Swendsen, J., Avenevoli, S., Case, B., et al. (2011). Service utilization for lifetime mental disorders in U.S. adolescents: Results of the National Comorbidity Survey—Adolescent Supplement (NCS-A). *Journal of the American Academy of Child and Adolescent Psychiatry, 50*, 32–45.

Merikangas, K. R., Jin, R., He, J.-P., Kessler, R. C., Lee, S., Sampson, N. A., et al. (2011). Prevalence and correlates of bipolar spectrum disorder in the World Mental Health Survey Initiative. *Archives of General Psychiatry, 68*, 241–251.

Merikangas, K. R., Mendola, P., Pastor, P. N., Reuben, C. A., & Cleary, S. D. (2012). The association between major depressive disorder and obesity in US adolescents: Results from the 2001–2004 National Health and Nutrition Examination Survey. *Journal of Behavioral Medicine, 35*(2), 149–154.

Merikangas, K. R., & Pato, M. (2009). Recent developments in the epidemiology of bipolar disorder in adults and children: Magnitude, correlates, and future directions. *Clinical Psychology: Science and Practice, 16*, 121–133.

Meyer, S. E., Carlson, G. A., Youngstrom, E., Ronsaville, D. S., Martinez, P. E., Gold, P. W., et al. (2009). Long-term outcomes of youth who manifested the CBCL-pediatric bipolar disorder phenotype during childhood and/or adolescence. *Journal of Affective Disorders, 113*, 227–235.

Meyers, O. I., & Youngstrom, E. A. (2008). A Parent General Behavior Inventory subscale to measure sleep disturbance in pediatric bipolar disorder. *Journal of Clinical Psychiatry, 69*, 840–843.

Mick, E., Biederman, J., Pandina, G., & Faraone, S. V. (2003). A preliminary meta-analysis of the Child Behavior Checklist in pediatric bipolar disorder. *Biological Psychiatry, 53*, 1021–1027.

Mick, E., & Faraone, S. V. (2009). Family and genetic association atudies of bipolar disorder in children. *Child and Adolescent Psychiatric Clinics of North America, 18*, 441–453.

Mick, E., Spencer, T., Wozniak, J., & Biederman, J. (2005). Heterogeneity of irritability in attention-deficit/hyperactivity disorder subjects with and without mood disorders. *Biological Psychiatry, 58*, 576–582.

Miklowitz, D. J. (2004). The role of family systems in severe and recurrent psychiatric disorders: A developmental psychopathology view. *Development and Psychopathology, 16*, 667–688.

Miklowitz, D. J., & Chang, K. D. (2008). Prevention of bipolar disorder in at-risk children: Theoretical assumptions and empirical foundations. *Development and Psychopathology, 20*, 881–897.

Mineka, S., Watson, D., & Clark, L. A. (1998). Comorbidity of anxiety and unipolar mood disorders. *Annual Review of Psychology, 49*, 377–412.

Moreno, C., Laje, G., Blanco, C., Jiang, H., Schmidt, A. B., &

Olfson, M. (2007). National trends in the outpatient diagnosis and treatment of bipolar disorder in youth. *Archives of General Psychiatry, 64*, 1032–1039.

Mullin, B. C., Harvey, A. G., & Hinshaw, S. P. (2011). A preliminary study of sleep in adolescents with bipolar disorder, ADHD, and non-patient controls. *Bipolar Disorders, 13*, 425–432.

Murphy, K. C. (2002). Schizophrenia and velo-cardio-facial syndrome. *Lancet, 359*, 426–430.

Murray, G., & Harvey, A. (2010). Circadian rhythms and sleep in bipolar disorder. *Bipolar Disorders, 12*, 459–472.

Nandagopal, J. J., DelBello, M. P., & Kowatch, R. (2009). Pharmacologic treatment of pediatric bipolar disorder. *Child and Adolescent Psychiatric Clinics of North America, 18*, 455–469.

Neighbors, H. W., Caldwell, C., Williams, D. R., Nesse, R., Taylor, R. J., Bullard, K. M., et al. (2007). Race, ethnicity, and the use of services for mental disorders: Results from the National Survey of American Life. *Archives of General Psychiatry, 64*, 485–494.

Nierenberg, A. A., Miyahara, S., Spencer, T., Wisniewski, S. R., Otto, M. W., Simon, N., et al. (2005). Clinical and diagnostic implications of lifetime attention-deficit/hyperactivity disorder comorbidity in adults with bipolar disorder: Data from the first 1000 STEP-BD participants. *Biological Psychiatry, 57*, 1467–1473.

Nottelmann, E., Biederman, J., Birmaher, B., Carlson, G. A., Chang, K. D., Fenton, W. S., et al. (2001). National Institute of Mental Health research roundtable on prepubertal bipolar disorder. *Journal of the American Academy of Child and Adolescent Psychiatry, 40*, 871-878.

Nusslock, R., Harmon-Jones, E., Alloy, L. B., Urosevic, S., Goldstein, K., & Abramson, L. Y. (2012). Elevated left mid-frontal cortical activity prospectively predicts conversion to bipolar I disorder. *Journal of Abnormal Psychology, 121*, 592–601.

Nylund, K. L., Asparouhov, T., & Muthén, B. O. (2007). Deciding on the number of classes in latent class analysis and growth mixture modeling: A Monte Carlo simulation study. *Structural Equation Modeling, 14*, 535–569.

Ozcan, M. E., & Banoglu, R. (2003). Gonadal hormones in schizophrenia and mood disorders. *European Archives of Psychiatry and Clinical Neuroscience, 253*, 193–196.

Pagano, M. E., Demeter, C. A., Faber, J. E., Calabrese, J. R., & Findling, R. L. (2008). Initiation of stimulant and antidepressant medication and clinical presentation in juvenile bipolar I disorder. *Bipolar Disorders, 10*, 334–341.

Papolos, D. F., & Papolos, J. (2002). *The bipolar child: The definitive and reassuring guide to childhood's most misunderstood disorder* (2nd ed.). New York: Broadway Books.

Parent, A. S., Teilmann, G., Juul, A., Skakkebaek, N. E., Toppari, J., & Bourguignon, J. P. (2003). The timing of normal puberty and the age limits of sexual precocity: Variations around the world, secular trends, and changes after migration. *Endocrine Reviews, 24*, 668–693.

Paris, J., Gunderson, J., & Weinberg, I. (2007). The interface between borderline personality disorder and bipolar spectrum disorders. *Comprehensive Psychiatry, 48*, 145–154.

Parker, G., McCraw, S., & Fletcher, K. (2012). Cyclothymia. *Depression and Anxiety, 29*, 487–494.

Pavuluri, M. N., Passarotti, A. M., Harral, E. M., & Sweeney, J. A. (2009). An fMRI study of the neural correlates of incidental versus directed emotion processing in pediatric bipolar disorder. *Journal of the American Academy of Child and Adolescent Psychiatry, 48*, 308–319.

Pavuluri, M. N., West, A., Hill, S. K., Jindal, K., & Sweeney, J. A. (2009). Neurocognitive function in pediatric bipolar disorder: 3-year follow-up shows cognitive development lagging behind healthy youths. *Journal of the American Academy of Child and Adolescent Psychiatry, 48*, 299–307.

Pendergast, L. L., Youngstrom, E. A., Brown, C., Jensen, D., Alloy, L. B., & Abramson, L. (2014). *Structural invariance of General Behavior Inventory (GBI) scores in black and white young adults*. Manuscript submitted for publication.

Perlis, R., Miyahara, S., Marangell, L. B., Wisniewski, S. R., Ostacher, M., DelBello, M. P., et al. (2004). Long-term implications of early onset in bipolar disorder: Data from the first 1000 participants in the Systematic Treatment Enhancement Program for Bipolar Disorder (STEP-BD). *Biological Psychiatry, 55*, 875–881.

Perugi, G., Angst, J., Azorin, J. M., Bowden, C., Vieta, E., & Young, A. H. (2013). Is comorbid borderline personality disorder in patients with major depressive episode and bipolarity a developmental subtype?: Findings from the international BRIDGE study. *Journal of Affective Disorders, 144*, 72–78.

Perugi, G., Fornaro, M., & Akiskal, H. S. (2011). Are atypical depression, borderline personality disorder and bipolar II disorder overlapping manifestations of a common cyclothymic diathesis? *World Psychiatry, 10*, 45–51.

Phillips, M., & Vieta, E. (2007). Identifying functional neuroimaging biomarkers of bipolar disorder: Toward DSM V. *Schizophrenia Bulletin, 33*(4), 893–904.

Piaget, J. (1954). *The construction of reality in the child* (M. Cook, Trans.). New York: Wolff.

Pliszka, S. R., Sherman, J. O., Barrow, M. V., & Irick, S. (2000). Affective disorder in juvenile offenders: A preliminary study. *American Journal of Psychiatry, 157*, 130–132.

Plutchik, R. (1980). *Emotion: A psychoevolutionary synthesis*. New York: Harper & Row.

Pope, H. G., Kouri, E. M., & Hudson, J. I. (2000). Effects of supraphysiologic doses of testosterone on mood and aggression in normal men: A randomized controlled trial. *Archives of General Psychiatry, 57*, 133–140.

Post, R. (2007). Kindling and sensitization as models for affective episode recurrence, cyclicity, and tolerance phenomena. *Neuroscience and Biobehavioral Reviews, 31*, 858–873.

Post, R. M., & Leverich, G. S. (2006). The role of psychosocial stress in the onset and progression of bipolar disorder and its comorbidities: The need for earlier and alternative modes of therapeutic intervention. *Development and Psychopathology, 18*, 1181–1211.

Post, R. M., Leverich, G. S., Kupka, R. W., Keck, P. E., Jr., McElroy, S. L., Altshuler, L. L., et al. (2010). Early-onset bipolar disorder and treatment delay are risk factors for poor outcome in adulthood. *Journal of Clinical Psychiatry, 71*, 864–872.

Post, R. M., & Weiss, S. R. B. (1997). Emergent properties of neural systems: How focal molecular neurobiological alterations can affect behavior. *Development and Psychopathology, 9*, 907–929.

Potts, M. K., Burnam, M. A., & Wells, K. B. (1991). Gender differences in depression detection: A comparison of clinician diagnosis and standardized assessment. *Psychological Assessment, 3*, 609–615.

Poznanski, E. O., & Mokros, H. B. (1994). Phenomenology and epidemiology of mood disorders in children and adolescents. In W. M. Reynolds & H. F. Johnston (Eds.), *Handbook of depression in children and adolescents* (pp. 19–40). New York: Plenum Press.

Prisciandaro, J. J., & Roberts, J. E. (2009). A comparison of the predictive abilities of dimensional and categorical models of unipolar depression in the National Comorbidity Survey. *Psychological Medicine, 39*, 1087–1096.

Prisciandaro, J. J., & Roberts, J. E. (2011). Evidence for the continuous latent structure of mania in the Epidemiologic Catchment Area from multiple latent structure and construct validation methodologies. *Psychological Medicine, 41*, 575–588.

Quay, H. C. (1993). The psychobiology of undersocialized aggressive conduct disorder: A theoretical perspective. *Development and Psychopathology, 5*, 165–180.

Regier, D. A., Narrow, W. E., Clarke, D. E., Kraemer, H. C., Kuramoto, S. J., Kuhl, E. A., et al. (2013). DSM-5 field trials in the United States and Canada, Part II: Test–retest reliability of selected categorical diagnoses. *American Journal of Psychiatry, 170*(1), 59–70.

Reichart, C. G., & Nolen, W. A. (2004). Earlier onset of bipolar disorder in children by antidepressants or stimulants?: An hypothesis. *Journal of Affective Disorders, 78*, 81–84.

Reichart, C. G., Wals, M., Hillegers, M. H., Ormel, J., Nolen, W. A., & Verhulst, F. C. (2004). Psychopathology in the adolescent offspring of bipolar parents. *Journal of Affective Disorders, 78*, 67–71.

Rende, R., Birmaher, B., Axelson, D., Strober, M., Gill, M. K., Valeri, S., et al. (2007). Childhood-onset bipolar disorder: Evidence for increased familial loading of psychiatric illness. *Journal of the American Academy of Child and Adolescent Psychiatry, 46*, 197–204.

Rettew, D. C., Lynch, A. D., Achenbach, T. M., Dumenci, L., & Ivanova, M. Y. (2009). Meta-analyses of agreement between diagnoses made from clinical evaluations and standardized diagnostic interviews. *International Journal of Methods in Psychiatric Research, 18*, 169–184.

Rich, B. A., Brotman, M. A., Dickstein, D. P., Mitchell, D. G. V., Blair, R. J. R., & Leibenluft, E. (2010). Deficits in attention to emotional stimuli distinguish youth with severe mood dysregulation from youth with bipolar disorder. *Journal of Abnormal Child Psychology, 38*, 695–706.

Rich, B. A., Carver, F. W., Holroyd, T., Rosen, H. R., Mendoza, J. K., Cornwell, B. R., et al. (2011). Different neural pathways to negative affect in youth with pediatric bipolar disorder and severe mood dysregulation. *Journal of Psychiatric Research, 45*, 1283–1294.

Robins, E., & Guze, S. B. (1970). Establishment of diagnostic validity in psychiatric illness: Its application to schizophrenia. *American Journal of Psychiatry, 126*, 983–986.

Rothbart, M. K., & Posner, M. I. (2006). Temperament, attention, and developmental psychopathology. In D. Cicchetti & D. J. Cohen (Eds.), *Developmental psychopathology: Vol. 2. Developmental neuroscience* (2nd ed., pp. 465–501). Hoboken, NJ: Wiley.

Rowe, R., Maughan, B., Worthman, C. M., Costello, E. J., & Angold, A. (2004). Testosterone, antisocial behavior, and social dominance in boys: Pubertal development and biosocial interaction. *Biological Psychiatry, 55*, 546–552.

Rucklidge, J. J., & Kaplan, B. J. (2013). Broad-spectrum micronutrient formulas for the treatment of psychiatric symptoms: A systematic review. *Expert Review of Neurotherapeutics, 13*, 49–73.

Rudolph, K. D., Hammen, C., Burge, D., Lindberg, N., Herzberg, D., & Daley, S. E. (2000). Toward an interpersonal life-stress model of depression: The developmental context of stress generation. *Development and Psychopathology, 12*, 215–234.

Rutter, M. (2000). Psychosocial influences: Critiques, findings, and research needs. *Development and Psychopathology, 12*, 375–405.

Rutter, M. (2009). Commentary: Fact and artefact in the secular increase in the rate of autism. *International Journal of Epidemiology, 38*, 1238–1239.

Sala, R., Axelson, D. A., Castro-Fornieles, J., Goldstein, T. R., Goldstein, B. I., Ha, W., et al. (2012). Factors associated with the persistence and onset of new anxiety disorders in youth with bipolar spectrum disorders. *Journal of Clinical Psychiatry, 73*, 87–94.

Sala, R., Axelson, D. A., Castro-Fornieles, J., Goldstein, T. R., Ha, W., Liao, F., et al. (2010). Comorbid anxiety in children and adolescents with bipolar spectrum disorders: Prevalence and clinical correlates. *Journal of Clinical Psychiatry, 71*, 1344–1350.

Salvadore, G., Quiroz, J. A., Machado-Vieira, R., Henter, I. D., Manji, H. K., & Zarate, C. A., Jr. (2010). The neurobiology of the switch process in bipolar disorder: A review. *Journal of Clinical Psychiatry, 71*, 1488–1501.

Salvatore, P., Ghidini, S., Zita, G., De Panfilis, C., Lambertino, S., Maggini, C., et al. (2008). Circadian activity rhythm abnormalities in ill and recovered bipolar I disorder patients. *Bipolar Disorders, 10*, 256–265.

Sanislow, C. A., Pine, D. S., Quinn, K. J., Kozak, M. J., Garvey, M. A., Heinssen, R. K., et al. (2010). Developing constructs for psychopathology research: Research Domain Criteria. *Journal of Abnormal Psychology, 119*, 631–639.

Scheffer, R. E., Kowatch, R. A., Carmody, T., & Rush, A. J. (2005). Randomized, placebo-controlled trial of mixed amphetamine salts for symptoms of comorbid ADHD in pediatric bipolar disorder after mood stabilization with divalproex sodium. *American Journal of Psychiatry, 162*, 58–64.

Schneider, M. R., DelBello, M. P., McNamara, R. K., Strakowski, S. M., & Adler, C. M. (2012). Neuroprogression in bipolar disorder. *Bipolar Disorders, 14*, 356–374.

Shankman, S. A., Lewinsohn, P. M., Klein, D. N., Small, J. W., Seeley, J. R., & Altman, S. E. (2009). Subthreshold conditions as precursors for full syndrome disorders: A 15-year longitudinal study of multiple diagnostic classes. *Journal of Child Psychology and Psychiatry, 50*, 1485–1494.

Shaw, P., Kabani, N. J., Lerch, J. P., Eckstrand, K., Lenroot, R., Gogtay, N., et al. (2008). Neurodevelopmental trajectories of the human cerebral cortex. *Journal of Neuroscience, 28*, 3586–3594.

Shiner, R. L., Tellegen, A., & Masten, A. S. (2001). Exploring personality across childhood into adulthood: Can one describe and predict a moving target? *Psychological Inquiry, 12*, 96–100.

Siegel, R., La Greca, A., Freeman, A. J., & Youngstrom, E. A. (2014). *Peer relationship difficulties in adolescents with bipolar disorder.* Manuscript submitted for publication.

Singh, J. B., & Zarate, C. A., Jr. (2006). Pharmacological treatment of psychiatric comorbidity in bipolar disorder: A review of controlled trials. *Bipolar Disorders, 8*, 696–709.

Singh, M. K., Chang, K. D., Chen, M. C., Kelley, R. G., Garrett, A., Mitsunaga, M. M., et al. (2012). Volumetric reductions in the subgenual anterior cingulate cortex in adolescents with bipolar I disorder. *Bipolar Disorders, 14*, 585–596.

Smith, M. I., Yatsunenko, T., Manary, M. J., Trehan, I., Mkakosya, R., Cheng, J., et al. (2013). Gut microbiomes of Malawian twin pairs discordant for kwashiorkor. *Science, 339*, 548–554.

Smoller, J. W., & Finn, C. T. (2003). Family, twin, and adoption studies of bipolar disorder. *American Journal of Medical Genetics, Part C: Seminars in Medical Genetics, 123C*, 48–58.

Stewart, A. J., Theodore-Oklota, C., Hadley, W., Brown, L. K., Donenberg, G., Diclemente, R., et al. (2012). Mania symptoms and HIV-risk behavior among adolescents in mental health treatment. *Journal of Clinical Child and Adolescent Psychology, 41*, 803–810.

Strakowski, S. M., Hawkins, J. M., Keck, P. E., Jr., McElroy, S. L., West, S. A., Bourne, M. L., et al. (1997). The effects of race and information variance on disagreement between psychiatric emergency service and research diagnoses in first-episode psychosis. *Journal of Clinical Psychiatry, 58*, 457–463.

Strakowski, S. M., Adler, C. M., Almeida, J., Altshuler, L. L., Blumberg, H. P., Chang, K. D., et al. (2012). The functional neuroanatomy of bipolar disorder: A consensus model. *Bipolar Disorders, 14*, 313–325.

Stringaris, A., Cohen, P., Pine, D. S., & Leibenluft, E. (2009). Adult outcomes of youth irritability: A 20-year prospective community-based study. *American Journal of Psychiatry, 166*, 1048–1054.

Talbot, L. S., Hairston, I. S., Eidelman, P., Gruber, J., & Harvey, A. G. (2009). The effect of mood on sleep onset latency and REM sleep in interepisode bipolar disorder. *Journal of Abnormal Psychology, 118*, 448–458.

Teplin, L. A., Abram, K. M., McClelland, G. M., Dulcan, M. K., & Mericle, A. A. (2002). Psychiatric disorders in youth in juvenile detention. *Archives of General Psychiatry, 59*, 1133–1143.

Tijssen, M. J. A., van Os, J., Wittchen, H. U., Lieb, R., Beesdo, K., Mengelers, R., et al. (2010). Evidence that bipolar disorder is the poor outcome fraction of a common developmental phenotype: An 8-year cohort study in young people. *Psychological Medicine, 40*, 289–299.

Tillman, R., & Geller, B. (2006). Controlled study of switching from attention-deficit/hyperactivity disorder to a prepubertal and early adolescent bipolar I disorder phenotype during 6-year prospective follow-up: Rate, risk, and predictors. *Development and Psychopathology, 18*, 1037–1053.

Tillman, R., Geller, B., Klages, T., Corrigan, M., Bolhofner, K., & Zimerman, B. (2008). Psychotic phenomena in 257 young children and adolescents with bipolar I disorder: Delusions and hallucinations (benign and pathological). *Bipolar Disorders, 10*, 45–55.

Todd, R. D., & Botteron, K. N. (2002). Etiology and genetics of early-onset mood disorders. *Child and Adolescent Psychiatric Clinics of North America, 11*, 499–518.

Torrey, E. F., & Miller, J. (2001). *The invisible plague: The rise of mental illness from 1750 to the present.* New Brunswick, NJ: Rutgers University Press.

Towbin, K., Axelson, D., Leibenluft, E., & Birmaher, B. (2013). Differentiating bipolar disorder-not otherwise specified and severe mood dysregulation. *Journal of the American Academy of Child and Adolescent Psychiatry, 52*, 466–481.

Townsend, J., & Altshuler, L. L. (2012). Emotion processing and regulation in bipolar disorder: A review. *Bipolar Disorders, 14*, 326–339.

Tsuchiya, K. J., Agerbo, E., Byrne, M., & Mortensen, P. B. (2004). Higher socio-economic status of parents may increase risk for bipolar disorder in the offspring. *Psychological Medicine, 34*, 787–793.

Tsuchiya, K. J., Byrne, M., & Mortensen, P. B. (2003). Risk factors in relation to an emergence of bipolar disorder: A systematic review. *Bipolar Disorders, 5*, 231–242.

Urosevic, S., Abramson, L. Y., Alloy, L. B., Nusslock, R.,

Harmon-Jones, E., Bender, R., et al. (2010). Increased rates of events that activate or deactivate the behavioral approach system, but not events related to goal attainment, in bipolar spectrum disorders. *Journal of Abnormal Psychology, 119*, 610–615.

Vander Wal, J. S., & Mitchell, E. R. (2011). Psychological complications of pediatric obesity. *Pediatric Clinics of North America, 58*, 1393–1401.

Van Meter, A., Moreira, A. L., & Youngstrom, E. A. (2011). Meta-analysis of epidemiological studies of pediatric bipolar disorder. *Journal of Clinical Psychiatry, 72*, 1250–1256.

Van Meter, A., Youngstrom, E. A., Demeter, C., & Findling, R. L. (2013). Examining the validity of cyclothymic disorder in a youth sample: Replication and extension. *Journal of Abnormal Child Psychology, 41*(3), 367–378.

Van Meter, A., Youngstrom, E. A., & Findling, R. L. (2012). Cyclothymic disorder: A critical review. *Clinical Psychology Review, 32*, 229–243.

Van Meter, A., Youngstrom, E. A., Youngstrom, J. K., Feeny, N. C., & Findling, R. L. (2011). Examining the validity of cyclothymic disorder in a youth sample. *Journal of Affective Disorders, 132*, 55–63.

Wagner, K. D. (2006). Bipolar disorder and comorbid anxiety disorders in children and adolescents. *Journal of Clinical Psychiatry, 67*, 16–20.

Walsh, M. A., Royal, A., Brown, L. H., Barrantes-Vidal, N., & Kwapil, T. R. (2012). Looking for bipolar spectrum psychopathology: Identification and expression in daily life. *Comprehensive Psychiatry, 53*, 409–421.

Walshaw, P. D., Alloy, L. B., & Sabb, F. W. (2010). Executive function in pediatric bipolar disorder and attention-deficit hyperactivity disorder: In search of distinct phenotypic profiles. *Neuropsychology Review, 20*, 103–120.

Watson, D., Weber, K., Assenheimer, J. S., Clark, L. A., Strauss, M. E., & McCormick, R. A. (1995). Testing a tripartite model: I. Evaluating the convergent and discriminant validity of anxiety and depression symptom scales. *Journal of Abnormal Psychology, 104*, 3–14.

Wellcome Trust Case Control Consortium. (2007). Genome-wide association study of 14,000 cases of seven common diseases and 3,000 shared controls. *Nature, 447*, 661–678.

Whalley, H. C., Papmeyer, M., Sprooten, E., Lawrie, S. M., Sussmann, J. E., & McIntosh, A. M. (2012). Review of functional magnetic resonance imaging studies comparing bipolar disorder and schizophrenia. *Bipolar Disorders, 14*, 411–431.

Wilens, T. E., Biederman, J., Kwon, A., Ditterline, J., Forkner, P., Moore, H., et al. (2004). Risk of substance use disorders in adolescents with bipolar disorder. *Journal of the American Academy of Child and Adolescent Psychiatry, 43*, 1380–1386.

Wilens, T. E., Biederman, J., Wozniak, J., Gunawardene, S., Wong, J., & Monuteaux, M. (2003). Can adults with attention-deficit/hyperactivity disorder be distinguished from those with comorbid bipolar disorder?: Findings from a sample of clinically referred adults. *Biological Psychiatry, 54*, 1–8.

Wilens, T. E., Martelon, M., Joshi, G., Bateman, C., Fried, R., Petty, C., et al. (2011). Does ADHD predict substance-use disorders?: A 10-year follow-up study of young adults with ADHD. *Journal of the American Academy of Child and Adolescent Psychiatry, 50*, 543–553.

Wilens, T. E., Martelon, M., Kruesi, M. J., Parcell, T., Westerberg, D., Schillinger, M., et al. (2009). Does conduct disorder mediate the development of substance use disorders in adolescents with bipolar disorder?: A case-control family study. *Journal of Clinical Psychiatry, 70*, 259–265.

World Health Organization. (1992). *The ICD-10 classification of mental and behavioural disorders: Clinical descriptions and diagnostic guidelines*. Geneva: Author.

Wozniak, J., Biederman, J., Faraone, S. V., Frazier, J., Kim, J., Millstein, R., et al. (1997). Mania in children with pervasive developmental disorder revisited. *Journal of the American Academy of Child and Adolescent Psychiatry, 36*, 1552–1559; discussion 1559–1560.

Wozniak, J., Biederman, J., Kiely, K., Ablon, J. S., Faraone, S., Mundy, E., et al. (1995). Mania-like symptoms suggestive of childhood-onset bipolar disorder in clinically referred children. *Journal of the American Academy of Child and Adolescent Psychiatry, 34*, 867–876.

Wozniak, J., Biederman, J., Kwon, A., Mick, E., Faraone, S., Orlovsky, K., et al. (2005). How cardinal are cardinal symptoms in pediatric bipolar disorder?: An examination of clinical correlates. *Biological Psychiatry, 58*, 583–588.

Wozniak, J., Biederman, J., Monuteaux, M. C., Richards, J., & Faraone, S. V. (2002). Parsing the comorbidity between bipolar disorder and anxiety disorders: A familial risk analysis. *Journal of Child and Adolescent Psychopharmacology, 12*, 101–111.

Wozniak, J., Faraone, S. V., Mick, E., Monuteaux, M., Coville, A., & Biederman, J. (2010). A controlled family study of children with DSM-IV bipolar-I disorder and psychiatric co-morbidity. *Psychological Medicine, 40*, 1079–1088.

Wozniak, J., Petty, C. R., Schreck, M., Moses, A., Faraone, S. V., & Biederman, J. (2011). High level of persistence of pediatric bipolar-I disorder from childhood onto adolescent years: A four year prospective longitudinal follow-up study. *Journal of Psychiatric Research, 45*, 1273–1282.

Wray, T. B., Simons, J. S., Dvorak, R. D., & Gaher, R. M. (2012). Trait-based affective processes in alcohol-involved "risk behaviors." *Addictive Behaviors, 37*, 1230–1239.

Yazici, O., Kora, K., Ucok, A., Saylan, M., Ozdemir, O., Kiziltan, E., et al. (2002). Unipolar mania: A distinct disorder? *Journal of Affective Disorders, 71*, 97–103.

Yeh, M., Hough, R. L., McCabe, K., Lau, A., & Garland, A. (2004). Parental beliefs about the causes of child problems: Exploring racial/ethnic patterns. *Journal of the American Academy of Child and Adolescent Psychiatry, 43*, 605–612.

Yeh, M., & Weisz, J. (2001). Why are we here at the clinic?: Parent–child (dis)agreement on referral problems at outpatient treatment entry. *Journal of Consulting and Clinical Psychology, 69*, 1018–1025.

Youngstrom, E. A. (2007). Pediatric bipolar disorder. In E. J. Mash & R. A. Barkley (Eds.), *Assessment of childhood disorders* (4th ed., pp. 253–304). New York: Guilford Press.

Youngstrom, E. A. (2009). Definitional issues in bipolar disorder across the life cycle. *Clinical Psychology: Science and Practice, 16*, 140–160.

Youngstrom, E. A. (2010). A developmental psychopathology perspective on the assessment and diagnosis of bipolar disorder. In D. Miklowitz & D. Cicchetti (Eds.), *Bipolar disorder: A developmental psychopathology approach* (pp. 67–107). New York: Guilford Press.

Youngstrom, E. A., Arnold, L. E., & Frazier, T. W. (2010). Bipolar and ADHD comorbidity: Both artifact and outgrowth of shared mechanisms. *Clinical Psychology: Science and Practice, 17*, 350–359.

Youngstrom, E. A., Birmaher, B., & Findling, R. L. (2008). Pediatric bipolar disorder: Validity, phenomenology, and recommendations for diagnosis. *Bipolar Disorders, 10*, 194–214.

Youngstrom, E. A., Findling, R. L., & Calabrese, J. R. (2003). Who are the comorbid adolescents?: Agreement between psychiatric diagnosis, parent, teacher, and youth report. *Journal of Abnormal Child Psychology, 31*, 231–245.

Youngstrom, E. A., Findling, R. L., Calabrese, J. R., Gracious, B. L., Demeter, C., DelPorto Bedoya, D., et al. (2004). Comparing the diagnostic accuracy of six potential screening instruments for bipolar disorder in youths aged 5 to 17 years. *Journal of the American Academy of Child and Adolescent Psychiatry, 43*, 847–858.

Youngstrom, E. A., Findling, R. L., Youngstrom, J. K., & Calabrese, J. R. (2005). Toward an evidence-based assessment of pediatric bipolar disorder. *Journal of Clinical Child and Adolescent Psychology, 34*, 433–448.

Youngstrom, E. A., Freeman, A. J., & Jenkins, M. M. (2009). The assessment of children and adolescents with bipolar disorder. *Child and Adolescent Psychiatric Clinics of North America, 18*, 353–390.

Youngstrom, E. A., & Izard, C. E. (2008). Functions of emotions and emotion-related dysfunction. In A. J. Elliot (Ed.), *Handbook of approach and avoidance motivation* (pp. 367–384). New York: Psychology Press.

Youngstrom, E. A., Jenkins, M. M., Jensen-Doss, A., & Youngstrom, J. K. (2012). Evidence-based assessment strategies for pediatric bipolar disorder. *Israel Journal of Psychiatry and Related Sciences, 49*, 15–27.

Youngstrom, E. A., Meyers, O., Youngstrom, J. K., Calabrese, J. R., & Findling, R. L. (2006). Diagnostic and measurement issues in the assessment of pediatric bipolar disorder: Implications for understanding mood disorder across the life cycle. *Development and Psychopathology, 18*, 989–1021.

Youngstrom, E. A., Meyers, O. I., Demeter, C., Kogos Youngstrom, J., Morello, L., Piiparinen, R., et al. (2005). Comparing diagnostic checklists for pediatric bipolar disorder in academic and community mental health settings. *Bipolar Disorders, 7*, 507–517.

Youngstrom, E. A., & Van Meter, A. (in press). Comorbidity of bipolar disorder and depression. In S. Richards & M. W. O'Hara (Eds.), *Oxford handbook of depression and comorbidity*. New York: Oxford University Press.

Youngstrom, E. A., Van Meter, A., & Algorta, G. P. (2010). The bipolar spectrum: Myth or reality? *Current Psychiatry Reports, 12*, 479–489.

Youngstrom, E. A., Youngstrom, J. K., & Starr, M. (2005). Bipolar diagnoses in community mental health: Achenbach CBCL profiles and patterns of comorbidity. *Biological Psychiatry, 58*, 569–575.

Zimmerman, M., Ruggero, C. J., Chelminski, I., & Young, D. (2010). Clinical characteristics of depressed outpatients previously overdiagnosed with bipolar disorder. *Comprehensive Psychiatry, 51*, 99–105.

Zumbo, B. D. (2007). Three generations of DIF analyses: Considering where it has been, where it is now, and where it is going. *Language Assessment Quarterly, 4*, 223–233.

07

자살적 및 비자살적 자해사고와 행동

CHRISTINE B. CHA
MATTHEW K. NOCK

자해사고와 행동(self-injurious thoughts and behaviors, SITB)은 부적응적이고 생명을 위협하는 결과들의 집합을 나타낸다. SITB의 범위는 비자살적 자해(nonsuicidal self-injury, NSSI; 예를 들면 스스로 베기)에서 자살에 이른다. 자살은 특히 걱정스러운 것인데, 청소년과 젊은 성인의 두 번째 주요한 사망 원인이어서 연간 대략 4,600명에 이른다(Centers for Disease Control and Prevention [CDC], 2013). SITB에 대한 논의는 특히 새롭게 제안된 NSSI의 진단과 DSM-5(APA, 2013)의 III절 '추후연구를 위한 조건'에 실린 자살행동 장애에 비추어 볼 때 시기 적절하다.

이 장에서는 이런 당혹케 하는 행동문제에 대한 현재의 지식을 개관한다. 현존하는 연구는 SITB를 더 잘 이해하기 위한 예비단계로 보아야만 한다. 최근에 SITB 주제에 대한 연구논문이 거의 2배 가까이 나오기는 했지만(Cardinal, 2008), 불균형적으로 적게 연구되어 왔다. 여전히 이 분야에서 이제야 다루기 시작한다는 중요한 도전이 남아 있다. 이런 것들에는 SITB를 일관성 있게 정의하고 분류하기, 모든 SITB의 신뢰할 수 있는 유병률 확립하기, 관련된 위험요인들의 상호작용을 경험적으로

검증하기 및 장래의 SITB 위험성을 정확하게 예측하기가 포함된다. 이런 계속되는 노력을 통하여 현재 및 장래의 연구 둘 다가 더욱 정확하고 일반화할 수 있는 결과를 내놓을 것이라고 예상할 수 있다.

역사적 맥락

역사는 자살과 NSSI와 같은 SITB를 둘러싸고 있는 많은 사회의 거부와 낙인을 보여준다. 대부분의 과거 기록은 자살에 관한 것이고 나중의 기록에는 NSSI가 포함된다. 특정한 역사적 견해를 대충 훑어보는 것은 이 연구 분야의 상대적으로 지연된 등장을 설명하는 것을 도울 수 있다.

자살은 특히 논쟁적인 주제였는데, 이 현상의 죽느냐 사느냐라는 고유한 성질이 많은 철학적, 종교적 및 법적 원리에 도전을 해왔다. 기록들은 고전시대까지 거슬러 올라간다. 스토아 학파와 에피쿠로스 학파가 그 시기 동안 자살에 대한 관용을 표현했던 데 반하여, 아리스토텔레스와 피타고라스와 같은 일부 그리스의 철학자들은 자살 시도를 비겁한 행동으로 보았다(Minois, 1999; Williams,

1997).

로마 가톨릭, 유대교, 이슬람교를 포함하는 초기의 종교 당국도 자살을 죄악으로 비난했다. 많은 경우에 이런 비난은 직접적으로 자살을 범죄로 취급하는 법률에 영향을 미쳤다. 예를 들면 중세의 영국에서는 '자살'을 자연, 신 및 왕에 대한 범죄로 간주했다(Williams, 1997). 그 시기 동안 도덕적이고 법적인 자살의 용인 가능성은 결정적으로 자신을 죽이는 이유에 달려 있었다. **자살자**(felo de se)(즉, '자신의 중죄인')의 자살 사망 판결은 그 사람이 자신을 죽일 때 자유의지를 발휘했고 그러므로 그 범죄에 완전한 책임이 있음을 암시했다. **정신이상**(non compos mentis)의 자살 사망 판결은 자살의 1차적 이유로 '건강하지 않은 마음'을 지적했다. 16세기와 17세기에는 사람들의 건강하지 않은 마음에 대한 해석이 종교(예 : 악마가 사람의 영혼을 소유했다.)나 심리(예 : 그 사람은 정신병이 있다.)에 근거한 것이었다. 이런 결정론적 설명에서는 사람들이 자신의 행동에 책임을 질 수 없으므로 사후 처벌의 정당한 이유가 될 수 없다고 가정했다.

시간이 흐르는 동안 자살자 사례의 점진적 감소는 많은 나라에서 자살을 결과적으로 처벌 대상에서 제외하는 것을 반영한다. 미국의 식민지들에서는 1700년대 초에 자살을 처벌 대상에서 제외하기 시작했다. '자살(suicide)' 이라는 용어가 '자살(self-murder)'이라는 용어를 대신하기 시작했다. 오랜 세월 자살에 대한 공개적인 망신 주기를 한 후에, 프랑스에서는 1791년에 자살자 사례가 문서에 마지막으로 기록되었다(Williams, 1997). 독일, 네덜란드, 노르웨이와 같은 다른 유럽국가들에서는 18세기 중반과 19세기 사이에 자살을 처벌 대상에서 제외했다(Neeleman, 1996). 자살에 대한 엄격한 정책으로 알려지기는 했으나(Williams, 1997), 영국에서조차 자살자 판결은 더 적게, 정신이상 판결은 더 많이 목격되었고, 자살에 대한 종교적 및 세속적 처벌이 1800년대 후반까지 없어졌다. 그러나 1961년이 되어서야 영국 의회가 잉글랜드와 웨일스에서의 자살을 공식적으로 처벌 대상에서 제외하는 자살 법률을 통과시켰다(Neeleman, 1996).

시간이 경과하면서 처벌 대상에서 제외되는 점진적 과정이 이제는 사회가 자살 주제에 접근하는 방식에 급격한 변화를 이끌었다. 많은 나라에서 자살은 이해하고 해결해야 할 문제가 되었다. 초기의 정신이상에 대한 종교적 해석에서 멀어져서 심리학, 의학, 사회학에서의 연구가 자살을 (처벌하기보다는) 예방하는 방법을 밝히기 시작했다. 자살에 대한 더욱 정확한 측정과 더 큰 주의도 시간 경과에 따른 일부 자살 경향을 설명하는 것을 도울 수 있다. 예를 들면 사망을 자살로 적절하게 분류하려는 노력의 증가가 1950년대 동안 문서에 기록된 청소년과 젊은 성인의 자살 비율 상승에 기여해 왔다(Jamison, 1999). 이런 증가에 기여하는 다른 요인들에는 치명적 수단에 대한 조기의 증가된 접근, 더 어린 나이의 알코올 사용 및 청년 사이의 정신병리 증가가 포함되었다.

20세기가 될 때까지 NSSI와 관련된 대부분의 역사적 설명은 문화적으로 인정된 신체 변형에 관한 것이었다. 그런 신체 변형 방법은 다양한 목적을 위해 서로 다른 시점에 사회에 의해 받아들일 만한 것으로 간주되었다 : 신체적 치유(예 : 간질 완화를 위해 두개골에 구멍을 뚫는 두개천공술), 영성(예 : 아즈텍족의 우상신을 신성하게 하기 위해 인간의 혈액을 흘림), 사회적 질서(예 : 티브족 사람들 사이에서 사춘기 소녀를 난자)(Favazza, 1987).

이 장에서 정의되었듯이 문화적으로 벗어난 NSSI 행동에 관한 문서기록과 사건 기록이 1900년대 중반 무렵에 정신분석 문헌에서 등장했다. 이런 초기의 해석들에서는 NSSI를 성기를 상징하는 신체 부분에 대한 무의식적인 공격을 나타내는 것으로 간주했다(Menninger, 1938). 연구자들과 임상의들은 '손목을 자르는 사람들(wrist cutters)'을 특정한 심리적 특징이 있는(예 : 약물사용 병력, 타인과의 관계 부족, 자르기를 하면 고통이 줄어든다고 느낌) 전형적으로 젊고, 지적이며, 매력적인 여성이라고 프로파일링하기 시작했다(Graff & Mallin, 1967). 이 장에서 자세하게 다루었듯이 NSSI 주제에 관한 더 많은 수의 출판물과 더욱 빈번한 매스컴의 보도가 이 행동에 대한 더욱 미묘한 차이가 있는 이해를 밝혀 왔다(Miller & Brock, 2010).

최근까지 비자살적 SITB가 자살적 SITB만큼 자세하게 문서에 기록되거나 논의되어 오지 못했던 여러 이유가 있다. 첫째, NSSI와 같은 행동은 자살보다 본질적으로 생명을 덜 위협하고 눈에 덜 띈다. 둘째, 1990년대 중반이 될 때까지 NSSI는 연구할 가치가 없는 것으로 간주되었다(Favazza, 2009 참조). 이것은 한 사회에서 인정하기에는 부적절한 행동으로 여기는 사회적 규범을 반영했을 가능성이 있다. NSSI는 유사하게 치료할 가치가 없는 것으로 간주되었는데, 이 행동을 둘러싼 공식적인 진단을 확립하려는 초기의 노력이(예 : '의도적인 자해증후군', '반복적인 자기절단증후군'; Favazza & Rosenthal, 1993; Kahan & Pattison, 1984) 가장 최근 판이 나올 때까지 DSM에서 인정을 받지 못했다(APA, 2013). 셋째, NSSI 비율은 사실상 과거에 더 낮았을 수도 있으므로 지금까지 연구가 덜 이루어졌다. 이 가능성은 1985년에서 1995년 사이에 보고된 자해 비율의 큰 증가에 근거하고 있다(Hawton, Fagg, Simkin, Bale, & Bond, 1997). 그러나 이 증가는 주의 깊게 해석되어야 하는데, 그런 통계에는 자살적 및 비자살적 자해행동이 모두 포함되기 때문이다(Heath, Schaub, Holly, & Nixon, 2009).

SITB를 둘러싼 의논과 관심의 증가는 현재 이전보다 더 많은 연구와 치료 노력을 자극하는 것이다. 연구의 질이 점차 정교해지고 청년과 같은 하위집단에 특정적인 것이 되고 있다. 이 장의 나머지 부분에서 특히 취약한 이 연령 집단에 대한 SITB 연구의 현재 상태를 논의한다.

분류와 정의

SITB를 적절하게 연구하기 위하여 필요한 첫 번째 단계는 SITB를 분류하고 정의하는 것이다. 현재 두 집단의 SITB가 있다 : 비자살적과 자살적. 비자살적 SITB에는 NSSI 사고, NSSI 행동 및 장애로서의 NSSI(DSM-5에서 새롭게 정의된)가 포함된다. 자살적 SITB에는 자살 관념, 자살 계획, 자살 몸짓, 자살 시도, 자살 사망, 자살행동장애(DSM-5에서 정의된)가 포함된다.

NSSI 사고와 행동

'NSSI 사고'라는 용어는 NSSI를 하려는 심각한 고려나 욕구를 가리킨다. 이런 사고는 전형적으로 고독하고 부정적 사고(예 : 분노, 혐오적 기억)를 경험할 때 일어나고, 1~30분 동안 지속된다(Nock, Prinstein, & Sterba, 2009). NSSI에 대해 생각하는 청소년들은 이런 사고를 1주일에 대략 5배 더 경험한다.

'NSSI 행동'은 죽으려는 의도는 없이 자신에게 가하는 직접적이고 의도적인 신체적 손상으로 정의된다. 자신에게 상처를 입히는 대부분의 사람들이 고통을 거의 보고하지 않기는 하지만 NSSI 일화는 전형적으로 중간 정도에서 심한 정도의 조직 손상을 초래한다(Nock & Prinstein, 2005; Whitlock, Muehlenkamp, & Eckenrode, 2008). 청소년 사이의 NSSI의 공통적인 형태에는 신체 일부분을 베기, 할퀴기, 불로 지지기, 물어뜯기, 때리기가 포함된다(Laye-Gindhu & Schonert-Reichl, 2005; Lloyd-Richardson, Perrine, Dierker, & Kelley, 2007; Nock & Prinstein, 2004). 대부분의 청소년들은 NSSI에 한 가지 이상의 방법을 사용하고, 더 많은 방법을 사용할 때 더 큰 고통을 유발하는 행동이라고 생각한다(Nock, Joiner, Gordon, Lloyd-Richardson, & Prinstein, 2006). NSSI를 위해 공통적으로 표적으로 삼는 신체 부분에는 손, 손목, 팔, 허벅지가 포함된다(Whitlock, Eckenrode, & Silverman, 2006). NSSI에 대한 현재의 정의는 문화적으로 용인된 자해(문신, 바디 피어싱), 덜 심각한 형태의 자해(상처 찌르기, 손톱 물어뜯기), 다른 위험한 행동(도박, 물질오용)은 배제한다.

청소년들은 성인들보다 더 자주 NSSI를 한다고 보고하고 있다. 자기 인생에서 NSSI를 10번보다 더 적게 한다는 젊은 성인들과 비교하여(Whitlock et al., 2008), 청소년들은 매주 1~2번 또는 1년에 50번 정도 NSSI를 한다고 보고한다(Nock & Prinstein, 2004; Nock, Prinstein, & Sterba, 2009). 물질 및 알코올 사용이 자해 청소년들 사이에서 더욱 흔하기는 하지만, NSSI 일화 그 자체는 전형적으로 청소년들이 약물이나 알코올을 사용하지 않을 때 일어난다(Nock & Prinstein, 2005).

표 7.1 DSM-5에서 제안된 비자살적 자해기준

A. 작년에 5일 이상, 그 손상이 사소하거나 중간 정도의 신체적 손상에만 이르게 할 것이라는 기대로(자살 의도 없음), 스스로 자기 자신의 신체 표면에 출혈, 타박상, 또는 통증을 유발하는 종류의 의도적인 손상(베기, 불로 지지기, 칼로 찌르기, 때리기, 과도한 문지르기)을 가했다.

   주의점 : 자살 의도가 없음을 개인이 분명하게 말했거나 개인이 알고 있거나 학습해 온, 사망하게 될 가능성은 없는, 반복되는 행동에 의해 추론될 수 있다.

B. 다음의 예상되는 것 중에서 한 가지 이상의 자해행동을 한다.

   1. 부정적 감정이나 인지적 상태로부터 편안함 얻기
   2. 대인관계의 어려움을 해결
   3. 긍정적 감정상태 유발

   주의점 : 자해를 하는 동안이나 자해 직후에 바랐던 편안함이나 반응을 경험하고, 반복적 자해에 대한 의존성을 시사하는 행동 패턴을 보일 수 있다.

C. 의도적인 자해는 다음에 나오는 것 중에서 최소한 한 가지와 관련되어 있다.

   1. 대인관계의 어려움 또는 우울, 불안, 긴장, 분노, 일반화된 고통, 또는 자기 비판과 같은 부정적 감정이나 사고가 자해행동 직전 시기에 일어남.
   2. 그 행동을 하기 전에 통제하기 어려운 의도된 행동에 몰두하는 시기가 있음
   3. 행동으로 옮길 수 없을 때에도 자해에 대해 자주 생각함

D. 그 행동이 사회적으로 용인되지 않고(바디 피어싱, 문신, 종교적 또는 문화적 의식의 일부) 상처 딱지 떼기나 손톱 물어뜯기에 한정되지 않는다.

E. 그 행동이나 그 행동의 결과가 임상적으로 중요한 고통이나 대인관계, 학업, 또는 다른 중요한 기능 영역에서 방해를 초래한다.

F. 행동이 정신병 일화, 섬망, 물질 중독, 또는 물질사용 중단 동안에 전적으로 일어나지 않는다. 신경발달적 장애가 있는 개인에게서 행동이 반복적인 상동증 패턴의 부분이 아니다. 행동이 또 다른 정신장애나 의학적 상태[정신병적 장애, 자폐스펙트럼장애, 지적장애, 레쉬-니한 증후군, 자해를 하는 상동적 운동장애, 발모벽(머리카락 뽑기장애), 긁기(피부 뜯기) 장애]에 의해 더 잘 설명되지 않는다.

출처 : *Diagnostic and Statistical Manual of Mental Disorders, Fifth Edition* (p.803). Copyright 2013 by the American Psychiatric Association의 허락하에 사용함.

장애로서의 NSSI

DSM-5에서 시작하여 이 분야는 이제 NSSI를 그 자체의 임상적 진단을 정당화하여 잠재적으로 장애로 인정한다(APA, 2013; 표 7.1 참조). 새롭게 제안된 NSSI 진단의 핵심적 특징은 자해를 하려는 분명한 의도가 있는 반복되는 NSSI 행동이다. 구체적으로 말하자면 어떤 사람이 1년에 최소한 5일 동안 NSSI를 해야만 한다(기준 A). 이 5일이라는 최소한도는 드물게 시험적으로 행하는 사람들보다 의도적으로 이 행동을 반복적으로 행하는 사람들을 포착하려는 의도이다. 또한 NSSI 일화 동안 자살 의도는 분명히 없다. 이것은 명백한 징후(예 : 환자의 보고)나 환자가 사망을 초래하지 않을 것이라고 믿고 있는 행동을 반복하는 것을 통해 결정될 수 있다. 이 특징은 자살적 및 비자살적 행동에 대한 유사하지만 결정적으로 다른 현상학을 강조한다.

장애로서의 NSSI를 위해 제안된 기준도 이 행동이 특정한 기능을 할 것이라는 기대로 NSSI를 행하는 것을 필요로 한다(기준 B). 그런 기대의 예는 NSSI가 내부의 고통을 감소시키거나 즐거움을 증가시킬 것이라는 점이다. 더욱이 NSSI 장애와 관련된 세 가지 가능한 특징이 있는데(기준 C), 즉각적인 심리적 촉진제(긴장, 분노, 고통), 저항하기 어려운 NSSI에의 몰두, 행동을 하지 않을 때에도 자해에 대한 빈번한 사고이다. 최소한 이 세 가지 중에서 최소한 한 가지가 이 기준을 충족시켜야 한다.

분명히 하자면 DSM-5에 의해 윤곽이 그려진 자해행동에는 사회나 그 사람의 문화 또는 종교에 의해 용인된

행동은 포함되지 않는다(기준 D). 또한 손톱 물어뜯기나 상처 찌르기에 한정된 행동도 포함되지 않는다. 이런 DSM-5의 배제 기준은 NSSI 행동을 위해 이 장에서 논의된 동일한 기준을 반영한다.

장애로서의 NSSI 진단을 고려하기 위해서는 NSSI나 그것의 영향도 기능적 손상, 즉 대인관계, 학업 또는 다른 주요한 기능 영역에서의 임상적으로 중요한 고통이나 장애를 초래해야 한다(기준 E).

마지막 기준에는 장애로서의 NSSI가 배제하는 것이 열거된다(기준 F). 자해를 하려는 분명한 의도를 보증하기 위해 그 정의에는 섬망, 물질중독/사용 중단 또는 정신병 맥락에서의 자해는 포함되지 않는다. 장애로서의 NSSI도 다른 형태의 자해행동을 배제하는데, 강박적 · 충동적 · 본질적으로 상투적인 행동들을 포함한다(Favazza, 1987). 이런 것에는 반복적인 상동증이나 다른 정신장애로 설명되는 행동들(발모벽, 다양한 발달장애, 레쉬-니한 증후군)이 포함된다.

이 새로운 진단범주의 제안자들은 NSSI 진단이 연구와 실제를 둘 다 향상시킬 것이라고 주장한다(Muehlenkamp, 2005). 연구에서는 이 제안된 DSM-5의 장애가 비자살적 행동을 자살적 행동으로부터 더욱 분명하게 묘사할 것인데, 과거 연구에서는 정의가 흔히 혼동이 되었고 교환이 가능하게 다루어졌었다(아래 참조). 이런 정의의 불일치가 신뢰할 수 없는 유병률과 병인에 대한 연구결과들을 산출해 왔다. 정의에 대한 분명한 설명이 비자살적 및 자살적 행동 둘 다의 지식에서의 정확한 진전을 촉진할 것인데, 이는 잠재적으로 정책 변화를 자극하는 것이다(Shaffer & Jacobson, 2009).

임상적으로 장애로서의 NSSI의 확립은 평가와 개별적인 환자 간호의 질을 향상시킬 것이다. 현재의 문제는 NSSI를 하는 사람들이 흔히 자살적이라고 가정된다는 점이다. 청소년 입원환자의 88%가 자살 시도로 잘못 해석된 자신의 비자살적 베기 행동을 보고하는데(Kumar, Pepe, & Steer, 2004), 이는 잠재적으로 입원과 같은 불필요하게 제한적이고 부담스러운 관리방법에 이르게 한다(Shaffer & Jacobson, 2009). 임상의들은 자해를 하는 환자들을 성격이 여전히 발달 중인, 아동과 청소년에 적용될 때 특히 염려가 되는 경계선 성격장애(BPD)로 흔히 오진한다(APA, 2000; Wilkinson & Goodyer, 2011). 장애로서의 NSSI의 기준은 자해를 하는 환자들을 별개의 집단으로 나타낼 수 있게 하는데, 이는 이 걱정스러운 행동의 결과에 더욱 특정적인 치료 접근의 발전에 주의를 환기시킨다(Shaffer & Jacobson, 2009).

명백하게 장애로서의 NSSI의 도입은 앞에서 말한 오진 문제를 해결하지 못한다. DSM-5의 현장 시험에 참가하는 사람들은 NSSI 진단에 대한 빈약한 평정자간 신뢰도를 발견했는데(Freedman et al., 2013), 추후연구의 필요성을 강조하고 있다. DSM-5의 III절에 NSSI를 포함시킨 것이 이 새로운 진단을 인정하게 하지만, 현재의 치료 접근을 상환하는 것을 허용하지는 않는다.

모든 사람이 DSM-5에 장애로서의 NSSI를 포함하는 것을 지지하지는 않는다. DSM-5의 발표에 이르기까지 이 진단을 걱정스러워하는 반대자들은 현재의 연구 상태가 진단기준에 대한 부적절한 정당화를 제공한다고 주장했다(DeLeo, 2011 참조). 이 염려에 추가되는 것은 이 정신장애 명칭을 둘러싸게 될 수 있는 낙인, 일반 대중과 진단을 받은 사람들 둘 다에 의해 인식된 낙인 정도이다. 반대자들은 그런 낙인을 찍는 비용이 이 진단을 확립하는 이익보다 더 클 수 있다고 주장했다. NSSI를 DSM-5의 III절에 배치한 것은 이 진단의 새롭고 여전히 시험적인 성질을 강조하는 것인데, 이는 잠재적으로 이런 반대 의견을 조절하는 것이다.

자살 관념과 계획

'자살 관념'은 자살이나 자신을 죽이려는 욕망에 대한 심각한 사고를 가리킨다. 지역사회 청소년들 대상의 한 연구에서는 자살 관념이 있는 청소년들이 전형적으로 일주일에 한 번씩 자살 사고를 경험하는 것이 드러났다(Nock, Prinstein, & Sterba, 2009). NSSI 사고에 비해 자살 관념은 전형적으로 더 오래 지속되고 자해행동은 덜 자주하게 만든다. 사고를 넘어 '자살 계획'은 자신을 어떻게 죽일 것인가에 대한 심각한 고려로 정의된다. 자살 계획을 세우고 자살 준비 행동을 하는 것(치명적 수단에 접근하기)은 청소년들 사이에서 자살 관념과 관련되어 있는 것보다 자살 의도 및 행동과 더욱 강력하게 관련되어 있다(Pettit et al., 2009).

자살 몸짓

'자살 몸짓'은 사람들이 실제로는 자살을 할 의도가 없을 때 다른 사람들로 하여금 자신이 자신을 죽이기를 원한다고 믿도록 만들기 위해 취하는 행동으로 정의된다. 몸짓도 때로는 '자살 위협'이라고 부른다. 청소년들은 전형적으로 또래들이 있을 때 자살 위협을 한다고 보고하고, 이런 행동을 하는 사람들은 자신의 인생에서 평균 4~5번 그렇게 한다(Nock, Holmberg, Photos, & Michel, 2007). 명백하게 자살 몸짓은 시간 경과에 따라 신뢰성이 떨어지는 것으로 보고된 행동인데, 이런 결과를 처음으로 보고한 청소년들은 흔히 나중에 평가를 받을 때 그것을 다시 보고하지 않기 때문이다.

자살 시도

'자살 시도'는 최소한 약간의(즉, 제로가 아님) 죽으려는 의도가 있는 자해행동을 하는 것으로 정의된다. 첫 번째 자살 시도의 절반 이상은 미리 계획된 것인데, 대략 40%의 사람들은 미리 계획하지 않은 시도를 한다(Nock et al., 2013). 성인들과 비교하여 청소년들은 의사 처방 없이 살 수 있는 약물을 더 많이 사용하고, 자기 시도의 치명성에 대해 덜 확신하며, 시도 때문에 더 자주 입원하는 경향이 있다(Parellada et al., 2008). 다른 시도 방법에는 소형 화기 사용, 목매달기/질식, 뛰어내리기가 포함된다.

자살 사망

이 장에서 '자살'을 대신하여 부르는 '자살 사망'은 자살 시도의 직접적 결과인 치명성이다. 한 가지 공통적인 오해는 자살 시도와 사망의 결과가 서로 유사하다는 것이다. 자살로 죽는 사람들은 자살을 시도하는 사람들의 일부만을 나타내고, 별개의 유병률과 사회연구통계학적 특징을 반영한다(Moskos, Achilles, & Gray, 2004). 연구자들은 자살 시도와 사망에 대한 별개의 예방 접근과 결과 측정방법의 개발을 요구해 왔다.

자살행동장애

DSM-5(APA, 2013)에는 새로운 자살행동장애 진단이 포함된다(표 7.2 참조). 그 핵심적 특징은 환자의 인생을 끝내려고 의도했던 지난 24개월 내에 자살행동을 한 것이다(기준 A). NSSI를 별도로 행하는 것이 가능하기는 하지만, 자살행동장애 진단에 부합하는 자살행동은 반드시 자살 의도와 한 쌍이 되어야만 한다(기준 B). 이 진단에 해당하는 것으로 생각되는 행동에는 자살 관념이나 준비행동이 포함되지 않는다(기준 C). 혼란 또는 섬망상태에서 시작되었던 행동(기준 D) 또는 전적으로 종교적이거나 정치적 이유 때문에 하는 행동도 포함될 수 없다(기준 E). NSSI 장애와 함께 자살행동장애는 추후연구가 필요한 새로운 진단으로서 DSM-5의 III절에 배치되었다.

정의의 문제

SITB에 관한 연구와 임상적 연구는 앞에서 말한 행동에 대한 분명하지 않고 일관성이 없는 용어와 정의의 사용에 시달려 왔는데, 이는 여러 연구에 걸친 NSSI와 관련된 결과들에 대한 신뢰할 만한 비교를 못하게 하는 것이다. 가장 염려스러운 혼동 지점은 비자살적 SITB와 자살적 SITB 사이이다. 미국의 연구자들은 '의도적인 자해'라는 용어를 NSSI와 동등하게 취급한 데 반하여, 영국의 연구자들은 이 용어와 다른 용어들('자살극')을 비자살적 SITB와 자살적 SITB 둘 다를 포함시키기 위해 사용해 왔다(Claes & Vandereycken, 2007). 이 장에서 정의된 대로 NSSI 행동을 조사해 온 몇몇 연구들에서는 '자기절단', '베기', '자해', '스스로 가한 손상'과 같은 다른 용어들을 사용해 왔다. 연구자들은 그런 불일치의 해결을 요구해 왔고(Nock & Kessler, 2006), 이 분야에서는 앞에서 제시했듯이 'NSSI'라는 용어와 정의를 점점 더 많이 사용하고 있다(Nock, 2010).

표 7.2 DSM-5에서 제안된 자살행동장애 기준

A. 지난 24개월 내에 자살 시도를 한 적이 있다.

　주의점 : 자살 시도는 시작할 때 일련의 행동들이 자기 자신을 죽음에 이르게 할 것이라고 예상한 사람이 스스로 시작한 일련의 행동이다. '시작 시간'은 그 방법이 적용될 때 행동이 일어나는 시간이다.

B. 행동이 비자살적 자해 기준을 충족하지 않는다. 즉, 부정적 감정/인지적 상태로부터의 완화를 유발하거나 긍정적 기분상태를 이루기 위해 하게 된 신체 표면을 향한 자해를 포함하지 않는다.

C. 진단이 자살 관념이나 준비 행동에는 적용되지 않는다.

D. 섬망이나 혼란상태 동안 행동이 시작되지 않았다.

E. 전적으로 정치적 또는 종교적 목적 때문에 행동을 하지는 않았다.

다음의 경우 명시할 것

　현재 : 마지막 시도 이후에 12개월 이상이 되지 않음

　초기 회복 : 마지막 시도 이후에 12~24개월임

출처 : *Diagnostic and Statistical Manual of Mental Disorders, Fifth Edition* (p.801). Copyright 2013 by the American Psychiatric Association의 허락하에 사용함.

　자살적 SITB에 관한 일부 연구결과들은 정의의 문제 때문에 주의 깊게 해석되어야 한다. 예를 들면 응답자 자신들은 '자살 시도'라는 용어의 해석을 다양하게 했을 수도 있다. 한 대규모 연구에 따르면 계속해서 자살 시도를 한다고 보고한 사람들의 40% 이상이 실제로는 자기행동의 결과로 죽기를 원하지 않았음을 보여주었다(Nock & Kessler, 2006). 또한 고려할 가치가 있는 것은 신체적 손상의 결과를 초래하는 자살 시도와 자기 마음을 바꾸었거나 멈추었기 때문에(자살 시도를 중지하거나 중단; Barber, Marzuk, Leon, & Portera, 1998; Posner et al., 2011) 손상을 입지 않은 사람의 시도 간의 구분이다. 연구자들은 연구자와 임상의 둘 다를 위해 자살적 SITB의 전문적 용어와 정의에서의 일관성 확립을 위해 더 큰 노력을 하고 있다.

역학

유병률/발생률

놀랍지 않게도 더욱 많은 청소년들이 NSSI를 행하기보다는 NSSI에 대해 생각한다. 지역사회에 근거한 한 연구에서는 고등학교 학생들의 42%가 NSSI 관념을 경험하고, 9%가 더 심한 NSSI 몰두를 경험한다고 보고하고 있다(Laye-Gindhu & Schonert-Reichl, 2005). 이것은 젊은 성인들 사이에서 보고된 NSSI 사고의 비율보다 더 높다(16.7%; Martin, Bureau, Cloutier, & Lafontaine, 2011).

　청소년들은 자살 의도가 없을 때(대 있을 때) 더 자주 자해행동을 한다. 지역사회 청소년들의 평생 NSSI 유병률의 범위는 전형적으로 15~20% 사이이다(Heath et al., 2009 참조). 2개국 이상의 연구가 얼마 되지 않기는 하지만 초기의 연구들은 미국, 네덜란드, 이탈리아를 포함하여 여러 나라에 걸쳐 상대적으로 일관성 있는 유병률을 보여준다(Giletta, Scholte, Engels, Ciairano, & Prinstein, 2012). NSSI의 정의와 평가방법과 같은 요인들이 유병률의 범위에 기여한다. 예를 들면 덜 심한 형태의 NSSI 행동(예 : 손톱 물어뜯기, 상처 찌르기)을 포함하거나 NSSI를 측정하는 데 자기보고점검표를 사용하는 연구들이 더 높은 유병률을 보고할 가능성이 더 크다. 임상장면에서의 비율이 훨씬 더 높고 범위도 더 넓다. 청소년 환자의 40~82%는 지난해의 NSSI를 보고한다(Guertin, Lloyd-Richardson, Spirito, Donaldson, & Boergers, 2001; Nock & Prinstein, 2004). 청소년들은 일반적으로 성인들보다 훨씬 더 자주 NSSI를 보고하는데, 지역사회에서의 평생 유병률은 5.9%이고, 임상장면에서는 대략 30%이다(Jacobson, Muehlenkamp, Miller, & Turner, 2008; Klonsky, 2011). 연구자들은 장애로서의 NSSI의 유병률도 탐구하기 시작했는데, 제안된 기준을 충족하는 지역사회에 근거한

스웨덴 청소년들은 6.7%로 보고되고 있다(Zetterqvist, Lundh, Dahlström, & Svedin, 2013).

청소년들은 모든 자살적 SITB 중에서 자살 관념의 가능성이 더 크다. 미국의 전국적인 대표적 한 연구(National Comorbidity Study Replication — Adolescent Supplement, or NCS-A)는 최근에 지역사회에 근거한 청소년들이 자기 인생에서 최소한 한 번은 자살하는 것에 대해 심각하게 생각했던 비율이 12.1%라고 보고했다(Nock et al., 2013). 청소년에 대한 다른 역학연구들은 미국보다 다소 더 높은 비율(19.8~24.0%)과 자살 관념에 대한 평생의 2개국 이상의 비율(21.7~37.9%)을 보고하고 있다(Nock, Borges, Bromet, Cha, et al., 2008).

자살 계획과 시도는 자주 일어나지는 않는다. 지역사회에 근거한 청소년들의 4%가 자살 계획을 세웠고, 동일한 비율의 청소년들이 자살을 시도했다(Nock et al., 2013). 일부 역학연구들에서는 3.1~9.7%에 이르는 청소년 사이의 약간 더 높은 평생의 자살 시도 유병률을 보고하고 있다(Evans, Hawton, Rodham, & Deeks, 2005; Nock, Borges, Bromet, Cha, et al., 2008). 예상했듯이 병원에 근거한 연구들도 더 높은 비율을 보고한다(예 : 지난해 병력의 47.5%; Prinstein et al., 2008). 이런 자살적 SITB의 비율은 성인보다 청소년 사이에서 더 높은 경향이 있다. 사실상 성인의 평생 자살 관념, 계획, 시도 유병률은 그에 상응하는 청소년의 12개월 유병률보다 더 낮다(Nock, Borges, Bromet, Cha, et al., 2008을 보시오). 한 가지 잠재적 설명은 시간 경과에 따라 자살행동이 증가할 수도 있다는 것이다. 또 다른 가능성이 큰 설명은 성인이 자신의 자살적 SITB 병력을 더 적게 보고한다는 것이다.

자살 몸짓도 청년 사이에서 유행하고 있는 것으로 보인다. 지역사회에 근거한 청소년들과 젊은 성인들(12~19세)의 20% 이상이 자기 인생에서 자살 몸짓을 최소한 한 번은 한 것으로 나타났다(Nock et al., 2007). 동일한 연구에서 상대적으로 높은 자살 몸짓의 지난해 및 지난달 유병률을 보고했다(각각 12.8%와 2.1%). 대조적으로 성인 표본에서는 1.9%의 몸짓 비율을 보고하고 있다(Nock & Kessler, 2006).

SITB의 중대성에 추가하여 자살은 청소년 사망의 흔한 원인이다. 미국에서 CDC(2013)의 자료는 2005년과 2010년 사이에 매년 아동과 청소년 100,000명당 평균 3.9~4.5건의 자살 사망이 일어남을 보여준다. 최근의 가장 흔한 형태의 자살 사망은 질식(47.8%), 소형 화기(38.8%), 중독(6.3%)이었다. 동일한 자료를 더 쪼개었을 때 아동과 어린 청소년(10~14세; 100,000명당 0.9~1.3) 사이에서보다 더 나이를 먹은 청소년(15~19세; 100,000명당 6.7~7.5) 사이에서 더 높은 발병률이 나타난다. 청소년(<15세)에 대한 2개국 이상의 자료는 비슷하고 범위는 100,000명당 0.04(잉글랜드와 웨일스)에서 1.32(러시아 연방)이다(DeLeo & Evans, 2003). 자살 사망 비율은 성인기로 가면서 증가하는데, 평균 발생률이 청년과 성인 100,000명당 12.7~14.3이다(10~85＋세; CDC, 2013).

성차

NSSI와 관련된 성차에 관해서는 여전히 몇몇 논쟁이 남아 있다. NSSI에 대한 초기의 분석과 이론에서는 자해를 하는 사람들이 전형적으로 여성이라고 묘사한다(Graff & Mallin, 1967). 청소년 대상의 연구는 흔히 이 주장을 지지하는데, 많은 연구들이 소녀가 NSSI를 할 가능성이 소년의 최소한 2배임을 보고하고 있다(Laye-Gindhu & Schonert-Reichl, 2005; Nixon, Cloutier, & Jansson, 2008). 또한 진단으로서의 NSSI의 사례가 있다(Zetterqvist et al., 2013). 이 성차에 대한 한 가지 가능한 설명은 사춘기 후기가 여자 청소년에게 특히 강력한 영향을 미친다는 것인데, 연령 및 학년 수준을 통제한 후에도 소녀들 사이에서 비자살적 및 자살적 SITB의 위험이 증가한다(Patton et al., 2007). 이것은 특히 자기-찢기(열상)와 자기중독의 경우에 그렇다. 사춘기 후기와 SITB 간의 연관성은 최소한 부분적으로 이 시기 동안 소녀가 보고한 우울증상, 물질사용, 성적 활동에 의해 설명된다. 이런 것들이 SITB의 스트레스를 일으키는 촉진제가 될 수 있다. 또 다른 가능한 설명은 이런 모든 결과가 아동기의 성적 학대나 가족의 역기능과 같은 초기의 사회적 스트레스 요인들의 결과라는 것이다.

성차와 관련된 연구결과들에 직접적으로 영향을 미칠수 있는 경험적 연구들에 걸친 주목할 만한 불일치는 NSSI 행동의 정의이다. 일부 연구자들은 성차를 보이는 대부분의 표본들에는 자살 의도가 없을 때의 약물남용과 같은 더 광범위한 NSSI 방법이 포함된다고 주장한다(Heath et al., 2009). 다른 연구들에서는 더욱 흔한 NSSI 방법들 사이에서 성차가 발견되었는데, 소녀가 자신을 칼로 벨 가능성이 큰 데 반하여, 소년은 자신을 때리는 경향이 많았다(Laye-Gindhu & Schonert-Reichl, 2005). 그런 일치하지 않는 연구결과들이 성인의 경우에 유사하게 존재하는데, 아마도 동일한 NSSI 방법과 관련된 문제 때문일 것이다(Muehlenkamp, 2005 참조).

자살적 SITB에서의 성차에 관한 연구는 더 확실한 결과를 내놓는다. Nock과 동료들(2013)은 소녀가 소년에 비해 자살 관념을 거의 2배 더 자주 경험하고, 자살을 거의 3배 더 자주 시도한다는 점을 분명하게 보여주었다. 이 성차는 성인기까지 지속되고(Kessler, Berglund, Borges, Nock, & Wang, 2005), 멕시코, 중국 및 유럽국가들에도 일반화된다(Borges, Benjet, Medina-Mora, Orozco, & Nock, 2007; Hesketh, Ding, & Jenkins, 2002; Kokkevi, Rotsika, Arapaki, & Richardson, 2012). 자살 관념을 경험하는 청소년들이 계속 자살 계획을 하게 되는 경우에 있어서는 성차가 없다(Nock et al., 2013).

소녀가 자살 시도를 할 가능성이 더 높기는 하지만 소년이 자살로 죽을 가능성이 더 크다. 미국과 대부분의 나라에서 소년의 자살 사망 발생률이 더 높다(Berman, Jobes, & Silverman, 2007). 최근의 CDC 자료는 유사한 패턴을 반영하고 있는데, 100,000명당 소년은 6.1~6.9이고 소녀는 1.5~2.0의 비율이다(CDC, 2013). 청소년과 성인의 자살 사망에 관한 대부분의 2개국 이상 자료에서는 적어도 2 : 1의 남녀 비율이 나타난다. 시골과 도시지역이 선택되었던 중국이 하나의 예외인데, 여성의 자살 사망이 더 빈번하게 나타난다(Nock, Borges, Bromet, Cha, et al., 2008 참조; WHO, 2013). 인도도 예외였는데, 1. 3 : 1의 남녀 비율이 분명하게 나타났지만(Nock, Borges,

Bromet, Cha, et al., 2008 참조), 인도에 관한 더 최근의 자료는 더욱 전형적인 1 : 0.6의 자살 사망 비율을 보여준다(WHO, 2013). 치명적 수단에 대한 더욱 빈번한 접근 가능성과 선택, 더 큰 정도의 공격성 및 남성 자살 사망의 특징을 나타내는 더욱 강력한 자살 의도와 같은 몇몇 요인들로 이런 차이를 설명할 수 있다(Beautrais, 2002).

사회인구학적 상관관계

비자살적 및 자살적 SITB는 둘 다 서로 다른 인종과 민족 사이에서 서로 다른 비율로 일어난다. 대략적으로 말하자면 지역사회에 근거한 유럽계 미국인 청소년은 아프리카계 미국인이나 아시아계 미국인 청소년보다 중간 정도의/심한 정도의 NSSI를 할 가능성이 더 크다(Lloyd-ichardson et al., 2007). 유사한 패턴이 비치명적인 자살적 SITB의 경우에 나타난다(Nock et al., 2013). 원주민 미국인은 특히 염려스러운 인구통계학적 집단을 대표하는데, 그들은 청소년기 동안 다른 어떤 인종집단보다 자살로 죽을 가능성이 더 높다(Nock, Borges, Bromet, Cha, et al., 2008). 이 점은 원주민 미국인 소년(100,000명당 14.6명)이 소녀보다 2배 더 높은(100,000명당 7.2명) 최근의 자살 발생률에 의해 확인된다(CDC, 2013). 라틴아메리카계 청년에 관한 자료는 뒤섞여 있는데, 일부 연구들에서는 더 많은 SITB의 위험성을 보고하고 있고(CDC, 2012) 일부 연구들에서는 위험성을 덜 보고하고 있다(Evans et al., 2005; Muehlenkamp, Cowles, & Gutierrez, 2010).

특정한 인종적 또는 민족적 특징은 제외하고 소수집단의 지위가 특히 중요한 고려 대상일 수 있다. 즉, 한 개인의 아주 가까운 주변환경의 인종적/민족적 구성은 그 개인의 인종/민족만큼이나 중요한 고려 대상일 수 있다. 이 점의 한 예는 Neeleman과 Wessely(1999)의 런던 전체에 걸친 자살 사망에 대한 조사이다. 런던 전체에 걸쳐 아프리카-카리브계와 아시아계 사람들이 더 큰 자살 위험 상태에 있는 것이 발견되었는데, 그들이 아프리카-카리브계와 아시아계 사람들의 더 큰 모집단이 있는 지역에서 온 것이 아닌 경우에 그러했다.

소수집단 지위의 영향을 더 강조하는 것으로서 연구에서 SITB가 성적 소수자 청소년 사이에서 서로 다르게 나타나고 있음을 암시하였다. 대학에 근거한 연구들에서 자신의 성적 취향을 동성애, 양성애, 또는 의심스러운 것으로 확인한 학생들이 NSSI를 할 가능성이 더 많음이 발견되었다(Gratz, 2006; Whitlock et al., 2006). 유사한 결과가 지역사회에 근거한 비이성애 취향을 시인하는 청소년들의 경우에 발견되었다(동성애, 양성애, 기타; Deliberto & Nock, 2008). 성적 소수자 청소년도 더 큰 자살 관념과 시도 위험 상태에 있는데(Fergusson, Horwood, & Beautrais, 1999), 그들은 이성애 청소년보다 자살 관념을 거의 2배 더 자주 보고하고, 자살 시도를 3배 더 자주 보고한다(Marshal et al., 2011).

비자살적 SITB와 교육이나 가족 소득에 의해 정의된 사회경제적 지위SES) 간의 관계에 관한 연구결과들이 뒤섞여 있다. 한편으로 일부 연구들에서는 사회인구학적으로 별개인 장면으로부터의 NSSI 비율에 차이가 없음이 발견되었다(예 : 도시 대 교외 고등학교 비교; Ross & Heath, 2002). 그리고 단 하나의 표본 내에서 변이를 조사한 연구들은 NSSI와 청소년의 SES 또는 부모의 교육 간의 연관성을 탐지하지 못했다(Laye-Gindhu & Schonert-Reichl, 2005; Lloyd-Richardson et al., 2007). 반면에 일부 연구들은 특권층 청소년 사이에서 놀랄 만큼 높은 비율의 NSSI를 보고했는데, NSSI 행동을 보고한 지역사회에 근거한 표본의 1/3 이상이었다(Yates, Tracy, & Luthar, 2008). 이 NSSI의 예기치 않은 높은 수치는 이 사회인구학적 집단 사이의 가족 친밀 감소와 결합된 성취 지향적인 압력 때문일 수 있다(Luthar & Becker, 2002).

더 낮은 SES가 자살 사망을 포함하는 성인의 자살적 SITB와 관련되어 있기는 하지만(Qin, Agerbo, & Mortensen, 2003), 교육과 소득이 청소년 사이의 자살 비율에 영향을 미치는지의 여부는 여전히 의문의 여지가 있다. 최근에 실시한 2개국 이상의 연구는 더 낮은 교육적 성취가 성인기의 자살과 관련된 결과를 초래할 위험성을 증가시키지만, 청소년(4~19세) 사이의 그런 위험성은 감소시킴을 보여주었다(Nock et al., 2012). 이 점은 특히 저소득 및 중소득 국가의 경우에 그러하다. 가족 소득의 다른 SES 요인에 관해서는 아동기 동안의 경제적 어려움이 자살행동의 조기 발병 가능성을 증가시키는 인생 초기의 여러 불행한 사건 중의 하나가 될 수 있는데, 특히 고소득 국가에서 그러하다(Bruffaerts et al., 2010). 소수자 지위의 영향을 재검토해 보면 주변의 경제적 분위기와 비교하여 개인의 SES의 역할을 고려하는 것이 특히 중요하다.

발병연령, 경로, 예후

발병연령

비자살적 SITB는 전형적으로 청소년기에 시작된다. 연구자들은 시종일관 NSSI가 12~15세인 청소년 초기에 시작된다고 보고하고 있다(Heath et al., 2009; Klonsky, 2007). 연구들에서도 8세경의 어린 자해(자살 의도의 존재는 알려지지 않은)의 더 이른 사례가 보고되어 왔다(Hawton, Fagg, & Simkin, 1996). 또래들로부터 NSSI에 대해 학습, NSSI에 대한 생각을 스스로 생성, 또는 매체로부터 그것에 대해 학습과 같은 여러 가지 이유에서 NSSI 행동이 청소년기 동안 나타날 수 있다(Deliberto & Nock, 2008).

자살적 SITB도 청소년기에 나타나는 경향이 있다. 첫 번째 자살 관념의 위험은 12세경에 증가하고, 대략 16세에 절정에 도달하며, 초기 성인기까지 증가한다(Nock, Borges, Bromet, Cha, et al., 2008). 자살 관념과 시도가 4~5세의 이른 나이부터 기록되었지만(Pfeffer, 1997; Tishler, Reiss, & Rhodes, 2007), 일부 연구자들은 어린 아동의 자살 의도 능력에 이의를 제기한다. 구체적으로 말하자면 사춘기 이전의 아이들은 아직 죽음이라는 최종적인 상태를 이해하지 못하거나 자기 행동의 치명적 결과를 정확하게 예측하지 못할 수도 있다(Cuddy-Casey & Orvaschel, 1997; Pfeffer, 1997). 부모의 부재나 아동기의 학대와 같은 위험요인들이 자살과 관련된 결과의 조기 발병을 설명하는 데 도움이 될 수 있다(Bolger, Downey, Walker, & Steininger, 1989; Roy, 2004). 자살 몸짓과 시도는 발병연령이 대략 13~14세로 유사하다(Nock et al., 2007).

경로와 재발

이 분야의 임상의들과 전문가들은 NSSI 행동이 전형적으로 10~15년 동안 지속되는 것에 주목해 왔다(Favazza, 1998). 자해를 하는 청소년들의 절반 이상이 성인기까지는 NSSI와 다른 자해행동을 스스로 멈춘다(Moran et al., 2012). NSSI를 하는 대부분의 청소년들은 다음에 나오는 이유들 때문에 이 행동을 멈추기를 원한다(대중적 인기의 역순으로 열거) : 건강하지 못한 행동이라는 판단, 타인들로부터의 바라지 않은 주목, 흉터가 생김, 수치심, 자기의 NSSI에 대한 가족/친구의 고통(Deliberto & Nock, 2008).

NSSI는 자살적 SITB를 할 위험성을 증가시키기 때문에 그 예후가 걱정스럽다. 최소한 임상표본들 사이에서는 더 오랜 기간 NSSI를 하고, 더 많은 방법을 사용하며, NSSI로부터의 통증을 덜 보고하는 청소년들이 미래에 자살을 시도할 가능성이 더 높다(Nock et al., 2006; Zlotnick, Donaldson, Spirito, & Pearlstein, 1997). NSSI는 나중의 자살 시도에 대한 강력한 지표인데, 자살행동의 병력에 더하여 자살 시도를 예측할 수 있다(Wilkinson, Kelvin, Roberts, Dubicka, & Goodyer, 2011). 명백하게 자해를 하는 사람들 중의 소수자 사이에서, NSSI는 즉각적이고 대안적인 대처 기제를 제공함으로써 자살 관념과 시도를 둘 다 예방할 수 있다(반자살 모형; Klonsky, 2007; Suyemoto, 1998).

청소년의 자살 관념은 전형적으로 지속되고 미래의 정신병리와 자살행동 가능성을 증가시킨다. 자살 관념이 있는 청년의 대략 절반은 최초의 발병연령 이후에도 그런 사고를 계속 경험한다(Kessler et al., 2012). 고려해야 할 중요한 요인은 정확하게 언제 사람들이 자살에 대해 생각하는가이다. 자살 관념을 어린 나이에 시작했을 때 더 오래 지속될 수 있는데(Kessler et al., 2012), 이는 추후에 조기 면접의 중요성을 강조하는 것이다. 그런 사고의 지속은 특히 임상환자의 경우에 주기적이다. 병원에서 퇴원한 이후에 청소년의 자살 관념은 초기에 감퇴하는데, 그런 사고는 전형적으로 9~18개월 후에 다시 나타난다(Prinstein et al., 2008). 자살 관념의 진정을 방해하는 요인들에는 청소년이 보고한 더 높은 우울증상, 더 높은 NSSI 빈도, 부모가 보고한 더 낮은 외현화 증상이 포함된다.

몇몇 종단연구에 따르면 자살 관념은 뒤이어서 일어나는 정신병리의 위험성을 증가시킬 수 있다. 자살 관념을 생각하는 청소년들은 우울 증가, 물질 사용 및 불안 장애를 경험할 수 있다(Fergusson, Horwood, Ridder, & Beautrais, 2005; Garrison, Addy, Jackson, McKeown, & Waller, 1991). 그들은 자살 관념이 시작된 이후에 전반적인 행동 및 정서기능, 대인관계 및 자존감에서의 감퇴와 정신병리의 증가도 경험한다(Reinherz et al., 1995). 그러나 자살 관념이 정신병리에 단기간의 영향만 미치는 것이 가능한데, 장기적인 영향을 조사하면 뒤섞인 연구 결과들이 나오기 때문이다(예 : Dhossche, Ferdinand, van der Ende, Hofstra, & Verhulst, 2002).

가장 두드러지게는 자살 관념이 자살 계획이나 시도와 같은 더욱 심한 결과의 가능성을 증가시킨다. 자살 관념의 존재 이외에 시간 경과에 따른 사고에서의 특정한 변화는 자살 시도를 예측한다(Prinstein et al., 2008). 즉, 자살 사고가 진정되거나 재발하는 비율은 그 이후의 자살 시도와 강력하게 연결되어 있다. 자살 관념도 어떤 사람이 언제 자신의 사고에 따라 행동할 것인지를 예측하는 것을 도울 수 있다. 2개국 이상의 연구결과들은 자살 관념이 있는 성인의 60%가 자살 사고를 경험하는 첫해 이내에 자살 계획이나 시도로 옮겨간다고 일관성 있게 보고하고 있다(Nock, Borges, Bromet, Alonso, et al., 2008). 미래의 연구는 이것이 청소년들 사이에서 그러한지의 여부를 검증할 필요가 있다.

정의에 의하면 자살 몸짓은 자신을 죽이려는 의도가 없이 일어나지만, 여전히 그 이후의 자살행동에 영향을 미칠 수 있다. 한 전향적 연구는 자살 몸짓/위협의 병력이 있는 청소년 입원환자는 퇴원 이후에 자살을 시도할 가능성이 더 높음을 보여주었다(Prinstein et al., 2008). 다른 비자살적 SITB의 지속 기간이나 경로에 관한 더욱 구체적이고 자세한 정보(사고로부터 NSSI로의 변화)는 여전히 알려지지 않은 상태이다.

즉각적으로 생명을 위협하는 본질 이외에 자살 시도는 빈약한 장기적인 예후를 보여준다. 자살을 시도하는 청소년들은 흔히 다시 시도한다. 자살을 시도하는 청소년의 거의 1/4이 1년 이내에 다시 시도를 하고, 10년 이내에 거의 절반이 다시 시도한다(Grøholt & Ekeberg, 2009; Hultén et al., 2001). 과거와 미래의 자살행동 간의 이 관계는 엄격하게 검증되어 왔고 절망감과 관련된 정신병리를 설명하는 경우에도 이 관계가 존재하는 것이 발견되었다(Joiner et al., 2009). 자살 연구자들은 재시도를 증가된 공격성, 인지적 민감화(즉, 자살 사고에 대한 증가된 접근 가능성) 및 반대 과정(즉, 강화된 침착해짐, 자살 시도로부터의 고통 완화 효과) 탓으로 생각해 왔다(Joiner, 2005; Stein, Apter, Ratzoni, Har-Even, & Avidan, 1998). 예상되었듯이 자살 시도는 또한 결과적으로 자살 사망을 초래할 수 있다. 구체적으로 말하자면 자살로 죽는 청소년들의 1/3은 이전에 최소한 1번의 자살 시도를 했다(Marttunen, Aro, & Lönnqvist, 1992).

진단적 상관관계

DSM-5에서 제안된 NSSI와 자살행동장애 진단을 제외하고, SITB는 임상적 진단이 아니다. 그 대신 현재의 절에서는 SITB와 현존하는 DSM-IV의 진단 간의 공통적인 동시발생을 개관한다. 그러한 것으로서 이런 것들은 동반이환보다는 진단적 상관관계를 나타낸다.

비자살적 SITB

연구자들과 임상의들은 경계선 성격장애(BPD)와 동시에 발생하는 NSSI 행동을 흔히 관찰한다. 이것은 놀라운 일이 아닌데, BPD에 대한 DSM-IV-TR의 기준에는 NSSI가 하나의 증상으로 포함된다(APA, 2000). 자해를 하는 청소년 입원환자의 대략 50~60%는 BPD 기준을 충족시킨다(Ferrara, Terrinoni, & Williams, 2012; Nock et al., 2006). 일부 사례들의 경우에는 NSSI가 청소년기 동안 BPD 특징의 출현을 두드러지게 한다. Crowell과 동료들(2012)은 자해를 하는 청소년들이 우울하고 자해는 하지

않는 청소년들이 나타내었던 것보다 더 많은 BPD 증상들(예 : 회피장애, 스스로를 손상시키는 충동성)을 나타내었음을 발견했다. NSSI와 자살 행동의 결합은 추후에 BPD 증상들의 동시발생이나 심한 정도를 증가시킬 수 있다(Muehlenkamp, Ertelt, Miller, & Claes, 2011).

빈번한 동시발생에도 불구하고 NSSI와 BPD는 임상적으로 별개의 실체로 볼 수 있다. 초기의 연구들은 청소년과 성인 사이의 BPD와 제안된 장애로서의 NSSI 진단을 직접적으로 비교했고, BPD는 없는 자해를 하는 환자가 BPD로 진단된 환자와 비슷한(더 크지 않다면) 정도의 기능적 손상을 보여줌을 발견했다(Glenn & Klonsky, 2013; Selby, Bender, Gordon, Nock, & Joiner, 2012). NSSI 행동은 또한 회피성 및 편집성 성격장애와 같은 다른 성격장애들과 관련되어 있다(Nock et al., 2006).

NSSI 행동을 하는 청소년들도 몇몇 다른 장애의 기준을 충족시킨다. 일반적으로 NSSI 행동과 가장 흔하게 동시에 발생하는 진단에는 물질사용장애, 주요우울장애 및 충동조절장애가 포함된다. NSSI 병력이 있는 청소년 입원환자는 대부분 전형적으로 물질사용장애(59.6%), 품행장애(49.4%), 적대적 반항장애(44.9%), 주요우울장애(41.6%), 및 외상후 스트레스장애(PTSD; 23.6%) 기준을 충족시킨다(Nock et al., 2006).

자살적 SITB

자살 관념을 경험했거나 자살 계획을 세웠던 청소년들의 대략 90%는 일생에 최소한 한 가지 DSM-IV의 진단을 받은 병력이 있다(Nock et al., 2013). 자살 관념이 있는 청소년들 사이에서 가장 흔히 시인을 한 정신장애 집단은 우울증/기분저하증이다(56.8%). 다른 흔히 동시발생하는 진단에는 파괴적 행동장애(간헐적 폭발장애, 29.4%, 적대적 반항장애 : 34.4%, 품행장애 : 20.0%), 물질사용장애(불법약물남용 : 27.4%, 알코올 남용 : 18.4%), 특정공포증(36.8%)이 포함된다. 계속 자살 계획을 세우는 자살 관념이 있는 청소년들도 특히 우울증/기분저하증 병력이 있을 가능성이 있다.

우울증과 자살 시도 간의 관계는 연령에 따라 바뀐다.

성인들 사이에서는 자살 관념과 계획과의 강력하고 더 직접적인 연관성을 통해서만 우울증이 자살 시도와 관련되어 있는 것으로 보인다(Nock, Hwang, Sampson, & Kessler, 2010). 자살 관념을 통제할 때 우울증은 더 이상 자살 시도를 예측하지 못한다. 그 대신 동요와 빈약한 충동조절의 특징을 나타내는 장애들이 어떤 성인이 자살 시도를 할 것인지를 예측한다(Nock, Hwang, et al., 2009; Nock et al., 2010). 그러나 청소년들 사이에서는 우울증이 자살 시도와 더욱 명확하고 밀접하게 관련되어 있다(Nock et al., 2013). 구체적으로 말하자면 우울증/기분저하증에서 충동조절장애(간헐적 폭발장애, 품행장애)와 다른 진단(섭식장애, 주의력결핍 과잉행동장애)에 이르는 다수의 진단들이 자살 관념을 경험하고 있는 어떤 청소년이 자살 시도도 할 것인가를 예측한다.

이론적 틀

SITB의 연구와 치료 둘 다에 대한 다수의 이론적 접근들이 있다. 오늘날의 연구와 증거에 근거한 진료와 가장 크게 관련된 이론들을 아래에서 개관한다. 이런 이론적 틀은 청년과 성인 모두에 적용될 수 있다.

NSSI 행동에 관한 이론

여러 가지 이론이 왜 사람들이 다른 행동이 아닌 이 행동을 선택하는가와 무엇이 이 행동이 한 번 시작되면 계속 유지시키는가와 같은, NSSI 행동에 기여하는 장기적인 요인들의 결합을 설명한다. 가장 넓은 범위의 이론들(Nock, 2010)에서는 NSSI 행동을 최소한 부분적으로 설명하는 일시적으로 먼 거리에 존재하는 취약성 요인들을 제안한다. 이런 먼 거리에 존재하는 취약성 요인들은 성질상 환경적(아동기의 성적 학대, 가족 역학의 역기능), 생물학적(스트레스에 대한 생리적 반응의 증가, 전전두피질 활동의 감소), 또는 심리적(빈약한 의사소통 기술, 높은 자기비판)일 수 있다. Nock(2010)의 통합적 모형에서는 이런 취약성들의 결합이 NSSI의 가능성을 증가시키는 것이라고 가정한다. 예를 들면 전적으로 한 가지 환

경적 스트레스 요인(부모의 비난)이나 심리적 취약성(자기비판적 사고)에 초점을 맞추기보다는 오히려 Wedig와 Nock(2007)은 이런 두 가지 요인의 **상호작용**이 NSSI를 포함하여 SITB를 특히 예측함을 보여주었다. 즉, 부모의 비난은 자기를 매우 비판적으로 생각하는 청소년에게 특히 해롭다. 이 모형에서도 일시적으로 가까이 있는 위험 요인(예 : 스트레스에 대한 생리적 과잉각성)이 추후에 NSSI 행동의 가능성을 증가시킨다고 가정한다.

유사한 발달적인 다변량 견해가 Linehan(1993)의 **생물사회적 이론**인데, 멀리 있는 취약성이 NSSI와 자살행동 둘 다의 위험을 증가시킨다고 제안한다. Linehan은 '정서적 불안정성(즉, 정서적 반응이 더욱 즉각적이고, 더욱 강렬하며, 더 오래 지속되는 경향성)'이 자해를 하는 사람들, 특히 BPD가 있는 사람들 사이에서 핵심적인 생물학적 결함이라고 구체적으로 말하고 있다. 정서적 불안정성뿐만 아니라, 그 대신 '무효로 만드는 환경(invalidating environment)'(아동기의 정신적 충격, 가족의 역기능)과의 결합이 SITB의 위험성을 증가시킨다. 이것을 지지하는 연구들은 정서조절의 질이 청소년의 NSSI 행동을 설명하는 데 핵심적 역할을 하고, 이 심리적 위험요인이 가족과 또래에 근거한 스트레스 요인의 영향을 중재함을 보여주었다(Adrian, Zeman, Erdley, Lisa, & Sim, 2011).

NSSI의 결과에 더 초점을 많이 맞추고, 왜 위험한 상태에 있는 청소년들이 특히 다른 부적응적 행동들 대신 NSSI를 선택하는가의 이유를 주장하는 여러 가지 이론들이 제안되어 왔다(Nock, 2009b). **실용적 가설**(pragmatic hypothesis)에 따르면, 사람들은 그 목적에 특히 신속하고 효과적으로 도움이 될 수 있기 때문에 NSSI를 선택한다. 이 행동은 전형적으로 많은 시간, 돈, 또는 힘을 필요로 하지 않고, 그 때문에 물질사용이나 엄청난 대식과 같은 다른 부적응 행동들보다 유지와 관리가 더 낮은 활동이다. 또 다른 가능성은 **암묵적 동일시 가설**(implicit identification hypothesis)인데, 사람들이 자신을 '자해를 하는 사람'이라는 지각한 개념으로 동일시하기 때문에 NSSI를 선택할 수 있다는 것이다. 이것은 자해를 하는 청소년들이 '자기' 개념과 행동 과제에서의 '베기' 간에

더 강한 암묵적 연상을 보여주었다는 최근의 연구들에 의해 지지를 받고 있다(즉, **암묵적 연상 검사**; Nock & Banaji, 2007). 게다가 **자기-처벌 가설**(self-punishment hypothesis)에서는 그것이 과거에 자신이 받아 왔던 것과 유사한 자기지향적 학대를 나타내기 때문에 NSSI를 선택할 수도 있다고 제안한다. 연구들은 실제로 자해를 하는 청소년들 사이에서 부모의 비난(Wedig & Nock, 2007)과 아동학대(Glassman, Weierich, Hooley, Deliberto, & Nock, 2007) 이력이 있음을 보여준다.

다음에 나오는 가설들은 어떻게 즉각적인 대인관계 기능이 다른 부적응적 행동들 대신 NSSI를 선택하는 결정에 영향을 미칠 수 있는지를 기술하고 있다. **사회적 신호 가설**(social signaling hypothesis)(Nock, 2008)에서는 NSSI가 의사소통을 하려는 보다 규범적인(덜 강렬한) 노력이 실패했을 때 타인과 의사소통을 하는 수단이라고 말하고 있다. NSSI는 그것의 분명하게 해롭고 값비싼 성질 때문에 사실상 특히 효과적인 신호일 수 있다. 자해를 하는 청소년들은 빈약한 언어적 의사소통 기술을 보여주는데(Hilt, Cha, & Nolen-Hoeksema, 2008), 이는 NSSI 행동이 실제로 사회적 기능을 할 수 있는 상황을 강조하는 것이다. 마지막으로 **사회적 학습 가설**(social learning hypothesis)에 따르면 몇몇 사람은 이 행동을 다른 사람들에게서 관찰한 결과로 NSSI를 한다. 이 가설은 자신의 또래나 매체의 출처를 통하여 NSSI에 대한 학습을 한다고 보고하는, 자해를 하는 청소년들의 거의 절반에 적용할 수 있다(Deliberto & Nock, 2008).

일단 사람들이 부적응적 행동으로써 NSSI를 선택하면, **NSSI의 네 가지 기능 모형**(Nock & Prinstein, 2004)은 시간 경과에 따라 무엇이 NSSI를 계속 유지하는가를 설명하는 것을 도와준다. 이 이론의 1차적 가정은 NSSI 일화의 직전과 직후의 사건들 때문에 NSSI가 지속된다는 것이다. 이 이론에 따르면 사람들이 계속 NSSI를 하도록 동기화되는 두 가지 차원이 있다. 첫 번째 차원은 청소년들이 자해를 하는 이유가 자신(자동적) 또는 타인(사회적)에 관한 것인지의 여부와 관련된 것이다. 두 번째 차원은 NSSI 행동에 혐오자극의 제거(부적 강화) 또는 선호자극의 제시(정적 강화)가 뒤따르는가의 여부를 가리킨다. 합쳐져서 이런 차원들은 NSSI를 위한 동기를 네 가지로 분류한다. 이런 범주는 자동적인 부적 강화(자신에 대해 나쁘게 느끼는 것 멈추기), 자동적인 정적 강화(그것이 고통이더라도 무언가를 느끼기), 사회적인 부적 강화(타인과 불쾌한 무언가를 하는 것 피하기), 사회적인 정적 강화(타인과 의사소통하기)이다.

연구들이 모든 네 가지 기능의 타당도를 지지하기는 하지만, 자동적인 부적 강화는 더 큰 경험적 지지를 받았다. 이것은 아마도 그것이 청소년(Nixon, Cloutier, & Aggarwal, 2002; Nock & Prinstein, 2004)과 성인(Brown, Comtois, & Linehan, 2002) 둘 다에서 가장 흔하게 시인된 기능이라는 사실 때문일 것이다. 자동적인 부적 강화를 보고하는 자해를 하는 청소년들은 더 큰 절망감, 정서의 반응성 및 스트레스 요인에 대한 생리적 반응과 같은 더 많은 정신적 고통을 나타낸다(Nock & Mendes, 2008; Nock & Prinstein, 2005). 그런 증거는 특히 도피하도록 동기화된 사람의 혐오적인 자동적 경험을 향하고 있다. 예상했듯이 자동적인 정적 강화를 시인하는 청소년들은 더 큰 무쾌감증, 무활동 및 정신적 무감각과 같은 PTSD 증상을 보고한다(Nock & Prinstein, 2005; Weierich & Nock, 2008). 사회적 기능을 지지하여 사회적인 부적 또는 정적 강화를 시인하는 청소년들은 또래에게 희생을 당하고 사회적으로 완벽주의를 지향하는 더 큰 이력을 보고할 뿐만 아니라 NSSI 일화 이후에 아버지와의 관계 향상을 보고한다(Hilt et al., 2008; Hilt, Nock, Lloyd-Richardson, & Prinstein, 2008; Nock & Prinstein, 2005). 이런 사회적 기능들은 성인보다 청소년에 의해 더욱 자주 시인된다(Lloyd-Richardson, Nock, & Prinstein, 2009). 그리고 성인들과 달리 자해를 하는 청소년들은 자동적 기능만큼 사회적 기능을 시인할 가능성이 크다(Lloyd-Richardson et al., 2007). 청년이 시인한 사회적 기능이 증가하는 이유는 여전히 확실하지 않다. 한 가지 가능성은 이 발달 시기 동안 청소년들의 정체감 의식이 자신의 사회적 규범에 대한 지각에 의해 강하게 결정된다는 것이다(Heilbron & Prinstein, 2008 참조).

몇몇 다른 NSSI의 기능도 제안되었다(Klonsky, 2007; Suyemoto, 1998). 예컨대 대안적 기능에는 경계선적 정의(환경으로부터 자신을 분리하는 수단으로 피부에 표시를 남김), 흥분 추구, 성적으로 지향된 만족이나 처벌, 또는 자살 충동 감소(반자살 기능)가 포함된다. 이런 기능들을 둘러싼 명쾌함은 더 적고, 이어서 그런 기능들을 지지하는 증거가 더 적다. 이것은 부분적으로 '기능'이라는 용어가 NSSI를 위한 '다목적이나 이유'를 의미하는 것으로 과잉확장이 된 때문일 수도 있다(Lloyd-Richardson et al., 2009). 이 장에서 이 용어는 엄격하게 NSSI 행동의 선행사건과 결과를 가리킨다.

자살행동에 관한 이론

이론들은 자살 시도와 사망에 미치는 광범위한 영향을 지적하고 있다. 일부 이론은 사회적 영향에 초점을 맞추고 있다. 가장 광범위한 이론적 틀은 Durkheim(1897/1951)의 자살에 관한 사회학적 이론인데, 사회와 개인 간의 관계에 따라 자살 사망을 분류하고 있다. Durkheim의 이론에 따르면 네 가지 종류의 자살이 있다. 한 개인이 자신을 사회와 통합하는 데 실패할 때 이기적 자살이 일어난다(예 : 고아, 사회적으로 버림받은 사람). 한 개인이 사회의 더 큰 이익이라고 인식한 것을 위해 자신을 죽일 때 이타적 자살이 일어난다(예 : 자살 폭파범). 사회가 개인을 과잉 규제할 때 숙명적 자살이 일어난다(예 : 보호 관찰 중인 범죄자). 마지막으로 개인과 사회 간의 관계에 갑작스러운 변화가 있을 때 아노미적 자살이 일어난다(예 : 소득/계층에서의 급격한 감소를 경험하는 사람).

자살 시도와 사망에 대한 다른 이론적 설명들은 개인에 초점을 맞추고, 핵심적인 심리적 특징을 지적한다. Beck(1967)의 인지적 이론에서는 어떻게 자신, 세상 및 미래와 관련된 정적 사고가 우울증과 잠재적으로 자살 관념에 기여하는가를 강조한다. Beck은 또한 활성화된 자살 도식이 정보처리 편향(예 : 기억, 해석, 주의편향)에 영향을 미치고 절망적이고 자살적인 사고를 증가시킨다고 제안했다. 절망은 자살 사고와 행동의 강력한 심리적 위험요인이기 때문에 상당한 지지를 받아 왔다(Beck, Steer,

Kovacs, & Garrison, 1985; Smith, Alloy, & Abramson, 2006). 더 최근에 Wenzel과 Beck(2008)은 어떻게 절망감이 자살 사고뿐만 아니라 자살행동에도 기여할 수 있는지를 설명했다. 구체적으로 말하자면 절망감은 자살 사고와 자살 시도의 가능성을 악화시키는 주의의 고착(즉, 주의의 초점이 상황에 대한 실행 가능한 선택으로서의 자살에 좁혀짐)과 상호작용할 수 있다.

다른 심리학적 이론들은 비슷하지만 별개의 구성개념인 덫에 초점을 맞춘다. 이를테면 Baumeister(1990)의 도피이론은 유사하게 부정적인 자동적 사고의 참을 수 없음과 그 결과로 생기는 도피의 필요성이 자살 사고와 행동으로 이끈다고 제안한다. Williams(1997)의 고통의 비명 모형에서는 자살 시도를 하는 사람들이 죽기를 원하지는 않지만, 그 대신 압도적인 패배 의식의 느낌으로부터 도피하기를 원한다고 매우 분명하게 밝히고 있다.

다른 이론들이 사회학적 및 심리학적 관점을 둘 다 통합하고 있다. 가장 강력한 지지를 받은 통합적 이론이 Joiner(2005)의 자살행동에 대한 대인관계-심리이론인데, 자살 시도와 사망에 기여하는 세 가지 핵심 요소가 있다고 주장한다. 첫째, 사람들은 자신이 자신의 인생에서 중요한 인물에게 짐을 지우고 있다고 믿어야 한다(즉, 부담이 된다는 인식). 연구들은 실제로 부담이 된다는 인식이 자살 관념, 의도, 자살 시도 방법의 치명성과 관련되어 있고(Joiner et al., 2002, 2009), 그런 위험요인들이 절망감보다 더욱 강력한 영향을 미친다는 점(Van Orden, Lynam, Hollar, & Joiner, 2006)을 보여주었다. 둘째, 사람들이 자기 주변 사람들과의 소속감과 연결성의 부족을 경험해야 한다는 것이다(즉, 좌절된 소속감). 부담이 된다는 인식과 유사하게 좌절된 소속감은 자살 관념과 관련되어 있다(Joiner et al., 2009). 마지막으로 그런 사람들은 자살 시도를 할 능력과 용기도 가지고 있어야 한다(즉, 자살 능력). 이 마지막 요소도 NSSI를 하는 사람들이 더 큰 자살 시도와 사망 위험에 처하는 이유에 대한 이론적 설명을 제공한다. 반복된 자해행동이 습관이 되고 자살행동에 대한 공포를 감소시킨다. 이 마지막 부분을 추가적으로 지지하는 것으로 연구들은 습관이 되는 행동(예 : 물질남용, 신체 변형, 수술, 폭력, 인생 초기의 정신적 충격)을 행하거나 경험하는 사람들이 자살 시도를 할 가능성이 더 많음을 보여주었다(Joiner, 2005).

병인에 대한 연구결과

앞에서 언급한 이론들이 SITB의 병인에 관한 일부 연구를 하게 만드는 동안 이 분야에서의 많은 연구들은 이론적 맥락의 외부에서 SITB의 위험요인들을 확인했다. 이런 별개의 연구결과들을 통합하기 위하여, 아래에서 우리는 위험요인을 세 가지 차원에 따라 조직화한다 : 생물학적 · 환경적 · 심리적 위험요인. 우리는 각각의 영역을 개관하고 가능한 경우에는 특정한 유형의 SITB에 특유한 위험요인을 강조한다.

생물학적 요인

수십 년 동안의 연구는 자살행동이 신경생물학적인 스트레스 반응 체계, 구체적으로는 시상하부-뇌하수체-부신피질(HPA) 축의 조절장애와 관련되어 있음을 시사한다(Braquehais, Picouto, Casas, & Sher, 2012). 몇몇 연구들은 자살적 청년 모집단에서 덱사메타손 억제 검사(Pfeffer, Stokes, & Shindledecker, 1991)와 24시간 연속 코르티솔 분비기간검사(Dahl et al., 1991)와 같은 다양한 방법을 사용하여, HPA 축의 부차적 결과로서의 높아진 혈장 코르티솔을 조사함으로써 이 점을 보여주었다. 코르티솔 수준은 환자가 자살적인가의 여부뿐만 아니라 자살과 관련된 결과의 심한 정도와도 관련이 있다(Pfeffer et al., 1991). 중요한 점으로 모든 연구가 고코르티솔증을 보여주는 것은 아니다. 일부 연구들에서는 자살 위험에 처한 사람들 사이에서 더 낮은 수준의 코르티솔이 발견되었다(예 : 자살로 죽은 사람들의 부모 · 형제자매; McGirr et al., 2010). 유사하게 NSSI를 하는 청소년 사이에서의 HPA 축의 기능장애는 고코르티솔증과 저코르티솔증 둘 다를 보여주었다(Barrocas et al., 2011; Kaess et al., 2012).

HPA 축의 활성화와 밀접하게 연관된 것은 내인성 아편유사제 체계인데, 특히 NSSI 행동과 관련된 비정상의 특징을 보인다. NSSI를 하는 사람들은 스트레스가 유발한 무통각과 통증 지각과 관련된 내인성 아편유사제 펩티드인, 베타-엔도르핀과 메트-엔케팔린의 수준이 더 낮아진 것을 보여준다(Stanley et al., 2010). 이것은 자해를 하는 사람들이 신체적 고통에 대한 낮아진 민감성과 증가된 내성을 보여주는 사실과 일치하는 것이다(Bohus et al., 2000; Claes, Vandereycken, & Vertommen, 2006). 일부 연구자들은 아편유사제가 신체적 고통에 대한 지각뿐만 아니라 동물과 인간 둘 다 에 대한 사회적 고통의 지각도 촉진한다고 제안한다(MacDonald & Leary, 2005). 이것은 NSSI 행동이 개인 내 및 대인 간 기능을 할 수 있다는 생각과 일치한다(Nock & Prinstein, 2004). 동물 연구들이 자해행동(예 : 자기를 향한 물어뜯기)이 잠재적으로 조절기능을 하고 베타-엔도르핀 수준을 증가시킴을 시사하는 증거를 제공한다(Tiefenbacher et al., 2003).

세로토닌성 신경전달의 결함도 NSSI 및 자살행동과 관련이 있었다. 어떤 형태이든 자해행동을 하는 사람들은 전형적으로 세로토닌성 기능저하를 보여준다(Herpertz, Sass, & Favazza, 1997; Mann, Oquendo, Underwood, & Arango, 1999). 청소년들 사이에서는 혈소판의 세로토닌(5-HT) 수준 감소가 자살행동의 심한 정도와 더 큰 관계가 있다(Tyano et al., 2006). 자살 성향 청소년 사이의 다른 세로토닌성 비정상에는 전전두피질과 해마와 같은 특정한 뇌 영역 구석구석에서의 5-HT2A 수용기, 단백질 및 전령 RNA 표현 수의 증가가 포함된다(Pandey et al., 2002). 다른 연구들은 최근에 자살을 시도한 환자들의 전두피질에서의 5-HT2A 결합의 감소를 보고한 것처럼, 연구결과들은 뒤섞여 있다(Desmyter, van Heeringen, & Audenaert, 2011 참조).

대부분의 연구가 세로토닌성 활동에 초점을 맞추기는 했지만 일부 연구는 도파민성 체계도 자살적 및 비자살적 자해행동에 기여함을 시사한다. 낮은 수준의 도파민이 발달장애와 레쉬-니한 질병에서의 자해와 결부되어 왔다(Sher & Stanley, 2009). 일부 연구들이 자살 성향 사람들 사이에서 도파민성 체계의 기능저하를 보여주기는 하지만, 여전히 이것이 관련된 우울증상에 의한 것인지의 여부는 분명하지 않다(Mann, 2003).

몇몇 뇌구조의 비정상이 SITB와 결부되어 있다. 백질 과잉이 자살 성향 청소년 사이에서 엄격하게 조사된 몇 안 되는 구조적 비정상 중의 하나이다. 백질 과잉과 자살 사고 및 행동 간의 관계는 하위유형에 달려 있다 : 뇌실 주위 과잉(periventricular hyperintensities, PVH) 대 심부 백질 과잉(deep white matter hyperintensities, DWMH). PVH는 자살 사고 및 행동과 특히 강한 연관성을 보여주는데, 연구자들이 우울증을 통제한 경우에도 그러하다(Ehrlich et al., 2004). DWMH도 전두엽이 아니라 두정엽에서 조사했을 때 이런 결과와 관련되어 있다(Ehrlich et al., 2003).

최소한 성인들 사이에서는 자살 성향 사람들을 자살 성향이 없는 사람들과 구별할 수 있는 또 다른 구조적 표지가 회백질의 용적이다. 지금까지의 연구는 자살 성향 성인의 전두엽에서 회백질 용적이 감소함을 시사하는데(Desmyter et al., 2011 참조), 우울증을 통제한 이후에도 그러하다(Wagner et al., 2011). 이 점은 더 젊은 모집단 사이에서 검증될 필요가 있다. 지금까지 우울한 청소년들을 조사하는 연구들은 유사하게 전두엽에서 회백질의 용적이 감소함을 보여준다(Shad, Muddasani, & Rao, 2012).

가족 연구들은 SITB, 특히 자살 시도에 몇몇 유전적인 위험요인이 있을 가능성을 지적하고 있다. 한 청소년 쌍생아연구에서는 공유된 유전자가 자살 시도에서의 변량의 50%를 설명할 수 있음이 발견되었다(Glowinski et al., 2001). 가족 군집화의 패턴은 최근에 대규모 연구들에서 반복되었는데, 이는 자살과 관련된 결과를 설명하는 데 있어서의 유전적 요인의 1차적 역할을 강조하는 것이다(Tidemalm et al., 2011). 일반적인 정신병리의 공유된 위험성 때문이 아닐 가능성이 있다. 연구들은 연구자들이 정신병리의 가족 병력을 통제할 때 인구통계학적으로 유사한 자살 성향이 없는 청소년보다 청소년 자살의 희생자들에게 역시 자살을 시도했던 부모가 더 많이 있음을 보여주었다(Brent, Bridge, Johnson, & Connolly, 1996). 이런 결과를 역시 정신병리의 공유된 위험성 탓으로 생각할 수 있기는 하지만, 자살 관념과 시도에 대한 가족 군집화도 발견되었다(Brent et al., 1996; Bridge, Brent, Johnson, & Connolly, 1997).

지금까지의 특정한 유전적인 위험요인에 관한 연구는 세로토닌성 및 도파민성 기능에 관여된 후보 유전자에 초점을 맞추어 왔다. 예를 들면 세로토닌 수송체 촉진자 유전자의 짧은 대립유전자(5-HTTLPR)가 자살행동과 관련되어 있고, 정서조절장애와의 연관성을 통하여 NSSI와도 관련이 있을 수 있다(Barrocas et al., 2011; Mann et al., 2000). 또 다른 잠재적 예는 카테콜-O-메틸전이효소(catechol-O-methyltransferase, COMT) 유전자인데, 도파민의 신진대사 기능에 기여한다(Barrocas et al., 2011). 이것은 매우 많은 연구를 필요로 하는 영역이다.

심리적 요인

자살 성향이 있거나 없는 SITB는 몇몇 심리적 위험요인들을 공유한다. 일반적으로 부정적인 내적 경험이 SITB에 선행한다. 부정적인 자동적(자기지향적) 및 자기비판적 사고가 아동과 청소년 사이의 SITB의 특징을 명확하게 나타낸다(Nock & Kazdin, 2002; Wedig & Nock, 2007). 이런 사고는 확실히 절망감(Nock & Kazdin, 2002; Wilkinson et al., 2011), 낮은 자존감(Lundh, Karim, & Quilisch, 2007; Wedig & Nock, 2007), 또는 신체 불만족(e.g., Muehlenkamp & Brausch, 2012)과 관련되어 있을 수 있다. 완벽주의, 특히 사회적으로 규정된 완벽주의(즉, 타인이 자기 자신의 행동에 대해 비현실적으로 높은 기대를 한다는 지각)는 그런 부정적 또는 자기비판적 사고에 기여할 수 있다. 이런 형태의 완벽주의는 자기지향적 완벽주의(즉, 스스로 부과한 비현실적으로 높은 자신에 대한 기대)보다 자해를 하는 청년에게 더욱 특징적이다(Boergers, Spirito, & Donaldson, 1998; O'Connor, Rasmussen, & Hawton, 2009).

자해를 하는 청년은 부정적 정서뿐만 아니라 그들이 그런 정서를 조절하는 별개의 방법에 의해 그 특징이 나타난다. NSSI와 고통 내성에 관한 연구들에서는 자해를 하는 청년이 스트레스하에서 자해를 하지 않는 청년보다 더 큰 피부 전도를 보인다는 점을 입증하는 생리적 측정 방법을 사용해 왔다(Nock & Mendes, 2008). 이것은 NSSI를 하는 것을 상상하는, 자해를 하는 사람들이 생리적 각성의 감소를 경험한다는 사실에 의해 보완되는데, 이는 긴장 감소가 잠재적으로 NSSI 행동을 강화함을 가리키는 것이다(Haines, Williams, Brain, & Wilson, 1995). 스스로 보고한 정서조절과 반응성(민감성)도 NSSI 행동과 관련되어 있다(Gratz, 2006; Nock, Wedig, Holmberg, & Hooley, 2008). 중요한 것으로 정서조절과 반응성은 예외적으로 강하거나 약한 정서적 경험이라는 결과를 초래할 수 있다. 일부 자해를 하는 청년은 NSSI를 추구하는 동기로 무쾌감증과 해리를 보고하는데(Gratz, Conrad, & Roemer, 2002; Zlotnick et al., 1996), 이런 것들은 다른 동기들보다 덜 흔한 것이기는 하다.

몇몇 인지적 기제가 앞에서 언급한 심리적 위험요인을 악화시킬 수 있다. 예를 들면 원치 않는 사고와 정서를 억제하려고 애쓰는 것은 결과적으로 그런 사고와 정서의 강력한 반동효과를 초래할 수 있다. Najmi, Wegner 및 Nock(2007)은 이 사고 억제 경향이 청소년 사이의 정서반응성과 NSSI 및 자살 관념 간의 연관성을 중재함을 발견했다. 반추적 사고(ruminative thinking)를 하며 괴로워하는 청소년이 반추적 사고를 하지 않는 청소년보다 자동적인 부정적 강화를 통하여 NSSI를 계속할 가능성이 더 많기 때문에 정반대의 반추 접근도 해로울 수 있다(Hilt et al., 2008).

중요한 것으로 그것 자체는 위험요인이 아닌 인지적 기제가 앞에서 언급한 심리적 위험요인과 상호작용을 함으로써 여전히 SITB의 위험성에 기여할 수 있다. 이것의 한 예는 독립적으로 조사했을 때 빈약한 실행기능(즉, 문제해결)은 자살 시도와 관련이 없지만, 빈약한 정서적 반응성과 결합하여 조사했을 때는 자살 시도의 가능성을 증가시킬 수 있다는 사실이다(Dour, Cha, & Nock, 2011). SITB의 위험성을 증가시키는 더 멀리 있는 인지적 기제들은 역기능적 태도, 부정적인 귀인편향 및 지나치게 일반화된 자서전적 기억이다(Arie, Apter, Orbach, Yefet, & Zalzman, 2008; Hankin & Abela, 2011).

충동성과 SITB 간의 잘 알려진 연관성은 정확하게 무엇을 측정하는가와 그런 연관성이 관여하는 충동성의 유형에 대한 뒤섞인 연구결과에 의해 경감된다. 가령 청소년들이 자신이 충동적이라고 생각하는 정도(즉, 자기보고 측정)가 그들의 행동이 그런 충동성을 반영하는가의 여부(즉, 행동적 측정)보다 NSSI를 더 잘 예측한다. 자기보고된 충동성은 NSSI(Janis & Nock, 2008)와 잠재적으로 자살행동(O'Connor, Rasmussen, & Hawton, 2012)을 하는 청소년들의 특징을 일관성 있게 보여주었다. 동일한 청소년 표본 내에서(Janis & Nock, 2008), 행동적 탈억제와 위험한 의사결정에 대한 수행에 근거한 측정은 NSSI 행동과 유의미하게 관련되어 있지 않았다. 이 불일치에 대한 한 가지 가능한 이유는 충동성이 다른 SITB들과 비교할 때 NSSI와는 다르게 관련되어 있다는 것이다. 보상 지향적인 충동성에 대한 행동적 측정은 자살 시도와 같은 다른 SITB들과 관련되어 있음을 보여주었다(Horesh, 2001; Mathias et al., 2011). 유사한 행동적 측정방법들이 자살 시도를 한 청소년, 자살 시도를 하지 않은 NSSI를 하는 청소년들을 구별하기 위해 사용되었다(Dougherty et al., 2009). 또 다른 그럴듯한 가능성은 충동성의 특정한 측면만 SITB와 관련되어 있다는 것이다. 마지막으로 지금까지 사용된 행동적 측정방법들이 자연스러운 환경에서 SITB에 영향을 미치는 충동성의 유형을 정확하게 포착하지 않을 수도 있다. 연구자들이 관련된 정신병리 분야(예 : 주의력결핍 과잉행동장애; Barkley, 1991)에서 강조해 왔듯이 실행기능에 대한 행동적 또는 실험실에 근거한 측정방법들은 빈약한 생태학적 타당도를 가지고 있다. 이 점은 SITB에 대한 연구에서도 그럴 수 있다. 간단하게 말하자면 이 특정한 영역의 SITB 연구는 NSSI와 자살 시도와 관련된 충동성의 다면적인 위험요인을 조사하는 더욱 체계적인 접근을 필요로 한다.

NSSI 행동에 더욱 특유한 한 가지 유형의 심리적 위험 요인은 대인관계 기능과 관련이 있다. NSSI를 하는 청소년들은 대인관계 갈등에서 최선의 해결책을 선택하는 것과 같은 사회적 문제해결 기술에서 특정한 손상을 보여준다(Nock & Mendes, 2008). 자해를 하는 청년도 빈약한 의사소통 기술을 보인다. 그들은 자기 자신의 정서를 표현하려고 애를 쓸 뿐만 아니라(Gratz, 2006), 자기 또래들과의 빈약한 의사소통을 인식하려고 애쓴다(Hilt et al., 2008). 자살 성향 청소년 사이에서도 빈약한 사회적 문제해결 기술과 의사소통이 나타나기는 하지만(Howard-Pitney, LaFromboise, Basil, September, & Johnson, 1992; Riesch, Jacobson, Sawdey, Anderson, & Henriques, 2008), 이런 위험요인들은 관련이 덜한 것으로 간주되고 흔히 동시에 발생하는 우울증상과 절망감에 의해 설명된다(Boergers et al., 1998; Speckens & Hawton, 2005).

환경적 요인

가장 널리 연구된 SITB의 장기적인 환경적인 위험요인은 아동기의 학대, 특히 아동기의 성적 학대이다. 아동기 성적 학대의 희생자들은 청소년기 동안 NSSI, 자살 관념 및 자살 시도를 더 많이 할 가능성이 있다(Brown, Cohen, Johnson, & Smailes, 1999; Glassman, Weierich, Hooley, Deliberto, & Nock, 2007). 성적 학대를 받은 청소년들의 29~50%가 자살을 하려고 하고, 이 연관성은 연구자들이 절망감과 같은 심리적 요인을 통제한 후에도 지속된다는 점이 특히 걱정스럽다(Martin, Bergen, Richardson, Roeger, & Allison, 2004). 성적 학대의 영향이 남성 대 여성 희생자 어느 경우에 더 강한가의 여부는 여전히 분명하지 않다. 어떤 사람들은 이 영향이 특히 소년들 사이에서 자살 위험성을 높인다고 주장하고(Rhodes et al., 2011), 다른 사람들은 그 영향이 소녀들 사이에서 위험성을 높인다고 주장한다(Bergen, Martin, Richardson, Allison, & Roeger, 2003). 모든 희생자들에 걸쳐 일관성이 있는 한 가지는 가해자의 유형(예 : 가족구성원과 비가족구성원)과 빈도가 많아질수록 자살 시도의 위험성이 증가한다는 사실이다(Eisenberg, Ackard, & Resnick, 2007). 신체적 및 정서적 학대와 같은 다른 형태의 아동기 학대도 청소년의 SITB에 해로운 영향을 미친다(Beautrais, Joyce, & Mulder, 1996; Brown et al., 1999; Glassman et al., 2007). 청소년의 결과에는 덜 직접적인 영향을 미치기는 하지

만, 앞에서 언급한 일부 연구는 무시의 영향도 보여준다.

청소년 SITB의 다른 중요한 위험요인들이 가족 및 학교 기능과 같은 직접 접해 있는 환경에서 발견될 수 있다. '가족 기능'은 가족구성원들 사이나 자해를 하는 청소년과의 직접적인 관계의 질을 가리킨다. 예컨대 가족 갈등, 결핍된 부모의 보살핌 및 불안한 부모의 관계(예 : 부모의 별거)는 모두 청소년기 동안의 자살 시도의 위험성을 증가시키는데(Brent, Melhem, Donohoe, & Walker, 2009; Wilkinson et al., 2011), 이는 부모의 정신병리에 의해서는 달리 설명되지 않는다(Beautrais et al., 1996). NSSI 행동에 특히 강력한 영향을 미치는 것은 가족구성원과 자해를 하는 청년 간의 관계의 질인데, NSSI와 관련되어 있는 전반적인 가족의 역기능이라기보다는 가족의 고독감(즉, 청소년 자신이 가족과 있을 때 고독하다는 느낌)이 그러하다(Giletta et al., 2012; Wilkinson et al., 2011). 청소년이 가족구성원들과 긴밀하게 연결되어 있다는 느낌을 받으면 사실상 아동기의 성적 학대와 같은, 다른 잘 알려진 위험요인의 다른 유해한 영향으로부터 보호받을 수 있다(Eisenberg et al., 2007).

연결성의 중요성은 학교 장면으로 확장되는데, 또래들과의 통합 정도가 청소년 사이의 SITB의 비율에 영향을 미친다. 연구들에서는 학교 장면에서 낮은 참여를 경험하는(예 : 가톨릭 학교 문화로부터 벗어나는 종교적 확신) 청소년들이 NSSI와 자살 시도 가능성이 더 커진다는 사실이 발견되었다(Young, Sweeting, & Ellaway, 2011). 단순히 다른 사람들과 다르다는 것을 넘어서, 특히 또래의 관용 부족이 SITB의 위험성을 증가시킨다. Borges와 동료들(2011)은 자신의 혈통 때문에 학교에서 차별을 경험하는 것이 어느 청소년이 NSSI를 하거나 자살 관념을 경험할 것인가를 예측할 수 있음에 반하여, 기본적인 이민자 지위(미국 태생 대 비미국 태생)는 그렇지 않다.

다른 위험요인은 전반적인 또래의 괴롭힘과 청소년 사이의 집단 괴롭힘이다. 공공연한(예 : 신체적 논쟁) 또는 관계적인(예 : 소문 퍼뜨리기) 또래의 괴롭힘을 경험하는 청소년들은 자살 관념, 자살 시도, NSSI 행동을 경험할 가능성이 더 크다(Giletta et al., 2012; Hilt et al.,

2008; Pranjić & Bajraktarević, 2010). 여러 가지 방법(성적 농담, 인종/종교에 관한 공격, 신체적 외모에 대한 비꼼)과 여러 가지 매체(직접, 온라인)를 통하여 괴롭힘을 당한 청소년들이 자살과 관련된 결과를 초래할 위험이 더 크다(Hay & Meldrum, 2010; Klomek, Marrocco, Kleinman, Schonfeld, & Gould, 2008). 사실상 직접 괴롭힘과 사이버 괴롭힘 둘 다의 피해를 입은 청소년들이 피해를 입지 않은 청소년들보다 SITB를 할 가능성이 대략 5배 더 높았다(Schneider, O'Donnell, Stueve, & Coulter, 2012). 흥미롭게도 괴롭힘에 관여하는 것 — 심지어 가해자로서 — 이 특히 소년들 사이에서 SITB의 가능성을 증가시킨다(Hinduja & Patchin, 2010; Kim, Leventhal, Koh, & Boyce, 2009; Klomek et al., 2008). 또래의 괴롭힘은 즉각적일 뿐만 아니라 SITB에 장기적인 영향을 미친다. 아동기의 괴롭힘 사건을 기억하는 남성과 여성 모두 괴롭힘 사건이 일어난 수십 년 후에도 자살을 시도하는 위험성이 증가한다(Klomek et al., 2009; Meltzer, Vostanis, Ford, Bebbington, & Dennis, 2011).

또래의 영향은 스트레스의 출처일 뿐만 아니라 보상의 출처가 되는데, 후자는 SITB의 강력한 동기부여 요인이다. 예를 들면 많은 친구 또는 가까운 친구들이 NSSI를 한다고 인식하는 청소년은 NSSI 행동을 자신이 스스로 할 가능성이 더 높고(Prinstein et al., 2010), 자해를 하는 청소년들의 거의 40%가 이 행동에 대해 또래들에게서 처음으로 배운다(Deliberto & Nock, 2008). 실험적 패러다임도 그 행동이 성질상 자해적이거나 공격적인 경우에조차도 사람들이 그들 자신의 행동을 알리는 데 사회적 정보를 사용함을 보여주었다(Berman & Walley, 2003). 이것은 특히 이 발달 시기의 특징인 동조 욕구와 자기정체성에 의해 촉진될 가능성이 있고(Heilbron & Prinstein, 2008), 청소년 입원환자에서 관찰되어 온 '전염 효과'를 설명하는 것을 도와준다(Rosen & Walsh, 1989). 유사한 문제가 대중매체 사용, 구체적으로 자해를 하는 청년의 공동체이자 타당성의 출처로써의 인터넷 사용의 증가에 의해 촉발된다(Whitlock, Lader, & Conterio, 2007). 자살 사망을 포함하는 관련 연구도 매체에서의 자살에 대한 비허구적(대 허구적) 묘사가 결과적으로 그 모집단에서의 자살행동의 뒤이은 증가를 초래하는, '베르테르 효과'를 보여준다(Pirkis & Blood, 2001).

자살 군집에 대한 또 다른 잠재적 설명은 '동류 관계'이다. Joiner(2003)는 유사한 특징을 가지고 있는 사람들이 서로 관계를 형성할 가능성이 이미 더 크기 때문에 아마도 '자살 군집'이 미리 조정될 것임을 시사한다. 이 설명을 지지하는 것으로 Joiner는 자살 위험의 동시발생은 무작위로 배정된 룸메이트보다 스스로 선택하는 룸메이트의 경우에 더 크다고 보고하고 있다.

특히 주목할 만하고 자살에 특유한 한 가지 환경적 위험요인은 집 안의 소형 화기 소유이다. 이것은 모든 연령 집단에 걸친 자살 사망의 위험요인이고, 가장 강력한 연관성이 청소년 사이에서 발견될 수 있다(5~19세; Miller, Lippmann, Azrael, & Hemenway, 2007). 이 관계는 청년이나 성인 사이의 정신병리나 다른 자살 위험요인들에 의해 설명되지 않는다(Miller et al., 2007; Miller, Barber, Azrael, Hemenway, & Molnar, 2009).

앞으로의 연구 방향

최근에 자살 성향이 있거나 없는 SITB에 대한 이해에서 인상적인 진전이 이루어졌지만, 앞으로 이루어져야 할 많은 중요한 연구가 있다. 최근의 몇몇 논문에서 아래에서 강조하는 것 중에서 가장 중요한 청소년 사이의 자살과 자해 연구에서 해답이 없는 중요한 의문들의 개요를 설명하고 있다(Brent, 2011; Nock, 2009a).

자해란 무엇인가

이 장에서 기술했듯이 연구자들과 임상의들은 최근에 이 영역에서 사용된 분류체계와 정의의 정밀성과 일관성의 증가를 이루어 왔다. 그러나 추가적인 개선이 필요하다. 이를테면 이 분야에는 자살 관념과 자살 계획을 분명하게 구별하는 부족하다. 즉, 어떤 사람이 자신을 죽이는 것에 대해 생각하고 다리에서 뛰어내리는 것을 상상한다면 그것이 자살 계획에 해당하는가? 그 사람이 방법에 대해 생각하지만 자살을 할 시간과 장소에 대해서는 생각을 하지 않았다면 그 사람은 계획을 가지고 있는 것인가? 우리는 계획을 가지고 있는 것이 자살 시도의 위험성을 증가시킨다고 알고 있지만, 계획의 어떤 특징이 이 증가된 위험성을 나타내는가를 아는 것이 가치가 있을 것이다. 유사하게 우리의 현재의 자살 의도 평가는 자살적 자해와 비자살적 자해를 깔끔하게 구별하지 못한다. 자살 충동에 사로잡힌 대부분의 사람들은 죽기를 원하는가에 대해서 상반된 감정을 품고 있다고 보고한다. 그러나 현재의 기준은 의도가 없는 사람들은 자살생각이 없고 모든 다른 수준의 의도가 있는 사람들은 자살생각이 있는 것이라고 간주한다. 죽으려는 의도를 더욱 주의 깊게 정량화할 방법의 발전이 자살행동을 예측하고 예방하는 우리의 능력을 향상시킬 수 있다.

SITB의 존재, 빈도, 특징을 평가하는 우리의 방법들도 매우 조잡하다. 자살 평가에서 현재의 최고 수준의 기술은 회고적인 자기보고이다. 대부분의 연구자들과 임상의들은 현재 실시간으로 드러나는 SITB를 관찰하는 능력이 없다. 전자일지와 이동성 생리적 감시장비와 같은 기술 진보가 실시간으로 감시할 수 있게 한다(Nock, Prinstein, & Sterba, 2009). SITB를 연구하는 데 그런 도구들을 사용하려는 미래의 노력이 이런 현상이 무엇처럼 보이는가와 어떤 요인이 그 발생을 유발하는가에 대한 우리의 이해에 주요한 진보로 이어져야 한다.

누가 자해를 하는가

위에서 요약했듯이 우리는 이제 자살 사고와 행동의 역학에 관한 포괄적인 2개국 이상에 걸친 자료를 가지고 있다. 그러나 NSSI의 경우에는 보충적 자료가 부족하다. 이 점에 대한 이유는 자살행동에 관한 자료를 수집하는 데 사용된 대규모의 국가를 대표하는 조사가 NSSI에 대한 질문을 포함하지 않았다는 것이다. 이 분야가 앞으로 나가면서 실제 NSSI의 범위에 대한 더 나은 이해를 할 수 있고 시간 경과에 따른 이 행동의 유병률 변화를 감시할 수 있도록 하기 위해서 그런 평가방법들을 포함하는 것이 중요할 것이다. 또한 NSSI의 유병률과 특징이

서로 다른 연령, 성별 및 인종/민족에 따라 어떻게 달라질 수 있는가에 관한 자료가 필요하다.

사람들은 왜 자해를 하는가

지난 수십 년간 자살적 및 비자살적 자해의 무수한 위험요인들이 밝혀졌다. 그러나 이런 요인들이 이런 결과들과 관련되어 있는 방식과 이유에 대해서는 훨씬 더 적게 알려져 있다. 예를 들면 우리는 정신장애가 SITB의 위험성을 증가시킨다는 것을 알고 있지만, 이유는 모른다. SITB가 일어나게 하는 기제는 무엇인가? 관계가 있는 것으로서 SITB의 모든 이론적 모형이 SITB가 단 하나의 원인이 되는 요인의 결과가 아니라 많은 서로 다른 요인들의 상호작용의 결과임을 시사한다. 하지만 사실상 SITB에 대한 모든 경험적 연구들이 추정되고 있는 위험요인과 자해 결과 간의 이변량적, 직선적 연관성을 조사해 왔다. 미래의 연구들은 우리가 위험 및 보호요인이 어떻게 협력하여 사람들이 SITB에 이르게 하는가와 어떤 기제나 경로를 통하여 일어나는가를 설명할 수 있어야 할 것이다.

우리는 이런 행동을 어떻게 가장 잘 예측하고 예방하는가

마지막으로 그리고 아마도 가장 중요한 것으로, 우리는 SITB를 정확하게 예측 및 또는 예방하는 증거에 근거한 방법이 더 많이 필요하다. 이런 행동에 대한 우리의 이해에 있어서의 진보는 위험에 처한 사람들을 도와주는 임상적으로 유용한 도구로 아직 전환되지 않았다. 확실히 임상의들이 SITB를 하는 사람들을 평가하고, 감시하며, 치료한다. 사실상 10년 전보다 SITB를 치료받을 가능성이 유의미하게 더 높아졌다(Kessler et al., 2005). 그러나 이런 치료의 증가에도 불구하고 미국에서의 SITB의 비율은 변하지 않은 채로 남아 있다. 많은 연구자, 임상의, 가족의 가치 있는 연구를 발판으로 삼아 자살적 및 비자살적 자해와 관련되어 있는 엄청난 양의 개인적 고통과 광범위한 사회적 비용을 감소시키기 위하여 여전히 이루어져야 할 많은 연구가 있다.

참고문헌

Adrian, M., Zeman, J., Erdley, C., Lisa, L., & Sim, L. (2011). Emotional dysregulation and interpersonal difficulties as risk factors for nonsuicidal self-injury in adolescent girls. *Journal of Abnormal Child Psychology, 39*, 389–400.

American Psychiatric Association. (2000). *Diagnostic and statistical manual of mental disorders* (4th ed., text rev.). Washington, DC: Author.

American Psychiatric Association. (2013). *Diagnostic and statistical manual of mental disorders* (5th ed.). Arlington, VA: Author.

Arie, M., Apter, A., Orbach, I., Yefet, Y., & Zalzman, G. (2008). Autobiographical memory, interpersonal problem solving, and suicidal behavior in adolescent inpatients. *Comprehensive Psychiatry, 49*, 22–29.

Barber, M. E., Marzuk, P. M., Leon, A. C., & Portera, L. (1998). Aborted suicide attempts: A new classification of suicidal behavior. *American Journal of Psychiatry, 155*, 385–389.

Barkley, R. A. (1991). The ecological validity of laboratory and analogue assessment methods of ADHD symptoms. *Journal of Abnormal Child Psychology, 19*, 149–178.

Barrocas, A. L., Jenness, J. L., Davis, T. S., Oppenheimer, C. W., Technow, J. R., Gulley, L. D., et al. (2011). Developmental perspectives on vulnerability to nonsuicidal self-injury in youth. *Advances in Child Development and Behavior, 40*, 301–336.

Baumeister, R. F. (1990). Suicide as escape from self. *Psychological Review, 97*, 90–113.

Beautrais, A. L. (2002). Gender issues in youth suicidal behavior. *Emergency Medicine, 14*, 35–42.

Beautrais, A. L., Joyce, P. R., & Mulder, R. T. (1996). Risk factors for serious suicide attempts among youths aged 13 through 24 years. *Journal of the American Academy of Child and Adolescent Psychiatry, 35*, 1174–1182.

Beck, A. T. (1967). *Depression: Causes and treatment*. Philadelphia: University of Pennsylvania Press.

Beck, A. T., Steer, R. A., Kovacs, M., & Garrison, B. (1985). Hopelessness and eventual suicide: A 10-year prospective study of patients hospitalized with suicidal ideation. *American Journal of Psychiatry, 142*, 559–563.

Bergen, H. A., Martin, G., Richardson, A. S., Allison, S., & Roeger, L. (2003). Sexual abuse and suicidal behavior: A model constructed from a large community sample of adolescents. *Journal of the American Academy of Child and Adolescent Psychiatry, 42*, 1301–1309.

Berman, A. L., Jobes, D. A., & Silverman, M. M. (2007). *Adolescent suicide: Assessment and intervention*. Washington, DC: American Psychological Association.

Berman, M. E., & Walley, J. C. (2003). Imitation of self-aggressive behavior: An experimental test of the contagion hypothesis. *Journal of Applied Social Psychology, 33*, 1036–1057.

Boergers, J., Spirito, A., & Donaldson, D. (1998). Reasons for adolescent suicide attempts: Associations with psychological functioning. *Journal of the American Academy of Child and Adolescent Psychiatry, 37*, 1287–1293.

Bohus, M., Limberger, M., Ebner, U., Glocker, F., Schwarz, B., Wernz, M., et al. (2000). Pain perception during self-reported distress and calmness in patients with borderline personality disorder and self-mutilating behavior. *Psychiatry Research, 95*, 251–260.

Bolger, N., Downey, G., Walker, E., & Steininger, P. (1989). The onset of suicidal ideation in childhood and adolescence. *Journal of Youth and Adolescence, 18*, 175–190.

Borges, G., Azrael, D., Almeida, J., Johnson, R. M., Molnar, B. E., Hemenway, D., et al. (2011). Immigration, suicidal ideation and deliberate self-injury in the Boston Youth Survey 2006. *Suicide and Life-Threatening Behavior, 41*, 193–202.

Borges, G., Benjet, C., Medina-Mora, M. E., Orozco, R., & Nock, M. (2007). Suicide ideation, plan, and attempt in the Mexican Adolescent Mental Health Survey. *Journal of the American Academy of Child and Adolescent Psychiatry, 47*, 41–52.

Braquehais, M. D., Picouto, M. D., Casas, M., & Sher, L. (2012). Hypothalamic–pituitary–adrenal axis dysfunction as a neurobiological correlate of emotion dysregulation in adolescent suicide. *World Journal of Pediatrics, 8*, 197–206.

Brent, D. A. (2011). Preventing youth suicide: Time to ask how. *Journal of the American Academy of Child and Adolescent Psychiatry, 50*, 738–739.

Brent, D. A., Bridge, J., Johnson, B. A., & Connolly, J. (1996). Suicidal behavior runs in families: A controlled family study of adolescent suicide victims. *Archives of General Psychiatry, 53*, 1145–1152.

Brent, D., Melhem, N., Donohoe, M. B., & Walker, M. (2009). The incidence and course of depression in bereaved youth 21 months after the loss of a parent to suicide, accident, or sudden natural death. *American Journal of Psychiatry, 166*, 786.

Bridge, J. A., Brent, D. A., Johnson, B. A., & Connolly, J. (1997). Familial aggregation of psychiatric disorders in a community sample of adolescents. *Journal of the American Academy of Child and Adolescent Psychiatry, 36*, 628–636.

Brown, J., Cohen, P., Johnson, J. G., & Smailes, E. M. (1999). Childhood abuse and neglect: Specificity of effects on adolescent and young adult depression and suicidality. *Journal of the American Academy of Child and Adolescent Psychiatry, 38*, 1490–1496.

Brown, M. Z., Comtois, K. A., & Linehan, M. M. (2002). Reasons for suicide attempts and nonsuicidal self-injury in women with borderline personality disorder. *Journal of Abnormal Psychology, 111*, 198–202.

Bruffaerts, R., Demyttenaere, K., Borges, G., Haro, J. M., Chiu, W. T., Hwang, I., et al. (2010). Childhood adversities as risk factors for onset and persistence of suicidal behaviour. *British Journal of Psychiatry, 197*, 20–27.

Cardinal, C. (2008). Three decades of *Suicide and Life-Threatening Behavior:* A bibliometric study. *Suicide and Life-Threatening Behavior, 38*, 260–273.

Centers for Disease Control and Prevention (CDC). (2012). Youth Risk Behavior Surveillance—United States, 2011. *Morbidity and Mortality Weekly Report, 61*, 1–162.

Centers for Disease Control and Prevention (CDC). (2013). *WISQARS fatal injuries: Mortality reports.* Retrieved from *http://webappa.cdc.gov/sasweb/ncipc/mortrate10_us.html*

Claes, L., & Vandereycken, W. (2007). Self-injurious behavior: Differential diagnosis and functional differentiation. *Comprehensive Psychiatry, 48*, 137–144.

Claes, L., Vandereycken, W., & Vertommen, H. (2006). Pain experience related to self-injury in eating disorder patients. *Eating Behaviors, 7*, 204–213.

Crowell, S. E., Beauchaine, T. P., Hsiao, R. C., Vasilev, C. A., Yaptangco, M., Linehan, M. M., et al. (2012). Differentiating adolescent self-injury from adolescent depression: Possible implications for borderline personality development. *Journal of Abnormal Child Psychology, 40*, 45–57.

Cuddy-Casey, M., & Orvaschel, H. (1997). Children's understanding of death in relation to child suicidality and homicidality. *Clinical Psychology Review, 17*, 33–45.

Dahl, R. E., Ryan, N. D., Puig-Antich, J., Nguyen, N. A., Al-Shabbout, M., Meyer, V. A., et al. (1991). 24-hour cortisol measures in adolescents with major depression: A controlled study. *Biological Psychiatry, 30*, 25–36.

DeLeo, D. (2011). DSM-5 and the future of suicidology. *Crisis, 32*, 233–239.

DeLeo, D., & Evans, R. (2003). *International suicide rates: Recent trends and implications for Australia.* Brisbane, Queensland: Australian Institute for Suicide Research and Prevention.

Deliberto, T. L., & Nock, M. K. (2008). An exploratory study of correlates, onset, and offset of nonsuicidal self-injury. *Archives of Suicide Research, 12*, 219–231.

Desmyter, S., van Heeringen, C., & Audenaert, K. (2011). Structural and functional neuroimaging studies of the suicidal brain. *Progress in Neuro-Psychopharmacology and Biological Psychiatry, 35*, 796–808.

Dhossche, D., Ferdinand, R., van der Ende, J., Hofstra, M. B., & Verhulst, F. (2002). Diagnostic outcome of adolescent self-reported suicidal ideation at 8-year follow-up. *Journal of Affective Disorders, 72*, 273–279.

Dougherty, D. M., Mathias, C. W., Marsh-Richard, D. M., Prevette, K. N., Dawes, M. A., Hatzis, E. S., et al. (2009). Impulsivity and clinical symptoms among adolescents with non-suicidal self-injury with or without attempted suicide. *Psychiatry Research, 169*, 22–27.

Dour, H. J., Cha, C. B., & Nock, M. K. (2011). Evidence for an emotion–cognition interaction in the statistical prediction of suicide attempts. *Behaviour Research and Therapy, 49*, 294–298.

Durkheim, E. (1951). *Suicide: A study in sociology.* New York: Free Press. (Original work published 1897)

Eisenberg, M. E., Ackard, D. M., & Resnick, M. D. (2007). Protective factors and suicide risk in adolescents with a history of sexual abuse. *Journal of Pediatrics, 151*, 482–487.

Ehrlich, S., Noam, G. G., Lyoo, I. K., Kwon, B. J., Clark, M. A., & Renshaw, P. F. (2003). Subanalysis of the location of white matter hyperintensities and their association with suicidality in children and youth. *Annals of the New York Academy of Sciences, 1008*, 265–268.

Ehrlich, S., Noam, G. G., Lyoo, I. K., Kwon, B. J., Clark, M. A., & Renshaw, P .F. (2004). White matter hyperintensities and their associations with suicidality in psychiatrically hospitalized children and adolescents. *Journal of the American Academy of Child and Adolescent Psychiatry, 43*, 770–776.

Evans, E., Hawton, K., Rodham, K., & Deeks, J. (2005). The prevalence of suicidal phenomena in adolescents: A systematic review of population-based studies. *Suicide and Life-Threatening Behavior, 35*, 239–250.

Favazza, A. (1987). *Bodies under siege.* Baltimore: Johns Hopkins University Press.

Favazza, A. (1998). The coming of age of self-mutilation. *Journal of Nervous and Mental Disease, 186*, 259–268.

Favazza, A. (2009). A cultural understanding of nonsuicidal self-injury. In M. K. Nock (Ed.), *Understanding nonsuicidal self-injury: Origins, assessment, and treatment* (pp. 19–36). Washington, DC: American Psychological Association.

Favazza, A. R., & Rosenthal, R. J. (1993). Diagnostic issues in self-mutilation. *Hospital and Community Psychiatry, 44*, 134–140.

Fergusson, D. M., Horwood, L. J., & Beautrais, A. L. (1999). Is sexual orientation related to mental health problems and suicidality in young people? *Archives of General Psychiatry, 56*, 876–880.

Fergusson, D. M., Horwood, J., Ridder, E. M., & Beautrais, A. L. (2005). Suicidal behavior in adolescence and subsequent mental health outcomes in young adulthood. *Psychological Medicine, 35*, 983–993.

Ferrara, M., Terrinoni, A., & Williams, R. (2012). Nonsuicidal self-injury (NSSI) in adolescent inpatients: Assessing personality features and attitude toward death. *Child and Adolescent Psychiatry and Mental Health, 6*, 12.

Freedman, R., Lewis, D. A., Michels, R., Pine, D. S., Schultz, S. K., Tamminga, C. A., et al. (2013). The initial field trials of DSM-5: New blooms and old thorns. *American Journal of Psychiatry, 170*, 1–5.

Garrison, C. Z., Addy, C. L., Jackson, K. L., McKeown, R. E., & Waller, J. L. (1991). A longitudinal study of suicidal ideation in young adults. *Journal of the American Academy of Child and Adolescent Psychiatry, 30*, 597–603.

Giletta, M., Scholte, R. H., Engels, R. C., Ciairano, S., & Prinstein, M. J. (2012). Adolescent non-suicidal self-injury: A cross-national study of community samples from Italy, the

Netherlands and the United States. *Psychiatry Research, 197*, 66–72.

Glassman, L. H., Weierich, M. R., Hooley, J. M., Deliberto, T. L., & Nock, M. K. (2007). Child maltreatment, nonsuicidal self-injury, and the mediating role of self-criticism. *Behaviour Research and Therapy, 45*, 2483–2490.

Glenn, C. R., & Klonsky, E. D. (2013). Nonsuicidal self-injury disorder: An empirical investigation in adolescent psychiatric patients. *Journal of Clinical Child and Adolescent Psychology, 42*(4), 496–507.

Glowinski, A. L., Bucholz, K. K., Nelson, E. C., Fu, Q., Madden, P. A., Reich, W., et al. (2001). Suicide attempts in adolescent female twin sample. *Journal of the American Academy of Child and Adolescent Psychiatry, 40*, 1300–1307.

Graff, H., & Mallin, R. (1967). The syndrome of the wrist cutter. *American Journal of Psychiatry, 124*, 36–42.

Gratz, K. L. (2006). Risk factors for deliberate self-harm among female college students: The role and interaction of childhood maltreatment, emotional inexpressivity, and affect intensity/reactivity. *American Journal of Orthopsychiatry, 76*, 238–250.

Gratz, K. L., Conrad, S. D., & Roemer, L. (2002). Risk factors for deliberate self-harm among college students. *American Journal of Orthopsychiatry, 72*, 128–140.

Grøholt, B., & Ekeberg, O. (2009). Prognosis after adolescent suicide attempt: Mental health, psychiatric treatment, and suicide attempts in a nine-year follow-up study. *Suicide and Life-Threatening Behavior, 39*, 125–136.

Guertin, T., Lloyd-Richardson, E., Spirito, A., Donaldson, D., & Boergers, J. (2001). Self- mutilative behavior in adolescents who attempt suicide by overdose. *Journal of the American Academy of Child and Adolescent Psychiatry, 40*, 1062–1069.

Haines, J., Williams, C. L., Brain, K. L., & Wilson, G. V. (1995). The psychophysiology of self-mutilation. *Journal of Abnormal Psychology, 104*, 471.

Hankin, B. L., & Abela, J. R. (2011). Nonsuicidal self-injury in adolescence: Prospective rates and risk factors in a 2.5 year longitudinal study. *Psychiatry Research, 186*, 65–70.

Hawton, K., Fagg, J., & Simkin, S. (1996). Deliberate self-poisoning and self-injury in children and adolescents under 16 years of age in Oxford, 1976–1993. *British Journal of Psychiatry, 169*, 202–208.

Hawton, K., Fagg, J., Simkin, S., Bale, E., & Bond, A. (1997). Trends in deliberate self-harm in Oxford, 1985–1995: Implications for clinical services and the prevention of suicide. *British Journal of Psychiatry, 171*, 556–560.

Hay, C., & Meldrum, R. (2010). Bullying victimization and adolescent self-harm: Testing hypotheses from general strain theory. *Journal of Youth and Adolescence, 39*, 446–459.

Heath, N. L., Schaub, K. M., Holly, S., & Nixon, M. K . (2009). Self-injury today: Review of population and clinical studies in adolescents. In M. K. Nixon & N. L. Heath (Eds.), *Self-injury in youth: The essential guide to assessment and intervention* (pp. 9–28). New York: Routledge.

Heilbron, N., & Prinstein, M. J. (2008). Peer influence and adolescent nonsuicidal self-injury: A theoretical review of mechanisms and moderators. *Applied and Preventive Psychology, 12*, 169–177.

Herpertz, S., Sass, H., & Favazza, A. R. (1997). Impulsivity in self-mutilative behavior: Psychometric and biological findings. *Journal of Psychiatric Research, 31*, 451–465.

Hesketh, T., Ding, Q. J., & Jenkins, R. (2002). Suicide ideation in Chinese adolescents. *Social Psychiatry and Psychiatric Epidemiology, 37*, 230–235.

Hilt, L. M., Cha, C. B., & Nolen-Hoeksema, S. (2008). Nonsuicidal self-injury in young adolescent girls: Moderators of the distress–function relationship. *Journal of Consulting and Clinical Psychology, 76*, 63–71.

Hilt, L. M., Nock, M. K., Lloyd-Richardson, E. E., & Prinstein, M. J. (2008). Longitudinal study of nonsuicidal self-injury among young adolescents: Rates, correlates, and preliminary test of an interpersonal model. *Journal of Early Adolescence, 28*, 455–469.

Hinduja, S., & Patchin, J. W. (2010). Bullying, cyberbullying, and suicide. *Archives of Suicide Research, 14*, 206–221.

Horesh, N. (2001). Self-report vs. computerized measures of impulsivity as a correlate of suicidal behavior. *Crisis, 22*, 27–31.

Howard-Pitney, B., LaFromboise, T. D., Basil, M., September, B., & Johnson, M. (1992). Psychological and social indicators of suicide ideation and suicide attempts in Zuni adolescents. *Journal of Consulting and Clinical Psychology, 60*, 473–476.

Hultén, A., Jiang, G. X., Wasserman, D., Hawton, K., Hjelmeland, H., DeLeo, D., et al. (2001). Repetition of attempted suicide among teenagers in Europe: Frequency, timing and risk factors. *European Child and Adolescent Psychiatry, 10*, 161–169.

Jacobson, C. M., Muehlenkamp, J. J., Miller, A. L., & Turner, J. B. (2008). Psychiatric impairment across adolescents engaging in different types of deliberate self-harm. *Journal of Clinical Child and Adolescent Psychology, 37*, 363–375.

Jamison, K. R. (1999). *Night falls fast: Understanding suicide.* New York: Vintage Books.

Janis, I. B., & Nock, M. K. (2008). Behavioral forecasting does not improve the prediction of future behavior: A prospective study of self-injury. *Journal of Clinical Psychology, 64*, 1164–1174.

Joiner, T. E. (2003). Contagion of suicidal symptoms as a function of assortative relating and shared relationship stress in college roommates. *Journal of Adolescence, 26*, 495–504.

Joiner, T. E. (2005). *Why people die by suicide.* Cambridge, MA: Harvard University Press.

Joiner, T. E., Pettit, J. W., Walker, R. L., Voelz, Z. R., Cruz, J., Rudd, M. D., et al. (2002). Perceived burdensomeness and suicidality: Two studies on the suicide notes of those attempting and those completing suicide. *Journal of Social and Clinical Psychology, 21*, 531–545.

Joiner, T. E., Van Oden, K. A., Witte, T. K., Selby, E. A., Ribeiro, J. D., Lewis, R., et al. (2009). Main predictions of the interpersonal-psychological theory of suicidal behavior: Empirical tests in two samples of young adults. *Journal of Abnormal Psychology, 118*, 634–646.

Kaess, M., Hille, M., Parzer, P., Maser-Gluth, C., Resch, F., & Brunner, R. (2012). Alterations in the neuroendocrinological stress response to acute psychosocial stress in adolescents engaging in nonsuicidal self-injury. *Psychoneuroendocrinology, 37*, 157–161.

Kahan, J., & Pattison, E. M. (1984). Proposal for a distinctive diagnosis: The deliberate self-harm syndrome (DSH). *Suicide and Life-Threatening Behavior, 14*, 17–35.

Kessler, R. C., Aguilar-Gaxiola, S., Borges, G., Chiu, W. T., Fayyad, J., Browne, M. O., et al. (2012). Persistence of suicidal behaviors over time. In M. K. Nock, G. Borges, & Y. Ono (Eds.), *Suicide: Global perspectives from the WHO World Mental Health Surveys* (pp. 86–100). Cambridge, UK: Cambridge University Press.

Kessler, R. C., Berglund, P., Borges, G., Nock, M., & Wang, P. S. (2005). Trends in suicide ideation, plans, gestures, and attempts in the United States, 1990–1992 to 2001–2003. *Journal of the American Medical Association, 293*, 2487–2495.

Kim, Y. S., Leventhal, B. L., Koh, Y. J., & Boyce, W. T. (2009). Bullying increased suicide risk: Prospective study of Korean adolescents. *Archives of Suicide Research, 13*, 15–30.

Klomek, A. B., Marrocco, F., Kleinman, M., Schonfeld, I. S., & Gould, M. S. (2008). Peer victimization, depression, and suicidality in adolescents. *Suicide and Life-Threatening Behavior, 38*, 166–180.

Klomek, A. B., Sourander, A., Niemelä, S., Kumpulainen, K., Piha, J., Tamminen, T., et al. (2009). Childhood bullying behaviors as a risk for suicide attempts and completed suicides: A population-based birth cohort study. *Journal of the American Academy of Child and Adolescent Psychiatry, 48*, 254–261.

Klonsky, E. D. (2007). The functions of deliberate self-injury: A review of the evidence. *Clinical Psychology Review, 27*, 226–239.

Klonsky, E. D. (2011). Non-suicidal self-injury in United States adults: Prevalence, sociodemographics, topography and functions. *Psychological Medicine, 41*, 1981–1986.

Kokkevi, A., Rotsika, V., Arapaki, A., & Richardson, C. (2012). Adolescents' self-report suicide attempts, self-harm thoughts and their correlates across 17 European countries. *Journal of Child Psychology and Psychiatry, 53*, 381–389.

Kumar, G., Pepe, D., & Steer, R. A. (2004). Adolescent psychiatric inpatients' self-reported reasons for cutting themselves. *Journal of Nervous and Mental Disease, 192*, 830–836.

Laye-Gindhu, A., & Schonert-Reichl, K. A. (2005). Adolescents: Understanding the "whats" and "whys" of self-harm. *Journal of Youth and Adolescence, 34*, 447–457.

Linehan, M. M. (1993). *Cognitive-behavioral treatment of borderline personality disorder.* New York: Guilford Press.

Lloyd-Richardson, E., Nock, M. K., & Prinstein, M. J. (2009). Functions of adolescent nonsuicidal self-injury. In M. K. Nixon & N. L. Heath (Eds.), *Self-injury* (pp. 29–41). New York: Taylor & Francis.

Lloyd-Richardson, E., Perrine, N., Dierker, L., & Kelley, M. L. (2007). Characteristics and functions of non-suicidal self-injury in a community sample of adolescents. *Psychological Medicine, 37*, 1183–1192.

Lundh, L., Karim, J., & Quilisch, E. (2007). Deliberate self-harm in 15-year-old adolescents: A pilot study with a modified version of the Deliberate Self-Harm Inventory. *Scandinavian Journal of Psychology, 48*, 33–41.

Luthar, S. S., & Becker, B. E. (2002). Privileged but pressured: A study of affluent youth. *Child Development, 73*, 1593–1610.

MacDonald, G., & Leary, M. R. (2005). Why does social exclusion hurt? The relationship between social and physical pain. *Psychological Bulletin, 131*(2), 202–223.

Mann, J. (2003). Neurobiology of suicidal behaviour. *Nature Reviews Neuroscience, 4*, 819–828.

Mann, J., Huang, Y., Underwood, M. D., Kassir, S. A., Oppenheim, S., Kelly, T. M., et al. (2000). A serotonin transporter gene promoter polymorphism (5-HTTLPR) and prefrontal cortical binding in major depression and suicide. *Archives of General Psychiatry, 57*, 729–738.

Mann, J., Oquendo, M., Underwood, M. D., & Arango, V. (1999). The neurobiology of suicide risk: A review for the clinician. *Journal of Clinical Psychiatry, 60*, 7–11.

Marshal, M. P., Dietz, L. J., Friedman, M. S., Stall, R., Smith, H. A., McGinley, J., et al. (2011). Suicidality and depression disparities between sexual minority and heterosexual youth: A meta-analytic review. *Journal of Adolescent Health, 49*, 115–123.

Martin, G., Bergen, H. A., Richardson, A. S., Roeger, L., & Allison, S. (2004). Sexual abuse and suicidality: Gender differences in a large community sample of adolescents. *Child Abuse and Neglect, 28*, 491–503.

Martin, J., Bureau, J. F., Cloutier, P., & Lafontaine, M. F. (2011). A comparison of invalidating family environment characteristics between university students engaging in self-injurious thoughts and actions and non-self-injuring university students. *Journal of Youth and Adolescence, 40*, 1477–1488.

Marttunen, M. J., Aro, H. M., & Lönnqvist, J. K. (1992). Adolescent suicide: Endpoint of long-term difficulties. *Journal of the American Academy of Child and Adolescent Psychiatry, 31*(4), 649–654.

Mathias, C. W., Dougherty, D. M., James, L. M., Richard, D. M., Dawes, M. A., Acheson, A., et al. (2011). Intolerance to delayed reward in girls with multiple suicide attempts. *Suicide and Life-Threatening Behavior, 41*, 277–286.

McGirr, A., Diaconu, G., Berlim, M. T., Pruessner, J. C., Sablé, R., Cabot, S., et al. (2010). Dysregulation of the sympathetic nervous system, hypothalamic–pituitary–adrenal axis and executive function in individuals at risk for suicide. *Journal of Psychiatry and Neuroscience, 35,* 399–408.

Meltzer, H., Vostanis, P., Ford, T., Bebbington, P., & Dennis, M. S. (2011). Victims of bullying in childhood and suicide attempts in adulthood. *European Psychiatry, 26,* 498–503.

Menninger, K. (1938). *Man against himself.* New York: Harcourt, Brace.

Miller, D. M., & Brock, S. E. (2010). *Identifying, assessing, and treating self-injury at school.* New York: Springer.

Miller, M., Barber, C., Azrael, D., Hemenway, D., & Molnar, B. E. (2009). Recent psychopathology, suicidal thoughts and suicide attempts in households with and without firearms: Findings from the National Comorbidity Study Replication. *Injury Prevention, 15,* 183–187.

Miller, M., Lippmann, S. J., Azrael, D., & Hemenway, D. (2007). Household firearm ownership and rates of suicide across the 50 United States. *Journal of Trauma and Acute Care Surgery, 62,* 1029–1035.

Minois, G. (1999). *History of suicide: Voluntary death in western culture.* Baltimore: John Hopkins University Press.

Moran, P., Coffey, C., Romaniuk, H., Olsson, C., Borschmann, R., Carlin, J. B., et al. (2012). The natural history of self-harm from adolescent to young adulthood: A population-based cohort study. *Lancet, 379,* 236–243.

Moskos, M. A., Achilles, J., & Gray, D. (2004). Adolescent suicide myths in the United States. *Crisis, 24,* 176–182.

Muehlenkamp, J. J. (2005). Self-injurious behavior as a separate clinical syndrome. *American Journal of Orthopsychiatry, 75,* 324–333.

Muehlenkamp, J. J., & Brausch, A. M. (2012). Body image as a mediator of non-suicidal self-injury in adolescents. *Journal of Adolescence, 35,* 1–9.

Muehlenkamp, J. J., Cowles, M. L., & Gutierrez, P. M. (2010). Validity of the Self-Harm Behavior Questionnaire with diverse adolescents. *Journal of Psychopathology and Behavioral Assessment, 32,* 236–245.

Muehlenkamp, J. J., Ertelt, T. W., Miller, A. L., & Claes, L. (2011). Borderline personality symptoms differentiate non-suicidal and suicidal self-injury in ethnically diverse adolescent outpatients. *Journal of Child Psychology and Psychiatry, 52,* 148–155.

Najmi, S., Wegner, D. M., & Nock, M. K. (2007). Thought suppression and self-injurious thoughts and behaviors. *Behaviour Research and Therapy, 45,* 1957–1965.

Neeleman, J. (1996). Suicide as a crime in the UK: Legal history, international comparisons and present implications. *Acta Psychiatrica Scandinavica, 94,* 252–257.

Neeleman, J., & Wessely, S. (1999). Ethnic minority suicide: A small area geographical study in south London. *Psychological Medicine, 29,* 429–436.

Nixon, M. K., Cloutier, P. F., & Aggarwal, S. (2002). Affect regulation and addictive aspects of repetitive self-injury in hospitalized adolescents. *Journal of the American Academy of Child and Adolescent Psychiatry, 41,* 1333–1341.

Nixon, M. K., Cloutier, P., & Jansson, S. M. (2008). Nonsuicidal self-harm in youth: A population-based survey. *Canadian Medical Association Journal, 178,* 306–312.

Nock, M. K. (2008). Actions speak louder than words: An elaborated theoretical model of the social functions of self-injurious behaviors. *Applied and Preventive Psychology, 12,* 159–168.

Nock, M. K. (2009a). Suicidal behavior among adolescents: Correlates, confounds, and (the search for) causal mechanisms. *Journal of the American Academy of Child and Adolescent Psychiatry, 48,* 237–239.

Nock, M. K. (2009b). Why do people hurt themselves?: New insights into the nature and functions of self-injury. *Current Directions in Psyhological Science, 18,* 78–83.

Nock, M. K. (2010). Self-injury. *Annual Review of Clinical Psychology, 6,* 339–363.

Nock, M. K., & Banaji, M. R. (2007). Assessment of self-injurious thoughts using a behavioral test. *American Journal of Psychiatry 164,* 820–823.

Nock, M. K., Borges, G., Bromet, E. J., Alonso, J., Angermeyer, M., Beautrais, A., et al. (2008). Cross-national prevalence and risk factors for suicidal ideation, plans and attempts. *British Journal of Psychiatry, 192,* 98–105.

Nock, M. K., Borges, G., Bromet, E. J., Cha, C. B., Kessler, R. C., & Lee, S. (2008). Suicide and suicidal behavior. *Epidemiologic Reviews, 30,* 133–154.

Nock, M. K., Deming, C. A., Cha, C. B., Chiu, W. T., Hwang, I., Sampson, N. A., et al. (2012). Sociodemographic risk factors for suicidal behavior: Results from the WHO World Mental Health Surveys. In M. K. Nock, G. Borges, & Y. Ono (Eds.), *Suicide: Global perspectives from the WHO World Mental Health Surveys* (pp. 86–100). Cambridge, UK: Cambridge University Press.

Nock, M. K., Green, J. G., Hwang, I., McLaughlin, K. A., Sampson, N. A., Zaslavsky, A. M., et al. (2013). Prevalence, correlates and treatment of lifetime suicidal behavior among adolescents: Results from the National Comorbidity Survey Replication—Adolescent Supplement (NCS-A). *JAMA Psychiatry, 70,* 300–310.

Nock, M. K., Holmberg, E. B., Photos, V. I., & Michel, B. D. (2007). The Self-Injurious Thoughts and Behaviors Interview: Development, reliability, and validity in an adolescent sample. *Psychological Assessment, 19,* 309–317.

Nock, M. K., Hwang, I., Sampson, N., & Kessler, R. C. (2010). Mental disorders, comorbidity, and suicidal behaviors: Results from the National Comorbidity Survey Replication. *Molecular Psychiatry, 15,* 868–876.

Nock, M. K., Hwang, I., Sampson, N., Kessler, R. C., Angermeyer, M., Beautrais, A., et al. (2009). Cross-national analysis of the associations among mental disorders and suicidal behavior: Findings from the WHO World Mental Health Surveys. *PLoS Medicine, 6,* e1000123.

Nock, M. K., Joiner, T. E., Gordon, K. H., Lloyd-Richardson, E., & Prinstein, M. J. (2006). Non-suicidal self-injury among adolescents: Diagnostic correlates and relation to suicide attempts. *Psychiatry Research, 144*, 65–72.

Nock, M. K., & Kazdin, A. E. (2002). Examination of affective, cognitive, and behavioral factors and suicide-related outcomes in children and young adolescents. *Journal of Clinical Child and Adolescent Psychology, 31*, 48–58.

Nock, M. K., & Kessler, R. C. (2006). Prevalence of and risk factors for suicide attempts versus suicide gestures: Analysis of the National Comorbidity Study. *Journal of Abnormal Psychology, 115*, 616–623.

Nock, M. K., & Mendes, W. B. (2008). Physiological arousal, distress tolerance, and social problem solving deficits among adolescent self-injurers. *Journal of Consulting and Clinical Psychology, 76*, 28–38.

Nock, M. K., & Prinstein, M. J. (2004). A functional approach to the assessment of self-mutilative behavior. *Journal of Consulting and Clinical Psychology, 72*, 885–890.

Nock, M. K., & Prinstein, M. J. (2005). Contextual features and behavioral functions of self-mutilation among adolescents. *Journal of Abnormal Psychology, 114*, 140–146.

Nock, M. K., Prinstein, M. J., & Sterba, S. K. (2009). Revealing the form and function of self-injurious thoughts and behaviors: A real-time ecological assessment study among adolescents and young adults. *Journal of Abnormal Psychology, 118*, 816–827.

Nock, M. K., Wedig, M. M., Holmberg, E. B., & Hooley, J. M. (2008). The Emotion Reactivity Scale: Development, evaluation, and relation to self-injurious thoughts and behaviors. *Behavior Therapy, 39*(2), 107–116.

O'Connor, R. C., Rasmussen, S., & Hawton, K. (2009). Predicting deliberate self-harm in adolescents: A six month prospective study. *Suicide and Life-Threatening Behavior, 39*, 364–375.

O'Connor, R. C., Rasmussen, S., & Hawton, K. (2012). Distinguishing adolescents who think about self-harm from those who engage in self-harm. *British Journal of Psychiatry, 200*, 330–335.

Pandey, G. N., Dwivedi, Y., Rizavi, H. S., Ren, X., Pandey, S. C., Pesold, C., et al. (2002). Higher expression of serotonin 5-HT2A receptors in the postmortem brains of teenage suicide victims. *American Journal of Psychiatry, 159*, 419–429.

Parellada, M., Saíz, P., Moreno, D., Vidal, J., Llorente, C., Alvarez, M., et al. (2008). Is attempted suicide different in adolescents and adults? *Psychiatry Research, 157*, 131–137.

Patton, G. C., Hemphill, S. A., Beyers, J. M., Bond, L., Toumbourou, J. W., McMorris, B. J., et al. (2007). Pubertal stage and deliberate self-harm in adolescents. *Journal of the American Academy of Child and Adolescent Psychiatry, 46*, 508–514.

Pettit, J. W., Garza, M. J., Grover, K. E., Schatte, D. J., Morgan, S. T., Harper, A. et al. (2009). Factor structure and psychometric properties of the Modified Scale for Suicidal Ideation among suicidal youth. *Depression and Anxiety, 26*, 769–774.

Pfeffer, C. R. (1997). Childhood suicidal behavior: A developmental perspective. *Psychiatric Clinics of North America, 20*, 551–562.

Pfeffer, C. R., Stokes, P., & Shindledecker, R. (1991). Suicidal behavior and hypothalamic–pituitary–adrenocortical axis indices in child psychiatric inpatients. *Biological Psychiatry, 29*, 909–917.

Pirkis, J., & Blood, R. W. (2001). Suicide and the media. *Crisis, 22*, 155–162.

Posner, K., Brown, G. K., Stanley, B., Brent, D. A., Yershova, K. V., Oquendo, M. A., et al. (2011). The Columbia-Suicide Severity Rating Scale: Initial validity and internal consistency findings from three multisite studies with adolescents and adults. *American Journal of Psychiatry, 168*, 1266–1277.

Pranjić, N., & Bajraktarević, A. (2010). Depression and suicide ideation among secondary school adolescents involved in school bullying. *Primary Health Care Research and Development, 11*, 349–362.

Prinstein, M. J., Heilbron, N., Guerry, J. D., Franklin, J. C., Rancourt, D., Simon, V., et al. (2010). Peer influence and nonsuicidal self injury: Longitudinal results in community and clinically-referred adolescent samples. *Journal of Abnormal Child Psychology, 38*, 669–682.

Prinstein, M. J., Nock, M. K., Simon, V., Aikins, J. W., Cheah, C. S., & Spirito, A. (2008). Longitudinal trajectories and predictors of adolescent suicidal ideation and attempts following inpatient hospitalization. *Journal of Consulting and Clinical Psychology, 76*, 92–103.

Qin, P., Agerbo, E., & Mortensen, P. B. (2003). Suicide risk in relation to socioeconomic, demographic, psychiatric, and family factors: A national register-based study of all suicides in Denmark, 1981–1997. *American Journal of Psychiatry, 160*, 765–772.

Reinherz, H. Z., Giaconia, R. M., Silverman, A. B., Friedman, A., Pakiz, B., Frost, A. K., et al. (1995). Early psychosocial risks for adolescent suicidal ideation and attempts. *Journal of the American Academy of Child and Adolescent Psychiatry, 34*, 599–611.

Rhodes, A. E., Boyle, M. H., Tonmyr, L., Wekerle, C., Goodman, D., Leslie, B., et al. (2011). Sex differences in childhood sexual abuse and suicide-related behaviors. *Suicide and Life-Threatening Behavior, 41*, 235–254.

Riesch, S. K., Jacobson, G., Sawdey, L., Anderson, J., & Henriques, J. (2008). Suicide ideation among later elementary school-aged youth. *Journal of Psychiatric and Mental Health Nursing, 15*, 263–277.

Rosen, P. M., & Walsh, B. W. (1989). Patterns of contagion in self-mutilation epidemics. *American Journal of Psychiatry, 146*(5), 656–658.

Ross, S., & Heath, N. (2002). A study of the frequency of self-mutilation in a community sample of adolescents. *Journal of Youth and Adolescence, 31*, 67–77.

Roy, A. (2004). Relationship of childhood trauma to age of first suicide attempt and number of attempts in substance dependent patients. *Acta Psychiatrica Scandinavica, 109*,

121–125.

Schneider, S. K., O'Donnell, L., Stueve, A., & Coulter, R. W. (2012). Cyberbullying, school bullying, and psychological distress: A regional census of high school students. *American Journal of Public Health, 102*, 171–177.

Selby, E. A., Bender, T. W., Gordon, K. H., Nock, M. K., & Joiner, T. E. (2012). Nonsuicidal self-injury (NSSI disorder): A preliminary study. *Personality Disorders: Theory, Research, and Treatment, 3*, 167–175.

Shad, M. U., Muddasani, S., & Rao, U. (2012). Grey matter differences between healthy and depressed adolescents: A voxel-based morphometry study. *Journal of Child and Adolescent Psychopharmacology, 22*, 190–197.

Shaffer, D., & Jacobson, C. (2009). *Proposal to the DSM-5 childhood disorder and mood disorder work groups to include non-suicidal self-injury (NSSI) as a DSM-5 disorder.* Washington, DC: American Psychiatric Association.

Sher, L., & Stanley, B. (2009). Biological models of nonsuicidal self-injury. In M. K. Nock (Ed.), *Understanding nonsuicidal self-injury: Origins, assessment, and treatment* (pp. 99–116). Washington, DC: American Psychological Association.

Smith, J. M., Alloy, J. B., & Abramson, L. Y. (2006). Cognitive vulnerability to depression, rumination, hopelessness, and suicidal ideation: Multiple pathways to self-injurious thinking. *Suicide and Life-Threatening Behavior, 36*, 443–454.

Speckens, A. E., & Hawton, K. (2005). Social problem solving in adolescents with suicidal behavior: A systematic review. *Suicide and Life-Threatening Behavior, 35*(4), 365–387.

Stanley, B., Sher, L., Wilson, S., Ekman, R., Huang, Y. Y., & Mann, J. J. (2010). Non-suicidal self-injurious behavior, endogenous opioids and monoamine neurotransmitters. *Journal of Affective Disorders, 124*, 134–140.

Stein, D., Apter, A., Ratzoni, G., Har-Even, D., & Avidan, G. (1998). Association between multiple suicide attempts and negative affects in adolescents. *Journal of the American Academy of Child and Adolescent Psychiatry, 37*, 488–494.

Suyemoto, K. L. (1998). The functions of self-mutilation. *Clinical Psychology Review, 18*, 531–554.

Tidemalm, D., Runeson, B., Waern, M., Frisell, T., Carlström, E., Lichtenstein, P., et al. (2011). Familial clustering of suicide risk: A total population study of 11.4 million individuals. *Psychological Medicine, 41*, 2527–2534.

Tiefenbacher, S., Marinus, L. M., Davenport, M. D., Pouliot, A. L., Kaufman, B. M., Fahey, M. A., et al. (2003). Evidence for an endogenous opioid involvement in the expression of self-injurious behavior in rhesus monkeys. *American Journal of Primatology, 60*, 103.

Tishler, C. L., Reiss, N. S., & Rhodes, A. R. (2007). Suicidal behavior in children younger than twelve: A diagnostic challenge for emergency department personnel. *Academic Emergency Medicine, 14*, 810–818.

Tyano, S., Zalsman, G., Ofek, H., Blum, I., Apter, A., Wo-lovik, L., & et al. (2006). Plasma serotonin levels and suicidal behavior in adolescents. *European Neuropsychopharmacology, 16*, 49–57.

Van Orden, K. A., Lynam, M. E., Hollar, D., & Joiner, T. E. (2006). Perceived burdensomeness as an indicator of suicidal symptoms. *Cognitive Therapy and Research, 30*, 457–467.

Wagner, G., Koch, K., Schachtzabel, C., Schultz, C. C., Sauer, H., & Schlösser, R. G. (2011). Structural brain alterations in patients with major depressive disorder and high risk for suicide: Evidence for a distinct neurobiological entity? *NeuroImage, 54*, 1607–1614.

Wedig, M. M., & Nock, M. K. (2007). Parental expressed emotion and adolescent self-injury. *Journal of the American Academy of Child and Adolescent Psychiatry, 46*, 1171–1178.

Weierich, M. R., & Nock, M. K. (2008). Posttraumatic stress symptoms mediate the relation between childhood sexual abuse and nonsuicidal self-injury. *Journal of Consulting and Clinical Psychology, 76*, 39–44.

Wenzel, A., & Beck, A. T. (2008). A cognitive model of suicidal behavior: Theory and treatment. *Applied and Preventive Psychology, 12*, 189–201.

Whitlock, J., Eckenrode, J., & Silverman, D. (2006). Self-injurious behaviors in a college population. *Pediatrics, 117*, 1939–1948.

Whitlock, J., Lader, W., & Conterio, K. (2007). The Internet and self-injury: What psychotherapists should know. *Journal of Clinical Psychology, 63*(11), 1135–1143.

Whitlock, J., Muehlenkamp, J., & Eckenrode, J. (2008). Variation in nonsuicidal self-injury: Identification and features of latent classes in a college population of emerging adults. *Journal of Clinical Child and Adolescent Psychology, 37*, 725–735.

Wilkinson, P., & Goodyer, I. (2011). Nonsuicidal self-injury. *European Child and Adolescent Psychiatry, 20*, 103–108.

Wilkinson, P., Kelvin, R., Roberts, C., Dubicka, B., & Goodyer, I. (2011). Clinical and psychosocial predictors of suicide attempts and nonsuicidal self-injury in the Adolescent Depression and Antidepressants and Psychotherapy Trial (ADAPT). *American Journal of Psychiatry, 168*, 495–501.

Williams, M. (1997). *Cry of pain: Understanding suicide and self-harm.* New York: Penguin Books.

World Health Organization (WHO). (2013). *Suicide prevention (SUPRE).* Geneva: Author. Retrieved from *www.who. int/mental_health/prevention/suicide/country_reports/ en/index.html.*

Yates, T. M., Tracy, A. J., Luthar, S. S. (2008). Nonsuicidal self-injury among "privileged" youths: Longitudinal and cross-sectional approaches to developmental process. *Journal of Consulting and Clinical Psychology, 76*, 52–62.

Young, R., Sweeting, H., & Ellaway, A. (2011). Do schools differ in suicide risk?: The influence of school and neighbourhood on attempted suicide, suicidal ideation and self-harm among secondary school pupils. *BMC Public Health, 11*, 874.

Zetterqvist, M., Lundh, L., Dahlström, Ö., & Svedin, C. (2013). Prevalence and function of nonsuicidal self-injury (NSSI) in a community sample of adolescents, using suggested DSM-5 criteria for a potential NSSI disorder. *Journal of Abnormal Child Psychology, 41*, 759–773.

Zlotnick, C., Donaldson, D., Spirito, A., & Pearlstein, T. (1997). Affect regulation and suicide attempts in adolescent inpatients. *Journal of the American Academy of Child and Adolescent Psychiatry, 36*, 793–798.

Zlotnick, C., Shea, M. T., Pearlstein, T., Simpson, E., Costello, E., & Begin, A. (1996). The relationship between dissociative symptoms, alexithymia, impulsivity, sexual abuse, and self-mutilation. *Comprehensive Psychiatry, 37*, 12–16.

제4부

불안, 강박 및 스트레스장애

08

불안장애

CHARMAINE K. HIGA-MCMILLAN

SARAH E. FRANCIS

BRUCE F. CHORPITA

공포와 불안은 아동의 정상발달에서 필수적이며 보편적인 정서이다.[1] 그러나 어떤 아동은 공포나 불안의 수준이 단서나 맥락에 비해(예 : 이미 모든 과목에서 만점을 받고 있는 학생이 성적에 대해 불안해하는 것), 혹은 발달수준에 비해(예 : 12세 아동이 어둠을 무서워하는 것) 지나치게 높다. 이런 경우 아동이 느끼는 불안과 관련 행동은 기능손상을 가져온다. 예컨대 학교에 가지 않거나 친구를 사귀지 못하며, 학업과 관련된 과제를 수행하지 못하거나 발달단계의 목표를 성취하지 못한다. 이런 증상들이 나타날 때 불안장애를 고려해 볼 수 있다. 공포와 불안이 일상적인 발달에서 자주 발견되는 정서임을 고려할 때 불안장애는 아동기의 정신과 장애 중에서 가장 흔한 유형이라 할 수 있다(Anderson, Williams, McGee, & Silva, 1987; Costello & Angold, 1995; Kashani & Orvaschel, 1988; Kessler, Avenevoli, Costello, et al., 2012; Merikangas et al., 2010). 지역사회 표본에서 얻은 추정치들은 청소년들 가운데 1/3이 18세가 될 때까지 불안장애의 진단기준을 만족시킨다는 것을 보여준다(Merikangas et al., 2010). 또한 임상표본에 대한 연구들도 불안장애의 발병률이 50% 가까이 되고 있

음을 보여주고 있다(Hammerness et al., 2008).

아동기 불안장애는 단순히 흔한 것에 그치지 않는다. 아동기 불안장애는 기능손상과 관련되며, 일부 사례의 경우에는 매우 극단적일 수 있다. 예컨대 많은 연구들이 아동기 불안장애가 나중의 불안장애, 우울, 물질사용 및 다른 부정적인 정신건강 결과와 관련이 있음을 보여주었다(Berg et al., 1989; Feehan, McGee, & Williams, 1993; Ferdinand & Verhulst, 1995; Flament et al., 1990; Keller et al., 1992; Langley, Bergman, McCracken, & Piacentini, 2004; Neal & Edelmann, 2003; Pine, Cohen, Gurley, Brook, & Ma, 1998; Woodward & Fergusson, 2001). 또한 최근 미국 청소년을 대상으로 실시한 전국동반이환조사 연구(National Comorbidity Study Replication — Adolescent Supplement, NCS-A)의 결과는 특정공포증, 광장공포증, 대인공포증(지금은 사회불안장애로 알려져 있음), 또는 공황장애가 나중의 장애를 예측해 주는 가장 강력한 요인임을 시사하고 있다(Kessler, Avenevoli, McLaughlin, et al., 2012). 지역사회표본에 대한 연구들도 불안장애의 유무에 따라 가정과 학교, 또래관계에서 기능손상이 일어날 가능성이 2배 더 높다는 것을 보여주고 있다(Ezpeleta,

Kessler, Erkanli, Costello, & Angold, 2001). 이러한 손상은 외현화 장애와 같은 아동기의 다른 장애로 인한 손상보다 감지하기 어려울 수 있지만, 불안장애로 인한 사회적 비용은 매우 높다. 예를 들어 최근의 한 연구는 임상적으로 불안한 아동의 가정이 지불해야 하는 비용(예 : 건강보험, 보육, 직장이나 학교에 가지 못하는 날의 수, 여가시간의 손실)이 일반 가정에 비해 20배나 된다고 보고하였다(Bodden, Dirksen, & Bogels, 2008). 그뿐만 아니라 이러한 장애가 성인기까지 이어지는 경우에는 지속적으로 사회에 높은 비용을 요구한다. 불안장애로 인해 미국에서 1990년 한 해 동안 지출한 비용은 성인 정신건강에 지출한 전체 비용의 31.5%로 추정된다((DuPont et al., 1996). 이러한 양상이 현재에도 지속되는지는 분명하지 않다. 그러나 최근의 한 체계적인 고찰논문에 따르면 불안장애는 직접비용(예 : 치료를 위한 방문, 약물처방, 응급실 방문)과 아울러 간접비용(예 : 생산성 감소, 결근, 초기 퇴직)의 원인인 것으로 보고되고 있다. 이 중 공황장애와 범불안장애는 대인공포증이나 특정공포증에 비해 더 높은 직접비용이 요구된다(Konnopka, Leichsenring, Leibing, & König, 2009).

지속적인 서비스 필요로 인한 비용보다 더 심각한 문제는 아마도 서비스를 받지 않고 있는 아동들의 숫자일 것이다. 미국 청소년을 대상으로 이루어진 동반이환 연구에서 흔한 장애를 지닌 모든 청소년 가운데 불안장애 청소년들보다 서비스를 덜 받고 있는 유일한 청소년 집단은 물질사용장애를 가진 청소년 집단(15.4%)인 것으로 나타났다(Merikangas et al., 2011). 이 수치를 기분장애(37.7%), 행동장애(45.4%), 그리고 주의집중장애(59.8%)를 지닌 청소년 집단의 서비스 이용률과 비교해 볼 때 불안장애 청소년 집단이 정신건강 서비스를 충분히 활용하지 못하고 있다는 것이 분명하다. 이에 대해 다르게 말하자면, 2010년 미국의 인구조사는 18세 이하의 아동이 7,418만 명이라고 보고하였다. 따라서 약 2,366만 명의 아동과 청소년이 18세가 되기 전에 불안장애를 경험하며, 이 중 420만 명만이 치료를 받게 된다. 결국 나머지 1,900만 명은 불안장애를 갖고 있음에도 치료를 받지

못한 채 침묵 속에서 고통을 겪게 된다는 것이다.

지난 20년간 아동기 불안장애의 성격과 병인, 그리고 치료방법을 밝히기 위해 많은 연구들이 이루어져 온 것은 놀랍지 않다. 이러한 연구들을 토대로 아동기에 불안이 발달하는 과정에서 서로 상호작용하는 유전적 요인, 기질, 초기발달, 또래관계, 가족 요인 등에 대해 상세하게 설명하는 모델이 등장했다. 아직 완벽하지는 않지만 이 모델은 불안장애가 어디에서 비롯되며, 시간 경과에 따라 어떻게 변화하며, 다른 정신과 장애들과 어떤 관련성을 갖는지를 이해하는 데 필요한 견고한 틀을 제공하고 있다

역사적 맥락

아동기 불안장애, 그리고 이 장애의 발달 과정에 관한 구체적인 이해는 비교적 최근에서야 이루어졌다(Chorpita & Barlow, 1998; Rapee, Schniering, & Hudson, 2009; Vasey & Dadds, 2001). 그러나 아동의 불안과 공포는 문헌에서 이미 100년 전부터 기술되기 시작했다(Barrios & Hartmann, 1997). 초기의 연구는 정신분석과 행동주의 이론의 맥락에서 아동의 공포를 다룬 사례연구가 주를 이루었다. 예를 들어 Freud(1909/1955)는 '어린 한스(Little Hans)'에 대한 고전적 사례연구에서 공포의 발달에 작용하는 무의식적 과정(예 : 억압과 대치 같은 자아방어기제)에 대하여 정의하고 기술했다. 어린 한스에 대한 사례연구는 그 후 다시 검토되었다(예 : A. Freud, 1965). 그러나 이 사례가 정신분석 이론에서 차지하는 가치와 위상은 여전히 견고하다. 마찬가지로 조건형성을 통해 흰색 실험쥐를 무서워하게 만들었던 '어린 앨버트(Little Albert)' 실험은 공포의 발달에 관한 고전적 조건형성 이론을 지지해 주었다(Watson & Rayner, 1920). 이 연구에서는 11개월 된 앨버트에게 중성자극(흰색 실험쥐)과 혐오자극(시끄러운 소리)을 반복적으로 제시함으로써 쥐에 대한 조건공포(conditioned fear)의 발달을 초래하였다. 그뿐만 아니라 앨버트의 공포를 토끼와 개, 솜으로 만든 산타클로스 가면, 모피코트 등의 다른 자극

들에까지 일반화시켰다. 이 연구에 토대한 또 다른 사례 연구에서 Mary Cover Jones(1924)는 토끼와 정적자극(음식)을 짝짓는 것을 포함하여 다양한 행동주의 기법으로 토끼를 무서워하는 3세 피터를 치료하였다.

아동을 대상으로 한 이런 연구와 유사한 연구들은 이후의 관심을 촉진하고 구체적인 이론 모형과 치료개입을 지지해 주었다. 그러나 아동기 불안에 관한 연구는 20세기 후반까지는 사실상 무시되었다. 아동기 공포의 발달에 관해 지난 80년 동안 이루어진 연구와 풍부한 정보를 생각할 때, 이것은 놀랍고도 우리를 겸허하게 만든다(Barrios & Hartmann, 1997; Barrios & O'Dell, 1998; King, Hamilton, & Ollendick, 1988; Ollendick & King, 1991). 실제로 1980년 이전의 정신과 진단체계에서는 아동기의 공포 및 불안반응이 전적으로 무시되었으며, 오히려 정상적인 발달반응에 관한 연구의 일부로 탐구되었다. 그리고 이러한 반응은 병인에 따라(Hebb, Hebb, 1946) 또는 경험적 자료에 근거한 요인에 따라 분류되었다(Miller, Barrett, Hampe, & Noble, 1972; Ollendick, 1983; Scherer & Nakamura, 1968) 초기의 연구들은 아동기에 공포가 흔하며(Miller, 1983; Ollendick, 1983), 아동이 보고하는 공포의 숫자는 연령에 따라 감소하고(MacFarlane, Allen, & Honzik, 1954), 공포의 초점도 시간 경과에 따라 변화한다는 것을 보여주었다(Bauer, 1976). 또한 대부분의 연구에서 여아가 남아에 비해 일관되게 더 높은 공포수준을 보이는 것으로 보고되었다(Abe & Masui, 1981; Lapouse & Monk, 1958, 1959).

공식적인 정신과 분류체계는 1950년 초 무렵에서야 병리적인 공포반응의 존재를 인정하기 시작했다. DSM 초판(APA, 1952)에서는 공포증을 정신신경증적(psycho-neurotic) 반응으로 보았으며, DSM-II(APA, 1968)에서는 진단범주를 공포신경증(phobic neuroses)으로 변경하였다. DSM-II는 과잉불안 반응을 처음으로 아동기의 고유한 진단범주로 등장시켰다. 이러한 초기의 DSM 진단분류 시스템은 정신분석 이론에 강하게 연결되어 있었기 때문에 무의식적 과정 혹은 갈등이 공포나 과잉불안 반응의 병인 메커니즘이라고 주장하였다(Barlow, 2002). 이

런 이론들은 세월의 시험을 견디지 못했지만, 과잉불안 반응을 정신과 질병분류학에 포함시킨 것은 아동기의 불안장애에 관심을 기울이기 시작했다는 점에서 전환점이 되었다. 아동기 불안장애에 관한 연구는 1980년대까지는 상대적으로 드물었는데, 이는 부분적으로 임상적 불안상태와 일시적인 발달적 불안 및 공포를 어떻게 구분하는지에 대해 이 분야에서 오랫동안 지속되었던 불일치 때문이다(Barrios & Hartmann, 1997; Strauss & Last, 1993). DSM-III(APA, 1980)와 DSM-III-R(APA, 1987)은 처음으로 아동의 공포 및 기타 불안장애에 대해 발달적으로 적절한 진단기준을 기술하고자 시도하였다. 예를 들어 분리불안장애, 회피장애, 과잉불안장애를 아동기의 세 가지 고유한 불안장애로 상정하였다. 당시에 아동들은 이 세 가지 불안장애로 진단을 받았으며, 이와 더불어 공포장애, 강박장애, 외상후 스트레스장애 등의 성인기 불안장애로도 진단을 받았다. 따라서 DSM-III와 개정판은 아동기 불안장애의 역학과 임상적 특징을 살펴보는 일련의 연구들을 촉발하였다(예 : Francis, Last, & Strauss, 1987; Last, Francis, Hersen, Kazdin, & Strauss, 1987; Last, Hersen, Kazdin, Finkelstein, & Strauss, 1987; Last & Strauss, 1989). 이러한 연구들은 다시 DSM-IV(APA, 1994)에 소개되었던 불안장애를 진단하는 기준의 변화와 개정을 가져왔다. 이러한 분류체계와 그에 따른 평가도구(Silverman & Albano, 1996)의 진화는 아동기 불안장애의 유병률, 동반이환장애, 그리고 심각성에 대한 철저한 연구를 가능하게 만들었다. 한 가지 매우 일관된 연구결과는 불안장애들이 그 안에서 상당히 동반이환장애로 경험되는 동형 동반이환장애(homotypic comorbidity)라는 것이다. 즉, 불안장애를 갖고 있는 많은 아동들이 한 가지 이상의 불안장애를 동시에 혹은 발달단계에 걸쳐 겪는다는 것이다(Benjamin, Costello, & Warren, 1990; Brady & Kendall, 1992; Kendall et al., 2010). 더욱이 우울과 불안 간의 유사한 양상이 밝혀졌다. 즉, 우울을 겪고 있는 아동은 높은 비율로 불안장애를 나타내며 그 반대도 마찬가지라는 것이다. 그리고 불안장애와 우울은 공존하는 경향이 있으며 특히 시간경과에 따라 공존할

가능성이 큰 것으로 보고되었다(Costello, Mustillo, Erkanli, Keeler, & Angold, 2003, Hammerness et al., 2008).

불안장애들이 왜 서로 자주 공존하는지, 그리고 불안장애가 왜 발달 전반에 걸쳐 우울증과 공존하는지를 이해하려는 노력은 DSM-IV가 뚜렷한 장애들을 정확하게 대표하고 있는지, 혹은 사실상 광역의 병리적 증후군의 하위차원들을 인위적으로 구분한 것인지에 관한 논란으로 이끌었다(Brown, 1998; Caron & Rutter, 1991; Lilienfeld, Waldman, & Israel, 1994). 다소 역설적이지만 이와 동시에 연구들은 DSM 불안장애 증후군의 타당성을 지지하였다(Comer & Kendall, 2004; Langer, Wood, Bergman, & Piacentini, 2010). 또한 불안장애와 우울장애 간의 높은 동반이환율을 더 잘 설명할 수 있는 불안장애군 이면의 지배적 단일차원을 지지하였다(Chorpita, Albano, & Barlow, 1998; Lonigan, Carey, & Finch, 1994). 최근에는 이러한 입장들을 통합하려는 시도가 있어 왔으며, 연구결과들은 두 관점 모두 타당할 수 있다는 주장을 지지한다. 다시 말해 불안장애들(그리고 우울)의 표현에 기여하는 단일의 이면요인이 있으며, 경험적으로 서로 구분되는 협대역의 불안증후군이 있다는 것이다. 이런 연구들은 함께 위계적 모델이라는 그림을 그린다. 이 모델은 우울과 모든 불안장애에 공통되는 더 높은 차원의 요인과 관련된 다중의 불안증후군(예 : 분리불안, 범불안, 공황, 사회불안)을 설명하고 있다. 이러한 위계적 체계는 장애들 간의 관계를 이해할 수 있게 해준다(Chorpita, 2002; Clark & Watson, 1991; Craske, Rauch, et al., 2009; Joiner, Catanzaro, & Laurent, 1996; Lonigan et al., 1994). 이러한 개념화는 비교적 최근에 이루어진 것이기 때문에 이모델이 아동기의 전 발달단계를 거쳐 어떻게 작용하는지, 그리고 어떤 영향이 일반적 수준에서 혹은 특정 증후군 수준에서 작용하는지에 관한 연구는 이제 막 시작하고 있다. 이러한 쟁점들을 보다 상세하게 탐구하기에 앞서, 이 장에서는 먼저 불안의 병리적 증후군을 증후군 혹은 장애 수준에서 기술하고 검토하고자 한다.

DSM-5의 불안장애

불안과 공포는 정상적인 정서이지만 전형적인 단서 없이 발생하며 고통이나 손상을 야기할 때 각각 불안장애와 공포증으로 불린다(Barlow, 1988). DSM-5에서는 특수공포증, 분리불안장애, 사회불안장애(이전에는 사회공포증으로 불림), 선택적 무언증, 공황장애, 광장공포증, 범불안장애의 7가지 불안장애로 아동을 진단할 수 있다. 이 장애들은 특정의 뚜렷한 인지적, 생리적 및 행동적 반응으로 표현되는 불안정서를 주요 특징으로 공유한다. 불안장애들은 아동의 불안이 어디에 초점을 두고 있는가에 의해 구분된다. 이 절에서 우리는 아동에게 적용되는 DSM-5 불안장애들의 핵심과 관련 증상들을 정의할 것이다. DSM-5 진단기준 목록은 장애별 표로 제공될 것이다. 강박장애, 외상후 스트레스장애, 급성 스트레스장애는 DSM-IV에서 불안장애로 분류되었지만, DSM-5에서는 각각 강박 및 관련장애와 외상 및 스트레스 관련장애로 분류되고 있다(이 장애에 관심이 있는 독자는 이 책의 Piacentini, Chang, Snorrasonc과 Woods의 제9장, Nader와 Fletcher의 제10장 참조).

특정공포증

핵심 증상

특정공포증(DSM-IV 이전에는 단순공포증으로 알려짐)은 실제 위험이나 사회문화적 맥락에 맞지 않는 특정 상황 혹은 대상(예 : 동물, 높은 장소, 주사 맞는 것)에 대한 현저한 공포를 의미한다(표 8.1의 DSM-5 진단기준 참조). 상황이나 대상에 대한 노출은 공포를 유발하며, 아동의 경우 이러한 공포가 울기, 떼쓰기, 얼어붙기, 양육자에게 매달리기와 같은 행동으로 표현될 수도 있다. 아동은 공포의 대상이나 상황을 회피하거나 혹은 큰 고통을 느끼며 감내한다. 그리고 대상과 관련된 공포와 회피는 심각한 고통이나 기능손상을 초래한다. DSM-IV는 18세 이하일 경우 증상이 적어도 6개월 이상 지속되어야한다고 요구했지만, DSM-5에서 이 진단기준은 일시적

표 8.1 특정공포증의 DSM-5 진단기준

A. 특정 대상이나 상황에 대해서 극심한 공포나 불안이 유발된다(비행기 타기, 고공, 동물, 주사 맞기, 피를 봄).

  주의점 : 아이들의 경우 공포나 불안은 울기 발작, 얼어붙거나 매달리는 것으로 표현될 수 있다.

B. 공포 대상이나 상황은 대부분의 경우 즉각적인 공포나 불안을 유발한다.

C. 공포 대상이나 상황을 회피하거나 아주 극심한 공포나 불안을 지닌 채 참아낸다.

D. 공포나 불안이 특정 대상이나 상황이 줄 수 있는 실제 위험에 대한 것보다 극심하며 사회문화적 맥락에서 통상적으로 받아들여지는 것보다 심하다.

E. 공포, 불안, 회피반응은 전형적으로 6개월 이상 지속된다.

F. 공포, 불안, 회피는 사회적, 직업적, 또는 다른 중요한 기능 영역에서 임상적으로 현저한 고통이나 손상을 초래한다.

G. 장애가 정신질환으로 더 잘 설명되지 않는다. 공포, 불안, 회피가 광장공포증에서 공황 유사 증상이나 다른 당황스러운 증상들과 관련된 상황, 강박장애에서 강박사고와 연관된 대상이나 상황, 외상후 스트레스장애에서의 사회적 상황과 연관된 경우가 아니어야 한다.

다음의 경우 명시할 것

공포자극을 기준으로 한 부호화

  300.29 (F40.218) 동물형(예 : 거미, 곤충, 개)

  300.29 (F40.228) 자연환경형(예 : 고공, 폭풍, 불)

  300.29 (F40.23x) 혈액-주사-손상형(예 : 바늘, 침투적인 의학적 시술)

    부호화 시 주의점 : ICD-10-CM 부호에서는 다음과 같다. F40.230 : 혈액에 대한 공포, F40.231 : 주사, 수혈에 대한 공포, F40.232 : 기타 의학적 도움에 대한 공포, F40.233 : 부상에 대한 공포

  300.29 (F40.248) : 상황형(예 : 비행기, 엘리베이터, 밀폐된 장소)

  300.29 (F40.298) : 기타형(예 : 질식, 구토를 유발하는 상황. 아이들의 경우, 큰 소리나 가장 인물 또는 가장 캐릭터)

부호화 시 주의점 : 만약 하나 이상의 공포자극이 있다면 모든 적용 가능한 ICD-10-CM 부호를 적어야 한다(뱀과 비행기를 무서워한다면 F40.218 동물형과 F40.248 상황형을 모두 기입).

출처 : *Diagnostic and Statistical Manual of Mental Disorders, Fifth Edition* (pp.197-198). Copyright 2013 by the American Psychiatric Association의 허락하에 사용함.

공포로 진단하는 것을 최소화하기 위해 모든 연령으로 확대되었다. Miller, Barrett과 Hampe(1974)는 공포반응이 과도하고, 상황의 요구에 맞지 않으며, 이해할 수 없고, 회피행동을 가져오며, 오랫동안 지속되고, 활동이나 대인관계를 방해한다는 점에서 특정공포증과 정상발달 공포(예 : 걸음마기 유아의 낯선 사람에 대한 공포)를 구분하였다. Miller와 동료들의 영향력 있는 기술 이래로 많은 연구자들이 아동기 특정공포증을 살펴보았지만, 이 장애의 핵심 특징은 비교적 달라지지 않았다.

아동기에는 높은 곳, 어둠, 천둥과 같은 큰 소리, 주사, 벌레, 개나 다른 작은 동물들에 대한 공포가 흔하다(Essau, Conradt, & Peterman, 2000; Silverman & Rabian, 1993; Strauss & Last, 1993). 학교공포증도 아동기에 흔하

지만, 정확한 감별진단과 치료계획을 처방하기 위해서는 관찰 가능한 회피행동의 일차적 동기 조건을 명시해야 한다(Kearney, 2001). 만약 공포가 학교와 관련된 특정 상황(예 : 소방훈련)에 국한된다면, 학교에 대한 특정공포증으로 진단할 수 있다. 반면 학교에서의 사회적 상황 혹은 평가에 대한 공포일 경우에는 사회불안 진단이 더 적합할 것이다.

지난 40년 동안 차츰 자리를 잡아온 인지행동 모델(Beck, Emery, & Greenberg, 2005; Kendall & MacDonald, 1993; Lang, 1968)에서는 아동의 공포반응을 불안의 세 요소인 행동적·생리적·인지적 요소로 기술한다. 행동적 측면에서 회피는 공포증을 지닌 아동이 나타내는 가장 두드러진 반응이다. 회피반응은 공포자극에 대한 직

면이 예상될 때 소리 지르기, 울기, 떼쓰기, 숨기 등의 형태를 취할 수도 있다. 공포자극에 대한 접촉을 회피할 수 없을 때는 직면을 피하기 위해 보호자에게 매달리거나 사정하며 도움을 구하는 것도 흔한 반응이다. 또한 특정공포증을 가진 아동은 공포자극에 대해 염려하며 과민한 반응을 보인다. 이를테면 천둥을 동반한 폭풍을 두려워하는 아동은 집을 나서기 전에 뉴스를 확인하거나 하늘을 바라본다. 개를 두려워하는 아동은 개가 담장 넘어 우리에 가두어져 있을 때조차도 곧바로 길을 가지 않고 멀리 돌아간다. 특정공포증을 가진 아동들은 빠른 심장박동, 땀, 과호흡, 떨림, 복통 등의 생리적 증상들을 호소한다. 이들의 인지는 공포자극에 노출될 때 위협적 사건이 일어날 가능성을 재앙적으로 예측하거나 과대평가하는 특징을 갖는다. 또한 특정공포증을 가진 아동은 "~하면 어쩌지?" 같은 진술의 형태로 예기불안(anticipatory anxiety)을 호소한다(Silverman & Rabian, 1993). 예를 들면 천둥을 동반한 폭풍을 두려워하는 아동은 "학교에 가는 길에 폭풍이 몰아쳐 번개에 맞으면 어떻게 하지?"라며 염려한다.

세부진단

DSM-5에서는 특정공포증을 세부진단 기준에 따라 다섯 종류로 구분한다. 동물 세부진단에는 개나 벌레(예 : 벌, 거미, 지네), 뱀 같은 동물에 대한 공포가 포함된다. 자연환경 세부진단에는 날씨(예 : 폭풍, 천둥), 물, 높은 장소와 같이 환경 안에서 일어나는 상황이나 사건에 대한 공포가 포함된다. 상황 세부진단에는 운전하기, 비행기 타기, 다리 건너기, 터널 통과하기, 엘리베이터 타기 혹은 폐쇄된 공간에 있기 등과 같은 다양한 상황들이 포함된다. 피-주사-상해 세부진단에는 주삿바늘, 침습적 의료방법 및 치과치료에 대한 공포가 포함된다. 마지막 세부진단은 단순히 '기타'로 분류되며, 공포 대상이 앞의 네 범주 중 어느 것에도 속하지 않을 때 사용된다. 이 범주에는 질식, 구토, 큰 소리(예 : 폭죽, 사이렌), 혹은 탈을 쓴 인형 등이 포함된다. 1,035명의 독일 청소년에 대한 지역사회 연구에서 특정공포증으로 진단된 청소년은

3.5%였으며, 이 중 대부분은 동물 또는 자연환경 범주에 해당되었고 '기타' 범주는 가장 적은 수를 차지했다(Essau et al., 2000). 여러 연구에서 동물과 높은 장소는 특정공포증의 유형 가운데 가장 흔한 것으로 나타났다(Curtis, Magee, Eaton, Wittchen, & Kessler, 1998; Depla, ten Have, van Balkom, & de Graaf, 2008; Stinson et al., 2007).

이러한 범주들이 임상적으로 의미 있고 타당한 하위범주들을 대표하는지에 대해 의문이 제기되었다(Antony, Brown, & Barlow, 1997). 그러나 지금까지의 연구결과는 이 범주들 간에 유사성이 있긴 하나 지속적인 분리를 보장할 수 있는 충분한 독립성이 있음을 시사하고 있다. 예컨대 Muris, Schmidt와 Merckelbach(1999)는 확인적 요인분석을 통해 7~19세 아동의 특정공포증 증상이 세 가지 유형(동물공포증, 피-주사-상해, 환경/상황)의 군집으로 묶이며, 이러한 유형들이 연령과 성별에 따라 차이를 보이지 않았다고 보고했다. DSM-5 권고사항을 준비할 때 수행된 최근의 고찰에서도 이러한 유형들 간의 공통점과 차이점이 확인되었다(LeBeau et al., 2010). LeBeau와 동료들(2010)은 발병연령과 성별 비율, 치료에 대한 반응에서는 유사점이 있지만 공포의 초점, 생리적 공포반응, 손상, 동반이환에서는 차이가 있음을 발견하였다. 이들의 고찰에 따르면 자연환경과 동물에 대한 공포는 다른 유형들과 유사점이 가장 많았다. 반면 피-주사-상해 유형은 다른 유형들과의 유사점이 가장 적었다. 따라서 연구자들은 DSM-5에서도 이 하위범주들을 유지하도록 권고하였다.

몇몇 연구들은 서로 다른 유형의 특정공포증을 나타내는 아동들 간의 유사점과 차이점을 살펴보았다. 한국 아동을 대상으로 한 대규모 연구는 서로 다른 하위유형들이 동반이환 및 관련 문제에서 차이를 보인다고 보고하였는데(Kim et al., 2010), 이는 하위유형들이 서로 구분되는 특성을 갖고 있음을 시사한다. 예를 들어 동물공포증 하위유형은 다른 불안장애, 적대적 반항장애(ODD)와 관련이 있는 반면, 자연환경공포증은 다른 불안장애와만 관련이 있었다. 그리고 피-주사-상해 공포는 주의

력결핍 과잉행동장애(ADHD)와 유의한 관련이 있는 것으로 나타났다. 또한 동물공포증은 이 표본에서 가장 빈번하게 보고되었으며(특정공포증 아동의 49%), 자연환경 및 피-주사-상해 공포증을 보이는 아동들은 동물공포증을 갖고 있는 아동들과 특정공포증 진단을 받지 않은 아동들에 비해 아동행동평가척도(CBCL; Achenbach & Rescorla, 2001)의 하위척도에서 유의하게 높은 점수를 나타냈다. 구체적으로 자연환경공포증 유형은 CBCL의 불안/우울 및 주의집중 문제 하위척도의 높은 점수와 관련이 있었으며, 피-주사-상해 공포는 주의집중 문제, 공격적 행동, 외현화 문제 척도의 높은 점수와 관련이 있었다. 이러한 연구결과는 Ollendick, Öst, Reuterskiöld와 Costa(2010)의 연구결과와도 유사하다. Ollendick 등(2010)의 연구에서 동물공포증 아동과 자연환경공포증 아동들은 인구학적 변인(연령, 성별, 인종, 가족구조, 수입)에서 차이를 보이지 않았지만 자연환경 유형의 아동들은 동물유형에 비해 더 많은 내재화 문제와 동반이환 진단, 더 낮은 수준의 생활만족도를 보이는 것으로 나타났다. 이러한 결과는 자연환경 하위유형이 더 높은 수준의 임상적 심각성과 관련이 있음을 시사한다.

관련 특징

특정공포증을 가진 아동은 공포대상이나 자극이 실제로 존재하거나 예상될 때 공포와 고통을 경험한다. 이에 더하여 공포대상이나 상황을 회피하려는 시도의 결과로 반항적 행동을 나타내기도 한다. 특정공포증이 있는 청소년들은 우울과 신체화 증상을 호소하기도 한다(Essau et al., 2000).

피-주사-상해 공포증을 가진 성인의 약 70~80%는 미주신경성 실신이나 졸도반응을 보인다(APA, 1994; Öst, Sterner, & Lindahl, 1984). 아동에 대한 추정치는 현재로서는 부족하다. 수십 년에 걸친 불안연구는 이러한 생리적 반응이 이상성(diphasic)의 특징을 갖는다고 설명한다. 즉 먼저 짧은 심장박동 상승과 혈압 감소가 일어난 후에 바로 심장박동이 떨어지고 혈압 감소가 일어나는데, 이것이 졸도를 일으킨다는 것이다(Barlow, 2002; Engel,

1978; Graham, Kabler, & Lunsford, 1961; Kozak & Montgomery, 1981). 이러한 반응은 특정공포증의 피-주사-상해 유형에만 해당되며, 다른 특정공포증 유형에서 발견되는 지속적인 심장박동 상승과는 대조를 이룬다. 그러나 Ritz, Meuret와 Ayala(2010)는 최근 피-주사-상해 유형의 졸도반응에 대한 연구결과를 비판했다. 이들은 지금까지의 연구들이 실신을 명확하게 정의하지 못했기 때문에, 공포자극에 노출되었을 때 먼저 심장박동의 상승이 일어난다는 일관성 없는 결과를 가져왔다고 하였다. 또한 어떤 생리적 지표들(심장박동, 혈압, 과호흡, 아드레날린, 바소프레신 등)이 중요한지 분명하지 않으며, 이상성 반응에 대한 증거도 부족하고 혐오 및 지각된 통제상실과 같은 인지적 변인들이 졸도반응에서 중요한 역할을 한다는 것이 강조되지 않았다고 비판했다. 따라서 피-주사-상해 공포증을 가진 사람들이 독특한 양상의 생리적 반응을 보인다는 것은 분명하지만, 이러한 생리적 반응의 정확한 메커니즘에 대해서는 명확하게 알려져 있지 않다.

실신의 메커니즘과는 관계없이 피-주사-상해 공포증을 가진 사람들은 미주신경 반응을 나타내는 성향이 있는 것으로 보인다. 연구에 따르면 피-주사-상해 공포증을 가진 사람들은 미주신경 실신을 일으키는 자율신경 성향을 갖고 있으며, 공포반응이 일어나는 동안 나타나는 실신은 이러한 순환기능장애의 표현이라는 것이다(Accurso et al., 2001). 공포자극에 노출되었을 때 피-주사-상해 공포증을 가진 사람들은 거미공포증을 가진 사람들과 비교했을 때 뇌의 서로 다른 부분이 활성화되는 것으로 보인다. 거미와 관련된 이미지에 노출되었을 때, 거미공포증을 가진 사람들은 등쪽 전방피질과 전두엽피질에서 증가된 활성화를 보였다. 반면 피-주사-상해 공포증을 가진 사람들은 피나 주사, 상해와 관련된 이미지에 노출되었을 때 시상과 시각/주의집중 영역(후두-측두-두정 피질)에서 증가된 활성화를 보였다(Caseras et al., 2010). 그러나 이러한 기능성 뇌해부학적 차이가 미주신경 실신과 관련이 있는지 또는 어떻게 관련이 되는지, 그리고 이러한 차이가 피-주사-상해 공포증을 가진 아동들에게도 일어나는지는 분명하지 않다.

흔한 동반이환

특정공포증을 가진 아동들에게서 몇 가지 동반이환이 발견된다. 독일 청소년에 대한 지역사회 연구에서 Essau와 동료들(2000)은 특정공포증을 가진 아동의 47.2%가 다른 형태의 불안장애를, 33.3%는 신체형 장애를, 8.3%는 물질사용장애를 함께 갖고 있다고 보고했다. 불안장애 안에서 특정공포증은 외상후 스트레스장애(13.9%), 강박장애(11.1%), 그리고 구분되지 않은 다른 불안장애(11.1%)와 함께 발생하는 것으로 나타났다. 청소년들로 이루어진 한 지역사회표본에서 특정공포증은 분리불안장애(승산비=4.7)와 사회공포증(승산비=7.2)을 함께 갖고 있는 것으로 나타났다(Lewinsohn, Zinbarg, Seeley, Lewinsohn, & Sack, 1997). 6~7세 한국 아동의 지역사회표본에서 Kim과 동료들(2010)은 특정공포증을 가진 아동의 28.1%가 적어도 한 가지 이상의 정신과 장애를 함께 갖고 있다고 보고했다. 구체적으로 5.8%는 다른 불안장애를, 13%는 ADHD를, 13%는 ODD를 함께 갖고 있는 것으로 나타났다. 또한 미국 동반이환 연구의 자료를 사용해 우울과 특정공포증 간의 관계를 구체적으로 살펴본 Choy, Fyer와 Goodwin(2007)의 연구에서 특정공포증을 가진 15~54세 환자들은 특정공포증을 갖고 있지 않은 사람들에 비해 동반이환하는 불안장애의 평생유병률을 통제했을 때 평생 우울증을 경험할 가능성이 유의하게 높은 것으로 나타났다. 그리고 더 많은 공포를 호소할수록 우울증에 대한 위험도 더 높아진다고 보고하였다.

Last, Perrin, Hersen과 Kazdin(1992)은 임상기관에 의뢰된 아동의 경우 특정공포증을 가진 아동의 75%는 다른 불안장애를, 32.5%는 우울장애를, 22.5%는 행동장애를 평생 경험한다고 보고하였다. 특정공포증과 동반이환하는 가장 대표적인 불안장애 진단은 분리불안장애(38.8%)로 나타났다. 임상표본을 대상으로 한 다른 연구에서 특정공포증과 동반이환하는 가장 대표적인 장애들은 범불안장애(18.2%), 사회불안장애(12.1%) 그리고 분리불안장애(9.1%)였다(Leyfer, Gallo, Cooper-Vince, & Pincus, 2013).

역학

13~18세 청소년 지역사회표본을 대상으로 한 미국의 대규모 역학조사인 NCS-A는 특정공포증의 12개월 및 평생유병률을 각각 15.8%와 19.3%로 추정하였다. 이는 DSM-IV의 심리적 장애 가운데 가장 높은 수치이다(Kessler, Avenevoli, Costello, et al., 2012; Merikangas et al., 2010). 다른 나라의 지역사회표본을 대상으로 한 연구들에서 6~17세 한국 아동의 특정공포증 1년 유병률은 7.9%로 보고되었으며(Kim et al., 2010), 12~17세 독일 청소년의 평생유병률은 3.5%로 보고되었다(Essau et al., 2000). 8~17세 아동으로 이루어진 1차 진료 표본에서 특정공포증의 1년 유병률은 20%였다(Chavira, Stein, Bailey, & Stein, 2004). 불안 전문 클리닉에 의뢰된 아동들 중에서 특정공포증은 세 번째로 자주 발견되는 불안장애(27.6%)였으며, 세 번째로 가장 자주 함께 진단되는 것은 동반이환장애(10.4%)였다(Leyfer, Gallo, Cooper-Vince, & Pincus, 2013).

발달경과 및 예후

동물과 어둠, 피, 상해에 대한 공포는 보통 7세 이전에 시작된다(Marks & Gelder, 1966). 이는 아동기의 정상적인 공포의 시작과 아주 유사하다. 그러나 공포증 진단의 경우에는 공포의 정도와 시간에 따른 안정성이 훨씬 더 높다. 아동기 공포증의 양상에 대한 우리의 이해는 대부분 성인 공포증 환자들의 회고적 보고에 근거하고 있다. 예를 들어 알코올 및 관련 문제에 관한 미국의 역학조사에서 특정공포증의 모든 유형에 걸쳐서 평균 발병연령은 9.7세였다(Stinson et al., 2007). 구체적으로 성인 공포증 환자들은 6~7세에는 동물을, 6~12세에는 환경을, 7~9세에는 피를, 9~15세에는 의사/치과/주사를 무서워하기 시작한다(Becker et al., 2007; Liddell & Lyons, 1978; Öst, 1987). 상황에 대한 공포는 더 나중에 시작되는데, 주로 청소년기나 초기 성인기에 시작되는 경향이 있다(Becker et al., 2007; Öst, 1987).

아동기 공포증의 자연스러운 발달경과 및 성인 공포증의 경과에 대한 회고적 연구자료는 방대한 데 비해,

표 8.2 분리불안장애의 DSM-5 진단기준

A. 애착대상과의 분리에 대한 공포나 불안이 발달수준에 비추어 볼 때 부적절하고 지나친 정도로 발생한다. 다음 중 세 가지 이상
    이 나타나야 한다.

1. 집 또는 주 애착대상과 떨어져야 할 때 과도한 고통을 반복적으로 겪음
2. 주 애착대상을 잃거나 질병이나 부상, 재앙 혹은 죽음 같은 해로운 일들이 그에게 일어날 것이라고 지속적으로 과도하게 걱
    정함
3. 곤란한 일(길을 잃거나, 납치당하거나, 사고를 당하거나, 병이 생기거나)을 당해 주 애착대상과 떨어지게 될 것이라고 지속
    적으로 과도하게 걱정함
4. 분리에 대한 공포 때문에 집을 떠나 학교, 직장 혹은 다른 장소로 외출하는 것을 지속적으로 거부하거나 거절함
5. 집이나 다른 장소에서 주 애착대상 없이 있거나 혼자 있는 것에 대해 지속적으로 과도하게 두려워하거나 거부함
6. 집에서 떠나 잠을 자는 것이나 주 애착대상 곁이 아닌 곳에서 자는 것을 지속적으로 과도하게 거부하거나 거절함
7. 분리 주제와 연관된 반복적인 악몽을 꿈
8. 주 애착대상과 떨어져야 할 때 신체증상을 반복적으로 호소함(두통, 복통, 오심, 구토)

B. 공포, 불안, 회피반응이 아동·청소년에서는 최소한 4주 이상, 성인에서는 전형적으로 6개월 이상 지속되어야 한다.
C. 장애가 사회적, 직업적, 또는 다른 중요한 기능 영역에서 임상적으로 현저한 고통이나 손상을 초래한다.
D. 장애가 다른 정신질환으로 더 잘 설명되지 않는다. 예를 들어 자폐증에서 변화에 대한 저항으로 인해 집 밖에 나가는 것을 회
    피하는 것. 정신병적 장애에서 분리에 대한 망상이나 환각이 있는 경우, 광장공포증으로 인해 믿을 만한 동반자 없이는 밖에
    나가기를 거부하는 경우, 범불안장애에서 건강문제나 다른 해로운 일이 중요한 대상에게 생길까 봐 걱정하는 것. 질병불안장애
    에서 질병이 발생할까 봐 걱정하는 것

아동기 공포장애의 발달경과를 종단적으로 살펴본 경험
적 연구는 드물다. Agras, Chapin과 Oliveau(1972)는 널
리 인용되는 고전적인 연구에서 20세 이하의 공포증 환
자 10명, 성인 공포증 환자 20명으로 이루어진 지역사회
표본을 추적조사 하였다. 5년의 추적조사 동안 참가자들
은 공포증에 대한 치료를 받지 않았다. 연구결과 많은
공포증 증상들이 적극적인 개입 없이 해결된 것으로 나
타났다. 그러나 다른 연구자들은 이 연구에서 아동들이
향상을 보이긴 했으나, 추적조사를 하는 동안 완전히 증
상이 없었던 것은 아니었다고 반박했다(Ollendick, 1979).
완치율은 성인 표본(Stinson et al., 2007; Trumpf,
Becker, Vriends, Meyer, & Margraf, 2009)에 비해 아동과
청소년 표본(Agras et al., 1972; Milne et al., 1995)에서
더 높은 것으로 보인다. 그리고 완치율은 긍정적인 정신
건강과 생활만족도 같은 보호요인과 관련이 있다고 할
수 있다(Trumpf et al., 2009). 특정공포증이 심리사회적
손상과 유의한 관련이 있다는 연구결과(Essau et al.,

2000)에도 불구하고, 실제로 치료를 찾는 사람들은 매우
적다(청소년의 13.9%, 성인의 8%). 성인기에 처음 치료
를 받는 사람의 평균 연령은 31.3세로 보고되었다(Essau
et al., 2000; Stinson et al., 2007).

분리불안장애

핵심 증상

분리불안장애(separation anxiety disorder, SAD)는 애착
대상인 양육자로부터 혹은 집으로부터 분리되는 것에 대
한 과도한 불안과 공포로 특징된다. DSM-5는 여덟 가지
핵심 증상을 나열하고 있는데, 진단기준 A를 충족시키려
면 이 중 세 가지 증상이 요구된다(표 8.2 참조). 여덟
가지 증상 중의 세 가지는 애착대상으로부터의 분리 혹
은 애착대상에게 해가 생길 것에 대한 걱정과 고통에 관
한 것이다. 예를 들어 SAD를 가진 아동은 납치될까 봐,
길을 잃게 될까 봐, 혹은 부모가 사고를 당하게 될까 봐

걱정한다. 다른 세 가지 증상은 직장이나 학교, 혼자 있는 것, 혼자 자는 것을 회피하는 것에 관한 것이며, 나머지 두 증상은 악몽과 신체화 증상에 관한 것이다. 연구에 따르면 이러한 여덟 가지 증상 중에서 가장 흔한 것은 분리에 대한 현재의 과도한 고통이다. SAD를 가진 아동의 부모 중 87.4%가 보호자로부터 분리되는 것에 대해 반복적으로 과도한 고통을 느낀다고 보고하였으며, 85.7%는 양육자와 떨어져 자는 것을 꺼린다고 하였고, 81.0%는 혼자 있기를 싫어한다고 보고하였다(Allen, Lavallee, Herren, Ruhe, & Schneider, 2010). 반면 분리에 대한 악몽은 SAD를 가진 아동의 부모 중 7.2%에 불과하였으며 (Allen et al., 2010), 이것은 DSM-III에서도 가장 흔하지 않은 SAD 증상으로 확인되었다(Francis et al., 1987). Eisen과 Schaefer(2005)는 분리불안 아동에 대한 면밀한 관찰에 근거하여 SAD와 관련된 네 가지 주요 증상차원을 제시하였다. 네 가지 증상차원이란 혼자 있는 것에 대한 두려움, 버려지는 것에 대한 두려움, 신체적 질병에 대한 두려움, 재난 사건에 대한 두려움을 말한다. 이 차원들은 대체로 DSM-5 진단기준에 상응하지만 치료적 고려사항에 보다 적합하게 맞추어진 것이라 할 수 있다.

진단기준 A에 제시되어 있듯이 7개월~6세경에는 분리에 대한 두려움이 정상적 발달의 일부이기 때문에 SAD 증상들이 아동의 연령과 기대되는 발달수준에 적합해야 한다(Bernstein & Borchardt, 1991). DSM-IV와 DSM-5의 차이는 비교적 크지 않다. 주요 차이점으로는 아동과 성인 모두에게 적합하도록 문구를 바꾼 것과 장애의 발병이 18세 이전이어야 한다는 진단기준(지금은 아동기에 진단되는 장애 섹션에서 불안장애 섹션으로 옮겨짐)을 제거한 것을 들 수 있다. 예를 들어 진단기준 A의 네 번째 증상은 분리와 관련된 회피의 한 예로서 직장에 가는 것을 회피하는 것을 포함하고 있다(표 8.2 참조). 마찬가지로 다섯 번째 증상의 경우도 '중요한 성인' 대신 '애착대상'을 강조하는 표현으로 바꿈으로써 이 진단을 전생애에 걸쳐 적용할 수 있도록 융통성을 제공하였다(예 : 성인의 경우 자녀와의 분리로 인해 불안이 촉발될 수 있다; Hock, McBride, & Gnezda, 1989). 또한 분

리불안으로 인한 일시적 두려움을 최소화하기 위해 기간도 성인의 경우에는 4주~6개월로 확장하였다(아동과 청소년을 위한 최소 기간은 여전히 4주임). 마지막으로 DSM-IV와 달라지지 않은 점은 장애가 현저한 손상을 일으켜야 하며 다른 장애로 더 잘 설명될 수 없어야 한다는 것이다.

관련 특징

분리에 대한 고통은 SAD 주요 특징 중의 하나이다. 그러나 가장 두드러지면서 방해가 되는 SAD 증상은 등교를 거부하는 행동이다. 가장 극단적인 형태의 등교거부 행동은 학교를 완전히 회피하는 것이다. 그보다 약한 형태로는 집에 있겠다고 요청하거나, 학교를 조퇴하거나, 학교 양호실을 방문하거나, 혹은 보호자에게 전화를 거는 것 등이 있다(Kearney, 2001). 등교거부를 동반하는 불안장애들이 많지만 SAD가 가장 두드러진다. 외래를 방문한 아동들 가운데 38%(Last & Strauss, 1990) 내지 50%(Borchardt, Giesler, Bernstein, & Crosby, 1994), 그리고 입원한 아동들의 57%(Borchardt et al., 1994)가 등교거부를 보이는 것으로 추정되었다. 반대 방향으로의 관련성은 더욱 큰 것으로 나타났는데, Last, Francis와 동료들(1987)은 SAD 아동들의 73%가 등교거부를 보이는 반면 일반 모집단에서는 1% 미만의 아동들만이 등교거부를 보인다고 보고하였다(Last & Strauss, 1990).

불안장애 아동들에서 두드러진 또 다른 증상은 통증이나 신체적 질병을 호소하는 것이다. 예를 들면 Last (1991)는 SAD 아동의 78%가 신체화 증상을 호소한다는 것을 확인했다. 이는 모든 불안장애 가운데 두 번째로 높은 비율이며, 다른 모든 불안장애를 합한 신체화 호소 (53%)보다도 훨씬 높은 비율이다. 또한 신체화 호소는 다른 불안장애에서도 흔히 나타난다. 특히 아동들에서 자주 발견되는데(Alfvén, 1993), SAD의 경우에는 이러한 신체화 호소가 대부분 취침시간이나 등교 전과 같이 분리를 예상할 때 일어난다. 자주 관찰되는 신체화 호소는 두통, 복통 혹은 메스꺼움이다(Egger, Costello, Erkanli, & Angold, 1999). 흥미롭게도 SAD가 신체화 증상을 동

반할 때는 등교거부의 비율이 현저하게 더 높아진다(58% 대 39%)(Last, 1991).

흔한 동반이환

임상기관에 의뢰된 표본에서 SAD는 다수의 다른 불안장애 진단과 관련이 있는 것으로 확인되었다. 그중에서도 특히 범불안장애(23.7%)와 특정공포증(21.1%), 사회불안장애(17.1%)와의 동반이환율이 가장 높았다(Leyfer et al., 2013). SAD에 대한 회고적 연구에서 아동기에 SAD 진단을 받았던 성인의 86.1%가 다른 정신과 장애의 진단기준도 충족시키는 것으로 나타났다(Shear, Jin, Ruscio, Walters, & Kessler, 2006). 다른 불안장애들도 자주 함께 진단되었으며(65.3%), 아동기에 SAD를 보였던 성인의 1/3이 특정공포증과 사회공포증을 보고하였다. 기분장애(53.1%)와 충동조절장애(48.3%), 그리고 물질사용장애(28.8%)도 자주 함께 진단되는 것으로 나타났다(Shear et al., 2006). Shear 등(2006)의 연구에서 공황장애는 아동기에 SAD로 진단받았던 성인의 15.9%만 진단받았으나, 많은 연구들이 아동기 발병 분리불안이 성인기 공황장애와 관련이 있다는 주장을 검증하였다. 그 결과 이러한 주장을 지지하는 연구결과도 있었고(Hayward, Wilson, Lagle, Killen, & Taylor, 2004; Silove et al., 1995), 지지하지 않는 결과도 있었다(Aschenbrand, Kendall, Webb, Safford, & Flannery-Schroeder, 2003). 논란의 여지가 있는 이 쟁점은 공황장애에서 더 논의될 것이다.

역학

아동기 SAD의 12개월 유병률과 평생유병률은 1~7.6%로 추정되고 있다(Costello et al., 2003; Kessler, Avenevoli, Costello, et al., 2012; Merikangas et al., 2010; Shear et al., 2006). 임상기관에 의뢰된 불안 아동 표본에서는 아동의 연령과 임상기관의 유형에 따라 10~33%로 보고되고 있다(Chavira, Garland, Yeh, McCabe, & Hough, 2009; Last, Francis, et al., 1987; Leyfer et al., 2013). 이번 장에서 논의되고 있는 여러 유형의 불안장애 유병률이 발달과정에서 증가하는 것과 달리, SAD의 유병률은 아동기로부터 시작해 청소년기를 지나면서 감소한다(Costello et al., 2003).

발달경과 및 예후

SAD는 사춘기 이전의 아동들에게 가장 자주 진단된다(Bowen, Offord, & Boyle, 1990; Kashani & Orvaschel, 1988). 분리불안은 어떤 연령에서도 일어날 수 있지만(Bell-Dolan & Brazeal, 1993; Nielsen et al., 2000), 평균 발병연령은 7세경으로 보고되고 있다(Lewinsohn, Holm-Denoma, Small, Seeley, & Joiner, 2008). 분리불안증상의 표현에 나타나는 발달적 차이를 살펴본 한 연구에서 Francis와 동료들(1987)은 DSM-III 진단기준과 관련해 연령 차이는 나타난 반면 성별에 따른 차이는 나타나지 않았다고 보고하였다. 사춘기 이전 아동들(5~8세)은 애착 대상에게 일어날 상해, 악몽 혹은 등교거부를 보고하는 경우가 가장 많았고, 9~12세 아동들은 분리 시의 과도한 고통을 보고하고, 청소년들(13~16세)은 신체화 호소와 등교거부를 가장 자주 보고하였다. 또한 나이 어린 아동들은 청소년들에 비해 증상의 수도 더 많은 것으로 나타났다.

경과에 대하여 연구자들은 SAD 사례의 80%가 18개월 이내에 완화된다고 주장하였다(Foley, Pickles, Maes, Silberg & Eaves, 2004). 높은 비율의 증상 완화에 관한 유사한 결과가 어린 아동 표본에서도 확인되었다. Kearney, Sims, Pursell과 Tillotson(2003)은 3세 때 분리불안증상을 보인 아동들을 3.5세에 다시 평가했을 때 절반가량이 더 이상 분리불안증상을 보이지 않았다고 보고하였다. 이는 예후 면에서 고무적인 결과이다. 그러나 Foley 등(2004)은 분리불안 사례의 41%가 18개월 후에도 어떤 형태로든 여전히 정신과 장애를 보인다는 것을 발견했다. 이러한 결과는 분리불안을 가진 5명의 아동들 중 두 명의 경우에는 장애가 완전히 사라지기보다는 다른 장애로 대체된다는 것을 시사한다.

SAD 진단을 지속적으로 보이는 아동들에서 세 가지 요인이 확인되었다. 첫째는 높은 ODD 유병률, 둘째는 ADHD 증상과 관련된 보다 심각한 손상, 셋째는 자신의

표 8.3 사회불안장애(사회공포증)의 DSM-5 진단기준

A. 타인에게 면밀하게 관찰될 수 있는 하나 이상의 사회적 상황에 노출되는 것을 극도로 두려워하거나 불안해한다. 그러한 상황의 예로는 사회적 관계(대화를 하거나 낯선 사람과 만나는 것), 관찰되는 것(음식을 먹거나 마시는 자리), 다른 사람들 앞에서 수행을 하는 것(연설)을 들 수 있다.

   주의점 : 아이들에서는 성인과의 관계가 아니라 아이들 집단 내에서 불안해할 때만 진단해야 한다.

B. 다른 사람들에게 부정적으로 평가되는 방향(수치스럽거나 당황한 것으로 보임, 다른 사람을 거부하거나 공격하는 것으로 보임)으로 행동하거나 불안증상을 보일까 봐 두려워한다.

C. 이러한 사회적 상황이 거의 항상 공포나 불안을 일으킨다.

   주의점 : 아동의 경우 공포와 불안은 울음, 분노발작, 얼어붙음, 매달리기, 움츠러듦 혹은 사회적 상황에서 말을 하지 못하는 것으로 표현될 수 있다.

D. 이러한 사회적 상황을 회피하거나 극심한 공포와 불안 속에서 견딘다.

E. 이러한 불안과 공포는 실제 사회상황이나 사회문화적 맥락에서 볼 때 실제 위험에 비해 비정상적으로 극심하다.

F. 공포, 불안, 회피는 전형적으로 6개월 이상 지속되어야 한다.

G. 공포, 불안, 회피는 사회적, 직업적, 또는 다른 중요한 기능 영역에서 임상적으로 현저한 고통이나 손상을 초래한다.

H. 공포, 불안, 회피는 물질(남용약물, 치료약물)의 생리적 효과나 다른 의학적 상태로 인한 것이 아니다.

I. 공포, 불안, 회피는 공황장애, 신체이형장애, 자폐스펙트럼장애와 같은 다른 정신질환으로 더 잘 설명되지 않는다.

J. 만약 다른 의학적 상태(파킨스병, 비만, 화상이나 손상에 의한 신체 훼손)가 있다면, 공포, 불안, 회피는 이와 무관하거나 혹은 지나칠 정도다.

다음의 경우 명시할 것

   수행형 단독 : 만약 공포가 대중 앞에서 말하거나 수행하는 것에 국한될 때

출처 : *Diagnostic and Statistical Manual of Mental Disorders, Fifth Edition* (pp.202-203). Copyright 2013 by the American Psychiatric Association의 허락하에 사용함.

결혼생활에 만족하지 않는 어머니들이었다(Foley et al., 2004). 같은 연구에서 SAD를 지속적으로 보이는 아동들은 일시적으로 SAD를 보이는 아동들에 비해 주요우울장애의 위험도 현저하게 높았다. 다른 연구들도 지속적인 SAD는 정신건강 문제와 관련이 있음을 확인하였다. 청소년기에 SAD를 보였던 성인의 73.5%가 성인 초기에 어떤 형태로든 정신과적 진단을 받았으며, 특히 우울이 가장 빈번하게 진단되는 것으로 나타났다(Lewinsohn et al., 2008). 불안장애의 일부 사례들은 성인기까지 지속되며, 이런 사례들은 높은 수준의 손상, 신경증, 우울과 관련이 있으며 치료에 대한 반응도 좋지 않은 것으로 보고된다(Silove, Marnane, Wagner, Manicavasagar, & Rees, 2010).

사회불안장애

핵심 증상

DSM-IV에서 사회공포증으로 불리던 사회불안장애(social anxiety disorder, SOC)는 한 가지 이상의 사회적 상황에 대한 현저하고 지속적인 두려움으로 특징된다. 이러한 사회적 상황으로는 사회적 상호작용(예 : 다른 사람과 대화하기), 다른 사람들의 관찰(예 : 식당에서 식사할 때 다른 사람들이 보는 것), 그리고 다른 사람 앞에서의 수행(예 : 학급에서 발표하는 것)이 있다. 이러한 상황에서 아동은 다른 사람들로부터 부정적인 평가를 받는 행동을 하거나 불안증상을 보일까 봐, 또는 다른 사람을 기분 상하게 할까 봐 두려워한다(표 8.3의 DSM-5 진단기준 참조). 아동의 경우에는 이러한 두려움이 단지 성인들이 있는 상황만이 아니라 또래들과의 상황에서도 나타나야 한다. 아동이 두려움을 느낄 때 나타내는 반응으로는 울

기, 떼쓰기, 매달리기, 얼어붙기, 위축, 또는 말하기를 거부하기 등이 있다. SOC를 가진 아동은 이런 상황들을 적극적으로 회피하려 하거나 혹은 심한 두려움이나 불안과 함께 견뎌낸다. DSM-IV에서는 SOC를 가진 사람이 자신의 두려움이 과도하거나 비현실적이라는 것을 인식해야 했었다. 아동의 경우에는 인지발달로 인해 이러한 진단기준이 필수적이지 않았다. 그러나 DSM-5에서는 SOC를 가진 모든 연령의 사람이 자신의 두려움이 과도하거나 비현실적이라는 것을 인식할 필요가 없다. 그럼에도 불구하고 두려움이나 불안은 상황에 의해 제기된 실제 위험이나 사회문화적 맥락에 비해 커야 한다. 그리고 만약 다른 의학적 문제가 있을 경우에는(예 : 미관손상, 비만), 두려움과 불안, 회피가 의학적 문제와 관련이 없거나 또는 과도해야 한다. 증상은 6개월 이상 지속되며 기능손상이나 현저한 고통을 초래한다.

SOC를 가진 아동과 청소년은 많은 상황에 대해 두려움을 느낀다. 불안장애 면접 질문지-아동 및 부모용(Anxiety Disorders Interview Schedule-Child and Parent Version, ADIS-C/P)을 사용한 연구에서 SOC 아동들이 가장 두려움을 느끼는 사회적 상황은 (1) 새로 만났거나 친숙하지 않은 사람에게 말하기(64%), (2) 수업시간 중 질문에 대답하기(49%), (3) 어른에게 말하기(47%), (4) 말로 보고하거나 소리 내어 읽기(44%), (5) 음악이나 체육 수행하기(44%) 등으로 나타났다(Bernstein, Bernat, Davis, & Layne, 2008). ADIS-C/P 질문지를 사용한 유사한 연구에서 SOC를 가진 청소년들이 가장 불안을 느끼는 사회적 상황은 (1) 말로 보고하거나 소리 내어 읽기(90.5%), (2) 춤추러 가기(90.5%), (3) 파티나 야간활동(87.3%), (4) 교사에게 질문하거나 도움 요청하기(87.3%), (5) 음악이나 체육 수행하기(87.3%) 등으로 확인되었다(Beidel et al., 2007). SOC를 가진 아동들은 그렇지 않은 아동들에 비해 친구 수가 적고 친구를 사귀는 데 어려움이 있었으며, 집단활동에 참여하길 싫어하고, 자기보고 검사에서 외로움을 호소하는 것으로 나타났다(Beidel, Turner, & Morris, 1999; Beidel et al., 2007; Bernstein et al., 2008; La Greca, 2001).

SOC를 가진 아동들은 두려운 상황에서 당황하거나 부정적인 평가를 받는 것, 그리고 거부당하는 것에 대해 과도하게 걱정한다. SOC 아동들에 대한 관찰과 반응을 분석한 결과, 이들의 생각은 부정적 자기초점의 특징을 갖고 있으며(Alfano, Beidel, & Turner, 2006; Higa & Daleiden, 2008), 다양한 자율신경 증상과 감각을 보이는 것으로 나타났다(Albano, 1995; Albano, Marten, Holt, Heimberg, & Barlow, 1995). 특히 나이 어린 아동들은 흔히 복통과 질병을 호소한다. 더 큰 아동과 청소년들은 SOC 성인들과 마찬가지로 불안이 신체적으로 표출되는 것을 과도하게 걱정한다. 말로 보고하는 동안 얼굴이 붉어지거나 몸을 떠는 것, 친구들에게 말하는 동안 목소리가 떨리는 것, 땀을 흘리는 것 등은 다른 사람의 눈에 띌 수도 있는데, 이는 아동의 SOC를 증가시킨다. 연구자들은 SOC를 가진 아동의 이러한 신체반응이 SOC를 가진 성인의 반응과 일치한다는 것을 보여주었다(Beidel & Morris, 1993, 1995). 행동적인 면에서 어린 아동들은 지나치게 달라붙거나 우는 모습을 보일 수 있다. 반면 더 큰 아동들은 사회적 접촉 시 움츠러들며 관심의 초점이 되는 것을 회피하는 경향이 있다.

세부진단

DSM-IV는 사회공포증의 한 하위유형으로 일반화형(generalized subtype)을 포함하고 있는데, 이것은 사회적 두려움이 모든 사회적 상황을 포함하는지를 나타내기 위해 사용되었다. 자료에 의하면 일반화형은 아동과 청소년기 SOC 중에서 가장 흔한 형태이다(Beidel & Morris, 1993; Hofmann et al., 1999). 일반화형 SOC를 가진 사람은 다른 유형의 SOC를 가진 사람들에 비해 발병연령이 빠르고 기능손상이 더 크며, 동반이환의 위험도 더 높고, 발달 초기에 억제된 기질을 가질 가능성이 크며, 가족 내 전달도 더 강하다는 점에서 차이를 보인다(Beidel & Turner, 2007; Hofmann & Barlow, 2002; Mannuzza et al., 1995). 그러나 최근의 문헌고찰에서 Bögels와 동료들(2010)은 일반화형의 독특성을 지지하는 결과를 발견하지 못하였다. 이 연구자들은 대신 두려운 상황의 수에 따라 장애의 심각성이 달라지는 차원적 관점을 지지하면서, 일반화형이라는 세부진단을 사용하는 것이 유용하지 않다고 주장했다. 예를 들어 SOC를 가진 청소년 표본에서 92%가 일반화형의 진단기준을 충족하는 것으로 확인되었다(Beidel et al., 2007). Bögels 등은 더 많은 연구결과들이 일반화형보다는 수행형을 하위유형으로 지지한다고 주장하였다. 따라서 DSM-5는 일반화형을 포함하지는 않고 있으며, 사람들 앞에서 말을 하거나 수행하는 것에 국한된 불안을 나타내는 수행형이라는 세부진단을 포함하고 있다.

관련 특징

수줍음을 타는 기질이 SOC와 관련이 있다고 주장하는 사람들이 있지만, 전국동반이환조사연구 자료는 스스로 수줍음을 탄다고 생각하는 청소년의 12%만이 SOC 진단기준을 충족한다는 것을 보여준다(Burstein, Ameli-Grillon, & Merikangas, 2011). 반면 SOC의 평생유병률 진단기준을 충족하는 청소년의 약 70%는 자신이 수줍음을 탄다고 보고하였다. 또한 SOC를 가진 사람들은 수줍음을 타는 특징을 가진 사람들에 비해 다른 정신과 장애의 진단기준을 충족하는 경향과 손상을 나타내는 경향이 더 크다. 따라서 수줍음은 연속선상에서 평가되는 특징을 가질 수 있으며, SOC 진단기준을 충족시키는 청소년들은 이 연속선상에서 극단에 놓여 있다 할 수 있다.

또래문제는 SOC를 가진 아동과 청소년에게서 자주 관찰되는 관련 문제이다. SOC 아동은 불안하지 않은 통제집단 아동들에 비해 또래들과의 상호작용에서 긍정적인 결과를 끌어내지 못하며(Spence, Donovan, & Brechman-Toussaint, 1999), 또래들로부터 불안한 고독(anxious solitude)을 추구한다는 평가를 받으며(Gazelle, Workman, & Allan, 2010), 또래들로부터 수용되지 못하고 따돌림을 경험하는 경향이 있다(Erath, Flanagan, & Bierman, 2007; McCabe, Antony, Summerfeldt, Liss, & Swinson, 2003). 그러나 또래문제가 SOC의 발달에 기여하는지, 혹은 SOC 증상이 또래문제에 선행하는지는 명확하지 않다. 어떤 연구는 전자를 지지한다. 예를 들어 Rubin(1993)은 워털루 종단

연구에서 초등학교 2학년 시점의 또래소외가 5학년 시점의 사회적 유능감, 수줍음, 인기 없음과 상관이 있다고 보고하였다. 최근에 이루어진 5년 종단연구에서는 초등학교 1학년 시점의 외톨이 지위와 5학년 시점의 사회불안과 상관이 있는 것으로 나타났다(Morris, 2004). 반면 또 다른 5년 종단연구에서는 SOC와 또래거부 간의 양방향적 관계가 확인되었다. 즉, 불안한 위축이 또래거부에 영향을 미치고, 또래거부가 불안한 위축에 기여하는 것으로 나타났다(Gazelle & Ladd, 2003).

건강한 또래관계의 부족으로 인한 결과이든 또는 부정적인 또래관계의 원인이든, SOC를 가진 아동들은 낮은 수준의 사회기술을 보인다(Alfano et al., 2006; Beidel et al., 1999, 2007; Ginsburg, La Greca, & Silverman, 1998; Inderbitzen-Nolan, Anderson, & Johnson, 2007; Spence et al., 1999). 예를 들어 SOC를 가진 아동들은 그렇지 않은 통제집단 아동들에 비해 비언어적 의사소통 능력이 낮고(Melfsen, Osterlow, & Florin, 2000), 얼굴 표정과 같은 사회적 단서에 대한 지각이나 해석이 손상되어 있다(Melfsen & Florin, 2002; Simonian, Beidel, Turner, Berkes, & Long, 2001).

SOC와 관련된 또 다른 특징은 자기초점 주의(self-focused attention, SFA)를 경험한다는 것이다. 성인의 SOC에 대한 인지모델에서는 사회적으로 위협적인 상황의 경험이 불안한 해석을 고양시키고, 초점을 외부자극으로부터 자신에 대한 세부적 모니터링으로 전환시킨다고 본다(Clark & Wells, 1995; Hofmann & Barlow, 2002; Rapee & Heimberg, 1997). 이러한 자기초점은 불안반응에 대한 지각을 증가시키고, 상황과 다른 사람의 행동에 대한 정보처리를 방해한다. SFA 연구자들은 SFA를 "감각수용기를 통해 외부에서 생성된 정보를 자각하는 것과 대비되는 것으로, 내부에서 생성된 자기참조적 정보를 자각하는 것"이라고 정의한다(Ingram, 1990, p.156). 아동과 청소년의 경우에는 SFA가 부정적인 자기심상(negative self-imagery, NSI)으로 경험되는데, 이는 자기 자신에 대해 부정확한 시각적 인상을 갖는 것을 말한다(Alfano, Beidel, & Turner, 2008; Clark & Wells, 1995). Alfano 등

(2008)은 사회적으로 불안한 청소년과 그렇지 않은 청소년들의 NSI를 실험적으로 조작하였다. 사회적으로 불안한 청소년들은 NSI가 유도된 비불안집단 및 통제집단 청소년들에 비해, 더 많은 불안을 보고하며 자신의 수행을 더 낮게 평가하는 것으로 나타났다. 또한 관찰결과에서도 사회적으로 불안한 청소년들은 더 많은 불안을 나타내고 수행 수준도 더 낮은 것으로 확인되었다. Higa와 Daleiden(2008)은 지역사회 표본의 아동과 청소년을 대상으로 한 연구에서 사회불안 수준이 높은 아동들이 높은 수준의 SFA를 보인다고 보고하였다. Anderson과 Hope (2009)는 생리적 각성에 관한 연구에서 SOC를 가진 청소년과 그렇지 않은 청소년들 간에 객관적인 생리적 각성에서는 통계적으로 유의한 차이가 없었으나, SOC를 가진 청소년들은 두 가지 불안유발 상황이 제시되는 동안 더 높은 생리적 각성을 지각했다고 보고하였다. 이 연구자들은 사회적으로 불안한 청소년들은 고양된 SFA를 갖고 있으며, 이것이 생리적 각성의 작은 증가를 더 잘 지각하도록 만든다고 주장했다. 반면 불안하지 않은 청소년들은 약간의 생리적 각성을 나타내기는 하지만 이러한 각성을 지각하지는 않는 것으로 나타났다. 연구자들은 또한 사회적 사건이 발생한 이후에도 부정적인 인지가 존재한다고 주장한다. Clark와 Wells(1995)에 따르면, SOC를 가진 사람들은 사회적 사건이 일어난 후에 고통스러운 사건에 대해 반복적으로 생각하면서 부정적인 감정과 인지를 재경험하는 반추적 과정(ruminative process)을 경험한다. 이러한 사후사건 처리(postevent processing)에 관한 최근의 한 연구에서 SOC를 가진 8~12세 아동들은 건강한 통제집단 아동들에 비해 더욱 부정적인 사후사건 처리를 경험하는 것으로 나타났다(Schmitz, Kramer, Blechert, & Tuschen-Caffier, 2010). 이러한 부정적 인지과정에 대한 치료는 SOC를 가진 청소년의 긍정적인 평가를 증가시키고 상태불안을 감소시키는 데 효과가 있는 것으로 보인다(Parr & Cartwright-Hatton, 2009). 최근 들어 SOC의 성인 인지모델이 아동과 청소년 집단에도 적용될 수 있다는 연구결과가 증가하고 있다.

흔한 동반이환

SOC를 가진 아동과 청소년 임상표본들에 대한 연구에서 가장 흔한 동반이환 진단은 범불안장애이며, SAD와 특정공포증도 흔한 동반이환 불안장애로 보고되고 있다(Beidel et al., 2007; Bernstein et al., 2008; Leyfer et al., 2013). SOC를 가진 아동들은 또한 정상아동들보다 유의하게 높은 우울 수준을 나타낸다(Beidel et al., 1999, 2007; Francis, Last, & Strauss, 1992; La Greca & Lopez, 1998; Leyfer et al., 2013). 사실 아동기 SOC는 청소년 및 성인기의 우울증 발달에 기여하는 위험요인인 것으로 보인다. 주요우울장애와 SOC를 함께 갖고 있는 성인들에 대한 회고연구는 SOC가 주요우울장애에 앞서 발병한다고 보고하였다. 즉, SOC의 평균 발병연령은 11.7세인데 비해 주요 우울장애의 발변연령은 22세였다(Dalrymple & Zimmerman, 2011). 또한 다른 예측 및 회고연구에서도 아동기 및 청소년기에 발병한 SOC를 가진 성인들은 성인기에 발병한 SOC를 가진 성인들에 비해 증상이 더 심각하고 치료하기 어려운 주요우울장애를 보이는 것으로 보고되었다(Beesdo et al., 2007; Dalrymple & Zimmerman, 2011).

아동 및 청소년기의 SOC는 또한 물질사용장애 발달에 대한 위험요인인 것으로 보인다. 오리건 우울증 종단연구에서 기초선 시점의 SOC 진단이 알코올 및 대마초 의존을 발달시킬 가능성을 높이는 것으로 나타났으며, 이러한 결과는 성별과 우울증, 품행장애를 통제한 후에도 확인되었다(Buckner et al., 2008). 실제로 SOC와 알코올 및 대마초 의존 간의 관계는 다른 불안장애를 통제한 후에도 유지되었는데, 이는 SOC가 물질의존에 대해 고유한 위험요인으로 작용함을 시사한다.

역학

SOC는 지역사회 유병률 연구에서 특정공포증 다음으로 가장 빈번하게 발생하는 장애로 청소년기 유병률은 8.2%이고 평생유병률은 9.1%이다(Kessler, Avenevoli, Costello, et al., 2012; Merikangas et al., 2010). 이러한 결과는 다른 나라의 표본에서 얻은 결과와 유사하다. 예를 들어

표 8.4 선택적 함구증의 DSM-5 진단기준

A. 다른 상황에서는 말을 할 수 있음에도 불구하고 말을 해야 하는 특정 사회적 상황(학교)에서 일관되게 말을 하지 않는다.
B. 장애가 학습이나 직업상의 성취 혹은 사회적 소통을 방해한다.
C. 이러한 증상이 최소 1개월 이상 지속된다(학교생활의 첫 1개월에만 국한되지 않는 경우).
D. 사회적 상황에서 필요한 말에 대한 지식이 부족하거나, 언어가 익숙하지 않은 것으로 인해 말을 하지 않는 것이 아니다.
E. 장애가 의사소통장애(아동기 발병 유창성 장애)로 더 잘 설명되지 않고, 자폐스펙트럼장애, 조현병 또는 다른 정신병적 장애의 경과 중에만 발생되지는 않는다.

출처 : *Diagnostic and Statistical Manual of Mental Disorders, Fifth Edition* (pp.195). Copyright 2013 by the American Psychiatric Association의 허락하에 사용함.

네덜란드 청소년을 대상으로 한 연구에서 SOC의 6개월 유병률은 6.3%였다(Verhulst, van der Ende, Ferdinand, & Kasius, 1997). 그뿐만 아니라 SOC 유병률은 정신건강 서비스를 받는 아동들에게서 유사하게(6%) 나타났다(Chavira et al., 2009). 임상장면에 의뢰된 표본의 경우에는 SOC가 두 번째로 흔한 불안장애였는데, 아동과 청소년의 34%에서 발생하는 것으로 보고되었다(Leyfer et al., 2013).

발달경과 및 예후

SOC의 평균 발병연령은 10~13세이지만(Essau et al., 2000; Strauss & Last, 1993; Wittchen, Stein, & Kessler, 1999), 대개는 청소년기 혹은 성인 초기가 지나서야 진단된다. 이것은 장애의 특성상 SOC를 가진 사람들이 다른 불안장애를 가진 사람들에 비해 증상이 시작되고 도움을 구하기까지 훨씬 더 오래 걸리고(Wagner, Silove, Marnane, & Rouen, 2006), 사회공포증을 가진 사람들이 대부분 치료를 받지 않는 경향이 있는 것에 기인한다(Ruscio et al., 2008).

SOC 아동과 청소년들은 주요우울장애를 발달시킬 가능성이 높으며(Last et al., 1992), 이러한 가능성은 시간 경과에 따라 증가한다. 역학연구에 따르면 청소년 초기의 SOC는 청소년 중기 및 후기의 물질사용장애 발달로 가는 직접적 경로이다(Kessler et al., 1994). 청소년들은 자신의 사회불안을 진정시키려고 음주를 시작하는데, 그것이 더 힘든 사회적 상황을 허용하게 되고, 결국 자신의 사회적 행동을 지속하기 위해 알코올 사용에 의존하는 악순환에 빠져드는 것으로 보인다. SOC(다른 불안장애들과 마찬가지로)는 또한 역할 기능의 심각한 손상, 지연된 또는 불안정한 결혼생활, 그리고 전반적으로 낮은 삶의 질과 관련이 있다(Forthofer, Kessler, Story, & Gotlib, 1996; Kessler, Foster, Saunders, & Stang, 1995; Kessler & Frank, 1997). 장애를 갖고 있지 않은 또래들과 비교했을 때, SOC를 가진 소녀들은 고등학교를 졸업하고 대학에 입학하는 데 실패할 가능성이 더 높다. 또한 SOC를 가진 청소년들은 대학에 입학할지라도 성별에 관계없이 졸업하지 못할 가능성이 더 높다(Kessler et al., 1995). 이러한 학업 단절은 힘든 삶의 과정과 더불어 원가족에 대한 지나친 의존, 직업세계 진입을 위한 훈련 부족, 의료보험 시스템에 대한 부담 증가 등 수많은 사회적 결과를 초래할 수 있다(Kessler et al., 1995).

선택적 함구증

핵심 증상

DSM-5에서 새로이 발전한 것은 선택적 함구증(selective mutism, SM)을 불안장애의 하나로 포함한 것이다. SM은 DSM-IV에서 일반적으로 유아기, 아동기 또는 청소년기에 처음 진단되는 장애로 분류되었었다. SM은 다른 상황에서는(가족) 말을 하는 데 아무런 문제가 없음에도 불구하고, 말을 해야 하는 특정 사회적 상황(학교, 사회적 상황)에서 말을 하지 않는 것으로 특징된다(표 8.4의 DSM-5 진단기준 참조). SM 증상은 최소 1개월 이상 지속되어야 하며, 학교생활의 첫 1개월에만 국한되지 않는다. 또한 말을 하지 않는 것이 사회적 상황에서 요구되는 언어적 지식이 부족한 데 기인하지 않으며, 의사소통장애나 다른 발달장애로 설명되지 않는다. 이러한 장애들이 존재할 수는 있으나 이것이 말을 하지 않는 주요 이유가 되지는 않는다.

관련 특징

SM을 가진 아동은 SOC를 가진 아동과 마찬가지로 또래들보다 낮은 사회적 유능감을 나타낸다. 예를 들면 교사와 부모는 SM을 가진 아동이 그렇지 않은 아동들에 비해 언어적 및 비언어적 사회기술에서 더 낮다고 평정한다(Cunningham, McHolm, & Boyle, 2006). 그리고 SM을 가진 아동이 다른 불안장애 아동들보다 언어적 사회기술에서 더 낮다고 평가한다(Carbone et al., 2010). 또한 교사들은 SM을 가진 아동이 불안하지 않은 통제집단 아동들에 비해 사회적 자기주장, 자기통제 및 전반적 사회기술에서 더 낮다고 평정하며, 부모들도 SM을 가진 아동이 불안하지 않는 통제집단 아동들에 비해 사회적 책임감과 전반적 사회적 기술에서 더 낮다고 평가한다(Carbone et al., 2010).

SM이 ODD의 한 변형이라는 주장 또는 ODD와 연관된 문제라는 주장이 있다. 그러나 연구자들은 어른이 말을 하라고 격려할 때조차도 SM을 가진 아동이 말하기를 완강히 거부한다는 점을 들어 이러한 주장을 지지하지 않는다. SM을 가진 일부 아동들은 경미한 반항적 증상을 나타내기는 하지만(Kristensen, 2001), 이러한 행동은 공포자극에 직면했을 때 불안장애 아동이 나타내는 증상과 유사하다. 그리고 SM을 가진 아동의 반항적 행동은 말을 하도록 요구받는 상황에만 국한되는 것으로 보인다(Cunningham, McHolm, Boyle, & Patel, 2004; Cunningham et al., 2006).

흔한 동반이환

SM과 SOC 간의 높은 동반이환율(약 65%; Black & Uhde, 1995; Kristensen, 2000)을 고려하여 일부 연구자들은 SM을 어린 아동이 경험하는 SOC의 발달적으로 특수한 변형 또는 SOC의 발달적 전조라고 본다(Bergman, Piacentini,

& McCracken, 2002). 이러한 주장은 가족력 연구(Black & Uhde, 1995; Chavira, Shipon-Blum, Hitchcock, Cohan, & Stein, 2007; Cohan, Price, & Stein, 2006; Kristensen & Torgersen, 2002), 그리고 유사한 치료가 SM과 SOC 모두에 작용한다고 주장하는 치료성과 연구의 지지를 받고 있다(Cohan, Chavira, & Stein, 2006; Standart & Le Couteur, 2003). SOC에 덧붙여 SM을 가진 아동들의 다른 동반이환 진단으로는 의사소통장애와 배설장애(Cohan et al., 2008; Dummit et al., 1997; Kristensen, 2000; Steinhausen & Juzi, 1996), 그리고 ODD(Yeganeh, Beidel, & Turner, 2006)가 있다.

역학

SM은 지역사회표본에서의 유병률 추정치가 0.03~0.2%로 매우 드문 장애이다(Bergman et al., 2002; Elizur & Perednik, 2003; Kolvin & Fundudis, 1981; Kopp & Gillberg, 1997; Kumpulainen, Räsänen, Raaska, & Somppi, 1998). SM이 극히 드물게 발생한다는 점을 고려할 때 클리닉에 의뢰된 아동에 대한 역학연구들 중에서 SM을 포함한 연구는 극소수이다. 따라서 의뢰된 모집단에서의 유병률은 알려지지 않고 있다. 일부 연구에서는 남아보다 여아의 SM 유병률이 더 높다고 주장하는 반면(Cunningham et al., 2004; Dummit et al., 1997; Kristensen, 2000), 다른 연구들은 SM이 성별에 관계없이 동일하게 발생한다고 주장한다(Bergman et al., 2002; Elizur & Perednik, 2003).

발달경과 및 예후

SM은 3세경에 발생하는 것으로 보고되나(Remschmidt, Poller, Herpertz-Dahlmann, Hennighausen, & Gutenbrunner, 2001), 대부분 사회적 상황에서의 말하기에 대한 압력이 증가하는 초등학교 입학 후에(약 5세경) 눈에 띄게 된다(Cunningham et al., 2004; Garcia, Freeman, Francis, Miller, & Leonard, 2004; Giddan, Ross, Sechler, & Becker, 1997). 그러나 초등학교 입학 후에 처음 발견됨에도 불구하고, 대부분의 아동은 더 큰 후에야(6~9세) 평가와 치료에 의뢰된다(Ford, Sladeczek, Carlson, & Kratochwill,

1998; Kumpulainen et al., 1998; Remschmidt et al., 2001; Standart & Le Couteur, 2003). SM의 발달경과에 대한 연구는 제한되어 있다. 그러나 SM 치료를 위해 찾아온 24명의 아동을 대상으로 한 연구에서 46%가 중간 내지 현저한 수준의 향상을 보였다. 반면 54%는 치료 후 5~10년 내에 거의 또는 전혀 향상을 보이지 않은 것으로 나타났다(Kolvin & Fundudis, 1981). 의뢰 후 12년 동안 추적조사한 다른 연구에서 Remschmidt와 동료들(2001)은 SM을 가진 환자의 81%가 점진적 증상 개선을 보인 반면, 19%는 급작스러운 소멸을, 19%는 재발을 경험했다고 보고하였다. SM 증상에서 향상을 보인 아동들은 대부분 10세가 될 때까지 향상을 보였다. 이는 아동 중기까지 향상을 보이지 못하는 아동은 보다 지속적인 형태로 장애를 경험한다는 것을 시사한다(Kolvin & Fundudis, 1981). 또한 증상 감소 혹은 완전한 소멸을 경험하는 아동도 있지만, 연구들은 이들이 여전히 사회적 상황에서 지속적으로 어려움을 겪는다고 주장한다(Kolvin & Fundudis, 1981; Remschmidt et al., 2001).

공황장애

핵심 증상

DSM-IV에서 공황장애와 광장공포증은 연관되었었다. 즉, 공황장애는 광장공포증이 있거나 없는 경우로 진단되었으며, 광장공포증만 보이는 경우에는 공황장애의 과거력이 없는 광장공포증으로 기술되었다. DSM-5에서 공황장애와 광장공포증은 관련이 없으며, 각각 별도의 진단기준을 갖고 있다. 이러한 변화는 다수의 청소년과 성인이 공황장애 증상 없이 광장공포증을 경험한다고 주장한 연구들에 의한 것이다(Wittchen et al., 2008). 그러나 이런 연구결과에도 불구하고 지금까지 아동과 청소년을 대상으로 하는 연구들은 대부분 이 두 상태를 함께 살펴보았다. 따라서 여기에서는 이 두 상태에 대해 함께 논의할 것이다.

공황장애의 핵심 증상은 공황발작이다. 공황발작은 극심한 공포, 신체적 고통 혹은 이 두 가지가 함께 발생하여 수분 이내에 최고조에 이르는 기간을 말한다. 이 기간에 가슴 두근거림, 발한, 몸 떨림, 숨 가쁨과 같은 13가지 증상 중 네 가지 이상의 증상이 나타나야 한다. 공황발작은 공식적인 DSM 진단명이 아니며, 공황장애 진단기준을 충족시키지 않는 사람도 공황발작을 경험할 수 있다. 공황장애는 예기치 않은 갑작스러운 공황발작의 반복적인 발생으로 정의된다. 이때 적어도 1회 이상의 발작 이후에 1개월 이상 다음 중 한 가지 이상의 조건을 만족해야 한다. 즉, 추가적인 공황발작이나 그 결과에 대해 지속적으로 걱정하거나, 발작과 관련된 행동에서 현저하게 부적응적인 변화가 일어난다(표 8.5 참조). 또한 공황발작은 치료약물이나 카페인 같은 물질의 생리적 효과나 다른 의학적 상태(갑상선 기능항진증)로 인한 것이 아니다. 여기에서 '공황발작'이란 용어는 공황장애라는 맥락 안에서 발생할 수도 있고 그렇지 않을 수도 있는 극심한 공포 또는 불편감이 일어나는 기간을 의미하기 위해 사용된다. 반면, '공황장애'라는 용어는 표 8.5에 요약된 모든 증상을 보인다는 것을 의미하기 위해 사용된다.

임상 및 지역사회표본의 아동과 청소년들이 공통적으로 보고하는 공황발작 관련 증상들은 두근거림, 떨리거나 후들거림, 현기증, 숨 가쁨, 어지러움, 땀 흘림, 흉부통증 등이다(Diler et al., 2004; Doerfler, Connor, Volungis, & Toscano, 2007; King, Ollendick, Mattis, Yang, & Tonge, 1996; Last & Strauss, 1989; Warren & Zgourides, 1988). 인지적 증상보다 신체화 증상이 더 빈번하게 보고되며, 상당수의 아동들은 죽을 것 같은 또는 '미칠 것 같은' 공포증상을 보고한다(Doerfler et al., 2007; King et al., 1996). 또한 아동기와 성인기의 공황증상 표현 간에 연속성이 있는 것으로 보인다. 이는 아직 증거는 없지만 연령 집단에 따라 서로 다른 진단기준이 요구됨을 시사한다(Biederman et al., 1997; Craske et al., 2010). 청소년과 성인이 경험하는 공황증상에서 차이가 있다는 것은 청소년이 성인에 비해 앞으로 일어날 발작과 그로 인한 영향에 대해 걱정을 덜하며, 발작에 대한 반응으로써 행동변화가 일어날 가능성이 더 낮으며, 공황발작과 관련

표 8.5 공황장애의 DSM-5 진단기준

A. 반복적으로 예상하지 못한 공황발작이 있다. 공황발작은 극심한 공포와 고통이 갑작스럽게 발생하여 수분 이내에 최고조에 이르러야 하며, 그동안 다음 중 네 가지 이상의 증상이 나타난다.

주의점 : 갑작스러운 증상의 발생은 차분한 상태나 불안한 상태에서 모두 나타날 수 있다.

1. 심계항진, 가슴 두근거림 또는 심장박동 수의 증가
2. 발한
3. 몸이 떨리거나 후들거림
4. 숨이 가쁘거나 답답한 느낌
5. 질식할 것 같은 느낌
6. 흉통 또는 흉부 불편감
7. 메스꺼움 또는 복부 불편감
8. 어지럽거나 불안정하거나 멍한 느낌이 들거나 쓰러질 것 같음
9. 춥거나 화끈거리는 느낌
10. 감각이상(감각이 둔해지거나 따끔거리는 느낌)
11. 비현실감(현실이 아닌 것 같은 느낌) 혹은 이인증(나에게서 분리된 느낌)
12. 스스로 통제할 수 없거나 미칠 것 같은 두려움
13. 죽을 것 같은 공포

주의점 : 문화 특이적 증상(이명, 목의 따끔거림, 두통, 통제할 수 없는 소리 지금이나 울음)도 보일 수 있다. 이러한 증상들은 위에서 진단에 필요한 네 가지 증상에는 포함되지 않는다.

B. 적어도 1회 이상의 발작 이후에 1개월 이상 다음 중 한 가지 이상의 조건을 만족해야 한다.

1. 추가적인 공황발작이나 그에 대한 결과(통제를 잃음, 심장발작을 일으킴, 미치는 것)에 대한 지속적인 걱정
2. 발작과 관련된 행동에서 현저하게 부적응적인 변화가 일어난다(공황발작을 회피하기 위한 행동으로 운동이나 익숙하지 않은 환경을 피하는 것 등)

C. 장애는 물질(남용약물, 치료약물)의 생리적 효과나 다른 의학적 상태(갑상선 기능항진증, 심폐질환)로 인한 것이 아니다.

D. 장애가 다른 정신질환으로 더 잘 설명되지 않는다(사회불안장애에서처럼 공포스러운 사회적 상황에서만 발작이 일어나서는 안 된다. 특정공포증에서처럼 공포대상이나 상황에서만 나타나서는 안 된다. 강박장애에서처럼 강박사고에 의해 나타나서는 안 된다. 외상후 스트레스장애에서처럼 외상성 사건에 대한 기억에만 관련되어서는 안 된다. 분리불안장애에서처럼 애착대상과의 분리에 의한 것이어서는 안 된다.

출처 : *Diagnostic and Statistical Manual of Mental Disorders, Fifth Edition* (pp.208-209). Copyright 2013 by the American Psychiatric Association의 허락하에 사용함.

된 감정에 대해 말을 덜한다는 것을 시사한다(Craske et al., 2010; Wittchen, Reed, & Kessler, 1998).

관련 증상

공황장애를 가진 아동과 청소년은 공황증상과 광장공포증을 함께 보일 수도 있다. 광장공포증이란 피하기 어렵거나 난처한 상황에 놓이게 되거나 혹은 공황발작이 일어날 때 쉽게 도움을 받을 수 없는 상황에 처할 것에 대한 불안으로 정의된다(Kearney, Albano, Eisen, Allan, &

Barlow, 1997; Masi, Favilla, Mucci, & Millepiedi, 2000). 한 연구에서(Kearney et al., 1997) 공황장애를 가진 청소년들이 가장 회피하고 싶다고 보고한 상황으로는 식당/학교 식당, 군중, 작은 방, 강당, 엘리베이터, 공원, 식품점, 쇼핑몰, 집에 홀로 있는 것, 극장 등으로 나타났다. 공황장애를 동반하건 그렇지 않건 광장공포증으로 진단받은 청소년이 가장 공통적으로 보고하는 증상 두 가지는 도피하기 어려울 때 극심한 불안과 함께 상황을 견디는 것과 집 밖에 있을 때 도와줄 사람을 필요로 한다는

표 8.6 광장공포증의 DSM-5 진단기준

A. 다음의 다섯 가지 상황 중 두 가지 이상의 경우에서 극심한 공포와 불안을 느낀다.

  1. 대중교통을 이용하는 것(자동차, 버스, 기차, 배, 비행기)
  2. 열린 공간에 있는 것(주차장, 시장, 다리)
  3. 밀폐된 공간에 있는 것(상점, 공연장, 영화관)
  4. 줄을 서 있거나 군중 속에 있는 것
  5. 집 밖에 혼자 있는 것

B. 공황 유사 증상이나 무능력하거나 당혹스럽게 만드는 다른 증상(노인에서 낙상에 대한 공포, 실금에 대한 공포)이 발생했을 때 도움을 받기 어렵거나 그 상황에서 벗어나기 어려울 것이라는 생각 때문에 그런 상황을 두려워하고 피한다.

C. 광장공포증 상황은 거의 대부분 공포와 불안을 야기한다.

D. 광장공포증 상황을 피하거나, 동반자를 필요로 하거나, 극도의 공포와 불안 속에서 견딘다.

E. 광장공포증 상황과 사회문화적 배경을 고려할 때 실제로 주어지는 위험에 비해 공포와 불안의 정도가 극심하다.

F. 공포, 불안, 회피반응은 전형적으로 6개월 이상 지속된다.

G. 공포, 불안, 회피가 사회적, 직업적, 또는 다른 중요한 기능 영역에서 임상적으로 현저한 고통이나 손상을 초래한다.

H. 만약 다른 의학적 상태(염증성 장질환, 파킨슨병)가 동반된다면 공포, 불안, 회피반응이 명백히 과도해야만 한다.

I. 공포, 불안, 회피가 다른 정신질환으로 더 잘 설명되지 않는다. 예를 들어 증상이 특정공포증의 상황 유형에 국한되어서는 안 된다. (사회불안장애에서처럼) 사회적 상황에서만 나타나서는 안 된다. (강박장애에서처럼) 강박사고에만 연관되거나 (신체이형장애에서처럼) 신체 외형의 손상이나 훼손에만 연관되거나, (외상후 스트레스장애에서처럼) 외상성 사건을 기억하게 할 만한 사건에만 국한되거나, (분리불안장애에서처럼) 분리에 대한 공포에만 국한되어서는 안 된다.

주의점 : 광장공포증은 공황장애 유무와 관계없이 진단된다. 만약 공황장애와 광장공포증의 진단기준을 모두 만족한다면 두 가지 진단이 모두 내려져야 한다.

출처 : *Diagnostic and Statistical Manual of Mental Disorders, Fifth Edition* (pp.217-218). Copyright 2013 by the American Psychiatric Association의 허락하에 사용함.

것이다(Biederman et al., 1997; Doerfler et al., 2007). 공황장애를 가진 아동은 또한 학교버스 타기나 체육시간 참석하기 같은 학교상황을 회피하려 할 수 있으며, 학교 가기를 노골적으로 거부할 수도 있다. 경우에 따라서는 부모나 친한 친구가 아동의 '보안 요원' 역할을 하게 되며, 이런 사람이 있을 때는 아동도 활동을 참아낸다. 부모는 아동을 학교에 출석시키기 위해 학교에 따라가기도 한다. 이러한 행동은 분리불안장애와 유사하지만 공포의 초점이 어디에 있느냐에 따라 감별진단이 내려져야 한다. 공황장애에서 공포는 공황발작 자체 또는 발작에 수반되는 신체적 감각에 대한 것으로, 보호자나 사랑하는 사람으로부터 분리되거나 길을 잃는 것에 대한 공포에 의해 유발되지 않는다.

기초선 평가 시에 14~24세였던 참가자들을 10년간 종단적으로 추적한 대규모 규준표본(*N*=3,021)에 대한

연구에서 Wittchen과 동료들(2008)은 광장공포증이 종종 공황과 관련된 것으로 간주되지만 공황발작이나 공황장애와 독립적으로 개념화될 수 있는 장애임을 관찰했다. 구체적으로 이 표본에서 광장공포증은 발생 및 발병과 관련된 성별 및 연령 차이에 있어서 공황발작이나 공황장애와 다른 것으로 나타났다. 광장공포증의 진전과 안정성 또한 공황장애의 진전과 안정성과 차이가 있으며, 공황발작이 광장공포증 발생의 전구증상이라는 주장은 확인되지 않았다. 이러한 연구결과는 DSM-5에서의 최근 변화와 일치하며 광장공포증이 공황장애의 산물이 아니라 그 자체로서 불안장애임을 시사한다. 이는 공황장애가 없는 광장공포증을 가진 청소년들에 대한 선행연구에 근거한다(Biederman et al., 1997; 표 8.6 참조). 임상표본에서의 광장공포증의 발생률은 15%로 보고되어 왔다(Biederman et al., 1997). 그러나 Wittchen과 동료들

(2008)은 DSM-IV의 위계적 진단규칙을 엄격하게 적용할 때 자신들의 규준표본에서 공황의 과거력을 갖고 있지 않은 광장공포증의 발생률이 0.6%라고 보고했다. 그리고 한 가지 이상의 상황에서 현저한 공포를 느끼는지의 여부만 고려하고, '공황 같은' 증상이 동시에 존재하는지의 여부를 무시할 때는 5.3%로 추정된다고 보고했다. 최근의 대규모 역학조사 NCS-A에서 13~17세 청소년으로 이루어진 지역사회표본의 광장공포증 12개월 유병률은 1.8%인 반면(Kessler, Avenevoli, Costello, et al., 2012), 평생유병률은 2.4%로 보고되었다(Merikangas et al., 2010). 유병률 추정치의 차이와 공황장애가 없는 광장공포증에 관한 자료 부족에 대한 한 가지 가능한 이유는 광장공포증만을 가진 아동과 청소년은 자신의 증상에 대해 임상적 관심을 기울이거나 치료받을 가능성이 극히 낮기 때문이다(Wittchen et al., 2008). 공황장애가 없는 광장공포증이 가족 내에서 집합하는 경향은 없으나, 이러한 광장공포증이 공황장애의 가족 내 전달에 잠재적으로 기여할 수 있다는 증거가 있다(Nocon et al., 2008).

관련 특징

공황발작과 공황장애는 모두 자살생각과 시도의 증가된 위험과 관련이 있다(Goodwin & Roy-Byrne, 2006). 그러나 공황장애와 흔히 공존하는 우울증이 공황증상 및 자살 시도와 상호작용할 수 있다는 주장이 있다. 예컨대 공황장애와 우울증의 동시발생은 이후의 자살 시도를 초래할 수 있으며, 역으로 공황장애와 자살 사고의 동시발생은 우울증의 심각성을 시사할 수 있다. 마지막으로 우울증은 공황장애로 인해 발생할 수 있으며, 자살 사고는 공존하는 불안과 우울이 특히 심각하다는 것을 의미할 수 있다(Goodwin & Roy-Byrne, 2006). 공황과 우울이 공존할 때의 자살 시도 유병률은 25%로 추정된다. 우울만 있을 때(16%)와 공황장애만 있을 때(5.2%)보다 훨씬 높다는 점을 고려할 때 공황과 자살 시도의 관계는 우울과 공황장애의 동시발생으로 가장 잘 설명될 수 있는 것으로 보인다(Roy-Byrne et al., 2000). 최근의 연구결과는 우울이 불안장애와 자살생각 사이에서 매개역할을 할

수 있다는 일반적인 가설과 일치한다(Greene, Chorpita, & Austin, 2009).

호흡기 질환 또한 공황장애와 흔히 관련되는 것으로 보인다. 지역사회표본에 대한 한 종단연구에서 여성, 15세의 호흡기 질환, 또는 18세에 호흡기 질환을 겪은 부모가 이후의 광장공포증을 동반한 공황장애를 발달시킬 위험을 증가시키는 요인인 것으로 나타났다(Craske, Poulton, Tsao, & Plotkin, 2001). 남아들의 경우에는 높은 수준의 정서적 반응성, 천식 경험, 또는 3세 때의 감기 및 중이염 발생이 이후의 광장공포증을 동반한 공황장애의 위험 증가와 관련이 있었다. 이러한 연구결과는 아동기의 호흡기 질환 경험이 18~21세의 광장공포증을 동반한 공황장애와 그렇지 않은 공황장애를 가진 사람들과 장애가 없는 통제집단을 변별해 줄 수 있음을 시사한다(Craske et al., 2001).

흔한 동반이환

공황장애는 우울장애뿐만 아니라(Bittner et al., 2004), 다른 불안장애들과 자주 함께 발생한다(Biederman et al., 1997). 지역사회 기반의 한 종단연구에서 공황장애의 유무는 DSM 진단을 적어도 하나 이상 받을 가능성(89.4% 대 52.8%), 다른 불안장애를 갖고 있을 가능성(54.6% 대 25.0%), 기분장애를 갖고 있을 가능성(42.7% 대 15.5%), 그리고 물질장애를 가지고 있을 가능성(60.4% 대 27.5%)과 관련이 있는 것으로 나타났다(Goodwin et al., 2004). 실제로 공황발작만 있을 때조차도 정신병리 및 동반이환에서 비특이성 '위험인자'로 기능하는 것으로 밝혀졌다(Goodwin et al., 2004; Reed & Wittchen, 1998). 임상표본에서 주요 우울장애와의 동반이환율은 50%(Diler et al., 2004)로 보고되었고, 분리불안장애와의 동반이환율은 89%, 범불안장애와의 동반이환율은 86%로 보고되었다(Doerfler et al., 2007). 또한 공황장애는 불안과 우울뿐만 아니라 조증/경조증, ADHD 및 ODD와 공존하는 것으로 밝혀졌다(Doerfler et al., 2007).

SAD와 공황장애의 관계는 다른 진단과의 동반이환에 비해 더 많은 연구가 이루어져 왔다. 이는 연구자들이 아

동기의 분리 경험이 이후의 공황에 기여하는지(Gittelman & Klein, 1985; Mattis & Ollendick, 1997), 또는 SAD가 성인 공황장애의 아동기 표현인지를 밝히고자 했기 때문이다. 주요우울장애와 공황장애가 있거나 또는 없는 부모의 자녀에 대한 종단연구에서 Biederman과 동료들(2007)은 출발점의 SAD가 5년 후의 공황장애를 가장 잘 예측한다고 보고했다. 또한 아동기 SAD는 성인의 회고에 근거한 아동기 발생 공황장애를 가장 잘 예측하는 것으로 밝혀졌다(Biederman et al., 2005). 그러나 많은 연구들이 아동기 SAD와 이후의 공황장애 발달의 관련성을 지지했지만, 분리불안은 이후의 공황장애뿐만 아니라 다른 정신병리 증상도 예측하는 것으로 밝혀졌다. 이는 분리불안이 공황에 특수한 위험요인으로 작용하기보다는 이후의 불안과 우울에 대해 비특이성 요인으로 작용할 수 있음을 시사한다(Biederman et al., 2007; Craske et al., 2010). 두 장애를 모두 가진 아동들은 SAD만 가진 아동들보다 유의하게 더 높은 수준의 손상과 정신병리, 더 높은 비율의 동반이환을 나타냈다(Doerfler, Toscano, & Connor, 2008).

역학

아동과 청소년의 공황장애의 유병률은 다른 불안장애들보다 낮으며(Hayward & Sanborn, 2002), 전형적으로 청소년기에 특히 여아들에서 유병률이 증가한다(Wittchen et al., 2008). 임상표본에서 공황장애의 유병률은 2%(Diler et al., 2004)에서 13%(Doerfler et al., 2007), 지역사회표본에서의 유병률은 1.6%(Reed & Wittchen, 1998)에서 8.7%(Hayward et al., 2004)로 보고되었다. 미국의 대규모 역학조사 NCS-A에서 최근에 보고했듯이, 13~17세 청소년 지역사회표본에서 공황장애(광장공포증이 있거나 또는 없거나)의 12개월 유병률은 1.9%(Kessler, Avenevoli, Costello, et al., 2012), 평생유병률은 2.3%였다(Merikangas et al., 2010). 이에 반해 공황발작의 발생률은 임상기관에 의뢰되지 않는 청소년들에서 더욱 높은 것으로 보고되었다(Hayward et al., 2004; Wittchen et al., 2008). 즉, 청소년의 16%가 DSM이 정의한 공황발작을 경험한 적이

있는 것으로 나타났다(King et al., 1997).

성인의 공황장애 양상과 마찬가지로 공황장애 발생률은 여자 청소년이 남자에 비해 2배 정도 더 높다(King et al., 1997; Last & Strauss, 1989; Ollendick, Mattis, & King, 1994; Reed & Wittchen, 1998). 한 지역사회 종단연구에서 Wittchen과 동료들(2008)은 공황발작 발생률의 경우 성별에 따른 차이가 15세 이전에는 나타나지 않았다고 하였다. 그러나 공황장애의 경우에는 14세 이전에는 성차가 작다가 14~25세 사이에 현격하게 증가한다고 보고했다. 또한 13~26세 사이에 여자 집단에서는 새로운 공황장애 사례가 증가한 반면, 남자 집단에서는 새로운 사례의 증가가 두드러지지 않았다(Wittchen et al., 2008).

발달경과 및 예후

공황장애는 한때 아동기에는 발생하지 않으며 청소년기에도 드물게 발생하는 성인기 불안장애로 간주되었다(Kearney & Silverman, 1992; Moreau & Weissman, 1992; Nelles & Barlow, 1988). 아동은 공황장애의 핵심이라 할 수 있는 신체적 감각에 대한 재앙적 해석을 할 수 없다고 생각되었다. 그러나 시간이 지나면서 공황발작과 공황장애가 아동과 청소년에서도 존재한다는 것을 지지하는 연구결과들이 등장하였다(Abelson & Alessi, 1992; Black & Robbins, 1990; Biederman et al., 1997; Doerfler et al., 2007; Hayward, Killen, Kraemer, & Taylor, 2000; Kearney, Albano, Eisen, Allan, & Barlow, 1997; Last & Strauss, 1989; Moreau & Follett, 1993; Moreau & Weissman, 1992; Ollendick, 1995; Ollendick et al., 1994). 연구자들은 공황장애가 13세 이하의 아동에서도 존재한다는 것을 보여주었다(Biederman et al., 1997; Kearney et al., 1997). 그러나 연구표본의 대부분은 청소년들로 구성되었다(Last & Strauss, 1989).

Moreau와 Follett(1993)은 아동기 공황발작 및 공황장애에 대한 문헌 고찰에서 공황발작의 시작이 1~5세 아동들에서 일어난다는 연구가 있지만, 공황장애는 15~19세에 시작되는 경우가 가장 많다고 하였다. 이들은 또한 22명의 아동으로 구성된 혼합표본에서 공황장애에 대한

여섯 가지 사례연구를 인용했는데, 이들 중 12개 사례는 10세 이하에 공황증상을 처음 보고했다고 하였다. 그뿐만 아니라 임상기관에 의뢰된 7명의 아동과 27명의 청소년이 공황장애로 진단된 세 가지 연구에 대해서도 보고했다(Moreau & Follett, 1993). 이와 유사하게 Ollendick과 동료들(1994)도 공황발작이 청소년들에서 흔히 일어난다고 주장했다. 즉, 설문조사에 참여한 청소년의 40~60%가 공황발작을 경험한 적이 있다고 보고한 것으로 나타난 반면, 아동에서는 자주 발생하지 않는다고 하였다. 흥미롭게도 Hayward와 동료들(1992)은 10.3~15.6세 아동 754명을 사춘기 발달수준을 결정하는 태너 스테이지 기법으로 평가했을 때, 공황발작의 발생 증가가 사춘기 진입과 관련이 있다고 보고했다. 구체적으로 연구자들은 참가자들에게 5단계의 사춘기 신체발달을 묘사한 표준화 그림을 보여준 후 자신의 사춘기 발달을 가장 잘 나타내주는 것을 가리키도록 했다. 전반적으로 공황발작은 연령에 관계없이 조숙한 사춘기 발달을 보이는 여자 청소년들에서 가장 빈번하게 보고되었다(Hayward et al., 1992).

좀 더 최근의 연구도 많은 숫자는 아니지만 공황장애가 아동기에 존재한다는 것을 보여주었다. Diler와 동료들(2004)은 공황장애로 진단받은 42명의 아동 중에서 88%가 13세 이상이었다고 보고했다. Biederman과 동료들(2007) 또한 자신들의 표본 가운데 6명의 아동이 13세 이전에 공황장애를 처음 경험했다고 보고했다. 두 개의 또 다른 연구도 공황장애의 평균 발생연령이 아동기에 해당된다고 보고했다(5.1세; Biederman et al., 2005, 11.4세; Doerfler et al., 2008). 그러나 이 중 첫 번째 연구는 가족구성원이 공황장애 또는 광장공포증으로 진단된 표본을 대상으로 이루어졌으며, 두 번째 연구는 임상기관 의뢰가 전형적으로 10세 이하에 이루어지는 표본을 대상으로 한 것이었다. 이러한 연구결과들은 모두 아동기 공황장애 사례수가 적으며, 동일 연령 집단에서 발생하는 다른 불안장애들에 비해 상대적으로 유병률이 매우 낮은 진단임을 시사한다(Diler et al., 2004; Hayward & Sanborn, 2002; Reed & Wittchen, 1998; Wittchen et al., 1998, 2008).

아동기 공황장애의 경과는 전형적으로 만성적이며, 아동과 성인의 장애 표현 간에 연속성이 발견되었다(Biederman et al., 1997). 한 연구에서는 지역사회 14~17세 청소년 표본을 대상으로 19.7개월 간격으로 회고적 종단연구를 실시하였다. 연구결과 공황장애는 기초선과 추후평가 시의 역치 및 역치 이하 진단을 고려했을 경우에도 가장 안정적인 불안장애의 하나로 확인되었다(Wittchen, Lieb, Pfister, & Schuster, 2000). 그뿐만 아니라 공황장애는 완전관해 비율이 50%로 가장 낮은 진단 중의 하나로 나타났다(Wittchen et al., 2000). 이는 개입을 하지 않을 경우 공황장애가 매우 만성적이며 지속적인 경과를 보일 수 있음을 시사한다. Goodwin과 Hamilton(2002)은 미국의 전국동반이환조사연구 자료에 대한 분석에서 조기에(20세 이전에) 발병하고 공포를 동반한(첫 공황발작 이후에 일어날 발작을 두려워하는 느낌) 공황장애를 갖고 있는 사람은 이 범주에 해당되지 않는 공황발작을 갖고 있는 사람들에 비해, 다양한 형태의 동반이환이 유의하게 더 일찍 발생하며 가족이 심리적 장애를 갖고 있는 비율도 더 높고 자살 시도의 위험 및 치사율도 높다고 보고하였다. 같은 맥락에서 불안장애에 대한 15년 종단연구인 하버드-브라운 불안연구 프로젝트에서는 조기 발병(20세 이하) 공황장애를 갖고 있는 성인들은 첫 평가 시에 주요우울장애와 범불안장애, 사회공포증을 동반이환장애로 갖고 있으며, 광장공포증을 동반한 조기 발병 공황장애를 갖고 있는 사람은 더 늦게 발병한 사람들에 비해 관해기가 지난 후에 증상 재발을 경험할 가능성이 더 높은 것으로 나타났다(Ramsawh, Weisberg, Dyck, Stout & Keller, 2011). 흥미롭게도 이 연구에 포함된 다른 불안장애들에서는 조기 발병과 후기 발병 간의 차이가 나타나지 않았다. 이는 조기 발병 공황장애가 특히 심각한 상태라는 것을 보여준다 할 수 있다.

표 8.7 범불안장애의 DSM-5 진단기준

A. (직장이나 학업과 같은) 수많은 일상활동에 있어서 지나치게 불안해하거나 걱정(우려하는 예측)을 하고, 그 기간이 최소한 6개월 이상으로 그렇지 않은 날보다 그런 날이 더 많아야 한다.

B. 이런 걱정을 조절하기 어렵다고 느낀다.

C. 불안과 걱정은 다음의 여섯 가지 증상 중 적어도 세 가지 이상의 증상과 관련이 있다(지난 6개월 동안 적어도 몇 가지 증상이 있는 날이 없는 날보다 더 많다).

　　주의점 : 아동에서는 한 가지 증상만 만족해도 된다.

　　1. 안절부절못하거나 낭떠러지 끝에 서 있는 느낌
　　2. 쉽게 피곤해짐
　　3. 집중하기 힘들거나 머릿속이 하얗게 되는 것
　　4. 과민성
　　5. 근육의 긴장
　　6. 수면 교란(잠들기 어렵거나 유지가 어렵거나 밤새 뒤척이면서 불만족스러운 수면상태)

D. 불안이나 걱정, 혹은 신체증상이 사회적, 직업적, 또는 다른 중요한 기능 영역에서 임상적으로 현저한 고통이나 손상을 초래한다.

E. 장애가 물질(예 : 약물남용, 치료약물)의 생리적 효과나 다른 의학적 상태(예 : 갑상선 기능항진증)로 인한 것이 아니다.

F. 장애가 다른 정신질환으로 더 잘 설명되지 않는다(예 : 공황장애에서 공황발작을 일으키는 것, 사회불안장애(사회공포증)에서 부정적 평가, 강박장애에서 오염이나 다른 강박사고, 분리불안장애에서 애착대상과의 분리, 외상후 스트레스장애에서 외상성 사건을 상기시키는 것, 신경성 식욕부진증에서 체중 증가, 신체증상장애에서 신체적 불편, 신체이형장애에서 지각된 신체적 결점, 질병불안장애에서 심각한 질병, 조현병이나 망상장애에서 망상적 믿음의 내용에 대해 불안해하거나 걱정하는 것).

출처 : *Diagnostic and Statistical Manual of Mental Disorders, Fifth Edition* (pp.222). Copyright 2013 by the American Psychiatric Association의 허락하에 사용함.

범불안장애

핵심 증상

범불안장애(generalized anxiety disorder, GAD)의 핵심적인 특징은 여러 사건 및 활동에 대한 극단적이며 통제 불가능한 걱정으로, 이러한 걱정을 하는 날이 그렇지 않은 날보다 더 많으며 최소한 6개월 이상 발생한다(표 8.7 참조). 미래의 사건에 대한 비현실적이며 과도한 걱정은 과잉불안장애(overanxious disorder, OAD)를 가진 아동 임상표본에서 95% 이상 발견된다(Strauss, Lease, Last, & Francis, 1988).[2] GAD의 특징인 통제 불가능한 걱정은 미래, 과거의 행동, 운동이나 학업, 또래관계 유능감 등 여러 가지 전반적인 생활에 초점이 맞추어진다. GAD를 가진 아동 임상표본에서 가장 빈번하게 보고되는 걱정은 시험/성적, 자연재해, 신체공격, 미래의 학업수행, 또래들의 괴롭힘 및 따돌림 등이다(Weems, Silverman, & La Greca, 2000). GAD 아동은 가정의 재정문제 같은 어른들의 문제에 대해서도 걱정하는 경우가 많다(Bell-Dolan & Brazeal, 1993). GAD 아동은 학교에서의 수행, 운동, 대인관계 등에서 완벽해질 때까지 걱정을 경험한다(Bell-Dolan & Brazeal, 1993; Strauss, 1990). 따라서 이런 아동들은 스스로에게 지나치게 높은 성취기준을 부과하며 이러한 기준에 미치지 못할 경우 지나치게 자신을 비판한다.

몇몇 연구들은 아동과 청소년기의 정상적인 걱정과 임상적 걱정을 구분하고자 하였다. 연구결과 임상기관에 의뢰되지 않은 아동들도 자주 일어나지 않는 사건(예 : 도난을 당하는 것, 칼에 찔리기, 총에 맞기)에 대해 걱정하지만(Silverman, La Greca, & Wasserstein, 1995), GAD 아동은 이러한 사건의 발생률이 낮다는 것을 인지하지 못하고 있는 것으로 나타났다. 다른 연구에서도 임상집단과 비임상집단의 아동들을 구분해 주는 것은 걱정의 빈도가 아니라, 자기보고로 측정된 걱정의 강도인 것으로 밝혀졌다(Muris, Meesters, Merckelbach, Sermon, & Zwakhalen, 1998; Perrin & Last, 1997; Weems et al.,

2000). 이뿐만 아니라 걱정의 강도는 GAD 아동의 손상에 대한 임상적 평가를 가장 잘 예측한다(Layne, Bernat, Victor, & Bernstein, 2009). 이런 연구들은 사실상 일반 아동들도 임상표본의 아동들과 마찬가지로 많은 걱정을 한다는 것을 보여준다. 이는 걱정의 과정에서 걱정의 강도가 통제 불가능하다는 느낌으로 이끄는 메커니즘으로 작용할 수 있음을 시사한다(Weems et al., 2000).

초기의 인지이론들은 걱정을 지각된 미래 위협에 대한 회피적 대처전략으로 개념화하였다(Borkovec, 1994; Borkovec, Alcaine, & Behar, 2004). 이 이론들에 따르면 걱정은 최악의 상황에 대비하거나 나쁜 일이 일어나는 것을 멈추기 위한 방법을 확인하기 위한 인지적 접근이다. 또한 걱정에 대한 회피모형은 대처전략으로서의 걱정이 부정적 사건에 대한 신체적 반응 및 정서적 처리를 감소시킴으로써 부적 강화를 받으며, 이러한 감소가 미래의 걱정을 유지시킨다고 주장한다. 그러나 많은 연구들은 걱정이 실제로는 생리적 활성화를 유발한다고 주장하며(Newman & Llera, 2011), 걱정에 대한 회피이론에 의문을 제기한다. Newman과 Llera(2011)는 이러한 불일치한 연구결과를 설명하기 위해 걱정에 대한 '대비 회피모형'을 제안했다. 이들은 GAD 아동들이 부정적 대비를 회피하기 위해 걱정을 하나의 전략으로 사용한다고 주장한다. 다시 말해 GAD를 가진 사람은 긍정적 상태에서 부정적 상태로의 이동, 또는 중간 정도의 부정적 상태에서 극단적 부정적 상태로의 이동을 경험하는 대신 만성적으로 괴로운 느낌을 선호한다는 것이다(예 : "만약 최악의 상황을 예상한다면 나중에 실망하지 않을 거야."; Borkovec & Roemer, 1995). Newman과 Llera는 자신들의 모형에서 걱정은 신체적 반응 감소에 의해 강화를 받지 않으며, 오히려 부정적인 사건이 일어나지 않을 때 느끼는 안도감에 의해 강화를 받는다고 주장한다. 걱정에 대한 이러한 인지모형이 아동들에게도 적용될 수 있는지의 여부를 살펴보기 위한 연구가 필요하다. 지나치며 통제 불가능한 걱정에 대한 강조와 더불어, DSM-5는 여섯 가지의 구체적인 신체화 증상을 나열하고 있다. 아동과 청소년에게 범불안장애 진단을 내리기 위해서는 이

중 한 가지가 필요하다(안절부절못함, 피곤해함, 집중하기 힘듦, 근육긴장, 수면교란; 표 8.7 참조). GAD를 가진 성인과 마찬가지로 GAD를 가진 아동도 현저한 신체화 호소로 인해 소아과 의사나 소화기내과 전문가에 의해 치료에 의뢰된다(Bell-Dolan & Brazeal, 1993). GAD를 가진 아동에 대한 한 연구에서 걱정과 관련된 가장 흔한 증상은 안절부절못함, 주의집중 곤란, 그리고 수면장애로 나타났다(Layne et al., 2009). 다른 연구에서는 일차적으로 GAD 진단을 받은 아동들은 다른 불안장애 진단을 받은 아동들보다 더 높은 수준의 수면장애를 겪는 것으로 나타났다(Alfano, Pina, Zerr, & Villalta, 2010). 일부 연구에서는 두통, 복통, 근육긴장, 땀 흘림, 떨림과 같은 증상이 GAD 아동들에서 가장 빈번하게 보고되었다(Eisen & Engler, 1995). 그러나 Tracey, Chorpita, Douban과 Barlow(1997)는 DSM-IV 진단기준으로 평가된 임상표본에서 근육긴장 증상은 아동과 부모에 의해 드물게 보고됨을 확인하였다. 이와 유사하게 Comer, Pincus와 Hofmann (2012)도 650명의 불안한 아동들로 이루어진 대규모 표본에서 DSM-IV 관련 증상 가운데 근육긴장이 가장 낮은 민감성을 보였으며, GAD 아동들에서 가장 낮은 발생률을 나타냈다고 보고했다. 반면 안절부절못함은 이 연구에서 가장 높은 진단적 가치를 나타냈다. 그뿐만 아니라 이들의 표본에서 우울증을 통제한 후에도 피곤해함, 주의집중 곤란과 수면장애(일부 연구자들은 우울증상과 중첩된다고 주장함)가 GAD 진단과 지속적으로 관련되는 것으로 나타났다.

GAD의 신체화 증상과 걱정 간의 차이를 탐색하기 위해 Higa-McMillan, Smith, Chorpita와 Hayashi(2008)는 임상기관에 의뢰된 289명의 아동과 청소년 표본에서 ADIS-C/P로 보고된 증상들을 살펴보았다. 확인적 요인분석은 GAD의 2요인 모형을 지지하였는데, 걱정증상들은 신체화 증상들과 다른 독립된 요인으로 묶이는 것으로 나타났다. Higa-McMillan과 동료들은 또한 GAD 신체화 요인이 GAD 걱정요인과 마찬가지로 사회공포증 및 주요우울장애와 강한 관련성을 보인다고 보고하였다. 이러한 결과는 다른 불안장애를 가진 아동들도 신체화 증상을

보고하기 때문에 GAD 진단의 신체화 진단범주가 갖는 부적 예측력이 낮다고 보고한 Tracey와 동료들(1997)의 연구를 지지한다. Kendall과 Pimentel(2003)은 자녀들이 스스로 보고한 것보다 부모들이 보고한 신체화 증상이 더 많다는 것을 발견하면서, 신체화 호소가 GAD 진단을 위해 특별히 좋은 지표가 아니라는 주장에 신빙성을 더해 주었다. Tracey와 동료들, 그리고 Kendall과 Pimentel 은 또한 청소년이 아동보다 더 많은 신체화 증상을 보고한다는 것을 확인했다. 따라서 신체화 증상은 현상학적으로 GAD의 걱정이 아동에서는 청소년과 성인에서처럼 중요한 역할을 하지는 않는 것으로 보인다. 이것은 나이 어린 아동은 아직 신체화 경험을 인식하고 이러한 경험을 불안과 걱정이라는 감정과 연결시키는 것을 배우는 과정에 있기 때문에 발달적인 차이에 기인할 수 있다. 그럼에도 불구하고 이 연구와 Comer와 동료들(2012)의 연구 간의 차이는 추가 연구가 필요함을 시사한다.

관련 특징

GAD를 가진 아동과 청소년은 몇 가지 관련된 증상과 특징을 경험한다. 예컨대 임상기관에 의뢰된 157명의 GAD 아동과 청소년 임상표본에서 가장 흔한 증상은 긴장감, 불안한 예상, 부정적 자기상, 안심에 대한 요구, 안절부절못함이었으며, 이러한 증상이 표본의 75% 이상에서 발생하는 것으로 나타났다(Masi et al., 2004). GAD를 가진 아동과 10대 청소년들은 또한 환경에 대한 지각된 통제감이 부족하며, 이러한 관련성은 전반적인 부정적 정서를 조정한 후에도 존재하는 것으로 나타났다(Frala, Leen-Feldner, Blumenthal, & Barreto, 2010).

불확실성에 대한 불내성(intolerance of uncertainty, IU)이 성인의 걱정과 GAD에서 인지적 취약성 요인임을 보여주는 연구들이 증가하고 있다(Dugas, Buhr, & Ladouceur, 2004). 그리고 최근의 연구는 IU가 아동의 GAD에서도 역할을 할 수 있음을 시사하고 있다(Comer et al., 2009; Fialko, Bolton, & Perrin, 2012). IU는 불확실한 사건과 그것의 결과에 대해 부정적인 신념을 유지하는 경향 또는 모호함을 참지 못하는 경향으로 기술된다(Koerner &

Dugas, 2008). IU는 걱정을 유지하는 인지과정의 성향을 갖도록 하는 고차적 취약성 요인이기 때문에, GAD 위험을 가져올 수 있는 인지적 경향으로 간주된다. 이러한 인지과정은 사고 억제 및 분산전략(인지적 회피), 사건을 대처하기 어려운 위협으로 보는 것(부정적 문제 지향), 그리고 걱정이 문제를 해결하고 두려운 결과를 예방할 수 있다는 신념(걱정에 대한 긍정적 신념)을 포함한다(Borkovec, 1994; Dugas, Gagnon, Ladouceur, & Freeston, 1998). Fialko와 동료들(2012)은 최근에 Dugas와 동료들(1998)의 IU 모형을 검증하였다. 구체적으로 515명의 아동과 청소년으로 이루어진 표본에서 인지과정과 불안 간의 가설적 관계를 걱정의 빈도가 매개하는지 살펴보았다. 연구결과 13~19세 청소년 집단에서 Dugas와 동료들의 모형은 비교적 적합한 것으로 나타났다. 즉, IU는 인지적 회피와 부정적 문제 지향에 대해 고차적 취약성 요인으로 작용하는 것으로 밝혀졌다. 연구자들은 또한 IU와 불안, 인지적 회피와 불안 간의 직접경로를 지지하는 증거를 확인하였다. 연구자들은 IU와 인지적 회피가 걱정에 대해서뿐만 아니라 불안에 대해서도 유의한 위험요인이라고 결론지었다. 또한 연구자들은 7~12세 아동집단에서 IU가 인지적 회피와 걱정을 통해 불안에 영향을 미치는 간접경로, 그리고 청소년 표본에서와 마찬가지로 불안으로 가는 직접경로를 확인하였다. 그러나 아동 표본에서는 문제해결 지향을 지지하는 결과가 확인되지 않았다. 이는 문제해결 지향이 발달하는 데 시간이 걸리기 때문인 것으로 보인다. 이상을 종합할 때 IU와 인지적 회피는 성인에서와 마찬가지로 아동과 청소년의 걱정과 GAD에서 중요한 역할을 하는 것으로 보인다. 실제로 기능적 자기공명영상 연구는 청소년들이 확실성 과제를 하는 동안 IU가 전두엽과 변연계 영역에서 일어나는 활동과 정적 상관을 보인다는 것을 보여주었다. 이는 GAD의 발달과 유지에서 IU가 작용한다는 것을 시사한다(Krain et al., 2008).

흔한 동반이환

불안장애 중에서 GAD는 가장 빈번하게 다른 장애와 함께 발생한다(Masi et al., 2004). 불안 및 관련문제 전문 클리닉에 의뢰된 표본에서 GAD는 가장 흔한 진단일 뿐만 아니라(37%), 가장 흔한 동반이환 진단(15.6%; SOC 발생률은 15.8%)으로 확인되었다(Leyfer et al., 2013). 아울러 GAD를 가진 아동과 청소년은 종종 몇몇 정신과 장애를 함께 나타낸다. 임상기관에 의뢰된 아동을 대상으로 한 Leyfer와 동료들(2013)의 연구에서 GAD를 가진 아동의 71%가 동반이환 진단을 받은 것으로 확인되었다. SOC는 가장 흔한 동반이환 진단(33.1%)이었으며, 특정공포증(16.9%), SAD(15.4%), 우울증(12.3%)이 뒤를 이었다. 그러나 동반이환 양상은 표본에 따라 약간 차이가 있었는데, 이는 의뢰 양상이 반영된 것으로 보인다. 예컨대 임상기관에 의뢰된 157명의 GAD 아동과 청소년 표본을 대상으로 한 Masi와 동료들(2004)의 연구에서 우울은 가장 흔한 동반이환장애로 표본의 56%에서 발생하는 것으로 나타났다. 다른 동반이환 진단에는 특정공포증(42%), SAD(31.8%), 사회공포증(28%), 외현화 장애(21%), 강박장애(19.7%), 공황장애(16.6%), 양극성 장애(11%)가 포함되었다. 이 표본에서 GAD를 가진 아동들은 청소년들에 비해 SAD를 동반이환 진단으로 받는 경향이 있었으며, GAD를 가진 남아들은 여아들에 비해 외현화 장애를 동반이환 진단으로 받는 경향이 있었다(Masi et al., 2004).

GAD를 가진 아동과 청소년들에서 우울증이 가장 흔한 동반이환장애라는 Masi와 동료들(2004)의 연구결과는 다른 연구들과도 일치한다. 이는 GAD가 다른 불안장애들에 비해 단극성 우울증과 더 강한 관련성이 있음을 시사한다. 예를 들어 Higa-McMillan과 동료들(2008)의 연구에서 GAD는 사회공포증보다는 우울증과 더 강한 관계가 있었다. 이러한 결과는 성인집단에서 확인된 많은 증거와 일치하며(Brown, Chorpita, & Barlow, 1998; Moffitt et al., 2007), GAD가 구조적으로 다른 불안장애보다 우울장애와 더 밀접한 관계가 있음을 보여준 Lahey와 동료들(2008)의 연구결과와도 일치한다. 또한 역학연구는 청소년기 GAD가 성인 초기의 우울증을 예측한다는 것을 보여주고 있다(Copeland, Shanahan, Costello, &

Angold, 2009).

역학

지역사회표본에서의 GAD 유병률은 0.16~10.8% 정도로 아동과 청소년에서 드물지 않게 발생한다(Cartwright-Hatton, McNicol, & Doubleday, 2006). 그러나 미국의 동반이환 연구에서 보고한 13~18세 청소년의 유병률은 12개월 1.1%, 평생 2.2%로 가장 흔하지 않은 불안장애였다(Kessler, Avenevoli, Costello, et al., 2012; Merikangas et al., 2010). DSM-IV에서 OAD를 제거하고 GAD로 대체하자 지역사회 유병률이 낮아졌는데, 이는 과거에 OAD 진단을 받았던 일부 아동들이 GAD 진단기준으로는 진단되지 않은 채 남아 있음을 보여준다(Beesdo, Knappe, & Pine, 2009). 그럼에도 불구하고 최근의 한 연구에서 GAD는 불안장애 전문 클리닉에 의뢰된 아동들에게 가장 흔한 불안장애 진단(37.1%)으로 보고되었다(Leyfer et al., 2013).

발달경과 및 예후

DSM-III와 DSM-III-R에서 OAD는 아동기로 한정된 진단이었으며 DSM-IV에서는 제거되었다. 일부 연구자들이 아동기 OAD와 GAD 간에 공통점이 많다고 주장함에도 불구하고(Kendall & Warman, 1996; Tracey et al., 1997), 이 두 진단의 발달경과와 예후에 대한 연구결과들은 다소 상충한다. 예컨대 DSM-III와 DSM-III-R의 진단을 살펴본 연구들은 OAD가 4세에 시작할 수 있으며(Beitchman, Wekerle, & Hood, 1987), 평균 발생연령이 8.8세(Last et al., 1992)부터 13.4세(Last, Hersen, et al., 1987)에 이른다고 보고한다. 반면 GAD에 대한 연구는 이보다 훨씬 늦게, 즉 10대 후반 및 20대 초반에 발생한다고 주장한다(Wittchen, Zhao, Kessler, & Eaton, 1994). 또한 OAD에 대한 연구는 나이가 많은 아동일수록 어린 아동에 비해 더 많은 수의 과잉불안증상을 보이며, 불안과 우울에 대한 자기보고의 수준도 유의하게 높다는 것을 확인했다(Strauss et al., 1988). 반면 GAD에 대한 연구는 GAD 아동과 청소년들이 보고한 증상의 수나 유형에서 차이가

였다. 구체적으로 유치원 연령의 아동과 어머니로 구성된 일반 표본에서 Hill과 Bush는 양육 능력에 대한 유능감이 의사소통과 같은 긍정적인 양육방식과는 정적 관련성을, 일관되지 않은 훈육과 같은 부정적 양육방식과는 부적 관련성이 있다는 것을 확인하였다. 또한 더 높은 수준의 효능감을 보고한 부모의 자녀는 더 낮은 수준의 불안을 보고하는 것으로 나타났다. 그리고 이러한 관련성은 아프리카계 미국인 가정에 비해 유럽계 미국인 가정에서 더욱 강한 것으로 확인되었다. 그러나 이 두 집단은 양육 효능감 측면에서는 유의한 차이가 없었다. 이러한 결과에 대해 연구자들은 부모의 효능감이 자녀의 불안에 간접적으로만 영향을 미칠 수 있거나, 또는 아프리카계 미국인 아동들에게는 가족 외부로부터의 추가적 지지가 제공될 수 있으며 이것이 어머니의 낮은 효능감을 보상해 줄 수 있다고 보고하였다. 부정적인 의사소통, 강요, 적대적 통제, 일관성 없는 훈육, 애정 철회, 양육 효능감과 같은 구체적 양육행동과 관련하여 아프리카계 미국인 부모집단과 유럽계 미국인 부모집단 간에 유의한 차이가 없다는 데 주목할 필요가 있다. 종합적으로 연구자들은 양육방식과 그것이 자녀의 불안에 미치는 영향은 전반적으로 연구에 참여한 두 민족집단이 유사한 영향을 보인다고 하였다(Hill & Bush, 2001).

사회경제적 지위

사회경제적 지위(socioeconomic status, SES)와 불안의 관계를 살펴본 연구들은 이 두 변인 간의 관련성을 보고해 왔다. 그러나 일부 연구에서 이 효과의 크기는 크지 않았으며, 또 다른 연구에서는 SES 자체보다 가정의 SES와 관련된 변인들(예 : 부모의 마약 노출, 세대 밀도)이 아동의 불안과 더 관련이 있는 것으로 나타났다. 몇몇 연구들은 가정의 SES와 아동의 불안 간의 관계에 대해 상반되는 결과를 제시하였다. 예를 들어 하와이에 거주하는 216명의 필리핀계 일반 청소년 표본에서 불안은 일차적 소득자의 교육 및 고용과 같이 낮은 지위의 다양한 지표들과 관련이 있었다(Guerrero, Hishinuma, Andrade, Nishimura, & Cunanan, 2006). 이와 유사하게 Vine과 동

료들(2012)은 11~13세 학령기 아동 표본에서 소득수준이 낮은 가정의 아동들이 MASC 척도로 측정된 신체적 불안과 분리/공황불안에서 더 높은 수준을 보인다고 보고하였다. Melchior와 동료들(2010)은 4~18세 프랑스 아동 일반 표본에서 여러 가족 관련 위험요인(부모의 이혼, 부모의 실직, 스트레스 사건에의 노출)을 통제한 후에도, 낮은 수입이 아동기 우울과 불안을 유의하게 예측한다고 보고하였다. 구체적으로 8년의 평가 동안 낮은 수입을 겪은 적이 있는 가정의 아동들은 그렇지 않은 가정의 아동들보다 거의 2배 정도 더 많은 내재화 증상을 보이는 경향이 있었다. 그뿐만 아니라 연구 동안 수입이 감소했거나 지속적으로 낮았던 가정의 아동들은 가정의 수입이 지속적으로 높았던 가정의 아동들보다 더 많은 내재화 문제를 보이는 것으로 나타났다.

개인의 사회적 지위(아동기 및 성인기 동안 현재 또는 가장 최근의 부모 또는 자신의 직업)에 대한 한 종단연구에서 아동기 동안의 낮은 사회적 지위는 성인기 불안과 우울의 높은 위험과 관련이 있었다. 그러나 이 관계는 성인기의 사회적 지위와 아동기 심리적 장애를 통제한 후에는 유의하지 않은 것으로 나타났다(Stansfeld, Clark, Rodgers, Caldwell, & Power, 2011). 반면 성인기의 사회적 지위는 아동기의 사회적 지위와 심리적 장애를 통제한 후에도 여전히 불안과 우울의 높은 위험과 관련이 있었다. Stansfeld와 동료들(2011)은 이러한 결과가 아동기의 사회적 지지가 성인기의 심리적 장애 위험에 영향을 미친다는 '축적된 위험(accumulation of risk)' 모형에 대해 제한된 지지를 제공한다고 하였다. 연구자들은 자신들의 결과가 '건강 선택(health selection)' 모형을 지지한다고 보았다. 이 모형에서는 교육 및 이후의 고용 기회를 통해 더 높은 지위로 이동하는 데 있어서의 어려움으로 인해 아동기의 불안과 우울증이 이후의 사회적 지위에 영향을 미친다고 본다. 마지막으로 Okamura와 동료들(2014)은 부모 보고를 통해 아동의 불안을 평가한 연구에서 가정의 SES(부모의 교육 및 직업으로 정의됨)와 부모용 RCADS로 측정된 전반적 불안, 공황 및 강박 점수 간에 유의한 역상관이 있음에 주목했다. 즉, SES가 높

을수록 양육자가 보고한 증상의 수가 적은 것으로 나타났다.

다른 연구들은 가정의 SES와 아동의 불안 간의 이러한 관계에 이의를 제기했다. 그 예로 Dirks, Boyle과 Georgiades(2011)는 성인기 SES가 차지하는 전체 변량 중에서 정신병리가 통계적으로 유의하긴 하지만 적은 일부 변량(2.78%)만을 설명한다고 보고했다. 이들의 연구에서 부모나 교사에 의해 평가된 아동의 불안은 모두 이후의 성인기 SES와 관련되지 않았다. 이와 유사하게 Leech, Larkby, Day와 Day(2006)는 태내기부터 10세까지 아동들을 추적하였다. 그 결과 시간에 따른 불안을 예측하는 다양한 요인들을 발견하였는데, 여기에는 낮은 IQ 점수, 주의집중 문제, 부모의 대마초 노출, 태아기 동안의 세대 밀도, 아동기 동안의 상해 등이 포함되었다. 그러나 인종이나 SES는 불안에 대한 종단적 예측요인으로 유의하지 않은 것으로 나타났다. 이상의 연구결과에 의문을 제기한 Farrell, Sijbenga와 Barrett(2009)은 낮은 SES가 불안에 위험요인으로 작용하는 대신 높은 불안수준이 높은 SES 수준과 관련이 있다고 보고하였다. 비록 이 효과는 크지 않았으나, SCAS 척도에서 높은 SES 학교에 다닌 연구대상 아동들(8~12세)은 낮은 SES 학교에 다닌 또래들보다 더 높은 수준의 불안을 보고하였다. 그러나 가계 수입과 아동의 불안 간에는 부적 관계가 있지만 이웃의 수입과 아동의 불안 간에는 정적 관계가 있다고 보고한 Vine과 동료들(2012)의 연구결과를 고려할 때, 이 연구결과가 앞에서 언급된 연구결과와 실제로 상반되는지는 명확하지 않다. 이러한 결과를 설명하기 위해 Vine과 동료들은 수입 불평등이라는 맥락에서 취약한 환경을 공유하는 사람들이 보다 긍정적인 정신건강 성과를 나타낸다고 보는 '집단 밀도'를 제안했다. 따라서 Farrell과 동료들, 그리고 Vine과 동료들이 주목한 SES와 불안 간의 정적 관계는 특수한 가정환경의 특징보다는 아동이 거주하는 더 큰 환경의 특징을 반영하는 것으로 보인다. Vine과 동료들은 또한 가정의 SES와 이웃의 SES 간의 잠재적 상호작용, 그리고 그것이 불안에 미치는 영향을 살펴보는 후속연구가 필요하다고 제안하였다.

성별

역사적으로 여아들은 남아들에 비해 더 높은 내재화 증상 유병률을 보였으며, 이것은 발달 과정 전반에 걸쳐 그리고 불안 전반에 걸쳐 사실인 것으로 알려져 왔다. 실제로 최근의 많은 연구들이 미국(Okamura et al., 2014; Wren et al., 2007)과 캐나다(Auerbach, Richardt, Kertz, & Eberhart, 2012; Jacques & Mash, 2004), 오스트레일리아(Farrell et al., 2009), 노르웨이(Derdikman-Eiron et al., 2011; Leikanger, Ingul, & Larsson, 2012)의 표본들에서 여아가 남아보다 더 높은 수준의 불안을 보고한다는 결과를 지지해 왔다. 이러한 성차는 SCARED(Leikanger et al., 2012; Wren et al., 2007), MASC(Auerbach et al., 2012), STAIC(Jacques & Mash, 2004), RCMAS(Farrell et al., 2009), SCAS(Farrell et al., 2009), RCADS(Chorpita, Yim, Moffitt, Umemoto, & Francis, 2000; Okamura et al., 2014) 등 다양한 자기보고 측정도구를 사용한 연구에서도 확인되었다. 그러나 Wren과 동료들(2007), Ebesutani, Okamura, Higa-McMillan과 Chorpita(2011)는 8~13세 일반 표본 아동들의 자기보고에서는 성차가 발견되었지만 부모를 통해 평가할 때는 이러한 성차가 나타나지 않는다고 보고하였다. Okamura와 동료들(2014)도 부모 보고를 통해 평가할 때는 전반적 불안점수에서 유의한 성차를 발견하지 못했다고 보고하였다. 그러나 연구자들은 여아의 사회공포증 증상에 대한 부모 보고는 남아에 비해 유의하게 더 높았다고 보고하였다. 또한 두 가지 연구가 성별과 연령 간의 상호작용에 주목했는데, Leikanger 등(2012)의 연구에서는 15세 여아들이 남아들보다 사회공포증 증상에서 더 큰 증가를 보이는 것으로 나타났다. 반면 Jacques와 Mash(2004)의 연구에서는 10~11학년의 여아들이 남아들에 비해 더 높은 수준의 불안을 보고하였다.

그러나 아동기 불안에서 나타나는 성차의 본질을 이해하는 데 가장 도움이 되는 것은 생물학적 성별보다 성역할 지향(즉, 아동이 남성 또는 여성의 역할과 행동에 얼마나 가깝게 동일시하는지)이 불안증상 표현의 더 많은 변량을 설명한다고 보고한 최근의 연구결과이다. Muris,

Meesters와 Knoops(2005)는 209명의 10~13세 학령기 아동 표본에 대한 연구에서 아동용 성역할 검사(Boldizar, 1991) 점수 및 여아용 장난감과 활동에 대한 선호도로 파악된 여성성과 자기보고를 통해 측정된 불안 및 공포 간에 정적 관계가 있음을 발견하였다. 남성 성역할 지향은 공포와 부적 관계가 있었지만, 남성성과 불안 간에는 유의한 관련성이 나타나지 않았다. 실제로 이 연구에서 여아들은 남아들보다 더 많은 공포 및 불안증상을 보고하였다. 그러나 성역할 지향을 통제한 후에는 생물학적 성별과 불안 간의 관계가 발견되지 않았다. 게다가 성역할 지향과 불안 및 공포 간의 관계는 남아들보다 여아들에서 더 강하게 나타났다. 이는 성역할 지향이 남아보다 여아들의 공포 및 불안의 표현을 이해하는 데 더 큰 역할을 할 수 있음을 보여주는 결과이다(Muris et al., 2005).

Carter, Silverman과 Jaccard(2011)는 클리닉에 의뢰된 9~13세 아동 175명으로 이루어진 표본에서 여아들이 남아들보다 유의하게 더 높은 수준의 불안을 보고하는 것을 관찰하였다. 그러나 사춘기 발달과 성역할 지향이 불안증상에 대한 유의한 예측요인이라고 보고하였다. 구체적으로 조숙한 사춘기 발달을 보고한 남아와 여아는 모두 더 높은 수준의 여성성과 불안을 보고한 반면, 높은 수준의 남성성을 보고한 남아와 영아들은 낮은 수준의 불안을 보이는 것으로 나타났다. Muris와 동료들(2005)이 보고한 결과와 마찬가지로, Carter와 동료들도 사춘기 발달과 성역할 지향이 생물학적 성별보다 불안의 더 많은 변량을 설명한다고 하였다. 이는 조숙한 사춘기 발달이 불안의 위험요인으로 작용할 수 있는 반면, 남성적 성역할 지향에 대한 동일시는 보호요인으로 작용할 수 있음을 보여준다. 마지막으로 Palapattu, Kingery와 Ginsburg(2006)는 114명의 14~19세 아프리카계 미국인 청소년 표본에서 남성성과 불안 간에는 부적 관계가 여성성과 불안 간에는 정적 관계가 있음을 관찰하였다. 다른 연구들에서 보고된 것과 마찬가지로 Palapattu와 동료들도 남아에 비해 여아들이 더 높은 수준의 불안을 보고하는 것을 발견하였다. 그러나 성역할 지향은 생물학적 성별이 설명하는 수준을 넘어 불안 점수의 유의한 변량을 추가

적으로 설명하는 것으로 나타났다. 이는 관찰된 불안증상을 설명하는 데 있어서 성역할 지향이 생물학적 성별보다 더 중요하다는 것으로 해석된다. 이 연구자들은 또한 자신들의 표본에서 자존감이 불안에 대해 보호요인으로 작용한다는 데 주목하였다. 자존감과 불안의 관련성은 높은 수준의 여성성을 보고한 아동들에서 가장 두드러졌다(Palapattu et al., 2006). 이러한 연구결과는 종합적으로 불안증상의 경험과 관련해 남아와 여아 간에 믿을 만한 차이가 있음을 시사한다. 또한 여성적 및 남성적 성역할 지향의 특성이 불안증상에서의 개인차를 더 잘 설명할 수 있음을 보여준다.

연령

불안에서의 연령 차이와 관련된 연구결과는 불안의 성격은 발달에 따라 변화하지만 전반적으로 시간에 따른 안정성을 시사하고 있다(Weems & Costa, 2005). 구체적으로 나이가 어린 아동일수록 더 많은 공포를 보고하는 반면(Broeren & Muris, 2009), 전반적 불안(Broeren & Muris, 2009)과 사회불안(Ranta et al., 2007; Weems & Costa, 2005)은 청소년기에 특히 여아의 경우 정점에 달하는 경향이 있다(Leikanger et al., 2012). Weems와 Costa(2005)는 세 가지 연령 집단(6~9세, 10~13세, 14~17세)에 속한 145명의 일반 아동 표본에 대한 횡단연구에서 어린 연령 집단에서는 분리에 대한 걱정이, 중간 연령 집단에서는 죽음과 위험에 대한 공포가, 가장 나이 많은 청소년 집단에서는 사회적 수행에 대한 걱정이 가장 흔한 걱정이라고 보고하였다. 이와 유사하게 Broeren과 Muris(2009)는 226명의 네덜란드 아동 표본에서 나이 어린 집단(4~5세)에서는 공포 점수가 높았으며, 전반적 불안 점수는 더 큰 아동집단(4~5)에서 더 높았다고 보고하였다. 공포와 관련해서는 4~13세 아동 388명으로 이루어진 표본에서 불안증상이 해로울 수 있다고 믿는 불안민감성과 연령 간에 역상관이 있는 것으로 보고되었으며(Reiss, Peterson, Gursky, & McNally, 1986), 나이가 많을수록 불안의 신체적 증상과 관련된 공포를 덜 보고하는 것으로 나타났다(Muris, Mayer, Freher, Duncan, & van den

Hout, 2010). 특정 증상과 불안 간의 관련 정도는 연령에 따라 변화한다(Boylan, Miller, Vaillancourt, & Szatmari, 2011). 구체적으로 8년 동안 종단적으로 연구에 참가한 1,329명의 4~7세 아동 표본에서 불안과 우울증의 요인 구조는 발달단계에 걸쳐 안정적으로 유지되는 것으로 나타났다. 반면 각 요인과 관련된 특정 문항들은 연령에 따라 차이가 있었다. 이러한 연구결과는 불안증상이 시간 경과에 따라 비교적 안정적이며, 공포와 걱정의 구체적인 표현은 발달에 따라 변화하는 경향이 있음을 시사한다(Weems & Costa, 2005). 이러한 맥락에서 Broeren과 Muris는 (연령 관련 효과를 분명히 나타내는 특정 공포를 제외할 때) 불안증상 표현에 대한 발달적 요인의 전반적 기여도는 적으며, 불안장애의 발달과 유지를 설명하는 데 있어서 다른 요인들이 더 중요한 역할을 할 수 있다고 결론지었다.

불안 진단 또한 역시 시간 경과에 따라 안정적인 것으로 확인되어 왔으며(Carballo et al., 2010), 2~3세의 어린 아동들에서도 구체적 증상들이 장애에 특수한 군집으로 묶이는 것으로 밝혀졌다(Mian, Godoy, Briggs-Gowan, & Carter, 2012). Carballo와 동료들(2010)은 최초 진단 시 2~18세였던 아동 1,869명을 14년 동안 추적하였다. 연구자들은 모든 ICD-10 불안장애(사회불안장애, 강박장애, 스트레스 관련장애, '기타' 불안장애)에 대하여 높은 진단적 안정성을 확인하였다. 또한 Turner와 Barrett(2003)도 불안과 우울 간의 변별이 연령 증가에 따라 안정적임을 보여주었다. 이와 유사하게 Mian과 동료들(2012)은 22.6~47.9개월의 아동 1,110명으로 구성된 표본에서 불안증상들이 범불안, 강박, 분리불안, 사회공포증과 같은 현재의 진단범주에 상응하는 증상 군집으로 일관성 있게 묶이는 것을 확인하였다. 이러한 연구결과들은 초기 발달단계에서 불안의 구체적인 임상적 표현이 관찰될 수 있음을 보여준다. 마지막으로 불안에 대한 행동유전학 연구들에 대한 고찰에서 Franic, Middeldorp, Dolan, Ligthart와 Boomsma(2010)는 아동기에서 청소년기로 성숙해 가면서 공유된 환경요인의 영향이 감소함에 따라 불안이 유전될 가능성이 시간에 따라 증가하는 것에 주

목했다. 또한 이 연구자들은 발달 과정에 따라 다른 정보 제공자를 활용하기 때문에 불안의 시간적 안정성이 과거에 종단연구에서 보고된 것보다 더 강하다고 주장한다. 즉, 어린 아동의 증상을 평가하기 위해서는 종종 부모가 조사에 반응하는 반면, 더 큰 아동들은 전형적으로 자신의 불안경험에 대해 자기보고를 제공한다(Franic et al., 2010). 이상을 종합하면 불안의 표현에서 나타나는 연령 차이에 관한 연구결과들은 연령에 따라 구체적인 표현은 달라지지만 시간 경과에 따라 비교적 안정적임을 시사한다.

병인

유전

불안증상은 가족 집적(familial aggregation) 현상을 보인다(Turner, Beidel, & Costello, 1987). 즉, 불안한 아동은 불안한 부모를 두고 있는 경향이 있으며(Rosenbaum et al., 1992), 불안한 부모는 불안한 자녀를 두고 있는 경향이 있다(Beidel & Turner, 1997). 부모와 아동이 전형적으로 유전자 물질과 가정환경을 공유한다는 점을 고려할 때 이 두 요인 각각이 불안의 발달에 영향을 미치는 상대적 기여도를 결정하는 것은 쉽지 않다. 쌍생아연구는 특정의 표현형이 유전될 가능성에 대한 추정치를 얻기 위해 가장 자주 사용되는 방법이다. 이 연구는 상가적 유전의 영향, 공통된 혹은 공유된 환경요인, 공유되지 않은 환경요인의 세 가지로 귀인되는 표현형에서의 변량을 허용한다(Gregory & Eley, 2007). Gregory와 Eley(2007)가 아동기 불안의 유전 관련 연구에 대한 포괄적인 고찰에서 정의하였듯이 상가적 유전효과(additive genetic effects)는 구체적인 대립형질의 효과를 합한 것을 말한다. 반면 공유된 환경요인은 가족구성원 간의 유사성을 효과적으로 증가시키는 경험들로 구성된다. 그에 반해서 공유되지 않은 환경요인이란 가족구성원 간의 차이를 가져오는 경험들을 의미한다(대부분의 연구모형에서 이 요인들은 측정 오류를 포함).

흥미롭게도 유전적 요인과 공유된 환경요인의 상대적

기여도는 발달 과정을 통해 서로 역상관의 관계를 갖는 것으로 보인다(Bartels et al., 2007). Bartels와 동료들(2007)은 광대역 증후군 자기보고, 교사보고 및 부모 보고 척도를 통해 불안을 측정하였다. 쌍생아 표본을 출생 직후부터 12세까지 추적한 결과 유전적 영향은 발달에 따라 감소하는 반면 공유된 환경의 영향은 증가하는 경향이 있음을 발견했다(Eley et al., 2003; Hallett, Ronald, Rijsdijk, & Eley, 2009). 이러한 영향들의 상대적 기여도는 발달단계에 따라 변화하지만 유전요인은 나이 어린 아동들이 보이는 불안의 변량 가운데 가장 큰 비중을 차지하였다(Bartels et al., 2007). 이와는 대조적으로 공유되지 않은 환경의 영향은 발달단계에 걸쳐 보다 일관되게 유지되었으나 불안증상에서 차지하는 변량 중 가장 비중이 작았다(Bartels et al., 2007). 이러한 효과는 남아와 여아집단 모두에서 보고되었는데, 여아보다는 남아집단에서 유전의 효과가 다소 더 강한 것으로 나타났다. 그러나 이러한 결과가 유전인자로 인해 성별에 따라 불안이 서로 다르게 표현된다고 주장하기에는 아직 이르며, 더 많은 연구가 필요하다(Bartels et al., 2007; Franic et al., 2010; Kendler, Gardner, & Lichtenstein, 2008).

불안에 대한 유전 및 환경의 기여도

불안 관련 차원(예 : 부정적 인지, 부정적 정서, 공포, 사회불안, 강박행동)에 대한 유전과 환경요인의 기여도를 평가한 두 연구(Eley et al., 2003; Hallett et al., 2009)에서 유전요인이 가장 큰 비율의 변량을 설명하는 것으로 밝혀졌다. 이는 Bartels와 동료들(2007)의 연구결과와 일치하는 결과이다. 구체적으로 4~9세 사이의 세 가지 다른 시점에 걸쳐서 유전의 영향은 표현형 발현 변량의 39~64%를 설명하였다(Eley et al., 2003; Hallett et al., 2009). 이와는 대조적으로 공유된 환경요인은 변량의 가장 낮은 비율을 설명하였다(세 연령 집단에 걸쳐 3~21%). 그러나 Bartels 등의 연구결과와 마찬가지로 공유된 환경요인의 영향은 4세 표본에서 가장 낮고(범위=3~17%) 9세 표본에서 가장 높았다(범위=11~23%). 반대로 유전의 영향은 4세 표본에서 가장 높고(범위=39~64%) 9세

표본에서 가장 낮았다(범위=46~58%). 공유되지 않은 환경의 영향은 변량의 거의 1/3(범위=22~43%)을 일관되게 설명하였다(Eley et al., 2003; Hallett et al., 2009).

보다 구체적으로 4세 표본의 경우 강박행동과 수줍음/억제는 유전요인의 영향을 가장 많이 받는 행동이었다(유전의 영향이 각각 54%와 64%의 변량을 설명함). 반면 공유된 환경의 영향은 분리불안에서 가장 강한 것으로 나타났는데, 변량의 35%를 설명해 주었다(Eley et al., 2003). 더 큰 아동집단에서는 부정적 정서(즉, 불안과 우울에서 공통적으로 경험되는 전반적인 정서적 고통, 공포감과 분노, 슬픔으로 이루어짐; Joiner et al., 1996; Watson & Clark, 1984)가 유전의 영향을 가장 덜 받는 요인이었다. 유전 가능성의 추정치는 7세에는 .50, 9세에는 .46이었다. 반면 사회불안은 7세에 .61, 공포는 9세에 .58로 가장 높은 유전 가능성 추정치를 보였다(Hallett et al., 2009).

6~6.5세 쌍생아 표본에서의 특정공포증, 분리불안, 사회공포증 증상증후군을 살펴본 연구에서 특정공포증의 유전 가능성 추정치는 유의하였지만(46%) 분리불안(21%)이나 사회공포증(14%)의 추정치는 유의하지 않은 것으로 나타났다(Eley, Rijsdijk, Perrin, O'Connor, & Bolton, 2008). 유전과 공유된 환경, 공유되지 않은 환경이 특정공포증에 미치는 영향은 모두 유의하였지만, 분리불안(59%)과 사회공포증(76%)의 경우에는 공유되지 않은 환경의 영향만이 유의하였다(Eley, Rijsdijk, et al., 2008). 이와 유사한 다른 연구에서는 분리불안증상이 대부분 공유되지 않은 환경요인(50%로 유전요인 22%와 공유된 환경요인 28%로 대비됨)에 기인한다고 보고하였다. 그리고 특정공포증은 유전요인에 기인한다고(58%로, 공유된 환경요인 19%와 공유되지 않은 환경요인 23%와 대비됨) 하였다(Bolton et al., 2006). 그러나 흥미롭게도 이러한 증상 표현이 진단기준을 충족할 때는 SAD와 특정공포증의 변량에서 가장 높은 비율을 차지한 것은 유전요인이었다(SAD 73%, 특정공포증 60%). 이 두 장애 진단범주의 경우 공유된 환경의 영향은 변량에 기여하지 못하였다. 반면 변량의 약 1/3은 공유되지 않은 환경요인에 의

해 설명될 수 있는 것으로 나타났다(Bolton et al., 2006).

앞에서 언급된 연구결과와는 대조적으로 Ogliari와 동료들(2006, 2010)은 자신들의 쌍생아 자료에 가장 적합한 다변량 모형을 확인하였다. 이 모형은 유전요인과 공유되지 않은 환경요인만이 SCARED로 평가된 불안의 네 가지 진단적 증상 표현에 기여한다고 가정하였다(Birmaher et al., 1997). 연구결과 일반화된 불안과 사회공포증, 공황, 분리불안의 경우에는 변량의 약 절반(49~60%)이 유전요인에 기인하는 것으로 나타났다. 반면 변량의 40~51%는 공유되지 않은 환경에 의해 설명될 수 있는 것으로 밝혀졌다. 그러나 연구자들도 언급했듯이 이러한 일관되지 않은 연구결과는 부분적으로 두 부류의 연구에서 사용된 방법론의 차이에 기인하는 것으로 보인다. 즉, 한 부류는 상당히 작은 표본(즉, 378명의 쌍생아집단)을 대상으로 DSM-IV 진단기준을 평가하는 아동의 자기보고 질문지를 사용한 반면(Ogliari et al., 2006, 2010), 다른 부류는 비교적 큰 표본(즉, 854~4,564명의 쌍생아집단)을 대상으로 불안 관련행동에 대한 어머니의 보고를 사용하였다(Eley et al., 2003; Eley, Rijsdijk, et al., 2008; Hallett et al., 2009). 그러나 Kendler와 동료들(2008)은 Achenbach의 CBCL과 청소년 자기보고 버전을 모두 사용했음에도 불구하고 역시 공유된 환경이 불안과 우울증상에 미치는 영향에 대한 증거를 발견하지 못했다. 대신 이들은 유의한 유전의 영향을 보고하였는데, 유전 가능성 추정치가 72~89%에 달하는 것으로 나타났다. 불안의 표현 양상에 있어서 공유된 환경요인의 역할을 분명히 밝히기 위해서는 지속적인 연구가 요구된다.

동반이환에 대한 유전 및 환경의 영향

유전과 공유된 환경, 공유되지 않은 환경이 구체적인 불안 관련 차원(즉, 전반적인 고통 또는 부정적인 기분, 분리불안, 공포, 강박장애행동, 수줍음/억제)에 미치는 상대적 영향을 살펴보는 것에 덧붙여, Eley와 동료들(2003)은 이러한 세 요인이 불안 관련 차원들에서 어떻게 변량을 공유하는지, 나아가 어떻게 불안장애들의 동반이환에 기여하는지를 알아보았다. 공유된 유전요인의 영향은 요인들 간 공변량의 12~62%를 설명하였는데, 전반적인 고통과 수줍음/억제는 다른 척도들과 상당히 겹치는 것으로 나타났다. 반면 강박행동의 경우에는 다른 척도들과 유전적으로 공변량을 거의 공유하지 않았다. 공유된 환경요인은 분리불안과 공포 간, 그리고 공포와 강박행동 간 공변량의 43%를 설명하였다. 반면, 분리불안과 강박행동 간 공변량의 78%를 설명하였다. 모든 척도에 걸쳐 공유되지 않은 환경의 영향은 행동들 간의 비교적 낮은 공변량을 설명하는 경향이 있었다(Eley et al., 2003). Hallett과 동료들(2009)은 증상 중복 내 변량 중에서 많은 부분이 공유된 환경요인(22~57%)과 유전요인(24~57%)에 의해 설명된다는 것을 확인하였다. 공유되지 않은 환경의 영향(11~36%)은 표현형 간의 중복을 훨씬 덜 설명하는 것으로 나타났다. 또한 Hallett과 동료들의 연구결과는 한편으로는 유전적 특수성을 시사하고 있다. 즉, 다양한 낮은 차원의 요인들 기저의 단일요인을 발견하는 대신, 유전적 중복을 공유하지 않는 독립적 요인들을 지지하는 결과가 나타났다. 다른 한편으로는 부정적 인지와 다른 불안 관련행동들 간에 비교적 높은 상관이 관찰되었다. 즉, 부정적 인지와 불안 관련행동 간 중복의 42~57%가 유전요인에 기인한다는 것을 보여주고 있다. 이러한 결과는 유전자는 불안의 일반적인 위험만을 전달하며 환경의 영향이 특정 증상의 표현에 책임이 있다고 주장하는 '일반 유전자' 이론과 상반된다. 구체적으로 Hallett과 동료들의 연구결과는 유전이 일반적인 수준(부정적 인지)과 특수한 수준(사회불안) 모두에서 영향을 미친다는 것을 시사한다. 이상과 같이 Eley와 동료들, Hallett과 동료들의 연구결과는 유전적 요인과 공유된 환경요인이 모두 불안증상 표현들 간의 공존에 기여하나 공유되지 않은 환경요인은 그 역할이 훨씬 작다는 것을 보여준다.

특정공포증, 분리불안 및 사회공포증의 '증상증후군' 표현형(손상 수준에 관한 기준을 제외하고 특정장애에 대한 DSM-IV 증상 기준을 충족시키는 것으로 정의됨)과 관련하여 공유된 환경의 영향은 이러한 증후군들 간의 동반이환에 유의하게 기여한다. 구체적으로 증후군쌍들 간의 상관은 .98~.99로 나타났다. 특정공포증과 사회공포증의 동반이환은 유일하게 공유되지 않은 환경의 효과가 유의한($r = .33$) 경우였다(Eley, Rijsdijk, et al., 2008). 분리불안과 특정공포증 간의 관계, 분리불안과 사회공포증 간의 관계는 유전적 요인에 의해 유의하게 설명되지 않았다(Eley, Rijsdijk, et al., 2008). 공유된 환경의 영향이 이들 세 가지 증후군 간의 동반이환에 기여한다는 연구결과는 가정환경의 특정 측면(예 : 가족 안에서 공유되며 구성원 간의 유사성을 형성하는 역할을 함)이 다양한 불안 표현에 일반적인 영향을 미칠 수 있음을 시사한다. 다시 말해 이러한 증후군들 간의 중복에 대한 유전요인의 기여가 크지 않다는 것은 서로 다른 생물학적 과정이 이러한 다양한 표현형 발현 밑에 깔려 있음을 시사한다(Eley, Rijsdijk, et al., 2008).

불안에 미치는 유전과 환경의 영향에 관한 다른 연구들과 마찬가지로 Ogliari와 동료들(2006, 2010) 역시 공유된 환경의 영향이 불안 발현에서의 관찰된 동반이환에 기여한다는 증거를 발견하지 못했다. 이들은 동반이환에 대한 유전의 기여도는 크지만(일반화된 불안과 사회공포증의 중복이 40%인 것에서부터 사회공포증과 공황의 중복이 61%에 이름), 공유되지 않은 환경요인이 미치는 영향은 크지 않다고(사회공포증과 공황의 중복은 1%, 일반화된 불안과 공황은 34%) 보고했다(Ogliari et al., 2006, 2010). 이상에서 보고된 연구결과들 간의 차이는 연구에 따라 상이한 방법론적 차이에 기인할 수 있다. 따라서 유전과 환경이 불안증상과 동반이환에 미치는 상대적 영향을 명확하게 하고, 나아가 공유된 환경요인이 이러한 표현형과 동반이환에 있어서 구체적으로 어떤 역할을 하는지 확인하기 위해서는 더 많은 연구가 필요하다.

발달단계에 걸친 유전의 영향

유전요인과 환경요인이 불안에 미치는 영향을 확인하기 위한 노력에서 발달 과정을 거치면서 유전적 영향의 역할이 달라진다는 것을 간과할 수 없다. Kendler와 동료들(2008)은 유전이 불안에 미치는 영향에 관한 역동적 모형을 지지하는 연구결과를 보고했다. 이 모형에서 새로운 유전적 효과는 발달에 따라 지속적으로 등장하는

(혁신) 반면, 유전요인의 전반적인 역할은 연령 증가에 따라 감소한다(쇠퇴).

다른 연구들도 이형연속성(heterotypic continuity, 이전의 장애가 이후의 다른 장애를 예측함)과 동형연속성(homotypic continuity, 이전의 장애가 이후의 동일한 장애를 예측함) 맥락에서 발달 과정에 따른 유전적 영향의 성격을 검토했다. 예를 들어 최근의 한 연구결과는 아동기 SAD와 성인기 발병 공황발작 간의 이형연속성을 보여주었다. 즉, 이러한 두 표현형은 아동기의 SAD와 이후의 공황발작에 대해 한 번도 관찰된 적이 없는 방식으로 관련이 있는 것으로 나타났다(Roberson-Nay, Eaves, Hettema, Kendler, & Silberg 2012). 또한 동형 및 이형연속성, 그리고 발달 과정에서 유전 및 환경요인이 영향을 미치는 정도를 살펴본 연구에서 시간에 따른 불안 관련 증상의 안정성(동형연속성)은 유전요인에 기인하는 반면, 공유된 요인은 이형연속성에 가장 큰 영향을 미치는 것으로 나타났다(Trzaskowski, Zavos, Haworth, Plomin, & Eley, 2012). 구체적으로 Trzaskowski와 동료들(2012)은 7세와 9세에 평가를 받은 쌍생아 표본에서 시간경과에 따른 특성 내 상관이 부정적 정서에서 .45, 사회불안에서 .54였으며, 이러한 동형연속성의 57~67%가 유전요인에 기인한다고 보고했다. 반대로 이러한 동형연속성의 8%(부정적 인지)부터 28%(부정적 정서)는 공유된 환경에 기인하며 13%(불안)부터 26%(부정적 인지)는 공유되지 않는 환경요인에 기인하는 것으로 나타났다. 이와는 달리 이형연속성은 공유된 환경요인의 영향을 가장 많이 받는 것으로 나타났다. 즉, 시간에 따른 이러한 특성들 간의 공변량 가운데 21%(7세의 부정적 인지, 9세의 부정적 정서)부터 62%(7세의 부정적 정서, 9세의 공포)를 설명하였다. 이형연속성에 미치는 유전의 영향은 일반적으로 더 작으며(28~66%; 유전요인이 7세 때의 부정적 인지와 9세 때의 부정적 정서 간 공변량의 66%를 설명함), 공유되지 않는 환경의 영향 또한 작았다(4~8%). 유전요인이 이전의 부정적 인지와 나중의 부정적 정서 간의 관계에 미치는 영향이 큰 것에 관하여, Trzaskowski와 동료들은 이 특성들을 측정하는 척도들이 불안과 우울 간

에 공유되는 몇몇 증상을 포함하고 있다고 주장했다. 따라서 이러한 특성들 간에 관찰된 이형연속성은 불안과 우울 간의 시간에 따른 보다 일반적인 관계를 나타낼 수 있다는 것이다. 더욱이 이전의 부정적 정서와 나중의 공포 간의 관계에 미치는 공유된 환경요인의 영향은 부모가 아동기의 공포발달에 있어서 유의한 역할을 할 수 있음을 시사한다. 가장 중요한 것은 아마도 이러한 연구결과들이 불안의 동형 및 이형연속성에 대한 유전 및 환경요인들의 상대적인 기여도가 평가된 특성에 따라 달라진다는 것을 보여준다는 점일 것이다(Trzaskowski et al., 2012).

특정장애의 위험에 놓인 사람들을 확인하기 위한 노력으로 연구자들은 '내적 표현형(endophenotypes)'에 대해 연구하기 시작했다. 내적 표현형은 "장애의 징후나 증상보다 그 장애에 영향을 미치는 유전자에 근접한 중간 표현형(intermediate phenotypes)으로 장애의 위험 표지자로 간주될 수 있다."(Gregory & Eley, 2007, p.208) 불안에 특수한 한 가지 내적 표현형은 불안민감성이다. Eley, Gregory, Clark와 Ehlers(2007)는 8세 쌍생아 표본에서 불안민감성이 유전될 수 있으며 공황증상과의 상당한 유전적 중첩을 공유한다고 보고했다. 따라서 불안민감성은 공황의 발달에 대해 하나의 위험지표 역할을 할 수 있다. 불안민감성은 또한 시간에 따라 안정성을 나타내는 것으로 확인되었다. 이러한 안정성은 주로 유전적 요인(61%)에 기인하며 공유되지 않은 환경의 영향(39%)은 각 평가 시점에서의 특수한 변화와 관련이 있었다(Zavos, Gregory, & Eley, 2012). 보다 구체적으로 Zavos와 동료들(2012)은 1,300쌍의 쌍쌩아 및 형제들을 세 시점(청소년 중기, 청소년 후기, 성인 초기)에 걸쳐 평가하였다. 그 결과 발달단계에 걸친 불안민감성의 유전 가능성 추정치가 적당한 수준으로 나타나 유전적 연속성이 시사되었다. 그러나 연구자들은 유전적 혁신에 관한 Kendler 등(2008)의 연구결과와 마찬가지로 청소년 후기에 등장하는 새로운 유전적 영향에 주목하였다. 모든 시점에서 공유된 환경의 영향은 유의하지 않았다(Zavos et al., 2012). 이러한 결과는 학습과 성격 특질 가설에 대한 지지를 시사한다. 즉, 각 시점에서 공유되지 않은 환경요인의 영향이 41~54%로 상당한 수준을 보인 것은 발달 및 증상 표현에 있어서 학습이 중요하며, 이러한 증상의 유전적 안정성은 일종의 성향과 같은 변인임을 보여준다(Zavos et al., 2012). 그러나 아동의 불안민감성이란 구성개념의 타당도에 대한 증거가 명확하지 않은 점을 고려할 때 이러한 결과는 조심스럽게 해석되어야 한다. 즉, 현재로서는 불안민감성과 아동기의 공포 또는 특성 불안을 구분하는 경험적 증거가 존재하지 않는다(Chorpita & Daleiden, 2000; Chorpita & Lilienfeld, 1999). 따라서 이러한 결과는 불안의 내적 표현형에 관해 자료를 제공하기보다는 특성 불안의 일반적 구성개념(또는 표현형)을 의미하는 것일 수도 있다.

불안에서 특이 유전자의 역할

Gregory와 Eley(2007)가 지적했듯이 특정의 불안 표현에 책임이 있는 특정 유전자를 밝히려는 연구는 수많은 유전자들이 전형적으로 모든 표현형 발현에 책임이 있다는 사실로 인해 한계를 갖는다. Gregory와 Eley는 어떤 특정 유전자가 특정 표현형 발현에 책임이 있는지를 밝히는 '연관연구'는 가치가 제한된 반면, 확인된 사례와 통제집단에서의 대립유전자 빈도를 비교하는 '연합연구'는 불안 표현에 미치는 특정 유전자의 영향에 대해 보다 유용한 정보를 제공한다고 주장하였다. 이에 따라 최근의 몇몇 연구들은 불안의 발달에 세로토닌 수송체(5-HTT) 대립유전자가 연루되어 있음을 시사하고 있다. 아동과 청소년 대상의 이러한 연구들을 검토하면서 Murray, Creswell과 Cooper(2009)는 지금까지 이루어진 이 분야의 연구결과들이 일관되지 않고 모순된다고 지적하였다. 구체적으로 일부 연구들은 5-HTT 유전자와 불안 특성 간에 유의한 관련성을 밝혀내지 못하였다(Schmidt, Fox, Rubin, Hu, & Hamer, 2002). 다른 연구들에서는 대립유전자의 형태는 달랐지만 5-HTT 대립유전자와 불안 관련 행동 간의 관계가 확인되었다(Arbelle et al., 2003; Battaglia et al., 2005). 이는 추가요인들이 이러한 유전자와 불안 증상 표현 간에 존재하는 관계를 조절할 수 있음을 시사한다(Murray et al., 2009).

실제로 5-HTT 유전자와 낮은 사회적 지지에 대한 어머니의 보고 사이에서 유전자와 환경의 상호작용이 드러났다. 즉, 짧은 5-HTT 대립유전자는 아동기 동안 높은 수준의 행동억제와 관련이 있었지만, 낮은 사회적 지지의 맥락에서만 그러한 것으로 나타났다(Fox et al., 2005). 유전자와 환경의 상호작용에 관한 또 다른 유사한 연구에서, 5-HTT 유전자가 태내기 어머니의 불안증상과 상호작용하여 이후의 정서문제의 위험에 영향을 미친다는 것이 확인되었다(Tiemeier et al., 2012). 유전자와 환경의 유의한 상호작용에 대한 또 다른 증거로, 스트레스 생활사건은 특정 5-HTT 유전자형(즉, 더 낮은 세로토닌 전사효율과 관련됨)의 맥락에서 불안과 우울의 위험과 관련이 있는 것으로 확인되었다(Petersen et al., 2012).

이에 덧붙여 유전질환(2q11.2 결실증후군 또는 22qDS)도 불안장애와 관련이 있는 것으로 보인다. 22qDS로 진단받은 4~9세 아동 및 청소년을 대상으로 한 연구들을 검토한 결과, 7개의 독립된 연구에 걸쳐 참가자의 39%가 한 가지 이상의 불안장애 진단기준을 충족시키는 것으로 확인되었다. 반면 통제집단에서는 17%만이 한 가지 이상의 불안장애 진단기준을 충족시키는 것으로 나타났다. 실제로 이 연구들에서 보고된 정신과 진단 중에서 불안장애가 가장 흔한 장애였다(Jolin, Weller, & Weller, 2012). 이 연구 중 6개는 특정 DSM-IV 불안장애와 관련된 자료를 포함하였는데, 22qDS를 가진 아동들 가운데 특정공포증이 가장 흔한 장애였다(31%). 다음으로 GAD(13%), SAD(9%), 그리고 강박장애(8%)의 순이었다. 이러한 연구결과들로 불안 표현에서 역할을 하는 특정의 유전자에 대해 결론을 내릴 수는 없지만 앞으로의 연구를 위한 잠재적 분야임을 시사하고 있다.

신경생물학

동물연구와 정신약물학적 치료연구를 통해 몇몇 신경전달물질(예 : 감마-아미노부티르산, 노르에피네프린, 세로토닌, P 물질)이 불안장애와 관련이 있는 것으로 나타났으나, 아동기 불안에 대한 대부분의 신경정신병리학 연구는 뇌의 신경해부학에 초점을 맞추어 왔다. 심리적 장애에 대한 신경해부학 연구는 '정서적 신경과학(affective neuroscience)'으로 알려져 있다(Vasa & Pine, 2004). 이러한 연구는 MRI를 통해 불안(또는 억제된 기질)을 갖고 있거나 갖고 있지 않은 사람들의 뇌의 구조적 차이를 살펴본다. 그리고 기능적 MRI(fMRI)와 PET 스캔을 통해 불안장애를 가진 사람과 그렇지 않은 사람의 뇌가 기능하는 방식을 알아본다. 구조적 MRI 기법은 일차적으로 뇌물질의 상이한 크기에 초점을 맞추는 반면, 기능적 영상기법은 뇌가 특정 자극이나 사건에 어떻게 반응하는지를 살펴볼 수 있게 해준다. 이런 유형의 연구에서는 인간의 신경회로에 관한 가설을 만들기 위해 동물 모델이 전형적으로 사용된다(LeDoux, 1995, 1998).

뇌구조와 기능

건강한 성인의 성격 특성과 뇌구조에 관한 최근의 한 대규모($N=265$) 연구에서 다섯 가지 성격 특성인 외향성, 친화성, 성실성, 신경증, 개방성 가운데 신경증이 뇌구조와 가장 분명하게 관련되는 특성으로 확인되었다(Bjornebekk et al., 2013). 신경증은 정신병리, 특히 불안과 우울의 발달에 있어서 위험요인으로 작용하는 것으로 알려져 있다(Bienvenu, Hettema, Neale, Prescott, & Kendler, 2007; Cox, MacPherson, Enns, & McWilliams, 2004; Hettema, Neale, Myers, Prescott, & Kendler, 2006). Bjornebekk와 동료들(2013)의 연구에서 불안과 우울, 스트레스 취약성이 높을수록 뇌의 총용적이 작고, 백질 미세구조에서 감소를 보이며, 전두측두엽 영역의 피질 표면 면적이 더 적은 것으로 나타났다.

편도체

불안장애를 가진 사람들에서의 특정 뇌 영역에 관한 연구들은 주로 편도체(amygdala)를 시사해 왔다. 편도체는 측두엽에 위치한 변연계의 일부로 정서적 반응과 기억처리를 담당한다. 편도체의 위치는 피질과 시상, 시상하부로부터 입력된 감각의 정보를 통합하고, 시상하부와 뇌간, 피질을 통해 정보를 내보내도록 해준다. 편도체에 초점을 맞추는 것에 덧붙여, 불안장애에 대한 현대적 모델은 뇌 영역들(섬피질, 전전두엽피질, 해마, 안와전두피질, 전방대상피질) 간의 네트워크를 강조한다(Craske, Rauch, et al., 2009). Schienle, Ebner와 Schafer(2011)는 MRI를 사용해 GAD를 가진 성인들의 편도체와 후내방 PFC 용적이 건강한 성인들에 비해 더 크며, 증상의 심각성에 대한 자기보고가 후내방 PFC 및 ACC의 용적과 정적 상관을 보인다는 것을 발견했다. 마찬가지로 GAD를 가진 아동과 청소년에 대한 MRI 연구에서는 우측 및 전체 편도체 용적이 건강한 통제집단에 비해 더 큰 것으로 나타났다. 반면 두개내, 대뇌, 대뇌 회백질과 백질, 측두엽, 해마, 기저핵의 용적과 뇌량의 정중시상 영역 측정치는 집단 간의 차이를 보이지 않았다(De Bellis et al., 2000). 또 다른 구조적 MRI 연구에서는 GAD를 가진 아동과 청소년의 측두엽 산등성이인 상부상측두이랑(superior temporal gyrus, STG)를 확인하였다. 이 연구에서 GAD를 가진 아동과 청소년은 STG의 전체, 백질 및 회백질 용적이 건강한 통제집단에 비해 더 큰 것으로 나타났다(De Bellis et al., 2002). 또한 GAD를 가진 아동과 청소년은 건강한 통제집단에 비해 전체 및 STG 백질 용적의 비대칭(예 : 우측이 좌측보다 더 큼)이 더 두드러졌으며, STG 백질 비대칭과 아동이 보고한 불안 간에 유의한 상관이 있는 것으로 확인되었다. 그러나 모든 연구결과가 일치하지는 않는다. 예를 들어 한 연구에서 불안장애를 가진 아동과 청소년의 경우 편도체 내의 회백질 용적이 건강한 통제집단에 비해 유의하게 축소되어 있었다(Milham et al., 2005). 이러한 연구결과들이 성인과 아동을 대상으로 한 다른 편도체 연구결과들과 불일치를 보이는지는 확실하지 않다. 작은 표본 크기와 혼재된 불안장애 표본, 그리고 표본의 장애 심각성(불안장애를 가진 아동들은 '치료 저항적'으로 분류됨)이 불일치한 연구결과를 가져왔을 것으로 보인다. 그럼에도 불구하고 지금까지 아동 표본을 대상으로 수행된 연구가 극히 드물다는 점과 대부분의 연구들의 표본 크기가 비교적 작다는 사실을 고려할 때, 불일치한 연구결과를 해결하기 위해서는 추가의 연구가 필요하다.

편도체 용적 차이에 관한 이러한 연구결과에 덧붙여, 기능적 영상연구들은 동물(LeDoux, 1998, 2000) 및 건강한 성인(Büchel & Dolan, 2000; LaBar, Gatenby, Gore, LeDoux, & Phelps, 1998; Schneider et al., 1999)에서 공포 조건형성 실험 도중 편도체와 관련 영역들이 활성화된다고 일관되게 밝혀왔다. 또한 fMRI 연구들은 얼굴 인식 패러다임을 사용하여 정상 성인의 경우 두려워하는, 중립적인, 행복한 얼굴에 대한 반응으로 편도체 및 관련 구조가 우선적으로 활성화된다는 것을 보여주고 있다(Breiter et al., 1996; Morris et al., 1996). 또한 공포자극에 노출되었을 때 불안장애가 있는 사람은 불안장애가 없는 사람에 비해 편도체 및 관련 영역들이 더 많이 활성화되는 것으로 확인되었다(Nitschke et al., 2009). Craske, Rauch와 동료들(2009)에 따르면 편도체는 위협에 대한 평가뿐만 아니라 환경 내 위험에 관한 연합 형성 및 위협에 대한 반응의 매개에 있어서 중요한 역할을 한다. 연구자들은 편도체의 과민성이 비정상적인 위협 평가, 환경 내 위험에 대한 비정상적인 학습, 그리고 지나친 공포반응을 매개한다고 주장한다. 예컨대 GAD를 가진 아동들은 화난 얼굴 가면을 볼 때 건강한 통제집단에 더 큰 우측 편도체 활성화를 보였으며, 이러한 활성화가 불안의 심각성과 정적 상관을 보이는 것으로 나타났다(Monk et al., 2008). 마찬가지로 GAD를 가진 청소년들은 두려운 표정을 볼 때 우측 편도체에서 증가된 반응을 보였으며, 특히 주관적인 내적 공포감의 정도를 평정할 때 그러한 것으로 나타났다(McClure et al., 2007). 사회불안 청소년에 대한 또 다른 연구에서 Guyer, Lau와 동료들(2008)은 인터넷 채팅방에서의 또래 평가 기대에 대한 모의실험을 통해 불안한 청소년들이 예상된 사회적 상호작용에 대해 덜 바람직한 것으로 평가된 또래들의 사진을 볼 때 건강한 청소년들에 비해 더 많은 편도체 활성화를 보인다는 것을 발견했다. 마찬가지로 기질적으로 불안 위험에 놓인 청소년들에 대한 연구에서 행동적으로 억압된 청소년들에게 정서적인 얼굴을 보여주면서 공포를 주관적으로 평가하도록 했을 때 증가된 편도체 반응이 감지되었다(Pérez-Edgar et al., 2007). 그러나 같은 연구에서 억제된 청소년들은 억제되지 않는 청소년들에 비해 정서적 얼굴을 수동적으로 볼 때는 편도체의 탈활성화를 나타냈다. 이는 주의집중 상태가 이면의 신경처리 양상을 변화시킬 수 있음을 보여주는 결과이다. 반면 건강한 청소년과 성인에 대한 연구에서 두려운 얼굴을 소극적으로 보는 동안 청소년들이 성인에 비해 더 큰 편도체 및 방추모양의 활성화를 보이는 것으로 나타났다(Guyer, Monk, et al., 2008).

연구자들은 또한 불안장애와 우울증을 가진 아동들에서 편도체 기능의 차이를 발견했다. Thomas와 동료들(2001)은 불안장애 아동과 청소년들이 정서적 얼굴을 볼 때 증가된 편도체 활성화를 보이는 반면, 우울증을 가진 아동과 청소년들은 정서적 얼굴을 보는 동안 둔화된 편도체 반응을 보인다는 것을 확인했다. Beesdo, Lau와 동료들(2009)은 불안과 우울증을 가진 정서적 얼굴에 대한 주의집중에 걸쳐 보다 복잡한 상호작용을 발견했다. 구체적으로 연구자들은 두려운 얼굴을 볼 때는 청소년들이 내면에서 경험되는 공포에 주의를 기울이며, 불안장애와 주요우울장애를 가진 청소년들은 건강한 또래들에 비해 더 큰 편도체 활성화를 보인다고 보고했다. 그러나 놀라는 얼굴을 수동적으로 볼 때 불안한 청소년은 건강한 또래들에 비해 편도체 과잉활성화를 나타낸 반면, 우울한 청소년은 또래들보다 편도체 활동저하를 나타냈다. 따라서 주의집중을 제약하지 않는 조건에서는 장애 특정 편향(disorder-specific biases)이 나타나는 것으로 보인다.

분계선조침대핵

상황을 더욱 복잡하게 만드는 것은 편도체는 위협자극에 대한 단기반응과 일관되게 관련이 있는 반면, 분계선조침대핵(bed nucleus of the stria terminalisl, BNST)은 반응은 더 느리지만 처음 자극이 사라진 후에도 계속해서 행동에 오래 영향을 미친다는 것이다. BNST는 확장 편도체 복합체의 한 영역으로(Walker & Davis, 2008), BNST에서의 연결양상은 이 영역이 자율신경계, 신경내분비 및 체신경계의 활동을 완전히 조직화된 생리적 기능과 행동으로 조절하는 중계소 센터로 작용한다는 것을 보여

준다(Dumont, 2009). BNST는 적어도 부분적으로는 내측 PFC의 통제를 받으며(Spencer, Buller, & Day, 2005), 정서와 학습이 연합된 정보를 받으며 이러한 입력을 보상/동기 회로와 통합하는 것에 관여하는 것으로 보인다(Jalabert, Aston-Jones, Herzog, Manzoni, & Georges, 2009). 불확실성이 높은 과제를 사용한 성인 대상 연구에서 GAD를 가진 사람은 편도체에서는 감소된 활동을, BNST에서는 증가된 활동을 보였다(Yassa, Hazlett, Stark, & Hoehn-Saric, 2012). 따라서 편도체는 즉각적인 위협 관련 상황에서 역할을 하는 반면, BNST는 보다 장기적인 스트레스 관련 상황에서 중요한 역할을 하는 것으로 보인다. 이는 앞에서 기술된 편도체 기능에 대한 불일치한 연구결과를 부분적으로 설명해 준다. 그러나 앞으로 보다 많은 연구, 특히 아동 표본에 대한 연구가 필요하다.

해마와 전전두엽피질

불안 관련 정보처리에서 편도체와 상호작용하는 또 다른 중요한 두 구조는 해마(hippocampus)와 전전두엽피질(prefrontal cortex, PFC)이다. 해마는 변연계의 일부인 편도체에 인접해 있으며, 단기기억을 장기기억으로 전환하는 일에 관여한다. 반면 PFC는 전두엽의 앞쪽에 위치해 있으며 집행기능과 관련이 있다. Craske, Rauch와 동료들(2009)에 따르면, 복내측 PFC와 해마는 편도체에 대한 위에서-아래로의 통제를 제공한다. 소거 재생 과제에서 연구대상은 먼저 공포조건형성(중립자극을 공포자극과 짝지음)에 참가한 다음, 이어서 소거(중립자극만을 제시함) 중에 검사를 받는다. 소거 재생 동안 복내측 PFC는 학습된 위협단서에 대한 반응을 억제함으로써 편도체를 통제한다. 또한 해마는 안전한 또는 위험한 맥락에 관한 정보를 제공함으로써 소거 재생을 허용하는 정보를 제공한다. 해마와 PFC는 편도체와 상호적 투사(reciprocal projection)를 공유한다. 이를 통해 PFC 신경활동을 조절하며, PFC는 정서적으로 중요한 자극에 대한 반응(편도체가 매개하는)을 조절한다(Garcia, Vouimba, Baudry, & Thompson, 1999; Quirk, Russo, Barron, & Lebron, 2000). 따라서 이러한 영역들은 소거학습과 관련이 있는 것으로

알려져 왔다. 공포습득과는 달리 소거학습은 옆쪽 편도체 신경활동 조절을 포함한다. 이를 통해 복내측 PFC로부터의 흥분성 입력이 억제성 편도내부 중간신경으로 전달된다(Quirk & Mueller, 2007). 흥미롭게도 편도체와 해마 간의 연결이 청소년보다 성인에서 더 강한 것으로 보인다. 위에서 언급했듯이 Guyer, Monk와 동료들(2008)은 무서워하는 얼굴을 소극적으로 보는 동안 편도체의 활성화, 그리고 편도체와 해마 간의 연결이 성인들보다 건강한 청소년들에서 더 강하다는 것을 발견했다. 연구자들은 이러한 결과를 성인들의 경우 얼굴 표현을 학습하고 그것에 습관화되어 가는 성숙의 증거로 해석했다.

PFC에 관하여 성인연구는 GAD를 가진 성인들의 경우 후내측 및 복내측 PFC와 같은 다른 PFC 영역들과 편도체 간의 연결이 건강한 통제집단에 비해 증가한다는 것을 발견했다(Etkin, Prater, Schatzberg, Menon, & Greicius, 2009). 앞서 언급되었던 Monk와 동료들(2008)의 연구에서 GAD를 가진 아동은 화난 얼굴 가면을 볼 때 우측 편도체와 우측 복내측 PFC가 함께 강해지는 것으로 나타났다. 이는 PFC가 위협에 대한 편도체의 반응을 조절한다는 것을 보여준다. 마찬가지로 앞서 기술된 사회불안 청소년 연구에서 Guyer, Lau와 동료들(2008)은 연구참가자들이 예상되는 사회적 상황에 대한 또래들 사진을 볼 때 편도체와 복내측 PFC 회로에서의 동반 활동을 관찰했다. PFC는 또한 화난 얼굴에 대한 주의집중 편향과제를 수행하는 동안 건강한 아동과 청소년에 대한 연구(Telzer et al., 2008), 그리고 GAD 청소년에 대한 연구(McClure et al., 2007; Monk et al., 2006)에서 확인되었다.

OFC는 PFC의 한 부분으로 행동을 하고 이끄는 결정에 관여한다. 특히 계획된 행위에 대해 예상되는 보상이나 처벌에 대한 신호를 줄 때 중요한 것으로 보인다. Craske, Rauch와 동료들(2009)은 내측 OFC가 긍정적 가치판단(예 : 보상과 안전)에 매개하는 반면, 측면 OFC는 부정적 가치판단(예 : 처벌)에 매개한다고 주장한다. 따라서 내측 OFC는 공포의 억압에서 역할을 하는 반면, 측면 OFC는 강박이나 걱정과 같은 부정적 인지에 매개하

는 것으로 보인다. 측면 OFC에서의 증가된 활성화가 모든 불안장애에 걸쳐 일관된 것은 아니지만, 걱정과 강박으로 특징되는 상태에 대한 대표적 기능으로 작용할 수 있다(Milad & Rauch, 2007). 성인에서 나타난 이러한 연구결과와 마찬가지로, GAD와 SOC, SAD를 가진 청소년들은 건강한 통제집단에 비해 유의하게 증가된 좌측 OFC의 활성화를 보인다는 연구결과가 있다(Beesdo, Lau, et al., 2009).

섬피질과 전측대상피질

전전두엽피질(PFC)에 덧붙여 두 가지 다른 피질 영역이 불안장애에서 시사되어 왔다. 그러나 아동과 청소년에서의 이러한 영역들에 대한 연구는 드물다. 전측대상피질(anterior cingulate cortex, ACC)은 뇌량을 둘러싸고 있는 대상피질의 앞쪽에 위치한다. ACC는 등측 ACC와 복측 ACC의 두 요소로 이루어져 있다. 등측 ACC는 PFC와 연결되어 있으며 오류 탐지, 갈등 모니터링, 주의집중과 같은 기능에 관여하기 때문에 '인지요소'로 불리기도 한다. 복측 ACC는 편도체와 중격핵, 시상하부 및 전전두엽에 연결되어 있고, 동기와 정서의 두드러진 특징을 평가하는 데 관여한다(Craske, Rauch, et al., 2009). ACC는 주의집중과 인지적(등측 ACC) 및 정서적(복측 ACC) 자극에 대한 반응을 억제하는 데 관여하기 때문에 강박장애(이전에는 불안장애로 분류되었음)나 GAD와 같은 병리적인 의심으로 특징되는 장애에서 역할을 하는 것으로 보인다. 소아 표본에 대한 연구는 제한되지만 앞서 언급되었던 McClure와 동료들(2007)의 연구에서는 편도체, PFC와 함께 ACC도 청소년기 GAD에서 중요한 역할을 한다고 제안하고 있다. 대상피질은 대뇌피질의 일부로 외측구 내부에 포개져 있다(측두엽과 두정엽을 분리). Craske, Rauch와 동료들(2009)에 따르면 대상피질은 내수용(interoception)에 매개하므로 내장의 활동에 대한 민감성 및 자각에서 역할을 한다. 혐오적 자극에 대한 생리적 반응이 강할수록 더 강한 고전적 조건형성을 유발한다는 점을 고려할 때, 대상피질은 불안민감성 또는 불안과 관련된 인지적 및 행동적 변인들이 갖고 있는 잠재

적 위험성에 대한 공포에 관여하는 것으로 보인다(Reiss & McNally, 1985; Reiss et al., 1986). Etkin과 Wager(2007)는 메타분석을 통해 SOC, 특정공포증, 외상후 스트레스장애를 가진 성인들이 비교집단에 비해 편도체와 대상피질에서 더 큰 활동을 보인다고 하였다. 그리고 건강한 연구대상들에서도 공포 조건형성이 이루어지는 동안 유사한 양상이 관찰되었다. 흥미롭게도 편도체와 대상피질에서의 과잉활동은 외상후 스트레스장애보다 SOC와 특정공포증에서 더 자주 관찰된다. 아동 표본을 대상으로 대상피질을 살펴본 연구는 아직 없는 것으로 보인다.

선조체

불안장애와 관련하여 검토된 신경회로의 마지막 구조는 선조체(striatum)이다. 선초체는 중격핵(nucleus accumbens)과 조가비핵(putamen), 미상핵(caudate nucleus)을 포함하며, 이러한 구조들은 전뇌의 맨 아랫부분에 있는 기저핵(basal ganglia)에 위치하며, 보상 관련 단서에 대한 반응에 관여한다. 청소년 대상의 연구에서 아동 초기에 행동적으로 억제된 아동으로 분류되었던 청소년들은 금전적 획득이나 손실을 기대할 때, 아동 초기에 억제되지 않았던 청소년들에 비해 선조체에서 증가된 활성화를 보였다(Bar-Haim et al., 2009; Guyer et al., 2006). 불안장애를 가진 청소년들에 대한 한 연구에서 양적으로 증가하는 보상을 기대할 때, SOC를 가진 청소년들은 건강한 비교집단 및 GAD 집단에 비해 조가비핵과 미상핵에서 점차적으로 증가하는 활성화를 보였다(Guyer et al., 2012). 따라서 행동적으로 억제된 청소년들에서 발견된 것과 마찬가지로 SOC를 가진 청소년들은 보상을 기대할 때 유사한 신경반응을 보이는 것으로 보인다.

이상을 종합할 때 편도체, PFC, 해마, OFC, ACC, 대상피질, 선조체와 같은 몇 가지 신경회로가 불안장애에 관여하는 것으로 보인다. 아동과 청소년의 불안장애에서도 이러한 영역들이 얼마나 영향을 미치는지는 아직 충분히 탐색되지 않았다. 아동과 청소년 표본을 대상으로 수행된 몇 안 되는 연구들은 대부분 예외 없이 GAD를 가진

청소년들에 초점을 맞추어 왔으며, 표본 크기도 비교적 작은 편이었다($N < 20$). 이 부분에 대한 추가의 연구가 필요하며, 이러한 연구는 향후 10년간의 아동기 불안장애 연구를 특징짓게 될 것이다.

당질코르티코이드 신경호르몬(코르티솔)

뇌의 구조와 기능을 살펴보는 것에 덧붙여, 스트레스와 불안의 신경생물학에 관한 연구는 내분비계가 스트레스에 대한 반응에서 어떤 기능을 하는지에 초점을 맞추어 왔다. 내분비계는 호르몬을 통해 신체기관에 메시지를 보내며, 호르몬은 신체 전체에 분포해 있는 몇몇 내분비샘에서 만들어진다. 시상하부-뇌하수체-부신피질(HPA) 축에서 분비되는 코르티솔은 가장 자주 연구되는 스트레스 호르몬이다. HPA 축은 시상하부(중뇌에 위치함)와 뇌하수체샘(뇌의 맨 밑에 위치함), 그리고 부신샘(신장 위에 위치함) 간에 이루어지는 일련의 복잡한 영향과 피드백 상호작용이다. 신체가 스트레스를 받을 때 시상하부는 부신피질방출 호르몬(corticotropin-releasing hormone, CRH)을 분비한다. CRH는 다시 뇌하수체샘을 자극하여 부신피질자극 호르몬(adrenocorticotropic hormone, ACTH)을 분비한다. ACTH는 다시 부신샘을 자극하여 당질코르티코이드 호르몬(glucocorticoid hormones) 또는 코르티솔을 분비한다. 코르티솔은 다시 시상하부와 뇌하수체에 작용하여 CRH와 ACTH를 억제하는 악순환이 일어난다. 코르티솔은 전형적으로 24시간 주기 패턴을 따르지만 스트레스가 고양된 동안에는 증가된 수준으로 분비된다(Kirschbaum, Pirke, & Hellhammer, 1993).

코르티솔의 증가는 다양한 측면의 기능에 즉각적이며 지연된 부정적 영향을 미친다. 코르티솔은 단기적으로는 뇌구조 간의 의사소통을 방해할 수 있으며 주의집중과 기억의 과정을 일시적으로 손상시킬 수 있다(Davis, Bruce, & Gunnar, 2002). 그러나 만성적 스트레스 요인에 대한 반응으로 코르티솔이 지속적으로 증가하는 것은 불안장애와 같은 보다 해로운 결과와 관련되는 것으로 알려져 왔다(Forbes et al., 2006; Granger, Weisz, & Kauneckis, 1994; Kallen et al., 2008). 예컨대 SAD 아동들(평균연령

=8.45세)에 대한 연구에서 아동들은 통제집단에 비해 연구기간 내내 더 높은 코르티솔 분비를 보였으며, 부모로부터의 분리가 예상될 때 이들의 코르티솔 분비가 증가하는 것으로 나타났다(Brand, Wilhelm, Kossowsky, Holsboer-Trachsler, & Schneider, 2011). 마찬가지로 6~12세 SOC 아동들에 대한 연구에서 아동들은 다른 사람들 앞에서 말을 하는 과제를 하는 동안 건강한 통제집단에 비해 증가된 코르티솔 반응을 보였다(van West, Claes, Sulon, & Deboutte, 2008). 그뿐만 아니라 불안장애의 지속도 코르티솔 분비의 변화와 관련이 있다. 인지행동치료를 받고 있는 불안장애 아동에 대한 최근 연구에서 치료 후의 불안장애 지속은 낮 시간 동안의 코르티솔 분비 증가와 관련이 있었다. 1년 후의 추적조사에서 낮 시간 동안의 코르티솔은 빠른 회복자 집단에서 가장 낮았으며 늦은 회복자 집단에서는 조금 더 높았고, 회복이 이루어지지 않은 집단에서는 가장 높았다(Dierckx et al., 2012). 이 연구에서 회복 지위는 또한 오전의 코르티솔 증가와도 관련이 있었다. 정상적인 HPA 축 기능은 아침에 코르티솔 분비가 급속히 증가하는 것과 관련이 있었다. 그러나 회복이 이루어지지 않은 집단은 빠른 회복집단과 늦은 회복집단에 비해 오전의 코르티솔 증가가 가장 낮았다(Dierckx et al., 2012). 이러한 연구결과는 불안장애가 전반적으로 높은 코르티솔 수준과 관련이 있을 뿐만 아니라 지속적인 불안문제를 갖고 있는 사람들은 HPA 축의 조절장애를 갖고 있을 수 있음을 보여준다.

사실 일부 연구에서는 일시적 스트레스 요인이 코르티솔 분비 증가를 가져오지만, 만성적 스트레스는 둔화된 코르티솔 분비와 관련이 있음을 보여주고 있다(Marin, Martin, Blackwell, Stetler, & Miller, 2007; Miller, Chen, & Zhou, 2007). Miller와 동료들(2007)은 107개의 연구에 대한 메타분석을 통해 HPA 축에 미치는 영향이 스트레스의 특성에 달려 있음을 발견했다. 특히 최근의 스트레스와 지속적인 스트레스는 HPA 산출 증가와 관련이 있는 반면, 오래전의 외상은 정상수준을 밑도는 HPA 산출 감소와 관련이 있는 것으로 보인다. 이것은 HPA 축의 하향조절(down-regulation)을 보여주는 것이다.

Miller와 동료들(2007)은 또한 신체적 통합을 위협하는 스트레스(예 : 전쟁, 아동학대)는 통제 불가능한 스트레스와 마찬가지로 약간 낮은 오전시간 분비와 더 높은 오후/저녁 분비를 보인다고 보고했다. 성인에 초점을 맞춘 이 메타분석의 결과와 같은 맥락에서 96명의 청소년에 대한 최근의 한 종단연구는 청소년기에 내재화 문제를 더 많이 가졌던 사람들은 오전 코르티솔이 더 높다는 것을 발견했다. 그러나 같은 표본을 종단적으로 검토했을 때 아동기에 더 많은 내재화 행동을 보인 사람들은 청소년기에 더 낮은 오전 코르티솔 수준을 보이는 것으로 나타났다(Ruttle et al., 2011). 따라서 아동이 처음 행동을 보일 때는 HPA 축이 활성화되나 시간이 지나면서 장기적인 노출이 HPA 축의 조절장애를 가져오는 것으로 보인다.

초기의 스트레스나 외상으로 인해 높아진 코르티솔 수준에 대한 만성적 혹은 지속적 노출은 또한 발달하는 뇌에 신경독성(neurotoxic) 효과를 미치는 것으로 보인다(Lupien, McEwen, Gunnar, & Heim, 2009; Sapolsky, Krey, & McEwen, 1986). Lupien과 동료들(2009)은 만성 스트레스가 발달하는 뇌에 미치는 구체적인 영향은 스트레스가 중요한 뇌발달 동안 언제 일어나느냐의 결과라고 주장한다. 다시 말해 코르티솔(만성적 또는 지속적 스트레스)의 효과는 스트레스가 일어난 시점에서 발달하는 뇌구조에 미치는 영향이 가장 크다는 것이다. 예를 들어 아동기에 경험하는 스트레스와 당질코르티코이드 증가는 아동기에 지속적으로 발달하는 해마에 가장 큰 영향을 미칠 수 있다. 반면 PFC의 경우에는 청소년기가 중요한 발달기간이다. 따라서 청소년기의 만성 스트레스는 PFC의 발달과 기능에 가장 큰 영향을 미치는 것으로 보인다(Lupien et al., 2009).

기질

지난 50년에 걸쳐 축적된 연구결과는 아동의 기질이 불안의 전반적 취약성 요인임을 보여주고 있다. 기질(temperament)이란 일반적으로 타고난 기본 성향을 의미하며, 정서성과 활동, 사교성 표현의 기저를 이루며 조절한다(Buss & Plomin, 1975, 1984; Thomas & Chess, 1985). 대부분의 연구는 기질이 인생의 초기에 존재하며 강한 생물학적 기반을 갖고 있고, 전생애를 통해 일반적으로 안정적임을 시사한다(Buss & Plomin, 1984; Derryberry & Rothbart, 1984; Rothbart, 1989). 기질은 종종 성격의 초기 형태로 간주되며, 따라서 몇몇 연구들은 공통된 기질요인과 다섯 가지 성격 특성(Big Five) 간의 관련성을 살펴보았다(Angleitner & Ostendorf, 1994; Digman, 1994). 예를 들어 624명의 6~8세 중국 및 미국 아동 표본에 대한 연구에서 Ahadi, Rothbart와 Ye(1993)는 아동의 기질에 대한 부모 보고 척도인 아동기 행동 질문지상에 나타난 세 가지 기질요인을 발견하였다. 두 문화에 걸쳐서 나타난 이 세 가지 기질 요인은 빅 파이브의 세 요인인 외향성(정열성), 신경증(부정적 정서성/정서적 안정성), 성실성(의도적 통제)과 일치하였다.

정서의 3요인 모형

아마도 이 분야의 최근 연구 중에서 가장 많이 축적된 연구는 Clark와 Watson(1991)이 제안한 정서의 3요인 모형(tripartite model of emotion), 그리고 이 모형과 아동기 불안 및 우울의 관련성에 근거하고 있을 것이다(Mineka, Watson, & Clark, 1998). 3요인 모형은 원래 불안과 우울과의 관련성을 설명하기 위해 긍정적 정서성(positive affectivity, PA), 부정적 정서성(negative affectivity, NA), 생리적 과각성(physiological hyperarousal, PH)의 세 요인(PA와 NA는 각각 외향성, 신경증과 유사함)을 상정하였다(Ahadi et al., 1993; Lonigan & Philips, 2001). Clark와 Watson(1991)은 NA가 불안과 우울에 공통적인 요인이고, (낮은) PA는 우울에 특수한 요인이며, PH는 불안에 특수한 요인이라고 모형을 설명했다. NA와 PA가 기질의 구성개념이며 불안과 기분장애에 대해 위험요인으로 작용한다는 것을 보여주는 많은 증거가 있다(Lonigan & Phillips, 2001; Mineka et al., 1998; Watson, Clark, & Harkness, 1994).

이 모형이 불안과 우울의 병인 및 동반이환에 대한 이해에 주는 시사점으로 인해, 정서의 3요인 모형이 아동

과 청소년 표본에서도 타당한지를 살펴보는 지속적인 노력이 이루어져 왔다(Chorpita, 2002; Chorpita, Albano, & Barlow, 1998; Joiner et al., 1996; Lonigan et al., 1994; Lonigan, Hooe, David, & Kistner, 1999; Lonigan, Phillips, & Hooe, 2003). 연구결과들은 모두 정서의 3요인 모형이 성인에서와 마찬가지로 아동과 청소년에서도 적용된다는 것을 지지하고 있다(Chorpita, Albano, & Barlow, 1998; Joiner et al., 1996). 예를 들어 Lonigan과 동료들(1994)은 낮은 PA와 관련된 측정치들이 우울장애 아동과 불안장애 아동을 가장 잘 구분해 준다는 것을 확인했다. Lonigan과 동료들(1999)은 365명의 학령기 아동과 청소년 표본에서 PA와 NA 측정치가 불안 및 우울 측정치와 관련이 있는지 살펴보았다. 연구결과 NA와 PA 측정치들이 성인 표본에서의 결과와 일치하는 방식으로 작용하는 것으로 나타났다. 또한 이러한 발견은 아동과 청소년 집단에 걸쳐 동일하였다. 그뿐만 아니라 Lonigan과 동료들(2003)은 4~11학년 아동에 대한 종단연구에서 NA와 PA로 이루어진 2요인 직교 모형의 시간적 안정성을 확인하였다. 이 모형은 불안과 우울증상을 예측하는 것으로 나타났는데, 이는 NA와 PA가 기질요인이라는 주장을 추가적으로 지지하는 결과이다.

3요인 모형에 대한 다양한 경험적 지지 속에서 1990년대 말에 이루어진 모형 수정(Brown et al., 1998; Mineka et al., 1998)에서는 PH가 모든 불안장애와 일관되게 관련되지는 않는다고 주장한다. 예를 들어 350명의 불안장애 성인 표본에 대한 연구에서 Brown과 동료들(1998)은 PH가 공황 측정치와만 정적 상관을 보였고 다른 불안장애 측정치들과는 상관을 보이지 않았다고 보고하였다. 이러한 결과는 불안장애와 기분장애를 가진 100명의 아동 표본에서 부분적으로 반복검증되었다(Chorpita, Plummer, & Moffitt, 2000). 아동을 대상으로 한 선행연구에서와 마찬가지로 3요인 척도는 불안 및 우울 측정치로부터 추출된 문항들의 합산을 통해 구성되었으며, 구성요인인 NA, PA와 PH를 대표하도록 선택되었다. 성인 대상의 선행연구에서 밝혀진 연구결과의 일관성은 연구를 지속하기에 충분하지만 몇몇 불일치는 초기의 측정

전략의 효용성에 대해 의문을 제기하였다(Lonigan et al., 1999). 따라서 아동집단에서의 3요인 요인을 측정하기 위해 Chorpita(2002)는 경험적으로 구성된 측정도구를 사용하여 Brown과 동료들이 서술한 성인 모형을 1,578명의 3~12학년 일반 아동 표본을 대상으로 다시 한 번 평가하였다. 연구결과는 성인 표본에서 확인된 것과 일치한다. 특히 PH는 공황하고만 정적 상관을 보였으며, 다른 불안 차원들과는 유의한 상관을 보이지 않았다. 이 모형은 또한 다양한 학년 및 성별에 따라서도 확고한 것으로 보인다(Chorpita, 2002).

이 계통의 연구가 갖는 특별히 흥미로운 특성 한 가지는 모형에 포함된 전반적 취약성(즉, NA)과 전반적 불안 측정치 간의 관계가 강한 경향이 있다는 점이다. 사실 이 분야의 초기 연구는 오래된 불안척도에서 추출한 문항들을 NA의 지표로 사용하였다. 다양한 연구결과는 초기의 많은 불안 측정도구들이 실제로는 광범위한 부정적 정서성을 측정하는 도구로 특징될 수 있음을 보여준다(Stark & Laurent, 2001). NA와 불안한 정서의 일반적 경험 간에 유사성이 있다는 주장은 다른 곳에서도 있었다(Chorpita & Barlow, 1998). 이는 불안 및 우울장애라는 맥락에서 불안 그 자체가 우울뿐만 아니라 불안장애 발달에 대해서도 위험요인으로 작용할 수 있음을 시사한다. 이러한 주장은 성인 대상 연구에서 확인된 여러 양상과도 일치한다. 불안장애의 발생이 우울에 선행하는 경향이 있으나 역방향은 그렇지 않으며, 비대칭적 동반이환(불안장애는 종종 우울과 함께 발생하는 반면, 우울은 불안장애와 함께 자주 발생하지 않음)이 관찰되었다. 아동 관련 선행연구들의 발견은 이러한 개념에 추가의 지지를 제공한다. 330명의 아동을 3년에 걸쳐 추적한 종단연구에서 높은 불안증상은 과거의 우울점수를 통제한 후에도 미래의 높은 우울을 예측했다. 그러나 역방향은 확인되지 않았다(Cole, Peeke, Martin, Truglio, & Ceroczynski, 1998).

어린 아동 표본에 대한 3요인 모형의 적용 가능성에 대한 경험적 지지가 증가하고 있음에도 불구하고, 더 큰 아동과 청소년 표본에서의 적용 가능성에 대한 지지가 더 강하다. 예를 들어, Jacques와 Mash(2004)는 학령기 아동과 고등학생 청소년으로 이루어진 대규모 지역사회 표본(N=472)에서 3요인 모형이 높은 연령 표본에서 더 잘 지지된다는 것을 확인하였다. 마찬가지로 Lonigan과 동료들(1999)도 3요인 모형이 일반 표본(N=213, 12~17세)의 높은 연령 아동집단의 자료에 더 적합하다는 것을 발견했다. 또한 1,470명의 임상집단과 757명의 학령기(7~18세) 아동집단을 대상으로 한 최근의 다중표본 확인적 요인분석 연구에서 Price와 동료들(2013)은 어린 일반 아동 표본을 제외한 모든 표본에서 분리불안과 우울을 지지하는 결과를 발견했다. 이는 이러한 구성개념이 증상을 보이지 않는 집단에서 더욱 유사하다는 것을 시사한다. 이러한 연구들의 결과는 불안과 우울 모두에 기여하는 이면의 특성(예 : NA)이 존재하며, 불안과 우울 간의 차이점은 발달하면서 증가한다는 주장을 뒷받침한다(De Bolle & De Fruyt, 2010).

행동억제

기질, 그리고 기질과 불안의 관련성에 대한 고전적 모형은 행동억제(behavioral inhibition, BI)에 관한 Kagan과 동료들의 연구를 포함하고 있다(Biederman et al., 1990, 1993a, 1993b; Hirshfeld et al., 1992; Kagan, 1989, 1997; Rosenbaum et al., 1988, 1992; Rosenbaum, Biederman, Hirshfeld, Bolduc, & Chaloff, 1991). Kagan(1989, 1997)이 정의했듯이, BI는 친화력의 정도와 새로운 대상, 상황, 사람에 대한 불확실성의 정도를 의미한다. 행동억제는 접근 철수 차원선상에서 나타나는 관찰 가능한 행동으로 표출된다. BI를 측정하는 범주는 행동(또래와 어른들에 대한 언어 지연 및 빈도, 양육자에 대한 근접성, 신체적 비활동성, 고통의 언어 표현)과 생리(심박수, 심박변이, 혈압, 동공 확대, 근육긴장, 코르티솔 수준, 뇨 노르에피네프린 수준, 음성 피치)를 모두 포함한다(Kagan, Reznick, Snidman, Gibbons, & Johnson, 1988). 시간에 걸쳐 일관된 BI를 가진 아동은 자율적 반응도가 크고, 오전 코르티솔 수준이 높으며, 놀람반응도 높고, 보다 경계적인 주의집중 양식을 보인다는 증거가 있다(Pérez-

Edgar & Fox, 2005; Schmidt & Fox, 1998; Schmidt, Fox, Schulkin, & Gold, 1999). 기능적 영상연구도 BI를 가진 사람은 새로운 중립적 또는 위협적 얼굴에 대해 편도체 활성화 증가를 보인다는 것을 발견하였다(Pérez-Edgar et al., 2007; Schwartz, Wright, Shin, Kagan, & Rauch, 2003).

모든 표본에서 약 15%의 아동들이 BI를 보이는 것으로 확인되고 있다(Fox et al., 2005; Kagan, Reznick, Snidman, Gibbons, & Johnson, 1988). Kagan, Reznick, Snidman, Gibbons과 Johnson(1988)의 연구에서 이러한 아동들은 걸음마 시기에는 수줍어하고 무서움을 잘 탔으며, 초등학교에 입학할 무렵에는 조용하고 조심스러우며 내향적인 모습을 보였다. 이런 아동들은 표준화된 행동검사 상황에서 낯선 사람이 있을 때 일관되게 자발적인 언어 표현을 하지 않으며, 놀이장면을 탐색하고 다른 아동들에게 접근하기보다는 울면서 어머니에게 매달리는 것으로 관찰되었다. 척도의 반대쪽에 있는 연구대상 아동의 15%는 사교적이고 대범하며 다른 아동들과 어울리는 반대의 기질을 나타냈다. 그뿐만 아니라 억제되지 않은 아동들은 억제된 또래들과는 반대로 새로운 자극으로 인해 혼란을 겪지 않는다. Kagan과 동료들은 7년 동안 2개의 독립적 동시출생 아동집단을 추적하였다. 연구자들은 아동이 21개월 또는 31개월일 때 낯선 상황과 사람, 대상에 노출되는 표준화 행동검사를 통해 억제되었는지 또는 억제되지 않았는지를 확인하였다. 행동에서의 이러한 차이는 4, 5, 7세 시의 반복검사를 통해서 대부분 유지되는 것으로 확인되었다. 연구결과는 이러한 차이가 지속적인 기질적 특성임을 보여주는 것이다(Kagan, Reznick, & Gibbons, 1989). 따라서 BI는 생물학에 기반을 두고 있으며, 인생의 초기에 탐지될 수 있으며, 전생애를 통해 비교적 안정적이며, 약간의 유전적 통제를 받는 것으로 보인다(Kagan, Reznick, & Snidman, 1988; Robinson, Kagan, Reznick, & Corley, 1992; Smoller et al., 2003, 2005).

BI에 대한 Kagan의 처음 연구는 유아의 기질적 양식을 살펴보기 위해 설계되었다. 따라서 정신병리에 대해서는 아무런 구체적 가설을 세우지 않았었다. 그러나 아동기 불안장애로 관심이 향하면서 억제된 아동과 불안한 아동 간의 유사성이 보다 분명해졌다. Degnan, Almas와 Fox(2010)는 BI와 아동기 불안에 관한 최근의 문헌 고찰에서 BI와 아동기 불안 간의 관계를 살펴본 30개 이상의 연구들을 검토하였다. 연구결과는 전반적으로 BI와 아동기 불안 간의 동시발생적, 종단적 관련성을 지지하였다. 예를 들어 아동 초기의 BI는 이후의 불안진단 및 증상과 유의하게 관련이 있었다(Biederman et al., 1990; Hirshfield et al., 1992; Hirshfeld-Becker et al., 2007; van Brakel, Muris, Bögels, & Thomassen, 2006). 또한 Hudson과 Dodd(2012)는 최근에 4세 시점의 BI가 9세 시점의 SOC, SAD, GAD의 위험 증가와 관련이 있다고 밝혔다. SOC에 대한 위험요인으로서의 BI에 대한 지지는 수많은 다른 연구를 통해서도 반복검증되었다. 이는 BI가 SOC와 고유하게 강한 관련성을 공유한다는 것을 시사한다(Biederman et al., 2001; Chronis-Tuscano et al., 2009; Essex, Klein, Slattery, Goldsmith, & Kalin, 2010; Muris, van Brakel, Arntz, & Schouten, 2011; Schwartz, Snidman, & Kagan, 1999).

이러한 두드러진 관련성에도 불구하고 BI를 보이는 것으로 확인된 아동들의 1/4은 어떠한 진단 가능한 불안장애도 보이지 않는다(Biederman et al., 2001; Gladstone, Parker, Mitchell, Wilhelm, & Malhi, 2005). 또한 적어도 한 연구는 3세에 매우 높은 BI를 보이는 것으로 확인된 아동들이 21세에 불안장애에 대한 증가된 위험에 놓여 있음을 보여주는 데 실패했다. 대신 이러한 아동들은 21세에 우울에 대해 증가된 위험에 놓여 있는 것으로 확인되었다(Caspi et al., 2003). 따라서 BI가 이후의 불안에 대해 가장 일관된 위험요인 중의 하나이기는 하지만(Fox et al., 2005; Mian, Wainwright, Briggs-Gowan, & Carter, 2011), 아동기 BI와 이후의 불안 간의 관계는 시간경과에 따른 관계만큼 거의 관련이 없음을 보여주고 있다(Degnan & Fox, 2007). 이는 발달에 걸쳐 기질과 상호작용하는 다른 위험요인들도 존재함을 시사한다(Hudson & Dodd, 2012; Muris et al., 2011).

행동억제 체계

BI에 대한 Kagan의 연구는 사회적 맥락에서 기질의 행동적 및 생리적 산물에 일차적으로 초점을 맞추었던 반면, 기질 및 불안에 대한 다른 모형들은 동기와 정서의 이면에 전반적으로 존재하는 생물학적 체계의 조직에 직접적으로 초점을 맞추어 왔다(Gray & McNaughton, 1996). Gray(1982)는 행동을 동기화시키는 역할을 하는 두 가지 기능적 두뇌체계의 작용에 대해 상세하게 설명하였다. 하나는 행동억제 체계(behavioral inhibition system, BIS) 이고, 다른 하나는 행동활성화 체계(behavioral activation system, BAS)이다. 두 체계는 전형적으로는 개인 안에서 독립적으로 기능하며, 서로 다른 유형의 강화에 민감하다. BAS는 보상과 처벌 부재의 신호에 민감하며, 행동적 효과는 선호적 접근행동(appetitive approach behavior)을 포함한다. 반면 BIS는 처벌과 보상 부재, 새로움의 신호에 민감하다. BIS의 행동적 효과는 진행 중인 행동의 억제, 주의집중 증가, 각성 증가를 포함한다. Gray에 따르면 BIS의 일차적, 단기적 산물로는 주의집중 좁히기, 대운동 행동의 억제, 자극분석 증가(예: 경계 또는 살피기), 중추계 각성의 증가(예: 기민함), 필요할지 모르는 신속한 행동(투쟁-도피 체계의 가능한 활성화)에 대한 시상하부 운동체계의 점화 등이 포함된다. BIS는 현상학적으로 조심, 경계 및 위협 관련 정보처리의 증가로 특징된다. 170명의 3~5세 아동에 대한 한 연구에서 부모가 보고한 철수동기(BIS)는 코르티솔 증가와 관련이 있는 반면, 부모가 보고한 접근동기(BAS)는 코르티솔 감소와 관련이 있는 것으로 나타났다(Blair, Peters, & Granger, 2004).

3요인 모형에 대한 연구와 마찬가지로 Gray의 모형에 대한 연구들은 혐오자극에 의해 활성화되며 도피행동을 동기화시키는 제3의 체계, 즉 투쟁-도피-동결 체계(fight-flight-freeze system, FFFS)가 존재할 수 있음을 시사한다 (Gray & McNaughton, 2000). BIS에서의 과잉활동은 모든 불안장애에 걸쳐 이면의 요인으로 작용하는 반면, FFFS에서의 과잉활동은 공황장애, SOC, 특정공포증과 관련이 있는 것으로 보인다(Gray & McNaughton, 2000;

Zinbarg & Yoon, 2008). 예를 들어 175명의 8~18세 아동에 대한 Vervoort와 동료들(2010)의 연구에서 불안장애를 가진 아동들의 BIS 점수가 가장 높은 것으로 나타났다. BIS_불안척도는 불안장애 증상을 측정하는 간편 측정도구의 모든 하위척도와 유의한 상관을 보였다. 반면 BIS_FFFS 척도는 이 척도의 공황 및 사회불안 하위척도와만 유의한 상관을 나타냈다.

의도적 통제

또 다른 기질적 특성은 불안의 발달에 대한 잠재적 기여로 인해 관심을 받고 있는 의도적 통제(effortful control, EC), 또는 반응적 경향성을 억제하고 보다 적응적 반응으로 대체하기 위한 집행기능을 처리할 수 있는 능력이다(Derryberry & Rothbart, 1997; Lonigan & Phillips, 2001; Lonigan & Vasey, 2009; Posner & Rothbart, 2000). Lonigan과 Phillips(2001)는 높은 NA가 불안장애의 발달에서 관찰된 변량의 일부를 설명하지만, 높은 NA를 가진 모든 사람이 불안장애를 발달시키는 것은 아니라는 점에서 잠재적 조절변인들을 고려할 필요가 있다고 주장하였다. Lonigan과 Phillips는 불안장애가 발달하기 위해서는 높은 NA와 낮은 EC의 결합된 효과가 요구된다고 제안하였다. 몇몇 횡단 및 종단연구들이 이들의 이론을 지지해 왔다. 예컨대 아동과 청소년에 대한 두 가지 독립적인 연구에서 Muris와 동료들은 EC가 NA와 내재화 증상 간의 관계를 조절한다는 것을 발견했다(Muris, 2006; Muris, Meesters, & Rompelberg, 2007). 그리고 10세 아동들에 대한 연구에서는 EC와 NA의 상호작용이 3년 후의 내재화 증상을 예측하는 것으로 나타났다(Oldehinkel, Hartman, Ferdinand, Verhulst, & Ormel, 2007). 따라서 기질이 불안장애 발달에서 분명히 역할을 한다 할 수 있다. 그러나 그 영향의 성격은 공통된 기질 차원의 기본적 주효과를 넘어서는 것으로 보인다.

인지와 학습의 영향

생물학적 측면과 기질 간의 중요한 역동적 상호작용을 고려할 때 심리사회적 영향은 생물심리사회적인 성격을 갖는 것으로 이해될 수 있다. 덧붙여서 보다 최근의 이론은 불안에 미치는 일반적인 생물학적 영향이 우울에 미치는 영향과 매우 중복되는 것과 마찬가지로 불안에 미치는 일반적인 심리적 영향도 그러하다는 것을 시사한다. 이러한 맥락에서 최근의 연구는 부정적 정서에 대한 위험을 생성하고 확장시키는 메커니즘 또는 과정, 특히 인지적 대처전략(Kendall, 1992), 정보처리(McNally, 1996; Vasey, Daleiden, Williams, & Brown, 1995), 사회적-가족적 전달(Barrett, Rapee, Dadds, & Ryan, 1996; Chorpita, Brown, & Barlow, 1998), 그리고 복잡한 형태의 조건형성(Bouton, Mineka, & Barlow, 2001)을 설명하는 데 초점을 두어 왔다.

정보처리

아동기 불안에 대한 초기의 인지모형은 주로 성인기 불안에 관한 Beck의 도식기반 이론에 근거하고 있다(Beck, Emery, & Greenberg, 1985). 도식(schema)은 기억 속에 저장된 조직화된 정보의 본체로 도식과 일치하는 정보의 처리를 촉진하고 불일치하는 정보의 처리를 방해한다. 1990년 Kendall과 Ronan은 아동기 불안이 위협 관련 도식의 과잉활동의 결과라고 주장했다. 이어 Daleiden과 Vasey(1997)는 아동기 불안에서 인지의 보다 정확한 역할을 설명하기 위해, Crick과 Dodge(1994)의 공격적 아동에서의 정보처리 단계 모형을 수정하였다. 이 모형에는 다음의 여섯 단계가 포함된다. 첫째, **부호화**(encoding) 단계에서는 추가 처리를 위해 정보가 선택된다. 둘째, **해석**(interpretation) 단계에서는 모호한 정보에 의미가 붙여지며, 귀인과 성과에 대한 예상이 이루어진다. 셋째, **목표 명료화**(goal clarification) 또는 **목표선택**(goal selection) 단계에서는 상황의 요구를 충족하기 위해 목표가 수정되고 선택된다. 넷째, **반응접근**(response access) 또는 **반응구성**(response construction) 단계에서는 잠재적 반응이 인출되거나 생산된다. 다섯째, **반응선택**(response selection) 단계에서는 잠재적 반응이 평가된다. 여섯째, **실행**(enactment) 단계에서는 최선의 가능한 반응이 선택되고 실행된다. 이에 덧붙여 기억은 정보의 내용과 조직 모두에 영향을 미치며 정보처리 과정의 모든 단계에 관여하는 것으로 간주된다. 처음의 두 단계는 지난 20년에 걸친 연구들에서 풍부한 지지를 받아 왔으나, 3~6단계는 그만큼 연구가 이루어지지 않았으며 기억처리도 폭넓게 연구되지 않았다.

선택적 주의집중

불안의 정보처리이론(Beck et al., 1985; Daleiden & Vasey, 1997; Kendall & Ronan, 1990)에 따르면 높은 불안을 갖고 있는 아동은 비위협적 정보보다 위협적 정보에 선택적으로 주의를 기울인다. 다시 말해 위협에 대한 주의편향(attentional bias)을 보인다. Bar-Haim, Lamy, Pergamin, Bakermans-Kranenburg와 van IJzendoorn(2007)은 메타분석을 통해 위협과 관련된 주의편향이 모든 실험설계, 조건, 대상에 걸쳐 중간 크기의 효과($d=0.45$)를 갖는다고 보고하였다. 아동을 대상으로 한 연구들($k=11$) 역시 중간 크기의 효과를 보였다($d=0.50$).

지금까지 아동의 불안정보처리에 관한 연구에서 가장 널리 사용되어 온 두 가지 실험 패러다임은 수정된 정서 스트룹 과제(emotional Stroop task)와 탐침 탐사 과제(dot probe task)이다. 정서 스트룹 과제에서는 참가자들에게 단어나 그림에 사용된 잉크의 색깔을 말하도록 지시한다. 그런 다음 다양한 단어나 그림을 제시하는데, 전형적으로 위협적인 것과 비위협적인/중립적인 것의 두 범주에 해당된다. 예컨대 거미에 대한 공포증을 갖고 있는 아동들의 주의편향을 평가하는 연구에서는 '스나이퍼'나 '기어다닌다'와 같은 단어들이 위협적 자극으로, '울타리'나 '잔디'는 비위협적 자극으로 간주된다. 위협과 관련된 단어들이 아동의 주의를 사로잡기(위협에 대한 편향) 때문에, 불안한 아동들은 중립적 단어들에 비해 위협적 단어들의 색깔명을 말하는 데 더 오래 걸릴 것으로 기대된다. 높은 불안을 갖고 있는 아동들에게 수정된 스트룹 과제를 사용한 연구결과들은 완벽하게 일치하지는 않았다. 그러나 Bar-Haim과 동료들(2007)은 메타분석을 통해 모든 연구에 걸쳐 불안한 아동들은 전형적으로 통제집단보다 위협 단어들에 대한 반응이 더 느린 것을 발견했다. 그리고 위협 단어와 비위협 단어들 간의 차이도 불안한 통제집단에 비해 불안한 아동집단에서 더욱 두드러진 것으로 나타났다.

반면 탐침 탐사 과제에서는 불안한 아동과 불안하지 않은 아동들 간의 차이가 발견되지 않았다(Bar-Haim et al., 2007). 선행연구들이 이 실험 패러다임을 통해 불안한 아동들이 위협에 대해 주의편향을 보인다는 증거를 제시한 점을 고려할 때, 이러한 결과는 다소 뜻밖의 결과라 할 수 있다(Vasey et al., 1995; Vasey, El-Hag, & Daleiden, 1996). 탐침 탐사 과제에서는 아동에게 컴퓨터 화면상에서 위아래로 제시된 두 단어 또는 자극을 보여준다. 어떤 때는 위협자극과 비위협자극 쌍을 동시에 보여주고, 어떤 때는 중립적 자극과 짝을 지어 보여준다. 자극이 제시된 직후에 작은 탐침(dot probe)이 두 단어 중 하나가 있었던 위치에 나타난다(위협자극과 중립자극 위치를 번갈아 가며 무선적으로 제시함). 아동들은 탐침이 나타날 때 반응을 하라는 지시를 받는다(예 : 키보드의 단추를 누름). 이 탐침을 탐지하는 데 걸린 지연시간으로 화면의 위치에 나타났던 그 단어에 대한 주의집중을 측정한다. 위협 단어 직후에 탐침이 제시될 때는 지연시간이 짧을수록 그 위협 단어에 대한 주의편향을 의미한다. Bar-Haim과 동료들의 연구결과에 대한 한 가지 가능한 방법론적 설명은 Vasey와 동료들(1996)의 연구가 유의한 특이치라는 이유로 메타분석에 포함되지 않았다는 점이다.

해석편향

불안한 아동은 비위협적 정보보다 위협적 정보에 선택적으로 주의를 기울일 뿐만 아니라 분명한 해석편향(interpretation bias)을 보인다. 연구자들은 실험 패러다임에 관계없이 불안한 아동이 더 많은 위협을 더 빨리 지각하며, 모호한 상황을 제시할 때 더 많은 위협적 해석과 예측을 하며, 동음이의어 과제(homophone task)에서도 더 많은 위협적 해석을 선택한다고 보고한다(Barrett, Rapee, et al., 1996; Bell-Dolan, 1995; Cannon & Weems, 2010; Chorpita, Albano, & Barlow, 1996; Epkins, 1996; Hadwin,

Frost, French, & Richards, 1997; Higa & Daleiden, 2008; Micco & Ehrenreich, 2008; Muris, Merckelbach, & Damsma, 2000; Taghavi, Moradi, Neshat-Doost, Yule, & Dalgleish, 2000; Weems, Berman, Silverman, & Saavedra, 2001; Weems, Costa, Watts, Taylor, & Cannon, 2007). 또한 불안한 아동은 불안하지 않은 아동에 비해 부정적 사건에 대해 보다 내적이고 안정적이며 전반적인 귀인을 한다(Bell-Dolan & Last, 1990). 그리고 재앙적 결과를 기대하며 미래에 긍정적인 결과가 일어날 가능성을 낮게 평가하며, 대처에 대한 기대도 더 낮은 경향이 있다(Chorpita et al., 1996; Micco & Ehrenreich, 2008; Leitenberg, Yost, & Carroll-Wilson, 1986; Spence et al., 1999). 그럼에도 불구하고 모든 연구가 해석편향을 지지하지는 않았다(Bögels & Zigterman, 2000; In-Albon, Dubi, Rapee, & Schneider, 2009). 해석편향의 내용 특수성은 확인되지 않았으며(Bögels, Snieder, & Kindt, 2003; Dalgleish et al., 2003; Muris, Merckelbach, & Damsma, 2000), 우울증상을 통제한 후에는 부정적 해석과 불안증상 간의 관계가 더 이상 유의하지 않았다고 보고한 연구도 있었다(Eley, Gregory, et al., 2008). 따라서 선택적 주의집중에 대한 연구와 마찬가지로, 불안한 아동들의 해석편향은 불안한 성인에서 발견된 결과나 원래 이론에서 제안했던 것보다 덜 견고한 것으로 보인다. 이에 따라 일부 연구자들은 성인 인지모형을 아동에게 적용하는 하향 확장(downward extension)에 대해 의문을 제기하였다.

아동의 발달과 정보처리편향

Field와 Lester(2010)는 발달을 고려한 두 가지 경쟁적 모형을 소개하고, 이 두 모형을 성인 인지이론을 하향 확장하는 것과 비교하였다. 첫 번째 조절모형에 대하여 Field와 Lester는 불안하건 그렇지 않건 모든 어린 아동들에게 아마도 하나의 진화적 기능일 수 있는 정보처리편향이 존재할 수 있다고 설명한다. 대부분 아동들의 경우에는 이러한 편향이 환경에 대한 경험의 결과로 시간이 지나면서 사라지지만 불안한 성향이 있는 아동들에게는 계속 남아 있다는 것이다. 즉, 전형적인 사람들의 경우에는 위협정보에 대한 편향이 시간에 따라 감소하는 정상적인 발달 과정이라는 것이다. 그러나 불안한 성향을 갖고 있는 사람들은 위협에 대한 주의집중을 무시하는 방법을 학습하지 못하거나 이를 억제하는 능력을 발달시키지 못하고, 이것이 이들을 정보처리편향에 더욱 취약하게 만든다(Kindt & van den Hout, 2001; Nightingale, Field, & Kindt, 2010). 연구들은 5개월 된 유아와 학령전기 아동이 거미, 뱀, 화난 얼굴과 같은 공포자극에 대해 주의편향을 보인다고 보고하고 있다(LoBue & DeLoache, 2008, 2010; Rakison & Derringer, 2008). Creswell과 동료들(2008)은 행동적으로 억제된 유아들과 그렇지 않은 유아들이 화난, 행복한, 두려운 얼굴을 바라보는 시간에서 차이를 보이지 않았다고 보고했다. 또한 이 모형은 12세 이하의 불안한 아동과 불안하지 않은 아동들 간에 차이를 발견하지 못한 주의편향 연구들과도 일치한다(Kindt, Bierman, & Brosschot, 1997; Kindt, van den Hout, de Jong, & Hoekzema, 2000; Waters, Lipp, & Spence, 2004).

선택적 주의집중 과제에서의 차이가 없는 결과를 설명하기 위한 또 다른 시도로 Lonigan과 Vasey(2009)는 NA와 주의편향 간의 관계에 EC가 미치는 조절효과를 연구했다. 연구결과 NA가 높고 EC가 낮은 아동과 청소년들은 위협단서에 유의한 편향을 보이는 것으로 나타났다. 반면 NA가 높고 EC도 높은 아동과 청소년은 이러한 편향을 보이지 않았다. 또한 연구자들은 연령효과를 발견하지 못하였는데, 이는 조절모형에 의문을 제기하는 결과이다. 그러나 이들의 연구에서 가장 어린 참가자들은 10세로, 선행연구에서 불안하지 않은 아동들의 경우 이러한 편향이 사라지는 경향이 있다고 보고한 연령보다는 높은 연령이었다(Kindt et al., 2000). 종합적으로 이러한 연구들은 불안하지 않은 아동의 경우에는 주의편향이 사라지는 시기에 의도적 통제가 발달할 가능성이 있음을 보여준다(Posner & Rothbart, 2000). 따라서 NA와 EC가 모두 불안한 아동의 주의편향 발달에서도 중요한 역할을 할 수 있음을 시사한다.

Field와 Lester(2010)의 두 번째 경쟁모형은 해석편향을 이해하는 데 좀 더 적합한 것으로 보인다. 습득모형

은 다른 연구들에서도 기술되어 왔다(Alfano, Beidel, & Turner, 2002; Manassis & Bradley, 1994). 이 모형은 위협에 대한 정보처리편향이 아동기의 특정 발달단계에 등장하는데, 이러한 등장은 편향을 유지하는 데 필요한 인지적·사회적·정서적 기술의 발달과 관련이 있다고 주장한다. 다시 말해 위협에 대한 정보처리편향은 어린 아동들에게는 존재하지 않으며 발달적 정교성의 증가와 더불어 등장한다는 것이다. 마음이론과제와 피아제의 보존과제를 사용해 인지발달을 살펴본 연구들은 이러한 과제들에서의 수행이 불안한 해석과 정서적 추론 점수를 예측한다고 보고했다(Muris, Mayer, Vermeulen, & Hiemstra, 2007). 따라서 현재의 연구는 해석편향에 대한 습득모형을 지지하는 것으로 보인다. 즉, 아동이 인지적으로 발달함에 따라 해석편향의 능력도 발달한다는 것이다. Field와 Lester는 특성불안과 발달이 두 가지 가능한 방식으로 상호작용한다고 제안했다. 첫째, 불안한 아동들의 경우에는 정보처리편향이 그러한 편향을 할 수 있는 인지적 능력과 함께 발달하는 반면, 불안하지 않은 아동들은 그렇지 않다. 둘째, 특성불안은 정보처리편향을 습득한 결과로 등장한다. Field와 Lester에 따르면 특성불안이 해석편향의 발달궤적(developmental trajectory)을 조절한다는 것을 지지하는 증거는 없다. 그러나 불안이 해석편향 습득에 의해 인과적 영향을 받는다는 것을 지지하는 연구는 있다(Mackintosh, Mathews, Yiend, Ridgeway, & Cook, 2006; MacLeod, Rutherford, Campbell, Ebsworthy, & Holker, 2002; Wilson, MacLeod, Mathews, & Rutherford, 2006). 이러한 관련성을 구체화하기 위해서는 보다 많은 연구가 필요하다.

조건형성 경험

직접적 조건형성

아동기 불안에 대한 학습모형은 역사적으로 파블로프(1927/2003)의 고전적 조건형성, 왓슨과 레이너(1920)의 앨버트에 대한 공포 조건형성 실험으로 거슬러 올라간다. 즉, 무조건 반응(UR : 울음)을 유발시키는 혐오자극

[무조건 자극(US) : 큰 소리]을 중성자극(흰쥐)과 반복해서 짝지어 제시하면, 시간이 흐르면서 US가 없는데도 중성자극[조건자극(CS)]이 조건반응(CR)을 유발한다(즉, 큰 소리 없이 흰쥐의 제시만으로도 운다). 공포 조건형성은 자극들(US와 CS) 간의 연합을 통해 습득되고 이러한 연합이 CR을 매개하기 때문에, '연합학습'으로 불리기도 한다(Davey, 1997; Field & Davey, 2001; Field, 2006). 회고적 연구들은 불안한 아동과 성인들이 외상적 조건형성 경험을 증상의 발생 원인으로 생각한다고 보고하였다(Gruner, Muris, & Merckelbach, 1999; Muris, Steerneman, Merckelbach, & Meesters, 1996; Ollendick & King, 1991; Öst & Hugdahl, 1981). 그러나 조건형성을 종단적으로 살펴본 연구는 훨씬 드문데, 그 이유는 부분적으로 사람들에게 공포를 유발시키는 것에 대한 윤리적 우려에 기인한다. 그러나 지난 20년에 걸친 정교한 연구 패러다임은 공포 조건형성에 대한 종단적 검토를 가능하게 하였고, 연구 참가자들에게 미치는 종단적 효과를 제거하게 되었다.

불안장애의 발달과 유지를 설명하기 위한 직접적 조건형성 모형은 반응에 나타나는 개인차를 포함하는 쪽으로 발달해 왔다. 이러한 개인차로는 연합학습 결함(Grillon, 2002), 더 큰 자극일반화(Mineka & Zinbarg, 1996), 그리고 높은 조건화 능력(conditionability; Orr et al., 2000; Peri, Ben-Shakhar, Orr, & Shalev, 2000) 등이 있다. Lissek과 동료들(2005)은 불안장애가 있거나 없거나 성인들에서 위협단서 학습을 유발한 20개의 연구에 대한 메타분석(*N*=908)을 수행하였다. 연구결과 불안한 성인들은 단순한 조건형성 패러다임에서 건강한 통제집단에 비해 공포반응을 더 잘 습득하는 것으로 확인되었다(*d*=0.42). 이 패러다임에서는 중성자극(CS)을 불안유발자극(US)과 반복해서 짝지어 제시하며, 이 과정은 습득훈련 또는 습득시도로도 불린다. 한편 CS를 US 없이 제시하는 소거훈련 또는 소거실험의 효과는 건강한 통제집단에 비해 불안한 성인집단에서 더 약한 것으로 나타났다(*d*=0.39). 이상의 결과는 종합적으로 불안한 성인이 불안하지 않은 성인에 비해 공포를 좀 더 쉽게 습득

할 뿐만 아니라, 조건형성이 이루어진 후에도 소거에 어려울 수 있음을 보여준다.

이러한 집단 간 차이는 CS+(예 : 소리)를 US(예 : 충격)와 반복해서 짝지어 제시하고 CS+(예 : 빛)는 US와 짝지어지지 않은 변별 조건형성 패러다임에서는 좀 더 작았다(Lissek et al., 2005). 이 패러다임에서 CS−(예 : 빛)는 US 부재의 신호이기 때문에 '안전자극'으로 불리기도 한다. 그리고 변별학습은 CR과 CS+, 그리고 CR과 CS− 간의 차이로 측정된다. 따라서 건강한 통제집단은 CR− 실험 동안 CR을 억제할 수 있을 것이며, 그 결과로 더 우수한 변별학습을 보여줄 것이다. 반면 불안장애를 가진 사람들은 안전단서가 있음에도 불구하고 공포를 억제하는 데 어려움을 나타낼 것이다. 그리고 자극의 특징을 변별하는 능력이 없기 때문에, CS+를 CS−로 과잉일반화하며 따라서 더 낮은 변별학습을 보일 것이다. Lissek과 동료들(2005)의 메타분석에서 변별학습의 효과는 습득기간에는 유의하지 않은 것으로 나타났다(*d*= 0.08). 그러나 변별학습의 효과는 소거기간에도 유의하지 않은 경향이 있는 것으로 나타났다(*d*=0.23).

직접적 조건형성은 아동 표본에 대해서는 폭넓게 연구되지 않았다. 그러나 최근의 몇몇 연구들은 아동과 청소년 표본을 대상으로 직접적 조건형성의 효과를 검증하였다. 그러나 그 결과는 혼재되어 왔다. 예를 들어 Liberman, Lipp, Spence와 March(2006)는 7~14세 불안장애가 있거나 없는 아동들을 대상으로 연구를 수행하였다. 연구자들은 아동들에게 만화캐릭터(CS+)와 큰 소리(105dB, 오토바이 또는 착암기 소리와 유사한 정도; US)를 함께 제시하였고, 다른 만화캐릭터는 소음 없이(CS−) 보여주었다. 불안장애를 가진 아동들은 습득 후에 공포유발자극으로서 CS+ 또는 CS−를 차별적으로 평가하지 않았으나, 소거 후에는 CS−보다는 CS+를 훨씬 더 공포유발자극으로 평가하였다. 반면 불안하지 않은 아동들은 습득 후에 CS−보다는 CS+를 좀 더 공포유발자극으로 평가하였으나 소거 후에는 그렇지 않았다. 또한 생리적 측정치들은 불안하거나 불안하지 않은 집단 모두에서 습득기간의 차별적 반응에 대한 증거를 보여주지 않았다. 그러

나 소거기간에는 불안한 아동들이 CS+에 대해 더 큰 차별적 반응을 보였다. Liberman과 동료들은 자신들의 연구결과가 불안한 아동들이 소거에 저항적이라는 주장을 지지했다고 결론지었다.

불안장애가 있거나 없는 청소년들(평균=13.6세)에 대한 연구에서 Lau와 동료들(2008)은 청소년들에게 두 장의 여성 얼굴 사진을 중립적 표현의 사진과 함께 보여주었다. 이 중의 한 사진을 두려운 얼굴(CS+)과 큰 비명소리(US)와 짝지어 제시하고, 다른 사진은 중립적 상태로 유지되었다(CS-, US와 짝지어지지 않음). Lau와 동료들은 CS 유형(CS+ 또는 CS-)에 관계없이 습득기간 후에 불안하지 않는 청소년들보다 불안한 청소년 집단의 공포 평가점수가 더 높았다고 보고하였다. 그러나 참가자들은 불안증상 여부에 관계없이 CS+를 CS-보다 더 공포스러운 자극으로 평가했으며, 모든 청소년들이 CS-에 비해 CS+에 대한 공포 평가의 소거에 대해 더 큰 저항을 나타냈다.

마지막으로 두 가지 다른 연구에서는 변별과제를 통해 7~12세 아동의 혐오적 조건형성을 검증하였다. 이 과제에서는 2개의 기하학적 도형을 사용했는데, 한 도형은 혐오적 소리(US)와 짝지어지고(CS+) 다른 도형은 혐오적 소리와 짝지어지지 않았다(CS-). 첫 번째 연구에서 Craske와 동료들(2008)은 Lau와 동료들(2008)의 연구결과와 마찬가지로, CS+와 CS-에 대한 공포반응이 불안하지 않은 아동보다 불안한 아동집단에서 더 컸다고 보고했다. 그러나 불안한 아동과 불안하지 않은 아동들은 습득 동안 CS-보다는 CS+에 대해 유사한 수준의 차별적 반응을 나타냈다. 또한 Liberman과 동료들(2006)의 연구결과에서와 같이 Craske와 동료들의 연구에 참가한 불안한 아동들은 그렇지 않은 아동들에 비해 습득과 소거, 그리고 소거 2주 후 재검사에 걸쳐 CS-보다 CS+를 보다 더 불쾌한 자극으로 평가했다. 그러나 Lau와 동료들, Liberman과 동료들의 연구결과와는 달리 Craske와 동료들은 CS+와 CS-에 관계없이 CR을 함께 묶었을 때 불안한 아동들이 소거 및 수거 후 재검사에서 높은 CR을 보인다는 것을 발견했다. Craske와 동료들의 연구결

과와 마찬가지로 Waters, Henry와 Neumann(2009)은 습득 동안 불안한 아동들이 CS+와 CS-에 대해 모두 더 큰 피부전도 반응을 보였다고 보고했다. 또한 연구자들은 CS-보다 CS+가 더 각성을 일으키는 것으로 평가했으며, 통제집단의 아동들보다 CS-에 비해 CS+에 대한 피부전도 반응에서 소거에 더 큰 저항을(각성 평가에서는 그렇지 않음) 보였다고 보고하였다. 이러한 연구결과들은 불안한 아동과 청소년들이 불안한 성인들과 마찬가지로 지연된 소거와 더불어 안전단서에 대한 반응억제에서 결함을 갖고 있을 수 있으며, 이것이 불안의 발달에 기여할 수 있다는 추가의 지지를 제공한다. 그러나 아동과 청소년 집단에 대한 연구가 부족하고 연구결과도 혼재되어 있으므로, 이 분야에 대한 추가의 연구가 필요하다.

맥락 조건형성

학습의 또 다른 유형은 US가 제시되는 상황에 대한 조건형성을 포함하는데, 이러한 조건형성을 '맥락 조건형성'이라 부른다. 따라서 명시적 위협단서 조건형성은 US를 예측하는 구체적인 CS를 포함하는 반면, 맥락 조건형성에서는 상황이 US를 예측하고 CR을 유발시킬 수 있다. 예컨대 혐오적 조건형성에 대한 동물연구에서 동물은 반복적으로 US(충격)와 짝지어지는 명시적 CS 또는 명시적 단서(빛)에 조건형성될 뿐만 아니라 맥락적 CS 또는 맥락적 단서(충격이 실시되는 우리)에도 조건형성된다(Blanchard & Blanchard, 1972). Craske, Rauch와 동료들(2009)은 명시적 위협단서는 즉각적인 위협에 대해 한시적인 반응을 유발하는 반면, 맥락적 단서는 확실하지 않은 위협에 대해서도 지속적인 불안반응을 유발한다고 하였다. 또한 일부 연구자들은 편도체의 중앙핵이 명시적 위협 조건형성에 관여하는 것으로 보이며, BNST와 우측 전방의 해마, 그리고 양측 편도체는 맥락적 조건형성에서 더 큰 역할을 한다고 주장해 왔다(Alvarez, Biggs, Chen, Pine, & Grillon, 2008; Marschner, Kalisch, Vervliet, Vansteenwegen, & Büchel, 2008; Walker, Toufexis, & Davis, 2003; Yassa et al., 2012). 맥락적 조건형성은 명

시적 단서 조건형성만큼 널리 연구되지는 않았지만, 지금까지의 연구결과는 불안장애를 갖고 있는 사람들이 그렇지 않은 사람들에 비해 맥락에 대해 더 강한 조건형성을 보인다는 증거를 보여주고 있다.

아동과 청소년에서의 맥락적 조건형성에 대한 연구는 제한된다. 그러나 증가하는 연구결과들은 불안장애의 위험에 놓인 아동과 청소년들 역시 맥락적 조건형성에 민감할 수 있음을 시사한다. 예컨대 '안전-분노'의 반복적 시행에 대한 연구에서, 신경증 점수가 높은 청소년들은 낮은 점수를 받은 청소년들에 비해 위협에 가까운 조건이나 위협과 거리가 먼 조건보다는 혐오자극(이두박근 수축)의 위협이 중간 수준으로 연합된 조건에서 높은 놀람 반사를 보이는 것으로 나타났다(Craske, Waters, et al., 2009). Craske, Waters와 동료들(2009)은 이러한 결과를 '강한 상황'의 관점에서 해석했다. 즉, 모든 참가자가 위험 지위에 관계없이 극심한 혐오자극 조건에서 높은 놀람반응을 보인 반면, 불안한 사람들은 덜 혐오적인 자극에 대해 높은 놀람반응을 보였다. 마찬가지로 모든 참가자는 위험 지위에 관계없이 혐오자극이 제시되지 않을 것이라고 안심을 시켰을 때 기초선 시행 동안 더 낮은 놀람반응을 보였다. 따라서 이 연구는 높은 신경증 점수를 받은 청소년들이 낮은 신경증 점수를 받은 청소년들에 비해 중간 수준의 위협 맥락에서 높은 반사반응을 경험하기가 더 쉽다는 것을 보여준다. 이는 불안장애를 가진 성인들과 마찬가지로 불안장애를 가진 청소년들이 불안하지 않은 또래들에 비해 맥락에 조건형성될 가능성이 더 크다는 이론을 지지하는 결과이다. 또한 Craske, Waters와 동료들의 연구에 참가한 청소년들에 대한 4년 종단연구에서 안전 조건 동안의 더 큰 놀람반응이 불안장애의 첫 번째 발병을 예측하였으며, 이는 공존하는 우울증, 신경증, 그리고 혐오자극의 강도에 대한 평가를 넘어서는 것으로 나타났다(Craske et al., 2012). 따라서 안전조건에서의 높은 놀람반응 또는 맥락적 조건형성 능력(conditionability)은 아동과 청소년의 불안장애 발생에 대한 위험요인으로 작용할 수 있을 것이다.

대리적 조건형성과 정보 전달

두려운 상황이나 대상에 대한 직접적 경험뿐만 아니라 다른 사람이 무서워하는 행동을 관찰하는 것(대리적 학습; Mineka & Cook, 1993) 또는 언어적 의사소통(정보 전달)을 통한 간접적 조건형성도 공포와 불안의 발달에 기여하는 것으로 알려져 있다(Rachman, 1977). 예컨대 걸음마기 유아들은 어머니의 부정적인 반응 후에 공포 표현이 많아지고 공포와 관련된 및 관련되지 않은 자극을 회피하는 것으로 나타났다(Dubi, Rapee, Emerton, & Schniering, 2008; Gerull & Rapee, 2002). 마찬가지로 유아들과 그들의 불안이 없는 어머니들에 대한 연구에서 유아는 어머니가 낯선 사람과 정상적으로 상호작용할 때보다 어머니가 낯선 사람과 불안한 방식으로 행동하는 것을 관찰한 후에 낯선 사람을 무서워하거나 회피하는 경향이 있었다(de Rosnay, Cooper, Tsigaras, & Murray, 2006). 부모의 행동을 통한 대리적 학습에 덧붙여 연구자들은 아동이 두려운 행동을 하는 또래들을 관찰함으로써 공포를 습득할 수 있다는 것을 보여주었다. Broeren, Lester, Muris와 Field(2011)는 낯선 동물에 대해 두려운 행동을 보이는 영화를 관찰한 8~10세 아동들이 그 동물에 대해 증가된 공포 신념을 보인다고 밝혔다(모델링되지 않은 다른 낯선 동물에 대해서는 그렇지 않음).

대리적 조건형성을 살펴보는 일련의 연구에서 Field, Muris와 동료들(Askew & Field, 2007; Field & Lawson, 2003; Muris, Bodden, Merckelbach, Ollendick, & King, 2003; Muris et al., 2009)은 아동에게 새로운 동물 사진을 보여주는 혁신적인 실험 패러다임을 개발했다. Askew와 Field(2007)는 아동이 공포를 대리적으로 습득하는지 검증하기 위해 7~9세 영국 아동들에게 세 가지 낯선 동물(유대류인 주머니 고양이, 쿼카, 늘보주머니쥐 등 영국에 사는 아동들이 알 가능성이 적은 동물)의 사진을 보여주었다. 그리고 이 사진들과 겁내는 얼굴 표정, 기쁜 얼굴 표정, 또는 아무런 표정을 보여주지 않는 조건을 짝지어 제시하고, 아동의 공포인지와 회피행동을 살펴보았다. 연구자들은 동물을 두려워하는 태도가 짝지어진 얼굴 표정과 일치하는 방식으로 달라진다는 것을 발견했다. 그리고 이러한 신념이 3개월까지 지속되었으며, 아동이 이전에 두려워하는 얼굴과 짝지어졌던 동물이 상자 속에 담겨 있다고 믿을 때는 회피행동을 보이는 것으로 나타났다.

아동이 정보 전달을 통해 공포를 습득하는지 검증하기 위해 Field와 Lawson(2003)은 아동들에게 동일한 동물들에 대해 부정적이거나 긍정적인 정보를 제시하거나 혹은 아무런 정보를 제공하지 않았다. 연구자들은 위협적인 정보가 아동의 공포신념, 정서적 반응시간, 그리고 회피행동을 유의하게 증가시켰다고 보고했다. 이러한 효과는 6개월 후에 아동들을 다시 평가했을 때도 지속되었다(Field, Lawson, & Banerjee, 2008). 또한 나이 어린 아동들(6~8세)은 더 큰 아동들(12~13세)에 비해 정보 전달의 결과로 더 강한 동물-위협 및 동물-안전 연합을 형성하였다. 그러나 이들이 보고한 공포와 회피행동은 큰 아동들과 유의하게 다르지 않았다. Muris와 동료들은 유사한 실험 패러다임을 통해 아동에게 새로운 동물에 관해 부정적 정보를 제공하는 것이 아동의 공포신념(Muris et al., 2003)과 공포 관련 추론편향(Muris et al., 2009)을 증가시킨다고 보고했다.

공포에 대한 정보 전달은 또한 부모들에게서도 나타났다. Muris, van Zwol, Huijding과 Mayer(2010)는 8~13세 아동의 부모들에게 새로운 동물에 관해 부정적인, 긍정적인, 또는 모호한 정보를 제공했다. 그런 다음 부모들에게 동물과 마주치는 상황을 기술하는 개방형 사례를 주고, 이런 상황에서 무슨 일이 일어날 것인지 자녀에게 이야기해 주도록 지시했다. 동물에 관해 부정적인 정보를 받은 부모들은 자녀에게 그 사례에서 일어날 일에 대해 보다 위협적인 이야기로 묘사했다. 이들의 자녀들은 동물에 대해 긍정적인 정보를 제공받은 부모의 자녀들에 비해 더 높은 수준의 공포신념을 나타냈다. 그뿐만 아니라 동물에 관해 모호한 정보를 제공받았던 부모 중 불안을 보이는 부모들은 동물에 대해 보다 위협적인 정보를 제공했다. 그 결과로 이들의 자녀 역시 모호한 정보를 제공받았으나 불안을 보이지 않은 부모들의 자녀들보다 더 높은 공포신념을 보였다.

가족의 영향

부모와 자녀의 불안 간의 관계에 대해 많은 연구가 이루어져 왔다(Biederman et al., 2004; Bögels, van Oosten, Muris, & Smulders, 2001; Chavira et al., 2007; Manicavasagar, Silove, Rapee, Waters, & Momartin, 2001; Merikangas, Lieb, Wittchen, & Avenevoli, 2003; Schreier, Wittchen, Höfler, & Lieb, 2008). 최근의 연구는 적어도 한쪽 부모가 평생 불안 병력을 보일 때 자녀의 불안장애 위험이 2.7배 더 높으며, 적어도 한쪽 부모가 현재 불안장애를 겪고 있을 때는 4.7배 더 높다고 보고하였다(van Gastel, Legerstee, & Ferdinand, 2009). 그러나 이러한 관계의 이면 메커니즘은 여전히 잘 알려지지 않고 있다. 지난 10년 동안 가족이 자녀의 불안에 미치는 영향을 살펴본 연구들이 상당히 축적되었다. 이에 따라 이 분야에서 이루어진 많은(때로는 불일치하는) 연구들을 종합하려는 시도로 다양한 문헌고찰이 이루어졌다(Bögels & Brechman-Toussaint, 2006; Drake & Ginsburg, 2012; Ginsburg, Grover, & Ialongo, 2005; Rapee, 2012).

이러한 연구들은 아동기 불안의 발달 및 유지와 관련된 다양한 부모 및 가족 변인들을 시사해 왔다. 그러나 이러한 위험요인들을 불안과 구체적으로 관련시킨 연구는 많지 않으며, 오히려 일반적인 병리와 관련시키고 있다(Bögels & Brechman-Toussaint, 2006; Ginsburg et al., 2005). 더욱이 이 분야의 연구가 조건모형, 적합도 모형(Chess & Thomas, 1989), 또는 개인-환경 상호작용 모형이 아니라 주효과 모형에 의존하는 것은 양육의 차원과 자녀의 발달성 간의 관계에 대해 제한된 이해만을 제공한다(Gallagher, 2002). 마찬가지로 횡단적으로 관찰된 변인들 간의 관계 이면의 인과적 메커니즘을 밝히는 종단연구도 부족하다(Rapee, 2012). 실제로 메타분석을 통해 양육에 관한 문헌들을 고찰한 연구는 아동기 불안을 설명하는 변량의 4%만이 양육에 의해 설명된다고 결론지었다(McLeod, Wood, & Weisz, 2007). 그러나 McLeod와 동료들(2007), 그리고 다른 연구자들이 주목했듯이 일관성 없는 조작적 정의, 다양한 측정 전략, 연구들마다 상이한 모집단 등의 방법론적 영향은 이러한 문헌에 대한 해석을 어렵게 해왔다(Drake & Ginsburg, 2012). 그러나 이러한 어려움에도 불구하고, 가족 변인이 아동기 불안에 미치는 영향에 대해 많은 통찰이 이루어져 왔다.

기질과 애착

불안정애착과 불안의 관계를 살펴본 46개의 연구에 대한 최근의 메타분석은 두 변인 간의 관계가 보통 수준의 효과 크기($d = 0.30$)를 갖는다고 보고했다(Colonnesi et al., 2011). 불안정애착은 아동의 불안과 관련이 있을 뿐만 아니라 높은 수준의 BI, 어머니의 불안, 그리고 과잉통제와 부정적 태도로 특징되는 양육행동과도 유의한 관련성을 갖는다. 연구결과들은 이러한 요인들이 각각 고유한 비율의 변량으로 아동기 불안을 설명한다는 것을 보여주었다(Hudson, Dodd, & Bovopoulos, 2011; van Brakel et al., 2006). 그러나 최근에 Hudson과 Dodd(2012)는 정상표본을 대상으로 행동적으로 억제된 71명과 억제되지 않은 89명의 아동을 4세에 처음 평가한 후 5년 뒤에 다시 평가하였다. 그 결과 기초선 불안을 통제한 후에도 BI, 어머니의 불안, 어머니의 과잉관여가 추적 시의 불안을 유의하게 예측하는 것으로 나타났다. 그러나 어머니의 부정적 태도와 애착은 그렇지 않았다. 이러한 결과는 나중의 불안과 관련된 행동억제의 예측력을 지지하지만, 어머니 애착의 역할에 대해서는 의구심을 갖게 한다. 하지만 이 연구에서 애착이 4세에 처음 평가되었음을 고려할 때, 더 이른 발달시기의 어머니-자녀 애착 안정성이 아동의 이후 불안을 더 잘 예측할 수도 있을 것이다.

몇몇 다른 연구들도 BI를 애착의 맥락에서 살펴보았다. 그러나 BI로 특징되는 자녀의 기질이 불안정애착과 상호작용하여 불안에 영향을 미치는지는 분명하지 않다. 또한 선행연구에서 기질과 애착변인 간의 구분이 분명하게 이루어지지 않고 있으며, 이러한 변인들이 실제로 인과관계를 갖는지, 공유된 제3의 변인에 의해 야기되는지, 또는 동일한 구성개념이 단지 다른 방식으로 정의되고 측정된 것인지에 대한 의문은 여전히 남아 있다. BI와 불안정애착에 대한 연구에서 van Brakel과 동료들(2006)은 이 두 변인 간의 유의하지만 작은 상호작용(아

동기 불안에서 전체 변량의 1% 미만을 설명함)을 보고했다. 즉, 행동적으로 억제되고 불안정애착을 보이는 것으로 분류된 아동들은 높은 수준의 불안을 보고한 반면, 행동적으로 억제되지 않거나 안정애착을 보이는 것으로 분류된 아동들은 낮은 불안증상을 보고했다. 그러나 부모의 통제 역시 이러한 억제와 애착 간의 상호작용(다차원 상호작용)에 영향을 미쳤다. 즉, 억제되지 않고 안정애착을 보이는 것으로 분류된 아동들과 억제되고 불안정애착을 보이는 것으로 분류된 아동들의 경우에는 높은 부모 통제가 높은 불안수준을 예측하였다. 반면 억제되고 안정애착을 보이는 것으로 분류된 아동들에서는 높은 수준의 부모 통제가 낮은 불안과 관련이 있었다.

van Brakel과 동료들(2006)은 부모가 자녀의 요구에 민감할 경우에는(높은 BI, 안정애착), 부모 통제가 자녀에게 필요한 구조를 제공함으로써 자녀양육에서 긍정적인 역할을 할 수 있다고 주장했다. 그러나 부모가 자녀의 요구에 민감하지 않거나(높은 BI, 불안정애착) 또는 자녀의 행동이 지나치게 제한적인 규제를 요구하지 않을 때는(낮은 BI, 안정애착), 부모 통제가 부정적인 영향(즉, 자율성 감소를 가져오는 과잉보호적이며 제한적인 양육행동)을 미칠 수 있다고 하였다. 요약하면 van Brakel과 동료들은 BI, 애착, 부모 통제가 불안의 발달에 상가적 영향을 미치며, 관찰된 상호작용의 크기는 비교적 작다고 결론지었다. 이와 유사하게 Hudson과 동료들(2011), Hudson과 Dodd(2012)도 BI와 가정환경의 특정 측면 간에 유의한 상호작용을 관찰하지 못하였다. 그러나 Hudson과 동료들은 이러한 상호작용 효과가 발달단계를 포함한 종단연구를 통해서만 확인될 수 있다고 주장하였다. 비록 애착 안정성의 맥락에서 이루어진 연구는 아니지만, Lewis-Morrarty와 동료들(2012)은 BI와 어머니의 과잉통제 간의 유의한 상호작용을 보고했다. 즉, 높은 BI는 높은 수준의 어머니 과잉통제의 맥락에서만 높은 사회불안 증상과 관련이 있었다. 이러한 결과들은 기질변인이 나중의 불안발달에 유의한 영향을 미칠 수 있지만 가족의 영향이 이러한 관계를 조절할 수 있음을 시사한다.

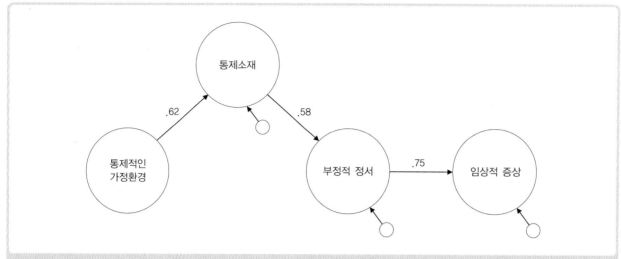

그림 8.1 Chorpita, Brown과 Barlow(1998)의 모형 : 지각된 통제소재가 부모의 통제와 아동의 불안 간의 관계를 매개한다.
출처 : Chorpita, Brown, and Barlow (1998). Copyright 1998 by Elsevier의 허락하에 사용함.

양육행동

부모의 과잉통제

부모의 과잉통제는 지금까지 연구된 가족 변인들 중에서 아동기 불안과 가장 강한 관련성을 갖는 것으로 보고되어 왔다(Drake & Ginsburg, 2012). McLeod 등(2007)은 양육변인에 대한 메타분석에서 양육의 차원들이 아동기 불안 변량의 4%만을 설명한다고 보고했다. 그러나 구성개념 수준에서 결과를 살펴보았을 때는 부모의 과잉통제가 아동기 불안 변량의 6%를 설명하는 것으로 나타났다. 그리고 통제의 어떤 차원들은 아동의 불안에 더 큰 영향을 미치는 것으로 확인되었다(예 : 자율 인정은 아동기 불안의 18%를 설명함). 부모의 과잉통제가 아동기 불안에 기여하는지 아니면 불안의 결과인지는 분명하지 않다(Bögels & Brechman-Toussaint, 2006). 그러나 이 두 변인 간의 강한 관계는 아동의 관점(Bögels & van Melick, 2004)과 독립적 관찰자 관점(Whaley, Pinto, & Sigman, 1999) 모두에서 확인되었다.

Chorpita, Brown과 Barlow(1998)는 부모의 통제와 아동의 불안 간의 관계에서 아동이 갖고 있는 통제 관련 인지의 역할을 살펴보았다. 연구자들은 그림 8.1에 제시된 모형을 부분적으로 검증한 연구에서 높은 수준의 부모 통제로 특징되는 가정환경이 개인의 외적 통제소재(external locus of control)의 증가를 예측하는지, 그리고 다시 이것이 불안과 불안의 심각성 증가를 예측하는지 살펴보았다. 불안장애를 가진 아동 62명과 불안장애가 없는 아동 31명으로 이루어진 표본에 대한 분석 결과 지각된 통제소재 측정치가 가정환경과 아동의 불안한 정서 간의 관계를 매개하는 모형을 지지하였다.

Chorpita, Brown과 Barlow(1998)가 제안한 모형에 대해 지금까지 네 가지 후속 검증이 이루어졌다(Affrunti & Ginsburg, 2012; Ballash, Pemble, Usui, Buckley, & Woodruff-Borden, 2006; Gallagher & Cartwright-Hatton, 2008; Nanda, Kotchick, & Grover, 2012). Chorpita와 Barlow(1998; Chorpita, 2001; 그림 8.2 참조)가 제안한 발달모형에서는 아동의 연령이 증가하면서 통제에 대한 지각이 매개적 성격에서 조절적 성격으로 달라진다고 예측한다. 그러나 Ballash와 동료들(2006)은 18~25세 성인 초기 표본을 대상으로 매개모형을 지지하는 결과를 발견했다. 즉, 지각된 통제는 가족기능과 불안의 관계에서 매개요인으로 작용하는 것으로 나타났다. 마찬가지로 Affrunti와 Ginsburg(2012)는 아동의 지각된 유능감이 부

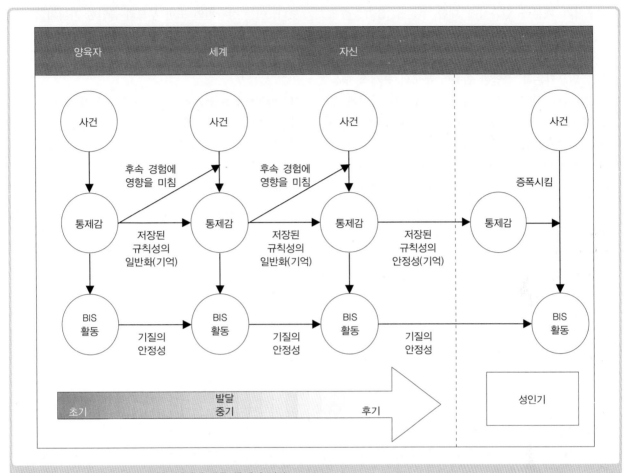

그림 8.2 Chopita(2001)의 모형 : 발달에 따른 통제의 지각

출처 : Chorpita (2001). Copyright 2001 by Oxford University Press의 허락하에 사용함.

모의 과잉통제 행동과 아동의 불안 간의 관계를 부분적으로 매개한다고 밝혔다. 이러한 결과는 부모의 과잉통제가 아동이 스스로 성공적으로 환경을 탐색할 수 있다고 느끼는 유능감의 정도에 영향을 미침으로써 아동의 불안에 영향을 미칠 수 있음을 시사한다. Gallagher와 Cartwright-Hatton(2008)은 부모의 통제가 아니라 과잉반응적 양육(엄하고 처벌적이며 일관되지 않은 특징의 훈육방식)이 불안을 예측하며, 이러한 관계는 아동의 인지 오류(예 : 재앙화, 선택적 추상화, 과잉일반화, 개인화)에 의해 부분적으로 매개된다고 보고하였다. 이 연구에서 부모의 통제는 아동의 불안을 유의하게 예측하였으나,

과잉반응적 양육방식보다 적은 변량을 설명하였다. 그리고 부모의 훈육방식과 동시에 고려되었을 때는 부모의 통제가 유의한 예측요인이 아닌 것으로 확인되었다. 마지막으로 Nanda와 동료들(2012)은 아동의 지각된 통제가 부모의 심리적 통제와 아동의 불안 간의 관계를 완전 매개한다고 보고했다. 이는 부모의 통제가 아동의 불안에 미치는 영향은 그것이 통제에 대한 아동의 지각에 미치는 효과와 함수관계에 있음을 시사한다. 이러한 연구들은 부모의 통제가 아동의 불안에 미치는 영향을 지지할 뿐 아니라 이 관계에서 아동 자신이 지각하는 통제도 중요하다는 것을 지지한다. 그러나 이 연구들은 모두 횡

단연구이기 때문에 인과성에 대한 추론을 불가능하게 한다.

　최근의 몇몇 연구들은 통제적 양육행동이 아동에게 불안을 일으키는지, 불안한 아동이 부모의 통제적 행동을 야기하는지, 또는 이 두 가지가 모두 그러한지에 대한 문제를 다루기 시작했다. Edwards, Rapee와 Kennedy (2010)는 종단설계를 통해 부모의 과잉보호가 이후의 아동기 불안을 예측하며, 아동의 불안 역시 어머니의 이후 과잉보호를 예측한다고 보고하였다. 또한 과잉통제 행동 표출을 결정하는 것이 반드시 부모의 불안상태가 아니라 아동의 불안상태라는 것을 보여준다는 증거가 제시되었다. Gar와 Hudson(2008)은 발표준비 과제 및 5분 발표 상황에서 불안한 아동의 어머니들은 자신이 불안장애를 갖고 있는지의 여부에 관계없이 과잉관여하며 과잉보호한다고 보고했다. 이러한 결과는 불안한 아동이 과잉관여 및 비판과 관련된 특정 양육행동을 유발할 수 있으며, 이러한 부모 요인은 부모 자신의 불안에 의해 영향을 받을 수 있음을 시사한다. 이 가설에 대한 후속 검증에서 Hudson, Doyle과 Gar(2009)는 임상적으로 불안한 아동의 어머니와 비임상집단 아동의 어머니를 자신의 자녀와 동일한 불안 분류(예 : 불안장애 있음, 불안장애 없음)에 속한 아동(자신의 자녀가 아님), 그리고 자신의 자녀와 다른 범주로 분류된 아동을 짝지었다. 어머니들은 자신의 자녀가 갖고 있는 불안상태에 관계없이 불안하지 않은 아동에 비해 임상적으로 불안한 아동에게 더 높은 수준의 관여를 보이는 것으로 나타났다. 이는 아동의 불안이 과잉관여 및 과잉통제라는 양육행동을 유발할 수 있음을 보여준다. 이러한 연구결과는 자녀의 불안과 관계가 있는 과잉통제 양육행동에 대한 앞으로의 연구에서 불안한 아동과 그의 부모를 살펴보는 것이 불안한 부모와 그들의 자녀를 살펴보는 것보다 더 효과적임을 시사한다. 흥미롭게도 과잉통제 행동을 평가하기 위해 부모와 자녀에게 주어진 과제의 유형 또한 연구결과에 영향을 미칠 수 있는 것으로 보인다. 구체적으로 Ginsburg, Grover, Cord와 Ialongo(2006)는 구조화된 과제일 때 부모의 과잉통제, 불안행동, 비판수준이 더 높다는 데 주목

했다. 이는 상황변인 또한 부모와 불안한 자녀의 상호작용에 영향을 미칠 수 있음을 시사한다.

부모의 거부

McLeod와 동료들(2007)은 아동기 불안에 관한 양육에 대한 메타분석 연구에서 거부하는 양육행동을 세 가지 하위차원으로 이루진 행동으로 개념화하고 있다. 이 세 차원은 온정의 부족(부정적이며 불유쾌한 상호작용), 철회(아동에 대한 관여 및 흥미의 부재), 혐오(적대감, 비판)이다. McLeod와 동료들은 역사적으로 많은 연구들이 이러한 행동들을 평가하고 정의하기 위해 부모의 거부 (parental rejection)라는 광범위한 범주에 의존해 왔으나, 실제로는 각각의 하위차원이 아동의 불안과 관련이 있다고 주장한다. 이들의 메타분석 연구결과는 이러한 주장을 지지한다. 즉, 검토된 연구들에 걸쳐 온정의 평균 효과크기는 0.06(아동 불안 변량의 1% 미만을 설명함)인 반면, 철회의 평균 효과크기는 0.22, 혐오의 평균 효과크기는 0.23(아동 불안 변량 중에서 각각 4%와 5%를 설명함)으로 나타났다. 이러한 결과는 온정이라는 긍정적 양육차원의 부재보다 철회와 혐오라는 부정적 양육차원의 존재가 아동의 불안과 훨씬 더 강한 관련성이 있음을 보여준다. 이러한 결과와 마찬가지로 내러티브 고찰(Ginsburg et al., 2005)과 경험적 연구들(Bögels et al., 2001; Lindhout et al., 2006)도 부모의 온정이 유의한 영향을 미치지 않는다는 결과를 보고했다. 이는 기존의 양육이론(Ainsworth, Blehar, Waters, & Wall, 1978; Baumrind, 1967)과 상반되는 결과로 낮은 수준의 부모 온정만으로는 아동의 불안 증가를 충분히 설명할 수 없음을 시사한다. 실제로 Bögels와 Brechman-Toussaint(2006)는 낮은 온정 자체는 불안과 강한 관련성이 있을 수 있지만, 낮은 온정과 높은 통제의 상호작용이 아동의 불안에 미치는 영향에 대한 추가 연구를 요구한다고 하였다.

　철회와 혐오에 관한 McLeod와 동료들(2007)의 결론과 같은 맥락에서 자녀에게 적대적이고 못마땅해하며 무시하는 것으로 정의되는 양육행동(Drake & Ginsburg, 2012)은 아동의 높은 불안수준과 관련이 있는 것으로 보고되

어 왔다(Ginsburg et al., 2004). 실제로 최근의 한 연구는 부모가 불안한 자녀에 대해 좀 더 비판적인 감정을 보고할 뿐 아니라 자녀 또한 부모가 거부적이라고 보고한다고 하였다. 또한 독립적인 평가자도 부모가 자신의 불안하지 않은 자녀보다 불안한 자녀에 대해 좀 더 비판적이라고 평가했다(Lindhout et al., 2009). 그러나 일반적인 정신병리보다 아동기 불안에 대한 이러한 관계의 특수성에 관해 의문이 제기되고 있다(Bögels et al., 2001). 그리고 이러한 양육변인들은 비교적 낮은 비율의 변량을 설명하는 것으로 보고되어 왔다(McLeod et al., 2007). Schrock과 Woodruff-Borden(2010)은 아동과 부모의 영향이 갖는 상호적 성격을 지지하면서, 양자의 상호작용은 서로의 행동과 불안의 결과로 변화할 뿐 아니라 서로의 불안이 행동에 차별적 영향을 미친다고 보고했다. 구체적으로 연구자들은 아동의 불안은 아동을 분리시키고 부정적으로 상호작용하게 만드는 반면, 부모의 불안은 양자 간의 보다 생산적인 관계를 촉진한다고 주장했다.

불안한 모델링

몇몇 연구들은 부모의 불안 및 회피행동 모델링과 자녀의 불안 간의 관계를 보고하였다(Barrett, Rapee et al., 1996; Chorpita et al., 1996; Dadds, Barrett, Rapee, & Ryan, 1996; Muris et al., 1996). 그러나 이러한 양육변인이 실제로 아동기 불안발달에 기여하는지는 분명하지 않다(Rapee, 2012). 최근의 한 연구에서 불안수준이 높은 어머니는 높은 수준의 불안한 모델링을 보고하는 것으로 나타났으나, 자녀나 독립적 관찰자는 이러한 불안수준이 높은 어머니와 불안수준이 낮은 어머니가 보이는 불안한 모델링 행동에서 차이를 발견하지 못하는 것으로 나타났다(Drake & Ginsburg, 2011). 그러나 Rapee(2012)가 언급했듯이 이러한 양육변인과 아동의 불안 간의 관련성을 보여주는 증거가 여러 자료로부터 누적되어 왔다(Creswell, Schniering, & Rapee, 2005; Gerull & Rapee, 2002; Lester, Seal, Nightingale, & Field, 2010). 이러한 관계는 행동과제와 질문지를 활용한 연구들에서 확인되어 왔다. 행동과제를 사용한 연구에서 걸음마기 유아는 어머니가 새로운 장난감에 대해 부정적인 반응을 보일 때 그 장난감에 대해 더 큰 공포를 표현했다(Gerull & Rapee, 2002). 특히 Creswell과 동료들(2005)은 학령기 아동들과 그들의 어머니들로 구성된 표본에서 불안수준이 높은 아동의 어머니는 모호한 상황에 대해 보다 위협적인 것으로 해석할 뿐 아니라, 그 해석은 자녀의 전반적 불안수준보다 자녀의 위협 해석과 더 강한 상관을 보이는 것으로 나타났다. 흥미롭게도 이 연구에서 아동이 불안장애 치료를 받은 후에 어머니와 아동 모두의 위협 해석이 감소한 것으로 나타났다. 불안수준이 높은 아동의 어머니들이 위협 해석 편향을 더 많이 보고한다는 이러한 결과와는 달리, Lester와 동료들(2010)은 불안수준이 높은 어머니의 자녀들 역시 위협 해석의 경향이 크다는 것을 보여주는 결과를 보고했다. 또한 이러한 자녀들은 자신의 어머니가 모호한 상황을 위협적인 방식으로 해석할 것이라 예상했으며, 이러한 예상은 자녀의 불안수준보다는 어머니의 불안수준과 관련이 있었다(Lester et al., 2010). 다른 양육변인의 경우와 마찬가지로 불안의 모델링은 아동의 기질(예 : 높은 수준의 행동억제로 특징되는 기질)과 상호작용하여 아동의 불안에 영향을 미친다. 따라서 무서움을 타는 경향성을 나타내는 아동은 불안한 행동에 대한 부모의 모델링에 노출된 후에 더 높은 수준의 불안을 경험한다(Barrett, Rapee, et al., 1996; Chorpita et al., 1996; de Rosnay et al., 2006).

부모의 인지

Bögels와 Brechman-Toussaint(2006)는 자녀의 대처능력이나 불안행동에 대한 부모의 신념과 도전적 상황에서 성공할 가능성 간의 관계를 살펴본 연구들은 아직 초기 단계에 있지만, 앞으로 불안 및 불안의 전달에 관한 이론을 형성할 잠재력을 갖고 있다고 주장하였다. 실제로 많은 연구들이 불안한 아동의 부모는 불안하지 않은 아동의 부모에 비해 다양한 영역에서 자신의 자녀가 갖고 있는 능력을 보다 부정적으로 지각한다고 보고했다(Micco & Ehrenrich, 2008). 그러나 이러한 기대는 선행연구들에서 제시된 것과 같이(Barrett, Rapee, et al., 1996; Chorpita et al., 1996), 부모가 자녀에게 직접적, 명시적으로 의사소통할 때만 자녀의 불안에 영향을 미칠 수 있는 것으로 보인다(Becker & Ginsburg, 2011).

부모의 불안과 양육행동

불안한 어머니는 자녀의 '위험한' 놀이를 관찰할 때 더 낮은 온정, 더 많은 모델링, 심지어 심리적 고통의 수준 증가를 보고한다. 그러나 이러한 보고는 자녀의 보고나 독립적 관찰자 평정에 의해 확인되지 않는다(Drake & Ginsburg, 2011; Lindhout et al., 2006; Turner, Beidel, Roberson-Nay, & Tervo, 2003). 실제로 최근의 연구결과는 부모의 불안보다는 자녀의 불안이 불안과 관련된 양육행동을 유발할 수 있다는 것을 보여준다(Hudson et al., 2009). 흥미롭게도 Kiel과 Buss(2010)는 걸음마기 유아의 공포기질(예 : 어머니에 대한 근접성을 구하는 것, 어머니가 잡아주길 원하는 것)과 어머니의 보호행동(예 : 활동으로부터 자녀를 보호함) 간의 관계는 어머니가 자녀의 공포행동을 정확히 예측하는 정도에 의해 조절되었다고 보고했다. 구체적으로 걸음마기 유아의 공포기질은 어머니의 예측 정확성의 정도가 높고 따라서 자녀의 행동에 잘 맞출 수 있을 때는 어머니의 높은 보호행동과 관련이 있었다(Kiel & Buss, 2010). 연구자들은 높은 수준의 자녀 공포행동이 어머니의 보호행동을 유발하지만, 이는 어머니가 자녀의 행동에 맞출 수 있는 상황에서만 그렇다고 결론지었다. 이러한 결과는 아동과 부모의 특징 모두 양자 간의 상호작용에서 중요한 역할을 한다는 것을 시사한다.

가정환경

응집성(cohesion), 적응성(adaptability), 갈등(conflict) 등을 포함한 가정환경의 여러 측면들이 아동기 불안과의 관계 속에서 검토되어 왔다. 높은 응집성(Peleg-Popko & Dar, 2001)과 낮은 응집성(Turner et al., 2003) 모두 불안과 관련이 있는 것으로 보고되었다. 그러나 이러한 관계의 특수성에 대한 증거는 부족하다(Bögels & Brechman-Toussaint, 2006). 마찬가지로 높은 수준의 적응성(Teichman

& Ziv, 1998)과 낮은 수준의 적응성(Barber & Buehler, 1996)도 아동의 불안과 관련이 있는 것으로 보고되어 왔다. 이러한 결과는 가정변인과 아동의 불안 간의 관계가 비선형적이며, 또는 아동의 불안에 영향을 미치는 다른 부모, 아동 및 가정변인들과 상호작용할 수 있음을 시사한다. Ginsburg와 동료들(2004)은 문헌고찰에서 가족갈등이 아동의 불안에 미치는 영향에 관한 5개 연구 가운데 2개에서만 정적 관련성이 나타났다고 보고했다. 마찬가지로 Rapee(2012)도 현재 이러한 관계의 특수성을 지지하는 증거가 많지 않다고 지적하면서, 아동기 불안에서 가족갈등이 어떤 역할을 하는지에 대해 분명한 결론을 끌어내기 위해서는 측정방법의 개선과 종단연구가 필요하다고 주장했다.

가정환경의 한 특수한 측면으로서 부부갈등과 질도 아동의 불안과 관련지어 연구되어 왔다. 결혼만족도가 특히 아동의 불안을 종단적으로 예측한다고 보고한 연구가 있으나(McHale & Rasmussen, 1998), 불안장애가 있는 아동과 없는 아동이 보고한 부모의 부부관계 질 간에 차이가 없다고 보고한 연구도 있다(예 : Siqueland, Kendall, & Steinberg, 1996). 부모의 이혼 또한 아동의 불안과 관련이 있는 것으로 보고되어 왔다(Lansford et al., 2006). 그러나 이러한 관련성은 별거 이전과 이후의 부모 간 갈등에 의해 설명될 수도 있다(Rapee, 2012).

문화적 차이

아동기 불안의 문화적 측면에 대한 연구는 어떤 양상의 행동이 보편적이며, 어떤 양상이 특정 집단이나 장면에 특수한 것인지를 결정함에 있어서 중요한 역할을 한다. 비교문화적 관점은 기존의 생물학적 및 심리사회적 이론으로 설명되지 않는 불안의 가능한 결정요인들을 강조하면서, 아동기 불안에 대한 현재의 개념화가 타당한지를 명료화하는 데 도움을 준다.

자기보고로 측정된 불안에서의 비교문화적 차이

비교문화 연구에서 가장 널리 사용되어 온 자기보고 평가도구 중에서 두 가지는 전통적으로 공포와 불안의 전반적 수준을 측정하는 아동용 공포조사목록(Fear Survey Schedule for Children—Revised [FSSC-R], Ollendick, 1983)과 STAIC(Spielberger, 1973)이다. 지난 20년 동안 개발된 세 가지 측정도구는 아동기 불안을 차원적으로 평가한다. 이 중 두 가지는 DSM-IV-TR 진단범주와 일치하며[SCAS(Spence, 1998)와 SCARED(Birmaher et al., 1997)], 다른 하나는 이론적으로 도출된 불안의 네 가지 차원을 측정한다(MASC; March, Parker, Sullivan, Stallings, & Conners, 1997).

FSSC-R은 다양한 공포자극 및 상황에 관한 80문항짜리 검사로 다양한 문화집단에 걸쳐서 아동기 공포의 양상을 평가하는 데 사용되어 왔다. FSSC-R은 다양한 언어로 번역되어 미국과 포르투갈, 이탈리아, 터키, 오스트레일리아, 네덜란드, 북아일랜드, 중국, 영국 등에 살고 있는 아동과 청소년들에게 실시되어 왔다(Fonesca, Yule, & Erol, 1994). 집단 간의 주요 차이점에 대한 검토는 동일한 80문항 버전을 사용한 집단으로 제한된다. 이러한 집단에는 오스트레일리아, 미국, 영국, 포르투갈, 중국, 네덜란드가 포함된다. 연구결과는 이들 대부분의 국가들에 걸쳐 비교적 유사한 점수를 보여주고 있다. 그러나 전체 공포 점수에 있어서는 네덜란드 표본이 더 낮은 점수를, 포르투갈 표본은 더 높은 점수를 나타냈다(Fonesca et al., 1994). 이와 같은 차이에 대한 한 가지 설명은 라틴 문화의 경우 공포를 더 자연스럽게 표현하는 경향이 있는 반면, 북유럽 문화는 정서를 통제하거나 감추는 경향이 있다는 것이다(Fonesca et al., 1994). 모든 집단에 걸쳐 여아들은 남아들에 비해 더 높은 점수를 보이는 경향이 있었다. 이러한 결과가 반드시 공포에 대한 성별 양상이 문화의 영향을 받지 않음을 의미하는 것은 아니다. 이러한 국가들에서 여성의 역할은 대체로 동질적이며 불안의 발달에 대해 더 높은 위험을 포함하고 있기 때문이다(Nolen-Hoeksema, 1987).

FSSC-R을 사용해 문화에 걸쳐 가장 흔하게 나타나는 공포를 살펴본 연구는 놀라운 공통점을 보여주고 있다. 영국과 미국, 터키, 포르투갈, 오스트레일리아의 아동들은 모두 자동차에 치는 것에 대한 공포를 가장 빈번하게

선택했다. 숨을 쉴 수 없는 것, 폭탄 공격 또는 전쟁, 화재, 도난, 높은 곳에서 떨어지는 것, 죽음에 대한 공포는 적어도 4개국의 아동들에게서 상위 10위 안에 있었다. 또한 80문항 검사에 덧붙여진 문항들을 살펴본 결과 부모의 죽음에 대한 공포는 검사에 참여한 영국, 터키, 포르투갈의 아동들 중 73~84%가 보고할 만큼 상당한 것으로 나타났다(Fonesca et al., 1994).

Ollendick과 동료들의 연구와 같은 맥락에서 Spielberger와 동료들(Spielberger & Diaz-Guerrero, 1983; Spielberger, Diaz-Guerrero, & Strelau, 1990)은 서로 다른 문화권에서 자기보고로 측정된 특성불안을 살펴보는 연구를 수행하였다. STAIC은 학령기 아동의 일반적 불안을 측정하며 2개의 하위척도를 갖는다. 특성불안 척도는 일반적인 특성불안과 부정적 정서에 대한 성향을 측정하며, 상태불안척도는 일시적인 부정적 정서상태를 측정한다. STAIC을 사용한 대다수의 비교문화 연구는 다양한 국가에서의 측정도구 타당화를 포함하고 있다. 현재까지 폴란드, 헝가리, 러시아, 요르단, 레바논과 벵골 표본을 위한 번안이 이루어져 수정본이 만들어졌는데, 이 표본들은 대부분 청소년 중기에서 후기의 학생들로 이루어졌다. Ahlawat (1986)는 STAIC의 아랍어 버전과 미국 버전 간에 유사한 요인구조를 확인했다. 즉, 요인분석을 통해 두 표본 모두에서 특성불안과 상태불안으로 이루어진 2요인 구조가 지지되었다. 또한 성별 차이도 미국에서 밝혀진 것과 유사한 것으로 나타났는데, 여아들이 남아들보다 특성불안 척도에서 더 높은 점수를 보였다. 전반적으로 여러 나라에서 STATIC 척도가 사용될 수 있다는 주장이 지지되어 왔다.

38개 문항으로 이루어진 SCAS는 DSM-IV-TR의 GAD, SAD, 사회공포증, 공황장애 및 광장공포증, 강박장애, 그리고 특수공포증을 평가하기 위해 개발된 자기보고식 질문지이다. SCAS는 일본, 독일, 남아프리카공화국, 네덜란드, 홍콩, 콜롬비아, 그리스 등 여러 문화집단의 아동과 청소년들에게 적용되어 왔다(Crane Amaya & Campbell, 2010; Essau, Ishikawa, & Sasagawa, 2011; Essau, Ishikawa, Sasawaga, Sato, et al., 2011; Essau, Leung, Conradt,

Cheng, & Wong, 2008; Essau, Muris, & Ederer, 2002; Essau, Sakano, Ishikawa, & Sasagawa, 2004; Ishikawa, Sato, & Sasagawa, 2009; Li, Lau, & Au, 2011; Mellon & Moutavelis, 2007; Muris, Merckelbach, Ollendick, King, & Bogie, 2002; Muris, Schmidt, Engelbrecht, & Perold, 2002). SCAS를 이러한 여러 문화집단에 걸쳐 사용한 연구들은 성차(성차와 관련하여 모든 척도에서 여아들이 남아들보다 유의하게 높은 점수를 보임), 내적 일치도(타당화 표본에서 관찰된 것에 상응하는 높은 수준), 그리고 요인구조(Spence가 1998년 얻었던 6개의 서로 상관이 있는 요인구조를 유지함)와 관련하여 비교적 일관된 증거를 보이고 있다.

제안된 SCAS의 요인구조가 나타나지 않은 한 집단은 남아프리카공화국 학생집단이었다. Muris, Schmidt와 동료들(2002)은 남아프리카공화국 아동 표본에서 SCAS 요인구조와 관련된 세 가지 차이점을 관찰했다. 첫째, 전반적 불안과 강박증상의 문항들이 동일한 요인에 부하되었다. 둘째, 분리불안을 평가하는 문항들이 여러 요인에 부하되었다. 셋째, 학교공포증 요인이 확인되지 않았다. 이와 아울러 남아프리카공화국 아동들이 보고한 불안수준(특히 강박행동과 부모로부터의 신체적 분리와 관련된 불안)은 이 연구에서 직접적으로 비교된 네덜란드 아동들, 그리고 SCAS에 대한 선행연구에서 평가된 서양 아동들의 불안수준보다 더 높았다(Muris, Schmidt, et al., 2002). 그리스 아동들 역시 다른 문화권의 아동들에 비해 특히 사회공포증과 강박행동에 관한 문항에서 현저하게 더 높은 수준의 불안을 보고하였다(Mellon & Moutavelis, 2007).

SCAS 문항에 대한 보고에서 나타난 비교문화적 차이와 관련하여, 일본 아동들은 서양의 아동들에 비해 강박장애 증상(예 : 모든 일이 정확하게 완수되었는지 확인하는 것)과 특정공포증 관련 문항에서 자주 그렇다고 응답하였다(Ishikawa et al., 2009). 또한 일본 아동들이 가장 빈번하게 보고한 사회공포증 문항은 부정적 평가에 대한 두려움인 데 반해, 오스트레일리아 아동들이 가장 빈번하게 보고한 문항은 시험과 발표였다(Ishikawa et al.,

2009). 2개의 다른 연구에서 영국 청소년들과 직접 비교했을 때, 일본 청소년들은 자기보고로 측정된 불안에서 유의하게 낮은 점수를 보였다(Essau, Ishikawa, & Sasagawa, 2011; Essau, Ishikawa, Sasawaga, Sato, et al., 2011). 독일 아동들은 일본 아동들에 비해 더 높은 수준의 분리불안, 사회공포증, 강박장애, GAD를 나타냈다. 그러나 일본 아동들은 신체적 상해에 대한 공포와 관련하여 상대적으로 더 많은 증상을 보고하였다(Essau et al., 2004). 이와는 반대로 독일 청소년들은 SCAS 전체 점수와 하위 척도에서 홍콩 청소년들에 비해 유의하게 더 적은 증상을 보고했다(Essau et al., 2008). 마지막으로 네덜란드 아동들은 오스트레일리아 아동들에 비해 SCAS에서 더 적은 수의 증상을 보고한 반면(Muris, Schmidt, & Merckelbach, 2000), 콜롬비아 아동들은 오스트레일리아 아동들에 비해 더 많은 증상을 보고한 것으로 나타났다(Crane Amaya & Campbell, 2010).

SCARED는 41개의 문항으로 구성된 자기보고척도로, SCAS와 마찬가지로 DSM-IV-TR 진단범주(예 : GAD, SAD, 사회공포증, 공황장애, 학교공포증)와 일치하는 불안증상을 평가하기 위해 만들어졌다. 벨기에, 네덜란드, 독일, 이탈리아, 남아프리카공화국, 중국 아동과 청소년 집단을 대상으로 SCARED의 심리측정 특성이 평가되었다(Hale, Crocetti, Raaijmakers, & Meeus, 2011). SCARED를 사용한 연구들에서 여아들은 모든 척도에서 남아들보다 일관되게 높은 점수를 보였다. 그러나 학교불안척도에서는 성별에 따른 차이가 발견되지 않았다. 또한 학교불안 요인에 대한 지지는 일관되지 않았으나 GAD, 공황 및 광장공포증, SAD, 사회공포증을 측정하는 SCARED의 4요인 구조도 여러 문화권에서 지지되었다. 실제로 Hale과 동료들(2011)은 DSM-IV-TR 불안장애 증상의 구조는 SCARED로 평가할 때 비교문화적으로 매우 일관성이 있다고 보고했다.

MASC는 39개의 문항으로 이루어진 자기보고도구로, 처음에는 이론적으로 도출된 아동기 불안의 네 차원(정서, 신체, 인지, 행동)을 평가하기 위해 개발되었다. 그러나 요인분석 연구들은 이 척도의 문항들이 신체적 증상,

사회불안, 분리불안, 상해 회피 차원들을 평가한다고 보고해 왔다. MASC의 심리측정적 속성은 네덜란드, 대만, 멕시코, 중국, 아이슬란드 아동 표본에서 평가되었다(Muris, Merckelbach, et al., 2002; Olason, Sighvatsson, & Smari, 2004; Varela, Sanchez-Sosa, Biggs, & Luis, 2008; Yao et al., 2007; Yen et al., 2010). MASC를 통해 연구된 문화집단에서 MASC의 요인구조와 관찰된 신뢰도 추정치는 최초의 타당화 표본에서 발견된 것과 일치를 보였다. 다른 불안측정도구를 사용한 연구들에서와 마찬가지로, MASC의 척도들에서도 여아들은 남아들보다 일관되게 더 높은 점수를 보였다. 아이슬란드 아동(Olason et al., 2004)이 보고한 불안의 평균수준은 미국(March et al., 1997)과 네덜란드(Muris, Merckelbach, et al., 2002) 표본의 수준과 유사하였으나, 다른 집단과는 차이가 있는 것으로 나타났다. 구체적으로 타이완 아동들은 일반적으로 미국 아동들에 비해 더 높은 사회불안 점수를 보였으며, 분리불안과 공황의 수준도 더 높은 것으로 나타났다. 반면 타이완 아동들은 미국 아동들에 비해 전반적으로 상해 회피와 신체증상에서 더 낮은 수준을 보였다(Yen et al., 2010). 멕시코 아동들과 미국의 다른 라틴계 아동들은 유럽계 미국 아동들에 비해 걱정과 신체화 증상을 더 자주 보고하였다(Varela et al., 2008). 마지막으로 중국 아동들은 미국의 정상표본에 비해 MASC에서 더 높은 수준의 사회불안(창피/거부 및 다른 사람들 앞에서의 수행)과 분리불안/공황을 나타냈다(Yao et al., 2007).

시험불안에서의 문화적 차이

Guida와 Ludlow(1989)는 서로 다른 문화적 집단의 아동들이 나타내는 시험불안 현상을 살펴보았다. 이들은 SES와 성별, 문화적 배경이 자기보고로 측정된 시험불안에 미치는 효과를 검증했다. 연구자들은 아동용 시험불안척도(Test Anxiety Scale for Children; Sarason, Davidson, Lightfall, Waite, & Ruebush, 1960)를 사용하여, 도시에 거주하는 낮은 SES의 아프리카계 미국 아동집단, 중간 수준 SES의 미국 아동집단, 높은 SES의 미국 아동집단과 대규모 칠레 아동 표본을 비교했다. 비교분석 결과 칠레 아동들은 미국 아동들에 비해 더 높은 시험불안 점수를 보였다. 모든 집단에서 SES가 높은 아동들은 SES가 낮은 아동들에 비해 시험불안에서 더 낮은 점수를 나타냈으며, 여아들이 남아들에 비해 더 높은 점수를 보이는 경향이 있었다.

Bodas, Ollendick과 Sovani(2008)는 스필버거 시험불안검사(Spielberger Test Anxiety Inventory; Spielberger, 1980)와 FRIEDBEN 시험불안척도(FRIEDBEN Test Anxiety Scale; Friedman & Bendas-Jacob, 1997)를 사용하여 인도의 학령기 아동 표본에서의 시험불안을 평가했다. 연구자들은 이 집단에서 중학생 및 고등학생의 시험불안이 유럽계 아동 및 다른 문화권 아동들에 비해 더 낮음을 관찰했다. 이 표본에서 시험불안에 대한 성별 차이는 확인되지 않았으며, 연령에 따른 차이도 발견되지 않았다(Bodas et al., 2008). 연령 차이가 유의하지 않은 결과는 시험불안에 관한 다른 연구들의 결과와 일치하는 결과이나, 성별에 따른 차이가 유의하지 않은 결과는 선행연구 결과와 일치하지 않는다(Bodas et al., 2008).

Friedman과 Bendas-Jacob(1997)은 히브리어 시험불안질문지(Test Anxiety Questionnaire)를 사용해 이스라엘에 거주하는 아랍 및 유대인 학생들이 보고한 시험불안을 비교하였다. 연구결과 10~11학년 아랍 학생들은 유대인 또래들에 비해 유의하게 더 높은 수준의 시험불안을 보고한 것으로 관찰되었다(Peleg-Popko, Klingman, & Nahhas, 2003). 두 문화집단에서 여학생은 남학생에 비해 같은 척도에서 더 높은 수준의 시험불안을 보였으며, 가정환경과 시험불안 간에 유의한 관련성이 있는 것으로 나타났다. 즉, 부모의 양육방식이 권위주의적일수록 시험불안이 더 높았으며 지지적일수록 시험불안 수준이 더 낮은 것으로 드러났다(Peleg-Popko et al., 2003). 연구자들은 이 연구에서 나타난 시험불안의 문화적 차이가 다른 연구들(예 : 동양 문화권 사람들이 서양 문화권 사람들에 비해 더 높은 시험불안을 보임)에서 보고된 것과 유사하다고 주장했다. 연구자들은 이러한 문화적 차이가 교육 및 직업적 발전과 관련된 시험의 중요도가 문화에 따라 다를 수 있음을 시사한다고 하였다(Peleg-Popko et al.,

2003).

이러한 연구결과와 같은 맥락에서, Essau와 동료들 (2008)은 학업동기 목표(좋은 점수를 얻으려고 경쟁하는 것과 훌륭한 수행에 대해 보상을 받고자 하는 욕구)가 홍콩 청소년들의 불안증상과 상관이 있다고 보고했다. 반면 독일 청소년들의 경우에는 불안증상에 대해 보상을 받는 것, 그리고 불안이 잠재적으로 해롭다는 것에 대한 부모의 의사소통이 불안과 유의한 상관을 보였다. 따라서 연구자들은 홍콩 청소년들의 불안은 성공에 대한 외부의 압력과 관련이 있는 반면, 독일 청소년들의 경우에는 가정 내에서의 학습경험이 불안경험을 형성하는 것으로 보인다고 주장했다(Essau et al., 2008). 마찬가지로 그리스 청소년들은 핀란드 청소년들보다 더 높은 수준의 불안과 우울을 보였는데, 연구자들은 그리스에서 교육적 성취와 성공에 대해 가치를 높게 두는 것과 관련이 있다고 하였다(Kapi, Veltsista, Sovio, Järvelin, & Bakoula, 2007). 이러한 연구들은 가정의 탁월성 기준을 만족시켜야 한다는 외부 압력 지각이 높은 수준의 불안과 관련이 있음을 보여준다. 그러나 Essau, Ishikawa, Sasagawa, Sato와 동료들(2011)은 그 반대의 가능성을 주장하였다. 즉, 연구자들은 자기에 대한 상호의존 해석(즉, 자신을 집단주의적 관점에서 지각하며 자신의 행동과 생각이 집단의 것과 일치하도록 노력하는 것)이 영국 및 일본 청소년 집단 모두에서 높은 수준의 불안과 관련이 있었다고(그리고 자신을 개인주의적 관점에서 지각하며 자율과 개별적 성취를 추구하는 것은 두 집단 모두에서 더 낮은 수준의 불안과 관련이 있었음) 보고했다. 그러나 이러한 관계는 일본 청소년집단의 경우 더 약하다는 것을 발견했다. 이는 사회집단에 대한 유대감 지각이 반드시 더 나쁜 결과를 가져오는 것은 아니라는 점을 보여주는 결과이다(Essau, Ishikawa, Sasagawa, Sato, et al., 2011).

불안증상 및 증후군에서의 문화적 차이

문화가 아동기 정신병리 전반에 미치는 영향을 살펴보기 위해 Weisz와 동료들(1987)은 CBCL을 사용하여 미국 아동들과 태국 아동들을 비교하였다. 연구결과 태국 아동들은 미국 아동들에 비해 더 많은 내재화 행동(예 : 철회, 불안 또는 우울)을 보이는 것으로 나타났다. 그러나 추수연구에서 Weisz, Weiss, Suwanlert와 Chaiyasit(2003)는 CBCL의 협대역 요인들을 구성하는 개별 문제들이 문화와 완벽하게 일치하지 않으며(특히 불안 및 우울척도의 경우), 중간 정도로만 문화와 일치한다는 점에 주목했다. 따라서 연구자들은 구체적인 내재화 문제 및 문항들이 문화에 따라 달라지는 협대역 증후군(예 : 신체화 문제 척도)에서 태국 아동들이 더 높은 유병률을 보인다는 처음의 결론을 수정했다. 신체화 문제와 관련해 문화집단에 걸친 높은 수준의 유사성은 이러한 문제들이 서로 다른 문화집단에서 매우 일관성이 있거나, 또는 신체적 문제가 CBCL의 다른 척도가 평가하는 심리적 문제와 어떤 면에서든 다를 수 있음을 시사한다(Weisz et al., 2003).

최근의 많은 연구들은 특히 남미국가 아동들의 신체화 유병률과 관련요인을 살펴보았다. 문화권 증후군으로 볼 수 있는 신경발작(ataques de nervios, AdN)은 공황발작과 밀접하게 관련된 성인기 증상들(예 : 통제감 상실, 떨림, 울음, 현기증)로 이루어진 임상적 표현이다. AdN은 종종 확인할 수 없는 스트레스 사건이 선행되며 전형적으로 공포감이나 걱정과 관련되지 않는다는 점에서 공황발작과는 다르다(Guarnaccia, Martinez, Ramirez, & Canino, 2005). Guarnaccia와 동료들(2005)은 4~17세의 푸에르토리코 아동들에 대한 역학연구에서 AdN 유병률이 지역사회에서 9%, 임상표본에서 26%라고 보고했다. 두 집단 모두에서 남아들에 비해 여아들의 유병률이 더 높았으며, AdN 가족력은 아동의 AdN 경험과 관련이 있었다(그러나 정신질환 가족력은 AdN 경험과 관련이 없음). 그리고 AdN을 겪고 있는 아동은 정신과 장애의 진단기준도 만족시킬 위험이 더욱 높았다. 성인에서 관찰된 AdN과 공황발작의 유사성을 고려할 때, AdN과 불안진단 간의 관계가 가장 높을 것으로 가정되었다. 그러나 이 연구에서 AdN을 겪고 있는 아동은 우울장애로 진단될 확률이 가장 높았다. 불안장애 중에서는 공황장애가 정신과 장애와 관련될 위험이 가장 높았다. AdN을 겪고 있는 지역사회 아동들은 31배나 더 공황장애 진단기준을 만족시키는 경향이 있었다(Guarnaccia et al., 2005).

전반적으로 SES나 가계수입과 같은 혼란변수를 통제할 때조차도 라틴계 아동들이 유럽계 미국 아동들보다 더 높은 수준의 신체화 증상을 겪는 것으로 보고되었다(Pina & Silverman, 2004; Varela et al., 2004). 멕시코 아동과 다른 남미국가 아동들 역시 미국에 거주하는 유럽계 미국 아동들에 비해 더 높은 수준의 불안증상을 보고하는 것으로 나타났다. 이는 라틴계 미국 아동들에서 관찰된 높은 수준의 불안이 단순히 인종적 소수집단에 소속된 것과 관련된 것이 아님을 보여준다(Varela et al., 2004).

마지막으로 정서에 대한 3요인 모형(Lu et al., 2010)의 비교문화적 적용 가능성에 대한 연구에서, 연구자들은 9~18세 유럽계, 일본계 미국 아동들과 중국 국적의 아동들에게 아동용 정서 및 각성척도(Affect and Arousal Scale for Children)를 실시하였다(Chorpita, Daleiden, et al., 2000). 연구결과 3요인(NA, PA, PH)의 어떤 차원에서도 미국 문화집단들 간에는 차이가 나타나지 않았다. 그러나 중국 국적의 아동들은 미국 아동들에 비해 유의하게 더 낮은 수준의 NA과 PA를 보고했다. 연구자들은 3요인 모형이 제안한 정서의 구조가 문화에 걸쳐 일관성이 있다고 결론지었다.

양육행동, 자녀의 불안 및 문화적 차이

몇몇 연구자들은 부모의 양육방식이 라틴계 아동의 불안과 신체화 호소에서 어떤 역할을 할 수 있는지 살펴보았다(Luis, Varela, & Moore, 2008; Varela et al., 2004; Varela, Sanchez-Sosa, Biggs, & Luis, 2009). Varela와 동료들(2004)은 멕시코인과 멕시코계 미국인 부모들이 유럽계 미국인 부모들에 비해, 가족과 대화할 때 모호한 시나리오에 대해 불안보다 신체적 해석을 더 많이 표현한다고 보고하였다. 이러한 연구결과는 히스패닉계 가정에서 정서에 대한 신체적 표현이 문화적으로 더 잘 수용된다는 가설을 지지한다(Varela et al., 2004). Luis와 동료들(2008)은 통제적인 양육방식이 멕시코인 및 유럽계 미국인 가정에서는 자녀의 높은 불안수준과 관련이 있었

으나, 멕시코계 미국인 가정에서는 자녀의 낮은 불안수준과 관련이 있는 것에 주목했다. 그러나 멕시코계 미국인 부모들은 멕시코인 부모들에 비해 통제적인 표현을 더 많이 사용하며, 유럽계 미국인 부모들에 비해 낮은 온정 및 수용과 관련된 표현을 더 많이 사용하는 것으로 나타났다. 이는 이 표본에서 통제적인 양육방식과 자녀의 불안 간의 관계가 문화에 의해 조절되지 않음을 시사한다(Luis et al., 2008). Varela와 동표들(2009)은 유럽계 및 라틴계 미국인 아동집단(이 분석에는 멕시코계 아동들이 제외)에서는 부모의 통제가 높은 수준의 불안과 관련이 있다고 보고하였다. 또한 유럽계 및 라틴계 미국인 집단에서는 어머니의 수용적인 태도가 아동의 높은 불안과 유의한 관련성이 있는 반면, 멕시코인 아동집단에서는 반대로 나타났다. 그러나 문화집단별로 살펴보았을 때 어머니의 수용과 자녀의 불안 간의 관계는 라틴계 미국인 아동집단에서만 유의한 것으로 나타났다. 이는 높은 수준의 수용을 나타내는 라틴계 미국인 어머니들이 자녀에게 안심시키는 말을 제공하면서 자녀의 불안증상 표현을 잠재적으로 강화할 수 있음을 시사한다(Varela et al., 2009).

Essau, Ishigawa와 Sasagawa(2011)는 양육방식이 일본 및 영국 청소년 자녀의 불안에 미치는 영향에 대한 연구에서 불안증상에 대한 부모의 강화 또는 처벌과 관련해 집단 간에 유의한 차이가 없음을 관찰했다. 즉, 두 집단 모두에서 불안증상에 대한 부모의 처벌이 적을수록 청소년 자녀의 불안이 높은 경향이 있었다. 그러나 영국 부모들은 불안과 관련이 없는 신체적 증상을 더 많이 처벌하는 반면, 일본 부모들은 신체적 증상을 더 강화하는 경향이 있었다. 이는 아시아 문화집단에서는 신체적 증상(정서적 증상에 비해)을 더 잘 인내함을 시사한다.

마지막으로 Muris와 동료들(2006)은 남아프리카공화국 아동 표본을 대상으로 부모의 불안한 양육방식, 과잉보호 및 거부와 자녀의 불안 간의 관계를 살펴보았다. 이 표본은 일차적으로 남아프리카공화국 웨스턴케이프 주 문화집단의 아동과 청소년들로 구성되었으며, 유럽계와 아프리카계, 그리고 혼혈집단이 포함되었다. 분석 결과

유럽계 집단의 자녀들은 아프리카계 집단과 혼혈집단에 비해 부모의 불안한 양육방식, 과잉보호 및 거부적 행동을 더 낮게 그리고 온정의 수준을 더 높게 보고하는 것으로 나타났다. 모든 집단에서 부모의 불안한 양육방식, 과잉보호 및 거부는 자녀의 불안 증가와 관련이 있는 것으로 나타났다. 그러나 부모의 직업수준이 부모의 과잉보호적 행동에 대한 지각에서의 집단 간 차이를 설명하는 것으로 밝혀졌는데, 이는 집단들 간의 문화차이보다는 낮은 SES 가정의 생활조건이 부모의 과잉보호적 양육행동에 영향을 미칠 수 있음을 보여준다.

불안장애 유병률에서의 문화적 차이

DSM-IV 불안장애에 대한 비교문화적 유병률 추정치는 정신병리의 역학조사라는 보다 일반적인 맥락에서 보고되어 왔다. 이런 연구들에서 불안장애는 전형적으로 파괴적 행동장애에 이어 두 번째로 자주 발생하는 진단범주로 나타났다(Anselmi, Fleitlich-Bilyk, Menezes, Araújo, & Rohde, 2010; Fleitlich-Bilyk & Goodman, 2004; Gau, Chong, Chen, & Cheng, 2005). 구체적으로 살펴보면 Anselmi와 동료들(2010)은 브라질 아동(11~12세)의 불안장애 유병률 추정치를 6.0%로 보고하였다. Fleitlich-Bilyk와 Goodman은 브라질 아동(7~14세)의 유병률을 5.2%로 보고하였다. 이와 유사하게 Gau와 동료들(2005)은 타이완 아동 표본에서 불안장애의 유병률이 7학년 아동 9.2%, 9학년 아동 3.1%로 추정했다. 유사한 추가의 연구들은 홍콩계 중국 청소년 6.9%(Leung et al., 2008), 아일랜드 청소년 3.7%(Lynch, Mills, Daly, & Fitzpatrick, 2006), 방글라데시 아동 8.1%(Mullick & Goodman, 2005), 스코틀랜드 청소년 5.9%(West, Sweeting, Der, Barton, & Lucas, 2003), 그리고 푸에르토리코 아동 및 청소년 6.9%(Canino et al., 2004) 등 다양한 문화집단에 대해 비슷한 유병률을 보고하였다. 개별 불안장애에 대한 유병률 추정치를 보고한 이러한 연구들(Canino et al., 2004; Fleitlich-Bilyk & Goodman, 2004; Gau et al., 2005; Heiervang et al., 2007; Leung et al., 2008; Mullick & Goodman, 2005; West et al., 2003)에서 유병률은 문화집단에 걸쳐 비교

적 일관성이 있었다.

또한 연구된 문화집단에 걸쳐서 여아들이 남아에 비해 더 자주 불안장애로 진단되었다(Fleitlich-Bilyk & Goodman, 2004; West et al., 2003). 이러한 연구들에서 관찰된 또 다른 공통점은 진단을 결정할 때 손상 진단기준을 사용하는 것이 중요하다는 것이다(Canino et al., 2004; Leung et al., 2008; West et al., 2003). 구체적으로 질문지 기반의 평가가 적용되었을 때 많은 연구들이 특정 문화집단에서 증가된 수준의 불안장애를 보고하였다. 그러나 연구자들이 손상기준을 적용하는 진단척도를 사용할 경우에는 불안장애의 유병률이 현저하게 낮아졌으며, 다른 문화집단들의 수치와 더 일관성을 보이는 것으로 나타났다. 예를 들어 West와 동료들(2003)은 컴퓨터 음성 버전의 아동용 진단면접도구(Diagnostic Interview Schedule for Children)(Shaffer, Fisher, Lucas, Dulcan, & Schwab-Stone, 2000)를 사용해 스코틀랜드 청소년의 불안장애 유병률 추정치를 9.2%로 보고하였다. 그러나 손상 진단기준을 적용했을 때는 이 추정치가 5.9%로 낮아졌다. Canino와 동료들(2004)은 스페인어 버전의 DISC-IV(Bravo et al., 2001)의 증상 진단기준만을 사용할 때의 유병률은 9.5%였으나, 불안장애 각각에 손상 진단기준을 적용했을 때는 유병률 추정치가 6.9%였다고 보고했다.

이론적 틀과 가능한 발달경로

역사적으로 아동기 불안에 대한 모형들은 단일차원으로 한 측면에만 초점을 맞추는 경향이 있었다(예 : 학습이론, 인지이론). 그뿐만 아니라 모형들은 종종 성인의 정신병리모형을 수정한 것이어서 아동의 신체적·인지적·사회정서적 발달 과정에서 일어나는 중요한 변화들을 설명하지 못하였다. 최근의 이론들은 점점 복잡해지고 있으며, 정신병리에 영향을 미치는 생물학적·심리적·환경적 요인 등을 포함하여 상호작용하는 다양한 개념들을 통합하고 있다. 이러한 이론의 한 예는 Barlow(2002)가 제안한 불안의 3중 취약성 모형(triple-vulnerability model)이다. 이 이론에서는 일반화된 생물학적 취약성, 일반화

된 심리적 취약성, 그리고 특수한 심리적 취약성이 개인을 불안장애 발달의 위험에 놓이게 한다고 주장한다. 이와 유사한 모형으로 아동기 불안장애를 이해하기 위한 이론적 기틀을 제공하기 위해 유전학적 연구, 정보처리 패러다임, 인지적 및 정서적 신경과학 연구, 그리고 뇌영상 연구를 통합한 Pine(2009)의 정신병리 모형이 있다. 이러한 이론들은 불안의 발달이 갖는 교류적 성격을 인정한다. 이 이론들은 발달의 다양한 과정에 걸쳐 영향을 미치는 아동 및 환경의 특정 측면(예 : 부모, 또래, 지역사회)뿐만 아니라, 이들 변인들 간의 역동적인 상호작용을 평가한다(Vasey & Dadds, 2001). 사실 이제는 특정 양육방식과 같은 요인이 인과적 변인으로 작용한다고 보기보다는 기질과 같은 아동의 특성과 양방향적 관련성을 갖는다는 것이 널리 받아들여지고 있다(Edwards et al., 2010; Gar & Hudson, 2008; Hudson et al., 2009).

아동기 불안에 관한 이론들이 계속해서 등장하고 진화하면서 이론들은 유전적, 생물심리학적, 조건형성, 그리고 인지적 관점에서 생산된 연구결과들을 통합하는 방향으로 노력을 기울이는 것이 당연해졌다. 예컨대 유전이 정신병리에 영향을 미치는 환경변인(사회적 지지, 양육행동, 가정환경, 또래 상호작용, 스트레스 생활사건)에 기여하는지에 관한 문헌고찰에서 Kendler와 Baker(2007)는 따뜻함과 같은 양육행동의 유전 가능성에 대해 유의한 추정치를 보고하고 있다. 그뿐만 아니라 이 연구는 부모와 아동의 유전자가 부모-아동관계에도 기여한다고 주장한다. 이러한 연구결과는 양육행동이 유전적으로 결정됨을 보여주지만 그렇다고 해서 심리사회적 변인의 역할을 제외하는 것은 아니다. 좀 더 구체적으로 말해 부모의 따뜻함에 대한 35%의 유전 가능성 추정치는 환경요인과 같은 다른 영향변인들을 위한 자리를 남기고 있다.

종합적으로 아동기 불안의 다차원적 이론을 지지하는 연구결과들은 아동기 불안장애에 기여하는 병인적 영향의 다양함을 보여줄 뿐만 아니라 개입의 초점이 시간과 발달에 따라 변화함을 시사한다. 예컨대 양육방식을 목표로 하는 개입은 아동기 불안장애의 치료에서 효과가 있는 것으로 나타났지만(Barrett, Dadds, & Rapee, 1996;

Wood, Piacentini, Southam-Gerow, Chu, & Sigman, 2006), 이러한 개입의 영향은 시간에 따라 또래가 더욱 중요해지는 청소년기가 되면 달라질 수 있다는 것이다.

결론 및 앞으로의 연구 방향

이 장의 이전 판이 출판된 후 10년이 흘렀다. 그리고 그동안 아동기 불안장애에 대한 경험적 지식에 있어서 전례 없는 괄목할 만한 성장이 있었다. 이 기간 DSM에 대한 개정이 이루어졌다는 것은 중요하다. 그러나 이러한 개정은 일차적으로 장애의 증상과 구조에 초점을 맞추고 있기 때문에, 이 주제에 관한 새로운 발견이 풍부하다는 것을 과소평가한다. 우리는 이제 아동기 불안 및 관련장애와 관련된 생물학적, 유전적, 조건형성, 인지적, 가족적, 그리고 생태학적 쟁점들에 대해 그 어느 때보다도 대단한 통찰력을 갖고 있다.

이러한 다양한 연구결과 중 다수는 두 가지 중심 주제로 정리된다. 첫째, 내적 표현형과 중간 차원 또는 증후군, 그리고 불안과 관련된 구성개념들 간의 위계적 관계가 중요하다는 것에 대한 인식이 증가하고 있다. 불안 증후군과 장애에서 발달적 연속성과 비연속성의 많은 부분은 BI, PA/NA, EC와 같은 차원을 포함하는 위험 및 보호효과, 그리고 조건형성과 정보처리에서의 개인차에 대한 이해를 통해 잘 설명될 수 있다. 둘째, 현재의 연구결과는 주효과가 오히려 이례적이며, 불안 및 관련장애의 발달이 상호작용 효과(불안한 아동은 불안하지 않은 아동과는 다른 양육방식을 끌어냄), 조절모형(조건형성에서의 개인차 또는 기초선 억제 수준이 정서성 경험의 효과를 조절함), 전방향 모델(고코르티솔증이 신경호르몬 조절에 장기적으로 영향을 미침), 또는 이들의 조합으로 특징된다는 것을 보여주고 있다.

과학은 종종 생성과 통합의 순환을 통해 발전한다. 우리는 아동기 불안장애 분야가 지난 15년 동안 전례 없는 생성기를 겪어왔다고 생각한다. 그중에서도 인지적, 행동적, 생물학적, 환경적, 유전적 쟁점들에 대한 광범위하며 비교적 독립적인 연구결과들이 존재한다. 앞으로 아동기 불안에 대한 연구는 이러한 다양하며 포괄적인 새로운 결과들을 보다 경제적인 모델이나 이론으로 통합하며 조화를 이루는 노력으로 더욱 발전해 나갈 것이다. 이러한 노력은 종종 독립적인 연구결과들(예 : 장애의 최종 상태보다는 중간 차원에 대한 유전적 연구, 인지와 정서의 상호작용에 미치는 문화의 영향에 관한 연구)을 연결하는 통합적인 생물심리사회적 실험을 촉진할 것이다. 이는 기본적인 구성개념(그리고 이들을 어떻게 가장 잘 측정할 것인가)에 대한 이해, 그리고 이러한 차원들이 발달 과정에서 어떻게 상호작용하는지를 밝히기 위한 종단연구의 증가에 지속적인 관심을 기울이도록 요구할 것이다. 현재 이 분야가 모든 답을 갖고 있지는 않지만, 다음 10년의 중요한 질문들(비록 우리가 기대하는 것보다 훨씬 복잡할지라도)이 지금 적어도 분명하게 눈앞에 있다.

참고사항

1. 우리는 장 전체에서 '아동' 및 '아동기'란 용어를 별도로 명기하지 않는 한 연령에 관계없이 모든 아동과 청소년을 의미하는 것으로 사용한다.

2. DSM-IV에서 이전의 OAD(DSM-III-R)는 개정된 GAD 하위에 포함되었다. 따라서 아동기 GAD의 증상과 임상적 표현에 대한 우리의 이해는 주로 OAD 아동에 대한 연구에 근거한다. 연구들은 DSM-III-R과 DSM-IV 간의 차이가 미미하며 유의하지 않음을 보여주고 있다. 따라서 전문가들은 OAD에 관한 기존의 연구가 아동과 청소년의 GAD를 이해하는 데 적용될 수 있다고 주장한다(Kendall & Warman, 1996; Tracey, Chorpita, Douban, & Barlow, 1997).

참고문헌

Abe, K., & Masui, T. (1981). Age–sex trends of phobic and anxiety symptoms in adolescents. *British Journal of Psychiatry, 138*, 297–302.

Abelson, J. L., & Alessi, N. E. (1992). Discussion of child panic revisited. *Journal of the American Academy of Child and Adolescent Psychiatry, 31*, 114–116.

Accurso, V., Winnicki, M., Shamsuzzaman, A. S., Wenzel, A., Johnson, A. K., & Somers, V. K. (2001). Predisposition to vasovagal syncope in subjects with blood/injury phobia. *Circulation, 104*, 903–907.

Achenbach, T. M., & Rescorla, L. (2001). *Manual for the ASEBA School-Age Forms & Profiles*. Burlington: University of Vermont, Research Center for Children, Youth, and Families.

Affrunti, N. W., & Ginsburg, G. S. (2012). Maternal overcontrol and child anxiety: The mediating role of perceived competence. *Child Psychiatry and Human Development, 43*, 102–112.

Agras, W. S., Chapin, H. N., & Oliveau, D. C. (1972). The natural history of phobias: Course and prognosis. *Archives of General Psychiatry, 26*, 315–317.

Ahadi, S. A., Rothbart, M. K., & Ye, R. (1993). Children's temperament in the US and China: Similarities and differences. *European Journal of Personality, 7*, 359–377.

Ahlawat, K. S. (1986). Cross-cultural comparison of anxiety for Jordanian and U.S. high school students. In C. D. Spielberger & R. Diaz-Guerrero (Eds.), *Cross cultural anxiety* (Vol. 3, pp. 93–112). Washington, DC: Hemisphere/Harper & Row.

Ainsworth, M. D. S., Blehar, M. C., Waters, E., & Wall, S. (1978). *Patterns of attachment: A psychological study of the strange situation*. Hillsdale, NJ: Erlbaum.

Albano, A. M. (1995). Treatment of social anxiety in adolescents. *Cognitive and Behavioral Practice, 2*, 271–298.

Albano, A. M., Marten, P. A., Holt, C. S., Heimberg, R. G., & Barlow, D. H. (1995). Cognitive-behavioral group treatment for adolescent social phobia: A preliminary study. *Journal of Nervous and Mental Disease, 183*, 685–692.

Alfano, C. A., Beidel, D. C., & Turner, S. M. (2002). Cognition in childhood anxiety: Conceptual, methodological, and developmental issues. *Clinical Psychology Review, 22*, 1209–1238.

Alfano, C. A., Beidel, D. C., & Turner, S. M. (2006). Cognitive correlates of social phobia among children and adolescents. *Journal of Abnormal Child Psychology, 34*, 182–194.

Alfano, C. A., Beidel, D. C., & Turner, S. M. (2008). Negative self-imagery among adolescents with social phobia: A test of an adult model of the disorder. *Journal of Clinical Child and Adolescent Psychology, 37*, 327–336.

Alfano, C. A., Pina, A. A., Zerr, A. A., & Villalta, I. K. (2010). Pre-sleep arousal and sleep problems of anxiety-disordered youth. *Child Psychiatry and Human Development, 41*, 156–167.

Alfvén, G. (1993). The covariation of common psychosomatic symptoms among children from socio-economically differing residential areas. An epidemiological study. *Acta Paediatrica, 82*, 484–487.

Allen, J. L., Lavallee, K. L., Herren, C., Ruhe, K., & Schneider, S. (2010). DSM-IV criteria for childhood separation anxiety disorder: Informant, age, and sex differences. *Journal of Anxiety Disorders, 24*, 946–952.

Alvarez, R. P., Biggs, A., Chen, G., Pine, D. S., & Grillon, C. (2008). Contextual fear conditioning in humans: Cortical–hippocampal and amygdala contributions. *The Journal of Neuroscience, 28*, 6211–6219.

American Psychiatric Association (APA). (1952). *Diagnostic and statistical manual of mental disorders.* Washington, DC: Author.

American Psychiatric Association (APA). (1968). *Diagnostic and statistical manual of mental disorders* (2nd ed.). Washington, DC: Author.

American Psychiatric Association (APA). (1980). *Diagnostic and statistical manual of mental disorders* (3rd ed.). Washington, DC: Author.

American Psychiatric Association (APA). (1987). *Diagnostic and statistical manual of mental disorders* (3rd ed., rev.). Washington, DC: Author.

American Psychiatric Association (APA). (1994). *Diagnostic and statistical manual of mental disorders* (4th ed.). Washington, DC: Author.

American Psychiatric Association (APA). (2013). *Diagnostic and statistical manual of mental disorders* (5th ed.). Arlington, VA: Author.

Anderson, D. J., Williams, S., McGee, R., & Silva, P. A. (1987). DSM-III disorders in preadolescent children: Prevalence in a large sample from the general population. *Archives of General Psychiatry, 44*, 69–76.

Anderson, E. R., & Hope, D. A. (2009). The relationship among social phobia, objective and perceived physiological reactivity, and anxiety sensitivity in an adolescent population. *Journal of Anxiety Disorders, 23*, 18–26.

Angleitner, A., & Ostendorf, F. (1994). Temperament and the Big Five factors of personality. In C. F. Halverson, G. A. Kohnstamm, & R. P. Martin (Eds.), *The developing structure of temperament and personality from infancy to adulthood* (pp. 69–90). Hillsdale, NJ: Erlbaum.

Anselmi, L., Fleitlich-Bilyk, B., Menezes, A. M. B., Araújo, C. L., & Rohde, L. A. (2010). Prevalence of psychiatric disorders in a Brazilian birth cohort of 11-year-olds. *Social Psychiatry and Psychiatric Epidemiology, 45*(1), 135–142.

Antony, M. M., Brown, T. A., & Barlow, D. H. (1997). Heterogeneity among specific phobia types in DSM-IV. *Behaviour Research and Therapy, 35*, 1089–1100.

Arbelle, S., Benjamin, J., Golin, M., Kremer, I., Belmaker, R. H., & Ebstein, R. P. (2003). Relation of shyness in grade school children to the genotype for the long form of the serotonin transporter promoter region polymorphism. *American Journal of Psychiatry, 160*, 671–676.

Aschenbrand, S. G., Kendall, P. C., Webb, A., Safford, S. M., & Flannery-Schroeder, E. (2003). Is childhood separation anxiety disorder a predictor of adult panic disorder and agoraphobia?: A seven-year longitudinal study. *Journal of the American Academy of Child and Adolescent Psychiatry, 42*, 1478–1485.

Askew, C., & Field, A. P. (2007). Vicarious learning and the development of fears in childhood. *Behaviour Research and Therapy, 45*, 2616–2627.

Auerbach, R. P., Richardt, S., Kertz, S., & Eberhart, N. K. (2012). Cognitive vulnerability, stress generation, and anxiety: Symptom clusters and gender differences. *International Journal of Cognitive Therapy, 5*, 50-66.

Austin, A. A., & Chorpita, B. F. (2004). Temperament, anxiety, and depression: Comparisons across five ethnic groups of children. *Journal of Clinical Child and Adolescent Psychology, 33*, 216–226.

Ballash, N. G., Pemble, M. K., Usui, W. M., Buckley, A. F., & Woodruff-Borden, J. (2006). Family functioning, perceived control, and anxiety: A mediational model. *Journal of Anxiety Disorders, 20*, 486–497.

Barber, B. K., & Buehler, C. (1996). Family cohesion and enmeshment: Different constructs, different effects. *Journal of Marriage and the Family*, 58, 433–441.

Bar-Haim, Y., Fox, N. A., Benson, B., Guyer, A. E., Williams, A., Nelson, E. E., et al. (2009). Neural correlates of reward processing in adolescents with a history of inhibited temperament. *Psychological Science, 20*, 1009–1018.

Bar-Haim, Y., Lamy, D., Pergamin, L., Bakermans-Kranenburg, M. J., & van IJzendoorn, M. H. (2007). Threat-related attentional bias in anxious and nonanxious individuals: A meta-analytic study. *Psychological Bulletin, 133*, 1–24.

Barlow, D. H. (1988). *Anxiety and its disorders: The nature and treatment of anxiety and panic.* New York: Guilford Press.

Barlow, D. H. (2002). *Anxiety and its disorders: The nature and treatment of anxiety and panic* (2nd ed.). New York: Guilford Press.

Barrett, P. M., Dadds, M. R., & Rapee, R. M. (1996). Family treatment of childhood anxiety: a controlled trial. *Journal of Consulting and Clinical Psychology, 64*, 333.

Barrett, P. M., Rapee, R. M., Dadds, M. M., & Ryan, S. M. (1996). Family enhancement of cognitive style in anxious and aggressive children. *Journal of Abnormal Child Psychology, 24*, 187–203.

Barrios, B. A., & Hartmann, D. P. (1997). Fears and anxieties. In E. J. Mash & L. G. Terdal (Eds.), *Behavioral assessment of childhood disorders* (2nd ed., pp. 196–262). New York: Guilford Press.

Barrios, B. A., & O'Dell, S. L. (1997). Fears and anxieties. In E. J. Mash & L. G. Terdal (Eds.), *Treatment of childhood disorders* (2nd ed., pp. 249–337). New York: Guilford Press.

Bartels, M., Beijsterveldt, C. V., Derks, E. M., Stroet, T. M., Polderman, T. J., Hudziak, J. J., et al. (2007). Young Netherlands Twin Register (Y-NTR): A longitudinal multiple informant study of problem behavior. *Twin Research and Human Genetics, 10*(1), 3–11.

Battaglia, M., Ogliari, A., Zanoni, A., Citterio, A., Pozzoli, U., Giorda, R., et al. (2005). Influence of the serotonin transporter promoter gene and shyness on children's cerebral responses to facial expressions. *Archives of General*

Psychiatry, 62, 85–94.

Bauer, D. H. (1976). An exploratory study of developmental changes in children's fears. *Journal of Child Psychology and Psychiatry, 17*, 69–74.

Baumrind, D. (1967). Child care practices anteceding three patterns of preschool behavior. *Genetic Psychology Monographs, 75*(1), 43–88.

Beck, A. T., Emery, G., & Greenberg, R. L. (1985). *Anxiety disorders and phobias: A cognitive perspecti*ve. New York: Basic Books.

Beck, A. T., Emery, G., & Greenberg, R. L. (2005). *Anxiety disorders and phobias: A cognitive perspective* (rev. ed.). Cambridge, MA: Basic Books.

Becker, E. S., Rinck, M., Türke, V., Kause, P., Goodwin, R., Neumer, S., et al. (2007). Epidemiology of specific phobia subtypes: Findings from the Dresden Mental Health Study. *European Psychiatry, 22*, 69–74.

Becker, K. D., & Ginsburg, G. S. (2011). Maternal anxiety, behaviors, and expectations during a behavioral task: Relation to children's self-evaluations. *Child Psychiatry & Human Development, 42*, 320–333.

Beesdo, K., Bittner, A., Pine, D. S., Stein, M. B., Hofler, M., Lieb, R., et al. (2007). Incidence of social anxiety disorder and the consistent risk for secondary depression in the first three decades of life. *Archives of General Psychiatry, 64*, 903–912.

Beesdo, K., Knappe, S., & Pine, D. S. (2009). Anxiety and anxiety disorders in children and adolescents: Developmental issues and implications for DSM-V. *Psychiatric Clinics of North America, 32*, 483–524.

Beesdo, K., Lau, J. Y., Guyer, A. E., McClure-Tone, E. B., Monk, C. S., Nelson, E. E., et al. (2009). Common and distinct amygdala-function perturbations in depressed vs anxious adolescents. *Archives of General Psychiatry, 66*, 275–285.

Beidel, D. C., & Morris, T. L. (1993). Avoidant disorder of childhood and social phobia. *Child* and *Adolescent Psychiatric Clinics of North America, 2*, 623–638.

Beidel, D. C., & Morris, T. L. (1995). Social phobia. In J. S. March (Ed.), *Anxiety disorders in children and adolescents* (pp. 181–211). New York: Guilford Press.

Beidel, D. C., & Turner, S. M. (1997). At risk for anxiety: I. Psychopathology in the offspring of anxious parents. *Journal of the American Academy of Child and Adolescent Psychiatry, 36*, 918–924.

Beidel, D. C., & Turner, S. M. (2007). *Shy children, phobic adults: Nature and treatment of social anxiety disorder.* Washington, DC: American Psychological Association.

Beidel, D. C., Turner, S. M., & Morris, T. L. (1999). Psychopathology of childhood social phobia. *Journal of the American Academy of Child and Adolescent Psychiatry, 38*, 643–650.

Beidel, D. C., Turner, S. M., Young, B. J., Ammerman, R. T., Sallee, F. R., & Crosby, L. (2007). Psychopathology of adolescent social phobia. *Journal of Psychopathology and Behavioral Assessment, 29*, 46–53.

Beitchman, J. H., Wekerle, C., & Hood, J. (1987). Diagnostic continuity from preschool to middle childhood. *Journal of the American Academy of Child and Adolescent Psychiatry, 26*, 694–699.

Bell-Dolan, D. J. (1995). Social cue interpretation of anxious children. *Journal of Clinical Child Psychology, 24*, 2–10.

Bell-Dolan, D. J., & Brazeal, T. J. (1993). Separation anxiety disorder, overanxious disorder, and school refusal. *Child and Adolescent Psychiatric Clinics of North America, 2*, 563–580.

Bell-Dolan, D. J., & Last, C. G. (1990, November). *Attributional style of anxious children.* Paper presented at the 24th Annual Convention of the Association for the Advancement of Behavior Therapy, San Francisco.Benjamin, R. S., Costello, E. J., & Warren, M. (1990). Anxiety disorders in a pediatric sample. *Journal of Anxiety Disorders, 4*, 293–316.

Berg, C., Rapoport, J. L., Whitaker, A., Davies, M., Leonard, H., Swedo, S., et al. (1989). Childhood obsessive compulsive disorder: A two-year prospective follow-up of a community sample. *Journal of the American Academy of Child and Adolescent Psychiatry, 28*, 528–533.

Bergman, R. L., Piacentini, J., & McCracken, J. T. (2002). Prevalence and description of selective mutism in a school-based sample. *Journal of the American Academy of Child and Adolescent Psychiatry, 41*, 938–946.

Bernstein, G. A., & Borchardt, C. M. (1991). Anxiety disorders of childhood and adolescence: A critical review. *Journal of the American Academy of Child and Adolescent Psychiatry, 30*, 519–532.

Bernstein, G. A., Bernat, D. H., Davis, A. A., & Layne, A. E. (2008). Symptom presentation and classroom functioning in a nonclinical sample of children with social phobia. *Depression and Anxiety, 25*(9), 752–760.

Biederman, J., Faraone, S. V., Marrs, A., Moore, P., Garcia, J., Ablon, S., et al. (1997). Panic disorder and agoraphobia in consecutively referred children and adolescents. *Journal of the American Academy of Child and Adolescent Psychiatry, 36*(2), 214–223.

Biederman, J., Hirshfeld-Becker, D. R., Rosenbaum, J. F., Hérot, C., Friedman, D., Snidman, N., et al. (2001). Further evidence of association between behavioral inhibition and social anxiety in children. *American Journal of Psychiatry, 158*(10), 1673–1679.

Biederman, J., Monuteaux, M. C., Faraone, S. V., Hirshfeld-Becker, D. R., Henin, A., Gilbert, J., et al. (2004). Does referral bias impact findings in high-risk offspring for anxiety disorders?: A controlled study of high-risk children of non-referred parents with panic disorder/agoraphobia and major depression. *Journal of Affective Disorders, 82*(2), 209–216.

Biederman, J., Petty, C. R., Hirshfeld-Becker, D. R., Henin, A., Faraone, S. V., Fraire, M., et al. (2007). Developmental trajectories of anxiety disorders in offspring at high risk for panic disorder and major depression. *Psychiatry Research, 153*(3), 245–252.

Biederman, J., Petty, C., Faraone, S. V., Hirshfeld-Becker, D. R., Henin, A., Dougherty, M., et al. (2005). Parental predictors of pediatric panic disorder/agoraphobia: A controlled study in high-risk offspring. *Depression and Anxiety, 22*(3), 114–120.

Biederman, J., Rosenbaum, J. F., Bolduc-Murphy, E. A., Faraone, S., Chaloff, J., Hirshfeld, D. R., et al. (1993a). Behavioral inhibition as a temperamental risk factor for anxiety disorders. *Child and Adolescent Psychiatric Clinics of North America, 2*, 667–684.

Biederman, J., Rosenbaum, J. F., Bolduc-Murphy, E. A., Faraone, S. V., Chaloff, J., Hirshfeld, D. R., et al. (1993b). A three year follow-up of children with and without behavioral inhibition. *Journal of the American Academy of Child and Adolescent Psychiatry, 32*, 814–821.

Biederman, J., Rosenbaum, J. F., Hirshfeld, D. R., Faraone, S. V., Bolduc, E. A., Gersten, M., et al. (1990). Psychiatric correlates of behavioral inhibition in young children of parents with and without psychiatric disorders. *Archives of General Psychiatry, 47*, 21–26.

Bienvenu, O., Hettema, J., Neale, M., Prescott, C., & Kendler, K. (2007). Low extraversion and high neuroticism as indices of genetic and environmental risk for social phobia, agoraphobia, and animal phobia. *American Journal of Psychiatry, 164*(11), 1714–1721.

Birmaher, B., Khetarpal, S., Brent, D., Cully, M., Balach, L., Kaufman, J., et al. (1997). The Screen for Child Anxiety Related Emotional Disorders (SCARED): Scale construction and psychometric characteristics. *Journal of the American Academy of Child and Adolescent Psychiatry, 36*(4), 545–553.

Bittner, A., Goodwin, R. D., Wittchen, H. U., Beesdo, K., Höfler, M., & Lieb, R. (2004). What characteristics of primary anxiety disorders predict subsequent major depressive disorder? *Journal of Clinical Psychiatry, 65*(5), 618–626.

Bjornebekk, A., Fjell, A. M., Walhovd, K. B., Grydeland, H., Torgersen, S., & Westlye, L. T. (2013). Neuronal correlates of the five factor model (FFM) of human personality: Multimodal imaging in a large healthy sample. NeuroImage, 65, 194–208.

Black, B., & Robbins, D. R. (1990). Panic disorder in children and adolescents. *Journal of the American Academy of Child and Adolescent Psychiatry, 29*(1), 36–44.

Black, B., & Uhde, T. W. (1995). Psychiatric characteristics of children with selective mutism: A pilot study. *Journal of the American Academy of Child and Adolescent Psychiatry, 34*(7), 847–856.

Blanchard, D. C., & Blanchard, R. J. (1972). Innate and conditioned reactions to threat in rats with amygdaloid lesions. *Journal of Comparative and Physiological Psychology, 81*(2), 281.

Blair, C., Peters, R., & Granger, D. (2004). Physiological and neuropsychological correlates of approach/withdrawal tendencies in preschool: Further examination of the Behavioral Inhibition System/Behavioral Activation System Scales for Young Children. *Developmental Psychobiol-

ogy, 45*(3), 113–124.

Bodas, J., Ollendick, T. H., & Sovani, A. V. (2008). Test anxiety in Indian children: A cross-cultural perspective. *Anxiety, Stress, and Coping, 21*(4), 387–404.

Bodden, D. H., Dirksen, C. D., & Bogels, S. M. (2008). Societal burden of clinically anxious youth referred for treatment: A cost-of-illness study. *Journal of Abnormal Child Psychology, 36*, 487–497.

Bögels, S. M., Alden, L., Beidel, D. C., Clark, L. A., Pine, D. S., Stein, M. B., et al. (2010). Social anxiety disorder: Questions and answers for the DSM-V. *Depression and Anxiety, 27*(2), 168–189.

Bögels, S. M., & Brechman-Toussaint, M. L. (2006). Family issues in child anxiety: Attachment, family functioning, parental rearing and beliefs. *Clinical Psychology Review, 26*(7), 834–856.

Bögels, S. M., Snieder, N., & Kindt, M. (2003). Specificity of dysfunctional thinking in children with symptoms of social anxiety, separation anxiety and generalised anxiety. *Behaviour Change, 20*(3), 160–169.

Bögels, S. M., van Oosten, A., Muris, P., & Smulders, D. (2001). Familial correlates of social anxiety in children and adolescents. *Behaviour Research and Therapy, 39*(3), 273–287.

Bögels, S. M., & van Melick, M. (2004). The relationship between child-report, parent self-report, and partner report of perceived parental rearing behaviors and anxiety in children and parents. *Personality and Individual Differences, 37*(8), 1583–1596.

Bögels, S. M., & Zigterman, D. (2000). Dysfunctional cognitions in children with social phobia, separation anxiety disorder, and generalized anxiety disorder.*Journal of Abnormal Child Psychology, 28*(2), 205–211.

Boldizar, J. P. (1991). Assessing sex typing and androgyny in children: The Children's Sex Role Inventory. *Developmental Psychology, 27*(3), 505.

Bolton, D., Eley, T. C., O'Connor, T. G., Perrin, S., Rabe-Hesketh, S., Rijsdijk, F., et al. (2006). Prevalence and genetic and environmental influences on anxiety disorders in 6-year-old twins. *Psychological Medicine, 36*(3), 335–344.

Borchardt, C. M., Giesler, J., Bernstein, G. A., & Crosby, R. D. (1994). A comparison of inpatient and outpatient school refusers. *Child Psychiatry and Human Development, 24*(4), 255–264.

Borkovec, T. D. (1994). The nature, functions, and origins of worry. In G. C. L. Davey & F. Tallis (Eds.), *Worrying: Perspectives on theory, assessment, and treatment* (pp. 5–34). New York: Wiley.

Borkovec, T. D., Alcaine, O., & Behar, E. (2004). Avoidance theory of worry and generalized anxiety disorder. In R. G. Heimberg, C. L. Turk, & D. S. Mennin (Eds.), *Generalized anxiety disorder: Advances in research and practice* (pp. 77–108). New York: Guilford Press.

Borkovec, T. D., & Roemer, L. (1995). Perceived functions of worry among generalized anxiety disorder subjects: Distraction from more emotionally distressing topics? *Journal of Behavior Therapy and Experimental Psychiatry, 26*(1), 25–30.Bouton, M. E., Mineka, S., & Barlow, D. H. (2001). A modern learning-theory perspective on the etiology of panic disorder. *Psychological Review, 108,* 4–32.

Bowen, R. C., Offord, D. R., & Boyle, M. H. (1990). The prevalence of overanxious disorder and separation anxiety disorder: Results from the Ontario Child Health Study. Journal of the American Academy of Child and Adolescent Psychiatry, 29, 753–758.

Boylan, K. R., Miller, J. L., Vaillancourt, T., & Szatmari, P. (2011). Confirmatory factor structure of anxiety and depression: evidence of item variance across childhood. *International Journal of Methods in Psychiatric Research, 20*(4), 194–202.

Brady, E. U., & Kendall, P. C. (1992). Comorbidity of anxiety and depression in children and adolescents. *Psychological Bulletin, 111,* 244–255.

Brand, S., Wilhelm, F. H., Kossowsky, J., Holsboer-Trachsler, E., & Schneider, S. (2011). Children suffering from separation anxiety disorder (SAD) show increased HPA axis activity compared to healthy controls. *Journal of Psychiatric Research, 45*(4), 452–459.

Bravo, M., Ribera, J., Rubio-Stipec, M., Canino, G., Shrout, P., Ramírez, R., et al. (2001). Test–retest reliability of the Spanish version of the Diagnostic Interview Schedule for Children (DISC-IV). *Journal of Abnormal Child Psychology, 29*(5), 433–444.

Breiter, H. C., Etcoff, N. L., Whalen, P. J., Kennedy, W. A., Rauch, S. L., Buckner, R. L., et al. (1996). Response and habituation of the human amygdala during visual processing of facial expression. *Neuron, 17*(5), 875–887.

Broeren, S., & Muris, P. (2009). The relation between cognitive development and anxiety phenomena in children. *Journal of Child and Family Studies, 18*(6), 702–709.

Broeren, S., Lester, K. J., Muris, P., & Field, A. P. (2011). They are afraid of the animal, so therefore I am too: Influence of peer modeling on fear beliefs and approach–avoidance behaviors towards animals in typically developing children. *Behaviour Research and Therapy, 49*(1), 50–57.

Brown, T. A. (1998). The relationship between obsessive–compulsive disorder and other anxiety-based disorders. In R. P. Swinson, M. M. Antony, S. Rachman, & M. A. Richter (Eds.), *Obsessive–compulsive disorder: theory, research, and treatment* (pp. 207–226). New York: Guilford Press.

Brown, T. A., Chorpita, B. F., & Barlow, D. H. (1998). Structural relationships among dimensions of the DSM-IV anxiety and mood disorders and dimensions of negative affect, positive affect, and autonomic arousal. *Journal of Abnormal Psychology, 107,* 179–192.

Büchel, C., & Dolan, R. J. (2000). Classical fear conditioning in functional neuroimaging. *Current Opinion in Neurobiology, 10*(2), 219–223.

Buckner, J. D., Schmidt, N. B., Lang, A. R., Small, J. W., Schlauch, R. C., & Lewinsohn, P. M. (2008). Specificity of social anxiety disorder as a risk factor for alcohol and cannabis dependence. *Journal of Psychiatric Research, 42*(3), 230–239.

Burstein, M., Ameli-Grillon, L., & Merikangas, K. R. (2011). Shyness versus social phobia in US youth. *Pediatrics, 128*(5), 917–925.

Buss, A. H., & Plomin, R. (1975). *A temperament theory of personality development.* New York: Wiley-Interscience.

Buss, A. H., & Plomin, R. (1984). *Temperament: Early developing personality traits.* Hillsdale, NJ: Erlbaum.

Canino, G., Shrout, P. E., Rubio-Stipec, M., Bird, H. R., Bravo, M., Ramirez, R., et al. (2004). The DSM-IV rates of child and adolescent disorders in Puerto Rico: Prevalence, correlates, service use, and the effects of impairment. *Archives of General Psychiatry, 61*(1), 85–93.

Cannon, M. F., & Weems, C. F. (2010). Cognitive biases in childhood anxiety disorders: Do interpretive and judgment biases distinguish anxious youth from their non-anxious peers? *Journal of Anxiety Disorders, 24*(7), 751–758.

Carballo, J. J., Baca-Garcia, E., Blanco, C., Perez-Rodriguez, M. M., Arriero, M. A. J., Artes-Rodriguez, A., et al. (2010). Stability of childhood anxiety disorder diagnoses: A follow-up naturalistic study in psychiatric care. *European Child and Adolescent Psychiatry, 19*(4), 395–403.

Carbone, D., Schmidt, L. A., Cunningham, C. C., McHolm, A. E., Edison, S., Pierre, J. S., et al. (2010). Behavioral and socio-emotional functioning in children with selective mutism: A comparison with anxious and typically developing children across multiple informants. *Journal of Abnormal Child Psychology, 38*(8), 1057–1067.

Caron, C., & Rutter, M. (1991). Comorbidity in child psychopathology: Concepts, issues and research strategies. *Journal of Child Psychology and Psychiatry, 32,* 1063–1080.

Carter, R., Silverman, W. K., & Jaccard, J. (2011). Sex variations in youth anxiety symptoms: effects of pubertal development and gender role orientation. *Journal of Clinical Child and Adolescent Psychology, 40*(5), 730–741.

Cartwright-Hatton, S., McNicol, K., & Doubleday, E. (2006). Anxiety in a neglected population: Prevalence of anxiety disorders in pre-adolescent children. *Clinical Psychology Review, 26*(7), 817–833.

Caseras, X., Giampietro, V., Lamas, A., Brammer, M., Vilarroya, O., Carmona, S., et al. (2010). The functional neuroanatomy of blood–injection–injury phobia: A comparison with spider phobics and healthy controls. *Psychological Medicine, 40*(1), 125–134.

Caspi, A., Harrington, H., Milne, B., Amell, J. W., Theodore, R. F., & Moffitt, T. E. (2003). Children's behavioral styles at age 3 are linked to their adult personality traits at age 26. *Journal of Personality, 71*(4), 495–514.

Chavira, D. A., Garland, A., Yeh, M., McCabe, K., & Hough, R. L. (2009). Child anxiety disorders in public systems of care: Comorbidity and service utilization. *Journal of Behavioral Health Services and Research, 36,* 492–504.

Chavira, D. A., Shipon-Blum, E., Hitchcock, C., Cohan, S., & Stein, M. B. (2007). Selective mutism and social anxiety disorder: All in the family? *Journal of the American Academy of Child and Adolescent Psychiatry, 46*(11), 1464–1472.

Chavira, D. A., Stein, M. B., Bailey, K., & Stein, M. T. (2004). Child anxiety in primary care: prevalent but untreated. *Depression and Anxiety, 20*(4), 155–164.

Chess, S., & Thomas, A. (1989). Issues in the clinical application of temperament. In G. A. Kohnstamm, J. E. Bates, & M. K. Rothbart (Eds.), *Temperament in childhood* (pp. 377–386). New York: Wiley.

Chorpita, B. F. (2001). Control and the development of negative emotions. In M. W. Vasey & M. R. Dadds (Eds.), *The developmental psychopathology of anxiety* (pp. 112–142). New York: Oxford University Press.

Chorpita, B. F. (2002). The tripartite model and dimensions of anxiety and depression: An examination of structure in a large school sample. *Journal of Abnormal Child Psychology, 30*, 177–190.

Chorpita, B. F., Albano, A. M., & Barlow, D. H. (1996). Cognitive processing in children: Relation to anxiety and family influences. *Journal of Clinical Child Psychology, 25*(2), 170–176.

Chorpita, B. F., Albano, A. M., & Barlow, D. H. (1998). The structure of negative emotions in a clinical sample of children and adolescents. *Journal of Abnormal Psychology, 107*, 74–85.

Chorpita, B. F., & Barlow, D. H. (1998). The development of anxiety: The role of control in the early environment. *Psychological Bulletin, 124*, 3–21.

Chorpita, B. F., Brown, T. A., & Barlow, D. H. (1998). Perceived control as a mediator of family environment in etiological models of childhood anxiety. *Behavior Therapy, 29*, 457–476.

Chorpita, B. F., & Daleiden, E. L. (2000). Properties of the Childhood Anxiety Sensitivity Index in children with anxiety disorders: Autonomic and nonautonomic factors. *Behavior Therapy, 31*(2), 327–349.

Chorpita, B. F., Daleiden, E. L., Moffitt, C., Yim, L., & Umemoto, L. A. (2000). Assessment of tripartite factors of emotion in children and adolescents I: Structural validity and normative data of an affect and arousal scale. *Journal of Psychopathology and Behavioral Assessment, 22*(2), 141–160.

Chorpita, B. F., & Lilienfeld, S. O. (1999). Clinical assessment of anxiety sensitivity in children and adolescents: Where do we go from here? *Psychological Assessment, 11*(2), 212–224.

Chorpita, B. F., Plummer, C. P., & Moffitt, C. (2000). Relations of tripartite dimensions of emotion to childhood anxiety and mood disorders. *Journal of Abnormal Child Psychology, 28*, 299–310.

Chorpita, B. F., Yim, L., Moffitt, C., Umemoto, L. A., & Francis, S. E. (2000). Assessment of symptoms of DSM-IV anxiety and depression in children: A revised child anxiety and depression scale. *Behaviour Research and Therapy, 38*(8), 835–855.

Choy, Y., Fyer, A. J., & Goodwin, R. D. (2007). Specific phobia and comorbid depression: A closer look at the National Comorbidity Survey data. *Comprehensive Psychiatry, 48*(2), 132–136.

Chronis-Tuscano, A., Degnan, K. A., Pine, D. S., Perez-Edgar, K., Henderson, H. A., Diaz, Y., et al. (2009). Stable early maternal report of behavioral inhibition predicts lifetime social anxiety disorder in adolescence. *Journal of the American Academy of Child and Adolescent Psychiatry, 48*(9), 928–935.

Clark, D. M., & Wells, A. (1995). A cognitive model of social phobia. In R. G. Heimberg, M. Liebowitz, D. Hope, & F. Scheier (Eds.), *Social phobia: Diagnosis, assessment, and treatment* (pp. 69–93). New York: Guilford Press.

Clark, L. A., & Watson, D. (1991). Tripartite model of anxiety and depression: Psychometric evidence and taxonomic implications. *Journal of Abnormal Psychology, 100*, 316–336.

Cohan, S. L., Chavira, D. A., Shipon-Blum, E., Hitchcock, C., Roesch, S. C., & Stein, M. B. (2008). Refining the classification of children with selective mutism: A latent profile analysis. *Journal of Clinical Child and Adolescent Psychology, 37*(4), 770–784.

Cohan, S. L., Chavira, D. A., & Stein, M. B. (2006). Practitioner review: Psychosocial interventions for children with selective mutism: A critical evaluation of the literature from 1990–2005. *Journal of Child Psychology and Psychiatry, 47*(11), 1085–1097.

Cohan, S. L., Price, J. M., & Stein, M. B. (2006). Suffering in silence: Why a developmental psychopathology perspective on selective mutism is needed. *Journal of Developmental and Behavioral Pediatrics, 27*(4), 341–355.

Cole, D. A., Peeke, L. G., Martin, J. M., Truglio, R., & Ceroczynski, D. (1998). A longitudinal look at the relation between depression and anxiety in children and adolescents. *Journal of Consulting and Clinical Psychology, 66*, 451–460.

Colonnesi, C., Draijer, E. M., Stams, G. J. J. M., Van der Bruggen, C. O., Bögels, S. M., & Noom, M. J. (2011). The relation between insecure attachment and child anxiety: A meta-analytic review. *Journal of Clinical Child and Adolescent Psychology, 40*(4), 630–645.

Comer, J. S., & Kendall, P. C. (2004). A symptom-level examination of parent–child agreement in the diagnosis of anxious youths. *Journal of the American Academy of Child and Adolescent Psychiatry, 43*, 878–886.

Comer, J. S., Pincus, D. B., & Hofmann, S. G. (2012). Generalized anxiety disorder and the proposed associated symptoms criterion change for DSM-5 in a treatment-seeking sample of anxious youth. *Depression and Anxiety, 29*(12), 994–1003.

Comer, J. S., Roy, A. K., Furr, J. M., Gotimer, K., Beidas, R. S., Dugas, M. J., et al. (2009). The Intolerance of Uncertainty Scale for Children: A psychometric evaluation. *Psychological Assessment, 21*(3), 402–411.

Copeland, W. E., Shanahan, L., Costello, E. J., & Angold, A.

(2009). Childhood and adolescent psychiatric disorders as predictors of young adult disorders. *Archives of General Psychiatry, 66*(7), 764–772.

Costello, E. J., & Angold, A. (1995). Epidemiology in anxiety disorders in children and adolescents. In J. S. March (Ed.), *Anxiety disorders in children and adolescents* (pp. 109–124). New York: Guilford Press.

Costello, E. J., Mustillo, S., Erkanli, A., Keeler, G., & Angold, A. (2003). Prevalence and development of psychiatric disorders in childhood and adolescence. *Archives of General Psychiatry, 60*, 837–844.

Cox, B. J., MacPherson, P. S., Enns, M. W., & McWilliams, L. A. (2004). Neuroticism and self-criticism associated with posttraumatic stress disorder in a nationally representative sample. *Behaviour Research and Therapy, 42*(1), 105–114.

Crane Amaya, A., & Campbell, M. A. (2010). Cross-cultural comparison of anxiety symptoms in Colombian and Australian children. *Electronic Journal of Research in Educational Psychology, 8*(2), 497–516.

Craske, M. G., Kircanski, K., Epstein, A., Wittchen, H. U., Pine, D. S., Lewis-Fernández, R., et al. (2010). Panic disorder: A review of DSM-IV panic disorder and proposals for DSM-V. *Depression and Anxiety, 27*(2), 93–112.

Craske, M. E., Poulton, R., Tsao, J. C. I., & Plotkin, D. (2001). Paths to panic disorder/agoraphobia: An exploratory analysis from age 3 to 21 in an unselected birth cohort. *Journal of the American Academy of Child and Adolescent Psychology, 40*, 556–563.

Craske, M. G., Rauch, S. L., Ursano, R., Prenoveau, J., Pine, D. S., & Zinbarg, R. E. (2009). What is an anxiety disorder? *Depression and Anxiety, 26*, 1066–1085.

Craske, M. G., Waters, A. M., Bergman, L. R., Naliboff, B., Lipp, O. V., Negoro, H., et al. (2008). Is aversive learning a marker of risk for anxiety disorders in children? *Behaviour Research and Therapy, 46*(8), 954–967.

Craske, M. G., Waters, A. M., Nazarian, M., Mineka, S., Zinbarg, R. E., Griffith, J. W., et al. (2009). Does neuroticism in adolescents moderate contextual and explicit threat cue modulation of the startle reflex? *Biological Psychiatry, 65*(3), 220–226.

Craske, M. G., Wolitzky-Taylor, K. B., Mineka, S., Zinbarg, R., Waters, A. M., Vrshek-Schallhorn, S., et al. (2012). Elevated responding to safe conditions as a specific risk factor for anxiety versus depressive disorders: Evidence from a longitudinal investigation. *Journal of Abnormal Psychology, 121*(2), 315–324.

Creswell, C., Schniering, C. A., & Rapee, R. M. (2005). Threat interpretation in anxious children and their mothers: comparison with nonclinical children and the effects of treatment. *Behaviour Research and Therapy, 43*(10), 1375–1381.

Creswell, C., Woolgar, M., Cooper, P., Giannakakis, A., Schofield, E., Young, A. W., et al. (2008). Processing of faces and emotional expressions in infants at risk of social phobia. *Cognition and Emotion, 22*(3), 437–458.

Creveling, C. C., Varela, R. E., Weems, C. F., & Corey, D. M.

(2010). Maternal control, cognitive style, and childhood anxiety: A test of a theoretical model in a multi-ethnic sample. *Journal of Family Psychology, 24*(4), 439–448.

Crick, N. R., & Dodge, K. A. (1994). A review and reformulation of social information-processing mechanisms in children's social adjustment. *Psychological Bulletin, 115*(1), 74–101.

Cunningham, C. E., McHolm, A. E., & Boyle, M. H. (2006). Social phobia, anxiety, oppositional behavior, social skills, and self-concept in children with specific selective mutism, generalized selective mutism, and community controls. *European Child and Adolescent Psychiatry, 15*(5), 245–255.

Cunningham, C. E., McHolm, A., Boyle, M. H., & Patel, S. (2004). Behavioral and emotional adjustment, family functioning, academic performance, and social relationships in children with selective mutism. *Journal of Child Psychology and Psychiatry, 45*(8), 1363–1372.

Curtis, G. C., Magee, W. J., Eaton, W. W., Wittchen, H. U., & Kessler, R. C. (1998). Specific fears and phobias: Epidemiology and classification. *British Journal of Psychiatry, 173*, 212–217.

Dadds, M. R., Barrett, P. M., Rapee, R. M., & Ryan, S. (1996). Family process and child anxiety and aggression: An observational analysis. *Journal of Abnormal Child Psychology, 24*(6), 715–734.

Daleiden, E. L., & Vasey, M. W. (1997). An information-processing perspective on childhood anxiety. *Clinical Psychology Review, 17*(4), 407–429.

Dalgleish, T., Taghavi, R., Neshat-Doost, H., Moradi, A., Canterbury, R., & Yule, W. (2003). Patterns of processing bias for emotional information across clinical disorders: A comparison of attention, memory, and prospective cognition in children and adolescents with depression, generalized anxiety, and posttraumatic stress disorder. *Journal of Clinical Child and Adolescent Psychology, 32*(1), 10–21.

Dalrymple, K. L., & Zimmerman, M. (2011). Treatment-seeking for social anxiety disorder in a general outpatient psychiatry setting. *Psychiatry Research, 187*(3), 375–381.

Davey, G. C. L. (1997). A conditioning model of phobias. In G. C. L. Davey (Ed.), *Phobias: A handbook of theory, research and treatment* (pp. 301–322). New York: Wiley.

Davis, E. P., Bruce, J., & Gunnar, M. R. (2002). The anterior attention network: Associations with temperament and neuroendocrine activity in 6-year-old children. *Developmental Psychobiology, 40*(1), 43–56.

De Bellis, M. D., Casey, B. J., Dahl, R. E., Birmaher, B., Williamson, D. E., Thomas, K. M., et al. (2000). A pilot study of amygdala volumes in pediatric generalized anxiety disorder. *Biological Psychiatry, 48*(1), 51–57.

De Bellis, M. D., Keshavan, M. S., Shifflett, H., Iyengar, S., Beers, S. R., Hall, J., et al. (2002). Brain structures in pediatric maltreatment-related posttraumatic stress disorder: A sociodemographically matched study. *Biological Psychiatry, 52*(11), 1066–1078.

De Bolle, M., & De Fruyt, F. (2010). The tripartite model

in childhood and adolescence: Future directions for developmental research. *Child Development Perspectives, 4*(3), 174–180.

de Rosnay, M., Cooper, P. J., Tsigaras, N., & Murray, L. (2006). Transmission of social anxiety from mother to infant: An experimental study using a social referencing paradigm. *Behaviour Research and Therapy, 44*(8), 1165–1175.

Degnan, K. A., Almas, A. N., & Fox, N. A. (2010). Temperament and the environment in the etiology of childhood anxiety. *Journal of Child Psychology and Psychiatry, 51*(4), 497–517.

Degnan, K. A., & Fox, N. A. (2007). Behavioral inhibition and anxiety disorders: Multiple levels of a resilience process. *Development and Psychopathology, 19*(3), 729–746.

Depla, M., ten Have, M. L., van Balkom, A. J. L. M., & de Graaf, R. (2008). Specific fears and phobias in the general population: Results from the Netherlands Mental Health Survey and Incidence Study (NEMESIS). *Social Psychiatry and Psychiatric Epidemiology, 43*, 200–208.

Derdikman-Eiron, R. U. T. H., Indredavik, M. S., Bratberg, G. H., Taraldsen, G., Bakken, I. J., & Colton, M. (2011). Gender differences in subjective well-being, self-esteem and psychosocial functioning in adolescents with symptoms of anxiety and depression: Findings from the Nord-Trøndelag health study. *Scandinavian Journal of Psychology, 52*(3), 261–267.

Derryberry, D., & Rothbart, M. K. (1984). Emotion, attention, and temperament. In C. Izard, J. Kagan, & R. Zajonc (Eds.), *Emotions, cognition, and behavior* (pp. 132–168). Cambridge, UK: Cambridge University Press.

Derryberry, D., & Rothbart, M. K. (1997). Reactive and effortful processes in the organization of temperament. *Development and Psychopathology, 9*(4), 633–652.

Dierckx, B., Dieleman, G., Tulen, J. H., Treffers, P. D., Utens, E. M., Verhulst, F. C., et al. (2012). Persistence of anxiety disorders and concomitant changes in cortisol. *Journal of Anxiety Disorders, 26*(6), 635–641.

Digman, J. M. (1994). Child personality and temperament: Does the five-factor model embrace both domains? In C. F. Halverson, G. A. Kohnstamm, & R. P. Martin (Eds.), *The developing structure of temperament and personality from infancy to adulthood* (pp. 323–338). Hillsdale, NJ: Erlbaum.

Diler, R. S., Birmaher, B., Brent, D. A., Axelson, D. A., Firinciogullari, S., Chiapetta, L., & Bridge, J. (2004). Phenomenology of panic disorder in youth. *Depression and Anxiety, 20*(1), 39–43.

Dirks, M. A., Boyle, M. H., & Georgiades, K. (2011). Psychological symptoms in youth and later socioeconomic functioning: Do associations vary by informant? *Journal of Clinical Child & Adolescent Psychology, 40*(1), 10–22.

Doerfler, L. A., Connor, D. F., Volungis, A. M., & Toscano, P. F., Jr. (2007). Panic disorder in clinically referred children and adolescents. *Child Psychiatry and Human Development, 38*(1), 57–71.

Doerfler, L. A., Toscano, P. F., Jr., & Connor, D. F. (2008). Separation anxiety and panic disorder in clinically referred youth. *Journal of Anxiety Disorders, 22*(4), 602–611.

Drake, K. L., & Ginsburg, G. S. (2011). Parenting practices of anxious and nonanxious mothers: A multi-method, multi-informant approach. *Child and Family Behavior Therapy, 33*(4), 299–321.

Drake, K. L., & Ginsburg, G. S. (2012). Family factors in the development, treatment, and prevention of childhood anxiety disorders. *Clinical Child and Family Psychology Review, 15*(2), 144–162.

Dubi, K., Rapee, R. M., Emerton, J. L., & Schniering, C. A. (2008). Maternal modeling and the acquisition of fear and avoidance in toddlers: Influence of stimulus preparedness and child temperament. *Journal of Abnormal Child Psychology, 36*(4), 499–512.

Dugas, M. J., Buhr, K., & Ladouceur, R. (2004). The role of intolerance of uncertainty in etiology and maintenance. In R. G. Heimberg, C. L. Turk, & D. S. Mennin (Eds.), *Generalized anxiety disorder: Advances in research and practice* (pp. 143–163). New York: Guilford Press.

Dugas, M. J., Gagnon, F., Ladouceur, R., & Freeston, M. H. (1998). Generalized anxiety disorder: A preliminary test of a conceptual model. *Behaviour Research and Therapy, 36*(2), 215–226.

Dummit, E. S., Klein, R. G., Tancer, N. K., Asche, B., Martin, J., & Fairbanks, J. A. (1997). Systematic assessment of 50 children with selective mutism. *Journal of the American Academy of Child and Adolescent Psychiatry, 36*(5), 653–660.

Dumont, É. C. (2009). What is the bed nucleus of the stria terminalis? *Progress in Neuro-Psychopharmacology and Biological Psychiatry, 33*(8), 1289–1290.

DuPont, R. L., Rice, D. P., Miller, L. S., Shiraki, S. S., Rowland, C. R., & Harwood, H. J. (1996). Economic costs of anxiety disorders. *Anxiety, 2*, 167–172.

Ebesutani, C., Okamura, K., Higa-McMillan, C., & Chorpita, B. F. (2011). A psychometric analysis of the Positive and Negative Affect Schedule for Children-Parent Version in a school sample. *Psychological Assessment, 23*(2), 406–416.

Edwards, S. L., Rapee, R. M., & Kennedy, S. (2010). Prediction of anxiety symptoms in preschool-aged children: Examination of maternal and paternal perspectives. *Journal of Child Psychology and Psychiatry, 51*(3), 313–321.

Egger, H. L., Costello, E., Erkanli, A., & Angold, A. (1999). Somatic complaints and psychopathology in children and adolescents: stomach aches, musculoskeletal pains, and headaches. *Journal of the American Academy of Child and Adolescent Psychiatry, 38*(7), 852–860.

Eisen, A. R., & Engler, L. B. (1995). Chronic anxiety. In A. R. Eisen, C. A. Kearney, & C. A. Schaefer (Eds.), *Clinical handbook of anxiety disorders in children and adolescents* (pp. 223–250). Northvale, NJ: Aronson.

Eisen, A. R., & Schaefer, C. E. (2005). *Separation anxiety in children and adolescents: An individualized approach to assessment and treatment.* New York: Guilford Press.

Eley, T. C., Bolton, D., O'Connor, T. G., Perrin, S., Smith, P., & Plomin, R. (2003). A twin study of anxiety-related behaviours in pre-school children. *Journal of Child Psychology and Psychiatry, 44*(7), 945–960.

Eley, T. C., Gregory, A. M., Clark, D. M., & Ehlers, A. (2007). Feeling anxious: a twin study of panic/somatic ratings, anxiety sensitivity and heartbeat perception in children. *Journal of Child Psychology and Psychiatry, 48*(12), 1184–1191.

Eley, T. C., Gregory, A. M., Lau, J. Y., McGuffin, P., Napolitano, M., Rijsdijk, F. V., et al. (2008). In the face of uncertainty: A twin study of ambiguous information, anxiety and depression in children. *Journal of Abnormal Child Psychology, 36*(1), 55–65.

Eley, T. C., Rijsdijk, F. V., Perrin, S., O'Connor, T. G., & Bolton, D. (2008). A multivariate genetic analysis of specific phobia, separation anxiety and social phobia in early childhood. *Journal of Abnormal Child Psychology, 36*(6), 839–848.

Elizur, Y., & Perednik, R. (2003). Prevalence and description of selective mutism in immigrant and native families: A controlled study. *Journal of the American Academy of Child and Adolescent Psychiatry, 42*(12), 1451–1459.

Engel, G. L. (1978). Psychologic stress, vasodepressor (vasovagal) syncope, and sudden death. *Annals of Internal Medicine, 89*(3), 403–412.

Epkins, C. C. (1996). Cognitive specificity and affective confounding in social anxiety and dysphoria in children. *Journal of Psychopathology and Behavioral Assessment, 18*(1), 83–101.

Erath, S. A., Flanagan, K. S., & Bierman, K. L. (2007). Social anxiety and peer relations in early adolescence: Behavioral and cognitive factors. *Journal of Abnormal Child Psychology, 35*(3), 405–416.

Essau, C. A., Conradt, J., & Petermann, F. (2000). Frequency, comorbidity, and psychosocial impairment of specific phobia in adolescents. *Journal of Clinical Child Psychology, 29*, 221–231.

Essau, C. A., Ishikawa, S. I., & Sasagawa, S. (2011). Early learning experience and adolescent anxiety: A cross-cultural comparison between Japan and England. *Journal of Child and Family Studies, 20*(2), 196–204.

Essau, C. A., Ishikawa, S. I., Sasagawa, S., Sato, H., Okajima, I., Otsui, K., et al. (2011). Anxiety symptoms among adolescents in Japan and England: Their relationship with self-construals and social support. *Depression and Anxiety, 28*(6), 509–518.

Essau, C. A., Leung, P. W., Conradt, J., Cheng, H., & Wong, T. (2008). Anxiety symptoms in Chinese and German adolescents: their relationship with early learning experiences, perfectionism, and learning motivation. *Depression and Anxiety, 25*(9), 801–810.

Essau, C. A., Muris, P., & Ederer, E. M. (2002). Reliability and validity of the Spence Children's Anxiety Scale and the Screen for Child Anxiety Related Emotional Disorders in German children. *Journal of Behavior Therapy and Ex-*

perimental Psychiatry, 33(1), 1–18.

Essau, C. A., Sakano, Y., Ishikawa, S., & Sasagawa, S. (2004). Anxiety symptoms in Japanese and in German children. *Behaviour Research and Therapy, 42*(5), 601–612.

Essex, M. J., Klein, M. H., Slattery, M. J., Goldsmith, H. H., & Kalin, N. H. (2010). Early risk factors and developmental pathways to chronic high inhibition and social anxiety disorder in adolescence. *American Journal of Psychiatry, 167*(1), 40–46.

Etkin, A., Prater, K. E., Schatzberg, A. F., Menon, V., & Greicius, M. D. (2009). Disrupted amygdalar subregion functional connectivity and evidence of a compensatory network in generalized anxiety disorder. *Archives of General Psychiatry, 66*(12), 1361–1372.

Etkin, A., & Wager, T. D. (2007). Functional neuroimaging of anxiety: a meta-analysis of emotional processing in PTSD, social anxiety disorder, and specific phobia. *The American Journal of Psychiatry, 164*(10), 1476–1488.

Ezpeleta, L., Kessler, G., Erkanli, A., Costello, E. J., & Angold, A. (2001). Epidemiology of psychiatric disability in childhood and adolescence. *Journal of Child Psychology and Psychiatry, 42*, 901–914.

Farrell, L., Sijbenga, A., & Barrett, P. (2009). An examination of childhood anxiety depression and self-esteem across socioeconomic groups: A comparsion study between high and low socio-economic status school communities. *Advances in School Mental Health Promotion, 2*(1), 5–19.

Feehan, M., McGee, R., & Williams, S. M. (1993). Mental health disorders from age 15 to age 18 years. *Journal of the American Academy of Child and Adolescent Psychiatry, 32*, 1118–1126.

Ferdinand, R, F., & Verhulst, F. C. (1995). Psychopathology from adolescence into young adulthood: An 8-year follow-up study. *American Journal of Psychiatry, 152*, 586-594.

Fialko, L., Bolton, D., & Perrin, S. (2012). Applicability of a cognitive model of worry to children and adolescents. *Behaviour Research and Therapy, 50*(5), 341–349.

Field, A. P. (2006). Is conditioning a useful framework for understanding the development and treatment of phobias? *Clinical Psychology Review, 26*(7), 857–875.

Field, A. P., & Davey, G. C. (2001). Conditioning models of childhood anxiety. In W. K. Silverman & P. D. A. Treffers (Eds.), *Anxiety disorders in children and adolescents: Research, assessment and intervention* (pp. 187–211). Cambridge, UK: Cambridge University Press.

Field, A. P., & Lawson, J. (2003). Fear information and the development of fears during childhood: Effects on implicit fear responses and behavioural avoidance. *Behaviour Research and Therapy, 41*(11), 1277–1293.

Field, A. P., Lawson, J., & Banerjee, R. (2008). The verbal threat information pathway to fear in children: The longitudinal effects on fear cognitions and the immediate effects on avoidance behavior. *Journal of Abnormal Psychology, 117*(1), 214–224.

Field, A. P., & Lester, K. J. (2010). Is there room for 'development' in developmental models of information processing biases to threat in children and adolescents? *Clinical Child and Family Psychology Review, 13*(4), 315–332.

Flament, M. F., Koby, E., Rapoport, J. L., Berg, C. J., Zahn, T., Cox, C., et al. (1990). Childhood obsessive compulsive disorder: A prospective follow-up study. *Journal of the American Academy of Child and Adolescent Psychiatry, 31*, 363–380.

Fleitlich-Bilyk, B., & Goodman, R. (2004). Prevalence of child and adolescent psychiatric disorders in southeast Brazil. *Journal of the American Academy of Child and Adolescent Psychiatry, 43*(6), 727–734.

Foley, D. L., Pickles, A., Maes, H. M., Silberg, J. L., & Eaves, L. J. (2004). Course and short-term outcomes of separation anxiety disorder in a community sample of twins. *Journal of the American Academy of Child and Adolescent Psychiatry, 43*(9), 1107–1114.

Fonesca, A. C., Yule, W., & Erol, N. (1994). Cross-cultural issues. In T. H. Ollendick, N. J. King, & W. Yule (Eds.), *International handbook of phobic and anxiety disorders in children and adolescents* (pp. 67–84). New York: Plenum Press.

Forbes, E. E., Williamson, D. E., Ryan, N. D., Birmaher, B., Axelson, D. A., & Dahl, R. E. (2006). Peri-sleep-onset cortisol levels in children and adolescents with affective disorders. *Biological Psychiatry, 59*(1), 24–30.

Ford, M. A., Sladeczek, I. E., Carlson, J., & Kratochwill, T. R. (1998). Selective mutism: Phenomenological characteristics. *School Psychology Quarterly, 13*(3), 192–227.

Forthofer, M., Kessler, R., Story, A., & Gotlib, I. (1996). The effects of psychiatric disorders on the probability and timing of first marriage. *Journal of Health and Social Behavior, 37*, 121–132.

Fox, N. A., Nichols, K. E., Henderson, H. A., Rubin, K., Schmidt, L., Hamer, D., et al. (2005). Evidence for a gene-environment interaction in predicting behavioral inhibition in middle childhood. *Psychological Science, 16*(12), 921–926.

Frala, J. L., Leen-Feldner, E. W., Blumenthal, H., & Barreto, C. C. (2010). Relations among perceived control over anxiety-related events, worry, and generalized anxiety disorder in a sample of adolescents. *Journal of Abnormal Child Psychology, 38*(2), 237–247.

Francis, G., Last, C. G., & Strauss, C. C. (1987). Expression of separation anxiety disorder: The roles of age and gender. *Child Psychiatry and Human Development, 18*, 82–89.

Francis, G., Last, C. G., & Strauss, C. C. (1992). Avoidant disorder and social phobia in children and adolescents. *Journal of the American Academy of Child and Adolescent Psychiatry, 31*, 1086–1089.

Franić, S., Middeldorp, C. M., Dolan, C. V., Ligthart, L., & Boomsma, D. I. (2010). Childhood and adolescent anxiety and depression: Beyond heritability. *Journal of the American Academy of Child and Adolescent Psychiatry, 49*(8), 820–829.

Freud, A. (1965). *Normality and pathology in childhood: Assessment of development.* New York: International University Press.

Freud, S. (1955). Analysis of a phobia in a five-year-old boy. In J. Strachey (Ed. & Trans.), *The standard edition of the complete psychological works of Sigmund Freud* (Vol. 10, pp. 3–149). London: Hogarth Press. (Original work published 1909)

Friedman, I. A., & Bendas-Jacob, O. (1997). Measuring perceived test anxiety in adolescents: A self-report scale. *Educational and Psychological Measurement, 57*(6), 1035–1046.

Gallagher, B., & Cartwright-Hatton, S. (2008). The relationship between parenting factors and trait anxiety: Mediating role of cognitive errors and metacognition. *Journal of Anxiety Disorders, 22*(4), 722–733.

Gallagher, K. C. (2002). Does child temperament moderate the influence of parenting on adjustment? *Developmental Review, 22*(4), 623–643.

Gar, N. S., & Hudson, J. L. (2008). An examination of the interactions between mothers and children with anxiety disorders. *Behaviour research and therapy,46*(12), 1266-1274.

Garcia, A. M., Freeman, J. B., Francis, G., Miller, L. M., & Leonard, H. L. (2004). *Selective mutism.* New York: Oxford University Press.

Garcia, R., Vouimba, R. M., Baudry, M., & Thompson, R. F. (1999). The amygdala modulates prefrontal cortex activity relative to conditioned fear. *Nature, 402*(6759), 294–296.

Gau, S. S., Chong, M. Y., Chen, T. H., & Cheng, A. T. (2005). A 3-year panel study of mental disorders among adolescents in Taiwan. *American Journal of Psychiatry, 162*(7), 1344–1350.

Gazelle, H., & Ladd, G. W. (2003). Anxious solitude and peer exclusion: A diathesis–stress model of internalizing trajectories in childhood. *Child Development, 74*(1), 257–278.

Gazelle, H., Workman, J. O., & Allan, W. (2010). Anxious solitude and clinical disorder in middle childhood: Bridging developmental and clinical approaches to childhood social anxiety. *Journal of Abnormal Child Psychology, 38*(1), 1–17.

Gerull, F. C., & Rapee, R. M. (2002). Mother knows best: The effects of maternal modelling on the acquisition of fear and avoidance behaviour in toddlers. *Behaviour Research and Therapy, 40*, 279–287.

Giddan, J. J., Ross, G. J., Sechler, L. L., & Becker, B. R. (1997). Selective mutism in elementary school: Multidisciplinary interventions. *Language, Speech, and Hearing Services in Schools, 28*, 127–133.

Ginsburg, G. S., Grover, R. L., Cord, J. J., & Ialongo, N. (2006). Observational measures of parenting in anxious and nonanxious mothers: Does type of task matter? *Journal of Clinical Child and Adolescent Psychology, 35*(2), 323–328.

Ginsburg, G. S., Grover, R. L., & Ialongo, N. (2004). Parenting behaviors among anxious and non-anxious mothers: Relation with concurrent and long-term child outcomes. *Child and Family Behavior Therapy, 26*(4), 23–41.

Ginsburg, G. S., La Greca, A. M., & Silverman, W. K. (1998). Social anxiety in children with anxiety disorders: Relation with social and emotional functioning. *Journal of Abnormal Child Psychology, 26*(3), 175–185.

Gittelman, R., & Klein, D. F. (1985). Childhood separation anxiety and adult agoraphobia. In A. H. Tuma & J. Maser (Eds.), *Anxiety and the anxiety disorders* (pp. 389– 402). Hillsdale, NJ: Erlbaum.

Gladstone, G. L., Parker, G. B., Mitchell, P. B., Wilhelm, K. A., & Malhi, G. S. (2005). Relationship between self-reported childhood behavioral inhibition and lifetime anxiety disorders in a clinical sample. *Depression and Anxiety, 22*(3), 103–113.

Goodwin, R. D., & Hamilton, S. P. (2002). Panic attack as a marker of core psychopathological processes. *Psychopathology, 34*(6), 278–288.

Goodwin, R. D., Lieb, R., Hoefler, M., Pfister, H., Bittner, A., Beesdo, K., et al. (2004). Panic attack as a risk factor for severe psychopathology. *American Journal of Psychiatry, 161*(12), 2207–2214.

Goodwin, R. D., & Roy-Byrne, P. (2006). Panic and suicidal ideation and suicide attempts: Results from the National Comorbidity Survey. *Depression and Anxiety, 23*(3), 124–132.

Graham, D. T., Kabler, J. D., & Lunsford, L. (1961). Vasovagal fainting: a diphasic response. *Psychosomatic Medicine, 23*(6), 493–507.

Granger, D. A., Weisz, J. R., & Kauneckis, D. (1994). Neuroendocrine reactivity, internalizing behavior problems, and control-related cognitions in clinic-referred children and adolescents. *Journal of Abnormal Psychology, 103*(2), 267–276.

Gray, J. A. (1982). *The neuropsychology of anxiety.* New York: Oxford University Press.

Gray, J. A., & McNaughton, N. (1996). The neuropsychology of anxiety: A reprise. In D. A. Hope (Ed.), *Nebraska Symposium on Motivation: Vol. 43. Perspectives on anxiety, panic, and fear* (pp. 61–134). Lincoln: University of Nebraska Press.

Gray, J. A., & McNaughton, N. (2000). *The neuropsychology of anxiety: An enquiry into the functions of the septohippocampal system.* New York: Oxford University Press.

Greene, F. N., Chorpita, B. F., & Austin, A. A. (2009). Examining youth anxiety symptoms and suicidal ideation in the context of the tripartite model of emotion. *Journal of Psychopathology and Behavioral Assessment, 31*(4), 405–411.

Gregory, A. M., & Eley, T. C. (2007). Genetic influences on anxiety in children: What we've learned and where we're heading. *Clinical Child and Family Psychology Review, 10*(3), 199–212.

Grillon, C. (2002). Associative learning deficits increase symptoms of anxiety in humans. *Biological Psychiatry, 51*(11), 851–858.

Grüner, K., Muris, P., & Merckelbach, H. (1999). The relationship between anxious rearing behaviours and anxiety disorders symptomatology in normal children. *Journal of Behavior Therapy and Experimental Psychiatry, 30*(1), 27–35.

Guarnaccia, P. J., Martinez, I., Ramirez, R., & Canino, G. (2005). Are *ataques de nervios* in Puerto Rican children associated with psychiatric disorder? *Journal of the American Academy of Child and Adolescent Psychiatry, 44*(11), 1184–1192.

Guerrero, A. P., Hishinuma, E. S., Andrade, N. N., Nishimura, S. T., & Cunanan, V. L. (2006). Correlations among socioeconomic and family factors and academic, behavioral, and emotional difficulties in Filipino adolescents in Hawai'i. *International Journal of Social Psychiatry, 52*(4), 343–359.

Guida, F. V., & Ludlow, L. H. (1989). A cross-cultural study of test anxiety. *Journal of Cross-Cultural Psychology, 20,* 178–190.

Guyer, A. E., Choate, V. R., Detloff, A., Benson, B., Nelson, E. E., Perez-Edgar, K., et al. (2012). Striatal functional alteration during incentive anticipation in pediatric anxiety disorders. *American Journal of Psychiatry, 169*(2), 205–212.

Guyer, A. E., Lau, J. Y., McClure-Tone, E. B., Parrish, J., Shiffrin, N. D., Reynolds, R. C., et al. (2008). Amygdala and ventrolateral prefrontal cortex function during anticipated peer evaluation in pediatric social anxiety. *Archives of General Psychiatry, 65*(11), 1303–1312.

Guyer, A. E., Monk, C. S., McClure-Tone, E. B., Nelson, E. E., Roberson-Nay, R., Adler, A. D., et al. (2008). A developmental examination of amygdala response to facial expressions. *Journal of Cognitive Neuroscience, 20*(9), 1565–1582.

Guyer, A. E., Nelson, E. E., Perez-Edgar, K., Hardin, M. G., Roberson-Nay, R., Monk, C. S., et al. (2006). Striatal functional alteration in adolescents characterized by early childhood behavioral inhibition. *Journal of Neuroscience, 26*(24), 6399–6405.

Hadwin, J., Frost, S., French, C. C., & Richards, A. (1997). Cognitive processing and trait anxiety in typically developing children: Evidence for an interpretation bias. *Journal of Abnormal Psychology, 106*(3), 486–490.

Hale, W. W., III, Crocetti, E., Raaijmakers, Q. A., & Meeus, W. H. (2011). A meta-analysis of the cross-cultural psychometric properties of the Screen for Child Anxiety Related Emotional Disorders (SCARED). *Journal of Child Psychology and Psychiatry, 52*(1), 80–90.

Hale, W. W., III, Raaijmakers, Q., Muris, P., van Hoof, A., & Meeus, W. (2008). Developmental trajectories of adolescent anxiety disorder symptoms: A 5-year prospective community study. *Journal of the American Academy of Child and Adolescent Psychiatry, 47*(5), 556-564.

Hallett, V., Ronald, A., Rijsdijk, F., & Eley, T. C. (2009). Phenotypic and genetic differentiation of anxiety-related behaviors in middle childhood. *Depression and Anxiety, 26*(4), 316–324.

Hammerness, P., Harpold, T., Petty, C., Menard, C., Zar-Kessler, C., Biederman, J. (2008). Characterizing non-

OCD anxiety disorders in psychiatrically referred children and adolescents. *Journal of Affective Disorders, 105,* 213–219.

Hayward, C., Killen, J. D., Hammer, L. D., Litt, I. F., Wilson, D. M., Simmonds, B., et al. (1992). Pubertal stage and panic attack history in sixth- and seventh-grade girls. *American Journal of Psychiatry, 149,* 1239–1243.

Hayward, C., Killen, J. D., Kraemer, H. C., & Taylor, C. B. (2000). Predictors of panic attacks in adolescents. *Journal of the American Academy of Child and Adolescent Psychiatry, 39*(2), 207–214.

Hayward, C., & Sanborn, K. (2002). Puberty and the emergence of gender differences in psychopathology. *Journal of Adolescent Health, 30*(4, Suppl.), 49–58.

Hayward, C., Wilson, K. A., Lagle, K., Killen, J. D., & Taylor, C. B. (2004). Parent-reported predictors of adolescent panic attacks. *Journal of the American Academy of Child and Adolescent Psychiatry, 43*(5), 613–620.

Hebb, D. O. (1946). On the nature of fear. *Psychological Review, 53,* 259–276.

Heiervang, E., Stormark, K. M., Lundervold, A. J., Heimann, M., Goodman, R., Posserud, M. B., et al. (2007). Psychiatric disorders in Norwegian 8-to 10-year-olds: An epidemiological survey of prevalence, risk factors, and service use. *Journal of the American Academy of Child and Adolescent Psychiatry, 46*(4), 438–447.

Hettema, J., Neale, M., Myers, J., Prescott, C., & Kendler, K. (2006). A population-based twin study of the relationship between neuroticism and internalizing disorders. *American Journal of Psychiatry, 163*(5), 857–864.

Higa, C. K., & Daleiden, E. L. (2008). Social anxiety and cognitive biases in non-referred children: The interaction of self-focused attention and threat interpretation biases. *Journal of Anxiety Disorders, 22*(3), 441–452.

Higa-McMillan, C. K., Smith, R. L., Chorpita, B. F., & Hayashi, K. (2008). Common and unique factors associated with DSM-IV-TR internalizing disorders in children. *Journal of Abnormal Child Psychology, 36*(8), 1279–1288.

Hill, N. E., & Bush, K. R. (2001). Relationships between parenting environment and children's mental health among African American and European American mothers and children. *Journal of Marriage and Family, 63*(4), 954–966.

Hirshfeld, D. R., Rosenbaum, J. F., Biederman, J., Bolduc, E. A., Faraone, S. V., Snidman, N., et al. (1992). Stable behavioral inhibition and its association with anxiety disorders. *Journal of the American Academy of Child and Adolescent Psychiatry, 31,* 103–111.

Hirshfeld-Becker, D. R., Biederman, J., Henin, A., Faraone, S. V., Davis, S., Harrington, K., et al. (2007). Behavioral inhibition in preschool children at risk is a specific predictor of middle childhood social anxiety: A five-year follow-up. *Journal of Developmental and Behavioral Pediatrics, 28*(3), 225–233.

Hock, E., McBride, S., & Gnezda, M. T. (1989). Maternal separation anxiety: Mother–infant separation from the maternal perspective. *Child Development, 60*(4) 793–802.

Hofmann, S. G., Albano, A. M., Heimberg, R. G., Tracey, S., Chorpita, B. F., & Barlow, D. H. (1999). Subtypes of social phobia in adolescents. *Depression and Anxiety, 9,* 8–15.

Hofmann, S. G., & Barlow, D. H. (2002). Social phobia (social anxiety disorder). In D. H. Barlow, *Anxiety and its disorders: The nature and treatment of anxiety and panic* (2nd ed., pp. 454–476). New York: Guilford Press.

Hudson, J. L., & Dodd, H. F. (2012). Informing early intervention: Preschool predictors of anxiety disorders in middle childhood. *PloS One, 7*(8), e42359.

Hudson, J. L., Dodd, H. F., & Bovopoulos, N. (2011). Temperament, family environment and anxiety in preschool children. *Journal of Abnormal Child Psychology, 39*(7), 939–951.

Hudson, J. L., Doyle, A. M., & Gar, N. (2009). Child and maternal influence on parenting behavior in clinically anxious children. *Journal of Clinical Child and Adolescent Psychology, 38*(2), 256–262.

In-Albon, T., Dubi, K., Rapee, R. M., & Schneider, S. (2009). Forced choice reaction time paradigm in children with separation anxiety disorder, social phobia, and nonanxious controls. *Behaviour Research and Therapy, 47*(12), 1058–1065.

Inderbitzen-Nolan, H. M., Anderson, E. R., & Johnson, H. S. (2007). Subjective versus objective behavioral ratings following two analogue tasks: A comparison of socially phobic and non-anxious adolescents. *Journal of Anxiety Disorders, 21*(1), 76–90.

Ingram, R. E. (1990). Self-focused attention in clinical disorders: Review and a conceptual model. *Psychological Bulletin, 107*(2), 156–176.

Ishikawa, S. I., Sato, H., & Sasagawa, S. (2009). Anxiety disorder symptoms in Japanese children and adolescents. *Journal of Anxiety Disorders, 23*(1), 104–111.

Jacques, H. A., & Mash, E. J. (2004). A test of the tripartite model of anxiety and depression in elementary and high school boys and girls. *Journal of Abnormal Child Psychology, 32*(1), 13–25.

Jalabert, M., Aston-Jones, G., Herzog, E., Manzoni, O., & Georges, F. (2009). Role of the bed nucleus of the stria terminalis in the control of ventral tegmental area dopamine neurons. *Progress in Neuro-Psychopharmacology and Biological Psychiatry, 33*(8), 1336–1346.

Joiner, T. E., Catanzaro, S. J., & Laurent, J. (1996). Tripartite structure of positive and negative affect, depression, and anxiety in child and adolescent psychiatric inpatients. *Journal of Abnormal Psychology, 105,* 401–409.

Jolin, E. M., Weller, R. A., & Weller, E. B. (2012). Occurrence of affective disorders compared to other psychiatric disorders in children and adolescents with 22q11.2 deletion syndrome. *Journal of Affective Disorders, 136*(3), 222–228.

Jones, M. C. (1924). A laboratory study of fear: The case of Peter. *The Pedagogical Seminary,* 31, 308–315.

Kagan, J. (1989). Temperamental contributions to social behavior. *American Psychologist, 44,* 668–674.

Kagan, J. (1997). Temperament and the reactions to unfamiliarity. *Child Development, 68*, 139–143.

Kagan, J., Reznick, J. S., & Gibbons, J. (1989). Inhibited and uninhibited types of children. *Child Development, 60*, 838–845.

Kagan, J., Reznick, J. S., & Snidman, N. (1987). The physiology and psychology of behavioral inhibition. *Child Development, 58*, 1459–1473.

Kagan, J., Reznick, J. S., & Snidman, N. (1988). Biological bases of childhood shyness. *Science, 240*, 167–171.

Kagan, J., Reznick, J. S., Snidman, N., Gibbons, J., & Johnson, M. O. (1988). Childhood derivatives of inhibition and lack of inhibition to the unfamiliar. *Child Development, 59*(6), 1580–1589.

Kallen, V. L., Tulen, J. H. M., Utens, E. M. W. J., Treffers, P. D., De Jong, F. H., & Ferdinand, R. F. (2008). Associations between HPA axis functioning and level of anxiety in children and adolescents with an anxiety disorder. *Depression and Anxiety, 25*(2), 131–141.

Kapi, A., Veltsista, A., Sovio, U., Järvelin, M. R., & Bakoula, C. (2007). Comparison of self-reported emotional and behavioural problems in adolescents from Greece and Finland. *Acta Paediatrica, 96*(8), 1174–1179.

Kashani, J. H., & Orvaschel, H. (1988). Anxiety disorders in midadolescence: A community sample. *American Journal of Psychiatry, 145*, 960–964.

Kearney, C. A. (2001). *School refusal behavior.* Washington, DC: American Psychological Association Press.

Kearney, C. A., Albano, A. M., Eisen, A. R., Allan, W. D., & Barlow, D. H. (1997). The phenomenology of panic disorder in youngsters: An empirical study of a clinical sample. *Journal of Anxiety Disorders, 11*, 49–62.

Kearney, C. A., & Silverman, W. K. (1992). Let's not push the "panic" button: A critical analysis of panic and panic disorder in adolescents. *Clinical Psychology Review, 12*, 293–305.

Kearney, C. A., Sims, K. E., Pursell, C. R., & Tillotson, C. A. (2003). Separation anxiety disorder in young children: A longitudinal and family analysis. *Journal of Clinical Child and Adolescent Psychology, 32*(4), 593–598.

Keller, M. B., Lavori, P., Wunder, J., Beardslee, W. R., Schwartz, C. E., & Roth, J. (1992). Chronic course of anxiety disorders in children and adolescents. *Journal of the American Academy of Child and Adolescent Psychiatry, 31*, 595–599.

Kendall, P. C. (1992). Childhood coping: Avoiding a lifetime of anxiety. *Behavioural Change, 9*, 1–8.

Kendall, P. C., Compton, S. N., Walkup, J. T., Birmaher, B., Albano, A. M., Sherrill, J., et al. (2010). Clinical characteristics of anxiety disordered youth. *Journal of Anxiety Disorders, 24*, 360–365.

Kendall, P. C., & MacDonald, J. P. (1993). Cognition in the psychopathology of youth and implications for treatment. In K. S. Dobson & P. C. Kendall (Eds.), *Personality, psychopathology, and psychotherapy* (pp. 387–427). San Diego, CA: Academic Press.

Kendall, P. C., & Pimentel, S. S. (2003). On the physiological symptom constellation in youth with generalized anxiety disorder (GAD). *Journal of Anxiety Disorders, 17*(2), 211–221.

Kendall, P. C., & Ronan, K. R. (1990). Assessment of children's anxieties, fears, and phobias: Cognitive-behavioral models and methods. In C. R. Reynolds & R. W. Kamphaus (Eds.), *Handbook of psychological and educational assessment of children: Vol. 2. Personality, behavior, and context* (pp. 223–244). New York: Guilford Press.

Kendall, P. C., & Warman, M. J. (1996). Anxiety disorders in youth: Diagnostic consistency across DSM-III-R and DSM-IV. *Journal of Anxiety Disorders, 10*, 453–463.

Kendler, K. S., & Baker, J. H. (2007). Genetic influences on measures of the environment: a systematic review. *Psychological Medicine, 37*(5), 615–626.

Kendler, K. S., Gardner, C. O., & Lichtenstein, P. (2008). A developmental twin study of symptoms of anxiety and depression: Evidence for genetic innovation and attenuation. *Psychological Medicine, 38*(11), 1567–1575.

Kessler, R. C., Avenevoli, S., Costello, J., Georgiades, K., Green, J. G., Gruber, M. J., et al. (2012). Prevalence, persistence, and sociodemographic correlates of DSM-IV disorders in the National Comorbidity Survey Replication Adolescent Supplement. *Archives of General Psychiatry, 69*, 372–380.

Kessler, R. C., Avenevoli, S., McLaughlin, K. A., Green, J. G., Lakoma, M. D., Petukhova, M., et al. (2012). Lifetime co-morbidity of DSM-IV disorders in the US National Comorbidity Survey Replication Adolescent Supplement (NCS-A). *Psychological Medicine, 42*, 1997–2010.

Kessler, R. C., Foster, C. L., Saunders, W. B., & Stang, P. E. (1995). Social consequences of psychiatric disorders, I: Educational attainment. *American Journal of Psychiatry, 152*, 1026–1032.

Kessler, R. C., & Frank, R. G. (1997). The impact of psychiatric disorders on work loss days. *Psychological Medicine, 27*, 861–873.

Kessler, R. C., McGonagle, K., Zhao, S., Nelson, C. B., Hughes, M., Eshleman, S., et al. (1994). Lifetime and 12-month prevalence of DSM-III-R psychiatric disorders in the United States. *Archives of General Psychiatry, 51*, 8–19.

Kiel, E. J., & Buss, K. A. (2010). Maternal accuracy and behavior in anticipating children's responses to novelty: Relations to fearful temperament and implications for anxiety development. *Social Development, 19*(2), 304–325.

Kim, S. J., Kim, B. N., Cho, S. C., Kim, J. W., Shin, M. S., Yoo, H. J., et al. (2010). The prevalence of specific phobia and associated co-morbid features in children and adolescents. *Journal of Anxiety Disorders, 24*(6), 629–634.

Kindt, M., Bierman, D., & Brosschot, J. F. (1997). Cognitive bias in spider fear and control children: Assessment of emotional interference by a card format and a single-trial format of the Stroop task. *Journal of Experimental Child Psychology, 66*(2), 163–179.

Kindt, M., & van den Hout, M. (2001). Selective attention and anxiety: A perspective on developmental issues and the causal status. *Journal of Psychopathology and Behavioral Assessment, 23*(3), 193–202.

Kindt, M., van den Hout, M., de Jong, P., & Hoekzema, B. (2000). Cognitive bias for pictorial and linguistic threat cues in children. *Journal of Psychopathology and Behavioral Assessment, 22*(2), 201–219.

King, N. J., Hamilton, D. I., & Ollendick, T. H. (1988). *Children's phobias: A behavioural perspective*. Chichester, UK: Wiley.

King, N. J., Ollendick, T. H., Mattis, S. G., Yang, B., & Tonge, B. (1996). Nonclinical panic attacks in adolescents: Prevalence, symptomatology, and associated features. *Behaviour Change, 13*, 171–184.

Kirschbaum, C., Pirke, K. M., & Hellhammer, D. H. (1993). The 'Trier Social Stress Test'–a tool for investigating psychobiological stress responses in a laboratory setting. *Neuropsychobiology, 28*(1–2), 76–81.

Koerner, N., & Dugas, M. J. (2008). An investigation of appraisals in individuals vulnerable to excessive worry: The role of intolerance of uncertainty. *Cognitive Therapy and Research, 32*(5), 619–638.

Kolvin, I., & Fundudis, T. (1981). Elective mute children: Psychological development and background factors. *Journal of Child Psychology and Psychiatry, 22*(3), 219–232.

Konnopka, A., Leichsenring, F., Leibing, E., & König, H. H. (2009). Cost-of-illness studies and cost-effectiveness analyses in anxiety disorders: A systematic review. *Journal of Affective Disorders, 114*(1), 14–31.

Kopp, S., & Gillberg, C. (1997). Selective mutism: A population-based study: A research note. *Journal of Child Psychology and Psychiatry, 38*(2), 257–262.

Kozak, M. J., & Montgomery, G. K. (1981). Multimodal behavioral treatment of recurrent injury-scene-elicited fainting (vasodepressor syncope). *Behavioural Psychotherapy, 9*(4), 316–321.

Krain, A. L., Gotimer, K., Hefton, S., Ernst, M., Castellanos, F. X., Pine, D. S., et al. (2008). A functional magnetic resonance imaging investigation of uncertainty in adolescents with anxiety disorders. *Biological Psychiatry, 63*(6), 563–568.

Kristensen, H. (2000). Selective mutism and comorbidity with developmental disorder/delay, anxiety disorder, and elimination disorder. *Journal of the American Academy of Child and Adolescent Psychiatry, 39*(2), 249–256.

Kristensen, H. (2001). Multiple informants' report of emotional and behavioural problems in a nation-wide sample of selective mute children and controls. *European Child and Adolescent Psychiatry, 10*, 135–142.

Kristensen, H., & Torgersen, S. (2002). A case-control study of EAS child and parental temperaments in selectively mute children with and without a co-morbid communication disorder. *Nordic Journal of Psychiatry, 56*(5), 347–353.

Kumpulainen, K., Räsänen, E., Raaska, H., & Somppi, V. (1998). Selective mutism among second-graders in elementary school. *European Child and Adolescent Psychiatry, 7*(1), 24–29.

LaBar, K. S., Gatenby, J. C., Gore, J. C., LeDoux, J. E., & Phelps, E. A. (1998). Human amygdala activation during conditioned fear acquisition and extinction: A mixed-trial fMRI study. *Neuron, 20*(5), 937–945.

La Greca, A. M. (2001). Friends or foes?: Peer influences on anxiety among children and adolescents. In W. K. Silverman & P. D. A. Treffers (Eds.), *Anxiety disorders in children and adolescents: Research, assessment and intervention* (pp. 159–186). Cambridge, UK: Cambridge University Press.

La Greca, A. M., & Lopez, N. (1998). Social anxiety among adolescents: Linkages with peer relations and friendships. *Journal of Abnormal Child Psychology, 26*, 83–94.

Lahey, B. B., Rathouz, P. J., Van Hulle, C., Urbano, R. C., Krueger, R. F., Applegate, B., et al. (2008). Testing structural models of DSM-IV symptoms of common forms of child and adolescent psychopathology. *Journal of Abnormal Child Psychology, 36*(2), 187–206.

Lang, P. J. (1968). Fear reduction and fear behavior: Problems in treating a construct. In J. M. Shlien (Ed.), *Research in psychotherapy* (pp. 90–102). Washington, DC: American Psychological Association.

Langer, D. A., Wood, J. J., Bergman, R. L., & Piacentini, J. C. (2010). A multitrait–multimethod analysis of the construct validity of child anxiety disorders in a clinical sample. *Child Psychiatry and Human Development, 41*, 549–561.

Langley, A. K., Bergman, R. L., McCracken, J., Piacentini, J. C. (2004). Impairment in childhood anxiety disorders: Preliminary examination of the Child Anxiety Impact Scale-Parent Version. *Journal of Child and Adolescent Psychopharmacology, 14*, 105–141.

Lansford, J. E., Malone, P. S., Castellino, D. R., Dodge, K. A., Pettit, G. S., & Bates, J. E. (2006). Trajectories of internalizing, externalizing, and grades for children who have and have not experienced their parents' divorce or separation. *Journal of Family Psychology, 20*(2), 292–301.

Lapouse, R., & Monk, M. A. (1958). An epidemiologic study of behavior characteristics in children. *American Journal of Public Health, 48*, 1134–1144.

Lapouse, R., & Monk, M. A. (1959). Fears and worries in a representative sample of children. *American Journal of Orthopsychiatry, 29*, 803–818.

Last, C. G. (1991). Somatic complaints in anxiety disordered children. *Journal of Anxiety Disorders, 5*, 125–138.

Last, C. G., Francis, G., Hersen, M., Kazdin, A. E., & Strauss, C. C. (1987). Separation anxiety and school phobia: A comparison using DSM-III criteria. *American Journal of Psychiatry, 144*, 653–657.

Last, C. G., Hersen, M., Kazdin, A. E., Finkelstein, R., & Strauss, C. C. (1987). Comparison of DSM-III separation anxiety and overanxious disorders: Demographic characteristics and patterns of comorbidity. *Journal of the American Academy of Child and Adolescent Psychiatry,*

26, 527–531.

Last, C. G., Perrin, S., Hersen, M., & Kazdin, A. E. (1992). DSM-III-R anxiety disorders in children: Sociodemographic and clinical characteristics. *Journal of the American Academy of Child and Adolescent Psychiatry, 31*, 1070–1076.

Last, C. G., & Strauss, C. C. (1989). Panic disorder in children and adolescents. *Journal of Anxiety Disorders, 3*, 87–95.

Last, C. G., & Strauss, C. C. (1990) School refusal in anxiety-disordered children and adolescents. *Journal of the American Academy of Child and Adolescent Psychiatry, 29*, 31–35.

Latzman, R. D., Naifeh, J. A., Watson, D., Vaidya, J. G., Heiden, L. J., Damon, J. D., et al. (2011). Racial differences in symptoms of anxiety and depression among three cohorts of students in the southern United States. *Psychiatry: Interpersonal and Biological Processes, 74*(4), 332–348.

Lau, J. Y., Lissek, S., Nelson, E. E., Lee, Y., Roberson-Nay, R., Poeth, K., et al. (2008). Fear conditioning in adolescents with anxiety disorders: Results from a novel experimental paradigm. *Journal of the American Academy of Child and Adolescent Psychiatry, 47*(1), 94–102.

Layne, A. E., Bernat, D. H., Victor, A. M., & Bernstein, G. A. (2009). Generalized anxiety disorder in a nonclinical sample of children: Symptom presentation and predictors of impairment. *Journal of Anxiety Disorders, 23*(2), 283–289.

LeBeau, R. T., Glenn, D., Liao, B., Wittchen, H. U., Beesdo-Baum, K., Ollendick, T., et al. (2010). Specific phobia: A review of DSM-IV specific phobia and preliminary recommendations for DSM-V. *Depression and Anxiety, 27*(2), 148–167.

LeDoux, J. E. (1995). Emotion: Clues from the brain. *Annual Review of Psychology, 46*(1), 209–235.

LeDoux, J. E. (1998). Fear and the brain: Where have we been, and where are we going? *Biological Psychiatry, 44*(12), 1229–1238.

LeDoux, J. E. (2000). Emotion circuits in the brain. *Annual Review of Neuroscience, 23*(1), 155–184.

Leech, S. L., Larkby, C. A., Day, R., & Day, N. L. (2006). Predictors and correlates of high levels of depression and anxiety symptoms among children at age 10. *Journal of the American Academy of Child and Adolescent Psychiatry, 45*(2), 223–230.

Leikanger, E., Ingul, J., & Larsson, B. (2012). Sex and age-related anxiety in a community sample of Norwegian adolescents. *Scandinavian Journal of Psychology, 53*(2), 150–157.

Leitenberg, H., Yost, L. W., & Carroll-Wilson, M. (1986). Negative cognitive errors in children: Questionnaire development, normative data, and comparisons between children with and without self-reported symptoms of depression, low self-esteem, and evaluation anxiety. *Journal of Consulting and Clinical Psychology, 54*(4), 528–536.

Lester, K. J., Seal, K., Nightingale, Z. C., & Field, A. P. (2010). Are children's own interpretations of ambiguous situations based on how they perceive their mothers have interpreted ambiguous situations for them in the past? *Journal of Anxiety Disorders, 24*(1), 102–108.

Leung, P. W., Hung, S. F., Ho, T. P., Lee, C. C., Liu, W. S., Tang, C. P., et al. (2008). Prevalence of DSM-IV disorders in Chinese adolescents and the effects of an impairment criterion. *European Child and Adolescent Psychiatry, 17*(7), 452–461.

Lewinsohn, P. M., Holm-Denoma, J. M., Small, J. W., Seeley, J. R., & Joiner, T. E., Jr. (2008). Separation anxiety disorder in childhood as a risk factor for future mental illness. Journal of the American Academy of Child and Adolescent Psychiatry, 47(5), 548–555.

Lewinsohn, P. M., Zinbarg, R., Seeley, J. R., Lewinsohn, M., & Sack, W. H. (1997). Lifetime comorbidity among anxiety disorders and between anxiety disorders and other mental disorders in adolescents. *Journal of Anxiety Disorders, 11*(4), 377–394.

Lewis-Morrarty, E., Degnan, K. A., Chronis-Tuscano, A., Rubin, K. H., Cheah, C. S., Pine, D. S., et al. (2012). Maternal over-control moderates the association between early childhood behavioral inhibition and adolescent social anxiety symptoms. *Journal of Abnormal Child Psychology, 40*(8), 1363–1373.

Leyfer, O., Gallo, K., Cooper-Vince, C., & Pincus, D. (2013). Patterns and predictors of comorbidity of DSM-IV anxiety disorders in a clinical sample of children and adolescents. *Journal of Anxiety Disorders, 27*(3), 306–311.

Li, J. C. H., Lau, W. Y., & Au, T. K. F. (2011). Psychometric properties of the Spence Children's Anxiety Scale in a Hong Kong Chinese community sample. *Journal of Anxiety Disorders, 25*(4), 584–591.

Liberman, L. C., Lipp, O. V., Spence, S. H., & March, S. (2006). Evidence for retarded extinction of aversive learning in anxious children. *Behaviour Research and Therapy, 44*(10), 1491–1502.

Liddell, A., & Lyons, M. (1978). Thunderstorm phobias. *Behaviour Research and Therapy, 16*, 306–308.

Lilienfeld, S. O., Waldman, I. D., & Israel, A. C. (1994). A critical examination of the use of the term and concept of comorbidity in psychopathology research. *Clinical Psychology: Science and Practice, 1*, 71-83.

Lindhout, I. E., Markus, M. T., Borst, S. R., Hoogendijk, T. H., Dingemans, P. M., & Boer, F. (2009). Childrearing style in families of anxiety-disordered children: Between-family and within-family differences. *Child Psychiatry and Human Development, 40*(2), 197–212.

Lindhout, I., Markus, M., Hoogendijk, T., Borst, S., Maingay, R., Spinhoven, P., et al. (2006). Childrearing style of anxiety-disordered parents. *Child Psychiatry and Human Development, 37*(1), 89-102.

Lissek, S., Powers, A. S., McClure, E. B., Phelps, E. A., Woldehawariat, G., Grillon, C., et al. (2005). Classical fear conditioning in the anxiety disorders: A meta-analysis.

Behaviour Research and Therapy, 43(11), 1391–1424.

LoBue, V., & DeLoache, J. S. (2008). Detecting the snake in the grass attention to fear-relevant stimuli by adults and young children. *Psychological Science, 19*(3), 284–289.

LoBue, V., & DeLoache, J. S. (2010). Superior detection of threat-relevant stimuli in infancy. *Developmental Science, 13*(1), 221–228.

Lonigan, C., Carey, M. & Finch, A. J. (1994). Anxiety and depression in children: Negative affectivity and the utility of self-reports. *Journal of Consulting and Clinical Psychology, 62,* 1000–1008.

Lonigan, C. J., Hooe, E. S., David, C. F., & Kistner, J. A. (1999). Positive and negative affectivity in children: Confirmatory factor analysis of a two-factor model and its relation to symptoms of anxiety and depression. *Journal of Consulting and Clinical Psychology, 67,* 374–386.

Lonigan, C. J., & Phillips, B. M. (2001). Temperamental influences on the development of anxiety disorders. In M. W. Vasey & M. R. Dadds (Eds.), *The developmental psychopathology of anxiety* (pp. 60–91). New York: Oxford University Press.

Lonigan, C. J., Phillips, B. M., & Hooe, E. S. (2003). Relations of positive and negative affectivity to anxiety and depression in children: evidence from a latent variable longitudinal study. *Journal of Consulting and Clinical Psychology, 71*(3), 465–481.

Lonigan, C. J., & Vasey, M. W. (2009). Negative affectivity, effortful control, and attention to threat-relevant stimuli. *Journal of Abnormal Child Psychology, 37*(3), 387–399.

Lu, W., Daleiden, E., Chorpita, B. F., Higa-McMillan, C. K., Kularatne, T., & Kabat, R. (2010). Examination of the tripartite model of emotion in four ethnic groups of children. *Journal of Psychology in Chinese Societies, 11,* 147–172.

Luis, T. M., Varela, R. E., & Moore, K. W. (2008). Parenting practices and childhood anxiety reporting in Mexican, Mexican American, and European American families. *Journal of Anxiety Disorders, 22*(6), 1011–1020.

Lupien, S. J., McEwen, B. S., Gunnar, M. R., & Heim, C. (2009). Effects of stress throughout the lifespan on the brain, behaviour and cognition. *Nature Reviews Neuroscience, 10*(6), 434–445.

Lynch, F., Mills, C., Daly, I., & Fitzpatrick, C. (2006). Challenging times: Prevalence of psychiatric disorders and suicidal behaviours in Irish adolescents. *Journal of Adolescence, 29*(4), 555–573.

MacFarlane, J., Allen, L., & Honzik, M. (1954). *A developmental study of the behavior problems of normal children between twenty-one months and fourteen years.* Berkeley: University of California Press.

Mackintosh, B., Mathews, A., Yiend, J., Ridgeway, V., & Cook, E. (2006). Induced biases in emotional interpretation influence stress vulnerability and endure despite changes in context. *Behavior Therapy, 37*(3), 209–222.

MacLeod, C., Rutherford, E., Campbell, L., Ebsworthy, G., & Holker, L. (2002). Selective attention and emotional vulnerability: Assessing the causal basis of their association

through the experimental manipulation of attentional bias. *Journal of Abnormal Psychology, 111*(1), 107–123.

Manassis, K., & Bradley, S. J. (1994). The development of childhood anxiety disorders: Toward an integrated model. *Journal of Applied Developmental Psychology, 15*(3), 345–366.

Manicavasagar, V., Silove, D., Rapee, R., Waters, F., & Momartin, S. (2001). Parent–child concordance for separation anxiety: a clinical study. *Journal of Affective Disorders, 65*(1), 81–84.

Mannuzza, S., Schneier, F. R., Chapman, T. F., Liebowitz, M. R., Klein, D. F., & Fyer, A. J. (1995). Generalized social phobia: Reliability and validity. *Archives of General Psychiatry, 52*(3), 230–237.

March, J. S., Parker, J. D., Sullivan, K., Stallings, P., & Conners, C. K. (1997). The Multidimensional Anxiety Scale for Children (MASC): Factor structure, reliability, and validity. *Journal of the American Academy of Child and Adolescent Psychiatry, 36*(4), 554–565.

Marin, T. J., Martin, T. M., Blackwell, E., Stetler, C., & Miller, G. E. (2007). Differentiating the impact of episodic and chronic stressors on hypothalamic–pituitary–adrenocortical axis regulation in young women. *Health Psychology, 26*(4), 447–455.

Marks, I. M., & Gelder, M. G. (1966). Different ages of onset in varieties of phobia. *American Journal of Psychiatry, 123,* 218–221.

Marschner, A., Kalisch, R., Vervliet, B., Vansteenwegen, D., & Büchel, C. (2008). Dissociable roles for the hippocampus and the amygdala in human cued versus context fear conditioning. *Journal of Neuroscience, 28*(36), 9030–9036.

Masi, G., Favilla, L, Mucci, M., & Millepiedi, S. (2000). Panic disorder in clinically referred children and adolescents. *Child Psychiatry and Human Development, 31,* 139–151.

Masi, G., Millepiedi, S., Mucci, M., Poli, P., Bertini, N., & Milantoni, L. (2004). Generalized anxiety disorder in referred children and adolescents. *Journal of the American Academy of Child and Adolescent Psychiatry, 43*(6), 752-760.

Mattis, S. G., & Ollendick, T. H. (1997). Panic in children and adolescents. *Advances in Clinical Child Psychology, 19,* 27–74.

McCabe, R. E., Antony, M. M., Summerfeldt, L. J., Liss, A., & Swinson, R. P. (2003). Preliminary examination of the relationship between anxiety disorders in adults and self-reported history of teasing or bullying experiences. *Cognitive Behaviour Therapy, 32*(4), 187–193.

McClure, E. B., Monk, C. S., Nelson, E. E., Parrish, J. M., Adler, A., Blair, R. J. R., et al. (2007). Abnormal attention modulation of fear circuit function in pediatric generalized anxiety disorder. *Archives of General Psychiatry, 64*(1), 97–106.

McHale, J. P., & Rasmussen, J. L. (1998). Coparental and family group-level dynamics during infancy: Early family precursors of child and family functioning during preschool. *Development and Psychopathology, 10*(1), 39–59.

McLeod, B. D., Wood, J. J., & Weisz, J. R. (2007). Examining the association between parenting and childhood anxiety: A meta-analysis. *Clinical Psychology Review, 27*(2), 155–172.

McNally, R. J. (1996). Cognitive bias in the anxiety disorders. In D. Hope (Ed.), *Nebraska Symposium on Motivation: Vol. 43. Perspectives on anxiety, panic, and fear* (pp. 211–250). Lincoln: University of Nebraska Press.

Melchior, M., Chastang, J. F., Walburg, V., Arseneault, L., Galéra, C., & Fombonne, E. (2010). Family income and youths' symptoms of depression and anxiety: A longitudinal study of the French GAZEL Youth cohort. *Depression and Anxiety, 27*(12), 1095–1103.

Melfsen, S., & Florin, I. (2002). Do socially anxious children show deficits in classifying facial expressions of emotions? *Journal of Nonverbal Behavior, 26*(2), 109–126.

Melfsen, S., Osterlow, J., & Florin, I. (2000). Deliberate emotional expressions of socially anxious children and their mothers. *Journal of Anxiety Disorders, 14*(3), 249–261.

Mellon, R. C., & Moutavelis, A. G. (2007). Structure, developmental course, and correlates of children's anxiety disorder-related behavior in a Hellenic community sample. *Journal of Anxiety Disorders, 21*(1), 1–21.

Merikangas, K. R., He, J., Burstein, M., Swanson, S. A., Avenevoli, S., Cui, L. et al. (2010). Lifetime prevalence of mental disorders in US adolescents: Results from the National Comorbidity Study Replication—Adolescent Supplement (NCS-A). *Journal of the American Academy of Child and Adolescent Psychiatry, 49*, 980–989.

Merikangas, K. R., He, J. P., Burstein, M., Swendsen, J., Avenevoli, S., Case, B., et al. (2011). Service utilization for lifetime mental disorders in US adolescents: Results of the National Comorbidity Survey–Adolescent Supplement (NCS-A). *Journal of the American Academy of Child and Adolescent Psychiatry, 50*(1), 32–45.

Merikangas, K. R., Lieb, R., Wittchen, H. U., & Avenevoli, S. (2003). Family and high-risk studies of social anxiety disorder. *Acta Psychiatrica Scandinavica, 108*(Suppl. 417), 28–37.

Mian, N. D., Godoy, L., Briggs-Gowan, M. J., & Carter, A. S. (2012). Patterns of anxiety symptoms in toddlers and preschool-age children: Evidence of early differentiation. *Journal of Anxiety Disorders, 26*(1), 102–110.

Mian, N. D., Wainwright, L., Briggs-Gowan, M. J., & Carter, A. S. (2011). An ecological risk model for early childhood anxiety: The importance of early child symptoms and temperament. *Journal of Abnormal Child Psychology, 39*(4), 501–512.

Micco, J. A., & Ehrenreich, J. T. (2008). Children's interpretation and avoidant response biases in response to non-salient and salient situations: Relationships with mothers' threat perception and coping expectations. *Journal of Anxiety Disorders, 22*(3), 371–385.

Milad, M. R., & Rauch, S. L. (2007). The role of the orbitofrontal cortex in anxiety disorders. *Annals of the New York Academy of Sciences, 1121*(1), 546–561.

Milham, M. P., Nugent, A. C., Drevets, W. C., Dickstein, D. S., Leibenluft, E., Ernst, M., et al. (2005). Selective reduction in amygdala volume in pediatric anxiety disorders: A voxel-based morphometry investigation. *Biological Psychiatry, 57*(9), 961–966.

Miller, G. E., Chen, E., & Zhou, E. S. (2007). If it goes up, must it come down?: Chronic stress and the hypothalamic–pituitary–adrenocortical axis in humans. *Psychological Bulletin, 133*(1), 25–45.

Miller, L. C. (1983). Fears and anxieties in children. In C. E. Walker & M. D. Roberts (Eds.), *Handbook of clinical child psychology* (pp. 337–380). New York: Wiley.

Miller, L. C., Barrett, C. L., & Hampe, E. (1974). Phobias of childhood in a prescientific era. In A. Davids (Ed.), *Child personality and psychopathology: Current topics*. Chichester, UK: Wiley.

Miller, L. C., Barrett, C. L., Hampe, E., & Noble, H. (1972). Factor structure of childhood fears. *Journal of Consulting and Clinical Psychology, 39*, 264–268.

Milne, J. M., Garrison, C. Z., Addy, C. L., McKeown, R. E., Jackson, K. L., Cuffe, S. P., et al. (1995). Frequency of phobic disorder in a community sample of young adolescents. *Journal of the American Academy of Child and Adolescent Psychiatry, 34*(9), 1202–1211.

Mineka, S., & Cook, M. (1993). Mechanisms involved in the observational conditioning of fear. *Journal of Experimental Psychology: General, 122*(1), 23–38.

Mineka, S., Watson, D., & Clark, L. A. (1998). Comorbidity of anxiety and unipolar mood disorders. *Annual Review of Psychology, 49*(1), 377–412.

Mineka, S., & Zinbarg, R. (1996). Conditioning and ethological models of anxiety disorders: Stress-in-dynamic-context anxiety models. In D. Hope (Ed.), *Nebraska Symposium on Motivation: Vol. 43. Perspectives on anxiety, panic, and fear* (pp. 135–210). Lincoln: University of Nebraska Press.

Moffitt, T. E., Harrington, H., Caspi, A., Kim-Cohen, J., Goldberg, D., Gregory, A. M., et al. (2007). Depression and generalized anxiety disorder: Cumulative and sequential comorbidity in a birth cohort followed prospectively to age 32 years. *Archives of General Psychiatry, 64*(6), 651–660.

Monk, C. S., Nelson, E., McClure, E., Mogg, K., Bradley, B., Leibenluft, E., et al. (2006). Ventrolateral prefrontal cortex activation and attentional bias in response to angry faces in adolescents with generalized anxiety disorder. *American Journal of Psychiatry, 163*(6), 1091–1097.

Monk, C. S., Telzer, E. H., Mogg, K., Bradley, B. P., Mai, X., Louro, H., et al. (2008). Amygdala and ventrolateral prefrontal cortex activation to masked angry faces in children and adolescents with generalized anxiety disorder. *Archives of General Psychiatry, 65*(5), 568–576.

Moreau, D., & Follett, C. (1993). Panic disorder in children and adolescents. *Child and Adolescent Psychiatric Clinics of North America, 2*, 581–602.

Moreau, D., & Weissman, M. M. (1992). Panic disorder in children and adolescents: A review. *American Journal of Psychiatry, 149*, 1306–1314.

Morris, J. S., Frith, C. D., Perrett, D. I., Rowland, D., Young, A. W., Calder, A. J., et al. (1996). A differential neural response in the human amygdala to fearful and happy facial expressions. *Nature, 383*, 812–815.

Morris, T. L. (2004). Treatment of social phobia in children and adolescents. In P. M. Barrett & T. H. Ollendick (Eds.), *Handbook of interventions that work with children and adolescents: Prevention and treatment* (pp. 171–186). Hoboken, NJ: Wiley.

Mullick, M. S. I., & Goodman, R. (2005). The prevalence of psychiatric disorders among 5–10 year olds in rural, urban and slum areas in Bangladesh. *Social Psychiatry and Psychiatric Epidemiology, 40*(8), 663–671.

Muris, P. (2006). Unique and interactive effects of neuroticism and effortful control on psychopathological symptoms in non-clinical adolescents. *Personality and Individual Differences, 40*(7), 1409–1419.

Muris, P., Bodden, D., Merckelbach, H., Ollendick, T. H., & King, N. (2003). Fear of the beast: A prospective study on the effects of negative information on childhood fear. *Behaviour Research and Therapy, 41*(2), 195–208.

Muris, P., Loxton, H., Neumann, A., du Plessis, M., King, N., & Ollendick, T. (2006). DSM-defined anxiety disorders symptoms in South African youths: Their assessment and relationship with perceived parental rearing behaviors. *Behaviour Research and Therapy, 44*(6), 883–896.

Muris, P., Mayer, B., Freher, N. K., Duncan, S., & van den Hout, A. (2010). Children's internal attributions of anxiety-related physical symptoms: Age-related patterns and the role of cognitive development and anxiety sensitivity. *Child Psychiatry and Human Development, 41*(5), 535–548.

Muris, P., Mayer, B., Vermeulen, L., & Hiemstra, H. (2007). Theory-of-mind, cognitive development, and children's interpretation of anxiety-related physical symptoms. *Behaviour Research and Therapy, 45*(9), 2121–2132.

Muris, P., Meesters, C., & Knoops, M. (2005). The relation between gender role orientation and fear and anxiety in nonclinic-referred children. *Journal of Clinical Child and Adolescent Psychology, 34*(2), 326–332.

Muris, P., Meesters, C., Merckelbach, H., Sermon, A., & Zwakhalen, S. (1998). Worry in normal children. *Journal of the American Academy of Child and Adolescent Psychiatry, 37*, 703–710.

Muris, P., Meesters, C., & Rompelberg, L. (2007). Attention control in middle childhood: Relations to psychopathological symptoms and threat perception distortions. *Behaviour Research and Therapy, 45*(5), 997–1010.

Muris, P., Merckelbach, H., & Damsma, E. (2000). Threat perception bias in nonreferred, socially anxious children. *Journal of Clinical Child Psychology, 29*(3), 348–359.

Muris, P., Merckelbach, H., Ollendick, T., King, N., & Bogie, N. (2002). Three traditional and three new childhood anxiety questionnaires: Their reliability and validity in a normal adolescent sample. *Behaviour Research and Therapy, 40*(7), 753–772.

Muris, P., Rassin, E., Mayer, B., Smeets, G., Huijding, J., Remmerswaal, D., et al. (2009). Effects of verbal information on fear-related reasoning biases in children. *Behaviour Research and Therapy, 47*(3), 206–214.

Muris, P., Schmidt, H., Engelbrecht, P., & Perold, M. (2002). DSM-IV-defined anxiety disorder symptoms in South American children. *Journal of the American Academy of Child and Adolescent Psychiatry, 41*, 1360–1368.

Muris, P., Schmidt, H., & Merckelbach, H. (1999). The structure of specific phobia symptoms among children and adolescents. *Behaviour Research and Therapy, 37*(9), 863–868.

Muris, P., Schmidt, H., & Merckelbach, H. (2000). Correlations among two self-report questionnaires for measuring DSM-defined anxiety disorder symptoms in children: The Screen for Child Anxiety Related Emotional Disorders and the Spence Children's Anxiety Scale. *Personality and Individual Differences, 28*(2), 333–346.

Muris, P., Steerneman, P., Merckelbach, H., & Meesters, C. (1996). The role of parental fearfulness and modeling in children's fear. *Behaviour Research and Therapy, 34*(3), 265–268.

Muris, P., van Brakel, A. M., Arntz, A., & Schouten, E. (2011). Behavioral inhibition as a risk factor for the development of childhood anxiety disorders: A longitudinal study. *Journal of Child and Family Studies, 20*(2), 157–170.

Muris, P., van Zwol, L., Huijding, J., & Mayer, B. (2010). Mom told me scary things about this animal: Parents installing fear beliefs in their children via the verbal information pathway. *Behaviour Research and Therapy, 48*(4), 341–346.

Murray, L., Creswell, C., & Cooper, P. J. (2009). The development of anxiety disorders in childhood: An integrative review. *Psychological Medicine, 39*(9), 1413–1423.

Nanda, M. M., Kotchick, B. A., & Grover, R. L. (2012). Parental psychological control and childhood anxiety: The mediating role of perceived lack of control. *Journal of Child and Family Studies, 21*(4), 637–645.

Neal, J. A., & Edelmann, R. J. (2003). The etiology of social phobia: Toward a developmental profile. *Clinical Psychology Review, 23*, 761–786.

Nelles, W. B., & Barlow, D. H. (1988). Do children panic? *Clinical Psychology Review, 8*, 359–372.

Newman, M. G., & Llera, S. J. (2011). A novel theory of experiential avoidance in generalized anxiety disorder: A review and synthesis of research supporting a contrast avoidance model of worry. *Clinical Psychology Review, 31*(3), 371–382.

Nielsen, T. A., Laberge, L., Paquet, J., Tremblay, R. E., Vitaro, F., & Montplaisir, J. (2000). Development of disturbing dreams during adolescence and their relation to anxiety symptoms. *Sleep, 23*, 727–736.

Nightingale, Z. C., Field, A. P., & Kindt, M. (2010). The emotional Stroop task in anxious children. In J. A. Hadwin &

A. P. Field (Eds.), *Information processing biases and anxiety: A developmental perspective* (pp. 47–75). Malden, MA: Wiley-Blackwell.

Nitschke, J. B., Sarinopoulos, I., Oathes, D. J., Johnstone, T., Whalen, P. J., Davidson, R. J., et al. (2009). Anticipatory activation in the amygdala and anterior cingulate in generalized anxiety disorder and prediction of treatment response. *American Journal of Psychiatry, 166*(3), 302–310.

Nocon, A., Wittchen, H. U., Beesdo, K., Brückl, T., Hofler, M., Pfister, H., et al. (2008). Differential familial liability of panic disorder and agoraphobia. *Depression and Anxiety, 25*(5), 422–434.

Nolen-Hoeksema, S. (1987). Sex differences in unipolar depression. *Psychological Bulletin, 101*, 259–282.

Ogliari, A., Citterio, A., Zanoni, A., Fagnani, C., Patriarca, V., Cirrincione, R., et al. (2006). Genetic and environmental influences on anxiety dimensions in Italian twins evaluated with the SCARED questionnaire. *Journal of Anxiety Disorders, 20*(6), 760–777.

Ogliari, A., Spatola, C. A., Pesenti-Gritti, P., Medda, E., Penna, L., Stazi, M. A., et al. (2010). The role of genes and environment in shaping co-occurrence of DSM-IV defined anxiety dimensions among Italian twins aged 8–17. *Journal of Anxiety Disorders, 24*(4), 433–439.

Okamura, K. H., Ebesutani, C. E., Bloom, R., Higa-McMillan, C. K., Nakamura, B. J., & Chorpita, B. F. (2014). *Multiethnic differences in child and adolescent anxiety and depression.* Manuscript in preparation.

Olason, D. T., Sighvatsson, M. B., & Smari, J. (2004). Psychometric properties of the Multidimensional Anxiety Scale for Children (MASC) among Icelandic schoolchildren. *Scandinavian Journal of Psychology, 45*(5), 429–436.

Oldehinkel, A. J., Hartman, C. A., Ferdinand, R. F., Verhulst, F. C., & Ormel, J. (2007). Effortful control as modifier of the association between negative emotionality and adolescents' mental health problems. *Development and Psychopathology, 19*(2), 523–539.

Ollendick, T. H. (1979). Fear reduction techniques with children. In M. Hersen, R. M. Eisler, & P. M. Miller (Eds.), *Progress in behavior modification* (Vol. 8, pp. 127–168). New York: Academic Press.

Ollendick, T. H. (1983). Reliability and validity of the Revised Fear Survey Schedule for Children (FSSC-R). *Behaviour Research and Therapy, 21*, 685–692.

Ollendick, T. H. (1995). Cognitive-behavioral treatment of panic disorder with agoraphobia in adolescents: A multiple baseline design analysis. *Behavior Therapy, 26*, 517–531.

Ollendick, T. H., & King, N. J. (1991). Origins of childhood fears: An evaluation of Rachman's theory of fear acquisition. *Behaviour Research and Therapy, 29*, 117–123.

Ollendick, T. H., Mattis, S. G., & King, N. J. (1994). Panic in children and adolescents: A review. *Journal of Child Psychology and Psychiatry, 35*, 113–134.

Ollendick, T. H., Öst, L. G., Reuterskiöld, L., & Costa, N.

(2010). Comorbidity in youth with specific phobias: Impact of comorbidity on treatment outcome and the impact of treatment on comorbid disorders. *Behaviour Research and Therapy, 48*(9), 827–831.

Orr, S. P., Metzger, L. J., Lasko, N. B., Macklin, M. L., Peri, T., & Pitman, R. K. (2000). De novo conditioning in trauma-exposed individuals with and without posttraumatic stress disorder. *Journal of Abnormal Psychology, 109*(2), 290–298.

Öst, L.-G. (1987). Age of onset of different phobias. *Journal of Abnormal Psychology, 96*, 223–229.

Öst, L.-G., & Hugdahl, K. (1981). Acquisition of phobias and anxiety response patterns in clinical patients. *Behaviour Research and Therapy, 19*(5), 439–447.

Öst, L.-G., Sterner, U., & Lindahl, I. L. (1984). Physiological responses in blood phobics. *Behaviour Research and Therapy, 22*(2), 109–117.

Palapattu, A. G., Kingery, J. N., & Ginsburg, G. S. (2006). Gender role orientation and anxiety symptoms among African American adolescents. *Journal of Abnormal Child Psychology, 34*(3), 423–431.

Parr, C. J., & Cartwright-Hatton, S. (2009). Social anxiety in adolescents: The effect of video feedback on anxiety and the self-evaluation of performance. *Clinical Psychology and Psychotherapy, 16*(1), 46–54.

Pavlov, I. P. (2003). *Conditioned reflexes.* Mineola, NY: Dover. (Original work published 1927)

Peleg-Popko, O., & Dar, R. (2001). Marital quality, family patterns, and children's fears and social anxiety. *Contemporary Family Therapy, 23*(4), 465–487.

Peleg-Popko, O., Klingman, A., & Nahhas, I. A. H. (2003). Cross-cultural and familial differences between Arab and Jewish adolescents in test anxiety. *International Journal of Intercultural Relations, 27*(5), 525–541.

Pérez-Edgar, K., & Fox, N. A. (2005). Temperament and anxiety disorders. *Child And Adolescent Psychiatric Clinics of North America, 14*(4), 681–706.

Pérez-Edgar, K., Roberson-Nay, R., Hardin, M. G., Poeth, K., Guyer, A. E., Nelson, E. E., et al. (2007). Attention alters neural responses to evocative faces in behaviorally inhibited adolescents. *NeuroImage, 35*(4), 1538–1546.

Peri, T., Ben-Shakhar, G., Orr, S. P., & Shalev, A. Y. (2000). Psychophysiologic assessment of aversive conditioning in posttraumatic stress disorder. *Biological Psychiatry, 47*(6), 512–519.

Perrin, S., & Last, C. G. (1997). Worrisome thoughts in children referred for anxiety disorder. *Journal of Clinical Child Psychology, 26*, 181–189.

Petersen, I. T., Bates, J. E., Goodnight, J. A., Dodge, K. A., Lansford, J. E., Pettit, G. S., et al. (2012). Interaction between serotonin transporter polymorphism (5-HTTLPR) and stressful life events in adolescents' trajectories of anxious/depressed symptoms. *Developmental Psychology, 48*(5), 1463–1475.

Pina, A. A., & Silverman, W. K. (2004). Clinical phenomenology, somatic symptoms, and distress in Hispanic/

Latino and European American youths with anxiety disorders. *Journal of Clinical Child and Adolescent Psychology, 33*(2), 227–236.

Pine, D. S. (2009). Integrating research on development and fear learning: A vision for clinical neuroscience? *Depression and Anxiety, 26*(9), 775–779.

Pine, D. S., Cohen, P., Gurley, D., Brook, J., & Ma, Y. (1998). The risk for early-adulthood anxiety and depressive disorders in adolescents with anxiety and depressive disorders. *Archives of General Psychiatry, 55*, 56–64.

Posner, M. I., & Rothbart, M. K. (2000). Developing mechanisms of self-regulation. *Development and Psychopathology, 12*(3), 427–441.

Price, M., Higa-McMillan, C., Ebesutani, C., Okamura, K., Nakamura, B. J., Chorpita, B. F., et al. (2013). Symptom differentiation of anxiety and depression across youth development and clinic-referred/nonreferred samples: An examination of competing factor structures of the Child Behavior Checklist DSM-oriented scales. *Development and Psychopathology, 25*(4, Pt. 1), 1005–1015.

Quirk, G. J., & Mueller, D. (2007). Neural mechanisms of extinction learning and retrieval. *Neuropsychopharmacology, 33*(1), 56–72.

Quirk, G. J., Russo, G. K., Barron, J. L., & Lebron, K. (2000). The role of ventromedial prefrontal cortex in the recovery of extinguished fear. *Journal of Neuroscience, 20*(16), 6225–6231.

Rachman, S. (1977). The conditioning theory of fear acquisition: A critical examination. *Behaviour Research and Therapy, 15*(5), 375–387.

Rakison, D. H., & Derringer, J. (2008). Do infants possess an evolved spider-detection mechanism? *Cognition, 107*(1), 381–393.

Ramsawh, H. J., Weisberg, R. B., Dyck, I., Stout, R., & Keller, M. B. (2011). Age of onset, clinical characteristics, and 15-year course of anxiety disorders in a prospective, longitudinal, observational study. *Journal of Affective Disorders, 132*(1), 260–264.

Ranta, K., Kaltiala-Heino, R., Koivisto, A. M., Tuomisto, M. T., Pelkonen, M., & Marttunen, M. (2007). Age and gender differences in social anxiety symptoms during adolescence: The Social Phobia Inventory (SPIN) as a measure. *Psychiatry Research, 153*(3), 261–270.

Rapee, R. M. (2012). Family factors in the development and management of anxiety disorders. *Clinical Child and Family Psychology Review, 15*(1), 69–80.

Rapee, R. M., & Heimberg, R. G. (1997). A cognitive-behavioral model of anxiety in social phobia. *Behaviour Research and Therapy, 35*(8), 741–756.

Rapee, R. M., Schniering, C. A., & Hudson, J. L. (2009). Anxiety disorders during childhood and adolescence: Origins and treatment. *Annual Review of Clinical Psychology, 5*, 311–341.

Reed, V., & Wittchen, H. U. (1998). DSM-IV panic attacks and panic disorder in a community sample of adolescents and young adults: How specific are panic attacks? *Journal of Psychiatric Research, 32*(6), 335–345.

Reiss, S., & McNally, R. J. (1985). Expectancy model of fear. In S. Reiss & R. Bootzin (Eds.), *Theoretical issues in behavior therapy* (pp. 107–121). Orlando, FL: Academic Press.

Reiss, S., Peterson, R. A., Gursky, D. M., & McNally, R. J. (1986). Anxiety sensitivity, anxiety frequency and the prediction of fearfulness. *Behaviour Research and Therapy, 24*(1), 1–8.

Remschmidt, H., Poller, M., Herpertz-Dahlmann, B., Hennighausen, K., & Gutenbrunner, C. (2001). A follow-up study of 45 patients with elective mutism. *European Archives of Psychiatry and Clinical Neuroscience, 251*(6), 284–296.

Ritz, T., Meuret, A. E., & Ayala, E. S. (2010). The psychophysiology of blood-injection-injury phobia: Looking beyond the diphasic response paradigm. *International Journal of Psychophysiology, 78*(1), 50–67.

Roberson-Nay, R., Eaves, L. J., Hettema, J. M., Kendler, K. S., & Silberg, J. L. (2012). Childhood separation anxiety disorder and adult onset panic attacks share a common genetic diathesis. *Depression and Anxiety, 29*(4), 320–327.

Robinson, J. L., Kagan, J., Reznick, J. S., & Corley, R. (1992). The heritability of inhibited and uninhibited behavior: A twin study. *Developmental Psychology, 28*(6), 1030–1037.

Rosenbaum, J. F., Biederman, J., Bolduc, E. A., Hirshfeld, D. R., Faraone, S. V., & Kagan, J. (1992). Comorbidity of parental anxiety disorders as risk for childhood-onset anxiety in inhibited children. *American Journal of Psychiatry, 149*, 475–481.

Rosenbaum, J. F., Biederman, J., Gersten, M., Hirshfeld, D. R., Meminger, S. R., Herman, J. B., et al. (1988). Behavioral inhibition in children of parents with panic disorder and agoraphobia: A controlled study. *Archives of General Psychiatry, 45*, 463–470.

Rosenbaum, J. F., Biederman, J., Hirshfeld, D. R., Bolduc, E. A., & Chaloff, J. (1991). Behavioral inhibition in children: A possible precursor to panic disorder or social phobia. *Journal of Clinical Psychiatry, 52*(Suppl. 5), 5–9.

Rothbart, M. K. (1989). Biological processes in temperament. In G. A. Kohnstamm, J. E. Bates, & M. K. Rothbart (Eds.), *Temperament in childhood* (pp. 77–110). New York: Wiley.

Roy-Byrne, P. P., Stang, P., Wittchen, H. U., Ustun, B., Walters, E., & Kessler, R. C. (2000). Lifetime panic-depression comorbidity in the National Comorbidity Survey Association with symptoms, impairment, course and help-seeking. *British Journal of Psychiatry, 176*(3), 229–235.

Rubin, K. H. (1993). The Waterloo Longitudinal Project: Correlates and consequences of social withdrawal from childhood to adolescence. In K. H. Rubin & J. B. Asendorpf (Eds.), *Social withdrawal, inhibition, and shyness in childhood* (pp. 291–314). Mahwah, NJ: Erlbaum.

Ruscio, A. M., Brown, T. A., Chiu, W. T., Sareen, J., Stein, M. B., & Kessler, R. C. (2008). Social fears and social phobia in the USA: Results from the National Comorbidity Survey Replication. *Psychological Medicine, 38*(1), 15–28.

Ruttle, P. L., Shirtcliff, E. A., Serbin, L. A., Ben-Dat Fisher, D., Stack, D. M., & Schwartzman, A. E. (2011). Disentangling psychobiological mechanisms underlying internalizing and externalizing behaviors in youth: Longitudinal and concurrent associations with cortisol. *Hormones and Behavior, 59*(1), 123–132.

Sapolsky, R. M., Krey, L. C. & McEwen, B. S. (1986). The neuroendocrinology of stress and aging: The glucocorticoid cascade hypothesis. *Endocrine Reviews, 7,* 284–301.

Sarason, S. B., Davidson, K. S., Lightfall, F. F., Waite, R. R., & Ruebush, B. K. (1960). *Anxiety in elementary school children.* New York: Wiley.

Scherer, M. W., & Nakamura, C. Y. (1968). A fear survey schedule for children (FSS-FC): A factor analytic comparison with manifest anxiety (CMAS). *Behaviour Research and Therapy, 6,* 173–182.

Schienle, A., Ebner, F., & Schäfer, A. (2011). Localized gray matter volume abnormalities in generalized anxiety disorder. *European Archives of Psychiatry and Clinical Neuroscience, 261*(4), 303–307.

Schmidt, L. A., & Fox, N. A. (1998). Fear-potentiated startle responses in temperamentally different human infants. *Developmental Psychobiology, 32*(2), 113–120.

Schmidt, L. A., Fox, N. A., Rubin, K. H., Hu, S., & Hamer, D. H. (2002). Molecular genetics of shyness and aggression in preschoolers. *Personality and Individual Differences, 33*(2), 227–238.

Schmidt, L. A., Fox, N. A., Schulkin, J., & Gold, P. W. (1999). Behavioral and psychophysiological correlates of self-presentation in temperamentally shy children. *Developmental Psychobiology, 35*(2), 119–135.

Schmitz, J., Krämer, M., Blechert, J., & Tuschen-Caffier, B. (2010). Post-event processing in children with social phobia. *Journal of Abnormal Child Psychology, 38*(7), 911–919.

Schneider, F., Weiss, U., Kessler, C., Müller-Gärtner, H. W., Posse, S., Salloum, J. B., et al. (1999). Subcortical correlates of differential classical conditioning of aversive emotional reactions in social phobia. *Biological Psychiatry, 45*(7), 863–871.

Schreier, A., Wittchen, H. U., Höfler, M., & Lieb, R. (2008). Anxiety disorders in mothers and their children: Prospective longitudinal community study. *British Journal of Psychiatry, 192*(4), 308–309.

Schrock, M., & Woodruff-Borden, J. (2010). Parent–child interactions in anxious families. *Child and Family Behavior Therapy, 32*(4), 291–310.

Schwartz, C. E., Snidman, N., & Kagan, J. (1999). Adolescent social anxiety as an outcome of inhibited temperament in childhood. *Journal of the American Academy of Child and Adolescent Psychiatry, 38*(8), 1008–1015.

Schwartz, C. E., Wright, C. I., Shin, L. M., Kagan, J., & Rauch, S. L. (2003). Inhibited and uninhibited infants "grown up": Adult amygdalar response to novelty. *Science, 300*(5627), 1952–1953.

Shaffer, D., Fisher, P., Lucas, C. P., Dulcan, M. K., & Schwab-Stone, M. E. (2000). NIMH Diagnostic Interview Schedule for Children Version IV (NIMH DISC-IV): Description, differences from previous versions, and reliability of some common diagnoses. *Journal of the American Academy of Child and Adolescent Psychiatry, 39*(1), 28–38.

Shear, K., Jin, R., Ruscio, A. M., Walters, E. E., & Kessler, R. C. (2006). Prevalence and correlates of estimated DSM-IV child and adult separation anxiety disorder in the National Comorbidity Survey Replication (NCS-R). *American Journal of Psychiatry, 163*(6), 1074–1083.

Silove, D., Harris, M., Morgan, A., Boyce, P., Manicavasagar, V., Hadzi-Pavlovic, D., et al. (1995). Is early separation anxiety a specific precursor of panic disorder–agoraphobia?: A community study. *Psychological Medicine, 25*(2), 405–412.

Silove, D., Marnane, C., Wagner, R., Manicavasagar, V., & Rees, S. (2010). The prevalence and correlates of adult separation anxiety disorder in an anxiety clinic. *BMC Psychiatry, 10*(1), 21.

Silverman, W. K., & Albano, A. M. (1996). *The Anxiety Disorders Interview Schedule for DSM-IV—Child and Parent Versions.* London: Oxford University Press.

Silverman, W. K., La Greca, A., & Wasserstein, S. (1995). What do children worry about?: Worries and their relation to anxiety. *Child Development, 66,* 671–686.

Silverman, W. K., & Rabian, B. (1993). Simple phobias. *Child and Adolescent Psychiatric Clinics of North America, 2,* 603–622.

Simonian, S. J., Beidel, D. C., Turner, S. M., Berkes, J. L., & Long, J. H. (2001). Recognition of facial affect by children and adolescents diagnosed with social phobia. *Child Psychiatry and Human Development, 32*(2), 137–145.

Siqueland, L., Kendall, P. C., & Steinberg, L. (1996). Anxiety in children: Perceived family environments and observed family interaction. *Journal of Clinical Child Psychology, 25*(2), 225–237.

Smoller, J. W., Rosenbaum, J. F., Biederman, J., Kennedy, J., Dai, D., Racette, S. R., et al. (2003). Association of a genetic marker at the corticotropin-releasing hormone locus with behavioral inhibition. *Biological Psychiatry, 54*(12), 1376–1381.

Smoller, J. W., Yamaki, L. H., Fagerness, J. A., Biederman, J., Racette, S., Laird, N. M., et al. (2005). The corticotropin-releasing hormone gene and behavioral inhibition in children at risk for panic disorder. *Biological Psychiatry, 57*(12), 1485–1492.

Spence, S. H. (1998). A measure of anxiety symptoms among children. *Behaviour Research and Therapy, 36*(5), 545–566.

Spence, S. H., Donovan, C., & Brechman-Toussaint, M. (1999). Social skills, social outcomes, and cognitive features of childhood social phobia. *Journal of Abnormal Psychology, 108,* 211–221.

Spencer, S. J., Buller, K. M., & Day, T. A. (2005). Medial prefrontal cortex control of the paraventricular hypothalamic nucleus response to psychological stress: Possible role of the bed nucleus of the stria terminalis. *Journal of Comparative Neurology, 481*(4), 363–376.

Spielberger, C. D. (1973). *Manual for the State–Trait Anxiety Inventory for Children.* Palo Alto, CA: Consulting Psychologists Press.

Spielberger, C. D. (1980). *Test Anxiety Inventory.* New York: Wiley.

Spielberger, C. D., & Diaz-Guerrero, R. (1983). Cross-cultural anxiety: An overview. In C. D. Spielberger & R. Diaz-Guerrero (Eds.), *Cross-cultural anxiety* (Vol. 2, pp. 3–11). New York: Hemisphere/McGraw-Hill.

Spielberger, C. D., Diaz-Guerrero, R., & Strelau, J. (Eds.). (1990). *Cross-cultural anxiety* (Vol. 4). Washington, DC: Hemisphere/Harper & Row.

Standart, S., & Le Couteur, A. (2003). The quiet child: A literature review of selective mutism. *Child and Adolescent Mental Health, 8*(4), 154–160.

Stansfeld, S. A., Clark, C., Rodgers, B., Caldwell, T., & Power, C. (2011). Repeated exposure to socioeconomic disadvantage and health selection as life course pathways to mid-life depressive and anxiety disorders. *Social Psychiatry and Psychiatric Epidemiology, 46*(7), 549–558.

Stark, K. D., & Laurent, J. (2001). Joint factor analysis of the Children's Depression Inventory and the Revised Children's Manifest Anxiety Scale. *Journal of Clinical Child Psychology, 30*, 552–567.

Steinhausen, H. C., & Juzi, C. (1996). Elective mutism: An analysis of 100 cases. *Journal of the American Academy of Child and Adolescent Psychiatry, 35*(5), 606–614.

Stinson, F. S., Dawson, D. A., Chou, P. Smith, S., Goldstein, Ruan, W. J., et al. (2007). The epidemiology of DSM-IV specific phobia in the USA: Results from the National Epidemiologic Survey on Alcohol and Related Conditions. *Psychological Medicine, 37*, 1047–1059.

Strauss, C. C. (1990). Anxiety disorders of childhood and adolescence. *School Psychology Review, 19*, 142–157.

Strauss, C. C., & Last, C. G. (1993). Social and simple phobias in children. *Journal of Anxiety Disorders, 7*, 141–152.

Strauss, C. C., Lease, C. A., Last, C. G., & Francis, G. (1988). Overanxious disorder: An examination of developmental differences. *Journal of Abnormal Child Psychology, 16*, 433–443.

Taghavi, M. R., Moradi, A. R., Neshat-Doost, H. T., Yule, W., & Dalgleish, T. (2000). Interpretation of ambiguous emotional information in clinically anxious children and adolescents. *Cognition and Emotion, 14*(6), 809–822.

Teichman, Y., & Ziv, R. (1998). Grandparents' and parents' views about their family and children's adjustment to kindergarten. *Educational Gerontology: An International Quarterly, 24*(2), 115–128.

Telzer, E. H., Mogg, K., Bradley, B. P., Mai, X., Ernst, M., Pine, D. S., et al. (2008). Relationship between trait anxiety, prefrontal cortex, and attention bias to angry faces in children and adolescents. *Biological Psychology, 79*(2),

216–222.

Thomas, A., & Chess, S. (1985). The behavioral study of temperament. In J. Strelau, F. H. Farley, & A. Gale (Eds.), *The biological bases of personality and behavior: Vol. 1. Theories, measurement techniques and development* (pp. 213–225). Washington, DC: Hemisphere.

Thomas, K. M., Drevets, W. C., Dahl, R. E., Ryan, N. D., Birmaher, B., Eccard, C. H., et al. (2001). Amygdala response to fearful faces in anxious and depressed children. *Archives of General Psychiatry, 58*(11), 1057–1063.

Tiemeier, H., Velders, F. P., Szekely, E., Roza, S. J., Dieleman, G., Jaddoe, V. W., et al. (2012). The generation R study: A review of design, findings to date, and a study of the 5-HTTLPR by environmental interaction from fetal life onward. *Journal of the American Academy of Child and Adolescent Psychiatry, 51*(11), 1119–1135.

Tracey, S. A., Chorpita, B. F., Douban, J., & Barlow, D. H. (1997). Empirical evaluation of DSM-IV generalized anxiety disorder criteria for children and adolescents. *Journal of Clinical Child Psychology, 26*, 404–414.

Trumpf, J., Becker, E. S., Vriends, N., Meyer, A. H., & Margraf, J. (2009). Rates and predictors of remission in young women with specific phobia: A prospective community study. *Journal of Anxiety Disorders, 23*(7), 958–964.

Trzaskowski, M., Zavos, H. M., Haworth, C. M., Plomin, R., & Eley, T. C. (2012). Stable genetic influence on anxiety-related behaviours across middle childhood. *Journal of Abnormal Child Psychology, 40*(1), 85–94.

Turner, C. M., & Barrett, P. M. (2003). Does age play a role in structure of anxiety and depression in children and youths?: An investigation of the tripartite model in three age cohorts. *Journal of Consulting and Clinical Psychology, 71*(4), 826–833.

Turner, S. M., Beidel, D. C., & Costello, A. (1987). Psychopathology in the offspring of anxiety disorders patients. *Journal of Consulting and Clinical Psychology, 55*, 229–235.

Turner, S. M., Beidel, D. C., Roberson-Nay, R., & Tervo, K. (2003). Parenting behaviors in parents with anxiety disorders. *Behaviour Research and Therapy, 41*(5), 541–554.

van Brakel, A. M., Muris, P., Bögels, S. M., & Thomassen, C. (2006). A multifactorial model for the etiology of anxiety in non-clinical adolescents: Main and interactive effects of behavioral inhibition, attachment and parental rearing. *Journal of Child and Family Studies, 15*(5), 568–578.

van Gastel, W., Legerstee, J. S., & Ferdinand, R. F. (2009). The role of perceived parenting in familial aggregation of anxiety disorders in children.*Journal of Anxiety Disorders, 23*(1), 46–53.

van Oort, F. V. A., Greaves-Lord, K., Verhulst, F. C., Ormel, J., & Huizink, A. C. (2009). The developmental course of anxiety symptoms during adolescence: The TRAILS study. *Journal of Child Psychology and Psychiatry, 50*(10), 1209–1217.

van West, D., Claes, S., Sulon, J., & Deboutte, D. (2008). Hypothalamic–pituitary–adrenal reactivity in prepubertal children with social phobia. *Journal of Affective Disorders, 111*(2), 281–290.

Varela, R. E., Sanchez-Sosa, J. J., Biggs, B. K., & Luis, T. M. (2008). Anxiety symptoms and fears in Hispanic and European American children: Cross-cultural measurement equivalence. *Journal of Psychopathology and Behavioral Assessment, 30*(2), 132–145.

Varela, R. E., Sanchez-Sosa, J. J., Biggs, B. K., & Luis, T. M. (2009). Parenting strategies and socio-cultural influences in childhood anxiety: Mexican, Latin American descent, and European American families. *Journal of Anxiety Disorders, 23*(5), 609–616.

Varela, R. E., Vernberg, E. M., Sanchez-Sosa, J. J., Riveros, A., Mitchell, M., & Mashunkashey, J. (2004). Anxiety reporting and culturally associated interpretation biases and cognitive schemas: A comparison of Mexican, Mexican American, and European American families. *Journal of Clinical Child and Adolescent Psychology, 33*(2), 237–247.

Vasa, R. A., & Pine, D. S. (2004). Neurobiology. In T. L. Morris & J. S. March (Eds.), *Anxiety disorders in children and adolescents* (2nd ed., pp. 3–26). New York: Guilford Press.

Vasey, M. W., & Dadds, M. R. (2001). An introduction to the developmental psychopathology of anxiety. In M. W. Vasey & M. R. Dadds (Eds.), *The developmental psychopathology of anxiety* (pp. 3–26). New York: Oxford University Press.

Vasey, M. W., Daleiden, E. L., Williams, L. L., & Brown, L. M. (1995). Biased attention in childhood anxiety disorders: A preliminary study. *Journal of Abnormal Child Psychology, 23*(2), 267–279.

Vasey, M. W., El-Hag, N., & Daleiden, E. L. (1996). Anxiety and the processing of emotionally threatening stimuli: Distinctive patterns of selective attention among high- and low-test-anxious children. *Child Development, 67*(3), 1173–1185.

Verhulst, F. C., van der Ende, J., Ferdinand, R. F., & Kasius, M. C. (1997). The prevalence of DSM-III-R diagnoses in a national sample of Dutch adolescents. *Archives of General Psychiatry, 54*, 329–336.

Vervoort, L., Wolters, L. H., Hogendoorn, S. M., De Haan, E., Boer, F., & Prins, P. J. (2010). Sensitivity of Gray's behavioral inhibition system in clinically anxious and non-anxious children and adolescents. *Personality and individual Differences, 48*(5), 629–633.

Vine, M., Stoep, A. V., Bell, J., Rhew, I. C., Gudmundsen, G., & McCauley, E. (2012). Associations between household and neighborhood income and anxiety symptoms in young adolescents. *Depression and Anxiety, 29*(9), 824–832.

Wagner, R., Silove, D., Marnane, C., & Rouen, D. (2006). Delays in referral of patients with social phobia, panic disorder and generalized anxiety disorder attending a specialist anxiety clinic. *Journal of Anxiety Disorders, 20*(3), 363–371.

Walker, D. L., & Davis, M. (2008). Role of the extended amygdala in short-duration versus sustained fear: A tribute to Dr. Lennart Heimer. *Brain Structure and Function, 213*(1–2), 29–42.

Walker, D. L., Toufexis, D. J., & Davis, M. (2003). Role of the bed nucleus of the stria terminalis versus the amygdala in fear, stress, and anxiety. *European Journal of Pharmacology, 463*(1), 199–216.

Walton, J. W., Johnson, S. B., & Algina, J. (1999). Mother and child perceptions of child anxiety: Effects of race, health status, and stress. *Journal of Pediatric Psychology, 24*(1), 29–39.

Warren, R., & Zgourides, G. (1988). Panic attacks in high school students: Implications for prevention and intervention. *Phobia Practice and Research Journal, 1*, 97–113.

Waters, A. M., Henry, J., & Neumann, D. L. (2009). Aversive Pavlovian conditioning in childhood anxiety disorders: Impaired response inhibition and resistance to extinction. *Journal of Abnormal Psychology, 118*(2), 311–321.

Waters, A. M., Lipp, O. V., & Spence, S. H. (2004). Attentional bias toward fear-related stimuli:: An investigation with nonselected children and adults and children with anxiety disorders. *Journal of Experimental Child Psychology, 89*(4), 320–337.

Watson, D., & Clark, L. A. (1984). Negative affectivity: The disposition to experience negative emotional states. *Psychological Bulletin, 96*, 465–490.

Watson, D., Clark, L. A., & Harkness, A. R. (1994). Structures of personality and their relevance to psychopathology. *Journal of Abnormal Psychology, 103*, 346–353.

Watson, J. B., & Rayner, P. (1920). Conditioned emotional reactions. *Journal of Experimental Psychology, 3*, 1–14.

Weems, C. F., Berman, S. L., Silverman, W. K., & Saavedra, L. M. (2001). Cognitive errors in youth with anxiety disorders: The linkages between negative cognitive errors and anxious symptoms. *Cognitive Therapy and Research, 25*(5), 559–575.

Weems, C. F., & Costa, N. M. (2005). Developmental differences in the expression of childhood anxiety symptoms and fears. *Journal of the American Academy of Child and Adolescent Psychiatry, 44*(7), 656–663.

Weems, C. F., Costa, N. M., Watts, S. E., Taylor, L. K., & Cannon, M. F. (2007). Cognitive errors, anxiety sensitivity, and anxiety control beliefs their unique and specific associations with childhood anxiety symptoms. *Behavior Modification, 31*(2), 174–201.

Weems, C. F., Silverman, W. K., & La Greca, A. M. (2000). What do youth referred for anxiety problems worry about?: Worry and its relation to anxiety and anxiety disorders in children and adolescents. *Journal of Abnormal Child Psychology, 28*, 63–72.

Weisz, J. R., Suwanlert, S., Chaiyasit, W., Weiss, B., Achenbach, T. M., & Walter, B. R. (1987). Epidemiology of behavioral and emotional problems among Thai and American children. *Journal of the American Academy of Child and Adolescent Psychiatry, 26*, 890–897.

Weisz, J. R., Weiss, B., Suwanlert, S., & Chaiyasit, W. (2003).

Syndromal structure of psychopathology in children of Thailand and the United States. *Journal of Consulting and Clinical Psychology, 71*(2), 375–385.

West, P., Sweeting, H., Der, G., Barton, J., & Lucas, C. (2003). Voice-DISC identified DSM-IV disorders among 15-year-olds in the west of Scotland. *Journal of the American Academy of Child and Adolescent Psychiatry, 42*(8), 941–949.

Whaley, S. E., Pinto, A., & Sigman, M. (1999). Characterizing interactions between anxious mothers and their children. *Journal of Consulting and Clinical Psychology, 67*(6), 826–836.

Wilson, E. J., MacLeod, C., Mathews, A., & Rutherford, E. M. (2006). The causal role of interpretive bias in anxiety reactivity. *Journal of Abnormal Psychology, 115*(1), 103–111.

Wittchen, H. U., Lieb, R., Pfister, H., & Schuster, P. (2000). The waxing and waning of mental disorders: Evaluating the stability of syndromes of mental disorders in the population. *Comprehensive Psychiatry, 41*(2), 122–132.

Wittchen, H. U., Nocon, A., Beesdo, K., Pine, D. S., Höfler, M., Lieb, R., et al. (2008). Agoraphobia and panic. *Psychotherapy and Psychosomatics, 77*(3), 147–157.

Wittchen, H. U., Reed, V., & Kessler, R. C. (1998). The relationship of agoraphobia and panic in a community sample of adolescents and young adults. *Archives of General Psychiatry, 55*(11), 1017–1024.

Wittchen, H. U., Stein, M., & Kessler, R. (1999). Social fears and social phobia in a community sample of adolescents and young adults: Prevalence, risk factors, and comorbidity. *Psychological Medicine, 29*, 309–323.

Wittchen, H. U., Zhao, S., Kessler, R. C., & Eaton, W. W. (1994). DSM-III-R generalized anxiety disorder in the National Comorbidity Survey. *Archives of General Psychiatry, 51*(5), 355–364.Wood, J. J., Piacentini, J. C., Southam-Gerow, M., Chu, B. C., & Sigman, M. (2006). Family cognitive behavioral therapy for child anxiety disorders. *Journal of the American Academy of Child and Adoles-*

cent Psychiatry, 45(3), 314–321.

Woodward, L. J., & Ferguson, D. M. (2001). Life course outcomes of young people with anxiety disorders in adolescence. *Journal of the American Academy of Child and Adolescent Psychiatry, 40*, 1086–1093.

Wren, F. J., Berg, E. A., Heiden, L. A., Kinnamon, C. J., Ohlson, L. A., Bridge, J. A., et al. (2007). Childhood anxiety in a diverse primary care population: Parent–child reports, ethnicity and SCARED factor structure. *Journal of the American Academy of Child and Adolescent Psychiatry, 46*(3), 332–340.

Yao, S., Zou, T., Zhu, X., Abela, J. R., Auerbach, R. P., & Tong, X. (2007). Reliability and validity of the Chinese version of the Multidimensional Anxiety Scale for Children among Chinese secondary school students. *Child Psychiatry and Human Development, 38*(1), 1–16.

Yassa, M. A., Hazlett, R. L., Stark, C. E., & Hoehn-Saric, R. (2012). Functional MRI of the amygdala and bed nucleus of the stria terminalis during conditions of uncertainty in generalized anxiety disorder. *Journal of Psychiatric Research, 46*(8), 1045–1052.

Yeganeh, R., Beidel, D. C., & Turner, S. M. (2006). Selective mutism: More than social anxiety? *Depression and Anxiety, 23*(3), 117–123.

Yen, C. F., Ko, C. H., Wu, Y. Y., Yen, J. Y., Hsu, F. C., & Yang, P. (2010). Normative data on anxiety symptoms on the Multidimensional Anxiety Scale for children in Taiwanese children and adolescents: Differences in sex, age, and residence and comparison with an American sample. *Child Psychiatry and Human Development, 41*(6), 614–623.

Zavos, H., Gregory, A. M., & Eley, T. C. (2012). Longitudinal genetic analysis of anxiety sensitivity. *Developmental Psychology, 48*(1), 204–212.

Zinbarg, R. E., & Yoon, K. L. (2008). RST and clinical disorders: Anxiety and depression. In P. J. Corr (Ed.), *The reinforcement sensitivity theory of personality* (pp. 360–397). Cambridge, UK: Cambridge University Press.

09

강박 스펙트럼 장애

JOHN PIACENTINI
SUSANNA CHANG
IVAR SNORRASON
DOUGLAS W. WOODS

강박장애(obsessive-compulsive disorder, OCD)는 비교적 빈번하게 발견되는 정신과 장애로 주로 아동기 혹은 청소년 초기에 시작된다. 강박장애 증상은 보통 시간이 지나면서 심해지거나 약해지는데 그 과정은 대개 만성적이다. 강박장애는 아동과 청소년의 경우 유의한 기능손상과 관련이 있으며(Piacentini, Bergman, Keller, & McCracken, 2003; Storch, Larson, et al., 2010; Valderhaug & Ivarrson, 2005), 성인의 경우에는 가장 높은 사망률을 보이는 장애 중의 하나이다(Kessler, Petukhova, Sampson, Zaslavsky, & Witchen, 2012; WHO, 2008). 인지행동치료(cognitive-behavioral therapy, CBT)와 선택적 세로토닌 차단제(selective serotonin reuptake inhibitor, SSRI)라는 약물이 아동과 청소년의 강박장애를 치료하는 데 효능이 있는 것으로 밝혀졌다(Franklin et al., 2011; Pediatric OCD Treatment Study, 2004; Piacentini et al., 2011). 그러나 치료 후에도 어느 정도의 잔여 증상과 손상은 흔히 관찰된다(Barrett, Farrell, Pina, Peris, & Piacentini, 2008; Watson & Rees, 2008).

강박장애는 반복적인 생각과 행동으로 특징되는 정신과적 상태를 나타내는 장애로 간주되어 왔다(Cohen, Simeon, Hollander, & Stein, 1997). 그러나 DSM-5(APA, 2013)를 계획하는 과정에서 놀랍게도 강박장애 스펙트럼(OCD spectrum)이란 개념의 증상들이 강박장애와 현상학적 특성과 동반이환, 가족 및 유전적 특징, 뇌의 회로, 치료에 대한 반응 면에서 잠재적 유사성을 갖고 있다는 방대한 연구결과가 확인되었다(Bienvenu et al., 2012; Hollander, Kim, Braun, Simeon, & Zohar, 2009; Lochner & Stein, 2010). 이번 장에서는 아동과 청소년에게서 가장 빈번하게 발견되는 세 종류의 스펙트럼 장애인 강박장애, 틱장애, 털뽑기 장애에 초점을 맞추고자 한다.

강박장애

역사적 맥락

의학적 이론이 생기기 전에는 강박적 사고를 일탈적인 종교적 경험인 '종교적 우울감'으로 보았으며, 사탄의 짓으로 간주되었다(Rachman & Hodgson, 1980). 18세기와 19세기에 들어와 프랑스의 몇몇 의사들이 오늘날의 강박장애 개념과 유사한 증상에 대해 기술하기 시작했다(Berrios, 1996). 20세기 초에 의사이면서 심리학자였던 피에르 자

네(Pierre Janet)는 방대한 임상경험에 근거하여 이 장애에 대해 상세히 기술하였으며(Pitman, 1987), 또한 아동기의 강박장애 증상에 대해서도 최초로 기술하였다(Boileau, 2011). 자네와 동시대를 살았던 프로이트(1909/2001)는 공격적이며 성적인 충동과 관련된 해결되지 않은 갈등이 강박장애를 야기하며, 그로 인해 항문기 단계로 퇴행하게 된다는 이론을 제시하였다. 루이스 주드(Lewis Judd, 1965)는 아동기 강박장애를 진단하기 위한 기준에 대해 상세히 기술하였으며, 이러한 기준은 오늘날 사용되는 기준과 매우 유사하다.

20세기 초반을 지배했던 정신역동 치료의 OCD에 대한 효능은 제한적이었다. 1960년대 말과 1970년대 초에 효과적인 치료적 대안이 등장했는데, 그것은 항강박제(클로미프라민)와 행동치료(노출과 반응예방)였다. 그 결과로 정신의학과 심리학 분야에서 성인 OCD의 병인에 대한 연구자들의 관심이 증가했다. 이러한 관심은 OCD와 관련된 주요 장애에 관한 자료 수집과 더불어, OCD가 이전에 생각했던 것보다 훨씬 흔한 문제라는 것을 보여주는 대단위 역학연구를 촉진하였다. 미국정신보건원의 임상연구팀이 치료했던 일련의 소아청소년 OCD 사례들에 관한 주디스 래포포트(Judith Rapoport, 1989)의 "손 씻기를 멈출 수 없는 소년(The Boy Who Couldn't Stop Washing)"은 아동과 청소년기 OCD에 대한 대중과 전문가들의 인식을 극적으로 증가시켰다.

장애에 대한 기술

핵심 증상

OCD의 핵심 증상은 강박사고(obsessions)와 강박행동(compulsions)이다. 강박사고란 현저한 불안이나 심리적 고통을 가져오는 반복적이며 원치 않는 침습적 생각이나 심상 혹은 충동을 말한다. 흔한 **강박사고**로는 오염이나 감염(병원균 또는 HIV)에 대한 불안, 과도한 의심(과제를 완수했는지 확신하지 못함), 불안을 주는 심상/생각(폭력적 장면, 불경한 생각), 갑자기 자신이나 다른 사람을 해치고 싶은 충동(칼로 가족을 찌르는 것), 혹은 '정

확하지 않다'(비대칭)는 느낌이나 불완전함에 대한 이해할 수 없는 경험 등이 있다.

강박행동은 대개 강박사고와 관련된 불안/불편감을 줄이거나 강박사고의 결과에 대한 두려움을 중화시키기 위한 반복적인 행동(혹은 정신적 활동)을 말한다. 강박행동의 예로는 오염 강박사고로 인한 반복적이며 과도한 씻기 의식, 과도한 의심과 관련된 강박적 확인행동, 대칭 강박사고로 인한 강박적 정렬, 혹은 미신 강박과 관련된 기이한 의식(예 : 악마에 대해 생각할 때 7까지 세기) 등이 있다. OCD 증상은 개인의 발달수준을 반영하는 경향이 있기 때문에 아동과 청소년, 성인은 다소 차이를 보인다. 예를 들어 아동은 청소년/성인에 비해 성에 대한 강박사고를 덜 보고하는 대신, 부모에게 나쁜 일이 일어날 것에 대한 강박사고를 더 자주 보고한다(Geller, Biederman, Faraone, Agranat, et al., 2001).

증상차원

강박사고와 강박행동의 주제나 내용은 다양하지만, 증상은 특정 주제를 포함하는 경향이 있다. 증상 체크리스트에 대한 21가지 요인분석 연구에 대한 메타분석(Bloch, Landeros-Weisenberger, Rosario, Pittenger, & Leckman, 2008)은 다음의 4요인 구조를 보고하고 있다. 이 네 요인은 (1) 대칭에 대한 강박사고와 정리/반복/수세기 강박행동, (2) 공격적/종교적/성적 내용의 강박사고와 관련된 강박행동, (3) 오염에 관한 강박사고와 강박적 씻기 행동, (4) 수집에 대한 강박사고와 강박행동이다. 요인구조는 아동/청소년과 성인 표본 모두에서 매우 유사한 것으로 확인되었다.

종단연구의 결과들은 이러한 증상차원들이 시간 변화에 따라 안정적이지만(Fernandez de la Cruz et al., 2013; Mataix-Cols et al., 2002), 이면의 병인에서는 부분적으로 차이가 있음을 시사하고 있다. 앞으로 더 많은 연구가 필요하지만, 유전/쌍생아연구의 일차적 결과는 일부 증상차원들이 부분적으로 고유한 가족/유전적 토대를 갖고 있음을 보여주고 있다(Leckman et al., 2010). 또한 뇌영상연구는 고유하지만 겹치는 두뇌 시스템들이 서로 다른

증상차원에 매개함을 보여주고 있다. 예를 들어 Mataix-Cols와 동료들(2004)은 기능적 자기공명영상(fMRI)을 통해 서로 다른 불안자극에 반응하는 OCD 환자들(복합적 증상을 갖고 있는)의 두뇌활동을 살펴보았다. 그 결과 씻기, 확인하기, 수집하기 차원은 고유한(그리고 겹치는) 신경계와 상관이 있는 것으로 나타났다. 또 다른 연구도 대칭/정렬, 오염/씻기, 상해/확인 증상차원이 고유한(그리고 겹치는) 신경계와 상관이 있음을 발견했다(van den Heuvel et al., 2009).

수집하기는 지난 수십 년간 하나의 OCD 증상차원으로 생각되어 왔다. 그러나 수집하기가 하나의 임상적 실체로 해석되는 OCD와는 상당히 다르다는 것을 보여주는 연구가 증가하고 있다(Mataix-Cols et al., 2010). 첫째, 수집하기는 다른 OCD 증상이 없을 때도 종종 일어난다. 둘째, 수집하기는 다른 OCD 증상들과 현상학적으로 차이를 보인다(즉, 수집하기는 반복적이고 침습적이며, 자아-이질적인 생각의 특징을 덜 나타냄). 셋째, 수집하기 증상이 있는 사람은 고유의 신경인지적 결함을 나타낸다. 넷째, 수집하기 증상이 있는 환자는 다른 OCD 환자들에 비해 SSRI 약물치료나 CBT에 잘 반응하지 않는 경향이 있다. 이러한 증거들로 인해 DSM-5의 강박장애 및 관련장애에서는 수집하기를 독립된 장애로 포함하고 있다(APA, 2013).

하위유형

틱 관련 OCD

틱장애를 함께 보이는 OCD 환자들은 (부분적으로) 독립된 병인을 가진 고유의 하위유형으로 볼 수 있다. 연구들은 틱 관련 OCD를 갖고 있는 환자들이 OCD를 갖고 있지만 틱장애를 함께 갖고 있지 않은 환자들에 비해 남성인 경우가 많으며, 선행하는 감각 현상을 보고하고, ADHD와 전반적 발달장애를 갖고 있는 경향이 있으며, OCD 가족력을 갖고 있는 경향이 있다고 보고하였다(Hanna et al., 2002; Leckman et al., 2010; Rosario-Campos et al., 2005). Lewin, Chang, McCracken, McQueen과 Piacentini

(2010)는 OCD나 틱장애를 함께 갖고 있는 아동과 청소년은 한 가지 장애만 갖고 있는 아동과 청소년들에 비해, 증상의 심각성과 기능손상, 동반이환의 위험 면에서 유의한 차이를 보이지 않는다고 보고했다. 소아청소년 OCD 환자를 9년 동안 추적한 한 종단연구는 틱 관련 OCD를 갖고 있는 사람들이 틱장애를 함께 갖고 있는 않은 환자들에 비해 재발할 가능성이 크다고 보고하였다(이들은 틱장애만을 갖고 있는 사람들의 발달궤적과 유사한 발달궤적을 보였다)(Bloch et al., 2009). 또한 틱 관련 OCD를 가진 아동들은 SSRI만 사용한 치료에는 잘 반응하지 않는 경향이 있지만(March et al., 2007), SSRI를 항정신증 약물과 함께 사용했을 때는 더 나은 반응을 보인다는 보고가 있다(Bloch, Landeros-Weisenberger, et al., 2006).

조기 발병 OCD

조기 발병 OCD는 틱 관련 OCD와 상당히 겹치는 OCD의 또 다른 하위유형이다. Taylor(2011a)는 9개의 기존 데이터에 대한 잠재계층 분석을 통해 두 가지 발병연령 집단을 발견했다. 이 중 하나는 아동기 발병집단(평균 발병연령 11세)이며, 다른 하나는 성인 발병집단(평균 발병연령 23세)이었다. 이 두 집단을 비교하는 연구들에 대한 메타분석 연구(Taylor, 2011a)에서 조기 발병 OCD를 갖고 있는 환자들은 남성인 경우가 많고 틱장애가 있고, OCD 가족력을 갖고 있는 경향이 있는 것으로 나타났다. 다른 데이터들도 조기 발병 사례들은 나중에 발병한 사례들에 비해 만성적인 경과를 나타낼 가능성이 적다는 것을 보여주고 있다(아래 참조).

연쇄구균 감염과 관련된 소아기 자가면역 신경정신장애

Swedo와 동료들(1998)은 취약한 사람들(대부분 아동들)은 두뇌의 선조체 및 다른 영역에서 자가면역 염증을 일으키는 A군 베타용혈성 연쇄구균 때문에 OCD나 틱장애를 갖게 된다고 주장했다. 이런 사례들의 경우 OCD의 발병과 증상 악화는 일시적으로 연쇄구균 감염과 관련이 있는 것으로 보인다. 일부 경험적 증거는 OCD의 한 하위 유형으로서의 연쇄구균 감염과 관련된 소아기 자가면역 신경정신장애(pediatric autoimmune neuropsychiatric disorders associated with streptococcal infection, PANDAS)의 타당성을 지지하고 있다(Leckman et al., 2010). 그러나 이 개념은 연구결과가 혼재되어 개념 정의의 쟁점이 해결되지 않고 있기 때문에 논란의 여지가 있다(Oliveira & Pelajo, 2010). 중요한 것은 PANDAS로 정확히 진단을 하기 어렵기 때문에 진정한 유병률은 치료를 받고 있다고 추정된 사례수에 비해 훨씬 낮을 가능성이 있다.

흔한 동반이환

OCD를 가진 사람들 가운데 동반이환은 흔히 발견되며, 특히 치료를 찾는 사람들에서 더욱 그렇다. 발병시기가 빠를수록 생물학적 연령에 관계없이 동반이환을 더 많이 나타낸다는 증거가 있다(Geller, Biederman, Faraone, Bellordre, et al., 2001). 클리닉에 의뢰된 25명의 학령기 아동에 대한 Coskun, Zoroglu와 Ozturk(2012)의 연구에서는 모든 아동이 한 가지 이상의 DSM-IV 진단을 추가적으로 받은 것으로 나타났다. 가장 빈번한 동반이환 진단은 OCD를 제외한 불안장애(68%), 적대적 반항장애(48%), 그리고 틱장애(24%)였다. Geller, Biederman, Faraone, Bellordre와 동료들(2001)은 OCD를 갖고 있는 아동($N=$46), 청소년($N=55$), 성인($N=100$) 표본을 대상으로 DSM-IV 동반이환율을 비교하였다. OCD를 제외한 불안장애(예 : 사회공포증, 특정공포증, 공황장애 등)가 세 집단 모두에서 유병률이 가장 높은 것으로 나타났다. 아동집단에서 분리불안장애의 비율은 56%로, 청소년 집단의 35%와 성인집단의 17%에 비해 현저하게 높았다. 예상대로 아동집단의 투렛장애 비율은 25%로 청소년(9%)과 성인(6%)에 비해 더 높았다. 우울증 비율은 아동(38%)보다는 청소년(62%)과 성인(78%)집단에서 더 높았다. 또한 물질남용/의존 비율은 아동(0%)과 청소년(2%)에 비해 성인(16%)집단에서 더 높았다. 청소년과 아동집단은 ADHD(아동 51%, 청소년 36%)와 적대적 반항장애(아동 51%, 청소년 47%)의 비율이 높았으나, 이 장애들은 성인집단

에서는 평가되지 않았다. Langley, Lewin, Bergman, Lee와 Piacentini(2010)는 일차적으로 외현화·내재화 문제를 갖고 있거나 이런 문제를 갖고 있지 않은 OCD 아동과 청소년을 비교했다. 그 결과 내재화 문제를 함께 갖고 있는 아동과 청소년은 OCD 심각성이 가장 높은 반면, 외현화 문제를 함께 갖고 있는 아동과 청소년은 더 높은 기능손상을 보이는 것으로 나타났다.

OCD 스펙트럼

앞에서도 언급했듯이 지난 20년 동안 OCD의 핵심 특징을 공유하는 다양한 정신과 장애들 간의 관련성을 가정하는 OCD 스펙트럼이라는 개념에 대한 관심과 연구가 증가해 왔다(Abramowitz, Taylor, & McKay, 2009; Stein, Fineberg, et al., 2010). 수많은 정신과 장애들이 OCD 스펙트럼과 관련이 있는 것으로 보고되었지만, 가장 일관성 있게 주목을 받아 온 장애는 신체이형장애와 섭식장애, 틱장애, 털뽑기장애, 피부뜯기장애이다(Bienvenu et al., 2012; Hollander et al., 2009). OCD 스펙트럼의 개념은 이런 문제들이 현상학적 특징(예 : 반복적 생각과 행동을 억제하지 못함)을 공유하며, 동일한 치료에 반응을 보이고, 유사한 동반이환 양상을 가지며, 공통의 유전적, 신경생물학적, 심리학적, 환경적 토대를 갖고 있다는 가정에 기초하고 있다. 이 스펙트럼의 어떤 장애들(예 : 틱장애)은 다른 장애들보다 OCD와 더 명확하게 관련이 있지만, 이 문제들을 개념화하고 충분히 이해하기에는 현재의 연구가 너무 제한되어 있다. 그럼에도 불구하고 OCD 스펙트럼의 개념은 영향을 미쳤다. DSM-5(APA, 2013)에서 OCD는 DSM-IV에서와 같이 불안장애 범주로 분류되지 않고, 신체이형장애, 털뽑기장애, 피부뜯기장애 등과 더불어 강박 및 관련장애의 범주에 포함되어 있다.

정의 및 진단적 쟁점

OCD에 대한 DSM-5의 진단기준(APA, 2013)에 따르면 개인은 강박사고나 강박행동 중 하나(혹은 둘 다)의 정의를 만족시켜야 한다(표 9.1). 강박사고와 강박행동은 앞에서 설명한 '핵심 증상'으로 정의된다. 강박행동은 예방

표 9.1 강박장애의 DSM-5 진단기준

A. 강박사고나 강박행동 혹은 둘 다 존재하며 강박사고는 (1) 또는 (2)로 정의된다.

1. 반복적이고 지속적인 생각, 충동 또는 심상이 장애가 나타나는 동안 침투적이고 원치 않는 방식으로 경험되며 대부분 현저한 불안이나 괴로움을 유발함
2. 이러한 생각, 충동 및 심상을 경험하는 사람은 이를 무시하거나 억압하려고 시도하며, 또는 다른 생각이나 행동을 통해 중화시키려고 노력함(강박행동을 함으로써)

강박행동은 (1)과 (2)로 정의된다.

1. 손 씻기나 정리정돈하기, 확인하기와 같은 반복적 행동과 기도하기, 숫자 세기, 속으로 단어 반복하기 등과 같은 심리 내적인 행위를 개인이 경험하는 강박사고에 대한 반응으로 수행하게 되거나 엄격한 규칙에 따라 수행함
2. 행동이나 심리 내적인 행위들은 불안감이나 괴로움을 예방하거나 감소시키고, 또는 두려운 사건이나 상황의 발생을 방지하려는 목적으로 수행됨. 그러나 이러한 행동이나 행위들은 그 행위의 대상화 현실적인 방식으로 연결되지 않거나 명백하게 과도한 것임

   주의점 : 어린 아동의 경우 이런 행동이나 심리 내적인 행위들에 대해 인식하지 못할 수도 있다.

B. 강박사고나 강박행동은 시간을 소모하게 만들어(하루에 1시간 이상), 사회적, 직업적, 또는 다른 중요한 기능 영역에서 임상적으로 현저한 고통이나 손상을 초래한다.

C. 강박증상은 물질(남용약물, 치료약물)의 생리적 효과나 다른 의학적 상태로 인한 것이 아니다.

D. 장애가 다른 정신질환으로 더 잘 설명되지 않는다(범불안장애에서의 과도한 걱정, 신체이형장애에서의 외모에 대한 집착, 수집광(장애)에서의 소지품 버리기 어려움, 발모광(장애)에서의 털뽑기, 피부뜯기장애에서의 피부뜯기, 상동증적 운동장애에서의 상동증, 섭식장애에서의 의례적인 섭식행동, 물질관련 및 중독장애에서의 물질이나 도박에의 집착, 질병불안장애에서의 질병에 대한 과다한 몰두, 변태성욕장애에서의 성적인 충동이나 환상, 파괴적·충동조절 및 품행장애에서의 충동, 주요우울장애에서의 죄책감을 되새김, 조현병 스펙트럼 및 기타 정신병적 장애에서의 사고 주입 혹은 망상적 몰입, 자폐스펙트럼장애에서의 반복적 행동 패턴).

다음의 경우 명시할 것

좋거나 양호한 병식 : 강박적 믿음이 진실이 아니라고 확신하거나 진실 여부를 확실하게 인지하지 못한다.

좋지 않은 병식 : 강박적 믿음이 아마 사실일 것으로 생각한다.

병식 없음/망상적 믿음 : 강박적 믿음이 사실이라고 완전히 확신한다.

다음의 경우 명시할 것

틱관련 : 현재 또는 과거 틱장애 병력이 있다.

출처 : *Diagnostic and Statistical Manual of Mental Disorders, Fifth Edition* (p.237). Copyright 2013 by the American Psychiatric Association의 허락하에 사용함.

/무효화하려는 것 혹은 비현실적으로 관련되거나(상해를 예방하기 위해 숫자 6을 피하는 것) 또는 지나친(시간이 많이 걸리는 씻기 의식) 행동 중의 하나를 말한다. 진단기준은 강박사고나 강박행동이 하루 1시간 이상 지속되어야 하며, 현저한 고통이나 손상을 유발하고, 물질이나 다른 정신장애 증상의 효과로 설명되지 않아야 한다고 요구한다.

환자들은 자신의 OCD 믿음에 대한 병식(insight), 즉 강박행동으로 두려워하는 결과를 예방할 수 있다고 진심으로 믿는 정도에 있어서 차이를 보인다. 따라서 DSM-5

진단기준을 사용하는 사람들은 환자의 병식이 어느 정도인지(좋거나 양호한 병식, 좋지 않은 병식, 병식 없음 혹은 망상적 믿음) 명시해야 한다. 아동과 청소년은 성인보다 좋지 않은 병식을 갖고 있을 가능성이 크다. 앞서 언급했듯이 동반이환장애로 틱장애를 함께 갖고 있는 환자들은 종종 경과, 동반이환, 가족력 등에서 OCD를 가진 다른 환자들과 차이를 보인다. 따라서 진단기준을 사용할 때는 현재 틱장애를 갖고 있거나 혹은 과거에 틱장애 병력이 있는지를 명시해야 한다. DSM-5에서는 수집과 관련된 강박사고와 강박행동을 OCD가 아닌 수집장

애(hoarding disorder)로 진단한다. 그러나 환자가 수집행동(즉, 해를 피하기 위해 버리지 않는 것)을 초래하는 전형적인 강박증상을 보인다면 OCD로 진단해야 한다.

발달경과 및 예후

소아기의 OCD는 보통 증상이 나타났다 사라지는 과정을 보이며, 비록 환자의 상당수는 성인 초기에 증상이 사라지는 경험을 하지만 대부분 만성적 장애로 간주된다. Stewart와 동료들(2004)은 1~9년에 걸친 치료 후의 추적조사를 포함하고 있는 16개의 소아기 OCD 치료(일차적으로 약물치료) 연구들에 대한 메타분석을 수행하였다. 연구결과 연구대상의 41%는 추적조사 시에 OCD 진단기준을 완전히 충족시켰으며, 19%는 역치에 미치지 못하는 증상을 보이는 것으로 나타났다. OCD 치료를 위해 런던의 모슬리 병원에 내원한 142명의 환자를 대상으로 이루어진 Micali와 동료들(2010)의 연구에서도 유사한 결과가 보고되었다. 이와는 대조적으로 성인기에 발병한 환자들의 OCD 증상은 좀 더 지속적인 경향이 있다. OCD 성인 환자를 40년 이상 추적한 연구(Skoog & Skoog, 1999)에서는 83%가 추적 시에 증상 호전을 보였으나, 53%는 여전히 임상적으로 유의한 OCD를 갖고 있었으며, 20%는 완전히 회복했다고 보고한 것으로 나타났다. 이에 덧붙여 임상실험 치료에 참가한 OCD 성인 환자들은 종종 좋지 않은 장기적 성과를 보인다. 예를 들어 Bloch와 동료들(2013)은 SSRI 약물치료 연구에 참가한 환자들의 10~20년 후 성과에 대해 보고하였다. 추적 시에 거의 절반(49%)은 여전히 임상적으로 유의한 OCD를 경험하고 있었으며, 20%만이 증상 호전을 보였다. SSRI 치료에 대한 초기의 양호한 반응은 장기적 치료성과를 예측하는 요인인 것으로 나타났다.

역학

유병률

OCD의 평생유병률은 아동과 청소년의 경우에는 1~2.3%, 성인의 경우에는 1.9~3.3%로 추정된다(Kalra & Swedo, 2009). 아동 및 청소년과 성인 간의 비교적 적은 차이는 조기 발병 사례들의 높은 호전 가능성으로 인해 성인기 발병질환의 발생률이 부분적으로 낮아진 것과 관련이 있다(Stewart et al., 2004).

성차

성인 표본의 성별 비율은 비교적 동일하지만 여성이 약간 우세하다. 그러나 아동과 청소년의 경우에는 남자의 비율이 여자보다 높은 경향이 있다(Geller, Biederman, Faraone, Bellordre, et al., 2001). 남자는 여자에 비해 조기 발병 OCD와 동반이환, 특히 틱장애를 함께 갖고 있는 경우가 많다는 증거가 있다(Coskun et al., 2012). OCD 증상차원에서의 성차를 살펴본 연구들을 고찰한 Mathis 등(2011)의 연구에 따르면 남자는 여자보다 성적·종교적 또는 공격적 증상을 더 많이 보고하는 경향이 있으며, 여자는 남자보다 오염/청결 증상을 더 많이 보고하는 경향이 있는 것으로 나타났다.

문화적 변인

OCD는 세계의 모든 문화에서 발생하며, 기존의 자료들은 유병률이 국가나 문화에 걸쳐 비교적 유사함을 시사하고 있다(Horwath & Weissman, 2000). 증상 표현이나 임상적 특징(즉, 성비, 동반이환 양상) 또한 여러 문화에 걸쳐 비교적 안정적이다(Fontenelle, Mendlowicz, Marques, & Versiani, 2004). 따라서 OCD의 핵심적 특성은 문화와 독립적인 것으로 보인다. 그러나 문화적 요인은 강박사고와 강박행동의 내용에 영향을 미칠 수 있다. 예를 들어 특정 문화에서는 종교적 믿음이 OCD 증상에 반영될 수 있다.

이론적 관점

진화 모델

OCD의 진화 모델은 OCD 증상이 진화적으로 보존된 정상적인 행동과 인지의 이면 메커니즘에서 일어난 장애를 반영한다고 가정한다. Szechtman과 Woody(2004)는 OCD

를 안전 동기 체계(security motivational system)에 문제가 생겼음을 나타낸다고 보았다. 다른 연구자들(Evans & Leckman, 2006; Feygin, Swain, & Leckman, 2006)은 위협 탐지와 애착 간의 상호작용을 강조하는 발달적 진화 모델을 제안했다. 이 모델은 인간이 외부의 위협(예 : 침략자, 미생물에 의한 질환)과 관계의 형성/유지(예 : 부모-자녀 애착)에 초점을 맞춘 심리적 메커니즘을 발달시킨다고 가정한다. 이 모델에 따르면 위험 감지와 애착에 포함된 메커니즘은 밀접하게 연결되어 있으며(예 : 유전적 및 신경생물학적 수준에서), 이러한 보편적 시스템의 조절 실패가 OCD 증상의 기저를 이루고 있다는 것이다. 건강한 사람의 경우에는 이 시스템이 발달적으로 정상적인 의식 행동과 집착을 설명해 준다고 가정된다. 아동기의 일상적 일과(즉, 취침 의식, 물건을 모으고 보관하기), 이성에 대한 반복적 생각(즉, 한 사람에 고착된 집착), 초보 부모들의 집착과 공포(즉, 확인하는 행동, 예비적 경고) 등은 이러한 정상적인 의식절차와 집착의 예라 할 수 있다. 그러나 OCD를 가진 환자들의 경우에는 어떤 이유로 인해(유전적 취약성, 외상적 사건, 두뇌손상 등) 이 시스템에 문제가 발생한 것이다.

생물학적 모델

지금까지 OCD에 관해 다양한 병리생리학적 모델들이 제안되어 왔으며, 정도 차이는 있으나 성공적인 연구를 이끌어 왔다. 그러나 많은 증거는 OCD가 두뇌의 피질-선조체-시상-피질회로(cortico-striato-thalamo-cortical circuit, CSTC) 기능 및 구조의 이상과 관련된다는 것을 보여주고 있다(Insel & Winslow, 1992; Rosenberg, MacMaster, Mirza, Easter, & Buhagiar, 2007; Saxena, Brody, Schwartz, & Baxter, 1998). 안와전두 피질, 선조체(미상핵, 경막), 대상, 시상을 포함하는 이 회로는 반응의 억제와 계획에 관여하며, OCD 증상은 이러한 생각/행동의 생산과 억제 불균형에 기인한다고 가정되어 왔다(Melloni et al., 2012). 이 모델은 두 가지 신경경로가 전두엽으로부터의 산출을 조절하며 외부자극에 대한 행동반응을 조절하는 기능(즉, 적절한 반응이 실행되는 것을 확인하는 것)을 한다고 가정한다. '직접'경로는 전두피질에 있는 시상의 자극을 매개하며, '간접'경로는 시상의 자극을 억제한다. 간접경로에 비해 상대적으로 과도한 직접경로의 신경 긴장이 간접경로로 하여금 OCD 증상을 일으키는 부적절한 반응을 억제하지 못하게 하는 것으로 보인다(Rosenberg et al., 2007).

동물 모델

몇몇 동물 모델이 인간의 OCD 연구에 적용되어 왔다(Fineberg, Chamberlain, Hollander, Boulougouris, & Robbins, 2011). 여기에는 동물행동학 모델(예 : 인간의 OCD와 유사한 동물의 자발적 행동문제)과 생쥐에게 OCD와 유사한 행동을 일으키는 실험실 기반의 유전학적 및 약물학적 요인 등이 포함된다. 동물행동의 한 예는 개에서 나타나는 자상성 피부염으로, 이는 다리의 말단부를 과도하게 그리고 반복적으로 핥거나, 씹기, 긁기로 인해 일어나는 피부병변이다. 이러한 문제는 과도한 청결행동으로 나타나는 인간의 OCD와 표면적으로 유사하며, 또한 약물치료(예 : 클로미프라민)에 대한 반응도 동일하다. 따라서 동물학적 모델은 인간의 OCD, 특히 과도한 손씻기에 적용되어 왔다(Rapoport, Ryland, & Kriete, 1992).

유전학적 동물 모델에서는 OCD와 유사한 행동을 보이는 유전자 변형 생쥐를 사용한다(인간 OCD의 유전적 토대에 관한 지식에 근거해 유전자를 변형하는 모델은 존재하지 않는다). 예를 들어 Hoxb8이라 불리는 유전자의 변형이 생쥐의 과도한 털 손질 행동과 그로 인한 탈모 및 피부병변을 초래한다는 연구결과가 있다. 동물의 과도한 털 손질 행동은 인간의 OCD 증상(손 씻기 의식)과 유사한 것으로 간주되며, 이 증상이 유사한 두뇌 시스템에 의해 매개된다는 증거가 있다(Greer & Capecchi, 2002). 생쥐에게 상동적이고 반복적인 행동을 일으키기 위해 각성제(도파민에 작용하는)를 사용하는 약물학적 모델도 인간의 OCD를 설명하기 위한 모델로 사용되어 왔다. 그러나 일반적으로 기존의 동물 모델들이 어느 정도 안면타당도(동물의 증상이 인간의 OCD 증상과 유사하다는)를 갖고 있긴 하지만, 구성타당도(즉, 이면의 생리학적 유사성) 또는 예측타당도(즉, 치료에 대한 유사한 반응)에 대한 증거는 제한적이다(Fineberg et al., 2011).

행동 및 인지행동 모델

행동 모델

OCD에 대한 최초의 행동주의적 개념화는 Mowrer(1956)의 2요인 조건형성 이론에 근거한다. 이 이론에 따르면 1단계에서 개인은 중성적인 사건이나 대상을 두려워하거나 혐오하게 된다. 이러한 반응은 고전적 조건형성을 통해 원래는 그러한 중성적 자극과 관련이 없었던 불안유발 사건과 연합됨으로써 일어난다. 2단계에서는 이러한 불안유발 사건 또는 대상을 무효화하거나 회피하기 위한 후속행동(즉, 강박행동)이 강화된다. 강화는 이러한 행동이 갖고 있는 불안감소 속성(즉, 부적 강화)의 결과로 일어난다. 대부분의 사람들은 자신의 OCD 증상 발병과 연합된 특정의 불안유발 사건을 기억하지 못하기 때문에 OCD에 대한 최근의 행동주의적 개념화는 모델링, 관찰, 비공식적 학습 등의 심리사회적 획득 메커니즘(Steketee, 1993)과 생물학적 병인을 장애발달의 필수적 선행요인으로 통합하였다. 그럼에도 불구하고 행동주의 원리는 OCD의 증상 유지를 이해하는 데 있어서 유용한 이론적 기초를 제공하며, 현재 OCD에 대한 가장 효과적인 개입방법이라 할 수 있는 노출 및 반응예방(ERP)의 토대를 이루고 있다. ERP는 불안유발 상황 및 대상에 대한 체계적이며 점진적인 실제노출(in vivo exposure), 그리고 감독하에 이루어지는 의식적 행동의 반응예방으로 이루어져 있다(Foa & Kozak, 1986). ERP의 효과성에 대해 가장 널리 받아들여지는 메커니즘은 반복적 노출을 통해 자율신경계의 습관화 과정을 거쳐 연합된 불안이 소멸된다고 보는 것이다. 그뿐만 아니라 노출의 성공적 완수는 불안유발 상황에 대한 교정된 인지적 정보처리를 발달시키고 이를 저장하게 한다는 것이다(Foa & Kozak, 1986).

인지행동 모델

OCD의 인지행동 모델(Salkovskis, 1996)은 침습적 사고와 충동, 심상이 인간정신의 정상적인 특징이라고 가정한다. 그러나 특정의 역기능적 핵심신념(즉, 과장된 책임감)은 침습(intrusion)이라는 부적응적 평가를 초래한다. 이러한 평가는 정서반응과 비생산적인 전략을 유발하며, 이것이 다시 OCD 증상을 발달·유지시키는 역할을 한다는 것이다. 설문조사 연구(Freeston, Ladouceur, Thibodeau, & Gagnon, 1991)에 따르면, 일반 모집단의 사람들은 대부분 OCD 증상에서 나타나는 것과 유사한 내용의 침습적 사고(즉, 공중화장실에서 병균에 감염된다는 생각, 갑자기 교통신호를 무시하고 차를 달리고 싶은 충동)를 때때로 경험한다. 대부분의 사람들은 이러한 생각들을 의식 속에서 부적절하고 의미 없는 사고로 무시한다. 인지행동 모델에 따르면 흔히 있는 침습이 강박사고로 발전하는 것은 이런 생각들이 개인적으로 의미 있고 위협적이며, 수용할 수 없거나 부도덕한 것으로 평가될 때이다. 인지행동 모델에서는 특정의 역기능적 핵심신념(과도한 책임감, 위협에 대한 과대평가, 불확실성을 참지 못하는 것)이 그러한 침습적 사고에 대한 부적응적 평가를 가져온다고 가정한다. 예를 들어 과도한 책임감(예: 원치 않는 결과를 자신이 일으키거나 예방할 수 있는 힘을 갖고 있으며, 그에 대해 책임을 져야 한다는 비현실적 믿음)은 다른 사람을 해치려는 침습적 사고를 위협적이거나 수용할 수 없는 것으로 평가하게 만든다. 또한 그러한 평가는 침습(강박적 의식 행동)을 회피하거나, 제거하거나 혹은 무효화시키려는 전략을 초래한다. 강박행동 및 다른 무효화/회피전략들은 침습과 연합된 불안/고통을 일시적으로 감소시키기 때문에 부적으로 강화를 받는다. 더구나 이러한 전략으로 인한 불안 감소는 자신의 평가가 부정확하거나 지나치다는 것을 깨닫지 못하게 하기 때문에 비생산적이다.

병인 및 위험/보호요인

유전/가족 요인

가족력에 관한 연구들은 OCD가 가족성 장애라는 개념을 일관되게 지지하고 있다. 정상 통제집단의 부모, 형제자매 중에서는 2%만이 OCD를 보이는 반면, OCD 발단자의 부모·형제자매 중에서는 12%가 OCD를 나타내는 것으로 보고되었다(Alsobrook, Leckman, Goodman, Rasmussen, & Pauls, 1999). 또한 정상 발단자들에 비해 OCD 친족들에서 범불안장애와 광장공포증의 발생률이 더 높다는 연구결과는 관찰된 유전적 요인이 OCD 자체에만 국한된 것이 아니라, 불안장애(DSM-IV에서 정의하고 있는)를 발달시키는 성향의 토대가 될 수 있음을 시사한다(Nestadt et al., 2000). 쌍생아연구에 대한 한 메타연구는 OCD 및 OCD 증상의 변량이 대부분 상가적 유전요인, 공유되지 않는 환경요인, 그리고 이 둘 간의 상호작용으로 설명되며, 공유된 환경이나 비상가적 유전요인은 거의 영향을 미치지 않는다고 결론지었다(Taylor, 2011b). Bloch와 Pittenger(2010)는 OCD의 유전에 관한 문헌들을 고찰한 연구에서 OCD의 유전 가능성이 26~61%라고 보고하였다. Grootheest, Cath, Beekman과 Boomsma(2005)는 OCD 증상의 총변량 중에서 유전요인이 차지하는 비율이 아동 및 청소년의 경우 45~65%, 성인의 경우에는 27~47%라고 보고하였다.

연관 및 후보 유전자 연구들은 세로토닌성, 도파민성, 글루탐산성 시스템 등 중간 내지 큰 효과 크기를 가진 여러 가지 OCD 유전자들을 시사해 왔다(Hu et al., 2006; Nicolini, Arnold, Nestadt, Lanzagorta, & Kennedy, 2009; Samuels et al., 2011). 그러나 연구결과의 반복검증 실패로 인해 OCD의 정확한 유전적 뒷받침은 여전히 분명하지 않다(Pauls, 2010). OCD의 경우 다양한 유전자들이 작용하는 것으로 생각된다. 어떤 유전자는 다른 것들에 비해 영향력이 더 크며, 어떤 유전자는 특정 증상차원에 위험요인으로 작용하는 반면, 어떤 유전자는 OCD 및 관련장애들(혹은 보다 일반적인 정신병리)에 대해 일반적인 위험요인으로 작용한다(Taylor, 2011b).

신경생물학적 요인

신경화학

OCD에서 글루탐산성 기능장애의 역할을 지지하는 증거가 증가하고 있다(Bhattacharyya et al., 2009; Carlsson, 2000; O'Neill et al., 2012; Pittenger, Bloch, & William, 2011; Rosenberg & Keshavan, 1998). 글루탐산염은 뇌 속에 있는 1차적 흥분성 신경전달물질의 하나이며, 글루탐산성 분출은 신경계의 주요 피질 및 피질 하부 어디에서나 발견된다. OCD의 경우 글루탐산염은 뇌 속에서 일어나는 N-메틸-D-아스파르트산(NMDA) 수용체 활동을 매개한다. NMDA 수용체 활동은 연상기억 연결고리의 형성에 있어서 중요한 역할을 하며(Meador, 2007), 이 수용체는 두뇌의 '연관성 감지기(coincidence detector)'로 불리고 있다(Pittenger et al., 2011). O'Neill과 동료들(2012)은 자기공명 분광 이미지를 사용한 소규모 예비연구에서 약물치료를 받지 않은 5명의 OCD 아동과 청소년들이 건강한 통제집단에 비해 CSTC 회로와 관련된 피질 영역에서 글루탐산성 대사산물에서 유의한 차이를 나타냈다고 보고했다. 아울러 CBT 치료는 대사산물의 유의한 변화를 가져왔으며, 이러한 변화는 치료에 대한 반응을 예측하며 증상 감소의 정도와 관련을 보이는 것으로 나타났다. 연합학습을 촉진하는 NMDA 수용기 활동의 역할에 근거하여, 연구자들은 OCD의 노출기반 행동치료 효과를 증진시키기 위한 방법으로 D-사이클로세린을 사용한 NMDA의 강화작용에 초점을 맞추기 시작했다(Rothbaum, 2008). 지금까지의 OCD 연구결과들은 엇갈려 왔는데, 아동과 청소년을 대상으로 한 연구(Storch, Murphy, et al., 2010)보다는 성인에 대한 연구(Wilhelm et al., 2008)가 더 많은 지지를 받아 왔다. OCD에 대한 글루탐산성 가설은 계속 축적되고 있지만, 지식의 격차와 보다 분명한 연구가 수행될 필요성은 여전히 남아 있다.

OCD에서 중요한 역할을 하는 세로토닌 기능이상 가설은 후보 유전자 연구와 아울러 SSRI가 성인과 아동의 OCD 증상을 감소시킨다는 것을 보여주는 통제된 실험결과에 기초하고 있다(Hu et al., 2006). 혈소판과 뇌척수액 연구들은 OCD를 가진 사람들에서 이러한 신경전달 물질의 이상 수준을 발견했지만, 연구결과는 일관되지 않았다(Rosenberg et al., 2007). 다른 신경전달물질 시스템(예 : 도파민 시스템)도 발견되었으나, 결과는 혼재되어 있으며 아직 예비단계에 있다(Rosenberg et al., 2007).

신경 촬영

신경 촬영 연구들은 일반적으로 아동(Menzies et al., 2008)과 성인(MacMaster, O'Neill, & Rosenberg, 2008) 모두에 대해 전두-선조체-시상 모델(frontal-striatal-thalamic model)을 지지한다. 연구결과의 일관성은 낮으나 연구자들은 OCD를 가진 환자들이 휴식 중이거나 중립적인 과제를 수행하는 동안 건강한 통제집단에 비해 뇌의 이러한 영역들에서 비정상적인 활성화를 보인다는 것을 밝혔다. 또한 연구자들은 증상이 일어나는 동안에도 이 영역들에서 일탈적 활동이 일어난다고 보고했다. 그뿐만 아니라 뇌의 이런 영역들(즉, 선조체)에서 나타는 비정상성은 SSRI 치료가 성공적일 때(Rosenberg et al., 2000), 그리고 CBT가 성공적으로 이루어졌을 때(Huyser, Veltman, Wolters, de Haan, & Boer, 2010; O'Neill et al., 2012; 부정적인 결과로는 Benazon, Moore, & Rosenberg, 2003 참조)에는 정상적으로 돌아온다고 보고했다.

신경심리학

신경심리학 연구들은 전두-선조체-시상 영역의 역기능에 대해 일관된 증거를 확인했다(Chamberlain, Blackwell, Fineberg, Robbins, & Sahakia, 2005). 연구결과들은 OCD를 가진 환자들이 부호화 전략의 실행 결함에 의한 시공간적 기억의 역기능을 보인다는 것을 보여주고 있다(Kuelz, Hohagen, & Voderholzer, 2004). 한 종단연구는 13세에 보인 시각-공간/공간-운동 및 실행 영역에서의 낮은 수행이 32세의 OCD 진단을 예측한다고 밝혔다(Grisham, Anderson, Poulton, Moffitt, & Andrews, 2009). 실행기능에서의 다른 결함들도 보고되어 왔는데, 여기에는 억제, 세트-전환 능력, 계획 및 문제해결 능력이 포함된다. 그러나 연구결과는 일관성이 부족하다(Kuelz et

al., 2004). 적어도 세 가지 연구는 소아기 OCD에서 나타나는 반응억제를 평가했다. 시각운동 패러다임을 사용한 한 연구는 OCD를 가진 환자들이 건강한 사람들에 비해 반응억제에서 실패를 보인다는 것을 밝혔다(Rosenberg et al., 1997). 이와는 대조적으로 다른 유형의 억제과제를 사용한 두 가지 신경 촬영 연구는 OCD 집단과 통제집단의 수행이 통계적으로 유의한 차이를 보이지 않는다고 보고했다(Rubia et al., 2010; Woolley et al., 2008). 마찬가지로 세트-전환 능력을 살펴본 연구들의 결과도 일관성이 없다. 어떤 연구에서는 건강한 통제집단 및 다른 정신과 질환 집단에 비해 OCD 집단이 결함을 보이는 것으로 나타난 반면, 다른 연구들에서는 유의한 집단차가 없는 것으로 나타났다(Kuelz et al., 2004). 그러나 전반적인 증거는 OCD를 가진 환자들이 실행기능 결함을 보인다는 것을 시사한다. 신경심리학 문헌에서의 일관성 없는 결과는 작은 표본 크기, 인지적 이질성(인지결함을 특정 장애 차원과 관련시킨 연구가 거의 없음), 충분히 민감하지 않은 검사 도구의 사용, 그리고 혼란변수(처방약물 사용, ADHD 같은 동반이환장애)를 배제하지 못한 것에 기인할 수도 있다.

역기능적 신념

앞에서도 언급되었듯이 인지행동 모델은 강한 특정 신념이 OCD 증상발달에서 인과적 역할을 할 수 있다고 가정한다. 세 가지 서로 관련된 신념이 OCD 증상의 기저를 이루고 있는 것으로 가정되는데, 이들은 (1) 완벽주의 및 불확실성을 참지 못하는 것, (2) 생각을 지나치게 중시하며 생각을 통제하려는 욕구, (3) 과도한 책임감과 위협에 대한 과대평가이다(Obsessive Compulsive Cognition Working Group, 2005). 일반적으로 이러한 신념들, 특히 과도한 책임감이 OCD에서 중요한 역할을 한다는 증거가 있다. 기초선 시점의 증상 심각성을 조정한 후에도 이러한 신념들을 측정하는 자기보고척도(강박신념 질문지) 점수가 이후 시점의 OCD 증상을 예측한다는 보고가 있다(Coles, Pietrefesa, Schofield, & Cook, 2008). 또한 종단연구도 이루어졌는데 Abramowitz, Nelson, Rygwall

과 Khandker(2007)는 첫 아이를 임신한 부모를 대상으로 출산 전과 후의 반응을 비교하였다(부모가 된다는 것은 책임감을 증가시키는 스트레스 요인으로 알려짐). 연구결과 기초선 OCD 심각성을 조정한 후에 출산 전의 역기능적 신념은 산후 3개월 시점의 OCD 증상을 예측하는 것으로 나타났다. 실험연구들 또한 책임감을 조정할 때 참가자의 유사 강박행동을 증가시켰다고 보고했다(Arntz, Voncken, & Goosen, 2007; Barrett & Healy-Farrell, 2003). 그러나 이러한 책임감 증가는 아동과 청소년의 치료 성과에는 영향을 미치지 않는 것으로 나타났다(Barrett & Healy-Farrell, 2003). 이러한 결과는 역기능적 신념이 침습적 사고에 대한 평가의 기저를 이루고 있으며, 이것이 다시 OCD 증상에 영향을 미친다는 주장과 일치한다. 비록 연구는 드물지만 인지행동 모델이 일부 OCD 아동과 청소년에게 적용될 수 있음을 지지하는 연구결과도 있다(Reynolds & Reeves, 2008).

외상성 사건 혹은 스트레스 생활사건

스트레스 혹은 외상 생활사건은 OCD 발달에 영향을 미친다(de Silva & Marks, 1999). 표준화 질문지를 사용한 연구들은 OCD를 보이는 아동과 청소년, 그리고 성인 모두 OCD 발병 이전에 스트레스 생활사건을 빈번하게 보고한다고 밝혔다(Fontenelle, Cocchi, Harrison, Miguel, & Torres, 2011). 예를 들어 한 연구에서는 OCD 아동과 청소년들이 건강한 통제집단의 아동과 청소년들에 비해 더 많은 부정적 생활사건을 보고하며, OCD가 발병하기 1년 전에 전반적으로 더 많은 생활사건을 보고하는 것으로 나타났다(Gothelf, Aharonovsky, Horesh, Carty, & Apter, 2004). 또한 지역사회 청소년들을 대상으로 1년간 추적한 역학연구는 원치 않는 생활사건의 높은 비율과 원하는 생활사건의 낮은 비율이 이후 시점의 OCD 증상을 예측한다고 보고하였다(Valleni-Basile et al., 1996). 다른 연구에서도 OCD를 가진 성인 환자들은 건강한 통제집단에 비해 더 많은 아동기 외상을 보고하는 것으로 밝혀졌는데, 그러나 다른 정신과 질환 집단보다는 더 높지 않은 것으로 나타났다(Lochner et al., 2002). 전반적으로

연구결과들은 외상 혹은 스트레스 생활사건이 OCD 증상발달에 영향을 미칠 수 있음을 시사한다. 이러한 스트레스 요인들이 정확이 어떻게 OCD에 영향을 미치는지는 잘 알려져 있지 않다.

과도한 책임감의 기저를 이루는 사건 및 경험

Salkovskis, Shafran, Rachman과 Freeston(1999)은 특정 유형의 생활사건과 경험이 과도한 책임감(OCD 증상의 기저를 이루고 있는 핵심신념)을 형성하고 유발하는 역할을 할 수 있다고 가정하였다. 이러한 촉발사건 및 경험으로는 (1) 아동에게 주어진 과도한/부적절한 책임감(아동으로서 어른의 일에 책임을 지는 것), (2) 경직되고 극단적인 행동지침, (3) 과보호적·허용적 혹은 비판적 양육방식(책임감에 대한 노출을 감소시키는 것으로 생각됨), (4) 개인의 행동 혹은 무행동이 상해나 불행을 야기했던 사건, (5) 개인의 행동 혹은 무행동이 상해나 불행을 일으킨 것으로 보이는 사건 등이 있다. 임상집단이 아닌 일반집단을 대상으로 이루어진 예비적 횡단연구 결과는 책임감이 이러한 경험들과 OCD 증상 간의 관계를 매개한다는 것을 시사한다(Smári, Þorsteinsdóttir, Magnúsdóttir, Smári, & Ólason, 2010). 그러나 과도한 책임감과 OCD 증상의 발달에서 이러한 경험들이 어떤 역할을 하는지 명확하게 밝히기 위해서는 임상표본을 대상으로 한 보다 체계적인 종단연구가 필요하다. 연구결과는 또한 임신 및 산후기간이 OCD 발달의 위험을 증가시킨다는 것을 보여주고 있다. 아이를 낳고 돌본다는 것은 책임감을 증가시킬 수 있으며, 이러한 책임감이 OCD 증상에 대한 임신의 영향을 매개할 수 있다는 것이다(Abramowitz et al., 2007).

가능한 발달경로

다양한 생물학적, 대인관계 및 환경요인들은 OCD가 신경발달장애라는 것을 시사한다. 병인론적 관점에서 볼 때 조기 발병(10세 이전) 질환을 가진 사람들은 늦게 발병하는 사람들에 비해 남자이고, 틱장애가 있으며, OCD의 가족력을 갖고 있고, 자신의 증상을 감각 문제로 기

술할 가능성이 크며, 구체적인 강박공포에는 덜 집착하는 경향이 있다(Taylor, 2011b). 이러한 발달 초기의 남아 사례의 우세는 여아들의 전형적인 발병시기인 청소년기에 감소하며(Ruscio, Stein, Chiu, & Kessler, 2010), 성인기에는 성별 비율이 같아진다. Poulton, Grisham과 Andrews (2009)는 발병연령과 성별 간의 관계에서 남성호르몬인 안드로겐 수준이 매개하며, 안드로겐 수준이 OCD 증상의 심각성과 정적 상관을 보인다고 주장하였다. 또한 OCD를 가진 성인 중 절반은 아동기 발병이라는 보고가 있다(Stewart et al., 2007). 아동기(10세 이전)에 발병한 사람들은 성인기에 발병한 사람들에 비해 이 장애에 대해 유전적 형질을 갖고 있을 가능성이 더 높으며(Nestadt et al., 2000), 약물치료에 대한 반응과 전반적인 예후가 더 양호한 경향이 있다(Skoog & Skoog, 1999). Pittenger 등(2011)이 강조했듯이 30세 이후에 발병하는 사례는 극히 드물다(Ruscio et al., 2010).

OCD를 신경발달장애로 개념화하는 것에 대한 추가 증거는 증상 표현이 전생애에 걸쳐 현상학적으로 유사하다는 사실에 근거한다. Bolton, Luckie와 Steinberg(1995)는 OCD에 대한 위험이 아동 초기 동안 드러날 수 있다고 주장했다. 연령과 관련된 차이도 보고되어 왔다. 즉, 아동과 청소년은 상해에 대한 강박사고와 저장행동을 더 많이 보이는 반면, 성인은 성적 강박사고를 경험하기 쉽다는 것이다(Moore et al., 2007). 그러나 이러한 증상들 각각은 전생애에 걸쳐 나타날 수 있다는 데 주의를 기울일 필요가 있다. 틱장애를 비롯한 동반이환장애들도 발달하면서 달라진다(예 : ADHD 발생률은 아동 및 청소년기에 더 높고, 우울과 물질남용은 청소년기와 성인기에 더 높음). 그러나 이러한 양상이 OCD 발병과 관련이 있는지, 혹은 단순히 모집단 전체에서 관찰되는 동반이환의 자연스러운 병력과 관련이 있는지는 아직 확실하지 않다.

Rosenberg와 Keshavan(1998)은 생물학적 관점에서 OCD를 가진 소아 환자들이 건강한 통제집단에 비해 전대상회(앞에서 기술했던 CSTC 회로 안의 구조)의 부피가 늘어난다는 것을 발견했다. 전대상회의 부피는 강박행동 증상과 관련이 없었으나 강박사고와는 관련이 있었다. 또한 통제집단에서는 대상회의 부피가 연령에 따라 감소했으나, OCD 집단에서는 이러한 감소가 나타나지 않았다. 이러한 결과에 대한 해석은 OCD의 병인에서 시사된 것처럼 전두나선 구조의 신경 가지치기에서의 성숙에 따른 비정상성이 OCD와 관련이 있다는 신경발달 모델을 지지한다.

이상의 결과와 이번 장에서 나타난 증거들은 종합적으로 초기 발달 과정에서의 특정 형태의 생물학적 소인이 아동기 발병 OCD 사례들 중 적어도 일부의 기저를 이룬다는 것을 시사한다. 이러한 소인은 거의 확실하게 다중 결정적이며 이질적이다. 그러나 OCD에 대한 생물학적 토대는 장애의 발현과 발달 과정에 환경요인이 영향을 미칠 수 있다는 가능성을 부정하지 않는다. 인지행동 관점에서 볼 때 공포자극을 회피하거나 무효화하려는 노력에 수반되는 불안 감소는 강박행동의 수행을 부적으로 강화하며 강박신념을 유지시키는 인지과정을 사전에 교정하는 역할을 한다. 이것은 시간 경과에 따라 증상을 일반화시키고 장애를 악화시키는 결과를 가져올 수 있다.

증상에 수반되는 눈에 띄는 가정환경 요인 역시 OCD 증상을 유지시키고 불안과 회피행동을 강화하며, 치료에 대한 반응을 약화시키는 것으로 밝혀졌다(Peris et al., 2012; Renshaw, Steketee, & Chambless, 2005). 또한 OCD 증상에 맞추기 위해 일상생활을 변경함으로써 가족들에게 부담을 줄 것인지에 대해, OCD를 가진 아동과 청소년의 가족들이 당면하게 되는 딜레마는 상당하다. 환자의 증상에 맞추기를 거부함으로써 환자의 불안을 증가시키고 불편하게 하는 것은 가족기능에 부정적인 영향을 미칠 수 있으며, 결과적으로 환자에 대한 적대감과 비난을 증가시킬 수 있다(Peris et al., 2008; Storch, Geffken, et al., 2007). 연구에 따르면 치료에서 가정환경 요인에 직접적으로 초점을 맞추는 것은 향상된 아동 성과와 순응의 감소를 가져올 수 있다(Merlo, Lehmkuhl, Geffken, & Storch, 2009; Piacentini et al., 2011).

현재의 문제점과 앞으로의 연구 방향

무엇보다도 OCD의 병인에 관한 앞으로의 연구는 증상 차원들의 변별(예 : 저장하기), 추정되는 하위유형의 타당성(예 : 조기 발병), 다른 장애들과의 관련성(예 : OCD 스펙트럼장애)을 분명히 밝히는 것을 포함할 것이다. OCD는 의심할 바 없이 수많은 상호관련 요인들이 포함된 복잡한 병인을 가진 이질적 문제이다. 어떤 요인들은 특정 하위유형이나 차원에서 역할을 하는 반면, 다른 요인들은 모든 OCD 증상 및 보다 일반적인 병리에서 역할을 한다. OCD 하위유형 및 증상차원의 병인에 대한 더 나은 이해는 궁극적으로 치료의 발달을 촉진하며, 병인이 다른 하위집단에 개입을 맞춤으로써 치료효과를 최적화하는 데 도움을 줄 수 있다.

쌍생아연구는 OCD가 주로 유전요인과 비공유 환경요인, 그리고 이 둘 간의 상호작용에 의해 유발된다는 것을 보여주고 있다. 그러나 유전과 환경이 미치는 영향의 정확한 성격은 잘 이해되고 있지 않다. OCD의 몇 가지 내적 표현형 특성들이 제안되어 왔으며(Taylor, 2012), 이런 연구가 유전적 토대의 발견을 촉진할 것이란 희망이 있다. 신경생물학적 연구는 전두-선조-시상회로의 비정상성이 OCD 증상을 매개한다는 것을 보여주고 있다. 그러나 이러한 비정상성의 원인에 관한 연구가 현재 진행 중에 있긴 하지만, 유전적 토대와의 관련성은 아직 확실하지 않다. 또한 이러한 뇌의 비정상성이 어느 정도로 장애의 핵심 원인을 반영하는지, 그리고 이러한 비정상성이 발병 이전에 탐지될 수 있는 위험을 대표하는지의 여부는 밝혀지지 않았다(Rauch & Britton, 2010). 그럼에도 불구하고 치료 반응과 관련된 생물학적(O'Neill et al., 2012) 및 환경적(Peris et al., 2012) 예측요인 및 관련요인들에 대한 연구는 보다 효과적이며 개별화된 치료 프로토콜 개발에 있어서 중요한 역할을 할 것이다(Piacentini, 2008).

OCD의 병인에 있어서 환경의 영향이 중요하다는 점을 고려할 때 생물학적 모델만으로는 장애를 충분히 설명할 수 없음이 분명하다. 따라서 생물학적 체계와 환경적 영향 간의 상호작용을 고려하는 것이 도움이 될 것이다. 생물학적 모델의 중요한 제한점은 증상의 이질성을 설명하지 못하는 데 있는 것으로 알려져 왔다. 즉, 왜 어떤 사람은 확인 강박행동을 보이는 반면, 다른 사람은 오염에 대한 공포를 갖고 있으며, 또 다른 사람은 다른 사람을 해치는 것에 대한 강박사고를 갖고 있는지를 설명하지 못한다(Abramowitz et al., 2009). 인지행동 모델은 학습경험을 고려함으로써 증상이 드러내고 있는 개인 특유의 성격을 파악한다. 그러나 이 모델도 모든 OCD 사례들을 다 파악할 수 없기 때문에 한계를 갖고 있으며(Taylor et al., 2006), 쌍생아연구에서도 표현형 변량의 일부만을 설명한다(Taylor & Jang, 2011). 역기능적 신념에 대한 개념화 및 평가방법이 개선되면 인지행동 모델의 설명력이 향상될 수 있을 것이다. 그러나 OCD의 병인을 모두 이해하기 위해서는 생물학적 모델과 인지행동 모델뿐만 아니라 다양한 설명모델이 필요할 것으로 보인다. 진화론적 및 발달적 관점 또한 다양한 이론적 틀을 통합하는 데 유용하다(Evans & Leckman, 2006).

틱장애

역사적 맥락

19세기 프랑스 신경학자인 질 드 라 투렛(Gilles de la Tourette)은 1885년 급격한 불수의적 운동과 과잉민감성, 그리고 특이한 발성으로 특징되는 장애를 보이는 일군의 환자들에 대해 발표하였다(Lajonchere, Nortz, & Finger, 1996). 유전적 근거, 아동기 발병, 임상적 과정에 대한 그의 추측, 그리고 임상적 양상과 관련 특징에 대한 그의 기술은 놀라울 정도로 정확하여 오늘날 그의 이름을 증상에 붙이게 되는 토대가 되었다. 그러나 초기의 생물학적 개념화는 신경학 분야에서의 효과적 치료 부재와 20세기 초반 정신분석의 성공으로 인해 곧 정신분석적 관점에 자리를 내주어야 했다(Ferenczi, 1921). 틱장애에 대한 심리학적 모델의 안타까운 한 가지 측면은 틱장애가 있는 사람들은 의지력이 부족하고 성품에 문제가 있다는 것으로 보며, 이 장애를 심리 내적 갈등의 결과로 잘못 해석한다는 점이었다. 그러나 향정신성 약물이 틱

증상 감소에 효능이 있다는 발견과 20세기 후반에 일어난 두뇌과학 운동으로 인해 연구가 증가하면서, 역사의 추는 다시 생물학적 기반의 설명으로 되돌아갔다(Kushner, 1999; Woods, Piacentini, & Walkup, 2007).

최근 들어 비교적 짧은 치료기간에 나타나는 기능향상과 행동변화를 강조하는 행동주의 모델에 근거한 심리학적 접근이 재개되었다. 또한 투렛장애/투렛증후군(TS)에 대한 최근의 개념적 모델에서는 신경학적 요인과 환경적 요인을 통합하여 틱장애를 이해하고 치료하고자 한다(Himle, Woods, Piacentini, & Walkup, 2006). 이러한 역사적 배경을 염두에 두고 지금부터 증상차원, 진단체계, 발달 과정, 현재의 이론, 만성적 틱장애의 병인 등을 발달정신병리학 관점에서 살펴보고자 한다.

장애에 대한 기술

핵심 증상

틱(tics)이란 용어는 한 가지 이상의 근육이 관여하는 급작스럽고 빠르며 반복적인 불규칙적 움직임이나 발성으로 정의된다. 틱은 자발적으로 통제할 수 없는 경험으로 겉으로는 정상적인 움직임이나 행동과 비슷해 보일 수 있다(Robertson, 2012). 틱은 다시 **단순형** 또는 **복합형**, 그리고 **운동형** 또는 **음성형**으로 분류된다. 단순형 운동 틱은 독립된 근육을 포함하며 해부학적으로도 단일 위치에서 나타난다. 이러한 틱은 빠르고 재빨리 움직이는 의미 없는 근육의 움직임으로 특징된다. 단순형 운동 틱의 예로는 눈 깜박임, 코 실룩거림, 어깨 으쓱임, 머리 젖히기, 얼굴 찡그리기 등을 들 수 있다. 반면에 복합형 운동 틱은 여러 근육이 함께 동원되며, 더 느리고 더 오랫동안 지속된다. 복합형 운동 틱은 조금 더 목적이 있는 것으로 보이는데, 물건이나 자신의 신체 만지기, 웅크리기, 점프하기, 허리 굽히기, 발차기, 뛰기, 얼굴 및 손동작 등이 그 예이다. 단순형 음성 틱은 주로 알아들을 수 없는 소리를 내며, 헛기침이나 기침, 코 훌쩍임, 끌끌거리기 등을 포함한다. 복합형 음성 틱은 식별 가능한 음절이나 단어, 혹은 문구 등을 포함한다. 여기에는 다른 사람의 단어를 반복하는 **반향어**(echolalia), 자신의 단어를 반복하는 **되풀이**(palilalia), 욕설하기와 같은 **강박적 외설증**(coprolalia) 등이 포함된다. 이 밖에도 새 우는 소리나 개 짖는 소리, 또는 억양이나 크기, 운율의 변화 등도 포함된다. 단순형 틱과는 달리 복합형 틱은 종종 의도적 행동과 말로 오해를 받기도 한다(Coffey et al., 2000).

정의 및 진단적 쟁점

DSM-5(APA, 2013)에서 유아기, 아동기, 청소년기에 처음으로 진단되는 장애들에 대한 부분이 제거됨에 따라 틱장애는 신경발달장애 범주하에서 분류된다. 틱장애는 ADHD와 자폐스펙트럼장애와 더불어 발달 과정 중에 발병하는 특징을 지닌 장애집단으로 묶인다. 틱장애는 현재 (1) 투렛장애, (2) 지속성(만성) 운동 또는 음성 틱장애, (3) 잠정적 틱장애, (4) 달리 명시된 그리고 명시되지 않는 틱장애의 네 가지 범주에 따라 진단된다(표 9.2 참조). DSM-5에서 만성적 틱장애는 틱이 처음 발병된 후 1년 이상(틱 증상을 보이지 않는 기간을 포함하여) 지속될 때 진단된다. DSM-IV의 틱이 나타나지 않는 최대 3개월의 기간 기준이 DSM-5에서 제거된 것은 임상적 실제와 일치하며 진단과정을 단순화시키기 위한 것이다. 마찬가지로 DSM-IV의 일과성 틱장애 진단(최소 4주의 틱 지속 기간과 함께)도 제거되었고, 발병 이후 1년 미만 동안 지속되어 온 틱으로 특징되는 잠정적 틱장애로 대치되었다. 만성 틱장애는 현재 운동 또는 음성 틱만으로 명시된다. 일반적으로 만성 운동 틱은 음성 틱장애보다 훨씬 흔하다. 달리 명시된 그리고 명시되지 않는 틱장애는 틱장애의 특성을 보이기는 하지만 어떤 이유로든 틱장애 또는 다른 명시된 신경발달장애의 진단기준을 만족시키지 못하는 증상들에 대해 사용된다.

DSM-5의 또 다른 변화는 틱에 대한 정의에서 '정형화된'이라는 용어가 없어진 것이다. 이는 자폐스펙트럼장애에서의 상동적 운동과 틱을 변별할 때 혼동을 최소화하기 위함이다. 다른 진단기준들은 DSM-IV와 동일하다. 투렛장애 진단은 다발성 운동 틱과 한 가지 이상의 음성 틱이 질병의 경과 중에 나타날 것을 요구하는데, 이 둘

표 9.2 틱장애의 DSM-5 진단기준

주의점 : 틱은 갑작스럽고 바르며 반복적이고 비율동적인 동작이나 음성증상을 말한다.

투렛장애
A. 여러 가지 운동 틱과 한 가지 또는 그 이상의 음성 틱이 질병 경과 중 일부 기간 나타난다. 두 가지 틱이 반드시 동시에 나타날 필요는 없다.
B. 틱 증상은 자주 악화와 완화를 반복하지만 처음 틱이 나타난 시점으로부터 1년 이상 지속된다.
C. 18세 이전에 발병한다.
D. 장애는 물질(코카인)의 생리적 효과나 다른 의학적 상태(헌팅턴병, 바이러스성 뇌염)로 인한 것이 아니다.

지속성(만성) 운동 또는 음성 틱장애
A. 한 가지 또는 여러 가지의 운동 틱 또는 음성 틱이 장애의 경과 중 일부 기간 존재하지만, 운동 틱과 음성 틱이 모두 나타나지는 않는다.
B. 틱 증상은 자주 악화와 완화를 반복하지만 처음 틱이 나타난 시점으로부터 1년 이상 지속된다.
C. 18세 이전에 발병한다.
D. 장애는 물질(코카인)의 생리적 효과나 다른 의학적 상태(헌팅턴병, 바이러스성 뇌염)로 인한 것이 아니다.
E. 투렛장애의 진단기준에 맞지 않아야 한다.

다음의 경우 명시할 것
　　운동 틱만 있는 경우
　　음성 틱만 있는 경우
　　잠정적 틱장애

A. 한 가지 또는 다수의 운동 틱 또는 음성 틱이 존재한다.
B. 틱은 처음 틱이 나타난 시점으로부터 1년 미만으로 나타난다.
C. 18세 이전에 발병한다.
D. 장애는 물질(코카인)의 생리적 효과나 다른 의학적 상태(헌팅턴병, 바이러스성 뇌염)로 인한 것이 아니다.
E. 투렛장애나 지속성(만성) 운동 또는 음성 틱장애의 진단기준에 맞지 않아야 한다.

출처 : *Diagnostic and Statistical Manual of Mental Disorders, Fifth Edition* (p.81). Copyright 2013 by the American Psychiatric Association의 허락하에 사용함.

이 반드시 동시에 나타날 필요는 없다. 틱의 위치와 횟수, 빈도, 복잡성은 시간 경과에 따라 변화할 수 있지만, 투렛장애, 만성 운동/음성 틱장애, 잠정적 틱장애 진단기준을 충족시키려면 18세 이전에 발병되어야 한다. 틱장애로 진단하기 위해서는 틱의 발생이 물질중독이나 일반적인 의학적 상태, 또는 헌팅턴 무도병과 같은 알려진 중추신경계 질병에 기인한 것이어서는 안 된다. 일반적으로 DSM-5는 틱에 대해 보다 일원화된 정의에 근거하며, 임상적 실제를 보다 정확히 반영하고 있고, 시간에 따른 틱의 양상을 보다 잘 파악하여 진단의 신뢰도를 향상시키고 있다(Roessner, Hoekstra, & Rothenberger, 2011; Walkup, Ferrao, Leckman, Stein, & Singer, 2010). 우리는 임상적 표현형과 이면의 신경생물학적 메커니즘에 관한 후속연구들이 진단적 명료성을 계속 향상시키길 바란다.

하위유형

DSM-5(2013)와 ICD-10(1992)은 투렛증후군(Tourette syndrome, TS)이 단일요인 상태라고 제안하고 있지만, 반대의 증거도 증가하고 있다. 위계적 군집분석과 주요성분요인분석과 같은 정교한 통계모형 기법을 사용한 최근의 연구들은 TS가 다양한 요인들로 이루어져 있음을 시사한다. Robertson, Althoff, Hafez와 Pauls(2008)는 TS를 가진 410명의 표본에서 다섯 가지 요인이 발견되었다고 보고했다. 이 다섯 가지 요인은 (1) 사회적으로 부적절한 행동 및 다른 복합적 음성 틱, (2) 복합적 운동 틱, (3) 단순한 틱, (4) 강박행동, (5) 자기 신체 만지기 등이다.

Robertson과 동료들(2008)의 연구에서는 공존하는 ADHD가 요인 1과 3의 높은 점수와 관련이 있는 반면, 공존하는 OCD는 요인 1, 2, 3, 4의 높은 점수와 관련이 있는 것으로 나타났다. 952명으로 이루어진 다른 대규모표본에 대해 잠재계층분석을 실시한 결과 (1) TS+OCD 증상, (2) TS+완전히 발달한 OCD, (3) TS+OCD+ADHD의 세 가지 계층이 확인되었다. 그리고 이 중 세 번째 계층만이 유전되는 것으로 나타났다(Grados, Matthews, & TSA International Consortium for Genetics, 2008). 가장 최근에 이루어진 요인분석은 639명의 TS 환자로 이루어진 표본을 대상으로 이루어졌는데, 다음의 세 요인이 증상 변량의 48.5%를 설명한다고 밝혔다. 이 세 요인이란 (1) 복합형 운동 틱과 반향어-되풀이 현상, (2) 주의력결핍 및 과잉행동증상+공격적 행동, (3) 복합형 음성 틱과 강박적 외설증을 말한다. OCD 증상은 처음 두 요인에 유의하게 부합되었다(Cavanna et al., 2011).

이러한 결과는 두 가지 이상의 요인을 보고한 대부분의 연구들과 더불어, TS가 임상적으로 이질적임을 지지하는 것으로 보인다. 일반적으로 연구에서 나타난 한 가지 일관된 표현형은 "순수하고 단순한 틱만 보이는" 범주로, 이것이 모든 TS 환자들의 약 10%를 설명한다. 나머지 표현형들은 복합형 틱, 동반이환, 그리고 다른 관련 정신병리가 함께 어우러져 나타난다(Cavanna & Termine, 2012; Robertson, 2012). 이러한 연구결과에 근거하여 연구자들은 TS의 다양한 증상차원들이 특정 대뇌피질 부위의 이상성과 관련이 있는지를 탐구하기 시작했다. 실제로 최근의 연구는 단순형 틱만을 갖고 있는 TS 환자들은 주로 운동을 관장하는 대뇌피질의 영역이 얇은 반면, 단순형 틱과 복합형 틱을 함께 갖고 있는 환자들은 운동 전 영역과 전두엽의 앞쪽 영역, 두정엽 영역 전반에 걸쳐 피질이 얇다고 보고하였다(Worbe et al., 2010).

관련 특징

틱은 시간 경과에 따라 심해지다가 약화되는 특징을 가지며, 종종 불규칙하게 나타나는 차원분열도형(fractal)의 성격이 있는 것으로 묘사되어 왔다(Leckman, 2003; Leckman et al., 1998). 틱 삽화는 틱과 틱 사이에 짧은 안정기를 갖는 특징이 있다. 일반적으로 틱은 0.5~1초가량 지속되며, 안정기는 몇 분에서 몇 시간 동안 지속된다(Du et al., 2010; Peterson & Leckman, 1998). 개인의 틱 프로파일(횟수, 해부학적 구조, 심각성)은 시간 경과에 따라 변화한다. 따라서 틱증상의 표현 양상에 있어서 상당한 개인 간 및 개인 내 차이가 있다. 틱은 또한 어느 정도 일시적 억제가 가능하다는 특징이 있으며, 반자발적 내지 비자발적인 성격을 갖는다(Jankovic, 1997). 억제 가능성, 피암시성, 스트레스로 인한 악화는 오진으로 이끌 수 있는 틱의 몇 가지 특징들이다. 틱은 수면 중에 훨씬 감소되기는 하지만 수면 중에도 모든 단계에서 일어날 수 있다. 연구에 따르면 수면장애는 TS 환자들에게서 자주 나타나며, 수면의 질을 감소시키고 각성 현상을 증가시킨다(Cohrs et al., 2001; Kostanecka-Endress et al., 2003).

틱이 TS의 중요한 특성이기는 하지만, TS를 가진 대부분의 사람들(93%)이 혐오적인 감각 경험(예 : 긴장, 에너지, 압력, 가려움, 따끔거림 등)을 보고한다는 연구결과가 있다. 이러한 경험은 대부분 틱에 선행하며, 틱 증상의 표현과 더불어 부분적으로 그리고 일시적으로 증가한다(Banaschewski, Woerner, & Rothenberger, 2003; Kwak, Vuong, & Jankovic, 2003). 틱 환자들은 '전구충동(premonitory urges)'이라는 이러한 감각 경험을 틱 자체보다도 더 혐오스럽게 느끼는 것으로 보고되고 있는데, 여기에는 전반적인 내적 긴장감 또는 틱이 발생하는 부위에 국한된 감각 모두 포함된다. 이런 경험은 거의 저항할 수 없으며 유의한 손상과 관련이 있는 것으로 경험될 수 있다(Swain et al., 2007). 과거에는 전구충동이 9세 또는 10세 이하의 아동들에게서는 나타나지 않는 것으로 간주되었다(Leckman & Cohen, 1999). 그러나 지금은 어린 아동들도 성인들만큼 일관성이 있는 것은 아니지만 이런 현상을 경험한다는 것이 분명해졌다(Woods, Piacentini, Himle, & Chang, 2005). 틱이 전구충동과 관련된 불편감을 완화시킬 수 있다는 것은 틱장애의 유지 및 진행이 부적 강화 사이클과 관련될 수 있음을 시사한다(Piacentini & Chang, 2006; Shapiro & Shapiro, 1992).

이러한 면에서 TS는 강박사고에 의해 유발된 고통을 감소시킴으로써 강박행동이 부적 강화를 받는 OCD와 유사하다 할 수 있다(Piacentini & Langley, 2004).

분노나 공격성 삽화의 반복(흔히 '분노발작'으로 불림)과 더불어 TS 환자들에게서 발견되는 정서조절의 문제 역시 TS 프로파일의 일부이다(Budman, Bruun, Park, Lesser, & Olson, 2000; Freeman et al., 2000). 이러한 폭발적인 분노는 성인보다 아동에서 더 흔하다. 한 연구에서 TS를 가진 아동의 35%가 분노발작을 보이는 반면, 성인의 경우에는 8%만이 이러한 문제를 보이는 것으로 나타났다(Budman et al., 2000). 임상적으로 볼 때 폭발적 분노는 그것의 전형적인 특징에 의해 확인된다. 즉, 예측 불가능하고 원시적인 형태로 공격성이 급작스럽게 시작되며, 자극에 비해 지나치게 과도한 신체적 또는 언어적 공격성을 나타내며, 종종 자해를 하거나 다른 사람들에게 상해를 입히며 위험하기도 한다. TS를 가진 아동의 경우 폭발적 분노의 시작은 가정에서의 기능 저하, 심각한 의기소침, 학교문제 등을 야기하며 위험한 발달경과를 예고하기도 한다.

연구들은 정서조절 문제가 복합적 동반이환을 보이는 TS를 가진 환자의 하위유형에서 나타나는 특징이라고 보고한다. 동반이환장애로는 공격적 행동과 관련이 있는 OCD, ADHD, 기분 및 불안장애, 반항성 및 품행장애를 들 수 있다(Hollander, 1999; McElroy, Hudson, Pope, Keck, & Aizley, 1992). 최근에 한 연구에서 심각한 형태의 자해행동은 분노삽화의 유무, 위험추구 행동, 심각한 수준의 틱과 관련이 있는 반면, 경미한 내지 중간 정도의 자해는 OCD 및 OCD 증상의 유무와 관련이 있는 것으로 나타났다(Mathews et al., 2013). 다양한 연구들이 정서조절 문제를 동반이환과 관련지어 왔다(Budman, Park, Olson, & Bruun, 1998). 그러나 공격적 행동이 틱의 심각성과 밀접한 관련성을 갖는다고 보고한 연구들도 있다(Nolan, Sverd, Gadow, Sprafkin, & Ezor, 1996). 이러한 연구들을 지지하는 한 대규모 비교문화 연구에서는 폭발적 분노발작이 ADHD, 심각한 수준의 틱, 틱의 낮은 발병연령과 강한 관련성을 갖는 것으로 나타났다(Chen et al., 2012).

역학

유병률/발생률

지난 한 세기 동안 TS는 드물고 기이한 의학적 상태로 생각되었는데, 이러한 관점은 가장 심각한 환자들이 임상연구에 참가하였다는 사실로 인해 지속되었다. 그러나 지난 몇십 년간 수행된 엄격한 역학연구들은 다른 관점을 시사해 왔다. 폭넓은 범위의 틱장애를 대상으로 한 역학연구들은 6~20%의 학령기 아동들이 아동기 동안 잠정적 틱을 보일 수 있음을 보여주었다(Khalifa & von Knorring, 2003; Kurlan et al., 2001; Robertson, 2003). 그러나 잠정적 틱은 비교적 빈번히 발생하기 때문에 언제 잠정적 틱이 지속되면서 보다 만성적인 복합 틱장애로 발전하는지를 확인해야 하는 임상적 도전은 여전히 남아 있다. TS의 유병률 추정치는 일반학급에 다니는 5~18세 학령기 아동들의 경우 0.4~1%의 범위로 비교적 일관된 수치를 보였다(Robertson, 2008a; Scahill, Bitsko, & Blumberg, 2009). 지역사회표본에서의 TS 유병률은 0.1~1%의 범위에 있으며, 만성적 운동 틱이나 음성 틱장애를 포함하면 1~2%로 증가한다(Scahill, Sukhodolsky, Williams, & Leckman, 2005). 이러한 지역사회 사례들 대부분은 아마도 진단을 받지 않았거나 경미한 증상을 보이며, 관련된 손상이나 고통이 없을 가능성이 있음에 주목할 필요가 있다(Robertson, 2012). 그러나 특수학급 환경에서 수행된 연구들은 학습의 어려움과 자폐스펙트럼장애를 가진 학생들 가운데 TS의 유병률이 높다는 것을 발견했다(Baron-Cohen, Scahill, Izaguirre, Hornsey, & Robertson, 1999; Kurlan et al., 2001). 연구마다 표집 전략과 진단 절차에서 차이를 갖고 있는데, 일반 모집단 표본에서 도출된 1,000명당 5~10명의 비율은 임상집단에서 추정된 수치보다 최소 두 자릿수 이상 더 높은 수치이다(Zohar et al., 1999). 이러한 차이는 TS 진단기준을 충족시키는 상당수의 사람들이 한 번도 치료를 받으러 오지 않는 불행한 현실을 보여준다.

성차

성별은 TS의 발현에 영향을 미치는 것으로 보인다. TS는 여성보다는 남성에게서 더 자주 발생하는데, 대부분의 역학연구들은 남성-여성 비율을 약 3 : 1로 보고하고 있다(Robertson, 2012; Zohar et al., 1999). 따라서 TS에 관한 대부분의 연구들은 주로 남성 참가자들을 대상으로 (남성들로 제한한 것은 아니지만) 이루어졌다. 이러한 비율로 인해 남성의 TS 유병률이 여성보다 더 높으며, 남성의 증상이 더 심각하며, 이로 인해 임상기관에 의뢰되는 비율이 더 높아지는 것과 관련이 있는지는 확실하지 않다. 성별 표현형(gender phenotype)이 차별적인 임상적 및 신경생물학적 요인들과 관련이 있는지에 대한 의문이 제기되었지만, 아직 충분히 탐색되지는 못하였다. 이 쟁점을 살펴본 몇몇 연구들 중의 하나는 남성이 여성에 비해 단순 틱의 병력이 더 자주 발견되며, 틱의 발병이 분노와 더 빈번하게 관련이 된다고 보고하였다(Santangelo et al., 1994). 이와는 대조적으로 여성에서의 발병은 남성에 비해 강박적 유형의 틱과 더 밀접한 관련이 있었다. 또한 TS 진단은 남성보다 여성에서 더 늦게 이루어지는 것으로 나타났다. 틱이 발병할 때 경험되는 증상에 있어서 성별과 관련된 차이가 발견되었지만, 연구자들은 TS의 전반적인 경험이 남녀집단 모두에 유사한 것으로 보인다고 결론지었다.

사회경제적 지위/문화의 영향

틱장애의 임상적 특징, 경과, 병인은 인종, 민족성, 사회경제적 지위, 문화에 따라 크게 다르지 않은 것으로 보인다. 이것은 이 장애가 생물학적 기반을 갖고 있음을 시사한다(APA, 2013). TS의 국제적 유병률은 세계의 주요 문화권에서 거의 예외 없이 약 1%로 보고되고 있다(Robertson, Eapen, & Cavanna, 2009). TS가 서구권에서는 폭넓게 연구되어 온 반면 그 밖의 나라들에서는 관심을 받지 못하였다. 그러나 가능한 자료에 근거할 때 아프리카계 미국인들에서는 유병률이 훨씬 낮은 것으로 보인다. 또한 사하라 사막 이남의 아프리카 흑인들에서도 극히 드문 것으로 보인다(Robertson, 2008b). 다양한 연구가 보고한 유병률에 대한 해석은 틱의 다차원적 성격, 나타났다 사라지는 경과, 그리고 증상의 억제 가능성 등과 같이 정확한 진단을 어렵게 하는 요인들 때문에 복잡해진다. TS가 아프리카계 미국인과 사하라 사막 이남의 아프리카 흑인집단에서 드문 것에 대한 가능한 설명으로는 의학적 우선순위의 차이, 의료 서비스를 찾지 않는 경향, TS에 대한 인식 부족, 우연, 인종 및 유전자 외적 요인의 차이, 인종들 간의 유전자 및 대립유전자 차이, 인종들의 혼합 등이 있다(Robertson, 2008b). 임상적 표현형과 그것의 유전적 토대는 이러한 문화적 차이의 이면에 있는 이유들을 밝히는 데 기여할 수 있을 것이다.

발달경과 및 예후

TS는 전형적으로 6~7세에 발병하며, 눈 깜박이기, 얼굴 또는 머리/목 틱과 같은 단순 틱의 출현이 두드러진다. Freeman과 동료들(2000)은 TS에 관한 국제적 연구에 참여한 아동·청소년의 41%가 6세 이전에 틱을 처음 나타냈으며, 93%가 10세 이전에 발병했다고 밝혔다. TS의 임상적 경과에 관한 연구들은 최초 발병 이후 수년에 걸쳐 점차 복합적 운동 틱이 증가하는 입쪽-꼬리쪽 방향(rostral-caudal)으로 진행한다고 하였다(Leckman et al., 1998). 전형적으로 음성 틱은 8세 또는 9세에 나타나며, 강박사고-강박행동 증상(존재할 경우)은 11세 또는 12세에 나타나는 것으로 보인다. 일반적으로 음성 틱은 운동 틱이 처음 일어난 후에 나타나지만, 한두 주의 짧은 기간에 복합적인 운동 및 음성 틱을 모두 보이는 예외도 존재한다(Mc-Cracken, 2000). 강박적 외설증과 욕설증과 같은 복합적 음성 틱 및 운동 틱은 비교적 흔치 않으며, TS를 가진 아동·청소년의 10~15%에서만 발견된다(Robertson, 2012).

아동들은 틱의 발병에 앞서 아동 초기에 파괴적 행동 증상(과잉행동 및 주의력결핍)을 보이는데, 사례의 50%가 이러한 모습을 보이는 것으로 보고되고 있다(Bruun & Budman, 1997). 틱은 전형적으로 악화와 약화를 반복하는 과정을 따르는데, 연령 증가는 안정화의 정도와 많은 관련이 있다. 청소년과 성인 초기 환자들은 증상이 약화되거나 모두 사라지는 기간을 더 길게 보고하는 경우가 많다. 실제로 틱장애에 관한 종단연구들은 틱이 시간 경과에 따라 지속적인 양상을 보이지만, 틱과 관련된 역기능 및 손상은 청소년기로부터 성인기로 접어들면서 약화된다는 것을 보여주고 있다(Coffey et al., 2004). 만성적 틱장애를 갖고 있는 아동과 청소년들을 종단적으로 추적한 연구들은 대부분 청소년 초기에 틱의 심각성이 절정에 이른다고 밝혔다. 청소년 후기 또는 성인 초기가 되면 TS 환자의 1/3 이상이 사실상 틱으로부터 자유로워진다. 그리고 절반보다 적은 수의 사람들이 매우 최소한 -경미한 틱을 보이며, 1/4보다 적은 수의 사람들이 중간 -심각한 수준의 틱을 지속적으로 보이는 것으로 나타났다(Bloch, Peterson, et al., 2006; Leckman et al., 1998).

틱을 보이는 사람들은 틱의 빈도와 심각성 또한 시간 경과에 따라 악화와 약화를 반복하는 경향이 있다. 증상 악화는 흔한 심리사회적 스트레스 요인(즉, 또래 및 가족갈등, 학교생활의 어려움, 정상적인 일상의 변화)과 질병, 피로, 흥분 등과 같은 요인들과 관련이 있다. 그러나 증상의 무선적인 변동은 이 장애가 갖고 있는 전형적인 특징이기도 하다(Coffey et al., 2000).

TS는 보통 아동기에 발병하는 발달장애로 간주되나, 틱은 성인기까지 지속되는 것으로 보인다. 성인 TS의 현상을 살펴본 한 연구에 따르면 성인은 얼굴과 몸통에서 틱을 보일 가능성이 크고 물질남용과 기분장애의 유병률도 높은 경향이 있다(Jankovic, Gelineau-Kattner, & Davidson, 2010). TS의 발달경과 도중에 음성 틱과 복합적 운동 틱, 자해행동, 그리고 ADHD는 심해지는 반면 전반적인 틱의 심각성은 감소하는 경향이 있다. 그러나 아동기에 발생한 틱을 갖고 있는 많은 성인들은 손상의 정도는 크지 않지만 여전히 경미한 틱을 갖고 있다는 증거가 있다. 또한 이들은 OCD나 기분장애 같은 관련 정신병리의 증가를 경험할 수 있다(Pappert, Goetz, Louis, Blasucci, & Leurgans, 2003).

TS가 주요 장애와는 거의 관련이 없기는 하지만 일부 소수 사례의 경우에는 현저한 기능손상을 초래하고 심지어는 심각한 신체적 손상을 초래할 수도 있다. 이러한 '악성 TS'는 OCD와 복합적 음성 틱, 강박적 외설증, 욕설증, 자해행동, 기분장애, 자살 사고, 약물치료에 대한 저조한 반응 등과 관련이 있는 것으로 보고되었다(Cheung, Shahed, & Jankovic, 2007).

동반이환

틱장애를 갖고 있는 사람들에서 틱이 단독으로 존재하는 경우는 매우 드물다. 따라서 동반이환은 이례적이기보다는 일반적이다. 역학 및 임상연구에서는 TS를 가진 사람의 약 90%가 동반이환과 다른 정신과적 문제를 경험하는 것으로 보고하고 있다(Freeman et al., 2000; Khalifa & von Knorring, 2005). TS를 가진 아동과 청소년은 2개의 추가적인 정신과 진단기준을 충족시키기 쉽다(Freeman et al., 2000). TS와의 동반이환율이 가장 높은 증상들은 OCD 또는 OCD 증상과 ADHD이다. 그러나 학습문제, 기분장애, 불안장애도 흔히 함께 발생한다.

TS와 OCD의 동반이환은 양방향적이라 할 수 있다. TS 환자의 약 23%가 OCD 진단기준을 만족시키며, 46%는 준임상적 범위의 OCD 증상을 보인다(Piacentini & Graae, 1997; Robertson, 2000). 반면 OCD 환자의 7~37%도 TS 진단기준을 만족시키는 것으로 보고되고 있다(Miguel, de Rosario Campos, Shavitt, Hounie, & Mercadante, 2001). 가족 유전 및 역학연구들은 TS와 OCD 간의 유의한 관련성을 보여주고 있다. 이는 두 장애가 이면의 병인을 공유하고 있음을 시사한다(Peterson, Pine, Cohen, & Brook, 2001). 실제로 틱을 동반한 OCD/OCD 증상은 OCD 또는 TS만을 갖고 있는 경우와 차이가 있으며, TS의 대안적 표현형일 수 있다는 주장이 있었다(Miguel et al., 2001; Pauls, Leckman, Towbin, Zahner, & Cohen, 1986). OCD 치료에 관한 문헌들도 이러한 차이를 지지한다. 틱의 존재는 OCD를 위한 SSRI 치료의 효과를 감소시키는 반면, CBT의 이로운 효과를 감소시키지는 않는다(March et al., 2007). Coffey, Miguel, Savage와 Rauch(1994)는 TS와 OCD를 함께 갖고 있는 사람들이 두 장애 중 한 가지만 갖고 있는 사람들에 비해 정서장애, 불안, 물질사용장애를 겪는 비율이 더 높다고 보고하였다. TS와 OCD

를 함께 갖고 있는 사람들은 전형적으로 공격적이며 대칭 지향적인 강박사고, 만지기, 눈 깜박이기, 수세기 강박행동을 더 많이 보인다. 반면 OCD만을 갖고 있는 사람들은 오염 공포와 씻기 강박행동의 특징이 있다(Leckman et al., 1997; Sheppard, Bradshaw, Purcell, & Pantelis, 1999). OCD에 관한 연구결과에 따르면 TS를 가진 환자들은 종종 반복적인 행동에 앞서 무엇인가 '옳지 않다는' 감각적-지각적 각성을 나타낸다(Miguel et al., 1995, 2001). 실제로 이 두 장애가 동시에 존재할 때는 반복적으로 만지거나 두드리는 행동 같은 증상이 어느 정도로 복합적 틱인지, 또는 단순한 강박행동인지 변별하기가 쉽지 않다.

TS와 ADHD의 동반이환 또한 흔하다(Termine et al., 2005). 임상표본의 경우 TS를 가진 아동의 40~60%가 ADHD 진단기준을 만족시키는데, 이는 반응억제와 충동 조절에 있어서 공유된 신경회로 결함의 가능성을 시사한다(Sheppard et al., 1999). 경미한 TS 사례들의 경우에는 ADHD의 발생이 일반 모집단에 비해 7~8배 더 높다(Walkup et al., 1999). OCD와 틱장애의 동반이환과 마찬가지로 ADHD와 함께 발생하는 TS와 단독으로 발생하는 TS를 임상적으로 구분하기 위한 노력이 있어 왔다. TS만 가진 아동들에 비해 ADHD와 TS를 함께 갖고 있는 아동들과 ADHD만 가지고 있는 아동들은 우울과 불안, 파괴적 행동 및 집행기능 결함과 같은 유사한 프로파일을 보인다(Kraft et al., 2012; Sukhodolsky et al., 2003). 반면 TS만을 가진 아동과 청소년들은 인지기능과 파괴적 행동, 사회적 기능 면에서 건강한 통제집단 또래들과 유사하다. 그러나 일부 연구에서는 이들이 내재화 증상을 보일 가능성이 더 높은 것으로 나타나고 있다(Robertson, 2011; Roessner et al., 2007). 이러한 연구결과는 TS에서의 다양한 복합적 동반이환이 TS 자체의 특성이라기보다는 공존하는 ADHD와 관련이 있음을 시사한다(Spencer et al., 1998). 가족 유전연구들도 틱의 등장에 선행하는 ADHD 증상과 틱 이후에 발생한 ADHD 증상을 구분해 왔다(Pauls, Leckman, & Cohen, 1993). 이러한 연구는 ADHD 증상이 틱 이후에 발생할 때는 TS와 ADHD 증상이 유전적으로 관련되지만, ADHD 증상이 틱 발생에 선행할 때는 관련이 없음을 보여주고 있다.

다른 흔한 동반이환장애로는 우울, 강박장애 이외의 불안장애, 학습곤란이 있다(Dykens et al., 1990; Freeman et al., 2000; King, Scahill, Findley, & Cohen, 1999). 공존하는 학습곤란을 정확하게 파악하는 것은 어렵지만, 다른 동반이환 정신병리의 존재와 틱이 주의집중에 미치는 부정적 효과로 인해 유병률은 거의 22%로 추정되고 있다(Burd, Freeman, Klug, & Kerbeshian, 2005). 내재화 장애의 경우에는 TS를 가진 아동과 청소년의 약 40%가 우울 또는 강박장애 이외의 불안장애를 경험할 가능성이 있으며, 이는 건강한 통제집단에 비해 유의하게 높은 수치이다(Gorman, Plessem, Robertson, Leckman, & Peterson, 2010; Pitman, Green, Jenike, & Mesulam, 1987). 연구에 따르면 우울의 관련요인에는 틱의 심각성, 연령, OCD, ADHD, 그리고 아동기 품행장애가 포함된다(Robertson, 2006). 공존하는 정서적 어려움의 높은 비율에 대한 한 가지 공통적인 설명은 틱장애로 인해 사회적으로 낙인이 찍힐 가능성이 있기 때문에 만성적으로 부담을 느낄 수 있다는 것이다. 정서적 어려움과 불안, TS가 겹칠 가능성이 높다는 것을 해석함에 있어서, 많은 사람들이 틱장애가 갖고 있는 만성적 손상과 사회적 낙인의 특성이 불안과 우울의 발생률을 높일 수 있다는 데 주의를 기울여 왔다. 다른 사람들은 이러한 현상에 대하여 틱장애가 스트레스에 의해 유도된 시상하부-뇌하수체-부신피질(HPA) 축의 반응성 증가, 그리고 중추와 말초의 노르아드레날린에 의해 증가된 교감신경 활동과 관련될 수 있다는 생물학적 설명을 제시하였다(Leckman, Walker, Goodman, Pauls, & Cohen, 1994; Lombroso et al., 1995).

감별진단

틱은 헌팅턴병이나 시드넘무도병과 같이 심각한 신경 상태와 관련될 수 있는 간대성 근경련, 떨림, 무도병, 무정위운동, 근육긴장 이상, 앉아 있을 수 없는 운동 등의 비정상적인 반복운동과는 차이가 있다(Krauss & Jankovic, 2002; McCracken, 2000). TS를 가진 환자들은 틱과 눈깜

박임 비율, 미세한 안구운동장애, 경미한 글쓰기 어려움을 제외하고는 신경학적 검사에서 정상으로 나타날 수도 있다(Jankovic, 2001). 틱장애는 일반적으로 단순 및 복합 틱의 조합으로 특징되며, 틱과 관련되지 않은 운동장애의 경우에는 음성 틱이 잘 나타나지 않는다. 또한 TS 환자들이 보고하는 전구 감각 증상은 헌팅턴병 같은 다른 운동장애에서는 거의 발견되지 않는다. 그뿐만 아니라 다른 장애에서 흔히 발견되는 운동 수행 후의 긴장완화 경험도 거의 보고되지 않는다. 대부분의 틱이 일시적으로 억제될 수 있다는 점은 틱장애의 고유한 측면으로, 틱을 다른 유형의 과잉운동문제들과 구분하는 데 도움을 준다(Towbin, Peterson, Cohen, & Leckman, 1999). 또한 틱의 표현은 피암시성의 경향을 가지며 다양한 촉발요인들과 관련된다. 틱장애 환자들은 종종 스트레스나 불안, 또는 피로를 느끼는 동안 증상 악화를 보고한다. 일부 환자는 집중을 하는 동안에는 틱 증상의 감소를 경험한다.

복합적이며 반복적인 틱과 OCD의 강박행동을 구분하는 것은 도전적이다. 그러나 OCD의 강박행동은 훨씬 더 인지에 기반한 추동과 관련이 있기 때문에, 특정 방식으로 특정 수만큼, 또는 '적당하다'는 느낌이 들 때까지 강박행동이 수행된다(APA, 2013; Miguel et al., 1995). 또한 지적장애나 자폐스펙트럼장애, 조현병 및 가만히 앉아 있기 힘든 좌불안석증과 같은 반복적인 상동증적 운동과 복합적인 틱을 변별하는 것도 어렵다. 앞에서 언급된 상동운동과 틱 간의 차이를 분명히 하기 위해 DSM-5에서는 '상동증적'이란 묘사가 제거되었다. 상동운동은 발병연령이 어리고 더 오랫동안 지속되며 반복의 형태와 위치가 고정되어 있으며, 전구충동이 존재하지 않으며, 신경학적 또는 발달적 손상과 관련되지 않는다는 점에서 틱과 차이가 있다(APA, 2013; Barry, Baird, Lascelles, Bunton, & Hedderly, 2011).

상황 및 맥락요인

TS의 분명한 생물학적 기반에도 불구하고, 많은 연구가 틱의 발현에 있어서 환경 및 맥락요인이 중요한 역할을 한다는 점을 분명히 하고 있다. 전반적인 사건과 상황에 초점을 맞춘 연구들은 스트레스와 불안, 사회적 활동, 흥분, 피로가 일어나는 기간 중에 틱이 악화되는 경향이 있음을 보여주었다(Conelea & Woods, 2008; Eapen, Fox-Hiley, Banerjee, & Robertson, 2004). 반면 틱의 약화는 이완상태와 평안하고 집중된 활동과 관련이 있는 것으로 나타났다(Eapen et al., 2004; O'Connor, Brisebois, Brault, Robillard, & Loiselle, 2003). 보다 엄격하게 설계된 실험 연구들도 구체적인 선행요인들이 틱에 영향을 미칠 수 있음을 보여주었다. 악화요인으로는 다른 사람들의 존재(Piacentini et al., 2006), 학업과제(Watson, Dufrene, Weaver, Butler, & Meeks, 2005), 틱에 관한 대화(Woods, Watson, Wolfe, Twohig, & Friman, 2001), 공개적인 관찰(Piacentini et al., 2006) 등이 있다. 틱의 감소와 관련된 사건으로는 친숙한 사람들과의 상호작용(Silva, Munoz, Barickman, & Friedhoff, 1995), 소극적으로 참가하는 상황(O'Connor et al., 2003), 여가활동(Silva et al., 1995) 등이 있다.

분명한 것은 정서적 요인이 특히 틱의 악화에 큰 영향을 미친다는 점이다. Findley와 동료들(2003)은 TS 아동과 청소년이 건강한 통제집단에 비해 더 많은 스트레스 사건을 경험하며, 틱의 심각성과 일상적인 생활 스트레스 요인 간에 유의한 관련성이 있다고 보고하였다. 이와 유사하게 TS 아동과 청소년의 연령에 관계없이, 현재의 심리사회적 스트레스 수준이 미래의 틱 심각성을 예측한다는 연구도 있다(Lin et al., 2007). 그러나 정서상태에 대한 일관성 없는 정의와 같은 연구의 한계점으로 인해 정서적 경험의 어떤 측면이 틱의 표현과 가장 밀접하게 관련되는지 결론을 내리기 어렵다(Conelea & Woods, 2008). HPA 축의 관여가 스트레스와 TS의 임상증상 사이에서 매개 역할을 할 수 있다는 가능성이 제기되어 왔다. 즉, 유전적 소인 또는 생애 초기의 환경 노출로 인한 높은 스트레스 취약성이 HPA를 통해 스트레스 요인이 증상의 심각성에 미치는 영향을 강화시키며, 이로 인해 악순환이 일어날 수 있다는 것이다(Hoekstra, Dietrich, Edwards, Elamin, & Martino, 2013).

연구자들은 또한 틱의 표현에 미치는 맥락요인의 효과를 탐색해 왔다. 연구들은 틱을 보일 때 관심을 기울이는 것과 같이 틱이 정적 강화로 인해 증가할 수 있으며(Carr, Taylor, Wallander, & Reiss, 1996; Watson & Sterling, 1998), 또한 부담스러운 상황에서 벗어나는 것과 같이 부적 강화에 의해 틱이 증가할 수 있음을 시사하고 있다(Carr et al., 1996; Scotti, Schulman, & Hojnacki, 1994). 그뿐만 아니라 틱이 일어나지 않는 기간에 대한 강화가 틱의 감소와 유의한 관련성을 갖는 것으로 보고되고 있다(Conelea & Woods, 2008; Himle & Woods, 2005; Himle, Woods, Conelea, Bauer, & Rice, 2007; Woods et al., 2008). '자발적인' 틱 억제에 영향을 미치는 유관성(contingencies)의 확인은 이러한 억제가 어떻게 일어나며, 효과적인 치료에서 어떻게 향상될 수 있는지를 이해하는 데 도움을 줄 것이다.

위험요인과 보호요인

많은 유전 외적 요인들이 TS의 발달에 영향을 미치는 것으로 보고되어 왔다. 여기에는 성별, 태내기 및 주산기의 손상, 안드로겐에 대한 노출, 앞서 논의되었던 심리적 스트레스, 감염 후의 자가면역 메커니즘 등이 포함된다. 태내기 및 주산기의 문제(즉, 출산 전의 저산소 허혈성 사건)는 통제집단(6%)에 비해 TS 및 다른 만성적 틱장애를 가진 아동집단(50%)에서 유의하게 더 많은 것으로 보고되었다(Saccomani, Fabiana, Manuela, & Giambattista, 2005). TS를 가진 아동과 청소년에서 더 자주 발견되는 다른 요인들로는 어머니의 심각한 흡연, 태내기의 높은 산모 스트레스, 출생 시의 저체중, 임신 초기의 심한 구역질 및 구토, 태내기의 산모 흡연 등이 있다(Hoekstra et al., 2013; Mathews et al., 2006; Motlagh et al., 2010). 주산기의 문제는 TS를 가진 아동과 청소년 집단에서 더 자주 발생할 뿐만 아니라 틱의 심각성과도 관련이 있는 것으로 밝혀졌다(Hyde, Aaronson, Randolph, Rickler, & Weinberger, 1992; Mathews et al., 2006). 연구자들은 또한 태내기와 주산기 위험요인과 TS의 흔한 동반이환장애인 OCD 및 ADHD 발생 간의 관련성을 살펴보았다. 연구결과는 출생 시의 저체중과 산모 흡연과 같은 임신 관련 요인이 ADHD와 OCD의 높은 위험과 관련이 있는 반면, 겸자분만과 같은 분만문제는 OCD의 발생과 더 관련이 있음을 보여주고 있다(Mathews et al., 2006; Santangelo et al., 1994).

TS의 유병률이 3 : 1의 비율로 남성들에게서 더 높다는 임상적 관찰에 근거할 때 성별은 확인된 TS 위험요인의 하나라 할 수 있다. 가계 안에서는 남성-남성 전달이 흔하므로 X 염색체 관련 유전이 발생할 가능성이 적다는 점을 고려할 때, 태아의 뇌발달이 일어나는 결정적 시기 동안 안드로겐 노출이 TS 발달의 잠재적인 위험요인으로 작용할 수 있다는 가설이 제기되었다(Peterson, Zhang, Anderson, & Leckman, 1998).

TS의 보호요인에 대해서는 연구가 잘 이루어지지 않았다. 그러나 틱 관련 손상에 대한 기존의 연구결과들을 종합할 때 틱의 심각성과 동반이환 여부가 환자의 전반적 기능에 영향을 미친다는 결론을 도출할 수 있다. 최근의 한 연구는 가계에 틱장애가 있으며 전구충동과 관련된 심각한 틱을 가진 아동과 청소년 환자는 성인기에도 낮은 수준의 건강 관련 삶의 질을 갖게 될 위험이 있을 수 있음을 시사하고 있다(Cavanna, David, Orth, & Robertson, 2012). 또 다른 연구에서는 대규모 인터넷 표본을 대상으로 아동과 청소년기에 틱이 미치는 기능적 영향을 살펴보았다. 연구결과 만성적 틱장애를 가진 아동의 기능손상은 한 가지 이상의 정신과 동반이환, 그리고 틱의 심각성과 관련이 있는 것으로 나타났다(Conelea et al., 2011).

시상하부 기능의 변화와 관련된 체온조절장애 또한 일부 TS 환자들의 병리생물학에서 잠재적 위험요인으로 제안되어 왔다(Kessler, 2001, 2004). 일련의 사례들에서 체온 및 심부 온도의 증가와 일부 환자들의 일시적 틱 증가와 관련이 있었다(Scahill et al., 2001). 틱의 증가는 시상하부 내의 도파민 매개경로를 통해 국부 땀 비율과 상관을 보였다.

병인요인

유전/가족 요인

TS의 유전성은 가계연구 및 쌍생아연구에서 잘 확인되고 있다. TS에 관한 가족연구에서 TS을 가진 가정의 25~41%가 부모와 자녀가 함께 틱을 보이는 것으로 나타났다(Lichter, Dmochowski, Jackson, & Trinidad, 1999; Pauls, Raymond, Leckman, & Stevenson, 1991). 또한 쌍생아연구는 일란성 쌍생아 집단의 TS 일치율(53%)이 이란성 쌍생아 집단(8%)에 비해 훨씬 높다고 보고하고 있다. 틱장애의 전체 스펙트럼이 고려되었을 때 일란성 쌍생아 집단의 일치율은 77%인 데 반해 이란성 쌍생아 집단의 일치율은 23%로 나타났다(Price, Kidd, Cohen, Pauls, & Leckman, 1985).

TS가 단일 유전자, 상염색체 우성장애와는 거리가 있으며, 다양한 유전자들이 여러 유전외적 요인들과 상호작용하여 표현형 발현에 영향을 미치는 복합적 다유전성 양상을 보인다는 것을 보여주는 연구가 늘어나고 있다. 연쇄, 연합 및 세포유전학적 연구결과는 TS 병인에서 11q23, 4q34-35, 5q35 및 17q25를 포함한 몇몇 염색체 영역의 중요성을 시사한다(Merette et al., 2000; TSA Consortium for Genetics, 1999). 몇몇 후보 유전자들이 평가를 받아 왔는데, 여기에는 다양한 도파민 수용기(DRD1, DRD2, DRD4, DRD5), 도파민 수송체, 노르아드레날린 유전자(MAO-A, ADRA2a), 그리고 세로토닌성 유전자(5-HTT)가 포함된다(Cheon et al., 2004; Comings, 2001; Du et al., 2010). 최근에는 염색체 13q31.1상의 SLITRK1(신경세포막 안쪽의 분자를 나타내는 부호), L-히스티딘 데카복실라아제(HDC히스타민 생합성 내의 율속효소를 나타내는 부호)와 같은 희귀한 연속적 유전자변이가 일부 표본에서의 TS와 관련이 있는 것으로 밝혀졌다. 그러나 이러한 연구결과들은 아직 일관성 있게 반복검증되지 않았다(Abelson et al., 2005; Ercan-Sencicek et al., 2010). 이러한 유전자들은 TS 사례의 극소수만을 설명할 수 있는 것으로 보이지만, 희귀변이에 대한 연구결과는 흔히 볼 수 있는 질병에 있어서도 희귀변이에 대

한 연구가 중요함을 강조한다. TS 및 다른 정신과 장애에 대한 현재의 유전연구는 과거에는 완전히 구분되는 문제로 알려진 진단들에 걸쳐 공유된 유전적 위험을 확인하는 방향으로 움직이고 있다(Bloch, State, & Pittenger, 2011). 핵심적 신경발달 과정의 기저에서 중요한 분자경로를 교란시키는 구체적 유전변이가 광범위한 행동적 및 인지적 표현형으로 발현될 수 있다는 가능성을 강조하는 연구들이 증가하고 있다(Bloch et al., 2011; Stillman et al., 2009).

신경생물학적 요인

틱은 피질-피질하부 회로의 조절장애와 관련된 병리적 반복행동으로 개념화되어 왔다(Graybiel & Canales, 2001; Mink, 2001). 보다 구체적으로 틱은 CSTC 연합 및 운동신경 경로의 억제 실패에 기인하는 것으로 가정된다. 신경영상을 통해 TS 환자들이 정상적인 통제집단에 비해 피질 및 피질하부 영역의 구조와 기능에서 미세하지만 중요한 차이를 보인다고 보고하는 연구들이 증가하고 있다. 여기에는 미상핵, 조가비핵, 렌즈핵, 창백핵의 부피 감소와 비정상적 비대칭성이 포함된다(Bloch, Lechman, Zhu, & Peterson, 2005; Lee et al., 2005; Peterson et al., 2003). 아동과 성인 대상의 대규모 뇌구조 영상연구는 TS 환자들이 통제집단에 비해 미상핵 부피가 줄은 반면, 조가비핵과 창백핵에서의 차이는 성인에서만 발견되었다고 보고했다(Peterson et al., 2003). 아동의 미상핵 부피가 더 작은 것은 틱의 지속성과 청소년 후기 및 성인기의 OCD 증상 유무와 역상관을 보이는 것으로 나타났다(Bloch et al., 2005). 아동기 TS의 경우에는 배측면 전두엽피질 부피가 더 큰 것으로 밝혀졌는데, 이러한 효과는 일차적으로 아동기에 존재하며 성인의 경우에는 반대인 것으로 나타났다(Peterson, 2001). 성인 TS와는 대조적으로 아동 TS 환자의 배측면 전두엽피질 부피가 더 큰 것은 심각하지 않은 틱과 관련된다. 이는 다양한 사회적 맥락에서 틱을 억제하려는 빈번한 노력에 의해 시냅스 가소성이 시간이 경과하면서 발달하는 보상적 신경과정이 영향을 미친다는 것을 시사한다(Plessen, Bansal, &

Peterson, 2009; Stern, Blair, & Peterson, 2008).

비록 많은 수는 아니지만 TS에 대한 기능적 영상연구 결과는 렌즈핵과 부변연계 영역, 그리고 감각운동피질에서의 비정상적인 활동(대부분 감소하며, 일부는 증가함)을 보여준다. TS 환자들이 보이는 의식적인 억제는 배쪽 담창구, 조가비핵, 시상을 포함한 피질하부 영역에서의 신경활동 감소와 관련이 있다. 또한 일반적으로 원치 않는 충동의 억제에 관여하는 전전두엽, 두정엽, 측두엽, 대상회 피질에서의 활동 증가와도 관련이 있다(Gerard & Peterson, 2003; Peterson, 2001). Bohlhalter와 동료들(2006)은 틱 발생의 전구단계가 부변연계, 감각연합, 전운동피질 영역에서의 증가된 활성화와 관련이 있음을 발견했다. 이러한 활성화 양상은 가려움증을 포함하는 장애에서 나타나는 것과 유사하다. 이러한 연구결과에 근거하여 관련된 신경 영역들이 불쾌한 신체적 감각과 움직이려는 충동을 연결시키는 회로를 형성한다고 제안한다. 이와 같은 연구들은 감각운동, 변연계의 기저핵-시상피질 회로가 TS의 병리생리학과 가장 관련이 있음을 시사한다.

TS의 도파민 이론은 틱의 치료에 사용되는 할로페리돌과 같은 도파민 길항제의 효능뿐만 아니라 암페타민과 같은 기능적 도파민 작용제의 악화효과 같은 다양한 연구의 지지를 받고 있다. Graybiel과 Canales(2001)는 도파민 작용제인 암페타민을 동물 뇌의 선조체에 소량 주사하자 상동증이 유의하게 유발됨을 발견하였다. 그뿐만 아니라 상동증의 심각성(횟수와 빈도)은 선조체의 특수한 구역인 선조소체에서 유전자 발현이 나타나는 정도와 높은 상관이 있었다. 이러한 결과는 다시 상동증적 행동에서의 도파민 경로를 시사한다. 또한 TS 환자의 뇌에 대한 사후부검에서도 선조체 내의 시냅스 앞부분에 위치한 도파민 운송담당 부위가 증가된 것으로 나타났다(Minzer, Lee, Honig, & Singer, 2004; Yoon, Gause, Leckman, & Singer, 2007). 이러한 연구결과는 뇌에서의 도파민 신경자극의 증가가 TS의 병리생리학에 있어서 중요한 역할을 한다는 증거를 제공한다.

TS에서 나타나는 피질-선조체 경로는 새로운 운동순서를 학습할 때 어느 정도 역할을 하며, 해당 자극에 대한 반응으로써 이러한 순서를 인출할 때도 중심적 역할을 하는 것으로 보인다. 효율성 측면에서 학습된 운동순서는 행동의 조각이 아니라 '덩어리'로 뇌에 저장된다. Graybiel(1998)은 행동의 조각들을 덩어리로 압축하는 능력이 단순한 운동과제를 넘어 보다 복잡한 행동 목록으로 확대될 수 있다고 주장한다. 따라서 틱을 전구 감각 또는 충동에 의해 유발되는 비정상적이며 반복적인 행동 목록으로 볼 수 있다.

기저핵 회로의 기능과 역기능에 대한 기존 모델에 근거하여 틱장애에 대한 생물학적 모델이 제안되었다(Mink, 2001, 2006). 이 모델에서는 기저핵의 적극적인 억제 산물이 대뇌피질과 뇌간의 운동패턴 발생기(motor pattern generators, MPG)에 대해 '브레이크' 역할을 하는 것으로 본다(Mink, 1996). 특정 MPG에 의해 통제되는 바람직한 운동이 일어날 때 일련의 선조체 뉴런이 활성화된다. 담창구나 뇌흑질 망상부와 같은 부위로부터의 긴장성 억제 제거는 원하는 운동패턴의 진행을 가능하게 한다. 아울러 주변의 뉴런들은 시상을 경유하여 대립하는 MPG로 나아가는데, 이것이 억제 산물을 증가시키고 대립하는 MPG에 '브레이크'를 적용한다. 최종적인 결론은 대립되는 운동을 억제하고 의도된 운동을 촉진하는 것이다. 틱의 생성에 있어서 선조체 뉴런의 중심 이탈이 부적절하게 활성화되며, 이것이 기저핵 산물 뉴런집단의 원치 않는 억제를 유발한다. 이러한 뉴런들은 다시 MPG를 탈억제하며 불수의적 운동을 초래한다. 특정 선조체 뉴런들의 반복적인 과잉활동이 지속적으로 발생하는 원치 않는 운동(즉, 틱)을 가져오는 것이다(Mink, 2006).

가능한 발달경로

증가하는 뇌영상연구들은 방해받은 혹은 미성숙한 뇌의 성숙과정이 TS의 발달에서 중요한 역할을 한다고 주장한다(Baym, Corbett, Wright, & Bunge, 2008; Jung, Jackson, Parkinson, & Jackson, 2012). Marsh, Zhu와 Wang(2007)은 뇌기능 영상 패러다임을 사용하여 TS를 가진 아동·청소년 및 성인들의 인지적 억제 차이를 통제집단과 비교하였다. 연구결과 행동과제 수행은 집단에 걸쳐 유사하였으나, TS 집단 참가자들은 건강한 통제집단에 비해 복측 전전두엽 및 후대상회의 비활성화가 연령 증가에 따라 더 저조한 것으로 나타났다. 배측면 전두나선 영역의 더 높은 활성화와 저조한 수행이 TS 집단에서 함께 나타났다. 이는 전두나선 시스템의 더 높은 활성화가 TS 환자들의 과제수행을 유지하는 데 도움을 준다는 것을 시사한다. 연구자들은 TS의 경우 자기조절성 통제를 보조하는 전두나선 영역 활동과 관련된 정상적 발달요인이 손상되어 있다고 결론지었다. 그러나 TS 환자들은 연령과 관련된 자기조절적 통제의 향상을 보조하는 회로에서는 정상적인 발달 과정을 택하는 것으로 보인다. 반면 적절한 과제수행을 유지하는 데에서는 어려움을 보인다. 다른 연구들은 TS 환자들의 기능적 연결 양상이 미성숙함을 보여주었다. 이는 기능적 통합(해부학적 영역들 간의 더 많은 상호작용)이 통제집단에 비해 더 강하며 전두나선 네트워크의 기능적 해체가 더 퍼져 있는 것으로 특징된다. 결국 이러한 양상이 TS의 발달에 대한 가설과 일치한다는 것이다(Church et al., 2009; Worbe et al., 2012). 이러한 기능적 비정상성은 모든 전두나선 네트워크에서 틱의 심각성과 상관이 있었다.

현재의 신경생물학적 연구에 근거한 TS의 발달모형은 행동통제 신경회로의 피질 재조직화가 장애의 측면들을 보완하는 데 작용할 수 있다고 제안한다. 구체적으로 TS 아동과 청소년은 연령이 증가하면서 전전두엽 피질과 1차 및 2차 운동 영역을 연결하는 네트워크에 관여하는 보상적 자기조절기제의 발달을 통해 틱을 점점 통제할 수 있게 된다(Jackson et al., 2011; Serrien, Orth, Evans, Lees, & Brown, 2005). 역설적으로 단순 TS(즉, ADHD와 같은 동반이환이 없는)를 가진 아동들은 운동 산출과 더불어 안구운동 반응에 대한 억제적 통제에서 증가를 보였다(Jackson et al., 2011; Mueller, Jackson, & Dhalia, 2006). 한 연구에서 증가된 운동통제는 전전두엽피질에 있는 백질 미세구조의 변형에 의해 예측되었다. 이러한 신경의 변화는 틱장애의 핵심 요소보다는 신경가소성 기능 적응과 관련이 있었다(Jackson et al., 2011). 연령 증

가에 따라 증가하는 회복으로 특징되는 틱의 자연적 발달 과정은 신경발달 성숙모형과 아동기 TS에서 종종 관찰되는 보상적 재조직화(compensatory reorganization)를 지지하는 것으로 보인다.

TS에서 관찰되는 광범위한 임상적 표현형과 틱 심각성은 이러한 뇌 영역들에서의 신경발달 방해(유전적으로 매개됨)의 정도와 성격에 의해 영향을 받기 쉽다. 유전적 및 후생적 요인들은 뇌발달 단계와 더불어 TS에서 활성화되는 분자 연결통로에서 중요한 역할을 한다. 다양한 신경정신의학 장애들(예 : TS, OCD, ADHD, 자폐스펙트럼장애, 조현병)에 대한 민감성을 증가시키는 광대역 신경발달 유전자(broad neurodevelopmental genes)의 존재를 보여주는 연구결과가 증가하고 있다(Eapen, 2011; Robertson, 2012; State, 2010).

면역학적 요인

TS의 감염후 병인(postinfectious etiology)은 오랜 경력을 갖고 있다. A군 베타-용혈 연쇄구균(group A beta-hemolytic streptococcal, GABHS)은 TS 발생과 가장 관련이 있는 것으로 보고된다(Mell, Davis, & Owens, 2005). GABHS 감염은 시드넘무도병(Sydenham's chorea)과 PANDAS와 같은 몇몇 면역 매개 질환을 촉발하는 것으로 알려져 있다. 이 질환들은 TS와 OCD에서 관찰되는 증상과 유사한 증상을 포함한다. 한 연구에서 TS와 OCD를 가진 아동과 청소년들은 증상 발생 3개월 전에 연쇄구균감염을 경험할 가능성이 건강한 통제집단에 비해 유의하게 높았다. 12개월 내에 복합 GABHS 감염을 겪는 것은 TS 발생 위험을 13배 증가시켰다(Mell et al., 2005). 틱의 심각성은 다양한 염증사이토카인(proinflammatory cytokines)을 증가시키고 조절 T 세포를 감소시키며, 항신경 항체의 합성을 증가시키는 것으로 보고되어 왔다(Martino, Dale, Gilbert, Giovannoni, & Leckman, 2009). TS를 가진 아동들은 통제집단보다 알레르기성 질환의 위험이 더 높다는 흥미로운 증거가 있다(Ho, Shen, Shyur, & Chiu, 1999). 이러한 연구들이 흥미롭기는 하지만 GABHS 감염, 항신경 항체와 TS 간의 관계를 해결하기 위해서는 더 많은

연구가 필요하다.

심리사회적/행동적 요인

많은 경험적 연구들이 TS가 두드러진 생물학적 토대를 가진 신경발달장애라는 것을 입증하고 있다. 그러나 틱이 환경변인의 영향을 받을 수 있다는 증거 또한 증가하고 있다(Himle et al., 2006; Woods & Himle, 2004). 실제로 Woods와 Himle(2004)은 틱이 강화 스케줄에 반응한다는 중요한 증거를 발견했다. 연구자들은 TS를 가진 아동들을 "틱이 일어나지 않도록 무엇이든 하라!"는 구두 지시를 받는 조건, 또는 구두 지시와 함께 그들의 노력에 대한 차별강화를 함께 받는 조건 중의 하나에 배정하였다. 연구결과 토큰 지급기를 통한 차별강화가 틱 표현을 유의하게 감소시킨다는 것을 발견했다. 즉, 강화 조건에서는 76%의 틱 감소가 관찰된 반면, 지시만 준 조건에서는 10%의 감소만이 관찰되었다. 이러한 결과는 틱이 강화 스케줄에 반응할 수 있음을 시사한다. 지금까지의 연구들이 작은 크기의 표본에 의존해 왔고 추가의 반복검증이 필요하다는 것은 의심의 여지가 없지만, 이러한 연구는 틱 표현에 영향을 미칠 수 있는 환경변인들에 대한 앞으로의 연구에 대한 기초를 제공한다.

앞에서 강조되었듯이 틱의 심각성은 선행변인들(예 : 장면, 불안과 같은 정서, 다른 사람들의 존재)과 결과(예 : 사회적 반응, 물질적 강화)에 의해 더 나빠지거나 좋아질 수 있다. 효과적인 틱 관리를 최적화하기 위한 노력으로 심리사회적 및 행동적 접근은 틱의 약화 및 관리와 관련된 사건이나 경험을 확인하고 수정하고자 한다. 행동치료는 OCD와 불안장애와 같이 이면의 신경생물학적 비정상성을 지닌 다양한 정신과 장애의 치료에 효과적인 것으로 알려져 왔다. 틱을 위한 행동치료는 습관반전 훈련(habit reversal training, HRT)을 제외하고, 대부분 제한된 근거 기반을 갖고 있다. HRT 요소들의 효과는 자각 훈련, 경쟁반응 훈련 및 사회적 지지 등으로 확인되었다. HRT는 많은 경험적 지지를 점진적으로 축적해 왔다. 가장 엄격하며 최근에 이루어진 연구에서는 TS를 가진 126명의 아동과 청소년을 대상으로 무선통제

실험을 시행하였다. 그 결과 HRT는 심리교육과 사회적 지지를 받은 통제집단에 비해 틱 심각성 및 손상에서 유의한 향상을 보였다(Piacentini et al., 2010).

행동적 접근이 주의집중을 받음에 따라 효능에 대한 우려가 제기되었다. 한 가지 쟁점은 한 종류의 틱을 감소시키기 위한 행동치료가 또 다른 틱의 등장 또는 악화를 가져오는지의 여부에 관한 것이다. 연구자들은 이런 형태의 증상 대체가 HRT 동안에는 일어나지 않는다고 주장한다(Numberger & Hingtgen, 1973; Piacentini et al., 2010). 또 다른 쟁점은 억제 관련 기법을 사용하는 틱 억제 또는 HRT 같은 행동치료가 억제 후 틱의 악화를 가져올 수 있는지에 관한 것이다. 연구결과는 틱을 보이는 아동들에서 짧은 기간의 억제 후에 그러한 반등효과가 일어나지 않음을 시사해 왔다(Himle & Woods, 2005). 세 번째 쟁점은 틱 및 관련된 충동에 대한 자각을 증가시키는 것이 심각성을 더욱 악화시킬 수 있는지에 관한 것이다. 몇몇 연구들은 자각 훈련만으로도 일부 사람들의 틱을 감소시키는 데 도움이 된다는 것을 발견했다. 몇몇 연구에서 틱에 대한 자기모니터링이 틱의 심각성을 증가시키지는 않는다고 보고하였으며, HRT 자체는 치료를 받는 가족들에 의해 전반적으로 수용되고 감내되는 것으로 나타났다(Billings, 1978; Sharenow, Fuqua, & Miltenberger, 1989; Woods, Miltenberger, & Lumley, 1996).

이론적 틀

TS는 유전적으로 복합적인 신경발달장애이며 생물학적 및 환경적 영향을 받는 것이 분명하다 할 수 있다. TS의 정확한 병리생리학은 여전히 더 밝혀져야 하지만, CSTC 통로에서의 비정상성은 논란의 여지가 없다. 전반적으로 틱은 기저핵의 피질하부 영역에 있는 원치 않는 MPG에 대한 피질 억제의 실패로 설명되어 왔다(Mink, 2001). 이러한 회로는 틱 및 다른 반복적 행동뿐만 아니라 습관의 발달에 있어서도 중요한 것으로 보인다. 습관은 절차학습(procedural learning)의 형태를 통해 감각 단서와 운동 반응을 연결시키는 집합된 일상으로 생각될 수 있다

(Swain, Scahill, Lombroso, King, & Leckman, 2007). 습관 형성의 신경 실체(neural substrates)에 대한 이해는 TS에 대한 이해를 명료화시켜 줄 것이다. 실제로 연구들은 TS를 가진 아동과 성인 모두 일반 통제집단에 비해 습관 또는 절차학습에서 손상을 보인다고 보고해 왔다(Marsh et al., 2004; Marsh, Alexander, Packard, Zhu, & Peterson, 2005).

틱의 병인에서 시사되는 신경생물학적 이상성이 충분히 받아들여지긴 하지만, 새롭게 떠오르고 있는 틱장애의 신경행동 모형은 틱 표현이 환경적 사건의 영향을 받으며, 이러한 사건이 부적 강화 사이클을 통해 틱을 악화시키거나 향상시키고, 또는 유지시킬 수 있다고 제안한다(Himle et al., 2006; Woods et al., 2005). 기능적·행동적 관점에서 볼 때 틱의 완수는 일시적인, 그러나 즉각적이며 드라마틱한 혐오감각 강도의 감소를 가져온다(Leckman, 2003). 조작적 조건형성 원리는 불유쾌한 상태나 조건을 감소시키는 행동은 불유쾌한 상태가 다시 일어날 때 그 행동이 일어날 가능성을 증가시킬 것이라 주장한다. 이러한 순환적 양상은 '부적 강화 사이클'이라 불린다. 틱장애에 대한 증거기반 행동치료(HRT)는 그러한 조작적 조건형성 원리에 의해 이론적으로 시행된다. 행동주의 이론에 근거한 HRT는 환자들에게 전구충동에 저항하고 궁극적으로 습관화되도록 하는 행동기술을 가르친다. 그렇게 함으로써 부적 강화 사이클을 방해하는 것이다. 이런 점에서 HRT는 불안장애와 OCD를 위한 노출기반 치료(예 : 탈조건형성)와 유사한 메커니즘을 거칠 수도 있다. 이 메커니즘은 직접 검증된 적은 없으나 예비 연구들은 ERP 치료가 TS에 효과적이라는 것을 보여주고 있다(Hoogduin, Verdellen, & Cath, 1997; Verdellen, Keijsers, Cath, & Hoogduin, 2004). 또한 연구들은 억제가 효과적일 때 전구충동에 대한 습관화가 일어난다고 보고했다(Wetterneck & Woods, 2006; Woods, Hook, Spellman, & Friman, 2000).

연구들은 '탈억제'라는 개념이 틱의 표현에 대해 잠재적으로 중요한 메커니즘(인지적으로, 임상적으로, 생물학적으로)이라고 강조해 왔다. 그리고 이것이 낮은 충동

통제와 TS 관련 행동문제, ADHD와 같은 관련장애를 부분적으로 설명해 준다고 주장한다. 점차 증가하고 있는 임상적 중개연구(clinical translational research)는 HRT와 같은 증거기반 개입의 잠재적 메커니즘과 예측요인들을 탐색한다. 수는 많지 않지만 행동치료 반응의 신경인지 예측요인을 살펴본 연구들은 기초선 단계에서 TS를 가진 성인들 가운데 시각적-공간적 점화과제(priming task)에 대해 더 나은 반응억제를 보인 사람들은 HRT에 대한 반응도 더 컸다고 보고했다(Deckersbach, Rauch, Buhlmann, & Wilhelm, 2006). 이러한 연구결과와 일치하는 아동 대상 연구들은 지속적 주의집중 문제가 틱 억제의 어려움과 관련이 있음을 보여주고 있다(Himle & Woods, 2005; Peterson et al., 1998). 신경인지 지표들이 특질처럼 안정적인 TS 표현형으로 기능하는지, 또는 치료에 따라 변화하는 유연한 상태변인으로 기능하는지를 살펴보는 연구는 병인에 대한 이해를 향상시키는 데 중요하다. 또한 치료반응에 대한 기초선 시점에서의 잠재적 신경생물학적 예측요인들에 대한 연구는 개별 환자를 위한 치료를 최적화하기 위한 앞으로의 노력에 도움을 줄 것이다(Chang, 2007).

현재의 문제점과 앞으로의 연구 방향

TS의 임상적 이질성은 이것이 단일장애라는 생각을 반박한다. TS의 표현형 발현은 단순 틱에서부터 다양한 정신과 동반이환장애들과 관련된 보다 복합적인 양상의 틱에 이르기까지 다양하다. 이러한 이질성의 이면에 깔려 있는 신경생물학적 기초는 아직 완전히 이해되지 않았다. 유전적 연구는 복합적인 다인자 유전(polygenic inheritance)을 시사해 왔으며, 최근의 유전체 단위 반복변이 연구는 TS와 다른 장애들(예 : 자폐스펙트럼과 조현병) 간의 공유된 위험의 가능성을 강조해 왔다(Bloch et al., 2011). 또 다른 연구는 CSTC 회로의 영역들에서의 구조적 차이와 TS의 임상적 표현형 간의 관계를 살펴보고자 하였다. 기저핵 조직에 관한 한 모형에 따르면 운동 틱은 전운동 및 운동회로의 역기능에 기인하는 반면, ADHD와 OCD 같은 행동장애는 연합 및 변연회로에서의

비정상성과 관련이 있다(Singer, 2005). 실제로 한 연구는 TS와 OCD의 동반이환이 전대상피질(anterior cingulate cortex)의 피질 두께 감소와 관련이 있는 반면, 단순 틱 TS만을 가진 환자들은 대부분 일차운동영역(primary motor regions)에서 피질이 얇아진다는 증거를 보여주었다(Worbe et al., 2010).

틱장애의 임상현상학을 분석하기 위해 데이터 축소방법을 사용한 연구들은 틱 증상만을 살펴보았을 때 대체로 '단순'과 '복합' 틱 증상 요인 또는 군집의 2요인 모형을 제시하였다. 그러나 틱 관련 증상들을 더 폭넓게 포함할 때는 3요인 또는 4요인이 드러났는데, 이러한 요인은 주의집중 곤란, 공격성, 강박행동, 그리고 복합 틱 군집과 관련된 자해행동 등이었다(Grados & Mathews, 2009). 일부 OCD와 ADHD와 같은 동반이환은 TS 표현형에 좀 더 필수적인 반면, 우울이나 불안, 품행장애 같은 동반이환은 이차적인 것으로 보인다. 틱장애 안에서 보다 동질적이며 병리학적으로 의미 있는 하위집단을 확인하려는 노력은 병인을 이해하는 데만 적합한 것이 아니라 질병분류학과 현상학에 대한 이해와 치료법 개발에 있어서도 중요하다.

지난 반세기 동안 이루어진 약리학적 및 행동주의 분야에서의 명백한 발전에도 불구하고, TS를 가진 많은 환자들은 TS를 위한 최선의 증거기반 치료로부터 충분히 혜택을 받지 못하고 있다(Cavanna & Termine, 2012; Robertson, 2012; Swain et al., 2007). 알파작용제(예 : 클로니딘과 구안파신)와 신경억제마취제와 같은 약물은 틱을 억제하는 효능을 가진 것으로 밝혀져 왔다. 그러나 약물, 특히 신경억제마취제는 유의한 부작용이 따르는데, 아동은 이를 견디기 어려울 때가 많다(Jankovic & Kurlan, 2011; Pena, Yaltho, & Jankovic, 2010). 많은 아동들은 최소한의 기능적 손상을 동반하는 경도의 틱만을 경험하기 때문에 치료를 요구하지는 않는다. 반면 틱장애로 인해 신체적 고통, 사회적 낙인, 학업곤란, 가족갈등 등 다양한 부정적인 결과를 겪는 아동들도 있다(Storch, Lack, et al., 2007). 따라서 이러한 어려움을 겪고 있는 아동과 청소년들에게 가능한 개입접근을 최적화하기 위한 치료법

개발 연구가 필요하다. 심각한 TS 사례의 경우에는 HRT 원리에 기반을 둔 행동치료와 더불어 약물치료를 병행하는 것이 가장 도움이 될 수 있다. 약물치료와 행동치료의 효능에도 불구하고 치료반응의 이면 메커니즘에 대한 우리의 이해는 상대적으로 제한되어 있다. 치료반응에 대한 잠재적 예측요인과 조절변인들을 밝히기 위한 중개연구(translational research)는 TS 개입을 보다 개별화된 치료의 시대로 향상시킬 것이다. 예컨대 OCD와 틱의 동반이환은 SSRI 약물치료에 대한 반응을 악화시키나 CBT에 대해서는 그렇지 않다는 것이 OCD 연구에서 이미 밝혀졌다(March et al., 2007). 이런 종류의 연구는 TS 및 관련장애로 고통받는 사람들을 위한 더 나은 맞춤식 치료를 발견하는 데 도움을 줄 것이다. 치료반응에 관여하는 이면의 생물학적 메커니즘에 대한 정보는 앞으로 개입방법을 향상시키는 데 도움을 줄 것이다.

정상적인 뇌발달과 틱장애가 잠재적으로 이 과정에서 탈선하는 방식에 대한 더 많은 이해는 TS의 복합적인 병리생리학을 명료화시키는 데 있어 중요하다. 틱의 역사는 대부분의 아동과 청소년이 성인 초기에 틱 증상의 유의한 향상 및 해결을 경험한다는 것을 보여준다. 이러한 발달 과정 이면의 이유들에 대해 여전히 잘 이해할 수는 없으며, 이러한 흥미로운 질문에 대한 답을 찾는 노력은 왜 일부 성인들이 지속적으로 틱을 경험하며 훨씬 이후까지도 증상의 재발을 겪는지를 설명하는 데 도움을 줄 것이다. TS는 명백히 신경발달장애이다. 따라서 뇌발달 단계에서의 구조적 및 기능적 변화와 더불어 신경가소성에 대해 더 많이 밝혀진다면, 장애의 이면 메커니즘에 대한 귀중한 단서를 제공하고 나아가 새로운 치료방법을 발전시키는 데 도움을 줄 것이다.

TS는 여러 면에서 대표적인 신경정신장애로 간주될 수 있기 때문에, 소아기 뇌발달의 과정에서 역할을 하는 유전요인, 환경요인, 그리고 신경생물학적 시스템 간의 다양한 상호작용에 대한 연구를 요구한다. 신경생물학적, 유전학적, 행동주의적 접근 간의 가능한 다학문적 협력을 고려할 때, 앞으로의 TS 연구는 전망이 밝다 할 수 있다. 가장 중요한 것은 생물학과 환경에 대한 조심스러

운 고려가 장애의 효과적인 예방과 치료를 위한 노력에 도움을 줄 것이란 점이다.

털뽑기장애 또는 발모광

역사적 맥락

일탈적인 또는 정서적으로 촉발되는 털뽑기(hair pulling)는 성경과 고대 그리스 문헌, 셰익스피어의 작품, 그리고 의학 분야의 다양한 문헌에서 언급되어 왔다(Christenson & Mansueto, 1999). BC 5세기 고대 그리스의 의사 히포크라테스는 환자를 평가할 때 과도한 발모를 반드시 평가할 것을 권고했다. 19세기 말 프랑스의 피부과 의사 Hallopeau(1889)는 '발모광trichotillomania)'이란 용어를 처음 사용했으며, 의학 분야 문헌에서 과도한 털뽑기에 대해 처음으로 상세하게 기술하였다. 20세기 중반에 피부과 의사들과 심리역동접근의 치료자들이 발모광에 대한 사례보고서를 몇 가지 발표했지만, 체계적인 연구는 거의 이루어지지 않았다. 1970년 초반경에 행동주의자들이 털뽑기 및 다른 습관들에 대한 치료개입을 발전시켰다(Azrin & Nunn, 1973). 의학 문헌에서의 긴 역사에도 불구하고 털뽑기장애(hair-pulling disorder, HPD)는 DSM-III-R(APA, 1987)이 출판되기 전까지는 공식적 진단체계에 포함되지 않았었다. 지난 20년간 발모광 또는 HPD에 대한 연구들이 상당히 증가했지만, 이 장애는 OCD 스펙트럼의 다른 장애들(예 : OCD, 틱장애)에 비해 관심을 적게 받았다.

장애에 대한 기술

핵심 증상

HPD의 핵심 증상은 몸에 난 털을 반복적으로 뽑는 것이다. 이 행동은 전형적으로 습관적이어서, 환자들은 매일 또는 거의 매일 털을 뽑는다. 아동과 성인이 털을 뽑는 삽화는 보통 하루의 전반에 흩어져 있다(예 : 취침 전, 몸단장 중, 스트레스를 받는 동안).

털뽑기 부위

연구들은 HPD를 가진 걸음마기 유아들(Wright & Holmes, 2003)과 학령전기 아동들(Walther et al., 2014)이 전형적으로 두피에서만 털을 뽑는다고 보고하였다. 이것은 아마도 신체의 다른 부위는 상대적으로 털이 적기 때문인 것으로 보인다. 반면 절반가량의 학령기 아동(Walther et al., 2014)과 청소년(Franklinet al., 2008), 그리고 대부분의 성인들(Woods et al., 2006)은 한 부위 이상에서 털을 뽑는 것으로 보고된다. 이는 털뽑기 부위의 수가 연령에 따라 증가한다는 것을 시사한다. HPD를 가진 청소년(11~17세; Franklin et al., 2008)을 대상으로 한 설문조사에서 가장 공통적으로 털을 뽑는 부위는 두피(85%), 속눈썹(52%), 눈썹(38%), 치골부위(27%), 다리(19%)로 나타났다. 성인들에 대한 유사한 설문조사(Woods et al., 2006)에서 가장 공통적인 부위는 두피(73%), 눈썹(56%), 속눈썹(52%), 치골부위(51%), 그리고 다리(22%)였다.

털뽑기 전과 후의 행동

털뽑기 전과 후의 행동은 HPD를 가진 아동과 성인에서 공통적으로 나타난다(Mansueto, Townsley-Stemberger, Thomas, & Golomb, 1997; Tay, Levy, & Metry, 2004). 털을 뽑기 전에 환자들은 털을 빙빙 돌리거나 치거나, 또는 뽑기에 적합한 털을 찾는다. 어떤 환자들은 특정 유형의 털을 선호하는데, 전형적으로 다른 것과 다른 털(예 : 흰색, 거칠거나 뻣뻣한 것)이다. 다른 환자들은 끝에 뿌리를 가진 털을 뽑을 때 특별한 쾌감을 느낀다고 보고한다. 털을 뽑은 다음 어떤 사람은 털을 들여다보거나 갖고 놀거나 손가락 사이에서 굴리거나 입술에다 치거나 냄새를 맡거나 하는 등의 행동을 한다. 털을 입으로 끊거나 씹거나 삼키는 사람도 많다. HPD를 가진 68명의 성인에 대한 설문조사에서 20%가 털을 삼키는 식모증(trichophagy)의 습관을 보고했으며, 13%는 삽화적으로 털을 먹는 것으로 나타났다(Grant & Odlaug, 2008). 식모증을 보고한 사람들은 남자가 많았고, 이러한 행동을 보이지 않는 사람들에 비해 더 심각한 HPD를 갖고 있는 경향이 있었다. 소수의 사례이긴 하지만 털을 먹는 습관은 만약 털덩이(trichobezoar)가 소화기관을 막히게 하면 생명을 위협하는 합병증을 초래할 수도 있다(Gorter, Kneepkens, Mattens, Aronson, & Heij, 2010).

대리적 털뽑기

연구들은 HPD를 가진 아동(Tabatabai & Salari-Lak, 1981; Tay et al., 2004)과 성인(Christenson, Mackenzie, & Mitchell, 1991)이 자신의 털을 뽑는 것과 아울러, 습관적으로 다른 사람이나 동물, 인형으로부터 털을 뽑는 때도 있다는 것을 보여주고 있다. Beattie, Hezel과 Stewart (2009)는 HPD를 가진 두 명의 어머니 사례에 대해 기술했는데, 이들은 어린 자녀의 털을 뽑는 행동을 멈출 수가 없기 때문에 수치감과 당황스러움, 그리고 상당한 심리적 고통을 느낀다고 보고하였다.

정서적 경험

HPD로 고통을 받는 사람들은 종종 털을 뽑고 싶은 압도적 충동 또는 욕구를 느끼며, 털뽑기 행동이 안도와 만족, 또는 쾌감을 일으킨다고 보고한다. 털뽑기 삽화는 종종 스트레스나 따분함, 긴장, 양가감정, 또는 좌절과 같은 부정적 정서상태에 의해 촉발되며(Mansueto et al., 1997), 연구결과는 털뽑기 행동이 부정적 상태를 조절해 주는 기능을 할 수도 있음을 시사하고 있다(Meunier et al., 2009; Shusterman, Feld, Baer, & Keuthen, 2009). 완벽주의 경험 또한 보고되고 있는데, 어떤 사람은 얼굴 양쪽을 똑같이 하기 위해 속눈썹을 뽑기도 한다. 성인에 비해 아동에서는 털뽑기와 관련된 정서적 경험이 덜 두드러지며, 보고되지 않는 경우도 있다는 증거가 있다(Walther et al., 2014).

자동적 및 집중적 하위유형

HPD를 가진 많은 환자들은 행위에 대한 생각이나 자각 없이 털뽑기 행동을 한다. 이들은 털을 뽑고 나서야 자신이 한 행동을 의식한다. 어떤 연구자들은 두 유형의 털뽑기를 구분하는 것이 의미가 있을 것이라 제안했다. 하나는 자각 없이 털을 뽑는 특징을 갖는 '자동적' 유형

이다. 다른 하나는 전형적으로 충동/각성 또는 부정적 정서상태(예 : 스트레스 또는 따분함)와 같은 내면적 상황에 대한 반응으로, 완전히 자각하면서 털을 뽑는 특징을 갖는 '집중적' 유형이다. 이러한 구분이 임상적으로 의미가 있는지, 또는 예언적 타당도를 갖는지에 대해서는 아직 결정된 것이 없다. 그러나 유형에 따라 다른 치료적 개입이 적합하다는 제안이 있다. 즉, 자동적 털뽑기에는 HRT가 더 적합하며, 집중적 털뽑기에는 정서조절에 초점을 둔 치료가 더 잘 맞을 수 있다는 것이다(Flessner et al., 2008).

이러한 털뽑기 차원들의 발달궤적은 잘 알려져 있지 않다. 학령전기 아동은 더 큰 아동이나 성인에 비해 털뽑기를 자각하거나 선행적 충동을 경험할 가능성이 적은 것으로 보인다(Walther et al., 2014). 그러나 예비연구 결과는 아동이 10세가 되면 자동적 털뽑기의 수준이 안정적으로 유지된다는 것을 보여주고 있다. 반면 집중적 털뽑기는 연령에 따라 변화한다. Flessner, Woods, Franklin, Keuthen과 Piacentini(2009)는 넓은 연령범위(10~69세)에 걸쳐 HPD를 가진 여성들에 대한 횡단조사 자료를 분석하였다. 분석 결과 자동적 털뽑기는 연령 집단에 관계없이 안정적으로 유지되었으나, 집중적 털뽑기는 청소년기와 생물학적 변화가 일어나는 성인기(예 : 폐경기)에 유의하게 증가하는 것으로 나타났다. Panza, Pittenger와 Bloch(2013)는 HPD로 인해 치료를 받고 있는 8~17세 아동과 청소년 표본에서 유사한 결과를 발견하였다. 즉, 환자의 연령은 집중된 털뽑기 수준과 유의한 상관을 보였지만, 자동적 털뽑기 수준과는 유의한 상관을 보이지 않았다. 이러한 결과는 집중적 털뽑기가 정서적 혼란이 증가되는 청소년기 동안 증가할 수 있으나, 자동적 털뽑기는 아동 후기에서 성인기까지 안정적인 것으로 보인다.

흔한 동반이환

HPD가 있는 학령전기 아동에서의 동반이환에 대한 자료는 제한되어 있다. HPD가 있으며 가족문제 또는 스트레스 요인이 발견된 10명의 걸음마기 유아 사례에 대한 연구에서, 50%는 불안장애를, 20%는 발달문제를 가진 것

으로 나타났다(Wright & Holmes, 2003). 그러나 이 연구는 사용된 표본이 외래환자 집단에서 추출되었으며, 구조화된 면접이 사용되지 않았다는 제한점이 있다. 털을 뽑는 어린 아동들은 다른 문제를 보이지 않는 한 전문가에게 진료를 받게 될 가능성이 적기 때문에, 외래환자 표본에서는 동반이환율이 부풀려지는 경향이 있다.

HPD 아동과 청소년 외래환자에서의 동반이환을 평가하기 위해 구조환된 면접을 사용한 몇몇 소규모 연구들은 일관되게 높은 동반이환율(60~70%)을 보고했다. 그러나 연구들은 유병률이 가장 높은 동반이환장애에서 차이를 보이고 있다(Hanna, 1996; King, Scahill, et al., 1995; Reeve, Bernstein, & Christenson, 1992). Tolin, Franklin, Diefenbach, Anderson과 Meunier(2007)는 HPD 전문 클리닉에서 치료를 받고 있는 8~18세 아동과 청소년 46명을 평가했다. 그 결과 18명(39%)은 최소 한 가지 이상의 진단기준을 충족시켰으며, 14명(전체 표본의 30%)은 불안장애 진단기준을 충족시키는 것으로 나타났다 Panza와 동료들(2013)은 HPD에 대해 약물치료를 받고 있는 62명의 8~17세 참가자들에 대한 면접을 수행하였다. 연구결과 우울(31%), 불안장애(29%), ADHD(16%), 틱장애(6%), OCD(5%)의 동반이환율을 보고하였다. 마지막으로 아동 및 청소년 발모광 임팩트 프로젝트(Child and Adolescent Trichotillomania Impact Project; Franklin et al., 2008)와 HPD를 가진 10~17세 아동과 청소년 133명에 대한 인터넷 기반의 조사연구에서 45% 이상의 응답자가 우울증상을, 40%가 불안장애로 보고된 지역사회 규준보다 1 표준편차 더 높은 수준으로 보고한 것으로 나타났다(Lewin et al., 2009). 많은 나이와 발생 시의 연령은 더 높은 우울과 불안 점수를 예측하였으며, 우울증상은 털뽑기의 심각성과 기능손상 간의 관계를 부분적으로 매개하였다. 그러나 불안증상은 이러한 매개효과를 보이지 않았다. HPD를 가진 성인 외래환자들에 대한 연구들 역시 일관되게 높은 동반이환율을 보고해 왔으며, 불안장애와 우울장애가 가장 빈번하게 진단되었다(Odlaug, Kim, & Grant, 2010).

강박장애

HPD는 오랫동안 OCD의 한 종류로 생각되어 왔으며, 최근에는 HPD가 OCD 스펙트럼에 속한다는 주장이 제기되었다(Lochner & Stein, 2006, 2010). HPD는 OCD와 일부 현상학적 특징을 공유한다(예 : 둘 다 반복적 행동을 보임). 그러나 이 두 장애는 현상학적인 면에서 차이를 보일 뿐만 아니라(예 : OCD와는 달리 HPD는 전형적으로 자아 이질적인 침습적 사고를 보이지 않는 특징이 있음), 다른 임상적 특징(예 : 성별 비율, 과정, 동반이환 양상, 치료에 대한 반응) 등 중요한 측면에서 차이를 보인다. 그럼에도 불구하고 OCD와 HPD는 유전되며 종종 함께 발생한다(Bienvenu et al., 2012). 그리고 이 두 장애는 심리적 기초를 일부 공유한다. 한 연구는 HPD가 불안장애 표본에서보다 OCD 표본에서 더 자주 발생한다는 것을 발견했다(Richter, Summerfeldt, Antony, & Swinson, 2003). 좀 더 큰 표본을 사용한 또 다른 연구도 다른 불안장애 표본에 비해 OCD 표본에서 더 높은 HPD 유병률을 발견하였다. 그러나 그 차이는 통계적으로 유의하지 않았다(Lochner & Stein, 2010).

신체에 집중된 반복행동

HPD는 신체에 집중된 습관적 행동인 **신체에 집중된 반복행동**(body-focused repetitive behaviors, BFRB)의 하나로 이해되기도 한다. 이러한 행동에는 털뽑기, 피부뜯기, 손톱 물어뜯기, 뺨 물어뜯기, 엄지손가락 빨기 등이 있다(Stein, Grant, et al., 2010). Snorrason, Belleau과 Woods(2012)는 문헌고찰에서 HPD와 피부 뜯기장애(skin-picking disorder, SPD)가 놀랄 만큼 증상이 유사하고 자주 함께 발생하며, 중요한 병인요인들을 공유하는 경향이 있음을 보여주었다. HPD 외래환자 표본에서의 SPD 유병률의 범위는 10%부터 34%에 이른다(Snorrason et al., 2012). 예비연구 결과는 HPD, SPD, 병적 손톱 물어뜯기가 유전적 기반을 공유하고 있음을 보여준다(Bienvenu et al., 2009). 그리고 HPD를 가진 성인(Stein et al., 2008)과 아동(Walther et al., 2014)에 대한 설문조사 결과도 피부 뜯기, 손톱 물어뜯기, 뺨 물어뜯기, 코 후비기와 같은 다른 BFRB들과 높은 동반이환을 보인다는 것을 보여주고 있다. 엄지손가락 빨기는 HPD를 가진 어린 아동들에서 가장 흔히 관찰된다. 이런 아동들은 털뽑기와 엄지손가락 빨기를 동시에 하며, 엄지손가락 빨기를 치료하면 털뽑기 습관을 제거할 수 있다(Friman & Hove, 1987).

정의 및 진단적 쟁점

DSM-III-R과 DSM-IV(APA, 1987, 1994)에서 HPD(또는 발모광)는 뚜렷한 탈모와 현저한 고통 또는 기능적 손상을 초래하며, 다른 정신장애 또는 의학적 상태에 기인하지 않는 반복적 털뽑기로 정의되었다. 또한 정의에는 털뽑기 행동 이전에 긴장감이 증가되고, 털을 뽑고 난 후에 만족/안도를 느끼는 것에 대한 요구가 포함되어 있다. 그러나 DSM-5(APA, 2013)에서는 '뚜렷한'의 요건과 긴장감 안도의 요건이 달라졌다. 현재의 진단기준은 간단히 탈모로 표현되는데, '뚜렷한'의 요건이 제거된 이유는 환자의 탈모가 분명하게 뚜렷하지 않은(예 : 털뽑기가 여러 부위에 걸쳐 분포됨) 경우가 종종 있기 때문이다(Stein, Grant, et al., 2010). 다른 변경에 대해 몇몇 연구들은 HPD를 가진 많은 사람들 특히 아동의 경우(Walther et al., 2014), 임상적으로 유의한 털뽑기 문제를 갖고 있음에도 불구하고 털뽑기 전의 긴장 증가 또는 도중의 만족/안도를 보고하지 않는다는 것을 보여주었다(Conelea et al., 2012). 따라서 DSM-5 진단기준은 이러한 요건을 포함하지 않고 있다. 요약하면 DSM-5에서는 HPD를 탈모를 초래하는 반복적 털뽑기, 털뽑기를 줄이거나 멈추려는 노력, 그리고 현저한 고통이나 기능손상으로 정의한다. 제외기준은 다른 정신장애(예 : 정신증적 장애) 또는 의학적 상태(예 : 피부질환)로 인한 털뽑기를 포함하고 있다.

DSM-III-R 및 DSM-IV와 달리 DSM-5에서 달라진 또 다른 점은 앞의 버전에서 HPD가 방화증, 도박, 간헐적 폭발장애 등과 더불어 충동통제장애로 분류되었다는 점이다. HPD는 이러한 장애들과 거의 공통점을 갖고 있지 않은 것으로 보이며, 이러한 개념화의 임상적 유용성도 한계가 있었다. 따라서 DSM-5에서는 HPD가 강박장애 및 관련장애에 포함되어 있다.

발달경과 및 예후

성인 임상표본에 대한 횡단적 회고연구는 HPD가 전형적으로 만성적 경과를 나타내며, 가장 공통적인 발병연령은 청소년 초기라고 보고한다(Snorrason et al., 2012). 그러나 아동기 발병 역시 빈번하며, 조기 발생 사례들이 덜 만성적인 경과를 보이는 것으로 보인다. Swedo, Leonard, Lenane와 Rettew(1992)는 5세 이전에 HPD가 발생한 7세 이하의 아동들(N=10)을 평가한 후, 발병연령이 더 늦은 아동, 청소년, 성인집단(N=43)과 비교하였다. 연구자들은 연령이 높은 표본이 전형적으로 만성적 경과를 보였으나, 조기 발병 표본의 아동들은 1년 중 수개월 동안 완전관해를 동반한 삽화적 경과(episodic course)를 보인다고 보고했다. 연구자들은 또한 연령이 높은 표본은 그어떤 집단도 5세 이전에 발병하지 않았다고 보고했다. 이러한 결과에 근거하여 연구자들은 조기 발병(5세 이전) 사례들이 구별되는 경과와 예후를 보이는 하위유형을 대표할 수 있다고 추측하였다. 그러나 이 두 표본이 어떻게 모집되었는지에 있어서 중요한 차이가 있었다. 모든 참가자는 신문광고를 통해 모집되었다. 그러나 나이가 많은 참가자들은 약물치료 연구를 위해 모집된 반면, 나이가 적은 참가자들은 일반적인 소아과 자문을 위해 모집되었다. 치료를 추구하는 사람들은 그렇지 않은 사람들보다 종종 더욱 심각한 문제를 보인다는 점을 고려할 때 연구결과가 발병연령 집단 간의 실제 차이를 반영하는지 또는 표본이 추출된 모집단 간의 차이인지는 분명하지 않다. 이후의 연구들 역시 성인 표본의 현저한 비율이 조기 발병을 보고한다는 것을 보여주었다. 이는 최소한 일부 조기 발병 사례에서는 장애가 만성적임을 시사한다. 어린 아동과 성인집단에서 털뽑기의 자연적 경과를 명료화하기 위해서는 종단연구가 필요하다.

병인

일반 모집단에서의 유병률

Christenson, Pyle과 Mitchell(1991)은 높은 반응률(97.9%)을 보이는 대규모 대학생 표본(N=2,579)을 대상으로 자

기보고척도를 사용해 병적 털뽑기의 유병률을 살펴보았다. 연구결과 학생의 2.5%가 이면의 피부문제가 없음에도 불구하고 뚜렷한 탈모와 고통 또는 기능손상을 초래하는 털뽑기의 평생유병률을 보고했다. 보다 제한적인 DSM 진단기준을 적용했을 때(선행 긴장 및 후속 안도 또는 만족 요건), 유병률은 0.6%였다. 일반 모집단의 성인들에 대한 연구 역시 엄격한 DSM-IV를 사용해 0.6%의 유병률을 보고하였다(Duke, Bodzin, Tavares, Geffken, & Storch, 2009). King, Zohar와 동료들(1995)은 이스라엘의 군복무에 지원한 794명의 청소년을 면접한 결과 1%의 HPD 평생유병률을 발견했다.

일반 정신과 모집단에서의 유병률

Malhotra, Grover, Baweja와 Bhateja(2008)는 인도의 아동·청소년 정신과 병동의 모든 환자(N=1,610)를 대상으로 이들의 5년에 걸친 기록을 검토하였다. 그 결과 1.24%(n=20)가 HPD로 진단되었음을 확인하였다. 그러나 HPD가 체계적으로 선별되지는 않았다. 보다 체계적인 연구로 반구조화된 면접을 사용하여 청소년 정신과 병동에 입원한 102명의 환자를 평가한 연구에서는 3.9%의 HPD 유병률이 보고되었다(Grant, Williams, & Potenza, 2007). 성인 정신과 외래 표본에 대한 유사한 연구들은 HPD의 평생유병률을 1.3%부터 4.4%로 보고했다(Müller et al., 2011).

성차

연구들은 HPD에 관한 연구나 치료에 참여한 대다수(90%)의 성인들이 여성이라고 보고하고 있다(Snorrason et al., 2012). 그러나 지역사회/학생 표본에 대한 몇몇 연구들은 HPD의 엄격한 진단기준을 충족하는 사람들에서 균등한 성비를 보고해 왔다(Christenson et al., 1991; Duke et al., 2009; King, Zohar, et al., 1995). 이는 일반 HPD 모집단에서의 성비는 더욱 균등하며, 여성들이 치료나 도움을 추구하는 경향이 더 크기 때문에 임상/연구표본이 여성들에 의해 대표될 수 있음을 시사한다. 그러나 설문조사 연구에서의 낮은 HPD 기저율(0.6~1%)은 이러한

결과를 해석하기 어렵게 한다.

임상/연구 아동 모집단에서의 성비에 관한 연구결과는 혼재되어 있다. HPD를 가진 학령전기 아동집단 연구에서 동등한 성비를 발견했다(Cohen et al., 1995; Müller, 1987; Tay et al., 2004). 그러나 대부분의 연구에서는 비록 성인 임상표본에서 발견된 비율(.57~.87%)보다는 낮지만, 아동과 청소년 표본에서 여성의 우세를 보고해 왔다(Hanna, 1996; King, Scahill, et al., 1995; Malhotra et al., 2008; Meunier et al., 2009; Reeve et al., 1992; Santhanam, Fairley, & Rogers, 2008; Swedo et al., 1992).

Grant와 Christenson(2007)은 HPD/SPD를 가진 성인들을 면접하였다. 그리고 남성들이 여성보다 동반이환장애로 불안장애를 더 많이 보고하고, 발병연령도 더 늦고, 문제로 인해 더 큰 장애를 보고하는 경향이 있음을 발견했다. 현상학적 또는 임상적 특징에 대한 다른 차이는 발견되지 않았다.

이론적 틀

진화 모델

몇몇 연구자들은 HPD와 BFRB들을 병리적 몸단장 행동(pathological grooming behaviors)으로 개념화해 왔다(Feusner, Hembacher, & Phillips, 2009; Moon-Fanelli, Dodman, & O'Sullivan, 1999; Stein, Chamberlain, & Fineberg, 2006; Swedo, 1989). 이는 이러한 문제들이 진화적 기반을 갖고 있음을 시사한다. 몸단장은 다양한 종의 동물에서 중요한 기능을 한다. 그러나 몸단장이 인간에서도 이러한 설명되지 않는 기능을 하는지는 분명하지 않다. 진화적 접근은 인간의 BFRB가 진화된 몸단장 메커니즘을 반영하며, 아마도 HPD와 다른 '몸단장 장애'는 이러한 메커니즘의 문제를 반영한다고 가정한다. 그러나 HPD에 대한 구체적인 진화론적 가설은 공식적으로 개념화되지 않았다.

동물 모델

동물행동학적 모델은 자연스럽게 발생하는(즉, 인위적으

로 유도되지 않은) 행동 또는 장애에 대한 연구를 포함한다. 이러한 행동이나 장애는 인간 HPD 증상과 유사하거나 혹은 유사한 병인 메커니즘을 반영한다고 가정된다. 동물의 '전위행동(displacement behaviors)'은 인간의 HPD에 대해 유효할 수도 있다(Swedo, 1989). 전위행동은 맥락에 맞지 않거나 유기체의 지속적 활동에 부적절한 행위이다. 이러한 행동은 전형적으로 목표가 좌절되었을 때(예 : 새가 음식이나 성적 파트너에 대한 접근을 방해받았을 때 자신의 털을 고르기 시작함), 또는 동시에 촉발된 두 가지 공존할 수 없는 동기 사이에 갈등이 생겼을 때(예 : 도주와 투쟁반응이 갈등을 일으킬 때 새는 싸우거나 도주하지 않고 몸단장이나 둥지 만들기 행동을 함) 발생한다. 연구는 HPD와 같은 전위행동이 인간과 영장류 동물에서 각성/스트레스를 조절하는 기능을 한다는 것을 시사한다(Troisi, 2001). 그러나 인간의 털뽑기에 대한 모형으로서 전위행동의 타당성을 수립하기 위해서는 더 많은 연구가 요구된다.

동물에서 자연적으로 발생하는 행동장애 역시 HPD의 모델로 제안되어 왔다(Moon-Fanelli et al., 1999). 예를 들어 새들의 행동장애인 심인성 깃털 쪼기는 인간의 털뽑기 문제와 여러 특징을 공유한다. 인간의 과도한 털뽑기와 마찬가지로 심인성 깃털 쪼기는 (1) 과도하게 깃털을 뽑으며, (2) 다른 깃털보다 특정 깃털(나머지 다른 것과 차이가 있는 것)을 뽑기를 선호하는 경향이 있으며, (3) 뽑힌 깃털을 종종 세심히 살피거나, 씹거나 가지고 논다(Zeeland et al., 2009).

HPD에 대한 또 다른 동물 모델은 쥐들이 보이는 **털뜯기 행동**(barbering)이다(Dufour & Garner, 2010). 털뜯기 행동은 실험실 쥐들에서 발견되는 비정상적인 행동으로 자신이나 우리 안 동료 쥐들의 털이나 수염을 뜯는 행동으로 특징된다. 쥐의 털뜯기 행동은 현상학적(반복적인 털제거 행동), 인구학적(청소년기 발생 및 여성 우세), 유전적 기반의 측면에서 인간의 HPD와 유사한 것으로 보고되어 왔다(Dufour & Garner, 2010). 동물에서의 HPD와 유사한 다른 행동장애로 고양이의 과도한 몸단장으로 인한 심인성 탈모증, 개의 과도한 팔다리를 빨고

무는 행동으로 인한 자상성 피부염이 있다(Moon-Fanelli et al., 1999).

연구자들은 또한 인간의 HPD 증상에 대한 모델을 만들기 위해 유전적으로 변형된 동물들을 이용해 왔다. Greer와 Capecchi(2002)는 Hoxb8 유전자의 돌연변이를 가진 쥐들이 통제집단에 비해 탈모와 피부손상을 초래하는 과도한 몸단장 행동을 한다는 것을 보여주었다. 연구자들은 행동에 대한 피부과적 원인을 배제하면서, 인간의 HPD에 관여하는 것으로 생각되는 뇌영역에서 Hoxb8 유전자가 발현되는 것이라고 주장했다. 일반적으로 HPD에 대한 기존의 동물 모델들은 전형적으로 중간 수준 내지 양호한 수준의 안면타당도(예 : 유사한 현상학)를 갖는다. 그러나 이 모델들의 구성타당도(예 : 이면생리학에서의 유사성)와 예언타당도(예 : 치료에 대한 반응의 유사성)를 밝히기 위해서는 더 많은 연구가 요구된다.

생물학적 모델

HPD의 생물학적 모델은 생물학적 시스템에서의 조절문제로 장애가 야기된다고 가정한다. Stein과 동료들(2006)은 정서조절, 행동중독, 인지통제와 관련된 메커니즘에서의 결함을 강조하면서, HPD와 BFRB에 대한 신경인지 모델을 제안했다. 이 모델은 HPD의 심리생물학적 역기능에 관한 연구를 위한 발견적 방법으로 의도되었다. 정서조절 요인은 정서조절에 관여하는 두뇌 시스템에 행동이 뿌리를 두고 있다고 가정한다. 이는 HPD를 가진 환자들이 자주 부정적 정서와 정서조절 곤란을 보이며, 털뽑기 행동이 부정적 정서상태를 조절하는 것으로 보인다는 관찰과 일치한다(Shusterman et al., 2009). 인지통제 요인은 HPD 환자들이 행동을 통제하는 데 어려움을 가지고 있다는 관찰에 근거하며, 인지적 및 행동적 산출의 통제에 관여하는 두뇌 메커니즘의 역할을 상정한다(예 : 기저핵). 중독/보상요인은 보상의 처리와 중독과 관련된 두뇌 시스템의 관여를 가정한다. HPD 증상은 다른 중독들(예 : 음식에 대한 충동 또는 식욕)과 많은 유사점을 공유하기 때문에 일부 연구자들은 HPD를 행동적 중독으로 특징짓는 것이 유용할 수 있다고 주장한다(Grant,

Odlaug, & Potenza, 2007).

행동 모델

HPD에 대한 행동 모델에서는 털뽑기가 적어도 일부 사람들에게 강화를 줄 수 있으며, 또한 그 행동은 정적 강화(쾌감, 만족)와 부적 강화(정서/각성조절)를 통해 유지된다고 주장한다(Franklin & Tolin, 2007; Mansueto et al., 1997). 이 모델은 또한 고전적 조건형성을 통해 다른 자극들(즉, 외부 맥락 또는 통제나 정서 같은 내적 사건)이 습관과 연합될 수 있다고 가정한다. 예컨대 만약 어떤 사람이 보통 저녁시간에 지루하거나 불안할 때 욕실 거울 앞에서 털뽑기를 한다면, 시간이 경과하면서 욕실 거울, 사용된 도구, 지루한 상태와 같은 맥락적 특징들이 그 행동을 촉발하거나 악화시킬 수 있는 능력을 획득하게 된다는 것이다. 이 모델은 털뽑기의 다양한 특이하고 개별화된 촉발인자(Christenson, Ristvedt, & Mackenzie, 1993), 그리고 쾌감을 주거나 또는 정서/각성을 조절하는 행동의 후속결과(Mansueto et al., 1997; Shusterman et al., 2009)를 입증하는 경험적 증거의 지지를 받고 있다.

이러한 행동 모델은 행동이 정서를 조절하는 기능을 갖고 있음을 시사한다. HPD에 대해 몇 가지 다른 정서조절 모델들이 제안되어 왔다. Penzel(2003)은 HPD와 다른 BFRB를 가진 사람은 각성을 조절하는 데 어려움을 가질 수 있으며, 습관행동이 높은 각성상태(긴장, 불안)와 낮은 각성상태(지루함)을 조절하는 기능을 한다고 주장했다. 경험적 회피 모델은 보다 광범위하게 털뽑기가 혐오적인 내적 상태를 회피하거나 도피하도록 개인에게 도움을 주는 기능을 한다고 가정한다(Woods, Snorrason, & Espil, 2012).

병인요인

유전

HPD는 가계에서 유전되는 것으로 밝혀져 왔다(Bienvenu et al., 2012). 소규모 표본($N=34$)의 한 쌍생아연구는 일란성 쌍생아의 HPD 일치율이 38%인 데 비해 이란성 쌍생아의 일치율은 0%이며, 유전 가능성 추정치는 76%라고 보고하였다(Novak, Keuthen, Stewart, & Pauls, 2009). HPD에 대한 구체적인 유전적 기반에 대한 이해는 부족하다. 예비연구는 Hoxb8 유전자(Chen et al., 2010)와 Sapap3 유전자(Welch et al., 2007)가 쥐들의 과잉 몸단장에 기여한다고 보고하였다. Sapap3 유전자의 변종과 인간의 HPD 간에 관련성이 있음을 보여주는 증거도 있지만(Bienvenu et al., 2009; Zuchner et al., 2009), 이러한 결과는 일관되게 반복검증되지 않았다(Boardman et al., 2011). HPD에 대한 다른 후보 유전자들도 보고되어 왔는데, 이러한 유전자로는 SLITRK1(slit and trl-like 1)(Zuchner et al., 2006)과 세로토닌(5-HT2A) 수용기에 관여하는 유전자의 한 변종(Hemmings et al., 2006)이 있다. 그러나 이러한 결과에 대해서는 더 많은 연구가 필요하다.

신경생물학적 요인

HPD에 대한 뇌영상 연구는 아직 초기단계이며 대부분 성인 피험자들로 구성된 작은 표본에 국한되고 있다. 우리가 아는 한 HPD를 가진 아동과 청소년에 대한 신경영상연구는 단지 하나뿐이다. Lee와 동료들(2010)은 전뇌분석을 사용해 fMRI 연구를 수행하였다. HPD를 가진 9~17세 아동과 청소년 9명과 10명의 통제집단 아동과 청소년들이 증상을 자극하는 두 가지 과제(시각-촉각, 시각만)와 중성적 과제를 수행하는 동안 스캔을 실시하였다. 증상을 자극하는 과제를 하는 동안 HPD를 가진 집단은 습관학습에 관여하는 영역(선조체)과 정서자극과 보상의 평가에 관여하는 영역(후측대상회) 등 몇몇 뇌영역에서 증가된 활동을 보였다. 성인 표본에 대한 일부 영상연구들(Chamberlain et al., 2008, 2010; Keuthen et al., 2007)은 운동반응의 생성억제(generation-suppression)를 지지하는 영역(피질 영역), 정서조절에 관여하는 영역(편도-해마 복합체), 그리고 습관학습에 관여하는 영역(선조체)의 이상에 대해 보고해 왔다. 그러나 '관심 영역'을 사용한 다른 연구들은 HPD를 가진 환자들과 통제집단 간의 유의한 차이를 발견하지 못했다(Rauch et al., 2007).

HPD를 가진 아동과 청소년의 인지수행을 살펴본 연구들은 거의 없지만 성인 표본에 대해서는 제한된 자료가 보고되었다. 억제결함이 HPD와 다른 OCD 스펙트럼장애의 내적 표현형을 나타낸다는 주장이 있다(Chamberlain et al., 2005). 일부 연구들은 HPD를 가진 집단의 운동억제[정지신호 과제 또는 반응/무반응(go/no-go) 선택 과제를 통해 평가됨]가 통제집단에 비해 낮다고 보고하였다(Chamberlain, Fineberg, Blackwell, Robbins, & Sahakian, 2006). 그러나 다른 연구들은 유의한 차이를 발견하는 데 실패했다(Bohne, Savage, Deckersbach, Keuthen, & Wilhelm, 2008). HPD를 가진 성인들은 또한 분할 주의에서(Stanley, Hannay, & Breckenridge, 1997), 시각-공간 학습(Chamberlain, Odlaug, Boulougouris, Fineberg, & Grant, 2009)과 공간작업기억(Chamberlain et al., 2007)에서 비정상성을 보이는 것으로 밝혀졌다. 그러나 이러한 연구결과는 반복검증을 필요로 하며, 이러한 특징들이 HPD 발달에 있어서 어느 정도로 인과적 역할을 하는지는 명확하지 않다.

정서/각성조절 곤란

앞에서 언급했듯이 일부 행동 모델은 털뽑기 행동이 정서상태를 조절하는 기능을 한다고 가정한다. 몇몇 연구들은 HPD를 가진 아동과 성인들에게 털뽑기 삽화 바로 직전에, 도중에, 그리고 직후에 경험되었던 정서상태를 회고적으로 평가하도록 하였다(Snorrason et al., 2012). 연구결과는 부정적 정서상태(예 : 불안 또는 지루함)의 강도가 털뽑기 직전에 전형적으로 가장 높았으며, 털뽑기 도중이나 직후에는 감소한다는(그러나 수치감과 당황스러움은 털뽑기 이후에 증가하는 경향이 있었음) 것을 일관되게 보여주었다. 결과는 또한 쾌감상태(만족 또는 안도)가 털뽑기 직전부터 도중까지 증가하다가 직후에는 감소하는 경향이 있음을 보여주었다. Diefenbach, Tolin, Meunier와 Worhunsky(2008)도 HPD를 가진 성인들이 실험적 털뽑기 과제를 하는 동안 부정적인 정서의 감소를 보였다고 보고하였다. 따라서 연구결과들은 털뽑기 행동이 적어도 일부 사람들에게는 부정적 상태를 조절하고

긍정적 감정을 생성하는 기능을 한다는 것을 시사한다.

HPD를 가진 사람들은 정서조절 곤란이 있으며, 이러한 어려움으로 인해 털뽑기 습관이 역기능적 정서조절 전략으로 발달할 수도 있다. Shusterman과 동료들(2009)은 HPD를 가진 성인들에게 자신이 조절하기 어려운 정서는 무엇이며, 털뽑기가 어떤 정서를 조절하는지 확인하도록 하였다. 연구결과 개인이 조절하기 어렵다고 보고한 정서의 유형은 털뽑기에 의해 조절되는 정서의 유형과 일치하는 것으로 나타났다. 예를 들어 털뽑기가 지루함을 감소시키는 데 도움이 되었다고 보고한 사람들은 지루함을 조절하는 것이 어렵다고 보고하는 경향이 있었다.

예비연구 결과는 HPD에서 경험적 회피의 역할을 지지하고 있다(Begotka, Woods, & Wetterneck, 2004; Norberg, Wetterneck, Woods, & Conelea, 2007). 첫째, 자기보고에 의한 경험적 회피는 HPD 심각성과 정적 상관을 보였다. 즉, 혐오적 내적 사건을 회피할수록 HPD 증상이 더 심각한 것으로 나타났다. 둘째, 횡단연구들은 경험적 회피가 부정적 정서 또는 사고와 HPD 증상 심각성 간의 관계를 매개한다고 보고하고 있다. 다시 말해 부정적 정서 또는 사고는 혐오적인 내적 사건을 회피하거나 도피하려는 일반적 경향성으로 인해 HPD에 영향을 미친다 할 수 있다.

환경적 스트레스 요인

임상적 인상은 스트레스와 외상이 HPD를 악화시키며 아마도 인과적 역할을 할 수 있음을 시사하고 있다. 예를 들어 Wright와 Holmes(2003)는 털뽑기 문제를 갖고 있는 걸음마기 유아 10명에 대한 평가를 통해 모든 사례에서 가족문제 또는 스트레스 요인을 발견했다. Oranje, Peereboom-Wynia와 De Raeymaecker(1986)는 HPD를 갖고 있는 2~15세 아동들의 사례기록을 검토한 결과, 모든 사례에서 경미한(형제 간 경쟁) 수준에서부터 심각한 수준(입원)에 이르는 심리사회적 스트레스 요인을 확인했다. Lochner와 동료들(2002)은 HPD를 가진 성인 환자집단(n=36), OCD를 가진 환자집단(n=74), 그리고 건

강한 통제집단(*n*=31)을 대상으로 아동기 외상 질문지(Childhood Trauma Questionnaire)를 실시하였다. 연구 결과과 임상집단이 통제집단에 비해 정서적 방임 척도와 전체 척도에서 더 높은 점수를 보이는 것으로 나타났다. 그러나 HPD와 OCD 집단 간에는 유의한 차이가 없었다. 임상적 자료는 스트레스/외상이 일부 HPD 환자들에서 중요한 역할을 한다는 것을 보여준다. 그러나 이러한 스트레스 요인의 인과적 역할을 결정하기 위해서는 좀 더 통제된 연구 또는 종단적 연구가 필요하다.

활동 제약 또는 자극 부족 또한 HPD 및 BFRB의 발달에 대한 잠재적 위험요인으로 제안되어 왔다. 연구들은 다양한 종의 동물들이 환경적 제약에 대한 반응으로 과도한 몸단장 같은 비정상적 정형행동을 발달시킬 수 있음을 보여주었다(Moon-Fanelli et al., 1999). 그러나 인간을 대상으로 이루어진 연구는 드물다. 앞에서 언급되었듯이 지루함이 종종 털뽑기 행동을 촉발한다는 증거가 있다(Shusterman et al., 2009). 임상가들은 심각한 활동 제약의 기간 후에 HPD를 발달시킨 사례들을 보고했다(Evans, 1979). 그러나 이러한 유형의 스트레스 요인이 HPD 및 다른 BFRB의 발달에서 인과적 역할을 하는지를 결정하기 위해서는 실험적 또는 종단적 증거가 필요하다.

현재의 문제점과 앞으로의 연구 방향

연구는 HPD 정신병리에 대한 더 나은 이해를 증가시켰지만, 아직 밝혀져야 할 것이 많이 남아 있다. HPD와 몇몇 다른 정신과 문제 간의 관계는 더 많은 연구를 필요로 한다. 예컨대 HPD와 SPD 간의 유사점과 차이점에 대한 이해는 이 장애들을 동일 장애의 상이한 표현으로 이해하는 것이 좋은지에 관해 답변을 제공해 줄 것이다(Snorrason et al., 2012). SPD/HPD와 다른 BFRB(병적 손톱 물어뜯기와 뺨/입술 깨물기) 간의 관계, 그리고 진단 범주로서의 BFRB(Stein, Grant, et al., 2010)에 대한 증거가 증가하고 있음을 고려할 때, 이러한 문제들의 공유된 병인 메커니즘 및 이러한 문제들의 동반이환에 대한 연구가 도움이 될 것이다. 또한 BFRB와 몸 흔들기, 머리 흔들기, 손 펄럭이기 같은 정형행동 간의 관계를 명료화

하기 위한 연구가 필요하다. 마지막으로 HPD(그리고 다른 BFRB)와 OCD, 또는 OCD 스펙트럼장애 간의 관계도 앞으로 연구가 필요한 분야이다.

아직 해결되지 않은 중요한 쟁점은 조기 발병 HPD의 발달경과와 특수성이다. 임상적 인상과 예방연구 결과들은 조기 발병 HPD가 덜 만성적인 경과를 가진 한 특수한 하위유형을 대표할 수 있음을 시사한다. 그러나 이 질문에 답변하기 위해서는 적합한 방법론을 적용한 연구가 필요하다. HPD를 가진 걸음마기 유아에 대한 종단연구는 큰 도움이 될 것이다. 또한 미래의 연구자들은 자동적 털뽑기와 집중된 털뽑기(행위에 대한 자각을 하고 혹은 안 하고 털뽑기를 하는지)의 차이에 대한 예언타당도와 임상적 유용성을 살펴볼 필요가 있을 것이다. 이러한 연구는 병인 메커니즘에 대한 보다 깊은 이해를 제공할 것이며, 치료요인을 환자의 특성에 맞춤으로써 치료 효과성을 증진할 수 있을 것이다.

HPD 이면의 심리생물학적 역기능에 관한 선행연구는 제한되어 있으며 대부분 성인에 한정되어 있다. 이 분야에 대한 후속연구가 필요하며 병인의 근위 메커니즘을 밝히는 데 도움을 줄 것이다. 또한 진화적 관점은 HPD 이면의 원위 메커니즘을 이해하는 데 유용하며, 심리생물학적 역기능에 관한 연구를 수행하는 데 도움을 줄 것이다.

참고문헌

Abelson, J. F., Kwan, K. Y., O'Roak, B. J., Baek, D. Y., Stillman, A. A., Morgan, T. M., et al. (2005). Sequence variants in SLITRK1 are associated with Tourette's syndrome. *Science, 310*(5746), 317–320.

Abramowitz, J. S., Nelson, C. A., Rygwall, R., & Khandker, M. (2007). The cognitive mediation of obsessive–compulsive symptoms: A longitudinal study. *Journal of Anxiety Disorders, 21*, 91–104.

Abramowitz, J. S., Taylor, S., & McKay, D. (2009). Obsessive–compulsive disorder. *Lancet, 374*, 491–499.

Alsobrook, J., Leckman, J., Goodman, W., Rasmussen, S., & Pauls, D. (1999). Segregation analysis of obsessive–compulsive disorder using symptom-based factor scores. *American Journal of Medical Genetics (Neuropsychiatric Genetics), 88*, 669–675.

American Psychiatric Association (APA). (1987). *Diagnostic and statistical manual of mental disorders* (3rd ed., rev.). Washington, DC: Author.

American Psychiatric Association (APA). (1994). *Diagnostic and statistical manual of mental disorders* (4th ed.). Washington, DC: Author.

American Psychiatric Association (APA). (2013). *Diagnostic and statistical manual of mental disorders* (5th ed.). Arlington, VA: Author.

Arntz, A., Voncken, M., & Goosen, A. C. A. (2007). Responsibility and obsessive–compulsive disorder: An experimental test. *Behaviour Research and Therapy, 45*, 425–435.

Azrin, N. H., & Nunn, R. G. (1973). Habit-reversal: A method of eliminating nervous habits and tics. *Behaviour Research and Therapy, 11*, 141–149.

Banaschewski, T., Woerner, W., & Rothenberger, A. (2003). Premonitory sensory phenomena and suppressibility of tics in Tourette syndrome: Developmental aspects in children and adolescents. *Developmental Medicine and Child Neurology, 45*, 700–703.

Baron-Cohen, S., Scahill, V. L., Izaguirre, J., Hornsey, H., & Robertson, M. M. (1999). The prevalence of Gilles de la Tourette syndrome in children and adolescents with autism: A large scale study. *Psychological Medicine, 29*, 1151–1159.

Barrett, P., Farrell, L., Pina, A., Peris, T. S., & Piacentini, J. (2008). Evidence-based treatments for child and adolescent OCD. *Journal of Clinical Child and Adolescent Psychology, 37*, 131–155.

Barrett, P., & Healy-Farrell, L. (2003). Perceived responsibility in juvenile obsessive–compulsive disorder: An experimental manipulation. *Journal of Clinical Child and Adolescent Psychology, 32*, 430–441.

Barry, S., Baird, G., Lascelles, K., Bunton, P., & Hedderly, T. (2011). Neurodevelopmental movement disorders: An update on childhood motor stereotypies. *Developmental Medicine and Child Neurology, 53*, 979–985.

Baym, C. L., Corbett, B. A, Wright, S. B., & Bunge, S. A. (2008). Neural correlates of tic severity and cognitive control in children with Tourette syndrome. *Brain, 131*, 165–179.

Beattie, K. C., Hezel, D. M., & Stewart, E. (2009). Trichotillomania-by-proxy: A possible cause of childhood alopecia. *Journal of the Canadian Academy of Child and Adolescent Psychiatry, 18*, 51–52.

Begotka, A. M., Woods, D. W., & Wetterneck, C. T. (2004). The relationship between experiential avoidance and the severity of trichotillomania in a nonreferred sample. *Journal of Behavior Therapy and Experimental Psychiatry, 35*, 17–24.

Benazon, N. R., Moore, G. J., & Rosenberg, D. R. (2003). Neurochemical analyses in pediatric obsessive–compulsive disorder in patients treated with cognitive-behavioral therapy. *Journal of the American Academy of Child and Adolescent Psychiatry, 42*, 1279–1285.

Berrios, G. E. (1996). *The history of mental symptoms: Descriptive psychopathology since the nineteenth century.* Cambridge, UK: Cambridge University Press.

Bhattacharyya, S., Khanna, S., Chakrabarty, K., Mahadevan, A., Christopher, R., Shankar, S. K. (2009). Anti-brain autoantibodies and altered excitatory neurotransmitters in obsessive–compulsive disorder. *Neuropsychopharmacolgy 34*, 2489–2496.

Bienvenu, O. J., Samuels, J. F., Wuyek, L. A., Liang, K. Y., Wang, Y., Grados, M. A., et al. (2012). Is obsessive–compulsive disorder an anxiety disorder, and what, if any, are spectrum conditions?: A family study perspective. *Psychological Medicine, 42*, 1–13.

Bienvenu, O. J., Wang, Y., Shugart, Y. Y., Welch, J. M., Grados, M. A., Fyer, A. J., et al. (2009). Sapap3 and pathological grooming in humans: Results from the OCD collaborative genetics study. *American Journal of Medical Genetics, Part B: Neuropsychiatric Genetics, 150B*, 710–720.

Billings, A. (1978). Self-monitoring in the treatment of tics: A single-subject analysis. *Journal of Behavior Therapy and Experimental Psychiatry, 9*, 339–342.

Bloch, M. H., Craiglow, B. G., Landeros-Weisenberger, A., Dombrowski, P. A., Panza, K. E., Peterson, B. S., et al. (2009). Predictors of early adult outcomes in pediatric-onset obsessive–compulsive disorder. *Pediatrics, 124*, 1085–1093.

Bloch, M. H., Green, C., Kichuk, S. A., Dombrowski, P. A., Wasylink, S., Billingslea, E., et al. (2013). Long-term outcome in adults with obsessive-compulsive disorder. *Depression and Anxiety, 30*, 716–722.

Bloch, M. H., Landeros-Weisenberger, A., Kelmendi, B., Coric, V., Bracken, M. B., & Leckman, J. F. (2006). A systematic review: Antipsychotic augmentation with treatment refractory obsessive–compulsive disorder. *Molecular Psychiatry, 11*, 622–632.

Bloch, M. H., Landeros-Weisenberger, A., Rosario, M. C., Pittenger, C., & Leckman, J. F. (2008). Meta-analysis of the symptom structure of obsessive–compulsive disorder. *American Journal of Psychiatry, 165*, 1532–1542.

Bloch, M. H., Leckman, J. F., Zhu, H., & Peterson, B. S. (2005). Caudate volumes in childhood predict symptom severity in adults with Tourette syndrome. *Neurology, 65*, 1253–1258.

Bloch, M. H., Peterson, B. S., Scahill, L., Otka, J., Katsovich, L., Zhang, H., et al. (2006). Adulthood outcome of tic and obsessive-compulsive symptoms severity in children with Tourette syndrome. *Archives of Pediatrics and Adolescent Medicine, 160*, 65–69.

Bloch, M. H., & Pittenger, C. (2010). The genetics of obsessive–compulsive disorder. *Current Psychiatry Reviews, 6*, 91–103.

Bloch, M., State, M., & Pittenger, C. (2011). Recent advances in Tourette syndrome. *Current Opinion in Neurology, 24*, 119–125.

Boardman, L., van der Mewre, L., Lochner, C., Kinnear,

C. J., Seedat, S., Stein, D. J., et al. (2011). Investigating SAPAP3 variants in the etiology of obsessive–compulsive disorder and trichotillomania in the South African white population. *Comprehensive Psychiatry, 52,* 181–187.

Bohlhalter, S., Goldfine, A., Matteson, S., Garraux, G., Hanakawa, T., Kansaku, K., et al. (2006). Neural correlates of tic generation in Tourette syndrome: An event-related functional MRI study, *Brain, 129,* 2029–2037.

Bohne, A., Savage, C. R., Deckersbach, T., Keuthen, N. J., & Wilhelm, S. (2008). Motor inhibition in trichotillomania and obsessive–compulsive disorder. *Journal of Psychiatric Research, 42,* 141–150.

Boileau, B. (2011). A review of obsessive–compulsive disorder in children and adolescents. *Dialogues in Clinical Neuroscience, 13,* 401–411.

Bolton, D., Luckie, M., & Steinberg, D. (1995). Long-term course of obsessive–compulsive disorder treated in adolescence. *Journal of the American Academy of Child and Adolescent Psychiatry, 34,* 1441–1450.

Bruun, R. D., & Budman, C. L. (1997). The course and prognosis of Tourette syndrome. *Neurologic Clinics, 15,* 291–298.

Budman, C. L., Bruun, R. D., Park, K. S., Lesser, M., & Olson, M. (2000). Explosive outbursts in children with Tourette's disorder. *Journal of the American Academy of Child and Adolescent Psychiatry, 39,* 1270–1276.

Budman, C., Park, K., Olson, M., & Bruun, R. (1998). Rage attacks in children and adolescents with Tourette syndrome: A pilot study. *Journal of Clinical Psychiatry, 59,* 576–580.

Burd, L., Freeman, R. D., Klug, M. G., & Kerbeshian, J. (2005). Tourette syndrome and learning disabilities. *BMC Pediatrics, 5,* 34.

Carlsson, M. L. (2000). On the role of cortical glutamate in obsessive–compulsive disorder and attention-deficit hyperactivity disorder, two phenomenologically antithetical conditions. *Acta Psychiatrica Scandinavia, 102,* 401–413.

Carr, J. E., Taylor, C. C., Wallander, R. J., & Reiss, M. L. (1996). A functional-analytic approach to the diagnosis of a transient tic disorder. *Journal of Behavior Therapy and Experimental Psychiatry, 27,* 291–297.

Cavanna, A. E., Critchley, H. D., Orth, M., Stern, J. S., Young, M. B., & Robertson, M. M. (2011). Dissecting the Gilles de la Tourette spectrum: A factor analytic study on 639 patients. *Journal of Neurology, Neurosurgery and Psychiatry, 82,* 1320–1323.

Cavanna, A. E., David, K., Orth, M., & Robertson, M. M. (2012). Predictors during childhood of future health-related quality of life in adults with Gilles de la Tourette syndrome. *European Journal of Paediatric Neurology, 16,* 605–612.

Cavanna, A. E., & Termine, C. (2012). Tourette syndrome. In S. I. Ahmad (Ed.), *Neurodegenerative diseases* (pp. 375–383). New York: Springer Science + Business Media.

Chamberlain, S. R., Blackwell, A. D., Fineberg, N. A., Robbins, T. W., & Sahakia, B. J. (2005). The neuropsychology of obsessive compulsive disorder: The importance of failures in cognitive and behavioural inhibition as candidate endophenotypic markers. *Neuroscience and Biobehavioral Reviews, 29,* 399–419.

Chamberlain, S. R., Fineberg, N. A., Blackwell, A. D., Clark, L., Robbins, T. W., & Sahakian, B. J. (2007). A neuropsychological comparison of obsessive–compulsive disorder and trichotillomania. *Neuropsychologia, 45,* 654–662.

Chamberlain, S. R., Fineberg, N. A., Blackwell, A. D., Robbins, T. W., & Sahakian, B. J. (2006). Motor inhibition and cognitive flexibility in obsessive–compulsive disorder and trichotillomania. *American Journal of Psychiatry, 163,* 1282–1284.

Chamberlain, S. R., Hampshire, A., Menzies. L. A., Garry-falladis, E., Grant, J. E., Odlaug, B. L., et al. (2010). Reduced brain white matter integrity in trichotillomania: A diffusion tensor imaging study. *Archives of General Psychiatry, 67,* 965–971.

Chamberlain, S. R., Menzies, L. A., Fineberg, N. A., Del Campo, N., Suckling, J., Craig, K., et al. (2008). Grey matter abnormalities in trichotillomania: Morphometric magnetic resonance imaging study. *British Journal of Psychiatry, 193,* 216–221.

Chamberlain, S. R., Odlaug, B. L., Boulougouris, V., Fineberg, N. A., & Grant, J. E. (2009). Trichotillomania: Neurobiology and treatment. *Neuroscience and Biobehavioral Reviews, 33,* 831–842.

Chang, S. (2007). Neurocognitive factors in Tourette syndrome. In D. Woods, J. Piacentini, & J. Walkup (Eds.), *Treating Tourette syndrome and tic disorders* (pp. 85–112). New York: Guilford Press.

Chen, K., Budman, C. L., Herrera, L. D., Witkin, J. E., Weiss, N. T., Lowe, T. L., et al. (2012). Prevalence and clinical correlates of explosive outbursts in Tourette syndrome. *Psychiatry Research, 205,* 269–275.

Chen, S. K., Tvrdik, P., Peden, E., Cho, S., Wu, S., Spangrude, G., et al. (2010). Hematopoietic origin of pathological grooming in Hoxb8 mutant mice. *Cell, 141,* 775–785.

Cheon, K. A., Ryu, Y. H., Namkoong, K., Kim, C. H., Kim, J. J., & Lee, J. D. (2004). Dopamine trasnporter density of the basal ganglia assessed with [123] IPT SPECT in drug naïve children with Tourette's disorder. *Psychiatry Research, 130,* 85–95.

Cheung, M. Y., Shahed, J., & Jankovic, J., (2007). Malignant Tourette syndrome. *Movement Disorders, 22,* 1743–1750.

Christenson, G. A., Mackenzie, T. B., & Mitchell, J. E. (1991). Characteristics of 60 adult chronic hair pullers. *American Journal of Psychiatry, 148,* 365–370.

Christenson, G. A., Pyle, R. L., & Mitchell, J. E. (1991). Estimated lifetime prevalence of trichotillomania in college students. *Journal of Clinical Psychiatry, 52,* 415–417.

Christenson, G. A., & Mansueto, C. S. (1999). Trichotillomania: Descriptive characteristics and phenomenology. In D. J. Stein, G. Christenson, & E. Hollander (Eds.), *Trichotillomania* (pp. 1–41). Washington, DC: American Psychiatric Press.

Christenson, G. A., Ristvedt, S. L., & Mackenzie, T. B. (1993). Identification of trichotillomania cue profiles. *Behaviour Research and Therapy, 31*, 315–320.

Church, J. A., Fiar, D. A., Dosenbach, N. U. F., Cohen, A. L., Miezin, F. M., Petersen, S. E., et al. (2009). Control networks in pediatric Tourette syndrome show immature and anomalous patterns. *Brain, 132*, 225–238.

Coffey, B. J., Biederman, J., Geller, D. A., Spencer, T., Park, K. S., Shapiro, S. J., et al. (2000). The course of Tourette's disorder: A literature review. *Harvard Review of Psychiatry, 8,* 192–198.

Coffey, B. J., Biederman, J., Geller, D., Frazier, J., Spencer, T., Doyle, R., et al. (2004). Reexamining tic persistence and tic-associated impairment in Tourette's disorder: Findings from a naturalistic follow-up study. *Journal of Nervous and Mental Disease. 192*, 776–780.

Coffey, B. J., Miguel, E. C., Savage, C. R., & Rauch, S. L. (1994). Tourette's disorder and related problems: A review and update. *Harvard Review of Psychiatry. 2,* 121–132.

Cohen, L. J., Simeon, D., Hollander, E. & Stein, D. J. (1997). Obsessive–compulsive spectrum disorders. In E. Hollander & D. Stein (Eds.), *Obsessive–compulsive disorders* (pp. 47–73). New York: Marcel Dekker.

Cohen, L. J., Stein, D. J., Simeon, D., Spadaccini, E., Rosen, J., Aronowitz, B., et al. (1995). Clinical profile, comorbidity and treatment history of 123 hair pullers: A survey study. *Journal of Clinical Psychiatry, 56*, 319–326.

Cohrs, S., Rasch, T., Altmeyer, S., Kinkelbur, J., Kostanecka, T., Rothenberger, A., et al. (2001). Decreased sleep quality and increased sleep related movements in patients with Tourette's syndrome. *Journal of Neurology, Neurosurgery and Psychiatry, 70,* 192–197.

Coles, M. E., Pietrefesa, A. S., Schofield, C. A., & Cook, L. M. (2008). Predicting changes in obsessive–compulsive symptoms over a six-month follow-up: A prospective test of cognitive models of obsessive compulsive disorder. *Cognitive Therapy and Research, 32*, 657–675.

Comings, D. E. (2001). Clinical and molecular genetics of ADHD and Tourette syndrome: Two related polygenic disorders. *Annals of the New York Academy of Sciences, 931*, 50–83.

Conelea, C. A., Walther, M. R., Flessner, C. A., Woods, D. W., Franklin, M. E., Keuthen, N. J., et al. (2012). The incremental validity of criteria B and C for diagnosis of trichotillomania in children. *Journal of Obsessive–Compulsive and Related Disorders, 1*, 98–103.

Conelea, C. A., & Woods, D. W. (2008). The influence of contextual factors on tic expression in Tourete's syndrome: A review. *Journal of Psychosomatic Research, 6*, 487–496.

Conelea, C. A., Woods, D. W., Zinner, S. H., Budman, C., Murphy, T., Scahill, L. D., et al. (2011). Exploring the impact of chronic tic disorders on youth: Result from the Tourette Syndrome Impact Survey. *Child Psychiatry and Human Development, 42*, 219–242.

Coskun, M., Zoroglu, S., & Ozturk, M. (2012). Phenomenology, psychiatric comorbidity and family history in referred preschool children with obsessive–compulsive disorder. *Child and Adolescent Psychiatry and Mental Health, 6*, 36.

de Silva, P., & Marks, M. (1999). The role of traumatic experience in the genesis of obsessive–compulsive disorder. *Behaviour Research and Therapy, 37*, 941–951.

Deckersbach, T., Rauch, S., Buhlmann, U., & Wilhelm, S. (2006). Habit reversal versus supportive psychotherapy in Tourette's disorder: A randomized controlled trial and predictors of treatment response. *Behaviour Research and Therapy, 4,* 1079–1090.

Diefenbach, G. J., Tolin, D. F., Meunier, S., & Worhunsky, P. (2008). Emotion regulation and trichotillomania: A comparison of clinical and nonclinical hair pulling. *Journal of Behavior Therapy and Experimental Psychiatry, 39*, 32–41.

Du, J., Chiu, T, Lee, K., Wu, H., Yang, Y., Hsu, S., et al. (2010). Tourette syndrome in children: An updated review. *Pediatrics and Neonatalology 51*, 255–264.

Dufour, B. D., & Garner, J. P. (2010). An ethological analysis of barbering behavior. In A. V. Kalueff, J. L. LaPorte, & C. L. Bergner (Eds.), *Neurobiology of grooming behavior* (pp. 184–225). Cambridge, UK: Cambridge University Press.

Duke, D. C., Bodzin, D. K., Tavares, P., Geffken, G. R., & Storch, E. A. (2009). The phenomenology of hairpulling in a community sample. *Journal of Anxiety Disorders, 23*, 1118–1125.

Dykens, E., Leckman J. F., Riddle, M. A., Hardin, M. T., Schwartz, S., & Cohen, D. (1990). Intellectual, academic, and adaptive functioning of Tourette syndrome children with and without attention deficit disorder. *Journal of Abnormal Child Psychology, 18*, 607–615.

Eapen, V. (2011). Genetic basis of autism: Is there a way forward? *Current Opinion in Psychiatry, 24*, 226–236.

Eapen, V., Fox-Hiley, P., Banerjee, S., & Robertson, M. (2004). Clinical features and associated psychopathology in a Tourette syndrome cohort. *Acta Neurologica Scandinavica, 109*, 255–260.

Ercan-Sencicek, A. G., Stillman, A. A., Ghosh, A. K., Bilquavar, K., O'Roak, B. J., Mason, C. E., et al. (2010). L-histidine decarboxylase and Tourette's syndrome. *New England Journal of Medicine, 362*, 1901–1908.

Evans, B. (1979). A case of trichotillomania in a child treated in a home token program. *Journal of Behavior Therapy and Experimental Psychiatry, 7*, 197–198.

Evans, D. W., & Leckman, J. F. (2006). Origins of obsessive–compulsive disorder: Developmental and evolutionary perspectives. In D. Cicchetti & D. J. Cohen (Eds.), *Developmental psychopathology: Vol. 3. Risk, disorder, and adaptation* (2nd ed., pp. 404-435). Hoboken, NJ: Wiley.

Ferenczi, S. (1921). Psycho-analysical observations on tic. *International Journal of Psycho-Analysis. 2*, 1–30.

Fernandez de la Cruz, L., Micali, N., Roberts, S., Turner, C., Nakatani, E., Heyman, I., et al. (2013). Are the symptoms of obsessive–compulsive disorder temporally stable in children/adolescents?: A prospective naturalistic study. *Psychiatry Research, 209*(2), 196–201.

Feusner, J. D., Hembacher, E., & Phillips, K. A. (2009). The mouse who couldn't stop washing: Pathologic grooming in animals and humans. *CNS Spectrums, 14*, 503–513.

Feygin, D. L., Swain, J. E., & Leckman, J. F. (2006). The normalcy of neurosis: Evolutionary origins of obsessive–compulsive disorder and related behaviors. *Progress in Neuro-Psychopharmacology and Biological Psychiatry, 30*, 854–864.

Fineberg, N. A., Chamberlain, S. R., Hollander, E., Boulougouris, V., & Robbins, T. W. (2011). Translational approaches to obsessive–compulsive disorder: From animal models to clinical treatment. *British Journal of Pharmacology, 164*, 1044–1061.

Findley, D., Leckman, J., Katsovich, L., Lin, H., Zhang, H., Grantz, H., et al. (2003). Development of the Yale Children's Global Stress Index (YCGSI) and its application in children and adolescents with Tourette's syndrome and obsessive compulsive disorder. *Journal of the American Academy of Child and Adolescent Psychiatry, 42*, 450–457.

Flessner, C. A., Woods, D. W., Franklin, M. E., Keuthen, N. J., Piacentini, J. C., et al. (2008). Styles of pulling in youths with trichotillomania: Exploring differences in symptom severity, phenomenology, and comorbid psychiatric symptoms. *Behaviour Research and Therapy, 46*, 1055–1061.

Flessner, C. A., Woods, D. W., Franklin, M. E., Keuthen, N. J., & Piacentini, J. C. (2009). Cross-sectional study of women with trichotillomania: A preliminary examination of pulling styles, severity, phenomenology, and functional impact. *Child Psychiatry and Human Development, 40*, 153–167.

Foa, E., & Kozak, M. (1986). Emotional processing of fear: Exposure to corrective information. *Psychological Bulletin 99*, 450–472.

Fontenelle, L. F., Cocchi, L., Harrison, B. J., Miguel, E. C., & Torres, A. R. (2011). Role of stressful and traumatic life events in obsessive–compulsive disorder. *Neuropsychiatry, 1*, 61–69.

Fontenelle, L. F., Mendlowicz, M. V., Marques, C., & Versiani, M. (2004). Trans-cultural aspects of obsessive–compulsive disorder: A description of Brazilian sample and a systematic review of international clinical studies. *Journal of Psychiatric Research, 38*, 403–411.

Franklin, M. E., Flessner, C. A., Woods, D. W., Keuthen, N. J., Piacentini, J. C., Moore, P., et al. (2008). The Child and Adolescent Trichotillomania Impact Project: Descriptive psychopathology, comorbidity, functional impairment, and treatment utilization. *Journal of Developmental and Behavioral Pediatrics, 29*, 493–500.

Franklin, M. E., Sapyta, J., Freeman, J. B., Khanna, M., Compton, S., Almirall, D., et al. (2011). Cognitive behavior therapy augmentation of pharmacotherapy in pediatric obsessive–compulsive disorder: The Pediatric OCD Treatment Study II (POTS II) randomized controlled trial. *Journal of the American Medical Association, 306*, 1224–1232.

Franklin, M. E., & Tolin, D. F. (2007). *Treating trichotillomania: Cognitive-behavioral therapy for hairpulling and related problems*. New York: Springer.

Freeman, R. D., Fast, D. K., Burd, L., Kerbeshian, J., Robertson, M. M., & Sandor, P. (2000). An international perspective on Tourette syndrome: Selected findings from 3,500 individuals in 22 countries. *Developmental Medicine and Child Neurology, 42*, 436–447.

Freeston, M. H., Ladouceur, R., Thibodeau, N., & Gagnon, F. (1991). Cognitive intrusion in a non-clinical population: I. *Behaviour Research and Therapy, 29*, 585–597.

Freud, S. (2001). *The standard edition of the complete psychological works of Sigmund Freud: Vol. 10. Two case studies: 'Little Hans' and 'The Rat Man'* (J. Strachey, Ed. & Trans.) London: Vintage Classics. (Original work published 1909)

Friman, P. C., & Hove, G. (1987). Apparent covariation between child habit disorders: Effects of successful treatment for thumb sucking on untargeted chronic hair pulling. *Journal of Applied Behavior Analysis, 20*, 421–425.

Geller, D. A., Biederman, J., Faraone, S. V., Agranat, A., Cradock, K., Hagermoser, L., et al. (2001). Developmental aspects of obsessive–compulsive disorder: Findings in children, adolescents, and adults. *Journal of Nervous and Mental Disease, 189*, 471–477.

Geller, D. A., Biederman, J., Faraone, S. V., Bellordre, C. A., Kim, G. S. Hagermoser, L., et al. (2001). Disentangling chronological age from age of onset in children and adolescents with obsessive–compulsive disorder. *International Journal of Neuropsychopharmacology, 4*, 169–178.

Gerard, E., & Peterson, B. S. (2003). Developmental processes and brain imaging studies in Tourette syndrome. *Journal of Psychosomatic Research, 55*, 13–22.

Gorman, D. A., Plessem, K. J., Robertson, M. M., Leckman, J. F., & Peterson, B. S. (2010). A controlled study of psychosocial outcome and psychiatric comorbidity in children with Tourette syndrome followed up in late adolescence. *British Journal of Psychiatry, 197*, 36–44.

Gorter, R. R., Kneepkens, C. M. F., Mattens, E. C. J. L., Aronson, D. C., & Heij, H. A. (2010). Management of trichobezoar: Case report and literature review. *Pediatric Surgery International, 26*, 457–463.

Gothelf, D., Aharonovsky, O., Horesh, N., Carty, T., & Apter, A. (2004). Life events and personality factors in children and adolescents with obsessive–compulsive disorder and other anxiety disorders. *Comprehensive Psychiatry, 45*, 192–198.

Grados, M. A., & Mathews, C. A. (2009). Clinical phenomenology and phenotype variability in Tourette syndrome. *Journal of Psychosomatic Research, 67*, 491–496.

Grados, M. A., Mathews, C. A., & Tourette Syndrome Association (TSA) International Consortium for Genetics. (2008). Latent class analysis of Gilles de la Tourette syndrome using comorbidities: Clinical and genetic implications. *Biological Psychiatry, 64,* 219–225.

Grant, J. E., & Christenson, G. A. (2007). Examination of gender in pathologic grooming behaviors. *Psychiatric Quarterly, 78,* 259–267.

Grant, J. E., & Odlaug, B. L. (2008). Clinical characteristics of trichotillomania with trichophagia. *Comprehensive Psychiatry, 49,* 579–584.

Grant, J. E., Odlaug, B. L., & Potenza, M. N. (2007). Addicted to hair pulling?: How an alternate model of trichotillomania may improve treatment outcome. *Harvard Review of Psychiatry, 15,* 80–85.

Grant, J. E., Williams, K. W., & Potenza, M. N. (2007). Impulse-control disorders in adolescent psychiatric inpatients: Co-occurring disorders and sex differences. *Journal of Clinical Psychiatry, 68,* 1584–1594.

Graybiel, A. M. (1998). The basal ganglia and chunking of action repertoires. *Neurobiology of Learning and Memory, 70,* 119–136.

Graybiel, A. M., & Canales, J. J. (2001). The neurobiology of repetitive behaviors: Clues to the neurobiology of Tourette syndrome. *Advances in Neurology, 85,* 123–131.

Greer, J. M., & Capecchi, M. R. (2002). Hoxb8 is required for normal grooming behavior in mice. *Neuron, 33,* 23–34.

Grisham, J. R., Anderson, T. M., Poulton, R., Moffitt, T. E., & Andrews, G. (2009). Childhood neuropsychological deficits associated with adult obsessive–compulsive disorder. *British Journal of Psychiatry, 195,* 138–141.

Grootheest, D. S., Cath, D. C., Beekman, A. T., & Boomsma, D. I. (2005). Twin studies on obsessive–compulsive disorder: A review. *Twin Research and Human Genetics, 8,* 450–458.

Hallopeau, H. (1889). Alopecie par grattage (trichomanie ou trichotillomanie). *Annales de Dermatologie et de Syphiligraphie, 10,* 440–441.

Hanna, G. L. (1996). Trichotillomania and related disorders in children and adolescents. *Child Psychiatry and Human Development, 27,* 255–268.

Hanna, G., Piacentini, J., Cantwell, D., Fischer, D., Himle, J., & Van Etten, M. (2002). Obsessive–compulsive disorder with and without tics in a clinical sample of children and adolescents. *Depression and Anxiety, 16,* 59–63.

Hemmings, S. M. J., Kinnear, C. J., Lochner, C., Seedat, S., Corfield, V. A., Moolman-Smook, J. C., et al. (2006). Genetic correlates in trichotillomania: A case–control association study in the South African Caucasian population. *Israel Journal of Psychiatry and Related Sciences, 43,* 93–101.

Himle, M. B., Woods, D. W. (2005). An experimental evaluation of tic suppression and the tic rebound effect. *Behaviour Research and Therapy, 43,* 1443–1451.

Himle, M. B., Woods, D. W., Conelea, C. A., Bauer, C. C., & Rice, K. A., (2007). Investigating the effects of tic suppression on premonitory urge ratings in children and adolescent with Tourette's syndrome. *Behaviour Research and Therapy, 45,* 2964–2976.

Himle, M. B., Woods, D. W., Piacentini, J. C., & Walkup, J. T. (2006). Brief review of habit reversal training for Tourette syndrome. *Journal of Child Neurology, 21,* 719–725.

Ho, C. S., Shen, E. Y., Shyur, S. D., & Chiu, N. C. (1999). Association of allergy with Tourette's syndrome. *Journal of the Formosan Medical Association, 98,* 492–495.

Hoekstra, P. J., Dietrich, A., Edwards, M. J., Elamin, I., & Martino, D. (2013). Environmental factors in Tourette syndrome. *Neuroscience and Biobehavioral Reviews, 37,* 1040–1049.

Hollander, E. (1999). Managing aggressive behavior in patients with obsessive compulsive disorder and borderline personality disorder. *Journal of Clinical Psychiatry, 60*(Suppl. 15), 38–44.

Hollander, E., Kim, S., Braun, A., Simeon, D., & Zohar, J. (2009). Cross-cutting issues and future directions for the OCD spectrum. *Psychiatry Research, 170,* 3–6.

Hoogduin, K., Verdellen, C., & Cath, D. (1997). Exposure and response prevention in the treatment of Gilles de la Tourette's syndrome: four case studies. *Clinical Psychology and Psychotherapy, 4,* 125–137.

Horwath, E., & Weissman, M. M. (2000). The epidemiology and cross-national presentation of obsessive–compulsive disorder. *Psychiatric Clinics of North America, 23,* 493–496.

Hu, X. Z., Lipsky, R. H., Zhu, G., Akhtar, L. A., Taubman, J., Greenberg, B. D., et al. (2006). Serotonin transporter promoter gain-of-function genotypes are linked to obsessive–compulsive disorder. *American Journal of Human Genetics 78,* 815–826.

Huyser, C., Veltman, D. J., Wolters, L. H., de Haan, E., & Boer, F. (2010). Functional magnetic resonance imaging during planning before and after cognitive-behavioral therapy in pediatric obsessive–compulsive disorder. *Journal of the American Academy of Child and Adolescent Psychiatry, 49,* 1238–1248.

Hyde, T. M., Aaronson, B. A., Randolph, C. Rickler, K. C., & Weinberger, D. R. (1992). Relationship of birth weight to the phenotypic expression of Gilles de la Tourette's syndrome in monozygotic twins. *Neurology, 42,* 652–658.

Insel, T. R., & Winslow, J. T. (1992). Neurobiology of obsessive compulsive disorder. *Psychiatric Clinics of North America, 15,* 813–824.

Jackson, S. R., Parkinson, A., Jung, J., Ryan, S. E., Morgan, P. S., Hollis, C., et al. (2011). Compensatory neural reorganization in Tourette syndrome. *Current Biology, 21,* 1–6.

Jankovic, J. (1997). Phenomenology and classification of tics. *Neurologic Clinics, 15*(2), 267–275.

Jankovic, J. (2001). Differential diagnosis and etiology of tics. *Advances in Neurology. 85,* 15–29.

Jankovic, J., Gelineau-Kattner, R., & Davidson, A. (2010). Tourette's syndrome in adults. *Movement Disorders, 25,* 2171–2175.

Jankovic, J., & Kurlan, R. (2011). Tourette syndrome: Evolving concepts. *Movement Disorders, 26,* 1149–1156.

Judd, L. (1965). Obsessive compulsive neurosis in children .

Archives of General Psychiatry, 12, 136–143.

Jung, J., Jackson, S. R., Parkinson, A., & Jackson, G. M. (2012). Cognitive control over motor output in Tourette syndrome. *Neuroscience and Biobehavioral Reviews, 37,* 1016–1025.

Kalra, S. K., & Swedo, S. E. (2009). Children with obsessive–compulsive disorder: Are they just "little adults"? *Journal of Clinical Investigation, 119,* 737–746.

Kessler, A. R. (2001). Clonidine treatment increases tics in patients with Tourette syndrome: Case report. *Journal of Child Neurology. 16,* 380–381.

Kessler, A. R. (2004). Effects of medications on regulation of body temperature of patients with Tourette syndrome. *Journal of Child Neurology, 19,* 220–224.

Kessler, R. C., Petukhova, M., Sampson, N. A., Zaslavsky, A. M., & Witchen, H.-U. (2012). Twelve-month and lifetime prevalence and lifetime morbid risk of anxiety and mood disorders in the United States. *International Journal of Methods in Psychiatric Research, 21,* 169–184.

Keuthen, N. J., Makris, N., Schlerf, J. E., Martis, B., Savage, C. R., McMullin, K., et al. (2007). Evidence for reduced cerebellar volumes in trichotillomania. *Biological Psychiatry, 61,* 374–381.

Khalifa, N., & von Knorring, A. L. (2003). Prevalence of tic disorders and Tourette syndrome in a Swedish school population. *Developmental Medicine and Child Neurology, 45,* 315–319.

Khalifa, N., & von Knorring, A. L. (2005). Tourette syndrome and other tic disorders in a total population of children: Clinical assessment and background. *Acta Paediatrica, 94,* 1608–14.

King, R. A., Scahill, L., Findley, D., & Cohen, D. J. (1999). Psychosocial and behavioral treatments. In J. F. Leckman & D. J. Cohen (Eds.), *Tourette's syndrome, tics, obsessions, compulsions: Developmental psychopathology and clinical care* (pp. 338–359). New York: Wiley.

King, R. A., Scahill, L., Vitulano, L. A., Schwab-Stone, M., Tercyak, K. P., & Riddle, M. A. (1995). Childhood trichotillomania: Clinical phenomenology, comorbidity, and family genetics. *Journal of the American Academy of Child and Adolescent Psychiatry, 34,* 1451–1459.

King, R. A., Zohar, A. H, Ratzoni, G., Binder, M., Kron, S., Dycian, A., et al. (1995). An epidemiological study of trichotillomania in Israeli adolescents. *Journal of the American Academy of Child and Adolescent Psychiatry, 34,* 1212–1215.

Kostanecka-Endress, T., Banaschewski, T., Kinkelbur, J., Wüllner, I., Lichtblau, S., Cohrs, S., et al. (2003). Disturbed sleep in children with Tourette syndrome: A polysomnographic study. *Journal of Psychosomatic Research, 55,* 23–29.

Kraft, J. T., Dalsgaard, S., Obel, C., Thomsen, P. H., Henriksen, T. B, & Scahill, L. (2012). Prevalence and clinical correlates of tic disorders in a community sample of school-age children, *European Child and Adolescent Psychiatry, 21,* 5–13.

Krauss, J. K., & Jankovic, J. (2002). Head injury and post-traumatic movement disorders. *Neurosurgery, 50,* 927–939.

Kuelz, A. K., Hohagen, F., & Voderholzer, U. (2004). Neuropsychological performance in obsessive–compulsive disorder: A critical review. *Biological Psychology, 65,* 185–236.

Kurlan, R., McDermott, M. P., Deeley, C., Como, P. G., Brower, C. Eapen, S., et al. (2001). Prevalence of tics in school children and association with placement in special education. *Neurology, 57,* 1383–1388.

Kushner, H. I. (1999). *A cursing brain?: The histories of Tourette syndrome.* Cambridge, MA: Harvard University Press.

Kwak, C., Vuong, K. D., Jankovic, J. (2003). Premonitory sensory phenomenon in Tourette's syndrome. *Movement Disorders, 18,* 1530–1533.

Lajonchere, C., Nortz, M., & Finger, S. (1996). Gilles de la Tourette and the discovery of Tourette syndrome. *Archives of Neurology, 53,* 567–574.

Langley, A. K., Lewin, A. B., Bergman, R. L., Lee, J. C., & Piacentini, J. (2010). Correlates of comorbid anxiety and externalizing disorders in childhood obsessive compulsive disorder. *European Child and Adolescent Psychiatry, 19,* 637–645.

Leckman, J. F. (2003). Phenomenology of tics and natural history of tic disorders. *Brain and Development, 25,* 24–28.

Leckman, J. F., & Cohen, D. J. (Eds.). (1999). *Tourette's syndrome—tics, obsessions, compulsions: Developmental psychopathology and clinical care.* New York: Wiley.

Leckman, J. F., Denys, D., Simpson, H. B., Mataix-Cols, D., Hollander, E., Saxena, S., et al. (2010). Obsessive-compulsive disorder: A review of the diagnostic criteria and possible subtypes and dimensional specifiers for DSM-V. *Depression and Anxiety, 27,* 507–527.

Leckman, J. F., Grice, D. E., Boardman, J., Zhang, H., Vitale, A., Bondi, C., et al. (1997). Symptoms of obsessive compulsive disorder. *American Journal of Psychiatry, 154,* 911–917.

Leckman, J. F., Walker, D. E., Goodman, W. K., Pauls, D. L., & Cohen, D. J. (1994). "Just right" perceptions associated with compulsive behaviors in Tourette's syndrome. *American Journal of Psychiatry, 151,* 675–680.

Leckman, J. F., Zhang, H., Vitale, A., Lahnin, F., Lynch, K., Bondi, C., et al. (1998). Course of tic severity in Tourette syndrome: The first two decades. *Pediatrics, 102,* 14-19.

Lee, C. C., Chou, I. C., Tsai, C. H., Wang, T. R., Li, T. C., & Tsai, F. J. (2005). Dopamine receptors D2 gene polymorphisms are associated in Taiwanese children with Tourette syndrome. *Pediatric Neurology, 33,* 273–276.

Lee, J. A., Kim, C. K., Jahng, G. H., Hwang, Y. W., Cho, Y. J., Kim, W. H., et al. (2010). A pilot study of brain activation in children with trichotillomania during a visual–tactile symptom provocation task: A functional magnetic resonance imaging study. *Progress in Neuro-*

Psychopharmocology and Biological Psychiatry, 34, 1250–1258.

Lewin, A. B., Chang, S., McCracken, J., McQueen, M., & Piacentini, J. (2010). Comparison of clinical features among youth with tic disorders, obsessive–compulsive disorder (OCD), and both conditions. *Psychiatry Research, 178,* 317–322.

Lewin, A. B., Piacentini, J., Flessner, C. A., Woods, D. W., Franklin, M. E., Keuthen, N. J., et al. (2009). Depression, anxiety, and functional impairment in children with trichotillomania. *Depression and Anxiety, 26,* 521–527.

Lichter, D. G., Dmochowski, J., Jackson, L. A., & Trinidad, K. S. (1999). Influence of family history on clinical expression of Tourette's syndrome. *Neurology, 52*(2), 308–316.

Lin, H., Katsovich, L., Ghebremichael, M., Findley, D. B., Grantz, H., Lombroso, P. J., et al. (2007). Psychosocial stress predicts future symptom severities in children and adolescents with Tourette syndrome and/or obsessive compulsive disorder. *Journal of Child Psychology and Psychiatry, 48,* 157–166.

Lochner, C., du Toit, P., Zungu-Dirwayi, N., Marais, A., van Kradenburg, J., Seedat, S., et al. (2002). Childhood trauma in obsessive–compulsive disorder, trichotillomania and controls. *Depression and Anxiety, 15,* 66–68.

Lochner, C., & Stein, D. J. (2006). Does work on obsessive–compulsive spectrum disorders contribute to understanding the heterogeneity of obsessive–compulsive disorder? *Progress in Neuro-Psychopharmacology and Biological Psychiatry, 30,* 353–361.

Lochner, C., & Stein, J. D. (2010). Obsessive-compulsive spectrum disorders in obsessive–compulsive disorder and other anxiety disorders. *Psychopathology, 43,* 389–396.

Lombroso, P. J., Scahill, L. D., Chappell, P. B., Pauls, D. L., Cohen, D. J., & Leckman, J. F. (1995). Tourette's syndrome: A multigenerational, neuropsychiatric disorder. *Advances in Neurology, 65,* 305–318.

MacMaster, F. P., O'Neill, J., & Rosenberg, D. R. (2008). Brain imaging in pediatric obsessive–compulsive disorder. *Journal of American Academy of Child and Adolescent Psychiatry, 47,* 1262–1272.

Malhotra, S., Grover, S., Baweja, R., & Bhateja, G. (2008). Trichotillomania in children. *Indian Pediatrics, 45,* 403–405.

Mansueto, C. S., Townsley-Stemberger, R. M., Thomas, A., & Golomb, R. (1997). Trichotillomania: A comprehensive behavioral model. *Clinical Psychology Review, 17,* 567–577.

March, J. S., Franklin, M. E., Leonard, H., Garcia, A., Moore, P., Freeman, J., et al. (2007). Tics moderate treatment outcome with sertraline but not cognitive-behavior therapy in pediatric obsessive–compulsive disorder. *Biological Psychiatry, 61,* 344–347.

Marsh, R., Alexander, G. M., Packard, M. G., Zhu, H., & Peterson, B. S. (2005). Perceptual–motor skill learning in Gilles de la Tourette syndrome. Evidence for multiple procedural learning and memory systems. *Neuropsychologia. 43,* 1456–1465.

Marsh, R., Alexander, G. M., Packard, M. G., Zhu, H., Wingard, J. C., Quackenbush, G., et al. (2004). Habit learning in Tourette syndrome: A translational neuroscience approach to a developmental psychopathology. *Archives of General Psychiatry, 61,* 1259–1268.

Marsh, R., Zhu, H., & Wang, Z. (2007). A developmental fMRI study of regulatory control in Tourette's syndrome. *American Journal of Psychiatry, 164,* 955–966.

Martino, D., Dale, R. C., Gilbert, K. D. L., Giovannoni, G., & Leckman, J. F. (2009). Immunopathogenic mechanisms in Tourette syndrome: A critical review. *Movement Disorders, 24,* 1267–1279.

Mataix-Cols, D., Frost, R. O., Pertusa, A., Clark, L. A., Saxena, S., Leckman, J., et al. (2010). Hoarding disorder: A new diagnosis for DSM-V? *Depression and Anxiety, 27,* 556–572.

Mataix-Cols, D., Rauch, S. L., Baer, L., Eisen, J. L., Shera, D. M., Goodman, W. K., et al. (2002). Symptom stability in adult obsessive–compulsive disorder: Data from a naturalistic two-year follow-up study. *American Journal of Psychiatry, 159,* 263–268.

Mataix-Cols, D., Wooderson, S., Lawrence, N., Brammer, M. J., Speckerns, A., & Phillips, M. L. (2004). Distinct neural correlates of washing, checking, and hoarding symptom dimensions in obsessive–compulsive disorder. *Archives of General Psychiatry, 61,* 564–576.

Mathews, C. A., Bimson, B., Lowe, T. L., Herrera, L. D., Budman, C. L., Erenberg, G., et al. (2006). Association between maternal smoking and increased symptom severity in Tourette's syndrome. *American Journal of Psychiatry, 163,* 1066–1073.

Mathews, C. A., & Grados, M. A. (2011). Familiality of Tourette syndrome, obsessive compulsive disorder, and attention-deficit/hyperactivity disorder: Heritability analysis in a large sib-pair sample. *Journal of the American Academy of Child and Adolescent Psychiatry, 50,* 46–54.

Mathews, C. A., Waller, J., Glidden, D. V., Lowe, T. L., Herrera, L. D., Budman, C. L., et al. (2013). Self injurious behavior in Tourette syndrome: Correlates with impulsivity and impulse control. *Journal of Neurology, Neurosurgery and Psychiatry, 75,* 1149–1155.

Mathis, M. A., Alvarenga P., Funaro, G., Torresan, R. C., Moraes, I., Torres, A. R., et al. (2011). Gender differences in obsessive–compulsive disorder: A literature review. *Revista Brasileira de Psiquiatria, 33,* 390–399.

McCracken, J. (2000). Tic disorders. In H. Kaplan & B. Sadock (Eds.), *Comprehensive textbook of psychiatry* (7th ed., pp. 2711–2719). Philadelphia: Lippincott Williams & Wilkins.

McElroy, S., Hudson, J., Pope, H., Keck, P., & Aizley, J. (1992). The DSM-III-R impulse control disorders not elsewhere classified: Clinical characteristics and relationship to other psychiatric disorders. *American Journal of Psychiatry, 149,* 318–327.

Meador, K. (2007). The basic science of memory as it applies to epilepsy. *Epilepsia, 48*(Suppl. 9), 23–25.

Mell, L. K., Davis, R. L., & Owens, D. (2005). Association between streptococcal infection and obsessive compulsive disorder, Tourette's syndrome and tic disorder. *Pediatrics, 115,* 56–60.

Melloni, M., Urbistondo, C., Sedeno, L., Gelormini, C., Kichic, R., & Ibanez, A. (2012). The extended fronto-striatal model of obsessive compulsive disorder: Convergence from event-related potentials, neuropsychology and neuroimaging. *Frontiers in Human Neuroscience, 6,* 1–24.

Menzies, L., Chamberlain, S., Laird, A., Thelen, S., Sahakian, B., & Bullmore, E. (2008). Integrating evidence from neuroimaging and neuropsychological studies of obsessive–compulsive disorder: The orbitofronto-striatal model revisited. *Neuroscience and Behavioral Reviews, 32,* 525–549.

Merette, C., Brassard, A., Potvin, A., Bouvier, H., Rousseau, F., Emond, C., et al. (2000). Significant linkage for Tourette syndrome in a large French Canadian family. *American Journal of Human Genetics, 67,* 1008–1013.

Merlo, L. J., Lehmkuhl, H. D., Geffken, G. R., & Storch, E. A. (2009). Decreased family accommodation associated with improved therapy outcome in pediatric obsessive–compulsive disorder. *Journal of Consulting and Clinical Psychology, 77,* 355–360.

Meunier, S. A., Tolin, D. F., & Franklin, M. (2009). Affective and sensory correlates of hair pulling in pediatric Trichotillomania. *Behavior Modification, 33,* 396–407.

Micali, N., Heyman, I., Perez, M., Hilton, K., Nakatani, E., Turner, C., et al. (2010). Long-term outcomes of obsessive–compulsive disorder: Follow-up of 142 children and adolescents. *British Journal of Psychiatry, 197,* 128–134.

Miguel, E. C., Coffey, B. J., Baer, L., Savage, C. R., Rauch, S. L., & Jenike, M. A. (1995). Phenomenology of intentional repetitive behaviors in obsessive–compulsive disorder and Tourette's syndrome. *Journal of Clinical Psychiatry, 56,* 246–255.

Miguel, E. C., de Rosário-Campos, M. C., Shavitt, R. G., Hounie, A. G., & Mercadante, M. T. (2001). The tic-related obsessive–compulsive disorder phenotype and treatment implications. *Advances in Neurology, 85,* 43–55.

Mink, J. W. (1996). The basal ganglia: Focused selection and inhibition of competing motor programs. *Progress in Neurobiology, 50,* 381–425.

Mink, J. W. (2001). Basal ganglia dysfunction in Tourette's syndrome: A new hypothesis. *Pediatric Neurology, 25,* 190–198.

Mink, J. W. (2006). Neurobiology of basal ganglia and Tourette syndrome: Basal ganglia circuits and thalamocortical outputs. *Advances in Neurology. 99,* 89–98.

Minzer, K., Lee, O., Hong, J. J., & Singer, H. S (2004). Increased prefrontal D2 protein in Tourette syndrome: A postmortem analysis of frontal cortex and striatum. *Journal of the Neurological Sciences, 219,* 55–61.

Mol Debes, N. M., Hjalgrim, H., & Skov, L. (2008). Clinical aspects of Tourette syndrome. *Ugeskrift for Laeger, 170,* 2710–2713.

Moon-Fanelli, A. A., Dodman, N. H., & O'Sullivan, R. L. (1999). Veterinary models of compulsive self-grooming: Parallels with trichotillomania. In D. J. Stein, G. A. Christenson, & E. Hollander (Eds.), *Trichotillomania* (pp. 63–92). Washington, DC: American Psychiatric Press.

Moore, P. S., Mariaskin, A., March, J., Franklin, M. E., & Murphy, T. K. (2007). Obsessive–compulsive disorder in children and adolescents. In E. A. Storch, G. R. Geffken, & T. K. Murphy (Eds.), *Handbook of child and adolescent obsessive–compulsive disorder* (pp. 17-45). Mahwah, NJ: Erlbaum.

Motlagh, M. G., Katsovich, L., Thompson, N., Lin, H., Kim, Y. S., Scahill, L., et al. (2010). Severe psychosocial stress and heavy cigarette smoking during pregnancy: An examination of the pre- and peri-natal risk factors associated with ADHD and Tourette syndrome. *European Child and Adolescent Psychiatry, 19,* 755–764.

Mowrer, O. H. (1956). Two-factor learning theory reconsidered, with special reference to secondary reinforcement and the concept of habit. *Psychological Review, 63,* 114–128.

Mueller, S. C., Jackson, G. M., & Dhalia, R. (2006). Enhanced cognitive control in young people with Tourette's syndrome. *Current Biology, 16,* 570–573.

Müller, A., Rein, K., Kollei, I., Jacobi, A., Rotter, A., Schütz, P., et al. (2011). Impulse control disorders in psychiatric inpatients. *Psychiatry Research, 15,* 434–438.

Muller, S. A. (1987). Trichotillomania. *Dermatologic Clinics, 5,* 595–601.

Nestadt, G., Samuels, J., Riddle, M., Bienvenu III, O. J., Liang, K. Y., LaBuda, M., et al. (2000). A family study of obsessive–compulsive disorder. *Archives of General Psychiatry, 57,* 358–363.

Nicolini, J., Arnold, P., Nestadt, G., Lanzagorta, M., & Kennedy, J. (2009). Overview of genetics and obsessive–compulsive disorder. *Psychiatry Research, 170,* 7–14.

Nolan, E., Sverd, J., Gadow, K., Sprafkin, J., & Ezor, S. (1996). Associated psychopathology in children with both ADHD and chronic tic disorder. *Journal of the American Academy of Child and Adolescent Psychiatry, 35,* 1622–1630.

Norberg, M. M., Wetterneck, C. T., Woods, D. W., & Conelea, C. A. (2007). Experiential avoidance as a mediator of relationships between cognitions and hair-pulling severity. *Behavior Modification, 31,* 367–381.

Novak, C. E., Keuthen, N. J., Stewart, S. E., & Pauls, D. L. (2009). A twin concordance study of trichotillomania. *American Journal of Medical Genetics, Part B: Neuropsychiatric Genetics, 150B,* 944–949.

Numberger, J. L., & Hingtgen, J. N., (1973). Is symptom substitution an important issue in behavior therapy? *Biological Psychiatry, 7,* 221–236.

Obsessive Compulsive Cognitions Working Group. (2003). Psychometric validation of the Obsessive Beliefs Questionnaire and the Interpretation of Intrusion Inventory: Part I. *Behaviour Research and Therapy, 41*, 863–878.

O'Connor, K., Brisebois, H., Brault, M., Robillard, S., & Loiselle, J. (2003). Behavioral activity associated with onset in chronic tic and habit disorder. *Behaviour Research and Therapy, 41*, 241–249.

Odlaug, B. L., Kim, S. W., & Grant, J. E. (2010). Quality of life and clinical severity in pathological skin picking and trichotillomania. *Journal of Anxiety Disorders, 24*, 823–829.

Oliveira, S. K. F., & Pelajo, C. F. (2010). Pediatric autoimmune neuropsychiatric disorders associated with streptococcal infection (PANDAS): A controversial diagnosis. *Current Infectious Disease Reports, 12*, 103–109.

O'Neill, J., Piacentini, J., Chang, S., Levitt, J., Rozenman, M., Bergman, L., et al. (2012). MRSI correlates of cognitive-behavioral therapy in pediatric obsessive–compulsive disorder. *Progress in Neuro-Psychopharmacology and Biological Psychiatry, 36*, 161–168.

Oranje, A. P., Peereboom-Wynia, J. D., & De Raeymaecker, D. M. J. (1986). Trichotillomania in childhood. *Journal of the American Academy of Dermatology, 15*, 614–619.

Panza, K. E., Pittenger, C., & Bloch, M. H. (2013). Age and gender correlates of pulling in pediatric trichotillomania. *Journal of the American Academy of Child and Adolescent Psychiatry, 52*, 241–249.

Pappert, E. J., Goetz, C. J., Louis, E. D., Blasucci, L., & Leurgans, S. (2003). Objective assessments of longitudinal outcome in Gilles de la Tourette's syndrome. *Neurology, 62*, 936–940.

Pauls, D. L. (2010). The genetics of obsessive–compulsive disorder: A review. *Dialogues in Clinical Neuroscience, 12*, 149–163.

Pauls, D. L., Leckman, J. F., & Cohen, D. J. (1993). Familial relationship between Gilles de la Tourette syndrome, attention deficit disorder, learning disabilities, speech disorders, and stuttering. *Journal of the American Academy of Child and Adolescent Psychiatry, 32*, 1044–1050.

Pauls, D. L., Leckman, J. F., Towbin, K. E., Zahner, G. E., & Cohen, D. J. (1986). A possible genetic relationship exists between Tourette's syndrome and obsessive–compulsive disorder. *Psychopharmacology Bulletin, 22*, 730–733.

Pauls, D. L., Raymond, C. L., Leckman, J. F., & Stevenson, J. M. (1991). A family study of Tourette's syndrome. *American Journal of Human Genetics, 48*, 154–163.

Pediatric OCD Treatment Study Team. (2004). Cognitive-behavioral therapy, sertraline, and their combination for children and adolescents with obsessive–compulsive disorder: The Pediatric OCD Treatment Study (POTS) randomized controlled trial. *Journal of the American Medical Association, 292*, 1969–1976.

Pena, M. S., Yaltho, T. C., & Jankovic, J. (2010). Tardive dyskinesia and other movements disorders secondary to aripiprazole. *Movement Disorders, 26*, 147–152.

Penzel, F. (2003). *The hair-pulling problem: A complete guide to trichotillomania.* New York: Oxford University Press.

Peris, T. S., Bergman, R. L., Langley, A., Chang, S., McCracken, J. T., & Piacentini, J. (2008). Correlates of accommodation of pediatric obsessive–compulsive disorder: Parent, child, and family characteristics. *Journal of the American Academy of Child and Adolescent Psychiatry, 47*, 1173–1181.

Peris, T., Sugar, C., Bergman, R. L., Chang, S., Langley, A., & Piacentini, J. (2012). Family factors predict treatment outcome for pediatric obsessive compulsive disorder. *Journal of Consulting and Clinical Psychology, 80*, 255–263.

Peterson, B. S. (2001). Neuroimaging studies of Tourette syndrome: A decade of progress. *Advances in Neurology. 85*, 179–196.

Peterson, B. S., & Leckman, J. F. (1998). The temporal dynamics of tics in Gilles de la Tourette syndrome. *Biological Psychiatry, 44*, 1337–1348.

Peterson, B. S., Pine, D. S., Cohen, P., & Brook, J. S. (2001). Prospective, longitudinal study of tic, obsessive–compulsive, and attention-deficit/hyperactivity disorders in an epidemiological sample. *Journal of the American Academy of Child and Adolescent Psychiatry, 40*, 685–695.

Peterson, B. S., Skudlarski, P., Anderson, A. W., Zhang, H., Gatenby, J. C., Lacadie, C. M., et al. (1998). A functional magnetic resonance imaging study of tic suppression in Tourette syndrome. *Archives of General Psychiatry, 55*, 326–333.

Peterson, B. S., Thomas, P., Kane, M. J., Scahill, L., Zhang, H., Bronen, R., King, R. A., et al. (2003). Basal ganglia volumes in patients with Gilles de la Tourette syndrome. *Archives of General Psychiatry, 60*, 415–424.

Peterson, B. S., Zhang, H., Anderson, G. M., & Leckman, J. F. (1998). A double-blind, placebo-controlled, cross-over trial of an antiandrogen in the treatment of Tourette's syndrome. *Journal of Clinical Psychopharmacology, 18*, 324–331.

Piacentini, J. (2008). Optimizing cognitive-behavioral therapy for childhood psychiatric disorders. *Journal of the American Academy of Child and Adolescent Psychiatry, 47*, 481–482.

Piacentini, J., Bergman, R. L., Chang, S., Langley, A., Peris, T., Wood, J., et al. (2011) Controlled comparison of family cognitive behavioral therapy and psychoeducation/relaxation-training for child OCD. *Journal of the American Academy of Child and Adolescent Psychiatry, 50*, 1149–1161.

Piacentini, J., Bergman, R. L., Keller, M., & McCracken, J. (2003). Functional impairment in children and adolescents with obsessive–compulsive disorder. *Journal of Child and Adolescent Psychopharmacology, 13*(Suppl. 1), S61–S69.

Piacentini, J., & Chang, S. (2006). Behavioral treatments for tic suppression. *Advances in Neurology, 99*, 227–233.

Piacentini, J., & Graae, F. (1997). Childhood obsessive–compulsive disorder. In E. Hollander & D. J. Stein (Eds.), *Obsessive–compulsive disorders: Etiology, diagnosis, and treatment* (p. 23-47). New York: Marcel Dekker.

Piacentini, J., Himle, M. B., Chang, S., Baruch, D. E., Buzzella, B., Pearlman, A., et al. (2006). Reactivity of observation procedures to situation and setting. *Journal of Abnormal Child Psychology, 34,* 647–656.

Piacentini, J., & Langley, A. (2004). Cognitive behavioral therapy for children with obsessive compulsive disorder. *Journal of Clinical Psychology: In Session, 60,* 1181–1194.

Piacentini, J., Woods, D. W., Scahill, L., Wilhelm, S., Peterson, A. L., Chang, S., et al. (2010). Behavior therapy for children with Tourette disorder: A randomized controlled trial. *Journal of the American Medical Association. 303*(19), 1929–1937.

Pitman, R. K. (1987). Pierre Janet on obsessive–compulsive disorder (1903). *Archives of General Psychiatry, 44,* 226–232.

Pitman, R. K., Green, R. C., Jenike, M. A., & Mesulam, M. M. (1987). Clinical comparison of Tourette's disorder and obsessive–compulsive disorder. *American Journal of Psychiatry, 144,* 1166–1171.

Pittenger, C., Bloch, M. H., & William, S. K. (2011). Glutamate abnormalities in obsessive compulsive disorder: Neurobiology, pathophysiology, and treatment. *Phamacological Therapies, 132,* 314–332.

Plessen, K. J., Bansal, R., & Peterson, B. S. (2009). Imaging evidence for anatomical disturbances and neuroplastic compensation in persons with Tourette syndrome. *Journal of Psychosomatic Research. 67,* 559–573.

Plessen, K. J., Wentzel-Larsen, T., Hugdahi, K., Geineigle, P. l., Klein, J., Staib, L. H., et al. (2004). Altered interhemispheric connectivity in individuals with Tourette's disorder. *American Journal of Psychiatry, 161,* 2028–2037.

Poulton, R., Grisham, J. R., & Andrews, G. (2009). *Developmental approaches to understanding anxiety disorders.* New YorK: Oxford University Press.

Price, R. A., Kidd, K. K., Cohen, D. J., Pauls, D. L., & Leckman, J. F. (1985). A twin study of Tourette syndrome. *Archives of General Psychiatry. 42,* 815–820.

Rachman, S., & Hodgson, R. (1980) *Obsessions and compulsions.* Englewood Cliffs, NJ: Prentice-Hall.

Rapoport, J. L. (1989). *The boy who couldn't stop washing: The experience and treatment of obsessive–compulsive disorder.* New York: New American Library.

Rapoport, J. L., Ryland, D. H., & Kriete, M. (1992). Drug treatment of canine acral lick: An animal model of obsessive–compulsive disorder. *Archives of General Psychiatry, 49,* 517–521.

Rauch, S. L., & Britton, J. (2010). Developmental neuroimaging studies of OCD: The maturation of a field. *Journal of the American Academy of Child and Adolescent Psychiatry, 49,* 1186–1188.

Rauch, S. L., Wright, C. I., Savage, C. R., Martis, B., McMullin, K. G., Wedig, M. M., et al. (2007). Brain activation during implicit sequence learning in individuals with trichotillomania. *Psychiatry Research, 154,* 233–240.

Renshaw, K. D., Steketee, G., & Chambless, D. L. (2005).

Involving family members in the treatment of OCD. *Cognitive Behaviour Therapy, 34,* 164–175.

Reeve, E. A., Bernstein, G., & Christenson, G. A. (1992). Clinical characteristics and psychiatric comorbidity in children with trichotillomania. *Journal of the American Academy of Child and Adolescent Psychiatry, 31,* 132–138.

Reynolds, S., & Reeves, J. (2008). Do cognitive models of obsessive compulsive disorder apply to children and adolescents? *Behavioural and Cognitive Psychotherapy, 36,* 463–471.

Richter, M. A., Summerfeldt, L. J., Antony, M. M., & Swinson, R. P. (2003). Obsessive–compulsive spectrum conditions in obsessive–compulsive disorder and other anxiety disorders. *Depression and Anxiety, 18,* 118–127.

Robertson, M. M. (2000). Tourette syndrome, associated conditions and the complexities of treatment. *Brain: A Journal of Neurology, 123,* 425–462.

Robertson, M. M. (2003). Diagnosing Tourette syndrome: Is it a common disorder? *Journal of Psychosomatic Research, 55,* 3–6.

Robertson, M. M. (2006). Tourette syndrome and affective disorders: An update. *Journal of Psychosomatic Research, 61,* 349–358.

Robertson, M. M. (2008a). The prevalence and epidemiology of Gilles de la Tourette syndrome: Part 1. The epidemiological and prevalence studies. *Psychosomatic Medicine, 65,* 461–472.

Robertson, M. M. (2008b). The prevalence and epidemiology of Gilles de la Tourette syndrome: Part 2. Tentative explanations for differing prevalence figures in GTS, including the possible effects of psychopathology, aetiology, cultural differences, and differing phenotypes. *Journal of Psychosomatic Research 65,* 473–486.

Robertson, M. M. (2011). Gilles de la Tourette syndrome: The complexities of phenotype and treatment. *British Journal of Hospital Medicine, 2,* 100–107.

Robertson, M. M. (2012). The Gilles de la Tourette syndrome: The current status. *Archives of Disease in Childhood—Education and Practice, 97,* 166–175.

Robertson, M. M., Althoff, R. R., Hafez, A., & Pauls, D. L. (2008). Principal components analysis of a large cohort with Tourette syndrome. *British Journal of Psychiatry, 193,* 1–6.

Robertson, M. M., Eapen, V., & Cavanna, A. E., (2009). The international prevalence, epidemiology, and clinical phenomenology of Tourette syndrome: A cross-cultural perspective. *Journal of Psychosomatic Research, 67,* 475–483.

Roessner, V., Becker, A., Banaschewski, T., Freeman, R. D., Rothenberger, A., & Tourette Syndrome International Database Consortium. (2007). Developmental psychopathology of children and adolescents with Tourette syndrome: Impact of ADHD. *European Child and Adolescent Psychiatry, 16*(Suppl. 1), 24–35.

Roessner, V., Hoekstra, P. J., & Rothenberger, A., (2011). Tourette's disorder and other tic disorders in DSM-5: A comment. *European Child and Adolescent Psychiatry, 20,* 71–74.

Rosario-Campos, M. C., Leckman, J. F., Curi, M., Quatrano, S., Katsovitch, L., Miguel, E. C., et al. (2005). A family study of early-onset obsessive–compulsive disorder. *American Journal of Medical Genetics, Part B: Neuropsychiatric Genetics, 136,* 92–97.

Rosenberg, D. R., Averbach, D. H., O'Hearn, K. M., Seymour, A. B., Birmaher, B., & Sweeney, J. A. (1997). Oculomotor response inhibition abnormalities in pediatric obsessive-compulsive disorder. *Archives of General Psychiatry, 54,* 831–838.

Rosenberg, D. R., & Keshavan, M. S. (1998). Toward a neurodevelopmental model of obsessive–compulsive disorder. *Biological Psychiatry, 43,* 623–640.

Rosenberg, D. R., MacMaster, F. P., Keshavan, M. S., Fitzgerald, K. D., Stewart, C. M., & Moore, G. J. (2000). Decrease in caudate glutamatergic concentration in pediatric obsessive–compulsive disorder patients taking paroxetine. *Journal of the American Academy of Child and Adolescent Psychiatry, 39,* 1096–1103.

Rosenberg, D. R., MacMaster, F. P., Mirza, Y., Easter, P. C., & Buhagiar, C. J. (2007). Neurobiology, neuropsychology, and neuroimaging of child and adolescent obsessive-compulsive disorder. In E. A. Storch, G. R. Geffken, & T. K. Murphy (Eds.), *Handbook of child and adolescent obsessive–compulsive disorder* (pp. 131–159). Mahwah, NJ: Erlbaum.

Rothbaum, B. O. (2008). Critical parameters for D-cycloserine enhancement of cognitive-behaviorial therapy for obsessive–compulsive disorder. *American Journal of Psychiatry, 165,* 293–296.

Rubia, K., Cubillo, A., Smith, A. B., Woolley, J., Heyman, I., & Brammer, M. J. (2010). Disorder-specific dysfunction in right inferior prefrontal cortex during two inhibition tasks in boys with attention-deficit hyperactivity disorder compared to boys with obsessive–compulsive disorder. *Human Brain Mapping, 31,* 287–299.

Ruscio, A. M., Stein, D. J., Chiu, W. T., & Kessler, R. C. (2010). The epidemiology of obsessive–compulsive disorder in the National Comorbidity Survey Replication. *Molecular Psychiatry, 15,* 53–63.

Saccomani, L., Fabiana, V., Manuela, B., Giambattista, R., (2005). Tourette syndrome and chronic tics in a sample of children and adolescents. *Brain and Development, 27,* 349–352.

Salkovskis, P. M. (1996). Cognitive-behavioral approaches to the understanding of obsessional problems. In R. M. Rapee (Ed.), *Current controversies in the anxiety disorders* (pp. 103–133). New York: Guilford Press.

Salkovskis, P. M., Shafran, R., Rachman, S., & Freeston, M. H. (1999). Multiple pathways to inflated responsibility beliefs in obsessional problems: Possible origins and implications for therapy and research. *Behavioural Research and Therapy, 37,* 1055–1072.

Samuels, J., Wang, Y., Riddle, M., Greenberg, B., Fyer, A.,

McCracken, J., et al. (2011). Comprehensive family-based association study of the glutamate transporter gene SLC1A1 in obsessive-compulsive disorder. *American Journal of Medical Genetics, Part B: Neuropsychiatric Genetics, 156B,* 472–477.

Santangelo, S. L., Pauls, D. L., Goldstein, J. M., Faraone, S. V., Tsuang, M. T., & Leckman, J. F. (1994). Tourette's syndrome: What are the influences of gender and comorbid obsessive–compulsive disorder? *Journal of the American Academy of Child and Adolescent Psychiatry, 33,* 795–804.

Santhanam, R., Fairley, M., & Rogers, M. (2008). Is it trichotillomania?: Hair pulling in childhood: A developmental perspective. *Clinical Child Psychology and Psychiatry, 13,* 409–418.

Saxena, S., Brody, A. L., Schwartz, J. M., & Baxter, L. R. (1998). Neuroimaging and frontal-subcortical circuitry in obsessive–compulsive disorder. *British Journal of Psychiatry. 35*(Suppl.), 26–37.

Scahill, L., Bitsko, R. H., & Blumberg, S. J. (2009). Prevalence of diagnosed Tourette syndrome in persons aged 6–17 years—United States, *Morbidity and Mortality Weekly Report, 58,* 581–585.

Scahill, L., Lombroso, P. J., Mack, G., Van Wattum, P. J., Zhang, H., Vitale, A., et al. (2001). Thermal sensitivity in Tourette syndrome: Preliminary report. *Perceptual and Motor Skills, 92,* 419–432.

Scahill, L., Sukhodolsky, D., Williams, S., & Leckman, J. (2005). Public health significance of tic disorders in children and adolescents. *Advances in Neurology, 96,* 240–248.

Scotti, J. R., Schulman, D. E., & Hojnacki, R. M., (1994). Functional analysis and unsuccessful treatment of Tourette's syndrome in a man with profound mental retardation. *Behavior Therapy, 25,* 721–738.

Serrien, D. J., Orth, M., Evans, A. H., Lees, A. J., & Brown, P. (2005). Motor inhibition in patients with Gilles de la Tourette syndrome: Functional activation patterns as revealed by EEG coherence. *Brain, 128,* 116–125.

Shapiro, A., & Shapiro, E. (1992). Evaluation of the reported asssociation of obsessive–compulsive symptoms or disorder with Tourette's disorder. *Comprehensive Psychiatry, 33,* 152–165.

Sharenow, E. L., Fuqua, R. W., & Miltenberger, R. G. (1989). The treatment of muscle tics with dissimilar competing response practice. *Journal of Applied Behavior Analysis, 22,* 35–42.

Sheppard, D. M., Bradshaw, J. L., Purcell, R., & Pantelis, C. (1999). Tourette's and comorbid syndromes: Obsessive compulsive and attention deficit hyperactivity disorder. A common etiology? *Clinical Psychology Review, 19,* 531–552.

Shusterman, A., Feld, L., Baer, L., & Keuthen, N. (2009). Affective regulation in trichotillomania: Evidence from a large-scale Internet survey. *Behaviour Research and Therapy, 47,* 637–644.

Silva, R. R., Munoz, D. M., Barickman, J., & Friedhoff, A.

J. (1995). Environmental factors and related fluctuation of symptoms in children and adolescents with Tourette's disorder. *Journal of Child Psychology and Psychiatry, 36,* 305–312.

Singer, H. S. (2005). Tourette's syndrome: From behaviour to biology. *Lancet Neurolology, 4,* 149–159.

Skoog, G., & Skoog, I. (1999). A 40-year follow-up of patients with obsessive–compulsive disorder. *Archives of General Psychiatry, 56,* 121–127.

Smári, J., Þorsteinsdóttir, Á., Magnúsdóttir, L., Smári, U. J., & Ólason, D. Þ. (2010). Pathways to inflated responsibility beliefs, responsibility attitudes and obsessive–compulsive symptoms: Factor structure and test of a meditational model. *Behavioural and Cognitive Psychotherapy, 38,* 535–544.

Snorrason, I., Belleau, E., & Woods, D. (2012). How related are hair pulling disorder (trichotillomania) and skin picking disorder?: A review of evidence for comorbidity, similarities and shared etiology. *Clinical Psychology Review, 32,* 618–629.

Spencer, T., Biederman, J., Harding, M., O'Donnell, D., Wilens, T., Faraone, S., et al. (1998). Disentangling the overlap between Tourette's disorder and ADHD. *Journal of Child Psychology and Psychiatry, 39,* 1037–1044.

Stanley, M. A., Hannay, H. J., & Breckenridge, J. K. (1997). The neuropsychology of trichotillomania. *Journal of Anxiety Disorders, 11,* 473–488.

State, M. W. (2010). The genetics of child psychiatric disorders: Focus on autism and Tourette syndrome. *Neuron, 68,* 254–269.

State, M. W. (2011). The genetics of Tourette disorder. *Current Opinion in Genetics and Development, 21,* 302–309.

Stein, D. J., Chamberlain, S. R., & Fineberg, N. (2006). An A-B-C model of habit disorders: Hair-pulling, skin-picking, and other stereotypic conditions. *CNS Spectrums,* 11, 824–827.

Stein, D. J., Fineberg, N. A., Bienvenu, O. J., Denys, D., Lochner, C., Nestadt, G., et al. (2010). Should OCD be classified as an anxiety disorder in DSM-V? *Depression and Anxiety, 27,* 495–506.

Stein, D. J., Flessner, C. A., Franklin, M., Keuthen, N. J., Lochner, C., & Woods, D. W. (2008). Is trichotillomania a stereotypic movement disorder?: An analysis of body focused repetitive behaviors in people with hair pulling. *Annals of Clinical Psychiatry, 20,* 194–198.

Stein, D. J., Grant, J. E., Franklin, M. E., Keuthen, N., Lochner, C., Singer, H. S., et al. (2010). Trichotillomania (hair pulling disorder), skin picking disorder, and stereotypic movement disorder: Toward DSM-V. *Depression and Anxiety, 27,* 611–626.

Steketee, G. (1993). *Treatment of obsessive compulsive disorder.* New York: Guilford Press.

Stern, E. R., Blair, C., & Peterson, B. S. (2008). Inhibitory deficits in Tourette's syndrome. *Developmental Psychobiology. 50,* 9–18.

Stewart, S. E., Geller, D. A., Jenike, M., Pauls, D., Shaw, D.,

Mullin, B., et al. (2004). Long-term outcome of pediatric obsessive–compulsive disorder: A meta-analysis and qualitative review of the literature. *Acta Psychiatrica Scandinavica, 110,* 4–13.

Stewart, S. E., Rosario, M. C., Brown, T. A., Carter, A. S., Leckman, J. F., Sukhodolsky, D., et al. (2007). Principal components analysis of obsessive–compulsive disorder symptoms in children and adolescents. *Biological Psychiatry, 61,* 285–291.

Stillman, A. A., Krsnik, Z., Sun, J., Rasin, M. R., State, M. W., Sestan, N., et al. (2009). Developmentally regulated and evolutionarily conserved expression of SLITRK1 in brain circuits implicated in Tourette syndrome. *Journal of Comparative Neurology. 513,* 21–37.

Storch, E. A., Geffken, G. R., Merlo, L. J., Jacob, M. L., Murphy, T. K., Goodman, W. K., et al. (2007). Family accommodation in pediatric obsessive–compulsive disorder. *Journal of Clinical Child and Adolescent Psychology, 36,* 207–216.

Storch, E. A., Lack, C. W., Simons, L. E., Goodman, W. K., Murphy, T. K., & Geffken, G. R. (2007). A measure of functional impairment in youth with Tourette's syndrome. *Journal of Pediatric Psychology, 32,* 950–959.

Storch, E. A., Larson, M. J., Muroff, J., Caporino, N., Geller, D., Reid, J. M., et al. (2010). Predictors of functional impairment in pediatric obsessive–compulsive disorder. *Journal of Anxiety Disorders, 24,* 275–283.

Storch, E. A., Murphy, T. K., Goodman, W. K., Geffken, G. R., Lewin, A. B., Henin, A., et al. (2010). A preliminary study of d-cycloserine augmentation of cognitive-behavioral therapy in pediatric obsessive–compulsive disorder. *Biological Psychiatry, 68,* 1073–1076.

Sukhodolsky, D. G., Scahill, L., Zhang, H., Peterson, B. S., King, R. A., Lombrosso, P. J., et al. (2003). Disruptive behavior in children with Tourette's syndrome: Association with ADHD comorbidity, tic severity and functional impairment. *Journal of the American Academy of Child and Adolescent Psychiatry, 42,* 98–105.

Swain, J. E., Scahill, L., Lombroso, P. J., King, R. A., & Leckman, J. F. (2007). Tourette syndrome and tic disorders: A decade of progress. *Journal of the American Academy of Child and Adolescent Psychiatry, 46,* 947–968.

Swedo, S. E. (1989). Rituals and releasers: An ethological model of obsessive–compulsive disorder. In J. L. Rapoport (Ed.) *Obsessive–compulsive disorders in children and adolescents.* (pp. 269–288). Washington, DC: American Psychiatric Press.

Swedo, S. E., Leonard, H. L., Garvey, M., Mittleman, B., Allen, A., Perlmutter, S., et al. (1998). Pediatric autoimmune neuropsychiatric disorders associated with streptococcal infections: Clinical description of the first 50 cases. *American Journal of Psychiatry, 155,* 264–271.

Swedo, S. E., Leonard, H. L., Lenane, M. C., & Rettew, D. C. (1992). Trichotillomania a profile of the disorder from infancy through adulthood. *International Pediatrics, 7,* 144–150.

Szechtman, H., & Woody, E. (2004). Obsessive-compulsive disorder as a disturbance of security motivation. *Psychological Review, 111*, 111–127.

Tabatabai, S. E., & Salari-Lak, M. (1981). Alopecia in dolls! *Cutis, 28*, 206.

Tay, Y., Levy, M. L., & Metry, D. W. (2004). Trichotillomania in childhood: Case series and review. *Pediatrics, 113*, 494–498.

Taylor, S. (2011a). Early versus late obsessive–compulsive disorder: Evidence for distinct subtypes. *Clinical Psychology Review, 31*, 1083–1100.

Taylor, S. (2011b). Etiology of obsessions and compulsions: A meta-analysis and narrative review of twin studies. *Clinical Psychology Review, 31*, 1361–1372.

Taylor, S. (2012). Endophenotypes of obsessive–compulsive disorder: Current status and future directions. *Journal of Obsessive–Compulsive and Related Disorders, 1*, 258–262.

Taylor, S., Abramowitz, J. S., McKay, D., Calamari, J. E., Sookman, D., Kyrios, M., et al. (2006). Do dysfunctional beliefs play a role in all types of obsessive–compulsive disorder? *Journal of Anxiety Disorders, 20*, 85–97.

Taylor, S., & Jang, K. L. (2011). Biopsychosocial etiology of obsessions and compulsions: An integrated behavioral-genetic and cognitive-behavioral analysis. *Journal of Abnormal Psychology, 120*, 174–186.

Termine, C., Balottin, U., Rossi, G., Maisano, F., Salini, S., Di Nardo, R., et al. (2005). Psychopathology in children and adolescents with Tourette's syndrome: A controlled study. *Brain and Development, 28*, 69–75.

Tolin, D. F., Franklin, M. E., Diefenbach, G. J., Anderson, E., & Meunier, S. A. (2007). Pediatric trichotillomania: Descriptive psychopathology and an open trial of cognitive behavioral therapy. *Cognitive Behaviour Therapy, 36*, 129–144.

Tourette Syndrome Association (TSA) International Consortium for Genetics. (1999). A complete genome screen in sib pairs affected by Gilles de la Tourette syndrome. *American Journal of Human Genetics, 65*, 1428–1436.

Towbin, K. E., Peterson, B. S., Cohen, D. J., & Leckman, J. F. (1999). Differential diagnosis. In J. F. Leckman & D. J. Cohen (Eds.), *Tourette's syndrome—tics, obsessions, compulsions: Developmental pathology and clinical care* (pp. 118–139). New York: Wiley.

Troisi, A. (2001). Displacement activities as a behavioral measure of stress in nonhuman primates and human subjects. *Stress, 5*, 47–54.

Valderhaug, R., & Ivarsson, T. (2005). Functional impairment in clinical samples of Norwegian and Swedish children and adolescents with obsessive–compulsive disorder. *European Child and Adolescent Psychiatry, 14*, 164–173.

Valleni-Basile, L. A., Garrison, C. Z., Waller, J. L., Addy, C. L., McKeown, R. E., Jackson, K. L., et al. (1996). Incidence of obsessive–compulsive disorder in a community sample of young adolescents. *Journal of the American Academy of Child and Adolescent Psychiatry, 35*, 898–906.

van den Heuvel, O. A., Remijnse, P. L., Mataix-Cols, D., Vrenken, H., Groenwegen, H. J., Uylings, H. M. B., et al. (2009). The major symptom dimensions of obsessive–compulsive disorder are mediated by partially distinct neural systems. *Brain, 132*, 853–868.

Verdellen, C. W. J., Keijsers, G. P. J., Cath, D. C., & Hoogduin, C. A. L. (2004). Exposure with response prevention versus habit reversal in Tourette's syndrome: A controlled study. *Behaviour Research and Therapy, 42*, 501–511.

Walkup, J. T., Ferrao, Y., Leckman, J. F., Stein, M. B., & Singer, H. (2010). Tic disorders: Some key issues for DSM-V. *Depression and Anxiety, 27*, 600–610.

Walkup, J. T., Khan, S., Schuerholz, L., Paik, Y., Leckman, J. F., & Schultz, R. (1999). Phenomenology and natural history of tic-related ADHD and learning disabilities. In J. F. Leckman & D. J. Cohen (Eds.), *Tourette's syndrome—tics, obsessions, compulsions: Developmental pathology and clinical care* (pp. 63–79). New York: Wiley.

Walther, M. R., Snorrason, I., Flessner, C. A., Franklin, M. E., Burkel, R., & Woods, D. W. (2014). The Trichotillomania Impact Project in Young Children (TIP-YC): Clinical characteristics, comorbidity, functional impairment and treatment utilization. *Child Psychiatry and Human Development, 45*, 24–31.

Watson, T. S., Dufrene, B., Weaver, A., Butler, T., & Meeks, C. (2005). Brief antecedent assessment and treatment of tics in the general education classroom: A preliminary investigation. *Behavior Modification, 29*, 839–857.

Watson, H. J., & Rees, C. S. (2008). Meta-analysis of randomized, controlled treatment trials for pediatric obsessive-compulsive disorder. *Journal of Child Psychology and Psychiatry, 49*, 489–498.

Watson, T. S., & Sterling, H. E., (1998). Brief functional analysis and treatment of a vocal tic. *Journal of Applied Behavior Analysis, 31*, 471–474.

Welch, J. M., Lu, J., Rodriguiz, R. M., Trotta, N. C., Peca, J., Ding, J. D., et al. (2007). Cortico-striatal synaptic defects and OCD-like behaviours in Sapap3-mutant mice. *Nature, 448*, 894–900.

Wetterneck, C. T., & Woods, D. W. (2006). An evaluation of the effectiveness of exposure and response prevention on repetitive behaviors associated with Tourette's syndrome. *Journal of Applied Behavior Analysis, 39*, 441–444.

Wilhelm, S., Buhlmann, U., Tolin, D. F., Meunier, S. A., Pearlson, G. D., Reese, H. E., et al. (2008). Augmentation of behavior therapy with D-cycloserine for obsessive-compulsive disorder. *The American Journal of Psychiatry, 165*, 335-341.

Woods, D. W., Flessner, C. A., Franklin, M. E., Keuthen, N. J., Goodwin, R. D., Stein, D. J., et al. (2006). The Trichotillomania Impact Project (TIP): Exploring phenomenology, functional impact, and treatment utilization. *Journal of Clinical Psychiatry, 67*, 1877–1888.

Woods, D. W., & Himle, M. B. (2004). Creating tic suppression: Comparing the effects of verbal instruction to differential reinforcement. *Journal of Applied Behavior Analy-*

sis, *37*, 417–420.

Woods, D. W., Himle, M. B., Miltenberger, R. G., Carr, J. E., Osmon, D. C., Karsten, A. M., et al. (2008). Durability, negative impact, and neuropsychological predictors of tic suppression in children with chronic tic disorders. *Journal of Abnormal Child Psychology, 35*, 237–245.

Woods, D. W., Hook, S. S., Spellman, D. F., & Friman, P. C. (2000). Case study: Exposure and response prevention for an adolescent with Tourette's syndrome and OCD. *Journal of the American Academy of Child and Adolescent Psychiatry, 39*, 904–907.

Woods, D. W., Miltenberger, R. G., & Lumley, V. A. (1996). Sequential application of major habit-reversal components to treat motor tics in children. *Journal of Applied Behavior Analysis, 29*, 483–493.

Woods, D. W., Piacentini, J., Himle, M., & Chang, S. (2005). Initial development and psychometric properties of the Premonitory Urge for Tics Scale (PUTS) in children with tourette syndrome. *Journal of Developmental and Behavioral Pediatrics, 26*, 1–7.

Woods, D. W., Piacentini, J. C., & Walkup, J. T. (2007). Introduction to clinical management of Tourette syndrome. In D. W. Woods, J. C. Piacentini, & J. T. Walkup (Eds.). *Treating Tourette syndrome and tic disorders: A guide for practitioners* (pp. 1–8). New York: Guilford Press.

Woods, D. W., Snorrason, I., & Espil, F. M. (2012). Cognitive-behavioral therapy in adults. In J. E. Grant, D. J. Stein, D. W. Woods, & N. J. Keuthen (Eds.), *Trichotillomania, skin picking and other body-focused repetitive behaviors* (pp. 175–192). Washington, DC: American Psychiatric Publishing.

Woods, D. W., Watson, T. S., Wolfe, E., Twohig, M. P., & Friman, P. C. (2001). Analyzing the influence of tic-related talk on vocal and motor tics in children with Tourette's syndrome. *Journal of Applied Behavior Analysis, 34*, 353–356.

Woolley, J., Heyman, I., Brammer, M., Frampton, I., McGuire, P. K., & Rubia, K. (2008). Brain activation in paediatric obsessive–compulsive disorder during tasks of inhibitory control. *British Journal of Psychiatry, 192*, 25–31.

Worbe, Y., Gerardin, E., Hartmann, A., Valabregue, R., Chupin, M. Tremblay, L., et al. (2010). Distinct structural changes underpin clinical phenotypes in patients with Gilles de la Tourette syndrome. *Brain, 133*, 3649–3660.

Worbe. Y., Malherbe, C., Hartmann, A., Pélégrini-Issac, M., Messé, A., Vidailhet, M., et al. (2012). Functional immaturity of cortico-basal ganglia networks in Gilles de la Tourette syndrome. *Brain, 135*, 1937–1946.

World Health Organization (WHO). (1992). *The ICD-10 classification of mental and behavioural disorders: Clinical descriptions and diagnostic guidelines*. Geneva: Author.

World Health Organization (WHO). (2008). *The global burden of disease: 2004 update*. Geneva: Author.

Wright, H. H., & Holmes, G. R. (2003). Trichotillomania (hair pulling) in toddlers. *Psychological Reports, 92*, 228–230.

Yoon, D. Y., Gause, C. D., Leckman, J. F., & Singer, H. S. (2007). Frontal dopaminergic abnormality in Tourette syndrome: A postmortem analysis. *Journal of the Neurological Sciences, 255*, 50–56.

Zeeland, Y. R. A., Spruit, B. M., Rodenburg, T. B., Riedstra, B., Hierden, Y. M., Buitenhuis, B., et al. (2009). Feather damaging behavior in parrots: A review with consideration of comparative aspects. *Applied Animal Behavior Science, 121*, 75–95.

Zohar, A. H., Apter, A., King, R. A., Pauls, D. L., Leckman, J. F., & Cohen, D. J. (1999). Epidemiological studies. In J. F. Leckman & D. J. Cohen (Eds.), *Tourette's syndrome—tics, obsessions, compulsions: Developmental pathology and clinical care* (pp. 177–193). New York: Wiley.

Zuchner, S., Wendland, J. R., Ashley-Koch A. E., Collins, A. L., Tran-Viet, K. N., Quinn, K., et al. (2009). Multiple rare SAPAP3 missense variants in trichotillomania and OCD. *Molecular Psychiatry, 14*, 6–9.

10

아동기 외상후 스트레스장애

KATHLEEN NADER

KENNETH E. FLETCHER

외 상후 스트레스장애(posttraumatic stress disorder, PTSD)는 심각한 환경적 역경에 대한 노출로 인해 나타나는 즉각적이며 지속적인 결과의 하나이다. 위협에 대한 지각은 외부에서 일어난 실제 사건만큼 중요하며, 어쩌면 그것보다 더 중요할 수도 있다는 증거가 있다. 외상성 사건에 대한 노출은 함께 발생하는 다양한 장애들(즉, 동반이환)과 관련이 있으며, 유전적 성향을 지닌 사람들에게 장애를 일으키는 한 요소가 될 수도 있다. 인생 초기의 스트레스 요인은 지속되는 뇌기능장애를 유발할 수 있으며(Anda et al., 2006), 이는 다시 발달과 건강, 계속되는 삶의 질에 영향을 미친다. 그중에서도 특히 전대상피질/내측 전전두피질과 해마의 결함은 편도체의 기능 저하와 더불어 몇몇 장애에서 발견되어 왔다. Bremner(2006)는 외상스펙트럼장애 가운데 PTSD, 우울증, 경계선 성격장애, 해리장애가 여기에 포함된다고 하였다.

성인의 스트레스 반응은 아동의 반응에 비해 훨씬 오랫동안 연구의 주요 초점이 되어 왔다. 아동의 스트레스 반응에 대한 초기의 기록은 제1차 세계대전 중에 시작되었다(Burt, 1943; Freud & Burlingham, 1943). 하지만 그

러한 기록은 전쟁 중에는 상대적으로 적었으며, 전쟁이 끝난 후 25~30년 동안에는 훨씬 더 적었다. 외상성 사건에 대한 아동의 반응에 대한 연구가 본격적으로 시작된 것은 DSM-III(APA, 1980)가 출간된 이후부터였으며, 아동의 PTSD 반응은 DSM-III-R(APA, 1987)이 나올 때까지는 구체적으로 언급되지 않았다. PTSD와 다른 외상관련장애들은 성인의 반응과 평가도구, 혹은 특정 외상 모집단에 근거하여 정의되고 검증되었다(Nader, 2008). 최근 들어 연구자들은 발달 관점에서 정신병리를 정의하고 평가하는 것이 중요하다고 주장하였다(Costello, Foley, & Angold, 2006; Nader, 2008; Scheeringa, 2011). 또한 효과적인 개입을 제공하기 위해서는 PTSD와 동반이환 반응, 복합 외상반응, 외상성 또는 지속적 애도반응 등과 구분할 필요성을 강조하였다(Ford, Courtois, van der Hart, Nijenhuis, & Steele, 2005; Nader, 2008; van der Kolk, Roth, Pelcovitz, Sunday, & Spinazzola, 2005). 적어도 부분적으로는 방법론적 차이로 인해, 그리고 외상 후의 결과에 영향을 미치는 변인들 간의 복잡한 상호작용으로 인해 외상 노출 및 그와 관련된 결과들에 관한 연구결과들은 일관성이 없었다. 그러나 초기에 생각했던

것과는 달리 아동의 PTSD 반응은 단순히 자라면서 사라지지 않으며, 성인의 경우보다 더 지속적이고 만성적인 발달경과를 겪을 수 있다(Scheeringa, 2011). PTSD에 대한 DSM의 아동 관련 진단기준에서 변화가 있었으며, 연구자들은 앞으로 지속적으로 위험요인과 보호요인, 변인들 간의 상호 관련성, 그리고 발달에 미치는 영향, 외상이 신경생물학에 미치는 영향, 신경생물학(유전학)이 외상반응에 미치는 영향, 그리고 아동과 청소년의 기술발달 문제(예 : 대처, 자기조절) 등에 대한 지식의 격차를 채워 나가야 할 것이다. 이번 장은 PTSD에 초점을 맞추고 있으며, PTSD가 아닌 외상 및 스트레스 관련장애(반응성 애착장애, 탈억제 사회 관련장애)에 관해서는 이 책의 제15장에서 Lyons-Ruth, Zeanah, Benoit, Madigan과 Mills-Koonce가 논의할 것이다.

PTSD 개념의 진화

외상성 사건이 심리적 장애를 가져온다는 증거는 수세기 동안 문헌에서 제시되어 왔다(Kinzie & Goetz, 1996). BC 8세기에 쓰인 것으로 추정되는 오디세이(Rieu, 2003)에는 트로이 전쟁에서 싸우고 돌아온 후의 플래시백(외상성 경험의 측면을 생생하게 기억하는 것)과 "생존자의 죄책감"(다른 사람들이 생존하지 못했음에도 생존한 것)이 묘사되어 있다(Figley, 1993). 외상성 사건에 대한 반응연구는 1800년대 후반으로 거슬러 올라간다. Charcot과 Janet, Breuer와 Freud(1893~1895) 같은 연구자들은 외상후의 전환반응을 관찰하였다(Veith, 1965). 제1·2차 세계대전, 한국전쟁, 베트남전쟁 이후에는 군인들의 전쟁 후 증상을 묘사하기 위해 '셀쇼크(shell shock)', '외상성 신경증'이라는 용어가 사용되었다. 강제수용소나 재앙의 생존자인 민간인들에 대한 연구도 이루어졌다. 외상성 스트레스에 대한 연구는 민간인 범죄로까지 확장되었다. Burgess와 Holmstrom(1974)은 '강간반응 증후군(rape response syndrome)'에 대해 기술하였고, Mardi와 Horowitz(1979)는 증상의 군집 및 스트레스 생활사건의 영향에 대해 연구했다. 1980년까지 Horowitz와 동료들은 DSM-III에 제

시된 PTSD 증상을 보이는 성인들을 대상으로 초기의 타당화 연구를 수행했다. 지금까지도 적용되는 핵심 증상으로는 최초의 스트레스 사건에 대한 통제할 수 없는 기억, 이러한 사건들을 잊으려는 노력, 기억을 상기시키는 사건들의 회피, 사회적 철회, 공포와 불안의 증가, 스트레스 사건의 반복에 대한 공포, 기타 잠재적으로 위협적인 사건들에 대한 각성 및 경계심 증가 등이 있다.

PTSD에 대한 DSM의 관점

DSM-III 이전까지의 외상성 스트레스 반응에 대한 지배적인 관점은 전통적인 정신분석적 설명에 바탕을 두고 있었다. 프로이트는 외부의 스트레스 요인으로부터 제어하기 힘든 자극이 밀려와 자아의 '자극 방벽'을 압도할 때 외상화(traumatization)가 일어난다고 주장했다. 즉, 자극 방벽이 무너져 유기체의 기능을 방해한다는 것이다(Freud, 1920/1955; Wilson, 1994). 일반적으로는 외부의 스트레스 요인을 제거하면 유기체의 기능이 신속하게 회복된다. 그러나 프로이트는 제어하기 힘든 자극이 너무도 심해서 때로는 개인의 대처 메커니즘을 제압하고, 이것이 압도적인 무력감을 초래하는 데 주목했다. 이럴 때 개인은 외상성 경험에 대한 주도권을 획득하기 위한 시도로 퇴행하며 원시적 방어인 반복 강박에 도움을 청한다. 즉, 꿈이나 기억, 재연 속에서 외상성 경험을 강박적으로 반복하는 것이다(Freud, 1939/1964). 시간이 흘러도 증상이 줄어들지 않고 외상으로부터 거리를 둘 수 없을 때 현재의 스트레스가 유아기의 갈등을 되살아나게 하고, 이것이 '외상성 신경증'의 진정한 원인이 된다는 것이 전통적인 정신분석 이론의 해석이다(Brett, 1993). 정신분석 이론에서는 지속적인 외상성 반응이 스트레스 요인의 위협적 특성에 기인하기보다는 피해자의 병전 특성에 기인한다고 본다.

PTSD에 대한 DSM-III의 정의

Jones와 Barlow(1990)는 재경험과 과잉각성의 증상이 외상성 경험과 연합된 내부 혹은 외부 단서에 대한 조건화된 반응으로 설명될 수 있다고 제안했다(Fletcher, 2003).

따라서 학습된 공포가 불안과 외상성 경험의 재경험으로 이끈다는 것이다. 이것은 특히 외상성 사건을 둘러싼 상황이 예측할 수 없고 통제할 수 없다고 지각될 때 일어날 가능성이 있다. 혐오감은 개인을 정서적으로 압도하며, 이것은 외상과 관련된 단서들을 회피하도록 이끈다. 자극일반화 및 고차 조건화의 과정은 단서를 회피하기 힘들게 만들 수 있다. 이에 따라 외상으로 충격을 받은 개인은 세상으로부터 자신을 철회하고 자신의 정서반응을 마비시키며, 때로는 해리반응에 의지하게 된다. 그러나 외상성 경험에 대한 침습적 기억에서 오랫동안 회피하는 것은 거의 불가능하다. 결과적으로 '단계화'라는 특성이 생기는데, 이는 외상 관련 기억과 단서에 대한 재경험과 회피 사이를 교대로 왔다 갔다 하는 것을 말한다.

DSM-III(APA, 1980)에서 증상들은 세 가지 군집으로 구분되었으며, 이는 DSM-III-R(APA, 1987)과 DSM-IV(APA, 1994)의 진단기준이 되었다(Wilson, 1994). 아마도 가장 급격한 변화는 진단기준 A일 것이다. 이것은 "거의 모든 사람에게 고통스러운 증상을 일으킬 만한 식별 가능한 스트레스 요인"에 대한 노출을 요구한다(APA, 1980, p.238). 이것은 이전의 개념화와는 달리 PTSD를 비정상적인 상황에 대한 정상적인 반응으로 보며, 더 이상 피해자의 약화된 특성의 결과로 보지 않는다는 것을 의미한다. 따라서 개인이 나타내는 반응의 정도와 범위는 스트레스 요인에 대한 노출의 강도 및 지속시간과 직접 관련이 있는 것으로 볼 수 있으며, 증상이 무기한 계속될 수도 있다.

DSM-IV에서의 정교화

DSM-IV는 DSM-III와 마찬가지로 PTSD 진단기준을 좀 더 정교화하였다. DSM-IV에 따르면 외상 생존자들은 고통스러운 기억(아동의 경우에는 반복적인 놀이)과 고통스러운 꿈, 실제 외상성 경험을 생각나게 하는 행동, 그리고 외상성 사건을 상기시키는 것들에 대한 생리적 및 심리적 반응을 반복적으로 경험하는 경향이 있다(진단기준 B). 외상후 각성은 수면과 안전감과 주의집중을 방해하며, 외상 충격을 받은 사람은 미래의 문제를 예상하고

(과잉각성), 화를 내거나 짜증을 내며, 쉽게 놀라는 반응을 보이기 시작한다(진단기준 D). 생존자들은 외상기억의 재발로 야기된 압도적 감정을 조절하기 위한 시도로 생각과 감정을 회피하고, 사건의 어떤 측면에 대한 기억처럼 외상을 상기시키는 것들을 회피(혹은 회피하려고 시도)한다. 이들은 스위치를 끄듯이 감정을 차단하는데, 이는 제한된 범위의 단조로운 정서와 정서적 거리감, 무감각, 사회적 철회를 초래한다. 그리고 이들은 미래에 대해서도 단축된 감각을 가질 수 있다(진단기준 C).

PTSD에 대한 1990년대 관점에서는 아동과 관련된 구체적인 수정이 거의 드러나지 않았지만, 성인의 진단기준을 아동에게 적용할 수 있는지에 대한 논란은 계속되었다. 예를 들어 어떤 사람들은 회피의 세 가지 증상이 너무 제한적이라고 주장했다. 즉, 성인에 비해 아동은 부인과 무감각을 인식하기 어려울 수 있고, 그러한 증상들에 대해 보고하는 것도 아동들에게는 훨씬 어려울 수 있다는 것이다(La Greca & Prinstein, 2002; Nader, 2008; Scheeringa, 2011; Schwarz & Kowalski, 1991). 또한 PTSD 증상은 연령 집단에 따라 다르게 나타난다. 예를 들어 공포억제 같은 행동적 혹은 정서적 양상은 특정 발달단계에서 또는 특정 성격 특성을 가진 정상아동에서는 정상적으로 일어난다(Nader, 2008). 중요한 것은 '역치이하' 또는 '준임상적' 수준의 PTSD를 보이는 아동들이 임상적으로 심각한 장애를 갖고 있는 것으로 보일 수 있다는 것이다(Carrion, Weems, Ray, & Reiss, 2002; Daviss et al., 2000; Nader, 2008; Scheeringa, 2011; Scheeringa, Myers, Putnam, & Zeanah, 2012). PTSD를 부분 또는 전체적으로 보이는 청소년들은 모든 기능 영역에서 심각한 기능손상이 있는 것으로 보고되었다(Abdeen, Qasrawi, Nabil, & Shaheen, 2008). 증상을 거의 보고하지 않아서 PTSD를 보이지 않는다고 진단된 청소년들도 때로는 이후에 외상 노출과 명백하게 관련된 정서적·행동적·기능적 장애를 보일 수 있다(Greenwald, 2002; Nader, 2008; Yule et al., 2000). 사실 어떤 증상들(예 : 공격성, 주의집중 부족)은 정상발달과 기술습득(예 : 다른 사람들과의 상호작용, 자기통제, 자기개념)을 현저하게 방해할 수 있

다(Nader, 2008). 연구자들은 아동과 청소년의 경우 오랜 기간의 재경험과 더 오랜 기간의 회피 및 무감각 기간을 교대로 왔다 갔다 하는데, 이것이 아동과 청소년에 대한 평가를 어렵게 만든다고 주장했다(Lubit, Hartw et al., van Gorp, & Eth, 2002; Schwarz & Kowalski, 1991). 일부 연구자들은 DSM-IV와 ICD-10에 기술된 PTSD가 특히 아동에게 적용할 수 있을 만큼 충분히 포괄적이지 않을 수 있다고 하였다(Armsworth & Holaday, 1993). 다른 연구자들은 PTSD를 DSM-IV와 ICD-10에 기술된 불연속 변수가 아니라 연속변수로 연구할 필요성이 있다고 주장했다(Broman-Fulks et al., 2009).

급성 스트레스장애

DSM-IV로 PTSD을 진단하기 위해서는 적어도 한 달 이상의 기간이 요구된다. DSM-IV에는 며칠 동안 지속되는 반응과 한 달 동안 지속되는 반응의 차이를 반영하기 위해 급성 스트레스장애(acute stress disorder, ASD)를 포함시켰다(APA, 1994). PTSD 증상에는 재경험, 회피, 각성, 해리 등이 포함되었다. 연구들은 외상후 반응을 보이는 성인의 13~19%, 그리고 아동·청소년의 8~19%에게 ASD 진단을 내린다고 보고하였다(Bryant, Mayou, Wiggs, Ehlers, & Stores, 2004; Kassam-Adams & Winston, 2004; Meiser-Stedman, Dalgleish, Smith, Yule, & Glucksman, 2007; Meiser-Stedman, Yule, Smith, Glucksman, & Dalgleish, 2005). ASD는 화상(Saxe et al., 2005; 72명의 아동 중 31%가 ASD로 진단됨), 교통사고, 폭행(Meiser-Stedman et al., 2005), 총기사고(Hamlin, Jonker, & Scahill, 2004)와 같은 다양한 유형의 외상성 노출에 대해 진단되는 것으로 나타났다(Nader, 2008). 연구에서 ASD를 가진 성인은 PTSD(Brock, 2002; Wilson, 2004)를 발전시킬 위험이 큰 것으로 나타났지만, 해리증상은 아동과 성인 모두 ASD의 예측력을 높이지 못한 것으로 밝혀졌다(Kassam-Adams & Winston, 2004; Meiser-Stedman et al., 2005). 일부 연구자들은 해리증상이 임상적 유용성을 높이지 못한다고 주장하였다(Harvey & Bryant, 2002). Tinnen, Bills와 Gantt(2002)는 해리증상을 동반한 PTSD

는 성인이 보이는 복잡한 외상반응의 한 부분이라고 하였다.

DSM-5에서 PTSD와 ASD의 달라진 점

DSM-5(APA, 2013)는 PTSD의 구조와 관련된 변화, 그리고 노출과 증상 진단기준과 관련된 변화를 포함하고 있다. 유치원 아동을 위한 별도의 PTSD 진단이 첨가되었다. DSM-5의 ASD는 이제 PTSD 진단기준 A 노출, 그리고 다음 9가지 혹은 그 이상의 PTSD 증상이 3일 이상 1개월 이내 동안 지속되어야 한다. 이런 증상들이란 B1~B3, B4 혹은 B5 중의 하나, D7, 이인증 또는 비현실감, D1, C1, C2, E1, 그리고 E3~E6를 말한다(이 진단기준들은 표 10.1 참조).

PTSD의 구조

성인과 청소년에 대한 연구결과는 다소 혼재되어 있다(Armour et al., 2011; Elhai et al., 2009). 연구자들은 DSM-IV의 PTSD 3요인 증상 구조를 지지하는 결과를 발견하지 못했다(Armour et al., 2011; Ford, Elhai, Ruggiero, & Frueh, 2009). 다음과 같은 모델들이 성공적으로 확인되었는데, 이 모델들이란 (1) 4요인 모델[정서적 무감각(King, Leskin, King, & Weathers, 1998)과 불쾌감(Simms, Watson, & Doebbeling, 2002)], (2) 3개의 일차적 요인과 1개의 이차적 요인 모델(위계적 모델; Anthony et al., 2005), (3) 2요인 모델(Spitzer, First, & Wakefield, 2007), 4) 무요인 모델(단차원 혹은 비범주 모델; Broman-Fulks et al., 2009)을 말한다. 연구결과의 차이는 전반적 혹은 구체적 외상에 대한 평가가 조화롭게 이루어져 있는지와 관련이 있는 것으로 보인다(Elhai et al., 2009; Naifeh, Elhai, Kashdan, & Grubaugh, 2008). 8~17세 아동과 청소년을 대상으로 한 표본에서는 DSM-IV의 3요인 모델이 비교적 적합한 것으로 나타났다(Kassam-Adams et al., 2010). 그러나 검증된 다른 모델들도 적합하거나 더 나은 것으로 나타났다. DSM-5의 PTSD는 성인과 청소년, 그리고 6세 이상의 아동의 경우 네 가지 증상 관련 진단기준(표 10.1, B~E 참조)을 포함하고 있다. 이러한 증상

표 10.1 성인, 청소년, 6세 이상 아동의 외상후 스트레스장애에 대한 DSM-5 진단기준과 DSM-IV 진단기준의 비교

진단기준	PTSD : DSM-5 진단기준 (주의점 : 다음의 진단기준은 성인, 청소년, 6세 이상 아동에게 적용한다. 6세 또는 더 어린 아동을 위해서는 해당 진단기준을 참조한다.[표 10.2 참조])	DSM-IV 진단기준과의 차이 (6세 이하의 어린 아동에 대해 별도로 진단한다[표 10.2 참조]. 장애는 '해리증상' 그리고 '표현 지연'과 함께 발생할 수 있다.[아래 참조])
A. 노출	A. 실제적이거나 위협적인 죽음, 심각한 부상, 또는 성폭력에의 노출이 다음과 같은 방식 가운데 한 가지 또는 그 이상에서 나타난다. 1. 외상성 사건(들)에 대한 직접적인 경험 2. 그 사건(들)이 다른 사람들에게 일어난 것을 생생하게 목격함 3. 외상성 사건(들)이 가족, 가까운 친척 또는 친한 친구에게 일어난 것을 알게 됨 4. 외상성 사건(들)의 혐오스러운 세부사항에 대한 반복적이거나 지나친 노출의 경험(예 : 변사체 처리의 최초 대처자, 아동학대의 세부사항에 반복적으로 노출된 경찰관) **주의점** : 진단기준 A4는 노출이 일과 관계된 것이 아닌 한 전자미디어, 텔레비전, 영화, 또는 사진을 통해 노출된 경우는 적용되지 않는다.	• DSM-IV A1에서와 같이, 노출 진단기준을 만족하는 사건이 실제적이거나 위협적인 죽음 또는 심각한 부상을 포함한다. DSM-5에도 마찬가지로 성폭력이 포함되어 있다. PTSD 진단을 내리도록 만드는 사건들에 직면하는 방식은 A1~A4에 기술되어 있다. • DSM-IV의 A2가 삭제되었다. DSM-5는 사건이 일어났을 때의 극심한 또는 관찰 가능한 반응(공포, 무력감, 경악)을 요구하지 않는다. • 사건에 대한 직접적인 경험과 목격은 A1과 A2에 기술되어 있다. • A3는 간접적인 노출(예 : 중요한 타인이 폭력 또는 사고로 위험에 빠지거나 죽음을 당한다는 것을 알게 됨)을 포함한다. • 성인과 청소년의 경우(예 : 구조대원)의 경우 A4는 사건의 세부사항에 대한 반복적인 비미디어 및 일과 관계된 미디어 노출을 포함한다.
B. 침습증상	B. 외상성 사건(들)이 일어난 후에 시작된 외상성 사건(들)과 관련이 있는 침습증상의 존재가 다음 중 한 가지(또는 그 이상)에서 나타난다. 1. 외상성 사건(들)의 반복적, 불수의적이고, 침습적인 고통스러운 기억 **주의점** : 7세 이상의 아동에서는 외상성 사건(들)의 주제 또는 양상이 표현되는 반복적인 놀이로 나타날 수 있다. 2. 꿈의 내용과 정동이 외상성 사건(들)과 관련되는 반복적으로 나타나는 고통스러운 꿈 **주의점** : 아동에서는 내용을 알 수 없는 악몽으로 나타나기도 한다. 3. 외상성 사건(들)이 재생되는 것처럼 그 개인이 느끼고 행동하게 되는 해리성 반응(예 : 플래시백)(그러한 반응은 연속선상에서 나타나며, 가강 극한 표현은 현재 주변 상황에 대한 인식의 완전한 소실일 수 있음) **주의점** : 아동에서는 외상의 특정한 재현이 놀이로 나타날 수 있다. 4. 외상성 사건(들)을 상징하거나 닮은 내부 또는 외부의 단서에 노출되었을 때 나타나는 극심하거나 장기적인 심리적 고통 5. 외상성 사건(들)을 상징하거나 닮은 내부 또는 외부의 단서에 대한 뚜렷한 생리적 반응	• DSM-5 B는 다음의 몇 가지 중요한 단어의 변화를 빼고는 DSM-IV B와 유사하다. • B1은 '회상' 대신 '기억'을 사용하며, 반복적, 침습적 기억을 '불수의적'인 것으로 정의한다. • '사건에 대해' 반복적으로 나타나는 고통스러운 꿈 대신, B2는 외상적 사건(들)과 관련되는 내용 또는 정동을 포함하여 꿈의 범위를 넓히고 있다. • B3는 해리성 반응이 해리의 다양한 정도를 포함하는 연속선상에서 일어날 수 있다고 구체적으로 언급하고 있다. • B4는 극심한 고통 대신 장기적 심리적 고통의 가능성을 포함하고 있다. • B5는 '생리적 반응성'을 '현저한 생리적 반응'으로 수정하고 있다.

(계속)

표 10.1 (계속)

진단기준	PTSD : DSM-5 진단기준	DSM-IV 진단기준과의 차이
C. 회피	C. 외상성 사건(들)이 일어난 후에 시작된, 외상성 사건(들)과 관련이 있는 자극에 대한 지속적인 회피가 다음 중 한 가지 또는 두 가지 모두에서 명백하다. 1. 외상성 사건(들)에 대한 또는 밀접한 관련이 있는 고통스러운 기억, 생각 또는 감정을 회피 또는 회피하려는 노력 2. 외상성 사건(들)에 대한 또는 밀접한 관련이 있는 고통스러운 기억, 생각 또는 감정을 불러일으키는 외부적 암시(사람, 장소, 대화, 행동, 사물, 상황)를 회피 또는 회피하려는 노력	• DSM-IV 기준 C는 이제 C와 D이다. C는 상기시키는 것에 대한 회피이다. • DSM-5 C는 실제적인 회피뿐만 아니라 회피하려는 노력도 포함하고 있다. • C1은 내적 잔재와 관련되며, 기억뿐만 아니라 생각과 감정도 포함하고 있다. 또한 회피행동이 사건에 대한 기억, 생각, 감정뿐만 아니라 사건과 밀접한 관련이 있는 기억, 생각, 감정을 향할 수 있음을 인정하고 있다. • C2는 외적 잔재를 포함하며, 또한 '밀접한 관련이 있는' 잔재도 포함하고 있다.
D. 인지와 감정의 부정적 변화	D. 외상성 사건(들)이 일어난 후에 시작되거나 악화된 외상성 사건(들)과 관련이 있는 인지와 감정의 부정적 변화가 다음 중 두 가지(또는 그 이상)에서 나타난다. 1. 외상성 사건(들)의 중요한 부분을 기억할 수 없는 무능력(두부외상, 알코올 또는 약물 등의 이유가 아니며 전형적으로 해리성 기억상실에 기인) 2. 자신, 다른 사람 또는 세계에 대한 지속적이고 과장된 부정적인 믿음 또는 예상(예 : "나는 나쁘다." "누구도 믿을 수 없다." "이 세계는 전적으로 위험하다." "나의 전체 신경계는 영구적으로 파괴되었다.") 3. 외상성 사건(들)의 원인 또는 결과에 대하여 지속적으로 왜곡된 인지를 하여 자신 또는 다른 사람을 비난 4. 지속적으로 부정적인 감정상태(예 : 공포, 경악, 화, 죄책감 또는 수치심) 5. 주요 활동에 대해 현저하게 저하된 흥미 또는 참여 6. 다른 사람과의 사이가 멀어지거나 소원해지는 느낌 7. 긍정적 감정을 경험할 수 없는 지속적인 무능력(예 : 행복, 만족 또는 사랑의 느낌을 경험할 수 없는 무능력)	• 이것은 DSM-IV C의 일부 증상을 포함하는 새로운 기준이다. DSM-5 D는 외상성 잔재를 요구하지 않는다고 진술하고 있다. • 이 기준은 몇 가지 단어 수정과 함께 DSM-IV C3, C4, C5, C6를 포함하고 있다. • 이전의 전체 세 가지 또는 그 이상은 C를 병합하였으며, D 증상은 6세 이상의 아동을 위해 여전히 요구된다. • D1은 '회상할 수 없는 무능력'을 '기억할 수 없는 무능력'으로 변경하고, 이것이 외상 또는 약물에 기인하지 않고 전형적으로 해리성 기억상실에 기인한다는 것을 언급하고 있다. • DSM-IV C7(미래에 대해 단축된 의식)이 D2(자신, 다른 사람, 세계에 대한 지속적이며 과도한 부정적 신념 또는 기대)로 변경되었다. • D2와 마찬가지로 D3가 복합적인 외상반응에 포함되었던 증상(자신 또는 다른 사람에 대한 비난과 관련된 지속적 왜곡)을 포함하고 있다. • D4는 DSM-IV C6(제한된 정서의 범위) 대신 지속적으로 부정적인 정서상태(또한 복합적 외상 증상 목록에 포함됨)를 기술하고 있으며, D7은 긍정적 정서를 경험할 수 없는 지속적인 무능력을 언급하고 있다.
E. 각성과 반응성	E. 외상성 사건(들)이 일어난 후에 시작되거나 악화된 외상성 사건(들)과 관련이 있는 각성과 반응성의 뚜렷한 변화가 다음 중 두 가지(또는 그 이상)에서 현저하다. 1. (자극이 거의 없거나 아예 없이) 전형적으로 사람 또는 사물에 대한 언어적 또는 신체적 공격성으로 표현되는 민감한 행동과 분노폭발 2. 무모하거나 자기파괴적 행동 3. 과각성 4. 과장된 놀람반응	• DSM-5 E의 증상들은 DSM-IV 기준 D의 증상들과 유사하다. 이 증상들이 다른 순서로 나열되어 있다. • E1은 민감하고 화를 내는 행동이나 자극이 거의 없거나 아예 없이 일어난다는 것을 명시하고 있다. 분노와 민감함이 전형적으로 공격성으로 표현된다는 것을 언급하고 있다. • E2(무모하거나 자기파괴적 행동)가 증상 목록에 추가되었다.

표 10.1 (계속)

진단기준	PTSD : DSM-5 진단기준	DSM-IV 진단기준과의 차이
	5. 집중력의 문제 6. 수면교란(예 : 수면을 취하거나 유지하는 데 어려움 또는 불안정한 수면)	• E6(수면 교란)가 DSM-IV D1(잠들기 어려움 또는 잠을 계속 자기 어려움)을 대치하였으며, '불안정한 수면'이 수면교란의 예로 추가되었다.
F. 기간	F. 장애(진단기준 B, C, D 그리고 E)가 1개월 이상 지속되어야 한다.	
G. 손상	G. 장애가 사회적, 직업적, 또는 다른 중요한 기능 영역에서 임상적으로 현저한 고통이나 손상을 초래한다.	
H. 제외	H. 장애가 물질(예 : 치료약물이나 알코올)의 생리적 효과나 다른 의학적 상태로 인한 것이 아니다.	기준 목록에 추가됨
다음 중 하나를 명시할 것	다음 중 하나를 명시할 것 **해리증상 동반** : 개인의 증상이 외상후 스트레스장애의 기준에 해당하고, 또한 스트레스에 반응하여 그 개인이 다음에 해당하는 증상을 지속적이거나 반복적으로 경험한다. 1. **이인증** : 스스로의 정신과정 또는 신체로부터 떨어져서 마치 외부 관찰자가 된 것 같은 지속적 또는 반복적 경험(예 : 꿈속에 있는 느낌, 자신 또는 신체의 비현실감 또는 시간이 느리게 가는 감각을 느낌) 2. **비현실감** : 주위 환경의 비현실성에 대한 지속적 또는 반복적 경험(예 : 개인을 둘러싼 세계를 비현실적, 꿈속에 있는 듯한, 멀리 떨어져 있는 또는 왜곡된 것처럼 경험) **주의점** : 이 아형을 쓰려면 해리증상은 물질의 생리적 효과(예 : 알코올 중독상태에서의 일시적 기억상실, 행동)나 다른 의학적 상태(예 : 복합부분발작)로 인한 것이 아니어야 한다.	추가됨
다음의 경우 명시할 것	다음의 경우 명시할 것 **지연되어 표현되는 경우** : (어떤 증상의 시작과 표현은 사건 직후 나타날 수 있더라도) 사건 이후 최소 6개월이 지난 후에 모든 진단기준을 만족할 때	'지연된 시작'을 '지연된 표현'으로 변경하고 일부 증상이 완전한 진단 이전에 선행될 수 있음을 명시하였다.

출처 : The DSM-5 criteria are reprinted with permission from *Diagnostic and Statistical Manual of Mental Disorders, Fifth Edition* (pp.271-272). Copyright 2013 by the American Psychiatric Association.

들은 침습증상, 지속적 회피, 인지 혹은 정서의 부정적 변화, 각성 혹은 반응성의 변화를 말한다. 지금부터 이 증상에 대해 논의할 것이다.

6세 이상의 아동, 청소년, 성인을 위한 PTSD 진단기준

6세 이상의 아동, 청소년, 성인을 위한 DSM-5의 범주 A(노출)는 외상주변적인(peritraumatic) 극심한 혹은 관찰 가능한 반응(DSM-IV A2에서 요구했던 두려움, 무력감, 공포, 흥분)을 더 이상 요구하지 않는다. 이것은 자신의 반응을 보고할 수 없거나 또는 가시적으로 반응하지 않는 아동에게 특히 중요하다. 또한 만성적인 외상을 갖고 있어서 어떻게 반응해야 할지를 학습하지 못했거나, 또는 자신의 정서를 파악할 수 없는 청소년의 경우에도 중요하다. 대신 범주 A는 생명의 위협, 심각한 손상, 혹은 개인적 폭력(예 : 폭력을 직접 경험하거나 목격하는 것, 폭력에 대해 알게 된 것, 미디어를 통한 것이 아닌 세부적인 것에 대해 반복적인 노출)을 나열하고 있다. 임상가와 연구자들은 정확하든 부정확하든 잠재적 외상성 사건이 일어나는 동안 중요한 타인이 위험에 놓여 있다고 아동이 지각하는 것만으로도 PTSD 또는 외상성 애도를 초래한다는 것을 관찰해 왔다(Cohen, Mannarino, Greenberg, Padlo, & Shipley, 2002; Nader, 1997; Nader & Salloum, 2011). DSM-5 진단기준 A는 미디어를 통하지 않은 간접적 노출(가까운 친지나 친구에게 가해진 폭력적 혹은 돌발적 위협을 동반한 실제 사건에 대해 알게 되는 것)도 PTSD를 일으킬 수 있는 노출로 간주한다. DSM-5의 진단기준 B(침습증상)는 DSM-IV의 진단기준 B(재경험)와 유사하다. 진단기준 B3에서의 문구 변화는 해리적 성격을 명료화시켰다. 그러한 해리반응은 가장 극단적으로는 주변 상황에 대해 완전히 의식을 잃는 것('플래시백')의 연속선상에서 일어난다. DSM-IV에서와 마찬가지로 외상성 사건의 내용 반복(진단기준 B1과 B3와 관련된)은 아동의 경우 놀이나 활동에서 일어날 수 있다. DSM-5에서 DSM-IV의 진단기준 C는 두 범주로 나뉘는데, 이들은 C(아동들에서는 무감각, 부인, 또는 집중방해로 나타날 수 있는 내적 잔재의 회피, 그리고 외적 잔재의 회피)와 D(감정과 인지의 변화)이다. 기준 C는 사건의 잔재와 관련이 있는 반면, 기준 D는 잔재들이 기술된 정서상태를 촉발할 것을 요구하지 않는다(Scheeringa et al., 2012). D는 복합외상반응(D2~D4와 D7)에 기술되어 있는 증상들의 몇 가지를 포함한다. DSM-5는 추가의 명료화와 함께 DSM-IV C3(외상의 중요한 부분을 기억할 수 없는 무능력; 지금의 D1), C4(저하된 흥미 또는 참여), 그리고 C5(사이가 멀어지거나 소원해짐; 현재의 D6)를 유지하고 있다. DSM-IV C6(제한된 범위의 정서)는 6세 이상 아동

과 성인의 경우에는 지속적으로 부정적인 감정상태(D4)와 긍정적인 감정을 경험할 수 없는 지속적 무능력(D7)으로, 6세 이하 아동의 경우에는 C3와 C6로 변경되었다. C7(단축된 미래)은 D2(자신, 다른 사람, 세계에 대한 부정적인 기대와 같은 외상후 비관주의)로 개정되었다. 복합외상반응의 일부로 논의될 예정인 왜곡된 자기비난 또는 다른 사람에 대한 비난은 D3에 추가되었다. 성인의 경우 무감각과 회피를 둘 다 요구하는 것이 PTSD 사례의 숫자를 줄여준다는 것을 보여준 증거가 있다. 이는 아마도 우울한 사람들에서 발견되는 유사 PTSD를 감소시키는 것에 기인하는 것으로 보인다(Forbes et al., 2011). 6세 이상 및 이하 아동의 PTSD와는 대조적으로, 그리고 Scheeringa(2001)의 권고사항과는 반대로 6~12세 아동들에게는 여전히 DSM-5 C와 D의 증상 가운데 세 가지 증상의 결합이 요구된다. 앞으로의 연구는 이러한 요구가 아동의 외상 관련 손상에 대한 과소식별(underidentification)을 초래할 것인지를 결정할 것이다. 각성증상(DSM-IV 진단기준 D)은 이제 DSM-5 진단기준 E(각성과 반응성)로 변경되었다. 진단기준 E는 분노폭발과 민감한 행동이 전형적으로 사람 또는 사물에 대한 언어적 또는 신체적 공격성으로 표현된다는 것을 명료화하고 있다(E1). 무모하거나 자기파괴적 행동(복합외상에 대한 기술에 포함되어 있는 또 다른 증상임)은 현재 E2에 포함되어 있다. DSM-5는 환청(예 : 다른 목소리로 표현된 생각을 듣는 것)과 망상이 PTSD와 관련이 있을 수 있다고 언급하고 있다. 반복적인 또는 심각한 외상은 정서조절과 안정적인 대인관계 유지의 어려움을 가져오고, 해리증상을 초래할 수 있다.

6세 이하 아동의 PTSD

연구자들은 DSM-5에 6세 이하 아동의 PTSD(이하 PTSD-6)라는 새로운 진단을 포함할 것을 지지해 왔다(De Young, Kenardy, & Cobham, 2011; Scheeringa, 2011; Scheeringa et al., 2012; 표 10.2). PTSD-6는 성인, 청소년, 6세 이상 아동을 위한 진단기준(표 10.1 참조)을 수정한 것으로, 알고리즘과 일부 증상에서 차이점을 갖고 있다. 학령전

기 아동을 대상으로 DSM-IV PTSD, 수정된 알고리즘을 갖고 있는 DSM-IV PTSD(Scheeringa, Zeanah, Myers, & Putnam, 2005), DSM-5 PTSD-6, 그리고 DSM-5 PTSD-6에 포함되기 위해 고려되었던 다른 증상들이 추가된 것을 비교한 연구에서 Scheeringa와 동료들(2012)은 PTSD가 존재한다는 것에 대해서는 높은 일치를 보였으나 PTSD가 아니라는 것에 대해서는 낮은 일치를 보인다는 것을 발견했다. 잘못 분류된 사례들도 높은 수준의 증상을 보이고 있었다. 학령전기 아동을 평가하기 위해 DSM-IV PTSD를 사용할 때보다 DSM-5 PTSD-6를 사용할 때 유의하게 더 많은 사례가 진단되는 것으로 나타났다. 추가 사례들도 모두 증상과 손상을 보였다(De Young et al., 2011).

Scheeringa와 동료들이 권고했듯이 PTSD-6는 성인/청소년/6세 이상 아동의 증상 중에서 단지 하나만을 요구한다. PTSD-6는 어린 아동이 보고할 수 없는 주관적 증상들보다는 주로 관찰 가능한 행동에 초점을 맞추고 있다(표 10.2 참조). DSM-5가 극심한 또는 관찰 가능한 반응에 관한 DSM-IV 진단기준 A2를 제외한 것은 특히 이 연령 집단에서 중요하다. 스스로 자신의 반응을 보고할 수 없는 어린 아동들에서 이러한 반응이 항상 관찰 가능한 것은 아니기 때문이다(Scheeringa, 2011). DSM-5는 또한 어린 아동들에게 보호자가 중요하다는 것을 인정하고 있다. 즉, 진단기준 A2(목격함)는 '특히 주보호자'를 포함하고 있으며, A3(사건에 대해 알게 됨)는 사건이 부모 또는 보호자에게 일어난 것을 명시하고 있다. 코르티솔에 관한 연구들은 부모로부터의 격리나 상실이 4세 이하의 아동들에게 특히 중요하다는 것을 보여주고 있다(Nader & Weems, 2011). 의도적인 자기상해(Scheeringa et al., 2012), 부분적 기억상실(DSM-5 PTSD D1), 자신, 다른 사람, 그리고 세계에 대한 생각(DSM-5 PTSD D2), 그리고 비난(DSM-5 PTSD D3)은 아주 어린 아동에서는 확인하기 어려우므로 DSM-5 PTSD-6에는 포함되지 않았다. 무모한 자기파괴적 행동(DSM-5 PTSD E2) 역시 PTSD-6에서 제외되었다. PTSD와 관련된 특징 중에서 어린 아동들은 발달적 퇴행(예 : 언어상실), 정서조절 및 안정적 대인관계 유지의 어려움, 또는 해리증상을 겪을 수도 있다.

복합외상반응

복합외상(complex(complicated) trauma)은 완전(full) PTSD보다 더 복잡한 것으로 간주되며 PTSD가 없을 때도 일어날 수 있는 외상후 반응의 한 형태이다. 복합외상은 별도로 지정되지 않은 극단적 스트레스장애(disorders of extreme stress not otherwise specified) 또는 발달외상장애(developmental trauma disorder, DTD) 등 다양한 용어로 불린다. 이와 유사하게 복합애도반응(complicated grief reactions)은 정도, 기간, 회복 방해에 있어서 정상적인 애도와는 차이를 보인다. 지금부터 DTD와 복합애도에 대해 기술하고자 한다.

발달외상장애

일부 아동(Ford et al., 2009; Ford, Fraleigh, Albert, & Connor, 2010)과 청소년(Ford, Elhai, Connor, & Frueh, 2010)의 외상후 반응은 PTSD로 완전히 이해되지 않는다는 것을 보여주는 증거가 제시되어 왔다(Ford, Grasso, et al., 2013). 이러한 아동과 청소년은 완전 PTSD 진단기준을 만족시키지는 않을지라도 손상을 주며 지속될 수 있는 다양한 인지적·행동적·정서적 증상을 보인다(Danielson et al., 2010; Habib & Labruna, 2011). 예를 들어 PTSD 진단에 추가하여 또는 PTSD 진단이 없는 경우에도 성적 학대를 당한 아동들은 위험행동(취할 때까지 술을 마시는 것, 비실험적 약물사용, 비행행동)을 보이며, 주요우울장애(MDD)의 평생 또는 최근 유병률을 보인다(Danielson et al., 2010). 이러한 복합반응은 PTSD만을 위한 치료에는 반응을 보이지 않을 수 있다. 중복노출과 복합반응을 보이는 아동과 청소년은 정서와 충동을 조절하는 능력을 향상시키기 위한 치료로부터 도움을 받을 수 있는 것으로 보고되었다(Cloitre et al., 2010; Ford, Grasso, et al., 2013; Ford, Wasser, & Connor, 2011; Taylor & Harvey, 2010).

DSM-III-R과 DSM-IV의 PTSD 관련 증상을 나타냈던 복합외상반응은 종종 대인관계나 발달 초기의 극단적 또

표 10.2 6세 이하 아동의 외상후 스트레스장애에 대한 DSM-5 진단기준(PTSD-6)

진단기준	PTSD-6 : DSM-5 진단기준	성인, 청소년 및 6세 이상 아동의 DSM-5 진단기준과의 차이

A. 노출	A. 6세 또는 그보다 어린 아동에서는 실제적이거나 위협적인 죽음, 심각한 부상 또는 성폭력에의 노출이 다음과 같은 방식 가운데 한 가지(또는 그 이상)에서 나타난다.
	
	  1. 외상성 사건(들)에 대한 직접적인 경험
	  2. 그 사건(들)이 다른 사람들, 특히 주보호자에게 일어난 것을 생생하게 목격함
	
	    주의점 : 목격이 전자미디어, 텔레비전, 영화 또는 사진을 통한 경우는 포함되지 않는다.
	
	  3. 외상성 사건(들)이 부모 또는 보호자에게 일어난 것을 알게 됨
		• A2는 어린 아동에게 '주보호자'가 중요하다는 것을 인정하고 있다.
		• A3는 간접적 노출에 대하여 사건이 부모 또는 보호자에게 일어난 것이어야 한다는 것을 명시하고 있다.
		• 이 연령 집단에 대한 기준에서 A4가 삭제되었으나, 미디어를 통한 노출이 A2 주의점에서 배제되었다.

B. 침습증상	B. 외상성 사건(들)이 일어난 후에 시작된 외상성 사건(들)과 관련이 있는 침습증상의 존재가 다음 중 한 가지(또는 그 이상)에서 나타난다.
	
	  1. 외상성 사건(들)의 반복적, 불수의적이고, 침습적인 고통스러운 기억
	
	    주의점 : 자연발생적이고 침습적인 기억이 고통스럽게 나타나야만 하는 것은 아니며 놀이를 통한 재현으로 나타날 수도 있다.
	
	  2. 꿈의 내용과 정동이 외상성 사건(들)과 관련되는 반복적으로 나타나는 고통스러운 꿈
	
	    주의점 : 꿈의 무서운 내용이 외상성 사건과 연관이 있는지 아닌지 확신하는 것이 가능하지 않을 수 있다.
	
	  3. 외상성 사건(들)이 재생되는 것처럼 그 개인이 느끼고 행동하게 되는 해리성 반응(예 : 플래시백)(그러한 반응은 연속선상에서 나타나며, 가장 극한 표현은 현재 주변 상황에 대한 인식의 완전한 소실일 수 있음)
	
	    주의점 : 아동에서는 외상의 특정한 재현이 놀이로 나타날 수 있다.
	
	  4. 외상성 사건(들)을 상징하거나 닮은 내부 또는 외부의 단서에 노출되었을 때 나타나는 극심하거나 장기적인 심리적 고통
	  5. 외상성 사건(들)을 상기하는 것에 대한 현저한 생리적 반응
		• B1은 (주의점에서) 기억이 이 연령 집단에서 고통스럽지 않은 것으로 보일 수도 있음을 지적하고 있다.
		• B2는 (주의점에서) 꿈의 내용이 이 연령 집단에서 확인할 수 없는 것일 수도 있음을 지적하고 있다.
		• B4와 B5에서 약간의 단어 차이가 존재한다(B5에는 '상기하는 것', B4에는 '내부 또는 외부의 단서').

C. 자극의 회피, 또는 인지와 감정의 부정적 변화	C. 외상성 사건(들)이 일어난 후에 시작된 외상성 사건(들)과 관련이 있는 자극에 대한 지속적인 회피 또는 외상성 사건(들)과 관련이 있는 인지와 감정의 부정적 변화를 대변하는 다음 중 한 가지(또는 그 이상)의 증상이 있다.	• 6세 이하 아동을 위한 기준에서 C가 C와 D로 나뉘지 않았다. 대신 C는 회피 또는 부정적 인지/감정 목록을 대표하는 한 가지 증상을 포함하고 있다.

표 10.2 (계속)

진단기준	PTSD-6 : DSM-5 진단기준	성인, 청소년 및 6세 이상 아동의 DSM-5 진단기준과의 차이
	자극의 지속적 회피 1. 외상성 사건(들)을 상기시키는 활동, 장소 또는 물리적 암시 등을 회피 또는 회피하려는 노력 2. 외상성 사건(들)을 상기시키는 사람, 대화 또는 대인관계 상황 등을 회피 또는 회피하려는 노력 **인지의 부정적 변화** 3. 부정적 감정상태의 뚜렷한 빈도 증가(예 : 공포, 죄책감, 슬픔, 수치심, 혼란) 4. 놀이의 축소를 포함하는 주요 활동에 대해 현저하게 저하된 흥미 또는 참여 5. 사회적으로 위축된 행동 6. 긍정적인 감정 표현의 지속적인 감소	• 어린 아동의 기억, 사고, 감정이 확인할 수 없는 것일 수도 있는 만큼 C1과 C2는 상기시켜 주는 외부의 대상을 언급하고 있다. C2는 '사람들'과 '대인관계 상황'을 포함하고 있는 반면, C1은 '활동, 장소, 또는 물리적 암시'를 포함하고 있다. • 성인 PTSD D1(기억상실), D2(자신, 다른 사람, 또는 세계에 대한 믿음과 예상), 그리고 D3(비난)은 어린 아동에서 확인하기 어려우므로 6세 이하 아동을 위한 진단기준에서는 삭제되었다. • C(성인 D4)는 부정적 정서상태의 빈도(지속과 대비됨) 증가를 명시하고 있다. • '멀어지거나 소원해지는 느낌'을 포함한 성인 PTSD D6, '긍정적인 정서를 경험할 수 없는 무능력'을 포함하는 D7과는 대조적으로 C5와 C6는 관찰 가능한 행동)(사회적 위축과 긍정적인 감정 표현의 감소)을 포함하고 있다.
D. 각성과 반응성	D. 외상성 사건(들)이 일어난 후에 시작되거나 악화된 외상성 사건(들)과 관련이 있는 각성과 반응성의 뚜렷한 변화가 다음 중 두 가지(또는 그 이상)에서 명백하다. 1. 전형적으로 사람 또는 사물에 대한 언어적 또는 신체적 공격성으로(극도의 분노발작 포함) 표현되는 민감한 행동과 분노폭발(자극이 거의 없거나 아예 없이) 2. 과각성 3. 과장된 놀람반응 4. 집중력의 문제 5. 수면교란(예 : 수면을 취하거나 유지하는 데 어려움 또는 불안정한 수면)	• D1의 분노폭발이 성인 PTSD E1에 추가되었다. • 성인 PTSD E2(무모하거나 자기파괴적 행동)가 삭제되었다.
E. 기간	E. 장애 기간이 1개월 이상이어야 한다.	
F. 손상	F. 장애가 부모, 형제, 또래 또는 다른 보호자와의 관계 또는 학교생활에서 임상적으로 현저한 고통이나 손상을 초래한다.	6세 이하의 아동의 경우에는 대인관계 손상에 초점을 두고 있다.
G. 제외	G. 장애가 물질(예 : 치료약물이나 알코올)의 생리적 효과나 다른 의학적 상태로 인한 것이 아니다.	
다음 중 하나를 명시할 것	다음 중 하나를 명시할 것 **해리증상 동반** : 개인의 증상이 외상후 스트레스장애의 기준에 해당하고 그 개인이 다음에 해당하는 증상을 지속적이거나 반복적으로 경험한다. 1. **이인증** : 스스로의 정신과정 또는 신체로부터 떨어져서 마치 외부 관찰자가 된 것 같은 지속적 또는 반복	첫 문단과 주의점에서 약간의 단어 차이가 있다.

(계속)

표 10.2 (계속)

진단기준	PTSD-6 : DSM-5 진단기준	성인, 청소년 및 6세 이상 아동의 DSM-5 진단기준과의 차이
	적 경험(예 : 꿈속에 있는 느낌, 자신 또는 신체의 비현실감 또는 시간이 느리게 가는 감각을 느낌) 2. **비현실감** : 주위 환경의 비현실성에 대한 지속적 또는 반복적 경험(예 : 개인을 둘러싼 세계를 비현실적, 꿈속에 있는 듯한, 멀리 떨어져 있는, 또는 왜곡된 것처럼 경험) **주의점** : 이 아형을 쓰려면 해리증상은 물질의 생리적 효과(예 : 일시적 기억상실)나 다른 의학적 상태(예 : 복합부분발작)로 인한 것이 아니어야 한다.	
다음의 경우 명시할 것	다음의 경우 명시할 것 **지연되어 표현되는 경우** : 사건 이후 최소 6개월이 지난 후에 모든 진단기준을 만족할 때(어떤 증상의 시작과 표현은 사건 직후 나타날 수 있더라도)	

출처 : The DSM-5 criteria are reprinted with permission from *Diagnostic and Statistical Manual of Mental Disorders, Fifth Edition* (pp.271-272). Copyright 2013 by the American Psychiatric Association.

는 장기적 스트레스 요인(예 : 학대 또는 다른 폭력)과 관련지어 연구되어 왔다(APA, 1994; Pearlman, 2001; Pelcovitz et al., 1997; Ford, Grasso, et al., 2013; Ford, Nader, & Fletcher, 2013). 자연재해 및 다른 '비인간적' 외상에 노출된 많은 아동과 청소년들이 DTD의 정의에 제시된 증상들을 보이는 것으로 보고되었다. 이런 증상들 가운데 다수는 중복피해에 의해 유의하게 설명된다는 증거가 있다(Nader, 출판 중). 2005년에 발표된 임상보고서는 장기적인 대인외상, 특히 발달 초기에 외상을 겪은 사람은 복합외상반응의 핵심 요소로 확인된 다음의 여섯 가지 문제를 나타낼 가능성이 높다고 주장하였다. 이러한 여섯 가지 문제는 (1) 정서와 충동조절, (2) 기억과 주의집중, (3) 자기지각, (4) 대인관계, (5) 신체화, (6) 의미체계 등이었다(Cook et al., 2005; van der Kolk, 2005; van der Kolk et al., 2005).

만성적 학대를 경험한 아동과 청소년 사례들에서 나온 정교화된 DTD 진단(van der Kolk, 2005)은 현재 실험 중에 있다. 자기조절은 발달하면서 성숙해지며, 친사회적 관계와 생산적인 목표지향적 행동을 돕는다(Ford, 2011). 특히 중복적인, 발달 초기의, 심각한 외상은 자기조절을

방해할 수 있다. DTD는 자기조절의 실패로 이해될 수 있다. 현재 이 분야에서 DTD를 측정하기 위해 사용되는 검사는 정서적 및 생리적 조절장애(극단적인 정서상태, 소리나 만지는 것에 대한 민감성, 신체상태 문제, 해리, 감정을 파악하고 기술하지 못하는 감정표현불능증의 인내/조절), 주의 또는 행동적 조절장애(위협에 대한 편향, 자기보호의 결여/문제 추구, 부적응적 자살 시도, 자기상해, 목표지향적 행동의 결여), 그리고 자기 및 관계조절장애(부정적인 자기지각, 애착 및 관계 곤란, 편향된 기대, 불신 또는 반항, 반응적 공격성, 경계문제, 의존성, 공감의 부족 또는 과다) 등과 관련된 발달적 유능성의 손상을 포함하고 있다(Ford & Developmental Trauma Disorder Work Group, 2012). 제안된 장애는 시간, 장애의 발생에 기여할 수 있는 아동 변인(유전, 개인력), 사건변인(강도, 만성성 또는 중복노출), 가족 변인(정신건강, 지지, 양육), 그리고 다른 변인들에 대해 알게 됨에 따라 진화해 왔다. PTSD와 별도로 장애를 만들 필요성에 대한 불일치가 계속되고 있다(Scheeringa, 2011). DSM-5에서 개정된 PTSD는 제안된 DTD에 포함된 증상들을 포함하고 있다. 여기에는 부정적인 정서상태(공포, 죄책감,

슬픔, 수치감 또는 혼란―D4), 자신과 다른 사람에 대한 왜곡된 비난(D3), 과장된 부정적 예상(D2), 무모한 또는 자기파괴적 행동(E2), 분노 및 공격성 증상(E1) 등이 포함된다.

복합애도반응

정상적인 애도는 여러 가지 요인에 의해 복잡해질 수 있다. 이러한 요인들은 일반적으로 애도를 방해하고 연장시키며 강화시킨다. 그리고 애도증상은 다른 증상들(외상증상)과 얽힐 수 있다(Nader & Salloum, 2011). 여러 유형의 복합애도반응(complicated grief reaction)이 연구를 위해 또는 DSM-5에 포함되기 위해 제안되었다. 이러한 유형들로는 적응적 또는 부적응적 애도(Nader & Layne, 2009), 애도 관련 우울(Corruble, Chouinard, Letierce, Gorwood, & Chouinard, 2009; Zisook et al., 2010), 사후 환멸감(Stalfa, 2010), 지연된 애도장애(Boelen, van den Hout, & van den Bout, 2006; Prigerson et al., 2009), 다른 장애와 결합된 애도(Pearlman, Schwalbe, & Cloitre, 2010), 그리고 외상성 애도(Melhem, Moritz, Walker, & Shearer, 2007; Nader & Salloum, 2011) 등이 있다. 외상성 애도와 다른 장애와 결합된 애도를 제외한 대부분의 애도 형태들은 주로 성인들을 대상으로 연구되어 왔다. 이러한 형태들은 개인의 기능을 방해하고 애도를 지속시키며 치료 요구에도 영향을 미칠 수 있다(Pearlman et al., 2010). 외상성 애도는 높은 수준의 외상후 증상과 복합적 또는 좌절된 애도와 관련이 있다(Nader & Layne, 2009). 외상성 애도는 애도자의 생존 또는 생활에서 기능할 수 있는 능력과 관련해 죽은 사람이 중요한 사람으로 지각되는지의 여부와 관계없이 죽음이라는 외상적 상황과 그로 인한 적응적 애도과정의 방해에 초점을 맞추고 있다. 중요한 타인의 상실을 겪은 성인의 애도에 근거하고 있는 지연된 애도장애(prolonged grief disorder, PGD)의 개념은 죽은 사람에 대한 애도자의 애착에 일차적으로 초점을 맞춘다. 개인은 상실을 외상 또는 충격으로 경험할 수 있다(Jacobs, 1999). PGD는 장기적이며 극대화된 애도증상들을 포함한다(Boelen et al., 2006;

Prigerson et al., 2009; Shear, Jackson, Essock, Donahue, & Felton, 2006).

PDG 연구들에 대한 반응으로(Prigerson et al., 2009), 애도 관련 적응장애가 DSM-5에 추가되었다. 즉, 지속성 복합애도장애(persistent complex bereavement disorder)가 기타 명시된 외상 및 외상 관련장애(309.89, 예 5)의 범주 아래 포함되었다. 이 장애는 '심각하며 지속적인 애도반응'으로 특징되며(APA, 2013, p.289), DSM-5의 Ⅲ편에 "추가적 연구가 필요한 진단적 상태"로 언급되어 있다(APA, 2013, pp.789-792). 이 진단은 가까운 친척이나 친구의 사망 후에 아동의 경우 최소 6개월(성인은 12개월) 이상 다음 중 한 개 이상을 임상적으로 현저한 수준에서 경험하는 날이 그렇지 않은 날보다 많을 것을 요구한다. 이러한 증상들은 (1) 죽은 사람에 대한 지속적인 갈망 또는 그리움(아동은 놀이나 다른 행동으로 표현할 수 있음), (2) 심각한 슬픔과 정서적 고통, (3) 죽은 사람에 대한 집착, (4) 죽음을 둘러싼 상황에 대한 집착(아동은 놀이나 다른 행동으로 표현할 수 있고, 다른 사람의 가상적인 죽음에 대한 집착으로 표현할 수 있음) 등이다. 애도자는 또한 반응적 고통 또는 사회적/정체감 혼란을 나타내는 12가지 증상 중에서 6개 이상을 보여야 한다. 증상은 매우 심각하거나 또는 문화적 또는 종교적 규범과 일치하지 않아야 하며, 손상된 기능을 유발해야 한다(표 10.1, G 참조). 이 장애는 '외상성 사별의 경우'(즉, 살인 또는 자살로 인한 사별로 죽음의 성격/상황에 대한 지속적인 고통을 동반함)에 대한 명시를 포함하고 있다(APA, 2013, p.790).

스트레스 반응체계

외상후 반응에 대한 현재의 개념화는 신경생물학적 체계에 대한 논의를 포함하고 있다. 스트레스 반응체계는 해마, 편도엽, 대상, 전전두엽피질(PFC)과 같은 두뇌 영역들의 네트워크를 포함한다(Bremner, 2006). 이 체계는 또한 교감신경계(sympathetic nervous system, SNS), 부교감신경계(parasympathetic nervous system, PNS), 그리고 시상하부-뇌하수체-부신피질(hypothalamic-pituitary-adrenocortical, HPA) 축 등 해부학적으로 상이한 세 가지 신경내분비 회로를 포함한다(Del Giudice, Ellis, & Shirtcliff, 2011). 많은 비외상성 스트레스 요인들이 SNS와 HPA 축을 활성화시킬 수 있다. 예를 들어 정상아동들에 대한 연구는 장기적 또는 지속적 분리(예: 위탁 배치, 부모의 죽음)는 5세 이하의 어린 아동들에게 외상을 초래할 수 있다. 반면 극심한 수치심과 모욕감 스트레스 요인은 더 큰 아동들과 성인에게 더 많은 영향을 미칠 수 있다(Nader & Weems, 2011).

연구들은 아동기 외상이 HPA 축의 기능을 변화시킴으로써 성인기 스트레스 반응성에 영향을 미친다는 것을 보여주었다(Heim, Plotsky, & Nemeroff, 2004; Roy, Gorodetsky, Yuan, Goldman, & Enoch, 2010). 생체적응(allostasis : 변화를 통해 안정성을 획득하는 것)은 내적 또는 외적, 실제적 또는 위협적 혐오/스트레스 사건에 대한 신체의 반응과 관계가 있다(Hulme, 2011). 생체적응 모델은 세 가지 시스템을 포함하는데, 이러한 시스템이 활성화될 때 보호적 행동에 필요한 생리적 적응을 발생시킨다. 이 세 가지 시스템은 (1) 각성, 경계, 외부단서 처리를 증가시키는 모노아민성 뉴런(세로토닌, 도파민, 아세티콜린, 노르에피네프린), (2) 심혈관 성능을 향상시키고 소화를 억제하며 근육에 필요한 에너지를 만드는 에피네프린과 노르에피네프린을 분비하는 SNS, (3) 단백질과 지질을 탄수화물로 전환하여 에너지를 저장하고 혈압과 혈당을 증가시키고, 아미노산을 동원하며, 면역반응을 감소시키는 생리적 매개체인 글루코코르티코이드 호르몬(인간에서는 코르티솔)을 생산하는 HPA 축이다(Rodrigues, LeDoux, & Sapolsky, 2009). 이러한 생리적 매개체들은 만성적이고 반복적인 또는 심각한 스트레스에 대한 반응으로 증가되거나 또는 낮춰진 상태(생체적응 상태)에서 유지된다(Hulme, 2011). 생체적응 부하(개인의 스트레스 체계 상태)는 스트레스 체계 조절장애 및 매개체 중 하나 이상의 수준이 만성적으로 높거나 낮은 수준인 것으로 특징되는 과부하로 높아질 수 있다(Hulme, 2011; McEwen & Wingfield, 2010; Seeman,

Epel, Gruenewald, Karlamangla, & McEwen, 2010). 이 모델은 부정적인 건강상태가 생리적 매개체의 변화된 수준에 대한 장기적 세포노출로 인한 병적 해로움에 기인한다고 본다(McEwen & Wingfield, 2010). 이를테면 글루코코르티코이드에 대한 장기적 노출은 뇌의 변연계에 대한 영향 등 PTSD 및 MDD와 관련된 여러 증상을 설명할 수 있는 광범위한 부정적 영향을 미칠 수 있는 것으로 생각된다(Hulme, 2011; Pruessner et al., 2010).

외상과 HPA 축

HPA 축은 코르티솔의 분비를 통해 환경의 도전에 대해 장기적인 반응을 시작한다(Bremner, 2006; Del Giudice et al., 2011). 시상하부 실방핵(hypothalamic paraventricular nucleus, PVN)의 뉴런들은 코르티코트로핀-분비 호르몬(corticotropin-releasing hormone, CRH)과 아르기닌 바소프레신(arginine vasopressin, AVP)을 분비한다. 뇌하수체 전엽에서 이 호르몬들은 폴리펩티드 분비를 촉진하며, 이는 다시 다양한 다른 호르몬들(부신피질자극호르몬[ACTH]과 베타-엔도르핀)과 결합한다. 이것이 부신피질에 도착하면 ACTH가 코르티솔의 분비를 자극한다. 앞서 언급되었듯이, 코르티솔은 스트레스 조건하에서 유기체가 최적의 기능을 할 수 있도록 준비하기 위해 다양한 생리 및 신진대사 변화를 일으킨다(Belsky & Pleuss, 2009). 피드백 억제는 HPA 축의 스트레스 유도 활성화를 감소시키고 과도한 글루코코르티코이드 분비를 제약하여 스트레스 반응을 효과적으로 약화시킨다(Gillespie, Phifer, Bradley, & Ressler, 2009; Jacobson & Sapolsky, 1991). 외상은 순환고리의 혼란을 야기할 수 있다. HPA 축의 조절장애는 CRH와 AVP의 조절이상을 포함하며, 이는 혈장 ACTH와 코르티솔의 증가된 분비를 초래한다. 이는 글루코코르티코이드 수용기(GR) 둔감성을 동반하며 부정적인 순환고리의 손상을 초래할 수 있다(Roy et al., 2010).

HPA 축의 조절이상은 다양한 장애에서 시사되어 왔다(van Winkel, Stefanis, & Myin-Germeys, 2008). 정신증은 증가된 기초선 코르티솔과 ACTH 수준을 포함한다

(Walsh, Spelman, Sharifi, & Thakore, 2005). 우울증에 대해 유전적 취약성을 갖고 있는 사람의 경우에는 HPA 조절이상이 세로토닌 작동 시스템의 기능을 위태롭게 할 수 있다. 반면 정신증에 대한 유전적 소인을 갖고 있는 사람의 경우에는 증가된 코르티솔이 도파민 신호화에 영향을 미칠 수 있다(van Winkel et al., 2008). 연구결과는 사회적-평가적 스트레스 요인과 그것을 제어할 수 없는 무능력(Dahl & Gunnar, 2009; Jones & Fernyhough, 2007)이 코르티솔의 과다활동에서 중요하며, 코르티솔의 과다활동은 다시 정신증에 취약한 사람들의 증상을 촉진하거나 악화시키는 데 있어서 스트레스의 효과를 매개한다는 것을 시사한다(van Winkel et al., 2008; Walker, Mittal, & Tessner, 2008).

코르티솔의 반응

일반적으로 공포와 스트레스 반응은 코르티솔 분비의 증가와 관련이 있다(Weems & Carrion, 2009). 앞에서 살펴보았듯이 장기적 활성화는 민감화 또는 둔감화를 가져올 수 있다. 반응성의 혼란은 상향 또는 하향으로 나타날 수 있다. 즉, 혼란이 고코르티솔증(hypercotisolism) 또는 코르티솔 결핍(hypocotisolism)으로 표출될 수 있다(McCleery & Harvey, 2004). HPA 축은 지속적인 코르티솔 증가를 통해 만성적 스트레스 요인에 반응하므로 낮 동안에는 평평한 분비 양상을 보인다(Del Giudice et al., 2011; Miller, Chen, & Zhou, 2007). 만성적 코르티솔 증가는 스트레스 요인이 종결된 후에는 기초선 밑으로 떨어지는 경우가 많다(Koob & Le Moal, 2008). 그 결과로 일어나는 코르티솔 결핍은 몇 달 동안 지속될 수도 있다. PTSD 연구들은 더 낮거나, 차이가 없거나 또는 증가된 기초선 코르티솔 수준을 보고해 왔다. 급성 스트레스 또는 신경내분비계의 도전에 대한 과도한 또는 감소된 코르티솔 반응성은 인간의 여러 질병과 관련이 있는 것으로 보고되어 왔다(Carpenter et al., 2009).

연구결과는 외상 후에 이어지는 코르티솔 반응성의 변화에 대해 서로 다른 이유를 시사한다. 이러한 이유로는 외상의 유형 또는 성격, 개인의 연령, 외상 이후의 기간, 코르티솔 평가시점, 스트레스 요인 동안 유발된 정서, 또는 스트레스 요인에 대한 통제 가능성, 동반이환, 애착, 성격/기질, 또는 기타의 다른 변인들이 있다(De Bellis, 2001; Nader & Weems, 2011). 낮은 수준의 코르티솔은 일반적으로 외현화 장애, 외향적 특성(사회적 스트레스가 부재할 경우), 외상성 노출 이후의 기간과 관련이 있는 것으로 나타났다. 반면 높은 수준의 코르티솔은 학령 전 아동에서는 외현화 문제와 관련이 있었으나, 일반적으로 내재화 문제, 억제된 또는 내향적 특성, 또는 최근의 스트레스 노출 여부 및 유형과 관련이 있었다(Hulme, 2011; Nader & Weems, 2011; Young & Veldhuis, 2006).

성인의 경우 코르티솔은 예측 불가능성, 통제 불가능성(상황 또는 결과에 대해), 그리고 사회적-평가적 위협(예 : 다른 사람들에 의한 잠재적인 부정적 평가)이 결합할 때 유발된다(Dickerson & Kemeny, 2004). 마찬가지로 4세 이상 아동들의 경우에도 스트레스 요인 패러다임은 과제가 수치심이나 당황스러움 같은 부정적인 자기참조적 정서를 유발하지 않는 한 코르티솔 증진에 영향을 미치지 않는다(Gunnar, Talge, & Herrara, 2009). 기초선 수준이 낮긴 했지만 몇몇 연구들은 어린 시절에 학대를 당한 여성들이 외상잔재(traumatic reminders)와 다른 스트레스 요인들에 대한 반응으로 과도한 코르티솔 분비를 보인다고 보고하였다(Bremner, 2006). 일부 성인연구들(예 : 코르티솔 수준에 관한 연구, 스트레스하에서의 문제해결을 사용한 연구)은 PTSD를 가진 환자들이 스트레스 이전 단계에서 예기불안(anticipatory anxiety)과 일치하는 기초선 코르티솔 수준 증가를 보이며, 휴식기 동안에는 통제집단에 비해 더 낮은 24시간 코르티솔을 보인다고 밝히고 있다. 통제집단과 PTSD 집단 모두 도전을 받는 동안에는 증가된 코르티솔을 보였으나, 그 수준은 PTSD 집단에서 더 높았다. 외상잔재에 대한 반응에서 PTSD를 보이는 성인 여성 학대 피해자들은 PTSD를 보이지 않는 여성 학대 피해자들보다 4배나 더 많은 코르티솔 증가를 보였다. 우울증이 있으며 아동기에 학대를 받았던 여성들은 통제집단에 비해 스트레스를 주는 인지적 과제에서는 증가된 코르티솔 반응을, 그리고 CRF 과제에 대해서는 둔화된 ACTH 반응을 보였다(Bremner, 2006). 아동의 코르티솔 수준 역시 어머니의 우울증상 정도(Lupien, King, Meaney, & McEwen, 2000) 및 낮은 SES와 상관이 있었으며, 도시 지역에서의 거주는 발달 초기의 높은 외상노출과 관련이 있는 것으로 나타났다(Shonkoff, Boyce, & McEwen, 2009).

두뇌 메커니즘

HPA 축의 조절이상을 일어나게 하는 메커니즘 중의 하나는 기저측 편도체의 글루코코르티코이드 자극을 통해서이다. 이는 해마와 내측 PFC에서의 억제적 영향과는 상반된다(Hulme, 2011). 결국 이 과정은 선행제어 순환고리로 HPA 축을 자극한다. 기저측 편도체의 자극은 불안을 유발한다. 선행제어 순환고리는 불안을 영속시킨다(Mitra & Sapolsky, 2008).

뇌활동과 용적

외상은 뇌활동(예 : HPS 반응성), 뇌수용기(예 : 세로토닌, 감마 아미노뷰티르산 수용기), 인지기능, 기분과 정서조절, 사회적 애착 등의 행동적 및 정서적 반응에 기여하는 시냅스 연결과 같은 다양한 뇌 관련 영향과 관련이 있다는 보고가 있다(Anda et al., 2006; De Bellis, Baum, et al., 1999; Nader, in press). 장기적 또는 심각한 스트레스는 뇌 영역의 성장(예 : 뉴런의 위축 또는 소멸)에 영향을 미치며, 신경화학을 변화시킨다(Anda et al., 2006; Byrnes, 2001; Lupien, McEwen, Gunnar, & Heim, 2009; Sapolsky, 1998). 이것은 외상을 겪은 아동과 청소년 뇌 용적의 연령 관련 감소와 관련이 있다(Carrion, Weems, Richert, Hoffman, & Reiss, 2010; De Bellis et al., 2002). 스트레스와 관련된 뇌 변화는 결국 면역반응을 포함하는 생리 시스템을 변화시킬 수 있다. 결정적 시기가 중요한 신경 시스템의 과잉활동(예 : 불안을 유발하는 외상)이나 활동저조(예 : 방임)는 아동발달에 심각한 영향을 미칠 수 있다(Perry, Pollard, Blakely, Baker, & Vigilante, 1995). PSTD를 가진 학대아동들은 통제집단 아동들에 비해 더 작은 두개골과 대뇌 용적을 갖고 있다(De Bellis, Keshavan, et al., 1999). 뇌 용적은 PTSD 발병연령과는 정적 상관을, 학대기간과는 부적 상관을 갖고 있다. 조기의 학대 관련 PTSD가 있는 성인들은 통제집단의 성인들보다 더 작은 해마 용적을 갖고 있다(Bremner, 2006). 해마는 심지어 성인기에도 새로운 뉴런을 만들 수 있다(신경세포의 생성)(Bremner, 2006). 그러나 아동기 스트레스 요인은 스트레스에 대한 코르티솔 반응의 장기적 증가를 유발할 수 있으며, 스트레스나 결핍은 신경세포의 생성을 억제한다.

연구들은 아동기 또는 청소년기 PTSD가 전측대상회 뉴런의 대사를 변화시킨다는 것을 시사하고 있다. 이 구조는 주의집중과 관련이 있다(De Bellis, Keshavan, Spencer, & Hall, 2000). 그리고 갈등을 포함한 과제를 수행하는 동안 활성화되는데, 이로 인해 PTSD에서 주의집중 문제가 일어날 수 있음을 시사한다. 생의 초기 18개월 내에 유아에게 발생하는 뇌손상은 비정상적인 사회적 및 도덕적 발달과 관련이 있으며, 이후의 정신병질(psychopathy) 같은 증후군과도 관련이 있다. 청소년기 동안 PFC, 그리고 이것과 다른 뇌 영역들과의 연결성은 특히 외상에 취약하다(Blakemore & Choudhury, 2006). Carrion과 동료들(2010)은 PTSD 증상을 가진 10~17세 아동과 청소년은 건강한 통제집단에 비해 전체 뇌조직과 대뇌회백질의 용적이 감소되어 있음을 발견했다. 연구자들이 전체 회백질 용적을 통제한 후에도 PTSD 증상을 가진 집단은 좌측 배쪽 및 좌측 아래쪽 전전두엽 회백질 용적이 감소되어 있는 것으로 나타났다. 극심한 스트레스에 대한 노출로 인한 피질, 특히 PFC의 기능 붕괴는 자기조절, 주의집중, 조직화, 계획뿐만 아니라 스트레스 반응의 억제에도 영향을 미칠 수 있다(Rothbart & Rueda, 2005; Stein & Kendall, 2004; Stevens, Kiehl, Pearlson, & Calhoun, 2007).

유전과 외상이 인지적 기능에 미치는 영향

발달초기의 외상노출은 정신병리(PTSD, 우울증, 양극성 장애, 조현병)의 위험을 현저하게 증가시킬 뿐만 아니라,

성인기의 인지결함과 관련된 수많은 신경생물학적 변화를 일으킨다(Gould et al., 2012; Savitz, van der Merwe, Stein, et al., 2007). 외상노출 동안의 연령은 평생 기능에 대해 중요한 시사점을 가지며, 결과는 외상성 경험의 유형에 따라 차이가 있다. Gould와 동료들(2012)은 인지검사(시각기억과 집행기능을 평가하는 과제) 수행이 아동기에 학대를 받은 환자들과 건강한 통제집단을 변별해 준다고 보고하였다. 예컨대 방임을 겪었던 사람들에서는 정서적 처리와 처리속도 결함이 확인되었으며, 성적 학대를 겪었던 사람들에서는 상대적으로 더 다양한 집행기능 결함(공간적 작업기억)이 나타났다. 정서적 학대, 신체적 학대 및 방임을 경험한 환자들에서 발견된 시각기억 결함은 발달초기의 외상과 관련된 HPA 축 변화에 의해 부분적으로 설명될 수 있다. 인지적 결함은 MDD (Castaneda, Annamari, Marttunen, Suvisaari, & Lonnqvist, 2008; Hasselbalch, Knorr, & Kessing, 2010)와 PTSD를 포함한 DSM-IV 불안장애(Castaneda et al., 2008; Liberzon & Sripada, 2008)와 관련이 있는 것으로 알려져 왔다.

뉴로트로핀은 스트레스 변화와 HPA 축 활동 변화 간의 관계를 매개하는 중요한 역할을 한다(Savitz, van der Merwe, Stein, et al., 2007). 연구들은 뇌유래 신경영양인자(brain-derived neurotrophic factor, BDNF) 유전자(Val66Met)의 기능적 변형인 메티오닌(Met) 대립유전자가 기억과제를 수행하는 동안의 더 낮은 기억과 해마의 정상적 이탈양상 붕괴와 관련이 있음을 보여주었다(Egan et al., 2003; Hariri et al., 2003; Savitz, van der Merwe, Stein, et al., 2007). Val 대립유전자는 양극성 장애, 조현병 및 인지기능 감소와 관련이 있는 것으로 보인다. 집행 및 기억기능의 감소와 더불어 저활동 메티오닌 대립유전자는 혐오적인 사회적 경험과 신경독(neurotoxins)에 대한 반응으로 신경가소성(neural plasticity)을 매개하는 데 있어서 중요한 역할을 한다(Berton et al., 2006; Tsankova et al., 2006). 급성 및 만성 스트레스는 둘 다 해마의 BDNF 합성을 억제하는 것으로 보고되어 왔다(Savitz, van der Merwe, Stein, et al., 2007; Tsankova et al., 2006). Savitz, van der Merwe, Stein과 동료들(2007)은 다른 변

인들을 통제한 후에 자기보고에 의한 아동기 성적 학대의 정도와 아동기 방임의 정도가 기억수행과 부적으로 약한 관계를 갖는다는 것을 발견했다. 그러나 BDNF 유전자의 저활동 Met 대립유전자와 아포리포단백질 E(ApoE) 유전자의 ε4 대립유전자는 성적 학대 점수와 상호작용하여 기억수행 감소를 초래하는 것으로 나타났다. 이들의 연구에서 Met 대립유전자는 기억수행에 대한 성적 학대의 부정적 효과와 관련이 있는 반면, Val 대립유전자는 그러한 효과를 보이지 않았다. 즉, Val/Val 동형접합체(Met 대립유전자가 없는)는 성적 학대 점수가 증가해도 기억 점수에서 감소를 보이지 않았다. 반면 Met/Met 동형접합체는 성적 학대 점수가 증가함에 따라 기억 점수에서 급격한 감소를 나타냈다. Met 동형접합체의 영향은 추가될 수 있는 것으로 보인다. ApoE 4 대립유전자(알츠하이머병 및 노년기 인지손상의 위험요인)의 경우에는 성적 학대가 없었을 때는 기억 점수가 동일하였으나, ε4 대립유전자를 가진 사람에서는 성적 학대 점수가 증가함에 따라 기억 점수도 급격히 감소하였다. Savitz, van der Merwe, Stein과 동료들(2007)은 환경 또는 유전에 의해 유도된 HPA 장애가 있을 때 저활동 BDNF Met 대립유전자는 기억장애에 대한 위험요인으로 작용할 수 있다고 주장한다. 반면 고활동 BDNF Val 대립유전자는 BDNF 합성의 스트레스성 억제와 해마의 기능에 미치는 부정적인 코르티솔 관련 효과를 부분적으로 상쇄시킬 수 있다.

학대와는 관련이 없는 연구결과에서 Val66Met 다형성의 저활동 Met 대립유전자는 더 낮은 수준의 해리(자기보고로 측정됨)와 관련이 있었다(Savitz, van der Merwe, Newman, et al., 2007). 기능적 카테콜오메틸트란스페라제(catechol-O-methyltransferase, COMT) Val158Met 다형성은 학대 점수와 유의하게 상호작용하여 지각된 해리에 영향을 미쳤다. Val/Val 유전자형은 높은 수준의 아동기 외상에 노출된 환자들에서 높은 수준의 해리와 관련되는 것으로 나타났다. 반면 Met/Met 유전자형은 자기보고에 의한 외상이 증가함에 따라 감소하는 해리와 관련이 있었다. 이에 대해서는 앞으로 더 많은 연구가 요구된다.

유전자 발현에서의 다른 변화

외상은 유전자 발현을 변화시키는 또 다른 변화를 초래할 수 있다. 예를 들어 변화된 GR 유전자 발현은 스트레스 조절기능에 영향을 미치며, 그로 인해 정신병리에 대한 위험을 증가시킨다(McGowan et al., 2009). 아동기 동안의 스트레스 사건에 대한 노출은 HPA 축의 지속적 변화를 일관되게 나타내며, 이는 다시 PTSD, 기분 및 불안장애와 같은 장애와 질환에 대한 취약성을 증가시킨다(Gillespie et al., 2009). 이러한 효과는 유전-환경 상호작용에 의해 부분적으로 매개될 수 있다. McGowan과 동료들(2009)은 자살로 사망한 사람들의 해마에서의 GR 유전자 발현이 학대경험이 있는 집단에서만 감소한 것을 발견하였다. Sarapas와 동료들(2011)은 일반적으로 HPA 축, 신호 전달, 뇌와 면역세포 기능에 관여하는 25개의 유전자 세트들이 PTSD에서 서로 다르게 발현된 것을 발견하였다. 이 중에는 STAT5B(GR 민감성의 직접적 억제인자)와 PTSD에서 감소된 발현을 보이는 전사인자 I/A가 있다(Yehuda et al., 2009).

FKBP5 유전 영역

GR 활성화와 리간드 결합부위는 FKBP5를 포함하는 대규모 분자복합체에 의해 조절된다(Roy et al., 2010). PTSD를 갖고 있지 않은 사람들의 경우 높은 FKBP5 단백질/메신저 RNA 발현과 이전에 연합된 대립유전자는 GR 저항과 관련이 있다(FKBP5가 GR을 억제). 그러나 PTSD를 가진 환자들의 경우에는 이러한 관련성이 바뀌는 것으로 보인다(증가된 GR 민감성을 보임)(Binder et al., 2008). FKBP5와 주조직적합성복합체(major histocompatibility complex, MHC) Class II는 상태 표시를 갖고 있다(Sarapas et al., 2011). 따라서 상승된 GR 반응성과 마찬가지로 PTSD에서는 감소된 발현을 보인다(Yehuda et al., 2009). PTSD의 심각성과 함께 회귀분석에 투입되었을 때, FKBP5 발현은 코르티솔에 의해 예측되었으며, PTSD를 겪는 사람들에서 감소되는 것으로 나타났다(Yehuda et al., 2009). 마찬가지로 STAT5B는 활성화된 GR의 핵내 이동을 억제하며, PTSD를 가진 사람들에서 하향 조정된다. 이러한

두 유전자의 감소된 발현은 PTSD에서 더 높은 GR 활동과 일치한다. MHC Class II의 감소된 발현은 PTSD 환자들에서 비정상적으로 감소된 코르티솔이 관찰되는 것과 일치한다.

종말체 길이

종말체(telomere)는 염색체의 끝을 덮고 있는 반복 DNA로 안정성을 촉진한다. 종말체는 세포분열과 함께 점차 줄어들므로, 종말체의 길이는 생물학적 노화의 한 표시이다(Tyrka et al., 2010). 최근의 연구는 심리적 스트레스 및 외상이 의학적 질병으로 연결되는 잠재적 메커니즘으로서의 세포노화를 시사하고 있다. Tyrka와 동료들(2010)은 아동기 학대(예 : 중간 내지 심각한 수준의 신체적 및 정서적 방임)의 과거력을 가진 참가자들이 비교 집단의 참가자들보다 유의하게 더 짧은 종말체를 지니고 있음을 발견했다. 이러한 결과는 연령, 성별, 흡연, 신체질량지수, 또는 다른 인구학적 요인에 의해 설명되지 않았다. 글루코코르티코이드는 신경세포의 산화 스트레스 손상을 증가시키는 것으로 보고되어 왔는데, 이는 종말체의 단축을 설명해 준다(Ceccatelli, Tamm, Zhang, & Chen, 2007).

노르아드레날린계

노르아드레날린계 역시 스트레스(Bremner, 2006)와 불안장애(예 : 공황, DSM-IV PTSD, 범불안장애; Kalk, Nutt, & Lingford-Hughes, 2011)에 관여한다. 스트레스 노출은 청색반점의 활성화와 뇌 전반에 걸친 노르에피네프린의 분비를 초래한다. 급성 스트레스 요인은 청색반점 내 신경세포의 발포(firing) 증가, 해마와 안쪽 전전두엽피질에서의 노르에피네프린 분비 증가를 초래한다. 반면 만성적 스트레스는 후속적 스트레스 요인 노출로 인한 해마에서의 노르에피네프린 분비 증가와 관련이 있다. 에피네프린과 노르에피네프린은 심장박동, 혈압, 호흡, 글리코겐의 글루코오스로의 전환, 지방분해(지방의 지방산으로의 전환), 근육긴장, 각성과 같은 SNS 활동을 증가시킨다(Byrnes, 2001; Stein & Kendall, 2004). 주의는 좁혀지

며 신경세포는 위험과 관련된 자극에 보다 민감해진다. PTSD 증상은 뇌의 노르아드레날린계의 활성화를 통해 자극된다(Bremner et al., 1997). 상승된 노르에피네프린은 외상성 사건에 대한 기억을 직접적으로 증가시킬 수 있으며 과각성, 플래시백, 침습적 기억, 악몽에 영향을 미친다. PTSD를 겪는 사람들에 대한 연구들은 기초선 시점에서, 그리고 외상잔재에 반응할 때 혈액과 소변 내에서의 노르에피네프린 증가를 보고하였다(Bremner, 2006; Kalk et al., 2011). PTSD의 경우 노르에피네프린의 계속적인 분비가 말초의 변화를 가져올 수 있음을 시사하는 증거가 있다(Kalk et al., 2011). 또한 퇴역군인에 대한 부검연구(Bracha, Garcia-Rill, Mrak, & Skinner, 2005)에서 PTSD(청색반점에서 줄어든 세포수로 확인됨)를 가진 퇴역군인은 정신과 병력이 없거나 알코올중독이 있는 퇴역군인들과는 달리 노르아드레날린계 이상을 보이는 것으로 확인되었다.

역학

유병률/발생률

연구들은 미국에 거주하는 사람들의 약 70~80%가 평생동안 한 가지 이상의 외상성 사건에 노출된다고 보고하고 있다(Breslau, 2009; Gabert-Quillen, Fallon, & Delahanty, 2011). 해마다 수백만 아동들(전체 아동의 약 2/3)이 학대, 전쟁, 폭력, 사고, 자연재해, 인재에 노출된다. 지역사회 청소년 표본에 대한 종단연구(N=1,420)에 따르면 청소년의 약 68%가 16세까지 적어도 한 가지 이상의 외상성 사건을 경험한다(Copeland, Keeler, Angold, & Costello, 2007). 아일랜드에서는 성인의 65%가 중간 내지 심각한 아동기 외상을 보고한 것으로 나타났다(Shannon, Maguire, Anderson, Meenagh, & Mulholland, 2011). 여러 유형의 노출, 즉 중복피해는 단일 유형의 반복적 피해보다 외상성 증상과 더 많은 관련성을 보이며, 중복피해는 개별적 피해 형태와 증상 수준 간의 관계를 상당 부분 설명해준다(Turner, Finkelhor, & Ormrod, 2010). 샌프란시스코 아동건강센터에서 평가를 받은 저소득층 아동의 대다수

(67.2%)가 한 가지 이상의 부정적 사건을 경험하였으며, 12%는 네 가지 이상의 부정적 사건을 경험한 것으로 보고되었다(Burke, Hellman, Scott, Weems, & Carrion, 2011). 미국의 12~17세 청소년 전국표본에 대한 연구(Finkelhor, Ormrod, & Turner, 2007a)에서는 청소년의 71%가 피해를 경험했으며, 69%는 한 가지 유형 이상의 피해를 겪은 것으로 나타났다. 대규모 아동 및 청소년 전국표본(N=4,053)에 대한 연구에서 Turner와 동료들(2010)은 아동과 청소년의 66%가 한 가지 유형 이상의 피해를 경험했다고 보고했다. 약 1/3은 적어도 다섯 가지 유형을 경험했으며, 10%는 11가지 유형 이상의 피해를 경험한 것으로 나타났다. 2010년 한 해 동안 미국(U.S. Department of Health and Human Services, 2011)에서 판결된 학대사례의 1/5(360만)을 검증한 결과, 78.3%는 방임, 17.6%는 신체적 학대, 9.2%는 성적 학대를 경험한 것으로 확인되었다.

노출에 대한 반응의 차이

외상 또는 역경은 PTSD뿐만 아니라 다른 장애들의 출현에서도 중요한 역할을 한다. DSM-IV 장애들은 유병률이 높고 지속적이다(Kessler et al., 2012). 13~17세 청소년을 대상으로 수행된 전국동반이환조사연구(N=10,148)에서 절반 이상의 청소년들이 DSM-IV 장애 중의 하나에 대해 평생유병률 진단기준을 충족시켰다(Merikangas et al., 2010). 불안장애는 가장 흔한 장애 유형이었으며 행동장애, 기분장애, 물질사용장애가 뒤를 이었다(Kessler et al., 2012). 형제가 하나인 청소년들은 둘 이상인 청소년들에 비해 다양한 장애에서 일반적으로 더 낮은 유병률을 보였다. 또한 도시보다는 농촌에서 유병률이 더 낮았고, 미국의 다른 지역들보다 남부에서 더 낮았다. 불안과 행동장애는 기분장애와 물질사용장애보다 더 만성적인 경향이 있다. Kessler와 동료들(2012)은 성인보다 청소년에서 지속성이 더 컸다고 보고하였다. 이는 만성성보다는 재발이 더 많은 데 기인하는 것으로 보인다.

외상에 노출된 사람들 중 극소수만이 PTSD를 발달시키는데, 이는 노출과 아울러 취약성 요인이 장애 가능성을

증가시킨다는 것을 보여준다(Adler, Kunz, Chua, Rotrosen, & Resnick, 2004). 외상성 경험 후에 PTSD를 발달시키는 사람들의 비율은 연구에 따라 사건의 유형과 노출의 성격, 외상의 횟수, 기타 변인들에 따라 차이가 있다. Fletcher(2003)는 메타분석을 통해 특정 외상에 노출된 사람들에 대한 1990년대 연구들을 분석하였다. 연구결과 PTSD의 전반적 유병률은 36%, 학령전기 아동 39%, 학령기 아동 33%, 청소년 27%(34개 표본, 2,697명의 아동과 청소년; Fletcher, 1994), 성인 24%(5개 표본, 3,495명의 성인; Velde et al., 1993; Kilpatrick & Resnick, 1992; Smith & North, 1993)로 확인되었다. Pynoos와 동료들(1987)은 적어도 성인들이 PTSD로 진단받는 것만큼 아동들도 진단을 받는다고 보고했다. 즉, 아동의 27%, 성인의 19%가 DSM-III 진단기준을 충족시켰으며, 통계적으로 유의한 차이가 없었다. 또한 아동의 PTSD 경과가 성인에 비해 더 꾸준하다는 것을 보여주는 증거가 있다(Scheeringa, 2011; Scheeringa et al., 2005). Ford, Grasso와 동료들(2013)은 중복피해를 경험한 청소년 외상 피해자의 10~30%가 PTSD 진단으로는 충분히 이해되지 않는 후유증을 발생시킬 위험에 놓여 있다고 보고했다. 외상에 노출된 표본과는 달리 미국 청소년 표본에서의 PTSD 유병률은 4%(1.4% 심각한 수준; Merikangas et al., 2010)와 8.1%(12~17세; Kilpatrick & Saunders, 2003)로 보고되었다. 이는 성인의 6.8%(1.3% 심각한 수준; Kessler, Berglund, Demler, Jin, & Walters, 2005)와 대비된다. PTSD의 평생유병률은 여성 6.6%, 남성 1.6%, 13~14세 2.7%, 15~16세 4.2%, 16~17세 5.8%로 나타났다.

아동의 DSM-IV PTSD 증상에 대한 메타분석

1990년대 자료에 근거할 때 외상의 영향을 받은 아동들에서 DSM-IV PTSD 증상 발생률은 미래에 대한 비관적 관점(16%; DSM-5 D2)과 외상의 일부를 기억할 수 없는 것(12%)을 제외하고 모두 평균 20%보다 높았다(Fletcher, 2003). 모든 연령의 아동(사례수가 50 이하인 연구들을 제외할 때)에서 가장 높은 순위를 보인 11개 DSM-IV 증상 중에서 7개는 진단기준 B의 외상 재경험에 관한 것

으로 나타났다. 즉, 외상잔재에 대해 고통을 느끼거나 드러냄(51%), 행동, 제스처, 소리로 사건의 중요한 부분을 재현함(40%), 마치 사건을 재경험하는 것처럼 느낌(39%), 사건에 대한 침습적 기억(34%), 악몽(31%), 외상성 공포(31%), 그리고 사건에 대해 과도하게 말하는 것(31%)이었다. 또한 가장 높은 발생률을 보인 11개 증상에는 DSM-IV 회피/무감각 진단기준(진단기준 C)의 3개 증상이 포함되었다. 즉, 정서적 무감각(47%), 이전의 중요한 활동에 대한 흥미 상실(36%), 그리고 사건을 기억나게 하는 것들의 회피(32%)가 포함되었다. DSM-IV의 과각성 진단기준(진단기준 D)의 한 증상도 가장 많이 보고되었던 아동기 증상에 포함되었는데, 이것은 집중 곤란(41%)이었다. 14가지 가능한 DSM-IV PTSD 관련 증상들 중에서 절반이 20%보다 큰 발생률을 보였다. 즉, 해리반응(48%; DSM-5 B3), 죄책감(43%; DSM-5 D4), 전반적 불안 또는 공포(39%; DSM-5 D4), 낮은 자존감(34%; DSM-5 D2), 전조형성(26%), 우울(25%; DSM-5 D7), 그리고 분리불안(23%)이 포함되었다. 외상의 영향을 받은 아동들에서 가장 적게 보고된 증상은 자기파괴적 행동(9%), 공황발작(8%), 섭식문제(7%), 손상된 시간조망(4%), 그리고 몽유병(1%)이었다. PTSD의 관련 증상들은 복합 외상반응의 일부로 논의되어 왔다. 증상 발생에 영향을 미칠 수 있는 잠재적 매개 및 조절변인들은 위에서 언급된 비율에 포함되지 않았으며, DSM-5의 단어수정이 미래표본에서의 유병률을 변화시킬 수 있다. 예컨대 공격적 또는 반사회적 행동은 외상의 영향을 받은 아동의 평균 18%에서 관찰되었다. 퇴행행동은 13%에서 관찰되었다. 그러나 증상의 발생비율은 연령과 동반이환 등과 같은 다양한 변인들의 영향을 받을 수 있다.

성별

PTSD, 그리고 다른 장애의 경우에도 성별에 관한 연구 결과는 일반적으로 혼재되어 있다(Kessler et al., 2012; Nader, 2008). 일부 연구는 여아들에서 증가된 외상증상(Abdeen et al., 2008)과 DSM-IV의 기분 및 불안장애에 대한 보다 일관된 경과(Kessler et al., 2012)를 보고했다.

반면 다른 연구들은 외상 후에 성별에 따라 차이를 보이지 않는다고 밝혔다(Carrion et al., 2002; Fletcher, 2003; La Greca, Silverman, Vernberg, & Prinstein, 1996; McFarlane, Policansky, & Irwin, 1987; Meiser-Stedman et al., 2007; Nader, 2008; Nader, Pynoos, Fairbanks, & Frederick, 1990; Pfefferbaum et al., 1999; Pynoos et al., 1987; Stallard, Velleman, Langsford, & Baldwin, 2001; Udwin et al., 2000). 가끔 남성이 여성보다 더 많은 증상을 보인다는 결과도 있다(Seedat, Nyamai, Njenga, Vythilingum, & Stein, 2004). 어떤 증거는 여성은 연령에 따라 증상 증가를 보이나 남성의 경우에는 감소함을 시사하고 있다(Korol, Green, & Gleser, 1999). 차이가 발견된다 하더라도 그리 크지는 않은 것으로 보고되어 왔다(Silverman & La Greca, 2002). 일부 연구자들은 성별에 따른 차이가 외상의 유형 차이, 노출 정도 또는 방법론적 문제(예 : 모든 성별과 문화권에 동일한 질문들을 적용하는 것)에 기인한다고 주장한다(Gross & Graham-Bermann, 2006).

일반적인 성별 결과

문화에 관계없이 보통 여성이 남성에 비해 PTSD를 갖게 될 가능성이 2배이며, 여성의 증상이 남성의 증상보다 4배 더 오래 지속된다는 증거가 있다(Norris, Foster, & Weisshaar, 2002). 성별에 따른 차이는 어린 아동집단에서는 덜 뚜렷하다. 성인에 대한 연구들은 지각의 중요성을 확인하였다. 주변외상성 해리 및 고통과 같은 변인의 효과와 아울러 상해 심각성에 대한 주관적 지각은 객관적 평가보다 외상성 사건 후의 급성 및 만성 외상성 스트레스 증상을 보다 일관성 있게 예측해 준다(Gabert-Quillen et al., 2011). 성인에 대한 연구들은 남성에 비해 여성이 위협을 더 위협적으로 지각한다는 것을 보여준다. 이와 유사하게 위협과 위험에 대한 지각에서의 성차는 아동과 청소년에서도 발견되었다(Brody, Lovas, & Hay, 1995; Muldoon, 2003). 아동과 청소년은 스스로를 보호하는 능력이 제한되기 때문에, 어떤 사건은 아동과 청소년에게 더 위협적일 수 있다. 성별에 따른 차이는 도움 추구와 사회적 지지에서도 존재한다(Laufer & Solomon, 2009).

성인과 아동의 경우 사회적 지지는 외상성 사건 후에 보호요인으로 작용할 수 있다(Gross & Graham-Bermann, 2006; Nader, 2008). 전쟁과 테러에 노출된 이스라엘 아동과 청소년의 대규모 표본에 대한 연구에서, Laufer와 Solomon(2009)은 PTSD에서의 성차가 정치적 이념, 종교성, 사회적 지지의 차이라기보다는 주로 공포수준 차이의 결과라고 결론지었다. 연구자들은 성별이 PTSD의 직접적 예측요인이 아니며, 공포를 통해 간접적으로 영향을 미친다는 것을 발견했다. 종교성과 이념적 편협성도 PTSD의 정적 예측요인이었으나, 공포가 PTSD를 가장 잘 예측하는 요인으로 나타났다. Abdeen과 동료들(2008)의 연구결과와 마찬가지로 여아들은 남아들보다 더 높은 수준의 공포와 더 많은 외상후 증상을 보고했다. 그러나 더 많은 남아들이 보다 심각한 증상으로 고통을 받는다고 보고했다. 여아들은 가족과 친구들로부터 도움을 구하는 경향이 있는 반면, 남아들은 전문적인 도움을 더 많이 추구하는 것으로 나타났다. 일부 연구들은 여아들에서는 더 많은 내재화 증상(예 : 불안, 우울)을, 남아들에서는 더 많은 외현화 증상(예 : 공격성, 비행; Ho & Cheung, 2010)을 발견하였다. 그러나 Ho와 Cheung(2010)은 남녀집단의 적응결과에 미치는 부정적 영향이 유사하다고 보고하였다.

성별 결과의 관련 변인

성인과 아동에 대한 연구들은 모두 여성의 더 높은 PTSD 유병률이 경험된 외상의 유형(예 : 성폭력에 대한 여성의 더 높은 노출, 지역사회 또는 전쟁 중의 폭력에 대한 남성의 더 높은 노출), 인지적 반응(예 : 높은 수준의 지각된 위험 및 통제 결여), 또는 심리적 및 심리생리적 반응(예 : 여성에서의 더 강한 단기적 반응)의 차이에 기인한다고 주장한다(Abdeen et al., 2008; Catani et al., 2009; Goenjian et al., 2001; Olff, Langeland, Draijer, & Gersons, 2007). 다른 요인으로는 노출에서의 차이(예 : 2차적 사회연결망에서의 더 많은 상실, 여성에서의 2차적 연결망 손실의 더 큰 영향; Hughes et al., 2011), 이전 외상성 경험에서의 차이, 이전 우울, 불안에서의 차이, 증상 보고에서의 성별편향, 또는 성별, SES, 아동의 특질/발달력, 또는 인종과 같은 변인들 간의 복잡한 상호관계 등이 있다(Breslau, 2009).

가령 Ho와 Cheung(2010)은 홍콩 아동과 청소년 표본에서 남아는 여아보다 지역사회 폭력을, 여아는 남아보다 가정내 폭력을 더 많이 목격한다고 보고하였다. 14~27세 팔레스타인 청소년에 대한 연구에서는 남아의 폭력에 대한 노출이 더 직접적이었으며, 여아들은 목격을 더 많이 보고하는 것으로 나타났다(West Bank and Gaza; Abdeen et al., 2008). 전체 팔레스타인 모집단에서는 성차가 발견되지 않았다. 그러나 상호작용 효과는 직접적으로 노출된 남아들은 여아들보다 PTSD의 심각성이 더 큰 반면, 직접적 노출을 목격한 여아들은 남아들보다 더 많은 PTSD를 겪는다는 것을 보여준다. 기능적 손상의 심각성 또는 노출수준과 기능적 손상의 심각성 간의 관계에서는 성별에 따른 차이가 발견되지 않았다. 고통을 경험하고 보고하는 것에 대한 사회적 수용, 고통을 인정하고 보고하려는 의지는 일반적으로 남아보다 여아에서 더 크다. 그러나 이것이 경험된 고통의 실제 수준을 반영하지 않을 수도 있다(Durakovic-Belko, Kulenovic, & Dapic, 2003; Laufer & Solomon, 2009). 성별에 대해 혼재된 연구결과에서 시사된 다른 변인들로는 연령 또는 특정 발달유형의 성별에 대한 시기 차이(예 : 사춘기 이후 최고조에 이르는 시냅스 확산)(Blakemore & Choudhury, 2006), 사건유발전위(주의 자원의 뇌파 지표; Iacono & McGue, 2006), 공격성에 대한 사회인지적 및 행동적 위험요인과 같은 특정 유형의 성숙(Aber, Brown, & Jones, 2003; Rutter, 2003), 그리고 자존감 양상(Twenge & Campbell, 2001; Nader, 2008, 출판 중) 등이 있다.

사회경제적 지위

연구자들은 취약한 SES가 부정적 외상후 건강 및 정신건강 결과의 수를 포함하여(Han et al., 2011; Luthar, 2003; Nader, 2008; Yates et al., 2003), 인지적, 지적, 사회적 및 정서적 발달에 해로운 영향을 미치는 강력한 변인임을 밝혀 왔다(Nader, 2008; Yates, Egeland, & Sroufe,

2003). SES와 관련된 다양한 요인들은 외상성 반응의 가능성을 증가시킬 수 있다. 예를 들어 낮은 SES는 가족 스트레스, 이동, 정신과 병력 등을 증가시킬 수 있으며, 이는 모두 아동의 스트레스 반응과 관련된다. 취약한 지역사회는 종종 주민들의 높은 실업률, 자원 접근의 어려움, 사회적 조직의 감소, 감소된 효능감 등의 문제와 씨름한다(Deardorff, Gonzales, & Sandler, 2003). 미국의 도심에서 종종 발견되는 가정/이웃의 빈곤/취약과 가족의 정신병리는 외상성 사건에 대한 노출의 가능성을 증가시킨다(Brand, Schechter, Hammen, Le Brocque, & Brennan, 2011). 가정이 갖고 있는 인구학적 특성의 구체적인, 그리고 결합된 측면들이 미치는 영향에 대해서는 더 많은 연구가 요구된다. 예컨대 빈곤과 가정폭력 간의 관계(Tolan, Gorman-Smith, & Henry, 2006)와는 전쟁에 노출된 아프간 아동들에 대한 연구에서는 빈곤이 가정폭력을 유의하게 예측하지 않는 것으로 나타났다(Catani et al., 2009). 또한 가정의 SES가 장애의 발생과 반비례한다고 보고한 다른 연구자들과 마찬가지로 Kessler와 동료들(2012)도 가정의 SES는 부모의 교육과 유의한 관련성이 있었으며 교육을 통제한 후에는 SES의 효과가 사라졌다고 보고했다.

문화

정상으로 간주되는 행동과 신념에 있어서 남아와 여아에서 더 잘 혹은 덜 수용되는 것이 무엇인지(Ahadi, Rothbart, & Ye, 1993; Heinonen, Räikkönen, & Keltikangas-Järvinen, 2003; Nader, 2008), 그리고 사회적으로 기대되고 수용되는 고통의 표현방식(Nader, Dubrow, & Stamm, 1999)이 어떤지는 문화마다 각기 다르다. 따라서 다양한 아동기 행동의 형태, 빈도, 예측 유의성은 문화에 따라 차이가 있다(Nader, 2008). 예를 들면 서구 문화에서는 아동의 수줍음과 과민성이 취약성, 또래거부, 사회적 부적응과 관련이 있는 것으로 알려져 있다. 반면 일부 동양 문화(예 : 중국)에서는 동일한 성격 특질이 지도성, 학교에서의 유능감, 학업성취와 관련이 있는 것으로 보고되었다(Ahadi et al., 1993; Chen, Rubin, & Li, 1995; Mash &

Barkley, 2003; Mills, 2001). 문화에 따라 서로 다른 스트레스 대처전략을 촉진하기 때문에(Shiang, 2000), 문화는 평가와 결과 해석, 그리고 개입에서 중요한 고려사항이다. Pole, Best, Metzler와 Marmar(2005)는 푸에르토리코 사람들이 다른 히스패닉계 집단보다 PTSD에 더 취약할 수 있음을 관찰했다. 이는 카리브해 지역의 히스패닉계 사람들을 포함하지 않을 때는 히스패닉계 효과를 발견하지 못한 연구에서 검증되었다. PTSD의 DSM-IV 진단은 서구 문화(예 : 미국, 북서부 유럽, 오스트레일리아)에서 타당화되었지만, 일부 연구자들은 비서구권 문화에 대한 적용 가능성에 의문을 제기하였다. 예를 들어 Rajkumar, Mohan과 Tharyan(2011)은 2004년 아시아에서 발생한 쓰나미 후 인도 마을에서 PTSD 유병률이 15% 이상이었다고 보고하였다. PTSD 증상은 외상성 애도, 성별(여성), 신체적 상해, 아동의 죽음, 재정 손실과 유의하게 관련이 있었으나, 기능적 장애 또는 회피행동과는 유의하게 관련되지 않았다.

발달경과 및 예후

단일 발생의 비학대적 스트레스 요인에 노출된 후에 나타나는 PTSD의 발달경과와 예후는 단순한 문제가 아니다. 또한 외상성 사건이 일어난 후 시간이 지나면서, 어떤 PTSD 증상들은 가라앉는 반면 다른 정신건강 증상(예 : 우울증)은 더 두드러질 수도 있다(Kroll, 2003). 또는 명백한 PTSD 증상으로 보이지 않는 사고 및 행동양상 또는 취약성으로 반응이 이동할 수도 있다(Nader, 2008). 단일 발생의 비학대적 스트레스 요인에 대한 아동의 반응을 추적한 연구들은 외상경험 이후 첫 1년 안에 증상이 최고조에 달한다고 보고하였다(Becker, Weine, Vojvoda, & McGlashan, 1999; Blom, 1986; Nader et al., 1990; Pfefferbaum et al., 1999). 그러나 많은 수의 아동과 청소년은 몇 년 후까지도 여전히 증상을 보인다(Green et al., 1991, 1994; Terr, 1983; Tyano et al., 1996; Winje & Ulvik, 1998; Yule et al., 2000). PTSD 증상은 몇 달 후에 사라질 수도 있고, 또는 50년 이상 동안 지속될 수도 있

다(APA, 2013). Yule과 동료들(2000)은 그리스 해역에서 **주피터호**가 침몰하는 사고가 일어났던 당시에 아동과 청소년이었던 217명의 생존자들에 대한 종단연구에서 PTSD가 지속되는 기간을 살펴보았다. 연구자들은 재난 발생 5년 후에 아동과 청소년들을 집중적으로 면담하였으며, 이들의 경험을 87명의 학교또래로 이루어진 통제집단의 경험과 비교하였다. 추적 동안 PTSD를 발달시킨 111명 가운데 30.1%는 1년 미만, 16.4%는 1~2년, 12.6%는 2~3년, 14.4%는 3~5년, 그리고 26.1%는 5년 이상 장애가 지속된 것으로 확인되었다.

지연된 표출 PTSD

지연성 PTSD[DSM-5에서는 '지연된 표현'이라고 함]는 사건 이후 최소 6개월이 지난 후에 PTSD 진단을 받는 것을 말하며, 그 전에는 PTSD의 모든 진단기준을 만족하지 않는다. 지연되어 표현되는 PTSD는 지속적이며, 아동의 심신을 약하게 만들 수 있다(Nader, 2008; Yule et al., 2000). Yule, Udwin과 Bolton(2002)은 주피터호 침몰 연구에서 10%(11)가 6개월 이후까지 PTSD를 발달시키지 않았음을 발견했다. 시작 시점은 7~10개월 이후($n=2$), 12개월 이후($n=4$), 15개월 이후($n=1$), 또는 18개월 이후($n=4$; 각각 21, 39, 55, 60개월 이후에 시작됨)였다. 아동과 청소년들은 PTSD 발병 이전에도 증상을 보였으나, PTSD 증상이 진단적 역치에 미치지 못하거나 공황장애와 같은 다른 증상을 동반하였다. 지연된 발병을 보인 대부분의 아동과 청소년의 경우 PTSD 증상의 증가에 선행하는 명백한 촉발요인이 발견되지 않았다. 그러나 일부 아동과 청소년에서는 명백한 촉발요인이 발생하기도 했다(예 : 사촌의 사망, 터널을 통과하는 기차여행). 지연성 PTSD는 일시적이기보다는 지속적인 양상을 보인다(Yule et al., 2002).

군인대상 연구 역시 PTSD의 지연된 발병이 만성적일 수 있음을 보여준다. 또한 Fikretoglu와 Liu(2011)는 군종사자들의 경우 지연성 PTSD가 발달 초기의 아동기 외상, 반복된 외상경험, 노출의 유형과 관련이 있다고 밝혔다. 2001년 9월 11일 뉴욕에서 발생한 테러사건 이후 뉴

욕시에 거주하는 성인들의 지연된 PTSD는 개인의 성격 특질(예 : 낮은 자존감, 양손잡이/낮은 대뇌편측화), 문화(예 : 라틴계, 본토 태생이 아닌 경우), 또는 역경 노출(예 : 더 많은 부정적 생활사건, 더 높은 평생 외상성 경험)과 관련이 있었다(Boscarino & Adams, 2009). 사건 후 수개월에서 수년이 지난 후에 받은 PTSD 진단 이전에 아무런 증상을 보이지 않았던 보기 드문 사례도 있었지만, 지연성 PTSD 사례의 대부분은 일부 증상이 선행되었던 것으로 보고되었다(Andrews, Brewin, Philpott, & Stewart, 2007).

정상발달 및 맥락과 관련된 외상 및 기타 스트레스 반응

역경에 대한 아동의 증상과 반응을 다양한 발달단계에서의 정상발달 및 맥락(생물학적, 심리적, 사회적)과 관련지어 이해하는 것이 중요하다(Costello et al., 2006; Nader, 2011). 전문가들은 자기조절과 같은 기술을 갖고 있는 청소년기 또는 성인기의 유사한 경험에 비해 아동기의 외상/학대 경험이 중요한 진행성 역기능에 미치는 영향이 더 크다고 본다(Perry, 2006). 발달적 성과에 대한 외상의 방해가 왜 누적효과를 나타내는지에 대한 이유 중의 하나는 아동과 청소년이 기술과 지식(예 : 생물학적, 인지적, 사회적, 정서적), 그리고 이전의 발달단계에서 획득한 다른 자원들을 발전시키기 때문이다(Cicchetti, 2003a; Geiger & Crick, 2001; Nader, 2008; Price & Lento, 2001). 학업의 진전, 대인관계 기능, 양심, 그리고 자기조절의 발달은 외상에 의해 지장을 받을 수 있으며, 점진적으로 아동과 청소년 삶의 궤적을 악화시킬 수 있다. 예를 들어 아동의 기분과 인지기능에서의 외상후 변화는 학교에서 권위인물 및 또래들과의 어려움, 부정적인 학교경험, 낮은 성적 또는 학업중단, 그리고 이후의 낮은 직업적 지위를 초래할 수 있다(Caspi, 1998; Nader, 2008). 외상후의 성격 변화는 대인관계와 학교선택 및 기회를 변화시킬 수 있다. 예컨대 연속선상의 한쪽 끝에는 공손함, 협력 및 열정과 같은 친사회적 성격 특질을, 다른 쪽 끝에는 냉담성, 공격성과 같은 반사회적 특질

(De Young et al., 2010)을 갖고 있는 친화성 차원은 다른 사람의 정서와 의도, 정신상태(예 : 공감, 마음이론)에 대한 이해와 관련이 있다. 이러한 친화성은 외상에 의해 약화될 수 있다.

발달적 기술이 시간에 따라 진전을 보이는 속도와 방식은 매우 다양하며, 다른 변인들이 복잡하게 얽혀 이러한 진전에 영향을 미친다. 예를 들어 자기조절, 마음이론(신념, 욕구, 정서, 의도와 같은 다른 사람의 정신상태를 이해하는 능력, 그리고 정보를 사용해 행동을 예측하고 해석하는 것; Angold & Heim, 2007; Ferguson & Austin, 2010), 집행기능(Cole, Dennis, Smith-Simon, & Cohen, 2009)과 같은 관찰 가능한 발달적 변화는 3~4세 사이에 일어난다. 슬픔을 조절하는 전략의 경우에는 3~4세 아동이 동일하게 이해하는 것으로 보이나, 화를 조절하는 전략은 4세 아동이 3세보다 더 잘 습득한다는 증거가 있다(Cole et al., 2009). 7세 이하의 아동에서 죽음에 대한 이해는 제한되어 있다. 그러나 죽음에 대한 이해 변화와 고인의 중요성은 중요한 타인의 상실과 관련된 슬픔을 대처하는 데 영향을 미치며, 외상의 잠재적 영향에도 영향을 미친다(Nader & Salloum, 2011). 또한 외상성 경험과 상실 후에 퇴행과 기능 손상이 뒤따를 수 있다.

연령 집단 효과 및 발달의 결정적 시기

아동기 뇌발달에 있어서 결정적 시기 또는 특정 시기 동안의 극단적이고 반복적이며 비정상적인 스트레스는 주요 신경조절체계의 활동을 손상시키고, 중요하고 지속적인 신경행동적 결과를 초래할 수 있다(Anda et al., 2006; De Bellis & Thomas, 2003). 일반적으로 유쾌한 경험과 생각은 긍정적인 정서를 가져오며, 고통스러운 경험과 생각은 부정적인 정서를 촉발시킨다(Gould et al., 2012). 결정적 시기 동안의 스트레스는 이러한 관련성에 심각한 지장을 일으킬 수 있다. 변연계 및 변연계 주변 영역에서의 지속적인 스트레스 반응성은 정신과적 증상 및 관련된 인지적 역기능을 초래할 수 있다(Gould et al., 2012). 외상을 경험한 성인의 경우에는 노출 연령, 성격

특질, 현재의 스트레스 수준, 피해경험의 빈도 같은 변인들이 코르티솔 수준에 영향을 미친다(Nader & Weems, 2011). 연구는 편도체와 HPA 축 간의 상호작용이 정서적 학습을 위한 중요한 기간의 기저를 이루고 있으며, 이는 발달적 지지와 어머니의 돌봄에 의해 조절된다는 것을 보여주고 있다(Gillespie et al., 2009). 즉, 선행연구들은 코르티코스테론에 대한 노출이 공포학습에 영향을 미치는 결정적 시기가 존재하며, 이것은 어머니가 제공하는 돌봄의 질에 의해 조절될 수 있음을 시사한다(Gillespie et al., 2009). 발달 초기에 부모로부터 충분히 지지를 받는다면 편도체 의존적인 정서회로가 발달하게 되고, 위협적인 환경자극과 비위협적인 자극을 적절하게 변별할 수 있게 된다. 반면 아동기 학대가 생물학적 위험요인과 결합할 때는 편도체 발달이 변화되어 스트레스에 대한 반응으로 지속적인 준비상태에 놓이게 될 수 있다. 또한 스트레스 반응체계에서의 안정적인 개인차는 성숙과 함께 현저하게 드러난다(Del Giudice et al., 2011; Ellis & Boyce, 2008). 부정적인 환경에서 양육될 때 반응성이 높은 아동은 높은 이환율을 보이는 반면, 스트레스가 낮고 지지 수준이 높은 환경에서 양육될 때는 보통보다 낮은 이환율을 유지한다(Boyce & Ellis, 2005). 중요한 점은 스트레스 호르몬에 대한 노출이 발달단계에 따라 아동들에게 차별적으로 영향을 미친다는 것이다.

태아기 및 유아기 스트레스

태아기, 유아기, 아동기의 스트레스는 스트레스 반응성을 변화시킨다(Schneider, Moore, & Kraemer, 2003). 스트레스 반응성의 증가는 기분 및 불안장애에 대한 취약성과 관련이 있는 것으로 보고되었다(Nemeroff, 2004). 태아기의 코르티솔 노출은 ADHD, 심각한 정서장애, 불안, 사회적 위축, 조현병, 범죄 관련성과 연관이 있다. 이러한 효과는 청소년기가 될 때까지 드러나지 않을 수도 있다(Halligan, Herbert, Goodyer, & Murray, 2007; Lupien et al., 2009). 모유에 들어 있는 코르티솔에 대한 노출은 유아의 억제경향 성격에 영향을 미칠 수 있다(Glynn et al., 2007; Tyrka et al., 2008).

스트레스 면역

발달 초기의 스트레스는 서로 관련된 정서조절, 인지통제와 호기심을 증진시키며, 스트레스로 유발된 HPA 축 활성화를 감소시킨다(Lyons & Parker, 2007; Nader & Weems, 2011). 동물연구는 발달 초기 스트레스에 대한 대처가 전전두엽 수초화를 증가시키고, 각성조절과 적응유연성에 관련된 피질의 영역을 확장시킨다고 보고하였다(Katz et al., 2009). 발달 초기의 스트레스는 스트레스 요인이 신체적 및 정서적 대처과정을 활성화시킬 정도로 도전적이고 압도적이지 않을 경우에는(유아의 대처역량 범위에서), 스트레스 취약성보다 적응유연성을 초래할 가능성이 있다(Gunnar, Frenn, Wewerka, & Van Ryzin, 2009). 그렇지 않을 때는 발달 초기의 스트레스가 기분, 화, 불안, 외상 관련, 그리고 물질사용장애의 발달에 대한 위험을 증가시킬 수 있다. 스트레스 면역이론(stress inoculation theory)에 근거한 연구결과는 아동이 탁아시설에 갈 때 HPA 축이 활성화된다는 것을 보여주었다(Ahnert, Gunnar, Lamb, & Barthel, 2004). 그러나 두려움을 유지시키는 요인들(과보호적 양육; Gunnar, Frenn, et al., 2009; Rubin, 2002)의 부재는 주간 탁아에 대해 극심한 공포를 느끼는 아동들의 공포를 감소시킨다(Fox, Henderson, Rubin, Calkins, & Schmidt, 2001).

학령전기 아동의 스트레스

PTSD는 DSM-IV 알고리즘보다는 대안적 진단 알고리즘을 적용할 때 더 자주 발견되지만, PTSD는 동반이환장애를 가진 학령전기 아동집단에서도 입증되어 왔다(Scheeringa, 2011; Scheeringa et al., 2012). De Young과 동료들(2012)은 어린 아동집단에서 대부분의 아동들은 회복력을 갖고 있었으나 35%는 최소 한 가지 이상의 장애를 갖고 있었으며, 동반이환이 흔하고 고통이 6개월 이상 감소되지 않았다고 보고하였다. 장애들 간의 동반이환을 통제한 연구에서 특정공포증, PTSD, 선택적 무언증은 우울증과 관련이 있는 것으로 나타났다(Egger &

Angold, 2006). PTSD 외에도 많은 증상들이 외상성 노출로 인해 발생할 수 있다. 허리케인에 노출된 3~5세 아동들은 통제집단에 비해 PTSD 증상의 가능성이 더 컸을 뿐만 아니라 허리케인 발생 이후 18개월에는 PTSD와 발달지연 간에 유의한 관련성을 보이는 것으로 나타났다(Delamater & Applegate, 1999). 그러나 허리케인 이후 12개월에는 이러한 관련성이 유의하지 않았다. 연구들은 가정내 폭력에 노출된 학령전 아동들(Basu, Malone, Levendosky, & Dubay, 2009)에서 외현화 및 내재화 행동문제(Wolfe, Crooks, Vivien, McIntyre-Smith, & Jaffe, 2003), 낮은 사회적 유능감(Cummings, Pellegrini, Notarius, & Cummings, 1989), 그리고 외상성 증상(Levendosky, Huth Bocks, & Semel, 2002)을 보고하였다. 이미 논의했듯이 특정 요인들(예 : 도파민 다형성)은 어린 아동에서 PTSD의 가능성을 증가시키는 것으로 보인다.

학령기 아동의 스트레스

많은 연구자들이 6~12세 학령기 아동의 외상성 경험을 탐구해 왔다(Kamis, 2005; Nader et al., 1990; Pynoos et al., 1987). 그러나 앞에서 언급했듯이 이전의 PTSD 진단 알고리즘은 PTSD를 가진 아동들의 과소추정을 초래한 것으로 보인다(Scheeringa, Wright, Hunt, & Zeanah, 2006). 또한 외상후의 결과는 PTSD 진단 안에서 다양한 방식으로 나타난다. 가정내 폭력에 대한 반응의 경우에는 학령기 아동의 약 1/3이 회복력을 보이는 것으로 보고되었으나, 이러한 아동들도 내재화 및 외현화 행동문제의 증가를 보일 수 있다(Basu et al., 2009; Grych, Jouriles, Swank, McDonald, & Norwood, 2000).

아동기의 외상성 노출과 PTSD는 현재 및 평생 PTSD를 포함하여 다양한 아동기 및 성인기의 부정적 결과와 관련된다(Kulkarni, Graham-Bermann, Rauch, & Seng, 2011). 복수의 외상성 노출 과거력은 PTSD와 MDD와 같은 장애를 가진 성인 여성들에서 자주 발견된다(Dennis et al., 2009). 아동기에 성적 학대를 경험하고, 사람들 간의 폭력을 목격하거나, 또는 부모-자녀의 역할 전환을 경험한 여성, 그리고 해결되지 않은 애착문제를 갖고 있

는 여성은 성인기에 대인관계에서 중복피해 경험(예 : 다수의 학대적 관계에 빠지는 것)을 겪게 될 가능성이 크다(Alexander, 2009). 중복피해를 경험한 여성들의 77%는 다수의 아동기 외상을 경험했으며, 이들은 모두 아동기에 어떤 형태로든 외상을 경험한 것으로 나타났다. Allard(2009)는 일본 대학생의 경우 높은 수준의 배신 외상(가까운 사람에 의한 신체적 학대, 방임, 성적 학대) 경험이 심리적 고통(PTSD, 우울증상, 그러나 불안은 포함되지 않음)을 예측하였으며, 이들의 심리적 고통은 중간 수준의 배신 외상(가깝지 않은 사람에 의한 외상) 또는 다른 유형의 외상으로 예측되는 고통보다 훨씬 크다고 보고했다. 폭식증과 아동기 외상 간의 관계를 지지하는 많은 증거가 있다(Wonderlich et al., 2007). Dennis와 동료들(2009)은 성인기 신체적 폭행 노출은 보다 심각한 PTSD 및 우울증상과 유의한 관련성을 보인 반면, 아동기 폭행 노출은 적대감 증가와 가장 관련이 있음을 발견했다. 사고 외상은 우울증상과 관련이 있었다. PTSD와 MDD 집단은 더 많은 건강문제를 보고했다. 폭력과 학대가 다른 유형의 외상보다 더 부정적인 결과를 가져온다는 이전의 연구결과(Gill, Page, Sharps, & Campbell, 2008)와는 달리, Kulkarni와 동료들(2011)은 누적된 평생 비폭력적 외상이 평생 및 현재의 PTSD 모두에 대해 가장 강한 예측요인이라고 보고했다.

청소년기의 스트레스

생물학적으로 유도된 발달적 차이는 감각추구 및 새로운 자극에 대한 욕구 증가로 특징되는 사춘기의 시작과 함께 표출된다(Steinberg et al., 2006). PFC의 조절기능을 통해 행동을 모니터하고 스스로 조절하는 능력은 청소년기에 걸쳐 지속적으로 발달하며, 전형적으로 성인 초기가 되어서야 완전히 성숙한 수준에 도달한다(Steinberg et al., 2006). 즉, 청소년들은 생물학적으로 더 많은 감각을 추구하는 경향이 있으며, 성인기가 될 때까지는 충동을 통제하는 역량이 충분히 발달하지 않는다(Habib & Labruna, 2011; Steinberg, 2007; Stevens et al., 2007). 청소년기의 주요 발달과제(예 : 독립과 개별화)와 청소년의

불멸의식(위험 감수 증가와 관련이 있음; Alberts, Elkind, & Ginsberg, 2007)은 운전, 이성교제, 물질사용과 같은 성인행동의 시작과 더불어 잠재적으로 위험한 상황에 대한 노출 증가를 가져올 수 있다(Habib & Labruna, 2011). 정체성 및 자기지각과의 발달적 투쟁은 외상성 경험(예 : 성추행)에 따르는 수치심과 비밀에 의해 악화될 수 있다(Habib & Labruna, 2011). 청소년의 경우에는 신뢰와 관련된 중요한 관계문제가 가장 빈번히 일어나며, 삶의 목적과 의미를 찾으려는 노력에 의해 증폭될 수 있다.

자기조절은 외상후의 잠재적 결과라 할 수 있는 행동문제에 대해 보호요인으로 작용하는 것으로 보인다(Cruise et al., 2008). 높은 자기조절 수준을 가진 청소년은 일탈된 또래들로부터 영향을 덜 받는 것으로 보고되었다(Dishion & Patterson, 2006). 높은 수준의 심리사회적 성숙(절제, 조망, 책임)도 반사회적 의사결정과 부적 관련성을 갖는다(Cauffman & Steinberg, 2000; Cruise et al., 2008). 정서적 혼란을 억제하는 것은 정서조절의 한 측면이다. Wang과 동료들(2008)은 건강한 청소년은 성인과 달리 주의집중 표적과 정신을 산만하게 하는 것에 대한 반응에서 양방 좌측 후면의 중측 전두회(pMFG)가 활성화되는 것을 발견했다. 이는 pMFG가 청소년의 정서적 분산 동안 억제적 역할을 한다는 것을 시사한다. De Bellis와 Hooper(2012)는 우울장애가 있는 학대 청소년은 pMFG에서 정서적 분산을 억제하는 과정의 장애를 보인다고 보고했다.

자살은 미국 청소년에서 세 번째로 높은 사망의 원인이다(U.S. National Library of Medicine & National Institutes of Health, 2004). 성인기 자살 위험에 대한 많은 연구들은 외상에 노출되고 PTSD로 진단받은 사람들에서 자살행동의 수준 증가를 입증해 왔다(Krysinska & Lester, 2010). Chemtob, Madan, Berger와 Abramovitz(2011)는 청소년의 경우, 9/11 테러 공격 1년 후 가족이 상해를 입은 것과 완전한 또는 부분적 PTSD를 가진 것이 자살생각(지난 4주간 그리고 지난 1년간 경험한)의 위험과 관련이 있다고 밝혔다. 죽음을 당한 사람을 알고 있는 것은 부분적 또는 완전한 PTSD에 대한 위험을 증가시켰으나 자살생각의 위험을 증가시키지는 않았다. 죽지는 않았으나 상해를 입은 가족이 있는 것은 자살생각의 위험을 증가시켰으나 부분적 또는 완전한 PTSD에 대한 위험을 증가시키지는 않았다.

외상노출의 다른 결과

다른 외상후 장애들이 PTSD에 선행하거나 뒤따를 수 있으며 또는 PTSD와 함께 존재할 수 있다. 즉, 이전의 정신과 병력은 PTSD 발달에 있어서 취약성 요인으로 작용할 수 있으며, 외상에 노출된 아동과 청소년은 PTSD 없이도 또는 PTSD에 더하여 다양한 반응을 보일 수 있다(Ford, 2011; Morgan & Fisher, 2007). 또한 외상과 PTSD 증상들은 자아개념 발달, 학업수행 기술, 대인관계, 생산성 등을 포함해 아동의 행동적·정서적 발달에 영향을 미칠 수 있다(Carrion et al., 2002; Nader, 2008). 이번 장을 통해 강조되고 있듯이 DSM-5 이전의 DSM 진단기준은 성인을 위해 개발되었기 때문에 초기의 진단기준은 아동을 과소진단했다(Scheeringa, 2011). 아동기의 과소진단 문제를 완전히 교정하기 위해서는 더 많은 변화가 필요하다. 또한 진단기준에 미치지 못하는 외상성 증상들이 역기능의 출현에 관여하기도 한다.

동반이환

PTSD는 유의한 동반이환과 관련이 있다(De Bellis, 2001; Koenen et al., 2008; Nader, 2008). 동반이환은 PTSD의 경과와 심각성에 큰 영향을 미칠 뿐만 아니라(Kimerling, Prins, Westrup, & Lee, 2004; Nader, in press), 외상후의 치료효과에도 영향을 미친다(Ford et al., 2005; van der Kolk et al., 2005). 동반이환은 더 나쁜 예후, 더 많은 증상, 그리고 더 낮은 사회적 유능감과 관련된다(Cerda, Tracy, Sanchez, & Galea, 2011; Schuckit, 2006). 또한 동반이환은 외상의 보다 복합적인 형태를 시사할 수도 있다(Ford et al., 2005).

PTSD와 비교하여 다른 장애가 발생하는 시점은 연구 중에 있다. 어떤 연구는 일부 장애가 PTSD에 선행한다고 주장한다. Koenen과 동료들(2008)은 생애 첫 30년에 걸친 평가에서 26세에 지난해에 PTSD를 겪었던 모든 사람들과 평생 PTSD를 겪은 적이 있는 사람들의 93.5%가 11~21세에 정신건강장애를 경험했다고 보고했다. 대부분의 이전 장애(60~6%)는 15세 이전에 발생한 것으로 확인되었다. 26~32세에 일어난 새로운 PTSD 사례들 중 96%는 이전에 정신장애를 겪었으며, 이들 중 77%는 15세 이전에 장애가 시작되었다고 보고하였다. 아동기에 시작된 출생 코호트 연구에서 다양한 정신장애를 평가한 결과, 종단적 역학연구 지역사회표본에서 PTSD는 15세 이전에는 드문 것으로 나타났다. 반면 품행장애와 같은 다른 정신장애들은 흔한 것으로 확인되었다(Costello, Mustillo, Erkanli, Keeler, & Angold, 2003; Koenen et al., 2008). 이러한 결과가 외상후 진단기준이 아동에 맞게 적절하게 수정되지 못한 것과 관련이 있는지는 알려져 있지 않다. 외상성 사건이 평가될 때 PTSD 비율은 더 높았다. PTSD는 특정 외상에 대해 평가를 받았던 아주 어린 아동, 학령기 아동, 청소년 집단 모두에서 확인되어 왔다.

동반이환의 위험

신경증(Eysenck, 1967)과 같은 성격 특질, 부모의 정신과 병력(특히 어머니의 병력; Milne et al., 2009), 그리고 아동기 외상은 단일장애보다는 동반이환과 더 강한 관련성이 있다(de Graaf, Bijl, ten Have, Beekman, & Vollebergh, 2004; Kessler, Davis, & Kendler, 1997). 기능손상 또한 단일장애보다 동반이환과 더 강하게 관련된다(de Graaf et al., 2004). 부모의 과거력, 양육의 질(예 : 온정/지지), 또래의 영향(예 : 또래 일탈), 스트레스 사건(예 : 부모의 상실, 외상성 사건)과 같은 요인들이 동반이환과 관련이 있는 것으로 보고되었으나(Cerda, Sagdeo, Johnson, & Galea, 2010), 특정의 부정적 사건은 한 유형의 장애하고만 관련되지 않는다(Kessler, 2000; Kessler et al., 1997). 유전에 관한 논의에서 언급되었듯이 외상노출은 다양한 장애의 가능성을 증가시킬 수 있다.

PTSD의 흔한 동반이환

PTSD는 흔히 불안장애, 우울장애, 물질사용장애, 품행장애와 함께 발생한다(APA, 2013; Koenen et al., 2008). PTSD를 가진 성인들은 MDD, 물질의존, 역할기능의 손상/생활기회의 감소(예 : 실업, 결혼생활의 불안정성), 그리고 건강문제(Breslau, Davis, Peterson, & Schultz, 2000; Kessler, 2000; Koenen, 2007)를 겪을 위험이 높다는 증거가 있다. 또한 흔하게 동반되는 다른 장애 또는 외상성 노출의 장기적 결과로 반사회적 행동, 성격장애, 정신증 장애, 양극성 및 관련장애, ADHD 등이 있다(APA, 2013; Breslau et al., 2000; Gold, 2004). 아동의 PTSD와 관련된 장애(Nader, 2008)로는 ADHD, CD, ODD, 우울장애, 공포증(예 : 사회적 또는 특정), 불안장애(예 : 분리, 공황) 등이 있다(Carrion et al., 2002; Cicchetti, 2003b; Gilbert et al., 2009; Greenwald, 2002; Udwin, Boyle, Yule, Bolton, & O'yan, 2000; Weinstein, Staffelbach, & Biaggio, 2000). 연구들은 PTSD를 가진 아동과 청소년에서 건강문제(예 : 신체화 호소)와 정서문제의 증가를 보고하였다(Abdeen et al., 2008; Nader, 2008). 인과관계의 방향과 성격은 관련성에 비해 잘 이해되고 있지 않다. 앞으로의 연구는 결과와의 관계에서 다양한 변인들(예 : 동반이환의 정도, 유전)의 기여를 살펴볼 필요가 있다.

아동과 청소년의 다른 외상 관련장애

여기에서는 아동기 외상과 관련된 심각한 정신장애들에 대해 논의하고자 한다.

감정표현불능증

정서적 감정의 파악과 명명의 어려움, 외부 지향적 사고의 경향성을 의미하는 감정표현불능증(alexithymia)은 만성적 외상성 경험을 한 사람들의 PTSD와 밀접한 관련이 있는 것으로 보고되었다(Frewen, Dozois, Neufeld, & Lanius, 2008, 2012). 감정표현불능증은 신체적 폭력, 강간, 아동학대/방임과 관련이 있다. 감정표현불능증의 요소들 가운데 정서파악의 어려움은 정신병리와 강한 관련성을 갖는다. 정서묘사의 어려움은 수치심, 부정적 평가에 대한 두려움, 인지적 곤란, 문화적 성별 규준 등과 같은 다양한 이면의 문제를 반영할 수 있다(Frewen et al., 2012; Suslow, Donges, Kersling, & Arolt, 2000; Wong, Pituch, & Rochlen, 2006). Litz와 동료들은 PTSD의 정서적 무감각 증상을 정서적 경험의 범위(DSM-5 PTSD, 진단기준 D4, D7)에서 나타나는 결함으로 보는 대신 감정표현불능 증상과 경험적으로 중복되는 무감각 증상이 부정적 정서의 확대로 인해 폭넓은 범위의 정서적 및 표현적 잠재력을 방해할 수 있다는 이론을 제시하였다(Frewen et al., 2012; Litz & Gray, 2002). PTSD와 관련된 감정표현불능증의 특징에는 정보처리의 결함, 부정적인 정서를 전달하는 것보다 긍정적인 감정을 단어로 표현하는 어려움(Frewen et al., 2012, p. 157), 정서어휘 및 표현기술의 결함(Frewen, Lane, et al., 2008), 그리고 아동기 PTSD를 가진 여성들의 정서적 표현 잠재능력을 방해하는 확인가능한 부적응적 신념들과 이차적인 부정적 정서반응(예 : 불안) 등이 반영되어 있다.

양극성 장애

양극성 장애(bipolar disorder, BD)는 유전에 강한 기반을 두고 있다. 그러나 BD는 또한 발달 초기의 심리적 외상과 관련이 있는 것으로 보고되어 왔다(Savitz, van der Merwe, Newman, et al., 2007). BD의 경우 아동기 외상노출의 비율은 45~68%(15~21%는 성적 외상, 21~28%는 신체적 외상에 노출됨)에 달한다(Conus, Cotton, Schimmelmann, McGorry, & Lambert, 2010; Lysaker, Beattie, Strasburger, & Davis, 2005). BD를 가진 북아일랜드 성인 표본에서 Shannon과 동료들(2011)은 외상의 평생유병률이 62%이며, 중등도 내지 고도 아동기 외상의 비율은 65%, 국내의 정세와 관련된 외상 비율은 35%라고 보고하였다. Alvarez와 동료들(2011)은 BD와 조현병, 또는 분열정동장애를 가진 환자표본의 거의 절반이 어떤 종류로든 아동학대를 경험한 적이 있었다고 보고하였다. 성적 학대 피해자는 자살을 시도할 가능성이 2배 이상 높다. BD와 반복적 단극성 우울증을 가진 집단은 이러한 문제를 갖고 있지 않은 친척들에 비해 자기보고

에 의한 학대와 해리의 수준이 더 높은 것으로 나타났다(Savitz, van der Merwe, Newman, et al., 2007).

아동기 행동장애

Morcillo와 동료들(2011)은 CD 증상의 수와 정신과 장애의 위험 사이에서 용량-반응 관계를 발견했다. 품행장애는 아동기 외상과 관련이 있는 장애 중의 하나이다. 갱집단에 가입하는 아동과 청소년은 가입한 후보다는 이전에 유의하게 더 많은 폭력 피해경험을 한다(Gibson, Miller, Jennings, Swat, & Gover, 2009). 감옥에 수감된 청소년들에서 외상성 노출은 흔하며(Abram et al., 2004; Greenwald, 2002), PTSD의 유병률도 높다(Brosky & Lally, 2004; Greenwald, 2002). 감옥에 수감된 여자 청소년의 경우 발달 초기의 외상성 사건 노출(예 : 학대)은 비행, 기분장애, 자기상해와 같은 일련의 부정적 결과와 관련이 있는 것으로 보고되었다(McReynolds & Wasserman, 2011). 또한 이전의 우울증과 CD 간의 관계도 보고되어 왔다(Cerda et al., 2011). 청소년기의 우울증은 친사회적 또래들과의 관계를 방해하고 대인관계 갈등에 기여하며, 그것이 CD가 성인 초기까지 지속되도록 강화하는 것으로 보인다(Ingoldsby, Kohl, McMahon, & Lengua, 2006). ADHD는 PTSD에 선행하거나 동반이환장애로 발생할 수 있으며(Adler et al., 2004), 또한 PTSD의 위험요인으로 작용할 수도 있다. Adler와 동료들(2004)은 퇴역군인 표본에서 PTSD를 가진 사람들의 36%가 아동기 ADHD를 보였으며, 5%는 현재의 ADHD 진단기준을 충족시킨다고 보고하였다.

우울

외상후 우울장애는 PTSD 또는 역치하 PTSD를 가진 아동들에서 발견되어 왔다(Carrion et al., 2002). PTSD의 초기단계에서 공존하는 우울증은 더 부정적인 치료성과를 예측하는 것으로 보고되었다(Nixon & Nearmy, 2011). 아동기 역경의 과거력을 가진 우울증 환자들은 실험실 스트레스 검사와 신경내분비계 부하 검사에 대한 반응에서 ACTH와 코르티솔 분비수준이 높은 것으로 확인되었

다(Gillespie et al., 2009; Heim, Mletzko, Purselle, Musselman, & Nemeroff, 2008). 뇌척수액 CRH의 농도 상승은 우울증 환자들과 전투 관련 PTSD 환자들에서 반복적으로 보고되어 왔다(Gillespie et al., 2009). 자살 후의 부검연구는 전두엽피질에서 CRH 증가, CRH 수용기의 밀도 감소와 아울러 상승된 CSF CRH를 발견하였다. 우울증 환자에 대한 지속적인 결과는 PVN의 CRH와 AVP의 상승이다(Gillespie et al., 2009). 우울증과 스트레스 생활사건 간의 관계는 유전적 취약성에 따라 조절되는 것으로 보인다(Gatt et al., 2009). 예를 들어 BDNF(특히 BDNF Met 대립유전자 다형성)는 학대를 받은 아동에서 우울증의 위험 증가와 관련이 있다. Gatt와 동료들(2009)은 발달 초기의 생활 스트레스와 결합된 BDNF Val66Met 다형성이 우울증 비율 증가, 그리고 해마와 전전두엽 회백질의 용적 감소를 초래한다는 것을 발견했다. 이러한 결과는 다시 작업기억 저하와 관련이 있었다(Savitz, van der Merwe, Newman, et al., 2007; Savitz, van der Merwe, Stein, et al., 2007). 연구자들은 우울한 청소년들에서 정서처리 증가(편도체와 슬하대상 활동의 증가로 확인됨)를 발견해 왔다(De Bellis & Hooper, 2012; Yang et al., 2010).

정신증

정신증은 다양한 경로를 통해 발생할 수 있지만(Zelst, 2008), 최근의 그리고 평생 한 번 이상 경험한 부정적 생활사건이 고위험집단에서의 정신증 증상과 관련이 있는 것으로 보고되었다(van Winkel et al., 2008). 아동기의 유사정신증적 증상 또는 표현은 성인기 발병 정신증의 가능성을 증가시킨다(Laurens, Hodgins, West, & Murray, 2007; van Os, Hanssen, Bijl, & Vollebergh, 2001). Polanczyk와 동료들(2010)은 12세 아동의 극소수(약 6%)에서 자기보고에 의한 환각과 망상이 성인 조현병의 많은 위험요인 및 관련요인들(예 : 유전적, 사회적, 신경발달, 양육, 행동적 위험)과 동일하다는 것을 발견했다. 아동의 정신증적 증상은 가족들 간에 유전될 수 있으며 다양한 요인들과 관련이 있다(Collip, Myin-Germeys, &

van Os, 2008; Polanczyk et al., 2010). 외상이 정신증을 가진 하위집단에서 중요한 역할을 하지만, 외상을 경험한 적이 없는 사람도 많은 것으로 나타났다(Zelst, 2008). 그럼에도 불구하고 정신증적 장애를 가진 성인들은 높은 비율로 아동기 외상을 경험하는 것으로 보고되었다(Conus et al., 2010).

선행연구들은 정신증을 가진 사람들에서 종종 아동기에 발생하는 과도한 피해경험을 보고하고 있다(Janssen et al., 2004; Morgan & Fisher, 2007; Zelst, 2008). Schreier와 동료들(2009)은 정보 제공자가 아동, 부모, 교사든 관계없이 이전의 정신병리나 가정의 역경, IQ와는 독립적으로 괴롭힘 피해가 청소년 초기 정신증 증상의 위험을 2배 증가시켰다고 보고했다. 피해경험이 만성적이거나 심각할 경우 관련성은 더욱 강했다(예 : 관계적, 외현적 괴롭힘 모두). 미국의 전국동반이환조사연구의 자료에서 Shevlin, Dorahy와 Adamson(2007)은 우울증을 통제했을 때 신체적 학대가 정신증을 유의하게 예측한 유일한 변인임을 발견했다(다른 변인들로는 강간, 신체적 공격/폭행, 성희롱이 포함되었음). 그러나 연구결과는 외상의 다른 유형들과의 관련성을 배제하였다.

Conus와 동료들(2010)은 성적 또는 신체적 학대를 경험한 환자들로 제한하여 분석했을 때 외상노출의 수준이 다른 연구들에서 발견된 수준과 가까웠다고 보고했다. 비율은 장기적 정신증으로 고통받고 있는 사람들에게서 더 높았다. 학대경험이 있는 환자들은 정신증 발병 이전에 다른 정신과 장애(PTSD, 물질남용)의 병력을 갖고 있는 경우가 더 많았으며, 과거의 자살 시도도 더 많았고, 병전 기능수준도 더 낮았으며, 동반이환 진단 비율도 더 높았다. 이들은 또한 치료 중에 자살을 시도할 가능성이 더 높았다. 정신증 전체, 특히 조현병 스펙트럼장애의 비율은 통제집단에 비해 삽입을 동반한 아동기 성적 학대의 과거력이 있는 사람들에서 더 높았다(Cutajar et al., 2010). Cutajar와 동료들(2010)은 삽입이 12세 이후에 발생하고 가해자가 한 명 이상일 때 위험이 가장 높았다고 보고했다. 청소년 초기에 한 명 이상의 가해자에 의해 성적 학대를 받은 아동은 일반 모집단보다 위험이 15배나 더 컸다. 중요한 것은 외상 유형의 수가 정신증 위험과 관련이 있다는 점이다. 상대적 위험의 추정치인 승산비(odds ratios)는 강간을 당한 남성의 경우 정신증의 위험이 높다는 것을 보여준다(Shevlin et al., 2007).

조현병 환자집단에서 PTSD의 유병률이 약 29%로 보고되고 있다(Buckley, Miller, Lehrer, & Castle, 2009). PTSD는 더 심각한 정신병리, 더 많은 자살 사고 및 행동, 그리고 신체적 건강문제의 증가와 관련이 있다. 연구들은 조현병 스펙트럼장애를 가진 사람들에서 아동기 성적 외상 유병률이 여성의 경우 30~60%, 남성의 경우 25~30%임을 시사하고 있다.

스트레스 민감성

아동기 외상이나 스트레스 생활사건과 같은 심각한 스트레스에 대한 노출은 일상적 스트레스 및 다른 스트레스에 대한 민감성을 증가시킬 수 있다(Collip et al., 2008). van Winkel과 동료들(2008)은 스트레스와 정신증 간의 관계가 스트레스에 대한 정서적 및 정신증적 반응으로 특징되는 이면의 취약성을 반영할 수 있다고 주장한다. 정신증을 갖게 될 성향이 평균 이상인 사람들은 작은 스트레스 요인에도 과잉반응을 보인다는 증거가 있다(Myin-Germeys & van Os, 2007; Myin-Germeys, Van Os, Schwartz, Stone, & Delespaul, 2001; van Winkel et al., 2008). Myin-Germeys, Marcelis, Krabbendam, Delespaul과 van Os(2005)는 정신증 환자의 가족들에서 도파민성 과잉반응이 일상생활 스트레스에 대한 높은 정신증적 반응과 관련이 있음을 발견했다. 환경적 노출은 (후생)유전학적 요인들과의 상호작용을 통해 인지적 편향의 공통된 경로 및 도파민 변화(대체로 '민감화'로 표현되며, 이러한 변화는 정신증 증상의 발생과 지속을 촉진할 수 있음)로 거슬러 올라갈 수 있는 심리적 또는 생리적 변화를 유발할 수 있다(Collip et al., 2008). 스트레스 반응성은 또한 조현병의 유전적 위험과 인지적 손상과는 관련이 없거나 또는 반비례하는 것으로 밝혀졌다. 이러한 결과는 정신증으로 가는 독립적인 스트레스 관련 및 비스트레스 관련 경로가 존재함을 시사한다. 코르티코스테로이드 투여와 증가된 코르티솔과 관련된 질병(쿠싱증후군)은 둘 다 정신증 증상을 유발하는 것으로 보고되었다.

위험요인과 보호요인

어떠한 환경적, 유전적, 또는 개인적 요인도 한 가지로는 PTSD 증상의 원인이 될 수 없다. PTSD 및 다른 외상 관련장애의 유병률은 외상성 사건 자체의 특징(성격, 원인, 심각성, 기간), 아동과 청소년의 특징(사건에 대한 인지적, 정서적, 심리생물학적, 행동적 반응, 생물학적 취약성, 발달단계, 성별, 대처기술), 사회적 환경의 특징(가족의 지지 및 응집성, SES, 지역사회의 지지)과 관련이 있다(Fletcher, 2003; Nader, 2008). PTSD의 위험요인에 대한 메타분석 연구에서 아동 또는 가족의 정신과 병력과 아동기 학대가 균등하게 외상노출 후에 PTSD를 발달시킬 가능성을 증가시키는 것으로 나타났다(Brewin, Andrews, & Valentine, 2000). 그러나 어떤 위험요인들(성별, 외상 시의 연령, 학력, 이전의 외상, 아동기 역경)은 특정 집단에서만 유의하였으며 PTSD를 가진 모든 환자에게 일반화될 수 없는 것으로 보고되었다(Adler et al., 2004).

사건 관련 위험 및 적응유연성 요인

노출(예 : 직접적 노출, 목격, 지각된 위협, 다른 사람에 대한 극심한 우려)은 일관되게 외상후 증상을 예측하는 견고한 요인으로 보고되어 왔다(Abdeen et al., 2008; Breslau, 2009; Finkelhor et al., 2007a; Murthy, 2007; Nader, 2008). 극심한 주관적 경험 또는 외상주변 정서(예 : 공포, 공황)도 외상반응의 중요한 예측요인임을 보여주는 많은 증거가 있다(Ahern, Galea, Resnick, & Vlahov, 2004; Andrews, Brewin, Rose, & Kirk, 2000; Laufer & Solomon, 2009; Nader, 2010; Pfefferbaum, Stuber, Galea, & Fairbrother, 2006). 연령은 특정 사건에 대한 노출 가능성에 영향을 미칠 수 있다. 예를 들어 유아들과 아주 어린 아동들은 화상의 위험이 가장 높다(De Young, Kenardy, Cobham, & Kimble, 2012).

PTSD는 외상성 사건에 처음으로 노출되지 않는 한 진단될 수 없다. DSM-IV 또는 DSM-5 기준에 따라 외상으로 판단되는 사건들은 매우 상이할 수 있다. 외상성 사건의 예로는 교통사고, 자연재해, 화제, 개한테 물림, 심각한 질병, 전쟁, 가정내 폭력, 학교 총기사건, 테러리스트의 공격, 괴롭힘, 신체적 학대, 성적 학대 등이 있다. 이러한 사건들 간의 차이는 아동 개인별 외상후 반응의 경과에 영향을 미친다. 정서적 학대 또는 방임과 같은 일부 사건들은 DSM의 PTSD 진단기준 A의 사건으로 명확하게 정의되지 않았다. 그러나 이러한 사건들은 해롭고 외상적인 영향과 관련이 있는 것으로 밝혀져 왔다. 아래에서 우리는 노출변인, 즉각적 및 지속적 재앙후 개입, 과거 외상성 경험의 횟수 등과 같이 외상후 결과에 영향을 미치는 몇 가지 사건 관련변인들에 대해 논의할 것이다.

물리적 및 주관적 근접성

노출의 정도와 성격은 유병률과 증상반응에 영향을 미치는 요인이다. 근접성은 높은 수준의 외상후 스트레스와 관련이 있는 것으로 밝혀졌다. 다양한 결합된 혹은 개별적인 직접적·주관적 근접성 변인들(자신 또는 다른 사람에게 가해지는 신체적 상해의 위협에 대한 근접성, 다른 사람들에 대한 걱정, 상실)은 증상의 증가와 관련이 있는 것으로 보고되었다. 예를 들어 저격수의 공격이 학교 운동장에서 일어나는 동안 그곳에 있었던 아동들은 학교 내부에 있었던 아동들보다 더 높은 PTSD 발생률을 나타냈다. 그리고 운동장에 있었든 그렇지 않든 간에 학교에 있었던 아동들은 같은 날 학교에 있지 않았던 아동들보다 더 높은 발생률을 보였다(Nader et al., 1990; Pynoos et al., 1987). 1995년 오클라호마시에서 일어난 폭발에 노출된 아동과 청소년들은 폭발에 최소한으로만 노출된 아동들보다 더 많은 PTSD 증상을 보고했다(Pfefferbaum et al., 1999).

사건의 유형과 노출의 성격은 함께 결합하여 결과에 영향을 미칠 수 있다. 소수만이 직접적으로 노출되고 수천 명의 대학생들과 성인들이 간접적으로 노출되었던 2007년 버지니아 공과대학 총격사건 후에 PTSD 증상은 노출수준과 관련이 있는 것으로 확인되었다(Hughes et al., 2011). 특히 친구들의 안전을 확인할 수 없는 무능력(30.7%), 최소 한 명 이상의 친구/지인의 사망(20.3%), 그리고 가까운 친구의 사망(10.1%) 등의 순으로 PTSD 증상과 관련이 있었다. 증상수준은 연령, 성별, 또는 인종/민족과 관련이 없는 것으로 나타났다. 가장 고위험군 범주에 속한 학생들(전체의 5%)에게 PTSD가 일어날 가능성은 45%를 넘었다(다음으로 위험이 높은 범주의 유병률은 31.7%, 그다음 범주의 유병률은 23.2%였음). Ma와 동료들(2011)은 지진 발생 6개월 이후 진원지 주변지역에 살고 있는 청소년(N=3,208)에서 전체 집단의 PTSD 유병률이 2.5%였다고 보고했다. 위험요인에는 여성, 묻히거나/상해를 입은 것, 부모가 심하게 상해를 입은 것, 한 명 이상의 친구가 사망한 것, 집이 파괴된 것, 지진이 일어나는 동안 다른 사람이 묻히거나 다치거나 죽는 것을 목격하는 것 등이 포함되었다.

외상의 유형

경험된 외상의 유형(Nader, 2008; Briere et al., 2001), 외상의 기간 및 정도(Briere et al., 2001; Clinton & Jenkins-Monroe, 1994), 그리고 외상 발생 시의 연령(Herman, 1992)은 PTSD 관련 반응에 영향을 미치는 것으로 보고되었다. 예를 들어 연구들은 초기의 또는 장기적 외상(학대)이 더 많은 문제와 관련이 있음을 보여주고 있다(Bolger & Patterson, 2003). 임상적 관찰은 두 가지 주요 외상 유형에 대해 제안하였다. 첫 번째 유형은 단지 한 번만 발생하는 급성의 비학대적 스트레스 요인(홍수, 화재, 교통사고 등과 같은 재난)이고, 두 번째 유형은 지속적이며 다양한 스트레스 요인(전쟁, 만성질환, 반복적인 수술), 그리고 단일 발생이건 반복 발생이건 관계없는 신체적 또는 성적 학대 사건이다(Terr, 1991). 두 번째 유형의 외상은 복합적 외상반응과 관련되는 것으로 보고되었다(Fletcher, 2003). 그러나 첫 번째 유형의 상당수도 복합적 반응과 관련이 있다는 증거가 있으며(van der Kolk et al., 2005), 성적 학대를 포함해 한 가지 유형 이상의 외상에 노출된 아동과 청소년의 경우에는 중복피해가 불안, 우울, 공격증상 변량의 많은 부분을 설명하는 것으로 나타났다(Finkelhor, Ormrod, & Turner, 2007a, 2007b, 2009).

선행연구는 스트레스 요인의 특정 차원들과 사건에 대한 스트레스 지각의 증가와 관련이 있음을 시사하고 있다. 아동이나 부모가 통제 불가능한 것으로 지각하는 사건은 사건이 발생한 후에 더 심한 스트레스 반응을 초래하는 것으로 보인다(Weigel, Wertlieb, & Feldstein, 1989). 뚜렷하고 확인 가능한 재난에 노출된 아동들을 대상으로 한 96개 연구에 대한 메타분석은 재앙이 아동과 청소년의 PTSD 증상에 유의한 영향(작은 크기에서 중간 크기의 효과)을 미쳤다고 보고하였다(Furr, Comer, Edmunds, & Kendall, 2010). 외상성 사건의 영향이 개인적일수록 아동의 반응도 더 부정적인 경향이 있었다. 허리케인 휴고로 자신의 집에 더 많은 손상에 노출된 아동들은 이후에 PTSD 증상을 보일 가능성이 더 높았다(Shannon et al., 1994). 위기 동안 가정으로부터의 분리는 엄청난 결과를 가져올 수 있으며(Freud & Burlingham, 1943; Yule & Williams, 1990), 부모나 형제의 죽음이나 상해도 파괴적인 결과를 가져올 수 있다(Pfefferbaum, et al., 1999). 피해자에 대한 사회적 낙인 역시 외상성 사건에 대한 반응을 악화시킬 수 있다(Ayalon, 1982; Frederick, 1986; Nir, 1985). 예컨대 암이 발생한 아동들은 질병에 대한 낙인과 치료의 부작용(예 : 탈모, 장기적 결석)으로 인해 다른 외상성 사건에 노출된 아동들보다 소외감과 사회적 고립을 겪기 쉽다(Nir, 1985). 전쟁으로 짓밟힌 국가의 아동들은 그들이 살고 있는 사회적 환경에서 폭력에 대한 제재가 더 크며 다른 사람들에 대한 공포가 더 크기 때문에 사회적 발달이 억제되기 쉽다(Thabet, Ibraheem, Shivram, Winter, & Vostanis, 2009). 폭력노출은 CD와 물질남용의 발생 가능성 증가와 관련이 있다(Cerda et al., 2011). 경험된 사건의 차이도 강조되어 왔으나, 중복 외상의 영향에 대한 발견은 중복피해 또는 누적외상을 통제하면서 그 차이를 재평가할 필요가 있음을 시사한다.

누적외상 또는 중복피해

평가 시에 한 유형 이상의 외상성 사건을 포함시키면 많은 생존자들이 다양한 범주의 외상을 보고한다(Finkelhor et al., 2007a, 2007b; Green et al., 2010; Kessler, 2000; Martin, Cromer, DePrince, & Freyd, 2013). 누적외상 또는 중복피해는 한 유형의 피해(폭행)를 겪은 사람이 추가적으로 다양한 형태의 피해(폭행, 절도, 괴롭힘, 또는 외상 목격)를 다수 경험하는 것을 말하며, 아동학대, 가정내 폭력, 집단학살, 전쟁과 같은 외상의 생존자들에게서 자주 보고된다(Cloitre et al., 2009; Finkelhor et al., 2007a). Copeland와 동료들(2007)은 지역사회 아동과 청소년 표본(N=1,420)에서 37%의 아동과 청소년이 한 가지 이상의 사건에 노출된 것으로 보고하였다. 1년 동안 네 가지 이상 다양한 종류의 피해를 경험한 2~7세 아동들은 미국 전국표본(N=2,030)의 22%를 차지하였다(Finkelhor et al., 2007a, 2007b).

재피해

재피해(revictimization)는 외상후에 흔히 있는 일이다(Finkelhor et al., 2007b; Nader, 출판 중). 한 유형의 폭력경험에 대한 노출은 추가의 폭력경험과 밀접하게 관련된다. 다양한 형태의 아동기 외상노출은 다양한 성인기 피해경험에 대한 위험 증가와 관련이 있다. Alexander(2009)는 다른 변인들(애착유형)도 재피해에 영향을 미칠 수 있지만, 복수의 피해경험은 인구학적 특징(교육, 수입, 인종)과 관련이 없다고 보고했다. 재피해의 유형은 최초의 피해와 일치할 수도 또는 일치하지 않을 수도 있다. 아동기의 신체적 학대는 성인기 폭행과 범죄피해를 예측하는 것으로 보고되었다(Hosser, Raddatz, & Windzio, 2007). 연구들은 아동기 성적 학대가 성인기 성적 피해경험의 위험을 증가시킨다는 것을 일관되게 보여주었다(Zurbriggen, Gobin, & Freyd, 2010). 그러나 아동기 성적 및 신체적 학대와 사회적으로 바람직한 답변의 경향성을 모두 통제한 후에는, 다른 외상(예 : 아동기 정서적 학대)도 청소년기 성적 공격성 피해와 범죄와 관련이 있는 것으로 나타났다. 재피해로 가는 경로에는 위험한 상황과 배신을 인식하는 능력의 손상(Gobin & Freyd, 2009; Zurbriggen et al., 2010) 또는 해리가 포함될 수 있다. 해리는 감당할 수 없는 정보가 의식적 자각에 통합되는 것을 방어해 준다. 그러나 이것은 자동화되어 다른 위험한 상황으로 일반화될 수 있으며, 위험을 탐지하지 못하는 결과를 가져올 수 있다(Noll, Horowitz, Bonanno, Trickett, & Putnam, 2003; Zurbriggen et al., 2010). 이에 덧붙여 아동기의 성적 학대는 아니라고 말하는 메커니즘을 손상시키거나 경직반응의 가능성을 증가시킬 수 있다.

중복피해의 효과

복합적인 외상 유형의 생존자들은, 특히 가정 내에서 경험된 아동기 외상인 경우에는 단일의 외상 유형에 노출된 사람들에 비해 만성적인 정신적 및 신체적 건강문제(예 : 공격성, 불안, 우울증, 수면장애, 심각한 비만, 신체화 호소, 물질남용)를 겪기 쉽다(Anda et al., 2006; Finkelhor et al., 2007a, 2007b; Green et al., 2010). 이와 유사하게 Ford와 동료들(2011)은 중복피해를 경험한 청소년들이 외상을 전혀 겪지 않았거나 중복피해를 경험하지 않은 청소년들에 비해 정신과 장애의 진단기준을 만족시키는 경향이 더 높다고 보고하였다. 중복피해 경험은 불안, 우울증, 분노/공격성의 수준을 매우 잘 예측해주는 것으로 보고되었다(Finkelhor et al., 2007a, 2007b). 그리고 중복피해 경험이 고려되었을 때는 피해의 개별적유형(예 : 성적 학대)과 증상 간의 관계를 감소시키거나 제거하는 것으로 확인되었다.

연구들은 다섯 가지 이상의 누적외상 유형(Nijenhuis, van der Hart, & Steele, 2002) 또는 네 가지 이상의 역경(Anda et al., 2006)을 경험한 성인들이 그보다 적게 외상을 경험한 사람들에 비해 정신병리의 위험도 높고 더 많은 증상(PTSD, 해리, 물질남용)을 보인다고 보고하였다. Briere, Kaltman과 Green(2008)은 복잡성을 증가시키는 외상을 통제한 후에 다양한 유형의 아동기 외상 총합이 성인기의 증상 복잡성과 관련이 있다고 보고했다. 아동과 청소년의 경우에는 부정적 생활사건의 수가 우울증과

품행장애와 정적 상관을 나타냈다(Haine, Ayers, Sandler, Wolchik, & Weyer, 2003). Fergusson과 Horwood(2003)는 여섯 가지 이상의 스트레스 요인에 노출된 아동과 청소년은 낮은 수준의 역경을 경험한 아동과 청소년에 비해 2.4배 더 많은 외현화 문제, 1.8배 더 많은 내재화 문제를 보였다고 보고하였다. Ford와 동료들(2011)은 외래 임상집단($N=295$)에서 인구학적 특징이나 정신과 진단과 관계없이 부모가 보고한 심각한 외현화 문제, 임상가가 보고한 심리사회적 손상과 PTSD가 대인관계 중복피해 경험과 관련이 있음을 발견하였다. PTSD는 심각한 손상과 관련이 있었다. 아동기의 중복피해 경험이 기능에 미치는 부정적인 영향은 다양한 요인에 기인하는 것으로 보인다. 예를 들어 생물학적 조절장애, 인지적 처리의 변화, 또래집단의 영향, 일련의 행동문제, 폭력적 행동, 또는 이러한 문제들이 결합되어 영향을 미칠 수 있다(Finkelhor, Shattuck, Turner, & Ormrod, 2014).

재난반응

사건(예 : 자연재해, 전쟁, 테러리즘)이 다양한 사람들에게 영향을 미칠 때 사건에 대한 즉각적인 반응은 노출에 대한 심리적 결과에 영향을 미친다(Nader, 2012). 사건의 초기 여파로 인해 정서적 처리에 초점을 둔 개입은 금지될 수 있다(Hobfoll et al., 2007; Ørner, 2007). 사건 후 첫 2주 동안 외상 생존자들은 인지적으로 또는 정서적으로 외상에 대해 집중적인 정서처리를 할 준비가 되어 있지 않을 수 있다. 어떤 초기 개입은 타이밍과 경험이 부족한 개입자/면접자로 인해 부정적 효과를 초래할 수 있다(Nader, 2008; Raphael & Wilson, 2001; Ruzek & Watson, 2001). 안전을 재확보하고, 고양된 정서반응을 안정시키며, 개인 및 공동체의 효능감을 재수립하고, 유대감을 증진하며, 희망감을 회복하는 것이 중요하다는 증거가 있다(Hobfoll et al., 2007). 또한 정상상태로 복귀하는 것(예 : 복귀할 장소가 가능하지 않다 하더라도 일상생활로 복귀하는 것)도 중요하다(Woolsey & Bracy, 2010).

환경적 위험 및 적응유연성 요인

환경적 요인 역시 아동과 청소년의 결과에 영향을 미친다. 성인의 경우 연구대상과 방법에 관계없이 초기의 역경(예 : 외상), 정신과 병력(예 : 불안, 우울증), 그리고 가족의 정신과 병력 등은 PTSD에 대한 위험요인들이다(Brewin et al., 2000).

양육

양육은 유전(Bakermans-Kranenburg & van IJzendoorn, 2010)을 포함하여 다양한 요인들(예 : SES, 우울증, 일상적 스트레스)의 영향을 받는다. 그리고 양육은 다시 아동과 청소년의 적응유연성과 취약성에 영향을 미친다. 세로토닌계와 옥시토신계 유전자의 변종이 명백하게 덜 효율적인 부모들은 걸음마기 유아에 대해 더 낮은 수준의 민감 반응성을 보였다(Bakermans-Kranenburg & van IJzendoorn, 2008). 두 가지 도파민 관련 유전자(COMT와 DRD4)는 일상적 스트레스에 직면했을 때는 낮은 수준의 양육 반응성을 보였다. 그러나 스트레스가 낮을 때는 더 높은 수준의 반응성을 나타내며, 일상적 스트레스 수준(즉, 호의적거나 호의적이지 않은 환경의 영향)에 대한 민감성이 더 크다는 것을 보여주었다(van IJzendoorn, Bakermans-Kranenburg, & Mesman, 2008). 가정환경이 외상후 결과에 미치는 영향과 더불어(Kamis, 2005), 애착과 지지, 부모의 정신건강도 영향을 미치는 요인들이다.

애착

유전적 요인이 부모의 양육행동에 대한 아동의 민감성에 영향을 미칠 수 있지만(Bakermans-Kranenburg & van IJzendoorn, 2010), 민감한 양육이 정신병리에 대한 아동과 청소년의 적응유연성 또는 취약성(Breidenstine, Bailey, Zeanah, & Larrieu, 2014; Munafo, Yalcin, Willis-Owen, & Flint, 2008), 대처양식(예 : 스트레스하에서의 적응전략), 대인관계 양식(Bakersman-Kranenburg & van IJzendoorn, 2010; Moss, Bureau, Béliveau, & Lépine, 2009; Nader & Nader, 2012; Ozen & Atkan, 2010)에 영향을 미친다는 것을 보여주는 많은 증거가 있다. 학령기 무렵에는 초기

애착의 유형이 안정감, 다른 사람들과 관계를 맺기 위한 준비도, 정서 및 행동조절의 양상과 같은 아동의 특징에 영향을 미친다(Bowlby, 1969/1982; Moss, Cyr, & Dubois-Comtois, 2004; Moss et al., 2009; Moss, Pascuzzo, & Simard, 2012; Nader & Nader, 2012). 즉, 안정애착을 가진 아동은 불안정 혹은 혼란애착을 가진 또래들보다 더 나은 적응을 보이는 것으로 보고되었다(Moss et al., 2004). 연구들은 일반적으로 불안정/회피적 및 불안정/양가적 아동들이 위험의 연속선상에서 안정적 및 혼란스러운 학령전기 및 학령기 집단 사이의 중간에 있음을 보여주고 있다(Moss et al., 2004). 애착이 불안정한 아동은 내재화 및 외현화 문제와 아울러 높은 수준의 적대감 또는 거부 민감성을 보이기 쉬우며, 학교적응이나 효과적인 대처 및 대인관계 양식에서도 안정적으로 애착이 형성된 아동에 비해 어려움을 보이기 쉽다(Bureau & Moss, 2010; Dykas, Ziv, & Cassidy, 2008; Moss et al., 2009). 겁이 많거나 겁을 주는 양육(예 : 슬픔에 잠겨 있거나 외상을 초래하는 부모의 양육 또는 부부갈등이 심한 부모의 양육)과 같은 혼란애착(예측 불가능한 환경과 관련됨)을 보이는 아동은 외현화 및 내재화 행동문제 모두에 대해 가장 큰 위험에 놓여 있는 것으로 보인다(Fearon, Bakermans-Kranenburg, van IJzendoorn, Lapsley, & Roisman, 2010; Moss et al., 2012). 문헌고찰과 메타분석은 학령전기 및 학령기 아동과 청소년의 혼란애착이 회피/양가애착에 비해 공격적인 및 우울한 행동결과 모두를 더 잘 예측하는 것을 보여주었다(Fearon et al., 2010; Moss et al., 2012; van IJzendoorn et al., 1999).

혼란애착의 하위유형 Moss와 동료들(2004)은 혼란애착의 세 가지 유형을 평가하였다. 이 세 유형은 통제적-처벌적(부모를 향상 적대적이고 직접적인 행동으로 수치심을 일으킬 수 있음), 통제적-보호적(부모의 행동과 대화를 도움이 되도록, 정서적으로 긍정적인 방식으로 이끎), 행동적 혼란 또는 불안정-기타(보호자와 조직화된 양상의 상호작용을 보이지 않음)이다. 이 모든 세 유형에 속한 아동들은 학령전기부터 학령기까지 안정집단의 아동들

보다 더 높은 행동문제 점수를 보였다. 그러나 통제적-처벌적 아동들은 외현화 문제에서 더 높은 점수를, 보호적 아동들은 내재화 문제에서 더 높은 점수를 받았다. 그리고 불안정-기타 집단의 아동들은 외현화 문제에서 미미하게 더 높은 점수를 받았다. 통제적-처벌적 아동들은 상호작용 시 주의집중을 획득하고 유지하기 위해 화를 내며 모순적인 양상의 적대감과 회피를 사용하며, 부모의 관여를 증가시키기 위해 부모를 공격하거나 창피를 주는 행동을 통해 힘을 명시적으로 주장하는 경향이 있었다(Moss et al., 2004). 통제적-보호적 아동들은 정서적 위축(emotional constriction)을 사용해 고통스러운 정서 상태를 다루는 경향이 있는 것으로 관찰되었다.

스트레스와 애착 동물과 인간연구는 자녀를 대하는 어머니의 행동이 스트레스에 대한 자녀의 반응에 장기적 변화를 가져온다는 것을 보여준다. 즉, 스트레스 생리학과 뇌 형태학은 모두 양육의 영향을 받는다(Champagne & Meaney, 2007; Moss et al., 2012). 사회적 스트레스 요인과 부정적 생활사건(예 : 동거형태의 변화, 학대, 친척의 죽음, 부모의 이혼)은 애착 패턴의 불안정성과 관련이 있다(Del Giudice et al., 2011). 스트레스 요인은 아동의 애착양식을 안정에서 불안정양식으로 변화시킬 가능성을 분명하게 증가시킨다. 연구는 불안정애착을 가진 아동과 청소년이 안정애착을 가진 또래들에 비해 인지적 및 행동적 회피전략을 더 자주 사용하는 경향이 있음을 보여준다(Mikulincer & Florian, 1995). 불안정애착은 회피애착과 관련이 있으며, 이는 결과적으로 괴롭힘 피해(Ozen & Atkan, 2010)와 PTSD 증상(Nader, 2008, in press)을 증가시킨다.

지지

다양한 형태와 수준의 사회적 지지와 건강 및 정신건강 결과 간의 확고한 관계에 관한 많은 증거가 축적되어 왔다(Nader, 2008; Thabet et al., 2009). 외상성 노출 이후에 바람직한 형태의 사회적 지지(예 : 온정, 친절, 공간 또는 근접성과 관련된 요구의 존중)는 그것이 가족의 지지이든 또래의 지지이든, 모두 외상증상의 감소와 관련이 있다는 보고가 있다(Jaycox et al., 2010; LaGreca, Silverman, Lai, & Jaccard, 2010; Nader, 2012). 성공적인 외상 및 애도 개입은 증상을 감소시킬 뿐만 아니라 지각된 사회적 지지를 증가한다는 증거가 있다(Salloum & Overstreet, 2012). 반응 없는 또는 지지가 결여된 양육은 수많은 장애에서 시사되어 왔다(Caspi, Hariri, Holmes, Uher, & Moffit, 2010). 많은 연구들이 부모의 지지와 자녀의 외상후 스트레스 반응 간에 유의한 역상관이 있다고 보고하였다(Thabet et al., 2009).

부모의 정신장애

정신장애가 있는 부모의 자녀들은, 특히 부모가 모두 장애인 경우에는 다양한 정신장애에 대해 증가된 위험에 놓이게 된다(Dean et al., 2010). 조현병과 BD에 대해 공유된 유전적 위험을 입증하는 증거가 있지만(Lichtenstein et al., 2009; Youngstrom & Algorta, 2014; Kuniyoshi & McClellan, 2014), 조현병은 다양한 유형의 장애를 가지고 있는 부모를 둔 사람들의 경우 그 위험이 더 크다(Mortensen, Pederson, & Pederson, 2010). Dean과 동료들(2010)은 심각하지 않은 정신장애 병력이 있는 부모를 둔 사람들은 조현병과 BD에 대한 위험이 높은 반면, 심각한 정신장애 병력이 있는 부모를 둔 사람들은 조현병이나 BD뿐만 아니라 다른 장애들(예 : 기분 및 불안장애, 물질남용, 성격장애)에 대해서도 위험성이 높았다. 부모의 PTSD 또는 다른 장애도 PTSD의 위험요인인 것으로 보고되었다(Yehuda et al., 2000). Brand와 동료들(2011)은 부모의 우울증을 통제한 연구에서 평생 한번 이상 PTSD를 경험한 적이 있는 부모의 청소년 자녀들은 그렇지 않은 청소년들에 비해 가족관계와 관련된 더 높은 수준의 평생 및 만성 스트레스를 나타냈다고 보고하였다.

아동 관련 위험 및 적응유연성 요인

아동의 스트레스 반응은 외상후 과정의 모든 단계에서 아동 개인의 특성과 발달력에 의해 조절될 수 있다. 단일의 개인적 위험요인의 효과는 일반적으로 작지만, 결합된 위험요인들은 외상의 심각성을 능가한다(Breslau, 2009). 아동별 위험 및 적응유연성/보호요인으로는 자존감, 통제소재, 신뢰, 애착, 대처 등이 있다(Nader, 2008). 앞으로 논의하겠지만 유전적 요인 역시 결과에 영향을 미친다. 외상경험의 의미는 개인의 역량과 의미를 부여해 주는 사회적 환경에 따라 차이가 있다. Breslau(2009)는 115 이상의 IQ는 공격적 폭력 외상노출 및 PTSD 위험이 낮다는 것을 발견했다. 이와 유사하게 정서적 및 대처목록은 정서를 처리하고 반응하는 아동의 역량에 영향을 미친다. 조기 발병 품행장애(외현화 문제), 불안장애를 갖고 있거나 또는 폭력노출을 경험한 아동은 PTSD의 위험이 높은 경향이 있다. 아동기 외상의 경험은 PTSD의 위험을 증가시키며, 이후 외상성 사건에 대한 성인기 노출의 위험을 증가시킨다(Bremner, 2006). 장기적 또는 만성적 PTSD를 갖고 있는 사람은 급성 발병 PTSD를 갖고 있는 사람에 비해 치료성과가 좋지 않다. 성인기 발병 PTSD를 가진 사람은 과잉각성과 불안과 같은 전형적 PTSD 증상을 보이는 것과 대조적으로 조기 발병 PTSD를 가진 사람은 우울증, 물질남용, 성격병리를 갖는 경향이 있다. 몇몇 요인들은 아직 연구의 초기단계에 있다.

대처전략

대처는 개인이 스트레스에 반응하는 일련의 방법으로 의도적 및 불수의적 반응을 모두 포함한다(Compas, 1998). 대처방법은 정서중심 반응(예 : 회피, 도피, 싸움)과 인지처리 반응(예 : 문제해결, 예기편향, 부인, 지성화)을 포함한다(Lazarus & Folkman, 1987; Mello & Nader, 2012). 많은 연구에서 회피적 대처는 부정적인 외상후 결과와 관련이 있는 것으로 보고되었다(Mello & Nader, 2012; Min, Farkas, Minnes, & Singer, 2007). 그러나 대처와 결과 간의 관계는 단순하지 않다. 적극적 대처가 일부 아동 및 청소년 집단에서는 종종 적응유연성과 더 나은 외상후 결과와 관련을 보이지만, 일부 사건 후에는 적극적 대처(예 : 돕는 노력, 기념하기)가 증상의 증가와 관련이 있는 것으로 나타났다(Brown et al., 2008). Abdeen과 동료들(2008)은 도움 구하기가 특히 어린 아동의 경우에는 긍정적인 대처방법일 수도 있지만 청소년의 경우에는 정서적 도움을 많이 구할수록 외상후 고통과 신체적 호소 간에 더 큰 관련성이 있는 것으로 나타났다. 그러나 도구적 도움을 더 많이 구하는 청소년들의 경우에는 외상후 증상과 신체적 호소 간에 더 약한 관련성이 있었다. 연구는 다양한 유형의 대처행동 유연성을 적용하는 능력이 다양한 상황의 요구에 따라가는 데 있어서 도움이 될 수 있음을 시사한다(Bonanno, Pat-Horenczyk, & Noll, 2011).

대처 유연성

대처의 일차적-이차적 통제모형(Rothbaum, Weisz, & Snyder, 1982)은 개인이 스트레스 상황에 대한 반응으로 그 상황/사건을 통제함으로써 대처하거나(일차적 통제 대처전략), 또는 상황에 적응함으로써(이차적 통제 대처전략) 대처한다고 주장한다(Babb, Levine, & Arseneault, 2010). 개인은 목표를 획득하기 위해 자신의 환경을 형성할 수 있다(일차적 대처). 그러나 상황을 통제할 수 없을 때는 일차적 대처가 부적응적일 수 있다. 이차적 대처전략의 사용은 연령에 따라 증가한다(Babb et al., 2010; Thurber & Weisz, 1997). 상황의 통제 가능성을 정확하게 지각하는 것이 대처유연성의 중요한 인지적 예측요인임을 시사하는 증거가 있다. 즉, 개인은 상황을 통제하는 것이 불가능해지면 이를 변화시키기보다는 적응하는 방향의 전략을 더 많이 보고한다는 것이다(Babb et al., 2010). 또래들과의 관계문제 사례에 대한 반응으로 나이 많은 정상아동들은 어린 정상아동들보다 더 높은 수준의 대처유연성을 보였다. 그리고 정상아동들은 두 집단에서 모두 ADHD 아동들보다 더 높은 수준의 대처유연성을 나타냈다(Babb et al., 2010). ADHD 아동과 청소년은 제한된 대처전략 목록을 보였으며, 반사회적 전략을 더 많이 사용하는 것으로 나타났다. 대처전략 목록에서의 차이는 아동이 스스로 비외상적 좌절 상황에 어떻게 대처하는지를 예측하였다. 어린 아동의 자기조절에 대하여 Cole과 동료들(2009)은 아동이 더 많은 분노대처 및 슬픔대처 전략을 인지하고 있을수록, 더 많은 대안적 해결방법을 시도한다고 보고하였다. 또한 더 많은 전략을 인지하고 있을수록 아동이 지지를 덜 구하였으며, 슬픔전략을 더 적게 인지하고 있을수록 파괴적 행동을 더 많이 하였다. 고통을 받을 때 더 높은 수준의 정서적 지지를 받은 아동들은 지지를 덜 받은 아동에 비해 분노를 조절하기 위한 전략을 더 많이 인지하였으나 더 적은 수의 분노전략을 산출하였다.

유전요인

유전자는 직접적인 세대 간 전달을 통해 성격 특질, 정신병리, 행동에 영향을 미친다(Bouchard, 2004; Champagne & Mashoodh, 2009). 동일한 환경적 위험에 대한 반응에서 나타나는 뚜렷한 개인차는 유전요인들이 외상후 반응에서 역할을 한다는 것을 시사한다(Caspi et al., 2010). 유전의 영향은 외상에 노출된 아동이 왜 행동적 정서적 어려움을 발달시키며, 또는 역으로 적응유연성과 더 나은 기능을 보이는지에 대한 여러 가지 이유 중의 하나이다(Kim-Cohen et al., 2006; Nader, in press).

쌍생아연구는 유전요인이 PTSD의 병인에서 중요하다는 것을 보여준다(Koenen, 2007). 유전의 영향은 PTSD 위험의 총변량 중 약 1/3을 설명한다(Stein, Jang, Taylor, Vernon, & Livesley, 2002). 즉, PTSD는 대략 30% 유전된다(Koenen, 2007). 이는 다른 기분 및 불안장애들의 경우에도 유전 가능성이 변량의 0~30%를 설명한다는 연구결과와 일치한다(Gillespie et al., 2009). 유전적으로 인간은 99% 동일하다(Koenen, 2007). 사람들 간에 차이를 보이는 DNA 염기순서의 작은 손상 중에서 90%를 차지하는 단일염기변형(single-nucleotide polymorphisms, SNP)은 장애 위험과의 관계에서 일차적 초점이다. 외상이나 다른 역경과 같은 촉발요인이 없다면 유전자 관련 역기능의 가능성은 감소된다(Lau & Pine, 2008). 유전자×환경의 상관관계는 특정 유전적 구조가 특정 조건을 직접 찾거나 그렇지 않으면 그러한 조건에 노출될 때(예 : 태어남, 환경으로부터 일어남) 분명하게 드러난다(Arseneault et al., 2011; Bouchard, 2004). 따라서 특정 유전자 집단

(예 : 감각을 추구하는 사람들)은 위험/외상에 노출될 가능성이 높으며(Cisler, Amstadter, & Nugent, 2011), 또는 그러한 노출에 대한 반응으로 특정 장애를 발달시키기 쉽다(Arseneault et al., 2011). 앞에서 언급한 것과 같이 이러한 경험은 유전된 신경화학과 관련 행동들을 변화시킨다(Champagne & Meaney, 2007).

유전×환경×발달의 상호작용은 환경적 역경이 유전적 취약성의 발현에서 중요한 역할을 하며, 이는 발달단계에 따라 다르게 발현될 수 있음을 보여준다(Cisler et al., 2011; Dahl & Gunnar, 2009). 다양한 불리한 환경요인들(예 : 외상, 양육의 질, 도시 거주)에 대한 노출의 결과는 발달연령에 의해, 그리고 긍정적 및 부정적 환경에 대한 차별적 민감성에 의해 영향을 받는다(Belsky & Pleuss, 2009; Del Giudice et al., 2011). 다른 변인들과 마찬가지로 유전요인들은 상승작용에 의해 결과에 영향을 미치는 것으로 보인다(Cerda et al., 2010). 예를 들어 성격 관련 유전자는 성격 특질의 발현으로부터 빼거나 더하는 것뿐만 아니라 한 염색체상에서의 유전자 쌍 또는 다른 염색체에 위치한 유전자들에 따라 보다 복합적으로 작용한다(Bouchard, 2004). 그럼에도 불구하고 몇몇 유전적 다형성은 특정 유형의 장애들과 관련이 있는 것으로 밝혀졌다. 예컨대 세로토닌 다형성은 내재화 장애와, MAOA는 외현화 장애와 관련이 있는 것으로 나타났다(Nader, 출판 중). 이 중 외상노출과 장애들은 PTSD를 동반할 수도 있고 그렇지 않을 수도 있다.

세로토닌

긴 대립유전자와는 달리 세로토닌 수송체 촉진자 다형성(5-HTTLPR)의 짧은 대립유전자는 유전자 전사의 효율성을 감소시킨다. 다양한 종에 걸쳐 이루어진 5-HTTLPR의 짧은 유전자에 대한 연구결과는 스트레스 민감성/취약성에서 나타나는 유전에 의한 개인차 이론의 타당성을 입증하였다(Caspi et al., 2010). 5-HTTLPR의 짧은 유전자는 스트레스/위협 자극에 대한 편도와 HPA의 증가된, 그리고 더욱 빠른 반응성과 관련이 있다(Caspi et al., 2003, 2010; Dannlowski et al., 2007; Furman, Hamilton,

Joormann, & Gotlib, 2011; Hariri et al., 2003; Mueller, Brocke, Fries, Lesch, & Kirschbaum, 2010). 그리고 외상 또는 만성적 스트레스에 대한 우울증과 자살 경향성 증가와도 관련이 있다(Caspi et al., 2003, 2010; Roy, Hu, Janal, & Goldman, 2007). 편도체는 자율적 각성과 주의의 재분배와 같은 생리적 및 심리적 반응성을 매개하는 것으로 보인다. 뇌의 내측 PFC 영역은 편도체가 매개한 각성을 통합하고 그것의 반응성을 하향 조절한다(Caspi et al., 2010). 내측 PFC 영역은 또한 편도체 회로에 의존적인 조건화된 공포반응의 소거에도 관여한다. 5-HTTLPR의 짧은 대립유전자는 편도체와 내측 PFC 회백질의 용적 감소(Pezawas et al., 2005), 그리고 이 두 영역 간의 변화된 연결성(Pacheco et al., 2009)과도 관련이 있다.

초기의 증거기반 이론들은 부정적 정동성, 부정적 정서성(NE) 또는 신경증(예 : 정서적 반응성, 억제, 공포, 불안, 화) 등으로 다양하게 표현되는 성격 특질과 우울 간의 상관을 강조하였다. 이러한 상관은 공유된 유전요인에 기인할 수 있다(Kendler, Neale, Kessler, Heath, & Eaves, 1993; Shiner & Caspi, 2003). 마찬가지로 코르티솔 수준은 행동억제 표현형과 관련이 있으며, 불안과 우울장애를 예측하며 새로운 상황에서 위축되거나 회피하는 경향을 포함하는 것으로 보고되었다(Fox, Henderson, Marshall, Nichols, & Ghera, 2005; Nader & Weems, 2011; Tyrka et al., 2006). 현재의 증거기반 이론은 5-HTTLPR이 NE의 기저를 이루고, 결국 NE가 스트레스성 정신과 장애에 대한 위험요인으로 작용함을 시사한다(Caspi et al., 2010). 성인에 대한 연구들(Dalton, Aubuchon, Tom, Pederson, & McFarland, 1993; Otis & Louks, 1997)과 아동에 대한 연구들(Weems et al., 2007)은 내향성 또는 NE가 PTSD에 대해 위험요인으로 작용한다는 것을 발견하였다.

5-HTTLPR이 PTSD(Xie et al., 2009), 우울, 외상후 자살 시도(Roy et al., 2007), 조건화된 공포반응의 획득 증가(Lonsdorf et al., 2009), 청각적 놀람반응 증가(Armbruster et al., 2009), 다른 사람의 고통을 관찰할 때 동정적 반응성의 증가(Crisan et al., 2009), 실험실에서

평가된 공격적 반응(Verona, Joiner, Johnson, & Bender, 2006), 스트레스 관련 알코올 섭취(Covault et al., 2007), 물질사용(Brody et al., 2009), 정서에 의해 유도된 역행성 건망증(Strange, Kroes, Roiser, Tan, & Dolan, 2008), 그리고 스트레스 관련 수면장애(Brummett et al., 2007; Caspi et al., 2010)와 관련이 있다는 증거가 있다. 또한 편향된 정보처리, 예컨대 위협 관련 주의편향과 부정적 정보처리 편향과도 관련이 있는 것으로 보고되었다(Caspi et al., 2010). 짧은 대립유전자를 보유하고 있으며 높은 수준의 아동학대와 역경을 경험한 사람은 불안 민감성의 수준이 더 높고(Stein, Schork, & Gelernter, 2008), 부정적 결과를 지각하고 기대하는 편향의 수준도 더 높은 것으로 보고되었다(Williams et al., 2009). 스트레스 사건 횟수가 적을 때는 우울증에 대한 위험의 증가가 유전자형으로 나타나지 않았다(Caspi et al., 2003). 짧은 5-HTTLPR 대립유전자를 갖고 있고 부모에 대한 애착이 낮은 아동은 부정적 정서에 대해 낮은 자기조절을 나타내며(Barry, Kochanska, & Philibert, 2008; Kochanska, Philibert, & Barry, 2009; Pauli-Pott, Friedl, Hinney, & Hebebrand, 2009), 이것은 결국 많은 성인기 정신과 장애를 예측한다(Caspi et al., 2010).

짧은 대립유전자의 영향과는 대조적으로 긴 대립유전자는 환경의 부정적 영향으로부터 보호해 준다(Barry et al., 2008). 예를 들어 시설보호에 노출되었던 많은 아동들은 발달지연, IQ 지체, 비정형적 양상의 주간 코르티솔 활동, 높은 비율의 불안정애착 패턴을 보이는 것으로 보고되었다(Bakermans-Kranenburg, Dobrava-Krol, & van IJzendoorn, 2011). 자기보고기법보다 면접을 사용한 연구들은 짧은 대립유전자 유전자형(예 : ss와 sl 유전자형)을 가진 아동은 높은 수준의 부정적 영향(예 : 정서적 문제)를 보인 반면, 긴 대립유전자 유전자형을 가진 아동은 가장 낮은 수준의 문제를 보인다고 보고하였다(Bakermans-Kranenburg et al., 2011; Kumsta et al., 2010). 이에 반해 Thakur, Joober와 Brunet(2009)는 3중 대립유전형보다 2중 대립유전형을 분석하여 긴 대립유전자를 가진 사람들의 만성적 PTSD에 대한 위험이 4.8

배 더 높다는 것을 발견하였다. 이는 짧은 대립유전자가 PTSD의 지속으로부터 보호해 준다는 것을 시사한다.

FKBP5 다형성

FKBP5 SNP는 PTSD와 자살 경향성뿐만 아니라 스트레스로 유발된 코르티솔 분비의 불완전한 정상화와 관련이 있다(Ising et al., 2008; Willour et al., 2009). 그리고 항우울제에 대한 반응과 우울삽화의 반복과 관련이 있는 것으로 알려져 왔다(Binder et al., 2004). FKBP5 내의 네 가지 SNP(rs3800373, rs9296158, rs1360780, and rs9470080)는 우울 심각성과 연령, 성별, 그리고 아동학대 이외의 다른 외상에 대한 노출수준, 유전적 혈통 등을 통제한 후에도 아동기 외상과 유의하게 상호작용하여 성인기 PTSD 증상을 예측하는 것으로 보고되었다(Binder et al., 2008). 코르티솔에 의해 말초혈액 단핵세포에서의 높은 FKBP5 메신저 RNA와 관련된 SNP 유전자형은 아동학대에 뒤따르는 PTSD 증상에 대한 높은 취약성과 관련이 있다. 네 가지 SNP는 두 유형의 아동학대에 노출된 작은 집단에서는 더욱 심각한 PTSD와 관련이 있었으나, 한 유형의 학대에만 노출된 더 큰 집단에서는 그렇지 않았다. Sarapas와 동료들(2011)은 FKBP5에서의 네 가지 PTSD 위험 관련 다형성에 대한 동형접합성이 유전형이 혈장 코르티솔(코르티솔 과다분비증)과 PTSD 심각성에 미치는 간접효과를 매개하는 FKBP5 표현을 예측한다고 보고했다. FKBP5 다형성은 또한 의학적으로 상해를 입은 아동들에서 증가된 주변외상성 해리(peritraumatic dissociation)와도 관련이 있는 것으로 나타났다(Gillespie et al., 2009; Koenen et al., 2005).

코르티코트로핀 분비 호르몬

CRH 수용기(CRHR1) 유전자의 다형성은 우울증, PTSD, 자살 경향성(Binder et al., 2010; Gillespie et al., 2009; Kertes et al., 2010; Roy, Hodgkinson, DeLuca, Goldman, & Enoch, 2012)뿐만 아니라 문화 관련 불안과 물질사용(Enoch et al., 2008; Roy et al., 2012)의 위험에 영향을 미칠 수 있다. 발달적 스트레스 노출에 뒤따르는 HPA

축의 지속적 과잉활동은 적어도 부분적으로 CRHR1 시스템의 과잉활동에 의해 매개된다(Gillespie et al., 2009; Lupien et al., 2009). CRHBP rs7728378과 FKBP5 rs3800373의 조합은 각각의 다형성이 갖는 개별적 관련성보다 더 큰 자살 위험과 관련이 있다. 반면 이러한 동형접합체를 전혀 갖지 않으나 심각한 외상에 노출되었던 사람은 아동기 외상에 노출되지 않은 사람들과 동일한 발생률을 보였다. CRHR1 rs9900679(아프리카 혈통에서 고유하게 나타남)는 자살 시도에 대해 보호요인으로 작용하였다.

도파민 시스템

도파민 시스템은 강화체계와 정서조절에 관여하며(Nader, 출판 중), 해리상태에서는 증가하고 과잉활동 시에는 감소하는 내인성 아편제와 관련이 있다(Byrnes, 2001; Stein & Kendall, 2004). CD와 물질사용 동반이환에 관한 연구(Hoenicka et al., 2007)에 따르면 도파민 수용기 D2(DRD2) 유전자 근처에 위치한 TaqIA SNP가 충동적이며 보상을 유발하는 다양한 행동에 대한 비특정적 취약성과 관련이 있다. 특히 유전적 취약성은 양육과의 상호작용을 통해 고위험 아동들의 공격행동 문제수준에 영향을 미친다(Bakermans-Kranenburg, van IJzendoorn, Pijlman, Mesman, & Juffer, 2008; Moss et al., 2012). 메타분석은 도파민 관련 유전자들(DRD2, DAT, DRD4)이 정적 및 부적 환경요인들 간의 관계를 조절하면서 10세까지의 아동에서 발달적 결과를 가져올 수 있음을 확인하였다(Bakermans-Kranenburg & van IJzendoorn, 2009). 짧은 대립유전자 5-HTTLPR 다형성을 가진 아동들과 마찬가지로 덜 효율적인 도파민 관련 유전자를 가진 아동과 청소년은 부정적인 환경에서는 잘 기능하지 못하며 긍정적인 환경에서 혜택을 받는다. 연구는 해로운 음주를 하는 사람들의 하위집단에서 DRD2A1과 PTSD 간의 관계를 발견하였다(Koenen, 2007; Young et al., 2002). 그리고 만성적 PTSD와 도파민 수송체 SLC6A3(DAT1) 3′ 다형성 간의 관계(Segman et al., 2002)와 학령전기 아동들에서의 PTSD 증상(일차적으로 각성증상)과 도파민 다형성 간의 관계도 발견되었다(Drury, Theall, Keats, & Scheeringa, 2009).

결론

아동이 겪는 외상과 그 영향에 대한 민감성과 인식이 부족하다는 우려가 있었다. DSM-IV 기준으로 PTSD 진단을 받을 정도는 아니지만 증상을 보이는 아동들은 진단을 받은 아동들만큼 기능적 손상을 보이는 것으로 보고되어 왔다(Nader, 2008; Scheeringa, 2011). DSM-5는 성인 진단기준을 아동에게 적용할 때의 모든 문제는 아니지만 일부를 다루어 왔다. DSM으로 PTSD를 진단하기 위한 기준의 미래 버전은 추가적으로 진단기준 C와 D를 13세 이하의 아동을 위한 것으로 수정하고, 발달기술 손실, 뇌손상 및 유전 관련 결과를 상세하게 설명할 필요가 있을 것이다. 외상이 발달을 잠재적으로 방해할 수 있다는 중요한 점을 고려할 때, 역경 전과 후의 발달기술(예 : 자기조절, 대인관계기술, 적응기능, 자기상), 그리고 뇌발달과 신경화학적 반응성이 외상증상의 평가에 추가되는 것이 적절할 것이다. 아동의 발달에 대한 자기조절, 대인관계기술, 대처기술의 중요성과 아울러, 외상에 의해 약화될 수 있는 유머감각 같은 기술도 사회적 유능감, 인기 및 적응성과 관련이 있는 것으로 보고되었다(Semrud-Clikeman & Glass, 2010). 증거는 또한 조기의 PTSD 증상을 외상경험의 횟수와 관련지어 살펴볼 필요성을 확인하고 있다.

PTSD에 대한 이해와 개념화를 좀 더 깊이 알아보기 위해서는 몇몇 분야에서 추가 연구가 필요하다. 예를 들어 학대는 많이 연구되어 왔으며 다양한 해로운 효과와 관련이 있는 것으로 밝혀졌다(Milot, St.-Laurent, Éthier, & Provost, 2010). 그러나 가장 만연해 있는(61%; Milot et al., 2010; U.S. Dept. of Health and Human Services, 2011) 학대 형태인 방임은 신체적 및 성적 학대에 비해 연구가 많이 이루어지지 않았다. 또한 정서적 학대 연구도 별로 없는데, 정서적 학대는 신체적 피해의 전구요인이거나 또는 신체적 피해를 동반하는 것으로 알려져 있다. 그리고 고립감의 증가, 부정적인 자존감, 우울증상, 섭식장애, 기분가변성, 공격성, 성적 위험감수 행동 또는 성적 학대행동, 외적 통제소재 등과 관련이 있는 것으로

밝혀져 왔다(Wonderlich et al., 2007; Younge et al., 2010; Zurbriggen et al., 2010). PTSD 진단기준 A는 방임과 정서적 학대를 분명하게 기술하기 위해 추가적인 개정을 요구한다. 자연재해를 A3와 '외상성 애도를 동반한' 지속적 복합애도장애로부터 삭제하는 것이 정당한지를 결정하기 위해서는 추가 연구가 필요하다. 예를 들어 아동이 특히 부모나 형제 또는 다른 중요한 지진이나 태풍으로 인해 붕괴된 건물 밑에 묻혀 실종되었음을 알게 되는 것이 PTSD 또는 외상성 애도와 관련이 있는지 연구할 필요가 있을 것이다.

미래의 DSM에서 PTSD는 유전적 연구결과들에 근거하게 될 것이다. 스트레스에 대한 특정 취약성은 이미 확인되었다. 유전학과 특정 외상후 증상과 관련된 질문들이 등장하게 될 것이다. 예를 들어 부정적 인지증상은 세로토닌 다형성으로 인해 더욱 뚜렷해지는가, 또는 외상이 부정적 인지를 유발하는가? 도파민 또는 MAOA 다형성으로 인해 충동적 위험감수 행동이 보다 자주 발생하는가, 또는 외상에 의해 발생하는가? 이러한 질문들은 아동기 PTSD에 대한 이해뿐만 아니라 치료에도 중요한 정보를 제공할 것이다.

참고문헌

Abdeen, Z., Qasrawi, R., Nabil, S., & Shaheen, M. (2008). Psychological reactions to Israeli occupation: Findings from the national study of school-based screening in Palestine. *International Journal of Behavioral Development, 32*, 290–297.

Aber, J., Brown, J., & Jones, S. (2003). Developmental trajectories toward violence in middle childhood: Course, demographic differences, and response to school-based intervention. *Developmental Psychology, 39*(2), 324–348.

Abram, K., Teplin, L., Dulcan, M., Charles, D., Longworth, S., & McClelland, G. (2004). Posttraumatic stress disorder and trauma in youth in juvenile detention. *Archives of General Psychiatry, 61*, 403–410.

Adler, L., Kunz, M., Chua, H., Rotrosen, J., & Resnick, R. (2004). Attention-deficit /hyperactivity disorder in adult patients with posttraumatic stress disorder factor? *Journal of Attention Disorders, 8*, 11–16.

Ahadi, S. A., Rothbart, M. K., & Ye, R. (1993). Children's temperament in the U.S. and China: Similarities and differences. *European Journal of Personality, 7*, 359–377.

Ahern, J., Galea, S., Resnick, H., & Vlahov, D. (2004). TV images and probable posttraumatic stress disorder after September 11: The role of background characteristics, event exposures, and perievent panic. *Journal of Nervous and Mental Disease, 192*(3), 217–226.

Ahnert, L., Gunnar, M., Lamb, M., & Barthel, M. (2004). Transition to child care: associations with infant—mother attachment, infant negative emotion, and cortisol elevations. *Child Development, 75*, 639–650.

Alberts, A., Elkind, D., & Ginsberg, S. (2007). The personal fable and risk-taking in early adolescence. *Journal of Youth and Adolescence, 37*, 71–76.

Alexander, P. (2009). Childhood trauma, attachment, and abuse by multiple partners. *Psychological Trauma: Theory, Research, Practice, and Policy, 1*(1), 78–88.

Allard, C. (2009). Prevalence and sequelae of betrayal trauma in a Japanese student sample. *Psychological Trauma: Theory, Research, Practice, and Policy, 1*(1), 65–77.

Ãlvarez, M. Roura, P., Osés, A., Foguet, Q. Solà, J., & Arrufat, F. (2011). Prevalence and clinical impact of childhood trauma in patients with severe mental disorders. *Journal of Nervous and Mental Disease, 199*(3), 156–161.

American Psychiatric Association (APA). (1980). *Diagnostic and statistical manual of mental disorders* (3rd ed.). Washington, DC: Author.

American Psychiatric Association (APA). (1987). *Diagnostic and statistical manual of mental disorders* (3rd ed., rev). Washington, DC: Author.

American Psychiatric Association (APA). (1994). *Diagnostic and statistical manual of mental disorders* (4th ed.). Washington, DC: Author.

American Psychiatric Association (APA). (2013). *Diagnostic and statistical manual of mental disorders* (5th ed.). Arlington, VA: Author.

Anda, R. F., Felitti, V. J., Bremner, J. D., Walker, J. D., Whitfield, C., Perry, B. D., et al. (2006). The enduring effects of abuse and related adverse experiences in childhood: A convergence of evidence from neurobiology and epidemiology. *European Archives of Psychiatry and Clinical Neuroscience, 256*, 174–186.

Andrews, B., Brewin, C., Philpott, R., & Stewart, L. (2007). Delayed-onset posttraumatic stress disorder: A systematic review of the evidence. *American Journal of Psychiatry, 164*, 1319–1326.

Andrews, B., Brewin, C., Rose, S., & Kirk, M. (2000). Predicting PTSD symptoms in victims of violent crime: The role of shame, anger, and childhood abuse. *Journal of Abnormal Psychology, 109*, 69–73.

Angold, A., & Heim, C. (2007). A developmental perspective, with a focus on childhood trauma. In W. Narrow, M. First, P. Sirovatka, & D. Regier (Eds.), *Age and gender considerations in psychiatric diagnosis: A research agenda for DSM-V* (pp. 81–100). Arlington, VA: American Psychiatric Publishing.

Anthony, J., Lonigan, C., Vernberg, E., La Greca, A., Silver-man, W., & Prinstein, M. (2005). Multisample crossvalidation of a model of childhood posttraumatic stress disorder symptomatology. *Journal of Traumatic Stress, 18*, 667–676.

Armbruster, D., Moser, D., Strobel, A., Hensch, T., Kirschbaum, C., Lesch, K., et al. (2009). Serotonin transporter gene variation and stressful life events impact processing of fear and anxiety. *International Journal of Neuropsychopharmacology, 12*, 393–401.

Armour, C., Layne, C., Naifeh, J., Shevlin, M., Durakovi´c-Belko, E., Djapo, N., et al. (2011). Assessing the factor structure of posttraumatic stress disorder symptoms in war-exposed youths with and without Criterion A2 endorsement. *Journal of Anxiety Disorders, 25*(1), 80–87.

Armsworth, M. W., & Holaday, M. (1993). The effects of psychological trauma on children and adolescents. *Journal of Counseling and Development, 72*, 49–56.

Arseneault, L., Cannon, M., Fisher, H., Polanczyk, G., Moffitt, T., & Caspi, A. (2011). Childhood trauma and children's emerging psychotic symptoms: A genetically sensitive longitudinal cohort study. *American Journal of Psychiatry, 168*, 65–72.

Ayalon, O. (1982). Children as hostages. *The Practitioner, 226*, 1773–1781.

Babb, K., Levine, L., & Arseneault, J. (2010). Shifting gears: Coping flexibility in children with and without ADHD. *International Journal of Behavioral Development, 34*(1), 10–23.

Bakermans-Kranenburg, M., Dobrava-Krol, N., & van IJzendoorn, M. (2011). Impact of institutional care on attachment disorganization and insecurity of Ukrainian preschoolers: Protective effect of the long variant of the serotonin transporter gene (5HTT). *International Journal of Behavioral Development, 36*(1), 11–18.

Bakermans-Kranenburg, M., & van IJzendoorn, M. (2008). Oxytocin receptor (OXTR) and serotonin transporter (5-HTT) genes associated with observed parenting. *Social Cognitive and Affective Neuroscience, 3*, 128–134.

Bakermans-Kranenburg, M., & van IJzendoorn, M. (2010). Review article: Parenting matters: Family science in the genomic era. *Family Science, 1*(1), 26–36.

Bakermans-Kranenburg, M., van IJzendoorn, M., Pijlman, F., Mesman, J., & Juffer, F. (2008). Experimental evidence for differential susceptibility: Dopamine D4 receptor polymorphism 405 (DRD4 VNTR) moderates intervention effects on toddlers' externalizing behavior in a randomized controlled trial. *Developmental Psychology, 44*, 293–300.

Barry, R., Kochanska, G., & Philibert R. (2008). G × E interaction in the organization of attachment: Mothers' responsiveness as a moderator of children's genotypes. *Journal of Child Psychology and Psychiatry, 49*, 1313–1320.

Basu, A., Malone, J., Levendosky, A., & Dubay, S. (2009): Longitudinal treatment effectiveness outcomes of a group intervention for women and children exposed to domestic violence, *Journal of Child and Adolescent Trauma, 2*, 90–105.

Becker, D.,Weine, S., Vojvoda, D., & McGlashan, T. (1999). PTSD symptoms in adolescent survivors of "ethnic cleansing": Results from a one-year follow-up study. *Journal of the American Academy of Child and Adolescent Psychiatry, 38*, 775–781.

Belsky, J., & Pleuss, M. (2009). Beyond diathesis stress: Differential susceptibility to environmental influences. *Psychological Bulletin, 135*(6), 885–908.

Berton, O., McClung, C., DiLeone, R., Krishnan, V., Renthal, W., Russo, S., et al. (2006). Essential role of BDNF in the mesolimbic dopamine pathway in social defeat stress. *Science, 311*, 864–868.

Binder, E., Bradley, R., Liu, W., Epstein, M., Deveau, T., Mercer, K., et al. (2008). Association of *FKBP5* polymorphisms and childhood abuse with risk of posttraumatic stress disorder symptoms in adults. *Journal of the American Medical Association, 299*(11), 1291–1305.

Binder, E., Owens, M., Liu, W., Deveau, T., Rush, A., Trivedi, M., et al. (2010). Association of polymorphisms in genes regulating the corticotropin-releasing factor system with antidepressant treatment response. *Archives of General Psychiatry, 67*, 369–379.

Binder, E., Salyakina, D., Lichtner, P., Wochnik, G., Ising, M., Pütz, B., et al. (2004). Polymorphisms in FKBP5 are associated with increased recurrence of depressive episodes and rapid response to antidepressant treatment. *Nature Genetics, 36*, 1319–1325.

Blakemore S., & Choudhury S. (2006). Development of the adolescent brain: implications for executive function and social cognition. *Journal of Child Psychology and Psychiatry, 47*(3/4), 296–312.

Blom, G. E. (1986). A school disaster: Intervention and research aspects. *Journal of the American Academy of Child Psychiatry, 25*, 336–345.

Boelen, P., van den Hout, M., & van den Bout, J. (2006). A cognitive-behavioral conceptualization of complicated grief. *Clinical Psychology Science and Practice, 13*, 109–128.

Bolger, K. E., & Patterson, C. J. (2003). Sequelae of child maltreatment: Vulnerability and resilience. In S. S. Luthar (Ed.), *Resilience and vulnerability: Adaptation in the context of childhood adversities* (pp. 156–181). New York: Cambridge University Press.

Bonanno, G., Pat-Horenczyk, R., & Noll, J. (2011). Coping flexibility and trauma: The Perceived Ability to Cope with Trauma (PACT) Scale. *Psychological Trauma: Theory, Research, Practice, and Policy, 3*(2), 117–129.

Boscarino, J., & Adams, R. (2009). PTSD onset and course following the World Trade Center disaster: Findings and implications for future research. *Social Psychiatry and Psychiatric Epidemiology, 44*, 887–898.

Bouchard, T. (2004). Genetic influence on human psychological traits. *Current Directions in Psychological Science, 13*(4), 148–151.

Bowlby, J. (1982). *Attachment and loss. Vol. 1: Attachment.* New York: Basic Books. (Original work published 1969)

Boyce, W., & Ellis, B. (2005). Biological sensitivity to context: I. An evolutionary-developmental theory of the origins and functions of stress reactivity. *Development & Psychopathology, 17*, 271–301.

Bracha, H., Garcia-Rill, E., Mrak, R. & Skinner, R. (2005). Postmortem locus coeruleus neuron count in three American veterans with probable or possible war-related PTSD. *Journal of Neuropsychiatry and Clinical Neuroscience, 17*, 503–509.

Brand, S., Schechter, J., Hammen, C., Le Brocque, R., & Brennan, P. (2011). Do adolescent offspring of women with PTSD experience higher levels of chronic and episodic stress? *Journal of Traumatic Stress, 24*(4), 399–404.

Breidenstine, A., Bailey, L., Zeanah, C., & Larrieu, J. (2014). Attachment and trauma in early childhood: A review. In K. Nader (Ed.), *Assessment of trauma in youths: Understanding issues of age, complexity, and associated variables* (pp. 113–131). New York: Routledge.

Bremner, J. D. (2006). Stress and brain atrophy. *CNS and Neurological Disorders - Drug Targets, 5*, 503–512.

Bremner, J. D., Innis, R., Ng, C., Staib, L., Duncan, J., Bronen, R., et al. (1997). PET measurement of cerebral metabolic correlates of yohimbine administration in posttraumatic stress disorder. *Archives of General Psychiatry, 54*, 246–256.

Breslau, N. (2009). The epidemiology of trauma, PTSD, and other posttrauma disorders. *Trauma, Violence, and Abuse, 10*(3), 198–210.

Breslau, N., Davis, G., Peterson, E., & Schultz, L. (2000). A second look at comorbidity in victims of trauma: The posttraumatic stress disorder–major depression connection. *Biological Psychiatry, 48*, 902–909.

Brett, E. A. (1993). Psychoanalytic contributions to a theory of traumatic stress. In J. P. Wilson & B. Raphael (Eds.), *International handbook of traumatic stress syndromes* (pp. 61–68). New York: Plenum Press.

Breuer, J., & Freud, S. (1893–1895). Studies on hysteria, In J. Strachey (Ed.), *The standard edition of the complete psychological works of Sigmund Freud* (Vol. II, pp. 3–16). London: Hogarth Press.

Brewin, C., Andrews, B., & Valentine, J. (2000). Meta-analysis of risk factors for PTSD in trauma-exposed adults. *Journal of Consulting and Clinical Psychology, 68*, 748–766.

Briere, J., Kaltman, S., & Green, B. (2008). Accumulated childhood trauma and symptom complexity. *Journal of Traumatic Stress, 21*, 223–226.

Briere, J., Johnson, K., Bissada, A., Damon, L., Crouch, J., Gil, E., et al. (2001). The Trauma Symptom Checklist for Young Children (TSCYC): Reliability and association with abuse exposure in a multi-site study. *Child Abuse and Neglect, 25*, 1001–1014.

Brock, S. (2002). Identifying individuals at risk for psychological trauma. In S. Brock & P. Lazarus (Eds.), *Best practices in crisis prevention and intervention in the schools* (pp. 367–383). Bethesda, MD: National Association of School Psychologists.

Brody, G., Beach, S., Philibert, R., Chen, Y., Lei, M., Murry, V., et al. (2009). Parenting moderates a genetic vulnerability factor in longitudinal increases in youths' substance use. *Journal of Consulting and Clinical Psychology, 77*, 1–11.

Brody, L., Lovas, G., & Hay, D. (1995). Gender differences in anger and fear as a function of situational context. *Sex Roles, 32*, 47–78.

Broman-Fulks, J., Ruggiero, K., Green, B., Smith, D., Hanson, R., Kilpatrick, D., et al. (2009). The latent structure of PTSD among adolescents. *Journal of Traumatic Stress, 22*(2), 146–152.

Brosky, B., & Lally, S. (2004). Prevalence of trauma, PTSD, and dissociation in court-referred adolescents. *Journal of Interpersonal Violence, 19*(7), 801–814.

Brown, E. J., Amaya-Jackson, L., Cohen, J., Handel, S., De Bocanegra, H., Zatta, E., et al. (2008). Childhood traumatic grief: A multi-site empirical examination of the construct and its correlates. *Death Studies, 32*, 899–923.

Brummett, B., Krystal, A., Ashley-Koch, A., Kuhn, C., Zuchner, S., Siegler, I., et al. (2007). Sleep quality varies as a function of 5-HTTLPR genotype and stress. *Psychosomatic Medicine, 69*, 621–624.

Bryant, B., Mayou, R., Wiggs, A., Ehlers, A., & Stores, G. (2004). Psychological consequences of road traffic accidents for children and their mothers. *Psychological Medicine, 34*, 335–346.

Buckley, P., Miller, B., Lehrer, D., & Castle, D. (2009). Psychiatric comorbidities and schizophrenia. *Schizophrenia Bulletin, 35*(2), 383–402.

Bureau, J.-F., & Moss, D. (2010). Behavioural precursors of attachment representations in middle childhood and links with child social adaptation. *British Journal of Developmental Psychology, 28*, 657–677.

Burgess, A., & Holmstrom, L. (1974). Rape trauma syndrome. *American Journal of Psychiatry*, 131, 981–986.

Burke, N., Hellman, J., Scott, B., Weems, C., & Carrion, V. (2011). The impact of adverse childhood experiences on an urban pediatric population. *Child Abuse and Neglect* 35, 408– 413.

Burt, C. (1943). War neuroses in British children. *Nervous Child, 2*, 324–337.

Byrnes, J. P. (2001). *Minds, brains, and learning*. New York: Guilford Press.

Carpenter, L., Ross, N., Tyrka, A., Anderson, G., Kelly, M., & Price, L. (2009). Dex/CRH test cortisol response in outpatients with major depression and matched healthy controls. *Psychoneuroendocrinology, 34*, 1208–1213.

Carrion, V., Weems, C., Ray, R., & Reiss, A. (2002). Toward an empirical definition of pediatric PTSD: The phenomenology of PTSD symptoms in youth. *Journal of the American Academy of Child and Adolescent Psychiatry, 41*(2), 166–173.

Carrion, V., Weems, C., Richert, K., Hoffman, B., & Reiss, A. L. (2010). Decreased prefrontal cortical volume associated with increased bedtime cortisol in traumatized youth. *Biological Psychiatry, 68*, 491–493.

Caspi, A. (1998). Personality development across the life course. In W. Damon (Series Ed.) & N. Eisenberg (Vol. Ed.), *Handbook of child psychology: Vol. 3. Social, emotional, and personality development* (5th ed., pp. 311–388). New York: Wiley.

Caspi, A., Hariri, A., Holmes, A., Uher, R., & Moffitt, T. (2010). Genetic sensitivity to the environment: The case of the serotonin transporter gene and its implications for studying complex diseases and traits. *American Journal of Psychiatry, 167*(5), 509–527.

Caspi, A., Sugden, K., Moffitt, T., Taylor, A., Craig, I., Harrington, H., et al. (2003). Influence of life stress on depression: Moderation by a polymorphism in the 5-HTT gene. *Science, 301*, 386–389.

Castaneda, A., Annamari, T., Marttunen, M., Suvisaari, J., & Lonnqvist, J. (2008). A review on cognitive impairments in depressive and anxiety disorders with a focus on young adults. *Journal of Affective Disorders 106*, 1–27.

Catani, C., Schauer, E., Elbert, T., Missmahl, I., Bette, J.-P., & Neuner, F. (2009). War trauma, child labor, and family violence: Life adversities and PTSD in a sample of school children in Kabul. *Journal of Traumatic Stress, 22*, 163–171.

Cauffman, E., & Steinberg, L. (2000). (Im)maturity of judgment in adolescence: Why adolescents may be less culpable than adults. *Behavioral Sciences and the Law, 18*, 741–760.

Ceccatelli, S., Tamm, C., Zhang, Q., & Chen M. (2007). Mechanisms and modulation of neural cell damage induced by oxidative stress. *Physiology and Behavior, 92*, 87–92.

Cerda, M., Tracy, M., Sanchez, B., & Galea, S. (2011). Comorbidity among depression, conduct disorder, and drug use from adolescence to young adulthood: Examining the role of violence exposures. *Journal of Traumatic Stress, 24*(6), 651–659.

Cerda, M., Sagdeo, A., Johnson, J., & Galea, S. (2010). Genetic and environmental influences on psychiatric comorbidity: A systematic review. *Journal of Affective Disorders, 126*, 14–38.

Champagne, F., & Mashoodh, R. (2009). Genes in context. *Current Directions in Psychological Science, 18*, 127–131.

Champagne, F., & Meaney, M. (2007). Transgenerational effects of social environment on variations in maternal care and behavioral response to novelty. *Behavioral Neuroscience, 121*, 1353–1363.

Chemtob, C., Madan, A., Berger, P., & Abramovitz, R. (2011). Adolescent exposure to the World Trade Center attacks, PTSD symptomatology, and suicidal ideation. *Journal of Traumatic Stress, 24*, 526–529.

Chen, X., Rubin, K., & Li, B. (1995). Social and school adjustment of shy and aggressive children in China. *Development and Psychopatnology, 7*, 337–349.

Cicchetti, D. V. (2003a). Foreword. In S. S. Luthar (Ed.), *Resilience and vulnerability: Adaptation in the context of childhood adversities* (pp. xix–xxxi). New York: Cambridge University Press.

Cicchetti, D. V. (2003b). Neuroendocrine functioning in maltreated children. In D. Cicchetti & E. Walker (Eds.), *Neurodevelopmental mechanisms in psychopathology* (pp. 345–365). Cambridge, UK: Cambridge University Press.

Cisler, J., Amstadter, A., & Nugent, N. (2011). Genetic and environmental influences on posttrauma adjustment in children and adolescents: The role of personality constructs. *Journal of Child and Adolescent Trauma, 4*(4), 301–317.

Clinton, G., & Jenkins-Monroe, V. (1994). Rorschach responses of sexually abused children: An exploratory study. *Journal of Child Sexual Abuse, 3*(1), 67-83.

Cloitre, M., Stolbach, B. C., Herman, J., van der Kolk, B., Pynoos, R., Wang, J., et al. (2009). A developmental approach to complex PTSD: Childhood and adult cumulative trauma as predictors of symptom complexity. *Journal of Traumatic Stress, 22*, 399–408.

Cloitre, M., Stovall-McClough, K., Nooner, K., Zorbas, P., Cherry, S., Jackson, C., et al. (2010). Treatment for PTSD related to childhood abuse: A randomized controlled trial. *American Journal of Psychiatry, 167*, 915–924.

Cohen, J., Mannarino, A., Greenberg, T., Padlo, S., & Shipley, C. (2002). Childhood traumatic grief: Concepts and controversies. *Trauma, Violence, and Abuse, 3*, 307–327.

Cole, P., Dennis, T., Smith-Simon, K., & Cohen, L., (2009). Preschoolers' emotion regulation strategy understanding: Relations with emotion socialization and child self-regulation. *Social Development, 18*, 324–352.

Collip, D., Myin-Germeys, I., & van Os, J. (2008). Does the concept of "sensitization" provide a plausible mechanism for the putative link between the environment and schizophrenia? *Schizophrenia Bulletin, 34*, 220–225.

Compas, B. E. (1998). An agenda for coping research and theory: Basic and applied developmental issues. *International Journal of Behavioral Development, 22*(2), 231–237.

Conus, P., Cotton, S., Schimmelmann, B., McGorry, P., & Lambert, M. (2010). Pretreatment and outcome correlates of sexual and physical trauma in an epidemiological cohort of first-episode psychosis patients. *Schizophrenia Bulletin, 36*, 1105–1114.

Cook, A., Spinazzola, J., Ford, J., Lanktree, C., Blaustein, M., Cloitre, M., et al. (2005). Complex trauma in children and adolescents. *Psychiatric Annals, 35*, 390–398.

Copeland, W., Keeler, G., Angold, A., & Costello, E. (2007). Traumatic events and posttraumatic stress in childhood. *Archives of General Psychiatry, 64*, 577–584.

Corruble, E., Chouinard, V., Letierce, A., Gorwood, P., & Chouinard, G. (2009). Is DSM-IV bereavement exclusion for major depressive episode relevant to severity and pattern of symptoms?: A case-control, cross-sectional study. *Journal of Clinical Psychiatry, 70*, 1091–1097.

Costello, E., Foley, D., & Angold, A. (2006). 10-year research update review: The epidemiology of child and adolescent psychiatric disorders: II: Developmental epidemiology. *Journal of the American Academy of child and Adolescent Psychiatry, 45*, 8–25.

Costello, E., Mustillo, S., Erkanli, A., Keeler, G., & Angold, A. (2003). Prevalence and development of psychiatric disorders in childhood and adolescence. *Archives of General Psychiatry, 60*(8), 837–844.

Covault, J., Tennen, H., Armeli, S., Conner, T., Herman, A., Cillessen, A., et al. (2007). Interactive effects of the serotonin transporter 5-HTTLPR polymorphism and stressful life events on college student drinking and drug use. *Biological Psychiatry 6*, 609–616.

Crisan, L., Pana, S., Vulturar, R., Heilman, R., Szekely, R., Druga, B., et al. (2009). Genetic contributions of the serotonin transporter to social learning of fear and economic decision making. *Social Cognitive and Affective Neuroscience, 4*, 399–408.

Cruise, K., Fernandez, K., McCoy, W., Guy, L., Colwell, L., & Douglas, T. (2008). The influence of psychosocial maturity on adolescent offenders' delinquent behavior. *Youth Violence and Juvenile Justice, 6*, 178–194.

Cummings, J., Pellegrini, D., Notarius, C., & Cummings, E. (1989). Children's responses to angry adult behavior as a function of marital distress and history of interparent hostility. *Child Development, 60*(5), 1035–1043.

Cutajar, M., Mullen, P., Ogloff, J. R., Thomas, S., Wells, D., & Spataro, J. (2010). Schizophrenia and other psychotic disorders in a cohort of sexually abused children. *Archives of General Psychiatry, 67*, 1114–1119.

Dahl, R., & Gunnar, M. (2009). Heightened stress responsiveness and emotional reactivity during pubertal maturation: implications for psychopathology. *Developmental Psychopathology, 21*, 1–6.

Dalton, J., Aubuchon, I., Tom, A., Pederson, S., & McFarland, R. (1993). MBTI profiles of Vietnam veterans with posttraumatic stress disorder. *Journal of Psychological Type, 26*, 3–8.

Danielson, C., Macdonald, A., Amstadter, A., Hanson, R., de Arellano, M., Saunders, B., et al. (2010). Risky behaviors and depression in conjunction with—or in the absence of—lifetime history of PTSD among sexually abused adolescents. *Child Maltreatment, 15*, 101–107.

Dannlowski, U., Ohrmann, P., Bauer, J., Kugel, H., Baune, B., Hohoff, C., et al. (2007). Serotonergic genes modulate amygdala activity in major depression. *Genes, Brain and Behavior, 6*, 672–676.

Daviss, W., Mooney, D., Racusin, R., Ford, J., Fleischer, A., & McHugo, G. (2000). Predicting posttraumatic stress after hospitalization for pediatric injury. *Journal of American Academy of Child and Adolescent Psychiatry, 59*, 576–583.

Dean, K., Stevens, H., Mortensen, P. Murray, R., Walsh, E., & Pederson, C. (2010). Full spectrum of psychiatric outcomes among offspring with parental history of mental disorder. *Archives of General Psychiatry, 67*, 822–829.

Deardorff, J., Gonzales, N., & Sandler, I. (2003). Control beliefs as a mediator of the relation between stress and depressive symptoms among inner-city adolescents. *Journal of Abnormal Child Psychology, 31*(2), 205–217.

De Bellis, M. (2001). Developmental traumatology: The psychobiological development of maltreated children and its implications for research, treatment, and policy. *Development and Psychopathology, 13*, 537–561.

De Bellis, M. D., Baum, A. S., Birmaher, B., Keshavan, M. S., Eccard, C. H., Boring, A. M., et al. (1999). Developmental traumatology part I: Biological stress systems. *Biological Psychiatry, 45*, 1259–1270.

De Bellis, M. D., & Hooper, S. (2012). Neural substrates for processing task-irrelevant emotional distracters in maltreated adolescents with depressive disorders: A pilot study. *Journal of Traumatic Stress, 25*, 198–202.

De Bellis, M. D., Keshavan, M. S., Clark, D. B., Casey, B. J., Giedd, J. N., Boring, A. M., et al. (1999). Developmental traumatology part II: Brain development. *Biological Psychiatry, 45*, 1271–1284.

De Bellis, M., Keshavan, M. S., Shifflett, H., Iyengar, S., Beers, S., Hall, J., et al. (2002). Brain structures in pediatric maltreatment-related posttraumatic stress disorder: A sociodemographically matched study. *Biological Psychiatry, 52*, 1066–1078.

De Bellis, M. D., Keshavan, M. S., Spencer, S., & Hall, J. (2000). N-acetylaspartate concentration in the anterior cingulate of maltreated children and adolescents with PTSD. *American Journal of Psychiatry, 157*, 1175–1177.

De Bellis, M. D., & Thomas, L. (2003). Biologic findings of post-traumatic stress disorder and child maltreatment. *Current Psychiatry Reports, 5*, 108–117.

de Graaf, R., Bijl, R., ten Have, M., Beekman, A., & Vollebergh, W. (2004). Rapid onset of comorbidity of common mental disorders: Findings from the Netherlands Mental Health Survey and Incidence Study (NEMESIS). *Actica Psychiatrica Scandinavia, 109*, 55–63.

Delamater, A., & Applegate, E. (1999). Child development and post-traumatic stress disorder after hurricane exposure. *Traumatology, 5*, 20–27.

Del Giudice, M., Ellis, B. & Shirtcliff, E. (2011). The Adaptive Calibration Model of stress responsivity. *Neuroscience and Biobehavioral Reviews*. 35, 1562–1592.

Dennis, M., Flood, A., Reynolds, V., Araujo, G., Clancy, C., Barefoot, J., et al. (2009). Evaluation of lifetime trauma exposure and physical health in women with posttraumatic stress disorder or major depressive disorder. *Violence Against Women, 15*, 618–627.

den Velde, W., Falger, P., Hovens, J., de Groen, J., Lasschuit, L. J., Van Duijn, H., et al. (1993). Posttraumatic stress disorder in Dutch resistance veterans from World War II. In J. P. Wilson & B. Raphael (Eds.), *International handbook of traumatic stress syndromes* (pp. 219–230). New York: Plenum Press.

De Young, C., Hirsh, J., Shane, M., Papademetris, X., Rajeevan, N., & Gray, J. (2010). Testing predictions from personality neuroscience: Brain structure and the Big Five. *Psychological Science, 21*, 820–828.

De Young, A., Kenardy, J., & Cobham, V. (2011). Diagnosis of posttraumatic stress disorder in preschool children. *Journal of Clinical Child and Adolescent Psychology, 40*, 375–384.

De Young, A., Kenardy, J., Cobham, V., & Kimble, R. (2012). Prevalence, comorbidity and course of trauma reactions in young burn-injured children. *Journal of Child Psychology and Psychiatry, 53*(1), 56–63.

Dickerson, S., & Kemeny, M. (2004). Acute stressors and cortisol responses: A theoretical integration and synthesis of laboratory research. *Psychological Bulletin, 130*, 355–391.

Dishion, T., & Patterson, G. R. (2006). The development and ecology of antisocial behavior in children and adolescents. In D. Cicchetti & D. Cohen (Eds.), *Developmental psychopathology: Vol. 3. Risk, disorder, and adaptation* (pp. 503–541). Hoboken, NJ: Wiley.

Drury, S., Theall, K., Keats, B., & Scheeringa, M. (2009). The role of the dopamine transporter (DAT) in the development of PTSD in preschool children. *Journal of Traumatic Stress, 22*, 534–539.

Durakovic-Belko, E., Kulenovic, A., & Dapic, R. (2003). Determinants of posttraumatic adjustment in adolescents from Sarajevo who experienced war. *Journal of Clinical Psychology, 59*, 27–40.

Dykas, M., Ziv, Y., & Cassidy, J., (2008). Attachment and peer relationships in adolescence. *Attachment and Human Development, 10*(2), 123–141.

Egan, M. F., Kojima, M., Callicott, J. H., Goldberg, T. E., Kolachana, B. S., et al. (2003). The BDNF val66met polymorphism affects activity-dependent secretion of BDNF and human memory and hippocampal function. *Cell, 112*, 257–269.

Egger, H., & Angold, A. (2006). Common emotional and behavioral disorders in preschool children: Presentation, nosology, and epidemiology. *Journal of Child Psychology and Psychiatry, 47*(3–4), 313–337.

Elhai, J., Engdahl, R., Palmieri, P., Naifeh, J., Schweinle, A., & Jacobs, G. (2009). Assessing posttraumatic stress disorder with or without reference to a single, worst traumatic event: Examining differences in factor structure. *Psychological Assessment, 21*, 629–634.

Ellis, B., & Boyce, W. (2008). Biological sensitivity to context. *Current Directions in Psychological Science*. 17, 183–187.

Enoch, M.-A., Shen, P.-H., Ducci, F., Yuan, Q., Liu, J., White, K., et al. (2008). Common genetic origins for EEG, alcoholism and anxiety: The role of CRH-BP. *PLoS One, 3*(10), e3620.

Eysenck, H. (1967). *The biological basis of personality*. Springfield, IL: Thomas.

Fearon, R., Bakermans-Kranenburg, M., van IJzendoorn, M., Lapsley, A., & Roisman, G. (2010). The significance of insecure attachment and disorganization in the development of children's externalizing behavior: A meta-analytic study. *Child Development, 81,* 435–456.

Ferguson, F., & Austin, E. (2010). Associations of trait and ability emotional intelligence with performance on Theory of Mind tasks in an adult sample. *Personality and Individual Differences, 49,* 414–418.

Fergusson, D., & Horwood, L. (2003). Resilience to childhood adversity: Results of a 21-year study. In S. S. Luthar (Ed.), *Resilience and vulnerability: Adaptation in the context of childhood adversities* (pp. 130–155). New York: Cambridge University Press.

Figley, C. R. (1993). Foreword. In J. P. Wilson & B. Raphael (Eds.), *International handbook of traumatic stress syndromes* (pp. xvii–xx). New York: Plenum Press.

Fikretoglu, D., & Liu, A. (2011). Prevalence, correlates, and clinical features of delayed-onset posttraumatic stress disorder in a nationally representative military sample. *Social Psychiatry and Psychiatric Epidemiology, 47,* 1359–1366.

Finkelhor, D., Ormrod, R., & Turner, H. (2007a). Polyvictimization: A neglected component in child victimization. *Child Abuse and Neglect, 31,* 7–26.

Finkelhor, D., Ormrod, R., & Turner, H. (2007b). Revictimization patterns in a national longitudinal sample of children and youth. *Child Abuse and Neglect, 31,* 479–502.

Finkelhor, D., Ormrod, R., & Turner, H. (2009). Lifetime assessment of poly-victimization in a national sample of children and youth. *Child Abuse and Neglect, 33,* 403–411.

Finkelhor, D., Shattuck, A., Turner, H., & Ormrod, R. (2014). Poly-victimization in developmental context. In K. Nader (Ed.), *Assessment of trauma in youths: Understanding issues of age, complexity, and associated variables* (pp. 132–141). New York: Routledge.

Fletcher, K. (1994). Childhood posttraumatic stress disorder. In E. J. Mash & R. A. Barkley (Eds.), *Child psychopathology.* New York: Guilford Press.

Fletcher, K. (2003). Childhood posttraumatic stress disorder. In E. J. Mash & R. A. Barkley (Eds.) *Child psychopathology* (2nd ed., pp. 330–371). New York: Guilford Press.

Forbes, D., Fletcher, S., Lockwood, E., O'Donnell, M., Creamer, M., Bryant, R., et al. (2011). Requiring both avoidance and emotional numbing in DSM-V PTSD: Will it help? *Journal of Affective Disorders, 130,* 483–486.

Ford, J. (2011). Assessing child and adolescent complex traumatic reactions. *Journal of Child and Adolescent Trauma, 4*(3), 217–232.

Ford, J., Courtois, C., van der Hart, O., Nijenhuis, E., & Steele, K. (2005). Treatment of complex post-traumatic self-dysregulation. *Journal of Traumatic Stress, 18,* 437–447.

Ford, J., Elhai, J., Connor, D., & Frueh, B. (2010). Polyvictimization and risk of posttraumatic, depressive, and substance use disorders and involvement in adolescents. *Journal of Adolescent Health, 46*(6), 545–552.

Ford, J., & Developmental Trauma Disorder Work Group. (2012). *Developmental Trauma Disorder Structured Interview for Children (DTDSI-C) 10.4.* (Available from *jford@uchc.edu*)

Ford, J., Elhai, J., Ruggiero, K., & Frueh, B. (2009). Refining posttrauamtic stress disorder diagnosis: Evaluation of symptom criteria with the National Survey of Adolescents. *Journal of Clinical Psychiatry, 70,* 748-755.

Ford, J., Fraleigh, L., Albert, D., & Connor, D. (2010). Child abuse and autonomic nervous system hyporesponsivity among psychiatrically impaired children. *Child Abuse and Neglect, 34,* 507–515.

Ford, J., Grasso, D., Greene, C., Levine, J., Spinazzola, J., & van der Kolk, B. (2013). Clinical significance of a proposed developmental trauma disorder diagnosis: Results of an international survey of clinicians. *Journal of Clinical Psychiatry, 74*(8), 841–849.

Ford, J., Nader, K., & Fletcher, K. (2013). Clinical assessment and diagnosis. In J. Ford & C. Courtois (Eds.), *Treating complex traumatic stress disorders in children and adolescents: Scientific foundations and therapeutic models* (pp. 116–139). New York: Guilford Press.

Ford, J., Wasser, T., & Connor, D. (2011). Identifying and determining the symptom severity associated with polyvictimization among psychiatrically impaired children in the outpatient setting. *Child Maltreatment, 16,* 216–226.

Fox, N., Henderson, H., Marshall, P., Nichols, K., & Ghera, M. (2005). Behavioral inhibition: Linking biology and behavior within a developmental framework. *Annual Review of Psychology, 56,* 235–262.

Fox, N., Henderson, H., Rubin, K., Calkins, S., & Schmidt, L. (2001). Continuity and discontinuity of behavioral inhibition and exuberance: Psychophysiological and behavioral influences across the first four years of life. *Child Development, 72,* 1–21.

Frederick, C. J. (1986). Post-traumatic stress disorder and child molestation. In A. W. Burgess & C. R. Hartman (Eds.), *Sexual exploitation of patients by health professionals* (pp. 133–142). New York: Praeger.

Freud, A., & Burlingham, D. (1943). *War and children.* Westport, CT: Greenwood Press.

Freud, S. (1955). Beyond the pleasure principle. In J. Strachey (Ed. & Trans.), *The standard edition of the complete psychological works of Sigmund Freud* (Vol. 18, pp. 37–64). London: Hogarth Press. (Original work published 1920)

Freud, S. (1964). Moses and monotheism. In J. Strachey (Ed. & Trans.), *The standard edition of the complete psychological works of Sigmund Freud* (Vol. 23, pp. 3–137). London: Hogarth Press. (Original work published 1939)

Frewen, P., Dozois, D., Neufeld, R., & Lanius, R. (2008). Meta-analysis of alexithymia in posttraumatic stress disorder. *Journal of Traumatic Stress, 21,* 243–246.

Frewen, P., Dozois, D., Neufeld, R., & Lanius, R. (2012). Disturbances of emotional awareness and expression in posttraumatic stress disorder: Meta-mood, emotion regulation, mindfulness, and interference of emotional expressiveness. *Psychological Trauma: Theory, Research, Practice, and Policy,* 4, 152–161.

Frewen, P., Lane, R., Neufeld, R., Densmore, M., Stevens, T.,

& Lanius, R. (2008). Neural correlates of individual differences in levels of emotional awareness: Implications for PTSD and resilience. *Psychosomatic Medicine, 70,* 27–31.

Furman, D., Hamilton, P., Joormann, J., & Gotlib, I. (2011). Altered timing of amygdala activation during sad mood elaboration as a function of 5-HTTLPR. *Biological Psychiatry, 6,* 270–276.

Furr, J., Comer, J., Edmunds, J., & Kendall, P. (2010). Disasters and youth: A meta-analytic examination of posttraumatic stress. *Journal of Consulting and Clinical Psychology, 78,* 765–780.

Gabert-Quillen, C., Fallon, W., & Delahanty, D. (2011). PTSD after traumatic injury: An investigation of the impact of injury severity and peritraumatic moderators. *Journal of Health Psychology, 16,* 678–687.

Gatt, J. M., Nemeroff, C., Dobson-Stone, C. B., Paul, R., Bryant, R. H., Schofield, P. R., et al. (2009). Interactions between BDNF Val66Met polymorphism and early life stress predict brain and arousal pathways to syndromal depression and anxiety. *Molecular Psychiatry, 14,* 681–695.

Geiger, T., & Crick, N. (2001). A developmental psychopathology perspective on vulnerability to personality disorders. In R. E. Ingram & J. M. Price (Eds.), *Vulnerability to psychopathology: Risk across the lifespan* (pp. 57–102). New York: Guilford Press.

Gibson, C., Miller, J., Jennings, W., Swat, M., & Gover, A. (2009). Using propensity score matching to understand the relationship between gang membership and violent victimization: A research note. *Justice Quarterly, 26,* 625–643.

Gilbert, R., Widom, C., Browne, K., Fergusson, D., Webb, E., & Janson, S. (2009). Burden and consequences of child maltreatment in high income countries. *Lancet, 373,* 68–81.

Gill, J. M., Page, G., Sharps, P., & Campbell, J. C. (2008). Experiences of traumatic events and associations with PTSD and depression development in urban health care-seeking women. *Journal of Urban Health, 85,* 693–706.

Gillespie, C., Phifer, J., Bradley, B., & Ressler, K. (2009). Risk and resilience: Genetic and environmental influences on development of the stress response. *Depression and Anxiety, 26,* 984–992.

Glynn, L., Davis, E., Schetter, C., Chicz-Demet, A., Hobel, C., & Sandman, C. (2007). Postnatal maternal cortisol levels predict temperament in healthy breastfed infants. *Early Human Development, 83*(10), 675–681.

Gobin, R., & Freyd, J. (2009). Betrayal and revictimization: Preliminary findings. *Psychological Trauma: Theory, Research, Practice, and Policy, 1,* 242–257.

Goenjian, A., Molina, L., Steinberg, A., Fairbanks, L., Alvarez, M., Goenjian, H., et al. (2001). Posttraumatic stress and depressive reactions among Nicaraguan adolescents after Hurricane Mitch. *American Journal of Psychiatry, 158,* 788–794.

Gold, S. N. (2004). Trauma resolution and integration program. *Psychotherapy: Theory, Research, Practice, Training, 41*(4), 363–373.

Gould, F., Clarke, J, Heim, C., Harvey, P., Majer, M., & Nemeroff, C. (2012). The effects of child abuse and neglect on cognitive functioning in adulthood. *Journal of Psychiatric Research, 46,* 500–506.

Green, B., Grace, M., Vary, M., Kramer, T., Gleser, G., & Leonard, A. (1994). Children of disaster in the second decade: A 17-year follow-up of Buffalo Creek survivors. *Journal of the American Academy of Child and Adolescent Psychiatry, 33,* 71–79.

Green, B., Korol, M., Grace, M., Vary, M., Leonard, A., Gleser, G., et al. (1991). Children and disaster: Age, gender, and parental effects on PTSD symptoms. *Journal of the American Academy of Child and Adolescent Psychiatry, 30,* 945–951.

Green, J. G., McLaughlin, K., Berglund, P., Gruber, M., Sampson, N., Zaslavsky, A., et al. (2010). Childhood adversities and adult psychiatric disorders in the National Comorbidity Survey Replication. I: Associations with first onset of DSM–IV disorders. *Archives of General Psychiatry, 67,* 113–123.

Greenwald, R. (Ed.). (2002). *Trauma and juvenile delinquency: Theory, research, and interventions.* New York: Haworth Press.

Gross, M., & Graham-Bermann, S. (2006). Review essay: Gender, categories, and science-as-usual: A critical reading of *gender and PTSD. Violence against Women, 12,* 393–406.

Grych, J., Jouriles, E., Swank, P., McDonald, R., & Norwood, W. (2000). Patterns of adjustment among children of battered women. *Journal of Consulting and Clinical Psychology, 68,* 84–94.

Gunnar, M., Frenn, K., Wewerka, S., & Van Ryzin, M. (2009). Moderate versus severe early life stress: Associations with stress reactivity and regulation in 10–12-year-old children. *Psychoneuroendocrinology, 34,* 62–75.

Gunnar, M., Talge, N., & Herrera, A., (2009). Stressor paradigms in developmental studies: What does and does not work to produce mean increases in salivary cortisol. *Psychoneuroendocrinology, 34,* 953–967.

Habib, M., & Labruna, V. (2011). Clinical considerations in assessing trauma and PTSD in adolescents. *Journal of Child and Adolescent Trauma, 4,* 198–216.

Haine, R, Ayers, T, Sandler, I, Wolchik, S, & Weyer, J. (2003). Locus of control and self-esteem as stress-moderators or stress-mediators in parentally bereaved children. *Death Studies, 27,* 619–640.

Halligan, S., Herbert, J., Goodyer, I., & Murray, L. (2007). Disturbances in morning cortisol secretion in association with maternal postnatal depression predict subsequent depressive symptomatology in adolescents. *Biological Psychiatry, 62,* 40–46.

Hamlin, V., Jonker, B., & Scahill, L. (2004). Acute stress disorder symptoms in gunshot-injured youth. *Journal of Child & Adolescent Psychiatric Nursing, 17*(4), 161–172.

Han, P., Holbrook, T., Sise, M., Sack, D., Sise, C., Hoyt, D., et al. (2011). Postinjury depression is a serious complication in adolescents after major trauma: Injury severity and injury-event factors predict depression and long-term quality of life deficits. *Journal of Trauma, 70*, 923–930.

Hariri, A., Goldberg, T., Mattay, V., Kolachana, B., Callicott, J., Egan, M., et al. (2003). Brain-derived neurotrophic factor val66met polymorphism affects human memory-related hippocampal activity and predicts memory performance. *Journal of Neuroscience, 23*, 6690–6694.

Harvey, A., & Bryant, R. (2002). Acute stress disorder: A synthesis and critique. *Psychological Bulletin, 128*, 886–902.

Hasselbalch, B., Knorr, U., & Kessing, L. (2010). Cognitive impairment in the remitted state of unipolar depressive disorder: A systematic review. *Journal of Affective Disorders, 134*, 20–31.

Heim, C., Mletzko, T., Purselle, D., Musselman, D., & Nemeroff, C. (2008). The dexamethasone/corticotropin-releasing factor test in men with major depression: Role of childhood trauma. *Biological Psychiatry, 63*, 398–405.

Heim, C., Plotsky, P., & Nemeroff, C. (2004). Importance of studying the contribution of early adverse experiences to neurobiological finding in depression. *Neuropsychopharmacology, 29*, 641–648.

Heinonen, K., Räikönnen, K., & Keltikangas-Järvinen, L. (2003). Maternal perceptions and adolescent self-esteem: A six-year longitudinal study. *Adolescence, 38*, 669–687.

Herman, J. L. (1992). *Trauma and recovery.* New York: Basic Books.

Ho, M., & Cheung, F. (2010). The differential effects of forms and settings of exposure to violence on adolescents' adjustment. *Journal of Interpersonal Violence 25*, 1309–1337.

Hobfoll, S. E., Watson, P., Bell, C., Bryant, R. A., Brymer, M. J., Friedman, M. J., et al. (2007). Five essential elements of immediate and mid–term mass trauma intervention: Empirical evidence. *Psychiatry: Interpersonal and Biological Processes, 70*, 283–315.

Hoenicka, J., Ponce, G., Jimenez-Arriero, M., Ampuero, I., Rodriguez-Jimenez, R., Rubio, G., Aragues, M., et al. (2007). Association in alcoholic patients between psychopathic traits and the additive effect of allelic forms of the CNR1 and FAAH endocannabinoid genes, and the 3′ region of the DRD2 gene. *Neurotoxicity Research, 11*, 51–59.

Horowitz, M. J. (1979). Psychological response to serious life events. In D. M. W. V. Hamilton (Ed.), *Human stress and cognition: An information processing approach* (pp. 235–263). Chichester, UK: Wiley.

Hosser, D., Raddatz, S., & Windzio, M. (2007). Child maltreatment, revictimization, and violent behavior. *Violence and Victims, 22*, 318–333.

Hughes, M., Brymer, M., Chiu, W., Fairbank, J., Jones, R., Pynoos, R., et al. (2011). Posttraumatic stress among students after the shootings at Virginia Tech. *Psychological Trauma: Theory, Research, Practice, and Policy, 3*, 403–411.

Hulme, P. (2011). Childhood sexual abuse, HPA axis regulation, and mental health: An integrative review. *Western Journal of Nursing Research, 33.* 1069–1097.

Iacono, W., & McGue, M. (2006). Association between P3 event-related brain potential amplitude and adolescent problem behavior. *Psychophysiology, 43*, 465–469.

Ingoldsby, M., Kohl, G., McMahon, R., & Lengua, L. (2006). Conduct problems, depressive symptomatology and their co-occurring presentation in childhood as predictors of adjustment in early adolescence. *Journal of Abnormal Child Psychology, 34*, 603–621.

Ising, M., Depping, A., Siebertz, A., Lucae, S, Unschuld, P., Kloiber, S., et al. (2008). Polymorphisms in the FKBP5 gene region modulate recovery from psychosocial stress in healthy controls. *European Journal of Neuroscience, 28*, 389–398.

Jacobs, S. (1999). *Traumatic grief: Diagnosis, treatment and prevention.* New York: Brunner/Mazel.

Jacobson, L., & Sapolsky, R. (1991). The role of the hippocampus in feedback regulation of the hypothalamic-pituitary-adrenocortical axis. *Endocrine Reviews, 12*, 118–134.

Janssen, I., Krabbendam, L., Bak, M., Hanssen, M., Vollebergh, W., de Graaf, R., et al. (2004). Childhood abuse as a risk factor for psychotic experiences. *Acta Psychiatrica Scandinavica, 109*, 38–45.

Jaycox, L. H., Cohen, J. A., Mannarino, A. P., Walker, D. W., Langley, A. K., Gegenheimer, K. L., et al. (2010). Children's mental health care following hurricane Katrina: A field trial of trauma-focused. *Journal of Traumatic Stress, 23*, 223-231.

Jones, J. C., & Barlow, D. (1990). The etiology of posttraumatic stress disorder. *Clinical Psychology Review, 10*, 299–328.

Jones, S., & Fernyhough C. (2007). A new look at the neural diathesis–stress model of schizophrenia: The primacy of social-evaluative and uncontrollable situations. *Schizophrenia Bulletin, 33*, 1171–1177.

Kalk, N., Nutt, D., & Lingford-Hughes, A. (2011). The role of central noradrenergic dysregulation in anxiety disorders: evidence from clinical studies. *Journal of Psychopharmacology, 25*(1), 3–16.

Kamis, V. (2005). Post-traumatic stress disorder among school age Palestinian children. *Child Abuse and Neglect, 29*, 81–85.

Kassam-Adams, N., Marsac, M., & Cirilli, C. (2010). Posttraumatic stress disorder symptom structure in injured children: Functional impairment and depression symptoms in a confirmatory factor analysis. *Journal of the American Academy of Child and Adolescent Psychiatry, 49*, 616–625.

Kassam-Adams, N., & Winston, F. (2004). Predicting child PTSD: The relationship between ASD and PTSD in injured children. *Journal of the American Academy of Child and Adolescent Psychiatry, 43*, 403–411.

Katz, M., Liu, C., Schaer, M., Parker, K., Ottet, M., Epps, A., et al. (2009). Prefrontal plasticity and 665 stress inoculation-induced resilience. *Developmental Neuroscience, 31*(4), 293–299.

Kendler, K., Neale, M., Kessler, R., Heath, A., & Eaves, L. (1993). A longitudinal twin study of personality and major depression in women. *Archives of General Psychiatry, 50*, 853–862.

Kertes, D., Kalsi, G., Prescott, C., Kuo, P., Patterson, D., Walsh, D., et al. (2010). Neurotransmitter and neuromodulator genes associated with a history of depressive symptoms in individuals with alcohol dependence. *Alcoholism: Clinical and Experimental Research, 5*, 496–505.

Kessler, R. (2000). Posttraumatic stress disorder: The burden to the individual and to society. *Journal of Clinical Psychiatry, 61*, 4–12.

Kessler, R. C., Avenevoli, S., Costello, E. J., Georgiades, K., Green, J. G., Gruber, M. J., et al. (2012). Prevalence, persistence, and sociodemographic correlates of DSM-IV disorders in the National Comorbidity Survey Replication Adolescent Supplement. *Archives of General Psychiatry*, 29, 372–380.

Kessler, R. C., Berglund, P., Demler, O., Jin, R., & Walters, E. (2005). Lifetime prevalence and age-of-onset distributions of DSM-IV disorders in the National Comorbidity Survey Replication (NCS-R). *Archives of General Psychiatry. 62*, 593–602.

Kessler, R. C., Davis, C., & Kendler, K. (1997). Childhood adversity and adult psychiatric disorder in the US National Comorbidity Survey. *Psychological Medicine, 27*, 1101–1119.

Kilpatrick, D. S., & Resnick, H. S. (1992), A description of the posttraumatic stress disorder field trial. In J. R. T Davidson & E. B. Foa (Eds.), *Posttraumatic stress disorder: DSM-IV and beyond* (pp. 243–250.). Washington, DC: American Psychiatric Press.

Kilpatrick, D., & Saunders, B. (2003). *Prevalence and consequences of child victimization: Results from the National Survey of Adolescents* (Final Report to the U.S. Department of Justice). Charleston: National Crime Victims Research and Treatment Center, Department of Psychiatry and Behavioral Sciences, Medical University of South Carolina.

Kim-Cohen, J., Caspi, A., Taylor, A., Williams, B., Newcombe, R., Craig, I., et al. (2006). MAOA, maltreatment, and gene–environment interaction predicting children's mental health: New evidence and a meta-analysis. *Molecular Psychiatry, 11*, 903–913.

Kimerling, R., Prins, A., Westrup, D., & Lee, T. (2004). Gender issues in the assessment of PTSD. In J. P. Wilson & T. M. Keane (Eds.), *Assessing psychological trauma and PTSD* (2nd ed., pp. 565–599). New York: Guilford Press.

King, D., Leskin, G., King, L., & Weathers, F. (1998). Confirmatory factor analysis of the Clinician-Administered PTSD Scale: Evidence for the dimensionality of posttraumatic stress disorder. *Psychological Assessment, 10*, 90–96.

Kinzie, J. D., & Goetz, R. R. (1996). A century of controversy surrounding posttraumatic stress-spectrum syndromes: The impact on DSM-III and DSM-IV. *Journal of Traumatic Stress, 9*, 159–179.

Kochanska, G., Philibert, R., & Barry, R. (2009). Interplay of genes and early mother and child relationship in the development of self-regulation from toddler to preschool age. *Journal of Child Psychology and Psychiatry, 50*, 1331–1338.

Koenen, K. (2007). Genetics of posttraumatic stress disorder: Review and recommendations for future studies. *Journal of Traumatic Stress, 20*, 737–750.

Koenen, K., Moffitt, T., Caspi, A., Gregory, A., Harrington, H., & Poulton, R. (2008). The developmental mental-disorder histories of adults with posttraumatic stress disorder: A prospective longitudinal birth cohort study. *Journal of Abnormal Psychology, 117*, 460–466.

Koenen, K., Saxe, G., Purcell, S., Smoller, J., Bartholomew, D., Miller, A., et al. (2005). Polymorphisms in FKBP5 are associated with peritraumatic dissociation in medically injured children. *Molecular Psychiatry, 10*, 1058–1059.

Koob, G., & Le Moal, M. (2008). Addiction and the Brain Antireward System. *Annual Review of Psychology, 59*, 29–53.

Korol, M., Green, B., & Gleser, G. (1999). Children's responses to a nuclear waste disaster: PTSD symptoms and outcome prediction. *Journal of the American Academy of Child and Adolescent Psychiatry, 38*, 368–375.

Kroll, J. (2003). Posttraumatic symptoms and the complexity of responses to trauma. *Journal of the American Medical Association, 290*(5), 667–670.

Krysinska, K., & Lester, D. (2010). Post-traumatic stress disorder and suicide risk: A systematic review. *Archives of Suicide Research, 14*, 1–23.

Kulkarni, M., Graham-Bermann, S., Rauch, S., & Seng, J. (2011). Witnessing versus experiencing direct violence in childhood as correlates of adulthood PTSD. *Journal of Interpersonal Violence 26*, 1264–1281.

Kumsta, R., Stevens, S., Brookes, K., Schlotz, W., Castle, J., Beckett, C., et al. (2010). 5HTT genotype moderates the influence of early institutional deprivation on emotional problems in adolescence: Evidence from the English and Romanian Adoptee (ERA) study. *Journal of Child Psychology and Psychiatry, 51*, 755–762.

La Greca, A., & Prinstein, M. (2002). Hurricanes and earthquakes. In A. La Greca, W. Silverman, E. Vernberg, & M. Roberts (Eds.), *Helping children cope with disasters and terrorism* (pp. 107–138). Washington, DC: American Psychological Association.

La Greca, A., Silverman, W., Lai, B., & Jaccard, J. (2010). Hurricane-related exposure experiences and stressors, other life events, and social support: Concurrent and prospective impact on children's persistent post-traumatic stress symptoms. *Journal of Consulting and Clinical Psychology, 78*, 794–805.

La Greca, A., Silverman, W., Vernberg, E., & Prinstein, M. (1996). Symptoms of posttraumatic stress in children after Hurricane Andrew: A prospective study. *Journal of Consulting and Clinical Psychology, 64*, 712–723.

Lau, J., & Pine, D. (2008). Elucidating risk mechanisms of

gene–environment interactions on pediatric anxiety: Integrating findings from neuroscience. *European Archives of Psychiatry and Clinical Neuroscience, 258*, 97–106.

Laufer, A., & Solomon, Z. (2009). Gender differences in PTSD in Israeli youth exposed to terror attacks. *Journal of Interpersonal Violence, 24*, 959–976.

Laurens, K., Hodgins, S., West, S., & Murray, R. (2007). Prevalence and correlates of psychotic- like experiences and other developmental antecedents of schizophrenia in children aged 9–12 years. *Schizophrenia Bulletin, 33*, 239.

Lazarus, R. S., & Folkman, S. (1987). Transactional theory and research on emotions and coping. *European Journal of Personality, 1*, 141–169.

Levendosky, A., Huth-Bocks, A., & Semel, M. (2002). Adolescent peer relationships and mental health functioning in families with domestic violence. *Journal of Clinical Child Psychology, 31*, 206–218.

Liberzon, I., & Sripada, C. (2008). The functional neuroanatomy of PTSD: A critical review. *Progress in Brain Research, 167*, 151–169.

Lichtenstein, P., Yip, B., Bjork, C., Pawitan, Y., Cannon, T., Sullivan, P., et al. (2009). Common genetic determinants of schizophrenia and bipolar disorder in Swedish families: A population-based study. *Lancet, 373*, 234–239.

Litz, B. T., & Gray, M. J. (2002). Emotional numbing in posttraumatic stress disorder: Current and future research directions. *Australian and New Zealand Journal of Psychiatry, 36*, 198–204.

Lonsdorf, T., Weike, A., Nikamo, P., Schalling, M., Hamm, A., & Öhman, A. (2009). Genetic gating of human fear learning and extinction: Possible implications for gene–environment interaction in anxiety disorder. *Psychological Science, 20*, 198–206.

Lubit, R., Hartwell, N., van Gorp, W. G., & Eth, S. (2002). Forensic evaluation of trauma syndromes in children. Retrieved March 8, 2005, from *www.traumahelp.org/forensic.htm.*

Lupien, S., King, S., Meaney, M., & McEwen, B. (2000). Child's stress hormone levels correlate with mother's socioeconomic status and depressive state. *Biological Psychiatry, 48*, 976–980.

Lupien, S., McEwen, B., Gunnar, M., & Heim, C. (2009). Effects of stress throughout the lifespan on the brain, behaviour and cognition. *Neuroscience, 10*, 1–12.

Luthar, S. S. (Ed.). (2003). *Resilience and vulnerability: Adaptation in the context of childhood adversities.* New York: Cambridge University Press.

Lyons, D. M., & Parker, K. J. (2007). Stress inoculation-induced indications of resilience in monkeys. *Journal of Traumatic Stress, 20*, 423–433.

Lysaker, P., Beattie, B., Strasburger, M., & Davis, L. (2005). Reported history of child sexual abuse in schizophrenia––association with heightened symptom levels and poorer participation over four months in vocational rehabilitation. *Journal of Nervous and Mental Disease, 193*, 790–795.

Ma, X., Liu, X., Hu, X., Qiu, C., Wang, Y., Huang, Y., et al. (2011). Risk indicators for post-traumatic stress disorder in adolescents exposed to the 5.12 Wenchuan earthquake in China. *Psychiatry Research, 189*, 385–391.

Martin, C., G., Cromer, L. D., DePrince, A. P., & Freyd, J. J. (2013). The role of cumulative trauma, betrayal, and appraisals in understanding trauma symptomatology. *Psychological Trauma: Theory, Research, Practice, and Policy, 5*, 110–118.

Mash, E., & Barkley, R. (Eds.), (2003). *Child psychopathology* (2nd ed.). New York: Guilford Press.

McCleery, J. M., & Harvey, A. G. (2004). Integration of psychological and biological approaches to trauma memory: Implications for pharmacological prevention of PTSD. *Journal of Traumatic Stress, 17*(6), 485–496.

McEwen, B., & Wingfield, J. (2010). What is in a name?: Integrating homeostasis, allostasis and stress. *Hormones and Behavior, 57*, 105–111.

McFarlane, A. C., Policansky, S., & Irwin, C. P. (1987). A longitudinal study of the psychological morbidity in children due to a natural disaster. *Psychological Medicine, 17*, 727–738.

McGowan, P., Sasaki, A., D'Alessio, A., Dymov, S., Labonté, B., Szyf, M., et al. (2009). Epigenetic regulation of the glucocorticoid receptor in human brain associates with childhood abuse. *Nature Neuroscience, 12*, 342–348.

McReynolds, L., & Wasserman, G. (2011). Self-injury in incarcerated juvenile females: Contributions of mental health and traumatic experiences. *Journal of Traumatic Stress, 24*, 752–755.

Meiser-Stedman, R., Dalgleish, T., Smith, P., Yule, W., & Glucksman, E. (2007). The posttraumatic stress disorder diagnosis in preschool- and elementary school-age children exposed to motor vehicle accidents. *American Journal of Psychiatry, 165*, 1326–1337.

Meiser-Stedman, R., Yule, W., Smith, P., Glucksman, E., & Dalgleish, J. (2005). Acute stress disorder and PTSD in children and adolescents involved in assaults and motor vehicle accidents. *American Journal of Psychiatry, 162*, 1381–1383.

Melhem, N., Moritz, G., Walker, M., & Shear, K. (2007). Phenomenology and correlates of complicated grief in children and adolescents. *Journal of the American Academy of Child and Adolescent Psychiatry, 46*(4), 493–499.

Mello, C., & Nader, K. (2012). Teaching coping and social skills to elementary school children. In K. Nader (Ed.), *School rampage shootings and other youth disturbances: Early preventive interventions* (pp. 103–126). New York: Routledge.

Merikangas, K., He, J.-P., Burstein, M., Swanson S., Avenevoli, S., Cui, L., et al. (2010). Lifetime prevalence of mental disorders in US adolescents: Results from the National Comorbidity Survey Replication–Adolescent Supplement (NCS-A). *Journal of the American Academy of Child and Adolescent Psychiatry, 49*, 980–989.

Mikulincer, M., & Florian, V. (1995). Appraisal of and coping with a real-life stressful situation: The contribution of attachment styles. *Personality and Social Psychology Bulletin, 21*, 206–414.

Miller, G., Chen, E., & Zhou, E. (2007). If it goes up, must it come down?: Chronic stress and the hypothalamic–pituitary–adrenocortical axis in humans. *Psychology Bulletin, 133*, 24–25.

Mills, S. (2001). The idea of different folk psychologies. *International Journal of Philosophical Studies, 9*(4), 501–519.

Milne, B., Caspi, A., Harrington, H., Poulton, R., Rutter, M., & Moffitt, T. (2009). Predictive value of family history on severity of illness. *Archives of General Psychiatry, 66*, 738–747.

Milot, T., St-Laurent, D., Éthier, L., & Provost, M. (2010). Trauma-related symptoms in neglected preschoolers and affective quality of mother–child communication. *Child Maltreatment, 15*(4), 293–304.

Min, M., Farkas, K., Minnes, S., & Singer, K. (2007). Impact of childhood abuse and neglect on substance abuse and psychological distress in Adulthood. *Journal of Traumatic Stress, 20*(5), 833–844.

Mitra, R., & Sapolsky, R. (2008). Acute corticosterone treatment is sufficient to induce anxiety and amygdaloid dendritic hypertrophy. *Proceedings of the National Academy of Sciences, 105*, 5573–5578.

Morcillo, C., Duarte, C., Sala, R., Wang, S., Lejuez, C., Kerridge, B., et al. (2011). Conduct disorder and adult psychiatric diagnoses: Associations and gender differences in the U.S. adult population. *Journal of Psychiatric Research, 46*, 323–330.

Morgan, C., & Fisher, H. (2007). Environment and schizophrenia: Environmental factors in schizophrenia: Childhood trauma—a critical review. *Schizophrenia Bulletin, 33*, 3–10.

Morgos, D., Worden, J., & Gupta, L., (2007). Psychosocial effects of war experiences among displaced children in southern Darfur. *Omega, 56*, 229–253.

Mortensen, P., Pedersen, M., & Pedersen, C. (2010). Psychiatric family history and schizophrenia risk in Denmark: Which mental disorders are relevant? *Psychological Medicine, 40*, 201–210.

Moss, E., Bureau, J.-F., Béliveau, M.-J., & Lépine, S. (2009). Links between children's attachment behavior at early school-age, their attachment related representations, and behavior problems in middle childhood. *International Journal of Behavioral Development, 1*, 1–12.

Moss, E., Cyr, C., & Dubois-Comtois, K. (2004). Attachment at early school age and developmental risk: Examining family contexts and behavior problems of controlling–caregiving, controlling–punitive, and behaviorally disorganized children. *Developmental Psychology, 40*, 519–532.

Moss, E., Pascuzzo, K., & Simard, V. (2012). Treating insecure and disorganized attachments in school-aged children. In K. Nader (Ed.), *School rampage shootings and other youth disturbances: Early preventative interven-tions* (pp. 127–158). New York: Routledge.

Mueller, A., Brocke, B., Fries, E., Lesch, K., & Kirschbaum, C. (2010). The role of the serotonin transporter polymorphism for the endocrine stress response in newborns. *Psychoneuroendocrinology, 35*, 289–296.

Muldoon, O. T. (2003). Perceptions of stressful life events in Northern Irish school children: A longitudinal study. *Journal of Child Psychology and Psychiatry, 44*, 193–201.

Munafo, M., Yalcin, B., Willis-Owen, S., & Flint, J. (2008). Association of the dopamine D4 receptor (DRD4) gene and approach-related personality traits: Meta-analysis and new data. *Biological Psychiatry, 63*, 197–206.

Murthy, R. (2007). Mass violence and mental health: Recent epidemiological findings. International *Review of Psychiatry, 19*, 183–192.

Myin-Germeys, I., Marcelis, M., Krabbendam, L., Delespaul, P., & van Os, J. (2005). Subtle fluctuations in psychotic phenomena as functional states of abnormal dopamine reactivity in individuals at risk. *Biological Psychiatry, 58*, 105–110.

Myin-Germeys, I., & van Os, J. (2007). Stress-reactivity in psychosis: Evidence for an affective pathway to psychosis. *Clinical Psychology Review, 27*, 409–424.

Myin-Germeys, I., van Os, J., Schwartz, J., Stone, A., & Delespaul, P. (2001). Emotional reactivity to daily life stress in psychosis. *Archives of General Psychiatry, 58*, 1137–1144.

Nader, K. (1997). Childhood traumatic loss: The intersection of trauma and grief. In C. Figley, B. Bride, & N. Mazza (Eds.), *Death and trauma: The traumatology of grieving* (pp. 17–41). London: Taylor & Francis.

Nader, K. (2008). *Understanding and assessing trauma in children and adolescents: Measures, methods, and youth in context.* New York: Routledge.

Nader, K. (2010). Children and adolescent's exposure to the mass violence of war and terrorism: Role of the media. In N. B. Webb (Ed.), *Helping bereaved children* (3rd edition, pp. 215–239). New York: Guilford Press.

Nader, K. (2012). Early intervention. In C. Figley (Ed.), *Encyclopedia of trauma* (pp. 219–223). Thousand Oaks, CA: Sage.

Nader, K. (in press). Assessing childhood traumatic reactions: The variables that influence reactions and methods of assessment. In P. Clements & S. Seedat (Eds.), *Mental health Issues of child maltreatment.* St Louis, MO: STM Learning.

Nader, K., Dubrow, N., & Stamm, B. (Eds.). (1999). *Honoring differences: Cultural issues in the treatment of trauma and loss.* Philadelphia: Taylor & Francis.

Nader K, & Layne C. (2009). Maladaptive grieving in children and adolescents: discovering developmentally linked differences in the manifestation of grief. *Trauma Stress Points, 23*(5), 12–16.

Nader, K., & Nader, W. (2012). Youth at risk: Targeted shootings, other school violence, and suicides. In K. Nader (Ed.), *School rampage shootings and other youth dis-

turbances: Early preventative interventions (pp. 33–70). New York: Routledge.

Nader, K., Pynoos, R., Fairbanks, L., & Frederick, C. (1990). Children's PTSD reactions one year after a sniper attack at their school. *American Journal of Psychiatry, 147,* 1526–1530.

Nader, K., & Salloum, A. (2011). Complicated grief reactions in children and adolescents. *Journal of Child and Adolescent Trauma, 4,* 233–257.

Nader, K., & Weems, C. (2011). Understanding and assessing cortisol levels in children and adolescents. *Journal of Child and Adolescent Trauma, 4,* 318–338.

Naifeh J., Elhai J., Kashdan T., & Grubaugh A. (2008). The PTSD Symptom Scale's latent structure: An examination of trauma-exposed medical patients. *Journal of Anxiety Disorders, 22,* 1355–1368.

Nemeroff, C. (2004). Neurobiological consequences of childhood trauma. *Journal of Clinical Psychiatry, 65,* 18–28.

Nijenhuis, E., van der Hart, O., & Steele, K. (2002). The emerging psychobiology of trauma-related dissociation and dissociative disorders. In H. D'haenen, J. den Boer, & P. Willner (Eds.), *Biological psychiatry* (pp. 1079–1098). Hoboken, NJ: Wiley.

Nir, Y. (1985). Post-traumatic stress disorder in children with cancer. In S. Eth & R. S. Pynoos (Eds.), *Post-traumatic stress disorder in children* (pp. 123–132). Washington, DC: American Psychiatric Press.

Nixon, R., & Nearmy, L. (2011). Treatment of comorbid post-traumatic stress disorder and major depressive disorder: A pilot study. *Journal of Traumatic Stress, 24,* 451–455.

Noll, J., Horowitz, L., Bonanno, G., Trickett, P., & Putnam, F. (2003). Revictimization and self-harm in females who experienced childhood sexual abuse: Results from a prospective study. *Journal of Interpersonal Violence, 18,* 1452–1471.

Norris, F., Foster, J., & Weisshaar, D. (2002). The epidemiology of sex differences in PTSD across developmental, societal, and research contexts. In R. Kimerling, P. Ouimette, & J. Wolfe (Eds.), *Gender and PTSD* (pp. 3–42). New York: Guilford Press.

Olff, M., Langeland, W., Draijer, N., & Gersons, B. (2007). Gender differences in posttraumatic stress disorder. *Psychological Bulletin, 133,* 183–204.

Ørner, R. (2007). Guest editorial. Implementing NICE guidance for post-traumatic stress disorder in primary care: A new set of criteria for quality assessment. *Quality in Primary Care, 15,* 261–264.

Otis, G., & Louks, J. (1997). Rebelliousness and psychological distress in a sample of introverted veterans. *Journal of Psychological Type, 40,* 20–30.

Ozen, D., & Aktan, T. (2010). Summary: Attachment and being in bullying system: Mediational role of coping strategies. *Turkish Journal of Psychology, 25,* 114–115.

Pacheco, J., Beevers, C., Benavides, C., McGeary, J., Stice, E., & Schnyer, D. (2009). Frontal–limbic white matter pathway associations with the serotonin transporter gene promoter region (5-HTTLPR) polymorphism. *Journal of Neuroscience, 29,* 6229–6233.

Pauli-Pott, U., Friedl, S., Hinney, A., & Hebebrand, J. (2009). Serotonin transporter gene polymorphism (5-HTTLPR), environmental conditions, and developing negative emotionality and fear in early childhood. *Journal of Neural Transmission, 116,* 503–512.

Pearlman, L. A. (2001). Treatment of persons with complex PTSD and other trauma-related disruptions of the self. In J. P. Wilson, M. J. Friedman, & J. D. Lindy (Eds.), *Treating psychological trauma and PTSD* (pp. 205–236). New York: Guilford Press.

Pearlman, M., Schwalbe, K., & Cloitre, M. (2010). *Grief in childhood: Fundamentals of treatment in clinical practice.* Washington, DC: American Psychological Association.

Pelcovitz, D., van der Kolk, B., Roth, S., Kaplan, S., Mandel, F., & Resick, P. (1997). Development of a criteria set and a Structured Interview for Disorders of Extreme Stress (SIDES). *Journal of Traumatic Stress, 10*(1), 3–16.

Perry, B. D. (2006). Applying principles of neurodevelopment to clinical work with maltreated and traumatized children. In N. B. Webb (Ed.), *Working with traumatized youth in child welfare* (pp. 27–52). New York: Guilford Press.

Perry, B. D., Pollard, R., Blakely, T., Baker, W., & Vigilante, D. (1995). Childhood trauma, the neurobiology of adaptation and "use-dependent" development of the brain: How "states" become "traits." *Infant Mental Health Journal, 16*(4), 271–291.

Pezawas, L., Meyer-Lindenberg, A., Drabant, E., Verchinski, B., Munoz, K., Kolachana, B., et al. (2005). 5-HTTLPR polymorphism impacts human cingulate–amygdala interactions: A genetic susceptibility mechanism for depression. *Nature Neuroscience 8,* 828–834.

Pfefferbaum, B., Nixon, S., Tucker, P., Tivis, R., Moore, V., Gurwitch, R., et al. (1999). Posttraumatic stress responses in bereaved children after the Oklahoma City bombing. *Journal of the American Academy of Child and Adolescent Psychiatry, 38,* 1372–1379.

Pfefferbaum, B., Stuber, J., Galea, S., & Fairbrother, G. (2006). Panic reactions to terrorist attacks and probable posttrauamtic stress disorder in adolescents. *Journal of Traumatic Stress, 19,* 217–228.

Polanczyk, G., Moffitt,, T., Arseneault, L., Cannon, M., Ambler, A., Keefe, R., et al. (2010). Etiological and clinical features of childhood psychotic symptoms. *Archives of General Psychiatry, 67,* 328–338.

Pole, N., Best, S. R., Metzler, T., & Marmar, C. R. (2005). Why are Hispanics at greater risk for PTSD? *Cultural Diversity and Ethnic Minority Psychology, 11*(2), 144–161.

Price, J. M., & Lento, J. (2001). The nature of child and adolescent vulnerability. In R. E. Ingram & J. M. Price (Eds.), *Vulnerability to psychopathology: Risk across the lifespan* (pp. 20–38). New York: Guilford Press.

Prigerson, H., Horowitz, M., Jacobs, S., Parks, C., Aslan, M.,

Goodkin, K, et al. (2009). Prolonged grief disorder: Psychometric validation of criteria proposed for DSM-V and ICD11. *PLoS Medicine, 6*(8), e1000121.

Pruessner, J., Dedovic, K., Pruessner, M., Lord, C., Buss, C., Collins, L. et al. (2010). Stress regulation in the central nervous system: Evidence from structural and functional neuroimagining studies in human populations—2008 Curt Richter Award Winner. *Psychoneuroendocrinology, 35*, 179-191.

Pynoos, R. S., Frederick, C., Nader, K., Arroyo, W., Eth, S., Nunez, W., et al. (1987). Life threat and posttraumatic stress in school age-children. *Archives of General Psychiatry, 44*, 1057–1063.

Raphael, B., & Wilson, J. P. (2001). *Psychological debriefing: Theory, practice and evidence.* Cambridge, UK: Cambridge University Press.

Rajkumar, A. P., Mohan, T. S., & Tharyan, P. (2011). Lessons from the 2004 Asian tsunami: Epidemiological and nosological debates in the diagnosis of post-traumatic stress disorder in non-Western post-disaster communities. *International Journal of Social Psychiatry, 59*, 123–129.

Rieu, D. C. H. (2003). Introduction. In Homer, *The Odyssey* (p. xi). New York: Penguin.

Rodrigues, S., LeDoux, J., & Sapolsky, R. (2009). The influence of stress hormones on fear circuitry. *Annual Review of Neuroscience, 32*, 289–313.

Rothbart, M., & Rueda, M. (2005). The development of effortful control. In U. Mayr, E. Awh, & S. W. Keele (Eds.), *Developing individuality in the human brain: A Festschrift honoring Michael I. Posner* (pp. 167–188). Washington, DC: American Psychological Association.

Rothbaum, F., Weisz, J, & Snyder, S. (1982). Changing the world and changing the self: A two-process model of perceived control. *Journal of Personality and Social Psychology, 42*, 5–37.

Roy, A., Gorodetsky, E., Yuan, Q., Goldman, D., & Enoch, M. (2010). The interaction of FKBP5, a stress related gene, with childhood trauma increases the risk for attempting suicide. *Neuropsychopharmacology, 35*, 1674–1683.

Roy, A., Hodgkinson, C., DeLuca, V. Goldman, D., & Enoch, M. (2012). Two HPA axis genes, CRHBP and FKBP5, interact with childhood trauma to increase the risk for suicidal behavior. *Journal of Psychiatric Research, 46.* 72–79.

Roy, A., Hu, X., Janal, M., & Goldman, D. (2007). Interaction between childhood trauma and serotonin transporter gene variation in suicide. *Neuropsychopharmacology, 32*, 2046–2052.

Rubin, K. H. (2002). "Brokering" emotion dysregulation: the moderating role of parenting in the relation between child temperament and children's peer interactions. In B. S. Zuckerman, A. F. Lieberman, & N. A. Fox (Eds.), *Emotional regulation and developmental health: Infancy and early childhood* (pp. 81–99). New Brunswick, NJ: Johnson Pediatric Institute.

Rutter, M. (2003). Commentary: Causal processes leading to antisocial behavior. *Developmental Psychology, 39*(2), 372–378.

Ruzek, J., & Watson, P. (2001). Early intervention to prevent PTSD and other trauma-related problems. *PTSD Research Quarterly, 12*(4), 1–7.

Salloum, A., & Overstreet, S. (2012). Grief and trauma intervention for children after disaster: Exploring coping skills versus trauma narration. *Behaviour Research and Therapy, 50*, 169–179.

Sapolsky, R. (1998). *Why zebras don't get ulcers: An updated guide to stress, stress-related disease and coping.* New York: Freeman.

Sarapas, C., Cai, G., Bierer, L., Golier, J., Galea, S., Ising, M., et al. (2011). Genetic markers for PTSD risk and resilience among survivors of the World Trade Center attacks. *Disease Markers, 30*, 101–110.

Savitz, J., van der Merwe, L., Newman, T., Solms, M., Stein, D., & Ramesar, R. (2007). The relationship between childhood abuse and dissociation: Is it influenced by catechol-O-methyltransferase (COMT) activity? *International Journal of Neuropsychopharmacology, 11*, 149–161.

Savitz, J., van der Merwe, L., Stein, D., Solms, M., & Ramesar, R. (2007). Genotype and childhood sexual trauma moderate neurocognitive performance: A possible role for brain-derived neurotrophic factor and apolipoprotein E variants. *Biological Psychiatry, 62*, 391–399.

Saxe, G., Stoddard, F., Hall, E., Chawla, N., Lopez, C., Sheridan, R., et al. (2005). Pathways to PTSD, part I: Children with burns. *American Journal of Psychiatry, 162*, 1299–1304.

Scheeringa, M. (2011). PTSD in children younger than age of 13: Towards developmentally sensitive assessment and management. *Journal of Child and Adolescent Trauma, 4*, 181–197.

Scheeringa, M., Myers, L., Putnam, F., & Zeanah, C. (2012). Diagnosing PTSD in early childhood: An empirical assessment of four approaches. *Journal of Traumatic Stress, 25*, 359–367.

Scheeringa, M., Wright, M., Hunt, J., & Zeanah, C. (2006). Factors affecting the diagnosis and prediction of PTSD symptomatology in children and adolescents. *American Journal of Psychiatry, 163*, 644–651.

Scheeringa, M., Zeanah, C., Myers, L., & Putnam, F. (2005). Predictive validity in a prospective follow-up of PTSD in preschool children. *Journal of the American Academy of Child and Adolescent Psychiatry, 44*, 899–906.

Schneider, M., Moore, C., & Kraemer, G. (2003). On the relevance of prenatal stress to developmental psychopathology. In D. Cicchetti & E. Walker (Eds.), *Neurodevelopmental mechanisms in psychopathology* (pp. 155–186). New York: Cambridge University Press.

Schreier, A., Wolke, D., Thomas, K., Horwood, J., Hollis, C., Gunnell, D., et al. (2009). Prospective study of peer victimization in childhood and psychotic symptoms in a non-clinical population at age 12 years. *Archives of General Psychiatry, 66*, 527–536.

Schuckit, M. (2006). Comorbidity between substance use disorders and psychiatric conditions. *Addiction, 101*(Suppl. 1), 76–88.

Schwarz, E., & Kowalski, J. (1991). Malignant memories: PTSD in children and adults after a school shooting. *Journal of the American Academy of Child and Adolescent Psychiatry, 30*(6), 936–944.

Seedat, S., Nyamai, C., Njenga, F., Vythilingum, B., & Stein, D. (2004). Trauma exposure and post-traumatic stress symptoms in urban African schools. *British Journal of Psychiatry, 184*, 169–175.

Seeman, T., Epel, E., Gruenewald, T., Karlamangla, A., & McEwen, B. (2010). Socio-economic differentials in peripheral biology: Cumulative allostatic load. *Annals of the New York Academy of Sciences, 1186*, 223–239.

Segman, R. H., Cooper-Kazaz, R., Macciardi, F., Goltser, T., Halfon, Y., Dobroborski, T., et al. (2002). Association between the dopamine transporter gene and posttraumatic stress disorder. *Molecular Psychiatry, 7*, 903–907.

Semrud-Clikeman, M., & Glass, K. (2010). The relation of humor and child development: Social, adaptive, and emotional aspects. *Journal of Child Neurology, 25*, 1248–1260.

Shannon, C., Maguire, C., Anderson, J., Meenagh, C., & Mulholland, C. (2011). Enquiring about traumatic experiences in bipolar disorder: A case note and self-report comparison. *Journal of Affective Disorders, 133*, 352–355.

Shannon, M., Lonigan, C., Finch, A. J., Jr., & Taylor, C. (1994). Children exposed to disaster: I. Epidemiology of post-traumatic symptoms and symptom profiles. *Journal of the American Academy of Child and Adolescent Psychiatry, 33*, 80–93.

Shear, K., Jackson, C., Essock, S., Donahue, S., & Felton, C. (2006). Screening for complicated grief among Project Liberty service recipients 18 months after September 11, 2001. *Psychiatric Services, 57*, 1291–1297.

Shevlin, M., Dorahy, M., & Adamson, G. (2007). Trauma and psychosis: An analysis of the National Comorbidity Survey. *American Journal of Psychiatry, 164*, 1–3.

Shiner, R., & Caspi, A. (2003). Personality differences in childhood and adolescence: Measurement, development, and consequences. *Journal of Child Psychology and Psychiatry, 44*, 2–32.

Shonkoff, J., Boyce, W., & McEwen, B. (2009). Neuroscience, molecular biology, and the childhood roots of health disparities. *Journal of the American Medical Association, 301*, 2252–2259.

Silverman, W., & La Greca, A. M. (2002). Children experiencing disasters: Definitions, reactions, and predictors of outcomes. In A. M. La Greca, W. K. Silverman, E. M. Vernberg, & M. C. Roberts (Eds.), *Helping children cope with disasters and terrorism* (pp. 11–34). Washington, DC: APA Press.

Simms, L., Watson, D., & Doebbeling, B. (2002). Confirmatory factor analyses of posttraumatic stress symptoms in deployed and nondeployed veterans of the Gulf War. *Journal of Abnormal Psychology, 111*, 637–647.

Smith, E. M., & North, C. S. (1993). Posttraumatic stress disorder in natural disasters and technological accidents. In J. P. Wilson & B. Raphael (Eds.), *International handbook of traumatic stress syndromes* (pp. 405–419). New York: Plenum Press.

Spitzer, R., First, M., & Wakefield, J. (2007). Saving PTSD from itself in DSM-V. *Journal of Anxiety Disorders, 21*, 233–241.

Stalfa, F. (2010). "Posthumous disillusionment" as a type of complicated grief. *Journal of Pastoral Care and Counseling, 64*(2), 71–78.

Stallard, P., Velleman, R., Langsford, J., & Baldwin, S. (2001). Coping and psychological distress in children involved in road traffic accidents. *British Journal of Clinical Psychology, 40*, 197–208.

Stein, P., & Kendall, J. (2004). *Psychological trauma and the developing brain: Neurologically based interventions for troubled children.* New York: Haworth Press.

Stein, M., Jang, K., Taylor, S., Vernon, P., & Livesley, W. (2002). Genetic and environmental influences on trauma exposure and posttraumatic stress disorder: A twin study. *American Journal of Psychiatry, 159*, 1675–1681.

Stein, M., Schork, N., & Gelernter, J. (2008). Gene-by-environment (serotonin transporter and childhood maltreatment) interaction for anxiety sensitivity, an intermediate phenotype for anxiety disorders. *Neuropsychopharmacology, 33*, 312–319.

Steinberg, L. (2007). Risk-taking in adolescence: New perspectives from brain and behavioral science. *Current Directions in Psychological Science, 16*, 55–59.

Steinberg, L., Dahl, R., Keating, D., Kupfer, D., Masten, A., & Pine, D. (2006). The study of developmental psychopathology in adolescence: Integrating affective neuroscience with the study of context. In D. Cicchetti & D. Cohen (Eds.), *Developmental psychopathology: Vol. 2. Developmental neuroscience* (pp. 710–741). Hoboken, NJ: Wiley.

Stevens, M., Kiehl, K., Pearlson, G., & Calhoun, V. (2007). Functional neural networks underlying response inhibition in adolescents and adults. *Behavioural Brain Research, 181*, 12–22.

Strange, B., Kroes, M., Roiser, J., Tan, G., & Dolan, R. (2008). Emotion-induced retrograde amnesia is determined by a 5-HTT genetic polymorphism. *Journal of Neuroscience, 28*, 7036–7039.

Suslow, T., Donges, U., Kersling, A., & Arolt, V. (2000). 20-item Toronto Alexithymia Scale: Do difficulties describing feelings assess proneness to shame instead of difficulties symbolizing emotions? *Scandinavian Journal of Psychology, 41*, 329–334.

Taylor, J., & Harvey, S. (2010). A meta-analysis of the effects of psychotherapy with adults sexually abused in childhood. *Clinical Psychology Review, 30*, 749–767.

Terr, L. C. (1983). Chowchilla revisited: The effects of psychic trauma four years after a school-bus kidnapping. *American Journal of Psychiatry, 140*, 1543–1550.

Terr, L. (1991). Childhood traumas: An outline and overview.

American Journal of Psychiatry, 148, 10–20.

Thabet, A., Ibraheem, A., Shivram, R., Winter, E., & Vostanis, P. (2009). Parenting support and PTSD in children of a war zone. *International Journal of Social Psychiatry, 55,* 226–237.

Thakur, G. A., Joober, R., & Brunet, A. (2009). Development and persistence of posttraumatic stress disorder and the 5-HTTLPR polymorphism. *Journal of Traumatic Stress, 22,* 240–243.

Thurber, C. A., & Weisz, J. R. (1997). "You can try or you can just give up": The impact of perceived control and coping style on childhood homesickness. *Developmental Psychology, 33,* 508–517.

Tinnen, L., Bills, L., & Gantt, L. (2002). Short-term treatment of simple and complex PTSD. In M. B. Williams & J. Sommer (Eds.), *Simple and complex post-traumatic stress disorder* (pp. 99–118). New York: Haworth Maltreatment and Trauma Press.

Tolan, P., Gorman-Smith, D., & Henry, D. (2006). Family violence. *Annual Review Psychology, 57,* 557–583.

Tsankova, N., Berton, O., Renthal, W., Kumar, A., Neve, R., & Nestler, E. (2006). Sustained hippocampal chromatin regulation in a mouse model of depression and antidepressant action. *Nature Neuroscience, 9,* 519–525.

Turner, H., Finkelhor, D., & Ormrod, R. (2010). Poly-victimization in a national sample of children and youth. *American Journal of Preventive Medicine, 38,* 323–330.

Twenge, J. M., & Campbell, W. K. (2001). Age and birth cohort differences in selfesteem: A cross-temporal meta-analysis. *Personality and Social Psychology Review, 5(4),* 321–344.

Tyano, S., Iancu, I., & Solomon, Z. (1996). Seven-year follow-up of child survivors of a bus–train collision. *Journal of the American Academy of Child and Adolescent Psychiatry, 35,* 365–373.

Tyrka, A. R., Mello, A. F., Mello, M. F., Gagne, G. G., Grover, K. E., Anderson, G. M., et al. (2006). Temperament and hypothalamic–pituitary–adrenal axis function in healthy adults. *Psychoneuroendocrinology, 31,* 1036–1045.

Tyrka, A. R., Price, L., Kao, H.-T., Porton, B., Marsella, S., & Carpenter, L. L. (2010). Childhood maltreatment and telomere shortening: Preliminary support for an effect of early stress on cellular aging. *Biological Psychiatry, 67,* 531–534.

Tyrka, A. R., Wier, L. M., Price, L. H., Rikhye, K., Ross, N. S., Anderson, G. M., et al. (2008). Cortisol and ACTH responses to the Dex/CRH test: Influence of temperament. *Hormonal Behavior, 53,* 518–525.

Udwin, O., Boyle, S., Yule, W., Bolton, D., & O'Ryan, D. (2000). Risk factors for long-term psychological effects of a disaster experienced in adolescence: Predictors of post traumatic stress disorder. *Journal of Child Psychology and Psychiatry, 41,* 969–979.

U.S. Department of Health and Human Services, Administration for Children and Families, Administration on Children, Youth and Families, Children's Bureau. (2011). *Child maltreatment 2010.* Retrieved from *www.acf.hhs.gov/programs/cb/stats_research/index.htm#can*

U.S. National Library of Medicine & National Institutes of Health. (2004). *Death among children and adolescents.* Retrieved from *www.nlm.nih.gov/medlineplus/ency/article/001915.htm*

van der Kolk, B. (2005). Developmental trauma disorder: Toward a rational diagnosis for children with complex trauma histories. *Psychiatric Annals, 35(5),* 401–408.

van der Kolk, B., Roth, S., Pelcovitz, D., Sunday, S., & Spinazzola, J. (2005). Disorders of extreme stress: The empirical foundation of a complex adaptation to trauma. *Journal of Traumatic Stress, 18,* 389–399.

van IJzendoorn, M. H., Bakermans-Kranenburg, M. J., & Mesman, J. (2008). Dopamine system genes associated with parenting in the context of daily hassles. *Genes, Brain and Behavior, 7,* 403–410.

van IJzendoorn, M. H., Schuengel, C., & Bakermans-Kranenburg, M. J. (1999). Disorganized attachment in early childhood: Meta-analysis of precursors, concomitants, and sequelae. *Development and Psychopathology, 11,* 225–250.

van Os, J., Hanssen, M., Bijl, R., & Vollebergh, W. (2001). Prevalence of psychotic disorder and community level of psychotic symptoms: An urban–rural comparison. *Archives of General Psychiatry, 58,* 663–668.

van Winkel, R., Stefanis, N., & Myin-Germeys, I. (2008). Psychosocial stress and psychosis: A review of the neurobiological mechanisms and the evidence for gene–stress interaction. *Schizophrenia Bulletin, 34,* 1095–1105.

Veith, I. (1965). *Hysteria: History of a disease.* Chicago: University of Chicago Press.

Verona, E., Joiner, T., Johnson, F., & Bender, T. (2006). Gender specific gene–environment interactions on laboratory-assessed aggression. *Biological Psychology, 71,* 33–41.

Walker, E., Mittal, V., & Tessner, K. (2008). Stress and the hypothalamic pituitary adrenal axis in the developmental course of schizophrenia. *Annual Review of Clinical Psychology, 4,* 189–216.

Walsh, P., Spelman, L., Sharifi, N., & Thakore, J. (2005). Male patients with paranoid schizophrenia have greater ACTH and cortisol secretion in response to metoclopramide-induced AVP release. *Psychoneuroendocrinology, 30,* 431–437.

Wang, L., Huettel, S., & De Bellis, M. (2008). Neural substrates for processing task-irrelevant emotional distracters in children and adolescents. *Developmental Science, 11,* 23–32.

Weems, C., & Carrion, V. (2009). Diurnal salivary cortisol in youth: Clarifying the nature of post traumatic stress dysregulation. *Journal of Pediatric Psychology, 34,* 389–395.

Weems, C., Pina, A., Costa, N., Watts, S., Taylor, L., & Cannon, M. (2007). Predisaster trait anxiety and negative affect predict posttraumatic stress in youths after Hurricane Katrina. *Journal of Consulting and Clinical Psychology, 75,* 154–159.

Weigel, C., Wertlieb, D., & Feldstein, M. (1989). Perceptions of control, competence, and contingency as influences on the stress–behavior symptom relation in school-age children. *Journal of Personality and Social Psychology, 56*, 456–464.

Weinstein, D., Staffelbach, D., & Biaggio, M. (2000). Attention-deficit hyperactivity disorder and posttraumatic stress disorder: Differential diagnosis in childhood sexual abuse. *Clinical Psychology Review, 20*(3), 359–378.

Whalen, P., & Phelps, E. (Eds.) (2009). *The human amygdala*. New York: Guilford Press.

Williams, L., Gatt, J., Schofield, P., Olivieri, G., Peduto, A., & Gordon, E. (2009). "Negativity bias" in risk for depression and anxiety: Brain–body fear circuitry correlates, 5-HTT-LPR and early life stress. *Neuroimage, 47*, 804–814.

Willour, V. L., Chen, H., Toolan, J., Belmonte, P., Cutler, D., Goes, F. S., et al. (2009). Family-based association of FKBP5 in bipolar disorder. *Molecular Psychiatry, 14*, 261–268.

Wilson, J. P. (1994). The historical evolution of PTSD diagnostic criteria: From Freud to DSM-IV. *Journal of Traumatic Stress, 7*, 681–698.

Wilson, J. P. (2004). The broken spirit: Post-traumatic damage to the self. In J. P. Wilson & B. Drozdek (Eds.), *Broken spirits: Treating traumatized asylum seekers, refugees, war and torture victims* (pp. 107–155). New York: Brunner-Routledge Press.

Winje, D., & Ulvik, A. (1998). Long-term outcome of trauma in children: The psychological consequences of a bus accident. *Journal of Child Psychology and Psychiatry, 39*, 635–642.

Wolfe, D. A., Crooks, C., Vivien, L., McIntyre-Smith, A., & Jaffe, P. (2003). The effects of children's exposure to domestic violence: A meta-analysis and critique. *Clinical Child and Family Psychology Review, 6*, 171–187.

Wonderlich, S., Rosenfeldt, S., Crosby, R., Mitchell, J., Engel, S. G., Smyth, J., & et al. (2007). The effects of childhood trauma on daily mood lability and comorbid psychopathology in bulimia nervosa. *Journal of Traumatic Stress, 20*, 77–87.

Wong, Y., Pituch, K., & Rochlen, A. (2006). Men's restrictive emotionality: An investigation of associations with other emotion-related constructs, anxiety, and underlying dimensions. *Psychology of Men & Masculinity, 7*, 113–126.

Woolsey, C., & Bracy, K. (2010). Emergency response and the psychological needs of school-age children. *Traumatology, 16*, 1– 6.

Xie, P., Kranzler, H., Poling, J., Stein, M., Anton, R., Brady, K., et al. (2009). The interactive effect of stressful life events and serotonin transporter 5-HTTLPR genotype on PTSD diagnosis in two independent populations. *Archives of General Psychiatry, 66*, 1201–1209.

Yang, K., Galadari, S., Isaev, D., Petroianu, G., Shippenberg, T., & Oz, M. (2010). The nonpsychoactive cannabinoid cannabidiol inhibits 5-hydroxytryptamine3A receptor-mediated currents in Xenopus laevis oocytes. *Journal of Pharmacology and Experimental Therapeutics, 333*, 547–554.

Yates, T. M., Egeland, B., & Sroufe, A. (2003). Rethinking resilience: A developmental process perspective. In S. S. Luthar (Ed.), *Resilience and vulnerability: Adaptation in the context of childhood adversities* (pp. 243–266). New York: Cambridge University Press.

Yehuda, R., Bierer, L., Schmeidler, J., Aferiat, D., Breslau, I., & Dolan, S. (2000). Low cortisol and risk for PTSD in adult offspring of Holocaust survivors. *American Journal of Psychiatry 157*, 1252–1259.

Yehuda, R., Cai, G., Golier, J., Sarapas, C., Galea, S., Ising, M., et al. (2009). Gene expression patterns associated with posttraumatic stress disorder following exposure to the World Trade Center attacks. *Biological Psychiatry, 66*, 708–711.

Young, R. M., Lawford, B. R., Noble, E. P., Kann, B., Wilkie, A., Ritchie, T., et al. (2002). Harmful drinking in military veterans with posttraumatic stress disorder: Association with the D2 dopamine receptor A1 allele. *Alcohol and Alcoholism, 37*, 451–456.

Young, E. A., & Veldhuis, J. D. (2006). Disordered adrenocorticotropin secretion in women with major depression. *Journal of Clinical Endocrinology and Metabolism, 91*, 1924–1928.

Younge, S., Salazar, L., Sales, J., DiClemente, R., Wingood, G., & Rose, E. (2010). Emotional victimization and sexual risk-taking behaviors among adolescent African American women, *Journal of Child and Adolescent Trauma, 3*(2), 79–94.

Yule, W., Bolton, D., Udwin, O., Boyle, S., O'Ryan, D., & Nurrish, J. (2000). The long-term psychological effects of a disaster experienced in adolescence: I. The incidence and course of PTSD. *Journal of Child Psychology and Psychiatry, 41*, 503–511.

Yule, W., Udwin, O., & Bolton, D. (2002). Mass transportation disasters. In A. M. La Greca, W. K. Silverman, E. M. Vernberg, & M. C. Roberts (Eds.), *Helping children cope with disasters and terrorism* (pp. 223–239). Washington, DC: APA Press.

Yule, W., & Williams, R. M. (1990). Post-traumatic stress reactions in children. *Journal of Traumatic Stress, 3*, 279–295.

Zelst, C. (2008). Which environments for G × E?: A user perspective on the roles of trauma and structural discrimination in the onset and course of schizophrenia. *Schizophrenia Bulletin, 34*(6), 1106–1110,

Zisook, S., Reynolds, C. F., Pies, R., Simon, N., Lebowitz, B., Madowitz, J., et al. (2010). Bereavement, complicated grief, and DSM, part 1: Depression. *Journal of Clinical Psychiatry, 71*, 955–956.

Zurbriggen, E., Gobin, R., & Freyd, J. (2010). Childhood emotional abuse predicts late adolescent sexual aggression perpetration and victimization. *Journal of Aggression, Maltreatment and Trauma, 19*, 204–223.

제5부

신경발달장애

11

자폐장애

LAURA GROFER KLINGER
GERALDINE DAWSON
KAREN BARNES
MEGAN CRISLER

자폐스펙트럼장애(Autism spectrum disorder, ASD)는 제한된 범위의 활동과 관심, 그리고 사회적 행동과 의사소통 행동의 손상이 특징인 신경발달장애이다. 자폐증은 전형적으로 하나의 증후군으로 기술되지만, 현재는 임상 증상의 표현에 상당한 차이를 보이는 복잡한 발달장애임을 나타내는 스펙트럼장애로 인식되고 있다. 증상의 차이는 ASD의 병인, 증상의 안정성, 시작 연령에서의 개인차, 치료 반응 그리고 ASD인 아동들 사이에서 볼 수 있는 사회정서적 발달의 개인차를 이해하는 데 주요한 함의를 가진다. 이 장에서는 '자폐증', 'ASD'라는 두 용어를 동일 의미의 용어로 함께 사용할 것이다.

역사적 맥락

'자폐증(autism)'이라는 용어는 1911년 Bleuler가 현실과의 접촉을 상실한 조현병을 겪는 사람을 기술하기 위해 (Bleuler, 1911/1950) 만든 것이다. 1940년대 초기에 Leo Kanner(1943)와 Hans Asperger(1944/1991) 두 사람이 손상된 사회적 관계, 비정상적인 언어와 제한되고 반복적인 관심을 보이는 아동기 장애에 대해 각각 따로 기술하였다. 이들은 이러한 아동이 조현병 진단은 동반되지 않으면서 Bleuler가 기술한 증상인 현실과의 접촉 상실을 보인다고 기술하였다.

Kanner는 그의 최초 보고서에서 "극단적으로 자폐적인 고립"(p.242)을 보이는 11명의 사례를 발표하였다. Kanner는 이 아이들이 "생의 초기부터 자신을 다른 사람이나 상황에 일상적인 방식으로 관련시키지 못한다."(p.242)는 것에 주목하였다. 또 이 증후군은 언어 이상을 초래하여 언어 획득의 지체, 반향어(echolalia), 종종 나타나는 함묵증, 대명사 전도, 그리고 문자 그대로 이해하는 것과 같은 특징이 있다고 하였다. 마지막으로 Kanner는 이 아이들이 "동일성을 유지하려는 강박적인 욕구"(p.245)가 있어서 정교화된 의례적 행동을 발달시킨다고 기술하였다. 마지막으로 Kanner는 이들이 단순 암기력이 좋고 정상적인 신체적 특성을 가지고 있으므로 정상적인 인지능력을 성취할 수 있다고 결론 내렸다. 자폐장애라는 진단명은 DSM-5(APA, 2013)에서 자폐스펙트럼장애라는 명칭이 사용되기 전까지 사용되었다.

1944년에 Asperger도 손상된 정도는 덜 하나 자폐증과 유사한 4명의 아동에 대해 기술하였다. 그는 이 아동들을 자신이 '자폐적 정신병'이라고 이름 붙인 성격장애를 가진 것으로 진단하였다. Kanner와 같이 Asperger도 눈맞춤, 감정표현, 대화기술과 같은 사회적 관계의 문제를 기술하였다. 그러나 Kanner의 보고와는 달리 Asperger는 이 아동들이 학교에 들어갈 무렵까지 상당한 언어능력을 발달시키고 종종 성인과 같이 현학적으로 말한다고 기술하였다(Asperger, 1944/1991). 이들은 어휘력과 문법능력은 좋은데도 불구하고, 대화기술이 손상되어 있고, 말소리의 크기, 어조, 흐름이 이상하였다. Asperger는 또 이 아동들이 기발한 사고를 하며, 한 가지의 관심사에 지나치게 몰두하는 경향이 있다고 하였다. 이러한 아동을 지칭하기 위해 DSM-5에서 자폐스펙트럼장애의 아형으로 포함하기 전까지는 아스퍼거장애라는 진단명이 사용되었었다.

과거에는 자폐 아동의 부모가 지나치게 지적이고, 차갑고, 배우자나 자식을 포함한 다른 사람에게 관심이 적다고 생각하기도 했었다(Bettelheim, 1967; Kanner, 1943). Bettelheim(1967)은 거부하는 부모에 대한 반응으로 자폐 아동이 사회적 상호작용에서 물러서며 자족적이 된다고 주장하였다. 따라서 1970년대 중반까지 부모, 특히 어머니가 자식을 덜 거부하도록 돕는 것이 치료에 포함되어 있었다. 그러나 1970년대와 80년대에 수행된 경험적 연구들은 이 부모들이 성격의 모든 측정에서 정상 범위 안에 있음을 보여줌으로써, 자폐증의 병인에 대한 이러한 초기 가설을 지지하지 않았다(McAdoo & DeMyer, 1978; Koegel, Schreibman, O'Neill, & Burke, 1983). 자폐 아동의 부모와 장애가 없는 아이의 부모는 결혼 만족도와 가족 응집력 수준에 차이가 없었다. 게다가 최근의 연구들은 ASD 아동, 특히 평균수준의 인지기술을 가지고 있는 아동은 전형적으로 발달하는 모집단에서의 속도에 근접한 속도로 주양육자와 안정애착을 형성하게 된다는 것을 보여주고 있다(개관으로 Rutgers, Bakersman-Kranenburg, van IJzendoorn, & Berckelaer-Onnes, 2004 참조).

Bernard Rimland(1964)와 Eric Schopler(Schopler & Reichler, 1971)는 자녀의 자폐증에 대해 부모가 책임이 있다는 가설에 처음으로 반대한 사람 중 하나이다. Rimland는 자폐장애가 신경학적 손상에 기인한다고 주장하였다. Schopler는 치료자의 역할이 부모를 치료하는 것이 아니라 부모를 치료자 집단에 포함시켜 치료에 참여하도록 하는 것이라고 주장하였다.

장애에 대한 기술

원래 자폐증의 특징으로 DSM-IV(APA, 1994)에서는 세 영역의 핵심 증상을 지적하였는데, 이 세 영역은 사회적 기술의 질적 손상, 의사소통의 손상과 제한된 범위의 관심사와 행동이었다. 그러나 일부 연구자들은 증상을 3개의 분리된 영역으로 개념화하기보다는 ASD 증상에 한 가지 요인이 기저하는 것으로 간주하는 관점을 선호한다(Constantino et al., 2004; Mandy & Skuse, 2008). 대안으로 일부 연구자들은 쌍생아연구에서 제한되고 반복적인 행동이 사회 및 의사소통 증상과 그다지 크게 상관되지 않는다는 증거에 기초하여 이 둘이 분리될 수 있다고 주장한다(Happé, Ronald, & Plomin, 2006). 실제적으로 사회적 손상과 의사소통 손상에 의한 증상을 구분하는 것이 임상가들에게 종종 어렵다(예 : 상호적인 대화의 어려움은 사회적 호혜성의 손상으로도 또는 의사소통 기술의 손상으로도 간주될 수 있다). 이러한 연구의 결과 DSM-5(APA, 2013)에서는 ASD의 핵심 증상을 사회적 의사소통의 손상과 제한적이고 반복적인 행동의 두 영역으로 개념화하고 있다.

핵심 증상

사회적 의사소통

ASD에서의 사회적 의사소통 손상은 다양한 영역의 사회적 행동에 영향을 미친다. 예를 들어 다른 사람을 모방하고, 다른 사람과 주의를 공유하고, 얼굴을 처리하여 지각하고 재인하며, 가장놀이를 하는 것이 모두 영향을 받으며, 사회적 환경과 비사회적 환경을 학습하는 능력에 심각한 영향을 미친다. ASD에서 발견되는 사회적 손상은 사회적 보상 신경회로의 비정상성으로 인해 사람들에

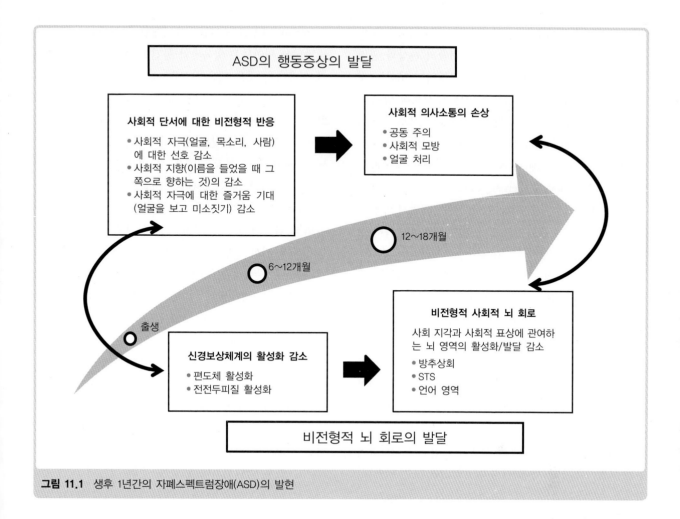

그림 11.1 생후 1년간의 자폐스펙트럼장애(ASD)의 발현

주의하고 관계를 맺으려는 동기에 영향을 주는 것으로 가정될 수 있다(그림 11.1 참조). 사회적 동기의 손상은 ASD가 있는 어린 아동이 왜 어린 나이에 사회적으로 관련된 자극에 주의하지 못하고 정서적으로 반응하지 못하는지를 설명하는 데에 도움이 된다(Dawson, Carver, et al., 2002; Dawson, Webb, Wijsman, et al., 2005). ASD에서의 사회적 손상의 성질에 대해 탐구한 많은 문헌들이 있는데, 이에 대해 아래에서 간단히 개관하였다.

사회적 모방

전형적인 정상발달에서 모방기술은 출생하면서 곧 나타난다(Field, Woodson, Greenberg, & Cohen, 1982; Meltzoff & Moore, 1977). 상호 모방이 포함된 초기 상호작용은 자신과 다른 사람들 간의 관계를 이해하는 능력을 촉진하는 것으로 가정된다(Meltzoff & Gopnik, 1993; Stern, 1985). ASD를 가진 어린 아동은 신체 움직임과 물건에 가하는 행위 등을 포함하여 다른 사람의 움직임을 모방하는 능력이 특정적으로 손상되었다(개관으로 Rogers & Williams, 2006 참조). 손상은 즉각적 모방과 지연된 모방에서 모두 나타나며(Dawson & Adams, 1984; G. Dawson, Meltzoff, Osterling, Rinaldi, & Brown, 1998; Stone, Ousley, & Littleford, 1997), ASD 아동이 보이는 사회적 손상 및 언어손상과 연합되어 있다. 예를 들어 ASD인 20개월 아동(Charman et al., 2001)과 2세 아동(Stone et al., 1997)이 신체 움직임을 잘 모방하지 못하는 것은 이후의 표현언어 손상과 관련된다. 다른 사람에 대한 자발적 모방의 손상도 ASD인 어린 아동이 다른 사람의 주의를 따르지 못하는 것과 사회적 상호기술의 손상과 관련된다(McDuffie et al., 2007). 따라서 모방하지 못하는 것은 ASD에서 근본적인 결함일 수 있으며, 사회적 상호성, 공동 주의, 정서 이해의 발달을 저해하는 것으로 가정된다(Dawson, 1991; Meltzoff & Gopnik, 1993; Rogers & Pennington, 1991; Rogers & Williams, 2006; Williams, Whiten, Suddendorf, & Perrett, 2001).

ASD에서의 모방기술 손상에 대해서는 일반적인 합의가 이루어지고 있지만 이러한 손상에 기저하는 원인에 대해서는 논쟁이 되고 있다(Rogers & Williams, 2006). 모방 손상을 의도적 운동 움직임을 계획하고 연결하고 실행하는 발동기의 손상에 기인하는 것으로 보거나(Rogers, 1998), 다른 사람과의 상호 주관적 경험을 이해하지 못하여 다른 사람과 자신의 움직임을 맞추지 못하게 된다고 보거나(Hobson & Hobson, 2008; Meltzoff & Gopnik, 1993), 또는 부적절한 절차 학습과 비효율적인 소뇌-기저핵-두정 회로(Mahone et al., 2006; Mostofsky, Goldberg, Landa, & Denckla, 2000)에 기인하는 것으로 보는 이론이 있다. 그 밖에 신경생리학 연구와 뇌영상연구는 모방 결함이 모방에 결정적인 역할을 하는 거울 신경원의 부재나 역기능에 기인할 가능성을 시사한다(Bernier, Dawson, Webb, & Muria, 2007; Dapretto et al., 2006; Martineau, Cochin, Magne, & Barthelemy, 2008; Oberman & Ramachandran, 2007; Williams et al., 2006).

공동 주의

영아가 사회적 정보를 이해하게 되는 다른 기제는 눈 맞춤 및 타인과 주의를 공유하기 위한 몸짓과 같은 비언어적 행동을 하는 것이다. '공유된'(shared) 주의 또는 '공동 주의(joint attention)'는 "사물이나 사건에 대해 서로 인식하고 있다는 것을 상호작용하는 사회적 파트너와 공유하기 위해 사물이나 사건에 대한 주의를 조율하는 능력"(Mundy, Sigman, Ungerer, & Sherman, 1986, p.657)을 의미한다. 발달 초기에 발달하는 이 능력은 구어발달에 중요한 전조가 되는 것으로 간주된다(Bruner, 1975;

Sugarman, 1984). 6개월에서 9개월 사이에 전형적으로 발달하는 영아들은 양육자와 물건을 번갈아 보면서 주의를 공유하는 것을 배운다(Walden & Ogan, 1988). 9개월에서 12개월 사이에 영아는 몸짓을 사용하여 주의를 공유할 수 있다는 것을 배운다(Hannan, 1987). 영아들은 가리키기와 같은 몸짓을 사용하여 타인의 주의를 끌 수 있고, 또 타인의 몸짓을 따를 수 있게 된다.

공동 주의를 시작하는(다른 사람의 주의를 자발적으로 끄는) 것에 있어서의 결함은 ASD에서의 핵심적인 사회적 결함의 하나로 여겨진다. 실제로 타인과 주의를 공유하기 위한 수단으로 눈길과 몸짓, 얼굴 표정을 조정하지 못하는 것은 ASD에서 명백하게 나타나는 증상에 포함된다. 가정에서 비디오 촬영한 연구(Osterling & Dawson, 1994)와 전향적 선별연구(Baron-Cohen et al., 1996; Wetherby et al., 2004)에서 모두 이후에 ASD 진단을 받게 되는 아동은 생후 12~24개월에 공동 주의 결함을 보였던 것이 보고되었다. ASD 아동의 형제 아동에 대한 전향적 연구에서 생후 12개월의 공동 주의에 대한 반응은 33개월의 사회적 결함 정도와 ASD 진단을 예언하는 것으로 나타났다(Yoder, Stone, Walden, & Malesa, 2009). 이후 학령전기에는 공동 주의 결함이 지적장애 아동보다 ASD 아동을 94% 정확하게 진단하는 것으로 보고되었다(Mundy et al., 1986).

사회적 주의

몇몇 연구자들은 ASD가 있는 사람들은 사회적 자극에 대한 지향이 적다고 보고하였다. 예를 들어 걸음마기 유아의 첫 생일파티 장면을 가정에서 녹화한 연구에서 Osteling과 Dawson(1994)은 ASD를 가진 걸음마기 유아들은 환경의 사회적 자극(얼굴, 말소리 등)에 지향하는 반응을 보이지 않았다고 하였다. G. Dawson과 동료들(1998)은 ASD 아동은 수용언어로 정신연령을 일치시킨 전형적으로 발달하는 아동과 다운증후군 아동에 비해 사회적 자극뿐만 아니라 비사회적 자극에도 지향하지 않는 반응이 더 많았지만 그 정도는 사회적 자극에서 더 극단적임을 발견하였다. ASD을 가진 어린 아동은 사회적 이미지보다 기하학적 도형을 시각적으로 탐색하는 것을 더 선호하며(Pierce, Conant, Hazin, Stoner, & Desmond, 2011), 말소리에 대한 일반적인 선호를 보이지 않으며(Kuhl, Coffey-Corina, Padden, & Dawson, 2005), 생물학적 움직임보다 비사회적 사건을 지향하는(Klin, Lin, Gorrindo, Ramsay, & Jones, 2009) 것으로 나타났다. 이러한 결과들은 모두 ASD 아동이 자극에 지향하는 것에 기본적인 결함이 있는데, 특히 사회적 자극에서 결함이 크다는 것을 시사한다. 이러한 사회적 주의 결함은 사회적 자극의 보상적 가치에 대한 낮은 민감도와 관련될 가능성이 있다. ASD인 사람들에서 보상과 관련된 뇌 네트워크(전대상피질과 안와전두피질)의 붕괴가 발견되었는데, 이는 ASD인 사람들에게는 사회적 자극이 전형적인 발달을 하는 사람들에서와 같은 중요성과 보상적 가치를 유발하지 않음을 시사한다(Dawson, Bernier, & Ring, 2012; Schmitz et al., 2008; Scott-Van Zeeland, Dapretto, Ghahremani, Poldrack, & Bookheimer, 2010).

사회적 자극에 주의하지 않는 것은 앞서 기술한 모방과 공동 주의 손상에 기여하는 것으로 가정된다(McDuffie et al., 2007; Swettenham et al., 1998; Toth, Dawson, Meltzoff, Greenson, & Fein, 2007). 예를 들어 Swettenham과 동료들(1998)은 20개월의 ASD 아동은 두 사람 간에 또는 사람과 물건 간에 주의를 돌리는 것보다 두 물건 간에 주의를 돌리는 데 더 많은 시간을 보낸다고 보고하였다. 이에 반해 발달지연 유아나 전형적으로 발달하는 유아는 반대되는 패턴을 보였다. Toth와 동료들(2001)은 ASD 아동에서 감소된 사회지향 능력과 공동 주의 결함 간의 강한 상관을 보고하였다. 또한 이들은 공동 주의와 언어능력 간의 관계를 통제한 후에도 사회적 지향과 언어능력이 관련되지 않는다는 것을 발견하였다. 이는 사회적 지향의 손상이 공동 주의 결함을 가져오고, 공동 주의 결함이 지연된 언어발달을 초래하는 발달적 모델을 시사한다.

얼굴 지각

얼굴 인식 능력은 대인관계의 발달에 필수적인 능력이다. 전형적인 발달을 하는 영아들은 출생 후 수일 내에 엄마의 얼굴을 인식한다(Bushnell, Sai, & Mullen, 1989). 얼굴에 대한 주의 부족은 ASD 위험에 대한 가장 일찍 나타나고 또 신뢰로운 표지이다(Dawson, Webb, Wijsman et al., 2005; Wetherby et al., 2004). 사회적 동기 및 주의의 부족은 발달 초기에 ASD를 가지고 있는 아동의 사람 얼굴에 대한 주의를 감소시킬 수 있으며(Dawson, Carver et al., 2002; Klin et al., 1999), 이는 얼굴 지각의 전문성 발달을 저해할 수 있을 것이다. '경험-기대적' 환경의 부족은 얼굴 처리에 요구되는 뇌 체계의 전형적인 발달을 저해하는 결과를 초래할 수 있다(Dawson, Webb, Wijsman et al., 2005). 발달지연 아동 및 정상발달 아동 또는 ASD가 없는 형제들에 비해 ASD를 가지고 있는 18~30개월의 걸음마기 유아는 얼굴에 대한 습관화가 느린 것으로 나타났다(Webb et al., 2010). 게다가 일부 연구는 ASD 아동이 비정상적인 책략을 사용하여 얼굴을 처리함을 보여주었는데, 예를 들어 눈과 코와 같은 얼굴의 핵심 특징에 덜 주의한다(Chawarska & Shic, 2009; Klin, Jones, Schultz, Volkmar, & Cohen, 2002). ASD에서의 얼굴 처리 비정상성은 평생에 걸쳐서 나이든 아동부터 청소년, 젊은 성인까지 입증되었다(예: Boucher & Lewis, 1992; Hauk, Fein, Maltby, Waterhouse, & Feinstein, 1999; Tantam, Monaghan, Nicholson, & Stirling, 1989; Teunisse & DeGelder, 1994).

흔치 않은 얼굴 처리 양식에 관한 견해는 ASD를 가지고 있는 사람들에 대한 전기생리학적 연구와 MRI 연구에 의해 지지받는다. 전기생리적 결과들은 ASD에서 얼굴 처리 초기단계에서의 비정상성을 보여준다(개관으로 Dawson, Webb, & McPartland, 2005 참조). 한 연구에서 ASD인 어린 아동은 비전형적으로 얼굴보다 사물에 대해 더 빠른 반응을 보여주었는데(Webb, Dawson, Bernier, & Panagiotides, 2006), 이에 반해 전형적으로 발달하는 아동은 우반구에서 사물보다 얼굴에 대해 더 빠른 특징을 보여주었으며, 발달지연 아동은 어떤 차이도 보이지 않았다. 친숙한 얼굴과 비친숙한 얼굴에 대한 반응을 조사했을 때, 18~47개월의 ASD 아동은 12~30개월의 전형적 발달의 아동과 같이 친숙한 얼굴과 비친숙한 얼굴에 대해 유사한 사건전위반응(event-related potential, ERP)을 보였는데, 이는 ASD 아동에서 얼굴 처리에 대한 신경발달이 지연됨을 시사한다(Webb et al., 2011). IQ를 일치시킨 전형적 발달의 청소년과 성인에 비해 ASD 성인도 비정상적인 얼굴 처리 ERP 반응을 보였다(McPartland, Dawson, Webb, Panagiotides, & Carver, 2004; O'Connor, Hamm, & Kirk, 2007). 이러한 연구들은 ASD에서 얼굴 처리와 관련된 신경체계가 덜 효율적이고(느리고), 얼굴에 대한 특수성이 결여되었고, 뇌에 비정상적으로 표상되어 있음을 시사한다.

기능적 놀이와 상징놀이

놀이는 언어발달의 중요한 전조적 능력이다. 전형적으로 아동은 장난감을 기능적으로 가지고 놀다가 상징적으로 노는 것으로 발달한다. 상징놀이는 12개월에서 22개월 사이에 점진적으로 나타나기 시작하며 20개월에는 대부분의 아동이 상징놀이를 할 수 있다(Riguet, Taylor, Benaroya, & Klein, 1981; Ungerer & Sigman, 1984). 전향적인 의학적 선별연구에서 Baron-Cohen과 동료들(1996)은 18개월에 가장놀이의 부재는 가장 빨리 나타나는 ASD 증상의 하나라고 보고하였다. ASD가 있는 학령전기 아동은 다른 발달지연을 보이는 아동에 비해 상징놀이를 하지 않는 시간이 더 길며, 상징놀이를 하는 시간이 더 짧다(Wong & Kasari, 2012). 더욱이 학령전기의 놀이기술은 8세 때의 구어와 인지능력과 관련된다(Kasari, Gulsrud, Freeman, Paparella, & Hellemann, 2012). ASD 아동이 가장놀이를 하는 것을 학습해도 창의성의 즐거움이 결여되어 있고, 유연하고 정교한 주제가 없고 기계적이고 반복적인 것으로 보인다(Hobson, Lee, & Hobson, 2009; Wing, 1978).

의사소통 능력

ASD 아동은 언어발달에 전조가 되는 것으로 간주되는 초기에 발달하는 사회적 의사소통 능력에 뚜렷한 결함이 있으므로, ASD 아동에서 언어적·비언어적 의사소통 발달이 심각하게 지연되고 일탈되는 것은 놀랄 일이 아니다. 후에 ASD 진단을 받게 된 영아들에 대한 전향적 연구는 이 아기들의 운율이 전형적이지 않으며(Wetherby et al., 2004), 몸짓과 자음을 거의 보지 않는다고(Landa, Holman, & Garrett-Mayer, 2007) 보고하며, 이러한 초기의 언어적 비언어적 의사소통 기술의 결손이 ASD에 대한 핵심적인 초기 행동 확인자가 될 수 있음을 시사한다. 더욱이 종단연구들이 일관되게 초기 사회적 의사소통 기술(모방, 공동 주의, 놀이)의 측정치가 초기 아동기의 구어발달을 유의미하게 예견함을 시사하고 있다(Charman et al., 2005).

ASD인 아동은 즉각적 또는 지연된 반향어(전에 들은 단어나 구를 그대로 따라하는 것)를 사용하고(Rydell & Mirenda, 1994), 비정상적 운율(예: 특이한 리듬, 강세, 억양과 소리 크기)(Peppé, McCann, Gibbon, O'Hare, & Rutherford, 2007), 그리고 대명사 전도(자신을 말할 때 "I" 대신에 "You"를 사용하는 것)(Cantwell, Baker, Rutter, & Mawhood, 1989; Kanner, 1943)의 특징을 나타내는 비전형적 언어를 사용한다. ASD에서의 의사소통 결함은 화용론, 또는 언어 사용의 사회적 측면에서 가장 두드러진다(개관으로 Tager-Flusberg, 1999, 2001 참조). 구어를 사용하는 4~7세 ASD 아동의 언어 특징에 대한 연구에서, 이 아이들의 구어가 반복, 소리 크기, 고음, 강세의 위치 오류 등을 포함하여 부적절한 운율과 목소리의 특징이 있었다(Shriberg, Paul, Black, & van Santen, 2011). 연구자들은 이러한 오류는 ASD 아동이 주변에 있는 다른 사람들의 말에 자신의 말을 일치시키기 위해서 자신의 말을 맞추려는 사회적 동기를 경험하지 않는다는 견해와 일치한다고 주장하였다. 상호적 대화에서의 문제는 다른 사람의 관점을(즉, '마음이론'; Paul, Orlovski, Marcinko, & Volkmar, 2009; Tager-Flusberg, 2000) 이해하지 못하고 다른 사람이 보낸 대화 시작 신호를 무시하는 것이다(Eales, 1993; Paul et al., 2009; Tager-Flusberg, 1999, 2001).

제한적이고 반복적인 행동과 관심

제한적이고 반복적인 행동(RRB)은 ASD의 핵심 특징으로 개념화되며 광범한 증상들을 포함한다. 이에는 상동증적이거나 반복적인 운동성 동작(예 : 손바닥 치기), 반복적인 물건 사용(예 : 장난감 정렬하기), 일상적인 것에 대한 융통성 없는 고집(예 : 같은 길로만 학교에 가기), 특이한 물건에 대한 집착(예 : 전기줄), 내용은 적절하지만 지나치게 강한 집착(예 : 버스시간표), 환경의 감각 정보에 대한 특이한 관심이나 반응(예 : 빛에 대한 시각적 매료)이 포함된다. 반복적인 행동은 ASD에 특정적인 것은 아니며 전형적인 발달을 하는 영아나 어린 아동에서도 관찰되며(예 : Evans et al., 1997; Thelen, 1979; Watt, Wetherby, Barber, & Morgan, 2008), 투렛장애, X 결함 증후군, 레트장애, 다운증후군, 파킨슨병, 치매, 조현병과 지적장애와 같은 다른 발달장애와 정신장애에서도 관찰된다(개관으로 Leekam, Prior, & Uljarevic, 2011 참조). 그러나 이러한 행동들이 다른 장애보다 ASD에서 더 빈번하게 나타난다(Matson, Dempsy, & Fodstad, 2009).

RRB는 ASD에 대한 가능한 초기 표지자로 알려져 있다. ASD 아동의 형제 영아에 대한 전향적 연구는 생후 12개월에서의 RRB 출현(돌리기, 회전하기, 흔치 않은 시각 탐색)이 이후의 ASD 증상 및 진단과 관련됨을 발견하였다(Ozonoff, Heung, Byrd, Hansen, & Hertz-Picciotto, 2008; Zwaigenbaum et al., 2005). 일반 모집단 선별연구에서 Watt와 동료들(2008)도 유사하게 후에 ASD로 진단된 아동들이 전형적으로 발달하는 아동이나 ASD가 아닌 다른 발달지연을 보이는 아동에 비해 출생 2년 차가 되는 해에 반복적 행동을 더 자주 더 오래함을 보여주었다. 특히 사물에 대한 반복적 행동(예 : 부딪치기, 두드리기, 뒤집기, 굴리기 등)과 반복적인 신체 움직임(예 : 테이블에 부딪치기, 몸 문지르기, 손과 손가락을 퉁기기)이 ASD인 걸음마기 유아에서 더 빈번함을 발견하였다.

이러한 행동은 흔히 장애의 한 가지 핵심 특징으로 논의되지만, 여러 연구가 이러한 RRB를 하나의 실체로 개념화하는 것에 의문을 제기한다. 이 분야의 연구를 개괄하면서 Turner(1999)는 ASD에서의 RRB는 반복적인 운동에 의해 특징지어지는 낮은 수준의 행동과 정교한 일상적 절차를 따르고 제한된 관심사를 추구하려고 집착하는 높은 수준의 복잡한 행동의 두 가지 범주로 나뉜다고 제안하였다. 2세부터 9세까지 RRB의 출현과 안정성을 다룬 종단연구에서 Richler, Huerta, Bishop 및 Lord(2010)는 이러한 두 유형의 RRB가 존재함을 지지하는 증거를 발견하였으며, 이들은 '반복적인 감각적 행동'(예 : 손과 신체의 매너리즘, 반복적 물건 사용, 흔치 않은 감각적 관심)과 "동질성에 대한 고집"(예 : 강박행동과 의례적 행동, 변화에 대한 저항)이라고 이름 붙였다. ASD 아동에게 있어서 반복적인 감각운동 행동은 오랜 시간 비교적 높게 나타나서 심각도가 일정함을 보여주는데, 이에 반해 동일성에 대한 집착은 낮은 수준으로 시작되지만 시간이 지나면서 강해져서 상태가 악화됨을 보여준다. 수행된 연구들이 RRB가 청소년기와 성인기까지 지속됨을 보여주긴 하였으나(Piven, Harper, Palmer, & Arndt, 1996; Rumsey, Rapoport, & Sceery, 1985), 성인기까지의 발달궤도를 조사한 연구는 거의 없다.

RRB와 지적기능 간의 관계를 다룬 연구들은 반복적 감각운동 행동과 이에 동반되는 지적장애 간의 연결을 발견하였다(Campbell et al., 1990; Wing, 1988; Wing & Gould, 1979). Watt와 동료들(2008)은 생의 둘째 해에 반복적인 물건 사용은 낮은 언어적 비언어적 발달수준과 관련된다는 것을 보고하였다. 유사하게 Richler와 동료들(2010)의 종단연구에서도 2세 때의 높은 비언어 지능은 약한 수준의 반복적 감각운동 행동과 관련되었으며, 시간이 지나면서 이러한 행동이 개선됨을 예측하는 것으로 나타났다. 동질성에 대한 고집은 덜 심각한 지적장애와 관련된 것으로 과거에 여겨졌으나(Turner, 1999), 최근의 연구들은 이러한 믿음을 지지하지 않는다. Lam, Bodfish 및 Piven(2008)은 ASD 아동의 약 88%가 제한된 관심사를 가지고 있으며, 이러한 관심사를 가지고 있는 것이 지능이나 다른 ASD 증상의 심각도와 관계가 없음을 발견하였다. 유사하게 Richler와 동료들도 동질성에 대한 고집과 비언어적 지능 간의 관계를 발견하지 못했다.

ASD에서 왜 RRB가 나타나는지를 설명하는 연구는 드물다(개관으로 Leekam et al., 2011 참조). 어떤 이론은 초기 아동기부터 사회적 자극에 대한 주의 부족이 물건에 대한 관심을 증가시킨다고 보는데, 물건에 대한 관심에는 동질성에 대한 집착이 내포되어 있다고 보는 것이다. 실제로 제한된 관심사는 전형적으로 비사회적인 특성을 가지고 있다. South, Ozonoff 및 McMahon(2005)은 제한된 관심사의 일반적인 유형에 자동차, 공룡, 특정 동물, 일본 애니메이션, 우주/물리학, 일정표와 수가 포함됨을 발견하였다. 동물 모델은 RRB와 자극이 적은 풍요롭지 않은 환경에서 양육되는 것 간의 관계를 시사한다(Lewis, Tanimuri, Lee, & Bodfish, 2007). 또는 RRB는 불안이나 각성수준을 조절하는 것을 돕는 자기조절적 대처기술로서 기능하는 것으로 가정되기도 한다(Joosten, Bundy, & Einfeld, 2009). 예를 들어 ASD를 가진 일부 사람들은 RRB가 자신들이 지나치게 긍정적이거나 부정적인 정서로 각성되었을 때 안정시켜주는 역할을 한다고 기술한다. 다른 연구들은 RRB가 X 결함 증후군이나 윌리엄스증후군, 안젤만증후군과 같은 유전장애와 관련됨을 시사하였다(Moss, Oliver, Arron, Burbidge, & Berg, 2009). ASD의 핵심 증상으로서의 RRB를 설명하기 위해서는 더 많은 연구가 필요하다.

DSM-5는 과거에는 의사소통의 결함으로 간주되었던 반복적인 말(반향어)과 특이한 문구 사용도 RRB에 포함되는 것으로 RRB에 대한 정의를 확장하였다. 또한 비전형적인 감각적 관심사도 DSM-5에서는 RRB 범주에 포함되어 있다. 이러한 증상과 다른 유형의 RRB 간의 관계에 대해서는 아직 거의 연구되지 않았다.

정의 및 진단적 쟁점

ASD가 신경발달장애로 간주되고 있는데도 불구하고 ASD 진단을 위한 생물학적 표지나 의학적 검사는 없다. 따라서 ASD의 진단은 행동증상과 발달력에 기초한다. DSM-5(APA, 2013)는 ASD 진단에서 중요한 개념적 변화를 도입했다. 즉, 두 가지 핵심 증상을 토대로 하나의 ASD 범주를 구성하는 복잡한 모델이다. 장애의 모델과 관련된

정의적 증상에 관한 이러한 변화는 ASD의 유병률에 매우 큰 영향을 미칠 가능성이 있으며, 따라서 이러한 진단준거의 변화와 연결된 ASD 진단에서의 변화를 추적해 보려는 관심이 증대되었다. 더욱이 DSM-5는 ASD가 발달장애, 정신장애 및 의학적 문제가 자주 동반됨을 인정한다(개관으로 그림 11.2 참조). 이러한 동반이환의 인정은 ASD에 대한 더 폭넓은 관점을 제공하지만 동시에 진단과정을 복잡하게 만들며 학제적 평가의 중요성을 지지한다.

DSM-5의 ASD 진단

DSM-5 신경발달장애

DSM-5의 신경발달장애 범주는 ASD를 지적장애(지적발달장애), 의사소통장애, 주의력결핍 과잉행동장애(ADHD), 특정 학습장애 및 운동장애와 함께 범주화한다. 이러한 장애는 발달 초기에 시작되는 상태들로서 사회, 학업, 독립적 생활능력의 일상적 기능에 중요한 영향을 미치는 상태이다. 이러한 장애들을 한 범주로 군집화하는 것은 다른 범주에 속한 장애들에서는 공유되지 않는 위험요인들(유전적, 발달적 궤도)이 이 장애들에서는 중복되는 것으로 설명된다(Andrews, Pine, Hobbs, Anderson, & Sunderland, 2009). DSM-5에서 이 장애들의 군집화는 이 장애들이 자주 공존한다는 것을 인정하는 것이다(예: ASD와 ADHD의 동반이환을 인식).

스펙트럼장애로서의 자폐

DSM-IV의 전반적 발달장애 또는 PDD[자폐장애, 아스퍼거장애, 달리 명시되지 않는 PDD(PDD-NOS)]를 하나의 범주인 ASD로 결합한 것은 많은 논쟁을 발생시켰다. 이 논쟁이 미디어에서 상당한 주의를 받았지만 연구자들은 오랫동안 DSM-IV 용어인 PDD보다 ASD라는 용어를 채택해 왔다. 실제로 MEDLINE에서 2007년부터 2012년 사이에 출판된 논문을 검색하면 연구자들이 PDD보다 ASD를 10배 더 많이 사용한 것으로 나타난다(King, Veenstra-VanderWeele, & Lord, 2013). 이러한 변화의 근거는 두

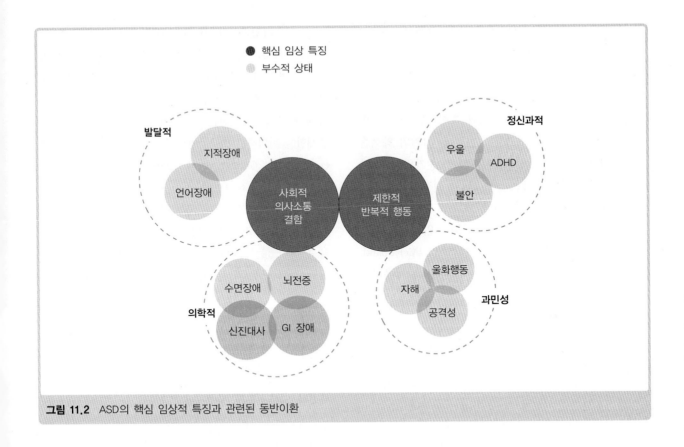

그림 11.2 ASD의 핵심 임상적 특징과 관련된 동반이환

가지이다. 첫째, 훈련받은 임상가가 일상적으로 다른 발달장애로부터 ASD를 구분할 수 있으며, 이는 상당한 신뢰도와 타당도가 있다. 그러나 DSM-IV가 정의하는 PDD 아형들에 대한 감별진단은 상당히 일관적이지 못하며 ASD 증상보다 다른 외적 요인(진단 장소, 지적 수준, 다른 동반이환들)과 더 밀접하게 연합되었다(Lord et al., 2012). 특히 이러한 진단의 차이는 표준화된 측정을 사용하여 임상전문가가 내린 진단에서조차도 분명하게 나타났다(Lord et al., 2012). 아스퍼거장애라는 진단명을 사용하지 않기로 한 결정은 아스퍼거장애로 진단된 사람들과 고기능자폐로 진단된 사람들 간의 증상 표현과 인지기능의 집단 차이가 거의 없다는 연구결과에 의해서도 지지받았다(Ozonoff, South, & Miller, 2000).

몇 가지 장애 군집보다 하나의 장애로 특정화하는 둘째 근거는 발달수준의 차이가 증상 표현의 차이를 설명할 수 있는 것으로 인정되었기 때문이다. DSM-5 작업팀

은 생의 초기에 보이는 장애들은 하나의 장애이지만 다차원적인 것이어서, 존재하는 동반이환뿐만 아니라 인지적 강점과 약점의 차이에 따라 독특하게 증상이 나타나는 것으로 간주하는 것이 가장 적절하다고 결론 내렸다(Rutter, 2011). 이 결정은 ASD 진단이 2세부터 안정적이지만 발달함에 따라 사회적 기술과 의사소통 기술이 변화하기 때문에 DSM-IV 아형들 간에 진단명이 종종 변화함을 보여준 종단연구(Lord et al., 2006; van Daalen et al., 2009)에서도 지지받았다. 이러한 결정은 진정한 진단의 변화라기보다는 한 가지 장애 내에서의 변화로 표현하는 것이 적절할 것이다.

이 연구가 DSM-5에서 ASD라는 진단명을 사용하는 것에 대한 개념적 타당성을 지지하지만 진단의 민감성과 특정성에 관한 정보를 제공하지는 않는다. ASD를 가진 사람들, 이들의 가족, 그리고 임상가들은 ASD에 대한 DSM-5의 개념화는 이 진단적 준거에 맞는 사람들의 수

가 더 적어질 것이라는 심각한 우려를 표현하였다. 그 영향은 DSM-IV에서 아스퍼거장애로 진단되었던, 지적기술에는 손상이 없고 약한 정도의 증상만을 보이는 사람들의 경우 더욱 클 것이라는 것이다(Wing, Gould, & Gillberg, 2011). DSM-5의 민감성과 특정성을 조사한 연구들은 혼재된 결과를 보고하고 있는데, 결과의 해석을 더 복잡하게 하는 것은 연구들이 DSM-5 준거의 서로 다른 초안에 근거하였기 때문이다. 1단계 현장시험 정의를 사용한 초기 연구들은 DSM-IV의 PDD로 진단된 사람들의 39%까지 DSM-5에서 ASD로 진단되지 않는다고 심각한 우려를 제기하였다(Frazier et al., 2012; McPartland, Reichow, & Volkmar, 2012). DSM-5 최종판을 사용하여 가장 광범하게 다룬 연구에서, Huerta, Bishop, Duncan, Hus 및 Lord(2012)는 DSM-IV의 PDD 진단된 4,453명과 PDD가 아닌 진단의 690명을 조사하였다. DSM-IV의 PDD인 아동의 대부분(91%)은 표준화된 진단도구[자폐증 진단 인터뷰 개정판(Autism Diagnostic Interview-Revised), 자폐증 진단관찰척도(Autism Diagnostic Observation Schedule)]로 평가했을 때 DSM-5 기준에 맞는 것으로 나타났다. DSM-5의 민감도에 관한 염려에도 불구하고 DSM-IV가 정의한 모든 아형과 연령, 성별, 지적 능력에 걸쳐서 민감도가 적절한 것으로 나타났다. 민감도는 과거 DSM-IV의 자폐장애 진단에서 가장 높았으며(.93~.95), 아스퍼거장애 및 PDD-NOS 진단에서 가장 낮았다(.76~.94). 몇몇 연구들은 ASD 진단에 대한 DSM-5의 민감도, 특히 DSM-IV로 아스퍼거장애 및 PDD-NOS로 진단받은 경우 더 높다는 것을 보고하였다. 따라서 이 새로운 준거는 ASD가 아닌 사람을 ASD로 진단할 가능성을 줄인 것으로 보인다(Frazier et al., 2012; Huerta et al., 2012; McPartland et al., 2012).

DSM-5 증상 영역

앞서 지적하였듯이 DSM-5는 ASD를 (1) 여러 맥락에서 나타나는 사회적 의사소통과 상호작용(SCI)에서의 지속적인 결함, (2) 제한적이고 반복적인 행동, 흥미 또는 활동(RRB)과 같은 두 가지 주요 영역에서 특징이 있는 것으로 기술하였다(ASD에 대한 DSM-5의 진단적 준거는 표 11.1 참조). 이는 언어와 의사소통을 세 번째 증상 영역으로 포함시켜서 자폐증을 세 가지 증상 범주의 삼합으로 간주하였던 이전의 개념에서 크게 변화되었음을 나타낸다. 이러한 변화는 두 가지 독립적인 증상 영역이 존재함을 지지하는 연구들에 의해 잘 지지되고 있다(Frazier et al., 2012; Gotham et al., 2008; Mandy, Charman, & Skuse, 2012 참조). 예를 들어 Frazier와 동료들(2012)은 2세부터 18세까지의 대규모 형제자매 표본(ASD 집단 8,911명과 ASD가 아닌 집단 5,863명)에 대해 ASD 증상을 분석하였는데, 범주적 진단(ASD가 있는 집단과 없는 집단 간의 구분)과 두 가지 증상 영역(SCI와 RRB) 내에서의 차원적 진단에서 모두 DSM-5의 ASD에 대한 개념화 증거를 발견하였다. 이 혼혈 모델은 ASD 증상에 관한 두 가지 경쟁적인 관점을 혼합하여, ASD 증상이 양적으로 차이가 나는 범주적 장애로 제안한다.

사회적 의사소통과 상호작용

DSM-5는 SCI 범주에서 (A1) "사회적-감정적 상호성의 결함", (A2) "사회적 상호작용을 위한 비언어적인 의사소통 행동의 결함", (A3) "관계 발전, 유지 및 관계에 대한 이해의 결함"이라는 세 가지 증상 영역을 열거하고 있다(APA, 2013, p.50). 세 가지 증상은 모두 진단에 요구되며 다양한 분야에 걸쳐서 지속적인 결함이 있어야 한다. 임상적으로 이 증상들에 대한 해석이 중복될 수 있다. 예를 들어 임상가는 클리닉에 걸어들어 온 아동이 접수인에게 몸무게를 물어보는 것을 비정상적 사회적 접근(사회적 상호작용 결함의 예)의 증상을 보여주는 것인지 또는 다양한 사회적 맥락에 맞게 행동을 조절하지 못하는 것(관계에 대한 이해 결함의 예)을 보여주는지를 판단하기 위해 애를 먹을 수도 있다(Huerta et al., 2012). 더구나 DSM-5의 SCI 증상을 자폐증 진단관찰척도(ADOS) 또는 자폐증 진단 인터뷰(ADI)와 같이 현재 가장 많이 사용되는 진단도구와 맞추는 것이 어렵다(Barton, Robins, Jashar, Brennan, & Fein, 2013; Huerta et al., 2012).

표 11.1 ASD에 대한 DSM-5 진단기준

A. 다양한 분야에 걸쳐 나타나는 사회적 의사소통 및 사회적 상호작용의 지속적인 결함으로 현재 또는 과거력상 다음과 같은 특징으로 나타난다(예시들은 실례이며 증상을 총망라한 것이 아님. 본문을 참조하시오).

1. 사회적-감정적 상호성의 결함(예 : 비정상적인 사회적 접근과 정상적인 대화의 실패, 흥미나 감정 공유의 감소, 사회적 상호작용의 시작 및 반응의 실패

2. 사회적 상호작용을 위한 비언어적인 의사소통 행동의 결함(예 : 언어적 · 비언어적 의사소통의 불완전한 통합, 비정상적인 눈맞춤과 몸짓 언어, 몸짓의 이해와 사용의 결함, 얼굴 표정과 비언어적 의사소통의 전반적 결핍)

3. 관계 발전, 유지 및 관계에 대한 이해의 결함(예 : 다양한 사회적 상황에 적합한 적응적 행동의 어려움, 상상놀이를 공유하거나 친구 사귀기가 어려움, 동료들에 대한 관심 결여)

현재의 심각도를 명시할 것
심각도는 사회적 의사소통 손상과 제한적이고 반복적인 행동 양상에 기초하여 평가한다.

B. 제한적이고 반복적인 행동이나 흥미, 활동이 현재 또는 과거력상 다음 항목들 가운데 적어도 두 가지 이상 나타난다(예시들은 실례이며 증상을 총망라한 것이 아님. 본문을 참조하시오).

1. 상동증적이거나 반복적인 운동성 동작, 물건 사용 또는 말하기(예 : 단순 운동 상동증, 장난감 정렬하기, 또는 물체 튕기기, 반향어, 특이한 문구 사용)

2. 동일성에 대한 고집, 일상적인 것에 대한 융통성 없는 집착, 또는 의례적인 언어나 비언어적 행동 양상(예 : 작은 변화에 대한 극심한 고통, 변화의 어려움, 완고한 사고방식, 의례적인 인사, 같은 길로만 다니기, 매일 같은 음식 먹기)

3. 강도나 초점에 있어서 비정상적으로 극도로 제한되고 고정된 흥미(예 : 특이한 물체에 대한 강한 애착 또는 집착, 과도하게 국한되거나 고집스러운 흥미)

4. 감각 정보에 대한 과잉 또는 과소 반응, 또는 환경의 감각 영역에 대한 특이한 관심(예 : 통증/온도에 대한 명백한 무관심, 특정 소리나 감촉에 대한 부정적 반응, 과도한 냄새 맡기 또는 물체 만지기, 빛이나 움직임에 대한 시각적 매료)

현재의 심각도를 명시할 것
심각도는 사회적 의사소통 손상과 제한적이고 반복적인 행동 양상에 기초하여 평가한다.

C. 증상은 반드시 초기 발달 시기부터 나타나야 한다(그러나 사회적 요구가 개인의 제한된 능력을 넘어서기 전까지는 증상이 완전히 나타나지 않을 수 있고, 나중에는 학습된 전략에 의해 증상이 감추어질 수 있다).

D. 이러한 증상은 사회적, 직업적 또는 다른 중요한 현재의 기능 영역에서 임상적으로 뚜렷한 손상을 초래한다.

E. 이러한 장애는 지적장애(지적발달장애) 또는 전반적 발달지연으로 더 잘 설명되지 않는다. 지적장애와 자폐스펙트럼장애는 자주 동반된다. 자폐스펙트럼장애와 지적장애를 함께 진단하기 위해서는 사회적 의사소통이 전반적인 발달수준에 기대되는 것보다 저하되어야 한다.

주의점 : DSM-IV의 진단기준상 자폐성 장애, 아스퍼거장애 또는 달리 분류되지 않는 광범위성 발달장애로 진단된 경우에서는 자폐스펙트럼장애의 진단이 내려져야 한다. 사회적 의사소통에 뚜렷한 결함이 있으나 자폐스펙트럼장애의 다른 진단 항목을 만족하지 않는 경우에는 사회적(실용적) 의사소통장애로 평가해야 한다.

다음의 경우 명시할 것
지적손상을 동반하는 경우 또는 동반하지 않는 경우
언어손상을 동반하는 경우 또는 동반하지 않는 경우
알려진 의학적 · 유전적 상태 또는 환경적 요인과 연관된 경우(부호화 시 주의점 : 관련된 의학적 또는 유전적 상태를 식별하기 위한 추가적인 부호를 사용하시오.)
다른 신경발달, 정신 또는 행동장애와 연관된 경우(부호화 시 주의점 : 관련된 신경발달, 정신 또는 행동장애를 식별하기 위해 추가적인 부호를 사용하시오.)
긴장증 동반(정의에 대해서는 다른 정신질환과 관련이 있는 긴장증의 기준을 참조하시오.)(부호화 시 주의점 : 공존 긴장증이 있는 경우에는 자폐스펙트럼장애와 관련이 있는 긴장증에 대한 추가적인 부호 293.89[F06.1]를 사용할 것)

출처 : *Diagnostic and Statistical Manual of Mental Disorders, Fifth Edition*(pp.50-51). Copyright 2013 by the American Psychiatric Association의 허락하에 사용함.

제한적이고 반복적인 행동

RRB 범주에 네 가지 증상이 열거되어 있다 : (B1) "상동 증적이거나 반복적인 운동성 동작, 물건 사용 또는 말하기", (B2) "동일성에 대한 고집, 일상적인 것에 대한 융통성 없는 집착, 또는 의례적인 언어나 비언어적 행동 양상", (B3) "강도나 초점에 있어서 비정상적으로 극도로 제한되고 고정된 흥미", (B4) "감각 정보에 대한 과잉 또는 과소 반응, 또는 환경의 감각 영역에 대한 특이한 관심"(APA, 2013, p. 50). ASD 진단을 하려면 이 네 가지 증상 중 두 가지가 나타나야 한다. 부모, 임상가 및 ASD를 가진 사람들이 자주 비전형적적인 감각처리 능력을 보고하지만 이 증상은 연구자나 임상가들로부터 비교적 주의를 받지 못했었다. 비전형적 감각처리를 RRB 범주에 속하는 증상으로 DSM-5에서 새로 추가하였다. 감각처리 문제는 전형적으로 세 가지 영역으로 나뉜다. (1) 감각 과잉반응(예 : 빛이나 소리를 포함하는 특정 감각자극에 대한 부정적 반응), (2) 감각 과소반응(예 : 자신의 이름을 듣고도 반응하지 않는 것과 같이 다양한 감각 자극에 반응하지 않는 것), (3) 감각 추구(예 : 감각을 증가시키는 행위를 하는 것)(Baranek, David, Poe, Stone, & Watson, 2006; Dunn, 1997; Miller, Coll, & Schoen, 2007). ASD를 가진 사람의 약 56~70%는 감각 과잉반응을 보이는 것으로 보고된다(Baranek et al., 2006; Ben-Sasson et al., 2007). 반복적 행동과 비전형적 감각행동 간의 관계에 대해서는 거의 연구되지 않았다. 그러나 최근 Mandy, Charman 및 Skuse(2012)가 수행한 요인분석 연구는 이 두 유형의 증상이 하나의 구성개념에 포함됨을 지지하였다.

전생애 장애

DSM-5는 증상이 '발달초기'(APA, 2013, p.50)부터 나타나야 한다고 규정하고 있지만, 증상의 시작 연령을 명시하고 있지는 않다. 이는 증상의 시작을 36개월로 규정한 DSM-IV에서 변화된 것이다. 더욱이 DSM-5는 사회적 요구가 제한된 역량을 넘어설 때까지 증상이 나타나지 않을 수 있음을 인정하여 아동 중기나 성인기의 진단도 허용하고 있다. 이로 인해 초기 발달 지연을 보이지 않았으나 이후에 사회적 어려움이 분명하게 드러나기 시작한 사람들로, 과거에 아스퍼거장애를 가지고 있는 것으로 기술되었던 사람들에 대한 진단이 가능해졌다. 이에 더하여 DSM-5는 증상이 생애 시기에 걸쳐서 변화될 수 있어서 학습된 책략이 생애 후반까지 장애를 가릴 수 있음(예 : 사회적 기술 중재가 사회적 상호기술을 가르칠 수도 있을 것이다)을 인정한다. 그러나 중요한 영역에서 임상적으로 뚜렷하게 현재의 기능손상이 있어야 한다는 DSM-5의 일반적인 기준이 충족되어야만 진단이 가능하다. 따라서 과거에 ASD로 진단된 사람들이 임상적으로 뚜렷한 손상을 더 이상 가지고 있지 않은 정도로 증상이 호전된다면 이 진단이 더 이상 적용될 수 없게 된다(이러한 최적의 결과를 보이는 개인에 관한 논의는 Fein et al., 2013 참조).

걸음마기 유아는 증상이, 특히 RRB 증상에 있어서 분명하지 않고 이제 나타나기 시작할 수 있어서, 걸음마기 유아에서의 ASD를 탐지하기에는 DSM-5의 준거가 지나치게 엄격하다는 우려가 있다. Huerta와 동료들(2012)은 이러한 우려를 지지하는 증거를 발견하지 못하였는데, ASD를 가진 5,143명의 아동 중 SCI 증상에 대한 DSM-5 준거는 충족하지만 RRB 증상의 준거는 충족하지 않는 아동이 75명에 불과하였다. 그러나 Barton과 동료들(2013)은 걸음마기 유아 표본에서(평균 나이, 25개월) 세 가지 SCI 증상과 두 가지 RRB 증상을 요구하는 DSM-5 준거가 진단 민감도를 감소시킨다는 결과를 보여주었다. 이들은 걸음마기 유아에게는 두 가지 SCI 증상과 한 개의 RRB를 적용하여 준거를 느슨하게 할 것을 제안하였다. 여러 생애에 걸친 DSM-5의 민감도와 특정성에 대한 추후 연구가 필요하다.

DSM-5 심각도 평정

DSM-5 지침서는 SCI와 RRB 증상의 현재 심각도에 대해 명시하도록 하고 있다. 각 증상 영역에서 심각도는 "지원이 필요한 수준"(1단계), "많은 지원을 필요로 하는 수준"(2단계), 또는 "상당히 많은 지원을 필요로 하는 수준"(3단계)으로 기록된다(APA, 2013, p.52). 증상 영역이 독립적이라는 개념화에 맞게, 각 영역에서 수준에 대한 평가가 매우 다를 수 있다. 예를 들어 한 개인이 언어적·비언어적·사회적 의사소통 기술에서는 심각한 결함을 나타내는 3단계의 SCI 점수를, 행동의 융통성이 부족하지만 기능을 뚜렷하게 방해할 정도는 아닌 1단계의 RRB 점수를 받을 수 있다. 이러한 평가는 현재의 행동에 기초하는 것이므로 ASD로 진단되었던 사람이 현재의 평가에서는 1단계 이하가 될 수도 있다. 맥락과 발달시기에 따라 증상의 심각도가 변화될 수 있음을 인정하여, DSM-5는 이러한 평가가 지원 서비스의 적격성을 결정하는 것이 아님에 주의하고 있다. 그러나 이러한 증상의 실제적 용도는 검증되어야 한다.

동반이환과 감별진단 : 발달장애

임상가가 ASD 진단을 고려할 때 언어장애나 지적장애가 있는지를 결정하는 것이 중요하다. 종종 이러한 장애들이 ASD보다 더 적절한 진단일 수도 있다(예 : SCI 기술이 4세 아동 수준과 일치하는 IQ 50인 8세 아동은 ASD 보다 지적장애가 심한 것으로 개념화하는 것이 나을 수 있다). 그러나 다른 경우에는 동반이환 진단(예 : ASD와 지적장애를 모두 진단하는 것)이 적절할 수 있다. DSM-5는 ASD를 가진 사람에게 이중 진단을 허용한다.

의사소통장애

동반이환

지연된 언어는 후에 ASD로 진단된 아동의 어머니들이 처음 염려했던 것으로 흔히 이야기되는 것이다(Chawarska et al., 2007; De Giacomo & Fombonne, 1998; Siklos & Kerns, 2007). 따라서 언어지연이 ASD의 진단준거는 아닐지라도 일반적 동반증상이다. 과거에는 자폐증을 가진 사람들의 약 50%가 평생 말을 못하는 상태로 살았었다(Rutter, 1978). 그러나 조기진단과 개입으로 인해 이 비율이 감소하고 있다. 9세 ASD 아동을 대상으로 수행된 한 연구는 약 1/4의 아동이 복문을 사용하여 유창하게 말하며, 나머지 3/4은 언어를 사용하지 못하는 것을 발견하였다(Anderson et al., 2007). ASD 진단을 할 때 DSM-5는 임상가가 이 진단에 언어지연이 동반되는지를 명시하도록 요구하고 있다.

감별진단

ASD의 모든 증상을 보이지는 않지만 사회적 의사소통 기술에 영향을 주는 실용적 언어장애로 인한 지속적인 어려움이 있는 아동집단이 있다는 것을 점차 많은 연구들이 보고하고 있다(Adams, 2001; Gibson, Adams, Lockton, & Green, 2013). 이러한 아동을 ASD로 진단해야 할지 아니면 의사소통장애로 진단해야 할지에 대해 상당한 논쟁이 있다. DSM-5는 ASD의 SCI 증상을 보이지만 RRB 증상은 보이지 않는 아동들을 위해 사회적(실용적) 의사소통장애(SCD)라는 새로운 진단을 포함하고 있다. 이 진단에 대한 연구는 거의 이루어지지 않았으며 어린 아동에게 ASD 대신 이 진단이 사용될 것이라는 우려가 있다. 그러나 DSM-5는 SCD와 관련된 특정 결함이 있다고 결정하기 위해서는 아동이 적절한 구어와 언어능력을 가지고 있어야만 한다는 것을 강조한다. 따라서 DSM-5는 4세 미만의 아동이 SCD 진단을 받을 가능성이 드물다고 지적한다. 더욱이 발달력이 RRB에 대한 어떤 증거도 보이지 않을 때에만 SCD 진단을 고려해야 한다고 지적한다.

Gibson과 동료들(2013)의 최근 연구는 고기능(평균 이상의 지능) ASD 진단을 받은 아동은 실용적 언어장애를 진단받은 아동에 비해 화용장애의 정도가 더 크고, RRB가 많고 표현언어 기술은 높은 특징이 있음을 발견하였다. 실용적 언어장애를 가진 아동은 특정언어장애(SLI)를 가지고 있는 아동에 비해 사회적 의사소통의 어려움이 더 많고 표현언어 기술은 더 높다. Gibson과 동료들은 이는 ASD 또는 SLI의 진단적 준거를 충족하지 않지만 사회적 언어문제가 있는 아동에 대한 진단이 필요함을 지지한다고 주장한다. 이 진단이 타당한지, ASD의 임계값(subthreshold)을 파악하기 위해 이 진단이 유용한지에 대해서는 앞으로 연구가 필요하다.

지적장애

Kanner(1943)는 자폐증 아동의 지적능력에 대한 최초의 기술에서 다음과 같이 쓰고 있다.

> 이러한 아동의 대부분이 어느 한 시점에서는 정신박약인 것으로 보이지만 이들은 분명 상당한 수준의 인지적 가능성을 가지고 있다…. 말할 수 있는 아동은 놀라울 정도의 어휘력, 수년 전의 사건에 대한 뛰어난 기억력, 시와 이름에 대한 단순 암기, 그리고 복잡한 패턴과 순서에 대한 정확한 회상은 모두 좋은 지능을 말해준다(Kanner, 1943, p.217).

Kanner의 기술은 인지적 지연과 이 장애를 특징짓는 인지 강점이 혼재되었음을 강조한다. ASD인 사람이 동반된 지적장애를 가지고 있을지라도 이들은 일부 인지능력에서 감정을 가지고 있는 경우가 흔하다.

동반이환

ASD에 가장 흔하게 동반되는 장애는 지적장애이며 지적장애가 예후를 가장 강하게 예연한다(개관으로 Matson & Shoemaker, 2009 참조). 1966년부터 2003년까지 출판된 36개의 역학연구를 개괄한 논문에서 Fombonne(2005)은 DSM-IV의 자폐장애로 진단된 사람들에서 지적장애가 발생하는 중앙값이 70.4%(범위 40~100%)임을 보고하였다. 여러 연구에 걸쳐서 29.3%의 사람들은 경도에서 중등도의 지적장애를 가지고 있는 것으로 보고되고 있으며, 38.5%는 고도에서 최고도의 지적장애를 가지고 있는 것으로 보고되었다. 보다 최근의 추정은 이러한 수치가 지나치게 높으며 ASD와 지적장애의 동반이환율은 31%에 가까우며 ASD 여아에서 동반이환율이 더 높음을 시사한다(Baird et al., 2000; Centers for Disease Control and Prevention[CDD], 2014; Chakrabarti & Fombonne, 2001). 대부분의 상관이 ASD 증상에 크게 기여하는 의사소통장애와 관련되므로 지적장애와 ASD가 독립적으로 작용한다는 견해를 많은 연구들이 지지한다(Hoekstra, Happé, Baron-Cohen, & Ronald, 2009). ASD와 지적장애 간의 동반이환율이 감소하는 것은 고기능인 사람들에서

의 ASD 진단과 조기 개입의 효과가 증가하는 것에 기인할 수 있다(Chakrabarti & Fombonne, 2001; Fombonne, 2003; Matson & Shoemaker, 2009; Newschaffer, Falb, & Gurney, 2005).

대부분의 지적 검사가 ASD로 인해 영향받는 능력인 모방, 언어 및 다른 기술들을 필요로 한다는 점에서 ASD에서의 지적능력 평가가 복잡해진다. 따라서 IQ에 대한 정확한 추정치를 얻는 것이 종종 어려운 과제가 된다(개관으로 Klinger O'Kelley & Mussey, 2009 참조). 그러나 인지기능에 대한 평가는 ASD 진단평가에 필수적인 요소로 간주된다. IQ 검사는 ASD를 가진 아동 및 청소년의 장기 결과를 예후하는 표지자로 종종 사용된다. 실제로 ASD 아동에서의 IQ 점수는 다른 형태의 발달장애를 가지고 있는 아동에서의 IQ 점수만큼 안정적이다(National Research Council, 2001). 그러나 이는 IQ 점수가 평생 안정적임을 의미하는 것은 아니다. Mayes와 Calhoun(2003)은 3~15세의 자폐증을 가지고 있는 164명의 표본에서 연령과 IQ 점수 간의 유의한 상관을 발견하였다. 평균 IQ는 3세 때 53에서 8세와 그 이후에 때 91점으로 증가하였다. 그러나 중기 아동기부터 청소년기와 성인기까지는 IQ 점수가 더 안정적인 것으로 보고되었다(Beadle-Brown, Murphy, & Wing, 2006; Howlin, Goode, Hutton, & Rutter, 2004; Seltzer, Shattuck, Abbeduto, & Greenberg, 2004; Sigman & McGovern, 2005).

전통적으로 ASD를 가지고 있는 사람들은 언어성 IQ보다 비언어성 IQ가 더 높은 특징의 지적능력 프로파일을 보이며(개관으로 Lincoln, Hansel, & Quirmbach, 2007 참조), 이 프로파일이 다른 지적장애로부터 ASD를 감별하는 것으로 간주된다. 예를 들어 ASD인 사람들은 흔히 퍼즐을 포함하고 있거나 패턴이나 블록을 특정 모양으로 구성하는 비언어적인 시공간 과제에서 상대적·절대적 강점을 보인다(예: Ghaziuddin & Mountain-Kimchi, 2004; Lincoln, Allen, & Kilman, 1995; Ozonoff, South, & Miller, 2000). 그러나 이런 프로파일이 문헌에서 일관되게 지지받고 있는 것은 아니다. 예를 들어 Mayes와 Calhoun(2003)은 다양한 범위의 생활연령에 걸쳐(3~15세) 자폐증을

가지고 있는 아동의 지적 프로파일과 지적기능(IQ 14~143)을 조사하였다. 이들의 표본에서 언어성 IQ에 비해 비언어성 IQ가 높은 프로파일은 학령전기 아동에서는 나타났지만 학령기 동안 점차적으로 사라졌다. IQ 80 이상인 아동은 6~7세부터 언어성과 비언어성 능력이 유사한 형태를 보였다. 80 이하의 IQ를 가진 아동은 학령전기 동안 언어성에 비해 더 높은 비언어성 IQ를 유지하였으며, 9~10세가 되어도 언어성과 비언어성 점수가 유사해지지 않았다. 따라서 언어성과 비언어성 IQ의 불일치는 연령과 IQ에 관련되는 것이며, 일반적으로 믿었던 것과는 반대로 ASD 진단을 나타내는 한 가지 특정적인 패턴이 있는 것이 아니다.

감별진단

ASD와 지적장애가 함께 발생할 수 있지만, SCI와 RRB 증상이 ASD보다 지적장애와 더 일치한다면 감별진단이 보장된다. ASD 아동은 공동 주의, 동작 모방, 상징놀이 및 마음이론에 특정적인 손상을 보인다는 점에서 구분된다. ASD 아동은 이 모든 영역에 있어서 수용언어 기술에 의해 예견되는 것보다 약화되어 있다(Maljaars, Noens, Scholte, & van Berckerlaer-Onnes, 2012; Poon, Watson, Baranek, & Poe, 2012; Wong & Kasari, 2012). 따라서 사회적 문제가 발달수준에 일치한다면 ASD 없는 지적장애의 진단을 고려해야 한다. 반복적인 행동과 관련하여 ASD로 진단된 아동과 지적장애로 진단된 아동 모두 운동 상동증을 보인다. 그러나 ASD가 아닌 지적장애인 아동에 비해 ASD 아동은 손과 손가락 상동증(흔들기, 두드리기, 흔들기, 손뼉 치기, 손을 폈다 주먹 쥐었다 하기, 손과 손가락 꼬기) 및 걸음 상동증(걷기, 점프하기, 달리기, 깡충깡충 뛰기, 빙빙 돌기)을 더 많이 보이는 것으로 한 연구에서 나타났다(Goldman, Wang, et al., 2009). 두 집단이 전체 신체 상동증(흔들기, 어깨 으쓱하기)과 팔/다리 상동증(펄떡거리기, 발을 쿵쿵거리기)에서는 유사한 수준을 보였다. 따라서 임상가가 ASD와 지적장애를 감별진단하는 데에 아동이 보인 운동 상동증의 유형이 도움이 될 수 있다.

동반이환과 감별진단 : 정신의학적 상태

ASD는 흔히 다양한 정신의학적 상태를 동반한다. 한 모집단기반 연구에서 ASD 아동의 71%가 적어도 한 가지 정신장애의 기준에 부합되며, 41%는 2개 이상, 24%는 3개 이상의 진단기준을 충족한다(Simonoff et al., 2008). 일반적으로 동반되는 정신의학적 증상에는 ADHD나 파괴적 행동장애와 같은 외현화 장애뿐만 아니라 내면화 장애(불안과 우울)가 포함된다(개관으로 Mazzone, Ruta, & Reale, 2011 참조). DSM-IV는 ASD와 강박장애 또는 ASD와 ADHD를 포함하여 몇몇 동반이환을 임상가들이 진단하지 않도록 제한하였지만, 이제는 이러한 장애들도 동반되는 것으로 생각한다. 이는 ASD 개념화에 중요한 변화이다.

불안과 우울

동반이환

ASD를 가진 사람도 유의미한 수준의 불안과 우울증상을 경험할 수 있다는 데에 점차 동의가 이루어지고 있다. ASD인 학령기 아동과 청소년들에서의 불안 유병률은 표본의 특성에 따라 크게 다르다. 광범위한 개관에서 White, Oswald, Ollendick 및 Scahill(2009)은 ASD인 아동의 11~84%가 기능을 손상시키는 정도의 불안을 경험하며 45~50%는 우울장애에 대한 DSM-IV 준거를 충족시킨다고 보고하였다. 모든 연구는 일관되게 ASD를 가진 사람에서의 불안은 아동 및 청소년 전체 모집단에서의 불안장애 유병률(5~15%; Merikangas et al., 2010)보다 상당히 높다고 보고하고 있다. ASD와 불안을 동반하고 있는 아동의 87%가 한두 가지의 불안장애를 가지고 있으므로, ASD에서의 다양한 불안장애 아형을 구분하는 것은 어렵다(Renno & Wood, 2013). 일부 연구자는 불안은 전 범위에 걸친 IQ를 가진 ASD 아동에서 나타나지만 평균이나 그 이상의 지능을 가진 ASD 아동 및 청소년에서는 더 높은 수준의 불안이 보이는데(Hallett et al., 2013; Strang et al., 2012), 이는 이들이 사회적 이해를 위한 힘겨운 노력을 더 강하게 하기 때문일 것이다.

우울과 관련하여서는 ASD 아동 및 청소년의 17~27%가 동반되는 것으로 추정된다(Kim, Szatmari, Bryson, Streiner, & Wilson, 2000; Leyfer et al., 2006). 우울은 고기능인 사람에게서 청소년기에 자주 일어나는데, 이 시기는 자신이 다른 사람과 다르다는 것을 더 인식하게 되며 또 친구관계를 더 열망하게 되는 시기이다(Kim et al., 2000; Mayes, Calhoun, Murray, Ahuja, & Smith, 2011). 평균 정도의 지능인 ASD 아동 및 청소년 표본에서 44%가 우울증상을 보이며 30%가 임상수준의 증상을 보이는 것이 부모보고에서 나타났다(Strang et al., 2012). ASD 아동은 ASD가 없는 우울증을 가진 아동에 비해 자살생각을 덜 한다. 그러나 ASD 아동의 어머니들은 전형적으로 발달하는 아동의 어머니들에 비해 자살생각과 자살시도를 유의하게 더 많이 보고하였다(Mayes et al., 2011; Mayes, Gorman, Hillwig-Garcie, & Syed, 2013). Mayes와 동료들(2013)은 ASD 아동에서의 자살생각 및 시도가 더 높은 수준의 우울, 행동문제 및 놀림당하는 것을 예언함을 발견하였다. 몇몇 연구들은 ASD인 사람들의 우울증상 특히 자살생각을 측정하는 것이 중요하다고 제안한다(Kato et al., 2013; Mayes et al., 2011, 2013).

감별진단

ASD에서의 높은 불안과 우울 보고에도 불구하고 ASD와 불안의 감별진단이 논란이 되는데, 특히 불안과 우울이 자주 사회적 상황 내에서(예 : 사회불안, 분리불안) 나타나기 때문이다. 예를 들어 ASD에서 흔히 보이는 사회적 회피는 사회불안장애(사회공포증) 또는 우울증상으로 보일 수 있다. 그러나 사회적 공포나 위축이기보다는 사회적 정보에 대한 주의 부족이나 사회적 이해의 부족에 의한 것일 수도 있다. ASD에서의 불안증상의 고유한 표현은 감별진단을 어렵게 한다. 예를 들어 강박장애(OCD, DSM-5까지 불안장애로 분류됨)는 흔하며, 반복적 행동과 유사해 보일 수 있다. OCD가 있는 사람들은 ASD가 있는 사람보다 한 가지 강박행동에 더 집착한다는 점에서 OCD는 ASD와 구분된다(Russell, Mataix-Cols, Anson, & Murphy, 2005; Wakabayashi, Baron-Cohen, & Ashwin,

2012). 이전 연구들은 ASD와 OCD의 동반이환율이 1.5%에서 29% 정도로 낮다고 지적하였다(Lainhart, 1999; Mattila et al., 2010). 그러나 DSM-5가 이 두 질병의 동반진단을 허용하므로 더 많은 연구가 필요하다. Renno와 Wood(2013)는 ASD와 불안증상을 구분하기 위해 구조방정식 모델을 사용하였다. 이들은 불안수준이 더 높은 아동이 낮은 아동에 비해 더 심각한 ASD 증상을 나타내는 것은 아니라고 보고하였다. 이러한 결과는 불안은 ASD 증상 이상으로 추가 손상을 야기할 수 있고, 또 특정 개입을 보증하는 별개의 임상 진단임을 시사한다. 더 많은 연구가 필요하지만 우울증 역시 별개의 임상적 진단이다.

ASD를 가진 사람들에서의 불안과 우울증이 빈번함에도 불구하고, 사회적 의사소통의 어려움과 정서적 통찰의 부족으로 인해 동반이환의 확인이나 진단이 복잡해진다. 아직까지 ASD에서 정신의학적 동반이환을 평가하기 위해 특정적으로 고안된 척도는 없으며, ASD가 없는 모집단을 위한 기존의 척도는 우울이나 불안증상 그 자체보다는 ASD 특정적인 증상(예 : 사회적 유능감)을 측정하는 질문들을 포함하고 있을 수 있다(Mazzone et al., 2012). 따라서 ASD가 있는 개인에서 동반되는 정신의학적 증상을 더 잘 확인하고 다루기 위해서는 적절한 임상적 진단도구와 맞춤형 개입법의 개발을 포함하여 지속적인 연구들이 필요하다. 예를 들어 ASD가 있는 아동 및 청소년 고유의 요구에 맞추어 표준 인지행동 접근을 수정한 최근의 개입법은 불안을 감소시키는 데 희망적인 결과를 보여주었다(Reaven, Blakely-Smith, Culhane-Shelburne, & Hepburn, 2012; Wood et al., 2009).

주의력결핍 과잉행동장애

ASD와 ADHD의 동반이환 진단을 받을 수 있다는 것이 인정되고 있다. 이 두 장애의 증상이 자주 중복되므로 임상가들은 두 장애의 공통성을 연구하게 되었다(Mayes, Calhoun, Mayes, & Molitoris, 2012). 공통 증상의 예에는 부주의, 과잉행동, 그리고 충동성(그러나 이것들에만 제한되는 것은 아니다)이 포함된다. ASD와 ADHD 모두에서 전전두피질의 활성화 감소가 있는 것으로 현재 알려져 있는데, 이것이 두 장애의 중복을 어느 정도 설명할 수 있을 것이다(Happé, Booth, Charlton, & Hughes, 2006). 이러한 중복을 다루는 연구들이 지난 10년간 크게 증가하였는데, ASD 아동 및 청소년에서의 ADHD 동반 추정률은 33~78%에 이른다(Gargaro, Rinehart, Bradshaw, Tonge, & Sheppard, 2011; Goldstein & Schwebach, 2004; Sinzig, Walter, & Doepfer, 2009). ASD와 ADHD의 동반 질환이 진단된 사람에서 반항적 행동의 비율도 더 높은 것으로 보고되었다(Grzadzinski et al., 2011).

동반이환 : 행동적 · 의학적 문제

ASD는 정신과적 장애와 공병될 뿐만 아니라 몇몇 행동 증상 및 의학 증상과도 관련된다. 이에는 자해행동, 수면장애, 발작, 섭식장애 및 위장(GI) 문제가 포함된다.

자해행동

머리 부딪치기, 손가락과 손 깨물기, 머리 때리기, 머리카락 뽑기와 같은 행동이 관찰된다. 언어능력이 없는 ASD인 사람들은 좌절했을 때 자신의 감정과 요구를 전달할 수 있는 언어적 수단이 없으며, 결과적으로 자신의 좌절을 표현하는 방식으로 자해행동을 하게 된다(Donnellan, Mirenda, Mesaros, & Fassbender, 1984; Lainhart, 1999). 그러나 이러한 행동은 ASD 자체보다는 동반되는 지적장애와 더 관련된 것일 수 있다(J. Dawson, Matson, & Cherry, 1998). 이러한 자해행동의 영향이 매우 커서 이러한 행동의 발생비율이 높은 것은 가족이 지각하는 스트레스와 관련된다(Bishop, Richler, Cain, & Lord, 2007).

수면장애

ASD를 가진 사람은 다른 가족들에 비해 수면을 덜 취하며, ASD 아동의 부모들은 아이가 밤에 자주 깨어 있다고 보고한다. Ruth Sullivan(1992)은 자신의 아들인 조셉이 2세 때 극단적으로 과잉활동적이었다며 다음과 같이 썼다. "마치 제어장치가 로켓과 같이 빠른 속도에 맞추어진 것 같았다. 보통 하룻밤에 서너 시간만 자며, 자지 않는 동안은 소리를 질러댔다."(p.247) 연구에 따르면 심각

한 수면문제를 가지고 있는 아동이 일반 소아과 모집단에서 20~30%인 데 반해 ASD 아동에서는 44~83%에 달한다(Allik, Larsson, & Smedje, 2006; Goldman, Surdyka, et al., 2009; Krakowiak, Goodlin-Jones, Hertz-Picciotto, Croen, & Hansen, 2008). 일반적으로 보고된 수면문제에는 짧은 야간 수면과 일찍 깨는 문제뿐만 아니라 빨리 잠들지 못하고 잠든 후 수면을 계속 유지하지 못하는 문제가 포함된다. 수면문제는 5세 미만의 아동에서 더 자주 보고된다. 현재까지의 연구들은 ASD에서의 수면문제가 지적기능과는 관련되지 않은 것으로 보고하고 있다. 전체적으로 ASD 아동은 발달지연 아동이나 전형적 발달의 아동에 비해 1일 수면 시간이 더 짧은 것으로 나타났다(Goodlin-Jones, Tang, Liu, & Anders, 2008). 수면문제는 나이와 함께 점차 개선되지만 나이든 아동도 여전히 잠드는 것이 어렵고 밤에 잠을 덜 잔다. 수면문제에 대한 치료(예 : 멜라토닌 보충)는 수면을 개선할 뿐만 아니라 사회적 상호작용, 반복적 행동, 감정문제, 반항적이고 공격적인 행동 및 부주의, 과잉행동 증상 등의 관련된 증상의 치료에도 도움이 될 수 있다(Doyen et al., 2011; Goldman et al., 2011; Malow et al., 2012; Rossignol & Frye, 2011). 수면문제가 ASD의 진단준거는 아니지만 이 모집단에서 수면장애의 비율이 뚜렷하게 높은 것은 수면장애의 측정과 치료가 ASD를 가진 사람들을 위한 임상적 관리의 일상적인 한 절차로 포함되어야 함을 시사한다.

발작

ASD는 뇌전증의 위험과 관련되어 있는데, 약 6~50%가 뇌전증을 보이는 것으로 추정된다. 비율 차이가 큰 것은 확인방법의 차이에 기인할 가능성이 있는데, 한 모집단 기반 연구에서는 5%로, 뇌전증 클리닉에서는 15~30%로 추정되었다(Clarke et al., 2005; Matsuo, Maeda, Sasaki, Ishii, & Hamasaki, 2010). ASD와 관련된 특정 형태의 뇌전증이 있는 것은 아니다. 그러나 전형적으로 조기 발병 발작이 더 나쁜 결과와 관련된다(Saemundsen, Ludvigsson, & Rafnsson, 2008). 발작 시작은 전형적으로 초기 아동기나 청소년기에 일어난다(Parmeggiani et al., 2010). 동반이

환율이 높은 만큼 발작이 의심될 경우는 ASD인 아동·청소년에게 뇌전도 측정이 추천된다(Filipek et al., 2000).

섭식장애와 GI 문제

섭식장애는 ASD인 아동의 부모들이 가장 흔하게 보고하는 문제이지만 이에 대한 연구는 별로 이루어지지 않았다. 아동기 초기의 섭식장애는 일반적이지 않은 음식 선호가 주가 된다. 음식 선호는 음식의 결(예 : 부드러운 음식), 음식의 특정 색(예 : 갈색), 또는 특정 맛(예 : 한 브랜드의 특정 음식만 섭취)과 관련된다. ASD인 일부 아동은 식사시간에 의례적 행동을 발달시키기도 한다. 예를 들어 어떤 아동은 특정 모양으로 자른 특정 색의 음식만을 먹기도 한다. 섭식문제는 전형적으로 성인기에도 나아지지 않는다. 따라서 ASD 성인은 균형 잡힌 음식을 섭취하도록 관리되어야만 한다. 예를 들어 Powell, Hecimovic 및 Christensen(1992)은 부드러운 질감을 가진 음식만을 선호하는 자폐증을 가진 젊은 남성에 대해 "푸딩과 바나나 반쪽, 그리고 삶은 야채만을 먹는다."(p.193)고 기술하였다.

음식 선호 외에 ASD인 사람들에서 GI 장애 비율이 높은데, 9~70%으로 추정된다(개관으로 Buie et al., 2010 참조). 보고된 문제로는 변비, 복통, 복부팽만, 설사, 구토감 등이 있다. ASD와 GI 장애 간의 정확한 관계는 알려지지 않았다. 이러한 증상들과 ASD와의 공존율이 높은 것으로 미루어 보아, 앞으로 연구해야 할 전망 있는 한 분야는, GI 증상과 불안 간의 관계로 보인다. 실제로 몇몇 연구들은 GI 문제를 가지고 있는 아동에서 불안 비율이 유의하게 높다는 결과를 보여주었다(Mazurek et al., 2013; Nikolov et al., 2009).

ASD를 위한 DSM-5 명시자와 기록 절차

ASD는 자주 다른 정신질환과 동반됨을 인정하여, DSM-5는 연관된 질환과 관련된 명시자를 포함하는 기록 절차를 제공하고 있다. 진단자는 이하에 기술된 ASD 병인과 관련된 것으로 확인된 의학적·유전적 상태 또는 환경요인이 있는지(예 : ASD와 관련된 X 결함 증후군이 있는지)에 대해 기록해야 한다. 유사하게 진단자는 동반되는 신경발달장애, 정신장애 또는 행동장애가 있는지도(예 : ADHD가 있는 ASD인지) 기록해야 한다. ASD를 위한 DSM-5 코드와 관련된 질환을 위한 DSM-5 코드 모두를 기록해야 한다. 진단자는 긴장증이 있는지 없는지에 대해서도 명시해야 한다. 관련된 질병이 있는지를 명시하는 것 외에 심각도도 기록해야 한다. 즉, 위에서 기술하였던 두 가지 증상 영역 각각에서 요구되는 지원의 수준을 기록해야 한다(예 : SCI 결함에서는 "상당히 많은 지원을 필요로 하는" 수준이며 RRB에서는 "많은 지원을 필요로 하는" 수준). 지적손상을 동반하는지에 대해 명시한 후 심각도와 평정도 이루어져야 한다. 언어손상의 수준도 역시 기록되어야 한다(예 : "언어손상을 동반하는 이해할 수 없는 말"). 관련된 상태와 명시자는 ASD를 가진 각 개인에 대한 충분한 이해에 필요한 정보를 가질 수 있도록 해주지만 이는 복잡하고 번거로운 일이다. 발달수준에 걸쳐서 여러 임상가를 대상으로 이러한 명시자의 신뢰도와 타당도에 대해 연구할 필요가 있다.

역학

유병률/발생률

자폐증은 과거에 생각했던 것처럼 드문 장애가 아니다. 과거에는 자폐증이 2,500명당 1명꼴로 나타나는 것으로 보고되었다(Lotter, 1966; Wing & Gould, 1979). 그러나 지난 10여 년에 걸친 연구들은 훨씬 더 높은 비율로 발생하고 있음을 보여준다. 모집단 기반 기록 조사에서 미국질병관리본부(CDC, 2014)는 2010년 미국에서 약 68명의 8세 아동 중 1명을 ASD로 추정하였는데, 이는 2008년의 추정에 비해 29%가, 2001년의 추정에 비해 123%가 증가한 것이다. 최근의 국가차원의 전화 조사는 6~17세 아동에서 부모가 보고한 ASD의 유병률이 2%인 것으로 밝히고 있다(Blumberg et al., 2013). 미국에서의 연구와 같이 세계적 유병률도 증가하는 것으로 나타났는데(Fombonne, 2009), 최근 한국에서 수행된 모집단 기반 연구는 7~12세 아동에서 2.6%의 유병률을 보고하였다

(Kim et al., 2011). 이 장애의 유병률이 증가하고 있다는 증거는 많지만, 이러한 증가가 실제로 ASD 아동 수의 증가를 나타내는지에 대해서는 명확하지 않다. 분명 ASD에 대한 지식과 진단 향상이 유병률 증가를 어느 정도 설명할 것이지만 유병률 증가를 모두 설명하는 것은 아닐 것이다(CDC, 2014).

성차

가장 일관된 인구통계학적 차이의 하나는 성차인데, 자폐 여성 1명당 약 4~5명의 자폐 남성이 발생한다(CDC, 2014). 가능한 기제로는 내생적 호르몬(Knickmeyer et al., 2006), X 염색체 비활성화(Nagarajan et al., 2008), 외인성 내분비 붕괴, 여성에게는 영향이 없지만 남성에게는 자궁 내 성장에 영향을 주는 폴리염화비페닐(PCBs)(Hertz-Picciotto et al., 2006) 등이 포함된다. ADHD와 아동기 천식과 같은 다른 발달장애 역시 남아에서 더 많이 발생하는데, 이는 남아들이 초기 상해에 더 걸리기 쉬울 수 있음을 시사한다.

ASD 여성이 남성에 비해 지적장애가 동반될 가능성이 더 높으며 행동증상도 더 증가한다(Dworzynski, Ronald, Bolton, & Happé, 2012). 높은 지능의 아동 및 청소년의 대규모 표본에서 여아 ASD가 RRB를 더 적게 보인다는 점을 제외하고는 증상 표현이 남녀 간에 유사한 수준이었는데, 이는 증상 심각도에서의 차이는 지적장애가 동반된 것에 기인할 가능성을 시사한다(Mandy, Chilvers, et al., 2012).

사회경제적 맥락과 민족성

대부분의 연구들은 ASD 진단에 미치는 인종, 교육 및 수입의 영향을 분리할 수 없다. 국가차원의 감독과 보편적인 건강관리가 이루어지고 있는 유럽의 연구에서는 사회경제적 지위(SES)가 ASD 진단의 비율에 영향을 미치는 요인이 아닌 것으로 나타났다(Fombonne, Bolton, Prior, Jordan, & Rutter, 1997; Larsson et al., 2005). 이에 반해 SES와 ASD 간의 관계를 보고하고 있는 미국에서의 연구 대부분은 수동적으로 관리되는 데이터베이스를 사용하였으며, 낮은 교육수준 가정에 대한 확인이 낮게 되어 있다(Baird et al., 2006). SES와의 연합은 가용한 자원의 차이와 또 높은 SES 가정은 자원에의 접근 능력이 더 높은 것에 기인하는 것으로 간주된다. 따라서 SES는 ASD의 병인보다는 진단과 치료를 얻는 능력에 더 영향을 미칠 것이다. ASD에 인종과 민족성이 관여되는 정도도 유사하게 설명된다. 예를 들어 캘리포니아에 거주하는 히스패닉계 아동은, 아마도 언어장벽과 서비스 접근 능력의 차로 인해 히스패닉이 아닌 아동에 비해 ASD로 진단받을 가능성이 더 낮다. 더욱이 더 넓은 다양한 지역을 대상으로 CDC가 수행한 연구에서 아프리카계 미국인, 히스패닉 및 다른 소수민족 집단의 아동은 유럽계 미국인 아동에 비해 더 늦은 나이에 ASD로 진단받을 가능성이 높은 것으로 나타났는데, 이는 임상장면에서 작용할 수 있는 편견과 많은 소수민족 가정이 정신건강서비스에의 접근 능력이 부족함을 시사한다(Mandell, Ittenbach, Levy, & Pinto-Martin, 2007). 거주지역도 ASD와 관련된 것으로 보고되는데, 시골지역에 비해 도시지역 거주가 더 높은 유병률과 관련되었다. 물론 이 역시 도시지역 거주가 진단 서비스에의 더 높은 접근성으로 인해 나타나는 결과일 수 있다(Hultman, Sparén, & Cnattingius, 2002; Lauritsen, Pedersen, & Mortensen, 2005).

병인

ASD는 유전적 위험요인과 환경 위험요인 모두를 포함하는 중다 병인의 이질적인 장애 군집이다

유전적 요인

형제자매에서 위험이 증가하는 것은 ASD에 유전요인 영향이 있음을 나타낸다. ASD 아동의 영아 형제를 대상으로 한 대규모 전향적 연구는 이 형제집단의 20%가 ASD를 발달시키게 되며 자매보다 형제가 3배 더 많이 ASD를 갖게 됨을 발견하였다(Ozonoff et al., 2011). 적어도 2명의 ASD 진단을 받은 자녀가 있는 가정에서 그다음에 출생하는 아이가 ASD를 진단받을 비율은 셋 중 하나로,

강한 유전적 요인이 있음을 시사한다.

쌍생아연구

쌍생아연구들은 일치율이 표본과 진단적 범주에 따라 일란성 쌍생아에서는 60~96%에 이르며 이란성 쌍생아에서는 0~23%임을 보고하고 있다(Baily, Le Couteur, Gottesman, & Bolton, 1995; Ritvo, Freeman, Mason-Brothers, Mo, & Ritvo, 1985; Steffenburg et al., 1989). 이 연구들이 일란성 쌍생아에서 일치율이 훨씬 더 높다는 사실은 ASD의 유전적 영향을 강하게 시사한다. 그러나 최근 모집단 기반 ASD 쌍생아연구는 쌍생아에 공통적인 환경요인이 ASD를 약 55% 정도 설명하는 데 반해 유전자 유전은 40% 미만으로 설명된다는 것을 보여주었다(Hallmayer et al., 2011). 이는 유전적 요인이 중요한 역할을 하긴 하지만 그 정도는 과거의 쌍생아연구가 추정한 정도보다 작을 수 있음을 시사한다.

포괄적 자폐 표현형

지난 수십 년간 많은 연구들이 보다 포괄적 자폐 표현형을 정의하려고 노력해 왔다. '포괄적 자폐 표현형'이라는 용어는 ASD를 가지고 있는 사람의 친척이 장애는 없을 수 있지만 공유된 유전자로 인해 '덜한 변이'를 보일 수 있다는 생각을 나타낸다(Baron-Cohen & Hammer, 1997). 전형적으로 포괄적 자폐 표현형은 ASD를 정의하는 증상 영역(사회기술, 의사소통 기술, 반복적 행동) 중 한 가지 이상의 영역에 어려움을 겪는 것으로 정의된다. 이러한 특징은 ASD의 기준을 충족하지 않는 4~20%의 형제자매에서 발견된다(Bolton et al., 1994; Constantino, Zhang, Frazier, Abbacchi, & Law, 2010). 일부 부모 역시 ASD의 포괄적 표현형을 보인다(Bailey et al., 1995; Folstein & Rutter, 1997; Losh et al., 2009). 대규모 연구에서 Pickles와 동료들(2000)은 자폐인의 친척 2,360명 중 178명(7.5%)은 포괄적 자폐 표현형에 맞는다고 보고하였다. 이에 비해 다운증후군인 사람의 친척 735명 중 20명(2.5%)이 이 기술에 맞는다. 이러한 연구들은 ASD에 미치는 유전적 요인의 역할에 대한 지지를 추가해 주는 것이다.

ASD 감수성 유전자

최근의 증거는 ASD 발달로 이끄는 여러 가지 유전적 경로가 있을 가능성을 시사한다. 이전의 연합 및 관련성 연구는 공통의 변이를 확인하는 데 치중하였다. 그러나 공통의 유전적 변이는 약한 정도의 영향만 있는 것으로 밝혀졌다(Abrahams & Geschwind, 2008). 실제로 200가지 이상의 후보 유전자가 ASD 연구에서 기록되었으며(Basu, Kollu, & Banerjee-Basu, 2009), 1,000개에 가까운 유전자들이 ASD 및 관련된 상황의 위험에 기여할 것임이 시사되고 있다. SHANK2, SHANK3, NLGN4, 15q11-13 및 16p11.2를 포함하는 몇몇 알려진 ASD 위험 유전자와 염색체 위치는 ASD의 표현에 다르게 영향을 주는 여러 개의 변이를 가지고 있다. 현재는 성별, 인지, 언어 및 퇴행의 출현에 따른 가능한 차이를 찾기 위해 하위유형화하는 데에 집중하고 있다(예 : Chapman et al., 2011; Schellenberg et al., 2006).

ASD인 사람의 약 10~20%에서 확인 가능한 유전적 증상, 관찰 가능한 유전자 돌연변이 또는 신생(de novo) 유전자 복제수 변이(copy number variants, CNV)가 있다(Abrahams & Geschwind, 2008). 알려진 유전적 원인이 있는 사례 중에서 염색체 영역 15q11-13과 16p11.2의 확인 가능한 복제와 삭제는 약 1%의 사례만 설명할 수 있다(Miles, 2011). 최근의 발견은 신생 CNV가 가족성 ASD에서보다 산발성(역주 : 가계 내에 발병자 이외에는 다른 발병자가 없는 경우) ASD에서 더 일반적인 위험요인임을 시사한다(Levy et al., 2011; Marshall et al., 2008; Sanders et al., 2011; Sebat et al., 2007). 그러나 많은 수의 ASD 사례를 설명할 수 있고 ASD가 없는 사람과 구별해줄 수 있는 하나의 유전자 돌연변이는 없다. CNV가 직접적으로 ASD의 발달을 이끌거나 또는 이것이 유전적 감수성 모델에서 공통의 변이와 조합하는 것일 수 있다.

요약하면 자폐 증후군을 설명할 수 있는 한 개의 유전자는 존재하지 않는 것으로 보인다. 그보다는 여러 개의 드문 유전자 돌연변이가, 개별적으로 또는 다른 일반적이거나 또는 드문 유전자 돌연변이와 함께, 이 증후군을 초래하는 것으로 보인다(Folstein & Rosen-Sheidley, 2001).

확인된 유전자와 돌연변이는 ASD에만 특정적인 것이 아니며 ASD와 유사한 장애나 표현형(예 : 언어적 문제)에서도 마찬가지로 시사된다. 확인된 ASD 위험 유전자의 복잡성과 많은 수에도 불구하고 이러한 유전자들이 뇌에서 특정의 공통 경로에 영향을 주는 것으로 보이는데, 이는 신약 개발을 위한 가능한 목표를 제공할지도 모른다(Stephenson & Fitzgerald, 2010; Webb, 2010).

환경 위험요인

ASD인 쌍생아가 공유하는 환경의 강한 영향에 관한 최근 연구 발견이 있는 만큼(Hallmayer et al., 2011), 생의 첫해에 환경이 미칠 수 있는 영향에 대해 조사하는 것이 중요하다.

태내 및 주산기 위험요인

다양한 태내 및 주산기의 ASD 위험요인이 확인되었는데, 이에는 모의 감염, 모의 의학적 상태, 출산 전의 처방약 노출 그리고 출산 문제가 포함된다(Gardener, Spiegelman, & Buka, 2009, 2011의 메타분석 참조). 예를 들어 임신 중의 모체의 열은 2배 증가된 위험과 관련되며 가장 위험한 기간은 임신 제1삼분기(역주 : 수정~임신 3개월까지)와 제2삼분기(역주 : 임신 4~6개월)이다. 그러나 모의 독감과는 특별한 관계가 보고되지 않았다(Zerbo, Iosif, Delwiche, Walker, & Hertz-Picciotto, 2011). 이 외에 당뇨(2형 또는 임신 중), 만성 고혈압, 또는 임신 전 비만 등의 몇몇 의학적 상태 중 적어도 한 가지를 어머니가 가지고 있으면 자폐증 위험의 60% 증가 및 발달지연의 위험 150% 증가와 상관된다(Krakowiak et al., 2012). 감염과 어머니의 의학적 상태는 면역반응과 결정적 발달시기의 성숙 과정의 붕괴를 야기하는 것으로 가정된다(Hertz-Picciotto et al., 2008).

낮은 아프가(Apgar) 점수, 둔위분만(breech presentation), 태아가사(fetal distress) 및 ABO 또는 Rh 혈액형 부적합 등을 포함하는 출산 시의 산과적 문제들도 자폐증과 관련된다(Gardener et al., 2011). 이는 중추신경계(CNS)의 기능과 이후의 발달에 영향을 주는 산전 또는 출산 시의 저산소증의 결과일 수 있다. 이 외에 선택하지 않았던 제왕절개가 ASD의 높은 비율과 연관되는데, 이는 반드시 수술의 문제가 아닌 태내발달 과정에 이미 존재하고 있던 상태가 위험요인일 수 있음을 시사한다(Walker, Krakowiak, Baker, Hansen, & Hertz-Picciotto, 2011).

ASD의 위험을 증가시키는 다른 요인으로 제안된 것은 약물에의 산전 노출이다. 대규모 모집단 기반 연구에서 산모의 처방약 사용에 대한 자료를 전향적으로 수집하였다. 연구자는 산모가 출산 전 해에 선택적 세로토닌 재흡수 억제제(SSRI)로 치료받는 것은 ASD의 위험을 2배로 증가시키며 임신 제1삼분기 동안의 약물사용을 거의 3배로 증가시킴을 발견하였다(Croen, Grether, Yoshida, Odouli, & Hendrick, 2011). 이 결과는 ASD에서의 세로토닌과 세로토닌성 경로의 비정상성을 언급하는 이전 연구들을 지지한다(Murphy et al., 2006). 유사하게 모체의 뇌전증 치료를 위해 임신 중에 밸프로에이트(valproate)에 노출되는 것은 ASD 진단 위험을 거의 2배로 증가시켰다(Christensen et al., 2013).

출생 계절

다른 질병들과 관련하여 출생 계절에 대해 조사한 연구들이 있는데, ASD와 관련해서는 제한된 수의 연구만이 이 문제를 다루었다. 몇몇 보고에서는 3월에 출생한 ASD가 많다는 것이 발견되었으나 더 향상된 방법으로 대규모로 진행된 연구에서는 이를 지지하는 결과가 나타나지 않았다(Bolton, Pickles, Harrington, Macdonald, & Rutter, 1992; Landau, Cicchetti, Klin, & Volkmar, 1999). 최근 Zerbo와 동료들(2011)은 12월부터 3월까지 겨울에 임신된 아동에서 위험이 더 높다는 것을 보고하였다. 이러한 발견의 일관성과 이에 관련된 가능한 기제, 예컨대 기온의 변화, 감염성 질병, 알레르기, 식사 관련 요인, 비타민 결핍 및 화학적 환경 등에 대한 연구가 필요하다.

부모의 나이

결과가 일관되지는 않지만 현재까지 수행된 많은 연구들은 부모의 나이가 많은 것과 ASD 위험 간에 관계가 있음을 보여주고 있다(개관으로 Hultman, Sandin, Levine, Lichtenstein, & Reichenberg, 2011 참조). 50세 이상의 남성은 30세 이하의 남성에 비해 ASD 자녀를 낳을 확률이 2.2배 높다. 이는 나이 많은 부모의 출산율이 증가하고 있으므로, ASD의 발생률의 증가에 영향을 미칠 수 있는 흥미로운 발견이다.

환경 독소

환경 독소가 CNS 발달에 미치는 기형발생 효과가 알려져 있는 만큼 이러한 물질이 자폐증 발생에 미치는 영향에 대해 주목하게 되었다. ASD 문헌에서 주된 관심 영역의 하나는 수은, 특히 수은에 기초한 방부제[예 : 티메로살(thimerosal)]인데, 이는 과거에 백신에 사용되었었다. 현재까지 자폐증과 백신 간의 관계에 대한 일관된 증거가 발견되지는 않았다(개관으로 Wilson, Mills, Ross, McGowan, & Jadad, 2003 참조). 다른 자원(예 : 치과용 아말감, 산업 배출물이나 물 오염, 생선이나 해산물 등)을 통한 수은 노출에 대해서는 거의 연구되지 않았다. 최근의 잘 설계된 연구는 혈액 내 수은 농도에 있어서 전형적으로 발달하는 아동과 ASD 아동 간에 어떤 차이도 발견하지 못하였는데, 이는 수은이 중요한 역할을 하지 않을 것임을 시사한다(Hertz-Picciotto et al., 2010).

몇몇 연구들이 환경 오염물질과 농약 노출의 영향을 연구하였다. 대규모 역학연구는 임신 중에 고속도로 근처에서 살았던 어머니의 아들은 ASD를 갖게 될 위험이 거의 2배가 됨을 발견하였는데, 이는 오염물질 노출의 영향을 시사한다(Volk, Hertz-Picciotto, Delwiche, Lurmann, McConnell, 2011). 몇몇 연구가 농약 노출의 영향을 연구하였는데, 농약도 역시 ASD 발달에 역할을 할 가능성이 있는 것으로 나타났다(Eskenazi et al., 2007; Roberts et al., 2007). 이러한 영향을 설명하는 기제로서 가정되는 것은 환경 오염물질이 갑상샘 호르몬을 붕괴시킬 수 있다는 것인데(Roberts et al., 2007), 이는 지적장애, 청각장애, 구어문제(Proterfield, 1994)에서 시사된다. 또 성 스테로이드에도 영향을 미치는 것으로 보이는데, 이는 ASD에서 관찰되는 성비에 영향을 미치는 것(Baron-Cohen,

Knickmeyer, & Belmonte, 2005; Knickmeyer et al., 2006)으로 가정된다. 독소와 ASD 간의 연결을 확인하기 위해서는 더 많은 연구가 필요하다.

유전자-환경 상호작용

유전적 요인은 환경요인과 상호작용하여 ASD의 위험을 초래한다(Newschaffer et al., 2007). 유전자와 환경의 상호작용이 일어날 수 있어서 유전적으로 취약한 영아가 출생 후에 ASD의 발달에 기여하는 수많은 발달적 어려움을 촉발하는 환경 위험요인에 노출될 수 있다.

ASD에 대한 후성적 모델이 제안되었는데, 이 모델에서는 DNA 연쇄를 직접 변경하지 않고 유전자 표현을 제어하는 기제가 있다. 예를 들어 아버지의 고령이 ASD와 관련되는 한 가지 이론적 기제는 생애 일정 기간 환경 독소에 지속적으로 노출되는 것은 나이든 부모의 생식세포에 변화를 초래할 수 있다(Hultman et al., 2011)는 것이다. 마찬가지로 아버지의 많은 나이는 ASD와 관련된 신생 유전자 돌연변이(de novo genetic mutation) 수를 증가시키는 결과를 초래할 수 있다(Abrahams & Geschwind, 2008; Constantino & Todd, 2005). 그러나 ASD는 복잡한 상태이므로 단순 가산적 위험 모델보다는 다양한 발달경로로 이끄는 확률적 모델을 포함하고 있을 가능성이 높을 것이다.

신경해부학적 발견

ASD에서의 가능한 신경해부학적 비정상성을 조사한 연구에서 유망한 발견들이 보고되었다. 이러한 발견들은 구조적 영상기법, 뇌 부검 및 동물 모델을 사용한 연구에서 나왔다. 일반적으로 신경해부학적 연구들은 ASD가 뇌의 특정 영역의 비대와 다른 영역의 축소가 함께 나타나는 것과 관련된다는 견해를 지지한다(개관으로 Koening, Tsatsanis, & Volkmar, 2001 참조). 이러한 발견들은 서로 일치하지 않는 것으로 보일 수도 있지만 이들은 함께 ASD의 기저가 되는 원인에 대한 하나의 모델을 지지한다. 즉, ASD는 태내 및 출생 후 뇌발달 초기단계에서의 비정상적인 세포 성장에 기인할 수 있다는 것이다. 정상적인 뇌발달에서 신경세포가 급증하고 서로 연결되면서 점차 다른 것보다 특정 연결이 더 많이 사용되기 시작하면 크기와 수가 감소하기 시작한다. 이러한 신경원 성장과 가지치기의 과정이 자폐증에서는 비정상적인 것으로 보이는데, 어떤 뇌 영역에서는 너무 많은 신경세포가 있고 다른 영역에서는 너무 적다(Minshew, 1996). 여러 연구들은 몇몇 뇌 영역에서의 비정상성을 시사하는데, 이러한 영역은 전두엽, 소뇌, 변연계, 그리고 뇌량이다. 이에 더하여 어떤 연구자들은 특정 영역의 문제가 아니라 전체적인 뇌 확대를 보고하고 있다. 각 영역에서의 비정상성에 대한 증거를 아래에서 조명할 것이다.

비전형적 뇌성장과 뇌부피

자기공명영상(MRI)을 사용한 연구에서 ASD를 가진 2~4세 아동이 전형적인 발달이나 발달지연을 보이는 아동에 비해 전체 뇌부피가 크다는 것이 발견되었다(Courchesne et al., 2001; Hazlett et al., 2011; Schumann et al., 2010; Sparks et al., 2002). ASD인 사람에서는 비전형적인 성장 패턴이 나타나는 것으로 보이는데, 출생 시에는 작거나 정상 크기이다가 출생 후 첫해에 뇌성장이 가속된다(Chawarska et al., 2011; Courchesne, Campbell, & Solso, 2010; Courchesne & Pierce, 2005; Dawson et al., 2007; Elder, Dawson, Toth, Fein, & Munson, 2008). 비정상적 뇌성장은 회질과 백질 모두에서의 확대에 기인한 것으로 보인다(Hazlett et al., 2011; Schumann et al., 2010). 부검연구에서 전두엽의 신경원 수가 증가되었으며 특히 배외측(dorsolateral)과 내측(medial) 영역에서 더 높은 비율로 증가된 것으로 나타났다(Courchesne et al., 2011). 대규모 연구는 ASD에서 뇌의 비정상적인 과성장을 발견하였지만, 청소년기와 초기 성인기까지 비정상적인 쇠퇴와 퇴화가 나타날 수 있음을 발견하였다(Courchesne et al., 2010). Courchesne와 동료들(2010)은 초기 발달에서의 과성장과 지나치게 많은 신경원 수 그리고 신경원들 간의 비정상적인 연결 패턴은 이후 발달에서 '수정' 단계를 촉발할 수 있는 것으로 이론화한다. 이러한 수정은 불필요한 비정상적인 축색 연결, 시냅스 및 신경원을 가

지치기함으로써 신경회로 기능을 향상시키는 것이 포함된다. 이러한 모든 발견은 ASD는 뇌발달 과정에서 비정상적인 신경원 이동과 가지치기와 관련된다는 이론에 의해 지지된다.

소뇌

ASD에서 소뇌의 가능한 역할에 대한 관심을 갖게 된 것은 ASD를 가진 많은 사람들이 어색하고 조절이 잘 안 되며(Gillberg, 1999), 말을 연속적으로 연결하고 주의를 돌리는 데 어려움을 보이는데, 이는 모두 부분적으로 소뇌에 의해 중재되기 때문이다. 이 외에 주의를 돌리지 못하는 것은 공동 주의, 마음이론, 그리고 아마도 RRB의 결함을 가져오고 또 전환의 어려움을 초래할 것인데, 이들은 모두 ASD에서 시사되는 것들이다(Carper & Courchesne, 2000; DiCicco-Bloom et al., 2006; Iarocci & McDonald, 2006). 자폐증인 사람의 소뇌 비정상성에 대한 증거는 MRI, 자기공명분광(magnetic resonance spectroscopy, MRS), 그리고 부검연구에서 온다. MRS를 사용한 연구는 소뇌의 기능 감소를 나타내는 신경기전 농도 감소가 ASD 아동에서 발견된다고 제안한다(Chugani, Sundram, Behen, Lee & Moore, 1999; DeVito et al., 2007). 이 외에 기능적 MRI 연구들은 ASD를 가진 고기능 청소년들이 주의와 운동 과제 수행 시에 소뇌 활성화가 감소됨을 발견하였다. Courchesne와 동료들은 MRI 연구에서 ASD를 가지고 있는 사람에서 일관되게 소뇌 확대를 발견하였다(Carper & Courchesne, 2000; Courchesne, Redcay, Morgan, & Kennedy, 2005). 흥미롭게도 이러한 연구 중 한 연구는 소뇌가 작을수록 부피가 큰 전두엽과 관련되어서, 소뇌의 부피가 전두엽의 부피와 역의 관계임을 발견하였다(Carper & Courchesne, 2000). 저자들은 소뇌와 전두엽을 포함하는 공유된 유전적 또는 환경적 병리가 있을 가능성을 시사하였다. 아니면 이 영역들이 서로 연결되어 있어서 초기 발달하는 소뇌의 비정상성이 이후 발달 과정에서 전두엽의 비정상성을 야기할 수도 있다고 본다.

일부 MRI 연구와 일치되게 부검연구에서도 자폐증인

사람은 청각과 시각 정보를 받아들이는 영역인 신소뇌에 조롱박 세포(Purkinje cell)와 과립 세포(granule cell) 손실이 있음이 밝혀졌다(Bauman & Kemper, 1985, 1996; Carper & Courchesne, 2000; Palmen, van Engeland, Hof, & Schmitz, 2004; Ritvo et al., 1986; Whitney, Kemper, Rosene, Bauman, & Blatt, 2009). 게다가 뇌 조직 연구(Fatemi, Stary, Halt, & Realmuto, 2001)는 소뇌에 두 가지 단백질(Reelin과 Bcl-2)의 양이 감소되었음을 밝혔다. 흥미롭게도 이 단백질은 세포 이동과 가지치기에 관계되는데, 이는 자폐증에서 관찰되는 구조적 비정상성의 생화학적 표지자임을 시사한다.

전전두피질

MRI 연구들은 ASD에서 전두엽, 특히 전전두엽의 비정상적 발달을 보여주고 있다(Carper & Courchesne, 2005; Carper, Moses, Tigue, & Courchesne, 2002). 소뇌의 기능 감소를 나타내는 신경기전의 농도 감소를 발견한 동일한 MRS 연구도 유사하게 전두엽에서 글루타민성 신경원의 감소를 발견하였는데, 이는 ASD를 가진 사람들에서의 일반적인 전두엽 기능장애를 시사한다(DeVito et al., 2007). 기능적 MRI 연구들은 거울신경 체계(Dapretto et al., 2006; Hadjikihani, Joseph, Snyder, & Tager-Flusberg, 2006)로 알려진 영역에서 피질이 얇아지는 것을 발견하였다. 양전자방출단층촬영(PET) 연구는 ASD가 있는 사람들은 전형적 발달을 하는 아동에 비해 마음이론 과제를 수행하는 동안 내측 전전두엽이 덜 활성화됨을 발견하였다(Happé et al., 1996). 이러한 연구들은 전두엽에서의 기능장애는 ASD인 사람들에서 자주 관찰되는 사회인지, 마음이론 및 거울신경원 기능장애와 관련될 수 있음을 시사한다. 이 외에 연구자들은 전두엽 비정상성은 작업기억, 문제해결 및 주의에서 자주 관찰되는 문제들을 설명할 수 있을 것임을 시사한다.

변연계

부검연구는 변연계의 신경세포 크기가 감소된 것을 보여주었다(Bauman & Kemper, 1988, 2005; Schumann & Amaral, 2006). 증상이 더 심한 아동에서는 전체 뇌부피에 비해 편도체가 확대된 것이 발견되었으며(Schumann et al., 2004; Schumann, Barnes, Lord, & Courchesne, 2009; Sparks et al., 2002), 3세 때의 확대된 편도체는 3~6세까지의 더 심한 발달경과를 예언하였다(Munson et al., 2006). ASD를 가진 사람들은 무서운 얼굴 자극에 대해서 안와전두엽, 편도체, 상측두구에서의 기능이 떨어지는 것 또한 발견되었다. 편도체 비정상성과 관련하여서 발달 초기에 더 적은 수의 신경원이 생산되었다거나 또는 지나치게 많은 수가 생산되었다는 가설을 설정할 수 있는데, 후자의 가설이 편도체가 확대되었다는 연구 발견과 일치한다.

뇌량

몇몇 연구들은 ASD 아동과 성인에서 뇌량의 크기가 작다는 증거를 발견하였다(Boger-Megiddo et al., 2006; Egaas, Courchesne, & Saitoh, 1995; Hardan, Minshew, & Keshavan, 2000; Manes et al., 1999; Piven, Bailey, Ranson, & Arndt, 1997; Vidal et al., 2006). 잘못된 뇌 연결을 시사하는 해부학적 증거에는 ASD에서 백질의 증가, 특히 전두엽 백질이 가장 크게 증가한 것이 포함된다(Herbert et al., 2004). 이러한 발견은 자폐증과 의사소통장애 간의 연결이 신경계 간뿐만 아니라 대뇌반구 간에도(Penn, 2006) 존재할 수 있음을 시사한다(Belmonte et al., 2004; Courchesne & Pierce, 2005; Just, Cherkassaky, Keller, & Minshew, 2004; Rippon, Brock, Brown, & Boucher, 2007).

다른 뇌 영역

이제까지 논의했던 영역 외에 다른 뇌 영역의 비정상성도 ASD의 특정 증상과 잠정적으로 관련하여 고려되고 있다. 예를 들어 두정엽이 모방과 거울신경원 체계의 역기능과 관련될 수 있을 것이며(Oberman & Ramachandran, 2007; Schumann & Amaral, 2006), 기저핵이 ASD에서 관찰되는 반복적이고 상동증적인 행동과 관련될 수 있을 것이다(Moldin, Rubenstein, & Hyman, 2005). 연구된 다른 영역에는 방추상회 얼굴 영역(Schultz, 2005)을 포함하는 시상, 시상하부(Moldin et al., 2005)와 측두엽(Schumann et al., 2010)이 있다.

뇌 연결

뇌의 구조와 기능에 대한 연구들은 ASD에서의 뇌 연결 비정상성을 발견하였다. 확산텐서영상(diffusion tensor imaging, DTI)으로 뇌의 백질 통로를 조사할 수 있다. 이 기술을 사용한 결과 비정상적인 구조적 연결성이 나타났다(Ameis et al., 2011; Cheng et al., 2010; Shukla, Keehn, & Muller, 2011). 백질 통로의 이상발달은 후에 ASD를 가지게 된 영아의 형제자매에서도 발견되었다(Wolff et al., 2012). 이러한 백질 비정상성은 생후 6개월에도 있으며, 행동증상이 시작되기 이전부터 보이는데, 이는 비정상적인 뇌 연결과 이후의 증상 발달 간의 관계를 시사한다.

붕괴된 경로에는 생물체 운동과 눈 응시, 얼굴 인식, 정서표현과 중요성, 새로운 자극과 시각적 학습을 처리하는 구조들, 청각자극에서 정서적 내용을 파악하는 구조, 자기조절과 정보처리에 관여되는 구조들이 포함된다(Ameis et al., 2011; Cheon et al., 2011; Jou et al, 2011). 기능적 연구는 편도체와 2차 시각 영역 간의 기능적 통합의 감소를 발견하였다. 그러나 이 연구는 우반구 하전두회와 전두엽 간의 연결이 증가된 것도 발견하였는데, 이는 ASD가 뇌의 과소연결과 과잉연결 모두로 인한 장애일 수 있음을 시사한다(Rudie et al., 2012).

요약

자폐증이 뇌발달의 비정상성과 관련되어서, 어떤 영역은 과잉발달되고 다른 영역은 과소발달된다는 것을 보여주는 증거들이 압도적으로 많다. 일반적으로 대뇌피질에 대한 연구들은 발달 초기에 뇌가 과잉성장하다 성장 속도가 정상에 이르며 이후에 퇴화할 것이라는 이론을 지지한다. 연구들은 자폐증을 가지고 있는 사람에서 피질하와 피질 경로 간의 비정상적인 연결이 있을 가능성을 시사하고 있다(Koening et al., 2001). 비정상적인 세포 증식이나 세포 손실이 있는지를 알아내야 할 뿐만 아니라, 손상된 특정 경로를 알아내고, 이에 관여된 태내 및 출생 후의 신경원 이동 체계를 확인하기 위해서는 더 많은 연구가 필요하다. ASD의 다양성이 매우 넓은 것으로 미루어 보아, 모든 유형의 ASD에 하나의 신경병리적 원인이나 뇌 영역이 관련되지는 않을 것이다. 따라서 앞으로의 연구는 여러 표현형에 걸쳐서 신경발달 패턴을 조사해야 할 필요가 있다.

대뇌 뇌전도 결과

뇌전도(EEG)와 ERP를 사용하여 ASD를 가진 사람들의 뇌기능, 휴식 상태와 활성화 상태의 변화, 그리고 뇌의 과잉연결과 과소연결에 대해 조사할 수 있다. ERP와 EEG 연구들은 ASD를 가진 사람들은 시각처리와 주의 할당을 통합하는 단계에 미묘한 손상이 있음을 시사한다(Bertone, Mottron, Jelenic, & Faubert, 2005; Hoeksma, Kemner, Verbaten, & van Engeland, 2004; Milne, Pascalis, Buckley, & Makeig, 2008; Vandenbroucke, Scholte, van Engeland, Lamme, & Kemner, 2008). 낮은 수준 처리과정의 붕괴는 고등인지와 사회적 과정에 대한 '하위수준 처리' 결과를 초래할 수 있어서, 사회적 자극에 대한 주의 감소와 같은 결과를 초래할 수 있다. 예를 들어 많은 연구들이 ASD를 가진 사람과 ASD인 사람의 부모까지도 얼굴에 민감한 초기 ERP 부분인 N170에서 비정상성을 보임을 보고하고 있다(Dawson, Webb, Wijsman et al., 2005; McPartland et al., 2004; Webb et al., 2006). 이 외에 ERP 연구는 ASD를 가진 사람들은 얼굴보다 사물에 더 빠르게 반응하며, ASD 증상이 덜 심한 사람이 더 전형적인 ERP 반응을 보이는 경향이 있음을 발견하였다(McPartland et al., 2004; O'Connor et al., 2007; Webb et al., 2006, 2010). 시선에 대한 ERP 연구는 ASD를 가진 아동은 시선이 돌려진 것보다 바로 보는 시선에 대해 더 큰 반응을 한다는 것을 발견하였다(Grice et al., 2005; Kylliainen, Braeutigam, Hietanen, Swithenby, & Bailey, 2006). ASD를 가진 사람들은 비전형적인 눈 맞춤을 하며 바로 보는 시선을 피한다는 것을 고려하면, 이는 흥미로운 발견이다(Baranek, 1999; Charman et al., 2001; Klin et al., 2002; Osterling, Dawson, & Munson, 2002).

모방이 ASD에서 관찰될 수 있는 가장 핵심적인 결함이므로, 최근의 연구들은 거울신경원 체계에 관심을 기울이고 있다. EEG 뮤리듬은 관찰한 것을 실행하는 데에 포함된 이 거울신경원 체계의 활동을 반영하는 것으로 간주된다. ASD를 가진 사람들의 EEG 뮤리듬을 분석한 연구는 행동을 실행할 때에는 기대되는 뮤리듬의 약화가 일어나지만 동일한 행동을 관찰하고 있을 때에는 일어나지 않는다는 것을 발견하였다(Bernier et al., 2007; Oberman et al., 2005; Oberman, Ramachandran, & Pineda, 2008). 이러한 발견들은 모방의 행동 수행에서 발견되는 결함과 일치하는 것이다.

자발적 EEG 리듬에서의 비정상성, 가령 세타 범위에서 힘이 증가되고 알파 범위에서는 감소하는 특징이 ASD를 가진 사람에게서 발견되었다(Coben, Clarke, Hudspeth, & Barry, 2008; Daoust, Limoges, Bolduc, Mottron, & Godbout, 2004; Murias, Webb, Greenson, & Dawson, 2007). 이 외에 응집성(신경원 집단 간의 일치성) 감소가 발견되었는데, 이는 신경체계 간의 소통에 장애가 있음을 시사한다. 기능적 피질 연결을 측정한 연구는 ASD를 가진 집단에서 응집성 증가를 관찰하였는데, 특히 좌반구 전두엽과 측두엽 내의 세타 범위에서 증가되었다. 응집성 감소는 전두엽과 다른 영역의 알파 범위에서 발견되었다(Murias et al., 2007). 이는 전두엽이 다른 피질 영역과의 연결이 부족하고 전두엽 내에서의 연결은 과도하게 되었을 가능성을 시사한다. 이는 뇌량의 부피 감소를 보고한 신경해부학적 연구 발견과도 일치하는 것이며, 피질 연결성이 가까운 영역에서 증가되지만 긴 연결에서는 손상되었을 가능성을 시사한다. ASD를 가진 아동의 영아 형제들인, 위험이 높은 영아들도 EEG 활동성에서의 초기 차이를 보이는데, 이에 대해서는 아래에서 논의할 것이다.

발달경과 및 예후

ASD 증상의 초기 예언자, 시작, 발현

2세가 되기까지 ASD는 사회적 주의, 사회적 기술, 의사소통 기술 및 놀이기술을 포함하는 발달의 모든 영역에 영향을 미친다. 자폐증이 있는 자신의 두 살 된 딸에 대해 기록할 때, Catherine Maurice(1993)는 딸의 광범위한 비전형적 발달에 대해 다음과 같이 기술하였다.

> 딸이 단순히 언어를 이해하지 못하는 것이 아니었다. 주변을 아는 것처럼 보이질 않았다. 세상이 어떻게 돌아가는지 알지 못하였고, 문에 맞는 열쇠, 스위치를 누르기 때문에 꺼지는 전등, 냉장고에 넣어야 신선도를 유지하는 우유 등에 대해 배우려고도 하지 않았다. 딸이 무엇인가에 집중한다면 극도로 집중하여 조사해서 집어내는 것이 아주 작은 것으로, 양탄자에서 찾아낸 먼지나 머리카락이었다. 더 나쁜 것은 다른 사람의 감정은 전혀 파악하지 못하는 것이었다(pp. 32-33).

위 글은 ASD의 특징인 초기의 비전형적 주의와 SCI 증상 간의 관계를 잘 보여준다. 최근 연구의 목적은 ASD의 행동증상이 시작되기 전의 비전형적인 인지적 전조와 신경생리적 전조를 찾아냄으로써 이러한 증상의 시작 과정을 설명하는 것이다.

행동증상의 시작

몇몇 전향적 연구들은 ASD가 있는 아동의 어린 형제자매와 아동보건 1차진료(well-child primay care) 방문에서 선별된 영아들을 대상으로 생후 1년과 2년 동안 ASD에 대한 초기의 행동 및 신경 표지가 있는지를 알아보기 위해 현재 추적하고 있다. 이 종단연구들은 ASD의 초기 표지에 대한 정보를 제공해줄 뿐만 아니라 발달궤도에 대한 생생한 자료를 제공해준다. ASD로 발달하게 되는 영아와 그렇지 않은 영아들을 연구함으로써, 이 연구는 ASD 발달에 미치는 유전적 영향과 환경 영향을 파악할 수 있을 뿐만 아니라 가능한 보호요인에 대해서도 밝힐 수 있다(Dawson, 2008; Elsabbagh & Johnson, 2007; Rogers, 2009). 영아기에 ASD의 다른 특징들을 알아내는

표 11.2 ASD의 초기 징후

발달 영역	전형적인 발달	ASD 아동
사회적		
얼굴 보기	출생시	8~12개월에 덜 보임[a, b]
사람의 시선 쫓기	6~9개월	18개월에 덜 보임[a, b]
이름을 들으면 돌아보기	6~9개월	8~12개월에 덜 보임[a, b]
사회적 놀이에 대한 관심	6~9개월	9~12개월에 덜 보임[2]
긍정적 정서의 감소	6~9개월	12개월에 덜 보임[2]
물건을 다른 사람에게 보여주기	9~12개월	12개월에 덜 보임[a]
상징놀이	14개월	18개월에 보이지 않음[a]
의사소통		
상대방을 향해서 소리 내기	6~9개월	12개월에 덜 보임[a, b]
관심 있는 물건 가리키기	9~12개월	12개월과 18개월에 덜 보임[a, b]
요구하기 위해 가리키기	9~12개월	18개월에 지연되지 않음[a]
다른 행동		
비전형적 행동들(감각적 반복적 행동)	없음	12~24개월에 관찰됨[2]
사물에 대한 관심 증가	없음	12개월에 관찰됨[2]
주의 돌리기 어려움	없음	12개월에 관찰됨[2]
고통에 대한 강한 반응	없음	12~24개월에 관찰됨[2]

'덜 보임'은 이 행동이 같은 생활연령의 전형적 발달아동에 비해 ASD가 있는 아동에서 뚜렷하게 덜 관찰됨을 나타난다.
a 후에 자폐 진단을 받은 아동과 정상발달 아동을 비교한 Baranek(1999), Baron-Cohen 등(1996), Osterling과 Dawson(994)에 의함.
b ASD 아동의 형제자매로 후에 ASD 진단을 받은 영아들과 아동보건 1차진료 영아에 대한 전향적 연구를 조사한 Bryson 등(2007), Clifford와 Dissanayake (2008), Landa와 Garrett-Mayer(2006), Nadig 등(2007), Ozonoff 등(2008), Ozonoff 등(2010), Rozga 등(2011), Wetherby 등(2004), Yirmiya 등(2006), Yoder 등(2009) 및 Zwaigenbaum 등(2005)에 의함.

것은 시간에 따른 증상 표현과 심각도의 변화 과정을 파악하는 데에도 도움이 된다.

자폐증 위험이 있는 영아들이 6개월까지는 분명한 증상을 보이지 않으며, 후에 ASD 진단을 받게 된 아동도 출생 후 몇 달 동안 정상발달하는 아동 정도의 사회적 기능을 한다는 증거가 있다(Landa & Garrett-Mayer, 2006; Ozonoff et al., 2010; Zwaigenbaum et al., 2005). 표 11.2에 제시되어 있듯이, 종종 첫해 말 무렵에 나타나는 초기 징후에는 앞서 기술한 ASD의 핵심 증상이 포함된다(공동 주의, 모방, 얼굴처리 등의 손상). 추가적인 초기 징후에는 기질 및 운동 특징과 같은 ASD의 핵심 증상에 포함되지 않는 특징들이 있다. 특정적으로 이후에 ASD로 진단되는 고위험 영아와 1차진료에서 선별된 영아들에 대한 전향적 연구들은 다음과 같은 ASD 초기 징후가 있음을 보여주었다 : 언어적 · 비언어적 의사소통 지연, 사회적 연대, 미소 및 눈 맞춤의 부족, 생후 12개월부터 자신의 이름을 부르는 것을 들어도 반응하지 않는 것(Landa & Garrett-Mayer, 2006; Nadig et al., 2007; Ozonoff et al., 2010; Presmanes, Walden, Stone, & Yoder, 2007; Wetherby et al., 2004; Yirmiya et al., 2006; Yoder et al., 2009; Zwaigenbaum et al., 2005). 게다가 후에 ASD를 가지게 되는 영아는 물건을 대상으로 비전형적인 행동(예 : 물건 돌리기, 이상하게 보기 등)을 하는 비율이 더 높다. 즉, 팔 흔들기와 같은 반복적인 운동 매너리즘이나 귀를 막는 것에서 알 수 있는 감각에 대한 과잉반응(Loh et al., 2007; Ozonoff et al., 2008; Wetherby et al., 2004) 등을 보인다. 일부 영아들은 미세운동이나 대근육운동에서도 지연을 보이기 시작하는데 2년째 되는 해부터 문제가 더 증가한다(Landa & Garrett-Mayer, 2006). 12개월에 물건에 대해 더 주의하는 것은 이후

ASD 진단을 받게 되는 것과 관련됨이 여러 전향적 영아 형제 연구들에서 나타났다(Bryson et al., 2007; Wetherby et al., 2004; Zwaigenbaum et al., 2005). 다른 주의 문제로는 생후 12개월에 한 가지 시각자극에서 주의를 돌려서 다른 곳을 주의하지 못하는 것이 있다(Zwaigenbaum et al., 2005). 위험 집단에서 기질적 차이도 있는 것으로 확인되었는데, 더 강하게 고통을 경험하고 더 많은 시간을 사물에 집착하는 데에 보내며, 생후 24개월까지 행동접근을 덜 보이고 정서조절을 더 못한다.

신경심리적 위험 표지자

ASD의 초기 표지자를 찾기 위한 전향적 연구에서는 신경생리적 위험 측정도 조사하였다. 몇몇 연구들은 고위험 영아 집단이 사회적 자극과 비사회적 자극에 대한 시각처리에서 비전형적인 특성을 발견하였다(Elsabbagh & Johnson, 2007; McCleery, Allman, Carver, & Dobkins, 2007; Noland, Steven Reznick, Stone, Walden, & Sheridan, 2010). 한 전기생리학적 연구는 고위험 형제자매들은 저위험 형제자매에 비해 얼굴보다 사물을 더 빨리 처리함을 발견하였다(McCleery, Akshoomoff, Dobkins, & Carver, 2009). 또 다른 연구는 10개월 된 고위험 형제자매는 정면으로 보고 있는 시선에 대한 반응이 더 늦게 시작됨을 신경생리적 반응에서 발견하였다(Elsabbagh et al., 2009). 흥미롭게도 이러한 많은 연구들은 사회적 자극의 처리에서는 유사하지만 비사회적 자극에 대한 처리는 수행이 더 높다는 것을 발견하였는데, 이는 ASD에 대한 가능한 위험요인은 생애 첫해에 사람보다 사물에 더 주의를 더 기울이는 것과 관련됨을 시사한다. 생애 첫해의 비정상적인 뇌성장도 후에 ASD로 진단되는 영아에서 발견되었다(Courchesne, Carper, & Akshoomoff, 2003; Elder et al., 2008). 이 외에 백질 통로의 비정상적 발달도 후에 ASD 진단을 받은 6개월 영아에서 보고되었다(Wolff et al., 2012). 얼굴처리와 말처리에 대한 대뇌반구 전문성의 감소 또한 ASD 위험이 있는 영아에서 발견되었는데, 이것이 ASD에 대한 내적표현형일 가능성을 시사한다(McCleery et al., 2009; Seery et al., 2010). 출생 후 두번째 해에 나타나는 행동 차원에서의 차이 이전부터 존재할 가능성이 있는 생물학적 표지자를 찾겠다는 소망을 가지고 현재 여러 연구 집단이 유사한 신경생리적 측정을 조사하고 있다.

초기 발달궤도

현재의 증거는 ASD의 행동증상과 위험 징후는 생애 둘째 해에 나타나기 시작하며 자폐증은 6개월에서 24개월 사이에 발현됨을 시사한다(Ozonoff et al., 2008). 중요한 것은 어떤 하나의 행동이나 결함도 ASD를 예언하지 못하는 것으로 나타났다는 것이다. 그보다는 ASD의 위험 표지가 되는 것은 사회, 주의 및 운동행동들의 집합인 것으로 보인다(Zwaigenbaum et al., 2005). 생애 첫해에 걸쳐 일어나는 ASD 증상의 발달궤도를 설명하는 몇 가지 이론이 제안되었는데, 대부분의 이론의 관심사는 초기의 주의 할당과 관련된다. Dawson과 동료들(Dawson, 2008; Dawson, Bernier, & Ring, 2012; Dawson, Webb, Wijsman, et al., 2005)은 사회적 동기/주의 가설을 제안하였는데, 이는 ASD를 사회적 자극의 보상 가치에 대한 민감도 감소와 관련될 것으로 생각되는 사회적 주의 손상이 생의 초기에 나타나서 발생하는 장애로 보는 것이다(그림 11.1 참조). 다른 사람의 얼굴이나 목소리에 대한 주의 감소는 다른 사람과의 상호작용에서 오는 전형적인 기쁨이나 보상이 결여됨을 시사하는데, 이는 신경 보상 체계(편도체, 전전두엽)의 활성화 감소와 연합된다. 행동체계와 신경체계 간에는 상호관계가 있어서 한 체계의 손상은 다른 체계의 비전형적 발달을 초래하게 된다. Dawson과 동료들(2008)은 ASD는 영아가 사물에 대한 선호와 주의를 강하게 보임으로써 사회적 환경에서 일어나는 중요한 정보를 놓치는 과정에서 일어난다고 기술한다. 그 결과 SCI 기술의 다음 단계(즉, 공동 주의, 사회적 모방 및 얼굴처리)가 발달하지 못하는 것이다. 따라서 자폐증은 생후 2년에 걸쳐서 비전형적 주의, 비전형적 뇌발달 그리고 이후의 증상 시작 간에 복잡한 연합을 통해 발생한다. Dawson(2008)은 사회적 단서에 대한 초기 주의 결함에서 초래되는 이러한 비전형적인 발달궤도를 수정하기 위한 초기 행동 개입의 중요성을 강조한다.

　Klin과 동료들도 손상된 사회적 주의의 역할을 강조하는데, 복잡한 사회적 장면에서 주의를 조절하지 못하는 것이 ASD의 초기 표지자일 것으로 제안한다(Jones, Carr, & Klin, 2008). 예를 들어 Shic, Macari 및 Chawarska (2014)는 6개월 영아는 사람이 가만히 있을 때보다 말하고 있을 때 그 사람의 얼굴에 덜 주의한다고 보고하였다. 주의를 주는 데에 있어서의 이러한 차이는 사회적 주의 손상이나 또는 시청각 통합의 어려움에 기인할 수 있다. 이러한 주의 손상이 사회적 정보처리에 특정적인지 아니면 일반적인지를 밝히기 위한 연구들이 필요하다 (Klinger, Klingerm, & Pohlig, 2006). Elsabbagh와 동료들 (2013)은 비사회적 패러다임으로 주의에 대해 연구하였는데, 후에 ASD로 진단되는 영아는 7개월에서 14개월에 비전형적인 시각 지향 반응을 보인다고 보고하였다. 즉, 14개월까지 아기들은 주의를 해제하지 못하는 '끈끈한' 주의를 보였다. 이러한 모든 연구에 걸쳐서 나타나고 있는 연구 발견은 비전형적인 초기 주의가 이후의 학습과 신경발달에 해로운 영향을 줄 수 있음을 시사한다. 전형적으로 발달하는 영아들은 사회적 상호작용에 대해 배우는 한 방식으로 사람의 얼굴과 목소리에 주의한다. 초기에 이러한 주의를 하지 못하므로 ASD를 가진 영아들은 환경의 중요한 정보, 즉 언어발달과 사회적 이해를 가능하게 해주는 정보를 놓칠 수 있는 것이다.

발달적 시작의 하위유형

세 종류의 발달궤도 하위유형을 확인할 수 있었는데, 아동이 발달적 정체를 보이거나, 점차 느린 속도로 발달하거나, 또는 이전에 습득한 기술에서의 퇴행이 나타날 수 있다(Ozonoff et al., 2008). 이는 ASD가 서로 다른 유전적 병인을 가지고 있는 복잡하고 이질적인 장애들의 세트임을 나타내는 증거가 된다. 12개월 이전부터 더 일탈적인 행동과 더 심각한 지연을 보이는 일부 영아는 더 심각한 ASD 증상과 지적장애를 갖게 된다는 사실은 이 영아들이 신생 돌연변이나 다른 염색체 이상을 가질 가능성이 있음을 시사한다(Tager-Flusberg, 2010).

퇴행

발달적 쇠퇴 또는 퇴행 현상은 36개월 이전에 ASD를 가진 아동의 약 24%에서 일어나는 것으로 추정된다(Parr et al., 2011). 생애 두 번째 해 동안의 퇴행에 대한 부모의 보고는 잘 기록되어 있다(Lord, Shulman, & DiLavore, 2004; Werner & Dawson, 2005). Werner와 Dawson(2005)은 자폐증을 가진 두 집단(퇴행적 과정을 부모가 보고한 집단과 증상이 일찍 시작되었다고 보고한 부모)의 영아와 전형적 발달을 하고 있는 비교집단 영아의 비디오테이프를 비교하였다. 퇴행이 있는 영아는 12개월에는 전형적으로 발달하는 영아와 유사한 공동 주의 행동을 보였으며 단어와 옹알이는 더 많이 사용했는데, 이러한 행동이 초기 시작 집단에서는 유의한 수준으로 더 낮았다. 24개월이 되면 ASD를 가진 두 집단의 아동은 비교집단 아동에 비해 사회적 행동과 의사소통 행동이 더 적었다.

초기 개입이 비전형적 발달 과정 변화에 미치는 역할

ASD 내에서의 변이가 큰 것은 위험요인과 보호요인에 대한 단서를 제공해줄 뿐만 아니라 가능한 유전적 병인에 대한 통찰을 가능하게 해준다. ASD의 결과는 초기 생물학적 발달에 영향을 미치는 유전적 · 환경적 위험요인의 본질과 정도에 의해 설명될 수 있다. 초기 사회적 발달과 경험이 또 다른 중요한 요인으로 알려져 있는데, 특히 초기 영향이 아동과 환경 간의 초기 상호작용을 변화시키는 정도가 중요하다.

　사회 및 언어 뇌회로의 전형적 발달에 관한 모델은 사회적 뇌와 언어 체계의 발달에 있어서 부모-아동 간의 초기 상호작용의 중요성을 강조한다(Dawson, Webb, & McPartland, 2005; Kuhl, 2007). 초기 개입은 비정상적인 발달궤도를 변화시킬 가능성을 높이며, ASD 증상이 심각하게 나타나는 것을 감소시키거나 예방한다(Dawson, 2008). 초기 사회적 주의, 관여, 그리고 ASD인 어린 아동과 이들의 사회적 파트너 간의 상호성에 초점을 맞춘 초기 개입은 발달하고 있는 뇌에 정상적인 사회적 · 언어적 유입자극을 강화할 수 있다. 최근의 한 연구는 ASD를 가진 어린 아동에 대한 초기 2년간의 집중행동 개입이 사회적 자극에 대한 정상적인 뇌 반응뿐만 아니라 IQ, 언어, 사회적 행동 및 적응행동의 향상을 가져왔음을 보여주었다(Dawson, Jones, et al., 2012; Dawson et al., 2010). ASD 아동에게 더 좋은 결과를 제공하는 보호요인(따라서 ASD에 대한 보호적 표지자가 될 수 있는 것)에는 높은 사회적 참여 수준, 높은 지적능력 그리고 높은 언어 이전 및 언어능력을 포함한다. 가능한 한 일찍 개입을 시작하는 것이 최적이지만, 신경가소성은 평생에 걸쳐 진행되는 것으로 여겨지므로 성인기까지 지속적으로 개입과 서비스를 제공하는 것이 최고의 결과를 불러올 것이다.

성인기 결과

8세 아동의 추정된 ASD 유병률은 2002년과 2010년 사이에 123% 증가되었다(CDC, 2014). 자폐증과 발달장애 모니터링 네트워크(Autism and Developmental Disabilities Monitoring Network)에서 수집한 오리지널 2002년 코호트집단은 학교에서 성인 서비스로 이행하고 있는데, 이 코호트 자료는 ASD를 가진 사람들을 위한 성인 서비스에 대한 요구가 123% 증가할 것으로 예견한다. ASD를 가진 젊은 성인의 삶의 질에 대해 기술하고 있는 새로운 문헌들이 있다. 이 문헌들은 압도적으로 ASD를 가진 젊은 성인은 학교를 떠난 후 사회(Liptak, Kennedy, & Dosa, 2011; Orsmond et al., 2004), 교육, 또는 취업(Shattuck et al., 2012; Taylor & Seltzer, 2011) 기회를 거의 갖지 못하고 있음을 시사한다. 그뿐만 아니라 이들이 일상 활동을 잘하기 위해서는 상당한 지원이 필요함을 시사한다.

취업 결과

ASD를 가진 젊은 성인은 만성적으로 졸업 후 낮은 취업률을 보인다. 즉, 다른 발달장애를 가진 젊은 성인에 비해 유의하게 취업률이 낮다(Shattuck et al., 2012). 고기능 ASD 성인은 고용되지 못하고, 직업을 자주 바꾸고, 새로운 직업 환경에 적응하는 데 어려움을 겪으며, 대응집단에 비해 수입이 낮으며, 전형적 발달을 하는 또래에 비해 고용될 확률이 훨씬 낮다(Hendricks, 2010). 최근의 한 연구는 ASD를 가진 젊은 성인의 12%만이 고용된다고 보고하였다(Taylor & Seltzer, 2011). Shattuck와 동료들(2012)은 고등학교 졸업 2년 후 ASD를 가진 젊은 성인의 52%가 직업적 활동이나 교육적 활동에 참여하지 않는다고 보고하였다(N = 500). 이에 더하여 ASD를 가지고 있지만 지적장애는 없는 젊은 성인은 ASD와 지적장애를 모두 가지고 있는 젊은 성인에 비해 주간활동에 참여하지 않을 확률이 3배 더 높다(Taylor & Seltzer, 2011).

행동 및 인지 결과

몇몇 최근 연구들은 젊은 성인기에 걸쳐서 발달궤도를 조사하였는데, 이 발달 동안 쇠퇴, 안정, 향상이 혼재되는 그림을 제시하였다. 예를 들어 Taylor와 Seltzer(2010)는 성인기로의 이행부터 성인기에 걸친 10년간의 종단연구를 수행했다. 이들은 ASD 증상의 심각도와 부적응적 행동은 청소년기에 걸쳐 감소하지만, 이러한 향상은 고등학교를 떠난 후 정체되는데(N = 242, 추수연구의 평균 연령 26세) 이는 아마도 지속적인 성인 서비스의 부족에 기인할 것이다.

매우 적은 수의 연구들이 아동기에 자폐 진단을 받은 성인의 중년기 기능을 조사하였다(개관으로 Gillespie-Lynch et al., 2012 참조). Howlin과 동료들(2004)은 68명의 성인 표본(평균 연령 29세)의 58%가 '좋지 않은' 또는 '매우 좋지 않은' 결과를 경험한다고 보고하였다. 이에 반해 Farley와 동료들(2009)은 41명의 고기능 ASD(평균 연령 32세)의 성인기 결과를 조사하기 위해 20년간 추적 연구하였는데, 이 표본의 17%가 '좋지 않은' 또는 '매우 좋지 않은' 결과를 보였다고 보고하였다. Howlin, Savage, Moss, Tempier 및 Rutter(2014)는 아동기에 지적장애가 동반되지 않은 ASD로 진단받은 아동을 40년간 추적하였다. 전반적으로 IQ는 시간에 걸쳐 안정적이었는데, 이는 아동기 IQ가 성인 인지능력을 예언할 수 있음을 시사한다. 언어기술은 아동기부터 성인까지 향상되었다. 그러나 일부 소수의 하위 집단은 발달 과정에 걸쳐서 쇠퇴하였는데, 특히 뇌전증이 있는 사람들이 그러하였다. 취업, 교육적 성취 및 독립적 생활과 관련된 성공적인 성인기

결과의 예언자에 대한 더 많은 연구가 필요하다.

결론

지난 10년간 ASD를 가진 사람들에 대한 이해와 치료에 있어서 상당한 진전이 있었다. 특히 ASD와 관련된 유전적·환경적 위험요인, ASD의 초기 행동증상 및 발달에 따른 이러한 증상 표현에 대한 우리의 이해가 크게 진보하였다. 이에 더하여 ASD는 SCI 기술과 RRB에 뚜렷한 차이가 있는 스펙트럼장애임을 더 잘 이해하게 되었다. 자폐는 다른 장애와 문제(주의, 불안, 우울증상을 포함하여)가 동반될 뿐만 아니라 평생에 걸쳐 증상에 변화가 나타난다는 점에서 진단이 복잡한 문제임을 DSM-5는 인정하고 있다. 초기 진단과 개입을 통한 지적기능, 사회적 기술 그리고 언어능력의 향상이 보고되었는데, 일부는 '최적의 결과'를 보여준다(Fein et al., 2013). 이러한 향상에도 불구하고 전반적인 성인기 결과는 취업, 교육, 그리고 독립적 생활기술에서의 삶의 질이 여전히 좋지 않다. 영아기부터 나이든 성인기까지 ASD의 발달궤도를 조사하는 것은 이 장애를 이해하고 또 긍정적인 결과를 촉진하기 위한 적절한 개입 목표를 찾아내기 위해 필수적이다. 마지막으로 ASD에 대한 초기 선별, 진단 및 치료에 대해 더 잘 알게 됨에 따라, 이러한 과학적 연구 발견을 사회 정책으로 전환하는 도전적인 일을 하게 되었다. 초기 탐지와 집중적 행동 개입 프로그램을 대규모로 운영하기 위해서는 상당한 자금과 노력이 요구된다. 그러나 비용–이득 분석을 실시한 연구들은 초기 개입 서비스가 ASD를 가진 사람들을 평생 지원하는 데 드는 비용을 감소시킬 것임을 분명하게 보여주고 있다(Jacobson & Mulick, 2000). 따라서 과학적 연구 발견을 의미 있고 지속가능한 공동체 기반 노력으로 전환하는 책략에 관한 연구가 앞으로 점점 더 관심 대상이 될 것이다.

감사의 글

이 장의 이전 판에 도움을 준 것에 대해 Peggy Renner에게 감사를 전하며, 참고문헌을 정리 기록하고 이 장의 이전 판을 읽어준 것에 대해 Megan Johnson과 Allison Meyer에게 감사한다. 또 열의를 가지고 연구에 참여해주고 우리가 이 장에서 기술한 임상적 통찰을 제공해준 자폐증을 가지고 있는 아동과 그 가족에게 감사한다.

참고문헌

Abrahams, B. S., & Geschwind, D. H. (2008). Advances in autism genetics: On the threshold of a new neurobiology. *Nature Reviews Genetics, 9,* 341–355.

Adams, C. (2001). Clinical diagnostic and intervention studies of children with semantic–pragmatic language disorder. *International Journal of Language and Communication Disorders, 36,* 289–305.

Allik, H., Larsson, J. O., & Smedje, H. (2006). Health-related quality of life in parents of school-age children with Asperger syndrome or high-functioning autism. *Health and Quality of Life Outcomes, 4,* 1–8.

Ameis, S. H., Fan, J., Rockel, C., Voineskos, A. N., Lobaugh, N. J., Soorya, L., et al. (2011). Impaired structural connectivity of socio-emotional circuits in autism spectrum disorders: A diffusion tensor imaging study. *PloS One, 6*(11), e28044.

American Psychiatric Association (APA). (1994). *Diagnostic and statistical manual of mental disorders* (4th ed.). Washington, DC: Author.

American Psychiatric Association (APA). (2013). *Diagnostic and statistical manual of mental disorders* (5th ed.). Arlington, VA: Author.

Anderson, D. K., Lord, C., Risi, S., DiLavore, P. S., Shulman, C., Thurm, A., et al. (2007). Patterns of growth in verbal abilities among children with autism spectrum disorder. *Journal of Consulting and Clinical Psychology, 75,* 594–604.

Andrews, G., Pine, D. S., Hobbs, M. J., Anderson, T. M., & Sunderland, M. (2009). Neurodevelopmental disorders: Cluster 2 of the proposed meta-structure for DSM-V and ICD-11. *Psychological Medicine, 39,* 2013–2023.

Asperger, H. (1991). "Autistic psychopathy" in childhood. In U. Frith (Ed. & Trans.), *Autism and Asperger syndrome* (pp. 37–92). Cambridge, UK: Cambridge University Press. (Original work published 1944)

Bailey, A., Le Couteur, A., Gottesman, I., & Bolton, P. (1995). Autism as a strongly genetic disorder: Evidence from a British twin study. *Psychological Medicine, 25,* 63–77.

Baird, G., Charman, T., Baron-Cohen, S., Cox, A., Swettenham, J., Wheelwright, S., et al. (2000). A screening instrument for autism at 18 months of age: A six-year follow-up study. *Journal of the American Academy of Child and Adolescent Psychiatry, 39,* 694–-702.

Baird, G., Simonoff, E., Pickles, A., Chandler, S., Loucas, T., Meldrum, D., et al. (2006). Prevalence of disorders of the autism spectrum in a population cohort of children in South Thames: The Special Needs and Autism Project (SNAP). *Lancet, 368,* 210–215.

Baranek, G. T. (1999). Autism during infancy: A retrospective video analysis of sensory–motor and social behaviors. *Journal of Autism and Developmental Disorders, 29,* 213–224.

Baranek, G. T., David, F. J., Poe, M. D., Stone, W. L., & Watson, L. R. (2006). Sensory Experiences Questionnaire: Discriminating sensory features in young children with autism, developmental delays, and typical development. *Journal of Child Psychology and Psychiatry, 47,* 591–601.

Baron-Cohen, S., Cox, A., Baird, G., Swettenham, J., Nightingale, N., Morgan, K., et al. (1996). Psychological markers in the detection of autism in infancy in a large population. *British Journal of Psychiatry, 168,* 158–163.

Baron-Cohen, S., & Hammer, J. (1997). Parents of children with Asperger syndrome: What is the cognitive phenotype? *Journal of Cognitive Neuroscience, 9,* 548–554.

Baron-Cohen, S., Knickmeyer, R. C., & Belmonte, M. K. (2005). Sex differences in the brain: Implications for explaining autism. *Science, 310,* 819–823.

Barton, M. L., Robins, D. L., Jashar, D., Brennan, L., & Fein, D. (2013). Sensitivity and specificity of proposed DSM-5 criteria for autism spectrum disorder in toddlers. *Journal of Autism and Developmental Disorders, 43,* 1184–1195.

Basu, S. N., Kollu, R., & Banerjee-Basu, S. (2009). AutDB: A gene reference resource for autism research. *Nucleic Acids Research, 37*(Suppl. 1), D832–D836.

Bauman, M., & Kemper, T. (1985). Histoanatomic observations of the brain in early infantile autism. *Neurology, 35,* 866–874.

Bauman, M., & Kemper, T. (1988). Limbic and cerebellar abnormalities: Consistent findings in infantile autism. *Journal of Neuropathology and Experimental Neurology, 47,* 369.

Bauman, M., & Kemper, T. L. (1996). Observations on the Purkinje cells in the cerebellar vermis in autism. *Journal of Neuropathology and Experimental Neurology, 55,* 613.

Bauman, M. L., & Kemper, T. L. (2005). Neuroanatomic observations of the brain in autism: A review and future directions. *International Journal of Developmental Neuroscience, 23,* 183–187.

Beadle-Brown, J., Murphy, G., & Wing, L. (2006). The Camberwell Cohort 25 years on: Characteristics and changes in skills over time. *Journal of Applied Research in Intellectual Disabilities, 19,* 317–329.

Belmonte, M. K., Cook, E. H., Anderson, G. M., Rubenstein, J. L., Greenough, W. T., Beckel-Mitchener, A., et al. (2004). Autism as a disorder of neural information processing: Directions for research and targets for therapy. *Molecular Psychiatry, 9,* 646–663.

Ben-Sasson, A., Cermak, S. A., Orsmond, G. I., Tager-Flusberg, H., Carter, A. S., Kadlec, M. B., et al. (2007). Extreme sensory modulation behaviors in toddlers with autism spectrum disorders. *American Journal of Occupa-tional Therapy, 61,* 584–592.

Bernier, R., Dawson, G., Webb, S., & Murias, M. (2007). EEG mu rhythm and imitation impairments in individuals with autism spectrum disorder. *Brain and Cognition, 64,* 228–237.

Bertone, A., Mottron, L., Jelenic, P., & Faubert, J. (2005). Enhanced and diminished visuo-spatial information processing in autism depends on stimulus complexity. *Brain, 128,* 2430–2441.

Bettelheim, B. (1967). *The empty fortress: Infantile autism and the birth of self.* New York: Free Press.

Bishop, S. L., Richler, J., Cain, A. C., & Lord, C. (2007). Predictors of perceived negative impact in mothers of children with autism spectrum disorder. *American Journal on Mental Retardation, 112,* 450–461.

Bleuler, E. (1950). *Dementia praecox or a group within the schizophrenias* (J. Zinkin, Trans.). New York: International Universities Press. (Original work published 1911)

Blumberg, S. J., Bramlett, M. D., Kogan, M. D., Schieve, L. A., Jones, J. R., & Lu, M. C. (2013). Changes in prevalence of parent-reported autism spectrum disorder in school-aged US children: 2007 to 2011–2012. *National Health Statistics Reports, 65,* 1–11.

Boger-Megiddo, I., Shaw, D. W., Friedman, S. D., Sparks, B. F., Artru, A. A., Giedd, J. N., et al. (2006). Corpus callosum morphometrics in young children with autism spectrum disorder. *Journal of Autism and Developmental Disorders, 36,* 733–739.

Bolton, P., Macdonald, H., Pickles, A., Rios, P., Goode, S., Crowson, M., et al. (1994). A case–control family history study of autism. *Journal of Child Psychology and Psychiatry, 35,* 877–900.

Bolton, P., Pickles, A., Harrington, R., Macdonald, H., & Rutter, M. (1992). Season of birth: Issues, approaches and findings for autism. *Journal of Child Psychology and Psychiatry, 33,* 509–530.

Boucher, J., & Lewis, V. (1992). Unfamiliar face recognition in relatively able autistic children. *Journal of Child Psychology and Psychiatry, 33,* 843–859.

Bruner, J. (1975). From communication to language: A psychological perspective. *Cognition, 3,* 255–287.

Bryson, S. E., Zwaigenbaum, L., Brian, J., Roberts, W., Szatmari, P., Rombough, V., et al. (2007). A prospective case series of high-risk infants who developed autism. *Journal of Autism and Developmental Disorders, 37,* 12–24.

Buie, T., Campbell, D. B., Fuchs, G. J., Furuta, G. T., Levy, J., VandeWater, J., et al. (2010). Evaluation, diagnosis, and treatment of gastrointestinal disorders in individuals with ASDs: A consensus report. *Pediatrics, 125*(Suppl. 1), S1–S18.

Bushnell, I. W. R., Sai, F., & Mullin, J. T. (1989). Neonatal recognition of the mother's face. *British Journal of Developmental Psychology, 7,* 3–15.

Campbell, M., Locascio, J., Choroco, M., Spencer, E. K., Malone, R. P., Kafantaris, V., et al. (1990). Stereotypies and tardive dyskinesia: Abnormal movements in autistic children. *Psychopharmacology Bulletin, 26*, 260–266.

Cantwell, D. P., Baker, L., Rutter, M., & Mawhood, L. (1989). Infantile autism and developmental receptive dysphasia: A comparative follow-up into middle childhood. *Journal of Autism and Developmental Disorders, 19*, 19–31.

Carper, R. A., & Courchesne, E. (2000). Inverse correlation between frontal lobe and cerebellum sizes in children with autism. *Brain, 123*, 836–844.

Carper, R. A., & Courchesne, E. (2005). Localized enlargement of the frontal cortex in early autism. *Biological Psychiatry, 57*, 126–133.

Carper, R. A., Moses, P., Tigue, Z. D., & Courchesne, E. (2002). Cerebral lobes in autism: Early hyperplasia and abnormal age effects. *NeuroImage, 16*, 1038–1051.

Centers for Disease Control and Prevention (CDC). (2014). Prevalence of autism spectrum disorder—Autism and Developmental Disabilities Monitoring Network, 11 sites, United States, 2010. *Morbidity and Mortality Weekly Report, 63*(SS-2), 1–21.

Chakrabarti, S., & Fombonne, E. (2001). Pervasive developmental disorders in preschool children. *Journal of the American Medical Association, 285*, 3093–3099.

Chapman, N. H., Estes, A., Munson, J., Bernier, R., Webb, S. J., Rothstein, J. H., et al. (2011). Genome-scan for IQ discrepancy in autism: Evidence for loci on chromosomes 10 and 16. *Human Genetics, 129*, 59–70.

Charman, T., Baron-Cohen, S., Swettenham, J., Baird, G., Cox, A., & Drew, A. (2001). Testing joint attention, imitation, and play as infancy precursors to language and theory of mind. *Cognitive Development, 15*, 481–498.

Charman, T., Taylor, E., Drew, A., Cockerill, H., Brown, J. A., & Baird, G. (2005). Outcome at 7 years of children diagnosed with autism at age 2: Predictive validity of assessments conducted at 2 and 3 years of age and pattern of symptom change over time. *Journal of Child Psychology and Psychiatry, 46*, 500–513.

Chawarska, K., Campbell, D., Chen, L., Shic, F., Klin, A., & Chang, J. (2011). Early generalized overgrowth in boys with autism. *Archives of General Psychiatry, 68*, 1021–1031.

Chawarska, K., Paul, R., Klin, A., Hannigen, S., Dichtel, L. E., & Volkmar, F. (2007). Parental recognition of developmental problems in toddlers with autism spectrum disorders. *Journal of Autism and Developmental Disorders, 37*, 62–72.

Chawarska, K., & Shic, F. (2009). Looking but not seeing: Atypical visual scanning and recognition of faces in 2 and 4-year-old children with autism spectrum disorder. *Journal of Autism and Developmental Disorders, 39*, 1663–1672.

Cheng, Y., Chou, K. H., Chen, I. Y., Fan, Y. T., Decety, J., & Lin, C. P. (2010). Atypical development of white matter microstructure in adolescents with autism spectrum disorders. *NeuroImage, 50*, 873–882.

Cheon, K. A., Kim, Y. S., Oh, S. H., Park, S. Y., Yoon, H. W., Herrington, J., et al. (2011). Involvement of the anterior thalamic radiation in boys with high functioning autism spectrum disorders: A diffusion tensor imaging study. *Brain Research, 1417*, 77–86.

Christensen, J., Grønborg, T. K., Sørensen, M. J., Schendel, D., Parner, E. T., Pedersen, L. H., et al. (2013). Prenatal valproate exposure and risk of autism spectrum disorders and childhood autism prenatal valproate and autism. *Journal of the American Medical Association, 309*, 1696–1703.

Chugani, D. C., Sundram, B. S., Behen, M., Lee, M. L., & Moore, G. J. (1999). Evidence of altered energy metabolism in autistic children. *Progress in Neuro-Psychopharmacology and Biological Psychiatry, 23*, 635–641.

Clarke, D. F., Roberts, W., Daraksan, M., Dupuis, A., McCabe, J., Wood, H., et al. (2005). The prevalence of autistic spectrum disorder in children surveyed in a tertiary care epilepsy clinic. *Epilepsia, 46*, 1970–1977.

Clifford, S. M., & Dissanayake, C. (2008). The early development of joint attention in infants with autistic disorder using home video observations and parental interview. *Journal of Autism and Developmental Disorders, 38*, 791–805.

Coben, R., Clarke, A. R., Hudspeth, W., & Barry, R. J. (2008). EEG power and coherence in autism spectrum disorder. *Clinical Neurophysiology, 119*, 1002–1009.

Constantino, J. N., Gruber, C. P., Davis, S., Hayes, S., Passanante, N., & Przybeck, T. (2004). The factor structure of autistic traits. *Journal of Child Psychology and Psychiatry, 45*, 719–726.

Constantino, J. N., & Todd, R. D. (2005). Intergenerational transmission of subthreshold autistic traits in the general population. *Biological Psychiatry, 57*, 655–660.

Constantino, J. N., Zhang, Y., Frazier, T., Abbacchi, A. M., & Law, P. (2010). Sibling recurrence and the genetic epidemiology of autism. *American Journal of Psychiatry, 167*, 1349–1356.

Courchesne, E., Campbell, K., & Solso, S. (2010). Brain growth across the life span in autism: Age-specific changes in anatomical pathology. *Brain Research, 1380*, 138–145.

Courchesne, E., Carper, R., & Akshoomoff, N. (2003). Evidence of brain overgrowth in the first year of life in autism. *Journal of the American Medical Association, 290*, 337–344.

Courchesne, E., Karns, C. M., Davis, H. R., Ziccardi, R., Carper, R. A., Tigue, Z. D., Chisum, H. J. et al. (2001). Unusual brain growth patterns in early life in patients with autistic disorder: An MRI study. *Neurology, 57*, 245–254.

Courchesne, E., & Pierce, K. (2005). Brain overgrowth in autism during a critical time in development: implications for frontal pyramidal neuron and interneuron development and connectivity. *International Journal of Developmental Neuroscience, 23*, 153–170.

Courchesne, E., Mouton, P. R., Calhoun, M. E., Semendeferi, K., Ahrens-Barbeau, C., Hallet, M. J., et al. (2011). Neuron number and size in prefrontal cortex of children with autism. *Journal of the American Medical Association, 306,* 2001–2010.

Courchesne, E., Redcay, E., Morgan, J., Kennedy, D. (2005). Autism at the beginning: Microstructural and growth abnormalities underlying the cognitive and behavioral phenotype of autism. *Developmental Psychopathology, 17,* 577–597.

Croen, L. A., Grether, J. K., Yoshida, C. K., Odouli, R., & Hendrick, V. (2011). Antidepressant use during pregnancy and childhood autism spectrum disorders. *Archives of General Psychiatry, 68,* 1104–1112.

Daoust, A. M., Limoges, É., Bolduc, C., Mottron, L., & Godbout, R. (2004). EEG spectral analysis of wakefulness and REM sleep in high functioning autistic spectrum disorders. *Clinical Neurophysiology, 115,* 1368–1373.

Dapretto, M., Davies, M. S., Pfeifer, J. H., Scott, A. A., Sigman, M., Bookheimer, S. Y., et al. (2006). Understanding emotions in others: Mirror neuron dysfunction in children with autism spectrum disorders. *Nature Neuroscience, 9,* 28–30.

Dawson, G. (1991). A psychobiological perspective on the early social-emotional development of children with autism. In D. Cicchetti & S. L. Toth (Eds.), *Rochester Symposium on Developmental Psychopathology* (Vol. 3, pp. 207–234). Rochester, NY: University of Rochester Press.

Dawson, G. (2008). Early behavioral intervention, brain plasticity, and the prevention of autism spectrum disorder. *Development and Psychopathology, 20,* 775–803.

Dawson, G., & Adams, A. (1984). Imitation and social responsiveness in autistic children. *Journal of Abnormal Child Psychology, 12,* 209–225.

Dawson, G., Bernier, R., & Ring, R. H. (2012). Social attention: A possible early indicator of efficacy in autism clinical trials. *Journal of Neurodevelopmental Disorders, 4,* 11.

Dawson, G., Carver, L. J., Meltzoff, A. N., Panagiotides, H., McPartland, J., & Webb, S. J. (2002). Neural correlates of face recognition in young children with autism spectrum disorder. *Child Development, 73,* 700–717.

Dawson, G., Jones, E. J. H., Merkle, K., Venema, K., Lowy, R., Faja, S., et al. (2012). Early behavioral intervention is associated with normalized brain activity in young children with autism. *Journal of the American Academy of Child and Adolescent Psychiatry, 51,* 1150–1159.

Dawson, G., Meltzoff, A. N., & Osterling, J., Rinaldi, J., & Brown, E. (1998). Children with autism fail to orient to naturally occurring social stimuli. *Journal of Autism and Developmental Disorders, 28,* 479–485.

Dawson, G., Munson, J., Estes, A., Osterling, J., McPartland, J., Toth, K., et al. (2002). Neurocognitive function and joint attention ability in young children with autism spectrum disorder versus developmental delay. *Child Development, 73,* 345–358.

Dawson, G., Munson, J., Webb, S. J., Nalty, T., Abbott, R., & Toth, K. (2007). Rate of head growth decelerates and symptoms worsen in the second year of life in autism. *Bio-*

logical Psychiatry, 61,* 458–464.

Dawson, G., Rogers, S., Munson, J., Smith, M., Winter, J., Greenson, J., et al. (2010). Randomized, controlled trial of an intervention for toddlers with autism: The Early Start Denver Model. *Pediatrics, 125,* e17–e23.

Dawson, G., Webb, S. J., & McPartland, J. (2005). Understanding the nature of face processing impairment in autism: Insights from behavioral and electrophysiological studies. *Developmental Neuropsychology, 27,* 403–424.

Dawson, G., Webb, S. J., Wijsman, E., Schellenberg, G., Estes, A., Munson, J., et al. (2005). Neurocognitive and electrophysiological evidence of altered face processing in parents of children with autism: Implications for a model of abnormal development of social brain circuitry in autism. *Development and Psychopathology, 17,* 679–697

Dawson, J., Matson, J., & Cherry, K. (1998). An analysis of maladaptive behaviors in persons with autism, PDD-NOS, and mental retardation. *Research in Developmental Disabilities, 19,* 439-448.

De Giacomo, A., & Fombonne, E. (1998). Parental recognition of developmental abnormalities in autism. *European Child and Adolescent Psychiatry, 7,* 131–136.

DeVito, T. J., Drost, D. J., Neufeld, R. W., Rajakumar, N., Pavlosky, W., Williamson, P., et al. (2007). Evidence for cortical dysfunction in autism: A proton magnetic resonance spectroscopic imaging study. *Biological Psychiatry, 61,* 465–473.

DiCicco-Bloom, E., Lord, C., Zwaigenbaum, L., Courchesne, E., Dager, S. R., Schmitz, C., et al. (2006). The developmental neurobiology of autism spectrum disorder. *Journal of Neuroscience, 26,* 6897–6906.

Donnellan, A. M., Mirenda, P. L., Mesaros, R. A., & Fassbender, L. L. (1984). Analyzing the communicative functions of aberrant behavior. *Journal of the Association for Persons with Severe Handicaps, 9,* 201–212.

Doyen, C., Mighiu, D., Kaye, K., Colineaux, C., Beaumanoir, C., Mouraeff, Y., et al. (2011). Melatonin in children with autistic spectrum disorders: Recent and practical data. *European Child and Adolescent Psychiatry, 20,* 231–239.

Dunn, W. (1997). The impact of sensory processing abilities on the daily lives of young children and their families: A conceptual model. *Infants and Young Children, 9,* 23–35.

Dworzynski, K., Ronald, A., Bolton, P., & Happé, F. (2012). How different are girls and boys above and below the diagnostic threshold for autism spectrum disorders? *Journal of the American Academy of Child and Adolescent Psychiatry, 51,* 788–797.

Eales, M. J. (1993). Pragmatic impairments in adults with childhood diagnoses of autism or developmental receptive language disorder. *Journal of Autism and Developmental Disorders, 23,* 593–617.

Egaas, B., Courchesne, E., & Saitoh, O. (1995). Reduced size of corpus callosum in autism. *Archives of Neurology, 52,* 794–801.

Elder, L. M., Dawson, G., Toth, K., Fein, D., & Munson, J. (2008). Head circumference as an early predictor of autism symptoms in younger siblings of children with autism spectrum disorder. *Journal of Autism and Developmental Disorders, 38,* 1104–1111.

Elsabbagh, M., Fernandes, J., Webb, S., Dawson, G., Charman, T., & Johnson, M. H. (2013). Disengagement of visual attention in infancy is associated with emerging autism in toddlerhood. *Biological Psychiatry, 74,* 189–194.

Elsabbagh, M., & Johnson, M. H. (2007). Infancy and autism: Progress, prospects, and challenges. *Progress in Brain Research, 164,* 355–383.

Elsabbagh, M., Volein, A., Csibra, G., Holmboe, K., Garwood, H., Tucker, L., et al. (2009). Neural correlates of eye gaze processing in the infant broader autism phenotype. *Biological Psychiatry, 65,* 31–38.

Eskenazi, B., Marks, A. R., Bradman, A., Harley, K., Barr, D. B., Johnson, C., et al. (2007). Organophosphate pesticide exposure and neurodevelopment in young Mexican-American children. *Environmental Health Perspectives, 115,* 792–798.

Evans, D., Leckman, J., Carter, A., Reznick, S., Henshaw, D., King, R., et al. (1997). Ritual, habit, and perfectionism: The prevalence and development of compulsive-like behavior in normal young children. *Child Development, 68,* 58–68.

Farley, M. A., McMahon, W. M., Fombonne, E., Jenson, W. R., Miller, J., Gardner, M., et al. (2009). Twenty-year outcome for individuals with autism and average or near-average cognitive abilities. *Autism Research, 2,* 109–118.

Fatemi, S. H., Stary, J. M., Halt, A. R., & Realmuto, G. R. (2001). Dysregulation of Reelin and Bcl-2 proteins in autistic cerebellum. *Journal of Autism and Developmental Disorders, 31,* 529–535.

Fein, D., Barton, M., Eigsti, I. M., Kelley, E., Naigles, L., Schultz, R. T., et al. (2013). Optimal outcome in individuals with a history of autism. *Journal of Child Psychology and Psychiatry, 54,* 195–205.

Field, T. M., Woodson, R., Greenberg, R., & Cohen, D. (1982). Discrimination and imitation of facial expressions by neonates. *Science, 218,* 179–181.

Filipek, P. A., Accardo, P. J., Ashwal, S., Baranek, G. T., Cook, E. H., Dawson, G., et al. (2000). Practice parameter: Screening and diagnosis of autism. Report of the Quality Standards Subcommittee of the American Academy of Neurology and the Child Neurology Society. *Neurology, 55,* 468–479.

Folstein, S., & Rosen-Sheidley, B. (2001) Genetics of autism: Complex etiology for a heterogeneous disorder. *Nature Reviews Genetics 2,* 943–955.

Folstein, S., & Rutter, M. (1977). Infantile autism: A genetic study of 21 twin pairs. *Journal of Child Psychology and Psychiatry, 18,* 297–321.

Fombonne, E. (2003). Epidemiology of pervasive developmental disorders. *Trends in Evidence-Based Neuropsychiatry, 5,* 29–36.

Fombonne, E. (2005). The changing epidemiology of autism. *Journal of Applied Research in Intellectual Disabilities, 18,* 281–294.

Fombonne, E. (2009). Epidemiology of pervasive developmental disorders. *Pediatric Research, 65,* 591–598.

Fombonne, E., Bolton, P., Prior, J., Jordan, H., & Rutter, M. (1997). A family study of autism: Cognitive patterns and levels in parents and siblings. *Journal of Child Psychology and Psychiatry, 38,* 667–683.

Frazier, T. W., Youngstrom, E. A., Speer, L., Embacher, R., Law, P., Constantino, J., et al. (2012). Validation of proposed DSM-5 criteria for autism spectrum disorder. *Journal of the American Academy of Child and Adolescent Psychiatry, 51,* 28–40.

Gardener, H., Spiegelman, D., & Buka, S. L. (2009). Prenatal risk factors for autism: Comprehensive meta-analysis. *British Journal of Psychiatry, 195,* 7–14.

Gardener, H., Spiegelman, D., & Buka, S. L. (2011). Perinatal and neonatal risk factors for autism: A comprehensive meta-analysis. *Pediatrics, 128,* 344-355.

Gargaro, B. A., Rinehart, N. J., Bradshaw, J. L., Tonge, B. J., & Sheppard, D. M. (2011). Autism and ADHD: How far have we come in the comorbidity debate? *Neuroscience and Biobehavioral Reviews, 35,* 1081–1088.

Ghaziuddin, M., & Mountain-Kimchi, K. (2004). Defining the intellectual profile of Asperger syndrome: Comparison with high-functioning autism. *Journal of Autism and Developmental Disorders, 34,* 279–284.

Gibson, J., Adams, C., Lockton, E., & Green, J. (2013). Social communication disorder outside autism?: A diagnostic classification approach to delineating pragmatic language impairment, high functioning autism and specific language impairment. *Journal of Child Psychology and Psychiatry, 54,* 1186–1197.

Gillberg, C. (1999). Neurodevelopmental processes and psychological functioning in autism. *Development and Psychopathology, 11,* 567–587.

Gillespie-Lynch, K., Sepeta, L., Wang, Y., Marshall, S., Gomez, L., Sigman, M., et al. (2012). Early childhood predictors of the social competence of adults with autism. *Journal of Autism and Developmental Disorders, 42,* 161–174.

Goldman, S. E., McGrew, S., Johnson, K. P., Richdale, A. L., Clemons, T., & Malow, B. A. (2011). Sleep is associated with problem behaviors in children and adolescents with autism spectrum disorders. *Research in Autism Spectrum Disorders, 5,* 1223–1229.

Goldman, S. E., Surdyka, K., Cuevas, R., Adkins, K., Wang, L., & Malow, B. A. (2009). Defining the sleep phenotype in children with autism. *Developmental Neuropsychology, 34,* 560–573.

Goldman, S., Wang, C., Salgado, M. W., Greene, P. E., Kim, M., & Rapin, I. (2009). Motor stereotypies in children with autism and other developmental disorders. *Developmental Medicine and Child Neurology, 51,* 30–38.

Goldstein, S., & Schwebach, A. J. (2004). The comorbidity of pervasive developmental disorder and attention deficit hyperactivity disorder: Results of a retrospective chart review. *Journal of Autism and Developmental Disorders, 34*, 329–339.

Goodlin-Jones, B. L., Tang, K., Liu, J., & Anders, T. F. (2008). Sleep patterns in preschool-age children with autism, developmental delay, and typical development. *Journal of the American Academy of Child and Adolescent Psychiatry, 47*, 930–938.

Gotham, K., Risi, S., Dawson, G., Tager-Flusberg, H., Joseph, R., Carter, A., et al. (2008). A replication of the Autism Diagnostic Observation Schedule (ADOS) revised algorithms. *Journal of the American Academy of Child and Adolescent Psychiatry, 47*, 642–651.

Grice, S. J., Halit, H., Farroni, T., Baron-Cohen, S., Bolton, P., & Johnson, M. H. (2005). Special issue neural correlates of eye-gaze detection in young children with autism. *Cortex, 41*, 342–353.

Grzadzinski, R., Di Martino, A., Brady, E., Mairena, M. A., O'Neale, M., Petkova, E., et al. (2011). Examining autistic traits in children with ADHD: Does the autism spectrum extend to ADHD? *Journal of Autism and Developmental Disorders, 41*, 1178–1191.

Hadjikhani, N., Joseph, R. M., Snyder, J., & Tager-Flusberg, H. (2006). Abnormal activation of the social brain during face perception in autism. *Human Brain Mapping, 28*, 441-449.

Hallett, V., Ronald, A., Colvert, E., Ames, C., Woodhouse, E., Lietz, S., et al. (2013). Exploring anxiety symptoms in a large-scale twin study of children with autism spectrum disorders, their co-twins and controls. *Journal of Child Psychology and Psychiatry, 54*, 1176–1185.

Hallmayer, J., Cleveland, S., Torres, A., Phillips, J., Cohen, B., Torigoe, T., et al. (2011). Genetic heritability and shared environmental factors among twin pairs with autism. *Archives of General Psychiatry, 68*, 1095–1102.

Hannan, T. (1987). A cross-sequential assessment of the occurrences of pointing in 3- to 12-month-old human infants. *Infant Behavior and Development, 10*, 11–22.

Happé, F., Booth, R., Charlton, R., & Hughes, C. (2006). Executive function deficits in autism spectrum disorders and attention-deficit/hyperactivity disorder: Examining profiles across domains and ages. *Brain and Cognition, 61*, 25–39.

Happé, F., Ehlers, S., Fletcher, P., Frith, U., Johansson, M., Gillberg, C., et al. (1996). 'Theory of mind' in the brain. Evidence from a PET scan study of Asperger syndrome. *NeuroReport, 8*, 197–201.

Happé, F., Ronald, A., & Plomin, R. (2006). Time to give up on a single explanation for autism. *Nature Neuroscience, 9*, 1218–1220.

Hardan, A. Y., Minshew, N. J., & Keshavan, M. S. (2000). Corpus callosum size in autism. *Neurology, 55*, 1033–1036.

Hauk, M. Fein, D., Maltby, N. Waterhouse, L., & Feinstein, C. (1999). Memory for faces in children with autism. *Child Neuropsychology, 4*, 187–198.

Hazlett, H. C., Poe, M. D., Gerig, G., Styner, M., Chappell, C., Smith, R. G., et al. (2011). Early brain overgrowth in autism associated with an increase in cortical surface area before age 2 years. *Archives of General Psychiatry, 68*, 467–476.

Hendricks, D. (2010). Employment and adults with autism spectrum disorders: Challenges and strategies for success. *Journal of Vocational Rehabilitation, 32*, 125–134.

Herbert, M. R., Ziegler, D. A., Makris, N., Filipek, P. A., Kemper, T. L., Normandin, J. J., et al. (2004). Localization of white matter volume increase in autism and developmental language disorder. *Annals of Neurology, 55*, 530–540.

Hertz-Picciotto, I., Croen, L. A., Hansen, R., Jones, C. R., van de Water, J., & Pessah, I. N. (2006). The CHARGE study: An epidemiologic investigation of genetic and environmental factors contributing to autism. *Environmental Health Perspectives, 114*, 1119–1125.

Hertz-Picciotto, I., Green, P. G., Delwiche, L., Hansen, R., Walker, C., & Pessah, I. N. (2010). Blood mercury concentrations in CHARGE study children with and without autism. *Environmental Health Perspectives, 118*, 161–166.

Hertz-Picciotto, I., Park, H. Y., Dostal, M., Kocan, A., Trnovec, T., & Sram, R. (2008). Prenatal exposures to persistent and non-persistent organic compounds and effects on immune system development. *Basic and Clinical Pharmacology and Toxicology, 102*, 146–154.

Hobson, R. P., & Hobson, J. A. (2008). Dissociable aspects of imitation: A study in autism. *Journal of Experimental Child Psychology, 101*, 170–185.

Hobson, R. P., Lee, A., & Hobson, J. A. (2009). Qualities of symbolic play among children with autism: A social-developmental perspective. *Journal of Autism and Developmental Disorders, 39*, 12–22.

Hoeksma, M. R., Kemner, C., Verbaten, M. N., & van Engeland, H. (2004). Processing capacity in children and adolescents with pervasive developmental disorders. *Journal of Autism and Developmental Disorders, 34*, 341–354.

Hoekstra, R. A., Happé, F., Baron-Cohen, S., & Ronald, A. (2009). Association between extreme autistic traits and intellectual disability: Insights from a general population twin study. *British Journal of Psychiatry, 195*, 531–536.

Howlin, P., Goode, S., Hutton, J., & Rutter, M. (2004). Adult outcome for children with autism. *Journal of Child Psychology and Psychiatry, 45*, 212–229.

Howlin, P., Savage, S., Moss, P., Tempier, A., & Rutter, M. (2014). Cognitive and language skills in adults with autism: A 40-year follow-up. *Journal of Child Psychology and Psychiatry, 55*, 49–58.

Huerta, M., Bishop, S. L., Duncan, A., Hus, V., & Lord, C. (2012). Application of DSM-5 criteria for autism spectrum disorder to three samples of children with DSM-IV diagnoses of pervasive developmental disorders. *American Journal of Psychiatry, 169*, 1056–1064.

Hultman, C. M., Sandin, S., Levine, S. Z., Lichtenstein, P., & Reichenberg, A. (2011). Advancing paternal age and risk of autism: New evidence from a population-based study and a meta-analysis of epidemiological studies. *Molecular Psychiatry, 16,* 1203–1212.

Hultman, C. M., Sparén, P., & Cnattingius, S. (2002). Perinatal risk factors for infantile autism. *Epidemiology, 13,* 417–423.

Iarocci, G., & McDonald, J. (2006). Sensory integration and the perceptual experience of persons with autism. *Journal of Autism and Developmental Disorders, 36,* 77–90.

Jacobson, J. W., & Mulick, J. A. (2000). System and cost research issues in treatments for people with autistic disorders. *Journal of Autism and Developmental Disorders, 30,* 585–593.

Jones, W., Carr, K., & Klin, A. (2008). Absence of preferential looking to the eyes of approaching adults predicts level of social disability in 2-year-old toddlers with autism spectrum disorder. *Archives of General Psychiatry, 65,* 946–954.

Joosten, A. V., Bundy, A. C., & Einfeld, S. L. (2009). Intrinsic and extrinsic motivation for stereotypic and repetitive behavior. *Journal of Autism and Developmental Disorders, 39,* 521–531.

Jou, R. J., Jackowski, A. P., Papademetris, X., Rajeevan, N., Staib, L. H., & Volkmar, F. R. (2011). Diffusion tensor imaging in autism spectrum disorders: Preliminary evidence of abnormal neural connectivity. *Australian and New Zealand Journal of Psychiatry, 45,* 153–162.

Just, M. A., Cherkassky, V. L., Keller, T. A., & Minshew, N. J. (2004). Cortical activation and synchronization during sentence comprehension in high-functioning autism: Evidence of underconnectivity. *Brain, 127,* 1811–1821.

Kanner, L. (1943). Autistic disturbances of affective contact. *Nervous Child, 2,* 217–250.

Kasari, C., Gulsrud, A., Freeman, S., Paparella, T., & Hellemann, G. (2012). Longitudinal follow-up of children with autism receiving targeted interventions on joint attention and play. *Journal of the American Academy of Child and Adolescent Psychiatry, 51,* 487–495.

Kato, K., Mikami, K., Akama, F., Yamada, K., Maehara, M., Kimoto, K., et al., H. (2013). Clinical features of suicide attempts in adults with autism spectrum disorders. *General hospital psychiatry, 35,* 50–53.

Kim, J. A., Szatmari, P., Bryson, S. E., Streiner, D. L., & Wilson, F. J. (2000). The prevalence of anxiety and mood problems among children with autism and Asperger syndrome. *Autism, 4,* 117–132.

Kim, Y. S., Leventhal, B. L., Koh, Y. J., Fombonne, E., Laska, E., Lim, E. C., et al. R. (2011). Prevalence of autism spectrum disorders in a total population sample. *American Journal of Psychiatry, 168,* 904–912.

King, B. H., Veenstra-VanderWeele, J., & Lord, C. (2013). DSM-5 and autism: Kicking the tires and making the grade. *Journal of the American Academy of Child and Adolescent Psychiatry, 52,* 454–457.

Klin, A., Jones, W., Schultz, R., Volkmar, F., & Cohen, D. (2002). Visual fixation patterns during viewing of naturalistic social situations as predictors of social competence in individuals with autism. *Archives of General Psychiatry, 59,* 809–816.

Klin, A., Lin, D. J., Gorrindo, P., Ramsay, G., & Jones, W. (2009). Two-year-olds with autism orient to non-social contingencies rather than biological motion. *Nature, 459,* 257–261.

Klin, A., Sparrow, S. S., de Bildt, A., Cicchetti, D. V., Cohen, D. J., & Volkmar, F. R. (1999). A normed study of face recognition in autism and related disorders. *Journal of Autism and Developmental Disorders, 29,* 499–508.

Klinger, L. G., Klinger, M. R., & Pohlig, R. L. (2006). Implicit learning impairments in autism spectrum disorders: Implications for treatment. In J. M. Perez, P. M. Gonzalez, M. L. Comi, & C. Nieto (Eds.), *New developments in autism: The future is today* (pp. 76–103). London: Jessica Kingsley.

Klinger, L. G., O'Kelley, S. E., & Mussey, J. L. (2009). Assessment of intellectual functioning in autism spectrum disorders. In S. Goldstein, J. Naglieri, & S. Ozonoff (Eds.), *Assessment of autism spectrum disorders* (pp. 209–252). New York: Guilford Press.

Knickmeyer, R., Baron-Cohen, S., Fane, B. A., Wheelwright, S., Mathews, G. A., Conway, G. S., et al. (2006). Androgens and autistic traits: A study of individuals with congenital adrenal hyperplasia. *Hormones and Behavior, 50,* 148–153.

Koegel, R. L., Schreibman, L., O'Neill, R. E., & Burke, J. C. (1983). The personality and family-interaction characteristics of parents of autistic children. *Journal of Consulting and Clinical Psychology, 51,* 683–692.

Koenig, K., Tsatsanis, K. D., & Volkmar, F. R. (2001). Neurobiology and genetics of autism: A developmental perspective. In J. A. Burack, T. Charman, N. Yirmiya, & P. R. Zelazo (Eds.), *The development of autism: Perspectives from theory and research* (pp. 81–101). Mahwah, NJ: Erlbaum.

Krakowiak, P., Goodlin-Jones, B., Hertz-Picciotto, I., Croen, L. A., & Hansen, R. L. (2008). Sleep problems in children with autism spectrum disorders, developmental delays, and typical development: A population-based study. *Journal of Sleep Research, 17,* 197–206.

Krakowiak, P., Walker, C. K., Bremer, A. A., Baker, A. S., Ozonoff, S., Hansen, R. L., et al. (2012). Maternal metabolic conditions and risk for autism and other neurodevelopmental disorders. *Pediatrics, 129,* e1121–e1128.

Kuhl, P. K. (2007). Is speech learning "gated" by the social brain? *Developmental Science, 10,* 110–120.

Kuhl, P. K., Coffey-Corina, S., Padden, D., & Dawson, G. (2005). Links between social and linguistic processing of speech in preschool children with autism: Behavioral and electrophysiological measures. *Developmental Science, 8,* F1–F12.

Kylliäinen, A., Braeutigam, S., Hietanen, J. K., Swithenby, S. J., & Bailey, A. J. (2006). Face- and gaze-sensitive neural responses in children with autism: A magnetoencephalographic study. *European Journal of Neuroscience, 24,*

2679–2690.

Lainhart, J. (1999). Psychiatric problems in individuals with autism, their parents and siblings. *International Review of Psychiatry*, 11, 278–298.

Lam, K. S., Bodfish, J. W., & Piven, J. (2008). Evidence for three subtypes of repetitive behavior in autism that differ in familiarity and association with other symptoms. *Journal of Child Psychology and Psychiatry, 49*, 1193–1200.

Landa, R. J., & Garrett-Mayer, E. (2006). Development in infants with autism spectrum disorders: A prospective study. *Journal of Child Psychology and Psychiatry, 47,* 629–638.

Landa, R. J., Holman, K. C., & Garrett-Mayer, E. (2007). Social and communication development in toddlers with early and later diagnosis of autism spectrum disorders. *Archives of General Psychiatry, 64,* 853–864.

Landau, E. C., Cicchetti, D. V., Klin, A., & Volkmar, F. R. (1999). Season of birth in autism: A fiction revisited. *Journal of Autism and Developmental Disorders, 29,* 385–393.

Larsson, H. J., Eaton, W. W., Madsen, K. M., Vestergaard, M., Olesen, A. V., Agerbo, E., et al. (2005). Risk factors for autism: Perinatal factors, parental psychiatric history, and socioeconomic status. *American Journal of Epidemiology, 161,* 916–925.

Lauritsen, M. B., Pedersen, C. B., & Mortensen, P. B. (2005). Effects of familial risk factors and place of birth on the risk of autism: A nationwide register-based study. *Journal of Child Psychology and Psychiatry, 46,* 963–971.

Leekam, S. R., Prior, M. R., & Uljarevic, M. (2011). Restricted and repetitive behaviors in autism spectrum disorders: A review of research in the last decade. *Psychological Bulletin, 137,* 562–593.

Levy, D., Ronemus, M., Yamrom, B., Lee, Y. H., Leotta, A., Kendall, J., et al. (2011) Rare *de novo* and transmitted copy-number variation in autistic spectrum disorders. *Neuron, 70,* 886–897.

Lewis, M. H., Tanimura, Y., Lee, L. W., & Bodfish, J. W. (2007). Animal models of restricted repetitive behavior in autism. *Behavioural Brain Research, 176,* 66–74.

Leyfer, O. T., Folstein, S. E., Bacalman, S., Davis, N. O., Dinh, E., Morgan, J., et al. (2006). Comorbid psychiatric disorders in children with autism: interview development and rates of disorders. *Journal of Autism and Developmental Disorders, 36,* 849–861.

Lincoln, A. J., Allen, M. H., & Kilman, A. (1995). The assessment and interpretation of intellectual abilities in people with autism. In E. Schopler & G. B. Mesibov (Eds.), *Learning and cognition in autism* (pp. 89–117). New York: Plenum Press.

Lincoln, A. J, Hansel, E., & Quirmbach, L. (2007). Assessing intellectual abilities of children and adolescents with autism and related disorders. In S. R. Smith & L. Handler (Eds.), *The clinical assessment of children and adolescents: A practitioner's handbook* (pp. 527–544). Mahwah, NJ: Erlbaum.

Liptak, G., Kennedy, J., & Dosa, N. (2011). Social participation in a nationally representative sample of older youth and young adults with autism. *Journal of Developmental and Behavioral Pediatrics, 32,* 277–349.

Loh, A., Soman, T., Brian, J., Bryson, S. E., Roberts, W., Szatmari, P., et al. (2007). Stereotyped motor behaviors associated with autism in high-risk infants: A pilot videotape analysis of a sibling sample. *Journal of Autism and Developmental Disorders, 37,* 25–36.

Lord, C., Petkova, E., Hus, V., Gan, W., Lu, F., Martin, D. M., et al. (2012). A multisite study of the clinical diagnosis of different autism spectrum disorders. *Archives of General Psychiatry, 69,* 306–313.

Lord, C., Risi, S., DiLavore, P. S., Shulman, C., Thurm, A., & Pickles, A. (2006). Autism from two to nine years of age. *Archives of General Psychiatry, 63,* 694–701.

Lord, C., Shulman, C., & DiLavore, P. (2004). Regression and word loss in autistic spectrum disorders. *Journal of Child Psychology and Psychiatry, 45,* 936–955.

Losh, M., Adolphs, R., Poe, M. D., Couture, S., Penn, D., Baranek, G. T., et al. (2009). Neuropsychological profile of autism and the broad autism phenotype. *Archives of General Psychiatry, 66,* 518–526.

Lotter, V. (1966). Epidemiology of autistic conditions in young children: I. Prevalence. *Social Psychiatry, 1,* 124–137.

Mahone, E. M., Powell, S. K., Loftis, C. W., Goldberg, M. C., Denckla, M. B., & Mostofsky, S. H. (2006). Motor persistence and inhibition in autism and ADHD. *Journal of International Neuropsychological Society, 12,* 622–631.

Maljaars, J., Noens, I., Scholte, E., & van Berckelaer-Onnes, I. (2012). Level of sense-making in children with autistic disorder and intellectual disability: Patterns of delay and deviance in development. *Research in Autism Spectrum Disorders, 6,* 806–814.

Malow, B., A., Adkins, K. W., McGrew, S. G., Wang, L., Goldman, S., Fawkes, D., et al. (2012). Melatonin for sleep in children with autism: A controlled trial examining dose, tolerability, and outcomes. *Journal of Autism and Developmental Disorders, 42,* 1729–1737.

Mandell, D. S., Ittenbach, R. F., Levy, S. E., & Pinto-Martin, J. A. (2007). Disparities in diagnoses received prior to a diagnosis of autism spectrum disorder. *Journal of Autism and Developmental Disorders, 37,* 1795–1802.

Mandy, W. P., Charman, T., & Skuse, D. H. (2012). Testing the construct validity of proposed criteria for DSM-5 autism spectrum disorder. *Journal of the American Academy of Child and Adolescent Psychiatry, 51,* 41–50.

Mandy, W. P., Chilvers, R., Chowdhury, U., Salter, G., Seigal, A. & Skuse, D. (2012). Sex differences in autism spectrum disorder: Evidence from a large sample of children and adolescents. *Journal of Autism and Developmental Disorders, 42,* 1304–1313.

Mandy, W. P., & Skuse, D. H. (2008). Research review: What is the association between the social-communication element of autism and repetitive interests, behaviours and activities? *Journal of Child Psychology and Psychiatry, 49,* 795–808.

Manes, F., Piven, J., Vrancic, D., Nanclares, V., Plebst, C., & Starkstein, S. E. (1999). An MRI study of the corpus callosum and cerebellum in mentally retarded autistic individuals. *Journal of Neuropsychiatry and Clinical Neurosciences, 11*, 470–474.

Marshall, C. R., Noor, A., Vincent, J. B., Lionel, A. C., Feuk, L., Skaug, J., et al. (2008). Structural variation of chromosomes in autism spectrum disorder. *American Journal of Human Genetics, 82*, 477–488.

Martineau, J., Cochin, S., Magne, R., & Barthelemy, C. (2008). Impaired cortical activation in autistic children: Is the mirror neuron system involved? *International Journal of Psychophysiology, 68*, 35–40.

Matson, J. L., Dempsey, T., & Fodstad, J. C. (2009). The effect of autism spectrum disorders on adaptive independent living skills in adults with severe intellectual disability. *Research in Developmental Disabilities, 30*, 1203–1211.

Matson, J. L. & Shoemaker, M. (2009). Intellectual disability and its relationship to autism spectrum disorders. *Research in Developmental Disabilities, 30*, 1107–1114.

Matsuo, M., Maeda, T., Sasaki, K., Ishii, K., & Hamasaki, Y. (2010). Frequent association of autism spectrum disorder in patients with childhood onset epilepsy. *Brain and Development, 32*, 759–763.

Mattila, M. L., Hurtig, T., Haapsamo, H., Jussila, K., Kuusikko-Gauffin, S., Kielinen, M., et al. (2010). Comorbid psychiatric disorders associated with Asperger syndrome/high-functioning autism: A community-and clinic-based study. *Journal of Autism and Developmental Disorders, 40*, 1080–1093.

Maurice, C. (1993). *Let me hear your voice: A family's triumph over autism.* New York: Fawcett Columbine.

Mayes, S. D., & Calhoun, S. L. (2003). Analysis of WISC-III, Stanford–Binet: IV, and academic achievement test scores in children with autism. *Journal of Autism and Developmental Disorders, 33*, 329–341.

Mayes, S. D., Calhoun, S. L., Mayes, R. D., & Molitoris, S. (2012). Autism and ADHD: Overlapping and discriminating symptoms. *Research in Autism Spectrum Disorders, 6*, 277–285.

Mayes, S. D., Calhoun, S. L., Murray, M. J., Ahuja, M., & Smith, L. A. (2011). Anxiety, depression, and irritability in children with autism relative to other neuropsychiatric disorders and typical development. *Research in Autism Spectrum Disorders, 5*, 474–485.

Mayes, S. D., Gorman, A. A., Hillwig-Garcia, J., & Syed, E. (2013). Suicide ideation and attempts in children with autism. *Research in Autism Spectrum Disorders, 7*, 109–119.

Mazurek, M. O., Vasa, R. A., Kalb, L. G., Kanne, S. M., Rosenberg, D., Keefer, A., et al. (2013). Anxiety, sensory over-responsivity, and gastrointestinal problems in children with autism spectrum disorders. *Journal of Abnormal Child Psychology, 41*, 165–176.

Mazzone, L., Ruta, L., & Reale, L. (2011). Psychiatric comorbidities in Asperger syndrome and high functioning autism: Diagnostic challenges. *Annals of General Psychiatry, 11*, 16.

McAdoo, W. G., & DeMyer, M. K. (1978). Personality characteristics of parents. In M. Rutter & E. Schopler (Eds.), *Autism: A reappraisal of concepts and treatment* (pp. 251–267). New York: Plenum Press.

McCleery, J. P., Akshoomoff, N., Dobkins, K. R., & Carver, L. J. (2009). Atypical face versus object processing and hemispheric asymmetries in 10-month-old infants at risk for autism. *Biological Psychiatry, 66*, 950–957.

McCleery, J. P., Allman, E., Carver, L. J., & Dobkins, K. R. (2007). Abnormal magnocellular pathway visual processing in infants at risk for autism. *Biological Psychiatry, 62*, 1007–1014.

McDuffie, A., Turner, L., Stone, W., Yoder, P., Wolery, M., & Ulman, T. (2007). Developmental correlates of different types of motor imitation in young children with autism spectrum disorders. *Journal of Autism and Developmental Disorders, 37*, 401–412.

McPartland, J., Dawson, G., Webb, S. J., Panagiotides, H., & Carver, L. J. (2004). Event-related brain potentials reveal anomalies in temporal processing of faces in autism spectrum disorder. *Journal of Child Psychology and Psychiatry, 45*, 1235–1245.

McPartland, J., Reichow, B., & Volkmar, F. R. (2012). Sensitivity and specificity of proposed DSM-5 diagnostic criteria for autism spectrum disorder. *Journal of the American Academy of Child and Adolescent Psychiatry, 51*, 368–383.

Meltzoff, A. N., & Gopnik, A. (1993). The role of imitation in understanding persons and developing a theory of mind. In S. Baron-Cohen, H. Tager-Flusberg, & D. J. Cohen (Eds.), *Understanding other minds: Perspectives from autism* (pp. 335–366). Oxford, UK: Oxford University Press.

Meltzoff, A. N., & Moore, M. K. (1977). Imitation of facial and manual gestures by human neonates. *Science, 198*, 75–78.

Merikangas, K. R., He, J. P., Brody, D., Fisher, P. W., Bourdon, K., & Koretz, D. S. (2010). Prevalence and treatment of mental disorders among US children in the 2001–2004 HANES. *Pediatrics, 125*, 75–81.

Miles, J. H. (2011). Autism spectrum disorders—a genetics review. *Genetics in Medicine, 13*, 278–294.

Miller, L. J., Coll, J. R., & Schoen, S. A. (2007). A randomized controlled pilot study of the effectiveness of occupational therapy for children with sensory modulation disorder. *American Journal of Occupational Therapy, 61*, 228–238.

Milne, E., Pascalis, O., Buckley, D., & Makeig, S. (2008). Independent component analysis reveals atypical electro-encephalographic activity during visual perception in individuals with autism. *Biological Psychiatry, 65*, 22–30.

Minshew, N. J. (1996). Brief report: Brain mechanisms in autism: Functional and structural abnormalities. *Journal of Autism and Developmental Disorders, 26*, 205–209.

Moldin, S. O., Rubenstein, J. L., & Hyman, S. E. (2005). Can autism speak to neuroscience? *Journal of Neuroscience, 26*, 6893–6896.

Moss, J., Oliver, C., Arron, K., Burbidge, C., & Berg, K. (2009). The prevalence and phenomenology of repetitive behavior in genetic syndromes. *Journal of Autism and Developmental Disorders, 39,* 572–588.

Mostofsky, S. H., Goldberg, M. C., Landa, R. J., & Denckla, M. B. (2000). Evidence for a deficit in procedural learning in children and adolescents with autism: Implications for cerebellar contribution. *Journal of the International Neuropsychological Society, 6,* 752–759.

Mundy, P., Sigman, M. D., Ungerer, J., & Sherman, T. (1986). Defining the social deficits of autism: The contribution of non-verbal communication measures. *Journal of Child Psychology and Psychiatry, 27,* 657–669.

Munson, J., Dawson, G., Abbott, R., Faja, S., Webb, S. J., Friedman, S. D., et al. (2006). Amygdalar volume and behavioral development in autism. *Archives of General Psychiatry, 63,* 686–693.

Murias, M., Webb, S. J., Greenson, J., & Dawson, G. (2007). Resting state cortical connectivity reflected in EEG coherence in individuals with autism. *Biological Psychiatry, 62,* 270–273.

Murphy, D., Daly, E., Schmitz, N., Toal, F., Murphy, K., Curran, S., et al. (2006). Cortical serotonin 5-HT2A receptor binding and social communication in adults with Asperger's syndrome: An in vivo SPECT study. *American Journal of Psychiatry, 163,* 934–936.

Nadig, A. S., Ozonoff, S., Young, G. S., Rozga, A., Sigman, M., & Rogers, S. J. (2007). A prospective study of response to name in infants at risk for autism. *Archives of Pediatrics and Adolescent Medicine, 161,* 378–383.

Nagarajan, R. P., Patzel, K. A., Martin, M., Yasui, D. H., Swanberg, S. E., Hertz-Picciotto, I., et al. (2008). MECP2 promoter methylation and X chromosome inactivation in autism. *Autism Research, 1,* 169–178.

National Research Council, Committee on Educational Interventions for Children with Autism, Division of Behavioral and Social Sciences and Education. (2001). *Educating children with autism.* Washington, DC: National Academy Press.

Newschaffer, C. J., Croen, L. A., Daniels, J., Giarelli, E., Grether, J. K., Levy, S. E., et al. (2007). The epidemiology of autism spectrum disorders. *Annual Review of Public Health, 28,* 235–258.

Newschaffer, C. J., Falb, M. D., & Gurney, J. G. (2005). National autism prevalence trends from United States special education data. *Pediatrics, 115,* e277–e282.

Nikolov, R. N., Bearss, K. E., Lettinga, J., Erickson, C., Rodowski, M., Aman, M. G., et al. (2009). Gastrointestinal symptoms in a sample of children with pervasive developmental disorders. *Journal of autism and developmental disorders, 39,* 405–413.

Noland, J. S., Steven Reznick, J., Stone, W. L., Walden, T., & Sheridan, E. H. (2010). Better working memory for non-social targets in infant siblings of children with autism spectrum disorder. *Developmental Science, 13,* 244–251.

Oberman, L., Hubbard, E., McCleery, J., Altschuler, E.,

Ramachandran, V., & Pineda, J.(2005). EEG evidence for mirror neuron dysfunction in autism spectrum disorders. *Cognitive Brain Research, 24,* 190–198.

Oberman, L. M., & Ramachandran, V. S. (2007). The simulating social mind: The role of the mirror neuron system and simulation in the social and communicative deficits of autism spectrum disorders. *Psychological Bulletin, 133,* 310–327.

Oberman, L., Ramachandran, V., & Pineda, J. (2008). Modulation of mu suppression in children with autism spectrum disorders in response to familiar or unfamiliar stimuli: The mirror neuron hypothesis. *Neuropsychologia, 46,* 1558–1565.

O'Connor, K., Hamm, J. P., & Kirk, I. J. (2007). Neurophysiological responses to face, facial regions and objects in adults with Asperger's syndrome: An ERP investigation. *International Journal of Psychophysiology, 63,* 283–293.

Orsmond, G. I., Krauss, M. W., & Seltzer, M. M. (2004). Peer relationships and social and recreational activities among adolescents and adults with autism. *Journal of Autism and Developmental Disorders, 34,* 245–256.

Osterling, J. A., & Dawson, G. (1994). Early recognition of children with autism: A study of first birthday home videotapes. *Journal of Autism and Developmental Disorders, 24,* 247–257.

Osterling, J. A., Dawson, G., & Munson, J. A. (2002). Early recognition of 1-year-old infants with autism spectrum disorder versus mental retardation. *Development and Psychopathology, 14,* 239–251.

Ozonoff, S., Heung, K., Byrd, R., Hansen, R., & Hertz-Picciotto, I. (2008). The onset of autism: Patterns of symptom emergence in the first years of life. *Autism Research, 1,* 320–328.

Ozonoff, S., Iosif, A. M., Baguio, F., Cook, I. C., Hill, M. M., Hutman, T., et al. (2010). A prospective study of the emergence of early behavioral signs of autism. *Journal of the American Academy of Child and Adolescent Psychiatry, 49,* 256–266.

Ozonoff, S., South, M., & Miller, J. N. (2000). DSM-IV-defined Asperger syndrome: Cognitive, behavioral and early history differentiation from high-functioning autism. *Autism, 4,* 29–46.

Ozonoff, S., Young, G. S., Carter, A., Messinger, D., Yirmiya, N., Zwaigenbaum, L., et al. (2011). Recurrence risk for autism spectrum disorders: A Baby Siblings Research Consortium study. *Pediatrics, 128,* e488–e495.

Palmen, S. J., van Engeland, H., Hof, P. R., & Schmitz, C. (2004). Neuropathological findings in autism. *Brain, 127,* 2572–2583.

Parmeggiani, A., Barcia, G., Posar, A., Raimondi, E., Santucci, M., & Scaduto, M. C. (2010). Epilepsy and EEG paroxysmal abnormalities in autism spectrum disorders. *Brain and Development, 32,* 783–789.

Parr, J. R., Le Couteur, A., Baird, G., Rutter, M., Pickles, A., Fombonne, E., et al. (2011). Early developmental regression in autism spectrum disorder: Evidence from an international multiplex sample. *Journal of Autism and Developmental Disorders, 41*, 332–340.

Paul, R., Orlovski, S. M., Marcinko, H. C., & Volkmar, F. (2009). Conversational behaviors in youth with high-functioning ASD and Asperger syndrome. *Journal of Autism and Developmental Disorders, 39*, 115–125.

Peppé, S., McCann, J., Gibbon, F., O'Hare, A., & Rutherford, M. (2007). Receptive and expressive prosodic ability in children with high-functioning autism. *Journal of Speech, Language and Hearing Research, 50*, 1015–1028.

Pickles, A., Starr, E., Kazak, S., Bolton, P., Papanikolaou, K., Bailey, A., et al. (2000). Variable expression of the autism broader phenotype: Findings from extended pedigrees. *Journal of Child Psychology and Psychiatry, 41*, 491–502.

Pierce, K., Conant, D., Hazin, R., Stoner, R., & Desmond, J. (2011). Preference for geometric patterns early in life as a risk factor for autism. *Archives of General Psychiatry, 68*, 101–109.

Piven, J., Bailey, J., Ranson, B. J., & Arndt, S. (1997). An MRI study of the corpus callosum in autism. *American Journal of Psychiatry, 154*, 1051–1056.

Piven, J., Harper, J., Palmer, P., & Arndt, S., (1996). Course of behavioral change in autism: A retrospective study of high-IQ adolescents and adults. *Journal of the American Academy of Child and Adolescent Psychiatry, 35*, 523–529.

Poon, K. K., Watson, L. R., Baranek, G. T., & Poe, M. D. (2012). To what extent do joint attention, imitation, and object play behaviors in infancy predict later communication and intellectual functioning in ASD? *Journal of Autism and Developmental Disorders, 42*, 1064–1074.

Porterfield, S. P. (1994). Vulnerability of the developing brain to thyroid abnormalities: environmental insults to the thyroid system. *Environmental Health Perspectives, 102*(Suppl. 2), 125–130.

Powell, T. H., Hecimovic, A., & Christensen, L. (1992). Meeting the unique needs of families. In D. E. Berkell (Ed.), *Autism: Identification, education, and treatment* (pp. 187–224). Hillsdale, NJ: Erlbaum.

Presmanes, A. G., Walden, T. A., Stone, W. L., & Yoder, P. J. (2007). Effects of different attentional cues on responding to joint attention in younger siblings of children with autism spectrum disorders. *Journal of Autism and Developmental Disorders, 37*, 133–144.

Reaven, J., Blakeley-Smith, A., Culhane-Shelburne, K., & Hepburn, S. (2012). Group cognitive behavior therapy for children with high-functioning autism spectrum disorders and anxiety: A randomized trial. *Journal of Child Psychology and Psychiatry, 53*, 410–419.

Renno, P., & Wood, J. J. (2013). Discriminant and convergent validity of the anxiety construct in children with autism spectrum disorders. *Journal of Autism and Developmental Disorders, 43*, 2135–2146.

Richler, J., Huerta, M., Bishop, S. L., & Lord, C. (2010). Developmental trajectories of restricted and repetitive behaviors and interests in children with autism spectrum disorders. *Development and Psychopathology, 22*, 55–69.

Riguet, C., Taylor, N., Benaroya, S., & Klein, L. (1981). Symbolic play in autistic, Down's, and normal children of equivalent mental age. *Journal of Autism and Developmental Disorders, 11*, 439–448.

Rimland, B. (1964). *Infantile autism: The syndrome and its implications for a neural theory of behavior.* New York: Appleton-Century-Crofts.

Rippon, G., Brock, J., Brown, C., & Boucher, J. (2007). Disordered connectivity in the autistic brain: Challenges for the "new psychophysiology." *International Journal of Psychophysiology, 63*, 164–172.

Ritvo, E. R., Freeman, B. J., Mason-Brothers, A., Mo, A., & Ritvo, A. (1985). Concordance for the syndrome of autism in 40 pairs of afflicted twins. *American Journal of Psychiatry, 142*, 74-77.

Ritvo, E. R., Freeman, B. J., Scheibel, A. B., Duong, T., Robinson, H., Guthrie, D., et al. (1986). Lower Purkinje cell counts in the cerebella of four autistic subjects: Initial findings of the UCLA–NSAC autopsy research report. *American Journal of Psychiatry, 143*, 862–866.

Roberts, E. M., English, P. B., Grether, J. K., Windham, G. C., Somberg, L., & Wolff, C. (2007). Maternal residence near agricultural pesticide applications and autism spectrum disorders among children in the California Central Valley. *Environmental Health Perspectives, 115*, 1482–1489.

Rogers, S. J. (1998). An examination of the imitation deficit in autism. In J. Nadel & G. Butterworth (Eds.), *Imitation in infancy* (pp. 254–283). Cambridge, UK: Cambridge University Press.

Rogers, S. J. (2009). What are infant siblings teaching us about autism in infancy? *Autism Research, 2*, 125–137.

Rogers, S. J., & Pennington, B. F. (1991). A theoretical approach to deficits in infantile autism. *Development and Psychopathology, 3*, 137–162.

Rogers, S. J., & Williams, J. H. (Eds.). (2006). *Imitation and the social mind: Autism and typical development.* New York: Guilford Press.

Rossignol, D., & Frye, R. (2011). Melatonin in autism spectrum disorders: A systemic review and meta-analysis. *Developmental Medicine and Child Neurology, 53*, 783–792.

Rozga, A., Hutman, T., Young, G. S., Rogers, S. J., Ozonoff, S., Dapretto, M., et al. (2011). Behavioral profiles of affected and unaffected siblings of children with autism: Contribution of measures of mother–infant interaction and nonverbal communication. *Journal of Autism and Developmental Disorders, 41*, 287–301.

Rudie, J., Shehzad, Z., Hernandez, L., Colich, N., Bookheimer, S., Iacoboni, M., et al. (2012). Reduced functional integration and segregation of distributed neural systems underlying social and emotional information processing in autism spectrum disorders. *Cerebral Cortex, 22*, 1025–1037.

Rumsey, J. M., Rapoport, J. L., & Sceery, W. R. (1985). Autistic children as adults: Psychiatric, social, and behavioural outcomes. *Journal of the American Academy of Child Psychiatry, 24*, 465–473.

Russell, A. J., Mataix-Cols, D., Anson, M., & Murphy, D. G. M. (2005). Obsessions and compulsions in Asperger syndrome and high-functioning autism. *British Journal of Psychiatry, 186*, 525–528.

Rutgers, A. H., Bakermans-Kranenburg, M. J., van IJzendoorn, M. H., & Berckelaer-Onnes, I. A. (2004). Autism and attachment: A meta-analytic review. *Journal of Child Psychology and Psychiatry, 45*, 1123–1134.

Rutter, M. (1978). Diagnosis and definition. In M. Rutter & E. Schopler (Eds.), *Autism: A reappraisal of concepts and treatment* (pp. 1–25). New York: Plenum Press.

Rutter, M. (2011). Research review: Child psychiatric diagnosis and classification: Concepts, findings, challenges and potential. *Journal of Child Psychology and Psychiatry, 52*, 647–660.

Rydell, P. J., & Mirenda, P. (1994). Effects of high and low constraint utterances on the production of immediate and delayed echolalia in young children with autism. *Journal of Autism and Developmental Disorders, 24*, 719–735.

Saemundsen, E., Ludvigsson, P., & Rafnsson, V. (2008). Risk of autism spectrum disorders after infantile spasms: A population-based study nested in a cohort with seizures in the first year of life. *Epilepsia, 49*, 1865–1870.

Sanders, S. J., Ercan-Sencicek, A. G., Hus, V., Luo, R., Murtha, M. T., Moreno-De-Luca, D., et al. (2011). Multiple recurrent de novo CNVs, including duplications of the 7q11. 23 Williams syndrome region, are strongly associated with autism. *Neuron, 70*, 863–885.

Schellenberg, G. D., Dawson, G., Sung, Y. J., Estes, A., Munson, J., Rosenthal, E., et al. (2006). Evidence for multiple loci from a genome scan of autism kindreds. *Molecular Psychiatry, 11*, 1049–1060.

Schmitz, N., Rubia, K., van Amelsvoort, T., Daly, E., Smith, A., Murphy, D. G. (2008). Neural correlates of reward in autism. *British Journal of Psychiatry, 192*, 19–24.

Schopler, E., & Reichler, R. (1971). Parents as co-therapists in the treatment of psychotic children. *Journal of Autism and Childhood Schizophrenia, 1*, 87–102.

Schultz, R. T. (2005). Developmental deficits in social perception in autism: The role of the amygdala and fusiform face area. *International Journal of Developmental Neuroscience, 23*, 125–141.

Schumann, C. M., & Amaral, D. G. (2006). Stereological analysis of amygdala neuron number in autism. *Journal of Neuroscience, 26*, 7674–7679.

Schumann, C. M., Barnes, C. C., Lord, C., & Courchesne, E. (2009). Amygdala enlargement in toddlers with autism related to severity of social and communication impairments. *Biological Psychiatry, 66*, 942–949.

Schumann, C. M., Bloss, C. S., Barnes, C. C., Wideman, G. M., Carper, R. A., Akshoomoff, N., . et al. (2010). Longitudinal magnetic resonance imaging study of cortical development through early childhood in autism. *Journal of Neuroscience, 30*, 4419–4427.

Schumann, C. M., Hamstra, J., Goodlin-Jones, B. L., Lotspeich, L. J., Kwon, H., Buonocore, M. H., et al. (2004). The amygdala is enlarged in children but not adolescents with autism; the hippocampus is enlarged at all ages. *Journal of Neuroscience, 24*, 6392–6401.

Scott-Van Zeeland, A. A., Dapretto, M., Ghahremani, D. G., Poldrack, R. A., & Bookheimer, S. Y. (2010). Reward processing in autism. *Autism Research, 3*, 53–67.

Sebat, J., Lakshmi, B., Malhotra, D., Troge, J., Lese-Martin, C., Walsh, T., et al. (2007). Strong association of de novo copy number mutations with autism. *Science, 316*, 445–449.

Seery, A., Vogel-Farley, V., Augenstein, T., Casner, L., Kasparian, L., Tager-Flusberg, H., et al. (2010, May). *Atypical electrophysiological response and lateralization to speech stimuli in infants at risk for autism spectrum disorder.* Paper presented at the International Meeting for Autism Research, Philadelphia.

Seltzer, M. M., Shattuck, P., Abbeduto, L., & Greenberg, J. S. (2004). Trajectory of development in adolescents and adults with autism. *Mental Retardation and Developmental Disabilities Research Reviews, 10*, 234–247.

Shattuck, P. T., Narendorf, S. C., Cooper, B., Sterzing, P. R., Wagner, M., & Taylor, J. L. (2012). Postsecondary education and employment among youth with an autism spectrum disorder. *Pediatrics, 129*, 1042–1049.

Shic, F., Macari, S., & Chawarska, K. (2014). Speech disturbs face scanning in 6-month-old infants who develop autism spectrum disorder. *Biological Psychiatry, 75*, 231–237.

Shriberg, L. D., Paul, R., Black, L. M., & van Santen, J. P. (2011). The hypothesis of apraxia of speech in children with autism spectrum disorder. *Journal of Autism and Developmental Disorders, 41*, 405–426.

Shukla, D. K., Keehn, B., & Müller, R. A. (2011). Tract-specific analyses of diffusion tensor imaging show widespread white matter compromise in autism spectrum disorder. *Journal of Child Psychology and Psychiatry, 52*, 286–295.

Sigman, M., & McGovern, C. W. (2005). Improvement in cognitive and language skills from preschool to adolescence in autism. *Journal of Autism and Developmental Disorders, 35*, 15–23.

Siklos, S., & Kerns, K. A. (2007). Assessing the diagnostic experiences of a small sample of parents of children with autism spectrum disorders. *Research in Developmental Disabilities, 28*, 9–22.

Simonoff, E., Pickles, A., Charman, T., Chandler, S., Loucas, T., & Baird, G. (2008). Psychiatric disorders in children with autism spectrum disorders: Prevalence, comorbidity, and associated factors in a population-derived sample. *Journal of the American Academy of Child and Adolescent Psychiatry, 47*, 921–929.

Sinzig, J., Walter, D., & Doepfner, M. (2009). Attention deficit/hyperactivity disorder in children and adolescents with autism spectrum disorder symptom or syndrome?. *Journal* of Attention Disorders, 13, 117–126.

South, M., Ozonoff, S., & McMahon, W. M. (2005). Repetitive behavior profiles in Asperger syndrome and high-functioning autism. *Journal of Autism and Developmental Disorders, 35*, 145–158.

Sparks, B. F., Friedman, S. D., Shaw, D. W., Aylward, E. H., Echelard, D., Artru, A. A., et al. (2002). Brain structural abnormalities in young children with autism spectrum disorder. *Neurology, 59*, 184–192.

Steffenburg, S., Gillberg, C., Hellgren, L., Andersson, L., Gillberg, I. C., Jakobsson, G., et al. (1989). A twin study of autism in Denmark, Finland, Iceland, Norway, and Sweden. *Journal of Child Psychology and Psychiatry, 30*, 405–416.

Stephenson, D. T., & Fitzgerald, L. W. (2010). Development of pharmacotherapies for autism spectrum disorders: A molecular medicine framework for neuropsychiatric drug discovery. *Drugs of the Future, 35*, 1029.

Stern, D. N. (1985). *The interpersonal world of the infant.* New York: Basic Books.

Stone, W. L., Ousley, O. Y., & Littleford, C. D. (1997). Motor imitation in young children with autism: What's the object? *Journal of Abnormal Child Psychology, 25*, 475-485.

Strang, J. F., Kenworthy, L., Daniolos, P., Case, L., Wills, M. C., Martin, A., et al. (2012). Depression and anxiety symptoms in children and adolescents with autism spectrum disorders without intellectual disability. *Research in Autism Spectrum Disorders, 6*, 406–412.

Sugarman, S. (1984). The development of preverbal communication. In R. Schiefelbusch & J. Pickar (Eds.), *The acquisition of communicative competence* (pp. 23–67). Baltimore: University Park Press.

Sullivan, R. C. (1992). Parent essays: Rain Man and Joseph. In E. Schopler & G. Mesibov (Eds.), *High-functioning individuals with autism* (pp. 243–250). New York: Plenum Press.

Swettenham, J., Baron-Cohen, S., Charman, T., Cox, A., Baird, G., Drew, A., et al. (1998). The frequency and distribution of spontaneous attention shifts between social and nonsocial stimuli in autistic, typically developing, and nonautistic developmentally delayed infants. *Journal of Child Psychology and Psychiatry, 39*, 747–753.

Tager-Flusberg, H. (1999). A psychological approach to understanding the social and language impairments in autism. *International Review of Psychiatry, 11*, 325–334.

Tager-Flusberg, H. (2000). Language and understanding minds: Connections in autism. In S. Baron-Cohen, H. Tager-Flusberg, & D. J. Cohen (Eds.), *Understanding other minds: Perspectives from developmental cognitive neuroscience* (2nd ed., pp. 124–149). Oxford, UK: Oxford University Press.

Tager-Flusberg, H. (2001). Understanding the language and communicative impairments in autism. *International Review of Research in Mental Retardation, 23*, 185–205.

Tager-Flusberg, H. (2010). The origins of social impairments in autism spectrum disorder: Studies of infants at risk.

Neural Networks, 23, 1072–1076.

Tantam, D., Monaghan, L., Nicholson, J., & Stirling, J. (1989). Autistic children's ability to interpret faces: A research note. *Journal of Child Psychology and Psychiatry, 30*, 623-630.

Taylor, J. L., & Seltzer, M. M. (2010). Changes in the autism behavioral phenotype during the transition to adulthood. *Journal of Autism and Developmental Disorders, 40*, 1431–1446.

Taylor, J. L., & Seltzer, M. M. (2011). Employment and post-secondary educational activities for young adults with autism spectrum disorders during the transition to adulthood. *Journal of Autism and Developmental Disorders, 41*, 566–574.

Teunisse, J., & DeGelder, B. (1994). Do autistics have a generalized face processing deficit? *International Journal of Neuroscience, 77*, 1–10.

Thelen, E. (1979). Rhythmical stereotypies in normal human infants. *Animal Behaviour, 27*, 699–715.

Toth, K., Dawson, G., Meltzoff, A. N., Greenson, J., & Fein, D. (2007). Early social, imitation, play, and language abilities of young non-autistic siblings of children with autism. *Journal of Autism and Developmental Disorders, 37*, 145–157.

Toth, K., Dawson, G., Munson, J., Abbott, R., Estes, A., & Osterling, J. (2001, April). *Defining the early social attention impairments in autism: Social orienting, joint attention, and responses to emotions.* Paper presented at the biennial meeting of the Society for Research in Child Development, Minneapolis, MN.

Turner, M. (1999). Annotation: Repetitive behavior in autism: A review of psychological research. *Journal of Child Psychology and Psychiatry, 40*, 839–849.

Ungerer, J., & Sigman, M. (1984). The relation of play and sensorimotor behavior to language in the second year. *Child Development, 55*, 1448–1455.

van Daalen, E., Kemner, C., Dietz, C., Swinkels, S. H., Buitelaar, J. K., & van Engeland, H. (2009). Inter-rater reliability and stability of diagnoses of autism spectrum disorder in children identified through screening at a very young age. *European Child and Adolescent Psychiatry, 18*, 663–674.

Vandenbroucke, M. W., Scholte, H. S., van Engeland, H., Lamme, V. A., & Kemner, C. (2008). A neural substrate for atypical low-level visual processing in autism spectrum disorder. *Brain, 131*, 1013–1024.

Vidal, C. N., Nicolson, R., DeVito, T. J., Hayashi, K. M., Geaga, J. A., Drost, D. J., et al. (2006). Mapping corpus callosum deficits in autism: An index of aberrant cortical connectivity. *Biological Psychiatry, 60*, 218-225.

Volk, H. E., Hertz-Picciotto, I., Delwiche, L., Lurmann, F., & McConnell, R. (2011). Residential proximity to freeways and autism in the CHARGE study. *Environmental Health Perspectives, 119*, 873–877.

Wakabayashi, A., Baron-Cohen, S., & Ashwin, C. (2012). Do the traits of autism-spectrum overlap with those of schizophrenia or obsessive–compulsive disorder in the general population? *Research in Autism Spectrum Disorders, 6*, 717–725.

Walden, T., & Ogan, T. (1988). The development of social referencing. *Child Development, 59*, 1230–1240.

Walker, C. K., Krakowiak, P., Baker, A., Hansen, R., & Hertz-Picciotto, I. (2011, May). *Cesarean birth and autism spectrum disorder*. Poster presented at the 10th Annual International Meeting for Autism Research, San Diego, CA.

Watt, N., Wetherby, A. M., Barber, A., & Morgan, L. (2008). Repetitive and stereotyped behaviors in children with autism spectrum disorders in the second year of life. *Journal of Autism and Developmental Disorders, 38*, 1518–1533.

Webb, S. (2010). Drugmakers dance with autism. *Nature Biotechnology, 28*, 772–774.

Webb, S. J., Dawson, G., Bernier, R., & Panagiotides, H. (2006). ERP evidence of atypical face processing in young children with autism. *Journal of Autism and Developmental Disorders, 36*, 881–890.

Webb, S. J., Jones, E. J., Merkle, K., Murias, M., Greenson, J., Richards, T., et al. (2010). Response to familiar faces, newly familiar faces, and novel faces as assessed by ERPs is intact in adults with autism spectrum disorders. *International Journal of Psychophysiology, 77*, 106–117.

Webb, S. J., Jones, E. J. H., Merkle, K., Venema, K., Greenson, J., Murias, M., et al. (2011). Developmental change in the ERP responses to familiar faces in toddlers with autism spectrum disorders versus typical development. *Child Development, 82*, 1868–1886.

Werner, E., & Dawson, G. (2005). Validation of the phenomenon of autistic regression using home videotapes. *Archives of General Psychiatry, 62*, 889–895.

Wetherby, A. M., Woods, J., Allen, L., Cleary, J., Dickinson, H., & Lord, C. (2004). Early indicators of autism spectrum disorders in the second year of life. *Journal of Autism and Developmental Disorders, 34*, 473–493.

White, S. W., Oswald, D., Ollendick, T., & Scahill, L. (2009). Anxiety in children and adolescents with autism spectrum disorders. *Clinical Psychology Review, 29*, 216–229.

Whitney, E. R., Kemper, T. L., Rosene, D. L., Bauman, M. L., & Blatt, G. J. (2009). Density of cerebellar basket and stellate cells in autism: Evidence for a late developmental loss of Purkinje cells. *Journal of Neuroscience Research, 87*, 2245–2254.

Williams, J. H., Waiter, G. D., Gilchrist, A., Perrett, D. I., Murray, A. D., & Whiten, A. (2006). Neural mechanisms of imitation and mirror neuron functioning in autistic spectrum disorder. *Neuropsychologia, 44*, 610–621.

Williams, J. H., Whiten, A., Suddendorf, T., & Perrett, D. I. (2001). Imitation, mirror neurons and autism. *Neuroscience and Biobehavioral Reviews, 25*, 287–295.

Wilson, K., Mills, E., Ross, C., McGowan, J., & Jadad, A. (2003). Association of autistic spectrum disorder and the measles, mumps, and rubella vaccine: A systematic review of current epidemiological evidence. *Archives of Pediatrics and Adolescent Medicine, 157*, 628–634.

Wing, L. (1978). Social, behavioral, and cognitive characteristics: An epidemiological approach. In M. Rutter & E. Schopler (Eds.), *Autism: A reappraisal of concepts and treatment* (pp. 27–46). New York: Plenum Press.

Wing, L. (1988). The continuum of autistic characteristics. In E. Schopler & G. Mesibov (Eds.), *Diagnosis and assessment in autism* (pp. 91–110). New York: Plenum Press.

Wing, L., & Gould, J. (1979). Severe impairments of social interaction and associated abnormalities in children: Epidemiology and classification. *Journal of Autism and Developmental Disorders, 9*, 11–29.

Wing, L., Gould, J., & Gillberg, C. (2011). Autism spectrum disorders in the DSM-V: Better or worse than the DSM-IV?. *Research in Developmental Disabilities, 32*, 768–773.

Wolff, J. J., Gu, H., Gerig, G., Elison, J. T., Styner, M., Gouttard, S., et al. (2012). Differences in white matter fiber tract development present from 6 to 24 months in infants with autism. *American Journal of Psychiatry, 169*, 589–600.

Wong, C., & Kasari, C. (2012). Play and joint attention of children with autism in the preschool special education classroom. *Journal of Autism and Developmental Disorders, 42*, 2152–2161.

Wood, J. J., Drahota, A., Sze, K., Har, K., Chiu, A., & Langer, D. A. (2009). Cognitive behavioral therapy for anxiety in children with autism spectrum disorders: A randomized, controlled trial. *Journal of Child Psychology and Psychiatry, 50*, 224–234.

Yirmiya, N., Rosenberg, C., Levi, S., Salomon, S., Shulman, C., Nemanov, L., et al. (2006). Association between the arginine vasopressin 1a receptor (AVPR1a) gene and autism in a family-based study: Mediation by socialization skills. *Molecular Psychiatry, 11*, 488–494.

Yoder, P., Stone, W. L., Walden, T., & Malesa, E. (2009). Predicting social impairment and ASD diagnosis in younger siblings of children with autism spectrum disorder. *Journal of Autism and Developmental Disorders, 39*, 1381–1391.

Zerbo, O., Iosif A. M., Delwiche, L., Walker, C, Hertz-Picciotto, I. (2011). Month of conception and risk of autism. *Epidemiology, 22*, 469–475.

Zwaigenbaum, L., Bryson, S., Rogers, T., Roberts, W., Brian, J., & Szatmari, P. (2005). Behavioral manifestations of autism in the first year of life. *International Journal of Developmental Neuroscience, 23*, 143–152.

12

조기 발병 조현병

JON KUNIYOSHI
JON M. McCLELLAN

조현병은 인지, 지각 및 사회적 관계의 손상을 특징으로 하는 신경정신과적 장애이다. 세계보건기구(WHO, 2008)는 조현병을 전 세계에서 발생하는 장애의 주요 원인 중 하나로 꼽고 있다. 조현병은 아동기에 처음 나타나는 경우가 드물지만 청소년기 동안 유병률이 점차 증가한다. '조기 발병 조현병(early-onset schizophrenia, EOS)'은 18세 이전에 발병하는 조현병을 말한다. 이 장애가 13세 이전에 발병할 때에는 '아동기 발병 조현병(childhood-onset schizophrenia, COS)'이라 한다. EOS는 성인기 발병 조현병으로 이어진다고 믿고 있지만, 그 나름의 독특한 발달적·사회적 문제를 나타낸다(McClellan, Stock, & AACAP Committee on Quality Issues, 2013).

이 장에서는 EOS의 역사와 기술을 다룬다. 관련 문헌이 있을 경우 COS에 고유한 쟁점들도 함께 살펴본다. 장애의 핵심 특성들을 알아보고 EOS와 다른 정신과 질환들을 구별하는 기준을 마련하는 데 역점을 두면서 임상적 특징, 합병증, 병인 및 진단과 관련한 쟁점들을 살펴본다. 아울러 유전적·신경생물학적 문헌들을 고찰함으로써 최근의 연구를 이해하고 미래 연구의 방향을 설정하기로 한다.

간략한 역사적 맥락

광기와 정신이상에 대한 기술은 오랜 과거로 거슬러 올라간다. 20세기 초반에 Emil Kraepelin(1909)은 조울성 질환(manic-depressive illness)과 조발성 치매(dementia praecox)라는 두 가지 형태의 정신이상을 기술하였다. 조발성 치매는 매독과 관련된 치매 등의 여타 치매들과는 구분되는 것으로 기술되었다. Bleuler(1911)는 조발성 치매가 치매와 관련이 있는 것이 아니라 연상적 사고과정 상실과 사고, 정서 및 행동의 붕괴와 관련이 있다는 관찰에 입각하여 이 질환의 진단을 조현병으로 새로 정의하였다. Schneider(1959)는 조현병에만 환청, 사고전파, 통제망상, 망상적 지각과 같은 '일급 증상'이 나타난다고 제안하였다. 지금은 이런 정신병 증상들이 다른 증후군(예 : 정신병적 조증)에도 나타날 수 있는 것으로 인정되고 있지만, 이들 증상은 조현병에 대한 개념적 이해가 어떻게 진화해 왔는지를 이해하는 데 중요한 역할을 한다.

조현병은 드물게는 아동기에 발병하는 사례도 있지만 원래는 청소년기와 성인 초기에 주로 발병하는 양상으로 기술되었다. 아동기 사례들은 성인 조현병 사례와 형태가 유사하였고, 자폐증이나 다른 전반적 발달장애들과는 뚜렷한 차이를 보였다(Werry, 1979). 그러나 아동기 조현병이라는 개념은 Bender, Kanner 등 여러 학자의 연구로부터 영향을 받아 언어, 지각 및 운동성의 신경발달적 성숙지연으로 규정되는 증후군들까지 포함하는 것으로 확장되었다(Fish & Kendler, 2005). DSM-II에서 채택된 이 정의는 조현병의 진단기준에 환각이나 망상이 반드시 들어 있어야 할 것을 요구하지 않으며, 유아자폐증을 포함한다. 결과적으로 DSM-III(APA, 1980) 이전에 발간된 COS 관련 문헌은 자폐증과 기타 전반적 발달장애 문헌과 중복된다.

Kolvin(1971)과 Potter(1972)가 수행한 이와 유사한 연구들은 다양한 아동기 정신병, 그리고 아동과 성인이 보이는 조현병의 연속성에 대한 이해를 증진하였다(Kolvin, 1971; Rutter, 1972). 이 연구에 기초하여 DSM-III에서는 아동과 성인의 조현병 진단에 동일한 기준을 요구하였다. 후속연구는 EOS가 증상, 질병의 진행과정, 결과, 그리고 몇몇 공통되는 신경생물학적 특징으로 볼 때 전반적으로 성인기 발병 조현병과 연속되는 것으로 보인다는 결과를 내놓았다.

장애에 대한 기술

조현병은 일군의 핵심 증상들로 정의되는 증후군이며, 기능과 정도에서 차이를 보이는 여러 하위유형으로 분류된다. 청소년기에 정확한 진단평가를 하기 위해서는 진단기준을 단순히 체크리스트로 활용하는 것을 넘어 증상의 발현에 대한 발달적 이해 및 특징의 전반적 양상에 대한 인식이 필요하다.

진단기준

아동과 청소년의 조현병은 종전과 마찬가지로 성인과 동일한 기준으로 진단을 내린다. DSM-5에 이 기준의 최신판(표 12.1 참조)이 나와 있다. DSM-5는 두 가지 또는 그 이상의 핵심 증상 ― 즉 환각, 망상, 혼란스러운 언어,

혼란스러운 혹은 긴장증적 행동, 그리고 이와 함께 또는 이와는 별도로 음성증상들 ― 이 적어도 1개월간(성공적으로 치료되었다면 이보다 더 짧은 기간) 나타나야 한다고 요구한다. 요구되는 증상 중 하나는 망상, 환각, 또는 혼란스러운 언어여야 한다. 장애의 활성기, 전구기, 혹은 잔류기의 증상들은 최소 6개월 이상 지속되어야 하며, 사회적 또는 교육적/직업적 기능의 저하와 관련이 있어야 한다. 아동과 청소년의 경우에는 대인관계나 학업에서 연령에 적합한 발달수준을 성취하지 못하는 것도 포함할 수 있다. 조현정동장애(표 12.2)와 정신병적 기분장애는 다음과 같이 배제된다. 즉, 기분 에피소드들이 함께 나타나지 않거나, 그런 에피소드들이 나타날 경우에는 활성기 증상들의 전체 지속시간 중 아주 짧은 기간만 나타난다. 환자가 자폐스펙트럼장애나 아동기 의사소통장애의 병력이 있다면 현저한 환각이나 망상이 최소 1개월간(성공적으로 치료되었다면 더 짧은 기간 동안) 지속되어야 한다.

DSM-5는 실질적인 몇 가지 변경사항만 제외하고는 DSM-IV-TR(APA, 2000)과 진단기준(표 12.1과 12.2)이 매우 유사하다. 조현병으로 진단을 내리기 위해서는 망상, 환각 또는 혼란스러운 언어가 나타나야 한다. 논평하고 대화하는 환각과 기이한 망상은 종전과 같이 특별한 진단지위가 부여되지 않는다. 조현병의 하위유형들(예 : 해체형, 망상형, 감별불능형)은 치료나 생물학적 연구에 활용할 수 있는 지표로서의 효용성이 떨어질 뿐 아니라 진단의 안정성이 높지 않다는 점에서 폐기되었다.

'약화된 정신병 증후군'은 현실 검증력이 비교적 양호한 상황에서 고통스러운 환각/비현실적 지각, 망상/망상적 사고, 또는 혼란스러운 언어/의사소통이 나타나는 경우이다. DSM-5 위원회는 이 증후군을 편람의 3부에 수록하고 앞으로 좀 더 연구할 필요성이 있다고 권장하였다. 많은 연구들이 고위험군의 정신병 발병 예측기준을 밝혀내고 있지만, 현재로는 약화된 정신병 증후군이 지역사회 맥락에서 정확하게 진단될 수 있는지 여부가 분명하지 않다.

표 12.1 조현병에 대한 DSM-5 진단기준

A. 다음 증상 중 둘(또는 그 이상)이 1개월(성공적으로 치료되었을 경우에는 더 짧은 기간)의 상당 기간 나타난다. 이 중 하나는 반드시 1, 2, 또는 3이어야 한다.
  1. 망상
  2. 환각
  3. 혼란스러운 언어(빈번한 주제 이탈이나 뒤죽박죽인 표현)
  4. 극도로 혼란스러운 행동이나 긴장성 행동
  5. 음성증상들(정서표현 감소나 무의욕증)
B. 이러한 장애의 발병 이후로 상당 시간 일, 대인관계, 자기관리 같은 주요 영역 중 한 가지 이상에서 발병 이전보다 기능수준이 현저하게 저하된다(장애가 아동기나 청소년기에 발병하는 경우에는 대인관계, 학업, 직업기능이 기대되는 수준에 도달하지 못한다).
C. 장애의 지속적 징후가 최소 6개월 이상 지속된다. 이 6개월 기간에는 진단기준 A에 해당하는 증상(활성기 증상)이 나타나는 기간이 최소 1개월 포함되어야 하며, 전구 증상이나 잔류 증상이 나타나는 기간이 포함될 수 있다. 이러한 전구기 또는 잔류기 동안의 장애 징후는 음성증상만으로 나타나거나, 진단기준 A에 열거된 증상 중 두 가지 이상이 약화된 형태(예 : 기이한 신념, 비일상적 지각경험)로 나타날 수 있다.
D. 조현정동장애와 정신병적 양상을 동반한 우울장애 또는 양극성 장애의 가능성이 배제된다. 왜냐하면 (1) 주요우울 또는 조증 에피소드가 활성기 증상과 함께 나타난 적이 없거나, (2) 기분 에피소드들이 활성기 증상과 함께 나타났다면 활성기와 잔류기의 전체 지속시간 중 일부에만 나타났기 때문이다.
E. 이러한 장애는 물질(남용약물, 치료약물)의 생리적 효과나 다른 의학적 상태에 의한 것이 아니어야 한다.
F. 아동기에 시작되는 자폐스펙트럼장애나 의사소통장애의 병력이 있을 경우 조현병 진단에 필요한 다른 증상들에 더하여 뚜렷한 망상이나 환각이 최소 1개월(성공적으로 치료되었을 경우에는 더 짧은 기간) 동안 나타나는 경우에만 조현병을 추가로 진단한다.

다음의 경우 명시할 것
다음의 경과 명시자들은 장애가 1년 지속된 후, 그리고 진단기준과 배치되지 않는 경우에만 사용하도록 한다.
  현재 급성상태에 있는 첫 에피소드 : 증상과 시간의 진단기준을 충족하는 장애가 처음으로 출현. 급성 에피소드는 증상기준이 충족되는 기간을 말한다.
  현재 부분관해상태에 있는 첫 에피소드 : 부분관해는 이전 에피소드 발생 이후로 호전상태가 유지되면서 장애의 진단기준이 부분적으로 충족되는 기간을 말한다.
  현재 완전관해상태에 있는 첫 에피소드 : 완전관해는 이전 에피소드 발생 이후로 장애에 특유한 증상들이 나타나지 않는 기간을 말한다.
  현재 급성상태에 있는 다중 에피소드 : 다중 에피소드는 적어도 두 가지 에피소드(첫 에피소드, 관해, 최소 1회의 재발)가 발생한 후 결정될 수 있다.
  현재 부분관해상태에 있는 다중 에피소드
  현재 완전관해상태에 있는 다중 에피소드
  지속적인 상태 : 질병이 진행되는 대부분의 기간 장애의 진단기준을 충족하는 증상들이 남아 있다. 전체 기간에 비해 매우 짧은 기간 동안 하위역치 증상들이 나타난다.
  명시되지 않는 경우

다음의 경우 명시할 것
  긴장증 동반(정의를 보려면 다른 정신질환과 관련된 긴장증의 진단기준 참조).
  부호화 시 주의점 : 긴장증의 공존을 지정하기 위해서는 조현병과 관련된 긴장증을 위한 추가 부호 293.89(F06.1)를 사용

현재의 심각도를 명시할 것
  심각도는 망상, 환각, 혼란스러운 언어, 비정상적 정신운동 행동, 음성증상 등과 같은 정신병에 나타나는 일차 증상들을 양적 평가를 통해 평정한다. 이 증상들의 현재 심각도(지난 7일간 가장 심한 정도)는 0(증상 없음)에서 4(증상이 있고 매우 심함)까지 5점 척도에 의해 각각 평정될 수 있다. ('평가 도구' 장에서 정신병 증상의 심각도에 대한 임상가의 평정 차원 참조)
  주의점 : 조현병 진단은 이러한 심각도 명시자를 사용하지 않고 내릴 수 있다.

표 12.2 조현정동장애에 대한 DSM-5 진단기준

A. 조현병이 중단 없이 지속되는 동안 조현병의 진단기준 A와 함께 주요기분(주요우울 또는 조증) 에피소드가 나타난다.
   주의점 : 주요우울 에피소드는 진단기준 A1 : 우울한 기분을 포함해야 한다.
B. 질환이 지속되는 동안 2주 이상 주요기분 에피소드(울증 또는 조증) 없이 망상이나 환각을 보인다.
C. 주요기분 에피소드의 기준을 충족하는 증상들이 활성기와 잔류기의 대부분 기간 동안 나타난다.
D. 장애가 물질의 효과(약물남용, 약물치료)나 다른 의학적 질환으로 인한 것이 아니어야 한다.

다음 중 하나를 명시할 것
   295.70(F25.0) 양극형 : 이 하위유형은 조증 에피소드가 증상의 일부일 때 적용한다. 주요우울 에피소드도 함께 발생할 수 있다.
   295.70(F25.1) 우울형 : 이 하위유형은 주요우울 에피소드만이 증상의 일부로 나타날 때 적용한다.

다음의 경우 명시할 것
   긴장증 동반(정의를 보려면 다른 정신장애와 관련된 긴장증 기준 참조).

      부호화 시 주의점 : 긴장증의 공존을 나타내기 위해서는 조현정동장애와 관련된 긴장증 293.89(F06.1)를 추가 코드로 사용

다음의 경우 명시할 것
   다음의 경과 명시자들은 장애가 1년 지속된 후, 진단기준과 배치되지 않는 경우에만 사용하도록 한다.
   현재 급성상태에 있는 첫 에피소드 : 증상과 시간의 진단기준을 충족하는 장애가 처음으로 출현. 급성 에피소드는 증상기준이 충족되는 기간을 말한다.
   현재 부분관해상태에 있는 첫 에피소드 : 부분관해는 이전 에피소드 발생 이후로 호전상태가 유지되면서 장애의 진단기준이 부분적으로 충족되는 기간을 말한다.
   현재 완전관해상태에 있는 첫 에피소드 : 완전관해는 이전 에피소드 발생 이후로 장애에 특유한 증상들이 나타나지 않는 기간을 말한다.
   현재 급성 상태에 있는 다중 에피소드 : 다중 에피소드는 적어도 두 가지 에피소드(첫 에피소드, 관해, 최소 1회의 재발)가 발생한 후 결정될 수 있다.
   현재 부분관해상태에 있는 다중 에피소드
   현재 완전관해상태에 있는 다중 에피소드
   지속적인 상태 : 질병이 진행되는 대부분의 기간 장애의 진단기준을 충족하는 증상들이 남아 있다. 전체 기간에 비해 매우 짧은 기간 하위역치 증상들이 나타난다.
   명시되지 않는 경우

현재의 심각도를 명시할 것
   심각도는 망상, 환각, 혼란스러운 언어, 비정상적 정신운동 행동, 음성증상 등 정신병의 일차 증상들을 양적 평가를 통해 평정한다. 이 증상들의 현재 심각도(최근 7일간 가장 심각한 정도)는 0(증상 없음)에서 4(증상이 있고 심각함)까지 5점 척도에 의해 각각 평정될 수 있다('평가 도구' 장에서 정신병 증상의 심각도에 대한 임상가의 평정 차원 참조).
   주의점 : 조현정동장애 진단은 이러한 심각도 명시자를 사용하지 않고 내릴 수 있다.

주 : *Diagnostic and Statistical Manual of Mental Disorders, Fifth Edition* (pp.105-106). Copyright 2013 by the American Psychiatric Association의 허락하에 사용함.

증후학

조현병의 핵심적 특징에는 혼란스러운 사고와 행동뿐 아니라 양성 및 음성증상이 있다. 양성증상으로는 환각과 망상이 있다. 조현병에서 환각은 후각과 촉각을 비롯하여 어떤 감각양태로도 나타날 수 있다. 환청은 가장 흔한 증상으로 환자 자신의 사고와는 별개인 목소리로 경험되는 경우가 많다(McClellan et al., 2013). 환청은 여러

목소리가 들리거나, 목소리들이 서로 대화하거나, 환자 본인의 생각이나 행동에 대한 논평을 제공하는 등의 형태로 나타난다. 망상은 생활경험과 문화의 맥락에서 볼 때 현실에서 벗어난 그릇된 신념이다. 피해망상(예 : 중앙정보부의 미행을 당하고 있다), 관계망상(예 : TV에서 특별한 메시지를 받고 있다), 과대망상(예 : 특별한 힘을 가지고 있다), 신체망상(예 : 의학적 증거가 없음에도 불

구하고 시한부 질환을 앓고 있다), 종교망상(예 : 자신은 종교의 예언자이다) 등이 있다. 그 밖에도 사고철수나 사고투입, 또는 외적인 힘에 의해 통제받는다는 망상이 있다.

음성증상은 무의욕증, 무언어증, 정서둔화, 무쾌락증, 사회적 위축 등과 같은 기능 및 행동의 결핍을 가리킨다. 무의욕증은 성공적으로 기능하는 데 필요한 과제를 완수하기 위해 동기를 갖거나 유지하기가 어려운 상태를 가리킨다. 무언어증은 대개 말의 분량과 내용의 빈곤으로 나타난다. 조현병이 있는 사람들은 흔히 얼굴 표정이 제한되어 있다(정서둔화). 이들은 또 즐길 수 있는 활동들에도 관심이 없는 경우가 많다(무쾌락증). 음성증상은 동반이환인 우울증이나 항정신병을 치료하는 데 쓰이는 약물의 부작용과 구별하기 어려울 수 있다.

조현병이 있는 사람들은 양성 및 음성증상뿐 아니라 종종 혼란스러운 사고와 행동을 보인다. 이들은 흔히 주변 환경에 있는 자극들에 주의를 기울이기 어려워하며, 대화의 주제를 갑자기 바꾸거나, 질문을 하면 정곡에서 벗어나는 애매한 답을 내놓곤 한다. 이들이 하는 말은 별 관계가 없고 앞뒤가 안 맞을 뿐 아니라 종종 (대화의 주제를 전혀 관련 없는 내용으로 자주, 갑작스럽게 바꾸는) 연상이완이라는 특징을 보인다. 이들은 내적 자극에 반응하는 것처럼 보일 때도 있고, 주변 환경에 맞지 않는 기이한 행동을 할 때도 있다. 손상의 정도가 심한 사람들은 긴장증을 함께 나타낸다. 긴장증적 행동은 환경에 대한 전반적 반응 결핍으로 나타나는데 무운동성, 무언증, 가식 또는 상동행동, 과도한 운동행동, 반향언어, 반향동작 등의 증상을 가리킨다.

젊은이들도 성인에게 사용하는 것과 동일한 기준에 의해 조현병을 진단하기 때문에 성인과 동일한 핵심 증상들을 보여야 한다. 그러나 아동과 청소년이 보이는 증상들의 양상과 질적 표현에는 일정한 발달적 차이가 있다. EOS는 환각, 사고장애, 감정둔화와 함께 나타나는 경우가 매우 흔하며, 체계적 망상과 긴장증은 그리 많이 관찰되지 않는다(McClellan et al., 2013). 조기 발병하는 여러 정신질환은 음성증상들과 가장 많이 관련되어 있는

것으로 보인다(McClellan, McCurry, Speltz, & Jones, 2002). COS 아동들은 종종 환청과 환시를 모두 경험한다고 기술한다(David et al., 2011). EOS의 사고장애는 일반적으로 연상이완, 비논리적 사고, 담화기술 손상 등의 특징을 보인다(Caplan, Guthrie, Fish, Tanguay, & David-Lando, 1989).

더욱이 성인정신병리의 정의를 아동에게 적용할 때에는 아동 고유의 발달적 쟁점들을 인식하고 설명할 필요가 있다. 언어와 인지의 차이가 증상의 질과 표현 범위에 영향을 미칠 수 있다. 망상적 신념이나 환각 경험의 복잡성과 내용은 지식기반, 경험 및 인지능력에 영향을 받는다. 예를 들어 조현병이 있는 아동들이 FBI가 자신을 감시하고 있다고 믿는 것과 같은 성인 특유의 망상을 보이는 일은 흔치 않다. 그런 주제들은 자신의 삶과 관련이 없기 때문이다. 아동의 망상은 대개는 가상의 인물에 관한 확고하고 괴이한 신념과 같이 자기 주변에서 일어나는 일들을 반영한다.

아동과 성인의 발달적 차이를 제대로 분간하지 못하면 아동이 보고한 증상을 잘못 해석하거나 진단하게 될 수 있다. 아동들은 종종 정신병과 유사한 증상들을 보고하지만 정말로 정신병을 앓고 있는 경우는 거의 없다(McClellan, 2011). 아동기의 잘못된 신념들은 망상이라기보다는 소망적 사고나 적극적 상상을 나타내는 것일 가능성이 높다. 미성숙하거나 아직 발달되지 못한 인지 및 언어기술들은 혼란스러워 보일 수 있으며, 혼란스러운 행동들은 종종 엉뚱하거나 기이해 보인다. 이처럼 아동기에 흔히 나타나는 문제들은 그 자체로는 어느 것도 정신병이 아니다. 조현병 진단은 정신상태 검사결과와 같이 정신병 증상들이 나타난다는 분명한 증거가 있을 때에만 내려야 한다(McClellan et al., 2013).

사회적/직업적 역기능

조현병은 정신병 증상들이 사회적, 직업적/교육적 및 자기보호 기능의 수준 저하를 동반하여 나타나는 경우에만 진단할 수 있다. 아동과 청소년의 경우에는 대인관계, 학업, 또는 직업의 발달이 연령에 적절한 수준에 도달하

지 못할 때 조현병으로 진단할 수도 있다. 이러한 기능 저하는 한두 가지 특수한 상황(예: 피해망상으로 인한 등교거부)에 국한되기보다는 전반적으로 나타나야 한다. 치료를 받으면 기능이 향상될 수도 있지만, 결함이 만성 적이고 기능이 병전 수준으로 돌아오지 못하는 경우가 다반사이다(McClellan et al., 2013).

질병의 경과

조현병은 아동과 성인 모두 전구기, 급성기, 회복기, 잔 류기의 4단계를 거쳐 진행된다. 조현병 진단을 내리기 위해서는 장애가 최소 6개월간 나타나야 한다. 이 기간 에 전구기나 잔류기는 없을 수 있어도 활성기(정신병 증 상들)는 반드시 포함되어야 한다. 이러한 활성기에는 중 요한 양성증상들이 나타나는데, 사람들은 대부분 이때 처음으로 진단을 받는다. 환자들은 이 기간에 극도로 혼 란스러워하며 자신이나 타인에게 위험한 행동을 할 수도 있다.

일반적으로 급성 정신병 에피소드에서 회복되는 데에 는 치료에 대한 반응에 따라 수개월이 걸리거나 그보다 더 오래 걸릴 수도 있다. 아동기에는 회복이 불완전한 경우가 많다. 정신병이 치료받지 않은 상태로 오래 지속 되고 진단 당시 음성증상이 극심했을수록 이후에 기능적 손상이 더욱 클 것으로 예측된다(Brown & Pluck, 2000; Clarke et al., 2006). 급성기에 회복되는 사람들은 일반 적으로 기능결함이 지속되고, 지리멸렬한 사고가 잔류하 며, 음성증상들을 보인다. EOS 아동과 청소년들은 대부분 평생 일정 수준의 만성적 손상을 나타낸다(Bunk, Eggers, & Klapal, 1999; Eggers, 1978; 2005; Eggers & Bunk, 1997; Hollis, 2000; Jarbin, Ott, & Von Knorring, 2003; Maziade, Bouchard, et al., 1996; Maziade, Gingras, et al., 1996; McClellan, Werry, & Ham, 1993; Ropcke & Eggers, 2005; Werry, McClellan, & Chard, 1991).

사람들은 일반적으로 양성증상이 시작되기 전에 질환 의 전조가 되는 기능저하와 함께 전구증상들을 보인다. 전구기에는 사회적 고립, 학업 곤란, 기이한 집착, 기분 증상 등의 이상행동을 보인다. 이 시기는 며칠에서 몇

주까지 지속될 수도 있고 몇 년 동안 지속되는 더 만성 적인 과정을 밟을 수도 있다. COS는 아동 초기에 징후를 보이면서 EOS보다 더 만성적으로 시작되는 경향이 있지 만(Fish & Kendler, 2005), 청소년기의 증상은 급성으로 시작되거나 아니면 별다른 징후 없이 서서히 시작될 수 있다(Kolvin, 1971; McClellan & McCurry, 1998; McClellan et al., 1993; Werry et al., 1991). 아울러 EOS 아동들은 대부분 인지적 지연, 학습문제, 행동문제, 사회적 위축이 나 이상과 같은 병전 문제의 전력을 가지고 있다(Paya et al., 2013).

병전 기능, 인지적 능력, 조기치료에 대한 반응, 치 료자원의 적합성 등은 단기적 결과에 영향을 미친다 (Remschmidt, Martin, Schulz, Gutenbrunner, & Fleischhaker, 1991; Vyas, Hadjulis, Vourdas, Byrne, & Frangou, 2007). 비정동장애 정신병의 가족력, 낮은 병 전기능, 징후 없이 시작되는 발병, 조기 발병, 낮은 지 적 기능, 심각한 급성기 증상이 있으면 장기적으로 결 과가 좋지 못할 것으로 예측된다(Clemmensen, Vernal, & Steinhausen, 2012; Eggers, 1989; Jarbin et al., 2003; Maziade, Bouchard, et al., 1996; Ropke & Eggers, 2005; Werry & McClellan, 1992). EOS 아동들을 성인기까지 추 적한 연구를 보면 이 아동들은 다른 아동기 발병 정신질 환이 있는 아동들에 비해 사회적 결함을 더 많이 보였으 며, 취업수준이 더 낮았고, 독립적으로 생활하지 못하는 경우가 더 많았다(Hollis, 2000; Jarbin et al., 2003).

감별진단 : 정신병 증상을 보이는 다른 증후군

조현병을 임상적으로 적절히 관리하기 위해서는 질환을 정확하게 진단하는 능력이 필수적이다. 따라서 정신병 증상과 함께 나타나는 다른 증후군과 질병들을 알아보는 것이 중요하다. 표 12.3에 정신병 장애, 그리고 정신병 보고와 함께 나타날 수 있는 비정신병 장애를 포함하는 EOS 감별진단을 제시하였다. 적절한 진단평가를 위해서 는 신체장애와 정신과 장애의 공존/혼입을 평가하는 전 략과 상세한 증상 현상학, 전구증상, 가족력, 사회적 스

표 12.3 정신병 또는 정신병 유사 증상과 함께 나타날 수 있는 장애

정신과 장애
  다른 의학적 상태에 기인한 정신병적 장애
  양극성 장애
  정신병적 양상을 보이는 주요우울 에피소드
  조현정동장애
  외상후 스트레스장애
  강박장애
  자폐스펙트럼장애
  품행장애

심리사회적 요인
  학대
  외상 스트레스
  열악한 가정환경

의학적 상태
  약물중독(합법약물과 불법약물 모두)
  섬망
  뇌종양
  두부손상
  발작장애
  수막염
  포르피린증
  윌슨병
  뇌혈관 사고
  에이즈
  전해질 불균형
  혈당 불균형
  내분비 불균형

트레스 요인들을 평가하는 전략이 필요하다(EOS 평가방법에 대한 자세한 논의는 McClellan et al., 2013 참조). 아동에게 조현병이 있는지 평가할 때 고려해야 할 가장 중요한 대안적 진단을 다음에 개관하였다.

의학적 상태

수많은 의학적 상태가 정신병 증상을 초래할 수 있다. 이러한 문제를 알아내고 교정하는 것이 정신병 증상을 호전시킬 뿐 아니라 생명을 위협할 수도 있는 질병을 치료하는 결과를 이끌어낼 수 있다. 예를 들어 기저의 의학적 문제에서 초래된 정신병은 섬망과 관련이 있는 경우가 많은데, 섬망이 있으면 질병률 및 사망률이 현저히 증가한다. 섬망은 주의나 방향감각의 손상과 관련이 있는 급격한 인지기능 변화와 함께 나타난다(Blazer & van Nieuwenhuizen, 2012). 섬망을 겪고 있는 사람들은 생생한 환청과 환시 등의 급성 정신병을 나타낼 수도 있다. 이와 같이 잠재적 병인이 각양각색인 복잡한 진단(표 12.3)은 기저의 원인이 결정되고 제거될 수 있을 때까지 증상을 관리할 수 있도록 신중하게 항정신병 약물을 처방하는 정신약리학적 치료를 필요로 한다(DeMaso et al., 2009). 따라서 정신병이 처음 나타날 당시에 완벽한 의학적 · 신경학적 검사를 할 필요가 있다. 급성 발병 사례나 심한 방향감각 상실과 혼란이 있으면서 증상이 빠르게 진행되는 사례의 경우에는 특히 그러하다.

약물중독

합법약물과 불법약물 모두 급성 정신병의 발병을 초래할 수 있다(Bukstein et al., 2005). 이들 사례에서 목표는 문제되는 요인들을 찾아내고 제거하는 것이지만, 증상을 관리하기 위해서는 단기적으로 정신약물치료법을 사용하는 것이 필요하다. 정신병과 관련된 처방약 중에서 코르티코스테로이드, 마취제, 항콜린제, 항히스타민제, 암페타민 등은 특히 부적절하게 복용되는 경우가 많다. LSD, 환각성 버섯, 실로시빈, 페요테(역주 : 선인장에서 채취한 마약), 대마초, 각성제, 흡인제 등의 약물을 남용하면 정신병을 초래할 수 있다. 메타암페타민 같은 약물은 약물중독치료를 받은 후에도 만성적 손상을 가져오는 것으로 알려져 있다. 손상이 오래 지속되는 현상은 약물의 독립적 효과일 수도 있지만, 취약한 개인에게 조현병이 촉발된 것이거나 기왕의 조현병이 악화된 것일 수도 있다. 이에 관계없이 약물남용을 하는 상황에서 정신병이 발병하는 경우 증상을 해소하고 불법약물을 사용하지 않도록 하는 데 초점을 두면서 지속적으로 평가하고 치료할 필요가 있다.

조현정동장애

조현정동장애(표 12.2)로 진단하기 위해서는 정신병 증

상이 나타나는 데 더해 질병이 지속되는 기간 중 거의 항상 (조증이나 울증의 기준을 전부 충족시키는) 현저한 기분 에피소드들이 나타나야 한다. DSM-5는 완전한 기분 에피소드가 나타나야 한다는 조건을 강조한다. 이 구분이 중요한 이유는 불쾌감, 과민성, 또는 과대망상 같은 기분 증상들은 조현병이 있는 사람들에게 흔히 나타날 뿐 아니라 임상장면에서 조현정동장애의 진단이 신뢰도가 낮기 때문이다(Buckley, Miller, Lehrer, & Castle, 2009).

조현정동장애가 있는 젊은이들은 조현병을 앓고 있는 젊은이들과 동일한 정도로 심각한 정신병 증상들과 기능적 손상을 보인다(Frazier et al., 2007). 조기 발병 조현정동장애는 진단의 안정성이 시간에 따라 변동성이 있는 것으로 보이며, 조현병과 구분하기가 어려울 수 있다(Fraguas et al., 2008; McClellan & McCurry, 1999).

정동 정신병

정신병적 기분장애(특히 양극성 장애)는 다양한 정동증상 및 정신병적 증상들을 나타낼 수 있다(McClellan, Kowatch, Findling, & AACAP Work Group on Quality Issues, 2007). 조현병 아동과 청소년의 경우 음성증상들이 우울증으로 오인될 수 있다. 조현병 환자들은 질병으로 인해 불쾌감을 경험하는 일이 흔하기 때문이다. 이와는 달리 10대 청소년의 조증은 환각, 망상, 사고장애 등 현란한 정신병을 나타내는 경우가 많다(McClellan et al., 2007). 정신병적 우울증은 기분과 부합하거나 부합하지 않는 정신병적 특성인 환각 또는 망상을 나타낼 수 있다(Birmaher et al., 2007).

이와 같이 증상이 중복되어 나타나는 현상은 질병이 시작되는 시기에 오진을 할 확률을 높인다(Ruggero, Carlson, Kotov, & Bromet, 2010). 진단의 정확성을 담보하기 위해서는 종단적 평가가 필요하다.

자폐스펙트럼장애

자폐스펙트럼장애는 (1) 정신병 증상이 부재하거나 일시적으로만 나타나고, (2) 특유의 비정상적인 언어 양상, 일탈된 사회적 관계성, 의례행동 또는 반복행동 레퍼토리가 두드러진다는 점에서 조현병과는 구별된다(APA, 2013). 조기에 발병하고 정상적 발달기간이 없다는 것도 자폐증임을 보여주는 반면에, EOS는 병전 이상이 덜 전반적이고 덜 심각한 경향이 있다(Kolvin, 1971; Rutter, 1972).

조현병이 있는 아동과 청소년은 종종 냉담함, 특이한 흥미, 의사소통의 기이함과 같은 병전이상 또는 공존문제를 가지고 있거나 그 둘 다를 가지고 있는데, 이런 문제들로 인해 자폐스펙트럼장애인 것으로 잘못 오인될 수 있다(Rapoport, Chavez, Greenstein, Addington, & Gogtay, 2009). 이 증상들은 뇌발달장애의 비특이성 표지일 가능성이 높으며, 두 증후군 모두에 공통으로 작용하는 생물학적 과정의 손상을 반영하는 것일 수도 있다(Sporn et al., 2004). 일단 현저한 정신병적 증상이 나타나면 조현병 진단이 우선권을 갖는다.

진짜 정신병 증상과 다른 현상들의 구별

아동들은 정신병과 유사한 경험들을 보고하는 일이 흔하다. 임상전문가(와 연구자)들은 기발한 공상적 사고, 엉뚱한 상상, 내적 정신과정을 기술하려는 시도를 정신병으로 잘못 해석할 수 있다. 이것이 특히 문제가 되는 것은 임상적 판단 없이 체크리스트에 의해서만 진단을 하거나 발달적 고려를 하지 않고 성인의 진단기준을 있는 그대로 적용할 경우이다. 아동이 보고하는 잠재적 증상들은 임상적 증상, 정신상태검사, 심리사회적 기여요인 및 발달수준을 두루 고려하여 평가할 필요가 있다.

정신병 증상을 보고하는 아동들은 대부분이 실제로는 정신병적 질환이 없는 경우가 많다(Kellecher et al., 2012). 그런 아동들은 대개 정신병이라는 분명한 증거 없이 사고의 와해나 괴이한 행동과 같이 환각과 망상을 암시하는 증상들을 보고한다. 비정형적 정신병 증상을 보고하는 아동들은 정서장애 및 행동장애로 진단되기 쉽고(Hlastala & McClellan, 2005; Kelleher et al., 2012), 외상(Freeman & Fowler, 2009)과 외상후 스트레스장애(Hlastala & McClellan, 2005)의 병력을 가지고 있을 가능성이 크다.

정신병과 유사한 증상들을 보고하는 것과 진짜 정신병은 임상적 증상, 정신상태검사, 증상이 보고되는 맥락을 보면 구별할 수 있다(McClellan, 2011). 비정형적 정신병 증상이 보고될 때에는 흔히 다음과 같은 특징이 나타난다(Hlastala & McClellan, 2005). (1) 보고되는 증상들이 앞뒤가 맞지 않고 모순되며, 정신병적 과정(예 : 사고장애, 기이한/혼란스러운 행동)을 뒷받침해 주는 다른 증거가 없다. (2) 보고 내용이 정신병 증상에 정형적인 것이 아니다(예 : 매우 상세한 기술이나 보고는 공상이나 상상일 가능성이 높음). (3) 보고된 증상들이 특정한 상황에서만 나타난다(예 : 공격성을 분출한 후에만 목소리를 들음).

동반이환

EOS 아동과 청소년들은 종종 수많은 동반이환과 문제들로 인해 고통을 받는다(McClellan et al., 2013). 동반이환은 장애의 이환율과 사망률에 크게 기여하며, 증상 영역들이 중복된다는 점에서(예 : 우울증과 음성증상의 구분) 진단에 혼란을 줄 수도 있다. 여기서는 EOS 환자들과 임상적 관련성이 가장 높고 이 환자들에게서 평가할 필요가 있는 동반이환에 역점을 두기로 하겠다.

우울증

보고되는 동반이환율은 측정과 정의의 문제에 크게 영향을 받기는 하지만 조현병이 있는 성인들이 우울증을 함께 지니고 있는 경우는 비교적 흔하다(23~57%)(Buckley et al., 2009; Conus et al., 2010; Hausmann & Fleischhacker, 2002). 우울증은 COS 환자들뿐 아니라 EOS 환자들에게도 발생률이 높은 것으로 보고된다(Eggers & Bunk, 2009; Frazier et al., 2007; Ross, Heinlein, & Tregellas, 2006).

조현병 환자들이 보이는 우울증은 독립적 장애일 수도 있고, 정신병이나 치료의 기능적·사회적 영향력에 부수되는 것일 수도 있으며, 조현병의 본질적인 부분일 수도 있다. ABC 조현병 연구는 활성기의 정신병적 증상들이 나타나기 전에는 조현병 전구기의 증상과 단극성 우울증이 상당히 비슷하다는 것을 보여준다(Hafner, Maurer, & an der Heiden, 2013). Cornblatt와 동료들(2003)은 우울증과 사회적 고립이 청소년의 조현병 전구기에 나타나는 핵심적 특징이라고 지적하였다.

조현병을 앓고 있는 성인이 우울증도 가지고 있으면 통찰력은 더 높지만 예후는 더 나쁘다. 즉, 재발률이 높고, 조기에 입원하고 입원기간이 더 길며, 증상이 더 많고 환경적 부담과 개인적 고통이 더 심하며, 정신약물치료의 효과가 적고, 인지적·사회적·직업/학업적 기능이 더 낮다(Buckley et al., 2009; Conley, Ascher-Svanum, Zhu, Faries, & Kinon, 2007; Sim, Chua, Chan, Mahendran, & Chong, 2006; Sim, Mahendran, Siris, Heckers, & Chong, 2004; Tsai & Rosenheck, 2013). 더욱이 조현병이 있는 환자들의 우울증은 자살 시도 및 실제자살 위험의 증가와 관련이 있다(Hawton, Sutton, Haw, Sinclair, & Deeks, 2005; Hor & Taylor, 2010; Palmer, Pankratz, & Bostwick, 2005; Siris, 2001).

우울증과 음성증상은 무감동, 무의욕증, 정동둔마 등의 관련 현상들이 중복된다는 점에서 구분하기가 쉽지 않다. 조현병과 조현정동장애는 동시에 발생하는 기분 에피소드들의 상대적 비율에서 차이가 있을 뿐이다. 이러한 기분 에피소드는 대개 과거사 회상에 의해 측정하며, 질병이 지속되는 기간 중에 변화할 수 있다. 조현병과 정신병적 양상을 보이는 기분장애는 처음 발병할 때 증상이 중복되는 경우가 많으므로 이 둘을 구분하기 위해서는 장기적인 평가가 필요할 수 있다(McClellan & McCurry, 1999; Ruggero et al., 2010).

우울증상이 조현병과 독립적인 것이든 조현병의 핵심 요소이든 관계없이, 이 증상들을 적절히 평가하고 치료할 필요가 있다. 이 집단의 자살위험이 높다는 점을 고려할 때 자살에 대한 평가도 지속적으로 해야 할 것이다.

불안 및 관련장애

조현병과 불안이 공존하는 경우 핵심 증상, 역기능 및 자살률이 증가한다. 성인 문헌을 통합적으로 분석한 연구는 조현병 환자의 38.3%가 DSM-IV 불안장애를 함께 가지고 있다는 것을 발견하였다(Achim et al., 2011). 평균 유병률은 강박장애(OCD)가 12.1%, 사회공포증이 14.9%, 범불안장애가 10.9%, 공황장애가 9.8%, 외상후 스트레스장애가 12.4%로, 모두 일반 모집단에서 전형적으로 보고되는 비율보다 더 높았다. 불안장애의 공존은 EOS 아동에게서도 보고된다(Frazier et al., 2007; McClellan & McCurry, 1999).

특정 불안장애의 증상들은 조현병의 특징과 구별하기 어려울 수 있다. 예를 들어 편집증과 사고장애는 흔히 극심한 공포와 두려움을 유발한다. 치료는 공존하는 불안장애에 초점을 두기 전에 조현병의 주요 증상들을 먼저 다루어야 할 것이다.

진단상의 또 다른 딜레마는 항정신병 약물의 항도파민 활성화와 관련된 부작용인 좌불안석증이다(Sethi, 2001). 좌불안석증은 신체를 움직이고자 하는 욕구가 강하고 내적 불안으로 인해 여기저기 서성대는 것이 특징이다. 좌불안석증을 다루지 못하면 치료불응 상태를 초래하기 십상이다.

조현병이 있는 사람들은 강박증상을 보이는 경우가 많다(Achim et al., 2011; Buckley et al., 2009). 성인의 경우 OCD와 조현병의 공존은 인지적·사회적·직업적 기능의 저하와 관련이 있고(de Haan, Sterk, Wouters, & Linszen, 2013; Schirmbeck & Zink, 2013) 전반적, 양성 및 음성증상의 증가(Cunill, Castells, & Simeon, 2009)와 자살 경향성의 증가(Sevincok, Akoglu, & Kokcu, 2007)와도 관련이 있다. 그러나 조현병이 동반이환인 OCD와 어떤 관계인지, 또 이와 같이 장애가 공존할 때 효과적인 치료법이 무엇인지는 분명치 않다(Lysaker & Whitney, 2009). OCD 증상의 증가는 차세대 항정신병 약물의 항세로토닌 활성화와 관련이 있는 것으로 보고된다(Schirmbeck & Zink, 2013).

약물사용장애

EOS가 있는 사람들(Hsiao & McClellan, 2007)을 포함하여 조현병 환자(Buckley et al., 2009; Regier et al., 1990)의 상당수에게는 약물사용장애가 동반이환으로 나타난다. 더욱이 모집단을 대상으로 하는 여러 연구는 10대 청소년들이 대마초를 사용하면 궁극적으로 정신병이 발병할 위험이 더 높아진다는 것을 보여주었다(Moore et al., 2007). 약물남용이 공존할 경우 치료불응 및 낮은 치료성과를 보이기 쉬우며(Kerfoot et al., 2011), 공격성이 증가하고 자살행동을 더 많이 하는 경향이 있다(Hor & Taylor, 2010; Shoval et al., 2007). 분명하게 구분되는 하위유형이 존재한다는 것을 뒷받침해 주는 증거가 없으므로 현재로서는 동반이환으로 나타나는 약물사용이 동시발생 장애인 것으로 생각되고 있다(Buckley et al., 2009; Tsai & Rosenheck, 2013). 자살위험의 증가는 조기 탐지와 치료의 중요성을 강조한다(Hor & Taylor, 2010; Hunt et al., 2006).

지적 결함

EOS가 있는 사람들 중에서 약 10~20%가 경계선 범위 또는 그보다 지적 기능이 떨어지는 IQ를 가지고 있는 것으로 추정된다(McClellan et al., 2013). 신경심리학적 연구들은 조현병 아동과 청소년들이 전반적 지적 결함뿐 아니라 주의, 기억, 집행기능에도 손상이 있다는 것을 보여준다(Hooper et al., 2010). 그러나 조현병으로 진단할 특정 신경심리학적 프로파일은 없다.

자살 경향성

조현병의 동반이환 중에서 아마도 가장 우려되는 것은 자살 경향성일 것이다. EOS 환자를 포함한 조현병 환자의 평생 자살률은 약 5%이다(McClellan et al., 2013). 전체 자살자 중에서 10%는 조현병이었다(Arsenault-Lapierre, Kim, & Turecki, 2004; Suominen, Isometsa, & Lonnqvist, 2002). 조현병의 사망률, 조현병과 연관된 사회적 고립, 조현병에 수반되는 인지적 손상, 조현병과 공존하는 장애들이 모두 지속적인 역기능과 고통을 가져다주며 자살위험에 크게 기여한다.

역학

조현병의 유병률은 일반 모집단의 경우 약 1%이며 남성과 여성의 비율은 약 1.4 대 1이다(McGrath, 2006). 13세 이전에 발병하는 경우는 매우 드물지만 유병률은 청소년기 내내 증가한다(McClellan et al., 2013). 6세 이하 아동에게 조현병이 보고된 사례들이 있기는 하지만 학령전 아동의 조현병 진단은 그 타당성이 아직 수립되지 않았다(McClellan et al., 2013).

덴마크의 인구등록 명부를 보면 EOS의 진단 발생률은 지난 40년 동안 증가한 것으로 나타난다. 0~18세 연령대에서 10만 명당 EOS 발생률은 1971~1993년 기간 1.80명(12~18세는 10만 명당 5.02명)이던 것이 1994~2010년 기간에는 5.15명(12~18세는 10만 명당 15.73명)으로 증가하였다(Okkels, Vernal, Jensen. McGrath, & Nielsen, 2013). 첫 번째 기간에서 두 번째 기간 사이에 EOS로 진단된 남녀의 상대적 비율도 증가하였다. 발생률 증가가 진단기준이나 지역사회 실무의 차이에서 비롯된 것인지, 아니면 조현병의 발생률이 정말로 변화했기 때문인지는 분명하지 않다.

신경발달과 병인

조현병은 복잡한 장애로서 병인의 이질성이 대단히 크다. 지금까지 공통의 원인이 발견된 바 없다. 신경생물학적 연구는 EOS가 성인기 발병 조현병보다 신경발달 손상의 정도가 더 심할 수 있지만 기저의 신경생물학적 기제는 성인기 발병 조현과 동일할 수 있다는 것을 보여준다(Rapoport & Gogtay, 2011).

유전적 요인

가족연구, 쌍생아연구, 입양연구는 모두 조현병이 유전적 요소가 강하다는 것을 보여준다. 부모, 형제자매는 평생에 걸쳐서 조현병에 걸릴 위험이 일반 모집단에 비해 5~20배 더 높다. 일란성 쌍생아의 일치율은 40~60%가량 되는 반면에, 이란성 쌍생아와 다른 형제들의 일치율은 5~15%이다(Cardno & Gottesman, 2000).

최근까지 조현병의 유전학에 관한 연구는 이 질병이 발생하는 것은 여러 취약성 유전자들이 합쳐져서 각각의 유전적 위험변이가 위험의 정도를 조금씩 높인 결과라고 가정하였다. 이러한 '공통질병과 공통변이' 모델은 공통의 위험변이들이 조합되고 환경적 위험요인들에 노출되면 궁극적으로 조현병이 생기게 된다고 상정한다. 일부 학자들은 개별적 효과가 매우 적은 수많은 위험 대립유전자가 조현병 발병에 기여한다고 본다(International Schizophrenia Consortium et al., 2009).

공통질병과 공통변이 모델에 입각한 연구들은 유전체 좌와 유전자의 후보들을 다수 확인하였다. 대규모의 국제적 코호트들을 사용한 전유전체 연관성(genome-wide association) 연구들은 주요 조직적합 유전자복합체(6p21.1), MIR137, ZNF804a를 포함하는 여러 유전체 영역과 유전자들이 관련되어 있음을 보여주는 연구결과들을 내놓았다(Irish Schizophrenia Genomics Consortium & Wellcome Trust Case Control Consortium 2, 2012; Psychiatric GWAS Consortium Coordinating Committee et al., 2009; Ripke et al., 2011). EOS의 경우 디스트로브레빈 결합 단백질(Gornick et al., 2005), 뉴레귤린(Addington et al., 2007), DAOA/G30(Addington et al., 2004), GAD1(Addington et al., 2005), Prodh2/ DGCR6(Liu et al., 2002) 등을 포함하여 성인 문헌이 암시하는 여러 후보 유전자 간에 정적 상관이 있는 것으로 보고되었다.

그러나 효과의 크기가 작고, 연구결과들이 다양하며, 반복검증 연구가 없을 뿐 아니라 어떤 후보 유전자나 단상형(halotype)에 대해서도 인과관계를 분명하게 수립하기 어렵다는 점이 조현병을 초래하는 공통의 위험 대립유전자를 찾기 힘들게 만드는 요소로 작용한다(McClellan & King, 2010b). 조현병 환자 1,870명과 통제집단 2,002명을 대상으로 가장 유망한 14개 유전자를 타깃으로 하여 살펴본 연구는 이전에 위험 대립유전자로 보고된 어떤 유전자도 조현병과 상관이 있다는 증거를 발견하지 못했다(Sanders et al., 2008). 더 일반적으로 말한다면 가상의 공통적 위험변이는 유전이 조현병이라는 복잡한 질병에 대단히 큰 역할을 하는 이유를 설명해 주지 않는다 (Manolio et al., 2009).

그 대신 새로 발생한 신생(de novo)이거나 최근 세대들에서 생겨난 희귀한 유전적 돌연변이들이 조현병과 같은 신경정신과 질환을 포함하는 인간의 복잡한 질병에 중요한 역할을 한다는 것을 지지하는 강력한 증거가 있다(McClellan & King, 2010a). 조현병이 있는 사람들은 그렇지 않은 사람들에 비해 희귀한 유전자 복제수 변이(copy number variants, CNV) — 즉 유전체 복제와 삭제 — 를 가지고 있을 가능성이 훨씬 더 크다(Guilmatre et al., 2009; International Schizophrenia Consortium, 2008; Kirov et al., 2009; Need et al., 2009; Stefansoon et al., 2008; Walsh et al., 2008; Xu et al., 2008). 이 효과는 질병이 18세 이전에 시작된 사람들에게 더 크게 나타난다. 신생 CNV는 건강한 사람들보다는 특발성(sporadic) 조현병 환자들에게 더 흔히 나타나는 반면에(Kirov et al., 2012; Walsh et al., 2008), 유전적으로 계승되는 희귀한 CNV는 가족성 조현병 환자들에게 훨씬 더 흔하다(Xu et al., 2009). 희귀한 CNV를 보이는 유전자들은 뉴레귤린과 글루타메이트 경로를 포함한 세포신호 및 신경발달과정에 특히 중요한 기능을 한다(Xu et al., 2008).

환자에게서 탐지되는 유해한 복제 수 돌연변이는 대부분이 독특하고, 나머지 돌연변이들은 1q21.1, 3q29, 15q11.2, 15q13.3, 16p11.2, 16p12.1, 16p13.11, 17p12, 22q11.2 등의 돌연변이 다발점(hotspot)에서 독립적으로 반복된다(Bassett, Scherer, & Brzustowicz, 2010; Cardno & Gottesman, 2000; International Schizophrenia Cosortium et al., 2009; Itsara et al., 2009; Muller et al., 2010). 최근의 연구들은 조현병이 신경펩티드 수용기 VIPR2에서 이루어지는 유전자복제와 관련이 있으며(Levinson et al., 2011; Vacic et al., 2011) GRM1, MAP1A, GRIN2B, CACNA1F, NLGN2, DGCR 등 신경발달경로에 중요한 유전자들의 희귀한 미스센스[역주 : DNA 암호가 바뀌어 본래와 다른 아미노산을 지정하게 되는 돌연변이] 암호 돌연변이와도 관련이 있다는 것을 보여준다(Frank et al., 2011; Myers et al., 2011; Sun et al., 2011; Xu et al., 2011).

진유전체 배열(exome sequencing) 기법을 사용한 연구는 조현병 환자들에게 신생 점 돌연변이(point mutation)와 소량의 삽입-결실이 있었다는 것을 확인하였다(Girard et al., 2011; Xu et al., 2011, 2012). 건강한 형제들에 비해 조현병이 있는 아동들에게는 더 해로운 돌연변이들이 잠복해 있다(Gulsuner et al., 2013). 이런 사건들에 의해 변화된 유전자들은 태아의 전전두피질에 공동으로 표현되는 경우가 많으며, 뉴런 이동과 시냅스 보전 등 뇌발달의 주요 경로에서 작용한다. 이런 연구결과들은 태아 전전두피질의 신경발달상의 문제가 조현병에 대단히 중요한 작용을 한다는 것을 시사한다(Gulsuner et al., 2013).

인간의 질병에 희귀하고 유해한 돌연변이가 중요한 작용을 한다는 사실은 인간게놈 형성과정에서 진화가 막강한 영향력을 발휘한다는 것을 보여준다(McClellan & King, 2010a). 인간은 누구나 수십 개의 신생 점 돌연변이, 소량의 삽입-결실, CNV 등을 보유하고 있다. 아버지의 연령이 증가함에 따라 신생 돌연변이의 비율이 증가한다는 결과(Stefansson et al., 2008)는 아버지의 나이가 많을수록 조현병과 자폐증에 걸릴 위험이 증가한다는 사실을 설명해 준다. 장애는 번식 적합성을 크게 저해하지만, 새로운 돌연변이들이 꾸준히 유입됨으로써 복잡한 신경정신과 장애들이 지속될 수 있게 한다.

종합해 보면 이상의 연구결과들은 조현병이 유전적 이질성이 엄청나게 크다는 특징을 가지고 있다는 것을 보여준다(McClellan & King, 2010a). 지금까지 단일유전자나 유전체좌(genomic loci)가 조현병을 1% 이상 설명한 적이 없었다. 조현병은 여러 유전자와 유전체좌에서 일어나는 여러 돌연변이가 원인이 되어 발생하는 것으로 보인다. 이와 동시에 동일한 돌연변이 또는 동일한 유전자의 서로 다른 돌연변이들이 자폐증, 양극성 장애, 지적장애 등 사람마다 각기 다른 신경정신과적 표현형을 나타내게 만들 수 있다(McClellan & King, 2010b). 체세포 돌연변이, 후생유전학적 기제, 유전자와 유전자 간 또는 유전자와 환경 간의 상호작용, 그리고 환경에 대한 노출이 인과관계를 더욱 복잡하게 만드는 데 기여한다. 뇌발달이 수많은 유전자 및 유전체 통제 기제와 관련되어 있고 수많은 돌연변이 기제들이 이 과정을 방해할 수 있다는 점을 생각할 때 대부분의 조현병 환자들이 독특한 유전적 원인을 가지고 있다는 것은 얼마든지 가능한 일이다.

신경해부학적 이상과 뇌영상

EOS를 포함한 조현병 환자들은 가벼운 신체이상(Gourion et al., 2004; Hata et al., 2003; Ismail, Cantor-Graae, & McNeil, 2001), 원활추적 안구운동의 결함(Frazier et al., 1996; Jacobicki et al., 1997; Jacobsen & Rapoport, 1998; Karp et al., 2001; Zahn et al., 1997), 뇌영상에 나타나는 구조적 이상(Gogtay, Vyas, Testa, Wood, & Pantelis, 2011)을 보이는 비율이 매우 높다. 이 연구결과들은 각각 신경발달 손상의 증거를 제공한다.

조현병은 연령에 관계없이 첫 번째 진단에서 뇌의 여러 부위의 용적이 감소된 것으로 나타난다고 기술되고 있다(Gogtay et al., 2011; Gur, 2011; Rapoport, Giedd, & Gogtay, 2012). 측뇌실의 용적 확장, 그리고 해마, 시상, 전두엽의 회백질 감소가 일관성 있게 보고되고 있다. 백질의 변화도 보고되었으나 해당 부위는 연구에 따라 차이가 있다(Fitzsimmons, Kubicki, & Shenton, 2013; Rapoport et al., 2012; Samartzis, Dima, Fusar-Poli, & Kyriakopoulos, in press). 조현병은 뇌 연결의 손실이 특징인 것으로 보인다(Fitzsimmons et al., 2013; Rapoport et al., 2012).

미국 국립정신건강연구소(NIMH)의 COS 연구는 연구에 참여한 코호트에서 회백질 용적이 상당량 감소하였음을 밝혀냈다. 종단연구는 COS 환자들의 회백질 감소량이 매년 3~4%에 달해 1~2%인 통제집단에 비해 감소량이 더 크다는 것을 보여주었다. 청소년기에는 두정엽에서 전두엽 쪽으로 가면서 손실이 발생한다(Gogtay et al., 2011). 추수연구들은 COS의 피질솎음 현상이 성인 초기에 정체상태에 접어들면서 조현병을 앓고 있는 성인의 패턴과 유사해진다는 것을 보여준다(Greenstein et al., 2006; Sporn et al., 2003). 이런 변화들은 의학 실험에 참가한 적이 없는 환자들을 포함하여 COS에만 나타나는

것으로 보인다(Narr, Bilder, et al., 2005; Narr, Toga, et al., 2005). 일시적 정신병 환자(Gotgay et al., 2004)나 성인(Greenstein et al., 2006; Sporn et al., 2003)을 대상으로 한 연구에서는 발견되지 않았다. 5년간의 종단연구를 보면 뇌구조의 이상이 조현병의 만성적 단계에서는 꾸준히 진행되지 않는 것으로 보이지만, 하위피질 영역의 손실 진척은 좋지 못한 결과로 이어질 수 있다(Nesvag et al., 2012).

COS에서 발견되는 회백질 용적 감소는 청소년기에 발생하는 특정한 신경발달 과정의 손상에서 초래되는 것이라는 이론이 제안되었다. 시냅스 예측(projection) 가지치기가 그러한 역할을 하는 과정의 하나로 지목되고 있다. 발달하는 뇌에서 일어나는 가지치기는 하위피질에서 피질영역으로 진행되는데, 덜 복잡한 성숙이 완료된 후에야 비로소 더 복잡한 과정이 성숙하는 패턴을 따른다(Gotgay et al., 2004; Toga, Thompson, & Sowell, 2006). 가지치기가 과도하게 이루어지면 COS 환자들의 기능적 연결성이 손상될 수 있다(Alexander-Bloch et al., 2013).

COS 아동들은 통제집단 아동들에 비해 청소년기 동안 백질의 성장속도가 더 느린 것으로 밝혀졌다(Gotgay et al., 2008). COS 환자들의 비정신병 형제들도 백질의 성장이 조기에 느려진다는 결과가 보고되었다(Gotgay, Hua, et al., 2012). 이 연구자들은 이러한 연구결과를 확인하기 위한 후속연구가 필요하기는 하지만, 백질의 성장은 조현병의 연령특정적 내적 표현형일지도 모른다고 주장하였다.

피질 용적의 감소와 임상적 상태 간의 관계는 아직 확실하게 밝혀지지 않고 있다(Kerns & Lauriello, 2012; Rapoport et al., 2012). 회백질의 변화는 정신병 증상의 비율 및 전반적 기능과 관련이 있다(Gotgay, Weisinger, et al., 2000). 용적 감소는 더 심한 증상과 관련이 있기도 하고(Cannon et al., 2002; Gur et al., 2000) 덜 심한 증상과 관련이 있기도 하다(Gur et al., 1998; Vidal et al., 2006). COS의 인지기능 손상은 전두피질의 두께가 얇아지는 속도의 증가와 관련이 없지만(Gochman et al., 2004), 피질의 두께는 환자의 회복을 예측한다(Greenstein,

Wolfe, Gochman, Rapoport, & Gotgay, 2008).

뇌영상 기법은 치료가 뇌구조에 미치는 효과를 검사하는 데에도 사용될 수 있다. 정신병 위험이 있는 사람들을 대상으로 한 종단연구에서 항정신병 약물은 해마의 회백질 손실을 줄여주는 것으로 나타난다(Walter et al., 2012). 그러나 최근의 증거는 항정신병 약물의 사용이 회백질의 손실과 상관이 있다는 것을 보여준다(Haijima et al., 2013; Ho, Andreasen, Ziebell, Pierson, & Magnotta, 2011). 인지치료는 비정상적인 뇌 반응을 완화해 주고(Kumari et al., 2011) 조현병에 특징적으로 나타나는 백질이상을 감소시킬 수 있다(Penades et al., 2013).

환경요인

유전과 환경은 상호작용하면서 조현병의 발생뿐 아니라 진행에도 영향을 미친다(Rapoport et al., 2012). 환경적 노출은 직접적인 신경학적 손상, 유전자-환경 상호작용, 후생적 효과, 신생 돌연변이 등을 통해 질병에 걸릴 위험을 매개하는 작용을 할 수 있다. 지금까지 가장 많이 반복해서 검증된 위험요인은 아버지의 고령(Malaspina et al., 2001)과 태내기에 어머니의 굶주림이다(St. Clair et al., 2005; Susser et al., 1996). 이 두 요인 모두 발달하는 뇌에서 신생 생식세포 돌연변이 또는 체세포 돌연변이의 속도를 증가시킴으로써 문제를 일으킬 수 있다(McClellan, Susser, & King, 2006). 조현병과 관련된 또 다른 위험요인으로는 출생 전 어머니의 감염과 산과 합병증, 마리화나 사용, 이민자 신분 등이 있다(Messias, Chen, & Eaton, 2007).

심리사회적 요인

가족의 정서표현

심리학적 요인이나 사회적 요인들은 그 자체가 조현병을 일으키지는 않는 것으로 보인다. 그러나 심리사회적 요인들은 생물학적 위험요인들과 상호작용하여 장애의 발병시점, 진행경과와 심각도를 매개할 수 있다. 가족구성원들 간의 상호작용이 장애에 영향을 미치기는 하지만,

역사적으로 조현병이 있는 청소년 자녀를 둔 많은 가정들이 정신병의 원인을 제공한 것으로 부당하게 매도되었다. 가족의 지원은 스트레스가 많은 상황을 관리하고 적절한 사회적 상호작용을 촉진함으로써 증상을 감소시키는 데 매우 중요한 구실을 한다.

가족 상호작용은 질병의 경로와 발생률에 영향을 미치기 때문에 가족 상호작용을 조형해 나가는 것은 중요한 치료전략이다. 가족구성원들 간에 비판을 많이 하고 정서적 개입을 지나치게 많이 하며 적대감이 높으면 —'정서표현(expressed emotion, EE)'의 수준이 높으면 — 조현병이 있는 성인들에게 더욱 좋지 못한 결과를 가져올 수 있다(Wearden, Tarrier, Barrowdlough, Zastowny, & Rahill, 2000). 높은 EE는 입원환자들이 장차 재발을 겪을 가능성을 강하게 예측하는 요인이다(Butzlaff & Hooley, 1998). 보호자의 긍정적 발언은 부정적 증상의 감소 및 사회적 기능의 향상과 관련이 있다(O'Brien et al., 2006). 온정성 검사에서 고득점 취득은 재발률 감소(Breitborde, Lopez, Wickens, Jenkins, & Karno, 2007) 및 사회적 기능의 향상(Bertrando et al., 1992)과 관련이 있다. 높은 수준의 EE는 정신질환을 가져온 원인이라기보다는 심한 정신질환을 앓고 있는 가족구성원을 대할 때 보호자가 보이는 반응일 수도 있다는 점을 염두에 두어야 한다(Hooley & Campbell, 2002).

몇몇 연구들은 조현병을 앓고 있는 성인의 가족들이 보이는 EE에 문화적 차이가 있는지 조사하였다. 멕시코계 미국인 가족에 대한 연구는 과잉 정서개입과 질병 재발 간에 곡선관계가 있다는 것을 발견하였다(Breitborde et al., 2007). 이 연구는 중간 수준의 과잉정서 개입과 높은 수준의 온정성이 더 나은 결과와 관련이 있다는 것을 보여주었는데, 이는 자립심을 가미한 가족관여의 중요성을 반영하는 것으로 보인다. 이와는 반대로 아프리카계 미국인 가족 연구는 높은 EE가 질병 재발의 예측요인이라는 결과를 얻지 못했다. 높은 수준의 비판적이고 침투적인 행동은 2년의 추적 동안 개선된 결과와 관련이 있었다(Rosenfarb, Bellack, & Aziz, 2006). 이 연구들은 문화적 맥락이 환자가 가족의 행동을 어떻게 지각하는지

에 영향을 미친다는 것을 보여준다.

또래관계

아동이 가족중심 관계에서 또래중심 관계로 전이하는 것은 정상발달의 일부이다. 같은 나이 또래들과의 관계에서 성공하는 것이 청소년기의 핵심적 발달목표이다. 조현병이 있는 아동과 청소년은 대인관계의 어려움에 특히 취약하다. 조현병 아동들은 대부분이 질병이 시작되기 이전부터 관계를 맺기가 어렵고 위축되는 특징을 보이는 전구기를 경험한다(Cannon et al., 2001). 또래관계와 사회적 유대관계의 결함이 클수록 결과가 좋지 않다. 따라서 개입전략은 이러한 쟁점들을 다룰 필요가 있다.

문화 및 다양성 쟁점

문화적 영향력은 그 문화권에서 생활하는 개인의 견해와 관점을 조형하므로 정신건강과 관련된 증상들을 해석하고 진단할 때에는 문화를 반드시 고려할 필요가 있다. 정신병 증상들을 해석하거나 진단과 치료가 가족기능에 미치는 영향을 살펴볼 때 사회의 신념체계라는 맥락을 염두에 두어야 한다. 종교는 개인의 신념체계에 큰 영향을 미칠 수 있다. 정신병적 사고과정과 문화적·종교적으로 강화된 신념은 구별하기가 대단히 어려울 수 있다. 잠재적 증상들은 개인의 신념체계라는 맥락에서 검토되어야 한다. 예를 들어 신앙은 대개의 경우 개인의 신념과 부합하지만, "신이 하라고 했기 때문에" 어떤 이의 오른손을 베는 것은 대부분의 사회에서 규범에 위배되는 행동이다. 망상과 환각은 그 정의상 환경과 문화에서 고수하는 신념이나 가치관과 불일치할 수밖에 없다.

조현병의 유병률은 문화에 따른 차이가 거의 없다(McGrath, 2006). 흥미롭게도 이민 1세대와 2세대들은 조현병에 걸릴 위험이 높은데, 개발도상국에서 온 이민자들은 그럴 위험이 더욱더 높다(Cantor-Graae & Selten, 2005). 문화적 영향력은 또 도시환경과 관련된 위험률 증가와 같이 한 지역 내에서 일어날 수도 있다(Spauwen, Krabbendam, Lieb, Wittchen, & van Os, 2004). 이러한 연구결과들은 스트레스가 증가하면 그 스트레스가 질병에서 생겨난 것이든, 인구밀집 때문이든, 가족이나 사회의 역할이 초래한 것이든 간에 조현병과 질병 증상들이 발생할 위험도 증가할 수 있다는 것을 보여준다. 임상전문가와 환자의 배경 차이가 진단실무에 영향을 미치는 일도 일어날 수 있다.

최근의 쟁점과 앞으로의 연구 방향

오늘날 조현병에 관한 연구들은 질병의 진행과정과 병인에 대한 이해를 증진하는 데 초점을 두고 있다. 최근의 연구는 조현병 환자들 간에 유전적 이질성이 매우 크다는 것을 시사하며 이는 생물학적 연구 및 치료에 관한 연구에 의미하는 바가 매우 크다. 정신과 장애 및 발달 장애들은 중요한 신경생물학적 경로에서 생겨나는 최종적 공유경로라고 보는 것이 최선의 개념화라 할 수 있을 것이다. 어떤 장애든지 중요한 핵심경로들은 많은 유전자와 다양한 과정들을 포괄할 가능성이 높다. 이들 경로에서 일어나는 손상은 그것이 무엇이든지 질병을 초래할 수 있다. 대부분의 환자들은 장애를 초래한 유전적 원인이 서로 다른 것처럼 보이지만, 상당수는 여전히 동일한 또는 연관된 신경생물학적 과정에서 손상을 보일 것이다.

유전적 요인과 환경적 요인에 관한 연구가 계속됨에 따라 장애의 기저에 있는 신경생물학적 경로와 기제가 더욱 명확하게 밝혀지게 될 것이다. 궁극적으로는 증후군들을 임상적 증상만이 아니라 기저의 병인들을 기준으로 하여 분류할 수 있게 될 것이다(Insel et al., 2010). 주요 경로들의 특징을 밝혀냄으로써 기능과 장애에 영향을 미치는 질병요인들에 대한 이해를 엄청나게 진전시킬 수 있을 것이다. 이러한 지식은 종국에는 정신약물학적 치료와 심리사회적 치료의 전략들을 모두 향상시킬 것이다.

참고문헌

Achim, A. M., Maziade, M., Raymond, E., Olivier, D., Merette, C., & Roy, M. A. (2011). How prevalent are anxiety disorders in schizophrenia?: A meta-analysis and critical review on a significant association. *Schizophrenia Bulletin, 37*, 811–821.

Addington, A. M., Gornick, M., Duckworth, J., Sporn, A., Gogtay, N., Bobb, A., et al. (2005). GAD1 (2q31.1), which encodes glutamic acid decarboxylase (GAD67), is associated with childhood-onset schizophrenia and cortical gray matter volume loss. *Molecular Psychiatry, 10*, 581–588.

Addington, A. M., Gornick, M. C., Shaw, P., Seal, J., Gogtay, N., Greenstein, D., et al. (2007). Neuregulin 1 (8p12) and childhood-onset schizophrenia: Susceptibility haplotypes for diagnosis and brain developmental trajectories. *Molecular Psychiatry, 12*, 195–205.

Addington, A. M., Gornick, M., Sporn, A. L., Gogtay, N., Greenstein, D., Lenane, M., et al. (2004). Polymorphisms in the 13q33.2 gene G72/G30 are associated with childhood-onset schizophrenia and psychosis not otherwise specified. *Biological Psychiatry, 55*, 976–980.

Alexander-Bloch, A. F., Vertes, P. E., Stidd, R., Lalonde, F., Clasen, L., Rapoport, J., et al. (2013). The anatomical distance of functional connections predicts brain network topology in health and schizophrenia. *Cerebral Cortex, 23*, 127–138.

American Psychiatric Association (APA). (1980). *Diagnostic and statistical manual of mental disorders* (3rd ed.). Washington, DC: Author.

American Psychiatric Association (APA). (2000). *Diagnostic and statistical manual of mental disorders* (4th ed., text rev.). Washington, DC: Author.

American Psychiatric Association (APA). (2013). *Diagnostic and statistical manual of mental disorders* (5th ed.). Arlington, VA: Author.

Arsenault-Lapierre, G., Kim, C., & Turecki, G. (2004). Psychiatric diagnoses in 3275 suicides: A meta-analysis. *BMC Psychiatry, 4*, 37.

Bassett, A. S., Scherer, S. W., & Brzustowicz, L. M. (2010). Copy number variations in schizophrenia: Critical review and new perspectives on concepts of genetics and disease. *American Journal of Psychiatry, 167*, 899–914.

Bertrando, P., Beltz, J., Bressi, C., Clerici, M., Farma, T., Invernizzi, G., et al. (1992). Expressed emotion and schizophrenia in Italy. A study of an urban population. *British Journal of Psychiatry, 161*, 223–229.

Birmaher, B., Brent, D., AACAP Work Group on Quality Issues, Bernet, W., Bukstein, O., Walter, H., et al. (2007). Practice parameter for the assessment and treatment of children and adolescents with depressive disorders. *Journal of the American Academy of Child and Adolescent Psychiatry, 46*, 1503–1526.

Blazer, D. G., & van Nieuwenhuizen, A. O. (2012). Evidence for the diagnostic criteria of delirium: An update. *Current Opinion in Psychiatry, 25*, 239–243.

Bleuler, E. (1911). Dementia Praecox oder Gruppe der Schizophrenien. In G. Aschaffenburg (Ed.), *Handbuch der Psychiatrie*. Leipzig: Deuticke.

Breitborde, N. J., Lopez, S. R., Wickens, T. D., Jenkins, J. H., & Karno, M. (2007). Toward specifying the nature of the relationship between expressed emotion and schizophrenic relapse: the utility of curvilinear models. *International Journal of Methods in Psychiatric Research, 16*, 1–10.

Brown, R. G., & Pluck, G. (2000). Negative symptoms: The 'pathology' of motivation and goal-directed behaviour. *Trends in Neurosciences, 23*, 412–417.

Buckley, P. F., Miller, B. J., Lehrer, D. S., & Castle, D. J. (2009). Psychiatric comorbidities and schizophrenia. *Schizophrenia Bulletin, 35*, 383-402.

Bukstein, O. G., Bernet, W., Arnold, V., Beitchman, J., Shaw, J., Benson, R. S., et al. (2005). Practice parameter for the assessment and treatment of children and adolescents with substance use disorders. *Journal of the American Academy of Child and Adolescent Psychiatry, 44*, 609–621.

Bunk, D., Eggers, C., & Klapal, M. (1999). Symptom dimensions in the course of childhood-onset schizophrenia. *European Child and Adolescent Psychiatry, 8*(Suppl. 1), I29–I35.

Butzlaff, R. L., & Hooley, J. M. (1998). Expressed emotion and psychiatric relapse: A meta-analysis. *Archives of General Psychiatry, 55*, 547–552.

Cannon, M., Walsh, E., Hollis, C., Kargin, M., Taylor, E., Murray, R. M., et al. (2001). Predictors of later schizophrenia and affective psychosis among attendees at a child psychiatry department. *British Journal of Psychiatry, 178*, 420–426.

Cannon, T. D., Thompson, P. M., van Erp, T. G., Toga, A. W., Poutanen, V. P., Huttunen, M., et al. (2002). Cortex mapping reveals regionally specific patterns of genetic and disease-specific gray-matter deficits in twins discordant for schizophrenia. *Proceedings of the National Academy of Sciences USA, 99*, 3228–3233.

Cantor-Graae, E., & Selten, J. P. (2005). Schizophrenia and migration: A meta-analysis and review. *American Journal of Psychiatry, 162*, 12–24.

Caplan, R., Guthrie, D., Fish, B., Tanguay, P. E., & David-Lando, G. (1989). The Kiddie Formal Thought Disorder Rating Scale: Clinical assessment, reliability, and validity. *Journal of the American Academy of Child and Adolescent Psychiatry, 28*, 408–416.

Cardno, A. G., & Gottesman, I. I. (2000). Twin studies of schizophrenia: From bow-and-arrow concordances to Star Wars Mx and functional genomics. *American Journal of Medical Genetics, 97*, 12–17.

Clarke, M., Whitty, P., Browne, S., McTigue, O., Kamali, M., Gervin, M., et al. (2006). Untreated illness and outcome of psychosis. *British Journal of Psychiatry, 189*, 235–240.

Clemmensen, L., Vernal, D. L., & Steinhausen, H. C. (2012). A systematic review of the long-term outcome of early onset schizophrenia. *BMC Psychiatry, 12*, 150.

Conley, R. R., Ascher-Svanum, H., Zhu, B., Faries, D. E., & Kinon, B. J. (2007). The burden of depressive symptoms in the long-term treatment of patients with schizophrenia. *Schizophrenia Research, 90*, 186–197.

Conus, P., Abdel-Baki, A., Harrigan, S., Lambert, M., McGorry, P. D., & Berk, M. (2010). Pre-morbid and outcome correlates of first episode mania with psychosis: Is a distinction between schizoaffective and bipolar I disorder valid in the early phase of psychotic disorders? *Journal of Affective Disorders, 126*, 88–95.

Cornblatt, B. A., Lencz, T., Smith, C. W., Correll, C. U., Auther, A. M., & Nakayama, E. (2003). The schizophrenia prodrome revisited: A neurodevelopmental perspective. *Schizophrenia Bulletin, 29*, 633–651.

Cunill, R., Castells, X., Simeon, D. (2009). Relationships between obsessive-compulsive symptomatology and severity of psychosis in schizophrenia: A systematic review and meta-analysis. *Journal of Clinical Psychiatry, 70*, 70–82.

David, C. N., Greenstein, D., Clasen, L., Gochman, P., Miller, R., Tossell, J. W., et al. (2011). Childhood onset schizophrenia: High rate of visual hallucinations. *Journal of the American Academy of Child and Adolescent Psychiatry, 50*, 681–686. e683.

de Haan, L., Sterk, B., Wouters, L., & Linszen, D. H. (2013). The 5-year course of obsessive–compulsive symptoms and obsessive–compulsive disorder in first-episode schizophrenia and related disorders. *Schizophrenia Bulletin, 39*, 151–160.

DeMaso, D. R., Martini, D. R., Cahen, L. A., Bukstein, O., Walter, H. J., Benson, S., et al. (2009). Practice parameter for the psychiatric assessment and management of physically ill children and adolescents. *Journal of the American Academy of Child and Adolescent Psychiatry, 48*, 213–233.

Eggers, C. (1978). Course and prognosis of childhood schizophrenia. *Journal of Autism and Childhood Schizophrenia, 8*, 21–36.

Eggers, C. (1989). Schizo-affective psychoses in childhood: A follow-up study. *Journal of Autism and Developmental Disorders, 19*, 327-342.

Eggers, C. (2005). [Treatment of acute and chronic psychoses in childhood and adolescence]. *MMW Fortschritte der Medizin, 147*, 41, 43–45.

Eggers, C., & Bunk, D. (1997). The long-term course of childhood-onset schizophrenia: A 42-year followup. *Schizophrenia Bulletin, 23*, 105–117.

Eggers, C., & Bunk, D. (2009). [Early development of childhood-onset schizophrenia]. *Fortschritte der Neurologie-Psychiatrie, 77*, 558–567.

Fish, B., & Kendler, K. S. (2005). Abnormal infant neurodevelopment predicts schizophrenia spectrum disorders. *Journal of Child and Adolescent Psychopharmacology, 15*, 348–361.

Fitzsimmons, J., Kubicki, M., & Shenton, M. E. (2013). Review of functional and anatomical brain connectivity findings in schizophrenia. *Current Opinion in Psychiatry, 26*, 172–187.

Fraguas, D., de Castro, M. J., Medina, O., Parellada, M., Moreno, D., Graell, M., et al. (2008). Does diagnostic classification of early-onset psychosis change over follow-up? *Child Psychiatry and Human Development, 39*, 137–145.

Frank, R. A., McRae, A. F., Pocklington, A. J., van de Lagemaat, L. N., Navarro, P., Croning, M. D., et al. (2011). Clustered coding variants in the glutamate receptor complexes of individuals with schizophrenia and bipolar disorder. *PloS One, 6*, e19011.

Frazier, J. A., Giedd, J. N., Hamburger, S. D., Albus, K. E., Kaysen, D., Vaituzis, A. C., et al. (1996). Brain anatomic magnetic resonance imaging in childhood-onset schizophrenia. *Archives of General Psychiatry, 53*, 617–624.

Frazier, J. A., McClellan, J., Findling, R. L., Vitiello, B., Anderson, R., Zablotsky, B., et al. (2007). Treatment of early-onset schizophrenia spectrum disorders (TEOSS): Demographic and clinical characteristics. *Journal of the American Academy of Child and Adolescent Psychiatry, 46*, 979–988.

Freeman, D., & Fowler, D. (2009). Routes to psychotic symptoms: Trauma, anxiety and psychosis-like experiences. *Psychiatry Research, 169*, 107–112.

Girard, S. L., Gauthier, J., Noreau, A., Xiong, L., Zhou, S., Jouan, L., et al. (2011). Increased exonic de novo mutation rate in individuals with schizophrenia. *Nature Genetics, 43*, 860–863.

Gochman, P. A., Greenstein, D., Sporn, A., Gogtay, N., Nicolson, R., Keller, A., et al. (2004). Childhood onset schizophrenia: Familial neurocognitive measures. *Schizophrenia Research, 71*, 43–47.

Gogtay, N., Hua, X., Stidd, R., Boyle, C. P., Lee, S., Weisinger, B., et al. (2012). Delayed white matter growth trajectory in young nonpsychotic siblings of patients with childhood-onset schizophrenia. *Archives of General Psychiatry, 69*, 875–884.

Gogtay, N., Lu, A., Leow, A. D., Klunder, A. D., Lee, A. D., Chavez, A., et al. (2008). Three-dimensional brain growth abnormalities in childhood-onset schizophrenia visualized by using tensor-based morphometry. *Proceedings of the National Academy of Sciences USA, 105*, 15979–15984.

Gogtay, N., Sporn, A., Clasen, L. S., Nugent, T. F., III, Greenstein, D., Nicolson, R., et al. (2004). Comparison of progressive cortical gray matter loss in childhood-onset schizophrenia with that in childhood-onset atypical psychoses. *Archives of General Psychiatry, 61*, 17–22.

Gogtay, N., Vyas, N. S., Testa, R., Wood, S. J., & Pantelis, C. (2011). Age of onset of schizophrenia: Perspectives from structural neuroimaging studies. *Schizophrenia Bulletin, 37*, 504–513.

Gogtay, N., Weisinger, B., Bakalar, J. L., Stidd, R., Fernandez de la Vega, O., Miller, R., et al. (2012). Psychotic symptoms and gray matter deficits in clinical pediatric populations. *Schizophrenia Research, 140*, 149–154.

Gornick, M. C., Addington, A. M., Sporn, A., Gogtay, N.,

Greenstein, D., Lenane, M., et al. (2005). Dysbindin (DTNBP1, 6p22.3) is associated with childhood-onset psychosis and endophenotypes measured by the Premorbid Adjustment Scale (PAS). *Journal of Autism and Developmental Disorders, 35*, 831–838.

Gourion, D., Goldberger, C., Bourdel, M. C., Jean Bayle, F., Loo, H., & Krebs, M. O. (2004). Minor physical anomalies in patients with schizophrenia and their parents: Prevalence and pattern of craniofacial abnormalities. *Psychiatry Research, 125*, 21–28.

Greenstein, D., Lerch, J., Shaw, P., Clasen, L., Giedd, J., Gochman, P., et al. (2006). Childhood onset schizophrenia: Cortical brain abnormalities as young adults. *Journal of Child Psychology and Psychiatry, 47*, 1003–1012.

Greenstein, D. K., Wolfe, S., Gochman, P., Rapoport, J. L., & Gogtay, N. (2008). Remission status and cortical thickness in childhood-onset schizophrenia. *Journal of the American Academy of Child and Adolescent Psychiatry, 47*, 1133–1140.

Guilmatre, A., Dubourg, C., Mosca, A. L., Legallic, S., Goldenberg, A., Drouin-Garraud, V., et al. (2009). Recurrent rearrangements in synaptic and neurodevelopmental genes and shared biologic pathways in schizophrenia, autism, and mental retardation. *Archives of General Psychiatry, 66*, 947–956.

Gulsuner, S., Walsh, T., Watts, A. C., Lee, M. K., Thornton, A. M., Casadei, S., et al. (2013). Spatial and temporal mapping of de novo mutations in schizophrenia to a fetal prefrontal cortical network. *Cell, 154*, 518–529.

Gur, R. E. (2011). Neuropsychiatric aspects of schizophrenia. *CNS Neuroscience and Therapeutics, 17*, 45–51.

Gur, R. E., Cowell, P. E., Latshaw, A., Turetsky, B. I., Grossman, R. I., Arnold, S. E., et al. (2000). Reduced dorsal and orbital prefrontal gray matter volumes in schizophrenia. *Archives of General Psychiatry, 57*, 761–768.

Gur, R. E., Cowell, P., Turetsky, B. I., Gallacher, F., Cannon, T., Bilker, W., et al. (1998). A follow-up magnetic resonance imaging study of schizophrenia: Relationship of neuroanatomical changes to clinical and neurobehavioral measures. *Archives of General Psychiatry, 55*, 145–152.

Hafner, H., Maurer, K., & an der Heiden, W. (2013). ABC Schizophrenia Study: An overview of results since 1996. *Social Psychiatry and Psychiatric Epidemiology, 48*, 1021–1031.

Haijma, S. V., Van Haren, N., Cahn, W., Koolschijn, P. C., Hulshoff Pol, H. E., & Kahn, R. S. (2013). Brain volumes in schizophrenia: A meta-analysis in over 18 000 subjects. *Schizophrenia Bulletin, 39*, 1129–1138.

Hata, K., Iida, J., Iwasaka, H., Negoro, H. I., Ueda, F., & Kishimoto, T. (2003). Minor physical anomalies in childhood and adolescent onset schizophrenia. *Psychiatry and Clinical Neurosciences, 57*, 17–21.

Hausmann, A., & Fleischhacker, W. W. (2002). Differential diagnosis of depressed mood in patients with schizophrenia: A diagnostic algorithm based on a review. *Acta Psychiatrica Scandinavica, 106*, 83–96.

Hawton, K., Sutton, L., Haw, C., Sinclair, J., & Deeks, J. J. (2005). Schizophrenia and suicide: systematic review of risk factors. *British Journal of Psychiatry, 187*, 9–20.

Hlastala, S. A., & McClellan, J. (2005). Phenomenology and diagnostic stability of youths with atypical psychotic symptoms. *Journal of Child and Adolescent Psychopharmacology, 15*, 497–509.

Ho, B. C., Andreasen, N. C., Ziebell, S., Pierson, R., & Magnotta, V. (2011). Long-term antipsychotic treatment and brain volumes: A longitudinal study of first-episode schizophrenia. *Archives of General Psychiatry, 68*, 128–137.

Hollis, C. (2000). Adult outcomes of child- and adolescent-onset schizophrenia: Diagnostic stability and predictive validity. *American Journal of Psychiatry, 157*, 1652–1659.

Hooley, J. M., & Campbell, C. (2002). Control and controllability: Beliefs and behaviour in high and low expressed emotion relatives. *Psychological Medicine, 32*, 1091–1099.

Hooper, S. R., Giuliano, A. J., Youngstrom, E. A., Breiger, D., Sikich, L., Frazier, J. A., et al. (2010). Neurocognition in early-onset schizophrenia and schizoaffective disorders. *Journal of the American Academy of Child and Adolescent Psychiatry, 49*, 52–60.

Hor, K., & Taylor, M. (2010). Suicide and schizophrenia: A systematic review of rates and risk factors. *Journal of Psychopharmacology, 24*, 81–90.

Hsiao, R., & McClellan, J. M. (2007). Substance abuse in early onset psychotic disorders. *Journal of Dual Diagnosis, 4*, 87–99.

Hunt, I. M., Kapur, N., Windfuhr, K., Robinson, J., Bickley, H., Flynn, S., et al. (2006). Suicide in schizophrenia: Findings from a national clinical survey. *Journal of Psychiatric Practice, 12*, 139–147.

Insel, T., Cuthbert, B., Garvey, M., Heinssen, R., Pine, D. S., Quinn, K., et al. (2010). Research Domain Criteria (RDoC): Toward a new classification framework for research on mental disorders. *American Journal of Psychiatry, 167*, 748–751.

International Schizophrenia Consortium. (2008). Rare chromosomal deletions and duplications increase risk of schizophrenia. *Nature, 455*, 237–241.

International Schizophrenia Consortium, Purcell, S. M., Wray, N. R., Stone, J. L., Visscher, P. M., O'Donovan, M. C., et al P. (2009). Common polygenic variation contributes to risk of schizophrenia and bipolar disorder. *Nature, 460*, 748–752.

Irish Schizophrenia Genomics Consortium & Wellcome Trust Case Control Consortium 2. (2012). Genome-wide association study implicates HLA-C*01:02 as a risk factor at the major histocompatibility complex locus in schizophrenia. *Biological Psychiatry, 72*, 620–628.

Ismail, B., Cantor-Graae, E., & McNeil, T. F. (2001). Neurodevelopmental origins of tardivelike dyskinesia in schizophrenia patients and their siblings. *Schizophrenia Bulletin, 27*, 629–641.

Itsara, A., Cooper, G. M., Baker, C., Girirajan, S., Li, J., Absher, D., et al. (2009). Population analysis of large copy number variants and hotspots of human genetic disease. *American Journal of Human Genetics, 84*, 148–161.

Jacobsen, L. K., Giedd, J. N., Rajapakse, J. C., Hamburger, S. D., Vaituzis, A. C., Frazier, J. A., et al. (1997). Quantitative magnetic resonance imaging of the corpus callosum in childhood onset schizophrenia. *Psychiatry Research, 68*, 77–86.

Jacobsen, L. K., & Rapoport, J. L. (1998). Research update: Childhood-onset schizophrenia: Implications of clinical and neurobiological research. *Journal of Child Psychology and Psychiatry, 39*, 101–113.

Jarbin, H., Ott, Y., & Von Knorring, A. L. (2003). Adult outcome of social function in adolescent-onset schizophrenia and affective psychosis. *Journal of the American Academy of Child and Adolescent Psychiatry, 42*, 176–183.

Karp, B. I., Garvey, M., Jacobsen, L. K., Frazier, J. A., Hamburger, S. D., Bedwell, J. S., et al. (2001). Abnormal neurologic maturation in adolescents with early-onset schizophrenia. *American Journal of Psychiatry, 158*, 118–122.

Kelleher, I., Keeley, H., Corcoran, P., Lynch, F., Fitzpatrick, C., Devlin, N., et al. (2012). Clinicopathological significance of psychotic experiences in non-psychotic young people: Evidence from four population-based studies. *British Journal of Psychiatry, 201*, 26–32.

Kerfoot, K. E., Rosenheck, R. A., Petrakis, I. L., Swartz, M. S., Keefe, R. S., McEvoy, J. P., et al. (2011). Substance use and schizophrenia: Adverse correlates in the CATIE study sample. *Schizophrenia Research, 132*, 177–182.

Kerns, J. G., & Lauriello, J. (2012). Can structural neuroimaging be used to define phenotypes and course of schizophrenia? *Psychiatric Clinics of North America, 35*, 633–644.

Kirov, G., Grozeva, D., Norton, N., Ivanov, D., Mantripragada, K. K., Holmans, P., et al. (2009). Support for the involvement of large copy number variants in the pathogenesis of schizophrenia. *Human Molecular Genetics, 18*, 1497–1503.

Kirov, G., Pocklington, A. J., Holmans, P., Ivanov, D., Ikeda, M., Ruderfer, D., et al. (2012). De novo CNV analysis implicates specific abnormalities of postsynaptic signalling complexes in the pathogenesis of schizophrenia. *Molecular Psychiatry, 17*, 142–153.

Kolvin, I. (1971). Studies in the childhood psychoses. I. Diagnostic criteria and classification. *British Journal of Psychiatry, 118*, 381–384.

Kraepelin, E. (1909). *Psychiatrie: Ein Lehrbuch fur Studirende und Aerzte. Funfte, vollstandig umgearbeitete Auflage* (8th ed.). Leipzig: Barth.

Kumari, V., Fannon, D., Peters, E. R., Ffytche, D. H., Sumich, A. L., Premkumar, P., et al. (2011). Neural changes following cognitive behaviour therapy for psychosis: A longitudinal study. *Brain, 134*, 2396–2407.

Levinson, D. F., Duan, J., Oh, S., Wang, K., Sanders, A. R., Shi, J., et al. (2011). Copy number variants in schizophrenia: Confirmation of five previous findings and new evidence for 3q29 microdeletions and VIPR2 duplications. *American Journal of Psychiatry, 168*, 302–316.

Liu, H., Abecasis, G. R., Heath, S. C., Knowles, A., Demars, S., Chen, Y. J., et al. (2002). Genetic variation in the 22q11 locus and susceptibility to schizophrenia. *Proceedings of the National Academy of Sciences USA, 99*, 16859–16864.

Lysaker, P. H., & Whitney, K. A. (2009). Obsessive-compulsive symptoms in schizophrenia: Prevalence, correlates and treatment. *Expert Review of Neurotherapeutics, 9*, 99–107.

Malaspina, D., Brown, A., Goetz, D., Alia-Klein, N., Harkavy-Friedman, J., Harlap, S., et al. (2002). Schizophrenia risk and paternal age: A potential role for de novo mutations in schizophrenia vulnerability genes. *CNS Spectrums, 7*, 26–29.

Manolio, T. A., Collins, F. S., Cox, N. J., Goldstein, D. B., Hindorff, L. A., Hunter, D. J., et al. (2009). Finding the missing heritability of complex diseases. *Nature, 461*, 747–753.

Maziade, M., Bouchard, S., Gingras, N., Charron, L., Cardinal, A., Roy, M. A., et al. (1996). Long-term stability of diagnosis and symptom dimensions in a systematic sample of patients with onset of schizophrenia in childhood and early adolescence: II. Postnegative distinction and childhood predictors of adult outcome. *British Journal of Psychiatry, 169*, 371–378.

Maziade, M., Gingras, N., Rodrigue, C., Bouchard, S., Cardinal, A., Gauthier, B., et al. (1996). Long-term stability of diagnosis and symptom dimensions in a systematic sample of patients with onset of schizophrenia in childhood and early adolescence: I. Nosology, sex and age of onset. *British Journal of Psychiatry, 169*, 361–370.

McClellan, J. (2011). Clinically relevant phenomenology: The nature of psychosis. *Journal of the American Academy of Child and Adolescent Psychiatry, 50*, 642–644.

McClellan, J., & King, M. C. (2010a). Genetic heterogeneity in human disease. *Cell, 141*, 210–217.

McClellan, J., & King, M. C. (2010b). Genomic analysis of mental illness: A changing landscape. *Journal of the American Medical Association, 303*, 2523–2524.

McClellan, J., Kowatch, R., Findling, R. L., & AACAP Work Group on Quality Issues. (2007). Practice parameter for the assessment and treatment of children and adolescents with bipolar disorder. *Journal of the American Academy of Child and Adolescent Psychiatry, 46*, 107–125.

McClellan, J., & McCurry, C. (1998). Neurodevelopmental pathways in schizophrenia. *Seminars in Clinical Neuropsychiatry, 3*, 320–332.

McClellan, J., & McCurry, C. (1999). Early onset psychotic disorders: Diagnostic stability and clinical characteristics. *European Child and Adolescent Psychiatry, 8*(Suppl. 1), I13–I19.

McClellan, J., McCurry, C., Speltz, M. L., & Jones, K. (2002). Symptom factors in early-onset psychotic disorders. *Journal of the American Academy of Child and Adolescent Psychiatry, 41*, 791–798.

McClellan, J., Stock, S., & AACAP Committee on Quality Issues. (2013). Practice parameter for the assessment and treatment of children and adolescents with schizophrenia. *Journal of the American Academy of Child and Adolescent Psychiatry, 52*, 976–990.

McClellan, J. M., Susser, E., & King, M. C. (2006). Maternal famine, de novo mutations, and schizophrenia. *Journal of the American Medical Association, 296*, 582–584.

McClellan, J. M., Werry, J. S., & Ham, M. (1993). A follow-up study of early onset psychosis: Comparison between outcome diagnoses of schizophrenia, mood disorders, and personality disorders. *Journal of Autism and Developmental Disorders, 23*, 243–262.

McGrath, J. J. (2006). Variations in the incidence of schizophrenia: Data versus dogma. *Schizophrenia Bulletin, 32*, 195–197.

Messias, E. L., Chen, C. Y., & Eaton, W. W. (2007). Epidemiology of schizophrenia: Review of findings and myths. *Psychiatric Clinics of North America, 30*, 323–338.

Moore, T. H., Zammit, S., Lingford-Hughes, A., Barnes, T. R., Jones, P. B., Burke, M., et al. (2007). Cannabis use and risk of psychotic or affective mental health outcomes: A systematic review. *Lancet, 370*, 319–328.

Mulle, J. G., Dodd, A. F., McGrath, J. A., Wolyniec, P. S., Mitchell, A. A., Shetty, A. C., et al. (2010). Microdeletions of 3q29 confer high risk for schizophrenia. *American Journal of Human Genetics, 87*, 229–236.

Myers, R. A., Casals, F., Gauthier, J., Hamdan, F. F., Keebler, J., Boyko, A. R., et al. (2011). A population genetic approach to mapping neurological disorder genes using deep resequencing. *PLoS Genetics, 7*, e1001318.

Narr, K. L., Bilder, R. M., Toga, A. W., Woods, R. P., Rex, D. E., Szeszko, P. R., et al. (2005). Mapping cortical thickness and gray matter concentration in first episode schizophrenia. *Cerebral Cortex, 15*, 708–719.

Narr, K. L., Toga, A. W., Szeszko, P., Thompson, P. M., Woods, R. P., Robinson, D., et al. (2005). Cortical thinning in cingulate and occipital cortices in first episode schizophrenia. *Biological Psychiatry, 58*, 32–40.

Need, A. C., Ge, D., Weale, M. E., Maia, J., Feng, S., Heinzen, E. L., et al. (2009). A genome-wide investigation of SNPs and CNVs in schizophrenia. *PLoS Genetics, 5*, e1000373.

Nesvag, R., Bergmann, O., Rimol, L. M., Lange, E. H., Haukvik, U. K., Hartberg, C. B., et al. (2012). A 5-year follow-up study of brain cortical and subcortical abnormalities in a schizophrenia cohort. *Schizophrenia Research, 142*, 209–216.

O'Brien, M. P., Gordon, J. L., Bearden, C. E., Lopez, S. R., Kopelowicz, A., & Cannon, T. D. (2006). Positive family environment predicts improvement in symptoms and social functioning among adolescents at imminent risk for onset of psychosis. *Schizophrenia Research, 81*, 269–275.

Okkels, N., Vernal, D. L., Jensen, S. O., McGrath, J. J., & Nielsen, R. E. (2013). Changes in the diagnosed incidence of early onset schizophrenia over four decades. *Acta Psychiatrica Scandinavica, 127*, 62–68.

Palmer, B. A., Pankratz, V. S., & Bostwick, J. M. (2005). The lifetime risk of suicide in schizophrenia: A reexamination. *Archives of General Psychiatry, 62*, 247–253.

Paya, B., Rodriguez-Sanchez, J. M., Otero, S., Munoz, P., Castro-Fornieles, J., Parellada, M., et al. (2013). Premorbid impairments in early-onset psychosis: Differences between patients with schizophrenia and bipolar disorder. *Schizophrenia Research, 146*, 103–110.

Penades, R., Pujol, N., Catalan, R., Massana, G., Rametti, G., Garcia-Rizo, C., et al. (2013). Brain effects of cognitive remediation therapy in schizophrenia: A structural and functional neuroimaging study. *Biological Psychiatry, 73*, 1015–1023. Psychiatric GWAS Consortium Coordinating Committee, Cichon, S., Craddock, N., Daly, M., Faraone, S. V., Gejman, P. V., et al. (2009). Genomewide association studies: History, rationale, and prospects for psychiatric disorders. *American Journal of Psychiatry, 166*, 540–556.

Rapoport, J., Chavez, A., Greenstein, D., Addington, A., & Gogtay, N. (2009). Autism spectrum disorders and childhood-onset schizophrenia: Clinical and biological contributions to a relation revisited. *Journal of the American Academy of Child and Adolescent Psychiatry, 48*, 10–18.

Rapoport, J. L., Giedd, J. N., & Gogtay, N. (2012). Neurodevelopmental model of schizophrenia: Update 2012. *Molecular Psychiatry, 17*, 1228–1238.

Rapoport, J. L., & Gogtay, N. (2011). Childhood onset schizophrenia: Support for a progressive neurodevelopmental disorder. *International Journal of Developmental Neuroscience, 29*, 251–258.

Regier, D. A., Farmer, M. E., Rae, D. S., Locke, B. Z., Keith, S. J., Judd, L. L., et al. (1990). Comorbidity of mental disorders with alcohol and other drug abuse: Results from the Epidemiologic Catchment Area (ECA) Study. *Journal of the American Medical Association, 264*, 2511–2518.

Remschmidt, H., Martin, M., Schulz, E., Gutenbrunner, C., & Fleischhaker, C. (1991). The concept of positive and negative schizophrenia in child and adolescent psychiatry. In A. Marneros, N. C. Andreasen, & M. T. Tsuang (Eds.), *Positive versus negative schizophrenia* (pp. 219–242). Berlin: Springer-Verlag.

Ripke, S., Sanders, A. R., Kendler, K. S., Levinson, D. F., Sklar, P., Holmans, P. A., et al. (2011). Genome-wide association study identifies five new schizophrenia loci. *Nature Genetics, 43*, 969–976.

Ropcke, B., & Eggers, C. (2005). Early-onset schizophrenia: A 15-year follow-up. *European Child and Adolescent Psychiatry, 14*, 341–350.

Rosenfarb, I. S., Bellack, A. S., & Aziz, N. (2006). Family interactions and the course of schizophrenia in African American and white patients. *Journal of Abnormal Psychology, 115*, 112–120.

Ross, R. G., Heinlein, S., & Tregellas, H. (2006). High rates of comorbidity are found in childhood-onset schizophrenia. *Schizophrenia Research, 88*, 90–95.

Ruggero, C. J., Carlson, G. A., Kotov, R., & Bromet, E. J. (2010). Ten-year diagnostic consistency of bipolar disorder in a first-admission sample. *Bipolar Disorders, 12*, 21–31.

Rutter, M. (1972). Childhood schizophrenia reconsidered. *Journal of Autism and Childhood Schizophrenia, 2*, 315–337.

Samartzis, L., Dima, D., Fusar-Poli, P., & Kyriakopoulos, M. (in press). White matter alterations in early stages of schizophrenia: A systematic review of diffusion tensor imaging studies. *Journal of Neuroimaging*.

Sanders, A. R., Duan, J., Levinson, D. F., Shi, J., He, D., Hou, C., et al. (2008). No significant association of 14 candidate genes with schizophrenia in a large European ancestry sample: Implications for psychiatric genetics. *American Journal of Psychiatry, 165*, 497–506.

Schirmbeck, F., & Zink, M. (2013). Comorbid obsessive-compulsive symptoms in schizophrenia: Contributions of pharmacological and genetic factors. *Frontiers in Pharmacology. 9*, 4–99.

Schneider, K. (1959). *Clinical psychopathology*. New York: Grune & Stratton.

Sethi, K. D. (2001). Movement disorders induced by dopamine blocking agents. *Seminars in Neurology, 21*, 59–68.

Sevincok, L., Akoglu, A., & Kokcu, F. (2007). Suicidality in schizophrenic patients with and without obsessive–compulsive disorder. *Schizophrenia Research, 90*, 198–202.

Shoval, G., Zalsman, G., Apter, A., Diller, R., Sher, L., & Weizman, A. (2007). A 10-year retrospective study of inpatient adolescents with schizophrenia/schizoaffective disorder and substance use. *Comprehensive Psychiatry, 48*, 1–7.

Sim, K., Chua, T. H., Chan, Y. H., Mahendran, R., & Chong, S. A. (2006). Psychiatric comorbidity in first episode schizophrenia: A 2 year, longitudinal outcome study. *Journal of Psychiatric Research, 40*, 656–663.

Sim, K., Mahendran, R., Siris, S. G., Heckers, S., & Chong, S. A. (2004). Subjective quality of life in first episode schizophrenia spectrum disorders with comorbid depression. *Psychiatry Research, 129*, 141–147.

Siris, S. G. (2001). Suicide and schizophrenia. *Journal of Psychopharmacology, 15*, 127–135.

Spauwen, J., Krabbendam, L., Lieb, R., Wittchen, H. U., & van Os, J. (2004). Does urbanicity shift the population expression of psychosis? *Journal of Psychiatric Research, 38*, 613–618.

Sporn, A. L., Addington, A. M., Gogtay, N., Ordonez, A. E., Gornick, M., Clasen, L., et al. (2004). Pervasive developmental disorder and childhood-onset schizophrenia: Comorbid disorder or a phenotypic variant of a very early onset illness? *Biological Psychiatry, 55*, 989–994.

Sporn, A. L., Greenstein, D. K., Gogtay, N., Jeffries, N. O., Lenane, M., Gochman, P., et al. (2003). Progressive brain volume loss during adolescence in childhood-onset schizophrenia. *American Journal of Psychiatry, 160*, 2181–2189.

St. Clair, D., Xu, M., Wang, P., Yu, Y., Fang, Y., Zhang, F., et al. (2005). Rates of adult schizophrenia following prenatal exposure to the Chinese famine of 1959–1961. *Journal of the American Medical Association, 294*, 557–562.

Stefansson, H., Rujescu, D., Cichon, S., Pietilainen, O. P., Ingason, A., Steinberg, S., et al. (2008). Large recurrent microdeletions associated with schizophrenia. *Nature, 455*, 232–236.

Sun, C., Cheng, M. C., Qin, R., Liao, D. L., Chen, T. T., Koong, F. J., et al. (2011). Identification and functional characterization of rare mutations of the neuroligin-2 gene (NLGN2) associated with schizophrenia. *Human Molecular Genetics, 20*, 3042–3051.

Suominen, K. H., Isometsa, E. T., & Lonnqvist, J. K. (2002). Comorbid substance use reduces the health care contacts of suicide attempters with schizophrenia spectrum or mood disorders. *Schizophrenia Bulletin, 28*, 637–647.

Susser, E., Neugebauer, R., Hoek, H. W., Brown, A. S., Lin, S., Labovitz, D., et al. (1996). Schizophrenia after prenatal famine. Further evidence. *Archives of General Psychiatry, 53*, 25–31.

Toga, A. W., Thompson, P. M., & Sowell, E. R. (2006). Mapping brain maturation. *Trends in Neurosciences, 29*, 148–159.

Tsai, J., & Rosenheck, R. A. (2013). Psychiatric comorbidity among adults with schizophrenia: A latent class analysis. *Psychiatry Research, 210*, 16–20.

Vacic, V., McCarthy, S., Malhotra, D., Murray, F., Chou, H. H., Peoples, A., et al. (2011). Duplications of the neuropeptide receptor gene VIPR2 confer significant risk for schizophrenia. *Nature, 471*, 499–503.

Vidal, C. N., Rapoport, J. L., Hayashi, K. M., Geaga, J. A., Sui, Y., McLemore, L. E., et al. (2006). Dynamically spreading frontal and cingulate deficits mapped in adolescents with schizophrenia. *Archives of General Psychiatry, 63*, 25–34.

Vyas, N. S., Hadjulis, M., Vourdas, A., Byrne, P., & Frangou, S. (2007). The Maudsley early onset schizophrenia study: Predictors of psychosocial outcome at 4-year follow-up. *European Child and Adolescent Psychiatry, 16*, 465–470.

Walsh, T., McClellan, J. M., McCarthy, S. E., Addington, A. M., Pierce, S. B., Cooper, G. M., et al. (2008). Rare structural variants disrupt multiple genes in neurodevelopmental pathways in schizophrenia. *Science, 320*, 539–543.

Walter, A., Studerus, E., Smieskova, R., Kuster, P., Aston, J., Lang, U. E., et al. (2012). Hippocampal volume in subjects at high risk of psychosis: A longitudinal MRI study. *Schizophrenia Research, 142*, 217–222.

Wearden, A. J., Tarrier, N., Barrowclough, C., Zastowny, T. R., & Rahill, A. A. (2000). A review of expressed emotion research in health care. *Clinical Psychology Review, 20*, 633–666.

Werry, J. S. (1979). Psychoses. In H. C. Quay & J. S. Werry (Eds.), *Psychopathological disorders of childhood* (2 nd ed., pp. 43–89). New York: Wiley.

Werry, J. S., & McClellan, J. M. (1992). Predicting outcome

in child and adolescent (early onset) schizophrenia and bipolar disorder. *Journal of the American Academy of Child and Adolescent Psychiatry, 31*, 147–150.

Werry, J. S., McClellan, J. M., & Chard, L. (1991). Childhood and adolescent schizophrenic, bipolar, and schizoaffective disorders: A clinical and outcome study. *Journal of the American Academy of Child and Adolescent Psychiatry, 30*, 457–465.

World Health Organization. (2008). *Global burden of disease, 2004 update*. Geneva: Author.

Xu, B., Ionita-Laza, I., Roos, J. L., Boone, B., Woodrick, S., Sun, Y., et al. (2012). De novo gene mutations highlight patterns of genetic and neural complexity in schizophrenia. *Nature Genetics, 44*, 1365–1369.

Xu, B., Roos, J. L., Dexheimer, P., Boone, B., Plummer, B., Levy, S., et al. (2011). Exome sequencing supports a de novo mutational paradigm for schizophrenia. *Nature Genetics, 43*, 864–868.

Xu, B., Roos, J. L., Levy, S., van Rensburg, E. J., Gogos, J. A., & Karayiorgou, M. (2008). Strong association of de novo copy number mutations with sporadic schizophrenia. *Nature Genetics, 40*, 880–885.

Xu, B., Woodroffe, A., Rodriguez-Murillo, L., Roos, J. L., van Rensburg, E. J., Abecasis, G. R., et al. (2009). Elucidating the genetic architecture of familial schizophrenia using rare copy number variant and linkage scans. *Proceedings of the National Academy of Sciences USA, 106*, 16746–16751.

Zahn, T. P., Jacobsen, L. K., Gordon, C. T., McKenna, K., Frazier, J. A., & Rapoport, J. L. (1997). Autonomic nervous system markers of psychopathology in childhood-onset schizophrenia. *Archives of General Psychiatry, 54*, 904–912.

13

지적장애

ANDREA N. WITWER

KATHY LAWTON

MICHAEL G. AMAN

인류 역사에서 지적장애는 늘 존재했다. 그러나 오늘날 지적장애(intellectual disability, ID)로 불리는 장애의 개념을 수립하고 명칭을 부여하는 작업은 특히 1970년대 이래로 괄목할 만한 발전을 거듭해 왔다. ID의 현황을 이해하기 위해서는 이러한 발전의 역사를 간략히 살펴볼 필요가 있다.

간략한 역사적 개요

지적장애인에 대한 연구, 치료와 교육은 대부분이 1800년대에 뿌리를 두고 있는데, 이 무렵 Samuel Gridley Howe와 동료들은 장애인 각자의 가정을 훈련학교나 시설로 대체하는 것이 최선이라고 믿었다(Richards, 2004). 훈련학교 설립은 이 분야에 표준화 검사나 다학제적 서비스 전달 등의 수많은 발전을 이끌어 냈다. 실제로 1876년에는 이 훈련학교의 교장들이 회합을 갖고 지금은 미국 지적장애 및 발달장애학회(American Association on Intellectual and Developmental Disabilities, AAIDD)라 부르는 단체를 창설하였다(Richards, 2004). AAIDD는 지적장애인들을 옹호하는 역할을 하고 있을 뿐만 아니라, 지적장애와 발달장애에 관한 연구에 전념하는 3개의 학술지를 발간하고 있으며, 적응행동 평가의 선봉장으로 자리매김하고 있다.

ID의 역사는 수많은 불의로 점철되어 있다. 특히 눈에 띄는 것은 1900년대 초반의 우생학 관련 활동이다. 1920년대와 1930년대의 심리학 학술지들에는 불임이 가져다주는 혜택이라고 주장되는 내용들이 보고되었으며 인디애나, 캘리포니아, 버지니아 등의 주에서는 불임법이 통과되었다(Hothersall, 2003). 또한 1900년대 중반까지 훈련학교들은 지적장애인들에게 최상의 보호를 제공하기보다는 이들을 고립시키는 대규모의 비인간적 시설로 비쳐졌다.

그러나 ID 분야는 정책, 연구, 옹호집단에 생겨난 엄청난 변화에 힘입어 중요한 사회적 진보를 견인해 냈다. ID의 분류와 정의를 세밀하게 다듬는 작업이 이루어졌을 뿐 아니라 1970년 이후로 지적장애인들이 교육, 취업, 사회에서 누릴 수 있는 기회가 대폭 증가하였다. 이러한 진보는 연구자, 서비스 제공자, 정책입안자 및 일반대중이 ID를 개념화하는 방식에 커다란 변화를 가져왔다. ID를 초래하는 수많은 유전적 장애의 병인이 밝혀지면서 지적장애인들에게 많은 혜택이 주어졌으며, 개입과 교육의 진전은 수많은 지적장애인들의 삶에 중요한 영향을 미쳤다. 21세기에 미국은 교육에서 취업에 이르기까지 지적장애인들을 사회에 더욱 통합하는 방향으로 움직이고 있다(Fesco, Hall, Quinlan, & Jockell, 2012). 또한 지적장애인들의 삶의 질(Schalock & Verdugo, Alonso, 2002)과 행복도 증진되고 있다. ID에 대한 이해가 깊어지면서 병인, 필요한 지원, 삶의 결과와 관련하여 지적장애인들 간에 다양한 변이가 있다는 인식도 굳건히 뿌리를 내리고 있다.

이 장에서는 ID의 정의, 증상, 병인과 관련하여 다양한 쟁점들을 다루며, 평가의 걸림돌이나 이중진단과 같이 ID 분야에서 고유한 중요성을 갖는 여러 쟁점을 살펴본다. 장 전반에 걸쳐서 ID와 관련된 공통의 요인들을 강조하겠지만 지적장애인들 간의 엄청난 다양성에도 주목할 것이다.

지적장애란 무엇인가

핵심적 특징

사람들은 ID를 생각할 때 다운증후군과 같은 유전적 증후군을 떠올리는 경우가 많다. 대중매체가 장애인에 대해 보도할 때에는 뚜렷이 눈에 띄는 특징을 지닌 사람들의 모습을 보여주는 경향이 있다. 그러나 ID는 이보다 훨씬 더 복잡하고 이질적인 현상이다. 지적장애인들은 지역과 사회 전반에서 다양한 능력을 발휘하고 다양한 행동과 역할을 수행한다. 지적장애 아동들은 일반학급에 통합되어 교육받는 경우가 많다. ID를 가지고 있는 많은 청소년과 젊은 성인들은 대학캠퍼스와 지역사회에서 벌어지는 행사들에 적극적으로 참여하고 있다(Izzo & Shuman, 2013). 예를 들어 장애인올림픽과 지역사회에 기반을 둔 북클럽에 참여하며(Fish, Rabidoux, Ober, & Graff, 2006), 그 밖에도 다양한 취미활동에 참여한다. ID가 있는 성인들 중에는 직업을 가지고 있는 경우가 많으며, 그중 일부는 (소수이기는 하지만) 독립적으로 가정을 꾸리고 있다. 그 이외의 지적장애인들은 복잡한 의학적·정서적·

신체적 질환을 가지고 있어서 학교, 직장, 또는 지역사회 활동에 온전히 참여할 만한 능력을 갖추지 못하고 있을 수 있다.

ID의 병인에서 비롯되는 여러 요인 또한 ID의 이질성에 기여하는데, 이 요인들은 이 장 후반부에서 더 상세히 다루기로 한다. ID의 어떤 사례들은 다운증후군과 같은 유전적 장애 때문이지만 출생 이전, 출산 전후, 출생 이후의 여러 요인에서 비롯되는 사례들도 많이 있다. 지난 10년간 이루어진 유전연구의 진보는 권장되는 유전검사들(예 : 미세배열)에서 해당사례의 15~20%에 대해 ID의 원인을 찾아낼 수 있게 해주는 등 유전자 전체를 아우르는 발견들을 가능하게 해주었다(Mefford, Batshaw, & Hoffman, 2012). 그럼에도 불구하고 ID의 경우 대개는 병인을 확실히 설명하기 어렵다.

지적장애는 이렇듯 매우 이질적이지만 ID의 존재를 보여주는 세 가지 핵심적 특징이 있다. 첫째는 지적 기능의 결함이다. 지능검사를 실시하여 지능지수(IQ)를 구하고, IQ 점수가 일정 수준 이하이면 결함이라고 정의한다. 그러나 지적 기능의 결함은 ID 진단에 충분조건이 아니다. 개인이 자신의 생활반경 안에서 얼마나 잘 기능할 수 있는가 하는 것이 IQ만큼 중요하다. 이 두 번째 핵심적 특징을 흔히 '적응행동'이라 한다. 적응행동을 측정하는 데 사용되는 표준화 도구에는 여러 가지가 있는데, 적응행동 평가체계, 제2판(ABAS-II; Harrison & Oakland, 2003), 독립적 행동척도, 개정판(SIB-R; Bruininks, Woodcock, Weatherman, & Hill, 1996), Vineland 적응행동 척도, 제2판(Vineland-II : Sparrow, Cicchetti, & Balla, 2005) 등 많은 도구가 있다.

넓게 정의해서 적응행동은 실제적, 개념적 및 사회적 기술이라는 세 요인으로 구성된다(Tasse et al., 2012). 실행 기술(practical skills)은 일상생활(개인적 돌봄), 직업관련 기술, 금전 사용, 안전, 건강관리, 여행/교통, 일정표/일과표 사용, 전화기 사용 등의 활동을 말한다. 개념 기술(conceptual skills)은 언어지식, 읽기, 쓰기, 시간 및 수 개념 등을 총괄한다. 사회 기술(social skills)은 대인관계 기술, 사회적 책임성, 자기존중감, 규칙과 법의 준수, 쉽게 속지 않음, 사회적 문제해결 등을 가리킨다(Tasse et al., 2012). 적응행동은 흔히 문화적·사회적 기대에 의해 정의되며, 또래와 함께하는 환경에서 외부지원 없이 얼마나 잘 기능하느냐에 따라 평가된다(Borthwick-Duffy, 2007). ID 진단에 적응행동 결손이 추가로 요구되는 것은 중요할 뿐만 아니라 필요하기도 하다.

ID 진단에 필요한 마지막 요소는 인지 및 적응행동의 결함이 발달이 이루어지는 기간에 나타나야 한다는 것이다(APA, 2013). 발달이 끝나는 정확한 연령은 정의와 시점에 따라 달라지지만 통상적으로 18세에서 22세 사이인 것으로 생각된다. 따라서 그 이후에 처음으로 뇌손상, 심신을 쇠약하게 만드는 정신질환, 또는 감염으로 말미암아 인지 및 적응행동에 상당한 결함을 갖게 된 성인은 지적장애인들과 유사한 수준의 결함이 있다 할지라도 지적장애 진단을 받지 못할 것이다.

증상

따라서 인지 및 적응행동의 결함은 발달기간의 결함 발생과 더불어 ID의 핵심적 특징들이다. 그러나 지적장애인의 강점과 약점, 그로 인해 그들이 필요로 하는 지원의 수준은 지적장애인들 간에 크게 차이가 있다. 역사적으로 볼 때 다양한 정도의 ID를 가진 사람들을 구분하기 위해 IQ, 적응행동 수준, 또는 필요한 지원의 수준과 같은 요인들이 사용되었다. 정확한 정의 및 진단기준은 '개념정의 및 진단과 관련한 쟁점들'을 다루는 다음 절에서 더 상세히 다루게 될 것이다. 이와 관계없이 행동과 인지의 일반적 특징들은 경도, 중등도, 고도 또는 극도 수준으로 통상적으로 지칭되는 여러 수준의 ID와 관련성이 있는 것으로 생각된다. 경도 지적장애인은 지적장애인들 중에서 IQ가 가장 높고(예 : 약 70±5에서 55까지) 적응행동 결함이 가장 경미하다. 이 집단은 가장 수가 많은 집단으로서 전체 지적장애인의 80~90%가량을 차지한다(Schallock et al., 2010). 이 집단에 속하는 지적장애인의 상당수가 장애를 초래한 분명한 원인을 찾아낼 수 없고, 외관상으로는 일반대중과 구별되지 않으며, 행동 증상과 결과가 매우 다양한 것으로 나타난다(Schallock

et al., 2010). 경도 ID 아동들은 학령기에 이르기 전까지는 장애가 있는 것으로 확인되지 않는 경우가 많다. 이 아동들은 학교장면에서 일정 수준의 지원을 받을 필요가 있다. 정보를 기억에 담아두기가 어려울 뿐 아니라 읽기나 다른 과목들을 배울 때 직접적 교수기법이 필요할 수 있기 때문이다. 그러나 이 아동들도 적절한 지원을 받으면 흔히 일반학급에서 공부할 수 있고 과외활동에도 참여할 수 있다. ID가 경도 수준인 사람들은 적절한 지원을 받으면 성인기에 독립적으로 생활할 수 있으며, 직업을 갖고 결혼을 하며, 심지어 가족을 건사할 수도 있다(Brown, Renwick, & Raphael, 1999).

중등도 지적장애인은 두 번째로 그 수가 많은데, 지적 능력과 적응행동에서 좀 더 심한 결함을 가지고 있다. 이들은 학령전기에 ID가 있는 것으로 진단되는 경우가 더 많다. 중등도 ID가 있는 사람들은 확인 가능한 생물학적 원인(예 : 유전적 장애, 뇌성마비, 조산) 때문일 가능성이 더 크다. 중등도 ID 아동들은 경도 ID 아동들보다 교육 커리큘럼을 좀 더 많이 수정해 주어야 할 필요가 있으며, 언어와 의사소통에서 더 심한 결함을 나타내는 경우가 많다. 중등도 지적장애인들은 대부분 성인기 내내 지속적으로 지원을 받을 필요가 있다.

고도 ID와 극도 ID가 있는 사람들은 기질적 원인으로 인해 장애가 생겼을 가능성이 가장 크다. 한 연구는 고도 지적장애인들의 50%가 심한 ID를 초래한 유전성 또는 선천성 장애를 가지고 있음을 발견하였다(Arvio & Sillanpaa, 2003). 이 연구에서 또 다른 19%는 ID가 주산기나 발달 초기의 뇌병변, 질식, 신체적 외상, 또는 감염으로부터 초래되었을 가능성이 있는 것으로 나타났다. 고도 또는 극도 ID를 가진 사람들은 이러한 요인들 때문에 출생 이전이나 출생 직후에 장애가 확인되는 경향이 있다. 이들은 또한 상당한 의료서비스를 필요로 할 뿐만 아니라 신체장애도 가지고 있을 확률이 높다. 그렇기 때문에 이들 대부분은 높은 수준의 지원을 평생 지속적으로 받아야 한다. ID가 심할수록 발작장애가 흔히 나타나는데, 극도 지적장애인들은 40% 이상이 발작장애도 가지고 있다(Bowley & Kerr, 2000).

정의 및 진단적 쟁점

ID를 기술하는 데 사용되는 용어는 DSM-I(APA, 1952)의 '정신박약'에서 DSM-II에서 DSM-IV-TR까지의 '정신지체', 그리고 가장 최근에는 DSM-5(APA, 2013)의 '지적장애'에 이르기까지 지난 50년간 크게 변화하였다. 역사적으로 살펴보면 (고도 지적장애인은) '얼간이(idiot)', (중등도의 지적장애인은) '멍청이(imbecile)', (경도 지적장애인은) '바보(moron)' 등의 용어로 불리기도 하였다. 이용어들은 처음에는 기술적인 의미로 사용되었으나 시간이 흐르면서 매우 경멸적인 의미를 갖는 쪽으로 바뀌어 갔다. 더 최근에는 극도로 모욕적인 어감을 띠는 '저능아(retardate)'라는 용어가 사용되었다. 이러한 용어상의 변화에도 불구하고 ID의 필수적 요소들 — 지적 기능 결함, 환경적 요구에 대한 적응력 제한, 발달이 이루어지는 시기에 발생 — 은 시간이 흘러도 크게 변화하지 않았다 (Schalock et al., 2010). 그러나 문제는 세부사항에 있다. 이러한 필수적 요소들이 어떻게 정의되고 지칭되고 측정되는지가 공공정책과 사회 서비스에 커다란 영향을 미치며, 어떤 경우에는 사활이 걸린 중대한 문제가 될 수도 있는 것이다.

연방정부와 DSM-5(APA, 2013) 사업단 모두 기존의 용어들이 부정적 결과를 초래할 수 있다는 점을 인정하였다. 최근의 한 예로 미국의 오바마 대통령은 2010년에 로사법(공법 111-256; Congressional Research Service, 2010)에 서명하였는데, 이 법은 지금껏 '정신지체'로 호명하던 장애를 '지적장애'로 바꾸도록 연방법률, 시행령, 법규 등을 모두 수정하였다. 더 나아가 "이 법령에 의한 변화는 (1) 수정된 수급권에서 지칭하는 적용범위, 적격성, 권리, 책임, 혹은 개념정의를 바꾸거나, (2) 주 정부가 이 법령에 의해 수정된 수급권자에 해당하는 사람들을 지칭하는 법률용어를 바꾸도록 강제할 의도가 전혀 없이 이루어지는 것"임을 선포하였다(Congressional Research Service, 2010).

용어를 둘러싼 신중한 고려와 논의 끝에 DSM-5에서는 마침내 '지적장애[(intellectual disability)', '지적발달장애(intellectual developmental disorder)]'를 채택하였다. 장애(disorder)라는 용어는 통상적으로 정신질환과 짝을 이루기 때문에 지금껏 우려의 근원이었다. APA(2013)는 ID를 기술하는 서두에서 다음과 같이 신중하게 지적하였다. "지적장애(intellectual disability)라는 용어는 ICD-11의 지적발달장애 진단과 동등한 용어이다. 편람 전체에서는 지적장애라는 용어를 사용하고 있지만, 다른 분류체계와의 관계를 명확하게 하기 위해 두 용어 모두를 [편람에서 이 절의] 제목에 사용하였다."(p.33) DSM-5는 또 ID가 의료계 및 교육계 인사들, 다른 전문가들과 일반대중뿐만 아니라 전문학술지들에서도 널리 사용되는 용어임을 분명히 하였다. 사실 AAIDD의 대표자 2인은 APA 회장에게 보낸 서한에서 지적발달장애라는 용어를 사용하는 데 대한 우려를 다음과 같이 표명하였다(Gomez & Nygren, 2012).

'지적발달장애'라는 용어의 사용은 AAIDD의 입장, 현행 실무와 배치되며 교육, 서비스 및 사법체계 종사자들에게 직접적인 위해를 끼칠 것으로 사료됩니다. 지적장애(ID)는 종전에 정신지체라 명명했던 상태를 가리키는 용어로 가장 많이 – 국내 및 국외에서 – 사용되는 용어입니다. 지적장애라는 용어는 (a) '정신지체'를 대체하는 용어로서 이를 채택하고자 하는 국내 및 국외의 움직임과 일치할 뿐 아니라 (b) 세계보건기구의 국제기능분류 및 AAIDD가 모두 권장하는 변화된 장애 개념을 더 잘 반영하며, (c) 기능적 행동과 맥락요인에 중점을 두는 현행 실무체계와 더 일치하고, (d) 사회생태학적 틀에 기반을 둔 지원조달체계를 이해할 수 있는 논리적 토대를 제공해 주며, (e) 장애인들이 불쾌감을 더 적게 느낀다는 점에서 선호되는 용어입니다. (p.2)

DSM-5 사업단은 '지적장애(지적발달장애)'라는 명칭을 사용할 때 세계적인 실무추세를 염두에 두는 한편으로 이 서한에도 세심한 주의를 기울였다. 용어와 관련한 결정은 정부기관, 연구자, 보험회사들에 중요한 의미를 갖는 만큼 단순한 미학의 문제를 넘어서는 것이기 때문이다.

개념 정의

앞서 지적하였듯이 ID를 정확하게 정의하는 것은 쉽지 않은 일이다. 더욱이 정의와 분류에 관한 편람을 제작하는 두 전문가 집단 ─ APA와 AAIDD(종전의 미국정신지체학회) ─ 은 ID를 각기 달리 정의하고 있다.

AAIDD에서 펴낸 편람(Schalock et al., 2010)의 최신판에서 내놓은 정의를 보면 "지적장애는 지적 기능에서, 그리고 개념적·사회적·실제적 적응기술로 표현되는 적응행동에서 상당한 제한을 보인다는 특징이 있다. 이 장애는 18세 이전에 나타난다."(p.6)고 기술하고 있다. AAIDD는 "인지기능의 상당한 제한"을 "사용된 측정도구의 표준오차와 그 도구의 장단점을 고려해서 평균보다 2 표준편차 아래인 IQ 점수"로 정의하고 있다(p.31). AAIDD 지침은 임상전문가들이 ID 진단을 내리기 위해 적응행동에 상당한 제한이 있는지를 판단할 때 일반인 집단을 규준으로 하는 표준화 도구를 사용해야 한다고 명기한다. (앞서 지적했듯이 그러한 도구로는 ABAS-II, SIB-R, Vineland-II 등이 있다.) 이 지침은 표준화 도구에서 "상당한 제한"을 "(a) 적응행동의 세 가지 유형(개념적, 사회적, 실제적) 중 하나에서, 또는 (b) 개념적·사회적·실제적 기술을 측정하는 검사에서 전체 점수가 평균보다 대략 두 표준편차 아래"(p.43)인 수행으로 정의한다. 나아가 AAIDD 편람은 "이 정의를 적용하는 데 필수적"이라고 자체적으로 주장하는 가정들을 제안한다(p.11). 이가정들은 개인의 기능 제한을 측정할 때 통합된 지역사회 환경에서 기대되는 바와 비교해 보아야 한다는 점을 강조한다. 또한 어떤 평가든지 복잡한 감각, 운동, 행동 관련 요인들뿐만 아니라 문화적 다양성과 개인의 의사소통 능력을 고려해야 한다고 강조한다. AAIDD가 내놓은 정의의 핵심원리 한 가지는 개인이 지닌 제한을 기술하는 것이 그 개인이 필요로 하는 지원의 프로파일 개발로 이어져야 한다는 것이다. 이와 같이 지원에 방점을 두는 이유는 사회가 그 사회의 구성원들 모두에 대해 책임을 져야 한다는 것을 인정할 필요성을 강조하기 위한 것이다.

DSM-5가 내놓은 정의의 핵심은 AAIDD와 대략 일치한다. 즉, DSM-5의 ID 정의는 발달이 이루어지는 시기에 시작되는 인지 및 적응기능의 결함을 강조한다. DSM-5는 ID가 "발달하는 시기에 시작되고 개념적, 사회적, 실제적 영역에서 인지 및 적응기능의 결함을 보이는" 장애라고 정의한다(APA, 2013, p.33). 지적 기능의 결함은 "추리, 문제해결, 계획, 추상적 사고, 판단, 학업에 따른 학습, 경험에 따른 학습"에 영향을 미치는 것으로 기술된다. 이러한 결함들은 "임상적 평가와 개인용 표준화 지능검사 둘 다에 의해 확인"되어야 한다(p.33). DSM-5에서는 종전 판들과 달리 진단기준에 절단점수를 명시하지 않고 "ID를 가진 사람들은 모집단 점수의 평균보다 두 표준편차 또는 그보다 더 낮은 점수를 받는다. 표준편차가 15이고 평균이 100인 검사라면 65~75(70±5)점"(p.37)에 해당된다고 기술한다. 적응기능의 결함은 "개인적 독립성과 사회적 책임성에 대한 발달적·사회적 기준을 충족시키지 못한 데서 비롯되는"(p.33) 결함을 가리킨다. 사회의 지원수준과 관련해서 ID의 정의는 "현재 제공되는 지원 없이는 적응적 결함이 일상생활에서 한 가지 또는 그 이상의 활동에서 기능을 제한"(p.33)하는 것이라고 기술한다. 이번 판에서 주목할 점은 임상적 판단을 강조한 것이다. DSM-5의 정의에서는 점수 결과를 해석할 때 임상적 판단에 크게 비중을 두고 있으며, 표준화 검사도구의 결론과 일상생활 상황에서 관찰되고 보고된 기능 및 의사결정을 견주어 보고 균형 잡힌 결론을 내리는 것이 중요하다는 점을 강조하고 있다. 이번 판은 또 장애의 발생에서 '발달시기'의 중요성을 지적하고 있지만, 이와 같이 중요한 창문에 해당하는 연령이 언제인지는 명시하지 않고 있다.

분류체계

인지 및 적응기능의 결함이 ID의 핵심적 특징이기는 하지만, 지적장애인들이 보이는 손상의 유형 및 이러한 손상과 관련된 강점과 약점은 매우 다양하게 나타난다. 이런 이유로 연구자와 임상전문가들은 연구를 수행하고 서비스를 제공하며 서비스와 지원을 개발하고 전문가들 간의 의사소통을 촉진하는 등의 목적을 이루기 위해 분류체계에 의지하여 사람들을 여러 집단으로 묶으려는 경향이 있다. 분류체계 접근은 시간에 따라 그리고 관련기관들 간에 차이가 있다.

AAIDD의 개념적 틀

AAIDD는 2010년 편람에서(Schallock et al., 2010) "인간 기능에 관한 개념적 틀"에 기초한 다차원적 분류체계를 제안한다. 이 개념화는 다중차원을 참작하며 개인별 지원을 강조한다. 이 모델은 ID 증상들이 인지기능, 적응행동, 건강, 참여, 맥락, 개인별 지원 등 여러 차원 간의 복잡한 상호작용에 따라 나타나는 것임을 강조한다. 최근의 다른 분류체계들과 종전 체계들은 지적 기능이 단일차원 또는 두 차원(예 : 적응기능과 인지기능)으로 이루어져 있다는 관점에 의존해 왔다. AAIDD의 틀은 인지기능과 적응기능을 넘어서 분류를 확장한다. 또한 신체건강과 정신건강, 개인 각자의 환경 참여, 모든 요인이 작용하는 맥락을 고려한다. '개념적 틀' 부분에서 기술한 대로 이 모든 차원은 개인맞춤형 지원과 상호작용하여 최적의 기능을 가져온다.

장애의 심각도

역사적으로 DSM은 ID의 정의에 심각도 명시자를 포함하였다. DSM-III에서 DSM-IV-TR까지 사용된 전반적 다축체계의 다양한 축들이 심리장애, 의학적 상태, 심리사회적 · 환경적 문제, 전반적 기능수준에 대한 판단을 포괄하기는 하지만, 심각도는 ID와 관련성이 있는 것으로 생각되는 손상의 정도를 기술하기 위한 용도로 사용되었다. DSM-IV-TR(APA, 2000)에서는 ID의 심각도를 오로지 IQ를 근거로 하여 분류하였다. IQ 점수가 50~55점에서 약 70점까지는 '경도 정신지체', 35~40점에서 50~55점까지는 '중등도 정신지체', 20~25점에서 35~40점까지는 '고도 정신지체', 그리고 20~25점 이하는 '극도 정신지체'로 분류하게 되어 있었다(APA, 2000, p.42). 이와는 대조적으로 DSM-5에서는 IQ 점수가 아니라 적응기능에 기초하여 심각도를 정의한다. "필요한 지원의 수준을 결정하는 것은 적응기능"이라고 보기 때문이다(p.33). DSM-5는 적응행동의 특정 절단점수나 표준화 점수를 제공하기

보다는 장애의 심각도 수준이 각기 다른 사람들의 특징을 개념, 사회, 실행 영역으로 나눠서 기술하는 표를 제공한다. 이 기술들에는 기능수준이 다양한 사람들이 각자 필요로 하는 도움도 제시되고 있다. 표 13.1에 이 특징들을 제시하였다.

개념 정의의 의미와 중요성

일부 독자에게는 이런 내용이 난해한 이론적 논의인 것처럼 비쳐질 수도 있지만 정확한 개념 정의와 절단점수 기준은 중요한 결과를 암시해 준다. 예컨대 '약 70점에서 75점'으로 기준을 변경하는 것은 고작 몇 점을 가지고 옥신각신하는 것처럼 보일지도 모른다. 그러나 MacMillan, Gresham과 Siperstein(1993)의 저술에 따르면 "상한선을 조금만 상향이동해도 정신지체로 진단되는 인구의 비율이 엄청나게 늘어나는 결과가 초래된다. 절단점수가 'IQ 75점 이하'일 때에는 'IQ 70점' 이하일 때보다 **2배나 되는 사람들이 정신지체의 진단기준에 부합하게 된다.**"(p.327; 고딕체는 저자의 강조) 이는 바람직한 개입과 지원을 하기 위한 금전적 자원, 가용한 개입 및 기금의 분배에 중요한 의미를 갖는다.

개념 정의의 중요성이 앳킨스 대 버지니아 사건에서보다 더 통렬하게 드러나는 경우는 없다. 2002년 미국 대법원은 '정신지체'가 있는 사형수들을 처형하는 것이 잔인하고 비정상적인 처벌을 금지하는 미국 수정헌법조항 제8조에 위배된다는 판결을 내렸다. 이러한 획기적 판결은 지적장애인의 처형을 끝내는 데 목표가 있었다. 그러나 Greenspan(2009)은 이 판결이 적용될 사람들의 집단을 명확하게 정의하지 않고 있다는 점이 이 판결의 주요 문제라고 지적했다. 예를 들어 IQ 기준을 엄격하게 70점으로 정한 주(州)들이 있는가 하면 기준을 더 유연하게 잡은 주들도 있고, 경계선을 전혀 규정하지 않고 있는 주들도 있다. 대부분의 앳킨스 사건들이 믿기 어려울 정도로 적은 차이를 보인다는 데 주목할 필요가 있다. 흔히 ID의 존재를 지지하는 증거와 반박하는 증거가 다 있어서 대상자가 ID를 가지고 있다 하더라도 경도 수준이라는 것이다(Olley, 2009). 이런 결정은 문자 그대로 생

표 13.1 지적장애(지적발달장애)에 대한 DSM-5의 심각도 수준

심각도 수준	개념 영역	사회 영역	실행 영역
경도	학령전 아동에게는 개념 영역의 차이가 뚜렷하지 않을 수 있다. 학령전 아동과 성인은 읽기, 쓰기, 산수, 시간, 돈 등의 학업기술을 배우는 데 어려움이 있다. 연령과 관련된 기대를 충족시키기 위해서는 한 가지 또는 그 이상의 영역에서 도움을 받을 필요가 있다. 성인은 학업기술의 기능적 사용(예 : 읽기, 금전관리)은 물론이고 추상적 사고, 집행기능(기획, 전략수립, 우선순위 설정, 인지적 유연성)과 단기기억이 손상되어 있다. 또래집단에 비해 다소 구체적인 방식으로 문제와 해결방안에 접근한다.	전형적 발달을 보이는 또래에 비해 사회적 상호작용이 미성숙하다. 가령 또래의 사회적 단서를 정확히 지각하기가 어려울 수 있다. 의사소통, 대화와 언어가 연령에 따른 기대수준에 비해 구체적이거나 미성숙하다. 정서와 행동을 연령에 적절한 방식으로 조절하기가 어려울 수 있으며, 또래들은 사회적 상황에서 이러한 어려움을 알아챈다. 사회적 상황에서 위험을 잘 알아채지 못한다. 연령에 비해 사회적 판단이 미성숙하며, 다른 사람에게 조종당하거나 속아 넘어갈 위험이 있다.	연령에 적절하게 신변관리를 할 수 있다. 복잡한 일상생활 과제들은 또래들과 비교할 때 약간의 도움을 받을 필요가 있다. 성인기에는 대개 장보기, 교통수단 이용, 가사 및 자녀 돌보기, 영양을 고려한 음식 준비, 은행업무 및 금전관리 등의 영역에서 도움이 필요하다. 여가기술은 또래집단과 유사하지만 웰빙 및 여가계획과 관련된 판단에는 도움이 필요하다. 성인기에는 개념적 기술을 강조하지 않는 일자리에 취업할 수 있다. 일반적으로 건강관리 및 법적 판단을 하거나 숙련직업을 유능하게 수행하기 위한 학습을 하는 데 도움이 필요하다. 가정을 꾸리는 데에도 도움이 필요하다.
중등도	발달 과정에서 개념 기술이 또래들에 비해 크게 뒤떨어진다. 학령전 아동의 경우 언어와 학업준비 기술이 발달하는 속도가 느리다. 학령기 아동들은 읽기, 쓰기, 수학, 시간과 돈에 대한 이해가 학령기 내내 더디게 발달하며, 또래아동들에 비해 크게 제한되어 있다. 성인기의 학업기술 발달은 초등학생 수준이며, 일터와 개인생활에서 학업기술을 사용하는 모든 경우에 도움이 필요하다. 일상생활에서 개념적 과제를 완수하기 위해서는 일일 단위로 도움이 필요하며, 다른 사람들이 이러한 책임을 온전히 대신해 줄 수도 있다.	발달 과정에서 사회적 및 의사소통 행동이 또래들과 확연한 차이를 보인다. 구두언어는 사회적 의사소통의 기본도구이지만, 또래들에 비해 훨씬 단순하다. 가족과 친구들과의 유대관계에서 관계역량이 뚜렷하게 나타나며, 평생에 걸쳐 성공적인 친구관계를 갖고 성인기에는 때로 이성관계를 맺기도 한다. 그러나 사회적 단서를 정확하게 지각하거나 해석하지 못할 수 있다. 사회적 판단과 의사결정 능력이 제한되어 있으며, 생활과 관련된 판단을 할 때 보호자가 도움을 주어야 한다. 의사소통 또는 사회적 제약이 전형적 발달을 하는 또래들과의 친구관계에 영향을 미친다. 직업 영역에서 성공하기 위해서는 상당한 사회적 및 의사소통적 지원을 받을 필요가 있다.	성인으로서 식사, 옷 입기, 배변, 위생 등의 개인적 요구를 관리할 수 있지만, 이런 영역에서 독립적 수행을 하기 위해서는 장기간의 교육과 시간이 필요하며 할 일을 상기시켜 주는 것도 필요하다. 이와 유사하게 성인기에는 모든 가사에 참여할 수 있지만 상당한 기간의 교육이 필요하며, 성인 수준의 수행을 하기 위해서는 지속적인 지원을 받을 필요가 있다. 개념 기술과 의사소통 기술을 제한적으로 요구하는 직업에 독립적으로 종사할 수 있으나 사회적 기대, 복잡한 업무 및 일정관리, 교통수단 이용, 의료보험, 금전관리와 같은 부수적 책임을 다하기 위해서는 동료직원, 관리자 및 다른 사람들의 도움을 상당히 많이 받을 필요가 있다. 다양한 여가활용 기술을 개발할 수 있다. 그러기 위해서는 추가지원과 장기간의 학습기회가 있어야 한다. 소수의 사람들에게 부적응행동이 나타나 사회적 문제를 초래한다.

(계속)

표 13.1 (계속)

심각도 수준	개념 영역	사회 영역	실행 영역
고도	개념 기술 습득이 제한되어 있다. 일반적으로 문자언어 또는 수, 양, 시간, 돈 등의 개념을 거의 이해하지 못한다. 보호자는 평생 일상생활의 전반적인 문제들에 대해 지원을 제공한다.	구두언어의 어휘와 문법이 상당히 제한되어 있다. 말을 할 때 단일 단어나 구를 사용하고 어의를 확장하는 수단에 의해 보완하기도 한다. 말과 의사소통이 지금 여기서 일어나는 일상생활의 사건들에 치중되어 있다. 언어는 설명보다는 사회적 의사소통을 하는 데 더 많이 사용된다. 단순한 말과 몸짓에 의한 의사소통을 이해한다. 가족구성원들과 친숙한 사람들과의 관계에서 즐거움을 얻고 도움을 받는다.	식사, 옷 입기, 목욕, 배설 등 일상생활의 모든 활동에 지원을 받을 필요가 있다. 항시적으로 관리를 받을 필요가 있다. 자신과 타인의 웰빙과 관련하여 책임 있는 결정을 내릴 수 없다. 성인기에 가사, 취미생활, 일터의 과업에 참여하기 위해서는 지속적인 지원과 도움을 받을 필요가 있다. 어떤 영역에서든 기술을 습득하려면 장기간의 교육과 지속적인 도움이 필요하다. 상당수 사람들에게 자해와 같은 부적응행동이 나타난다.
극도	일반적으로 상징적 과정보다는 물리적 세계에 대한 개념 기술을 가지고 있다. 자기관리, 직업, 여가활동을 위해 사물을 목표지향적인 방식으로 사용할 수 있다. 물리적 특징에 기초한 대응과 분류 같은 몇몇 시공간 기술을 습득할 수 있다. 그러나 지적장애와 동시에 발생하는 운동 및 감각 손상은 대상들의 기능적 사용을 방해할 수 있다.	말이나 몸짓에서 상징적 의사소통을 이해하기가 매우 어렵다. 간단한 지시나 몸짓은 이해할 수 있다. 자신의 욕구나 감정을 주로 비언어적, 비상징적 의사소통에 의해 표현한다. 잘 아는 가족구성원, 보호자, 친숙한 사람들과 좋은 관계를 맺고, 몸짓과 정서적 단서들을 통해 사회적 상호작용을 시작하고 그에 반응한다. 동시에 발생하는 감각 및 신체 손상이 다양한 사회적 활동을 방해할 수 있다.	일상적 신체관리, 건강, 안전의 모든 측면에서 다른 사람들에게 의존하지만, 이런 활동 중 일부에는 참여할 수 있다. 심한 신체 손상이 없는 사람들은 접시를 식탁으로 나르는 것 같은 가정에서의 일상적인 일들을 보조할 수 있다. 높은 수준의 지원을 지속적으로 받는다면 물건을 다루는 단순한 행위를 하는 직업활동에 참여할 수 있다. 다른 사람의 지원을 받아서 음악을 듣거나 영화를 보거나 산책하러 나가거나 물놀이를 하는 등의 여가활동을 즐길 수 있다. 동시에 발생하는 신체 및 감각 손상은 집안일, 여가 및 직업활동에 참여하는 데 걸림돌이 되는 경우가 많다. 소수의 사람들에게 부적응행동이 나타난다.

주 : DSM-5(pp.34-36)에서 허락을 받은 후 게재.

사가 걸린 문제가 될 수 있다.

상황 및 맥락요인

확인, 평가, 진단명 배정과 같이 ID를 더욱 복잡하게 만드는 요인들이 많이 있다. 2004년 IDEA(공법 108-446조)는 미국의 모든 주가 '포괄적 아동발굴체계'를 갖춤으로써 출생에서부터 21세까지의 아동 중에서 조기개입이나 특수교육이 필요한 아동들을 찾아내고 확인하여 조기개입 또는 특수교육 프로그램에 의뢰하도록 의무화하였다. 앞서 지적했듯이 더 심각한 결함을 지닌 아동들은 학교에 입학하기 전에 확인되는 경향이 있지만, 대다수의 (특히 경도 ID) 아동들은 학령기에 이르기 전에는 확인되지 않는다.

교사는 ID를 가지고 있는 것으로 우려되는 학생들을 사전의뢰 개입을 담당하는 평가팀에 보내는데, 이 팀은 사전의뢰 개입팀의 기능을 한다. 사전의뢰 개입팀의 운용은 학교에 기반을 둔 상담접근법을 따른다. 이 팀은 학업적·행동적·사회적 문제 및 일상생활의 활동에서 겪는 문제 등 학교체계 안에서 아동이 마주치는 어려움들에 대한 개입을 시행할 수 있다(Meyers, Valentino, Meyers, Boretti, & Brent, 1996). 이런 개입이 효과를 내지 않고 손상이 지속되는 경우에는 추가평가를 시행한다. 이런 추가평가는 보통 학제간 성격을 띠며 흔히 인지, 적응행동, 사회·정서적 기능, 언어, 소근육 및 대근육 운동기술, 그리고 전반적 건강을 알아보는 표준화 검사를 실시한다.

교육적 분류 대 심리학적 분류

ID 분야에서 쟁점이 되고 있는 한 가지 사안은 교육체계와 심리체계 간 명칭의 불일치에 관한 것이다. 교육적 분류 및 명명법은 APA나 AAIDD가 제안하는 진단적 정의와 딱 맞아떨어지지 않는 경우가 많다. 그러다 보니 아동의 IQ가 경미한 지체 범위에 있고 적응행동이 손상되었을지라도 교육적으로는 '학습장애'가 있는 것으로 분류될 수가 있다. 한 연구는 IQ가 75점이 안 되는 아동 35명 가운데 6명(17%)만이 교육적으로 ID가 있는 것으로 분류되었음을 발견하였다(MacMillan, Gresham, Siperstein, & Bocian, 1996). 최근 들어 Larson과 Lakin(2010)은 6~21세 학생들을 진단하는 일차적 특수교육 진단범주들이 크게 변경되었음을 밝혀냈다. 이 연구자들은 미국 전역에서 ID로 분류되는 학생의 수가 121,900명 감소한 반면에, '발달지연'으로 분류된 학생은 77,100명이 증가하였고, 자폐증으로 분류된 학생은 227,500명이 증가했다는 결과를 얻었다. 이 기간의 DSM 기준에는 큰 변화가 없었다. 그러나 학교현장에서는 6~9세 아동들의 경우 '발달지연'이라는 명칭을 더 많이 사용하는 것으로 나타났다. 이러한 용어 사용은 현행 진단실무와 배치되며, 5세 이하 아동에게만 '발달지연'이라는 용어를 사용하는 DSM-5(APA, 2013)와도 배치된다.

또 다른 쟁점은 자폐스펙트럼장애(ASD)의 범주화에 대한 각 주의 특수교육 기준이 변화함에 따라 ASD를 교육적 명칭으로 사용하는 일이 많아지고 있다는 것이다. 대략적으로 볼 때 ASD로 진단받기 위해서는 사회적 의사소통의 현저한 손상과 제한된 흥미 및 반복적 행동을 보여야 한다. 그러나 특수교육 과정의 일부로 아동을 평가하고 진단할 때 DSM 기준을 사용하는 것은 학군의 요구사항이 아니다. 아동에 대한 교육적 진단은 부모, 교사 및 여러 전문가(학교심리학자나 특수교육교사 등)로 구성된 교육팀이 결정하는데, 이 교육팀에 자격을 갖춘 심리학자의 배석은 요구되지 않는다.

성인 진단

ID를 정의하고 평가할 때 고려해야 할 또 하나의 중요한 측면은 ID의 진단 시점이다. ID 아동의 대부분은 학령기에 진단되며, 진단기준을 충족하려면 발달이 진행되는 동안에 장애가 발병해야 한다는 점을 이미 지적한 바 있다. 그러나 앞서 언급했듯이 아동들은 경도 ID 범위에 속하는 IQ와 적응행동 점수에 관계없이 다양한 학업적 범주(예 : 발달지연, 학습장애, 인지장애)에 속하는 것으로 분류되곤 한다. 더욱이 어떤 아동들은 공식적 진단을 받은 적이 없는데도 ID와 관련된 문제를 치료하기 위한 서비스를 학교에서 받기도 한다. 교직원과 가족은 이 아동·청소년들이 필요한 모든 서비스를 받고 있다고 여기고 따라서 공식적으로 진단평가를 받으려는 노력을 하지 않았을 가능성이 있다. 그러나 그럴 경우 이들이 성인기로 진입하고 다른 여러 지역사회 및 직업환경으로 이전하게 될 때 문제가 생길 수 있다. 성인이 최초로 ID 진단을 받고자 하는 경우로 몇 가지 가능한 시나리오를 생각해 볼 수 있다. 성인기에 기능손상이 있는 것으로 여겨져 재정지원 수급자격 심사를 받고 있을 때, 또는 범죄를 저지른 것으로 고발당하고 ID가 정상참작 요인이 될 수 있을 때가 그런 경우가 될 것이다(Reschly, 2009). (1) 과거기록 수집, (2) 현재기능을 평가하는 가장 적합한 방법의 결정, (3) 발달시기 내에 장애가 발병했음을 의문의 여지 없이 결정할 수 있는 방법의 수립 등 여러 진단적 쟁점들이 이 문제를 해결하는 열쇠가 될 수 있다.

발달경과 및 예후

앞서 언급한 대로 ID는 아동기에 시작되며 일반적으로 성인기까지 지속되는 것으로 생각된다. 그러나 ID의 발달 과정에 관한 결론을 도출하고자 할 때에는 몇 가지 중요한 요인들을 염두에 두어야 한다.

지능평가의 안정성

ID와 그 진행과정을 알아볼 때 지능점수의 안정성이라는 개념을 분명하게 이해하는 것이 중요하다. 대부분 사람들의 경우 유아발달검사 결과는 나중의 IQ를 정확하게 예측하지 못한다는 것이 널리 받아들여지고 있다(Sattler, 2008). 역사적으로 유아발달검사와 학령기 지능검사 결과 간에는 일관성이 거의 없거나 기껏해야 낮은 정적 상관이 있는 것으로 보고되고 있다(Humphreys & Davey, 1988). 어린 아동들은 가소성이 매우 클 뿐 아니라 발달은 아동마다 다양한 속도로 진행된다. 지적 발달의 변화는 학령기보다 학령전기에 더욱 급속하게 이루어진다. Humphreys와 Davey(1988)는 학령전기에 아동의 지식 레퍼토리가 급격히 증가하는 데서 그 이유를 찾을 수 있을 것으로 가정하였다. 이 레퍼토리에 학령전기 이후로 추가되는 내용은 종전의 지식기반과 상관이 없을 수도 있다는 것이다. Humphreys와 Davey는 아동이 학교에 입학하면서 이러한 관계가 강화된다는 것을 알아내었다. 즉, 아동이 4세일 때의 IQ는 15세 때의 IQ와 .60의 상관이 있고 아동이 9세 때 검사를 받는다면 그 상관이 .80이라는 것을 발견하였다.

역사적으로 많은 연구자들이 기능수준이 서로 다른 아동들은 안정성 패턴에서도 차이가 있다는 결과를 보고하였다. Bernheimer와 Keogh(1988)가 지적하고 있듯이 "발달검사의 예측타당도는 어린 시절의 수행수준과 관련이 있다. 발달지수가 상위범주에 드는 아동일수록 예측의 신뢰도가 떨어진다."(p.541). 이와는 반대로 인지기능 결함이 심하거나 매우 심한 아동들은 더 안정적인 점수를 받는 경향이 있다. 한 연구는 발달검사에서 종합점수(50점 이하)가 낮았던 유아들이 아동기와 성인기에도 IQ 점수가 낮은 경향이 있다는 것을 보여주었다(Maisto & German, 1986).

ID를 진단할 때 IQ의 안정성과 관련하여 고려해야 할 중요한 사항이 두 가지 있다. 첫째, 첫 번째 검사 이후에 기술들을 더 빠르게 습득하는 아기들이 있기 때문에 유아기에 단 한 번의 검사에서 얻은 점수에 의거하여 ID로 진단하지 않는 것이 중요하다(Sattler, 2008). 앞서 언급한 대로 임상전문가들은 인지와 적응기술이 지연되는 어린 아동들을 ID로 진단하기보다는 '발달지연'이라는 용어를 사용하여 기술한다. 어떤 아동들에게는 그러한 지연이 오랜 시간 지속되거나 평생의 장애가 되거나 하지 않을 가능성이 있다는 것을 알고 있기 때문이다(Brown, 2007). Sattler(2008)는 "일반적으로 5세 이전에 측정한 IQ는 신중하게 해석해야 한다. 그러나 5세를 넘은 아동의 IQ는 비교적 안정적인 경향이 있다."(p.171)고 언급하면서 이 점을 다시 한 번 되풀이하였다. DSM-5 또한 이를 언급하였는데, "아동 초기에 임상적 심각도를 신뢰할 만하게 측정할 수 없을 때"(APA, 2013, p.41) 5세 이하 아동들을 대상으로 '전반적 발달지연'이라는 진단범주를 추가하였다.

둘째, 인지수준의 안정성과 변화를 보여주는 연구결과들은 대부분이 여러 집단의 아동들로부터 얻은 자료를 합친 자료에 기반을 두고 있다는 점을 염두에 두어야 한다. 그러나 각 집단에서 개별 아동들의 패턴을 살펴보면 개별 아동들은 인지수준이 일관성 있게 증가하거나 감소하는 패턴을 보인다는 것을 알 수 있다(Keogh, Bernheimer, & Guthrie, 1997). 예를 들어 Stavrou(1990)는 학습장애 또는 경도 지적장애가 있는 것으로 확인된 아동들의 IQ를 세 시점에서 측정했을 때 웩슬러 지능검사 개정판(WISC-R)의 안정성 지수가 .77과 .74였다고 보고하였다. 이와 동시에 학습장애 아동의 37%와 경도 지적장애 아동의 15%가 첫 번째 검사와 세 번째 검사 사이에 IQ가 적어도 9점 변화하였다고 지적하였다. Truscott, Narrett와 Smith(1994)도 학습장애가 있는 아동들에게서 3년과 6년의 검사-재검사 동안 WISC-R의 안정성 지수가 상당히 높다는 것을 발견하였다(각각 $r=.77$과 .81). 그러나 개별 아동들 가운데 일부는 IQ 점수가 30점 이상 감소하였다.

ID 아동들을 대상으로 하는 많은 종단 및 추수연구들이 결과변수들의 범위를 탐구하였다. 이러한 프로젝트의 일부는 다운증후군(Carr, 1994, 2000, 2012), 윌리엄스증후군(Einfeld, Tonge, & Rees, 2001), X 결함 증후군(Mazzocco, 2000)과 같이 잘 정의된 진단 프로파일이 있는 특정 하위집단들에 초점을 두었다. 예를 들어 Carr(1994, 2012)는 1964년에 태어난 다운증후군 아동들의 코호트를 대상으로 종단연구를 실시하였는데, 이 아동들을 약 6주에서 45년 동안 추적하였다. 이 아동들은 아동 초기에 실시된 머릴-팔머 검사에서 6주 때에 IQ 73점에서 4세에 44점, 그리고 11세에 40점까지 하락하였다. 아동 초기의 이러한 하락은 종전의 다운증후군 연구결과와 일치한다(개관을 보려면 Dykens, Hodapp, & Finucane, 2000 참조). 그러나 성인기에는 패턴이 바뀐다. Carr의 표본에서 다운증후군이 있는 남성 표본 전체는 21세에서 45세 사이에 IQ가 크게 변화하지 않았으나, 여성 집단은 점수가 평균 10점 감소하였다. 이러한 하락은 알츠하이머병의 증세가 심한 두 여성이 주된 원인인 것으로 보였다. 마지막 검사에서는 8명의 여성이 알츠하이머병에 걸렸거나 걸린 것으로 강하게 의심되었다. 전체 집단의 적응기술은 30세에 정점에 이르고 그 이후로 약간 감소하였다. X 결함 증후군 아동들을 대상으로 한 종단연구들에서도 학령기 동안 인지평가에서 이와 유사한 감소가 나타났다(Mazzocco, 2000 참조).

다른 연구들은 특정 표본들에서 정서와 행동문제의 안정성을 조사하였다. Einfeld와 동료들(2001)은 윌리엄스증후군 아동들을 5년(9세에서 14세까지)간 추적하여 이들의 정서 및 행동문제의 진행과정을 알아보았다. 이 연구자들은 윌리엄스증후군 아동들의 정서 및 행동문제가 5년 동안 큰 변화 없이 비교적 안정적이라는 것을 발견하였다.

또 다른 연구들은 ID 아동들이 혼합된 집단을 연구하였다. REACH(Project Research on the Early Abilities of Children with Handicaps)라는 프로젝트는 20여 년 전에

시작되었다(Berheimer & Keogh, 1988). 이 종단연구는 3세 때 발달지연이 확인된 아동 44명을 추적하여 이 아동들이 6세, 9세, 12세, 18세와 22세가 되었을 때에 평가하였다(Bernheimer, Keogh, & Guthrie, 2006; Keogh, Bernheimer, & Guthrie, 2004). REACH 프로젝트 연구자들은 전반적으로 불특정 지연이 있는 것으로 확인된 아동들이 아동기와 청소년기에 이르기까지 장기적으로 핸디캡을 보인다는 결과를 얻었다. 이 연구자들은 장기간의 추적연구에서 아동의 6~7세 때 발달상태가 3세 때(상관계수 .59)의 발달상태보다는 22세 때(.76 상관)의 발달상태를 더 잘 예측하지만, 둘 다 22세 때의 발달 결과와 상관이 있다는 것을 발견하였다.

특정한 유전병을 살펴보거나 아니면 ID가 있는 모든 환자를 살펴봄으로써 발달 결과를 알아보는 접근법에는 강점도 있고 약점도 있다. 다음에 논의하고 있듯이 특정한 유전 프로파일(예 : 다운증후군)을 가진 사람들은 특정한 성향을 가지고 있으며 발달 결과에 부정적 영향을 미칠 수 있는 여러 질병(예 : 선천성 심장결함, 알츠하이머병)에 걸릴 위험이 있다. 보호요인으로 작용할 수 있는 다른 특성들(예 : 얼굴의 특징)을 가지고 있을 수도 있다. 이와는 반대로 병인이 무엇이든지 관계없이 모든 유형의 ID를 가진 사람들을 대상으로 하는 연구들은 결과에 영향을 미칠 수 있는 많은 혼란요인들을 가진 다양한 집단들을 포함하고 있다. 만약 연구자들이 병인이 분명하게 밝혀진 ID를 가진 사람들만 연구에 포함한다면 대다수 지적장애인들이 배제될 것이며, 결국 그 연구는 일부 지적장애인으로부터 얻은 결과에 대해서만 얘기하게 될 것이다.

조기개입

이 분야에서는 생애 초기 5년 이내에 개입을 한다면 ID 아동들의 발달궤도가 변화할 수 있다는 데 의견이 일치하고 있다(예 : Bryant & Maxwell, 1997; Guralnick, 1997; Haskins, 1989; Ramey & Ramey, 1998). 5세 이전에 고품질의 조기개입을 지속적으로 받은 아동들은 개입을 받지 않았거나 더 늦은 나이에 개입을 받은 아동들에 비해 장

기적 결과가 더 좋은 것으로 나타난다(예 : Guralnick, 2005). 이를테면 ABC 프로젝트(Ramey, Campbell, & Bryant, 1987), 밀워키 프로젝트(Garber, 1988), CARE 프로젝트(Wasik, Ramey, Bryant, & Sparling, 1990) 등은 모두 3세 이전에 시작하는 조기개입 프로그램인데, 이 프로그램들에 참여한 아동들은 이런 프로그램에 참여하지 않은 아동들보다 장기적으로 엄청나게 좋은 결과를 보여주었다(Ramey, Ramey, & Lanzi, 2007). 또한 생후 66개월이 안 된 아동들의 인지적, 사회·정서적, 또는 일상생활 기술들을 증진할 목적으로 설계된 31개 연구를 통합적으로 분석한 한 연구는 조기개입이 생물학적 원인에서 비롯된 발달장애를 가지고 있는 아기들과 걸음마기 아동들의 발달을 증진한다고 보고하였다(Shonkoff & Hauser-Cram, 1987). 나아가 조기개입에 참여하지 않은 ID 아동들에게 인지적 감퇴가 나타난다는 것을 보여준 연구들도 있다(예 : Guralnick, 1998).

조기개입을 실행하는 방법에 대해 학자들 간에 견해 차이가 있기는 하지만 Ramey와 동료들(2007)은 강도, 아동의 직접적 관여, 여러 유형의 지원과 서비스, 장기추적 연구 등 조기개입의 몇 가지 중요한 특징에 관해서는 합의점이 있는 것으로 보인다고 설명한다. 강도의 경우 어린 ID 아동들은 매년, 매주, 매일 시간을 더 많이 투여하는 개입에 참여할 때 오랜 기간 동안 더 뛰어난 수행을 보이는 것으로 보인다. 시범 조기개입 프로젝트에서 참석률이 '높은' 것으로 기록된 아동들은 지적장애 비율이 9배나 감소한 것으로 나타났으나 참석률이 '낮은' 아동들은 1.3배 감소한 것으로 나타났다. 더욱이 이 아동들에게 특히 효과가 있는 개입은 그렇지 않은 개입보다 더 나은 결과를 가져오는 경향이 있었다. 예를 들어 CARE 프로젝트 연구에서 가정방문을 받고 기관에서 실시하는 프로그램들에도 참여한 아동들은 가정방문만 받은 아동들보다 더 좋은 결과를 보여주었다. 부모교육, 차량지원, 사회사업 서비스와 같이 다양한 유형의 지원과 서비스를 제공하는 조기개입 프로그램들 또한 그런 지원들을 제공하지 않는 프로그램들보다 아동에게 더 긍정적인 효과를 가져다주는 것으로 가정된다. 끝으로 이런 개입과 지원

이 특정 조기개입 프로그램이 종료될 때 중단되지 않도록 하는 것이 중요해 보인다. 장기 추적연구를 수행하고 장기혜택을 보고하는 시범 조기개입 프로그램들은 대부분이 계속되는 서비스를 보유하고 있다.

역학

유병률

수십 년 동안 여러 연구들이 ID의 유병률에 초점을 두고 수행되었다. 최근의 체계적 보고 및 통합분석의 결과는 전체 인구의 약 1%가 ID를 가지고 있다는 합의에 도달한 것으로 보인다(예 : Harris, 2006; B. H. King, Toth, Hodapp, & Dykens, 2009; Maulik, Mascarenhas, Mathers, Dua, Saxena, 2011). 이런 보고서들은 APA, AAIDD, 국제기능장애건강분류(World Health Organization[ICF], 2013)에서 수립한 진단기준에 따라 ID를 정의하는 다량의 유병률 연구들을 모아서 정리하고 있다.

ID를 넓은 범주에서 볼 때 발생빈도는 심각성 수준에 따라 달라지는 것으로 보인다. 일반적으로 '경도' 사례들이 '중등도'나 '고도' ID로 분류되는 사례들보다 더 빈번히 발생하는 것으로 받아들여지고 있다(예 : Chapman, Scott, & Stanton-Chapman, 2008). 예를 들면 한 연구는 ID가 있는 것으로 확인된 모든 사람 가운데 경도, 중등도, 고도, 극도 ID가 있는 것으로 확인된 사람들의 비율은 각각 85%, 10%, 4%와 2%라고 보고하였다(B. H. King et al., 2009). 다시 말해 ID가 있는 사람들 중에서 약 85%가 경도장애인 반면에 약 2%만이 극도장애 수준이다.

흥미롭게도 모든 역학연구자들이 ID의 전체 유병률이 1%라는 데 동의하는 것은 아니다. 사실 이 수치는 종전에 보고되었던 유병률보다 훨씬 낮으며, 최근의 몇몇 ID 역학연구들(Stromme & Hagberg, 2000)이 제시한 유병률에 비해서도 더 낮다. 최근의 통합분석은 ID 유병률이 측정도구와 인구사회학적 쟁점에 따라 1,000명당 1명에서 1,000명당 12.6명 사이에 있을 가능성을 보여주었다(Maulik et al., 2011).

많은 요인들이 유병률의 이러한 변동성에 영향을 미

친다. 대부분의 사람들은 유병률이 IQ 측정상의 문제, ID 정의의 차이, 연구설계의 차이, 연구대상 집단의 차이 등의 이유로 인해 달라질 수 있다고 가정한다. ID 모집단의 IQ를 측정할 때 적어도 두 가지 이유에서 문제가 제기된다. 첫째, '플린 효과'로 인해 모집단의 크기가 클수록 IQ가 높아지는 것으로 생각된다(Flynn, 1987). 플린 효과란 지능검사의 평균점수가 시간이 흐르면서 크게 높아지는 현상을 말한다. 플린은 이 효과를 상쇄하기 위해서는 검사점수를 낮추어야 한다는 상당히 논란이 될 만한 견해를 피력하였다(Flynn & Windaman, 2008). 더 구체적으로 살펴보면 플린은 미국 규준에 의한 WISC, 웩슬러 성인지능검사(WAIS), 또는 스탠퍼드-비네 검사를 실시할 때 추리검사를 실시하고 다음과 같이 간단한 공식을 사용하는 방법을 채택하도록 권장하였다.

검사점수-(검사규준이 만들어진 시점과 수검자가 검사를 받은 시점 사이의 간격×0.3)=IQ

이뿐만 아니라 연구들 간에는 연구설계 자체에 큰 차이가 있다. 연구마다 다양한 방법으로 자료를 수집한다. 유병률 자료의 일차적 출처는 무작위 가계조사, 병원자료/행정기록, 학교, 주요 정보원 활용 등이다. ID 진단을 표준화 검사에 의해 확인하는 경우가 흔치 않은 가계조사 및 병원자료/행정기록에서 유병률이 가장 높게 나타나는 경향이 있다(Maulik et al., 2011). 앞으로의 연구에서는 다양한 설계를 사용한 연구들에서 왜 이런 차이가 나타나는지 알아보고, 지적장애인의 표본을 구하는 이상적인 방법에 관해 합의점을 찾는 것이 중요할 것이다.

ID의 유병률에 영향을 미치는 또 하나의 요인은 연구대상이 되는 특정 모집단이다. 특히 대상 모집단의 연령과 연구가 시행되는 국가가 차이를 가져오는 것으로 보인다. ID 유병률 연구들은 전체의 2/3가량이 아동과 청소년의 자료를 사용하였는데, 유병률 수치는 아동과 청소년 모집단에서 가장 높은 것으로 나타난다(Maulik et al., 2011). 더 젊은 집단에서 유병률이 더 높게 나타나는 것은 ID 모집단의 사망률이 더 높을 뿐만 아니라(ID가 있는 노인들은 일반 모집단의 노인들에 비해 평균적으로 더 빨리 사망), 사례 확인에는 교육체계가 중요한 역할을 하기 때문인 것으로 가정된다(Leonard & Wen, 2002).

인구사회학적 요인

ID 유병률의 변동성은 어머니의 연령, 부모의 교육수준, 어머니의 결혼지위와 같은 인구사회학적 요인에서 비롯될 수도 있다는 생각이 확대되고 있다(Chapman et al., 2008). 일부 연구자들은 ID 사례 중에서 생의학적 원인에서 비롯된 사례의 비율이 높게 나타나는 현상이 인구사회학적 요인들과 관련이 있을 수 있다고 주장한다(Accardo & Capute, 1998). 게다가 모든 유병률 연구의 절반가량은 ID의 원인으로 작용한 요인들이 무엇인지 알려지지 않았다고 보고하였는데, 이는 산전·산후와 주산기의 원인들은 변량의 일부만을 설명해 주며 더 큰 환경(또는 환경결핍)이 유병률의 차이를 일부 설명해 줄 수 있다는 것을 시사하는 결과이다(Maulik et al., 2011). 더 구체적으로는 성별, 사회경제적 지위, 문화가 연구들 간 ID로 진단받은 사람들의 수에서 나타나는 변동성을 설명해 줄 수 있다.

성별

ID는 여성보다 남성에게 더 높은 비율로 발생하는 경향이 있다. 예를 들어 한 연구는 남성이 여성보다 ID가 있는 것으로 분류될 확률이 1.6배 더 높다는 것을 발견하였다(Drews, Yeargin-Allsopp, Decoufle, & Murphy, 1995). ID 손상의 모든 수준에서 남성이 여성보다 유병률이 일관성 있게 더 높다(Hodapp & Dykens, 2005).

이러한 성차에 대한 설명으로 몇 가지가 제안되었다. 아마도 가장 중요한 설명은 많은 ID 사례들이 X 염색체와 관련된 유전성에서 초래되었다는 것이다(Tariverdian & Vogel, 2000). 영향력의 차이에 관해 생각하는 방법 중 하나는 남성이 X 염색체를 하나만 가지고 있기 때문에 X 관련 특성에 더 민감하다는 것을 인식하는 것이다. 이와는 반대로 여성은 X 염색체를 2개 가지고 있기 때문에 장애에 특징적인 손상이 나타나기 위해서는 두 염색체 모두에 결함이 있어야 한다. 예를 들어 X 염색체에 의해 계승되는 X 결함 증후군은 남성 4,000명당 1명에게 발생하는 것으로 생각된다(Turner, Webb, Wake, & Robinson, 1996). 또한 남성이 여성보다 중추신경계가 외상에 더 취약하다고 가정되어 왔다(McLaren & Bryson, 1987). 예를 들어 Lary와 Paulozzi(2001)는 출생 시에 나타나는 주요 결함의 전체 유병률이 남성은 3.9%, 여성은 2.8%라고 보고하였다. 이와 유사하게 어머니의 흡연은 여아보다 남아의 태내 성장에 더 큰 영향을 미치며(Zaren, Lindmark, & Bakketeig, 2000), 출생 시의 극단적 체중은 여아보다 남아의 IQ에 더 큰 영향을 미치는 것으로 보인다(Matte, Bresnahan, Begg, & Susser, 2001).

사회경제적 수준

ID 유병률은 대개 소득수준이 낮은 사람들에게 더 높은 것으로 보고된다. 어떤 연구들은 출산 당시 어머니의 교육수준이 신경학적 질병이 없는 ID와 관련이 있다고 보고하였다(Chapman, Scott, & Mason, 2002; Chapman et al., 2008). 특히 아프리카계 미국 여성들의 경우에 그러하다(Decouflé & Boyle, 1995). 그뿐만 아니라 학교에서 무료급식 프로그램에 참여하고(Chapman et al., 2008) 한부모 가정에서 성장하는 경우(Fujiura & Yamaki, 2000) '정신지체' 명칭을 부여받을 확률이 증가한다. 사회경제적 지위가 낮을수록 ID 유병률이 높게 나타나는 이러한 경향은 고소득 국가와 저소득 국가를 비교할 때에도 그대로 유지된다(Maulik et al., 2011).

이러한 경제적 괴리는 시스템과 관련한 쟁점들에 의해 설명할 수 있다. 저소득 환경에서 생활하는 사람들은 지적 발달에 부정적 영향을 끼칠 수 있는 질병, 상해, 만성적 건강문제, 단백질 에너지 영양실조, 식이 미량영양소 결핍 및 환경독소에 노출되기 쉽다(Bergen, 2008; Fujiura, Yamaki, & Czechowicz, 1998). 연구는 또 저소득으로 분류되는 가정의 아이들이 자극이 적거나 무질서한 환경에서 살아갈 가능성이 더 크다는 것을 보여준다(Hart & Risley, 1995). 이러한 위험요인들은 저소득 표본의 ID 유병률을 높이는 데 기여할 수 있다.

문화

특정 문화에 영향을 미칠 가능성이 큰 요인들일수록 특정 인종집단의 ID 유병률에 영향을 미치기가 더 쉽다는 것을 보여주는 문헌이 늘어나고 있다. 그러나 이런 연구들은 방법론적 제한이 상당히 많으며, 연구들 간에 상호 모순이 존재한다(Emerson, 2012). 최근의 자료는 문화와 사회경제적 지위 간에 강한 상관이 있으며, ID 유병률의 차이는 특정 문화집단이 빈곤을 경험할 가능성이 높다는 것으로 더 잘 설명할 수 있다는 것을 보여준다(Emerson, 2007).

그럼에도 불구하고 최근 자료는 유색인종이 백인종보다 ID 진단을 받을 확률이 더 높다는 것을 분명하게 보여준다. 이를테면 미국에서 수행된 한 연구는 아프리카계가 유럽계나 라틴계에 비해 ID로 진단될 가능성이 더 높다는 것을 보여주었다(Fujiura & Yamaki, 1997). 이 연구는 또 라틴계 미국인과 유럽계 미국인의 ID 유병률이 거의 동일하다는 것을 보여주었다. 오스트레일리아에서 수행된 또 다른 연구는 다른 인구집단보다 원주민들이 ID 유병률이 훨씬 더 높다는 결과를 얻었다(Glasson, Sullivan, Hussain, & Bittles, 2005). 좀 더 최근의 연구는 영국에서 생활하는 사람들의 경우 소수인종 지위가 낮은 ID 확인 비율과 관계가 있다고 보고하였다(Emerson, 2012).

아프리카계이면서 소득수준이 낮은 사람들은 ID 진단을 받을 위험이 크게 증가하는 것으로 보인다(Drews et al., 1995; Fujira & Yamaki, 1997). 아프리카계 미국인들은 경도 ID와 고도 ID로 진단될 위험이 상당히 높다(Croen, Grether, & Selvin, 2001). 한 연구는 아프리카계 미국인들이 다른 인종집단에 비해 병인이 알려지지 않은 ID를 가지고 있을 확률이 50% 더 높다고 보고한다(Croen et al., 2001). 특수교육체계 내에 ID로 분류되는 아프리카계 미국인과 다른 소수인종들의 비율이 지나치게 많은 것은 특히 우려할 만한 현상이다(예: Patton, 1998; Zhang & Katsiyannis, 2002).

일부 문화집단이 ID를 유난히 더 많이 가지고 있는 이유가 무엇인지는 분명하지 않다. 일부 학자들은 사회적·문화적 힘이 ID 위험을 높이는 행동들을 하게 만들

뿐 아니라 그러한 행동에 영향을 미친다는 이론을 내놓았다. 가장 기초적인 수준에서 볼 때 고혈압, 염증에 대한 반응, 스트레스에 대한 신체반응 등 임신 중인 어머니가 가지고 있는 여러 질병이 자녀의 ID 유병률을 증가시킬 수 있을 것으로 생각된다(Christian, 2012). 근래 들어 쏟아져 나오는 문헌에 따르면 인종 차이가 조산아 비율이 더 높은 현상을 설명해 주며(Christian, 2012), 아프리카계 여성이 유럽계 여성보다 스트레스로 인한 염증반응을 더 많이 보인다(Christian, Glaser, Porter, & Iams, 2013). 더욱이 인종이 분리된 지역사회에서 사회적 혜택을 받지 못하고 성장하는 것은 개인 및 가족 요인보다 IQ에 더 극적인 영향을 미치는 것으로 보인다(Breslau et al., 2001). 이와 마찬가지로 어떤 연구자들은 유색인종 출신의 사람들이 그들의 문화에 민감한 방식으로 평가받지 못할 수 있고(Reschly & Jipson, 1976), 그러한 평가가 다양한 집단에서 ID의 유병률을 과소평가하거나 과대평가할 수 있다고 주장한다(Roeleveld, 1997).

이론

역사적으로 ID 발달을 설명하기 위해 많은 이론적 모델들이 제안되었다. 최근에 가장 많이 언급되는 모델은 상호작용 모델이다. 상호작용 모델들은 지적장애인들이 학습을 어떻게 하는지에 대해 각각 몇 가지 가정을 한다. 이 이론들이 반드시 상호배타적이어야 할 필요는 없으며, 어떤 이론들은 다른 이론들보다 ID의 어떤 측면들을 더 잘 설명할 수 있다.

일반적으로 말해서 이 이론들은 대개 유전자-환경 연속선상의 어느 지점에 위치한다. 연속선의 한쪽 끝에는 적어도 어떤 형태의 ID들은 생물학적 성격을 더 많이 가지고 있고 지적장애인들이 어떤 결과를 이루어 내는지에 유전자가 중요한 역할을 한다고 주장하는 이론들이 있다. 연속선의 다른 한쪽 끝에는 발달을 이끌어 가는 데 환경이 더 큰 역할을 담당한다고 주장하는 이론들이 있다.

발달에서 유전자가 더 중요한 역할을 한다고 보는 이

론들 중에는 '일반적 유전요인'이 개인이 ID를 초래하는 성향을 갖게 만드는 것이라고 보는 견해가 있다(Percy, 2007). 사실 어떤 ID 사례들은 단일유전자로부터 생겨나며, 염색체 이상은 어떤 장애의 증상에 영향을 미치는 하나 또는 그 이상의 유전자가 변형된 것이다(Percy, 2007). 앞서 지적했듯이 상당한 비율의 ID는 X 염색체와 관련이 있는데, 이는 이 장애가 X 염색체에 의해 전달된다는 것을 의미한다. 생물학적 모델을 강조하는 연구자들은 아동이 가지고 태어나는 유전자들은 그 아동이 특정한 생물학적·인지적 질병을 갖게 만들 뿐 아니라 궁극적으로는 사회적 파트너와 함께하는 활동과 행동의 유형을 결정하는 특정한 기질을 갖게 만든다고 주장한다. 이러한 생물학적 관점에서의 치료는 장애의 생리학적 영향력을 약화할 수 있는 약물, 바이오피드백, 식사조절, 운동, 환경적 완화요인들에 초점을 두는 경향이 있다(Kauffman, 2005).

다른 이론들은 유전자가 중요한 역할을 담당한다는 견해와는 대조적으로 태내환경, 독소, 병균, 외상 등 개인과 세상의 관련성이 더 큰 역할을 한다고 상정한다. 이러한 요인들에는 단백질 칼로리 영양실조, 엽산결핍, 비타민 A 결핍과 과다, 요오드결핍, 철분결핍, 납, 수은, 알코올, 어머니의 임신 중 흡연, 어머니의 비만, 어머니의 당뇨병, 갑상선 기능이상, 어머니의 페닐케톤뇨증(PKU) 등이 있다(Percy, 2007). 또 다른 이론들은 외상과 양육방식 등 출산 후 환경의 중요성을 강조한다. 이러한 관점을 지지하는 연구자들은 환경요인들이 분명하게 확인될 수 있는 ID의 원인이 표현되는 방식에도 영향을 미친다고 생각한다(Horowitz & Haritos, 1998).

환경이 궁극적으로 발달에 어떤 영향을 미치는가에 대한 이론들 간에는 상당한 차이가 있다. 이 이론들은 인지, 문화, 사회요인 중에서 무엇을 얼마나 강조하는가에서 차이를 보이는 경향이 있다. 가장 영향력이 큰 이론들을 다음에 기술하고 있다.

피아제 이론

장 피아제(Jean Piaget)의 인지발달이론은 매우 영향력 있는 학습이론이다. 피아제에 따르면 사람들은 일련의 정해진 '단계'를 따라서 발달한다. 이 단계는 순서대로 진행되며, 기존의 도식이나 사고에 의해 반응하고 이를 수정하는 인지적 능력에 기초를 두고 있다. 여러 연구자들은 ID 아동들이 피아제의 단계를 거쳐 가는 속도가 정상아동들과는 다르고 각 단계에 도달하는 연령이 정상아동들보다 더 늦기는 하지만, 이들도 정상아동들과 똑같은 순서로 이 단계를 거치며 발달해 나간다고 주장한다(예 : Zigler, 1969). 이 이론에 따르면 지적장애인들을 성공적으로 치료하기 위해서는 이들 각자가 피아제의 다음 단계로 나아갈 수 있도록 도와주어야 한다. 이를 위해 몇 가지 개입방법이 시도되었으며 좋은 결과가 있었던 것으로 보고되었다(예 : Williams, 2007).

비고츠키 이론

또 하나의 영향력 있는 이론은 레프 비고츠키(Lev Vygotsky)의 이론이다(Rodina, 2006 참조). 비고츠키의 사회적 구성이론은 성인 — 또는 더 능숙한 '교사' — 이 사회적 상호작용을 통해 학습을 어떻게 매개하는지에 따라 그 결과로 정교한 인지가 생겨난다고 제안한다. 교사는 각 아동의 '근접발달영역(zone of proximal development)' 또는 이해력의 범위 내에 있는 문제들을 해결할 기회를 제공한다. 비고츠키는 이와 같이 대단히 중요한 발달이론이 ID 아동들에게 어떻게 적용될 수 있는지를 **개체발생장애(dysontogenesis)** — "정상 개인의 발달에 못 미치는 발달이상"에 관한 — 이론을 통해 구체적으로 언급하였다(Rodina, 2006). 비고츠키는 아동이 '일차 장애'로 인해 사회문화적 환경에서 배제되고 그 결과 '이차 장애'가 생기는 경우가 많다고 믿었다(Rodina, 2006). 비고츠키는 아동이 자신의 근접발달영역을 거쳐 나가도록 가르침으로써 이차 장애를 방지하거나 심지어 제거할 수 있다고 생각했다. 이 이론은 환경이 발달을 이끌어 나가는 데 있어서 참으로 중요한 역할을 할 수 있다는 점을 인정하고 아동의 강점에 근거한 개입을 하도록 권장한다(Rodina, 2006). 최근의 연구는 ID 아동들의 근접발달영역을 체계적으로 측정하고(Rutland & Campbell, 2007) 이를 중심

으로 개입하는 것이 중요할 수 있다는 것을 보여준다.

생태체계 이론

유리 브론펜브레너(Urie Bronfenbrenner)가 처음 제안한 생태체계이론은 사람들이 미시체계, 중간체계, 외체계, 거시체계, 시간체계라는 다섯 가지 환경체계 내에서 여러 과정이 복잡한 상호작용을 거쳐 발달한다고 주장한다. 이 이론은 각 체계 내에서 여러 요인이 양방향으로 영향을 미친다고 강조한다. 또한 장애가 있는 개인의 생물학적 특성이 이 모든 '분야'에 영향을 미치고 궁극적으로는 외부요인들에 영향을 미침으로써 이 외부요인들이 그 개인에게 어떤 영향을 미칠 것인지를 결정한다고 본다(Bronfenbrenner & Ceci, 1994). 따라서 이 이론에서는 어떤 사람이 ID 성향을 갖게 만드는 특정한 일반적 유전요인을 가지고 있다는 것이 그 사람이 반드시 이 유전자들이 강요하는 방식으로 생각하고 행동하고 발달할 것임을 의미하지는 않는다. 환경체계 각각이 궁극적으로 발달에 영향력을 갖게 된다고 생각되기 때문에 효과적인 개입은 각 체계에 포괄적으로 적용되어야 한다. 특정체계 내에서 개입하는 것도 분명히 혜택이 있기는 하지만, 이 이론에 따르면 참된 의미의 지속적 성공은 개인이 나이가 듦에 따라 각각의 역동적 체계를 활용한다는 것을 의미한다.

응용행동분석

흔히 언급되는 또 하나의 ID 이론은 응용행동분석(applied behavior analysis, ABA)이다. ABA는 "사회적으로 중요한 행동들을 학습이론의 원리에 기초하여 상당한 정도로 향상시키는 체계적 개입 적용 과정"이다(Baer, Wolf, & Risley, 1968). 앞서 언급한 이론들을 지지하는 학자들과는 달리, ABA 주창자들은 외적 환경에서 일어나는 관찰 가능한 사건들만으로도 학습을 설명할 수 있다고 믿는다. 개인이 발달해 나가는 특정한 단계들이 있다기보다는 환경 안에서 학습하는 특정한 방식들이 있다고 생각한다. ABA는 ID 분야에서 널리 채택되었으며 다양한 적응적, 학업적, 사회적 기술들과 언어기술을 가르치는 데 사용

되고 있다. 여기서 논의된 환경이론들 가운데 ABA는 지금까지 가장 많은 실무전문가들이 활용하고 있으며 따라서 이 분야에 가장 심대한 영향을 끼쳤다.

가족체계 이론

가족체계 이론은 ID 분야에서 흔히 언급되는 또 하나의 이론이다. 머리 보웬(Murray Bowen)이 처음 제안한 이론으로서 명칭에서 짐작할 수 있듯이 가족체계가 개인의 발달을 이끌어 나가는 데 큰 역할을 한다고 주장한다. 더 구체적으로 이 이론은 개인의 가족이 서로 밀접한 관계가 있는 요소(가족구성원)들과 구조(가족구성원들 간의 상호관계)로 이루어진다고 주장한다(Morgaine, 2001). 이러한 요소와 구조가 예측 가능하게 상호작용하고 외부 사건들에 영향을 받는 방식이 개인의 발달에 영향을 미친다. 가족구성원의 ID는 가족체계 내 구조에 특정한 방식으로 영향을 미치며 궁극적으로는 개인의 발달 양상을 조형한다. 예를 들어 연구는 ID와 그 밖의 여러 발달장애를 가진 사람들의 가족이 장애 구성원이 없는 가족보다 이혼비율이 더 높다는 것을 보여준다(Hodapp & Krasner, 1995). 따라서 ID를 치료하기 위해서는 전체 가족이 관여할 필요가 있을 것이다.

지금까지 언급된 생물학적 이론과 환경이론들은 ID의 발생과 진행과정을 이해하는 데 독특하고 중요한 기여를 하였다. 어떤 이론도 그 하나로는 모든 지적장애인들이 어떻게 학습하는지를 설명할 수 없다는 점을 인식하는 것이 중요하다. 다른 연구자들이 주장한 대로 ID의 통합모델을 채택하는 것이 가장 긴요한 일일 것이다(Kauffman, 2005). 그런 모델에서는 지적장애인들이 어떻게 학습할 것인지를 가정하는 데 여러 이론이 사용될 수 있다. 그 모델은 여러 이론이 상호 보완적이라는 사실을 인정한다. 여러 이론이 지니고 있는, 완전히 모순되는 것으로 보이는 측면이 사실은 ID의 서로 다른 양상과 사례에서는 타당하다는 것이다. 그런 모델을 채택할 때에는 지나치게 절충적이거나 모순되는 입장을 취하지 않도록 하고, 어떤 이론적 측면들을 채택할 것인지를

결정할 때 경험적 자료를 지침으로 삼는 것이 중요하다(Kauffman, 2005).

가족 스트레스

ID 아동이 있는 가족들 중에 상당수는 아동의 장애에 긍정적으로 적응하지만(Hodapp & Dykens, 2012), 관련 문헌은 ID 아동이 있는 가족들이 정상적으로 발달하는 아동의 가족들에 비해 평균적으로 더 높은 스트레스를 경험한다는 것을 보여준다(Hanson & Hanline, 1990). 그런 연구 중 한 연구에서 다운증후군, 청력손상, 신경학적 손상이 있는 아동의 어머니들이 아동이 다양한 발달단계에 있을 때 부모스트레스 검사를 받았다(Hanson & Hanline, 1990). 이 연구는 ID 및 여러 발달장애가 있는 아동의 어머니들이 장애가 없는 아동의 부모들보다 스트레스를 더 많이 받고 있다고 보고한다는 것을 확인하였다.

ID 아동의 가족들은 이 장애와 관련된 독특한 스트레스 사건들로 인해 부모 스트레스가 더 높은 것으로 보인다. Guralnick(2000)은 세 가지 독특한 스트레스 사건들을 보고하였다. 첫째, 양육자들이 장애아동에 관한 정보를 구할 필요가 있다는 사실이 가족체계에 부담을 주는 것으로 보인다. 또한 진단과정(예 : 평가를 받기로 하는 결정, 진단과정에서 무엇을 공유해야 하는가, 또는 평가 후 권고사항에 대해 어떻게 반응해야 하는가)에 대한 의견불일치와 같이 장애아동의 존재와 직접적 연관성이 있는 여러 환경에서 발생하는 대인관계 및 가족문제를 겪을 위험이 증가하는 것으로 보인다. 끝으로 장애아동의 치료비를 지불하는 데 필요한 돈과 같이 가족자원과 관련한 스트레스도 종종 발생한다. 이러한 세 가지 스트레스 사건은 부모의 자신감과 통제감을 훼손하는 것으로 생각된다. 아동 개인의 특성들(부적응 행동의 존재, 아동의 건강상태, 아동의 성격, 아동의 얼굴특징, 문제의 발생시점, 심지어 기대하는 바의 예측가능성)이 부모와 가족체계의 기능에 직접적으로 영향을 미친다는 점을 인정하는 것도 중요하다(Hodapp & Dykens, 2009).

이러한 스트레스 사건들은 아동의 전체 발달과 가족체계의 건강성에 커다란 영향을 미치는 것으로 보이기

때문에 이들이 어떤 역할을 하는지 인식하는 것이 중요하다. 이러한 스트레스 사건들은 특히 부모-자녀 교류, 가족이 조직한 아동의 경험, 가족이 제공하는 건강과 안전의 질에 영향을 미치는 것으로 가정된다(Guralnick, 2000). 이러한 가족 상호작용 패턴이 방해를 받으면 아동의 전체 발달과 가족의 적절한 기능도 마찬가지로 방해를 받을 것이다(Guralnick, 2000).

ID를 가진 아동들을 키우는 데 독특한 어려움이 있다는 것은 분명한 사실이지만 최근에는 ID 아동들이 가족체계에 그들만의 고유한 혜택을 가져다줄 수도 있다는 인식이 확산되고 있다(Hodapp & Dykens, 2012). Hodapp과 Dykens(2012)에 따르면 어떤 가족들은 ID 아동이 가족의 일원인 것이 삶을 더 충실하거나 풍부하게 살아갈 수 있게 해주며 그로 인해 자신들은 그 어떤 것도 당연하게 여기거나 진정한 가치를 몰라보는 일이 없게 되었다고 보고한다. ID 아동의 형제들에 관한 연구가 점점 늘어나면서 이 연구들도 가족체계에 긍정적인 장점들이 많이 있다는 것을 보여준다(Hodapp & Dykens, 2012).

아동 치료에서 가족의 행복이 중요한 고려사항이 되어야 한다는 인식이 증가하고 있다. 아동을 위한 치료법을 선택할 때 특정한 개입이 현재의 가족환경과 부합하는지 여부는 물론 가족이 선호하는 바가 무엇인지 고려하도록 해야 한다. ID 아동과 관련된 문제해결에 적극적으로 참여하고 개방적 의사소통을 하는 가족구성원들이 더 나은 성과를 얻는 경향이 있다(Hodapp & Dykens, 2012). 아울러 직접적 개입이 가족 자체에 혜택을 줄 것이라는 믿음이 널리 퍼져 있다. 가족구성원들을 지원하고 교육하고 그들의 역량을 강화하는 방식은 아동이 나이가 들어감에 따라 조정될 필요가 있을 것이다. 어린 아동의 부모들은 가정방문을 하거나 가정이라는 맥락에서 개입이 이루어질 때 최대의 혜택을 받는다는 것을 보여주는 연구들이 점차 증가하고 있다. 아동이 나이가 들면 부모를 위한 지원이 집단 포맷으로 변경될 수 있는데, 이러한 지원은 가장 흔하게는 학교를 통해 제공된다. 마지막으로 연구자들은 아동, 부모, 가족의 특성들이 아동, 부모, 가족의 최종성과에 어떤 영향을 미치는지 확인

할 필요가 있다(Hodapp & Dykens, 2012).

병인

ID의 병인에서 유전자와 환경이 정확히 어떤 역할을 하는지에 대해서는 이론마다 차이가 있다. 그러나 ID가 유전학, 환경변인, 그리고 이 둘의 조합을 포함하는 많은 위험요인들로부터 초래될 수 있다는 사실은 널리 알려져 있다. 역사적으로 ID는 경도, 고도, 극도의 손상으로 구분되었다. 즉, 경도 ID는 가족적 또는 문화적 원인과 위험요인에서 초래되는 것으로 생각되었으나 고도 ID에서 극도 ID까지는 일종의 유전적 또는 기타 기질적 문제에서 비롯되는 것으로 생각되었다(이러한 역사적 개념수립 과정을 보려면 Simonoff, Bolton, & Rutter, 1996 참조). 유전자와 환경의 상호작용에 대한 이해가 증진됨에 따라 경도 ID는 IQ 정규분포에서 아래쪽 끝부분을 나타낸다는 가정이 두각을 드러내고 있다. 이 분포는 많은 유전적 요인들과 비유전적 요인들이 상호작용하여 만들어 낸다. 이와는 반대로 더 심한 형태의 ID는 "주산기의 질식이나 태아기의 감염과 같은 재난, 또는 이보다 더 흔하게는 염색체 이상이나 단일유전자 결함 등의 특정한 유전적 원인들"에서 초래되는 것으로 생각된다(Ropers, 2008, p.241). 실제로 이 관점은 ID 표본에서 유전적 병인을 조사한 연구들로부터 많은 지지를 받고 있다. 현재로는 중등도에서 고도까지의 ID 환자들은 약 50~65%, 경도 ID 환자들의 경우에는 약 20%에 대해서만 확실한 유전적 또는 대사적 진단을 할 수 있는 것으로 추정되고 있다(van Bokhoven, 2011).

어떤 형태의 ID(예 : 다운증후군)는 유전적 연관성이 분명히 있다. 그러나 대부분의 ID 사례에서는 원인이 그리 분명하지 않다. 사실 병인이 알려지지 않고 있는 경우가 대부분이다. 그럼에도 불구하고 임신 전후, 출생 이전, 출산 전후 및 아동기와 관련된 몇 가지 기질적 원인과 위험요인들은 ID 위험의 증가와 관련이 있는 것으로 밝혀졌다(표 13.2 참조). 연구들은 또한 많은 환경요인의 역할을 확인하였다(Murphy, Boyle, Schendel, Decoufle,

표 13.2 발생 시기에 따른 지적장애의 병인

범주	예
	임신 전후 발생
유전자/염색체	다운증후군, 윌리엄스증후군
성관련 단일유전자	X 결함 증후군, 레쉬-니한 증후군
대사	갑상선 기능저하증
상염색체 분절	프레더-윌리 증후군, 안젤만증후군
	출생 이전 발생
영양부족(예 : 엽산)	신경관 결함(예 : 이분척추, 척수수막류)
감염	톡소플라즈마증, 사이토메갈로 바이러스, 풍진, 포진, B그룹 연쇄상구균
어머니의 대사문제	갑상선 기능저하증
물질노출	알코올, 항경련제, 납
	주산기 발생
조산	임신 나이 < 37주
질식	
저체중출산	체중이 3파운드가 안 될 때 가장 위험
	출생 이후/아동기 발생
감염	뇌막염
환경 노출	납
상해	심한 외상적 뇌손상(낙상, 교통사고, 스포츠상해, 공격)
박탈	극도의 빈곤, 무질서한 양육

출처 : McDermott, Durkin, Schupf, and Stein(2007) and Percy(2007).

& Yeargin-Allsopp, 1998). 이 절에서는 이러한 요인들을 하나씩 살펴보고 이 요인들이 평가와 치료에 어떤 의미를 갖는지 알아보기로 한다.

유전적 요인

지금까지 1,000개 이상의 유전질환이 ID와 관련성이 있는 것으로 생각되었다(Abbeduto & McDuffie, 2010). (앞서 언급한 대로) 한때는 기질적 원인들이 더 심한 수준의 장애와 관련성이 있는 것으로 생각되었으나, 요즘은 이러한 유전질환을 가지고 있는 사람들이 다양한 지적 및 적응기능과 행동 특성들을 보인다는 것이 밝혀져 있다. 사실 다운증후군, X 결함 증후군, 윌리엄스증후군과 기타 유전적 병인들을 가지고 있는 사람들이 경도 ID가 있는 사람들의 30~50%를 차지한다(Simonoff et al., 1996). 유전적 요인에는 통상적인 염색체 수에 영향을 미치는 원인들이 포함되는데, 이런 원인들로는 염색체 추가(대부분의 다운증후군 사례에서처럼) 또는 염색체 일부 삭제 등이 있다. 다수의 공통적 유전장애 또한 X 염색체와 관련이 있는데, 이는 X 염색체에 돌연변이가 있음을 의미한다. 최근에는 90개 이상 되는 X 관련 유전자에서 일어나는 돌연변이가 ID를 일으키며, 이런 사례가 전체 사례의 10%가량을 차지하는 것으로 알려져 있다(Mefford, Batshaw, & Hoffman, 2012). 그중 하나가 X 결함 증후군이다.

이러한 유전장애들은 이 장애들과 관련성이 있는 몇 가지 공통의 특성들을 가지고 있는데, 여기에는 유전적 및 신체적 특징뿐 아니라 행동적 특성들도 들어 있다. 표 13.3은 흔히 나타나는 유전적 증후군들의 상대적 유병률과 관련 특성들을 명기하고 있다. 특정한 유전적 증후군을 가진 사람들은 특히 행동적 특성과 관련하여 개

표 13.3 흔히 발생하는 유전적 증후군과 그 특성

증후군	유병률 (1,000명당)	흔히 나타나는 특성
다운증후군	1.7	언어산출 곤란, 발달속도가 느려짐, 사회적 강점
X 결함 증후군	0.5(남) 0.2(여)	사회적 불안, 과잉행동, 동시처리에서 강점
윌리엄스증후군	0.13	언어에서 상대적 강점, 시공간처리 결함, 과도한 사교성
프레더-윌리 증후군	0.04~0.13	조기의 성장실패, 비만 경향성, 음식탐닉, 강박행동
안젤만증후군	0.5~1.0	흔들걸음, 심한 발달지연, 발작장애, 행복한 태도
래쉬-니한 증후군	0.0026	심한 자기상해, 심한 지적장애

출처 : Abbeduto and McDuffie (2010); Dykens, Hodapp, and Finucane (2000); and Percy (2007).

인차가 크다는 것을 인식하는 것도 중요하지만, 이 집단을 전문으로 다루는 임상전문가와 연구자들은 이 집단이 특정한 특성을 나타낼 확률이 높다는 것을 알아두는 것도 많은 경우에 도움이 된다. 다음에는 흔히 나타나는 두 가지 증후군인 다운증후군과 X 결함 증후군을 논의하기로 한다.

다운증후군

다운증후군은 ID의 유전적 원인 중에서 가장 흔한 원인이다(Lovering & Percy, 2007). 다운증후군 아동의 약 95%가 21번 염색체에 추가 염색체를 하나 더 가지고 있다(삼염색체 21 — 염색체가 보통은 2개인데 3개임). 어머니의 나이가 많을수록 21번 삼염색체가 생겨날 위험이 더 커진다(Wu & Morris, 2013; 표 13.4 참조). 작은 집단에서는 추가 염색체의 일부가 다른 염색체에 붙어 있다(염색체 위치 변경). 대부분의 사례는 유전되지 않으며 자연스럽게 일어난다. 대개는 난소나 고환에서 세포분열이 일어날 때 이런 오류가 생겨난다(Lovering & Percy, 2007). 다운증후군은 흔히 임신 중에 태아 초음파검사를 하거나 어머니를 추가로 삼중/사중 검사를 하여 진단한다(DeVore & Romero, 2003).

다운증후군이 있는 아동들은 유전 프로파일뿐 아니라 발달 프로파일과 궤도도 독특하다. 이 아동들은 선천성

표 13.4 엄마의 연령에 따른 다운증후군 발병률

연령(세)	평균 발병 위험(1,000명당)
20 이하	0.67
20~24	0.70
25~29	0.83
30~34	1.53
35~39	5.44
40~44	18.31
45 이상	28.12

출처 : Wu and Morris(2013). Copyright 2013 by the Nature Publishing Group의 허락하에 사용함.

심장질환, 갑상선 기능저하증, 치과질환, 비만 등 연관된 여러 질병에 걸릴 위험이 보통사람들보다 더 높다. 납작한 얼굴, 작은 귀와 입, 튀어나온 혀, 눈꼬리가 위로 올라간 눈과 같이 특이한 몇몇 신체적 특징들 또한 다운증후군과 관련이 있다(Dykens et al., 2000). 다운증후군의 발달궤도는 아동기 동안 IQ가 점차 하락한다는 특징을 보인다(Dykens et al., 2000). 다운증후군이 있는 아동들은 언어발달에도 문제가 있다. 이와는 반대로 연구는 다운증후군 아동들이 다른 많은 유형의 ID에 비해 사회적 기술이 비교적 뛰어나며 파괴적 행동을 더 적게 하는 경향이 있다는 일반적 관찰을 지지하는 결과를 내놓았다. 다운증후군 아동의 가족을 대상으로 하는 연구들은 이들

이 다른 유형의 ID를 가진 아동들의 가족보다 더 잘 대처하는 경향이 있다는 결과를 보고하고 있다. 다운증후군 아동과 다른 유형의 ID를 가진 아동의 이러한 차이를 나타내는 '다운증후군 혜택'이라는 용어를 사용하는 사람들도 있다(Dykens et al., 2000).

연구자들은 최근 들어 (유전적, 후생유전학적, 신진대사 등의) 생물지표들을 확인함으로써 다운증후군과 연관성이 있는 다양한 건강 및 위험요인들을 다루는 연구를 확대해 나가고자 노력하고 있다. 이런 지표들은 누가 특정한 동반이환 위험에 처해 있는지 예측할 수 있게 해줄 것이며, 또한 치료법 개발의 구체적 목표도 제공해 줄 것이다(McCabe & McCabe, 2013). 한 가지 예는 다운증후군이 알츠하이머병 발병 위험의 증가와 관련성이 있다는 연구들이다. 지금까지 알츠하이머병에 걸릴 위험의 증가는 다수의 유전자에서 발견되는 다형성(polymorphism)과 관련성이 있는 것으로 생각되어 왔다(McCabe & McCabe, 2013). 아울러 21번 삼염색체와 관련이 있는 것으로 생각되는 조기폐경은 다운증후군 여성들이 조기 발병 알츠하이머병에 걸릴 위험을 특히 크게 높여주는 것으로 보인다(Zhao et al., 2011).

X 결함 증후군

X 결함 증후군은 가장 흔히 계승되는 형태의 ID이다(Murphy et al., 1998). 이 장애를 가진 사람들의 X염색체 끝에 결함 부위가 있다는 것이 관찰됨으로써 이런 이름을 얻게 되었다. 이 부위에 있는 유전자는 1번 X 결함 정신지체 유전자(FMR1)로서 뇌의 발달과 기능에 중요한 역할을 하는 단백질을 생산하는 일을 한다(Finucane et al., 2012). X 염색체 결함의 기제가 어떻게 작동하는지에 대해서는 '실무와 연구에서 현재의 문제점과 앞으로의 연구 방향 : 몇 가지 실례'를 다루는 절에서 추가로 논의할 것이다. X 결함 증후군이 IQ에 미치는 영향은 다양하다. 그러나 현재까지 진행된 연구는 완전한 돌연변이를 보이는 남성의 대부분과 여성의 50%가 ID를 가지고 있다는 것을 보여준다(Mazzocco, 2000). 남성과 여성 모두 적응기능의 다른 영역에 비해 일상생활기술과 자조기술에서 상대적 강점을 보인다. 공통적으로 나타나는 특성으로는 시선회피, 주의결핍, 수줍음, 사회적 불안 등이 있다(Dykens et al., 2000). 몇몇 신체적 특징들 또한 X 결함과 공통적 연관성이 있는 것으로 생각되지만, 이런 특징들은 불특정적이며 이 장애가 없는 사람들에게서도 발견될 수 있다는 점에 유의할 필요가 있다(Dykens et al., 2000). 이런 특징으로는 길고 좁은 얼굴과 돌출한 귀가 있다. X 결함은 의학적 문제와는 관련성이 없다. 가장 눈에 띄는 것은 발작인데 이 증후군이 있는 사람들의 10~20%에서 발생한다(Berry-Kravis, 2002).

출생 이전과 출산 전후에 작용하는 요인

태내 환경과 관련된 몇 가지 요인들이 태아에게 ID를 초래하거나 적어도 ID가 생길 위험성을 높이는 것으로 알려져 있다(Murphy et al., 1998). ID(특히 경도 ID)와 관련성이 있는 가장 흔한 환경요인은 임신 동안의 영양 부족, 태내 감염, 태아알코올 증후군, 다른 중독성 화합물질에의 노출, 조산, 주산기와 출산 이후의 질식이나 기타 외상이다(Patel, Greydanus, Calles, & Pratt, 2010). 어머니의 엽산결핍은 흔히 ID를 초래하는 질병인 이분척추나 수막척수탈출증 같은 신경관 결함과 관련성이 있는 것으로 생각된다. 또한 어머니에게 갑상선 기능저하증 같은 대사장애가 있으면 태아에게 여러 가지 위험을 초래할 수 있다. 그뿐만 아니라 갑상선 기능저하증을 치료받지 않은 어머니에게서 태어난 아이들은 건강한 어머니의 아이들에 비해 IQ 검사 점수가 더 낮다(Poppe & Glinoer, 2003). 임신기간 중에 톡소플라즈마증, 사이토메갈로 바이러스, 풍진, 포진, B그룹 연쇄상구균 같은 감염이 발생하면 태아의 뇌발달에 영향을 미치고 상당한 기능손상을 가져올 수 있다.

어머니가 임신 중에 알코올, 납, 항경련제 같은 물질에 노출되면 인지기능이 손상되는 것으로 생각되고 있다. 독성물질의 노출량과 노출시점에 따라 고도 ID에서 미세한 학습문제나 기억문제에 이르기까지 효과가 다양하게 나타날 수 있다(Percy, 2007). 전 세계적으로 어머니의 알코올 사용은 가장 흔한 ID의 원인으로 예방이 가능하다(Nulman, Icowicz, Koren, & Knittel-Keren, 2007). 알코올 사용을 피하기 어렵게 만드는 한 가지 쟁점은 임신한 여성들이 자신이 임신했다는 사실을 누구나 알고 있는 것은 아니라는 것과 알코올 섭취는 임신 초기 3개월 동안에 가장 위험하다는 것이다. 출생 이전의 알코올 노출경험이 초래하는 다양한 신체, 인지, 행동 및 학습상의 장애를 묘사하는 데 '태아알코올증후군'과 '태아알코올스펙트럼장애'라는 용어들이 사용되어 왔다. 두 번째 용어에서 '스펙트럼'이라는 단어가 사용된 것은 한 개인이 이 장애와 관련된 특성들의 일부만 가지고 있을 수도 있고 전부 다 가지고 있을 수도 있으며 그 결과 다양한 수준의 손상을 보일 수 있기 때문이다. 한 연구(Streissguth et al., 2004)는 태아알코올증후군이 있는 아이들의 24%가 IQ 70점에 못 미치며, 이들의 IQ는 매우 심한 결함에서 평균, 그리고 그 이상의 수준에 이르기까지 다양한 범위에 걸쳐 있다는 결과를 보고하였다.

출생 이전 어머니의 영양 부족, 질병 및 독성물질 노출에 더해 다양한 주산기 요인들이 ID가 발생할 위험과 관련성이 있는 것으로 생각되고 있다. 조숙아로 태어난 아기들과 저체중 아기들은 학습 및 인지결함을 보일 위험이 있다. 일반적으로 장애 발생률은 임신연령이 어릴수록 증가한다. 신경발달장애는 출산체중이 극도로 낮은(1,500그램 또는 3.3파운드가 안 되는) 아기들에게 발생할 확률이 가장 높다. 연구들은 23~25주간의 수태 후 태어난 아기들의 22~45%가 심각한 장애를 가지고 있다는 것을 발견하였다(Stephens & Vohr, 2009). ID와 관련성이 있는 것으로 생각되는 다른 출산 합병증으로는 질식과 자궁내 감염이 있다.

환경적 및 사회적 위험요인

아동기의 지적 기능에 영향을 미치는 것으로 알려져 있는 요인들로는 수막염, 뇌염 등 심각한 감염을 통한 뇌손상, 심한 외상성 뇌손상(예 : 낙상, 교통사고, 스포츠관련 외상, 공격), 간질 등이 있다. 납과 수은 노출이 지적 기능 저하와 관련성이 있다는 제안도 꾸준히 이어져오고 있다. Baghurst와 동료들(1992)은 494명의 7세 아동 표본에서 성별, 부모의 교육수준, 출산 당시 어머니의 연령, 부모의 흡연상태, 사회경제적 지위, 가정환경의 질, 어머니의 IQ, 출생체중, 출생순위, 수유방법(모유, 분유, 또는 둘 다), 모유수유 기간, 친부모와 함께 생활하는지 여부 등 많은 변인들을 통제한 후에도 납 노출이 IQ와 역상관이 있다는 결과를 얻었다.

아동의 환경에 있는 위험요인들도 ID 위험의 증가와 관련이 있는 것으로 생각되고 있다. (1) 영양실조와 같은 생의학적 요인들, (2) 아동-양육자 상호작용의 손상, 가족 내 만성질병, 적절한 자극결핍, 가족 빈곤과 같은 사회적 요인들, (3) 양육문제, 진단지연, 부적절한 조기개입이나 특수교육서비스, 부적절한 가족지원과 같은 교육적 요인들이 그런 요인들이다(Schalock et al., 2010). 역사적으로 연구들은 (부모의 교육수준, 가족수입, 부모의 직업, 또는 복합적 척도로 측정한) 사회경제적 지위와 ID, 특히 경미한 ID의 발생률 간에 강한 역상관관계가 있다는 것을 발견하였다. 가정 학습환경의 질과 아동의 IQ 간에도 정적 상관이 있다는 것이 밝혀졌다(Murphy et al., 1998).

Guralinic(2005)은 이러한 환경적 위험요인들을 개념화하는 최선의 방법을 요약하였다. 그의 관점에 따르면 환경적 위험요인들이 ID에 독립적으로 영향을 미칠 수 있고 실제로 그런 영향을 미친다 할지라도 이 요인들이 흔히 생물학적 질병과 함께 공동으로 작용한다는 데 주목하는 것이 중요하다. 또한 대부분의 사례에서는 모든 인과적 요인들이 누적되어 나타나는 효과가 어린 아동들의 지적 발달에 가장 큰 위협이 된다는 점을 인식하는 것이 중요하다.

이중진단(ID와 정신건강장애 둘 다 존재하는 경우)

ID가 있는 아동과 청소년들이 그렇지 않은 또래들에 비해 정서적·행동적 문제의 발생률이 훨씬 더 높다는 것을 보여주는 문헌들이 점점 더 많아지고 있다(예 : Baker, Blancher, Crnic, & Edelbrock, 2002; Emerson, 2003; Linna et al., 1999; Stores, Stores, Fellows, & Buckley, 1998). 유병률 연구들은 ID가 있는 아동과 청소년의 30~50%가량이 정서적·행동적 문제들을 보인다고 보고하였다 (Dekker & Koot, 2003; Emerson, 2003; Tonge & Einfeld, 2003). 이는 일반 모집단과 비교했을 때 엄청나게 높은 비율이다. 예를 들어 Dekker, Koot, Ende와 Verhulst(2002)는 ID가 있는 아동과 없는 아동들의 CBCL 점수를 비교한 연구에서 ID가 없는 아동들의 경우에는 총점이 임상적으로 유의미한 범위에 있는 아동의 비율이 18%에 불과한 데 반해 ID가 있는 아동들은 그 비율이 50%라는 것을 발견하였다.

Emerson(2003)은 5~15세 사이의 ID가 있는 아동과 없는 아동을 대상으로 한 연구에서 ID가 있는 아동의 39%가 **국제질병분류, 제10판(ICD-10)**의 정신과 장애 중에서 하나 또는 그 이상을 가지고 있는 것으로 진단되었다는 결과를 보고하였다. 파괴적 행동장애(25%), 불안장애(8.7%), 운동항진증이나 주의력결핍 과잉행동장애(ADHD, 8.7%)가 흔히 나타나는 것으로 발견되었다. 소수는 우울증(1.5%)이 있었다. 다른 연구들에서는 장애 비율이 다양하게 나타났다(Dekker & Koot, 2003; Einfeld, Ellis, & Emerson, 2011; Tonge & Einfeld, 2003). 그러나 일관성 있는 패턴이 드러나고 있다. 연구들은 경도 ID가 있는 아동들이 파괴적·정서적 장애를 더 많이 보이며 시간이 흐르면서 증상들이 호전되는 경향이 있다는 것을 발견하였다. 이와는 반대로 더 심한 ID가 있는 아동들은 상동증, 자해, 사회적 고립을 보이는 비율이 높고 증상이 잘 호전되지 않는 경향이 있다(Witwer & Lecavalier, 2008). 경도 ID에서 중등도까지의 ID를 가진 아동들은 더 심한 ID를 가진 아동들보다 반사회적/파괴적 행동을 더 많이 하고(Einfeld et al., 2006; Koskentausta, Iivanianen, & Almqvist, 2004; Molteno, Molteno, Finchilescu, & Dawes, 2001) 내재화 문제들을 더 많이 보이는 경향이 있다(Borthwick-Duffy, Lane, & Widaman, 1997). Einfeld와 동료들(2006)은 종단연구에서 경도 ID에서 중등도까지의 ID를 가진 아동들이 고도 또는 극도 ID를 가진 아동들보다 발달행동 체크리스트의 파괴성 하위척도에서 더 높은

점수를 받는 경향이 있다는 것을 발견하였다. Molteno와 동료들(2001)은 경도 ID 아동들(n=127)이 극도 ID 아동들(n=38)보다 발달행동 체크리스트의 반사회적 행동 하위척도에서 훨씬 더 높은 점수를 받았다고 보고하였다.

ID 및 이와 관련된 언어손상으로 인한 진단평가의 어려움은 이 분야의 진단실무와 연구를 어렵게 만들고 유병률의 범위를 넓히는 결과를 가져온다. 임상전문가들은 전형적 발달양상을 보이는 일반아동의 경우 경험과 정서에 대한 아동 자신의 언어적 보고에 상당한 정도로 의존한다. ID 아동들은 수용언어와 표현언어가 질적 손상을 보이는 경우가 많다. 언어손상이 경미한 경우에도 추상적 개념을 논의하거나 미묘한 정서적 이상을 탐지해 내고 평가하기는 어려울 수 있다(Fletcher, Loschen, Stavrakaki, & First, 2007). 일부 ID 아동들은 언어결핍으로 인해 이들이 DSM-IV 증상들을 가지고 있는지 여부를 판단하기가 어렵다(Einfeld & Aman, 1995). 인지적 결함은 이 아동들이 어떤 조건에서 생겨나는 복잡한 인지적 현상들(예 : 불안장애)을 이해하고 표현하기 어렵게 한다(Cooray, Gabriel, & Gaus, 2007; Findlay & Lyons, 2001; Fletcher et al., 2007). 예를 들어 언어능력이 제한된 아동에게 주요우울증이 있는지 여부를 확인하고자 할 때 맞닥뜨릴 수 있는 문제들을 생각해 보라. 그런 아동이 우울한 기분, 예전에 즐겨 했던 활동에서 즐거움을 느끼지 못함, 불안과 초조, 죄책감, 에너지 상실을 경험하고 있는지 결정하기는 엄청나게 힘들 수 있다.

ID 모집단에서 볼 수 있는 이런 장애물들은 '진단 뒤덮기(diagnostic overshadowing)'(Reiss, Levitan, & Szysko, 1982)와 행동 동일물(behavioral equivalent)에 대한 의존이라는 두 가지 역사적 결과를 초래하였다. 임상전문가는 진단 뒤덮기로 인해 아동의 발달장애가 특이한 행동의 원인이라고 보는 오류를 범한다. 발달장애는 임상전문가와 연구자들이 다른 정신과 진단들을 볼 수 없게 가림으로써 다른 정신과 장애들에 대한 민감성을 결여하게 만든다.

ID 아동의 언어결핍과 인지손상 때문에 평가자들은 이 아동들의 행동과 정서에 관한 기본정보를 제3자에 의

지하여 찾아낼 수밖에 없다. 이 때문에 ID 분야의 많은 전문가들은 '진단 동일물' 사용에 의존하곤 한다(Hurley, Levitas, Lecavalier, & Pary, 2007). 즉, ID 아동들의 제한된 의사소통 및 인지장애와 호환될 수 있는 대안들을 DSM 진단기준과 동일하게 취급한다. 이러한 동일물들은 관찰 가능한 행동들에 기초를 두고 있다. 행동 동일물들을 ID 정신과 진단으로 통합하기 위한 지침들이 제시되고 있다(Fletcher et al., 2007; Royal College of Psychiatrists, 2001). 우울증의 행동 동일물에는 기물파손, 공격성, 자해행동, 뱉기, 고함치기, 선호되는 행동의 거부, 강화에 대한 반응의 상실, 도벽이나 음식집착 등이 있다(Charlot et al., 2007). 그러나 이러한 증상이나 행동 동일물들의 타당성을 지지하는 연구는 많지 않다(McBrien, 2003). 지금까지 수행된 연구들은 불분명한 결과를 내놓았다(예 : Marston, Perry, & Roy, 1997; Matson et al., 1999; Reiss & Rojahn, 1993; Tsiouris, Mann, Patti, & Sturmey, 2003).

ID 정신병리 평가의 타당성을 입증하려는 시도는 강력한 장벽에 부딪혔다. 임상전문가들은 한편으로는 ID 환자들의 언어 부족과 자기보고 능력의 제한 때문에 행동 동일물에 의존할 수밖에 없었다. 다른 한편으로는 이와 같이 추정된 지표들에 타당성을 부여해 줄 객관적인 임상적 검사가 현재 없다 보니 진단방법의 타당성을 입증할 수 없는 연구들을 하게 되었다. 일반적 정신병리학 연구에서 부상하고 있는 전도유망한 영역 하나는 임상적 프로파일과 관련성이 있는 것으로 생각되는 생물지표를 확인하는 것이다. 심박동수, 코르티솔, 피부전기활동(또는 피부전도)과 같은 생리학적 변수들은 자신이 겪는 고통을 알릴 수 있는 다른 방법을 갖지 못한 ID 아동들의 각성상태와 스트레스 수준을 객관적으로 측정하게 해줄 수 있다. 현재 ID 아동들을 대상으로 그러한 지표들을 살펴본 연구는 많지 않다. 그러나 그런 연구들은 ID 아동들의 평가와 치료에 영향을 미칠 수 있는 커다란 잠재력을 가지고 있는 것으로 보인다.

최근 수행된 한 연구는 ID 아동 표본에서 자해행동과 관련이 있는 생물지표들을 찾아보았다. Symons, Wolf, Stone, Lim과 Bodfish(2011)는 자해행동을 하는 ID 아동과 그렇지 않은 ID 아동들 간에 시상하부-뇌하수체-부신피질 축(코르티솔)과 교감신경-부신수질 체계(a-아밀라아제)의 타액수준 생물지표를 비교하였다. 이 연구자들은 자해행동을 하는 아동들의 코르티솔 수준이 크게 높아진 것을 발견하였다. 또한 상동운동 장애를 보이고 자해행동을 하는 아동들과 자해행동을 하되 상동운동은 하지 않는 아동들 간에 a-아밀라아제 수준에서 뚜렷한 차이가 있었다.

ID의 소인과 증상을 더 잘 이해하기 위한 또 하나의 잠재적 방안은 내적 표현형 연구이다. 더 넓은 정신병리학 분야에서는 대부분의 정신질환이 유전될 수 있는 측면을 가지고 있고, 이는 다른 유전요인 및 환경요인들과 상호작용하여 장애가 발생할 위험을 높인다는 것이 널리 인정되고 있다(Lenzenweger, 2013). 앞서 상세히 살펴보았듯이 많은 연구들이 하위표본(예 : 다운증후군이나 X 결함 증후군이 있는 아동들)을 대상으로 ID의 병인을 연구하였다. 그러나 ID 아동들에게 나타나는 불안, 우울 및 다른 많은 정신질환들을 연구함으로써 얻을 수 있는 것들도 분명히 있다. 이런 연구들이 이미 알려진 유전적 병인들을 가진 사례들에 국한되지 않도록 하는 것이 특히 중요하다.

실무와 연구에서 현재의 문제점과 앞으로의 연구 방향 : 몇 가지 실례

이 장 전반에서 병인에 대한 지식의 향상으로부터 평가와 치료방법의 증진에 이르기까지 ID 분야에서 지난 몇 년간 이루어진 엄청난 진보를 상세히 기술하였다. 이 절에서는 최근의 발전 양상과 잠재적 미래에 이루어질 발전에 대해 좀 더 알아보기로 한다.

유전연구

가장 눈에 띄는 발전은 유전학 분야에서 유전자, 뇌, 행동 간의 연결에 대한 이해가 더 깊어졌다는 것이다. 지금까지 450개 이상의 유전자에서 일어나는 돌연변이가 ID와 관련성이 있는 것으로 생각되고 있는데, 이 수치는 유전연구의 테크놀로지가 진보함에 따라 앞으로 3배에서 4배까지 증가할 것으로 예상된다(van Bokhoven, 2011). 생물지표 연구(아래 참조)는 ID의 유전적 병인에 대한 연구를 넘어서 내적 표현형의 연구로까지 확장되었다. 이러한 연구가 지금의 궤적을 그대로 따른다면 실로 엄청난 잠재력을 갖는다는 것을 인정하지 않을 수 없다.

약물연구에 대한 새로운 접근

X 결함 증후군에 관한 연구는 약물치료와 관련하여 미래가 어떤 모습을 보일지를 분명하게 암시해 준다. 최근 들어 연구자들은 X 결함 증후군과 다른 여러 형태의 발달장애를 가져오는 인과적 기제에 많은 흥미를 보였다. 이 분야의 연구는 X 결함 증후군의 표현형이 FMR1 유전자에서 일어나는 시토신-구아닌-구아닌(CGG) 반복 순서의 결과로 나타나는 것임을 밝혀냈다(Erickson et al., 2011). CGG 순서가 200번 이상 반복되면 FMR1 유전자가 침묵하게 되고 X 결함 정신지체 단백질(FMRP)이 부재하게 된다(Erikson et al., 2011). 이 부재는 다시 그룹1 대사성 글루타민 산 수용기5(mGluR5)의 과도한 신경전달로 이어진다. 또한 중추신경계에서 감마아미노낙산(GABA, 억제성) 경로가 하향 조절되는 것으로 보인다. X 결함 증후군에서 나타나는 많은 특징들은 발작, 뇌전도의 '전기흥분성', 인지적 핸디캡, 불안 증가, 운동실조증 등을 포함하여 mGluR5 경로의 과잉활성화와 일치한다(Erickson et al., 2011). 아동이 X 결함 증후군에 어느 정도 영향을 받는가는 FMRP가 얼마나 많이 감소하는가와 관련이 있는데, 이는 X 결함 증후군 아동들 간에 변동성이 있는 것으로 생각된다(Bhakar, Dolen, & Bear, 2012).

중요한 것은 연구자들이 실험실에서 쥐와 초파리의 FMR1 유전자를 '녹아웃'시킴으로써 X 결함 증후군의 표현형을 흉내낼 수 있었다는 점이다(Wijetunge, Chattarji, Wyllie, & Kind, 2013). 그렇게 했을 때 두 종의 동물 모두 인간의 X 결함 증후군과 일치하는 특성들(특징적인 인지결함, 반복행동, 발작역치 하락, 신경해부학적/생리학적 변화 등)을 나타냈다. mGluR5 길항제를 포함하여 다양한 약물들이 많은 동물 모델에서 행동 및 인지기능을 구해낼 수 있다는 것은 매우 흥미로운 일이다(Wijetunge et al., 2013). 이러한 결과는 발달장애 전문가 집단과 제약산업 부문에 커다란 흥분을 불러일으켰다. 지금까지 다수의 약리학적 화합물들이 평가되었거나 평가가 진행되고 있다. mGluR5 길항제인 페노밤과 AFQ056(http://fraxa.org/toward-a-cure/clinical-trials), GABA 작용제인 아바글로펜, 제약회사 숫자들로만 확인할 수 있는 다른 여러 화합물들이 그 대상이다. 리튬, GABA 작용제, 메탈로프로테이나제(금속단백분해효소)를 타깃으로 하는 제품과 같은 다른 약물들도 연구되었다(Wijetunge et al., 2013). 인간을 대상으로 하는 이러한 임상실험들은 성공의 정도가 제각각이었지만, 많은(아마도 대부분) 실험의 결과는 아직까지 발표되지 않고 있다. 말할 필요도 없이 지금은 흥분을 불러일으키는 시대이다. 동물연구자들이 X 결함 증후군의 표현형을 약물에 의해 되돌려 놓았고, 상당수의 실험실들이 완전한 X 결함 증후군 표현형을 보이는 사람들에게서 동일한 결과를 얻기 위해 노력을 경주하고 있기 때문이다. 효과적이지 못한 예전의 도구들이 X 결함 증후군의 행동적 공존 증상 감소를 목표로 했던 것과는 달리 X 결함 증후군에 사용되고 있는 이러한 실험적 약제들은 장애의 주요 요소들을 매우 구체적으로 지정하고 이들을 상쇄하는 데 목표를 두고 있다. mGluR 차단제에 관한 초기 보고서들은 아직까지는 실망스러운 수준이다(Pollack, 2013). 신경과학자들이 X 결함 증후군이라는 신경생물학적 장애와 이 장애의 추정기제에 관해 점점 더 많은 것을 알아내고 있고, 산업현장과 대학에 적을 둔 과학자들이 장애로 인한 손상의 진행을 막고 심지어 되돌릴 수도 있는 방법들을 찾고 있다는 점에서 이러한 연구는 매우 중요하다. 발달장애를 지금까지와는 완전히 다른 관점에서 바라보는 사고방식이 출현한 것이다.

*clinicaltrials.gov*라는 웹사이트에 올라 있는 내용들을 살펴보면, ASD와 다운증후군에 대해 현재 진행되고 있는 연구들이 이와 유사하게 목표가 분명한 치료방법들을 사용하고 있다는 것을 알 수 있다. 이런 연구들은 이와

같이 매우 심각한 질병의 핵심요소들을 역전시키려는 희망을 실현하기 위한 목적으로 설계되고 있다. 더욱이 좀 더 구체적인 유전질병에 관한 연구는 다양한 병리를 가져오는 최종 공유경로의 발견과 같이 예상치 못한 이득을 얻을 수도 있다. X 결함 증후군에 대한 mGluR 병인 이론을 내놓은 Bear, Huber와 Warren(2004)이 지적한 바와 같이, "비슷한 증상을 나타내는 여러 장애가 동일한 분자 경로의 다른 곳에 있는 결함에서 생겨났을 가능성도 충분히 예상할 수 있을 듯하다. 자폐증을 비롯해 여러 발달장애들은 X 결함 증후군에서 나타나는 것과 동일한 핵심적 특성들을 많이 가지고 있다."(p.375)

생물지표 연구

생물학과 행동의 관계에 대한 이해가 증진되면서 이 분야에서는 생물지표에 관한 연구가 활발해지고 있다. 자해행동과 ID 아동들의 코르티솔 및 a-아밀라아제를 살펴본 Symons와 동료들(2001)의 연구는 그러한 지표의 사용이 어떻게 하면 극도 ID를 갖고 있는 아동들을 평가하고 이해한다는 목표를 향해 나아갈 수 있는지를 보여주는 뛰어난 사례이다. 지금까지 연구자들은 ID 아동들이 현격한 의사소통 결함을 가지고 있다는 점에 비추어 볼 때 이들은 동시발생 질병들을 평가하고 그 질병들의 치료를 점검하기가 매우 힘든 집단이라는 것을 발견하였다. 그 결과 이들은 연구에서 배제되기 십상이었다. 자기보고 이외의 변수들을 사용하게 되면서 이렇듯 힘든 집단을 대상으로 새로운 노선의 연구가 가능하게 되었다.

ID의 위험요인 연구

ID의 위험요인에 관한 연구는 지속적으로 발전하고 있으며 더 정교해지고 있다. 종전에는 인종과 빈곤 같은 일반적인 요인들에 관해 논의가 이루어졌다면 최근의 연구는 위험을 더 복잡하게 설명할 수 있는 방안들을 찾아내고 있다. 예를 들어 ID 발병률의 인종 간 격차는 오랫동안 측정 편향이나 빈곤과 같은 요인들과 관련이 있는 것으로 가정되었다. 그러나 더 복잡한 그림이 부각되고 있는 것으로 보이는데 Christian과 동료들(2013)의 연구

는 이런 상황을 잘 드러내 주고 있다. ID의 위험요인 한 가지는 조산으로서 조산은 유럽계 여성보다 아프리카계 여성에게 2배나 많이 발생한다(Christian et al., 2013). 스트레스, 소수집단 지위, 이러한 요인들에 대한 생물학적 반응들 간에 상호작용이 일어나는 것으로 보인다. Christian과 동료들은 아프리카계 여성들이 스트레스 유발 염증반응을 더 강하게 보인다는 것을 발견하였다. 이 연구자들은 궁극적으로 아프리카계 어머니들을 조산 위험에 처하게 만드는 것은 스트레스에 대한 생물학적 반응이라고 상정하였다. 이러한 반응은 또한 나중에 이 어머니들의 자녀가 ID의 위험에 처하게 한다. 이와 같은 연구들은 앞으로 예방 및 치료연구가 나아갈 방향을 잡아주는 역할을 할 수 있다. 이 분야에서는 아동을 격리상태에 놓고 연구를 진행해서는 안 된다는 인식이 자리 잡기 시작하고 있다. 사회경제적 지위, 가족 스트레스, 사회적 지지, 부모의 신체건강과 정신건강, 환경적 위험요인 등 여러 요인들을 고려할 필요가 있다(Emerson, 2012; Hodapp & Dykens, 2012).

학제간 연구와 서비스 전달

엄청난 성장을 보인 또 하나의 분야는 서비스 전달 모델이다. 서비스 전달에서만 아니라 연구에서도 좀 더 학제간 접근을 취해야 한다는 인식이 증가하고 있다(Hodapp & Dykens, 2012; G. King et al., 2009). 이 상황은 미국 국립과학재단(National Science Foundation, 2013)의 학제간 연구에 관한 정보 웹페이지에 잘 드러나 있다. "NSF는 각 분야가 과학적 발견을 향해 나아가도록 하는 데 학제간 연구가 중요한 역할을 한다는 사실을 오래전부터 인식해 왔다. 중요한 연구 아이디어들은 단일 학문 분야나 프로그램의 범위를 초월하는 경우가 많다." 학제간 실무와 연구는 여러 가지로 정의되고 있지만, 대부분이 다음과 같은 요소들을 포함한다. (1) 관련 학문 분야의 전문가들로 팀이 구성되고, (2) 팀 구성원들이 공통의 목표를 공유하며, (3) 팀의 각 구성원이 특정한 목표를 달성하는 데 저마다의 공헌을 할 수 있게 해주는 전문성을 지니고, (4) 팀의 각 구성원이 목표와 관련하여 다른 구

성원들이 권장하는 사항들을 충실히 따른다(G. King et al., 2009). 따라서 학제간 임상 및 연구팀들은 정보, 지식, 기술을 교환하고 상호의존한다는 특징을 갖는다(Costarides, Shulman, Trimm, & Brady, 1998).

학제간 치료법은 ID 아동과 그 가족에게 수많은 혜택을 가져다줄 수 있다. 그중에서 최고의 혜택은 학제간 전문가 팀이 담당하는 ID 아동들은 더 나은 서비스를 받고 더 바람직한 결과를 얻을 가능성이 크다는 것으로(Yeager, 2005), 특히 농촌지역에서 그럴 가능성이 더욱 농후하다(Fertman, Dotson, Mazzocco, & Reitz, 2005). 그뿐만 아니라 학제간 치료는 서비스의 파편화를 줄이고, 서비스 조정을 촉진하며, 가족에게 일관성 있고 통합된 메시지를 제공할 확률을 높이는 데 도움이 될 수 있다(Carpenter, 2005). 많은 전문가들은 학제간 협업이 더 효율적이고 가족에게 부담을 덜 줄 뿐만 아니라 전반적인 전문성 발달에도 효과가 있다고 생각하고 있다(G. King et al., 2009).

학제간 서비스가 ID 아동들의 교육에 일부 적용되어 오기는 했지만(Costarides et al., 1998; G. King et al., 2009), 이 모델은 다른 서비스 영역과 연구로 이제 막 일반화되기 시작했을 뿐이다. 놀랍게도 여러 학문 분야가 공통의 ID 관심영역들을 연구하는 것은 비교적 새로운 현상이다. Hodapp과 Dykens(2012)는 점점 더 많은 연구들이 행동적, 신경적, 심리적 및 유전적 전문성이 결합되는 것을 추구한다고 보고하였다. 이러한 학문 분야들이 결합하여 굉장히 정교한 '행동표현형 분류(behavioral phenotyping)' 분야를 만들어 냈는데, 이 분야의 연구자들은 행동이 여러 유전적 장애에 미치는 영향을 연구한다(Hodapp & Dykens, 2012). 행동주의 관점에 입각한 ID 연구들은 요즘 자기공명영상(MRI)을 많이 활용하며, 심지어 국가기금을 지원받는 주요 단체 중 하나인 국립아동건강 및 인간발달 연구소는 매년 연구훈련 학회를 개최하고 있다(Hodapp & Dykens, 2012).

발달단계에 따른 전이를 다루는 연구

연구자와 임상전문가들은 학령기에서 성인기로의 전이를 둘러싼 쟁점들에 좀 더 관심을 기울이고 연구를 활성화할 필요가 있다는 것을 깨닫기 시작하였다. 사실 미국에서는 연방자금 지원, 법률 제정, 그리고 가족, 서비스 제공자와 ID 아동 본인을 옹호하려는 노력에 힘입어 ID 아동들을 위한 중등과정 이후 교육 프로그램이 점점 더 많아지고 있다(Izzo & Shuman, 2013). ID 성인을 위한 '전이계획'이라는 개념은 개인의 역할이 학생에서 성인으로 바뀌는 기간 동안 학교 프로그램, 성인 서비스 기관, 사회단체의 자발적 지원을 조직하는 과정을 가리킨다(Cobb & Alwell, 2009).

성인 전이계획은 교육체계에 규정되어 있는 사안이므로 ID 아동들은 전반적으로 종전보다 성인기에 잘 적응하는 경향이 있다. 연구들은 경도 ID를 가진 아동들이 적극적 옹호와 전이계획 지원에 힘입어 고등학교를 졸업하고 2년이 지난 후 근로시간, 시간당 지급임금 및 직업유형이 개선되는 경향이 있다는 것을 발견하였다. ID 아동들이 흔히 갖는 직업에는 배관과 목공 같은 일뿐 아니라 정비업, 급식업, 소매업도 있다(Snell et al., 2009). 사실 경도 ID를 가지고 있는 사람들의 상당수는 적절한 훈련과 근무 중 지원을 받는다면 지역사회에서 봉급을 받으며 일할 수 있다는 증거가 있다(Mank, 2007).

법이 규정한 성인 전이 프로그램을 통해 일정 부분 개선이 되었음에도 불구하고 아직도 많은 영역에 개선 여지가 남아 있다. 한 추수연구에서는 경도 ID가 있는 사람들의 미취업률이 ID가 없는 동일연령의 비교집단 사람들에 비해 4배나 높은 것으로 나타났다(Maughan, Collishaw, & Pickles, 1999). 500명이 넘는 ID 학생들을 대상으로 한 연구에서는 ID가 있는 학생들이 독립적인 삶을 살아가기가 더 어렵다는 결과를 내놓았다.

더욱이 ID가 있는 청소년과 젊은 성인들은 성인 대상 보건의료서비스 제공자, 심리학자 및 기타 서비스 제공자로의 전이 등 삶의 다른 측면에서는 그 정도로 세심한 계획과 지원을 받지 못하는 경우가 많다. 이러한 전이는 지적장애인이 동시발생 신체질환을 가지고 있거나 정신건강 진단을 받았을 때 특히 문제가 되는데, 그런 사람들은 서비스 활용에 크게 제한을 받는 것으로 나타났다.

보건의료서비스 및 정신건강서비스 제공자들은 때로 자신의 경험부족을 언급하며 지적장애인들을 대하기 어려워할 것이다. 최적의 의료서비스 전이의 사례들은 개인 클리닉에 국한되는 경우가 많고, 병원 전체나 지역사회 기획에서는 찾아볼 수 없다(Kennedy & Sawyer, 2008).

전이 결과를 향상시키기 위해서는 임상서비스 개발자, 대학 훈련 프로그램, 연구 계획 간에 활발한 협업이 이루어져야 한다는 인식이 확장되었다(Kennedy & Alwell, 2009). 성인 전이의 포괄적 모델을 하나의 분야로서 연구할 필요가 있다(Cobb & Alwell, 2009). 최상의 교육 전이 및 의료서비스 전이에 성공한 일화적 사례들이 존재한다. 그러나 그들의 효율성을 입증해 줄 수 있을 만큼 엄밀한 자료는 확보되지 않고 있으며(Cobb & Alwell, 2009), 다양한 성인 전이 프로그램들의 차별적 효율성에 대한 정보도 없다.

모든 지적장애인을 위한 연구와 서비스

우리는 연구자로서 유전적 증후군들에 대한 이해의 범위를 넓혀나가고 있는 한편으로, 지적장애인 전체 집단을 망각해서는 안 된다는 것 또한 중요하다. 최근에는 다운 증후군, 다른 유전질환들, 또는 ASD를 겪고 있는 사람들과 같이 소규모의 하위표본들을 대상으로 병인, 평가 및 치료에 관한 연구에 집중하는 경향이 있다. 이런 유형의 연구에 강점이 있는 것은 분명하지만(예 : 더 동질적인 표본들에 초점을 맞춤으로써 오차변량 감소), 이런 연구는 본질적으로 매우 큰 집단, 즉 병인이 알려지지 않은 ID(한 개인에 고유한 특발성 ID)를 가진 사람들을 배제해 버린다는 문제가 있다. 많은 발전이 이루어졌음에도 불구하고 병인이 알려지지 않은 ID를 가진 사람들로 구성된 커다란 하위집단이 있다. 이런 사람들은 병인과 증상이 이질적이지만 병인이 분명한 사람들과 공통점도 다수 가지고 있다. 즉, 동시발생 정신병리를 가지고 있을 위험이 있고, 의사소통과 문제해결에 어려움이 있으며, 성인기까지 지속적으로 상당한 지원을 받을 필요가 있다는 것이다. 따라서 이 집단에 대한 지식을 넓혀나갈 필요성이 상존한다. 이것은 무엇보다도 윤리적인 문제이

다. 다른 유형의 지적장애인들과 마찬가지로 특발성 ID를 가진 사람들도 주목받고 적절한 치료를 받을 자격이 있다. 더욱이 이런 사람들을 배제함으로써 우리는 연구자로서 ID의 특정 현상들이 지니는 진정한 면모를 연구할 기회를 놓치고 있는 것일지도 모른다.

이러한 경향과 그 단점들을 한꺼번에 보여주는 하나의 예로 ASD에서 ABA 분야를 들 수 있다. 지난 20년간 어린 ASD 아동들에게 포괄적 ABA 치료법을 적용하는 것을 지지하는 사람들이 많아졌다(이 책의 제11장 Klinger, Dawson, Barnes, & Crisler 참조). 다른 수많은 치료법들도 ASD 아동들을 치료하는 데 조작적 조건형성 절차를 사용한다(예 : Dawson et al., 2010; Kasari, Freeman, & Paparella, 2006). 포괄적 조기개입은 대개 (1) 일대일 치료법을 사용하고, (2) 주당 치료시간이 20시간을 넘기는 기간이 자주 설정되며, (3) 치료기간이 몇 년간 지속되는 등의 특징이 있다(Lovaas, 1987; Smith, Eikeseth, Klevstrand, & Lovaas, 1997). 결국 이러한 개입을 하려면 비용이 매우 많이 든다(예 : Chasson, Harris, & Neely, 2007; Motiwala, Gupta, & Lilly, 2006). 대개는 아동이 일상생활에 필요한 기술들을 연마하고 학업기술까지도 향상시키는 데 도움이 되는 아주 작은 기술들을 단계적으로 학습할 수 있도록 구성된 '커리큘럼'이 있다. 흥미로운 점은 ABA 및 이와 관련된 ASD 치료법의 옹호자들이 이 치료법이 효과가 상당히 크고 영구적으로 지속되는 경우가 많을 뿐 아니라 ABA를 적용할 때 ASD 아동들, 때로는 아주 심한 지연을 보이는 ASD 아동들까지도 IQ가 정상화될 수 있다고 주장한다는 것이다(Lovaas, 1987).

ASD 증상들을 나타내지 않는 ID 아동들에게 널리 사용되는 치료법 중에서 이 정도로 효과가 크고 오래 지속되는 치료법을 우리는 본 적이 없다. 이 상황을 어떻게 설명할 수 있을까? ID만 있는 아동들에게는 조작적 조건형성 원리가 적용되지 않는 것인가? ASD 아동들에게는 ID 아동들이 갖지 못한 독특한 면이 있어서 ABA 원리가 한 조건(ASD)에서는 효과가 있고 다른 조건(ID)에서는 효과가 없는 것인가? 아니면 ASD 아동의 부모와 다른 가족구성원들은 자녀가 필요로 한다고 생각되는 서비스

를 받을 수 있도록 정치적으로 로비를 더 잘하는 것인가? 현 시점에서 ID 아동들이 받고 있는 대부분의 조기개입들은 강력하지 않으며, 집단 포맷으로 제공되고, ASD 아동들의 치료법으로 각광받는 ABA에 비해 1인당 비용이 훨씬 더 저렴하다(Mandell, Cao, Ittenbach, & Pinto-Martin, 2006).

우리는 한 사회의 시민으로서 우리가 평등한 사회에서 살아가고 있다고 믿고 싶어 한다. 그러나 두 가지 장애를 가진 아동들에게 제공되는 자원과 노력의 양에는 이와 같이 엄청난 괴리가 존재한다. 이 상황은 마치 인정받기를 갈구하는 '셰익스피어의 침묵'과도 같다. ID만 있는 아동의 옹호자들이 동일한 수준의 관심과 자원을 요구하기 시작하는 것은 시간문제라고 우리는 믿는다. ASD가 없는 ID 아동들에게 어떤 형태의 집중적 조기개입이 도움이 될 것인지는 알 수 없다. 그러나 사회가 이런 괴리를 무기한으로 방치할 수는 없다고 생각하며, 잠재적 치료법들이 도입되고 궁극적으로는 정착되기를 기대한다. 이러한 치료법들이 주장된 대로 ASD에 효과적이라면 ID 아동들의 정신역량이 상당한 수준으로 향상될 것이며 결과적으로 ID 아동들에게 엄청난 영향을 미치게 될 것이다. 결국 이것은 과학적 쟁점인 만큼이나 공정성의 문제이다. 앞으로 논쟁이 어떻게 전개되어 나가는지 지켜보는 것은 대단히 흥미로운 일일 것이다.

요약과 결론

요약하면 ID는 평균을 한참 밑도는 IQ(보통 개인용 검사에서 70점 아래), 적응기능의 현저한 결함, 그리고 발달시기 동안의 발병(관할구역에 따라 18세 또는 22세 이전으로 다양하게 규정)으로 정의되는 일군의 질병을 가리킨다. 흥미롭게도 이 정의는 17세에 심한 두부외상으로 발생한 장애는 ID 범주에 들지만 똑같은 상해가 22세에 발생한다면 치매의 일종으로 분류될 것임을 의미한다.

ID의 이상한 점 한 가지는 평생에 걸쳐서 증감을 거듭할 수 있다는 것이다. 예를 들어 (아동이 지적 도전을 가장 많이 받는 시기인) 학령기에는 개인이 지니고 있는

ID가 확연하게 드러날 수 있지만, (직장과 가정에서 뛰어난 적응을 하는) 성인기에는 별다른 문제가 없이 살아갈 수가 있다. ID는 엄청나게 많은 잠재적 원인들이 초래한 결과이다. 그러한 원인에는 유전적 요인, 질병, 뇌외상, 독소, 열악한 환경, 양육자-아동의 부정적 상호작용이 있다. 더욱이 이런 결정요인들은 태내에서, 출생 당시 또는 생후 초기에 작용할 수 있으며, 이들 요인이 상호작용하여 더욱 부정적인 결과를 이끌어 낼 수 있다. 결과적으로 우리가 다루고 있는 것은 ID라 불리는 단일한 질병이 아니라 많은 사람들에게서 각양각색으로 표현되는 거의 무한한 수의 장애이다. 학제간 전문가 집단의 활용이 다양한 형태의 ID를 가진 사람들을 대상으로 서비스를 찾아내고 기획하는 최상의 접근법이라는 사실은 그리 놀라운 일이 아니다.

ID가 있는 사람들은 여러 가지 부정적 결과를 맞이할 위험이 있는데, 그중 하나는 정신과 질환과 정서적·행동적 질병의 동시발생이다. 이 가운데 특히 눈에 띄는 것은 파괴적 행동장애, ADHD, 불안장애, 주요우울장애 등이다. 많은 내담자들이 언어가 제한되어 있고, 자기통찰력이 부족하며, 난해한 개념들을 전달하는 데 어려움이 있기 때문에 동반이환의 정확한 진단을 도출하는 일은 온통 힘들고 불확실할 수밖에 없다.

최근의 진단체계는 지적장애인들이 지역사회로부터 받을 필요가 있는 추가지원을 강조하고자 노력하였다. 결손이 아니라 지원에 강조점을 두는 의도는 진단과정의 주요목표 한 가지를 분명하게 하기 위한 것이다. 장애인들은 ID 진단 그 이상을 필요로 하는 것이 확실하다. 그들은 또 자신의 잠재력을 최대한 발휘할 수 있도록 도와줄 서비스를 필요로 한다.

참고문헌

Abbeduto, L., & McDuffie, A. (2010). Genetic syndromes associated with intellectual disabilities. In C. L. Armstrong (Ed.). *Handbook of medical neuropsychology* (pp. 193–221). New York: Springer.

Accardo, P. J., & Capute, A. J. (1998). Mental retardation.

Mental Retardation and Developmental Disabilities Research Reviews, 4, 2–5.

American Psychiatric Association (APA). (1952). *Diagnostic and statistical manual of mental disorders.* Washington, DC: Author.

American Psychiatric Association (APA). (2000). *Diagnostic and statistical manual of mental disorders* (4th ed., text rev.). Washington, DC: Author.

American Psychiatric Association (APA). (2013). *Diagnostic and statistical manual of mental disorders* (5th ed.). Arlington, VA: Author.

Arvio, M., & Sillanpää, M. (2003). Prevalence, aetiology and comorbidity of severe and profound intellectual disability in Finland. *Journal of Intellectual Disability Research, 47,* 108–112.

Baer, D. M., Wolf, M. M., & Risley, T. R. (1968). Some current dimensions of applied behavior analysis. *Journal of Applied Behavior Analysis. 1,* 91–97.

Baghurst, P. A., McMichael, A. J., Wigg, N. R., Vimpani, G. V., Robertson, E. F., Roberts, R. J., et al. (1992). Environmental exposure to lead and children's intelligence at the age of seven years: The Port Pirie Cohort Study. *New England Journal of Medicine, 327,* 1279–1284.

Baker, B. L., Blancher, J., Crnic, K. A., & Edelbrock, C. (2002). Behavior problems and parenting stress in families of three-year-olds with and without developmental delays. *American Journal on Mental Retardation, 107,* 433–444.

Bear, M. F., Huber, K. M, & Warren, S. T. (2004). The mGluR theory of fragile X mental retardation. *Trends in Neurosciences, 27,* 370–377.

Bernheimer, L. P., & Keogh, B. K. (1988). Stability of cognitive performance of children with developmental delays. *American Journal on Mental Retardation, 92,* 539–542.

Bernheimer, L. P., Keogh, B. K., & Guthrie, D. (2006). Young children with developmental delays as young adults: Predicting developmental and personal–social outcomes. *American Journal on Mental Retardation, 111,* 263–272.

Berry-Kravis, E. (2002). Epilepsy in fragile X syndrome. *Developmental Medicine and Child Neurology, 44,* 724–728.

Bergen, D. C. (2008). Effects of poverty on cognitive function: A hidden epidemic. *Neurology, 71,* 447–451.

Bhakar, A. L., Dölen, G., & Bear, M. F. (2012). The pathophysiology of fragile X (and what it teaches us about synapses). *Annual Review of Neuroscience, 35,* 417–443.

Borthwick-Duffy, S. A. (2007). Adaptive behavior. In J. W. Jacobson, J. A. Mulick, & J. Rojahn (Eds.), *Handbook of intellectual and developmental disabilities* (pp. 279–291). New York: Springer.

Borthwick-Duffy, S. A., Lane, K. L., & Widaman, K. F. (1997). Measuring problem behaviors in children with mental retardation: Dimensions and predictors. *Research in Developmental Disabilities, 18,* 415–433.

Bowley, C., & Kerr, M. (2000). Epilepsy and intellectual disability. *Journal of Intellectual Disability Research, 44,* 529–543.

Breslau, N., Chilcoat, H. D., Susser, E. S., Matte, T., Liang, K. Y., & Peterson, E. L. (2001). Stability and change in children's intelligence quotient scores: A comparison of two socioeconomically disparate communities. *American Journal of Epidemiology, 154,* 711–717.

Bronfenbrenner, U., & Ceci, S. J. (1994). Nature–nurture reconceptualized in developmental perspective: A bioecological model. *Psychological Review, 4,* 568–586.

Brown, I. (2007). What is meant by intellectual and developmental disabilities. In I. Brown & M. Percy (Eds.), *A comprehensive guide to intellectual and developmental disabilities* (pp. 3–7). Baltimore, MD: Brookes.

Brown, I., Renwick, R., & Raphael, D. (1999). *The Quality of Life Project: Results from the follow up studies.* Toronto: Centre for Health Promotion, University of Toronto.

Bruininks, R. H., Woodcock, R. W., Weatherman, R. F., & Hill, B. K. (1996). *SIB-R: Scales of Independent Behavior—Revised.* Itasca, IL: Riverside.

Bruner, J. (1990). *Acts of meaning.* Cambridge, MA: Harvard University Press.

Bryant, D., & Maxwell, K. (1997). The effectiveness of early intervention for disadvantaged children. In M. Guralnick (Ed.), *The effectiveness of early intervention* (pp. 23–46). Baltimore, MD: Brookes.

Carpenter, B. (2005). Real prospects for early childhood intervention: Family aspirations and professional implications. In B. Carpenter & J. Egerton (Eds.), *Early childhood intervention. International perspectives, national initiatives and regional practice.* Coventry, UK: West Midlands SEN Regional Partnership.

Carr, J. (1994). Annotation: Long term outcome for people with Down's syndrome. *Journal of Child Psychology and Psychiatry, 35,* 425–439.

Carr, J. (2000). Intellectual and daily living skills of 30-year-olds with Down's syndrome: Continuation of a longitudinal study. *Journal of Applied Research in Intellectual Disabilities, 13,* 1–6.

Carr, J. (2012). Six weeks to 45 years: A longitudinal study of a population with Down syndrome. *Journal of Applied Research in Intellectual Disabilities, 25,* 414–422.

Chapman, D. A., Scott, K. G., & Mason, C. A. (2002). Early risk factors for mental retardation: The role of maternal age and maternal education. *American Journal of Mental Retardation, 107,* 46–59.

Chapman, D. A., Scott, K. G., & Stanton-Chapman, T. L. (2008). Public health approach to the study of mental health retardation. *American Journal on Mental Retardation, 113,* 102–116.

Charlot, L., Fox, S., Silka, V. R., Hurley, A., Lowry, M. A., & Pary, R. (2007). Mood disorders. In R. Fletcher, E. Loschen, C. Stavrakaki, & M. First (Eds.), *The diagnostic manual—intellectual disability (DM-ID): A textbook of diagnosis of mental disorders in persons with intellectual disability* (pp. 11–32). Kingston, NY: NADD Press.

Chasson, G. S., Harris, G. E., & Neely, W. J. (2007). Cost comparison of early intensive behavioral intervention and special education for children with autism. *Journal of*

Child and Family Studies, 16, 401–413.

Christian, L. M. (2012). Psychoneuroimmunology in pregnancy: Immune pathways linking stress with maternal health, adverse birth outcomes, and fetal development. *Neuroscience and Biobehavioral Reviews, 36,* 350–361.

Christian, L. M., Glaser, R., Porter, K., & Iams, D. (2013). Stress-induced inflammation responses in women: Effects of race and pregnancy. *Psychosomatic Medicine, 75,* 658–669.

Cobb, B. R., & Alwell, M. (2009). Transition planning/coordinating interventions for youth with disabilities: A systematic review. *Career Development for Exceptional Individuals, 32,* 70–81.

Congressional Research Service. (2010, October 5). Library of Congress Summary of S. 2781 (111th): Rosa's Law. Retrieved from *www.govtrack.us/congress/bills/111/s2781#summary/libraryofcongress*

Cooper, J. O., Heron, T. E., & Heward, W. L. (1987). *Applied behavior analysis.* New York: Macmillan.

Cooray, S., Gabriel, S., & Gaus, V. (2007). Anxiety disorders. In R. Fletcher, E. Loschen, C., Stavrakaki, & M. First (Eds.), *The diagnostic manual—intellectual disability (DM-ID): A textbook of diagnosis of mental disorders in persons with intellectual disability* (pp. 317–349). Kingston, NY: NADD Press.

Costarides, A. H., Shulman, B. B., Trimm, R. F., & Brady, N. R. (1998). Monitoring at risk infant and toddler development: A transdisciplinary approach. *Topics in Language Disorders, 18,* 1–14.

Croen, L. A., Grether, J. K., & Selvin, S. (2001). The epidemiology of mental retardation of unknown cause. *Pediatrics, 107,* E86.

Decouflé, P., & Boyle, C. A. (1995). The relationship between maternal education and mental retardation in 10-year-old children. *Annals of Epidemiology, 5,* 347–353.

Dawson, G., Rogers, S. J., Munson, J., Smith, M., Winter, J., Greenson, J. (2010). Randomized, controlled trial of an intervention for toddlers with autism: The Early Start Denver Model. *Pediatrics, 125,* e17–e23.

Dekker, M. C., & Koot, H. M. (2003). DSM-IV disorders in children with borderline to moderate intellectual disability: I. Prevalence and impact. *Journal of the American Academy of Child and Adolescent Psychiatry, 42,* 915–922.

Dekker, M. C., Koot, H. M., Ende, J. V. D., & Verhulst, F. C. (2002). Emotional and behavioral problems in children and adolescents with and without intellectual disability. *Journal of Child Psychology and Psychiatry, 43,* 1087–1098.

DeVore, G. R., & Romero, R. (2003). Genetic sonography: An option for women of advanced maternal age with negative triple-marker maternal serum screening results. *Journal of Ultrasound Medicine, 22,* 1191–1199.

Drews, C. D., Yeargin-Allsopp, M., Decouflé, P., & Murphy, C. C. (1995). Variation in the influence of selected sociodemographic risk factors for mental retardation. *American Journal of Public Health, 85,* 329–334.

Dykens, E. M., Hodapp, R. M., & Finucane, B. M. (2000). *Genetics and mental retardation syndromes: A new look at behavior and interventions.* Baltimore: Brookes.

Einfeld, S. L., & Aman, M. G. (1995). Issues in the taxonomy of psychopathology in mental retardation. *Journal of Autism and Developmental Disorders, 25,* 143–167.

Einfeld, S. L., Ellis, L. A., & Emerson, E. (2011). Comorbidity of intellectual disability and mental disorder in children and adolescents: a systematic review. *Journal of Intellectual and Developmental Disability, 36,* 137-143.

Einfeld, S. L., Piccinin, A. M., Mackinnon, A., Hofer, S. M., Taffe, J., Gray, K. M., et al. (2006). Psychopathology in young people with intellectual disability. *Journal of the American Medical Association, 296,* 1981–1989.

Einfeld, S. L., Tonge, B. J., & Rees, V. W. (2001). Longitudinal course of behavioral and emotional problems in Williams syndrome. *American Journal on Mental Retardation, 106,* 73–81.

Emerson, E. (2003). Prevalence of psychiatric disorders in children and adolescents with and without intellectual disability. *Journal of Intellectual Disability Research, 47,* 51–58.

Emerson, E. (2007). Poverty and people with intellectual disabilities. *Mental Retardation and Developmental Disabilities Research Reviews, 13,* 107–113.

Emerson, E. (2012). Deprivation, ethnicity, and the prevalence of intellectual and developmental disabilities. *Journal of Epidemiology and Community Health, 66,* 218–224.

Erickson, C. A., Weng, N., Weiler, I. J., Greenough, W. T., Stigler, K. A., Wink, L. K., et al. (2011). Open-label riluzole in fragile X syndrome. *Brain Research, 1380,* 264–270.

Fertman, C. I., Dotson, S., Mazzocco, G. O., & Reitz, S. M. (2005). Challenges of preparing allied health professionals for interdisciplinary practice in rural areas. *Journal of Allied Health, 34,* 163–168.

Fesko, S. L., Hall, A. C., Quinlan, J., & Jockell, C. (2012). Active aging for individuals with intellectual disability: Meaningful community participation through employment, retirement, service, and volunteerism. *American Journal on Intellectual and Developmental Disabilities 117,* 497–508.

Finucane, B., Abrams, L., Cronister, A., Archibald, A. D., Bennett, R. L., & McConkie-Rosell, A. (2012). Genetic counseling for fragile X syndrome: Updated recommendations of the National Society of Genetic Counselors. *Journal of Genetic Counseling, 21,* 752–760.

Findlay, W. M., & Lyons, E. (2001). Methodological issues in interviewing and using self-report questionnaires with people with mental retardation. *Psychological Assessment, 13,* 319–335.

Fish, T. R., Rabidoux, P., Ober, J., & Graff, V. L. W. (2006). Community literacy and friendship model for people with intellectual disabilities. *Mental Retardation, 44,* 443–446.

Fletcher, R., Loschen, E., Stavrakaki, C., & First, M. (2007). Introduction. In R. Fletcher, E. Loschen, C., Stavrakaki,

& M. First (Eds.), *The diagnostic manual—intellectual disability (DM-ID): A textbook of diagnosis of mental disorders in persons with intellectual disability* (pp. 1–10). Kingston, NY: NADD Press.

Flynn, J. R. (1987). Massive IQ gains in 14 nations: What IQ tests really measure. *Psychological Bulletin, 101*, 171–191.

Flynn, J. R., & Widaman, K. F. (2008). The Flynn effect and the shadow of the past: Mental retardation and the indefensible and indispensable role of IQ. *International Review of Research in Mental Retardation, 35*, 121–149.

Fujiura, G. T., & Yamaki, K. (1997). Analysis of ethnic variations in developmental disability prevalence and household economic status. *Mental Retardation, 35*, 286–294.

Fujiura, G. T., & Yamaki, K. (2000). Trends in demography of childhood poverty and disability. *Exceptional Children, 66*, 187–199.

Fujiura, G. T., Yamaki, K., & Czechowicz, S. (1998). Disability among ethnic and racial minorities in the United States: A summary of economic status and family structure. *Journal of Disability Policy Studies, 9*, 111–130.

Garber, H. L. (1988). *The Milwaukee project: Preventing mental retardation in children at risk*. Washington, DC: American Association on Mental Retardation.

Glasson, E. J., Sullivan, S. G., Hussain, R., & Bittles, A. H. (2005). An assessment of intellectual disability among Aboriginal Australians. *Journal of Intellectual Disability Research 49*, 626–634.

Gomez, S., & Nygren M. A. (2012, May 16). RE: DSM-5 draft diagnostic criteria for "Intellectual Developmental Disorder" [Letter to John Oldham, President, American Psychiatric Association]. Retrieved from *www.aamr.org/media/Publications/AAIDD%20DSM5%20Comment%20Letter.pdf*

Greenspan, S. (2009). Assessment and diagnosis of mental retardation in death penalty cases: Overview and introduction to special "Atkins" issue. *Applied Neuropsychology, 16*, 89–90.

Guralnick, M. J. (Ed.). (1997). *The effectiveness of early intervention*. Baltimore: Brookes.

Guralnick, M. J. (1998). Effectiveness of early intervention for vulnerable children: A developmental perspective. *American Journal on Mental Retardation, 102*, 319–345.

Guralnick, M. J. (2000). Early childhood intervention: Evolution of a system. *Focus on Autism and Other Developmental Disabilities, 15*, 68–79.

Guralnick, M. J. (2005). Early intervention for children with intellectual disabilities: Current knowledge and future prospects. *Journal of Applied Research in Intellectual Disabilities, 18*, 313–324.

Hanson, M. J., & Hanline, M. F. (1990). Parenting a child with a disability: A longitudinal study of parental stress and adaptation. *Journal of Early Intervention, 14*, 234–348.

Harris, J. C. (2006). *Intellectual disability: Understanding its development, causes, classification, evaluation, and treatment*. New York: Oxford University Press.

Harrison, P. L., & Oakland, T. (2003). *Adaptive Behavior Assessment System—Second Edition: Manual*. San Antonio, TX: Harcourt Assessment.

Hart, B., & Risley, T. R. (1995). *Meaningful differences in the everyday experiences of young American children*. Baltimore: Brookes.

Haskins, R. (1989). Beyond metaphor: The efficacy of early childhood education. *American Psychologist, 44*, 274–282.

Hodapp, R. M., & Dykens, E. M. (2005). Problems of girls and young women with mental retardation (intellectual disabilities). In D. J. Bell, S. L. Foster, & E. J. Mash (Eds.), *Handbook of behavioral and emotional problems in girls* (pp. 239–262). New York: Kluwer Academic.

Hodapp, R. M., & Dykens, E. M. (2009). Intellectual disabilities and child psychiatry: Looking to the future. *Journal of Child Psychology and Psychiatry, 50*, 99–107.

Hodapp, R. M., & Dykens, E. M. (2012). Genetic disorders of intellectual disability: Expanding our concepts of phenotypes and of family outcomes. *Journal of Genetic Counseling, 21*, 761–769.

Hodapp, R. M., & Krasner, D. V. (1995). Families of children with disabilities: Findings from a national sample of eighth-grade students. *Exceptionality, 5*, 71–81.

Horowitz, F. D., & Haritos, C. (1998). The organism and the environment: Implications for understanding mental retardation. In J. A. Burack, R. M., Hodapp, & E. Zigler (Eds.), *Handbook of mental retardation and development* (pp. 20–40). New York: Cambridge University Press.

Hothersall, D. (2003). *History of psychology* (4th ed.). New York: McGraw-Hill.

Humphreys, L. G., & Davey, T. C. (1988). Continuity in intellectual growth from 12 months to 9 years. *Intelligence, 12*, 183–197.

Hurley, A. D., Levitas, A., Lecavalier, L., & Pary, R. J. (2007). Assessment and diagnostic procedures. In R. Fletcher, E. Loschen, C., Stavrakaki, & M. First (Eds.), *The diagnostic manual—intellectual disability (DM-ID): A textbook of diagnosis of mental disorders in persons with intellectual disability* (pp. 11–32). Kingston, NY: NADD Press.

Individuals with Disabilities Education Improvement Act of 2004 (IDEA), Public Law No. 108-446, 20 U.S. C. § 1400 (2004).

Izzo, M. V., & Shuman, A. (2013). Impact of inclusive college programs serving students with intellectual disabilities on disability studies interns and typically enrolled students. *Journal of Postsecondary Education and Disability, 26*(4), 321–335.

Kauffman, J. M. (2005). *Characteristics of emotional and behavioral disorders of children and youth* (8th ed.). Upper Saddle River, NJ: Pearson/Merrill Prentice Hall.

Kasari, C., Freeman, S., & Paparella, T. (2006). Joint attention and symbolic play in young children with autism: A randomized controlled intervention study. *Journal of Child Psychology and Psychiatry, 47*, 611–620.

Kennedy, A., & Sawyer, S. (2008). Transition from pediatric

to adult services: Are we getting it right? *Current Opinion in Pediatrics, 20,* 403–409.

Keogh, B. K., Bernheimer, L. P., & Guthrie, D. (1997). Stability and change over time in cognitive level of children with delays. *American Journal on Mental Retardation, 101,* 365–373.

Keogh, B. K., Bernheimer, L. P., & Guthrie, D. (2004). Children with developmental delays twenty years later: Where are they? How are they? *American Journal on Mental Retardation, 109,* 219–230.

King, B. H., Toth, K. E., Hodapp, R. M., & Dykens, E. M. (2009). Intellectual disability. In B. J. Sadock, V. A. Sadock, & P. Ruis (Eds.), *Comprehensive textbook of psychiatry* (9th ed., pp. 3444–3474). Philadelphia: Lippincott Williams & Wilkins.

King, G., Strachan, D., Tucker, M., Duwyn, B., Desserud, S., & Shillington, M. (2009). The application of a transdiciplinary model for early intervention services. *Infants and Young Children, 3,* 211–223.

Koskentausta, T., Iivanainen, M., & Almqvist, F, (2004). CBCL in the assessment of psychopathology in Finnish children with intellectual disability. *Research in Developmental Disabilities, 25,* 341–354.

Larson, S. A., & Lakin, K. C. (2010). Changes in the primary diagnosis of students with intellectual or developmental disabilities ages 6 to 21 receiving special education services 1999 to 2008. *Intellectual and Developmental Disabilities, 48,* 233–238.

Lary, J. M., & Paulozzi, L. J. (2001). Sex differences in the prevalence of human birth defects: A population-based study. *Teratology, 64,* 237–251.

Lenzenweger, M. F. (2013). Endophenotype, intermediate phenotype, biomarker: Definitions, concept comparisons, clarifications. *Depression and Anxiety, 130.* 185–189.

Leonard, H., & Wen, X. (2002). The epidemiology of mental retardation: Challenges and opportunities in the new millennium. *Mental Retardation and Developmental Disabilities Research Reviews, 8,* 117–134.

Linna, S. L., Moilanen, I., Ebeling, H., Piha, J., Kumpulainen, K., Tamminem, T., et al. (1999). Psychiatric symptoms in children with intellectual disability. *European Child and Adolescent Psychiatry, 8,* 77–82.

Lovaas, O. I. (1987). Behavioral treatment and normal intellectual and educational functioning in autistic children. *Journal of Consulting and Clinical Psychology, 55,* 3–9.

Lovering, J. S., & Percy, M. (2007). Down syndrome. In I. Brown & M. Percy (Eds.), *A Comprehensive guide to intellectual and developmental disabilities* (pp. 149–172). Baltimore: Brookes.

MacMillan, D. L., Gresham, F. M., & Siperstein, G. N. (1993). Conceptual and psychometric concerns about the 1992 AAMR definition of mental retardation. *American Journal on Mental Retardation, 98,* 325–335.

MacMillan, D. L., Gresham, F. M., Siperstein, G. N., & Bocian, K. M. (1996). The labyrinth of IDEA: School decisions on referred students with subaverage general intelligence. *American Journal on Mental Retardation, 101,* 161–174.

Maisto, A. A., & German, M. L. (1986). Reliability, predictive validity, and interrelationships of early assessment indices used with developmentally delayed infants and children. *Journal of Clinical Child Psychology, 15,* 327–332.

Mandell, D. S., Cao, J., Ittenbach, R., & Pinto-Martin, J. (2006). Medicaid expenditures for children with autistic spectrum disorders: 1994 to 1999. *Journal of Autism and Developmental Disorders, 36,* 475–485.

Mank, D. (2007). Employment. In S. L. Odom, R. H. Horner, M. E. Snell, & J. Blancher (Eds.), *Handbook of developmental disabilities* (pp. 390–409). New York: Guilford Press.

Marston, G. M., Perry, D. W., & Roy, A. (1997). Manifestations of depression in persons with intellectual disability. *Journal of Intellectual Disability Research, 41,* 476–480.

Matson, J. L., Rush, K. S., Hamilton, M., Anderson, S. J., Bamburg, J. W., Baglio, C. S., et al. (1999). Characteristics of depression as assessed by the Diagnostic Assessment for Severely Handicapped–II (DASH-II). *Research in Developmental Disabilities, 20,* 305–313.

Matte, T. D., Bresnahan, M., Begg, M. D., & Susser, E. (2001). Influence of variation in birth weight within normal range and within sibships on IQ at age 7 years: Cohort study. *British Medical Journal, 323,* 310–314.

Maulik, P. K., Mascarenhas, M. N., Mathers, C. D., Dua, T., & Saxena, S. (2011). Prevalence of intellectual disability: A meta-analysis of population-based studies. *Research in Developmental Disabilities, 32,* 419–436.

Maughan, B., Collishaw, S., & Pickles, A. (1999). Mild mental retardation: Psychosocial functioning in adulthood. *Psychological Medicine, 29,* 351–366.

Mazzocco, M. M. (2000). Advances in research on the fragile X syndrome. *Mental Retardation and Developmental Disabilities Research Reviews, 6,* 96–106.

McBrien, J. A. (2003). Assessment and diagnosis of depression in people with intellectual disability. *Journal of Intellectual Disability Research, 47*(1), 1–13.

McCabe, L. L., & McCabe, E. R. (2013). Down syndrome and personalized medicine: Changing paradigms from genotype to phenotype to treatment. *Congenital Anomalies, 53,* 1–2.

McDermott, S., Durkin, M. S., Schupf, N., & Stein, Z. A. (2007). Epidemiology and etiology of mental retardation. In J. W. Jacobson, J. A. Mulick, & J. Rojahn (Eds.), *Handbook of intellectual and developmental disabilities* (pp. 3–40). New York: Springer.

McLaren, J., & Bryson, S. E. (1987). Review of recent epidemiological studies of mental retardation: Prevalence, associated disorders, and etiology. *American Journal of Mental Retardation, 100,* 87–95.

Mefford, H. C., Batshaw, M. L., & Hoffman, E. P. (2012). Genomics, intellectual disability, and autism. *New England Journal of Medicine, 366,* 733–743.

Meyers, B., Valentino, C. T., Meyers, J., Boretti, M., & Brent,

D. (1996). Implementing prereferral intervention teams as an approach to school-based consultation in an urban school system. *Journal of Educational and Psychological Consultation, 7*, 119–149.

Molteno, G., Molteno, C. D., Finchilescu, G., & Dawes, A. R. (2001). Behavioural and emotional problems in children with intellectual disability attending special schools in Cape Town, South Africa. *Journal of Intellectual Disability Research, 45*, 515–520.

Morgaine, C. (2001). Family systems theory. CFS 410U [PowerPoint slides]. Retrieved from *http://web.pdx.edu/~cbcm/CFS410U/FamilySystemsTheory.pdf*

Motiwala, S. S., Gupta, S., & Lilly, M. B. (2006). The costeffectiveness of expanding intensive behavioural intervention to all autistic children in Ontario. *Healthcare Policy, 1*, 135–151.

Murphy, C. C., Boyle, C., Schendel, D., Decouflé, P., & Yeargin-Allsopp, M. (1998). Epidemiology of mental retardation in children. *Mental Retardation and Developmental Disabilities Research Reviews, 4*, 6–13.

National Science Foundation. (2013). Introduction to interdisciplinary research. Retrieved from *www.nsf.gov/od/iia/additional_resources/interdisciplinary_research*

Noll, S., & Trent, J. W. (Eds.) (2004). *Mental retardation in America: A historical reader.* New York: New York University Press.

Nulman, I., Ichowicz, A., Koren, G., & Knittel-Keren, D. (2007). Fetal alcohol syndrome. In I. Brown & M. Percy (Eds.), *A comprehensive guide to intellectual and developmental disabilities* (pp. 125–149). Baltimore: Brookes.

Olley, G. J. (2009). Knowledge and experience required for experts in *Atkins* cases. *Applied Neuropsychology, 16*, 135–140.

Patel, D. R., Greydanus, D. E., Calles, J. L., & Pratt, H. D. (2010). Developmental disabilities across the lifespan. *Disease-a-Month, 56*, 304–397.

Patton, J. M. (1998). The disproportionate representation of African Americans in special education: Looking behind the curtain for understanding and solutions. *Journal of Special Education, 32*, 25–31.

Percy, M. (2007). Factors that cause or contribute to intellectual and developmental disabilities. In I. Brown & M. Percy (Eds.). *A comprehensive guide to intellectual and developmental disabilities* (pp. 125–149). Baltimore: Brookes.

Pollack, A. (2013, June 6). An experimental drug's bitter end. *New York Times.* Retrieved March 16, 2014, from www.nytimes.com/2013/06/07/business/an-experimental-drugs-bitter-end.html0_r=0.

Poppe, K., & Glinoer, D. (2003). Thyroid autoimmunity and hypothyroidism before and during pregnancy. *Human Reproduction Update, 9*, 149-161.

Ramey, C. T., Campbell, F. A., & Bryant, D. M. (1987). Abecedarian Project. In C. Reynolds & L. Mann (Eds.), *Encyclopedia of special education* (Vol.1, pp. 3–8). New York: Wiley.

Ramey, C. T., & Ramey, S. L. (1998). Prevention of intellectual disabilities: Early Interventions to improve cognitive development. *Preventative Medicine, 27*, 224–232.

Raney, S. L., Ramey, C. T., & Lanzi, R. G. (2007). Early intervention: Background, research findings, and future directions. In J. W. Jacobson, J. A. Mulick, & J. Rojahn (Eds.), *Handbook of intellectual and developmental disabilities* (pp. 445–464). New York: Springer.

Reiss, S., Levitan, G. W., & Szysko, J. (1982). Emotional disturbance and mental retardation: Diagnostic overshadowing. *American Journal of Mental Deficiency, 86*, 567–574.

Reiss, S., & Rojahn, J. (1993). Joint occurrence of depression and aggression in children and adults with mental retardation. *Journal of Intellectual Disability Research, 37*, 287–294.

Reschly, D. J. (2009). Documenting the developmental origins of mild mental retardation. *Applied Neuropsychology, 16*, 124–134.

Reschly, D. J., & Jipson, F. J. (1976). Ethnicity, geographic locale, age, sex, and urban-rural residence as variables in the prevalence of mild mental retardation. *American Journal of Mental Deficiencies, 81*, 154–161.

Richards, P. L. (2004). Families and developmental disability in mid-nineteenth century America. In S. Noll & J. W. Trent (Eds.), *Mental retardation in America: A historical reader* (pp. 65–86). New York: New York University Press.

Rodina, K. A. (2006). Vygotsky's social constructivist view on disability: A methodology for inclusive education. Retrieved from *http://lchc.ucsd.edu/mca/Paper/Vygotsky-DisabilityEJSNE2007.pdf*

Roeleveld, N. (1997). The prevalence of mental retardation: A critical review of recent literature. *Developmental Medicine and Child Neurology, 39*, 125–132.

Ropers, H. (2008). Genetics of intellectual disability. *Current Opinion in Genetics and Development, 18*, 241–250.

Royal College of Psychiatrists. (2001). *Diagnostic criteria for psychiatric disorders for use with adults with learning disabilities/mental retardation.* London: Gaskell.

Rutland, A. F., & Campbell, R. N. (2007). The relevance of Vygotsky's theory of the 'zone of proximal development' to the assessment of children with intellectual disabilities. *Journal of Intellectual Disability Research, 40*, 151–158.

Sattler, J. M. (2008). *Assessment of children: Cognitive foundations* (5th ed.). San Diego, CA: Jerome M. Sattler, Publisher.

Schalock, R. L., Borthwick-Duffy, S. A., Bradley, V. J., Buntinx, W. H. E., Coulter, D. L., Craig, E. M., et al. (2010). *Intellectual disability: Definition, classification, and systems of supports* (11th ed.). Washington, DC: American Association on Intellectual and Developmental Disabilities.

Schalock, R. L., & Verdugo Alonso, M. A. (2002). *Handbook on quality of life for human service practitioners* (D. L. Braddock, Series Ed.). Washington, DC: American Association on Mental Retardation.

Shonkoff, J. P., & Hauser-Cram, P. (1987). Early intervention for disabled infants and their families: A quantitative analysis. *Pediatrics, 80,* 650–659.

Simonoff, E., Bolton, P., & Rutter, M. (1996). Mental retardation: Genetic findings, clinical implications and research agenda. *Journal of Child Psychology and Psychiatry, 37,* 259–280.

Smith, T., Eikeseth, S., Klevstrand, M., & Lovaas, O. I. (1997) Intensive behavioral treatment for preschoolers with severe mental retardation and pervasive developmental disorder. *American Journal on Mental Retardation, 102,* 238–249.

Snell, M. E., Luckasson, R., Borthwick-Duffy, S., Bradley, V., Buntinx, W. H. E., Coulter, D. L., et al. (2009). Characteristics and needs of people with intellectual disability who have higher IQs. *Intellectual and Developmental Disabilities,* 47, 220–233.

Sparrow, S. S., Cicchetti, D. V., & Balla, D. A. (2005). *Vineland-II: Vineland Adaptive Behavior Scales, Second Edition.* Minneapolis, MN: Pearson Assessments.

Stavrou, E. (1990). The long-term stability of WISC-R scores in mildly retarded and learning-disabled children. *Psychology in the Schools, 27,* 101–110.

Stephens, B. E., & Vohr, B. R. (2009). Neurodevelopmental outcome of the premature infant. *Pediatric Clinics of North America, 56,* 631–646.

Streissguth, A. P., Bookstein, F. L., Barr, H. M., Sampson, P. D., O'Malley, K., & Young, J. K. (2004). Risk factors for adverse life outcomes in fetal alcohol syndrome and fetal alcohol effects. *Journal of Developmental and Behavioral Pediatrics, 25,* 228–238.

Stores, R., Stores, G., Fellows, B., & Buckley, S. (1998). Daytime behaviour problems and maternal stress in children with Down's syndrome, their siblings, and non-intellectually disabled and other intellectually disabled peers. *Journal of Intellectual Disability Research, 42,* 228–237.

Stromme, P., & Hagberg, G. (2000). Aetiology in severe and mild mental retardation: A population-based study of Norwegian children. *Developmental Medicine and Child Neurology, 42,* 76–86.

Symons, F. J., Wolff, J. J., Stone, L. S., Lim, T. K., & Bodfish, J. W. (2011). Salivary biomarkers of HPA axis and autonomic activity in adults with intellectual disability with and without stereotyped and self-injurious behavior disorders. *Journal of Neurodevelopmental Disorders, 3,* 144–151.

Tariverdian, G., & Vogel, F. (2000). Some problems in the genetics of X-linked mental retardation. *Cytogenetics and Cell Genetics, 91,* 278–284.

Tassé, M. J., Schalock, R. L., Balboni, G., Bersani Jr, H., Borthwick-Duffy, S. A., Spreat, S., et al. (2012). The construct of adaptive behavior: Its conceptualization, measurement, and use in the field of intellectual disability. *American Journal on Intellectual and Developmental Disabilities,* 117, 291–303.

Tonge, B. J., & Einfeld, S. L. (2003). Psychopathology and intellectual disability: The Australian child to adult longitudinal study. *International Review of Research in Mental Retardation, 26,* 61–91.

Truscott, S. D., Narrett, C. M., & Smith, S. E. (1994). WISC-R subtest reliability over time: Implications for practice and research. *Psychological Reports, 74,* 147–156.

Tsiouris, J. A, Mann, R., Patti, P. J., & Sturmey, P. (2003). Challenging behaviors should not be considered as depressive equivalents in individuals with intellectual disability. *Journal of Intellectual Disability Research, 47,* 14–21.

Turner, G., Webb, T., Wake, S., & Robinson, H. (1996). Prevalence of fragile X syndrome. *American Journal of Medical Genetics, 12,* 196–197.

van Bokhoven, H. (2011). Genetic and epigenetic networks in intellectual disabilities. *Annual Review of Genetics, 45,* 81–104.

Wasik, B. H., Ramey, C. T., Bryant, D. M., & Sparling, J. J. (1990). A longitudinal study of two early intervention strategies: Project CARE. *Child Development, 61,* 1682–1696.

Wijetunge, L. S., Chattarji, S., Wyllie, D. J. A., & Kind, P. C. (2013). Fragile X syndrome: From targets to treatments. *Neuropharmacology, 68,* 83–96.

Williams, K. C. (2007). Piagetian principles: Simple and effective application. *Journal of Intellectual Disabilities Research, 40,* 110–119.

Witwer, A. N., & Lecavalier, L. (2008). Psychopathology in children with intellectual disability: Risk markers and correlates. *Journal of Mental Health Research in Intellectual Disabilities, 1,* 75–96.

World Health Organization. (2013). *International classification of functioning, disability and health (ICF).* Retrieved from *www.who.int/classifications/icf/en*

Wu, J., & Morris, J. K. (2013). Trends in maternal age distribution and the live birth prevalence of Down's syndrome in England and Wales: 1938–2010. *European Journal of Human Genetics, 21,* 943–947.

Yeager, S. (2005). Interdisciplinary collaboration: The heart and soul of health care. *Critical Care Nursing Clinics of North America, 17,* 143–148.

Zaren, B., Lindmark, G., & Bakketeig, L. (2000). Maternal smoking affects fetal growth more in the male fetus. *Paediatric and Perinatal Epidemiology, 14,* 118–126.

Zhang, D., & Katsiyannis, A. (2002). Minority representation in special education: A persistent challenge. *Remedial and Special Education, 23,* 180–187.

Zhao, Q., Lee, J. H., Pang, D., Temkin, A., Park, N., Janicki, S. C., et al. (2011). Estrogen receptor-beta variants are associated with increased risk of Alzheimer's disease in women with Down syndrome. *Dementia and Geriatric Cognitive Disorders, 32,* 241–249.

Zigler, E. (1969). Developmental versus difference theories and the problem of motivation. *American Journal of Mental Deficiency, 73,* 536–556.

14

학습장애*

LAWRENCE J. LEW ANDOWSKI
BENJAMIN J. LOVETT

'지각적 장애 아동의 연구'를 위해 1963년에 있었던 역사적 회의가 개최된 지 50년이 지났다. 바로 이 회의에서 부모, 교육자, 정책전문가들이 평균 또는 우수한 지능에도 불구하고 중요한 학습결함이 있는 개인들의 다양한 집단을 설명하는데 '학습장애(LD)'라는 용어를 쓰기로 합의했다. 이러한 주장은 근본적으로 특수교육이라는 새로운 연구 분야의 시초가 되었고, 동일한 현상에 대한 다양한 차원의 수많은 연구 분파들을 통합시키고 분화시켰다. 이 학회를 '학습장애아동학회(Association for Children with Learning Disabilities)'라고 명명했다. 지난 50년 동안 학습장애 분야에서 많은 연구가 이루어졌고 다양한 과학적 성취가 있었다. 그러나 이러한 눈에 띄는 진보에도 불구하고 여전히 합의된 정의가 없는 분야이고 알려진 원인이나 식별 지표가 없으며, 누가 학습장애인지 아닌지에 대한 수많은 논쟁과 불일치가 존재한다. 이 장에서 볼 수 있듯이 학습장애로 추정되는 개인의 평가, 식별 및 개입에 대한 많은 논쟁이 지속되고 있다.

앞뒤가 맞지 않는 것처럼 보이지만 학습장애의 정의와 진단 및 정확한 사례수 파악에 대한 동의가 없었음에도 불구하고 학습장애는 특수교육 영역 중 가장 폭넓은 분야이며, 국가에서도 가장 많은 연구 및 재정지원을 하고 있다. 학습장애로 확인된 아동은 현재 미국에서 특수교육을 받고 있는 아동의 1/3 이상이고(교육통계센터, 2012), 미국 공립학교 전체 학생의 약 5% 정도이다(Cortiella, 2011). 이 장의 이전 판이 출판된 이후 학습장애의 이해와 치료에 커다란 진보가 있었다.

일반적으로 학습장애 분야에서 학습장애의 구성요소에 대해서 공통된 의견을 나타내는 것처럼 보이지만, 역사적으로 학습장애 여부를 특정하는 지표나 차이점에 대한 기술에는 많은 불일치가 있었다. 이 용어가 소개된 지 50년이 지난 지금도 학습장애를 결정하는 새로운 모델이 계속 나오고 있다. 즉, 교육체계에서 사용되는 개입반응모델(RTI) 접근, 정신건강 분야에서 사용되는 **정신질환의 진단 및 통계편람**(Diagnostic and Statistical Manual of Mental Disorders DSM-5 : APA, 2013)의 지침, 또는 최신의 정의 연구 등이 있다. 그러므로 우리가 동일한 용어를 사용하고, 이 용어로부터 출발한 연구들을 개관할 때 매우 이질적인 개인을 추정하고 일반화하기 위해

* G. Reid Lyon, Jack M. Fletcher, 그리고 Marcia A. Barnes가 이 장에 기여한 것에 대해 감사를 표한다.

다양한 정의와 평가체계를 사용한 광범위한 연구를 언급한다는 것을 독자들이 이해하기 바란다.

첫 번째로 현재 정책에 근거하여 학습장애 정의의 기원과 이 분야의 간단한 역사를 고찰한다. 다음으로 학습장애 유형의 주요 특징을 자세히 검토한다. 앞에서 지적한 바와 같이 학습장애는 동질적 장애로 구성되지 않는다. 사실 정의에 따르면 학습장애는 읽기장애, 수학 학습장애 및 쓰기장애 등이 포함되는 여러 영역에서 하나 또는 그 이상의 결함을 나타낸다. 각 학습장애 유형은 이질성 문제가 클 뿐 아니라 명확한 정의와 진단에 관한 쟁점이 다양하기 때문에 본 장에서는 각각의 유형을 개별적으로 다룰 것이다. 따라서 학습장애별로 주요한 배경정보, 구성개념, 연구 및 정책 경향 등을 개관한다. 자세히 살펴보면 각 학습장애 영역에 대해 (1) 영역 내에서 특정 장애 유형이 당면한 현재의 정의 및 진단적 문제에 대한 검토, (2) 각 장애의 역학 및 발달 과정, (3) 각 장애를 확인할 수 있는 핵심 절차, 그리고 (4) 특수학습장애의 원인 및 기여하는 것으로 가정되는 신경생물학적 기제의 개관 등으로 이루어질 것이다. 마지막으로 현재의 쟁점에 관한 고찰과 미래에 대한 전망으로 끝을 맺을 것이다.

역사적 맥락

학습장애 분야의 과학, 사회 및 정책의 역사, 그리고 그 발전에 대한 중요한 개관이 있는데 Danforth(2009), Doris(1993), Hallahan, Pullen과 Ward(2013), 그리고 Torgesen(1991)의 연구 등이다. 이 논문은 이 분야의 기원을 포괄적이고 자세히 다루었으므로 학습장애의 개념을 역사적 관점에서 보다 완벽하게 이해하고자 한다면 반드시 참고해야 할 문헌들이다. 이 논평에서 학습장애 분야는 두 가지 필요성에 의해 시작되었다고 설명한다.

첫째, 이 분야는 일반적인 지적 기능은 잘 통합되지만 말하기나 쓰기에서 **특수한 결함**을 보이는 아동과 성인의 학습 및 수행에서의 개인차를 이해하기 위한 필요성과 밀접하게 연관되어 있다. 초기에 의사 및 심리학자에 의

해 학습에서 이와 같은 예기치 않은 장점과 **특수한 약점**의 양상을 언급하면서 생물의학적, 심리학적 전통에서 출발했다. 둘째, 학습장애 운동은 사회적·정책적 영향에 의해 추진된 특수교육의 한 응용 분야로서 교육체계 내에서 적절히 다루지 못하는 학습 특성을 지닌 아동에게 서비스를 제공할 필요성에 따라 발전했다. 이러한 역사적 맥락에 대해 간단히 검토하고자 한다.

학습장애와 개인차에 대한 연구

Gall의 영향

Torgesen(1991)과 Mann(1979)이 지적한 바와 같이 인지와 학습에서 개인차의 원인과 결과에 대한 관심은 고대 그리스 시대로 거슬러 간다. 그러나 오늘날의 학습장애의 개념과 명확하게 연관된 첫 연구는 19세기 초 Gall이 말하기장애 연구의 맥락에서 시행된 것이다(Wiederholt, 1974). 불행하게도 Gall의 주장은 머리를 부딪친 후 달라진 성격 특성과 정신능력 수준을 갖게 된다는 골상학적 접근으로써 오늘날 사이비과학의 접근이라 치부되고 있다(Goodwin, 2009). Gall의 '다른 능력은 뇌의 다른 영역에 편재화되어 있다.'는 관련 주장이 옳다는 것은 종종 잊혀졌다.

학습장애의 현대 개념과 Gall의 관찰의 관련성에 대해 Hammill(1993)이 요약한 바 있다. Hammill에 따르면 말을 할 수 없지만 생각을 쓸 수 있었던 몇몇 환자들 때문에 Gall은 말하기와 쓰기 중 상대적인 강점과 약점을 보일 수 있다고 주장했다. 또한 Gall은 이런 강점과 약점의 양상이 뇌손상에 따른 것이고, 그러한 뇌손상은 다른 부분이 아닌 특정 언어능력만 선택적으로 손상을 입힐 수 있다는 것을 밝혔다. 이에 따라 많은 학습장애 아동이 전반적이거나 '일반적' 결함이 아닌 '특수한' 결함을 나타낸다는 현대적 관찰의 임상적 기원이 확립됐다. 마지막으로 Gall은 환자의 수행에 손상을 입힐 수 있는 지적 장애나 청각장애 등의 다른 장애 조건을 배제하는 것이 필수적이라고 주장했다. 이런 맥락에 따라 오늘날 학습장애 정의에서 '배제'요인의 기원이 확립됐다.

초기 신경학과 후천적 언어장애

다른 많은 의학 전문가가 말하기와 읽기 및 인지능력에서 특정 결함을 포함하여 개인 내적 약점과 장점을 보이는 환자를 관찰하고 보고하기 시작했다. 예를 들어 Broca(1863, 1865)는 학습장애의 '특수성' 가설을 세우는 데 기여한 중요한 관찰을 했다. Broca(1865)는 '표현 실어증' 또는 말하기장애가 좌반구의 앞부분에 선택적(분산되기보다는) 결함이 생긴 결과, 즉 일차적으로 두 번째 앞쪽 뇌회에 편재된 병변이라고 발표했다.

1800년대 후반과 1900년대 초반에 정상적으로 기능하면서도 예기치 않은 인지 및 언어장애를 보이는 사례를 발표했다. 예를 들어 Hinshelwood(1917)는 한 10세 아동에 대해 다음과 같이 기술했다.

소년은 3년간 학교에 다녔고 읽기를 제외한 모든 과목에서는 우수했다. 그는 확실히 똑똑했고 모든 면에서 총명한 소년이었다. 그는 1년 동안 음악을 배웠고 정말 많이 발전했다. … 말을 통해 설명해 주는 모든 공부 영역에서는 매우 좋은 성적을 나타내서 청각기억이 좋다는 것을 보여주었다. … 간단한 덧셈은 상당히 정확했고 계산 능력의 발달은 좋았다. 그는 쓰는 것을 배우는 데 어려움이 없었고 시력도 좋았다. (pp.46-47)

그 후 20세기 초반 일반적이기보다는 특수하게 나타나고, 감각결함 및 평균 이하의 지능과 연관된 장애와는 완전히 다른 성인과 아동의 특정 유형의 학습장애를 정의하는 데 기여한 여러 관찰 자료가 제시되었다. Hynd와 Willis(1988)가 요약한 바와 같이 가장 핵심적이고 믿을 만한 관찰은 다음을 포함한다 (1) 이 아동에게 몇 가지 선천적인 학습문제가 있다, (2) 남아가 여아보다 더 영향을 받는다, (3) 이 장애는 결함의 특정 양상과 심각성이 다양하다, (4) 이 장애는 주로 좌반구 언어과정 중추에 영향을 주는 발달 과정과 관련이 있는 것으로 보인다, (5) 교실에서의 전형적인 교수법은 아동의 교육적 욕구를 충족시켜 주기에 적합하지 않다. 최근의 증거들이 이런 관찰을 지지했지만 아직 타당성이 입증되지 않았으며, 이 점은 다음의 논의에서 더 분명하게 설명할 것이다.

Orton과 난독증의 기원

1920년대에 Samuel Orton은 임상적 연구를 바탕으로 읽기장애 연구를 확대했다. 이 임상적 연구는 읽기결함이 언어기능의 우세성을 확보하기 위한 대뇌좌반구 기능의 실패 또는 지연의 결과라는 가설을 검증하기 위한 것이었다. Orton(1928)에 따르면 읽기장애 아동은 좌반구에서 언어적 상징을 처리하기 위한 좌반구 우세성이 부족하기 때문에 'b/d'와 'p/q'와 같은 문자, 또는 'saw/was'와 'not/ton'과 같은 단어들을 뒤바꾸는 경향이 있다.

Torgesen(1991)이 지적했듯이 읽기장애에 대한 Orton의 이론이나 거꾸로 읽는 것이 이 장애의 증상이라는 그의 관찰 결과는 오래 버티지 못했다. 하지만 Orton(1928, 1937)의 이론은 연구의 활성화에 크게 기여했고, 교사와 부모들이 아동의 학업적·행동적·사회적 발달에 악영향을 주는 읽기장애와 다른 학습장애에 관심을 갖게 만들었다. 또한 읽기장애가 있는 아동을 가르치기 위한 교수기법의 발전을 촉진시켰다. 나아가 읽기장애뿐만 아니라 같은 개념적·병인론적 틀로써 다양한 언어 및 운동장애를 분류하려는 초기 시도를 통해 오늘날의 학습장애의 개념화에 간접적으로 영향을 주었다(Doris, 1993).

Strauss 운동과 뇌기능장애의 개념

Orton의 공헌이 주로 읽기장애(특히 난독증)에 대한 과학적·임상적 관심의 발달에 관련되어 있다면, Strauss와 Werner(1943), 그리고 동료들의 연구는 제2차 세계대전 이후 학습장애의 일반적인 범주를 직접 제시하여 공식적으로 인정되는 분야로 이끌었다(Doris, 1993; Rutter, 1982; Torgessen, 1991). 이 연구는 이후 과잉행동으로 기술된 행동결함을 보이는 아동을 이해하기 위한 여러 초기 시도에 근거했다. 이 연속된 임상적 관찰을 통해 아동의 과잉행동, 충동성, 그리고 협소한 사고는 뇌외상이라는 물리적 증거가 없는 뇌손상에 따른 것이라고 하였다. Strauss와 Werner는 지적장애 아동을 포함한 연구를 통해 이 개념을 확대했다. 그들은 특히 드러난 뇌손상에 따른 지적장애 아동과 신경학적 손상이 아닌 가계 유전적인 지적장애 아동의 행동을 비교하는 데 관심이 있었다. Strauss와 Lehtinen(1947)은 지적장애와 함께 뇌손상이 있는 아동은 과잉행동에 더해 전경-배경 지각, 주의력 및 개념형성을 평가하는 검사에서 어려움을 보였다. 반면 뇌손상이 없는 지적장애 아동은 전형적인 발달수준을 보이는 아동과 유사한 방식으로 수행했고, 과잉행동은 적게 보였다. 이 연구들의 맥락에서 Strauss 연구집단은 이후 지적장애 아동과 평균수준의 지능이면서 행동 및 학습의 문제를 겪는 뇌손상 아동 모두 유사한 양상을 보인다는 것을 관찰했다. 이 아동은 '미세뇌손상(minimal brain injury, MBI)'이라고 불리는 증후군 때문이라고 하였다. 이 연구로부터 1960년대에 '미세 뇌 역기능(minimal brain dysfunction, MBD)' 개념이 나타났다(Clements, 1966). 이것은 신체적·신경학적 검사에서는 정상이라도 단지 행동적 증상을 기반으로 MBI 또는 MBD를 확인할 수 있다는 Strauss 이론에 중점을 둔다.

Kavale과 Forness(1985)는 학습장애 패러다임의 발전에 Strauss 등의 연구와 논문이 중요한 영향을 미쳤다고 하였다. 그들의 연구는 다음과 같은 견해를 포함한다.

1. 학습장애는 원인이 개인 안에 있고, 의학적(질병) 문제로 표현된다.
2. 학습장애는 신경학적 기능장애와 관련 있다(또는 그것에 의해 유발된다).
3. 학습장애 아동에서 발견되는 학업문제는 신경학적 과정의 결함(특히 대부분은 지각운동 영역)과 관련이 있다.
4. 보통의 지능수준임에도 학습장애가 있는 아동에게 학업 실패가 발생한다. 이는 IQ(평균 또는 평균이상)와 학업성취(보통 이하) 간 차이가 있기 때문이다.
5. 학습장애는 원래 다른 장애 조건에 기인하지 않는다.

우리는 이 목록에 뇌기능장애가 신경학적 장애의 병력이 없어도 단지 행동적 징후를 통해 확인 가능하다는 의견을 덧붙였다. 또한 학습장애와 과잉행동의 행동적 특성의 연결을 언급했다. Strauss와 Werner의 논문은 1950년대와 1960년대에 보통의 지능수준에도 불구하고 학교에서 학습에 실패한 아동을 연구한 몇몇 행동과학자들의 사고와 연구발전에 엄청난 영향을 미쳤다.

Cruickshank, Myklebust, Johnson, Kirk와 학습장애의 개념

학습장애의 초기 개념화와 연구에 참여한 행동과학자 중 가장 두드러진 학자는 William Cruickshank, Helmer Myklebust, Doris Johnson, 그리고 Samuel Kirk 등이다. 이들은 학습장애 분야의 초점을 병인에서 학습자의 특성과 교육적 개입을 강조하는 방향으로 나아가도록 촉진했다. 예를 들어 Cruickshank 등(Cruickshank, Bentzen, Ratzburg, & Tannenhauser, 1961; Cruickshank, Bice, & Wallen, 1957)은 학습장애와 주의력 결핍장애 아동의 집중을 방해하는 자극을 줄이기 위해 교실환경을 변화하는 연구와 제안에 도움을 주었다. 또한 노스웨스턴대학교의 Helmer Myklebust와 Doris Johnson은 여러 형태의 언어 및 지각적 결함이 아동의 학업 및 사회적 학습에 미치는 영향에 대해 많은 연구를 했고, 학교 학습과 관련된 기술의 결함을 교정하기 위해 잘 설계된 개입 절차를 최초로 발전시켰다. 그러나 학습장애가 하나의 장애 조건으로 공식적 승인을 받는 데 가장 큰 영향을 미친 사람은 Samuel Kirk이다. 실제 지각장애 아동의 문제에 대한 연구에 전념하던 1963년 학술대회에서 '학습장애'라는 용어를 처음 제안한 사람이 Kirk였다. Kirk는 1963년에 다음과 같이 주장했다.

> 나는 '학습장애'라는 용어를 언어, 말하기, 읽기, 그리고 사회적 상호작용에 요구되는 의사소통 능력과 관련된 장애가 있는 아동집단을 기술하는 데 사용했다. 이 집단에는 맹아와 같은 감각장애 아동은 포함되지 않는다. 왜냐하면 청각장애나 시각장애를 다룰 방법은 존재하기 때문이다. 또한 일반적 지적장애 아동도 이 집단에서 제외했다.(pp.2-3)

이로 인해 1963년 학습장애를 장애로 공식적으로 지정하는 쪽으로 새로운 분야가 움직이기 시작했다. 이 운동은 학습장애 아동에 대한 Kirk와 다른 연구자들의 논쟁에 기반을 둔다. 그 논쟁은 학습장애 아동은 지적장애나 정서장애 아동과 학습 특징이 실제로 다르다는 것이다. 이러한 학습 특징은 환경적 요인의 결과라기보다는 내적 요인의 결과이다. 다른 부분에는 강점이 있는 아동에게 학습장애는 '예기치 못한' 것이다. 그리고 학습장애 아동은 특별한 교육 지도가 필요하다. 흥미로운 것은 이 분야가 임상적 관찰과 지지에 힘입어 초기부터 탄력을 받은 점이다. 그럼에도 단지 20년 전에야 체계적인 연구가 이뤄지기 시작했다.

사회적 및 정치적 영향에 의해 형성된 응용 분야로서의 학습장애

앞서 설명한 대로 1960년대에 학습장애라는 특수교육 응용 분야의 탄생은 학습장애 아동이 현존하는 교육훈련에 의해서는 효과적으로 다뤄지지 않을 것이라는 철학자, 행동과학자, 교육자, 학부모들의 생각이 반영된 것이다 (Zigmond, 1993). 처음에 학습장애가 체계적인 과학적 연구보다는 권리 옹호에 기반하여 장애로 공식적으로 확인되었다는 사실은 교육 및 공중보건 분야에서 드문 일이 아니다. 사실 미국에서는 과학적 진보의 많은 부분이 교육 또는 의학 분야를 비판하는 사람들에 의해 촉진되었다. 부모나 환자 또는 피해자들이 삶의 질에 대한 고민을 선거에서 뽑힌 행정 관료에게 표현함으로써 정치적 압력을 가하기 이전에는 심리 상태나 질병 혹은 교육적 문제에 대해 관심을 얻기가 어렵다. 학습장애 분야에서 널리 알려진 사례는 부모와 아동권리 운동가들이 1969년 장애인교육법(공법 91-230)을 의회가 제정하도록 압박하여 성공한 경우이다. 이 공법은 연구와 훈련 프로그램에 특수 학습장애 아동의 욕구를 다루도록 권한을 부여했다 (Doris, 1993).

학습장애라는 진단적 개념은 1960년대와 1970년대에 중요한 탄력을 받았다. Zigmond(1993)가 말했듯이 이 기간에 학습장애로 진단받은 아동이 급증한 것은 여러 요인과 관련이 있다. 첫째, '학습장애'라는 명칭 자체가 오명이 아니다. 부모와 교사는 학습장애를 '뇌손상', '미세 뇌 역기능', '지각장애'와 같이 병인에 기초한 명칭보다 편안하게 느꼈다. 둘째, 학습장애 진단은 낮은 지능, 행동문제, 또는 감각장애를 암시하는 것이 아니다. 오히려 학습장애 아동은 평균에서 평균 이상의 지능을 가지며 청각, 시각, 정서적인 면에서 아무런 문제가 없음에도 불구하고 학습에 어려움을 나타내는 아동이다. 학습장애 아동이 정상 지능을 지닌다는 사실은 부모와 교사에게 희망을 주었다. 아동에게 맞는 교수방법이나 환경을 제공해 줄 수만 있다면 읽기, 쓰기, 계산 및 수리적 추론을 배우는 데 겪는 어려움은 극복될 수 있다는 믿음을 주기 때문이다. 권리 옹호에 대한 노력은 미세뇌손상과 학습장애라는 주목할 만한 장애에 대해 합의하는 회의가 이어지도록 촉진시켰다. 아동에 대한 학교의 여러 교육적 · 행동적 수행이 하나의 지배적인 개념으로 인해 방해받는다고 널리 알려진 이 장애를 정의하려고 시도했다.

미세 뇌 역기능의 정의

1960년대에 개인차와 적응이라는 두 가지 갈래는 사회적 · 정치적 지지를 통해 함께 응집되었지만, 초기에는 아동의 내재된 요인에 따른 예상치 못한 행동문제와 성적부진의 증후군을 정의하기 위한 노력을 통해서였다. 1962년에 미세 뇌 역기능의 정의가 발전하는 데 첫 번째 의미 있는 노력이 있었다. 지금의 국립 신경질환 뇌졸중 연구소와 부활절 실 협회(Easter Seals Society) 같은 공공복지재단에 의해 조직된 회의에서 '미세 뇌 역기능'으로 불리는 증후군의 공식적인 정의가 내려졌다.

> '미세 뇌 역기능 증후군'이라는 용어는 … 평균에 가깝거나, 평균 또는 평균 이상의 보통의 지능을 가진 아동의 중추신경계 기능의 편향에 관련된 가벼운 특수학습 및 행동문제부터 심각한 학습 및 행동문제를 가리킨다. 이러한 편향은 지각, 개념화, 언어, 기억, 주의 통제, 충동, 운동기능에서의 손상 등이 다양한 조합으로 나타난다.(Clements, 1966, pp.9-10)

이 정의에서 기존의 병인학적 의미로 인식되던 '장애'와 같은 용어를 '역기능'으로 변경했다. 이것은 미세 뇌 역기능 아동이 행동문제와 학습문제 모두에서 이질적이라고 확인한 것이다. 위에서 언급했듯이 이 정의에서는 행동증상의 기준만으로도 뇌의 역기능을 식별할 수 있다고 명시했다.

학습장애에 대한 연방정부의 정의

미세 뇌 역기능 정의의 발전이 학교의 교육자나 다른 전문가들 사이에서. 반향을 불러온 것은 놀라운 일이 아니다. 1966년 미국 교육부는 '학습장애'에 대한 Kirk(1963)의 다음과 같은 개념을 공식적으로 정의한 회의를 열었다.

'특수 학습장애'라는 용어는 말하기 혹은 쓰기 등 언어를 이해하거나 사용하는 데 포함된 한 가지 또는 그 이상의 기초 심리과정에서의 장애를 의미한다. 이와 같은 장애는 듣기, 말하기, 읽기, 쓰기, 철자 또는 수학적 계산 능력의 문제로 나타날 수 있다. 이 용어에는 지각장애, 뇌손상, 미세뇌기능장애, 난독증, 발달적 실어증 등과 같은 장애가 포함된다. 이 용어에는 시각장애, 청각장애, 운동장애, 정신지체, 정서장애, 혹은 환경적·문화적·경제적 결핍으로 인해 학습곤란을 나타내는 아동은 포함되지 않는다.(미국 교육부, 1968, p.34)

학습장애에 관한 1966년의 정의와 미세 뇌 역기능에 대한 1962년의 정의(Clements, 1966)가 매우 비슷한 점이 놀랍다. 정신적 결함, 감각장애, 정서장애, 또는 문화적·경제적 결핍으로 설명하지 못하는 '예상치 못한' 장애로서의 미세 뇌 역기능 개념은 지난 60년 이상의 작업을 통해 유지되었다. 병인학적 용어가 아닌 교육적 설명으로 교체되었다. 아동의 내재된 요인을 원인으로 보는 관점은 유지된 채 미세 뇌 역기능과 신경학 및 정신의학에서 나온 다른 명확한 용어들을 포함하여 정의했다.

이 정의의 가장 핵심적인 중요성은 학습장애에 대한 연방정부의 정의가 지속된다는 사실이다. 학습장애 아동에게 특수교육 서비스를 제공해야 한다는 부모와 전문가의 계속된 노력에 의해 유지된 것이다. 이는 1969년 특수 학습장애 아동법을 통해 처음 일어났다. 1969년 학습장애에 대해 법률적으로 명시된 정의는 1975년 장애아동교육법(공법 94-142조)에도 들어 있고, 1997년 장애인교육법(IDEA)의 대상으로 재확인되었다. 이 정의는 학습장애에 대한 특수성과 포함 준거를 명시하지 않았음에도 불구하고 지속되었다. 기본적으로 학습장애는 이질적이며 낮은 지능이나 다른 배재조건들 때문이 아니다. 사실 주로 이 장애가 아닌 조건들을 공법에 법제화, 명문화하게 된 것이다.

포함 준거가 없었기 때문에 1975년 공법 94-142조의 통과에 따라 국가에서 학습장애 아동을 식별하고 도와주데 직접적인 문제가 생겼다. 이에 대한 해결책으로 미국 교육부(1977)는 학습장애에 대한 지표로 IQ와 성취 사이의 불일치의 개념을 포함한 학습장애 식별 절차에 대한 권고를 다음과 같이 발표했다.

… 성취와 지능에서 한 가지 또는 더 많은 부분에서의 심한 불일치 : (1) 구두표현, (2) 듣기능력, (3) 쓰기표현, (4) 기본 읽기기술, (5) 독해, (6) 수학 계산, 또는 (7) 수학 추리. 만약 능력과 성취에서의 차이가 (1) 시각, 청각, 또는 운동장애, (2) 정신지체, (3) 정서장애, 또는 (4) 환경, 문화 및 경제적 결핍에 의한 결과라면 특수 학습장애로 판정하지 않을 수 있다.(p.G1082)

IQ-성취 불일치를 학습장애 지표로 사용하는 것은 학습장애를 어떻게 개념화할지에 큰 영향을 미쳤다. IQ-성취 불일치 모델의 타당성을 입증한 연구가 부족했다. 연구자, 치료자 그리고 대중은 이러한 불일치가 예상할 수 없으며 다른 형태의 학업부진과는 범주가 확연히 다른 특수 학습장애의 지표라고 생각했다. 그러나 뒤에서 논의하겠지만 이 모델은 학습장애 분류의 핵심적 특징인 타당성에 대한 증거 기반이 미약했다.

최근 학습장애 분야에서 가장 중요한 발전은 학습장애의 본질에 대한 근본적인 재개념화를 제안한 개입에 대한 반응(response to intervention, RTI) 움직임이다.

RTI는 Brown-Chidsey와 Steege(2005)가 제안한 "모든 학생을 위한 고급의 교육, 기술을 자주 평가할 것, 정보기반의 의사결정" 등 3개 항목의 교육에 대한 일반적인 접근방안이다. RTI는 학업 실패에 대한 일차적 해결책으로 장애의 확인이나 특수교육보다는 내적 장애 상태를 가정하거나 관련법에 따라 형식적으로 '특수교육'을 제공하는 것이 아니라 모든 학생의 학업기술 발달을 자주 확인하고 필요시 집중적으로 학습에 대해 개입할 것을 제안했다. RTI 접근은 학습장애를 교육에 대한 학생의 부적절한 반응이라고 재해석함으로써 공식적인 학습장애의 유병률이 대폭 감소하는 효과를 가져왔다. 즉, 학습문제는 아동의 고유한 특성에 적용된 교육과정에 따른 것이므로 다른 더 집중적인 수업 전략을 통해 해결할 수 있다는 견해이다. 다음 장에서 RTI와 그 철학적 기초를 논의할 것이다. RTI 운동의 최근 영향에도 불구하고, 이 장에서 개관한 연구들에서는 RTI가 대상자를 확인하는 방법으로 사용되지 않았다.

학습장애의 특징과 식별

학습장애는 임상적 조건뿐만 아니라 별개의 특수교육 정책 범주를 반영하기 때문에 이 책에서 다루는 많은 장애와 다르다. 또한 다른 장애와는 달리 학습장애는 어떻게 식별되는가가 이 장애 정의의 대부분을 차지한다. 어떤 학생의 학습장애는 식별에 더 엄격한 규준을 적용하는 학군으로 이사하는 것만으로도 간단히 '치료'될 수 있지만, 이것은 흔치 않은 경우이다. 이와 유사하게 특수교육법이 개정되었을 때 학습장애 인구에 큰 변화가 있었다. 학습장애에 적용되는 정확한 식별 규준에 따라 매우 다른 집단의 학생들을 학습장애아로 식별되었기 때문이다(Shifrin, 2010).

Lovett과 Hood(2011)는 정신장애는 **실제적** 또는 **조작적** 방식으로 정의된다고 하였다. 실제적 개념의 측면에서 장애는 실제하고, 현존하며 잠재하는 실체이며 관찰 가능한 증상 여부에 관계없이 나타난다고 본다. 반대로 조작적 개념의 측면에서 각 장애는 단지 관찰 가능한 증상들의 합으로서 조작적 정의(측정 결과의 합)에 불과하다고 본다. 모든 장애는 특정 목적을 위해 실제적 또는 조작적 방식으로 가정될 수 있으나, 학습장애는 조작적 개념에 의해 더 잘 이해된다. 이는 학습장애에 신경학적 원인이 없다는 것을 의미하지는 않으며 **모든** 행동에는 신경학적 근거가 있다고 본다. 학습장애 범주에 관한 조작적 입장을 취하면 학습장애의 진단에 임의성이 불가피하며, 그 기준은 '옳고 실재하는' 조건을 밝혀내기보다는 실용적인 정책을 고려해 설정되어야 한다. 또한 어떤 시점에 명백한 증상이나 손상을 보이지 않는 '잠재된' 학습장애로 추정되는 사례를 바탕으로 임상적 결정을 내리면 안 된다. 만약 아동이 학습장애가 없는 것처럼 학업적으로 잘 기능하면 학습장애 문제를 찾기 위해 노력하지 않아도 된다.

학습장애를 식별하는 방법

위에서는 학습장애의 특징과 식별에 대한 현재 논쟁에 도달한 역사적인 개념들을 검토했다. 오늘날 학습장애의 이해 및 평가에 대한 인지과정(cognitive processing, CP), RTI, 낮은 성취(low achievement) 접근 등 세 가지 보편적 접근이 있다.

CP 접근 지지자의 구체적인 견해는 매우 다양하지만 학습장애 학생을 확인하기 위해 학업능력 평가뿐만 아니라 인지척도를 사용하는 것은 일치한다. IQ-성취 불일치 모델은 CP 접근 중 초창기 인기 있는 인지적 접근이었다. IQ와 학업성취를 비교한다는 발상은 성적부진을 파악하기 위해 이 비교를 적용한 1920년대로 거슬러 간다(Kavale, 2002). 1960년대와 1970년대에는 성적부진이 IQ와 관계가 있고 학습장애의 특징으로 간주되었다. 많은 문제점에도 불구하고 심지어 지금도 IQ-성취 불일치가 사용되며, 특히 학습장애를 진단하려는 개인 임상평가자가 사용한다. 이 차이를 결정하는 구체적인 방법은 다양하지만(예 : 차이의 크기가 필요하면 시험점수나 검사점수를 활용), 불일치를 찾는 일반적인 모델은 공통점이 있다. 이는 상당히 논리적인데, 만약 학생이 평균 또는 평균 이상의 IQ인데도 낮은 학업성취를 보이고 외적 변인에 의해 설명할 수 없다면 특정 '학습장애' 때문에 지능을 활용해 학습기술을 배우는 것을 방해받는다.

잘 알려진 역사와 폭넓은 인기에도 불구하고 실제로 IQ-불일치 모델을 옹호하는 것은 소수의 연구자들이다. 개념적·통계적·실제적 문제가 문헌에 반복적으로 자세히 설명되어 있다(예 : Aaron, 1997; Fletcher, Lyon, Fuchs, & Barnes, 2007; Lovett & Gordon, 2005; Sternberg & Grigorenko, 2002; Stuebing et al., 2002). 여러 문제점 중 불일치 점수는 신뢰할 수 없고, 학생의 관련 인지능력의 기본 양상을 예측하지 못하며 어떤 개입이 학생에게 도움이 되는지도 예측하지 못한다는 것이 일관된다. IQ-성취 불일치에 대한 견해가 퇴조하여 오늘날 CP 지지자는 일반적으로 Cattell-Horn-Carroll의 이론을 기반으로 한 배터리의 교차사용 평가와 같이 더 복잡한 진단 모델을 사용할 것을 주장한다(Flanagan, Ortiz, & Alfonso, 2013). 이 지지자들은 아직 바뀌지 않은 연방정부의 학습장애의 정의가 '기본적인 심리적 과정'을 나타낸다고 주장하며 학습장애는 반드시 인지능력을 직접 평가해서 진단해야 한다고 제안했다. 예를 들어 만약 의뢰된 학생이 읽기수행이 낮다면 CP 지지자는 표준화 규준이 있는 읽기성취 평가를 활용해 읽기수행을 평가하면서 동시에 또한 음운 처리나 빠른 이름대기와 같이 읽기수행에 기여하는 인지 능력도 평가할 것이다. CP 지지자는 또한 읽기와 관련이 없거나 관련이 적다고 여겨지는 다른 인지능력들 또한 평가한다. 만약 읽기수행이 저조한 학생이 인지능력과 관련된 결함을 보이고 인지능력과 관련이 적은 부분에서는 잘 수행한다면, 이러한 점수 양상은 학습장애 진단의 강력한 증거로 볼 수 있다. 이보다 복잡한 CP 모델의 논리는 분명하다. 만약 학생이 인지능력은 정상수준인데 교과목에서는 낮은 성취를 보이고 그 과목 성취에 필요한 인지능력에 비슷한 수준의 결함을 보인다면 **특수 학습장애**(인지결함을 보이는)로 판단할 수 있고, 이를 통해 낮은 성취를 '설명'할 수 있다.

CP 접근과 반대로 RTI 접근은 학습장애 학생을 식별하기 위해 **일차적으로** 설계된 것이 아니기 때문에 간접적인 방식이라고 할 수 있다. 대신에 RTI는 모든 학생에게 적용되는(이론상) 학교 전체의 학업기술 발달에 대한 접근이다. 특수 CP 모델과 같이 특수 RTI 모델은 매우 다양하지만 많은 공통 요소가 있다. 첫째, 학교의 모든 학생은 연구에 기반을 둔 고급의 교육과정을 통해 학업기술을 배워야 하고 학생의 학업기술 수준을 면밀히 관찰해야 한다. 다음으로 시간이 지남에도 학업능력이 충분히 발달하지 못한 학생이 확인되면 이들에게 더 집중적인 교육을 한다(같은 교육을 받고 다른 학생은 반응했지만 그렇지 못한 학생을 위한 개입이다). 이렇게 확인된 학생의 학업기술을 계속해서 추적 관찰하고 만약 여전히 충분한 성장을 보이지 않으면 더 집중적이고 개별화된 교육을 한다. 교육에 대한 반응이 계속해서 실패하는 경우에만 학습장애로 간주한다.

어떤 의미에서 CP와 RTI 접근의 주요한 차이점은 시기의 문제이다. CP 접근에서 개입은 CP 자료에 기반하여 학습장애로 진단한 후에 이루어진다. 반면에 RTI 접근에서는 학습장애 여부를 결정하는 과정의 일부로 개입이 이루어진다. 낮은 성취를 확인한 후에 초기 개입이 이루어질 수 있기 때문에 이론적으로는 두 접근이 쉽게 통합될 수 있다. 종합평가는 학생이 개입에 효과를 보이지 않을 때에만 할 수 있다(Hale, Kaufman, Naglieri, & Kavale, 2006).

그러나 통합을 위한 밀접한 연결과 가능성에도 불구하고, CP와 RTI 지지자들은 시행상의 여러 문제로 인해 대립한다. 예를 들어 CP 지지자는 인지와 학업기술의 광범위한 규준 참조 평가를 선호하는 반면, RTI 지지자는 특수한 기술을 평가하기 위해 일반 수업에 사용되는 것과 비슷한 도구를 이용해 교육과정에 기반을 둔 간단한 '조사방법'을 활용하여 학업기술을 관찰할 것을 강조한다. 더 일반적으로 CP 지지자는 학습장애의 신경심리학적 개념을 강조하는 반면, RTI 지지자는 교육에 대한 행동적 접근을 강조한다.

CP와 RTI 지지자의 차이가 지난 10여 년간 상당한 논쟁을 야기했다(예 : Batsche, Kavale, & Kovaleski, 2006; McKenzie, 2009; Reynolds & Shaywitz, 2009). 양측이 과거에 주장한 것을 다시 언급하면서 논쟁이 가열되었고,

때로 상대의 동기를 의심하면서 비난하기도 했다. CP 지지자는 RTI 절차가 평가할 수 없는 기본적인 심리적 과정의 결함이라는 용어로 학습장애를 정의하므로 RTI 절차를 통해서는 학습장애를 확인할 수 없다고 주장했다. 반면 RTI 지지자는 CP 지지자가 사용하는 평가들이 임상적 유용성이 거의 또는 아예 없다고 주장했다. 잘 읽지 못하는 학생(또는 수학이나 글쓰기를 못하는 학생)은 인지능력에 상관없이 집중적인 개입이 필요하고, 또한 인지능력에 상관없이 기술발달의 촉진을 위한 증거기반의 개입을 해야 하기 때문이다. CP와 RTI의 장점과 단점에 관한 자세한 논의는 이 장의 범위를 벗어나지만 학습장애는 이 책에 설명된 다른 장애와 달리 독특하므로 각 모델의 장점과 제한점을 확인해야 한다. 학습장애는 개인 치료자보다는 학교에서 더 잘 확인되고, 임상적 기준을 적용하기보다 특수교육 규정에 따른 절차를 통해 더 자주 확인된다.

마지막으로 학습장애의 조작적 개념을 가장 잘 압축하는 진단적 접근인 '낮은 성취' 접근을 설명하고자 한다. Siegel(1992)은 성취점수(예 : 읽기) 25백분위 이하인 경우 읽기학습장애로 판단할 것을 제안했다. 최근에 Dombrowski, Kamphaus와 Reynolds(2004)는 16백분위를 주장했다. 지적장애와 같은 낮은 성취의 다른 원인이 배재된다면 실제 교육 환경에서 손상이 있는 경우 성취검사에서 표준점수 85 이하인 경우 학습장애로 판단하는 데 충분하다. Dombrowski와 동료들은 이 방법이 체계적으로 적용하기 쉽고 차이 접근법과 관련한 많은 문제를 방지할 수 있다고 주장했다. 또한 낮은 성취 접근은 교육 지원을 필요로 하는 대부분의 학생들을 대상으로 한다. 흥미롭게도 다음 절에 논의될 새로운 DSM-5 정의에서는 이 세 가지의 접근 중 낮은 성취 검사점수와 기능적 학업손상을 모두 강조하는 '낮은 성취' 방법으로 정렬되어 있다.

특수 학습장애에 대한 DSM-5 정의

역사적으로 미국 정신의학회는 DSM에서 학습장애를 확인하기 위해 '학습장애'와 '학업기술장애'라는 용어를 사용해 왔다. 가장 최신판 DSM-5(APA, 2013)에서는 '특수학습장애(SLD)'로 바뀌었다. 수정된 이 진단범주에는 4개의 기준이 있고 최대 세 영역(읽기, 수학, 쓰기)에서 손상이 열거되었다. 최신판에서는 다른 진단적 명시자로 장애의 심각도를 경도, 중등도, 고도로 평가한다. 정확한 기준은 표 14.1에 제시되어 있다.

이전 정의에서 특수 학습장애는 읽기, 쓰기, 수학의 학습결함에 기저하는 인지기능의 이상을 가져오는 신경발달장애로 간주했다. 그러나 진단기준은 생물학적인 것이 아니라 오히려 심리교육적 평가와 함께 발달적, 가족적, 교육, 의료, 학교기록 증거 등을 통합하여 이루어진다. DSM-IV-TR(APA, 2000)과 달라진 것은 학업의 핵심기술(단어를 부정확하게 읽거나 맞춤법, 문법과 구두점 오류, 수학적 사실을 적용하고 수학문제를 해결하는 문제)에서의 어려움을 겪는 '증상'(준거 A)에 초점을 두었다. 이 기준은 DSM-IV-TR보다 더 상세해졌다. 관찰, 기술 및 평가될 수 있는 문제에 초점을 두었다. 이런 관점에 따라 더 이상 '달리 명시되지 않는 학습장애' 하위범주가 없다는 것에 주목해야 한다. 대신에 DSM-5에 분명히 명시되었듯이 학업기술 영역에 문제가 있는 것처럼 보여도 실제 어떤 기술적 결함이 없는 학생은 특수 학습장애가 아니다.

또한 새로운 DSM-5 정의에서는 학업기술의 손상에 더 강조점을 둔다(준거 B). 이 기준은 장애의 결정 기준에 있어 DSM-5가 미국 장애인법(ADA)에 일치되도록 만들었다. 기준에는 "손상된 학업기술은 개인의 생활연령에서 기대되는 것에 비해 상당 수준 이하이다."라고 명시되어 있다(APA, 2013, p.67). 이것은 본질적으로 수년간 장애차별법에 적용되어 온 '평균-인간 기준'이다. DSM-5에서는 더 이상 개인의 장애를 그들의 IQ나 교육 수준과 관련짓지 않는다. 즉, 학업성취 점수를 IQ(오래된 불일치의 개념)나 법대 또는 의과대학에 다니는 또래의 성취와 비교할 수 없다. 평균 이하의 학업기술이란 적어도 전인구 평균치의 1.5 표준편차 이하(표준점수 <78 또는 7% 이하)여야 한다. 더 허용적인 기준으로 "학습장애는 임상적 평가, 학습력, 학교기록, 검사점수

표 14.1 특수 학습장애에 대한 DSM-5 진단기준

A. 학습기술을 배우고 사용하는 데 있어서의 어려움. 이러한 어려움에 대한 적절한 개입을 제공함에도 불구하고 아래에 열거된 증상 중 적어도 한 가지 이상이 최소 6개월 이상 지속된다.

   1. 부정확하거나 느리고 힘겨운 단어 읽기(예 : 단어를 부정확하거나 느리며 더듬더듬 소리 내어 읽기, 자주 추측하며 읽기, 단어를 소리 내어 읽는 데 어려움이 있음)
   2. 읽은 것의 의미를 이해하기 어려움(예 : 본문을 정확하게 읽을 수 있으나 읽은 내용의 순서, 관계, 추론 또는 깊은 의미를 이해하지 못함)
   3. 맞춤법의 어려움(예 : 자음이나 모음을 추가하거나 생략 또는 대치하기도 함)
   4. 쓰기의 어려움(예 : 한 문장 안에서 다양한 문법적, 구두점 오류, 문단 구성이 엉성함, 생각을 글로 표현하는 데 있어 명료성이 부족함)
   5. 수 감각, 단순 연산값, 또는 연산 절차의 어려움(예 : 숫자의 의미, 수의 크기나 관계에 대한 빈약한 이해, 한 자릿수 덧셈을 할 때 또래들처럼 단순 연산값에 대한 기억을 이용하지 않고 손가락을 사용함, 연산을 하다가 진행이 안 되거나 연산 과정을 바꿔 버리기도 함)
   6. 수학적 추론의 어려움(예 : 양적 문제를 풀기 위해 수학적 개념, 암기된 연산값 또는 수식을 적용하는 데 심각한 어려움이 있음)

B. 보유한 학습기술이 개별적으로 실시한 표준화된 성취도 검사와 종합적인 임상평가를 통해 생활연령에 기대되는 수준보다 현저하게 양적으로 낮으며, 학업적·직업적 수행이나 일상생활의 활동을 현저하게 방해한다는 것이 확인되어야 한다. 17세 이상인 경우 학습의 어려움에 대한 과거 병력이 표준화된 평가를 대신할 수 있다.

C. 학습의 어려움은 학령기에 시작되나 해당 학습기술을 요구하는 정도가 개인의 능력을 넘어서는 시기가 되어야 분명히 드러날 수도 있다(예 : 주어진 시간 안에 시험 보기, 길고 복잡한 보고서를 촉박한 마감 기한 내에 읽고 쓰기, 과중한 학업 부담).

D. 학습의 어려움은 학령기에 지적장애, 교정되지 않은 시력이나 청력문제, 다른 정신적 또는 신경학적 장애, 심리사회적 역경, 교수에 사용되는 해당 언어에 능숙하지 못한 경우, 불충분한 교육지도 등으로 더 잘 설명되지 않는다.

주의점 : 네 가지의 진단 항목은 개인의 과거력(발달력, 의학적 병력, 가족력, 교육력), 학교의 보고와 심리교육적 평가 결과를 임상적으로 통합하여 판단한다.

부호화 시 주의점 : 손상된 모든 학업 영역과 보조 기술에 대해 세부화할 것. 한 가지 이상의 영역에 손상이 있는 경우 다음의 세부진단에 따라 개별적으로 부호화할 것

다음의 경우 명시할 것

315.00(F81.0) 읽기 손상 동반 :
　단어 읽기 정확도
　읽기 속도 또는 유창성
　독해력

　　주의점 : 난독증은 정확하거나 유창한 단어 인지의 어려움, 해독 및 철자 능력의 부진을 특징으로 하는 학습장애의 한 종류를 일컫는 또 다른 용어다. 이러한 특정한 양상의 어려움을 난독증이라고 명명한다면, 독해나 수학적 추론과 같은 부수적인 어려움이 동반되었는지 살펴보고 명시하는 것이 중요하다.

315.2(F81.81) 쓰기 손상 동반 :
　맞춤법 정확도
　문법과 구두점 정확도
　쓰기표현의 명료도와 구조화

315.1(F81.2) 수학 손상 동반 :
　수 감각
　단순 연산값의 암기
　계산의 정확도 또는 유창성
　수학적 추론의 정확도

(계속)

표 14.1 (계속)

주의점 : 난산증은 숫자 정보처리, 연산법의 학습, 계산의 정확도와 유창성 문제의 어려움을 특징으로 하는 또 다른 용어다. 만일 이러한 특정한 양상의 수학적 어려움을 난산증으로 명명한다면, 수학적 추론이나 단어 추론의 정확성과 같은 부수적인 어려움이 동반되었는지 살펴보고 명시하는 것이 중요하다.

현재의 심각도를 명시할 것

경도 : 한 가지 또는 두 가지 학업 영역의 학습기술에 있어 약간의 어려움이 있으나 적절한 편의나 지지 서비스가 제공된다면 (특히 학업 기간), 개인이 이를 보상할 수 있고 적절히 기능할 수 있을 정도로 경미한 수준이다.

중등도 : 한 가지 또는 두 가지 학업 영역의 학습기술에 있어 뚜렷한 어려움이 있으며, 그로 인해 학업 동안 일정한 간격을 두고 제공되는 집중적이고 특수교육 없이는 능숙해지기 어렵다. 정확하고 효율적으로 활동을 완수하기 위해서는 적어도 학교나 직장, 집에서 보내는 시간의 일부 동안이라도 편의와 지지 서비스가 제공되어야 한다.

고도 : 여러 학업 영역에 영향을 끼치는 학습기술의 심각한 어려움이 있으며, 그로 인해 대부분의 학업 동안 집중적, 개별적 특수교육이 지속되지 않는다면 이러한 기술을 습득하기 어렵다. 가정, 학교, 직장에서 일련의 적절한 편의와 서비스를 제공받았음에도 불구하고 모든 활동을 효율적으로 수행하지 못할 수도 있다.

출처 : *Diagnostic and Statistical Manual of Mental Disorders, Fifth Edition* (pp.66-68). Copyright 2013 by the American Psychiatric Association의 허락하에 사용함.

등의 증거를 통합하여 확인될 때" 고려할 수 있다(APA, 2013, p.69). DSM-5의 정의가 IQ-성취 불일치 모델의 사용을 직접 논의하지 않고 단지 간접적으로만 RTI 모델을 언급하는 것에 주의해야 한다.

여러 정보를 임상적으로 통합하여 진단을 개념화한다는 이 설명은 정보의 가능한 모든 원천을 포함할 수 있고 어떤 진단 모델이 가장 좋은지에 대한 논쟁을 피할 수 있다. 그렇긴 해도 개인의 적성 대신 연령수준과 비교하여 성취수준(평균 이하)의 손상에 초점을 맞추는 것은 Dombrowski 등(2004)의 의견과 일치하며, 불일치 모델에 반대하는 것으로 볼 수 있다.

이 판의 정의는 학업적 요구가 개인의 능력을 초과할 때까지 학습장애는 완전히 드러나지 않을지도 모른다는 점에 주목하여, 다른 정의에 비해 진단에서 연령에 중점을 두지 않는 것이다(준거 C). 이는 대학이나 대학원에서 처음으로 특수 학습장애 진단을 받을 수도 있다는 것을 의미한다. 이 정의는 또한 학생이 적절한 편의시설과 지원 서비스를 제공하는 학교에서 충분히 보상받고 기능할지라도 '경도의' 특수 학습장애가 존재할 가능성이 있다는 것을 의미한다. 이것은 완화조치(편의시설, 개입, 약물 등)가 사람의 기능을 정상적으로 만들더라도 개인이 여전히 장애를 지닐 수 있다고 주장하는 미국 장애인

법의 2008년 조항과 비슷하다.

이런 변화에 더하여 준거 D는 기본적으로 모든 배제기준을 설명한다. 학습장애는 지적장애, 감각결함, 다른 의학적 또는 신경질환(예 : 소아뇌졸중), 언어능력의 부족, 심리사회적 역경, 또는 부적절한 교육지도의 결과가 절대 아니라는 것이다. 이러한 배제기준은 아래에서 각각 논의된다.

특수교육에서의 학습장애 정의

특수 학습장애의 정책범주를 보면 학습장애는 2004년 장애인교육법(Individuals with Disabilities Educations Act, IDEA, 공법 108-446조), 그리고 국가와 주 교육법에도 포함되었다. IDEA는 여전히 개정된 연방정부의 개념("하나 또는 하나 이상의 심리적 과정의 장애")으로부터 학습장애의 개념을 사용한다. 하지만 IDEA의 전판에서는 정의 방법으로 '심각한 차이'를 사용했다. 2006년 IDEA가 시행한 법률에 "지적능력과 성취수준 사이의 심각한 차이를 사용하는 것을 금지해야 한다."라고 명시했다[34 C.F.R. § 300.07 (a)]. 또한 이 규정에서 국가는 RTI 방법을 허용해야 하고, 학습장애의 식별에 "다른 대안적 연구에 근거한 절차"를 허용할 수 있다고 명시한다. 본질적으로 국가는 학교가 RTI를 사용하도록 요구하거나, 적

어도 RTI를 대안적으로 **사용해야 한다**(Herr & Bateman, 2013). 또한 국가는 학습장애가 있는 학생을 분류하기 위해 IQ-성취의 차이를 사용할 수 있다. 불일치가 적다고 해서 학생의 식별을 중단해서는 안 된다.

배제요인

지적장애

학습장애의 모든 중요한 정의는 학습장애와 같은 증상을 야기할 수 있는 조건들을 '제외'시키기 위해 사용되는 통합된 배제기준을 가지고 있다. 이 기준은 지적장애나 감각 정확도 손상, 다른 정신적 · 생물학적 장애와 언어 노출/숙달의 부족(예 : 외국어로서의 영어[ESL]), 심리사회적 어려움, 또는 부적응적 교육 지도 등을 포함하고 있다.

우리는 다른 원인으로 발병한 지적장애, 전반적 발달 지연 또는 자폐스펙트럼장애와 같이 학업 실패의 원인이 되는 상태와 학습장애를 구별하기 위해 "예상치 못한 학업성취 부진"이라는 문구를 사용했다. 예를 들면 지적장애는 보통 읽기, 쓰기와 계산 능력이 제한된다. 하지만 학업성취의 제한이 이 장애에만 특수하지 않고 일반적인 인지발달 지연의 일부이기 때문에 이를 학습장애로 간주하지 않는다. 그러므로 학습장애 진단 이전에 지적장애가 배제되어야 한다. 이와 관련하여 개인의 지적 능력은 적어도 평균 범위 내에 있어야 진단할 수 있다. IQ 연속선상 최상위에는 제한이 없으므로 영재들조차 자신의 학업기술이 동일 연령대의 기대치보다 낮다면 이론상 학습장애 진단준거에 부합한다. DSM-5와 여러 학자에 따르면 학습장애를 정확히 진단받은 학생은 같은 연령대 또래와 비교했을 때 기능의 손상을 나타낸다(Gordon, Lewandowski, & Keiser, 1999; Lovett & Lewandowski, 2006). 결론적으로 낮은 IQ(<70±5)는 배제요인인 반면 높은 IQ는 배제요인으로 고려하지 않는다.

감각장애

청각장애인과 시각장애인이 학습에 어려움이 있는 것은 분명하다. 다양한 수준의 난청이 있는 청각장애 학생도 읽기에 문제를 경험한다. 어떤 연구에서 청각장애 아동은 어휘력이 부족하고(예 : Pittman, Lewis, Hoover, & Stelmachowicz, 2005), 또래보다 독해수준이 낮았다(예 : Traxler, 2000). 실제 Wauters, Van Bon과 Tellings(2006)의 연구에서 네덜란드 청각장애인 표본(7~20세)의 4%만이 연령에 적합한 수준의 독해능력을 보였다. 또한 전반적인 청각장애 이외의 시각적 조건(사시, 색맹)은 일반적인 교수 방법 및 학습을 방해할 수 있다. 물론 읽기장애 이론은 시각(예 : 시각적 추적, 감각 대비) 및 청각(예 : 시간적 청각 처리) 체계의 장애에 기반을 둔다. 학습장애 진단가의 임무는 주요 감각장애(예 : 시력손상)를 배제하는 것이다. 즉, 학습장애 기저에 청각 및 시각처리 문제가 내재하는지 계속 고려해야 한다. DSM-5에서 특수 학습장애에 대한 설명으로 다른 지각적 원인은 포함하면서, 교정되지 않는 시력 또는 청력상실은 배제할 것을 제안한다.

정신건강장애

위에 설명한 바와 같이 학습장애의 진단은 학업성취의 정상적인 변산 및 학습장애를 유발하는 다른 장애와 구별해야만 한다. 지적장애와 심한 감각장애(예 : 실명)가 학습을 크게 방해할 수 있다는 점은 분명하다. 그러나 이러한 경우에도 다른 주요 역기능이 학습문제의 다른 원인일 수 있다. 학습문제와 ADHD, 자폐스펙트럼장애, 불안장애, 우울증 및 행동장애와 같은 다른 정신장애와의 관련성은 분명하지 않다. 학생들은 이 장애 중 한 가지 이상을 겪고 있고, 이 장애가 학습에 영향을 미칠 수 있다. 예를 들면 ADHD는 항상 학업성취 문제를 야기하지는 않지만, ADHD의 약 20~30%는 두 장애를 중복진단할 충분한 증거가 있다(Barkley, 2006 참조). 마찬가지로 자폐스펙트럼장애가 있는 일부 학생은 학습문제가 IQ나 의사소통 문제 또는 적응기능의 결함에 따른 것이 아니라면 학습장애로 진단할 수 있다. 비록 학습장애가 제1진단인지, 제2진단인지를 엄격히 결정하기 위해 신중한 진단평가를 하지만, 종종 학습장애에 동반되는 다른 이차적 정신건강 요인이 진단에 어려움을 준다. 많은 연구에서 학습장애가 있는 학생은 임상적 부적응 증상과 우울증(예 : Martinez & Semrud-Clikeman, 2004)뿐만 아니라 행동문제(예 : Hinshaw, 1992), 사회적 문제(예 : Swanson & Malone, 1992), 불안(예 : Nelson & Harwood, 2011), 낮은 학업적 자아 개념(예 : Bear, Minke, & Manning, 2002), 낮은 동기(예 : Bender & Wall, 1994) 등의 위험이 매우 높았다. 이런 문제는 임상평가에서 정신건강장애가 1차, 2차 또는 동시 발병 장애인지 여부를 정해야 하기 때문에 진단 결정을 복잡하게 만든다. 이것이 배제기준 평가 중 가장 어렵다.

적절한 교육의 부족

최근 UNICEF(*www. unicef. org/factoftheweek/index_45364. html*)의 보고에 따르면 현재 전 세계적으로 학교에 다니지 않는 아동의 수는 7,200만 명이며 이들 중 많은 아동이 정규 교육을 받지 못하고 있다. 물론 교육을 받지 못한다고 학습장애가 있는 학생으로 분류되는 것은 옳지 않다. 이와 유사하게 적절한 교육을 받지 못한 아동은 학습장애 범주에서 배제되어야 한다고 주장하기도 한다. 학습장애의 배제 조건 중 교육요인은 잘 조사되지 않았으나 가장 중요하다. 교육 기회요인을 배제하려면 교육 현장에서 적절한 교수법의 요인을 잘 파악할 것을 가정한다. 그러나 연방정부의 정의가 채택되었을 때 사실은 그 반대였다. 위원회 보고서(National Reading Panel, 2000; Snow, Burns, & Griffin, 1998)는 아동의 읽기 교수법에 대해 잘 이해해야 한다는 것을 분명히 밝혔다. 읽기는 적어도 학습장애 대부분의 형태에서 나타나는데, 높은 질의 개입에 따른 학생의 반응을 고려해야 한다는 것이 학습장애 정의의 일부분이다.

다시 말하면 RTI 모델은 배제요인을 직접적으로 다루는 반면 불일치 모델은 그렇지 않다. RTI 접근법의 핵심은 적절한 보편적 교육을 제공하고, 학생의 진전을 자주 평가하는 것이다. 만족스러운 진전을 보이지 않는 학생은 부족한 기술에 대해 증거기반 개입을 목표로 더 특수한 집중적인 개입을 하면서 계속 관찰한다. 만약 학생이 이 개입에도 반응이 없다면 더 집중적인 개입을 해야 한

다. 특수성과 통합성을 높이는 일련의 개입 과정을 통해 적절한 교수법에 대한 의문이 잘 해결될 것이다. 이 모든 것은 RTI 모델이 적절하고 통합적으로 적용될 것을 전제로 한다. 결국 학생의 학습 과정의 결손은 부적절한 교수법 때문이 아니라고 확신하게 되며, 학습장애의 가능성이 남게 된다.

심리사회적 문제

현재 학습장애의 정의에 동반된 학습결함이 경제적 박탈이나 문화적 요인(인종, 종족)에 의한 것이 아니라고 명시하고 있으나, 일반적으로 인종, 종족 및 문화적 배경이 학교 학습에 어떤 영향을 미치며, 구체적으로 어떤 학습장애 유형으로 표현되는지에 대한 정보는 제한되어 있다. Wood, Felton, Flowers와 Naylor(1991)는 1학년 485명 아동을 무선표집하여 3학년까지 특수 학습(읽기)장애에 대해 종단연구했다. 그들은 1학년 때는 인종이 어휘 능력이 포함된 읽기발달에 영향을 미치지 않는다고 밝혔다. 그러나 3학년 말에 인종은 유의한 예측요인이었고, 1학년 읽기 점수를 예측변인에 포함했을 때도 가장 높은 설명력을 보였다. Wood와 동료들은 이와 같은 인종 효과를 이해하기 위해 부모의 결혼상태, 부모의 교육수준, 부모의 생활보호대상 여부, 사회경제적 지위(SES), 가정에 있는 책의 수, 그리고 직업 상태 등 인구 통계학적 요인을 평가했다. 이 중 한 가지 또는 모든 인구학적 변인을 예측 공식에 넣었을 때도 "인종 효과는 3학년의 읽기를 예측하는 독립변인으로 가장 강력한 영향력이 있었다."(Wood et al., 1991, p.9)

특수교육 프로그램 참가뿐 아니라 인종과 장애범주를 고려할수록 장기적인 논쟁이 있다. 예를 들어 Plant, Hussar와 Snyder(2009)에 의한 교육 조건의 연구에 따르면 미국 원주민, 아프리카계 미국인, 히스패닉 집단은 유럽계 미국인 또는 아시아계 미국인보다 학습장애가 될 위험이 더 컸다. 부분적으로 이 차이는 빈곤, 의료 서비스의 제한 또는 불리한 사회적 조건을 포함하여 사회경제적 불균형과 연관된 소수민족 상태와 관계가 있다(Donovan & Cross, 2002; Hosp & Reschly, 2004; Oswald, Coutinho, &

Best, 2002). '진단적 편파'가 생기는 것은 일부 학업성취를 낮게 만드는 비학습장애 요인 때문이고, 추가 지원을 받기 위해 노력하는 과정에서 학교 체계가 학습장애라고 (부정확하게) 적용한 결과이기도 하다.

학습장애에 잠재적인 영향을 미치는 환경적 요인을 배제하는 것이 중요한 문제이다. 학습장애는 인지와 언어적 기술의 발달을 방해하여 낮은 학업수준으로 이어질 수 있다(Lyon et al., 2001). 예를 들어 부모의 읽기문제는 그들의 읽기문제의 누적된 영향 때문에 가정에서 적절한 연습을 시키는 데 어려움으로 이어진다(Wadsworth, Olson, Pennington, & DeFries, 2000). 경제적으로 불리한 환경에서 성장한 아동은 학교에 입학 당시 이미 언어발달이 지연되어 있다(Hart & Risley, 1995). 이런 지연은 읽기, 쓰기, 수학적 기술의 발달을 방해한다. 따라서 학습장애의 평가에서 진정한 학습장애를 정의하는 인지 특성과 사회적, 경제적 및 문화적 요인들을 주의 깊게 구분해야 한다. 이는 학습장애 분류의 낮은 성취(LA) 모델에 따른 문제이다.

언어능력

2011년 미국에서 영어 학습자가 공립학교 학생(유치원~12학년 약 470만 명)의 10%를 차지했다(Aud et al., 2011). 다양한 수준의 영어실력을 갖춘 다수의 학생이 있고, 실제로 이 학생 중 일부는 표준화된 시험을 포함하여 학업에 어려움을 겪고 있다. Hendricks(2013)는 영어가 모국어인 학생과 외국어(ESL)인 학생을 비교했을 때 전반적인 읽기 관련 변인에서의 어려움이 발달 전반에 걸쳐 나타난다고 하였다. ESL 학생은 원어민보다 읽기 속도, 어휘, 단어 재인 및 이해력이 부족한 것으로 나타났다. 이 학생들은 또한 영어 교육과 읽기에 대한 노출이 적었다. Hendricks는 ESL 학생의 성취 프로파일이 학습장애가 있는 일부 대학생과 매우 유사하고 이들이 동일한 여러 문제로 고생한다고 지적했다. Ortiz(2011)는 ESL 학생 중 학습장애 존재 여부에 따른 감별진단 문제에 대해 언급했다. DSM-5뿐 아니라 학습장애의 법적 진단에 따르면 학습장애 진단은 언어능력의 문제와는 분리되어야 한다.

이는 ESL과 관련한 학업문제는 진단에서 반드시 배제되어야 한다는 뜻이다. 흥미로운 점은 많은 영어학습자는 언어능력으로 인해 시험에서 편의를 제공받지만, 학습장애의 진단이나 특수교육의 대상이 되진 않는다는 것이다. 학습장애 진단은 언어능력상의 어떤 문제와는 구별되어야 하며, 이는 다른 장의 주제가 된다(Ortiz, 2010 참조).

장애인교육법(IDEA)은 정신장애, 감각장애, 정서장애가 있는 아동에 대한 서비스로 연결되는 다른 분류 방법을 제시한다. 마찬가지로 학습에 영향을 주는 의학 및 신경학적 장애가 있는 학생은 학습장애로 진단할 필요 없이 전문적 서비스를 제공할 수 있다. 문화적, 경제적 또는 사회적 약자로 간주되는 아동은 보충교육 프로그램을 받을 수 있다. 또한 영어학습자로 분류된 학생은 주별 특별 교육정책에 따른 서비스 혜택을 받을 수 있다(예 : 시험에서 편의제공). 외상성 뇌손상이 있는 학생이나 영어학습자는 비록 시험 결과(예 : 읽기 유창성이 느림)가 비슷해도 학습장애로 간주하지 않는다. 학습장애의 과학은 더 구체적이며 덜 포괄적인 방향으로 옮겨가고 있다. 따라서 감별진단은 특정 조건을 배제하거나 동반이환 인정 여부를 항상 고려해야 한다.

이질성과 동반이환

학습장애는 영역 특수성이 있는데, 읽기, 수학 및 쓰기를 포함하는 각 장애는 표현형의 기술과 필요한 개입이 각각 다르다. 많은 아동이 학습장애 중 하나 이상의 장애를 갖고 있지만, 읽기나 수학 영역은 전형적으로 개별 장애만 있는 하위유형이 있다. 문제는 연방정부 규정의 범주가 연구에서 나타난 영역과 일치하지 않는다는 것이다. 또한 이질성 때문에 학습장애를 하나의 단일한 포괄적 개념으로 설정하는 데 어려움이 있다.

학습장애의 이질성은 여러 양상으로 설명할 수 있다. 첫째, 많은 아동이 한 영역 이상의 학습장애가 있다는 것과 하나 이상의 학습장애 아동은 한 영역의 학습장애만 있는 아동보다 결과가 좋지 않다는 것을 인식하는 것이 중요하다(Martinez & Semrud-Clikeman, 2004). 둘째, 학습장애는 종종 ADHD(Barkley, 2006), 적대적 반항장애

(DeLong, 1995), 우울장애(San Miguel, Forness, & Kavale, 1996) 및 기타 동반이환과 공존한다. 셋째, 학습장애 아동은 높은 불안, 낮은 학업 자아 개념, 또래 거부와 같은 행동적, 정서적 및 사회적 문제를 포함한 여러 정신건강문제의 위험이 매우 높다(Gadeyne, Ghesquiere, & Onghena, 2004). 학습장애는 다양한 유형, 다른 표현 양상, 그리고 관련 변인의 범위가 넓기 때문에 두 사람의 프로파일이 같을 수 없는 진단 특성이 있다. 학습장애의 이질적 표현은 '일반적인 유전자'가 학습장애와 관련 있다는 것을 지지한다. 즉, 학습장애에 영향을 미치는 유전자가 일반적 학습능력의 변산에 기여하고, 장애의 여러 측면에 영향을 미치며, 학습의 복합적 영역에 영향을 줄 수 있다(Plomin & Kovas, 2005). 학습장애의 유전형과 표현형 모두가 복합적이고 일반적이며 가변적이다. 이 때문에 평가와 치료가 점차 개별화되는 것은 놀라운 일이 아니다.

특수 학습장애의 DSM-5 정의에서 언급한 바와 같이 학습장애의 하위집단이 연구를 통해 확인되었다(표 14.1 참조). 이 하위집단은 (1) 단어 재인, 이해, 유창성을 포함하는 읽기장애 유형, (2) 수 개념의 이해, 계산 정확도/유창성 및 추론을 포함하는 수학장애 유형, (3) 문법과 구두점, 맞춤법 오류(발음문제나 읽기장애와 관련됨), 문장의 명료성, 조직화 및 질을 포함하는 쓰기장애 유형 등이다. 다음 절에 학습장애의 특수한 하위유형뿐 아니라 이 세 가지 장애 영역에 관한 연구를 개관할 것이다.

이런 특수한 하위유형을 다루기 전에 아직 잘 알려져 있지는 않으나, 비언어적 학습장애(non verbal disability, NVLD)라는 학습장애의 특정 구인을 설명하고자 한다. 비언어적 학습장애는 Rourke(예 : 1989)의 연구에 따른 것으로 사회적/정서적 기술뿐 아니라 이해, 수학, 초기 쓰기기술 등의 결함을 포함한다(Hulme & Snowling, 2009). 비언어적 학습장애와 관련된 인지/신경심리학 이론에 따르면 (겉보기에 무관한) 모든 결함으로 이끄는 어떤 형태의 우반구 기능장애가 드러난다(Pennington, 2009).

많은 학자들이 비언어적 학습장애의 임상진단의 유용성을 계속 높였지만(예 : Casey, 2012), 다른 학자(예 :

Spreen, 2011)는 그 타당성과 유용성에 의문을 제기했다. 핵심 질문은 비언어적 학습장애가 이미 다른 명칭으로 특징이 잘 알려진 어떤 동반이환의 조합 이상으로 존재하는지 여부이다(Pennington, 2009). 우리는 이를 결정할 후속연구를 기대하지만, 이 장의 초반에 협력적 입장에서 설명한 바 있다. 우리는 학습장애를 증상과 결과적 손상의 관점에서만 바라보기 때문에 명칭 자체는 강조하지 않고, 임상가들이 결함을 '해석'하기 위해 비언어적 학습장애와 같은 용어를 사용하기보다 아동의 결함을 아주 구체적이고 자세하게 기술하도록 강조한다.

읽기장애

일반적 정의 관련 쟁점

미국 질병통제예방센터(Boyle et al., 2011)에 따르면 1997년부터 2008년까지 3~17세 아동 중 학습장애의 유병률은 7.66%이다. 이 학생의 대부분이 읽기장애가 있는 것으로 파악된다. Lerner(1989)는 특수교육 프로그램에 참여하는 아동의 80%가 읽기장애가 있다고 하였고, Kavale과 Reese (1992)는 아이오와의 학습장애 범주 아동 중 90% 이상이 읽기문제가 있다고 보고했다. 두 연구 모두 읽기장애 아동은 단어수준의 기술에 어려움이 있다는 것을 보여주었다. 물론 읽기장애의 연구(증거기반, 효과적인 개입뿐 아니라 신경생물학적 요인, 인지적 요인, 하위유형, 핵심특성을 포함)에 기반을 둔 지식은 학습장애의 다른 유형보다 더 많이 밝혀져 있다.

연방정부의 지침(예 : 장애인교육법)에 명시된 바와 같이 읽기장애에는 두 가지 광범위한 형태가 있다. 하나는 소리, 문자, 단어 사이의 관계를 이해하는 데 어려움을 보이는 기본적 읽기문제이며, 또 다른 하나는 단어, 절 및 단락의 의미를 이해하지 못하는 독해문제이다. 읽기장애의 이러한 형태는 문자나 단어의 재인과 해석의 문제, 읽기 속도와 유창성, 또는 단어(즉, 어휘), 문장 및 글의 이해 등 다양한 형태로 나타날 수 있다. 대부분의 연구가 단어 재인, 유창성, 이해의 세 가지 측면에 집중되어 있으므로, 이 절에서는 이 세 하위유형을 중심으로 설명할 것이다. 우선 '읽기문제(reading disability)', '읽기장애(reading disorder)', '난독증(dyslexia)' 등의 용어를 일반적으로 같은 의미로 사용한다는 점을 밝힌다. 이 장에서 우리는 일반적인 용어 '읽기장애'를 사용한다.

단어 재인

정의의 문제

읽기는 문자를 인식하고 특정 소리와 문자를 연결하는 것부터 시작하는 발달 과정이다. 아동은 문자와 문자가 만들 수 있는 다양한 소리, 특정 문자열로 만들어진 소리의 조합인 기호를 배운다. 아동은 짧은 단어를 인식하고 각 단어의 그림/형태를 발음과 그 단어의 의미를 연상시키는 그림과 연결하는 것을 배운다. 학생들은 시각적 상징과 소리표현을 연결하는 것을 배우기 때문에 단어를 완전히 읽을 때까지는 띄엄띄엄 단어를 소리 내거나 문자열을 해석할 수 있다. 문자는 하나 이상의 소리를 낼 수 있기 때문에, 아동은 단어를 해석하기 위해서 발음의 규칙을 배우고 적용해야 한다. 숙련되지 않은 개인은 보통 소리-상징의 조합을 만들어 내는 정확도와 유창성에서 차이가 난다. 한동안 읽기장애가 있는 사람은 유사단어 읽기와 같은 이 처리 과정에 문제가 있다고 여겼다(Bruck, 1988; Siegel & Ryan, 1988).

전문가들은 이 능력을 '단어 재인' 또는 '단어 해독'이라고 말한다. 어떤 경우에 '시각 단어 읽기'라고도 한다. 학생들은 음절의 친숙성에 의존해서 자동적으로 인식하게 된다. 또는 단어를 발음하고 해독하기 위해 발음규칙을 적용한다. 이러한 시각과 청각적 접근이 상호 의존적이며, 각각에 의존하는 정도는 단어 형태와 익숙함에 달려 있다.

이러한 기본적인 읽기능력도 건강한 감각 및 지각 과정에 달려 있다. 잘 읽으려면 제대로 된 듣기와 청각처리 과정뿐 아니라 보기와 눈의 움직임을 필요로 한다. 이 기본 시각 및 청각처리의 기능장애를 중심으로 한 읽기장애 이론이 있는데, 이는 다음에서 자세하게 설명한다. 그러나 국립읽기위원회(2000)의 보고대로 읽기장애를 설명하는 데 음운적 설명이 시각적 처리보다 더 일차적이고, 시각적 기반의 읽기 방식보다 음운적 기반의 개입이 더 효과가 컸다(National Reading Panel, 2000; Swanson, 1999). 영어는 음운기반 체계이다. 음운 인식 및 처리, 기억은 읽기장애 평가와 개입 노력의 중요한 구성요소이다.

읽기장애와 관련한 음운처리의 강조는 읽기장애와 흔한 동반이환과 관계가 있다. 연구결과 말소리장애 및 언어장애와 읽기장애의 관계를 확인했는데, 말소리장애는 언어장애에 선행한다(Catts, Adlof, Hogan, & Weismer, 2005; Liberman, Shankweiler, & Liberman, 1989; Scarborough, 1990). 사실 읽기, 쓰기, 맞춤법, 말하기, 수학 용어의 어려움에서 나타나는 학습장애의 공통점 때문에 일부 학자는 학습장애가 일련의 언어기반 장애로 이루어진다는 이론을 제시했다(Vellutino, 1979). 이 관점의 지지 여부를 떠나 실제로 음운의 문제와 읽기장애와의 관련성을 부인할 수 없다. 여러 연구에서 음운의 문제가 성인기까지 유지되는 것에 주목했다(Bruck, 1992; Ransby & Swanson, 2003). 특히 Swanson(2013)은 최근에 읽기장애에 관한 여러 메타분석 연구를 종합하여 음운처리, 이름대기 속도와 언어적 기억 평가에서 보이는 문제가 전 연령에 걸쳐 널리 나타나는 것으로 결론 내렸다.

발달 과정

읽기장애는 언어 및 읽기기술의 발달적 지연이라기보다는 지속적인 결함을 반영한다(Francis, Shaywitz, Stuebing, Shaywitz, & Fletcher, 1996; Lyon, 1994). 한 종단연구에서 초등학교 3학년 당시 읽기장애를 보인 이들의 74%가 12학년 때도 읽기장애를 나타냈다(Shaywitz, 2003 참조). 근본적인 음운처리 과정의 어려움뿐 아니라 읽기의 어려움이 읽기장애가 있는 성인에게 남아 있다는 연구도 있다(Ransby & Swanson, 2003). 이러한 연구결과는 읽기장애 아동의 미래가 비관적이라는 점을 시사한다.

초기에 음운론적 결함이 있는 아동이 진전을 보이지 않는 것은 다음의 세 가지 요인 때문이다. 첫째, 진단기준에는 판별 과정에서 IQ와 읽기 성취점수 사이의 차이를 요구하므로 대다수가 초등학교 3학년이 될 때까지 발견되지 않는다. 초등학교 3학년은 표면적 예측요인(IQ)과 읽기기술 사이의 차이가 나타날 만큼 학업수행의 곤란이 심각해지는 시기이다. 학습장애 범주 중 특수교육을 받게 되는 학생이 가장 많아지는 때가 12~17세라는 것은 우연이 아니다. Fletcher 등(1998)이 지적했듯이 아동이 2~3년 동안 실패한 후에는 개입을 시작한다 해도 읽기가 실제로 향상되지는 못했다. 또한 Rojewski와 Gregg(2011)는 학습장애 성인의 상당수가 고등과정의 적응에 필요한 인쇄 또는 전자매체 기술이 부족하다고 하였다.

둘째, 어떤 교수방법이 읽기장애 아동에게 가장 효과적인지 아직 알려지지 않았다. 또한 종단연구에서 추적 조사한 아동 중 상당수는 한 개입방법이 다른 개입방법과 어떻게 상호작용하는지 파악하지 못한 상태에서 여러 가지 서로 다른 유형의 개입을 받았다. 이렇듯 체계적인 프로그램의 계획과 교수법이 부족한 것을 고려하면 단지 20~25%의 아동만이 읽기에서 향상을 보였다는 것이 당연한 일이다.

셋째, 많은 읽기장애 아동이 학습과정에 수많은 노력을 기울이지만 성공보다는 실패를 경험하는 기간이 길어지기 때문에, 읽기학습의 동기가 시간이 지나면서 감소할 가능성이 있다. 메타분석을 보면(Camilli, Wolfe, & Smith, 2006; Hammill & Swanson, 2006; National Reading Panel, 2000) 아동의 읽기 개입의 치료효과는 크지 않았는데($d = 0.12 - 0.41$), 향상된 읽기능력의 유지와 일반화의 문제는 고려하지 못했다. 성인의 읽기능력 향상 또는 개입 프로그램의 효과에 대해서는 잘 알려지지 않았고, 더 많은 관심을 필요로 하는 영역이다.

핵심 과정

읽기기술 및 읽기장애와 관련된 읽기행동이 연속적이고 이질적인 분포라는 점을 고려하면 예상되는 바와 같이 읽기장애의 특성과 원인을 설명하는 단일원인 이론과 다중원인 이론 모두 발달했다. 읽기장애 아동의 학습장애의 핵심 특징은 단일 단어를 읽고 해독하는 데 어려움이 있다는 것이다(Lovett, Barron, & Frijters, 2013; Olson, Forsberg, Wise, & Rack, 1994; Perfetti, 1985; Stanovich, 1986). 이것이 바로 읽기장애의 대다수 유형의 핵심을 이루는 읽기능력의 심각한 장애로 이어지게 된다. Stanovich(1994)는 독해에서 단어 재인의 실질적인 중요성을 다음과 같이 강조했다. "단어 재인에 심각한 어려움이 있는 아동은 의미 파악[이해]에 큰 어려움을 겪는다. 단어 인식 과정에 너무 많은 인지능력을 필요로 하면 글의 통합 및 이해를 처리하는 상위수준의 과정에 쓸 수 있는 인지적 자원이 적게 남는다."(p.281) 확실히 시간제한이 있는 독해는 읽기문제가 있는 개인이 직면하는 가장 큰 문제인데, 이것은 단어, 문장, 문단의 의미 이해뿐 아니라 정확한 단어 읽기, 유창한 문장 읽기, 작업기억 등이 필요하기 때문이다. 근본적인 문제가 해독, 유창성과 이해인지에 관계없이 가장 복잡하고 포괄적인 읽기기능이 읽기장애를 가진 이들에게 가장 큰 결함을 야기한다. 최근에야 RTI 접근을 통해 기저의 과정을 총체적, 체계적으로 다루기 시작했다(Vaughn, Swanson, & Solis, 2013 참조).

읽기의 복잡성에 대한 이해에도 불구하고 정확하고 유창하게 단일 단어를 읽는 능력은 읽기장애 연구에서 가장 자주 다룬 주제였다(Fletcher et al., 2007 참조). 또한 다음에 논의하겠지만 교수 및 학습을 위해서는 학문적 · 인지적 기술로서의 읽기 이해의 역할을 간과해서는 안 된다. 그러나 단어 재인은 이해의 유일한 필수 조건이 아니다. 이는 제한된 좁은 행동이며 이해와 전형적으로 관련된 수많은 읽기 이외의 요인들과도 관계가 없다(Wood et al., 1991). 그러므로 연구에 필요한 더 정확한 발달변인을 제공해야 한다. 중 · 고등학교 학생에게 단어 읽기와 문장이해를 동시에 교육할 필요가 있다(Edmonds et al., 2009의 메타분석). 단어해독 능력이 좋아지면 독해력이 크게 향상될 것이므로 전반적 독해력의 차이는 더 줄어들 것이다.

음운처리

읽기장애의 핵심결함은 영어의 44개 음소를 인식, 짝짓기, 혼합, 결합 및 조작하는 데 어려움이 있는 잘못된 음운처리라는 것이 널리 인정되었다. 초기 읽기교육, 특히 음절 단위의 교육은 학생의 음운처리 능력에 영향을 받으며, 역사적으로 볼 때 초기의 읽기능력의 평가도 이러한 하위기술에 초점을 맞추었다(예 : Boder, 1971; Good & Kaminski, 2002; Lindamood & Lindamood, 1998; Wagner, Torgeson, & Rashotte, 1999). 초기의 음운 해독의 문제는 성인기까지 지속될 수 있고(Bruck, 1992), 읽기능력이 부족한 사람과 아닌 사람의 격차가 시간이 지남에 따라 커지는 경향이 있다(Rayner, Foorman, Perfetti, Pesetsky, & Seidenberg, 2001). 따라서 초기에 집중적으로 이러한 결함을 해결하는 것이 중요하다.

빠른 이름대기

빠른 이름대기(RAN)의 결함은 읽기장애에 내재한 핵심 결함이다. 읽기장애와 관련된 인지적 요인에 대한 연구에서 읽기장애 학생이 문자, 사진, 사물, 색깔 및 단어를 빠르게(자동으로) 말하는 것에 어려움이 있는 것으로 나타났다(예 : Korhonen, 1995; Scarborough, 1998; Semrud-Clikeman, Guy, Griffin, & Hynd, 2000). 또한 빠른 이름대기는 읽기 향상 및 다른 영역의 읽기 결과를 예측했다(Manis, Seidenberg, & Doi, 1999). 이 문제는 특정 자극의 이름을 신속하게 말하는 데 자동성이 부족한 것이다. Bowers와 Wolf(1993)는 시각과 청각자극의 일시적 통합의 어려움으로 이러한 결함을 설명했다. 즉, 이 학생은 시각자극(문자, 단어 또는 사물)에 자동적으로 그리고 빠르게 단어나 문자 소리를 붙일 수 없다. 읽기에 특수한 개입방법보다는 평가도구를 더 많이 제작하긴 했으나, 빠른 이름대기는 '종합음운처리 평가(Comprehensive Test of Phonological Processing)'와 같은 포괄적 읽기평가 도구의 공통과제가 되었다(Wagner et al., 1999). 빠른 이름대기라는 구성개념에 대한 몇 가지 논쟁이 있는데, 특히 이것이 음운처리와 다른 것인지, 읽기결함의 예측에 대한 독립적인 변산에 기여하는지에 관한 것이다(Vukovic & Siegel, 2006 참조). 빠른 이름대기의 결함은 본질적으로 속도의 결함이기 때문에 정확성보다는 유창성과 관련된다. Georgiou, Parilla, Cui, 그리고 Papadopoulos(2013)

는 읽기에서 빠른 이름대기의 역할은 읽기의 성취를 강하게 예측하는 것으로, 처리 속도를 통제한 후에도 읽기 수행을 예측한다고 하였다. 또한 빠른 이름대기는 음운 인식 및 다른 변인과 함께 읽기장애를 나타내는 인지적 지표라고 지적했다.

시각적 처리결함

시지각장애를 읽기장애와 연결시키려는 시도가 수년간 있었다(Cruickshank & Hallahan, 1973; Frostig, Lefever, & Whittlesey, 1964; Kephart, 1971; Vellutino, 1979). 사실 1980년 이전에는 난독증에 대해 시각적 결함에 근거한 설명이 주를 이루었다. 그러나 읽기장애 아동과 정상 아동을 비교할 때 기하학적 도안을 복사 및 연결하는 데 어려움 여부를 확인하는 것이 일반적이었으나, 읽기장애와 공간처리 문제가 인과적 관계라는 증거는 거의 없다(Vellutino, Fletcher, Snowlinf, & Scanlon, 2004). 대부분의 시지각적 이론과 치료는 지지받지 못하였고 관심을 잃었다.

읽기장애에 대한 설명으로 시각적 수준에서의 감각적 결함을 고려하는 이와 동일한 경향이 분명히 자리하고 있다. 시각 분야에서 잔상, 대비, 깜박거림의 민감성, 움직임의 감지를 포함한 심리학적 방법을 이용한 연구가 있다. 이런 연구는 보통 시각정보의 일시적 처리의 결함이 있다고 제안하였다(Stein, 2001). 이러한 결함은 거대세포층(magnocellular) 시각경로의 특정 장애와 관계가 있다. 거대세포층 신경경로는 공간 빈도가 낮고 빠르게 움직이는 자극에 대한 단기적, 전시각적 반응을 제공하는 일시적 시각경로의 작동을 담당한다. 이와 달리 소세포층(parvocellular) 시각경로는 지속적 시각경로의 작용인 느리게 움직이는 높은 공간 빈도의 자극에 대한 더 지속적인 반응과 관계가 있다. 읽기 및 기타 시각적 작업에서 이러한 두 가지 체계가 서로를 억제한다. 여러 연구에서 읽기장애가 있는 사람은 시각적 정보의 경련성 억압을 방해하는 체계의 일시적이고 비효율적인 억제를 보였다. 이것이 결국 망막 이미지가 지속되도록 하여 지면의 단어들을 뒤섞여 보이게 된다(Lovegrove, Martin, &

Slaghuis, 1986; Stein, 2001). 비록 읽기장애가 있는 개인은 전형적인 성취를 보이는 사람들과 시각체계 평가결과가 다르다는 것이 분명하지만, 단어 재인에서 거대세포층이 어떻게 관여하는지는 확실하지 않다. 인쇄물 자체는 정지 상태이며 움직이지 않는다. 만약 어떤 사람이 단어를 살펴볼 때 단어들이 뒤섞여 보인다면, 그 작업은 개별 단어 인식이 아니라, 문장을 읽는 것과 같은 단어 집단에 대한 인식을 포함한다(Iovino, Fletcher, Breitmeyer, & Foorman, 1999). 거대세포층 체계는 연속적인 문장을 읽을 때 작동한다. 읽기장애의 핵심문제는 독립적인 단어를 분리하고 식별하는 데 있다. 따라서 이 이론은 읽기장애와 연관된 핵심적 읽기문제에 대해 잘 설명하지 못한다.

시각적 처리결함을 설명하기 위한 다른 접근으로 이 결함이 문자 언어에 대한 맞춤법 구성의 처리와 관련되어 있고, 음운 해독과는 관련 없다는 입장이 있다. 이 설명은 단어 발음의 불규칙성, 그리고 인쇄물로 표현하는 것과 관계가 있다. 영어의 음운과 맞춤법의 관계가 때로 불일치하고, 철자도 불규칙적이라는 것은 잘 알려진 사실이다(Rayner et al., 2001). 이와 같이 시각체계는 자동적으로 소리 낼 수 없는 단어의 즉각적 처리능력과 관계가 있다고 가정된다 — 읽기의 이중경로 이론의 설명. 이 이론에서 단어는 음운적 경로를 통해 접근하거나 음운적 처리가 필요 없는 시각적인 경로를 통해 즉각적으로 인식된다(Castles & Colthert, 1993). Talcott 등(2000)은 음운처리와 IQ의 변산이 서로 공변하므로 시각적 운동 민감성과 맞춤법 처리과정의 사이에 상관관계가 있다는 것을 밝혔다. 하지만 이 관계는 장애 여부와 관계없이 모든 아동에게 마찬가지다. 또한 단어 재인과 맞춤법 처리과정의 관계가 음운처리 과정의 관계보다 강하다는 근거는 없다. Eden, Stern, Wood와 Wood(1995)는 비슷한 연구를 수행했는데, IQ와 음운처리의 관계를 부분적으로 상쇄한 후에도 시각적 처리에 대한 평가치가 여전히 읽기능력을 단독으로 예측한다고 밝혔다. 하지만 변산 정도는 비교적 적었다. 그러므로 시각처리 과정에 대한 가설은 읽기장애 아동이 경험하는 주요 읽기문제에 대해

정확히 설명하지 못하는 상태이다. 문자와 단어의 맞춤법 표현을 형성, 저장 및 접근하는 능력이 읽기에 중요함에도 불구하고 읽기결함이나 읽기 개입 모두 단일한 시각적 접근만으로 잘 설명하지 못한다. 맞춤법도 중요하지만 읽기 평가와 개입에서 음운론이 가장 관심을 받고 있다.

신경생물학적 요인

학습장애가 '예기치 못한' 것이라는 가설은 만약 경제적 어려움과 부적절한 지도로 인해 낮은 성취를 보이는 아동을 학습장애 범주에서 배제한다면, 배제되지 않았으나 낮은 성취를 보이는 원인은 아동 고유일 것이라는 신념에서 비롯된다. 학습장애 연구의 역사상 초기부터 이러한 가정을 반영하였고, 미세 뇌 역기능(MBD)과 같은 개념에 의해 크게 영향을 받았다. 미세 뇌 역기능과 뇌손상으로 대표되는 장애를 포함함으로써 비록 대뇌구조적 요인에 대한 강조가 학습장애에 대한 연방정부의 정의에는 내포되어 있지만, 다른 정의에서는 확연하게 드러난다. 이를 설명하기 위해 미국 학습장애공동협회(National Joint Committee on Learning Disabilities, NJCLD; 1988)의 정의를 고려해야 한다. "학습장애는 중추신경계 손상에 기인한 것으로 추정되는 개인에 내재하는 것이며, 생애 전반에 걸쳐 일어날 수 있다." 마찬가지로 세계신경학협회(World Federation of Neurology)의 정의에서 난독증을 "대뇌구조에 기원을 두는 근본적인 인지장애에 따른 것"이라고 명시하고 있다(Critchley, 1970, p.11).

학습장애의 역사에 대해 검토한 바와 같이 뇌손상이 입증된 성인의 언어와 행동 특성으로부터 파악한 내용을 통해 학습장애의 본질적인 특성을 추론했다. 이 분야가 발전됨에 따라 추정되는 뇌손상이나 기능장애 여부를 적절히 평가할 만한 객관적인 방법이 없음에도 불구하고 학습장애는 외적인 요인(예 : 환경적, 교육적)이 아닌 본질적인 (뇌) 영역이 영향을 주는 것으로 계속 정의되고 있다. 기술이 언젠가 이 수수께끼를 해결할 것이라고 믿는다. 이 신념은 전기생리학적 평가치의 이상과 학습장애와 신경학적 기능장애 사이의 많은 간접적인 연관성

(예 : 오른손 우세가 적음, '기능적' 신경학적 지표, 소근육 및 대근육 협응의 문제, 지각결함, 뇌성마비와 간질 환자의 특성들)에 의해 뒷받침되었다(예 : Duffy, Denckla, Bartels, & Sandini, 1980, Dykman, Ackerman, Clements, & Peters, 1971; Taylor & Fletcher, 1983). 이제 학습장애와 신경생물학적 기반의 상호 관계가 더 강력해졌는데, 일반적인 학습장애와 특히 읽기장애는 신경생물학적 기반이 있다는 것을 시사한다(Shaywitz & Shaywitz, 2013 참조).

뇌구조와 기능

뇌구조에 대한 연구는 사후 연구 또는 기능적 자기공명영상법(fMRI)과 같은 영상기법의 사용을 포함한다. 읽기장애 병력이 있는 성인의 사망 후 뇌 해부 평가 결과가 몇 가지 있다. 읽기장애는 치명적인 것으로 간주되지 않기 때문에 이런 사례가 드물다. Galaburda(1993)가 이끄는 집단에서 몇 년에 걸쳐 총 10개의 대뇌를 조사했다. 연구결과 난독증에서 특정 뇌구조(예 : 측두평면)의 크기에 차이가 있고, 특정 신경해부학적 이상이 있었다(Filipek, 1996; Galaburda, 1993; Shaywitz et al., 2004).

어린 시절 읽기문제 병력이 있는 성인의 피질 구조를 평가한 결과 측두평면(측두엽의 평면상의 구조)의 좌우 대뇌반구 크기가 대칭이었다(Galaburda, Sherman, Rosen, Aboitiz, & Geschwind, 1985; Humphreys, Kaufmann, & Galaburda, 1990). 읽기문제가 없었던 성인의 사후 연구에서 우반구에 비하여 좌반구가 더 큰 것으로 나타났다(Geschwind & Levitsky, 1968). 좌반구의 이 영역은 언어기능을 담당하기 때문에 해부학적인 차이가 없다는 것은 읽기문제로 이어질 수 있는 언어결함의 부분적인 근거가 된다. 또한 대뇌피질 구조에 대한 현미경 검사에서 '선천성 위치 이상'이라고 불리는 미세한 초점적 이상을 보였다. 이런 선천적인 위치 이상이 난독증 병력이 없는 개인에게도 흔하지만 난독증 병력이 있는 경우에는 기대되는 것 이상으로 더 흔하며, 좌반구에서 더 드러난다.

결론적으로 사후 연구에 따르면 대뇌피질 및 피질하부 모두에서 이상 징후가 발견되었다. 그러나 읽기 특성,

교육 경력 및 뇌의 조직에 영향을 미치는 중요한 요소(우세 손) 등은 사후 연구에서 확인하기 어렵기 때문에 이런 연구가 제한적이다. 예를 들어 사후 연구에서 읽기능력과 측두평면의 크기 또는 선천적 위치 이상의 빈도/위치 사이의 관계를 확인하기 어려우므로 읽기장애 원인으로 이 결과의 역할을 확립하기가 어렵다.

위에서 언급한 사후 연구의 한계뿐 아니라 사후 평가를 위해 대뇌를 확인하는 데 어려움이 크므로 연구자들은 뇌구조의 잠재적인 차이를 평가하기 위해 MRI/fMRI로 전환했다. MRI의 사용은 비침습적이며 아동에게 안전하기 때문에 바람직하다. 기능적 영상을 추가함으로써 다양한 읽기 및 기타 작업 중에 대뇌 영상을 얻을 수 있고, 학습장애가 있는 아동과 다른 아동의 뇌를 비교해 볼 수 있다.

지난 10~15년간 이미 수십 개의 영상연구가 수행되어 이 짧은 장에서 검토하기에는 너무 많을 정도이다. Eckert(2004)는 이 연구에 대해 개관하면서 하좌위 전두회, 하위두정소엽, 소뇌 등에 구조-기능의 차이를 지지한다고 밝혔다. 그러나 해부학적으로 비대칭이라는 특성은 음운론, 맞춤법 및 유창성 평가에서 확인된 개인의 장애 양상에 따라 다르다고 지적했다. 실제 최근에는 연구주제가 읽기장애가 있거나 없는 학생 간의 일반적인 신경생물학적 차이로부터 음운론 및 맞춤법(Temple et al., 2001), 철자법(Richards, Berninger, & Fayol, 2009), 읽기 유창성(Shaywitz & Shaywitz, 2005)에서의 특정 읽기장애와 관련된 보다 구체적인 뇌 활성화 차이로 바뀌었다.

Shaywitz와 Shaywitz(2013)는 최근에 읽기에 관한 신경체계의 연구를 정리했다. 읽기와 관련 있다고 여겨지는 3개의 좌반구를 설명했다. 여기에는 시각적 단어 형태에 특화된 후두측두엽 영역이 포함되지만, 이 영역은 철자법과 음운론 및 의미론적 입력을 통합하는 역할을 할 수도 있다(Price & Devlin, 2011). 이 체계는 단어의 신속하고 자동적이며 유창한 식별에 결정적이다. 다른 체계는 두정측두엽 영역에 위치한다. 이 체계는 단어 분석 기능을 돕기 위해 시각 및 청각경로가 교차되는 지점

이다(베르니케 영역 포함). 단어를 보고 후두엽 체계에서 즉각 식별되지 않으면 이 체계가 해독을 지원할 가능성이 높다. 베르니케 영역이 언어 이해를 담당한다는 것이 분명하므로, 이 영역은 읽은 단어에 의미를 더하는 것으로 보인다. 읽기장애에서 좌반구의 후두엽 영역을 조사한 연구결과 이 체계가 읽기 작업 중에 정상적으로 기능하지 못한다는 것이 일반적이다(Rumsey et al., 1992; Salmelin, Service, Kiesila, Uutela, & Salonen, 1996; Shaywitz et al., 2002; Temple et al., 2001). 세 번째 체계는 하전두회(브로카 영역 포함)를 포함한다. 이 체계는 단어 분석과 단어 발음 모두에서 역할을 한다고 본다. Heim, Eickhoff와 Amunts(2008)는 이 뇌 영역이 음운론, 의미론, 구문론 및 언어 유창성과 관련된 작업을 할 경우 활성화된다는 것을 발견했다. 읽기장애가 있는 개인의 좌측 후두엽의 활성화가 부족하고 정면 영역에서 과활성화된다는 연구결과가 일반적이다(Richlan, Kronbichler, & Wimmer, 2011; Shaywitz, 2003). 이는 자동적인 후두엽 체계가 실패할수록 읽기장애가 있는 독자는 의도적인 전두엽 체계를 사용해 보완해야 한다는 것이다. 읽기는 엄격히 좌반구 작업이라고 가정하지만, 우리는 읽기장애를 이해하는 데 중요한 역할을 하는 우반구를 찾아내는 연구에 주목해야 한다. 많은 연구에서 읽기장애가 있는 개인의 우측 하전두회의 과활성화에 주목했다(Georgiewa et al., 2002; Hoeft et al., 2010; Milne, Syngeniotis, Jackson, & Corballis, 2002). 읽기장애가 있는 경우 좌반구 읽기 영역의 비효율을 보완하기 위해 우반구에서 더 큰 활성화가 필요하다. 이 과잉활성화는 읽기과제를 수행하기 위해 조금 더 열심히 작동할 필요가 있는 뇌 영역을 보여주는 것이다. 읽기장애가 있는 대뇌에서 작동하거나 작동하지 않는 신경 기제에 대해 완전히 이해하기 위해 여전히 갈 길이 먼 상태이다.

유전

가족 내에 읽기문제가 공통되는 것을 수년간 관찰한 결과로부터 읽기능력에 대한 유전학 연구가 시작되었다. 읽기문제는 가족 세대에 걸쳐 분명하게 발생한다. 읽기

장애가 있는 부모의 자녀가 가진 위험성은 일반 아동의 8배이다(Pennington, 1999). 그러나 읽기장애의 유전 연구는 유전적·환경적 영향 모두를 보여준다(개관자료 Petrill & Plomin, 2007). Grigorenko(2001)가 지적한 것처럼 읽기장애에 유전적 요인이 있다는 것을 입증하는 연구는 세 가지 영역에 집중되었다. 이 영역에는 유의한 유전성을 가진 가족 내에서 축적되는 특정 유전자의 역할을 조사하는 연계연구와 함께 읽기장애가 있는 가족 구성원에 대한 쌍생아 및 가족연구 모두가 포함된다.

Grigorenko(2001)와 Olson, Forsberg, Gayan과 DeFries(1999)가 개관한 바에 따르면 읽기문제가 있는 아동의 부모 중 25~60%가 읽기결함을 보였다. 아버지(46%)가 어머니(33%)보다 높았다. 읽기문제를 겪고 있는 부모의 자녀는 일반인보다 위험성이 훨씬 더 크다. 확인 방법에 따라 그 비율은 약 30~60% 범위였다. 아동이 읽기장애가 있다고 인정한 부모 또는 학교의 판단에 따르면 그 비율은 30%에 가깝다. 실질적 연구 도구로 아동과 부모를 평가한다면 그 비율은 상당히 높아진다.

읽기 성취도의 쌍생아연구에 대한 다른 접근법 또한 읽기장애의 유전성을 지지한다. 이 연구는 유전과 환경적 요인에 따른 읽기기술의 변산을 분리하는 데 도움이 되는 통계적 방법을 사용했는데(메타분석 참조 Grigorenko, 2004), 단어 재인의 변산 중 45~65%가 유전적 요인에 기인한 반면 음소 재인의 변산 중 약 69%와 철자법의 변산 중 75%가 유전적 요인에 기인했다. Grigorenko(2004)의 개관자료에서는 공유된 환경(9~37%)과 공유되지 않은 환경(13~26%) 모두가 여러 읽기기술에 중요한 영향을 미치는 것으로 나타났다.

마지막 접근은 읽기장애와 관련된 특정 유전자를 밝히는 연계연구로부터 나온다. 이 장에서 자세히 설명하지 못하지만 수십 개의 유전 표지자 후보가 있다. 난독증에 대한 연계연구 결과는 다른 장애에 비해 결과가 일관되는데, 특히 염색체 영역 1p34-p36, 6p21-p22, 15q21 및 18q11가 일관된다. 두 후보 유전자인 DCDC2와 K1AA0319는 난독증에 가장 큰 영향을 미치는 것으로 나타났다. 이 둘은 염색체 6p22의 DYX2 내에서 학습장애

관련성을 체계적으로 조사하여 확인되었고 독립적인 표본에서도 반복 검증되었다(개관자료 Schumacher, Hoffmann, Schmal, Schulte-Korne, & Nothen, 2007).

유전학 연구는 읽기결함의 유전 가능성에 대한 강력한 증거를 제공하며, 왜 읽기문제가 언제나 가계에 유전되는지 그 이유를 설명하는 데 도움이 된다. 환경적 요인도 중요하다는 증거가 있다는 것을 인식하는 것도 필수적이다. 구체적으로 보면 환경의 영향이 결과에 대한 유전적 영향을 조절한다(예 : 유전자-환경 상호작용). Petrill (2013)은 유전자-환경 상호작용의 세 가지 가능한 모델을 요약했다. (1) 부정적인 환경의 영향은 학습결과를 낮추는 근본적인 유전적 위험을 촉매한다, (2) 긍정적인 환경(예 : 높은 사회경제적 지위, 교육의 질)은 높고 긍정적인 유전적 영향을 촉진하고, 따라서 학습 성과를 높인다, (3) 일부 개인은 극단적으로 긍정적 또는 부정적인 환경에 유전적으로 민감하여 학습 성과에 차이가 생긴다. 이 모델들 각각을 지지하는 연구가 있다. 반면에 최근에 실시된 쌍생아연구에서는 읽기능력에 대한 유전자-환경 간 상호작용의 증거를 발견하지 못했다(Kirkpatrick, Legrand, Iacono, & McGue, 2011). 어떤 환경조건에서 특정 유형의 읽기 표현형에 영향을 주는 유전자가 무엇인지 파악하기 위해 갈 길이 멀다. 그러나 유전과 읽기장애의 강력한 관계를 고려할 때 이러한 현상에 대한 이해가 증가함에 따라 언젠가는 읽기결함을 효과적으로 확인하고, 치료하며 예방할 수 있기를 바란다.

독해

정의의 문제

독해는 "문자언어와의 상호작용과 연결을 통해 의미 추출과 구성을 동시에 하는 과정"이라고 정의된다(RAND Reading Study Group, 2002, p.11). 유창성, 독해기술, 어휘 및 음소 재인 등 독해의 구성요소가 읽기 이해와 강하게 관련된다는 초등학생 대상 연구가 많은 지원을 받았다(Braze, Tabor, Shankweiler, & Mencl, 2007; Fuchs, Fuchs, Hosp, & Jenkins, 2001; Martino & Hoffman, 2002;

McKeown, Beck, Omanson, & Perfetti, 1983; Medo & Ryder, 1993; National Reading Panel, 2000; RAND Reading Study Group, 2002). 연구결과에 따르면 독해 평가에서 우수한 학생은 메타인지 전략을 더 많이 활용했다(Risemberg & Zimmerman, 1992; Ruban & Reis, 2006; Schunk, 2005; Vermetten & Lodewijks, 1997). 독해력에 긍정적이거나 부정적인 영향이 있는 것으로 입증된 다른 요인으로는 동기부여, 관련 영역 지식 및 불안 등이다(Cantor, Engle, & Hamilton, 1991; Engle, Cantor, & Carullo, 1992; Hembree, 1988). 마지막으로 작업기억, 책략 사용, 시험 수행 기술과 같은 상위의 인지과정도 간과할 수 없다.

독해력을 설명하기 위한 다른 모델의 적합성을 조사한 연구도 있다(Cromley & Azevedo, 2007; Gottardo & Mueller, 2009; Gough & Tumner, 1986). 이러한 모델은 독해능력에서 개인차를 설명할 수 있는 개인의 기술(예 : 해독, 어휘, 듣기능력)의 조합을 조사했다. 이 중 하나는 '읽기에 대한 단순한 관점(SVR)'으로 독해력은 해독력과 듣기능력의 조합에 따른 결과라고 가정한다(Gough & Tumner, 1986). SVR 모델은 영어가 모국어인 학생과 외국어인 학생 모두의 독해력 발달을 예측했다(Gottardo & Mueller, 2009).

독해능력 평가에 사용되는 형식이 수행을 예측하는 변인들(예 : 어휘, 독해, 유창성)에 영향을 주는 것으로 나타났다(Cutting & Scarborough, 2006; Keenan, Betjemann, & Olson, 2008). Keenan 등(2008)은 빈칸 채우기 방법(핵심단어가 빠져 있는 구절을 학생에게 제공하고 문장의 의미를 구성하는 단어를 채워 넣어야 함)을 사용하면 독해력 수행을 더 잘 예측한 반면, 지문 이해력 평가 결과를 사용하면 듣기능력을 더 잘 예측한다는 것을 밝혔다. 이는 다양한 독해력 측정법이 반드시 같은 능력을 측정하지 않을 수도 있다는 것을 나타낸다. 또한 독해에 미치는 여러 다른 영향 요인은 구성개념으로서의 독해력 평가보다는 평가의 형식에 영향을 받는다는 것을 시사한다. 이는 일부 독해력 평가의 구인타당도에 의문을 제기한다.

독해력 검사가 독해가 일어나는 데 바로 존재하는 기

타 언어과정과는 달리 문자언어의 이해에만 특수한 과정인가에 대한 논란이 있다. 단어 인식 정확도 평가는 검사 내용과 단어 읽기 수행의 요구사항 간에 비교적 명확한 관계가 있다. 그러나 표준화된 독해력 검사는 문단의 길이, 회상의 즉각성 또는 지연 정도, 학습 및 수행의 요구사항 등을 포함하여 잠재적으로 중요한 몇 가지 차원에서 일상적인 읽기 환경과는 다르다(Pearson, 1998; Sternberg, 1991). 사용 가능한 평가는 아동이 읽어야 할 내용(문장, 단락, 쪽)을 읽는 것, 응답 형식(빈칸 채우기, 서술형, 객관식, 소리 내어 생각하기), 기억 요구도(본문이 있거나 없는 질문에 대답), 그리고 평가되는 이해력의 특정한 측면(요지 이해, 문자 의미의 이해, 추론적 이해) 등에 따라 다르다. 이런 측면에서 하나의 척도에만 의존하면 독해문제의 근원을 결정하기 어렵기 때문에 단일 평가는 적절하지 않다(Francis, Fletcher, Catts, & Tomblin, 2005).

역학과 발달 과정

역학조사를 통해 특정 독해문제 비율을 산출한 연구는 드물다. 연령에 맞는 단어 재인 능력을 갖추었지만 독해력이 부족한 아동에 대한 표본별 연구결과 집단을 정의하는 데 사용된 배제기준에 따라 5~10% 범위였다(예 : Cornoldi, DeBeni, & Pazzaglia, 1996; Stothard & Hulme, 1996). Leach, Scarborough와 Rescorla(2003)는 읽기문제가 있는 아동의 20%가 특정 이해력의 장애가 있다는 것을 밝혔다. 불행히도 독해에서 읽기장애의 유병률은 사용된 단어의 정의, 범주화에 사용된 방법, 선택된 절단점, 그리고 장애가 일반적인 낮은 성취 또는 인지기능과 구별되는 정도 등에 영향을 받는다.

일반적으로 독해는 어린 시절의 독해력 능력과 밀접한 관계가 있다(Braze et al., 2007; Cutting & Scarborough, 2006). Catts 등(2005)은 연령과 읽기능력이 증가함에 따라 어휘력과 듣기능력이 독해력에 대한 예측력이 커진다는 것을 발견했다. 특히 한 연구에서는 연령과 읽기능력이 증가함에 따라 어휘력이 전반적인 독해력을 더 잘 예측했다(Braze et al., 2007, Cromley & Azevedo, 2007).

이것은 영어 어휘에 어려움이 심한 ESL 학생에게 특히 그렇다. Braze 등(2007)은 '읽기에 대한 단순한 관점'에 어휘를 포함하도록 확장하였고, 더 나이 많고 향상된 학생(즉, 고등학생)에게도 해독 및 듣기능력의 설명력 다음으로 이해력의 고유한 변산이 남아 있다는 것을 밝혔다.

해독력, 어휘 및 유창성 능력이 부족한 학생은 글을 자주 읽지 않아, 글에 노출되는 횟수가 줄어든다고 주장한다. 이들의 어휘 범위는 다른 학생들을 따라가지 못하며 시간이 지날수록 더 뒤처진다(Cunningham & Stanovich, 1999). 이 양상을 '매튜효과(Matthew effect)'라고 한다(Stanovich, 1986). 발달적이고 위계적인 측면 모두에서 여러 이유로 특정 독해문제는 초기 독해학습 단계 후에 나타나서 연령이 증가할수록 더욱 분명해진다.

핵심 과정

독해결함에 대한 연구는 핵심결함을 확인하기 위해 세 가지 주요 실험 설계를 시도했다. 한 가지 설계는 해독을 잘하는 반면, 이해력이 부족한 아동과 두 가지 모두 잘하는 아동을 비교하는 것이다(생활연령 설계). 두 번째 설계는 해독을 잘하지만 이해력이 부족한 어린 아동과 그와 독해수준이 비슷한 더 나이 많은 장애 아동을 비교하는 것이다(읽기수준 일치 설계). 세 번째 설계는 훈련이 실제 독해를 향상시키는지 확인하기 위해 독해결함에 기여한다고 가정하는 기술을 훈련시키는 시도를 했다.

이 세 가지 방법의 결과는 일관성이 있다. 해독은 잘하고 이해력이 부족한 아동은 어휘력과 구문이해 능력의 기본적 결함을 보이는데, 이것이 독해력을 손상시킨다(Stothard & Hulme, 1992, 1996). 다른 연구에서는 어휘와 구문 독해에 결함이 없는 경우에도 독해력의 결함이 여전히 발생한다는 것을 확인했는데(Cain, Oakhill, & Bryant, 2000; Nation & Snowling, 1998), 이는 추론 및 문장 통합, 이해와 관련된 메타인지 능력과 작업기억 등의 어려움에 따른 것이다(Cornoldi et al., 1996; Oakhill, Cain, & Bryant, 2003). 이와 달리 일반적으로 음운론적 기술, 단기기억, 문장을 글자 그대로 기억해 내는 능력에 결함은 없었다(Cain & Oakhill, 1999; Cataldo & Cornoldi,

1998; Nation, Adams, Bowyer-Crane, & Snowling, 1999; Oakhill, 1993; Stothard & Hulme, 1992).

독해는 읽기학습을 위한 궁극적인 목표이다. 그것은 읽기활동의 발달적 연속선상 제일 마지막에 있으며, 읽기에 선행하고 지원하는 읽기의 모든 하위 능력을 포함한다. 따라서 앞서 단어 재인을 위해 논의했던 핵심 과정들은 모두 이해력이 뒷받침되어야 한다. 음운처리, 명명속도, 맞춤법 및 단어를 읽는 시야, 단어 재인, 의미론적 과정 및 어휘발달 모두가 문장을 읽고 이해하는 능력에 기여한다. 그리고 언어구사 능력, 듣기능력, 작업기억, 추론능력, 그리고 메타인지 기술 등 독해가 가능하도록 도와주는 여러 기능을 고려해야 한다.

듣기능력의 문제는 독해력과 동시발생하는 것으로 알려져 있다(Shankweiler et al., 1999; Stothard & Hulme, 1996). 표준화 표본에서 독해력 및 듣기능력을 비교한 대부분의 연구결과는 상당히 중복되었다. 아동들은 문장언어를 구두언어에 비해 더 잘 이해하지 못한다. 듣기와 독해가 분리되는 경우가 있기 때문에 독해력이 듣기능력보다 더 우수하다. 이는 나이가 많은 아동과 성인에서 더 많이 나타나지만, 이러한 분리를 증명한 연구는 거의 없다. 어쨌든 구두언어 이해를 방해하는 언어 및 인지의 장애가 문장 읽기나 읽은 문장을 이해하는 데 영향을 미친다.

신경생물학적 요인

우리는 단어 재인 부분에서 읽기장애의 다양한 양상과 관련된 신경생물학적 요인에 대해 논의했다. 이 분야에서 독해와 관련된 뇌와 유전적 요인에 초점을 둔 연구는 거의 없다. 신경생물학 연구에서 대부분의 사람들은 좌반구에 손상이 있을 때 독해력에 영향을 미치지만, 독해의 결함은 음운처리의 약점, 단어 읽기 결함, 언어처리 문제, 심지어 열악한 작업기억과 같은 집행기능 결함도 포함한다(Cutting, Materek, Cole, Levine, & Mahone, 2009). 앞에서 언급했듯이 좌반구 내에는 읽기장애가 있거나 없는 경우에 뇌 활성화의 차이를 나타내는 것으로 간주되는 여러 영역이 있다. 가장 연구 증거가 많은 곳은 베르니케 영역에 가까운 후두측두엽 영역이며, 일반적으로 읽기장애가 있는 경우 이곳의 활성화가 낮다(Richlan et al., 2011). 베르니케 영역은 언어 이해 기능을 보조하고, 이 영역의 손상은 언어 이해에 큰 영향을 미친다. Gernsbacher와 Kaschak(2003)이 문장의 이해는 브로카 영역 및 측두엽의 상부와 중간 영역뿐 아니라 베르니케 영역도 관여하는데, 이는 우반구와 상응하는 위치를 포함한다고 밝혔다. Rimrodt 등(2009)은 읽기장애가 있거나 없는 학생을 대상으로 fMRI를 통한 뇌 활성화를 평가했는데, 문장 이해 과제에서 단어 재인 요소의 영향을 통제했다. 이전 연구와 같이 더 우수한 단어 및 문장 읽기 유창성이 좌측 후두측두엽의 더 높은 활성화와 관계가 있는 것으로 나타났다. 또한 읽기장애가 있는 집단은 양측 섬, 우측 대상회, 우상 전두엽회, 그리고 우측 두정엽뿐만 아니라 측두회의 좌측 중앙 및 상두가 더 활성화되었다. 더 구체적으로 우측 연상회의 활성화는 독해능력과 부적 상관관계가 있다. 독해는 많은 하위기술들로 이루어진 복잡한 작업이기 때문에 다소 광범위한 뇌 연결망이 이 활동을 지원하고, 다양한 영역의 손상이 독해력에 해를 입힐 수 있다. 읽기 성취도가 낮은 사람은 독해력이 나아지도록 우반구의 기능(예 : 시각화 전략)에 더 의존하는 것이 필요하다.

독해와 관련된 유전적 요인에 관한 연구는 드물다. 그러나 제한적이나마 이해와 단어 읽기 사이의 분리를 지지하는 연구가 있다. 이해와 단어 읽기에 공유된 또는 공통적인 유전적 영향력과 독립적인 영향력을 보여주는 유전적 증거가 있다(Keenan, Betjemann, Wadsworth, DeFries, & Olson, 2006). 이 저자들은 유전학적 증거가 Hoover와 Gough(1990)가 제안한 '읽기에 대한 단순한 관점'을 지지한다고 밝혔다. 다른 연구(Harlaar et al., 2010)는 독해능력의 변산 중 75%가 유전적 요인에 기인한다는 것을 밝혔는데, 그중 66%는 단일 유전자 요인에 따른 것이고, 9%는 듣기능력 및 어휘에 관련된 독립적인 유전의 영향 때문이라는 것이다. 유전연구는 독해능력이 읽기장애의 특정 형태로 이어질 수도 있는 별개의 읽기 과정이라는 점을 시사한다. 이러한 유전적 발견은 Nation

(2005)의 견해와 일치하는데, 이해력과 단어 읽기장애는 서로 별개라고 제안했다. 유전자는 읽기에 중요한 역할을 하고, 단어 읽기 및 이해와 같은 읽기기술에 차별적으로 관련되어 있다. 독해능력의 다양한 평가방법이 어떻게 유전적 발견에 영향을 미치는지뿐만 아니라 이해력에 영향을 미치는 유전자-환경 상호 작용에 대한 연구가 아직 부족하다.

읽기 유창성

읽기 유창성에 결함이 있는 특정 읽기장애의 하위집단 여부에 대해서는 논란이 있다. Wolf와 Bowers(1999), Lovett, Steinbach와 Frijters(2000) 등은 주로 음운 영역에서는 문제가 없지만 빠른 정보처리에서는 일반적 이해에 결함이 있는 '속도 결손' 집단이 있다고 주장했다. Morris 등(1998)은 음운기능은 손상되지 않았지만, 처리과정에 속도를 요구하는 과제에서 결함을 보이는 속도 결손 하위유형에 대한 증거를 확인했다. 이러한 작업에는 빠른 이름대기, 시각적 주의, 빠른 조음운동의 평가가 포함된다. Wolf와 Bowers(1999)는 이 하위유형은 단어 재인은 문제가 없으며 읽기 유창성 및 이해에 결함을 보인다고 가정했다. 최근 Meisinger, Bloom과 Hynd(2010)는 읽기장애가 있는 상당수의 아동이 읽기 유창성 결함을 보이지만 한 단어 읽기에는 어려움이 없다는 것을 발견했다. 또한 이들은 빠른 이름대기와 이해에 문제를 보였다. 이 절에서는 유창성의 측면에서 읽기장애의 정의 문제, 핵심 과정, 개입 등에 대한 증거를 개관한다.

정의의 문제

국립읽기위원회(2000)는 읽기 유창성을 글을 신속하고 정확하게, 적합한 표현(운율체계)으로 읽을 수 있는 능력이라고 정의했다. 대부분의 읽기능력 평가에 최소한 독해력 평가가 포함되므로, 과제가 단순히 읽기 속도만을 맞추는 것은 아니다. 학교에서 상당히 널리 사용하는 읽기 유창성 평가는 정해진 시간에 문단 읽는 것을 포함한다. 학생에게 1분 동안 지시대로 적합하게 읽도록 요구한다. 정확하게 읽은 단어 수가 읽기 속도 점수가 된다.

이러한 신속하고 내용타당한 평가는 학생들의 읽기 유창성 경과를 파악하기 위해 자주 사용된다. 이러한 교육과정에 기초한 측정방법은 개입반응(RTI) 모델의 표준 평가 방법이다(Deno, 2003).

속도 결손 하위유형의 중요한 문제는 독해력을 확인하는 것과 마찬가지로 재인의 정확성과 관련된 과정이 단어 해독 및 글자 읽기 속도와 차별화되는지 여부이다. 이들이 차별화된 과정이라는 충분한 증거가 있으며, 유창성 또한 이해력과 구분된다. 그러나 세 과정 모두는 특히 어린 아동이나 읽기결함이 있는 아동에서 상관관계가 매우 높다. 유창성이 부족한 사람은 내용 학습에 어려움을 겪으며(Chall, Jacobs, & Baldwin, 2009), 유창성 부족은 학생의 이해력에 영향을 미친다(Fuchs et al., 2001). 또한 읽기 유창성 결함은 이러한 개인이 정확한 단어 읽기를 학습한 후인 성인기까지 지속된다(Shaywitz, 2003). 읽기 유창성과 단어 읽기는 분리되면서도 관계가 깊은 기술이며, 독해에 강력하게 기여한다(Meisinger, Bloom, & Hynd, 2010). 그러나 유창성 문제가 읽기장애의 분리된 하위유형인지는 논쟁이 있다. 속도 결손 개념은 사람의 읽기 속도에 영향을 줄 수 있는 여러 요소 (예 : 습관, 스타일, 노력, 처리 속도, 작업기억, 주의, 이해에 대한 초점 등)가 복합적으로 관여한다. 이러한 논쟁에도 불구하고 현재 연방정부와 DSM-5 정의는 비유창성이 읽기장애의 증거라고 인정한다.

핵심 과정

속도 결손 하위유형에 있어 가장 많은 주목을 받은 핵심 과정은 빠른 이름대기와 관련된 것이다. 빠른 이름대기에 대한 연구를 개관하면 속도 요구 과정의 결함을 보인다는 증거가 있다는 점이 주목할 만하다(예 : Waber et al., 2001; Wolff, Michel, Ovrut, & Drake, 1990). 그러나 여기서는 읽기와 빠른 이름대기를 관련시킨 증거에 주로 초점을 맞추어 개관할 것이다. 읽기결함에 이름대기 속도가 독립적으로 기여한다는 것을 지지하는 세 가지 연구 방향이 있다. 첫째, 이름대기의 속도 과제, 특히 문자를 빠르게 명명하는 능력은 음운을 인식하는 능력을 넘어서 읽기 성취도 변산에 독립적으로 기여한다. 이러한 결과는 장기적 결과를 예측하는 연구뿐만 아니라 (Schatschneider, Carlson, Francis, Foorman, & Fletcher, 2002; Wolf & Bowers, 1999), 확인적 요인분석을 통해 다양한 잠재변인들의 관계를 조사한 연구에서도 분명하게 밝혀졌다(McBride-Chang & Manis, 1996; Wagner, Torgesen, & Rashotte, 1994). 둘째, 음운 인식과 빠른 이름대기 모두에 결함을 보이는 아동과 한 가지만 결함을 보이는 아동을 비교한 연구가 있다(Lovett et al., 2000; Wolf & Bowers, 1999). 연구결과 '이중 결함'이 있는 아동은 한 가지 결함만 있는 아동보다 더 심각한 읽기결함을 보였다. 일반적으로 학습장애가 있는 개인 중 60~75%가 빠른 이름대기의 결함을 보인다(Norton & Wolf, 2012).

이러한 증거에도 불구하고 빠른 이름대기가 음운 요소와 독립적으로 읽기 성취에 기여하는지에 대한 논쟁이 있다(Vellutino et al., 2004). 발음 요소로 정보를 찾아야 하는 작업은 분명히 음운처리 과정을 포함해야 한다. 빠른 이름대기 작업이 음운 인식 측정과 중등도 상관관계가 있으므로 이는 타당한 결론이다. 이 설명에 따르면 이름대기 속도는 본질적으로 개인이 음운 기반 부호에 얼마나 신속하게 접근할 수 있는지를 평가하는 것이다. 다른 관점으로는 이름대기 속도의 평가는 읽기와 관련된 비음운적 처리과정이 관여하고 있다는 것이다(Wolf & Bowers, 1999; Wolf, Bowers, & Biddle, 2001). 빠른 이름대기 작업을 완료하기 위해서는 다양한 인지과정이 포함된다. 앞서 검토한 바와 같이 빠른 이름대기 검사는 음운 인식 작업의 기여도에 비해 읽기 결과 예측에 독립적으로 기여하지만, 일부 연구자는 이러한 기여도에 의문을 제기한다(Vellutino et al., 2004). 결과가 유창성의 평가일 경우 기여도가 훨씬 높기 때문에 빠른 이름대기가 초기의 읽기 속도 측정을 위한 대체물이라는 견해로 이어진다(Schatschneider et al., 2002).

세 번째 쟁점은 읽기결함에 대한 빠른 이름대기 평가의 특수성이 확실히 부족하다는 것이다. Waber 등(2001)은 빠른 이름대기 평가는 음운 인식 과제와 달리 다른

영역에서 어려움을 겪고 있는 아동을 변별하지 않는다고 주장했다. 예를 들어 ADHD 아동은 보통 빠른 이름대기 평가에 어려움을 겪는다(Tannock, Martinussen, & Frijters, 2000). 이런 유형의 자료를 토대로 Waber 등은 이러한 어려움은 모든 유형의 학습장애에서 발생하는 시간 내 작업 또는 신속한 처리과정에 공통되는 뇌에 기반한 문제를 반영한다고 주장했다.

뇌손상 아동에 대한 연구 또한 단어 재인의 정확성과 속도가 이 상태의 영향을 받는다는 증거를 제공한다. Barnes, Dennis와 Wilkinson(1999)은 외상성 뇌손상 여부에 따라 아동의 단어 해독 정확도를 비교했다. 읽기 속도와 이름대기 속도를 비교한 결과 외상성 뇌손상이 없으나 속도 결함만 있는 아동에 비해 외상성 뇌손상 아동의 경우 유창성의 결함이 심했다(Waber et al., 2001; Wolf & Bowers, 1999). 음운 인식과 빠른 이름대기 평가에서 정확성과 속도 요인을 분리하는 것이 가능하지만, 읽기 유창성에 특수한 하위집단이 존재하는지에 대해 더 많은 연구가 필요하다. 그러나 읽기 개입 연구의 효과를 평가할 때 단어 읽기 정확성과는 독립적으로 유창성을 고려해야만 한다. 최근 읽기 연구들이 독해력 증진을 목표로 하는 유창성에 대한 개입(예: 반복 읽기, 듣기 문장을 미리 검토하기)에 초점을 두고 있기 때문에 유창성의 중요성과 이 문제로 고통받는 다수의 학생이 있다는 것을 알려준다.

신경생물학적 요인

fMRI 방법은 시간적 해결문제를 개선하지 않았고 큰 소리로 읽는 데 도움이 되지 않기 때문에, 유창성 과제수행 시 뇌 활성화를 조사하는 데 사용하지 않았다. 또한 영상연구는 유창성 결함이 있는 개인에만 초점을 맞추지 않았다. 뇌 활성화와 그림 및 글을 신속하게 명명하는 과제에 대한 몇 가지 정보가 있다. Katzir, Misra와 Poldrack(2005)은 좌측 전두엽피질과 좌측 두정엽 영역 등을 포함하여 이름대기 및 읽기 작업에서 뇌 활성화 양상이 유사하다고 밝혔다. 이들은 또한 안구운동과 주의력과 관련된 영역의 활성화도 발견했다.

치료연구도 읽기 유창성의 신경생물학에 대해 재조명했다. Shaywitz 등(2004)은 해독의 어려움을 겪는 아동에 대한 음운적 개입 결과 좌측 후두측두엽 영역의 활성화를 증가시켰고, 이러한 변화는 읽기 유창성 향상과 관련이 있다고 제안했다. Simos 등(2007)은 해독문제에 대한 집중치료가 빠른 단어 재인 능력의 향상을 도와 '정상화'된 뇌 활성화로 이어진다고 하였다. 따라서 부족한 읽기 유창성은 특정 좌반구 영역의 낮은 활성화와 관계가 있고, 치료 후 읽기 유창성이 향상되면 뇌 활성화가 증가되거나 보다 정상화된다.

신경심리학적 임상연구도 읽기 유창성-비유창성과 뇌 행동의 상관관계를 설명하기 위해 시도했다. Chang 등(2007)은 측뇌실 주위에 회백질 결절로 특징지어진 희귀 유전적 뇌 기형(PNH)을 가진 환자와 읽기장애 진단 환자 10명 및 대조군 10명을 비교했다. 읽기장애 환자의 음운 손상이 더 크긴 했지만, PNH가 있는 개인은 읽기장애 환자와 유사한 특수한 유창성 문제를 보였다. 연구자는 구조적 뇌 이상이 읽기 유창성 결함과 관계가 있고, 백질 구조 및 조직의 파괴가 이런 결함과 관계가 있다고 설명했다. 뇌기능과 읽기 유창성 사이에는 단어 읽기 및 이해와 동일한 영역이 연루된 연결성이 있으나 이러한 뇌행동 관계의 구체적인 특성은 아직 밝혀지지 않았다.

수학장애

정의의 문제

학습장애가 있는 개인들의 수학적 결함에 대해서는 역사적 문헌에서 광범위하게 보고되지 않았지만 읽기장애만큼 오랫동안 주목을 받았다. 일반적으로 수학장애보다는 문맹률이 사회문제로 더 중요시되므로 임상가와 연구자는 수학장애 아동 및 성인에 대해 많은 관심을 갖지 않았다(Fleishner, 1994). 그러나 이 장의 이전 판 이후 수학장애(이하 수학 학습장애로 언급) 연구가 많아졌다. 이는 일터에서 문해력보다 수리가 더 중요하다는 연구, 특히 수리능력을 요구하는 직업이 증가되었다는 점을 고려하면 적절한 것이다(Geary, 2013).

학습장애에 대한 현재의 정의는 수학학습 능력의 손상이 특정한 조건을 충족 또는 배제한다면 학습장애 범주 안에 포함되는 주요장애 중 하나로 간주되어야 한다고 인정한다. 연방정부의 학습장애 정의는 수학 계산 및 개념의 장애를 의미하는 반면, 학습장애공동협회(1988)의 정의는 '수학능력'에서의 심각한 장애를 의미한다. 특수 학습장애에 대한 DSM-5 기준에는 수 감각, 연산기억, 계산능력, 수학적 추론이라는 네 가지 수학적 능력이 있다. **국제질병분류, 제10판**(세계보건기구, 1992)에서는 '수학기술의 특수한 장애'라는 매우 특수한 영역의 결함을 보이는 개인을 식별하기 위한 연구기준을 제공한다. 국제질병분류 10판 접근에서는 정상적인 읽기와 맞춤법이 발달되었음에도 이러한 결함이 발생하면 수학능력 장애의 진단에 해당된다. 읽기장애와 쓰기표현장애의 정의와 같이 수학 학습장애의 이러한 정의는 모든 정상 또는 평균 이상의 학습능력(IQ로 평가), 정상적인 감각기능, 적절한 교육 기회, 발달장애 및 정서장애가 아닌 상태 등을 가정한다.

읽기장애를 정의하고 식별하는 논쟁이 수학 학습장애에도 확대되었다. 이러한 논란에 더해서 '수학 학습장애', '발달적 수학장애', '수학장애' 및 '특수 수학장애'가 전형적으로 수학기술의 다양한 손상에 사용되는 광범위한 용어이다. 또한 Fleishner(1994)가 지적한 바와 같이 '수학 학습장애'라는 용어는 계산 및 수학적 사고의 특수한 결함을 나타내는 '계산장애'라는 용어와 동의어로 사용되고 있다(Reigosa-Crespo et al., 2012 참조). 이러한 상황에서 보통 구두언어, 읽기 및 쓰기에는 문제가 없다고 가정한다(예: Strang & Rourke, 1985; World Health Organization, 1992 참조). 그러나 수학장애는 종종 다른 학습장애와 관계가 깊다(Fuchs, Fuchs, & Prentice, 2004; Pennington, 2009). 정의에 따르면 수학 계산장애는 독립적으로 발생하고, 개념의 문제를 겪는 것이 분명하다. 기본 핵심 과정은 다를 수 있지만 계산장애는 수학 학습장애의 잠재적 지표변수이다. 수학 개념의 장애가 읽기장애와 언어장애로는 설명할 수 없이 분리되는 것인지는 불분명하다. 이와 같은 맥락에서 이 장애가 읽기와 수학, 나아가 읽기장애와 수학장애 모두 혹은 동반이환의 관계가 있는가? 이러한 문제를 다음에서 설명한다.

역학과 발달 과정

수학 학습장애의 유병률은 사용된 식별기준에 따라 확실히 다르다. 수학 학습장애 관련 문헌을 개관한 Geary, Hoard와 Bailey(2011)는 수학 학습장애 학생은 "최소 2개 학년 연속으로 표준화된 수학능력 성취도 평가에서 10백분위 이하의 점수를 받으며"(p.44), 약 7%의 학생이 유치원~12학년의 학교 교육 중 어느 시점에 이 기준을 충족한다(Geary, 2011; Geary, Hoard, & Bailey, 2011; Shalev, 2007, 수학 학습장애 유병률에 대한 개관 참조). Geary 등의 분류기준은 한 시점에서 '평균 이하'의 수학 성취도를 보이면 수학 학습장애 진단을 하고, '평균 이하'의 기준을 10백분위가 아닌 16백분위 또는 25백분위 이하로 정의하는 임상적 진단에서 흔히 볼 수 있는 것보다 더 엄격하다. Geary 등은 수학에서 11백분위에서 25백분위 사이의 점수를 지속적으로 보이는 학생의 경우 수학 학습장애 대신 '낮은 수학 성취도'로 간주한다. 연구결과 두 집단이 서로 다른 인지 프로파일을 보였기 때문에 구분할 필요가 있다(Murphy, Mazzocco, Hanich, & Early, 2007).

발달 과정의 관점에서 이루어진 연구는 거의 없고, 오랜 기간 추적 조사한 연구도 없다. Shalev 등은 이스라엘에서 중요한 종단연구를 진행했다. Shalev, Manor, Auerbach와 Gross-Tsur(1998)의 3년(4~7학년) 종단연구에 따르면 4학년에 수학장애가 있는 학생의 47%만이 7학년 때 장애기준을 충족했다(계산점수가 5백분위 이하). 연령 증가에 따라 안정성이 증가하지 않았다. Shalev, Manor와 Gross-Tsur(2005)는 5학년에 수학 학습장애였던 학생 중 40%만이 11학년 때도 진단기준을 충족한다는 것을 밝혔다. 이 연구들은 매우 엄격한 기준(5백분위)을 사용했는데, Shalev 등(2005)은 5학년 때 수학 학습장애 진단을 받은 학생은 대체로 11학년 때도 여전히 낮은 수학 성취도를 보인다고 하였다. 그러나 절단점을 충족시키기에

충분히 낮은 성취도를 나타내지는 않았다. 실제 연구자들은 수학 학습장애가 '지속적이고 오래 유지되는' 결과라고 해석했다(p.123).

미국에서 Mazzocco와 Myers(2003)가 유치원부터 3학년까지 209명의 학생을 매년 중복검사를 통해 수학 점수를 평가했다. Shalev의 연구에서 사용된 것보다 더 허용적인 준거에 따라 학생들을 수학 학습장애로 분류했다. Mazzocco와 Myers는 어느 시점에서 수학 학습장애 기준을 충족시키는 학생 중 63%가 '지속적인' 수학 학습장애를 보인다고 하였다(즉, 적어도 2년 이상 수학 학습장애 기준을 충족). 따라서 더 허용적인 진단기준으로 안정성이 더 늘었으나 Geary 등(2011)이 주장한 바대로 2년 연속 낮은 점수를 받아야 한다는 주장의 중요성을 강조하기에는 여전히 부족하다.

핵심 과정

수학장애에 관한 연구는 광범위하지 않으나 읽기장애만큼 오랫동안 연구되었다. 초기 연구는 신경심리학적 모델을 주로 사용했다. 신경심리학적 모델은 읽기장애, 수학장애, 읽기장애와 수학장애를 모두 겪고 있는 아동을 비교하는 데 중점을 두었는데, 이는 수학장애 연구에서 훌륭한 패러다임이 되었다. 다음의 하위유형에 관한 절에서 논의될 이 연구에서 읽기와 수학 모두 손상된 아동은 언어와 개념형성 능력에서 전반적인 문제를 나타냈다(Rourke, 1993).

수학 학습장애에 대한 보다 최근 연구에서는 인지발달과 수학적 인지, 학습장애 영역의 연구 방법들을 결합했다. 이 영역의 전문가는 Brain Butterworth, David Greary와 Michelle Mazzocco 등이다. 이들과 여러 연구자들은 수학 학습장애의 반복 가능한 인지적 영향요인을 발견했다. 그중 일부는 수학기술에 인과적 영향을 미치는 것으로 나타났다. 우리는 특히 Geary의 훌륭한 연구에 대해 자세히 개관할 것이다. 이는 일반적 영역의 인지결함(수학에만 단독으로 관련되지 않은 능력의 결함)과 특수한 영역의 결함 간 차이를 구분하는 데 유용하다.

일반 영역 결함

수학 학습장애와 연관된 일반 영역 기술은 작업기억이다. Swanson은 오랫동안 작업기억 결함이 학습장애의 인지 프로파일의 한 부분이라고 인식했는데(Swanson & Stomel, 2012 개관 참조), 수학 학습장애 학생들은 전형적으로 이 결함을 보인다. 일반적으로 작업기억은 다른 수동적인 정보를 일시적으로 유지하면서, 개인의 마음에서 정보 표상을 조작하는 능력을 말한다. 암산이 작업기억의 전형적인 예이다. 예를 들어 연필이나 종이 없이 24 곱하기 3을 계산하는 것은 다른 인지적 기능을 수행하는 동안(예 : 장기기억에서 2×3=6을 끌어오는 것) 각 곱셈 과정의 단계(예 : 4×3=12)에서 나온 결과를 필요한 만큼 오래 유지해야 한다. Baddeley(1999)의 고전적 작업기억 모델에서는 3개의 작업기억 체계가 있다고 설명한다. 청각정보의 표현을 저장하는 '음운 고리', 물체의 모양과 색깔과 같은 시각적 정보를 저장하는 '시공간 그림판', 다른 두 체계를 감독하는 '중앙 집행자'이다.

수학 학습장애 아동은 Baddeley의 세 가지 작업기억 체계 모두에 결함을 보인다(Geary, 2011; Geary, Hoard, Byrd-Craven, Nugent, & Numtee, 2007). 중앙 집행자의 역할 중 하나는 기억으로부터 오류나 무관한 정보를 억제하는 것이기 때문에(예 : 3+3=6이므로 '6'이라고 답하면서 3×3=?에 답하기) 중앙 집행 과정의 결함은 특히 수학장애의 결정적 요인이다. 또한 수학 학습장애 아동은 보통 이 무관한 정보나 오류를 차단하는 데 어려움을 겪는다. 음운 고리와 시공간 그림판의 결함은 각각 작업기억 체계의 지각적 모형에 논리적으로 연관된 수학수행의 특수 유형과 관계가 있다. 예를 들어 음운 고리에 문제가 있는 경우 다른 숫자를 계산하는 동안 하나의 숫자를 일시적으로 기억하기 어렵게 만들고, 시공간 그림판에 결함이 있는 경우 시각적 표상이 요구되거나 이 표상에 도움을 받는 과제(예 : 기하학, 분수 이해)를 수행하는 데 어려움을 보인다.

두 번째로 제시된 일반 영역 결함은 처리 속도인데, 이는 "단순하고 반복적인 인지과제를 빠르고 효율적으로 수행하는 능력"으로 정의된다(Schneider & McGrew, 2012, p.119). 학습장애 학생은 보통 IQ 검사의 처리 속도 과제에서 결함을 나타내며(예 : Calhoun & Mayes, 2005), 학업과제를 마치는 속도가 확연히 느리다(즉, 낮은 학업 유창성). 그러나 수학 학습장애 학생의 처리 속도 자체가 느린지 여부를 결정하기는 어렵다(Geary, 2013). 수학 학습장애 학생은 문제에 답하는 데 더 오랜 시간이 걸리지만, 이는 어떠한 학생이라도 더 오랜 시간이 걸릴 비효율적인 문제해결 전략을 사용한 결과일 수 있다. 한편 매우 기본적인 수학과제(예 : 수 세기)의 수행 속도에 관한 연구결과들은 일관성이 없다. 일부 연구에서는 수학 학습장애 학생의 결함이 나타났지만, 다른 연구에서는 나타나지 않았다.

마지막으로 일반 지능에 존재할 가능성이 있는 일반 영역의 결함에 주목해야 한다. 지능은 수학 공식의 학습을 포함한 학업성취를 잘 예측하며, 수학 학습장애에서 지능결함은 흔하다. 학습장애 진단기준에 따라 달라지겠지만, 학습장애 학생은 평균적으로 다소 낮은 IQ를 보인다(Kavale & Forness, 1995). Geary(2011)는 수학 학습장애 학생이 일반적으로 낮은 범위의 IQ(90~100 사이)를 나타낸다는 것에 주목했다. 그러나 수학 학습장애 학생의 수학수행이 낮은 지능(IQ<10백분위)의 학생의 수학수행보다 일반적으로 유의미하게 낮다는 것을 고려할 때, Geary는 수학 학습장애 학생의 수학과제 수행결함의 많은 부분을 낮은 IQ 점수가 설명할 수 있는가에 대해 의문을 가졌다. Butterworth와 Reigosa(2007)는 IQ가 우수 수준임에도 심각한 수학적 결함이 있는 경우가 있기 때문에 지능결함이 수학 학습장애 진단의 필요조건이 될 수 없다는 것에 주목하면서 이와 유사한 회의적인 입장을 보였다. 마지막으로 작업기억은 일반 지능의 큰 부분이기 때문에 수학 학습장애에 미치는 지능의 효과를 검증하는 것이 어렵다는 것을 감안해야 한다(비교 : Conway, Getz, Macnamara, & de Abreu, 2011).

특수 영역 결함

음운 인식 결함이 많은 읽기장애 사례에 내재한 것과 같은 방식으로 여러 연구에서 수학 영역에 특수하고 수학 학습장애에 내재한 인지적 결함을 설명했다(Geary, 2013). 결함의 한 영역은 수개념을 포함한다. 이를테면 전형적인 발달을 보이는 아동은 숫자를 일일이 열거하지 않는 직산이라는 과정을 통해 4개 이하 단위의 양을 단번에 파악할 수 있다. 그러나 수학 학습장애 아동은 심지어 3개를 직산할 때도 어려움을 나타낸다(Koontz & Berch, 1996). 또한 양에 대한 상징적 표현(숫자)을 배울 경우 일반 아동은 2개의 숫자 중 더 큰 수(예 : 12 또는 21)를 빠르게 말할 수 있지만 수학 학습장애 아동의 경우 또래보다 속도가 느리고 정확도가 떨어진다(Rousselle & Noël, 2007). 이와 유사하게 2개의 집합 중 고르는 과제에서도 결함이 있다(Chu, vanMarle, & Geary, 2013; Mazzocco, Feigenson, & Halberda, 2011).

두 번째 특수 영역 결함은 계산 영역에서 발생한다(Geary, 2013). 정확한 계산을 위해 아동은 올바른 순서로 숫자의 이름을 항상 말하고 규칙에 따라 계산해야 한다(예 : 3개의 숫자를 세야 할 때 "1, 3, 4"를 세지 않고, 4개의 숫자가 있다고 답한다). 연구결과 일관성은 없지만 몇몇 연구에서는 수학 학습장애 아동이 적절한 세기 규칙의 위반을 더 잘 파악하지 못한다는 것을 밝혔다. 이 결과는 연령에 따라 다르고, 감소된 작업기억과 같은 일반 영역 결함 때문일 수도 있다.

마지막으로 특수 영역 결함은 연산과정을 포함한다(Geary, 2013). 아동이 발달함에 따라 수학문제를 해결하기 위한 더 많은 전략을 학습한다. 예를 들어 손을 이용해 계산하거나 말을 하면서 세기도 하고, 연산자에 대한 장기기억에도 의존한다. 수학 학습장애 아동은 연산 작업을 할 때 절차상 오류가 더 많다. 정답을 말할 때조차 손가락을 이용해 숫자를 세는 것과 같은 더 어린 아동이 사용할 법한 전략을 사용할 가능성이 크다(Geary, 2011). 또한 수학 학습장애 아동은 기본 수학 개념을 기억하거나 학습하는 데 어려움이 더 많다. 이 기억결함에 다양한 인지 기제가 내재해 있다. 하나는 부적절한 연결을 억제하지 못하여 틀린 답변을 하는 것이다. 앞서 언급했듯이 수학 학습장애는 작업기억의 중앙관리체계의 결함을 포함하는 것이며, 이 체계는 관계없는 연결이 끼어드

는 것을 막는다. 따라서 아동이 '3 더하기 4'라는 문제를 보면, '3…, 4…,'의 연쇄와 관련된 5라는 부정확한 답은 억제해야만 한다. 수학 학습장애 아동은 이런 부정확한 대답을 할 가능성이 더 크다.

수학 학습장애의 하위유형

수학 학습장애 아동은 수학능력의 일부 영역에서 결함이 있다고 생각되지만, 이러한 기술 영역이 상당히 많기 때문에 수학 학습장애를 명확한 하위유형으로 분류하는 것이 이론적으로 흥미 있고, 임상적으로 유용한가라는 질문이 매우 중요하다.

초기 연구에서 Geary(1993)는 세 가지 범주의 하위유형을 정의했다. '계산과정 하위유형(procedural subtype)' 학생은 수학문제 해결에 미성숙하고 오류가 많은 규칙을 사용하는 것이 특징이다. 예를 들어 이들은 긴 나눗셈 문제를 풀 때 단계의 순서를 혼동한다. 이와 반대로 '의미기억 하위유형(semantic memory subtype)' 학생은 수학 개념을 기억에 저장하는 데 문제가 있다. 이 학생은 '3+4=7'을 빠르고 정확하게 기억할 수 없고, 이 때문에 복잡하거나 응용문제를 해결할 때 문제를 일으킨다. 마지막으로 '시공간 하위유형(visuospatial subtype)' 학생은 수학 정보를 시공간상에 표상하는 데 문제가 있다. 이들은 다양한 숫자를 바르게 추가하기 위해 숫자 열을 일렬로 정렬하지 못하고, 심지어 6과 9와 같이 시각적으로 유사한 숫자를 혼동한다. 이들 각각은 개별적인 인지기술 영역이지만, Geary의 이후 연구(예 : Geary, 2011)에서는 분리된 임상적 진단범주로 이끌어 낼 분명한 증후군이라기보다 하위유형을 결함의 영역이라고 보았다. 또한 예를 들어 Fletcher와 동료들(2007)은 시공간 하위유형의 타당성에 의문을 제기했는데, 공간처리와 수학수행만의 고유한 관계를 확립한 연구가 없다는 점을 강조했다.

수학 학습장애의 하위유형을 구분하는 대안적 접근 중 하나는 조작적 정의를 더 쉽게 하는 방법으로 계산과 수학 문장문제를 구별하는 것이다. 성취검사가 읽기 해독과 독해과제로 구분되는 것처럼 학생들은 계산(더 낮은 수준의 능력으로 간주)과 문장문제(수학 추론이라고

도 하며 더 높은 수준의 능력을 요구하는 것으로 간주)
가 구분된 과제를 받게 된다. Fuchs 등(2008)은 "계산문
제를 해결하는 동안 문장문제는 학생들이 누락된 정보를
식별하고 숫자 문장을 구성하며, 누락된 정보를 찾는 계
산문제를 도출하기 위해 문장을 사용하도록 한다."고 지
적했다(p.30). 연구자는 두 가지 학업기술 영역의 결함이
각기 다른 인지결함 유형과 관계가 있고, 이들은 별도의
하위유형이며 계산 및 문장문제 해결 모두 결함을 보이
는 세 번째 하위유형을 제안했다. Namkung과 Fuchs(2012)
도 다른 양상을 발견했는데, 이 하위유형을 적용하면 수
학 학습장애 학생을 특성화하는 데 유용한 방법이라고
하였다.

수학 학습장애를 보이는 아동을 특징지으려는 또 다
른 시도로 읽기수행에 근거해서 이들을 비교했다. 즉,
'읽기장애와 동반이환을 보이는 수학 학습장애'를 수학
학습장애의 하위유형으로 볼 수 있다. Swanson, Jerman
과 Zheng(2009)은 수학 학습장애 아동과 읽기장애 아동,
두 가지 유형의 학습장애가 모두 있는 아동, 그리고 학
습장애가 없는 아동을 비교하는 유용한 양적 가설연구를
수행했다. 특히 흥미로운 것은 수학 학습장애와 읽기장
애를 함께 진단받은 아동과 읽기장애의 동반이환이 없는
아동 간 비교이다. 수학 학습장애만 진단받은 아동이 작
업기억 측정에서 훨씬 잘 수행했다(시공간적 작업기억 d
=0.42, 언어 작업기억 d=0.88). 그들은 또한 시공간 문
제해결(d=0.63)과 장기기억(d=0.58)의 측정에서도 동
반이환 아동보다 우수했다. 그러나 주의력 측정에서는
읽기장애 동반이환 또래에 비해 수행수준이 낮았다(d=
−0.31). 이러한 모든 비교 결과 학생들이 중복장애 기준
을 충족시키는 경우 읽기장애와 수학 학습장애의 조합은
보다 심각한 인지결함과 관련 있기 때문에 주목해야 한다.

신경생물학적 요인

성인 뇌병변장애 연구는 뇌손상 유형에 따라 특정 수학
능력이 손상되거나 유지될 수 있다는 것을 보여준다
(Dehaene & Cohen, 1997). 그러나 수학 학습장애가 있
는 개인에 대한 뇌구조 및 뇌기능에 대한 연구는 거의

없고, 일부 연구는 실행상 문제 때문에 성인만을 대상으
로 하였다. 뇌손상을 입은 성인을 대상으로 여러 다른
영역에 걸친 수학능력의 발달이 와해되는지에 대해 조사
했다. 또한 최근에 수학 학습장애의 가족 일치도 및 유
전에 관한 연구가 늘고 있는데, 이에 대해서는 다음에
개관할 것이다.

뇌구조와 기능

전두엽과 두정엽의 복합적 영역이 수학 정보처리에 관여
하지만, 최근 연구들은 두정간구(수평적 두정간구로 부
름; IPS 또는 HIPS)에 초점을 두고 있다. 이 영역은 수학
기술과 반복적으로 연관되며(Ansari & Dhital, 2006), 최
근 연구에서는 이 영역의 구조 및 기능 이상이 수학 학습
장애와 관계가 있었다(Butterworth, Varma, & Laurillard,
2011; 다른 뇌 영역의 조사를 포함하는 fMRI 연구의 개
관은 Kaufmann, Wood, Rubensten, & Henik, 2011 참
조). 스위스 연구(Rotzer et al., 2008)에서는 12명의 수학
학습장애 아동과 같은 연령의 통제집단 12명을 비교했는
데, 우반구 IPS에서 회백질 부피가 작다는 것을 포함한
다양한 뇌구조의 차이를 발견했다. 벨기에의 fMRI 연구
(Mussolin et al., 2010)를 보면 같은 연령의 통제집단과
달리 수학 학습장애 아동은 숫자가 얼마나 다른지를 파
악하는 수 비교 과제 동안 IPS 활성화에 변화가 없었다.
Kadosh 등(2007)은 수학 학습장애 성인과 일반 성인에게
IPS의 활성화를 방해하기 위해 경두개 자기자극 장치를
사용했다. 우반구 IPS 활성화를 방해하면 일반 성인에게
수학 학습장애 증상과 유사한 수 비교의 결함을 야기
했다.

유전적 요인

읽기장애와 마찬가지로 수학 학습장애의 유전적 요인을
입증하는 연구가 최근에 주목받고 있다. 첫째, 수학장애
는 특정 가족에게 더 흔하다는 것이 확실하다. Shalev 등
(2001)은 수학 학습장애의 유병률이 수학 학습장애가 있
는 어머니 쪽이 66%, 아버지 쪽 40%, 형제간 53%로 상
당히 높다는 것을 밝혔다. Shalev 등은 수학 학습장애가

있는 가족의 유병률이 일반 인구에 비해 약 10배 높다고 결론 내렸다.

그러나 가족 연관성은 유전자나 환경 모두의 영향일 수 있다. 그럼에도 불구하고 유전연구는 유전적 요인이 수학 학습장애에 중요하다는 것을 보여준다. Alarcon, DeFries, Light와 Pennington(1997)의 쌍생아연구를 보면 일란성 쌍생아는 58%가 수학 학습장애를 공유한 반면 이란성 쌍생아는 39%만 공유했다. 이 차이가 크지는 않으나 수학 학습장애의 유전적 요인을 제안할 정도이다. Knopik과 DeFries(1999)는 유전 추정치를 38%로 보고했는데, 이는 다른 많은 장애들과 비교할 때 크게 높지는 않으나 상당한 수준이다. 더 최근 연구에서도 유사한 추정치를 나타냈다. Kovas, Petrill과 Plomin(2007)은 다양한 수학능력(수학 학습장애 자체는 아님)의 유전 가능성이 .30~.45 범위라고 하였다

마지막으로 수학결함이 다양한 유전적 장애에서 나타난다는 것에 주목해야 한다. 이 문헌을 검토한 Simon (2011)은 표현형이 수학장애를 포함하는 몇 가지 유전질환을 거론했다. 심근경색증후군, 터너증후군, X 결함 증후군, 윌리엄스증후군. 이 장애에 대한 유전과 행동 간의 관계를 잘 파악하면 수학 학습장애에 대해 더 잘 이해할 수 있을 것이다.

쓰기표현장애

쓰기 과정의 발달장애는 1980년대 이후부터 논의되었다 (Hooper et al., 1994). Wong(1991)은 쓰기장애가 읽기장애와 자주 연관되며 계획, 자기점검, 자기평가 및 자기수정 등 유사한 메타인지 과정에 의해 통제되기 때문에 쓰기의 결함이 임상적으로 중요하다고 주장했다. Hooper 등(1994)은 사례연구 방법을 통해 쓰기장애, 필기 불능증과 관련된 여러 연구를 지속했는데, 주로 후천적 뇌손상을 입은 개인을 대상으로 하였다. 더 최근 연구에서는 개선된 이론적 모델과 더 많은 표본을 사용했다. 그러나 쓰기장애 연구는 수학 학습장애의 선례를 따르지 않았고, 특정 쓰기장애 대비 다른 읽기장애와의 동반이환에

따라 아동을 분류하지 않았다. 이 때문에 정의가 더 어렵다. 이전 판에서 논의된 것처럼 쓰기장애는 읽기장애와 수학 학습장애에 대한 관심에 비해 뒤쳐져 있다. 사실 가장 알려지지 않은 학습장애로 남아 있다.

정의의 문제

쓰기장애 정의를 검토하면 그 복잡성과 다차원성이 쓰기장애의 공식적 특징과 정의에 포함되지 않았다는 것을 알 수 있다. 쓰기 언어장애 영역의 모든 구성요소를 설명하는 쓰기언어 표현의 조작적 정의는 여전히 명확하지 않다(Berninger, 1994, 2004 참조). 쓰기언어에 대한 연구를 보면 대부분의 학습장애 아동은 필체, 맞춤법과 문장 내용 중 적어도 한 가지 요인에 문제가 있다. Hooper 등(1994)을 비롯해 다른 연구자들(De La Paz, Swanson, & Graham, 1998; Englert, 1990;Graham & Harris, 2000)은 학습장애 진단을 받은 글쓴이는 글을 쓰는 동안 전략을 채택하는 데 결함을 보였고, 실제 글을 만들어 내는 데 어려움을 나타낸다고 하였다. 능숙한 글쓴이와 비교하면 학습장애가 있는 글쓴이는 짧고 흥미가 부족한 글쓰기를 하였고 문장 및 단락수준에서 글을 조직화하지 못했으며, 맞춤법, 구두법, 문법 및 문장의 명확성을 높이기 위해 본문을 잘 검토하지 않는 것으로 나타났다(Hooper et al., 1994). 그러나 학습장애 아동은 구두언어와 읽기발달에 큰 문제를 보이기 때문에 여기에서 이들을 '학습장애가 있는 글쓴이'라고 설명하기는 어렵다. 핵심적 정의 문제는 쓰기장애에 특수한 것이 무엇인가와 관련된 것이다.

이 영역에서 많은 연구자들은 문자언어에서 학습장애의 정의를 강화하기 위한 전략을 제안했다(Graham & Harris, 2000; Mather & Wendling, 2011). 맞춤법, 필체 및 문장을 구성하고 만들어 내는 일반적인 측면은 문자언어장애와 별개의 구성요소로 간주된다. 그러나 이러한 과정에 대한 설명과 하나 이상의 영역에서 학습장애가 있는 아동을 제외하고는 정의와 진단에 대한 연구가 거의 이루어지지 않았다. 표현형으로서 맞춤법이나 필체에만 문제를 가진 아동을 식별할 수는 있으나 '쓰기표현'에

만 문제가 있고 다른 영역은 문제가 없는 아동을 식별하기는 어렵다. 쓰기 과정의 복잡성과 그것이 아동에게 마지막으로 발달하는 언어 영역이라는 사실을 감안할 때(Hooper et al., 1994; Johnson & Myklebust, 1967), 쓰기의 결함이 구어, 읽기 및 수학의 결함과 함께 발생하다는 것은 놀라운 일이 아니다. 그러나 Berninger, Mizokow, Bragg(1991)와 Berninger, Hart(1992, 1993)는 읽기와 쓰기 체계가 분리된다는 것을 보여주었다. 어떤 아동은 읽기장애가 있지만 쓰기장애는 겪지 않으며, 그 반대로 쓰기장애가 있지만 읽기장애는 없는 아동도 있다. 그러나 이러한 유형은 드물고 대부분의(모두가 아니라) 쓰기장애 아동은 읽기에서도 명백한 결함을 보인다. 실제 Berninger와 May(2011)는 "많은 사람들이 난독증을 특수 읽기장애로 생각하지만, 사실 특수 읽기와 **쓰기장애**"라고 강조한다(p.170).

마지막 정의의 문제는 쓰기능력의 측정과 관련된다. 읽기와 수학의 경우에는 검사 각각의 항목에 대해 명확하고 정확하며 일치된 답이 있다. 단어를 정확하게 읽거나 틀리고, 수학문제의 답이 맞거나 틀린다. 쓰기의 경우 상황이 더 복잡하고 다소 주관적이다. 적어도 맞춤법의 경우는 언제나 '정확한' 맞춤법이 존재한다. 필기의 경우에도 모두가 동의하는 뚜렷한 기준이 있다. 그러나 가장 복잡한 쓰기능력인 작문의 경우 질을 판단하기 어렵다. 분명히 문법 규칙을 점수화할 수 있지만, 더 긴 문장이 좋은 점수를 얻고 조직화, 문체 및 스타일에 대한 쟁점이 제기될 때 글이 좋은지 나쁜지를 정확하게 말하기 어렵다. 실제 에세이 평가의 신뢰도가 낮다는 점은 널리 알려져 있다(예 : Starch & Elliott, 1912 참조).

작문을 평가하는 것과 관련된 문제점이 있다고 해서 측정 도구가 없다는 의미는 아니다. 작문 평가 및 일부 RTI 체계가 포함된 표준화되고 규준 참조적 성취검사는 학생의 쓰기 유창성을 수량화하기 위해 간략한 쓰기 평가방법을 사용한다(예 : 이야기 제시문에 응답하여 3분 안에 작성된 단어의 수). 쓰기의 질 평가는 읽기와 수학 능력의 평가와는 다른 중요한 방식으로 이루어지기 때문에 쓰기 작문이 불량한 일부 학생을 쓰기 학습장애라고

부르는 데 어려움이 있다. 평가의 문제는 한쪽에 미뤄 두고 다음에서 쓰기 학습장애의 이용 가능한 연구들을 개관한다.

역학과 발달 과정

Hooper 등(1994)은 쓰기 학습장애의 역학연구가 거의 수행되지 않았다고 지적했다. 안타깝게도 그 이후로 지금까지 변화가 거의 없었고, 수행된 몇 가지 연구도 읽기문제를 동반하는 개인을 포함시키는 정도가 달랐다. 유병률을 조사한 연구도 있다. 예를 들어 Mather와 Wendling(2011)은 "쓰기표현의 문제는 학령기 아동의 2~8% 정도에서 발생"한다고 보고했다(p.66). 그러나 이 주장의 실증적 근거는 매우 부족하다. Katusic, Colligan, Weaver와 Barbaresi(2009)는 미네소타 로체스터에서 1976년과 1982년 사이에 출생한 아동을 대상으로 역학연구 결과를 보고했다. 3개의 다른 학습장애 진단 모델을 각 개인의 IQ 점수와 쓰기성취 점수에 적용했다. 2개의 다른 종류의 불일치 모델과 다른 하나는 낮은 쓰기성취에 따른 것이다(IQ 80 이상을 요구). 연구자들은 어떤 진단 모델을 사용했는지에 따라 쓰기 학습장애 유병률을 7~15% 사이로 추정했다(낮은 성취 모델이 가장 높은 유병률을 나타냈다). 또한 연구자는 남녀 성비를 2 : 1과 3 : 1 사이로 추정했는데, 이는 상당히 합리적이다.

유병률을 추정하는 다른 접근은 Graham과 Harris(2011)에 의한 것으로, 국가 학업성취도 평가 자료를 조사했다. 국가 학업성취도 평가는 여러 학년에 대해 학년 규준을 설정하는 준거 지향 평가이다. 2003년에 14~26%의 학생이(학년 수준에 따라) 문자언어 영역에서 '기초' 능력의 절단점 이하였는데, 이는 많은 학생들이 쓰기 영역에서 장애를 보인다는 점을 시사한다. 물론 이 연구에서 다른 의학적 및 심리적 상태를 포함하여 국가 학업성취도 평가에서 낮은 점수를 받을 수 있는 다양한 요소를 고려하지 않았다. 결국 쓰기장애의 유병률은 상당히 높지만 쓰기 학습장애에 대한 수준 높은 역학연구가 부족하다.

핵심 과정

약 50년 전 Johnson와 Myklebust(1967)는 언어학습의 발달 모델을 제시했는데, 쓰기능력은 듣기, 말하기 및 읽기의 적절한 발달에 달려 있다고 하였다. Hooper 등(1994)은 쓰기표현 및 장애가 본질적으로 다차원적이라고 강조했다. 즉, 신경심리학적 측면에서 쓰기는 매우 복잡하고 어려운 능력이다. 따라서 다양한 일반적 과정의 결함이 쓰기에 손상을 준다. 다른 학업결함도 쓰기에 손상을 입힌다는 것은 분명하다. 예를 들면 독해능력이 낮은 학생은 자신이 작문한 글을 읽으면서 글을 수정하거나 피드백을 얻을 수 없다.

쓰기장애의 인지적 원인을 연구하는 한 가지 방법은 글쓰기에 어려움이 있는 개인의 쓰기 과정과 글 자체를 조사하는 것이다(많은 사람들이 공식적으로 쓰기 학습장애 진단을 받지 못하기 때문에 "글쓰기에 어려움이 있는 사람"이라는 말을 사용한다). 이들의 특징을 개관하면서 Graham과 Harris(2011)는 몇 가지 핵심적 사실에 주목했다. 첫째, 이들은 글쓰기를 시작하기 전에 계획이 부족하다. 글의 마무리를 고려하지 않고 기계적으로 문장을 만들기 시작한다. 둘째, 계획 없이 즉각적인 문장을 만듦에도 불구하고, 놀랍도록 짧은 문장으로 마무리한다. 이들은 생산적이지 않고 글을 매우 짧게 쓴다. 셋째, 이들의 문장 수정은 보다 높은 수준의 조직화 문제보다는 어휘 선택, 문법과 같은 별로 중요하지 않은 문제에 초점을 맞추는 경향이 있다. 넷째, 맞춤법이나 구두점과 같은 기능(방금 설명한 낮은 수준의 수정이 필요)과 관련하여 사소한 오류가 많다. 마지막으로 쓰기에 어려움이 있으면 글쓰기를 할 때 끈기 부족으로 평가한 동기수준이 상당히 낮다. 이러한 다섯 가지의 특징을 고려할 때 집행기능이라는 인지적 문제가 중요하다.

인지적 원인을 연구하는 다른 한 방법은 쓰기성취를 예측하기 위한 인지평가 도구를 사용하는 것이다. Floyd, McGrew와 Evans(2008)는 이러한 예측 관계를 결정하기 위해 Woodcock-Johnson 인지능력과 성취도 검사(Tests of Cognitive Abilities and Achievement)의 표준화 표본을 사용했다. 결정적 지능(예 : 이해/지식)은 쓰기수행에서 가장 강한 관계를 가진 광범위한 인지능력이다. 또한 몇 가지 다른 광범위한 인지능력이 쓰기의 예측에 대해 독립적인 영향력을 추가했다 : 처리 속도, 단기 및 장기기억. 또한 Floyd 등은 연령에 따라 중요한 인지능력이 달라진다는 사실을 발견했다. 이는 초등학교 저학년부터 고등학교 이후까지 쓰기과제가 현저하게 달라지는 것을 고려하면 쉽게 이해된다.

최근 Flanagan, Alfonso, Ortiz와 Dynda(2013)는 인지능력과 쓰기능력 간의 관계를 통합하고 요약하기 위해 몇 가지 연구결과(Floyd et al., 2008 포함)를 고려했다. Flanagan와 동료들은 단지 광범위한 인지능력보다는 특수하고 제한된 인지능력을 고려했다. 연구자는 결정적 지능 영역에서 언어발달, 어휘 지식 및 일반 정보 모두 7세 이상의 아동에게 중요하다고 결론 내렸다. 단기기억 영역에서 기억폭은 특히 맞춤법 능력을 예측하는 데 중요한 반면, 작업기억은 보다 고급의 쓰기능력을 예측하는 데 중요했다. 청각 과정 영역에서 음운 과정 기술이 11세 미만 어린 아동의 쓰기능력을 예측하는 데 중요했다. 마지막으로 처리 속도 영역에서는 지각 속도가 모든 연령에서 글쓰기 능력을 예측하는 데 중요했다.

쓰기 학습장애의 인지적 원인을 연구하는 마지막 영역으로 글쓰기 기술에 낮은 수준의 유능하고 유창한 기술(필체와 절차)의 기여를 강조한 최근 연구에 주목해야 한다. 예를 들어 Puranik과 AlOtaiba(2012)는 인지능력과 같은 다른 예측변인을 통계적으로 통제하면 필체와 맞춤법은 글쓰기 예측에 독립적 영향력을 나타냈다고 하였다. 이와 유사하게 Peverly(2006)는 필기 속도가 성인의 작문과 관계있다는 것을 보여주는 연구를 개관했다. 작업기억과 관계가 없는 낮은 수준의 견고하고 자동적인 기술은 글쓴이가 자신의 글을 반추하고 신중하게 검토할 정신적 작업 공간을 더 확보할 수 있게 한다.

신경생물학적 요인

뇌구조와 기능

쓰기 학습장애의 신경생리학적 요인에 대한 연구는 초기

단계에 있다. 후천적 장애에 대한 연구에 따르면 읽기능력은 상실했지만 쓰기능력은 유지하는 '순수 실독증'의 예와 같이 읽기와 쓰기는 분리되어 있다. Berninger(2004)는 기능적 신경영상연구의 다양한 발견을 요약했는데, 미세한 운동조절 및 언어 생성에 관여하는 구성요소가 전두엽 및 소뇌의 영역과 관련된다고 하였다. 이 영역은 운동통제와 계획, 집행기능 및 언어 쓰기 등의 기초가 되는 핵심 과정을 지원하는 것으로 알려져 있다. Barkley(1997)는 많은 ADHD 아동이 쓰기장애가 있는 이유를 설명하기 위해 이 결과를 초기에 사용했다.

최근 Todd Richards, Virginia Berninger 등에 의해 진행된 일련의 연구는 쓰기 학습장애의 신경생리학에 대한 연구의 복잡성을 보여준다. 한 연구(Richards, Berninger, Stock, et al., 2009)에서 몇 개의 쓰기 측정에서 8명의 '낮은 쓰기능력' 집단(쓰기 평가에서 IQ에 비해 평균 혹은 그 이하의 낮은 점수)과 12명의 '높은 쓰기능력' 집단을 비교했다. 5학년과 6학년 사이 여름에 평가한 것으로 손가락 두드리기 검사를 받는 동안 fMRI 영상을 수집했다. 연구결과 두 집단 간 통계적으로 유의미한 차이를 나타내는 무려 42개의 다른 뇌 영역을 밝혔다. 뇌 주변에 널리 분포되어 있는 이 영역들이 작업 중 활성화되는 것은 다양한 쓰기과제 수행과 관계가 있고, 높은 수준의 상관관계($r > .40$)를 많이 나타냈다. 다른 연구에서는 맞춤법이 우수한 사람과 부족한 사람에게 다른 작업기억 과제를 제시했을 때 뇌의 활성화를 조사했다(Richards, Berninger, Winn et al., 2009). 여러 전방 영역(전두엽 및 대상피질 영역)에서 다른 활성화 수준을 관찰했는데, 이는 맞춤법이 우수한 개인이 정보처리에 더 효율적이라는 것을 나타낸다. 쓰기과제 수행 중 우수한 글쓴이와 서툰 글쓴이의 뇌 활성화를 비교한 세 번째 연구(Richards et al., 2011)에서도 유사한 효율성의 차이를 보였다. 보통 이러한 연구에서 쓰기기능과 관련한 다른 연구들에서 활성화되었던 뇌 영역과 차이를 보였으므로, 이 연구들의 임상적 가치를 제한하는 것이며, 글쓰기는 광범위하게 분포된 뇌기능이라는 점이 명확해지고 있다.

유전적 요인

쓰기장애의 유전에 대한 연구는 거의 없다. Raskind, Hsu, Berninger, Thomson과 Wijsman(2000)은 필체 문제가 아닌 철자장애에 가족 일치도가 있는 것을 발견했다. 다른 연구에서도 맞춤법 문제의 가족 일치도를 밝혔다(Schulte-Korne, Deimel, Muller, Gutenbrunner, & Remschmidt, 1996). 이 결과는 쌍생아연구와도 일치하는데 쌍생아연구에서는 쌍생아 간 맞춤법 능력의 강한 유전성을 보였고, 이는 읽기능력의 연구결과와 유사하다(Bates et al., 2004; Stevenson, Graham, Fredman, & McLoughlin, 1987). Nothen 등(1999)은 난독증을 보고한 사례에서 맞춤법(및 읽기) 위치로 15번 염색체를 확인했다. 이는 난독증에서도 보고된 것이다(Grigorenko, 2001 참조). 읽기와 맞춤법 능력은 상관관계가 높고 유전을 공유하는 공통된 요소이기 때문에(Byrne et al., 2008), 이러한 연구결과가 위에 제시한 읽기와 어떻게 다른지 알아야 한다.

결론 및 앞으로의 연구 방향

이번 장에서는 아동기 학습장애와 관련된 과거와 최신 연구를 개관했다. 학습장애에 대한 가장 생산적인 연구는 읽기 영역, 특히 음운처리와 단어 재인 능력과 같은 특정 언어기술의 관계에 대해 수행되었다. 읽기장애와 일반집단 간 관계에 초점을 맞추면서 정의, 핵심 과정, 신경생물학적 관련변인 및 개입방법에 대한 연구들이 폭발적으로 증가했다. 수학 학습장애의 경우에도 지난 10년 동안 그 규모는 작지만 같은 양상이었다. 특히 부분적으로는 쓰기능력과 다른 능력을 분리하는 것과 같은 개념적이고 방법론적인 문제들로 인해 쓰기 학습장애에 대한 지식과의 차이가 여전하다.

지난 10년 동안 학습장애에 대한 신경생물학적 이해에 많은 발전이 있었다. 우리는 특히 읽기장애와 관련된 뇌행동 간 상관관계에 대해 많은 것을 알게 되었다. 영상 연구를 통해 읽기의 다양한 양상과 관련된 처리과정의 결함에 대한 신경 신호를 얻을 수 있었다. 다른 유형의 학습장애에 대해서도 이런 연구가 이루어져야 한다.

유전연구는 유전이 인간의 심리교육적 능력에 영향을 미치는 일반적인 방법과 특수한 방법 모두를 이해하는 데 도움을 준다. 또한 신경과학적 연구에서 다양한 학습 개입이 보다 더 정상적인 뇌 상태로 영구적인 긍정적 변화를 일으킬 때 어떻게 뇌 활성화를 변화시키는지 밝히기 시작했다. 이러한 신경생물학적 돌파구는 학습장애를 이해하는 데 계속해서 도움을 줄 것이고, 언젠가 이질적인 장애집단에 대한 진단과 치료법에 대해 더 많은 정보를 제공할 것이다.

지난 10년간 이루어진 학습장애 연구의 또 다른 주요한 진전은 평가와 교육 및 개입을 통합하는 것이다. RTI 모델에 근거하여 현재 많은 수의 학생집단을 추적하는 연구를 수행하고 있다. 일반학급의 교육방법을 따라가기 어려운 학생들(학업능력의 불충분한 향상으로 측정)의 특징(인지, 신경생물학적 요소 등)을 확인하고, 이 학생들의 학업기술을 위한 다양한 개입 효과를 평가한다. 학습장애 연구에서 이러한 '교육적' 모델은 이전의 '임상적' 모델과 대비되는데, 이전의 임상적 모델에서는 근거 기반의 학업기술 개입보다는 학생들을 한 시점에서 수행된 진단적 평가에 기초하여 학습장애로 진단하고, 정확한 하위유형을 설명하는 데 중점을 두었다.

이러한 변화는 이 분야의 흥미로운 분열을 이끌었는데, 일부 연구자 및 실무자(주로 의료 장면과 개인치료 분야)는 이전의 임상적 모델에 의존하는 반면, 다른 연구자 및 실무자(주로 학교 심리학 및 특수교육 분야)는 이전의 임상적 모델 대신 교육적 모델을 사용한다. RTI에 대한 지속적인 논쟁은 이 분열을 반영하며, 심지어 관련이 있는 연구에서조차 상대방 입장을 인용하지 않는 연구 프로그램도 있다. 특히 RTI 모델이 학업기술 지도와 그 효과성을 검토하는 일반적 체계보다 진단과 분류를 적게 하므로, 실제 임상실무에서는 두 접근을 완전히 조정하는 것이 어렵지만 연구에서는 두 가지 접근법의 통합을 위한 확실한 여지가 있다.

이 장의 이전 판에서 저자들은 "연구가 번성하고 임상실무가 뒤처지는"(Lyon et al., 2003, p.574) 것에 대해 낙담했다. RTI를 채택함에 따라 연구와 임상수행 간 차이가 적어졌다. 사실 연구를 통해 IQ 성취 불일치에 대한 오래된 개념이 지지되지 못했지만 RTI의 세부사항은 계속해서 연구되고 있다. 일부 연구에서는 RTI 체계에 사용된 특정 측정 및 기준의 신뢰도와 타당도에 대해 의문을 제기하여 RTI에 회의적인 실무자들에게 공감을 얻도록 이끌었다. 포괄적인 인지과정(CP) 진단 모델이 보다 상세하게 연구되고 있으나, 자신들이 학업기술 문제로 진단해 의뢰된 학생에게 적용하여 효과성을 입증하지 못했다. 매우 작은 효과 이상을 야기하는 개입을 이끌지도 못했다. 지금까지 인지과정(CP), RTI(개입반응), 낮은 성취(LA) 및 불일치 방법에 따라 진단한(및 치료설계) 학생의 결과를 비교하는 종단적 무선연구는 없었고 그것은 불가능할 것이다. RTI의 세부사항에 대한 연구는 더 기다려야 하지만, 조작적 측면에서 학습장애를 학업지도에 대한 학생의 반응 결함으로 간주하는 접근법을 강조한다. 또한 학업기술을 촉진하는 효과적인 개입을 발견하는 데 초점을 둔 노력도 강조한다.

학습장애를 위한 특수한 서비스에 대한 인식과 접근을 주장하는 접근으로부터 모든 형태의 학습장애에 대한 연구 및 증거기반의 효과적인 서비스를 찾는 행동하는 접근으로 나아가야 할 때이다. 이런 주장은 아동들이 보호 아래 학교에 들어가도록 돕는다. 이제는 연구에서 얻은 정보를 철저하게 확장하고 구현함으로써 결과를 주장할 시점이다. 이를 위해 모든 수준의 인력들이 준비할 필요가 있지만, 특히 일반 아동을 교육하는 교사와 특수교육 교사의 준비가 필요하다. 특수교사와 관련된 쟁점은 학습장애 아동을 위한 핵심적 요인이다.

참고문헌

Aaron, P. G. (1997). The impending demise of the discrepancy formula. *Review of Educational Research, 67,* 461–502.

Alarcon, M., DeFries, J. C., Light, J. C., & Pennington, B. F. (1997). A twin study of mathematics disability. *Journal of Learning Disabilities, 30,* 617–623.

American Psychiatric Association (APA). (2000). *Diagnostic and statistical manual of mental disorders* (4th ed., text rev.). Washington, DC: Author.

American Psychiatric Association (APA). (2013). *Diagnostic and statistical manual of mental disorders* (5th ed.). Arlington, VA: Author.

Americans with Disabilities (ADA) Amendments Act of 2008, Pub. L. No. 110-325, § 3406 (2008).

Ansari, D., & Dhital, B. (2006). Age-related changes in the activation of the intraparietal sulcus during nonsymbolic magnitude processing: An event-related functional magnetic resonance imaging study. *Journal of Cognitive Neuroscience, 18*, 1820–1828.

Aud, S., Hussar, W., Kena, G., Bianco, K., Frohlich, L., Kemp, J., et al. (2011). *The Condition of Education 2011* (NCES 2011-033). Washington, DC: National Center for Education Statistics.

Baddeley, A. D. (1999). *Essentials of human memory.* Philadelphia: Psychology Press.

Barkley, R. A. (1997). *ADHD and the nature of self-control.* New York: Guilford Press.

Barkley, R. A. (2006). Primary symptoms, diagnostic criteria, prevalence, and gender differences. In R. A. Barkley, *Attention-deficit hyperactivity disorder: A handbook for diagnosis and treatment* (3rd ed., pp. 76–121). New York: Guilford Press.

Barnes, M. A., Dennis, M., & Wilkinson, M. (1999). Reading after closed head injury in childhood: Effects on accuracy, fluency, and comprehension. *Developmental Neuropsychology, 15*, 1–24.

Bates, T. C., Castles, A., Coltheart, M., Gillespie, N., Wright, M., & Martin, N. G. (2004). Behaviour genetic analyses of reading and spelling: A component processes approach. *Australian Journal of Psychology, 56*, 115–126.

Batsche, G. M., Kavale, K. A., & Kovaleski, J. F. (2006). Competing views: A dialogue on response to intervention. *Assessment for Effective Intervention, 32*(1), 6–19.

Bear, G. G., Minke, K. M., & Manning, M. A. (2002). Self-concept of students with learning disabilities: A meta-analysis. *School Psychology Review, 31*, 405–427.

Bender, W. N., & Wall, M. E. (1994). Social-emotional development of students with learning disabilities. *Learning Disability Quarterly,* 17, 323–341.

Berninger, V. W. (1994). Future directions for research on writing disabilities: Integrating endogenous and exogenous variables. In G. R. Lyon (Ed.), *Frames of reference for the assessment of learning disabilities: New views on measurement issues* (pp. 419–439). Baltimore: Brookes.

Berninger, V. (2004). Understanding the "graphia" in developmental dysgraphia: A developmental neuropsychological perspective for disorders in producing written language. In D. Dewey & D. E. Tupper (Eds.), *Developmental motor disorders: A neuropsychological perspective* (pp. 328–350). New York: Guilford Press.

Berninger, V. W., & Hart, T. (1992). A developmental neuropsychological perspective for reading and writing acquisition. *Educational Psychologist, 27*, 415–434.

Berninger, V. W., & Hart, T. (1993). From research to clinical assessment of reading and writing disorders: The unit of analysis problem. In R. M. Joshi & C. K. Leong (Eds.), *Reading disabilities: Diagnosis and component processes* (pp. 33–61). Dordrecht, The Netherlands: Kluwer Academic.

Berninger, V. W., & May, O. M. (2011). Evidence-based diagnosis and treatment for specific learning disabilities involving impairments in written and/or oral language. *Journal of Learning Disabilities, 44*, 167–183.

Berninger, V. W., Mizokowa, D. T., & Bragg, R. (1991). Theory-based diagnosis and remediation of writing disabilities. *Journal of School Psychology, 29*, 57–79.

Blachman, B. A. (Ed.). (1997). *Foundations of reading acquisition.* Mahwah, NJ: Erlbaum.

Boder, E. (1971). Developmental dyslexia: A diagnostic screening procedure based on three characteristic patterns of reading and spelling. In B. Bateman (Ed.), *Learning disorders* (Vol. 4, pp. 298–342). Seattle, WA: Special Child Publications.

Bowers, P. G., & Wolf, M. (1993). Theoretical links among naming speed, precise timing mechanisms and orthographic skill in dyslexia . *Reading and Writing, 5*, 69–85.

Boyle, C. A., Boulet, S., Schieve, L. A., Cohen, R. A., Blumberg, S. J., Yeargin-Allsopp, M., et al. (2011). Trends in the prevalence of developmental disabilities in US children, 1997–2008. *Pediatrics, 127*, 1034–1042.

Braze, D., Tabor, W., Shankweiler, D. P., & Mencl, W. E. (2007). Speaking up for vocabulary: Reading skill differences in young adults. *Journal of Learning Disabilities, 40*, 226–243.

Broca, P. P. (1863). Localisation des fonctions cérébrales: Siège du langage articule. *Bulletin de la Société d'Anthropologie de Paris, 4*, 200–203.

Broca, P. P. (1865). Sur la siège du faculté de langage article. *Bulletin de la Société d'Anthropologie de Paris, 6*, 377–393.

Brown-Chidsey, R., & Steege, M. W. (2005). *Response to intervention: Principles and strategies for effective practice.* New York: Guilford Press.

Bruck, M. (1988). Word-recognition and spelling of dyslexic children. *Reading Research Quarterly, 23*(1), 51–69.

Bruck, M. (1992). Persistence of dyslexics' phonological awareness deficits. *Developmental Psychology , 28*, 874–866.

Butterworth, B., & Reigosa, V. (2007). Information processing deficits in dyscalculia. In D. B. Berch & M. M. M. Mazzocco (Eds.), *Why is math so hard for some children?: The nature and origins of mathematical learning difficulties and disabilities* (pp. 65–81). Baltimore: Brookes.

Butterworth, B., Varma, S., & Laurillard, D. (2011). Dyscalculia: From brain to education. *Science, 332*(6033), 1049–1053.

Byrne, B., Coventry, W. L., Olson, R. K., Hulslander, J., Wadsworth, S., DeFries, J. C., et al. (2008). A behaviour-genetic analysis of orthographic learning, spelling and decoding. *Journal of Research in Reading, 31*(1), 8–21.

Cain, K., & Oakhill, J. V. (1999). Inference making and its relation to comprehension failure in young children. *Reading and Writing: An Interdisciplinary Journal, 11*, 489–503.

Cain, K., Oakhill, J. V., & Bryant, P. (2000). Phonological skills and comprehension failures: A test of the phonological processing deficits hypothesis. *Reading and Writing, 13*, 31–56.

Calhoun, S. L., & Mayes, S. D. (2005). Processing speed in children with clinical disorders. *Psychology in the Schools, 42*, 333–343.

Camilli, G., Wolfe, P. M., & Smith, M. L. (2006). Meta-analysis and reading policy: Perspectives on teaching children to read. *Elementary School Journal, 107*(1), 27–36.

Cantor, J., Engle, R. W., & Hamilton, G. (1991). Short-term memory, working memory, and verbal abilities: How do they relate? *Intelligence, 15*, 229–246.

Casey, J. E. (2012). A model to guide the conceptualization, assessment, and diagnosis of nonverbal learning disorder. *Canadian Journal of School Psychology, 27*, 35–57.

Castles, A., & Coltheart, M. (1993). Varieties of developmental dyslexia. *Cognition, 47*, 149–180.

Cataldo, M. G., & Cornoldi, C. (1998). Self-monitoring in poor and good reading comprehenders and their use of strategy. *British Journal of Developmental Psychology, 16*, 155–165.

Catts, H. W., Adlof, S. M., Hogan, T. P., & Weismer, S. E. (2005). Are specific language impairment and dyslexia distinct disorders? *Journal of Speech, Language, and Hearing Research, 48*, 1378–1396.

Chall, J. S., Jacobs, V. A., & Baldwin, L. E. (2009). *The reading crisis: Why poor children fall behind*. Cambridge, MA: Harvard University Press.

Chang, B. S., Katzir, T., Liu, T., Corriveau, K., Barzillai, M., Apse, K. A., et al. (2007). A structural basis for reading fluency: White matter defects in a genetic brain malformation. *Neurology, 69*, 2146–2154.

Chu, F. W., vanMarle, K., & Geary, D. C. (2013). Quantitative deficits of preschool children at risk for mathematical learning disability. *Frontiers in Psychology, 4*, 195.

Clements, S. D. (1966). *Minimal brain dysfunction in children* (NINDB Monograph No. 3). Washington, DC: U.S. Department of Health, Education and Welfare.

Conway, A. R. A., Getz, S. J., Macnamara, B., & de Abreu, P. M. J. E. (2011). Working memory and intelligence. In R. J. Sternberg & S. B. Kaufman (Eds.), *The Cambridge handbook of intelligence* (pp. 394–418). New York: Cambridge University Press.

Cornoldi, C., DeBeni, R., & Pazzaglia, F. (1996). Profiles of reading comprehension difficulties: An analysis of single cases. In C. Cornoldi & J. Oakhill (Eds.), *Reading comprehension difficulties: Processes and intervention* (pp. 113–136). Mahwah, NJ: Erlbaum.

Cortiella, C. (2011). *The state of learning disabilities*. New York: National Center for Learning Disabilities.

Critchley, M. (1970). *The dyslexic child*. Springfield, IL: Thomas.

Cromley, J. G., & Azevedo, R. (2007). Testing and refining the direct and inferential mediation model of reading comprehension. *Journal of Educational Psychology, 99*, 311–325.

Cruickshank, W. M., & Hallahan, D. P. (1973). *Psychoeducational foundations of learning disabilities*. Englewoods Cliffs, NJ: Prentice Hall.

Cruickshank, W. M., Bentzen, F. A., Ratzburg, F. H., & Tannenhauser, M. T. (1961). *A teaching method for brain-injured and hyperactive children*. Syracuse, NY: Syracuse University Press.

Cruickshank, W. M., Bice, H. V., & Wallen, N. E. (1957). *Perception and cerebral palsy*. Syracuse, NY: Syracuse University Press.

Cunningham, A. E., & Stanovich, K. E. (1999). What reading does for the mind. *American Educator, 4*, 8–15.

Cutting, L. E., Materek, A., Cole, C. A. S., Levine, T., & Mahone, E. M. (2009). Effects of language, fluency, and executive function on reading comprehension performance. *Annals of Dyslexia, 59*, 34–54.

Cutting, L., & Scarborough, H. (2006). Prediction of reading comprehension: Relative contributions of word recognition, language proficiency, and other cognitive skills can depend on how comprehension is measured. *Scientific Studies of Reading, 10*, 277–299.

De La Paz, S., Swanson, P. M., & Graham, S. (1998). The contribution of executive control to the revising by students with writing and learning difficulties. *Journal of Educational Psychology, 90*, 448–460.

DeLong, R. (1995). Medical and pharmacologic treatment of learning disabilities. *Journal of child neurology, 10*, 92–95.

Deno, S. L. (2003). Curriculum-based measures: Development and perspectives. *Assessment for Effective Intervention, 28*(3–4), 3–12.

Danforth, S. (2009). *The incomplete child: An intellectual history of learning disabilities*. New York: Peter Lang.

Dehaene, S., & Cohen, L. (1997). Cerebral pathways for calculation: Double dissociation between rote verbal and quantitative knowledge of arithmetic. *Cortex, 33*, 219–250.

Dombrowski, S. C., Kamphaus, R. W., & Reynolds, C. R. (2004). After the demise of the discrepancy: Proposed learning disabilities diagnostic criteria. *Professional Psychology: Research and Practice, 35*, 364–372.

Donovan, M. S., & Cross, C. T. (2002). *Minority students in special and gifted education*. Washington, DC: National Academy Press.

Doris, J. L. (1993). Defining learning disabilities: A history of the search for consensus. In G. R. Lyon, J. D. B Gray, J. F. Kavanagh, & N. A. Krasnegor (Eds.), *Better understanding learning disabilities: New views from research and their implications for education and public policies* (pp. 97–116). Baltimore: Brookes.

Duffy, F. H., Denckla, M. B., Bartels, P. H., & Sandini, G. (1980). Dyslexia: Regional differences in brain electrical activity by topographic mapping. *Annals of Neurology, 7*,

412–420.

Dykman, R. A., Ackerman, P. T., Clements, S. D., & Peters, J. E. (1971). Specific learning disabilities: An attentional deficit syndrome. In H. R. Myklebust (Ed.), *Progress in learning* (Vol. 2, pp. 56–93). New York: Grune & Stratton.

Eckert, M. (2004). Neuroanatomical markers for dyslexia: A review of dyslexia structural imaging studies. *The Neuroscientist, 10*, 362–371.

Eden, G. F., Stern, J. F., Wood, M. H., & Wood, F. B. (1995). Verbal and visual problems in dyslexia. *Journal of Learning Disabilities, 28*, 282–290.

Edmonds, M. S., Vaughn, S., Wexler, J., Reutebuch, C., Cable, A., Tatcher, K. K., et al. (2009). A synthesis of reading interventions and effects on reading comprehension outcomes for older struggling readers. *Review of Educational Research, 79*, 262–300.

Engle, R. W., Cantor, J., & Carullo, J. J. (1992). Individual differences in working memory and comprehension: A test of four hypotheses. *Journal of Experimental Psychology: Learning, Memory, and Cognition, 18*, 972–992.

Englert, C. S. (1990). Unraveling the mysteries of writing through strategy instruction. In T. E. Scruggs & B. Y. L. Wong (Eds.), *Intervention research in learning disabilities* (pp. 220–262). New York: Springer-Verlag.

Filipek, P. (1996). Structural variations in measures in the developmental disorders. In R. Thatcher, G. Lyon, J. Rumsey, & N. Krasnegor (Eds.), *Developmental neuroimaging: Mapping the development of brain and behavior* (pp. 169–186). San Diego, CA: Academic Press.

Flanagan, D. P., Alfonso, V. C., Ortiz, S. O., & Dynda, A. M. (2013). Cognitive assessment: Progress in psychometric theories of intelligence, the structure of cognitive ability tests, and interpretive approaches to cognitive test performance. In D. H. Saklofske, C. R. Reynolds, & V. L. Schwean (Eds.), *The Oxford handbook of child psychological assessment* (pp. 239–285). New York: Oxford University Press.

Flanagan, D. P., Ortiz, S. O., & Alfonso, V. C. (2013). *Essentials of cross-battery assessment* (3rd ed.). Hoboken, NJ: Wiley.

Fleishner, J. E. (1994). Diagnosis and assessment of mathematics learning disabilities. In G. R. Lyon (Ed.), *Frames of reference for the assessment of learning disabilities: New views on measurement issues* (pp. 441–458). Baltimore: Brookes.

Fletcher, J. M., Francis, D. J., Shaywitz, S. E., Lyon, G. R., Foorman, B. R., Stuebing, K. K., et al. (1998). Intelligent testing and the discrepancy model for children with learning disabilities. *Learning Disabilities Research and Practice, 13*, 186–203.

Fletcher, J. M., Lyon, G. R., Fuchs, L. S., & Barnes, M. A. (2007). *Learning disabilities: from identification to intervention*. New York: Guilford Press.

Floyd, R. G., McGrew, K. S., & Evans, J. J. (2008). The relative contributions of the Cattell–Horn–Carroll cognitive abilities in explaining writing achievement during childhood and adolescence. *Psychology in the Schools, 45*, 132–144.

Francis, D. J., Fletcher, J. M., Catts, H. W., & Tomblin, J. B. (2005). Dimensions affecting the assessment of reading comprehension. In S. Paris & S. Stahl (Eds.), *Children's reading comprehension and assessment* (pp. 369–394). Mahwah, NJ: Erlbaum.

Francis, D. J., Shaywitz, S. E., Stuebing, K. K., Shaywitz, B. A., & Fletcher, J. M. (1996). Developmental lag versus deficit models of reading disability: A longitudinal, individual growth curves analysis. *Journal of Educational Psychology, 88*, 3–17.

Frostig, M., Lefever, D. W., & Whittlesey, J. R. B. (1964). *The Marianne Frostig Developmental Test of Visual Perception*. Palo Alto, CA: Consulting Psychologists Press.

Fuchs, L. S., Fuchs, D., Hamlett, C. L., Lambert, W., Stuebing, K., & Fletcher, J. M. (2008). Problem solving and computational skill: Are they shared or distinct aspects of mathematical cognition? *Journal of Educational Psychology, 100*, 30–47.

Fuchs, L. S., Fuchs, D., & Prentice, K. (2004). Responsiveness to mathematical problem-solving instruction comparing students at risk of mathematics disability with and without risk of reading disability. *Journal of Learning Disabilities, 37*, 293–306.

Fuchs, L. S., Fuchs, D., Hosp, M. K., & Jenkins, J. R. (2001). Oral reading fluency as an indicator of reading competence: A theoretical, empirical and historical analysis. *Scientific Studies of Reading, 5*, 239–256.

Gadeyne, E., Ghesquiere, P., & Onghena, P. (2004). Psychosocial functioning of young children with learning problems. *Journal of Child Psychology and Psychiatry, 45*, 510–521.

Galaburda, A. M. (1993). The planum temporale [Editorial]. *Archives of Neurology, 50*, 457.

Galaburda, A. M., Sherman, G. P., Rosen, G. D., Aboitiz, F., & Geschwind, N. (1985). Developmental dyslexia: Four consecutive patients with cortical anomalies. *Annals of Neurology, 18*, 222–233.

Geary, D. C. (1993). Mathematical disabilities: Cognitive, neuropsychological, and genetic components. *Psychological Bulletin, 114*, 345–362.

Geary, D. C. (2011). Consequences, characteristics, and causes of mathematical learning disabilities and persistent low achievement in mathematics. *Journal of Developmental & Behavioral Pediatrics, 32*, 250–263.

Geary, D. C. (2013). Learning disabilities in mathematics: Recent advances. In H. L. Swanson, K. R. Harris, & S. Graham (Eds.), *Handbook of learning disabilities* (2nd ed., pp. 239–255). New York: Guilford Press.

Geary, D. C., Hoard, M. K., & Bailey, D. H. (2011). How SLD manifests in mathematics. In D. P. Flanagan & V. C. Alfonso (Eds.), *Essentials of specific learning disability identification* (pp. 43–64). Hoboken, NJ: Wiley.

Geary, D. C., Hoard, M. K., Byrd-Craven, J., Nugent, L., & Numtee, C. (2007). Cognitive mechanisms underlying achievement deficits in children with mathematical learning disability. *Child Development, 78*, 1343–1359.

Georgiewa, P., Rzanny, R., Gaser, C., Gerhard, U. J., Vieweg, U., Freesmeyer, D., et al. (2002). Phonological processing in dyslexic children: A study combining functional imaging and event related potentials. *Neuroscience Letters, 318*, 5–8.

Georgiou, G. K., Parrila, R., Cui, Y., & Papadopoulos, T. C. (2013). Why is rapid automatized naming related to reading? *Journal of Experimental Child Psychology, 115*(1), 218–225.

Gernsbacher, M. A., & Kaschak, M. P. (2003). Neuroimaging studies of language production and comprehension. *Annual Review of Psychology, 54*, 91–114.

Geschwind, N., & Levitsky, W. (1968). Human brain: Left–right asymmetries in temporal speech region. *Science, 161*, 186–187.

Good, R. H., & Kaminiski, R. A. (2002). *DIBELS oral reading fluency passages for first through third grades* (Technical Report No. 10). Eugene: University of Oregon.

Goodwin, C. J. (2009). *A history of modern psychology.* (3rd ed.). Hoboken, NJ: Wiley.

Gordon, M., Lewandowski, L. J., & Keiser, S. (1999). The LD label for relatively well-functioning students: A critical analysis. *Journal of Learning Disabilities, 32*, 485–490.

Gottardo, A., & Mueller, J. (2009). Are first- and second-language factors related in predicting second-language reading comprehension?: A study of Spanish-speaking children acquiring English as a second language from first to second grade. *Journal of Educational Psychology, 101*, 330–344.

Gough, P. B., & Tunmer, W. E. (1986). Decoding, reading, and reading disability. *Remedial and Special Education, 7*, 6–10.

Graham, S., & Harris, K. R. (2000). Helping children who experience reading difficulties: Prevention and intervention. In L. Baker, M. J. Dreher, & J. T. Guthrie (Eds.), *Engaging young readers: Promoting achievement and motivation* (pp. 43–67). New York: Guilford Press.

Graham, S., & Harris, K. (2011). Writing difficulties. In A. McGill-Franzen & R. K. Allington (Eds.), *Handbook of reading disability research* (pp. 232–241). New York: Routledge.

Grigorenko, E. L. (2001). Developmental dyslexia: An update on genes, brains, and environments. *Journal of Child Psychology and Psychiatry, 42*, 91–125.

Grigorenko, E. L. (2004). Genetic bases of developmental dyslexia: A capsule review of heritability estimates. *Enfance, 56*, 273–288.

Hale, J. B., Kaufman, A., Naglieri, J. A., & Kavale, K. A. (2006). Implementation of IDEA: Integrating response to intervention and cognitive assessment methods. *Psychology in the Schools, 43*, 753–770.

Hallahan, D. P., Pullen, P. C., & Ward, D. (2013). A brief history of the field of learning disabilities. In H. L. Swanson, K. R. Harris, & S. Graham (Eds.), *Handbook of learning disabilities* (2nd ed., pp. 15–32). New York: Guilford Press.

Hammill, D. D. (1993). A brief look at the learning disabilities movement in the United States. *Journal of Learning Disabilities, 26*, 295–310.

Hammill, D. D., & Swanson, H. L. (2006). The National Reading Panel's meta-analysis of phonics instruction: Another point of view. *Elementary School Journal, 107*(1), 17–26.

Harlaar, N., Cutting, L., Deater-Deckard, K., DeThorne, L. S., Justice, L. M., Schatschneider, C., et al. (2010). Predicting individual differences in reading comprehension: A twin study. *Annals of Dyslexia, 60*, 1–24.

Hart, B., & Risley, T. R. (1995). *Meaningful differences in the everyday experience of young American children.* Baltimore: Brookes.

Heim, S., Eickhoff, S. B., & Amunts, K. (2008). Specialisation in Broca's region for semantic, phonological, and syntactic fluency? *NeuroImage, 40*, 1362–1368.

Hembree, R. (1988). Correlates, causes, effects, and treatment of test anxiety. *Review of Educational Research, 58*, 47–77.

Hendricks, K. (2013). *Reading and test taking skills in college English as a second language students.* Unpublished doctoral dissertation, Syracuse University.

Herr, C. M., & Bateman, B. D. (2013). Learning disabilities and the law. In H. L. Swanson, K. R. Harris, & S. Graham (Eds.), *Handbook of learning disabilities* (2nd ed., pp. 51–68). New York: Guilford Press.

Hinshaw, S. P. (1992). Externalizing behavior problems and academic underachievement in childhood and adolescence: Causal relationships and underlying mechanisms. *Psychological Bulletin, 111*, 127–155.

Hinshelwood, J. (1917). *Congenital word-blindness.* London: H. K. Lewis.

Hoeft, F., Carter, J. C., Lightbody, A. A., Hazlett, H. C., Priven, J., & Reiss, A. L. (2010). Region-specific alterations in brain development in one- to three-year-old boys with fragile x syndrome. *Proceedings of the National Academy of Sciences USA, 107*, 9335–9339.

Hooper, S. R., Montgomery, J., Swartz, C., Reed, M., Sandler, A., Levine, M., et al. (1994). Measurement of written language expression. In G. R. Lyon (Ed.), *Frames of reference for the assessment of learning disabilities: New views on measurement issues* (pp. 375–418). Baltimore: Brookes.

Hoover, W. A., & Gough, P. B. (1990). The simple view of reading. *Reading and Writing: An Interdisciplinary Journal, 2*, 127–160.

Hosp, J. L., & Reschly, D. J. (2004). Disproportionate representation of minority students in special education: Academic, demographic, and economic predictors. *Exceptional Children, 70*, 185–199.

Hulme, C., & Snowling, M. J. (2009). *Developmental disorders of language learning and cognition.* Malden, MA: Blackwell.

Humphreys, P., Kaufmann, W. E., & Galaburda, A. M.

(1990). Developmental dyslexia in women: Neuropathological findings in three patients. *Annals of Neurology, 28*, 727–738.

Hynd, G. W., & Willis, W. G. (1988). *Pediatric neuropsychology*. Orlando, FL: Grune & Stratton.

Individuals with Disabilities Education Improvement Act of 2004 (IDEA), Pub. L. No. 108-446 (2004).

Iovino, I., Fletcher, J. M., Breitmeyer, B. G., & Foorman, B. R. (1999). Colored overlays for visual perceptual deficits in children with reading disability and attention deficit/hyperactivity disorder: Are they differentially effective? *Journal of Clinical and Experimental Neuropsychology, 20*, 791–806.

Johnson, D. J., & Myklebust, H. (1967). *Learning disabilities: Educational principles and practices*. New York: Grune & Stratton.

Kadosh, R. C., Kadosh, K. C., Schuhmann, T., Kaas, A., Goebel, R., Henik, A., et al. (2007). Virtual dyscalculia induced by parietal-lobe TMS impairs automatic magnitude processing. *Current Biology, 17*, 689–693.

Katusic, S. K., Colligan, R. C., Weaver, A. L., & Barbaresi, W. J. (2009). The forgotten learning disability: Epidemiology of written-language disorder in a population-based birth cohort (1976–1982), Rochester, Minnesota. *Pediatrics, 123*, 1306–1313.

Katzir, T., Misra, M., & Poldrack, R. A. (2005). Imaging phonology without print: Assessing the neural correlates of phonemic awareness using fMRI. *NeuroImage, 27*, 106–115.

Kaufmann, L., Wood, G., Rubinsten, O., & Henik, A. (2011). Meta-analyses of developmental fMRI studies investigating typical and atypical trajectories of number processing and calculation. *Developmental Neuropsychology, 36*, 763–787.

Kavale, K. A. (2002). Discrepancy models in the identification of learning disability. In R. Bradley, L. Danielson, & D. P. Hallahan (Eds.), *Identification of learning disabilities: Research to practice* (pp. 369–426). Mahwah, NJ: Erlbaum.

Kavale, K. A., & Forness, S. (1985). *The science of learning disabilities*. Boston: College-Hill Press.

Kavale, K. A., & Forness, S. R. (1995). *The nature of learning disabilities: Critical elements of diagnosis and classification*. Mahwah, NJ: Erlbaum.

Kavale, K. A., & Reese, L. (1992). The character of learning disabilities: An Iowa profile. *Learning Disability Quarterly, 15*, 74–94.

Keenan, J., Betjemann, R., & Olson, R. (2008). Reading comprehension tests vary in the skills they assess: Differential dependence on decoding and oral comprehension. *Scientific Studies of Reading, 12*, 281–300.

Keenan, J. M., Betjemann, R. S., Wadsworth, S. J., DeFries, J. C., & Olson, R. K. (2006). Genetic and environmental influences on reading and listening comprehension. *Journal of Research in Reading, 29*, 75–91.

Kephart, N. C. (1971). *The slow learner in the classroom*. New York: Macmillan.

Kirk, S. A. (1963). Behavioral diagnosis and remediation of learning disabilities. *Conference Exploring Problems of the Perceptually Handicapped Child, 1*, 1–23.

Kirkpatrick, R. M., Legrand, L. N., Iacono, W. G., & McGue, M. (2011). A twin adoption study of reading achievement: Exploration of shared-environmental and gene-environment-interaction effects. *Learning and Individual Differences, 21*, 368–375.

Knopik, V. S., & DeFries, J. C. (1999). Etiology of covariation between reading and mathematics performance: A twin study. *Twin Research, 2*, 226–234.

Koontz, K. L., & Berch, D. B. (1996). Identifying simple numerical stimuli: Processing inefficiencies exhibited by arithmetic learning disabled children. *Mathematical Cognition, 2*, 1–23.

Korhonen, T. T. (1995). The persistence of rapid naming problems in children with reading disabilities: A nine-year follow-up. *Journal of Learning Disabilities, 28*, 232–239.

Kovas, Y., Petrill, S. A., & Plomin, R. (2007). The origins of diverse domains of mathematics: Generalist genes but specialist environments. *Journal of Educational Psychology, 99*, 128–139.

Leach, J. M., Scarborough, H. S., & Rescorla, L. (2003). Late-emerging reading disabilities. *Journal of Educational Psychology, 95*, 211–224.

Lerner, J. (1989). Educational intervention in learning disabilities. *Journal of the American Academy of Child and Adolescent Psychiatry, 28*, 326–331.

Liberman, I. Y., & Shankweiler, D. (1991). Phonology and beginning reading: A tutorial. In L. Rieben & C. A. Perfetti (Eds.), *Learning to read: Basic research and its implications* (pp. 46–73). Hillsdale, NJ: Erlbaum.

Liberman, I. Y., Shankweiler, D., & Liberman, A. (1989). The alphabetic principle and learning to read. In D. Shankweiler & I. Y. Liberman (Eds.), *Phonology and reading disability: Solving the reading puzzle* (pp. 1–34). Ann Arbor: University of Michigan Press.

Lindamood, P., & Lindamood, P. (1998). *The Lindamood Phoneme Sequencing Program for Reading, Spelling, and Speech: The LiPS Program* [Multimedia kit]. Austin, TX: PRO-ED.

Lovegrove, W., Martin, F., & Slaghuis, W. (1986). A theoretical and experimental case for a visual deficit in specific reading disability. *Cognitive Neuropsychology, 3*, 225–267.

Lovett, B. J., & Gordon, M. (2005). Discrepancies as a basis for the assessment of learning disabilities and ADHD. *ADHD Report, 13*, 1-4.

Lovett, B. J., & Hood, S. B. (2011). Realism and operationism in psychiatric diagnosis. *Philosophical Psychology, 24*, 207–222.

Lovett, B. J., & Lewandowski, L. J. (2006). Gifted students with learning disabilities who are they? *Journal of Learning Disabilities , 39*, 515–527.

Lovett, M. W., Barron, R. W., & Frijters, J. C. (2013). Word identification difficulties in children with reading disabilities: Intervention research findings. In H. L. Swanson, K. R. Harris, & S. Graham (Eds.), *Handbook of learning disabilities* (2nd ed., pp. 329–360). New York: Guilford Press.

Lovett, M. W., Steinbach, K. A., & Frijters, J. C. (2000). Remediating the core deficits of reading disability: A double-deficit perspective. *Journal of Learning Disabilities, 33*, 334–358.

Lyon, G. R. (1994). Critical issues in the measurement of learning disabilities. In G. R. Lyon (Ed.), *Frames of reference for the assessment of learning disabilities: New views on measurement issues* (pp. 3–13). Baltimore: Brookes.

Lyon, G. R., Fletcher, J. M., & Barnes, M. (2003). Learning disabilities. In E. J. Mash & R. A. Barkley (Eds.), *Child psychopathology* (2nd ed., pp. 520–588). New York: Guilford Press.

Lyon, G. R., Fletcher, J. M., Shaywitz, S. E., Shaywitz, B. A., Torgesen, J. K., Wood, F. B., et al. (2001). Rethinking learning disabilities. In C. E. Finn, Jr., R. A. J. Rotherham, & C. R. Hokanson, Jr. (Eds.), *Rethinking special education for a new century* (pp. 259–287). Washington, DC: Thomas B. Fordham Foundation and Progressive Policy Institute.

Manis, F. R., Seidenberg, M. S., & Doi, L. M. (1999). See Dick RAN: Rapid naming and the longitudinal prediction of reading subskills in first and second graders. *Scientific Studies of Reading, 3*, 129–157.

Mann, L. (1979). *On the trail of process.* New York: Grune & Stratton.

Martínez, R. S., & Semrud-Clikeman, M. (2004). Emotional adjustment and school functioning of young adolescents with multiple versus single learning disabilities. *Special Education, 37*, 411–420.

Martino, N. L., & Hoffman, P. R. (2002). An investigation of reading and language abilities of college freshmen. *Journal of Reading research, 25*, 310–318.

Mather, N., & Wendling, B. J. (2011). How SLD manifests in writing. In D. P. Flanagan & V. C. Alfonso (Eds.), *Essentials of specific learning disability identification* (pp. 65–88). Hoboken, NJ: Wiley.

Mazzocco, M. M., Feigenson, L., & Halberda, J. (2011). Impaired acuity of the approximate number system underlies mathematical learning disability (dyscalculia). *Child Development, 82*, 1224–1237.

Mazzocco, M. M., & Myers, G. F. (2003). Complexities in identifying and defining mathematics learning disability in the primary school-age years. *Annals of Dyslexia, 53*, 218–253.

McBride-Chang, C., & Manis, F. R. (1996). Structural invariance in the associations of naming speed, phonological awareness, and verbal reasoning in good and poor readers: A test of the double deficit hypothesis. *Reading and Writing, 8*, 323–339.

McKenzie, R. G. (2009). Obscuring vital distinctions: The oversimplification of learning disabilities within RTI. *Learning Disability Quarterly, 32*, 203–215.

McKeown, M. G., Beck, I. L., Omanson, R. C., & Perfetti, C. A. (1983). The effects of long-term vocabulary instruction on reading comprehension: A replication. *Journal of Reading Behavior, 15*, 3–18.

Medo, M. A., & Ryder, R. J. (1993). The effects of vocabulary instruction in readers' ability to make causal connections. *Reading Research and Instruction, 33*, 119–134.

Meisinger, E. B., Bloom, J. S., & Hynd, G. W. (2010). Reading fluency: Implications for the assessment of children with reading disabilities. *Annals of Dyslexia, 60*(1), 1–17.

Milne, R. D., Syngeniotis, A., Jackson, G., & Corballis, M. C. (2002). Mixed lateralization of phonological assembly in developmental dyslexia. *Neurocase, 8*, 205–209.

Morris, R. D., Stuebing, K. K., Fletcher, J. M., Shaywitz, S. E., Lyon, G. R., Shankweiler, D. P., et al. (1998). Subtypes of reading disability: Variability around a phonological core. *Journal of Educational Psychology, 90*, 347–373.

Murphy, M. M., Mazzocco, M. M., Hanich, L. B., & Early, M. C. (2007). Cognitive characteristics of children with mathematics learning disability (MLD) vary as a function of the cutoff criterion used to define MLD. *Journal of Learning Disabilities, 40*, 458–478.

Mussolin, C., De Volder, A., Grandin, C., Schlögel, X., Nassogne, M. C., & Noël, M. P. (2010). Neural correlates of symbolic number comparison in developmental dyscalculia. *Journal of Cognitive Neuroscience, 22*, 860–874.

Namkung, J. M., & Fuchs, L. S. (2012). Early numerical competencies of students with different forms of mathematics difficulty. *Learning Disabilities Research and Practice, 27*, 2–11.

Nation, K. (2005). Chidren's reading comprehension difficulties. In M. J. Snowling, & C. Hulme (Eds.), *The science of reading: A handbook.* (pp. 248–265). Malden, MA: Blackwell.

Nation, K., Adams, J. W., Bowyer-Crane, A., & Snowling, M. J. (1999). Working memory deficits in poor comprehenders reflect underlying language impairments. *Journal of Experimental Child Psychology, 73*, 139–158.

Nation, K., & Snowling, M. J. (1998). Semantic processing and the development of word-recognition skills: Evidence from children with reading comprehension difficulties. *Journal of Memory and Language, 37*, 85–101.

National Center for Education Statistics. (2012). Digest of education statistics. Retrieved from *http://nces.ed.gov/programs/digest/d12/tables/dt12_048.asp*.

National Joint Committee on Learning Disabilities (NJCLD). (1988, April). [Letter from NJCLD to member organizations]. Austin, TX: Author.

National Reading Panel. (2000). *Teaching children to read: An evidence-based assessment of the scientific research literature on reading and its implications for reading instruction.* Washington, DC: National Institute of Child Health and Human Development.

Nelson, J. M., & Harwood, H. (2011). Learning disabilities and anxiety: A meta-analysis. *Journal of Learning Dis-*

abilities, 44(1), 3–17.

Norton, E. S., & Wolf, M. (2012). Rapid automatized naming and reading fluency: Implications for understanding and treatment of reading disabilities. *Annual Review of Psychology, 63*, 427–452.

Nothen, M. M., Schulte-Korne, G., Grimm, T., Cichon, S., Vogt, I. R., Muller-Myhsok, B., et al. (1999). Genetic linkage analysis with dyslexia: Evidence for linkage of spelling disability to chromosome 15. *European Child and Adolescent Psychiatry, 3*, 56–59.

Oakhill, J. (1993). Children's difficulties in reading comprehension. *Educational Psychology Review, 5*, 1–15.

Oakhill, J. V., Cain, K., & Bryant, P. E. (2003). The dissociation of single-word and text comprehension: Evidence from component skills. *Language and Cognitive Processes, 18*, 443–468.

Olson, R. K., Forsberg, H., Gayan, J., & DeFries, J. C. (1999). A behavioral-genetic analysis of reading disabilities and component processes. In R. M. Klein & P. A. McMullen (Eds.), *Converging methods for understanding reading and dyslexia* (pp. 133–153). Cambridge, MA: MIT Press.

Olson, R. K., Forsberg, H., Wise, B., & Rack, J. (1994). Measurement of word recognition, orthographic, and phonological skills. In G. R. Lyon (Ed.), *Frames of reference for the assessment of learning disabilities* (pp. 243–278). Baltimore, MD: Brookes.

Ortiz, S. O. (2011). Separating cultural and linguistic differences (CLD) from specific learning disability (SLD) in the evaluation of diverse students: Difference or disorder? In D. P. Flanagan & V. C. Alfonso (Eds.), *Essentials of specific learning disability identification* (pp. 299–326). Hoboken, NJ: Wiley.

Orton, S. (1928). Specific reading disability—strephosymbolia. *Journal of the American Medical Association, 90*, 1095–1099.

Orton, S. (1937). *Reading, writing and speech problems in children: A presentation of certain types of disorders in the development of the language faculty.* New York: Norton.

Oswald, D. P., Coutinho, M. J., & Best, A. M. (2002). Community and school predictors of overrepresentation of minority children in special education. In D. J. Losen & G. Orfield (Eds.), *Racial inequity in special education* (pp. 1–13). Cambridge, MA: Harvard Civil Rights Project.

Pearson, P. D. (1998). Standards and assessment: Tools for crafting effective instruction? In F. Lehr & J. Osborn (Eds.), *Literacy for all: Issues in teaching and learning* (pp. 264–288). New York: Guilford Press.

Pennington, B. F. (1999). Dyslexia as a neurodevelopmental disorder. In H. Tager-Flusberg (Ed.), *Neurodevelopmental disorders* (pp. 307–330). Cambridge, MA: MIT Press.

Pennington, B. F. (2009). *Diagnosing learning disorders: A neuropsychological framework* (2nd ed.). New York: Guilford Press.

Perfetti, C. A. (1985). *Reading ability.* New York: Oxford University Press.

Petrill, S. A. (2013). Behavioral genetics, learning abilities, and disabilities. In H. L. Swanson, K. R. Harris, & S. Graham (Eds.), *Handbook of learning disabilities* (pp. 293–325). New York: Guilford Press.

Petrill, S. A., & Plomin, R. (2007). Quantitative genetics and mathematical abilities/disabilities. In D. B. Berch & M. M. M. Mazzocco (Eds.), *Why is math so hard for some children?: The nature and origins of mathematical learning difficulties and disabilities* (pp. 307–322). Baltimore: Brookes.

Peverly, S. T. (2006). The importance of handwriting speed in adult writing. *Developmental Neuropsychology, 29*(1), 197–216.

Pittman, A. L., Lewis, D. L., Hoover, B. M., & Stelmachowicz, P. G. (2005). Rapid word-learning in normal-hearing and hearing-impaired children: Effects of age, receptive vocabulary, and high-frequency amplification. *Ear and Hearing, 26*, 619–629.

Planty, M., Hussar, W. J., & Snyder, T. D. (2009). *Condition of Education 2009.* Washington, DC: Government Printing Office.

Plomin, R., & Kovas, Y. (2005). Generalist genes and learning disabilities. *Psychological Bulletin, 131*, 592–617.

Price, C. J., & Devlin, J. T. (2011). The interactive account of ventral occiptotemporal contributions to reading. *Trends in Cognitive Sciences, 15*(6), 246–253.

Puranik, C. S., & AlOtaiba, S. (2012). Examining the contribution of handwriting and spelling to written expression in kindergarten children. *Reading and Writing, 25*, 1523–1546.

RAND Reading Study Group. (2002). *Reading for understanding: Toward an R&D program in reading comprehension.* Santa Monica, CA: RAND.

Ransby, M. J., & Swanson, H. L. (2003). Reading comprehension skills of young adults with childhood diagnoses of dyslexia. *Journal of Learning Disabilities, 36*, 538–555.

Raskind, W. H., Hsu, L., Berninger, V. W., Thomson, J. B, & Wijsman, E. M. (2000). Familial aggregation of dyslexia phenotypes. *Behavior Genetics, 30*, 385–396.

Rayner, K., Foorman, B. R., Perfetti, C. A., Pesetsky, D., & Seidenberg, M. S. (2001). How psychological science informs the teaching of reading. *Psychological Science in the Public Interest, 2*, 31–74.

Reigosa-Crespo, V., Valdés-Sosa, M., Butterworth, B., Estévez, N., Rodríguez, M., Santos, E., et al. (2012). Basic numerical capacities and prevalence of developmental dyscalculia: The Havana survey. *Developmental Psychology, 48*, 123–135.

Reynolds, C. R., & Shaywitz, S. E. (2009). Response to intervention: Prevention and remediation, perhaps. Diagnosis, no. *Child Development Perspectives, 3*, 44–47.

Richards, T., Berninger, V. & Fayol, M. (2009). FMRI activation differences between 11- year-old good and poor spellers' access in working memory to temporary and long-term orthographic representations. *Journal of Neurolinguistics, 22*, 327–353.

Richards, T. L., Berninger, V. W., Stock, P., Altemeier, L., Trivedi, P., & Maravilla, K. (2009). Functional magnetic resonance imaging sequential-finger movement activation differentiating good and poor writers. *Journal of Clinical and Experimental Neuropsychology, 31,* 967–983.

Richards, T. L., Berninger, V. W., Stock, P., Altemeier, L., Trivedi, P., & Maravilla, K. R. (2011). Differences between good and poor child writers on fMRI contrasts for writing newly taught and highly practiced letter forms. *Reading and Writing, 24,* 493-516.

Richards, T., Berninger, V., Winn, W., Swanson, H. L., Stock, P., Liang, O., et al. (2009). Differences in fMRI activation between children with and without spelling disability on 2-back/0-back working memory contrast. *Journal of Writing Research, 1,* 93–123.

Richlan, F., Kronbichler, M., & Wimmer, H. (2011). Meta-analyzing brain dysfunctions in dyslexic children and adults. *NeuroImage, 56,* 1735–1742.

Rimrodt, S. L., Clements-Stephens, A. M., Pugh, K. R., Courtney, S. M., Gaur, P., Pekar, J. J., et al. (2009). Functional MRI of sentence comprehension in children with dyslexia: Beyond word recognition. *Cerebral Cortex, 19,* 402-413.

Risemberg, R., & Zimmerman, B. J. (1992). Self-regulated learning in gifted students. *Roeper Review, 15,* 98–102.

Rojewski, J. W., & Gregg, N. (2011). Career choice patterns and behaviors of work-bound youth with high incidence disabilities. In J. M. Kauffman & D. P. Hallahan (Eds.), *Handbook of special education* (pp. 584–593). New York: Routledge.

Rotzer, S., Kucian, K., Martin, E., Aster, M. V., Klaver, P., & Loenneker, T. (2008). Optimized voxel-based morphometry in children with developmental dyscalculia. *NeuroImage, 39,* 417–422.

Rousselle, L., & Noël, M. P. (2007). Basic numerical skills in children with mathematics learning disabilities: A comparision of symbolic vs. non-symbolic number magnitude processing . *Cognition, 102,* 361–395.

Rourke, B. P. (1989). *Nonverbal learning disabilities.* New York: Guilford Press.

Rourke, B. P. (1993). Arithmetic disabilities specific and otherwise: A neuropsychological perspective. *Journal of Learning Disabilities, 26,* 214–226.

Ruban, L., & Reis, S. M. (2006). Patterns of self-regulation: patterns of self-regulatory strategy use among low-achieving and high-achieving university students. *Roeper Review, 28,* 148–156.

Rumsey, J. M., Andreason, P., Zametkin, A. J., Aquino, T., King, A., Hamburger, S., et al. (1992). Failure to activate the left temporoparietal cortex in dyslexia: An oxygen 15 positron emission tomographic study. *Archives of Neurology, 49,* 527–534.

Rutter, M. (1982). Syndromes attributed to "minimal brain dysfunction" in childhood. *American Journal of Psychiatry, 139,* 21–33.

Salmelin, R., Service, E., Kiesila, P., Uutela, K., & Salonen, O. (1996). Impaired visual word processing in dyslexia revealed with magnetocenphalography. *Annals of Neurology, 40,* 157–162.

San Miguel, S. K., Forness, S. R., & Kavale, K. A. (1996). Social skills deficits in learning disabilities: The psychiatric comorbidity hypothesis. *Learning Disability Quarterly, 19,* 252–261.

Satz, P., & Fletcher, J. M. (1980). Minimal brain dysfunctions: An appraisal of research concepts and methods. In H. Rie & E. Rie (Eds.), *Handbook of minimal brain dysfunctions: A critical view* (pp. 669–715). New York: Wiley–Interscience.

Scarborough, H. S. (1990). Very early language deficits in dyslexic children. *Child Development, 61,* 1728–1743.

Scarborough, H. S. (1998). Predicting the future achievement of second graders with reading disabilities: Contributions of phonemic awareness, verbal memory, rapid naming, and IQ. *Annals of Dyslexia, 48,* 115–136.

Schatschneider, C., Carlson, C. D., Francis, D. J., Foorman, B. R., & Fletcher, J. M. (2002). Relationships of rapid automatized naming and phonological awareness in early reading development: Implications for the double deficit hypothesis. *Journal of Learning Disabilities, 35,* 245–256.

Schneider, W. J., & McGrew, K. S. (2012). The Cattell–Horn–Carroll model of intelligence. In D. P. Flanagan & P. L. Harrison (Eds.), *Contemporary intellectual assessment: Theories, tests, and issues* (3rd ed., pp. 99–144). New York: Guilford Press.

Schulte-Korne, G., Deimel, W., Muller, K., Gutenbrunner, C., & Remschmidt, H. (1996). Familial aggregation of spelling disability. *Journal of Child Psychology and Psychiatry, 37,* 817–822.

Schumacher, J., Hoffmann, P., Schmal, C., Schulte-Korne, G., & Nothen, M. M. (2007). Genetics of dyslexia: The evolving landscape. *Journal of Medical Genetics, 44,* 289–297.

Schunk, D. H. (2005). Self-regulated learning: The educational legacy of Paul R. Pintrich. *Educational Psychologist, 40,* 85–94.

Semrud-Clikeman, M., Guy, K., Griffin, J. D., & Hynd, G. W. (2000). Rapid naming deficits in children and adolescents with reading disabilities and attention deficit hyperactivity disorder. *Brain and Language, 74,* 70–83.

Shalev, M. (2007). Limits and alternatives to multiple regression in comparative research. *Comparative Social Research, 24,* 261–308.

Shalev, R. S., Manor, O., Auerbach, J., & Gross-Tsur, V. (1998). Persistence of developmental dyscalculia: What counts? Results from a 3-year prospective follow-up study. *Journal of Pediatrics, 133,* 358–362.

Shalev, R. S., Manor, O., & Gross-Tsur, V. (2005). Developmental dyscalculia: A prospective six-year follow-up. *Developmental Medicine & Child Neurology, 47,* 121–125.

Shalev, R. S., Manor, O., Kerem, B., Ayali, M., Badichi, N., Friedlander, Y., et al. (2001). Developmental dyscalculia is a familial learning disability. *Journal of Learning Disabilities, 34,* 59–65.

Shankweiler, D., Lundquist, E., Katz, L., Stuebing, K., Fletcher, J., Brady, S., et al. (1999). Comprehension and decoding: Patterns of association in children with reading difficulties. *Scientific Studies of Reading, 3*, 69–94.

Shaywitz, B. A., Shaywitz, S. E., Blachman, B. A., Pugh, K. R., Fulbright, R. K., Skudlarski, P., et al. (2004). Development of left occipitotemporal systems for skilled reading in children after a phonologically-based intervention. *Biological Psychiatry, 55*, 926–933.

Shaywitz, B. A., Shaywitz, S. E., Pugh, K. R., Mencl, W. E., Fulbright, R. K., Constable, R. T., et al. (2002). Disruption of the neural circuitry for reading in children with developmental dyslexia. *Biological Psychiatry, 52*, 101–110.

Shaywitz, S. E. (2003). *Overcoming dyslexia: A new and complete science-based program for reading problems at any level.* New York: Knopf.

Shaywitz, S. E., & Shaywitz, B. A. (2005). Dyslexia (specific reading disability). *Biological Psychiatry, 57*, 1301–1309.

Shaywitz, S. E., & Shaywitz, B. A. (2013). Making a hidden disability visible: What has been learned from neurobiological studies of dyslexia. In H. L. Swanson, K. R. Harris, & S. Graham (Eds.), *Handbook of learning disabilities* (pp. 643–657). New York: Guilford Press.

Shifrin, J. G. (2010). *Assessing the relationship among models for diagnosing specific learning disabilities.* Unpublished doctoral dissertation, Florida State University.

Siegel, L. S. (1992). An evaluation of the discrepancy definition of dyslexia. *Journal of Learning Disabilities, 25*, 618–629.

Siegel, L. S., & Ryan, E. B. (1988). The development of working memory in normally achieving and subtypes of learning disabled children. *Child Development, 60*, 973–980.

Simon, T. J. (2011). Clues to the foundations of numerical cognitive impairments: Evidence from genetic disorders. *Developmental Neuropsychology, 36*, 788–805.

Simos, P. G., Fletcher, J. M., Sarkari, S., Billingsley-Marshall, R., Denton, C. A., & Papanicolaou, A. C. (2007). Intensive instruction affects brain magnetic activity associated with oral word reading in children with persistent reading disabilities. *Journal of Learning Disabilities, 40*, 37–48.

Snow, C., Burns, M. S., & Griffin, P. (Eds.). (1998). *Preventing reading difficulties in young children.* Washington, DC: National Academy Press.

Spreen, O. (2011). Nonverbal learning disabilities: A critical review. *Child Neuropsychology, 17*, 418–443.

Stanovich, K. E. (1986). Matthew effects in reading: Some consequences of individuals differences in the acquisition of literacy. *Reading Research Quarterly, 21*, 360–407.

Stanovich, K. E. (1994). Romance and reality. *The Reading Teacher, 47*, 280–291.

Starch, D., & Elliott, E. C. (1912). Reliability of the grading of high-school work in English. *The School Review, 20*, 442–457.

Stein, J. (2001). The sensory basis of reading problems. *Developmental Neuropsychology, 20*, 509–534.

Sternberg, R. J. (1991). Are we reading too much into reading comprehension tests? *Journal of Reading, 34*, 540–545.

Sternberg, R. J., & Grigorenko, E. L. (2002). Difference

scores in the identification of children with learning disabilities: It's time to use a different method. *Journal of School Psychology, 40*, 65–83.

Stevenson, J., Graham, P., Fredman, G., & McLoughlin, V. (1987). A twin study of genetic influences on reading and spelling ability and disability. *Journal of Child Psychology and Psychiatry, 28*, 229–247.

Stothard, S. E., & Hulme, C. (1992). Reading comprehension difficulties in children: The role of language comprehension and working memory skills. *Reading and Writing, 4*, 245–256.

Stothard, S. E., & Hulme, C. (1996). A comparison of reading comprehension and decoding difficulties in children. In C. Cornoldi & J. Oakhill (Eds.), *Reading comprehension difficulties: Processes and intervention* (pp. 93–112). Mahwah, NJ: Erlbaum.

Strang, J. D., & Rourke, B. P. (1985). Arithmetic disability subtypes: The neuropsychological significance of specific arithmetic impairment in childhood. In B. P. Rourke (Ed.), *Neuropsychology of learning disabilities: Essentials of subtype analysis* (pp. 167–186). New York: Guilford Press.

Strauss, A. A., & Lehtinen, L. E. (1947). *Psychopathology and education of the brain-injured child: Vol. 2. Progress in theory and clinic.* New York: Grune & Stratton.

Strauss, A. A., & Werner, H. (1943). Comparative psychopathology of the brain-injured child and the traumatic brain-injured adult. *American Journal of Psychiatry, 19*, 835–838.

Stuebing, K. K., Fletcher, J. M., LeDoux, J. M., Lyon, G. R., Shaywitz, S. E., & Shaywitz, B. A. (2002). Validity of IQ-discrepancy classifications of reading disabilities: A meta-analysis. *American Educational Research Journal, 39*, 465–518.

Swanson, H. L. (1999). Reading research for students with LD: A meta-analysis of intervention outcomes. *Journal of Learning Disabilities, 32*, 504–532.

Swanson, H. L. (2013). Meta-analysis of research on children with learning disabilities. In H. L. Swanson, K. R. Harris, & S. Graham (Eds.), *Handbook of learning disabilities* (pp. 627–642). New York: Guilford Press.

Swanson, H. L., & Malone, S. (1992). Social skills and learning disabilities: A meta-analysis of the literature. *School Psychology Review*.

Swanson, H. L., Jerman, O., & Zheng, X. (2009). Math disabilities and reading disabilities: Can they be separated? *Journal of Psychoeducational Assessment, 27*, 175–196.

Swanson, H. L., & Stomel, D. (2012). Learning disabilities and memory. In B. Wong & D. L. Butler (Eds.), *Learning about learning disabilities* (2nd ed., pp. 27–57). San Diego, CA: Academic Press.

Talcott, J. B., Witton, C., McClean, M., Hansen, P. C., Rees, A., Green, G. G. R., et al. (2000). Visual and auditory transient sensitivity determines word decoding skills. *Proceedings of the Natural Academy of Sciences USA, 97*, 2952–2958.

Tannock, R., Martinussen, R., & Frijters, J. (2000). Naming

speed performance and stimulant effects indicate effortful, semantic processing deficits in attention-deficit/hyperactivity disorder. *Journal of Abnormal Child Psychology, 28,* 237–252.

Taylor, H. G., & Fletcher, J. M. (1983). Biological foundations of specific developmental disorders: Methods, findings, and future directions. *Journal of Child Clinical Psychology, 12,* 46–65.

Temple, E., Poldrack, R. A., Salidis, J., Deutsch, G. K., Tallal, P., Merzenich, M. N., et al. (2001). Disrupted neural responses to phonological and orthographic processing in dyslexic children: An FMRI study. *NeuroReport, 12,* 299–307.

Torgesen, J. K. (1991). Learning disabilities: Historical and conceptual issues. In B. Y. L. Wong (Ed.), *Learning about learning disabilities* (pp. 3–39). New York: Academic Press.

Traxler C. (2000). The Stanford Achievement Test, 9th edition: National norming and performance standards for deaf and hard-of-hearing students. *Journal of Deaf Studies and Deaf Education, 5,* 337–348.

U.S. Office of Education. (1968). *First annual report of the National Advisory Committee on Handicapped Children.* Washington, DC: U.S. Department of Health, Education and Welfare.

U.S. Office of Education. (1977). Assistance to states for education for handicapped children: Procedures for evaluating specific learning disabilities. *Federal Register, 42,* G1082–G1085.

Vaughn, S., Swanson, E. A., & Solis, M. (2013). Reading comprehension for adolescents with significant reading problems. In H. L. Swanson, K. R. Harris, & S. Graham (Eds.), *Handbook of learning disabilities* (2nd ed., pp. 375–387). New York: Guilford Press.

Vellutino, F. R. (1979). *Dyslexia: Theory and research.* Cambridge, MA: MIT Press.

Vellutino, F. R., Fletcher, J. M., Snowling, M. J., & Scanlon, D. M. (2004). Specific reading disability (dyslexia): What have we learned in the past four decades0 *Journal of Child Psychology and Psychiatry, 45,* 2–40.

Vermetten, Y., & Loedwijks, H. G. (1997). Change and stability in learning strategies during the first two years at the university (Report No. HE030227). Chicago: American Educational Research Association. (ERIC Document Reproduction Service No. ED409754).

Vukovic, R. K., & Siegel, L. S. (2006). The double-deficit hypothesis: A comprehensive analysis of the evidence. *Journal of Learning Disabilities, 39,* 25–47.

Waber, D. P., Weiler, M. D., Wolff, P. H., Bellinger, D., Marcus, D. J., Ariel, R., et al. (2001). Processing of rapid auditory stimuli in school-age children referred for evaluation of learning disorders. *Child Development, 72,* 37–49.

Wadsworth, S. J., Olson, R. K., Pennington, B. F., & DeFries, J. C. (2000). Differential genetic etiology of reading disability as a function of IQ. *Journal of Learning Disabilities, 33,* 192–199.

Wagner, R. K., Torgesen, J. K., & Rashotte, C. A. (1994). The development of reading-related phonological processing abilities: New evidence of bi-directional causality from a latent variable longitudinal study. *Developmental Psychology, 30,* 73–87.

Wagner, R. K., Torgesen, J. K., & Rashotte, C. A. (1999). *Comprehensive Test of Phonological Processing: CTOPP.* Austin, TX: PRO-ED.

Wauters, L. N., Van Bon, W. H. J., & Tellings, A. E. J. M. (2006). Reading comprehension of Dutchdeaf children. *Reading and Writing, 19,* 49–76.

Wiederholt, J. L. (1974). Historical perspectives on the education of the learning disabled. In L. Mann & D. A. Sabatino (Eds.), *The second review of special education* (pp. 103–152). Austin, TX: PRO-ED.

Wolf, M., & Bowers, P. G. (1999). The double deficit hypothesis for the developmental dyslexias. *Journal of Educational Psychology, 91,* 415–438.

Wolf, M., Bowers, P. G., & Biddle, K. (2001). Naming-speed processes, timing, and reading: A conceptual review. *Journal of Learning Disabilities, 33,* 387–407.

Wolff, P. H., Michel, G. F., Ovrut, M., & Drake, C. (1990). Rate and timing precision of motor coordination in developmental dyslexia. *Developmental Psychology, 26,* 349–359.

Wong, B. Y. L. (1991). *Learning about learning disabilities.* New York: Academic Press.

Wood, F. B, Felton, R. H., Flowers, L., & Naylor, C. (1991). Neurobehavioral definition of dyslexia. In D. D. Duane & D. B. Gray (Eds.), *The reading brain: The biological basis of dyslexia* (pp. 1–26). Parkton, MD: York Press.

World Health Organization. (1992). *The ICD-10 classification of mental and behavioral disorders: Clinical descriptions and diagnostic guidelines.* Geneva: Author.

Zigmond, N. (1993). Learning disabilities from an educational perspective. In G. R. Lyon, D. B. Gray, J. F. Kavanagh, & N. A. Krasnegor (Eds.), *Better understanding learning disabilities: New views from research and their implications for education and public policies* (pp. 27–56). Baltimore: Brookes.

장애 위험이 있는 영아와 아동

15

영아기와 걸음마기의 장애와 장애 위험

KARLEN LYONS-RUTH
CHARLES H. ZEANAH
DIANE BENOIT
SHERI MADIGAN
W. ROGER MILLS-KOONCE

발달과정에 있는 어린 아동을 맥락과 함께 이해해야 한다는 것은 영아 정신건강에서 핵심 전제이다. 계층, 문화, 그리고 심지어 역사적으로 중요한 사건 모두가 발달에는 중요한 맥락이다. 그러나 정신병리학적 관점에서는 영아가 주양육자와의 경험을 토대로 형성한 관계의 맥락이 평가와 개입에 가장 중요한 것으로 간주된다.

그렇지만 이러한 주장은 영아의 장애를 개념화하고 정의하는 데 있어 몇 가지 중요한 도전을 불러일으킨다. 영아가 정신장애로 진단될 수 있는가, 아니면 영아의 증상이 특정 관계에만 나타나는 관계 특정적인 것인가? 영아발달의 양육 맥락이 장애행동과 연합된 것이 아니고, 관계장애의 한 부분이 된다고 생각할 수 있는 정도는 어느 정도인가? 영아의 혼란된 행동이 장애를 타나나는 것인가, 아니면 앞으로의 장애 위험을 알리는 신호인가? 현재의 고통을 어느 정도로 고려해야 하는가? 또는 영아의 발달장애와 이후 장애 간의 연결을 입증해야만 하는가? 이에 대해서 어떻게 답을 하느냐에 따라 우리의 방향이 달라질 것이다.

어린 아동의 심리적 장애를 어떻게 개념화하는가에 대해 서로 상당히 다른 두 전통이 있다. 이 두 접근은 장애에 대한 가정을 달리하며 개입의 방향도 서로 다르다.

한 가지 전통은 발달심리학과 발달정신병리학에서 우세한 전통으로, 영아가 후기 아동기에 특정 장애를 발달시킬 확률을 증가시키거나 감소시키는 위험요인과 보호요인을 가지고 있다고 본다. 이들 위험요인과 보호요인은 생물학적(내재적)이거나 사회적(맥락적)이거나 또는 둘 다일 수 있다. 현재 이루어지고 있는 많은 연구는 위험이 있는 영아의 발달경로와 궤도를 알아내어, 후에 나타나게 될 장애를 암시하는 '표지자'를 초기에 탐지하는 문제에 집중하고 있다. 예를 들어 초기 경험이 어떻게 '내면에' 있다가 이후에 신체건강과 정신건강 문제를 일으키는지를 강조하는 것은 이후의 결과와 관련된 위험요인과 과정에 대한 관심을 보여주는 예이다(Hertzman & Boyce, 2010).

또 다른 전통은 경험적이기보다 임상적 전통에 뿌리를 두고 있는데, 3세 정도의 어린 아동도 공식적인 정신질환을 겪을 수 있다고 생각한다. 이 전통을 지지하는 연구는 주로 지난 10~20년 동안 나타나기 시작하였는데, 이 주장을 확인하기 위해서는 앞으로 많은 연구들이 수행되어야 한다. 그럼에도 불구하고 영아기의 장애에 대한 이 접근은 널리 지지받고 있다(Egger & Angold, 2006; Gleason & Schechter, 2009; Zeanah, 2009).

이 장에서는 우선 영아기 장애 연구 분야에서 뚜렷하게 부각되는 문제인 진단분류에 대한 관계적 접근과 개인적 접근의 개념적 논쟁을 살펴볼 것이다. 영아기 진단에 대한 현행의 경쟁적인 접근에 대해 다룰 것이다. 그다음에 영아의 다양한 특정 '장애'의 정의와 관련요인에 대한 연구를 살펴볼 것인데, 조절장애와 같이 DSM-5(APA, 2013)에는 포함되지 않았지만 일반적으로 잘 알려진 임상적 문제도 포함하여 살펴볼 것이다. 마지막 절에서는 후에 아동기 장애로 발전하게 될 가능성을 높이는 위험요인이 되는 가족 특징과 행동 집합, 아동기 장애의 전조와 전조 형태를 다룬 종단적 발달연구를 선택적으로 개관할 것이다. 현재 이루어지고 있는 연구 분야에서 가장 활발한 세 분야, 즉 관계적 행동 패턴의 세대 간 전이, 와해된/혼란된(disorganized/disoriented) 영아애착 행동과 상관되는 특성들, 그리고 공격적 행동장애, 불안장애, 우울과 해리증상 및 자살을 포함하는 이후의 심리장애 증후의 초기 예언인자에 대한 연구를 선택적으로 살펴볼 것이다.

영아기의 진단분류

영아기 장애에 대한 임상적 전통은 이 연령 집단에 관련된 진단분류의 특수한 문제를 고려한다. Emde, Bingham 및 Harmon(1993)은 이러한 문제에 영아 정신건강의 다학문적 본질, 영아 정신건강에 고유한 발달적 관점, 문제의 중다세대적 초점, 예방 지향성 등이 포함된다고 하였다. 이러한 특성은 영아기의 진단을 복잡하게 만들지만, 영아 장애에 대한 표준질병분류 접근에서 이러한 특성을 포함시키지 않았기에 임상가들이 영아 장애에 대한 표준질병분류 접근에 불만을 가지게 되는 것이다.

DSM-5와 영아기 장애

DSM-5는 어떻게 장애가 인생주기의 각기 다른 단계에 나타나는지를 고려하여 발달적으로 명확히 정의하는 데 초점을 두었다. 안타깝지만 초기 아동기 장애에 대한 연구는 너무 제한적이어서 DSM-VI에서 DSM-5로 변화된 내용이 어린 아동의 치료에 대한 접근성과 유용성을 향상시키지 못하고 있다. DSM-5는 외상후 스트레스장애(PTSD)의 학령 전 아형을 포함하고 있는데, 이 부분은 나중에 자세히 살펴보겠지만(Nader & Fletcher, 이 책의 제10장 참조), 생의 초기 몇 년 동안 PTSD의 표현형에 대한 체계적 연구 때문에 포함되었다. 다른 장애들은 장애가 어떻게 나타나는가와 관련한 발달적 차이에 대해 경험적 관심을 받지 못하였다. 다른 장애들이 초기 아동기에 나타나는 것으로 정의하는 것은 도전적인 일인데, 생의 첫 3년 동안의 빠른 발달적 변화, 증상이 나타나는 양상에서의 발달적 차이, 그리고 증상이 발달시기에 특정적일 가능성을 고려하면 그렇다.

0-3 체계와 영아기 장애

전통적인 질병분류체계에서 간과되어 온 이러한 문제에 답하기 위해 국제연구기구인 Zero to Three(www.zerotothree.org)에 의해 특별전문위원회가 만들어졌다. 이 특별전문위원회는 생의 첫 3년 동안에 나타나는 장애를 보다 자세히 분류하는 분류체계를 개발하여 출판하였는데, 영아기와 초기 아동기 정신건강과 발달장애의 진단분류(*Diagnostic Classification of Mental Health and Developmental Disorders of Infancy and Early Childhood*) 또는 간단히 진단분류 : 0-3(*Diagnostic Classification : 0-3*, DC : 0-3)이라고 한다(0-3/임상적 영아 프로그램을 위한 국립센터, 1994). 이 체계는 DSM-III와 DSM-IV(APA, 1980, 1987, 1994)와 같은 중다축 접근을 채택하고 있지만 축이 DSM과는 다소 다르다. DC : 0-3은 2005년에 DC : 0-3R로 개정되었는데(0-3/임상적 영아 프로그램을 위한 국립센터, 2005; 표 15.1 참조), 최근 연구들을 반영하여 몇 가지 장애는 추가되었고, 어떤 것은 삭제되었다.

DC : 0-3R의 축 I은 영아기와 초기 아동기의 임상적 장애를 포함한다. 축 II는 관계장애, 즉 양육자와의 관계가 혼란되어 장애가 된 경우를 포함한다. 관계장애는 영아 내부에 존재한다기보다는 부모와 아기 사이에 존재한

표 15.1 진단분류 : 0-3(DC : 0-3R)

축 I : 임상적 장애
　외상후 스트레스장애
　박탈/학대장애
　정서장애
　지속적인 애도/비탄 반응
　영아기와 초기 아동기의 불안장애
　　분리불안장애
　　특정공포증
　　사회불안장애(사회공포증)
　　일반화된 불안장애
　　달리 구분되지 않는(NOS) 불안장애
　영아기와 초기 아동기의 우울증
　　유형 I. 주요우울증
　　유형 II. 달리 구분되지 않는 우울장애
　복합 정서표현장애
　적응장애
　감각처리의 조절장애
　　과민성 유형
　　　유형 A. 두려운/조심스러운
　　　유형 B. 거부적/반항적
　　둔감/무반응 유형
　　감각자극 추구/충동적 유형
　수면행동장애
　　수면시작장애
　　불면장애
　섭식행동장애(표 15.4 참조)
　관계형성 및 의사소통장애
　　중다체계 발달장애
　　다른 장애(DSM-IV-TR 또는 ICD-10)
축 II : 관계장애 분류
축 III : 의학적 및 발달적 장애와 상태
축 IV : 심리사회적 스트레스 요인
축 V : 정서적 및 사회적 기능

© Zero to Three(2005) *Diagnostic Classification of Mental Health and Developmental Disorders of Infancy and Early Childhood, Revised*(DC : 0-3R). www.zerotothree.org

다고 본다. 혼란된 관계 유형에는 과잉관여, 비관여, 불안/긴장, 화/적의, 언어적 학대, 신체적 학대 및 성적 학대가 있다. 이 분류체계에서 관계장애는 축 I과 함께 또는 단독으로 나타날 수 있다. 임상가들을 위한 두 가지 도구가 있다. 관계문제 체크리스트(Relationship Problem Checklist)는 관계장애의 유형을 파악하기 위해 사용된다. 부모-영아 관계 전반적 평가척도(Parent-Infant Relationship Global Assessment Scale)는 관계 적응과 혼란 수준을 평가하기 위해 사용된다. '잘 적응된(well adapted)'부터 '동요된(perturbed)', '괴로운(distressed)'을 거쳐 '혼란된(disturbed)', '장애가 있는(disordered)', '그리고 '심하게 손상된(grossly impaired)'과 '입증된 학대(documented maltreatment)'로 평정한다. 이 척도는 부모-아기 관계에 대한 임상적 평가를 완료한 이후에 사용해야 하며, 장애의 강도, 빈도, 그리고 지속 기간에 대한 관찰에 근거해서 평가해야 한다.

DC : 0-3과 DC : 0-3R의 개발에는 중요한 진전이 있었으며, 이러한 이유로 임상가들 사이에서 널리 사용되고 있다. 그럼에도 불구하고 DC : 0-3이나 DC : 0-3R 모두 많은 연구를 촉발시키진 못했다. 초판 출간 이후 20년 동안 몇몇 장애의 정의 기준에 대한 신뢰도 및 타당도 연구가 수행된 정도일 뿐이다. 체계가 만들어지면 이후 연구를 자극할 것이라는 기대를 충족시키지 못했다는 점에서 실망스럽다. 한 가지 중요한 문제점은 비록 어떤 장애(예 : PTSD)는 정확하게 잘 기술되어 있지만, 다른 장애는 모호하게 정의되어 있거나(예 : 중다체계 발달장애) 혹은 진단을 내리기 위해 얼마나 많은 기준을 충족해야 하는지에 대해 불분명하다(예 : 조절장애). DC : 0-3R의 주요한 개정이 진행 중이며, 개정판의 예상되는 출판 시기는 2016년이다.

DSM-5와 DC : 0-3R 진단체계 모두 장애를 범주로 분류하는 전통적인 생물의학적 모형을 따른다. 그럼에도 불구하고 일부 제안처럼(Rutter, 1994), 영아기 장애에 대한 연속적이고 차원적인 접근이 범주적인 접근에 비해 이점이 있을지도 모른다는 것을 생각해보아야 할 것이다. 어떤 연구자들은 보다 나이든 아동을 진단할 경우에도 진단적 접근에 비해 연속적 접근을 옹호하며, DSM-5도 대부분의 장애에 대해 차원적 접근을 하여 심각도 차원을 포함하고 있다(APA, 2013).

고려해보아야 할 다른 쟁점은 영아기의 장애를 개인 내의 문제로 개념화해야 하는지 아니면 영아와 양육자

간의 문제로 개념화해야 하는지의 문제이다. Sameroff와 Emde(1989)는 자폐스펙트럼장애와 같은 몇몇 경우를 제외하고는 초기 영아기 장애의 대부분은 개인적 장애이기보다는 관계장애라고 시사하였다. 영아기 혼란에 대한 그들의 설명은 영아-양육자 관계의 혼란, 특히 영아에 대한 양육자의 조절기능 혼란을 중시하여, 혼란의 수준(관계동요, 혼란, 장애)을 정의하였다. 아직까지는 영아기 진단과 관련하여 이 접근으로 설명한 연구가 거의 없다. 그러나 이후의 진단에 대한 위험요인과 관련하여 발달정신병리 연구자들은 현재와 이후의 아동기 혼란의 예언 변인으로 부모 조절의 역할을 거듭 강조하고 있다(이 장의 마지막 부분 참조).

요약하면 영아기 장애를 분류하는 현재의 체계들은 DC : 0-3R 체계처럼 예비적이거나, DSM-5 체계처럼 영아기 장애와 충분하게 관련되지 못하고 있다. 분류체계와 여러 장애에 대한 특정 준거를 입증하는 것이 앞으로 필요한 과제이다. 이제 영아 정신건강 임상가가 흔히 접하게 되는 일반적인 문제들 몇 가지를 선택하여 살펴보고자 한다. 먼저 조절장애와 같이 생리적인 문제라고 생각되는 문제부터 시작하여, 외상후 스트레스장애와 탈억제성 사회적 유대감장애(DESD)와 같이 경험에 의한 문제라고 생각되는 것까지 상세히 다룰 것이다. 이 양극 사이에는 중추신경계의 기능과 심리적 경험의 개인차가 혼합되어 나타나는 것으로 생각되는 문제가 있다. 논의하는 과정에서 영아가 정서조절과 각성을 일차 양육자에게 의존하는 초기 발달 기간의 장애 출현과 표현에 미치는 맥락요인, 특히 일차 양육자와의 관계 중요성을 강조할 것이다.

영아기와 걸음마기 장애

표 15.2는 영아기 및 걸음마기와 관련된 DSM-5 진단 목록이다. 영아기에 흔하게 나타나는 몇몇 문제가 DSM-5에 포함되어 있지 않다. 이러한 문제들이 발생하는 빈도가 높고 또 영아 진단을 둘러싼 논쟁들이 있으므로 여기서는 이러한 문제들에 대해서도 살펴보고자 한다.

표 15.2 생후 3년의 DSM-5 정신장애와 질병

급식 및 섭식장애
　되새김장애
　이식증
　회피적/제한적 음식섭취장애
　달리 명시된 급식 또는 섭식장애
수면-각성장애(표 15.5 참조)
외상 및 스트레스 관련장애
외상후 스트레스장애
반응성 애착장애
탈억제성 사회적 유대감장애

조절장애

장애에 대한 기술

DC : 0-3R에서 조절장애(regulation disorders)는 "발달과 기능의 손상을 초래할 만큼 감각자극에 반응하는 운동기술뿐 아니라 정서와 행동을 조절하는 데 있어서의 어려움"으로 정의된다(Zero to Three, 2005, p.28). DC : 0-3R에 따르면 조절장애의 세 가지 핵심 특징은 특정의 부적응 행동(예 : 지나친 신중함), 감각 정보 처리의 어려움, 운동의 어려움이다. DeGangi, DiPietro Greenspan 및 Porges(1991)는 조절장애와 관련된 비전형적 행동 목록을 제시했는데, 정서적 불안정성, 섭식문제, 수면-각성 주기의 조절불능, 일상적 절차의 변화와 자기위로의 어려움, 자극에 대한 과민감성이 포함된다. 특정의 감각 증상에는 청각, 시각, 촉각, 미각, 전정감각, 후각자극뿐 아니라 온도에 대한 과잉반응이나 과소반응, 근육 안정성과 운동계획기술 및 소근육기술의 손상, 그리고 청각-시각 혹은 시각-공간 자극을 변별하거나 통합하는 능력의 감퇴가 포함될 수 있다. 이러한 행동이 생후 6개월이 안 된 영아들에서 일반적으로 관찰되기는 하지만 이 시기를 지나서도 계속된다면, 특히 상황에 상관없이 나타나고 다양한 관계 내에서 나타난다면 부적응적인 것이다(Zero to Three, 2005). 조절장애와 관련된 우려는 장애가 영아나 아동의 편안함을 방해하고 양육자나 다른 어른 및 또래들과의 상호작용 능력에 지장을 줄 수도 있다는 것이다. 또 사회정서, 인지, 그리고 운동발달의 문제를 예언할 수 있으며 감각 통합에 지장을 줄 수도 있다.

진단적 고려사항

감각처리의 조절장애는 DC : 0-3R의 독특한 진단범주이며(Zero to Three, 2005), 따라서 DSM-5나 국제질병분류 제10판(*International Classification of Diseases,* 10th *revision;* ICD-10; WHO, 1992)에는 포함되어 있지 않다. DC : 0-3R은 감각처리의 조절장애를 (1) 과민성 유형(아형 : 두려운/조심스러운, 거부적/반항적), (2) 둔감/무반응 유형, (3) 감각적 자극추구/충동적 유형의 세 가지 유형으로 기술하고 있다. 과민성 유형으로 분류된 어린 아동들은 청각, 시각, 촉각, 미각, 전정감각, 후각자극에 대해 민감하며, 혐오자극에 대해 민감하게 반응하는 강도와 지속시간은 때와 자극에 따라 다를 수 있다. 둔감 혹은 무반응 유형의 어린 아동들은 주변 환경을 탐색하는 데 흥미가 없는 것처럼 보이고 사회적 관계를 맺는 데 어려움을 겪는다. 그들에게 사회적 혹은 주변 환경에 대한 반응을 일으키려면 상당한 수준의 자극 입력이 필요하다. 마지막으로 감각적 자극 추구 혹은 충동적 유형의 어린 아동들은 감각자극 입력에 대한 자신들의 욕구를 충족시키기 위해 적극적으로 자극을 찾는다. 강한 강도의 감각자극을 원하는 아동들은 다른 사람의 물리적 공간을 침해하기도 한다(예 : 이유 없는 공격성).

조절장애는 하나 또는 그 이상의 발달 분야에 영향을 주고 그 심한 정도는 고도에서부터 경도까지 나타날 수 있다. 가장 경도의 조절장애에서는 영아가 수면, 섭식, 배설문제를 보일 수 있다. 가장 고도의 조절장애에서는 생리적 또는 상태적 문제들이 영향받는다. 예를 들어 영아가 불규칙적으로 숨쉬고, 놀래고, 토할 수 있다. 중등도의 조절장애에서는 다른 분야, 즉 (1) 대근육운동과 미세운동 활동(비정상적 긴장이나 자세, 요란스럽거나 느릿느릿한 움직임, 낮은 운동 계획) (2) 주의 체제화(충동적 행동, 작은 세부사항에 끌리는 것), 또는 (3) 정서 체제화(우세한 정서 분위기와 정서 경험의 조절을 포함) 분야에서 문제가 생길 수 있다.

조절장애는 6개월 이상 된 영아에게만 진단될 수 있는데, 이는 자기조절의 일시적인 어려움(예 : 수면문제)이 어린 영아에게 흔하게 나타나며 5~6개월이 되어야 스스로 해결할 수 있게 되기 때문이다(DeGangi, Craft, & Castellan, 1991). 더욱이 조절장애 진단을 내리기 위해서는 행동과 체격이 성숙되어 있으나, 감각능력, 감각운동능력, 처리능력의 문제가 일상적 적응과 관계에 영향을 미쳐야만 한다(DeGangi, Craft, & Castellan, 1991; Greenspan & Wieder, 1993).

최근까지도 조절장애의 신뢰도와 타당도에 관해 알려진 것이 별로 없다(Dunst, Storck, & Synder, 2006; Emde & Wise, 2003). 이는 조절장애와 다른 아동기 장애(예 : ADHD)의 경계가 명확하지 않기 때문이기도 하다(Egger & Emde, 2011). 게다가 DC : 0-3R은 조절장애 진단에 필요한 증상의 수나 지속기간에 대한 명확한 기준을 제시하지 않으며, 이것이 평가를 방해한다(Gomez, Baird, & Jung, 2004). 마지막으로 조절장애 개념은 임상적으로 유용하지만 조절의 '어려움'으로 인한 것인지 조절장애 그 자체로 인한 것인지 구분하는 지침이 없다.

발달경과 및 예후

조절장애와 동일한 성인 장애는 없다. DeGangi, Porges, Sickel과 Greenspan(1993)은 8개월에서 10개월에 조절장애로 진단받은 영아들을 대상으로 조절장애의 역사와 예후에 대하여 연구하였다. 4년 동안 추적한 9명 중, 8명이 발달적·감각운동적·정서적·행동적 문제를 보였다. 조절장애가 있는 학령전기 아동과 조절장애가 없는 학령전기 아동 간에 인지능력, 주의 폭, 활동성 수준, 정서적 성숙도, 운동 성숙도 및 촉각 민감성 측정치에 차이가 있었다. 연구자들은 조절장애 아동을 치료하지 않고 그대로 두면 조절장애 및 이와 관련된 행동문제가 지속된다고 결론 내렸다.

역학

조절장애의 발생과 유병률은 아직 확실하게 알려져 있지 않다. 영아와 걸음마기 유아의 50% 이상이 아동기의 어떤 시점에서 섭식, 수면, 울기 영역에서 조절 어려움을 경험할 수 있지만(Schmid, Schreier, Meyer, & Wolke, 2010), 조절장애 진단은 드문 것으로 보인다. 몇몇 연구의 증거는 조절장애로 진단받은 남아가 실제보다 많게 나타났을 수 있음을 시사한다(DeGangi, Craft, & Castellan, 1991; Equit, Paulus, Fuhrmann & Niemczyk, & Gontard, 2011). 조절장애의 사회계층 요인 또는 문화적 요인에 대해서는 아직 알려진 바가 없다.

병인

조절장애의 병인이 불분명하지만 자율신경계의 역기능에 기인하는 것으로 가정된다. 이러한 역기능은 병인적 요인보다 이 장애의 생리학적 요인과 관련이 있을 수 있다. 이 가정을 지지하는 것은 DeGangi, DiPietro, Greenspan과 Porges(1991)의 발견이다. 이들의 연구에서 8개월에서 11개월 된 조절장애 영아($n=11$)와 조절장애를 가지고 있지 않은 영아들($n=24$)은 미주신경 긴장(심장주기와 심장 미주신경 긴장도)과 관련된 생리적 반응에서 차이가 있다. 특히 조절장애 영아는 더 높은 기저수준의 미주신경 긴장을 보이며, 일관되지 않은 미주신경 반응성(감각과제와 인지과제에 대한 이질적인 반응)을 보이는 경향이 있었다. 이러한 발견은 조절장애 영아가 결함이 있는 중추신경 프로그램에 의해 나타나고 미주신경을 통해 신경전달물질에 의해 매개되는 자율신경계의 지나친 과민성을 가지고 있음을 시사한다(DeGangi, DiPietro, et al., 1991; Porges, 1991).

조절장애의 초기 생리학적 관련 요인을 찾기 위해 Zeskind, Marshall 및 Goff(1996)는 일반 신체 및 신경학적 검사에서 정상적이고 건강하다고 판정된 신생아의 자율신경 조절을 살펴보았다. 그들은 아동의 울음 역치를 측정하였는데, 이는 역치와 소리 같은 신생아의 울음 특징들이 영아의 부교감신경계와 교감신경계의 기능적 통합에서의 개인차에 민감하기 때문이다. 또한 Zeskind 등은 심박수를 스펙트럼 분석하고 영아행동(예 : 울음 반응성, 행동 상태, 놀람 행동)을 관찰하였다. 37명의 영아가 전형적인 울음 역치를 보였고(예 : 울게 하는 데 발바닥에 한 개의 고무줄만 튀기면 됨), 17명은 높은 울음 역치를 보였다(예 : 울게 하는 데 3번 이상의 튕김이 필요하며, 높은 울음 역치는 신경계의 역기능을 반영하는 것으로 기술된다). 까다로운 기질의 특성으로 기술되는 행동들(낮은 생물행동학적 리듬, 자기조절에서의 변이, 영아의 반응성 역치, 잠복시간과 지속기간의 변이와 심박률 변이 등을 포함하는 행동들)이 연구에 참여한 영아들을 변별해주었다. 연구결과는 높은 울음 역치를 가진 영아가 앞서 영아의 자율신경계의 항상성과 조절을 반영하는 것으로 기술되는 광범위한 생물행동적 반응을 보인다는 증거를 제시했다. 그러나 높은 울음 역치를 가진 영아가 조절장애로 발달하는지 아닌지 또는 환경조절이 시간이 지나면서 어떻게 영아의 반응성에 영향을 주는지를 확인하기 위해 신생아기 이후 아동기까지 추적하지는 않았다. 조절장애에 유전적 병인이 있는 것으로는 가정되지는 않는다.

중추신경계 반응에 더하여 조절장애가 기질적 차이의 극단을 보여주는 것이라는 주장도 있다. Dale, O'Hara, Keen 및 Porges에 의해 수행된 최근 연구(2011)는 조절장애와 관련된 기질적, 생리학적 요인, 그리고 어머니의 행동 요인들을 살펴보았다. Dale 등은 9개월 된 영아 세 집단, 즉 어려움이 없는 집단, 자기조절이나 과민감성의 문제를 가진 집단($n=25$), 그리고 두 가지 문제를 모두 가진 집단[$n=10$, 자기조절장애(RD)로 분류된 집단]으로 나누어 부모보고형 기질 측정, 심박수, 그리고 부모와 영아의 행동 특징을 비교했다. 연구자들은 RD 집단의 영아들은 어떤 문제도 없는 집단이나 자기조절과 과민감성 중 한 가지 문제만을 가진 집단과 비교했을 때, 기질적으로 더 까다롭고 비전형적인 생리적 활동을 보임을 확인했다. RD 집단 어머니의 아이를 향한 행동(예 : 신체적 행동, 영아에 대한 접근 질, 영아의 주의를 끌기 위한 사회적 단서 사용)은 다른 두 집단 어머니의 행동과 유의미한 차이가 나타나지 않았다. 그러나 다른 두 집단의 영아들에 비해, RD 집단의 영아는 어머니의 접근에 대한 반응으로 언어적 및 행동적 저항과 같은 철회행동을 더 보이는 경향이 있었다.

환경요인, 특히 양육 환경과 관련된 요인들이 조절장애의 핵심요인으로서 조사되었다. Dale 등의 연구(2011)와는 반대로 DeGangi, Sickel, Wiener 및 Kaplan(1996)은 조절장애를 가지고 있지 않은 영아의 어머니들에 비해 조절장애 영아의 어머니들은 유관적인 반응을 덜 하고, 신체적 접근을 덜 하며, 놀이 상황에서 더 무덤덤한 감정을 보인다는 것을 발견하였다. 이러한 연구 발견들이 조절장애의 환경적 병인을 직접 보여주고 있지는 않으나, 이 발견들은 양육 환경의 질이 조절장애가 나아지거나 지속되는 데에 영향을 줄 수 있음을 시사한다.

앞으로의 연구 방향

현재까지 조절장애를 가진 아동의 소수 사례들만이 기술되었다(Barton & Robins, 2000; Benoit, 2000; Maldonado-Duran & Sauceda-Garcia, 1996). 이 장애의 실체를 확인하고 유병률, 발달경과 및 예후를 파악하기 위해서는 임상적으로 초점을 둔 종단연구가 필요하다. 조절장애에 자율신경계, 영아의 기질, 그리고 양육 환경이 상대적으로 어느 정도로 영향을 주는지 알아보기 위한 추후연구도 필요하다. 수면 및 섭식장애와 조절장애의 관계도 연구되어야 할 것이다.

성장장애/더딘 체중 증가/더딘 성장

장애에 대한 기술

성장장애(failure to thrive, FTT)는 더딘 체중 증가(faltering weight), 더딘 성장(faltering growth), 또는 성장 실패(growth failure)라고 지칭되기도 하며, 이에 대한 보편적으로 공인된 정의는 없지만, FTT는 회피적/제한적 음식 섭취장애에 관한 DSM-5 진단기준의 증상이며(표 15.3 참조), 대안적 분류체계인 DC : 0-3R(Zero to Three, 2005)에서 여섯 가지 하위유형으로 구분되어 있는 급식행동장애 증상이다. 급식 및 섭식장애는 다음 장에서 별도로 살펴볼 것이다. FTT를 그 자체로 하나의 진단으로 간주해서는 안 되며(Cole & Lanham, 2011), 아동기의 광범위한 질병과 문제들의 한 가지 증상으로 간주해야 한다.

FTT 영아, 양육자, 가족과 사회적 환경의 특징에는 상당한 이질성이 있다(개관으로 Benoit, 2009 참조).

FTT 영아

FTT 영아들은 영양부족 상태로 인하여 건강상태가 나빠 보이며 자주 감염되기 쉽고 병으로부터의 회복 능력이 약하다(Sherrod, O'Connor, Vietze, & Altemeier, 1984). 이들은 종종 발달이 지체되어 있고 이상한 자세를 취한다. FTT 영아는 우울하고, 위축되고, 슬프고, 무감각해 보이고, 경계하고, 지나치게 조심하고, 과민하고, 화난 것같이 보인다. 일부는 의사소통 기술의 손상과 ADHD와 같은 행동문제도 보인다(Galler, Ramsey, Solimano, Lowell, & Mason, 1983). 인구조사로 중위 연령 15.1개월인 FTT로 확인된 97명의 영아와 그러한 문제가 없는 28명의 대조군 집단 영아를 표집하여 비교한 회고 조사는 FTT 영아의 부모가 대조군 집단 영아의 부모보다 급식문제가 이른 시기에 나타났음을 더 자주 보고하였다. 이 결과는 더 어린 시기의 문제를 회고를 통해 설명하는 것이 가지는 문제에도 불구하고, 초기의 급식문제가 FTT 발달에 중요한 위험요인임을 확인해준다(Wright & Birks, 2000). Hawdon, Beauregard, Slattery 및 Kennedy(2000)는 재태 기간 34주에 출생하여 최소 5일 동안 신생아 집중처치실에서 처치를 받은 35명의 신생아를 추적하여 이후에 급식문제를 일으키는 위험요인을 조사하였는데, 35명 중 14명(40%)이 왜곡되거나 역기능적 급식 패턴을 보이는 것으로 나타났다. 최초 급식 평가에서 정상적 급식 패턴을 가진 영아와 비교했을 때, 이 영아들은 토하는 문제가 6배 더 많았고, 생후 6개월경 고체를 주면 기침을 3배 더 하는 경향이 있었다. 초기에 왜곡되거나 역기능적인 급식 패턴을 보였던 영아들은 12개월에 음식을 먹을 때 9배 더 기침을 하고 덩어리진 음식물의 식감을 4배나 더 참지 못하는 경향이 있었다. Hawdon과 동료들은 이러한 급식문제가 일부의 이 영아와 가족에게는 FTT와 심리사회적 스트레스에 기여할 수 있다고 제안하였다.

FTT 영아의 양육자

FTT 영아의 어머니들은 정서장애, 물질남용과 성격장애와 같은 다양한 임상적 문제가 있는 것으로 기술된다(Crittenden, 1987; Polan et al., 1991). 그러나 이 분야의 연구결과들은 서로 일치하지 않는다(개관으로 Benoit, 2009 참조). Benoit 등(Benoit, Zeanah, & Barton, 1989; Coolbear & Benoit, 1999)은 모성애착 특징에 대한 통제된 연구에서 FTT 영아의 어머니들은 대응되는 다른 집단에 비해 성인애착면접(Adult Attachment Interview, AAI; George, Kaplan, & Main, 1985)에서 더 불안정함을 발견하였다(Ward, Lee, & Lipper, 2000 참조). Benoit 등의 발견은 대응되는 다른 집단에 비해 FTT 영아의 어머니들은 과거나 현재의 애착관계에 대해 논의할 때, 더 수동적이고 혼란되며 심하게 화나 있거나 또는 애착관계를 중요하지 않거나 별것 아닌 것으로 소홀히 여긴다는 것을 시사한다. 이와 같은 반응 유형은 흔히 민감하지 않은 양육의 특징이다(van IJzendoorn, 1995). Polan과 Ward (1994)는 FTT의 경우 (극단적인 경우) 어머니와 아동의 접촉 회피 때문에 성장을 돕고 급식을 촉진하는 어머니의 접촉이 적다는 것을 입증하였다. Black, Hutcheson, Dubowitz 및 Berenson-Howard(1994)는 FTT 아동의 부모들이 대조집단 아동의 부모들보다 덜 양육적이며 더 거부적임을 보여주었다. 그러나 이 연구들은 영향의 방향성을 명확히 밝히지는 못한다.

FTT 영아의 가족, 양육, 그리고 사회적 특징

몇몇 통제된 연구(Chatoor, Ganiban, Colin, Plummer, & Harmon, 1998; Crittenden, 1987; Valenzuela, 1990; Ward et al., 2000)와 통제되지 않은 연구(Drotar et al., 1985; Gordon & Jameson, 1979)는 FTT 영아와 이들의 어머니 사이의 불안정애착 비율이 높다고 보고하고 있다. 더욱이 Chatoor(1989)는 FTT 영아는 대응되는 비교집단에 비해 어머니와의 갈등이 더 많고 양자 간 상호성이 더 적고, 통제하기 위해 다투고 더 부정적인 정서(화, 슬픔, 좌절)를 나타내는 특징이 있다고 보고하였다. 실제로 FTT 영아의 어머니는 비교집단의 어머니에 비해 더 거칠고 갑작스럽고 통제적인 상호작용을 하며, 긍정적인 말을 더 적게 하며, 상호작용 시에 비판과 위협을 더 많이 하며, 덜 반응하고 더 간섭하였다(Berkowitz & Senter, 1987; Chatoor, Egan, Getson, Menvielle, & O'Donnell, 1987; Finlon et al., 1985). 이러한 결과들은 FTT와 어머니와의 상호작용 질이 관련이 있음을 보여주지만 영향의 방향성을 보여주는 것은 아니다.

FTT에 관한 몇몇 연구들에서 FTT 영아들이 일반적으로 연령차가 적은 3, 4명의 자녀를 둔(Benoit et al., 1989) 양부모가 있는 가정에서 늦게 태어난 아이인 경우가 많은 것으로 나타났다(Benoit et al., 1989; Crittenden, 1987). 통제된 연구들은 부적절한 주거, 잦은 이사, 가난, 실직, 물질남용, 폭력, 사회적 고립과 아동학대를 포함한(Benoit, 2000) 가족과 부부의 다양한 문제(Benoit et al., 1989; Crittenden, 1987)가 있음을 보고하고 있다.

진단적 고려사항

장애를 분류하려는 몇몇 시도들[예: DC: 0-3R(Zero to Three, 2005), DSM-5(APA, 2013), ICD-10(WHO, 1992), Chatoor, Dickson, Schaefer, & Egan, 1985; Dahl & Sundelin, 1986; Gremse, Lytle, Sacks, & Balistreri, 1998; Woolston, 1985]은 급식장애 스펙트럼과 FTT를 포함하거나 또는 두 장애를 변별하는 진단준거를 조작적으로 정의하는 데 어느 정도 성공하였다. 앞서 기술했듯이 FTT 그 자체가 하나의 진단은 아니지만(Cole & Lanham, 2011), 광범위한 아동기 질병과 문제들 중 하나의 증상이며, 체질적으로 작은 몸집과는 구별되어야 한다(Ficicioglu & an Haack, 2009). FTT는 일반적으로 현재 체중이나 체중 증가율이 같은 인종, 연령, 성별의 다른 아동들보다 유의미하게 낮은 것으로 기술되며(Tuohy, Barnes, & Allen, 2008), 표준성장표에서 해당 연령의 5% 수준 이하가 되는 체중, 또는 표준성장표에서 2개 이상의 주요 백분위선을 가로질러 체중이 감소하는 것으로 정의되고 있다(Cole & Lanham, 2011). 그러나 많은 다른 기준들이 사용되고 있는데, 이는 보편적으로 인정되는 FTT의 정의가 없고 FTT를 정의하기 위한 구체적인 신체계측 기준에 대한 합의가 없기 때문이다(Cole & Lanham, 2011; de Onis, Garza, Onyango, & Borghi, 2007; Ficicioglu & an Haack, 2009; Hosseini, Borzouei, & Vahabian, 2011; Jeong, 2011; Jolley, 2003; Olsen, 2006; Olsen et al., 2007; Raynor & Rudolf, 2000; Tuohy et al., 2008). 몇몇 연구자들은 명료하고 보편적인 정의가 없는 이 '진단'이 타당한 것인지 의문을 제기한다(Hughes, 2007; Tuohy et al., 2008).

FTT는 전형적으로 '기질적'(기저의 건강문제가 FTT를 야기하거나 영향을 주는 것으로 보임) 대 '비기질적'(영향을 준다고 확인된 기저의 건강문제가 없는 것) 집단으로 양분된다. 현재는 기저의 단일요인이 확인된 경우에서조차도 낮은 성장과 관련된 다양한 가능한 요인들의 영향을 살펴보려면 이러한 이분법이 혼동을 줄 수 있고 버려야 마땅하다는 인식이 점차 증가하고 있다(Tuohy et al., 2008). 현재 FTT는 일반적으로 식생활에서의 부족한 에너지 섭취, 부족한 칼로리 흡수, 그리고/또는 과도한 칼로리 소비에 의해 야기되고, 다양한 요인들로 설명되며, 체질적으로 작은 몸집과는 구별될 필요가 있는 것으로 인식되고 있다.

발달경과 및 예후

비록 몇몇 연구들이 경도 FTT조차 상당한 부정적 결과와 관련이 있다고 제안하고 있지만(Atalay & McCord, 2012; Corbett, Drewett, & White, 1996), FTT와 아동의 이후 건강 및 발달과의 관련성은 여전히 논쟁의 여지가 있다(Tuohy et al., 2008). Rudolf와 Logan(2005)은 체계적 고찰을 통해 FTT를 가진 아동이 대조군 아동보다 추적연구에서 체중이 더 가볍고 키가 더 작다는 결론을 내렸다(Boddy, Skuse, & Andrews, 2000). 초기 연구는 FTT와 관련된 발달지연, 인지발달 손상, 학습문제, 낮은 지능에 관심을 두었고 일치하지 않는 연구결과들을 보여주었지만(Corbett & Drewett, 2004; Corbett, Drewett, & Wright, 1996; Drewett, Corbett, & Wright, 1999), 최근 연구 증거는 이후 인지능력에 관한 FTT의 장기적 영향이 이전에 생각한 것만큼 심각하지 않을 수 있음을 보여주

고 있다(Black, Dubowitz, Krishnakumar, & Starr, 2007; Emond et al., 2007; Rudolf & Logan, 2005). FTT가 저소득층이 아니라 일반표집을 대상으로 조사되었을 때는, 부정적인 인지적 영향이 확인되지 않았다(Belfort et al., 2008).

Atalay와 McCord(2012)는 FTT에 영향을 미치는 신경인지적 결함이 영양결핍과 이미 아동발달에 미치는 영향이 입증된 가난과 심리사회적 스트레스에서 기인할 가능성이 높다고 주장한다. 영양실조가 생후 첫 1년 동안 심각하게 지속된다면, 아동의 뇌와 신경발달은 심각한 수준으로 영향을 받게 될 수 있어서, 빠른 확인과 신속한 개입이 결정적이 될 수 있다(Jeong, 2011). 한 코호트에 속하는 대규모의 환자-대조군 연구에서(북서부 잉글랜드 지역에서 2년 동안 실시된 연구), 성장지표가 백분위로 하위 5% 이하로 확인된 74명의 영아와 86명의 대조군을 비교했는데, 두 집단 모두 4개월과 9개월에 베일리 척도를 사용하여 평가하였고, 어머니 면접도 실시하였다(McDougall, Drewett, Hungin, & Wright, 2009). 생후 첫 6~8주에 체중 불안정 문제가 확인된 정상 영아의 6.1%는 생후 4개월과 9개월에서 모두 더 많은 급식문제와 발달지연을 보였고, 이 영아들의 가족은 경제 및 교육적 배경에서 대조군의 가족들과 유의미한 차이를 보이지 않았다(McDougall et al., 2009). 이러한 다양한 결과를 토대로 임상가와 연구자들은 FTT가 인지발달, 미래의 학업수행, 그리고 행동에 미치는 장기적 영향이 불분명하다고 결론 내리게 되었다(Cole & Lanham, 2011; Jeong, 2011; Tuohy et al., 2008). 그러나 개발도상국에서 흔히 나타나는 장기적인 심각한 수준의 영양실조가 아동의 이후 성장과 인지발달에 부정적인 영향을 미칠 수 있다는 것에 대해서는 의견이 일치한다(Cole & Lanham, 2011; Rudolf & Logan, 2005).

일부 소수의 아동은 만성적 방임과 학대로 성장장애를 보인다(Wright & Birks, 2000). Mackner, Starr와 Black(1997)은 방임된 FTT 아동의 인지적 수행은 방임만 되거나, FTT만 있거나, 둘 중 어느 것도 없는 대조군 아동들보다 유의미하게 낮음을 보여주었는데, 이는 방임과 FTT

가 인지적 기능에 미치는 누적 영향과 불행한 결과를 시사하는 것이다. Kerr, Black과 Krishnakumar(2000)는 학대받은 FTT 아동은 위험요인을 하나도 가지고 있지 않은 아동보다 더 많은 행동문제와 나쁜 인지적 수행과 학교생활을 한다는 것을 발견했다. 단 한 가지 위험요인만을(FTT 또는 학대) 가진 아동은 중간 정도의 점수를 받았다. Drotar, Pallotta 및 Eckerle(1994)는 FTT로 입원했던 아동의 가족 환경에 대한 추적연구에서 진단 시점에서의 가족관계 질이 이후 평균 3.5년에 걸친 가족관계, 주거, 여러 가지 변화를 예측하지 못한다는 것을 발견했다. 그러나 FTT로 입원했던 아동의 어머니는 대조군 어머니보다 가족 내에서 덜 적응적인 관계를 보고하였다. 이처럼 다양한 결과들은 효과의 방향성을 명확히 밝히는 데 도움을 주지 못하고 있다.

급식의 어려움(Batchelor, 2007; Hampton, 1996; Southall & Schwartz, 2000 참조)과 FTT(Batchelor, Gould, & Wright, 1999 참조)를 다루는 개입의 효과가 보고되고 있다. 여러 전문 분야에 대한 종합적인 개입을 받은 FTT 아동은 전통적인 일차 개입 상황에만 있었던 아동들보다 더 빠른 회복(Bithoney et al., 1991)과 향상된 인지검사 점수(Mackner, Black, & Starr, 2003)를 보였다(Atalay & McCord, 2012). 가정방문과 양육 프로그램(Barrett, 2003; Kendrick et al., 2000; Wright et al., 1998) 그리고 여러 전문 분야에 걸친 학제적 접근(Batchelor, 2008; Hanks & Hobbs, 1993; Hobbs & Hanks, 1996)이 유용하다는 증거들이 있다.

역학

FTT의 발생률과 유병률은 사용된 정의와 용어에 따라 또 연구 대상 모집단의 인구통계학적 특징에 따라 차이가 나는데, 경제적으로 불리한 시골과 도심 빈민가 지역에서 높은 비율로 나타난다(Cole & Lanham, 2011; Gahagan & Holmes, 1998; Olsen, Skovgaard, Weile, & Jøgensen, 2007; Tuohy et al., 2008). 미국의 경우 병원에 입원한 2세 미만 영아의 1~5%의 영아가 FTT로 추정되며, 그들 중 10%가 시골과 도시에서 최저 생계 수준 미만으로 살

고 있고, 20%가 조산이며, 30% 가까이는 빈민가의 응급실과 외래진료실을 찾았다(Bithoney, Dubowitz, & Egan, 1992; Daniel, Kleis, & Cemeroglu, 2008; Frank & Ziesel, 1988; Powell, Low, & Speers, 1987; Schwartz, 2000). 1999년부터 2001년 사이에 태어난 1,978명의 건강한 정상 영아를 대상으로 출생부터 2세까지의 종단 데이터가 분석되었는데, 당시 저체중률은 24%였다(Ross et al., 2009). 남아와 여아가 동일한 것으로 나타났다. 영국의 경우 지역사회 전체에서는 1.8%였으며, 9개월의 재태 기간을 다 채우고 출생하고, 임신 기간에 적절한 수준의 체중을 유지한 영아 중에는 3.3%였다(Skuse, Gill, Reilly, Wolke, & Lynch, 1995; Skuse, Wolke, & Reilly, 1992). 위에서 기술한 북서부 잉글랜드 환자-대조군 연구에서 정상 영아의 6.1%가 생후 6~8주에 체중 불안정으로 확인되었다(McDougall et al., 2009). 이스라엘에서는 사회 전체로는 정상 영아의 3.9%가 FTT로 발전되는 것으로 확인되었다(Wilensky et al., 1996). 다양한 사회경제적 지위와 교외에 거주하는 덴마크 영아의 대규모 코호트 연구에서는 여섯 가지 신체계측 중 어떤 기준을 사용하여 FTT를 정의했는지에 따라 0.5~5.0%인 것으로 확인되었다(Tuohy et al., 2008). 선진국의 소아과 병원에서는 2~25%의 아동이 영양실조로 고통받으며, FTT는 대개 질병의 기저에 있는 하나의 증상이다(Nützenadel, 2011). 14개 후진국의 24개월 미만 영아의 급식과 아동의 발육부진/저체중 간의 관계를 조사한 최근 한 연구를 보면, 저체중과 발육부진 모두의 유병률은 나이에 따라 증가하며, 최소한 12~23개월 영아의 50%가 발육부진이었다(Marriott, White, Hadden, Davies, & Wallingford, 2012).

FTT의 원인 또는 원인이 되는 기질적 병리가 고려되어야 마땅한데(Ficicioglu & an Haack, 2009), FTT 영아의 16~30%만이 성장장애를 충분히 설명할 수 있을 정도로 심각한 기질적 문제를 보인다(Berwick, Levy, & Kleinerman, 1982). 그러나 80% 이상의 경우에 분명한 기저의 의학적 상태가 확인되지 않는다는 점(Atalay & McCord, 2012; Cole & Lanham, 2011; Gahagan, 2006; Jeong, 2011; Schwartz, 2000; Stephens, Gentry, Michener, Kendall, &

Gauer, 2008), 3개의 독립된 모집단 기반 연구에서 FTT 영아 중 한 가지 기질적 질병이 발견된 경우는 6%이거나 그보다 적었다는 점을 유념할 필요가 있다(Emond, Drewett, Blair, & Emmett, 2007; Tuohy et al., 2008 참조). 대부분의 FTT 사례들은 행동적 혹은 심리적 문제로 인한 칼로리 섭취의 부족을 포함한다(Cole & Lanham, 2011). '혼합된' 병인, 즉 기질적 요인과 비기질적 요인이 FTT의 시작과 지속에 동시에 영향을 준다는 것이 FTT 영아의 15~33%에서 발견되었다(Singer, 1986).

병인

여러 병인이 제안되고 있는데, 이는 FTT의 다인성과 이질성을 반영한다. 모든 경우의 FTT의 공통분모는 성장에 필요한 영양과 칼로리 공급이 적절하지 못하다는 것이다. FTT 영아가 적절한 양의 칼로리를 공급받지 못하는 이유는 다양하다. 그 이유에는 대사항진으로 인한 지나친 신진대사나 흡수불량으로 인한 부적절한 칼로리 흡수처럼 영아에게 필요한 영양/칼로리에 대한 요구를 증가시키는 다양한 의학적 문제들이 포함된다(Bergman & Graham, 2005; Jeong, 2011; Wright, Parkinson, Shipton, & Drewett, 2007). 많은 경우에서 FTT의 원인은 다요인이며 생물학적, 심리사회적, 그리고 환경적 요인의 조합이라는 인식이 증가하고 있다(Batchelor, 2008; Emond et al., 2007; Jeong. 2011).

Skuse(1993), Wolke(1996), 그리고 다른 연구자들의 역학연구에서 제시된 FTT로 발전할 가능성이 있는 아동은 소식하고 음식 요구가 없고 편식하는 아동, 구강운동 문제(Harris, 2010)나 식욕조절 결함을 가진 아동, 배고픔을 명확히 전달하지 못하는 아동, 특정한 식감에 대해 과민한 아동(Harris, 2004), 삼킴과 젖떼기의 문제를 보이는 아동(Emond et al., 2007), 섭식기제와 관련된 문제가 있는 아동(예 : 구개파열), 자폐스펙트럼장애와 같은 발달장애 아동(Batchelor, 2008; Drewett, Kasese-Hara, & Wright, 2004; Field, Garland, & William, 2003)이다. 이 아동들은 또한 또래보다 더 새로운 것을 싫어하게 만들어 결국 새로운 음식을 거부할 가능성을 더 크게 만드는

유전적 특징을 가지기도 한다(Harris, 2010). 이전에는 영아의 기질이 영향을 미치는 것으로 여겨졌지만(Benoit, 2009), Skuse와 동료들(1992)은 FTT 집단과 대조집단 간에 영아의 기질에는 차이가 없다고 결론지었다(Batchelor, 2008). FTT와 급식장애를 야기하는 유전적 요인은 확인되지 않았다. 그러나 몇몇 유전적 장애들(예 : 선천성 대사이상, 낭포성 섬유증)은 FTT와 관련이 있다.

다른 가능한 병인에는 왜곡된 양육자-영아 관계가 포함된다(Benoit, 2009 참조). Skuse와 동료들(1992)은 지역사회 기반 연구에서 FTT 집단과 대조집단 간에 영아의 애착행동에는 아무런 차이가 없다고 결론 내렸다. 그러나 임상연구들은 일부 FTT 아동의 경우 불안정/와해된 애착과 민감하지 않은 양육자가 영향 요인임을 보여주었다(Atalay & McCord, 2012; Batchelor, 2008; Benoit, 2009 참조; Iwaniec, 2004; Ward et al., 2000). 한때 입증되었던 모성박탈과 FTT 간의 관련성과는 반대로, Skuse와 동료들(1992)의 지역사회 기반 연구에서는 비기질적 FTT 아동의 가족 내 방임, 학대, 모성박탈의 증거가 거의 없었다(Batchelor, 2008). 두 가지 지역사회 기반 연구 또한 사회성 박탈이나 방임이 중요한 원인이라는 근거를 찾아내지 못했다(Emond et al., 2007; Wright & Birks, 2000). 비록 방임이 전체 FTT 아동 중 적은 비율만을 설명할지라도(Batchelor, 2008; Skuse, 1985; Wright, 2005), FTT 아동이 FTT가 아닌 아동보다 학대받을 가능성이 4배나 더 되기 때문에 아동방임과 학대는 고려되어야만 한다(Cole & Lanham, 2011; Jeong, 2011). 방임된 아동 중에서도 선천적인 체질적 소인을 가진 아동이 스트레스 상황하에서 성장 호르몬 결핍을 발전시키게 되는 드문 경우를 제외하고는, 부적절한 칼로리 소비로 인해 FTT가 되는 것으로 간주된다(Batchelor, 2008). Boddy와 Skuse(1994)는 양육과 FTT에 관한 문헌 개관에서 양육행동과 빈약한 영아 성장 간에 관련이 있다는 결론을 내렸다. 또한 어머니의 지능과 어머니-아동 상호작용 간에도 관련이 있으며(Wolke, 1996 참조), 어머니의 지능이 "상호작용의 동시성"을 결정한다는 사실이 입증되었다(Batchelor, 2008). 연구들은 또한 어머니의 문제해결 능력과 아동의

FTT 간에도 관련이 있음을 확인했다(Boddy et al., 2000; Robinson et al., 2001). 어머니의 우울은 일부 임상장면에서 중요한 것으로 여겨졌지만(Atalay & McCord, 2012 참조), 최근의 한 지역사회 기반 연구(Wright et al., 2006)는 어머니의 우울이 영아의 체중 증가에 거의 영향을 미치지 않는다는 것을 발견했다. 소수 어머니의 경우 자신의 음식에 대한 태도가 아동의 급식문제와 FTT에 중요하게 작용할 수 있다(Douglas & Bryon, 1996).

양육자의 정신건강 문제, 부적절한 영양 지식, 그리고 가족의 경제적 어려움과 같은 여러 가족 요인이 부적절한 칼로리 섭취에 영향을 미칠 수 있다(Atalay & McCord, 2012; Benoit, 2009; Jeong, 2011). 가난은 선진국과 개발도상국에서 FTT의 가장 큰 단일 위험요인이지만(Cole & Lanham, 2011; Jeong, 2011), FTT는 모든 사회경제 집단에 걸쳐 발생한다는 점에 유념하는 것이 중요하다(Wright, 2005).

앞으로의 연구 방향

일반적으로 인정되는 FTT에 대한 정의와 분류체계의 부재는 이 분야의 연구를 방해한다. FTT에 적용되고 있는 현재의 정의, FTT의 신체측정, 범주화 체계(예 : DC : 0-3R, DSM-5)의 타당성을 검증하고, FTT와 급식장애의 관련성 빈도를 입증하는 연구가 필요하다. 다양한 기질적 요인을 살펴본 많은 연구들은 효과의 방향성을 입증하는 데에 실패했는데, 이러한 연구가 추후 이루어져야만 한다. 특별한 개입이 필요하지 않은 체질적으로 작은 정상아동을 신뢰롭게 확인하는 방법을 밝히고, 초기의 FTT가 성장과 인지적 발달과 학업수행에 미치는 영향을 명확하게 하기 위해 성인기까지 장기 추적하는 코호트 연구가 필요하다(Tuohy et al., 2008). 또한 특정 개입 프로그램의 효과와 효율성에 관한 추후연구가 필요하다.

급식 및 섭식장애

장애에 대한 기술 및 진단적 고려사항

섭식의 규범적 측면, 정상적인 급식 관련 발달이정표와 행동들에 대한 이해와 지식은 급식문제를 가진 영아와 걸음마기 유아를 이해하는 데 중요하다(Harris, 2010; Udall, 2007). 일부 연구자와 임상가는 '**급식문제**(feeding problems)'를 거의 모든 대부분의 새로운 음식에 대한 지속적 거부, 이전에는 먹었던 음식의 거부, 급식에 대한 극단적인 정서적 반응, 감각자극에 대한 혐오, 지속적인 음식 배출, 음식을 먹는 동안 잦은 구토, 단호한 급식 회피, 음식을 씹거나 삼키지 못하는 것으로 정의한다. '**급식장애**(feeding disorders)'는 급식문제가 심각한 체중 손실, 불충분한 성장, 그리고 발달적 결함과 관련될 때 발생하는 것으로 정의된다(Aldridge, Dovey, Martin, & Meyer, 2010 참조). 그러나 실제로는 영아기와 걸음마기의 급식 및 섭식장애에 관한 연구는 용어와 진단기준의 불일치, 정의에 대한 합의 부족, 그리고 보편적으로 받아들여진 분류체계 부족과 같은 문제가 있다(Bryant-Waugh, Markham, Kreipe, & Walsh, 2010; Burklow, Phelps, Schultz, McConnell, & Rudolph, 1998; Chatoor, Conley, & Dickson, 1988; Williams, Field, & Seiverling, 2010). DSM-5에 기술된 영아기와 걸음마기 및 관련이 깊은 급식 및 섭식장애는 이식증, 되새김장애, 회피적/제한적 음식섭취장애이다. 이제 이 장애들과 DC : 0-3R 및 ICD-10의 영아기와 관련된 급식장애 분류체계에 기술된 다른 급식장애들에 대해 기술할 것이다.

되새김장애

DSM-5는 되새김장애(rumination disorder)를 음식물의 역류(역류된 음식을 되씹거나, 되삼키거나, 뱉어낼 수 있음)가 1개월 이상 나타나는 경우라고 정의하고 있다. 역류는 유문협착증이나 식도 역류와 같은 위장 상태 또는 다른 의학적 상태로 인한 것이 아니며, 회피적/제한적 음식섭취장애(더 나이든 아동의 경우, 신경성 식욕부진증, 신경성 폭식증, 폭식장애)의 경과 중에만 발생되지는 않는다. 또 다른 DSM-5의 진단기준은 만약 증상이 다른 정신장애(예 : 지적장애나 다른 신경발달장애)와 관련하여 발생한다면, 이 증상은 별도로 임상적 관심을 받아야 할 만큼 심각한 것이어야 한다. 마지막으로 DSM-5에서는 이전에 되새김장애의 모든 진단기준을 만족한 후 일정 기간 진단기준을 만족시키지 않을 경우인 '관해상태(in remission)'를 명시하도록 요구한다.

ICD-10은 되새김장애를 하나의 독립된 진단 유형으로 인정하지는 않지만, 영아와 아동기 급식장애의 한 가지 증상에 포함시키고 있다. 시작 연령은 대개 3개월에서 12개월 사이이다. 되새김장애를 가진 영아는 혀를 빠는 동작을 하면서 머리를 뒤로 젖힌 채 등을 긴장시켜 활처럼 휘게 하는 특징적인 자세를 보인다. 연구결과들은 되새김장애의(개관으로 Benoit, 1993, 2009 참조) 역류와 되새김행동은 자기몰입되어 편안하고 즐거운 상태에서 나타나며, 자기위로 혹은 자기자극적 기능을 한다고 설명한다. 되새김장애 영아는 역류 삽화 사이에 짜증을 내거나 배고파 할 수 있다. 자극의 결핍, 방임, 부모-자녀 관계의 문제, 그리고 스트레스성 생활사건이 촉발요인일 수 있다. 되새김장애는 지적장애와 자폐스펙트럼장애에서 높게 발생한다. 영아의 경우 되새김장애가 종종 자연스럽게 호전되지만, 장기화되면 영양실조/성장장애, 탈수증, 위장문제 등의 합병증과 25%의 치사율을 보인다. 남아가 여아의 5배 이상 더 많이 이 장애를 보인다. 되새김장애에는 두 가지 유형이 있는데, 첫째는 심리적인 것(더 어린 나이에 발병하며, 심각하게 혼란된 부적절한 양육 환경과 관련됨)이고, 둘째는 자기자극적인 것(더 늦은 나이에 발병하고 정신지체와 관련됨)이다.

이식증

DSM-5는 이식증(pica)을 비음식 물질과 비영양성 물질을 계속 먹는 것으로, 비음식과 비영양성 물질의 섭취가 발달적으로 부적절하며, 사회적 관습이나 문화적으로 지지되지 않아야 하고, 적어도 1개월 이상 지속되어야 하는 것으로 정의한다. 또한 만약 이 행동이 다른 정신질환의 맥락에서 나타난다면, 임상적으로 별도의 관심을 받아야 할 만큼 심각한 것이어야 한다. 또한 되새김장애와 마찬가지로 DSM-5는 관해상태(예 : 이전에 이식증의 모든 진단기준을 만족했으나 일정 기간 진단기준을 만족시키지 않는 경우)를 명시하도록 하고 있다. 섭취할 수

없는 물질로는 찰흙, 흙, 모래, 돌, 자갈, 머리카락, 배설물 등이다(개관으로 Benoit, 1993, 2009 참조). 이식증이 신생아에게는 적절한 진단이 아니기 때문에, DSM-5와 ICD-10은 최소 2세(생활연령 혹은 정신연령) 이상에서 진단을 한다. Solyon, Solyon 및 Freeman(1991)의 보고에 따르면 이식증은 보통 생후 2년 동안 나타났다가 초기 아동기 동안 자연스럽게 완화된다. 걸음마기의 이식증과 가장 흔하게 동반되는 질환은 지적장애와 자폐스펙트럼장애이다(Bryant-Waugh & Piepenstock, 2008). 가능한 '신체적' 병인으로 철, 칼슘, 아연의 결핍이 보고되었다. 다른 가능한 병인은 가난, 아동학대, 부모의 정신병리, 자극의 결핍과 가족 해체이다.

다른 급식행동장애

회피적/제한적 음식섭취장애(avoidant/restrictive food intake disorder)의 DSM-5 진단기준(표 15.3)은 부분적으로 대안적 분류체계인 DC : 0-3R(Zero to Three, 2005)을 토대로 하고 있다. 표 15.4는 급식행동장애에 대한 DC : 0-3R의 여섯 가지 하위유형을 나타낸 것으로, DC : 0-3R의 하위범주와 관련된 실증연구(예 : Chatoor, Ganiban, Hirsch, Borman-Spurrell, & Mzarek, 2000; Chatoor, Hirsch, Garniban, Persinger, & Hamburger, 1998)를 포함하여 Irene Chatoor와 동료들이 수행한 주요 연구를 바탕으로 한 것이다. 여섯 가지 DC : 0-3R의 급식행동장애 유형 중 세 가지는 DSM-5에는 없다. 이들 세 가지는 공존하는 질병과 관련된 급식장애(정신장애 기준을 만족시키지 못하여 DSM-5에 포함되지 않은 장애; Bryant-Waugh et al., 2010), 상태조절 급식장애(수면이나 울음 이상과 유사한 영아기 조절의 이상), 양육자-영아 상호작용 급식장애이다. 여섯 가지 DC : 0-3R의 급식행동장애 유형 중 두 가지(감각 음식 혐오, 위장기관 외상과 관련된 급식장애)만이 진단을 내리기 위해 '성장 결손', 체중 증가의 실패나 체중 손실(또는 성장장애)을 필요로 하지 않으며, 따라서 여섯 가지 유형 중 네 가지(그리고 확대해서 DSM-5 범주의 일부)는 성장장애(FTT)와 중복될 수도 있다. DC : 0-3R의 급식행동장애는 다음과 같다.

표 15.3 회피적/제한적 음식섭취장애에 대한 DSM-5 진단기준

A. 섭식 또는 급식장애(예 : 음식 섭취에 대한 명백한 흥미 결여, 음식의 감각적 특성에 근거한 회피, 섭식의 부정적 결과에 대한 걱정)가 지속적으로 나타나 적절한 영양 그리고/또는 에너지가 부족하게 되고, 이는 다음과 관련이 있다.

  1. 심각한 체중 감소(혹은 아동에서 기대되는 체중에 미치지 못하거나 더딘 성장)
  2. 심각한 영양 결핍
  3. 위장관 급식 혹은 경구 영양 보충제에 의존
  4. 정신사회적 기능에 많은 영향을 줌

B. 장애는 구할 수 있는 음식이 없거나 문화적으로 허용되는 처벌 관행으로 인한 것으로 더 잘 설명되지 않는다.
C. 섭식장애는 신경성 식욕부진증이나 신경성 폭식증의 경과 중 나타나는 것이 아니고, 사람의 체중이나 체형에 관한 장애의 증거가 없어야 한다.
D. 섭식장애는 동반되는 의학적 상태로 인한 것이 아니고, 다른 정신질환으로 더 잘 설명되지 않는다. 만약 이 섭식장애가 다른 상태나 질환과 관련되어 발생한다면, 섭식장애의 심각도는 일반적으로 나타나는 것보다 심해야 하거나 별도로 임상적 관심을 받아야 할 만큼 심각한 것이어야 한다.

다음의 경우 명시할 것
  관해상태 : 이전에 회피적/제한적 음식섭취장애의 모든 진단기준을 만족한 후, 일정 기간 진단기준을 만족시키지 않을 경우

출처 : *Diagnostic and Statistical Manual of Mental Disorders, Fifth Edition*(p.334), Copyright 2013 by the American Psychiatric Association의 허락하에 사용함.

1. **상태조절 급식장애**는 신생아기부터 시작되며, 음식을 먹는 동안 안정을 느끼거나 유지하는 데 어려움을 겪는다.

2. **양육자-영아 상호작용 급식장애**는 급식 동안 사회적 상호작용의 부족을 보이며, 이는 단지 신체적 장애나 광범위성 발달장애에서 기인한 것이 아니다.

3. **영아 식욕부진증**은 적절한 양의 음식물 섭취 거부, 탐색과 상호작용에는 큰 관심을 가지면서 음식물에 대한 관심 부족, 배고픔 표현의 부족(Chatoor et al., 2000; Chatoor, Ganiban, et al., 1998; Chatoor, Ganiban, Surles, & Doussard-Roosevelt, 2004)을 보인다. Klein과 동료들(2012)은 영아 식욕부진증을 가진 62명의 1~3세 유아의 식사와 성장에 관한 데이터를 가장 처음으로 출판하였다. Ammaniti, Lucarelli, Cimino, D'Olimpio 및 Chatoor(2010)는 영아 식욕부진증인 영아와 어머니 184명과 영아 식욕부진증이 없는 영아와 어머니 187명과 비교했다. 그들은 전자 집단이 후자 집단과 비교했을 때, 음식을 먹는 동안 역기능적 상호작용과 어머니와 아동 모두의 특징 증상에서 높은 점수를 보였고,

아동과 어머니의 특징이 모두 상호작용 갈등의 중요한 예언인자라는 것을 발견했다.

4. **감각 음식 혐오**는 특정한 음식을 지속적으로 거부하지만 선호하는 음식은 어려움 없이 먹으며, 특정 영양소 결핍이나 구강운동 발달지연과 관련된다. 감각 음식 혐오는 어린 아동이 처음 혼자 먹는 단계로 들어갈 때와 양육자와 아동 간에 자율성과 의존성의 문제가 극복되어야 할 때인 생후 첫 3년 동안 가장 일반적인 급식장애 중 하나이다(Chatoor, 2009). 많은 아동이 '편식가'이지만, 보다 심각한 급식장애인 감각 음식 혐오로 고통받지는 않는다. 급식-관련 감각처리 문제는 아동이 발달적으로 적절한 시기에 음식을 입에 넣고 먹어 보려고 하지 않거나, 섭식이나 영양공급을 방해하는 구토, 구역질, 기침, 메스꺼움을 과도하게 보이고, 심각하게 제한된 종류의 음식과(또는) 액체만 먹거나, 고체식으로 전환하지 못하거나 고체식으로의 전환에 어려움을 겪으며, 식사시간이 30~45분 이상 걸리거나(예 : Reau, Senturia, Lebailly, & Christoffel, 1996), 음식을 볼 안쪽이나 혀 아래에 머금거나 저

표 15.4 급식행동장애에 대한 DC : 0-3R 진단기준

601. **상태조절 급식장애** : 다음 세 가지 기준을 모두 만족시켜야만 진단된다.

(1) 영아는 음식을 먹는 동안 안정을 느끼거나 유지하는 데 어려움이 있다(예 : 지나친 잠, 지나친 안절부절, 그리고/또는 음식에 대한 지나친 스트레스).

(2) 섭식의 어려움이 신생아기부터 시작된다.

(3) 영아가 체중 획득에 실패하거나 성장 감소를 보인다.

602. **양육자-영아 상호작용 급식장애** : 다음 세 가지 기준을 모두 만족시켜야만 진단된다.

(1) 영아나 어린 아동이 급식 동안 주양육자와 발달적으로 적절한 사회성 상호관계의 징후를 보이지 않는다(예 : 시각적 관심 끌기, 미소, 옹알이).

(2) 영아나 어린 아동이 유의미한 성장 결손을 보인다.

(3) 성장 결손과 관련성의 결핍은 단지 신체적 장애나 광범위성 발달장애에서 기인한 것이 아니다.

603. **영아 식욕부진증** : 다음 여섯 가지 기준을 모두 만족시켜야만 진단된다.

(1) 영아나 어린 아동이 최소 한 달 이상 적절한 양의 음식물을 먹지 않는다.

(2) 음식물 거부의 시작은 3세 이전에 나타난다.

(3) 영아나 어린 유아가 배고픔을 표현하지 않고 음식물에 대한 관심이 부족하지만 탐색, 양육자와의 상호작용 등 다른 것에는 큰 관심을 보인다.

(4) 아동이 유의미한 성장 결손을 보인다.

(5) 음식물 거부가 외상사건 이후 나타난 것이 아니다.

(6) 음식물 거부가 기저의 의학적 질병에서 기인한 것이 아니다.

604. **감각 음식 혐오** : 다음 네 가지 기준을 모두 만족시켜야만 진단된다.

(1) 아동은 특정한 맛, 질감, 그리고/또는 향이 있는 특정 음식물을 지속적으로 거부한다.

(2) 음식물 거부의 시작은 새로운 형태의 음식물(예 : 아동은 한 가지 유형의 우유는 마시지만 다른 유형은 마시지 않을 수 있고, 당근은 먹지만 완두콩은 거부할 수 있으며, 우유는 마시지만 이유식은 거부할 수 있다)을 처음 접할 때부터 나타난다.

(3) 아동은 선호하는 음식은 어려움 없이 먹는다.

(4) 음식물 거부가 특정 영양소 결핍을 야기하거나 구강운동 발달을 지연시킨다.

605. **공존하는 질병과 관련된 급식장애** : 다음 네 가지 기준을 모두 만족시켜야만 진단된다.

(1) 영아나 어린 아동은 쉽게 급식을 시작하지만, 급식 과정에서 고통을 보이고 계속해서 급식하길 거부한다.

(2) 아동은 임상의가 고통의 원인이라고 판단한 공존질병이 있다.

(3) 의학적 처치가 섭식문제를 나아지게 하지만 완전히 완화시키지는 않는다.

(4) 아동은 적절한 체중 증가가 안 되거나 체중이 감소할 수 있다.

606. **위장기관 외상과 관련된 급식장애** : 다음 네 가지 기준을 모두 만족시켜야만 진단된다.

(1) 음식물 거부가 영아나 어린 아동에게 고통을 촉발하는 중인후나 위장기관의 반복적인 해로운 외상(예 : 숨막힘, 심각한 구토, 역류, 코나 기관 내관 삽입, 흡입기)이나 중요한 혐오사건 이후 나타난다.

(2) 영아나 어린 아동의 섭식에 대한 지속적인 거부는 다음 중 하나의 형태로 나타난다.

(a) 영아나 어린 아동이 병으로 마시는 것은 거부하지만 수저로 주면 먹을 수 있다(아동이 깨어 있을 때는 병으로 마시는 것을 지속적으로 거부하지만, 잠 들거나 졸린 상태에서는 병으로 마실 수도 있다).

(b) 영아나 어린 아동이 딱딱한 음식은 거부하지만 병으로 주면 먹을 수 있다.

(c) 아동은 모든 경구 급식을 거부한다.

(3) 외상사건의 상기가 고통을 야기하며 다음 중 하나 혹은 그 이상으로 나타난다.

(a) 급식 자세를 취하면 영아가 선행되는 고통을 보인다.

(계속)

표 15.4 (계속)

    (b) 영아나 어린 아동은 양육자가 병이나 음식물을 들이대면 강하게 저항한다.

    (c) 영아나 어린 아동은 입안에 든 음식물을 삼키는 것에 강한 저항을 보인다.

  (4) 음식물 거부는 아동의 식생활에 심각하거나 장기적인 위협을 야기한다.

주 : 이 진단은 어린 아동의 급식문제가 일차적으로 정서장애, 적응장애, 외상후 스트레스장애, 박탈/학대장애, 또는 관계장애로 인한 것일 때는 사용되어서는 안 된다.

만약 기질적/구조적 문제(예 : 구개파열)가 음식을 먹거나 소화하는 능력에 영향을 준다면, 임상가는 일차 진단으로 급식행동장애를 사용해서는 안 된다. 임상가는 축 III에 해당되는 적절한 의학적 진단을 표시할 수 있다. 그러나 기질적/구조적 어려움에서 생긴 급식장애가 이들 초기 문제가 해결된 후에도 지속된다면 급식행동장애로 진단하는 것이 적절하다.

ⓒ Zero to Three(2005) *Diagnostic Classification of Mental Health and Developmental Disorders of Infancy and Early Childhood, Revised* (DC : 0-3R). www.zerotothree.org

장해서 음식 섭취를 막거나, 유동식에 오랜 기간 의존한다면(Thompson, Bruns, & Rains, 2010), 의심해볼 수 있다. Thompson과 동료들(2010)은 급식-관련 감각처리 문제를 다루기 위해 감각조절 전략을 기술하였다.

5. **공존하는 질병과 관련된 급식장애**는 초기에는 급식을 수용하지만, 급식 과정을 거치면서 점점 더 고통을 보이다가 급식을 거부한다. 이러한 증상은 공존하는 의학적 질병에 의해 야기되며 의료적 처치를 받으면 나아질 수 있다(그러나 완전히 완화되는 것은 아니다).

6. **위장기관 외상과 관련된 급식장애**는 영아나 어린 아동에게 고통을 촉발하는 중인후(oropharynx)나 위장기관의 반복되는 해로운 외상이나 중요한 혐오사건 이후 음식물 거부가 나타나며, 외상사건(들)을 생각나게 하는 상황에 노출되면 고통스러워한다. 이 급식장애는 '외상후 급식장애'라고도 불리며 잠재 연령기(latency age)의 아동을 대상으로 Chatoor와 동료들(1988)에 의해 처음으로 설명되었다. 발생률과 유병률은 알려지지 않았지만, 복잡한 의료문제를 가진 영아들의 생존에 기여하는 현대 의학기술의 발전으로 차츰 증가하고 있는데, 영아의 생존 여부는 종종 지속적인 튜브 급식에 의존한다. 튜브로 영양공급을 받은 영아는 경구 급식이 시작되면 심각한 급식문제(예 : 극도의 편식, 조건화된 회피, 또는 '음식공포증')를 발달시킬 위험이 있다는 일부 연구보고가 있다(Blackman & Nelson, 1985, 1987; Geertsma, Hyams, Pelletier, & Reiter, 1985; Levy, Winters, & Heird, 1980; Linscheid, Tarnowski, Rasnake, & Brams, 1987). 의학적 처치 (예 : 흡입기, 코나 기관 내관의 반복적 삽입)와 관련된 외상적 구강 경험 또는 음식 또는 약으로 인하여 질식하거나 토한 경험 등이 고체 또는 유동식 음식을 거부하는 전반적인 문제를 일으킬 수 있다. 이러한 문제를 가진 많은 영아들은 튜브로 영양을 공급받기 때문에 심각한 급식장애를 겪더라도 FTT가 되지는 않을 수 있다.

급식 및 섭식장애의 병인

급식 및 섭식장애의 병인은 다요인으로 해부학적 혹은 생리학적 요인들(예 : 감각-지각적 이상, 구강운동의 역기능, 건강문제, 기질과 조절 특성) 그리고/또는 행동 및 생태적 요인들(예 : 외상 경험, 식사행동, 그리고 양육자의 특징, 양육자-영아 관계, 가족, 그리고 사회적 환경)이 상호작용한다(Aldridge et al., 2010; Benoit, 2009; Benoit, Wang, & Zlotkin, 2000; Chatoor et al., 1997, 2000; Cooper, Whelan, Woolgar, Morrell, & Murray, 2004; Kerwin, 1999; Piazza, 2008; Williams, Field, & Seiverling, 2010). Whelan과 Cooper(2000)는 급식문제를 보이는 4세 아동의 어머니가 섭식장애인 승산비(odds ratio)가 11 : 1이라는 점을 발견했다. 급식문제와 장애의 시작과 지속에 미치는 다요인의 영향을 임상가와 연구자들이 인식하게 됨으로써 이들은 개별적이며 발달적으로 적절한 기술을 사용하는 것뿐만 아니라 다요인과 다학제적 팀 접근이 급식장애를 가진 어린 아동들이 직면하게 될 수많은 난관들을 다루는 데 필요하다는 점을 강조하고 있다(Ammaniti et al., 2010; Batchelor, 2008; Bruns & Thompson, 2010; Cole & Lanham, 2011; Jeong, 2011; Owen et al., 2012; Tuohy et al., 2008; Udall, 2007).

발달경과 및 예후

Marchi와 Cohen(1990)은 10년에 걸쳐(초기-중기 아동기부터 후기 아동기-청소년기까지) 800명 이상의 아동을 추적하였다. 이 기간에 어린 아동의 급식문제가 안정적인 것으로 나타났다. 초기 아동기의 부적응적인 섭식행동과 이식증은 9세에서 18세 사이의 아동과 어린 청소년의 신경성 폭식증 발달에 대한 중요한 위험요인이었으며, 까다로운 섭식과 '소화문제'는 후에 신경성 식욕부진증의 위험요인이 되었다. 이 연구의 결과는 영아기와 초기 아동기의 섭식문제가 후기 아동기와 청소년기까지 지속될 수 있음을 시사한다.

부모 중 최소한 한 명이 주요우울장애를 가지고 있는 164명의 자녀에 대한 한 연구(부모보고에 기초한 아동의 수면 및 섭식문제에 대한 회고연구)는 부모의 상태를 알지 못하는 평가자가 20년 동안 3번에 걸쳐 구조적 진단면접으로 아동을 평가하였는데, 아동기의 급식 및 섭식문제는 이후 기분 및 불안장애의 위험요인일 수 있음을 보여주었다(Ong, Wickramaratne, Tang, & Weissman, 2006). 아동기 섭식과 수면 스케줄의 불규칙성(낮은 주기성이라고 기술됨)은 아동기 발병 불안장애뿐 아니라 청소년기 발병 주요우울증과 불안장애와 관련이 있었다. 섭식 불규칙성은 성인기 발병 정신병리와는 관련이 없었다(Ong et al., 2006).

초기 급식과 수면문제를 보이는 230명의 아동 가족에 대한 첫 임상적 평가 이후 6년에 걸쳐 실시된 한 연구에서, 이 아동들은 참조 아동들보다 더 많은 수면과 급식문제를 지속적으로 보였다(Ostberg & Hagelin, 2011). 같은 연구에서 임상집단의 어머니들은 비교집단의 어머니들과 비교해서 더 많은 심리사회적 문제와 고통스러운 생활사건을 경험했고, 사회적 지지에 덜 만족했으며, 더 많은 건강문제를 보고했다. 임상집단의 아동들은 비교집단에 비해 더 많은 내면화 문제를 보이며, 동시에 최근의 급식과 수면문제는 더 많은 외현화 및 내면화 문제와 관련이 있었다.

또한 행동적 급식장애가 부적절한 발달과 관련될 가능성을 시사하는 증거가 있는데, 행동적 급식장애가 음식 섭취 그 자체의 적절성보다는 오히려 부모와 아동 간의 갈등과 관련되었다(Chatoor, Surles et al., 2004; Kerzner, 2009).

급식문제와 급식 거부 치료에는 몇 가지 치료 요소들이 포함된다. Kerwin(1999)은 아동기 심각한 급식문제를 위한 치료(일부는 걸음마기에도 적용됨)에 관한 문헌연구에서 적절한 급식 반응(예 : 음식물 거부 훈련 동안에 스푼을 치우기보다 받아들이고 삼킴 유발)에 대한 정적 강화와 부적절한 반응의 지도와 무시하기를 모두 포함하는 수반성 관리치료가 효과적인 개입이라는 점에 주목했다. Williams와 동료들(2010)은 1979년부터 2008년까지 아동기 음식물 거부의 치료개입 연구 38건을 재검토했다. 치료를 받은 218명의 참가자 중 212명은 의학적 문제를 가지고 있었다. 정적 강화는 이들 치료개입 연구에서 가장 일반적인 요소였고, 38건의 치료개입 연구 중 21건은 아동의 부적절한 식사행동과 다른 행동 전략들을 단호히 무시하라고 구체적으로 언급했다. 다른 전략들은 신체적 지도나 스푼 비제거와 함께 도피 방지(음식물 받아들이기를 증진시키는 입증된 절차), 다시 주기(뱉어낸 음식물을 도로 아동의 입으로 돌려놓기를 포함), 음식물의 식감 줄이기, 식욕 조작을 포함한다. 한 편의 무선통제연구만이 이러한 기법들의 일부에 대한 효과성을 비교하였다(Benoit et al., 2000).

역학

앞서 언급된 것처럼 정의와 분류에 대한 합의 부족으로, 급식문제와 급식장애의 정확한 발생률과 유병률을 결정하는 것은 어렵다. 급식과 섭식문제의 발생률은 정보의 출처, 모집단, 또는 사용된 정의에 따라 달라진다. 예를 들어 부모보고에 근거한 발생률은 대략 20%에서 60%이다(Bernard-Bonnin, 2006; Carruth, Zeigler, Gordon, & Barr, 2004; Jacobi, Agras, Bryson, & Hammer, 2003; Kerzner, 2009; Reau et al., 1996). 중증의 장기적 급식문제는 시간이 지남에 따라 더 악화되는 경향이 있고, 신체장애(26~90%), 지적장애(23~43%), 그리고 만성질환, 조숙, 출산 시 저체중(10~49%)에서 더 높은 유병률이 보고된다(Bernard-Bonnin, 2006; Burklow et al., 1998; Dahl & Sundelin, 1986; Kerwin, 1999; Palmer & Horn, 1978). 급식장애는 급식문제보다 드물며, 1~2%(Aldridge et al., 2010)부터 3~10%(Kerwin, 1999)에서 6~35%(Jenkins, Bax, & Hart, 1980; Palmer & Horn, 1978; Richman, 1981)까지 발생률이 보고되고 있다.

앞으로의 연구 방향

영아기와 초기 아동기의 다른 문제와 같이 급식장애의 표준화된 정의와 공인된 진단준거의 부족은 영아기 급식 및 섭식장애 연구에 걸림돌이 된다. 성장장애(FTT)와 급식장애의 구분이 부족한 것도 또 다른 문제이다. 앞으로의 연구는 정의, 병인, 병태생리, 예방과 치료를 다루어야 할 것이다. 급식장애의 발달과 지속에 미치는 다요인(예 : 영아의 특성, 부모의 특성, 양육 환경의 특성)의 상대적 영향을 알아내고, 이들 요인에 대해 어떻게 최선의 방법으로 개입할 것인지 결정하는 연구가 수행되어야 한다. 추후연구는 급식문제 치료가 누구에게, 언제, 경험적 증거가 있는 어떤 개입방법이 적절한가라는 질문을 다룰 필요가 있다. FTT와 마찬가지로 초기의 급식문제와 급식장애가 아동의 발달적·사회적·정서적 결과에 미치는 영향을 밝히기 위해, 또 급식장애에 대한 개입 효과와 결과를 밝히기 위해 성인기까지 장기 추적하는 대규모 연구가 필요하다. 마지막으로 영아기와 초기 아동기의 섭식문제가 청소년기와 성인기 섭식장애의 위험요인인지 아닌지 확인하는 더 많은 연구가 필요하다.

수면-각성장애

장애에 대한 기술 및 진단적 고려사항

정상적인 수면-각성 발달과 수면생리[예 : 정상적인 수면 상태, 주간 조직화나 수면-각성 사이클, 그리고 야간 조직화-급속 안구운동(REM)과 비급속 안구운동(NREM) 수면 간 사이클]를 잘 아는 것은 영아기와 초기 아동기에 발생하는 수면장애를 이해하는 데 중요하다(Anders, Carskadon, & Dement, 1980; Anders, Goodlin-Jones, & Sadeh, 2000; Chamness, 2008; Iglowstein, Jenni, Molinari, & Largo, 2003; Owens & Burnham, 2009; Sadeh & Anders, 1993; Touchette, Petit, Tremblay, & Montplaisir, 2009). 수면문제는 생후 첫 3년 동안 일어나는 가장 흔한 소아과적인 문제 중 하나이다. 영아기와 걸음마기의 수면문제에 대해 보편적으로 공인된 정의는 없지만, 국제수면장애 진단 분류 2판(International Classification of Sleep Disorders, second edition, ICSD-2; American Academy of Sleep Disorders, 2005), DSM-5(APA, 2013), 그리고 DC : 0-3R(Zero to Three, 2005; 표 15.5 참조)과 같은 몇몇 수면장애 분류체계가 유용하다. 표 15.6은 DSM-5에 제시된 수면-각성장애의 목록으로, 많은 장애가 영아기와 걸음마기 유아들에게는 적용되지 않는다. 영아기와 걸음마기에 적용되는 장애에 대해서만 아래에 기술하였다. 수면에 대한 객관적 평가를 위해 동작기록장치, 비디오, 그리고 가정과 수면 실험실에서의 수면다원검사가 실시된다(Touchette et al., 2009).

앞서 언급된 분류체계를 사용하여 임상가들은 수면장애를 수면장애(수면-개시와 수면 유지의 어려움 또는 수면 교란), 사건수면, 또는 기저에 있는 장애의 증상으로 분류한다(Owens et al., 2002; Pearl, 2002). 수면장애는 다시 내인성(주로 혹은 전적으로 생물학적인 원인)과 외인성(양육 방식과 약물사용과 같이 신체 외적인 원인)으로 나뉜다. 내인성 수면이상의 예로는 기면증, 수면무호흡증후군, 그리고 주기적 사지 운동장애(periodic limb movement disorder)가 있다(Pearl, 2002). DSM-5는 기면증(narcolepsy)을 억누를 수 없는 수면 욕구, 깜빡 잠이

표 15.5 수면행동장애에 대한 DC : 0-3R의 진단기준

510. 수면-개시장애[수면-개시 초기수면이상(protodissomnia)]

　　수면-개시문제는 아동이 잠드는 데 걸리는 시간, 잠이 들 때까지 부모와 한 방에 머물고 싶은 아동의 욕구, 그리고/또는 부모와 재회하고자 하는 아동의 욕구를 반영한다(예 : 부모가 방을 나가고 아동의 요구에 대한 반응으로 되돌아옴).

　　수면-개시장애는 잠드는 것의 어려움이 최소한 4주 동안, 1주일에 5~7번의 삽화가 나타날 때 진단된다.

　　아동의 연령은 12개월 이상이어야 한다.

520. 야간-각성장애[야간-각성 초기수면이상(protodissomnia)]

　　야간-각성문제는 부모의 개입과 부모 침대로 이동을 필요로 하는 각성을 반영한다.

　　야간-각성장애는 밤에 깨는 어려움이 최소한 4주 동안, 1주일에 5~7번의 삽화가 나타날 때 진단된다.

　　아동의 연령은 12개월 이상이어야 한다.

출처 : ⓒ Zero to Three(2005) *Diagnostic Classification of Mental Health and Developmental Disorders of Infancy and Early Childhood, Revised*(DC : 0-3R). www.zerotothree.org.

표 15.6 DSM-5의 수면-각성장애

불면장애
과다수면장애
기면증
호흡관련 수면장애
　폐쇄성 수면무호흡 저호흡
　중추성 수면무호흡증
　수면관련 환기저하
일주기리듬 수면-각성장애
　뒤처진 수면위상형
　앞당겨진 수면위상형
　불규칙한 수면-각성형
　비24시간 수면-각성형
　교대근무형
사건수면
　NREM 수면-각성장애
　악몽장애
　REM 수면행동장애
하지불안증후군
물질/치료약물로 유발된 수면장애
달리 명시된 불면장애
명시되지 않은 불면장애
달리 명시된 과다수면장애
명시되지 않은 과다수면장애
달리 명시된 수면-각성장애
명시되지 않은 수면-각성장애

드는 것, 또는 낮잠이 하루 동안 반복적으로 나타나며, 최소한 3개월 동안 적어도 일주일에 3회 이상 발생한다고 정의한다. 또한 다음 중 한 가지 이상이 나타나야 한다. (1) (a)와 (b)로 정의되는 탈력발작(cataplexy)이 1개월에 수차례 발생함. (a) 장기간 유병된 환자의 경우, 웃음이나 농담으로 유발되는 짧은(수초에서 수분) 삽화의 의식이 있는 상태에서 양측 근육긴장의 갑작스러운 소실 (b) 아동이나 발병 6개월 이내의 환자의 경우 분명한 감정 계기 없이 혀를 내밀거나 근육긴장저하를 동반한 얼굴을 찡그리거나 턱이 쳐지는 삽화, (2) 하이포크레틴 결핍증, (3) 야간 수면다원검사에서 급속안구운동(REM) 수면 잠복기가 15분 이내로 나타나거나 또는 평균수면 잠복기가 8분 이내로 나타나고, 2회 이상의 수면-개시 REM 수면이 나타남. 기면증은 비전형적인 특징, 영아와 걸음마기 유아가 증상을 말로 보고할 수 없다는 점과 영아와 걸음마기 유아들에게 적합한 수면다원검사 기준의 부족으로 영아기와 걸음마기 유아에게는 매우 드물며 진단을 내리기 어렵다(Nevsimalova, 2009). 그러나 생후 2주 된 영아의 기면증이 보고되었고(Hood & Harbord, 2002), 영아의 기면증은 생후 1~2년에 시작된다는 보고도 있다(개관으로 Nevsimalova, 2009 참조).

　영아기와 걸음마기의 외인성 수면장애의 예로는 부적절한 수면 위생, 30분 이상의 수면 잠복기로 정의되는 (Gaylor, Goodlin-Jones, & Anders, 2001; Ottaviano,

Giannotti, Cortesi, Bruni, & Ottaviano, 1996) 수면-개시 관련장애(또는 잠들기 어려움), 불충분한 수면장애, 제한된 맥락 수면장애(Pearl, 2002)가 있다. 수면이상은 생물학적(중추신경계의 성숙, 아동의 특성, 유전) 요인과 환경적 요인이 모두 영향을 준다(Jenni & O'Connor, 2005; Sadeh & Anders, 1993; Touchette et al., 2009). 영아기와 걸음마기에서 가장 흔한 수면문제는 지나치게 밤에 깨어 있는 것(영아기)과 잠자리에 드는 시간이 안정되지 않는 것(걸음마기)이다(Mindell, 1993; Owens & Burnham, 2009).

사건수면(NREM 수면장애 또는 수면상태 해리)은 학령전기와 학령기 아동에서 가장 흔한 수면장애이지만, 생후 18~24개월에는 상대적으로 드물고, 특히 출생부터 생후 18개월 기간은 사건수면이 거의 분명하게 나타나지 않는다(Kotagal, 2009). 사건수면은 각성장애(혼돈각성, 수면보행증, 야경증), 수면-각성 이행장애[율동운동장애(rhythmic movement disorder)], REM 관련 사건수면(예 : 악몽), 다른 사건수면들(야행성 야뇨증, 수면 이갈이, 영아수면무호흡, 영아급사증후군, 양성 신생아 수면 간대성 근경련증, 중추성 수면 환기저하증후군), 그리고 의학적/정신의학적 장애와 관련된 수면장애가 있다(Pearl, 2002). 고열, 스트레스, 불안, 극도의 피로, 소음, 꽉 찬 방광, 주기적 사지운동과 수면호흡장애가 사건수면을 촉발하는 계기가 될 수 있다(Chamness, 2008).

야경증(NREM 수면장애 또는 수면상태 해리)은 보통 수면 시간의 초기 1/3 동안에 시작되고, 일주일에 2~3번의 빈도로, 3~10세 사이에 나타난다(Kotagal, 2009). 야경증 삽화 동안 돌발적인 비명과 함께 수면 중 급작스럽게 잠에서 깨고, 불안해하며, 식은땀을 흘리며 얼굴이 붉게 상기되어 있고, 빈맥이며, 보이지 않는 위협으로부터 도망치듯 침대에서 뛰쳐나오고, 안심시키려는 부모의 노력에 반응하지 않는다(Kotagal, 2009). 경증의 수면보행증이 걸음마기 동안 나타날 수 있으며, 침대에서 일어나 침대 주변을 기어다니거나 잠이 든 채로 조용히 부모 침대로 걸어와 서 있는 행동을 보인다(Kotagal, 2009). 분리불안이 야경증과 수면보행증의 선행요인일 수 있다(Petit, Touchette, Tremblay, Boivin, & Montplaisir, 2007).

사건수면인 수면호흡장애는 학령전기에 가장 흔하지만 영아기와 걸음마기에도 나타날 수 있다. 여기에는 단순 코골이와 폐쇄성 수면무호흡(스펙트럼의 양극단) 그리고 상기도저항증후군(upper airway resistance syndrome)과 같은 상태가 포함된다(Spicuzza, Leonardi, & La Rosa, 2009). 3~36개월 영아에게 나타나는 수면호흡장애의 증상은 코골이, 확인된 무호흡 삽화, 잦은 깸, 입으로 숨쉬기/입이 마름, 야간 식은땀, FTT, 코막힘, 과신전된 목, 재발된 중이염과 상기도감염, 그리고 소리를 내면서 호흡하기이다(Sinha & Guilleminault, 2010). 3~12개월 영아에게만 나타나는 특징적인 수면호흡장애의 또 다른 증상에는 빈약한 빨기, 분명한 생명위협 사건, 빈약한 주야간 사이클, 천명(stridor), 그리고 호흡중지발작이 있다. 걸음마기(1~3세)의 특징적인 수면호흡장애 증상은 야경증, 혼돈각성, 성마름, 주간졸음증, 그리고 불안한 수면이다(Sinha & Guilleminault, 2010).

수면박탈된 어린 아동들은 보통 주간졸음증을 호소하지 않는다. 대신에 쉽게 좌절하고, 흥분하며, 성마르고, 공격적이며, 시무룩하고, 정서적으로 불안정하거나, 충동적이며, 증가된 활동성, 행동문제, 그리고 (나중에) 신경인지적 결함과 학교/학습문제를 보일 수 있다(Chamness, 2008; Fallone et al., 2002). 외관상 명백한 부주의와 과잉활동성 때문에 이 아동들은 특히 학령전기나 그 이후에 ADHD로 진단될 수도 있다(Corkum, Tannock, Moldofsky, Hogg-Johnson, & Humphries, 2001).

또 다른 사건수면인 율동운동장애는 좌우로 머리 흔들기, 머리 돌리기, 또는 신체 흔들기와 같은 대근육(보통 머리나 목의 대근육)을 사용한 일련의 상동적이고 반복적인 운동으로 구성된 수면-각성이행장애이다(Kotagal, 2009; Kuhn & Elliott, 2003). 잠을 이루지 못하다가 잠들기까지의 시간에 영아와 걸음마기 유아들이 보이는 율동운동은 생리학적으로 정상이고 일반적으로 3~4세에 사라진다는 점을 유념하는 게 중요하다(Kotagal, 2009). 율동운동장애는 운동이 자해와 같이 중대한 결과를 초래할 때 진단된다(Kotagal, 2009). 수면-각성 이행 즈음에 나타나는 율동운동은 잠을 자지 않으려고 고집하는 경향이 있는 자폐스펙트럼장애에서 보이는 율동운동과 구별되어야 한다(Kotagal, 2009).

발달경과 및 예후

Anders와 동료들(2000)은 수면문제를 가진 영아의 절반 가량이 이후까지 수면문제를 겪는다고 지적하였다. 수면문제에서 벗어난 아동에 대한 이야기는 이러한 연구결과를 반박한다. 치료 없는 소아과 수면문제는 수년 동안 지속된다(Anders et al., 2000; Kataria, Swanson, & Travathan, 1987; Owens et al., 2002). 이와 관련하여 축적된 증거들은 수면박탈과 수면분절이 심리적·인지적·사회적 기능을 손상시킬 수 있음을 보여준다(Dahl, 1996; Lewin, England & Rosen, 1996; Mindell, Owens & Carskadon, 1999; Owens et al., 2002; Randazzo, Muehlbach, Schweitzer, & Walsh, 1998; Touchette et al., 2009).

Touchette와 동료들(2007, 2009)은 크지 않지만 만성적인 아동기 수면상실의 심각한 잠재적 결과를 강조한다. 그들의 종단연구에서 잠재적 오염변인을 통제했을 때 3.5세 이전에 짧은 야간수면 지속기간을 보인 아동은 밤에 11시간을 잔 아동과 비교해서 6세 때 높은 과잉행동-충동성 점수와 낮은 인지수행 점수를 보일 위험이 2.5배였다(Touchette et al., 2007, 2009). 게다가 잠재 오염변인을 조정한 후 초기 영아기의 지속적인 짧은 수면 지속기간은 6세 때 과체중이나 비만 위험을 거의 3배 증가시켰다(Touchette et al., 2007. 2009; Touchette, Petie, Tremblay, Boivin, & Montplaisir, 2008). 다른 종단연구(Reilly et al., 2005) 또한 짧은 수면 지속기간이 학령기 아동의 비만 위험을 증가시킨다고 설명한다. Touchette와 동료들(2009)은 최적의 아동발달을 위해서 초기 아동기에는 하룻밤에 적어도 10시간을 자도록 하는 것이 중요하다고 강조하는데, 이는 국립수면재단여론조사(National Sleep Foundation Poll)의 권유와 일치한다(Mindell, 2004).

많은 수면장애 치료는 부모를 포함시킨 행동치료이다(Kuhn & Elliott, 2003; Kuhn & Weidinger, 2000; Mindell, 1999; Owens, Palermo, & Rosen, 2002; Richman, Douglas, Hunt, Lansdown, & Levere, 1985; Sadeh, 2005). 행동개

입 방법과 행동개입을 지지하는 경험적 증거에 대한 상세한 기술은 이 장에서 다룰 수 있는 범위를 넘어선다. 몇몇 저자들이 영아기에 보이는 수면-개시장애나 "아동기 행동 불면증, 제한된 맥락 유형"(ICSD-2 용어 사용)을 치료하는 데 사용되는 다양한 행동치료와 경험적 증거들을 요약했다. 그들은 부모교육, 조언, 그리고 지지와 함께 소등, 점진적 소등, 규칙적으로 깨우기, 긍정적인 취침 절차, 반응 대가, 그리고 정적 강화와 같은 행동개입 설명서를 제공한다(Kuhn & Elliott, 2003; Mindell, 1999; Owens & Burnham, 2009; Owens, France, & Wiggs, 1999; Owens et al., 2002; Ramchandani, Wiggs, Webb, & Stores, 2000; Sadeh, 2005). 행동개입의 결과에 영향을 미치는 요인들로는 양육자 특성 규칙(준수, 수면박탈로 인한 소진, 우울이나 다른 정신질환, 행동치료를 실시할 시간과 에너지를 쏟을 능력이 없거나 마음이 내키지 않음, 치료계획의 수용 부족, 여러 측면의 치료계획에 관한 이해 부족)과 가정환경 특성(예 : 거주형태, 대가족이나 형제자매의 유무, 가족 경제의 어려움)이 있다(Owens et al., 2002; Owens & Burnham, 2009).

2002년부터 미국소아과학회는 코골이 선별을 위해 모든 아동에게 권고되는 임상진료지침(Clinical Practice Guideline)을 만들었다(Chamness, 2008; Section on Pediatric Pulmonology and Subcommittee on Obstructive Sleep Apnea Syndrome, American Academy of Pediatrics, 2002). 수면호흡장애를 진단하기 위한 황금기준은 실험실 수면다원검사이다(Sinha & Guilleminault, 2010). 상악골 확장술, 코선반의 고주파 열치료, 지속적 양압기, 그리고 과체중이나 비만 아동이라면 체중 감소와 같은 다른 치료법들도 유용하지만, 일단 수면호흡장애로 진단되면 아동의 경우에 일반적으로 인정되는 첫 번째 치료는 편도선 절제와 인두편도 절제이다(Sinha & Guilleminault, 2010). 어린 아동의 경우 수면호흡장애, 특히 폐쇄성 수면무호흡증 치료를 받지 않으면 신경인지 및 학습결손(특히 단기기억과 주의집중력), 낮은 학업수행(Chervin et al., 2006; Curcio, Ferrara, & De Gennaro, 2006; Giordani et al., 2008; Gottlieb et al., 2004; Gozal, 1998;

Mitchell & Kelly, 2007) 그리고 행동, 기분 및 불안장애 (Dahl, 1996; Ong et al., 2006; Touchette et al., 2007)와 관련될 수 있다. 또한 폐성 고혈압, 전신성 고혈압 그리고 심장혈관과 대사장애(특히 호흡장애가 비만과 관련이 있다면; Spicuzza et al., 2009) 같은 신체문제와 관련될 수도 있다. 심장혈관손상이나 신경인지손상이 회복될 수 있는지 아닌지는 분명하지 않다(Spicuzza et al., 2009). 그러나 이 분야의 연구결과들은 대개 더 나이든 아동과 청소년에 대한 것이고, 영아에게도 적용되는지 여부는 분명하지 않다(Owens & Burnham, 2009). 영아의 경우 FTT와 같이 심각한 성장 문제가 폐쇄성 수면무호흡증과 관련이 있다(Bonuck, Parikh, & Bassila, 2006; Chamness, 2008; Sinha & Guilleminault, 2010; Spicuzza et al., 2009). 예를 들어 Freezer, Bucens 및 Robertson(1995)은 수면무호흡증의 임상 증상으로 인두편도 절제술에 의뢰된 18개월 미만 영아의 25%가 FTT였음을 보여주었고, 6~36개월 아동집단을 대상으로 한 Williams와 동료들 (1991)의 연구도 같은 결과를 보여주었다(Spicuzza et al., 2009 참조).

영아 기면증을 위한 특별한 치료법(개관으로 Nevsimalova, 2009 참조)과 율동운동장애를 위한 만족할 만한 치료법은 없다(Kotagal, 2009; Kuhn & Elliott, 2003). 드물게 나타나는(한 달에 한두 번) 혼돈각성, 야경증, 그리고 수면보행증은 치료받을 필요가 없을 수도 있다(Kotagal, 2009). 사건수면을 위한 행동개입에 관한 연구는 부족하며, 영아에게의 적용이 불분명하긴 하지만 야경증과 수면보행증을 위한 유일한 한 가지 개입법(규칙적으로 깨우기)만이 상당한 가능성이 있는 것으로 지지받고 있다(Kuhn & Elliott, 2003). 놀랍게도 취침 거부와 야간각성을 제외한 소아 수면문제들을 위한 경험적으로 지지받는 치료법이 거의 없다(Kuhn & Elliott, 2003). 일반적으로 영아기와 걸음마기의 수면문제에는 약물치료가 사용되지 않는다 (Owens, 2011). 36개월 미만의 아동에게 사용이 권고되어야 한다는 납득할 만한 증거가 없기는 하지만, Owens 와 동료들(Owens, 2011; Owens, Rosen, Mindell, & Kirchner, 2010)은 외인성 멜라토닌이 일주기리듬장애와 만성적 불면증 아동에게 효과적인 치료개입이라고 주장한다(Owens, 2011).

역학

영아기와 걸음마기의 수면장애 유병률은 정의, 수면장애 유형, 연령, 연구된 모집단이 무엇이냐에 따라 연구마다 다양하다. 예를 들어 몇몇 연구들은 15~30%의 아동이 생후 첫 3년 동안 수면문제로 고통받고 있는 것으로 추정한다(Adair, Bauchner, Philipp, Levenson, & Zuckerman, 1991; Armstrong, Quinn, & Dadds, 1994; Johnson, 1991; Lozoff, Wolf, & Davis, 1985; Richman, 1981; Sadeh, 2005). 또 다른 연구들은 영아의 50%가 잠들기 어렵고 밤에 자주 깨며(Chamness, 2008; Mindell & Owens, 2003), 어린 아동의 약 10%가 잠들기 어렵고 동시에 밤에 자주 깬다고 보고한다(Anders & Keener, 1985; Keener, Zeanah, & Anders, 1988). 학령 전 아동의 약 25~50%가 잠자리에 들기를 거부하거나, 잠들기를 지체하고, 야간각성과 같은 수면문제를 경험한다(Owens et al., 2002). Beltramini 와 Hertzig(1983)은 1세에 6%, 2세에 12%, 3세에 24%, 4세에 49% 그리고 5세에 33%로 생후 4년에 걸쳐 수면문제의 유병률이 증가하지만, 잠들기의 어려움으로 더 자주 고통받는 더 나이든 걸음마기와 학령 전 아동보다 2세 이하의 어린 영아가 잦은 야간각성으로 고통을 더 많이 받는다고 보고한다. 신경발달장애 아동에서는 13~85%에 달하는 높은 수면문제 유병률이 보고되고 있다 (Owens & Burnham, 2009). 야간각성과 관련하여 성차는 확인되지 않고 있다(Paret, 1983).

수면호흡장애의 유병률이 1~4%로 추정되고 있지만 정의가 다양하고 최근에서야 아동에게서 확인되었기 때문에 단정하기 어렵다(Sinha & Guilleminault, 2010). 수면호흡장애는 어떤 연령에서든 나타날 수 있지만, 2~5세가 가장 일반적이다(Hoban & Chervin, 2005; Sinha & Guilleminault, 2010). Spicuzza와 동료들(2009)은 단순 코골이와 폐쇄성 수면무호흡이 소아과 연령 집단에서 일반적인 수면장애로 전체 수면장애의 3/4 이상을 차지한다고 제안한다. 영아기와 초기 아동기의 수면문제와 관련하여 확인된 사회경제적 요인은 없다. 수면 습관과 절차는 문화와 가정마다 차이가 있으며(예: 어떤 가정과 문화에서는 성인과 아동이 가까이 잠을 자며, 어떤 경우는 성인과 떨어져서 자도록 한다), 어린 아동이 수면문제인지 수면장애인지 결정하는 데 이 점이 고려되어야 한다(Owens & Burnham, 2009).

병인

일시적인 수면문제('적응수면장애'라고도 함)는 스트레스성 생활사건, 신체질병(예: 귀의 감염, 감기) 또는 일상생활의 변화(예: 시차, 여행)와 관련될 수 있다.

모집단과 비교해서 수면호흡장애로 발전될 위험이 큰 의학적 상태는 과체중/비만(프레더-윌리 증후군을 포함하여), 얼굴 중앙 저형성을 가진 증후군(예: 피에르 로뱅 연쇄, 크루종 증후군), 큰 혀(예: 21번 삼염색체증), 그리고 근육신경계 질환[예: 뇌성마비와 근긴장성 이영양증(myotonic dystrophy)을 포함한다(Mitchell, 2009; Sinha & Guilleminault, 2010). 수면호흡장애 스펙트럼의 병인은 신체구조 및 근육신경계 요인과 질병에 걸리기 쉬운 기저의 유전적 소인이 복잡하게 상호작용하는 다원적인 것이다(Spicuzza et al., 2009). 인두편도선 비대는 학령전기와 영아기 폐쇄성 무호흡의 가장 일반적인 원인이다(Spicuzza et al., 2009).

정상 수면의 유전적/분자적 기초에 대해서는 알려진 것이 거의 없다(Nunes & Bruni, 2008). 유전학 연구는 거의 기면증, 하지불안증후군, 그리고 폐쇄성 수면무호흡에 제한되어 있다(Nunes & Bruni, 2008). 기면증-탈력발작에 관한 최신 병리생리학 모델 중 하나는 일부 신경원의 자가면역-매개 파괴를 포함하고 있다(Nevsimalova, 2009). 최근에 유전과 관련된 두 가지 수면주기장애[뒤처진 수면위상증후군(delayed sleep phase syndrome)과 앞당겨진 수면위상증후군]가 밝혀졌다(Nunes & Bruni, 2008). 유전적 기초가 보고된 반응소실증에는 수면보행증, 혼돈각성, 야경증, 그리고 야뇨증이 있다(Nunes & Bruni, 2008). 동물을 대상으로 한 수면박탈연구에서 연구자들은 수면손실에 대한 민감성을 반영하는 유전자 Homer1a를 확인했다(Nunes & Bruni, 2008).

스트레스, 성숙요인, 기질이 수면 상태 조직화 및 수면문제와 관련이 있음이 거듭 확인되었다(Keener et al., 1988; Sadeh & Anders, 1993; Touchette et al., 2005). 알레르기, 부모와 자녀가 한 침대에서 자는 것, 영양상태, 그리고 신체적으로 불편한 상태와 같은 다른 요인들 또한 영향을 줄 수 있지만 결과는 상반된다(개관으로 Anders et al., 2000 참조). 전향적 종단연구(Savino et al., 2005)에서는 배앓이를 하는 영아에게 수면장애가 더 빈번했지만, 또 다른 연구는 배앓이를 하는 영아에게서 일관된 수면문제를 찾아내지 못했다(Wake et al., 2006). 앞서 기술한 것처럼 일부 임상가와 연구자들은 수면장애를 근본적인 조절장애의 징후로 본다(Greenspan & Wieder, 1993). 조숙이나 전이 대상의 사용이 부모행동과는 독립적으로 공고한 수면과 강한 관련이 있는 것으로 보이지 않는다(Touchette et al., 2009).

아동기 수면문제에 있어서 태아기와 주산기 문제의 역할은 분명하지 않다(Goodlin-Jones, Eiben, & Anders, 1997; Oberklaid, Prior, & Sanson, 1986; Touchette et al., 2009; Wolke, Söhne, Riegel, Ohrt, & Osterlund, 1998; Zuckerman, Stevenson, & Bailey, 1987). 성별의 경우 결과가 엇갈리지만 일반적으로 수면연속 발달에 중요한 영향을 주는 것으로 보이지는 않는다(Beltramini & Hertzig, 1983; Gaylor et al., 2001). 건강관련 요인(예: 감염, 감기, 위식도 역류, 우유 알레르기, 신경학적 손상, 약물치료 효과, 치통) 또한 수면문제와 관련이 있다. 지적장애와 관련된 자폐스펙트럼장애, ADHD, 투렛장애, 그리고 유전적 증후군들과 같은 신경발달장애 아동들 또한 수면장애에 걸리기 쉬운 것으로 알려져 있다.

가장 일관된 연구결과 중 하나는 수면문제와 취침 시 부모-아동 상호작용의 관련성이다(Touchette et al., 2009). 재우기 위한 지나친 개입(예: 흔들기, 안기, 토닥이기, 수유하기, 젖병 수유, 고무젖꼭지 사용, 차 타기)은 수면-개시 관련장애와 연관이 있고, 지나치게 야간에 수유하고 제한하지 않는 것은 영아기 및 걸음마기의 불면과 연관이 있다(Owens & Burnham, 2009; Pearl, 2002). 어머니 나이와 교육수준과 같은 부모의 특성은 수면문제에 거의 영향을 미치지 않는다. 어머니의 이민 상태, 우울, 과잉보호, 수유가 수면문제의 시작과 지속에 미치는 영향은 연구결과마다 엇갈린다(예 : Touchette et al., 2009). 그렇지 않다는 연구들도 있지만(예 : Adair et al., 1991; Kahn, Mozin, Rebuffat, Sottiaux, & Muller, 1989), 수유 방식인 모유 수유 또는 젖병 수유는 초기 아동기에 지속적으로 잠을 자지 못하는 문제와 높은 관련성이 있는 것으로 확인되었다(Carey, 1974; Paret, 1983; Touchette et al., 2005). 가족 구성원과 한 방에서 자거나 한 침대에서 같이 잠을 자는 것 또한 초기 아동기에 지속적으로 잠을 자지 못하는 것과 관련이 있으며(Touchette et al., 2005), 비록 밤에 자주 깨서 한 침대에서 같이 잠을 자는 것은 동시에 수면문제를 증가시킨다고는 하나 일반적으로 한 침대에서 같이 자는 것이 수면의 질에 해로운 것은 아니다(Lozoff, Askew, & Wolf, 1996). 사실 비서구문화에서는 한 침대에서 같이 자는 것과 수면문제 간에 관련이 있다는 보고가 없다(Morelli, Rogoff, Oppenheim, & Goldsmith, 1992). 부모의 정신병리는 아동기 수면문제 유병률 증가와 관련이 있다(Gelman, & King, 2001; Hiscock & Wake, 2001; Van Tassel, 1985; Zuckerman et al., 1987).

학대 시 겪는 두려움이나 불안, 또는 역기능적 가정, 부모의 갈등, 어머니의 정신병리, 어머니가 유아의 신호를 민감하게 알아차리거나 반응하지 못하는 것, 가족 스트레스, 부모-자녀 관계 장애와 같은 환경적 요인이 걸음마기의 수면문제의 시작과 지속에 관여하는 것으로 밝혀졌다(Benoit, Zeanah, Boucher, & Minde, 1992; Bernal, 1973; Bernal, 1973; Paret, 1983; Pearl, 2002). Touchette 와 동료들(2009)이 정리했듯이 가족과 문화적 요인이 유아의 지속적 수면에 미치는 영향에 관한 연구결과들은 일치하지 않는다.

앞으로의 연구 방향

앞으로의 연구는 수면장애 영아 내부에 있는 요인과 수면문제의 시작과 지속에 영향을 줄 수 있는 양육 환경의 요인에 대해 이루어져야 할 것이다. 영아기 수면문제의 예방과 치료에 대한 연구 또한 필요하다. 영아기와 걸음마기의 단순 코골이가 장기적으로 인체에 미치는 영향과 성인 무호흡증으로 발전할 위험성 또한 연구되어야 하며, 이것은 초기 발병 코골이의 해결책과 치료방법을 찾아내기 위해서도 필요하다(Spicuzza et al., 2009). 기질 (좋은 수면과 나쁜 수면의 생리적 감각 역치의 객관적 비교를 포함), 아동기 수면이상과 문제성 사건수면에 미치는 유전의 영향과 같은 다양한 위험요인과 수면이상 간의 매개관계를 조사하기 위해 더 많은 연구가 필요한데, 왜냐하면 이러한 요인은 가정 내에 함께 존재하고 있기 때문이다(Kotagal, 2009; Touchette et al., 2009). 짧은 수면 지속기간의 결과가 서로 독립적인지, 이들이 어느 정도까지 상호작용하여 더 복잡한 문제를 만들어내는지 조사하기 위해 더 많은 종단연구가 이루어져야 한다. 이미 알려진 급식과 수면문제 간 관련성을 토대로, 수면과 식욕/급식문제(FTT이든 아니든) 간의 관련성을 더 깊이 알아내기 위한 실험연구가 필요하다. 수면이상과 사건수면 모두를 위한 행동개입의 효과를 확고하게 확립하고, 가장 효과적인 상황을 기술하며, 초기 아동기 수면장애의 치료효과를 평가하기 위해서 보다 엄격한 연구설계와 대규모 전향적 추적연구가 필요하다(Kotagal, 2009; Owens et al., 2002; Sadeh, 2005; Touchette et al., 2009). 마지막으로 영아기 수면문제의 예방과 결과에 대한 연구 또한 필요하다.

외상후 스트레스장애

장애에 대한 기술

DSM-5에 따르면 PTSD(posttraumatic stress disorder)는 외상사건을 재경험하는 것, 그 사건을 기억나게 하는 것을 회피하는 것, 감정과 인지의 부정적 변화, 그리고 증가된 각성과 같은 증상을 핵심 특징으로 한다(APA, 2013; Nader & Fletcher, 이 책의 제10장 참조). 이러한 유형의 증상은 아동과 성인 모두에게 나타나는데, 지난 20년 동안의 연구가 심각한 외상적 경험을 한 어린 아동에게도 나타난다는 것을 증명하고 있다(Scheeringa, Zeanah, &

Cohen, 2011). 비록 어린 아동이 외상사건 후 동일한 PTSD 증상을 보인다 하더라도 동일한 진단준거가 적용되지 않음을 체계적인 연구들이 보여주고 있다.

진단적 고려사항

어린 아동이 PTSD와 관련된 증상을 경험할 수 있다는 것은 수년 동안 보고되고 있다(Gaensbauer, Chatoor, Drell, Siegel, & Zeanah, 1995; Zeanah & Burk, 1984 참조). 그러나 1990년대 중반이 시작되면서 Scheeringa, Zeanah와 Cohen(2011)은 DSM-IV(APA, 1994)의 PTSD 준거를 어린 아동에게 적용할 수 없고, 다른 준거가 더 타당하다는 것을 증명하는 체계적 연구를 수행하였다(개관으로 Scheeringa, 2009 참조). 그들은 DSM-IV 준거보다 발달적으로 더 민감한 대안적 기준 또는 대안적 준거(PTSD-AA)를 연구하고 입증하였다.

초기 연구들은 외상적 경험을 한 어린 아동은 DSM-IV 준거가 사용될 때보다 대안적 준거(PTSD-AA)가 사용되었을 때 훨씬 더 PTSD로 진단되는 경향이 있음을 보여주었다(Scheeringa, Zeanah, Drell, & Larrieu, 1995). 외상적 경험을 한 어린 아동에 대한 8개의 후속연구가 DSM-IV 준거를 사용할 때보다 PTSD-AA 사용이 유의미하게 더 높은 PTSD 진단율을 가져온다는 것을 확인했다(Egger et al., 2006; Levendosky, Huth-Bocks, Semel, & Shapiro, 2002; Meiser-Stedman et al., 2008; Ohmi et al., 2002; Scheeringa, Peebles, Cook, & Zeanah, 2001; Scheeringa, Zeanah, Myers, & Putnam, 2003, 2005; Scheeringa, & Myers, Putnam, & Zeanah, 2012). 빈도만으로 대안적 준거를 선호하는 충분한 이유가 될 수는 없지만 다른 연구들도 이들 대안적 기준의 타당도를 조사했다.

첫째, 외상적 경험을 하고 심각하게 징후를 보이는 많은 어린 아동들이 DSM-IV의 PTSD 진단기준을 충족하지 않았다. 심각하게 외상적 경험을 한 학령 전 아동들을 대상으로, DSM-IV 준거와 PTSD-AA 준거 타당도를 살펴본 두 연구는 PTSD-AA가 더 적합하다는 것을 증명하였다(Scheeringa et al., 2001, 2003). DSM-IV의 PTSD 진단 최적 추정치를 참조했을 때, 그 진단기준을 충족한 아동

은 PTSD-AA를 사용했을 때 가장 많은 증상을 보인 반면, 외상적 경험을 했지만 PTSD 증상 기준을 충족하지 못한 어린 아동은 중간 수준의 증상을 보이고, 외상적 경험을 하지 않은 아동은 가장 낮은 수준의 증상을 보였다. 그러나 DSM-IV의 증상 수가 사용되면, 두 연구에서 차원 상관이 명확하지 않았다.

둘째, 이들 두 연구에서 PTSD-AA로 진단된 아동의 평균 징후/증상 수는 외상적 경험을 했지만 PTSD-AA로 진단되지 않은 아동의 평균 징후/증상 수보다 유의미하게 많았지만, DSM-IV 기준이 사용되면 달라졌다. 외상적 경험을 하고 더 많은 증상을 보인 아동이 DSM-IV 진단기준을 충족하지 않지만 PTSD-AA 진단기준을 충족한다는 사실은 더 강한 준거 타당도의 또 다른 표시이다.

이러한 자료로 인해 DSM-5는 PTSD-AA 연구(6세 이하 아동의 DSM-5 PTSD 진단기준은 표 10.2 참조, Nader & Fletcher)에서 도출된 학령전기 아형을 만들었다. Scheeringa와 동료들(2012)은 DSM-5 준거와 PTSD-AA가 본질적으로 유사하고, 둘 다 DSM-IV 준거보다 더 많은 어린 아동 PTSD 사례를 확인한다는 것을 보여주었다. 6세 이하 아동의 PTSD 아형은 전생애 장애의 초기 아동기 징후를 규정하는 DSM의 첫 번째 발달적 아형이다.

발달경과 및 예후

PTSD의 징후/증상이 어린 아동에서 일시적인 것이 아니라는 증거가 세 연구로부터 도출되었다. 두 연구는 PTSD-AA를 사용하여 외상 노출 후부터 전향적으로 추적하였다. Meiser-Stedman과 동료들(2008)은 교통사고를 경험한 지 2~4주 된 62명의 학령 전 아동을 조사하고, 6개월 후에 다시 조사하였다. 외상 후 2~4주 되었을 때는 아동 중 6.5%가 PTSD-AA 기준을 충족시켰고 외상 후 6개월 뒤에는 10%였다. 진단이 3주에서 6개월 사이에 대체로 안정적이었던 반면, 2~4주에서의 DSM-IV 급성 스트레스장애(ASD) 진단은 외상 경험 후 6개월이 지났을 때 DSM-IV PTSD와 관련이 없었다. 이 연구에서 2~4주에 ASD로 진단되고 외상 경험 6개월 후에 DSM-IV PTSD로 진단된 사례가 하나도 없었다. 따라서 PTSD-AA 기준은

DSM-IV 기준보다 더 큰 예측 타당도를 보여주었다.

Scheeringa와 동료들(2005)은 다양한 외상을 경험한 62명의 아동을 처음에는 외상 후 평균 4개월, 이후 16개월과 28개월 이렇게 세 번에 걸쳐 연구했다. 연구자들은 2년에 걸쳐 PTSD-AA 증상의 유의미한 안정성을 발견했다. PTSD-AA 기준을 충족한 아동이든 증상을 보이지만 진단기준을 충족하지 못한 아동이든 2년에 걸쳐 종합적인 증상에서 감소가 없었다.

놀랍게도 두 집단 모두 2년에 걸쳐 증상의 수가 한 개도 감소하지 않았다. 1차 시기의 PTSD-AA 진단은 1년 후와 2년 후 기능적 손상의 정도를 유의미하게 예측했고, 2년 후 PTSD-AA 진단을 예측했다. Ohmi와 동료들(2002)은 일본에서 보육원 가스 폭발을 경험한 학령 전 아동을 연구했다. 그들은 PTSD-AA 진단의 안정성을 조사하진 않았지만, 입학 후 1년에 걸쳐 PTSD-AA 징후/증상의 안정성을 보여주었다.

따라서 이러한 증거들은 어린 아동이 보이는 PTSD의 증후가 안정적이라는 것을 의미한다. Scheeringa와 동료들(2005)의 사례 중 1/4 이상이 종단연구 조사기간 중 지역사회에서 치료를 받았지만 증후의 회복을 보이지 않았다는 점에서 이것은 특히 중요하다. 세 개의 무선 통제 시행이 어린 아동의 PTSD를 위한 효과적인 치료가 있다는 것을 증명하고 있으므로(Cohen & Mannarino, 1996; Lieberman, Van Horn, & Ghosh Ippen, 2005; Scheeringa et al., 2012), 효과적인 치료 없이 증후가 단기든 중기든 완화되지 않는다는 것이 분명해 보인다.

예후에 관한 장기 결과 자료는 유용한 것이 없지만, 몇몇 연구들이 증후의 심각성에 관여하는 요인들을 다루었다. Scheeringa과 Zeanah(1995)는 외상적 경험을 한 어린 아동연구에서 성별, 외상을 경험한 나이, 만성 외상인지 급성 외상인지, 목격한 것인지 직접 경험한 것인지, 부상을 입었는지 안 입었는지, 양육자가 위협을 받았는지 안 받았는지 등 외상으로 인한 증후의 심각성과 관련될 가능성이 있는 수많은 아동 관련 요인과 외상 관련 요인들을 조사했다. 어린 아동의 외상후 증상의 심각성에서 하나의 가장 좋은 예측변인은 외상사건에서 양육자가

위협을 받았는지 여부였다. 이러한 결과는 부상으로 외상적 경험을 한 아동에 대한 이후 연구에서도 재확인되었다(Scheeringa, Wright, Hunt, & Zeanah, 2006).

양육자 위협과 어린 아동의 외상후 증후군 간의 관련성에는 두 가지 가능한 기제가 있다. 첫째, 직접적 효과로 어린 아동은 그들의 주양육자에게 일어난 위협이 그들 자신에게도 위협이라는 것을 인식하여 그들 자신의 증상을 심화시킬 수 있다. 둘째, 간접적 효과로 양육자는 아동이 외상을 경험한 것과 동일한 사건으로 외상을 경험할 수도 있다. 이는 양육자가 아동에게 공감적으로 반응할 수 없게 만들 수 있기에 아동의 외상후 증상이 강화될 수 있다. 둘 중 어느 쪽이든 양육자-아동 관계가 아동의 증상에 중요한 관계가 있는 것이 분명하다.

신체적으로 또 성적으로 학대받은 어린 아동은 외상후 증상을 발전시키는 것으로 보이는데, 이들 사례 중 많은 경우는 외상이 단 하나의 사건이 아니고 일련의 외상적 사건이나 지속적인 환경에서 일어난 것이다. 급성적 외상과 만성적 외상의 영향을 살펴본 연구에서 Scheeringa와 Zeanah(1995)는 급성적 외상을 겪은 영아가 만성적 외상을 겪은 영아보다 일반적으로 더 심하게 영향을 받고 외상적 경험을 재경험하는 증상을 더 많이 보였다. 이것은 만성적 외상보다 급성적 외상이 더 해롭다는 것을 시사하는 것이 아니고 단지 두 경우에 증상 그림이 서로 다르다는 것을 시사하는 것일 뿐이다. 예를 들어 어떤 사람들은 만성적 외상이 급성일 때보다 성격 또는 다른 발달 영역에 더 명백하게 장기적인 영향을 미칠 수 있다고 제안한다.

실제로 매우 부정적인 초기 경험이 PTSD를 넘어 많은 뒤이은 문제들과 관련이 있다는 사실이 오래전부터 알려져 왔다(Cicchetti & Toth, 1995). 이러한 이유로 van der Kolk(2005)는 심각한 역경을 경험한 아동들의 다양한 후유증을 기술하기 위해 '발달적 외상장애'라는 하나의 새로운 장애를 제안하였다. 하나의 장애가 되기 위해서는 (1) 이 하나의 장애가 심각한 만성적 외상에 따르는 다양한 문제를 포함할 수 있는지 아닌지, (2) 이 잠정적 실체의 과정과 상관요인들이 내적으로 일관되고 뚜렷한지

설명되어야 한다. 지금까지 이 장애에 대한 연구는 없다.

앞으로의 연구 방향

어린 아동의 PTSD 취약성에 대한 중요한 질문은 왜 외상적 사건에 노출된 아동 중 소수만이 지속적인 징후와 증상을 발전시키게 되는가이다. 연령은 하나의 중요한 요인인데 생의 첫 1년이 끝나갈 쯤 어린 아동이 일련의 재경험 징후를 표현하기 위해 필요한 인지능력을 획득하게 되기 때문이다(Scheeringa, 2009). 한 연구는 허리케인 카트리나를 경험한 학령 전 아동의 PTSD 발달에 도파민 수송체(DAT) 3의 비해독 부위(untranslated region)에서 VNTR(variable number tandem repeat) 대립유전자의 유전자 변이가 관련되었음을 보여주었다(Drury, Theal, Keats, & Scheeringa, 2009). 대규모 일본 지진에서 살아남은 아동에 대한 최근 연구에서 연구자들은 사건 전후로 구조적 MRI를 실시하였다(Sekiguchi et al., 2013). 그들은 지진이 일어나기 전에 배측전대상피질의 회백질 부피가 더 작았던 아동과 지진 후에 좌측안와전두피질의 회백질 부피가 더 작았던 아동이 PTSD 증상을 겪을 가능성이 더 크다는 것을 발견했다. 두 영역은 두려움과 불안과 관련된 것으로 알려져 있기 때문에 이러한 결과는 PTSD 증상에 대한 취약성을 보여주는 것이다. 취약성에 대한 더 많은 연구가 분명히 필요하다.

추후연구에서 다루어야 할 중요한 분야는 어린 아동의 외상과 관련된 신경생물학이다. 더 나이든 아동과 성인 외상의 신경생물학에 관한 문헌들은 많으며 또 계속 늘어나고 있다. 생후 첫 몇 년이 뇌발달에 중요하다는 인식(Schridan & Nelson, 2009)과 뇌기능뿐 아니라 뇌구조에 미치는 외상의 영향에 대한 증거는 이 분야가 앞으로 연구되어야 할 중요한 분야임을 보여준다.

진행 중인 전망 있는 연구 방향은 외상의 유전자 표현을 포함한 세포내 처리에 미치는 영향에 관한 것이다. 이 연구의 대부분은 '후성유전학(epigenetics)', 즉 생의 초기 환경 조건이 개인의 DNA를 구조적으로 바꾸는 과정을 밝히는 것인데, 이는 환경이 개인의 표현형에 미치는 영향에 대한 생물학적 기초를 제공하는 것이다. 이 연구는 유전자 표현 조절에 관여하는 메틸화(methylation)에서부터(개관으로 Bick et al., 2012; Szyf, 2012 참조) 세포 나이 지표인 텔로미어 길이를 측정하는 것까지(Drury et al., 2011) 다양하다. 이러한 과정에 대한 이해는 각각의 개별적인 외상적 사건들과 오래 지속되는 외상적 상황에의 노출이 증상과 부적응을 초래하게 되는 생물학적 기제를 조명해줄 것이다.

반응성 애착장애와 탈억제성 사회적 유대감장애

장애에 대한 기술

지난 20세기 초부터 과학적 문헌에서 애착의 임상적 장애에 대한 관심이 보였음에도 불구하고, 반응성 애착장애(RAD)가 공식적인 정신의학 용어로 처음 등장한 것은 DRM-III(APA, 1980)가 출판된 1980년이 되어서였다. 이 장애를 기술하는 준거는 뒤이은 DSM 개정판에서 수정되었으나, DSM-5에서 바뀐 것은 두 가지 아형인 억제성과 탈억제성을 각기 다른 장애로 구분하였다는 것이다. ICD-10(WHO, 1992)은 지난 20년간 유사한 접근을 취했다.

DSM-5는 양육자와의 상호작용에 대한 반응이나 시작이 제한되었거나 없으며 이상한 형태의 사회적 행동을 보이는 어린 아동을 RAD라고 기술한다(표 15.7 참조). 특히 이 아동들은 정신적 고통을 받을 때 양육자에게서 안락을 찾거나 반응하지 않으며 감정조절장애를 보인다. 탈억제성 사회적 유대감장애(DSED) 아동은 낯선 성인에 대한 사회적 조심성이 부족하고, 낯선 상황에서 양육자를 돌아보고 확인하지 않으며, 낯선 성인을 주저 없이 따라간다(표 15.8 참조). 어느 정도 더 나이가 든 아동은 과하게 개인적인 질문을 하거나, 사적 공간을 침해하거나, 주저 없이 신체 접촉을 시도하는 등 침입적이고 과하게 친근한 행동을 보인다. 최근 연구들은 두 패턴이 모두 극단적인 양육 위험이라는 유사한 조건에서 초래되지만, RAD와 DSED가 현상, 상관요인, 그리고 치료개입에 대한 반응성에서 다르기 때문에 한 가지 장애의 두 아형이라기보다는 2개의 독립적인 장애로 개념화하는 것이 최선이라고 결론짓는다(Rutter, Kreppner, & Sonuga-Barke,

표 15.7 영아기 반응성 애착장애에 대한 DSM-5 진단기준

A. 성인 보호자에 대한 억제되고 감정적으로 위축된 행동의 일관된 양식이 다음의 두 가지 모두로 나타난다.

   1. 아동은 정신적 고통을 받을 때 거의 안락을 찾지 않거나 최소한의 정도로만 안락을 찾음
   2. 아동은 정신적 고통을 받을 때 거의 안락에 대한 반응이 없거나 최소한의 정도로만 안락에 대해 반응함

B. 지속적인 사회적 · 감정적 장애가 다음 중 최소 두 가지 이상으로 나타난다.

   1. 타인에 대한 최소한의 사회적 · 감정적 반응성
   2. 제한된 긍정적 정동
   3. 성인 보호자와 비위협적인 상호작용을 하는 동안에도 설명되지 않는 과민성, 슬픔 또는 무서움의 삽화

C. 아동이 불충분한 양육의 극단적인 양식을 경험했다는 것이 다음 중 최소 한 가지 이상에서 분명하게 드러난다.

   1. 성인 보호자에 의해 충족되는 안락과 자극, 애정 등의 기본적인 감정적 요구에 대한 지속적인 결핍이 사회적 방임 또는 박탈의 형태로 나타남
   2. 안정된 애착을 형성하는 기회를 제한하는 주보호자의 반복적인 교체(예 : 위탁 보육에서의 잦은 교체)
   3. 선택적 애착을 형성하는 기회를 고도로(심각하게) 제한하는 독특한 구조의 양육(예 : 아동이 많고 보호자가 적은 기관)

D. 진단기준 C의 양육이 진단기준 A의 장애행동에 대한 원인이 되는 것으로 추정된다(예 : 진단기준 A의 장애는 진단기준 C의 적절한 양육 결핍 후에 시작했다).
E. 진단기준이 자폐스펙트럼장애를 만족하지 않는다.
F. 장애가 5세 이전에 시작된 것이 명백하다.
G. 아동의 발달연령이 최소 9개월 이상이어야 한다.

다음의 경우 명시할 것
   지속성 : 장애가 현재까지 12개월 이상 지속되어야 한다.

현재의 심각도를 명시할 것
   반응성 애착장애에서 아동이 장애의 모든 증상을 드러내며, 각각의 증상이 상대적으로 높은 수준을 나타낼 때 고도로 명시한다.

출처 : *Diagnostic and Statistical Manual of Mental Disorders, Fifth Edition*(pp. 265-266). Copyright 2013 by the American Psychiatric Association의 허락하에 사용함.

2009; Zeanah & Gleason, 2010).

RAD의 핵심은 선호하는 애착 대상의 부재이다. 예를 들어 시설에서 생활하는 어린 아동연구에서 RAD로 진단된 아동들에게서 선호하는 양육자의 부재와 낯선 상황 절차에서 분류할 수 없는 애착(애착행동의 부족이나 부재 때문에)이 확인되었다(Smyke, Dumitrescu, & Zeanah, 2002; Zeanah, Smyke, Koga, Carlson, & BEIP Core Group, 2005). 감정적 위축과 사회적 무반응으로 특징지어지는 이 장애는 내면화된 장애와 더 밀접한 관련이 있으며 보통 우울과 결합되는 반면(Gleason et al., 2011), DSED는 ADHD 및 파괴적 행동장애와 더 밀접한 관련이 있고 그 장애들과 결합한다(Gleason et al., 2011). 또한 DSED에서 양육자에 대한 애착행동이 반드시 탈억제되

어야 할 필요는 없지만, 사회적 유대감 행동은 비선택적으로 무분별하게 나타나야 한다. 해외 입양된 아동은 안락, 지지, 양육, 그리고 보호를 받기 위해 선택적으로 양부모에게 향할 수 있지만, 낯선 사람들에게는 여전히 말을 삼가지 않을 수 있고, 사회적 경계에 대한 규범을 따르려고 애쓸 수도 있다. 두 가지 장애는 현상학적으로 완전히 별개이고, 애착행동과 서로 다른 관련성을 가진다. RAD는 기본적으로 선호하는 애착의 부재나 불완전한 형태라면(Zeanah et al., 2005), DSED는 한 명 이상의 주양육자에 대한 애착이 결핍된 아동, 분명한 선택적 애착행동을 보이는 아동, 심지어 애착행동이 안정애착 유형으로 분류된 아동에게서 발생한다(Chisholm, 1998; Gleason et al., 2011; O'Connor, Heron, Golding, &

표 15.8 탈억제성 사회적 유대감장애에 대한 DSM-5 진단기준

A. 아동이 낯선 성인에게 활발하게 접근하고 소통하면서 다음 중 두 가지 이상으로 드러나는 행동 양식이 있다.

    1. 낯선 성인에게 접근하고 소통하는 데 주의가 약하거나 없음
    2. 과도하게 친숙한 언어적 또는 신체적 행동(문화적으로 허용되고 나이에 합당한 수준이 아님)
    3. 낯선 환경에서 성인 보호자와 모험을 감행하는 데 있어 경계하는 정도가 떨어지거나 부재함
    4. 낯선 성인을 따라가는 데 있어 주저함이 적거나 없음

B. 진단기준 A의 행동은 (주의력결핍 과잉행동장애의) 충동성에 국한되지 않고, 사회적으로 탈억제된 행동을 포함한다.

C. 아동이 불충분한 양육의 극단적인 양식을 경험했다는 것이 다음 중 최소 한 가지 이상에서 분명하게 드러난다.

    1. 성인 보호자에 의해 충족되는 안락과 자극, 애정 등의 기본적인 감정적 요구에 대한 지속적인 결핍이 사회적 방임 또는 박탈의 형태로 나타남
    2. 안정된 애착을 형성하는 기회를 제한하는 주보호자의 반복적인 교체(예 : 위탁 보육에서의 잦은 교체)
    3. 선택적 애착을 형성하는 기회를 고도로(심각하게) 제한하는 독특한 구조의 양육(예 : 아동이 많고 보호자가 적은 기관)

D. 진단기준 C의 양육이 진단기준 A의 장애행동에 대한 원인이 되는 것으로 추정된다(예 : 진단기준 A의 장애는 진단기준 C의 적절한 양육 결핍 후에 시작했음).

E. 아동의 발달연령이 최소 9개월 이상이어야 한다.

다음의 경우 명시할 것
    지속성 : 장애가 현재까지 12개월 이상 지속되어야 한다.

현재의 심각도를 명시할 것
    탈억제성 사회적 유대감 장애에서 아동이 장애의 모든 증상을 드러내며, 각각의 증상이 상대적으로 높은 수준을 나타낼 때 고도로 명시한다.

출처 : *Diagnostic and Statistical Manual of Mental Disorders, Fifth Edition*(pp.268-269). Copyright 2013 by the American Psychiatric Association의 허락하에 사용함.

Glover, 2003; Zeanah, Smyke, & Dumitrescu, 2002, O'Connor, Marvin, Rutter, Olrick, & Britner, 2003). 두 가지 표현 형태를 각기 다른 장애(하나는 애착의 결핍을 반영하는 것이고, 다른 하나는 탈억제된 사회적 유대감을 더 분명히 나타내는 것)로 본 DSM-5의 구분은 최신 연구들을 더 잘 반영하는 것이며, 이러한 구분이 두 장애의 독특한 상관요인을 파악하는 추후연구들을 고무시킬 것이라 기대된다.

진단적 고려사항

RAD와 DSED는 양육자를 대상으로 한 구조적 면접을 통해(Smyke et al., 2002; Zeanah et al., 2005), 관찰 절차를 통해(Gleason et al., 2011; Lyons-Ruth, Bureau, Riley, & Atlas-Corbett, 2009), 혹은 둘 다를 통해(Boris et al., 2004; Gleason et al., 2011; O'Connor, Marvin, et al.,

2003) 확실하게 확인되고 있다. 더구나 서로 다른 접근법으로 수렴되는 결과를 보여주는 이러한 연구들은 다양한 방법이 동일한 현상을 보여주고 있음을 시사하는 것이다(Gleason et al., 2011; Zeanah et al., 2002, 2005). 더 나아가 연구들은 RAD와 DSED의 징후가 저위험군에서는 거의 존재하지 않으며, 고위험군에서도 여전히 드물지만, 학대군과 시설군에서는 쉽게 확인된다는 것을 보여주었다(개관으로 Zeanah & Smyke, 2009 참조).

발달경과 및 예후

RAD와 DSED의 발달경과가 상당히 다르다는 것이 증명되고 있다. 예를 들어 DSED의 징후는 시설에서 양육된 후 입양된 아동에게서 쉽게 확인되는 반면, RAD의 징후는 이들에게서 보고되지 않는다(Chisholm, 1998; O'Connor, Marvin, et al., 2003). 그러나 시설에서 생활하는 아동을

대상으로 한 연구들은 이들에게서 RAD와 DSED 둘 모두의 증가율을 확인하였다(Tizard & Rees, 1975; Zeanah et al., 2005). 따라서 적절한 가족 환경으로 바뀌면 DSED 징후는 지속되지만 RAD 징후는 사라지는 것으로 보인다. 이 가능성을 한 연구가 보여주고 있는데, 이 연구는 무선적으로 선택된 임상집단의 아동에게 시설 보육의 대안으로 가정 위탁을 실시하였는데, 시설에서 가정으로 옮겨진 후 RAD 징후가 급격히 감소한 반면, DSED에서는 감소가 덜 나타났다(Smyke et al., 2012).

남아 있는 한 가지 중요한 질문은 생의 초기에 RAD나 DSED로 진단되었지만 더 나은 양육 환경으로 옮긴 후 장애의 징후가 감소하거나 사라진 어린 아동의 회복 정도에 대한 것이다. 즉, 일단 장애의 징후가 사라지면, 아동은 그들의 새로운 양육자와 건강하게 안정애착을 발달시킬 수 있는가, 아니면 대인관계에서 지속적으로 어려움을 경험하는가? 이러한 질문을 다룬 데이터는 제한적이지만 섣불리 완치를 가정해선 안 된다고 경고한다. 예를 들어 2세 전에 나타난 RAD와 DSED의 징후는 그 후에 장애의 징후가 감소하거나 사라지더라도 이후 학령전기에 정신의학적 문제의 전조가 된다(Gleason et al., 2011). 게다가 DSED의 징후는 아동이 양육가정으로 입양되었을 때조차 청소년기까지 지속되며 또래관계의 어려움을 보인다(Hodges & Tizard, 1989; Rutter et al., 2007). 이전에 시설에 있다가 입양된 아동들이 새로운 양육자와의 비전형적인 애착 패턴을 형성하게 되는 위험도 보인다(Chisholm, 1998; O'Connor, Marvin, et al., 2003; Marcovitch et al., 1997).

앞으로의 연구 방향

일반적인 혼란된 애착에 대한 연구, 특히 RAD와 DSED에 대한 연구의 진전은 이 책의 첫 2판이 출판된 이후부터 두드러지고 있다. 사실 이 장애에 대해 우리가 알고 있는 거의 모든 것은 과거 10년간 이루어진 연구에서 나온 것이다. 그러나 우리가 앞으로 알아내야 할 것들이 여전히 많다.

연구자들에게 한 가지 골치 아픈 문제는 비슷한 위험 상황에서 분명하게 다른 형태의 결과가 나타나는 이유가 무엇인가라는 것이다. 우리가 '방임'이나 '박탈'이라고 이름 붙인 이질적인 상황에 존재하는 개인적 경험의 차이가 형태의 차이를 설명할 수 있는가? 대안적으로 취약성에서의 생물학적 차이가 형태의 차이를 설명할 수 있는가(Drury et al., 2012 참조)? 이들 장애의 원인을 보다 명확히 설명하기 위해 해야 할 것들이 아직 많이 남아 있다.

장애의 장기적 경과와 후유증에 대한 중요한 질문들은 여전히 대부분 답을 알지 못하는 상태이다. 지금까지의 자료는 아동이 적절한 양육 환경에 있게 되면 RAD의 징후가 사라진다고 시사한다. 그러나 이 아동들이 이후에 대인관계나 행동적 어려움의 위험에 여전히 남게 되는지 아닌지에 대해 우리는 여전히 알지 못한다. 발달경과가 향상됨을 보여주는 자료는 개입 설계에 대해 결정적으로 알려줄 수 있을 것이다. 비슷하게 DSED의 징후가 양육 환경이 개선된 후에도 지속될 수 있음을 우리는 안다. 이것은 어떤 경우에는 수년이나 지난 후에 분명해지는 사회적 경계와 또래관계의 어려움에 밑바탕이 될 수 있는 DSED의 사회인지적 비정상성을 치료하기 위해 어떤 부가적인 개입을 해야 하는가라는 질문을 제기한다.

시설 보육 아동의 애착장애 유형에 대한 우리의 이해 수준이 향상된 것은 시설 보육에 노출되지 않은 아동들에게 더 일반적인 안정, 불안정, 혼란애착 유형과 RAD 및 DSED 간의 복잡한 관계를 분명히 하는 것에서 어느 정도는 비롯되었다(Zeanah, Berlin, & Boris, 2011 참조). 이 장의 나머지 부분에서는 가족 상황에서 양육되는 위기의 영아와 걸음마기 유아들에게서 더 일반적으로 나타나는 혼란애착 유형의 개인적·맥락적 위험요인들을 자세하게 개관할 것이다.

이후의 장애 위험 : 장기 종단연구, 부모 맥락, 그리고 뇌행동 관련성

장애의 발달적 맥락

가족 맥락에서의 아동

발달 과정의 초기에 위치한 영아기의 특수한 위치로 인하여 영아를 다루는 임상가와 연구가들은 현재 상태의 치료뿐만 아니라 정신장애의 예방에 치중할 의무가 있다고 하겠다. DSM-5(APA, 2013)는 정신장애를 "정신기능의 기초를 이루는 심리학적, 생물학적, 혹은 발달 과정에서의 기능이상을 반영하는 개인의 인지, 정서조절, 또는 행동에서 임상적으로 유의미한 장애의 특징을 나타내는 증후군"이라고 정의한다(p.20). 종단연구가 점차 분명하게 보여주고 있듯이 아동이 보이는 인지, 정서조절, 또는 행동에서 임상적으로 유의미한 장애를 실질적으로 증가시키는 가족 요인은 영아기나 출산 이전 시기부터 시작된다. 생의 초기에는 발달적 변화가 빠르게 진행되므로, 가족 요인은 영아의 특정 증상보다 이후의 아동의 상태를 예견할 수 있는 안정된 예언인자가 될 수 있을 것인데(Belsky & Fearon, 2002; Lyons-Ruth, Bureau, Holmes, Easterbrooks, & Brooks, 2013), 이는 앞으로 연구되어야 할 중요한 질문이다.

이 책의 여러 장에서 기술하고 있듯이 아동 요인 또한 광범위한 정신장애들과 관련되는 중요한 요인이다. 장애의 전조이거나 장애와 관련이 있는 아동 요인에는 억제적 기질, 특정적인 유전적 표지, 그리고 행동유전학 연구에서 확인된 비특정적인 유전적 영향이다. 가족 요인 또한 수동적 및 촉발적 유전자-환경 상관 모두를 포함하는 유전자 유전에 의해 형성된다. 아동정신병리 연구에 정교한 종단적 연구법을 적용한 최근의 연구들은 가족과 환경의 영향이 시간이 지나면서 어떻게 아동의 기질 및 유전자와 상호작용하여 발달경로를 만들어내는지에 대한 예언 가능한 관계를 밝힐 수 있는 가능성을 보여주고 있다.

또한 신경생물학, 구조적 및 기능적 MRI, 분자유전학,

후성유전학을 포함한 최근 신경과학에서 이루어진 전대미문의 발전으로 발달연구는 경험 관련 행동의 변화를 동물과 인간 수준 모두에 관련된 생리학적·신경생물학적 변화와 연결시키기 시작하였다(예 : Anderson et al., 2008; Cohen et al., 2006; Dannlowski et al., 2012; Meaney & Szyf, 2005). 이러한 연구로 인하여 환경이 심리장애와 장애 위험에 영향을 미치는 과정에 신경 구조와 기능이 매개변인으로 포함되는 새로운 모델로 기존의 생물행동학적 위험 모델들(전통적으로 자율신경계 및 시상하부-뇌하수체-부신피질[HPA]의 스트레스 반응 체계에 초점이 맞추어짐)이 확장될 가능성이 있다.

이어지는 개관에서 유념해야 할 한 가지 중요한 점은 신경생물학적 과정들이 종종 '내재하는 기제' 또는 행동적 변화와 환경 위험을 잇는 유발요인으로 간주되지만, 우리는 점점 더 만연하는 '신경이 원인이다'고 생각하는 오류에 대해 알고 있어야만 한다. 신경생물학적 과정과 행동적 과정 간의 또는 신경생물학적 과정과 관계적 과정 간의 연결이 병인을 설명하는 데 있어서 인과관계의 우선성이 성립되지 않는다. 그보다는 우리가 많은 무선 동물 모델들을 통해 알고 있는 것처럼 영아의 행동과 양육 환경 간의 상호작용이 변화함에 따라 많은 신경생물학적인 적응이 이루어진다(예 : Francis, Diorio, Liu, & Meaney, 1999). 따라서 신경생물학적 과정이 육안으로 잘 보이지 않는다는 의미에서 행동적 과정에 '내재할' 수 있지만, 반면 신경생물학적 과정이 인과 기제로 작용한다는 의미에서는 행동적·환경적 과정에 반드시 '내재하는' 것은 아니다. 인과 기제는 무선할당, 전향적 장기종단 설계, 그리고 여러 분석수준에 걸친 매개요인과 조절요인을 포함하는 정교한 모델링을 사용한 신중한 연구결과들로부터 도출되어야 할 필요가 있다. 따라서 우리는 '내재하는 기제'라는 용어를 단순히 신경생물학적 과정에 적용하기 위해 사용하는 것에 대해서 조심해야 한다. 환경, 특히 인간이 정교하게 생물학적으로 또 심리학적으로 조율되어 있는 관계적 환경의 변화에 대한 반응으로 나타난 아동의 행동 변화는 이러한 결과와 관련된 신경생물학적 과정일 뿐만 아니라 특정 발달 결과에 대한

병인학적 원인이라는 점에서 '내재하는 기제'를 구성할 가능성이 있다. 예를 들어 현재의 인간 대상 연구들은 초기 어머니의 우울을 아동의 스트레스 반응(Brennan et al., 2008)과 편도체 부피(Lupien et al., 2011)의 증가뿐만 아니라 어머니의 열악한 돌봄과 관련짓는다. 무선 동물 모델 연구들은 돌봄의 감소가 이 두 가지 신경생물학적 결과 모두와 관련되는 한 가지 원인 기제임을 보여주고 있다(Francis et al., 1999; Vyas, Jadhav, & Chattarji, 2006). 어떻게 초기 위험요인이 이후 장애로 나아가는 발달궤도를 만드는지 완전히 이해하기 위해서 우리는 신경생물학과 행동 간에 서로 영향을 미치는 두 가지 방향을 모두 유념해야만 한다.

발달 시기 : 발달에 결정적 시기인 출생 전 시기와 영아기

동물연구와 인간연구 모두 출생 이전 경험이 아동의 장기적인 행동 및 인지적 결과(Beydoun & Saftlas, 2008; Buss, Davis, Muftuler, Head, & Sandman, 2009; Van den Bergh, Mulder, Mennes, & Glover, 2005)뿐만 아니라 영속적인 뇌구조와 기능(Del Cerro et al., 2010)에 미치는 발달적 영향에 대한 분명한 증거들을 제시한다. 예를 들어 인간이 아닌 영장류 연구에서 실험적으로 유도된 어미의 산전 스트레스는 새끼의 해마 부피 감소(Coe et al., 2003)와 뇌량의 부피 변화(Coe, Lulbach, & Schneider, 2002)와 관련이 있었다. 인간연구도 높은 수준의 산전 불안을 경험한 어머니의 자녀들은 뇌의 많은 영역에서 회백질 감소(MRI 연구에 근거함)가 있음을 발견하였다(Buss et al., 2009). 발달정신병리 연구는 또한 높은 산전 스트레스가 불안장애(O'Connor, Heron, et al., 2003; Van Den Bergh & Marcoen, 2004), ADHD(O'Connor, Heron, et al., 2003), 품행장애(Barker & Maughan, 2009; O'Connor, Heron, et al., 2003), 그리고 HPA 활성화로 나타나는 비전형적인 스트레스 반응(Glover, O'Connor, & O'Donnell, 2009; Gutteling, de Weerth, & Buitelaar, 2005)과 관련이 있음을 확인해주었다. 유사하게 태아기에 니코틴, 알코올, 그리고 불법적인 물질에 노출되는 것은 높은 수준의 아동 성마름과 불안정애착(O'Connor,

Sigman, & Kasari, 1992; Rodning, Beckwith, & Howard, 1991) 그리고 외현화된 행동(Buschgens et al., 2009)과 같이 최적이 아닌 발달적 결과와 관련이 있다. 태아 프로그래밍 가설은 어떻게 태아 환경의 변화가 아동의 생물행동적 변화뿐 아니라 뇌구조와 기능에 장기적인 변화를 가져올 수 있는지 설명하기 위해 제안되었지만(Barker, 1998, 2003; Rutter & O'Connor, 2004), 최근 연구는 출생 이후의 경험이 가능한 산전 영향을 약화시킬 수 있음을 시사하고 있다. O'Connor와 동료들은 어머니의 정서적 지지가 태아기 알코올 노출과 불안정애착 간의 관련성을 약화시킨다고 보고하였고, Bergman과 동료들은 높은 코르티솔 수준과 아동의 낮은 인지발달 간 관련성뿐 아니라 높은 산전 스트레스와 아동의 강한 공포심 간 관련성이 불안정한 영아-어머니 애착의 아동에게서만 관찰된다고 보고하였다(Bergman, Sarkar, Glover, & O'Connor, 2008. 2010).

초기 가족 환경과 영아-어머니 애착의 질이 미치는 조절효과는 놀라운 일이 아니다. 초기 양육이 다양한 영역의 아동발달에 지대하고 장기적인 영향을 미친다는 것은 발달과학에서 폭넓게 수용되는 견해이다. 초기 양육의 영향에 대한 증거는 출생 후 학대를 다룬 초기의 설치류 연구(Denenberg, 1964)부터 영장류의 위탁 양육 조건과 분자유전학을 포함한 유전자-환경 상호작용을 다룬 정교한 연구(Bennett et al., 2002; Suomi, 2006)뿐 아니라 최근의 설치류 모델을 사용한 현재의 후성유전학 연구(Meaney & Szyf, 2005)까지 다양하다. 이전에 시설에서 생활했던 아동의 소집단 위탁 양육 효과에 대한 최근 연구도 인간 영아의 정상적인 사회적 애착을 위한 민감기 가능성을 지적하고 있다(Nelson et al., 2007; Windsor, Glaze, Koga, & BEIP Core Group, 2007). 따라서 인간 및 동물연구 결과들은 영아기와 초기 걸음마기가 양육자와의 초기 경험이 중요한 생물학적 및 심리적 과정의 발달에 발판이 될 수 있는 민감기 또는 결정기라는 것을 강력히 시사한다.

비교신경과학은 뇌활동이 초기 양육에 매우 민감한 독특한 시기가 있다는 개념을 제안하였는데, 그 범위는 설치류의 경우 출생 후 21일부터 짧은 꼬리 원숭이의 경우 180일, 그리고 인간의 경우 생후 3년에 이른다(Fox, Levitt, & Nelson, 2010). 이 시기 동안 환경 경험은 신경 연결을 억제할 수도 또는 강력하게 할 수도 있고(Knudsen, 2004), 뇌의 구조적 및 기능적 성숙을 형성하게 된다. Cameron, Coleman, Dahl, Kupfer 및 Ryan(1999)은 새끼 짧은 꼬리 원숭이들이 어미와 분리를 경험한 시점이 새끼의 장기적인 사회적 행동에 매우 다른 영향을 미친다는 것을 발견했다. 어미와 애착 유대를 형성한 후(대략 1개월)에 분리된 새끼는 극도의 초기 위축과 다른 원숭이들과의 상호작용 결핍을 보였으며, 뒤이어 다른 동물에게 '입양되어서' 입양된 양육자와 매우 가깝게 접촉을 유지하였다. 장기적으로 이 원숭이는 초기 분리가 없었던 통제집단 원숭이들보다 불안행동을 더 많이 보였고, 다른 동물들과 더 많은 접촉을 추구했다. 대조적으로 애착관계를 형성하기 전에(대략 1주) 분리된 원숭이들은 초기 위축을 보이지 않았다. 그러나 이 원숭이는 다른 원숭이들이 다가오면 경직되고 자기주도적인 위안 행동을 하는 등 집단 내의 다른 원숭이들과 정상적인 사회적 접촉을 발달시키지 못했고 발달기간에 극도로 비전형인 사회적 행동을 보였다. 따라서 영아기 양육 박탈 시점은 이후에 매우 다른 사회적 행동과 전조행동을 만들게 된다.

출생 후부터 시설에서 자란 아동연구에서 입증된 것과 같은 유사한 초기 경험의 강력한 영향을 2세 이전의 초기 양육 환경의 긍정적 변화가 높은 IQ(Nelson et al., 2007), 더 높은 언어능력(Windsor et al., 2007), 그리고 긍정적인 애착의 질(Smyke, Zeanah, Fox, Nelson, & Guthrie, 2010)과 관련된다는 연구결과에서도 볼 수 있다. 최근에 Pollak과 동료들(2010)은 시설에서 생활하다가 일찍 입양된 아동(8개월 이전)과 늦게 입양된 아동(12개월 이후) 간에 중기 아동기의 신경발달적 기능에 차이가 있음을 보고하였다. 늦게 입양된 아동들은 일찍 입양된 아동이나 입양되지 않은 대조집단 아동보다 기억과 주의 과제에서 더 낮은 점수를 받았는데(후자 집단은 모든 과제에서 비슷하게 수행하였음), 이는 생의 첫 1년이 환경 경험에 매우 민감한 시기임을 시사한다. 발달단계

와 스트레스 유발인자 유형 간의 상호작용을 평가하는 것은 아동과 성인의 정신병리로 가는 경로를 초기에 확인하고 개입하도록 하는 데 중요하다.

표현형의 불연속 : 장기 종단연구의 중요성

초기 4년 동안 이루어지는 극적인 인지적·행동적 재조직화로 인하여 아동과 가족의 초기 부적응적인 행동이 이후의 발달 과정에서 나타나는 정신병리와 유사하지 않을 수도 있다. 발달 기간의 이러한 표현형의 불연속으로 인해 특정 초기 행동이나 가족관계 유형이 처음에는 영아기 장애의 중요한 전조나 전구증상, 또는 장애로 생각되지 않을 수 있다. 따라서 생후 초기부터 시작하는 전향적 종단연구들은 후에 이상발달로 향하도록 하는 아동 행동의 초기 전조 형태나 위험한 상태, 또는 확인 가능한 환경적·생물학적 지표들이 있는지를 탐색할 수 있는 강력한 방법론을 사용한다. 예를 들어 DSED에서 보이는 낯선 사람에 대한 유별난 친근함 또는 혼란된 애착의 진단기준으로 고려되는 행동(아래 참조)과 같이 영아기에 부모가 있을 때의 이상한 행동은 이후의 심각한 정신병리와 체계적으로 관계된다는 것이 입증되어야만 영아의 장애를 나타내는 것으로서 그 중요성을 인정받을 수 있다. 따라서 장애의 초기 징후 전체를 알아내기 위해서는 진단된 영아 집단에 대한 연구는 고위험 집단에 대한 종단연구와 협력하여 진행될 필요가 있다.

초기 관계의 조절 역할

이러한 민감기 효과는 양육관계 질의 기능이므로 초기 관계의 형태와 역할을 이해하는 것은 인간의 초기 생물 행동적 발달과 이후의 정서장애와의 관련성을 완전히 이해하는 데 결정적이다(Lyons-Ruth & Jacobvitz, 2008). 지난 수십 년 동안의 영아연구는 행동과 표상수준에서 부모-영아의 관계를 어떻게 개념화하고 평가하는지에 초점이 맞추어졌다는 점이 독특하다. 그러나 가족관계의 연구는 방법론적인 문제와 관계적 행동을 직접 관찰 가능한가 하는 문제로 인하여 최근 정신병리 연구에서 상대적으로 경시되어 왔다. 이러한 이유로 어머니의 양육

행동이 아동의 신경생리와 이후의 행동을 규정하는 데 중요하다는 것을 보여준 동물연구들을 고려해서 재논의할 필요가 있다. 최근 신경과학의 유례없는 진보로 발달심리학 연구들은 최근 어떻게 아동행동, 스트레스 생리학, 그리고 신경 구조와 기능이 전형적·비전형적 발달경로 모두와 관련되는지에 점점 더 집중하고 있다.

혼란된 양육, 아동-부모 애착, 그리고 정신병리의 위험

진단적으로 정의된 영아기 장애에 대한 체계적인 연구는 비교적 부족하지만, 영아 또는 아동의 부적응과 관련된 영아기나 영아기 이전의 가족 맥락 특성을 정교하게 다룬 연구들이 있다. 이번 절에서는 아동기 정신병리로 향하게 하는 발달궤도를 탐색하는 종단연구의 세 가지 분야에 대해 개관하고자 한다. 이러한 세 분야는 관계적 행동의 세대 간 전이, 와해된/혼란된 영아 애착행동의 맥락과 상관요인에 대한 연구, 그리고 이후의 정신병리 징후군의 초기 예언인자에 대한 것이다.

부모가 아동기에 받았던 양육과 이후의 자녀양육

여러 전통의 연구자들이 아기와의 관계 속에서 형성되는 부모의 양육 형태가 장기간에 걸쳐 안정적일 뿐 아니라 자녀를 출산하기 이전의 부모 자신의 적응에 뿌리를 두고 있다는 것을 입증하였다. 이러한 문헌이 시사하는 것은 부모의 유전자뿐 아니라 부모의 발달 역사와 심리적 구조가 자녀의 관계행동을 형성하는 데 영향을 준다는 것과, 비정상적인 경로로 이끄는 부모와 자녀 간의 복잡한 상호작용을 이해하기 위해서는 부모의 발달 역사와 심리적 구조 자체를 이해할 필요가 있다는 것이다.

수많은 연구들은 부모의 아동기 경험(예 : 학대)과 이후의 부모역할관계, 결혼생활관계가 관련이 있음을 발견하였다(Belsky & Pensky, 1988). 그러나 최근의 연구들은 이제 어떻게 부모의 적응과 부모의 아동기 경험이 초기의 부모-자녀 관계에 영향을 주는지를 설명할 수 있는 매개과정을 찾기 위해 다양한 방법, 전향적 종단 설계 등을 사용하고 있다. 예를 들어 Cox 등(1985)은 출산 전 어머니의 특성이 영아가 3개월 되었을 때의 어머니-영아 상호작용의 긍정적 특징 차이를 41% 예언함을 발견하였다. 이 연구에서 어머니의 출산 전 특성으로 출산 전의 결혼 유능성(면접과 관찰에 의해 평가함)과 10점 척도로 평가한 개인적인 심리적 건강이 포함되었다. 또한 어머니 자신이 자신의 원가족으로부터 받았던 양육의 질에 대한 면접 측정치를 포함시켰다. 예상 밖으로 어머니의 원가족에 대한 보고가 어머니의 결혼 변인과 심리적 건강 변인보다 어머니의 양육 형태를 더 잘 예언하였으며, 어머니의 원가족 변인이 포함되었을 경우 어머니의 심리적 건강 변인은 더 이상으로 어머니의 양육 형태의 차이를 예언하지 않았다. 특히 원가족 부모의 적의와 침입은 어머니 자신의 양육에 대한 강력한 예언인자였다. 또한 이들 자료의 추가 분석은 어머니가 어린 시절 양육자와 가졌던 심각한 역할 전도의 역사에 대한 어머니의 출산 전 보고가 2년 후 자신의 자녀와의 상호작용에서 보인 역할 전도 행동(연구자에 의해 관찰된)을 예측한다는 것을 보여주었다(Macfie, McElwain, Houts, & Cox, 2005).

부모 자신의 원가족에 대한 면접 측정치의 강력함은 다른 종단적 중다변인 연구에서도 반복검증되었다. 예를 들어 Belsky, Hertzog 및 Rovine(1986)은 출산 전의 어머니 성격과 결혼 적응도, 어머니 자신의 부모(아동의 외조부모)의 보살핌 질, 3개월과 9개월에 측정된 어머니의 사회적 접촉망, 3개월과 9개월에 측정된 영아의 기질 등이 미치는 영향에 대한 자료를 수집하였다. 이들은 어머니의 발달 역사가 현재 어머니-아동 상호작용의 질에 미치는 직접 및 매개효과를 발견했고, 원가족 평가는 양육 형태를 예언하는 데 가장 크게 기여하였다. 유사하게 Lyons-Ruth 등(Lyons-Ruth, 1992; Lyons-Ruth, Zoll, Connell, & Grunebaum, 1989)은 빈곤 가정의 위험이 높은 영아 집단을 대상으로 한 연구에서, 양육에 미치는 아동기 역사의 영향은 현재 어머니의 우울증상, 결혼 상태, 자녀 수, 그리고 첫 출산 연령에 의해 매개될 것으로 예언하였다. 그러나 아동기 역사의 매개 효과는 어머니 자신의 아동기 경험이 자신의 자녀에 대한 행동에 **직접적으로** **미치는 영향**에 의해 가려졌다. 어머니의 아동기 경험 측정치는 다른 모든 위험요인보다 양육의 질 차이를 더 설명(27%)하였다. 이러한 발견들에 기초하여 Lyons-Ruth는 가까운 관계에서의 상호작용 책략에 대한 암묵적인 표상은 초기의 가족관계에서 발달하고, 이것이 자녀와 상호작용할 때 직접적으로 다시 나타난다고 주장하였다.

양육이 세대 간에 전이된다는 것을 가장 극적으로 제시한 연구는 버클리 가이던스 연구자료(Berkeley Guidance Study Archives)를 사용한 Elder와 동료들의 종단연구(1986)이다(Elder, Caspi, & Downey, 1986; Elder, King, & Conger, 1996). 1928년에 시작된 이 종단연구는 영아기에만 초점을 맞춘 것은 아닌데, 아동기 경험의 측정을 다른 연구에서와 같이 회상적으로 하지 않고 **전향적으로** 하기 위해서 조부모, 부모, 자녀와 손자/손녀의 4세대를 연구하였다. Elder와 동료들은 성격 측정치, 결혼생활 갈등, 그리고 양육 형태가 여러 세대에 걸쳐 상관하였으며, 이 상관된 양육의 질은 다시 아동의 행동에 관계된다는 것을 발견하였다. 갈등과 불안정한 성격을 보인 부모는 결혼생활에서 긴장을 경험하였으며, 자신의 자녀에 대해 과민하고 격한 행동을 보였다. 이들의 아동은 다시 아동기와 성인기에서 과민하고 격한 행동을 보였다. 그러나 불안정한 성격과 결혼생활의 갈등이 자녀에 대한 처벌적 행동으로 표현되지 않은 경우는 세대 간 전이가 일어나지 않았다.

이러한 세대 간 연속성은 의심할 여지 없이 학습된 관계행동과 생리적 기능에 미치는 유전과 환경 모두의 영향이 만들어낸 복잡한 산물이다(아래 참조). 세대 간 연속성과 불연속에 관한 다음 세대의 연구는 이들 관련 변인들을 구별하기 위해서 유전자 분석, 초기 상호작용의 근접 관찰, 그리고 부모와 영아의 생리적 반응 측정과 함께 실험적 조작(무선 개입과 같은)을 포함시킬 필요가 있다. 무선 개입이 양육과 아동의 발달을 향상시킨다는 일관된 결과들을 볼 때(Cicchetti, Rogosch, & Toth, 2006; Dozier, Peloso, Lewis, Laurenceau, & Levine, 2008; Fisher, Gunnar, Chamberlain, & Reid, 2000; Toth, Rogosch, Manly, & Cicchetti, 2006; Webster-Stratton & Hammond, 1997), 이러한 연속성이 유전적 전이만을 반영하지는 않

을 것이다. 이 모든 연구에서 어머니의 심리적 증상의 측정이 포함되었고 양육을 유의미하게 설명하였지만, 그 효과는 원가족에서 받은 아동기 양육 경험과 관련된 효과보다 작았다는 점을 주목하는 것이 중요하다.

부모의 애착 전략, 양육행동, 그리고 이후의 영아 애착 전략

애착이론에 기초한 최근의 연구도, 자녀 출산 이전에 측정한 성인애착면접(Adult Attachment Interview, AAI; George et al., 1985) 점수와 자녀가 1세 되었을 때 측정한 영아 애착행동 측정 간에 강한 관계가 있다는 것을 밝힘으로써 부모의 아동기 경험을 측정하는 것이 중요하다는 것을 보여주고 있다. AAI는 부모가 자신의 초기 애착과 관련된 경험에 대해 형성한 암묵적인 정신표상, 즉 '내적 작동 모델'을 측정하기 위해 만들어진 것이다. AAI 점수는 성인의 어린 시절의 객관적 경험을 넘어서, 또 성인의 어린 시절에 대한 의식적 보고와 평가를 넘어서, 어린 시절의 경험이 사고와 대화 속에 표상되어 있는 형태에 연구자들이 주의할 수 있도록 해주는 혁신적인 것이다(Main & Goldwyn, 1998). AAI에 대한 기술과 그 코딩 절차는 IJzendoorn과 Bakermans-Kranenburg(2009)에서 찾아볼 수 있다.

몇몇 전향적 연구에서 첫 아기 출산 전에 측정한 부모의 애착 상태 분류가 1년 후 영아 애착 분류를 예측할 수 있음이 밝혀졌다. 전향적 연구와 동시대적인 연구를 포함한 18개의 연구를 메타분석한 최근의 연구에서 van IJzendoorn(1995)은 어머니와 영아의 안정 대 불안정애착 분류가 75%의 일치율을 보이고, 효과 크기는 .47임을 확인하였다(안정과 불안정애착 형태에 대한 설명은 다음 절 참조). 아버지로부터 아기를 예언하는 것은 약간 낮았다(Fonagy, Steele, & Steele, 1991; Steele & Steele, 1994; Suess, Grossmann, & Sroufe, 1992).

민감한 부모의 행동은 부모와 영아의 애착분류 관계를 매개하는 것으로 가정되기 때문에, van IJzendoorn (1995)은 부모의 AAI 분류와 부모의 영아에 대한 민감한 반응성의 관계를 평가하였다. 10개의 연구에서 효과 크

기는 .34였다. van IJzendoorn이 지적하였듯이, 이 효과 크기는 확실하지만 부모의 상호작용 행동이 부모와 아기의 애착 분류 간의 일치를 모두 설명하지는 못한다는 사실도 나타내므로, 유전적 유사성과 같은 다른 요인이 이 일치성에 역할을 하는 것으로 보인다.

그러나 많은 연구가 수행되었음에도 불구하고 아동 애착의 질에 미치는 직접적인 유전적 혹은 기질적 효과를 입증하는 강력한 증거는 나타나지 않았다. 영아의 안정애착에 환경요인이 미치는 효과의 증거는 다음과 같이 결과를 정리할 수 있다. (1) 한쪽 부모와의 애착 형태가 다른 한쪽 부모와 보이는 애착 형태와 강력하게 관련이 있지 않다(Fox, Kimmerly, & Schafer, 1991; Grossmann, Grossmann, Huber, & Wartner, 1981; Main & Weston, 1981). (2) 주양육자와의 영아 애착은 애착 문제와 관련하여 영아 출생 전에 평가된 양육자의 마음 상태로부터 예측 가능하다. (3) 주양육자에 대해 아동이 보인 애착 전략은 **심지어 주양육자가 생물학적으로 관련이 없을 때조차**(Oppenheim, Sagi, & Lamb, 1988), 다른 양육자에 대해 보인 애착 전략보다 아동의 사회 적응을 더 잘 예측한다(Main, Kaplan, & Cassidy, 1985; Main & Weston, 1981; Suess et al., 1992). (4) 영아의 기질은 분리 시의 괴로움을 예측하지만, 괴로워하는 혹은 괴로워하지 않는 행동 형태가 안정 혹은 불안정으로 분류되는지 아닌지를 예측하는 것은 아니다(Belsky & Rovine, 1987; Kochanska, 1998; Vaughn, Lefever, Seifer, & Barglow, 1989).

마지막으로 특정 유전자를 평가하는 행동유전학 연구든 분자유전학 연구든 영아의 안정애착에 미치는 유전적 영향에 대한 일관된 증거를 제시하지 못하고 있다. 1세된 138쌍의 쌍생아를 대상으로 한 행동유전학 연구에서(Bokhorst et al., 2003) 공유와 비공유 환경요인만이 안정, 불안정, 와해된 애착 형태의 쌍생아 일치성의 변량을 설명했다. 3.5세 쌍생아 110쌍을 대상으로 한 두 번째 행동유전학 연구에서(O'Connor & Croft, 2001), 애착 분류에 미치는 공유와 비공유 환경 효과만이 유의미하였다. 그러나 Finkel과 Matheny(2000)의 연구와 마찬가지로 O'Connor와 Croft(2001)는 작은 표본 수 때문에 와해된/

지배적인 애착에 미치는 유전의 영향을 구분해서 검사하지 않았다.

이들 연구들은 일란성과 이란성 쌍생아 상관을 통계적으로 비교함으로써 유전의 영향을 조사했다. 그러나 상관들 간 유의미한 차이가 탐지되려면 상당한 크기의 영향력이 있어야 하고, 큰 표본 크기도 필요하다. 와해된 애착 형태를 보고한 중간 크기의 쌍생아연구만으로 영아의 와해된 애착에 대한 유전성 추정치에 대해 확실한 결론을 끌어낼 수는 없다.

최근 분자유전학 기술의 발전으로 중간 표본 크기로 특정 유전자의 작은 영향을 탐지하기가 더 쉬워졌다. 저위험 형가리인 표본에서 와해된 애착의 위험은 도파민 수용체 D4(DRD4) 유전자의 엑손 III(exon III)가 7번 반복되는 7R(7-repeat) 동질이상(polymorphism)이 있는 영아에게서 4배 증가하였고(Lakatos et al., 2000), 이러한 관련성은 동일한 DRD4 대립유전자의 −521 C/T 단일 뉴클레오티드(single-nucleotide)가 있을 때 10배까지 증가하였다(Lakatos et al., 2002). 그러나 네덜란드인 연구는 작은 저위험 쌍생아 표본에서 와해된 애착에 미치는 D4.7의 주효과를 반복검증하지 못했다(Bakermans-Kranenburg & van IJzendoorn, 2004). Spangler와 Zimmermann(2007)도 와해된 애착에 미치는 D4.7 대립형의 전체 주효과를 발견하지 못했다. Cicchetti, Rogosch와 Toth(2011)는 후보 유전자와 아동의 와해된 애착 간의 직접적인 관련성 조사에서 학대와 관련이 있을 때와 없을 때 서로 엇갈린 결과를 보고했다. 학대받은 아동의 경우 개입이 있기 전 1세에만 와해된 애착과 DRD4의 7R 대립유전자의 부재 간에 상관이 있었고, 2세에 개입이 있은 후에는 학대받은 아동의 와해된 애착에서 유전자 차이가 관찰되지 않았다. 그러나 학대받지 않은 집단에서 세로토닌과 도파민 유전자와 와해된 애착 간에 유의미한 관련성이 있었다. 2세 때 DRD4의 7R 대립유전자를 가진 **학대받지 않**은 아동은 대립유전자를 갖지 않은 아동들보다 와해된 애착으로 분류될 가능성이 더 컸는데, 이는 Lakatos 등(2000)의 자료를 반복검증하는 결과이다. 또한 증가된 부적 정서반응과 관련된(Canli & Lesch, 2007) 프로모터 영역(promoter region, 5-HTTLPR)에 연결된 세로토닌 전달체(5-HTT)의 s/s 또는 s/1 대립형을 가진 2세 아동은 1/1 대립형을 가진 아동보다 더 와해된 유형으로 분류되는 경향이 있었으며, 나아가서 1세와 2세 모두에서 와해된 유형으로 분류된 아동은 1/1 유전자형과 비교해서 더 s/s-s/1을 가지는 경향이 있었다. 비록 이 연구는 Lakatos 등의 결과를 일부만 반복검증한 것이지만, 두 가지 출생 코호트[네덜란드의 제너레이션 R(Generation R Study) 연구와 초기 아동 보호와 청년발달에 관한 NICHD 연구]를 분석한 연구는 애착 와해와 DRD4나 5-HTT 유전자 간의 단순 관련성을 반복검증하는 데 실패했다. 그러나 결과 해석에 다소 어려움이 있긴 하지만, 그들은 Val-Met 유전자형을 가진 아동이 그렇지 않은 아동보다 더 높은 수준의 와해 점수를 받았다고 보고했다(Luijk et al., 2011).

또한 와해된 형태의 애착 형성에 미치는 환경 영향에 대한 유전자의 조절효과에 대한 더 많은 증거들이 나오고 있다. Gervai 등(2007)은 보다 일반적인 비위험의 짧은 DRD4 대립유전자의 존재를 확인했으며, 메타분석에서 나온 것과 마찬가지로 영아 애착의 질은 어머니-영아 상호작용의 질과 관련이 있었다(Medigan, Moran, Schuengel, Pederson, & Otten, 2007; van IJzendoorn, Schuengel, & Bakermans-Kranengurg, 1999). 그러나 긴 DRD4의 7R 위험 대립형을 가진 영아 중에는 양육의 질과 영아 애착 안정성의 질 간에 기대효과가 유지되지 않았다. 영아 애착 와해에 미치는 어머니 행동과 DRD4 동질이상 간 상호작용 효과는 미국 국립아동건강과 인간발달연구원(NICHD)의 초기 아동 보호와 청년발달 연구와 네덜란드의 제너레이션 R 연구의 두 가지 대규모 자료를 사용한 Luijk 등(2011)의 연구에서 재확인되었다. 상호작용 효과가 NICHD 자료에서 재확인되었지만 제너레이션 R 연구에서는 그렇지 않았다. 그러나 제너레이션 R 표본에서 어머니 민감성이 영아의 애착 결과와 관련이 없었기 때문에 제너레이션 R 연구는 이전의 메타분석에 기초했어야 했으며 따라서 유전자-환경 상호작용을 연구하기 위한 수단으로는 문제가 있었다(Madigan et al., 2007; van IJzendoorn et al., 1999). 따라서 제너레이션 R 표본에서는 영아 애착에 미치는 어머니 민감성의 기대 효과가 획득되지 않았기 때문에 영아 애착행동을 예측하는 데 있어서 유전적 요인과 어머니의 민감성 간의 상호작용을 검증하기에 제너레이션 R 표본이 적절하지 않다. 만약 어머니 민감성이 처음 그 표본에서 영아행동과 연결되지 않는다면, 그 표본은 유전적 요인이 그 관계를 떼어놓는지 아닌지를 알아보는 적절한 검사일 수가 없다. 따라서 어머니 행동이 영아 애착과 관련이 있다는 기대를 만족시키는 유일한 두 연구를 보면, DRD4의 7R 위험 대립유전자는 어머니 행동에서 낮은 민감성을 확인하게 해준 반면, DRD4의 4R 정상변형은 어머니 양육의 질에 기대한 대로 영아의 애착행동이 결합되어 있었다(Gervai et al., 2007; Luijk et al., 2011).

영아와 어머니의 행동 연결은 압도적으로 지지받는 결과이기 때문에, 이러한 결과는 광범위하게 퍼져 있는 '정상' 유전자 변형은 영아 애착행동과 돌봄의 질 간 관련성의 결합을 지지하는 반면에 덜 퍼져 있는 '위험' 대립유전자는 영아 애착행동과 돌봄의 질 간 관련성의 연합을 해제한다는 기대와 일치한다. 그러나 AAI 면접으로 어머니의 마음 상태를 평가한 van IJzendoorn과 Bakermans-Kranenburg(2006)는 DRD4 대립형의 짧은 '정상' 동질이상 변형을 가진 영아에 비해 긴 '위험' 대립형을 가진 영아가 영아 애착 와해를 보일 가능성이 더 클 것을 예측하였다. 따라서 추후연구는 어머니에 대한 영아의 반응에 미치는 도파민 기능의 효과를 조사할 필요가 있다.

5-HTTLPR 유전자 변형을 포함하는 또 다른 동질이상은 아주 작은 표본에서지만 유사한 상호작용에 관련되고 있다. Spangler, Bovenschen, Globisch, Krippl, 그리고 Ast-Scheitenberger(2009)는 둔감한 어머니에게서 자라고 이 유전자의 짧은 동형의 '위험' 대립유전자를 가진 아동이 이 유전자의 긴 동형의 대립유전자를 가지거나 또는 긴/짧은 이형의 대립유전자를 가진 아동에 비해 와해된 애착으로 더 분류되는 경향이 있었다. 요약하자면 수많은 증거들이 양육 환경의 질이 영아의 애착행동 발달에 영향을 준다는 것을 지지하지만, 애착 안정성에 미치는 유전자 영향에 관한 연구는 여전히 새롭고 결과들도 일

표 15.9 영아기 애착행동의 조직화된 형태

안정적 책략	회피적 책략	양면적 책략
자유로운 감정표현	제한된 감정표현	증대된 감정표현
분리에 대해 슬플 수도 있고 그렇지 않을 수도 있음	슬픔을 거의 표현하지 않음	슬픔을 강하게 표현
긍정적 인사 또는 접촉 추구	접촉 회피	분노와 접촉 추구가 합쳐짐
슬퍼할 경우 달랠 수 있음	주의의 전환	달랠 수 없음

치하지 않고 있다.

와해된/혼란된 애착 형태와 영아의 위험

관계 형태의 세대 간 전이에 대한 연구 발견들은 특정 양육 맥락에서 영아가 어떻게 관계적 행동 형태를 조직화하는가에 대한 관심을 증가시켰다. 영아기의 정상행동과 혼란스러운 행동의 접점을 탐색하는 가장 영향력 있는 연구 전통은 애착연구이다. 이 분야의 연구는 정상 표본과 사회적 위기 표본 모두에서 영아 애착행동의 형성을 설명하며, 혼란된 가정 맥락에서 와해된/혼란된 형태의 행동 비율이 증가함을 반복적으로 제시하였다. 혼란된 행동이 나타나는 맥락과 이 행동과 상관되는 특징들에 대한 누적된 자료들은 이러한 행동이 이후의 임상적 장애에 대한 위험요인임을 분명하게 알려준다. 또한 애착의 와해는 현재 및 차후의 기능적 손상 모두와 관련되므로 영아기 와해된 애착관계는 영아의 현재 관계 장애로 고려되어야 한다는 설득력 있는 주장도 있다. 이 절에서는 와해된 애착행동에 대한 영아의 맥락에 대해 알아보고, 다음 절에서는 이 연구들을 영아행동의 정신병리적 예후에 관한 종단연구와 연결지어서 다룬다.

애착행동 체계

John Bowlby(1969)가 처음 정의한 것처럼 애착행동 체계에는 스트레스에 의해 활성화되고 안정감을 회복하기 위한 영아의 행동을 포함한다. 이에는 친숙한 양육자에게 접근하거나 가까운 신체 접촉을 하는 것이 포함된다. 애착 체계는 면역 체계의 심리적 버전으로 볼 수 있다.

즉, 면역 체계가 신체 질병을 방지하기 위한 생물학적 체계인 것처럼 애착 체계는 두려움을 줄이고 이에 대항하는 전 적응적 행동 체계이다. 정상 조건하에서 적절하게 기능하는 애착관계는 영아(와 성인)가 강한 두려움에 대항하는 완충장치 역할을 할 것이다. 애착 체계는 여러 체계 중에서 유일하게 국한된 공간에 한정된 동기 체계로 보이지만, 이 체계가 활성화되면 두려움이나 위협에 반응하도록 준비시키기 때문에 선제적이라고 볼 수 있다. 그런 의미에서 두려움 정서조절의 질은 아동이 위협적인 문제로부터 탐색, 학습 및 놀이와 같은 다른 발달적 성취로 주의를 자유롭게 돌리는 능력을 발달시키는 토대가 된다.

1970년부터 1985년까지 연구자들은 영아가 1세 되었을 때 약한 스트레스에 대한 반응으로부터 양육자에 대한 영아의 조직화된 세 가지 행동 형태를 알아낼 수 있다고 하는 Ainsworth 등(Ainsworth, Blehar, Waters, & Wall, 1978)의 발견을 반복검증하고 확장하고자 하였다. 이러한 행동 프로파일들을 '안정적', '회피적', '양면적' 애착이라고 하며, 표 15.9에 그 특징들이 제시되어 있다. Main(1990)은 안정적인 영아는 긍정 및 부정 정서를 모두 자유롭게 표현하는 책략이나 태도를 유지한다고 설명한다. 양면적 집단의 영아는 덜 민감한 양육자로부터 반응을 이끌어내기 위해 분노와 고통의 신호를 강하게 보내는 책략을 유지한다. Main은 회피적 영아의 책략은 애착행동을 거부하는 부모로부터 위안을 얻으려는 생각을 일으키는 단서를 멀리하여 무생물적 환경에 주의를 돌림으로써 분노와 고통을 전달하지 않는 특징이 있다고 하였다. 영아행동의 안정적, 회피적, 그리고 양면적 형태는 집에서 관찰된 어머니의 현재와 과거의 양육행동과 관련되었는데, 안정적으로 분류된 영아의 어머니는 다른 두 집단 영아의 어머니에 비해 더 민감하고 반응적이었다(Ainsworth et al., 1978). 일련의 후속연구들은 안정애착 형태를 보이는 영아는 학령전기에 부모와 또래 모두에 대해서 더 긍정적인 사회적 행동을 보이는 것을 입증하였다(개관으로 Cassidy와 Shaver, 2008 참조).

와해된/혼란된 애착행동

1985년부터 현재까지 애착 연구자들은 고위험 가정과 임상집단을 연구하기 시작하였으며, 어떤 영아의 행동은 낮은 위험 집단에서 흔하게 나타나는 세 가지 행동 형태 어떤 것과도 일치하지 않는다는 것이 명백해졌다. 따라서 Main과 Solomon(1990)은 네 번째 애착 형태의 준거를 만들게 되었다. 이 네 번째 애착 범주를 '와해된/혼란된'(D) 애착행동이라 한다. 와해된/혼란된 영아 애착행동이 아동과 성인의 다양한 정신병리 증상의 전조이거나 전구 형태임을 지지하는 경험적 증거가 점차 증가하고 있다(아래 참조). '와해된/혼란된'이라는 용어는 스트레스 상황에서 위안과 안정을 필요로 할 때 반응을 조직화하는 데 있어서 일관된 책략이 부족하다는 것을 나타내는 용어이다. 이 용어는 정신적 비조직화 또는 일반적인 행동 비조직화를 의미하는 것이 아니다. 양부모가 있는 중산층 영아의 15%가 혼란된 애착행동을 보이지만 아동 학대, 어머니의 음주, 어머니의 우울, 청소년 부모가 되는 것 또는 여러 문제를 가지고 있는 가정 상황 등 애착과 관련된 가족 위험 상황에서는 혼란된 행동이 증가하여, 중산층의 우울한 어머니의 영아에서는 24%, 낮은 사회경제 계층의 학대받은 영아에서는 82%까지 나타난다(메타분석 개관으로 van Ijzendoorn et al., 1999 참조).

혼란된 행동을 보이는 영아는 회피적 애착 형태에서와 같이 회피 또는 치환으로 슬픔에 일관되게 반응하지 않으며, 양면적 또는 안정애착 형태에서 흔히 나타나듯이 어머니와의 분리에 대해 슬픔을 나타내거나 어머니가 돌아왔을 때 적극적으로 접촉하고자 하는 반응을 일관되

표 15.10 부모가 옆에 있는 상황에서 와해된/혼란된 행동의 지표

1. 강한 애착행동 후에 회피행동 또는 혼란된 행동이 뒤따르는 것과 같이 상반된 행동을 연속적으로 보이는 것
2. 강한 회피와 함께 강한 접촉 추구, 슬픔 또는 분노를 보이는 것과 같이 상반된 행동이 동시에 나타나는 것
3. 방향이 없고, 방향이 잘못 정해지고, 불완전하고 중도에 중단된 운동과 표현
4. 상투적 행동, 비대칭적 운동, 시기가 적절하지 않은 행동과 이상한 자세
5. 굳어 있고, 가만히 있거나 또는 느리게 움직이는 운동과 표현
6. 부모에 대한 염려를 나타내는 직접적인 지표
7. 부모가 있을 때 방향 없이 방황하고, 혼란스러워하거나 또는 멍한 표정을 짓고, 또는 감정이 복합적이고 빨리 변화하는 등 혼란의 직접적인 지표를 보이는 것

출처 : 완전한 기술은 Main & Solomon(1990) 참조

게 하지 않는다. 혼란된 행동 형태는 아동에 따라 상당히 다르게 나타나는데, 표 15.10에 제시되어 있듯이 염려, 무력감 또는 우울한 행동, 애착 대상에 대해 예측할 수 없이 접근과 회피가 교차하는 것, 또는 장기간 굳어 있거나 움직이지 않는 것, '물속에서처럼' 천천히 움직이는 것 등 여러 갈등적 행동들이 나타난다(코딩 체계의 전체 기술은 Main과 Solomon, 1990 참조). '가장 알맞'거나 또는 '억지로 하는' 안정·회피·양면적 책략의 특징이 와해된 애착행동 맥락에서도 볼 수 있다. 따라서 모든 와해된 영아에게 이차 조직화 책략도 부여하여 최종적으로는 와해된 영아들은 '와해-안정', '와해-회피', 또는 '와해-양면'으로 분류된다. 와해 범주로 분류되는 데 기여하는 이상하거나 모순된 행동들을 볼 때 특정 병인과 차후 발달경로를 공유하는 하위유형들을 구분하는 추후연구가 필요하다. 현재 정해진 이차적인 분류가 경험적으로 가장 유용한 하위집단화인지 여부는 아직 명확하지 않다(이들 하위집단과 관련된 다양한 경로에 관해서는 Lyons-Ruth et al., 2013 참조).

생리적 상관. 영아의 혼란된 애착행동이 가장 적응적이지 못한 행동 형태라는 견해를 지지하는 것은 Spangler와

Grossmann(1993)이 안전 영아와 와해된 영아가 전반적인 슬픔의 표현에서는 비슷했지만 혼란된 영아가 안정 영아나 회피적인 영아보다 낯선 상황 평가에서 심장박동이 더 증가하였다는 것을 입증한 것이다(양면적 영아는 연구되지 않았다). 또 분리 측정을 한 후 30분 후에 측정한 코르티솔 수준이 와해된 책략을 가진 영아의 경우는 안정 책략의 영아에 비해 증가된 수준을 유지한 반면, 회피적 영아의 코르티솔 수준은 중간 정도였다. Hertsgaard, Gunnar, Erickson 및 Nachmias(1995)도 와해된 애착 아동이 낯선 상황 반응에서 더 높은 코르티솔 수준을 보여준다는 유사한 연구결과를 보고하였다. Spangler와 Grossmann(1993)은 이러한 자료가 적절한 행동 책략을 사용할 수 없을 경우에만 부신피질(adrenocortical) 체계가 활성화됨을 보여주는 동물의 자료와 일치하는 것으로 해석하였다. 코르티솔 활성화의 비전형적인 형태를 넘어서, 영아의 애착 와해는 주간 코르티솔의 비전형적인 형태와도 관련이 있다. 주간 코르티솔 수준은 하루 동안 점차 감소하는 것이 전형적인 패턴인데, Luijk 등(2010)은 14개월에 와해된 유형으로 분류된 영아는 와해되지 않은 것으로 분류된 영아에 비해 2세에 하루 동안의 코르티솔 수준 변화율이 더 평평하다고 보고하였다. 이와 같은 코르티솔의 낮은 각성 형태와 하루 동안의 낮은 감소율은 위탁 가정에서 학대받은 아동들에게서도 관찰되었다(Bruce, Fisher, Pears, & Levine, 2009; Fisher et al., 2000; Gunnar & Vazquez, 2001). 이상의 결과들을 종합해볼 때 연구들은 부모와 아동이 일관된 애착관계를 조직화하지 못하는 것은 아동의 고통 반응 체계가 일탈적인 기능을 할 위험을 상당히 증가시킬 수도 있을 것임을 시사한다.

인지적 상관. 영아 애착이 인지적 결과와 관련이 있다는 증거는 거의 없다. Lyons-Ruth, Repacholi, McLeod 및 Silva(1991)는 와해된 영아의 애착행동이 18개월의 정신발달 점수의 차이를 설명할 수 있으나 어머니의 행동 및 어머니의 IQ와 관련된 차이와는 독립적이라고 보고하였다. 와해된 애착 책략과 덜 효율적인 인지적 기능 간의 관계는 7세에서 17세까지 추적한 아이슬란드 코호트

(Jacobsen, Edelstein, & Hoffman, 1994)와 대략 4세에서 7세까지 추적한 벨기에 코호트(Stievenart, Roskam, Meunier, & van de Moortele, 2011)에서도 나타났다. 만성적으로 증가된 코르티솔 수준과 해마에서의 구조적 변화 간의 입증된 결과를 볼 때(Liu et al., 2001), 애착 책략의 와해, HPA 활성화, 그리고 인지발달 간 상호작용에 대한 추후 연구가 필요하다.

발달적 재조직화. 와해된 영아와 걸음마기 유아가 학령전기로 이행하면서, 3세에 이들의 상당수에서 발달적 재조직화가 일어나서 영아기에 나타났던 와해된 애착 책략의 갈등, 염려, 무력감의 특징이 증가되거나 또는 양육행동과 처벌행동을 포함하여 부모를 지배하는 여러 형태의 행동으로 대치된다(Cassidy, Marvin, & MacArthur Working Group on Attachment, 1992; Main & Cassidy, 1988; NICHD Early Child Care Research Network, 2001). 지배하는 아동은 "적극적으로 부모의 주의와 행동을 지시하고 지배하려고 하며, 일반적으로 부모가 아동에게 하는 역할로서 적절하게 여겨지는 역할을 자신의 역할로 여긴다."(Main & Cassidy, 1988, pp.418-419). 두 가지 형태의 지배적 행동이 관찰된다. '지배-양육' 행동은 부모를 유도하고 조직화하거나 지지와 격려를 주는 것이다(예 : 아동이 어머니에게 그녀가 전부 옳은지 질문하는 것). '지배-처벌' 행동은 부모에게 도전하기, 창피주기, 매정하기, 또는 반항하기 등 적개심의 일화들로 특징지을 수 있다(예 : 아동이 부모에게 지시하는 것, 아동이 부모에게 일을 제대로 하지 못한다고 말하는 것). 그러나 일부 와해된 영아는 학령전기 동안 와해된 형태를 유지하며 지배하는 책략을 사용하지 않는다. Moss, Cyr, Bureau, Tarabulsy 및 Dubois-Comtois(2005)는 3세에 와해된 유형의 어린 아동 중 25%가 6세에도 와해된 유형임을 발견하였다. Bureau, Easterbrooks 및 Lyons-Ruth(2009)는 지배적인 형태의 행동뿐 아니라 와해된 행동이 8세까지 분명히 지속된다는 결과를 제시함으로써 연령 범위를 확장시켰다.

그러나 영아기의 와해된 행동과 영아기 **이후의** 와해되

거나 또는 지배적인 행동 간의 관련성 크기는 안정성 추정치 범위가 20%(NICHD Early Child Care Research Network, 2001)부터 80%(van IJzendoorn et al., 1999)까지 다양하다. 그러나 국립아동건강과 인간발달연구원 아동보호 연구 네트워크(NICHD Early Child Care Research Network; 2001)는 3세까지 애착행동만을 측정했고, 그 연구에서 보인 낮은 안정성은 걸음마기로의 이행 시기에 걸쳐 나타나는 어려움을 반영하는 것일 수도 있다. 높은 안정성은 영아기부터 학령전기 후반과 초기 학령기까지 안정성을 측정한 연구에서 나타났다. 마지막으로 영아기에 와해가 나타나지 않은 많은 수의 아동은 학령전기 동안 지배적인 행동을 보이기 시작한다(Bureau et al., 2009; Main & Cassidy, 1988; NICHD Early Child Care Research Network, 2001; Warthner, Grossmann, Fremmer-Bombik, & Suess, 1994).

3세와 그 이후의 지배적인 행동은 위험의 표지이기도 하다. 와해된 혹은 지배적인 부모-아동 쌍은 안전하게 조직화되거나 불안전하게 조직화된 쌍보다 질적으로 낮은 부모-아동 상호작용과 상호호혜성을 보이며(Moss, Cyr, & Dubois-Comtois, 2004; NICHD Early Child Care Research Network, 2001), 그러한 아동은 교사보고에서 가장 높은 수준의 파괴적이고 내면화된 증상들을 보인다(Fearon et al., 2010; Moss et al., 2004; O'Connor, Bureau, McCartney, & Lyons-Ruth, 2011). 특히 앞서 언급된 연구들 중 어떤 연구도 지배적인 애착행동 혹은 와해된 애착행동의 비율에서 일관된 성차를 발견하지 못했다.

특히 고위험의 또는 임상적으로 의뢰된 영아들 가운데 행동의 조직화에서 이러한 변화가 일어나는 시점을 조사하기 위한 부가적인 종단연구가 필요하다. Cicchetti와 Barnett(1991)은 학대받은 아동 중 영아기에 보인 와해된 행동이 38개월에서 48개월까지 지배적인 형태보다 여전히 더 두드러짐을 발견했다.

부모의 상관. 성인애착면접(AAI)에서 와해된 애착행동을 보이는 영아의 부모는 상실 또는 외상적인 아동기 경험에 대해 이야기하거나 추론할 때 시간이 경과하거나 실수를 보였는데(van IJzendoorn, 1995), Main과 Goldwyn (1998)은 이런 부모들이 자신의 경험을 '해결하지 못한' 것이라고 하였다. Van IJzendoorn(1995)은 메타분석을 하여, 어머니의 '해결하지 못한' AAI 분류와 영아의 와해된 애착행동 간에 약 .31의 상관이 있다고 보고하였다. 그러나 부모의 '해결하지 못한' AAI 분류와 영아의 와해된 애착 간의 상관은 주로 비임상적 집단에서 연구된 것이다. 최근의 연구에 의하면 AAI 면접 결과 임상집단의 성인은 '해결하지 못한' 분류뿐만 아니라 더 드물고 잘 기술되지 않은 AAI 코딩 분류('분류할 수 없는' 또는 '외상적 경험에 의해 압도된')로 분류되었다(Bakermans-Kranenburg & van IJzendoorn, 2009; Holtzworth-Munroe, Stuart, Hutchinson, 1997; Patrick, Hobson, Castle, Howard, & Maughn, 1994). 이러한 부모의 애착 구성 형태와 관련된 영아행동은 확인되지 않았다. 따라서 부모의 마음 상태를 해결되지 못한 상태 이상까지 기술하는 것은 임상 표본에서 부모의 애착 표상의 구성을 파악하는 데 중요하다.

Lyons-Ruth 등(Lyons-Ruth, Melnick, Patrick, & Hobson, 2007; Lyons-Ruth, Yellin, Melnick, & Atwood, 2005)의 연구는 '적대적-무력한' 어머니 애착 표상 형태가 AAI상에 나타남을 확인하였는데, 적대적-무력한 어머니 애착 표상은 어머니의 해결하지 못한, 분류될 수 없는 또는 외상에 압도된 애착 표상으로 설명되는 차이에 더해서 추가적인 설명을 제공함을 보여주었다. 따라서 '적대적-무력한' 코드는 애착관계에 대한 모순되고 전반적으로 비통합적인 정서 평가가 AAI상에 나타나고 붕괴된 양육과 영아 와해로 발전해 가는 새로운 경로를 제시해주는 것으로 보인다.

영아의 와해되거나 지배적인 행동이 부모 자신의 해결하지 못한 애착이나 부모의 심리사회적 위험요인과 상관된다는 것은 모두 부모-영아 상호작용이 영아 와해의 시작에 영향을 미친다고 지적한다(Lyons-Ruth & Jacobvitz, 1999; van IJzendoorn et al., 1999). 그러나 특히 Ainsworth의 민감성 척도를 사용한 연구들은 부모행동과 영아 와해 간에 신뢰롭기는 하지만 아주 적은 정도의 관련성만을 찾을 수 있었다(van IJzendoorn et al., 1999). 따라서 민감성 코딩에 의해 파악된 것 외의 부모행동에 대해 더 조사되어야만 한다.

Main과 Hesse(1990)는 영아의 애착 책략 와해는 부모의 해결하지 못한 공포로 인해 나타나며, 부모의 공포는 '두려워하거나 두렵게 하는(FR)' 행동을 통해서 영아에게 전달되는 것으로 가정하였다. Lyons-Ruth, Bronfman 및 Parsons(1999)는 영아의 공포 각성이 부모의 FR 행동뿐만 아니라 환경의 다른 측면과 관련된 영아의 공포 각성에 대해 부모가 적절하게 조절하는 반응을 해주지 못하는 것에서도 기인한다고 본 점에서 Main과 Hesse의 가설과는 조금 다른 더 폭넓은 공포 관련 가설에 대해 연구하였다. 이 관점에서 보면 공포 각성에 대해 적절하게 조절하지 않고 영아를 방임하는 부모의 위축행동, 혼란된 행동, 또는 역할 혼동 행동은 부모의 행동이 영아에게 직접적인 FR이었는지의 여부에 상관없이 영아에게 혼란스럽고 와해되는 일일 것이다. 이러한 가능성을 조사하기 위해 Lyons-Ruth 등은 비전형적 어머니 행동 목록(AMBIANCE)을 사용하였다. 여기에는 Main과 Hesse(1992)의 코딩 목록에 포함되어 있는 FR 행동뿐만 아니라 영아가 보낸 신호에 대한 어머니의 철회·부정적 강압·역할 혼동·혼란·모순된 행동의 빈도가 색인으로 포함되어 있다. 이러한 비전형적 양육행동의 빈도는 영아의 와해된 애착행동 표현과 유의미한 상관을 보였다. 심지어 Lyons-Ruth 등이 정확히 FR인 어머니 행동을 통제한 후에도 유의미한 상관을 보였다. 이것은 영아의 와해가 어머니와 영아 간의 비정상적으로 조절된 비전형적인 의사소통의 폭넓은 맥락에서 발생한다는 것을 시사한다. 메타분석은 어머니의 비전형적 행동이 영아의 와해와 AAI상에서 어머니의 해결하지 못한 상태 모두와 관련됨을 광범위한 사회경제적 집단들에서 확인했다(Madigan et al., 2006).

요약하면 와해된 영아 애착행동은 갈등과 불쾌감의 징후, 영아의 고통 증가, 조절되지 않은 영아 스트레스를 나타내는 생리적 지표의 증가와 같은 특징을 보이기 때문에 와해된 영아 애착행동은 영아기 관계적 장애에 대한 잠재적 표지로 나타나는 것이다. 그러나 이러한 행동들은 미묘하여, 이 행동들을 신뢰롭게 알아내기 위해서는 상당한 훈련이 요구된다. 행동 표현이 다양하게 나타난다는 것은 현재의 장애나 이후의 예후에 대해 서로 다른 함의를 갖는 몇몇 하위집단이 하나의 전반적인 범주 내에 존재하고 있을 가능성을 제기한다. 그러나 이러한 영아의 행동이 와해된 애착을 가장 강력하게 예언하고 임상적으로 활용 가능한 표지가 되고 진단에 고려될 수 있기 위해서는 신뢰도와 동시타당도 연구가 계속 진행되어야 할 것이다. 초기의 와해된 애착으로부터, 또 다음에서 살펴볼 가족 맥락 측정으로부터, 정신의학적 증상들을 예언한 종단연구의 새로운 자료가 이 결론을 더 강조한다.

아버지-영아 애착

애착 분야에서 대부분의 연구들은 어머니-영아 애착에 집중되어 있다. 아버지-영아 애착에 관한 훨씬 적은 수의 문헌에서 아버지-영아 상호작용의 민감성과 아버지에 대한 영아의 애착 간의 관련성은 일관되지 않아서 문헌에 따라 차이가 많다(Grossmann, Grossmann, Kindler, & Zimmermann, 2008). 20년 종단연구 자료를 근거로 보자면 Grossmann 등(2008)은 아버지-아동과 어머니-아동 애착관계는 서로 다른 종류의 상호작용에 근거하며 아동의 적응에 미치는 장기적 영향이 다르다고 결론 내렸다. 이들은 아버지가 자녀들에게 더 동기를 부여하고 아버지-영아 관계가 '탐색의 안정성'을 더 예측하는 경향이 있다고 제안하였다. 어머니의 애착관계와 아버지의 애착관계가 유사하고 누적되는지(예 : 두 가지 안정애착 관계가 더 나은 것인지 아닌지) 또는 아버지의 관계는 어머니 애착과 구별되고 상보적인 것인지를 살펴보기 위한 추가 연구가 필요하다(개관으로 Newland, Freeman, & Coyl, 2011; Grossmann et al., 2008 참조).

영아 애착과 이후의 정신의학적 증상

공격적 행동장애

오래전부터 품행장애와 반사회적 성격장애를 다룬 연구 문헌들은 청소년기 또는 성인기에 품행장애 또는 반사회적 성격장애로 진단된 사례의 상당수가 발달 초기에 공격적 행동장애를 보인다는 것을 지적하였다(Kimonis, Frick, & McMahon, 이 책 제3장 참조). 또한 품행장애 아동의 가족은 특히 가족의 불행 수치가 높고(Blanz, Schmidt, & Esser, 1991), 반사회적 성격장애, 주요우울, 물질남용과 같은 진단적 장애의 비율이 더 높다(Biederman, Munir, & Knee, 1987; Lahey, Russo, Walker, & Piacentini, 1989). 더 잘 입증된 것은 거칠고 효율적이지 않은 부모의 훈육과 공격적 행동문제의 관계인데, 이 관계는 2~3세 정도의 어린 시절부터 입증되었다(Campbell, 1991).

Dodge와 다른 연구자들의 연구는 공격적인 남자아이와 이들의 어머니가 애매한 상황에서도 타인에게 적대적 의도를 귀인하는 경향이 있고, 공격적인 남자아이의 어머니는 아이의 비행을 부정적인 성격 차원에 귀인하고 더 세력 행사적인 훈육을 하는 성향이 있으며, 적대적 귀인을 하는 어머니의 아동이 더 공격성을 보이는 경향이 있음을 보여주었다(Dix & Lochman, 1990; Dodge, Pettit, McClaskey, & Brown, 1986; Pettit Dodge, & Brown, 1988).

영아연구들은 위에서 본 장애와 관련된 특징들이 명백하여 강압적인 상호작용이 시작되기 이전 생후 18개월에 이후의 공격성을 예언한다는 것을 지적하고 있다. Egeland 등(1993)은 저소득층 가정을 연구하여 영아가 6개월이었을 때 관찰된 어머니의 강압적인 통제가 12개월에 불안정애착을, 3.5세에 거부적이고 비순종적이고 과잉활동적인 행동을, 초등학교 1학년 때 내면화 문제와 외현화 문제가 있다는 교사의 평가를 예언하였다. 영아기에 측정하였을 때 강압적인 어머니가 더 불안과 의심을 보고하고 자녀와의 상호작용에서 상호성이 필요하다는 것을 덜 느끼고 배우자와 같이 생활하지 않는 경향이 있었다. 이후의 후속연구에서 영아의 불안정애착과 3.5

세 때의 어머니의 적의가 1학년부터 3학년까지 교사의 공격성 평가를 예언하였다.

Lyons-Ruth, Alpern 및 Repacholi(1993)는 64개의 저소득층 가정을 영아기부터 추적하여 어머니의 심리사회적 문제, 특히 어머니의 만성적인 우울증상과 와해된 영아 애착행동이 유치원에서 아동의 적대적-공격적 행동에 누적 효과를 미친다는 것을 확인하였다. 어머니가 심리사회적 문제점을 가지고 애착관계가 와해되었을 때, 상당수의 영아(56%)가 유치원에서 적대적 행동을 보였다. 이에 반해 이러한 두 위험요인을 가지고 있지 않은 저소득층 영아의 5%만이 유치원에서 적대적 행동을 보였다. 어머니의 심리사회적 문제의 예측 효과는 어머니가 집에서 생후 18개월 된 영아와 상호작용할 때 보이는 적대적-공격적 행동에 의해 매개되는 것으로 나타났다. 추적연구에서 Lyons-Ruth, Easterbrooks 및 Cibelli(1997)는 7세 때 학교에서 보이는 외현화 행동의 일탈 수준이 2학년 때 87%의 사례에서 영아기 와해된 애착과 정신발달 평가에 의해 정확하게 예언됨을 발견하였다. Kochanska, Barry, Stellern 및 O'Bleness(2009)는 중기 아동기에 관찰된 강압적인 부모-아동 상호작용 형태는 불안정애착 영아로 분류된 아동에게서만 관찰되었고, 안정애착 아동 중에는 없음을 발견하였다. 적대적 반항장애를 정의하는 데 DSM-III-R 진단기준을 사용한 연구에서도 유사한 결과가 나왔다(Speltz, Greenberg, & DeKlyen, 1990). 비록 수많은 저소득층과 중산층 가정 표본에 대한 연구들이 모두 와해된 애착과 이후의 외현화 문제 간의 관련성을 확인시켜 주지만(메타분석은 van IJzwndoorn et al., 1999 참조), 영아 애착 이면의 부모 요인이 영아 애착 형태 자체보다 이후 발달적 결과에 대한 보다 안정적인 예언인자일 가능성은 여전히 남아 있다. 예를 들어 Shi와 동료들(2012)은 영아기의 어머니 철회가 영아 애착 와해보다 20년 후의 반사회적 성격장애 특징을 더 잘 예측한다고 보고하였다.

이러한 영아연구들은 아동의 강압적 행동에 앞서 영아기 애착관계에서의 심각한 장애가 선행되는 경향이 있음을 증명함으로써 품행장애로 발달하게 되는 발달경로에 대한 우리의 이해를 상당히 확장시키고 심화시켜주었다. 또한 문헌들은 영아기에서부터 학령기까지의 공격적인 아동의 표현 형태에 상당한 불연속성이 있어서, 영아기에는 강압적 행동보다는 갈등, 염려, 무력감, 고통 같은 영아기의 와해된 애착 특성을 보인다는 것을 시사하고 있다. 애착이론은 이러한 행동을 영아의 주 애착관계에서의 기능장애에 대한 반응으로 보는데, 이러한 기능장애로 인해 영아가 각성을 조절하기 위해 조직화된 관계적 책략을 발달시키지 못하게 된다고 해석한다.

해리증상, 우울증상, 불안장애, 그리고 전체적 정신병리

이미 살펴본 것처럼 수많은 연구에서 와해되거나 지배적인 애착 책략이 내면화와 외현화 행동문제 모두의 증가를 예측한다는 것을 보여주었다. 와해된 애착이 외현화장애에 동반되는 내면화 증상들을 주로 예측하는 것인지 또는 전적으로 내면화 장애만이 초기 애착 와해와 관련이 있는지는 덜 분명하다. Lyons-Ruth 등(1997)은 전적으로 내면화된 증상은 초기 조직화된 회피애착으로 예측되는 반면, 내면화 증상과 외현화 증상의 동반은 회피와 와해된 애착행동 모두로 예측된다고 보고하였다. Hubbs-Tait, Osofsky, Hann 및 Culp(1994)와 Goldberg, Gotowiec 및 Simmons(1995)는 또한 내면화 증상이 회피 애착행동과 더 강하게 관련되었음을 발견하였다. 이후의 메타분석 증거들은 최소한 영아기의 애착 와해는 외현화 문제를 예측하지만(Fearon et al., 2010) 내면화 문제는 그렇지 않은(Groh et al., 2012; Madigan, Atkinson, Laurin, & Benoit, 2013) 반면에, 회피애착은 내면화 증상과 더 강하게 관련되어 있음을 확인하였다. 그러나 동반된 내면화 증상과 동반되지 않은 내면화 증상을 구별하는 추가연구가 필요하다.

청소년기의 해리증상은 이론적으로나 경험적으로나 모두 초기의 와해된 애착 책략과 관련된 내면화 증상의 한 가지 유형이다. Liotti(1992)는 영아기의 와해된 행동의 모순되고 비통합적 특성과 성인기의 분열된 마음 상태의 모순되고 비통합적인 특성 간에 표현형의 유사성이 있음을 지적하였다. 그는 와해된 행동이 발달적 '유전

소질' 또는 이후의 해리증상의 전조를 나타낼 것으로 추측하였다. Ogawa, Sroufe, Weinfield, Carlson과 Egeland (1997)는 영아기부터 청소년기까지 저소득층 가정의 126명 아동을 대상으로 이 가설을 검증했다. 영아기, 학령전기, 그리고 아동 중기의 많은 잠재적 예측인자들 중, 19세에 해리경험척도(Dissociative Experiences Scale)상의 증상을 예측하는 두 가지 독립적인 예측인자는 12~18개월의 와해된 애착과 0~24개월의 어머니의 심리적 불가용성(unavailability)이었다. 놀랍게도 초기의 양육관계를 통제하면 성적 혹은 신체적 학대와 관련된 해리증상의 차이는 예측되지 못했다.

이러한 결과들은 해리증상이 있는 56명의 청년을 영아기까지 회고적으로 추적한 두 번째 연구에서도 반복검증되었다(Dutra, Bureau, Holmes, Lyubchik, & Lyons-Ruth, 2009). 생후 18개월에 어머니의 정서적 불가용성 지표는 이후의 해리에 대한 변량의 절반(50%)을 설명했다. 이지표에는 실험실에서 어머니의 혼란된 의사소통 수준, 가정에서 어머니의 긍정적인 정서 관여의 부족, 가정에서 어머니의 정서 단조로움이 포함되었다. 영아의 와해는 이후의 해리와 유의미한 관련을 보이지 않았다. 초기의 양육의 질에 더하여 정서적 학대는 해리를 추가적으로 예측하였으나 신체적·성적 학대나 폭력의 목격 정도는 예측하지 않았다. 특히 어머니의 증상이 초기 양육의 질보다 청소년 해리에 대한 더 강력한 예측인자라는 대안적 가능성과는 달리, 어머니의 해리와 우울은 청소년 해리와 유의미한 상관이 없었다. 즉, Ogawa 등(1997)의 연구와 유사하게 24개월 이전의 부모-영아 상호작용의 질이 20세에 해리증상의 가장 강력한 예측인자였던 것이다.

이러한 결과는 또한 초기의 모성 철회(maternal withdrawal)와 정서적 불가용성은 어머니의 적대적 정서 및 강압적 행동과는 다른 형태의 아동·청소년 정신병리와 관련이 있음을 시사하는 것이다. 어머니의 적대적 정서 및 강압적 행동은 초기 발병 품행문제 및 외현화 행동과 관련이 있는 반면, 더 조용하고 더 철회된 어머니의 행동은 청소년기가 되어야 확인되는 해리, 경계선 성격특

징, 그리고 자살 가능성을 포함하는 내면화 장애와 관련이 있는 것으로 보인다(아래 참조). 아마도 이러한 결과의 가장 놀라운 부분은 영아기부터 청소년기까지의 예측이 직접적이며 수많은 다른 엄선된 변인들에 의해 매개되지 않는다는 점일 것이다. 어머니의 증상, 학대 사건, 또는 아동기 행동문제와 같은 중개변인들은 영아기 양육의 질과 관련된 초기 적응의 차이를 매개하거나 '그대로 가져간다고' 예상할 수 있을 것이다. 그러나 이보다는 초기의 양육관계가 학령전기나 학령기의 증상과 위험요인에 대한 평가 또는 어머니의 증상 평가로 파악된 것보다 더 폭넓게 후기 청소년기 정신병리 증상에 대한 취약성을 만들어내는 것으로 보인다.

동일한 연구표본에서 나온 두 가지 다른 논문은 청소년기 우울이나 불안장애에 대한 영아기, 학령전기, 그리고 학령기 예측인자를 조사했다. 그 이유는 분명하지 않지만 와해된 애착은 두 연구에서 변인에 포함되지 않았다. 우울증상과 관련하여 Duggal, Carlson, Sroufe 및 Egeland(2001)는 168개 가족을 대상으로 아동기(1~3학년)와 청소년기(16~17.5세) 우울에 미치는 어머니의 영향만을 조사했다. 조사된 예측인자는 어머니의 우울증상(7세), 초기의 어머니 스트레스(12~64개월), 이후의 어머니 스트레스(6~17세), 양육에 대한 지원(12~64개월), 초기 어머니의 지지적 양육(12~42개월), 이후 어머니의 지지적 양육(13세), 그리고 아동에 대한 어머니의 학대(0~64개월)였다. 유의미한 관련성이 모든 변인과 아동기 우울증상 간에 나타났지만, 회귀분석 결과 어머니의 학대와 초기의 어머니 스트레스만이 유일한 영향을 보였다. 반대로 성별에 따른 청소년기의 우울은 지지적인 초기 양육의 부재와 가장 강력하게 관련되어 있었다. 이것은 남아에게 특히 두드러진 반면 여아의 경우 제1 예측인자는 7세 때(어머니 우울이 평가된 가장 처음 연령) 어머니의 우울증상이었다. 다른 변인들은 이들 두 예측인자에 의해 설명된 것 이상의 추가 설명을 하지 못했다. Bureau 등(2009)도 후기 청소년기의 우울증상에 대한 영아기부터의 예측인자를 조사했다. 청년 우울을 영아기의 어머니 우울증상이 예측했지만 아동기나 청년기

의 어머니의 우울증상은 청년 우울을 예측하지 못하였다. 그러나 영아 애착은 모델에 추가되지 않았다.

Warren, Huston, Egeland 및 Sroufe(1997)는 동일한 표본에서 생후 1년 동안 측정된 변인들이 17.5세의 불안장애와 관련이 있는지 평가했다. 측정된 요인은 12개월에 평가된 불안/저항애착, 어머니 특질 불안, 간호사 및 부모 평정 신생아 기질이었다. 신생아 행동평가척도의 상태 점수와 불안장애 간의 관계는 유의미했지만, 예상과는 반대되는 방향이었다. 영아의 불안/저항(즉, 양가적) 애착 또한 유의미한 예측인자였지만, 변량의 4%만을 설명했다. 초기 어머니 돌봄의 질과 관련된 다른 변인들은 조사되지 않았기 때문에, 불안/저항애착이 초기 부모-아동 관계의 독특한 측면을 나타내는 것인지 아닌지는 불분명하다.

Kagan, Reznick, Clarke, Snidman 및 Garcia-Coll(1984)의 척도를 사용하여 행동억제의 개념을 조사한 또 다른 연구는 부모의 불안장애와 2~7세에 자녀의 행동억제 간뿐만 아니라 21개월 때 행동억제와 아동기의 불안장애 간 관계를 보여준다(Biederman et al., 1993; Kagan, Snidman, Zentner, & Peterson, 1999). 그러나 안정애착과 행동억제 간 관계는 복잡한 교류적 효과가 있는 것으로 보인다. Kagan의 연구실에서 이루어진 또 다른 연구로 Arcus, Gardner와 Anderson(1992)은 어머니의 직접 양육 방식이 영아의 기질과 상호작용해서 4개월 때 '반응적인' 기질인 영아의 성향을 감소시켜서 14개월경 행동적으로 억제하게 한다는 것을 발견했다. Calkins와 Fox(1992)는 생후 1년 동안 까다롭고 억제된 기질의 33개 측정치를 조사했다. 그들은 33개 측정치 중 1개만이 14개월의 불안/저항애착을 예측하지만, 14개월의 불안/저항애착이 24개월의 행동억제를 예측함을 발견했다. Mills-Koonce, Propper와 Barnett(2012) 또한 실험실에서 스트레스 인자에 노출된 후 이어지는 어머니의 위안 삽화 동안 아동이 보이는 부정적 정서는 불안정애착의 양면적 유형을 가진 아동을 안정애착 및 다른 불안정애착 아동들과 구별하며, 양면적 애착의 특성이 아동의 부정성과 이후의 정서문제 간의 관련성을 매개한다는 것을 보고하

였다. 유사하게 Kochanska(1998)는 영아가 안정 혹은 불안정으로 분류되는지를 행동억제가 예측하지 못하지만, 불안정 유형은 예측한다는 것을 발견했다(억제된 불안정 아동은 회피애착보다는 양가적 애착으로 분류됨).

불안장애인 어머니와 그들의 어린 아동(18~59개월)의 애착 안정성을 살펴본 몇 안 되는 연구 중 하나로, Manassis, Bradley, Goldberg, Hood 및 Swinson(1994)은 불안장애인 어머니의 78%가 AAI에서 상실이나 외상과 관련하여 '해결하지 못한'으로 분류되며, 불안장애인 어머니의 자녀 중 65%(N=20)가 와해된 애착 책략으로 분류됨을 발견하였다. 행동억제 또한 평가되었는데, 자녀의 65%가 행동이 억제된 것으로 분류되었다(Manassis, Bradley, Goldberg, Hood, & Swinson, 1995). 그러나 행동억제와 불안정애착 간에 통계적으로 유의미한 상관은 없었다. 네 명의 안정애착 아동 중 세 명이 억제된 것으로 분류되었다. DSM-III-R 불안장애를 가진 세 명의 아동 모두 불안정하게 애착되었지만, 한 명만이 행동적으로 억제되었다. 요약하자면 지금까지의 연구들은 영아 기질과 초기의 양육 및 애착의 질 두 변인이 모두 불안장애의 발달에 영향을 준다는 것을 보여주지만, 어떻게 이 두 종류의 변인이 서로 관련되는지에 관해서는 연구마다 일치하지 않는다.

현재까지 두 가지 전향적 연구가 초기 아동기의 와해된 또는 지배적인 행동이 청년기 경계선 성격장애의 특징에 미치는 영향을 평가하였다(Carlson, Egeland, & Sroufe, 2009; Lyons-Ruth et al., 2013). 두 연구 모두 초기 아동기의 어머니-아동 애착관계의 특성이 청년기에 그들의 성격 특질을 예측한다는 것을 발견했다. 더 나아가 Lyons-Ruth 등(2013)은 이후 부모-아동 상호작용이나 이후 학대의 심각성 어느 것도 초기의 모성 철회로부터 예측된 것을 설명하지 못함을 입증하였다. 같은 종단 자료에 대한 다른 분석에서 Obsuth, Hennighausen, Brumariu 및 Lyons-Ruth(출판 중)는 와해된 영아 애착행동이 20세 때의 와해된 부모와의 상호작용을 예측하며, 와해된 부모와의 상호작용은 경계선 특질과 높은 자살 가능성과 관련이 있음을 발견했다. 게다가 부모와의 와해된 상호

작용은 청년기 AAI에서 애착 경험에 관한 해결하지 못한 마음 상태와 유의미하게 관련된 유일한 상호작용 유형이었다. 또한 자살 가능성/자해는 전반적인 경계선 특질과는 다소 다른 발달 예측인자와 관련된다는 점에 주목할 만했다. 후기 청소년기에 반복적인 자살 가능성/자해는 영아기에 고통스러운 상황에서 어머니를 향한 분명한(비록 와해되었을지라도) 접근행동이 선행되는 경향이 더 있었으며, 전반적인 경계선 특질에 비해 아동기 학대 경험과 덜 관련이 있었다.

마지막으로 대규모지만 저위험 집단을 대상으로 한 NICHD의 초기 아동 양육과 청년발달(Early Child Care and Youth Development) 연구와 고위험 집단의 하버드와 미네소타 연구들에서 나온 종단연구 결과들을 검토해 보면, 비록 영아 애착행동이 발달 결과의 중요한 예측인자이긴 하더라도, 더 중요하고 일관된 예측은 영아기와 이후 발달 기간의 아동과 어머니의 상호작용 특징에서 얻어진다는 결론으로 수렴된다(Belsky & Fearon, 2002; Dutra, Bureau, Holmes, Lyubchik, & Lyons-Ruth, 2009; Lyons-Ruth et al., 2013; NICHD Early Child Care Research Network, 2001; Sroufe, 2005).

무선 통제 시행 : 영아기 애착 와해 감소를 위한 개입

영아기 안정애착 증진을 목적으로 한 개입 프로그램은 지난 10년 동안 급증하고 있다. 15가지의 예방 개입에 참가한 842명의 참가자에 대한 메타분석은 연구마다 애착의 와해를 감소시키는 효과를 일정 부분 보여주었지만, 전체 효과 크기는 유의미하지 않았다(d=0.05) (Bakermans-Kranenburg, IJzendoorn, & Juffer, 2005). 메타분석에 포함된 두 가지 연구에서는 무선 통제 시행에서 영아 애착 와해 발생이 성공적으로 감소했다(Heinicke et al., 1999; Juffer, Bakermans-Kranenburg, & van IJzendoorn, 2005). 그러나 메타분석에 포함된 개입 중 단 한 가지만이 와해를 예방하는 데에 특정적으로 초점이 맞추어졌을 뿐이며, 또 대부분의 연구들은 극소수의 와해된 영아만을 대상으로 하였다.

그러나 이 메타분석이 출판된 이후 상당한 규모의 와

해된 영아 표본에서 새롭고 더 강력한 무선 통제 시행이 보고되었다. 이들 연구는 무선 통제집단뿐만 아니라 정상 지역사회 비교집단도 포함시켰다(Cicchetti et al., 2006, Toth et al., 2006). Cicchetti 등(2006)은 저소득 학대 가족의 12개월 된 137명을 모집했고, 어머니-영아 쌍을 세 집단 중 하나에 무선으로 할당하였다. 세 집단은 다음과 같다. (1) 어머니-영아 심리역동 심리치료를 받는 집단(Fraiberg, Adelson, & Shapiro, 1987; Lieberman, Weston, & Pawl, 1991)으로, 1년 동안 어머니와 아동을 각각 매주 방문하여, 어머니가 자신에 대한 통찰을 얻도록 하고 자신이 아이와 어떻게 관련되는지에 통찰을 얻도록 하는 데 초점을 둠. (2) Olds와 Kitzman(1990)의 연구에 기초한 심리교육적 양육 개입으로, 매주 집으로 어머니를 방문하여 영아의 신체발달과 심리발달에 관한 교육을 제공하고, 이후의 교육을 지속하도록 격려하며, 어머니의 사회적 지지를 강화함. (3) 지역사회 표준 통제집단. 이 외에 저소득 비학대 가족에서 52명의 영아도 평가하였다. 예상대로 지역사회 표준 통제집단(43%)에서보다 학대표본에서 와해된 영아가 유의미하게 더 많았다(89.9%).

개입 후의 결과는 두 가지 개입집단보다 지역사회 표준 통제집단에서 애착 와해 비율이 유의미하게 더 높았는데, 이는 영아-부모 심리치료 프로그램과 심리교육적 양육 개입이 애착 와해의 발생을 감소시키는 데 효과적이라는 것을 의미한다. 치료사들은 개입을 실행하기 전에 집중 훈련을 받았고 저소득 가족과 함께 일하는 데에 상당한 경험을 가진 이들이었다. 또한 담당 건수가 전형적인 정신건강 외래 장면에서 보다 더 적었다.

두 번째 연구에서 Toth 등(2006)은 우울한 어머니를 개입 혹은 통제집단($N=163$)에 무선 할당하였다. 이들은 비우울 비교집단도 모집하였다. 개입은 Fraiberg 등(1975)과 Lieberman 등(1991)의 연구에서 추출되었다. 치료사들은 각각의 어머니들이 자신의 아기와 자신에 대해 어떻게 지각하는지를 스스로 인지하도록 도왔다. 치료사와 함께 교정적인 정서 경험을 함으로써, 어머니가 자녀에 대한 왜곡된 지각을 바꾸어 자녀에게 더 민감하게 반응할 수 있도록 도움을 주었다. 어머니와 걸음마기 유아는 평균 45회기에 참여하였다. 개입 전 우울하지 않은 어머니들보다 우울한 어머니들에서 더 자주 와해된 영아를 볼 수 있었다. 개입 후에는 통제집단의 우울한 어머니들보다 개입집단의 우울한 어머니들에게서 와해된 영아가 더 적었으며, 그 정도는 비교집단의 비우울 어머니들과 다르지 않았다.

학대 위기의 어머니들에게 놀람 행동을 줄이고 민감 행동을 강화하기 위해 개발된 애착과 행동 따라잡기(Attachment and Behavioral Catch-up, ABC) 프로그램(Dozier, Lindheim, & Ackerman, 2005)도 어머니와 영아를 대상으로 무선 임상시행으로 평가되었다. 아동학대 고위험 어머니의 아동 120명 중, ABC 프로그램에 참여한 아동은 통제 교육 개입을 받은 아동에 비해서 와해된 애착의 비율이 더 낮았으며, 안정애착의 비율은 더 높았다(Bernard et al., 2012).

이러한 개입 시행은 와해된 애착 과정이 변화될 수 있다는 강력한 실험적 증거를 보여준다. 우울한 중산층 어머니와 저소득층의 학대받는 어머니들에서 모두, 신중하고 지속적인 개입(>40회기)은 치료받지 않는 무선 통제에 비해 와해된 애착의 유의미한 감소와 관련이 있었다. 그러나 표상 수준에서 변화를 일으킬 것이라고 기대했던 개입 모델은 예상과 반대로 부모-아동 상호작용을 직접적으로 향상시키는 것을 목적으로 한 개입 모델보다 더 효과적이지 않았다. 이는 상대적으로 폭넓은 보다 집중적인 개입 형식이 효과적일 수 있음을 시사하는 것이다. 그러나 이들 모델의 성공에도 불구하고 양육자 귀인이나 행동에서의 변화와 같은 변화에 영향을 미치는 기제는 확인되지 않았다. 개입 연구결과들이 가능성을 주긴 하지만, 이러한 결과를 반복검증하고 개입의 단기적·장기적 효과에 관여한 관계적 과정과 아동 과정에 대한 우리의 이해를 촉진하기 위해서는 무선 통제 연구가 추후 필요할 것이다.

부모의 양육, 부모-아동 관계, 그리고 영아의 스트레스 관련 신경생리

아동기와 청소년기의 고통스러운 생활 경험은 성인 정신 장애의 32%를 설명하며 아동기 장애의 44%를 설명하지만, 많은 장애는 스트레스가 발생하고 한참이 지나서야 나타난다(Pechtel & Pizzagalli, 2013; Teicher, Samson, Polcari, & Anderson, 2009). 그렇다면 왜 초기의 생활 스트레스가 많은 형태의 정신병리에 잠재적 위험요인이 되는가?

쥐와 붉은털 짧은 꼬리 원숭이 모두를 대상으로 무선 양육 조건을 사용한 최근의 신경과학 연구는 편도체와 HPA 축에 의해 매개되는 영아 스트레스 반응 체계와 영아 신경전달물질 체계 모두가 출생 시에는 개방된 시스템이며 양육자의 행동 양식에 따라 그 기능이 평생에 걸쳐 지속되는 한계가 설정됨을 보여주고 있다(Champagne et al., 2008; Coplan et al., 1996; Liu, Diorio, Day, Francis, & Meaney, 2000; Nemeroff, 1996). 특히 편도체는 정서처리와 관련된 중요한 신경해부학적 중추이고, 태어날 때 본질적으로 성숙한 것으로 보이기 때문에 생의 초기 동안 직면하는 스트레스 인자와 관련이 있다. 예를 들어 Amaral과 동료들은 2, 4, 12주 된 원숭이 연구에서 더 나이든 동물들에게서 보이는 신피질과 편도체 간 모든 연결이 2주경에 확립되는 것을 발견했다. 그들은 원숭이의 경우 '성숙한 편도체와 피질 연결의 전체'가 출생 후 매우 일찍 확립된다고 주장했다(Nelson et al., 2002, p.512). 이러한 주장이 인간 영아에게 적용될지 여부는 앞으로 연구되어야 할 것이다.

동물연구들은 초기의 스트레스가 편도체 비대와 관련이 있으며, 이것이 결국 부정적 자극에 대한 더 큰 반응성과 더 불안한 표현형을 낳는다고 기술하고 있다(Vyas et al., 2006). 불안한 아동과 성인은 부정적 정보에 대해 더 큰 처리 편파를 보일 뿐 아니라 더 크고 더 반응적인 편도체를 가진다는 것이 발견되었다(De Bellis et al., 2000; MacMillan et al., 2003; Thomas et al., 2001). 동물 모델에서 나온 자료는 또한 편도체 형태의 변화는 시간 경과에 따른 회복에 저항하는 반면 해마 부피의 변화는

시간이 경과되면서 원상태로 되돌릴 수 있음(Vyas, Pillai, & Chatterji, 2004)을 시사한다. Tottenham 등(2010)은 이러한 결과를 인간 영아에게 확장시켰다. 연구결과 보육시설에서 나와 입양되는 나이가 늦을수록 입양 후 편도체의 부피가 더 컸다. 또 이전에 시설에서 생활했던 아동들에서 더 큰 편도체 부피는 더 높은 수준의 불안 및 더 많은 내면화 행동과 관련이 있었다. 이러한 결과는 초기 양육의 질이 이후의 정신병리에 장기적인 관련성이 있다는 것과 그러한 효과를 매개하는 신경생물학적 및 행동적 기제에 대한 모델의 가능성을 강조한다.

초기 아동기에 HPA 축에 미치는 양육의 영향에 관한 증거들이 미국의 가난한 시골에 거주하는 아동과 가족의 대규모 역학연구 자료를 사용한 Blair 등(Blair et al., 2008; Blair, Granger, et al., 2011; Blair, Raver, et al., 2011)과 Mills-Koonce 등(2011)에 의해 제시되었다. 이 연구에서 어머니의 민감한 양육은 최적의 HPA 기능과 관련이 있었는데, HPA 기능에는 7, 15, 24개월 영아의 발달적으로 적합한 스트레스 인자에 대한 조절 수준, 반응성, 기초선이 포함되었다. 동일한 표본을 사용한 Mills-Kroonce 등은 6개월 때 아버지의 가혹한 양육(후에 어머니 양육으로 조정)은 6개월과 24개월 때 더 높은 코르티솔 수준과 관련이 있다고 보고하였다. 이러한 결과는 스트레스에 대한 초기 영아의 심리생리적 반응을 형성하는 데에 어머니와 아버지의 양육행동이 특별하게 영향을 미친다는 것을 시사한다. 양육 및 부모-아동 애착이 스트레스에 대한 생리적 반응과 관련되는 것은 자율신경계의 교감신경과 부교감신경을 포함한 다른 스트레스 반응 체계에서도 관찰되었다(Haley & Stansbury, 2003; Hill-Soderlund et al., 2008; Moore et al., 2009). 게다가 생후 첫 1년 동안의 부교감신경 기능에 대한 종단분석은 어머니의 민감성이 심전도 활동의 신경 조절 지표인 아동의 미주신경 긴장에 미치는 초기의 유전적 영향을 조절할 수 있음을 시사하였다(Propper et al., 2008). 초기 아동기의 정서와 스트레스 반응성이 중추 및 말초 신경계 생리학에 기초가 되지만, 이 생리적 과정과 행동 간의 관계 발달은 초기의 경험, 특히 어머니의 행동에 의해 부

분적으로 형성되는 것으로 보인다(Crockenberg & Leeker, 2006; Gunnar & Quevedo, 2007).

양육이 영아의 신경생리에 미치는 효과 : 유전과 환경 상호작용 또는 유전적 기제?

전통적인 유전학적 관점에서 보자면 신경기능에 영향을 미치는 유전자 구조와 표현은 태어나면서부터 불변한다. 어떤 유전자는 본래부터 다른 것들보다 특정 환경적 스트레스 인자에 더 큰 취약성을 가진다. 그러나 또한 유전자 자체가 환경에 의한 히스톤(histone) 조절을 통해 구조적으로 바뀌는 유전-환경 상호작용도 있다. 앞에서 언급한 것처럼 이것을 '후성적 효과(epigenetic effect)'라고 부르며, 생물학적 구조가 변하지 않고 그대로 유지되는 유전-환경 상호작용과는 개념적으로 신중하게 구별될 필요가 있다.

후성적 변화가 의미하는 것은 무엇인가? 유전자 표현의 중심에는 유전자 전사 과정이 있는데, 유전자가 특정 단백질 생산에 영향을 미침으로써 이루어진다. 유전자 전사의 기저에는 '전사 요인(transcription factor)'이라 언급되는 단백질 층이 있다. 이들 전사 요인은 유전자의 조절 영역과 결합하는 능력이 있다. 전사 요인이 조절 유전자 영역과 결합하는 비율이 변화하는 것은 환경이 특정 유전자 자리가 단백질 생산에 기여하는 비율을 바꾸는 하나의 강력한 기제이다.

전사 요인의 유전자 조절 자리에의 접근은 DNA가 히스톤 단백질 영역을 얼마나 촘촘히 감싸고 있느냐에 의해 조절된다. 전사가 일어나려면 화학적 조절이 DNA와 결합된 히스톤 단백질의 양전하를 줄일 필요가 있는데, 그래야 닫힌 공간배열이 복제 요인 결합에 좀 더 개방적이 된다(Grunstein, 1997). 이것은 아세틸레이션 또는 뉴클레오솜 꼬리 영역에 있는 히스톤 단백질에 아세틸기를 붙임으로써 일어난다. 반대로 히스톤 꼬리에서 일어나는 또 다른 조절이 있는데, DNA에 히스톤의 결합을 증가시켜서 DNA에 전사 요인의 접근을 줄이고 전사 활동을 감소시키는 메틸레이션과 같은 것이다. 생물학의 기본적인 유전자 전사에 관한 훨씬 더 상세한 내용은 Meaney(2010)

를 참조하길 권한다.

몇몇 연구자들의 연구를 통해 우리는 설치류와 영장류 연구에서 통제된 환경 변화(예 : 더 혹은 덜 양육적인 어미에게 무선 할당)가 빠르면 생후 1주에 히스톤 조절을 통해 조정된 유전자 표현의 변화와 관계된다는 분명한 증거 단서를 확보하게 되었다(Weaver et al., 2004; 2005). 가장 완벽한 증거는 해마의 뉴런에서 당질코르티코이드 수용체 유전자 전사에 대한 세로토닌 활동이다(Mitchell, Rowe, Boska, & Meaney, 1990; Weaver et al., 2007). 이러한 유전자 전사에 대한 환경 조절 과정의 결과로 DNA 구조 자체의 표현이 바뀌는 기제를 갖게 된다. 게놈의 변화(예 : 앞서 논의된 5-HTTLPR 유전자의 짧은 대립유전자)가 적극적으로 표현된다면 궁극적으로 행동에 영향을 미치는 생화학적 활동 경로에 도움이 될 것이다. 만약 환경으로부터의 입력정보가 위험 원인이 되는 유전자 표현(예 : 짧은 5-HTTLPR 대립유전자)을 증가시키거나 또는 위험을 완화하는 유전자 표현(예 : 긴 5-HTTLPR 대립유전자)을 감소시킨다면, 특정 유전자 유전의 영향이 바뀌게 될 것이다.

유전자 표현을 조절하는 히스톤 구조를 변화시키는 환경 입력정보의 이러한 힘은 유전과 환경 간의 관계에 대한 우리의 이해를 빠르게 변화시킨다. 우리는 인간연구에 적용될 수 있는 분석 방법을 개발하는 일에 있어서 시작점에 있을 뿐이다(McGrown et al., 2009). 그러나 후성적 효과는 설치류와 인간이 아닌 영장류 연구에서 어미의 돌봄 측면과 관련하여 주로 설명되고 있다. 따라서 유전자 표현에 대한 환경 조절은 특히 영아기와 관련되는 경향이 있다. 이 시기는 환경 조절이 신경 구조 발달에 가장 널리 영향을 미칠 수 있고, 그래서 어머니의 행동을 형성한 환경 조건에 영아가 적응하는 데 가장 큰 영향력을 행사할 수 있다.

현재 보고된 대부분의 유전자-환경 상호작용에 있어서 상호작용의 기저에 있는 환경적 기제가 후성적인지 아닌지 우리는 알지 못한다. 즉, 유전자 표현 자체를 바꾸는 수준에서 발생하는 환경적 영향인가 아니면 안정적인 유전자 표현이지만 특정 환경과 비선형적으로 상호작용하는 것인가(전통적인 해석처럼)? 예를 들어 높은 수준의 양육이 생화학적으로 아세틸레이션을 증가시켜서 짧은 대립유전자가 가지는 일반적인 영향을 무색하게 하는 짧은 5-HTTLPR 변형을 증가시킬 수도 있다. 반대로 고정된 낮은 수준의 세로토닌 전사는 강력한 환경적 보호와 조절하에서 부정적 결과를 초래하지 않지만, 양육환경이 부가적인 외적 조절을 제공할 수 없을 때 부정적 결과(예 : 우울과 불안)에 미치는 매우 증가된 비선형적 영향을 초래할 수도 있다.

둘째, 우리는 발달 체계가 후성적 변화에 더 개방적인지 덜 개방적인지 알지 못한다. 예를 들어 팔다리의 발달은 환경 입력정보의 작은 변화에 상대적으로 더 내성이 있는 것처럼 보이는 반면, 신경전달물질의 기능적 측면에서의 변화는 환경의 영향에 더 개방적으로 설계된 것처럼 보인다.

셋째, 신경생물학적 체계가 특히 민감기에서만 후성적 변화에 개방적인 것인지 아니면 그러한 변화가 발달상 어느 시기든 동일한 것인지 알지 못한다. 살면서 나중에 겪게 되는 스트레스와 외상도 유사한 유전적 재프로그래밍을 야기할 수 있는지 여부도 동물 모델로는 분명하지 않다. 특히 인간연구와 관련하여 현존하는 연구는 아동기 학대의 영향을, 학대 이전부터 존재했고, 이후에 학대를 동반했을 가능성이 있는 영아기 양육의 부적절성 효과와 명확하게 구분할 수 없다.

마지막으로 우리는 그러한 후성적 효과가 발달 과정에 걸쳐 어떻게 역전될 수 있는지 아직 알지 못한다. 발달 과정 초기의 유전자 표현 변화가 장기간에 걸쳐 세포와 신경생물학적 구조의 측면을 '고정하는' 방식으로 이후의 발달에 영향을 주는가? 또는 이러한 효과가 일시적인 것이어서 환경에 대한 지속적인 적응과 조정 과정이 가능하도록 설계되었는가? 지금까지 쥐와 영장류의 스트레스 반응과 관련된 유전자 표현의 많은 변화가 성인기까지 지속되는 것으로 나타난 반면, 그 이후의 어미 양육의 변화가 그러한 유전적 재프로그래밍을 야기하는 것인지는 아직 밝혀지지 않았다.

결론

여기서 개관한 영아연구들은 아동기 장애에 대해 우리가 가지고 있는 개념에 시사하는 바가 있다. 첫째, 내면화 장애와 외현화 장애가 과거에 생각했던 것보다 더 많이 초기의 위험요인과 관련된 것으로 보이므로, 아동기 정신병리에 대한 종단적이고 발달적인 개념화가 필요하다는 것을 지적하고 있다. 둘째, 이 연구들은 아동기 정신병리를 매개하는 매개변인으로 가족 맥락에서의 생물학적 조절과 사회적 조절의 중요성을 지적한다는 점에서 전반적인 임상연구와 수렴된다. 특히 영아기부터 추적하는 종단연구는 가족 상호작용 형태와 관련된 표상적 과정과 생물학적 부수물을 포함한 부모와 아동 간의 관계적 과정을 평가하기 위한 정교한 이론적 연구 접근법의 발달에 비옥한 토대가 된다. 앞서 지적하였듯이 급식장애, 수면장애, 조절장애와 같은 영아기 장애에 대한 연구는 현재의 부모-자녀 상호작용과 부모의 애착 역사에 문제가 있음을 시사하고 있다. 이 문헌들은 부모의 자녀에 대한 감정과 행동에 대해 더 포괄적으로 이해하고, 또 부모의 관계 역사에 대해 더 많은 정보를 얻어서 부모의 관계 역사로부터 유도될 수 있는 양육행동을 끌어내는 표상적 모델을 찾아야 하며, 관계행동의 특정 형태가 세대 간 전이되는가에 대해 연구를 하는 등 정신병리 연구에서 더 정교하게 관계를 측정해야 한다는 것을 시사한다. 다시 말해 이러한 관계적 방법은 다중 상호작용의 인과적 영향을 평가할 가능성을 갖춘 유전 설계와 개입 설계로 통합될 필요가 있다.

마지막으로 많은 발달적 · 임상적 연구문헌뿐만 아니라 영아 문헌들은 우리로 하여금 개인 지향적인 진단준거를 사용하고 측정하는 과거의 전통을 재고하도록 하고, 가족 맥락과 관계적 행동을 체계적으로 측정하는 방향으로 나아가도록 영향을 준다. 현재의 진단준거는 어떤 장애(외현화 장애와 성격장애)에서는 관계적 행동을 강조하고 다른 장애(대부분의 내면화 장애)에서는 강조하지 않고 있다. 영아연구는 우리로 하여금 암묵적 표상, 정서 그리고 관계행동이 세대 간 궤도와 복잡하게 연결된 대인관계 체계가 표현된 것이라는 발달적이고 체계적인 관점을 갖도록 한다. 가족관계 체계에 대한 이와 같이 축적된 통찰이 유전학, 신경생물학, 아동의 기질 및 심리생리학에 대한 연구들과 통합되어야 할 것이다. 그렇게 해야만 유전적 소질과 기질, 또는 개인의 조절 특성이 어떻게 가족체계에서 제공되는 생리심리적 조절의 특징과 상호작용하여, 심리적 장애로 이끌어 가게 되는지 그 발달적 궤도를 이해할 수 있을 것이다.

참고문헌

Adair, R., Bauchner, H., Philipp, B., Levenson, S., & Zuckerman, B. (1991). Night waking during infancy: Role of parental presence at bedtime. *Pediatrics, 87,* 500–504.

Ainsworth, M. D. S., Blehar, M. C., Waters, E., & Wall, S. (1978). *Patterns of attachment: A psychological study of the Strange Situation.* Hillsdale, NJ: Erlbaum.

Aldridge, V. K., Dovey, T. M., Martin, C. I., & Meyer, C. (2010). Identifying clinically relevant feeding problems and disorders. *Journal of Child Health Care, 14,* 261–270.

American Psychiatric Association (APA). (1980). *Diagnostic and statistical manual of mental disorders* (3rd ed.). Washington, DC: Author.

American Psychiatric Association (APA). (1987). *Diagnostic and statistical manual of mental disorders* (3rd ed., rev.). Washington, DC: Author.

American Psychiatric Association (APA). (1994). *Diagnostic and statistical manual of mental disorders* (4th ed.). Washington, DC: Author.

American Psychiatric Association (APA). (2013). *Diagnostic and statistical manual of mental disorders* (5th ed.). Arlington, VA: Author.

Ammaniti, M., Lucarelli, L., Cimino, S., D'Olimpio, F., & Chatoor, I. (2010). Maternal psychopathology and child risk factors in infantile anorexia. *International Journal of Eating Disorders, 43,* 233–240.

Anders, T. F., & Keener, M. (1985). Developmental course of nighttime sleep–wake patterns in full-term and premature infants during the first year of life. *Sleep, 8,* 173–192.

Anders, T. F., Carskadon, M. A., & Dement, W. C. (1980). Sleep and sleepiness in children and adolescents. *Pediatric Clinics of North America, 27,* 29–43.

Anders, T. F., Goodlin-Jones, B., & Sadeh, A. (2000). Sleep disorders. In C. H. Zeanah (Ed.), *Handbook of infant mental health* (2nd ed., pp. 326–338). New York: Guilford Press.

Andersen, S. L., Tomoda, A., Vincow, E. S., Valente, E., Polcari, A., & Teicher, M. H. (2008). Preliminary evidence for sensitive periods in the effect of childhood sexual abuse on regional brain development. *Journal of Neuropsychiatry and Clinical Neuroscience, 20,* 292–301.

Arcus, D., Gardner, S., & Anderson, C. (1992, May). Infant reactivity, maternal style, and the development of inhibited and uninhibited behavioral profiles. In D. Arcus (Chair), *Temperament and environment.* Symposium conducted at the biennial meeting of the International Society for Infant Studies, Miami, FL.

Armstrong, K. L., Quinn, R. A., & Dadds, M. R. (1994). The sleep patterns of normal children. *Medical Journal of Australia, 161,* 202–206.

Atalay, A., & McCord, M. (2012). Characteristics of failure to thrive in a referral population: Implications for treatment. *Clinical Pediatrics, 51,* 219–225.

Bailey, H. N., DeOliveira, C. A., Wolfe, V. V., Evans, E. M., & Hartwick, C. (2012). The impact of childhood maltreatment history on parenting: A comparison of maltreatment types and assessment methods. *Child Abuse and Neglect, 36,* 236–246.

Bakermans-Kranenburg, M. J., & van IJzendoorn, M. H. (2004). No association of the dopamine D4 receptor (DRD4) and -521 C/T promoter polymorphisms with infant attachment disorganization. *Attachment and Human Development, 6,* 211–218; discussion 219–222.

Bakermans-Kranenburg, M. J., & van IJzendoorn, M. H. (2009). The first 10,000 Adult Attachment Interviews: Distributions of adult attachment representations in clinical and non-clinical groups. *Attachment and Human Development, 11,* 223–263.

Bakermans-Kranenburg, M. J., van IJzendoorn, M. H., & Juffer, F. (2005). Disorganized Infant attachment and preventive interventions: A review and meta-analysis. *Infant Mental Health Journal, 26,* 191–216.

Barker, D. J. (1998). In utero programming of chronic disease. *Clinical Science, 95,* 115–128.

Barker, D. J. (2003). The developmental origins of adult disease. *European Journal of Epidemiology, 18,* 733–736.

Barker, E. D., & Maughan, B. (2009). Differentiating early-onset persistent versus childhood-limited conduct problem youth. *American Journal of Psychiatry, 166,* 900–908.

Barrett, H. (2003). *Parenting programmes for families at risk.* London: National Family and Parenting Institute.

Barton, M. L., & Robins, D. (2000). Regulatory disorders. In C. H. Zeanah (Ed.), *Handbook of infant mental health* (2nd ed., pp. 311–325). New York: Guilford Press.

Batchelor, J. (2007). Parents' perceptions of services for young children with faltering growth. *Children and Society, 21,* 378–389.

Batchelor, J. (2008). "Failure to thrive" revisited. *Child Abuse Review, 17,* 147–159.

Batchelor, J., Gould, N., & Wright, J. (1999). Family centres: A focus for the children in need debate. *Child and Family Social Work, 4,* 197–208.

Belfort, M. B., Rifas-Shiman, S. L., Rich-Edwards, J. W., Kleinman, K. P., Oken, E., & Gillman, M. W. (2008). Infant growth and child cognition at 3 years of age. *Pediat-*

rics, 122, 689–695.

Belsky, J., & Fearon, R. M. P. (2002). Early attachment security, subsequent maternal sensitivity, and later child development: Does continuity in development depend upon continuity in caregiving? *Attachment and Human Development, 4*, 361–387.

Belsky, J., Hertzog, C., & Rovine, M. (1986). Causal analyses of multiple determinants of parenting: Empirical and methodological advances. In M. Lamb, A. Brown, & B. Rogoff (Eds.), *Advances in developmental psychology* (Vol. 4, pp. 153–202). Hillsdale, NJ: Erlbaum.

Belsky, J., & Pensky, E. (1988). Developmental history, personality, and family relationships: Toward an emergent family system. In R. A. Hinde & J. Stevenson-Hinde (Eds.), *Relationships within families: Mutual influences* (pp. 193–217). New York: Oxford University Press.

Belsky, J., & Rovine, M. (1987). Temperament and attachment security in the Strange Situation: An empirical rapprochement. *Child Development, 58*, 787–795.

Beltramini, A. U., & Hertzig, M. E. (1983). Sleep and bedtime behavior in preschool-aged children. *Pediatrics, 71*, 153–158.

Bennett, R. L., Motulsky, A. G., Bittles, A., Hudgins, L., Uhrich, S., Lochner Doyle, D., et al. (2002). Genetic counseling and screening of consanguineous couples and their offspring: Recommendations of the National Society of Genetic Counselors. *Journal of Genetic Counseling, 11*, 97–119.

Benoit, D. (1993). Failure to thrive and feeding disorders. In C. H. Zeanah (Ed.), *Handbook of infant mental health* (pp. 317–331). New York: Guilford Press.

Benoit, D. (2000). Feeding disorders, failure to thrive, and obesity. In C. H. Zeanah (Ed.), *Handbook of infant metal health* (2nd ed., pp. 339–352). New York: Guilford Press.

Benoit, D. (2009). Feeding disorders, failure to thrive, and obesity. In C. H. Zeanah (Ed.), *Handbood of infant mental health* (pp. 377–391). New York: Guilford Press.

Benoit, D., Wang, E. L., & Zlotkin, S. H. (2000). Discontinuation of enterostomy tube feeding by behavioral treatment in early childhood: A randomized controlled trial. *Journal of Pediatrics, 137*, 498–503.

Benoit, D., Zeanah, C. H., & Barton, L. M. (1989). Maternal attachment disturbances in failure to thrive. *Infant Mental Health Journal, 10*, 185–202.

Benoit, D., Zeanah, C. H., Boucher, C., & Minde, K. K. (1992). Sleep disorders in early childhood: Association with insecure maternal attachment. *Journal of the American Academy of Child Adolescent Psychiatry, 31*, 86–93.

Bergman, K., Glover, V., Sarkar, P., Abbott, D. H., & O'Connor, T. G. (2010). In utero cortisol and testosterone exposure and fear reactivity in infancy. *Hormones and Behavior, 57*, 306–312.

Bergman, K., Sarkar, P. P., Glover, V., & O'Connor, T. G. (2008). Quality of child–parent attachment moderates the impact of antenatal stress on child fearfulness. *Journal of Child Psychology and Psychiatry, 49*, 1089–1098.

Bergman, P., & Graham, J. (2005). An approach to "failure to thrive." *Australian Family Physician, 34*, 725–729.

Berkowitz, C. D., & Senter, S. A. (1987). Characteristics of mother–infant interactions in nonorganic failure to thrive. *Journal of Family Practice, 25*, 377–381.

Bernal, J. (1973). Night waking in infants during the first 14 months. *Developmental Medicine and Child Neurology, 14*, 362–372.

Bernard, K., & Dozier, M. (2010). Examining infants' cortisol responses to laboratory tasks among children varying in attachment disorganization: Stress reactivity or return to baseline? *Developmental Psychology, 46*, 1771–1778.

Bernard, K., Dozier, M., Bick, J., Lewis-Morrarty, E., Lindhiem, O., & Carlson, E. (2012). Enhancing attachment organization among maltreated children: Results of a randomized clinical trial. *Child Development, 83*, 623–636.

Bernard-Bonnin, A. C. (2006). Feeding problems of infants and toddlers. *Canadian Family Physician, 52*, 1247–1251.

Berwick, D. M., Levy, J. C., & Kleinerman, R. (1982). Failure to thrive: Diagnostic yield of hospitalization. *Archives of Disease in Childhood, 57*, 347–351.

Beydoun, H., & Saftlas, A. F. (2008). Physical and mental health outcomes of prenatal maternal stress in human and animal studies: A review of recent evidence. *Paediatric and Perinatal Epidemiology, 22*, 438–466.

Bick, J., Naumova, O., Hunter, S., Barbot, B., Lee, M., Luthar, S. S., et al. (2012). Childhood adversity and DNA methylation of genes involved in the hypothalamus–pituitary–adrenal axis and immune system: Whole-genome and candidate-gene associations. *Development and Psychopathology, 24*, 1417–1425.

Biederman, J., Munir, K., & Knee, D. (1987). Conduct and oppositional disorder in clinically referred children with attention deficit disorder: A controlled family study. *Journal of the American Academy of Child and Adolescent Psychiatry, 26*, 724–727.

Biederman, J., Rosenbaum, J. F., Bolduc-Murphy, E. A., Farone, S. V., Chaloff, J., Hirshfeld, D. R., et al. (1993). A 3-year follow-up of children with and without behavioral inhibition. *Journal of the American Academy of Child and Adolescent Psychiatry, 32*, 814–821.

Bithoney, W. G., Dubowitz, J., & Egan, H. (1992). Failure to thrive/growth deficiency. *Pediatric Review, 13*, 453–460.

Bithoney, W. G., McJunkin, J., Michalek, J., Snyder, J., Egan, H., & Epstein, D. (1991). The effect of a multidisciplinary team approach on weight gain in nonorganic failure-to-thrive children. *Journal of Developmental and Behavioral Pediatrics, 12*, 254–258.

Black, M. M., Dubowitz, H., Krishnakumar, A., & Starr, R. H., Jr. (2007). Early intervention and recovery among children with failure to thrive: Follow-up at age 8. *Pediatrics, 120*, 59–69.

Black, M. M., Hutcheson, J., Dubowitz, H., & Berenson-Howard, J. (1994). Parenting style and developmental status among children with nonorganic failure to thrive. *Journal of Pediatric Psychology, 19*, 689–707.

Blackman, J. A., & Nelson, C. L. A. (1985). Reinstituting oral feedings in children fed by gastrostomy tube. *Clinical Pediatrics, 24*, 434–438.

Blackman, J. A., & Nelson, C. L. A. (1987). Rapid introduction of oral feedings to tube-fed patients. *Journal of Developmental and Behavioral Pediatrics, 8*, 63–67.

Blair, C., Granger, D. A., Kivlighan, K. T., Mills-Koonce, R., Willoughby, M., Greenberg, M. T., et al. (2008). Maternal and child contributions to cortisol response to emotional arousal in young children from low-income, rural communities. *Developmental Psychology, 44*, 1095-1109.

Blair, C., Granger, D. A., Willoughby, M., Mills-Koonce, R., Cox, M., Greenberg, M. T., et al. (2011). Salivary cortisol mediates effects of poverty and parenting on executive functions in early childhood. *Child Development, 82*, 1970–1984.

Blair, C., Raver, C. C., Granger, D., Mills-Koonce, R., Hibel, L., & Family Life Project Key Investigators. (2011). Allostasis and allostatic load in the context of poverty in early childhood. *Developmental Psychopathology, 23*, 845–857.

Blanz, B., Schmidt, M. H., & Esser, G. (1991). Familial adversities and child psychiatric disorder. *Journal of Child Psychology and Psychiatry, 32*, 939–950.

Boddy, J. M., & Skuse, D. H. (1994). The process of parenting in failure to thrive. *Journal of Child Psychology and Psychiatry, 35*, 401–424.

Boddy, J. M., Skuse, D. H., & Andrews, B. (2000). The developmental sequelae of nonorganic failure to thrive. *Journal of Child Psychology and Psychiatry, 41*, 1003–1014.

Bokhorst, C. L., Bakermans-Kranenburg, M. J., Fearon, R. M., van IJzendoorn, M. H., Fonagy, P., & Schuengel, C. (2003). The importance of shared environment in mother–infant attachment security: A behavioral genetic study. *Child Development, 74*, 1769–1782.

Bonuck, K., Parikh, S., & Bassila, M. (2006). Growth failure and sleep disordered breathing: A review of the literature. *International Journal of Pediatric Otorhinolaryngology, 70*, 769–778.

Boris, N. W., Hinshaw-Fuselier, S., Smyke, A. T., Scheeringa, M. S., Heller, S. S., & Zeanah, C. H. (2004). Comparing criteria for attachment disorders: Establishing reliability and validity in high-risk samples. *Journal of the American Academy of Child and Adolescent Psychiatry, 43*, 568–577.

Bowlby, J. (1969). *Attachment and loss: Vol. 1. Attachment.* New York: Basic Books.

Brennan, P. A., Pargas, R., Walker, E. F., Green, P., Newport, D. J., & Stowe, Z. (2008). Maternal depression and infant cortisol: Influences of timing, comorbidity and treatment. *Journal of Child Psychology and Psychiatry, 49*, 1099–1107.

Bruce, J., Fisher, P. A., Pears, K. C., & Levine, S. (2009). Morning cortisol levels in preschool-aged foster children: Differential effects of maltreatment type. *Developmental Psychobiology, 51*, 14–23.

Bruns, D. A., & Thompson, S. D. (2010). Feeding challenges in young children: Toward a best practices model. *Infants and Young Children, 23*, 93–102.

Bryant-Waugh, R. J., & Piepenstock, E. H. C. (2008). Childhood disorders: Feeding and related disorders of infancy or early childhood. In A. Tasman, J. Kay, J. A. Lieberman, M. B. First, & M. Maj (Eds.), *Psychiatry* (3rd ed., pp. 830–846). Hoboken, NJ: Wiley.

Bryant-Waugh, R., Markham, L., Kreipe, R. E., & Walsh, B. T. (2010). Feeding and eating disorders in childhood. *International Journal of Eating Disorders, 43*, 98–111.

Bureau, J.-F., Easterbrooks, M. A., & Lyons-Ruth, K. (2009). Attachment disorganization and role-reversal in middle childhood: Maternal and child precursors and correlates. *Attachment and Human Development, 11*, 265–284.

Burklow, K. A., Phelps, A. N., Schultz, J. R., McConnell, K., & Rudolph, C. (1998). Classifying complex pediatric feeding disorders. *Journal of Pediatric Gastroenterology and Nutrition, 27*, 143–147.

Buschgens, C. M., Swinkels, S. N., van Aken, M. G., Ormel, J., Verhulst, F. C., & Buitelaar, J. K. (2009). Externalizing behaviors in preadolescents: Familial risk to externalizing behaviors, prenatal and perinatal risks, and their interactions. *European Child and Adolescent Psychiatry, 18*, 65–74.

Buss, C., Davis, E. P., Muftuler, L. T., Head, K., & Sandman, C. A. (2009). High pregnancy anxiety during mid-gestation is associated with decreased gray matter density in 6–9-year-old children. *Psychoneuroendocrinology, 35*, 141–153.

Calkins, S., & Fox, N. (1992). The relations among infant temperament, security of attachment, and behavioral inhibition at twenty-four months. *Child Development, 63*, 1456–1472.

Cameron, J. L., Coleman, K., Dahl, R. E., Kupfer, D. J., & Ryan, N. D. (1999). Disruption of the maternal-infant bond in early development leads to sustained alterations in responsiveness to social stimuli. *Society for Neuroscience Abstracts, 25*(1), 617.

Campbell, S. B. (1991). Longitudinal studies of active and aggressive preschoolers: Individual differences in early behavior and in outcome. In D. Cicchetti & S. L. Toth (Eds.), *Rochester Symposium on Developmental Psychopathology: Vol. 2. Internalizing and externalizing expression of dysfunction* (pp. 57–89). Hillsdale, NJ: Erlbaum.

Canli, T., & Lesch, K. P. (2007). Long story short: Serotonin transporter in emotion regulation and social cognition. *Nature Neuroscience, 10*, 1103–1109.

Carey, W. B. (1974). Night waking and temperament in infancy. *Journal of Pediatrics, 84*, 756–758.

Carlson, E. A., Egeland, B., & Sroufe L. A. (2009). A prospective investigation of the development of borderline personality symptoms. *Development and Psychopathology, 21*, 1311–1334.

Carruth, B. R., Ziegler, P. J., Gordon, A., & Barr, S. I. (2004). Prevalence of picky eaters among infants and toddlers and their caregivers' decisions about offering new food. *Journal of the American Dietetic Association, 104*(1, Suppl. 1), S57–S64.

Cassidy, J., & Shaver, P. R. (Eds.). (2008). *Handbook of attachment: Theory, research, and clinical implications* (2nd ed.). New York: Guilford Press.

Cassidy, J., Marvin, R. S., & the MacArthur Working Group on Attachment. (1992). *Attachment organization in 2½ to 4½ year olds: Coding manual* (4th ed.). Unpublished coding manual, University of Virginia.

Chamness, J. A. (2008). Taking a pediatric sleep history. *Pediatric Annals, 37,* 502–508.

Champagne, D. L., Bagot, R. C., Hasselt, F., Ramakers, G., Meaney, M. J., Kloet, E. R., et al. (2008). Maternal care and hippocampal plasticity: Evidence for experience-dependent structural plasticity, altered synaptic functioning, and differential responsiveness to glucocorticoids and stress. Journal of Neuroscience, 28, 6037–6045.

Chatoor, I. (1989). Infantile anorexia nervosa: A developmental disorder of separation and individuation. *Journal of the American Academy of Psychoanalysis, 17,* 43–64.

Chatoor, I. (2009). Sensory food aversions in infants and toddlers. *Zero to Three, 29*(3), 44–49.

Chatoor, I., Conley, C., & Dickson, L. (1988). Food refusal after an incident of choking: A posttraumatic eating disorder. *Journal of the American Academy of Child and Adolescent Psychiatry, 27,* 105–110.

Chatoor, I., Dickson, L., Schaefer, S., & Egan, J. (1985). A developmental classification of feeding disorders associated with failure to thrive: Diagnosis and treatment. In D. Drotar (Ed.), *New direction in failure to thrive: Research and clinical practice* (pp. 235–238). New York: Plenum Press.

Chatoor, I., Egan, J., Getson, P., Menvielle, E., & O'Donnell, R. (1987). Mother–infant interactions in infantile anorexia nervosa. *Journal of the American Academy of Child and Adolescent Psychiatry, 27,* 535–540.

Chatoor, I., Ganiban, J., Colin, V., Plummer, N., & Harmon, R. J. (1998). Attachment and feeding problems: A reexamination of nonorganic failure to thrive and attachment insecurity. *Journal of the American Academy of Child and Adolescent Psychiatry, 37,* 1217–1224.

Chatoor, I., Ganiban, J., Hirsch, R., Borman-Spurrell, E., & Mrazek, D. A. (2000). Maternal characteristics and toddler temperament in infantile anorexia. *Journal of the American Academy of Child and Adolescent Psychiatry, 39,* 743–751.

Chatoor, I., Ganiban, J., Surles, J., & Doussard-Roosevelt, J. (2004). Physiological regulation and infantile anorexia: A pilot study. *Journal of the American Academy of Child and Adolescent Psychiatry, 43,* 1019–1025.

Chatoor, I., Getson, P., Menvielle, E., Brasseaux, C., O'Donnell, R., Rivera, Y., et al. (1997). A feeding scale for research and clinical practice to assess mother–infant interactions in the first three years of life. *Infant Mental Health Journal, 18*(1), 76–91.

Chatoor, I., Hirsch, R., Ganiban, J., Persinger, M., & Hamburger, E. (1998). Diagnosing infantile anorexia: The observation of mother-infant interactions. *Journal of American Academy of Child and Adolescent Psychiatry, 37*(9), 959–967.

Chatoor, I., Surles, J., Ganiban, J., Beker, L., Paez, L. M., & Kerzner, B. (2004). Failure to thrive and cognitive development in toddlers with infantile anorexia. *Pediatrics. 113,* 440–447.

Chervin, R. D., Ruzicka, D. L., Giordani, B. J., Weatherly, R. A., Dillon, J. E., Hodges, E. K., et al. (2006). Sleep-disordered breathing, behavior, and cognition in children before and after adenotonsillectomy. *Pediatrics, 117,* 769–778.

Chisholm, K. (1998). A three-year follow-up of attachment and indiscriminate friendliness in children adopted from Romanian orphanages. *Child Development, 69,* 1092–1106.

Cicchetti, D., & Barnett, D. (1991). Attachment organization in maltreated preschoolers. *Development and Psychopathology, 3,* 397–411.

Cicchetti, D., Rogosch, F. A., & Toth, S. L. (2006). Fostering secure attachment in infants in maltreating families through preventive interventions. *Developmental Psychopathology, 18,* 623–650.

Cicchetti, D., Rogosch, F. A., & Toth, S. L. (2011). The effects of child maltreatment and polymorphisms of the serotonin transporter and dopamine D4 receptor genes on infant attachment and intervention efficacy. *Development and Psychopathology, 23,* 357–372.

Cicchetti, D., & Toth, S. (1995). Developmental psychopathology and disorders of affect. In D. Cicchetti & D. Cohen (Eds.). *Developmental psychopathology: Vol. 2. Risk, disorder, and adaptation* (pp. 369–420). New York: Wiley.

Coe, C. L., Kramer, M., Czeh, B., Gould, E., Reeves, A. J., Kirschbaum, C., et al. (2003). Prenatal stress diminishes neurogenesis in the dentate gyrus of juvenile rhesus monkeys. *Biological Psychiatry, 54,* 1025–1034.

Coe, C. L., Lulbach, G. R., & Schneider, M. L. (2002). Prenatal disturbance alters the size of the corpus callosum in young monkeys. *Developmental Psychobiology, 41,* 178–185.

Cohen, J. A., & Mannarino, A. P. (1996). Factors that mediate treatment outcome of sexually abused preschool children. *Journal of the American Academy of Child and Adolescent Psychiatry, 35,* 1402–1410.

Cohen, R. A., Grieve, S., Hoth, K. F., Paul, R. H., Sweet, L., Tate, D., et al. (2006) Early life stress and morphometry of the adult anterior cingulate cortex and caudate nuclei. *Biological Psychiatry, 59,* 975–982.

Cole, S. Z., & Lanham, J. S. (2011). Failure to thrive: An update. *American Family Physician, 83,* 829–834.

Coolbear, J., & Benoit, D. (1999). Failure to thrive: Risk for clinical disturbance of attachment? *Infant Mental Health Journal, 20,* 87–104.

Cooper, P. J., Whelan, E., Woolgar, M., Morrell, J., & Murray, L. (2004). Association between childhood feeding problems and maternal eating disorder: Role of the family environment. *British Journal of Psychiatry, 184,* 210–215.

Coplan, J., Andrews, M., Rosenblum, L., Owens, M., Friedman, S., Gorman, J., et al. (1996). Persistent elevations of cerebrospinal fluid concentrations of corticotropin-releasing factor in adult nonhuman primates exposed to early-life stressors: Implications for the pathophysiology of mood and anxiety disorders. *Proceedings of the National Academy of Sciences USA, 93*, 1619–1623.

Corbett, S. S., & Drewett, R. F. (2004). To what extent is failure to thrive in infancy associated with poorer cognitive development?: A review and meta-analysis. *Journal of Child Psychology and Psychiatry, 45*, 641–654.

Corbett, S. S., Drewett, R. F., & Wright, C. M. (1996). Does a fall down a centile chart matter?: The growth and developmental sequelae of mild failure to thrive. *Acta Paediatrica, 85*, 1278–1283.

Corkum, P., Tannock, R., Moldofsky, H., Hogg-Johnson, S., & Humphries, T. (2001). Actigraphy and parental ratings of sleep in children with attention-deficit/hyperactivity disorder (ADHD). *Sleep, 24*, 303–312.

Cox, M. J., Owen, M. T., Lewis, J. M., Riedel, C., Scalf-McIver, L., & Suster, A. (1985). Intergenerational influences on the parent–infant relationship in the transition to parenthood. *Journal of Family Issues, 6*, 543–564.

Crittenden, P. M. (1987). Non-organic failure to thrive: Deprivation or distortion? *Infant Mental Health Journal, 8*, 51–64.

Crockenberg, S. C., & Leerkes, E. M. (2006). Infant and maternal behavior moderate reactivity to novelty to predict anxious behavior at 2.5 years. *Development and Psychopathology, 18*, 17–34.

Curcio, G., Ferrara, M., & De Gennaro, L. (2006). Sleep loss, learning capacity and academic performance. *Sleep Medicine Reviews, 10*, 322–337.

Dahl, R. E. (1996). The impact of inadequate sleep on children's daytime cognitive function. *Seminars in Pediatric Neurology, 3*, 44–50.

Dahl, M., & Sundelin, C. (1986). Early feeding problems in an affluent society: I. Categories and clinical signs. *Acta Paediatrica Scandinavica, 75*, 370–379.

Dale, L. P., O'Hara, E. A., Keen J., & Porges, S. W. (2011). Infant regulatory disorders: temperamental, physiological, and behavioral features. *Journal of Developmental and Behavioral Pediatrics, 2*(3), 216–224.

Daniel, M., Kleis, L., & Cemeroglu, A. P. (2008). Etiology of failure to thrive in infants and toddlers referred to a pediatric endocrinology outpatient clinic. *Clinical Pediatrics, 47*(8), 762–765.

Dannlowski, U., Stuhrmann, A., Beutelmann, V., Zwanzger, P., Lenzen, T., Grotegerd, D., et al. (2012). Limbic scars: Long-term consequences of childhood maltreatment revealed by functional and structural magnetic resonance imaging. *Biological Psychiatry, 71*, 286–293.

De Bellis, M. D., Casey, B. J., Dahl, R., Birmaher, B., Williamson, D., Thomas, K. M., et al. (2000). A pilot study of amygdala volumes in pediatric generalized anxiety disorder. *Biological Psychiatry, 48*, 51–57.

DeGangi, G. A., Craft, P., & Castellan, J. (1991). Treatment of sensory, emotional, and attentional problems in regulatory disordered infants: Part 2. *Infants and Young Children, 3*, 9–19.

DeGangi, G. A., DiPietro, J. A., Greenspan, S. I., & Porges, S. W. (1991). Psychophysiological characteristics of the regulatory disordered infant. *Infant Behavior and Development, 14*, 37–50.

DeGangi, G. A., Porges, S. W., Sickel, R. Z., & Greenspan, S. I. (1993). Four-year follow-up of a sample of regulatory disordered infants. *Infant Mental Health Journal, 14*, 330–343.

DeGangi, G. A., Sickel, R. Z., Wiener, A. S., & Kaplan, E. P. (1996). Fussy babies: To treat or not to treat? *British Journal of Occupational Therapy, 59*(10), 457–464.

Del Cerro, M. C., Perez-Laso, C., Ortega, E., Martin, J. L., Gomez, F., Perez-Izquierdo, M. A., et al. (2010). Maternal care counteracts behavioral effects of prenatal environmental stress in female rats. *Behavioural Brain Research, 208*, 593–602.

Denenberg, V. H. (1964). Critical periods, stimulus input, and emotional reactivity: A theory of infantile stimulation. *Psychological Review 71*, 335–351.

de Onis, M., Garza, C., Onyango, A. W., & Borghi, E. (2007). Comparison of the WHO child growth standards and the CDC 2000 growth charts. *Journal of Nutrition, 137*, 144–148.

Dix, T. H., & Lochman, J. E. (1990). Social cognition and negative reactions to children: A comparison of mothers of aggressive and nonaggressive boys. *Journal of Social and Clinical Psychology, 9*, 418–438.

Dodge, K. A., Pettit, G. S., McClaskey, C. L., & Brown, M. M. (1986). Social competence in children. *Monographs of the Society for Research in Child Development, 51*(2, Serial No. 213), 1–85.

Douglas, J. E., & Bryon, M. (1996). Interview data on severe behavioural eating difficulties in young children. *Archives of Disease in Childhood, 75*(4), 304–308.

Dozier, M., Lindhiem, O., & Ackerman, J. P. (2005). Attachment and Biobehavioral Catch-Up: An intervention targeting empirically identified needs of foster infants. In L. J. Berlin, Y. Ziv, L. Amaya-Jackson, & M. T. Greenberg (Eds.), *Enhancing early attachments: Theory, research, intervention, and policy* (pp. 178–194). New York: Guilford Press.

Dozier, M., Manni, M., & Lindhiem, O. (2005). Lessons from the longitudinal studies of attachment. In K. E. Grossmann, K. Grossmann, & E. Waters (Eds.), *Attachment from infancy to adulthood: The major longitudinal studies* (pp. 305–319). New York: Guilford Press.

Dozier, M., Peloso, E., Lewis, E., Laurenceau, J. P., & Levine, S. (2008). Effects of an attachment-based intervention on the cortisol production of infants and toddlers in foster care. *Development and Psychopathology, 20*, 845–859.

Drewett, R. F., Corbett, S. S., & Wright, C. M. (1999). Cognitive and educational attainments at school age of children who failed to thrive in infancy: A population-based study. *Journal of Child Psychology and Psychiatry, 40*(4), 551–561.

Drewett, R., Kasese-Hara, M., & Wright, C. (2004). Feeding behaviour in young children who fail to thrive. *Appetite,*

40, 55–60.

Drotar, D., Malone, C. A., Devost, L., Brickell, C., Mantz-Clumpner, L., Negray, J., et al. (1985). Early preventive interventions in failure to thrive: Methods and early outcome. In D. Drotar (Ed.), *New directions in failure to thrive: Implications for research and practice* (pp. 119–138). New York: Plenum Press.

Drotar, D., Pallotta, J., & Eckerle, D. (1994). A prospective study of family environments of children hospitalized for nonorganic failure to thrive. *Journal of Developmental and Behavioral Pediatrics, 15*, 78–85.

Drury, S. S., Gleason, M. M., Theall, K. P., Smyke, A. T., Nelson, C. A., Fox, N. A., et al. (2012). Genetic sensitivity to the caregiving context: The influence of 5httlpr and BDNF val66met on indiscriminate social behavior. *Physiology and Behavior, 106*, 728–735.

Drury, S. S., Theall, K., Gleason, M. M., Smyke, A. T., De Vivo, I., Wong, J. Y. Y., et al. (2011). Telomere length and early severe social deprivation: Linking early adversity and cellular aging. *Molecular Psychiatry, 17*, 719–727.

Drury, S. S., Theal, K. P., Keats, B. J. B., & Scheeringa, M. S. (2009).The role of the dopamine transporter (DAT) in the development of PTSD in preschool children. *Journal of Traumatic Stress, 22*, 534–539.

Duggal, S., Carlson, L., Sroufe, A., & Egeland, B. (2001). Depressive symptomatology in childhood and adolescence. *Development and Psychopathology, 13*, 143–164.

Dunst, C. J., Storck, A., & Snyder, D. (2006). Identification of infant and toddler social emotional disorders using the DC: 0–3 Diagnostic Classification System. *Cornerstone, 2*(2), 1–21.

Dutra, L., Bureau, J. F., Holmes, B., Lyubchik, A., & Lyons-Ruth, K. (2009). Quality of early care and childhood trauma: A prospective study of developmental pathways to dissociation. *Journal of Nervous and Mental Disease, 197*, 383–390.

Egeland, B., Pita, R C., & O'Brien, M. A. (1993). Maternal intrusiveness in infancy and child maladaptation in early school years. *Development and Psychopathologyy, 5*(3), 359–370.

Egger, H. L., & Angold A. (2006). Common emotional and behavioral disorders in preschool children: Presentation, nosology, and epidemiology. *Journal of Child Psychology and Psychiatry, 47*, 313–337.

Egger, H. L., & Emde, R. N. (2011). Developmentally sensitive diagnostic criteria for mental health disorders in early childhood: The *Diagnostic and Statistical Manual of Mental Disorders–IV*, the Research Diagnostic Criteria—Preschool Age, and the Diagnostic Classification of Mental Health and Developmental Disorders of Infancy and Early Childhood—Revised. *American Psychologist, 66*(2), 95–106.

Egger, H. L., Erkanli, A., Keeler, G., Potts, E., Walter, B. K., & Angold, A. (2006). Test–retest reliability of the Preschool Age Psychiatric Assessment (PAPA). *Journal of the American Academy of Child and Adolescent Psychia-

try, 45*, 538–549.

Elder, G., Caspi, A., & Downey, G. (1986). Problem behavior and family relationships: Life course and intergenerational themes. In A. Sorensen, F. Weinert, & L. Sherrod (Eds.), *Human development: Interdisciplinary perspectives* (pp. 293–340). Hillsdale, NJ: Erlbaum.

Elder, G. R., King, V., & Conger, R. D. (1996). Intergenerational continuity and change in rural lives: Historical and developmental insights. *International Journal of Behavioral Development, 19*, 433–455.

Emde, R. N., Bingham, R. D., & Harmon, R. J. (1993). Classification and the diagnostic process in infancy. In C. H. Zeanah (Ed.), *Handbook of infant mental health* (pp. 225–235). New York: Guilford Press.

Emde, R. N., & Wise, B. K. (2003). The cup is half full: Initial clinical trials of DC: 0–3 and a recommendation for revision. *Infant Mental Health Journal, 24*, 437–446.

Emond, A., Drewett, R., Blair, P., & Emmett, P. (2007). Postnatal factors associated with failure to thrive in term infants in the Avon Longitudinal Study of Parents and Children. *Archives of Disease in Childhood, 92*, 115–119.

Equit, M., Paulus, F., Fuhrmann P., Niemczyk J., & von Gontard A. (2011). Comparison of ICD-10 and DC: 0–3R diagnoses in infants, toddlers and preschoolers. *Child Psychiatry and Human Development, 42*(6), 622–623.

Fallone, G., Owens, J., & Deane, J. (2002). Sleepiness in children and adolescents: clinical implications. *Sleep Medicine Reviews, 6*, 287–306.

Fearon, R. M. P., Bakermans-Kranenburg, M. J., van IJzendoorn, M. H., Lapsley, A. & Roisman, G. I. (2010). The significance of insecure attachment and disorganization in the development of children's externalizing behavior: A meta-analytic study. *Child Development, 81*, 435–456.

Ficicioglu, C., & an Haack, K. (2009). Failure to thrive: When to suspect inborn errors of metabolism. *Pediatrics, 124*, 972–979.

Field, D., Garland, M., & Williams, K. (2003). Correlates of specific childhood feeding problems. *Journal of Pediatrics and Child Health, 39*, 299–304.

Finkel, D., & Matheny, A. P., Jr. (2000). Genetic and environmental influences on a measure of infant attachment security. *Twin Research, 3*, 242–250.

Finlon, M. A., Drotar, D., Satola, J., Pallotta, J., Wyatt, B., & El-Amin, D. (1985). Home observation of parent–child transaction in failure to thrive. In D. Drotar (Ed.), *New directions in failure to thrive: Implications for research and practice* (pp. 177–190). New York: Plenum Press.

Fisher, P. A., Gunnar, M. R., Chamberlain, P., & Reid, J. B. (2000). Preventive intervention for maltreated preschool children: Impact on children's behavior, neuroendocrine activity, and foster parent functioning. *Journal of the American Academy of Child and Adolescent Psychiatry, 39*, 1356–1364.

Fonagy, P., Steele, H., & Steele, M. (1991). Maternal representations of attachment during pregnancy predict the organization of infant–mother attachment at one year of age.

Child Development, 62, 891–905.

Fox, N. A., Kimmerly, N. L., & Schafer, W. D. (1991). Attachment to mother/attachment to father: A meta-analysis with emphasis on the role of temperament. *Child Development, 62*, 210–225.

Fox, S. E., Levitt, P., & Nelson, C. A., III. (2010). How the timing and quality of early experiences influence the development of brain architecture. *Child Development, 81*, 28–40.

Fraiberg, S., Adelson, E., & Shapiro, V. (1975). Ghosts in the nursery: A psychoanalytic approach to the problems of impaired infant–mother relationships. *Journal of the American Academy of Child Psychiatry, 14*, 387–421.

Francis, D., Diorio, J., Liu, D., & Meaney, M. (1999). Non genomic transmission across generations of maternal behavior and stress responses in the rat. *Science, 286*, 1155–1158.

Frank, D. A., & Ziesel, S. H. (1988). Failure to thrive, *Pediatric Clinics of North America, 35*, 1187–1206.

Freezer, N. J., Bucens, I. K., & Robertson, C. F. (1995). Obstructive sleep apnoea presenting as failure to thrive in infancy. *Journal of Paediatrics and Child Health, 31*(3), 172–175.

Gaensbauer, T. J., Chatoor, I., Drell, M., Siegel, D., & Zeanah, C. H. (1995). Traumatic loss in a one-year-old girl. *Journal of the American Academy of Child and Adolescent Psychiatry, 34*, 94–102.

Gahagan, S. (2006). Failure to thrive: A consequence of undernutrition. *Pediatric Reviews, 27*(1), e1–e11.

Gahagan, S., & Holmes, R. (1998). A stepwise approach to evaluation of undernutrition and failure to thrive. *Pediatric Clinics of North America, 45*, 169–187.

Galler, J. R., Ramsey, F., Solimano, G, Lowell, W. E., & Mason, E. (1983). The influence of early malnutrition on subsequent behavioral development: I. Degree of impairment in intellectual performance. *Journal of the American Academy of Child Psychiatry, 22*, 8–15.

Gaylor, E., Goodlin-Jones, B., & Anders, T. (2001). Classification of young children's sleep problems: A pilot study. *Journal of the American Academy of Child and Adolescent Psychiatry, 40*, 61–67.

Geertsma, M. A., Hyams, J. S., Pelletier, J. M., & Reiter, S. (1985). Feeding resistance after parental hyperalimentation. *American Journal of Diseases of Children, 139*, 255–256.

Gelman, V. S., & King, N. J. (2001). Wellbeing of mothers with children exhibiting sleep disturbance. *Australian Journal of Psychology, 53*, 18–22.

George, C., Kaplan, N., & Main, M. (1985). *Adult Attachment Interview.* Unpublished manuscript, University of California, Berkeley.

Gervai, J., Novak, A., Lakatos, K., Toth, I., Danis, I., Ronai, Z., et al. (2007). Infant genotype may moderate sensitivity to maternal affective communications: Attachment disorganization, quality of care, and the DRD4 polymorphism. *Social Neuroscience, 2*, 1–13.

Giordani, B., Hodges, E. K., Guire, K. E., Ruzicka, D. L., Dillon, J. E., Weatherly, R. A., et al. (2008). Neuropsychological and behavioral functioning in children with and without obstructive sleep apnea referred for tonsillectomy. *Journal of the International Neuropsychological Society, 14*, 571–581.

Gleason, M. M., Fox, N. A., Drury S., Smyke, A., Egger, H. L., Nelson, C. A., III, et al. (2011). Validity of evidence-derived criteria for reactive attachment disorder: Indiscriminately social/disinhibited and emotionally withdrawn/inhibited types. *Journal of the American Academy of Child and Adolescent Psychiatry, 50*, 216–231.

Gleason, M. M., & Schechter, D. S. (2009). Preface. Infant and early childhood mental health. *Child and Adolescent Psychiatric Clinics of North America, 18*(3), xvii–xix.

Glover, V., O'Connor, T. G., & O'Donnell, K. (2009). Prenatal stress and the programming of the HPA axis. *Neuroscience and Biobehavioral Reviews, 35*, 17–22.

Goldberg, S., Gotowiec, A., & Simmons, R. J. (1995). Infant–mother attachment and behavior problems in healthy and chronically ill preschoolers. *Development and Psychopathology, 7*, 267–282.

Gomez, C. G., Baird, S. M., & Jung, L. A. (2004). Regulatory disorders in infants and young children: Identification, diagnosis, and intervention. *Infants and Young Children. 17*, 327–339.

Goodlin-Jones, B., Eiben, L., & Anders, T. (1997). Maternal well-being and sleep–wake behaviors in infants: An intervention using maternal odor. *Infant Mental Health Journal. 18*, 378–393.

Gordon, A. H., & Jameson, J. C. (1979). Infant–mother attachment in patients with nonorganic failure to thrive syndrome. *Journal of the American Academy of Child Psychiatry, 18*, 251–259.

Gottlieb, D. J., Chase, C., Vezina, R. M., Heeren, T. C., Corwin, M. J., Auerbach, S. H., et al. (2004). Sleep-disordered breathing symptoms are associated with poorer cognitive function in 5-year-old children. *Journal of Pediatrics, 145*, 458–464.

Gozal, D. (1998). Sleep-disordered breathing and school performance in children. *Pediatrics, 102*, 616–620.

Greenspan, S. I., & Wieder, S. (1993). Regulatory disorders. In C. H. Zeanah (Ed.), *Handbook of infant mental health* (pp. 280–290). New York: Guilford Press.

Gremse, D. A., Lytle, J. M., Sacks, A. I., & Balistreri, W. F. (1998). Characterization of failure to imbibe in infants. *Clinical Pediatrics, 37*, 305–310.

Grossmann, K., Grossmann, K. E., Kindler, H., & Zimmermann, P. (2008). A wider view of attachment and exploration: The influence of mothers and fathers on the development of psychological security from infancy to young adulthood. In J. Cassidy & P. R. Shaver (Eds.), *Handbook of attachment: Theory, research, and clinical applications* (2nd ed., pp. 857–879). New York: Guilford Press.

Grossmann, K. E., Grossmann, K., Huber, F., & Wartner, U. (1981). German children's behaviour towards their mothers at 12 months and their fathers at 18 months in Ainsworth's Strange Situation. *International Journal of Behavioral Development, 4*, 157–181.

Groh, A. M., Roisman, G. I., van IJzendoorn, M. H., Bakermans-Kranenburg, M. J., & Fearon, R. P. (2012). The significance of insecure and disorganized attachment for children's internalizing symptoms: A meta-analytic study. *Child Development, 83*, 591–610.

Grunstein, M. (1997a). Histone acetylation in chromatin structure and transcription. *Nature, 389*, 349–352.

Grunstein, M. (1997b). Molecular model for telomeric heterochromatin in yeast. *Current Opinion in Cell Biology, 9*, 383–387.

Gunnar, M., & Quevedo, K. (2007). The neurobiology of stress and development. *Annual Review of Psychology, 58*, 145–173.

Gunnar, M. R., & Vazquez, D. M. (2001). Low cortisol and a flattening of expected daytime rhythm: Potential indices of risk in human development. *Development and Psychopathology, 13*, 515–538.

Gutteling, B. M., de Weerth, C., & Buitelaar, J. K. (2005). Prenatal stress and children's cortisol reaction to the first day of school. *Psychoneuroendocrinology, 30*, 541–549.

Haley, D. W., & Stansbury, K. (2003). Infant stress and parent responsiveness: Regulation of physiology and behavior during still-face and reunion. *Child Development, 74*, 1534–1546.

Hampton, D. (1996). Resolving feeding difficulties associated with non-organic failure to thrive. *Child: Care, Health and Development, 22*(4), 261–271.

Hanks, H., & Hobbs, C. (1993). Failure to thrive—a model for treatment. *Balliere's Clinical Paediatrics, 1*(1), 101–119.

Harris, G. (2004, November). *The development of eating behaviour and food acceptance.* Paper presented at the Feeding Problems: Helping Children Who Can't or Won't Eat conference, Glasgow, UK.

Harris, G. (2010). The psychology behind growth faltering. *European Journal of Clinical Nutrition, 64*, 514–516.

Hawdon, J. M., Beauregard, N., Slattery, J., & Kennedy, G. (2000). Identification of neonates at risk of developing feeding problems in infancy. *Developmental Medicine and Child Neurology, 42*, 235–239.

Heinicke, C. M., Fineman, N. R., Ruth, G. G., Recchia, S. L., Guthrie, D. D., & Rodning, C. C. (1999). Relationship-based intervention with at-risk mothers: Outcome in the first year of life. *Infant Mental Health Journal, 20*, 349–374.

Hertsgaard, L., Gunnar, M., Erickson, M., & Nachmias, M. (1995). Adrenocortical response to the Strange Situation in infants with disorganized/disoriented attachment relationships. *Child Development, 66*, 1100–1106.

Hertzman, C., & Boyce, T. (2010). How experience gets under the skin to create gradients in developmental health. *Annual Review of Public Health, 31*, 329–347.

Hill-Soderlund, A. L., Mills-Koonce, W. R., Propper, C. B., Calkins, S. D., Granger, D., Moore, G., Gariepy, J.-L., et al. (2008). Parasympathetic and sympathetic response to the Strange Situation in infants and mothers from avoidant and securely attached dyads. *Developmental Psychobiology, 50*, 361–376.

Hiscock, H., & Wake, M. (2001). Infant sleep problems and postnatal depression: A community-based study. *Pediatrics, 107*, 1317–1322.

Hoban, T. F., & Chervin, R. D. (2005). Pediatric sleep-related breathing disorders and restless legs syndrome: how children are different. *Neurologist, 11*, 325–337.

Hobbs, C., & Hanks, H. (1996). A multidisciplinary approach for the treatment of children with failure to thrive. *Child: Care, Health and Development, 22*(4), 273–284.

Hodges, J., & Tizard, B. (1989). Social and family relationships of ex-institutional adolescents. *Journal of Child Psychology and Psychiatry, 30*, 77–97.

Holtzworth-Munroe, A., Stuart, G. L., & Hutchinson, G. (1997). Violent vs. nonviolent husbands: Differences in attachment patterns, dependency, and jealousy. *Journal of Family Psychology, 11*, 314–331.

Hood, B. M., & Harbord, M. G. (2002). Paediatric narcolepsy: Complexities of diagnosis. *Journal of Paediatrics and Child Health, 38*, 618–621.

Hosseini, F., Borzouei, B., & Vahabian, M. (2011). Failure to thrive severity determination by new design curves in standard growth charts. *Acta Medica Iranica, 49*(12), 795–800.

Hubbs-Tait, L., Osofsky, J., Hann, D., & Culp, A. (1994). Predicting behavior problems and social competence in children of adolescent mothers. *Family Relations, 43*, 439–446.

Hughes, I. (2007). Confusing terminology attempts to define the undefinable. *Archives of Disease in Childhood, 2*, 97–98.

Iglowstein, I., Jenni, O. G., Molinari, L., & Largo. R. H. (2003). Sleep duration from infancy to adolescence: reference values and generational trends. *Pediatrics, 111*, 302–307.

Iwaniec, D. (2004). *Children who fail to thrive: A practice guide.* Chichester, UK: Wiley.

Jacobsen, T., Edelstein, W., & Hoffman, V. (1994). A longitudinal study of the relation between representations of attachment in childhood and cognitive functioning in childhood and adolescence. *Developmental Psychology, 30*, 112–124.

Jacobi, C., Agras, W. S., Bryson, S., & Hammer, L. D. (2003). Behavioral validation, precursors, and concomitants of picky eating in childhood. *Journal of the American Academy of Child and Adolescent Psychiatry, 42*, 76–84.

Jenkins, S., Bax, M., & Hart, H. (1980). Behavior problems in pre-school children. *Journal of Child Psychology and Psychiatry, 21*, 5–17.

Jenni, O. G., & O'Connor, B. B. (2005). Children's sleep: An interplay between culture and biology. *Pediatrics, 115*, 204–216.

Jeong, S. J. (2011). Nutritional approach to failure to thrive. *Korean Journal of Pediatrics, 54*(7), 277–281.

Johnson, C. M. (1991). Infant and toddler sleep: A telephone survey of parents in one community. *Journal of Developmental and Behavioral Pediatrics, 12*, 108–114.

Jolley, C. D. (2003). Failure to thrive. *Current Problems in Pediatric and Adolescent Health Care, 33*, 183–206.

Juffer, F., Bakermans-Kranenburg, M. J., & van IJzendoorn,

M. H. (2005). The importance of parenting in the development of disorganized attachment: Evidence from a preventive intervention study in adoptive families. *Journal of Child Psychology and Psychiatry, 46,* 263–274.

Kagan, J., Reznick, J. S., Clarke, C., Snidman, N., & Garcia-Coll, C. (1984). Behavioral inhibition to the unfamiliar. *Child Development. 55,* 2212–2225.

Kagan, J., Snidman, N., Zentner, M., & Peterson, E. (1999). Infant temperament and anxious symptoms in school age children. *Development and Psychopathology, 11,* 209–224.

Kahn, A., Mozin, M. J., Rebuffat, E., Sottiaux, M., & Muller, M. F. (1989). Mild intolerance in children with persistent sleeplessness: A prospective double-blind crossover evaluation. *Pediatrics, 84,* 595–603.

Kataria, S., Swanson, M. S., & Travathan, G. E. (1987). Persistence of sleep disturbances in pre-school children. *Journal of Pediatrics, 110,* 642–646.

Kendrick, D., Elkan, R., Hewitt, M., Dewey, M., Blair, M., Robinson, J., et al. (2000). Does home visiting improve parenting and the quality of the home environment?: A systematic review and meta analysis. *Archives of Disease of Childhood, 82,* 443–451.

Keener, M. A., Zeanah, C. H., & Anders, T. (1988). Infant temperament, sleep organization, and nighttime parental interventions. *Pediatrics, 81,* 762–771.

Kerr, M. A., Black, M. M., & Krishnakumar, A. (2000). Failure-to-thrive, maltreatment and the behavior and development of 6–year-old children from low-income, urban families: A cumulative risk model. *Child Abuse and Neglect, 24,* 587–598.

Kerwin, M. E. (1999). Empirically supported treatments in pediatric psychology: Severe feeding problems. *Journal of Pediatric Psychology, 24,* 193–214.

Kerzner, B. (2009). Clinical investigation of feeding difficulties in young children: A practical approach. *Clinical Pediatrics, 48*(9), 960–965.

Kim, K., Trickett, P. K., & Putnam, F. W. (2010). Childhood experiences of sexual abuse and later parenting practices among non-offending mothers of sexually abused and comparison girls. *Child Abuse and Neglect, 34,* 610–622.

Klein, C., Jacobovits, T. G., Siewerdt, F., Beker L. T., Kantor, M. A., Sahyoun, N. R., et al. (2012). Infantile anorexia growth and nutrient intake in 62 cases. *ICAN: Infant, Child, and Adolescent Nutrition, 4*(2), 81–88.

Knudsen, E. I. (2004). Sensitive periods in the development of the brain and behavior. *Journal of Cognitive Neuroscience. 16,* 1412–1425.

Kochanska, G. (1998). Mother–child relationship, child fearfulness, and emerging attachment: A short-term longitudinal study. *Developmental Psychology, 34,* 480–490.

Kochanska, G., Barry, R. A., Stellern, S. A, & O'Bleness, J. (2009). Early attachment organization moderates the parent–child mutually coercive pathway to children's antisocial conduct. *Journal of Child Development. 80,* 1288–1300.

Kotagal, S. (2009). Parasomnias in childhood. *Sleep Medicine Reviews, 13,* 157–168.

Kuhn, B. R., & Elliott, A. J. (2003). Treatment efficacy in behavioral sleep medicine. *Journal of Psychosomatic Research, 54,* 587–597.

Kuhn, B. R., & Weidinger, D. (2000). Interventions for infant and toddler sleep disturbance: a review. *Child and Family Behavioral Therapy, 22,* 33–50.

Lahey, B. B., Russo, M. F., Walker, J. L., & Piacentini, J. C. (1989). Personality characteristics of the mothers of children with disruptive behavior disorders. *Journal of Consulting and Clinical Psychology, 57,* 512–515.

Lakatos, K., Nemoda, Z., Toth, I., Ronai, Z., Ney, K., Sasvari-Szekely, M., et al. (2002). Further evidence for the role of the dopamine D4 receptor gene (DRD4) in attachment disorganization: Interaction of the III exon 48 bp repeat and the –521 C/T promoter polymorphisms. *Molecular Psychiatry, 7,* 27–31.

Lakatos, K., Toth, I., Nemoda, Z., Ney, K., Sasvari-Szekely, M., & Gervai, J. (2000). Dopamine D4 receptor (DRD4) gene polymorphism as associated with attachment disorganization in infants. *Molecular Psychiatry, 5,* 633–637.

Levendosky, A. A., Huth-Bocks, A. C., Semel, M. A., & Shapiro, D. L. (2002). Trauma symptoms in preschool-age children exposed to domestic violence. *Journal of Interpersonal Violence, 17,* 150–164.

Levy, J. S., Winters, R. W., & Heird, W. (1980). Total parenteral nutrition in pediatric patients. *Pediatrics, 2,* 99–106.

Lewin, D. S., England, S. J., & Rosen, R. C. (1996). Neuropsychological sequelae of obstructive sleep apnea in children. *Sleep Research, 25,* 278.

Lieberman, A. F., Van Horn, P., & Ghosh Ippen, C. (2005). Toward evidence-based treatment: Child–parent psychotherapy with preschoolers exposed to marital violence. *Journal of the American Academy of Child and Adolescent Psychiatry, 44,* 1241–1248.

Lieberman, A. F., Weston, D. R., & Pawl, J. H. (1991). Preventive intervention and outcome with anxiously attached dyads. *Child Development, 62,* 199–209.

Linscheid, T. R., Tarnowski, K. J., Rasnake, L. K., & Brams, J. S. (1987). Behavioral treatment of food refusal in a child with short-gut syndrome. *Journal of Pediatric Psychology, 12,* 451–459.

Liotti, G. (1992). Disorganized/disoriented attachment in the etiology of the dissociative disorders. *Dissociation, 4,* 196–204.

Liu, D., Diorio, J., Day, J. C., Francis, D. D., & Meaney, M. J. (2000). Maternal care, hippocampal synaptogenesis and cognitive development in rats. *Nature Neuroscience, 8,* 799–806.

Liu, W., Liu, R., Chun, J. T., Bi, R., Hoe, W., Schreiber, S. S., et al. (2001). Kainate excitotoxicity in organotypic hippocampal slice cultures: Evidence for multiple apoptotic pathways. *Brain Research, 916,* 239–248.

Lozoff, B., Askew, G. L., & Wolf, A. W. (1996). Cosleeping and early childhood sleep problems: Effects of ethnicity and socioeconomic status. *Journal of Developmental and*

Behavioral Pediatrics, 17, 9–15.

Lozoff, B., Wolf, A. W., & Davis, N. S. (1985). Sleep problems seen in pediatric practice. *Pediatrics, 75*, 477–483.

Luijk, M. P., Roisman, G. I., Haltigan, J. D., Tiemeier, H., Booth-Laforce, C., van IJzendoorn, M. H., et al. (2011). Dopaminergic, serotonergic, and oxytonergic candidate genes associated with infant attachment security and disorganization?: In search of main and interaction effects. *Journal of Child Psychology and Psychiatry. 52*, 1295–1307.

Luijk, M. P., Saridjan, N., Tharner, A., van IJzendoorn, M. H., Bakermans-Kranenburg, M. J., Jaddoe, V. W., et al. (2010). Attachment, depression, and cortisol: Deviant patterns in insecure-resistant and disorganized infants. *Developmental Psychobiology, 52*, 441–452.

Lupien, S. J., Parent, S., Evans, A. C., Tremblay, R. E., Zelazo, P. D., Corbo, V., et al. (2011). Larger amygdala but no change in hippocampal volume in 10-year-old children exposed to maternal depressive symptomatology since birth. *Proceedings of the National Academy of Sciences USA, 108*, 14324–14329.

Lyons-Ruth, K. (1992). Maternal depressive symptoms, disorganized infant–mother attachment relationships and hostile–aggressive behavior in the preschool classroom: A prospective longitudinal view from infancy to age five. In D. Cicchetti & S. Toth (Eds.), *Rochester Symposium on Developmental Psychopathology: Vol. 4. A developmental approach to affective disorders* (pp. 131–171). Rochester, NY: University of Rochester Press.

Lyons-Ruth, K., Alpern, L., & Repacholi, B. (1993). Disorganized infant attachment classification and maternal psychosocial problems as predictors of hostile–aggressive behavior in the preschool classroom. *Child Development, 64*, 572–585.

Lyons-Ruth, K., Bronfman, E., & Parsons, E. (1999). Maternal disrupted affective communication, maternal frightened or frightening behavior, and disorganized infant attachment strategies. In J. Vondra & D. Barnett (Eds.), Atypical patterns of infant attachment: Theory, research and current directions. *Monographs of the Society for Research in Child Development, 64*(3, Serial No. 258), 67–96.

Lyons-Ruth, K., Bureau, J., Easterbrooks, M. A., Obsuth, I., Hennighausen, K., & Vulliez-Coady, L. (2013). Parsing the construct of maternal insensitivity: Distinct longitudinal pathways associated with early maternal withdrawal. *Attachment and Human Development, 15*(5–6), 562–582.

Lyons-Ruth, K., Bureau, J. F., Holmes, B., Easterbrooks, A., & Brooks, N. H. (2013). Borderline symptoms and suicidality/self-injury in late adolescence: Prospectively observed relationship correlates in infancy and childhood. *Psychiatry Research, 206*, 273–281.

Lyons-Ruth, K., Bureau, J.-F., Riley, C. D., & Atlas-Corbett, A. F. (2009). Socially indiscriminate attachment behavior in the strange situation: Convergent and discriminant validity in relation to caregiving risk, later behavior problems, and attachment insecurity. *Development and Psychopathology, 21*, 355–367.

Lyons-Ruth, K., Easterbrooks, M A., & Cibelli, C. D. (1997). Infant attachment strategies, infant mental lag, and maternal depressive symptoms: Predictors of internalizing and externalizing problems at age 7. *Developmental Psychology, 33*, 681–692.

Lyons-Ruth, K., & Jacobvitz, D. (1999). Attachment disorganization: Unresolved loss, relational violence, and lapses in behavioral and attentional strategies. In J. Cassidy & P. R. Shaver (Eds.), *Handbook of attachment: Theory, research, and clinical implications* (pp. 520–554). New York: Guilford Press.

Lyons-Ruth, K., & Jacobvitz, D. (2008). Disorganized attachment: Genetic factors, parenting contexts, and developmental transformation from infancy to adulthood. In J. Cassidy & P. R. Shaver (Eds.), *Handbook of attachment: Theory, research, and clinical applications* (2nd ed., pp. 666–697*)*. New York: Guilford Press.

Lyons-Ruth, K., Melnick, S., Patrick, M., & Hobson, P. (2007). A controlled study of hostile-helpless states of mind among borderline and dysthymic women. *Attachment and Human Development, 9*, 1–16.

Lyons-Ruth, K., Repacholi, B., McLeod, S., & Silva, E. (1991). Disorganized attachment behavior in infancy: Short-term stability, maternal and infant correlates, and risk-related subtypes. *Development and Psychopathology, 3*, 377–396.

Lyons-Ruth, K., Yellin, C., Melnick, S., & Atwood, G. (2005). Expanding the concept of unresolved mental states: Hostile/helpless states of mind on the Adult Attachment Interview are associated with atypical maternal behavior and infant disorganization. *Development and Psychopathology, 17*, 1–23.

Lyons-Ruth, K., Zoll, D., Connell, D., & Grunebaum, H. (1989). Family deviance and family disruption in childhood: Associations with maternal behavior and infant maltreatment during the first two years of life. *Development and Psychopathology, 1*, 219–236.

Macfie, J., McElwain, N. L., Houts, R. M., & Cox, M. J. (2005). Intergenerational transmission of role reversal between parent and child: Dyadic and family systems internal working models. *Attachment and Human Development, 7*, 51–65.

Mackner, L. M., Black, M. M., & Starr, R. H. Jr (2003). Cognitive development of children in poverty with failure to thrive: a prospective study through age 6. *Journal of Child Psychology and Psychiatry, 44*, 743–751.

Mackner, L. M., Starr, R. H., & Black, M. M. (1997). The cumulative effect of neglect and failure to thrive on cognitive functioning. *Child Abuse and Neglect, 7*, 691–700.

MacMillan, S., Szeszko, P. R., Moore, G. J., Madden, R., Lorch, E., Ivey, J., et al. (2003). Increased amygdala:hippocampal volume ratios associated with severity of anxiety in pediatric major depression. *Journal of Child and Adolescent Psychopharmacology, 13*, 65–73.

Madigan, S., Atkinson, L., Laurin, K., & Benoit, D. (2013). Attachment and internalizing behavior in early childhood: A meta-analysis. *Developmental Psychology, 49*,

672–689.

Madigan, S., Bakermans-Kranenburg, M., van IJzendoorn, M., Moran, G., Peterson, D., & Benoit, D. (2006). Unresolved states of mind, anomalous parental behavior, and disorganized attachment: A review and meta-analysis of a transmission gap. *Attachment & Human Development, 8,* 89–111.

Madigan, S., Moran, G., Schuengel, C., Pederson, D. R., & Otten, R. (2007). Unresolved maternal attachment representations, disrupted maternal behavior, and disorganized attachment in infancy: Links to toddler behavior problems. *Journal of Child Psychology and Psychiatry, 48*(10), 1042–1050.

Main, M. (1990). Cross-cultural studies of attachment organization: Recent studies, changing methodologies, and the concept of conditional strategies. *Human Development, 33,* 48–61.

Main, M., & Cassidy, J. (1988) "Categories of response to reunion with the parent at age 6: Predictable from infant attachment classifications and stable over a 1-month period. *Developmental Psychology, 24,* 415-426.

Main, M., & Goldwyn, R. (1998). *Adult attachment scoring and classification systems.* Unpublished classification manual, University of California, Berkeley.

Main, M., & Hesse, E. (1990). Parents' unresolved traumatic experiences are related to infant disorganized attachment status: Is frightened and/or frightening parental behavior the linking mechanism? In M. Greenberg, D. Cicchetti, & E. M. Cummings (Eds.), *Attachment in the preschool years: Theory, research and intervention* (pp. 161–184). Chicago: University of Chicago Press.

Main, M., & Hesse, E. (1992). *Frightening/frightened, dissociated, or disorganized behavior on the part of the parent: A coding system for parent–infant interactions* (4th ed.). Unpublished manuscript, University of California, Berkeley.

Main, M., Kaplan, H., & Cassidy, J. (1985). Security in infancy, childhood and adulthood: A move to the level of representation. In I. Bretherton & E. Waters (Eds.), Growing points of attachment theory and research. *Monographs of the Society for Research in Child Development, 50*(1–2, Serial No. 209), 66–104.

Main, M., & Solomon, J. (1990). Procedures for identifying infants as disorganized/disoriented during the Ainsworth Strange Situation. In M. Greenberg, D. Cicchetti, & E. M. Cummings (Eds.), *Attachment in the preschool years: Theory, research and intervention* (pp. 121–160). Chicago: University of Chicago Press.

Main, M., & Weston, D. R. (1981). The quality of the toddler's relationship to mother and to father: Related to conflict behavior and the readiness to establish new relationships. *Child Development, 52,* 932–940.

Maldonado-Duran, M., & Sauceda-Garcia, J. (1996). Excessive crying in infants with regulatory disorders. *Bulletin of the Menninger Clinic, 60,* 62–78.

Manassis, K., Bradley, S., Goldberg, S., Hood, J., & Swinson, R. P. (1994). Attachment in mothers with anxiety disorders and their children. *Journal of the American Academy of Child and Adolescent Psychiatry, 33,* 1106–1113.

Manassis, K., Bradley, S., Goldberg, S., Hood, J., & Swinson, R. P. (1995). Behavioural inhibition, attachment and anxiety in children of mother with anxiety disorders. *Canadian Journal of Psychiatry, 40,* 87–92.

Marchi, M., & Cohen, P. (1990). Early childhood eating behaviors and adolescent eating disorder. *Journal of the American Academy of Child and Adolescent Psychiatry, 29,* 112–117.

Marcovitch, S., Goldberg, S., Gold, A., Washington, J., Wasson, C., Krekewich, K., et al. (1997). Determinants of behavioural problems in Romanian children adopted in Ontario. *International Journal of Behavioural Development, 20,* 17–31.

Marriott, B. P., White, A., Hadden, L., Davies, J. C., & Wallingford, J. C. (2012). World Health Organization (WHO) infant and young child feeding indicators: Associations with growth measures in 14 low-income countries. *Maternal and Child Nutrition, 8,* 354–370.

McDougall, P., Drewett, R. F., Hungin, A. P., & Wright, C. M. (2009). The detection of early weight faltering at the 6-8-week check and its association with family factors, feeding and behavioural development. *Archives of Disease in Childhood, 94*(7), 549–552.

McGowan, P. O., Sasaki, A., D'Alessio, A. C., Dymov, S., Labonte, B., Szyf, M., et al. (2009). Epigenetic regulation of the glucocorticoid receptor in human brain associates with childhood abuse. *Nature Neuroscience, 12,* 342–348.

Meaney, M. (2010). Epigenetics and the biology of gene by environment interactions. *Child Development, 81,* 41–79.

Meaney, M. J., & Szyf, M. (2005). Environmental programming of stress responses through DNA methylation: life at the interface between a dynamic environment and a fixed genome. *Dialogues in Clinical Neuroscience, 7,* 103–123.

Meiser-Stedman, R., Smith, P., Glucksman, E., Yule, W., & Dalgleish, T. (2008). The posttraumatic stress disorder diagnosis in preschool and elementary school-age children exposed to motor vehicle accidents. *American Journal of Psychiatry, 165,* 1326–1337.

Mills-Koonce, W. R., Garrett-Peters, P., Barnett, M., Granger, D. A., Blair, C., & Cox, M. J. (2011). Father contributions to cortisol responses in infancy and toddlerhood. *Developmental Psychology, 47,* 388–395.

Mills-Koonce, W., Propper, C. B., & Barnett, M. (2012). Poor infant soothability and later insecure-ambivalent attachment: Developmental change in phenotypic markers of risk or two measures of the same construct? *Infant Behavior and Development, 35,* 215–225.

Mindell, J. A. (1999). Empirically supported treatments in pediatric psychology: bedtime refusal and night wakings in young children. *Journal of Pediatric Psychology, 24,* 465–481.

Mindell, J. A. (1993). Sleep disorders in children. *Health Psychology, 12*(2), 151–162.

Mindell, J. A. (2004). Sleep in America. *SRS Bulletin, 10*, 14–15.

Mindell, J. A., & Owens, J. A. (2003). *A clinical guide to pediatric sleep, diagnosis and management of sleep problems*. Philadephi: Lippincott, Williams & Wilkins.

Mindell, J. A., Owens, J. A., & Carskadon, M. A. (1999). Developmental features of sleep. *Child and Adolescent Psychiatric Clinics of North America, 8*, 695–725.

Mitchell, E. (2009). Sleep-disordered breathing in children. *Missouri Medicine, 105*, 267–269.

Mitchell, R. B., & Kelly, J. (2007). Outcomes and quality of life following adenotonsillectomy for sleep-disordered breathing in children. *ORL: Journal of Otorhinolaryngology and Its Related Species, 69*, 345–348.

Mitchell, J. B., Rowe, W., Boksa, P., & Meaney, M. J. (1990). Serotonin regulates type II corticosteroid receptor binding in hippocampal cell cultures. *Journal of Neuroscience, 10*, 1745–1752.

Moore, G. A., Hill, A. L., Propper, C. B., Calkins, S. D., Mills-Koonce, W. R., & Cox, M. J. (2009). Mother-infant vagal regulation in the face-to-face still-face paradigm is moderated by maternal sensitivity. *Child Development, 82*, 209–223.

Morelli, G., Rogoff, B., Oppenheim, D., & Goldsmith, D. (1992). Cultural variation in infants' sleeping arrangements: Questions of independence. *Developmental Psychology, 28*, 604–613.

Moss, E., Cyr, C., Bureau, J. F., Tarabulsy, G. M., & Dubois-Comtois, K. (2005). Stability of attachment during preschool period. *Developmental Psychology, 41*, 773–783.

Moss, E., Cyr, C., & Dubois-Comtois, K. (2004). Attachment at early school age and developmental risk: Examining family context and behavior problems or controlling-caregiving, controlling-punitive, and behaviorally disorganized children. *Developmental Psychology, 40*, 519–532.

Nelson, C. A., Bloom, F. E., Cameron, J. L., Amaral, D., Dahl, R. E., & Pine, D. (2002). An integrative, multidisciplinary approach to the study of brain–behavior relations in the context of typical and atypical development. *Development and Psychopathology, 14*, 499–520.

Nelson, C. A., III, Zeanah, C. H., Fox, N. A., Marshall, P. J., Smyke, A. T., & Guthrie, D., (2007). Cognitive recovery in socially deprived young children: The Bucharest Early Intervention Project. *Science, 318*, 1937–1940.

Nemeroff, C. (1996). The corticotropin-releasing factor (CRF) hypothesis of depression: New findings and new directions. *Molecular Psychiatry, 1*, 336–342.

Nevsimalova, S. (2009). Narcolepsy in childhood. *Sleep Medicine Reviews, 13*, 169–180.

Newland, L., Freeman, H., & Coyl, D. D. (2011). *Emerging topics on father attachment: Considerations in theory, context and development*. New York: Routledge.

NICHD Early Child Care Research Network. (2001). Childcare and family predictors of preschool attachment and stability from infancy. *Developmental Psychology, 37*, 847–862.

Nützenadel, W. (2011). Failure to thrive in childhood. *Deutsches Ärzteblatt International, 108*, 642–649.

Nunes, M. L., & Bruni, O. (2008). The genetics of sleep disorders in childhood and adolescence. *Jornal de Pediatria, 84*(4, Suppl.), S27–32.

Oberklaid, F., Prior, M., & Sanson, A. (1986). Temperament of preterm versus full-term infants. *Journal of Developmental and Behavioral Pediatrics, 7*, 159–162.

Obsuth, I., Hennighausen, K., Brumariu, L. E., & Lyons-Ruth, K. (2014). Disorganized behavior in adolescent-parent interaction; Relations to attachment state of mind, partner abuse, and psychopathology. *Child Development, 85*(1), 370–387.

O'Connor, E., Bureau, J.-F., McCartney, K., & Lyons-Ruth, K. (2011). Risks and outcomes associated with disorganized/controlling patterns of attachment at age three in the NICHD Study of Early Child Care and Youth Development. *Infant Mental Health Journal, 32*, 450–472.

O'Connor, T. G., & Croft, C. M. (2001). A twin study of attachment in preschool children. *Child Development, 72*(5), 1501–1511.

O'Connor, M. J., Sigman, M. D., & Kasari, C. (1992). Attachment behavior of infants exposed prenatally to alcohol: Mediating effects of infant affect and mother-infant interaction. *Development and Psychopathology, 4*, 243–256.

O'Connor, T., Heron, J., Golding, J., & Glover, V. (2003). Maternal antenatal anxiety and behavioural/emotional problems in children: A test of a programming hypothesis. *Journal of Child Psychology and Psychiatry, 44*, 1025–1036.

O'Connor, T. G., Marvin, R. S., Rutter, M., Olrick, J. T., & Britner, P. A. (2003). Child–parent attachment following early institutional deprivation. *Development and Psychopathology, 15*, 19–38.

Ogawa, J. R., Sroufe, L., Weinfield, N. S., Carlson, E. A., & Egeland, B. (1997). Development and the fragmented self: Longitudinal study of dissociative symptomatology in a nonclinical sample. *Development and Psychopathology, 9*, 855–879.

Ohmi, H., Kojima, S., Awai, Y., Kamata, S., Sasaki, K., Tanaka, Y., et al. (2002). Post-traumatic stress disorder in pre-school-aged children after a gas explosion. *European Journal of Pediatrics, 161*, 643–648.

Olds, D. L., & Kitzman, H. (1990). Can home visitation improve the health of women and children at environmental risk? *Pediatrics, 86*, 108–116.

Olsen, E. M. (2006). Failure to thrive: Still a problem of definition. *Clinical Pediatrics, 45*, 1–6.

Olsen, E. M., Petersen, J., Skovgaard, A. M., Weile, B., Jørgensen, T., & Wright, C. M. (2007). Failure to thrive: The prevalence and concurrence of anthropometric criteria in a general infant population. *Archives of Disease in Childhood, 92*, 109–114.

Olsen, E. M., Skovgaard, A. M., Weile, B., & Jørgensen, R. (2007). Risk factors for failure to thrive in infancy depend on the anthropmetric definitions used: The Copenhagen County Child Cohort. *Paediatric and Perinatal Epidemiology, 21*(5), 418–431.

Ong, S. H., Wickramaratne, P., Tang, M., & Weissman, M. M. (2006). Early childhood sleep and eating problems as predictors of adolescent and adult mood and anxiety disorders. *Journal of Affective Disorders, 96*(1–2), 1–8.

Oppenheim, D., Sagi, A., & Lamb, M. (1988). Infant–adult attachments on the kibbutz and their relation to socioemotional development four years later. *Developmental Psychology, 24*, 427–433.

Ostberg, M., & Hagelin, E. (2011). Feeding and sleeping problems in infancy—a follow-up at early school age. *Child: Care, Health and Development, 37*(1), 11–25.

Ottaviano, S., Giannotti, F., Cortesi, F., Bruni, O., & Ottaviano, C. (1996). Sleep characteristics in healthy children from birth to 6 years of age in the urban area of Rome. *Sleep, 19*, 1–3.

Owen C., Ziebell, L., Lessard, C., Churcher, E., Bourget, V., & Villenueve, H. (2012). Interprofessional group intervention for parents of children age 3 and younger with feeding difficulties: Pilot program evaluation. *Nutrition in Clinical Practice, 27*(1), 129–135.

Owens, J. A. (2011). Update in pediatric sleep medicine. *Current Opinion in Pulmonary Medicine, 17*, 425–430.

Owens, J., & Burnham, M. (2009). Sleep disorders. In C. H. Zeanah (Ed.), *Handbook of infant mental health* (pp. 362–376). New York: Guilford Press.

Owens, J. L., France, K. G., & Wiggs, L. (1999). Behavioral and cognitive-behavioral interventions for sleep disorders in infants and children: a review. *Sleep Medicine Reviews, 3*, 281–302.

Owens, J. A., Palermo, T. M., & Rosen, C. L. (2002). Overview of current management of sleep disturbances in children: II–Behavioral interventions. *Current Therapeutic Research, 63*, 38–52.

Owens, J. A., Rosen, C. L., Mindell, J. A., & Kirchner, H. L. (2010). Use of pharmacotherapy for insomnia in child psychiatry practice: A national survey. *Sleep Medicine, 11*(7), 692–700.

Palmer, S., & Horn, S. (1978). Feeding problems in children. In S. Palmer & S. Ekvall (Eds.), *Pediatric nutrition in developmental disorders* (pp. 107–129). Springfield, IL: Thomas.

Paret, I. (1983). Night waking and its relation to mother–infant interaction in nine-month-old infants. In J. D. Call & E. Galenson (Eds.), *Frontiers of infant psychiatry* (Vol. 1, pp. 171–177). New York: Basic Books.

Patrick, M., Hobson, R. P., Castle, D., Howard, R., & Maughn, B. (1994). Personality disorder and the mental representation of early social experience. *Development and Psychopathology, 6*, 375–388.

Pearl, P. L. (2002). Childhood sleep disorders: Diagnostic and therapeutic approaches. *Current Neurology and Neuroscience Reports, 2*, 150–157.

Pechtel, P. & Pizzagalli, D. A. (2013). Disrupted reinforce-

ment learning and maladaptive behavior in women with a history of childhood sexual abuse: A high-density event-related potential study. *JAMA Psychiatry, 13*, 1–9.

Petit, D., Touchette, E., Tremblay, R. E., Boivin, M., & Montplaisir, J. (2007). Dyssomnias and parasomnias in early childhood. *Pediatrics, 119*, 1016–1025.

Pettit, G. S., Dodge, K. A., & Brown, M. M. (1988). Early family experience, social problem solving patterns and children's social competence. *Child Development, 59*, 107–120.

Piazza, C. (2008). Feeding disorders and behavior: What have we learned. *Developmental Disabilities Research Reviews, 14*, 174–181.

Polan, H. J., Leon, A., Kaplan, M. D., Kessler, D. B., Stern, D. N., & Ward, M. J. (1991). Disturbances of affect expression in failure to thrive. *Journal of the American Academy of Child and Adolescent Psychiatry, 30*, 897–903.

Polan, H. J., & Ward, M. J. (1994). Role of the mother's touch in failure to thrive: A preliminary investigation. *Journal of the American Academy of Child and Adolescent Psychiatry, 33*, 1098–1105.

Pollak, S. D., Nelson C. A., Schlaak M., Roeber B., Wewerka S., Wiik K. L., et al. (2010). Neurodevelopmental effects of early deprivation in post-institutionalized children. *Child Development, 81*, 224–236.

Porges, S. W. (1991). Vagal tone: An autonomic mediator of affect. In J. Garber & K. A. Dodge (Eds.), *The development of emotion regulation and dysregulation* (pp. 111–128). New York: Cambridge University Press.

Powell, G. F., Low, J. F., & Speers, M. A. (1987). Behavior as a diagnostic aid in failure to thrive. *Journal of Developmental and Behavioral Pediatrics, 8*, 18–24.

Propper, C., Moore, G. A., Mills-Koonce, W. R., Halpern, C. T., Hill-Soderlund, A. L., Calkins, S. D., et al. (2008). Gene–environment contributions to the development of infant vagal reactivity: The interaction of dopamine and maternal sensitivity. *Child Development, 79*, 1378–1395.

Ramchandani, P., Wiggs, L., Webb, V., & Stores, G. (2000). A systematic review of treatments for settling problems and night waking in young children. *British Medical Journal, 320*, 209–213.

Randazzo, A. C., Muehlbach, M. J., Schweitzer, P. K., & Walsh, J. K. (1998). Cognitive function following acute sleep restriction in children ages 10-14. *Sleep, 21*, 861–868.

Raynor, P., & Rudolf, M. C. J. (2000). Anthropometric indices of failure to thrive. *Archives of Disease in Childhood, 82*, 364–365.

Reau, N. R., Senturia, Y. D., Lebailly, S. A., & Christoffel, K. K. (1996). Infant and toddler feeding patterns and problems: Normative data and a new direction. *Journal of Developmental and Behavioral Pediatrics, 17*, 149–153.

Reilly, J. J., Armstrong, J., Dorosty, A. R., Emmett, P. M., Ness, A., Rogers, I., et al. (2005). Early life risk factors for obesity in childhood: cohort study. *British Medical Journal, 330*, 1357.

Richman, N. (1981). A community survey of the characteristics of the one- to two-year-olds with sleep disruptions. *Journal of the American Academy of Child Psychiatry, 20,* 281–291.

Richman, N., Douglas, J., Hunt, H., Lansdown, R., & Levere, R. (1985). Behavioural methods in the treatment of sleep disorders—a pilot study. *Journal of Child Psychology and Psychiatry, 26,* 581–590.

Robinson, J. R., Drotar, D., & Boutry, M. (2001). Problem-solving abilities among mothers of infants with failure to thrive. *Journal of Pediatric Psychology, 26*(1), 21–32.

Rodning, C., Beckwith, L., & Howard, J. (1991). Quality of attachment and home environments in children prenatally exposed to PCP and cocaine. *Development and Psychopathology, 3,* 351–366.

Rutter, M. (1994, July). *Clinical implications of attachment concepts: Retrospect and prospect.* Paper presented as the Bowlby Memorial Lecture at the 13th International Congress, International Association of Child and Adolescent Psychiatry and Allied Professions, San Francisco.

Ross, E. S., Krebs, N. F., Shroyer, A. L. W., Dickinson, L. M., Barrett, P. H., & Johnson, S. L. (2009). Early growth faltering in healthy term infants predicts longitudinal growth. *Early Human Development, 85*(9), 583–588.

Rudolf, M. C., & Logan, S. (2005). What is the long term outcome for children who fail to thrive?: A systematic review. *Archives of Disease in Childhood, 90,* 925–931.

Rutter, M., Colvert, E., Kreppner, J., Beckett, C., Castle, J., Groothues, C., et al. (2007). Early adolescent outcomes for institutionally-deprived and non-deprived adoptees. I: Disinhibited attachment. *Journal of Child Psychology and Psychiatry, 48,* 17–30.

Rutter, M., Kreppner, J., & Sonuga-Barke, E. (2009). Emanuel Miller Lecture: Attachment insecurity, disinhibited attachment, and attachment disorders: Where do research findings leave the concepts? *Journal of Child Psychology and Psychiatry, 50,* 529–543.

Rutter, M., & O'Connor, T. G. (2004). Are there biological programming effects for psychological development?: Findings from a study of Romanian adoptees. *Developmental Psychology, 40,* 81–94.

Rutter, M., O'Connor, T. G., & the English and Romanian Adoptees (ERA) Study Team. (2004). Are there biological programming effects for psychological development?: Findings from a study of Romanian adoptees. *Developmental Psychology, 40*(1), 81–94.

Sadeh, A. (2005). Cognitive-behavioral treatment for childhood sleep disorders. *Clinical Psychology Reviews, 25*(5), 612–628.

Sadeh, A., & Anders, T. F. (1993). Infant sleep problems: Origins, assessment, intervention. *Infant Mental Health Journal, 14,* 17–34.

Sameroff, A. J., & Emde, R. N. (1989). *Relationship disturbances in early childhood.* New York: Basic Books.

Savino, F., Castagno, E., Bretto, R., Brondello, C., Palumeri, E., & Oggero, R. (2005). A prospective 10-year study on children who had severe infantile colic. *Acta Paediatrica,*
94(Suppl.), 129–132.

Scheeringa, M. S. (2009). Posttraumatic stress disorder. In C. H. Zeanah (Ed.), *Handbook of infant mental health* (3rd ed., 345–361). New York: Guilford Press.

Scheeringa, M. S., Myers, L., Putnam, F. W., & Zeanah, C. H. (2012). Defining PTSD in early childhood: An empirical assessment of four approaches. *Journal of Traumatic Stress, 25,* 1–9.

Scheeringa, M., Peebles, C., Cook, C., & Zeanah, C. H. (2001). Towards establishing the procedural, criterion, and discriminant validity of PTSD in early childhood. *Journal of the American Academy of Child and Adolescent Psychiatry, 40,* 52–60.

Scheeringa, M. S., Wright, M. J., Hunt, J. P., & Zeanah, C. H. (2006). Factors affecting the expression and detection of PTSD symptomatology in children and adolescents. *American Journal of Psychiatry, 163,* 644–651.

Scheeringa, M., & Zeanah, C. H. (1995). Symptom expression and trauma variables in children under 48 months of age. *Infant Mental Health Journal, 16,* 259–270.

Scheeringa, M. S., Zeanah, C. H., & Cohen, J. A. (2011). PTSD in children and adolescents: Towards an empirically based algorithm. *Depression and Anxiety, 28,* 770–782.

Scheeringa, M., Zeanah, C. H., Drell, M., & Larrieu, J. (1995). Two approaches to the diagnosis of post-traumatic stress disorder in infancy and early childhood. *Journal of the American Academy of Child and Adolescent Psychiatry, 34,* 191–200.

Scheeringa, M. S., Zeanah, C. H., Myers, L., & Putnam, F. W. (2003). New findings on alternative criteria for PTSD in preschool children. *Journal of the American Academy of Child and Adolescent Psychiatry, 42,* 561–570.

Scheeringa, M. S., Zeanah, C. H., Myers, L., & Putnam, F. (2005). Predictive validity in a prospective follow-up of PTSD in preschool children. *Journal of the American Academy of Child and Adolescent Psychiatry, 44,* 899–906.

Schmid G., Schreier A., Meyer R., & Wolke D. (2010). A prospective study on the persistence of infant crying, sleeping and feeding problems and preschool behavior. *Acta Paediatrica, 99*(2), 286–290.

Schwartz, D. I. (2000). Failure to thrive: An old nemesis in the new millennium. *Pediatric Reviews, 21*(8), 257–264.

Section on Pediatric Pulmonology, Sub-committee on Obstructive Sleep Apnea Syndrome & American Academy of Pediatrics. (2002). Clinical practice guideline: Diagnosis and management of childhood obstructive sleep apnea syndrome. *Pediatrics, 109* (4), 704–712.

Seifer, R., Sameroff, A. J., Dickstein, S., Keitner, G., Miller, I., Rasmussen, S., et al. (1996). Parental psychopathology, multiple contextual risks and one-year outcomes in children. *Journal of Child Clinical Psychology, 25,* 423–435.

Sekiguchi, A., Sugiura, M., Taki, Y., Kotozaki, Y., Nouchi, R., Takeuchi, H., et al. (2013). Brain structural changes as vulnerability factors and acquird signs of post-earthquake stress. *Molecular Psychiatry, 18,* 618–623.

Sheridan, M., & Nelson, C. A. (2009). Neurobiology of fetal and infant development: Implications for infant mental health. In C. H. Zeanah (Ed.), *Handbook of infant mental health* (3rd ed., 40–58). New York: Guilford Press.

Sherrod, K. B., O'Connor, S., Vietze, P. M., & Altemeier, W. A. III (1984). Child health and maltreatment. *Child Development, 55*, 1174–1183.

Shi, Z., Bureau, J., Easterbrooks, M., Zhao, X., & Lyons-Ruth, K. (2012). Childhood maltreatment and prospectively observed quality of early care as predictors of antisocial personality disorder features. *Infant Mental Health Journal, 33*(1), 55–69.

Singer, L. (1986). Long-term hospitalization of failure-to-thrive infants: Developmental outcome at three years. *Child Abuse and Neglect, 10*, 479–486.

Sinha, D., & Guilleminault, C. (2010). Sleep disordered breathing in children. *Indian Journal of Medical Research, 131* (2), 311–320.

Skuse, D. (1985). Non-organic failure to thrive: a reappraisal. *Archives of Disease in Childhood, 60*, 173–178.

Skuse, D. (1993). Identification and management of problem eaters. *Archives of Disease in Childhood, 69*, 604–608.

Skuse, D. H., Gill, D., Reilly, S., Wolke, D., & Lynch, M. A. (1995). Failure to thrive and the risk of child abuse: A prospective population survey. *Journal of Medical Screening, 2*, 145–149.

Skuse, D. H., Wolke, D., & Reilly, S. (1992). Failure to thrive: Clinical and developmental aspects. In H. Remschmidt & M. H. Schmidt (Eds.), *Developmental psychopathology* (pp. 46–71). Lewiston, NY: Hogrefe & Huber.

Smyke, A. T., Dumitrescu, A., & Zeanah, C. H. (2002). Disturbances of attachment in Romanian children: I. The continuum of caretaking casualty. *Journal of the American Academy of Child and Adolescent Psychiatry, 41*, 972–982.

Smyke, A. T., Zeanah, C. H., Fox, N. A., Nelson, C. A., & Guthrie, D. (2010). Placement in foster care enhances quality of attachment among young institutionalized children. *Child Development, 81*, 212–223.

Smyke, A. T., Zeanah, C. H., Gleason, M. M., Drury, S. S., Fox, N. A., Nelson, C. A., et al. (2012). A randomized controlled trial of foster care vs. institutional care for children with signs of reactive attachment disorder. *American Journal of Psychiatry, 169*, 508–514.

Solyon, C., Solyon, L., & Freeman, R. (1991). An unusual case of pica. *Canadian Journal of Psychiatry, 36*, 50–53.

Southall, A., & Schwartz, B. (Eds.). (2000). *Feeding problems in children: A practical guide.* Abingdon, UK: Radcliffe Medical Press.

Spangler, G., Bovenschen, I., Globisch, J., Krippl, M., & Ast-Scheitenberger, S. (2009). [Subjective parental stress as indicator for child abuse risk: The role of emotional regulation and attachment]. *Praxis der Kinderpsychologie und Kinderpsychiatrie, 58*, 814–837.

Spangler, G., & Grossmann, K. E. (1993). Biobehavioral organization in securely and insecurely attached infants. *Child Development, 64*, 1439–1450.

Spangler, G., & Zimmermann, P. (2007, April). Genetic contribution to attachment and temperament. Paper presented at the biennial meeting of the Society for Research in Child Development, Boston.

Speltz, M. L., Greenberg, M. T., & DeKlyen, M. (1990). Attachment in preschoolers with disruptive behavior: A comparison of clinic-referred and nonproblem children. *Development and Psychopathology, 2*, 31–46.

Spicuzza, L., Leonardi, S., & La Rosa, M. (2009). Pediatric sleep apnea: early onset of the "syndrome"? *Sleep Medicine Reviews, 13*(2), 111–122.

Sroufe, L. A. (2005). Attachment and development: A prospective, longitudinal study from birth to adulthood. *Attachment and Human Development; 7*, 349–367.

Steele, H., & Steele, M. (1994). Intergenerational patterns of attachment. In K. Bartholomew & D. Perlman (Eds.), *Advances in personal relationships: Vol. 5. Attachment processes during adulthood* (pp. 93–120). London: Jessica Kingsley.

Stephens, M. B., Gentry, B. C., Michener, M. D., Kendall, S. K., & Gauer, R. (2008). Clinical inquiries: What is the clinical workup for failure to thrive? *Journal of Family Practice, 57*(4), 264–266.

Stievenart, M., Roskam, I., Meunier, J. C., & Van De Moortele, G. (2011). The reciprocal relation between children's attachment representations and their cognitive ability. *International Journal of Behavioral Development, 35*, 58–66.

Suess, G. J., Grossmann, K. E., & Sroufe, L. A. (1992). Effects of infant attachment to mother and father on quality of adaptation to preschool: From dyadic to individual organization of self. *International Journal of Behavioural Development, 15*, 43–65.

Suomi, S. J. (2006). Risk, resilience, and gene × environment interactions in rhesus monkeys. *Annals of the New York Academy of Sciences, 1094*, 52–62.

Szyf, M. (2012). The early-life social environment and DNA methylation. *Clinical Genetics, 81*, 341–349.

Teicher, M. H., Samson, J. A., Polcari, A., & Andersen, S. L. (2009). Length of time between onset of childhood sexual abuse and emergence of depression in a young adult sample: A retrospective clinical report. *Journal of Clinical Psychiatry, 70*, 684–691.

Thomas, K. M., Drevets, W. C., Dahl, R. E., Ryan, N. D., Birmaher, B., Eccard, C. H., et al. (2001). Amygdala response to fearful faces in anxious and depressed children. *Archives of General Psychiatry, 58*, 1057–1063.

Thompson, S., Bruns, D., & Rains, K. (2010). Picky eating habits or sensory processing issues?: Exploring feeding difficulties in infants and toddlers. *Young Exceptional Children, 13*(2), 71–85.

Tizard, B., & Rees, J. (1975). The effect of early institutional rearing on the behaviour problems and affectional relationships of four-year-old children. *Journal of Child Psychology and Psychiatry, 16*, 61–73.

Toth, S. L., Rogosch, F. A., Manly, J. T., & Cicchetti D. (2006). The efficacy of toddler–parent psychotherapy to reorganize attachment in the young offspring of mothers with major depressive disorder: A randomized preventive trial. *Journal of Consulting and Clinical Psychology, 74,* 1006–1016.

Tottenham, N., Hare, T. A., Quinn, B. T., McCarry, T. W., Nurse, M., Gilhooly, T., et al. (2010). Prolonged institutional rearing is associated with atypically large amygdala volume and difficulties in emotion regulation. *Developmental Science, 13,* 46–61.

Touchette, E., Petit, D., Paquet, J., Boivin, M., Japel, C., Tremblay, R. E., et al. (2005). Factors associated with fragmented sleep at night across early childhood. *Archives in Pediatric and Adolescent Medicine, 159,* 242–249.

Touchette, E., Petit, D., Séguin, J. R., Boivin, M., Tremblay, R. E., & Montplaisir, J. Y. (2007). Associations between sleep duration patterns and behavioral/cognitive functioning at school entry. *Sleep, 30,* 1213–1219.

Touchette, E., Petit, D., Tremblay, R. E., Boivin, M., & Montplaisir, J. Y. (2008). Associations between sleep duration patterns and overweight/obesity at age 6. *Sleep, 31,* 1507–1514.

Touchette, E., Petit, D., Tremblay, R. A., & Montplaisir, J. Y. (2009). Risk factors and consequences of early childhood dyssomnias. *Sleep Medicine Reviews, 12,* 355–361.

Tuohy, S., Barnes, P. & Allen, S. J. (2008). Failure to thrive. *Paediatrics and Child Health, 18*(10), 464–468.

Udall, J. N. Jr (2007). Infant feeding: Initiation, problems, approaches. *Current Problems in Pediatric and Adolescent Health Care, 37,* 374–399.

Valenzuela, M. (1990). Attachment in chronically underweight young children. *Child Development, 61,* 1984–1996.

Van Den Bergh, B. R., & Marcoen, A. (2004). High antenatal maternal anxiety is related to ADHD symptoms, externalizing problems, and anxiety in 8- and 9-year-olds. *Child Development, 75,* 1085–1097.

Van den Bergh, B. R., Mulder, E. J., Mennes, M., & Glover, V. (2005). Antenatal maternal anxiety and stress and the neurobehavioural development of the fetus and child: Links and possible mechanisms: A review. *Neuroscience and Biobehavioral Reviews, 29,* 237–258.

van der Kolk, B. (2005). Developmental trauma disorder: Towards a rational diagnosis for children with complex trauma histories. *Psychiatric Annals, 35,* 401–408.

van IJzendoorn, M. H. (1995). Adult attachment representations, parental responsiveness, and infant attachment: A meta-analysis on the predictive validity of the Adult Attachment Interview. *Psychological Bulletin, 117,* 387–403.

van IJzendoorn, M. H., & Bakermans-Kranenburg, M. (2006). DRD4 7-repeat polymorphism moderates the association between maternal unresolved loss or trauma and infant disorgnaization. *Attachment and Human Development, 8,* 291–307.

van IJzendoorn, M. H., Schuengel, C., & Bakermans-Kranenburg, M. K. (1999). Disorganized attachment in early childhood: Meta-analysis of precursors, concomitants and sequelae. *Development and Psychopathology, 11,* 225–249.

Van Tassel, E. B. (1985). The relative influence of child and environmental characteristics on sleep disturbances in the first and second years of life. *Journal of Developmental and Behavioral Pediatrics, 6,* 81–85.

Vaughn, B. E., Lefever, G. B., Seifer, R., & Barglow, P. (1989). Attachment behavior, attachment security, and temperament during infancy. *Child Development, 60,* 728–737.

Vyas, A., Jadhav, S., & Chattarji, S. (2006) Prolonged behavioral stress enhances synaptic connectivity in the basolateral amygdala. *Neuroscience, 143,* 387–393.

Vyas, A., Pillai, A. G., & Chattarji, S. (2004). Recovery after chronic stress fails to reverse amygdaloid neuronal hypertrophy and enhanced anxiety-like behavior. *Neuroscience, 128,* 667–673.

Wake, M., Morton-Allen, E., Poulakis, Z., Hiscock, H., Gallagher, S., & Oberklaid, F. (2006). Prevalence, stability, and outcomes of cry-fuss and sleep problems in the first 2 years of life: prospective community-based study. *Pediatrics, 117,* 836–842.

Ward, M. J., Lee, S. S., & Lipper, E. G. (2000). Failure-to-thrive is associated with disorganized infant–mother attachment and unresolved maternal attachment. *Infant Mental Health Journal, 21*(6), 428–442.

Warren, S., Huston, L., Egeland, B., & Sroufe, A. L. (1997). Child and adolescent anxiety disorders and early attachment. *Journal of the American Academy of Child and Adolescent Psychiatry, 36,* 637–644.

Wartner, U. G., Grossmann, K., Fremmer-Bombik, E., & Suess, G. (1994). Attachment patterns at age six in south Germany: Predictability from infancy and implications for preschool behavior. *Child Development, 65,* 1014–1027.

Weaver, I. C., Cervoni, N., Champagne, F. A., D'Alessio, A. C., Sharma, S., et al. (2004). Epigenetic programming by maternal behavior. *Nature Neuroscience, 7,* 847–854.

Weaver, I. C., Champagne, F. A., Brown, S. E., Dymov, S., Sharma, S., Meaney, M. J., et al. (2005). Reversal of maternal programming of stress responses in adult offspring through methyl supplementation: Altering epigenetic marking later in life. *Journal of Neuroscience, 25,* 11045–11054.

Weaver, I. C., D'Alessio, A. C., Brown, S. E., Hellstrom, I. C., Dymov, S., Sharma, S., et al. (2007). The transcription factor nerve growth factor-inducible protein a mediates epigenetic programming: Altering epigenetic marks by immediate-early genes. *Journal of Neuroscience, 27,* 1756–1768.

Webster-Stratton, C., & Hammond, M. (1997). Treating children with early-onset conduct problems: a comparison of child and parent training interventions. *Journal of Consulting and Clinical Psychology, 65,* 93-109.

Whelan, E., & Cooper, P. J. (2000). The association between childhood feeding problems and maternal eating disorder:

A community study. *Psychological Medicine, 30*, 69–77.

Wilensky, D. S., Ginsberg, G., Altman, M., Tulchinsky, T. H., Ben Yishay, F., & Atterbach, J. (1996). A community based study of failure to thrive in Israel. *Archives of Disease in Childhood, 75*, 145–148.

Williams, A. J., Yu, G., Santiago, S., & Stein, M. (1991). Screening for sleep apnea using pulse oximetry and a clinical score. *Chest, 100*(3), 631–635.

Williams, K., Field, D. G., & Seiverling, L. (2010). Food refusal in children: A review of the literature. *Research in Developmental Disabilities, 31*(3), 625–633.

Windsor, J., Glaze, L. E., Koga, S. F., & the BEIP Core Group. (2007). Language acquisition with limited input: Romanian institution and foster care. *Journal of Speech, Language, and Hearing Research, 50*, 1365–1381.

Wolke, D. (1996). Failure to thrive: The myth of maternal deprivation syndrome. *The Signal: Newsletter of the World Association of Infant Mental Health, 4*(3/4), 1–6.

Wolke, D., Söhne, B., Riegel, K., Ohrt, B., & Osterlund, K. (1998). An epidemiologic longitudinal study of sleeping problems and feeding experience of preterm and term children in southern Finland: Comparison with a southern German population sample. *Journal of Pediatrics, 133*, 224–231.

Woolston, J. L. (1985). The current challenge in failure to thrive syndrome research. In D. Drotar (Ed.), *New directions in failure to thrive: Implications for research and practice* (pp. 225–235). New York: Plenum Press.

World Health Organization (WHO). (1992). *The ICD-10 classification of mental and behavioural disorders: Clinical description and diagnostic guidelines*. Geneva: Author.

Wright, C., Callum, J., Birks, E., & Jarvis, S. (1998). Effect of community based management of failure to thrive: a randomized controlled trial. *British Medical Journal, 317*, 571–574.

Wright, C. M. (2000). Identification and management of failure to thrive: A community perspective. *Archives of Disease in Childhood, 82*, 5–9.

Wright, C. M. (2005). What is weight faltering (failure to thrive) and when does it become a child protection issue? In J. Taylor & B. Daniel (Ed.), *Child neglect: Practice issues for health and social care* (pp. 166–185). London: Jessica Kingsley.

Wright, C. M., & Birks, E. (2000). Risk factors for failure to thrive: A population-based survey. *Child Care, Health and Development, 26*, 5–16.

Wright, C. M., Parkinson, K. N., & Drewett, R. F. (2006).

The influence of maternal socio-economic and emotional factors on infant weight gain and weight faltering (failure to thrive): Data from a prospective birth cohort. *Archives of Disease in Childhood, 91*, 312–317.

Wright, C. M., Parkinson, K. N., Shipton, D., & Drewett, R. F. (2007). How do toddler eating problems relate to their eating behavior, food preferences, and growth? *Pediatrics, 120*, 1069–1075.

Zeanah, C. H. (Ed.). (2009). *Handbook of infant mental health* (3rd ed.). New York: Guilford Press.

Zeanah, C. H., Berlin, L. J., & Boris, N. W. (2011). Practitioner review: Clinical applications of attachment theory and research for infants and young children. *Journal of Child Psychology, Psychiatry and Allied Disciplines, 52*, 819–833.

Zeanah, C. H., & Burk, G. S. (1984). A young child who witnessed her mother's murder: Therapeutic and legal considerations. *American Journal of Psychotherapy, 38*, 132(3rd ed., 345–361). New York: Guilford Press.145.

Zeanah, C. H., & Gleason, M. M. (2010). Reactive attachment disorders: A review for DSM-V. Retrieved December 29, 2010, from *http://stage.dsm5.org/Proposed%20Revision%20Attachments/APA%20DSM-5%20Reactive%20Attachment%20Disorder%20Review.pdf*.

Zeanah, C. H., Smyke, A. T., & Dumitrescu, A. (2002). Disturbances of attachment in Romanian children: II. Indiscriminate behavior and institutional care. *Journal of the American Academy of Child and Adolescent Psychiatry, 41*, 983–989.

Zeanah, C. H., Smyke, A. T., Koga, S., Carlson, E., & the BEIP Core Group (2005). Attachment in institutionalized and community children in Romania. *Child Development, 76*, 1015–1028.

Zero to Three/National Center for Clinical Infant Programs. (1994). *Diagnostic classification of mental health and developmental disorders of infancy and early childhood (Diagnostic Classification: 0–3)*. Washington, DC: Author.

Zero to Three/National Center for Clinical Infant Programs. (2005). *Diagnostic classification of mental health and developmental disorders of infancy and early childhood, revised (DC:0-3R)*. Washington, DC: Author.

Zeskind, P. S., Marshall, T. R., & Goff, D. M. (1996). Cry threshold predicts regulatory disorder in newborn infants. *Journal of Pediatric Psychology, 21*, 803–819.

Zuckerman, B., Stevenson, J., & Bailey, V. (1987). Sleep problems in early childhood: Continuities, predictive factors, and behavioral correlates. *Pediatrics, 80*, 664–671.

16

아동학대

CHRISTINE WEKERLE
DAVID A. WOLFE
JOSEPHINE DUNSTON
TRACY ALLDRED

아동학대는 인간의 실수와 인간 상황의 비극이다. 아주 기본적 수준에서 본다면 아동학대는 양육실패로서 아동을 피해로부터 보호하지 못하고, 발달을 촉진할 수 있는 긍정적 부모-아동관계를 제공하지 못했음을 말한다. 이런 실패는 자녀에게 필요한 것을 적절하게 공급하지 못한 부모 개인뿐 아니라 그런 가족에게 지지와 안전망을 제공하지 못한 사회에도 책임이 있다. 게다가 의료 서비스 관련 기관들이 아동학대와 방임이 의심되는 사례에 대한 보고의무를 다하지 못해서 위험에 처한 아동에게 조기개입과 보호기회를 제공하지 못하였다 (Wekerle, 2011, 2013). 아동학대에 대한 증거기반평가와 훈련을 위해 협력하여 노력하지 않기 때문에 특별 서비스(정신건강, 중독과 장애 프로그램)뿐 아니라 1차진료 혹은 응급실에 내원한 아동과 청소년조차 보호하지 못하고 있다. 학대와 관련된 피해를 효율적으로 예방하지 못하기 때문에 미국에서만 1년에 약 1,240억 달러에 이르는 막대한 비용이 소요되고 있다(Fang, Brown, Florence, & Mercy, 2012). 학대로 아동을 사망하게 하는 성인의 행위는 미리 막을 수 있다. 아동학대로 인한 미국 내 사망자 수는 이라크와 아프가니스탄에서 사망한 미군의 수

보다 3배 정도 더 많다(Every Child Matters, 2012). 미국에서는 매년 아동보호서비스(Child Protective Services, CPS)에 3백만 건 이상의 아동학대가 보고되고 있다. 이는 1분당 약 6명에 해당하는 수치로서(미국보건사회국, U.S. Department of Health and Human Services, USDHHS, 2012) 아동보호와 아동행복이라는 문제의 절박성과 범위를 보여준다. 이러한 우려는 사회가 아동과 가족에 대한 연구기반평가, 예방과 치료노력에 더 박차를 가해야 함을 의미한다.

대부분의 학대하는 부모는 정신질환이 없고 심리적 및 성격적 역기능이 없는 경우도 있다(Wolfe, 1999). 그러나 우울, 불안, 외상후 스트레스장애, 가정폭력, 물질남용(알코올, 다른 약물 또는 복합물질남용), 성격장애, 사회적 고립, 빈곤 문제를 보이는 경우가 많다. 이런 문제들은 지역사회표본과 임상표본에서 함께 나타난다 (Werkerle & Wall, 2002a, 2002b). 예를 들어 우울하며, 학대받은 아동의 부모, 형제자매의 우울장애의 평생유병률이 통제집단의 9배였다(Kaufman et al., 1998). 실제 성인 파트너의 폭력이 있으면 양육자의 취약성(사회경제적 어려움, 물질사용, 정신건강, 사회적 고립)이 아동학

대와 방임사례의 판정에 더 큰 영향을 미친다(Wekerle, Wall, Leung, & Trocmé, 2007). 이러한 양육자 취약성이 조사받은 가족 중에서 최종적으로 가정외 보호(out-of-home placement)를 받게 되는 사례에 대한 주요 예측요인이다(Horowitz, Hurlburt, Cohen, Zhang, & Landsverk, 2011). 가족위험요인은 아동에게 만성적으로 스트레스를 유발하는 환경을 증가시킨다. 실제로 방임, 정서학대와 학대적 훈육은 가족 스타일이며, 그런 스타일의 가정은 신체적·정신적 건강의 위험이 예상되는 학대가정으로 볼 수 있다(Repetti, Taylor, & Seeman, 2002). 동시에 발생하는 장애의 일부는 치료가 가능하지만 수많은 문제로 인해서 적절하게 치료받지 못하는 경우가 많다. 공공기관에 의해 학대가 밝혀지더라도 아동보호와 위험평가에 주로 관심을 두기 때문에 성인의 장애나 상황을 치료하기 위한 자원은 거의 없다. 이러한 편협한 대응으로 인해 물질남용이나 아동양육장애와 같은 중요한 위험요인을 간과하게 되어서 미래에 일어날 학대를 예방하는 데 실패하게 된다(English, Marshall, Brummel, & Orme, 1999).

아동이 부모의 양육에 어려움을 주지만(Wolfe, 1999), 그렇다고 해서 아동이 학대와 방임에 대한 책임이 있는 것은 아니다. 아동학대는 성인의 행동이며, 성인이 그런 행동을 선택하지 않는다면 아동의 발달문제와 장애는 더 적어질 것이다. 더구나 학대를 받은 아동이 전생애 동안 탄력성을 유지하기 어렵기 때문에 학대로 유발된 정신병리는 단기적으로 또 장기적으로 악영향을 끼친다. 아동학대는 건강위험행동, 신체적 질병, 정신과적 및 의학적 어려움의 증가와 관련이 있기 때문에 학대를 미리 예방하고 중재함으로써 아동과 성인의 정신건강을 지킬 수 있다(Norman et al., 2012). 일단 학대가 일어나면 아동이 피해자에서 생존자가 되도록 또 생존하는 것에서 사는 것으로 변화하도록 돕기 위해서 길고 먼 길을 가야 한다.

적응유연성에 대한 문헌이 시사하듯이(Afifi & MacMillan, 2011; Luthar, 2006) 어려움에도 불구하고 대부분의 아동기 피해자는 하나 이상의 삶의 영역에서 성공적으로 적

응한다. 짝지어진 통제집단과 비교해볼 때 학대 아동 다섯 명 가운데 한 명은 성인기가 되면 탄력적 적응에 해당하는 기능수준을 보이는데, 이 수준은 노숙한 적이 없고, 계속적으로 일을 하고, 청소년이나 성인기에 체포된 적이 없는지 여부와 여러 다른 요인에 의해 정의된다(Ciccheti, 2013; McGloin & Widom, 2001). 적응유연성의 기제에 대한 관심이 증가하기 시작하였고, 학대를 더 잘 이겨내는 청소년에게 연구자의 관심이 집중되고 있다. 지금까지의 연구는 자기연민(Tanaka, Wekerle, Schmuck, Paglia-Boak, & MAP 연구팀, 2011; Vettese, Dyer, Li, & Werkerle, 2011), 학교에 대한 연대감(Hamilton, Wekerle, Paglia-Boak, & Mann, 2012), 애착유형(Weiss, MacMullin, Waechter, Werkerle, & MAP 연구팀)과 서비스 이용만족도(Ungar, Liebenberg, Dudding, Armstron, & van de Vijver, 2013) 분야에서 가능성을 보여주고 있다. 아동기에 학대를 받았던 많은 피해자는 분명하게 자신의 뛰어난 장점을 개발하고, 긍정적 멘토링을 받고, 지역사회 수준의 투자에서 도움을 받을 수 있는 창의적 방법을 발견한다.

아동은 의존적이기 때문에 학대를 포함한 다양한 범위의 피해를 경험하게 될 취약성이 크다(Finkelhor & Dziuba-Leatherman, 1994). 아래에서 더 상세하게 논하겠지만 '아동학대'는 주로 신체학대, 방임, 성학대, 심리적/정서학대의 네 가지 행동을 말한다. 방임이 가장 흔하고 만성적인 형태의 학대이지만(USDHHS, 2010), 또한 가장 이해가 부족한 학대이다(Hildyard & Wolfe, 2002). 심리적 학대는 다른 형태의 학대와 함께 많이 발생하고 부적응을 유발하기 때문에 심리적 학대에도 또한 관심을 기울여야 한다(Wolfe & McIsaac, 2011). 미국소아과학회는 최근에 신체 및 성학대와 방임과 더불어 심리적 학대도 장기적으로 해로운 영향을 끼치기 때문에 임상적으로 평가되어야 한다는 입장을 표명하였다(Hibbard et al., 2012). 여러 가지 아동학대가 보통의 일처럼 많이 발생하기 때문에 연구들은 이런 학대에서 공통적으로 나타나는 발달적 문제에 관심을 기울이면서 필요할 때에는 학대의 유형에 따른 차이에 주목하고 있다(유형, 심각도,

발병연령 등).

학대가 관계적 맥락에서 일어나고 부모, 아동과 환경 사이의 잘못된 궁합으로 인해 발생하는 '관계적 정신병리'로 간주된다는 점이 중요하다(Cicchetti & Olsen, 1990). 부모에 대한 불안정애착과 부모와의 긴밀한 유대에 문제가 생기면 역할전환, 거부, 친밀함에 대한 두려움, 낮은 정서적 관여와 갈등의 미해결을 불러옴으로써 학대의 여건이 마련된다(Alexander, 1992, 1993). 이런 관계적 맥락은 학대경험에 정서적 무게를 더한다. 폭력과 다른 형태의 아동학대(예 : 성학대 동안에 일어나는 신체적 부상)가 같이 일어나기 때문에 관계적 맥락 내에서 외상을 경험하는 상황이 만들어진다(Terr, 1991). 다음에 다루겠지만 따라서 외상후 스트레스 반응은 아동학대가 개인의 발달 과정에 영향을 미치는 과정을 개념화하는 중요한 방식 가운데 하나이다.

이 장에서는 부모-아동관계 맥락과 아동학대에 대한 발달외상학 모델을 중시한다. 따라서 이 장은 이상아동심리학의 전통적인 분류학적 접근과 약간 차이가 있으며 아동기와 청소년기에 일어나는 비정상적 발달에 아동양육환경의 문제나 안전하지 않은 지역사회가 중요한 역할을 하는지를 다룰 것이다. 우선 학대의 역사적 맥락, 정의와 역학을 다루겠다. 다음에는 여러 가지 유형의 학대가 아동발달의 여러 영역(신체적, 인지적, 사회정서적)에 미치는 영향을 다루겠다. 여러 유형의 학대에서 공통적으로 나타나는 중요한 주제(예 : 해리, 자기비난)를 경험적 연구결과와 함께 다루겠다. 발달외상학 이론과 PTSD에 초점을 맞추면서 이론적 관점을 살펴보겠다. 마지막으로 병인론과 앞으로의 방향을 논하겠다.

역사적 맥락

사회가 가혹한 양육과 체벌을 중요한 문제로 보지 않았고, 부모권리와 책임이라고 생각했기 때문에 20세기 중반 이전까지는 아동학대가 별로 문제시되지 않았다. 과거에도 학대는 다반사였다(Radbill, 1987). 아내를 남편의 소유물로 보았고, 아내와 아이에 대한 폭력이 용납되었

기 때문에 부모 사이의 폭력을 관찰한 아동은 침묵의 목격자였다. 여러 세기 동안에 아동을 더 인간적으로 대우하자는 어떠한 대항 운동도 일어나지 않았다.

1960년대 초반에 '매 맞는 아이 증후군'이라는 임상적 기술로 인해 전기가 마련되어서(Kempe, Silverman, Steele, Droegenmueller, & Silver, 1962) 아동학대법과 학대신고 의무법이 제정되었다. 이런 법에서 처음으로 직업적 책무(예 : 교사, 의사, 학교버스 운전사) 때문에 아동과 접촉하는 모든 성인이 아동학대가 의심될 때에는 아동보호전문기관이나 경찰에게 보고하도록 하였다. 고아나 부모가 원하지 않는 아동에 대한 대안적 보호의 필요성 때문에 1930년대와 1940년대에 '아동보호운동'이 시작되었는데, 이 운동은 피해를 당할 위험이 큰 아동을 위한 대안적 보호방법을 찾고 있었던 대중의 관심에 대한 반응이었다. 그러나 1974년에 첫 번째 아동학대 및 방임치료에 관한 법률이 제정되고 나서야 학대의 원인과 결과에 대한 연구를 재정적으로 지원하기 시작하였다. 다행히 20세기 후반에 아동권리협약(유엔총회, 1989)에 자극을 받아서 세계 여러 개발도상국에서도 아동의 권리와 요구를 중요하게 여기게 되었고 아동착취와 학대를 문제로 인식하기 시작하였다.

아직 시작단계이지만 아동학대에 대한 인식이 증가하면서 전 세계적으로 아동학대를 발견하고 감소시키는 데 대한 관심이 증가하였다. 오늘날 42개 국가가 아동학대와 방임에 관한 공식적인 정부정책을 가지고 있으며, 세계 인구의 약 1/3은 매년 아동학대와 방임에 대한 조사가 이루어지는 국가에서 살고 있다(국제아동학대와 방임예방학회, 2010). 이러한 노력은 아동학대의 범위를 밝히기 위한 중요한 첫걸음이며, 아동학대와 싸우기 위해 중요한 사회적, 지역적 및 문화적 변화가 필요함을 보여준다.

아동학대의 유형

'아동학대'는 신체학대, 정서학대, 성학대, 방임의 네 가지 행동을 지칭하는 포괄적 용어이다. 어떨 때 부모의

행동을 학대로 볼지를 결정하는 것은 여러 가지 요인 때문에 간단한 문제가 아니다. 이런 요인에는 안전(예 : 빈곤과 지역사회 범죄 측면에서 본 가정환경의 질)과 위험(예 : 부모의 물질남용과 물질남용이 양육에 미치는 영향)과 관련된 사회인구학적 요인, 상해의 정도에 대한 신체적 및 의학적 증거, 제도적 요인(예 : 학대보고를 관리하는 지역사회 규준)이 포함된다.

미국 아동학대 예방 및 치료에 관한 법률에 명시되어 있는 가장 많이 사용되는 아동학대의 정의는 아동의 사망, 심각한 신체적 및 정서적 피해, 성학대 또는 착취를 유발하는 부모나 양육자의 최근 행동이나 행동의 실패 또는 심각한 피해의 위험을 일으키는 행동이나 행동의 실패를 말한다(Child Welfare Information Gateway, 2011). 정의에 공통된 요소는 학대는 공격성과 착취행동뿐 아니라 무엇을 하지 않는 것(유기나 필요한 것을 제공하지 않는 것)도 포함된다는 점이다. 다음에 제시되는 아동학대의 구체적 행동에 대한 정의는 국제보건기구의 합의회의에서 나온 것으로서(WHO, 1999, pp.15-16) 오늘날에도 그대로 사용되고 있다.

신체학대

WHO는 신체학대를 책임, 권력을 가지고 있거나 신뢰받는 입장에 있는 부모 또는 인물이 통제할 수 있는 상호작용(또는 상호작용의 부족)으로 인해 아동에게 실제적이거나 잠정적인 신체적 피해를 일으키는 행동으로 정의하였다. 한 번일 수도 있고 반복적으로 일어날 수도 있다. 신체적으로 학대를 받은 아동에게 나타나는 눈에 띄는 심한 특징은 타박상, 열상, 상처, 긁힘, 화상, 삔 것과 뼈가 부러지는 것과 같은 신체적 부상에 대한 외적 징후이다. 머리 부상(심하게 흔들거나 딱딱한 물체에 부딪쳐서 생기는 대뇌와 눈의 출혈)과 복강부상(비장이나 간의 파열) 같은 내부 부상이 있을 수도 있다. 치아가 빠지는 것 같은 다른 신체적 흔적은 심한 신체적 구타로 나타날 수 있다.

신체적으로 학대받은 아동은 그렇지 않은 아동보다 약한 신경학적 손상과 심각하고 작은 신체 부상을 더 많

이 보인다(Kolko, 2002). 머리의 직접적인 부상으로 인한 중추신경계의 변화뿐 아니라 만성적 스트레스 반응으로 인한 뇌 변화의 위험이 크다(Prasad, Kramer, & Ewing-Cobbs, 2005). 소위 '흔들린 아기증후군'은 영아의 심각하고 외상적인 뇌 부상의 중요 원인으로 생각되고 영아의 가장 흔한 사망과 질병의 원인이다(미국소아과학회의 아동학대와 방임위원회, 2001). 치명적이지 않더라도 비우발적 머리 부상이나 머리 외상은 경막하혈종을 일으켜서 심각한 인지적, 신경학적 및 시각적 손상을 가져오는 경우가 많다(Barlow, Thompson, Johnson, & Minns, 2005).

방임

WHO(1999)는 방임을 가족이나 양육자에게 자원이 있음에도 불구하고 신체적 및 정신적 건강, 교육, 음식, 지낼 곳과 안전한 생활조건 같은 여러 측면에서 아동에게 주어야 할 것을 주지 못하는 것으로 정의한다. 방임은 아동건강이나 신체적, 정신적, 영적, 도덕적 및 사회적 발달에 손상을 주거나 그럴 가능성이 크다. 여기에는 아동을 감독하지 못하는 것, 신체적 부상으로부터 보호하지 못하는 것, 정서적 안정감을 주지 못하는 것이 포함된다. 방임행동에는 또한 교육적, 관리감독, 의학적, 신체적 및 정서적 영역이 포함된다. 심하게 방임하는 가족은 규칙적으로 먹고, 자고, 씻고, 집을 청소하는 일과가 없다. 집안이 썩어가는 쓰레기로 가득 차 있을 수 있고, 음식을 먹는 때가 정해져 있지 않고, 아동에게 예방접종도 안 시키거나 그 밖의 적절한 의료적 관리를 하지 않는다. 아동을 몇 시간 동안 감독하지 않은 채로 내버려 두거나 며칠 동안 유기하기도 한다.

방임은 무엇을 하는 행동이 아니라 해야 할 것을 하지 않는 행동의 문제이기 때문에 보통 신체적 징후가 별로 없다. 영아에게 나타나는 특징은 심한 기저귀 발진, 탈수, 영양실조와 관련된 질병과 심리운동기술의 지체이다. 나이가 많은 아동에게 나타나는 특징은 충치, 피로와 노곤함, 반복적인 귀의 감염, 열악한 신체관리지표(예 : 귀지의 축적, 나쁜 몸 냄새, 더러운 옷, 자주 이가

생기는 것)와 부적절한 신체발달이다.

아동착취도 아동기에 정상적인 활동을 제공하지 못한다는 점에서 볼 때에는 일종의 방임이다(예 : 놀이, 교육, 적절한 영양과 안전). WHO는 아동착취를 다른 사람의 이득을 위해 아동에게 일이나 다른 활동을 시키는 것으로 정의한다. 여기에는 아동노동과 아동매춘도 포함되는데 후자는 성학대로 볼 수 있다. 전 세계적으로 셀 수 없이 많은 아동이 오랜 시간 위험한 일을 하면서 사망의 위험에 놓여 있다. 정확한 통계는 나오지 않았지만 전 세계적으로 대략 100만 명 정도의 아동이 아동매춘, 성산업, 섹스관광과 외설물의 피해자이다(UN Secretary-General's Study, 2006).

신체학대를 받는 아동과 마찬가지로 방임된 아동은 언어능력과 지능이 학대를 받지 않는 아동과 차이가 난다(Hildyard & Wolfe, 2002). 신체적으로나 정서적으로 방임된 아동은 부모에게 지지를 받지 못하기 때문에 인지수준 및 학업성취 수준이 다른 학대 집단보다 더 낮다. 방임된 아동은 또한 언어, 학습과 (계획하기와 문제해결하기 같은) 실행기능도 떨어진다. 지능을 통제하였을 때에도 이런 관련성이 나타나기 때문에 이런 아동은 학교에서 학습하는 데에 문제가 있을 뿐 아니라 장래 발달 과정에서 어려움을 겪을 위험이 크다(De Bellis, Hooper, Spratt, & Woolley, 2009).

정서학대

WHO는 '정서학대'를 발달적으로 적절하고 지지적인 환경을 제공하지 못하는 것으로 정의한다. 여기에는 주요 애착대상이 있는지 여부도 포함되는데, 애착대상이 있어야 아동이 살고 있는 사회적 맥락에서 자신의 잠재력에 걸맞은 정서적 및 사회적 능력을 안정되고 완전하게 발달시킬 수 있기 때문이다. 아동의 건강이나 신체적, 정신적, 영적, 도덕적 또는 사회적 발달에 해를 끼치거나 그럴 가능성이 큰 행동도 포함될 수 있다. 이러한 행동은 아동을 책임지고, 아동에게 힘을 행사하고, 아동이 신뢰할 수 있는 위치에 있는 부모나 성인이 통제할 수 있는 범위 안에 있어야 한다. 여기에는 움직임의 제한

(예 : 묶거나 감금)과 무시하고, 모욕하고, 희생양으로 삼고, 협박하고, 놀라게 하고, 차별하고, 조롱하는 것과 이 밖의 다른 형태의 신체적이지 않은 적대적이거나 거부적인 대우가 포함된다(Wolfe & McIsaac, 2011).

미국과 캐나다 같은 일부 국가에서는 가정폭력에 노출되는 것도 일종의 정서학대 또는 방임에 포함시킨다(Trocmé & Wolfe, 2001). 자신이 동일시하고 의지하고 있는 사랑하는 어느 한쪽 부모가 상처를 입는 것을 목격하는 것은 아동에게 정서적으로 해롭다고 보기 때문이다. 더구나 연구에 의하면 가정폭력의 목격은 아동의 적응에 지대하게 영향을 미치고, 가정폭력은 또한 아동에 대한 신체학대와 같이 일어난다(Jaffe, Wolfe, & Campbell, 2011). 정서학대가 해롭고 많이 일어난다는 사실을 알고 있지만 정서학대의 정의가 너무 폭이 넓다는 문제점 때문에 아직 그 발생 정도를 정확하게 밝히려는 노력이 성공적이지 못하다.

비기질적 성장지연(nonorganic failure to thrive, FTT)은 양육자가 영아에게 급식을 잘 못해서 발생하기 때문에 일종의 방임으로 간주된다(English, 1998). 방임과 FTT는 서로 다른 문제이지만 같이 많이 발생한다(Sonuga-Barke et al., 2008). 방임과 FTT가 모두 아동을 인지적 결손 위험에 처하게 하지만, 같이 일어날 때에는 인지적 결손이 더 심해진다. FTT와 학대를 모두 받았던 아동은 학대나 방임을 받지 않았던 연령이 비슷한 또래에 비해 표준화 검사수행이 떨어지고, 학교적응 기능도 떨어진다(Kerr, Black, & Krishnakumar, 2000).

성학대

WHO(1999)는 **성학대**를 아동이나 청소년에게 (1) 완전하게 이해하지 못하고, (2) 고지에 입각하여 동의할 수 없고, (3) 발달적으로 준비가 되지 못했고 동의를 할 수 없고, (4) 그 사회의 법이나 사회적 금기에 위배되는 성적 활동을 하게 하는 것으로 정의하였다. 가해자는 보통 아동을 책임지고, 아동이 신뢰하고 아동에게 힘이 있는 관계에 있는 성인이나 다른 아동이며(보통 5세 또는 그 이상으로 나이가 많은) 성적 활동은 가해자의 성적 욕구를

충족시키거나 만족시키기 위한 것이다. 여기에는 아동에게 어떤 형태의 불법적 성적 활동(애무, 노출, 성교)을 하도록 유도 및 강요하는 것, 아동매춘과 아동을 음란물에 이용하는 것도 포함된다.

아동기 성학대는 일찍 시작되어 수년 동안 지속되면서 아동의 안전과 경계를 침범할 수 있다(Trickett, Noll, Reifman, & Purnam, 2001). 성학대는 만성적 스트레스 반응을 유발하여서 나중에 인지에 부정적 영향을 미친다. 아동기나 청소년기 초기에 성학대를 받았던 여아에 대한 종단연구에 의하면 여러 생물심리사회적 영역에 해로운 영향을 미쳤으나 아직까지 남아에 대한 영향은 확실하게 밝혀지지 않았다(Trickett, Noll, & Putnam, 2001).

역학

아동학대는 성별, 국가, 언어, 종교, 연령, 인종, 장애와 성적 지향성에 관계없이 일어난다. 대부분의 산업화된 국가에서는 아동학대 사례를 보고하고, 조사하고, 판정하는 비율을 알기 위해서는 공식적인 아동복지통계를 참조하고 아동학대문제의 범위를 평가하기 위해서는 사망률을 참조한다. 아동학대 사례는 지역사회(어린이집, 학교, 가족 주치의나 일반 소아과의사, 응급실, 병원의 특수팀), 아동보호서비스와 경찰서, 검시관 사무실에서도 볼 수 있다.

장애가 있는 아동 같은 특정 하위집단에서 학대가 일어날 위험성이 더 크다. 예를 들어 제4차 미국 전국사례조사(U.S. National Incidence Survey, NIS-4)에 의하면 장애가 없는 아동 1,000 명 가운데 2.3명이 학대를 받는 반면 확실한 장애가 있는 아동 1,000명 가운데 4.7명이 학대를 받는다고 추정된다(Sedlat et al., 2010a). 최근 WHO에서 수행한 연구에 선진국(핀란드, 프랑스, 이스라엘, 스페인, 스웨덴, 영국, 미국)에 살고 있는 18,000명 이상의 장애아동의 자료가 포함되었다. 장애가 있는 아동이 장애가 없는 아동에 비해 어떤 종류의 폭력이든지 피해자가 될 가능성은 3.7배였다. 신체적 폭력을 당할 가능성은 3.6배였고 성적 폭력을 당할 가능성은 2.9배였다

(Jones et al., 2012).

아동학대의 실상과 특징을 살펴보기 위해서 다양한 데이터베이스를 소개할 것이다. 정책-자원-지원체계의 연결을 이해하기 위해서 국가비교연구를 살펴볼 것이다. 아동학대문제의 범위를 이해하기 위해서 아동과 청소년이 매일 경험하는 위험을 보여주는 모든 출처의 자료를 살펴보는 것이 가장 도움이 될 것이다.

학대 통계를 전체적으로 살펴보기 전에 학대추정비율을 정확하게 이해하기 위해 유의해야 할 점을 먼저 살펴보자. 첫째, 미국회계감사원(U.S. Government Accountibility Office, GAO)은 거의 모든 주에서 공식적으로 보고하는 학대관련사망률이 상당히 낮다는 점을 지적하였다. 학대를 받거나 학대로 인해 사망한 모든 아동이 아동보호서비스(대부분의 추정치를 산출하는 원자료를 제공하는 책임을 맡고 있는 부서)에 보고되지 않는다(GAO, 2011; USDHHS, 2011a, 2011b). 둘째, GAO는 주에 따라 학대와 학대유형에 대한 정의가 다르고, 여러 주에서 정의를 표준화하려고 노력하고 있음에도 불구하고 해석에 차이가 있기 때문에 주에서 제공하는 자료를 사용하여 전국학대비율을 추정하는 데에 문제가 있다고 지적하였다. 셋째, 주마다 학대를 판정하기 위한 증거에 대한 기준이 다르기 때문에 판정된 학대의 전국추정치에도 역시 비슷한 오류가 있을 수 있다고 지적했다. 마지막으로 GAO는 주에 따라 전국적 데이터 세트를 개발하는 데 참여하는 정도가 다르기 때문에 실제 자료가 없어서 자료를 추정해야 하는 경우가 있다고 지적하였다. 전체적으로 볼 때 이러한 사실은 어떤 수준에서도 학대를 추정하는 것이 어려우며, 각 주에서 제공하는 자료를 사용하여 전국적 추세를 추정하는 것이 더 어려움을 보여준다(GAO, 2011).

세계적 수준에서 학대 역학을 파악하는 것도 마찬가지로 어렵다. 학대에 대한 세계적 추정치는 정의와 보고가 정확하지도 않고 일관성도 없는 국가별 비율에 근거하고 있다. 각 나라가 사용하는 학대의 정의와 학대 판정의 조건이 다름에도 불구하고 각 국가의 아동학대비율을 사용하여야 한다. 마지막으로 종합적 자료를 제공할 수 없거나 아동보호서비스 기관이 없거나 출생 및 사망

표 16.1 아동학대에 대한 자료

출처	특징	웹 주소
국제보건기구	아동학대에 대한 전 세계 자료와 자료분석	*www.who.int/topics/child_abuse/en*
유니세프(UNICEF)	아동학대에 대한 전 세계 자료와 자료분석	*www.unicef.org/protection/index.html*
국제아동학대와 방임예방학회(ISPCAN)	아동학대에 대한 국제기관	*www.ispcan.org*
미국의 전국아동학대와 방임자료시스템(NCANDS)과 전국사례조사(NIS)	미국의 아동학대에 대한 전국 데이터 세트, 분석 및 출간	*www.ndacan.cornell.edu* *www.acf.hhs.gov/programs/cb/pubs/cm10*
캐나다의 아동학대와 방임연구(CIS)	캐나다의 아동학대에 대한 전국 규모 연구	*www.cecw-cepb.ca/overview*

신고를 하지 않는 나라의 문제도 해결해야 한다. 예를 들어 2007년에 태어난 약 5,100만 명의 아동이 출생신고가 되지 않은 것으로 추정된다. 자료를 제공하는 개발도상국 네 나라 가운데 한 나라는 출생신고율이 50% 이하이다(UNICEF, 2009). 출생신고가 되지 않은 아동은 파악할 수 없기 때문에 아동보호서비스와 다른 서비스가 도움을 줄 수 없다(UNICEF, 2009).

이러한 어려움을 고려하면서 이 장을 집필하였다. 이러한 어려움을 극복하기 위한 노력의 예를 보여주기 위해서 미국의 전국아동학대와 방임자료시스템(National Child Abuse and Neglect Data System, NCANDS)과 전국사례조사(NIS), 캐나다의 아동학대와 방임연구(Canadian Incidence Study of Reported Child Abuse and Neglect, CIS) 그리고 여러 가지 WHO와 UN 보고서를 사용하였다(표 16.1에 이러한 자료를 정리).

미국에는 전국에서 일어난 아동학대를 추정하는 종합보고서를 정기적으로 발행하는 두 가지 중요한 출처가 있다. 하나는 미국보건사회국에서 전국아동학대와 방임자료시스템의 자료에 근거하여 매년 발행하는 아동학대보고서이고 다른 하나는 전국사례조사이다. 아동학대보고서는 회계연도 동안 미국연방정부가 아동보호서비스에 대해 보고한 내용을 반영한다. 전국사례조사는 아동보호서비스의 조사자료뿐 아니라 '조사관들'(즉, 아동과 가족과 접촉하는 지역사회 전문가들)이 3개월의 조사기간에 수집한 정보도 포함되어 있다. 따라서 전국사례조사는 아동보호서비스가 관련된 사례와 지역사회 전문가가 관심을 두고 있는 사례에 기초하여 아동학대를 추정한다. 그런데 지역사회 전문가가 관심을 두는 사례는 아동보호서비스에 보고되어 조사되었을 수도 있고, 보고는 되었지만 조사가 이루어지지 않았을 수도 있고, 보고조차 되지 않았을 수도 있다(Sedlak et al., 2010b). 미국보건사회국의 전국아동학대와 방임자료시스템에 기초한 보고와 전국사례조사 모두 미국에서 일어나는 아동학대의 전반적인 양상을 파악하는 데에는 중요한 자료이다.

미국 공식보고

최근 전국아동학대와 방임자료시스템에 기초한 **아동학대 2010** 보고서에 의하면 미국에서 360만 명 이상(아동 1,000명당 44.7명의 비율)의 아동이 2009년 10월과 2010년 9월 사이에 적어도 한 번 아동보호서비스 보고의 대상이었다(GAO, 2011; USDHHS, 2011b). 2010년에 아동보호서비스에 보고된 사례의 절반 이상이 전문가에 의한 것으로(16.5% 교육전문가, 11.5% 사회서비스 전문가, 8.2% 의학전문가) 2006년 이후 매년 조금씩 비율이 증가하였다. 그렇지만 주요한 보고자는 지역사회 구성원과 가족구성원으로(41.4%) 특히 부모가 보고한 것이 6.8%였다(USDHHS, 2011b). 아동보호서비스에 보고되었던 거의 백만 사례가 학대로 판정되었는데(증거가 실제 학대가 발생했음을 입증함) 이는 전집 아동 1,000명당 10.1사례에 해당한다(USDHHS, 2011b). 피해자의 3/4이 2010년 이전 4년 동안에 학대를 받은 적이 없었고 피해가 처음으로 판정된 경우가 전집 아동 1,000명당 6.9사례였다

(USDHHS, 2011b). 그러나 이러한 아동의 가족이 이전에 학대와 관련된 문제로 보고되거나, 조사를 받았거나, 서비스를 받은 적이 없다는 의미는 아니다.

가장 흔하게 나타나는 판정사례는 피해자가 어린 아동이고 가해자가 부모인 경우였다(USDHHS, 2011b). 판정된 사례 가운데에서 4/5(81%)는 부모가 혼자 또는 다른 사람과 같이 가해하였고, 어머니가 혼자 학대한 경우가 아버지가 혼자 학대한 경우보다 많았고(각각 37.2%와 19.1%), 1/5은 아버지와 어머니가 모두 학대에 관여하였다. 13%는 부모가 아닌 사람이 가해자였고, 이 중 거의 절반(6.1%)이 부모 이외의 친척이었고, 1/3이 부모의 결혼하지 않은 파트너였다(USDHHS, 2011b).

NIS-4에 의하면 생물학적 부모와 같이 사는 아동의 학대비율이 가장 낮았다(1,000명당 6.8명). 대조적으로 결혼하지 않은 부모의 동거 파트너와 살고 있는 아동이 모든 범주의 학대에서 비율이 가장 높았다(1,000명당 57.2명의 비율)(Sedlak et al., 2010a). 생물학적 부모가 72%의 신체학대와 73%의 정서학대의 가해자였다. 그러나 성학대에서는 일관성이 없어서 36%만이 생물학적 부모와 관련이 있었고, 42%는 가해자가 생물학적 부모가 아니거나 부모의 파트너였다(Sedlak et al., 2010b). 남자 가해자와 달리 여자 가해자는 주로 방임을 많이 하였고 (36% 대 86%) 남자 가해자는 성학대를 더 많이 하였다 (87% 대 11%).

이처럼 주로 부모와 부모역할을 하는 사람이 영아, 학령전기 아동, 학령기 아동과 청소년을 학대하며, 가정은 양육의 현장이지만 동시에 공격성의 현장이며 아동이 필요한 것을 제공받지 못하거나 보호받지 못하는 현장이기도 하다. 부모가 아닌 사람에 의한 성학대가 상당히 많이 일어나고 있고, 성학대를 부모방임이라는 넓은 맥락에서 살펴보는 것이 필요하다. 부모방임은 아동이 직접적 또는 간접적으로 노출되는 사람과 장소에 대해 감독이 이루어지지 않음을 의미한다. 아동보호가 체계적으로 이루어지지 않거나 약물을 구하는 것 같은 부모행동으로 인해 아동 주변에 위험한 사람이 있을 수 있다. 더구나 일반적으로 알려진 성학대와 위험수준을 생각해볼 때 공

식적 보고보다 성학대가 훨씬 더 많을 수 있다. 연구에 의하면 청소년에게 학대유형을 보고하게 하였을 때 성학대를 보고하는 비율이 아동보호서비스의 성학대 비율보다 더 높았다(Tanaka et al., 2011).

미국에서 아동학대로 판정된 사례의 피해자 통계는 여러 해 동안 별로 변화가 없었다(USDHHS, 2011b). 아동보호서비스 보고에 의하면 가장 어린 아동이 학대를 받을 위험성이 가장 컸다. 판정된 모든 사례의 1/3(34%) 이상이 4세 이하 아동이 대상이었고, 1세 이하 아동의 피해율이 가장 높았다(12.7%, 동일 연령의 아동 1,000명당 20.6명의 비율). 공식적 보고를 보면 아동학대 피해율과 백분율은 연령에 따라 감소하는 것 같다(USDHHS, 2011b). 그러나 판정된 사례의 연령특성을 자세히 살펴보면 더 관심을 가질 필요가 있다. 예컨대 이러한 감소는 아동이 살고 있는 주에서 요구하는 아동보호서비스 적용대상 연령의 상한선(보통 16세)에 도달하면서 새로운 사례가 덜 발생하기 때문일 수 있다. 남자와 여자가 비슷하게 학대를 받는 것 같다. 판정된 사례의 48.5%가 남아였고 51.2%가 여아였다(USDHHS, 2011b).

미국의 지역사회 기반 보고

(2005년과 2006년의 기간을 살펴보았던) NIS-4는 아동보호서비스에 보고되지 않은 사례, 보고되었지만 조사되지 않은 사례, 보고되어서 조사된 사례에 대한 자료를 사용하였다. 아동보호서비스는 NIS가 아동학대나 방임의 피해를 지속적으로 입었다고 판단했던 아동의 32%만을 조사하였다(Sedlak et al., 2010b). 이로 인해 (아동보호서비스가 관계했던 사례만을 포함하는) **아동학대** 보고에서 제시한 판정비율과 사례특징을 (다른 사례도 포함한) NIS-4와 비교할 수 있다. 그 결과 대부분의 학대사례에 아동보호서비스가 관여하지 않았음이 밝혀졌다.

역사적으로 볼 때 아동이 사망하면 보통 아동보호서비스가 조사에 착수한다. 그 외에는 신체학대와 성학대 의심사례에 대한 조사가 가장 많이 이루어졌고(50% 이상) 다른 유형의 학대를 조사한 비율은 훨씬 더 낮았다. 조사의 전체적 백분율은 크게 변하지 않았지만 성학대,

정서학대와 정서적 방임에 대한 조사비율은 NIS-3 이후 10년 동안 10% 이상 증가하였다. 학대 의심사례에 대한 감시관 보고와 관련해서는 경찰이나 공공주택청이 학대의 피해자로 신고했던 아동에 대해서 조사가 가장 많이 이루어졌다(각각 53%와 68%). 그러나 학교, 어린이집이나 보호시설이 신고했을 때에는 조사가 가장 덜 이루어졌다(20% 이하).

불행히도 NIS-4에서는 결과(즉, 아동보호서비스의 조사가 이루어졌는지 여부)에 이르는 과정을 조사하지 않았다. 따라서 아동보호서비스의 조사가 이루어지지 않았을 때에는 감시관이 학대를 목격하였지만 신고하지 않았던 경우와 아동보호서비스에 신고하였으나 선별과정에서 조사에 이르지 못한 경우를 구별하는 것이 불가능하다(Sedlak et al., 2010b). 전체적 양상을 살펴보면 우려할 부분이 있다. (NIS-4에 포함된) 아동보호서비스 선별정책연구에 의하면 아동보호서비스가 현재 선별정책을 따랐다면 학대로 신고된 아동의 80% 이상이 조사를 받았어야 한다. 이러한 정책이 준수되었다고 가정한다면 이는 조사가 이루어지지 않았던 아동학대사례의 적어도 2/3는 신고의무자가 신고하지 않았음을 의미한다(Sedlak et al., 2010b).

아동학대 보고를 아동에 대한 실제적 또는 잠재적 피해의 정도의 측면에서 살펴볼 수도 있다. NIS-4는 2005~2006년 조사 동안 미국 1,185,000명 아동이 어느 정도 피해를 입는 학대를 경험하였다고 추정하였다. 여기에는 생명을 위협하는 피해나 장기적 손상에서부터 적어도 48시간 지속되는 부상이나 손상(타박상, 정서적 스트레스)이 포함된다. 이는 전국 전집에서 아동 1,000명당 17.1명의 비율에 해당한다. 대부분의 아동은 방임되고(1,000명당 10.5명), 학대와 방임을 모두 받은 사례는 미국 전집에서 아동 1,000명당 0.9명의 비율로 추정된다(Sedlak et al., 2010a). 여자는 미국 전집에서 1,000명당 9.5명의 비율로 학대를 받는데, 이는 남자가 학대와 방임을 받는 비율의 거의 1.3배에 해당한다. 이런 차이는 여자가 성학대를 받을 위험이 훨씬 더 크기 때문이다(여아 1,000명당 3명, 남아 1,000명당 0.6명)(Sedlak et al., 2010a).

지역사회 전문가들이 제공한 자료에 따르면 출생에서 2세 사이의 아동이 학대받는 비율이 가장 낮고(1,000명당 8.5명) 하위유형별로 살펴보면 신체학대, 정서학대와 방임도 가장 낮았다(Sedlak et al., 2010a). 신체학대를 받는 비율은 다른 연령 집단보다 낮았지만 신체학대는 1살 이하의 아동이 두 번째로 많이 경험하는 학대였다. 이는 영아가 '흔들린 아기증후군' 같은 특정 유형의 신체학대에 특히 취약하기 때문인 것 같다(USDHHS, 2011b). (아동보호서비스의) 공식적 보고와는 대조적으로 지역사회 보고에 따르면 모든 유형의 학대비율은 연령에 따라 증가하여 12~14세에 최고점에 달한다(1,000명당 21.3명)(Sedlak et al., 2010a). NIS-4에서 가장 어린 아동의 학대비율이 낮게 보고된 것은 주의해서 해석할 필요가 있다. 어린 아동은 지역사회 전문가와 접촉할 기회가 훨씬 더 적기 때문에 이 연령 집단의 학대비율이 과소평가되었을 수 있다(Sedlak et al., 2010b). 따라서 어린 피해자의 학대를 이해하는 데에는 NCANDS가 가장 정확한 자료이고, 12세 이상 피해자의 학대를 이해하는 데에는 NIS가 가장 정확한 자료인 것 같다.

아동학대 2010 보고서(USDHHS, 2010)와 NIS-4(Sedlak et al., 2010a) 모두 미국에서 일어나는 아동학대비율이 높다고 밝히고 있다. 아동학대가 전집에서 1,000명당 10명 이상의 비율로 일어난다. 두 보고가 모두 방임이 미국에서 가장 흔하게 일어나는 학대라고 밝히고 있다. 아동보호서비스가 관계한 사례만을 포함하는 **아동학대** 보고는 아동보호서비스가 관계한 사례와 감시관이 제공하는 정보를 모두 포함하는 NIS-4보다 어린 아동에 대해 판정된 학대비율을 훨씬 더 높게 보고하였다. 더구나 2002년 이후로 방임의 비율은 변화가 없었지만 성학대와 신체학대의 비율은 점차 감소하였다(Jones, Finkelhor, & Halter, 2006). 이러한 변화는 신체학대와 성학대에 대한 대중의 인식과 정책적 관심이 증가하는 데 반해 방임은 비슷한 정도로 관심을 받지 못하는 것과 관련이 있는 것 같다(Finkelhor, 2008; Jones et al., 2006).

미국의 학대와 관련되는 요인

NIS-4는 직업유무, 사회경제적 지위와 가족구성을 포함한 가족의 특징에 따른 학대와 방임의 분포도 평가하였다. 부모가 직업이 있을 때 학대율이 가장 낮았다. 부모가 모두 직업이 없을 때에는 적어도 한 부모가 직업이 있을 때보다 학대율이 2배에서 3배 정도 더 높았다(각각 1,000명당 22.6명 대 7.7명). 특히 방임은 부모의 직업유무와 높은 관계를 보였다. 부모가 직업이 없을 때 부모가 직업이 있을 때보다 방임의 비율이 2배에서 3배 정도 더 높았다(각각 1,000명당 12.1명 대 4.1명).

(연수입이 15,000달러 이하이고, 부모가 고등학교를 졸업하지 못했거나, 가족구성원이 빈곤관련 프로그램에 참여하는 것을 기준으로 정의했을 때) 낮은 사회계층에서 모든 유형의 학대비율이 더 높았다(낮은 사회계층이 아닌 아동 1,000명당 9.5명과 비교했을 때, 1,000명당 55.1명)(Sedlak et al., 2010a). 사회계층이 낮은 아동은 사회계층이 높은 아동보다 학대받을 가능성이 3배, 방임당할 가능성이 7배 정도 더 높았다(Sedlak et al., 2010b). 이런 결과는 2002년과 2009년 사이에 신체학대로 인한 아동의 입원율의 증가와 대출률과 차압률의 관계를 보여주었던 최근 연구와 일관된다(Wood et al., 2012). 아동학대에 대한 여러 가지 다른 위험요인이 **아동학대 2010** 보고에서 평가되었다(USDHHS, 2011b). 피해자의 16%가 장애가 있었고, 3.9%가 행동상 문제가 있었고, 5.2%가 다른 유형의 의학적 문제가 있었다. 그러나 이런 문제는 조사단계에서는 분명하게 드러나지 않았을 수 있고, 조사가 종료된 이후에도 아동들이 여전히 아동복지시스템에 속해 있기 때문에 이들의 정신건강문제에 대해 계속적으로 평가하는 것이 필요하다.

다른 나라의 학대율

캐나다의 아동학대와 방임연구(CIS)에서 아동보호서비스 자료로 추정한 캐나다의 학대율은 아동보호서비스에 기초한 미국의 자료와 비슷하다. 2008년에 조사된 아동학대 의심사례의 비율은 전집 아동 1,000명당 39.16명이었고, 아동학대와 방임의 판정률은 일반 전집에서 아동 1,000명당 14.1명으로 이 가운데에서 반 정도는 이전에 아동보호서비스 조사를 받은 적이 없었다(Public Health Agency of Canada [PHAC], 2010).

캐나다의 판정률이 더 높은 이유 가운데 하나는 첫째, CIS와 NCANDS는 포함된 사례에 대해 상세한 정보를 수집하지만 특정 사례가 CIS와 NCANDS의 학대 정의에 부합되는지 여부는 조사하는 사람이 주관적으로 결정하기 때문이다. 둘째, 캐나다에서는 성인 파트너 사이의 폭력(intimate partner violence, IPV)은 아동복지서비스에 정서학대로 보고된다(가장 최근 CIS에 따르면 판정된 사례의 34%; PHAC, 2010). 셋째, 캐나다와 미국에서 체벌의 사용을 용납하는 기준에 차이가 있다(Fallon et al., 2010). 캐나다 사례의 82%(1,000명당 11.60명)는 한 가지 형태의 학대를 받았다. 판정된 사례의 나머지 18%는 여러 유형의 학대를 동시에 받았다. 가장 흔한 조합은 방임과 IPV 노출, 방임과 신체학대, 방임과 정서학대, 그리고 정서학대와 IPV 노출이다(PHAC, 2010).

전반적으로 캐나다에서는 아동방임이 미국에서처럼 많이 나타나는 형태의 학대가 아니다(각각 1,000명당 4.81명 대 1,000명당 7.9~10.5명). 이런 결과는 캐나다의 보편적 의료서비스와 저소득 계층에 대한 다른 형태의 정부지원과 관련이 있을 수 있다(PHAC, 2010; Sedlak et al., 2010a; USDHHS, 2011b). 아동 피해자에 대한 신체적 피해는 2008년에 학대로 판정된 사례의 9%에서 발견되었는데 1,000명당 1.17명 비율이었다. 이 가운데 1/3이 치료를 받아야 할 만큼 신체적 피해의 정도가 심각했다(PHAC, 2010).

성학대의 세계적 유병률과 관련해서 약 20%의 여성과 5~10%의 남성이 어려서 성학대를 받았다고 보고되었다(Finkelhor, 2008; Pereda, Guilera, Forns, & Gómez-Benito, 2009; Stoltenborgh, van IJzendoorn, Euser, & Bakermans-Kranenburg, 2011). WHO는 18세 이하 여성 1억 5천만 명과 남성 7천 3백만 명이 강제적으로 성교나 신체접촉이 포함되는 여러 유형의 성적 폭력을 경험했다고 보고했다(WHO, 2006). 아동매춘과 음란물은 특별하게 치명적인 유형의 학대로서 세계적으로 해마다 180만

표 16.2 캐나다, 미국, 오스트레일리아, 뉴질랜드의 아동학대 비율

	캐나다[a]		미국[b]		오스트레일리아[c]		뉴질랜드[c]	
	모든 사례의 %	1,000명당 비율	모든 사례의 %	1,000명당 비율	모든 사례의 %	1,000명당 비율	모든 사례의 %	1,000명당 비율
모든 학대		14.1		10.1		6.5		11.7
특정 유형								
방임	34	4.81	78.3	7.9	29	–	–	3.63
신체학대	20	2.86	17.6	1.76	22	–	–	2.05
성학대	3	0.43	9.2	0.92	13	–	–	0.83
정서학대	9	1.23	8.1	0.81	36	–	–	7.39

a. 캐나다의 아동학대와 방임사례에 대한 연구 자료(Public Health Agency of Canada, 2010)
b. 아동학대 2010의 자료(U.S. Department of Health and Human Services, 2011)
c. 아동학대에 대한 세계적 시각, 9판의 자료(International Society for Prevention of Child Abuse and Neglect, 2010)

명의 아동이 피해를 입는다(ILO, 2002). 아동에 대한 성적 착취를 정확하게 추정하기 어렵지만 최근 보고에 의하면 세계적으로 450만 명이 강제 성교의 피해자이고, 이 가운데 21%가 17세 이하의 아동이며 98%가 여성이다. 국경을 넘는 이동은 성적 착취와 아주 관계가 깊다. 성적 착취를 당한 사람의 78%가 자신의 고향이나 주거지를 떠나도록 강요받고 있다(ILO, 2012).

비록 줄어들고 있기는 하지만 예멘과 아프리카 여러 국가에서는 여성할례가 계속되고 있다. 어린 여성은 나이든 여성보다 할례를 덜 받으며, 어머니 세대보다 딸 세대가 할례를 덜 받는다. 그럼에도 불구하고 유니세프(2009)는 아프리카 28개 국가에서 7천만 명 이상의 15~49세 여성이 할례를 받고, 각 국가의 유병률은 1% 이상이라고 추정하였다. 더구나 유럽, 북미와 오스트레일리아의 이민공동체를 포함한 여러 국가에서도 (훨씬 정도는 덜 하지만) 할례가 이루어지고 있다(UNICEF, 2009). 자료에 의하면 유병률이 여전히 높은 나라에서 여성할례에 대한 여성의 반대가 증가하고 있지만 이런 반대가 행동의 변화로 연결되지 못하고 있다(UNICEF, 2009).

정서학대도 비슷한 세계적 문제이지만 그 발생률은 나라에 따라 차이가 있다. 가정에서 일어나는 학대에 대한 세계적 연구(The World Study of Abuse in the Family Environment, WorldSAFE) 프로젝트에 의하면(Sadowski, Hunter, Bangdiwala, & Munoz, 2004), 필리핀 부모의 48%가 지난 6개월 동안 자녀를 버릴 것이라고 협박한 적이 있고, 미국 부모의 24%는 지난 6개월 동안 자녀에게 악담을 한 적이 있고, 이집트 부모의 40%가 지난 6개월 동안 자녀에게 악담을 하고 욕을 한 적이 있다고 보고했다. 앞에서 지적했듯이 많은 사람이 IPV에 대한 노출도 일종의 정서학대라고 보고 있다. 2006년에 아동폭력에 대한 유엔사무총장연구에서 아동이 가정폭력에 노출되는 정도를 평가하려는 최초의 시도가 이루어졌다. 세계적으로 1억 3,500만 명에서 2억 7,500만 명 사이의 아동이 집에서 폭력에 노출된다고 추정되었다. 개발도상국에서는 460만~1,130만 명의 아동이 가정폭력에 노출되었다. 추정치가 산출된 다른 지역은 사하라 사막 이남 아프리카(3,490만~3,820만), 라틴아메리카와 카리브해 지역(1,130만~2,550만), 서남아시아(4,070만~8,800만), 동부아시아(1,980만~6,140만), 서부아시아(720만~1,590만)였다(UNICEF, 2006).

판정된 사례에 기초한 미국, 캐나다, 오스트레일리아, 뉴질랜드의 모든 유형의 학대의 전체 발생률이 표 16.2에 제시되어 있다. 오스트레일리아의 매년 판정률이 가장 낮았고(1,000명당 6.5명), 그다음이 미국(10.1명), 뉴질랜드(11.7명), 캐나다(14.1명)이다. 표 16.2에는 네 나라에서 1,000명당 모든 유형의 학대가 나타나는 비율도 제시하고 있다. 미국과 캐나다에서는 방임이 가장 많았고(각각 1,000명당 7.9명과 4.81명), 정서학대는 뉴질랜드(1,000명당 7.39명)와 오스트레일리아에서 가장 많았다(비율이 보고되지 않았음, 모든 사례의 36%). 신체학대의 비율은 모든 나라에서 비슷하였으나(1.7명에서 2.8명), 성학대는 캐나다(0.43명)보다 미국과 뉴질랜드(각각 0.92명과 0.83명)에서 더 많았다. 여러 국가를 비교하였기 때문에 가족이 아동의 필요를 채우는 데 문제가 있었고(방임), 학대의 원인은 아니라고 하더라도 좋지 못한 여건에 빈곤이 항상 수반되었다. 특히 IPV 노출을 포함하였을 때에는 정서학대가 아주 많이 일어났다. 현재 건강한 인간관계에 대한 여성의 취약성을 지원하기 위한 노력이 계속되고 있다. 아동보호서비스 기관에서는 한 사례에 대해서 여러 유형의 학대가 일어났는지를 철저하게 평가하지 않고, 아동기에 일어난 학대를 반복적으로 평가하지 않는다. 따라서 다른 유형의 학대로 인해서 아동보호서비스가 개입한 사례에서는 성학대는 충분하게 파악되지 않는다.

여섯 개발도상국의 경향을 살펴보면 영아 부상을 제외하고는 1970년대에 아동학대 조사를 시작한 이후 어떤 지표에서도 학대가 감소한다는 일관된 증거는 없다(Gilbert et al., 2012). 이러한 실망스러운 결과는 아동학대 신고가 증가하기 때문이거나 예방이 비효과적이거나 또는 둘 다의 영향일 수 있다. 또한 이런 실망스러운 결과는 아동보호와 예방을 위한 노력을 더 확대하고 평가해야 할 필요성에 관심을 기울이도록 해준다.

가혹한 신체적 훈육의 비율

가혹한 신체적 훈육이 관심을 많이 받아 왔다. 그 이유는 다양한 학대와의 관련성 때문인데, 특히 딱딱한 물체가 사용되었거나 타박상이 있을 때 그렇다. WorldSAFE 프로젝트에서는 이집트, 인도 농촌지역과 필리핀 부모에게 자녀에게 사용하는 훈육방법을 보고하게 하였다. 세 나라 부모의 21%에서 31%가 지난 6개월 동안 물건으로 아이의 궁둥이 이외의 신체부위를 때린 적이 있다고 보고했다. 미국과 칠레에서는 4%였다. 더구나 이집트와 인도 농촌지역 부모는 자녀를 벌주는 방법으로 얼굴이나 머리를 자주 때렸다(Hunter, Jain, Sadowski, & Sanhueza, 2000; Strauss, 1979, 1995; Strauss, Hamby, Finkelhor, Moore, & Runyan, 1998). 다른 나라의 부모와 아동의 자기보고에서도 체벌이 흔히 사용되는 심각한 폭력임이 확인되었다. 이탈리아 8%, 중국 22.6%, 한국 51.3%(Kim et al., 2000; Gang, 1998)로 나타났다.

제3차 유니세프 복합지표 클러스터 조사는 저소득에서 중간 정도 소득을 보이는 30개 이상 국가의 아동훈육에 대한 자료를 수집하였다. 2~14세 아동의 39%에서 95%가 폭력적 훈육을 받았다고 보고하였다. 이 비율은 소득이 높은 나라와 크게 다르지 않았다(Fluke, Casillas, Chen, Wulczyn, & Cappa, 2010). 아동이 잘 성장하기 위해서 체벌이 필요하다는 양육자의 신념이 폭력적 훈육과 강하게 관련되었다(Fluke et al., 2010).

아동사망

아동사망은 가장 심각한 형태의 학대이다. WHO(2010)는 매년 15세 이하의 아동 가운데에서 31,000명이 살해당한다고 추정하였다. 여러 국가로부터 자료를 제공받은 세계아동폭력에 대한 UN 보고서에 의하면 (1) 15~17세 아동이 가해자에 의해 사망할 위험이 가장 크고 (2) 1세 이하의 아동은 보통 한쪽 부모나 양쪽 부모, 특히 어머니에 의해 살해될 위험이 두 번째로 높았다(UN Secretary-General's Study, 2006).

미국 전국에서 아동학대로 인한 사망률은 여러 해 동안 상당히 안정적이었다(USDHHS, 2011b). NIS-4는 2005~2006에 학대로 인해 약 2,400명의 아동이 사망했다고 추정했다. 따라서 미국 아동 전집에서 학대와 관련된 사망률은 100,000명당 3.0명이었다(Sedlak et al., 2010a). 아동보호서비스 자료만을 사용한 가장 최근의 보고에서는(NCANDS) 학대로 인한 사망률이 낮게 추정되었다. 일반 전집에서 100,000명당 2.07명이었는데 대부분이 1세 이하였다(47.7%)(USDHHS, 2011b). 사망한 아동 가운데에서 많은 아동이 방임 또는 방임과 다른 학대가 같이 일어났거나(68.1%), 신체학대나 신체학대와 다른 학대가 같이 일어나서 사망하였다(45.1%).

전 세계적으로나 국가적으로 실제 학대로 사망한 아동의 수는 현재 나와 있는 추정치보다 훨씬 더 많을 것이다. 사망을 실수로 인한 추락, 소사, 익사와 같이 여러 가지 원인으로 잘못 추정하는 경우가 많다. 특히 저소득 국가에서는 출생신고가 잘 이루어지지 않고 의사가 사망진단을 하지 않는 경우도 많다(WHO, 2010).

아동학대의 비용

아동학대의 발견, 예방, 치료서비스와 관련된 많은 문제는 사회로부터 막대한 비용을 요구한다. 예를 들어 법률서비스, 보호서비스와 양육위탁서비스, 정신적·신체적 건강서비스, 치료와 재활서비스를 정기적으로 제공해야 한다. 교육과 고용기회의 제한, 가족의 불안정성 및 만성적 중독과 정신건강장애와 관련된 비용도 추가로 제공해야 한다. 학대받은 아동은 비용이 많이 드는 건강관리서비스를 즉각적으로 받아야 할 뿐 아니라 장기적으로도 의료서비스, 심리서비스와 다른 서비스도 많이 받아야 한다(Gelles & Perlman, 2012). 일반 전집과 비교할 때 아동보호서비스 아동과 청소년은 특수학급에 배정되는 경우가 많고 졸업하는 데 더 오래 걸린다(Lang, Stein, Kennedy, & Foy, 2004). IPV는 학대와 같이 발생하는 경우가 많은데 정서학대의 우려와 다시 피해자가 될 위험성 때문에 이런 가정의 아동을 보호해야 한다고 결정했을 때 캐나다 온타리오 지역의 아동보호서비스 사례가 300% 이상으로 증가하였다(Fallon et al., 2010). 이런 수치는 학대의 예방이 재정적으로(사회적으로도) 더 믿을 만한 접근임을 보여준다.

발달 과정과 정신병리

아동학대의 주요 결과를 이해하기 위해서는 손상되거나 지연되는 발달의 기초과정을 생각해 보아야 한다. 학대는 아동의 발달을 손상시키는 방향으로 사회적 및 정서적 적응을 유도한다. 예를 들어 아동을 심리적으로 통제하기 위한 가해자의 강압적 전략(아동이나 다른 사람을 해치겠다는 협박과 같은 공포유발전략을 포함하여)뿐 아니라 아동의 자아의식을 파괴하려는 전략(예 : 말로 아이를 모욕하는 것)은 아동이 다른 사람과 관계를 맺는 방식에 영향을 미친다. 그 결과 학대받은 아동은 그렇지 않은 아동보다 조직화된 애착책략을 보이지 않을 가능성이 더 크다(Baer & Martinez, 2006; Cyr, Euser, Bakermans-Kranenburg, & van IJzendoorn, 2010). 아동이 자신과 타인을 어떻게 개념화하는지는 신념체계뿐 아니라 관계원형을 나타내기 때문에 애착의 문제는 아동학대의 영향을 이해하는 데 중요하다(Waters, Posada, Crowell, & Lay, 1993).

감정적으로 아주 혐오스러운 경험을 처리해야 하기 때문에 학대는 발달의 모든 영역을 손상시킨다. 학대유형에 관계없이 외상을 입은 아동에게 공통적으로 나타나는 발달적 문제가 있다. 여기에는 사회인지적 적응(인지적 경계, 해리, 사회인지적 결손)과 사회정서적 적응(자신에 대한 개념화, 타인에 대한 개념화, 감정조절)이 포함된다. 그러나 생존자들, 특히 환경적 자원을 잘 활용하여 긍정적 기회와 사회적 연계를 만들고, 내적 자원과 자기교정 경향성(self-righting tendency)을 극대화할 수 있었던 사례에서는 적응유연성이 높고 적응도 잘 이루어진다(Afifi & MacMillan, 2011; Werkerle, Waechter, & Chung, 2011).

사회인지적 발달

사회인지적 발달(즉, 세상에 대한 아동의 입장과 도덕적 추론의 발달)은 부모의 건전한 지도와 통제에 의해 이루어진다. 당연히 학대받은 아동은 부모가 힘을 휘두르고 외부적으로 통제하는 분위기에서 성장하기 때문에 도덕적 추론수준은 학대받지 않은 아동보다 훨씬 더 낮다. 대개 학대하는 부모는 아동이 다른 사람의 행복을 고려하도록 지도하지 못하기 때문에 아동이 도덕적 규칙을 내재화하거나 모방하지 못한다. 학대받은 아동은 자신을 보호하고 자신의 발달을 지원하기 위해서 방어 구조를 만들어야 한다.

인지적 경계

과잉경계에는 학대의 가능성에 대비하기 위해서 끊임없이 환경을 살피는 것뿐 아니라 환경 내의 작은 변화를 파악하는 능력의 발달이 포함된다. 아동은 비언어적 의사소통을 처리하는 데 능숙해져서 본인도 의식하지 못하는 가운데 위험한 상태(예 : 성인의 분노, 성적 흥분, 취기나 해리)를 나타내는 얼굴 표정, 목소리 톤, 신체언어 단서를 자동적으로 처리하는 것 같다. 이런 위험단서는 경고감을 일으키기 때문에 실제 학대받는 아동은 이런 단서를 언어적으로 명명하거나 확인할 수 없어도 위험신호에 반응하는 것을 학습할 수 있다. 달리 말하면 아동에게 '느낌상태'가 가장 이용하기 쉬운 것 같다. 그러나 일단 경고를 받으면 학대받은 아동은 동요를 드러내기보다는 눈에 띄지 않도록 시도하면서 조용하게 도망치기 위한 노력을 한다. 가능하면 가해자를 피하거나 어쩔 수 없다면 가해자를 달래거나 가해자의 요구에 순응한다.

일부 증거는 학대받은 아동이 해결되지 않는 분노 같이 특정 범주의 감정적 단서에 민감하다는 사실을 지지한다. Hennessy, Rabideau, Cicchetti, Cummings(1994)는 학대받고 가정폭력에 노출되었던 아동이 가정폭력에 노출되었던 짝지어진 저소득층 아동보다 성인 사이의 분노를 보여주는 비디오테이프를 시청한 후에 더 큰 공포를 보고한다고 밝혔다. 그러나 이와 같이 증가된 정서적 반응은 (해결된 분노가 아니라) 해결되지 않는 분노에 대해서 일어났는데, 이는 학대받은 아동이 갈등의 종료와 관련된 단서에 특히 민감함을 시사한다. 학대받은 아동에서 달래는 것 같은 행동이 종종 관찰되는데, 이는 자신이 부모의 공격 대상이 되지 않기 위해서 화가 난 부모를 안정시키거나 진정시키려는 공포에 질린 시도일지 모른다(Hennessy et al., 1994; Koss et al., 2013).

한 정신생리학 실험에서 Pollack, Cicchetti, Klorman과 Brumaghim(1997)은 분노한 장면이나 행복한 장면을 보여주었을 때 학대받은 아동은 학대받지 않은 아동과 뇌의 사건관련전위(ERP), 특히 P300에서 차이를 보였다고 밝혔다. 학대받은 아동은 행복한 장면보다 분노한 장면을 보았을 때 ERP 진폭이 더 컸는데, 이는 부정적 감정을 인지적으로 더 효율적으로 처리하거나 더 우선적으로 처리함을 의미한다. 이처럼 학대받은 아동은 부정적 감정을 잘 파악하는 것 같은데, 이는 나중에 성인이 되었을 때 그들의 양육방식과 감정에 영향을 미칠 수 있다(El-Sheikh & Erath, 2011; Hildyard & Wolfe, 2007).

해리

'해리'는 고통스러운 사건이나 감정을 회피하기 위해서 자신의 일반적인 의식수준을 변화시키는 상황을 말한다(Trzeoacz & Baker, 1993). 이것은 정서적 과부하 상황에서 저항이나 회피가 불가능할 때 자신을 보호하기 위해 이루어지는 정상적 반응이다(Herman, 1992). 해리를 통해서 아동은 학대로부터 (특히 성학대나 신체학대) 주의를 딴 데로 돌리고, 심리적으로 도망을 간다. 이런 과정에는 적극적으로 다른 곳에 있거나 다른 사람이 된 것처럼 가장하거나, 기억을 상실하거나, 신체 일부의 통증을 지각하지 못하는 것이 포함될 수 있다. 해리의 인지적 결과는 기억 속에 있는 학대와 관련된 정보의 분열이다. 정보의 세부적 사항이 서로 분리되고 감정적 및 생리적 반응과 분리된다. 이러한 분열이 일어나면 사건에 대한 기억이 불완전하고 비조직적이 되며, 비논리적 연합이 생겨나고, 감정적 반응이 극단적이 되어서 대인관계에서 일어나는 비교적 사소한 '불쾌한 일'에 대해 아주 격렬한 분노를 보인다. 외상으로 인해 사건의 내용을 분명하게 기억하지 못하면서 강렬한 정서를 경험할 수 있고, 어떤 경우에는 정서적 무감각이 동반되기도 한다.

아동도 해리경험을 나타내 보이는데(예 : 백일몽, 건망증, 주의이동) 비전형적 해리의 중요한 특징은 기억상실, 황홀경, 행동과 기능의 현저한 변화이다(예 : 갑작스러운 놀이의 중단)(Putnam, 1993). Friedrich, Jaworski, Huxsahl과 Bengtson(1997)은 학대받지 않은 통제집단, 학대받지 않은 정신과적 환자, 성학대가 판정된 환자, 성학대가 의심되는 환자가 보고한 해리증상을 비교하였다. 세 임상집단이 정상 통제집단보다 훨씬 더 높은 점수를 보였으나 임상집단 사이에는 차이가 없었다. 연령과 성별을 통제하였을 때 성학대의 기간과 성질이 해리증상을 잘 예측하였다. 학대기간이 길고 심각했던 청소년이 해리증상을 더 많이 보였다. Trickett과 동료들(2001)은 발고(disclosure)되고 6개월 이내에 의뢰된 최초 평가에서 여러 명의 가해자(친부가 아닌 아버지 같은 남성이나 다른 친척들)로부터 신체적 폭력이 동반되기도 하는 성학대를 경험했던 여자 청소년은 해리를 보였지만, 한 명의 가해자로부터 신체적 폭력은 적었지만 지속적으로 근친상간을 경험했던 여자 청소년에서는 해리가 나타나지 않았다고 밝혔다(모든 성학대에는 성기접촉이 있었다). 하위집단의 자료를 통합하였을 때에 성학대를 받은 여자가 7년 후에 이루어진 추후평가에서 해리를 더 많이 보였다(Trickett et al., 2011).

그러나 해리는 성학대를 받은 아동에서만 나타나는 것은 아니다. Macfie, Cicchetti와 Toth(2001)는 이야기 완성과제를 사용하여 학대받은 학령전기 아동과 학대받지 않은 학령전기 아동의 해리를 살펴보았다. 발달적으로 걸음마기와 학령전기가 되면 통합된 자아가 나타난다. 규준적, 비학대 경험이 이 과정을 도와서 다른 사람과 분리되면서도 연결된 자아감이 형성된다. 그렇지만 학대경험은 해리된 자기의 발달을 촉진하여 기억, 지각과 정체성의 정상적 통합이 와해된다. 이런 변화로 인해 부정, 경험에 대한 기억상실, 자신과 환상 속 존재의 혼동, 과장된 자기표상이 나타난다. Macfie와 동료들은 학대받은 학령전기 아동이 학대받지 않는 통제집단보다 해리점수가 더 높았다고 밝혔다. 이러한 차이는 성학대와 신체학대를 받은 아동에서 나타났고 방임 아동에서는 별로 두드러지지 않았다. 이러한 차이의 성질을 분석해 보았을 때 두 시점(최초 평가와 1년 후 평가) 사이에 학대받은 아동의 해리수준은 증가한 데 반해 학대받지 않은 아동의 해리수준은 변화가 없었다. 이 결과는 자아의 '회복'이나 응집성이 더 커짐을 나타내는 것이 아니라 학령전기가 자아통합 대 자아분열의 '민감한 시기'일 가능성을 제기한다.

사회인지적 결손

사회인지는 학대경험과 이후의 사회적 행동 사이를 매개

하기 때문에 중요하게 살펴보아야 할 발달적 측면이다. 사회인지 영역에는 대인지각과 인과추론 같은 다른 사람의 사고, 감정과 의도에 대한 추론이 포함된다(Smetana & Kelly, 1989). 예를 들어 학대받은 아동은 감정인식에 어려움이 있어서 또래와 갈등이 더 많고 정신병리도 더 많았다(Kim & Cicchetti, 2010).

이러한 어려움은 내적 감정에 대한 언어적 표현성이 부족하기 때문일 수 있다. 예를 들면 Cicchetti와 Beeghly(1987)는 어머니와 상호작용할 때 학대받은 아동이 일반 아동보다 '내적 상태'에 대한 단어를 덜 사용하고(예 : 자신과 타인의 감정과 정서에 대한 이야기 — "아이구!", "내가 잘했어.", "네가 내 기분을 상하게 했어.") 자신의 부정적 내적 상태를 덜 이야기한다고 밝혔다. 더구나 학대받은 아동은 부정적 감정과 생리적 상태(배고픔, 목마름)에 대해서도 덜 이야기했다. 이 연구자들은 정서 표현이 부모가 학대를 시작하게 만드는 방아쇠가 될 수 있기 때문에 학대가 일어나는 환경에서는 정서적 언어의 억제가 적응적일 수 있다고 제안하였다. 즉, 어떤 범주의 아동의 감정(고통)은 학대가 일어나는 가정에서는 용납되지 않을지 모르고, 그래서 학대받은 아동이 다른 사람의 고통에 부적절하게 반응하는지 모른다(Main & George, 1985).

학대하는 부모는 감정에 대해서 지나치게 부정적으로 말하기 때문에 아동이 정서를 파악하는 능력을 키우는 데 있어서 좋은 모델이 아닐 수 있다. Cicchetti(1990)는 학대받은 아동과 불안정 애착 아동의 정서적 언어수준이 비슷하다고 밝혔다. 이는 인간관계 상황이 아동에게 정서상태, 정서명명과 정서적 조망수용을 가르치는 데 중요한 환경임을 다시 강조한다. 안정애착을 형성한 학대받은 아동과 불안정애착을 형성한 아동보다 불안정애착을 형성한 학대받은 아동이 내적 상태에 대한 언어가 지연될 위험이 가장 컸다(Beeghly & Cicchetti, 1994). 이런 결과는 일반적으로 문제가 있는 인간관계 상황에서 일어나는 학대가 어린 아동이 사회적 의사소통능력을 학습하는 데에는 특히 해롭다는 사실을 보여준다.

이처럼 아동의 인지발달은 경험에 의해 변형되어서

개인적 위험징후에 반응할 때 사용되는 과잉경계와 해리 같은 여러 적응책략이 인지적 '스타일'로 굳어진다. 더구나 학대받은 아동은 자신의 경험을 언어적으로 기술하는 데 어려움이 있다. 그렇기 때문에 (아동이 학교를 가기 시작하는 것 같은) 환경에 변화가 생기면 그런 책략은 더 이상 적응에 도움이 되지 않게 되고, 인지적 유연성을 발휘하기가 더 힘들어진다.

자신에 대한 개념

학대받은 아동은 우울과 자살생각에서 볼 수 있는 것처럼 자아통합의 어려움, 자기파괴성, 낮은 자아존중감, 낮은 자기유능감, 자기비난과 자신에 대한 부정적 느낌을 포함하여 자아의 핵심적 결손과 싸우는 것 같다. Finkelhor 와 Browne(1988)은 '무력감'이 자아분열과 '자기비난' 과정의 가장 두드러진 요소라고 밝혔는데 자기비난의 과정에서 학대경험의 부정적 측면이 아동의 자기상에 통합된다. 방임에서는 적절한 보호조차 받지 못하는 자신의 낮은 가치와 지위 때문에 아동의 개인적 힘이나 자기효능감이 감소된다. 성적 학대와 신체학대에서는 아동의 물리적 공간이 침범당하고 정복됨으로써 아동의 힘이 찬탈된다. 아동의 자기효능감은 학대를 피하거나 끝내 보려는 시도가 성공하지 않거나 부분적으로 성공할 때 더 감소한다. 아동기 학대로 인해 아동이 자신에 대해 갖게 되는 정서적 역작용은 자기를 존중하지 않고, 자신을 '물체'로서만 가치가 있다고 여기고, 자기결정력이 부족해지는 것이다.

자기개념화, 특히 시간이나 중요한 새로운 경험(예 : 이성관계)에 따라 자기개념화가 어떻게 변화하는지에 대한 연구는 많지 않다. 학대를 받은 걸음마기 아동이 통제집단 아동보다 거울에 나타난 자기모습에 대해 중립적 또는 부정적 반응을 더 많이 보이는데, 이는 학대받은 아동의 자아의식이 부정적이거나 '나쁘다'는 의미이다 (Schneider-Rosen & Cicchetti, 1991). 더구나 자아존중감이 학대받거나 받지 않는 성인집단을 구별하는 강력한 요인은 아니지만 만성적인 부정적 자아개념과 낮은 자아효능감은 성학대를 이겨낸 사람에게서 많이 보고된다

(Kendall-Tackett, Williams, & Finkelhor, 1993). 1980년대에 이루어진 자아에 대한 연구에 의하면 학대받은 어린 아동은 부정적 감정을 억제하며(Cicchetti & Beeghly, 1987; Crittenden, 1988), Crittenden(1988)은 일부 학대받은 아동은 거짓으로 긍정적 감정을 나타내 보인다고 지적하였다. Toth, Cicchetti, Macfie와 Emde(1997)는 문장완성검사를 사용하여 학대와 여러 가지 양육경험에 대한 내면화를 나타내는 반응을 비교하였는데, 학대받은 아동이 학대받지 않은 아동보다 어머니와 자신에 대한 표상이 더 부정적이었다. 신체적으로 학대받은 아동은 부정적 자기표상의 수준이 더 높았고, 방임당한 아동은 긍정적 자기표상의 수준이 더 낮았다. 학대받은 아동은 자신의 긍정적 및 부정적 측면과 자기에 대한 현실적 평가를 통합하는 데 어려움이 있었다(Cole & Putnam, 1992).

이런 문제는 다른 영역에도 적용될 수 있다. 학대받은 아동은 비교집단에 비해 문제해결에서 지구력이 더 낮았다(Egeland & Sroufe, 1981; Gaensbauer, 1982). 또한 학대가 일어난 환경 이외의 환경에서는 아동의 성취가 수용과 칭찬을 받을 수 있지만 아동은 자신을 '나쁘게' 생각하기 때문에 이런 경험으로부터 도움을 받기도 어렵다. 극단적인 경우에는 자신에 대한 이런 견해가 대안적 성격과 해리된 정체성 장애의 핵심이 된다.

아동의 증상을 이해하는 데 자기비난이 중요한 개념이라는 점에 많은 연구가 동의한다. 자기비난은 예방적 기능을 할 수도 있다. 즉, 아동은 다음에 무엇을 할지, 어떻게 더 이상 학대받는 것을 방지할 수 있는지에 대해 '더 잘' 알 수 있다(Janoff-Bulman, 1979). 그러나 특히 성학대를 받은 아동에 대한 문헌을 살펴보면 자기비난이 클수록 심리적 고통이 더 커진다(Feiring, Taska, & Lewis, 1998; Wolfe, Sas, & Wekerle, 1994). 한 아동보호서비스 표본에서 대부분의 10대는 자발적으로 가해자들을 비난하였다(McGee, Wolfe, & Olson, 2001). 그러나 학대에서 자신의 역할에 대해 캐묻자 신체학대를 받은 10대는 '나쁜 품행'을 말했고 성학대를 받은 10대는 학대를 막지 못했던 자신의 잘못을 인정했다. 청소년이 신체·정서학대를 받은 정도와 자기비난 사이에 관계가 있었다. 학대

정도가 증가할수록 자기비난 인지가 감소하였고, 여자에서는 학대가 증가할수록 자기비난의 부정적 정서가 증가하였다. 또한 자기비난은 가해자 비난과 역상관을 보였다. 모든 유형의 학대에서 자기비난 정서가 내재화 문제를 예측하였다. 신체·정서학대와 성학대에서 자기비난 정서는 외현화 문제도 예측하였다. 이 연구자들은 자신이 학대에 책임이 있다고 느끼는 것이 자신이 책임이 있다고 생각하는 것보다 적응에 더 큰 영향을 미친다고 시사하였다(McGee et al., 2001). 성학대를 받은 아동과 청소년의 수치감과 자기비난적 귀인양식이 학대사건의 횟수와 우울증상, 자존감과 에로티시즘의 관계를 매개하였다(Feiring, Taska, & Lewis, 2002; Simon, Feiring, & McElroy, 2010).

신체학대 또는 성학대에 대한 아동의 해석에서 자기비난이 갖는 기능적 가치는 부모를 비난하지 않고 부모의 책임감을 면제해 주어서 부모와 애착관계를 유지하는 것이다(Herman, 1992). 이런 목적을 위해서 아동은 자기비난뿐 아니라 최소화, 합리화, 사고의 억압, 부정과 해리반응 같은 다른 책략도 사용한다. 학대의 의미가 '나쁜'에서 '그렇게 나쁘지 않은' 또는 심지어 '좋은'으로 바뀔 수 있는데, 이런 해석은 주변에 있는 다른 사람들이 아동에게 직접 전달할 수도 있다(긍정적 이득이나 보상, 쾌감의 경험 등). 그러나 어른 행동에 대한 적응적이지만 잘못된 지각과 자기비난의 과정은 학대아동에서만 나타나는 것은 아니다. 이러한 과정은 양육자에 대해 불안정애착과 안정애착을 형성한 학령전기 아동에서도 차이를 보이는데, 이러한 반응은 애착을 유지하려는 전략으로 생각된다(Waters et al., 1993).

타인에 대한 개념

친부와 계부가 관련된 성학대가 친족 외 남성이 관련된 성학대보다 더 큰 정신적 외상을 초래한다. Finkelhor와 Browne(1988)은 이런 현상을 아동이 어떻게든 의지하고 믿었던 사람에 의해 자행된 성학대의 배신역학(betrayal dynamic)으로 설명하였다(나중에 논의될 Frey의 외상배신이론도 참조). 배신은 그 사람에 대한 아동의 신뢰가

가해자가 가진 힘과 권위의 지위뿐 아니라 조정과 강압에 의해 얻어졌다고 느끼는 정도와 관련된다. 양육자의 역할은 아동을 돌보는 것으로 생각되기 때문에 어떤 형태의 학대라도 배신으로 경험된다(지역사회 기관이나 조직 종사자에 의한 아동학대를 포함하여; Wolfe, Jaffe, & Poisson, 2003). 그 결과 아동의 대인관계 욕구는 친밀함을 원하면서도 동시에 두려워하는 강렬한 모순된 감정에 의해 손상을 입게 된다(Dodge, Pettit, & Bates, 1994).

Waldinger, Toth와 Gerber(2001)는 이야기 완성검사를 실시한 결과 방임된 학령전기 아동은 신체학대나 성학대를 받거나 학대받지 않은 통제집단보다 다른 사람을 상처받고, 슬프고, 불안하다고 표상하는 경우가 더 많다는 것을 발견했다. 학대받은/방임된 아동은 통제집단보다 자기 자신을 화가 나고, 다른 사람과 싸우는 것으로 더 많이 표상하였다. 따라서 발달이 일어나는 동안에 이 과정은 다른 사람에 대한 경계심, 이상화와 갈등, 정서적으로 불안정한 타인과의 상호작용, 무분별한 대인관계로 나타날 수 있다.

아동학대로 인한 관계의 단절은 또한 일반적인 대인관계에서 철수/고립과 불안한 집착으로 나타나기도 한다. 예를 들어 신체학대를 받은 아동과 방임된 아동은 어머니, 교사, 또래에게 접근 추구를 많이 하는데, 이는 아동이 다른 사람과의 관계에 대해 느끼는 불안을 반영한다(Lynch & Cicchetti, 1991). 더구나 학대받은 아동은 학대받지 않은 아동에 비해 양육자에게 높은 수준의 불안정애착, 특히 혼란애착(disorganized/disoriented)을 나타낸다. 안정애착 형성을 도와주는 지속적인 자극, 위안과 틀이 없으면 학대받은 영아와 걸음마기 아동은 양육자와 상호적이고 일관적인 상호작용 패턴을 형성하지 못한다. 대신 접근과 회피의 혼재, 무기력, 근심, 일반적 혼란이 특징인 '혼란'애착으로 기술되는 불안정애착을 형성한다(Barnett, Ganiban, & Cicchetti, 1999; Cyr et al., 2010). 안정되고, 일관성 있는 관계의 기반이 없기 때문에 학대받은 아동은 인지적 및 사회적 발달이 뒤처질 위험이 높고, 그로 인해서 정서나 다른 사람에 대한 행동을 조절하는 데 문제가 생길 수 있다. 정서는 어떤 사건

이 자신에게 도움이 되는지 또는 위험한지를 평가하고, 행동을 동기화하도록 고안된 중요한 내적 관리 및 안내 체계의 역할을 한다.

이 밖에 다른 인간관계의 붕괴는 갈등의 심화이다. 예를 들어 가정폭력에 노출된 아동은 그렇지 않은 아동과 비교했을 때 친구의 수나 또래접촉의 빈도에는 차이가 없었지만 더 외롭고, 친구와 갈등이 많다고 보고했다 (McCloskey & Stuewig, 2001). 이들의 어머니도 폭력적이지 않은 가정의 어머니보다 자녀가 친구와 문제가 더 많다고 보고하였다. 이러한 친구 사이의 갈등의 원인은 예상할 수 있듯이 사회적 학습의 영향과 학습된 인간관계 도식으로 인한 공격성의 문제이다(El-Sheikh & Erath, 2011).

마지막으로 학대받은 아동은 또래에게 거부당할 가능성이 크다. 공립학교에 재학하는 세 동시대집단 아동에 대한 전향적 종단연구에서 학대받았던 아동과 짝지어진 통제집단을 비교하였다(Bolger & Patterson, 2001). 학대받은 아동은 주로 방임되거나(75%) 신체·정서학대를 받았다(64%). 방임만 받았거나 방임과 학대를 동시에 받은 사례가 가장 흔하였고 대부분의 학대받은 아동은 한 가지 판정을 받았다. 매년 실시되는 사회측정 검사에 의하면 만성적으로 학대받은 아동은 (5년 또는 그 이상) 일회성 검사에서뿐 아니라 아동기에서 초기 청소년기 사이에 또래로부터 항상 거부를 많이 받았다. 학대가 오래 지속되었을수록 아동이 또래에게 반복적으로 거부를 받을 가능성은 더 증가하였다. 통제집단의 73%, 5년 동안 학대받은 아동의 64%, 5년 이상 학대받은 아동의 50%가 또래에게 거부를 받은 적이 없었다. 중요하게는 학대와 또래거부의 관계가 부분적으로는 남아와 여아의 공격성에 의해 설명되었으며 사회적 철수는 영향을 미치지 않았다. 이 연구자들은 학대유형보다 지속성이 공격성과 또래거부를 가장 잘 예측한다고 결론 내렸다. 양육자의 만성적인 학대는 학령기 동안에도 높은 수준의 공격성과 반복되는 또래거부를 유의하게 예측하였다. 학대-공격성-또래거부 경로를 설명하는 기제 가운데 하나는 부모-아동 사이의 강압적 상호작용이다. 즉, 또래에게 강압적이

고 공격적인 방식으로 상호작용하는 경향성은 아마도 집에서 '훈련되었을' 것이다(Snyder, Schrepferman, Bullard, McEacheren, & Patterson, 2012).

사회정서발달과 정서조절

부모-아동애착과 집안분위기는 또 다른 중요한 발달의 측면인 정서조절에 중요한 역할을 한다. '정서조절'은 특히 강렬한 감정과 충동의 강도와 표현방식을 적응에 도움이 되도록 조절하거나 통제하는 능력을 말한다(Kim & Cicchetti, 2010). 정서조절은 적응기능을 촉진할 수 있도록 정서(특히 강렬한 정서)를 조절하고, 수정하고, 방향을 바꾸거나 아니면 통제하는 능력이다(Cicchetti, Ganiban, & Barnett, 1990). 정서조절의 문제에는 두 가지 범주가 있는데 (1) 조절곤란(자기조절전략을 동원하여 정서의 강도를 변화시키지 못하는 것)과 (2) 경험적 회피(정서를 수용하거나 참지 못하는 것, 따라서 정서경험을 회피하고, 통제하거나 억제하는 것; Cicchetti, Ackerman, & Izard, 1995)이다. 학대아동의 정서적 문제는 특히 조절곤란인데, 이로 인해 정서를 더 극단적으로 경험하게 되며, 좀 더 근본적인 문제는 신체상태나 생리적 반응을 의식하지 못하는 것이다(Herman, 1992).

정서조절곤란은 강렬한 분노폭발뿐 아니라 우울한 반응으로 표현될 수 있다. 따라서 학대아동이 나이가 들고, 또래와 다른 성인이 개입된 새로운 상황에 접하게 되면 정서조절곤란은 더 큰 문제가 되어서, 결국 비정상적인 자기위해행동을 하게 된다. 시간이 지나면서 정서조절곤란은 적대성, 공격성과 다양한 형태의 행동화 같은 외현화 장애뿐 아니라 우울과 무서움과 같은 내재화 장애와도 관련이 된다(Brensilver, Negriff, Mennen, & Trickett, 2011; Teisl & Cicchettin, 2008).

우울증상군과 학대시기를 고려하면 아동기에만 일어나는 학대와 비교할 때 청소년기에 일어나는 학대는 청소년기의 우울증상의 위험을 증가시킨다(Thornberry, Ireland, & Smith, 2011). 두 시기의 학대경험은 모두 내재화 장애와 관련된다. 사회인구학적으로 짝지어진 통제집단 아동과 비교했을 때 학대아동이 임상수준의 내재화

행동문제를 더 많이 보였다(예 : 자기가 보고한 높은 수준의 우울과 교사가 평정한 높은 수준의 내재화 문제; Cicchetti & Rogosch, 2001). 더구나 이러한 내재화 문제가 있는 학대아동에서 코르티솔 조절장애가 발견되었는데 코르티솔 수준이 아침, 오후에 높았고 일일 평균치도 높았다. 하루의 전형적인 코르티솔 패턴은 잠에서 깨어날 때 가장 높고, 수면이 시작되면서 감소한다. 코르티솔 수준은 심한 외상에 대한 반응으로 증가할 수 있기 때문에 내재화 문제를 보이는 학대아동이 보이는 패턴은 변연계-시상하부-뇌하수체-부신피질(limbic-hypothalamic-pituitary-adrenocortical, LHPA) 축[1]이 만성적으로 과잉활성화되고 있음을 시사하는데, 이는 어쩌면 뇌손상이 있음을 나타낼 수도 있다(신경학적 손상, 해마의 뉴런손실, 수초화의 지연, 비정상적 시냅스 가지치기; Cicchetti & Rogosch, 2012). De Bellis와 동료들(1999)은 PTSD와 동반이환 우울장애가 있는 학대를 받은 사춘기 이전 아동은 LHPA 축에 조절장애가 있음을 발견하였다. 이런 결과는 코르티솔 조절장애와 사회적 기능이 떨어지는 것이 서로 관련이 있음을 시사한다(Carpenter, Shattuck, Tyrka, Geracioti, & Price, 2011).

정서조절곤란은 고통스러운 정서를 관리하거나 회피하기 위해서 부적응적이고 자기파괴적인 행동을 유발할 수도 있다. 예를 들어 아동의 자해행동은 참을 수 없는 심리적 고통을 신체적 고통으로 대체하려는 병리적 형태의 자기진정일 수 있다(Herman, 1992). 강한 해리상태 다음에 나타나는 자해에 대한 강박은 사춘기 이전에 발달하며 수치감을 일으키기 때문에 비밀리에 이루어진다. 학대를 이겨낸 사람이 부정적 정서를 조절하기 위해 사용하는 다른 부적응적 시도는 제거행동과 구토하기, 강박적 성행동, 강박적인 위험감수나 위험에 대한 노출, 그리고 알코올과 약물사용이다(Beitchman, Zucker, Hood, DaCosta, & Akman, 1991; Lanier, Johnson-Reid, Stahlschmidt, Drake, & Constantino, 2010). 이러한 부적응적인 행동의 기능적 가치는 부정적 자아개념을 정적으로 강화하고, 정서적 무감각에서 회피하고, 부정적 정서를 감소시키고 긍정적 정서를 증가시킴으로써 불쾌한 정서상태를 스스

로 치료하는 것이다(Stewart & Israeli, 2002). 물질오용도 자아존중감을 강화하고, 친구에 대한 소속감을 증가시키고, 고립감을 감소시킨다.

신경학적 발달

아동기 학대는 뇌발달을 저해하는 두 가지 기제에 의해 인지발달에 영향을 미친다고 생각되고 있다. 첫째 기제는 신체학대로 인한 뇌의 직접적 부상이나 방임으로 인한 영양실조이다. 둘째 기제는 정서 및 성학대를 포함한 모든 형태의 학대에서 나타나는 스트레스 경로를 통하여 매개되는데, 이도 역시 인지적 손상과 관련된다.

뇌는 일찍부터, 특히 출생에서 2세 사이에 가장 빠르게 성장하고 구조화된다. 이렇게 뇌가 빠르게 성장하는 민감기 동안에 일어나는 변화는 영구적이며 이후의 발달에 영향을 미친다. 이는 아동학대 사례에서 인생 초기에 경험하는 학대는 역경이 사라진 후에도 발달에 영향을 미칠 수 있음을 의미한다(McCrory, De Brito, & Viding, 2010). 따라서 초기 아동기 스트레스는 인지기능과 발달에 지속적으로 영향을 미칠 수 있다. 아동기에 학대를 받았던 아동과 청소년에 대한 연구는 LHPA 축과 노르에피네프린 체계에 영구적 변형을 발견하였는데, 이는 스트레스에 대한 개인의 반응성에 크게 영향을 미친다(McCrory et al., 2010). 장기적인 정신건강문제를 유발할 수 있는 스트레스 반응에 관련되는 뇌 영역에는 (학습과 기억에 관여하는) 해마, 전전두엽과 편도체가 있다(Cicchetti, Rogosch, Howe, & Toth, 2010; Nunes, Watanabe, Morimoto, Moriya, & Reiche, 2010l; Roth & Sweatt, 2011).

신경과학자들은 학대받은 아동에서 정서조절문제와 성장하는 뇌에서 일어나는 변형은 서로 관련이 있어서 결국에는 스트레스를 관리하는 능력에 이상을 초래한다고 보고 있다(Danese et al., 2011). Gunnar와 Quevedo (2007)는 '스트레스'를 개인이 감당할 수 있는 능력을 넘어설 정도로 개인의 행복이 위태로울 때 일어나는 현상으로 정의하였다. 급성 스트레스가 적응적이고 생존 가능성을 증가시키는 반면, 만성 스트레스는 뇌발달에 해

로울 수 있다. 만성적으로 학대를 받는 아동은 만성 스트레스를 경험하게 되고 스트레스 호르몬이 비정상적으로 생산되므로 혈액 내에 카테콜아민과 코르티솔 수준이 높아진다(Carpenter et al., 2011; De Bellis et al., 1999). 만성적으로 증가된 코르티솔 수준은 지능검사를 포함한 여러 신경심리검사의 낮은 수행과 관련이 있다(Starkman, Giordani, Schork, & Schteingart, 2001).

스트레스 호르몬에 만성적으로 노출되면 어떤 연령에서든지 인지에 관여하는 뇌구조가 영향을 받는다(Lupien, McEwen, Gunnar, & Heim, 2009). 그 결과는 노출시기와 기간에 달려 있을 뿐 아니라 유전자와 이전에 일어난 환경적 역경 사이의 상호작용에도 달려 있다.

급성 스트레스 반응은 LHPA 축을 활성화시켜서 부신에서 코르티솔과 카테콜아민이 분비되게 한다. 이러한 스트레스 호르몬은 뇌기능에 오랫동안 영향을 미친다(Lupien et al., 2009). 높은 수준의 스트레스 호르몬은 해마와 편도체 같은 구조에 영향을 미쳐서 학습과 기억을 방해할 수 있고, 뉴런의 소멸, 수초화의 지연, 신경형성의 억제와 뇌성장 요인의 감소를 통해 뇌발달을 방해한다(McCrory et al., 2010; Smith, Makino, Kvetnansky, & Post, 1995). 뇌의 각 영역에는 고유한 민감기나 취약성의 창이 있는데 이 기간 동안에 높은 수준의 스트레스 호르몬에 의해 특정 영역의 발달이 변형될 수 있다(Anderson, Anderson, Northam, Jacobs, & Catroppa, 2001). 만성적 학대는 민감기에 일어날 가능성이 크고, 이러한 민감기는 주로 인생 초기에 많다(Pechtel & Pizzagalli, 2011). 오랜 기간에 걸쳐 발달하는 뇌 영역과 관련된 복잡한 인지기능은 어렸을 때 스트레스의 부정적 영향에 특히 취약하다. 따라서 스트레스가 많은 아동기 생활경험은 뇌발달에 영향을 미치고 뇌의 해부학적 및 기능적 변형을 초래한다. 아동기 후기와 청소년기는 뇌의 전전두엽 발달의 결정적 시기이다. 이 영역은 주의와 인지적 유연성을 포함하는 실행기능의 성숙과 관련되고, 뇌 영역 가운데에서 가장 늦게 발달한다(Anderson et al., 2001). 따라서 실행기능은 인생의 후반기에 발달하기 때문에 실행기능 문제는 아동이 약간 나이가 들어야

지만 분명하게 드러난다.

신체학대를 받고 비우발적 머리손상을 입은 아동의 약 2/3는 말하기와 언어에서 문제를 보였는데, 이는 보통 다른 신경학적 이상과 관련이 있다(Barlow, Thompson, Johnson, & Minns, 2004; Stipanicic, Nolin, Fortin, & Gobeil, 2008). 이들 가운데 많은 아동이 인지적, 운동적, 언어적 및 행동적 문제를 다양하게 같이 가지고 있다(Barlow et al., 2004). 이들은 집중력이 낮고 주의폭이 좁아서 학교에서 수행도 떨어진다(Barlow et al., 2005). 외상성 뇌손상을 입은 후에 신경심리검사로 평가하면 지적 손상이 심하게 나타난다(Ewing-Cobbs et al., 1998; Prasad et al., 2005). 외상성 뇌손상을 입은 아동은 손상을 입지 않은 아동에 비해 평균적으로 지능이 낮고 실행기능에 큰 결손을 보인다(Anderson, Catroppa, Morse, Haritou, & Rosenfeld, 2005; Stipanicic et al., 2008).

외상성 뇌손상을 입게 되면 나이든 아동보다 출생부터 6세 사이의 아동이 더 나쁜 결과를 보인다(Babikian & Asarnow, 2009). 영아는 특히 심각하고 범위가 넓은 뇌손상을 입기 쉽다. 열려 있는 정수리의 숨구멍이 충격을 흡수하게 된다. 영아들의 머리가 너무 커서 가눌 수가 없다. 영아의 뇌는 빠르게 성장하기 때문에 손상에 더 취약하다(Hahn et al., 1988). 1세 미만 영아의 뇌손상은 미만성일 가능성이 크기 때문에 외상성 뇌손상이 일어났을 때 결과가 가장 나쁘다(Anderson et al., 2009).

한 연구에서 영아기나 학령전기에 뇌손상을 입은 아동은 나이가 들어서 뇌손상을 입은 아동에 비해 언어적 기술과 수행기술을 포함한 인지적 처리에 전반적으로 문제를 더 많이 보였고, 회복도 더 느렸다. 그들은 또한 외상성 뇌손상을 입었을 당시에 이미 읽기를 학습하였던 신체학대를 받은 아동에 비해 읽기에 더 큰 문제를 보였다(Barnes, Dennis, & Wilkinson, 1999). 6세 이전에 결과가 더 나빠지는 것은 어릴 때에 뇌가 빠르게 발달하기 때문인 것 같다. 어렸을 때 뇌손상을 입은 아동은 연령에 적합한 새로운 기술을 배우기 어렵다. 따라서 나이가 들어서 기초적 인지기술이 이미 발달하였을 때 뇌손상을 입은 아동에 비해서 어렸을 때 뇌손상을 입은 아동의 결

과가 더 나쁘다. 이 아동들은 또래의 지적 발달수준을 따라잡지 못한다(Keenan & Runyan, 2001).

학령기에 머리손상을 입은 아동의 IQ는 시간이 가면서 발달한다. 말을 해야 하는 상황에서는 언어적 결손이 분명하게 나타나지만 그래도 언어기술은 발달하고(van Heugten et al., 2006) 인지적 처리 속도는 느리다(Bawden, Knights, & Winogron, 1985). 심각한 뇌손상을 입은 학령기 아동은 학교시험에서 평균 정도의 점수를 보이지만 많은 아동이 부가적인 도움과 보충교육을 필요로 한다(Ewing-Cobbs et al., 1998; Ewing-Cobbs, Barnes, & Fletcher, 2003).

외상성 뇌손상의 정도가 인생에서 나중에 나타날 인지적 결과를 예측하는 핵심요인이다(Barlow et al., 2005; Catroppa, Anderson, Ditchfield, & Coleman, 2008; Taylor et al., 2008). 외상성 뇌손상을 입은 7세 이하 아동은 손상이 심각하지 않으면 회복이 잘 되고, 손상이 심각하면 실행기능에 문제가 있지만 평균 정도의 인지를 보인다(Anderson et al., 2005; Nadebaum, Anderson, & Catroppa, 2007). 2~7세에는 가벼운 손상보다 심각한 외상성 뇌손상이 기억에 더 문제를 일으켰다(Anderson, Catroppa, Rosenfeld, Haritou, & Morse, 2000). 이처럼 신체학대를 받은 아동의 인지적 결과를 예측해 주는 중요한 두 요인은 뇌손상이 일어난 연령과 손상의 정도이다.

학습과 언어문제

현재 문헌들은 아동기 학대가 인지적 결손과 학교적응 및 학습의 어려움과 관련이 있다는 데 동의하고 있다(Cicchetti & Valentino, 2006). 아동학대는 인지발달을 방해하는 다른 여러 요인과 관련되기 때문에 이전에는 학대아동과 비학대아동의 인지적 차이의 원인이 논쟁거리였다. 여기에는 경제적 어려움, 영양부족, 부모의 정신병리, 열악한 양육, 양육자가 주는 자극의 부족, 가족역기능과 부모의 낮은 교육수준이 포함된다(Ayoub et al., 2006; Cicchetti & Lynch, 1993; Jaffe & Maikovich-Fong, 2011).

지능과 학업성취

신체학대를 받은 아동은 학업성취와 언어발달이 지연되어서 인지기능과 언어기술검사에서 학대받지 않은 아동보다 점수가 훨씬 더 낮다(Mills et al., 2011). 신체학대를 받았던 청소년은 표현어휘와 수용어휘가 부족하다(McFadyen & Kitson, 1996). 한 연구에서 학대받지 않은 아동에 비해 학대받은 아동은 자신과 관련된 언어를 훨씬 덜 사용하였고, 구문표현이 손상되었고, 반복을 많이 하였다(Prasad et al., 2005). 사건사 분석(event history analysis)을 이용한 연구에서 14세 이후에 청소년의 학업 위험이 심화되고, 무단결석과 성적저하의 위험이 증가함이 밝혀졌다(Leiter & Johnson, 1997). 인지적 결손은 아동의 행동적 외관과 복종을 지나치게 중요하게 여기는 부모가 아동에게 충분한 자극을 제공하지 못하였기 때문에 생겨난다. 즉, 아동이 탐색하고, 새롭게 도전하고, 다른 사람과 협동하여 학습하고, 다양한 인지적 및 사회적 자극을 받을 수 있는 자유를 주지 않았기 때문이다.

학대받은 아동은 지능이 떨어지고, 학업성적이 떨어지며(낙제점에 가까운 시험점수와 주요과목의 실패로 나타남), 유급하고, 1년에 수업 출석률이 80% 이하이고, 부가적 서비스를 통한 더 많은 관심과 개별적 교육을 필요로 한다(De Bellis et al., 2009; Shonk & Cicchetti, 2001). 학대받은 아동이 학업문제를 보이는 한 가지 이유는 학대받지 않은 비교집단 아동보다 공부를 덜 하기 때문이다(즉, 자기주도적이고 않고, 자기조절이 잘 안 되고, 주의집중을 못하고, 학교공부에 게으르다; Shonk & Cicchetti, 2001).

학대가 인지능력에 미치는 영향은 일시적이지 않다. 어려서 받은 학대가 아동기 후기의 인지기능에 미치는 영향에 대한 종단연구에서 하나의 동시대집단을 출생 시부터 추적하였다(Enlow, Egeland, Blood, Wright, & Wright, 2012). 출생 시부터 5세 사이에 학대를 받았던 아동으로 집단을 구성하였고, 출생 시부터 8세가 될 때까지 여러 번 지능을 측정하였다. 학대는 측정시기마다 통제집단보다 인지점수가 감소하는 것과 관련이 있었다. 한 가지 놀라운 사실은 2세 이전에 학대를 받았던 아동은 연구가 진행되는 동안 모든 인지적 평가에서 항상 0.5 표준편차 낮은 점수를 받았다는 점이다. 2세 이전에 학대를 받았던 아동의 인지기능에 심각하고, 장기적 영향이 나타나서 후기 아동기까지 지속되었다. 이 집단이 나중에 학대를 받았던 아동보다 인지점수가 평균 7점 더 낮았는데, 이는 일찍부터 학대를 받을수록 부정적 영향이 더 크다는 사실을 나타낸다.

인지기능을 IQ로 평가한 연구에서도 학대의 피해가 누적되면서 아동의 발달궤도를 손상시킨다고 밝혀졌다. 영아기에서 초기 학령기 사이 여러 번의 기간에 학대를 받았던 만성적 학대아동은 단지 한 번의 기간에 학대를 받았던 아동보다 IQ 점수가 더 낮았다(Jaffe & Maikovich-Fong, 2011).

정서적으로 학대받은 아동은 충동성이 높았는데, 이는 학업기능에 나쁘게 작용할 수 있다(Fishbein et al., 2009). 가정폭력(정서학대의 일종)이 심한 가정의 아동은 그렇지 않은 가정의 아동보다 지능점수가 평균적으로 8점이 더 낮았다. 연구들은 또한 가정폭력이 심한 가정에서 아동학대의 위험이 높다고 밝혔다. Koene, Moffitt, Caspi, Taylor와 Purcell(2003)은 쌍생아연구를 사용하여 폭력이 IQ에 미치는 영향을 연구하였다. 그들은 가정폭력이 일란성과 이란성 쌍생아 모두의 IQ 억제와 관련이 있음을 발견했다. 이는 가정폭력이 유전적 성향과 무관하게 어린 아동의 인지에 영향을 미침을 보여주었다. 아동학대를 잠재적 혼입변인으로 통제하였을 때에도 여전히 가정폭력의 부정적 영향이 나타났다. 아동에게 친밀한 관계에서 일어나는 폭력이 위협적이고 아주 고통스럽기 때문에 가정폭력이 IQ에 영향을 미칠 수 있는 것 같다(Grych & Finchman, 2001; Turner et al., 2012).

위험가정에 대해 영아기부터 청소년기 후기까지 이루어진 종단연구의 결과가 장기적인 인지적 결과를 이해하는 데 도움이 된다(Erickson & Engeland, 2002; Sroufe, Coffino, & Carlson, 2010). 전체적으로 볼 때 신체학대를 받은 아동은 학교에서 탈락하거나 자퇴를 많이 하고, 정서학대를 받은 아동은 정신병리를 많이 보였다(90%가 정신과적 진단을 받았고, 73%가 동반이환을 보였다). 인

지적 및 학업적 결손은 영아기(Egeland & Sroufe, 1981)와 걸음마기(Egeland, Sroufe, & Erickson, 1983; Stratheam, Gary, O'Callaghan, & Wodd, 2001)에서 학령기(Erickson, Egeland, & Pianta, 1989)와 청소년기(Egeland, 1997)까지 전 발달단계에서 나타난다. 특히 성별과 복지수급 지위를 통제하였을 때에도 학대받은 아동은 짝지어진 통제집단에 비해 IQ가 낮았고, 읽기와 수학점수가 많이 낮았으며, 정학과 징계를 더 많이 받았고, 유급을 더 많이 하였다. 또한 일반적으로는 학대받은 아동이, 특수하게는 신체적으로 방임된 아동이 통제집단에 비해 학업에 대한 주도성이 낮았다(독립적으로 공부하는 능력, 지구성, 지시에 대한 반응성).

Rowe와 Eckenrode(1999)는 주로 방임된 아동으로 구성된 학대아동 표본에서 수년에 걸쳐 학업곤란의 패턴을 발견했다. 학대를 받지 않은 아동에 비해 학대아동은 유치원과 1학년에서 유급을 많이 하였는데, 이는 학교 준비도가 낮음을 의미한다. 2학년에서 6학년 사이에는 첫 유급비율에 차이가 없었다. 거주지 이동이 아동학대와 학업수행 사이를 매개하였는데(Eckenrode, Rowe, Laird, & Brathwaite, 1995) 학령기 동안 학대가정이 평균 2배 정도 이사를 더 많이 하였다.

짝지어진 통제집단을 사용한 연구에 의하면 학대로 인한 인지적 결손이 언어 및 인지발달의 지체, 저조한 IQ와 저조한 학교수행으로 나타났다(Perez & Widom, 1994; Shonk & Cicchetti, 2001; Veltman & Browne, 2001; Widom, 1998). 도심의 소아과에서 모집한 저소득 계층의 6세 아동에 대한 연구에서 영유아성장장애(Failure to thrive, FTT)와 학대경험이 있는 아동이 이런 경험이 없었던 아동에 비해 학교수행과 인지기능이 더 낮았다(Kerr et al., 2000). 방임을 당했던 아동은 5세에 인지발달의 손상이 커서 정상적인 통제집단보다 평균 1 표준편차가 낮았다(Dubowitz, Papas, Black. & Starr, 2002). 심한 저체중 영아에 대한 전향적 연구에서 Stratheam과 동료들(2001)은 방임으로 판정된 아동의 인지기능이 통제집단에 비해 나이가 들면서(1세, 2세, 3세, 4세) 점점 더 심하게 떨어지고, (출생 시에는 아니었지만) 2세와 4세에

머리둘레가 더 작음을 발견했다. 이 연구자들은 (뇌성마비, 시력상실, 청력상실로 정의된) 장애가 아동보호서비스에 이첩되는 비율과 관계가 없음을 밝혔다. Sullivan과 Knutson(2000)은 장애상태가 학대와 관련이 있다고 밝혔지만, 신체적 장애가 있는 아동의 비율은 인지적 및 행동적 장애를 가진 아동의 비율보다 더 낮았다.

실행기능

실행기능은 목표지향적 행동의 기초가 되는 주의하기, 자기억제, 계획하기, 문제해결, 작업기억과 자기감시와 같은 여러 가지 정신능력으로 구성된다. 이런 기능은 사람들이 새롭거나 다양한 환경적 맥락에 적응하게 한다(DePrince, Weinzierl, & Combs, 2009). 그러나 실행기능은 학대받은 아동처럼 스트레스에 노출된 후에는 문제가 되는 경우가 많다(Bos, Fox, Zeanah, & Nelson, 2009; Colvert et al., 2008; Pollak et al., 2010). 예를 들어 Mezzacappa, Kindlon과 Earls(2001)는 학대받은 것으로 판명된 남자 청소년과 그런 적이 없는 남자 청소년을 비교하였다. 학대를 받았던 청소년은 나이가 들면서도 부정적 결과를 일으키는 행동을 회피하는 능력을 획득하지 못했는데, 이는 학대받은 집단에서 자기조절이 감소함을 보여준다.

Nolin과 Ethier(2007)는 신체학대와 방임이 실행기능에 미치는 영향을 살펴보았다. 그들은 방임과 신체학대를 모두 받았던 아동은 어느 한쪽만 받았던 아동보다 인지기능이 더 낮음을 발견했다. 그들은 청각적 주의력과 반응성이 낮았고, 문제해결, 추상적 사고와 계획하기에 어려움을 보였다. 이 연구는 아동이 여러 가지 학대를 동시에 경험할 때 인지기능에 누적적으로 영향을 미친다는 사실을 보여준다.

가족외상에 노출되었을 때 작업기억, 자기억제, 주의와 처리속도검사에서 실행기능이 더 낮았다. IQ와 실행기능의 관계도 발견되었는데 실행기능의 문제가 학대받은 아동이 그렇지 않은 또래보다 학업, 또래관계와 행동상 문제에서 위험해지는 한 가지 경로이다(DePrince et al., 2009). 이러한 실행기능의 결손은 성인기까지 지속되어서 시각기억, 실행기능과 정서처리에서 더 큰 결손을 보인다(Goule et al., 2012).

언어

언어결손은 다른 형태의 학대보다 심각하게 방임된 아동에서 훨씬 더 흔하게 나타난다(Culp et al., 1991; Gowan, 1993). 이런 언어지체는 자신의 나이에서 가능한 수준보다 수용 및 표현어휘가 지체되고, 조음이 어렵고, 구문적으로 덜 복잡한 언어로 나타난다. Sylvestre와 Merette(2010)는 횡단연구에서 35.3%의 방임 아동이 언어지체를 보임을 발견했다. 이 결과는 신체학대 같은 다른 유형의 학대를 경험한 아동보다 방임아동에 대한 부모지지가 더 낮고 아동-부모 상호작용이 더 어려운 데 기인하는 것 같다. 심각한 방임은 전 언어 단계인 9개월에도 언어발달에 영향을 미친다.

이처럼 어린 단계에서 일어나는 비정상적 발달은 언어발달에 심각한 부정적 영향을 끼쳐서 나이가 들면서 언어지체가 더 심해진다(Adamson, 1996). 3세 이전에 언어지체를 보인 방임아동의 약 50%는 4, 5세가 되어도 지속적으로 언어문제를 보였다(Law, Garrett, & Nye, 2003). 유치원에서 언어지체를 보였던 아동은 2학년과 4학년에 읽기문제를 보일 위험이 더 크다(Catts, Fey, Tomblin, & Zhang, 2002). 이 아동들은 놀이와 사회화에 관심을 덜 보인, 더 심각하고, 더 위축되고, 더 우울해서 일찍부터 심리적 및 사회적 문제를 보이기 쉽다(Hammond, Nebel-Gould & Brooks, 1989; Irwin, Carter, & Briggs-Gowan, 2002). 언어지체를 보이는 아동은 추리와 수학검사에서도 낮은 점수를 보였는데, 이는 언어가 여러 학과목의 어려움과 관계가 있음을 보여준다(Bates, Tomasello, & Slobin, 2005; Manor, Shalev, Joseph, & Gross-Tsur, 2001).

Eigsti와 Cicchetti(2004)는 두 집단의 어머니와 학령전기 아동의 상호작용을 관찰하여 비교하였다. 한 집단은 학대받은 아동이었고 다른 집단은 그런 경험이 없는 아동이었다. 학대받은 모든 아동은 2세 이전에 학대를 경험하였기 때문에 연구자들은 학대가 언어지체에 미치는 장기적 영향을 평가할 수 있었다. 학대받은 아동의 어머니는 기초선 언어능력과 관계없이 아동과 이야기를 별로 나누지 않았다. 학대받은 아동의 문법적인 언어산출은 3개월 정도 지체되었고 이런 경향은 5세까지 계속되었다. 연령이 비슷한 또래에 비해 그들은 덜 복잡한 언어를 산출하였고 어휘에 대한 지식이 더 부족하였다. 비슷한 연구에서 31개월 된 영아와 어머니의 자유놀이를 관찰하였다. 학대받은 아동은 말을 할 때 단어를 덜 사용하였고, 표현어휘가 적었고, 자기를 묘사하는 단어를 덜 사용하였는데, 이는 정서적 및 자아개념이 잘 발달하지 않았음을 보여준다(Beegly & Cicchetti, 1994; Coster, Gersten, Beegley, & Cicchetti, 1989).

아동기 성학대도 언어획득과 나중에 교육받는 정도에 영향을 미친다. 한 연구에서 성적으로 학대받은 여자는 발달 동안 수용언어의 획득이 아주 느렸고, 이런 차이는 청소년기 중기에 심하게 나타났다(Noll et al., 2010). 이런 소녀들이 보이는 최고의 언어숙달 정도는 또래보다 떨어졌다. 더구나 성적으로 학대받은 아동은 성인기에 시각적 작업기억을 포함하여 실행기능에서 더 다양한 결손을 보일 가능성이 컸다(Gould et al., 2012).

정서와 행동상 문제

신체학대나 방임을 받았던 아동은 학교에서 가장 심각하고 폭넓은 정서적 및 행동적 문제를 보인다. 교사들은 아동이 학교공부를 마무리하지 못하고, 주도성이 부족하고, 교사에게 지나치게 도와달라고 하고, 또래에게 공격적 행동을 보이거나 철수한다고 기술한다(Egeland, Yates, Appleyard, & van Dulmen, 2002). 읽기, 언어와 수학 표준화 검사에서 다른 아동보다 점수가 낮다(Mills et al., 2011). 경미한 정신지체에서 중간 정도의 정신지체를 보이는 아동복지지원을 받은 아동과 청소년은 아동보호서비스에서 잘 볼 수 없는 하위집단이지만 연구에 의하면 이들이 평균 지능의 또래에 비해 심리적 고통의 수준이 높았다(Weiss, Waechter, & Wekerle, 2011). 전집에 기초한 청소년 연구에서(7~12학년), 아동보호서비스의 개입 여부는 심리적 고통, 정신적 문제로 전문가를 찾아가는

횟수, 우울/불안에 대한 약 처방을 받을 가능성과 관련이 있었다(Hamilton, Paglia-Boak, Wekerle, Danielson, & Mann, 2011). 그러나 어린 아동이 서비스를 충분하게 받지 못한다는 증거가 있는데, 미국 전국 동시대집단 연구에서 아동학대로 조사를 받았던 아동과 청소년 가운데에서 33%가 정신건강서비스를 받았다(Horwitz et al., 2012). 이러한 부적응은 시간이 가도 지속되어서 청소년 후기와 성인기에 신체적 및 정신건강문제가 더 많아지는 데 기여한다(Clark, Thatcher, & Martin, 2010; Trickett et al., 2011).

학대와 조현병이나 정신병 사이의 관계에 대해 더 많은 연구가 이루어지고 있다. 마리화나 사용, PTSD와 심각한 성격장애와 동반이환이 일어나기 때문에 이들을 구분하는 것이 쉽지 않다. 그러나 여러 유형의 연구를 살펴보면 정신병의 위험이 증가하는데, 아동기 역경(주로 학대)으로 인한 전집의 정신병 위험의 추정치는 33%이다(Varese et al., 2012).

공격성과 적대성

신체학대와 관련된 가장 두드러진 행동적 특징은 다른 사람(특히 권위적 인물)에 대한 높은 공격성과 적대성, 때로는 작은 자극에도 분노폭발을 보이는 것이다(Kolko, 2002 개관 참조). 신체학대를 받은 10대는 사회서비스 기관에서 모집한 학대받지 않는 또래보다 품행장애와 반항성 장애를 더 많이 보인다(신체학대를 받았던 아동과 청소년의 64%가 가정폭력에도 노출되었다; Pelcovitz, Kaplan, DeRosa, Mandel, & Salzonger, 2000). 학령전기의 신체학대는 특히 정서학대와 중복될 때 외현화 행동문제를 예측하였다(Manly, Kim, Rogosch, & Cicchetti, 2001). 신체학대를 받은 아동은 그렇지 않은 아동보다 또래가 더 싫어하고 인기가 더 없었다(Salzinger, Feldman, Hammer, & Rosario, 1993). 이 관계는 다른 사람에 대한 아동의 공격적 및 친사회적 행동에 의해 매개된다(Salzinger, Feldman, Ng-Mak, Mojica, & Stockhammer, 20010). 학대받은 아동은 그렇지 않은 아동보다 가까운 친구에게 친밀성을 덜 보이고, 갈등과 부정적 정서를 더 많이 보인

다(Parker & Herrera, 1996). 이러한 또래와의 어려움은 빈곤과 부정적 생활사건을 통제하였을 때에도 그대로 유지되었다(Okun, Parker, & Levendosky, 1994).

더구나 신체학대를 받은 아동은 또래에게 적대적 귀인을 하여서(즉, 자동적으로 또래가 자신을 해치려고 했다고 가정), 공격적 반응이 더 촉진된다. 예를 들어 Brown과 Kolko(1999)는 자기지향적 귀인(예 : 자기비난)은 내재화 문제와 관련되고 타인지향적 귀인(예 : 세상을 위험하게 보는 것)은 외현화 문제와 관련됨을 발견했다. 신체학대와 공격성의 관계는 사회적 지식의 부족, 특히 사회적 문제해결기술의 손상에 의해 매개되는데, 학대를 받는 상황에서는 학습이 일어나지 않기 때문이다(Rogosch, Cicchetti, & Aber, 1995).

아동은 자연스럽게 자신의 집에서는 어떤 행동이 필요한지를 알게 된다. 신체학대를 받은 아동과 청소년에게서 나타나는 또 다른 행동패턴을 '강박적 복종'이라고 부르는데, 아동의 대인관계 민감성과 수행요구에 대한 민감성의 수준과 관련된다(Crittenden & DiLalla, 1988). 이 용어는 중요한 성인에 대해 아동이 빠르고 쉽게 복종하는 것을 말하는데, 아동이 성인의 단서에 대해 일반적인 경계태세에 있을 때 나타난다. 아동의 강박적 복종행동에는 가식적 얼굴 표정(거짓 긍정적 정서, 공포와 분노의 억압), 애매한 정서, 비언어적 불일치와 기계적인 언어적 반응이 수반된다. 그런 행동은 아동의 추상적 능력이 발달하면서 나타나는 것으로 추정되는데, 12개월경이 되어 아동이 양육자에 대한 안정된 정신적 표상을 형성하면서 나타난다. 영아는 어머니의 분노와 관련된 자신의 행동(예 : 주의에 대한 요구, 침입에 대한 항의)을 억제하는 것을 학습하고, 걸음마기가 되면 어머니를 적극적으로 기쁘게 하려는 행동을 한다. 어렸을 때의 이러한 행동패턴은 자라서도 경직된 행동전략을 사용하도록 만들기 때문에 대인관계에서 상호성이 감소된다(Critten, 1992; Critten & Claussen, 2002 참조). 이런 점에서 아동기 학대경험과 청소년기의 대인관계에서 나타나는 폭력성이 연결된다(Flett, Druckman, Hewitt, & Wekerle, 2012; Flett, Goldstein, Hewitt, & Wekerle, 2012; Flett &

Hewitt, 2002; 특수한 문제에 대해서는 Flett & Hewitt, 2012 참조).

학대받은 아동의 또래관계의 일반적 특징은 두 가지 주제로 나누어 볼 수 있다(Cicchetti & Lynch, 1995). 첫째, 학대받은 아동, 특히 신체학대를 받은 아동과 부모 사이의 폭력을 목격한 아동은 또래에게 신체적 및 언어적으로 더 공격적이다. 그들은 또래가 보이는 친절한 접근과 다른 아동의 고통에 대해 비슷하게 반응한다(Shields & Cicchetti, 1998; Teisl & Cicchetti, 2008). 그 결과 그들은 인기가 없고 다른 사람의 관심을 구하기 위한 부정적 행동과 공격성이 특징인 비정상적인 사회적 관계를 형성하게 된다. 학대받은 아동은 다른 사람이 적대적 의도를 가지고 있다고 잘못 귀인하고, 공감능력과 사회적 기술이 부족하기 때문에 또래가 그들을 거부하는 것은 별로 놀랄 일이 아니다(Anthonysamy & Zimmer-Gembeck, 2007; Kim & Cicchetti, 2010).

둘째, 학대받은 아동, 특히 방임당한 아동은 또래와 상호작용에서 위축되고 또래와 상호작용을 회피한다. 방임된 학령전기와 학령기 아동은 다른 아동과 자유놀이를 할 때에도 고립되어 있고 수동적이며 어머니나 또래에게 애정 어린 접근이나 같이 놀자는 시도를 먼저 하지 않는다(Hilyard & Wolfe, 2002; McSherry, 2007).

여러 종단연구에서 아동기나 초기 청소년기에 성학대를 받았던 여아는 다양한 생물심리사회적 영역에서 나쁜 결과를 보였다(아직까지 남아의 결과는 잘 알려져 있지 않음). 가장 좋은 실례가 되는 한 연구에서 23년 동안 성학대를 받았던 여자의 표본을 추적하면서 집, 학교와 또래 사이의 문제를 기록하였다. 피해의 형태와 정도는 상당히 심각하였다. 학대받지 않았던 여아에 비해 스트레스에 대한 반응에서 신경발달적 차이가 크게 나타났고, 사춘기가 일찍 시작되었고, 인지적 결손이 컸고, 정신건강상 문제가 많았고(특히 우울과 PTSD), 비만율이 높았으며, 심각한 질병과 의료서비스를 더 많이 받았다. 또한 고등학교 중퇴율, 자해, 신체적 및 성적 재희생화(revictimization), 10대 임신, 약물과 알코올 사용, 성인기의 가정폭력이 많았다(Trickett et al., 2011). 신체학대와 방임의 결과와 더불어 이러한 발견은 예방과 조기치료의 중요성을 강력하게 호소하는데 이 문제는 이 장의 말미에서 다루겠다.

물질남용

학대받은 10대는 물질남용의 위험이 더 크다(Kilpatrick et al., 2000). 아동보호서비스가 관련된 청소년은 흡연(Goldstein, Faulkner, & Wekerle, 2013), 음주(Goldstein, Vilhena-Churchill, Stewart, & Wekerle, 2012)와 불법약물사용(주로 마리화나; Goldstein et al., 2012)의 위험이 더 높다. 아동학대와 물질남용의 관련성이 대규모 조사연구에서도 일관되게 보고되고 있다(Bensley, Spieker, Van Eenwyk & Schoder, 1999; Chandy, Blum, & Resnick, 1996b). 성학대를 받은 남자와 여자를 비교한 연구에서 남자가 여자보다 학교 가기 전이나 학교에서 물질사용을 더 많이 하였고, 일주일에 알코올과 마리화나를 더 많이 사용하였으며, 폭음도 더 많이 하였다(한 번에 다섯 잔 또는 그 이상 마시기)(Chandy, Blum, & Rwsnick, 1996a). 더구나 성학대와 더불어 신체학대를 받으면 폭음(Luster & Small 1997)과 여러 가지 약물을 사용할 가능성이 더 커졌다(Harrison, Fulkerson, & Beebe, 1997). 마지막으로 어려서 학대나 방임을 받은 것과 성인이 되어서 알코올이나 약물과 관련된 범법으로 체포되는 정도가 관련이 있었지만 청소년기의 체포와는 관련이 없었다(Ireland & Widom, 1994).

성격적 취약성을 물질남용이나 건강과 관련된 여러 위험행동의 원인으로 생각하는 방향으로의 새로운 전개가 이루어지고 있다. 기존의 연구에 의하면 아동보호서비스가 관련된 청소년 가운데에서 절망감, 감각추구와 충동성이 높은 청소년은 더 어려서부터 음주와 알코올과 관련된 문제를 보고할 가능성이 큰 데 반해 (불안증상을 경험하는 것을 두려워하는) 불안에 민감한 청소년은 알코올을 사용할 가능성이 적다(Stewart, McGonnell, Wekerle, & Adlaf, 2011). 성격 특성을 목표로 하여 단기간에 실시되는 인지행동치료가 다양한 학교장면에서 좋은 결과를 보이고 있다(Conrod et al., 2013).

대인관계발달의 손상

앞에서 언급한 공격성과 과도한 복종은 양육자-아동 상호작용의 특징을 살펴보면 이해할 수 있는데, 이런 상호작용은 아동의 대인관계 양식이 형성되는 기초가 된다(Sroufe & Fleeson, 1986). 일차적 애착관계는 이론적으로 학대의 세대 간 전이(예 : Kaufman & Ziegler, 1989), 학대받은 아동이 다른 사람과 조화로운 관계를 맺지 못하는 것(Erickson, Sroufe, & Egeland, 1985), 어렸을 때 애착문제로 인해 발달적 실패가 일어날 취약성과 관련된다(Aber & Allen, 1987). 애착연구에 따르면 대부분의 학대받은 아동은 양육자와 불안정애착을 형성한다(여러 연구에서 70~100%; Cicchetti, Toth, & Bush, 1988). 이는 학대받은 아동은 어머니를 필요할 때 도움을 받을 수 있는 반응적인 부양자라고 생각하지 않고, 어머니는 민감하고, 애정 어리고, 반응적인 양육을 제공하지 않음을 시사한다. 혼란애착(disorganized/disoriented attachment)의 가능성이 크다는 점에 주목해야 하는데, 혼란애착에서는 분명한 애착전략이 없다. 오히려 아동은 접근, 회피와 비정상적인 행동적 반응(예 : 얼어붙기)을 섞어서 사용한다(Barnett et al., 1999; Cyr et al., 2010). 이런 반응이 단기적으로는 적응적일지 몰라도 그와 같이 부적절한 애착은 또래, 미래 파트너와 미래 자녀와의 관계에 영향을 미친다는 점에서 가장 문제가 된다(Cicchetti, Toth, & Maughan, 2000).

학대받은 아동이 학교에 입학하면 또래나 다른 성인과 관계를 형성하는 것이 어렵다. 이 시기에 친사회적 행동이 발달하기 위해서는 다른 사람의 정서와 문제에 대한 민감성이 무엇보다 중요하다. 부모와 아동 사이의 긍정적 유대나 관계가 중요한 학습의 맥락이기 때문에 학대받은 아동은 정서적 영역에서 문제를 보일 것으로 예상된다. 신체학대를 받은 아동은 학대받지 않은 아동이나 방임된 아동보다 우울증상과 진단을 받을 가능성이 더 크다(Kolko, 2002). 예를 들어 Toth, Manly와 Cicchetti (1992)는 여러 가지 우울증과 사회적응검사를 사용하여 학대받은 아동, 방임된 아동과 학대받지 않은 아동을 비교하였다. 연령과 사회적 기능을 통제하였을 때에도 신체학대를 받은 집단은 방임된 아동이나 학대받지 않은 아동과 차이가 있었고 나머지 두 집단은 차이가 없었다.

학대받은 아동은 여러 상황에서 사람들로부터 고립되고, 공격적으로 행동하고, 다른 사람의 고통에 대해 분노하거나 혐오를 보인다(Main & George, 1985). 신체학대를 받고 가정폭력을 목격한 청소년은 그렇지 않은 청소년보다 주요우울장애, 분리불안과 PTSD를 더 많이 보인다(Pelcovitz et al., 2000). 신체학대를 받은 아동은 통제집단과 분노의 인식에는 차이가 없었지만 슬픔과 혐오같은 정서의 인식에는 차이가 있었다(Pollak, Cicchetti, Hornung, & Reed, 2000). 이 연구자들은 신체적으로 학대받는 환경이 정서를 인식하고 변별하는 능력을 손상시키는 것 같지만 적대적인 정서단서가 지나치게 많고 가족 내 정서의 범위가 한정적이기 때문에 분노 같은 정서의 인식은 오히려 더 증가한다고 결론을 지었다.

신체학대를 받은 아동과 마찬가지로 대부분의 방임된 아동은 양육자와 불안정애착을 형성한다(Stronach et al., 2011). 그 결과 일부 방임된 아동은 어른을 사로잡고, 환경을 독립적으로 탐색하는 전략을 결코 학습하지 못하기 때문에 또래와 성인과 상호작용에서 수동적인 경향이 있다(Crittenden &Ainsworth, 1989). 그러나 교사와 부모는 방임된 아동이 비교집단 아동보다 내재화 문제(철수, 슬픔)를 더 많이 보인다고 평가하였다(Manly et al., 2001). 관계로부터의 철수가 심리적 어려움(예 : 우울증, 불안, 억압된 분노), 학습된 사회적 기술(예 : 사회적 상호성), 동기나 인지정서적 능력의 차이를 나타내는 정도는 아직도 충분히 밝혀지지 않았다. 마지막에 언급한 문제에 대해서 Pollack과 동료들(2000)은 수용어휘를 통제하였을 때에도 방임된 아동이 학대받지 않는 아동이나 신체학대를 받은 아동보다 정서를 정확하게 인식하지 못한다는 사실을 발견했다. 방임된 아동은 정서를 변별하지 못했는데(예 : 방임된 아동은 다른 집단보다 행복한 표정과 슬픈 표정을 더 비슷하게 봄) 이는 시지각의 문제가 아니라 특정한 정서표현을 이해하지 못하는 문제였다. 방임된 아동은 정서를 학습할 기회가 더 적고 부모가 표현하는 정서도 더 제한적인 것으로 보인다(Hildyard & Wolfe, 2002).

방임된 걸음마기 아동은 상호작용 상황에서 지구력과 열정을 덜 보였고, 부정적 정서와 불순종을 더 많이 보였고, 긍정적 정서는 별로 보이지 않았는데, 그럼에도 불구하고 어머니에게 아주 의존적이었다. 학령전기가 되면 충동통제가 어려웠는데, 이는 나중에 나타나는 행동상 문제와 관련이 있었다. 또한 교사에게 도움과 사랑을 많이 요구했다(Erickson et al., 1989). 방임된 아동은 다른 유형의 학대를 받은 아동보다 성인이 되었을 때 정서처리와 억제의 손상이 심했다(Gould et al., 2012). Koenig, Cicchetti와 Rogosch(2000)는 방임된 아동은 자유놀이가 끝나고 치우는 시간에도 부정적 정서를 더 많이 보였다고 밝혔다(신체학대를 받은 아동은 통제집단과 차이가 없었다). 상호작용에서의 차이에 대한 한 가지 해석은 방임된 아동은 부모에게 관심이나 욕구충족을 받지 못해서 신체학대를 받은 아동보다 양육자와 상호작용에서 부정적 정서를 직접적으로 표현하게 되는 입장이기 때문이라는 것이다. 비기질적 성장지연(FTT) 아동과 가족을 관찰하였을 때 상호작용에서 비슷한 경향이 발견되었다(Benoit, 2000). 이 어머니들은 긍정적 행동과 정서를 덜 보였고, 자녀를 더 부정적으로 지각하였고, 불안정한 성인애착 패턴을 더 많이 보였다. 또한 아동기와 성인기에 자신도 학대를 더 많이 경험했고(신체적 및 성학대, 방임) 정신질환이 더 많았다(불안, 우울증).

아동 성학대에 특징적인 증상

아동 성학대 문헌들을 개관해 보면 일군의 공통적인 증상과 적응상 문제가 발견된다(Maniglio, 2009, 2010; Paras et al., 2009). 성학대는 공격성, 우울증, 철수와 불안의 임상적 증상뿐 아니라 특징적인 성애화된 행동과 관련된다. 증상의 범위는 (1) 학대외상에 대한 일차적 스트레스 반응을 나타내는 심한 증상 (2) 학대경험의 수용과 그에 대한 적응을 나타내는 이차적 증상으로 나누어 의미 있게 기술할 수 있다.

학대의 '수면자 효과(sleeper effect)'는 성적 장애처럼 아동이 학대의 영향을 표현할 수 있을 정도로 성숙하고

표 16.3 신체학대, 방임과 성학대와 관련되는 아동의 특징

발달영역	신체학대	방임	성학대
신체	• 사소한 것 : 타박상, 열상, 찰과상 • 심각한 것 : 화상, 뇌손상, 골절	• 성장장애증상 : 성장둔화, 미성숙한 신체발달	• 신체적 증상 : 두통, 복통, 식욕변화, 구토, 부인과적 호소
인지	• 인지적 및 지적 기능의 가벼운 발달지연 • 학업문제 • 도덕적 추론의 어려움	• 인지적 및 지적 기능의 가벼운 발달지연 • 학업문제 • 도덕적 추론의 어려움	• 인지적 손상의 증거는 없음 • 자기비난 • 죄책감
행동	• 공격성 • 또래문제 • 강박적 복종	• 수동성 • 과잉행동성	• 공포, 불안 • PTSD-관련 증상 : 수면문제
사회정서	• 사회적 무능력 • 공격적 의도의 귀인 • 사회적 민감성 부족	• 사회적 무능력 • 철수, 의존성 • 사회적 민감성 부족	• 우울증상과 낮은 자아존중감 • 성애화된 행동 • 학대에 적응하는 행동 : 수동적 복종, 발고지연이나 발고하지 않음

발달하면 나타난다고 알려져 있다(Beitchman et al., 1992). 위험한 성적 행동에는 일찍 성적 활동을 시작하고, 피임을 하지 않고, 여러 명의 성적 파트너를 두고, 어려서 임신하고 매춘하는 것이 포함된다. 아동기 학대는 나중에 매춘에 개입하고(Maniglio, 2009), 10대에 임신하고(Gershenson et al., 1989), 남자와 여자 모두 10대에 부모가 되도록 만드는 위험요인이다(Herrenkohl, Herrenkohl, Egolf, & Russo, 1998). 그러나 다른 연구에 의하면 학대가 10대의 방탕, 임신(Nadon, Koverola, & Schludermann, 1996)이나 매춘(Nadon, Koverola, & Schludermann, 1998)의 필요충분조건은 아니다. 어린 시절의 학대경험과 10대 여아를 임신시킬 위험에 대한 남자 동시대집단에 대한 회고적 연구에서(N = 4,127명의 남자), Anda와 동료들(2001)은 32%가 신체학대, 15%가 성학대를 받았고, 11%가 가정폭력을 목격했다고 보고했다. 학대받지 않은 아동에 비해 모든 유형의 학대는 여자를 임신시킬 위험을 70~140%까지 의미 있게 증가시켰다. 아직 그 기제가 밝혀지지는 않았지만 그러한 위험행동은 정서를 조절하는 수단일 수 있다(긍정적 정서를 느끼고, 부정적 정서로부터 회피하는 것).

성학대를 받은 많은 청소년의 위험한 성적 행동은 정

서조절을 돕는 것으로 여겨지는 다른 위험행동, 특히 심한 물질사용과 함께 나타난다(Stewart & Israeli, 2002). 여자 대학생 연구에 의하면 데이트 강간의 경험은 아동기 성학대, 여러 명의 성적 파트너와 지나친 음주와 관계가 있다(Abbey, 2000). 어렸을 때 받았던 학대의 장기적 영향 가운데 하나는 의식하지 못한 사이에 위험한 상황에 '빠져서' 여러 가지 위험행동을 하는 것이다(Wekerle & Wolfe, 1998). 임신하거나 부모가 된 여자 청소년에 대한 연구에서 첫 임신연령은 가족적 위험요인(음주문제, 신체학대)과 개인적 위험요인(어려서 술에 취하는 것, 어려서 원하지 않는 성경험을 하는 것)이 잘 예측하였다. 더구나 어려서 자신이 원하지 않는 첫 성경험을 했을 경우 자신이 원하는 성경험을 더 일찍 시작하는 것으로 나타났다(Kellogg, Hoffman, & Taylor, 1999).

앞에서 제공된 정보가 도움이 되도록 잘 요약하여 표 16.3에 제시하였다. 신체학대, 방임과 성학대가 영향을 미치는 주요 발달영역이 나타나 있다.

성인기 장애

아동학대는 아동의 인지, 정서 및 행동적 적응전략에 주

요한 문제를 일으키지만 많은 아동과 청소년은 별다른 문제가 없는 성인으로 성장한다(Afifi & MacMillan, 2011). 그러나 지역사회표본에 기초한 연구에 의하면 아동기 학대는 성인기까지 계속되는 심각한 부정적 결과를 일으킨다는 임상 증거가 많다(Hilberg, Hamilton-Giachritsis, & Dixon, 2011; Mersky & Topitzes, 2010). 학대를 이겨낸 많은 사람이 정상적으로 잘 성장하지만, 어떤 사람의 삶은 심각한 심리적 고통과 장애로 가득할 수 있다.

일반적으로 말해서 신체학대를 받은 청소년과 성인은 공격성과 폭력이 수반되는 대인관계 문제를 일으킬 가능성이 크다(Malinosky-Rummell & Hansen, 1993). 어려서 신체학대를 받는 것과 다른 사람을 학대하는 성인이 되는 관련성은 폭력순환가설을 지지한다. 폭력순환가설에서는 폭력을 경험한 사람이 폭력의 가해자가 된다고 가정한다(Widom, 1989b). 대조적으로 성학대를 받았던 사람은 PTSD, 우울증과 해리상태 같은 심각한 결과를 포함하여 자존감, 자아개념과 정서 및 행동조절에서 만성적인 손상을 입을 가능성이 크다(Hillberg et al., 2011).

아동학대로 인해 일어난 발달장애는 성인기가 가까워질수록 더 전반적이고 만성적인 정신과적 장애를 유발할 수 있는데, 여기에는 공황과 다른 불안장애, 우울증, 섭식장애, 성적 문제, 물질남용장애와 성격장애가 포함된다(Bentley & Widom, 2009; Irish, Kobayashi, & Delahanty, 2010; Mersky & Topetzes, 2010). 예를 들어 아동학대와 방임당한 기록이 있는 아동에 대한 전향적 연구에 의하면 학대받은 적이 없는 통제집단에 비해 성격장애를 보일 가능성이 4배였다. 부모의 교육 정도와 정신과적 장애를 통제했을 때에도 다양한 성격장애가 발견되었다(반사회성, 경계성, 의존성, 우울성, 자기애성, 강박성, 수동적-공격성)(Johnson, Cohen, Brown, Smailes, & Bernstein, 1999; Johnson, Smailes, Cohen, Brown, & Bernstein, 2000). 공식적으로 보고된 신체학대 사례와 청소년기와 성인기의 반사회적 행동이 관련성이 있었다(Cohen, Brown, & Smailes, 2001; Crooks, Scott, Wolfe, Chiodo, & Killip, 2007). 지역사회 조사에 의하면 어머니와 관련된 위험이 두드러졌다. 아동기 학대는 미혼모이거나 결혼한 어머니의 기분장애, 불안장애와 물질사용장애와 더 관련이 있어서 정신병리의 가능성이 2~3배 증가하였다(Lipman, MacMillan, & Boyle, 2001).

앞으로 학대로 인해 성인기에 나타나는 물질사용장애, 기분 및 정동장애, 외상후 스트레스장애, 성적 적응, 범죄 및 반사회적 행동과 섭식장애를 살펴보고, 필요할 때에는 학대의 유형에 따른 결과의 유사점과 차이점도 살펴볼 것이다.

물질사용장애

인과관계는 밝혀지지 않았지만 많은 연구가 알코올과 다른 약물을 남용하는 여성이 아동기에 성학대, 신체학대와 방임을 받았을 가능성이 높다는 사실을 일관적으로 보여주고 있다. 그렇지만 남성에 대한 문헌은 일관성이 없다(Lansford, Dodge, Pettit, & Bates, 2010; Wekerle & Wall, 2002c). 물질남용으로 치료를 받는 여성 세 명 가운데 한 명 정도가 학대를 받은 경험이 있었다(Dunn, Ryan, & Dunn, 1994; Resnick, Kilpatrick, Dansky, Snaders, & Best, 1993). 지역사회에서 운영하는 가족서비스 기관에 수용된 약물사용 여성에 대한 연구에서(N=171, 대부분이 저소득층의 편모) 반 정도가 아동기에 성학대와 신체학대를 받았고 대부분(82%)이 친척에게 학대를 받았음이 밝혀졌다. 학대받은 여성은 통제집단 여성보다 약물사용 정도와 심리적 고통의 수준이 높았다(Kang, Magura, Laudet, & Whitney, 1999). 중독치료기관에 오는 10대와 젊은 성인에 대한 유사한 연구에서(N=287) 반 정도의 여성이 아동기에 성학대와 신체학대를 받았고, 64.7%가 학대를 견디기 위해 물질을 사용하였다고 보고했다(Ballon, Coubasson, & Smith, 2001). 남성의 약 1/4이 신체학대를 받았고 약 10%가 성학대를 받았으며 37.9%가 학대를 견디기 위해 물질을 사용하였다고 보고했다. 물질중독으로 치료를 받은 사람 가운데에서 상당수가 학대로 인한 고통을 견디기 위해 자발적으로 물질을 사용하였다(Stewart & Israeli, 2002).

물질사용과 아동기 학대를 살펴보는 종단연구의 결과는 일관성이 없는데, 그 이유는 연구방법이 다양하기 때문이다. Widom과 동료들(Widom, Ireland, & Glynn, 1995)의 전향적 연구에 의하면 부모가 알코올/약물문제가 있으면 알코올문제가 있을 가능성이 커졌지만 성학대나 신체학대는 알코올문제와 무관하였다. 부모의 알코올/약물문제, 아동기 성적 및 신체학대, 아동기 빈곤, 인종과 연령을 통제하였을 때에 아동기 방임이 여성이 평생 나타내는 알코올과 관련된 증상을 예측하였으나 평생 진단받을 가능성은 예측하지 않았다. 지역사회표본과 학대에 대한 자기보고를 사용한 또 다른 종단연구에 의하면 성학대를 받았던 여성의 43.5%가 초기 성인기가 되었을 때 알코올 남용이나 알코올 의존의 진단기준을 충족시켰다. 그러나 학대받지 않았던 여성에서는 7.9%였다. 신체학대에서는 이러한 관련성이 발견되지 않았다(Silverman, Reinhertz, & Giaconia, 1996). Kendler와 동료들(2000)은 아동기에 성학대를 받지 않았던 여성보다 성학대를 받았던 여성의 알코올과 약물의존이 3배 정도 더 높다고 밝혔다. 학대에 대한 자기보고와 공식적 보고를 사용한 Cohen과 동료들(2001)의 연구에 의하면 공식적으로 아동기 신체학대가 보고되었던 성인과 스스로 아동기 성학대를 보고하였던 성인의 물질남용이 많으나 공식적으로 아동기 방임이 보고되었던 성인의 물질남용은 많지 않았다. 학대와 물질남용이 중복되지만 급성 및 만성 형태의 학대와 물질남용을 종합적으로 평가하는 전향적 연구가 더 많이 이루어져야 한다. 그런 연구에서는 다양한 범위의 혼입 가능성도 또한 고려해야 한다(물질남용뿐 아니라 부모정신병리; Lansford et al., 2010; Wekerle & Wall, 2002b).

기분 및 정동장애

신뢰하는 성인에게 받는 만성적 학대에 수반되는 만성적 거부, 사랑의 상실, 배신과 무기력감으로 인한 정서적 외상은 학대를 이겨낸 아동, 청소년과 성인에서 나타나는 정서 및 행동장애의 원인일 수 있다. 아동기에 성학대, 신체학대를 받았거나 방임을 당한 사람의 우울증과 기분장애의 증상을 방치하면 후기 청소년기와 성인기에 가서 증상이 더 심해질 가능성이 크다(Brown, Cohen, Johnson,

& Smailes, 1999; Mironova et al., 2011). 한쪽 쌍생아에 대한 중요한 동시대집단 연구에 의하면 남녀 모두 아동기에 성학대 경험이 있을 때 평생 주요우울장애, 자살 사고와 자살 시도(품행장애, 공황장애와 알코올 중독의 비율도 증가)로 진단될 가능성이 증가되었다(Dinwiddie et al., 2000). 아동기 성학대는 여성의 주요우울장애의 위험을 2배 이상 증가시켰고 남성 우울장애의 위험을 거의 4배 증가시켰다. 아동기 성학대의 일치율은 이란성 쌍생아나 일란성 쌍생아에서 크게 차이나지 않았는데, 이는 (남성이나 여성에서) 유전이 중요하게 작용하지 않음을 보여준다. 쌍생아 가운데에서 연구에 참여했던 한 사람만이 아동기 성학대를 보고했을 때보다 두 사람이 모두 학대를 받았을 때 성인이 되어서 (품행장애 비율뿐 아니라) 주요우울장애와 자살 사고의 비율이 더 높았다. 후자의 발견은 아동기 성학대와 성인우울장애 사이의 연결은 부분적으로는 공유된 가족요인의 영향임을 시사한다.

부모의 정신병리와 가족배경요인을 통제한 또 다른 전집기반 쌍생아연구에서 Kendler와 동료들(2000)은 아동기 성학대를 보고하지 않았던 여성보다 보고하였던 여성에서 (범불안장애와 공황장애뿐 아니라) 주요우울장애가 거의 2배 증가함을 발견하였다. 이러한 한쪽 쌍생아 연구에서 쌍생아 두 사람의 성학대 경험이 일치하지 않을 때에는 의미 있는 결과가 나타나지 않았는데, 이는 공유된 가족요인이 정신병리의 위험에 영향을 미칠 가능성을 보여준다. 그러나 성학대가 상당히 제한적인 방식으로(예 : 한 개의 질문을 사용한 회고) 평가되었고, 다른 유형의 학대경험은 고려되지 않았다. 그럼에도 불구하고 학대와 기분 및 정동장애의 관련성을 지지하는 증거가 늘어나고 있다. 특히 학대 이후에 나타나는 내재화 정신병리증상을 변연계 민감성의 개념이 잘 설명한다. 초기 아동기에 학대를 경험한 이후에 흥분성 신경전달작용이 증가함으로써 변연계 민감성이 나타나는데, 이런 증상에는 신체적, 감각적 및 행동적 현상이 포함된다(Dackis, Rogosch, Oshri, & Cicchetti, 2012).

회고적 회상을 이용한 지역사회 조사에서 신체학대와

성학대를 받았던 여성은 주요우울장애의 평생위험이 증가하였지만 남성은 아니었다(MacMillan et al., 2001). MacMillan과 동료들(2001)은 신체학대를 보고한 여성은 남성보다 성학대를 동시에 받았을 가능성이 더 크다는 사실에 주목했는데, 이는 여성이 더 다양한 유형의 학대에 노출되었음을 의미한다. 성별에 따른 우울증상의 차이는 여성이 성학대를 더 많이 받았기 때문일 수 있다(Whiffen & Clark. 1997). 그러나 자신의 이성 파트너와 관계가 좋다고 지각했던 성학대 피해자는 우울증상을 덜 보였는데, 이는 긍정적 관계가 치료에 도움이 됨을 시사한다(Whiffen, Judd, & Aube, 1999).

우울증상은 생명을 위협하는 자살 시도와 자해를 유발할 수 있기 때문에 심각한 우려의 대상이다. Dinwiddie와 동료들(2000)은 아동기 성학대는 남성과 여성의 심각한 자살 시도의 가능성을 7배 이상 증가시킨다고 밝혔다. 정기적 부인과 검진을 받는 여성에 대한 연구에서 아동기에 성학대, 신체학대, 정서학대를 받았거나 가정폭력을 목격하였던 여성이 어떤 종류의 학대도 받지 않았던 여성보다 과거에 자살 시도가 훨씬 더 많았다(Wiederman, Sansone, & Sansone, 1998). 자기가 보고한 우울증, 자살 시도, PTSD 증상과 아동기 학대를 측정한 여자 대학생 연구에서 가정폭력을 목격하였던 여성이 학대받지 않았던 여성보다 우울증과 외상점수가 더 높았다(Maker, Kemmelmeier, & Peterson, 1998). 자살 시도에서는 차이가 없었다. 더구나 가정폭력의 목격은 신체학대, 성학대와 아버지의 알코올과 다른 약물사용과 중복되었다. 따라서 특히 성학대와 신체학대가 자살 시도와 관계되는 것 같다.

외상후 스트레스장애

아동기에 심각한 신체학대나 성학대를 경험했던 많은 남성과 여성은 장기적인 외상후 스트레스장애를 겪는다. 아동기에 성학대, 신체학대나 방임을 경험했던 사람의 약 1/3은 평생 PTSD 기준을 충족시킨다(Widom, 1999). 학대가 만성적이고 가해자가 아동이 자신의 말을 듣도록 만들기 위해 강압적 방법이나 속임수를 사용하였을 때

PTSD 증상이 더 많이 나타난다(Roefriguez, Vande Kemp, & Foy, 1998; Wolfe et al., 1994). 인구학적 변인(연령, 인종, 부모 직업, 가족의 정신건강 위험, 성인학대 여부)을 통제한 여자 대학생 연구에서 아동기 학대가 자기가 보고한 PTSD 증상을 9% 더 예측하였고 가정폭력의 목격은 2%를 더 예측하였다(Feerick & Haugaard, 1999). 이처럼 아동기 학대가 원격 변인이지만 성인기, 특히 여성의 PTSD 증상을 직접적으로 예측하는 중요한 변인이었다(Koenen & Widom, 2009).

또한 PTSD가 다른 문제와 어떻게 상호작용하는지도 생각해 보아야 할 문제이다. 예를 들어 Brady, Killen, Saladin, Dansky와 Becker(1994)는 PTSD와 물질남용장애를 보이는 여성과 물질남용장애만 보이는 여성을 비교하였다. 두 가지 문제를 모두 보인 여성이 아동기에 성학대와 신체학대를 더 많이 경험하였고 중독의 심각성이 더 컸다. 물질남용이 PTSD 증상을 더 악화시킨다고 보는 입장도 있다(Stewart & Israeli, 2002). PTSD는 해리증상도 포함하는데, 이는 고통스럽거나 외상적인 사건으로부터의 일종의 심리적 도피로서 자아와 기억의 심각한 분열을 가져온다. 시간이 가면서 경험과 정동의 이러한 분열은 경계선 성격장애, 해리성 정체성 장애나 만성적 통증으로 진전될 수 있다(Briere, Hodges, & Godbout, 2010; Raphael & Widom,. 2011; Widom, Czaja, & Paris, 2009).

성적 적응

어떠한 형태의 학대경험도 남성에게는 청소년기에 일어나는 부적절한 성행동, 고립과 사회적 무능의 중요한 위험요인이다(Haviland, Sonne, & Woods, 1995; Wolfe, Scott, Wekerle, & Pittman, 2001). 대조적으로 아동기에 성학대를 받았던 여성은 성인기에 성적 적응의 어려움을 더 많이 호소한다(Meston & Heiman, 2000). 여기에는 낮은 성적 흥분, 침습적 플래시백, 감각의 혼란, 죄책감, 불안, 자기 성에 대한 낮은 자아존중감이 포함된다. 대학생에 대한 조사연구에 의하면 아동기 성학대의 빈도는 높은 빈도의 성교, 성적 경험의 다양성, 높은 빈도의 자

위와 낮은 성적 욕구와 관련이 있었다(Meston, Heiman, & Trapnell, 1999). 이런 결과는 성적 외상화로 인해 관계가 성애화된다는 견해와 일치한다. 즉, 성학대를 받은 아동은 성적 행동에 대해 보상을 받았을 수 있기 때문에 성인이 되면 성적 행동을 대인관계 전략으로 사용하는 경향이 증가할 수 있다.

자아의식과 자기보호가 정상적으로 발달하지 않았기 때문에 아동기 성학대를 이겨낸 성인은 위험한 상황이나 사람을 잘 구별하지 못하고 원하지 않는 성적 또는 신체적 관심에 어떻게 반응해야 할지를 모른다. 따라서 성인기에 강간이나 가정폭력 같은 폭력의 희생자가 되기 쉽다(McIntyre & Wildom, 2011; Widom, Czaja, & Dutton, 2008; Wolfe, Francis, & Straatman, 2006). 또한 자기보호 능력이 잘 발달하지 않아서 원하지 않는 임신의 가능성도 증가한다. 지역사회 조사연구에 의하면 아동기 학대와 원하지 않는 첫 임신의 관계는 심리적 학대에서 가장 강했고, 그다음이 어머니에 대한 신체학대의 목격이었고, 그다음이 신체학대였다. 첫 임신 때의 결혼 상태와 연령을 통제했을 때에도 네 가지 이상의 학대를 경험했던 여성은 통제집단 여성에 비해 원하지 않는 첫 임신을 할 가능성이 1.5배였다(Dietz et al., 1999).

범죄 및 반사회적 행동

아동학대와 다른 흉악 범죄로 유죄선고를 받은 많은 사람은 아동학대와 방임을 경험하였지만 학대받은 모든 아동이 범죄를 저지르는 것은 아니다. 그렇지만 정상적으로 성장한 아동보다 반사회적 결과를 보일 위험이 더 크다. 종단연구들이 보여주듯이 어렸을 때(12세 이전) 학대가 특히 남성에서는 청소년이나 성인이 되었을 때 체포되거나(Widom, 1989a) 성적 및 신체적 폭력을 행사하는 것(Feldman, 1997)과 상당히 관련이 있다. 학대경험이 있으면 범법행위를 더 어려서 시작하고, 더 많이 하고, 습관적으로 저지른다(Kelley, Thornberry, & Smith, 1997; Thornberry, Henry, Ireland, & Smith, 2010). 아이다호 청소년 보호관찰기관에서 관리한 유럽계 미국 남성에 대한 연구에서(N=338) Heck와 Walsh(2000)는 아동

학대 경험이 가족구조, 사회계층, 언어적 지능, 가족 규모나 출생순위보다 폭력적 비행에 더 큰 영향을 미친다는 사실을 발견했다. 학대는 또한 재산범죄(예 : 강도와 절도)와 비행(예 : 무단결석, 가출)을 예측하였고, 전체 비행에 대한 가장 강력한 예측요인이었다. 도심 내 지역사회에 대한 종단연구에서 학대는 재산범죄와 폭행과 관련이 있었고, 법정출두의 위험이 비학대 통제집단에 비해 학대받은 집단에서 약 2배 정도 더 높았다(Stouthamer-Loeber, Loeber, Homish, & Wei, 2001). 이 연구에서 학대는 주로 판정된 방임, 정서학대나 신체학대였고 대부분의 가해자는 가족구성원이었다. 반사회적 행동과 공격적 행동이 비행보다 먼저 나타나기 때문에 Stouthamer-Loeber와 동료들(2001)은 공식적으로 판정된 학대와 비행의 순서를 살펴보았는데 아동보호서비스 개입이 외현적(예 : 신체적으로 싸우기, 강간) 및 내재적(예 : 거짓말하기, 재물피해, 절도) 반사회적 행동문제보다 먼저 이루어졌거나 동시에 이루어졌다. 예를 들어 신체적 싸움의 경우에는 학대가 없었을 때보다 있었을 때 그 가능성이 4배 이상 증가하였다. 전체적으로 이런 결과는 학대아동과 비학대아동이 비행으로 전환하는 과정이 다름을 시사한다(Topitzes, Mersky, & Reynolds, 2012).

(앞에서 언급한 PTSD 증상 외에) 비행의 매개요인 가운데 하나는 관계의 기능, 특히 청소년기 동안 친밀한 이성관계의 성공과 실패이다. 실제 폭력적 가정에서 성장한 여아와 남아는 이성 파트너에 대한 폭력을 더 많이 보고하였다(특히 언어적 폭력과 협박)(Wolfe, Wekerle, Reitzel-Jaffe, & Lefebvre, 1998; Wolfe et al., 2001). 청소년기의 데이트 폭력과 과거 가정폭력 경험은 초기 성인기와 결혼 후에 나타나는 폭력을 가장 잘 예측하였다(O'Leary, Malone, & Tyree, 1994). 아동기에 성학대나 신체학대를 경험했을 때 성인이 되어서 가정폭력을 저지를 위험성이 3.5배 이상 증가하였다(Coid et al., 2001). 이처럼 청소년기에 친밀한 관계에서 폭력적 역동이 형성되기 시작하기 때문에 청소년기는 친밀한 관계에서 폭력을 지속적으로 행사하는 것을 예방하는 데에 중요한 시기이다.

신체적 피해가 생기거나 학대가 발견되지 않았어도

힘이 좌우하는 권위주의적 양육방식은 대인관계와 사회적 관계에 해로울 수 있다. 어렸을 때 경험했던 일상적인 폭력의 양(자주 물건으로 맞거나 신체적으로 벌을 받는 것)은 나중에 나타나는 폭력적 비행과 관계가 깊었다(Strauss & Donnelly, 1994). 아동에 대한 일상적 폭력이 북미에서 흔하게 일어난다는 사실을 고려할 때 이런 관련성에 주목할 필요가 있다.

섭식장애

아동 성학대는 일부 사람에게 섭식장애의 원인이 될 수 있다는 임상적 가설이 지지를 받고 있다. 개념적으로 폭식이나 제거행동(섭식장애의 한 증상)과 자해(경계선 성격장애의 특징)는 긴장을 해소하기 위한 부적응적 행동이며 부적응적 자기개념화를 반영한다고 생각되어 왔다(Briere & Runtz, 1991). 일반 전집에서 신경성 폭식증을 보이는 여성은 이 장애를 보이지 않는 여성에 비해 아동일 때 성학대를 받았을 가능성이 약 3배였다(35% 대 12%; Garfinkel et al., 1995). 학령기 아동의 전집표본에서도 비슷한 결과가 보고되었다. 즉, 섭식문제가 있는 아동은 가족과 부모를 더 부정적으로 지각하였고, 성학대나 신체학대를 더 많이 경험하였다(Neumark-Sztainer, Story, Hannan, Beuhring, & Resnick, 2000). 더구나 성학대를 받은 아동은 신체 불만족이 높았고 제거행동과 절식행동 같은 섭식장애의 조짐이 일찍부터 나타났다(Wonderlich et al., 2000). Tripp와 Petrie(2001)는 여자 대학생 연구에서 성학대와 섭식장애에 대한 자신들의 개념적 모델을 지지하는 증거를 발견했다. 성학대는 높은 수준의 신체적 수치감을 예측하였고, 신체적 수치감은 신체폄하(낮은 신체만족도, 신체비하와 혐오)를 예측하였고, 신체폄하는 다시 섭식장애를 예측하였다.

아동기 성학대와 섭식문제의 관련성에 대한 연구들의 개관에 의하면 섭식장애는 자기관리 영역에서 나타나는 많은 문제 가운데 하나이다. 여러 문제가 서로 어떻게 관련되는지는 아직 분명하지 않다. 예를 들어 아동 성학대는 섭식장애, 우울증, 불안장애와 PTSD의 평생 진단 가능성을 2배 이상 증가시키고, 수면장애 가능성을 16배 이상 증가시킨다(Chen et al., 2010). 아동기 성학대로 인한 손상은 피해자가 만성적으로나 일시적으로 자기효능감의 뿌리를 뒤흔드는 경험 속으로 던져진다는 것이다. 한 연구에서 성학대를 이겨낸 사람의 95%가 공격받았던 사실을 밝히지 않거나 전문가가 파악하지 못하게 하였다는 사실을 고려할 때 오명과 심리적 고립의 역할에 더 큰 관심을 기울여야 한다(Martin & Silverstone, 2013).

학대가 섭식장애, 반사회적 행동이나 다른 장애를 유발하는 특수한 원인이기보다는 정신병리의 일반적 위험요인이기 때문에 앞에서 밝힌 아동학대와 정신장애의 관련성이 완화되어야 한다. 학대는 다른 정신과적 장애를 보이는 사람이나 섭식장애를 보이는 사람에서 드물지 않게 나타난다. 또한 학대받은 사람은 공통적으로 사회적 지지가 부족하다고 지각하는데, 이는 어렸을 때 부정적 관계를 경험했기 때문인 것 같으며, 이것이 성인이 되었을 때 나타나는 결과의 차이를 상당한 정도로 설명한다(Sperry & Widom, 2013). 아동기 학대는 청소년기와 성인기에 나타나는 여러 가지 바람직하지 못한 결과와 관련이 있는데, 그 가운데에서 여기에서 기술한 여섯 가지 장애가 가장 두드러진다.

아동정신병리와 학대를 연결하는 이론적 틀

처음에는 학대가 아동발달에 미치는 영향은 언제나 부정적이고 파괴적인 것으로 생각했다. 그러나 연구자들은 학대가 모든 아동에게 예측 가능하거나 동일한 방식으로 영향을 미치지 않는다는 사실을 깨닫게 되었다. 적응의 긍정적 매개요인(지지적 친척이나 아동의 적응능력)과 조절요인(학대가 일어난 시기)을 고려하면 다양한 결과가 나타날 수 있다(Oshri, Rogosch, & Cicchetti, 2013). 부모 사이의 폭력, 가족구성원의 별거와 부정적인 '일상' 환경(부모-아동 상호작용의 부족, 잦은 이사, 교육적 자극의 부족)을 포함한 전체적 영향은 시간에 따라 변하고, 학대받은 아동의 적응에 상승적이고 특수하게 영향을 미친다. 더구나 학대와 환경적 문제는 관계적 맥락 안에 내재되어 있다. 학대가 아동발달에 미치는 고유한 영향을 다른 가족 및 환경적 영향으로부터 분리해 내는 것은 쉽지 않을 수 있다(Wolfe, 1999). 아동발달에 대한 학대의 영향을 설명하는 다음 이론들은 발달 과정뿐 아니라 발달 과정이 학대와 어떻게 상호작용하는지를 고려하였다. 두 가지 주요한 이론적 관점을 소개할 것인데, (1) 학습이론에 기초를 둔 아동기 외상 모델, (2) 발달외상학을 포함한 발달정신병리이다.

아동기 외상 모델

외상사건에 대한 개인의 반응의 기초가 되는 심리과정에 대한 연구에서 개발된 이론적 개념들은 PTSD 장애나 증상의 성질을 더 분명하게 해준다. Horowitz(1986), Foa와 동료들(Foa & Kozak, 1986; Foa, Steketeem, & Rothbaum, 1989)과 Briere(1992, 1996, 2002)의 이론적 연구는 조건화 원리와 도피/회피 기제에 초점을 맞추고 있다. 배신외상이론(betrayal trauma theory)에서는 인간관계 맥락을 주요한 학습환경으로 강조한다(Freyd, 1996). 이 모델들의 중요한 핵심은 외상사건을 자신의 인지도식에 통합하려는 개인의 노력이다. 이 과정에서 PTSD 증상이 나타난다. 침습(Horowitz, 1986)이나 공포증적 회피(phobic avoidance)(Foa & Kozak, 1986)가 주된 증상이다. 이런 증상의 기능적 가치는 인지적으로나 정서적으로 너무 엄청난 외상적 정보를 천천히 동화하도록 해주는 것이다. 이런 관점은 위험, 폭력성, 강압 대 유혹이 있었는지와 같은 학대의 여러 가지 특징의 차이를 적절하게 고려하지 않았다는 이유로 비판을 받아 왔다.

학습에 기초한 기제가 사람들이 외상사건이 끝난 후에도 그 사건에 대해 지속적으로 반응을 보이게 되는 과정을 설명하는 데 도움이 된다(Baum, O'Keefe, & Davidson, 1990). 고전적 조건화 과정 — 즉, 외상삽화가 특정한 유발자극(냄새, 장소, 사람들)과 연합되는 과정 — 에 의해 부적응적이거나 비정상적 반응이 일어날 수 있다(투쟁-도피 '과잉반응'). 반복적인 급성 삽화는 불규칙하게 일어나는데, 그들의 예측 불가능성과 강도 때문에 소거가 잘 되지 않는다(Wolfe & Jaffe, 1991). 조건화와 더불어 원래 외상사건의 결과로 인해 크고 작은 스트레스를 주

는 생활사건들('이차 스트레스원'이라고 부름)이 일어난다. 예를 들어 성학대를 받았다고 밝히게 되면 즉각적 사건(예 : 주거환경의 변화, 가해자의 구속)과 장기적 사건(예 : 가해자와 만나지 못하게 되는 것)이 일어나는데, 이는 개인의 적응자원을 감소시킨다. Baum과 동료들(1990)에 따르면 원래 외상에 대한 침습적 이미지로 인해 '새로운' 스트레스를 유발하는 사건이 시작될 수 있다. 외상에 대해 꿈을 꾸거나 회상함으로써 원래 자극의 강도가 새로워져서 이전에는 관계가 없는 다른 사건들(예 : 청소년기의 데이트)로 일반화된다. 이러한 이차 스트레스원으로 인해서 생활방식이 만성적이고, 스트레스로 가득 차게 되어서 일차 스트레스원에 습관화되는 것이 더 어려워질지 모른다.

Briere의 자기외상모델(self-trauma model)(1996, 2002)에서는 자아역기능과 높은 재외상화 가능성이 핵심적 역할을 한다. 학대는 (문제에 기초한, 적극적인) 건강한 대처능력을 손상시키기 때문에 회피전략에 의존하게 되고, 회피전략에 의존함으로써 자기조절 같은 자아 능력이 더 이상 발달하지 못한다. 이러한 악순환은 조건화된 정서반응을 재경험과 재현을 통해 처리하려는 자기치료 욕구에 의해 더 악화된다. 이 과정은 자아 능력을 더욱더 압도하여 고통을 유발한다. 중요한 점은 학대로 인해 긍정적 자기발달을 촉진할 수 있는 건강한 상호작용을 경험할 가능성이 감소된다는 사실이다. 대신 학대받은 아동은 어떤 애착 상호작용을 심리적으로 약화시키거나 회피하고 전반적으로 부정적 자기지각을 발달시킨다. 이는 자신과 타인에 대한 부정적인 전언어적 가정과 관계도식, 학대와 관련된 자극에 대한 조건화된 정서반응, 학대에 대한 암묵적/감각적 기억(예 : 감각적 재경험), 학대에 대한 담화적 또는 자전적 기억, 학대와 관련된 내용을 포함하는 억압된 또는 '심층적' 인지구조, 그리고 정서조절기술의 미발달 면에서 기능을 손상시킨다. 예를 들어 조건화된 정서반응은 느닷없이 부정적 정서를 유발할 수 있는데, 조건화의 비언어적 특성 때문에 학대받은 사람은 그 유발요인이 무엇인지 모른다. 또한 명시적이고 언어적인 기억내용은 연관된 비언어적 감정, 암묵적/감각

적 기억과 학대와 관련된 도식을 활성화하기 때문에 가장 혐오스러울 수 있다고 가정한다. 주의를 돌리는 것과 해리적 분리 같은 과정을 통해 학대에 대한 사고를 억압할 수 있다. 강한 부정적 감정을 통제하고 이겨내는 능력이 부족하기 때문에 해리, 물질남용이나 외적 긴장감소 행동(예 : 부적절하거나 과도한 성적 활동, 섭식, 공격성, 자해) 같은 정서회피전략을 사용하게 된다. 이 모델을 지지하는 결과가 종단연구와 횡단연구에서 보고되고 있다(Briere et al., 2010; Hodges et al., 2013).

Freyd의 배신외상이론은 외상과 인지과학연구를 연결하여 학대를 기억하지 못하게 되는 동기와 기제를 설명한다. Freyd는 지식은 여러 종류이고, 여러 종류의 지식이 동시에 발생할 수 있다고 본다. 그녀는 고통은 행동변화의 동기이고, 인간은 자연적인 통각상실 시스템을 가지고 있다고 본다. 외상 동안에 일어나는 해리와 외상성 기억상실증은 심리적 고통에 대한 방어기제로 생각된다. 고통을 감소시키려는 동기 이면에 있는 목표는 고통경감 자체가 아니라 생존과 더 밀접하게 관련된다. 중요한 요인은 아동이 의존적인 상태에서 외상상해가 발생한다는 점이다. 양육자에 대한 애착이 생존에 중요하기 때문에 사회적 배신을 알더라도 성장하는 아동에게는 애착목표를 유지하는 것이 중요하다. Frye(1997, p.27)는 "아동학대는 피해자에게 사회적 갈등이나 배신을 유발할 수 있다. 아동이 배신을 정상적으로 처리한다면 배신한 사람과 상호작용을 끊을 것이다. 그러나 배신한 사람이 주양육자라면 애착을 끊을 수 없다."고 지적했다. 학대와 해리의 연결을 매개하는 요인은 애착체계에 대한 위협이다. 따라서 지식은 고립되고(기억억압, 해리, 의식하지 못함), 정보는 차단되어 쉽게 인출할 수 없게 된다(둔마된 정서반응에서 알 수 있는 것처럼 기억은 부분적으로 차단될 수 있다). 이러한 과정으로 인해 의식과 자서전적 기억이 붕괴된다. 이러한 계속적인 정보 차단으로 인해서 나중에 대인관계에서 사람을 불신하고, 대인관계의 현실과 자신 내부의 현실을 정확하게 평가할 수 없게 된다.

가해자와 가까운 정도가 아동기 성학대를 망각할 가능성과 관계가 있다는 가설에 대한 예비적 증거가 있어서 부모가 아닌 사람의 학대보다 부모의 학대에 대한 기억상실이 더 많이 나타났다(Freyd, 1996). Freyd와 DePrince (2001)는 스트룹 색깔명명 과제를 사용한 자신들의 실험실 연구를 요약하였다. 해리수준이 높은 대학생은 선택적 주의과제에서는 손상을 보였지만 주의분리과제에서는 손상을 보이지 않았다. 또한 해리수준이 높은 대학생은 해리수준이 낮은 대학생에 비해 정서적 단어(근친상간)를 잘 기억하지 못했으나 중립적 단어는 잘 기억하였다(단어의 색깔을 명명하는 시간은 단어의 위협성 수준에 따라 달라졌다). 해리수준이 높은 대학생은 낮은 대학생보다 3배 정도의 외상경험을 보고하였다. 이런 결과는 주위의 분리가 정보의 흐름을 통제하는 기제임을 시사한다.

배신이론의 함의는 개념적으로 독립된 외상의 두 차원이 있다는 것이다. 생명위협 차원은 공포, 불안, 과각성과 침습적 기억을 포함하고, 사회적 배신차원은 해리, 기억상실증, 정신적 마비와 학대적 인간관계와 관련될 수 있다. 아동기 학대를 이겨낸 사람은 내면적인 단절을 통해 피할 수 없는 사회적 갈등에 대처하는 것을 학습한다(Foynes, Freyd, & DePrince, 2009). Freyd와 DePrince (2001)는 사회적 배신차원에 대한 치료의 목표는 사회적 관계뿐 아니라 내면적 통합과 더 친밀한 외부적 연결을 강화하는 인지기제에 집중하는 것이라고 지적하였다.

발달정신병리

일반적 기술과 적용의 예

발달정신병리가 학대에 관심을 두기 시작하면서 학대를 주요한 부모-아동 갈등의 특수한 예로 연구하기 시작했다(Aber & Cicchetti, 1984; Cicchetti, 1989; Cicchetti & Toth, 1995). 발달정신병리는 어떤 발달단계에서 아동이 잘 자라지 못하면 다음 단계의 과제나 발달에 문제를 보일 수 있다는 사실을 이해하기 위한 조직적 틀이다(Cicchetti & Rogosch, 1996). 따라서 학대가 시간에 따른 취약성의 증가와 부적절한 발달에 미치는 영향을 이해하기 위해서는 아동의 경험을 더 폭넓은 맥락 내에서 살펴보아야 한다. 여기에는 가족의 정서적 분위기에 대한 아동의 지각, 이전에 있었던 갈등과 학대경험, 폭력과 학대에 대한 아동의 해석, 스트레스와 부적절한 양육을 이겨내기 위한 대처능력과 자원, 성장을 돕거나 해치는 환경적 요인의 지속성이 포함된다(Cicchetti & Tucker, 1994; Crittenden & Claussen, 2002; Wolfe & Jaffe, 1991). 발달정신병리는 또한 개인의 생물학적, 인지적, 정서적, 표상적 및 대인관계적 영역 사이의 상호작용을 고려한다. 생물학적 과정이 심리적 기능에 영향을 미치고, 심리적 경험이 생물학적 구조와 기능에 영향을 미친다는 사실을 인정한다. (아래에서 논의하게 될) 발달외상학은 발달정신병리가 신경생물학적 기제와 심리사회적 기제를 통합하는 방향으로 나아가는 좋은 예이다.

발달정신병리는 개인의 조직화와 개인의 특별한 발달경로를 형성하는 데 기여하는 위험요인과 보호요인의 역동적 상호작용에 초점을 맞춘다. 정신병리의 가능성이 아주 큰 사례에서는 하나의 원형보다 여러 경로가 있을 수 있다. 달리 말하면 아동학대의 결과는 다양할 수 있다. Thornberry와 동료들(2001, 2010)은 발달정신병리 접근을 지지하였다. 종단연구에서 학대기간을 분류하고, 다양한 결과와 관련되어 이 기간들을 비교하였다. 어려서 학대를 경험한 아동(출생에서 5세)은 청소년기 결과에서 적응유연성이 높은 집단으로 드러났다. 대조적으로 학대가 만성적이고 청소년기에 시작되었을 때에는 청소년기 후기에 여러 가지 아주 폭넓은 부적응을 보였다. 일반적인 비행, 약물사용, 내재화 문제와 10대 임신이 증가했다. 이 연구자들은 학대로 판정되었지만 학대가 학령전기에 종료되었을 때에는 치료 가능성이 있고, 학대의 부정적 영향이 심화되지 않는다면 그 영향이 소멸된다고 보았다. 경험적 증거도 이런 생각을 지지한다. 가정방문치료를 받았던 가족에 대한 추수연구에 의하면 치료를 받았던 학대 아동의 경우에는 보고된 학대의 횟수와 조기발생 문제행동(예 : 폭음, 체포, 성교, 마리화나 피우기) 사이에 관련이 없었으나 치료를 받지 않았던 학대집단에서는 상당히 관련이 있었다(Eckenrode et al., 2001).

Cole과 Putnam(1992)은 성학대 연구에 발달정신병리를 적용한 구체적 사례를 제시하였다. 근친상간(친족성폭력)은 자아와 사회적 기능영역에 특수하게 부정적 영향을 미친다고 주장했다. 근친상간은 성인기 장애와 관련이 있었는데, 이 장애의 핵심증상은 개인 내 역기능(예 : 경계선 성격장애, 해리성 정체성 장애, 신체증상, 섭식과 물질사용장애)이다. 이 연구자들은 학대가 증상구조에 영향을 미치기 시작하는 발달단계도 고려한다. 예를 들어 학령기에는 자기성찰능력이 증가하기 때문에 이 시기의 아동은 죄책감과 수치감에 특히 취약할 수 있다. 따라서 아동발달 과정에서 학대가 일어난 시기가 중요하게 고려되어야 한다(Cicchetti & Manly, 2001).

발달외상학

최근에 아동학대와 관련된 피해를 일으키는 생물학적 기제에 대한 지식이 확장되고 있다. 스트레스는 유전자 산물의 형성을 자극하고, 이는 다시 유전자의 발현, 단백질 합성과 그와 연관된 생물학적 및 행동적 변화를 일으키는 세포과정에 영향을 준다는 사실을 보여주는 신경생물학적 연구가 쌓여가고 있다(McCrory & Viding, 2010; Roth & Sweatt, 2011). 더구나 이런 연구는 어렸을 때의 환경적 사건이 뇌구조와 기능에 영구적으로 영향을 미칠 수 있고, 그로 인해 평생 생물심리사회적 기능에 영향을 미친다는 사실을 보여주는 연구의 영향으로 추진되고 있다(Fox, Levit, & Nelson, 2010).

발달외상학은 유전적 구조, 심리사회적 환경과 아동기 학대를 경험한 사람의 취약성과 적응유연성의 결정적 시기 사이의 복잡한 상호작용에 대한 연구로 외상이 신경생물학적 발달에 미치는 영향을 밝히는 것이 목적이다(De Bellis & Putnam, 1994). 유전자 발현에 영향을 미친다고 알려진 스트레스는 예측할 수 있는 생리적 반응을 일으킨다. 급성사건과는 대조적으로 재희생화의 위협이나 실제 재희생화와 관련된 만성 스트레스는 신체의 스트레스 반응 시스템의 기능을 손상시킨다. 이런 시스템에는 면역체계, 신경전달물질체계(비아드레날린성 체계, 세로토닌성 체계와 도파민성 체계), LHPA 축과 교감신경계(투쟁 혹은 도피반응)가 포함된다. 또한 해마(학습, 기억과 신경재생능력), 편도체(심한 위협상황에서 공포를 유발하는 자극에 반응하기)와 전전두엽(계획하기, 실행기능, 반응의 억제, 공포반응의 소거)이 포함된다(De Bellis, Hooper, Woolley, & Shenk, 2010; Lanius et al., 2010).

아동학대에는 스트레스를 일으키는 여러 가지 현재의 생활사건(평균 이하의 사회경제적 수준, 위험한 생활상황, 가정폭력과 부모의 정신과적 문제가 많이 포함)뿐 아니라 스트레스를 일으키는 급성사건도 포함된다. 장기간에 걸쳐 높은 수준으로 지속되는 스트레스는 신체의 스트레스 반응체계의 적정 기능을 해치고, 체계의 역기능이 지속되게 만든다. 급성이거나 만성이거나 아동학대는 신경생물학적 체계에 변화를 일으켜서 나중에 경험하는 스트레스원에 대한 반응을 증대시킬 수 있다. 이로 인해 학대를 이겨낸 사람들에서 PTSD와 여러 관련된 문제가 재발할 가능성이 높다.

발달외상학은 스트레스로 인한 신경생물학적 변화가 학대받은 아동의 발달정신병리의 기초라고 보고, 학대로 인한 부정적 심리생물학적 결과를 '환경적으로 유도된 복잡한 발달장애'로 보는 것이 더 적절하다는 입장을 내놓았다(De Bellis, p.540). 이 입장에 대한 증거는 전생애에 걸쳐 발견된다. 경로분석연구에서 아동기의 성학대는 성인기 학대와 직접 관련될 뿐 아니라 성인 PTSD 증상에도 영향을 미쳤다(Nishith, Mechanic, & Resnick, 2000). 아동기에 판정된 학대에 대한 전향적 연구에서 학대집단의 PTSD 유병률(성학대 37.5%, 신체학대 32.7%, 방임 30.6%)은 학대를 받지 않았던 짝지어진 통제집단보다 훨씬 더 높았다(20.4%)(Widom, 1999). 이처럼 아동기 학대가 미래의 PTSD를 가장 잘 예측하는 변인이었다. 즉, 어려서 받은 학대 때문에 성인이 되어서도 학대와 관련된 단서에 취약성을 보이게 되는데, 이런 취약성이 성인이 되어서 PTSD 증상을 경험하게 할지 모른다(De Bellis, 2012).

학대와 관련된 극심한 스트레스는 뇌발달과 구조의 변화를 일으키는데, 이런 변화가 심리적 외상 증상의 일부를 설명할 수 있을 것이다(Glaser, 2000). 그림 16.1에 발달외상학 모델(De Bellis, 2001)과 외상수준의 아동학대를 경험할 때 영향을 받는다고 가정되는 특정한 경로가 제시되어 있다. 모델에서 볼 수 있듯이 학대와 관련된 PTSD로 인해 카테콜라민(노르에피네프린, 에피네프린, 도파민)과 LHPA 축이 변형된다고 가정한다. 현재 많은 연구가 비학대아동과 비교하여 학대아동의 비정상적인 코르티솔 수준에 관심을 기울이고 있다. 스트레스가 많은 기간 전과 후에 뇌에 호르몬이 넘침으로써 단기기억과 장기기억의 부호화와 인출을 담당하는 해마의 기능이 손상될 수 있다. 해마는 스트레스 이후에 몇 시간 또는 며칠 동안 순환되는 높은 코르티솔 수준에 특히 민감하다. 낮은 수준의 코르티솔은 정서적 마비와 관련이 있고, 높은 수준의 코르티솔은 기억혼란과 관련이 있다(Heim et al., 2000). 스트레스가 오랜 기간 지속되면 코르티솔 수준이 격감하고, 호르몬 수준을 조절하는 뇌의 피드백 시스템의 기능이 망가질 수 있다. 스트레스로 인해 뇌에 코르티솔이 넘치면 이에 반응하여 뇌는 코르티솔이 생산되는 역치를 재조정하게 되는데, 이로 인해 결국은 아주 낮은 수준의 코르티솔이 순환되게 된다. 신경내분비계는 스트레스에 아주 민감해진다(De Bellis et al., 2010).

발달외상학에서는 PTSD를 아동기 학대와 아동기, 청소년기와 성인기에 나타나는 정신병리를 연결하는 핵심적 매개요인으로 보고 있다(Nadar & Fletcher, 이 책의 제10장 참조). PTSD는 다양한 행동적 및 정서적 역기능 문제로 인도하는 관문이 되는 질병이자 기여요인이고, ADHD, 반항성 장애, 품행장애, 우울장애와 물질사용장애 같은 다른 문제에서도 자주 나타난다(Mash & Wolfe, 2013). 아동정신과 외래병동을 반복적으로 방문하는 사례에 대한 연구에서 신체학대 및 성학대는 반항성 장애와 품행장애와 관련이 있음이 발견되었다. 반항성 장애와 ADHD를 동시에 보이는 집단의($n = 40$) 학대 유병률이 가장 높았다. 73%가 신체학대를 받았고, 31%가 성학대를 받았다. 장애 사이에 중복되는 증상을 고려하였을 때, (ADHD는 아니었지만) 반항성 장애는 계속적으로 PTSD

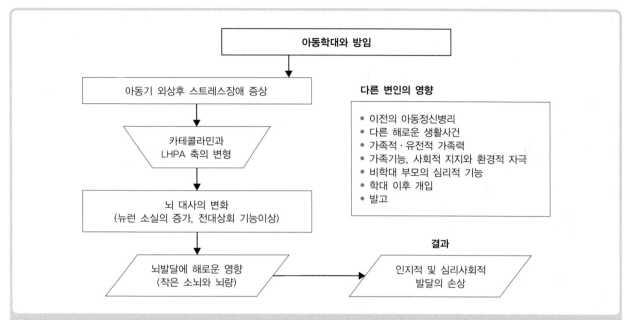

그림 16.1 학대아동의 생물학적 스트레스 시스템과 뇌 성숙에 대한 발달외상학 모델. 이 모델에서는 신경인지적 및 심리사회적 발달의 손상을 뇌발달의 문제로 이해한다.

출처 : De Bellis(2001, p.552). Copyright 2001 by Cambridge University Press의 허락하에 사용함.

와 관련이 있었다(Ford et al., 2000). 이 연구자들은 학대와 학대로 인해 나타나는 PTSD가 반항성 장애를 악화시킬 수 있다고 제안하였다. PTSD가 아동학대와 진단된 다른 정신과적 장애를 연결하는 매개요인 또는 조절요인인지를 밝히기 위해서는 아직 더 많은 연구가 필요하다.

De Bellis(2001)는 발달외상학의 기초이면서 이 분야의 연구에서 중요한 일곱 가지 가정을 요약하였다.

1. 뇌와 생물학적 스트레스 시스템이 대응하기 힘든 스트레스원에 반응할 수 있는 방식은 제한되어 있다.
2. 학대에서 스트레스원은 역기능적이고 외상적인 대인관계이다. 따라서 감지하기 힘든 대인관계 단서(예 : 다른 사람에 대한 신뢰의 지표)가 외상적 반응을 유발할 수 있다.
3. 아동기 학대는 성인기 외상보다 더 해롭다. 왜냐하면 여러 영역(예 : 행동적, 인지적, 정서적)의 발달을 손상시킬 수 있기 때문이다.

4. 생물학적 스트레스 시스템의 반응은 개인차(예 : 유전학), 스트레스원의 특징(예 : 심각도, 빈도), 시스템이 급성 스트레스와 만성 스트레스가 있는 상황에서 균형을 유지할 수 있는지, 또는 시스템이 스트레스원에 대한 반응으로 영구적으로 변하는지에 따라 달라진다.
5. PTSD 증상은 심각한 스트레스원에 대한 정상적 반응이다.
6. 생물학적 스트레스 시스템의 변화는 정신과적 증상, 특히 PTSD 증상을 일으킨다. 심각한 스트레스원을 경험한 이후에 PTSD 증상이 나타나지 않는다면 정신병리가 별로 나타나지 않을 수 있다.
7. 발달 과정에서 외상이 발생하면 만성적 PTSD 증상으로 인해 동반이환이 더 심각하게 발생하고, 인지적 및 심리사회적 기능이 손상된다. 학대가 세대 간에 전이되는 기제는 PTSD에 의한 매개이다. 학대받았던 부모가 PTSD를 경험함으로써 뇌발달이

정상적으로 이루어지지 않고, 정신질환을 겪게 되고, 더 나아가서 부모가 되었을 때 자녀를 부정적인 방식으로 양육하게 된다.

이처럼 학대받는 환경에서 나타나는 만성 스트레스 반응이 부정적인 신경학적 영향이 지속되도록 하는 핵심 원인으로 생각된다. 외상에 노출된 후에도 정신병리를 보이지 않는 학대받은 아동은 그러한 신경학적 변화를 보이지 않았을 수 있다. 이는 여러 가지 요인의 결과인데 여기에는 스트레스 반응을 약화시키는(예 : 스트레스에 대한 LHPA 축의 반응성을 감소시킴으로써) 긍정적이고 '교정적인' 환경적 경험(애착 안정성이나 학대에 대한 아동의 지각과 해석)이 포함된다(Bremner & Vermetten, 2001). 예를 들어 지역사회와 아동복지시설에 수용되어 있는 학대받은 아동과 청소년에 대한 연구에서 자신의 경험을 '학대'로 생각하지 않는 10대가 자신이 학대받았다고 생각하는 10대보다 스스로 보고하는 외상증상의 수준이 더 낮았다(Wekerle et al., 2001).

일회적이고 비대인관계적 외상사건을 경험했던 아동은 PTSD 비율이 낮은 데 반해 만성적이고 심한 학대에서는 증상이 더 높게 나타났다(Pratchett & Yehuda, 2011). 후향적 연구와 전향적 연구에서 아동기에 학대경험이 있는 아동이 PTSD 증상을 많이 보인다고 밝혀졌다(Boney-McCoy & Finkelhor, 1996; Widom, 1999). 여기에는 신체학대(Silverman et al., 1996; Widom, 1999), 성학대(Widom, 1999; Wolfe et al., 1994)와 방임(Widom, 1999)이 포함된다. 학대가 발고되고 2개월 이내에 조사를 받았던 비임상집단의 PTSD 비율은 성학대에서 36%(McLeer, Deblinger, Atkin, Foa, Ralphe, 1998), 신체학대에서 39%였는데(Famularo, Fenton, & Kinscherff, 1994), PTSD를 보였던 사람의 1/3은 2년 후에 이루어진 추수연구에서도 여전히 PTSD 진단기준에 부합되었다(Famularo, Fenton, Augustyn, & Zuckerman, 1996). 일반적으로 성학대나 성학대와 신체학대를 동시에 경험한 아동과 청소년 25~50%가 PTSD 진단기준에 부합되었다(McClosky & Walker, 2000; Wolfe et al., 1994). 20년 후에 이루어진 전향적 종단연구에서 가족, 개별 아동과 생활방식의 혼입을 통제하였을 때 학대경험은 평생 PTSD를 예측하였는데, 성학대가 높은 예측력을 보였다(Koenen & Widom, 2009).

PTSD 진단을 받은 학대 아동이 아주 소수이기는 하지만 학대가 다른 형태의 외상과 다르게 신경학적 발달에 영향을 미치는지 과정을 밝히기 위해서 더 많은 연구가 이루어져야 한다(Mehta et al., 2013). PTSD에 대한 차원적 연구가 개별 증상군(재경험/침습, 회피와 과잉각성)이 여러 영역에서 나타나는 발달지연이나 결손을 설명할 수 있다고 시사하고 있다(De Bellis, 2001). 기존의 연구는 PTSD에 집중되어 왔지만 핵심적인 매개요인으로 제안되고 있는 것은 PTSD 진단 자체라기보다는 아동기 PTSD 증상이다.

학대의 결과를 예측하는 데 있어서 외상증상의 매개 역할을 확인하기 위해서는 앞으로 더 많은 연구가 요구된다. 두 집단의 여자 청소년 표본에 대한 연구에서(Wekerle et al., 2001) 청소년이 보고한 외상증상이 아동기 학대와 데이트 파트너의 폭력성과 데이트 파트너를 향한 폭력성의 관계를 매개한다는 사실이 밝혀졌는데, 지역사회표본과 아동보호서비스 관리를 받는 표본에서였다. 남자 청소년의 경우에는 외상증상이 고유한 변량을 설명하였으나 매개요인은 아니었다. 이러한 결과는 부정적 결과를 감소시키고 예방하기 위해서 PTSD 증상을 재평가해 볼 가치가 있음을 시사한다.

치료와 조기개입의 목표를 결정하기 위해서 학대로 인한 정신병리에서 뇌회로와 신경내분비계의 역할과 학대의 심리생물학에 대한 이해가 우선적으로 이루어져야 한다. 뇌는 정해진 순서에 따라 성숙한다. (방임에서처럼) 예상했던 경험이 주어지지 않거나 (학대에서처럼) 예상하지 않았던 경험이 주어지면 뇌가 정상적으로 성숙하지 않아서 기능이 손상될 수 있다. 발달적으로 민감한 시기를 찾을 필요가 있는데, 왜냐하면 발달적으로 민감한 시기는 급성 및 만성학대의 차이뿐 아니라 학대 시작 연령과 관련이 있기 때문이다. 임상적 관점에서 보면 만성 학대(복합적 사건)와 급성 학대(한 사건)는 서로 다른 유형의 PTSD를 유발하는 것 같다. 급성 외상성 사건을 경험했을 때에는 경험에 대한 상세한 기억을 더 많이 하고, 부정, 마비와 해리가 덜 일어난다. (다른 정신과적 질환뿐 아니라) PTSD와 아동학대의 관계에 대해 아래에서 더 소개할 것이다.

병인론

아동학대는 필요조건이나 충분조건을 제공하는 하나의 위험요인이나 병인론적 과정 때문에 발생하지 않는다는 데에 의견이 모아지고 있다(National Research Council, 1993). 최근까지 특히 신체학대와 방임을 설명하는 대부분의 모델은 부모-아동관계의 성질과 건강한 아동-중심 관계를 정상적으로 형성하는 데 영향을 미치는 요인에 관심을 기울여 왔다. 대조적으로 아동의 성학대에 대한 모델은 성인 가해자의 일탈적 성행동의 이력뿐 아니라 아동을 학대하게 만드는 환경적 및 문화적 위험요인을 밝히는 데 관심을 기울여 왔다. 이러한 노력의 과정에서 밝혀진 주요한 병인론적 요인을 아래에서 소개하겠다.

정보처리모델은 부모에게 부과되는 인지적 요구 때문에 양육에 적용되어 왔다. 이 모델에서는 아동행동 A가 부모행동 B를 일으키는 내적 과정에 관심을 둔다. 일반적으로 정보처리는 순차적으로 이루어지기 때문에 아동행동에 대한 부모의 주의 및 지각에서 부모의 반응선택과 실행으로 정보처리가 진행된다. 서로 다른 학대현상에 관심을 두고 있는 네 가지 모델이 있다. Crittenden(1993) 모델은 방임가족에 관심을 두고 있고, Buhental(1993) 모델, Milner(1993, 1998, 2000) 모델과 Dodge와 동료들의 모델은 신체학대 가족에 관심을 두고 있다(Berlin, Appleyard, & Dodge, 2011; Dodge, Lochman, Laird, Zelli, & Conduct Problems Prevention Research Group, 2002).

Crittenden(1993)은 방임적 양육은 다양한 정보처리 결손 때문에 나타난다며, "방임은 부모가 적절하고 필요한 행동을 하기 전에 정보처리가 중지될 때 발생한다."(p.32)고 주장한다. 특히 부모가 아동의 필요를 지각하지 못하거나 아동의 필요를 정확하게 지각하였지만 부정확하게

해석하는 지각적 및 해석상 '실수'가 여기에 포함된다. 아동의 고통을 (관심을 받으려 한다고) 잘못 해석하거나 비현실적으로 해석하는 것(스스로를 돌볼 수 있다고 아동의 능력을 과대평가하는 것)도 포함된다. 반응단계에서도 결손이 나타날 수 있다. 방임하는 부모는 반응을 해야 한다는 사실을 '알고 있지만' 반응전략을 만들거나 반응을 선택하지 못하고 반응하는 데 실패한다. 이처럼 방임하는 부모는 아동의 필요에 대한 직접적 신호뿐 아니라 상황적 신호(이전 식사를 하고 경과된 시간, 식사시간)를 지각하지 못하고, 정확하게 해석하지 못하고, 적절하고 효과적인 반응을 보이지 못하는 체계적 편향을 가지고 있는 것 같다.

Crittenden(1993)은 이러한 정보처리 결손을 유발하는 다양한 부모요인을 제시하였다. 부모의 우울증, 자기애, 낮은 지적 능력, 낮은 자기효능감과 부적절한 신념체계(어린 아동의 독립성에 대한 신념)이다. 예를 들어 우울한 방임부모는 우울로 인한 위축과 회피행동과 관련된 부정적 정서를 자동적으로 처리하는 지각적 편향을 보일 수 있다. 우울증은 아동의 잘못된 행동의 다양한 원인(신체적 질병, 주의나 이해부족, 도움의 필요)을 생각해 보는 것 같은 의도적인 정보처리를 더 어렵게 만든다. 이러한 지각결손은 관계에 대한 부모 자신의 내적 작동모델 같은 더 '고차적인' 인지적 변인과 관련되는데, 내적 작동모델은 부모가 자신의 부모에게 양육을 받았던 경험으로부터 만들어진다. 따라서 어려서 자신에게 성인이 자신을 돌봐 주고 사랑하게 만드는 능력이 없다고 학습했던 부모는 자녀와 신체적 가까움은 유지하지만 자녀의 고통에 압도당하지 않기 위해서 자녀가 보내는 고통의 신호로부터 자신을 분리시키게 될지 모른다.

Crittenden처럼 Bugental과 동료들(Bugental, 1993; Bugental, Blue, & Lewis, 1990; Bugental & Goodnow, 1998; Bugental, Lewis, Lin, Lyon, & Kopeikin, 1999; Bugental, Lyon, Krantz, & Cortez, 1997; Bugental, Lyon, Lin, McGrath, & Bimbela, 1999)은 정보처리 결손(특히 개인적 무력감에 대한 부정적 해석편향)을 대인관계에 대한 인지도식 같은 '고차적' 인지적 변인과 연결한다.

신체적으로 학대하는 부모는 '위협 지향적' 관계의 도식과 상호작용하기 때문에 자신의 권위에 대한 도전에 민감하고 또 도전이 있을 것으로 예상한다. 자신의 힘이 약하다고 지각하기 때문에 자신의 지배권에 대한 도전을 지나치게 경계한다. 그 결과 자신이 지각하고 두려워하는 다른 사람의 힘을 약화시키기 위해서 혐오스러운 반응전략을 사용할 가능성이 크다. 이러한 도식의 안내는 지속적이고, 잘 연습되었기(과잉학습되었기) 때문에 빠르고 자동적으로 혐오스러운 반응전략에 접근하게 된다. Bugental은 학대가정 내 힘의 역동에 관심을 두었는데, 이런 가정에서 부모는 아동이 큰 힘을 가지고 있다고 여기고, 아동이 부모역할을 하는 역전된 입장에 처하게 된다. 이러한 역할 역전으로 인해서 부모는 자녀가 자신의 권위에 도전할 것으로 가정하고, 자신이 지각한 자녀의 적대적 행동에 대항하기 위해 선제공격을 하게 되는데, 자녀는 부모의 이러한 시도 때문에 상처를 입게 된다. 자신의 힘이 약하다고 지각하는 여성은 확실하게 반응하거나 반응하지 않는 아동의 행동보다 모호한 아동의 행동에 더 의도성이 있다고 생각한다(Bugental, Lewis, et al., 1999). 따라서 학대하는 부모는 자신을 아동의 혐오스러운 행동의 '피해자'로 볼 수 있고, 아동의 행동을 의도적이라고 지각할 뿐 아니라 자신이 아동에게 통제당한다고 지각한다. 따라서 자기행동의 심각도를 최소화한다. 자녀에 대한 혐오와 학대는 부모가 가지고 있는 대인관계에 대한 위협 지향적 도식 때문에 발생하는데, 이런 도식은 자신이 어렸을 때 경험한 대인관계에서 유래한다.

여러 경험적 연구가 Bugental이 제안한 모델을 지지한다. 통제집단 어머니에 비해 학대하는 어머니는 중립적이거나 긍정적 상호작용을 하는 동안에도 아동에게 더 높은 수준의 부정적 정서를 보였다(Bugental et al., 1999). 더구나 부모와 상호작용하는 동안 학대받는 아동의 말하기 패턴은 스트레스가 악화됨을 보여주었다(Bugental & Lin, 1991, Bugental, 1993에서 인용). Bugental과 동료는 아동의 자극을 통제하기 위해서 컴퓨터로 시행되는 학습과제에서 성인이 컴퓨터로 제시되는 아동과 상호작용하

는 것을 관찰했다. 자신의 통제권이 약하다고 지각한 여성은 통제집단에 비해 컴퓨터로 제시되는 '반응하지 않는' 아동의 행동에 대해서 더 큰 생리적 각성(심장박동, 피부전도반응)과 부정적 정서를 나타내었고, '반응하는' 아동의 행동에 대해서 최소 수준의 각성과 부정적 정서를 나타내었다(Bugental, 1993). 이처럼 자신이 힘이 약하다고 지각한 여성은 자신의 권위에 대한 도전의 가능성에 대해 생리적으로 더 큰 반응을 보였다.

Bugental, Lewis와 동료들(1999)은 모호한 통제권의 중요성을 밝혔다. 자신의 힘이 약하다고 지각한 여성은 (통제력이 높거나 낮은 상황에 비해) 통제권이 모호한 상황에서 더 높은 수준의 처벌적 권력을 행사하였다. 이런 관계는 자율신경계 각성의 증가에 의해 부분적으로 매개되었다. 처벌적 반응은 자신의 힘에 대한 지각된 위협을 일시적으로 감소시킬지 모른다. 아동은 힘이 약한 여성에게 주의를 덜 기울였는데, 이는 힘이 약한 여성의 모호한 의사소통방식에 의해 매개되었다(Bugental, Lyon, et al., 1999). 실험적으로 유도된 성인의 (얼굴과 목소리의) 모호성은 아동의 낮은 주의 수준과 관련이 있었는데, 이는 아동이 자신의 괴로움을 조절하려는 수단일 수 있다. 그러나 주의의 감소는 반응형성과정을 손상시킬 수 있다. 더구나 실험적으로 (동시에 다른 과제를 수행하면서 판단하도록 하여서) 스트레스를 유발하였을 때 힘이 약한 여성은 자신의 자녀가 더 큰 힘을 가지고 있다고 판단했다. 이런 관계는 스트레스가 관련되지 않는 상황에서는 나타나지 않았다. 이런 발견은 의도와 목적이 분명하지 않은 부모의 방어적 상호작용방식을 감소시키는 개입에 의해 더 지지를 받았는데, 이 개입에서는 성인이 자녀와 상호작용을 이겨야 하는 '다툼'으로 보지 않도록 생각을 변화시켜 주고, 스트레스와 모호한 단서에 대처하는 더 적절한 방식을 학습하도록 도와주었다(Bugental et al., 2010).

Dodge와 동료의 사회정보처리 모델(Dodge, 1980; Dodge et al., 2002; Zelli & Dodge, 1999)에서는 부호화의 형태(예 : 자기위협에 대한 과잉경계, 관련된 단서에 대한 주의부족)를 강조하는데, 부호화의 형태는 획득된 성격 특

성과 같이 시간에 관계없이 안정되고 내적 일관성이 높은 특징을 보인다. 부호화 형태는 정보처리와 정서적 및 행동적 반응을 연결한다. 따라서 위협단서를 빠르게 부호화하게 되면 적대적 의도의 귀인(예 : 아동이 '일부러' 못되게 행동한다는 가정), 분노반응, 도구적 목표설정(예 : 복수나 '승리' 목표), 공격적 반응에 빠르게 접근하게 되고, 공격적 반응의 선택과 실행이 활성화된다(예 : 아이 때리기). 부모들의 부호화는 자신의 상호작용의 역사(예 : 가혹하게 양육된 자신의 아동기 역사)에서 얻은 개인적 지식뿐 아니라 아동과 상호작용하는 과정에서 얻은 지식의 영향을 받을 것이다. 전형적 부모와 비교할 때 학대부모는 어쩌면 정서에 대한 이해가 부족한 상황에서 아동에 대해 더 부정적 정보가 들어 있는 '데이터 베이스'나 지식구조 — 부정적이고, 공격성향이 있는 지각적 · 해석적 및 반응적 편향 — 를 사용하게 되는 것 같다.

Milner(1993, 1998, 2000)는 신체적으로 학대하는 양육에서 부모의 인지와 동기의 역할을 강조하는 사회정보처리 모델을 제안하였다. 학대부모는 일반적으로 아동의 행동에 주의를 덜 기울인다. 따라서 그들은 '불완전한 변별자'이다. 예를 들어 학대하는 어머니는 우는 아기와 웃는 아기에게 비슷한 반응을 보였는데, 이는 이들이 아이를 혐오스러운 자극으로 지각하며 아동행동의 특징적 차이를 정확하게 지각하지 못함을 시사한다(Crouch, Skowronski, Milner, & Harris, 2008). 더구나 Milner는 (아동과 관련되거나 또는 관련되지 않는 사건으로 인한) 학대하는 어머니의 개인적 '고통'은 그들의 지각능력을 감소시켜서 아동과 관련된 지각을 더 부정확하게 만든다고 보았다. 이 모델에서도 학대하는 어머니의 우울증을 학대와 관련된 인지활동에서 나타나는 부정적 편향을 설명하는 중요한 요인으로 본다. 예를 들어 우울증상군이 있으면 더 쉽게 아동의 품행에 문제가 있다고 판단하게 된다.

아동행동에 대한 부모지각의 중요성은 Milner가 지각에서 자동적 처리를 통해서 학대적 양육으로 가는 직접적 경로를 제안한 데에서 드러난다. 자동적 처리는 의식의 바깥에서 일어나며 주의를 별로 요구하지 않는 빠른 인지적 처리이다. 자동적 처리는 수정하거나 억압하기 어렵기 때문에(특히 스트레스나 위협상황에서), 일단 시작되면 일반적으로 끝까지 진행된다. 따라서 자동적 처리는 학대부모가 아동에게 주의를 잘 기울이지 않는 상태에서도 일어날 수 있다. Milner는 그런 빠른 처리가 학대행동을 설명할 수 있을지 모른다고 제안하였다. 부모의 반응이 즉각적이고, 빠르고, 폭발적이지만 자신의 반응을 완화할 수 있는 아동에 대한 세부사항을 고려하지 못한다. 혐오스러운 부모행동보다 학대적 부모행동을 설명하면서 Milner는 '잘못됨'에 대한 부모의 추정을 강조했다. 즉, 학대하는 부모는 아동의 문제행동을 지각하고 아동에게 책임과 부정적 의도를 전가할 뿐 아니라 그 행동을 '아주 잘못되었다고' 평가하고 따라서 훈육을 위해서 아동이 부모에게 심하게 당해도 괜찮다고 생각할 수 있다.

한 연구에서 학대하는 어머니는 아동의 행동을 더 부정적으로 지각하였다. 그들은 아동에게 더 큰 책임이 있다고 보았고, 더 큰 분노와 스트레스를 호소하였고, 더 큰 처벌에 찬성했다. 회귀분석에서 처벌을 가장 강력하게 예측하는 요인은 어머니가 잘못된 행동을 한 아동에게 화가 난 정도였다. 아동의 행동에 대한 부정적 지각이 아동의 책임에 대한 추론을 예측했고, 아동의 책임에 대한 추론은 어머니의 분노에 영향을 미쳤고, 어머니의 분노는 어머니의 처벌을 예측하였다(Graham, Weiner, Cobb, & Henderson, 2001). 아동학대를 저지를 위험이 높은 어머니에 대한 연구에서 Nayak과 Milner(1998)는 지능을 통제하였을 때에 어머니들이 개념적 능력, 인지적 유연성과 문제해결기술에서 신경인지적 결손을 보인다는 사실을 발견했다. 이러한 차이는 우울증과 불안을 더 통제하자 사라졌는데, 이는 신체학대는 부모의 인지기능과 직접적으로 관련되지 않음을 시사한다. 실제 Caselles와 Milner(2000)는 학대 위험이 높은 어머니는 아동의 관습적이고 개인적 위반행동을 더 나쁘게 지각했고, 자녀가 덜 복종할 것으로 예상하였고, 자신의 양육방식이 적절하지 못하다고 평가하였다. 또한 말을 듣지 않는 아동을 보여주자 학대 위험이 높은 어머니는 아동의 행동을 더 스트레스가 된다고 평가하였다(Dopke & Milner, 2000). 그러나 이 이론적 모델은 앞으로 학대로 판정받은 부모를 대상으로 더 검증되어야 한다.

성인과 아동의 특성에 대한 개관

아동의 특성

많은 연구가 아동이 방임이나 신체학대 및 성학대의 피해자가 될 '위험'을 증가시키는 특성을 밝히려고 시도해 왔다. 그렇지만 아동요인은 다른 인과적 요인이 같이 있을 때에만 학대의 가능성을 증가시킨다는 데 의견이 모아지는 것 같다. 종단연구와 횡단연구 모두가 환경적 요인과 성인요인을 통제하였을 때 학대의 위험성을 증가시키는 — 연령이나 성별, 기질, 저체중, 과잉활동성이나 품행문제 같은 — 아동의 특성을 발견하지 못했다(National Research Council, 1993). 그러나 아동이 스스로 의도하는 것은 아니지만 여전히 학대적 또는 방임적 관계의 지속이나 악화에서 역할을 하는 것 같다. 예를 들어 지적장애나 신체장애 같이 장애가 있는 아동은 장애가 없는 아동보다 더 쉽게 학대를 받는다(Hershkowitz & Lamb, 2007; Sullivan & Knutson, 2000). 유사하게 방임된 아동은 어려서 급식문제나 까다로움 때문에 부모의 제한된 육아능력에 부담을 주고, 이는 다시 아동의 의존욕구와 지나친 요구를 증가시키고, 이로 인해 부모는 더욱 철수하게 된다(Drotar, 1999).

아동이 성인의 성학대 시도를 거절하지 못하게 만드는 요인은 정서적 취약성(정서적/신체적으로 불우하고, 순종적이거나 조용한 아동), 가해자의 강압과 유혹, 아동이 부모갈등을 목격하는 것, 성학대에 대한 교육부재, 그리고 아동의 일반적인 사회적 무력감 등이다. 은근한 강압적 방법(캔디를 사주는 것)이 성공하지 못하면 폭력이 사용될 수 있다. 가해자가 학대를 '훈육'으로 위장하는 것과 같이 때로는 폭력을 쓰면서 아동을 속일 수 있다. 실제 성적 행동은 '준비'기간이나 점진적으로 세뇌를 시킨 다음에 일어나는 경우가 많은데(Conte, 1992), 이는 성학대를 시도하는 많은 성인이 "치밀하고, 계산적이며

인내심이 있음"을 의미한다(Singer, Hussey, & Strom, 1992, p.884). 방임의 경우에는 어렸을 때 아동의 급식문제나 까다로움이 부모의 제한된 육아능력에 큰 부담을 주어서 부모가 아동으로부터 철수하게 만들고 동시에 아동의 의존욕구와 지나친 요구가 더 심해진다(Drotar, 1992). 유사하게 신체학대를 받은 아동은 일찍부터 부모의 주의를 끌기 위해 혐오스러운 방법(울기, 때리기와 매달리기 등)을 사용하는 것을 학습하고, 부모가 점점 더 아동을 적절하게 다루지 못하고 자극하지 못하게 되면서 그 강도가 더 세질 수 있다(개관을 위해서 Wolfe, 1999 참조).

성인의 특성

학대와 방임

학대부모에 대한 연구에서 앞서 소개한 인지행동적 모델이 개발되었다. 학대부모와 일반부모를 여러 심리적 변인에서 비교한 연구를 개관해 보고, Wolfe(1999)는 학대부모가 두드러진 성격적 또는 신경과적 장애를 보이지는 않지만 아동을 양육하는 역할에서 무능함을 보여주는 행동적 차이와 생활양식 패턴을 가지고 있다고 결론지었다(신체학대에 대한 개관은 Black, Heyman, & Smith Slep, 2001; Milner, 1998 참조; 성격이론과 경험적 증거에 대한 새로운 개관은 Flett & Hewitt, 2002 참조). 학대부모는 아동에게 새로운 행동을 가르치거나 아동의 문제행동을 통제하는 것과 같은 부모역할을 하는 데 있어서 일반부모보다 덜 효율적이다. 학대부모는 훈육기법을 선택하는 데 있어서도 융통성이 부족해서 부모가 선택한 훈육기법이 아동의 잘못된 행동과 상황에 맞지 않을 때가 많다. 아동관리기술이 부족하면 아동을 통제하기 위해 체벌에 지나치게 의존하는데, 스트레스를 완화시켜 주고 가족문제를 해결하는 데 도움이 되는 사회적 지지가 부족하기 때문에 체벌에 대한 의존은 더 심해진다.

경험적 연구는 또한 과잉통제된(강박적인) 부모반응과 과소통제된(공격적인) 부모반응이 모두 아동과 가족이 만드는 스트레스와 같이 나타나거나 또는 그 결과라고

시사한다. 성인의 특성 — 스트레스에 대한 낮은 지구력, 부적절하거나 부당한 모델이나 학습기회와 생활기술의 부족 — 이 스트레스를 주는 이러한 생활사건의 영향을 결정하는 중요한 심리적 과정일 수 있다. 더구나 학대하는 부모는 사회적 지지를 이용하지 못하고 새로운 사회적 연결망을 만들지 못하기 때문에 어려운 가정 및 환경적 조건에 대한 지각이 더 악화될 가능성이 크다.

17년 동안 이루어진 644 가족에 대한 종단연구에서 Brown, Cohen, Johnson과 Salzinger(1998)는 세 가지 요인이 신체학대를 예측한다고 밝혔다. 어머니의 낮은 양육참여, 어렸을 때 어머니와 아동의 분리와 출산 전후의 문제였다. 유사하게 Bishop과 Leadbeater(1999)는 어머니 우울증, 친구의 사회적 지지(적은 수의 친구, 친구와의 접촉과 친구관계의 질)와 현재 관계의 질(즉, 더 부정적)이 학대를 고유하게 예측함을 발견했다. 이 연구자들은 학대하는 어머니는 다양한 서비스를 자주 이용하면서도 전문가를 자신의 공식적인 사회적 지지체계에 포함시키지 않는다는 사실에 주목했다. 서비스의 사용이 우울증과 대인관계 문제와 어떻게 관련되는지는 아직 확실하지 않다. 그러나 이 연구는 어머니의 우울증을 다루는 데 있어서 정신약리적 및 심리치료적 방법을 옹호할 필요성을 강조한다.

방임하는 부모는 신체학대나 성학대 부모보다 관심을 훨씬 덜 받아 왔는데 아마도 당연한 양육의 부재는 기술하거나 파악하기가 더 어렵기 때문인 것 같다(Dubowitz & Bennett, 2007). 신체학대와 방임에 대한 스트레스 대응모델에서 Hillson과 Kuiper(1994)는 방임하는 부모는 다양한 정도로 행동적 이탈(behavioral disengagement)을 보인다고 주장했다(즉, 스트레스원을 제거하고, 회피하거나 대응하는 노력을 하지 않는 것). 방임하는 부모는 아동양육과 그와 관련된 다른 가족문제로 인한 스트레스에 대응하기 위해서 도망과 회피를 통해 현재의 스트레스원에서 주의를 돌리려는 시도를 하기도 한다(Hildyard & Wolfe, 2007). 방임하는 부모에 대한 스트레스 대응모델의 기술은 일반적으로 경험적 증거와 일치한다. Schukmacher, Smith Slep과 Heyman(2001)은 방임의 위험요인에 대한 문헌을 개관하였다. 효과의 크기가 중간 이상이었던 요인은 출산(다산, 계획되지 않은 임신), 어머니의 자아존중감, 충동성, 사회적 지지의 부재, 일상적 스트레스, 물질사용장애 진단과 빈곤상태였다.

그러나 부모 특성과 생활양식의 선택은 여러 측면에서 중복된다(우울증, 물질사용; Brent & Silverman, 2013; Herrenkohl, Hong, Klika, Herrenkohl, & Russo, 2013). 예를 들어 (과거나 현재) 물질사용과 부모의 아동학대 가능성 검사의 점수가 정적 상관을 보였다(Ammerman, Kolko, Blackson, & Dawes, 1999). 전향적 연구에서 Chaffin, Kelleher와 Hollenberg(1996)는 (반사회적 성격을 포함하여) 여러 혼입변인을 통제하였을 때 부모의 물질남용이 부모가 스스로 보고한 아동에 대한 신체학대와 방임을 예측한다는 사실을 발견했다. 물질사용장애 같은 혼입변인을 통제하였을 때 우울증이 신체학대의 위험요인이었지만 방임의 위험요인은 아니었다. 이 연구자들은 물질남용은 학대에 직접적으로 영향을 미치면서 동시에 우울증과 방임 사이를 매개한다고 결론을 내렸다.

이 개관에서 우리는 아동학대나 방임의 공통적 원인으로 드러나는 부모역할의 세 가지 핵심적 요소를 볼 수 있다. (1) 일상생활에서 부모가 아동과 상호작용하는 방식, (2) 아동을 양육하면서 부모가 학습한 좌절-공격관계인데, 이 관계는 짜증이 분노로 빠르고, 통제할 수 없게 악화되는 현상을 설명한다, 그리고 (3) 부모행동의 원인이 되는 왜곡된 신념과 귀인을 설명하는 인지적·사회적 정보처리과정이다(Wolfe, 1999). 사회적 상호작용과정, 사회적 정보처리과정과 각성-공격과정은 가정의 내부나 외부에서 일어나는 사건에 대한 반응으로 나타나는 가족구성원의 끊임없는 행동의 변화를 설명하는 데 유용하다. 아동학대는 대안적 해결책(예 : 적합한 부모모델, 교육과 지지를 통해)이나 명확한 제재(예 : 학대법)를 제공하지 않는 시스템 안에서 일어나는 부모와 아동의 상호작용의 결과라고 설명하는 것이 가장 타당하다. 중요한 사실은 아동양육환경을 만들어 내는 좀 더 원격적 사건(예 : 빈곤, 스트레스 등)에 대한 관심과 (앞에서 논의한) 신경생물학적 결과의 통합은 아직까지 이루어지지 않았다는 점이다.

성학대

연구에 의하면 일반적으로는 소아성애 성인과 특수하게는 근친상간자(친족 성폭력자)는 이질적 집단이지만 성학대와 폭력성과 공격성의 연결은 공통적이다(Hartman & Burgess, 1989). 아동에 대한 성적 가해자는 대부분이 남성이다. 자료에 의하면 대부분의 여성 범죄자는 남성 범죄자와 강압적 관계에 있다(Friedrich, 1990). 집단적으로 볼 때 남성 범죄자는 심각한 사회적 및 관계적 결손이 있는데, 사회적으로 고립되어 있고, 정서적으로 가깝고 신뢰하는 관계를 형성하는 데 어려움이 있고, 자아존중감이 낮다(Marshall, Marshall, Serran, & O'Brien, 2009).

성학대의 피해자는 반드시 그렇지는 않지만 성인이 되면 성학대를 반복할 가능성이 높다는 증거가 있다. 성적 범죄자 가운데에서 성학대를 받았다고 스스로 보고한 비율은 20~30% 사이인데 거짓말 탐지기로 확인하였을 때에는 그 비율이 더 낮았다(Chaffin, Letourneau, & Silovsky, 2002). 최근에 성적 범죄자와 비범죄자에 대한 17개 연구에 대한 메타분석이 이루어졌다. 아동에 대한 성적 범죄자에서 과거 성학대 경험의 비율이 더 높게 나타났다(3배 이상). 이 집단들의 과거 신체학대 경험의 비율에는 차이가 없었다(Jespersen, Lalumière, & Seto, 2009). 여러 가지 기제가 제안되어 왔지만(예 : 범죄자와의 동일시, 해리상태, 외상재현), 성학대를 받았던 범죄자의 두드러진 특징은 비정상적인 성적 각성의 수준이 높다는 것이다. 과거에 학대를 받았던 경험이 있으면 일찍 성학대를 시작하고, 더 어린 아동을 선택한다. 다양한 경로가 있을 수 있다. 예컨대 폭넓은 사회적 규칙 위반의 일환으로 일어날 수도 있고, 사회적 유능감이 부족해서, 그럴 수 있는 기회가 있어서, 또는 호기심 때문에 일어날 수도 있다(Chaffin et al., 2002 참조). 청소년 성적 범죄자와 비범죄자에 대한 59개 연구의 메타분석에서 (효과 크기에 근거했을 때) 집단 간에 가장 큰 차이를 보였던 것은 비정상적 성적 관심이었고, 그다음이 성학대를 받은 경험, 범죄경험, 반사회적 집단과의 연계와 물질남용

이었다(Seto & Lalumière, 2010).

문헌에서 확인된 범죄자를 분류하는 중요한 특징에는 (사용된 폭력성의 정도, 강압 대 유혹에 대한 강조, 아동과의 관계, 아동의 연령과 같은) 범행요인과 (교육수준, 범행 이전 사회적 및 직업적 적응, 범죄경력, 성격 특성과 물질남용과 같은) 범죄자 요인이 포함된다(Hartman & Burgess, 1989). 반면 성격특성은 아주 다양하고 신경인지적 손상과 중복된다(Kruger & Schiffer, 2011). 또한 성적 단서에 반응하는 뇌의 피질영역에 백질이 부족하다는 증거가 증가하고 있는데, 이는 소아성애가 어렸을 때 뇌발달이 잘 이루어지지 않아서 성적 단서에 반응하는 뇌 연결망이 부분적으로 끊어져서 나타날 가능성을 시사한다(Cantor et al., 2008; Cantor & Blanchard, 2012).

Finkelhor(1984)는 아동 성학대에 중요하게 영향을 미치는 개인적 및 상황적 조건을 밝혔다. 아동에 대한 성적 공격이 일어나는 데 필수적으로 생각되는 네 가지 범죄자 요인을 제안하였다 : (1) 성학대의 동기(아동을 보고 성적으로 흥분하는 것), (2) 내부적 억제요인의 약화(알코올/약물사용, 충동성), (3) 외부적 억제요인의 약화(아동에 대한 부모감독 부재, 아동과 홀로 있는 기회), (4) 아동저항의 약화(선물을 통한 강압, 아동의 호기심을 악용하는 것). Finkelhor(1986)는 처음의 두 가지가 학대가 일어나는 데 필수적인 조건이라고 제안하였다. 즉, 가해자가 학대하려고 하고, 그런 동기를 억제할 수 없어야 한다. 이는 가해자가 학대에 책임이 있다는 견해와 일치한다. 가해자의 이런 특징은 광고와 외설물에서 아동을 성애적으로 묘사하는 것, 남성우월을 용납하는 것 같은 사회적 현실에 의해 길러지는 것 같다(Friedrich, 1990).

현재의 문제점과 앞으로의 연구 방향

이 장에서 학대가 발달정신병리와 폭력의 지속에 대해서 갖는 의미와 그들 사이의 상호연관성을 보여주기 위해서 학대를 받거나 방임된 아동에 대한 발달적 함의를 계속 강조해 왔다. 다양한 형태의 폭력과 학대의 원인과 결과는 비슷하다. 가장 중요한 사실은 건강한 관계의 형성이

심각하게 손상되어 있다는 점이다. 이런 관계의 문제는 신체학대, 방임과 성학대에 대한 개관과 논의에서 잘 드러났고 이 분야의 중요한 문제 가운데 하나는 가족과 아동에게 적절한 서비스와 지원을 제공하여 부모-아동관계를 강화하고 아동을 착취와 피해로부터 보호하는 것이다. 마지막으로 현재 이루어지고 있는 조기치료와 예방의 방향에 대하여 논의하겠다.

어떻게 여러 종류의 학대에 대한 정의와 이해를 증진시킬 수 있을까?

이 분야 연구에서 사회적, 방법론적 및 현실적 우려를 모두 내포하게끔 아동학대를 정의하는 것은 커다란 도전이다. 일반적으로 연구자들은 가장 눈에 띄는 아동이나 가족의 특징(예: 신체학대의 증거)에 기초하여 자신이 관심을 가지고 있는 집단을 나누는 방식으로 학대를 약간 임의적으로 정의해 왔다. 그러나 이렇게 정의하면 이런 아동이 가지고 있을 다른 경험을 간과하게 되어서 학대가족을 너무 일반적으로 분류하는 오류를 범할 수 있다. 더구나 흔히 사용되는 이와 같은 전략에서는 학대의 각 유형을 하나의 독립변인처럼 취급하는데, 실제는 서로 다른 유형의 학대가 같이 발생하는 경우가 많고 또 서로 관련되어 있다. 따라서 이런 범주적 접근에서는 (다른 유형의 학대나 가족경험과 같이) 아동발달에 상승적으로 또는 고유하게 영향을 미치는 다른 요인을 발견해 내기 어렵다.

연구자들은 또한 아동학대를 정의하는 현재의 방법론에 대해서도 불만을 표명해 왔다(Snarr, Heyman, Slep, & Malik, 2011). 한편으로는 학대를 범주적으로 정의하는 접근에서는 다양한 학대의 강도 차이가 모호해지고 아동의 삶에서 여러 가지 학대가 동시에 일어나는 빈도를 무시하게 된다(McGee & Wolfe, 1991). 다른 한편으로는 범주적이고, 경험적으로 타당성이 입증된 접근을 아동학대에 적용하는 것이 유익하고 유용하다는 점이 입증되어 왔다(Heyman & Smith Slep, 2009). 경험적으로 만들어진 정의와 기준을 사용하여 Heyman과 Smith Slep(2009)이 개발한 접근이 이 분야에서 신뢰성과 타당성을 인정받아 왔고, 아동복지적 관점에서는 더 '공정하고' 객관적이라고 평가되어 왔다. 아동복지는 명확한 안내지침과 정의가 있어야 하기 때문에 과학적 증거에 기초한 범주적 접근이 이 분야에서 높은 지지를 받고 있다.

현재 우리는 아동학대에 어떻게 반응하고 있는가?

아동학대와 가정폭력의 감소나 근절은 가족에 대한 폭넓은 지원, 교육과 건강증진사업에 의해 더 쉽게 성취될지 모른다(MacMillan et al., 2009; Wekerle & Wolfe, 1993). 범법자들을 찾아내고 또 통제할 수 있다는 견해와는 대조적으로 통합적 공중보건 관점에서는 더 많은 대중의 이해와 기술수준을 향상시키기 위해 노력한다. 폭력예방과 가족기능 향상의 핵심적 주제는 건전한 관계를 형성하는 것이다. 그러나 예방이 치료의 필요성을 전적으로 대체할 수는 없으며, 학대부모에 대한 효과적인 치료연구는 여전히 중요하다.

아동과 여성에 대한 폭력의 원인과 발달 과정을 상세히 이해하게 되어서 최근에는 예방을 위한 노력이 충분한 정보에 근거하여 이루어지고 있다. 발달외상학 접근에서는 아동보호서비스나 법집행기관에 연루된 모든 부모와 아동에게 (PTSD 선별만이 아니라) 일반적인 정신건강 선별검사를 실시하는 국가정책에 찬성하고 있다(De Bellis, 2001). 학대받은 아동은 인지발달과 학습발달에 어려움이 있기 때문에 아동에 대한 발달적 선별검사를 포함하는 것도 중요할 것이다. 아동이 나타내는 임상적 증상에 대해서도 의학적 검진과 진단이 반드시 이루어져야 한다. 교육장면에서 발견된 사례에 대해서 그런 조치가 특히 더 필요하다. 예를 들어 학대나 방임이 의심되면 학교 간호사에게 검진을 받을 수 있어야 한다.

발견과 예방에 더하여 양육장애와 정서학대를 줄이기 위한 공중보건모델이 아동과 가족에게 큰 도움이 될 것이라는 데 많은 사람이 동의하고 있다(Eckenrode et al., 2010; MacMillan et al., 2009; Slep & Heyman, 2008). 그런 전략은 개별 아동에게 소요되는 자원을 줄여주고, 발견과 예방에만 의존하는 전략보다 더 효과적이다. 공중보건에서는 보호요인을 증가시킬 것을 강조하는데, 여기에는 다양한 양육방법에 대한 부모의 인식, 양육기술의 향상, 양육의 초기단계에서 이루어지는 지역사회의 지원, 학교의 개입과 그 밖의 많은 요인이 포함된다(Wolfe & McIsaac, 2011). 공중보건모델에서는 대중에게 긍정적 양육이 무엇이며 건강한 아동발달이 왜 중요한지를 알려줌으로써 건강하고, 긍정적인 부모-아동관계를 강조한다.

보호기관을 포함하여 아동중심기관에서는 정기적으로 부모의 정신건강뿐 아니라 성인 양육자의 과거 학대받은 경험을 평가해야 한다. 예를 들어 가정붕괴와 폭력을 경험했던 아동은 특히 청소년기 초기, 중기와 성인기에 다른 사람을 향한 폭력을 경험하거나 저지를 위험이 크다(Wolfe, Crooks, Chiodo, & Jaffe, 2009). Strauss와 Kantor(1994)는 주정부의 범법기록과 상세한 아동양육 이력을 사용하여서 ('가벼운' 체벌을 포함하여) 학대받은 경험이 성인기에 인간관계에서 일어나는 폭력을 가장 강력하게 예측하는 요인임을 밝혔다. 따라서 원가족에서 경험한 학대는 (특히 젊은 여성이) 다른 사람에게 학대받을 취약성뿐 아니라 갈등을 해결하기 위해 힘과 통제를 사용할 가능성을 증가시킨다(Wolfe, Wekerle, Scott, Straatman, & Grasley, 2004). 아동학대가 좀 더 심각한 사례에서는 신체적 및 심리적 외상 때문에 생긴 만성적 공포와 회피로 인한 손상을 감소시켜 주는 외상-중심 인지행동치료를 받으면 아동이나 청소년이 도움을 받을 수 있다(Cohen, Berliner, & Mannarino, 2010; Cohen, Mannarino, & Murray, 2011).

데이트 폭력이나 성인 파트너 사이의 폭력(IPV) 가능성이 있거나 우려될 때에는 학대도 또한 조사하여야 한다. 예로 물질을 남용한 성인 커플이 치료를 받을 때에는 파트너에 대한 폭력은 조사하지만 성인이 과거에 학대받았던 경험이나 과거나 현재의 아동학대 여부는 보통 조사하지 않는다. 폭력을 경험하거나 저지를 가능성은 이전의 학대경험뿐 아니라 또래의 부정적 영향(폭력의 용납), 보상요인의 부재(예 : 학교에서 성공, 형제와 친구와 건강한 관계), 편견, 태도와 신념에 대응할 수 있는 대안적 정보의 부족(Wolfe, Jaffe, & Crooks, 2006)으로 인해 증가한다. 따라서 아동과 청소년을 위한 모든 최전

방의 건강, 교육, 정신건강, 법률과 아동보호서비스 기관에서는 학대에 대한 철저하고 종합적인 평가를 반드시 실시해야 한다.

확인된 학대부모의 재범을 예방하기 위한 3차 예방 및 치료연구들은 아동양육기술과 발달에 대한 지식을 향상시키는 것이 어느 정도 성공적이라고 보고하고 있지만 제한된 추수연구, 재범의 증거와 고비용의 문제 때문에 이런 형태의 '예방'을 실시하기는 어렵다(MacMillan et al., 2009). 그러나 학대부모에 대한 개입은 학제간 팀을 구성하여 이루기보다 아동보호서비스 직원이 비슷한 접근을 취하는 것이 더 적절할 수 있다(조사되는 모든 부모에게 물질남용과 가정폭력의 평가를 포함하여 정신과적 선별을 반드시 받게 하는). 고위험군 부모, 저위험군 부모와 예비부모에 대한 개입을 포함하는 선별적이고 집중적인 예방노력이 일찍부터 부모와 아동을 돕는 데 도움이 되었고, 오랜 추수기간 동안에도 효과가 지속적으로 나타났다. 이러한 폭넓은 전략과 특히 가정방문 접근은 실행 가능성, 비용 효율성과 효과를 보였고, 전국적으로 적용되기 시작하였다(Appleyard, Berlin, Rosanbalm, & Dodge, 2011; Eckenrode et al., 2010; Kitzman et al., 2010; Moss et al., 2011; Prinz, Sanders, Shapiro, Whitaker, & Lutzker, 2009). 복합적 문제가 있는 가정에는 가정방문이 서비스 연계, 아동의 신체적 건강관리, 부모-아동 상호작용의 향상과 신체학대와 방임의 예방에 도움이 된다(Swenson, Schaeffer, Henggeler, Faldowski, & Mayhew, 2010; Thomas & Zimmer-Gembeck, 2011).

세계적인 아동학대의 예방은 학령기 아동과 청소년에게 안전문제(특히 성학대와 관련하여)에 대해 교육하거나 대중에게 아동양육에 대한 규준, 기대와 법을 교육하는 교육전략에 주로 치중하여 이루어졌다. 그런 프로그램에 대한 평가는 보통 지식의 증가, 태도변화, 행동적 의도와 자기보고에 의한 결과를 보여주는 데 그쳤다. 그러나 최근에 잘 설계된 전집 대상 연구에서 아동양육 능력에 대한 프로그램의 예방적 성격을 지지하는 행동적 변화가 보고되었으며(Prinz et al., 2009), 학대가 일어나기 전에 가족을 돕기 위해 설계된 프로그램을 대규모로

채택하는 것의 전망을 보여주었다. 학교에서 개인의 안전에 대해 부모와 아동을 교육하는 데 집중하는 성학대 예방 프로그램은 아동의 인식과 학대예방기술을 증진시켰다(Topping & Barron, 2009). 지난 20여 년 동안 교육 프로그램에 대한 중요한 우려는 개별 아동에게 공격에 저항하고, 막고, 피하는 책임을 전가하였다는 것이다(Finkelhor, 2009). 아동 성학대의 가해자가 단단히 결심한 성인일 때에는 이런 시도는 주도적 예방전략이 되지 못한다. 학대의 책임이 아동에게 있지 않다면 마찬가지로 예방의 책임도 아동에게 있지 않다.

아동학대 예방을 위한 노력은 지난 10여 년 동안 많이 진보했고, (학대의 발견과 제재에 의존하기보다) 학대를 줄이기 위해 보호요인을 강화할 뿐 아니라 위험요인을 감소시켜서 개인적, 가족적 및 문화적 역량을 증진시키고자 하는 바라던 원칙에 더 가까이 왔다. 이러한 위험 감소와 역량강화의 원칙은 아동학대예방에서 관계적 맥락의 중요성을 강조한다. 즉, 아동학대예방 전략의 중요한 핵심은 서로 존중하고, 다른 사람과 비폭력적 방식으로 관계를 맺는 것을 학습하는 것이다. 더구나 이 원칙은 어떤 발달단계에도 적용될 수 있다 : 출생 전과 후에 부모에 대한 지원, 부모-자녀치료, 청소년 데이트 폭력 예방, 성인지원치료와 건전한 인간관계를 형성하기 위한 많은 다른 기회들(MacMillan et al., 2009). 우리가 다른 곳에서도 주장했듯이(Wekerle & Wolfe, 1998), 예방과 위험감소를 위해 가장 중요한 시기는 건강한 친밀감과 보호기술이 형성되는 청소년기인 것 같다. 학대를 보는 관점이 개별 부모나 아동을 넘어서서 더 폭넓게 전환되고, 위험요인과 보호요인에 대한 경험적 증거가 분명해졌다. 따라서 가족구성원의 필요를 충족시키고 가족 역동을 향상시키기 위해 가족 서비스와 지원의 방향을 채택함으로써 관심의 초점이 학대의 위험요인(예 : 아동과 성인의 정서조절문제, 스트레스 관리, 열악한 주거상황, 가혹한 양육기법)을 감소시키는 쪽으로 변하고 있다. 아동학대에 대한 효율적인 평가, 효과적인 개입과 예방은 타당하고 달성 가능한 목표이고 학대가족과 아동은 이 이상의 대접을 받아야 한다.

참고사항

1. 변연계–시상하부–뇌하수체–부신피질(LHPA) 축은 뇌의 시상하부를 부신과 뇌하수체와 연결하는 통로이다. 시상하부는 코르티코트로핀 분비 호르몬을 분비하고, 이 호르몬은 뇌하수체를 자극하여 부신 피질자극호르몬(ACTH)을 분비한다. 혈액 속에 분비된 ACTH는 부신피질을 자극하여 스테로이드 코르티솔을 분비한다. 특정 뇌중추가 코르티솔을 받아서 LHPA 축을 통해 메시지를 전달하여 코르티솔 수준을 조절한다. 스트레스를 받으면 코르티솔 수준이 증가한다. 코르티솔은 면역반응을 억제하고 혈당수준을 증가시키며, 스트레스원에 대한 공포반응을 완화하며 해마에 부정적 영향을 미친다(Glaser, 2000).

참고문헌

Abbey, A. (2000). Adjusting to infertility. In J. Harvey & E. Miller (Eds.), *Loss and trauma: General and close relationship perspectives* (pp. 331–344). Philadelphia: Brunner-Routledge.

Aber, J. L., & Allen, J. P. (1987). Effects of maltreatment on young children's socioemotional development: An attachment theory perspective. *Developmental Psychology, 23*, 406–414.

Aber, J. L., & Cicchetti, D. (1984). The socio-emotional development of maltreated children: An empirical and theoretical analysis. In H. Fitzgerald, B. Lester, & M. Yogman (Eds.), *Theory and research in behavioral pediatrics* (Vol. 2, pp. 147–205). New York: Plenum Press.

Adamson, L. B. (Ed.). (1996). *Communication development during infancy*. Boulder, CO: Westview Press.

Afifi, T. O., & MacMillan, H. L. (2011). Resilience following child maltreatment: A review of protective factors. *Canadian Journal of Psychiatry/Revue Canadienne De Psychiatrie, 56*, 266–272.

Alexander, P. C. (1992). Application of attachment theory to the study of sexual abuse. *Journal of Consulting and Clinical Psychology, 60*, 185–195.

Alexander, P. C. (1993). The differential effects of abuse characteristics and attachment in the prediction of long-term effects of sexual abuse. *Journal of Interpersonal Violence, 8*, 346–362.

American Academy of Pediatrics Committee on Child Abuse and Neglect. (2001). Shaken baby syndrome: Rotational cranial injuries technical report. *Pediatrics, 108*,

206–210.

Ammerman, R. T., Kolko, D. J., Kirisci, L., Blackson, T. C., & Dawes, M. A. (1999). Child abuse potential in parents with histories of substance abuse disorder. *Child Abuse and Neglect, 23*, 1225–1238.

Anda, R. F., Felitti, V. J., Chapman, D., Croft, J., Williamson, D. F., Santelli, J., et al. S. (2001). Abused boys, battered mothers, and male involvement in teen pregnancy. *Pediatrics, 107*, E19.

Anderson, V., Anderson, P., Northam, E., Jacobs, R., & Catroppa, C. (2001). Development of executive functions through late childhood and adolescence in an Australian sample. *Developmental Neuropsychology, 20*, 385–406.

Anderson, V., Catroppa, C., Morse, S., Haritou, F., & Rosenfeld, J. (2005). Functional plasticity or vulnerability after early brain injury? *Pediatrics, 116*, 1374–1382.

Anderson, V., Catroppa, C., Rosenfeld, J., Haritou, F., & Morse, S. A. (2000). Recovery of memory function following traumatic brain injury in pre-school children. *Brain Injury, 14*, 679–692.

Anderson, V., Spencer-Smith, M., Leventer, R., Coleman, L., Anderson, P., Williams, J., et al. (2009). Childhood brain insult: Can age at injury help us predict outcome? *Brain, 132*, 45–56.

Anthonysamy, A., & Zimmer-Gembeck, M. J. (2007). Peer status and behavior of maltreated children and their classmates in the early years of school. *Child Abuse and Neglect, 31*, 971–991.

Appleyard, K., Berlin, L. J., Rosanbalm, K. D., & Dodge, K. A. (2011). Preventing early child maltreatment: Implications from a longitudinal study of maternal abuse history, substance use problems, and offspring victimization. *Prevention Science, 12*, 139–149.

Ayoub, C. C., O'Connor, E., Rappolt-Schlichtmann, G., Fischer, K. W., Rogosch, F. A., Toth, S. L., et al. (2006). Cognitive and emotional differences in young maltreated children: A translational application of dynamic skill theory. *Development and Psychopathology, 18*, 679–706.

Babikian, T., & Asarnow, R. (2009). Neurocognitive outcomes and recovery after pediatric TBI: Meta-analytic review of the literature. *Neuropsychology, 23*, 283–296.

Baer, J. C., & Martinez, C. D. (2006). Child maltreatment and insecure attachment: A meta-analysis. *Journal of Reproductive and Infant Psychology, 24*, 187–197.

Ballon, B. C., Courbasson, C. M., & Smith, P. D. (2001). Physical and sexual abuse issues among youths with substance use problems. *Canadian Journal of Psychiatry, 46*, 617–621.

Barlow, K., Thompson, E., Johnson, D., & Minns, R. A. (2004). The neurological outcome of non-accidental head injury. *Pediatric Rehabilitation, 7*, 195–203.

Barlow, K., Thompson, E., Johnson, D., & Minns, R. A. (2005). Late neurologic and cognitive sequelae of inflicted traumatic brain injury in infancy. *Pediatrics, 116*, 174–185.

Barnes, M. A., Dennis, M., & Wilkinson, M. (1999). Reading after closed head injury in childhood: Effects on accuracy, ?uency and comprehension. *Developmental Neuropsychology, 15*, 1–24.

Barnett, D., Ganiban, J., & Cicchetti, D. (1999). Maltreatment, negative expressivity, and the development of type D attachments from 12 to 24 months of age. In J. Vondra & D. Barnett (Eds.), Atypical attachment in infancy and early childhood among children at developmental risk. *Monographs of the Society for Research in Child Development, 64*(3, Serial No. 258), 97–118.

Bates, E., Tomasello, M., & Slobin, D. (Eds.). (2005). *Beyond nature–nurture: Essays in honor of Elizabeth Bates.* Mahwah, NJ: Erlbaum.

Baum, A., O'Keefe, M. K., & Davidson, L. M. (1990). Acute stressors and chronic response: The case of traumatic stress. *Journal of Applied Social Psychology, 20*, 1643–1654.

Bawden, H. N., Knights, R. M., & Winogron, H. W. (1985). Speeded performance following head injury in children. *Journal of Clinical and Experimental Neuropsychology, 7*, 39–54.

Beeghly, M., & Cicchetti, D. (1994). Child maltreatment, attachment, and the self-system: Emergence of an internal state lexicon in toddlers at high social risk. *Development and Psychopathology, 6*, 5–30.

Beitchman, J. H., Zucker, K. J., Hood, J. E., daCosta, G. A., & Akman, D. (1991). A review of the short-term effects of child sexual abuse. *Child Abuse and Neglect, 15*, 537–556.

Beitchman, J. H., Zucker, K. J., Hood, J. E., daCosta, G. A., Akman, D., & Cassavia, E. (1992). A review of the long-term effects of child sexual abuse. *Child Abuse and Neglect, 16*, 101–118.

Benoit, D. (2000). Feeding disorders, failure to thrive, and obesity. In C. H. Zeanah, Jr. (Ed.), *Handbook of infant mental health* (2nd ed., pp. 339–352). New York: Guilford Press.

Bensley, L. S., Spieker, S. J., Van Eenwyk, J., & Schoder, J. (1999). Self-reported abuse history and adolescent problem behavior: II. Alcohol and drug use. *Journal of Adolescent Health, 24*, 173–180.

Bentley, T., & Widom, C. S. (2009). A 30-year follow-up of the effects of child abuse and neglect on obesity in adulthood. *Obesity, 17*, 1900–1905.

Berlin, L. J., Appleyard, K., & Dodge, K. A. (2011). Intergenerational continuity in child maltreatment: Mediating mechanisms and implications for prevention. *Child Development, 82*, 162–176.

Bishop, S. J., & Leadbeater, B. J. (1999). Maternal social support patterns and child maltreatment: Comparison of maltreating and nonmaltreating mothers. *American Journal of Orthopsychiatry, 69*, 172–181.

Black, D. A., Heyman, R. E., & Smith Slep, A. M. (2001). Risk factors for child physical abuse. *Aggression and Violent Behavior, 6*, 121–188.

Bolger, K. E., & Patterson, C. J. (2001). Developmental pathways from child maltreatment to peer rejection. *Child De-*

velopment, 72, 549–568.

Boney-McCoy, S., & Finkelhor, D. (1996). Is youth victimization related to trauma symptoms and depression after controlling for prior symptoms and family relationships?: A longitudinal, prospective study. *Journal of Consulting and Clinical Psychology, 64*, 1406–1416.

Bos, K. J., Fox, N., Zeanah, C. H., & Nelson, C. A. (2009) Effects of early psychosocial deprivation on the development of memory and executive function. *Frontiers in Behavioral Neuroscience, 3*, 1–7.

Brady, K. T., Killeen, T., Saladin, M. E., Dansky, B., & Becker, S. (1994). Comorbid substance abuse and posttraumatic stress disorder: Characteristics of women in treatment. *American Journal on Addictions, 3*, 160–164.

Bremner, J. D., & Vermetten, E. (2001). Stress and development: Behavioral and biological consequences. *Development and Psychopathology, 13*, 473–489.

Brensilver, M., Negriff, S., Mennen, F. E., & Trickett, P. K. (2011). Longitudinal relations between depressive symptoms and externalizing behavior in adolescence: Moderating effects of maltreatment experience and gender. *Journal of Clinical Child and Adolescent Psychology, 40*, 607–617.

Brent, D. A., & Silverstein, M. (2013). Shedding light on the long shadow of childhood adversity. *Journal of the American Medical Association, 309*, 1777–1778.

Briere, J. (1992). *Child abuse trauma: Theory and treatment of the lasting effects*. Newbury Park, CA: Sage.

Briere, J. (1996). *Therapy for adults molested as children* (2nd ed.). New York: Springer.

Briere, J. (2002). Treating adult survivors of childhood abuse: Further development of an integrative model. In J. E. B. Myers, L. Berliner, J. Briere, C. T. Hendrix, C. Jenny, & T. A. Reid (Eds.), *The APSAC handbook on child maltreatment* (pp. 175–203). Thousand Oaks, CA: Sage.

Briere, J., Hodges, M., & Godbout, N. (2010). Traumatic stress, affect dysregulation, and dysfunctional avoidance: A structural equation model. *Journal of Traumatic Stress, 23*, 767–774.

Briere, J., & Runtz, M. (1991). The long-term effects of sexual abuse: A review and synthesis. *New Directions on Mental Health Services, 51*, 3–13.

Brown, E. J., & Kolko, D. J. (1999). Child victims' attributions about being physically abused: An examination of factors associated with symptom severity. *Journal of Abnormal Child Psychology, 27*, 311–322.

Brown, J., Cohen, P., Johnson, J. G., & Salzinger, S. (1998). A longitudinal analysis of risk factors for child maltreatment: Findings of a 17–year prospective study of officially recorded and self-reported child abuse and neglect. *Child Abuse and Neglect, 22*, 1065–1078.

Brown, J., Cohen, P., Johnson, J. G., & Smailes, E. M. (1999). Childhood abuse and neglect: Specificity of effects on adolescent and young adult depression and suicidality. *Journal of the American Academy of Child and Adolescent Psychiatry, 38*, 1490–1496.

Bugental, D. B. (1993). Communication in abusive relationships: Cognitive constructions of interpersonal power. *American Behavioral Scientist, 36*, 288–308.

Bugental, D. B., Blue, J., & Lewis, J. (1990). Caregiver beliefs and dysphoric affect to difficult children. *Developmental Psychology, 26*, 631–638.

Bugental, D. B., Ellerson, P. C., Lin, E. K., Rainey, B., Kokotovic, A., & O'Hara, N. (2010). A cognitive approach to child abuse prevention. *Psychology of Violence, 1*(Suppl.), 84–106.

Bugental, D. B., & Goodnow, J. G. (1998). Socialization processes. In W. Damon (Series Ed.) & N. Eisenberg (Vol. Ed.), *Handbook of child psychology: Vol. 3. Social, emotional, and personality development* (5th ed., pp. 389–462). New York: Wiley.

Bugental, D. B., Lewis, J. C., Lin, E., Lyon, J., & Kopeikin, H. (1999). In charge but not in control: The management of teaching relationships by adults with low perceived power. *Developmental Psychology, 35*, 1367–1378.

Bugental, D. B., & Lin, E. (1991). *Vocal properties of abused children versus their nonabused siblings*. Unpublished manuscript, University of California, Santa Barbara.

Bugental, D. B., Lyon, J., Krantz, J., & Cortez, V. (1997). Who's the boss?: Differential accessibility of dominance ideation in parent–child relationships. *Journal of Personality and Social Psychology, 72*, 1297–1309.

Bugental, D. B., Lyon, J. E., Lin, E., McGrath, E. P., & Bimbela, A. (1999). Children "tune out" in response to ambiguous communication style of powerless adults. *Child Development, 70*, 241–230.

Cantor, J. M., & Blanchard, R. (2012). White matter volumes in pedophiles, hebephiles, and teleiophiles. *Archives of Sexual Behavior, 41*, 749–752.

Cantor, J. M., Kabani, N., Christensen, B. K., Zipursky, R. B., Barbaree, H. E., Dickey, R., et al. (2008). Cerebral white matter deficiencies in pedophilic men. *Journal of Psychiatric Research, 42*, 167–183.

Carpenter, L. L., Shattuck, T. T., Tyrka, A. R., Geracioti, T. D., & Price, L. H. (2011). Effect of childhood physical abuse on cortisol stress response. *Psychopharmacology, 214*, 367–375.

Caselles, C. E., & Milner, J. S. (2000). Evaluation of child transgressions, disciplinary choices, and expected child compliance in a no-cry and crying infant condition in physically abusive and comparison mothers. *Child Abuse and Neglect, 24*, 477–491.

Catroppa, C., Anderson, V., Ditchfield, M., & Coleman, L. (2008). Using magnetic resonance imaging to predict new learning outcome at 5 years after childhood traumatic brain injury. *Journal of Child Neurology, 23*, 486–496.

Catts, H. W., Fey, M. E., Tomblin, J. B., & Zhang, X. (2002). A longitudinal investigation of reading outcomes in children with language impairments. *Journal of Speech, Language, and Hearing Research, 45*, 1142–1157.

Chaffin, M., Kelleher, K., & Hollenberg, J. (1996). Onset of physical abuse and neglect: Psychiatric, substance abuse, and social risk factors from prospective community data. *Child Abuse and Neglect, 20*, 191–203.

Chaffin, M., Letourneau, E., & Silovsky, J. F. (2002). Adults, adolescents, and children who sexually abuse children: A developmental perspective. In J. E. B. Myers, L. Berliner, J. Briere, C. T. Hendrix, C. Jenny, & T. A. Reid (Eds.), *The APSAC handbook on child maltreatment* (pp. 205–232). Thousand Oaks, CA: Sage.

Chandy, J. M., Blum, R. W., & Resnick, M. D. (1996a). Female adolescents with a history of sexual abuse: Risk outcome and protective factors. *Journal of Interpersonal Violence, 11*, 503–518.

Chandy, J. M., Blum, R. W., & Resnick, M. D. (1996b). Gender-specific outcomes for sexually abused adolescents. *Child Abuse and Neglect, 20*, 1219–1231.

Chen, L. P., Murad, M. H., Paras, M. L., Colbenson, K. M., Sattler, A. L., Goranson, E. N., et al. (2010). Child sexual abuse and lifetime diagnosis of psychiatric disorders: Systematic review and meta-analysis. *Mayo Clinic Proceedings, 85*, 618–629.

Child Welfare Information Gateway. (2011). Definitions of child abuse and neglect in federal law. Retrieved from *www.childwelfare.gov/can/defining/federal.cfm*

Cicchetti, D. (1989). How research on child maltreatment has informed the study of child development: Perspectives from developmental psychopathology. In D. Cicchetti & V. Carlson (Eds.), *Child maltreatment: Theory and research on the causes and consequences of child abuse and neglect* (pp. 377–431). New York: Cambridge University Press.

Cicchetti, D. (1990). The organization and coherence of socio-emotional, cognitive, and representational development: Illustrations through a developmental psychopathology perspective on Down syndrome and child maltreatment. In R. Thompson (Ed.), *Nebraska Symposium on Motivation: Vol. 36. Socioemotional development* (pp. 266–375). Lincoln: University of Nebraska Press.

Cicchetti, D. (2013). Annual research review: Resilient functioning in maltreated children—Past, present, and future perspectives. *Journal of Child Psychology and Psychiatry, 54*, 402–422.

Cicchetti, D., Ackerman, B. P., & Izard, C. E. (1995). Emotions and emotion regulation in developmental psychopathology. *Development and Psychopathology, 7*, 1–10.

Cicchetti, D., & Beeghly, M. (1987). Symbolic development in maltreated youngsters: An organizational perspective. *New Directions for Child Development, 36*, 5–29.

Cicchetti, D., Ganiban, J., & Barnett, D. (1990). Contributions from the study of high risk populations to understanding the development of emotion regulation. In K. Dodge & J. Garber (Eds.), *The development of emotion regulation* (pp. 1–54). New York: Cambridge University Press.

Cicchetti, D., & Lynch, M. (1993). Toward an ecological transactional model of community violence and child maltreatment: Consequences for children's development. *Psychiatry, 56*, 96–118.

Cicchetti, D., & Lynch, M. (1995). Failures in the expectable environment and their impact on individual development: The case of child maltreatment. In D. Cicchetti & D. J. Cohen (Eds.), *Developmental psychopathology: Vol. 2: Risk, disorder, and adaptation* (pp. 32–71). New York: Wiley.

Cicchetti, D., & Manly, J. T. (2001). Operationalizing child maltreatment: Developmental processes and outcomes. *Development and Psychopathology, 13*, 755–757.

Cicchetti, D., & Olsen, K. (1990). The developmental psychopathology of child maltreatment. In M. Lewis & S. M. Miller (Eds.), *Handbook of developmental psychopathology* (pp. 261–279). New York: Plenum Press.

Cicchetti, D., & Rogosch, F. A. (1996). Equifinality and multifinality in developmental psychopathology. *Development and Psychopathology, 8*, 597–600.

Cicchetti, D., & Rogosch, F. A. (2001). The impact of child maltreatment and psychopathology on neuroendocrine functioning. *Development and Psychopathology, 13*, 783–804.

Cicchetti, D., & Rogosch, F. A. (2012). Gene × environment interaction and resilience: Effects of child maltreatment and serotonin, corticotropin releasing hormone, dopamine, and oxytocin genes. *Development and Psychopathology, 24*, 411–427.

Cicchetti, D., Rogosch, F. A., Howe, M. L., & Toth, S. L. (2010). The effects of maltreatment and neuroendocrine regulation on memory performance. *Child Development, 81*, 1504–1519.

Cicchetti, D., & Toth, S. L. (1995). A developmental psychopathology perspective on child abuse and neglect. *Journal of the American Academy of Child and Adolescent Psychiatry, 34*, 541–565.

Cicchetti, D., Toth, S. L., & Bush, M. (1988). Developmental psychopathology and incompetence in childhood: Suggestions for intervention. In B. B. Lahey & A. E. Kazdin (Eds.), *Advances in clinical child psychology* (Vol. 11, pp. 1–77). New York: Plenum Press.

Cicchetti, D., Toth, S. L., & Maughan, A. (2000). An ecological–transactional model of child maltreatment. In A. J. Sameroff, M. Lewis, & S. Miller (Eds.), *Handbook of developmental psychopathology* (2nd ed., pp. 689–722). New York: Plenum Press.

Cicchetti, D., & Tucker, D. (1994). Development and self-regulatory structures of the mind. *Development and Psychopathology, 6*, 533–549.

Cicchetti, D., & Valentino, K. (2006). An ecological-transactional perspective on child maltreatment. In D. Cicchetti & D. J. Cohen (Eds.), *Developmental psychopathology: Vol. 3. Risk, disorder, and adaptation* (2nd ed., pp. 129–201). Hoboken, NJ: Wiley.

Clark, D. B., Thatcher, D. L., & Martin, C. S. (2010). Child abuse and other traumatic experiences, alcohol use disorders, and health problems in adolescence and young adulthood. *Journal of Pediatric Psychology, 35*, 499–510.

Cohen, J., Berliner, L., & Mannarino, A. (2010). Trauma

focused CBT for children with co-occurring trauma and behavior problems. *Child Abuse and Neglect, 34*, 215–224.

Cohen, J., Mannarino, A., & Murray, L. (2011). Trauma-focused CBT for youth who experience ongoing traumas. *Child Abuse and Neglect, 35*, 634–646.

Cohen, P., Brown, J., & Smailes, E. (2001). Child abuse and neglect in the development of mental disorders in the general population. *Development and Psychopathology, 13*, 981–999.

Coid, J., Petruckevitch, A., Feder, G., Chung, W., Richardson, J., & Moorey, S. (2001). Relation between childhood sexual and physical abuse and risk of revictimisation in women: A cross-sectional survey. *Lancet, 358*, 450–454.

Cole, P. M., & Putnam, F. W. (1992). Effect of incest on self and social functioning: A developmental psychopathology perspective. *Journal of Consulting and Clinical Psychology, 60*, 174–184.

Colvert, E., Rutter, M., Kreppner, J., Beckett, C., Castle, J., Groothues, C., et al. (2008). Do theory of mind and executive function deficits underlie the adverse outcomes associated with profound early deprivation?: Findings from the English and Romanian Adoptees Study. *Journal of Abnormal Child Psychology, 36*, 1057–1068.

Conrod, P., O'Leary-Barrett, M., Newton, N., Topper, L., Castellanos-Ryan, N., Mackie, C., et al. (2013). Effectiveness of a selective, personality-targeted prevention program for adolescent alcohol use and misuse. *JAMA Psychiatry, 70*, 334–342.

Conte, J. R. (1992). Has this child been sexually abused?: Dilemmas for the mental health professional who seeks the answer. *Criminal Justice and Behavior, 19*, 54–73.

Coster, W. J., Gersten, M. S., Beeghly, M. & Cicchetti, D. (1989). Communicative functioning in maltreated toddlers. *Developmental Psychopathology, 25*, 1020–1029.

Crittenden, P. M. (1988). Relationships at risk. In J. Belsky & T. Nezworski (Eds.), *Clinical implications of attachment theory* (pp. 136–174). Hillsdale, NJ: Erlbaum.

Crittenden, P. M. (1992). Children's strategies for coping with adverse home environments: An interpretation using attachment theory. *Child Abuse and Neglect, 16*, 329–343.

Crittenden, P. M. (1993). An information-processing perspective on the behavior of neglectful parents. *Criminal Justice and Behavior, 20*, 27–48.

Crittenden, P. M., & Ainsworth, M. D. S. (1989). Child maltreatment and attachment theory. In D. Cicchetti & V. Carlson (Eds.), *Child maltreatment: Theory and research on the causes and consequences of child abuse and neglect* (pp. 432–463). New York: Cambridge University Press.

Crittenden, P. M., & Claussen, A. (2002). Developmental psychopathology perspectives on substance abuse and relationship violence. In C. Wekerle & A.-M. Wall (Eds.), *The violence and addiction equation: Theoretical and clinical issues in substance abuse and relationship violence* (pp. 48–67). New York: Brunner-Routledge.

Crittenden, P. M., & DiLalla, D. L. (1988). Compulsive compliance: The development of an inhibitory coping strategy in infancy. *Journal of Abnormal Child Psychology, 16*, 585–599.

Crooks, C. V., Scott, K. L., Wolfe, D. A., Chiodo, D., & Killip, S. (2007). Understanding the link between childhood maltreatment and violent delinquency: What do schools have to add? *Child Maltreatment, 12*, 269–280.

Crouch, J. L., Skowronski, J. J., Milner, J. S., & Harris, B. (2008). Parental responses to infant crying: The influence of child physical abuse risk and hostile priming. *Child Abuse and Neglect, 32*, 702–710.

Culp, R. E., Watkins, R. V., Lawrence, J., Letts, D., Kelly, D. J., & Rice, M. L. (1991). Maltreated children's language and speech development: Abused, neglected and abused and neglected. *First Language, 11*, 377–389.

Cyr, C., Euser, E. M., Bakermans-Kranenburg, M., & van IJzendoorn, M. H. (2010). Attachment security and disorganization in maltreating and high-risk families: A series of meta-analyses. *Development and Psychopathology, 22*, 87–108.

Dackis, M. N., Rogosch, F. A., Oshri, A., & Cicchetti, D. (2012). The role of limbic system irritability in linking history of childhood maltreatment and psychiatric outcomes in low-income, high-risk women: Moderation by FK506 binding protein 5 haplotype. *Development and Psychopathology, 24*, 1237–1252.

Danese, A., Caspi, A., Williams, B., Ambler, A., Sugden, K., Mika, J., et al. (2011). Biological embedding of stress through inflammation processes in childhood. *Molecular Psychiatry, 16*, 244–246.

De Bellis, M. D. (2001). Developmental traumatology: The psychobiological development of maltreated children and its implications for research, treatment, and policy. *Development and Psychopathology, 13*, 539–564.

De Bellis, M. D. (2012). *The intergenerational transmission of family violence: The neurobiology of the relationships among child victimization, parental mental health, and addiction*. New York: Oxford University Press.

De Bellis, M. D., Baum, A., Birmaher, B., Keshavan, M., Eccard, C. H., Boring, A. M., et al. (1999). Developmental traumatology: Part I. Biological stress systems. *Biological Psychiatry, 45*, 1259–1270.

De Bellis, M. D., Hooper, S. R., Spratt, E. G., & Woolley, D. P. (2009). Neuropsychological findings in childhood neglect and their relationships to pediatric PTSD. *Journal of the International Neuropsychological Society, 15*, 868–878.

De Bellis, M. D., Hooper, S. R., Woolley, D. P., & Shenk, C. E. (2010). Demographic, maltreatment, and neurobiological correlates of PTSD symptoms in children and adolescents. *Journal of Pediatric Psychology, 35*, 570–577.

De Bellis, M. D., & Putnam, F. (1994). The psychobiology of childhood maltreatment. *Child and Adolescent Psychiatry Clinics of North America, 3*, 663–678.

DePrince, A. P., Weinzierl, K. M., & Combs, M. D. (2009). Executive function performance and trauma exposure in a community sample of children. *Child Abuse and Neglect,*

33, 353–361.

Dietz, P. M., Spitz, A. M., Anda, R. F., Williamson, D. F., McMahon, P. M., Santelli, J. S., et al. (1999). Unintended pregnancy among adult women exposed to abuse or household dysfunction during their childhood. *Journal of the American Medical Association, 282*, 1359–1364.

Dinwiddie, S., Heath, A. C., Dunne, M. P., Bucholz, K. K., Madden, P. A. F., Slutske, W. S., et al. (2000). Early sexual abuse and lifetime psychopathology: A co-twin-cohort study. *Psychological Medicine, 30*, 41–52.

Dodge, K. A. (1980). Social cognition and children's aggressive behavior. *Child Development, 51*, 162–170.

Dodge, K. A., Lochman, J. E., Laird, R., Zelli, A., & the Conduct Problems Prevention Research Group. (2002). Multidimensional latent-construct analysis of children's social information processing patterns: Correlations with aggressive behavior problems. *Psychological Assessment, 14*, 60–73.

Dodge, K. A., Pettit, G. S., & Bates, J. E. (1994). Effects of physical maltreatment on the development of peer relations. *Development and Psychopathology, 6*, 43–55.

Dopke, C. A., & Milner, J. S. (2000). Impact of child compliance on stress appraisals, attributions, and disciplinary choices in mothers at high and low risk for child physical abuse. *Child Abuse and Neglect, 24*, 493–504.

Drotar, D. (1992). Prevention of neglect and nonorganic failure to thrive. In D. J. Willis, E. W. Holden, & M. Rosenberg (Eds.), *Prevention of child maltreatment: Developmental and ecological perspectives* (pp. 115–149). New York: Wiley.

Drotar, D. (1999). Psychological interventions for children with chronic physical illness and their families: Toward integration of research and practice. In S. W. Russ & T. H. Ollendick (Eds.), *Handbook of psychotherapies with children and their families* (pp. 447–461). New York: Kluwer Academic/Plenum Press.

Dubowitz, H., & Bennett, S. (2007). Physical abuse and neglect of children. *Lancet, 369*(9576), 1891–1899.

Dubowitz, H., Papas, M. A., Black, M. M. & Starr, R. H., Jr. (2002). Child neglect: Outcomes in high-risk urban preschoolers. *Pediatrics, 109*, 1100–1107.

Dunn, G. E., Ryan, J. J., & Dunn, C. E. (1994). Trauma symptoms in substance abusers with and without histories of childhood abuse. *Journal of Psychoactive Drugs, 26*, 357–360.

Eckenrode, J., Campa, M., Luckey, D., Henderson, C., Cole, R., Kitzman, H., et al. (2010). Long-term effects of prenatal and infancy nurse home visitation on the life course of youths: 19-year follow-up of a randomized trial. *Archives of Pediatrics and Adolescent Medicine, 164*, 9–15.

Eckenrode, J., Rowe, E., Laird, M., & Brathwaite, J. (1995). Mobility as a mediator of the effects of child maltreatment on academic performance. *Child Development, 66*, 1130–1142.

Eckenrode, J., Zielinski, D., Smith, E., Marcynyszyn, L. A., Henderson, C. R., Jr., Kitzman, H., et al. (2001). Child maltreatment and the early onset of problem behavior: Can a program of nurse home visitation break the link? *Development and Psychopathology, 13*, 873–890.

Egeland, B. (1997). Mediators of the effects of child maltreatment on developmental adaptation in adolescence. In D. Cicchetti & S. L. Toth (Eds.), *Rochester Symposium on Developmental Psychopathology, Vol. 8: The effects of trauma on the developmental process* (pp. 403–434). Rochester, NY: University of Rochester Press.

Egeland, B., & Sroufe, A. (1981). Developmental sequelae of maltreatment in infancy. *New Directions for Child Development, 11*, 77–92.

Egeland, B., Sroufe, A., & Erickson, M. (1983). The developmental consequences of different patterns of maltreatment, *Child Abuse and Neglect, 7*, 459–469.

Egeland, B., Yates, T., Appleyard, K., & van Dulmen, M. (2002). The long-term consequences of maltreatment in the early years: A developmental pathway model to antisocial behavior. *Children's Services: Social Policy, Research, and Practice, 5*, 249–260.

Eigsti, I. M., & Cicchetti, D. (2004). The impact of child maltreatment on expressive syntax at 60 months. *Developmental Science, 7*, 88–102.

El-Sheikh, M., & Erath, S. A. (2011). Family conflict, autonomic nervous system functioning, and child adaptation: State of the science and future directions. *Development and Psychopathology, 23*, 703–721.

English, D. J. (1998). The extent and consequences of child maltreatment. *The Future of Children, 8*, 39–53.

English, D. J., Marshall, D. B., Brummel, S., & Orme, M. (1999). Characteristics of repeated referrals to child protective services in Washington State. *Child Maltreatment, 4*, 297–307.

Enlow, M. B., Egeland, B., Blood, E. A., Wright, R. O. & Wright, R. J. (2012). Interpersonal trauma exposure and cognitive development in children to age 8 years: A longitudinal study. *Journal of Epidemiology and Community Health, 66*, 1005–1010.

Erickson, M. F., & Egeland, B. (2002). Child neglect. In J. E. B. Myers, L. Berliner, J. Briere, C. T. Hendrix, C. Jenny, & T. A. Reid (Eds.), *The APSAC handbook on child maltreatment* (pp. 3–20). Thousand Oaks, CA: Sage.

Erickson, M. F., Egeland, B., & Pianta, R. (1989). The effects of maltreatment on the development of young children. In D. Cicchetti & V. Carlson (Eds.), *Child maltreatment: Theory and research on the causes and consequences of child abuse and neglect* (pp. 647–684). New York: Cambridge University Press.

Erickson, M. F., Sroufe, L. A., & Egeland, B. (1985). The relationship between quality of attachment and relationship problems in preschool in a high-risk sample. In I. Bretherton & E. Waters (Eds.), Growing points of attachment theory and research. *Monographs of the Society for Research in Child Development, 50*(1–2, Serial No. 209), 147–166.

Every Child Matters. (2012). Child abuse & neglect deaths

in America. Retrieved from *www.everychildmatters. org/storage/documents/pdf/reports/can_report_august2012_final.pdf.*

Ewing-Cobbs, L., Barnes, M. A., & Fletcher, J. M. (2003). Early brain injury in children: Development and reorganization of cognitive function. *Developmental Neuropsychology, 24*(2–3), 669–704.

Ewing-Cobbs, L., Kramer, L., Prasad, M., Canales, D. N., Louis, P. T., Fletcher, J. M., et al. (1998). Neuroimaging, physical, and developmental findings after inflicted and noninflicted traumatic brain injury in young children. *Pediatrics, 102*(2, Pt. 1), 300–307.

Fallon, B., Trocme, N., Fluke, J., MacLaurin, B., Tonmyr, L., & Yuan, Y.-Y. (2010). Methodological challenges in measuring child maltreatment. *Child Abuse and Neglect, 34*, 70–79.

Famularo, R., Fenton, T., Augustyn, M., & Zuckerman, B. (1996). Persistence of pediatric post-traumatic stress disorder after 2 years. *Child Abuse and Neglect, 20*, 1245–1248.

Famularo, R., Fenton, T., & Kinscherff, R. (1994). Maternal and child posttraumatic stress disorder in cases of maltreatment. *Child Abuse and Neglect, 18*, 27–36.

Fang, X., Brown, D. S., Florence, C. S., & Mercy, J. A. (2012). The economic burden of child maltreatment in the united states and implications for prevention. *Child Abuse and Neglect, 36*, 156–165.

Feerick, M. M., & Haugaard, J. J. (1999). Long-term effects of witnessing marital violence for women: The contribution of childhood physical and sexual abuse. *Journal of Family Violence, 14*, 377–398.

Feiring, C., Taska, L., & Lewis, M. (1998). The role of shame and attributional style in children's and adolescents' adaptation to sexual abuse. *Child Maltreatment, 3*, 129–142.

Feiring, C., Taska, L., & Lewis, M. (2002). Adjustment following sexual abuse discovery: The role of shame and attributional style. *Developmental Psychology, 38*, 79–92.

Feldman, K. W. (1997). Evaluation of physical abuse. In M. Helfer, R. Kempe, & R. Krugman (Eds.), *The battered child* (5th ed., pp. 175–220). Chicago: University of Chicago Press.

Finkelhor, D. (1984) *Child sexual abuse: New theory and research.* New York: Free Press

Finkelhor, D. (1986). Sexual abuse: Beyond the family system approach. In T. S. Trepper & M. J. Barrett (Eds.), *Treating incest: A multiple systems perspective* (pp. 53–65). New York: Haworth Press.

Finkelhor, D. (1988). The trauma of child sexual abuse: Two models. In G. E. Wyatt & G. J. Powell (Eds.), *Lasting effects of child sexual abuse* (pp. 61–82). Beverly Hills, CA: Sage.

Finkelhor, D. (2008). *Child victimization: Violence, crime, and abuse in the lives of young people.* New York: Oxford University Press.

Finkelhor, D. (2009). The prevention of childhood sexual abuse. *The Future of Children, 19*, 169–194.

Finkelhor, D., & Browne, A. (1988). Assesesing the long-term inpact of child sexual abuse: A review and conceptualization. In L. Walker (Eds.), *Handbook on sexual abuse of children* (pp. 55–71). New York: Springer.

Finkelhor, D., & Dziuba-Leatherman, J. (1994). Victimization prevention programs: A national survey of children's exposure and reactions. *Child Abuse and Neglect, 19*, 129–139.

Fishbein, D., Warner, T., Krebs, C., Trevarthen, N., Flannery, B. & Hammond, J. (2009). Differential relationships between personal and community stressors and children's neurocognitive functioning. *Child Maltreatment, 14*, 299–315.

Flett, G. L., Druckman, T., Hewitt, P. L., & Wekerle, C. (2012). Perfectionism, coping, social support and depression in maltreated adolescents. *Journal of Rational-Emotive and Cognitive-Behavior Therapy, 30*, 118–131.

Flett, G. L., Goldstein, A. L., Hewitt, P. L. & Wekerle, C. (2012). Predictors of deliberate self-harm behaviour among emerging adolescents: An initial test of a self-punitiveness model. *Current Psychology, 31*, 49–64.

Flett, G. L., & Hewitt, P. L. (2002). Personality factors and substance abuse in relationship violence and child abuse: A review and theoretical analysis. In C. Wekerle & A.-M. Wall (Eds.), *The violence and addiction equation: Theoretical and clinical issues in substance abuse and relationship violence* (pp. 68–101). New York: Brunner-Routledge.

Flett, G. L., & Hewitt, P. L. (2012). Perfectionism and cognitive factors in distress and dysfunction in children and adolescents: Introduction to the special issue. *Journal of Rational-Emotive and Cognitive-Behavior Therapy, 30*, 53–61.

Fluke, J. D., Casillas, K., Chen, L., Wulczyn, F., & Cappa, C. (2010). Executive summary— Parental child disciplinary practices in a range of low-and middle-income countries: Results from the third round of the multiple indicator cluster survey. In International Society for Prevention of Child Abuse and Neglect, *World perspectives on child abuse* (9th ed., pp. 125–134). Aurora, CO: International Society for Prevention of Child Abuse and Neglect.

Foa, E. B., & Kozak, M. J. (1986). Emotional processing of fear: Exposure to corrective information. *Psychological Bulletin, 99*, 20–35.

Foa, E. B., Steketee, G., & Rothbaum, B. O. (1989). Behavioral/cognitive conceptualizations of post-traumatic stress disorder. *Behavior Therapy, 20*, 155–176.

Ford, J. D., Racusin, R., Ellis, C. G., Daviss, W. B., Reiser, J., Fleischer, A., et al. (2000). Child maltreatment, other trauma exposure, and posttraumatic symptomatology among children with oppositional defiant and attention deficit hyperactivity disorders. *Child Maltreatment, 5*, 205–217.

Fox, S. E., Levitt, P., & Nelson, C. A. (2010). How the timing and quality of early experiences influence the development of brain architecture. *Child Development, 81*, 28–40.

Foynes, M. M., Freyd, J. J., & DePrince, A. P. (2009). Child abuse: Betrayal and disclosure. *Child Abuse and Neglect, 33*, 209–217.

Freyd, J. J. (1996). *Betrayal trauma: The logic of forgetting childhood abuse.* Cambridge, MA: Harvard University Press.

Freyd, J. J. (1997). Violations of power, adaptive blindness and betrayal trauma theory. *Feminism and Psychology, 7*, 22–32.

Freyd, J. J., & DePrince, A. P. (2001). Perspectives on memory for trauma and cognitive processes associated with dissociative tendencies. *Journal of Aggression, Maltreatment, and Trauma, 4*, 137–163.

Friedrich, W. N. (1990). *Psychotherapy of sexually abused children and their families.* New York: Norton.

Friedrich, W. N., Jaworski, T. M., Huxsahl, J. E., & Bengtson, B. S. (1997). Dissociative and sexual behavior in children and adolescents with sexual abuse and psychiatric histories. *Journal of Interpersonal Violence, 12*, 155–171.

Gaensbauer, T. J. (1982). Regulation of emotional expression in infants from two contrasting caretaking environments. *Journal of the American Academy of Child Psychiatry, 21*, 163–170.

Garfinkel, P. E., Lin, E., Goering, P., Spegg, C., Goldbloom, D. S., Kennedy, S., et al. (1995). Bulimia nervosa in a Canadian community sample: Prevalence and comparison of subgroups. *American Journal of Psychiatry, 152*, 1052–1058.

Gelles, R. J., & Perlman, S. (2012). *Estimated annual cost of child abuse and neglect.* Chicago: Prevent Child Abuse America.

Gershenson, H. P., Musick, J. S., Ruch-Ross, H. S., Magee, V., Rubino, K. M., & Rosenberg, D. (1989). The prevalance of coercive sexual experience among teenage mothers. *Journal of Interpersonal Violence, 49*, 204–219.

Gilbert, R., Fluke, J., O'Donnell, M., Gonzalez-Izquierdo, A., Brownell, M., Gulliver, P., et al. (2012). Child maltreatment: Variation in trends and policies in six developed countries. *Lancet, 379*, 758–772.

Glaser, D. (2000). Child abuse and neglect and the brain: A review. *Journal of Child Psychology and Psychiatry, 41*, 97–116.

Goldstein, A., Faulkner, B., & Wekerle, C. (2013). The relationship between internal resilience, smoking, alcohol use, and depression symptoms in emerging adults transitioning out of child welfare. *Child Abuse and Neglect, 37*, 22–32.

Goldstein, A. L., Vilhena-Churchill, N., Stewart, S. H., & Wekerle, C. (2012). Coping motives as moderators of the relationship between emotional distress and alcohol problems in a sample of adolescents involved with child welfare. *Advances in Mental Health, 11*(1), 67–75.

Goldstein, A. L., Wekerle, C., Tonmyr, L., Thornton, T., Waechter, R., Pereira, J., et al. (2011). The relationship between post-traumatic stress symptoms and substance use among adolescents involved with child welfare: Implications for emerging adulthood. *International Journal of Mental Health and Addiction, 9*, 505–524.

Gould, F., Clarke, J., Heim, C., Harvey, P. D., Majer, M., & Nemeroff, C. B. (2012). The effects of child abuse and neglect on cognitive functioning in adulthood. *Journal of Psychiatric Research, 46*, 500–506.

Government Accountability Office (GAO). (2011). Child maltreatment: Strengthening national data on child fatalities could aid in prevention. Retrieved from *www.gao.gov/products/GAO-11-599*

Gowan, J. (1993). *Effects of neglect on the early development of children: Final report.* Washington, DC: National Clearinghouse on Child Abuse and Neglect, National Center on Child Abuse and Neglect, Administration for Children and Families.

Graham, S., Weiner, B., Cobb, M., & Henderson, T. (2001). An attributional analysis of child abuse among low-income African American mothers. *Journal of Social and Clinical Psychology, 20*, 233–257.

Grych, J. H., & Fincham, F. D. (Eds.). (2001). *Interparental conflict and child development: Theory, research, and applications.* Cambridge, UK: Cambridge University Press.

Gunnar, M., & Quevedo, K. (2007). The neurobiology of stress and development. *Annual Review of Psychology, 58*, 145–173.

Hahn, Y. S., Chyung, C., Barthel, M. J., Bailes, J., Flannery, A. M., & McLone, D. G. (1988). Head injuries in children under 36 months of age. Demography and outcome. *Child's Nervous System, 4*, 34–40.

Hamilton, H., Paglia-Boak, A., Wekerle, C., Danielson, A. M., & Mann, R. (2011). Psychological distress, service utilization, and prescribed medications among youth with and without histories of involvement with child protective services. *International Journal of Mental Health and Addiction, 9*, 398–409.

Hamilton, H., Wekerle, C., Paglia-Boak, A., & Mann, R. (2012). The role of school connectedness and the link between family involvement with child protective services and adolescent adjustement. *Advances in Mental Health, 11*, 23–34.

Hammond, J., Nebel-Gould, A., & Brooks, J. (1989). The value of speech-language assessment in the diagnosis of child abuse. *Journal of Trauma, 29*, 1258–1260.

Harrison, P. A., Fulkerson, J. A., & Beebe, T. J. (1997). Multiple substance use among adolescent physical and sexual abuse victim. *Child Abuse and Neglect, 21*, 529–539.

Hartman, C. R., & Burgess, A. W. (1989). Sexual abuse of children: Causes and consequences. In D. Cicchetti & V. Carlson (Eds.), *Child maltreatment: Theory and research on the causes and consequences of child abuse and neglect* (pp. 95–128). New York: Cambridge University Press.

Haviland, M. G., Sonne, J. L., & Woods, L. R. (1995). Beyond posttraumatic stress disorder: Object relations and reality testing disturbances in physically and sexually abused adolescents. *Journal of the American Academy of Child and Adolescent Psychiatry, 34*, 1054–1059.

Heck, C., & Walsh, A. (2000). The effects of maltreatment

and family structure on minor and serious delinquency. *International Journal of Offender Therapy and Comparative Criminology, 44*, 178–193.

Heim, C., Newport, D. J., Heit, S., Graham, Y. P., Wilcox, M., Bonsall, R., et al. (2000). Pituitary–adrenal and autonomic responses to stress in women after sexual and physical abuse in childhood. *Journal of the American Medical Association, 284*, 592–597.

Hennessy, K. D., Rabideau, G. J., Cicchetti, D., & Cummings, E. M. (1994). Responses of physically abused and nonabused children to different forms of interadult anger. *Child Development, 65*, 815–828.

Herman, J. L. (1992). *Trauma and recovery: The aftermath of violence—from domestic abuse to political terror.* New York: Basic Books.

Herrenkohl, E. C., Herrenkohl, R. C., Egolf, B. P., & Russo, M. J. (1998). The relationship between early maltreatment and teenage parenthood. *Journal of Adolescence, 21*, 291–303.

Herrenkohl, T. I., Hong, S., Klika, J., Herrenkohl, R. C., & Russo, M. (2013). Developmental impacts of child abuse and neglect related to adult mental health, substance use, and physical health. *Journal of Family Violence, 28*, 191–199.

Hershkowitz, I., & Lamb, M. (2007). Victimization of children with disabilities *American Journal of Orthopsychiatry, 77*, 629–635.

Heyman, R. E., & Smith Slep, A. M. (2009). Reliability of family maltreatment diagnostic criteria: 41 site dissemination field trial. *Journal of Family Psychology, 23*, 905–910.

Hibbard, R., Barlow, J., MacMillan, H., American Academy of Pediatrics Committee on Child Abuse and Neglect, & American Academy of Child and Adolescent Psychiatry Child Maltreatment and Violence Committee. (2012). Psychological maltreatment. *Pediatrics, 130*, 372–378.

Hildyard, K., & Wolfe, D. A. (2002). Child neglect: Developmental issues and outcomes. *Child Abuse and Neglect, 26*(6–7), 679–695.

Hildyard, K., & Wolfe, D. A. (2007). Understanding child neglect: Cognitive processes underlying neglectful parenting. *Child Abuse and Neglect, 31*, 895–907.

Hillberg, T., Hamilton-Giachritsis, C., & Dixon, L. (2011). Review of meta-analyses on the association between child sexual abuse and adult mental health difficulties: A systematic approach. *Trauma, Violence, and Abuse, 12*, 38–49.

Hillson, J. M. C., & Kuiper, N. A. (1994). A stress and coping model of child maltreatment. *Clinical Psychology Review, 14*(4), 261–285.

Hodges, M., Godbout, N., Briere, J., Lanktree, C., Gilbert, A., & Kletzka, N. T. (2013). Cumulative trauma and symptom complexity in children: A path analysis. *Child Abuse and Neglect, 37*, 891–898.

Horowitz, M. J. (1986). *Stress response syndromes* (2nd ed.). Northdale, NJ: Aronson.

Horwitz, S. M., Hurlburt, M. S., Cohen, S. D., Zhang, J., & Landsverk, J. (2011). Predictors of placement for children who initially remained in their homes after an investigation for abuse or neglect. *Child Abuse and Neglect, 35*, 188–198.

Horwitz, S. M., Hurlburt, M. S., Goldhaber-Fiebert, J. D., Heneghan, A. M., Zhang, J., Rolls-Reutz, J., et al. (2012). Mental health service use by children investigated by child welfare agencies. *Pediatrics, 130*, 861–869.

Hunter, W. M., Jain, D., Sadowski, L. S., & Sanhueza, A. I. (2000). Risk factors for severe child discipline practices in rural India. *Journal of Pediatric Psychology, 25*, 435–447.

International Labour Organization (ILO). (2002). *Every child counts: New global estimates on child labour.* Geneva: International Labour Office.

International Labour Organization (ILO). (2012). *ILO global estimate of forced labour: Results and methodology.* Geneva: International Labour Office.

International Society for Prevention of Child Abuse and Neglect. (2010). *World perspectives on child abuse* (9th ed.). Aurora, CO: Author.

Ireland, T., & Widom, C. S. (1994). Childhood victimization and risk for alcohol and drug arrests. *International Journal of the Addictions, 29*, 235–274.

Irish, L., Kobayashi, I., & Delahanty, D. L. (2010). Long-term physical health consequences of childhood sexual abuse: A meta-analytic review. *Journal of Pediatric Psychology, 35*, 450–461.

Irwin, J. R., Carter, A. S., & Briggs-Gowan, M. J. (2002). The social-emotional development of "late-talking" toddlers. *Journal of the American Academy of Child and Adolescent Psychiatry, 41*, 1324–1332.

Jaffe, P., Wolfe, D. A., & Campbell, M. (2011). *Growing up with domestic violence: Assessment, intervention and prevention strategies for children and adolescents.* Cambridge, MA: Hogrefe & Huber.

Jaffee, S. R., & Maikovich-Fong, A. K. (2011). Effects of chronic maltreatment and maltreatment timing on children's behavior and cognitive abilities. *Journal of Child Psychology and Psychiatry, 52*, 184–194.

Janoff-Bulman, R. (1979). Characterological versus behavioral self-blame: Inquiries into depression and rape. *Journal of Personality and Social Psychology, 37*, 1798–1809.

Jespersen, A. F., Lalumière, M. L., & Seto, M. C. (2009). Sexual abuse history among adult sex offenders and non-sex offenders: A meta-analysis. *Child Abuse and Neglect, 33*, 179–192.

Johnson, J. G., Cohen, P., Brown, J., Smailes, E. M., & Bernstein, D. P. (1999). Childhood maltreatment increases risk for personality disorders during early adulthood. *Archives of General Psychiatry, 56*, 600–606.

Johnson, J. G., Smailes, E. M., Cohen, P., Brown, J., & Bernstein, D. P. (2000). Associations between four types of childhood neglect and personality disorder symptoms during adolescence and early adulthood: Findings of a community-based longitudinal study. *Journal of Person-

ality Disorders, 14, 171–187.

Jones, L., Bellis, M. A., Wood, S., Hughes, K., McCoy, E., Eckley, L., et al. (2012). Prevalence and risk of violence against children with disabilities: A systematic review and meta-analysis of observational studies. *Lancet, 380*, 899–907.

Jones, L. M., Finkelhor, D., & Halter, S. (2006). Child maltreatment trends in the 1990s: Why does neglect differ from sexual and physical abuse? *Child Maltreatment, 11*, 107–120.

Kang, S., Magura, S., Laudet, A., & Whitney, S. (1999). Adverse effect of child abuse victimization among substance-using women in treatment. *Journal of Interpersonal Violence, 14*, 657–670.

Kaufman, J., Birmaher, B., Perel, J., Dahl, R., Stull, S., Brent, D., et al. (1998). Serotonergic functioning in depressed abused children: Clinical and familial correlates. *Biological Psychiatry, 44*, 973–981.

Kaufman, J., & Zigler, E. (1989). The intergenerational transmission of child abuse and the prospect of predicting future abusers. In D. Cicchetti & V. Carlson (Eds.), *Child maltreatment: Research and theory on the causes and consequences of child abuse and neglect* (pp. 129–150). New York: Cambridge University Press.

Keenan, H., & Runyan, O. K. (2001). Shaken baby syndrome: Lethal inflicted traumatic brain injury in young children. *North Carolina Medical Journal, 62*, 345–348.

Kelley, B. T., Thornberry, T. P., & Smith, C. A. (1997). In the wake of childhood maltreatment. *OJJDP Juvenile Justice Bulletin*, 1–15.

Kellogg, N. D., Hoffman, T. J., & Taylor, E. R., (1999). Early sexual experiences among pregnant and parenting adolescents. *Adolescence, 34*, 293–303.

Kempe, C. H., Silverman, F. N., Steele, B. F., Droegenmueller, W., & Silver, H. K. (1962). The battered child syndrome. *Journal of the American Medical Association, 181*, 17–24.

Kendall-Tackett, K. A., Williams, L. M., & Finkelhor, D. (1993). Impact of sexual abuse on children. *Psychological Bulletin, 113*, 164–180.

Kendler, K. S., Bulik, C. M., Silberg, J., Hettema, J. M., Myers, J., & Prescott, C. A. (2000). Childhood sexual abuse and adult psychiatric and substance use disorders in women: An epidemiological and cotwin control analysis. *Archives of General Psychiatry, 57*, 953–959.

Kerr, M. A., Black, M. M., & Krishnakumar, A. (2000). Failure-to-thrive, maltreatment and the behavior and development of 6-year-old children from low-income, urban families: A cumulative risk model. *Child Abuse and Neglect, 24*, 587–598.

Kilpatrick, D. G., Acierno, R., Saunders, B., Resnick, H. S., Best, C. L., & Schnurr, P. P. (2000). Risk factors for adolescent substance abuse and dependence: Data from a national sample. *Journal of Consulting and Clinical Psychology, 68*, 19–30.

Kim, D. H., Kim, K. I., Park, Y. C., Zhang, L. D., Lu, M.

K., & Li, D. (2000). Children's experience of violence in China and Korea: A transcultural study. *Child Abuse and Neglect, 24*, 1163–1173.

Kim, J., & Cicchetti, D. (2010). Longitudinal pathways linking child maltreatment, emotion regulation, peer relations, and psychopathology. *Journal of Child Psychology and Psychiatry, 51*, 706–716.

Kitzman, H., Olds, D., Cole, R., Hanks, C., Anson, E., Arcoleo, K., et al. (2010). Enduring effects of prenatal and infancy home visiting by nurses on children: Follow-up of a randomized trial among children at age 12 years. *Archives of Pediatrics & Adolescent Medicine, 164*, 412–418.

Koenen, K. C., & Widom, C. S. (2009). A prospective study of sex differences in the lifetime risk of posttraumatic stress disorder among abused and neglected children grown up. *Journal of Traumatic Stress, 22*, 566–574.

Koenen, K. C., Moffitt, T. E., Caspi, A., Taylor, A. & Purcell, S. (2003). Domestic violence is associated with environmental suppression of IQ in young children. *Development and Psychopathology, 15*, 297–311.

Koenig, A. L., Cicchetti, D., & Rogosch, F. A. (2000). Child compliance/noncompliance and maternal contributors to internalization in maltreating and non-maltreating dyads. *Child Development, 71*, 1018–1032.

Kolko, D. J. (2002). Child physical abuse. In J. E. B. Myers, L. Berliner, J. Briere, C. T. Hendrix, C. Jenny, & T. A. Reid (Eds.), *The APSAC handbook on child maltreatment* (pp. 21–54). Thousand Oaks, CA: Sage.

Koss, K. J., George, M. R. W., Davies, P. T., Cicchetti, D., Cummings, E. M., & Sturge-Apple, M. L. (2013). Patterns of children's adrenocortical reactivity to interparental conflict and associations with child adjustment: A growth mixture modeling approach. *Developmental Psychology, 49*, 317–326.

Kruger, T. H. C., & Schiffer, B. (2011). Neurocognitive and personality factors in homo- and heterosexual pedophiles and controls. *Journal of Sexual Medicine, 8*, 1650–1659.

Lanier, P., Jonson-Reid, M., Stahlschmidt, M. J., Drake, B., & Constantino, J. (2010). Child maltreatment and pediatric health outcomes: A longitudinal study of low-income children. *Journal of Pediatric Psychology, 35*, 511–522.

Lanius, R. A., Vermetten, E., Loewenstein, R. J., Brand, B., Schmahl, C., Bremner, J. D., et al. (2010). Emotion modulation in PTSD: Clinical and neurobiological evidence for a dissociative subtype. *American Journal of Psychiatry, 167*, 640–647.

Lansford, J. E., Dodge, K. A., Pettit, G. S., & Bates, J. E. (2010). Does physical abuse in early childhood predict substance use in adolescence and early adulthood? *Child Maltreatment, 15*, 190–194.

Lang, A. J., Stein, M. B., Kennedy, C. M., & Foy, D. W. (2004). Adult psychopathology and intimate partner violence among survivors of childhood maltreatment. *Journal of Interpersonal Violence*, 19(10), 1102–1118.

Law, J., Garrett, Z., & Nye, C. (2003). Speech and language therapy interventions for children with primary speech and language delay or disorder. *Cochrane Database of Systematic Reviews, 3*, 1–80.

Leiter, J., & Johnsen, M. C. (1997). Child maltreatment and school performance declines: An event-history analysis. *American Educational Research Journal, 34*, 563–589.

Lipman, E. L., MacMillan, H. L., & Boyle, M. H. (2001). Childhood abuse and psychiatric disorders among single and married mothers. *American Journal of Psychiatry, 158*, 73–77.

Lupien, S. J., McEwen, B. S., Gunnar, M. R., & Heim, C. (2009). Effects of stress throughout the lifespan on the brain, behavior and cognition. *Nature Reviews Neuroscience, 10*, 434–445.

Luster, T., & Small, S. A. (1997). Sexual abuse history and problems in adolescence: Exploring the effects of moderating variables. *Journal of Marriage and Family, 59*, 131–142.

Luthar, S. S. (2006). Resilience in development: A synthesis of research across five decades. In D. Cicchetti & D. J. Cohen (Eds.), *Developmental psychopathology: Vol. 3. Risk, disorder, and adaptation* (2nd ed., pp. 739–795). Hoboken, NJ: Wiley.

Lynch, M., & Cicchetti, D. (1991). Patterns of relatedness in maltreated and nonmaltreated children: Connections among multiple representational models. *Development and Psychopathology, 3*, 207–226.

Macfie, J., Cicchetti, D., & Toth, S. L. (2001). The development of dissociation in maltreated preschool-aged children. *Development and Psychopathology, 13*, 233–254.

MacMillan, H. L., Fleming, J. E., Streiner, D. L., Lin, E., Boyle, M. H., Jamieson, E., et al. (2001). Childhood abuse and lifetime psychopathology in a community sample. *American Journal of Psychiatry, 158*, 1878–1883.

MacMillan, H. L., Wathen, C. N., Barlow, J., Fergusson, D. M., Leventhal, J. M., & Taussig, H. N. (2009). Interventions to prevent child maltreatment and associated impairment. *Lancet, 373*, 250–266.

Main, M., & George, C. (1985). Responses of abused and disadvantaged toddlers to distress in agemates: A study in the day care setting. *Developmental Psychology, 21*, 407–412.

Maker, A. H., Kemmelmeier, M., & Peterson, C. (1998). Long-term psychological consequences in women of witnessing parental physical conflict and experiencing abuse in childhood. *Journal of Interpersonal Violence, 13*, 574–589.

Malinosky-Rummell, R., & Hansen, D. (1993). Long-term consequences of childhood physical abuse. *Psychological Bulletin, 114*, 68–79.

Maniglio, R. (2009). The impact of child sexual abuse on health: A systematic review of reviews. *Clinical Psychology Review, 29*, 647–657.

Maniglio, R. (2010). Child sexual abuse in the etiology of depression: A systematic review of reviews. *Depression and Anxiety, 27*, 631–642.

Manly, J. T., Kim, J. E., Rogosch, F. A., & Cicchetti, D. (2001). Dimensions of child maltreatment and children's adjustment: Contributions of developmental timing and subtype. *Developmental Psychopathology, 13*, 759–782.

Manor, O., Shalev, R. S., Joseph, A., & Gross-Tsur, V. (2001). Arithmetic skills in kindergarten children with developmental language disorders. *European Journal of Paediatric Neurology, 5*, 71–77.

Marshall, W. L., Marshall, L. E., Serran, G. A., & O'Brien, M. D. (2009). Self-esteem, shame, cognitive distortions and empathy in sexual offenders: Their integration and treatment implications. *Psychology, Crime and Law, 15*(2–3), 217–234.

Mash, E. J., & Wolfe, D. A. (2013). *Abnormal child psychology* (5th ed.). Belmont, CA: Cengage/Wadsworth.

Martin, E. K., & Silverstone, P. H. (2013). How much child sexual abuse is "below the surface," and can we help adults identify it early? *Frontiers in Psychiatry, 5*, 58.

McCloskey, L. A., & Stuewig, J. (2001). The quality of peer relationships among children exposed to family violence. *Development and Psychopathology, 13*, 83–96.

McCloskey, L. A., & Walker, M. (2000). Posttraumatic stress in children exposed to family violence and single-event trauma. *Journal of the American Academy of Child and Adolescent Psychiatry, 39*, 108–115.

McCrory, E., De Brito, S. A., & Viding, E. (2010). Research review: The neurobiology and genetics of maltreatment and adversity. *Journal of Child Psychology and Psychiatry, 51*, 1079–1095.

McCrory, E., & Viding, E. (2010). The neurobiology of maltreatment and adolescent violence. *Lancet, 375*, 1856–1857.

McFadyen, R. G., & Kitson, W. J. H. (1996). Language comprehension and expression among adolescents who have experienced childhood physical abuse. *Journal of Child Psychology and Psychiatry, 37*, 551–562.

McGee, R., & Wolfe, D. A. (1991). Psychological maltreatment: Towards an operational definition. *Development and Psychopathology, 3*, 3–18.

McGee, R., Wolfe, D. A., & Olson, J. (2001). Multiple maltreatment, attribution of blame, and adjustment among adolescents. *Development and Psychopathology, 13*, 827–846.

McGloin, J. M., & Widom, C. S. (2001). Resilience among abused and neglected children grown up. *Development and Psychopathology, 13*, 1021–1038.

McIntyre, J., & Widom, C. S. (2011). Childhood victimization and crime victimization. *Journal of Interpersonal Violence, 26*, 640-663.

McLeer, S. V., Deblinger, E., Atkins, M. S., Foa, E. B., & Ralphe, D. L. (1988). Post-traumatic stress disorder in sexually abused children: A prospective study. *Journal of the American Academy of Child and Adolescent Psychiatry, 27*, 650–654.

McSherry, D. (2007). Understanding and addressing the neglect of neglect: Why are we making a mole-hill out of a mountain? *Child Abuse and Neglect, 31*, 607–614.

Mehta, D., Klengel, T., Conneely, K. N., Smith, A. K., Altmann, A., Pace, T. W., et al. (2013). Childhood maltreatment is associated with distinct genomic and epigenetic profiles in posttraumatic stress disorder. *Proceedings of the National Academy of Sciences USA, 110,* 8302–8307.

Mersky, J. P., & Topitzes, J. (2010). Comparing early adult outcomes of maltreated and non-maltreated children: A prospective longitudinal investigation. *Children and Youth Services Review, 32,* 1086–1096.

Meston, C. M., & Heiman, J. R. (2000). Sexual abuse and sexual function: An examination of sexually relevant and cognitive processes. *Journal of Consulting and Clinical Psychology, 68,* 399–406.

Meston, C. M., Heiman, J. R., & Trapnell, P. D. (1999). The relation between early abuse and adult sexuality. *Journal of Sex Research, 36,* 385–395.

Mezzacappa, E., Kindlon, D. & Earls, F. (2001). Child abuse and performance task assessments of executive functions in boys. *Journal of Child Psychology and Psychiatry, 42,* 1041–1048.

Mills, R., Alati, R., O'Callaghan, M., Najman, J. M., Williams, G. M., Bor, W., et al. (2011). Child abuse and neglect and cognitive function at 14 years of age: Findings from a birth cohort. *Pediatrics, 127,* 4–10.

Milner, J. S. (1993). Social information processing and physical child abuse. *Clinical Psychology Review, 13,* 275–294.

Milner, J. S. (1998). Individual and family characteristics associated with intrafamilial child physical and sexual abuse. In P. K. Trickett & C. J. Schellenbach (Eds.), *Violence against children in the family and community* (pp. 141–170). Washington, DC: American Psychological Association.

Milner, J. S. (2000). Social information processing and child physical abuse: Theory and research. In D. J. Hansen (Ed.), *Nebraska Symposium on Motivation: Vol. 46. Motivation and child maltreatment* (pp. 39–84). Lincoln: University of Nebraska Press.

Mironova, P., Rhodes, A. E., Bethell, J. M., Tonmyr, L., Boyle, M. H., Wekerle, C., et al (2011). Childhood physical abuse and suicide-related behavior: A systematic review. *Vulnerable Children and Youth Studies, 6,* 1–7.

Moss, E., Dubois-Comtois, K., Cyr, C., Tarabulsy, G. M., St.-Laurent, D., & Bernier, A. (2011). Efficacy of a home-visiting intervention aimed at improving maternal sensitivity, child attachment, and behavioral outcomes for maltreated children: A randomized control trial. *Development and Psychopathology, 23,* 195–210.

Nadebaum, C., Anderson, V., & Catroppa, C. (2007). Executive function outcomes following traumatic brain injury in young children: A ?ve year follow-up. *Developmental Neuropsychology, 32,* 703–728.

Nadon, S. M., Koverola, C., & Schludermann, E. H. (1998). Antecedents to prostitution: Childhood victimization. *Journal of Interpersonal Violence, 13*(2), 206–221.

National Research Council. (1993). *Understanding child abuse and neglect.* Washington, DC: National Academy Press.

Nayak, M. B., & Milner, J. S. (1998). Neuropsychological functioning: Comparison of mothers at high and low risk for child abuse. *Child Abuse and Neglect, 22,* 687–703.

Neumark-Sztainer, D., Story, M., Hannan, P. J., Beuhring, T., & Resnick, M. D. (2000). Disordered eating among adolescents: Associations with sexual/physical abuse and other familial/psychosocial factors. *International Journal of Eating Disorders, 28,* 249–258.

Nishith, P., Mechanic, M. B., & Resnick, P. A. (2000). Prior interpersonal trauma: The contribution to current PTSD symptoms in female rape victims. *Journal of Abnormal Psychology, 109,* 20–25.

Nolin, P., & Ethier, L. (2007). Using neuropsychological profiles to classify neglected children with or without physical abuse. *Child Abuse and Neglect, 31,* 631–643.

Noll, J. G., Shenk, C. E., Yeh, M. T., Ji, J., Putnam, F. W. & Trickett, P. K. (2010). Receptive language and educational attainment for sexually abused females. *Pediatrics, 126,* 615–622.

Norman, R. E., Byambaa, M., De, R., Butchart, A., Scott J., & Vos, T. (2012). The long-term health consequences of child physical abuse, emotional abuse, and neglect: A systematic review and meta-analysis. *PLoS Medicine, 9*(11), e1001349.

Nunes, S. O. V., Watanabe, M. A. E., Morimoto, H. K., Moriya, R., & Reiche, E. M. V. (2010). The impact of childhood sexual abuse on activation of immunological and neuro-endocrine response. *Aggression and Violent Behavior, 15,* 440–445.

O'Leary, K. D., Malone, J., & Tyree, A. (1994). Physical aggression in early marriage: Prerelationship and relationship effects. *Journal of Consulting and Clinical Psychology, 62,* 594–602.

Okun, A., Parker, J., & Levendosky, A. (1994). Distinct and interactive contributions of physical abuse, socioeconomic disadvantage, and negative life events to children's social, cognitive, and affective adjustment. *Development and Psychopathology, 6,* 77–98.

Oshri, A., Rogosch, F. A., & Cicchetti, D. (2013). Child maltreatment and mediating influences of childhood personality types on the development of adolescent psychopathology. *Journal of Clinical Child and Adolescent Psychology, 42,* 287–301.

Paras, M. L., Murad, M. H., Chen, L. P., Goranson, E. N., Sattler, A. L., Colbenson, K. M., et al. (2009). Sexual abuse and lifetime diagnosis of somatic disorders: A systematic review and meta-analysis. *Journal of the American Medical Association, 302,* 550–561.

Parker, J. G., & Herrera, C. (1996). Interpersonal processes in friendship: A comparison of abused and nonabused children's experiences. *Developmental Psychology, 32,* 1025–1038.

Pechtel, P., & Pizzagalli, D. A. (2011). Effects of early life stress on cognitive and affective function: An integrated review of human literature. *Psychopharmacology, 214,*

55–70.

Pelcovitz, D., Kaplan, S. J., DeRosa, R. R., Mandel, F. S., & Salzinger, S. (2000). Psychiatric disorders in adolescents exposed to domestic violence and physical abuse. *American Journal of Orthopsychiatry, 70,* 360–369.

Pereda, N., Guilera, G., Forns, M., & Gómez-Benito, J. (2009). The prevalence of child sexual abuse in community and student samples: A meta-analysis. *Clinical Psychology Review, 29,* 328–338.

Perez, C. M., & Widom, C. S. (1994). Childhood victimization and long-term intellectual and academic outcomes. *Child Abuse and Neglect, 18,* 617–633.

Pollak, S. D., Cicchetti, D., Hornung, K., & Reed, A. (2000). Recognizing emotion in faces: Developmental effects of child abuse and neglect. *Developmental Psychology, 36,* 679–688.

Pollak, S. D., Cicchetti, D., Klorman, R., & Brumaghim, J. T. (1997). Cognitive brain event-related potentials and emotion processing in maltreated children. *Child Development, 68,* 773–787.

Pollak, S. D., Nelson, C. A., Schlaak, M. F., Roeber, B. J., Wewerka, S. S., Wiik, K. L., et al. (2010). Neurodevelopmental effects of early deprivation in post-institutionalized children. *Child Development, 81,* 224–236.

Prasad, M. R., Kramer, L. A., & Ewing-Cobbs, L. (2005). Cognitive and neuroimaging findings in physically abused preschoolers. *Archives of Disease in Childhood, 90,* 82–85.

Pratchett, L. C., & Yehuda, R. (2011). Foundations of posttraumatic stress disorder: Does early life trauma lead to adult posttraumatic stress disorder? *Development and Psychopathology, 23,* 477–491.

Prinz, R. J., Sanders, M. R., Shapiro, C. J., Whitaker, D. J., & Lutzker, J. R. (2009). Population-based prevention of child maltreatment: The U.S. Triple P system population trial. *Prevention Science, 10,* 1–12.

Public Health Agency of Canada (PHAC). (2010). *Canadian Incidence Study of Reported Child Abuse and Neglect—2008: Major findings.* Ottawa, ON: Author. Retrieved from *www.phac-aspc.gc.ca/cm-vee/public-eng. php*

Putnam, F. W. (1993). Dissociative disorders in children: Behavioral profiles and problems. *Child Abuse and Neglect, 17,* 39–45.

Radbill, S. X. (1987). Children in a world of violence: A history of child abuse. In R. E. Helfer & R. S. Kempe (Eds.), *The battered child* (4th ed., pp. 3–22). Chicago: University of Chicago Press.

Raphael, K. G., & Widom, C. S. (2011). Post-traumatic stress disorder moderates the relation between documented childhood victimization and pain 30 years later. *Pain, 152,* 163–169.

Repetti, R. L., Taylor, S. E., & Seeman, T. E. (2002). Risky families: Family social environments and the mental and physical health of offspring. *Psychological Bulletin, 128,* 330–366.

Resnick, H. S., Kilpatrick, D. G., Dansky, B. S., Sanders, B. E., & Best, C. L. (1993). Prevalence of civilian trauma and post-traumatic stress disorder in a representative national sample of women. *Journal of Consulting and Clinical Psychology, 61,* 984–991.

Rodriguez, N., Vande Kemp, H., & Foy, D. W. (1998). Posttraumatic stress disorder in survivors of childhood sexual and physical abuse: A critical review of the empirical research. *Journal of Child Sexual Abuse, 17,* 17–45.

Rogosch, F. A., Cicchetti, D., & Aber, J. L. (1995). The role of child maltreatment in early deviations in cognitive and affective processing abilities and later peer relationship problems. *Development and Psychopathology, 7,* 591–609.

Roth, T. L., & Sweatt, J. D. (2011). Epigenetic mechanisms and environmental shaping of the brain during sensitive periods of development. *Journal of Child Psychology and Psychiatry, 52,* 398–408.

Rowe, E., & Eckenrode, J. (1999). The timing of academic difficulties among maltreated and nonmaltreated chidren. *Child Abuse and Neglect, 23,* 813–832.

Sadowski, L. S., Hunter, W. M., Bangdiwala, S. I., & Munoz, S. R. (2004). The world studies of abuse in the family environment (WorldSAFE): A model of a multi-national study of family violence. *Injury Control and Safety Promotion, 11,* 81–90.

Salzinger, S., Feldman, R. S., Hammer, M., & Rosario, M. (1993). The effects of physical abuse on children's social relationships. *Child Development, 64,* 169–187.

Salzinger, S., Feldman, R. S., Ng-Mak, D. S., Mojica, E., & Stockhammer, T. F. (2001). The effect of physical abuse on children's social and affective status: A model of cognitive and behavioral processes explaining the association. *Development and Psychopathology, 13,* 805–825.

Schneider-Rosen, K., & Cicchetti, D. (1991). Early self-knowledge and emotional development: Visual self-recognition and affective reactions to mirror self-image in maltreated and nonmaltreated toddlers. *Developmental Psychology, 27,* 471–478.

Schumacher, J. A., Smith Slep, A. M., & Heyman, R. E. (2001). Risk factors for child neglect. *Aggression and Violent Behavior, 6,* 231–254.

Sedlak, A. J., Mettenburg, J., Basena, M., Petta, I., McPherson, K., Greene, A., et al. (2010a). *Fourth National Incidence Study of Child Abuse and Neglect (NIS-4): Report to Congress.* Washington, DC: U.S. Department of Health and Human Resources, Administration for Children and Families.

Sedlak, A. J., Mettenburg, J., Basena, M., Petta, I., McPherson, K., Greene, A., et al. (2010b). *Fourth National Incidence Study of Child Abuse and Neglect (NIS-4): Report to Congress, Executive Summary.* Washington, DC: U.S. Department of Health and Human Services, Administration for Children and Families.

Seto, M. C., & Lalumière, M. L. (2010). What is so special about male adolescent sexual offending?: A review and test of explanations through meta-analysis. *Psychological*

Bulletin, 136, 526–575.

Shields, A., & Cicchetti, D. (1998). Reactive aggression among maltreated children: The contributions of attention and emotion dysregulation. *Journal of Clinical Child Psychology, 27*, 381–395.

Shonk, S. M., & Cicchetti, D. (2001). Maltreatment, competency deficits, and risk for academic and behavioral adjustment. *Developmental Psychology, 37*, 3–17.

Silverman, A., Reinherz, H., & Giaconia, R. (1996). The long-term sequelae of child and adolescent abuse: A longitudinal community study. *Child Abuse and Neglect, 20*, 709–723.

Simon, V. A., Feiring, C., & McElroy, S. K. (2010). Making meaning of traumatic events: Youths' strategies for processing childhood sexual abuse are associated with psychosocial adjustment. *Child Maltreatment, 15*, 229–241.

Singer, M. I., Hussey, D. L., & Strom, K. J. (1992). Grooming the victim: An analysis of a perpetrator's seduction letter. *Child Abuse and Neglect, 16*, 877–886.

Slep, A. M. S., & Heyman, R. E. (2008). Public health approaches to family maltreatment prevention: Resetting family psychology's sights from the home to the community. *Journal of Family Psychology, 22*, 518–528.

Smetana, J. G., & Kelly, M. (1989). Social cognition in maltreated children. In D. Cicchetti & V. Carlson (Eds.), *Child maltreatment: Theory and research on the causes and consequences of child abuse and neglect* (pp. 620–646). New York: Cambridge University Press.

Smith, M. A., Makino, S., Kvetnansky, R., & Post, R. M. (1995). Effects of stress on neurotrophic factor expression in the rat brain. *Annals of the New York Academy of Sciences, 771*, 234–239.

Snarr, J. D., Heyman, R. E., Slep, A. M. S., & Malik, J. (2011). Preventive impacts of reliable family maltreatment criteria. *Journal of Consulting and Clinical Psychology, 79*, 826–833.

Snyder, J. J., Schrepferman, L. P., Bullard, L., McEachern, A. D., & Patterson, G. R. (2012). Covert antisocial behavior, peer deviancy training, parenting processes, and sex differences in the development of antisocial behavior during childhood. *Development and Psychopathology, 24*, 1117–1138.

Sonuga-Barke, E. J. S., Beckett, C., Kreppner, J., Castle, J., Colvert, E., Stevens, S., et al. (2008). Is sub-nutrition necessary for a poor outcome following early institutional deprivation? *Developmental Medicine and Child Neurology, 50*, 664–671.

Sperry, D. M., & Widom, C. S. (2013). Child abuse and neglect, social support, and psychopathology in adulthood: A prospective investigation. *Child Abuse and Neglect, 37*, 415–425.

Sroufe, L. A., Coffino, B., & Carlson, E. A. (2010). Conceptualizing the role of early experience: Lessons from the Minnesota longitudinal study. *Developmental Review, 30*, 36–51.

Sroufe, L. A., & Fleeson, J. (1986). Attachment and the con-

struction of relationships. In W. W. Hartup & Z. Rubin (Eds.), *Relationships and development* (pp. 51–71). Hillsdale, NJ: Erlbaum.

Starkman, M. N., Giordani, B., Schork, A. & Schteingart, D. E. (2001). Elevated cortisol levels in Cushing's disease are associated with cognitive decrements. *Psychosomatic Medicine, 63*, 985–993.

Stewart, S. H., & Israeli, A. L. (2002). Substance abuse and co-occurring psychiatric disorders in victims of intimate violence. In C. Wekerle & A.-M. Wall (Eds.), *The violence and addiction equation: Theoretical and clinical issues in substance abuse and relationship violence* (pp. 102–126). New York: Brunner-Routledge.

Stewart, S. H., McGonnell, M., Wekerle, C., & Adlaf, E. (2011). Associations of personality with alcohol use behaviour and alcohol problems in adolescents receiving child welfare services. *International Journal of Mental Health and Addiction, 9*(5), 492–506.

Stipanicic, A., Nolin, P., Fortin, G. & Gobeil, M. F. (2008). Comparative study of the cognitive sequelae of school-aged victims of shaken baby syndrome. *Child Abuse and Neglect, 32*, 415–428.

Stoltenborgh, M., van IJzendoorn, M. H., Euser, E. M., & Bakermans-Kranenburg, M. (2011). A global perspective on child sexual abuse: Meta-analysis of prevalence around the world. *Child Maltreatment, 16*, 79–101.

Stouthamer-Loeber, M., Loeber, R., Homish, D. L., & Wei, E. (2001). Maltreatment of boys and the development of disruptive and delinquent behavior. *Development and Psychopathology, 13*, 941–956.

Strathearn, L., Gray, P. H., O'Callaghan, M. J., & Wood, D. O. (2001). Childhood neglect and cognitive development in extremely low birth weight infants: A prospective study. *Pediatrics, 108*, 142–151.

Straus, M. A. (1979). Measuring intrafamily conflict and violence: The Conflict Tactics (CT) Scales. *Journal of Marriage and Family, 41*, 75–88.

Straus, M. A. (1995). *Manual for the Conflict Tactics Scales.* Durham: Family Research Laboratory, University of New Hampshire.

Straus, M. A., & Donnelly, D. A. (1994). *Beating the devil out of them: Corporal punishment in American families.* New York: Lexington Books/Macmillan.

Straus, M. A., Hamby, S. L., Finkelhor, D., Moore, D. W., & Runyan, D. (1998) Identification of child maltreatment with the Parent-Child Conflict Tactics Scales: Development and psychometric data for a national sample of American parents. *Child Abuse and Neglect, 22*, 249–270.

Straus, M. A., & Kantor, G. K. (1994). Corporal punishment of adolescents by parents: A risk factor in the epidemiology of depression, suicide, alcohol abuse, child abuse, and wife beating. *Adolescence, 29*, 543–561.

Stronach, E. P., Toth, S. L., Rogosch, F., Oshri, A., Manly, J. T., & Cicchetti, D. (2011). Child maltreatment, attachment security, and internal representations of mother and mother–child relationships. *Child Maltreatment, 16*,

137–145.

Sullivan, P. M., & Knutson, J. F. (2000). Maltreatment and disabilities: A population-based epidemiological study. *Child Abuse and Neglect, 24*, 1257–1273.

Swenson, C. C., Schaeffer, C. M., Henggeler, S. W., Faldowski, R., & Mayhew, A. M. (2010). Multisystemic therapy for child abuse and neglect: A randomized effectiveness trial. *Journal of Family Psychology, 24*, 497–507.

Sylvestre, A., & Mérette, C. (2010). Language delay in severely neglected children: A cumulative or specific effect of risk factors? *Child Abuse and Neglect, 34*, 414–428.

Tanaka, M., Wekerle, C., Schmuck, M. L., Paglia-Boak, A., & MAP Research Team. (2011). The linkages among childhood maltreatment, adolescent mental health, and self-compassion in child welfare adolescents. *Child Abuse and Neglect, 35*, 887–898.

Tang, C. S. (1998). The rate of physical child abuse in Chinese families: A community survey in Hong Kong. [Research Support, Non-U.S. Gov't]. *Child Abuse and Neglect, 22*, 381–391.

Taylor, H. G., Swartwout, M. D., Yeates, K. O., Walz, N. C., Stancin, T., & Wade, S. L. (2008). Traumatic brain injury in young children: Postacute effects on cognitive and school readiness skills. *Journal of the International Neuropsychological Society, 14*, 734–745.

Teisl, M., & Cicchetti, D. (2008). Physical abuse, cognitive and emotional processes, and aggressive/disruptive behavior problems. *Social Development, 17*, 1–23.

Terr, L. C. (1991). Childhood traumas: An outline and overview. *American Journal of Psychiatry, 148*, 10–20.

Thomas, R., & Zimmer-Gembeck, M. J. (2011). Accumulating evidence for parent–child interaction therapy in the prevention of child maltreatment. *Child Development, 82*, 177–192.

Thornberry, T. P., Henry, K. L., Ireland, T. O., & Smith, C. A. (2010). The causal impact of childhood-limited maltreatment and adolescent maltreatment on early adult adjustment. *Journal of Adolescent Health, 46*, 359–365.

Thornberry, T. P., Ireland, T. O., & Smith, C. A. (2001). The importance of timing: The varying impact of childhood and adolescent maltreatment on multiple problem outcomes. *Development and Psychopathology, 13*, 957–979.

Topitzes, J., Mersky, J. P., & Reynolds, A. J. (2012). From child maltreatment to violent offending: An examination of mixed-gender and gender-specific models. *Journal of Interpersonal Violence, 27*, 2322–2347.

Topping, K. J., & Barron, I. G. (2009). School-based child sexual abuse prevention programs: A review of effectiveness. *Review of Educational Research, 79*, 431–463.

Toth, S. L., Cicchetti, D., Macfie, J., & Emde, R. N. (1997). Representations of self and other in the narratives of neglected, physically abused, and sexually abused preschoolers. *Development and Psychopathology, 9*, 781–796.

Toth, S. L., Manly, J. T., & Cicchetti, D. (1992). Child maltreatment and vulnerability to depression. *Development and Psychopathology, 4*, 97–112.

Trickett, P. K., Noll, J. G., & Putnam, F. W. (2011). The impact of sexual abuse on female development: Lessons from a multigenerational, longitudinal research study. *Development and Psychopathology, 23*, 453–476.

Trickett, P. K., Noll, J. G., Reifman, A., & Putnam, F. W. (2001). Variants of intrafamilial sexual abuse experience: Implications for short- and long-term development. *Development and Psychopathology, 13*, 1001–1019.

Tripp, M., & Petrie, T. A. (2001). Sexual abuse and eating disorders: A test of a conceptual model. *Sex Roles: A Journal of Research, 44*(1–2), 17–32.

Trocmé, N., & Wolfe, D. A. (2001). *Child maltreatment in Canada: Selected results from the Canadian Incidence Study of Reported Child Abuse and Neglect.* Ottawa, ON: Minister of Public Works and Government Services Canada.

Trzepacz, P. T., & Baker, R. W. (1993). *The Psychiatric Mental Status Examination.* New York: Oxford University Press.

Turner, H. A., Finkelhor, D., Ormrod, R., Hamby, S., Leeb, R. T., Mercy, J. A., et al. (2012). Family context, victimization, and child trauma symptoms: Variations in safe, stable, and nurturing relationships during early and middle childhood. *American Journal of Orthopsychiatry, 82*, 209–219.

Ungar, M., Liebenberg, L., Dudding, P., Armstrong, M. & van de Vijver, F. J. R. (2013). Patterns of service use, individual and contextual risk factors, and resilience among adolescents using multiple psychological services. *Child Abuse and Neglect, 37*(1–2), 150–159.

United Nations Children's Fund (UNICEF). (2006). Behind closed doors: The impact of domestic violence on children. Retrieved from *www.unicef.org/protection/files/BehindClosedDoors.pdf*

United Nations Children's Fund (UNICEF). (2009). Progress for children: A report card on child protection. Retrieved from *www.unicef.org/protection/files/Progress_for_Children-No.8_EN_081309%281%29.pdf*

United Nations (UN) General Assembly. (1989, November 17). *Adoption of a convention on the rights of the child.* New York: Author.

United Nations (UN) Secretary-General's Study on Violence against Children. (2006). *World report on violence against children.* Geneva: Author. Retrieved from *www.violencestudy.org/a553*

U.S. Department of Health and Human Services (USDHHS), Administration on Children, Youth, and Families. (2010). *Child maltreatment 2009.* Washington, DC: U.S. Government Printing Office. Retrieved from *www.acf.hhs.gov/programs/cb/pubs/cm09/index.htm*

U.S. Department of Health and Human Services (USDHHS), Administration on Children, Youth and Families. (2011b). *Child maltreatment 2010.* Washington, DC: U.S. Government Printing Office.

U.S. Department of Health and Human Services (USDHHS),

Administration on Children, Youth and Families. (2012). *Child maltreatment 2011*. Washington, DC: U.S. Government Printing Office. Retrieved from *www.acf.hhs.gov/programs/cb/resource/child-maltreatment-2011*

U.S. Department of Health and Human Services (USDHHS), Health Resources and Services Administration. (2011a). *Child health USA 2011*. Rockville, MD: Author. Retrieved from *http://mchb.hrsa.gov/chusa11*

Varese, F., Smeets, F., Drukker, M., Lieverse, R., Lataster, T., Viechtbauer, W., et al. (2012). Childhood adversities increase the risk of psychosis: A meta-analysis of patient–control, prospective- and cross-sectional cohort studies. *Schizophrenia Bulletin, 38*, 661–671.

van Heugten, C. M., Hendriksen, J., Rasquin, S., Dijcks, B., Jaeken, D., & Vles, J. H. (2006). Long-term neuropsychological performance in a cohort of children and adolescents after severe paediatric traumatic brain injury. *Brain Injury, 20*, 895–903.

Veltman, M. W. M., & Browne, K. D. (2001). Three decades of child maltreatment research: Implications for the school years. *Trauma, Violence, and Abuse, 2*, 215–239.

Vettese, L., Dyer, C. E., Li, W. L., & Wekerle, C. (2011). Does self-compassion mitigate the association between childhood maltreatment and later emotion regulation difficulties?: A preliminary investigation. *International Journal of Mental Health and Addiction, 9*, 480–491.

Waldinger, R. J., Toth, S. L., & Gerber, A. (2001). Maltreatment and internal representations of relationships: Core relationship themes in narratives of abused and neglected preschoolers. *Social Development, 10*, 41–58.

Waters, E., Posada, G., Crowell, J., & Lay, K. (1993). Is attachment theory ready to contribute to our understanding of disruptive behavior problems? *Development and Psychopathology, 5*(1–2), 215–224.

Weiss, J. A., MacMullin, J., Waechter, R., Wekerle, C., & MAP Research Team. (2011). Child maltreatment, adolescent attachment style, and dating violence: Considerations in youths with borderline-to-mild intellectual disability. *International Journal of Mental Health and Addiction, 9*, 555–576.

Weiss, J. A., Waechter, R., & Wekerle, C. (2011). The impact of emotional abuse on psychological distress among child protective services-involved adolescents with borderline-to-mild intellectual disability. *Journal of Child and Adolescent Trauma, 4*, 142–159.

Wekerle, C. (2011). The dollars and senselessness in failing to prioritize child maltreatment prevention. *Child Abuse and Neglect, 35*, 159–161.

Wekerle, C. (2013). Resilience in the context of child maltreatment: Connections to the practice of mandatory reporting. *Child Abuse and Neglect, 37*(2–3), 92–101.

Wekerle, C., Waechter, R., & Chung, R. (2011). Contexts of vulnerability and resilience: Childhood maltreatment, adolescent cognitive functioning and close relationships. In M. Ungar (Ed.), *The social ecology of resilience* (pp. 187–198). New York: Springer.

Wekerle, C., & Wall, A.-M. (2002a). Clinical and research issues in relationship violence and substance abuse. In C. Wekerle & A.-M. Wall (Eds.), *The violence and addiction equation: Theoretical and clinical issues in substance abuse and relationship violence* (pp. 324–348). New York: Brunner-Routledge.

Wekerle, C., & Wall, A.-M. (2002b). The overlap between intimate violence and substance abuse. In C. Wekerle & A.-M. Wall (Eds.), *The violence and addiction equation: Theoretical and clinical issues in substance abuse and relationship violence* (pp. 1–21). New York: Brunner-Routledge.

Wekerle, C., & Wall, A.-M. (Eds.). (2002c). *The violence and addiction equation: Theoretical and clinical issues in substance abuse and relationship violence*. New York: Brunner-Routledge.

Wekerle, C., Wall, A., Leung, E., & Trocmé, N. (2007). Cumulative stress and substantiated maltreatment: The importance of caregiver vulnerability and adult partner violence. *Child Abuse & Neglect, 31*(4), 427–443.

Wekerle, C., & Wolfe, D. A. (1993). Prevention of child physical abuse and neglect: Promising new directions. *Clinical Psychology Review, 13*, 501–540.

Wekerle, C., & Wolfe, D. A. (1998). The role of child maltreatment and attachment style in adolescent relationship violence. *Development and Psychopathology, 10*, 571–586.

Wekerle, C., Wolfe, D. A., Hawkins, D. L., Pittman, A.-L., Glickman, A., & Lovald, B. E. (2001). Childhood maltreatment, posttraumatic stress symptomatology, and adolescent dating violence: Considering the value of adolescent perceptions of abuse and a trauma mediational model. *Development and Psychopathology, 13*, 847–871.

Whiffen, V. E., & Clark, S. E. (1997). Does victimization account for sex differences in depressive symptoms? *British Journal of Clinical Psychology, 36*, 185–193.

Whiffen, V. E., Judd, M. E., & Aube, J. A. (1999). Intimate relationships moderate the association between childhood sexual abuse and depression. *Journal of Interpersonal Violence, 14*, 940–954.

Widom, C. S. (1989a). The cycle of violence. *Science, 244*, 160–165.

Widom, C. S. (1989b). Does violence beget violence?: A critical examination of the literature. *Psychological Bulletin, 106*, 3–28.

Widom, C. S. (1998). Child victims: Searching for opportunities to break the cycle of violence. *Applied and Preventive Psychology, 7*, 225–234.

Widom, C. S. (1999). Posttraumatic stress disorder in abused and neglected children grown up. *American Journal of Psychiatry, 156*, 1223–1229.

Widom, C. S. (2000). Childhood victimization: Early adversity, later psychopathology. *National Institute of Justice Journal, No. 242*, 2–9.

Widom, C. S., Czaja, S. J., & Dutton, M. A. (2008). Childhood victimization and lifetime revictimization. *Child*

Abuse and Neglect, 32, 785-796.

Widom, C. S., Czaja, S. J., & Paris, J. (2009). A prospective investigation of borderline personality disorder in abused and neglected children followed up into adulthood. *Journal of Personality Disorders, 23*, 433–446.

Widom, C. S., Ireland, T., & Glynn, P. J. (1995). Alcohol abuse in abused and neglected children followed-up: Are they at increased risk? *Journal of Studies on Alcohol, 56*, 207–217.

Widom, C. S., & Kuhns, J. B. (1996). Childhood victimization and subsequent risk for promiscuity, prostitution, and teenage pregnancy: A prospective study. *American Journal of Public Health, 86*, 1607–1612.

Wiederman, M. W., Sansone, R. A., & Sansone. L. A. (1998). History of trauma and attempted suicide among women in a primary care setting. *Violence and Victims, 13*, 3–9.

Wolfe, D. A. (1999). *Child abuse: Implications for child development and psychopathology* (2nd ed.). Thousand Oaks, CA: Sage.

Wolfe, D. A., Crooks, C. C., Chiodo, D., & Jaffe, P. (2009). Child maltreatment, bullying, gender-based harassment, and adolescent dating violence: Making the connections. *Psychology of Women Quarterly, 33*, 21–24.

Wolfe, D. A., Francis, K., & Straatman, A. (2006). Child abuse in religiously-affiliated institutions: Long-term impact on men's mental health. *Child Abuse and Neglect, 30*, 205–212.

Wolfe, D. A., & Jaffe, P. (1991). Child abuse and family violence as determinants of child psychopathology. *Canadian Journal of Behavioral Science, 23*, 282–299.

Wolfe, D. A., Jaffe, P. G., & Crooks, C. V. (2006). *Adolescent risk behavior: Why teens experiment and strategies to keep them safe*. New Haven, CT: Yale University Press.

Wolfe, D. A., Jaffe, P. G., Jetté, J. L., & Poisson, S. E. (2003). The impact of child abuse in community institutions and organizations: Advancing professional and scientific understanding. *Clinical Psychology: Science and Practice, 10*, 179–191.

Wolfe, D. A., & McIsaac, C. (2011). Distinguishing between poor/dysfunctional parenting and child emotional maltreatment. *Child Abuse and Neglect, 35*, 802–813.

Wolfe, D. A., Sas, L., & Wekerle, C. (1994). Factors associated with the development of posttraumatic stress disorder among child victims of sexual abuse. *Child Abuse and Neglect, 18*, 37–50.

Wolfe, D. A., Scott, K., Wekerle, C., & Pittman, A.-L. (2001). Child maltreatment: Risk of adjustment problems and dating violence in adolescence. *Journal of the American Academy of Child and Adolescent Psychiatry, 40*, 282–289.

Wolfe, D. A., Wekerle, C., Reitzel-Jaffe, D., & Lefebvre, L. (1998). Factors associated with abusive relationships among maltreated and nonmaltreated youth. *Development and Psychopathology, 10*, 61–85.

Wolfe, D. A., Wekerle, C., Scott, K., Straatman, A. L., & Grasley, C. (2004). Predicting abuse in adolescent dating relationships over 1 year: The role of child maltreatment and trauma. *Journal of Abnormal Psychology, 113*, 406–415.

Wonderlich, S. A., Crosby, R. D., Mitchell, J. E., Roberts, J. A., Haseltine, B., DeMuth, G., et al. (2000). Relationship of childhood sexual abuse and eating disturbance in children. *Journal of the American Academy of Child and Adolescent Psychiatry, 39*, 1277–1283.

Wood, J. N., Medina, S. P., Feudtner, C., Luan, X., Localio, R., Fieldston, E. S., et al. (2012). Local macroeconomic trends and hospital admissions for child abuse, 2000–2009. *Pediatrics, 130*, 358–365.

World Health Organization (WHO). (1999). *Report of the consultation on child abuse prevention*. Geneva: Author.

World Health Organization (WHO). (2006). Global estimates of health consequences due to violence against children. Background paper to the UN Secretary-General's Study on Violence against Children. Retrieved from *www.violencestudy.org.*

World Health Organization (WHO) (2010). Child maltreatment (Fact Sheet No. 150). Retrieved from *www.who.int/mediacentre/factsheets/fs150/en/index.html.*

Zelli, A., & Dodge, K. A. (1999). Personality development from the bottom up. In D. Cervone & Y. Shoda (Eds.), *The coherence of personality: Social-cognitive bases of personality consistency, variability, and organization* (pp. 94–126). New York: Guilford Press.

제7부

섭식, 성격 및 건강 관련 장애

17

섭식장애

KRISTIN M. VON RANSON
LAUREL M. WALLACE

섭식장애는 섭식이나 섭식관련 행동의 심각한 장애로 기능을 크게 손상시키거나 건강을 해친다. 섭식장애는 보통 청소년기에 시작되며, 서구 여러 국가의 유럽계 젊은 여성에게 크게 영향을 미친다. 섭식장애의 종류는 최근에 더 확장되었고 급식장애가 섭식장애와 통합되어 하나의 진단범주에 속하게 되었다.

극심한 음식 제한과 스스로 유도한 구토와 같은 섭식장애 증상은 수 세기 동안 기술되어 왔지만 최근에 와서야 임상가, 연구자와 일반 대중의 관심을 받기 시작하였다. 신경성 식욕부진증(anorexia nervosa, AN)은 1870년대에 의사들이 처음 기술하였지만 다른 가능한 사례는 수 세기 전에 이미 보고되었다(예 : Gull, 1874; Habermas, 1989; Lasegue, 1873). 대조적으로 신경성 폭식증(bulimia nervosa, BN)은 좀 더 최근의 현상으로 1930년대까지 인정되지 않았지만(Habermas, 1989) 그 이후 수십 년 동안에 흔해졌다(Hudson, Hiripi, Pope, & Kessler, 2007). 1980년에 정신질환의 진단 및 통계편람, 제3판(DSM-III)이 발행되면서 섭식장애는 신경성 식욕부진증과 신경성 폭식증을 중심으로 정의되었다(미국정신의학협회[APA], 1980, 1987, 1994, 2000). 임상가들이 특정할 수 없는 사례가

크게 증가하면서 새로 발행된 DSM-5에서는 새로운 섭식장애 진단이 더 들어갔고 기존의 진단이 크게 수정되었다(APA, 2013a). 특히 1987년에서 2013년 사이에는 섭식장애의 진단기준이 별로 변하지 않았지만 최근 들어 과거에 준임상적으로 간주되었거나 완전히 무시되었던 섭식장애 증상의 변형이 처음에 생각했던 것보다 실제로 더 많을 뿐 아니라 문제가 된다는 증거가 축적되어 왔다(Fairburn & Bohn, 2005; Fairburn et al., 2007; Thomas, Vartanian, & Brownell, 2009). DSM-IV를 사용했을 때에는 섭식장애로 치료를 받는 사람의 40~60%가 신경성 식욕부진증이나 신경성 폭식증 진단기준을 충족하지 못하였기 때문에 달리 분류되지 않는 섭식장애(eating disorder not otherwise specified, EDNOS)로 진단되었다는 점이 결정적 문제였다(Fairburn & Bohn, 2005; Fairburn et al., 2007; Ricca et al., 2001). EDNOS 진단범주에는 섭식장애의 다양한 증상을 보이는 사람이 모두 포함되었다. 따라서 환자에 대해 예언적 가치가 있는 정보를 거의 전달하지 못했기 때문에 임상적 유용성이 감소했을 뿐 아니라 연구와 치료 노력을 헛되게 하였다(Fairburn & Cooper, 2011; Keel, Brown, Holland, & Bodell, 2012; Thomas,

Vartanian, et al., 2009). 이런 문제를 해결하기 위해 제안된 해결책 가운데 하나는 공통된 정신병리를 강조하는 하나의 섭식장애 진단을 만드는 것이었다(Fairburn, Cooper, & Shafran, 2003). 이 외에도 DSM-IV에 제시된 섭식장애의 진단기준이 평가하기에 너무 어렵다거나, 아동과 청소년의 증상을 잘 반영하지 못한다는 등의 여러 가지 비판이 제기되었다(Birgegard, Norring, & Clinton, 2012).

이러한 우려를 고려하여 DSM-5(APA, 2013a)에서는 섭식장애를 정의하는 기준을 더 폭넓게 하였고, 다음과 같은 여덟 가지 급식 및 섭식장애의 진단범주를 제시하였다.

신경성 식욕부진증(AN)

신경성 폭식증(BN)

폭식장애(BED)

이식증

되새김장애

회피적/제한적 음식섭취장애(ARFID)

달리 명시된 급식 또는 섭식장애(OSFED)

명시되지 않는 급식 또는 섭식장애

아래에서 각각의 장애와 핵심용어를 상세히 기술하겠다. DSM-5 진단범주는 국제보건기구 분류체계의 개정판인 **국제질병분류체계**(International Classification of Diseases and Related Problems, 개정 11판, ICD-11)에서 제안하는 범주와 거의 일치한다(Al-Adawi et al., 2013).

정의 및 진단적 쟁점

급식장애 대 섭식장애

'섭식장애'라는 용어는 스스로 먹을 수 있는 사람에게 적용되는 데 반해 '급식장애'라는 용어는 스스로 먹지 못하는 영아와 어린 아동에게 적용된다.

폭식

여러 섭식장애에서 발견되는 두드러진 증상은 폭식(binge eating)이다. 이 증상은 신경성 폭식증(BN)과 폭식장애(BED)의 핵심 증상이며 달리 명시된 급식 또는 섭식장애(OSFED)뿐 아니라 신경성 식욕부진증(AN)에서도 발견될 수 있다. 신경성 폭식증과 폭식장애의 폭식에 대한 DSM-5 정의에는 (1) 일정 시간 동안(2시간 이내) 과도하게 많은 양의 음식을 섭취한다, (2) 먹는 것에 대한 조절능력의 상실감을 느낀다(무엇을 혹은 얼마나 많이 먹어야 할 것인지, 또는 먹는 것을 멈출 수 없다는 느낌)라는 두 가지 요소가 포함된다. 음식의 양이 과도한지를 결정하기 위해서는 상황을 고려해야 한다. 즉, 대부분의 사람이 유사한 상황에서 동일한 시간 동안 먹는 것보다 '분명하게' 많은 양의 음식을 먹어야 한다. 예를 들어 명절날 과식하는 것은 폭식삽화로 보지 않는다. 그렇지만 주어진 섭식삽화가 분명하게 지나친지를 결정하는 데에는 주관성이 개입될 수밖에 없다. 칼로리 수치가 정해져 있지는 않지만 연구에 의하면 신경성 폭식증이 있는 사람의 평균 폭식삽화의 정도는 측정방법에 따라 1,100∼4,500칼로리이다(자기보고 대 실험실 연구; Wolfe, Baker, Smith, & Kelly-Weeder, 2009). 신경성 식욕부진증이 있는 사람의 폭식삽화는 체계적으로 연구된 바가 없지만(Wolfe et al., 2009), 다른 섭식장애에서 발견되는 폭식과 비슷한 방식으로 정의된다.

폭식의 특징인 조절능력의 상실과 2시간 기간이 타당하다는 증거가 있지만 음식 양의 중요성에 대해서는 여전히 논란이 많다(Wolfe et al., 2009). 조절능력의 상실과 같이 섭취한 음식의 양 이외의 요인이 섭식삽화를 폭식으로 정의하는 데 영향을 미치는 것 같다. 예를 들어 섭식장애가 있는 사람이 조절능력에 대한 상실감을 느끼면서 먹었다면 (사람들이 보통 먹는 양보다 많기는 하지만) 작은 양의 음식, (상추 한 개와 같이) 칼로리가 최소한이지만 많은 양의 음식, 또는 한 끼 식사량을 폭식으로 정의할 수도 있다. 객관적으로 많은 양의 음식을 섭취한 폭식삽화를 '객관적 폭식삽화'라고 하는 반면, 객관적으로 많은 양의 음식을 섭취하지 않았지만 조절능력을 상실하였던 섭식삽화를 '주관적 폭식삽화'라고 한다(Fairburn, 2008). 신경성 폭식증의 다른 진단기준을 충족하여 치료를 받고 있는 성인과 지역사회 성인은 폭식의 정도(객관적 폭식삽화 또는 주관적 폭식삽화의 경험)에서는 별 차이가 없었다(Mond, Latner, Hay, Owen, & Rodgers, 2010; Watson, Fursland, Bulik, & Nathan, 2013). 증거에 의하면 주관적 폭식삽화가 임상적 손상과 섭식장애 정신병리와 관련이 있기 때문에(Fairburn et al., 2007; Latner, Hildebrandt, Rosewall, Chisholm, & Hayashi, 2007) 성인의 폭식을 정의하는 데 있어서 양은 중요하지 않은 것 같다. 마찬가지로 섭식장애 증상이 있는 아동을 확인하는 데 있어서도 섭식의 양보다 섭식에 대한 조절능력의 상실이 더욱 중요하다고 주장되고 있는데(APA, 2013b; Tanofsky-Kratt et al., 2007), 이는 부분적으로는 아동과 청소년이 성인만큼 음식에 대한 접근이 자유롭지 못하기 때문이다(Hoste, Labuschagne, & Le Grange, 2012). 연구들이 아동의 섭식조절 능력상실에 대한 기준을 개발하였다(Tanofsky-Kraff, Marcus, Yanovski, & Yanovski, 2008). 임시로 제시된 기준에는 섭식삽화에는 섭식에 대한 조절능력의 상실감뿐 아니라 배가 고프지 않거나 부를 때에도 음식을 섭취하는 것이 포함되어야 한다고 명시하고 있다. 임상적 수준으로 심각하다고 평가하려면 3개월 동안 적어도 한 달에 2번 삽화가 나타나야 하고, 다음 특징 가운데에서 두 개 이상이 나타나야 한다 : 부정적 정서에 대한 반응으로 일어나는 섭식, 삽화에 대한 비밀유지, 먹는 동안 무감각(의식의 부재), 다른 사람보다 더 많이 먹거나 더 많이 먹는다는 자각, 먹고 난 후의 부정적 정서.

체중과 체형에 대한 과도한 평가

신경성 식욕부진증과 신경성 폭식증은 체중과 체형에 대한 과도한 평가라는 핵심적인 정신병리적 특징을 공통적으로 보인다. 달리 말하면 신경성 식욕부진증 또는 신경성 폭식증이 있는 사람은 자신을 평가하는 데 있어서 관계, 학교나 일과 같이 이 장애가 없는 사람이 중요하게 여기는 다른 삶의 영역보다 체형과 체중을 더 중요하게 여긴다(Fairburn & Harrison, 2003). 체중과 체형에 대한 과도한 평가는 이 장애에서 특징적으로 나타나는 행동을 일으키고, 이와 같은 공통적인 정신병리가 신경성 식욕

부진증과 신경성 폭식증 사이에서 자주 일어나는 교차진단, 시간에 따른 증상의 변화, 특히 제한적 증상에서 폭식을 포함하는 증상으로의 변화를 설명하는 데 도움이 된다(Eddy, Dorer, et al., 2008).

DSM-5 진단

신경성 식욕부진증

DSM-5에서 정의되어 있는 대로 신경성 식욕부진증(anorexia nervosa, AN)의 특징은 극단적인 음식섭취 제한, 체중증가에 대한 공포와 체중이나 신체상의 혼란(표 17.1 참조)이다. 달리 분류되지 않는 섭식장애(EDNOS) 사례를 감소시키기 위해서 DSM-5의 섭식장애의 기준에는 여러 가지 변화가 있었다(APA, 2013b). 그 결과 신경성 식욕부진증의 정의는 네 가지 측면에서 크게 확장되었다.

첫째, 체중을 기술하는 기준에 대한 표현이 이제는 현저하게 체중을 감소시키는 지나친 섭취제한과 같은 행동에 집중되었다. 이전 기준에서는 신경성 식욕부진증이 있는 사람이 의도적으로 체중을 감소시키는 것으로 표현하였는데("연령이나 신장에 적절한 최소한의 정상 수준보다 낮은 체중을 유지한다.") 이는 모든 경우에 해당하지 않는 불필요한 가정이었다(APA, 1994, p.544).

둘째, 현재는 심각도를 명시할 때 특정한 체질량지수의 범위를 제시하지만 특정한 체중 절단점을 제시하지 않는다. DSM 이전 판에서는 저체중을 조작적으로 정의하기 위해서 기대체중의 특정 백분율(75~85%)을 절단점으로 명시하였는데, 이런 절단점은 연구의 지지를 받지 못했다(Eddy, Doyle, Hoste, Herzog, & le Grange, 2008; Fairburn & Cooper, 2011). 더구나 증거에 의하면 체중 절단점은 여러 보험회사의 체중표와 체질량지수 같이 일관성 없는 기준에 따라 산출되었기 때문에 상당히 임의적이다(Thomas, Roberto, & Brownell, 2009). 신경성 식욕부진증의 진단을 위해서는 양적 변인(체중)에 대해 범주적 판단을 해야 하는데 이것이 상당히 어려운 문제이다.

셋째, 신경성 식욕부진증의 진단기준에는 이제는 무월

표 17.1 신경성 식욕부진증에 대한 DSM-5 진단기준

A. 필요한 양 이하로 에너지 섭취를 제한함으로써 연령, 성별, 발달 과정과 신체건강의 관점에서 보았을 때 지나치게 저체중을 보인다. 지나친 저체중은 정상치의 최저한도보다 더 떨어지고, 아동과 청소년의 경우에는 최소한으로 기대되는 것 이하의 체중으로 정의된다.

B. 체중의 증가나 비만해지는 것에 대한 극심한 공포나 충분하게 저체중임에도 불구하고 체중의 증가를 막기 위한 지속적 행동

C. 자신의 체중이나 체형을 경험하는 방식에서 나타나는 혼란. 자기를 평가하는 데 있어서 체중이나 체형의 영향을 지나치게 받고 현재 저체중의 심각성에 대한 인식이 지속적으로 부족

부호화 시 주의점 : ICD-9-CM에서의 신경성 식욕부진증의 **부호는 307.1이며 아형과 관계없이 주어진다. ICD-10-CM에서는 아래의 아형에 따른다.**

다음 중 하나를 명시할 것

(F50.01) 제한형 : 지난 3개월 동안 반복적인 폭식삽화나 제거행동(즉, 스스로 유도한 구토나 하제, 이뇨제, 또는 관장제의 남용)을 한 적이 없다. 이 아형에서는 체중감량이 주로 절식, 금식, 과도한 운동을 통해 이루어진다.

(F50.02) 폭식/제거형 : 지난 3개월 동안 반복적인 폭식삽화나 제거행동(즉, 스스로 유도한 구토나 하제, 이뇨제, 또는 관장제의 남용)을 한 적이 있다.

다음의 경우를 명시할 것

부분관해 : 이전에 신경성 식욕부진증의 진단기준을 충족한 후에 기준 A(저체중)가 상당 기간 충족되지 않았지만 기준 B(체중증가나 비만해지는 것에 대한 극심한 공포나 체중증가를 막기 위한 지속적 행동)나 기준 C(자신의 체중과 체형에 대한 지각의 혼란)는 여전히 해당한다.

완전관해 : 이전에 신경성 식욕부진증의 진단기준을 충족한 후에 상당 기간 다른 어떤 기준에도 해당하지 않았다.

현재의 심각도를 명시할 것

성인의 경우에는 심각도의 최저수준은 현재의 체질량지수(BMI)에 기초한다. 아동과 청소년의 경우에는 BMI 백분위에 기초한다. 아래 제시된 범위는 성인의 날씬함에 대한 세계보건기구의 범주에서 온 것이다. 아동과 청소년의 경우에는 BMI 백분위를 사용해야 한다. 심각도의 수준은 임상적 증상, 기능적 장애의 정도와 관리의 필요성에 따라 증가할 수 있다.

경도 : BMI ≥ 17Kg/m²
중등도 : BMI 16~16.99Kg/m²
고도 : BMI 15~15.99Kg/m²
극도 : BMI ≤ 15Kg/m²

출처 : *Diagnostic and Statistical Manual of Mental Disorders, Fifth Edition* (pp.338-339). Copyright 2013 by the American Psychiatric Association의 허락하에 사용함.

경을 포함시키지 않고 있다. 무월경은 3개월 동안 월경이 없는 것으로 정의된다. 이 기준은 일부 하위집단에만 적용되는데, 특히 피임약과 같은 호르몬제를 복용하지 않는 초경 이후 여성이나 폐경 이전 여성에게 적용된다. 무월경이 신경성 식욕부진증의 임상적 심각성을 나타내는 지표이기는 하지만 진단적 유용성은 크지 않다. 연구에 의하면 무월경 환자와 월경 환자는 심리적으로나 생물학적으로 일관성 있는 차이를 보이지 않았다(Attia & Roberto, 2009; Fairburn & Cooper, 2011). 오히려 대부분의 차이는 현재 체질량지수와 최저 체질량지수, 그리고

운동패턴으로 측정된 영양상태와 관계가 있었다. 무월경 기준을 삭제함으로써 신경성 식욕부진증의 다른 기준을 충족하지만 월경을 계속하는 여성이 필요한 치료를 받을 수 있게 되었다(Attia & Roberto, 2009). DSM-IV와 DSM-5의 신경성 식욕부진증의 진단기준을 비교한 연구에서 DSM-IV보다 DSM-5를 사용하였을 때 섭식장애 환자의 비율이 더 높았고(19% 대 22%) 14세 이상의 환자가 약간 더 많이 진단되었다(Birgegard et al., 2012). 따라서 이 연구는 DSM-5 기준의 변화에 따라서 초경 이후 여성의 신경성 식욕부진증의 비율이 변했지만 무월경 기

준에 해당할 가능성이 성인보다 더 적은 14세 이하 여성의 비율에는 변화가 없음을 보여주었다.

넷째, 신경성 식욕부진증의 진단기준을 적용하기 위해서 체중증가에 대한 두려움이나 체중증가를 막기 위한 행동을 명시적으로 진술하지 않아도 된다. 오히려 이런 두려움은 행동패턴이나 이차적인 보고서를 포함한 다른 정보로부터 추론할 수 있다. 살이 찌거나 체중이 증가하는 데 대한 두려움 때문에 음식물 섭취제한이 일어난다는 증거가 없으면 극단적으로 식사를 제한하는 일부 사람의 증상은 신경성 식욕부진증보다는 회피적/제한적 음식섭취장애(Avoidant/Restrictive Food Intake Disorder, ARFID) 진단이 더 적합할 수 있다(Bryant-Waugh, 2013). 신경성 식욕부진증에서 음식을 제한하는 이유에는 문화적 차이가 있다고 보고되고 있다. 여기에는 체중증가에 대한 두려움의 부정이 포함되는데(Ngai, Lee, & Lee, 2000) 이를 '비만공포부재형' 신경성 식욕부진증(non-fat-phobic AN)이라고 부른다. 최근의 개관에 의하면 비만공포부재형은 비서구와 서구 문화권 모두에서 나타나며 비만공포부재형이 비만공포형보다 정신병리를 덜 보고하지만 비만공포부재형이 신경성 식욕부진증의 다른 변형이라고 결론을 내리기에는 아직 더 많은 증거가 필요하다(Becker, Thomas, & Pike, 2009). 흥미롭게도 ICD-11에서는 문화에 따른 증상의 차이를 수용하기 위해서 신경성 식욕부진증을 진단하는 데에 저체중의 원인으로 비만공포증을 요구하지 않는다. 인지적 성숙도가 낮기 때문에 아동에서는 체중증가에 대한 두려움의 부정이 흔하게 나타난다(Knoll, Bulik, & Hebebrand, 2011).

DSM-IV와 마찬가지로 DSM-5에서는 반복되는 폭식과 제거행동의 유무에 따라 신경성 식욕부진증을 제한형과 폭식/제거형의 두 아형으로 정의한다. 제한형에서는 다이어트, 단식과 과도한 운동에 의해 체중감소가 일어나지만 반복적인 폭식이나 제거행동을 보이는 사람은 제외된다. 대조적으로 폭식/제거형에는 폭식, 제거행동의 삽화가 반복되는 경우가 포함된다. 어떤 사람은 소량의 음식을 섭취한 후에도 반복적으로 제거행동을 한다. 제거(또는 제거행동으로 불리는)는 먹은 음식을 보상하기 위해 스스로 구토를 유도거나 하제, 이뇨제, 관장제나 다른 물질을 오용하는 것이다. 덜 일반적인 또 다른 제거방법은 폭식삽화 동안 먹은 음식의 대사를 감소시키기 위해 갑상샘 호르몬을 사용하거나 제1형 당뇨병 환자가 인슐린을 감량하거나 복용하지 않는 것이다. 신경성 식욕부진증 아형은 시간에 따라 변할 수 있고 변하기도 한다. 아형 간의 교차진단과 신경성 식욕부진증에서 신경성 폭식증으로의 교차진단은 치료를 받고 있는 표본을 대상으로 6~7년에 걸쳐 이루어진 추수연구에서 흔하게 발견되었다(Castellini et al., 2011; Eddy, Dorer, et al., 2008).

신경성 폭식증

신경성 폭식증(bulimia nervosa, BN)에는 세 가지 중요한 특징이 있는데 반복적인 폭식, 반복적인 부적절한 보상행동과 자신의 체중과 체형에 대한 과도한 평가이다(표 17.2 참조; APA, 2013a). 체중의 증가를 피하기 위해 폭식삽화 이후에 대개 보상행동이 나타난다. 폭식과 보상행동의 최저 빈도가 DSM-IV에서 3개월 동안 일주일에 두 번이었는데 DSM-5에서는 일주일에 한 번으로 감소되었다. 이렇게 감소된 이유는 최저 기준에 맞는 환자도 최고 기준에 맞는 환자와 임상적 특징과 결과에서는 차이가 없다는 사실이 밝혀졌기 때문이었다(Wilson & Sysko, 2009). 신경성 폭식증에서 가장 많이 사용되는 보상행동은 스스로 유도하는 구토이다. 그보다는 덜 사용되지만 하제와 이뇨제가 오용되기도 한다(Mitchell, Hatsukami, Eckert, & Pyle, 1985). 제거행동과 보상행동에는 차이가 있다. 즉, 더 넓은 보상행동의 범주에는 제거행동뿐 아니라 금식(24시간 이상)과 다치거나 아픈 데에도 운동을 하는 것 같이 기능손상과 관련되거나 중요한 활동을 방해하는 과도한 운동이 포함된다(APA, 2013a). 이전에는 신경성 폭식증이 하제 사용형과 하제 비사용형의 두 아형으로 구분되어 있었지만 DSM-5에서는 아형을 구분하지 않고 있다. 현재 삽화의 심각도는 보상행동의 빈도로 평가된다.

표 17.2 신경성 폭식증에 대한 DSM-5 진단기준

A. 반복되는 폭식삽화. 폭식삽화는 아래 제시한 두 가지 특징이 있다.

   1. 일정 기간(2시간 동안) 유사한 상황에서 유사한 기간에 대부분의 사람들이 먹는 양보다 확실하게 더 많은 양을 먹는 것
   2. 삽화 동안 먹는 것에 대한 통제력을 상실한 느낌(먹는 것은 중지할 수 없거나 무엇을 얼마나 먹을지를 통제할 수 없다는 느낌)

B. 체중증가를 막기 위해서 반복적으로 스스로 유도한 구토와 같은 부적절한 보상행동을 보임. 설사제, 이뇨제나 다른 약물의 오용, 금식, 또는 과도한 운동
C. 폭식과 부적절한 보상행동 모두가 평균적으로 3개월 동안 일주일에 적어도 한 번 일어남
D. 자기평가에 체형과 체중의 영향을 지나치게 받음
E. 장애가 신경성 식욕부진증 삽화 동안에만 일어나지 않음

다음의 경우를 명시할 것
   부분관해상태 : 이전에 신경성 폭식증의 모든 진단기준을 충족한 후에 상당 기간 일부 진단기준을 충족한다.
   완전관해상태 : 이전에 신경성 폭식증의 모든 진단기준을 충족한 후에 상당 기간 어떤 진단기준도 충족하지 않는다.

현재의 심각도를 명시할 것
최저수준의 심각도는 부적절한 보상행동의 빈도에 기초한다(아래 참조). 심각도의 수준은 다른 증상과 기능장애 정도를 반영하기 위해 증가될 수 있다.
   경도 : 부적절한 보상행동의 삽화가 일주일에 평균적으로 1~3회
   중등도 : 부적절한 보상행동의 삽화가 일주일에 평균적으로 4~7회
   고도 : 부적절한 보상행동의 삽화가 일주일에 평균적으로 8~13회
   극도 : 부적절한 보상행동의 삽화가 일주일에 평균적으로 14회 이상

출처 : *Diagnostic and Statistical Manual of Mental Disorders, Fifth Edition* (p.345). Copyright 2013 by the American Psychiatric Association의 허락하에 사용함.

폭식장애

폭식장애(binge-eating disorder, BED)의 중요한 특징은 규칙적인 보상행동이 일어나지 않으면서 3개월 동안 일주일에 적어도 한 번 폭식이 반복적으로 일어나는 것이다(APA, 2013a, 표 17.3 참조). 더구나 폭식에는 현저한 고통이 동반되어야 하고, 폭식삽화를 기술하는 다섯 가지 특징 가운데에서 세 가지가 나타나야 한다. 폭식장애의 심각도는 주당 일어나는 폭식삽화의 빈도로 평가한다.

DSM-IV에서 폭식장애가 임시적 진단으로 소개된 이후에 많은 연구가 이루어졌다. 폭식장애의 타당성에 대한 연구를 종합적으로 개관한 후에 전문가들은 폭식장애는 심각한 손상이 동반되는 임상적으로 의미 있는 장애이고, 기존의 여러 섭식장애와 다르다는 결론을 내렸다(Striegel-Moore & Franko, 2008; Wonderlich, Gordon, Mitchell, Crosby, & Engel, 2009). 폭식장애가 그냥 단순한 '폭식'이라는 저명한 비판자의 우려에도 불구하고 (Frances, 2012, 2013), 폭식장애는 결국 DSM-5에 포함되었다. 신경성 폭식증과 마찬가지로 약간의 수정이 이루어져서 폭식삽화의 빈도와 지속기간이 6개월 동안 일주일에 두 번에서 3개월 동안 일주일에 한 번으로 감소되었다(APA, 2013a).

이식증과 되새김장애

이식증(pica)이란 2세 이상의 사람이 비영양성, 비음식물질을 발달수준에 비추어 볼 때 부적절하게 반복적으로 먹는 것을 말한다. 되새김장애(rumination disorder)란 최근에 소화한 음식을 반복적으로 역류시켜 음식을 되씹거나, 되삼키거나 뱉어내는 것이다. 되새김이 위로가 되고 만족스러운 것처럼 보인다(Nicholls & Bryant-Waugh, 2009). 정의에 의하면 이식증과 되새김장애의 증상이 적어도 1개월은 지속되어야 한다. 이 장애는 개인의 발달수준에 따라서 다양하게 나타날 수 있다. 신경성 식욕부

표 17.3 폭식장애에 대한 DSM-5 진단기준

A. 반복적인 폭식삽화. 폭식삽화는 아래 제시한 두 가지 특징이 있다.

  1. 일정 기간(2시간 동안) 유사한 상황에서 유사한 기간에 대부분의 사람들이 먹는 양보다 확실하게 더 많은 양을 먹는 것
  2. 삽화 동안 먹는 것에 대한 통제력을 상실한 느낌(먹는 것은 중지할 수 없거나 무엇을 얼마나 먹을지를 통제할 수 없다는 느낌)

B. 폭식삽화는 다음 중 3개 이상과 관련된다.

  1. 정상보다 훨씬 더 빠르게 먹는다.
  2. 불편할 정도로 배가 부를 때까지 먹는다.
  3. 배가 고프지 않을 때에도 많은 양의 음식을 먹는다.
  4. 많이 먹는 것 때문에 부끄러워서 혼자 먹는다.
  5. 먹고 나면 자신이 혐오스럽게 느껴지고, 우울하거나 죄책감을 느낀다.

C. 폭식에 대해 현저하게 고통을 느낀다.
D. 평균적으로 3개월 동안 일주일에 적어도 한 번은 폭식한다.
E. 폭식은 신경성 폭식증에서처럼 부적절한 보상행동과 관련이 없고, 신경성 폭식증이나 신경성 식욕부진증의 과정 동안에만 나타나지 않는다.

다음의 경우를 명시할 것
  부분관해상태 : 이전에 폭식장애의 모든 진단기준을 충족했지만 상당 기간 폭식이 평균적으로 일주일에 한 번 이하로 일어난다.
  완전관해상태 : 이전에 폭식장애의 모든 진단기준을 충족했지만 상당 기간 어떤 진단기준도 충족하지 않는다.

현재의 심각도를 명시할 것
최저수준의 심각도는 부적절한 보상행동의 빈도에 기초한다(아래 참조). 심각도의 수준은 다른 증상과 기능장애 정도를 반영하기 위해 증가될 수 있다.
  경도 : 일주일에 1~3회의 폭식삽화
  중등도 : 일주일에 4~7회의 폭식삽화
  고도 : 일주일에 8~13의 폭식삽화
  극도 : 일주일에 14회 이상의 폭식삽화

출처 : *Diagnostic and Statistical Manual of Mental Disorders, Fifth Edition* (p.350). Copyright 2013 by the American Psychiatric Association의 허락하에 사용함.

진증과 신경성 폭식증과 달리 이식증과 되새김장애는 체중조절이나 체중증가에 대한 두려움 때문에 나타나는 것은 아니다. 이식증과 되새김장애에서는 의학적 장애, 다른 정신의학적 장애나 섭식장애 때문에 증상이 발생하는 경우는 제외한다.

회피적/제한적 음식섭취장애

영아기나 초기 아동기에 나타나는 다른 급식 및 섭식장애는 DSM-5에서는 회피적/제한적 음식섭취장애(avoidant/restrictive food intake disorder, ARFID) 진단에 포함되었다(APA, 2013a). 회피적/제한적 음식섭취장애의 중요한 특징은 지속적이고 임상적으로 의미 있는 섭식의 혼란으로서 영양상태가 부적절하고 에너지가 부족하다(Lyons-Ruth, Zeanah, Benoit, Madigan, & Mills-Koonce, 이 책의 표 15.3 참조). 달리 말하면 회피적/제한적 음식섭취장애는 임상적으로 심각한 손상을 야기하는 제한적 섭식패턴을 의미한다. 제한적 섭식이 체중과 체형에 대한 걱정이나 자신이 체형이 경험되는 방식의 혼란 이외의 원인 때문에 발생한다는 점에서 회피적/제한적 음식섭취장애는 신경성 식욕부진증과 다르다(Kreipe & Palomaki, 2012). 회피적/제한적 음식섭취장애에서 나타나는 섭식의 제한이나 회피는 문화적 관습이나 음식에 대한 접근의 어려움으로 설명되지 않는다. 진단에 체중감소는 필요하지 않다.

회피적/제한적 음식섭취장애의 세 가지 아형이 (1) 일반화된 정서적 혼란으로 인한 음식섭취의 제한, (2) 특정한 질감, 색깔, 맛, 냄새나 온도를 포함하는 감각적 민감성으로 인한 음식섭취의 제한, (3) 음식이 목에 걸린 삽화 이후에 구토하는 것에 대한 두려움처럼 특정하고 확인할 수 있는 두려움으로 인한 부적절한 섭취나 공포증적 회피(Bryant-Waugh, Markman, Kreipe, & Walsh, 2010; Kenny & Walsh, 2013)로 확인되었다. 그렇지만 진단은 이 세 가지 아형에 국한되지 않는다(Bryant-Waugh, 2013). 문제를 일으킬 정도로 심각할 때 회피적/제한적 음식섭취장애에 포함될 수 있는 증상을 이전에 기술된 용어로 살펴보면 까다로운 섭식, 선택적인 섭식, 식품기신증, 감각적 민감성, 감각적 음식혐오, 소아거식증, 위장관의 문제와 관련된 급식장애, 유별난 섭식과 끈질긴 섭식장애이다(Lucarelli, Cimino, D'Olimpio, & Ammaniti, 2013; Nicholls & Bryant-Waugh, 2009; Wilds, Zucker, & Marcus, 2012).

DSM-5 개발에 참여한 전문가들이 정신의학적 진단이 생애주기 관점을 통합하도록 노력했다는 사실에 주목할 필요가 있다(Pine et al., 2011). 아동과 청소년의 섭식장애 증상은 성인과 같은 양상으로 나타나지 않을 수 있기 때문에 전문가들은 그들의 섭식장애를 발달적으로 더 정확하게 진단하기 위하여 더 폭넓고 더 포괄적인 기준을 사용하도록 권장하고 있다(Bravender et al., 2010; Work-group for Classification of Eating Disorders in Children and Adolescence, 2007). 예를 들어 아동과 청소년의 섭식장애 증상은 성인의 증상보다 섭식장애 과정의 비교적 초기 단계에서 확인할 수 있는데, 이는 증상이 (신경성 폭식증과 폭식장애에 대한) 최소한의 지속시간이나 (신경성 식욕부진증에서 체중감소에 대한) 심각도의 수준에 못 미친다는 의미일 수 있다. 더구나 신경성 식욕부진증 진단기준에 맞도록 아동에게 체중증가에 대한 두려움을 말하도록 하는 것도 발달적으로 부적절할 수 있다. 이런 논쟁이 섭식장애에 대한 DSM-5의 기준에 영향을 미친 것 같다. 정의를 확장하고, 정의가 성인뿐 아니라 아동에게도 더 적합하도록 만들고, 급식 및 섭식장애가 전생애에 걸쳐 나타날 수 있다는 사실을 반영하기 위해 DSM-IV의 많은 표현이 수정되었다.

달리 명시된 급식 또는 섭식장애

DSM-5에 등장한 또 다른 진단범주는 달리 명시된 급식 또는 섭식장애(other specified feeding or eating disorder, OSFED)이다. 다른 급식 및 섭식장애의 진단기준에는 맞지 않지만 임상적으로 심각한 고통이나 기능손상을 유발하는 모든 급식 및 섭식장애 증상을 포함한다(표 17.4 참조). 임상가들은 한 개인이 특정 급식 및 섭식장애 기준에 맞지 않는 이유를 구체적으로 기술할 때 달리 명시된 급식 또는 섭식장애를 사용한다. 다섯 가지 하위유형을 실례로 소개하고 있는데, 모두가 이전의 달리 분류되지 않는 섭식장애(EDNOS) 범주에 해당하며 상당히 흔하게 나타난다. 그러나 다른 발현도 가능하다. 이 범주의 등장으로 인해 치료목적을 위해 개인의 증상을 상세하게 전달하는 데 도움이 되었을 뿐 아니라 하위유형이 잠재적인 섭식장애 진단으로서 타당성이 있는지 여부와 증상들 사이의 경계에 대한 체계적 연구가 활발하게 이루어지게 되었다. 달리 명시된 급식 또는 섭식장애 발현징후의 한 가지 예는 제거장애인데, 섭식장애의 일종의 변형으로 객관적인 폭식은 없는데도 반복적인 제거행동이 일어난다. 또 다른 폭식변형 증상은 보상행동이 수반되는 주관적 폭식이다. 이 증상은 반복적인 주관적 폭식삽화가 있어야 한다는 점에서 제거장애보다 더 제한적이지만 제거행동과 더불어 과도한 운동이나 금식을 허용한다는 점에서 덜 제한적이다(Watson et al., 2013).

명시되지 않는 급식 또는 섭식장애

DSM-5의 급식 및 섭식장애의 마지막 범주는 명시되지 않는 급식 또는 섭식장애(unspecified feeding or eating disorder)이다. 이 진단은 심각한 고통이나 기능의 손상을 일으키는 급식 및 섭식장애를 보이는 사람을 기술한다. 그렇지만 진단을 내리는 전문가에게 개인이 특정 급식 및 섭식장애의 진단기준을 만족시키지 못하는 이유를 상세하게 밝히도록 요구하지 않는다. DSM-5에서 지적하

표 17.4 달리 명시된 급식 또는 섭식장애에 대한 DSM-5 진단기준

이 범주는 임상적으로 심각한 고통이나 사회적, 직업적, 또는 다른 중요한 기능의 영역에 손상을 초래하는 급식과 섭식장애의 특징적 증상이 두드러지게 나타나지만 급식과 섭식장애 진단범주에 속하는 어떤 장애의 모든 진단기준을 충족하지 못할 때에 적용된다. 달리 명시된 급식 또는 섭식장애 범주는 임상가가 어떤 특정한 급식과 섭식장애의 진단기준을 충족하지 못하는 구체적 이유를 전달하기 원하는 상황에서 사용된다. 임상가는 "달리 명시된 급식 및 섭식장애"라고 기록한 다음 구체적 이유를 명시한다(예 : "저빈도로 나타나는 신경성 폭식증")

'달리 명시된'이라는 용어를 사용하여 특정할 수 있는 경우의 예는 다음과 같다.

1. **비정형적 신경성 식욕부진증** : 신경성 식욕부진증의 모든 진단기준을 충족하지만 심각한 체중감량이 있었음에도 불구하고 체중이 정상 범위에 속하거나 그 이상인 경우
2. **신경성 폭식증(저빈도 그리고/또는 제한된 기간)** : 신경성 폭식증의 모든 진단기준을 충족하지만 폭식과 부적절한 보상행동이 평균적으로 일주일에 1회 이하 그리고/또는 3개월 이하로 나타나는 경우
3. **폭식장애(저빈도 그리고/또는 제한된 기간)** : 폭식장애의 모든 진단기준을 충족하지만 폭식이 평균적으로 일주일에 1회 이하 그리고/또는 3개월 이하인 경우
4. **제거장애** : 폭식이 일어나지 않는 상태에서 체중과 체형을 변화시키기 위해에 반복적인 제거행동(예 : 스스로 유도한 구토하기, 설사제, 이뇨제 또는 다른 약물의 오용).
5. **야식증후군** : 자다가 일어나거나 저녁식사를 한 다음에 과도하게 음식을 섭취하는 반복적인 야식삽화. 섭식을 의식하고 기억한다. 야식은 개인의 수면-각성주기의 변화나 지역사회 규범과 같은 외부환경의 영향으로 설명할 수 없어야 한다. 야식이 심각한 고통 그리고/또는 기능의 손상을 초래한다. 이러한 이상섭식 패턴을 폭식장애나 물질남용을 포함한 다른 정신질환으로 설명할 수 없어야 하고, 다른 의학적 장애나 약물로 인한 것이 아니다.

출처 : *Diagnostic and Statistical Manual of Mental Disorders, Fifth Edition* (pp.353-354). Copyright 2013 by the American Psychiatric Association의 허락하에 사용함.

였듯이 이 범주는 응급실 상황처럼 사용할 수 있는 정보가 거의 없거나 불완전한 상황에서 유용하게 사용될 수 있다.

임상적 특징

신경성 식욕부진증

신경성 식욕부진증이 있는 사람은 대개 굶주림을 경험하므로 신경성 식욕부진증(식욕부재)은 부적절한 명칭이다(Lask & Frampton, 2009). 신경성 식욕부진증의 특징은 다음과 같다. 첫째, 음식제한의 행동적 증상(그리고 보상행동)은 때로는 비만에 대한 두려움이나 체중과 체형에 대한 과도한 걱정 때문에 생겨난다. 심각한 경우에는 체중과 체형에 대한 걱정에 온통 마음을 빼앗기게 되고 끊임없이 체중, 체형과 무엇을 먹고 무엇을 먹지 않을지를 생각하는 것을 포함해서 삶이 섭식장애 증상에 집중된다. 이러한 강박적 집착은 금식과 체중감소가 계속되면

서 더욱 악화된다(Keys, Brozek, Henschel, Mickelsen, & Taylor, 1950). 둘째, 표준체중 이하임에도 불구하고 자기 신체(또는 일부)가 지나치게 뚱뚱하다는 신체상 혼란을 보인다. 그렇지 않으면 자신이 표준체중 이하라는 사실을 알면서도 저체중의 의학적 심각성을 인정하지 않거나 최소화하는 경향을 보인다. 셋째, 자신의 저체중을 문제가 아니라 자신감의 원천으로 생각하기 때문에 변하려는 의지가 없다(Vitousek, Watson, & Wilson, 1998).

1940년에 고전적 연구인 미네소타 반기아 실험이 수행되었는데, 이 연구는 기아와 관련된 심리적 및 행동적 증상을 이해하는 데 중요한 기반을 제공하였다(Keys et al., 1950). 이 연구는 신경성 식욕부진증에서 흔히 나타나는 많은 심리적 증상이 기아의 결과이며, 따라서 음식을 다시 섭취하여 체중이 증가되면 신경성 식욕부진증과 관련된 많은 증상이 해결된다는 결론을 지지한다. 이 실험에서 3개월의 관찰 이후에 36명의 젊은 남성 지원자의 칼로리 섭취를 이전의 거의 1/2 수준으로 제한하였다.

참가자의 체중이 약 25% 감소하였고 최종 3개월 동안에 재활과 점진적인 음식의 재공급이 이루어졌다. 참가자는 기아단계 동안이나 그 이후에 음식에 극단적으로 집착하게 되었고, 음식과 관련되는 물품이나 관련되지 않는 물품을 모두 모아두는 경향을 보였다. 일부 사람은 폭식을 시작하였다. 그들은 또한 우울증, 불안, 사회적 위축, 주의집중의 손상을 보였고 성적 활동에 대한 흥미도 상실하였다. 이런 증상은 음식이 재공급되는 기간에도 지속되었다. 신경성 식욕부진증이 있는 사람에게서 이와 아주 유사한 증상이 발견된다.

제거행동뿐 아니라 기아로 인해 신경성 식욕부진증에서 의학적 합병증이 자주 나타나고 그 정도가 심각하다(Mitchell & Crow, 2006). 합병증에는 모든 신체기관이 관련되고 서맥(심장박동수의 저하), 부정맥(불규칙한 심장박동), 위배출의 지연, 뼈의 광물질 감소, 솜털(등, 복부, 팔뚝에 나는 가늘고, 검은 털), 위확장, 빈혈, 심한 전해질 이상이 포함된다. 최근의 메타분석에 의하면 신경성 식욕부진증의 매해 사망률은 1,000명 가운데 5명이며 사망 가운데 20%는 자살이다(Arcelus, Mitchell, Wales, & Nielsen, 2011). 이러한 사망률은 다른 정신병리의 사망률보다 훨씬 높은 것이다. 가령 조현병 사망률의 약 2배이다.

신경성 폭식증

신경성 폭식증이 있는 사람은 자신의 행동을 수치스럽게 생각하고 다른 사람에게 비밀로 한다(Burney & Irwin, 2000). 체중이 자신이 원하는 것보다 더 무겁기 때문에 많은 사람이 실패감을 느낀다.

이전의 진단 틀에서는 섭식장애로 치료받으려는 많은 청소년은 신경성 식욕부진증이나 신경성 폭식증보다 준임상적 섭식장애(즉, 달리 분류되지 않는 섭식장애)로 진단되었다(Eddy, Doyle, et al., 2008). 전문가들은 신경성 폭식증 기준 중에서 체형과 체중이 자기에 대한 평가에 지나치게 영향을 미치는 것(Bravender et al., 2010)처럼 더 복잡한 인지적 특징은 직접적인 자기보고 대신에 행동적 지표를 사용하여 평가하도록 권장해 왔다. 왜냐하면 일부 아동과 청소년은 자기평가와 관련된 내적 경험에 등위를 매기고 또 이를 전달하는 데 필요한 복잡한 추상적 추리능력이 부족하기 때문이다(Bravender et al., 2010). 그러나 DSM-5에서 이 기준은 바뀌지 않았다.

신경성 폭식증의 의학적 합병증은 주로 제거행동 때문에 생긴다(Mitchell & Crow, 2006). 러셀의 사인(반복적으로 구토를 유도하기 때문에 손등에 생긴 상처나 굳은 살), 제1형 당뇨병 환자들의 나쁜 결과, 신경성 식욕부진증이 있는 사람에게 영향을 미치는 이미 언급한 많은 의학적 합병증(부정맥, 전해질 이상, 위확장)이 그 예이다. 최근 메타분석의 결과에 의하면 신경성 폭식증의 매해 사망률은 1,000명에 1.7명이며 여성의 사망률이 약간 더 높다(2.2명)(Arcelus et al., 2011). 이러한 사망률은 단극성 및 양극성 우울장애 같은 다른 정신병리의 사망률과 비슷하거나 그 이상으로 이 장애의 심각성을 잘 보여준다.

폭식장애

신경성 폭식증 진단과 달리 폭식장애 진단에는 체형과 체중에 대한 과도한 걱정의 증상이 요구되지 않는다. 섭식장애 정신병리와 동반이환 정신병리의 비율은 폭식장애가 있는 사람에서 더 높다(Spitzer et al., 1993; Wilfley, Wilson, & Agras, 2003). 신경성 폭식증이 있는 사람이 보통 정상에서 과체중인 것과는 대조적으로 폭식장애가 있는 사람, 특히 치료를 받고 있는 집단에서는 과체중이거나 비만인 경우가 많다(Carrard, der Linden, & Golay, 2012). 그렇지만 반대의 경우는 없어서 비만인 대부분의 사람은 폭식을 하지 않는다(Perez & Warren, 2012). 폭식장애와 비만의 관계, 특히 폭식장애가 단순히 비만한 사람에서 나타나는 정신병리의 비특정적 지표라는 가설은 더 검증이 요구된다(Wonderlich et al., 2009). 일반적으로 사망률은 낮게 보고되며 오랜 기간 추수연구한 집단에서 사망률이 가장 높게 나타났다(Keel & Brown, 2010). 폭식장애가 비만과 관련되고 비만이 기대수명 이전에 사망하는 조기사망과 관련되기 때문에 폭식장애가 있는 사람의 사망위험은 시간에 따라 증가할 가능성이 크다.

이식증과 되새김장애

신경성 식욕부진증, 신경성 폭식증과 폭식장애와 대조적으로 이식증과 되새김장애, 회피적/제한적 음식섭취장애에 대한 연구는 별로 없는데, 이들은 DSM-5에서 사라진 이전 범주에 포함된다. 이 장애는 보통 영아기, 아동기나 청소년기에 처음으로 진단된다. 급식 및 섭식장애는 발달이 정상적이거나, 의학적 문제가 있거나, 발달장애가 있는(Nicholls & Bryant-Waugh, 2009) 상당히 많은 영아와 아동에서 나타난다(Equit et al., 2013). 특히 발달장애, 만성적인 의학적 문제, 신경계의 손상, 두개 및 안면의 이상, 자폐스펙트럼장애와 특정한 유전적 증상이 있는 아동이 급식 및 섭식장애를 보일 위험이 높다(Nicholls & Bryant-Waugh, 2009). 그러나 급식장애를 하위유형으로 구분하는 쪽으로 변화가 일어나고 있다(Lucarelli et al., 2013).

회피적/제한적 음식섭취장애

회피적/제한적 음식섭취장애 진단은 별로 연구되지 않았던 이 섭식장애에 대한 의사소통과 앞으로의 연구를 촉진하려는 목적으로 새로이 만들어졌다. 이 진단에는 DSM-IV에서 달리 분류되지 않는 섭식장애 진단을 받았을 일부 사례뿐 아니라 영아기나 초기 아동기의 섭식장애가 포함된다(Kenney & Walsh, 2013). 이식증과 되새김장애와 같이 회피적/제한적 음식섭취장애는 전생애에 걸쳐 발생할 수 있다(APA, 2013a; Bryant-Waugh, 2013; Bryant-Waugh et al., 2010; Wildes et al., 2012). 그러나 이 섭식장애의 증상은 보통 영아기나 아동기에 처음 나타난다(APA, 2013a).

평균 5.8세(표준편차 0.5, 범위 4~7)인 아동 1,090명의 섭식문제 유병률에 대한 연구에서 연구자들은 많은 아동이 어떤 음식은 먹지 않으며(53%), 새로운 음식 먹는 것을 싫어하고(26%), 정해진 음식만을 먹는다(23%)는 사실을 발견했다. 이는 체중감소, 행동적 및 정서적 문제가 수반되지 않는다면 까다로운 섭식이 정상임을 보여준다(Equit et al., 2013). 그렇지만 소수 아동은 섭식과 관련된 행동과 태도에서 더 많은 문제를 경험한다. 1/3 정도가 문제성이 있는 편식과 제한적 섭식패턴을 보였고, 5%가 체중에 대해 걱정을 하였다. 아동의 급식문제는 상당히 보편적이며 특정 집단에서 특히 더 많이 나타난다. 최근 개관에 의하면 정상적으로 성장하는 아동의 25~45%와 발달이 지연된 아동의 80% 정도까지 다양한 형태의 급식문제를 보였다(Bryant-Waugh et al., 2000). 많은 문제가 일시적이고 임상적 개입이 없이도 해결되었고 또 급식 및 섭식장애로 진행되지 않았다.

역학

유병률

일반 모집단에서 DSM-IV의 특정 섭식장애의 유병률에 대한 추정치는 신경성 식욕부진증이 1% 미만이고, 폭식장애가 3%이며 신경성 폭식증이 그 사이이다. DSM-IV 진단체계에서 달리 분류되지 않는 섭식장애가 가장 많이 진단되었는데, 이는 임상적 수준으로 심각한 섭식문제를 보이는 대부분의 사람이 특정 섭식장애 기준을 충족시키지 못함을 의미한다(Thomas, Vartanian, et al., 2009). 그렇지만 DSM-5에서 일어난 변화로 인해 특정 섭식장애로 진단되지 않는 사람의 수가 줄어들 것이고 따라서 신경성 식욕부진증, 신경성 폭식증과 폭식장애의 유병률이 약간 증가할 수 있다(Stice, Marti, & Rohde, 2013).

전국동반이환조사연구(National Comorbidity Survey Replication, NCS-R)는 영어를 사용하는 9,282명의 18세 이상의 성인을 대상으로 최근에 전국적으로 이루어진 대표적 조사로서 섭식장애 평가를 위해 2,980명이 무선할당되었다(Hudson et al., 2007; Hudson, Hiripi, Pope, & Kessler, 2012). NCS-R에 따르면 DSM-IV의 신경성 식욕부진증, 신경성 폭식증과 폭식장애의 평생유병률은 각각 0.5%, 1.0%와 2.8%였다. 이 조사는 준임상적 폭식장애(1.2%)와 폭식(4.2%)의 평생유병률도 제공하고 있다. 신경성 식욕부진증, 신경성 폭식증, 폭식장애, 준임상적 폭식장애와 폭식의 12개월 유병률 추정치는 각각 0.0%, 0.3%, 1.2%, 0.6%와 2.1%였다. 세계정신건강조사(World Mental Health Survey)에서도 신경성 폭식증과 폭식장애의 유병률을 비슷하게 보고하였다(Kessler et al., 2013). 이 조사에는 4개 대륙(북미, 남미, 유럽과 오스트레일리아)의 14개 중상층 고소득 국가에 거주하는 18세 이상 성인 24,124명이 참가하였다. 신경성 폭식증의 평생유병률과 12개월 유병률 추정치는 각각 1.0%와 0.4%였고, 폭식장애는 각각 1.9%와 0.8%였다. 거의 모든 국가에서 신경성 폭식증보다 폭식장애의 평생 및 12개월 유병률이 더 높았다. 신경성 식욕부진증의 유병률은 보고되지 않았다.

전국에서 표집된 10,123명의 13~18세 청소년의 대표적 표본을 면접으로 조사한 전국동반이환조사연구(National Comorbidity Survey Replication-Adolescent Supplement, NCS-A)에서 청소년의 섭식장애의 평생 및 12개월 유병률에 대한 최근 자료를 제공하였다(Swanson, Crow, LeGrange, Swendsen, & Mirikangas, 2011). DSM-IV의 신경성 식욕부진증, 신경성 폭식증과 폭식장애, 준임상적 폭식장애와 준임상적 신경성 식욕부진증 대한 평생유병률은 0.3%, 0.9%, 1.6%, 2.5%와 0.8%였다. 신경성 식욕부진증, 신경성 폭식증, 폭식장애, 준임상적 폭식장애에 대한 12개월 유병률은 0.2%, 0.6%, 0.9%와 1.1%였다(준임상적 신경성 식욕부진증에 대한 12개월 유병률은 평가되지 않음). 신경성 폭식증이 있는 청소년의 41.3%가 제거행동을 한 적이 있었고 나머지는 비제거적 보상행동을 보고하였다.

일반적으로 특정 섭식장애 유병률이 낮지만 섭식문제와 특정 섭식장애 증상은 어려서부터 아주 흔하게 나타난다. 5세 여아의 1/5(Davidson, Markey, & Birch, 2003), 9세 여아의 1/3 이상(DeLeel, Hughes, Miller, Hipwell, & Theodore, 2009; Field et al., 1999), 사춘기 이전 소녀의 거의 반(Rolland, Farnill, & Griffiths, 1997; Schur, Sanders, & Steiner, 2000)이 체중에 대해 걱정했다. 청소년기가 되면 이런 걱정이 보편적일 뿐 아니라 이런 걱정으로 인해 점점 더 많은 사람이 건강하지 못한 체중감량행동을 보이기 시작한다. 이런 병리에 대한 개관연구에 의하면 미국 여자 청소년의 46~80%가 자신의 체중에 만족하지 못했고, 26~77%가 다이어트를 했던 적이 있었고, 5~

16%가 제거행동(예 : 토하기, 완하제, 이뇨제)을 했던 적이 있었다(Chamay-Weber, Narring, & Michaud, 2005). 유럽국가에서도 비율이 비슷하였다. 준임상적 섭식장애(특정 섭식장애 진단기준을 완전하게 충족시키지 못하는 부적절한 섭식행동으로 정의)는 전체 모집단의 약 14%에 해당한다. 진단기준을 충족하지 못하지만 이런 섭식문제는 고통스럽고 손상을 줄 수 있다(Chamay-Weber et al., 2005; Touchette et al., 2011). 따라서 이러한 증상을 보이는 사람을 위한 임상적 지원과 연구가 더 많이 이루어져야 한다.

아동의 섭식장애 유병률에 대한 역학자료는 청소년과 성인에 비해 훨씬 부족하다. 최근 한 연구에서 이차진료에 의뢰된 환자 가운데에서 조기 발병 섭식장애(즉, 13세 이하의 발병)의 새로운 사례들을 14개월 동안 관리하였다(Nicholls, Lynn, & Viner, 2011). 전체 사례의 수는 아주 적었고(100,000명당 3.01명) 확인된 아동의 대부분이 신경성 식욕부진증 같은 문제를 보였다. 사례와 연령의 관계가 확실하게 나타나서 아동이 나이가 들고 청소년기로 가면서 섭식장애의 위험도 증가하였다. 다양한 정의가 사용되기 때문에 아동의 급식장애 사례와 유병률에 대해 신뢰할 수 있는 추정치를 얻기 어려웠다. DSM-5의 급식장애에 대한 아동의 역학자료는 아직 없지만 유병률은 낮은 것 같다(Bryant-Waugh et al., 2010; Hartmann, Becker, Hampton, & Bryant-Waugh, 2012).

전체적으로 역학연구는 지난 세기 동안 섭식장애의 발생 정도가 약간 변했다고 밝히고 있다(Striegel-Moore & Bulik, 2007). 신경성 식욕부진증은 20세기 첫 6년 동안에 발생 빈도가 증가하였지만(Bulik et al., 2006; Hoek & van Hoeken, 2003), 지난 수십 년 동안 상당히 안정되었다(Currin, Schmidt, Treasure, & Jick, 2005; Hoel & van Hoeken, 2003). 그렇지만 15~19세 여자 청소년에서는 증가하였다(van Son, van Hoeken, Bartelds, van Furth, & Hoek, 2006). 신경성 폭식증은 20세기 후반기에 발생 빈도가 증가하였고 평생유병률은 1960년 이전에 태어난 동시대집단보다 좀 더 최근 동시대집단에서 더 높다(Hudson et al., 2007; Kendler et al., 1991). 그렇지만 발생 정도는

20세기 후반이 되면서 안정되었다(van Son et al., 2006). 이런 변화는 이상적으로 보는 여성의 신체 사이즈(날씬한 신체를 이상적으로 보는 경향이 점점 강조되면서)의 변화와 일치하였다. 또한 이런 변화는 특별히 유전자-환경 상호작용의 중요성을 보여주는 것 같다. 날씬함에 대한 압력이 증가한 사회적 상황이 섭식문제에 대한 유전적 위험을 증가시킬 수 있다(Striegel-Moore & Bulik, 2007).

성별

여성의 섭식장애에 대한 연구보다 뒤지기는 하였지만 남성에 대한 연구는 여성과 남성 사이의 유사점과 차이점을 보여주기 시작하였다. 오랫동안 섭식장애는 남성 한 명당 여성 약 10명의 비율로 여성에게 더 많이 나타난다고 생각되었다(APA, 2000). 그러나 이러한 차이는 폭식장애보다 신경성 식욕부진증과 신경성 폭식증에서 더 두드러진다. 예를 들어 NCS-R과 NCS-A가 제공한 유병률 추정치에 따르면 성별에 따른 차이는 성인에서는 신경성 식욕부진증, 신경성 폭식증, 폭식장애와 준임상적 폭식장애에서 나타나고(Hudson et al., 2007), 청소년에서는 신경성 폭식증, 폭식장애와 준임상적 신경성 식욕부진증에서 나타난다(Swanson et al., 2011). 성인과 청소년 모두에서 여성의 유병률이 더 높았다. 한 가지 예외가 있었는데 준임상적 폭식장애는 성인 여성보다 성인 남성에서 더 흔하게 나타났다. 그렇지만 이런 차이는 사춘기 이전의 어린 청소년과 아동에서는 덜 나타났다.

문제가 있는 섭식태도와 행동도 성인(Striegel-Moore et al., 2009)과 청소년(Croll, Neumark-Sztainer, Story, & Ireland, 2002)에서 남성보다 여성에서 더 많이 나타난다. 성별에 따른 신체상 혼란의 차이도 8~10세경에 나타나고 다이어트와 그와 관련된 행동의 차이도 10세경부터 나타난다(Ricciardelli & McCabe, 2001). 섭식장애의 발달 경로와 증상이 시작될 위험이 가장 큰 시기도 남성과 여성에서 차이가 났다. 예를 들어 3,150명의 청소년에 대한 11년 전향적 추수연구에 의하면 폭식증상이 여성에서는 14세와 16세 사이에 증가하다가 그 이후에 서서히 감소하였지만 남성에서는 14세와 16세 사이에 감소하다가 20대 초에 증가하였다(Abebe, Lien, & von Soest, 2012).

그러나 연구자들은 이러한 성별에 따른 차이는 통계적으로 유의하지만 효과의 크기가 작은 경우가 많아서 임상적으로 의미 있는 차이가 아닐 수 있다고 경고하고 있다. 실제 남성의 상당수가 임상적으로 의미 있는 섭식병리를 보고하고 있고, 임상적 자원과 연구가 더 필요하다(Striegel-Moore et al., 2009). 예를 들어 81,247명의 9~12학년 학생에 대한 학교기반조사에서 반 이상의 여학생과 1/4 이상의 남학생이 적어도 한 가지 섭식장애 행동을 경험했다고 보고했다(Croll et al., 2002). 섭식장애 유형은 성별에 따라 차이가 있었다. 여러 연구에서 남학생은 지나치게 운동을 하거나 과식하는 경우가 많았고, 여학생은 제거행동(예 : 스스로 구토 유도하기)을 하거나, 먹는 동안 조절능력을 상실하거나, 금식을 하거나 음식을 거르는 경우가 많았다(Croll et al., 2002; Striegel-Moore et al., 2009; Weltzin et al., 2005). 더구나 남학생은 근육질 체형을 더 원했고 여학생은 날씬한 체형을 더 원했다(Anderson & Bulik, 2004; McCreary & Sasse, 2000).

유병률, 발달, 섭식장애의 출현과 그와 관련된 증상이 성별에 따라 차이가 있을 뿐 아니라 섭식장애의 결과도 성별에 따라 차이가 난다. 예컨대 반복적으로 특수 섭식장애 병동에 입원한 1,015명의 신경성 식욕부진증, 신경성 폭식증, 폭식장애와 달리 분류되지 않는 섭식장애 환자에 대한 후향적 동시대집단 연구에 의하면 신경성 식욕부진증과 달리 분류되지 않는 섭식장애가 발병해서 회복할 때까지 기간의 중앙값은 남성보다 여성이 더 길었다(Stoving, Andries, Brixen, Bilenberg, & Horder, 2011). 이 연구에서는 신경성 폭식증 여성 환자가 너무 적어서 성별에 따라 회복할 때까지 걸린 시간을 비교할 수는 없었다.

민족

섭식장애는 오랫동안 소수민족집단에서 잘 나타나지 않는 '문화적 증후군(culture-bound syndromes)'이라고 가정되어 왔다(Prince, 1985; Swartz, 1985). 그러나 이러한 가정은 부분적으로는 소수민족 사람이 얼마 되지 않았던 임상장면과 치료시행에서의 관찰에 기인하였다(Striegel-Moore & Bulik, 2007). 최근에 여러 연구에서 다양한 문화권에서 나타나는 섭식병리를 관찰하고 비교하였다. 때로는 결과가 일치하지 않았지만 섭식장애는 전 세계에서(Kessler et al., 2013), 미국(Swanson et al., 2011)과 캐나다(Boisvert & Harrell, 2009) 내에서도 다양한 소수민족 집단에서 관찰되었다. 전반적인 결론은 다양한 문화권에 사는 사람들이 병리적 섭식행동과 태도를 보인다는 것이다. 그러나 가장 많이 나타나는 섭식병리와 장애유형은 민족집단에 따라 차이가 있을 수 있다.

미국 내 여러 민족집단의 섭식장애 유병률에 대한 보고가 일치하지 않는다. 그러나 최근에 미국국립보건원의 공동정신병리역학연구(Collaborative Psychiatric Epidemiological Studies, CPES)에서 라틴계, 아시아계, 아프리카계 미국인과 비라틴계 백인을 포함하는 대표적 표본에서 나온 자료를 통합하여 유병률에 대해 믿을 수 있는 자료를 제시하였다. CPES에 의하면 신경성 식욕부진증과 폭식장애의 평생 및 12개월 유병률은 네 민족 집단에서 유사하였다(Marques et al., 2011). 그러나 신경성 폭식증의 유병률에는 차이가 있었다. 특히 비라틴계에 비해 라틴계와 아프리카계 미국인의 신경성 폭식증 유병률이 유의하게 높았다(Marques et al., 2011). 청소년에 대한 NCS-A 결과도 이와 유사하였다(Swanson et al., 2011). 즉, 민족에 따라 신경성 식욕부진증이나 폭식장애의 평생유병률은 차이가 없었지만 신경성 폭식증은 다른 민족 청소년보다 히스패닉계 청소년에서 더 높았다. 이러한 민족적 차이를 이해하기 위해서는 더 많은 연구가 이루어져야 할 것이다. 그러나 이런 결과는 히스패닉계와 아프리카계 미국인의 신경성 폭식증 유병률이 시간에 따라 증가하기 때문일 수도 있고 다른 민족집단보다 히스패닉계와 아프리카계 미국인에서 신경성 폭식증이 더 일찍 발병하기 때문일 수도 있다.

세계정신건강조사(World Mental Health Survey)는 세계 여러 국가의 신경성 폭식증 유병률에 차이가 크지 않음을 보여주었다. 특히 신경성 폭식증 평생유병률은 14

개국 중에서 브라질이 가장 높았고(2.0%) 루마니아가 가장 낮았다(0.0%). 미국은 그 사이였다(1.0%; Kessler et al., 2013). 폭식장애 유병률도 신경성 폭식증 유병률과 유사하게 보고되었으나 유병률의 범위는 더 넓었다. 폭식장애 평생유병률은 브라질이 가장 높았고(4.7%), 루마니아가 가장 낮았으며(0.2%) 미국은 그 사이였다(2.6%; Kessler et al., 2013). 신경성 식욕부진증은 보고서에 포함되지 않았다.

섭식장애 진단보다 병리적 섭식태도와 행동을 살펴보았을 때에는 문화적 차이가 어느 정도 나타났다. 일반적으로 백인 여성이 소수민족 여성, 특히 흑인 여성보다 신체상 혼란을 더 많이 겪었다(Pike, Dohm, Striegel-Moore, Wilfley, & Fairburn, 2001; Striegel-Moore et al., 2000; White & Grilo, 2005). 그렇지만 이러한 차이는 시간이 가면서 변했다. 최근 이루어진 백인 및 흑인에 대한 메타분석에 의하면 시간이 가면서 신체상 혼란의 차이는 체중에 집중된 측정치에서는 감소하였고, 체중이나 체형과 무관한 항목을 포함하는 측정치에서는 증가하였다(Roberts, Cash, Feingold, & Johnson, 2006). 더구나 CPES에 의하면 폭식의 평생유병률도 비라틴계보다 라틴계, 아시아계와 아프리카계 미국인에서 더 높았다(Marques et al., 2011).

전체적으로 문화적 차이가 일부 발견되었지만 섭식병리는 민족 간에, 특히 미국 표본에서는 차이가 나는 점보다 유사한 점이 더 많았다(Shaw, Ramirez, TRost, Randall, & Stice, 2004). 민족과 무관하게 체중에 대한 염려와 신체에 대한 불만족은 어린 나이에 나타나고(Robinson, Chang, Haydel, & Killen, 2001) 많은 사람에서 이러한 염려가 청소년기가 되면 섭식장애로 변질될 수 있다. 전문가들은 세계화로 인해 날씬함에 대한 사회문화적 압력이 널리 퍼져 있어서 많은 민족집단과 개인이 섭식병리를 일으킬 위험이 점점 더 커지고 있다고 경고한다(Shaw et al., 2004; Striegel-Moore & Bulik, 2007). 섭식병리에 대한 민족적 및 문화적 차이를 더 살펴보려면 875쪽 '병인론'에 제시되어 있는 '사회문화적 영향'을 참조하라.

성적 취향

섭식병리와 성적 취향의 관련성에 대한 연구에 의하면 섭식장애의 위험과 그와 관련된 증상군은 이성애 남성보다 동성애 또는 양성애 남성에서 더 높다(Feldman & Meyer, 2007; Russell & Keel, 2002). 동성애 남성 사이에서 날씬함과 외모가 더 강조되고 이성애 남성보다 동성애 남성과 양성애 남성이 성에 대해 관습적이지 않은 생각을 더 잘 수용하기 때문에 그러한 위험이 증가하는 것 같다. 대조적으로 동성애 및 양성애 여성과 이성애 여성에서는 섭식장애 위험과 그와 관련된 증상군이 거의 비슷하게 나타나거나(Beren, Hayden, Wilfley, & Grilo, 1996; Feldman & Meyer, 2007; Moore & Keel, 2003) 동성애 여성에서 더 낮았다(Lakkis, Ricciardelli, & Willams, 1999; Share & Mintz, 2002). 그러나 대부분의 연구는 성인표본을 사용하고 있고 청소년에 대한 연구는 훨씬 더 적다.

청소년 연구에서도 일반적으로 성인에서 관찰되는 것과 유사한 경향이 발견되어서 양성애와 동성애 청소년이 섭식장애 증상군을 보일 위험이 더 크다(Ackard, Fedio, Neumark-Sztainer, & Britt, 2008; Austin et al., 2009; Wichstrom, 2006). 이런 경향은 여자 청소년에서는 덜 분명하지만 일반적으로 양성애와 동성애 여자 청소년이 신체에 대한 불만족은 더 낮지만(Austin et al., 2004; French et al., 1996), 섭식행동장애의 위험은 비슷하거나 더 높다고 알려져 있다(Austin et al., 2009; Wichstrom, 2006). 여자 청소년에서 나타나는 이러한 관련성과 이에 영향을 미치는 기제를 밝히기 위해서는 더 많은 연구가 이루어져야 할 것이다.

운동 참여

오랫동안 운동 참여가 섭식장애의 발생 위험을 증가시킨다고 알려져 왔다. 운동선수의 섭식장애 유병률은 아주 다양하게 보고되었는데, 신경성 폭식증의 유병률은 30%까지도 보고되었다(Hildebrant, 2005). 그러나 좀 더 엄격한 방법론을 사용하여 최근에 이루어진 연구는 그런 위험의 성질과 정도에 대해 의문을 제기하고 있다. 운동 참여와 섭식장애의 관련성을 다룬 34개 연구에 대한 메타분석에 의하면 운동선수가 일반인보다 섭식장애의 위험이 높기는 하지만 그 차이는 크지 않았다(Smolak, Murnen, & Rube, 2000). 더구나 위험은 대개 엘리트 운동선수, 특히 무용가와 같이 날씬함을 강조하는 스포츠에 종사하는 운동선수와 관련이 있었다. 대조적으로 엘리트가 아닌 운동선수, 특히 고등학교 운동선수의 섭식장애 위험은 높지 않았다. 전반적으로 볼 때 운동 참여와 섭식병리의 관련성은 작은 것 같고 아마도 날씬함을 강조하는 스포츠에 종사하는 엘리트 운동선수에 국한되는 것 같다. 더구나 어떤 종류의 운동 참여(특히 고등학교 동안의 운동 참여)는 청소년을 섭식문제로부터 보호하는 역할을 하기 때문에 권장되어야 한다.

흔한 동반이환

섭식병리가 있는 사람에서 정신병리의 동반이환이 많이 관찰된다(Swanson et al., 2011). 개인이 경험하는 문제의 수가 증가할수록 치료를 받을 가능성이 증가한다는 벅슨 편향(Berkson's bias)에서 말하듯이 정신병리의 동반이환은 특히 환자집단에서 많이 나타난다. 예를 들어 신경성 식욕부진증, 신경성 폭식증이나 달리 분류되지 않는 섭식장애의 일차 진단기준을 충족하여서 미국의 전문화된 섭식장애 치료시설에 입원한 2,436명의 환자에 대한 연구에 의하면 입원환자의 97%가 하나 이상의 DSM-IV 축 1의 동반이환장애를 가지고 있는 것으로 나타났다(Blinder, Cumella, & Sanathara, 2006). 기분장애의 동반이환이 가장 흔하였는데, 참가자의 94%가 동반이환 기분장애를 가지고 있는 것으로 진단되었다(거의 모든 경우에 단극성 우울증). 반 이상이 불안장애를 보였고 1/5 이상이 물질사용장애를 보였다. 기분장애나 불안장애의 발생률은 섭식장애의 유형에 따라 차이가 없었지만 물질사용장애는 신경성 폭식증 입원환자에서 가장 많았다.

전반적으로 치료를 받는 집단에 대한 연구들은 섭식장애 환자 가운데에서는 불안장애보다 기분장애를 같이 보이는 환자가 더 많다고 반복적으로 밝히고 있다(Fischer

& le Grange, 2007; Grilo, White, & Masheb, 2009; Herzog, Nussbaum, & Marmor, 1996). 그러나 더 크고 대표적인 미국 청소년 표본에 대한 전국적 조사(Swanson et al., 2012)를 포함하여 치료를 받지 않는 집단에 대한 연구의 결과는 일관성이 적다. 불안장애의 동반이환이 기분장애의 동반이환보다 더 많이 나타난다. 더구나 섭식병리와 섭식장애와 물질사용과 오용의 관련성은 치료를 받는 집단보다 치료를 받지 않는 집단에서 덜 하다(von Ranson, Iacono, & McGue, 2002).

일반적으로 임상적 섭식장애가 있는 개인에 대한 연구에서 관찰된 동반이환 정신병리의 빈도와 심각도는 준임상적 섭식장애가 있는 개인에 대한 연구에서도 그대로 발견된다(Ackrd, Fulkerson, & Neumark-Sztainer, 2011; Touchette et al., 2011). 치료를 받는 사람 중에서 준임상적 섭식장애가 있는 사람이 임상적 섭식장애가 있는 사람보다 동반이환 정신병리를 더 많이 보일 수 있는데, 이는 아마도 그들은 동반이환 정신병리나 그와 관련된 고통이 없으면 치료를 받으러 올 가능성이 더 적기 때문일 것이다. 예를 들어 신경성 폭식증이나 폭식장애를 제외한 여러 가지 달리 분류되지 않는 섭식장애가 있는 청소년을 위한 치료시행에 의하면 신경성 폭식증이 있는 청소년보다 달리 분류되지 않는 섭식장애가 있는 청소년 가운데에서 우울증, 강박장애(OCD), 아동기 강박장애가 더 많이 나타난다(Schmidt et al., 2008).

연구자들은 유전적 관련성이 있기 때문에 우울증, 불안과 섭식장애의 동반이환이 높게 나타난다고 제안해 왔다(Silberg & Bulik, 2005). 마찬가지로 요인분석을 사용한 모델에 근거하여 정신병리를 분류하는 대안적 체계에 의하면 동반이환이 자주 일어나는 장애들은 모두 높은 부정적 정서가 공통된 특징인 '내재화 요인'에 속했다(Forbush et al., 2010; Kotov et al., 2011). 더구나 섭식장애가 발병하기 전에 기분장애와 불안장애가 먼저 발병했던 경우가 많았는데(Brewerton et al., 1995; Kaye et al., 2004; Swinbourne & Touyz, 2007) 이처럼 조기에 발병하는 정신병리가 사람들이 섭식장애를 가지도록 만든다는 사실을 보여준다. 예로 성인과 아동기 불안장애와 섭식

장애의 유병률과 발병연령을 비교해 보면 신경성 식욕부진증 여성의 90%와 신경성 폭식증 여성의 94%가 섭식장애가 발병하기 전에 이미 불안장애를 겪고 있었다(Bulik, Sullivan, Fear, & Joyce, 1997). 특정 불안장애는 특정 섭식장애의 위험을 나타내고(예 : 강박장애는 신경성 식욕부진증에 대한 특정 위험을 나타냄), 어떤 불안장애(예 : 사회적 공포)는 신경성 식욕부진증, 신경성 폭식증이나 주요우울장애의 발병을 포함하여 여러 가지 섭식 및 정서적 병리에 대한 불특정적 위험을 나타낸다.

그러나 정신병리의 동반이환은 섭식병리가 발병하고 난 다음에 발달할 수도 있지만 또한 섭식병리와 서로 관련이 있을 수도 있다. 교차지연경로분석을 사용하여 754명의 지역사회 여자를 11세, 14세와 17세에 평가한 종단연구에 의하면 우울증상이 이후의 섭식병리를 예측하는 것보다 섭식병리가 이후의 우울증상을 더 강하게 예측하였다(Marmorstein, von Ranson, Iacono, & Malone, 2008). 마찬가지로 1,124명의 여자 청소년에 대한 학교기반 종단연구에 의하면 처음에 우울하지 않았던 여학생의 신체불만족, 음식제한과 폭식증상이 4년 동안 우울증의 발병을 전향적으로 예측하였다(Stice, Hayward, Caneron, Killen, & Taylor, 2000). 놀랍게도 높은 체질량지수 — 신장에 대한 체중의 비율 — 는 우울증의 발병을 예측하지 못했다. 이 결과는 섭식병리와 우울증의 관계에서 신체의 객관적인 물리적 측면보다 신체불만족의 인지적 측면이 중요함을 보여준다. 선행연구에서 부정적 정서성이 청소년의 미래 폭식증상의 발병을 예측하였기 때문에(Stice, Killen, Hayward, & Taylor, 1998) 연구자들은 섭식병리와 우울증상 또는 부정적 정서성 사이에 상호관계가 있는 것 같다고 결론을 지었다. 피드백 회로가 있어서 처음에는 청소년에게서 부정적 정서가 생겨나고, 이 정서를 조절하기 위해 폭식과 제거행동이 나타나고, 이는 다시 더 심한 정서적 교란과 우울증상을 불러오는 것 같다(Stice et al., 2000). 이처럼 각 장애는 다른 장애를 강화하고 유지하는 역할을 할지도 모른다. 섭식장애가 특히 사회적 및 가족관계에서 기능적 손상이 발생하는 데 중요한 역할을 한다는 사실을 고려하면(Swanson et al., 2011), 섭식병리

로 인해 아동과 청소년이 정신과적 동반이환을 포함하여 정서적, 대인관계적 및 행동적 문제에 취약해진다는 것은 크게 놀라운 일이 아니다.

신경성 식욕부진증

NCS-A에 따르면 신경성 식욕부진증 진단기준을 충족하는 청소년의 55.2%와 신경성 식욕부진증의 준임상적 진단기준을 충족하는 청소년의 79.8%는 일생 한 가지나 그 이상의 DSM-IV 정신과적 장애의 동반이환을 보인다(Swanson et al., 2011). 신경성 식욕부진증을 보이는 청소년 가운데에서 가장 많이 나타나는 동반이환은 행동장애(31.7%, 적대적 반항장애가 30.4%로 가장 많음), 그다음이 불안장애(23.9%, 특수공포증 20.5%와 분리불안장애 11.1%), 물질남용 및 의존 13%, 그리고 기분장애 10.9%이다. 동반이환 강박장애의 유병률은 보고되지 않았다. 그러나 선행연구에 의하면 강박장애 증상과 성격 특성은 아동과 청소년을 포함한 신경성 식욕부진증을 보이는 사람에게 흔하게 나타난다. 예를 들어 프라이스재단 공동 유전학연구에서 신경성 식욕부진증을 보이는 97명 가운데에서 35%가 평생 동반이환 품행장애 진단을 받았다(Kaye et al., 2004). 영국의 세 곳의 특수섭식장애 치료소에서 실시된 신경성 식욕부진증이나 신경성 식욕부진증과 비슷한 달리 분류되지 않는 섭식장애 진단기준을 충족하는 11~18세 아동과 청소년 49명에 대한 평가에서 거의 반이 중간 정도에서 심각한 정도의 강박증상을 보이는 것으로 밝혀졌다(Serpell, Hirani, Willoughby, Neiderman, & Lask, 2006). 더구나 1/6이 임상적으로 심각한 수준의 강박적 성격 특성을 보였다. 마찬가지로 섭식장애의 성격장애 유병률에 대한 메타분석에서 C군 성격장애 — 특히 강박성격장애 — 가 신경성 식욕부진증의 제한형에서 가장 흔하게 나타났다(Cassin & von Ranson, 2005). 신경성 식욕부진증의 폭식/제거형에서 성격장애를 보이는 사람에 대한 연구는 별로 없지만 소수의 연구에 의하면 신경성 폭식증이나 폭식장애에서 가장 많이 관찰되는 성격장애와 유사한 B군과 C군의 성격장애의 비율이 좀 높다. 신경성 식욕부진증에서 강박장애나 강박성격장애를 보

이는 대부분의 사람이 신경성 식욕부진증이 발병하기 전에 이미 성격장애를 보였다는 사실에 주목해야 하는데, 이는 이들에서 관찰되는 강박증상이 단순히 굶주림의 결과가 아님을 보여준다(Thornton & Russell, 1997).

신경성 폭식증

NCS-A 결과에 의하면 신경성 폭식증을 보이는 청소년의 88%가 평생 한 가지 또는 그 이상의 동반이환을 보이는데, 이 가운데 27%는 세 가지 또는 그 이상의 동반이환을 보인다(Swanson et al., 2011). 66%는 불안장애를 보이는데, 가장 흔한 것은 공포증(36.7%), 외상후 스트레스장애(26.5%), 분리불안장애(26.5%), 또는 사회공포증(20.3%)이다. 58%는 행동장애, 49.9%는 기분장애, 20.1%는 물질남용과 의존을 보인다. 자해행동도 흔하게 나타난다. 특히 신경성 폭식증을 보이는 청소년의 1/3 이상이 자살을 시도한다. 신경성 폭식증으로 치료를 받고 있는 청소년 80명으로 구성된 집단의 과거 자살 시도는 비슷한 수준이었고 다른 고위험행동도 보였다(Fischer & le Grange, 2007). 예를 들어 거의 1/3이 불법약물을 사용하였고, 2/5 이상이 흡연을 하였고, 2/3가 음주를 하였다. 통제집단이 없었기 때문에 이러한 결과가 이 집단에만 국한된 것인지 확실하지 않다. 동반이환 성격장애에 대한 메타분석에 의하면 신경성 폭식증을 보이는 사람은 경계선 성격장애, 회피성 성격장애와 의존적 성격장애를 포함하여 B군과 C군 성격장애를 많이 보였다(Cassin & von Ranson, 2005).

신경성 폭식증을 보이는 사람에서 물질남용과 의존의 비율이 높기 때문에 이 장애들의 공통적 또는 인과적 병인에 대해 여러 가지 가설이 제안되었다(Wolfe & Maisto, 2000). 490명의 여성 일란성 쌍생아, 354명의 여성 이란성 쌍생아와 930명의 성이 서로 다른 쌍생아에 대한 연구에서 폭넓게 정의된 신경성 폭식증과 약물사용장애 사이에 공통된 병인이 있는지를 검토하였다(Baker, Mazzeo, & Kendler, 2007). 데이터에 의하면 이 장애들의 관련성에는 유전적 요인이 크게 작용하고 있었다. 특히 신경성 폭식증과 약물사용장애의 상관의 83%는 유전적 요인 때

문이었다. 비공유된 환경적 요인도 영향력은 작았지만 작용하고 있었다. 더구나 두 장애와 동시에 관련되는 요인을 검토하였을 때 신경증과 주요우울장애가 이 장애들을 어느 정도 설명하고 있었다. 연구자들은 주요우울장애는 사람이 부정적 정서를 완화하기 위해 물질을 사용하게 만드는 데 반해 신경증적 성격 특성은 사람이 양쪽 장애에 모두 취약하도록 만든다고 해석하였다. 7,241명의 여성 쌍생아에 대한 연구에서 신경성 폭식장애와 알코올 사용장애는 어느 정도의 상관을 보였다(Trace et al., 2013). 두 장애의 유전적 상관은 .23이었다(95% 신뢰구간 [CI]=0.01−0.44). 이는 동일한 유전적 요인이 두 장애에 영향을 미침을 시사한다.

충동성도 신경성 폭식증에서 나타나는 동반이환 물질남용의 유병률(Dawe & Loxton, 2004), 다른 동반이환장애와 위험행동의 증가에 영향을 미쳤다. 예를 들어 ADHD를 보이는 여아집단과 통제집단의 폭식증상의 발달에 대한 전향적 연구에 의하면 통제집단보다 ADHD 부주의형 여아가 청소년기에 더 심한 증상을 보였고, ADHD 혼합형 여아는 그보다 더 심한 증상을 보였다(Mikami, Hinshaw, Patterson, & Lee, 2008). 더구나 충동성 수준이 과잉행동과 부주의 수준보다 폭식증상의 발달을 더 잘 예측하였다. 충동성은 또한 신경성 폭식증과 성적 활동 증가의 관련성을 부분적으로 설명하였다(Culbert & Klump, 2005). 동반이환장애의 발달에 있어서 충동성의 역할은 887쪽에 나오는 '병인론'의 '성격' 절에서 더 상세하게 논의할 것이다.

폭식장애

신경성 식욕부진증과 신경성 폭식증에서처럼 폭식장애에서도 동반이환이 흔하게 나타난다. NCS-A에서 폭식장애가 있는 청소년의 84%와 준임상적 수준의 폭식장애가 있는 청소년의 70.1%가 한 가지 이상의 동반이환을 보고하였다(Swanson et al., 2011). 여기에는 폭식장애가 있는 청소년 가운데에서 세 가지 이상의 동반이환을 호소한 37%가 포함되어 있다. 가장 흔하게 나타나는 동반이환은 불안장애(65.2%) — 특히 특수공포증(32.1%)과 사회공포증(26.3%) — 이며 그다음으로 기분장애(45.3%), 행동장애(42.6%), 물질남용 및 의존(26.8%)이다.

정신과적 동반이환이 있을 때에는 정신병리, 손상과 고통이 더 심한 경우가 많다. 폭식장애로 인해 치료를 받고 있는 사람 가운데에서도 현재 정신과적 동반이환이 있는 사람이 섭식장애 정신병리가 더 많고 부정적 정서를 더 많이 느끼고 자존감도 더 낮았다(Grilo et al., 2009). 또한 현재 정신과적 동반이환이 있으면 '평생 높은' 체질량지수를 보이고 절식행동이 더 일찍 나타난다(Grilo et al., 2009). 폭식장애가 있지만 치료를 받지 않고 있는 사람이 겪는 정신병리의 동반이환, 그리고 그와 관련된 고통은 치료를 받고 있는 사람과 유사한 것 같지만 한 가지 예외가 있는데 그것은 불안이다. 치료를 받고 있는 37명의 여성과 치료를 받지 않고 있는 108명의 여성을 비교했을 때 치료를 받지 않고 있는 여성이 적어도 9배 정도 더 불안을 호소하였다(Wilfley, Pike, Dohm, Stregel-Moore, & Fairburn, 2001). 이 밖에는 동반이환 유병률에 차이가 없었다. 이 결과를 아동과 청소년에게 적용할 수 있는지를 알기 위해서는 더 많은 연구가 필요하다.

비만은 또 다른 정신과적 동반이환과 고통을 유발할 수 있기 때문에 폭식장애가 있는 아동과 청소년의 동반이환을 조사할 때에는 중요하게 고려해야 한다. 아동기 비만 — 폭식장애에 특징적으로 나타나는 삽화를 포함하여 아동의 섭식통제불능과 흔하게 연결되는 요인 — 은 심각한 정신과적 동반이환과 관련되는데, 여기에는 주요우울증과 ADHD의 높은 발생률이 포함된다(Kalarchian & Marcus, 2012). 아동의 정신과적 동반이환이 비만의 원인 또는 결과인지, 어떤 공통적 요인이 비만의 위험이 높은 아동의 정신과적 동반이환과 비만을 유발하는지에 대해 최근 많은 연구가 관심을 기울이고 있다(Kalarchian & Marcus, 2012). 그렇지만 비만이 폭식장애에서 나타나는 정신과적 동반이환에 기여할지 몰라도 전적으로 설명하지는 못한다. 성인연구는 폭식장애가 있는 비만한 사람이 폭식장애가 없는 비만한 사람보다 정신과적 동반이환이 더 높다고 밝히고 있는데(Bulik, Sullivan, & Kendler, 2002; Grucza, Prybeck, & Cloninger, 2007), 이는 폭식장애와 특별한 관련성이 있음을 시사한다. 그러나 아동과 청소년 집단에 대해서 더 많은 연구가 이루어져야 한다.

발달경과 및 예후

신경성 식욕부진증

신경성 식욕부진증이 발병할 위험이 가장 큰 기간은 청소년기이고(Striegel-Moore & Bulik, 2007) 다른 섭식장애의 위험이 있는 기간보다 더 짧다(Hudson et al., 2007). 발병연령은 2개로 보고되는 경우가 많은데 14.5세와 18세경에 최고점에 이른다(Halmi, Casper, Eckert, Goldberg, & Davis, 1979). 최근에 NCS-R(Hudson et al., 2007)은 신경성 식욕부진증 발병연령의 중앙치는 18세라고 밝혔다. 이 연구에서는 20대 중기 이후에 발병했다고 보고된 신경성 식욕부진증은 없었다(Hudson etal., 2007). 특히 신경성 식욕부진증의 발병연령은 더 젊은 세대에서는 하강하고 있는 것 같다(Favaro, Caregaro, Tenconi, Bosello, & Santonastase, 2009). 특히 25세 이상의 남성과 여성에서 발병하는 신경성 식욕부진증 사례는 비교적 적거나 안정적인 데 반해, 10~14세 여성에서 발병하는 신경성 식욕부진증 사례는 1950년 이후 10년마다 증가하고 있다(Hoek & van Hoeken, 2003).

NCS-R에서는 DSM-IV 신경성 식욕부진증의 평균 지속기간은 20개월이었다(Hudson et al., 2007). 섭식장애 과정과 결과를 기술하는 최근 연구의 개관에 의하면 신경성 식욕부진증 관해율은 다양하다(Keel & Brown, 2010). 치료를 받는 모집단에서 외래상황을 통해 확인하였던 대부분의 신경성 식욕부진증 환자는 5년의 추적기간에 차도를 보였다(Keel & Brown, 2010). 그러나 입원환자에 대한 연구에서는 추적기간에 관계없이 관해율이 낮았고 단지 소수의 환자에서만 관해가 관찰되었다(Keel & Brown, 2010). 전반적으로 볼 때 치료를 받는 신경성 식욕부진증 환자는 어느 정도 회복을 보이는데, 어릴수록 치료효과가 더 잘 나타나고, 오래되고 만성적인 경우에는 치료효과가 잘 나타나지 않는다(Wilson, Grilo, & Vitousek, 2007). 체중/체형에 대한 지나친 평가와 자기지향 완벽

주의가 자기가치를 평가하는 역기능적 시스템을 작동하게 하고, 결과가 부정적임에도 불구하고 개인적으로 (아주 날씬한 체격과 같이) 지나친 기준을 끊임없이 추구하게 함으로써 신경성 식욕부진증의 증상을 유지시키는 것으로 나타났다(Lampard, Tasca, Balfour, & Bissada, 2013). 또한 굶주림과 영양실조로 인한 여러 가지 생물학적 및 생리적 과정이 불쾌한 기분을 유발하거나 음식과 음식관련행동에 집착하는 것과 같이 정신상태에 영향을 미쳐서 신경성 식욕부진증의 증상을 유지시킨다(Treasure, Cardi, & Kan, 2012).

치료 후 추적기간에 관해를 보이지 않았던 신경성 식욕부진증 환자 중에서 많은 사람이 신경성 폭식증과 준임상적 수준의 다른 섭식장애로 진단이 변경된다(Keel & Brown, 2010). 이런 진단의 변경은 신경성 식욕부진증의 부분관해상태를 나타낼지도 모른다. 신경성 식욕부진증이나 신경성 폭식증으로 치료를 받는 216명 여성에 대한 7년 전향적 연구에 의하면 신경성 식욕부진증을 보이는 대부분의 여성의 진단이 변경되었다. 1/2에서는 DSM-IV의 신경성 식욕부진증의 제한형과 폭식/제거형으로 변경되었고 1/3은 신경성 폭식증으로 변경되었다(Eddy, Dorer, et al., 2008). 진단이 신경성 폭식증으로 변경되는 사람은 다시 신경성 식욕부진증으로 돌아올 가능성이 크다. 진단의 변경은 치료를 받지 않고 있는 집단에서도 나타난다(Tozzi et al., 2005). 마지막으로 신경성 식욕부진증을 보이는 많은 환자가 추적조사에서 정신과적 동반이환을 겪는 것으로 밝혀졌다(Steinhausen, 2002).

신경성 폭식증

신경성 식욕부진증과 마찬가지로 신경성 폭식증은 보통 청소년기에 시작된다(Keski-Rahkonen et al., 2009; Striegel-Moore & Bulik, 2007). 그렇지만 신경성 폭식증에 대한 위험기간은 신경성 식욕부진증에 대한 위험기간보다 길고, 신경성 폭식증의 일부 사례는 성인기 중기에 늦게 시작되었다고 보고되고 있다(Hudson et al., 2007). NCS-R에 의하면 신경성 폭식증 발병연령의 중앙치는 18세이다.

나이가 16~35세인 102명의 신경성 폭식증을 보이는

여성을 5년에 걸쳐 추적한 지역사회기반 연구에 의하면 신경성 폭식증 증상은 처음에 현저하게 호전되다가 그다음에는 서서히 호전되는 일반적인 추세를 보인다(Fairburn, Cooper, Doll, Norman, & O'Connor, 2000). 대략 1/3의 여성은 관해를 보이고 1/3은 매해 재발하였다. 15개월마다 이루어지는 평가에서 여성의 1/2~2/3는 어떤 종류이든 DSM-IV 섭식장애의 진단기준을 충족하였고 단지 소수만이 계속적으로 DSM-IV의 신경성 폭식증 진단기준을 충족하였다. 신경성 폭식증에서 신경성 식욕부진증으로 진단명이 변경되는 빈도는 연구마다 다르지만(Keel & Brown, 2010; Tozzi et al., 2005), 일반적으로 낮은 편인 것 같다. 청소년의 DSM-5 섭식장애에 대해 최근에 이루어진 8년 전향적 연구에 의하면 진단의 변경은 임상적 및 준임상적 신경성 폭식증과 임상적 및 준임상적 폭식장애 사이에서 가장 많이 일어났다(Stice et al., 2013).

추적기간이 길어짐에 따라 치료를 받고 있는 사람의 관해율도 일반적으로 증가하고, 신경성 폭식증을 보이는 사람의 대부분은 시간이 가면서 관해를 보인다. 그러나 섭식장애의 경과와 결과를 기술하는 최근 연구의 개관에 의하면 기초선 평가 이후 5년까지 관해가 없으면 계속적으로 만성적 경과를 보일 가능성이 크다(Keel & Brown, 2010). 최근 보고에 의하면 신경성 폭식증 삽화의 평균기간은 6.5년(Kessler et al., 2013)에서 8.3년이다(Hudson et al., 2007).

전체적으로 정신과적 동반이환의 정도뿐 아니라 정신과적 증상과 고통의 수준이 신경성 폭식증의 더 나쁜 예후와 관련된다. 앞에서 논의했던 지역사회 여성의 신경성 폭식증의 자연경과에 대한 종단연구에서 섭식문제가 지속되었던 기간, 체형과 체중에 대한 과도한 평가의 정도, 사회적 부적응 정도, 아동기 비만력, 보상행동의 지속성이 모두 폭식의 지속을 예측하였다(Fairburn, Stice, et al., 2003). 폭식의 지속성이 유일하게 보상행동의 지속을 예측하는 요인이었다.

폭식장애

신경성 식욕부진증과 신경성 폭식증이 청소년기에 발병하는 데 반해 폭식장애는 더 늦게 발병하며 발병의 위험이 있는 기간이 훨씬 더 길다. NCS-R에 따르면(Hudson et al., 2007), 폭식장애 발병연령의 중앙치는 21세였고 60세 이후에 발병한 사례도 있다. 그러나 진단기준에 미치지 못하는 폭식과 통제를 상실한 섭식행동은 아동기를 포함하여 훨씬 더 어린 연령에 발병할지도 모른다. 그런 행동은 아동과 청소년에게서 비교적 흔하게 나타나고 보고된 유병률 추정치는 대략 2%~40%에 이른다(Glasofer et al., 2007; Greenfeld, Quinlan, Harding, Glass, & Bliss, 1987; Lamerz et al., 2005; Tanofsky-Kraff et al., 2004, 2007; Walsh, 2013).

최근에 이루어진 대규모 조사연구에 의하면 지역사회 성인이 보고한 폭식장애 삽화의 평균 지속기간은 4.3년(Kessler et al., 2013)에서 8.1년(Hudson et al., 2007)이다. 또 다른 연구에 의하면 폭식장애 증상은 평균적으로 14년 이상 지속되는데, 신경성 식욕부진증과 신경성 폭식증보다 더 길다(Pope et al., 2006). 폭식장애를 보이는 48명의 16~35세 여성에 대한 지역사회기반 연구에 의하면 5년 추적조사에서 18%만이 어떤 형태이든 임상적 섭식장애를 보였다(Fairburn et al., 2000). 청소년에 대한 지역사회기반 연구에서 폭식장애를 보이는 여아의 약 1/3이 8년 후에 재발되었다(Stice et al., 2013). 폭식장애를 보이는 15명 여아의 대부분이 1년 내에 관해를 보였고 삽화의 평균 지속기간은 3.3개월에 불과했다.

전체적으로 관해율은 신경성 식욕부진증과 신경성 폭식증보다 폭식장애에서 더 높았고, 폭식장애를 보이는 사람은 신경성 식욕부진증과 신경성 폭식증을 보이는 사람보다 다른 섭식장애 진단으로 변경될 가능성이 더 적은 것 같다(Keel & Brown, 2010). 폭식장애는 건강에 대한 예후가 나빠서 동반이환 비만과 무관하게 일어나는 의학적 합병증을 보일 수 있다(Bulik & Reichborn-Kjennerud, 2003; Bulik et al., 2002). 폭식장애에 대한 더 장기적 데이터가 요구되지만 폭식장애의 예후인자가 많이 연구되지 못해서 잘 알려져 있지 않다. 증거에 의하면 대인관계문제의 증가(Hilbert et al., 2007), 충동성 증가 및 정신과적 동반이환(Fichter, Quadflieg, & Hedlund, 2008)이 좋지 못한 결과와 관련되는 것 같다.

병인론

섭식장애는 사회문화적·심리적·생물학적 요인이 복합적으로 상호작용하여 결정되는 문제의 좋은 실례이다(Jacobi, Hayward, de Zwaan, Kraemer, & Agras, 2004; Polivy & Herman, 2002; Striegel-Moore & Bulik, 2007). Striegel-Moore와 Bulik이 지적하였듯이 "섭식장애에 대한 최상의 단일 예측요인은 여성이다."(2007, p.182) 물론 모든 여성이 섭식장애를 보이지는 않지만 실제 일부 여성이 섭식장애를 보이고, 특히 폭식장애를 많이 보인다. 왜 일부 사람만이 섭식장애를 보이는지를 더 잘 이해하려면 사람을 더 위험하게 만드는 특정 요인을 더 많이 연구하여야 한다.

사회문화적 영향

현재의 서구 사회는 '날씬한 외모'를 중요하게 여긴다. 즉, 사회적으로 정의된 이상적인 외모에서는 날씬한 체격을 강조한다. 이런 인식은 특히 여성 사이에서 많이 퍼져 있다. 1학년 또는 6세경이 되면 많은 아동이 이러한 사회문화적 선호를 인식하기 시작한다(Murnen, Smolak, Mills, & Good, 2003). 일단 날씬한 이상형에 대해 인식하게 되면 이런 이상은 곧 내면화된다. 즉, 사람들은 인지적으로 사회적으로 정의된 이상형을 받아들이고 이러한 이상형의 근접하게 만드는 행동에 참여하게 된다(Thompson & Stice, 2001, p.180). 날씬한 이상형을 추구하려면 건강에 나쁜 섭식과 체중조절 행동을 해야 하고, 심각한 수준이 되면 섭식장애를 유발할 수도 있다. 경험적 증거에 따르면 날씬한 이상형의 내면화가 신체에 대한 불만족과 섭식장애의 인과적 요인이고(Thompson & Stice, 2001), 날씬한 이상형에 대한 인식을 통제했을 때에도 날씬한 이상형의 내면화가 신체에 대한 불만족과 무질서한 섭식의 상당한 변량을 설명하였다(Heinberg, Thompson, & Stormer, 1995).

날씬함에 대한 사회문화적 압박은 섭식장애 증상의 유지와 중단보다 시작에 특히 더 중요하다(Stice & Agras, 1998). 병리가 진행되면서 사회문화적 요인은 이 장애를 지속시키는 다른 강력한 유지기제보다 덜 중요해질 수 있다. 이런 유지기제에는 임상적 완벽주의, 낮은 자아존중감, 사회적 부적응, 기분과민증, 충동성이 포함된다(Fairburn, Cooper, et al., 2003; Fairburn, Stice, et al., 2003; Schnitzler, von Ranson, & Wallace, 2012).

섭식장애의 발달에 있어서 다른 사회문화적 요인뿐 아니라 날씬한 이상형의 내면화가 중요하다는 사실이 알려지면서 섭식장애에 대한 '이중경로모델'이 구성되어 알려지기 시작하였다(Stice, 2001). 어떤 연구자들은 이 모델을 '사회문화적 모델'이라고 부르기도 한다. 이중경로모델은 아동집단(Evans, Tovée, Boothroyd, & Drewett, 2013)과 청소년 집단(Stice, 2001)을 포함하여 가장 많이 연구되고 지지를 받고 있는 섭식장애모델이다. 원래는 폭식증상의 발달을 기술하기 위해 만들어졌지만 그 이후 비임상적 및 임상적 문제를 모두 포함하여 폭넓은 병리적 섭식 및 체중통제행동에 적용되어 왔다(Goodwin, Haycraft, & Meyer, 2011). 이중경로모델에서는 날씬해야 한다는 압박과 날씬한 이상형의 내면화로 인해 신체에 불만족하게 되고, 이는 음식제한과 우울증의 두 경로를 통해 섭식장애의 위험을 증가시킨다고 가정하고 있다. 모든 연구는 아니지만 일부 연구는 음식제한과 우울증 같은 매개변인과의 관련성을 통계적으로 통제하였을 때에도 날씬한 이상형의 내면화에서 섭식태도의 장애로 가는 직접 경로가 있다고 밝히고 있다(Field et al., 2001; Stice, Presnell, & Spangler, 2002; Vander Wal, Gibbons, & Grazioso, 2008).

날씬한 이상형의 내면화와 추구는 이상형을 지지하는 가족과 또래의 칭찬이나 행동과 날씬해서 얻을 수 있는 여러 가지 이득을 알려주는 메시지에 의해 사회적으로 강화를 받는다(Thompson & Stice, 2001). 특히 대중매체는 날씬한 이상형에 대한 생각을 퍼뜨리고 지지하는데, 이로 인해 결국은 신체에 대한 불만족과 섭식장애에 기여해 왔다. 여성의 신체에 대한 불만족과 섭식장애의 인과적 위험요인으로서의 대중매체에 대한 연구에 대한 최근 개관에 의하면 매체의 내용, 사용과 경험이 섭식병리의 인과적 위험요인일 수 있다(Levine & Murnen, 2009). 그렇지만 매체에 대한 노출이 원인이 되어 그런 결과가 나타나는지에 대해서는 더 많은 연구가 필요하다. 대중매체의 메시지는 직접적으로 또는 부모와 또래로부터 오는 메시지와 상승작용을 통해서 간접적으로 전달될 수 있다. 섭식병리에 대한 여러 대중매체의 상대적 영향은 아동기와 청소년기에 달라질 수 있다. 특히 아동에게는 잡지보다 텔레비전의 영향이 더 큰 데 반해 여자 청소년이 날씬한 이상형을 내면화하는 데에는 텔레비전보다 패션잡지와 글래머 잡지의 영향이 더 크다(López-Guimerà, Levine, Sánchez-Carracedo, & Fauquet, 2010).

사회문화적 영향은 일반적으로 남자보다 여자의 섭식장애의 발달에 더 큰 영향을 미치는 것으로 생각된다. 이런 차이는 또한 섭식장애의 유병률과 섭식장애와 관련된 특성에서 나타나는 성차에 부분적으로 기여한다고 제안되고 있다[867쪽 '역학'의 '성별' 참조]. 예를 들어 1,266명의 7~10학년 여자와 남자 청소년을 대상으로 하여 이루어진 사회문화적 영향과 섭식병리에 대한 연구에 의하면 남자에 비해 여자가 대중매체에서 체중변화에 대한 압력을 더 크게 받았다(McCabe & Ricciardelli, 2001). 여자는 또한 부모와 남녀 또래로부터 신체변화에 대해 피드백을 더 많이 받았다. 그렇지만 남자도 역시 사회문화적 영향을 받았는데, 특히 마른 몸매와 근육미에 대해 압력을 크게 받았다(McCabe & Ricciardelli, 2001; Ricciardelli & McCabe, 2004). 실제 미디어에서 남자에게 근육질 체격이 특징인 이상적 신체를 지니도록 압력을 점점 더 많이 가하고 있는데, 이로 인해 최근 남자의 신체 불만족도가 더 증가하였다(Arbour & Maritn Ginis, 2006). 여러 연구가 아동기 후기와 청소년기에서 사회문화적 영향과 이중경로모델의 일부에 대한 경험적 증거를 제시하고 있다(Goodwin et al., 2011; Halliwell & Harvey, 2006). 사회문화적 영향과 섭식병리 사이의 관련성은 성별에 따라서도 차이가 있어서 남자가 우울의 매개효과의 영향을 특히 더 많이 받았다(Rodgers, Paxton, & Chabrol, 2010).

연구자들이 서구사회에서 처음으로 개발된 이중경로모델에 내포된 사회문화적 영향이 비서구사회에도 적용될 수 있는지를 검증하는 비교문화적 연구를 해왔다. 역학자료에 의하면 섭식장애는 개발도상국보다 산업화된 사회에서 유병률이 더 높지만 문화적으로 다양한 표본을 사용한 여러 연구에서 일반적으로 이중경로모델의 적용가능성이 잘 증명되고 있다(Austin & Smith, 2008; Rodgers, Ganchou, Franko, & Chabrol, 2012; Vander Wal et al., 2008). 사회문화적 영향과 섭식병리의 발달에 대한 문화적 연구 가운데 가장 중요한 연구는 피지 여학생 표본이 TV에 장기간 노출되기 전과 후를 비교한 연구이다(Becker, Burwell, Herzog, Hamburg, & Gilman, 2002). 이 표본은 비교적 미디어에 노출되지 않았던 집단이었는데 TV와 다른 대중매체가 소개되면서 커다란 사회적 및 경제적 변화를 겪고 있었다. 따라서 TV와 다른 대중매체가 섭식병리에 미치는 영향을 자연적으로 관찰할 수 있었다. 이런 변화가 일어나기 전에는 피지에서 섭식장애가 드물었다. 대신 전통적 미인상이 지배적이어서 튼튼한 신체가 선호되었다. 연구결과에 의하면 TV와 다른 대중매체가 들어온 이후에는 섭식태도의 장애와 체중을 감소시키기 위한 자발적 구토가 증가하였는데, 이는 섭식장애의 두 가지 중요한 지표이다. 섭식태도의 장애는 TV가 있는 가정에서 특히 많이 증가하였다. 그러나 매체에 대한 직접적 노출과 다른 문화적 노출과는 독립적으로 사회적 연결망에 의한 매체노출도 섭식병리와 관련이 있었다(Becker et al., 2011). 피지 여학생에게 실시한 내러티브 면접을 분석해 보면 섭식병리의 증가는 주로 자신의 신체와 정체성을 재형성하여 TV에 나오는 사람을 닮아가고 궁극적으로는 자신의 사회적 및 경제적 지위나 기회를 향상시키려는 욕구와 관련이 있었다(Becker, 2004; Becker et al., 2002). 요약하면 비교문화적이기는 하지만 이 연구는 섭식장애 비율이 낮았고, 대중매체의 영향이 비교적 적었던 사회에 TV가 소개되기 이전과 이후에 섭식태도와 행동을 비교하여 연구하였기 때문에 아주 흥미롭다.

절식하기

절식(체형과 체중에 영향을 미치기 위한 전체 칼로리 흡입의 제한/ 특정 음식에 대한 회피)은 신경성 식욕부진증과 신경성 폭식증을 포함하여 가장 흔한 섭식장애의 핵심 특징이다. 그러나 섭식제한의 증가는 또한 아동과 청소년 집단을 포함하여 나중의 섭식장애 발달을 강력하게 예측하는 변인으로 등장하고 있다. 이 결과는 절식은 섭식장애의 증상일 뿐 아니라 그러한 정신병리의 발달에도 중요한 역할을 하고 있음을 보여준다. 오스트레일리아의 14세에서 15세 청소년에 대한 대규모 전집기반 연구에 의하면 절식이 섭식병리에 중요하게 영향을 미칠 뿐 아니라 3년 후의 새로운 섭식장애 발병을 가장 잘 예측하였다(Patton, Selzer, Coffey, Carlin, & Wolfe, 1999). 심각한 수준으로 절식을 했던 여자 청소년은 절식하지 않았던 여자 청소년에 비해 섭식장애를 일으킬 가능성이 18배였고, 중간 수준으로 절식을 했던 여자 청소년은 그렇지 않았던 여자 청소년에 비해 섭식장애를 일으킬 가능성이 5배였다. 더구나 절식행동뿐 아니라 날씬함과 음식섭취의 제한으로 인생이 개선될 것이라는 기대는 섭식장애가 일어날 위험의 증가와 관련이 있었다(Combs, Pearson, & Smith, 2011).

그러나 절식은 일반 모집단에서 아주 흔하게 나타나므로 이제는 청소년기 이전과 청소년기에는 정상행동으로 간주되고 있다. 예를 들어 미국과 캐나다의 대규모 표본에서 14세 여자의 약 1/3 정도가 지난해에 절식을 했다고 보고했다(Field et al., 2003; McVey, Tweed, & Balckmore, 2004). 절식을 했던 대부분의 아동과 청소년이 섭식장애를 일으키지 않았기 때문에 이처럼 높은 비율은 절식이 섭식장애 발달을 설명하는 충분요인이 아님을 보여준다. 따라서 연구자들은 섭식장애 발병을 예측하기 위해 절식과 상호작용하는 요인을 밝히는 데 주력하고 있는데, 이런 노력으로 섭식장애를 일으킬 위험이 높은 절식자의 하위집단을 밝혀냈다. 현재 절식 중이라고 밝힌 2,992명의 여성에 대한 연구에서 이후의 섭식장애 사례와 비사례를 가장 잘 구분하는 특징을 밝혔는데 여기에는 자신이 보고한 폭식의 빈도, 비밀리에 이루어진 섭식, 낮은 신체질량지수(즉, ≤19), 음식과 섭식에 대한 집착, 위를 비우고 싶은 욕망, 제거행동의 빈도, 섭식에 대한 통제상실의 두려움, 체형이나 체중에 대한 집착이 포함된다(Fairburn, Cooper, Doll, & Davies, 2005). 청소년에 대한 또 다른 연구에 의하면 외모를 바꾸거나 과체중을 피하기 위해 건강상 이유로 절식을 하는 것은 바람직한 행동일 수 있지만 (우울한 기분, 정서적 문제, 객관적으로 보면 정상 체중인데도 뚱뚱하다는 잘못된 느낌이나 저체중을 포함한) 심리적 고통 때문에 절식을 하는 것은 섭식장애를 유발할 위험이 크다(Isomaa, Isomaa, Marttunen, Kaltiala-Heino, & Bjorkqvist, 2010).

절식과 섭식장애 위험의 증가 사이의 관련성은 부분적으로는 '제한이론'에 의해 설명되어 왔다. 제한이론에 의하면 오랫동안 섭식제한이 지속되면 생리적 및 심리적 결핍이 생겨나서 결국은 폭식을 통해 식욕이 역조절된다(Herman & Polivy, 1988; Polivy, Herman, Olmsted, & Jazwinski, 1984). 섭식제한의 증가와 잇따른 폭식의 관련성은 실험연구(Agras & Telch, 1998)와 자연연구(Steiger, Lehoux, & Gauvin, 1999) 모두에서 지지되어 왔다. 앞에서 언급하였듯이 미네소타 반기아 연구에서는 지속적인 섭식제한은 행동·정서 및 인지적 기능에 심각한 영향을 미쳐서 섭식장애의 특징적인 증상을 유발하는 경우가 많음을 보여주었다. 연구 동안 음식에 대한 심각한 집착이 관찰되었는데, 어떤 남성은 일상적 삶에 점점 더 집중하기가 어려워졌고 끊임없이 음식과 먹기에 대해 생각하는 괴로움을 당했다. 정서적 황폐도 보편적으로 나타나서 거의 20%의 남성이 심각하게 기능의 장애를 보였다. 남자들은 자주 초조해하고 화를 냈으며, 불안이 높았고, 아주 무감각하였다. 더구나 남자들은 점점 더 위축되었고 고립되었으며, 대인관계에서 긴장을 많이 경험했다. 그들은 주의, 각성, 이해와 판단에 문제가 있다고 보고했다. 마지막으로 여러 명의 남자는 엄격한 섭식규칙에 따를 수 없었고 폭식삽화를 경험했으며 그 이후에는 자기비하적 기분에 빠졌다고 보고했다. 이런 결과는 섭식제한이 전반적인 기능뿐 아니라 섭식장애 증상의 발전과 유지에 강력하게 영향을 미친다는 사실을 잘 보여주고 있다. 그런 증상은 부분적으로는 섭식제한으로 인해 나타나는 신경활동과 다른 생리적 과정의 심각한 변화에 의한 것으로서 섭식장애에 대한 이해, 예방과 처치를 생각할 때 중요하게 고려되어야 할 부분이다(Ioakmidis et al., 2011; Treasure et al., 2012).

섭식병리에 대한 이중경로모델[Stice, 2001; 875쪽 '사회문화적 영향'도 참조]은 부분적으로는 제한이론에 근거하고 있고 섭식장애의 발전에 있어서 섭식제한 경로와 부정적 정서경로를 모두 가정하고 있다. 이 모델에 따르면 섭식제한 경로의 특징인 절식행동은 제한이론에서 가정하는 것과 같은 이유뿐 아니라 편안함을 제공하고 부정적 정서를 회피할 수 있게 해줌으로써 폭식을 촉진할 수 있다. 그러한 부정적 정서는 칼로리 결핍이 기분에 미치는 영향이나 체중감량의 실패로 인한 실패경험 때문에 생겨날 수 있다. 비록 연구결과는 일치하지 않고 있지만(Evans et al., 2013) 여러 연구가 이 모델에 대한 증거를 제공하고 있다(Allen, Byrne, & McLean, 2012; Stice, 2001). 특히 불일치하는 결과는 절식과 폭식의 시간적 순서에 대해 의문을 제기한다(Brewerton, Dansky, Kilpatrick, & O'Neil, 2000; Reas & Grilo, 2007). 일반적으로 연구들은 절식이 폭식에 선행할 가능성이 크다고 제안하고 있다. 그렇지만 폭식이 절식에 선행하는 사례가 상당수 있고 특히 과체중 아동에서 자주 나타난다. 치료를 받지 않고 있는 105명의 6~15세 과체중 아동 표본 가운데에서 65%가 절식을 하기 전에 섭식에 대한 통제를 상실했다고 보고하였다(Tanofsky-Kraff, Faden, Yanovski, Wilfley, & Yanovski, 2005). 대부분의 아동은 절식이나 섭식에 대한 통제를 상실하기 전에 과체중이 되었다고 보고했다. 과체중이 되기 전에 절식을 했다고 보고한 몇몇 아동은 부정적 기분과 섭식병리의 측정에서 높은 점수를 보였다. 따라서 섭식제한이 정상 체중 아동에서 흔히 나타나는 섭식병리로 가는 한 경로이며 과체중이 또 다른 경로에 대한 위험요인일 수 있다(Tanofsky-Kraff et al., 2005). 아동집단에 대한 종단연구가 더 요구된다.

절식과 섭식장애 발달의 관련성을 점점 더 인식하게 되었고 또한 아동과 청소년의 심각한 건강문제로서 과체중에 대한 관심이 증가하고 있다. 그 결과 섭식장애의 위험을 감소시키기 위해 절식을 만류하는 사람과 과체중을 줄이기 위해 절식을 권장하는 사람 사이의 논쟁이 일어나기 시작했다(Neumark-Sztainer, 2009a, 2009b). 소수의 연구에 대한 개관에 의하면 전문가들이 실시하는 (극단적이지 않은) 건전한 절식을 권장하는 체중감량 프로그램에서는 과체중 아동과 청소년의 섭식장애 증상이 증가할 위험이 아주 작았고(Butryn & Wadden, 2005), 아동과 청소년의 심리적 건강이 상당히 증진되었다. 그럼에도 불구하고 다양한 분야의 건강전문가들은 그런 프로그램을 제공할 때 주의해야 하고, 참가자에게 체중감량 메시지가 의도하지 않은 부정적 영향을 끼칠 수 있다는 사실을 경고해야 한다고 주장하고 있다(McLaren et al., 2009). 마찬가지로 연구자들도 체중감량의 효과가 작더라도 아동과 청소년에게 섭식제한보다는 운동을 통한 체중조절을 권장하는 것이 섭식장애의 발병위험을 낮출 수 있다고 제언하고 있다(Patton et al, 1999).

유전적 영향

초기에는 섭식장애 연구자들이 섭식장애의 발달과 관련된 환경적·사회문화적·성격적 요인에 집중하였으나 이제는 유전을 중요하게 여기고 있다. 임상적 및 준임상적 발병을 포함하여 특정한 섭식장애 진단의 위험뿐 아니라(Campbell, Mill, Uher, & Schmidt, 2011; Strober, Freeman, Lampert, Diamond, & Kaye, 2000; Thornton, Mazzeo, & Bulik, 2011) 스스로 유도한 구토와 섭식제한과 같은 특정한 문제가 있는 섭식증상군에 유전적 영향이 중요하다는 사실이 밝혀지고 있다(Mazzeo et al., 2009). 좀 더 최근 연구는 섭식장애에서 유전의 특수한 영향을 더 잘 정의하고, 관련된 특정 유전자를 확인하고, 유전적 위험을 강화하거나 완화시킬 수 있는 여러 환경적 및 생물학적 요인과의 상호작용을 밝혀내기 위해 노력하고 있다. 연구가 계속 진보하고 있지만 여전히 모르는 것이 많다.

섭식장애의 발달에 있어서 유전자의 역할은 복잡하다. 섭식장애에 대한 유전적 영향은 감지하기 어렵고 효과의 크기가 작은 편이어서, 환경적 위험요인과 상호작용이 있을 때에만 관찰되는 경우가 많다. 또한 섭식장애 유병률이 낮고 진단이 서로 상당히 중첩되고 또 변경되기도 하기 때문에 유전적 연구의 어려움이 크다. 그러한 중첩은 유전적 위험이 특정 섭식장애에만 국한되지 않음을 시사한다. 더구나 섭식장애가 있을 때 정신과적 동반이환율이 높기 때문에 어떤 유전적 위험은 섭식장애에 특정적이지 않고 우울, 불안, 물질남용과 같은 다른 정신병리에도 동시에 영향을 미칠 수 있다.

일반적으로 연구에 따르면 섭식장애는 가족성이고, 가족 내에서 폭넓은 섭식장애 증상군의 스펙트럼으로 나타나는데, 이는 특정 섭식장애 진단과 준임상적 섭식병리에는 어떤 공통요인이 있음을 시사한다. 특히 신경성 식욕부진증 발단자의 여성 친척은 신경성 식욕부진증이 아닌 사람의 여성 친척에 비해 신경성 식욕부진증이 될 가능성이 11배이고, 신경성 폭식증이 될 가능성이 4배이다. 신경성 폭식증 발단자의 여성 친척은 신경성 폭식증이 아닌 사람의 여성 친척에 비해 신경성 식욕부진증이 될 가능성이 12배이고, 신경성 폭식증이 될 가능성이 4배이다(Stroeber et al., 2008). 폭식장애 발단자의 친척은 폭식장애가 아닌 사람의 친척에 비해 폭식장애가 될 가능성이 거의 2배이다(Hudson et al., 2006; Javaras et al., 2008). 여러 섭식장애에 공통되는 어떤 장애요인이 작용하는 것 같다(Thornton et al., 2011).

그렇지만 가족은 환경을 공유하고 환경이 장애의 위험을 증가시킬 수도 있기 때문에 가족 내에서 위험이 증가한다고 해서 반드시 유전적 영향이 있음을 의미하지는 않는다. 쌍생아연구에서 유전자를 100% 공유하는 일란성 쌍생아와 약 50%를 공유하는 이란성 쌍생아 사이의 일치율을 비교함으로써 유전과 환경의 상대적 영향을 구분해 낼 수 있다. 일란성 쌍생아의 섭식장애 일치율이 이란성 쌍생아의 2배라는 사실은 유전자의 상가효과(additive genetic effect)를 나타낸다. 쌍생아연구는 신경성 식욕부진증과 신경성 폭식증이 모두 유전의 영향을 많이 받는다는 사실을 밝혀주었는데 유전 가능성 추정치가 신경성 식욕부진증은 33~84%이고 신경성 폭식증은 28~83%이다(Bulik, 2005; Thornton et al., 2011). 최근의 쌍생아연구는 신경성 식욕부진증과 신경성 폭식증의 가능성에 영향을 미치는 데 있어서 유전적 요인과 특수한 환경적 요인이 어느 정도 중첩된다고 밝히고 있다(Bulik et al., 2010). 폭식장애에 대한 유전적 영향에 대한 연구는 신경성 식욕부진증과 신경성 폭식증보다 뒤지지만 예비적 연구에 의하면 유전 가능성은 대략 31~50% 정도이다(Reichborn-Kjennerud, Bulik, Tambs, & Harris, 2004). 최근 연구는 섭식병리에 관한 쌍생아연구의 결과가 일반 아동에게 일반화될 수 있음을 시사하고 있다(Munn-Chernoff et al., 2013).

섭식장애의 발달에 유전의 영향이 중요하다고 알려지면서 섭식장애의 병리생리학에 관련되는 특정 유전자를 밝히는 쪽으로 연구가 진행되고 있다. 어떤 결과는 가능성이 있어 보이지만 불행하게도 그 결과를 반복 관찰한 연구는 별로 없다. 예를 들어 섭식병리와 세로토닌 수송체 유전자와 여러 세로토닌 수용체를 포함하는 세로토닌 시스템 사이의 관련성이 관찰되었다(Bulik et al., 2003). 더구나 염색체 10p에서 신경성 폭식증에 대한 감수성 유전자좌(susceptibility locus)가 관찰되었고(Bulik et al., 2003) 염색체 1에서 신경성 식욕부진증의 감수성 유전자좌가 관찰되었다(Grice et al., 2002). 그러나 섭식장애 발병과 관련되는 특정 유전자를 밝히는 것은 쉬운 일이 아니다. 왜냐하면 섭식장애가 여러 가지 공통적이지만 위험이 낮은 변이의 상호작용에 의해 나타나며 각 변이의 효과가 너무 작아서 파악하기 어렵기 때문이다. 섭식장애 증상과 관련된 유전자 변이를 발견하기 위해서 섭식장애 표현형에 대한 전장유전체 연관분석이 계속적으로 이루어지고 있다(Boraska et al., 2012).

섭식병리에 대한 유전적 영향은 발달단계에 따라 달라지는 것 같다. 여성에서는 유전적 영향이 사춘기에 더 크게 작용한다. 사춘기 이전의 섭식병리는 유전적 요인이 전혀 설명하지 못하는 데 반해 사춘기 이후에는 50% 정도 설명한다(Klump et al., 2010). 남성에서는 이런 효과가 발견되지 않는데, 이는 난소 호르몬과 여성에만 작용하는 요인 같은 생물학적 요인과의 상호작용이 중요함을 보여준다(Klump et al., 2012). 섭식병리의 발달에 기여하는 유전적 요인과 상호작용하는 다른 요인에 대한 연구가 계속적으로 이루어지고 있다. 최근에는 연구자들이 후성유전학(즉, 고전적인 DNA 염기서열은 그대로 유지하면서 주로 DNA 메틸화와 염색체 구조의 변화를 통해 매개되는 여러 유전자 기능의 조절)이 섭식병리의 발병에 관련될지 모른다고 생각하고 있다. 영양과 절식 — 섭식병리에 의해 심각하게 영향을 받고 또 영향을 주는 두 변인 — 이 앞으로 흥미롭고 중요한 연구영역이며, 섭식병리의 후성유전학 과정에 중요할지 모른다.

생물학적 기제

섭식병리와 관련되는 생물학적 기제는 수없이 많다. 초기에는 생물학적 기제가 섭식장애의 유지와 영구화와 가장 관계가 깊다고 보았다(Kaplan & Woodside, 1987). 좀 더 최근에 이루어진 연구에서도 생물학적 요인이 섭식장애 성향과 악화에 관련된다고 밝혀졌다. 특히 섭식장애가 있는 사람은 시상하부의 활동에 교란이 있고, 세라토닌, 도파민과 다른 신경조절체계에 변형이 있고, 상위피질 기능의 조절장애가 있다는 증거가 증가하고 있다(Kaye, Fudge, & Paulus, 2009). 이런 여러 가지 이상이 섭식장애의 발병에 큰 영향을 미치는 것으로 생각된다.

그러나 생물학적 증상과 신경학적 변화가 섭식장애의 원인인지 또는 결과인지를 결정하는 것은 중요한 방법론적 도전으로 남아 있다. 섭식장애(특히 신경성 식욕부진증)에는 영양실조를 일으킬 수 있는 섭식제한이 포함되기 때문에 섭식장애의 발전과 지속은 뇌와 말초기관의 기능을 폭넓게 변화시킬 수 있다(Kaye & Bailer, 2011). 인과성을 결정하려면 장애가 발병하기 전에 생물학적 요인이 있었음을 증명해야 한다(Jacobi et al., 2004). 많은 생물학적 요인의 인과적 영향을 증명하기 위해서는 앞으로 더 많은 연구가 필요하다. 그러나 연구자들은 섭식장애 병전증상(예 : 신경성 식욕부진증에서 나타나는 불안, 강박성과 억제 그리고 신경성 폭식증에서 나타나는 충동성과 감각추구)의 중요성을 인정하고 있고, 섭식장애가 있는 사람에서 관찰되는 생물학적 비정상성이 성격 특성

과 비슷한 병전성향을 나타낼지 모른다는 가능성도 고려하고 있다.

신경성 식욕부진증

점점 더 많은 연구(예 : Connan, Campbell, Katzman, Lightman, & Treasure, 2003; Lo Sauro, Ravaldi, Cabras, Faravelli, & Ricca, 2007; Misra et al., 2004)가 청소년을 포함하여 신경성 식욕부진증에서 시상하부-뇌하수체-부신피질(hypothalamic-pituitary-adrenocortical, HPA) 축이 과잉활동한다고 주장하고 있다(Oskis, Loveday, Hucklebridge, Thorn, & Clow, 2012). 특히 연구들은 신경성 식욕부진증이 있는 사람에서 뇌척수액 방출 호르몬, 혈장 코르티솔과 디하이드로에피안드로스테론이 과다분비된다고 밝히고 있다. 따라서 HPA 과잉활동은 분비샘 분기의 양이 증가하고(Misra et al., 2004), 시상하부와 상위 뇌중추에서 피드백의 억제가 잘 조절되지 못해서 일어나는 것으로 생각된다(Connan et al., 2003). 특히 높은 수준의 코르티솔은 몸무게가 다양한 여성의 섭식병리와 관련이 있다(Lawson et al., 2011). 이런 발견은 코르티솔의 증가와 HPA 과잉활동은 단순히 굶주림과 영양실조의 결과가 아니라 신경성 식욕부진증과 다른 섭식장애의 발달에 있어서 중요한 역할을 함을 시사한다(Oskis et al., 2012).

신경전달물질이 신경성 식욕부진증의 또 다른 생물학적 기제라고 생각되어 왔다. 특히 유전학, 약리학과 생리학 연구의 발견은 모두 신경성 식욕부진증에서 선조도파민 기능이 변형되어 있음을 보여주었다. 예를 들어 신경성 식욕부진증이 있는 사람에서 도파민 D2 수용체 유전자의 기능적 다형성이 많이 나타나고(Bergen et al., 2005) 신경성 식욕부진증이 있는 사람(Kaye, Ebert, Raleigh, & Lake, 1984)과 신경성 식욕부진증에서 회복되어서 체중, 영양섭취와 월경이 정상적으로 돌아온 사람에서 뇌척수액 도파민대사가 감소하였다(Kaye, Frank, & McConaha, 1999). 이렇게 변형된 선조도파민 기능으로 인해 급식행동의 변화, 의사결정능력과 실행통제의 저하, 정형화된 신체활동의 증가와 불쾌한 기분과 쾌감상실 같은 여러 가지 신경성 식욕부진증의 증상이 나타날 수 있다(Bailer et al., 2012; Haber, Kim, Mailly, & Calzavara, 2006; Kaye, 2008). 특히 최근 연구는 신경성 식욕부진증에서 회복된 사람의 내인성 도파민 방출과 불안 사이에 정적 상관을 발견하였다(Bailer et al., 2012). 이런 관련성이 섭식(그리고 음식과 관련된 도파민 방출)이 신경성 식욕부진증이 있는 사람에게 불안을 유발한다는 사실을 일부 설명하는데(Bailer et al., 2012; Kaye et al., 2003), 이는 섭식이 일반 사람에게 보통 제공하는 즐거운 경험과는 다른 것이다. 따라서 신경성 식욕부진증이 있는 사람이 내인성 도파민 방출로 인해 즐거움이 아니라 불안을 경험한다면 섭식제한은 불안을 감소시키는 '효과적' 방법이 될지 모른다(Bailer et al., 2012). 요약하면 도파민의 교란이 신경성 식욕부진증의 발병에 대한 취약성에 기여하는 특성이라는 증거가 점점 더 늘어나고 있다.

세로토닌이 신경성 식욕부진증과 관련되는 또 다른 신경전달물질인데(Steiger, 2004) 신경성 식욕부진증에서 나타나는 변형된 포만감, 불쾌한 기분과 충동통제에 중요한 역할을 하는 것으로 알려져 왔다(Kaye, 2008; Kaye et al., 2009; Kaye, Wierenga, Bailer, Simmons, & Bischoff-Grethe, 2013). 예를 들어 뇌영상 연구에 의하면 신경성 식욕부진증에서 회복된 후에도 세로토닌-1A 결합의 증가와 세로토닌-2A 결합의 감소 같은 세로토닌 기능의 교란이 지속되었다(Kaye, 2008; Kaye et al., 2013).

신경성 식욕부진증에서 세로토닌의 역할은 트립토판 연구에서 더욱 지지를 받고 있다. 트립토판은 먹는 음식에서만 얻을 수 있는 필수 아미노산으로 세로토닌의 전구체이다. 섭식을 제한함으로써 혈장 트립토판이 감소되고 그로 인해 신경계 아미노산에 대한 혈장 트립토판의 비율이 감소되고, 뇌에서 사용할 수 있는 트립토판이 줄어든다. 이런 흐름은 세로토닌 기능에 영향을 미친다(Goodwin, Fairburn, & Cowen, 1987; Huether, Zhou, & Rüther, 1997). 일부 연구는 신경성 식욕부진증에서 회복되었지만 영양이 부족하고, 체중이 미달인 여성은 혈장 트립토판이 부족하다고 밝히고 있다(Schweiger, Warnhoff, Pahl, & Prike, 1986). 따라서 신경성 식욕부진증이 발병하기 전에 세로토닌 조절의 교란이 먼저 일어나서 섭식

제한과 불쾌한 기분의 위험을 증가시킨다고 가정해 왔다(Kaye, 2008). 이러한 개인은 섭식제한이 혈장 트립토판의 이용도를 감소시키고 세로토닌의 기능적 활동을 조절함으로써 불안한 기분을 감소시킨다는 사실을 학습할지 모른다(Kaye et al., 2003). 섭식제한으로 인해 불쾌한 기분이 사라지는 것으로 강화를 받기 때문에 질병이 유지되고 만성화될 수 있다(Herpertz-Dahlmann, Seitz, & Konrad, 2011; Kaye, 2008).

신경성 폭식증

신경성 폭식증의 발병과 유지에 생물학적 기제가 상당히 영향을 미치고 있음을 지지하는 연구가 증가하고 있다. 최근의 연구에 의하면 신경성 폭식증을 보일 가능성의 개인차가 암컷 쥐에서는 사춘기 동안에 나타났다(Klump, Suisman, Culbert, Kashy, & Sisk, 2011). 동물은 섭식장애에 대한 심리사회적 위험요인을 경험하지 않기 때문에 이러한 결과는 특히 사춘기 동안 과식병리가 발병하는 데 있어서 생물학의 역할이 중요함을 보여준다. 최근에 점점 더 관심을 받고 있는 생물학적 요인 가운데 하나는 난소호르몬이다. 난소호르몬과 섭식장애, 특히 폭식증후군이 상당히 관련이 있다는 연구가 증가하고 있다. 예를 들어 임상집단 여성(Edler, Lipson, & Keel, 2007)과 비임상집단 여성(Klump, Keel, Culbert, & Edler, 2008) 모두에서 월경주기 동안 난소호르몬의 변화(즉, 프로게스테론의 증가와 에스트라디올 수준의 감소)와 폭식 사이에 의미 있는 관련성이 나타났다. 마찬가지로 좀 더 최근 연구도 월경주기 동안 난소호르몬이 섭식장애의 여러 특정 증상(예 : 신체에 대한 불만족과 날씬함의 추구가 섭식제한보다 난소호르몬과 더 강한 관련성을 보였고 월경주기 동안 더 큰 변화를 보임)과 차별적 관련성을 보인다는 사실을 발견했다. 이는 여러 섭식증상군의 원인이 되는 생물학적 과정이 서로 다를 가능성을 보여준다. 난소호르몬이 섭식장애에 관여하는 신경전달물질체계의 유전자 전사(gene transcription)를 조절하기 때문에(예 : 세로토닌; Klump & Culbert, 2007), 폭식과 난소호르몬의 관련성은 신경전달물질의 생산, 신경전달물질의 수용체

나 신호전달기제에 대한 계놈효과(genomic effects)를 보여주는 것일지 모른다(Klump et al., 2008).

신경성 식욕부진증이 있는 사람처럼 신경성 폭식증이 있는 사람의 HPA 축의 기능도 변형되어 있다. 그렇지만 관계의 방향성에 대한 연구결과는 일관성이 없어서 스트레스 반응 프로파일과 HPA 기능이 다양함을 시사한다 (Fichter, Pirke, Pöllinger, Wolfram, & Brunner, 1990; Koo-Loeb, Costello, Light, & Girdler, 2000; Monteleone et al., 2001; Neudeck, Jacoby, & Florin, 2001; Steigler et al., 2001). 폭식 스펙트럼 장애를 보이는 여성에 대한 최근 연구에 의하면 건강한 여성과 비교했을 때 덱사메타존 억제검사에서 코르티솔 억제반응이 더 낮게 나타났다 (Bruce et al., 2012). 비억제는 또한 우울과 불안증상의 증가와 관련이 있었다. 이런 반응은 글루코코르티코이드 수용체 민감성을 하향조절하는 유전적으로 결정되는 성격과 비슷한 성향을 나타낼 수 있으며, 폭식장애와 기분장애의 동반이환에 기여할 수 있다(Bruce et al., 2012).

신경성 폭식증에서 선조체 도파민의 변형이 밝혀지고 있는데, 아직 신경성 폭식증의 발생과 유지에서 어떤 구체적인 역할을 하는지는 잘 알려져 있지 않다(Broft, Berner, Martinez, & Walsh, 2011). 특히 신경성 폭식증의 특징인 폭식행동은 병인론과 생물학에서 중독행동(예 : 약물남용)과 유사한 복잡한 행동이고, 많은 연구는 도파민이 음식섭취와 중독의 보상적 특성에서 중요한 역할을 한다고 시사하고 있다(Broft et al., 2011). 예를 들어 맛있는 음식을 먹으면 중격핵과 다른 보상중추에 있는 도파민 뉴런이 활성화된다. 부정적 정서를 완화하기 위해 이 시스템을 반복적으로 자극하게 되면 폭식과 물질남용이 일어난다(Koob & Le Moal, 2008). 폭식을 하는 사람에서 도파민과 내생적 오피오이드 시스템을 포함한 자연적인 보상경로의 기능이 변형되어 있음이 발견되었다. 도파민 수용체와 도파민 수송체 유전자발현(Shionohara et al., 2003)에 변형이 있고 뇌섬엽 피질에서 오피오이드 수용체 결합력이 낮다(Bencherif et al., 2005).

세로토닌 신경전달물질의 활동 변형도 신경성 폭식증의 증상군에 대한 취약성에 기여할 수 있다(Kaye, Stroeber, Stein, & Gendall, 1999; Kaye et al., 2009; Pichika et al., 2012). 신경성 폭식증이 있는 여성에 대한 연구에 의하면 세로토닌이 폭식의 선행조건과 결과에 어느 정도 영향을 미쳤다. 특히 폭식하는 여성에서 혈소판 파록세틴 결합(platelet paroxetine-binding) 밀도가 낮을 때에는 폭식 전에 기분이 나쁘고 자아존중감이 낮았으며, 폭식 후에는 기분이 더 나빠지고 자아존중감이 더 감소되었고 섭식제한에 대한 생각은 더 증가하였다(Steiger et al., 2005). 이런 결과는 세로토닌 시스템이 기분조절장애에 취약하게 만들고 정서가 중재하는 폭식경로에 영향을 미침으로써 폭식병리에 관여함을 보여준다. 특히 폭식병리에서 회복되어도 세로토닌 변형이 지속적으로 나타나는데(Kaye et al., 1998, 2001), 이는 이런 변형은 성격과 관련될지 모르며, 폭식병리의 발달에 영향을 미칠 수 있음을 시사한다(Pichika et al., 2012).

폭식장애

폭식장애의 생물학적 기제에 대한 연구는 신경성 식욕부진증과 신경성 폭식증에 대한 연구보다 뒤지고 있다. 그렇지만 폭식장애와 신경성 폭식증에서 폭식이 특징이라는 사실은 신경성 폭식증에서 나타나는 폭식의 생물학적 기제에 대한 연구결과를 폭식장애에 일반화할 수 있음을 시사한다. 그러나 두 장애의 임상적 특징에는 큰 차이가 있기 때문에(예 : 폭식장애에서는 과체중과 비만이 많이 나타나고 보상행동은 나타나지 않음) 일반화에 조심할 필요가 있다. 앞으로 폭식장애의 생물학적 기제에 대한 연구가 더 이루어져야 할 것이다.

아동기 경험

섭식병리는 아동기에 경험한 여러 가지 삶의 부정적인 사건과 관련된다. 특히 부정적인 사건은 섭식병리의 발병을 재촉하는데, 이는 부정적 사건이 섭식장애가 일어날 위험을 증가시킨다는 의미이다. 예를 들어 연령이 짝지어진 신경성 폭식증이 있는 102명의 여성과 섭식장애가 없는 204명의 여성에 대한 후향적 연구에 의하면 신경성 폭식증이 있는 여성이 통제집단 여성보다 섭식장애가 발병하기 전 한 해 동안에 더 많은 사건을 경험하였다 (Welch, Doll, & Fairburn, 1997). 특히 신경성 폭식증이 있는 여성은 발병 전 한 해 동안 이사, 질병, 임신, 가족 구성의 변화, 성적 학대 및 신체적 학대를 보고하는 경우가 많았다. 더구나 용량반응효과(dose-response effect)가 관찰되어서 더 많은 사건을 경험했을수록 신경성 폭식증의 가능성이 더 높아졌다. 또한 종단연구에 의하면 특정한 아동기 부정적 사건과 특정한 섭식 및 체중문제 사이의 관련성이 나타났다(Johnson, Cohen, Kasen, & Brook, 2002). 다른 경험보다 특정한 아동기 경험(예 : 성적 학대)이 있을 때에 특정한 문제가 있는 섭식증상(예 : 스스로 유도하는 구토)이 더 많이 나타났다.

그렇지만 이런 관련성의 정도에 대해서는 의문이 제기되고 있다. 섭식장애 위험요인을 종합적으로 개관한 연구자들(Jacobi et al., 2004)은 부정적 생활사건이 섭식병리에 미치는 영향은 크지 않다고 보고하고 있다. 일반적으로 볼 때 부정적 생활사건의 영향에 대한 증거는 특정한 생활사건의 영향에 대한 증거보다 더 적기 때문에 이 분야에서 더 많은 전향적 연구가 이루어져야 한다. 비판적으로 보자면 일반적인 부정적 생활사건은 정신병리가 발병할 위험을 전반적으로 증가시키기 때문에 일반적인 부정적 경험과 섭식병리의 관련성에는 특수성이 결여되어 있다(Jacobi et al., 2004; Wade, Gillespie, & Martic, 2007). 부정적 생활경험을 한 이후에 다른 정신병리증상이 아니라 섭식병리가 일어나게끔 하는 특수한 기제를 밝히기 위해서는 더 많은 연구가 이루어져야 할 것이다.

섭식장애와 관련된 특정한 부정적 생활사건으로는 아동기 외상이 많이 연구되었고 아동기 외상과 섭식병리가 관련이 있음이 밝혀졌다. NCS-R의 참가자에 대한 연구에 의하면 일생 신경성 식욕부진증, 신경성 폭식증과 폭식장애를 경험한 적이 있는 여성 가운데에서 각각 100%, 100%와 93.3%가 이전에 적어도 한 가지 외상을 경험했다(Mitchell, Mazzeo, Schlesinger, Brewerton, & Smith, 2012). 대인관계외상(유괴나 사로잡힘, 어릴 때 부모나 보호자의 구타, 배우자나 사귀는 사람의 구타, 다른 사람의 구타, 강도를 당하거나 무기로 위협당하는 것, 강간, 강간 이외의 성적 폭력, 스토킹, 어릴 때 집에서 심각한 신체적 폭력을 목격함)이 특히 많이 일어났다. 신경성 식욕부진증, 신경성 폭식증과 폭식장애를 보였던 여성 가운데에서 71.2%, 78.2%와 63.7%가 적어도 한 가지 이상의 대인관계외상을 보고하였다. 비슷하게 신경성 식욕부진증, 신경성 폭식증과 폭식장애를 보였던 남성 가운데에서 100%, 100%와 98.4%가 적어도 한 가지 외상을 경험하였고 68.2%, 200%와 74.3%가 적어도 한 가지의 대인관계외상을 경험하였다. 섭식장애가 있는 대부분의 사람이 PTSD의 동반이환을 보이지 않지만 섭식장애가 있는 사람에서 PTSD 평생유병률도 높고, 특히 신경성 폭식증을 보이는 사람에서 더 높다('흔한 동반이환' 참조). 이처럼 아동기 외상, 특히 개인의 대인관계 안정성과 안전성을 위협하는 외상은 섭식병리와 관련이 있는 것 같다. 그렇지만 이는 섭식장애로 가는 여러 경로 가운데 하나일 뿐이고 다른 정신병리보다 섭식병리의 발달에만 특정적이지 않을 수 있다.

아동기 학대, 특히 아동기 성적 학대의 역할은 섭식장애와 관련하여 많이 연구되어 왔다(Jacobi et al., 2004). 불행하게도 대부분이 횡단연구이기 때문에 인과성과 효과의 방향에 대해서 정확한 결론을 내리기 어렵다. 그러나 782명의 여성과 그 자손을 대상으로 이루어진 지역사회기반 종단연구에 의하면 성적 학대나 신체적 방임을 경험한 아동은 이후에 섭식문제를 겪거나(예 : 반복적인 체중의 변동, 엄격한 절식, 스스로 유도한 구토) 청소년기나 초기 성인기에 섭식장애를 보일 가능성이 높았다. 일반적인 부정적 생활사건과의 관련성과 마찬가지로 섭식병리와 아동기 학대 사이의 관련성도 대개 비특정적이어서 아동기 학대와 다른 정신병리도 비슷한 관련성을 보인다(Fairburn, Welch, Doll, Davies, & O'Connor, 1997; Welch & Fairburn, 1996). 예를 들어 무선으로 선발된 7,403명의 영국 성인에 대한 조사연구에서 아동기 성적 학대와 복합적 신경과적 장애의 관련성을 살펴보았다 : 우울삽화, 불안과 우울의 혼재, 강박장애, 약물의존, 알코올 의존과 섭식장애. 아동기 성적 학대와 정신병리의 관련성은 비특정적이었다(Jonas et al., 2011).

다양한 유형의 부정적 생활사건 외에도 양육자에 대한 애착문제—영아기에 시작하는 과정—도 섭식장애의 발생과 관련이 있었다. 섭식장애의 대인관계이론에 따르면(Sullivan, 1953; Wilfley, Pike, & Streigel-Moore, 1997) 애착은 섭식장애, 특히 폭식의 발생과 지속에 있어서 중요한 역할을 한다. 주양육자와 불안정애착의 관계이면 자아존중감이 낮아지고 부정적 정서를 조절하는 대안적이지만 부적응적 방법으로 폭식을 하게 된다. 많은 경험적 연구가 애착과 섭식장애 사이의 관계를 지지해 왔다. 섭식장애가 있는 사람은 그렇지 않은 사람에 비해 애착에 관해 걱정을 더 많이 했다(Illing, Tasca, Balfour, & Bissada, 2010). 애착과 섭식병리의 전반적 심각도(Eggert, Levendosky, & Klump, 2007), 섭식제한 같은 문제가 있는 특정 섭식증상(Tuner, Bryant-Waugh, & Peveler, 2009)과 신체불만족(Abbate-Daga, Gramaglia, Amianto, Marzola, & Fassino, 2010; Troisi et al., 2006)이 관련이 있었다. 555명의 8~11세 아동에서 불안정애착은 섭식에 대한 통제의 상실과 관련이 있었다(Goossens, Braet, Van Durme, Decaluwé, & Bosmans, 2011). 마찬가지로 601명의 8~11세 아동에 대한 1년 종단연구에 의하면 성별, 기초선 섭식병리와 체중을 통제했을 때에도 어머니에 대한 불안정애착은 이후의 섭식제한, 섭식에 대한 걱정, 체중에 대한 걱정, 체형에 대한 걱정과 체질량지수를 예측하였다(Goossens, Braet, Van Durme, & Decaluwé, & Bosmans, 2012). 아버지에 대한 불안정애착은 폭식삽화의 지속을 예측하였는데(Goossens et al., 2012), 이는 어머니와 아버지에 대한 애착이 섭식병리에 미치는 영향에는 차이가 있음을 보여준다. 더구나 최근 연구에 의하면 정서조절장애와 사회적 비교가 불안정애착과 섭식병리의 관계를 매개하였다(Ty & Francis, 2013).

불행하게도 부정적 아동기 경험이 섭식병리의 발생에 미치는 영향을 살펴본 대부분의 연구는—양육자에 대한 애착문제뿐 아니라 스트레스를 주거나 외상적인 사건—부모의 정신병리를 통제하지 못했다. 그런데 부모의 정신병리는 환경적 영향, 유전적 영향과 유전-환경 상호작용을 통해서 아동의 정신병리에 영향을 미칠 수 있다. 부정적 아동기 경험과 섭식병리의 상호관계를 밝히려면 유전학적으로 더 많은 것을 알려줄 수 있는 연구가 필요하다.

청소년발달

청소년기 동안, 특히 여성은 섭식병리의 위험을 증가시키는 많은 발달적 도전과 전환을 경험하게 된다. 특히 급격한 신체적 성장, 자아정체감의 발달과 대인관계의 중요성의 변화가 섭식병리의 위험을 증가시킨다고 생각되고 있다.

신체적 성숙

청소년기에는 사춘기와 관련된 다양한 신체적 변화가 일어나는데, 이로 인해 청소년은 자신의 신체에 대해 더 예민하게 느끼게 된다. 남아의 신체적 성숙은 보통 근육과 제지방조직(lean tissue)의 발달이다. 여아의 신체적 성숙은 초경, 가슴의 발달, 지방의 증가이다(Stang & Stroy, 2005). 남아는 신체적 변화를 긍정적으로 받아들이지만 일부 여아는 이러한 신체적 변화로 인해 자신이 날씬한 체격을 이상적으로 보는 문화적 규범으로부터 멀어진다고 여긴다. 이러한 지각은 신체에 대한 불만족을 일으키고 섭식제한을 증가시키고 다른 체중조절행동을 하도록 만든다. 신체적 성숙에서 나타나는 이러한 성별에 따른 차이는 청소년기 동안 여성의 섭식병리가 불균형적으로 증가하는 현상을 일부 설명할 수 있다. 더구나 이 기간에 여성의 생식호르몬이 증가함으로써 섭식병리를 일으키는 유전자를 활성화한다고 가정되고 있다(Klump et al., 2006; Klump, Keel, Sisk, & Burt, 2010). 실제 사춘기가 여성의 섭식문제에 대한 유전적 위험을 증가시킨다는 사실이 밝혀졌지만 남성에서는 이런 결과가 발견되지 않아서(Klump et al., 2012) 여성의 섭식장애의 발달에 청소년기가 중요함을 알려준다.

사춘기의 시작과 이와 관련된 신체적 변화가 일어난 후에 여성의 절식과 다른 유형의 섭식병리 유병률이 일관적으로 증가한다(Attie & Brooks-Gunn, 1989; Bulik, 2002; Killen et al., 1992). 또래보다 사춘기를 일찍 맞은 여성은 특히 섭식병리의 위험이 높고(Jacobi et al., 2004) 그러한 병리는 신체적 연령보다 사춘기 발달단계와 더 관계가 깊다(Killen et al., 1992). 최근 여성에게 사춘기를 더 일찍 오게 하는 유전자가 절식의 위험도 증가시킨다는 사실이 밝혀졌는데(Harden, Mendle, & Kretsch, 2012), 이는 동일한 유전적 취약성이 작용함을 시사한다. 그러나 조기 초경도 또한 섭식장애보다 다양한 정신과적 장애, 심리적 증상과 적응문제와 더 관련이 있는 것으로 나타났다(Graber, Lewinsohn, Seely, & Brooks-Gunn, 1997).

여아의 사춘기 발달과 섭식병리 사이의 강한 관련성이 증명되었음에도 불구하고 최근 연구는 이런 관련성이 사춘기 도래시기와 관계없이 사춘기 동안에만 나타난다고 밝히고 있다. 특히 스웨덴의 1,964쌍의 아동과 청소년 쌍생아에 대한 종단연구에 의하면 청소년기 초기와 중기에는 사춘기 발달과 섭식병리 사이에 의미 있는 관련성이 있었지만 성인기 초기가 되면 이런 관련성은 사라졌다(Baker, Thornton, Lichtenstein, & Bulik, 2012). 이처럼 사춘기 도래시기가 섭식병리의 중요한 위험요인이지만 사춘기 도래시기와 관계없이 사춘기 동안의 진행도 마찬가지로 위험을 증가시킨다.

자아정체감

청소년기에는 신체적 변화 이외에도 자아에 대한 의식의 변화를 포함하여 심리적 정체감에 중요한 변화가 일어난다. 청소년기 초기에는 자신의 생각과 행동에 대해 반추하는 능력이 증가하고, 자기지각이 점점 더 불안정해진다(Rosenberg, 1986). 그 결과 자신이 다른 사람에게 어떻게 보이는지에 대한 걱정이 증가할 뿐 아니라 새로운 자기의식이 나타난다. 게다가 (체중과 체형을 포함하여) 신체적 외모가 자기가치의 지각에 점점 더 중요한 측면이 되고(Lunde & Frisén, 2011), 청소년기는 자신의 신체상을 형성하는 데 가장 중요한 시기로 인정받고 있다(Levine & Smolak, 2002). 따라서 어떤 청소년은 자아개

념을 높이기 위해서 체형과 체중을 바꾸려는 시도를 시작하기 때문에 청소년기에 섭식장애가 발생하게 된다.

섭식장애에 대한 초기의 정신역동적 이론이 소개된 이후에 섭식병리는 자아의 장애라고 많이 생각되었다. 초기 이론가 가운데 한 사람인 Hilde Bruch는 신경성 식욕부진증은 정체감 발달의 실패 때문에 생긴다고 주장하였다. 그에 의하면(1981, 1982) 안정된 정체감의 부족을 보상하기 위해서 청소년은 아주 중요하고, 문화적으로도 중요하게 인정되며, 조절이 가능한 자기영역인 체형과 체중에 관심을 기울인다. 최근에 섭식병리에 대한 이론적 모델이 크게 발전하였지만 여전히 교란된 자기상과 낮은 자아가치감이 섭식병리의 근본적 원인이며(Fairburn, Cooper, et al., 2003) 사람들은 그와 같은 자기지각의 문제를 섭식을 통제하고 날씬함을 추구함으로써 해결하려고 한다는 점을 강조한다(Polivy & Herman, 2002). 어떤 청소년은 섭식통제와 체중감량에 과도하게 관심을 기울임으로써 정체감에 대한 고민과 다른 문제를 회피한다. 이러한 주장을 지지하는 증거가 점점 더 쌓여가고 있다. 예를 들어 5,287명의 여자 청소년에 대한 연구에서 섭식병리의 수준이 높은 여자는 자기지각이 불안정하고 자아존중감이 낮았다(Kansi, Wichstrøm, & Bergman, 2003). 마찬가지로 낮은 자아존중감은 이후의 섭식증상군(Button, Sonuga-Barke, Davies, & Thompson, 1996; Leon, Keel, Klump, & Fulkerson, 1997)과 낮은 섭식장애치료의 효과를 예측하였다(Fairburn, Cooper, et al., 2003).

대인관계

청소년기 동안 또래관계가 점점 더 중요해지는 것도 또한 섭식병리의 발달에 영향을 미친다. 청소년기는 사회적 수용에 대한 우려가 증가하는 기간이다(Harter, 2012). 이 기간에 청소년은 가족으로부터 더 독립하려 하고 또래와의 관계를 더 중요하게 여긴다(McCabe, Ricciardelli, & Finemore, 2002; Steinberg, 2001). 부모의 승인보다 또래의 승인이 신체적 매력과 더 강하게 관련되며(Harter, 2012), 체중, 체형과 전체적 외모에 대한 청소년의 걱정에 더 영향을 미쳤고, 궁극적으로는 섭식장애가 발생할

위험을 더 증가시켰다. 섭식장애에 대한 대인관계모델에 의하면(Rieger et al., 2010), 청소년기 동안 사회적 상황이 변하면서 자기가치도 변하게 되는데, 자기평가가 부정적이 될 경우에 섭식병리가 촉진된다. 이 모델에 의하면 청소년기에는 자아존중감이 사회적 평가의 영향을 특히 더 많이 받고, 또래수용이 자아존중감에 더 중요해지고, 외모가 또래수용에 더 중요해지기 때문에 섭식장애의 위험이 증가하게 된다. 치료를 받지 않고 있는 219명의 8~17세 남아와 여아를 대상으로 대인관계모델을 검증하였다. 이 모델은 사회적 문제가 부정적 정서를 유발하고, 부정적 정서를 이겨내기 위해 폭식을 하게 된다고 제안하였는데(Elliot et al., 2010) 연구결과는 이 모델을 지지하였다.

더구나 이성관계에 대한 관심도 증가하고 많은 청소년이 이 시기에 데이트를 시작한다. 이성 파트너의 선택과 이성에 대한 매력에 신체적 외모가 중요하기 때문에 이성관계와 성적 관계에 참여하면서 자신의 체중과 체형을 포함하여 자기 신체에 대한 관심이 증가한다. 어떤 청소년은 자신이 문화적 이상에 도달하지 못한다고 걱정하기 때문에 자신의 신체상에 만족하지 못하여 섭식, 체형과 체중을 조절하려고 한다. 이전 연구에 의하면 남자와 사회적 및 성적 활동이 많은 여자 청소년이 그렇지 않는 여자 청소년에 비해 절식과 섭식병리를 더 많이 보였다. 이런 관련성은 초경을 시작한 여자에서 특히 더 높았다(Caufman & Steinberg, 1996). 게다가 남성에게 받는 인기를 중요하게 여기는 여자 청소년은 신체적 불만족을 더 많이 토로하였고 이런 관련성을 남자가 여자의 날씬함을 중요하게 본다는 신념이 완전매개하였다(Paxton, Norris, Wertheim, Durkin, & Anderson, 2005). 전체적으로 청소년의 이성 및 성적 활동은 다양한 섭식증상과 관련이 있었다. 그러나 문제가 있는 섭식증상 이외에도 우울, 불안과 외현화 증상과도 관련이 있어서 섭식증상만이 특별하게 관련되는 것은 아닌 것 같다(Starr et al., 2012).

개인 및 가족의 체중이력

섭식병리의 발달은 개인 및 부모의 과체중과 비만이력과도 관련이 있다. 과체중 아동은 정상체중 아동보다 섭식에 대한 통제를 더 많이 상실할 뿐 아니라 더 심각한 섭식인지 및 행동의 문제를 보고한다(Tanofsky-Kraff et al., 2004). 더구나 대부분의 과체중 아동은 절식이나 섭식에 대한 통제를 상실하기 전에 과체중이 되었다고 보고한다(Tanofsky-Kraff et al., 2005). 지역사회기반 사례통제 연구에서도 신경성 폭식증(Fairburn et al., 1997)과 폭식장애(Fairburn et al., 1998)가 있는 여성이 건강한 통제집단과 일반적인 정신과적 통제집단에 비해 아동기 비만을 더 많이 보고하였다. 불행하게도 이 분야에서 이루어지는 대부분의 연구는 회고적이거나 횡단적이기 때문에 추론에 한계가 있다. 그러나 153명 소녀에 대한 전향적 연구에 의하면 5세에 과체중의 위험선상에 있었던 소녀는 (즉, 체질량지수 ≥85백분위) 그런 위험이 없었던 소녀에 비해 9세에 신체 불만족도, 체중에 대한 걱정, 섭식제한과 탈억제성 식습관이 훨씬 더 높았다. 게다가 1,597명 아동에 대한 전향적 연구에 의하면 자녀의 체중에 대한 부모의 지각이 자녀의 실제 체중보다 섭식장애 발생의 더 중요한 예측요인이었다(Allen, Byrns, Forber, & Oddy, 2009). 8세와 10세에 측정한 부모의 지각은 14세의 섭식장애 사례를 예측할 뿐 아니라 섭식장애가 있는 청소년과 정신과적 통제집단을 구분하였는데, 이는 자녀의 체중에 대한 부모의 지각이 섭식병리 발달에 대한 특수한 위험요인임을 시사한다.

후자 연구는 부모의 체중상태와 아동에게 나타나는 섭식장애 사이에 전향적 관련성이 있음도 보여주었다(Allen et al., 2009). 특히 임신 16주에 어머니의 체질량지수의 증가가 14세 때 아동의 섭식장애 사례를 예측하였다. 그러나 다른 정신병리와 비교해 보았을 때 이런 관련성이 섭식장애에만 국한되지 않았고 어머니의 체중상태는 정신과적 질병과 일반적으로 관련이 있었다. 또 다른 전향적 연구에 의하면 부모가 모두 과체중인 소녀는 부모가 모두 과체중이 아닌 소녀에 비해 5세에서 13세 사이에 탈억제성 식습관이 더 증가하였다(Francis,

Ventura, Marini, & Birch, 2007). 횡단연구도 또한 과체중 어머니의 딸이 정상 체중 어머니의 딸에 비해 섭식제한과 신체 불만족을 더 많이 나타내었다고 보고하였다(Jacobi, Schmitz, & Agras, 2008). 마지막으로 본인이나 부모가 비만이력을 가지고 있는 사람은 섭식장애치료에 잘 반응하지 않고 섭식장애가 지속될 가능성이 더 높았다(Fairburn et al., 1995).

섭식장애는 중독인가

섭식장애는 DSM-IV의 병리적 도박과 DSM-5의 도박장애뿐 아니라 물질사용장애와 같이 발생하는 비율이 생각보다 높다(Baker, Mitchell, Neale, & Kendler, 2010; Petry, Stinson, & Grant, 2005; von Ranson, Wallace, Holub, & Hodgins, 2013). 특히 반복적 폭식은 보상행동이 있는지 여부와 무관하게 물질사용장애와 다른 중독행동과 같이 일어나는 경우가 많다(Holderness, Brooks-Gunn, & Warren, 1994; Sinha & O'Malley, 2000; Umberg, Shader, Hsu, & Greenblatt, 2012; von Ranson et al., 2013). 이런 관련성 때문에 비만뿐 아니라 신경성 폭식증과 폭식장애가 물질중독과 비슷한 중독장애일지 모른다는 이론이 많은 관심을 받았다(예 : Cassin & von Ranson, 2007; Davis et al., 2011; Speranza et al., 2012; Umberg et al., 2012). 일부 연구자들은 물질중독과 행동적 중독에서 통제상실과 갈망 같은 특징이 전형적으로 나타나고(예 : Davis & Carter, 2009; Gearhardt, White, & Potenza, 2011) 자신의 정서를 통제하려는 시도가 있음을 관찰했다(Haylett, Stephenson, & Lefever, 2004). 행동적 중독과 물질사용장애는 변형된 신경생물학적 자기통제와 보상경로에 의해 유지된다는 제안도 있었다(Davis & Carter, 2009; Gold, Frost-Pineda, & Jacobs, 2003; Umberg et al., 2012). '음식중독'에 대한 동물 모델이 개발되어 검증되었는데 설탕을 폭식했을 때 신경화학적 반응이 일부 약물을 섭취했을 때의 반응과 비슷하다는 점이 밝혀졌다(Avena, 2010). 물질중독에 대한 지식이 비만치료에 도움이 되는지에 대한 논쟁도 계속되어 왔다(Volkow & Wise, 2005). 그러나 중독행동으로 간주되는 섭식장애나 비만은 다른

형태의 물질중독이나 행동적 중독과는 중요한 점에서 차이가 있다. 약물이나 도박은 끊을 수 있지만 먹는 것은 끊을 수 없기 때문에 섭식과 관련된 문제를 치료하는 것이 더 어렵다.

일부 사람들은 섭식장애와 중독행동의 유사성을 강조하는 사람들이 그들 사이의 중요한 차이점을 간과하고 있으며 비확증적 증거는 무시하고 확증적 증거에만 선택적으로 주의를 기울인다고 생각한다(Wilson, 2010). 예를 들어 섭식장애 환자에서 물질사용장애의 비율이 높기는 하지만 우울과 불안장애는 그보다 더 많이 나타나는 동반이환이다[869쪽 '흔한 동반이환' 참조]. 따라서 섭식장애를 일종의 중독으로 주장하는 이론은 논쟁의 여지가 있다(von Ranson & Cassin, 2007; Wilson, 2010).

도박장애가 DSM-5에서는 물질관련 및 중독장애라는 새로운 진단범주 내에 있는 비물질관련장애에 포함되었기 때문에 행동적 중독이 갑자기 적법성을 갖도록 도약하였다(APA, 2013a). DSM-5의 급식 및 섭식장애 장의 서론에 섭식장애를 중독장애 범주에서 삭제하는 이유를 간단하게 설명하고 있는데, 아직도 섭식장애와 중독장애의 공통적이거나 차별적인 병인론적 요인과 그들을 지속시키는 요인을 충분하게 이해하지 못하고 있기 때문이다(APA, 2013a). 폭식장애, 비만과 음식중독 사이의 경계는 명확하지 않지만(Gearhardt et al., 2011) 더 많은 연구가 필요하다.

성격

성격특성은 오랫동안 섭식장애 증상의 발병과 유지에 중요한 역할을 한다고 가정되어 왔고, 섭식장애 환자의 다양한 성격 특성이 많이 연구되어 왔다. 대부분의 연구에서는 한 번에 몇 가지 선택된 성격특성을 살펴보는 데 집중해 왔고 성격에 대한 폭넓은 측정치를 사용한 연구는 별로 없었다. 요약하면 신경성 식욕부진증과 신경성 폭식증에서 항상 관찰되는 성격특성은 완벽주의, 강박증상, 신경증, 부정적 정서성, 위험회피, 낮은 자기주도성, 낮은 협동성과 회피성격장애와 관련된 특성이었다(Cassin & von Ranson, 2005). 그러나 특정한 섭식장애에서 특별

한 성격특성이 발견되기도 했다. 특히 신경성 식욕부진증은 높은 수준의 억제와 고집, 낮은 수준의 자극추구와 관련이 있었다. 대조적으로 신경성 폭식증은 높은 수준의 충동성, 감각추구, 자극추구와 경계선 성격장애와 관련된 특성과 연관이 있었다(Cassin & von Ranson, 2005). 폭식장애의 성격특성에 대한 연구는 거의 없다.

그렇지만 여러 유형의 섭식장애와 관련된 성격특성은 아주 다양하다는 사실을 명심하여야 한다. 그럼에도 불구하고 신경성 식욕부진증과 신경성 폭식증이 있는 대부분의 사람들은 세 가지 성격유형인 고기능/완벽주의적, 제한적/과잉통제된, 정서조절이 되지 않는/과소통제된 성격 가운데 하나로 분류될 수 있다는 사실이 반복적으로 발견되고 있다(Westen & Harden-Fischer, 2001; Wilder et al., 2011; Wonderlich, Joiner, Keel, Williamson, & Crosby, 2007). 이러한 성격군집은 섭식장애증상, 적응적 기능과 성적 학대력을 예측하였다. 가장 적응을 잘하는 사람은 고기능/완벽주의적 성격 특성을 보였고, 식욕부진증상이 심한 사람은 제한적/과잉통제된 성격특성을 보였고, 폭식증상을 주로 보이는 사람은 정서조절이 되지 않는/과소통제된 성격특성을 보였다(Westen & Harden-Fischer, 2001). 신경성 식욕부진증이 있는 사람 중에서 과소통제된 유형은 퇴원 시에 다른 유형보다 결과가 더 나쁘고, 자의퇴원율과 재입원율이 더 높았다.

성격연구는 섭식장애의 병인에 대한 이해에 중요한 함의를 갖는다. 성격장애의 유전 가능성은 50%인데, 이는 성격형성에 유전자와 환경이 비슷하게 영향을 미친다는 의미이다(Tellegen et al., 1988). 따라서 유전자가 개인이 섭식장애를 일으킬 위험에 영향을 줄 수 있는 하나의 통로는 유전되는 성격 특성을 통해서이다(Klump et al., 2004).

충동성이 폭식증상의 핵심적인 예측요인이라는 증거가 늘어나고 있다(Anestis, Selby, & Joiner, 2007; Claes, Vandereycken, & Vortommen, 2005; Fischer & Smith, 2008). 특정한 유형의 충동성인 부정 긴급성(negative urgency) — 부정적 정서에 대한 반응으로 무분별하게 행동하는 경향 — 이 특히 중요해 보인다. 여성 쌍생아 222쌍에 대한 최근 연구에 의하면 높은 부정적 정서를 통제하였을 때에도 부정 긴급성은 폭식과 관련이 있었고, 유전적 요인이 이런 관련성의 2/3를 설명하였다(Racine et al., 2013). 이처럼 부정적 정서를 경험하고 그런 정서에 대한 반응으로 무분별하게 행동하는 유전적 경향성이 폭식의 위험과 관련이 있다.

섭식장애에서 완벽주의의 역할은 인기가 높은 연구주제이다. 섭식장애에 대한 완벽주의의 정확한 역할에 대해서는 아직도 더 연구가 이루어져야 하겠지만 완벽주의가 중요한 것 같다. 예를 들어 여성의 하루 동안의 완벽주의의 변동과 섭식장애 증상에 대한 연구에 의하면 두 증상이 하루 동안 같이 변했는데, 이는 완벽주의와 섭식장애 증상이 직접적으로 연결되어 있을 가능성을 보여준다(Boone et al., 2012). 완벽주의가 섭식장애뿐 아니라 불안장애와 우울을 일으키고 유지하는 기제라고 제안되면서 치료의 핵심이 되고 있다(Egan, Wade, & Shafran, 2011). 이론가들은 사회적 신분이나 지위를 얻고 유지하는 것을 우선으로 하고, 실수와 불완전함을 숨기고, 실수에 대해 계속 반추하는 경향성은 섭식장애가 있는 사람에게 특히 문제가 된다고 주장한다(Bardone-Cone et al., 2007; Nolen-Hoeksema, Stice, Wade, & Bohon, 2007). 최근 연구는 신경성 폭식증이나 준임상적 신경성 폭식증을 보이는 여성에서 완벽주의가 섭식장애와 강박증상의 관계를 매개하였고, 따라서 이 증상들 사이의 동반이환을 설명하는 데 도움이 될 것이라고 밝히고 있다(Berner et al., 2013). 또한 완벽주의의 정도가 섭식장애의 단계에 따라 다를 수 있다. 한 연구에서 완전하게 회복된 여성은 건강한 통제집단과 비슷한 수준의 완벽주의를 보였고, 부분적으로 회복된 여성과 심각한 섭식장애를 보이는 여성은 회복된 여성보다 더 높은 수준의 완벽주의를 비슷한 정도로 보였다(Bardone-Cone, Sturm, Lawson, Robinson, & Smith, 2010).

가족의 역할

비록 논쟁이 있기는 하지만 가족은 오랫동안 아동과 청소년의 섭식장애의 발달에 주요원인으로 생각되어 왔다.

예를 들어 Minuchin, Rosman과 Baker(1978)는 과잉보호, 매몰성, 엄격함과 갈등회피 같은 가족의 병리적 상호작용 과정이 신경성 식욕부진증 발병의 원인이라고 주장하였다. 그들은 신경성 식욕부진증 청소년의 가족은 정서적 갈등을 신체적 증상으로 변환시킨다는 점에서 '정신신체적'이라고 주장했다. 가족이 신경성 식욕부진증 발병에 필수적인 원인이라는 Minuchin과 동료의 견해는 이후에 가족역기능이 아동과 청소년의 섭식장애와 관련된다고 밝힌 횡단연구에 의해 지지를 받았다.

섭식장애의 위험요인에 대한 대규모 개관연구에 의하면(Jacobi et al., 2004) 신경성 식욕부진증과 신경성 폭식증을 보이는 사람은 자신의 가족구조의 여러 측면(예 : 상호작용, 의사소통, 응집성과 정서적 표현)이 건강한 통제집단보다 더 혼란되고, 갈등이 많고, 병리적이고 역기능적이라고 보고했다. 많이 연구되었던 네 가지 가족요인은 (1) 부모의 과잉보호와 통제, (2) 가족의 체중과 관련된 놀림 및 비판적 언급, (3) 가족의 외모에 대한 관심 집중, (4) 어머니의 섭식병리였다. 부모의 과잉보호와 통제는 청소년이 스스로 정서와 행동을 통제하는 능력과 독립적으로 또 유능하게 행동하는 능력을 저해한다고 알려져 왔다. 청소년이 자기유능성을 낮게 지각하고 자신의 신체나 섭식습관을 변화시킴으로써 독립감과 자기통제감을 경험하려고 한다. 그렇게 노력하는 과정에서 청소년은 신체상에 더 집착하게 되고 나중에는 섭식제한과 폭식의 순환과 같은 체중감량 전략을 사용하게 된다(Salafia, Gondoli, Corning, Bucchianeri, & Godinez, 2009). 여러 연구에서 체중, 음식과 외모와 관련된 가족의 놀림이 신체 불만족, 날씬한 이상형의 내면화, 폭식과 제거행동, 극단적인 체중감량 행동, 과체중 같은 섭식병리의 발생과 관련이 있음이 밝혀졌다(Annus, Smith, Fischer, Hendricks, & Williams, 2007; Eisenverg, Berge, Fulkerson, & Neumark-Sztainer, 2012; Keery, Boutelle, van den Berg, & Thompson, 2005; Wojtowica & von Ranson, 2012). 예비 증거에 의하면 섭식병리와 놀림의 관련성은 섭식과 날씬함이 주는 보상에 대한 높은 기대에 의해 매개되었다(Annus et al., 2007). 외모에 대한 가족의 주의집중도

또한 섭식행동의 이상과 관련이 있었는데, 이 과정에서 신체 불만족의 증가가 부분매개 역할을 하였다(Kluck, 2010). 연구자들은 외모를 중시하는 가정에서 성장한 사람은 자신의 외모를 더 의식할 뿐 아니라 자신의 외모가 가족 및 사회적 기준에 잘 맞는지를 더 의식하고 걱정한다고 보고하였다(Kluck, 2010). 어린 아동보다 나이든 아동(7~8세 대 9~10세; Anschutz, Kanters, Van Strien, Vermulst, & Engels, 2009)과 신경증적 성향이 높은 사람(Davis, Shuster, Blackmore, & Fox, 2004)이 외모를 중시하는 가정에서 섭식병리를 일으킬 위험이 특히 더 높다. 마지막으로 어머니의 섭식병리, 예컨대 신체 불만족, 날씬함에 대한 갈망, 섭식장애와 어머니의 과체중 상태는 모두 아동과 청소년의 섭식병리와 관련이 있었다(Anschutz et al., 2009; Canals, Sancho, & Arija, 2009; Jacobi et al., 2008; Stein et al., 2006). 부모와 아동의 섭식병리 사이의 관련성은 병리적 증상과 행동에 대한 모델링과 강화뿐 아니라 공유된 유전적 위험에 기인하는 것 같다.

그러나 이 분야 연구들의 방법론적 제한점 때문에 확실한 결론을 내리기는 어렵다. 비판적으로 볼 때 대부분의 연구는 횡단적이고 후향적 회상에 의존하였다. 가족요인으로 나중의 섭식문제의 발병을 예측하였던 전향적 연구 중 일부 연구에서는 가족요인이 강력한 예측요인임을 발견했지만(Beato-Fernandez, Rodriguez-Cano, Belmonte-Llario, & Martinez-Delgado, 2004; Johnson et al., 2002; Neumark-Sztainer et al., 2007; Salafia et al., 2009), 일부 연구에서는 그렇지 못했다(Attie & Brooks-Gunn, 1989; Graber, Brooks-Gunn, Paikoff, & Warren, 1994; McKnight Investigators, 2003; Nicholls & Viner, 2009). 이렇게 불일치하는 결과는 가족과 관련된 영향은 복잡하고 상호작용할 가능성이 있음을 보여준다. 더구나 일부 종단연구의 결론은 제한적인데, 왜냐하면 때로는 평가를 발달 과정에서 충분히 일찍 시작하지 않았고, 때로는 평가를 충분히 오랫동안 계속하지 않았고, 때로는 처음의 섭식문제를 통제하지 않았기 때문이다(Jacobi et al., 2004).

더구나 연구들은 섭식장애의 위험요인과 초기 증상과 상관요인을 구분하는 데 일관성이 없었다(Jacobi et al., 2004). 연구자들은 부정적 가정역동이 섭식장애의 결과일 가능성에 점점 더 관심을 기울이고 있다. 실제 가족요인이 섭식병리를 유의하게 예측한다는 종단연구가 없기 때문에 최근에는 가족요인을 섭식병리의 원인으로 보는 입장에서 섭식병리를 지속시키는 요인으로 보는 입장으로 개념적 변화가 일어나고 있다. 많은 연구자들은 높은 수준의 가족 내 고통과 역기능은 의학적으로 위험하고 만성적 질환이 있는 아동과 같이 살기 때문에 생겨나는 결과라고 가정하고 있다(Nilsson, Engstrom, & Hagglof, 2012; Sim et al., 2009; Ward, Tiller, Treasure, & Russell, 2000). 최근에 이루어진 전집기반 연구에서 교차지연 구조모형(cross-lagged structural model)을 사용하여 이미 존재하는 관련성과 연령 내 관련성을 통제하였을 때 부모-아동 갈등은 섭식문제(특히 체중에 대한 집착)의 촉진요인이라기보다는 오히려 결과였다(Spanos, Klump, Burt, McGue, & Iacono, 2010). 이 연구의 분석적 접근으로 인해 인과성을 엄격하게 검증할 수 있었고 앞에서 언급했던 가설은 강력한 지지를 받게 되었다. 더구나 전향적 연구설계는 가족기능의 향상(예 : 가족들이 더 가까워지고 거리감의 감소)이 청소년기 발병 섭식장애의 회복과 관련이 있음을 보여주었다(Nilsson et al., 2012). 섭식병리가 회복된 이후에 가족기능의 변화가 관찰되었다. 이처럼 좀 더 최근의 연구설계와 연구결과는 가족을 원인이 아니라 결과 또는 유지변인으로 보고 있다.

현재 연구의 또 다른 제한점은 정신과적 통제집단이 없었다는 점이다. 이로 인해 효과의 특수성에 대해 의문이 제기되고 있다. 중요하다고 밝혀진 가족요인은 섭식장애와 특수하게 관련이 있기보다는 정신병리(예 : 우울, 불안)의 위험과 일반적으로 관련이 있는 것 같다. 전체적으로 볼 때 특수한 가족요인이 반복적으로 확인되지 않았으므로 이 분야에 대해 더 많은 연구가 요구된다. 최근에 이루어진 권위 있는 한 개관의 저자들은 섭식장애에 선행하는 가족요인은 정신병리의 위험을 일반적으로 증가시킨다고 보고하였다(Le Grange, Lock, Loeb, & Nicholls, 2010). 그들은 이런 일반적 위험요인은 유전적 및 생물학적 취약성과 상호작용하여 특정한 섭식문제를 유발한다고 가정한다.

반면 가족요인을 섭식장애의 발생과 유지, 또는 모두의 보호요인으로 생각하는 것도 중요하다. 예를 들어 자주 있는 가족식사, 가족식사의 긍정적 분위기(Neumark-Sztainer et al., 2007), 높은 수준의 가족지지와 유대감(Croll et al., 2002; Perkins, Luster, & Jank, 2002), 가족의 긍정적 의사소통(Fonseca, Ireland, & Resnick, 2002)은 모두 섭식장애가 발생하지 않도록 보호하는 역할을 하였다.

전체적으로 볼 때 가족요인이 섭식장애의 발달에 있어서 중요하고 특수한 인과적 역할을 한다는 이론을 지지하는 증거는 아주 적다. 전문가들은 가족요인은 섭식장애를 일으키고 유지하는 여러 요인 가운데 하나일 뿐 아니라 섭식병리의 발생을 막고 병리의 회복을 촉진할 수 있는 보호요인의 역할도 한다고 주장한다(Le Grange et al., 2010). 섭식병리를 일으키고, 섭식병리에 대한 유전적 취약성을 촉발하는 특수한 가족요인과 섭식병리의 발생과 유지로부터 보호하는 특수한 가족요인을 밝혀내기 위해서는 더 많은 연구가 필요하다.

앞으로의 연구 방향

앞으로 여러 연구영역이 전망이 있을 것으로 기대된다. DSM-5에서 수정되었고, 새로 추가되었고, 또 더 연구가 필요하다고 제안된 진단범주, 특히 회피적/제한적 음식섭취장애와 다양한 형태의 달리 명시된 급식 또는 섭식장애(저빈도 신경성 식욕부진증, 신경성 폭식증과 폭식장애, 제거장애, 야식증후군)에 대한 연구가 요구된다. 정의가 분명해지면 이런 증상에 대한 연구도 빠른 속도로 진척될 것이다. 중요하게 연구되어야 할 문제는 그들의 타당성, 신뢰성과 임상적 유용성이다. 이런 문제들과 그들 사이의 상호작용을 기술하고, 이미 그려놓은 그들 사이의 경계의 적합성을 검증하기 위해서 더 많은 연구가 이루어져야 한다. 급식 및 섭식장애와 비만의 관계도 계속 연구되어야 한다. 이제 급식 및 섭식장애가 한 범주에 포함되었기 때문에 이들의 역학, 증상의 발현, 발달과정, 상관요인과 여러 연령에서 나타나는 결과를 포함하여 이 장애의 발달적 측면에 대한 연구를 수행할 수 있는 무대가 마련되었다.

음식중독의 개념을 포함하여 급식 및 섭식장애의 발생과 유지에 대한 여러 모델의 타당성이 앞으로 더 평가되어야 하고, 많이 나타나지만 장애를 초래하는 이런 문제들의 생물학적 및 유전적 기초에 대한 연구도 더 이루어져야 한다. 항상 그러하듯이 방법론적 문제에 대한 관심이 여전히 중요한데 적절한 통제집단을 사용하여서 관계의 특정성을 검증해야 하고, 종단적이며 전향적인 연구설계를 사용하여 증상발병의 시간적 순서와 같은 문제를 연구하여야 한다. 예를 들어 여러 증상이 아직 발달하지 않은 아동기에 종단연구를 시작하는 것이 적합하다. 청소년기나 성인기는 너무 늦다. Kraemer, Stice, Kazdin, Offord와 Kupfer(2001)가 잘 기술한 것처럼 위험요인을 확인하고 연구하는 데 있어서 연구설계에 면밀하게 주의를 기울이는 것도 못지않게 중요하다. 변화를 일으키는 중요한 매개변인과 조절변인이 밝혀지고 섭식장애에 대한 지식기반이 계속 확장되고 있기 때문에 후성유전학과 유전자-환경 상호작용을 포함하여 상호작용에 대한 연구가 앞으로 치료와 예방 프로그램의 개발과 향상에 특히 중요할 것이다.

참고문헌

Abbate-Daga, G., Gramaglia, C., Amianto, F., Marzola, E., & Fassino, S. (2010). Attachment insecurity, personality, and body dissatisfaction in eating disorders. *Journal of Nervous and Mental Disease, 198*, 520–524.

Abebe, D. S., Lien, L., & von Soest, T. (2012). The development of bulimic symptoms from adolescence to young adulthood in females and males: A population-based longitudinal cohort study. *International Journal of Eating Disorders, 45*, 737–745.

Ackard, D. M., Fedio, G., Neumark-Sztainer, D., & Britt, H. R. (2008). Factors associated with disordered eating among sexually active adolescent males: Gender and number of sexual partners. *Psychosomatic Medicine, 70,* 232–238.

Ackard, D. M., Fulkerson, J. A., & Neumark-Sztainer, D. (2011). Psychological and behavioral risk profiles as they relate to eating disorder diagnoses and symptomatology among a school-based sample of youth. *International Journal of Eating Disorders, 44*, 440–446.

Agras, W. S., & Telch, C. F. (1998). The effects of caloric deprivation and negative affect on binge eating in obese binge-eating disordered women. *Behavior Therapy, 29*, 491–503.

Al-Adawi, S., Bax, B., Bryant-Waugh, R., Claudino, A. M., Hay, P., Monteleone, P., et al. (2013). Revision of ICD: Status update on feeding and eating disorders. *Advances in Eating Disorders, 1*, 10–20.

Allen, K. L., Byrne, S. M., Forbes, D., & Oddy, W. H. (2009). Risk factors for full- and partial-syndrome early adolescent eating disorders: A population-based pregnancy cohort study. *Journal of the American Academy of Child and Adolescent Psychiatry, 48*, 800–809.

Allen, K. L., Byrne, S. M., & McLean, N. J. (2012). The dual-pathway and cognitive-behavioural models of binge eating: Prospective evaluation and comparison. *European Child and Adolescent Psychiatry, 21*, 51–62.

American Psychiatric Association (APA). (1980). *Diagnostic and statistical manual of mental disorders* (3rd ed.). Washington, DC: Author.

American Psychiatric Association (APA). (1987). *Diagnostic and statistical manual of mental disorders* (3rd ed., rev.). Washington, DC: Author.

American Psychiatric Association (APA). (1994). *Diagnostic and statistical manual of mental disorders* (4th ed.). Washington, DC: Author.

American Psychiatric Association (APA). (2000). *Diagnostic and statistical manual of mental disorders* (4th ed., text rev.). Washington, DC: Author.

American Psychiatric Association (APA). (2013a). *Diagnostic and statistical manual of mental disorders* (5th ed.). Arlington, VA: Author.

American Psychiatric Association (APA). (2013b). Feeding and eating disorders. Retrieved June 19, 2013, from *www.dsm5.org/Documents/Eating%20Disorders%20 Fact%20Sheet.pdf*

Anderson, C. B., & Bulik, C. M. (2004). Gender differences in compensatory behaviors, weight and shape salience, and drive for thinness. *Eating Behaviors, 5*, 1–11.

Anestis, M. D., Selby, E. A., & Joiner, T. E. (2007). The role of urgency in maladaptive behaviors. *Behaviour Research and Therapy, 45*, 3018–3029.

Annus, A. M., Smith, G. T., Fischer, S., Hendricks, M., & Williams, S. F. (2007). Associations among family-of-origin food-related experiences, expectancies, and disordered eating. *International Journal of Eating Disorders, 40*, 179–186.

Anschutz, D. J., Kanters, L. J., Van Strien, T., Vermulst, A. A., & Engels, R. C. (2009). Maternal behaviors and restrained eating and body dissatisfaction in young children.

International Journal of Eating Disorders, 42, 54–61.

Arbour, K. P., & Martin Ginis, K. A. (2006). Effects of exposure to muscular and hypermuscular media images on young men's muscularity dissatisfaction and body dissatisfaction. *Body Image, 3,* 153–161.

Arcelus, J., Mitchell, A. J., Wales, J., & Nielsen, S. (2011). Mortality rates in patients with anorexia nervosa and other eating disorders: A meta-analysis of 36 studies. *Archives of General Psychiatry, 68,* 724–731.

Attia, E., & Roberto, C. A. (2009). Should amenorrhea be a diagnostic criterion for anorexia nervosa? *International Journal of Eating Disorders, 42,* 581–589.

Attie, I., & Brooks-Gunn, J. (1989). Development of eating problems in adolescent girls: A longitudinal study. *Developmental Psychology, 25,* 70–79.

Austin, J. L., & Smith, J. E. (2008). Thin ideal internalization in Mexican girls: A test of the sociocultural model of eating disorders. *International Journal of Eating Disorders, 41,* 448–457.

Austin, S. B., Ziyadeh, N. J., Corliss, H. L., Rosario, M., Wypij, D., Haines, J., et al. (2009). Sexual orientation disparities in purging and binge eating from early to late adolescence. *Journal of Adolescent Health, 45,* 238–245.

Austin, S. B., Ziyadeh, N., Kahn, J. A., Camargo, C. A., Jr., Colditz, G. A., & Field, A. E. (2004). Sexual orientation, weight concerns, and eating-disordered behaviors in adolescent girls and boys. *Journal of the American Academy of Child and Adolescent Psychiatry, 43,* 1115–1123.

Avena, N. M. (2010). The study of food addiction using animal models of binge eating. *Appetite, 55,* 734–737.

Bailer, U. F., Narendran, R., Frankle, W. G., Himes, M. L., Duvvuri, V., Mathis, C. A., et al. (2012). Amphetamine induced dopamine release increases anxiety in individuals recovered from anorexia nervosa. *International Journal of Eating Disorders, 45,* 263–271.

Baker, J. H., Mazzeo, S. E., & Kendler, K. S. (2007). Association between broadly defined bulimia nervosa and drug use disorders: Common genetic and environmental influences. *International Journal of Eating Disorders, 40,* 673–678.

Baker, J. H., Mitchell, K. S., Neale, M. C., & Kendler, K. S. (2010). Eating disorder symptomatology and substance use disorders: Prevalence and shared risk in a population based twin sample. *International Journal of Eating Disorders, 43,* 648–658.

Baker, J. H., Thornton, L. M., Lichtenstein, P., & Bulik, C. M. (2012). Pubertal development predicts eating behaviors in adolescence. *International Journal of Eating Disorders, 45,* 819–826.

Bardone-Cone, A. M., Sturm, K., Lawson, M. A., Robinson, D., & Smith, R. (2010). Perfectionism across stages of recovery from eating disorders. *International Journal of Eating Disorders, 43,* 139–148.

Bardone-Cone, A. M., Wonderlich, S. A., Frost, R. O., Bulik, C. M., Mitchell, J. E., Uppala, S., et al. (2007). Perfectionism and eating disorders: Current status and future directions. *Clinical Psychology Review, 27,* 384–405.

Beato-Fernandez, L., Rodriguez-Cano, T., Belmonte-Llario, A., & Martinez-Delgado, C. (2004). Risk factors for eating disorders in adolescents: A Spanish community-based longitudinal study. *European Child and Adolescent Psychiatry, 13,* 287–294.

Becker, A. E. (2004). Television, disordered eating, and young women in Fiji: Negotiating body image and identity during rapid social change. *Culture, Medicine and Psychiatry, 28,* 533–559.

Becker, A. E., Burwell, R. A., Herzog, D. B., Hamburg, P., & Gilman, S. E. (2002). Eating behaviours and attitudes following prolonged exposure to television among ethnic Fijian adolescent girls. *British Journal of Psychiatry, 180,* 509–514.

Becker, A. E., Fay, K. E., Agnew-Blais, J., Khan, A. N., Striegel-Moore, R. H., & Gilman, S. E. (2011). Social network media exposure and adolescent eating pathology in Fiji. *British Journal of Psychiatry, 198,* 43–50.

Becker, A. E., Thomas, J. J., & Pike, K. M. (2009). Should non-fat-phobic anorexia nervosa be included in DSM-V? *International Journal of Eating Disorders, 42,* 620–635.

Bencherif, B., Guarda, A. S., Colantuoni, C., Ravert, H. T., Dannals, R. F., & Frost, J. J. (2005). Regional-opioid receptor binding in insular cortex is decreased in bulimia nervosa and correlates inversely with fasting behavior. *Journal of Nuclear Medicine, 46,* 1349–1351.

Beren, S. E., Hayden, H. A., Wilfley, D. E., & Grilo, C. M. (1996). The influence of sexual orientation on body dissatisfaction in adult men and women. *International Journal of Eating Disorders, 20,* 135–141.

Bergen, A. W., Yeager, M., Welch, R. A., Haque, K., Ganjei, J. K., van den Bree, M. B., et al. (2005). Association of multiple DRD2 polymorphisms with anorexia nervosa. *Neuropsychopharmacology, 30,* 1703–1710.

Berkson, J. (1946). Limitations of the application of fourfold table analysis to hospital data. *Biometrics Bulletin, 2,* 47–53.

Bernert, R. A., Timpano, K. R., Peterson, C. B., Crow, S. J., Bardone-Cone, A. M., le Grange, D., et al. (2013). Eating disorder and obsessive–compulsive symptoms in a sample of bulimic women: Perfectionism as a mediating factor. *Personality and Individual Differences, 54,* 231–235.

Birgegard, A., Norring, C., & Clinton, D. (2012). DSM-IV versus DSM-5: Implementation of proposed DSM-5 criteria in a large naturalistic database. *International Journal of Eating Disorders, 45,* 353–361.

Blinder, B. J., Cumella, E. J., & Sanathara, V. A. (2006). Psychiatric comorbidities of female inpatients with eating disorders. *Psychosomatic Medicine, 68,* 454–462.

Boisvert, J. A., & Harrell, W. A. (2009). Ethnic and age differences in eating disorder symptomatology among Albertan women. *Canadian Journal of Behavioural Science, 41,* 143–150.

Boone, L., Soenens, B., Mouratidis, A., Vansteenkiste, M., Verstuyf, J., & Braet, C. (2012). Daily fluctuations in perfectionism dimensions and their relation to eating disorder symptoms. *Journal of Research in Personality, 46,* 678–687.

Boraska, V., Davis, O. S., Cherkas, L. F., Helder, S. G., Harris, J., Krug, I., et al. (2012). Genome-wide association analysis of eating disorder-related symptoms, behaviors, and personality traits. *American Journal of Medical Genetics. Part B: Neuropsychiatric Genetics, 159B,* 803–811.

Bravender, T., Bryant-Waugh, R., Herzog, D., Katzman, D., Kriepe, R. D., Lask, B., et al. (2010). Classification of eating disturbance in children and adolescents: Proposed changes for the DSM-V. *European Eating Disorders Review, 18,* 79–89.

Brewerton, T. D., Dansky, B. S., Kilpatrick, D. G., & O'Neil, P. M. (2000). Which comes first in the pathogenesis of bulimia nervosa: Dieting or bingeing? *International Journal of Eating Disorders, 28,* 259–264.

Brewerton, T. D., Lydiard, R. B., Herzog, D. B., Brotman, A. W., O'Neil, P. M., & Ballenger, J. C. (1995). Comorbidity of Axis I psychiatric disorders in bulimia nervosa. *Journal of Clinical Psychiatry, 56,* 77–80.

Broft, A. I., Berner, L. A., Martinez, D., & Walsh, B. T. (2011). Bulimia nervosa and evidence for striatal dopamine dysregulation: A conceptual review. *Physiology and Behavior, 104,* 122–127.

Bruce, K. R., Steiger, H., Israël, M., Groleau, P., Ng Ying Kin, N. M. K., Ouellette, A.-S., et al. (2012). Cortisol responses on the dexamethasone suppression test among women with Bulimia-spectrum eating disorders: Associations with clinical symptoms. *Progress in Neuro-Psychopharmacology and Biological Psychiatry, 38,* 241–246.

Bruch, H. (1981). Developmental considerations of anorexia nervosa and obesity. *Canadian Journal of Psychiatry, 26,* 212–217.

Bruch, H. (1982). Anorexia nervosa: Therapy and theory. *American Journal of Psychiatry, 139,* 1531–1538.

Bryant-Waugh, R. (2013). Avoidant restrictive food intake disorder: An illustrative case example. *International Journal of Eating Disorders, 46,* 420–423.

Bryant-Waugh, R., Markham, L., Kreipe, R. E., & Walsh, B. T. (2010). Feeding and eating disorders in childhood. *International Journal of Eating Disorders, 43,* 98–111.

Bulik, C. M. (2002). Eating disorders in adolescents and young adults. *Child and Adolescent Psychiatric Clinics of North America, 11,* 201–218.

Bulik, C. M. (2005). Exploring the gene–environment nexus in eating disorders. *Journal of Psychiatry and Neuroscience, 30,* 335–339.

Bulik, C. M., Devlin, B., Bacanu, S. A., Thornton, L., Klump, K. L., Fichter, M. M., et al. (2003). Significant linkage on chromosome 10p in families with bulimia nervosa. *American Journal of Human Genetics, 72,* 200–207.

Bulik, C. M., & Reichborn-Kjennerud, T. (2003). Medical morbidity in binge eating disorder. *International Journal of Eating Disorders, 34,* S39–S46.

Bulik, C. M., Sullivan, P. F., Fear, J. L., & Joyce, P. R. (1997). Eating disorders and antecedent anxiety disorders: A controlled study. *Acta Psychiatrica Scandinavica, 96,* 101–107.

Bulik, C. M., Sullivan, P. F., & Kendler, K. S. (2002). Medical and psychiatric morbidity in obese women with and without binge eating. *International Journal of Eating Disorders, 32,* 72–78.

Bulik, C. M., Sullivan, P. F., Tozzi, F., Furberg, H., Lichtenstein, P., & Pedersen, N. L. (2006). Prevalence, heritability, and prospective risk factors for anorexia nervosa. *Archives of General Psychiatry, 63,* 305–312.

Bulik, C. M., Thornton, L. M., Root, T. L., Pisetsky, E. M., Lichtenstein, P., & Pedersen, N. L. (2010). Understanding the relation between anorexia nervosa and bulimia nervosa in a Swedish national twin sample. *Biological Psychiatry, 67,* 71–77.

Burney, J., & Irwin, H. J. (2000). Shame and guilt in women with eating-disorder symptomatology. *Journal of Clinical Psychology, 56,* 51–61.

Butryn, M. L., & Wadden, T. A. (2005). Treatment of overweight in children and adolescents: Does dieting increase the risk of eating disorders? *International Journal of Eating Disorders, 37,* 285–293.

Button, E. J., Sonuga-Barke, E. J., Davies, J., & Thompson, M. (1996). A prospective study of self-esteem in the prediction of eating problems in adolescent schoolgirls: Questionnaire findings. *British Journal of Clinical Psychology, 35,* 193–203.

Campbell, I. C., Mill, J., Uher, R., & Schmidt, U. (2011). Eating disorders, gene–environment interactions and epigenetics. *Neuroscience and Biobehavioral Reviews, 35,* 784–793.

Canals, J., Sancho, C., & Arija, M. V. (2009). Influence of parent's eating attitudes on eating disorders in school adolescents. *European Child and Adolescent Psychiatry, 18,* 353–359.

Carrard, I., der Linden, M. V., & Golay, A. (2012). Comparison of obese and nonobese individuals with binge eating disorder: Delicate boundary between binge eating disorder and non-purging bulimia nervosa. *European Eating Disorders Review, 20,* 350–354.

Cassin, S. E., & von Ranson, K. M. (2005). Personality and eating disorders: A decade in review. *Clinical Psychology Review, 25,* 895–916.

Cassin, S. E., & von Ranson, K. M. (2007). Is binge eating experienced as an addiction? *Appetite, 49,* 687–690.

Castellini, G., Lo Sauro, C., Mannucci, E., Ravaldi, C., Rotella, C. M., Faravelli, C., et al. (2011). Diagnostic crossover and outcome predictors in eating disorders according to DSM-IV and DSM-V proposed criteria: A 6-year follow-up study. *Psychosomatic Medicine, 73,* 270–279.

Cauffman, E., & Steinberg, L. (1996). Interactive effects of menarcheal status and dating on dieting and disordered eating among adolescent girls. *Developmental Psychology, 32,* 631–635.

Chamay-Weber, C., Narring, F., & Michaud, P. A. (2005). Partial eating disorders among adolescents: A review. *Journal of Adolescent Health, 37,* 417–427.

Claes, L., Vandereycken, W., & Vertommen, H. (2005). Impulsivity-related traits in eating disorder patients. *Personality and Individual Differences, 39,* 739–749.

Combs, J. L., Pearson, C. M., & Smith, G. T. (2011). A risk model for preadolescent disordered eating. *International Journal of Eating Disorders, 44,* 596–604.

Connan, F., Campbell, I. C., Katzman, M., Lightman, S. L., & Treasure, J. (2003). A neurodevelopmental model for anorexia nervosa. *Physiology and Behavior, 79,* 13–24.

Croll, J., Neumark-Sztainer, D., Story, M., & Ireland, M. (2002). Prevalence and risk and protective factors related to disordered eating behaviors among adolescents: Relationship to gender and ethnicity. *Journal of Adolescent Health, 31,* 166–175.

Culbert, K. M., & Klump, K. L. (2005). Impulsivity as an underlying factor in the relationship between disordered eating and sexual behavior. *International Journal of Eating Disorders, 38,* 361–366.

Currin, L., Schmidt, U., Treasure, J., & Jick, H. (2005). Time trends in eating disorder incidence. *British Journal of Psychiatry, 186,* 132–135.

Davis, C., & Carter, J. C. (2009). Compulsive overeating as an addiction disorder. A review of theory and evidence. *Appetite, 53,* 1–8.

Davis, C., Curtis, C., Levitan, R. D., Carter, J. C., Kaplan, A. S., & Kennedy, J. L. (2011). Evidence that 'food addiction' is a valid phenotype of obesity. *Appetite, 57,* 711–717.

Davis, C., Shuster, B., Blackmore, E., & Fox, J. (2004). Looking good—family focus on appearance and the risk for eating disorders. *International Journal of Eating Disorders, 35,* 136–144.

Davison, K. K., Markey, C. N., & Birch, L. L. (2003). A longitudinal examination of patterns in girls' weight concerns and body dissatisfaction from ages 5 to 9 years. *International Journal of Eating Disorders, 33,* 320–332.

Dawe, S., & Loxton, N. J. (2004). The role of impulsivity in the development of substance use and eating disorders. *Neuroscience and Biobehavioral Reviews, 28,* 343–351.

DeLeel, M. L., Hughes, T. L., Miller, J. A., Hipwell, A., & Theodore, L. A. (2009). Prevalence of eating disturbance and body image dissatisfaction in young girls: An examination of the variance across racial and socioeconomic groups. *Psychology in the Schools, 46,* 767–775.

Eddy, K. T., Dorer, D. J., Franko, D. L., Tahilani, K., Thompson-Brenner, H., & Herzog, D. B. (2008). Diagnostic crossover in anorexia nervosa and bulimia nervosa: Implications for DSM-V. *American Journal of Psychiatry, 165,* 245–250.

Eddy, K. T., Doyle, A. C., Hoste, R. R., Herzog, D. B., & le Grange, D. (2008). Eating disorder not otherwise specified in adolescents. *Journal of the American Academy of Child & Adolescent Psychiatry, 47,* 156–164.

Edler, C., Lipson, S. F., & Keel, P. (2007). Ovarian hormones and binge eating in bulimia nervosa. *Psychological Medicine, 37,* 131–141.

Egan, S. J., Wade, T. D., & Shafran, R. (2011). Perfectionism as a transdiagnostic process: A clinical review. *Clinical Psychology Review, 31,* 203–212.

Eggert, J., Levendosky, A., & Klump, K. (2007). Relationships among attachment styles, personality characteristics, and disordered eating. *International Journal of Eating Disorders, 40,* 149–155.

Eisenberg, M. E., Berge, J. M., Fulkerson, J. A., & Neumark-Sztainer, D. (2012). Associations between hurtful weight-related comments by family and significant other and the development of disordered eating behaviors in young adults. *Journal of Behavioral Medicine, 35,* 500–508.

Elliott, C. A., Tanofsky-Kraff, M., Shomaker, L. B., Columbo, K. M., Wolkoff, L. E., Ranzenhofer, L. M., et al. (2010). An examination of the interpersonal model of loss of control eating in children and adolescents. *Behaviour Research and Therapy, 48,* 424–428.

Equit, M., Pälmke, M., Becker, N., Moritz, A.-M., Becker, S., & von Gontard, A. (2013). Eating problems in young children: A population-based study. *Acta Paediatrica, 102,* 149–155.

Evans, E. H., Tovée, M. J., Boothroyd, L. G., & Drewett, R. F. (2013). Body dissatisfaction and disordered eating attitudes in 7- to 11-year-old girls: Testing a sociocultural model. *Body Image, 10,* 8–15.

Fairburn, C. G. (2008). Eating Disorder Examination. In C. G. Fairburn (Ed.), *Cognitive behavior therapy and eating disorders* (pp. 265–308). New York: Guilford Press.

Fairburn, C. G., & Bohn, K. (2005). Eating disorder NOS (EDNOS): An example of the troublesome "not otherwise specified" (NOS) category in DSM-IV. *Behaviour Research and Therapy, 43,* 691–701.

Fairburn, C. G., & Cooper, Z. (2011). Eating disorders, DSM-5 and clinical reality. *British Journal of Psychiatry, 198,* 8–10.

Fairburn, C. G., Cooper, Z., Bohn, K., O'Connor, M. E., Doll, H. A., & Palmer, R. L. (2007). The severity and status of eating disorder NOS: Implications for DSM-V. *Behaviour Research and Therapy, 45,* 1705–1715.

Fairburn, C. G., Cooper, Z., Doll, H. A., & Davies, B. A. (2005). Identifying dieters who will develop an eating disorder: A prospective, population-based study. *American Journal of Psychiatry, 162,* 2249–2255.

Fairburn, C. G., Cooper, Z., Doll, H. A., Norman, P., & O'Connor, M. (2000). The natural course of bulimia nervosa and binge eating disorder in young women. *Archives of General Psychiatry, 57,* 659–665.

Fairburn, C. G., Cooper, Z., & Shafran, R. (2003). Cognitive behaviour therapy for eating disorders: A "transdiagnostic" theory and treatment. *Behaviour Research and Therapy, 41,* 509–528.

Fairburn, C. G., Doll, H. A., Welch, S. L., Hay, P. J., Davies, B. A., & O'Connor, M. E. (1998). Risk factors for binge eating disorder: A community-based case–control study. *Archives of General Psychiatry, 55*, 425–432.

Fairburn, C. G., & Harrison, P. J. (2003). Eating disorders. *Lancet, 361*, 407–416.

Fairburn, C. G., Norman, P. A., Welch, S. L., O'Connor, M. E., Doll, H. A., & Peveler, R. C. (1995). A prospective study of outcome in bulimia nervosa and the long-term effects of three psychological treatments. *Archives of General Psychiatry, 52*, 304–312.

Fairburn, C. G., Stice, E., Cooper, Z., Doll, H. A., Norman, P. A., & O'Connor, M. E. (2003). Understanding persistence in bulimia nervosa: A 5-year naturalistic study. *Journal of Consulting and Clinical Psychology, 71*, 103–109.

Fairburn, C. G., Welch, S. L., Doll, H. A., Davies, B. A., & O'Connor, M. E. (1997). Risk factors for bulimia nervosa: A community-based case–control study. *Archives of General Psychiatry, 54*, 509–517.

Favaro, A., Caregaro, L., Tenconi, E., Bosello, R., & Santonastaso, P. (2009). Time trends in age at onset of anorexia nervosa and bulimia nervosa. *Journal of Clinical Psychiatry, 70*, 1715–1721.

Feldman, M. B., & Meyer, I. H. (2007). Eating disorders in diverse lesbian, gay, and bisexual populations. *International Journal of Eating Disorders, 40*, 218–226.

Fichter, M. M., Pirke, K. M., Pöllinger, J., Wolfram, G., & Brunner, E. (1990). Disturbances in the hypothalamo–pituitary–adrenal and other neuroendocrine axes in bulimia. *Biological Psychiatry, 27*, 1021–1037.

Fichter, M. M., Quadflieg, N., & Hedlund, S. (2008). Long-term course of binge eating disorder and bulimia nervosa: Relevance for nosology and diagnostic criteria. *International Journal of Eating Disorders, 41*, 577–586.

Field, A. E., Austin, S. B., Taylor, C. B., Malspeis, S., Rosner, B., Rockett, H. R., et al. A. (2003). Relation between dieting and weight change among preadolescents and adolescents. *Pediatrics, 112*, 900–906.

Field, A. E., Camargo, C. A., Taylor, C. B., Berkey, C. S., Roberts, S. B., & Colditz, G. A. (2001). Peer, parent, and media influences on the development of weight concerns and frequent dieting among preadolescent and adolescent girls and boys. *Pediatrics, 107*, 54–60.

Field, A. E., Cheung, L., Wolf, A. M., Herzog, D. B., Gortmaker, S. L., & Colditz, G. A. (1999). Exposure to the mass media and weight concerns among girls. *Pediatrics, 103*, e36.

Fischer, S., & le Grange, D. (2007). Comorbidity and high-risk behaviors in treatment-seeking adolescents with bulimia nervosa. *International Journal of Eating Disorders, 40*, 751–753.

Fischer, S., & Smith, G. T. (2008). Binge eating, problem drinking, and pathological gambling: Linking behavior to shared traits and social learning. *Personality and Individual Differences, 44*, 789–800.

Fonseca, H., Ireland, M., & Resnick, M. D. (2002). Familial correlates of extreme weight control behaviors among adolescents. *International Journal of Eating Disorders, 32*, 441–448.

Forbush, K. T., South, S. C., Krueger, R. F., Iacono, W. G., Clark, L. A., Keel, P. K., et al. (2010). Locating eating pathology within an empirical diagnostic taxonomy: Evidence from a community-based sample. *Journal of Abnormal Psychology, 119*, 282–292.

Frances, A. (2012). DSM-5 is a guide, not a bible—Simply ignore its 10 worst changes. Retrieved from *www.psychiatrictimes.com/blogs/dsm-5/dsm-5-guide-not-bible%E2%80%94simply-ignore-its-10-worst-changes*

Frances, A. (2013). *Saving normal: An insider's revolt against out-of-control psychiatric diagnosis, DSM-5, Big Pharma, and the medicalization of ordinary life.* New York: Morrow.

Francis, L. A., Ventura, A. K., Marini, M., & Birch, L. L. (2007). Parent overweight predicts daughters' increase in BMI and disinhibited overeating from 5 to 13 years. *Obesity, 15*, 1544–1553.

French, S. A., Story, M., Remafedi, G., Resnick, M. D., & Blum, R. W. (1996). Sexual orientation and prevalence of body dissatisfaction and eating disordered behaviors: A population-based study of adolescents. *International Journal of Eating Disorders, 19*, 119–126.

Gearhardt, A. N., White, M. A., & Potenza, M. N. (2011). Binge eating disorder and food addiction. *Current Drug Abuse Reviews, 4*, 201–207.

Glasofer, D. R., Tanofsky-Kraff, M., Eddy, K. T., Yanovski, S. Z., Theim, K. R., Mirch, M. C., et al. (2007). Binge eating in overweight treatment-seeking adolescents. *Journal of Pediatric Psychology, 32*, 95–105.

Gold, M. S., Frost-Pineda, K., & Jacobs, W. S. (2003). Overeating, binge eating, and eating disorders as addictions. *Psychiatric Annals, 33*, 117–122.

Goodwin, G. M., Fairburn, C. G., & Cowen, P. J. (1987). The effects of dieting and weight loss on neuroendocrine responses to tryptophan, clonidine, and apomorphine in volunteers: Important implications for neuroendocrine investigations in depression. *Archives of General Psychiatry, 44*, 952–957.

Goodwin, H., Haycraft, E., & Meyer, C. (2011). Sociocultural correlates of compulsive exercise: Is the environment important in fostering a compulsivity towards exercise among adolescents? *Body Image, 8*, 390–395.

Goossens, L., Braet, C., Bosmans, G., & Decaluwé, V. (2011). Loss of control over eating in pre-adolescent youth: The role of attachment and self-esteem. *Eating Behaviors, 12*, 289–295.

Goossens, L., Braet, C., Van Durme, K., Decaluwé, V., & Bosmans, G. (2012). The parent–child relationship as predictor of eating pathology and weight gain in preadolescents. *Journal of Clinical Child and Adolescent Psychology, 41*, 445–457.

Graber, J. A., Brooks-Gunn, J., Paikoff, R. L., & Warren, M. P. (1994). Prediction of eating problems: An 8-year study of adolescent girls. *Developmental Psychology, 30*, 823–834.

Graber, J. A., Lewinsohn, P. M., Seeley, J. R., & Brooks-Gunn, J. (1997). Is psychopathology associated with the timing of pubertal development? *Journal of the American Academy of Child and Adolescent Psychiatry, 36*, 1768–1776.

Greenfeld, D., Quinlan, D. M., Harding, P., Glass, E., & Bliss, A. (1987). Eating behavior in an adolescent population. *International Journal of Eating Disorders, 6*, 99–111.

Grice, D. E., Halmi, K. A., Fichter, M. M., Strober, M., Woodside, D. B., Treasure, J. T., et al. (2002). Evidence for a susceptibility gene for anorexia nervosa on chromosome 1. *American Journal of Human Genetics, 70*, 787–792.

Grilo, C. M., White, M. A., & Masheb, R. M. (2009). DSM-IV psychiatric disorder comorbidity and its correlates in binge eating disorder. *International Journal of Eating Disorders, 42*, 228-234. doi: 10.1002/eat.20599

Grucza, R. A., Przybeck, T. R., & Cloninger, C. R. (2007). Prevalence and correlates of binge eating disorder in a community sample. *Comprehensive Psychiatry, 48*, 124–131.

Gull, W. W. (1874). Anorexia nervosa. *Transactions of the Clinical Society, 7*, 22–28.

Haber, S. N., Kim, K. S., Mailly, P., & Calzavara, R. (2006). Reward-related cortical inputs define a large striatal region in primates that interface with associative cortical connections, providing a substrate for incentive-based learning. *Journal of Neuroscience, 26*, 8368–8376.

Habermas, T. (1989). The psychiatric history of anorexia nervosa and bulimia nervosa: Weight concerns and bulimic symptoms in early case reports. *International Journal of Eating Disorders, 8*, 259–273.

Halliwell, E., & Harvey, M. (2006). Examination of a sociocultural model of disordered eating among male and female adolescents. *British Journal of Health Psychology, 11*, 235–248.

Halmi, K. A., Casper, R. C., Eckert, E. D., Goldberg, S. C., & Davis, J. M. (1979). Unique features associated with age of onset of anorexia nervosa. *Psychiatry Research, 1*, 209–215.

Harden, K. P., Mendle, J., & Kretsch, N. (2012). Environmental and genetic pathways between early pubertal timing and dieting in adolescence: Distinguishing between objective and subjective timing. *Psychological Medicine, 42*, 183–193.

Harter, S. (2012). *The construction of the self: Developmental and sociocultural foundations* (2nd ed.). New York: Guilford Press.

Hartmann, A. S., Becker, A. E., Hampton, C., & Bryant-Waugh, R. (2012). Pica and rumination disorder in DSM-V. *Psychiatric Annals, 42*, 426–430.

Haylett, S. A., Stephenson, G. M., & Lefever, R. M. H. (2004). Covariation in addictive behaviours: A study of addictive orientations using the Shorter PROMIS Questionnaire. *Addictive Behaviors, 29*, 61–71.

Heinberg, L. J., Thompson, J. K., & Stormer, S. (1995). Development and validation of the Sociocultural Attitudes towards Appearance questionnaire. *International Journal of Eating Disorders, 17*, 81–89.

Herman, C. P., & Polivy, J. (1988). Restraint and excess in dieters and bulimics. In K. Pirke, W. Vandereycken, & D. Ploog (Eds.), *The psychobiology of bulimia nervosa* (pp. 33–41): Berlin: Springer-Verlag.

Herpertz-Dahlmann, B., Seitz, J., & Konrad, K. (2011). Aetiology of anorexia nervosa: From a "psychosomatic family model" to a neuropsychiatric disorder? *European Archives of Psychiatry and Clinical Neuroscience, 261*, 177–181.

Herzog, D. B., Nussbaum, K. M., & Marmor, A. K. (1996). Comorbidity and outcome in eating disorders. *Psychiatric Clinics of North America, 19*, 843–859.

Hilbert, A., Saelens, B. E., Stein, R. I., Mockus, D. S., Welch, R. R., Matt, G. E., et al. (2007). Pretreatment and process predictors of outcome in interpersonal and cognitive behavioral psychotherapy for binge eating disorder. *Journal of Consulting and Clinical Psychology, 75*, 645–651.

Hildebrandt, T. B. (2005). A review of eating disorders in athletes: Recommendations for secondary school prevention and intervention programs. *Journal of Applied School Psychology, 21*, 145–167.

Hoek, H. W., & van Hoeken, D. (2003). Review of the prevalence and incidence of eating disorders. *International Journal of Eating Disorders, 34*, 383–396.

Holderness, C. C., Brooks-Gunn, J., & Warren, M. P. (1994). Co-morbidity of eating disorders and substance abuse: Review of the literature. *International Journal of Eating Disorders, 16*, 1–34.

Hoste, R. R., Labuschagne, Z., & Le Grange, D. (2012). Adolescent bulimia nervosa. *Current Psychiatry Reports, 14*, 391–397.

Hudson, J. I., Hiripi, E., Pope, H. G., & Kessler, R. C. (2007). The prevalence and correlates of eating disorders in the National Comorbidity Survey Replication. *Biological Psychiatry, 61*, 348–358.

Hudson, J. I., Hiripi, E., Pope, H. G., & Kessler, R. C. (2012). "The prevalence and correlates of eating disorders in the National Comorbidity Survey Replication": Erratum. *Biological Psychiatry, 72*, 164.

Hudson, J. I., Lalonde, J. K., Berry, J. M., Pindyck, L. J., Bulik, C. M., Crow, S. J., et al. (2006). Binge-eating disorder as a distinct familial phenotype in obese individuals. *Archives of General Psychiatry, 63*, 313–319.

Huether, G., Zhou, D., & Rüther, E. (1997). Long-term modulation of presynaptic 5-HT-output: Experimentally induced changes in cortical 5-HT-transporter density, tryptophan hydroxylase content and 5-HT innervation density. *Journal of Neural Transmission, 104*, 993–1004.

Illing, V., Tasca, G. A., Balfour, L., & Bissada, H. (2010). Attachment insecurity predicts eating disorder symptoms and treatment outcomes in a clinical sample of women. *Journal of Nervous and Mental Disease, 198*, 653–659.

Ioakimidis, I., Zandian, M., Ulbl, F., Bergh, C., Leon, M., & Sodersten, P. (2011). How eating affects mood. *Physiology and Behavior, 103*, 290–294.

Isomaa, R., Isomaa, A. L., Marttunen, M., Kaltiala-Heino, R.,

& Bjorkqvist, K. (2010). Psychological distress and risk for eating disorders in subgroups of dieters. *European Eating Disorders Review, 18,* 296–303.

Jacobi, C., Hayward, C., de Zwaan, M., Kraemer, H. C., & Agras, W. S. (2004). Coming to terms with risk factors for eating disorders: Application of risk terminology and suggestions for a general taxonomy. *Psychological Bulletin, 130,* 19–65.

Jacobi, C., Schmitz, G., & Agras, W. S. (2008). Interactions between disturbed eating and weight in children and their mothers. *Journal of Developmental and Behavioral Pediatrics, 29,* 360–366.

Javaras, K. N., Laird, N. M., Reichborn-Kjennerud, T., Bulik, C. M., Pope, H. G., & Hudson, J. I. (2008). Familiality and heritability of binge eating disorder: Results of a case–control family study and a twin study. *International Journal of Eating Disorders, 41,* 174–179.

Johnson, J. G., Cohen, P., Kasen, S., & Brook, J. S. (2002). Childhood adversities associated with risk for eating disorders or weight problems during adolescence or early adulthood. *American Journal of Psychiatry, 159,* 394–400.

Jonas, S., Bebbington, P., McManus, S., Meltzer, H., Jenkins, R., Kuipers, E., et al. (2011). Sexual abuse and psychiatric disorder in England: Results from the 2007 Adult Psychiatric Morbidity Survey. *Psychological Medicine, 41,* 709–719.

Kalarchian, M. A., & Marcus, M. D. (2012). Psychiatric comorbidity of childhood obesity. *International Review of Psychiatry, 24,* 241–246.

Kansi, J., Wichstrøm, L., & Bergman, L. (2003). Eating problems and the self-concept: Results based on a representative sample of Norwegian adolescent girls. *Journal of Youth and Adolescence, 32,* 325–335.

Kaplan, A. S., & Woodside, D. B. (1987). Biological aspects of anorexia nervosa and bulimia nervosa. *Journal of Consulting and Clinical Psychology, 55,* 645–653.

Kaye, W. (2008). Neurobiology of anorexia and bulimia nervosa. *Physiology and Behavior, 94,* 121–135.

Kaye, W. H., & Bailer, U. F. (2011). Understanding the neural circuitry of appetitive regulation in eating disorders. *Biological Psychiatry, 70,* 704–705.

Kaye, W. H., Barbarich, N. C., Putnam, K., Gendall, K. A., Fernstrom, J., Fernstrom, M., et al. (2003). Anxiolytic effects of acute tryptophan depletion in anorexia nervosa. *International Journal of Eating Disorders, 33,* 257–267.

Kaye, W. H., Bulik, C. M., Thornton, L., Barbarich, N., Masters, K., & Group, P. F. C. (2004). Comorbidity of anxiety disorders with anorexia and bulimia nervosa. *American Journal of Psychiatry, 161,* 2215–2221.

Kaye, W. H., Ebert, M. H., Raleigh, M., & Lake, C. (1984). Abnormalities in CNS monoamine metabolism in anorexia nervosa. *Archives of General Psychiatry, 41,* 350–355.

Kaye, W. H., Frank, G. K., Meltzer, C. C., Price, J. C., McConaha, C. W., Crossan, P. J., et al. (2001). Altered serotonin 2A receptor activity in women who have recovered from bulimia nervosa. *American Journal of Psychiatry,* 158, 1152–1155.

Kaye, W. H., Frank, G. K. W., & McConaha, C. (1999). Altered dopamine activity after recovery from restricting-type anorexia nervosa. *Neuropsychopharmacology, 21,* 503–506.

Kaye, W. H., Fudge, J. L., & Paulus, M. (2009). New insights into symptoms and neurocircuit function of anorexia nervosa. *Nature Reviews Neuroscience, 10,* 573–584.

Kaye, W. H., Greeno, C. G., Moss, H., Fernstrom, J., Lilenfeld, L. R., Weltzin, T. E., et al. J. (1998). Alterations in serotonin activity and psychiatric symptoms after recovery from bulimia nervosa. *Archives of General Psychiatry, 55,* 927–935.

Kaye, W., Strober, M., Stein, D., & Gendall, K. (1999). New directions in treatment research of anorexia and bulimia nervosa. *Biological Psychiatry, 45,* 1285–1292.

Kaye, W. H., Wierenga, C. E., Bailer, U. F., Simmons, A. N., & Bischoff-Grethe, A. (2013). Nothing tastes as good as skinny feels: The neurobiology of anorexia nervosa. *Trends in Neurosciences, 36,* 110–120.

Keel, P. K., & Brown, T. A. (2010). Update on course and outcome in eating disorders. *International Journal of Eating Disorders, 43,* 195–204.

Keel, P. K., Brown, T. A., Holland, L. A., & Bodell, L. P. (2012). Empirical classification of eating disorders. *Annual Review of Clinical Psychology, 8,* 381–404.

Keery, H., Boutelle, K., van den Berg, P., & Thompson, J. K. (2005). The impact of appearance-related teasing by family members. *Journal of Adolescent Health, 37,* 120–127.

Kendler, K. S., MacLean, C., Neale, M., Kessler, R. C., Heath, A. C., & Eaves, L. J. (1991). The genetic epidemiology of bulimia nervosa. *American Journal of Psychiatry, 148,* 1627–1637.

Kenney, L., & Walsh, B. T. (2013). Avoidant/restrictive food intake disorder (ARFID). Retrieved July 18, 2013, from *www.eatingdisordersreview.com/nl/nl_edr_24_3_1.html*

Keski-Rahkonen, A., Hoek, H. W., Linna, M. S., Raevuori, A., Sihvola, E., Bulik, C. M., et al. (2009). Incidence and outcomes of bulimia nervosa: A nationwide population-based study. *Psychological Medicine, 39,* 823–831.

Kessler, R. C., Berglund, P. A., Chiu, W. T., Deitz, A. C., Hudson, J. I., Shahly, V., et al. (2013). The prevalence and correlates of binge eating disorder in the World Health Organization World Mental Health Surveys. *Biological Psychiatry, 73,* 904–914.

Keys, A., Brozek, J., Henschel, A., Mickelsen, O., & Taylor, H. L. (1950). *The biology of human starvation.* Minneapolis: University of Minnesota Press.

Killen, J. D., Hayward, C., Litt, I., Hammer, L. D., Wilson, D. M., Miner, B., et al. (1992). Is puberty a risk factor for eating disorders? *American Journal of Diseases of Children, 146,* 323–425.

Kluck, A. S. (2010). Family influence on disordered eating: The role of body image dissatisfaction. *Body Image, 7,* 8–14.

Klump, K. L., Burt, S. A., Spanos, A., McGue, M., Iacono,

W. G., & Wade, T. D. (2010). Age differences in genetic and environmental influences on weight and shape concerns. *International Journal of Eating Disorders, 43,* 679–688.

Klump, K. L., & Culbert, K. M. (2007). Molecular genetic studies of eating disorders: Current status and future directions. *Current Directions in Psychological Science, 16,* 37–41.

Klump, K. L., Culbert, K. M., Slane, J. D., Burt, S. A., Sisk, C. L., & Nigg, J. T. (2012). The effects of puberty on genetic risk for disordered eating: Evidence for a sex difference. *Psychological Medicine, 42,* 627–637.

Klump, K. L., Gobrogge, K. L., Perkins, P. S., Thorne, D., Sisk, C. L., & Breedlove, S. M. (2006). Preliminary evidence that gonadal hormones organize and activate disordered eating. *Psychological Medicine, 36,* 539–546.

Klump, K. L., Keel, P. K., Culbert, K. M., & Edler, C. (2008). Ovarian hormones and binge eating: Exploring associations in community samples. *Psychological Medicine, 38,* 1749–1757.

Klump, K. L., Keel, P. K., Sisk, C., & Burt, S. A. (2010). Preliminary evidence that estradiol moderates genetic influences on disordered eating attitudes and behaviors during puberty. *Psychological Medicine, 40,* 1745–1753.

Klump, K. L., Strober, M., Bulik, C. M., Thornton, L., Johnson, C., Devlin, B., et al. (2004). Personality characteristics of women before and after recovery from an eating disorder. *Psychological Medicine, 34,* 1407–1418.

Klump, K. L., Suisman, J. L., Culbert, K. M., Kashy, D. A., & Sisk, C. L. (2011). Binge eating proneness emerges during puberty in female rats: A longitudinal study. *Journal of Abnormal Psychology, 120,* 948–955.

Knoll, S., Bulik, C., & Hebebrand, J. (2011). Do the currently proposed DSM-5 criteria for anorexia nervosa adequately consider developmental aspects in children and adolescents? *European Child and Adolescent Psychiatry, 20,* 95–101.

Koob, G. F., & Le Moal, M. (2008). Addiction and the brain antireward system. *Annual Review of Psychology, 59,* 29–53.

Koo-Loeb, J. H., Costello, N., Light, K. C., & Girdler, S. S. (2000). Women with eating disorder tendencies display altered cardiovascular, neuroendocrine, and psychosocial profiles. *Psychosomatic Medicine, 62,* 539–548.

Kotov, R., Ruggero, C. J., Krueger, R. F., Watson, D., Yuan, Q., & Zimmerman, M. (2011). New dimensions in the quantitative classification of mental illness. *Archives of General Psychiatry, 68,* 1003–1011.

Kraemer, H. C., Stice, E., Kazdin, A., Offord, D., & Kupfer, D. (2001). How do risk factors work together?: Mediators, moderators, and independent, overlapping, and proxy risk factors. *American Journal of Psychiatry, 158,* 848–856.

Kreipe, R. E., & Palomaki, A. (2012). Beyond picky eating: Avoidant/restrictive food intake disorder. *Current Psychiatry Reports, 14,* 421–431.

Lakkis, J., Ricciardelli, L., & Williams, R. (1999). Role of sexual orientation and gender-related traits in disordered eating. *Sex Roles, 41,* 1–16.

Lamerz, A., Kuepper-Nybelen, J., Bruning, N., Wehle, C., Trost-Brinkhues, G., Brenner, H., et al. (2005). Prevalence of obesity, binge eating, and night eating in a cross-sectional field survey of 6-year-old children and their parents in a German urban population. *Journal of Child Psychology and Psychiatry, 46,* 385–393.

Lampard, A. M., Tasca, G. A., Balfour, L., & Bissada, H. (2013). An evaluation of the transdiagnostic cognitive-behavioural model of eating disorders. *European Eating Disorders Review, 21,* 99–107.

Lasègue, E. C. (1873). De l'anorexie hystérique. *Archives Generales de Médicine, 21,* 385–403.

Lask, B., & Frampton, I. (2009). Anorexia nervosa: Irony, misnomer and paradox. *European Eating Disorders Review, 17,* 165–168.

Latner, J. D., Hildebrandt, T., Rosewall, J. K., Chisholm, A. M., & Hayashi, K. (2007). Loss of control over eating reflects eating disturbances and general psychopathology. *Behaviour Research and Therapy, 45,* 2203–2211.

Lawson, E. A., Eddy, K. T., Donoho, D., Misra, M., Miller, K. K., Meenaghan, E., et al. (2011). Appetite-regulating hormones cortisol and peptide YY are associated with disordered eating psychopathology, independent of body mass index. *European Journal of Endocrinology, 164,* 253–261.

Le Grange, D., Lock, J., Loeb, K., & Nicholls, D. (2010). Academy for Eating Disorders position paper: The role of the family in eating disorders. *International Journal of Eating Disorders, 43,* 1–5.

Leon, G. R., Keel, P. K., Klump, K. L., & Fulkerson, J. A. (1997). The future of risk factor research in understanding the etiology of eating disorders. *Psychopharmacology Bulletin, 33,* 405–411.

Levine, M. P., & Murnen, S. K. (2009). "Everybody knows that mass media are/are not [pick one] a cause of eating disorders": A critical review of evidence for a causal link between media, negative body image, and disordered eating in females. *Journal of Social and Clinical Psychology, 28,* 9–42.

Levine, M. P., & Smolak, L. (2002). Body image development in adolescence. In T. F. Cash & T. Pruzinsky (Eds.), *Body image: A handbook of theory, research, and clinical practice* (pp. 74-82). New York: Guilford Press.

López-Guimerà, G., Levine, M. P., Sánchez-Carracedo, D., & Fauquet, J. (2010). Influence of mass media on body image and eating disordered attitudes and behaviors in females: A review of effects and processes. *Media Psychology, 13,* 387–416.

Lo Sauro, C., Ravaldi, C., Cabras, P. L., Faravelli, C., & Ricca, V. (2008). Stress, hypothalamic–pituitary–adrenal axis and eating disorders. *Neuropsychobiology, 57,* 95–115.

Lucarelli, L., Cimino, S., D'Olimpio, F., & Ammaniti, M. (2013). Feeding disorders of early childhood: An empirical study of diagnostic subtypes. *International Journal of Eating Disorders, 46,* 147–155.

Lunde, C., & Frisén, A. (2011). On being victimized by peers in the advent of adolescence: Prospective relationships to objectified body consciousness. *Body Image, 8*, 309–314.

Marmorstein, N. R., von Ranson, K. M., Iacono, W. G., & Malone, S. M. (2008). Prospective associations between depressive symptoms and eating disorder symptoms among adolescent girls. *International Journal of Eating Disorders, 41*, 118–123.

Marques, L., Alegria, M., Becker, A. E., Chen, C. N., Fang, A., Chosak, A., et al. (2011). Comparative prevalence, correlates of impairment, and service utilization for eating disorders across US ethnic groups: Implications for reducing ethnic disparities in health care access for eating disorders. *International Journal of Eating Disorders, 44*, 412–420.

Mazzeo, S. E., Mitchell, K. S., Bulik, C. M., Reichborn-Kjennerud, T., Kendler, K. S., & Neale, M. C. (2009). Assessing the heritability of anorexia nervosa symptoms using a marginal maximal likelihood approach. *Psychological Medicine, 39*, 463–473.

McCabe, M., & Ricciardelli, L. (2001). Parent, peer, and media influences on body image and strategies to both increase and decrease body size among adolescent boys and girls. *Adolescence, 36*, 225–240.

McCabe, M. P., Ricciardelli, L. A., & Finemore, J. (2002). The role of puberty, media and popularity with peers on strategies to increase weight, decrease weight and increase muscle tone among adolescent boys and girls. *Journal of Psychosomatic Research, 52*, 145–153.

McCreary, D. R., & Sasse, D. K. (2000). An exploration of the drive for muscularity in adolescent boys and girls. *Journal of American College Health, 48*, 297–304.

McKnight Investigators. (2003). Risk factors for the onset of eating disorders in adolescent girls: Results of the McKnight longitudinal risk factor study. *American Journal of Psychiatry, 160*, 248–254.

McLaren, L., Adair, C., von Ranson, K., Russell-Mayhew, S., de Groot, J., Laverty, S., et al. (2009). First, do no harm. *Obesity and Weight Management, 5*, 249–251.

McVey, G., Tweed, S., & Blackmore, E. (2004). Dieting among preadolescent and young adolescent females. *Canadian Medical Association Journal, 170*, 1559–1561.

Mikami, A. Y., Hinshaw, S. P., Patterson, K. A., & Lee, J. C. (2008). Eating pathology among adolescent girls with attention-deficit/hyperactivity disorder. *Journal of Abnormal Psychology, 117*, 225–235.

Minuchin, S., Rosman, B. L., & Baker, L. (1978). *Psychosomatic families*. Cambridge, MA: Harvard University Press.

Misra, M., Miller, K. K., Almazan, C., Ramaswamy, K., Lapcharoensap, W., Worley, M., et al. (2004). Alterations in cortisol secretory dynamics in adolescent girls with anorexia nervosa and effects on bone metabolism. *Journal of Clinical Endocrinology and Metabolism, 89*, 4972–4980.

Mitchell, J. E., & Crow, S. (2006). Medical complications of anorexia nervosa and bulimia nervosa. *Current Opinion in Psychiatry, 19*, 438–443.

Mitchell, J. E., Hatsukami, D., Eckert, E. D., & Pyle, R. L. (1985). Characteristics of 275 patients with bulimia. *American Journal of Psychiatry, 142*, 482–485.

Mitchell, K. S., Mazzeo, S. E., Schlesinger, M. R., Brewerton, T. D., & Smith, B. N. (2012). Comorbidity of partial and subthreshold PTSD among men and women with eating disorders in the National Comorbidity Survey-Replication study. *International Journal of Eating Disorders, 45*, 307–315.

Mond, J., Latner, J., Hay, P., Owen, C., & Rodgers, B. (2010). Objective and subjective bulimic episodes in the classification of bulimic-type eating disorders: Another nail in the coffin of a problematic distinction. *Behaviour Research and Therapy, 48*, 661–669.

Monteleone, P., Luisi, M., Colurcio, B., Casarosa, E., Monteleone, P., Ioime, R., et al. (2001). Plasma levels of neuroactive steroids are increased in untreated women with anorexia nervosa or bulimia nervosa. *Psychosomatic Medicine, 63*, 62–68.

Moore, F., & Keel, P. K. (2003). Influence of sexual orientation and age on disordered eating attitudes and behaviors in women. *International Journal of Eating Disorders, 34*, 370–374.

Munn-Chernoff, M. A., von Ranson, K. M., Culbert, K. M., Larson, C. L., Burt, S. A., & Klump, K. L. (2013). An examination of the representativeness assumption for twin studies of eating pathology and internalizing symptoms. *Behavior Genetics, 43*, 427–435.

Murnen, S. K., Smolak, L., Mills, J. A., & Good, L. (2003). Thin, sexy women and strong, muscular men: Grade-school children's responses to objectified images of women and men. *Sex Roles, 49*, 427–437.

Neudeck, P., Jacoby, G. E., & Florin, I. (2001). Dexamethasone suppression test using saliva cortisol measurement in bulimia nervosa. *Physiology and Behavior, 72*, 93–98.

Neumark-Sztainer, D. (2009a). The interface between the eating disorders and obesity fields: Moving toward a model of shared knowledge and collaboration. *Eating and Weight Disorders, 14*, 51–58.

Neumark-Sztainer, D. (2009b). Preventing obesity and eating disorders in adolescents: What can health care providers do? *Journal of Adolescent Health, 44*, 206–213.

Neumark-Sztainer, D. R., Wall, M. M., Haines, J. I., Story, M. T., Sherwood, N. E., & van den Berg, P. A. (2007). Shared risk and protective factors for overweight and disordered eating in adolescents. *American Journal of Preventive Medicine, 33*, 359–369.

Ngai, E. S., Lee, S., & Lee, A. M. (2000). The variability of phenomenology in anorexia nervosa. *Acta Psychiatrica Scandinavica, 102*, 314–317.

Nicholls, D., & Bryant-Waugh, R. (2009). Eating disorders of infancy and childhood: Definition, symptomatology, epidemiology, and comorbidity. *Child and Adolescent Psychiatric Clinics of North America, 18*, 17–30.

Nicholls, D. E., Lynn, R., & Viner, R. M. (2011). Childhood

eating disorders: British national surveillance study. *British Journal of Psychiatry, 198,* 295–301.

Nicholls, D. E., & Viner, R. M. (2009). Childhood risk factors for lifetime anorexia nervosa by age 30 years in a national birth cohort. *Journal of the American Academy of Child and Adolescent Psychiatry, 48,* 791–799.

Nilsson, K., Engstrom, I., & Hagglof, B. (2012). Family climate and recovery in adolescent onset eating disorders: A prospective study. *European Eating Disorders Review, 20,* e96–e102.

Nolen-Hoeksema, S., Stice, E., Wade, E., & Bohon, C. (2007). Reciprocal relations between rumination and bulimic, substance abuse, and depressive symptoms in female adolescents. *Journal of Abnormal Psychology, 116,* 198–207.

Oskis, A., Loveday, C., Hucklebridge, F., Thorn, L., & Clow, A. (2012). Diurnal patterns of salivary cortisol and DHEA in adolescent anorexia nervosa. *Stress, 15,* 601–607.

Patton, G. C., Selzer, R., Coffey, C., Carlin, J. B., & Wolfe, R. (1999). Onset of adolescent eating disorders: Population based cohort study over 3 years. *British Medical Journal, 318,* 765–768.

Paxton, S., Norris, M., Wertheim, E., Durkin, S., & Anderson, J. (2005). Body dissatisfaction, dating, and importance of thinness to attractiveness in adolescent girls. *Sex Roles, 53,* 663–675.

Perez, M., & Warren, C. S. (2012). The relationship between quality of life, binge-eating disorder, and obesity status in an ethnically diverse sample. *Obesity, 20,* 879–885.

Perkins, D. F., Luster, T., & Jank, W. (2002). Protective factors, physical abuse, and purging from community-wide surveys of female adolescents. *Journal of Adolescent Research, 17,* 377–400.

Petry, N. M., Stinson, F. S., & Grant, B. F. (2005). Comorbidity of DSM-IV pathological gambling and other psychiatric disorders: Results from the National Epidemiologic Survey on alcohol and related conditions. *Journal of Clinical Psychiatry, 66,* 564–574.

Pichika, R., Buchsbaum, M. S., Bailer, U. F., Hoh, C., De-Castro, A., Buchsbaum, B. R., et al. (2012). Serotonin transporter binding after recovery from bulimia nervosa. *International Journal of Eating Disorders, 45,* 345–352.

Pike, K. M., Dohm, F.-A., Striegel-Moore, R. H., Wilfley, D. E., & Fairburn, C. G. (2001). A comparison of black and white women with binge eating disorder. *American Journal of Psychiatry, 158,* 1455–1460.

Pine, D. S., Costello, E. J., Dahl, R., James, R., Leckman, J. F., Leibenluft, E., et al. (2011). Increasing the developmental focus in DSM-5: Broad issues and specific potential applications in anxiety. In D. A. Regier, W. E. Narrow, E. A. Kuhl, & D. J. Kupfer (Eds.), *The conceptual evolution of DSM-5* (pp. 305–321). Arlington, VA: American Psychiatric Publishing.

Polivy, J., & Herman, C. P. (2002). Causes of eating disorders. *Annual Review of Psychology, 53,* 187–213.

Polivy, J., Herman, C. P., Olmsted, M. P., & Jazwinski, C.

(1984). Restraint and binge eating. In R. C. Hawkins, W. J. Fremouw, & P. F. Clement (Eds.), *The binge–purge syndrome: Diagnosis, treatment, and research* (pp. 104–122). New York: Springer.

Pope, H. G., Jr., Lalonde, J. K., Pindyck, L. J., Walsh, T., Bulik, C. M., Crow, S. J., et al. (2006). Binge eating disorder: A stable syndrome. *American Journal of Psychiatry, 163,* 2181–2183.

Prince, R. (1985). The concept of culture-bound syndromes: Anorexia nervosa and brain-fag. *Social Science and Medicine, 21,* 197–203.

Racine, S. E., Culbert, K. M., Keel, P. K., Sisk, C. L., Burt, S. A., & Klump, K. L. (2012). Differential associations between ovarian hormones and disordered eating symptoms across the menstrual cycle in women. *International Journal of Eating Disorders, 45,* 333–344.

Racine, S. E., Keel, P. K., Burt, S., Sisk, C. L., Neale, M., Boker, S., et al. (2013). Exploring the relationship between negative urgency and dysregulated eating: Etiologic associations and the role of negative affect. *Journal of Abnormal Psychology, 122,* 433–444.

Reas, D. L., & Grilo, C. M. (2007). Timing and sequence of the onset of overweight, dieting, and binge eating in overweight patients with binge eating disorder. *International Journal of Eating Disorders, 40,* 165–170.

Reichborn-Kjennerud, T., Bulik, C. M., Tambs, K., & Harris, J. R. (2004). Genetic and environmental influences on binge eating in the absence of compensatory behaviors: A population-based twin study. *International Journal of Eating Disorders, 36,* 307–314.

Ricca, V., Mannucci, E., Mezzani, B., Di Bernardo, M., Zucchi, T., Paionni, A., et al. (2001). Psychopathological and clinical features of outpatients with an eating disorder not otherwise specified. *Eating and Weight Disorders, 6,* 157–165.

Ricciardelli, L. A., & McCabe, M. P. (2001). Children's body image concerns and eating disturbance: A review of the literature. *Clinical Psychology Review, 21,* 325–344.

Ricciardelli, L. A., & McCabe, M. P. (2004). A biopsychosocial model of disordered eating and the pursuit of muscularity in adolescent boys. *Psychological Bulletin, 130,* 179–205.

Rieger, E., Van Buren, D. J., Bishop, M., Tanofsky-Kraff, M., Welch, R., & Wilfley, D. E. (2010). An eating disorder-specific model of interpersonal psychotherapy (IPT-ED): Causal pathways and treatment implications. *Clinical Psychology Review, 30,* 400–410.

Roberts, A., Cash, T. F., Feingold, A., & Johnson, B. T. (2006). Are black–white differences in females' body dissatisfaction decreasing?: A meta-analytic review. *Journal of Consulting and Clinical Psychology, 74,* 1121–1131.

Robinson, T. N., Chang, J. Y., Haydel, K. F., & Killen, J. D. (2001). Overweight concerns and body dissatisfaction among third-grade children: The impacts of ethnicity and socioeconomic status. *Journal of Pediatrics, 138,* 181–187.

Rodgers, R. F., Ganchou, C., Franko, D. L., & Chabrol, H.

(2012). Drive for muscularity and disordered eating among French adolescent boys: A sociocultural model. *Body Image, 9*, 318–323.

Rodgers, R. F., Paxton, S., & Chabrol, H. (2010). Depression as a moderator of sociocultural influences on eating disorder symptoms in adolescent females and males. *Journal of Youth and Adolescence, 39*, 393–402.

Rolland, K., Farnill, D., & Griffiths, R. A. (1997). Body figure perceptions and eating attitudes among Australian schoolchildren aged 8 to 12 years. *International Journal of Eating Disorders, 21*, 273–278.

Rosenberg, M. (1986). Self-concept from middle childhood through adolescence. In J. Suls & A. G. Greenwald (Eds.), *Psychological perspective on the self* (Vol. 3, pp. 107–135). Hillsdale, NJ: Erlbaum.

Russell, C. J., & Keel, P. K. (2002). Homosexuality as a specific risk factor for eating disorders in men. *International Journal of Eating Disorders, 31*, 300–306.

Salafia, E. H., Gondoli, D. M., Corning, A. F., Bucchianeri, M. M., & Godinez, N. M. (2009). Longitudinal examination of maternal psychological control and adolescents' self-competence as predictors of bulimic symptoms among boys and girls. *International Journal of Eating Disorders, 42*, 422–428.

Schmidt, U., Lee, S., Perkins, S., Eisler, I., Treasure, J., Beecham, J., et al. (2008). Do adolescents with eating disorder not otherwise specified or full-syndrome bulimia nervosa differ in clinical severity, comorbidity, risk factors, treatment outcome or cost? *International Journal of Eating Disorders, 41*, 498–504.

Schnitzler, C. E., von Ranson, K. M., & Wallace, L. M. (2012). Adding thin-ideal internalization and impulsiveness to the cognitive-behavioral model of bulimic symptoms. *Eating Behaviors, 13*, 219–225.

Schur, E. A., Sanders, M., & Steiner, H. (2000). Body dissatisfaction and dieting in young children. *International Journal of Eating Disorders, 27*, 74–82.

Schweiger, U., Warnhoff, M., Pahl, J., & Pirke, K. M. (1986). Effects of carbohydrate and protein meals on plasma large neutral amino acids, glucose, and insulin plasma levels of anorectic patients. *Metabolism, 35*, 938–943.

Serpell, L., Hirani, V., Willoughby, K., Neiderman, M., & Lask, B. (2006). Personality or pathology?: Obsessive–compulsive symptoms in children and adolescents with anorexia nervosa. *European Eating Disorders Review, 14*, 404–413.

Share, T. L., & Mintz, L. B. (2002). Differences between lesbians and heterosexual women in disordered eating and related attitudes. *Journal of Homosexuality, 42*, 89–106.

Shaw, H., Ramirez, L., Trost, A., Randall, P., & Stice, E. (2004). Body image and eating disturbances across ethnic groups: More similarities than differences. *Psychology of Addictive Behaviors, 18*, 12–18.

Shinohara, M., Mizushima, H., Hirano, M., Shioe, K., Nakazawa, M., Hiejima, Y., et al. (2003). Eating disorders with binge-eating behaviour are associated with the s allele of the 3'-UTR VNTR polymorphism of the dopamine transporter gene. *Journal of Psychiatry and Neuroscience, 29*, 134–137.

Silberg, J. L., & Bulik, C. M. (2005). The developmental association between eating disorders symptoms and symptoms of depression and anxiety in juvenile twin girls. *Journal of Child Psychology and Psychiatry, 46*, 1317–1326.

Sim, L. A., Homme, J. H., Lteif, A. N., Vande Voort, J. L., Schak, K. M., & Ellingson, J. (2009). Family functioning and maternal distress in adolescent girls with anorexia nervosa. *International Journal of Eating Disorders, 42*, 531–539.

Sinha, R., & O'Malley, S. S. (2000). Alcohol and eating disorders: Implications for alcohol treatment and health services research. *Alcoholism: Clinical and Experimental Research, 24*, 1312–1319.

Smolak, L., Murnen, S. K., & Ruble, A. E. (2000). Female athletes and eating problems: A meta-analysis. *International Journal of Eating Disorders, 27*, 371–380.

Spanos, A., Klump, K. L., Burt, S., McGue, M., & Iacono, W. G. (2010). A longitudinal investigation of the relationship between disordered eating attitudes and behaviors and parent–child conflict: A monozygotic twin differences design. *Journal of Abnormal Psychology, 119*, 293–299.

Speranza, M., Revah-Levy, A., Giquel, L., Loas, G., Venisse, J. L., Jeammet, P., et al. (2012). An investigation of Goodman's addictive disorder criteria in eating disorders. *European Eating Disorders Review, 20*, 182–189.

Spitzer, R. L., Yanovski, S. Z., Wadden, T., Wing, R., Marcus, M. D., Stunkard, A. J., et al. (1993). Binge eating disorder: Its further validation in a multisite study. *International Journal of Eating Disorders, 13*, 137–153.

Stang, J., & Story, M. (2005). Adolescent growth and development. In J. Stang & M. Story (Eds.), *Guidelines for adolescent nutrition services* (pp. 1–8). Minneapolis: University of Minnesota, School of Public Health.

Starr, L. R., Davila, J., Stroud, C. B., Clara Li, P. C., Yoneda, A., Hershenberg, R., et al. (2012). Love hurts (in more ways than one): Specificity of psychological symptoms as predictors and consequences of romantic activity among early adolescent girls. *Journal of Clinical Psychology, 68*, 373–381.

Steiger, H. (2004). Eating disorders and the serotonin connection: State, trait and developmental effects. *Journal of Psychiatry and Neuroscience, 29*, 20–29.

Steiger, H., Gauvin, L., Engelberg, M. J., Ng Ying Kin, N. M. K., Israel, M., Wonderlich, S. A., et al. (2005). Mood- and restraint-based antecedents to binge episodes in bulimia nervosa: Possible influences of the serotonin system. *Psychological Medicine, 35*, 1553–1562.

Steiger, H., Gauvin, L., Israel, M., Koerner, N., Ng Ying Kin, N. M. K., Paris, J., et al. (2001). Association of serotonin and cortisol indices with childhood abuse in bulimia nervosa. *Archives of General Psychiatry, 58*, 837–843.

Steiger, H., Lehoux, P. M., & Gauvin, L. (1999). Impulsivity, dietary control and the urge to binge in bulimic syndromes. *International Journal of Eating Disorders, 26*, 261–274.

Stein, A., Woolley, H., Cooper, S., Winterbottom, J., Fairburn, C. G., & Cortina-Boria, M. (2006). Eating habits and attitudes among 10-year-old children of mothers with eating disorders: Longitudinal study. *British Journal of Psychiatry, 189*, 324–329.

Steinberg, L. (2001). We know some things: Parent–adolescent relationships in retrospect and prospect. *Journal of Research on Adolescence, 11*, 1–19.

Steinhausen, H. C. (2002). The outcome of anorexia nervosa in the 20th century. *American Journal of Psychiatry, 159*, 1284–1293.

Stice, E. (2001). A prospective test of the dual-pathway model of bulimic pathology: Mediating effects of dieting and negative affect. *Journal of Abnormal Psychology, 110*, 124–135.

Stice, E., & Agras, W. S. (1998). Predicting onset and cessation bulimic behaviors during adolescence: A longitudinal grouping analysis. *Behavior Therapy, 29*, 257–276.

Stice, E., Hayward, C., Cameron, R. P., Killen, J. D., & Taylor, C. B. (2000). Body-image and eating disturbances predict onset of depression among female adolescents: A longitudinal study. *Journal of Abnormal Psychology, 109*, 438–444.

Stice, E., Killen, J. D., Hayward, C., & Taylor, C. B. (1998). Age of onset for binge eating and purging during late adolescence: A 4-year survival analysis. *Journal of Abnormal Psychology, 107*, 671–675.

Stice, E., Marti, C. N., & Rohde, P. (2013). Prevalence, incidence, impairment, and course of the proposed DSM-5 eating disorder diagnoses in an 8-year prospective community study of young women. *Journal of Abnormal Psychology, 122*, 445–457.

Stice, E., Presnell, K., & Spangler, D. (2002). Risk factors for binge eating onset in adolescent girls: A 2-year prospective investigation. *Health Psychology, 21*, 131–138.

Stoving, R. K., Andries, A., Brixen, K., Bilenberg, N., & Horder, K. (2011). Gender differences in outcome of eating disorders: A retrospective cohort study. *Psychiatry Research, 186*, 362–366.

Striegel-Moore, R. H., & Bulik, C. M. (2007). Risk factors for eating disorders. *American Psychologist, 62*, 181–198.

Striegel-Moore, R. H., & Franko, D. L. (2008). Should binge eating disorder be included in the DSM-V?: A critical review of the state of the evidence. *Annual Review of Clinical Psychology, 4*, 305–324.

Striegel-Moore, R. H., Rosselli, F., Perrin, N., DeBar, L., Wilson, G. T., May, A., et al. (2009). Gender difference in the prevalence of eating disorder symptoms. *International Journal of Eating Disorders, 42*, 471–474.

Striegel-Moore, R. H., Schreiber, G. B., Lo, A., Crawford, P., Obarzanek, E., & Rodin, J. (2000). Eating disorder symptoms in a cohort of 11 to 16-year-old black and white girls: The NHLBI Growth and Health Study. *International Journal of Eating Disorders, 27*, 49–66.

Strober, M., Freeman, R., Lampert, C., Diamond, J., & Kaye, W. (2000). Controlled family study of anorexia nervosa and bulimia nervosa: Evidence of shared liability and transmission of partial syndromes. *American Journal of Psychiatry, 157*, 393–401.

Sullivan, H. S. (1953). *The interpersonal theory of psychiatry.* New York: Norton.

Swanson, S. A., Crow, S. J., Le Grange, D., Swendsen, J., & Merikangas, K. R. (2011). Prevalence and correlates of eating disorders in adolescents: Results from the National Comorbidity Survey Replication Adolescent Supplement. *Archives of General Psychiatry, 68*, 714–723.

Swartz, L. (1985). Anorexia nervosa as a culture-bound syndrome. *Social Science and Medicine, 20*, 725–730.

Swinbourne, J. M., & Touyz, S. W. (2007). The co-morbidity of eating disorders and anxiety disorders: A review. *European Eating Disorders Review, 15*, 253–274.

Tanofsky-Kraff, M., Faden, D., Yanovski, S. Z., Wilfley, D. E., & Yanovski, J. A. (2005). The perceived onset of dieting and loss of control eating behaviors in overweight children. *International Journal of Eating Disorders, 38*, 112–122.

Tanofsky-Kraff, M., Goossens, L., Eddy, K. T., Ringham, R., Goldschmidt, A., Yanovski, S. Z., et al. (2007). A multisite investigation of binge eating behaviors in children and adolescents. *Journal of Consulting and Clinical Psychology, 75*, 901–913.

Tanofsky-Kraff, M., Marcus, M. D., Yanovski, S. Z., & Yanovski, J. A. (2008). Loss of control eating disorder in children age 12 years and younger: Proposed research criteria. *Eating Behaviors, 9*, 360–365.

Tanofsky-Kraff, M., Yanovski, S. Z., Wilfley, D. E., Marmarosh, C., Morgan, C. M., & Yanovski, J. A. (2004). Eating-disordered behaviors, body fat, and psychopathology in overweight and normal-weight children. *Journal of Consulting and Clinical Psychology, 72*, 53–61.

Tellegen, A., Lykken, D. T., Bouchard, T. J., Wilcox, K. J., Segal, N. L., & Rich, S. (1988). Personality similarity in twins reared apart and together. *Journal of Personality and Social Psychology, 54*, 1031–1039.

Thomas, J. J., Roberto, C. A., & Brownell, K. D. (2009). Eighty-five per cent of what?: Discrepancies in the weight cut-off for anorexia nervosa substantially affect the prevalence of underweight. *Psychological Medicine, 39*, 833–843.

Thomas, J. J., Vartanian, L. R., & Brownell, K. D. (2009). The relationship between eating disorder not otherwise specified (EDNOS) and officially recognized eating disorders: Meta-analysis and implications for DSM. *Psychological Bulletin, 135*, 407–433.

Thompson, J. K., & Stice, E. (2001). Thin-ideal internalization: Mounting evidence for a new risk factor for body-image disturbance and eating pathology. *Current Directions in Psychological Science, 10*, 181–183.

Thornton, C., & Russell, J. (1997). Obsessive compulsive comorbidity in the dieting disorders. *International Journal of Eating Disorders, 21*, 83–87.

Thornton, L. M., Mazzeo, S. E., & Bulik, C. M. (2011). The heritability of eating disorders: Methods and current findings. *Current Topics in Behavioral Neurosciences, 6*, 141–156.

Touchette, E., Henegar, A., Godart, N. T., Pryor, L., Falissard, B., Tremblay, R. E., et al. (2011). Subclinical eating disorders and their comorbidity with mood and anxiety disorders in adolescent girls. *Psychiatry Research, 185*, 185–192.

Tozzi, F., Thornton, L. M., Klump, K. L., Fichter, M. M., Halmi, K. A., Kaplan, A. S., et al. (2005). Symptom fluctuation in eating disorders: Correlates of diagnostic crossover. *American Journal of Psychiatry, 162*, 732–740.

Trace, S. E., Thornton, L. M., Baker, J. H., Root, T. L., Janson, L. E., Lichtenstein, P., et al. (2013). A behavioral-genetic investigation of bulimia nervosa and its relationship with alcohol use disorder. *Psychiatry Research, 208*, 232–237.

Treasure, J., Cardi, V., & Kan, C. (2012). Eating in eating disorders. *European Eating Disorders Review, 20*, e42–e49.

Troisi, A., Di Lorenzo, G., Alcini, S., Nanni, R. C., Di Pasquale, C., & Siracusano, A. (2006). Body dissatisfaction in women with eating disorders: Relationship to early separation anxiety and insecure attachment. *Psychosomatic Medicine, 68*, 449–453.

Turner, H., Bryant-Waugh, R., & Peveler, R. (2009). An approach to sub-grouping the eating disorder population: Adding attachment and coping style. *European Eating Disorders Review, 17*, 269–280.

Ty, M., & Francis, A. J. P. (2013). Insecure attachment and disordered eating in women: The mediating processes of social comparison and emotion dysregulation. *Eating Disorders, 21*, 154–174.

Umberg, E. N., Shader, R. I., Hsu, L. K., & Greenblatt, D. J. (2012). From disordered eating to addiction: The "food drug" in bulimia nervosa. *Journal of Clinical Psychopharmacology, 32*, 376–389.

van Son, G. E., van Hoeken, D., Bartelds, A. I., van Furth, E. F., & Hoek, H. W. (2006). Time trends in the incidence of eating disorders: A primary care study in the Netherlands. *International Journal of Eating Disorders, 39*, 565–569.

Vander Wal, J. S., Gibbons, J. L., & Grazioso, M. d. P. (2008). The sociocultural model of eating disorder development: Application to a Guatemalan sample. *Eating Behaviors, 9*, 277–284.

Vitousek, K., Watson, S., & Wilson, G. (1998). Enhancing motivation for change in treatment-resistant eating disorders. *Clinical Psychology Review, 18*, 391–420.

Volkow, N. D., & Wise, R. A. (2005). How can drug addiction help us understand obesity? *Nature Neuroscience, 8*, 555–560.

von Ranson, K. M., & Cassin, S. E. (2007). Eating disorders and addiction: Theory and evidence. In J. S. Rubin (Ed.), *Eating disorders and weight loss research* (pp. 1–37). Hauppauge, NY: Nova Science.

von Ranson, K. M., Iacono, W. G., & McGue, M. (2002). Disordered eating and substance use in an epidemiological sample: I. Associations within individuals. *International Journal of Eating Disorders, 31*, 389–403.

von Ranson, K. M., Wallace, L. M., Holub, A., & Hodgins, D. C. (2013). Eating disorders, substance use disorders, and impulsiveness among disordered gamblers in a community sample. *European Eating Disorders Review, 21*, 148–154.

Wade, T. D., Gillespie, N., & Martin, N. G. (2007). A comparison of early family life events amongst monozygotic twin women with lifetime anorexia nervosa, bulimia nervosa, or major depression. *International Journal of Eating Disorders, 40*, 679–686.

Walsh, T. B. (2013). The enigmatic persistence of anorexia nervosa. *American Journal of Psychiatry, 170*, 477–484.

Ward, A., Tiller, J., Treasure, J., & Russell, G. (2000). Eating disorders: Psyche or soma? *International Journal of Eating Disorders, 27*, 279–287.

Watson, H. J., Fursland, A., Bulik, C. M., & Nathan, P. (2013). Subjective binge eating with compensatory behaviors: A variant presentation of bulimia nervosa. *International Journal of Eating Disorders, 46*, 119–126.

Welch, S. L., Doll, H. A., & Fairburn, C. G. (1997). Life events and the onset of bulimia nervosa: A controlled study. *Psychological Medicine, 27*, 515–522.

Welch, S. L., & Fairburn, C. G. (1996). Childhood sexual and physical abuse as risk factors for the development of bulimia nervosa: A community-based case control study. *Child Abuse and Neglect, 20*, 633–642.

Weltzin, T. E., Weisensel, N., Franczyk, D., Burnett, K., Klitz, C., & Bean, P. (2005). Eating disorders in men: Update. *Journal of Men's Health and Gender, 2*, 186–193.

Westen, D., & Harnden-Fischer, J. (2001). Personality profiles in eating disorders: Rethinking the distinction between Axis I and Axis II. *American Journal of Psychiatry, 158*, 547–562.

White, M. A., & Grilo, C. M. (2005). Ethnic differences in the prediction of eating and body image disturbances among female adolescent psychiatric inpatients. *International Journal of Eating Disorders, 38*, 78–84.

Wichstrom, L. (2006). Sexual orientation as a risk factor for bulimic symptoms. *International Journal of Eating Disorders, 39*, 448–453.

Wildes, J. E., Marcus, M. D., Crosby, R. D., Ringham, R. M., Dapelo, M. M., Gaskill, J. A., et al. (2011). The clinical utility of personality subtypes in patients with anorexia nervosa. *Journal of Consulting and Clinical Psychology, 79*, 665–674.

Wildes, J. E., Zucker, N. L., & Marcus, M. D. (2012). Picky eating in adults: Results of a web-based survey. *International Journal of Eating Disorders, 45*, 575–582.

Wilfley, D. E., Pike, K. M., Dohm, F.-A., Striegel-Moore, R. H., & Fairburn, C. G. (2001). Bias in binge eating disorder: How representative are recruited clinic samples? *Journal of Consulting and Clinical Psychology, 69*, 383–388.

Wilfley, D. E., Pike, K. M., & Striegel-Moore, R. H. (1997).

Toward an integrated model of risk for binge eating disorder. *Journal of Gender, Culture, and Health, 2,* 1–32.

Wilfley, D. E., Wilson, G. T., & Agras, W. S. (2003). The clinical significance of binge eating disorder. *International Journal of Eating Disorders, 34,* S96–S106.

Wilson, G. T. (2010). Eating disorders, obesity and addiction. *European Eating Disorders Review, 18,* 341–351.

Wilson, G. T., Grilo, C. M., & Vitousek, K. M. (2007). Psychological treatment of eating disorders. *American Psychologist, 62,* 199–216.

Wilson, G. T., & Sysko, R. (2009). Frequency of binge eating episodes in bulimia nervosa and binge eating disorder: Diagnostic considerations. *International Journal of Eating Disorders, 42,* 603–610.

Wojtowicz, A. E., & von Ranson, K. M. (2012). Weighing in on risk factors for body dissatisfaction: A one-year prospective study of middle-adolescent girls. *Body Image, 9,* 20–30.

Wolfe, B. E., Baker, C. W., Smith, A. T., & Kelly-Weeder, S. (2009). Validity and utility of the current definition of binge eating. *International Journal of Eating Disorders, 42,* 674–686.

Wolfe, W. L., & Maisto, S. A. (2000). The relationship between eating disorders and substance use: Moving beyond co-prevalence research. *Clinical Psychology Review, 20,* 617–631.

Wonderlich, S. A., Gordon, K. H., Mitchell, J. E., Crosby, R. D., & Engel, S. G. (2009). The validity and clinical utility of binge eating disorder. *International Journal of Eating Disorders, 42,* 687–705.

Wonderlich, S. A., Joiner, T. E., Jr., Keel, P. K., Williamson, D. A., & Crosby, R. D. (2007). Eating disorder diagnoses: Empirical approaches to classification. *American Psychologist, 62,* 167–180.

Workgroup for Classification of Eating Disorders in Children and Adolescents. (2007). Classification of child and adolescent eating disturbances. *International Journal of Eating Disorders, 40,* S117–S122.

18

아동·청소년기 성격장애

REBECCA L. SHINER

JENNIFER L. TACKETT

아동과 청소년은 발현되는 성격에 확연한 차이가 있다. 아동기를 지나온 청소년은 자기통제 역량 및 긍정적 관계를 맺는 능력이 생기고, 감정에 대해서는 공감과 온화함, 반대로 적대감과 소외감 등도 생긴다. 또한 자신과 타인 및 삶의 경험을 바라보는 관점이 다양해진다. 일부 청소년은 그들의 성격 양상으로 인해 인생의 어려움을 겪을 수도 있다. 예를 들어 문제적 성격 양상으로 인해 일상에서 고도의 스트레스 및 심각한 손상을 경험하게 될 수도 있다. 이러한 어려움이 대부분의 청소년에서는 임상적 수준으로 발전하지 않더라도 부정적 결과를 초래하며, 일부 청소년은 극도로 심각한 성격장애 진단으로 이어질 수 있다. 정신질환의 진단 및 통계편람, IV판(*Diagnostic and Statistical Manual of Mental Disorders,* fourth edition, DSM-IV, APA, 1994)과 DSM-5에 따르면 청소년도 성격장애 관련 치료를 받아야 할 수 있다. 진단 지침서에는 성격장애를 인지, 정서, 내적 기능과 충동조절에 문제가 있는 것으로 정의하였다. 아동과 청소년기에 성격차가 매우 다양해지고, 성인기 이전에도 정신적 장애로 이어진다.

이 장에서는 생애 초기 20년 동안의 성격장애에 대한 지식을 개관한다. 물론 아동과 청소년기 성격장애의 경우 다른 조기 발병 장애에 대한 연구보다 적지만, 아동·청소년기에도 성격병리가 발생한다는 점을 명확히 밝힌 연구가 있다. 성격병리는 현재와 이후의 정신건강 문제 및 손상을 야기한다(Cohen, Crawford, Johnson,& Kasen, 2005; DeFruyt & De Clercq, 2012; Freeman & Reinecke, 2007; Hill, 2008; Johnson et al., 2012; Mervielde, De Clercq, De Fruyt, & van Leeuwen, 2005; Shiner, 2007, 2009; Tackett, 2010; Tackett, Balsis, Oltmanns, & Krueger, 2009; Westen & Chang, 2000). 최근에 연구자들이 성격병리의 초기 발현과 성인 성격장애의 선행요인에 주목하므로 성격장애 연구에 있어 매우 흥미로운 시기이다(최근 임상심리학의 특별 주제, *Science and Practice,* DeFire & Ritschel, 2013; *Development and Psychopathology,* Cicchetti & Crick, 2009, *Journal of the Canadian Academy of Child and Adolescent Psychiatry,* Biskin & Paris, 2013; *Journal of Personality Disorders,* Tackett & Sharp, 2014; *Journal of Psychopathology and Behavioral Assessment,* Tackett, 2010). 반사회적 성격장애(ASPD-Antisocial PD, 품행장애 및 정

신병질)에 선행하는 아동·청소년기 경계선 성격장애(BPD-Borderline PD)가 주목을 받았으나 청소년기의 다른 성격장애와 광범위한 성격병리 영역도 탐색되고 있다. 이 장에서는 성격장애에 대한 발달정신병리학적 관점을 적용했다(Cicchetti, 1993, 2013). 특히 중요한 두 가지 관점은 다음과 같다. 첫째, 정상발달에 대한 연구는 병리적 발달을 이해하는 데 중요하다. 똑같은 생물학적·심리적·환경적 과정이 정상 및 비정상발달 모두에 기초가 되므로 정상발달 연구결과와 이론이 심리장애의 발달을 설명하는 데 적절하다. 그 반대의 경우도 마찬가지다(즉, 병리적 발달에 관한 연구는 정상발달에 대한 정보를 제공할 수 있다). 그러나 현재까지는 병리적 성격발달보다 정상적 성격발달에 대한 지식이 더 많이 알려져 있다. 따라서 청소년 성격장애 양상을 설명하고 차이점을 보완하기 위해 최근의 성격발달 연구를 검토할 것이다.

둘째, 심리장애의 선행 및 후속 경로를 상세화하지 못하면 심리장애를 완전히 이해하기가 어렵다(Cicchetti, 1993, 2013). 이 경로 역시 복잡한데(Cicchetti & Rogosch, 1996), 서로 다른 경로나 경과가 동일한 결과로 이어지거나(equifinality, **동일 결과론**), 동일한 원인이 다양한 범위의 결과를 이끌 수도 있다(multifinality, **다중 결과론**). 청소년기와 성인기에 성격장애로 이어지는 발달경로에 대해 연구가 더 필요한 영역이다. 현재까지 DSM-IV 및 DSM-5에 포함된 성격장애에 관한 포괄적 경과를 조사한 단 한 건의 대규모 종단연구가 있다(Cohen, Crawford, et al., 2005). 이 연구는 뉴욕 주 북부에 거주하는 1~10세의 약 800여 명 아동을 대상으로 시작하여, 14세, 16세, 22세, 33세에 각각 조사했다. 성격장애를 4회에 걸쳐 평가했고, 모든 정신장애, 위험요인 및 결과도 평가했다. 이 연구는 성격장애의 유병률, 발달과 경로에 대한 훌륭한 정보를 제공했다. 기존에 모든 성격장애에 대한 대규모 종단연구가 부족하기 때문에 우리는 부족한 발달적 자료를 보충하기 위해 성인의 성격장애 문헌을 참고하였다.

이 장은 7개 절로 구성되어 있다. 첫 번째 절에서는 DSM 체계에서 성격장애의 역사를 정리하고, DSM-IV 및 DSM-5 II편의 성격장애 진단의 본질을 요약하며, 여전히 논란의 여지가 있는 청소년기 성격장애 진단에 대해 다룬다. DSM-5의 II편은 주요 진단 부분에서 DSM-IV와 동일한 범주의 성격장애 범주를 포함한다. 두 번째 절은 청소년 성격병리의 본질을 기술하고 개념적 체계를 설명한다. 이 개념적 체계는 성격 특질, 정신적 표상, 대처전략 및 생활사건들이 생애 초기에 성격장애를 악화시키는 방식을 설명하는 것이다. 세 번째 절은 성격장애의 범주모델에 대한 대안으로 몇 가지 차원적 모델을 제시한다. 또한 DSM-5의 새로운 III편은 차원 모델을 포함하여 향후 연구가 필요한 부분에 대해 다룬다. 네 번째 절은 최근의 성격장애 역학조사, 공존병리와 성격장애와 연관되는 다른 정신장애(예전 DSM 축 I 장애) 등을 요약한다. 다섯 번째 절은 초기 발병한 성격병리의 안전성과 인생에서의 결과에 대한 목록을 다룬다. 여섯 번째 절은 생애 초기 20년 동안의 성격장애 병인론과 A형 성격장애(편집성, 조현성, 조현형), 경계선 성격장애, 반사회성 성격장애, 정신병질, C형 성격장애(회피성, 의존성, 강박성) 등 세부 진단의 병인론을 개관한다. 일곱 번째 절에서는 청소년 성격장애의 향후 연구에 대한 제언으로 마무리할 것이다.

DSM 체계의 청소년 성격장애

DSM-I부터 DSM-5까지 성격장애의 역사

성격장애는 DSM 초기부터 제시되었고, 시간이 지남에 따라 그 개념화가 다양해졌다. 이 절에서는 DSM-5 성격장애 연구위원회의 권고에 반하여 DSM-5에서 DSM-IV 성격장애 진단을 유지한 결정을 포함하여 모든 DSM 체계에서 성격장애 구조의 변화에 대해 정리했다. Millon(2012), Oldham(2005)과 Widiger(2012)는 DSM 역사에 대해 더 완벽히 정리한 바 있다.

DSM-I(APA, 1952)은 정신증, 신경증과 성격장애 등 다른 세 가지 유형의 장애로 구별했다. 첫 번째 지침서에서 성격장애를 '성격 와해(personality disturbances)'라고 명명했다. 신경증은 더 가볍거나 정신분석을 통해 치료가 가능한 것처럼 본 반면, 성격 와해는 초기 성인기에 영구적인 것으로 간주되고, 치료가 어려운(거의 불가능) 것으로 보았다. 성격 와해의 심각도가 다양한데, 일부는 심각한 손상을 동반하고 일부는 매우 높은 스트레스를 받을 경우에만 유의한 손상을 보인다.

원인과 관련해 DSM-I에서는 "성격 장애는 부분적인 발달의 저해 및 왜곡된 발달상태를 반영하는 결함조건이며, 이차적으로 불충분하거나 병리적 양육을 받은 결과"로 본다(Oldham, 2005, p.6). DSM-II(APA, 1968)는 이론기반의 진단보다는 성격장애를 쉽게 관찰하고 평가할 수 있는 상태를 기술하는 진단으로 바꾸려 했지만, 많은 특수한 성격장애가 유지되고 시간이 지나도 계속 개념화되었다.

DSM-III(APA, 1980)는 전체 편람을 재점검하여, 현재 성격장애의 개념화에 지대한 영향을 미쳤다. 초기 두 편람에서는 장애에 대한 기술적 개념을 제공한 반면, DSM-III에는 각 진단에 대한 구체적인 규준의 목록을 제시했고, 이 준거 목록이 진단의 신뢰도를 높였다. 각 성격장애의 세부 증상목록도 제시했다. 특히 DSM-III는 다축 체계를 도입했는데, 일정 기간 지속되는 정신장애를 축 I에, 좀 더 지속적으로 유지되는 장애를 축 II에 배치하였다. 축 II에는 정신지체와 성격장애가 포함되었다. 편람에 "진단 시 축 I 장애가 더 두드러져서 이 장애에 초점을 두면 종종 간과하여 장애를 놓치지 않기 위해" 성격장애를 축 II에 놓는 것이라 제안했다(APA, 1980, P.23)

DSM-III는 편집성, 조현성, 연극성, 수동-공격성, 강박성 및 반사회성 등 이전의 두 편람에 있었던 일부 성격장애를 유지했다. 간헐적 폭발장애와 순환성 장애 등 이전의 두 가지 성격장애가 축 I 장애로 이동했다. 이 지침서에 경계선 성격장애, 조현형 성격장애, 자기애성 성격장애, 회피성 성격장애와 의존성 성격장애 등 새로운 성격장애가 추가되었다. Millon(2012)은 "*DSM-III* 위원회의 주요 목표는 타당하다면 임상적으로 유용한 성격 증후군을 가능한 많이 포함시키는 것이었다. 비록 일부 반대가 있었지만, 일상적인 임상 적용의 요구가 크므로 충분한 연구를 통해 타당화되지 못한 범주도 포함시키기로 결정했다."(p.1) 또 다른 추가사항은 성격장애를 군집 체계로

분류한 것인데, 다음 편람에서도 이러한 형식은 유지되었다. 군집에 대해서는 다음 절에서 보다 자세히 다룰 것이다.

DSM-III는 회피성 장애, 조현성 장애, 정체감 장애, 적대적 장애 및 품행장애와 같은 성인기 성격장애의 징후가 될 수 있는 다섯 가지 아동기 장애를 포함시켰다(Widiger, De Clercq, & De Fruyt, 2009). 이 장애는 회피성 성격장애, 조현성 성격장애, 경계선 성격장애, 수동-공격적 성격장애와 반사회성 성격장애의 전조가 될 수 있다고 보았다. DSM의 이후 개정판에서는 아동기 조현성 장애와 정체감 장애가 제외되었기 때문에 성인기 성격장애를 예측할 수 있는 아동기 전조장애에 초점을 두게 되었다. 아동기 회피성 장애는 DSM-IV의 사회공포증에 통합되었고, 적대적 장애의 성인 유형(수동-공격성 성격장애)이 삭제되었다. 반사회성 성격장애의 경우 분명한 아동기 전조증상인 품행장애가 선행한다는 관점이 지속되었다. 개정 시기에 품행장애와 관련된 조건(예: 적대적 반항장애, 아동기 공격성)이 광범위하게 연구되었고, 다른 성격장애의 경로가 아닌 반사회성 성격장애를 유발하는 발달적 경로를 더 많이 밝히게 되었다.

DSM-III가 출판된 이후 성격장애에 대한 연구가 증가하고 임상적 관심이 집중되었다. DSM-III-R(APA, 1987)에서 성격장애 부분은 거의 수정되지 않았다. DSM-IV(APA, 1994) 역시 DSM-III의 성격장애 진단 내용과 체계를 대부분 유지했다. DSM-IV는 진단을 변경하는 데 보수적 입장을 취했기 때문에 당연히 DSM-III와 유사했다(Frances & Widiger, 2012). 수동-공격성 성격장애는 DSM-IV의 부록 B로 이동했고, 성격장애의 일반적 진단적 범주가 성격장애 장에 추가되었다. DSM-IV-TR(APA, 2000)에서는 진단적 범주는 바뀌지 않고 단지 본문 기술만 약간 변경되었다.

APA는 DSM-5의 성격장애 진단에서 전반적인 변화를 검토했다. DSM-III, DSM-III-R과 DSM-IV 출판 이후 많은 연구가 수행됨에 따라 성격장애 진단체계에 매우 중대한 결함이 있다는 것이 분명해졌다. 이 내용은 차원 모델에 관해 다룬 절에서 자세히 설명하고자 한다. 성격

장애 진단에 대한 관심이 높아졌기 때문에 APA는 성격 장애의 정신과적 분류 및 차원 모델에 관한 일련의 국제 학회 중 첫 회의를 2004년에 개최했다(Widiger, Simonsen, Sirovatka, & Regier, 2005). DSM-5의 성격 및 성격장애 위원회는 장애진단의 개정 논의에서 진단에 차원체계를 적용하기 위해 검토했다. 이 과정은 Skodol(2012)에 자세 히 설명되어 있다. DSM-5 연구위원회는 장애의 개념화 및 조작적 정의에 상당한 변화를 두어야 한다고 가정했 으나, 성격 및 성격장애 위원회는 대폭 수정보다는 보수 적인 관점에서 소폭 개정하는 데 초점을 두었다(Skodol, 2012; Widiger, 2013).

성격 및 성격장애 위원회는 반사회성 성격장애, 경계 선 성격장애, 회피성 성격장애, 자기애성 성격장애, 강박 성 성격장애와 조현형 성격장애 등 기존의 6개 성격장애 를 유지하면서 새로운 진단준거를 제안하는 최종 보고서 를 제출했다(Skodol, 2012; Skodol, Bender et al., 2011). 이러한 진단은 지역사회 및 임상표본을 통합한 유병률, 관련 심리사회적 손상, 그리고 장애의 타당도와 유용성 을 근거로 유지되었다. 이 제안서는 새로운 성격장애 진 단도 포함했는데, 즉 성격장애-기질 명시자이다. 이는 주요한 손상이 있는 것으로 정의되고, 병리적 성격 특질 차원에서 개인의 가장 두드러진 성격 결함이 있다는 특 수성이 있다.

그러나 APA 이사회는 성격 및 성격장애 위원회의 제안 을 거부했다(APA, 2012; Krueger, 2013). 대신에 DSM-IV 의 범주적 성격장애 분류를 포함하면서 DSM-IV에 제시 된 10가지 성격장애 진단을 유지하기로 했다. DSM-5의 본문은 개정되었지만 II편의 성격장애 진단 부분은 DSM-IV의 내용과 동일하다. 이사회가 다축체계를 삭제 하는 데 동의하였으므로 성격장애는 다른 범주적 정신장 애와 함께 II편에 포함되었다. 다른 장에서는 성격장애와 비성격장애가 상호 참조적이라고 설명했는데, 각 사례에 서 성격장애는 비성격장애와 밀접한 관계가 있다. 특히 조현형 성격장애는 조현병 스펙트럼과 기타 정신장애 영 역에도 설명이 포함되고, 반사회성 성격장애 역시 방해 적, 충동-조절장애 및 품행장애 장에도 포함되었다. III

편의 "성격장애에 대한 대안적 DSM-5모델"에 나타난 병 리적 성격차원 체계는 후속연구가 필요하지만, 미래의 진단 지침서에 포함될 모델을 추가한 '최신의 평가와 모 델'을 제안했다(DSM-IV의 부록 B 참조). 즉, 연구를 통 해 DSM-5가 향후 개정될 계획이고, 하위 번호를 붙이는 식(DSM-5.1, DSM-5.2의 형식)으로 변경될 것이므로 더 많은 연구가 이루어진다면 대안적 모델은 II편으로 옮겨 질 것이다.

DSM 체계의 성격장애 역사를 살펴보면 몇 가지 주제 가 도출된다. 첫째, 성격장애는 초기 성인기에 시작되어 오래 지속되는 장애로 개념화되었다. 성격장애의 만성적 인 특징은 DSM-I에서부터 개념화되었는데, 이로 인해 삽화적 장애와 구분한다. 둘째, 지침서에 포함된 성격장 애 진단은 전문가의 임상경험을 토대로 성격병리의 특징 을 규명하는 경험적 연구방법을 기반으로 한다. 셋째, 최근 일부 성격장애 진단은 1952년 지침서에 포함된 반 사회성 성격장애, 편집성, 조현성, 연극성, 강박성 성격 장애와 1980년 이후에 포함된 경계선 성격장애, 조현형 성격장애, 자기애성 성격장애, 회피성 성격장애, 의존성 성격장애와 비슷한 형식으로 되어 있다. 모든 진단을 30 ~60년 동안 사용했기 때문에 어떤 장애를 없애는 것은 그 타당도를 지지하는 연구에도 불구하도 저항이 있다. 즉, 성격장애가 DSM 체계에서 비교적 일관되게 정의되 어 왔다는 것은 매우 놀라운 일이지만, 성격장애의 몇 가지 가장 기본적인 가정이 적합한지 의문에 답할 연구 가 필요하다.

DSM-IV와 DSM-5 II편의 성격장애

이 절에서는 DSM-IV와 DSM-5의 성격장애 진단 특징에 대해 설명한다(DSM-5의 II편 중 성격장애 장에 초점을 맞추었고, 이 장의 후반부의 성격장애의 대안적 차원 모 델 부분에서 III편에 제시된 DSM-5 성격장애의 대안적 모델을 개관함). 이 편람은 성격장애 구성요소에 대한 포괄적 틀을 제공한다. 일반적 구조에 따르면 성격장애 는 내적 경험과 행동에서 일탈적 양상이 다음 중 적어도 4개 영역에서 두 가지 이상 지속적으로 나타낸다. (1) 인지(자기, 타인 및 사건을 지각하고 해석하는 방식), (2) 정서(정서반응의 범위, 강도, 불안정성, 적절성), (3) 대인관계 기능, (4) 충동조절(APA, 1994, p.633; APA, 2013, p.646).

Skodol(2005)은 네 가지 영역을 자세히 제시했다. 인지영역은 환자가 자신과 타인을 바라보는 방식의 혼란으로 나타난다. 예를 들어 지나치게 자신을 과대하게 생각하거나 어리석을 정도로 부정적으로 생각하는 것, 타인에 대한 뿌리 깊은 불신이나 소외감, 타인을 이상화하거나 또는 평가절하하는 것이다. 또한 완벽주의에 대한 기대 및 기이하고 망상적인 신념과 같은 세상에 대한 일탈적 사고를 포함한다. 정서는 감정조절 문제(예 : 지나치게 강렬하고 불안정한 감정)뿐만 아니라 감정의 일반적 수준(예 : 제한된 감정 표현)을 포함하여 환자의 전형적인 감정에 대한 광범위한 혼란을 포함한다. 여기에는 슬픔, 불안, 분노와 짜증, 기쁨과 즐거움, 사랑과 애정 등 모든 인간의 감정이 포함된다. 대인관계 기능의 차이는 전형적으로 대인관계 행동의 두 가지 주요 차원인 힘(지배성과 자기과신부터 복종까지)과 공동체 정신(유친, 온정성부터 애착결함과 냉담함까지) 중 하나 또는 둘 모두에 대한 문제를 포함한다(Pincus & Hopwood, 2012). 마지막으로 몇몇 성격장애는 자기조절(계획불량, 행동 없는 생각, 행동 및 정서적 자기조절의 어려움)의 결함이나 건강한 충동에 대한 과도한 제한 및 억제의 문제를 나타낸다.

이런 일탈된 성격 양상은 DSM-IV와 DSM-5 II편에 자세히 정의되었다(APA, 1994, pp.630-631; APA, 2013, pp.646-647). 모든 DSM 체계에서 성격장애 정의가 유지되었는데, 성격 양상은 개인의 삶의 맥락에 걸쳐 지속되고, 유연하지 못하며, 전반적으로 나타나야 한다. 이 양상은 적어도 청소년기나 초기 성인기부터 시작될 것으로 예측되며, 타인을 힘들게 하거나, 사회적 관계, 학교나 직장과 같은 중요한 일상에서 손상을 유발해야 한다. 마지막으로 이 양상은 다른 장애, 의학적 상태 또는 물질의 사용으로 인한 것이 아니어야 한다.

성격장애의 진단적 편람은 성격장애를 병리적 성격

성향의 조합으로 구성된 '유형'으로 제시했다. DSM-IV와 DSM-5는 10개 특정 성격장애에 대한 진단기준을 세 가지 군집으로 분류했다. A군 성격장애는 특이하거나 기이한 것(편집성 성격장애, 조현성 성격장애, 조현형 성격장애), B군 성격장애는 극적, 감정적이거나 변덕스러운 것(반사회성 성격장애, 경계선 성격장애, 연극성 성격장애, 자기애성 성격장애), C군 성격장애는 불안하거나 두려워하는 것(회피성 성격장애, 의존성 성격장애, 강박성 성격장애)이다(APA, 1994, pp.629-630; APA, 2013, p.646). 10개 성격장애의 주요한 특징은 표 18.1에 제시되어 있다. DSM-5에서 "이 군집체계는 일부 연구와 교육장면에서 유용할 수 있으나, 심각한 한계가 있으며 지속적으로 타당화되지 않았다."고 설명했다(p.646).

DSM-IV는 달리 구분되지 않은 성격장애(PD-NOS) 진단을 선택사항으로 제시했다. 성격장애에 대한 일반적인 준거는 충족시키고 성격장애 증상이 나타나지만 편람에 있는 특정 성격장애 준거는 충족시키지 못하는 경우를 말한다. 그러나 DSM-5에서는 모든 NOS 진단을 삭제했다. 대신 II편에서 성격장애를 보이지만 진단준거에 부합하지 않는 특정 성격장애 환자를 위한 두 가지 진단을 마련했다 : 기타 특정 성격장애(임상가가 특정 성격장애 준거에 해당하지 않는 이유를 명시하는 경우)와 기타 비특정 성격장애(임상가가 환자가 준거를 충족시키지 못하는 이유를 명시하지 않는 경우). 또한 DSM-5는 환자가 "신경학적 또는 기타 의학적 상태로 인한 성격 변화를 나타낼 때, 즉 이전의 성격 양상과는 다른 지속적 성격장애 증상을 보일 때"(p.682) 기타 의학적 상태에 따른 성격변화로 진단하도록 한다.

DSM 체계에서 청소년 성격장애

DSM-IV와 같이 DSM-5에서도 18세 이전의 아동과 청소년에게 성격장애를 진단하기 위한 세부지침을 제공했다. DSM-5의 II편에서는 "아동 및 청소년의 특별한 부적응적 성격 양상이 전반적이고, 지속적이며 특정 발달단계에 국한되거나 기타 정신장애는 아닌 경우"(APA, 2013. p.647)만 제외하고 아동과 청소년 성격장애 진단 시 주

표 18.1 DSM-5의 성격장애(II편)

- **편집성 성격장애**는 타인의 동기가 악의 있는 것이라고 잘못 해석하거나 불신하고 의심한다.
- **조현성 성격장애**는 사회적 관계에서 동떨어져 있고 정서 표현의 범위가 제한된다.
- **조현형 성격장애**는 가까운 관계를 불편해하고, 인지 및 지각적 왜곡이 있고, 기이한 행동을 한다.
- **반사회성 성격장애**는 타인의 관리를 무시하고 위반한다.
- **경계선 성격장애**는 대인관계, 자기상과 정동이 불안정하고 매우 충동적이다
- **연극성 성격장애**는 지나치게 감정적이고 주의를 끄는 행동을 한다.
- **자기애성 성격장애**는 자신에 대해 과장하고 칭찬을 필요로 하며 공감이 부족하다.
- **회피성 성격장애**는 사회적인 억제, 무능감, 부정적 평가에 대해 과민하다.
- **의존성 성격장애**는 자신을 돌아봐 주길 바라는 과도한 욕구로 인해 순종적이고 매달린다.
- **강박성 성격장애**는 질서 정연함, 완벽주의 및 통제에 대한 집착이 있다.
- **기타 의학적 상태에 의한 성격의 변화**는 의학적 상태(예 : 전두엽 장애)의 직접적 생리적 영향으로 인한 지속적인 성격의 손상을 보인다.
- **기타 특정 및 비특정 성격장애**는 2개의 상황으로 범주화된다.
  (1) 개인적인 성격 양상이 일반적인 성격장애 준거에 부합하고, 몇몇의 다른 성격장애의 특성을 보이지만 어떤 특정 성격장애에도 포함되지 않을 경우
  (2) 개인적인 성격 양상이 일반적인 성격장애 준거에 부합하지만, DSM-5 분류에 포함되지 않은 성격장애일 경우(예 : 수동-공격성 성격장애)

출처 : *Diagnostic and Statistical Manual of Mental Disorders, Fifth Edition* (pp.645-646). Copyright 2013 by the American Psychiatric Association의 허락하에 사용함.

의해야 한다고 명시했다. 반사회성 성격장애를 제외한 모든 성격장애는 아동과 청소년을 위한 진단범주가 성인과 동일하다. 그러나 18세 이전 청소년의 경우 이러한 행동양상이 적어도 1년 이상 나타나야 한다는 점에서 차이가 있다. 18세 이하 청소년은 반사회성 성격장애로 진단하지 않는다. 일반적으로 청소년의 반사회적 행동은 성격장애 대신 품행장애로 진단되고, 성인기에 반사회성 성격장애를 진단받을 경우, 15세 이전에 품행장애 발병이 요구된다. 성격장애를 위한 대안적 DSM-5 모델 III편은 18세 이전 연령의 성격장애 진단에 대해 어떠한 주의사항도 포함하지 않는다. 증상이 유지되어야 하는 기간은 명시하지 않았지만, 장애가 "시간이 경과해도 비교적 안정적이고 적어도 청소년과 초기 성인기에 발병한 경우(APA, 2013, p.761)"와 같은 조건만 간단히 제시한다. 그러므로 대안적 체계에서는 아동과 청소년기 성격장애 진단을 제한하지 않는다.

일부 임상가와 연구자는 아동기와 청소년기에 성격장애로 절대 진단하지 않는다고 DSM-IV의 지침을 잘못 해석한다. 최근 네덜란드와 벨기에의 심리학자 1/4 정도는 청소년기에는 성격장애를 진단하지 않는다고 진단 지침서를 잘못 이해하는 것으로 나타났다(Laurenssen, Hutsebaut, Feenstra, Van Busschbach, & Luyten, 2013). 청소년기 성격장애 진단을 유보하는 데 영향을 주는 일부 근거가 있다(Chanen & McCutcheon, 2008; Freeman & Rigby, 2003; Miller, Muehlenkamp, & Jacobson, 2008; Shiner, 2007; Westen & Chang, 2000). 첫째, 성격장애는 축 I 장애에 비해 오래 지속되고 치료가 어려우며, 심한 장애로 개념화되었기 때문에 임상가와 연구자는 청소년을 성격장애로 진단할 때 낙인을 우려한다. 둘째, 서양에서는 청소년기를 불안정한 기분과 충동적인 행동으로 특징되는 혼돈의 시기(Arnett, 1999), 즉 청소년기를 설명하는 유명한 개념인 '질풍노도의 시기'(Hall, 1904)로 본다. 성격 '병리'의 일정 부분은 청소년기에 정상적인 것으로 보고 임상적 관심을 기울일 정도는 아니라고 간주한다. 마지막으로 아동기와 청소년기는 성격이 '형성되는 과정'으로 그 특성이 지속되기에는 너무 불안정하다(Elliott,

Tyrer, Horwood, & Fergusson, 2011). 이런 세 가지 이유 때문에 임상가가 청소년 환자에게 성격장애 진단을 내리는 것을 주저한다는 경험적 자료가 있다(Laurenssen et al., 2013). 그러나 이렇게 청소년기에 성격장애 진단을 주저하는 것은 성격장애 발달연구에는 부정적 영향을 미칠 수 있다. 그럼에도 이 주제에 대한 연구가 더 많이 집중되고 있어 향후 변화될 가능성이 있다.

임상가가 청소년 성격장애 진단을 주저하게 되면서 어린 환자의 성격병리를 간과할 수 있다. Westen, Shedler, Durrett, Glass와 Martens(2003)는 임상을 담당하는 심리학자 및 정신과의사를 대상으로 자신의 청소년 환자에 대해 조사했다. 단지 28.4%가 성격장애 진단을 받았으나, 성격장애 증상에 대한 임상가의 보고에 따르면 75.3%가 성격장애 준거를 충족시켰다. 이와 비슷하게 임상을 담당하는 유럽 심리학자 표본에서는 단지 9%의 임상가만 청소년에게 성격장애 진단을 내렸으며, 전문적 치료를 실시한 사람은 더 적었다(Laurenssen et al., 2013). 즉, 청소년 성격장애 특징에 대한 잘못된 개념화는 일부 임상가가 청소년 환자가 성격장애 진단준거에 부합한다는 것을 인식하지 못하게 만들 수 있다. 이 장에 제시된 바와 같이 특히 청소년의 성격장애는 잠재적으로 심각하고, 손상을 가져올 수 있으며, 평가 및 치료가 필요하다는 여러 증거가 있기 때문에 이는 심각한 문제이다.

이론적 틀

아동기와 청소년기 성격의 정상범주에 대한 연구가 진행됨에 따라 성격병리의 발생과 성격의 정상발달 간 관련성이 크다는 것이 명확해졌다(Shiner, 2009; Tackett & Kushner, 출판 중). 비록 DSM 성격장애 체계가 발달적 관점에 근거하지 않으나, 성격병리의 발달적 관점을 제공하는 정상적 성격발달에 대한 최신의 문헌을 제시할 수 있다. 발달정신병리학적 관점에서는 정신병리의 발달을 이해하기 위한 정상범위의 적응적 발달의 중요성을 강조하고 있으며(Cicchetti, 1993, 2013), 정상과 비정상

현상의 통합을 위한 틀을 제공하고 있다. 이 절에서는 생애 초기 성격병리의 중요성을 강조하면서 청소년기의 정상적 성격 구조의 이론과 연구를 다룰 것이다. 구체적으로 McAdams 등(McAdams, 2013; McAdams & Olsen, 2010; McAdams & Pals, 2006)이 개발한 풍부하고 포괄적인 성격 모델을 사용한다. 이 모델은 성격의 개인차를 세 수준으로 분류했는데, 첫째, McAdams와 Pals가 성격의 '성향적 특징'이라고 정의한 성격 '특질(trait)'을 다룬다. 다음으로 '성격적 적응'인데, 시간, 장소와/또는 사회적 역할과 관계있는 것으로 동기적·사회인지적·발달적 적응이다(McAdams & Pals, 2006, p.208). 우리는 청소년 성격장애와 관련성이 있는 애착/사회인지와 정서적 조절/대처 등 두 가지 구체적인 성격적 적응에 초점을 둔다. 마지막으로 '개인적 이야기'를 다루는데, 이는 시간 경과에 따라 청소년 자신이 정체성을 이해하도록 도울 수 있는 이야기를 의미한다. 청소년기의 성격병리는 이러한 모든 분석수준이 와해되는 것을 포함한다.

기질과 성격특질

생애 전반에 걸친 성격에 대한 주요 이론 및 개념적 접근방식은 상황적으로 전반적이며 시간적으로 지속되는 사고방식, 느낌 및 행동 양식의 특징적 양상에 초점을 맞춘다. 특히 '5요인' 모델은 인간의 중요한 다섯 가지 특질인 **외향성**(사회성, 사교성과 긍정적 정서를 경험하는 경향성), **신경성**(슬픔, 불안 및 고통과 같은 부정적 감정을 경험하는 경향성), **성실성**(지속성, 책임감과 조직화 경향성), **우호성**(공감과 공동체 대 적대감과 공격성에 대한 경향성), **경험에 대한 개방성/인지**(인지적 관여, 자극적 경험의 탐구/향유 경향성; John, Naumann, & Soto, 2008)에 대해 정의했다. 이러한 특성은 학령전기같이 어린 시절의 성격을 특징짓고(De pauw, Mervielde, & Van Leeuwen, 2009), 아동 후기나 청소년기 성격에도 강하게 작용한다(Shiner & Deyoung, 2013). 표 18.2에 5요인의 각 특질에 대한 설명이 있다. 이 요인은 아동기와 청소년기의 기질 및 성격특질 평가로부터 가져왔다.

이러한 특질은 초기에 출현하는 기질적 특성과 관련

표 18.2 아동의 기질과 성격 양상의 지속성에 대한 아동기와 청소년기의 5요인

주요 5요인	아동기 기질특성	아동과 청소년기의 성격특성
신경성 (Neuroticism)	좌절감[a] (CBQ/EATQ-R) 불편감(CBQ) 공포(CBQ; EATQ-R) 슬픔(CBQ)	공포/불안정감(ICID) 불안(HiPIC) 부정적 감정(ICID) 자신감−rev.(HiPIC)
외향성 (Extraversion)	활동수준(CBQ; EATQ-R) 접근(CBQ) 높은 수준의 기쁨(CBQ; ATQ-R) 부끄러움−rev.(CBQ; EATQ-R) 미소와 웃음[a] (CBQ)	긍정적 기분(ICID) 사회성(ICID), 부끄러움−rev.[a] (HiPIC) 활동수준(ICID), 에너지(HiPIC) 표현성(HiPIC) 낙관성(HiPIC)
우호성 (Agreeableness)	유친[a] (EATQ-R)	적대감−rev.(ICID), 이타심(HiPIC) 강한 의지-rev.(ICID) 지배성−rev.(HiPIC) 자아중심성−rev.(HiPIC) 순종(HiPIC), 짜증스러움−rev.(HiPIC)
성실성 (Conscientiousness)	주의(CBQ; EATQ-R) 충동성−rev.(CBQ) 억제조절(CBQ; EATQ-R) 활동성 조절(EATQ-R)	조직화(ICID), 질서(HiPIC) 성취 지향성(ICID), 성취 동기(HiPIC) 주의산만−rev.(ICID), 집중력(HiPIC) 인내(HiPIC)
경험에 대한 개방성/인지 (Openness to Experience/ Intellect)	낮은 수준의 기쁨(CBQ) 쾌락 민감성(EATQ-R) 지각적 민감성(CBQ; EATQ-R)	지적능력(ICID; HiPIC) 창의성(HiPIC) 호기심(HiPIC)

주 : rev.−반대. 더 높은 수준의 부정적 특성을 내포함
　　CBQ−아동행동 질문지(Children's Behavior Questionnaire, Rothbart, Ahadi, Hershey, & Fisher, 2001)
　　EATQ-R−초기 청소년 기질 질문지-개정판(Early Adolescent Temperament Questionnaire-Revised(Ellis & Rothbart, 2001)
　　ICID−아동기 개인차 평가척도(Inventory of Child Individual Differences, Halverson et al., 2003)
　　HiPIC−아동용 위계적 성격검사(Hierarchical Personality Inventory for Children, Mervielde & De Fruyt, 2002).
[a] 양상은 고차적 5요인 영역 중 하나 이상에 포함된다.

이 있고, 영유아 및 초기 아동기의 개인차에 관심을 두는 주요 구성개념을 반영한다(Rothbart & Bates, 2006; Shiner & Caspi, 2012).

생애 초기에 아동은 정서와 행동을 조절하는 능력뿐 아니라 긍정적 및 부정적인 감정에 대한 경험과 표현에 개인차를 보인다. 기질적 특질 모델은 5요인 모델의 다섯 가지 특질보다는 세 가지 상위 특질을 포함한다 : **열성적/긍정적 정서성**(외향성과 유사), **부정적 정서성**(신경성과 유사), **의도적 조절능력**(성실성과 상당히 유사). 최근의 입장은 3요인 모델과 5요인 모델을 병합하는 데 초점을 두며, 아동기와 성인기 모두에서 이 특질 간 경험

적 연관성의 근거가 제시되었다(Markon, krueger, & Watson, 2005; Tackett et al., 2012). 따라서 기질과 성격 특질은 이론적으로나 경험적으로 관련이 있고(De Pauw et al., 2009; Shiner, 2010; Shiner & DeYoung, 2013), 해당 분야가 발전함에 따라 이러한 연관성을 밝히는 연구가 많아질 것으로 예상된다.

아동의 성격특질 영역의 연구에서 5요인 모델(예 : Digman & Shmelyov, 1996; GoldBerg, 2001)과 같은 성인기 모델과의 연관성에 대한 증거가 늘고 있으나 발달상 차이도 드러난다. 예를 들면 일부 연구에서 다른 특질에 비해 **신경성**은 생애 초기에 평가하기가 더 어려웠

다(Tackett, Krueger, Iacono, & McGue, 2008; Tackett et al., 2012). 이는 표준 정보 제공자(예 : 부모, 교사)가 신경성에서 정의되는 내적인 감정을 평가하기 어렵다는 점을 반영한다(Grills & Ollendick, 2002; Tackett, 2011; Vazire, 2010). 또한 우호성과 성실성의 특질은 기질 모델 중 광범위한 의도적 조절 특질이 발달해야 출현한다(Rothbart, Ahadi, & Evans, 2000; Tackett et al., 2012). 아동의 성격 특질의 내용은 전형적으로 성인의 성격 특질과 동일하지 않으나 유사하다(De Pauw et al., 2009). 그러므로 연구자는 발달에 관한 민감한 관점은 유지하되 성인 성격이론을 어린 연령 집단에 적용하는 반이론적인 하향식 접근을 금해야 한다.

아동기의 초기 성격은 여러 중요한 과정을 통해 환경에 대한 경험을 형성한다(Caspi & Shiner, 2006; Shiner & Caspi, 2012). 즉, 아동이 환경으로부터 영향을 받는 방식, 아동의 삶에서 타인의 반응으로부터 영향을 받는 방식, 아동의 삶 속의 타인들로부터 환기된 반응, 자신의 경험을 이해하는 방식, 자신을 평가하고 정체감을 형성하는 방식, 그리고 아동 스스로 '선택'한 환경과 이를 조정하고 다루는 방식 등을 통해 아동의 초기 성격이 형성된다. 다중 결과론 원리의 훌륭한 예로써 아동의 성격은 유사한 환경에 노출된 아동도 똑같은 결과를 나타내지 않는 이유를 설명하는 데 도움을 준다. 다른 예로써 매우 불안하고 짜증을 내며 자기통제력이 부족한 아동은 부모 이혼 시 정서적으로 안정되고 행동이 차분한 아동과는 매우 다른 경험을 하게 된다. 이러한 이혼 시 경험의 차이는 아동에게 다른 결과를 이끌어 낼 수 있다.

성격특질은 청소년기 성격장애의 출현과 발달을 이해하는 데 중요하다. 왜냐하면 특질은 성격장애 구조에서 비슷한 수준의 유전 가능성(또는 유전적 영향; Saudino & Wang, 2012)을 나타내고, 생애 초기부터 두드러져 평가가 가능하며(Rothbart & Bates, 2006), 초기 아동기에 안정성이 중간 정도 수준에 도달한다(Roberts & DelVecchio, 2000). 이 장의 후반부에서 이 내용을 다시 다룰 것이지만 성인연구에서 성격장애 증상수준의 변화가 정상 성격특질의 변화를 야기하며(Warner et al., 2004), 성격병리

의 초기 핵심 구성요소로서 중요성을 강조하고, 정상 성격특질 변화를 따른다고 제안한다. 또한 예방적 시도(즉, 몇 가지 주요 취약성 특징에 기초하여 고위험군으로 정의된 집단에 제공되는 예방활동)를 위한 선택적 요인으로서 성격을 활용하는 초기의 시도는 청소년기 성격병리의 출현과 심각성을 낮추는 데 매우 효과적이었다(예 : Chanen, Jovev, Djaja, et al., 2008).

성격적 적응 : 애착과 사회인지

McAdams와 Pals(2006)는 성격적인 적응을 상황 및 맥락 요인과 개인적 역할에 밀접하게 관련이 있는 개인의 성격요인으로 설명했다. 청소년기 성격장애와 관련성이 높은 개인적 기능 중 한 가지 양상은 주양육자와의 애착, 그리고 보다 광범위하게는 사회인지 기능이다. 애착은 특정 유형의 정신적 표상을 반영한다. 정신적 표상은 자신의 경험, 관계와 환경에 대한 아동의 지각이라고 정의된다(Shiner, 2010). 이러한 지각은 이후 행동을 이해하는 데 예측력이 있고, 적응 및 부적응 발달궤도를 형성하는 데 중요한 역할을 한다. 성격장애 발달에서 애착의 중요성을 경험적으로 지지하는 애착이론은 성격장애의 개념화 및 이론적 토대가 된다(Crawford et al., 2006; Sroufe, Carlson, Levy, & Egeland, 1999; Weston & Riolo, 2007). 영아기부터 초기 아동기까지는 주양육자와의 관계에 안정과 불안정 양상이 생성되는 시기로서(Mikulincer & Shaver, 2007), 적응적 애착과 관련이 크므로 성격장애의 결정적 발달시기이다(Tackett et al., 2009). 즉, 성격장애의 개념화에서 애착이 핵심적 역할을 한다는 점은 성격장애의 발달적 기원이 영유아기와 초기 아동기에 있고, 생애 초기에 성격장애가 출현한다는 관점을 뒷받침한다(Paris, 2003).

초기 관계에 대한 정신적 표상은 아동의 미래관계 및 자신과 관련된 세상에 대한 반응의 맥락을 제공한다(Sroufe, 2005; Sroufe et al., 1999). 현대 애착 모델은 애착 양식의 두 가지 주요한 차원을 설명하고 있다. 첫 번째는 주양육자의 도움을 받을 수 있는지에 대한 걱정 대 안심하는 정도를 반영하는 유형이고, 두 번째는 개인의

독립 및 분리 대 소속감 및 친밀성의 선호도를 반영하는 것이다(Fraley & Shaver, 2008). 혼란스럽고 부적응적인 애착 양상은 오랜 시간 여러 성격장애의 이론적 배경이 되었으나, 특히 경계선 성격장애의 개념화에 중요한 역할을 한다(Levy, 2005). 청소년기 경계선 성격장애에서 파괴적 양육 유형(예 : 거절과 유기에 대한 두려움을 특징으로 하는 유형)의 유병률이 높았다(Westen, Nakash, Thomas, & Bradley, 2006).

영유아기에서 초기 아동기로의 이행기는 애착이론에서 결정적 발달시기이며 조기 성격장애와 높은 관련이 있다. 성격장애 발달의 다른 두 가지 결정적 발달시기 역시 대인관계와 매우 밀접한 관련이 있다(Tackett et al., 2009). 특히 중기 아동기에서 청소년기로 이행하는 동안 또래집단 중요성이 강조되는 반면, 후기 청소년기부터 성인기에는 중요한 관계적 맥락으로서 단짝과의 관계가 핵심이다. 생후 몇 년 동안 주양육자와 애착관계에서 형성된 정신적 표상은 청소년기 발달 과정에서 새로운 관계적 과업에 직면할 때 위험요인 및 탄력성 요인으로 작용한다. 이 후기단계에 대한 이론과 연구는 성격장애의 출현에 역할을 하는 사회인지 요인에 대한 광범위한 정의에 초점을 둔다. 또래집단으로부터의 소외감, 자기효능감에 대한 지각, 타인의 적대적 의도에 대한 지각, 그리고 자신 행동의 유연성 대한 신념이 모두 적응/부적응을 시사하는 정신적 표상이다(Shiner, 2009; Tackett et al., 2009).

청소년의 사회인지의 구체적인 세 가지 범주는 특히 성격병리와 관련하여 강조되고 있다 : 정서 인식, 마음이론(이른바 '정신화'), 신뢰감(Sharp, 2012b). 성격장애와 정서 인식의 관계는 정서 인식의 편파를 통해서 또는 정서 인식의 약화/심화를 통해서 나타난다. 예컨대 경계선 성격장애 청소년은 잠재적으로 자신과 타인의 감정에 대해 예민하게 반응할 뿐 아니라 부정성 편파와 관계가 있다(Sharp, 출판 중). 사회인지 영역은 때로 다양한 방향이 존재하지만 성격병리의 다양한 양상을 타당하게 설명한다. 예를 들어 과정신화(hypermentalizing, 타인의 생각이나 행동에 대해 과해석하는 것)가 경계선 성격장애와 관련이 있는 반면, 과소정신화(hypomentalizing, 타인의 생각과 행동에 대해 해석이 부족한 것)는 반사회성 성격장애와 관련이 있다(Sharp, 2012). 사회인지적 경향성은 적응적 대 부적응적 기능을 형성하는데 주요한 역할을 한다. 예를 들어 '도구적' 동기(타인에 대해 권력 획득, 유능감 및 주장성에 초점을 두는 목표)를 기준으로 자기애적 경향성을 지닌 아동과 '공동의' 동기(친밀감과 소속감에 초점을 두는 목표, Thomaes, Stegge, Bushman, Olthof & Denissen, 2008)에 의해 주로 동기화되는 적응적이고 높은 자기효능감을 지닌 아동을 변별해 준다.

성격적인 적응 : 정서조절과 대처

청소년의 성격장애와 관계가 깊고 성격적 적응으로 가장 잘 정의된 성격의 또 다른 측면은 정서조절과 대처로 이루어져 있다. 아동이 스트레스 요인에 대처하고 이에 대응하는 것을 배우는 방식은 성격적 적응 영역에 속하고, 이런 기능적 측면은 개인이 부딪힐 특정 환경과 밀접한 관계가 있다(Shiner, 2010). 대처전략은 적응적이거나 부적응적일 수 있고, 시간에 따라 나타나는 성격병리의 발달과 밀접한 관련이 있다. 대처전략은 크게 참여형(접근-동기화된 행동)과 비참여형(회피-동기화된 행동) 두 가지 영역으로 분류된다(Skinner & Zimmer-Gembeck, 2007). 또한 대처전략에는 의식적인 과정(부정적 자극에서 주의를 적극적으로 돌림)과 무의식적인 과정(방어기제 사용)이 포함된다(Cramer, 2008).

아동기의 주요 대처전략에는 문제해결, 도피, 주의분산, 지지 추구 등이 포함된다(Skinner & Zimmer-Gembeck, 2007). 청소년은 반추, 남 탓하기와 같은 적응력이 낮은 전략뿐 아니라 인지 재구조화 같은 적응적 전략을 포함하여 보다 복잡한 대처전략을 개발한다. 어떤 청소년은 새로운 대처전략을 발견하고 목표 달성에의 효과를 검토하기 시작하기 때문에 청소년기는 특히 기술의 습득 및 시험이 발달하는 단계로 간주된다. 정서조절은 대처의 중요한 측면이며, 정서 자체의 상태나 내용보다는 구체적으로 정서에 대한 자기조절적 반응을 가리킨다(Gratz et al., 2009). 정서조절의 결함은 정서적 각성의 조절문제뿐만 아니라 정서적 고통의 맥락에서 행동적 통제의 빈약함도 포함한다.

청소년기 성격장애는 정서조절 및 비효율적 대처의 문제와 차별적인 관계가 있다. B군 성격장애는 부적응적인 정서조절 전략과 관계가 있고, C군 성격장애는 참여하지 않는 대처전략에 부적응적으로 과도하게 의존하는 것을 반영한다. 연구자들은 성격병리의 유형을 정서적 과소조절(B군)과 정서적 과잉조절(C군)로 구분하는 반면, A군 성격장애는 정서의 실제 특성이나 질(구체적으로, 부재)의 문제로 본다. 특히 경계선 성격장애는 이론적으로나 경험적으로 모두 정서조절의 문제로 접근한다. Gratz와 동료들의 최근 연구(2009)는 성격적 적응으로서의 정서조절의 특성을 강조한다. 특히 이 연구에서 아동의 경계선 성격장애 증상에 대한 취약성 특질(정동의 역기능)이 역기능적 정서조절에 의해 매개되었다. 즉, 이 연구는 기존의 특질 취약성이 나중의 경계선 성격장애의 위험성을 증가시킨다는 것을 지지하였으나, (적어도 부분적으로) 부적응적인 정서통제 과정에 미치는 영향을 통해 나타난다는 것을 입증했다. 그러나 부적응적인 대처는 여러 성격장애와 성격장애군에도 영향을 미친다. 예를 들어 경계선 성격장애는 경험 회피(내적인 고통을 피하기 위한 시도로 정의된 부적절한 대처기술)가 있으며 역사적으로 불안문제와 관련되어 있고, 따라서 C군 성격장애와도 연관될 가능성이 높다(Gratz, Tull, & Gunderson, 2008). 이 분야에 대한 향후 연구는 다양한 성격장애 발현과 관련이 있는 부적응적인 대처 및 정서조절의 핵심 구성요소에 초점을 맞추어야 한다.

서사적 정체성

McAdams와 Pals(2006) 모델의 최종 단계는 개인 서사 또는 생활 이야기이다. 개인의 이야기가 제공하는 주요 기능은 특정 유형의 성격병리의 발달을 방해하는 과정(Fonagy & Bateman, 2008)인 정체성의 발달이기 때문에, 이 수준은 청소년 성격장애에서 근본적으로 중요하다(McAdams & McLean, 2013; McLean & Pasupathi, 2012). 따라서 이 수준을 고려하는 것은 정상적인 성격발달이

성격장애의 발달 및 발현에 어떻게 영향을 미치는지를 완전히 이해하는 데 필수적이다. 이야기의 정체성 발달은 청소년이 자신의 삶을 보다 일관되고 복잡한 방식으로 생각할 수 있는 인지적·사회적 기술을 습득하는 청소년기에 특히 중요하다(Habermas & de Silveira, 2008; Shiner, 2010).

생활 이야기의 발달은 개인의 사회적 상황에 확고히 담겨 있다(McLean & Pasupathi, 2012; Shiner, 2009). 아동은 어렸을 때부터 주로 부모와 함께 이야기 구성을 시작하는데, 이러한 경험은 서술의 복잡성에 영향을 미친다(예 : Fivush, Haden, & Reese, 2006). 또래집단의 사회적 상황은 청소년기의 이야기 전개에 적극적으로 관여하게 된다. 따라서 성격병리와 관련한 대인관계의 단편적 주제들은 일반적으로 성격장애의 발달에 있어 생활 이야기와 잠재적 관련성이 매우 크다. 정체성 기능은 경계선 성격장애의 개념화에 구체적으로 포함되어 있지만 다른 많은 성격장애들과도 관련이 있다.

Shiner(2009)는 성격장애 출현과 관련하여 정체성 발달에서 두 가지 특히 문제가 되는 경로를 강조한다. 첫 번째는 부정적인 경험을 건설적이고 적응적인 방식으로 생활 이야기에 통합하는 문제이며, 두 번째는 생활 이야기의 진보적인 일관성을 갖는 데 어려움이다. 첫 번째 경로와 관련하여 긍정적인 설명 체계와 대처방법을 활용하는 것과 같이 부정적인 경험을 생활 이야기로 통합하는 긍정적이고 적응 가능한 방법이 있다(Pals, 2006). 서사 심리학자들에 의해 자주 연구되는 구성개념은 의미를 만드는 것, 또는 잠재적으로 도전적이거나 부정적인 경험으로부터 긍정적인 의미를 발달시킬 수 있는 개인의 능력이다(McLean & Pasupathi, 2012). 의미 만들기는 종종 더 적응적인 기능 및 생활 이야기와 관련이 있다. 부정적인 경험에서 긍정적인 의미를 형성하는 이야기와는 달리, 일부 생활 이야기에는 많은 수의 '오염된 순서'가 포함되어 있는데, 여기서는 긍정적인 경험에 대한 설명 뒤에 부정적 경험에 대한 설명이 이어진다(McAdams, 2009). 부정적인 경험은 긍정적인 경험을 통한 보상을 망쳐버린다. 더 오염된 순서의 존재는 다양한 부적응적

심리적 결과와 관계가 있다(McAdams, 2009). 정체성 발달에서 두 번째 부적응적 경로는 일관되고 통합된 생활 이야기를 개발하기 어려운 것을 포함한다(Shiner, 2009). 구체적으로 말하면 어떤 청소년은 특정 정체성 발달경로에 전념하는 데 어려움을 겪을 수 있으며, 다른 청소년은 특정 기억은 거의 하지 못하고 대신 분산되거나 일반적인 기억에만 집중할 수 있다. 일관된 생활 이야기를 개발할 때 발생하는 이러한 두 가지 문제는 부정적이거나 부적응적인 결과를 초래할 수 있다. 실제 정체성 통합은 성격장애를 지닌 청소년이 정상 통제집단과 차이를 보이는 근본적인 영역이다(Feenstra, Hutsebaut, Verheul, & van Limbeek, 2014). 나아가 Feenstra 등(2014)의 연구에서 성격장애 진단을 받은 청소년의 대다수는 입원하여 심리치료를 받으면서 전반적인 정체성 통합의 수준이 증가하는 것으로 나타났으며, 이는 이 영역이 치료의 중요한 목표라는 점을 시사한다. 이 장의 뒷부분에서 설명하듯이 DSM-5에서 성격장애의 대안적 차원체계에서는 성격장애를 정의할 때 정체성 발달 및 정체성 기능의 문제를 보다 중심적인 역할이라고 명시한다.

따라서 McAdams와 Pals(2006)에 의해 기술된 정상적인 성격발달의 세 가지 수준은 모두 청소년의 성격장애 발달과 관련이 많다. 성격 특질(수준 1)은 성격병리의 발달에서 위험요인과 탄력성 요인으로 작용할 수 있다. 성격적 적응(수준 2)은 성격장애의 발현에 있어 일반적 또는 특수한 연결, 특히 애착 및 정서조절/대처전략과 같은 사회인지적 과정을 통해 나타난다. 청소년의 생활 이야기의 내용과 구조(수준 3)는 특히 적응적인 정체성 발달 및 적응과 관련이 있다. 우리는 이제 정상적인 성격 발달을 반영하는 일반적인 구조의 검토에서 성격병리의 차원 모델에 대한 논의로 옮겨간다.

성격장애의 대안적 차원 모델

이 절에서는 DSM의 범주형 성격장애 체계의 대안으로 차원형을 검토한다. 첫째, 성격장애에서 차원적 모델을 채택하기 위한 이론적 근거를 논의한다. 둘째, 청소년과 성인 모두에서 정상 범위와 병리적 특질에 관한 연구에서 얻은 고차적인 병리적 성격 특질에 관한 연구를 검토한다. 셋째, 병리적 성격 특질을 위한 차원체계를 포함하여 성격장애를 위한 대안적인 DSM-5 모델을 제시한다. 성격병리의 차원적 특질 모델을 향한 움직임은 특질이 생애 전반에 걸친 이런 문제의 발현을 조사할 수 있는 더 큰 기회를 제공하기 때문에 발달연구와 관련이 많다(Tackett et al., 2009). 주의력결핍 과잉행동장애(ADHD), 외상후 스트레스장애(PTSD), 우울증과 관련된 몇몇 장애와 공격성 등 일부 아동기의 상태가 범주가 아닌 차원으로 가장 잘 개념화된다는 증거가 많이 있고(Coghill & Sonuga-Barke, 2012), 그래서 아동·청소년 연구자와 임상가가 성격병리의 차원적 모델을 더 많이 주목할 만하다.

성격장애의 차원 모델에 대한 이론적 근거

성격병리를 개념화하는 데 있어 중요한 쟁점은 차원적 특질에 대한 범주적 양식 혹은 정량적 변형으로 가장 적절히 설명되는지 여부이다. DSM-IV와 현재 DSM-5에 채택된 성격장애 모델은 범주형 모델이다. 성격장애는 각각 정상적인 성격기능 면에서 질적으로 다른 독특한 양상으로 나타난다. 그러나 DSM-IV-TR 내에서도 차원적 접근 가능성에 대한 인식이 있었다. "성격장애는 정상 및 다른 차원들과 병합하는 성격 특질의 부적응적 변이를 나타내기 때문에 범주적 접근의 대안은 차원적 관점이다."(APA, 2000, p.689) 이전에 언급했듯이 DSM-5의 개정과정이 처음 시작되었을 때 진단 편람 전반에 걸쳐 정신병리의 차원적 모델을 진지하게 검토했지만(Krueger, Watson, & Barlow, 2005; Rounsaville et al., 2002), 결국 성격장애에 한해서만 적용되었다(Widiger et al., 2005).

DSM 성격장애에서 범주적 체계의 타당성은 여러 가지 면에서 어려움에 직면했다(Clark, 2007; Clark, Livesley, & Morey, 1997; Simonsen & Widiger, 2005; Trull & Durrett, 2005; Widiger & Trull, 2007의 개관). 장애가 명확한 원인이 있는 실제로도 구별되는 범주적 실체인 경우 환자 내에서 성격장애의 동반이환율이 예상보다 훨씬 높다(Clark, 2007; Trull, Scheiderer, & Tomko, 2012). 이 장 후반부에서 논의되는 것처럼 이는 아마도 청소년뿐만 아니라 성인에게도 해당된다. 성격장애 진단에 필요한 준거 수의 절단점은 임의적이다. 현존하는 성격장애 진단에는 사용되는 다요인 규준 세트로 인해 각 범주 내에서 이질적인 환자 집단이 포함된다. DSM에 포함된 성격장애의 긴 목록에도 불구하고, 기존의 성격장애는 환자가 나타내는 성격병리 영역에 대한 적절한 범위를 제공하지 못한다. 결과적으로 PD-NOS는 실제 임상에서 성인에게 사용되는 가장 흔한 성격장애 진단으로 밝혀졌으며(Verheul & Widiger, 2004), DSM-IV 체계를 사용한 시기에 심리치료를 받는 외래환자에게 매우 흔했다(Verheul, Bartak, & Widiger, 2007). 또한 PD-NOS는 청소년과 성인 모두에게 가장 흔한 DSM-IV 성격장애였다(Johnson, First, et al., 2005).

이는 성격병리가 많은 개별적인 범주를 통하기보다 차원적 틀 안에서 보다 타당하게 개념화될 수 있다는 점을 시사한다. 차원적 분류에서 정신병리는 인지, 정서 및 행동의 기본 차원의 변화를 포함하는 것으로 인식된다. 그러한 모델이 함축하는 것은 정상기능과 비정상기능 사이에 명확한 경계가 없다는 인식이다. 다시 말해 차원 모델에서 성격장애는 정상 범위의 성격과 비교해 정성적이 아닌 정량적으로 다르다. 성격병리의 차원 모델에서는 현재의 범주형 모델의 문제점을 지적한다. 성격장애로 진단하면 비슷한 성격장애 특질이 나타날 수 있기 때문에 성격병리가 병리적 특질 차원에 대한 극단적인 양상을 표현한 것이라면 성격장애 공병이 높다는 점이 이해가 된다. 또한 진단 내의 진단적 이질성은 성격장애 범주 내에서 개인적인 병리적 특질의 조합에 기인한 것으로 보인다. 차원 모델은 성격장애가 있는 모든 개인을 기술할 수 있어야 한다.

병리적 성격특질의 세트에 대한 증거

성격장애의 차원적 접근에 대한 연구는 5요인 특질과 같은 정상 범위의 성격 특질을 성격장애와 연결시키는 연구와 병리적 성격 특질 차원의 구조를 설명하는 연구 등

두 가지 주요 증거에 의존했다. 두 가지 접근의 연구에서 성인의 성격장애에 초점을 맞추었지만 성인의 성격장애 차원에서 관찰된 유형은 청소년 대상으로도 연구되었다.

DSM-IV와 DSM-5의 성격장애 진단은 정상범위 성격특질의 변이로 설명될 수 있다. 특히 광범위한 연구결과에 의하면 이전에 설명한 5요인 성격특질(**외향성, 신경성, 성실성, 우호성, 경험에 대한 개방성/인지**)이 DSM에서 정의된 성격병리를 특징짓는 데 사용될 수 있다는 것이 입증되었다(Widiger & Costa, 2013). 광범위하고 고차원적인 5요인 차원은 더 좁은 수의 하위 차원 혹은 양상을 포함한다(예: **외향성**은 활동수준, 사교성 및 긍정적 정서와 같은 구성요소를 포함). 이러한 양상은 5요인 특질만으로 가능하지 않은 더 미묘한 방식으로 성격병리를 설명하는 데 사용된다. 예를 들어 성인의 경계선 성격장애는 **신경성**(정서 불안정, 불안, 분리불안, 적대감) 양상과 낮은 **성실성**(충동성, 위험 감수)이 특징이다(Trull, 2012). 청소년의 성격장애도 성인과 마찬가지로 5요인 성격 및 기질 검사를 통해 기술할 수 있다는 증거가 있다(De Clercq & De Fruyt, 2003; De Clercq, De Fruyt, & Van Leeuwen, 2004; Decuyper, De Clercq, De Bolle, & De Fruyt, 2009; De Fruyt & De Clercq, 2013; Tackett & Kushner, 출판 중). 청소년을 대상으로 한 이런 연구결과는 5요인 하위차원 점수와 성격장애 증상 간 연결 양상이 성인에서도 당연히 반복 검증되었다. 그러나 성격특질과 성격장애 증상의 예기치 않은 연관성 또한 드러났는데, 이는 발달적 차이 때문일 가능성을 보여준다(De Fruyt & De Clercq, 2013). 이 연구의 또 다른 의미는 청소년기 성격장애 영역의 일부는 기존의 정상적 특질 모델에서는 잘 포착되지 않는다는 것이다(예: 경계선 성격장애에서 정체감 혼란의 역할; Tackett & Kushner, 출판 중).

정상범위 성격특질을 성격장애와 연결하는 작업 외에도 많은 다른 병리적 성격특질 모델이 제안되었다(Widiger & Simonsen, 2005). 연구의 몇 갈래는 성격병리가 네 가지 중요한 차원에 따라 정의될 수 있다는 증거를 제시한

다(Clark, Simms, Wu, & Casillas, 2011; Livesley & Jackson, 2009; Markon et al., 2005; Trull & Durrett, 2005; Widiger & Mullins-Sweatt, 2005; Widiger & Simonsen, 2005). 첫째, **외향성**(extraversion) 대 **내향성/애착상실**(introversion/ detachment)은 개인의 사교성, 활동성, 활력수준, 표현성 그리고 정서적인 긍정성 정도를 평가한다. 병리적으로 극단치인 경우 이 차원은 과시행위(높은 극단)와 무관심, 사회적 회피 및 과도한 수줍음(낮은 극단)을 나타낸다. 둘째, **부정적 정서성**(negative affectivity) 대 정서적 안정성(emotional stability)은 부정적인 정서경험의 개인차를 평가한다. 병리적으로 극단치인 경우 이 차원은 불안감, 불안정한 애착, 정체성 문제, 정서적 불안정성, 무가치함 및 스트레스에 대한 낮은 대처능력을 나타낸다. 병리적으로 낮은 극단치가 있는지는 분명하지 않지만 (정신병질과 같이) 두려움과 불안이 과도하게 부족할 가능성이 있다. 셋째, **성실성**(conscientiousness) 대 **탈억제**(disinhibition)는 책임감, 세심함, 지속성, 질서정연, 높은 성취감, 계획성 대 무책임, 신뢰할 수 없음, 조심성 없음, 쉽게 그만두는 경향을 평가한다. 병리적인 극단치인 경우 강박적이고 일중독(높은 극단)과 충동성, 무책임, 과도한 위험 감수(낮은 극단)를 나타낸다. 넷째, **적대감**(antagonism) 대 **우호성**(agreeableness)은 적대감, 냉소적인 것 대 친절, 겸손, 공감적, 정직, 신뢰성을 평가한다. 병리적으로 높은 극단치는 불신과 소외, 공격성, 권위 추구 및 냉담성을 나타낸다. A군 성격을 반영하는 다섯 번째 요소는 대표성이 적은데, **정신병적 경향성**(psychoticism) 혹은 **기이함**(peculiarity) 대 **명료성**(lucidity)으로 분류된다(Harkness & McNulty, 1994; Tackett, Silberschmidt, Krueger, & Sponheim, 2008). 병리적 특성이라고 개념화된 **정신병적 경향성**은 인지 또는 지각이상을 경험하는 경향을 반영한다. **정신병적 경향성**은 특히 발달 문헌에서 상대적으로 관심이 부족하고 이로 인해 일반적으로 사용되는 성격병리의 차원 척도에서 청소년의 경우 제외된 점이 주목할 만하다(Tackett et al., 2009). 따라서 이 요소가 성격병리의 핵심 구성요소로 명확한 관련이 있으나, 생애 초기에 이 특질과 유용성을 평가하는 접근법을

이해하기 위해서는 훨씬 더 많은 연구가 필요하다.

병리학적 성격 차원에 대한 대부분의 연구가 성인에 초점을 두었지만, 동일한 병리적 성격 특질이 청소년기에도 초기 성격장애 발현을 설명할 수 있다는 새로운 증거가 있다. 성인을 대상으로 제작된 성격장애 특질 질문지의 평가방법을 청소년에게도 적용한 연구에 따르면 동일한 고차적인 병리적 특질이 청소년의 성격병리의 구조를 타당하게 반영하는 것으로 나타났다(Linde, Stringer, Simms, & Clark, 2013; Ro, Stringer, & Clark, 2012; Tromp & Koot, 2008, 2010). 성인의 평가치를 청소년에게 적용하는 '하향식' 증거와는 달리 청소년의 병리적 성격 특질에 대한 '상향식' 자료는 청소년의 정상범위 성격 특질의 부적절한 극단적 변량을 평가하기 위해 고안된 질문지에서 얻었다(De Clercq, De Fruyt, Van Leeuwen, & Mervielde, 2006; De Clercq, De Fruyt, & Widiger, 2009; De Fruyt & De Clercq, 2013). 이를 통해 성인연구에서 발견된 것과 비슷한 **내향성, 비우호성, 강박성** 및 **정서적 불안정성** 등 네 가지 고차적 특질이 추출되었다. 현재 청소년에서 기이함 차원의 평가도구를 개발하려는 시도가 있다(De Clercq & De Fruyt, 2012).

성인과 청소년의 병리적 성격특질의 위계적 구조에 대한 연구결과가 유사함에도 불구하고 청소년의 정상적 성격 특질의 구조에서도 차이가 발견되는 것처럼 청소년들 간에 약간의 차이가 있다는 것을 강조할 수 있다(Kushner, Tackett, & De Clercq, 2013). 예를 들어 강력한 병리적 내향성 특질은 성인과 마찬가지로 청소년기에도 눈에 띄지 않는다. 슬픔, 불안 및 분노와 같은 아동의 초기 경험을 평가하는 것이 더 어려운 것처럼, 이러한 발견은 생애 초기에 '순수한' 신경성을 평가하는 것이 어려운 것과 유사하다. 청소년기 성격병리의 차원적 평가도구가 개발됨에 따라 청소년의 성격병리의 차원적 평가가 점점 더 실현 가능해지고 있으나, 잠재하는 초기 성격병리의 발달상 차이에 민감한 것이 중요하다. 예를 들어 Westen 등은 청소년 성격장애 특질에 대한 임상가 평가 연구를 통해 성격장애 관련 차원에 대한 증거를 많이 얻었다(Westen et al., 2003; Westen, Dutra, & Shedler,

2005). 발달적으로 민감한 초기 부적응적 성격특질을 확인하기 위해서는 더 많은 연구가 필요하다.

성격장애에 대한 대안적 DSM-5 모델

DSM-5는 편람의 III편에서 성격장애에 대한 대안적 DSM-5 모델을 포함시킴으로써 성격장애의 차원 모델의 중요성을 강조한다. 이 체계는 이전 절에서 설명한 병리적 성격특질의 고차 영역에 대한 연구를 기반으로 한다. DSM-5는 범주형 성격장애 진단과 대안적 차원 모델 둘 다를 포함하는 이론적 근거를 제시한다. "DSM-5에 두 모델을 모두 포함시킨 것은 현재의 임상활동과 연속성을 유지하면서 성격장애에 대한 현재 접근이 지니는 수많은 단점을 다루기 위해 새로운 접근을 도입하려는 APA 이 사회의 결정을 반영한다(APA, 2013, p.761). 즉, 대안적 모델은 이전의 범주형 성격장애 접근에 기술된 한계를 다루기 위해 고안되었다.

II편의 성격장애의 범주적 개념화와 마찬가지로 III편의 성격장애에 대한 대안적 모델은 성격장애에 대한 일반적인 준거를 제시한다(APA, 2013, p.761). 이 새로운 개념화에는 성격장애에 두 가지 중요한 기능이 있다. (1) 기능손상과 (2) 병리적 성격특질. (성격기능의 요소와 병리적 성격 특질에서 나타나는 손상의 진단준거에 대한 일반적 개요는 표 18.3 참조). II편의 성격장애 진단에서처럼 성격장애 상태는 손상이 있어야 한다. 그러나 이때 '손상'은 자아와 대인관계 기능에서 중등도 혹은 그 이상의 손상으로 정의된다. 또한 한 개 혹은 그 이상의 병리적 성격특질을 나타내야만 한다. 손상 및 병리적 성격특질이라는 두 가지 주요 특징은 여러 질적 수준이 있다. 시간에 따라 비교적 안정적이어야 하고, 발병시점이 청소년기나 성인기 초기로 거슬러 올라가고, 다른 정신질환으로 더 잘 설명되지 않고, 물질에 의한 효과나 다른 의학적 상태의 결과가 아니며, 개인의 발달단계나 사회문화적 환경 내에서 정상적이지 않다(APA, 2013, p.761). 이러한 새로운 체계는 성격장애가 시간에 걸쳐 변화할 수 있다는 이 장의 뒷부분에 설명된 연구와 일관되게, (성격장애는 오래 지속되고 유연하지 않다고 설명하는 II편의 모델과 달리) 성격장애가 비교적 안정적이라는 점을 인정한다. 차원체계는 II편 체계와 달리 조건이 지속되어야 하는 기간을 정확하게 특정하지는 않는다. 앞서 언급했듯이 새로운 체계는 아동기와 청소년기에 성격장애가 비교적 드물다고 제안하지 않지만, 대신 임상가나 연구자는 환자가 청소년기 발달 단계에서 정상적이지 않은 특질이나 손상을 보이는지 결정하도록 요구한다.

차원적 체계에서 성격장애 진단에 필요한 두 가지 핵심 구성요소 중 첫 번째는 자기(정체성과 자기주도성의 요소 포함) 및 대인관계 기능(공감과 친밀감의 요소 포함)의 영역에서 손상이다. 이 네 가지 요소에 대한 DSM-5 정의가 표 18.4에 제시되어 있다. 이러한 요소는 연속선상에서 존재하는 것으로 간주되며 연구자나 임상가는 네 가지 수준으로 평가해야 한다(APA, 2013, pp.775-778) : 0, 거의 없거나 없음; 1, 경도손상; 2. 중등도손상; 3, 고도손상; 4, 극도손상. DSM-5는 잠재적인 기능손상의 네 가지 요소 각각에 대한 척도점수를 정의한다. 예를 들어 자기주도성 요소에서 수준 3(고도손상)을 나타내는 개인은 다음과 같은 양상을 나타낼 것이다. "개인적 목표의 수립 및 달성에 어려움이 있다. 행동에 대한 내적 기준이 불분명하거나 모순적이다. 인생이 무의미하거나 위험한 것으로 경험된다. 자신의 정신과정을 반영하고 이해하는 능력이 현저히 저하된다."(p.777) 성격장애 진단을 받기 위해서는 둘 혹은 그 이상의 요소에서 수준 2(중등도손상 이상)를 보여야 한다.

상당수의 이론적·경험적 문헌에서 일탈적 성격특질과는 별개로 문제가 있는 자기 및 대인관계 기능을 성격병리의 징후로 강조하기 때문에, DSM-5 성격 및 성격장애 위원회는 성격장애의 주요 특징으로 손상을 포함하기로 결정했다(Bender, Morey, & Skodo;, 2011, Livesley, 2007; Skodol, 2012; Skodol, Clark et al., 2011; Trackett et al., 2009). 자기와 대인관계 영역에서 고도의 기능손상은 성인(Hopwood et al., 2011)과 청소년(DeFife, Goldberg, & Westen, 출판 중) 모두에게서 성격장애를 예측하고, 성격기능 수준의 구조를 어느 정도 예측한다(Morey et al., 2011).

표 18.3 DSM-5에서 제안된 성격장애 진단기준–특질에 따른 명시(성격장애를 위한 대안적 DSM-5 모델)

A. 성격기능에서 중등도 또는 그 이상의 손상이 있다. 다음의 네 가지 영역 중 두 가지 또는 그 이상의 영역에서 손상을 보인다.

  1. 정체성
  2. 자기주도성
  3. 공감
  4. 친밀감

B. 다음의 모든 영역을 고려할 때 한 가지 또는 그 이상의 병리적 성격 특질 영역 또는 영역 내에서 특정한 특질 양상이 존재한다.

  1. **부정적 정서성**(대 정서적 안정성) : 높은 수준의 다양한 부정적 감정(예 : 불안, 우울, 죄책감/수치심, 걱정, 분노)에 대한 빈번하고 강렬한 경험, 그리고 이것이 행동(예 : 자해) 및 대인관계(예 : 의존성)에서 발현된다.
  2. **애착상실**(대 외향성) : 사회정서적 경험에 대한 회피. 정서경험과 표현이 제한적, 특히 쾌감을 경험하는 능력이 부족할 뿐 아니라 친구와의 가볍고 일상적인 상호작용에서부터 친밀한 관계에까지 이르는 대인 간 상호작용으로부터 위축되는 것이 포함된다.
  3. **적대성**(대 우호성) : 타인과 불화를 일으키는 행동. 타인에게 냉담한 무감동, 타인의 욕구와 느낌을 파악하지 못하고 자기증진을 위해 다른 사람을 이용하는 경향성과 함께 자기 중요성에 대한 과장된 감각과 이에 따라 특별대우를 기대하는 것이 포함된다.
  4. **탈억제**(대 성실성) : 즉각적인 만족 추구를 지향. 이는 과거에 학습했던 것이나 미래에 발생할 결과에 대한 고려 없이 현재의 생각, 느낌 그리고 외부의 자극에 의해 유발되는 충동적인 행동으로 이어진다.
  5. **정신병적 경향성**(대 명료성) : 개인이 속한 문화에 부합하지 않는 특이하고, 기이하거나 이상한 행동 및 인지를 광범위하게 보임. 여기에는 과정(예 : 지각, 해리)과 내용(예 : 믿음)이 모두 포함된다.

출처 : *Diagnostic and Statistical Manual of Mental Disorders, Fifth Edition* (p.770). Copyright 2013 by the American Psychiatric Association의 허락하에 사용함.

성격장애 진단에 필요한 두 가지 주요 구성요소 중 두 번째는 하나 혹은 그 이상의 병리적 성격 특질의 존재이다. 병리적 특질은 5개 영역으로 구성되며, 이러한 5개의 넓은 영역은 3~9개의 좁은 범위의 양상을 포함한다. 다섯 가지 성격 특질 영역과 구체적인 특질 양상은 다음과 같다(APA, 2013, pp.779-781 참조).

  1. **부정적 정서성**(대 정서적 안정성) : 감정 가변성, 불안성, 분리불안, 복종성, 적개심, 고집증, 우울성, 의심성, 제한(결여)된 정서성
  2. **애착상실**(대 외향성) : 위축, 친밀성 회피, 무쾌감성, 우울성, 제한된 정동, 의심성
  3. **적대성**(대 우호성) : 조정, 기만, 과대성, 관심추구, 냉담성, 적개심
  4. **탈억제**(대 성실성) : 무책임성, 충동성, 주의산만, 위험 감수, 경직된 완벽주의(결여)
  5. **정신병적 경향성**(대 명료성) : 특이한 믿음과 경험, 기이성, 인지적 및 지각적 조절곤란

다섯 가지 병리적 성격 특질 영역에 대한 DSM-5 정의는 표 18.3의 B 항목에 제시되어 있다. 어떤 양상은 경험적으로 여러 영역의 구성요소이기 때문에 하나 이상의 영역에 포함된다.

이 다섯 가지 성격장애 특질 영역의 선택은 이전 절에서 설명한 병리적 성격특질에 대한 연구를 기반으로 하였고(Krueger, Eaton, Clark et al., 2011; Skodol, 2012), 그 영역은 정상 및 비정상 특질 구조에 대한 많은 연구와 분명하게 겹친다(Markon et al., 2005; Widiger, 2013). 그러나 기본 영역의 명칭은 모두 특질 차원에서 좀 더 부정적인 극단에 초점을 둔다. DSM-5의 성격장애 위원회는 정상범위의 성격 모델이 성격병리의 전체를 제대로 포착하지 못하기 때문에 5요인 성격모델과 같은 정상범위의 성격 모델보다는 병리적 특질의 측면에서 영역의 틀을 구성했다(Krueger, Eaton, Clark, et al., 2011). 연구집단이 직면한 특별한 과제는 연구자들 사이에 다섯 가지 영역의 본질에 대한 일반적인 합의는 있었지만, 연구

표 18.4 DSM-5가 제안한 성격기능의 요소

자기
1. **정체성** : 자신과 다른 사람과의 명확한 경계를 유지하면서 고유한 존재로 자신을 경험하는 것, 자존감의 안정성과 자기평가의 정확성, 다양한 정서적 경험을 조절하고 수용할 수 있는 능력
2. **자기주도성** : 일관되고 의미 있는 단기적 그리고 장기적 삶의 목표 추구, 행동에 있어 건설적이고 친사회적인 내적 기준의 활용, 생산적인 자기성찰 능력

대인관계
1. **공감** : 타인의 경험과 동기에 대한 이해와 인식, 다른 관점에 대한 포용력, 자신의 행동이 타인에게 미치는 영향에 대한 이해
2. **친밀감** : 타인과 관계의 깊이와 지속 기간, 친밀감에 대한 욕구와 능력, 대인관계 행동에 나타나는 배려의 상호성

출처 : *Diagnostic and Statistical Manual of Mental Disorders, Fifth Edition* (p.762). Copyright 2013 by the American Psychiatric Association의 허락하에 사용함.

에서 이러한 영역을 구성하는 양상을 명확하게 특정하지 않았다는 것이다(Clark, 2007; Krueger, Eaton, Clark et al., 2011). 위원회는 임상적 관련성을 기반으로 하고 성격 특질 병리가 발현되는 방식에 대한 현재 연구를 토대로 일련의 양상을 생성한 다음, DSM-5 양상의 새로운 질문지 목록인 DSM-5 성격검사(PDI-5)를 사용하여 수행한 연구를 기반으로 양상의 목록을 정리했다(PID-5; Krueger, Derrnger, Markon, Watson, & Skodol, 2011; Krueger, Eaton, Derringer, et al., 2011). 성인표본에서 PID-5에 대한 예비연구결과 5개의 광범위한 특질 영역의 측면에서 구조화되었고(Wright, Thomas, et al., 2012), DSM-IV의 성격장애 증상 목록을 사용해 얻은 많은 정보도 복구되었다(Hopwodd, Thomas, Markson, Wright, & Krueger, 2012).

임상가나 연구자가 환자의 기능손상 및 병리적 성격 특질의 일반적인 기준을 충족시킨다고 결정하면, 성격장애의 특징을 구체화하는 두 가지 경로가 있다 : (1) 특정 진단을 제공하는 방법 혹은 (2) 특질에 따라 명시된 성격장애 진단을 제공하는 방법. 첫 번째 경로를 다루기

표 18.5 DSM-5가 제안한 특정 성격장애

III편[DSM-5 새로 개발된 평가치와 모델]은 반사회성·회피성·경계선·자기애성·강박성·조현형 성격장애의 진단기준을 포함한다. 각 장애는 성격기능에서의 전형적인 손상(진단기준 A)과 특징적인 병리적 성격 특질(진단기준 B)에 의해 정의된다.

- **반사회성 성격장애**의 전형적 특징은 법적, 윤리적 행동을 따르는 데 실패, 기만, 무책임, 조종, 그리고/또는 위험 감수를 동반하는 자기중심적이고 타인에 대한 냉담한 무관심이다.
- **회피성 성격장애**의 전형적 특징은 대처 불능감과 부적절감, 부정적 평가와 거부에 대한 불안한 집착, 조롱받거나 당황하는 것에 대한 두려움 등과 관련된 사회적 상황의 회피와 대인관계의 억제이다
- **경계선 성격장애**의 전형적 특징은 충동성, 위험 감수, 그리고 적개심이 수반된 자아상, 개인적 목표, 대인관계, 그리고 정동에서의 불안정성이다.
- **자기애성 성격장애**의 전형적 특징은 변동이 크고 취약한 자존감 및 주의를 끌거나 인정을 추구함으로써 이를 조절하려는 시도, 외현적 또는 내재적 과대성이다.
- **강박성 성격장애**의 전형적 특징은 친밀한 관계를 형성하고 유지하는 데 어려움을 느끼며, 이는 경직된 완벽주의, 융통성 결여, 제한된 감정 표현과 연관되어 있다.
- **조현형 성격장애**의 전형적 특징은 사회적이고 친밀한 관계를 형성하는 능력의 감퇴 인지, 지각 그리고 행동에서의 기이함이며, 이는 왜곡된 자아상과 비일관적인 개인적 목표와 관련되어 있고, 의심과 제한된 감정 표현이 수반된다.

주 : *Diagnostic and Statistical Manual of Mental Disorders, Fifth Edition* (pp.763-764). Copyright 2013 by the American Psychiatric Association의 허락하에 사용함.

위해 DSM-IV로부터 유지된 6개의 특정 성격장애 진단인 반사회성 성격장애, 경계선 성격장애, 회피성 성격장애, 자기애성 성격장애, 강박성 성격장애 그리고 조현형 성격장애가 있지만, 특정 손상과 병리적 성격 특질의 관점에서 형성된 새로운 진단기준에 의해 정의되며 이러한 진단은 일반적인 III편의 틀과 일치한다. 이 여섯 가지 진단의 전형적인 특징은 표 18.5에 나와 있다. 앞서 언급했듯이 이 진단들은 지역사회와 임상표본을 합한 유병률, 관련 심리사회적 손상과 장애의 타당성과 임상적 유용성에 기초하여 유지되었다(Skodol, 2012; Skodol, Bender, et al., 2011). 성격장애 진단의 두 번째 경로를 다루기 위해 이러한 여섯 가지 진단 중 하나와 일치하는 손상 및 병리적 특질을 나타내지 않는 개인은 대신에 특질에 따라 명시된 성격장애 진단을 적용한다. 진단의 본질은 특정 환자에게 나타난 손상 및 병리적 성격특질의 특정 양상에 주목하면 명백해진다. 이 새로운 진단은 이전에 PD-NOS의 진단이었을 수 있는 세부사항과 의미를 제공하기 위해 고안되었다.

이런 점에서 성격장애에 대한 III편의 모델이 임상 및 연구장면에서 어느 정도 사용될 것인지 명확하지 않다. 이 모델은 분명히 미국 정신의학회 이사회에서 만장일치로 받아들여지지 않았다. 그렇지 않았다면 DSM-IV 성격장애 진단이 DSM-5의 II편에서 유지되지 못했을 것이다. 이 모델은 적절한 경험적 지지가 부족하고 이전 모델과 근본적으로 너무 다르게 단절되어 있어 비판을 받았다 (Frances & Widiger, 2012; Leising & Zimmerman, 2011). 다른 비판도 역시 비슷한 내용인데 수십 년 동안 유용했던 수많은 성격장애 진단을 삭제한다, 지나치게 복잡하다, 정상적인 성격특질의 전체 범위를 적절하게 포함하지 못한다(Widiger, 2011)는 등의 비판이다. 그러나 특히 이 장에 기술된 연구에 비추어 이 모델은 추천할 만하고, 향후 연구를 통해 모델을 좀 더 정교화할 필요가 있다.

역학과 동반이환

역학

성격장애의 출현과 진행과정에 대한 명확한 발달적 관점을 얻기 위해서는 전생애에 걸쳐 성격장애의 유병률을 평가하는 것이 중요하다. 그럼에도 청소년 표본보다는 성인표본을 대상으로 훨씬 많은 유병률 연구가 이루어졌다. 구조화된 혹은 반구조화된 임상적 면접으로 평가한 지역사회 성인표본에서 성격장애의 평균적인 현재 유병률은 10.5~12%이고(Lenzenweger, 2008; Torgersen, 2012), 특정 성격장애에 대한 현재 유병률은 약 1~2%이다 (Torgersen, 2012). 성인 표본에서 가장 흔한 성격장애는

회피성 성격장애와 강박성 성격장애로 나타났다. 이러한 발견과 일치하게 C군 성격장애는 A군과 B군 성격장애보다 더 많이 발생하는 것으로 보인다(Torgersen, 2012). 성인의 유병률에 관한 연구는 여러 면에서 제한적이지만 (상대적으로 작고, 대부분 도시이고, 대다수가 미국 표본), 연구결과는 성인 10명 중 1명이 어느 한 시점에서 적어도 하나의 성격장애를 지닌다는 생각을 일관되게 뒷받침한다. 당연히 평생유병률은 더 높아서 모든 성격장애에 대한 추정치는 최소 30%이며, 특정 성격장애는 3~4% 더 높다(Torgersen, 2012). 성인 임상표본에서는 46~81%의 높은 비율로 성격장애를 보이며, 달리 분류되지 않는 성격장애(PD-NOS)가 포함될 때는 51~88%의 높은 추정치를 보인다(Torgersen, 2012).

청소년의 유병률 자료는 제한적이지만, 성인기보다 생애 초기에 성격장애가 약간 더 많이 나타날 가능성이 있다는 것을 지적한다. 청소년기에 대한 여러 연구결과와 14~18세의 청소년 지역사회표본에서 성격장애 비율이 매우 낮았지만(Lewinshohn, Rohde, Seeley, & Klein, 1997), 후기 청소년기와 성인기에 전형적으로 나타나는 것보다 청소년기 초기와 중기에 더 높았다(Bernstein et al., 1993; Johnson, Cohen, Dohrenwend, Link, & Brook, 1999; Zaider, Johson, & Cockell, 2000). 지역사회 아동연구는 같은 표본에서 시간 경과에 따라 면접을 통해 성격장애의 유병률을 추적했기 때문에 이 문제에 대한 유용한 자료를 제공한다(Johnson, Cohen, Kasen, Skodol, &Oldhanm, 2008). 이 연구는 다음과 같은 유병률을 얻었다 : 14세 14.6%, 16세 12.7%, 22세 13.9%, 33세 12.7%였다. 몇 가지 표본에서 사춘기 이전에 약간 더 높은 성격장애 유병률을 확인한 것은 이 장의 뒷부분에서 설명하는 바와 같이 병리적 성격특질이 청소년기에 최고 수준이라는 결과와 일치한다. 성인의 B군 성격장애는 성인 후기보다는 성인 초기에 더 많이 발병한다(Torgerseon, 2012). 흥미롭게도 지역사회 아동연구에서 청소년기 B군 성격장애가 가장 흔한 성격장애라는 것을 발견하였다 (Johnson, Cohen, Kasen, Skodol, et al., 2000). 이것은 B군 성격장애가 생애 초기, 특히 청소년기에 가장 보편적

일 수 있다는 것을 시사한다. 청소년 임상표본의 성격장애에 대한 두 연구결과 성인표본에서와 마찬가지로 성격장애의 비율이 높고 추정치가 41~64% 사이인 것으로 나타났다(Feenstra, Busschbach, Verheul, & Hutsebaut, 2011; Grilo et al., 1998). 종합하면 제한된 자료이지만 청소년 연구는 다음과 같은 내용을 시사한다. (1) 성격장애가 성인과 마찬가지로 청소년기에도 흔히 나타난다, (2) B군 성격장애는 성인기보다 청소년기에 더 많이 발생한다, (3) C군 성격장애는 청소년기보다 성인기에 더 많이 발생한다, (4) 성격장애는 청소년의 임상표본에서 매우 흔하다.

성격장애의 일반적인 유병률과 마찬가지로 성격장애의 성별 차이는 청소년보다는 성인에 대해 훨씬 더 많이 알려져 있다. 비록 성격장애의 전반적인 유병률은 성인 남성과 여성의 경우 거의 동일하지만, 일부 특정한 성격장애는 하나의 성별 또는 다른 성별에서 더 많이 발생한다(Oltmanns & Powers, 2012; Paris, 2007; Torgersen, 2012). 성인 지역사회 표본에서 반사회적 성격장애는 남성에서 훨씬 더 흔하고(Torgersen, 2012), 여성보다 남성에서 5배 높은 비율을 보인다(Magnavita, Powers, Barber, & Oltmanns, 2013; Oltmanns & Powers, 2012). 의존성 성격장애는 여성에게서 더 흔하다(Torgerseon, 2012). 다른 차이는 확실하지 않다. 자기애성 성격장애와 강박성 성격장애는 남성에서 더 흔하고, 연극성 성격장애와 회피성 성격장애는 여성에서 더 흔하지만(Torgerseon, 2012), 유병률의 성별 차이는 대부분 존재하지 않거나 작거나 일관성이 없다(Oltmanns & Powers, 2012). 특히 경계선 성격장애의 비율이 성별에 따라 달라진다는 것에 일관성이 없었다. 성별 차이가 있는 몇몇 장애의 경우 관련된 성격 특질의 성별 차이를 반영하는 것으로 보인다(Oltmanns & Powers, 2012; Paris, 2007). 평균적으로 남성은 주장성과 흥분을 추구하는 경향성이 더 높은 반면 여성은 신경성과 우호성이라는 고차원 요인이 더 높은 경향이 있다. 요약하면 성인 성격장애의 성별 차이는 흔히 가정하는 성인의 지역사회표본에서처럼 일반적이거나 크지 않다.

지역사회표본에서 청소년의 성격장애와 성격장애 특질에 대한 정보가 제한되지만 남성 표본에서 행동문제가 더 많이 발생한다는 일관된 발견 이외에(Moffitt, Caspi, Rutter, & Silva, 2001), 유병률이나 증상 수준의 성차가 비슷하거나 존재하지 않는다고 제시한다(Bernstein et al., 1993; Belsky et al., 2012의 경계선 성격장애 특질에 대한 개관 참조). 비록 유병률의 성차는 보통 성인의 경우 적고 청소년의 경우는 잠재적으로 더 적지만, 성별은 여전히 성인의 특정 성격장애 발현에 중요한 영향을 미치며(Oltmanns & Powers, 2012), 청소년의 성격장애 발현에도 중요하다. 예를 들어 경계선 성격장애가 있는 사춘기 소녀는 경계선 성격장애 성인과 유사한 상관요인을 나타냈지만, 경계선 성격장애가 있는 소년은 더 파괴적이고 반사회적인 경향이 있다(Bradley, Conklin, & Westen, 2005). 확실히 청소년 표본에 대해 더 많은 연구가 필요한 문제이다.

안타깝게도 성인과 청소년의 민족, 인종 및 문화에 따른 성격장애 유병률의 변량에 대해서는 알려진 바가 적다(Magnavita et al., 2013; Mulder, 2012). 최근의 메타분석에서 인종집단에 걸친 성인 성격장애의 비율을 비교했는데, 백인 인구보다 흑인 인구에서 비율이 약간 낮은 것으로 나타났지만, 백인, 아시아계 및 히스패닉 인구에서는 차이가 없었다(McGilloway, Hall, Lee, & Ghui, 2010). 그러나 메타분석에 포함된 연구에는 중대한 제한이 있다. 문화 간 성격장애의 유병률에 대한 역학연구가 없다(Mulder, 2012). 그러나 기존의 증거에 따르면 반사회적 성격장애의 유병률이 다양하긴 해도 연구된 모든 문화에서 발견된다(Mulder, 2012). 다른 성격장애는 대부분의 문화에서 확인되었지만, 역시 유병률은 다양하다. 성격장애가 해당 문화에서 유효한 진단범주라면 문화 전반에 걸친 성격장애 진단의 타당성을 이해하고 유병률을 결정하기 위한 더 많은 연구가 필요하다.

성격장애 간, 성격장애와 다른 정신장애 간 동반이환

청소년과 성인의 성격장애에서 동반이환은 대개 예외 없이 규칙적으로 나타난다. 성인표본의 역학에서 성격장애 간 동반이환 수준이 높은 경향이 있는데(Skodol, 2005;

Trull et al., 2012), 사실 성인이 하나의 성격장애만 가지는 것은 흔치 않으며 임상표본에서는 더욱 드물다(Trull et al., 2012). 성인표본에서 경계선 성격장애, 편집성 성격장애, 그리고 의존성 성격장애는 서로 높은 공존율을 보이며, 반사회성 성격장애와 강박성 성격장애는 가장 낮은 공존율을 나타낸다(Trull et al., 2012). 성인을 대상으로 성격장애 간 동반이환을 실제 연구한 결과와는 대조적으로 청소년기의 동반이환 연구가 놀라울 정도로 적다. 지역사회 연구에서 아동의 특정 성격장애 공존율은 보고되지 않았으나, Cohen, Crawford와 동료들(2005)은 표본에서 "성격장애 진단준거 수 간 비교적 높은 공존성과 상관관계가 있다."고 하였다(p.470). Becker, Grilo, Edell과 McGlashan(2000)의 연구에서 경계선 성격장애로 입원한 청소년 표본과 대조군인 성인표본을 비교한 결과 A군과 C군 성격장애에서 비정상적으로 높은 공존율을 보였다. 마찬가지로 De Clercq과 동료들(2004)은 청소년 표본에서 성격장애 증상들 간 중첩되는 비율이 상당히 높다는 것을 발견했다. 후속연구에서 성격장애 간 공존이 청소년에서 특히 높은지 여부에 대한 의문을 다뤄야 한다.

성인(Links, Ansari, Fazalullash, & Shah, 2012)과 청소년(Cohen, Crawford, et al., 2005; Feenstra et al., 2011; Grilo et al., 1998) 모두에서 성격장애와 다른 정신장애 간 현재 공존율 또한 높다. 청소년 성격장애의 세 군집 모두에서 우울증, 불안, 파괴적 행동장애를 포함한 다른 정신장애와 높은 공존율을 보였으며(Cohen, Crawford, et al., 2005), 성격장애는 물질사용문제와도 관련이 있었다(Serman, Johnson, Geller, Kanost, & Zacharapoulou, 2002). 청소년의 달리 명시되지 않는 성격장애 또한 성격장애 이외의 장애(non-PD condition)와 높은 공존을 보였다(Johnson et al., 2005). 그뿐만 아니라 불안, 우울증, 파괴적 행동장애를 포함한 조기 발병 장애는 성인기 성격장애의 높은 출현과 지속의 위험성을 예측한다(Cohen, Crawford, et al., 2005; Goodwin, Brook, & Cohen, 2005; Lewinsohn et al., 1997). 그 반대의 경우도 마찬가지인데 조기 발병한 성격장애는 우울증, 불안, 그리고 물질사용

장애를 포함한 초기 성인기의 기타 정신장애의 위험성을 크게 예측하며(Cohen, Chen, Crawford, Brook, & Gordon, 2007; Cohen, Crawford, et al., 2005; Daley et al., 1999; Levy et al., 1999), 때로 심지어 이전의 성격장애 및 다른 장애의 존재 여부도 설명한다. 또한 청소년기 성격장애가 다른 정신장애와 함께 발생할 때 성인기까지 지속될 가능성이 높아진다(Cohen, Crawford, et al., 2005). 사춘기부터 성인기에 이르기까지 수년에 걸쳐 성격장애와 다른 장애들 사이에 주고받는 영향이 있으며, 다른 정신장애가 성격장애의 발현에 기여하거나 그 반대의 경우도 나타난다.

특히 성격장애와 다른 장애가 관계있는 일부 양상은 성격장애의 특정 군에서 흔하게 나타난다. 첫째, 성격장애 A군이 특히 정신병과 관계가 크다는 점은 놀라울 것이 없지만, 이는 다른 장애들과도 관련되어 있다. 조현형 성격장애가 있는 청소년과 정신장애의 전구증상을 겪는 청소년은 정신병적 특징을 동반한 장애로의 이환율이 높다(Correll et al., 2008). 이러한 결과는 개인의 조현병에 대한 유전적 위험성이 조현형 성격장애를 발병시키는 경향이 있다는 생각과 일관된다(Fanous et al., 2007). 우리는 A군 성격장애의 병인에 대한 절에서 A군 성격장애와 정신장애에 공유되는 유전적 요인의 기저를 이루는 취약성 연구에 대해 논의할 것이다. 청소년기 파괴적 행동장애는 조현형 성격장애의 높은 위험성을 예측하며, 청소년기 불안장애는 편집성 성격장애의 위험성을 예측한다(Kasen et al., 2001). 청소년기부터 성인기까지 A군 성격장애가 지속되면 불안을 동반한 B군과 C군 성격장애가 지속되는 것에 비해 불안장애 발현이 더 심각하다(Cohen, Crawford, et al., 2005).

둘째, B군 성격장애가 특히 파괴적 행동, 물질남용 및 우울증과 강력한 관계가 있다는 여러 연구결과가 있다. B군 성격장애는 청소년기에 파괴적 행동장애 또는 우울증을 동반하여 발생할 때 훨씬 더 지속적이다(Kasen, Cohen, Skodol, Johnson, & Brook, 1999); 청소년기 B군 성격장애는 성인기의 더 심한 물질남용 위험을 예측하고(Cohen et al., 2007). 파괴적 행동장애는 B군 성격장애

의 위험성 증가를 예측한다(Cohen, Crawford, et al., 2005). 높은 수준의 경계선 성격장애 특질을 가진 초기 청소년도 우울증을 비롯한 품행장애, 정신병 및 불안장애와 같은 다른 장애를 보이는 비율이 높다(Belsky et al., 2012). 아동기 ADHD와 적대적 반항장애는 초기 성인기의 높은 경계선 성격장애 증상의 위험을 예측하며(Burke & Stepp, 2012; Stepp, Olino, Klein, Seeley, & Lewinsohn, 2013), 품행장애와 불안장애도 마찬가지이다(Stepp et al., 2013). 최근의 종단적 청소년 쌍생아연구에서는 공유되는 가족 전체의 환경적 영향이 14세 청소년의 경계선 성격장애와 물질사용의 관계를 설명했으나, 18세의 이러한 관계는 공유되는 유전적 요인에 의한 것으로 확인되었다(Bornovalova, Hicks, Iacono, & McGue, 2013). 종합하면 이 연구결과들은 B군 성격장애, 특히 경계선 성격장애는 동시에 발생하든 시간 경과 후 발생하든 외현화 및 내재화 장애와 강한 관계가 있다는 것을 보여준다.

셋째, C군 성격장애에 대한 연구는 제한적인데, 다른 정신장애와 특수한 관련은 더 적은 대신 시간이 지나면서 파괴적 행동장애, 우울장애, 그리고 불안장애와 다양한 관련성을 나타낸다(Cohen, Crawford, et al., 2005). 청소년기의 주요 우울증은 성인기의 의존성 성격장애를 예측한다(Kasen et al., 2001). C군 성격장애가 청소년기 불안장애와 강력한 공병을 보일지라도 조기 발병을 통제했을 때 이는 이후의 파괴적인 행동장애를 예측한 반면 불안장애를 예측하지 않았다(Johnson, Cohen, Skodol, et al., 1999).

많은 연구자는 성격장애들 간의, 그리고 성격장애와 다른 장애들 사이의 높은 공존율에 대해 유전적 요인과 성격적 특질이 동시발생의 원인일 가능성이 있다고 하였다(Clark, 2005, 2007; De Fruyt & De Clercq, 2012, Krueger, 2005, Krueger & Markon, 2008). 다른 정신장애는 아마도 성격기능의 강력한 구성요소를 포함하는데, 그들이 가진 성격기능과의 관련성을 고려하면 이 장애를 더 잘 이해할 수 있다. 외현화 증상에 동반되는 **적대감**과 **탈억제**, 그리고 내재화 증상의 **부정적 정서성**과 애착

상실 같은 다른 정신장애 증상이 아동기 성격장애 특질과 관련된다는 근거가 있다(Mervielde et al., 2005). 우리가 이 절에서 성격장애의 특질 모델을 논의하였듯이 공유하는 유전적 원인과 성격적 특질로 인해 장애가 함께 나타날 수 있다. 예를 들어 성인 쌍생아연구 결과 주요 우울증과 편집성 성격장애, 경계선 성격장애, 그리고 회피성 성격장애의 차원적 표상의 공존에 공통되는 유전적 문제의 근거를 발견했는데(Reichborn-Kjennerud et al., 2010), 유전자가 부정적 정서성을 형성하여 이 모든 조건들에 영향을 줄 가능성이 있다.

성격장애와 다른 정신장애 사이의 중첩 비율이 높다는 것은 두 장애 유형이 결코 본래 제시하는 것만큼 뚜렷이 구분되는 것이 아니라는 점을 시사한다. 이 주제에 대한 경험적인 연구가 DSM-5에서 축 II를 제거하고 나머지 장애와 함께 범주형 성격장애들을 II편에 넣는 결정에 부분적인 영향을 미친 것이 확실하다. 성격장애와 다른 장애가 많은 부분에서 상당히 겹치지만, 성격장애 특질은 보다 지속적인 반면 다른 장애 증상은 더 단편적일 수 있어 이들 간에 다소의 차이가 있다는 것을 인식하는 것이 중요하다. 보통 성격장애가 호전되면 다른 조건들이 악화되기보다 개선으로 이끌 가능성이 더 크다(Clark, 2005). DSM-IV의 성격장애 및 다른 정신장애의 유전 및 환경적 구조에 대한 성인 쌍생아연구 결과 이 두 집단의 장애를 구분하는 추가 근거를 제공했다(Kendler et al., 2011). 장애들 간의 관측된 공분산을 설명하는 네 가지 유전적 요인이 제시되었다 : 축 I 내재화(신체형 장애, 공황장애, 주요우울증, 광장공포증, 특정공포증, 범불안장애, 섭식장애), 축 II 내재화(기분부전장애, 조현성 성격장애, 조현형 성격장애, 회피성 성격장애, 사회공포증), 축 I 외현화(반사회성 성격장애, 약물남용/의존, 품행장애, 알코올 남용/의존), 그리고 축 II 외현화(연극성 성격장애, 자기애성 성격장애, 강박성 성격장애). 편집성 성격장애와 의존성 성격장애는 축 II 내재화 및 외현화 유전적 요인 모두와 관계가 있고, 경계선 성격장애는 축 I 그리고 축 II 외현화 장애들 기저의 유전적 요인과 축 I 내재화 장애들 기저의 환경적 요인과 관계가 있다. 이

결과는 상이한 유전적 요인들이 다른 정신장애와 여러 성격장애에 내재한다는 것을 시사한다. 아동 및 청소년기의 성격장애, 기타 정신장애 그리고 성격 특질들 간 관계에 대한 추후 연구가 특히 흥미로운 방향이 될 것이다.

경로 : 안정성과 생의 결과

성격장애 진단의 안정성, 특질과 병리적 성격 특질

DSM-IV와 DSM-5 II편에 포함된 성격장애 진단은 성격장애의 안정성과 경로에 대한 어떤 명확한 주장을 담고 있다. 특히 이러한 진단적 모델에서 성격장애는 청소년기 또는 초기 성인기에 시작되는 지속적 양상으로 기술되고, 18세 미만 청소년의 진단을 위해서는 이러한 양상이 적어도 1년 동안 존재해야 한다. 이런 성격장애의 오래된 견해는 청소년과 성인 모두에서 성격장애 진단과 증상의 안정성 및 경로를 검증했던 몇 가지 종단연구로부터 도전을 받았다. 보다 최근의 연구는 비록 성격장애 증상이 청소년기에 중간 정도의 상대적 위치의 안정성을 보이지만, 성격장애 진단 자체가 이전에 추정했던 것보다 덜 안정적이라는 것을 입증하였다. 성격장애 진단과 증상에 대한 발견은 시간 경과에 따른 정상범위 성격 특질의 안정성에 대한 최근의 연구결과에 근거해 이해할 수 있다. 성격장애의 보다 새로운 관점은 성격장애가 오직 시간의 경과에 따라 비교적 안정적이라는 DSM-5 III편의 필수조건에 반영되었다.

상대적 위치의 안정성

성격의 안정성은 여러 가지 다양한 유형의 지속성 및 변화의 존재 때문에 그 자체로 복잡한 개념이다(Caspi & Shiner, 2006). 첫째, '상대적 위치의 안정성'은 주어진 특질이 시간이 경과해도 유지되는 개인의 상대적인 순서의 등급에 관한 것이다. 시간 경과에 따라 한 집단 전체의 특질이 증가 또는 감소해도, 집단 내 개인이 상대적인 특질에서 각자의 위치를 유지한다면 상대적 위치의 안정성은 높다. 일반적으로 두 시점에서 측정된 동일한 성

격 특질의 점수 간 상관관계 지표를 산출한다(즉, 검사-재검사 상관관계). 청소년과 초기 성인의 성격장애 증상은 시간 경과에 따라 보통 .40에서 .65 범위의 중등도 내지 강한 수준으로 상대적 위치의 안정성을 보인다(Bornovalova et al., 2013; Cohen, Crawford, et al., 2005; Crawford et al., 2005; Daley et al., 1999; Ferguson, 2010; Frick & White, 2008; Johnson, Cohen, Kasen, et al., 2000; Winograd, Cohen, & Chen, 2008). 이는 성인기에 관찰되는 성격장애 증상의 안정성 수준과 유사하다(Clark, 2007, 2009; Ferguson, 2010; Grilo & McGlashan, 2005). 아동기의 성격장애 증상의 상대적 위치의 안정성에 대해서는 알려진 바가 더 적지만, 두 가지 연구에 의하면 아동기에 1년 및 2년간 성격장애 증상과 병리적인 특질도 이와 유사하게 중간 내지 강한 수준의 상대적 위치 안정성을 보인다(Crick, Murray-Close, & Woods, 2005; De Clercq, Van Leeuwen, Van Den Noortgate, De Bolle, & De Fruyt, 2009). De Clercq, Van Leeuwen과 동료들(2009)의 병리적 특질에 대한 연구에서도 각 개인의 성격 특질의 절대적 수준이 높게 유지되는 경향이 있다는 것을 의미하는 높은 개인 내 안정성을 발견했다.

청소년기 성격장애 증상의 상대적 위치의 안정성에 대한 결과는 정상범위의 성격 특질에서 발견되는 결과와 유사하다. 성격 특질은 이미 아동기부터 중등도의 안정성을 보이지만(Roberts & DelVecchio, 2000), 아동기부터 청소년기를 거치며 점차 안정성이 커진다(Ferguson, 2010; Shiner, 2014). 최근의 메타분석 결과 성인기의 정상 및 병리적 성격 특질 역시 두 종류의 특질 모두 높은 수준의 안정성을 보였다는 점에서 같은 결과가 입증되었다(Ferguson, 2010). 성격장애 증상, 병리적 특질, 그리고 정상범위 증상의 상대적 위치 안정성의 결과들은 공통된 결론에 이른다. 차원적으로 평가된 성격장애의 안정성을 고려하면 18세라는 연령기준에 대해서는 어떠한 변화도 없다. 중등도 내지 강한 안정성이 청소년기에 이미 확연해지고, 후기 아동기와 초기 청소년기부터 벌써 존재한다.

평균수준 안정성

둘째, '평균-수준 변화'는 전체 인구에서 평균 특질수준의 증가 또는 감소와 관련된 것이다. 즉, 평균수준 변화의 조사는 개인의 다른 생애 동안 평가한 특정한 특질이나 증상이 평균적으로 증가 또는 감소하는 경향성 여부에 대한 의문을 다루는 것이다. 평균수준 변화에 대한 지역사회 아동연구 결과 청소년기에 성격장애 증상수준이 최고조에 달하며, 후기 청소년기와 초기 성인기가 되면 감소하는 것으로 나타났다(Cohen, Crawford, et al., 2005; Johnson, Cohen, Kasen, et al. 2000). 자기애적 증상은 청소년기부터 성인기까지 큰 폭의 감소를 보였으나(Cohen, Crawford, et al., 2005; see also Carlson & Gjerde, 2009), 강박성 증상은 전혀 감소되지 않았다(Cohen, Crawford, et al., 2005). 아동기의 병리적 성격 특질에 대한 단기 연구에서 아동기 후기의 1년과 2년에 걸쳐 일부 특질들(내향성 제외)의 평균수준이 경미하게 감소했다(De Clercq, Van Leeuwen, et al., 2009). 경계선 성격장애 특질은 14세에서 18세 사이에 완만하게 감소하는 것으로 밝혀졌다(Bornovalova et al., 2013). 성인을 대상으로 한 장기 연구결과 성인기에도 성격장애 증상수준과 병리적 특질수준이 지속적으로 감소하는 것으로 나타났다(Clark, 2007). 그러나 노년기에 대한 최근 연구에 따르면 이 결과에는 의문의 여지가 있다(Cooper, Balsis, & Oltmanns, 2014). 특히 Cooper와 동료들은 시간의 경과에 따른 성격장애 증상 감소 양상이 오직 자기보고식 평가에서만 유지되는 것을 발견했고, 실제 정보 제공자가 성격장애 증상을 보고하는 경우 시간이 흐를수록 경미하게 증가했다. 이 결과는 그런 연구들에서 평가 시 오염변인의 가능성에 대한 흥미로운 의문과 함께 성격장애 증상이 성인기에 걸쳐 감소한다는 일반적 개념에 대해 이의를 제기한다.

평균수준 변화에 대한 이런 결과는 일반적으로 아동기부터 성인기에 이르는 정상 성격 특질의 평균수준 변화에 대한 결과와 일관되며, 이러한 정상범위 특질에서의 평균수준 변화는 시간의 경과에 따른 성격장애의 유병률 변화를 설명하는 데 도움이 된다. 실제로 최근 연구에서 청소년기부터 후기 성인기까지 성격 5요인 특질의 평균수준 변화가 정신병질(이 장의 뒷부분에서 논의될 부분)과 법의학 표본의 정신병질 유병률이 동일한 평균수준 변화를 보인다는 점을 설명할 수 있다고 하였다(Vachon et al., 2013). 아동기와 초기 청소년기 대상의 평균수준 특질에 대한 연구는 전적으로 일관되지 않지만, 아동기에 걸쳐 더 나은 정서적인 자기조절과 보다 큰 **성실성** 및 **우호성**이 발달된다는 근거가 일부 있음에도(Shiner, 출판 중), 청소년은 아동기부터 청소년기로의 과도기에 이러한 긍정적인 특질의 평균수준이 감소되고, 후기 청소년기에 이러한 특질이 뒤이어 늘어난다(Shiner, 2014; 예 : Soto, John, Gosling, & Potter, 2011). 후기 청소년기와 초기 성인기 전반에 걸쳐 평균적으로 성격적 성숙도가 커지는 경향이 있다. 신경성은 초기 성인기에, 그리고 우호성과 성실성은 초기 성인기와 중년에 증가한다(Roberts, Walton, & Viechtbauer, 2006). 많은 성격장애가 높은 신경성과 낮은 우호성 및 성실성으로 특징지어지는 점을 고려할 때, 평균적으로 성격장애 증상이 초기 또는 중기 청소년기에 최고조에 달했다가 나중에 감소한다는 점은 놀라운 일이 아니다.

후기 청소년에서 성인기에 이르기까지 성격적 특질에서의 긍정적 성장은 배우자 또는 동반자, 근로자, 그리고 부모 등 사회적으로 중요한 역할에 대해 청소년이 많은 노력을 투자하는 점에 부분적으로 기인한다(Lodi-Smith & Roberts, 2007). 그러나 모든 사람이 성인기에 접어들면서 성격적인 성숙도가 증가하는 혜택을 받는 것이 아니라는 점을 인식하는 것이 중요하다(Roberts, Wood, & Caspi, 2008). 오히려 어떤 사람은 보다 부정적인 방향으로 그들의 성격 특질이 변하는 모습을 보여준다. 성인의 역할에 대한 정상적 경험이 결여된 사람은 그러한 부정적인 성격 변화에 대해 부분적으로 취약하다(Roberts et al., 2008). 청소년기의 성격장애가 성인기로 이행하는 발달과업을 동반한 문제에 위험을 초래한다는 점을 감안하면, 성격병리 문제가 있는 청소년은 일반적으로 성인 역할을 하면서 얻을 수 있는 더 많은 이로운 효과를 놓칠 수 있다. 후기 청소년기에서 초기 성인기로의 과도기에서 성격장애의 중요한 발달기간이 존재하는 점과 개인이 성격장애 진단을 받았을 때 또래집단으로부터 이탈하는 정도가 점차 늘어난다는 일관된 근거가 있다(Clark, 2005; Tackett et al., 2009).

성격장애 진단의 안정성

마지막으로 시간 경과에 따른 성격장애 진단의 안정성은 성격장애의 본질을 이해하는 데 중요하다. 어떤 사람이 특정한 성격장애 진단기준을 충족한다면 그 사람의 진단은 시간이 지나도 유지되는 것인가? 이전의 모든 DSM에서 기술했던 성격장애의 고전적 관점으로부터 기대된 바와 달리 청소년 표본(Bernstein et al., 1993; Chanen et al., 2004; Cohen, Crawford, et al., 2005; Daley et al., 1999; Mattanah, Becker, Levy, Edell, & McGlashan, 1995)과 성인(Clark, 2007, 2009; Grilo & McGlashan, 2005; Skodol et al., 2005; Zanarini, Frankenburg, Hennen, Reich, & Silk, 2005)에서 특정 성격장애 진단의 안정성은 비교적 보통 수준이었다.

이 상대적으로 보통인 안정성은 아마도 다음의 몇 가지 요인에서 비롯된다. 첫째, 이것은 진단에 범주적 체계가 사용되는 데 기인하는 면이 있다. 환자가 단지 특정 성격장애의 하나 또는 2개 정도의 증상을 적게 나타내면 성격장애가 있는 것에서 없는 것으로 바뀔 수 있다. 둘째, 진단의 불안정성은 또한 성격장애 증상과 특질에서 평균수준 변화를 반영할 수 있는데 성격장애 증상과 특질 감소의 평균수준으로써, 이러한 평균수준 변화는 시간 경과에 따른 성격장애 진단에서의 변화도 야기한다(Clark, 2009). 셋째, 상당히 큰 관해율도 성격장애 양상의 안정성 정도의 측면에서 성격장애의 본질을 반영한다(Clark, 2007; Skodol et al., 2005; Zanarini et al., 2005). 안정성이 적은 양상은 전형적으로 기이한 행동, 자해 또는 특정한 상황의 회피와 같은 보다 극심한 행동을 포함하며, 이와 대조적으로 안정성이 더 큰 양상은 조현형 성격장애에서 보이는 편집형 사고, 또는 회피성 성격장애에서 부적응과 사회적으로 부적절한 느낌 같은 상태에 깔린 성격 특질을 포함한다(McGlashan et al.,

2005). 마찬가지로 경계선 성격장애는 보다 극심한 측면(물질남용, 무질서한 대인관계)과 더 변덕스럽고, 만성적인 측면(화, 이상한 사고)을 포함한다(Hopwood, Donnellan, & Zanarini, 2010). 보다 심각한 성격장애 양상이 시간 경과에 따라 해결되면서 더 만성적인 측면이 남아 있는 개인도 더 이상 성격장애 진단을 받지 않을 수 있다.

일반적으로 성격장애 기능이 호전되는 경우가 발생함에도 불구하고, 일부 개인의 성격장애 증상은 청소년기와 성인기에 악화되며 더 지속적인 양상이 된다는 점이 주목할 만하다. 지역사회 연구에서 성격장애 증상이 있는 청소년은 흔히 초기 성인기에 높은 성격장애 특질을 계속 나타냈고(Johnson, Cohen, Kasen, et al., 2000), 청년의 1/5은 중기 청소년기부터 초기 성인기에 이르기까지 10년 이상 성격장애 증상이 심화되었다(Cohen, Crawford, et al., 2005). 앞서 아동의 병리적 성격특질에 대한 단기 종단연구에서 설명했듯이 높은 수준의 병리적 특질을 보이기 시작하는 아동은 표본의 다른 아동에 비해 이런 특질의 분명한 감소를 보이지 않았다(De Clercq, Van Leeuwen, et al., 2009). 특정 성격장애 진단에서 연속성의 비율이 낮은 경우라도 성격장애 진단을 받은 청소년 환자가 시간이 지나 어떤 성격장애 진단이든 받게 될 가능성이 여전히 크다는 몇 가지 근거가 있다(Chanen et al., 2004; Cohen, Crawford, et al., 2005). 특히 성격장애 증상에서 비정상적 발달을 보이는 이러한 청소년에 대해 연구와 임상적 관심이 필요하다.

성격장애와 관련된 생애 결과

청소년 성격장애에서 일부 양상에 대한 자료가 부족함에도, 생의 초기에 성격장애로 인해 예측되는 부정적인 삶의 결과를 설명하는 연구가 있다. 앞의 절에서 청소년기에 성격장애가 있는 경우 성인기에 성격장애 이외의 장애가 많아질 가능성을 높인다는 연구를 설명했다. 청소년의 성격장애는 또한 해롭고 잠재적인 위험이 있는 행동을 매우 다양하게 발달시키는 취약성을 증가시키기도 한다. 청소년기의 A군과 B군 성격장애는 "방화, 폭행, 파괴 및 침입, 신체적 다툼의 시작, 강도 그리고 타인을 해치겠다는 위협"과 같은 행동(Johnson, Cohen, Smailes, et al., 2000, p.1406)과 오염변인을 감안하더라도 연인에 대한 폭력(Ehrensaft, Cohen, & Johnson, 2006)을 포함하는 청소년과 성인의 폭력성에 대한 위험을 예측한다. 특히 편집성과 자기애성 증상은 공격성이 따라오는 의심과 권위부여를 촉발하기 때문에, 이후의 폭력 및 범죄와 관련성이 높아진다(Cohen, Crawford, et al., 2005). 또한 성격장애가 있는 청소년은 다수의 성적인 파트너를 가지는 것과 고위험의 성행위에 대한 위험이 매우 높은 것이 일반적이다(Lavan & Johnson, 2002). 세 군집의 청소년 성격장애는 초기 성인기의 자살 사고 또는 자살 시도의 높은 위험성을 예측한다(Brent, Johnson, Perper, & Connolly 1994; Johnson, Cohen, Skodol, et al., 1999). 비자살적 자해(NSSI)는 또한 청소년기 성격장애와 함께 나타날 수 있는데, 자신에 대해 자상, 화상을 입히거나 때리는 형태를 취한다(Nock, 2010; Cha & Nock, 이 책의 제7장). 청소년 입원환자 연구에서 비자살적 자해환자의 2/3가 이에 앞서 성격장애 진단기준을 충족하였다는 것을 밝혔다(Nock, Joiner, Gordon, Lloyd-Richardson, & Prinstein, 2006). 청소년 자살 시도와 비자살적 자해가 경계선 증상의 수와 관련 있다는 점에서 자살과 비자살적 자해는 특히 경계선 성격장애와 상관관계가 있으며(Jacobson, Muehlenkamp, Miller, & Turner, 2008), 경계선 성격장애로 입원한 청소년은 생애 동안 정신과적 통제집단에 비해 자살 사고를 더 이른 시기에, 더 자주 경험할 가능성이 있다(Venta, Ross, Schatte, & Sharp, 2012). 경계선 성격장애가 있는 성인 환자 연구에 따르면 자해환자의 1/3 가까이가 아동기부터 자해하기 시작했고, 나머지는 청소년기에 시작한 것으로 보고하였다(Zanarini et al., 2006). 종합하면 청소년의 특정 성격장애가 폭력성, 범죄성, 고위험 성적 행동, 자살 시도 그리고 비자살적 자해에 관한 위험을 나타낸다는 점을 시사하는 증거가 많다.

증상학과 위험한 행동에 미치는 성격장애의 영향을 뒤로하고도, 청소년 성격장애가 현재 및 이후의 적응문제에 대한 위험성과 관계있다는 것이 입증되었다. 청소년 성격장애는 이후 성인기에 전반적인 손상의 위험에 빠뜨리고(Skodol, Johnson, Cohen, Sneed, & Crawford, 2007), 높은 의료비와 특히 성격장애 이외의 장애가 동반되는 경우 환자의 삶의 질 저하와 관계가 깊다(Feenstra et al., 2012). 청소년과 성인 모두에서 어떤 성격장애는 보다 높은 손상의 위험과 관련되는 반면(예: 경계선 성격장애와 조현형 성격장애), 전반적인 손상의 위험이 비교적 적은 장애도 있다(예: 연극성 성격장애, 자기애성 성격장애 및 강박성 성격장애)(Chen et al., 2006; Torgersen, 2012). 청소년 성격장애와 특질은 이후 가족구성원과의 갈등 위험을 높이는데(Johnson, Chen, & Cohen, 2004), 성인 중기의 자녀 양육의 어려움(Johnson, Cohen, Kasen, & Brook, 2008), 스트레스가 많은 대인관계, 갈등, 그리고 낮은 배우자 만족 등 연인관계의 문제이다(Chen et al., 2004; Daley, Hammen, Davila, & Burge, 1998; Johnson et al., 2005; Winograd et al., 2008). 또한 성격장애가 있는 청소년은 우정관계의 문제, 사회활동의 부족, 학업성취의 부족, 업무문제 등 삶의 다른 영역에서 문제의 비율이 높다(Bernstein et al., 1993; Johnson et al., 2005; Winograd et al., 2008).

지역사회에서 아동의 성격장애 세 군집에 대한 연구 결과 몇 가지 양상이 확인되었다. A군 성격장애 증상수준이 높은 청소년은 청소년기에서 성인기로의 전환기에 가장 심각한 손상을 보였다(Cohen, Chen, et al., 2005). 이는 아마도 몇몇 사례에서 A군 증상이 조현병 증상이 있는 개인의 취약성을 반영하기 때문이다. 지역사회에서 아동 참가자를 대상으로 여러 역할과 사회적 상황에서 자신의 생애를 이야기하도록 요청한 결과 이야기들이 교육과 성취 측면에서는 더 나쁜 궤도를 나타냈다. 또한 청소년기 A군 증상은 10대에 부모가 될 가능성(Cohen, Chen, et al., 2005)과 23세 때에는 배우자와의 심한 갈등 수준을 예측했다(Chen et al., 2004). 다행히 A군 증상이 있는 청소년 일부는 성인기로의 전환에서 삶의 적응이 더 나아졌고, 이는 시간의 경과에 따른 A군 증상의 감소를 예측하는 것이다(Cohen, Crawford, et al., 2005). B군 증상은 정체성 혼란으로 인해 연인관계에 특별한 어려움을 보인다(Crawford, Cohen, Johnson, & Sneed, 2004).

구체적으로 살펴보면 청소년의 B군 증상은 관계에서의 낮은 안녕감과 친밀성과 상관이 있고, 성인기에 강화되어야 하는 친밀성과는 부적 상관관계가 있다. 청소년기의 A군 증상은 향후 10년 동안의 파트너와 갈등의 심화를 예측했다(Chen et al., 2004). 이와 대조적으로 C군 증상이 높은 청소년은 연인관계를 발전시킬 가능성이 적긴 하지만, 연인관계에서 23세까지만 갈등 수준이 높았고 이후에는 일반 집단보다 낮은 갈등 수준을 보였다(Cohen, Crawford, et al., 2005). 그러므로 대부분의 성격장애가 일정 수준의 손상과 관계가 있기는 해도 문제가 되는 적응 양상은 청소년이 나타내는 증상에 따라 다르다.

성격장애와 적응에 대한 모든 결과는 일반적으로 아동기와 청소년기의 성격에 대한 연구결과와 일관된다. 청소년의 성격은 또래관계, 연인관계의 형성, 학업성취, 업무 효율성 그리고 건강을 포함한 다수의 중요한 삶의 결과를 예측한다(Caspi & Shiner, 2006; Zentner & Shiner, 2012). 청소년과 초기 성인기의 중요한 발달과업에 대한 성격장애의 영향―우정 및 연인관계의 형성과 학업 및 업무기술 발달―은 청소년기 성격장애의 가장 부정적인 결과 중 하나이다. 손상은 성격장애 증상이 변할 때조차도 상당히 안정적이다(Clark, 2007, 2009). 성인기에 이르러 이후 손상의 위험은 청소년기의 다른 정신과적 장애와 마찬가지로 높다(Crawford et al., 2008). 청소년기의 성격장애와 성격장애 이외의 장애가 함께 있으면 성인의 결과는 더욱 심각하다. 청소년기에 성격장애가 지속될수록 성인기에 더 큰 적응 손상을 가져온다(Skodol, Johnson, et al., 2007).

청소년 성격장애에서 비관적인 전망에도 불구하고 성격장애가 있는 모든 청소년이 분명히 진단되는 수준의 손상을 겪는 것은 아니라는 것을 인식해야 한다(Cohen, Crawford, et al., 2005; Johnson et al., 2005). 다행히 성격장애가 있는 일부 청소년은 나이가 들수록 기능이 향상된다(Cohen, Crawford, et al., 2005). 청소년의 성격장애 증상과 그들의 적응 사이에는 주고받는 영향이 있는 것으로 보인다. 학교 및 관계에서 긍정적으로 적응하면 시간이 흐름에 따라 일부 성격장애 증상의 개선으로 이

어진다(Skodol, Bender, et al., 2007). 성격장애 증상이 호전됨에 따라 청소년의 안녕감 또한 향상될 수 있다(Crawford et al., 2004). 반대로 적응문제는 성격장애를 유발하고 영속시킬 수 있다. 낮은 학업성취, 정학, 유급은 모두 후기 청소년의 성격장애 증상을 예측한다(Cohen, Crawford, et al., 2005). 마찬가지로 파트너에게 폭력을 행사하는 초기 성인은 생애주기 동안 정상범위 내에서 발생하는 성격장애 증상의 긍정적인 감소를 경험할 가능성이 더 적다(Ehrensaft et al., 2006). 성격병리와 성격장애 사이의 상호작용은 복잡하다.

병인론

유전, 가족 및 광범위한 상황적 영향

청소년 성격장애 연구의 다른 많은 주제들과 마찬가지로 성격장애의 발달을 이끄는 발달경로에 대한 경험적인 연구는 제한적이다. 20세기의 성격장애에 대한 초기 임상적 관심은 대부분 이 상태의 원인에 대해 풍부하고 복합적인 정신역동이론으로부터 시작했다. 이러한 병인이론의 대부분은 임상가가 환자와 생애 초기 발달사에 관해 논의한 것에 기초한다. 비록 이 이론들이 성격장애에 대한 관심에 박차를 가하고 개입의 기초를 제공했지만, 여러 성격장애의 발달적 경로에 대해 경험적으로 알려진 것은 거의 없다. 그럼에도 성격장애의 잠재적 원인에 대한 몇 가지 단서가 있다. 이 장의 앞부분에서 성격장애의 발달과 관계있는 성격특성에 대해 개관했으므로[기질과 성격 특질, 정신적 표상(애착과 사회인지 과정 포함), 정서조절과 대처 그리고 생애 이야기에 대한 설명 참조], 대신에 여기서는 다른 세 가지 잠재적 요인에 초점을 둔다 : 유전적 영향, 가족 내 경험, 그리고 광범위한 상황적 요인(또래, 학교, 사회경제적 자원 및 문화적 영향). 이 절에서는 청소년의 성격장애의 일반적인 병인론에 대한 논의에 초점을 둔다. 다음 절에서 A군 성격장애, 경계선 성격장애, 반사회성 성격장애/정신병질/자기애, 그리고 C군 성격장애의 병인론에 대한 연구를 개관할 것이다.

성인의 신경생물학적 상관요인에 관한 연구뿐 아니라 여러 성격장애가 다른 군과 연관된 신경생물학적 기초에 대한 많은 차원의 연구가 있다(예 : A군의 정신병적 지각적 왜곡 및 B군의 정서 불안정; Roussos & Siever, 2012). 청소년기 성격장애 대부분에 대해 신경생물학적 기초를 조사한 연구는 비교적 적다. 그러나 우리는 관련 절에서 조현형 성격장애, 경계선 성격장애, 그리고 정신병질에 대해 현존하는 신경과학 연구를 간략히 검토할 것이다.

유전적 영향

역경을 경험하는 대부분의 개인에게 성격장애가 발현되지는 않는다. 이러한 단순한 발견은 역경을 경험할 때 성격병리 발달의 취약성을 형성하는 거의 확실한 유전적 요인의 존재를 시사한다. DSM-IV에 열거된 모두 10가지 성격장애에서 성격장애 증상 수의 개인차에 미치는 유전 및 환경적 기여를 조사하기 위해 지금까지 세 가지 쌍생아 연구가 수행되었다(South, Reichborn-Kjennerud, Eaton, & Krueger, 2012). 이들 중 하나는 아동의 성격장애 증상에 대한 부모 보고 조사로서 공유되지 않는/아동에 특정된 환경은 성격장애 증상에 대해 .05부터 .81까지의 유전 추정치를 나타냈고, 공유되는/가족 전체의 환경적 영향력은 중간 수준의 추정치를 나타냈다. 다른 두 연구는 성인 쌍생아의 성격장애 증상을 조사했다(Kendler et al., 2006; Reichborn-Kjennerud et al., 2007; Torgersen et al., 2000, 2008). 이러한 세 연구에서 성격장애 증상의 평균 유전 가능성은 중간 정도인 .4~.5이며, 이 연구결과는 제한된 공유 또는 가족 전체의 환경적 영향을 발견하는 데 일관성이 있다(South et al., 2012). 성인에서 성격장애 특질에 대한 유전 가능성의 추정치는 그 성격장애 증상과 대략 비슷한 정도였다(Cloninger, 2005; Livesley, 2005). 이러한 성격장애 증상 및 특질에 대한 행동 유전적 발견은 아동기 기질 및 성격 특질(Saudino & Wang, 2012), 그리고 성인기 성격 특질(Krueger & Johnson, 2008; South et al., 2012)에 대한 결과와 일관된다. 확고한 결론을 내리기 전에 더 많은 연구가 필요하지만, 현존하는 자료는 성격장애 증상, 성격장애 특질 그리고 정

상범위 성격 특질에 대한 유전적 영향은 중간 정도이며, 환경적 차이 또한 변량의 상당 부분을 설명한다는 점을 보여준다. 환경적 경험이 작용하는 것은 형제자매가 유사하게 성장한다는 것이 아니라 같은 가족에서 성장하는 아동 간에도 성격장애 결과에서의 차이를 생성한다는 것이다.

Kendler와 동료들(2008)의 성인 다변량 쌍생아연구에서 10가지 DSM-IV 성격장애 증상의 동시발생에 영향을 미치는 유전 및 환경적 영향력을 조사했다. 세 가지 위험요인이 확인되었는데 첫째, 성격장애에 대한 일반적인 위험을 설명하는 것(연구자는 부정적 정서성의 경향이 가장 높은 것으로 해석), 둘째, 경계선 성격장애와 반사회성 성격장애에 영향을 미치는 것(높은 탈억제와 적대감을 반영하는 것으로 해석), 셋째, 조현성 성격장애와 회피성 성격장애에 영향을 미치는 것(높은 애착상실을 반영하는 것으로 해석)이다. 이러한 세 가지 유전적 위험요인은 DSM-5 III편 성격장애 진단에서 5개 영역의 병리적 성격 특질 중 네 가지와 관련되는 것으로 나타났다. 또한 세 가지 공유되지 않는/개인-특수한 환경적 요인은 세 군집(A군, B군, C군) 성격장애 각각에 포함되는 장애들 간의 관련성을 설명했다. 달리 말하면 유사한 공유되지 않는/개인-특수한 환경적 요인은 각 군집 내 모든 장애에 영향을 미쳤다. 마지막으로 복합적인 유전 및 공유되지 않는/개인-특수한 환경적 요인은 성격장애의 각각에 기여했다. 이 연구는 유전적 요인이 군집 내의 성격장애들 간 동시발생에 기여하지는 않지만, 군집 내 성격장애를 형성하는 환경적 영향에도 기여한다는 것을 시사한다. 이 결과는 향후 연구가 필요한 세 가지 중요한 영역을 나타낸다 : 기본적인 병리적 성격 차원에 미치는 발달적 영향, 세 군집의 성격장애를 형성하는 환경적 요인, 그리고 보다 협의의 성격병리 양상의 변량에 특수한 유전 및 환경적 근원.

마지막으로 성격장애와 정상범위의 성격 특질에 대한 유전적 영향과 관련 있는 일부 특정한 유전자를 확인하기 위한 시도로 분자유전학 기술을 사용했다는 점에 주목해야 한다. 이 시점에서 복제 가능한 분자유전적 영향

이 확인되지 않았거나 결과에서 아주 사소한 변량만을 설명했기 때문에, 이러한 주제에 대한 분자유전학 연구 결과는 기대에 미치지 못했다(South et al., 2012).

아직 어떤 개인차가 유전자를 통해 성격장애 발달에 영향을 미치는 매개요인이 되는지는 분명하지 않다. 성격의 차이는 그러한 매개요인의 하나일 수 있는데, 이 장 앞부분에 설명되어 있다. "낮은 지능지수, 낮은 성취, 학교에서 정학 또는 퇴학, 적어도 한 학년 유급, 목표 지향적이지 않은" 것 등을 포함하여 일부 개인차가 성격장애 발달의 위험요인으로 확인되었다(Cohen, Crawford, et al., 2005, p.471). 인지 및 실행기능의 다른 양상을 반영하는 이러한 다른 개인차는 성격을 넘어서는 개인차로서 성격장애 발달의 취약성 요인으로 조사할 필요가 있다.

가족의 영향

행동유전학 연구는 성격장애 증상 및 특질의 발달에서 환경적 경험의 중요성을 강조한다. 성격장애에서 환경적 영향 중 가장 큰 원인의 하나는 가족 내에서 청소년의 경험이다. 성격장애 발달에 가족이 영향을 미치는 경로에 대한 많은 이론들이 있었지만, 지난 15년 동안 이 주제에 대한 자료는 거의 없었다. 많은 연구가 특정 성격장애 발달에서 가족의 역할에 초점을 두었으며, 우리는 다음 절에서 그러한 연구를 다룰 것이다. 그러나 일부 연구에서는 여러 성격장애에 대한 가족의 영향을 조사했다.

일반적으로 부적절한 양육, 예컨대 부모의 애정 및 양육 부족, 혐오적인 부모행동(가혹한 체벌 같은)을 포함하는 부적절한 양육 등은 초기 성인기에 성격장애의 발달 위험을 초래한다(Johnson, Cohen, Chen, Kasen, & Brook, 2006). 부정적인 부모행동이 많아질수록 초기 성인의 성격장애 위험이 커진다(Johnson et al., 2006). 성격장애 발달에 영향을 미치는 다른 가족적 위험에는 한부모 양육, 부모의 갈등 및 부모의 정신과적 장애(Cohen, Crawford, et al., 2005), 특히 5세 이전의 부모와의 분리(Lahti et al., 2012), 그리고 부모의 자살 시도 또는 자살, 부모의 수감 이력, 그리고 매 맞는 어머니가 있는 과거력(Afifi et

al., 2011)이 포함된다.

현재 아동기 학대(성적, 물리적 및 언어적 학대 포함)와 방임이 이후의 성격장애 발현의 높은 위험성을 예측한다는 종단적인 근거가 있다(Johnson, Cohen, Brown, Smailes, & Bernstein, 1999; Johnson et al., 2001; Johnson, Smailes, Cohen, Brown, & Bernstein, 2000). 회고적 보고에서 성격장애가 있는 성인은 그렇지 않은 성인에 비해 학대당한 경험이 많았다(예 : Afifi et al., 2011; Battle et al., 2004 참조). 대규모 전국 성인표본의 최근 연구에서 아동기 학대 및 역기능적 가정으로 광범위하게 정의되는 아동기 역경이 조현형 성격장애와 대부분의 B군 성격장애와 특히 관계가 있다는 것을 밝혔다(Afifi et al., 2011). 청소년 또는 초기 성인 성격장애와 부정적인 가족 경험을 연결시킨 여러 분석에서는 성격장애 발현에 대한 가족 역경의 잠재적인 인과관계 역할의 강력한 근거가 될 다양한 잠재적인 오염요인을 통제했다.

가족 내 부정적 경험은 몇 가지 과정을 통해 청소년의 성격병리를 발생시킨다. 이러한 역경에 직면해 있는 아동은 사회적 규칙을 따르고, 충동을 조절하고, 감정과 행동을 조절하는 것을 배우도록 돕는 사회화 경험이 부족하다(Bradley et al., 2011; Kim, Cicchetti, Rogosch, & Manly, 2009). 또한 학대는 건강하고, 현실적이고, 자신, 타인 및 타인과의 관계에서 자신에 대한 긍정적인 관점의 발달을 약화시킬 수 있다(Bradley et al., 2011; Feiring, Cleland, & Simon, 2010). 최근 연구에서 양육이 아동의 성격 특질 형성의 변화를 예측하는 것으로 나타났다. 부모가 자녀의 부정적 감정을 조절하는 데 도움이 되는 환경을 제공하지 못하면 — 특히 부모가 무감각하고, 처벌적이고, 혼란스럽고, 적대적인 환경을 조성할 때 — 시간 경과에 따라 아동의 부정적 정서성이 증가하는 경향이 있다(Bates, Schemerhorn, & Petersen, 2012; Lengua & Wachs, 2012; Shiner, 2014). 또한 자기조절이 부족한 청소년은 힘겨운 가족 환경(예 : 어머니의 낮은 반응성, 부모의 심한 처벌, 한부모 양육)으로부터 특히 부정적인 영향을 받는다(Shiner, 2014). 그러므로 가족의 역경은 높은 부정적 정서성과 탈억제, 문제되는 애착 유형, 그리고 보다 부정적인 사회인지 기능을 포함하는 다수의 부정적 성격 결과를 촉진하는 경향이 있다.

지금까지 수행된 행동유전학 연구에서 성격장애에 대한 개인 고유의 환경적 영향의 역할을 시사했지만 가족 전체에 걸친 환경적 효과는 아니었다는 것을 고려할 때, 각 청소년의 고유한 성격장애 발달에 가족에서의 경험이 가장 크게 관련되어 있다는 것을 인식하는 것이 중요하다. 가족에서의 개인-특수한 경험은 가족의 오직 한 명의 아동이 겪는 가족사건(예 : 특정 시기에 부모로부터 분리, 특수한 부모-자녀 관계) 또는 각 아동에 의해 독특하게 경험되는 가족사건(예 : 형제자매 각자 고유하게 경험하는 부모의 정신병리 또는 부부갈등)을 포함한다. 성격장애의 가족 예측변인에 대한 대부분의 연구에서 가족요인은 아동-특수한 방식으로 평가된다(예 : 특정 아동의 학대, 특정 아동에 대한 애정). 다른 가족요인은 각 아동에 특정되지 않는 가족 전체 변인으로 평가된다(예 : 부모의 자살, 사회경제적 지위). 부모의 정신병리와 같은 가족 전반의 변인은 가족요인이 청소년 성격장애를 유발하기 때문이 아니라, 예측변인(예 : 가족 전체 변인)과 결과변인(예 : 청소년 성격장애) 모두가 세 번째 변인(예 : 부모와 자손 간에 공유되는 유전자)의 결과이기 때문에 이후의 청소년 성격장애 발달을 예측하게 된다. 이 장의 결론에서 언급하듯이 앞으로의 연구는 정교한 행동유전 설계를 사용하여 이러한 가능성을 다루어야 할 것이다 (Belsky et al., 2012의 행동유전학 연구는 경계선 성격장애의 병인론 절에 설명한 바와 같이 그런 연구의 훌륭한 예를 제공한다).

또한 가족의 역경이 성격병리 발달에 중대한 위험을 초래할지라도 성격장애가 있는 모든 청소년의 과거력에 초기 외상과 학대가 존재하지는 않는다는 것을 인지하는 것이 필수적이다. 실제로 지역사회 아동연구에서 초기 외상 또는 학대는 "종단적 동시대집단에서 관찰된 성격장애의 전체 또는 대부분"을 설명하지 못했다(Cohen, Crawford, et al., 2005, p.482). 학대의 경우에도 아동은 각각 다른 영향을 받는다. 최근의 성인 성격장애 연구에서 아동기 학대 과거력을 회고적으로 보고한 대부분의

참가자가 성격장애 진단기준을 충족하지 못했다(Afifi et al., 2011). 이러한 결과에 따라 가족 역경과 이후 성격장애의 연관성에서 동일 결과론 및 다중 결과론의 중요성을 지적할 수 있다. 성격장애의 향후 연구에 대한 최종 제안 부분에서 이 주제를 다시 언급할 것이다.

광범위한 상황의 영향

가족 환경을 넘어서 성격장애 발달에 영향을 미치는 보다 넓은 상황적 요인이 존재한다. 첫째, 또래관계는 청소년기 성격장애 발달에 잠재적인 원인을 제공한다. 성격장애가 관계의 어려움이라는 점과 관계있다는 것을 고려하면, 또래관계 문제는 성격장애 증상의 출현에 영향을 미칠 수 있다. 또래관계는 아동기 및 청소년기 다른 장애의 발달과 관련지어 광범위하게 연구되었는데(예 : ADHD, 품행장애, 우울증)(Deater-Deckard, 2013), 또래관계 양상은 사회적 거부/배타성, 질 좋은 우정관계의 부족 및 질이 낮은 우정관계, 괴롭힘/따돌림, 공격성, 사회적 철수, 또래 전수(또래로부터 문제행동을 배움), 그리고 취약한 사회적 기술 등을 포함하여 발달정신병리와 관계가 있다. 보다 이전의 사회적 고립과 낮은 사회적 능력의 과거력이 초기 성인기의 성격장애 증상을 예측하며(Cohen, Crawford, et al., 2005), 청소년 성격장애는 현재의 짧은 우정관계, 즐거움의 부족, 자신감 부족, 그리고 사회활동의 부족과도 관계가 있다(Bernstein, Cohen, Skodol, Bezirganian, & Brook, 1996). 둘째, 학교 상황요인이 아동기와 청소년기의 성격장애 증상의 발생 및 지속과 관계가 있다. 예를 들면 학습에 중점을 두는 학교의 학생들은 B군 성격장애 증상이 평균적으로 감소하는 것으로 나타났다(Kasen, Cohen, Chen, Johnson, & Crawford, 2009).

셋째, 보다 넓은 사회경제적 상황(가족 SES와 빈곤 포함)은 청소년기 성격장애 발달을 예측한다. 청소년 성격장애는 연구자가 다양한 잠재적 오염변인을 통제했음에도 부모의 교육경험이 더 짧고 낮은 직무 지위 및 수입과 관련이 있었으며(Johnson, Cohen, Dohrenwend, et al., 1999), 성인의 성격장애 역시 낮은 SES와 관계가 있

다(Torgersen, 2012). 인근의 지역수준 특성 또한 성격장애 증상에 영향을 미친다(Hart & Marmorstein, 2009). 빈곤과 낮은 SES가 성격발달과 일반적인 정서 및 행동조절의 어려움과 관계있다는 근거가 상당히 많다(Conger & Donnellan, 2007; Evans & Kim, 2013). 낮은 SES, 빈곤 그리고 위험한 주변지역은 청소년의 자기통제 감소와 관련된다(Shiner, 2014). 네 번째, 광범위한 사회적 힘(예 : 사회 전반 또는 사회적 하위집단 내에서 수용되는 문화적 가치, 관습 및 풍습)이 성격장애의 발달과 관련된다. 예를 들어 빈약한 통제가 특징인 성격병리는 충동성을 표현할 때 구조나 확고한 제한을 하지 못하거나(Paris, 2005), 낮은 수준의 사회적 통합을 제공하는(Millon, 2010) 사회적 상황에 의해 촉진된다. 반사회성 성격장애와 경계선 성격장애가 서구 문화에서 더 흔하다는 것을 알려주는 것으로써 B군 성격장애 유병률에 대한 몇몇 자료는 이 장애에 중요한 문화적 영향이 있다는 것을 나타낸다(Mulder, 2012). 광범위한 사회적 상황이 청소년의 성격장애 발달에 영향을 미친다고 생각할 만한 충분한 이유가 있으나, 이러한 상황의 잠재적 영향에 대해서는 성격장애 문헌에서 관심을 적게 받았으며 향후 연구의 중요한 방향을 이룰 것이다.

A군 장애의 병인론

A군 성격장애(편집성 성격장애, 조현성 성격장애, 조현형 성격장애)는 DSM-IV와 DSM-5에서 '이상하고 비정상적' 성격장애로 규정된다. 편집성 성격장애는 타인에 대한 불신과 의심, 조현성 성격장애는 타인으로부터 정서적 거리두기, 그리고 조현형 성격장애는 타인과의 심리적인 불편함을 특징으로 하지만, 결국 이들은 모두 대인관계에서 거리를 유지하는 경향을 포함한다(표 18.1 참조). 비록 이 세 가지 장애가 함께 나타나는 경향이 크지만(Esterberg, Goulding, & Walker, 2010; Links et al., 2012; South et al., 2012), 청소년기와 성인기의 회피성 성격장애와 자주 동반장애로 나타난다(Esterberg et al., 2010; South et al., 2012). 회피성 성격장애의 특징이 사회적 억제와 타인의 평가에 대한 관심이기 때문에 이것

은 놀라운 일이 아니다. 조현형 성격장애와 회피성 성격장애는 유사한 유전적 특성을 공유한다(Kendler et al., 2008). 그러므로 회피성 성격장애는 C군 성격장애보다 A군 성격장애와 관련해서 연구하는 것이 합리적이다. 이 점에서 청소년기와 성인기 모두에서 A군의 다른 두 가지 성격장애보다 조현형 성격장애에 대해 훨씬 더 많이 연구되었다. 편집성 성격장애와 조현성 성격장애는 DSM-5 III편에서 범주적 성격장애 목록에 포함되지 않는다.

A군 성격장애가 조현병을 포함한 정신병적 장애의 발달에 취약하게 하는 동일한 유전적 문제에 기인한다는 것은 A군 성격장애가 조현병 스펙트럼 장애라는 것을 시사하는 증거가 된다(South et al., 2012; 예 : Kendler et al., 2006 참조). 조현형 성격장애는 편집성 성격장애와 조현성 성격장애보다 정신병적 장애와 더 밀접하고 일관된 관계가 있고, DSM-5의 조현병 스펙트럼 장애와 기타 정신병적 장애 목록에 포함되어 있다. 조현형 성격장애는 조현병에서 나타나는 양성증상(인지력과 지각력의 이상)과 음성증상(사회적 철수, 제한된 정서, 목표 지향적 행동의 부족)을 모두 포함한다. 조현병의 전구증상이 동반되는 청소년의 조현형 성격장애는 이후의 조현병, 조현정동장애, 또는 정신병적 양극성 장애의 발달 위험성을 높인다(Corell et al., 2008). 한 광범위한 연구에서 조현형 성격장애가 있는 후기 청소년의 표본 중 약 1/3이 2년 반 이내에 조현병이 발현되었다(Cannon et al., 2008). 다른 소규모 연구에 따르면 이 청소년 중 단지 약 40%만이 1년 후 이 장애의 준거를 충족했고 조현형 성격장애의 기준에 맞지 않는 청소년 중 1/3은 또 다른 성격장애의 기준을 충족했는데, 대부분 편집성 성격장애 또는 조현성 성격장애였다(Esterberg et al., 2010). 이러한 결과를 통해 범주적 진단이 불안정하지만, A군 장애 중에 공유된 증상은 보다 안정적이라는 사실을 알 수 있다(Widiger, 2010). 즉, A군 장애(특히 조현형 성격장애)와 조현병 스펙트럼 장애에 대한 연구에서 이들이 공통된 유전적인 영향과 증상을 갖고 있지만, A군 성격장애가 있는 많은 개인이 확연한 정신병적 장애로 발전되는 것은 아니라고 하였다.

청소년기와 성인기의 조현형 성격장애와 조현병은 인지, 지각 및 운동신경의 이상 증상이 공통적으로 나타난다(Esterberg et al., 2010; Links et al., 2012). 성인기의 조현형 성격장애와 조현병은 수많은 신경발달학적 위험요소 — 태아기의 감염과 영양실조, 출산 합병증, 태아기의 안드로겐과 에스트로겐의 소멸(특히 지문학상 손가락 지문수의 비대칭), 가벼운 신체기형, 신경학적 '기능결함 징후(soft sign)' — 와 관계가 있다(Kwapil & Barrantes-Vidal, 2012). 가벼운 신체기형(Hans et al., 2009), 신경학적 기능결함 징후(Weinsteing, Deforio, Schiffman, Walker, & Bonsall, 1999)와 신체적 의사소통의 부족(Mittal et al., 2006)을 포함한 몇몇 신경발달적 위험이 조현형 성격장애 청소년에게 나타난다. 대규모의 전향적 연구에서 3세 때의 영양실조는 11세 때 더 낮은 동작성 IQ를 예측하였고, 23세 때 조현형 성격장애 위험이 더 높아질 수 있다고 하였다(Venables & Raine, 2012). (우리가 아는 한) 조현형 성격장애 청소년의 뇌구조와 기능에 대한 연구는 아직 이루어지지 않았으나, 성인을 대상으로 한 연구에서 성인 조현형 성격장애에서 뇌의 구조적, 기능적 차이를 몇 가지 지적하였다. 조현형 성격장애 성인에서 상측두회, 방추상회 후엽, 해마상 융기 주위에서 구조적인 이상이 발견되었으나, 조현병 환자의 전두엽과 중앙 측두엽의 손상보다 구조적 이상은 적게 보였다. 또한 조현형 성격장애 성인은 측두엽에서 둔화된 활동성을 보이지만, 전두엽에서는 더 전형적인 활성화를 보인다. 이것은 조현병보다 조현형 성격장애가 더 가벼운 증상을 보인다는 것을 설명해 준다(Kwapil & Barrantes-Vidal, 2012). 이러한 결과는 조현형 성격장애 청소년에 대해 반복 검증되지 않았다. 몇몇 연구에서 조현형 성격장애에 대해 경험에 근거한 다양한 비유전적 요인을 조사했다.

초기 대마초 사용과 조현병의 관계에 대한 연구와 일치되게 초기 대마초 사용은 조현형 성격장애의 발현을 예측했다(Anglin et al., 2012). 또한 청소년기와 성인기의 조현형 성격장애 증상에 대한 초기 가족 예측요인이 확인되었는데, 이러한 예측요인에는 생애 첫 2년간 엄마와의 분리(Anglin, Cohen, & Chen, 2008), 학대와 방임,

일반적인 가정 역기능을 포함한 심각한 수준의 가정불화를 포함한다(Afifi et al., 2011). 부정적인 가족 경험은 조현형 성격장애에서 관찰되는 해리증상과 대인관계 기술의 결함을 악화시킬 수 있다. 낮은 사회경제적 지위도 청소년기부터 성인기에 걸쳐 나타나는 조현형 성격장애 증상을 예측하는데, 부분적으로 정신적 외상, 높은 스트레스, 문제 있는 양육, 더 낮은 IQ 등을 통해서이다(Cohen et al., 2008). A군 성격장애 증상은 학생과 교사 사이에 자율성이 높고, 갈등이 최소화되며 지나친 격식을 차리지 않는 학교에서는 더 감소하는 것으로 나타났다(Kasen et al., 2009). 그리고 아동기 또는 청소년기의 긍정적인 학업 및 사회적 경험은 특히 조현형 성격장애 증상의 감소를 예측하였다(Skodol, Bender, et al., 2007). 그러므로 조현형 성격장애에 대한 유전적 영향뿐 아니라 인지적인 기능장애를 촉진시키고(영양실조와 마리화나 사용) 사회적 연결을 감소시키는 경험은 조현형 성격장애의 발달에 위험요소의 역할을 한다.

앞서 설명한 바와 같이 편집성 성격장애와 조현성 성격장애의 경우 모든 성격장애에 대한 유전적·가족적 위험요소가 이 장애들과 관련 있다는 것 외에 생물학적·상황적 위험요인에 대해서는 알려진 것이 거의 없다. 한 전향적 연구에서 15세 때의 편집성 성격장애 증상에 대한 아동기 예측요인을 조사했다(Natsuaki, Cicchetti, & Rogosch, 2009). 청소년기 편집성 성격장애 증상은 생애 초기의 학대, 초기의 외현화 증상과 다른 아동을 괴롭히는 행동의 증가(자신이 괴롭힘을 당하지는 않고), 협동성이 부족하다는 또래 평가, 리더로서의 가능성 부족, 그리고 싸움을 일으키는 경향성의 증가 등에 의해 예측되었다. 이러한 결과는 청소년의 편집성 성격장애 증상의 초기 전조가 대인관계와 관련된 적의와 소외의 표현이라는 점에서 흥미로우며, 이전에 언급되었던 청소년기의 편집성 성격장애가 이후의 폭력과 범죄 관련성을 예측한다는 결과와 일관된다. 조현성 성격장애는 대부분의 개인 내에 있는 사회적 상호작용을 증진시키는 생물학적 기반의 관계체계가 약화되는 경험과 관련 있으나(Lenzenweger, 2010), 청소년에게 이런 가설을 검증한 자료는 아직 없

다. DSM-5 III편의 범주적 진단에서 편집성 성격장애와 조현성 성격장애가 제외되었기 때문에 향후 이 장애에 대한 연구적 관심이 많이 줄어들 수 있다. 그럼에도 성격장애를 보다 일반적으로 이해하는 데 이 장애에서 나타난 소외가 중요하기 때문에 이 부분에 대한 연구에 초점을 두어야 한다.

경계선 성격장애의 병인론

대부분의 성격장애의 발생과 초기발달에 대한 연구가 제한된 가운데 다수가 경계선 성격장애의 예측변인과 경과에 더 초점을 두었다. 몇몇 연구자는 청소년의 경계선 성격장애에 대해 더 큰 관심을 가져야 한다고 주장했는데, 이 장애가 결국 심각한 수준의 장애와 관련되기 때문이다(Chanen, Jovev, MacCutcheon, Jackson, & McGorry, 2008; Miller et al., 2008; Stepp, 2012).

연구자들은 몇 가지 주요한 차원인 정체감 장애, 정서적 불안정, 관계의 어려움과 충동성을 확인하면서 청소년의 경계선 성격장애에 대해 특질을 기반으로 개념화를 정교화했다(Miller et al., 2008). 이 성격차원에 대한 핵심차원은 아동의 성격 특질 모델에서 확인된 성격차원인데 충동성 영역이 가장 포괄적 관계가 있고, 다음으로 정서 불안정 차원과 관계의 어려움순이었으며, 정체감 장애 영역과는 가장 연관성이 적었다(Tackett & Kushner, 출판 중). 즉, 청소년 경계선 성격장애 기능의 핵심적인 측면은 기존의 정상범주의 성격 특질 척도로 평가될 수 있는 반면 장애의 다른 양상(예 : 정체감 장애)은 추가적인 평가도구가 필요하다.

또한 유전, 가족 역경, 부정적인 또래관계와 정서조절 문제를 포함하여 청소년 성격장애의 예측변인으로 이전에 언급된 일반적인 위험요인이 경계선 성격장애의 위험요인으로 확인되었다. 경계선 성격장애 증상에 대한 유전적 기반의 증거를 보면 최근에 12세 쌍생아를 대상으로 경계선 성격장애 특성의 유전 가능성이 .66이라는 결과를 얻었다(Belsky et al., 2012). 5세 때의 낮은 수준의 실행기능, IQ와 마음이론이 12세의 경계선 성격장애 특성을 예측하였다(Belsky et al., 2012). 가족 위험요인은

신체적, 성적 학대와 문제 있는 양육 형태 및 부모의 정신병리를 포함한다(예 : Cohen, Crawford, et al., 2005; Guzder, Paris, Zelkowits, & Marchessault, 1996; Levy, 2005).

청소년 경계선 성격장애의 증상은 어머니의 혼란스러운 의사소통 양상 및 애착과 관계가 있다(Levy, 2005; Ludolph, Western, Misle, & Jackson, 1990). 아동기에 다른 사람을 괴롭힌 경험은 11세의 경계선 성격장애 위험의 증가를 예측했다(Wolke, Schreier, Zanarini, & Winsper, 2012). 정서조절 곤란과 사회인지 결함도 청소년의 경계선 성격장애와 관계가 있다(Reich & Zanarini, 2001; Sharp, 출판 중). 특히 청소년 경계선 성격장애의 특징인 격노와 급격한 감정은 이전에 설명한 경계선 성격장애와 자해행동 간의 연관성을 설명할 수 있다(Crowell et al., 2005; Reich & Zanarini, 2001). 종합하면 아동기와 청소년기의 경계선 성격장애 증상 및 성격의 발달 과정에 대한 유전적·환경적 기여요인에 대한 증거가 충분하다.

성격 특질은 이 두 영역 간에 제기된 여러 이론적 관련성과 더불어 장애의 병인을 이해하는 데 적합하다(Nigg, 2006; Tackett, 2006). 성격 특질은 장애에 대한 위험 또는 취약요인을 나타내거나 성격과 정신병리에 영향을 미치는 공통된 근본적인 원인요소를 반영한다. 비록 이 관계에 대해 직접 검증한 결과는 많지 않으나 현대 연구들은 성격과 청소년의 경계선 성격장애의 관계에 대한 두 가지 관련성을 지지하고 있다. 예를 들어 Crowell과 Beauchaine, Lienehan(2009)이 제안한 생물사회적 발달 모델에서는 청소년 경계선 성격장애의 특질(부정적 정서성, 충동성과 같은)과 환경적 위험 간의 교류적 영향을 강조한다. 특히 이 이론에서는 초기의 특질은 성격 특질과 청소년의 경계선 성격장애 구조에 걸친 공통의 원인을 공유할 뿐 아니라 실제 위험요소(예 : 높은 수준의 부정적 정서성이 부정적인 또래집단의 반응과 같은 환경적 위험의 경험을 증가시키는 경우)를 반영한다고 주장한다.

정상적인 성격발달과 청소년 경계선 성격장애를 비교한 연구를 통해 생물학적·심리사회적인 원인에 관한 근

거를 얻을 수 있다. 예를 들어 도파민 체계의 역기능은 청소년 경계선 성격장애의 생물학적인 취약요인으로 확인되었고(Crowell et al., 2009), 외향성과 성실성의 성격특질과 관련된다고 밝혀졌다(Noble et al., 1998). 이와 유사하게 세로토닌 시스템의 기능장애가 청소년의 경계선 성격장애의 생물학적 취약요인으로 확인되었고(Crowell et al., 2009), 신경성 및 비우호성과 관계가 있었다(Greenberg et al., 2000; Hamer, Greenberg, Shabol, & Murphy, 1999). 이러한 결과는 경계선 성격장애의 증상이 높은 신경성, 낮은 우호성, 낮은 성실성, 그리고 낮은 외향성과 전형적으로 관계가 있다는 점에서 청소년의 경계선 성격장애와 이 성격특질 간에 관찰된 표현형 상관 요인으로 이끄는 잠재적인 생물학적 경로를 알려준다(Tackett & Kushner, 출판 중). 청소년의 경계선 성격장애와 정상 성격 간에 유사한 심리사회적 요인이 있다는 연구도 많다. 애착결핍과 학대와 같은 생애 초기의 경험은 청소년 경계선 성격장애 위험을 증가시키며(예 : Carlson, Egeland, & Sroufe, 2010; Gratz, Latzman, Tull, Reynolds, & Lejuez, 2011; Paris, Zweig-Frank, & Gudzer, 1994), 정상적인 성격특질의 발달을 약화시킨다(예 : Fabes, Poulin, Eisenberg, & Madden-Derdich, 2002; Rogosch & Cicchetti, 2004). 이는 정상과 비정상적 성격 발달에 잠재적인 공통 경로를 다시 강조해 준다.

성격-정신병리 구성개념 사이의 스펙트럼 관계는 특질과 장애 간의 잠재적인 차원적 관계를 강조한다(Tackett, 2006). 이 스펙트럼 관계는 공통 원인 모델과 일치하지만 표현형 수준에서는 (질적이기보다는) 양적인 관계와 관련된 증거를 조사함으로써 연구할 수 있다. 최근 한 연구에서 청소년 성격장애 특성과 더 전형적인 외현화 구성개념(공격성과 규칙위반, Tackett, Herzhoff, Reardon, Declercq, & Sharp, 출판 중) 사이의 스펙트럼 관계의 증거를 조사했다. 이 연구에서 청소년 경계선 성격장애의 핵심 중 적대감 특질이 일반적인 외현화 요인과 매우 높은 상관관계를 보였다. 이는 청소년 성격장애의 핵심 측면이 정상적인 성격특질과 DSM-IV의 I축 정신병리 둘 다와 관계가 있다는 주장을 뒷받침한다. 이 결과는 B군

경계선 성격장애와 다양한 외현화 장애와의 관계를 연구한 이전 연구와 일치한다(예 : 적대적 반항장애, 약물남용). 이 연구에서는 정상적인 성격과 비정상적인 성격, 그리고 I축의 정신병리의 핵심요인들을 결합한 다변량 조사법의 연구가 필요하다고 주장했다. 언급한 바와 같이 경계선 성격장애는 성인의 내재화된 정신병리와 관계가 있다(Eaton et al., 2011 참조). 청소년 대상의 연구에서 청소년의 외현화 스펙트럼과 관련된 정서 불안정(전형적인 내재화 행동 반영, Tackett et al., 출판 중)에 대한 이차적 관련성뿐 아니라 (보다 밀접하게 외현화 행동을 반영하는) 적대적 특성과는 일차적 관계가 있다는 것이 밝혀졌다. 그러므로 경계선 성격장애는 아마도 일생에 걸쳐 내재화와 외현화 문제 요인들을 반영하는 보다 복잡한 상태라고 볼 수 있다.

끝으로 경계선 성격장애의 대뇌 차이와 관련하여 경계선 성격장애 성인을 대상으로 뇌구조, 기능, 신경화학적 이상을 몇 가지 발견했다(Hooley, Cole, & Cole, & Gironde, 2012; Paris, 2012). 구조적 차이에 관한 7개의 연구를 메타분석한 결과 경계선 성격장애 성인의 해마와 편도체가 감소되었다(Nunes et al., 2009). 해마와 편도체는 대뇌변연계의 일부인데, 이는 정서처리와 기억에 관여하는 부분이다. 안와전두피질과 전방의 대상피질에서 상당한 크기의 감소가 관찰되었으며, 뇌량의 변화도 관찰되었는데(Hooley et al., 2012), 이것은 모두 경계선 성격장애의 충동성과 빈약한 조절능력과 관계가 있다. 경계선 성격장애가 있는 개인은 감소된 전전두엽의 통제(Silbersweig et al., 2007)와 시상하부의 뇌하수체 부신피질(HPA) 체계의 조절장애를 보이는데, 이는 스트레스 반응에 중요한 요소이다(Hooley et al., 2012). Hooley와 동료들(2012)은 경계선 성격장애에 대한 연구에서 관찰된 뇌의 차이가 정서조절, 스트레스 반응성, 그리고 행동조절 문제를 반영한다는 점을 고려할 때 "경계선 성격장애가 조절과정의 기저를 이루는 신경회로 내에서 스트레스를 유발하는 조정자를 반영한다고 믿는 것이 타당하다."(p.428)고 제안했다. 최근 경계선 성격장애 청소년의 구조적 차이를 조사하려는 몇몇 시도가 있었다. 이 연구에

서 안와전두피질의 이상을 발견했으나(Chanen, Velakoulis, et al., 2008), 해마나 편도체(Chanen, Velakoulis, et al., 2008), 뇌량(Walterfang et al., 2010)에서의 이상은 발견하지 못했다. 이 예비연구들은 성인의 경계선 성격장애에서 나타나는 생물학적 이상이 청소년의 경계선 성격장애에서는 나타나지 않을 수도 있다는 것을 시사한다.

반사회성 성격장애, 정신병질과 자기애의 병인론

이 장의 앞에서 언급한 바와 같이 반사회성 성격장애는 생애 초기부터 발달한다는 증거가 많은데, 그 이유는 DSM-IV에서 성인의 반사회성 성격장애 진단을 위해서는 15세 이전의 품행장애 진단이 필요조건이기 때문이다. 즉, DSM-IV와 DSM-5에서 품행장애가 반사회성 성격장애의 어린 시절의 중요한 특징이라는 개념이 반사회성 성격장애의 원인에 대해 의미하는 바가 크다. 그러나 품행장애 진단은 이질적인 청소년 집단에서도 이루어진다. 발병연령과 행동유형을 구별하여 검증한 결과 조기 발병하고 신체적으로 공격적일수록 더 심각한 상태를 반영한다고 하였고(Burt, 2012; Moffitt, Caspi, Harrington, & McGue, 2005), 이후의 반사회성 성격장애 같은 진단을 더 잘 예측했다. 비록 행동유형을 구분함으로써 품행장애 유형의 차이를 잘 설명할 수 있지만(Burt, Donnelan, Iacono, & McGue, 2011), 아동·청소년 품행장애의 발병시점의 차이도 품행장애 유형의 차이를 구별해 준다는 것이 경험적으로 지지되었다(Moffitt et al., 2008). 또한 품행장애가 있는 많은 아동이 반사회성 성격장애로 발달하지 않지만, 실제 품행장애 증상 중 초기의 폭력적인 행동은 이후 반사회성 성격장애로 진단받을 가능성을 높인다(Gelhorn, Sakai, Price, & Crowley, 2007).

최근 몇 년간 정신병질의 개념을 아동과 청소년에게 확장하려는 광범위한 연구가 이루어졌다(예: Frick, Bodin & Berry, 2000). 정신병질은 위험 감수, 충동성, 과대성, 타인 조종, 공감능력과 자책감의 부족, 피상적인 대인관계 등의 경향을 포함한다(Lynam, 1997; Lynam & Gudonis, 2005). 정신병질은 더 심각하고 지속적인 품행문제를 포함한 많은 중요한 관련 특징과 결과를 예측한다(Kotler

& McMahon, 2005). DSM-5에서 정신병질에 대한 연구를 기반으로 '제한된 친사회적 정서'라는 용어로 품행장애 명시자를 추가했는데, 아마 '정신병질'이 너무 부정적이거나 낙인찍는 것이기 때문인 듯하다(APA, 2013, p.470). 제한된 친사회적인 정서는 네 가지 방식으로 나타나는데, 즉 '양심의 가책이나 죄책감의 부족', '냉담-공감 부족', '성취에 대한 무관심', '얕은 혹은 결핍된 정서'(APA, 2013, pp.470-471) 등이다. 성인 인구에서와 마찬가지로 청소년의 정신병질은 높은 비율의 수단적 공격성과 관계가 있다(Blair, Preschardt, Budhani, Mitchell, & Pine, 2006). 정신병질은 아동기에도 안정적으로 평가되고, 청소년기에 걸쳐 지속적으로 유지되며(Lynam et al., 2009), 청소년기의 정신병질 증상은 이후의 반사회적 행동을 예측한다(Salekin, Rosenbaum, & Lee, 2008).

정신병질의 원인과 관련하여 아동기 정신병질은 적어도 부분적으로 유전되는 것처럼 보이며, 이러한 유전적인 특성은 발달 과정에서 손상된 사회화의 결과로 이어진다(Blair et al., 2006). 또한 청소년기에 걸친 정신병질 증상의 안정성은 주로 유전적 요인에 의해 영향을 받는다(Forsman, Lichtenstein, Andershed, & Larsson, 2008). 정상 대조군과 비교할 때 높은 수준의 정신병적 특징이 있는 청소년 뇌의 기능적 차이가 입증되었는데, 부정적 자극(특히 무서운 얼굴)에 대해 편도체의 활동이 감소하였고 이는 처벌을 통한 학습능력이 부족하다는 것을 나타낸다. 또한 청소년의 여러 뇌 영역 연구에서 전전두엽, 대뇌섬, 전대상피질, 미상 등의 기능적 이상을 나타냈다(Hyde et al., 2013). 이 부위들은 보다 심각한 정신병질이 있는 청소년에게서 관찰되는 보상 절차, 학습, 의사결정의 이상을 시사한다. 청소년기의 구조적 뇌의 차이에 대한 연구도 편도체, 전전두엽 및 대뇌섬 등 기능적 신경영상 연구에서 확인된 것과 동일한 뇌 영역의 많은 이상을 지적했다(Blair, 2010; Hyde et al., 2013). 그러나 여러 구조적 신경영상 연구결과가 상반되므로(Hyde et al., 2013), 정신병질의 기능적 차이와 구조적 차이가 서로 어떻게 관련되어 있는지 이해하기 위해 더 많은 연구가 필요하다.

또한 정신병질에 기여하는 여러 상황요인이 확인되었다. 한 연구에 따르면 체벌, 낮은 사회경제적 지위와 비행을 저지르는 또래에게 노출되는 등의 심리사회적인 스트레스 요인을 경험한 청소년은 청소년기부터 성인기까지 정신병질 증상이 가장 높게 지속되었다(Lynam, Loeber, & Stouthamer-Loeber, 2008). 후기 정신병질에 대한 초기 아동기의 예측요인들 ― 초기 정신병질 특징, 사회경제적 지위, 양육 위험요인, 청소년기 반사회적 행동 등 ― 은 그 강력함과 안정성으로 인해 인종 및 성인 범죄 상태에 관계없이 일반화된다(Vachon, Lynam, Loeber, & Stouthamer-Loeber, 2012).

냉담-무정서 특질(예 : 공감과 후회의 부족, 얕은 정서 및 대인관계)을 좁게 정의하면 아동기 정신병질의 핵심을 반영한다(Frick & Viding, 2009; 이 책의 제3장에 나온 Kimonis, Frick, & McMahon 참조). 이 특질에 대한 연구는 청소년 정신병질 연구결과와 중첩된다. 냉담-무정서 특질의 존재는 품행장애 진단을 받은 아동이 성인기에 반사회성 성격장애로 진단될 가능성을 변별하는 유용한 방법이다(Moffitt et al., 2008). 그리고 이 특질에 대한 연구결과가 '제한된 친사회적 정서'라는 품행장애 명시자를 결정하는 데 중요한 기준을 제공했다. 최근의 연구들은 높은 수준의 냉담-무정서 특질을 보이는 청소년들조차 불안과 같은 차원에서는 이질적이라는 것을 지지했다(높음 대 낮음; Kimonts, Frick, Cauffman, Goldweber, & Skeen, 2012). 그러므로 후속연구에서는 냉담-무정서 특질에 대한 현상학과 유용성에 대한 이해에 일차적 초점을 두어야 한다.

많은 연구에서 청소년의 정신병질과 상관관계가 있는 정상적인 성격 특질을 발견했는데, 이는 성인표본에서 발견된 것과 유사하다 : 낮은 우호성, 낮은 성실성, 높은 신경성(예 : Lynam et al., 2005; Salekin, Leistico, Trobst, Schrum, & Lochman, 2005). 청소년의 냉담-무정서 특질은 광범위한 성격/기질체계의 특징이기도 한데, 일반적으로 높은 수준의 탈억제, 높은 수준의 **부정적 정서성**(특히 소외와 적대감이 반영된), 낮은 수준의 **긍정적 정서성**과 관계가 있다(Decuyper, De Bolle, De Fruyt, & De Clercq, 2011; Latzman, Lilienfeld, Latzman, & Clark, 2013l Roose et al., 2012; Salekin, Debus, & Barker, 2010). 상위의 성격특질 수준에서 청소년 정신병질과 청소년 경계선 성격장애와의 상관요인은 대체로 중복된다. 이 장애들의 차이는 아마도 더 낮은 수준의 특질, 양상 및 정도와의 관련성에서 나타나는 차이뿐만 아니라 영역 수준의 관련성 정도에 가장 잘 반영된다(예 : 청소년의 경계선 성격장애는 청소년 정신병질보다 신경증 특질과 더 강한 상관관계를 보여야 한다).

교우관계 상호작용의 갈등에서 과잉귀인과 같은 사회인지처리의 결함도 정신병질 청소년에서 발견되었다(Munoz, Kerr, & Besic, 2008). 정신병질적 특질이 있는 청소년의 정서인식과 사회적 교환행동과 관련된 문제를 강조한 연구가 늘고 있고(예 : White, Brislin, Meffert, Sinclait, & Blair, 2013), 최근의 메타분석 결과 정신병질 청소년의 정서인식 결함이 광범위하고 전반적인 것으로 나타났다(Dawel, O'Kearney, McKone, & Palermo, 2012). 또한 최근의 입원환자 청소년 표본 연구에서 정신병질의 특정 요인이 사회인지 처리과정을 변별적으로 예측하였다(Sharp, 2012). 특히 이 연구에서 정신병질의 정서적 요소는 과잉정신화(혹은 타인의 의도에 대한 과잉귀인)와 관계가 있지만, 대인관계적 요소는 과소정신화(혹은 과소귀인)와 관계가 있는 것으로 밝혀졌다. 그러므로 많은 사회인지 및 대인관계적 측면은 생애 초기의 정신병질의 발달과 관계가 있다.

청소년의 품행장애와 정신병질과 함께 연구된 관련 특질은 자기애이다. 자기애성 성격장애의 기원에 대해 조사한 연구는 거의 없으나, 자기애의 차원적 특질에 대한 관심이 늘고 있다. 이 특질은 "타인으로부터 관심과 찬사를 얻기 위한 강한 욕구와 결합된 과대성과 관계가 있다."(Thomaes, Brummelman, Reijintjes, & Bushman, 2013, p.22). 이 특질의 개인차는 적어도 후기 아동기에는 평가 가능하다(Barry, Frick, & Killian, 2003; Thomaes et al., 2008). 청소년의 자기애는 타인에 대해 강한 조종 및 공감의 부족, 자아존중감 조절의 어려움, 그리고 타인의 평가에 집착하는 것과 관계가 있다(Thomas et al., 2013;

Weise & Tuber, 2014). 이 자기애의 측면은 자기애적 청소년이 또래들과 상호작용하는 방식을 통해 나타난다. 특히 자기애는 횡적으로는 대면 또는 인터넷상의 신체적·언어적·관계적 공격성과 관계가 있고, 반사회성 행동 및 비행행동과도 관계가 있다. 이러한 공격성 문제는 청소년의 자기 견해가 위협받을 때 더 악화된다(Thomas et al., 2013). 공격적인 젊은 청소년 중에서 자기애적인 경우 공격성의 안정성이 더 큰 것으로 나타났다(Bukowski, Schwartzman, Santo, Bagwell, & Adams, 2009). 그러므로 아동기와 청소년기의 자기애는 많은 문제성 결과와 관련되며, 특히 또래관계 영역과 관련이 크다.

자기애로 이어지는 경로에 대해서는 알려진 것이 거의 없는데, 그 이유는 후기 자기애에 대한 전조를 조사한 장기 연구가 거의 없기 때문이다. 학령전기의 또래관계의 적대감, 부적절한 충동조절, 연극성 성향, 높은 활동수준, 관심의 중심에 있고자 하는 욕구 등의 평가치가 청소년과 초기 성인기의 자기애를 예측하였다(Carlson & Gjerde, 2009). 이런 결과는 후기의 자기애를 이론적으로 예측할 수 있는 초기 지표가 다수 있다는 것을 시사한다. 성인 자기애에 대한 후향적 연구에서 권위주의적이고 방임적인 어머니의 양육이 성인기의 자기애적 특질을 예측하였다(Cramer, 2011). 한 흥미로운 이론(Thomas, Bushman, Orobio de Castro, & Stegge, 2009)에서 이 결과와 함께 접근 경향성을 연결했다. 즉, 접근 경향성이 더 높은 아동이 타인의 찬사와 같은 보상에 의해 더욱 강화되며, 만일 자녀의 특성에 대한 부모의 과대평가와 같은 사회화 문제가 있는 경우 접근 경향 기질이 시간 경과에 따라 자기애적 경향으로 발전된다. 자기애와 청소년의 사회적 행동의 관계를 고려할 때 자기애적 경향으로 이어지는 경로를 탐색하는 것이 중요하다.

C군 장애의 병인론

3개의 C군 성격장애인 회피성 성격장애, 의존성 성격장애, 강박성 성격장애는 DSM-IV와 DSM-5에서 '불안하거나 두려워하는' 성격장애로 설명한다(각각의 주요한 특징은 표 18.1 참조). 한 집단으로서 이 군은 청소년 성격

장애에 관한 연구에서 관심을 가장 적게 받았고, 시간의 경과에 따른 장애의 발달을 탐색한 종단연구도 거의 없다. 그러나 C군 성격장애의 병인에 관한 연구가 부족함에도 불구하고 회피성 성격장애와 강박성 성격장애 둘다 DSM-5 III편의 범주장애 목록에 유지되었다. C군 성격장애의 가능한 전조에 관해 논의하기에 앞서 강박성 성격장애가 다른 C군 성격장애들과 관련성이 적다는 것을 인식하는 것이 중요하다. 회피성 성격장애와 의존성 성격장애는 둘 다 청소년기와 성인기의 심각한 손상과 관련이 있는 반면(Bornsetin, 2012b; Cohen, Crawford, wt al., 2005; Toegersen, 2012), 강박성 성격장애는 청소년과 성인기의 낮은 수준의 손상과 관계가 있다(Cohen, Crawford, et al., 2005; Torgersen, 2012), 강박성 성격장애는 다른 두 성격장애와 유전적·환경적 영향이 다르며 (Kendler et al., 2011; Reichborn-Kjennerud et al., 2007), 모든 성격장애 중에서 가장 높은 장애-특징적인 유전적 영향이 있다(Kendler et al., 2008). 그러므로 강박성 성격장애의 원인은 회피성과 의존성 성격장애의 원인과는 다를 가능성이 있다. 강박성 성격장애와 강박장애의 관계는 복잡한데, 비록 강박성 성격장애와 강박장애가 때로 동반질환으로 나타나지만, 강박성 성격장애가 단순히 더 약한 형태의 강박장애가 아니라는 점 때문이다 (Samuels & Costa, 2012). 오히려 강박성 성격장애는 매우 다양한 불안, 기분, 섭식장애들과 공존한다.

몇몇 선행요인이 회피성 성격장애와 의존성 성격장애의 발달과 관련이 있다. 첫째, C군 성격장애와 우울증과 불안을 관련짓는 이전의 연구를 고려할 때, 청소년과 성인에게 내재화 장애를 발병시키는 데 선행하는 기질과 성격 특질이 C군 성격장애의 발병과 관계가 있다. 높은 부정적 정서성은 청소년과 성인의 모든 내재화 장애의 발병을 예측하며, 빈약한 주의 통제력 등의 부족도 예측 요인이다(Klein, Dyson, Kujawa, & Kotov, 2012). 이 연구와 일관되게 높은 사회적 위축 수준의 경로가 드러난 아동에서 높은 수준의 분노와 낮은 수준의 주의 통제력이 관찰되었다(Eggum et al., 2009). 또한 새로운 상황에서 두려움과 위축으로 반응하는 경향인 행동억제는 청소

년의 몇몇 불안장애의 발병과 관계가 있고(Klein et al., 2012), 회피성 성격장애와 의존성 성격장애의 발병과도 관계가 있다. 둘째, 앞서 언급한 여러 가족요인이 청소년기와 성인기에 C군 성격장애의 발병을 예측한다. 셋째, 또래관계도 심각한 영향요인이다. 한 회고적 연구에서 생애 초기에 약한 운동 수행능력, 취미활동의 부족 및 또래에게 인기 부족 등을 보고한 경우 성인의 회피성 성격장애와 관련이 있었다(Rettew et al., 2003). 아동기와 청소년기의 긍정적인 성취 및 대인관계 경험은 청소년기부터 성인기까지의 회피성 성격장애 증상의 개선을 예측했다(Skodol, Bender, et al., 2008). 또한 의존성 특질은 아동기에 또래에게 인기 없는 것과 부정적 인식, 그리고 청소년기의 외로움 및 또래거부와 관계가 있다(Bornstein, 2012a). 마지막으로 강박성 성격장애의 원인이 제대로 밝혀지지 않았으나, 강박행동의 병리적 특질(높은 양심의 부정적인 극단)은 특히 청소년기와 성인기의 강박성 성격장애와 관계가 있다(Aeletrman, Decuyper, & De Fruyt, 2010). 그러므로 청소년의 이 특질에 대한 더 많은 연구를 통해 성인기 강박성 성격장애에 대해 더 깊이 이해할 수 있다.

결론 및 후속연구를 위한 권고

지난 20여 년간의 연구결과 청소년기에 성격장애가 존재하며 연구와 임상적 관심 모두가 필요하다는 것이 분명해졌다. 청소년의 약 10%가 적어도 한 가지 성격장애 준거를 충족할 만큼 초기 청소년기에 성격장애가 상당히 많다. 비록 청소년에 대한 성격장애 진단 여부는 논란의 여지가 있지만, 성인기보다는 크게 안정적이지는 않더라도 청소년기 증상과 특질이 중등도에서 심각한 수준까지 안정적이다. 청소년의 성격장애는 잠재적인 고위험행동, 다른 정신장애의 발현, 그리고 삶의 중요한 영역에서의 손상(예 : 학업성취, 대인관계, 일) 등의 발달의 위험요인으로 이어진다. 18세 이하인 경우 성격장애의 진단을 하지 못하게 막으면, 성격병리가 있는 청소년은 부정확한 치료를 받거나 필요한 치료를 받지 못할 수 있다(Shiner,

2007).

비록 지난 20여 년에 걸쳐 청소년의 성격장애 연구가 상당이 진보되었다고 하지만 성격장애의 특성과 경과에 대해 밝혀야 할 것이 많다. 성격장애는 아동기와 청소년기의 다른 정신장애에 비해 상대적으로 연구가 미비하다. 다음 절에서는 두 가지 일반적인 연구 영역 청소년의 성격장애 평가와 징후, 시간 경과에 따른 성격장애의 발달에 초점을 두고 후속연구에 대해 제안할 것이다.

아동기와 청소년기의 성격장애 평가와 징후

어떤 주목할 만한 예외(예 : 반사회성 성격장애)는 있으나 DSM 체계에서는 아동기 이후 나타나는 성인 성격장애에 대한 아동기 선행사건에 대한 고려가 거의 없고, 이 때문에 성격장애로 이어지는 경로에 대한 연구가 상대적으로 부족하다. 또한 청소년기에는 성격장애가 드물다는 관점과 성격장애 증상이 청소년기에는 정상적이라는 서로 모순된 견해로 인해 결과적으로 DSM 체계에서 행동, 인지 및 정서의 상대적인 지속적 양상을 포함하여 아동기와 청소년기의 성격장애가 어떻게 다른 아동기 장애와 관계가 되는지 고려하지 못하게 만들었다(Ashton, 2007; De Fruyt & De Clercq, 2012). 예를 들면 적대적 반항장애는 적대적·반항적·부정적 행동의 일관된 양상을 포함한다. 이러한 지속적 양상은 병리적 성격의 표현으로 간주되는 문제성 양상을 설명할 수 있다. 이와 유사하게 아동기 불안장애, 특히 사회불안장애(사회공포증)는 아동기와 청소년기의 회피성 성격장애 증상과 상당 부분 중첩된다. 그뿐만 아니라 정상성 가설 — 종종 초기 성격장애에 대한 연구 의욕을 꺾는 — 과는 반대로 최근의 연구결과 성격장애 유병률이 크게 높아지는 발달 동안의 정신병리가 청소년 성격병리와 강력한 연관성이 있다(Takett et al., 출판 중). 즉, '정상적' 기간으로부터 임상적, 경험적 주의를 벗어나 정밀한 조사가 필요한 기간에 대한 관심에 초점을 둘 수 있다. 아동기와 청소년기 성격장애와 청소년의 다른 장애(예 : ADHD, 자폐스펙트럼장애)와의 관계에 대한 추가 연구가 필요하다.

성격장애 진단의 범주적 정의를 넘어서 성격장애를

진단하는 새로운 대안적인 모델이 향후 연구를 위한 중요한 목표이며, 아동과 청소년에 대한 발달적 연구에 매우 적합하다. 이 모델의 신뢰도, 타당도 및 임상적 유용성을 검증하기 위한 더 많은 경험적 연구가 필요하다. 이 모델이 성인표본에 초점을 둔 경험적 연구결과라는 점을 고려할 때, 특히 아동과 청소년 인구에 사용하기 위해서는 더 필요하다. 그러나 발달적 관점에서 이 모델은 잠재적으로 유망하다. 이 모델은 앞에서 성격 특질, 애착, 사회인지 기제, 대처방식 및 정체감 등이 청소년기 성격장애와 관련된 문제라는 결과를 통합할 수 있으며, 동일한 경과가 성인 성격장애의 발달에 인과적 역할을 한다. 손상의 정의는 특별히 애착, 다른 정신적 표상과 정체감의 손상을 설명할 수 있고, 청소년기의 병리적 성격 특질을 형성하는 이런 특질에 관한 필요조건을 설명할 수 있다. 후속연구가 청소년의 성격장애를 진단하기 위한 이 모델의 유용성을 밝히는 데 기여할 것이다. 청소년의 병리적 특질 영역과 장애 영역 둘 다에 대해 집중적인 조사가 필요하다.

장애가 있는 성격으로 이어지는 발달경로

현재 생애 초기 20년 동안 성격병리의 발현으로 이어지는 발달경로에 관한 연구의 정보가 부족하다. 성격장애로 이어지는 발달경로를 추적하는 후향적 종단연구가 절실히 필요하다. 성격장애에 관한 한 가지 후향적 종단연구 — 지역사회 아동조사연구 — 가 성격장애 발달에 대한 현존하는 지식에 지대한 공헌을 했는데, 이 장에서 개관한 결과들의 기초를 제공하였다. 이 연구결과를 토대로 정상적인 성격발달에 관한 지식과 다양한 성격차의 평가, 그리고 환경의 여러 측면에 대한 평가 등을 고려함으로써 성격장애 발달에 관한 새로운 종단연구를 진행할 수 있다. 행동유전학 또는 분자유전학 방법을 적용한 연구가 성격장애의 개인차의 원인을 밝히는 데 특히 유용할 것이다. 또한 성격장애의 발달에 좀 더 이른 초기 징후와 영향요인을 정확히 찾아내기 위해 보다 초기 아동기에 연구를 시작하는 것이 매우 유용하다. 이 장에서 검토한 대부분의 연구는 아동기에 대해서는 잘 이해되지

못한 채로 청소년기의 성격병리에 초점을 두었다. 더 나아가 비록 청소년기가 성격병리가 지속되기 시작하는 결정적 시기를 반영하기는 해도, 청소년기 이전에 대해 연구하지 않으면 성격장애의 기원을 이해하기 어렵다. 반복적인 평가를 통해 연구하면 시간 경과에 따른 청소년과 환경 간의 교류작용을 보다 잘 파악할 수 있게 된다. 또한 잘 고안된 연구는 시간 경과에 따른 유병률, 성차, 사회경제적 집단 · 민족 · 인종 및 문화에 걸친 차이, 성격장애 내의 공존율 등 청소년 성격장애에 관한 근본적인 역학적 질문을 해결할 수 있을 것이다.

향후 연구에서 성격병리의 발달에 대한 환경적 요인을 조사하는 것은 특히 중요하다. 성격 특질(Shiner, 2014), 성격적 적응(Pomerantz & Thompson, 2008), 그리고 개인적 이야기(McAdams, 2008)와 관련해서 이미 성격발달에 환경이 어떤 방식으로 기여하는지에 대해 상당이 많이 알게 되었다. 이 연구로부터 얻은 통찰은 성격병리에 대한 상황적 요인을 조사하는 새로운 종단연구로 통합될 수 있다. 극심한 역경(심각한 빈곤을 포함하여)은 아동의 자기조절 능력의 발현을 포함한 성격발달에 부정적인 영향을 미칠 수 있다(Hart, Atkins, & Matsuba, 2008). 비록 실제 생활상황의 맥락 속에서 성격발달을 연구한 몇몇 연구가 있지만 이민, 전쟁, 폭력, 질병 및 학대 등 아동 삶에서 기타 중요한 사회, 문화 및 세계적 변화에 대해서는 상대적으로 관심이 거의 없었다(Belfer, 2008). 이 대규모 사회적 변화는 건강한 성격 및 건강하지 못한 성격발달 모두에 결정적 역할을 할 것이다.

청소년의 성격장애 발달경로에서 동일 결과론과 다중 결과론 둘 다 확실하다. 성격장애에 적용될 때 동일 결과론의 원칙이 각기 다른 결과가 유사한 성격병리 양상으로 이어지는지 탐색하는 것은 매우 중요성하다. 이미 언급한 바와 같이 비록 초기의 가족 역경이 성격병리의 발달에 심각한 위험을 야기하지만, 성격장애가 있는 모든 청소년의 개인사에 초기 외상과 학대가 있었던 것은 아니다. 이와 대조적으로 일부 청소년은 일반적으로 '좋은' 환경(예 : Zanarini & Frankenburg, 2007)의 효과를 압도하는 초기의 극한 특질로 인해 어려움을 겪을 수 있

다. 요약하면 어떤 경로에서는 기질이 보다 중심적 역할을 하는 반면, 또 다른 경우 외상이나 역경이 보다 중심적이라는 것을 인식하는 것이 중요하다(Nigg, Silk, Stavro, & Miller, 2005).

이와 함께 유사한 결과를 보이는 청소년도 성격장애의 발달에 대한 시간에 따른 경과가 다양하다. 어떤 청소년은 경로가 더 연속적이고 직선적 관계이다. 예를 들어 기질적으로 적대감과 충동성에 취약한 아동은 점점 더 심하게 화를 내고 이런 부정적 특질의 발달에 기여하는 경험을 점차 더 많이 하게 된다. 반대로 어떤 청소년은 보다 급작스럽고, 비직선적 경과를 보인다. 이 종류의 경로에서는 취약한 청소년이 자기 성격이 갑자기 변하는 경험과 직면하게 된다. 향후 연구에서 이런 다양한 경과의 가능성을 인식하는 것이 중요하다.

최근 몇 년간 청소년의 성격장애에 대한 이해가 급속히 발전되었다. 아동과 청소년기 성격장애에 대한 새로운 지식이 급증하여 청소년을 위한 임상현장에서 점점 더 긍정적인 영향을 미치기 바란다.

참고문헌

Aelterman, N., Decuyper, M., & De Fruyt, F. (2010). Understanding obsessive–compulsive personality disorder in adolescence: A dimensional personality perspective. *Journal of Psychopathology and Behavioral Assessment, 32*, 467–478.

Afifi, T. O., Mathew, A., Boman, J., Fleisher, W., Enns, M. W., MacMillan, H., et al. (2011). Childhood adversity and personality disorders: Results from a nationally representative population-based study. *Journal of Psychiatry Research, 45*, 814–822.

American Psychiatric Association (APA). (1952). *Diagnostic and statistical manual of mental disorders.* Washington, DC: Author.

American Psychiatric Association (APA). (1968). *Diagnostic and statistical manual of mental disorders* (2nd ed.). Washington, DC: Author.

American Psychiatric Association (APA). (1980). *Diagnostic and statistical manual of mental disorders* (3rd ed.). Washington, DC: Author.

American Psychiatric Association (APA). (1987). *Diagnostic and statistical manual of mental disorders* (3rd ed., rev.). Washington, DC: Author.

American Psychiatric Association (APA). (1994). *Diagnostic and statistical manual of mental disorders* (4th ed.). Washington, DC: Author.

American Psychiatric Association (APA). (2000). *Diagnostic and statistical manual of mental disorders* (4th ed., text rev.). Washington, DC: Author.

American Psychiatric Association (APA). (2012). American Psychiatric Association Board of Trustees approves DSM-5 diagnostic manual, passes major milestone before May 2013 publication [Press release]. Retrieved from *www.psychiatry.org/advocacy—newsroom/newsroom/current-news*

American Psychiatric Association (APA). (2013). *Diagnostic and statistical manual of mental disorders* (5th ed.). Arlington, VA: Author.

Anglin, D. M., Cohen, P. R., & Chen, H. (2008). Duration of early maternal separation and prediction of schizotypal symptoms from early adolescence to midlife. *Schizophrenia Research, 103*, 143–150.

Anglin, D. M., Corcoran, C. M., Brown, A. S., Chen, H., Lighty, Q., Brook, J. S., et al. (2012). Early cannabis use and schizotypal personality disorder symptoms from adolescence to middle adulthood. *Schizophrenia Research, 137*, 45–49.

Arnett, J. J. (1999). Adolescent storm and stress, reconsidered. *American Psychologist, 54*, 317–326.

Ashton, M. C. (2007). *Individual differences and personality.* Burlington, MA: Elsevier Academic Press.

Barry, C. T., Frick, P. J., & Killian, A. L. (2003). The relation of narcissism and self-esteem to conduct problems in children: A preliminary investigation. *Journal of Clinical Child and Adolescent Psychology, 32*, 139–152.

Bates, J. E., Schermerhorn, A. C., & Petersen, I. T. (2012), Temperament and parenting in developmental perspective. In M. Zentner & R. L. Shiner (Eds.), *Handbook of temperament* (pp. 425–441). New York: Guilford Press.

Battle, C. L., Shea, T., Johnson, D. M., Yen, S., Zlotnick, C., Zanarini, M. C., et al. (2004). Childhood maltreatment associated with adult personality disorders: Findings from the Collaborative Longitudinal Personality Disorders Study. *Journal of Personality Disorders, 18*, 193–211.

Becker, D. F., Grilo, C. M., Edell, W. S., & McGlashan, T. H. (2000). Comorbidity of borderline personality disorder with other personality disorders in hospitalized adolescents and adults. *American Journal of Psychiatry, 157*, 2011–2016.

Belfer, M. L. (2008). Child and adolescent mental disorders: The magnitude of the problem across the globe. *Journal of Child Psychology and Psychiatry, 49*, 226–236.

Belsky, D. W., Caspi, A., Arseneault, L., Bleidorn, W., Fonagy, P., Goodman, M., et al. (2012). Etiological features of borderline personality related characteristics in a birth cohort of 12-year-old children. *Development and Psychopathology, 24*, 251–265.

Bender, D. S., Morey, L. C., & Skodol, A. E. (2011). Toward a model for assessing level of personality functioning in DSM-5: Part I. A review of theory and methods. *Journal of Personality Assessment, 93*, 332–346.

Bernstein, D. P., Cohen, P., Skodol, A., Bezirganian, S., & Brook, J. S. (1996). Childhood antecedents of adolescent personality disorders. *American Journal of Psychiatry, 153*, 907–913.

Bernstein, D. P., Cohen, P., Velez, C. N., Schwab-Stone, M., Siever, L. J., & Shinsato, L. (1993). Prevalence and stability of the DSM-III-R personality disorders in a community-based survey of adolescents. *American Journal of Psychiatry, 150*, 1237–1243.

Biskin, R. S., & Paris, J. (Eds.). (2013). Personality disorders in adolescence. [Special issue]. *Journal of the Canadian Academy of Child and Adolescent Psychiatry, 22*(3).

Blair, R. J. R. (2010). A cognitive neuroscience perspective on child and adolescent psychopathy. In R. T. Salekin & D. R. Lynam (Eds.), *Handbook of child and adolescent psychopathy* (pp. 156–178). New York: Guilford Press.

Blair, R. J. R., Peschardt, K. S., Budhani, S., Mitchell, D. G. V., & Pine, D. S. (2006). The development of psychopathy. *Journal of Child Psychology and Psychiatry, 47*, 262–275.

Bornovalova, M. A., Hicks, B. M., Iacono, W. G., & McGue, M. (2013). Longitudinal twin study of borderline personality disorder traits and substance use in adolescence: Developmental change, reciprocal effects, and genetic and environmental influences. *Personality Disorders: Theory, Research, and Treatment, 4*, 23–32.

Bornstein, R. F. (2012a). From dysfunction to adaptation: An interactionist model of dependency. *Annual Review of Clinical Psychology, 8*, 291–316.

Bornstein, R. F. (2012b). Illuminating a neglected clinical issue: Societal costs of interpersonal dependency and dependent personality disorder. *Journal of Clinical Psychology, 68*, 766–781.

Bradley, B., Westen, D., Mercer, K. B., Binder, E. B., Jovanovic, T., Crain, D., et al. (2011). Association between childhood maltreatment and adult emotional dysregulation in a low-income, urban, African American sample: Moderation by oxytocin receptor gene. *Development and Psychopathology, 23*, 439–452.

Bradley, R., Conklin, C. Z., & Westen, D. (2005). The borderline personality disorder diagnosis in adolescence: Gender differences and subtypes. *Journal of Child Psychology and Psychiatry, 46*, 1006–1019.

Brent, D. A., Johnson, B. A., Perper, J., & Connolly, J. (1994). Personality disorder, personality traits, impulsive violence, and completed suicide in adolescents. *Journal of the American Academy of Child and Adolescent Psychiatry, 33*, 1080–1086.

Bukowski, W. M., Schwartzman, A., Santo, J., Bagwell, C., & Adams, R. (2009). Reactivity and distortions in the self: Narcissism, types of aggression, and the functioning of the hypothalamic–pituitary–adrenal axis during early adolescence. *Development and Psychopathology, 21*, 1249–1262.

Burke, J. D., & Stepp, S. D. (2012). Adolescent disruptive behavior and borderline personality disorder symptoms in young adult men. *Journal of Abnormal Child Psychology,*

40, 35–44.

Burt, S. A. (2012). How do we optimally conceptualize the heterogeneity within antisocial behavior?: An argument for aggressive versus non-aggressive behavioral dimensions. *Clinical Psychology Review, 32*, 263–279.

Burt, S. A., Donnellan, M. B., Iacono, W. G., & McGue, M. (2011). Age-of-onset or behavioral sub-types?: A prospective comparison of two approaches to characterizing the heterogeneity within antisocial behavior. *Journal of Abnormal Child Psychology, 39*, 633–644.

Cannon, T. D., Cadenhead, K., Cornblatt, B., Woods, S. W., Addington, J., Walker, E., et al. (2008). Prediction of psychosis in youth at high clinical risk: A multisite longitudinal study in North America. *Archives of General Psychiatry, 65*, 28–37.

Carlson, E. A., Egeland, B., & Sroufe, L. A. (2009). A prospective investigation of the development of borderline personality symptoms. *Development and Psychopathology, 21*, 1311–1334.

Carlson, K. S., & Gjerde, P. F. (2009). Preschool personality antecedents of narcissism in adolescence and young adulthood: A 20-year longitudinal study. *Journal of Research in Personality, 43*, 570–578.

Caspi, A., & Shiner, R. L. (2006). Personality development. In W. Damon & R. Lerner (Series Eds.) & N. Eisenberg (Vol. Ed.), *Handbook of child psychology: Vol. 3. Social, emotional, and personality development* (6th ed., pp. 300–365). Hoboken, NJ: Wiley.

Chanen, A. M., Jackson, H. J., McGorry, P. D., Allot, K. A., Clarkson, V., & Yuen, H. P. (2004). Two-year stability of personality disorder in older adolescent outpatients. *Journal of Personality Disorders, 18*, 526–541.

Chanen, A. M., Jovev, M., Djaja, D., McDougall, E., Yuen, H. P., Rawlings, D., et al. (2008). Screening for borderline personality disorder in outpatient youth. *Journal of Personality Disorders, 22*, 353–364.

Chanen, A. M., Jovev, M., McCutcheon, L. K., Jackson, H. J., & McGorry, P. D. (2008). Borderline personality disorder in young people and the prospects for prevention and early intervention. *Current Psychiatry Reviews, 4*, 48–57.

Chanen, A. M., & McCutcheon, L. K. (2008). Complex case. Personality disorder in adolescence: The diagnosis that dare not speak its name. *Personality and Mental Health, 2*, 35–51.

Chanen, A. M., Velakoulis, D., Carison, K., Gaunson, K., Wood, S. J. Yuen, H. P., et al. (2008). Orbitofrontal, amygdala, and hippocampal volumes in teenagers with first-presentation borderline personality disorder. *Psychiatry Research: Neuroimaging, 163*, 116–125.

Chen, H., Cohen, P., Crawford, T. N., Kasen, S., Johnson, J. G., & Berenson, K. (2006). Relative impact of young adult personality disorders on subsequent quality of life: Findings of a community-based longitudinal study. *Journal of Personality Disorders, 20*, 510–523.

Chen, H., Cohen, P., Johnson, J. G., Kasen, S., Sneed, J. R., & Crawford, T. N. (2004). Adolescent personality disorders and conflict with romantic partners during the transition to adulthood. *Journal of Personality Disorders, 18*, 507–525.

Cicchetti, D. (1993). Developmental psychopathology: Reactions, reflections, projections. *Developmental Review, 13*, 471–502.

Cicchetti, D. (2013). An overview of developmental psychopathology. In P. Zelazo (Ed.), *Oxford handbook of developmental psychology* (pp. 455–480). New York: Oxford University Press.

Cicchetti, D., & Crick, N. R. (2009). Precursors and diverse pathways to personality disorder in children and adolescents. *Development and Psychopathology, 21*, 683–685.

Cicchetti, D., & Rogosch, F. A. (1996). Equifinality and multifinality in development. *Development and Psychopathology, 8*, 597–600.

Clark, L. A. (2005). Temperament as a unifying basis for personality and psychopathology. *Journal of Abnormal Psychology, 114*, 505–521.

Clark, L. A. (2007). Assessment and diagnosis of personality disorder: Perennial issues and emerging conceptualization. *Annual Review of Psychology, 58*, 227–257.

Clark, L. A. (2009). Stability and change in personality disorder. *Current Directions in Psychological Science, 18*, 27–31.

Clark, L. A., Livesley, W. J., & Morey, L. (1997). Personality disorder assessment: The challenge of construct validity. *Journal of Personality Disorders, 11*, 205–231.

Clark, L. A., Simms, L. J., Wu, K. D., & Casillas, A. (2011). *Manual for the Schedule for Nonadaptive and Adaptive Personality–2 (SNAP-2)*. Minneapolis: University of Minnesota Press.

Cloninger, C. R. (2005). Genetics. In J. M. Oldham, A. E. Skodol, & D. S. Bender (Eds.), *The American Psychiatric Publishing textbook of personality disorders* (pp. 143–154). Washington, DC: American Psychiatric Publishing.

Coghill, D., & Sonuga-Barke, J. S. (2012). Categories versus dimensions in the classification and conceptualization of child and adolescent mental disorders—implications of recent empirical study. *Journal of Child Psychology and Psychiatry, 53*, 469–489.

Cohen, P., Chen, H., Crawford, T. N., Brook, J. S., & Gordon, K. (2007). Personality disorders in early adolescence and the development of later substance use disorders in the general population. *Drug and Alcohol Dependence, 88S*, S71–S84.

Cohen, P., Chen, H., Gordon, K., Johnson, J. G., Brook, J., & Kasen, S. (2008). Socioeconomic background and the developmental course of schizotypal and borderline personality disorder symptoms. *Development and Psychopathology, 20*, 633–650.

Cohen, P., Chen, H., Kasen, S., Johnson, J. G., Crawford, T., & Gordon, K. (2005). Adolescent Cluster A personality disorder symptoms, role assumption in the transition to adulthood, and resolution or persistence of symptoms. *Development and Psychopathology, 17*, 549–568.

Cohen, P., Crawford, T. N., Johnson, J. G., & Kasen, S. (2005). The Children in the Community study of developmental course of personality disorder. *Journal of Personality Disorders, 19*, 466–486.

Conger, R. D., & Donnellan, M. B. (2007). An interactionist perspective on the socioeconomic context of human development. *Annual Review of Psychology, 58*, 175–199.

Coolidge, F. L., Thede, L. L., & Jang, K. L. (2001). Heritability of personality disorders in childhood: A preliminary investigation. *Journal of Personality Disorders, 15*, 33–40.

Cooper, L. D., Balsis, S., & Oltmanns, T. F. (2014). A longitudinal analysis of personality disorder dimensions and personality traits in a community sample of older adults: Perspectives from selves and informants. *Journal of Personality Disorders, 28*, 151–165.

Correll, C., Smith, C., Auther, A., McLaughlin, D., Shah, M., Foley, C., et al. (2008). Predictors of remission, schizophrenia, and bipolar disorder in adolescents with brief psychotic disorder or psychotic disorder not otherwise specified considered at very high risk for schizophrenia. *Journal of Child and Adolescent Psychopharmacology, 18*, 475–490.

Cramer, P. (2008). Seven pillars of defense mechanism theory. *Social and Personality Psychology Compass, 2*, 1963–1981.

Cramer, P. (2011). Young adult narcissism: A 20-year longitudinal study of the contribution of parenting styles, preschool precursors of narcissism, and denial. *Journal of Research in Personality, 45*, 19–28.

Crawford, T. N., Cohen, P., First, M. B., Skodol, A. E., Johnson, J. G., & Kasen, S. (2008). Comorbid Axis I and Axis II disorders in early adolescence: Outcomes 20 years later. *Archives in General Psychiatry, 65*, 641–648.

Crawford, T. N., Cohen, P., Johnson, J. G., Kasen, S., First, M. B., Gordon, K., et al. (2005). Self-reported personality disorder in the Children in the Community sample: Convergent and prospective validity in late adolescence and adulthood. *Journal of Personality Disorders, 19*, 30–52.

Crawford, T. N., Cohen, P., Johnson, J. G., & Sneed, J. R. (2004). The course and psychosocial correlates of personality disorder symptoms in adolescence: Erikson's developmental theory revisited. *Journal of Youth and Adolescence, 33*, 373–387.

Crawford, T. N., Shaver, P. R., Cohen, P., Pilkonis, P. A., Gillath, O., & Kasen, S. (2006). Self-reported attachment, interpersonal aggression, and personality disorder in a prospective community sample of adolescents and adults. *Journal of Personality Disorders, 20*, 331–351.

Crick, N. R., Murray-Close, D., & Woods, K. (2005). Borderline personality features in childhood: A short-term longitudinal study. *Development and Psychopathology, 17*, 1051–1070.

Crowell, S. E., Beauchaine, T. P., & Linehan, M. M. (2009). A biosocial developmental model of borderline personality: Elaborating and extending Linehan's theory. *Psychological Bulletin, 135*, 495–510.

Crowell, S. E., Beauchaine, T. P., McCauley, E., Smith, C. J., Stevens, A. L., & Sylvers, P. (2005). Psychological, autonomic, and serotonergic correlates of parasuicide among adolescent girls. *Development and Psychopathology, 17,* 1105–1127.

Daley, S. E., Hammen, C., Burge, D., Davila, J., Paley, B., Lindberg, N., et al. (1999). Depression and Axis II symptomatology in an adolescent community sample: Concurrent and longitudinal associations. *Journal of Personality Disorders, 13,* 47–59.

Daley, S. E., Hammen, C., Davila, J., & Burge, D. (1998). Axis II symptomatology, depression, and life stress during the transition from adolescence to adulthood. *Journal of Consulting and Clinical Psychology, 66,* 595–603.

Dawel, A., O'Kearney, R., McKone, E., & Palermo, R. (2012). Not just fear and sadness: Meta-analytic evidence of pervasive emotion recognition deficits for facial and vocal expressions in psychopathy. *Neuroscience and Biobehavioral Reviews, 36,* 2288–2304.

Deater-Deckard, K. (2013). The social environment and the development of psychopathology. In P. Zelazo (Ed.), *Oxford handbook of developmental psychology* (pp. 527–548). New York: Oxford University Press.

De Clercq, B., & De Fruyt, F. (2003). Personality disorder symptoms in adolescence: A five-factor model perspective. *Journal of Personality Disorders, 17,* 269–292.

De Clercq, B., & De Fruyt, F. (2012). A five-factor model framework for understanding childhood personality disorder antecedents. *Journal of Personality, 80,* 1533–1563.

De Clercq, B., De Fruyt, F., & Van Leeuwen, K. (2004). A "Little Five" lexically based perspective on personality disorder symptoms in adolescence. *Journal of Personality Disorders, 18,* 479–499.

De Clercq, B., De Fruyt, F., Van Leeuwen, K., & Mervielde, I. (2006). The structure of maladaptive personality traits in childhood: A step toward an integrative developmental perspective for DSM-V. *Journal of Abnormal Psychology, 115,* 639–657.

De Clercq, B., De Fruyt, F., & Widiger, T. A. (2009). Integrating a developmental perspective in dimensional models of personality disorders. *Clinical Psychology Review, 29,* 154–162.

De Clercq, B., Van Leeuwen, K., Van Den Noortgate, W., De Bolle, M., & De Fruyt, F. (2009). Childhood personality pathology: Dimensional stability and change. *Development and Psychopathology, 21,* 853–869.

Decuyper, M., De Bolle, M., De Fruyt, F., & De Clercq, B. (2011). General and maladaptive personality dimensions and the assessment of callous–unemotional traits in adolescence. *Journal of Personality Disorders, 25,* 681–701.

Decuyper, M., De Clercq, B., De Bolle, M., & De Fruyt, F. (2009). Validation of FFM PD counts for screening personality pathology and psychopathology in adolescence. *Journal of Personality Disorders, 23,* 587–605.

DeFife, J. A., Goldberg, M. G., & Westen, D. (in press). Dimensional assessment of self and interpersonal functioning in adolescents: Implications for DSM-5's general definition of PD. *Journal of Personality Disorders.*

DeFife, J. A., & Ritschel, L. A. (Eds.). (2013). Special series on personality disorders in adolescence. [Special issue]. *Clinical Psychology: Science and Practice, 20*(4).

De Fruyt, F., & De Clercq, B. (2012). Childhood antecedents of personality disorders. In T. A. Widiger (Ed.), *Oxford handbook of personality disorders* (pp. 166–185). New York: Oxford University Press.

De Fruyt, F., & De Clercq, B. (2013). Childhood antecedents of personality disorder: A five-factor model perspective. In T. A. Widiger & P. T. Costa Jr. (Eds.), *Personality disorders and the five-factor model of personality* (3rd ed., pp. 43–60). Washington, DC: American Psychological Association.

De Pauw, S. S. W., Mervielde, I., & Van Leeuwen, K. G. (2009). How are traits related to problem behavior in preschool children?: Similarities and contrasts between temperament and personality. *Journal of Abnormal Child Psychology, 37,* 309–325.

Digman, J. M., & Shmelyov, A. G. (1996). The structure of temperament and personality in Russian children. *Journal of Personality and Social Psychology, 71,* 341–351.

Eaton, N. R., Krueger, R. F., Keyes, K. M., Skodol, A. E., Markon, K. E., Grant, B. F., et al. (2011). Borderline personality disorder comorbidity: Relationship to the internalizing–externalizing structure of common mental disorders. *Psychological Medicine, 41,* 1041–1050.

Ehrensaft, M. K., Cohen, P., & Johnson, J. G. (2006). Development of personality disorder symptoms and the risk for partner violence. *Journal of Abnormal Psychology, 115,* 474–483.

Eggum, N. D., Eisenberg, N., Spinrad, T. L., Valiente, C., Edwards, A., Kupfer, A. S., et al. (2009). Predictors of withdrawal: Possible precursors of avoidant personality disorder. *Development and Psychopathology, 21,* 815–838.

Elliott, T., Tyrer, P., Horwood, J., & Fergusson, D. (2011). Assessment of abnormal personality in childhood: A Delphi survey of questionnaire data. *Journal of Personality Disorders, 25,* 89–100.

Ellis, L. K., & Rothbart, M. K. (2001, April). *Revision of the Early Adolescent Temperament Questionnaire.* Poster presented at the biennial meeting of the Society for Research in Child Development, Minneapolis, MN.

Esterberg, M. L., Goulding, S. M., & Walker, E. F. (2010). Cluster A personality disorders: Schizotypal, schizoid, and paranoid personality disorders in childhood and adolescence. *Journal of Psychopathology and Behavioral Assessment, 32,* 515–528.

Evans, G. W., & Kim, P. (2013). Childhood poverty, chronic stress, self-regulation, and coping. *Child Development Perspectives, 7,* 43–48.

Fabes, R., Poulin, R., Eisenberg, N., & Madden-Derdich, D. (2002). The Coping with Children's Negative Emotions Scale (CCNES): Psychometric properties and relations with children's emotional competence. *Marriage and*

Family Review, 34, 285–310.

Fanous, A., Neale, M., Gardner, C., Webb, B., Straub, R., O'Neill, F., et al. (2007). Significant correlation in linkage signals from genome-wide scans of schizophrenia and schizotypy. *Molecular Psychiatry, 12*, 958–965.

Feenstra, D. J., Busschbach, J. J. V., Verheul, R., & Hutsebaut, J. (2011). Prevalence and cormorbidity of Axis I and Axis II disorders among treatment refractory adolescents admitted for specialized psychotherapy. *Journal of Personality Disorders, 25*, 842–850.

Feenstra, D. J., Hutsebaut, J., Laurenssen, E. M. P., Verheul, R., Busschbach, J. J. V., & Soeteman, D. I. (2012). The burden of disease among adolescents with personality pathology: Quality of life and costs. *Journal of Personality Disorders, 26*, 593–604.

Feenstra, D. J., Hutsebaut, J., Verheul, R., & van Limbeek, J. (2014). Changes in the identity integration of adolescents in treatment for personality disorders. *Journal of Personality Disorders, 28*, 101–112.

Feiring, C., Cleland, C. M., & Simon, V. A. (2010). Abuse-specific self-schemas and self-functioning: A prospective study of sexually abused youth. *Journal of Clinical Child and Adolescent Psychology, 39*, 35–50.

Ferguson, C. J. (2010). A meta-analysis of normal and disordered personality across the life span. *Journal of Personality and Social Psychology, 98*, 659–667.

Fivush, R., Haden, C. A., & Reese, E. (2006). Elaborating on elaborations: Role of maternal reminiscing style in cognitive and socioemotional development. *Child Development, 77*, 1568–1588.

Fonagy, P., & Bateman, A. (2008). The development of borderline personality disorder: A mentalizing model. *Journal of Personality Disorders, 22*, 4–21.

Forsman, M., Lichtenstein, P., Andershed, H., & Larsson, H. (2008). Genetic effects explain the stability of psychopathic personality from mid- to late adolescence. *Journal of Abnormal Psychology, 117*, 606–617.

Fraley, R. C., & Shaver, P. R. (2008). Attachment theory and its place in contemporary personality theory and research. In O. P. John, R. W. Robins, & L. A. Pervin (Eds.), *Handbook of personality: Theory and research* (3rd ed., pp. 518–541). New York: Guilford Press.

Frances, A. J., & Widiger, T. (2012). Psychiatric diagnosis: Lessons from the *DSM-IV* past and cautions for the *DSM-5* future. *Annual Review of Clinical Psychology, 8*, 109–130.

Freeman, A., & Reinecke, M. A. (2007). *Personality disorders in childhood and adolescence*. Hoboken, NJ: Wiley.

Freeman, A., & Rigby, A. (2003). Personality disorders among children and adolescents: Is it an unlikely diagnosis? In M. A. Reinecke, F. M. Dattilio, & A. Freeman (Eds.), *Cognitive therapy with children and adolescents: A casebook for clinical practice* (2nd ed., pp. 434–464). New York: Guilford Press.

Frick, P. J., Bodin, S. D., & Barry, C. T. (2000). Psychopathic traits and conduct problems in community and clinic-referred samples of children: Further development of the Psychopathy Screening Device. *Psychological Assessment, 12*, 382–393.

Frick, P. J., & Viding, E. (2009). Antisocial behavior from a developmental psychopathology perspective. *Development and Psychopathology, 21*, 1111–1131.

Frick, P. J., & White, S. F. (2008). The importance of callous–unemotional traits for developmental models of aggressive and antisocial behavior. *Journal of Child Psychology and Psychiatry, 49*, 359–375.

Gelhorn, H. L., Sakai, J. T., Price, R. K., & Crowley, T. J. (2007). DSM-IV conduct disorder criteria as predictors of antisocial personality disorder. *Comprehensive Psychiatry, 48*, 529–538.

Goldberg, L. R. (2001). Analyses of Digman's child-personality data: Derivation of Big-Five factor scores from each of six samples. *Journal of Personality, 69*, 709–743.

Goodwin, R. D., Brook, J. S., & Cohen, P. (2005). Panic attacks and the risk of personality disorder. *Psychological Medicine, 35*, 227–235.

Gratz, K. L., Latzman, R. D., Tull, M. T., Reynolds, E. K., & Lejuez, C. W. (2011). Exploring the association between emotional abuse and childhood borderline personality features: The moderating role of personality traits. *Behavior Therapy, 42*, 493–508.

Gratz, K. L., Tull, M. T., & Gunderson, J. G. (2008). Preliminary data on the relationship between anxiety sensitivity and borderline personality disorder: The role of experiential avoidance. *Journal of Psychiatric Research, 42*, 550–559.

Gratz, K. L., Tull, M. T., Reynolds, E. K., Bagge, C. L., Latzman, R. D., Daughters, S. B., et al. (2009). Extending extant models of the pathogenesis of borderline personality disorder to childhood borderline personality symptoms: The roles of affective dysfunction, disinhibition, and self- and emotion-regulation deficits. *Development and Psychopathology, 21*, 1263–1291.

Greenberg, B. D., Li, Q., Lucas, F. R., Hu, S., Sirota, L. Q., Benjamin, J., et al. (2000). Association between the serotonin transporter promoter polymorphism and personality traits in a primarily female population sample. *American Journal of Medical Genetics, 96*, 202–216.

Grills, A. E., & Ollendick, T. H. (2002). Issues in parent–child agreement: The case of structured diagnostic interviews. *Clinical Child and Family Psychology Review, 5*, 57–83.

Grilo, C. M., & McGlashan, T. H. (2005). Course and outcome of personality disorders. In J. M. Oldham, A. E. Skodol, & D. S. Bender (Eds.), *The American Psychiatric Publishing textbook of personality disorders* (pp. 103–115). Washington, DC: American Psychiatric Publishing.

Grilo, C. M., McGlashan, T. H., Quinlan, D. M., Walker, M. L., Greenfeld, D., & Edell, W. S. (1998). Frequency of personality disorders in two age cohorts of psychiatric inpatients. *American Journal of Psychiatry, 155*, 140–142.

Guzder, J., Paris, J., Zelkowitz, P., & Marchessault, K. (1996). Risk factors for borderline pathology in children. *Journal of the American Academy of Child and Adolescent Psychiatry, 35,* 26–33.

Habermas, T., & de Silveira, C. (2008). The development of global coherence in life narratives across adolescence: Temporal, causal, and thematic aspects. *Developmental Psychology, 44,* 707–721.

Hall, G. S. (1904). *Adolescence: Its psychology and its relation to physiology, anthropology, sociology, sex, crime, religion, and education* (2 vols.). Englewood Cliffs, NJ: Prentice-Hall.

Halverson, C. F., Havill, V. L., Deal, J., Baker, S. R., Victor, J. B., Pavlopoulos, V., et al. (2003). Personality structure as derived from parental ratings of free descriptions of children: The Inventory of Child Individual Differences. *Journal of Personality, 71,* 995–1026.

Hamer, D. H., Greenberg, B. D., Shabol, S. Z., & Murphy, D. L. (1999). Role of the serotonin transporter gene in temperament and character. *Journal of Personality Disorders, 13,* 312–328.

Hans, S. L., Auerbach, J. G., Neuchterlein, K. H., Asarnow, R. F., Asarnow, J., Styr, B., et alJ. (2009). Neurodevelopmental factors associated with schizotypal symptoms among adolescents at risk for schizophrenia. *Development and Psychopathology, 21,* 1195–1210.

Harkness, A. R., & McNulty, J. L. (1994). The Personality Psychopathology Five (PSY-5): Issue from the pages of a diagnostic manual instead of a dictionary. In S. Strack & M. Lorr (Eds.), *Differentiating normal and abnormal personality* (pp. 291–315). New York: Springer.

Hart, D., Atkins, R., & Matsuba, M. K. (2008). The association of neighborhood poverty with personality change in childhood. *Journal of Personality and Social Psychology, 94,* 1048–1061.

Hart, D., & Marmorstein, N. R. (2009). Neighborhoods and genes and everything in between: Understanding adolescent aggression in social and biological contexts. *Development and Psychopathology, 21,* 961–973.

Hill, J. (2008). Disorders of personality. In M. Rutter, D. Bishop, D. Pine, S. Scott, J. Stevenson, E. Taylor, et al. (Eds.), *Rutter's child and adolescent psychiatry* (5th ed., pp. 841–851). London: Blackwell.

Hooley, J. M., Cole, S. H., & Gironde, S. (2012). Borderline personality disorder. In T. A. Widiger (Ed.), *Oxford handbook of personality disorders* (pp. 409–436). New York: Oxford University Press.

Hopwood, C. J., Donnellan, M. B., & Zanarini, M. C. (2010). Temperamental and acute symptoms of borderline personality disorder: Associations with normal personality traits and dynamic relations over time. *Psychological Medicine, 40,* 1871–1878.

Hopwood, C. J., Malone, J. C., Ansell, E. B., Sanislow, C. A., Grilo, C. M., McGlashan, T. H., et al. (2011). Personality assessment in *DSM-5*: Empirical support for rating severity, style, and traits. *Journal of Personality Disorders, 25,* 305–320.

Hopwood, C. J., Thomas, K. M., Markon, K. E., Wright, A.

G. C., & Krueger, R. F. (2012). *DSM-5* personality traits and *DSM-IV* personality disorders. *Journal of Abnormal Psychology, 121,* 424–432.

Hyde, L. W., Shaw, D. S., & Hariri, A. R. (2013). Understanding youth antisocial behavior using neuroscience through a developmental psychopathology lens: Review, integration, and directions for research. *Developmental Review, 33,* 168–223.

Jacobson, C. M., Muehlenkamp, J. J., Miller, A. L., & Turner, J. B. (2008). Psychiatric impairment among adolescents engaging in different types of deliberate self-harm. *Journal of Clinical Child and Adolescent Psychology, 37,* 373–375.

John, O. P., Naumann, L. P., & Soto, C. J. (2008). Paradigm shift to the integrative Big Five trait taxonomy. In O. P. John, R. W. Robins, & L. A. Pervin (Eds.), *Handbook of personality: Theory and research* (3rd ed., pp. 114–158). New York: Guilford Press.

Johnson, J. G., Chen, H., & Cohen, P. (2004). Personality disorder traits during adolescence and relationships with family members during the transition to adulthood. *Journal of Consulting and Clinical Psychology, 72,* 923–932.

Johnson, J. G., Cohen, P., Brown, J., Smailes, E., & Bernstein, D. P. (1999). Childhood maltreatment increases risk for personality disorders during early adulthood. *Archives of General Psychiatry, 56,* 600–606.

Johnson, J. G., Cohen, P., Chen, H., Kasen, S., & Brook, J. S. (2006). Parenting behaviors associated with risk for offspring personality disorder during adulthood. *Archives of General Psychiatry, 63,* 579–587.

Johnson, J. G., Cohen, P., Dohrenwend, B. P., Link, B. G., & Brook, J. S. (1999). A longitudinal investigation of social causation and social selection processes involved in the association between socioeconomic status and psychiatric disorders. *Journal of Abnormal Psychology, 108,* 490–499.

Johnson, J. G., Cohen, P., Kasen, S., & Brook, J. S. (2008). Psychiatric disorders in adolescence and early adulthood and risk for child-rearing difficulties during middle childhood. *Journal of Family Issues, 29,* 210–233.

Johnson, J. G., Cohen, P., Kasen, S., Skodol, A. E., Hamagami, F., & Brook, J. S. (2000). Age-related change in personality disorder trait levels between early adolescence and adulthood: A community-based longitudinal investigation. *Acta Psychiatrica Scandinavica, 102,* 265–275.

Johnson, J. G., Cohen, P., Kasen, S., Skodol, A. E., & Oldham, J. M. (2008). Cumulative prevalence of personality disorders between adolescence and adulthood. *Acta Psychiatrica Scandinavia, 118,* 410–413.

Johnson, J. G., Cohen, P., Skodol, A. E., Oldham, J. M., Kasen, S., & Brook, J. S. (1999). Personality disorders in adolescence and risk of major mental disorders and suicidality during adulthood. *Archives of General Psychiatry, 56,* 805–811.

Johnson, J. G., Cohen, P., Smailes, E., Kasen, S., Oldham, J. M., & Skodol, A. E. (2000). Adolescent personality disorders associated with violence and criminal behavior during adolescence and early adulthood. *American Journal of Psychiatry, 157,* 1406–1412.

Johnson, J. G., Cohen, P. Smailes. E. M., Skodol, A. E., Brown, J., & Oldham, J. M. (2001). Childhood verbal abuse and risk for personality disorders during adolescence and early adulthood. *Comprehensive Psychiatry, 42,* 16–23.

Johnson, J. G., First, M. B., Cohen, P., Skodol, A. E., Kasen, S., & Brook, J. S. (2005). Adverse outcomes associated with personality disorder not otherwise specified in a community sample. *American Journal of Psychiatry, 162,* 1926–1932.

Johnson, J. G., Smailes, E. M., Cohen, P., Brown, J., & Bernstein, D. P. (2000). Associations between four types of childhood neglect and personality disorder symptoms during adolescence and early adulthood: Findings of a community-based longitudinal study. *Journal of Personality Disorders, 14,* 171–187.

Johnson, J. G., Tackett, J. L., Baugh, C. S., McCullough, C., Sneed, J. S., Lawson, H., et al. (2012). Emergent personality disorders among adolescents with anxiety disorders. In D. McKay & E. A. Storch (Eds.), *Handbook of anxiety disorders in children and adolescents* (pp. 187–201). New York: Springer.

Kasen, S., Cohen, P., Chen, H., Johnson, J. G., & Crawford, T. (2009). School climate and continuity of adolescent personality disorder symptoms. *Journal of Child Psychology and Psychiatry, 50,* 1504–1512.

Kasen, S., Cohen, P., Skodol, A. E., Johnson, J. G., & Brook, J. S. (1999). Influence of child and adolescent psychiatric disorders on young adult personality disorder. *American Journal of Psychiatry, 156,* 1529–1535.

Kasen, S., Cohen, P., Skodol, A. E., Johnson, J. G., Smailes, E., & Brooke, J. S. (2001). Childhood depression and adult personality disorder. *Archives of General Psychiatry, 58,* 231–236.

Kendler, K. S., Aggen, S. H., Knudsen, G. P., Roysamb, E., Neale, M. C., & Reichborn-Kjennerud, T. (2011). The structure of genetic and environmental risk factors for syndromal and subsyndromal common *DSM-IV* Axis I and all Axis II disorders. *American Journal of Psychiatry, 168,* 29–39.

Kendler, K. S., Aggen, S. H., Czajkowski, N., Røysamb, E., Tambs, K., Torgersen, S., et al. (2008). The structure of genetic and environmental risk factors for *DSM-IV* personality disorders: A multivariate twin study. *Archives of General Psychiatry, 65,* 1438–1446.

Kendler, K. S., Czajkowski, N., Tambs, K., Torgersen, S., Aggen, S. H., Neal, M. S., et al. (2006). Dimensional representation of *DSM-IV* Cluster A personality disorders in a population-based sample of Norwegian twins: A multivariate study. *Psychological Medicine, 36,* 1583–1591.

Kim, J., Cicchetti, D., Rogosch, F. A., & Manly, J. T. (2009). Child maltreatment and trajectories of personality and behavioral functioning: Implications for the development of personality disorders. *Development and Psychopathol-*

ogy, 21, 889–912.

Kimonis, E. R., Frick, P. J., Cauffman, E., Goldweber, A., & Skeem, J. (2012). Primary and secondary variants of juvenile psychopathy differ in emotional processing. *Development and Psychopathology, 24,* 1091–1103.

Klein, D. N., Dyson, M. W., Kujawa, A. J., & Kotov, R. (2012). Temperament and internalizing disorders. In M. Zentner & R. L. Shiner (Eds.), *Handbook of temperament* (pp. 541–561). New York: Guilford Press.

Kotler, J. S., & McMahon, R. J. (2005). Child psychopathy: Theories, measurement, and relations with the development and persistence of conduct problems. *Clinical Child and Family Psychology Review, 8,* 291–325.

Krueger, R. F. (2005). Continuity of Axes I and II: Toward a unified model of personality, personality disorders, and clinical disorders. *Journal of Personality Disorders, 19,* 233–261.

Krueger, R. F. (2013). Personality disorders are the vanguard of the post-DSM-5.0 era. *Personality Disorders: Theory, Research, and Treatment, 4,* 355–362.

Krueger, R. F., Derringer, J., Markon, K. E., Watson, D., & Skodol, A. E. (2012). Initial construction of a maladaptive personality trait model and inventory for *DSM-5. Psychological Medicine, 42,* 1879–1890.

Krueger, R. F., Eaton, N. R., Clark, L. A., Watson, D., Markon, K. E., Derringer, J., et al. (2011). Deriving an empirical structure of personality pathology for *DSM-5. Journal of Personality Disorders, 25,* 170–191.

Krueger, R. F., Eaton, N. R., Derringer, J., Markon, K. E., Watson, D., & Skodol, A. E. (2011). Personality in *DSM-5*: Helping delineate personality disorder content and framing the metastructure. *Journal of Personality Assessment, 93,* 325–331.

Krueger, R. F., & Johnson, W. (2008). Behavior genetics and personality: A new look at the integration of nature and nurture. In O. P. John, R. W. Robins, & L. A. Pervin (Eds.), *Handbook of personality: Theory and research* (3rd ed., pp. 287–310). New York: Guilford Press.

Krueger, R. F., & Markon, K. E. (2008). Reinterpreting comorbidity: A model-based approach to understanding and classifying psychopathology. *Annual Review of Clinical Psychology, 2,* 111–133.

Krueger, R. F., Watson, D., & Barlow, D. H. (2005). Introduction to the special section: Toward a dimensionally based taxonomy of psychopathology. *Journal of Abnormal Psychology, 114,* 491–493.

Kushner, S. C., Tackett, J. L., & De Clercq, B. (2013). The joint hierarchical structure of adolescent personality pathology: Converging evidence from two measures. *Journal of the Canadian Academy of Child and Adolescent Psychiatry, 22,* 199–205.

Kwapil, T. R., & Barrantes-Vidal, N. (2012). Schizotypal personality disorder: An integrative review. In T. A. Widiger (Ed.), *Oxford handbook of personality disorders* (pp. 437–477). New York: Oxford University Press.

Lahti, M., Pesonen, A., Raikkonnen, K., Heinonen, K., Wahlbeck, K., Kajantie, E., et al. (2012). Temporary separation from parents in early childhood and serious personality disorders in adult life. *Journal of Personality Disorders, 26*, 751–762.

Latzman, R. D., Lilienfeld, S. O., Latzman, N. E., & Clark, L. A. (2013). Exploring callous unemotional traits in youth via general personality traits: An eye toward *DSM-5*. *Personality Disorders: Theory, Research, and Treatment, 4*, 191–202.

Laurenssen, E. M. P., Hutsebaut, J., Feenstra, D. J., Van Busschbach, J. J., & Luyten, P. (2013). Diagnosis of personality disorder in adolescents: A study among psychologists. *Child and Adolescent Psychiatry and Mental Health, 7*, 3.

Lavan, H., & Johnson, J. G. (2002). The association between Axis I and II psychiatric symptoms and high-risk sexual behavior during adolescence. *Journal of Personality Disorders, 16*, 73–94.

Leising, D., & Zimmermann, J. (2011). An integrative conceptual framework for assessing personality and personality pathology. *Review of General Psychiatry, 15*, 317–330.

Lengua, L. J., & Wachs, T. D. (2012). Temperament and risk: Resilient and vulnerable responses to adversity. In M. Zentner & R. L. Shiner (Eds.), *Handbook of temperament* (pp. 519–540). New York: Guilford Press.

Lenzenweger, M. F. (2008). Epidemiology of personality disorders. *Psychiatric Clinics of North America, 31*, 395–403.

Lenzenweger, M. F. (2010). A source, a cascade, a schizoid: A heuristic proposal from the Longitudinal Study of Personality Disorders. *Development and Psychopathology, 22*, 867–881.

Levy, K. N. (2005). The implications of attachment theory and research for understanding borderline personality disorder. *Development and Psychopathology, 17*, 959–986.

Levy, K. N., Becker, D. F., Grilo, C. M., Mattanah, J. J. F., Barnet, K. E., Quinlan, D. M., et al. (1999). Concurrent and predictive validity of the personality disorder diagnosis in adolescent patients. *American Journal of Psychiatry, 156*, 1522–1528.

Lewinsohn, P. M., Rohde, P., Seeley, J. R., & Klein, D. N. (1997). Axis II psychopathology as a function of Axis I disorders in childhood and adolescence. *Journal of the American Academy of Child and Adolescent Psychiatry, 36*, 1752–1759.

Linde, J. A., Stringer, D., M., Simms, L. J., & Clark, L. A. (2013). The Schedule for Nonadaptive and Adaptive Personality for Youth (SNAP-Y): A new measure for assessing adolescent personality and personality pathology. *Assessment, 20*, 387–404.

Links, P. S., Ansari, J. Y., Fazalullash, F., & Shah, R. (2012). The relationship of personality disorders and Axis I clinical disorders. In T. A. Widiger (Ed.), *Oxford handbook of personality disorders* (pp. 237–259). New York: Oxford University Press.

Livesley, W. J. (2005). Behavioral and molecular genetic contributions to a dimensional classification of personality

disorder. *Journal of Personality Disorders, 19*, 131–155.

Livesley, W. J. (2007). A framework for integrating dimensional and categorical classifications of personality disorder. *Journal of Personality Disorders, 21*, 199–224.

Livesley, W. J., & Jackson, D. N. (2009). *Dimensional Assessment of Personality Pathology—Basic Questionnaire (DAPP-BQ): Technical manual*. Port Huron, MI: Sigma Assessment Systems.

Lodi-Smith, J. L., & Roberts, B. W. (2007). Social investment and personality: A meta-analytic analysis of the relationship of personality traits to investment in work, family, religion, and volunteerism. *Personality and Social Psychology Review, 11*, 68–86.

Ludolph, P. S., Westen, D., Misle, B., & Jackson, A. (1990). The borderline diagnosis in adolescents: Symptoms and developmental history. *American Journal of Psychiatry, 147*, 470–476.

Lynam, D. R. (1997). Pursuing the psychopath: Capturing the fledgling psychopath in a nomological net. *Journal of Abnormal Psychology, 106*, 425–438.

Lynam, D. R., Caspi, A., Moffitt, T. E., Raine, A., Loeber, R., & Stouthamer-Loeber, M. (2005). Adolescent psychopathy and the Big Five: Results from two samples. *Journal of Abnormal Child Psychology, 33*, 431–443.

Lynam, D. R., Charnigo, R., Moffitt, T. E., Raine, A., Loeber, R., & Stouthamer-Loeber, M. (2009). The stability of psychopathy across adolescence. *Development and Psychopathology, 21*, 1133–1153.

Lynam, D. R., & Gudonis, L. (2005). The development of psychopathy. *Annual Review of Clinical Psychology, 1*, 381–407.

Lynam, D. R., Loeber, R., & Stouthamer-Loeber, M. (2008). The stability of psychopathy from adolescence into adulthood: The search for moderators. *Criminal Justice and Behavior, 35*, 228–243.

Magnavita, J. J., Powers, A. D., Barber, J. P., & Oltmanns, T. F. (2013). Personality disorders. In L. G. Castonguay & T. F. Oltmanns (Eds.), *Psychopathology: From science to clinical practice* (pp. 275–318). New York: Guilford Press.

Markon, K. E., Krueger, R. F., & Watson, D. (2005). Delineating the structure of normal and abnormal personality: An integrative hierarchical approach. *Journal of Personality and Social Psychology, 88*, 139–157.

Mattanah, J. J. F., Becker, D. F., Levy, K. N., Edell, W. W., & McGlashan, T. H. (1995). Diagnostic stability in adolescents followed up 2 years after hospitalization. *American Journal of Psychiatry, 152*, 889–894.

McAdams, D. P. (2008). Personal narratives and the life story. In O. P. John, R. W. Robins, & L. A. Pervin (Eds.), *Handbook of personality: Theory and research* (3rd ed., pp. 242–262). New York: Guilford Press.

McAdams, D. P. (2009). *The person: An introduction to the science of personality psychology* (5th ed.). Hoboken, NJ: Wiley.

McAdams, D. P. (2013). The psychological self as actor, agent, and author. *Perspectives on Psychological Science,*

8, 272–295.

McAdams, D. P., & McLean, K. C. (2013). Narrative identity. *Current Directions in Psychological Science, 22*, 233–238.

McAdams, D. P., & Olson, B. D. (2010). Personality development: Continuity and change over the life course. *Annual Review of Psychology, 61*, 517–542.

McAdams, D. P., & Pals, J. L. (2006). A new Big Five: Fundamental principles for an integrative science of personality. *American Psychologist, 61*, 204–217.

McGilloway, A., Hall, R. E., Lee, T., & Bhui, K. S. (2010). A systematic review of personality disorder, race and ethnicity: Prevalence, aetiology and treatment. *BMC Psychiatry, 10*, 33.

McGlashan, T. H., Grilo, C. M., Sanislow, C. A., Ralevski, E., Morey, L. C., Gunderson, J. G., et al. (2005). Two-year prevalence and stability of individual DSM-IV criteria for schizotypal, borderline, avoidant, and obsessive–compulsive personality disorders: Toward a hybrid model of Axis II disorders. *American Journal of Psychiatry, 162*, 883–889.

McLean, K. C., & Pasupathi, M. (2012). Processes of identity development: Where I am and how I got there. *Identity: An International Journal of Theory and Research, 12*, 8–28.

Mervielde, I., De Clercq, B., De Fruyt, F., & van Leeuwen, K. (2005). Temperament, personality, and developmental psychopathology as childhood antecedents of personality disorders. *Journal of Personality Disorders, 19*, 171–201.

Mervielde, I., & De Fruyt, F. (2002). Assessing children's traits with the Hierarchical Personality Inventory for Children. In B. De Raad & M. Perugini (Eds.), *Big Five assessment* (pp. 129-142). Ashland, OH: Hogrefe & Huber.

Mikulincer, M., & Shaver, P. R. (2007). *Attachment in adulthood: Structure, dynamics, and change.* New York: Guilford Press.

Miller, A. L., Muehlenkamp, J. J., & Jacobson, C. M. (2008). Fact or fiction: Diagnosing borderline personality disorder in adolescents. *Clinical Psychology Review, 28*, 969–981.

Millon, T. (2010). A sociocultural conception of the borderline personality disorder epidemic. In R. F. Krueger & E. Simonsen (Eds.), *Contemporary directions in psychopathology: Scientific foundations of the DSM-V and ICD-11* (pp. 111–123). New York: Guilford Press.

Millon, T. (2012). On the history and future study of personality and its disorders. *Annual Review of Clinical Psychology, 8*, 1–19.

Mittal, V. A., Tessner, K. D., McMillan, A. L., Delawalla, Z., Trotman, H. D., & Walker, E. F. (2006). Gesture behavior in unmedicated schizotypal adolescents. *Journal of Abnormal Psychology, 115*, 351–358.

Moffitt, T. E., Arseneault, L. Jaffee, S. R., Kim-Cohen, J. Koenen, K. C., Odgers, C. L. et al. (2008). Research review: DSM-V conduct disorder: Research needs for an evidence base. *Journal of Child Psychology and Psychiatry, 49*, 3–33.

Moffitt, T. E., Caspi, A., Harrington, H., & Milne, B. J. (2002). Males on the life-course-persistent and adolescence-limited antisocial pathways: Follow-up at age 26 years. *Development and Psychopathology, 14*, 179–207.

Moffitt, T. E., Caspi, A., Rutter, M., & Silva, P. A. (2001). *Sex differences in antisocial behaviour: Conduct disorder, delinquency, and violence in the Dunedin longitudinal study.* New York: Cambridge University Press.

Morey, L. C., Berghuis, H., Gender, D. S., Verheul, R., Krueger, R. F., & Skodol, A. E. (2011). Toward a model for assessing level of personality functioning in DSM-5, Part II: Empirical articulation of a core dimension of personality pathology. *Journal of Personality Assessment, 93*, 347–353.

Mulder, R. T. (2012). Cultural aspects of personality disorder. In T. A. Widiger (Ed.), *Oxford handbook of personality disorders* (pp. 260–274). New York: Oxford University Press.

Muñoz, L. C., Kerr, M., & Besic, N. (2008). The peer relationships of youths with psychopathic personality traits. *Criminal Justice and Behavior, 35*, 212–227.

Natsuaki, M. N., Cicchetti, D., & Rogosch, F. A. (2009). Examining the developmental history of child maltreatment, peer relations, and externalizing problems among adolescents with symptoms of paranoid PD. *Development and Psychopathology, 21*, 1181–1193.

Nigg, J. T. (2006). Temperament and developmental psychopathology. *Journal of Child Psychology and Psychiatry, 47*, 395–422.

Nigg, J. T., Silk, K. R., Stavro, G., & Miller, T. (2005). Disinhibition and borderline personality disorder. *Development and Psychopathology, 17*, 1129–1149.

Noble, E. P., Ozkaragoz, T. Z., Ritchie, T. L., Zhang, X., Belin, T. R., & Sparkes, R. S. (1998). D2 and D4 dopamine receptor polymorphisms and personality. *American Journal of Medical Genetics, 81*, 257–267.

Nock, M. K. (2010). Self-injury. *Annual Review of Clinical Psychology, 6*, 339–363.

Nock, M. K., Joiner, T. E., Gordon, K. H., Lloyd-Richardson, E., & Prinstein, M. (2006). Non-suicidal self-injury among adolescents: Diagnostic correlates and relation to suicide attempts. *Psychiatry Research, 144*, 65–72.

Nunes, P. M., Wenzel, A., Borges, K. T., Porto, C. R., Caminha, R. M., & Reis, D. O. (2009). Volumes of the hippocampus and amygdala in patients with borderline personality disorder: A meta-analysis. *Journal of Personality Disorders, 23*, 333–345.

Oldham, J. M. (2005). Personality disorders: Recent history and future directions. In J. M. Oldham, A. E. Skodol, & D. S. Bender (Eds.), *The American Psychiatric Publishing textbook of personality disorders* (pp. 3–16). Washington, DC: American Psychiatric Publishing.

Oltmanns, T. F., & Powers, A. D. (2012). Gender and personality disorders. In T. A. Widiger (Ed.), *Oxford handbook of personality disorders* (pp. 206–218). New York: Oxford University Press.

Pals, J. L. (2006). Authoring a second chance in life: Emotion and transformational processing within narrative identity. *Research in Human Development, 3*, 101–120.

Paris, J. (2003). Personality disorders over time: Precursors, course, and outcome. *Journal of Personality Disorders, 17*, 479–488.

Paris, J. (2005). A current integrative perspective on personality disorders. In J. M. Oldham, A. E. Skodol, & D. S. Bender (Eds.), *The American Psychiatric Publishing textbook of personality disorders* (pp. 119–128). Washington, DC: American Psychiatric Publishing.

Paris, J. (2007). An overview on gender, personality, and mental health. *Personality and Mental Health, 1*, 14–20.

Paris, J. (2012). Pathology of personality disorder: An integrative conceptualization. In T. A. Widiger (Ed.), *Oxford handbook of personality disorders* (pp. 399–406). New York: Oxford University Press.

Paris, J., Zweig-Frank, H., & Guzder, J. (1994). Risk factors for borderline personality in male outpatients. *Journal of Nervous and Mental Disease, 182*, 375–380.

Pincus, A. L., & Hopwood, C. J. (2012). A contemporary interpersonal model of personality pathology and personality disorder. In T. A. Widiger (Ed.), *Oxford handbook of personality disorders* (pp. 372–398). New York: Oxford University Press.

Pomerantz, E. M., & Thompson, R. A. (2008). Parents' role in children's personality development: The psychological resource principle. In O. P. John, R. W. Robins, & L. A. Pervin (Eds.), *Handbook of personality: Theory and research* (3rd ed., pp. 351–374). New York: Guilford Press.

Reich, D. B., & Zanarini, M. C. (2001). Developmental aspects of borderline personality disorder. *Harvard Review of Psychiatry, 9*, 294–301.

Reichborn-Kjennerud, T., Czajkowski, N., Neale, M. S., Orstavik, R. E., Torgersen, S., Tambs, K., et al. (2007). Genetic and environmental influences on dimensional representations of *DSM-IV* Cluster C personality disorders: A population-based multivariate twin study. *Psychological Medicine, 37*, 645–653.

Reichborn-Kjennerud, T., Czajkowski, N., Roysamb, E., Orstavik, R. E., Neale, M. C., Torgersen, S., et al. (2010). Major depression and dimensional representations of *DSM-IV* personality disorders: A population-based twin study. *Psychological Medicine, 40*, 1475–1484.

Retrew, D. C., Zanarini, M. C., Yen, S., Grilo, C. M., Skodol, A. E., Shea, T., et al. (2003). Childhood antecedents of avoidant personality disorder: A retrospective study. *Journal of the American Academy of Child and Adolescent Psychiatry, 42*, 1122–1130.

Ro, E., Stringer, D., & Clark, L. A. (2012). The Schedule for Nonadaptive and Adaptive Personality: A useful tool for diagnosis and classification of personality disorder. In T. A. Widiger (Ed.), *Oxford handbook of personality disorders* (pp. 58–81). New York: Oxford University Press.

Roberts, B. W., & DelVecchio, W. F. (2000). The rank-order consistency of personality traits from childhood to old age: A quantitative review of longitudinal studies. *Psychological Bulletin, 126*, 3–25.

Roberts, B. W., Walton, K. E., & Viechtbauer, W. (2006). Patterns of mean-level change in personality traits across the life course: A meta-analysis of longitudinal studies. *Psychological Bulletin, 132*, 1–25.

Roberts, B. W., Wood, D., & Caspi, A. (2008). The development of personality traits in adulthood. In O. P. John, R. W. Robins, & L. A. Pervin (Eds.), *Handbook of personality: Theory and research* (3rd ed., pp. 375–398). New York: Guilford Press.

Rogosch, F. A., & Cicchetti, D. (2004). Child maltreatment and emergent personality organization: Perspectives from the five-factor model. *Journal of Abnormal Child Psychology, 32*, 123–145.

Roose, A., Bijttebier, P., Claes, L., Lilienfeld, S. O., De Fruyt, F., & Decuyper, M. (2012). Psychopathic traits in adolescence and the five-factor model of personality. *Journal of Psychopathology and Behavioral Assessment, 34*, 84–93.

Rothbart, M. K., Ahadi, S. A., & Evans, D. E. (2000). Temperament and personality: Origins and outcomes. *Journal of Personality and Social Psychology, 78*, 122–135.

Rothbart, M. K., Ahadi, S. A., Hershey, K. L., & Fisher, P. (2001). Investigation of temperament at three to seven years: The Children's Behavior Questionnaire. *Child Development, 72*, 1394–1408.

Rothbart, M. K., & Bates, J. E. (2006). Temperament. In W. Damon & R. Lerner (Series Eds.) & N. Eisenberg (Vol. Ed.), *Handbook of child psychology: Vol. 3. Social, emotional, and personality development* (6th ed., pp. 99–166). Hoboken, NJ: Wiley.

Rounsaville, B. J., Alarcón, R. D., Andrews, G., Jackson, J. S., Kendell, R. E., & Kendler, K. (2002). Basic nomenclature issues for DSM-V. In D. J. Kupfer, M. B. First, & D. A. Regier (Eds.), *A research agenda for DSM-V* (pp. 1–29). Washington, DC: American Psychiatric Publishing.

Roussos, P., & Siever, L. J. (2012). Neurobiological contributions. In T. A. Widiger (Ed.), *Oxford handbook of personality disorders* (pp. 299–324). New York: Oxford University Press.

Salekin, R. T., Debus, S. A., & Barker, E. D. (2010). Adolescent psychopathy and the five factor model: Domain and facet analysis. *Journal of Psychopathology and Behavioral Assessment, 32*, 501–514.

Salekin, R. T., Leistico, A. R., Trobst, K. K., Schrum, C. L., & Lochman, J. E. (2005). Adolescent psychopathy and personality theory—the interpersonal circumplex: Expanding evidence of a nomological net. *Journal of Abnormal Child Psychology, 33*, 445–460.

Salekin, R. T., Rosenbaum, J., & Lee, Z. (2008). Child and adolescent psychopathy: Stability and change. *Psychiatry, Psychology and Law, 15*, 224–236.

Samuels, J., & Costa, P. T. (2012). Obsessive–compulsive personality disorder. In T. A. Widiger (Ed.), *Oxford handbook of personality disorders* (pp. 566–581). New York: Oxford University Press.

Saudino, K. J., & Wang, M. (2012). Quantitative and molecular genetic studies of temperament. In M. Zentner & R. L. Shiner (Eds.), *Handbook of temperament* (pp. 315–346). New York: Guilford Press.

Serman, N., Johnson, J. G., Geller, P. A., Kanost, R. E., & Zacharapoulou, H. (2002). Personality disorders associated with substance use among American and Greek adolescents. *Adolescence, 37*, 841–854.

Sharp, C. (2012). *The developmental building blocks of psychopathic traits: Revisiting the role for theory of mind.* Paper presented at the 1st World Conference on Personality, Stellenbosch, South Africa.

Sharp, C. (in press). The social-cognitive basis of BPD: Toward a theory of hypermentalizing. In C. Sharp & J. L. Tackett (Eds.), *Handbook of borderline personality disorder in children and adolescents.* New York: Springer.

Shiner, R. L. (2007). Personality disorders. In E. J. Mash & R. A. Barkley (Eds.), *Assessment of childhood disorders* (4th ed., pp. 781–816). New York: Guilford Press.

Shiner, R. L. (2009). The development of personality disorders: Perspectives from normal personality development in childhood and adolescence. *Development and Psychopathology, 21*, 715–734.

Shiner, R. L. (2010). Mapping the landscape of personality in childhood and adolescence. *Social and Personality Psychology Compass, 4*, 1084–1097.

Shiner, R. L. (2014). The development of temperament and personality traits in childhood and adolescence. In M. Mikulincer & P. Shaver (Eds.) & M. L. Cooper & R. Larsen (Assoc. Eds.), *APA handbook of personality and social psychology: Vol. 3. Personality processes and individual differences* (pp. 85–105). Washington, DC: American Psychological Association.

Shiner, R. L., & Caspi, A. (2012). Temperament and the development of personality traits, adaptations, and narratives. In M. Zentner & R. L. Shiner (Eds.), *Handbook of temperament* (pp. 497–516). New York: Guilford Press.

Shiner, R. L., & DeYoung, C. G. (2013). The structure of temperament and personality traits: A developmental perspective. In P. Zelazo (Ed.), *Oxford handbook of developmental psychology* (pp. 113–141). New York: Oxford University Press.

Silbersweig, D., Clarkin, J. F., Goldstein, M., Kernberg, O. F., Tuescher, O., Levy, K. N., et al. (2007). Failure of frontolimbic inhibitory function in the context of negative emotion in borderline personality disorder. *American Journal of Psychiatry, 164*, 1832–1841.

Simonsen, E., & Widiger, T. A. (2005). Introduction. In T. A. Widiger, E. Simonsen, P. J. Sirovatka, & D. A. Regier (Eds.), *Dimensional models of personality disorders: Refining the research agenda for DSM-V* (pp. xxv–xxxiii). Washington, DC: American Psychiatric Association.

Skinner, E. A., & Zimmer-Gembeck, M. J. (2007). The development of coping. *Annual Review of Psychology, 58*, 119–144.

Skodol, A. E. (2005). Manifestations, clinical diagnosis, and comorbidity. In J. M. Oldham, A. E. Skodol, & D. S. Bender (Eds.), *The American Psychiatric Publishing textbook of personality disorders* (pp. 57–87). Washington, DC: American Psychiatric Publishing.

Skodol, A. E. (2012). Personality disorders in *DSM-5. Annual Review of Clinical Psychology, 8*, 317–334.

Skodol, A. E., Bender, D. S., Morey, L. C., Clark, L. A., Oldham, J. M., Alarcon, R. D., et al. (2011). Personality disorder types proposed for DSM-5. *Journal of Personality Disorders, 25*, 136–169.

Skodol, A. E., Bender, D. S., Pagano, M. E., Shea, M. T., Yen, S., Sanislow, C. A., et al. (2007). Positive childhood experiences: Resilience and recovery from personality disorder in early adulthood. *Journal of Clinical Psychiatry, 68*, 1102–1108.

Skodol, A. E., Clark, L. A., Bender, D. S., Krueger, R. F., Morey, L. C., Verheul, R., et al. (2011). Proposed changes in personality and personality disorder assessment and diagnosis for *DSM-5:* Part I. Description and rationale. *Personality Disorders: Theory, Research, and Treatment, 2*, 4–22.

Skodol, A. E., Gunderson, J. G., Shea, M. T., McGlashan, T. H., Morey, L. C., Sanislow, C. A., . et al. (2005). The Collaborative Longitudinal Personality Disorders Study (CLPS): Overview and implications. *Journal of Personality Disorders, 19*, 487–504.

Skodol, A. W., Johnson, J. G., Cohen, P., Sneed, J. R., & Crawford, T. N. (2007). Personality disorder and impaired functioning from adolescence to adulthood. *British Journal of Psychiatry, 190*, 415–420.

Soto, C. J., John, O. P., Gosling, S. M., & Potter, J. (2011). Age differences in personality traits from 10 to 65: Big Five domains and facets in a large cross-sectional sample. *Journal of Personality and Social Psychology, 100*, 330–348.

South, S. C., Reichborn-Kjennerud, T., Eaton, N. R., & Krueger, R. F. (2012). Behavior and molecular genetics of personality disorders. In T. A. Widiger (Ed.), *The Oxford handbook of personality disorders* (pp. 143–165). New York: Oxford University Press.

Sroufe, L. A. (2005). Attachment and development: A prospective, longitudinal study from birth to adulthood. *Attachment and Human Development, 7*, 349–367.

Sroufe, L. A., Carlson, E. A., Levy, A. K., & Egeland, B. (1999). Implications of attachment theory for developmental psychopathology. *Development and Psychopathology, 11.* 1–13.

Stepp, S. D. (2012). Development of borderline personality disorder in adolescence and young adulthood: Introduction to the special section. *Journal of Abnormal Child Psychology, 40*, 1–5.

Stepp, S. D., Olino, T. M., Klein, D. N., Seeley, J. R., & Lewinsohn, P. M. (2013). Unique influences of adolescent antecedents on adult borderline personality disorder features. *Personality Disorders: Theory, Research, and Treatment, 4*, 223–229.

Tackett, J. L. (2006). Evaluating models of the personality–

psychopathology relationship in children and adolescents. *Clinical Psychology Review, 26*, 584–599.

Tackett, J. L. (2010). Measurement and assessment of child and adolescent personality pathology: An introduction to the special issue. *Journal of Psychopathology and Behavioral Assessment, 32*, 463–466.

Tackett, J. L. (2011). Parent informants for child personality: Agreement, discrepancies, and clinical utility. *Journal of Personality Assessment, 93*, 539–544.

Tackett, J. L., Balsis, S., Oltmanns, T. F., & Krueger, R. F. (2009). A unifying perspective on personality pathology across the life span: Developmental considerations for the fifth edition of the *Diagnostic and Statistical Manual of Mental Disorders. Development and Psychopathology, 21*, 687–713.

Tackett, J. L., Herzhoff, K., Reardon, K. W., De Clercq, B., & Sharp, C. (in press). The externalizing spectrum in youth: Incorporating personality pathology. *Journal of Adolescence.*

Tackett, J. L., Krueger, R. F., Iacono, W. G., & McGue, M. (2005). Symptom-based subfactors of DSM-defined conduct disorder: Evidence for etiologic distinctions. *Journal of Abnormal Psychology, 114*, 483–487.

Tackett, J. L., & Kushner, S. K. (in press). Conceptualizing youth BPD within a normative personality framework. In C. Sharp & J. L. Tackett (Eds.), *Handbook of borderline personality disorder in children and adolescents.* New York: Springer.

Tackett, J. L., & Sharp, C. (Eds.). (2014). A developmental psychopathology perspective on personality disorder: Introduction to the special issue. *Journal of Personality Disorders, 28*(1), 1–4.

Tackett, J. L., Silberschmidt, A. L., Krueger, R. F., & Sponheim, S. R. (2008). A dimensional model of personality disorder: Incorporating DSM Cluster A characteristics. *Journal of Abnormal Psychology, 117*, 454–459.

Tackett, J. L., Slobodskaya, H., Mar, R. A., Deal, J., Halverson, Jr., C. F., Baker, S. R., et al. (2012). The hierarchical structure of childhood personality in five countries: Continuity from early childhood to early adolescence. *Journal of Personality, 80*, 1–33.

Thomaes, S., Brummelman, E., Reijntjes, A., & Bushman, B. J. (2013). When Narcissus was a boy: Origins, nature, and consequences of childhood narcissism. *Child Development Perspectives, 7*, 22–26.

Thomaes, S., Bushman, B. J., Orobio de Castro, B., & Stegge, H. (2009). What makes narcissists bloom?: A framework for research on the etiology and development of narcissism. *Development and Psychopathology, 21*, 1233–1247.

Thomaes, S., Stegge, H., Bushman, B. J., Olthof, T., & Denissen, J. (2008). Development and validation of the Childhood Narcissism Scale. *Journal of Personality Assessment, 90*, 382–391.

Torgersen, S. (2012). Epidemiology. In T. A. Widiger (Ed.), *The Oxford handbook of personality disorders* (pp. 186–205). New York: Oxford University Press.

Torgersen, S., Czajkowski, N., Jacobson, K., Reichborn-Kjennerud, T., Roysamb, E., Neale, M. S., et al. (2008). Dimensional representations of *DSM-IV* Cluster B personality disorders in a population-based sample of Norwegian twins: A multivariate study. *Psychological Medicine, 38*, 1617–1625.

Torgersen, S., Lygren, S., Oien, P. A., Skre, I., Onstad, S., Edvardsen, J., . et al. (2000). A twin study of personality disorders. *Comprehensive Psychiatry, 41*, 416–425.

Tromp, N. B., & Koot, H. M. (2008). Dimensions of personality pathology in adolescents: Psychometric properties of the DAPP-BQ-A. *Journal of Personality Disorders, 22*, 623–638.

Tromp, N. B., & Koot, H. M. (2010). Dimensions of normal and abnormal personality: Elucidating DSM-IV personality disorder symptoms in adolescents. *Journal of Personality, 78*, 839–864.

Trull, T. J. (2012). The five-factor model of personality disorder and DSM-5. *Journal of Personality, 80*, 1697–1720.

Trull, T. J., & Durrett, C. A. (2005). Categorical and dimensional models of personality disorder. *Annual Review of Clinical Psychology, 1*, 355–380.

Trull, T. J., Scheiderer, E. M., & Tomko, R. L. (2012). Axis II comorbidity. In T. A. Widiger (Ed.), *Oxford handbook of personality disorders* (pp. 219–236). New York: Oxford University Press.

Vachon, D. D., Lynam, D. R., Loeber, R., & Stouthamer-Loeber, M. (2012). Generalizing the nomological network of psychopathy across populations differing on race and conviction status. *Journal of Abnormal Psychology, 121*, 263–269.

Vachon, D. D., Lynam, D. R., Widiger, T. A., Miller, J. D., McCrae, R. R., & Costa, P. T. (2013). Basic traits predict the prevalence of personality disorder across the life span: The example of psychopathy. *Psychological Science, 24*, 698–705.

Vazire, S. (2010). Who knows what about a person?: The self–other knowledge asymmetry (SOKA) model. *Journal of Personality and Social Psychology, 98*, 281–300.

Venables, P. H., & Raine, A. (2012). Poor nutrition at age 3 and schizotypal personality at age 23: The mediating role of age 11 cognitive functioning. *American Journal of Psychiatry, 169*, 822–830.

Venta, A., Ross, E., Schatte, D., & Sharp, C. (2012). Suicide ideation and attempts among inpatient adolescents with borderline personality disorder: Frequency, intensity, and age of onset. *Personality and Mental Health, 6*, 340–351.

Verheul, R., Bartak, A., & Widiger, T. (2007). Prevalence and construct validity of personality disorder not otherwise specified (PD-NOS). *Journal of Personality Disorders, 21*, 359–370.

Verheul, R., & Widiger, T. A. (2004). A meta-analysis of the prevalence and usage of the personality disorder not otherwise specified (PD-NOS) diagnosis. *Journal of Personality Disorders, 18*, 309–319.

Walterfang, M., Chanen, A. M., Barton, S., Wood, A. G.,

Jones, J., Reutens, D. C., et al. (2010). Corpus callosum morphology and relationship to orbitofrontal and lateral ventricular volume in teenagers with first-presentation borderline personality disorder. *Psychiatry Research: Neuroimaging, 183*, 30–37.

Warner, M. B., Morey, L. C., Finch, J. F., Gunderson, J. G., Skodol, A. E., et al. (2004). The longitudinal relationship of personality traits and disorders. *Journal of Abnormal Psychology, 113*, 217–227.

Weinstein, D. D., Diforio, D., Schiffman, J., Walker, E., & Bonsall, R. (1999). Minor physical anomalies, dermatoglyphic asymmetries, and cortisol levels in adolescents with schizotypal personality disorder. *American Journal of Psychiatry, 156*, 617–623.

Weise, K. L., & Tuber, S. (2004). The self and object representations of narcissistically disturbed children: An empirical investigation. *Psychoanalytic Psychology, 21*, 244–258.

Westen, D., & Chang, C. (2000). Personality pathology in adolescence: A review. In A. H. Esman, L. T. Flaherty, & H. A. Horowitz (Eds.), *Adolescent psychiatry: Developmental and clinical studies* (Vol. 25, pp. 61–100). Mahwah, NJ: Analytic Press.

Westen, D., Dutra, L., & Shedler, J. (2005). Assessing adolescent personality pathology. *British Journal of Psychiatry, 186*, 227–238.

Westen, D., Nakash, O., Thomas, C., & Bradley, R. (2006). Clinical assessment of attachment patterns and personality disorder in adolescents and adults. *Journal of Consulting and Clinical Psychology, 74*, 1065–1085.

Westen, D., Shedler, J., Durrett, C., Glass, S., & Martens, A. (2003). Personality diagnoses in adolescence: DSM-IV Axis II diagnoses and an empirically derived alternative. *American Journal of Psychiatry, 160*, 952–966.

Weston, C. G. & Riolo, S. A. (2007). Childhood and adolescent precursors to adult disorders. *Psychiatric Annals, 37*, 114–120.

White, S. F., Brislin, S. J., Meffert, H., Sinclair, S., & Blair, R. J. R. (2013). Callous–unemotional traits modulate the neural response associated with punishing another individual during social exchange: A preliminary investigation. *Journal of Personality Disorders, 27*, 99–112.

Widiger, T. A. (2010). Cluster A personality symptomatology in youth. *Journal of Psychopathology and Behavioral Assessment, 32*, 551–556.

Widiger, T. A. (2011). A shaky future for personality disorders. *Personality Disorders: Theory, Research, and Treatment, 2*, 54–67.

Widiger, T. A. (2012). Historical developments and current issues. In T. A. Widiger (Ed.), *Oxford handbook of personality disorders* (pp. 13–34). New York: Oxford University Press.

Widiger, T. A. (2013). A postmortem and future look at the personality disorders in DSM-5. *Personality Disorders: Theory, Research, and Treatment, 4*, 382–387.

Widiger, T. A., & Costa, P. T., Jr. (Eds.). (2013). *Personality disorders and the Five-Factor model of personality* (3rd ed.).Washington, DC: American Psychological Association.

Widiger, T. A., De Clercq, B., & De Fruyt, F. (2009). Childhood antecedents of personality disorder: An alternative perspective. *Development and Psychopathology, 21*, 771–791.

Widiger, T. A., & Mullins-Sweatt, S. N. (2005). Categorical and dimensional models of personality disorders. In J. M. Oldham, A. E. Skodol, & D. S. Bender (Eds.), *The American Psychiatric Publishing textbook of personality disorders* (pp. 35–53). Washington, DC: American Psychiatric Publishing.

Widiger, T. A., & Simonsen, E. (2005). Alternative dimensional models of personality disorder: Finding a common ground. *Journal of Personality Disorders, 19*, 110–130.

Widiger, T. A., Simonsen, E., Sirovatka, P. J., & Regier, D. A. (Eds.). (2005). *Dimensional models of personality disorders: Refining the research agenda for DSM-V.* Washington DC: American Psychiatric Association.

Widiger, T. A., & Trull, T. J. (2007). Plate tectonics in the classification of personality disorder. *American Psychologist, 62*, 71–83.

Winograd, G., Cohen, P., & Chen, H. (2008). Adolescent borderline symptoms in the community: Prognosis for functioning over 20 years. *Journal of Child Psychology and Psychiatry, 49*, 933–941.

Wolke, D., Schreier, A., Zanarini, M. C., & Winsper, C. (2012). Bullied by peers in childhood and borderline personality symptoms at 11 years of age: A prospective study. *Journal of Child Psychology and Psychiatry, 53*, 846–855.

Wright, A. G., Thomas, K. M., Hopwood, C. J., Markon, K. E., Pincus, A. L., & Krueger, R. F. (2012). The hierarchical structure of DSM-5 pathological personality traits. *Journal of Abnormal Psychology, 121*, 951–957.

Zaider, T. I., Johnson, J. G., & Cockell, S. J. (2000). Psychiatric comorbidity associated with eating disorder symptomatology among adolescents in the community. *International Journal of Eating Disorders, 28*, 58–67.

Zanarini, M. C., & Frankenburg, F. R. (2007). The essential nature of borderline psychopathology. *Journal of Personality Disorders, 21*, 518–535.

Zanarini, M. C., Frankenburg, F. R., Hennen, J., Reich, B., & Silk, K. R. (2005). The McLean Study of Adult Development (MSAD): Overview and implications of the first six years of prospective follow-up. *Journal of Personality Disorders, 19*, 505–523.

Zanarini, M. C., Frankenburg, F. R., Ridolfi, M. E., Jager-Hyman, S., Hennen, J., & Gunderson, J. G. (2006). Reported childhood onset of self-mutilation among borderline patients. *Journal of Personality Disorders, 20*, 9–15.

Zentner, M., & Shiner, R. L. (Eds.). (2012). *Handbook of temperament.* New York: Guilford Press.

19

건강 관련 및 신체증상장애

RONALD T. BROWN

DEBORAH ELLIS

SYLVIE NAAR-KING

아 동기의 만성질환은 장기간 지속되고, 아동의 기능
적 활동에 영향을 미치며, 광범위한 의학적 보살핌
을 필요로 하는 건강문제 또는 의학적 상태이다(Compas,
Jaser, Dunn, & Rodriguez, 2012). 만성질환이 있는 아동
은 신체발달이 느려지거나 바뀔 가능성, 주기적인 의학
적 조치, 예기치 않은 건강 위기, 학교 결석을 포함하는,
많은 스트레스 요인에 대처해야만 한다. 게다가 그들은
동일한 발달과제와 도전을 그들의 건강한 또래들만큼 숙
달해야만 한다. 지난 10년 동안 만성질환이 있는 아동의
심리적 안녕과 그들의 의학적 상태에 특유한 요구와 스
트레스가 많은 생활사건에 대처하는 그들의 능력에 영향
을 미치는 요인들을 이해하는 데 있어서 상당한 발전이
이루어졌다(Roberts & Steele, 2009). 이 장에서 우리는
처음으로 역학에 대한 개관을 제공한다. 그다음에 우리
는 심리적 적응 모형과 병인 및 위험·보호요인을 강조
하면서, 만성질환이 있는 아동의 심리적 안녕에 관한 현
재의 연구를 개관한다. 다음에 이런 아동들의 심리적 기
능을 더 잘 이해하기 위해 사용된 다양한 연구 패러다임
을 논의한다. 그 후에 신체증상과 관련장애, 발달적 장
애, 적응적 자기돌봄장애, 의학적 장애를 포함하여 아동

에게서 볼 수 있는 가장 흔한 건강 관련장애들 중의 몇
가지에 한정된 연구를 개관한다. 우리는 떠오르는 연구
영역과 이 모집단에서의 새로운 연구 방향을 논의함으로
써 결론을 내린다.

역학

아동과 청소년에서의 만성질환의 역학

아동기의 만성질환이라는 구성개념을 조작하는 데 다양
한 정의가 사용되었다. Perrin, Newacheck 및 Pless(1993)
는 만성질환을 그 연령의 아동에게 예상할 수 있는 것보
다 더 큰 기능손상이나 의학적 요구를 일으키는 3개월이
나 그 이상 지속되는 상태로 정의했다. 더 최근에 Van
Cleave, Gortmaker, Perrin(2010)은 아동기의 만성질환을
등교, 학업, 규칙적 활동 참가를 막고, 규칙적 약물사용
이나 특수한 장비를 필요로 하는 신체적·정서적·정신
적 상태로 정의했다.

놀랍지 않게도 아동기의 만성질환 유병률에 대한 추
정치는 '만성질환'이라는 용어를 어떻게 조작적으로 정의
하고 사례를 확인하는 데 어떤 방법을 사용하는가에 따

라 상당히 달라진다. 그러나 한 개관(van der Lee, Mokkink, Grootenhuis, Heymans, & Offringa, 2007)에서는 전 세계적으로 0~18세의 4명당 1명이 만성적인 건강상태에 있음을 지적했다. van der Lee와 동료들이 개관한 연구들에서 만성질환의 유병률은 아동의 연령에 따라 유의미하게 영향을 받았고 범위는 어린 아동 사이에서는 3.5%이고 청소년 사이에서는 35%였다. 아동기 만성질환의 유병률 추정치에 영향을 미치는 다른 요인들에는 아동의 성별, 가족의 소득, 남자 아이가 있는 가족의 구조, 저소득 가정의 아동 및 더 큰 만성적인 건강문제 위험에 처한 편부모 가정의 아동이 포함된다(Newacheck & Halfon, 1998). 서로 다른 아동기의 만성적 상태의 유병률과 발생률도 크게 달라진다. 미국에서 0~18세 청년의 제1형 당뇨병(Type 1 diabetes mellitus, T1DM)의 발생률은 매년 15,600사례(National Institute of Diabetes and Digestive and Kidney Diseases, 2011)이고, 혈우병의 발생률은 매년 단지 5,000사례이다(National Heart, Lung, and Blood Institute, 2013).

아동기의 만성적 상태 유병률은 시간 경과에 따라 증가한다(Newacheck, Rising, & Kim, 2006). 이런 증가는 아마도 특정 상태 비율의 증가(예 : 천식, T1DM), 향상된 검사를 통한 특정 장애의 탐지 및 확인 강화(예 : 겸상적 혈구병), 더 긴 수명 및 또는 치유에 이르게 하는 치료방법의 유용성과 효능성 향상(예 : 낭포성 섬유증, 급성 림프모구성 백혈병)을 포함하는 다수의 요인 때문일 것이다. 현재 중요한 만성적 상태인 아동의 90% 이상이 성인기까지 생존한다(Thompson & Gustafson, 1996). 그러므로 이 모집단에서의 장기적인 심리적 건강과 안녕에 영향을 미치는 그런 요인들을 이해하는 것이 상당히 중요하다.

동반이환 정신건강 상태의 역학

만성질환이 있는 아동들이 직면하는 다수의 스트레스 요인들을 감안하여 수많은 연구가 아동의 정신건강과 심리적 안녕에 미치는 만성적 건강상태의 영향을 측정하려고 노력했다. 1970년대와 1980년대에 수행되었던 초기의 연구들은 상당수의 만성적으로 아픈 아동이 정신건강의 어려움에 영향을 받았음을 시사했다. 그러나 대다수의 이런 연구들은 단 하나의 의료 센터 아동 표본을 대상으로 수행되었다. 따라서 그들은 일반 대중의 정신건강 문제의 비율에 영향을 미치는 아동의 연령, 성별 및 가족 소득과 같은 요인들에 따라 크게 달라진 작은 크기의 청년 편의 표본의 사용 때문에, 상당히 편향되기가 쉬웠다. 만성적으로 아픈 아동에서의 정신건강 문제 비율에 대한 초기 연구들에 영향을 미치는 다른 방법론적인 문제에는 아동행동점검표와 같은 검사질문지가 포함되었다(Achenbach, 1991; Achenbach & Rescorla, 2001). 이 질문지들은 후에 정신병리의 위험성을 과잉 추정한 것으로 밝혀졌는데, 신체증상의 여부를 묻는 문항의 포함 때문이었다(Drotar, Stein, & Perrin, 1995; Friedman, Bryant, & Holmbeck, 2007).

더 최근에는 만성질환이 있는 아동의 정신건강 상태의 역학을 조사하기 위해 표본추출 편향의 영향을 최소화하는 메타분석을 사용했다. Lavigne와 Faier-Routman (1992)은 처음으로 87개 연구의 자료를 활용한, 만성적으로 아픈 아동의 심리적 적응에 관해서 보고하는 메타분석을 수행했다. 그들은 뇌와 감각장애에 영향을 미치는 만성적 건강상태를 제외하고, 만성적으로 아픈 아동은 그들의 건강한 또래에 비해 심리적 적응의 어려움을 겪을 위험이 중간 수준으로 증가했다는 결론을 내렸다. 내재화 문제의 위험성이 외현화 문제의 위험성보다 상대적으로 더 높음이 발견되었다. 이런 연구결과들은 청소년의 평정 대 부모나 교사의 평정을 고려했을 때 심리적 적응에 미치는 만성질환의 영향이 더 약했지만, 최근에 만성적으로 아픈 청소년에 대한 569개 연구의 메타분석에서 반복되었다(Pinquart & Shen, 2011).

질병 특정적인 메타분석도 만성적으로 아픈 아동이 약간 증가된 정신병리의 위험에 처해 있다는 주장을 지지한다. LeBovidge, Lavigne, Donenberg 및 Miller(2003)는 만성 관절염이 있는 아동의 심리적 적응에 대한 21개 연구의 메타분석을 수행했다. 관절염이 있는 아동과 건강한 아동 간에 유의미한 적응 차이가 있기는 했으나 전체 효과의 크기는 작았다(0.30). 그러나 적응 어려움의 더 높은 위험성이 외현화 장애의 경우보다 내재화 장애의 경우에 발견되었다. 과민성 장 장애가 있는 청소년에 대한 19개 연구의 메타분석에서(Neff et al., 2010) 부모의 보고에 근거한 건강한 대조집단에 비해 이런 청소년에게서 더 높은 비율의 우울증상이 발견되었지만, 청소년의 자기보고에 근거한 우울증상에서는 차이가 드러나지 않았다. T1DM이 있는 청소년에 대한 22개 연구의 메타분석에서 유사한 연구결과들이 나타났다(Reynolds & Helgeson, 2011). 우울증상의 경우에 유의미한 효과가 발견되기는 했지만, 효과의 크기는 작음에서 중간이었고 전반적으로 잘 대응시킨 통제집단 대상의 연구들에서 더 낮았다. 전반적으로 만성적으로 아픈 아동을 정신병리의 위험에 처한 집단으로 보아야 하지만, 만성질환 매개변수와 추가적인 위험 및 탄력요인 간의 복잡한 상호작용의 결과로서만 위험이 중요한 정신병리의 발달에서 축적될 것이라고 생각된다.

아동기의 만성질환에 대한 적응도 성공적인 성인기로의 전환 관점에서 연구되었다. 즉, 만성질환이 있는 아동이 독립적 생활, 직업 유지, 성공적 관계 발전과 같은 어른 역할을 숙달할 수 있는가? Maslow, Haydon, McRee, Ford 및 Halpern(2011)은 청소년의 건강에 대한 전국적인 종단연구에서 나온 자료의 2차적 분석을 수행했고, 청소년기나 더 일찍 만성질환 진단을 받은 그리고 받지 않은 18~28세인 13,000명 이상의 결과를 비교했다. 아동기에 만성질환을 겪은 젊은 성인은 그런 질병이 없는 사람들만큼 만족스러운 이성관계, 결혼, 자녀 및 독립적 생활을 보고할 가능성이 컸다. 그러나 연구자들이 사회인구학적 요인들을 통제한 후에도 아동기에 만성질환을 겪은 젊은 성인들은 대학 졸업이나 취업을 할 가능성이 더 적었고 평균 소득도 더 낮았다. 그런 연구결과들은 임상적으로 중요한 정신건강 증상의 존재가 흔하지는 않지만, 아동기의 만성질환이 총체적인 정신병리의 측정으로는 쉽게 포착되지 않고, 성인기의 안녕과 교육적 및 직업적 목표 달성에 영향을 미칠 수 있는 심리적 안녕에 더욱 미묘한 영향을 미칠 수 있음을 시사한다.

병인 및 위험요인과 보호요인

여러 질병에 걸친 심리사회적 적응과 순응 모형

만성질환이 있는 아동의 심리적 적응에 영향을 미치는 요인들에 관한 초기의 연구는 범주적, 또는 질병 특정적 접근을 사용했고 주로 질병 특정적 요인(예 : 지속 기간, 심한 정도)이 어떻게 결과에 영향을 미치는가에 초점을 맞추었다(Perrin et al., 1993; van der Lee et al., 2007). 그러나 이런 구성개념들은 아동기의 심리적 결과에서의 변량을 횡단적으로(Nolan & Pless, 1986; Stein & Jessop, 1984; Wallander, Varni, Babani, Banis, & Wilcox, 1989) 또는 종단적으로(Frank et al., 1998) 모순되게 설명했다. 그런 연구결과들은 환원주의적이라기보다는 포괄적인 통합적 모형의 사용을 지향하는 대처 문헌에서의 경향과 더불어서(Snell & De-Maso, 2010), 현재 비범주적 순응 모형의 사용에 초점을 맞추게 되었다. 그런 모형들은 만성질환이 있는 아동이 공통적인 스트레스 요인과 도전에 직면하고(Gartstein, Short, Vannatta, & Noll, 1999), 심리적 결과는 질병 특정적인 요인을 대신하는 발달적 및 심리사회적 과정에 달려 있다고 제안한다. 아동기의 만성질환에 있어서의 심리적 결과를 예측하려는 두 세트의 비범주적 접근, 스트레스 대처 모형과 사회 생태학적 모형을 아래에서 개관한다.

스트레스 대처 모형

성인에게서의 대처와 적응에 대한 모형을 발판으로 삼아(Lazarus & Folkman, 1984), Wallander와 Varni(1992, 1997)는 장애-스트레스-대처 모형을 제안했다. 이 모형에서는 소아의 만성질환을 아동과 돌보는 사람에게 진행 중인 만성적 피로로 보는데, 그것이 그들을 부정적인 생활사건에 노출시킨다는 점에서 그러하다. 적응에 영향을 미치는 위험요인에는 질병/장애 매개변수(예 : 상태의 가시성, 질병의 심한 정도, 인지적 손상의 정도)가 포함되는데, 기능적 독립성과 심리사회적 스트레스 요인(예 : 질병과 관련된 문제, 생활사건, 매일 싸움)과 관련이 있다. 저항요인에는 아동의 개인 내 요인(예 : 기질, 문제해결

능력, 자기효능감), 생태학적 요인(예 : 사회적 지지, 가족 자원) 및 스트레스에 대처하는 요인(예 : 인지적 평가, 대처전략)이 포함된다. Thompson과 Gustafson(1996)의 스트레스와 대처의 교류 모형은 아동기의 만성질환이 아동이 순응해야만 하는 스트레스 요인으로 개념화된다는 점에서 Wallander와 Varni의 모형과 유사하다. 아동의 결과를 완화 및 또는 중재하는 위험 및 탄력요인에는 질병의 매개변수, 인구통계학적 매개변수(아동의 연령과 같은), 가족의 기능, 부모의 적응 및 대처방법이 포함된다. 이런 모형 둘 다의 검증은 다양한 모형의 구성요소에 대한 지지를 만들어 냈지만 어느 모형도 포괄적으로 검증되지 않았다(Drotar, 2006).

사회 생태학적 모형

원래의 사회 생태학적 모형은 시간 경과에 따른 아동의 순응에 미치는 환경 영향의 특징을 더욱 철저하게 나타내는 시도로서 Bronfenbrenner(1979)에 의해 제안되었다. 이 모형은 그 후에 만성질환이 있는 아동의 심리 및 건강 결과를 이해하는 데 사용되었다(Brown, 2002; Kazak, 1992). 이 모형에서는 인간의 발달 과정을 개인과 미시체계(아동), 중간체계(가족, 학교, 또래), 외부체계(부모의 직장, 학교 체계, 건강관리 체계, 지역사회 자원), 거시체계(문화, 법률) 수준에서 서로 영향을 미치는 차곡차곡 포개진 동심원적인 구조 간의 상호 교환으로 묘사한다. 가족 외의 체계는 아동과 그 가족이 서로 연결된 것으로 본다. 질병에 대한 빈약한 적응과 같은 문제행동은 이런 체계들 내에서의 어려움의 함수이거나, 이런 체계들 간의 접촉 영역(예 : 가족-건강관리 제공자의 관계, 가족-학교의 관계, 아동-또래의 관계)의 특징을 나타내는 어려움 때문일 수 있다. 스트레스 대처 모형과는 대조적으로 사회 생태학적 모형은 더욱 멀리 있는 맥락요인이 이웃, 지역사회 및 건강관리 체계의 영향과 같은 아동의 적응에 미치는 영향에 대한 이해를 더 크게 강조한다. 게다가 미시체계에서 거시체계까지의 다양한 수준에 위치한 위험 및 탄력요인들 간의 상호작용에 대한 초점 때문에 사회 생태학적 모형은 아동의 순응수준 예측

의 관점에서 덧셈에 의한 것이라기보다는 곱셈에 의한 것이다(Schneider & Stokols, 2009). 사회 생태학적 모형의 버전들이 비만(Davison & Birch, 2001)과 심한 약물요법에 대한 비충실(Naar-King, Podolski, Ellis, Frey, & Templin, 2006)을 포함하여, 몇몇 서로 다른 아동기의 건강문제에 적용되었다. 그러나 스트레스 대처 모형이 그렇듯이 다양한 모형의 구성요소들에 대한 검증은 실현 가능성의 제약 때문에 거의 이루어지지 않았다. 국립아동건강과 인간발달연구소는 다른 미국 정부기관들과 함께 전국아동연구(www.niehs.nih.gov/research/programs/childrenstudy)에 자금을 제공했는데, 출생에서 21세까지 100,000명의 동시출생 집단 아동을 추적할 계획이다. 그 연구에는 천식 및 당뇨병과 같은 만성질환이 있는 아동이 포함될 것이다. 이 연구는 심리적 순응에 대한 사회 생태학적 모형을 철저하게 평가해야 하는데, 심리적 건강에 영향을 미치는 다수의 다중체계 요인들에 관한 자료가 수집될 것이다(Georgopoulos et al., in press). 우리는 이제 가족, 또래 및 만성적으로 아픈 아동 사이의 심리적 순응에 미치는 더 광범위한 체계의 영향에 관한 문헌을 개관한다.

다양한 차계가 아동의 심리적 적응에 미치는 영향

가족

만성질환이 있는 아동들 사이에서 아동의 심리적 적응에 미치는 가족의 영향에 대한 초기의 연구들은 응집력과 갈등과 같은 전체적인 가족 과정에 초점을 맞추었다. 아동기의 만성질환에서의 가족 기능에 대한 연구들의 한 개관에서 Drotar(1997)는 대다수의 연구는 더 높은 수준의 가족갈등과 더 낮은 가족 응집력이 더 큰 아동의 심리적 고통을 예측한다고 보고했다. 전체적인 가족 기능에 대한 측정은 전형적으로 아동의 적응에 있어서 10～15%의 변량을 설명해 주었다. 돌보는 사람들이 흔히 아동의 적응과 가족의 분위기 둘 다에 관한 자료를 제공했기 때문에, 이런 초기연구들은 그 횡단적 성질과 공유된 정보 제공자의 편향과 관련된 문제 때문에 제한이 있었

다. 그러나 그 후의 종단연구들은 초기의 연구결과들을 지지하는 경향이 있었다. 예를 들면 Thompson과 동료들 (2003)은 겸상적혈구병이 있는 222명의 아동을 2년 동안 추적했고, 6개월의 간격을 두고 행동적, 인지적 및 가족 기능에 관한 자료를 수집했다. 표본의 9%는 2년의 연구 기간에 걸쳐 지속적으로 높은 행동적 또는 정서적 어려움이 있는 것으로 발견되었다. 이것은 일반 대중에게서의 그런 장애의 기저 비율보다 훨씬 더 높은 것은 아니라는 점을 주목할 만하다. 게다가 지속적인 행동문제의 존재가 가족갈등의 기초선과 유의미하게 관련이 있었다. 더욱이 시간 경과에 따른 행동문제에서의 증가는 가족갈등의 증가와 관련이 있었다. 일반적으로 이런 연구결과들은 만성질환에 특정적이지는 않은 것으로 보인다. 그리고 사실상 만성적으로 아픈 아동들은 일반적 표본보다 더 많은 행동문제를 분명하게 나타내지 않을 수도 있다.

최근에 연구자들이 만성질환이 있는 아동의 심리적 위험성과 매우 높은 관련이 있는 특정한 가족의 상호작용적 순서를 확인하기 위한 시도를 하면서 특정한 양육 행동과 아동의 적응 간의 관계에 대한 관심이 증가했다. 더 광범위한 아동발달 문헌에서는 높은 수준의 따뜻함/지지, 높은 수준의 행동적 통제(제한 설정과 감독), 낮은 수준의 심리적 통제의 특징을 나타내는 양육방식이 일반적으로 아동의 적응을 증진시키는 것으로 발견되었다 (Barber, Stolz, & Olsen, 2005; Gray & Steinberg, 1999). 이 문헌과 일치하는 것으로 T1DM이 있는 어린 청소년들의 한 표본에서 Butler, Skinner, Gelfand, Berg 및 Wiebe (2007)는 통제하고, 강요하며, 거부하는 특징을 나타내는 어머니의 양육방식이 일반 대중에게서 발견된 수준과 일치하는 청년의 더 높은 수준의 우울증상과 관련되어 있음을 발견했다. Eckschtain, Ellis, Kolmodin 및 Naar-King (2010)도 더 낮은 부모의 따뜻함이 T1DM이 있는 청년 사이에서 더 높은 수준의 우울증상과 관련되어 있음을 발견했다. 유사하게 Horton, Berg, Butner와 Wiebe(2009)는 양육과 T1DM이 있는 청소년들의 외현화 행동문제 간의 관계를 조사했다. 연구결과는 어머니와 아버지 둘

다의 높은 수준의 감독과 감시가 더 낮은 수준의 청소년의 외현화 행동문제와 관련되어 있음을 보여주었다. 인지에 중요한 영향을 미치는 만성질환이 있는 사람들의 경우에도 긍정적인 양육방식이 보호 역할을 하는 것으로 발견되었다. Chapman과 동료들(2010)은 뇌손상이 행동적 어려움의 출현에 미치는 영향을 측정하기 위해 외상성 뇌손상이 있는 미취학 아동의 표본을 18개월 동안 추적했다. 허용적 양육이 시간 경과에 따라 외현화 행동문제 출현의 중요한 위험요인임이 발견되었다. 요약하면 건강한 아동의 긍정적인 발달적 결과와 관련된 양육 행동도 만성적으로 아픈 청소년의 심리적 안녕을 예측하였다.

만성질환이 있는 아동이 직면한 스트레스 요인들을 감안하면 전형적으로 발달하는 아동보다 양육방식이 과잉관여나 과잉보호의 특징을 나타낼 가능성이 더 높은 것이 놀랍지 않을 것이다. 과잉보호가 이번에는 최선의 아동의 성장과 발달을 방해한다(Power, Dahlquist, Thompson, & Warren, 2003). 그러나 현재까지의 경험적 문헌은 부모의 과잉관여나 과잉보호와 만성적으로 아픈 아동 사이의 빈약한 적응 간의 연관성이 거의 없음을 보여주었다 (Mullins et al., 2004; Power et al., 2003). 정신병리의 위험성은 사실상 부모의 과소 관여와 더욱 분명하게 관련되어 있었다(Wiebe et al., 2005). 반면에 Ellis, Templin과 동료들(2007)이 주목했듯이, 현재까지의 만성질환 문헌에서 사용된 과잉보호의 측정 방법에 문제가 있는데, 부모의 **과잉보호**(강요, 스트레스가 많은 규범적 사건에 대한 아동의 노출을 제한 및 아동에 대한 높은 수준의 불안을 포함하는)라기보다는 부모의 **행동적 통제**(제한 설정과 부모의 감시와 같은 양육행동을 포함하는)를 주로 측정했기 때문이다. 한 가지 예외는 Holmbeck과 동료들 (2002)의 연구인데, 과잉보호에 대한 측정방법을 개발하기 위해 부모의 과잉보호, 부모의 심리적 통제 및 청소년의 행동적 자율성 사이를 구별한 개념적 모형을 사용했다. 감시, 훈육 및 관련된 구성개념들(행동적 통제)을 평가하는 문항들이 그들의 과잉보호 측정에는 포함되지 않았다. 이 연구에서는 비록 차이가 아동의 인지적 능력

에 의해 중재되었기는 하지만 척추이분증이 있는 아동의 어머니와 아버지 둘 다가 건강한 아동의 부모보다 더욱 과잉보호하였다. 게다가 부모의 과잉보호는 문제가 있는 아동의 행동 결과와 관련되어 있었다. 분명히 추후의 연구 노력이 이 중요한 연구 영역에서 필요하다.

아동의 적응에 미치는 가족 스트레스의 영향도 상당한 연구 관심의 초점이었다. 만성적으로 아픈 아동이 있는 가정의 스트레스 요인들은 질병 특정적이거나 어떤 가정에도 흔히 있는 부정적인 생활사건들을 포함할 수 있다. Ratliffe, Harrigan, Haley, Tse 및 Olson(2002)은 만성적으로 아픈 아동이 있는 가정에만 특정적인 네 가지 유형의 스트레스, 즉 역할 갈등(부모 대 의학적 돌보는 사람으로서의 기능, 아픈 아동과 대비되는 가정의 다른 아동을 돌보는 데 유용), 건강관리 요구와 관련된 재정적 부담, 매일 하는 건강관리의 부담, 고립감(아동의 건강상태나 돌봄의 필요성이 있는 동안의 가족활동의 제한)을 확인했다. 특수한 건강관리가 필요한 아동을 돌보는 사람의 문제에 대한 한 조사에서 Kuo, Cohen, Agrawal, Berry, Casey(2011)는 다양한 만성적 건강상태가 있는 40,000명 이상의 아동을 포함했던, 2005~2006년의 특수한 건강관리의 필요성이 있는 아동에 대한 전국조사 자료의 2차적 분석을 수행했다. Kuo와 동료들은 복잡한 건강관리의 필요성이 있는 아동을 돌보는 사람들이 건강관리 조정에 주당 중앙치로 2시간을 쓰고 직접적인 자택 간호에 주당 11~20시간을 쓴다고 보고했다. 절반 이상의 가정(56.8%)이 재정적 문제를 보고했고, 54.1%는 아이의 건강 때문에 가족구성원이 일을 그만두었음을 보고했다.

아동기의 만성질환과 직접적으로 관련되어 있는 가족 스트레스의 영향을 평가하는 연구들은 일반적으로 더 높은 수준의 질병과 관련된 가족 스트레스가 아동의 부적응과 관련이 있음을 보여주었다(Bender, Arnett, et al., 2000; Stein & Jessop, 2003). 스트레스 문헌에서 스트레스에 대한 지각이 스트레스 사건의 실제 빈도처럼 건강 결과에 대한 예측에 똑같이 중요할 수 있음을 시사한 이래로(Lazarus & Folkman, 1984), 연구자들도 '질병 부담'

또는 '돌보는 사람의 피로'에 대한 구성개념을 조사해 왔다. 돌보는 사람의 피로는 돌보는 사람의 "요구, 책임, 곤란 및 특별한 요구가 있는 친족 돌봄의 부정적인 정신적 결과"에 대한 지각으로 정의되었다(Brannan, Heflinger, & Bickman, 1997). 더 높은 수준의 돌보는 사람의 피로도 만성질환이 있는 청소년 사이에서의 아동의 부적응과 관련이 있는 것으로 발견되었다(Leishman, 2010).

연구들은 또한 부정적인 생활사건의 발생과 같은, 질병에 특정적이지 않은 가족 스트레스가 만성적으로 아픈 아동의 적응에 영향을 미칠 수 있음을 시사한다(von Weiss et al., 2002). 만성질환에 대한 아동의 적응의 심리사회적 상관관계를 평가하는 연구들의 한 메타분석에서 Lavigne와 Faier-Routman(1993)은 생활 스트레스의 수준이 질병요인이나 사회경제적 지위보다 아동 적응의 더욱 유력한 예측요인임을 발견했다. T1DM이 있는 8~16세와 대응시킨 비교 통제집단이 있는 한 표본에서 Holmes, Yu 및 Frentz(1999)도 부정적인 생활사건의 발생이 만성적으로 아픈 청소년과 건강한 청소년 둘 다의 경우에 더 높은 수준의 내재화 및 외현화 행동문제와 관련되어 있었음을 보여주었다.

편부모 가정은 양부모 가정이 마주치는 것과는 질적으로 서로 다른 스트레스 요인을 경험할 수 있는 특별한 모집단을 대표한다. 이 영역에서 현존하는 문헌에 대한 포괄적인 한 개관에서 Brown과 동료들(2008)은 연구가 한정된 것이기는 했지만, 이 연구가 편부모 가정의 만성적으로 아픈 아동이 양부모 가정의 만성적으로 아픈 아동보다 현저하게 더 높은 심리적 적응이 어려운 위험에 처해 있음을 시사한 것이었다고 보고했다. 더 광범위한 아동발달 문헌이 심리적 순응과 건강에 미치는 빈곤의 부정적 영향을 분명하게 보여주기 때문에(Bradley & Corwyn, 2004; Duncan & Brooks-Gunn, 2000; Schreir & Chen, 2013), 편부모 가정에 살고 있는 만성적으로 아픈 아동 사이에서 심리적 어려움의 더 큰 위험성은 더 낮은 가족 소득과 관련되어 있을 수 있다(Mullins et al., 2011). 그러나 편부모 가정에서는 돌보는 사람도 양부모 가정에서 전형적으로 발견되는 것보다 더욱 제한적인 사회적 지지를 받는 만성적으로 아픈 아동을 위한 의료의 필요성을 다루어야만 한다. 일반 대중에게서는 분명하게 나타나는 영향을 넘어서, 편부모 가정이 어떻게 이 모집단의 심리적 적응에 영향을 미칠 수 있는지에 대한 더 나은 이해를 위해서는 추가 연구가 필요하다. 게다가 Powell과 Holmes(2008)는 그런 가족 형태가 특정한 위험 또는 탄력 패턴과도 관련이 있는지를 측정하기 위해 여러 가지 다른 가족 형태(혼합 가정, 동거 가정)로 살고 있는 만성적으로 아픈 아동의 심리사회적 결과를 조사해야 할 중요성에 주목했다.

만성적으로 아픈 아동의 심리적 안녕에 미치는 가족요인의 영향에 관한 연구는 종종 발달적 관점을 통합하는 데 실패하여 어려움을 겪었다. 발달적 정신병리의 틀로 볼 때 발달시기 간의 전환(예 : 청소년기에서 성인기 초기로의 전환)은 흔히 위험한 시기를 나타낸다(Cicchetti & Rogosch, 2002). 가족은 아동이 성숙하면서 아동의 변화하는 요구에 직면하여 순응해야만 한다. 이 점에도 불구하고 이런 결정적인 전환시기가 아동의 적응과 어떻게 관계가 있는지를 측정하기 위해 건강한 아동이 있는 가정에서의 규범적인 발달 과정과 전환을 만성질환이 있는 아동의 가정에서 일어나는 것들과 비교한 연구는 거의 없었다. 주목할 만한 한 가지 예외는 취학 연령에서 청소년기 후기까지의 척수수막탈출증이 있는 68명의 아동과 68명의 대응시킨 건강한 통제집단 표본을 추적했던 Holmbeck과 동료들(1997)이 수행한 프로그램에 입각한 연구이다. 척수수막탈출증은 신경관이 임신 초기에 정상적으로 닫히지 않은 선천적인 출생 시의 결함인데, 그 후에 하지의 감각 및 운동손상, 창자와 방광의 기능장애, 수두증과 그와 관련된 인지적 손상 및 성장문제를 포함하는 여러 가지 건강문제를 초래한다. 그러므로 그런 아동은 다른 만성질환이 있는 아동 사이에서 공통적인 여러 가지 도전에 직면한다. 이런 연구 중의 하나에서 Jandasek, Holmbeck, DeLucia 및 Zebracki(2009)는 질병상태가 가족관계에서의 변화를 예측할 것인지를 측정하기 위해 9~15세의 가족 응집력과 가족갈등에서의 변화를 조사했다. 연구결과들은 청소년기로의 전환 동안 전형적인

통제집단의 가정이 가족갈등의 증가와 응집력의 감소를 보고했지만, 유사한 변화가 통제집단보다 갈등의 증가가 덜하고 응집력의 감소가 덜하다고 보고했던 척수수막탈출증이 있는 청소년에게서는 발견되지 않았음을 보여주었다. 유사하게 Devine, Wasserman, Gershenson, Holmbeck, Essner(2011)는 비교 통제집단의 청소년(14~15세)과 비교했을 때 척수수막탈출증이 있는 청소년(16~17세)의 경우에 척수수막탈출증이 있는 청소년에게 대다수의 비의학적인 개인적 문제(예 : 가입한 동아리, 집에 오는 시간)에 대한 의사결정 권한이 부여되었다고 어머니와 청소년이 보고했던 연령이 늦어지는 것을 발견했다. Jandasek과 동료들은 부모 가까이 남아 있는 것과 의사결정 권한을 포기하는 것이 척수수막탈출증이 있는 아동에게 신체적 건강과 같은 어떤 결과를 촉진하는 데 최선일 수 있지만, 이런 속성들이 독립적 기능이나 건강한 또래 및 이성관계를 촉진하는 데에는 최선이 아님에 주목했다. 분명히 그런 가족의 발달 과정을 만성적 상태에 있는 아동의 심리적 결과와 직접적으로 결부시키는 추가적 연구의 정당한 이유가 된다.

또래와 다른 가족 외의 체계

또래는 만성질환이 있는 아동에게 중요한 지지의 원천을 제공할 수 있는데, 특히 청소년기 동안 그러하다. 또래관계와 심리적 적응 간의 관계에 대한 초기의 횡단연구들은 긍정적인 또래관계가 T1DM(Varni, Babani, Wallander, Roc, & Frasier, 1989), 선천적 사지결함(Varni, Setoguchi, Rappaport, & Talbot, 1992), 암(Varni, Katz, Colegrove, & Dolgin, 1994)과 같은 상태에 있는 아동의 더 나은 심리적 적응을 예측했음을 시사했다. 그러나 적응의 어려움도 문제가 있는 또래관계를 초래할 수 있고, 그 후의 종단연구들은 긍정적인 또래관계의 보호효과를 항상 지지하지는 않았다. 예를 들면 T1DM이 있는 청소년에 대한 한 종단연구에서는 친구의 지지가 기초선에서 심리적 안녕과 관련되어 있음이 발견되었지만, 그런 지지는 1년간의 추적과정 동안의 심리적 안녕의 변화를 예측하지는 않았다(Helgeson, Snyder, Escobar, Siminerio, & Becker,

2007). 유사하게 아동기의 암 생존자들에 대한 한 종단 연구에서, Thompson과 동료들(2009)은 아동기 중기의 또래관계에 대한 측정이 청소년기 후기와 성인기 초기의 외현화 행동문제를 예측하지 않았음을 발견했다.

더 최근에 만성적으로 아픈 아동의 심리적 적응에 미치는 또래관계의 영향에 관한 연구에서 또래관계의 긍정적(지지) 및 부정적(갈등) 측면 둘 다를 조사했고, 만성적으로 아픈 아동의 성별에 따라 또래관계가 차별적 영향을 미칠 잠재력을 고찰했다. 한 조사에서 Helgeson, Lopez 및 Karmarck(2009)은 친구관계와 T1DM이 있는 청소년 기분 간의 연관성을 평가하기 위하여 자기보고의 사용과 생태학적 순간 분석을 결합한 혼합방법 접근을 이용했다. 친구의 **지지**와 심리적 적응 간에 관계가 없었지만, 친구와의 **갈등**은 더 큰 우울증상과 관련되어 있었다. 게다가 친구와의 갈등은 소년보다는 소녀의 불안정한 심리적 안녕과 더욱 강하게 관련되어 있었다.

지금까지 만성적으로 아픈 아동의 심리적 적응에 미치는 더 광범위한 맥락요인(예 : 학교 자원, 이웃의 이점, 건강관리 체계의 질)의 영향을 직접적으로 조사했던 연구는 거의 없었다. 그러나 건강한 아동에 대한 연구들은 좋지 못한 정신건강의 결과를 뒤섞어 버릴 수 있는 특정한 스트레스 요인에 대한 노출의 표지이기 때문에 그런 맥락변인들이 만성적으로 아픈 아동의 적응 이해에 중요함을 시사할 것이다(Blair & Raver, 2012). 사회경제적 지위가 낮은 만성적으로 아픈 아동이 사회경제적 지위가 높은 아동보다 정신건강 결과가 좋지 않음을 보여주는 연구들에 의해 그런 요인들은 간접적으로 심리적 적응의 위험이나 탄력요인으로 관련된다(Frank, Blount, & Brown, 1997; Holmbeck et al., 2003; MacLean, Perrin, Gortmaker, & Pierre, 1992). 만성질환이 있는 아동의 심리적 적응과 순응에 관한 맥락요인을 조사하는 추후연구가 매우 필요하다.

마지막으로 양육변인과 건강 결과 간의 연관성을 중재하는 요인으로써의 맥락요인을 조사하는 연구가 부족했다. 최근 연구는 양육과 건강 결과 간의 관계에 미치는 특정 유전자의 영향을 조사했다(Brody et al., 출판 중).

이 연구는 의심할 여지 없이 양육변인과 건강 결과에 중요한 영향을 미치는 유전과 환경의 상호작용 이해에 중요하다.

인종 및 민족의 건강 차이와 건강관리에의 접근

역사상 처음으로 미국 유아(12개월 미만)의 절반 이상과 5세 미만 아동의 거의 절반(49.7%)이 소수인종/민족의 구성원이다(U.S. Census Bureau, 2012). 이런 집단들은 이제 '다수적 소수'를 구성하고 있는 것으로 간주된다. 2011년 현재 미국 아동(0~17세)의 거의 1/4(23.6%)이 라틴아메리카계이고, 15.2%가 아프리카계이며, 4.7%가 아시아계, 1.6%가 아메리칸 인디언이거나 알래스카 태생, 0.3%는 하와이 태생 및 다른 태평양섬 주민이었으며, 4.7%는 둘 이상의 인종이었다. 미국의 보건사회복지부(USDHHS, 2013)의 Healthy People 2020 계획에서는 건강의 차이를 "사회적, 경제적 및 환경적 불리함과 밀접하게 결부되어 있는 건강 결과에서의 차이"로 정의한다.

건강 결과

동료가 평가한 111개의 아동건강의 차이를 다룬 연구들의 한 개관에서는 아동건강의 차이가 '광범위하고, 만연해 있으며, 지속적'임을 보여주었다(Flores et al., 2010). 사망률은 유럽계 아동보다 미국의 4개 소수민족 집단이 모두 더 높았다. 이런 사망률에는 전반적으로 더 큰 사망 위험성, 익사, 모든 사망, 선천적 심장 결함이 포함된다. 만성질병의 관점에서 천식, 암, 눈의 장애, HIV/AIDS, 신장의 질병 및 뇌졸중에서 차이가 발견되었다. 개관된 연구들이 대부분의 차이가 시간 경과에 따라 유지되거나 악화되었음을 시사하기 때문에 이런 아동 건강의 차이는 지속적인 것으로 기술되어 왔다.

건강관리의 연구와 질 기구(Agency for Healthcare Research and Quality, AHCRQ)는 아동기 초기의 예방 접종, 천식으로 인한 응급실 방문, 예방적 치과 방문, 치료되지 않은 청소년의 충치, 예방적 청소년 건강 방문 및 청소년의 수막구균수막염 백신의 영수증을 포함하여 아동건강의 차이에 대한 몇몇 표지를 추적한다. 한 최근

보고서에서(AHCRQ, 2011), 아프리카계 아동은 비라틴아메리카 유럽계 아동보다 권장된 아동기 초기의 예방 접종 모두를 받고 예방적 치과 방문을 할 가능성이 더 적었고, 천식으로 응급실에서 치료를 받고 충치를 치료받지 않을 가능성이 더 많았다. 그러나 아프리카계 청소년들은 연례 청소년 방문을 할 가능성이 더 많았다. 라틴아메리카계 아동의 건강 차이는 세 가지 영역에서 주목을 받았다 : 천식으로 인한 응급실 방문, 치료되지 않은 충치, 예방적 치과 방문. 아시아계 청년의 경우에 자료가 보고되었던 영역(아동기 초기의 예방 접종과 수막구균수막염 백신)의 경우에만 드러난 차이가 없었다.

양질의 관리에의 접근

건강 결과에서의 차이는 부분적으로 양질의 건강관리에 대한 접근에서의 차이 때문이다. AHCRQ(2011)는 모든 연령 집단과 다수의 질 측정에 걸쳐 질 측정의 41%에서 아프리카계가 유럽계보다 더 나쁜 관리를 받고, 질 지표의 30%에서 라틴아메리카계는 비라틴아메리카 유럽계보다 더 나쁜 관리를 받음을 시사하는 제공된 연구결과들을 보고하고 있다. 빈약한 관리 표지의 비율은 아시아계와 아메리칸 인디언과 알래스카 태생(30%)의 경우에 더 낮았다. 그러나 변화 비율 분석에 따르면 관리의 질은 모든 민족집단에서 이전 5년 동안 향상되어 왔다. 불행하게도 관리에 대한 접근의 관점에서는 변화가 없음이 발견되었다. 건강관리 접근에 대한 측정들에 걸쳐서 절반이 개선을 보이지 않았고, 40%가 소수집단의 경우에 접근 기회가 악화되고 있음을 보여주었다. 소아 모집단에 관해서는 Flores, Tschann, Dimea, Pasch 및 de Groat(2010)의 개관에서 소아의 초기 치료, 천식 관리, 심장혈관 수술, 폐렴 입원의 질과 안과, 정형외과 및 신장상태의 관리에서의 상당한 건강 차이가 기록되었다.

비의도적 부상의 예방

미국의 유아와 아동의 주요 사망 원인이 부상이다(Christian & Sege, 2010). 질병통제예방센터(CDC, 2008a)로부터의 가장 최근의 자료는 의도하지 않은 부상이 1~4세 동안

정점에 도달하고 청소년기 동안 다시 정점에 도달하고 성인기에 나타남을 보여주었다. 12개월 미만 아동의 경우 대부분이 치명적 부상은 질식 때문이다. 1~4세 연령 범위 아동의 경우 대다수의 치명적 부상은 물에 빠지는 것 때문이다. 그 밖의 청년의 경우 자동차 충돌 사고가 치명적 부상의 주요 원인이었다. 비치명적 부상의 주요 원인은 15세 미만의 모든 연령 집단에서 추락이었다. 15~19세의 청소년의 경우 물건을 때리거나 물건에 맞은 것이 비치명적 부상의 주요 원인이었고, 그다음이 추락과 자동차 충돌 사고였다. 화재, 화상, 익사로 인한 비치명적 부상의 비율이 5세보다 어린 아동의 경우에 가장 높았다. 더 부유한 또래에 비하여 더 낮은 소득 가정의 아동이 그러하듯이 남성이 여성에 비해 부상 비율이 일관성 있게 더 높았다. 민족에 관해서는 아메리칸 인디언이나 알래스카 태생 아동의 부상 비율이 가장 높았던 반면에, 유럽계와 아프리카계 아동의 부상 비율은 다르지 않다.

인구통계학적 위험요인과 더불어 부상과 관련된 다른 아동기의 특징에는 외현화 행동문제(Schwebel et al., 2011)와 흥분 추구와 같은 기질변인(Schwebel & Gaines, 2007)이 포함된다. 소아의 부상과 관련된 1차적인 부모의 특징은 부모의 감독이다. 구체적으로 말하자면 감독의 주의집중력, 근접성 및 연속성이다(Petrass, Blitvich, & Finch, 2009). 아동의 위험 감수 행동에 대한 부모들의 과잉 추정이 보호요인으로 떠오르고 있다(Morrongiello, Bell, Butac, & Kane, 2014).

2000년에서 2009년까지 연간 비의도적 부상으로 인한 전체 사망 비율은 29% 감소했는데, 이는 '세 가지 E' 모형 교육(Education), 시행(Enforcement), 공학(Engineering)을 사용하는 일부 예방 접근이 효과적이었음을 시사하는 것이다. 효과적 중재에는 자전거 헬멧, 수영장의 4면 울타리, 어린용 보조 의자, 연기 감지기, 어린이 사용방지용 담배 라이터, 뇌진탕에 대한 지침 및 청소년을 위한 운전 정책이 포함된다. 그러나 이 모집단의 대부분이 사망과 비의도적 부상의 감소를 경험했지만, 질식이 보고되었기 때문에 12개월 미만의 유아에서는 비율이 증가했

다. 처방 약물의 과다복용과 관련된 중독의 증가 때문에 15~19세의 청소년에서도 비율이 증가했다(CDC, 2012b). CDC(2012a)는 최근에 소아의 부상 예방을 위한 새로운 조치 계획을 발표했는데, 감시 자료와 40년간의 연구에 근거한 것이었다. 전략에는 건강 메시지의 전달, 다양한 수준의 교육과 기술 훈련, 부상 예방을 건강관리 체계에 통합시키는 것, 자택 건강관리 모형과 정보 체계에서의 최근의 발전을 이용하는 것 및 계속적인 정책 변화 노력이 포함된다.

건강 증진/질병 예방

조기 사망의 거의 절반(40%)이 예방할 수 있는 행동요인 때문이라고 생각할 수 있기 때문에, 건강을 증진하는 유일하고 가장 큰 기회는 개인의 행동을 변화시키는 데 있다(National Institutes of Health, 2012; Schroeder, 2007). 조기 사망률과 만성질환에 기여하는 최상위의 네 가지 행동은 결핍된 영양, 부적절한 신체활동, 흡연, 알코올 사용이다(Kung, Hoyert, Xu, & Murphy, 2008). 따라서 아동기와 청소년기의 비만, 흡연, 알코올 사용 예방에 대한 접근이 이 모집단의 건강과 상승하고 있는 건강관리 비용에 장기적 영향을 미칠 수 있다.

영양과 신체활동

비만 예방은 모유 수유에서부터 시작되는데, 수많은 개관과 메타분석이 모유 수유와 아동기 및 성인의 비만 위험 감소를 결부시켜 왔기 때문이다(Lawrence, 2010). 게다가 최근의 의학연구소에서 나온 한 보고서(2012)에서는 설탕으로 달게 만든 음료수를 감소시키고 지역사회에서의 건강한 음식 선택의 가능성을 증가시키는 정책 변화와 사회적 마케팅 캠페인뿐만 아니라 음식 지식 기술 및 집과 학교에서의 영양 과학 교육을 늘릴 것을 강력하게 권고하고 있다. 두 가지 다른 유형의 영양적 중재는 질병 예방에 대한 잠재력 때문에 최근에 주목을 받았다. 첫째, 섬유질 섭취를 증가시키는 중재는 에너지 섭취나 성장을 손상시키지 않고 콜레스테롤 수치에 긍정적인 영향을 미쳤다(Ruottinen et al., 2010). 둘째, 출생에서 21

세까지의 연령 범위에 있는 아동을 대표하는 전국적 표본에서(Kumar, Muntner, Kaskel, Hailpern, & Melamed, 2009), 충격적으로 70%가 비타민 D가 부족하였다. 그런 부족은 심장혈관의 위험, 골 밀도, 면역기능과 같은 다양한 질병 표지와 관련되어 있을 뿐만 아니라 아동들 사이의 자폐스펙트럼장애와 정신병증상과도 결부되어 있었다(Cannell, 2008; Gracious, Finucane, Friedman-Campbell, Messing, & Parkhurst, 2012; Misra, Pacaud, Petryk, Collett-Solberg, & Kappy, 2008). 음식 변화나 보조식품 사용을 통하여 비타민 D를 증가시키는 영양적 중재를 검증하기 위한 향후의 연구가 필요하다.

신체활동을 하지 않는 것이 노화를 가속시키고 건강 위험성을 극적으로 증가시키는데, 몇몇 질병들(관상심장 혈관 질환, 제2형 당뇨병 및 몇몇 암을 포함하는)은 이제 운동저하 질병으로 간주되고 있다(USDHHS, 2008). 심장혈관의 낮은 적합성이 비만, 당뇨병 및 흡연에 기인하는 사망을 합친 것보다 더 많은 사망자 수를 초래하는 것으로 추정된다(Archer & Blair, 2012). 신체활동의 부족은 아동과 청소년의 약한 정신건강과 결부되어 왔고, 신체활동을 증가시키는 중재가 우울증상을 줄일 수 있다(Biddle & Asare, 2011). 따라서 신체활동이 유일하고 가장 큰 건강 보호 행동일 수 있다. 가족에 근거한 신체활동 중재가 제한적인 성공을 거두었기 때문에(Salmon, Booth, Phongsavan, Murphy, & Timperio, 2010), 최근의 노력들은 학교에 근거한 접근에 더 초점을 맞추어 왔다. 최근의 한 문헌 개관에서 Kriemler와 동료들(2011)은 20개의 정밀한 연구를 확인했고, 이런 조사들에서 나온 연구결과들은 최소한 한 가지의 신체활동 측정에 상당한 영향을 미침을 보여주었다. 학교 안팎으로 신체활동의 효과가 일관성이 있었고, 전국적으로 학교에서의 그런 프로그램을 시행하기 위한 광범위한 정책 변화를 분명히 정당화한다.

또 다른 예방 접근은 앉아서 지내는 행동을 제한하는 것이다. 주로 텔레비전 시청을 측정하는 앉아서 지내는 행동에 대한 232개 연구에 대한 개관에서는 그런 행동을 하루에 2시간 이상 하는 취학 연령 아동의 체지방이 더 높았고, 심장혈관의 적합성이 감소했으며, 자존감, 친사회적 행동 및 학업 성취가 더 낮았다는(Tremblay et al., 2011) 결론을 내렸다. 교육, 수반성 관리 및 환경 통제를 포함하는 중재들은 작지만 유의미한 효과를 보여주었다(Biddle & Asare, 2011). 한 가지 한계는 오늘날의 청년에게 온라인 게임, 멀티미디어 사이트, 소셜 네트워킹을 포함하는 화면 사용의 다양한 선택권이 있는 때에 많은 연구들이 주로 텔레비전 시청에 초점을 맞추고 있다는 것이다. 향후의 연구에서 비디오 게임, 인스턴트 메시지, 문자 메시지 및 다른 휴대전화 사용과 같은 앉아서 지내는 행동을 겨냥한 의사소통에 근거한 중재들을 검증하는 것이 필요하다(Leatherdale, 2010).

놀랍지 않게도 영양, 신체활동 및 앉아서 지내는 행동을 겨냥한 결합된 중재들이 비만 발생률 감소에 가장 효과적일 수 있다(CDC, 2008b). 청소년 대상의 55개 비만 예방 연구들에 대한 한 메타분석에서(Waters et al., 2011), 신체 용적 지수 감소에 유의미한 효과가 있음이 발견되었다(976쪽 '비만' 참조). 성공적인 전략들에는 건강행동에 초점을 맞춘 교과과정의 변화, 학교에서 신체활동과 건강한 식사를 할 기회의 증가, 교직원을 위한 지원, 부모의 지지와 집에서의 환경 변화가 포함되었다. 그러나 대부분의 연구들은 6~12세의 아동에 초점을 맞추었으므로 청소년과 취학 이전 아동에서의 예방에 더 많은 연구가 필요하다.

흡연 예방

흡연 예방 프로그램은 전형적으로 가장 공통적인 흡연 개시 시기인 청소년기를 겨냥한다(Substance Abuse and Mental Health Services Administration, 2009). 가족에 근거한 중재에 대한 잘 설계된 무작위 임상시험이 10대 흡연 감소에 일부 성공적임을 보여주었지만(Thomas, Baker, & Lorenzetti, 2007), 학교에 근거한 중재와 대중 매체중재는 뒤섞인 결과를 내놓았다(Brinn, Carson, Esterman, Chang, & Smith, 2010). 따라서 가장 최근의 연구들은 담배 구입의 연령 제한, 담배가 없는 공공장소, 다양한 대중매체의 정보 전달, 학교에서의 교육적 및 행동적 프로그램, 부모 상담을 포함하는 다수의 구성요소로 이루어진 지역사회 전체에 걸친 중재에 초점을 맞추어 왔다. 25개의 그런 통제된 시험에 대한 코크란 리뷰(Cochrane review)에서(Carson et al., 2011), 10개 연구가 흡연 개시 감소와 관련되어 있었다. 성공적인 프로그램의 공통 요소에는 학교에 근거한, 교사가 전달하는 중재, 부모의 관여 및 12개월 이상의 프로그램 지속 기간이 포함되었다. 소녀가 소년보다 청소년 초기에 흡연을 할 가능성이 더 컸고(Mackay, George, & Kirk, 2006; Warren, Sinha, Lee, Lea, & Jones, 2009), 일부 연구들이 소녀가 중재에 반응을 할 가능성이 더 적음을 보여주었던(Perry et al., 2004; Schofield & Dunham, 2003) 자료가 시사하듯이, 성별에 특정적인 중재 프로그램을 고려하는 데 향후 연구가 필요하다. 또한 젊은 사람들 사이에서 가장 흔하게 사용되는 신흥 담배 제품인 물 담배를 위한 중재를 검증하는 데 더 많은 연구가 필요하다(McMillen, Maduka, & Winickoff, 2012). 대마초를 피우는 데 담배 잎을 사용하는 경우에 대마초 사용과 결부되어 있는 담배 사용을 위한 중재 연구도 필요한데(Gardiner, 2001), 대마초 사용은 이제 고등학생들 사이에서 담배 사용보다 더 많이 만연해 있다(Burke et al., 2012).

예방의 또 다른 결정적 구성요소는 간접 흡연에 대한 노출의 통제이다. 출생 이전과 출생 이후의 흡연에 대한 노출이 장기적으로 아동의 쌕쌕거림을 70%까지 증가시키고 천식을 80%까지 증가시킴을 예측한다는 증거가 명확하다(Lee, Middaugh, Howie, & Ezzati, 2010). 아동의 간접 흡연 노출의 다른 불리한 결과에는 더 높은 빈도의 하기도 감염, 중이 감염, 유아 돌연사 증후군, 세균 침투성 질병(급성 인후염, 수막염)이 포함된다. 공공장소에서 흡연을 배제하는 정책 중재와 더불어 부모와의 동기적 및 인지행동적 상담 접근이 약간 전망이 있는 것으로 드러났다(Borrelli, Mc-Quaid, Novak, Hammond, & Becker, 2010; Emmons et al., 2001; Tyc et al., 2013).

알코올 사용 예방

전 세계적으로 사망의 거의 4%가 알코올 사용과 관련되어 있다. 대부분의 알코올과 관련된 사망은 부상, 암, 심장혈관 질환 및 간경화의 결과를 초래하는 알코올 때문에 일어난다(World Health Organization, 2011). 과도한 알코올 사용이 장애-보정 수명에 미치는 영향은 건강에 미치는 부정적 영향을 증가시킨다. 알코올 사용은 1980년대 이래로 미국 청소년들 사이에서 10% 이상 줄었지만(CDC, 2012c), 청소년기부터 성인기 초기까지의 알코올 사용은 유의미하게 증가하고 있는데, 이는 이 전환시기 동안의 예방활동의 결정적 필요성을 시사하는 것이다. Foxcroft와 Tsertsvadze(2012)는 아동과 청소년을 위한 보편적인 알코올 예방 프로그램에 대한 세 가지 코크란 리뷰를 요약했다. 학교에 근거한 예방 프로그램에 대한 결과는 뒤섞인 결과들을 내놓았는데, 이는 증거에 근거한 예방전략을 선택할 때 관리자가 신중해야 함을 시사하는 것이다. 가족에 근거한 예방 프로그램에 대한 결과는 작지만 시간 경과에 따라 일관성이 있고 지속적인 것이었다. 다수의 구성요소로 이루어진 프로그램(특히 여러 장면에서 전달되었던 것들)이 효과가 있다는 일부 증거가 있기는 했지만, 이런 중재들이 단일한 장면에서 전달되었던 프로그램들보다 더 효과적임을 확증하는 증거가 불충분하다. 이런 자료로부터 Foxcroft와 Tsertsvadze는 다수의 구성요소로 이루어진 중재의 전달과 관련된 비용의 증가가 프로그램에 참여할 만한 가치가 없을 수도 있다는 결론을 내리고 있다. 많은 성인 대상의 알코올에 근거한 중재는 1차 진료 장면에서 일어나고(Cayley, 2009), 소아 모집단에서는 그런 연구가 소수이다.

연구설계 문제

아동건강심리학 분야에서의 연구는 임상사례 연구와 단일-참가자설계의 사용과 함께 시작되었다. 연구자들은 만성적 건강상태나 발달장애가 있는 특정한 소아 모집단에서의 특정한 심리적 현상이나 상태를 기술하는 데 주로 관심이 있었다. 이런 연구가 1970년대 내내 꽤 퍼져 있었다. 그 후에, 아동건강심리학 분야에서의 연구가 더욱 개념적이거나 이론적인 틀을 이용하게 되면서 상관연

구가 매우 많은 연구문제의 기초가 되었다. 상관연구는 아동임상건강심리학 분야를 1990년대 중반까지 지배했다. 상관연구가 더욱 정교해지고, 더욱 정밀한 이론적 틀이 주의 깊게 검증되기 시작하면서 연구자들도 변인들 간의 관계에 영향을 미치는 요인에 대한 질문을 하기 시작했다(Baron & Kenny, 1986; Holmbeck et al., 1997, 2002). 위험·보호·탄력요인에 대한 연구가 수행될 때 '중재(moderating)' 과정이 가정되는 데 반하여(Holmbeck, Zebracki, & McGoron, 2009), '중재(mediator)' 변인은 한 변인이 또 다른 변인에 영향을 미치는 기제로서 개념화된다.

이 분야가 제3의 조사 또는 실험설계 단계로 들어갈 때까지 준실험설계, 관찰연구설계, 단일-참가자설계 및 메타분석기법이 1990년대 내내 연구문헌에서 우위를 차지하였다. 이런 무작위로 통제된 임상시험은 실제로 1980년대와 1990년대의 초반과 중반 내내 현존하는 문헌에서 만연한 다양한 상관 모형을 검증하는 데 이용되었다. 바꾸어 말하면 그런 시험들은 주로 상관연구가 보여주었던 이 분야에서의 다양한 이론적 견해에 대한 진정한 실험적 검증으로 이용되었다(Thompson & Gustafson, 1996). 무작위로 통제된 임상시험은 이제 이 분야의 연구방법론에 관해서는 '표준'으로 간주되고, 다양한 이론적 모형들을 검증할 때 이 분야 내에서의 강력한 이론적 틀을 제공해 왔다. 이런 무작위로 통제된 임상시험은 아동건강심리학 분야 내에서와 더 광범위한 임상심리학 분야에서 최근에 급증하는 지지를 얻은 경험적 근거에 의한 진료를 불러왔다(Nelson & Steele, 2009).

신체 증상과 관련장애

특정한 장애 집단에 대한 우리의 논의에서 우리는 우선 아동이나 청소년이 매일 고통을 주거나 기능적 손상을 초래할 수 있는 진행 중이고 지속적인 신체증상을 보이는 장애를 다룬다(American Psychiatric Association [APA], 2013). 그 증상들은 심각하거나 생명을 위협하는 질병의 징후를 나타내는 것이 아닌 불편함을 나타내는데, 의학

표 19.1 신체증상장애에 대한 DSM-5 진단기준

A. 고통을 주거나 일상생활의 중요한 붕괴를 초래하는 하나 또는 그 이상의 신체증상

B. 신체증상과 관련된 과도한 사고, 감정, 행동 또는 최소한 다음에 나오는 것들 중의 하나에 의해 나타난 관련된 건강 염려

    1. 자신의 증상의 심각함에 대한 불균형적이고 지속적인 사고

    2. 건강이나 증상에 대한 지속적으로 높은 수준의 불안

    3. 이런 증상이나 건강 염려에 과도한 시간과 정력을 쏟음

C. 신체증상이 계속 나타나지 않더라도, 징후를 나타내는 상태는 지속됨(전형적으로 6개월 이상)

다음의 경우 명시할 것

   현저한 통증이 있음(이전의 통증장애) : 이 명시자는 신체증상이 주로 통증을 포함하는 사람들에게 해당

다음의 경우 명시할 것

   지속적 : 지속적인 경로가 심한 증상, 현저한 손상 및 오랜 지속 기간(6개월 이상)의 특징을 나타냄

다음의 경우 명시할 것

   경도 : 기준 B에 명시된 증상 중에서 단 한 가지만 충족됨

   중등도 : 기준 B에 명시된 증상 중에서 둘 또는 그 이상이 충족됨

   고도 : 기준 B에 명시된 증상 중에서 둘 또는 그 이상이 충족됨, 거기에 다수의 신체적 불편이 있음(또는 한 가지 심한 신체증상)

출처 : *Diagnostic and Statistical Manual of Mental Disorders, Fifth Edition* (p.311). Copyright 2013 by the American Psychiatric Association의 허락하에 사용함.

적으로 설명하는 증거가 없는 신체증상은 신체증상장애 진단에 충분하지 않다(APA, 2013). 성인과 비교하여 아동은 전형적으로 우세한 단 하나의 증상을 경험한다. 빈번한 증상에는 재발성 복통, 두통, 피로와 구역질이 포함된다(APA, 2013). 청소년기 이전에 아동은 좀처럼 질병 그 자체에 대해서는 과도하게 걱정하지 않는다. 부모와 돌보는 사람들이 흔히 증상의 해석을 결정하는 데 중요한 영향을 미치고 학교를 쉬는 것뿐만 아니라 치료를 모색하는 데에도 상당히 영향을 미친다.

신체증상과 관련된 장애가 있는 아동은 흔히 자신의 일상생활에서 학교 빼먹기, 빈번한 진찰 약속, 놀이활동과 스포츠에서 또래들과 시간을 덜 보냄, 가족활동의 빈번한 붕괴를 포함하는 잦은 붕괴를 견딘다(APA, 2013). 건강과 관련된 생활의 질은 흔히 정신적 및 신체적으로 손상될 수 있다(APA, 2013). 그런 장애의 발병은 흔히 청소년기에 시작되고, 그 장애는 남성들보다 여성들 사이에서 더 만연하다(개관을 위해서는 Hadjistavropoulos, Owens, Hadjistavropoulos, & Asmundson 참조, 출판 중). 이 장애는 또 다른 의학적 상태와 동반이환이 될 수 있고 흔히 내재화 장애(불안장애, 우울증)를 포함하여 다른

정신의학적 이환율의 특징을 나타낸다.

신체증상장애와 질병불안장애

정신질환의 진단 및 통계편람, 제5판(APA, 2013)에서의 신체증상장애의 진단은 장애가 지속적인지의 여부와 현재 수준이 경도, 중등도, 고도의 여부에 관한 명세 사항을 필요로 한다. 이 장애의 진단기준이 표 19.1에 제시되어 있다. 대조적으로 질병불안장애의 진단은 중요한 신체증상을 보고하지 않지만, 여전히 심각한 질병에 대한 생각에 사로잡힘, 건강에 대한 높은 수준의 불안, 과도한 건강행동이나 부적응적 회피를 표현하는 아동과 청소년의 경우에 제안된다(APA, 2013). 이 장애는 그 발병이 청소년 후기와 성인기 초기에 증가할 수 있기는 하지만 특히 아동에서는 드물다(APA, 2013).

유전적 요인이 신체화 점수 변량의 대략 1/3을 설명하는 것으로 증명되기는 했으나, 신체증상장애의 기저에 있는 병인은 현재까지 분명하지 않다(Gillespie, Zhu, Health, Hickie, & Martin, 2000). 다른 행동적 및 인지행동적 모형들이 제안되어 왔는데, 가장 강력한 설명은 건강과 질병에 대한 역기능적 신념이 주로 개인의 질병과의 과거

경험의 결과라는 것이다. 제안된 한 가지 강력한 모형은 애착과 같은 대인관계 요인이 건강불안의 발달 및 유지와 관련되어 있을 수 있다는 것이다. 이 건강불안의 대인관계 모형(Stuart & Noyes, 1999)에서는 부정적인 양육방식과 혐오적인 초기 경험이 아동이나 청소년으로 하여금 불안정애착 양식이 발달하도록 만들어서 신체 감각에 집중하게 만든다고 시사한다. 불안정애착에 의해서 아동이나 청소년은 자신으로 하여금 타인들로부터의 정서적 및 대인관계의 지지를 찾을 수 있게 하는, 건강불안에 대해 안심시키는 것을 찾는다. 따라서 이 지지는 불안정애착을 완화한다. 이 모형에 대한 지지로서 Noyes, Weber 및 Vogler(2003)는 더 높은 수준의 건강불안이 외래환자 진료소에서 간호를 받는 사람들 사이에서 안정 애착양식에 비해 불안정애착 양식과 관련되어 있음을 보여주었다. 이런 자료는 확실히 시사하는 바가 많은데, 이 모형의 정확성을 지지하려면 더 많은 실험적 패러다임이 필요하다.

전환장애(기능적 신경증상장애)

전환장애(기능적 신경증상장애)는 허약이나 마비, 이상운동, 걸음걸이 이상, 또는 사지 자세의 이상을 포함하여 하나 또는 그 이상의 다양한 유형의 증상을 포함할 수 있다(APA, 2013). 다른 증상에는 말하는 음량의 감소나 부재, 조음의 변화나 목이 메는 듯한 느낌이 포함될 수 있다(APA, 2013). 이 증상들은 병인이 신경학적 질병에 있지 않으며, 어떤 신경학적 질병과 양립할 수 없다는 분명한 증거가 있어야 한다.

다른 의학적 상태에 영향을 미치는 심리적 요인

다른 의학적 상태에 영향을 미치는 심리적 요인에 대한 진단은 현재 존재하는 의학적 상태에 불리한 영향을 미치는 하나 또는 그 이상의 임상적으로 중요한 심리적 또는 행동적 요인의 존재를 가리킨다(APA, 2013). 이런 심리적 요인들에는 대처양식이나 의학적 상태의 관리에 대한 빈약한 충실성이 포함될 수 있다(예 : T1DM이 있는 청소년들은 자신의 포도당 감시나 인슐린 투여를 고수하

지 않을 수도 있음). 그 요인들은 증상을 악화시키거나 생명을 위협하는 상태를 초래할 수 있다(APA, 2013).

인위적 장애

어떤 사람이 성인, 아동, 또는 심지어 애완동물과 같은 또 다른 사람에게 질병이 있다고 속일 때, 그 진단은 또 다른 사람에게 부과된 인위적 장애이다(APA, 2013). 피해자에게 학대 진단이 주어지는 동안에 실제로 이 진단을 받는 사람은 피해자가 아니라 가해자임을 주목하는 것이 중요하다(APA, 2013). 또 다른 사람에게 부과된 인위적 장애는 이 장애의 다른 유형인 아동에게서 볼 수 있는, 자신에게 부과된 인위적 장애보다 아동과 그들의 부모에게서 훨씬 더 흔하게 볼 수 있다. 인위적 장애에 대한 진단은 어떤 사람이 질병이나 부상의 징후나 증상을 가장하고, 잘못 전하거나 일으키기 위한 특정한 행동을 하는 것을 증명할 필요가 있다. 인위적 장애가 있는 사람들은 흔히 심리적 고통이나 기능적 손상을 경험할 위험에 처해 있다(APA, 2013). 그런 행동에는 실험실 검사를 속이려는 목적으로 소변에 혈액을 추가하거나 질병을 일으키기 위해 물질을 섭취하는 것이 포함될 수 있다(APA, 2013). 이런 행동들은 분명히 속임수와 관련되어 있고 극단적인 상황에서는 확실히 범죄이다. 더욱이 부모나 다른 돌보는 사람이 어떤 장애를 아동에게 부과할 때 돌보는 사람의 행동은 분명히 아동에 대한 학대를 나타낸다. 부모나 돌보는 사람이 가해자이고 아동이 피해자일 때 그 장애는 흔히 대리인에 의한 문하우젠 증후군을 가리킨다. 흔히 가해자들은 상당한 정신병리와 기능적 손상의 특징을 나타낸다. 모집단의 약 1%에서 발생한다고 추정되기는 하지만, 이 모집단에서의 높은 수준의 속임수 때문에 유병률은 크게 알려져 있지 않다(APA, 2013).

현저한 통증이 있는 신체증상장애(통증장애)

아동에게 운동, 감각 또는 발작증상이 없는 1차적 통증이 나타날 때 DSM-5의 현저한 통증이 있는 신체증상장애의 진단이 부여된다(APA, 2013). DSM-IV(APA, 1994)

에서는 통증장애라는 별개의 진단이 부여되었고, 이 장애는 두 가지 유형 중의 하나이다. 심리적 요인과 관련된 통증장애 또는 심리적 요인 및 전반적인 의학적 상태 둘 다와 관련된 통증장애(전반적인 의학적 상태와 관련된 통증장애는 정신장애로 간주되지 않았다. 이 상태는 검상적혈구병과 같은 활동성 질병 과정과 전형적으로 관련되어 있음).

다른 점에서는 건강한 아동에게서 생기고 기저 질병의 징후로 간주되지 않는 통증은 '재발성 통증'으로 부르고 흔히 임상 또는 소아심리학자들의 주의를 끌게 된다. 두통과 재발성 복통이 가장 자주 정신건강전문가들의 주의를 끌게 되는 재발성 통증의 유형이다.

두통

아동과 청소년의 경우 두통은 전형적으로 7~8세에 시작되고, 유병률은 생활연령과 관련되어 있다. 두통의 유병률이 더 높은 것은 전형적으로 더 나이든 청소년과 관련되어 있었다(Gauthier, Ivers, & Carrier, 1996). 소년이 아동기 동안 더 높은 빈도의 두통을 보고하고, 소녀는 청소년기에 더 높은 빈도의 두통을 보고한다. 신체적 원인이 없을 때 두통은 전형적으로 긴장성 두통과 편두통 중의 하나로 분류된다. 긴장성 두통은 두개골막 근육의 긴장 지속에 병인이 있는 것으로 생각되는 데 반하여, 편두통은 두개내외 동맥의 수축으로 유발되는 것으로 생각된다(Gauthier et al., 1996). 두통의 유형은 상태 관리에 중요한 함의를 가지고 있다. 마지막으로 두통으로 고통을 받는 아동과 청소년의 장기적 결과에 관한 연구가 불충분하기는 하지만, 일반적으로 두통으로 고통을 받는 많은 아동과 청소년은 성년이 될 때까지 계속 두통을 경험한다.

바이오피드백 훈련이 두통관리를 위한 증거에 근거한 치료법으로 증명되어 왔다. 그 절차에는 아동이 자신의 생리적 기능의 작은 변화라도 알아차릴 수 있도록, 신체적 반응의 감시 및 수량화와 그 후에 아동이나 청소년에게 이 정보를 전달하는 것이 포함된다(Dahlquist & Nagel, 2009). 근전도(electromyographic, EMG) 바이오피드백이

아동에게 전두근의 긴장을 완화하도록 가르치는 수단으로 사용되어 왔는데(Hermann & Blanchard, 2002), 편두통을 위한 바이오피드백 절차는 아동에게 집게손가락을 따뜻하게 하도록 가르침으로써 신체의 혈관 활동을 겨냥한다(Hermann & Blanchard, 2002; Holden, Deichmann, & Levy, 1999). Dahlquist와 Nagel(2009)이 결론을 내렸듯이 EMG 바이오피드백은 단기적 및 장기적으로(치료를 중지한 이후 1년까지) 편두통과 긴장성 두통 둘 다를 관리하는 데 있어서 인상적인 실적을 나타냈다.

또 다른 두통관리를 위한 특히 잘 지지된 치료법은 아동에게 특정한 근육 집단을 긴장시킨 후에 이완시키도록 가르치는 점진적 근육 이완이다. Larsson, Carlsson, Fichtel 및 Melin(2005)은 두통으로 고통받는 청소년을 위한 이완요법에 대한 다수의 무작위로 통제된 임상시험을 수행했다. 연구결과는 이완요법이 다수의 주의통제 조건(예: 자기감시)에 비해 두통 빈도와 두통 강도를 감소시키는 데 특히 효과가 있음을 밝혀주었다. Larsson과 동료들의 연구는 특히 낮은 사회경제적 지위에 있는 청소년 사이에서 건강관리에 대한 접근에 관한 문제를 감안하면 각별히 용기를 북돋워 주는 것이다. 구체적으로 말하자면 그 연구는 이 통증관리 절차가 학교에 있는 시간 동안 양호교사에 의해 전달될 수 있음을 가리킨다. 그러나 치료 프로그램의 전달은 전문적으로 훈련을 받은 치료자에 의해 전달되었을 때 가장 효과가 있었음에 주목해야 한다.

마지막으로 컴퓨터에 근거한 중재의 사용이 특히 두통관리에 유망한 것으로 입증되었다. CD-ROM 프로그램(Headstrong)을 이용하는 Connelly, Rapoff, Thompson 및 Connelly(2006)의 한 연구에서 참가자들은 대기자 통제집단에 비해 두통에서의 상당한 개선을 보고했다. 통증에 대한 심리적 치료법이 외래진찰 약속에 대한 필요 없이도 전달될 수 있음을 시사하기 때문에, Larsson과 동료들(2005)의 연구처럼, Connelly와 동료들의 연구도 특히 건강관리에 대한 접근 문제에 중요한 함의를 지니고 있다.

재발성 복통

재발성 복통(recurrent abdominal pain, RAP)은 6개월 동안 3번이나 그 이상의 일화가 일어나는 발작적 통증의 특징을 나타내고 아동 생활의 다양한 영역들(예 : 학교 출석, 가족 및 사회적 기능)에 걸쳐 기능적 손상을 현저하게 초래한다(개관을 위해서 Banez & Cunningham, 2009 참조). RAP는 아동기에 매우 흔하고 구역질, 구토, 복통을 포함하는 증상 때문에 잦은 의사 방문을 포함하여 상당한 건강관리를 필요로 한다. RAP가 있는 아동은 흔히 두통과 사지 통증을 포함하는 다른 유형의 통증으로 고통을 받는다. 병인이 과민성 장증후군과 염증성 장 질환과 같은 위장장애에 있는 다른 복통과는 달리, RAP가 있는 아동은 통증의 토대가 신체기관에 있는 것으로 확인되지 않는다. 그러므로 RPA는 일부 체계에서 신체형 장애로 분류된다(Banez & Cunningham, 2009). 그 장애는 RAP와 관련된 무능력하게 만드는 통증에 기인하는 유분증과는 다르다. 이 장애의 증상에는 유당 불내증과 변비가 포함되고, 통증은 며칠 결석하기와 또래관계의 어려움과 같은 다수의 기능적 손상을 초래할 만큼 심각하다.

흥미롭게도 최근의 연구는 RAP가 주로 가족 기능과 관련되어 있음을 밝혀주었다(개관을 위해서 Walker, Smith, Garber, & Van Slyke, 1997 참조). 흥미를 끄는 것은 증상의 빈도와 심한 정도 둘 다는 가족 기능과 가족 체계에 영향을 미치는 스트레스 요인과 관련되어 있음을 보여주었던 연구결과이다(Walker, Garber, Smith, Van Slyke, & Lewis Claar, 2001). 또한 RAP는 돌보는 사람과 아동 자신 둘 다의 부족하고 비효과적인 대처기술과 관련되어 있었다. 더 어린 아동이 통증이나 다른 신체증상이 있는 돌보는 사람을 관찰하게 되는 그리고 더욱 중요하게 통증행동과 관련된 긍정적인 결과를 관찰할 기회가 있는, 모델링이 비생리적 RAP의 기저에 있는 한 가지 이유로 제시되었다(Walker, 1999).

RAP의 관리에는 신체관리뿐만 아니라 심리치료법이 포함되어 있다(Banez & Cunningham, 2009). 이것에는 특히 진단을 할 때와 재발할 때 및 치료와 관련된 문제가 있는 결정적 시점에서의 가족체계 정신병리의 이용이 포함된다. 가장 유망한 것으로 입증된 치료법에는 신체 치료(예 : 이완요법과 함께 장 운동의 빈도를 증가시키기 위한 섬유질 식품의 이용)를 포함하는 다체계 치료법이 포함된다(Walker, 1999). 게다가 자기-감시나 '복통' 일지의 사용은 RAP가 있는 아동의 통증 발작의 상당한 감소를 보여주었다(Feldman, McGrath, Hodgeson, Ritter, & Shipman, 1985). 가장 큰 효능을 보여주는 RAP를 위한 치료 접근은 단독으로 이용된 개별적 치료라기보다는 결합하여 이용된 접근들이라는 점에 주목하는 것이 중요하다(Banez & Cunningham, 2009). 이제 다양한 만성질환에 대한 심리적 순응을 위한 증거에 근거한 치료법을 검증하기 위한 제3의 연구 물결이 있음을 감안하면, 이 연구결과는 RAP(뿐만 아니라 흔히 심리적 순응에 영향을 미치는 많은 다른 신체적 장애, 또는 강화된 질병관리가 심리적 적응과 관련되어 있는)로 고통을 받는 아동의 생활의 질을 강화하는 데에 다양한 양식의 치료가 고려되어야 함을 강력하게 시사한다.

발달장애

최근에 출생 시나 아동기 초기부터 생물학적 위험에 처한 아동에 대한 연구에 관심이 높아졌다. 생물학적 위험에 처한 모든 아동과 청소년에 대한 완벽한 개관은 이 장의 범위 내에서 불가능하기 때문에 우리는 논의를 조숙하고 간질, 척추이분증, 외상성 뇌손상 및 척수손상을 포함하는 중추신경계(central nervous system, CNS) 장애가 있는 아동에 초점을 맞춘다.

조숙

임신 나이로 37주 미만에 태어난 아동은 조숙한 것으로 간주되고 조숙은 분만 전후의 사망률과 이환율의 주요 원인이다(Aylward, 2009). 조산아의 사망 비율은 지난 20년간 거의 절반이 감소했고, 의학기술의 주요한 진보가 사망률 감소의 중요한 기여요인이었다. 그러나 출생 시의 저체중(1,500그램), 출생 시에 매우 저체중(<2,500그

램) 및 출생 시의 극단적 저체중(<1,000그램) 유아들의 향상된 생존 비율이 부수적으로 전문화된 서비스의 필요성을 증가시켰다(Aylward, 2009; Saigal & Doyle, 2008). 출생 시의 체중과 임신 나이는 전형적으로 조숙을 대리하는 것이었다. 더 최근에 태아 초음파 기술의 향상으로 임신 나이 추정이 유아의 사망률과 이환율의 더 강력한 지표가 되었다(Institute of Medicine, 2006). 그럼에도 불구하고 전문가들은 여전히 유아를 조숙하다고 분류할 때 출생 시의 체중과 임신 나이 둘 다를 고려해야 한다고 주장한다(Aylward, 2009). 출생 시의 체중과 임신 나이와 더불어 조숙을 예측하는 것으로 증명되어 온 다른 변인에는 신생아 경로의 심한 정도, 사회인구학적 요인, 만성적 폐질환, 질식, 느린 심박(서맥)을 포함하는(국한되지 않는) 다른 동반이환들이 포함된다. 최근에 위험 점수로부터 발달적 결과를 예측하는 것이 일반적으로 약하다고 증명되어 오기는 했지만 질병의 심한 정도를 정량화하는 수단으로 질병의 심한 정도 점수가 개발되어 왔다(Aylward, 2009).

조숙한 유아의 생존 비율 증가와 함께 연구자들은 이런 아동의 지적 기능, 시각운동기술, 언어, 학업 성취 및 행동 영역에 있어서의 장기적 결과를 조사하기 시작했다. 정상체중으로 출생한 집단과 통제집단을 비교했을 때 출생 시에 저체중으로 태어난 아동은 전형적으로 인지기능에 대한 측정에서 평균보다 1/3에서 1/2 표준편차가 더 낮은 것으로 기록되었다(Aylward, 2002a, 2002b, 2005). 연구자들은 인지적 기능을 평가하는 데 전적으로 요약 점수만 사용하는 것에 대해서는 경고를 한 반면 특정한 기능의 평가에 대해서는 권고를 했다. 지적 결함에 시각운동과 다른 미세한 운동기능의 결함이 수반되어 일어나는 것이 발견되어 왔다(Dewey, Crawford, Creighton, & Sauve, 1998). 언어적 작업기억에서 다른 손상들이 나타났고, 특정한 학습손상이 학업 성취에 크게 영향을 미치는데, 특수교육 서비스를 받고 있는 이런 아동들의 대략 20%가 그러하다. 다른 문제들에는 행동조절과 실행기능기술에서의 손상을 포함하여 주의력결핍 과잉행동장애(ADHD)와 관련된 증상들이 자주 포함된다.

중추신경계 장애

아동의 1.9%에게 주로 신경발달적 장애를 포함하는 중추신경계(CNS) 장애가 있는 것으로 추정된다. CNS의 손상은 아동의 적응적 기능과 연령에 적절한 활동(예 : 오락, 학업 또는 가족활동)에의 참여를 방해한다(Deidrick, Grissom, & Farmer, 2009). CNS 장애가 있는 아동들도 특정한 인지적 손상, 학업 및 학교와 관련된 어려움 및 행동적이고 정서적인 어려움의 위험에 처해 있다. 모든 CNS 손상의 심리적 후유증에 대한 완벽한 개관은 이 장의 범위 내에서 가능하지 않기 때문에 우리는 네 가지 상태인 간질, 척추이분증, 외상성 뇌손상, 척수손상을 기술하기로 결정했고, 증거에 근거한 평가와 이런 상태의 관리에 관한 최근의 연구를 제공한다.

간질

'발작'은 의식상실, 근육긴장의 상실 또는 근육긴장의 증가나 자동증을 일으킬 수 있는 뇌에서의 비정형적인 전기적 방출이다. 발작이 폐쇄성 두부손상과 같은 특정한 사건이 관여된 것으로 확인되지 않을 때 간질 진단을 한다(Hauser & Beghi, 2008). 20세 미만의 미국 아동의 1%가 간질로 진단되는 것으로 추정되었다(Deidrick et al., 2009). 발작은 발작의 영향(예 : 멍하게 먼 곳을 응시하는 소발작, 근육이 경직되는 긴장성 발작, 근육긴장이 상실되는 무긴장성 발작)뿐만 아니라 발병 유형(일반적인 대 부분적인)에 따라 특징이 나타난다(Friedman & Sharieff, 2006). 항간질제는 다양한 유형의 발작이 있는 아동의 80~90%에서 이용되는데, 이런 약물은 역효과가 발생한다. 가장 두드러진 것은 인지적 손상을 초래할 수 있는 졸음과 무기력이다.

인지적 기능에 관해서는 발작장애가 있는 아동의 전반적인 지적 기능이 평균 범위에 있음이 입증되어 왔다. 그러나 인지적 손상이 발작 유형, 발작장애의 발병연령, 다른 신경학적 이상의 존재 및 마지막으로 발작의 난치성과 관련되어 있음이 발견되었다(Nolan et al., 2004; Williams, 2003). 발작이 아동에게서 잘 통제되지 않을 때 전형적으로 처리 속도뿐만 아니라 주의와 기억에서의 더 큰 손상의 위험성이 있다. 간질이 있는 아동은 특정한 학업 부진의 위험에 처한 아동보다 더 높은 비율로 특수교육 서비스를 받는다(Berg et al., 2005). 발작을 항상 통제할 수 있는 것은 아니지만, 발작의 통제는 인지적 손상을 최소화하는 데 가장 효과가 있는 접근으로 입증되어 왔다. 더욱이 앞에서 주목했듯이, 최근의 정신약리학에서의 발전이 이런 약물치료의 부작용에 대한 분석을 향상시켜 오기는 했지만, 한 가지 항간질제 투약의 역효과는 진정 작용이다.

행동적 및 정서적 영역에서 간질이 있는 아동은 우울 증상을 포함하는, 더 큰 정신병리의 위험에 처해 있는 것으로 증명되어 왔다(Wagner & Smith, 2006). 그런 증상이 질병에 대한 사회적 낙인과 관련되어 있는지의 여부는 전적으로 분명하지 않다. 정신병리와 발작장애 간의 연관성을 완화시키는 것으로 증명되어온 변인들에는 항간질제의 사용, 발작장애에 대한 개인 및 가족의 순응, 가족의 스트레스 및 발작과 관련되어 있을 수 있는 다른 신경학적 손상이 포함된다. 발작장애가 있는 아동은 건강한 아동보다 더 빈약한 사회적 기술을 가지고 있는 것으로 발견되었다(Tse, Hamiwka, Sherman, & Wirrell, 2007).

척추이분증

척추이분증은 신경관이 임신 초기에 적절하게 융합되지 않을 때 일어나는 신경관의 결함이다(Deidrick et al., 2009; Mitchell et al., 2004). 그 궁극적 결과는 척수와 대뇌피질의 기형이다. 척추이분증의 가장 흔한 형태는 척수수막탈출증인데(이 장의 앞에서 언급했듯이), 수막과 척수신경이 척수에 들어 있지 않고 개방된 척추골에서 튀어나와 있다. 그 결과는 창자와 방광의 통제문제뿐만 아니라 하지의 허약이나 마비이다. 척추이분증이 있는 아동과 그 가족은 흔히 여러 번의 수술과 션트(뇌실의 뇌척수액을 복강으로 돌리는 데 이용되는 장치)의 이식과 교정, 휠체어의 버팀대나 장기간 위치하는 것 때문에 생기는 욕창을 예방하기 위한 피부 관리 및 정형외과적 건강문제를 포함하는 신경학적 손상을 관리하기 위해 계속하게 되는 의학적 추적검사를 견뎌야 한다.

인지적 영역에서는 전반적으로 연구 문헌에서 일치하는 것이 척추이분증이 있는 아동의 지적 기능이 일반적으로 평균보다 낮다는 증거가 있음을 가리키는데, 시각공간 및 시각운동기능에서의 특정한 결함을 보인다(Dennis, Landry, Barnes, & Fletcher, 2006). 게다가 이런 아동은 학습, 장기기억 및 인출문제에 어려움이 있다는 증거가 있다. 또한 이런 아동들도 주의의 손상과 다른 실행기능의 결함을 보인다는 증거가 있음을 시사하는 일부 연구가 있다(Rose & Holmbeck, 2007). 척추이분증이 있는 아동이 보이는 손상의 기원은 후측 주의 체계와 시간조절 및 운동통제 영역에서의 기본적 처리 결함에 있음이 시사되어 왔다(Dennis, Landry, et al., 2006). Yeates, Loss, Colvin 및 Enrile(2003)는 이런 아동들의 하위집단이 비언어적 학습장애를 보일 수 있음을 시사하는 강력한 증거를 제공했다. 따라서 척추이분증이 있는 아동이 흔히 수학에서의 특정한 학습장애를 보인다는 증거에 놀라지 말아야 한다(Barnes et al., 2006). 일련의 인지적 손상 때문에 척추이분증이 있는 아동들 사이에서 더 낮은 사회경제적 배경을 가진 아동이 과잉 비율로 대표되는 것과 더불어, 그들은 흔히 건강한 또래보다 학업수행이 떨어지고 학교에서 더 낮은 성적을 받는다(Holmbeck et al., 2003).

정서적 및 행동적 기능의 영역에서는 자료가 일반적으로 뒤섞여 있는데, 이는 내재화 및 외현화 행동증상을 시사하는 것이다. 가장 흔한 장애는 ADHD와 불안장애이다(Ammerman et al., 1998).

외상성 뇌손상

외상성 뇌손상은 외부의 기계적 힘의 결과로 생기는 손상이다. 정의에 의하면 무산소증이나 종양을 포함하는(Wade, Walz, & Bosques, 2009), 비외상적 원인으로부터 생기는 손상은 이 손상 집단에 포함되지 않는다. 대략 500,000명의 15세 미만 아동이 매년 외상성 뇌손상으로 고통받는 것으로 추정된다. 외상성 뇌손상이 있는 대부분의 아동은 생존하는데, 그런 손상이 아동들 사이의 주요 사망 원인이고, 걸음마기 유아들의 이런 손상의 주요 원인은 추락이다. 자동차 사고와 관련된 외상성 뇌손상과 폭행이 청소년들 사이에서 가장 흔한 유형이고, 그 발생은 여성보다 남성의 경우에 거의 2배이다(Keenan & Bratton, 2006). 외상성 뇌손상은 전형적으로 '1차' 및 '2차' 효과가 있는 것으로 분류된다. 1차 효과는 두개골 골절, 타박상, 출혈과 같은 외상 그 자체의 결과이다. 2차 효과는 외상 이후에 나타나고 뇌의 부기, 대뇌 부종, 저산소증, 종괴 병소(mass lesion) 및 발작에 기인하는 두개 내의 압력 상승을 포함한다. 외상성 뇌손상은 흔히 지적 기능, 언어와 비언어적 기술, 주의, 기억, 실행기능에서의 손상을 포함하는 인지적 이환율과 관련되어 있음에 주목해야 한다(Ewing-Cobbs et al., 2004). 외상성 뇌손상이 있는 아동은 흔히 ADHD나 학습장애가 있는 아동과 유사한 손상을 보여준다. 이런 손상들에는 주의집중, 기억 및 다양한 학업수행의 문제가 포함된다. 행동적 및 정신의학적 문제들도 외상성 뇌손상이 지속되어 온 아동들 사이에 만연해 있다. 이런 문제들에는 정서장애, 탈억제장애, 충동성, 불안 및 품행장애가 포함된다(Wade et al., 2009). 물론 외상성 뇌손상이 아동의 행동에 미치는 영향을 추정하기 어려운 경우가 많은데, 행동문제 또는 학습문제가 있는 아동은 전형적으로 발달하고 있는 또래보다 흔히 외상성 뇌손상이 지속될 가능성이 더 높다(Goldstrohm & Arffa, 2005). 마지막으로 외상성 뇌손상이 가족구성원들 사이의 높은 빈도의 심리적 증상과 고통과 관련되어 있음에 놀라지 말아야 한다(Wade, Taylor, Drotar, Stancin, & Yeates, 1998).

척수손상

미국에서는 척수손상을 입은 아동이 대략 100,000명당 2명으로 추정되었다(Vitale, Goss, Matsumoto, & Royce, 2006). 특히 청소년기에 남성이 여성보다 척수손상을 입을 가능성이 3배 더 많다. 자동차 사고가 척수손상의 대다수를 설명하고, 다른 원인들에는 총상과 스포츠 부상이 포함된다. 아프리카계 미국 아동은 다른 민족 및 인종집단보다 더 높은 비율로 척수손상을 입는 것으로 발견되었다(Vitale et al., 2006). 의학기술의 진보 때문에 그런 파괴적인 손상에서 살아남는 아동의 수가 증가하고 있다. 척수손상은 전형적으로 신경학적 입출력에 영향을 미치고, 감각 및 운동기능의 상실과 관련되어 있다(National Institute of Neurological Disorders and Stroke, 2003). 욕창, 심부정맥혈전증 및 폐색전증을 포함하여, 다양한 의학적 합병증이 흔히 계속해서 일어난다. 특히 척수손상이 적절하게 관리되지 않는다면, 각각의 이런 합병증들은 손상 이후의 사망률과 이환율을 초래할 수 있다. 다른 합병증에는 횡격막 통제력(기계적 환기를 필요로 하는)의 상실뿐만 아니라 손상이 충분히 크면, 보행 능력의 상실이 포함된다.

소아 척수손상의 단기적 및 장기적 심리적인 후유증을 실제로 조사한 연구가 거의 없고, 이용 가능한 얼마 안 되는 연구들은 다수의 심리적 증상(예 : 우울, 불안)과 외상후 스트레스장애(PTSD)를 시사한다(Boyer, Knolls, Kafkalas, Tollen, & Swartz, 2000). 손상이 시작된 연령이 더 어릴수록, 더 높은 교육적 성취, 더 큰 재정적 자원, 고기능의 가족, 더 적은 의학적 합병증 및 일상활동에의 더 큰 참여가 더욱 긍정적인 의학적 및 심리적 결과를 보여주었다. 손상에 대한 부모와 아동의 심리적 적응과 순응은 밀접하게 결부되어 있고, 돌보는 사람들은 흔히 우울증상과 PTSD를 그들 스스로가 경험한다(Boyer et al., 2000; Dreer, Elliot, Shewchuk, Berry, & Rivara, 2007). 이런 이유로 손상에 대한 부모 및 가족의 기능과 순응을 촉진하는 것이 손상에 대한 아동의 순응을 강화하는 데 중요하다.

평가와 관리

신경발달적 및 소아의 재활 문헌에 대한 철저한 개관을 통하여, Deidrick과 동료들(2009)은 발달장애와 CNS 장애의 평가와 치료는 현존하는 두 가지 연구 영역에서의 문헌으로부터의 원리에 근거해야 한다는 결론을 내렸다. 그 원리에는 (1) 기능적 결과를 강화하기 위한 아동과 가족의 강점에 초점 맞추기, (2) 아동의 환경과 일상적 활동 내의 중재에 초점 맞추기, (3) 아동의 다양한 요구를 다루기 위한 팀 접근 이용하기, (4) 아동의 발달과 질병 또는 손상과의 상호작용 인식하기, (5) 치료적·보상적·지지적 전략에 의해 인지와 심리적 기능 간의 연관성에 초점 맞추기가 포함된다(Farmer, Kanne, Grissom, & Kemp, 2010).

증거에 근거한 문헌의 정신에 따라 신경발달적 장애가 있는 아동과 그들의 가족을 위한 가족에 근거한 자문 모형이 Deidrick과 동료들(2009)에 의해 권고되어 왔다. 이 모형은 만성질환이 있는 아동의 가족을 광범위하게 연구해 온 Kazak, Simms 및 Rourke(2002)의 연구에 근거한 것이다. 이 모형은 가족의 능력을 강조하고 가족과 아동이 스트레스 요인에 대처하도록 지원함으로써 의료팀에게 문제가 될 수 있는 행동을 다시 구성한다. 고통 감소, 가족과 자문팀 간의 긍정적 관계 강화, 마지막으로 최초의 자문을 초래했을 수 있는 특정한 문제관리를 위한 대처기술을 이용하여 가족을 지원한다. 이 모형의 핵심적 구성요소는 가족 강점의 확인인데, 이후에 가족과 의료팀이 아동의 장애에 대한 긍정적인 순응을 확보하는 데 사용될 수 있다.

CNS 장애가 있는 아동은 전형적으로 물리치료사, 작업치료사 및 언어치료사로부터 포괄적인 서비스를 받는다. 인지적 재활의 이용과 아동과 청소년이 보상적 전략을 이용하도록 지원하는 것은 현존하는 문헌에서 일부 지지를 받아 왔다(Butler et al., 2008). 물론 다수의 인지적 및 심리사회적 영역에 걸쳐 강점과 약점 둘 다를 확인하기 위한 상세한 평가가 수행되어야 한다(개관을 위해서는 Deidrick et al., 2009 참조). 게다가 돌보기 조정, 심리교육, 가족치료 및 비공식적인 정서적 지원을 포함하는 다양한 가족 지원 중재가 임상 문헌에서 기술되어 왔다. 마지막으로 CNS 장애가 있는 아동과 그들의 가족이 염려하는 영역은 성인기 초기로의 전환인데, 연구 문헌에서 관심을 받지 못했다. 이것은 분명히 이런 개인과 가족생활의 질을 강화하는 데 있어서의 앞으로의 연구를 위한 기회가 무르익은 영역이다.

적응적 자기돌봄장애

우리는 이제 적응적 자기돌봄장애를 개관한다. 이런 장애에는 급식 및 구토문제, 비만, 섭식장애, 배설장애, 수면장애가 포함된다.

급식 및 구토문제

급식문제에는 전형적으로 최적 기준 미달의 성장, 식사시간의 파괴적 행동 및 마침내 음식 거부에 이르게 할 수 있는, 아동의 발달수준과 일치하는 급식기술의 숙달 실패를 포함한다(Lyons-Ruth, Zeanah, Benoit, Madigan, & Mills-Koonce, 이 책의 제15장; Silverman & Tarbell, 2009). 일반적으로 급식문제는 아동이 한 급식단계에서 다음 단계로 나아가는 데 실패할 때 생애의 첫 3년 동안 확인된다. 더 어린 아동이 더 나이든 아동보다 전형적으로 급식문제의 비율이 더 큰데, 급식문제의 발생 범위는 전형적으로 일반적인 소아 모집단의 1/4에서 거의 절반까지이다. 급식문제의 병인은 전형적으로 다면적이고 발달적 장애, 신경학적 이상과 관련된 감각처리문제 및 사회적·환경적 요인들을 포함할 수 있다(Silverman & Tarbell, 2009). 급식장애의 평가는 흔히 의료 기록 재검토, 돌보는 사람이 완성한 질문지, 임상면접 및 식사시간 동안의 육아도우미와의 상호작용에 대한 직접 관찰로 이루어진다.

아동의 급식장애에 대한 행동치료는 경험적으로 지지를 받아 왔고 증거에 근거한 문헌에서 잘 확립되어 있다. 경험적 지지를 받은 행동치료에는 급식 일정의 이행, 식욕 다루기와 부모의 훈련이 포함된다. 아동을 위한 특정하고 적절한 좌석을 지정하는 것(예 : 유아용 식사 의자)과 환경으로부터 주의를 분산시키는 것(예 : 텔레비전)을 제거하는 것처럼 예측할 수 있는 급식 환경의 고안이 결정적이다(예 : 특정한 식사 구역). 연구는 식사시간이 너무 짧거나(Mathisen, Skuse, Wolke, & Reilly, 1989) 너무 긴 것은(Linscheid, Budd, & Rasnake, 1995) 흔히 급식문제의 더 큰 빈도와 심한 정도와 관련되어 있음을 시사해 왔다. 따라서 예측할 수 있는 급식 일정을 만들고 아동들이 특정한 급식 목표에 도달하도록 동기화하는 것도 그들에게 적은 분량 또는 '부족한(failed)' 식사 이후의 배고픔이라는 결과에 반응하도록 가르칠 것이다. 더욱 중요한 것으로는 이런 접근이 아동들에게 배고픔과 배부름에 대한 내적 단서에 반응하도록 가르친다는 것이다. 급식행동을 증가시키는 다른 전략에는 변별 훈련뿐만 아니라 정적 및 부적 강화의 사용이 포함된다(Linscheid, 2006). 돌보는 사람의 훈련은 흔히 내부(in vivo) 코칭이나 원격 코칭을 사용하는 가정환경에서 가장 성공적이다(Silverman & Tarbell, 2009).

기능성 구토장애는 의학적 병인이 확인되지 않은 만성적인 위장증상의 특징을 나타낸다(Rasquin et al., 2006). 시상하부-뇌하수체-부신피질 축의 혼란, 비정상적인 교감신경기능과 체위 저혈압 및 미토콘드리아 장애(세포의 에너지 생산에 영향을 미치는 유전된 상태)를 포함하여 몇몇 생리학적 이론들이 가정되기는 했지만, 이런 장애의 병인은 대부분 알려져 있지 않다. 문헌의 일부 임상적 보고서가 삼환계 항우울제, 베타 차단제, 경구 피임약 및 항발작 약물이 발병을 예방하는 데 일부 성공적으로 사용되어 왔음을 시사하고는 있지만, 위치를 정할 수 있는 기능성 구토장애의 약물적 관리를 위한 무작위 임상시험은 없다(Pareek, Fleisher, & Abell, 2007). 가족과 학교에서의 어려움을 포함하는 심리사회적 요인들이 기능성 구토와 동반이환이 됨을 보여주었다. 구체적으로 말하면 아동은 기능성 구토 때문에 1개월 이상 학교에 결석하는 것이 발견되었다(Li & Misiewicz, 2003). 마지막으로 기능성 구토도 더 높은 빈도의 내재화된 정신의학적 장애와 관련되어 있었다(Forbes, Withers, Silburn, & McKelvey, 1999). 기능성 구토에 대한 경험적으로 타당화된 행동치료에 관해서는 문헌이 불충분하다. 그런 연구가 없기 때문에, 동시에 발생하는 우울과 불안관리를 위한 경험적으로 지지를 받은 치료와 더불어, 다른 위장병(예 : 과민성 장증후군, RAP)에 이용된 비신체적 유형의 치료(예 : 최면치료, 바이오피드백, 심상 유도, 인지행동치료)가 이런 장애를 위한 치료법 선택이 되어야 한다고 권고되었다(Silverman & Tarbell, 2009).

비만

아동기의 '과체중'은 신체질량지수(body mass index, BMI)가 85 백분위수이거나 그 이상일 때 정의되는데, 아동기의 '비만'은 동일한 연령과 성별의 아동의 BMI가 95 백분위수이거나 그 이상일 때 정의된다(Barlow, 2007). 그러나 이 절에서 그 둘 간의 구별이 필요한 경우가 아니면, 우리는 흔히 과체중과 비만을 합쳐서 '비만'으로 부를 것이다. 최근에 아동기의 비만문제에 관해 주의가 집중되었음에도 불구하고 소아비만의 비율은 지난 10년간 유의미하게 떨어지지 않았다(Ogden, Carroll, Kit, & Flegal, 2012). 2009~2010년에 아동과 청소년의 1/3은 과체중 또는 비만이었는데, 소수민족 청소년의 위험성이 더 높았다. 이 기간에 라틴아메리카계 아동과 청소년의 1/5 이상(21.2%)과 비라틴아메리카 유럽계 아동과 청소년이 14.0%였던 것에 비하여, 비라틴아메리카 아프리카계 아동과 청소년의 거의 1/4(24.3%)이 비만이었다. 비만 아동은 심장혈관질환의 주요 위험요인인 혈압과 콜레스테롤 수준이 높을 가능성이 더 컸다(Nadeau, Maahs, Daniels, & Eckel, 2011). 더욱이 이런 아동들은 무호흡과 천식을 포함하는 호흡문제의 위험성이 증가하였고(Fiorino & Brooks, 2009), 근육골격 문제로 고통받을 가능성이 더 크다(Chan & Chen, 2009). 비만은 포도당 내성손상과 관련되어 있고, 청소년의 당뇨병 전증/당뇨병 비율은 1998년의 9%에서 2008년의 23%로 증가했다. 이렇게 많은 아동과 청소년의 과체중이나 비만은 경제적 부담이 상당히 높다. CDC(2008b)는 2년 동안에 미국의 납세자들이 과체중/비만 아동 및 청소년을 돌보는 것과 관련된 병원비용으로 1억 2,700만 달러를 썼다고 보고했다. 게다가 아동기의 BMI 상승은 매년 처방약, 응급실, 및 외래 방문비용에 추가로 1,410만 달러로 추정되는 비용을 쓰는 것과 관련되어 있다(Trasande & Chatterjee, 2009).

심리적 요인과 비만

비만은 생리기능, 섭식행동 및 신체활동의 상호작용이 일으킨 양성 에너지 균형의 결과이다. 섭식행동과 신체활동에 영향을 미치는 많은 위험요인이 있다. 사회 생태

학적 모형 내에서 이런 요인들의 범위는 아동의 정신건
강상태(우울증)와 같은 개인적 요인에서 가족의 음식 환
경과 먹는 것에 대한 문화적 규범과 같은 맥락적 요인에
걸쳐 있다(Davison & Birch, 2001). 개별적인 아동의 위
험요인에는 자기효능감과 같은 비체중 특정적 요인뿐만
아니라 섭식행동과 같은 체중 특정적 요인이 포함된다
(Kohl & Hobbs, 1998). 비만 청소년의 임상표본은 섭식
장애, 특히 폭식의 비율이 높음을 보여준다(Britz et al.,
2000; Isnard et al., 2003; Tanofsky-Kraff et al., 2004).
더 최근에 연구자들은 비만의 발생에 중독 모형을 적용
해 왔고(Gearhardt, Corbin, & Brownell, 2009) 비만 청소
년의 높은 수준의 음식 탐닉을 기술하고 있다(Merlo,
Klingman, Malasanos, & Silverstein, 2009; Pretlow, 2011).
전반적인 정신병리와 행동문제는 횡단연구들에서 비만
과 오랜 기간 관련지어져 있었다(Banis et al., 1988;
Israel & Shapiro, 1985; Morgan et al., 2002; Pearce,
Boergers, & Prinstein, 2002; Stradmeijer, Bosch, Koops,
& Seidell, 2000). 더 최근에 종단연구들이 아동기의 행동
문제가 아동기 후기(Anderson, He, Schoppe-Sullivan, &
Must, 2010)와 성인기 초기(Mamun et al., 2009)의 비만
을 예측함을 확인하였다.

가족 요인에 관해서는 청소년 사이의 비만에 대한 최
고의 예측요인이 부모의 비만임이 일관성 있게 나타났다
(Brogan et al., 2012; Davison & Birch, 2002; Martin,
2008). 이것은 분명히 체중 증가를 향한 유전 경향성을
반영하는 것이기는 하지만, 청소년의 비만에 영향을 미
치는 잠재적인 가족 환경에는 부모의 음식 섭취, 음식
선호, 급식 습관, 활동수준 및 영양에 대한 지식이 포함
된다. 비만인 부모는 열량이 높은 음식을 쉽게 이용할
수 있고, 1인분의 크기가 큰 것이 표준이며, 낮은 수준의
신체활동/높은 수준의 앉아서 하는 활동을 할 가능성이
있는, '비만 유발' 환경을 만들어 낸다고 시사되어 왔다
(Davison, Francis, & Birch, 2005). 청소년 건강에 대한
전국적인 종단연구에서 나온 형제자매 자료에 대한 구조
방정식 모형은 가족의 생활양식 변인, 특히 식사 빈도와
식사를 하지 않는 것이 부모의 비만만큼 비만을 잘 예측

했음을 보여주었다(Martin, 2008). 가족의 상호작용(예 :
가족갈등)과 비만인 청소년이 있는 것 간의 연관성에 관
한 연구는 상반되는 결과들을 내놓았는데, 다양한 연구
에 걸쳐서 이용된 방법론에서의 차이(질문지, 관찰, 환자
-대조)와 가족 기능에 대한 정의에서의 차이 때문일 가
능성이 가장 크다. 그러나 음식과 관련된 부모의 습관에
대한 연구들이 더 유익할 수 있다. 과체중 청소년들에
대한 한 관찰연구는 그들이 한 입에 먹는 양이 더 크고
어머니가 있을 때 식사를 끝내기 위해 먹는 속도를 빨리
했음을 보여주었다(Laessle, Uhl, & Lindel, 2001). 식사시
간의 상호작용에 대한 또 다른 관찰연구는 비만 청소년
의 부모가 정상체중이었던 청소년의 부모보다 음식과 관
련된 허용적 행동(예 : 두 그릇째를 허락하기)을 할 가능
성이 더 높았음을 보여주었다(Moens, Braet, & Soetens,
2007). 비만이고, 저소득이며, 소수민족 청소년의 부모에
관한 질적 연구도 가족들이 매일의 식사 패턴에서 상당
한 다양성을 가지고 있어서, 비구조화된 섭식을 초래함
을 시사한다(Seibold, Knafl, & Grey, 2003). 비만 및 비만
이 아닌 아프리카계 미국 청소년에 대한 통제된 비교에
서 비만이 아닌 청소년에게는 더 낮은 수준의 고통을 보
이고 운동 감시와 감독을 더 많이 하는 돌보는 사람이
있었다(Brogan et al., 2012).

또래, 학교 및 지역사회/문화가 소아비만에 미치는 영
향에 관한 연구는 더 적다. 그러나 이용 가능한 연구들
은 아동의 음식 섭취와 신체활동이 그들 또래의 음식섭
취 및 신체활동과 관련되어 있음을 시사한다(Leatherdale
& Wong, 2008; Salvy, Romero, Paluch, & Epstein, 2007).
과체중이고 비만인 소수민족 청소년은 비만이 아닌 또래
들보다 더 낮은 수준의 또래 지지를 보고한다(Brogan et
al., 2012). 비만에 미치는 학교와 관련된 영향에는 자동
판매기의 이용 가능성과 신체활동을 할 기회가 포함된
다. 음식에 관한 학교의 규범과 규칙도 중요하다. 예를
들면 Kubik, Lytle 및 Story(2005)는 하루 종일 간식 먹기
가 용인되는 가능성과 같은 학교의 음식 습관이 학생의
BMI를 예측했음을 발견했다. 문화 및 지역사회 요인에
는 음식 선호와 이상적인 신체상에 대한 문화적 기준,

건강한 음식의 이용 가능성 및 이웃의 안전 염려를 포함하는 이유로 인한 한정된 운동 기회가 포함된다(Caprio et al., 2008). 비만 청소년은 매우 가난한 이웃들과 살고 있을 가능성이 더 높은데, 패스트푸드 레스토랑의 수는 많고 식품점에서의 건강한 식품에 대한 접근은 제한적이다(Contento, Basch, & Zybert, 2003; Kipke et al., 2007). 그러나 이런 요인들을 수정할 수 있다고 하더라도 과체중이 아니었던 아프리카계 미국 청소년의 부모는 비슷한 이웃의 과체중 청소년의 부모에 비해 풀서비스 식품점(편의점)에서 쇼핑을 한다고 보고할 가능성이 더 크다(Brogan et al., 2012).

비만의 관리

문헌을 광범위하게 개관한 이후에 미국 소아과학회에서는 소아 과체중과 비만을 치료하기 위한 단계적 접근 지침을 발표했다(Barlow, 2007). 첫 번째 단계는 다양한 방식으로 생활양식 행동을 수정하는 것이다 : 과일과 채소 더 많이 섭취하기, 설탕으로 달게 만든 음료수 섭취 최소화하기, 하루에 화면을 보는 시간을 2시간이나 그 이하로 줄이기, 하루에 최소한 1시간은 신체활동하기, 집에서 식사하기, 매주 최소한 5번은 식탁에서 식사하기, 매일 건강한 아침 먹기, 전체 가족이 건강한 생활양식 행동하기, 지나치게 제한적인 급식행동을 피하고 아동이 스스로 조절하도록 허용하기. 3~6개월이 지난 후에 BMI의 개선이 없다면, 그다음 단계는 구조화된 체중 관리 프로그램이다 : 일일 섭식 계획, 구조화된 일일 식사/계획된 간식, 하루에 1시간까지 화면을 보는 시간의 감소, 일지 사용을 통한 음식과 운동행동의 감시, 표적으로 삼은 행동을 달성하는 경우의 계획된 강화. 또한 권고안에는 부모 기술을 제공하도록 훈련된 영양사와 직원의 활용이 포함된다. 변화를 위한 내재된 동기를 증가시키도록 고안된 의사소통 방법인 동기적 면접하기도 추천되어 왔다(Miller & Rollnick, 2013). 다음 수준의 중재는 최소한 매주 의사를 방문하는 빈도를 증가시키고, 그 이후에 심한 비만 청소년을 위한 투약 및 수술을 고려하는 것이다.

소아비만 치료연구에 대한 가장 최근의 코크란 리뷰에는 64개의 무작위 임상시험이 포함되었다(Oude Luttikhuis et al., 2009). 중재들은 행동적 중재, 식이 요법만 하는 중재, 신체활동만 하는 중재 및 생활양식 구성요소가 있거나 없는 약물 중재로 범주화되었다. 포함 기준을 충족시킨 수술적 중재 연구는 하나도 없었다. 메타분석에서는 청소년을 위한 약물치료(orlistat 또는 sibutramine)와 결합된 생활양식 중재뿐만 아니라 생활양식 중재(행동, 식사 또는 활동)의 6개월 및 12개월 추적조사에서 과체중이 감소하였음을 지적하였다. 약물시험에서는 유해한 효과가 주목을 받았다. 여전히 가장 큰 위험에 처한 소수민족 청소년을 다루는 중재에 관한 증거가 적다. 또한 한 가지 중재를 또 다른 중재보다 더 지지하는 양질의 자료가 제한적이라는 점이 주목을 받았지만 식사, 신체활동 및 행동적 접근을 결합한 가족에 근거한 중재가 효과적인 것으로 보인다. 유사하게 비만 중재의 비용효과에 대한 한 개관에서는 이용할 수 있는 한정된 증거가 비만치료와 예방 중재가 건강 향상과 비용 절약에 성공적일 수 있음을 시사하기는 하지만, 현재까지의 증거들은 프로그램들을 비교하기에는 불충분하다는 결론을 내렸다(John, Wenig, & Wolfenstetter, 2010).

섭식장애

섭식장애는 초등학교 연령만큼 어린 아동들에게서 흔히 확인되기는 했지만, 전형적으로 청소년기에 시작된다(Commission on Adolescent Eating Disorders, 2005). 이 책에 섭식장애와 관련된 정식 장이 있으므로(von Ranson & Wallace, 제17장), 이 주제는 이 장에 포함시키지 않는다.

배설장애

유뇨증

유뇨증은 생활 또는 발달연령이 최소한 5세인 아동이 반복해서 의복이나 침구에 오줌을 싸는 것으로 정의된다. 그 행동은 최소한 연속 3개월 동안 매주 2번의 비율로 일어나야 한다(APA, 2013). 유뇨증은 교육, 사회, 또는 다른 중요한 영역의 기능에 임상적으로 상당한 고통이나 손상을 초래해야 하고, 물질(이뇨제, 정신병 치료제)이나 전반적인 의학적 상태(예 : T1DM, 척추이분증)에 기인하는 것일 수 없다(APA, 2013). DSM-5에서는 세 가지 유뇨증의 하위유형을 기술하고 있다 : 야행성, 주행성(요실금)과 야행성 및 주행성(비단일증상 유뇨증). 유뇨증의 전체 추정치는 5세 사이에서는 대략 5~10%, 10세 사이에서는 3~5%, 그리고 15세 이상 연령에서는 대략 1%이다(Butler, Golding, Northstone, & ALSPAC Study Team, 2005). 야행성 유뇨증은 소녀보다 소년에서 2배 이상 더 많이 일어나는데, 주행성 유뇨증은 여성 사이에서 훨씬 더 흔하다(APA, 2013; Butler et al., 2005). 유병률은 연령 증가에 따라 점진적으로 떨어진다. 앞에서 언급했듯이 청소년의 대략 1%가 청소년 중기까지 유뇨증이 있다.

아동의 대다수는 야행성 유뇨증이 자는 동안 방광이 가득찬 것을 알아차리는 능력에서의 성숙 지연의 결과로 생긴다(Yeung et al., 2002). 또한 유뇨증이 있는 아동은 항이뇨 호르몬인 바소프레신의 불충분한 생산 때문에 과도하게 많은 양의 소변을 만들어 낼 수 있음이 시사되고 있다(Devitt et al., 1999). 유뇨증이 있는 아동의 거의 80%에게 이 장애가 있는 부모가 있는 것으로 미루어 이 장애에는 강력한 유전적 구성요소가 있다(개관을 위해 Von Gontard et al., 2001 참조). 기질성 병인의 탓으로 돌릴 수 있는 극소수의 유뇨증 사례가 있다. 야행성 유뇨증이 있는 일부 아동도 주간의 배뇨를 경험한다(대략 5~10%). 요절박(urinary urgency)은 전형적으로 그 병인이 방광의 작은 용량뿐만 아니라 방광의 근육 경련에 있다(개관을 위해 Campbell, Cox, & Borowitz, 2009 참조).

일부 임상적 지식에서 야행성 또는 주행성 유뇨증의 병인이 심리적 요인에 있음을 시사하기는 하지만, 이것을 지지하는 경험적 자료가 없다. 사실상 가족 및 쌍생아연구들에서 유전 가능성이 드러났고, 부모에게 요실금이 있을 때 유뇨증의 위험성이 10.1배 더 높다(APA, 2013). 그럼에도 불구하고 정서적 및 행동적 문제가 이

장애의 결과로 생길 수 있는데, 오줌을 싼 사고의 낙인 때문이다. 야행성 및 주행성 유뇨증이 있는 아동들 사이의 심리적 문제의 동반이환에 관해서는 문헌이 혼재되어 있다. 일부 연구들은 심리적 문제의 증가가 없었음을 시사했지만(Friman, Jones, Smith, Daly, & Larzelere, 1997), 다른 연구들은 유뇨증이 있는 아동들 사이에서 더 높은 비율의 언어, 학습, 내재화, 외현화 및 주의문제를 보여 주었다(APA, 2013). 또한 주행성 유뇨증이 있는 아동들이 야행성 유뇨증만 있는 아동들보다 부모가 보고한 외현화 문제의 빈도가 더 높다는 일부 증거가 있다(Joinson, Heron, Butler, von Gontard, & ALSPAC Study Team, 2006).

유뇨증의 조기 해결이 그 문제가 아동과 가족에 미치는 심리사회적 영향을 완화시킬 가능성이 있기는 하지만, 유뇨증은 전형적으로 아동기 후기에 높은 비율의 자연적 회복을 보인다. 요실금의 기질적 원인은 항상 어떤 유형의 행동적 중재이든지 간에 시작되기 전에 제거되어야 한다. 유뇨증 관리의 가장 효과적 중재는 소변 경보기이다(Mellon & McGrath, 2000). 이것은 습기 감지기에 의해 작동되고 매트리스나 잠옷에 설치해 두는 경보기이다. 이는 약물치료나 다른 형태의 치료보다 유뇨증에 더 효과가 있는 것으로 입증되었다. 소변 경보기가 경험적인 지지를 받은 치료법으로 간주되기는 하지만, 통제된 임상시험이나 야행성이나 주행성 유뇨증 관리를 위한 대규모 치료법 연구가 거의 없었다.

바소프레신 호르몬의 합성 유사 화합물인 데스모프레신 아세테이트(desmopressin acetate) 약물의 사용이 야행성 유뇨증의 유용하고 실행 가능한 치료법인 것으로 나타났다(개관을 위해서는 Campbell et al., 2009 참조). 약물의 효능이 중단되어 순식간에 사라지기는 하지만 아동은 전형적으로 약물에 빠르게 반응한다(Glazener & Evans, 2002). 특히 너무 이르게 치료에서 탈락할 위험에 처한 가족들의 경우에, 소변 경보기와 데스모프레신의 결합이 소변 경보기의 성공 비율을 높일 수 있다는 일부 증거도 있다(Mellon & McGrath, 2000). 마지막으로 삼환계 항우울제인, 이미프라민(imipramine)이 유뇨증 관리

에 이용되었다. 그러나 그 부작용(특히 심장 독성) 때문에 표준적 치료에 반응하지 않았던 아동들의 경우에만 사용하도록 준비되었다(Gepertz & Neveus, 2004).

유분증

유분증에는 아동이 반복해서 부적절한 장소(옷, 마루)에 똥을 싸는 것이다. 그 아동은 생활 및 발달연령이 최소한 4세에 도달했어야만 한다(APA, 2013). 그 행동이 최소한 3개월 동안 매월 1번 이상의 비율로 일어나야 하고 물질이나 의학적 상태에 의한 것일 수 없다. 변비와 범람 실금도 있거나 없는 징후가 있어야 한다. 유분증이 있는 아동의 80% 이상 변비의 병력이 있고, 이런 아동들의 대다수는 3세 이전에 변비가 나타나는 것으로 추정되었다(개관을 위해 Campbell et al., 2009 참조). 만성변비를 완화하는 데 의학적 중재가 필요하기는 하지만, 이 장애는 의학적 병인이 드물다. 이용할 수 있는 역학연구가 거의 없지만 유분증의 유병률 추정치의 범위는 초등학교 모집단의 1~7.5%이다(Loening-Bauke & Swidsinski, 1996). 여아 또래보다 남아에게 유분증이 나타날 가능성이 4~6배 더 크다(Levine, 1975).

변비의 병태생리학은 흔히 고통스러운 배변, 화장실과 관련된 공포, 낯선 화장실에 대한 혐오, 또는 음식 변화에 기인하는 대변을 참는 행동의 결과이다(Benninga, Voskuijl, & Taminiau, 2004). 치료에 전념하는 데 심하게 방해가 되는 동반이환으로서 행동문제와 발달지연이 있기는 하지만 정신병리는 유분증의 1차적 원인이 아니라고 생각된다(Joinson et al., 2006). 또한 유분증이 있는 아동들이 주의문제, 파괴적 행동, 불안, 더 낮은 학업적 성공 및 더 낮은 사회적 능력을 보이기 쉽다는 일부 증거가 있다(Cox, Morris, Borowitz, & Sutphen, 2002; Joinson et al., 2006). 임상적 지식에서는 유분증이 성적 학대의 지표일 수 있음을 시사해 왔지만, 이 영역에서의 연구들은 적절한 통제집단을 포함시키지 않았는데, 그것이 유분증이 있는 아동 대 일반 대중의 성적 학대의 유병률을 측정하는 것을 어렵게 만들고 있다(Mellon, Whiteside, & Friedrich, 2006).

유분증의 치료에 관해서는 의학적 치료와 행동적 접근을 결합하는 것이 오랫동안 유분증 관리에서의 표준적 간호였다(Brazzelli, Griffiths, Cody, & Tappin, 2011). 유뇨증의 경우처럼 유분증 치료를 시작하기 이전에 변비의 기질적 원인[히르슈슈프룽병(Hirschsprung's disease)이나 신경학적 장애와 같은]을 제거하기 위해 아동을 소아과 의사에게 보내야 한다. 치료는 전형적으로 경구 투여된 복용량이 많은 설사제나 관장제의 사용과 함께 시작된다. 이는 흔히 변비의 재발을 막고 배변 충동을 강화하기 위한 설사제의 매일 사용이 뒤따른다(Benninga et al., 2004). 게다가 음식 권고안에는 과일, 채소, 통곡물 및 섬유질 보조 식품으로 식이성 섬유를 증가시키고 수분 섭취도 증가시키는 것이 포함된다.

마지막으로 유분증이 있는 아동을 위한 의학적 중재와 결합하여 행동적 절차를 사용하도록 권고된다. 이런 중재들은 전형적으로 직장의 팽창이나 배변 충동에 화장실 가기에 적절하고 즉각적인 반응, 화장실 회피나 공포의 해결, 화장실에서 적절한 앉기와 배변, 완전한 배변을 촉진하기 위해 아동에게 화장실에서 충분한 시간을 보내게 하기 및 아침식사와 저녁식사 이후에 10~30분 동안 화장실에 앉아 있는 일정을 실행하는 것에 초점을 맞추어 왔다(Ritterband et al., 2003). 설사제와 결합한 행동적 중재는 어느 한 치료법을 단독으로 사용했을 때보다 더욱 효과가 있음을 보여주었다(Borowitz, Cox, Sutphen, & Kovatchev, 2002; Brazzelli et al., 2011). 강력한 경험적 증거가 바이오피드백 치료는 의학적 및 행동적 치료의 결합을 넘어서는 추가적인 이득을 제공하지 않음을 시사하기는 했으나, 유분증 관리에 바이오피드백을 사용한 일부 이력이 있다(Brazzelli et al., 2011).

수면장애

아동과 청소년의 경우에 수면은 전형적으로 발달경로에 따라 변한다. 따라서 불충분한 수면은 걸음마기 유아, 미취학 아동 및 청소년 사이에서 다르게 나타날 것이다. 예를 들면 불충분한 수면 때문에 걸음마기 유아들은 행동 과잉이 되는데, 청소년들은 무기력하고 침울해질 수 있다(Meltzer & Mindell, 2009). 포괄적인 수면 병력에는 취침시간에 대한 정보(아동이 잠이 드는 데 걸리는 시간), 수면 환경(방의 상태), 밤에 잠에서 깨는 시기, 빈도, 지속시간, 수면호흡장애(코골이), 몽유병과 야경증의 존재, 아동이 아침에 잠에서 깨는 시간, 아동을 깨우기가 어려운지의 여부, 낮잠을 자는 시간과 지속시간 및 주간의 졸림에 대한 정보가 포함되어야 한다(Meltzer & Mindell, 2009). 임상면접은 항상 수면 일지, 질문지, 동작기록장치(잠을 자고 잠에서 깨어 있는 기간을 구별하기 위해 손목이나 발목에 차는 시계 크기의 활동감시장치) 및 수면다원검사의 사용으로 보충되어야 한다(개관을 위해서는 Meltzer & Mindell, 2009 참조).

소아의 수면장애는 아동기의 행동적 불면증, 불면증, 24시간 주기리듬장애, 부분각성 사건수면, 폐쇄성 수면무호흡, 기면발작, 하지불안증후군, 수면 관련 리듬운동장애로 분류될 수 있다.

아동기의 행동적 불면증

아동이 경험하는 가장 널리 퍼져 있는 행동적 수면장애는 아동기의 행동적 불면증이다. 전형적으로 가족은 취침시간의 문제와 밤에 빈번하게 잠에서 깨기를 호소한다(American Academy of Sleep Medicine, 2005). 행동적 중재가 아동기의 행동적 불면증에 가장 효과가 있는 것으로 입증되어 왔고 치료 접근에는 전형적으로 표준적 소거, 단계적 소거, 긍정적 일상 및 부모 교육이 포함된다(Mindell et al., 2006; Morgenthaler et al., 2006). 부모의 아동 점검을 포함하는 단계적 소거가 가장 효과가 있는 것으로 나타났고, 부모의 수용을 가장 많이 얻었으며, 그 때문에 부모들을 이 접근에 가장 충실하게 만든다(Mindell, 2005).

불면증

불면증은 수면의 시작과 유지를 포함하는 특히 복잡한 문제이다. 불면증의 근원은 부적응적 수면행동과 수면과 관련된 부정적 인식에 있다(Meltzer & Mindell, 2009). 흔히 이 장애는 정신의학적 장애의 증상(예 : 불안, 우울)

또는 의학적 장애의 결과(예 : 통증, 장애를 치료하기 위한 투약)이다. 인지행동적 치료가 성인 사이의 불면증 관리에 매우 효과가 있는 것으로 나타났다(Edinger & Means, 2005). 아동들 사이에서의 그 효능을 증명하기 위해 통제된 임상시험이 필요하기는 하지만, 그 치료는 아동과 청소년에게도 어느 정도 유망한 것으로 나타났다(Meltzer & Mindell, 2009).

24시간 주기리듬장애

24시간 주기리듬장애는 학교에 가기 위해 잠에서 깨기가 어렵고 주간에 졸린 것과 함께 아침이 밝기 이전에는 잠이 들기 어렵다는 특징을 나타낸다(American Association of Sleep Medicine, 2005). 이 장애는 전형적으로 청소년들에게 많이 나타나고, 관리에는 흔히 수면 일정의 단계적 변화가 포함된다(Morgenthaler et al., 2007). 아동과 청소년에게서의 멜라토닌의 안전과 효능이 확립되지 않았지만, 행동적 접근에 대한 보조로 멜라토닌의 사용도 추천되어 왔다.

부분각성 사건수면

부분각성 사건수면은 각성 장애의 스펙트럼을 나타내고 혼란 각성, 야경증 및 몽유병을 포함한다. 이런 것들은 전형적으로 급속안구 운동수면 동안이나 아동이 실제로 잠이 들지는 않고 깨어 있는 것으로 보이는 잠깐 각성된 동안 서파 수면에서 더 깨기 쉬운 수면으로 옮겨가면서 일어난다(Meltzer & Mindell, 2009). 사건수면은 아동들 사이에서 규칙적으로 일어나는데, 발생률이 대략 3%에서 최소한 한 번은 몽유병을 보인 아동은 40%까지이다(Mindell & Owens, 2003). 사건수면을 촉발시키는 것에는 불충분한 수면, 수면박탈 및 수면 일상의 변화(예 : 학교 일정의 변화, 휴가)가 포함된다. 사건수면은 또한 강력한 유전적 구성요소를 가지고 있는 것으로 보이는데, 부모가 흔히 이 유형의 수면장애 병력을 가지고 있다. 사건수면의 관리에는 수면시간 증가시키기, 아동을 위한 안전 유지하기 및 이것이 잠을 늘릴 수 있으므로 가족에게 아동을 깨우지 말라고 지시하기가 포함된다(개관을 위해서 Meltzer & Mindell, 2009 참조).

폐쇄성 수면무호흡

폐쇄성 수면무호흡은 모든 아동의 1~3%에서 일어나는 것으로 추정되어 왔다(Lumeng & Chervin, 2008). 어린 아동에게서 가장 흔한 병인에는 수면 동안 기도 폐쇄를 초래하는 편도선과 임파선 비대가 포함된다. 폐쇄성 수면무호흡은 또한 두개안면 이상과 관련된 꽉 찬 기도, 지적장애 또는 큰 혀 때문일 수 있다. 폐쇄성 수면무호흡의 치료에는 전형적으로 편도선과 임파선 비대가 있을 때 그것들을 제거하거나 수면 동안 기도가 강제로 열려 있는 경우에 사용하는 양압 기도가 포함된다. 그러나 불편함을 참을 수 없는 것 때문에 양압 기도를 고수하는 것은 최소한 아동의 1/3의 경우에는 문제가 있다(Uong, Epperson, Bathon, & Jeffe, 2007).

기면발작

기면발작은 과도한 주간의 졸림과 관련된 장애이다. 기면발작은 전형적으로 다른 수면장애들을 배제하기 위한 수면다원검사에 의해 진단된다(개관을 위해 Meltzer & Mindell, 2009 참조). 기면발작의 관리에는 흥분성 약물의 사용, 규칙적인 수면각성 일정의 사용 및 주간의 낮잠이 포함된다.

하지불안증후군

하지불안증후군은 아동이 다리에 불쾌한 느낌을 보고하고 그 불쾌함이 다리를 움직임으로써 완화되는 장애이다. 또한 그 느낌은 저녁에 더 나빠진다. 아동의 하지불안증후군의 가장 흔한 병인은 철분 수준이 낮은 것이다. 치료에는 전형적으로 철분 보충이 포함된다(Standards of Practice Committee of the American Association of Sleep Medicine, 2004).

수면 관련 리듬운동장애

수면 관련 리듬운동장애는 수면이 시작될 때 나타나는 머리와 몸 흔들기와 같은 반복적 운동을 가리킨다

(American Association of Sleep Medicine, 2005). 이 장애는 어린 아동에게 흔한데, 대략 아동의 3~15%가 잘 때 상당히 격렬한 머리 움직임을 보이는 것으로 생각된다. 이 장애의 관리에는 안전(예 : 유아용 침대나 침대에 난간 설치하기)과 행동적 관리(예 : 그 행동의 강화 피하기)가 포함된다.

수면장애와 관련된 의학적 및 정신의학적 장애

정신의학적 장애가 있는 많은 아동과 청소년뿐만 아니라 다양한 의학적 상태가 있는 아동과 청소년 사이에서는 수면장애도 일어난다(Palermo & Owens, 2008). 그런 의학적 장애에는 만성적 통증(예 : 편두통, 겸상적혈구병), 천식 및 외상성 뇌손상이 포함된다. 입원도 한 가지 요인이 될 수 있다(Meltzer, Davis, & Mindell, 2008). 수면장애도 마찬가지로 ADHD(Golan, Shahar, Ravid, & Pillar, 2004; Nigg & Barkley, 이 책의 제2장 참조), 자폐스펙트럼장애(Wiggs & Stores, 2004), 우울증(Ivanenko, Crabtree, & Gozal, 2005; Liu et al., 2007) 및 불안장애(Alfano, Ginsburg, & Kingery, 2007)를 포함하는 아동의 다양한 정신의학적 장애와 관련되어 있다.

의학적 장애

우리는 이제 천식, 낭포성 섬유증(cystic fibrosis, CF), T1DM, 겸상적혈구병(sickle cell disease, SCD), 소아암, HIV/AIDS, 소아 류머티스 관절염(juvenile rheumatoid arthritis, JRA) 및 심장혈관질환을 포함하는 소아 모집단에서 흔히 마주치는 다양한 의학적 장애와 관련된 최근 연구를 개관한다. 개관에서 우리는 또한 질병관리의 장애물을 다루는 데 사용된 치료 접근뿐만 아니라 빈약한 질병 순응과 심리적 후유증과 관련된 주요 문제들을 강조한다.

천식

천식은 가장 흔한 아동기의 질병이고 아동이 입원하는 두 번째로 흔한 원인인데, 미국에서는 매년 추정 인원 500,000명이 입원한다(National Center for Health Statistics,

2006). 천식은 폐의 기도에 생기는 만성적인 염증성 질병이다(Castro, 1999). 이 염증이 기도가 과잉 반응을 하게 하고, 점액 증가, 점막 팽창 및 근육 수축을 일으킨다. 특정한 증상의 패턴이 개인마다 독특하기는 하지만 천식의 증상에는 기침하기, 쌕쌕거림, 숨이 참, 호흡 곤란, 가슴 조임 및 가래 산출이 포함된다. 많은 서로 다른 자극에 의해 염증이 촉발될 수 있고, 행동 및 환경적 촉발요인(운동, 정서, 바이러스 감염, 곰팡이, 동물의 비듬, 담배 연기, 날씨 변화, 꽃가루, 먼지 및 공기로 운반되는 화학물질을 포함하여)에 의해 증상이 촉진되거나 악화되는 일이 흔하다.

천식은 간헐성 또는 지속성으로 분류될 수 있다. 지속성 천식은 더 나아가서 증상의 빈도, 심한 정도 및 지속성에 근거하여 경도, 중등도, 고도 천식의 특징을 나타낼 수 있다(NAEPP, 2007). 중등도에서 고도 천식이 적절하게 관리되지 않는다면, 시간이 지나면서 기도가 재형성되는 심각한 합병증이 일어날 수 있는데, 이는 만성적 폐질환에 이르게 한다. 게다가 심한 천식발작은 치명적일 수 있다. 허술하게 통제된 천식은 또한 관리를 위한 경구 스테로이드의 사용을 증가시킨다. 그런 투약은 성장 억제, 감염 가능성 증가 및 빈약한 뼈의 광물질화를 포함하는 다수의 부작용과 관련되어 있다.

서로 다른 민족의 아동과 청소년 사이에서의 소아천식의 결과로 생기는 상이한 비율의 이환율과 사망률로 보아 상당한 건강 차이가 분명하게 나타난다. 예를 들면 천식은 유럽계 아동보다 아프리카계 아동 사이에서 26% 더 만연해 있다(CDC, 1996, 2000). 소수민족 청소년에게 불균형적으로 영향을 미치는 천식의 위험요인에는 환경적 알레르기 항원에의 노출, 부적절한 건강관리(관리에의 접근성, 관리의 연속성, 관리의 질이 더 빈약) 및 가족 스트레스가 포함된다(Crain et al., 1999; Grant, Alp, & Weiss, 1999). 게다가 소수민족의 천식 비율이 더 높을 뿐만 아니라 유럽계 아동보다 응급실 방문, 입원 빈도 및 사망을 더 많이 경험한다(Evans, 1992; Gergen, Mullally, & Evans, 1988; Lozano, Connell, & Koepsell, 1995; Targonski, Persky, Orris, & Addington, 1994;

Weiss, Gergen, & Crain, 1992). 예를 들면 아프리카계 청소년들은 유럽계 청소년들보다 치명적인 천식 일화를 겪을 가능성이 훨씬 더 높다(CDC, 1996; Fuemmeler, Moriarty, & Brown, 2009; McDaniel, Rolland, Freetham, & Miller, 2006). 한 연구에서 연구자들이 사회경제적 변인들을 통제한 이후에도 유색 인종 아동들의 천식 상태가 비소수민족 아동들보다 더 나빴다(Lieu et al., 2002).

천식 관리의 목표는 만성적 증상을 예방하고, 거의 정상에 가까운 폐기능을 유지하며, 천식의 재발성 악화를 예방하고 응급실 방문이나 입원 필요성을 최소화하는 것이다(NAEPP, 2007). 천식의 치료 섭생은 증상의 심한 정도에 따라 결정되는 다양한 유형의 약물사용을 필요로 한다(Annett, 2004). 지속성 천식이 있는 아동은 흔히 질병에 대한 장기적 통제를 제공하는 약물과 발작이 일어났을 때 증상으로부터의 재빠른 완화('구조')를 제공하는 약물치료 둘 다를 필요로 한다. 투약이 증상을 완화시키고 염증을 통제하기는 하지만, 아동과 가족들도 전체적인 건강을 유지하고 발작의 가능성을 줄이기 위해 알려진 알레르기 항원과 호흡기 자극물을 피하기 위한 환경적 변화를 꾀해야 한다. 환경적 통제 전략에는 자주 먼지 털기, 매트리스 커버 사용하기, 간접 흡연에 노출되는 것 피하기, 애완동물을 집 밖에 두기가 포함된다. 천식이 있는 아동도 병원 방문 사이에 기도의 청소 상태를 감시하기 위하여 최대 호흡률 측정기(peak flow meter)와 같은 의학적 장치를 사용할 필요가 있다.

환자-제공자의 상호작용

폐기능과 기도 방해물에 대한 객관적 측정이 매일의 증상 발생과 항상 잘 일치하지는 않기 때문에 육아도우미와 건강관리 제공자 간의 최적의 의사소통이 적절한 천식 관리에 결정적으로 중요하다. 게다가 천식 관리를 위한 국가적 지침이 의사가 아동의 증상이 심한 정도에 따라 투약 섭생을 그에 맞추어 하기를 권고하기 때문에 가족과 건강관리 제공자의 의사소통이 결정적이다(Diette & Rand, 2007). 더구나 천식이 있는 청소년들과 의사 간의 관계의 질이 높은 것이 긴급한 진료실 방문 빈도뿐만 아니라 투약에 충실함에 대한 객관적 측정치와 관련되어 있음이 나타났다(Gavin, Wamboldt, Sorokin, Levy, & Wamboldt, 1999). 그러므로 천식이 있는 아동들과 그들의 건강관리 제공자들 사이의 다양한 측면의 환자-제공자 상호작용의 특징을 나타내는 것이 최근의 중요한 연구 초점이었다.

Clark와 동료들(2008)은 천식 아동의 부모 452명과 아동의 천식을 관리하는 48명의 서로 다른 건강관리 제공자 간의 의사소통 패턴을 연구했다. 부모는 의사소통 방식과 의사소통 내용의 측면을 포함하여 가장 최근에 진료실을 방문했을 때의 의사의 다양한 의사소통 행동의 빈도를 평정했다. 아동의 건강 결과는 12개월 동안 평가되었다. 자기 자녀의 의사가 상호작용적 대화방식을 사용했다고 보고했던 부모들은 처방된 천식치료의 단기적 목표를 재검토했고, 아동이 천식 관리를 위해 응급실 방문을 더 적게 하도록 권고된 치료법에 관한 집에서의 특정한 의사결정 기준을 제공했다. 더욱이 주치의가 의학적 섭생을 자녀의 일상과 요구에 맞추어 주었다고 보고했던 부모들이 천식 관리를 위해 응급실 방문을 더 적게 했다. 장기적 치료 목표를 포함시켰던 의사의 의사소통은 긴급한 진료실 방문, 응급실 방문 및 입원의 더 낮은 비율과도 관련되어 있었다.

제공자들이 정보를 찾고 의학적 섭생을 아동과 그 가족의 요구에 맞추는, 협력적이고 상호작용적인 방식이 천식이 있는 아동의 향상된 건강 결과와 관련되어 있는 것으로 보이지만, 몇몇 연구들은 그런 상호작용적 방식이 충분한 빈도로 사용되고 있지 않음을 시사한다. Wissow와 동료들(1998)은 천식이 있는 아동 104명의 표본에서 응급실에서 관리를 받는 동안의 환자-제공자의 의사소통의 특징을 조사했다. 부모의 43%만이 주치의가 치료에 대한 의견을 물어본 정도에 대해 매우 만족하거나 중간 정도로 만족했고, 40%만이 천식 관리나 치료 권고에 대한 걱정이나 염려에 대해 이야기하도록 격려를 받은 정도에 대해 매우 만족하거나 중간 정도로 만족했다. 유사한 결과들이 일상적으로 외래환자로 관리를 받은 천식이 있는 아동에 대한 한 연구에서 나타났다(Sleath et al.,

2011). 환자-제공자의 상호작용이 치료회기의 녹음 테이프로부터 부호화되었다. 국가적 관리표준에서 좋은 천식 관리 증진을 위해 권고된 의사소통 행동의 발생이 특히 관심사였다. 연구자들은 제공자들이 대부분의 방문에서 처방된 천식 관리 약물의 사용 빈도와 약물의 이용 가능성을 논의했는데, 관리 약물의 용도와 그 효능이 진료실 방문의 1/3에서 1/4 동안에만 평가되었음을 발견했다. 게다가 관리 약물 사용에 대한 가족의 충실성은 방문의 40% 미만에서 평가되었다. 투약에 대한 충실성의 평가 부족과 일치하게도 연구자들은 제공자들이 관리 약물 사용에 대한 부작용의 발생이나 가족의 염려에 관한 정보를 거의 이끌어 내지 못했음을 발견했다. 이 영역에서의 추가적 연구들이 제공자들이 천식이 있는 아동의 질병관리를 안내하는 데에 중요한 정보를 수집하는가의 여부에 영향을 미치는 요인들을 분명하게 하는 것을 도울 수 있다.

아동의 매일의 치료를 문서로 기록하고, 천식 증상이 악화되는 것을 어떻게 다루는가를 기술하는 서면으로 된 천식조치계획은 또 다른 중요한 형태의 환자-제공자 의사소통의 구성요소가 된다. 메디케이드(Medicaid, 저소득자에 대한 의료 보장 제도) 표본을 이용하여 Finkelstein, Lozano, Farber, Miroshnik 및 Lieu(2002)는 서면으로 된 천식조치계획을 그들의 건강관리 제공자들로부터 받았던 아동들이 그런 계획에 참여하지 않았던 아동들보다 관리 약물에 더 충실했음을 보여주었다. 한 중재 시험에서 Agrawal, Singh, Mathew 및 Malhi(2005)는 청년을 서면으로 된 천식조치계획 대 천식 관리를 위한 구두 지시에 무작위로 배정하였다. 서면으로 된 계획을 받았던 청소년이 유의미하게 학교를 더 적게 빼먹었고 매일의 천식 증상이 더 적었다. 한 문헌 개관에서 Gibson과 Powell(2004)은 아동의 현재 천식 상태에 근거한 2~4가지의 개인화된 행동계획안을 포함시켰던 서면으로 된 조치계획의 사용이 더 일반적인 계획을 얻었던 아동들보다 천식 결과의 호전을 일관성 있게 예측하였음을 관찰했다. 요약하면 환자-제공자의 의사소통의 서면 및 구두 측면 둘 다가 천식 관리에 대한 충실성과 천식이 있는 아동의 건강 결과를 향상시킬 수 있다.

낭포성 섬유증

낭포성 섬유증(Cystic Fibrosis, CF)는 미국의 유럽계 모집단 내에서는 흔한 유전적 질병인데, 유럽계 신생아 2,500~3,500명당 1명꼴로 나타나는 질병이다(Cystic Fibrosis Foundation Patient Registry, 2009). 이것은 상염색체 열성장애인데, 자녀가 발병하려면 부모 둘 다가 CF 유전자를 물려주어야 함을 의미한다. CF가 있는 사람들의 경우에 세포막의 전기 전도도 조절 단백질의 유전 정보를 지정하는 유전자의 이상이 비정상적인 이온 수송을 초래하는데, 이것이 몸 전체의 분비세포에 어려움을 일으킨다(Boucher et al., 2008). 세포는 몸 전체에 걸쳐 기관의 내강을 메우는 농축된 분비액을 만들어 낸다. CF의 공통적인 징후와 증상에는 굴처럼 움푹 들어가는 문제(sinus problem)와 폐의 진행성 손상에 이르게 하는 빈약한 점액 제거와 호흡기 감염, 빈약한 성장과 일부의 경우에는 당뇨병에 이르게 하는 췌장기능부전, 빈약한 영양 흡수와 같은 위장 문제가 포함된다. CF가 있는 아동들의 상당수의 하위집단도 그들의 만성적 상태의 결과 가슴 통증과 두통을 포함한 통증을 경험한다(Ernst, Johnson, & Stark, 2010). 폐질환은 CF가 있는 사람들의 85%의 경우에 사망의 주요 원인이다(FitzSimmons, 1993). 과거에 비해 CF가 있는 사람들은 현재는 전형적으로 성인기까지 잘 생존하는데, 예측된 평균 생존 연령이 37세이다(Cystic Fibrosis Foundation Patient Registry, 2009). CF가 있는 사람들의 짧은 수명을 감안하면, CF가 있는 일부 청소년들은 죽음 문제에 대처해야만 한다.

CF가 있는 아동들은 큰 노력을 요구하는 다양한 구성요소의 의학적 섭생을 따라야만 한다. 전형적으로 이런 것들에는 약물사용과 가슴 타진 치료와 같은 기도 청소 절차, 폐 감염에 대한 경구 항생제 치료, 식사와 간식 때마다 췌장 효소 섭취, 흡수 문제를 다루기 위한 고열량의 규정식(필수 음식 요구량의 125~150%)이 포함된다. 게다가 폐기능이 기초선의 15% 이하로 떨어질 때 1~2주 입원을 하여 철저한 기도 청소와 항생제 정맥주사를 맞을 것이 권고된다(Hains et al., 2009). 따라서 CF가 있는 아동들은 흔히 그들의 질병 관리의 일부로서 여러 번의 입원을 경험한다.

만성적 건강상태가 있는 아동의 심리적 안녕의 한 가지 중요한 표지는 성인의 건강관리 체계로 성공적으로 옮겨가는 능력이다. 그러나 McLaughlin과 동료들(2008)이 언급했듯이 소아에서 성인의 관리 환경으로 전환하는 것은 보통 연령에 달려 있는데, CF가 있는 많은 더 나이든 청소년들은 자신의 건강에 대한 염려를 의사에게 설명하는 능력이나 스스로 진료 예약을 하는 능력과 같은 성공적 전환에 필요한 그런 기술을 획득하지 못할 수도 있다. Tuchman, Slap 및 Britto(2008)는 성인 관리로 전환하는 22명의 청소년을 대상으로 질적 연구를 수행했다. 전환 이전과 이후에 면접이 수행되었다. 연구자들은 대부분의 청소년들이 관리를 전환하기 이전에는 전환에 대해 중립적이거나 부정적인 견해를 가지고 있었지만, 전환 이후에는 성인 관리의 많은 이득을 확인했음을 발견했다. 그들은 소아관리환경 내의 공식적인 전환 계획의 조기 개발, 전환의 이득에 관한 논의 진행 및 전환 일정을 각각의 개별 청소년의 요구를 충족시키도록 맞추는 것이 성인 관리로의 성공적 전환 가능성을 증가시킬 수 있음을 지적했다.

제1형 당뇨병

제1형 당뇨병(T1DM)은 대략 120,000명의 미국 아동에게 매년 영향을 미치는데(Libman, Songer, & LaPorte, 1993), 발병연령은 전형적으로 취학 연령의 후기에서 청소년 초기이다(7~11세). T1DM은 인슐린을 만들어 내는 췌장의 섬 세포가 파괴되는 자가면역질환이다. 인슐린은 몸이 혈당을 분해하도록 하는 호르몬이다. 당뇨병의 발병은 전형적으로 갈증과 배뇨의 증가에 의해 표시가 난다. 많은 아동이 인슐린이 없을 때 생기고 전형적으로 입원을 초래하는 생명을 위협하는 상태인 당뇨병 케톤산증이 나타날 때까지 T1DM으로 진단되지 않는다.

T1DM의 관리는 아동과 가족이 복잡한 의학적 섭생을 따르는 것을 필요로 한다. 섭생의 네 가지 주된 구성요

소는 인슐린 투여, 혈당 검사, 음식관리 및 운동이다. T1DM 치료를 위한 섭생은 인슐린을 여러 번 주사하거나 인슐린 주입 펌프로 매일 인슐린을 투여하는 것을 필요로 한다. 저혈당증 또는 저혈당은 떨림, 현기증, 침울, 지남력 상실, 의식 상실 및 (극단적인 경우에) 발작을 초래할 수 있다. 고혈당증 또는 고혈당은 일관성 있는 즉각적인 증상을 일으키지 않을 수 있다. 그러므로 고혈당의 1차적 영향은 장기적 및 만성적 효과를 통한 것이다. 고혈당의 미세혈관 합병증에는 신장장애, 망막장애 및 신경장애가 포함된다. 거대혈관 합병증에는 심장마비와 뇌졸중이 포함된다. 그러므로 T1DM 관리의 목표는 가능한 한 정상 범위 내로 혈당을 유지하는 것이다. 관리의 성공은 혈당대사 대조표준에 대한 실험실 측정방법으로 측정된다. 가장 흔하게 사용되는 측정 기준은 이전의 2~3개월 동안 아동의 평균 혈당 수준 측정치인 헤모글로빈 A1c이다.

T1DM 치료에서의 중요한 획기적 연구는 당뇨병 관리와 합병증 시험(Diabetes Control and Complications Trial, DCCT)이다(DCCT Research Group, 1993, 1994). DCCT는 훌륭한 혈당관리가 미세혈관 합병증을 유의미하게 감소시켰음을 보여주는 첫 번째 연구였다. 그 시험에서 혈당대사 대조표준에서의 10% 향상이 합병증의 상대적 위험성을 대략 40%까지 감소시켰다. 청소년 동시출생 집단에 대한 장기적 추적조사도 혈당 수준 감소를 통한 장기적 합병증의 감소를 지지하였다(DCCT/Epidemiology of Diabetes Interventions and Complications Research Group, 2001). DCCT도 건강 결과 최적화를 위한 당뇨병 관리행동의 중요성을 보여주었다.

충실성

연구의 상당 부분이 T1DM이 있는 아동들 사이의 섭생 충실성에 영향을 미치는 요인들을 조사해 왔다. 이런 아동들의 경우에 청소년기의 발달기간에 섭생 충실성과 혈당대사 관리 둘 다의 악화가 두드러졌다(Helgeson, Siminerio, Escobar, & Becker, 2009; Rausch et al., 2012; Urbach et al., 2005). 사춘기에 일어나는 호르몬 변화가

인슐린의 효과를 감소시킴으로써 청소년의 혈당대사 관리에 직접적으로 영향을 미칠 수 있다(Amiel, Sherwin, Simson, Lauritano, & Tamborlane, 1986; Moran et al., 1999). 그러나 청소년들은 지속적 혈당감시장치와 같은 더 새로운 관리기술의 사용을 포함하여(Juvenile Diabetes Research Foundation Continuous Glucose Monitoring Study Group, 2008), T1DM 관리의 거의 모든 측면에서 충실하지 않을 가능성이 더 크다(Burdick et al., 2004; Johnson, Perwien, & Silverstein, 2000; Thomas, Peterson, & Goldstein, 1997; Weissberg-Benchell et al., 1995). 한 연구에서는 청소년 표본의 1/4이 지난 10일 동안 인슐린 주사를 빼먹은 적이 있음이 발견하였다(Weissberg-Benchell et al., 1995). 중요한 것으로는 부모가 유의미하게 자녀가 하는 당뇨병 관리의 양을 과소평가했다는 점이다. T1DM이 있는 청소년 241명을 대상으로 한 여러 센터에서 이루어진 최근의 한 연구는 표본의 거의 1/3이 최근에 인슐린을 의도적으로 과다 투여 및 과소 투여했음을 보고했는데, 또 다른 28%의 의도하지 않게 부정확한 양의 인슐린을 투약하게 만든 관리문제를 보고했음을 가리키는 자료를 제공했다(Schober et al., 2011).

청소년들은 흔히 부모와 돌보는 사람에 의해 자기 자신이 T1DM의 관리를 책임지는 능력이 있다고 가정되지만, 문헌에서는 여전히 상당한 부모의 감시와 감독이 필요함을 시사하고 있다. 그러나 부모가 당뇨병 관리에 관여하는 것과 자녀의 연령 간에는 역의 관계가 흔히 보고되었다(Anderson, Ho, Brackett, Finkelstein, & Laffel, 1997; Ingerski, Anderson, Dolan, & Hood, 2010; Wiebe et al., 2005). 예를 들면 Palmer, Roze, Valentine 및 Spinas(2004)는 사춘기 상태와 생활연령이 어머니가 청년의 심리사회적 성숙을 평정한 것보다 어머니가 당뇨병 관리에 관여하는 정도를 보고하는 더욱 강력한 예측요인이었음을 발견했다. 이런 자료들은 청소년들에게 관리를 전환하는 것이 스스로를 관리하는 인지적 준비보다는 신체적인 성숙 징후에 더 의존적임을 시사한다. Palmer와 동료들은 또한 청년을 감독하는 것과 관련된 부모의 스트레스가 관리 전환 결정의 중요한 예측요인임을 보여주

었다.

언급했듯이 새로운 역할로의 수많은 전환과 당뇨병 관리로부터의 더 큰 독립성을 포함하여—독립성 욕구의 증가 때문에—T1DM이 있는 아동들에게는 청소년기가 특히 스트레스가 많은 발달시기일 수 있다. 스트레스는 당뇨병 관리 과업의 달성을 직접적으로 방해하거나 당뇨병 관리 과업에 대한 충실성에 부정적으로 영향을 미치는 심리적 증상(우울)을 증가시킬 수 있다(Helgeson, Escobar, Siminerio, & Becker, 2010). 사실상 많은 횡단 및 종단연구들이 스트레스가 T1DM이 있는 아동들의 충실성과 혈당대사 관리 둘 다에 영향을 미친다고 제안한다(Farrell, Hains, Davies, Smith, & Parton, 2004; Helgeson et al., 2010; Peyrot, McMurry, & Kruger, 1999). 또한 개인의 스트레스에 대한 지각과 대처방식이 실제로 경험했던 스트레스의 심한 정도의 양보다 스트레스 충실성 관계에 더 큰 영향을 미칠 수 있음이 시사되어 왔다. 이 생각을 지지하는 것으로 소망적 사고와 회피를 포함하는 대처방식(예 : 스트레스 사건에 대해서 생각하지 않기, 포기하기)의 사용이 T1DM이 있는 아동들 사이에서의 충실성 및 불규칙한 혈당대사 관리의 비율이 더 낮은 것과 관련되어 있음이 발견되었다(Delamater, Kurtz, Bubb, White, & Santiago, 1987; Graue, Hanestad, Wentzel-Larsen, Oddmund, & Edvin, 2004). T1DM이 있는 청소년 252명에 대한 최근의 한 조사에서 Tran, Johnson, Almeida-Chen, Schwartz(2011)는 '이득 발견' 또는 스트레스와 역경에 직면하여 긍정적 결과를 확인하는 능력이 정서적 스트레스와 충실성에 미치는 영향을 조사했다. 결과들은 이득 발견이 더 나은 충실성과 관련되어 있음을 보여주었다. 이득 발견은 또한 충실성에 미치는 스트레스에 대한 부정적인 정서반응의 파괴적 영향을 완화시킴이 발견되었다.

다수 아동의 다른 특징들이 빈약한 당뇨병 충실성과 결부되었다. 더 빈약한 행동 및 정서 적응이 더 허술한 자기관리를 예측하는 것으로 반복해서 나타났다(Cohen, Lumley, Naar-King, Partridge, & Cakan, 2004; Leonard, Jang, Savik, Plumbo, & Christensen, 2005). Kovacs,

Goldston, Obrosky 및 Lyngar(1992)의 연구에서는 T1DM과 심한 충실성 문제가 있는 청년의 60%가 공식적인 정신의학적 장애로 진단될 수 있음을 발견했다. Northam과 동료들(2009)의 종단연구에서는 10년 이상 지속적으로 불규칙한 혈당대사 관리의 특징을 나타냈었던 표본의 1/3이 공식적인 정신의학적 장애의 진단기준을 충족시켰음을 발견했다. 이것은 동일한 기간에 적절한 관리를 한 표본의 경우에는 25%만 사실이었다. 우울증도 주로 인슐린 투약을 빼먹은 것 때문에 진단 이후 기간에 일어나는(Musey et al., 1995; Smith, Firth, Bennett, Howard, & Chisholm, 1998), 당뇨병 케톤산증으로 인한 빈번한 입원과 관련되어 있었다(Garrison, Katon, & Richardson, 2005; Liss et al., 1998; Stewart, Rao, Emslie, Klein, & White, 2005).

다수의 연구가 높은 갈등 수준, 낮은 응집력 수준, 빈약한 의사소통 기술과 같은 부적응적 상호작용 패턴이 있는 가족 출신의 T1DM 아동들이 더 빈약한 충실성과 건강 결과를 보임을 시사한다(Hanson, De-Guire, Schinkel, Henggeler, & Burghen, 1992; Hauser et al., 1990; Jacobson et al., 1994; Wysocki, 1993). 당뇨병 관리를 위한 간병 도우미의 더 낮은 지원(Liss et al., 1998)과 더 높은 수준의 당뇨병 특정적 갈등(Hilliard, Guilfoyle, Dolan, & Hood, 2011; Hood, Butler, Anderson, & Laffel, 2007, Ingerski et al., 2010)과 같은 당뇨병 특정적인 가족과 양육 변인도 더 빈약한 충실성과 혈당대사 관리와 관련이 있는 것으로 발견되었다. 더 높은 수준의 당뇨병 관리에 대한 부모의 감독과 감시가 청년의 충실성에 대한 중요한 보호요인이 된다(Ellis, Podolski, et al., 2007; Horton et al., 2009). 최근에 Ellis와 동료들(2012)은 당뇨병 관리를 하는 동안 같이 있거나 직접적으로 관찰하기, 당뇨병 관리에 대해 청소년에게 물어보기, 청소년의 당뇨병 관리에 관해 타인으로부터 정보 수집하기, 당뇨병 관리에 관한 청소년의 자발적 정보공개 들어주기를 포함하여 T1DM이 있는 청소년의 부모가 당뇨병 관리의 달성을 감시하는 데 사용했던 다양한 방법을 조사했다. 이런 방법 중에서 부모의 존재/직접적 관찰과 청소년의 공개만이 청소년의 질병관리와 혈당대사 관리를 예측하였다. 이런 자료들은 청년에게 자신의 관리 달성에 대해 질문하는 것이 분명히 부모가 당뇨병 관리에 대해 정보를 수집하는 한 방법이기는 하지만, 당뇨병 관리에 관해 청소년을 빈번하게 점검하는 것이 당뇨병 관리 달성의 향상이나 더 나은 혈당대사 관리와 관련되어 있지는 않음을 시사한다. 당뇨병 관리 달성에 대해 자주 질문하는 부모는 자녀들로부터 통제를 하거나 심하게 잔소리를 한다고 지각될 위험을 무릅쓸 수도 있다. 반대로 당뇨병 관리 달성에 대해 자주 질문하는 것이 예를 들면 일에 대한 책임이 관리 달성의 결정적 시점에 부모가 같이 있는 것을 줄일 수도 있는 편부모 가정에서 그러하다. 이는 달성을 직접적으로 관찰할 기회가 부족한 것의 표지일 수도 있다.

또래관계와 당뇨병 관리에 대한 충실성에 관한 현존하는 문헌들은 T1DM 아동이 또래들과 있을 때 흔히 훌륭한 충실성을 유지하는 데 어려움이 있음을 시사한다(Delamater, Smith, Lankester, & Santiago, 1988; La Greca & Hanna, 1983; Schlundt et al., 1994). 한 연구(Thomas et al., 1997)에서는 T1DM이 있는 청소년들이 또래 인상 관리(예 : 친구들과 어울리기 위하여 식사 계획과 맞지 않는 음식 먹기)와 적절한 충실성 간에 선택을 해야만 하는 가설적 상황을 제안했다. 결과는 청소년들이 더 어린 아동들보다 또래 갈등이나 괴롭힘을 피하기 위하여 섭생의 불이행을 선택할 가능성이 더 높았음을 보여주었다. 그러므로 성인이 최소한으로 감독하거나 섭생 요구 조건에 대한 한정된 지식을 가지고 있는 성인의 감독하에 청소년들이 또래들과 상호작용을 하는 맥락이 빈약한 충실성의 위험성을 증가시킨다고 간주해야만 한다. 다른 연구들도 유사하게 아동의 또래의 반응에 대한 예상이 당뇨병 관리에 대한 충실성에 영향을 미치는 중요한 요인이라고 관련지었다. Hains, Berlin, Davis, Parton 및 Alemzadeh(2006)는 T1DM이 있는 청년 201명의 표본을 대상으로 또래에 대한 인식과 당뇨병 관리에 대한 충실성 간의 관계를 조사했다. 결과는 자신을 스스로 돌보는 것을 달성하는 것에 대해 친구들이 부정적인 반응을 보일 것이라고 예상했던 청소년들이 섭생에 충실하는 데 어려움을 겪는다고 보고할 가능성이 더 컸음을 보여주었다. 경로 모델링은 또래에 대한 부정적 귀인도 더 불규칙한 혈당대사 관리를 예측하게 하는 당뇨병과 관련된 스트레스의 증가를 예측하였음을 보여주었다.

당뇨병 섭생에 대한 빈약한 충실성의 많은 위험요인들도 T1DM이 있는 아동의 더 광범위한 사회적 생태환경 내에서 확인될 수 있다. 가족과 건강관리 체계 간의 연결이 충실성 행동에 결정적 역할을 하는데, 더 나은 충실성은 청소년/부모와 건강관리 제공자 간의 더 긍정적인 관계와 관련되어 있다(Hanson et al., 1988). 지역사회 맥락에 대한 조사도 당뇨병 관리에 대한 빈약한 충실성이 사회경제적 지위가 더 낮은 가정, 의료보험을 이용하는 가정, 편부모 세대, 소수민족 집단의 구성원과 같은 불리한 집단 출신의 아동들 사이에서 더 흔함을 보여준다(Harris, Greco, Wysocki, Elder-Danda, & White, 1999; Palta et al., 1997). T1DM이 있는 아프리카계 아동들은 특히 치료 충실성과 혈당대사 관리 문제에 있어서 상당히 더 큰 위험에 처해 있음이 발견되었다(Auslander, Thompson, Dreitzer, White, & Santiago, 1997; Frey, Templin, Ellis, Gutai, & Podolski, 2007).

요약하면 충실성에 대한 기술적 연구들은 아동, 가족 및 지역사회 체계 내의 위험요인들이 T1DM이 있는 아동의 충실성 문제의 발생에 기여함을 보여준다. 그러므로 성공을 위해서는 여러 가지 맥락에 걸쳐 있는 다양한 요인을 다룰 수 있는 충실성을 향상시키는 중재가 필요할 것이다.

겸상적혈구병

겸상적혈구병(SCD)은 산소를 운반하는 적혈구 단백질인 헤모글로빈의 유전장애이다(Lemanek & Ranalli, 2009). 이 질병은 전형적으로 아프리카계인 사람들 사이에서 흔하지만 지중해 연안 출신의 사람들 사이에서도 나타난다. SCD는 대략 아프리카계 미국인 출생 599명당 1명꼴로 나타난다(National Heart, Lung, and Blood Institute, 1996). 이 질병을 일으키는 것은 베타글로빈 유전자에서의 유전적 변경이나 돌연변이이다(Kral, Brown, & Hynd, 2001). 다수의 이환율이 여성들 사이의 요로 감염, 비장 경색 및 생명유지에 필요한 기관(예 : 심장, 폐, 신장)과의 관련을 포함하여 이 질병과 관련되어 있다. 이 장애의 병태생리학에는 혈구가 낫 모양으로 뒤틀리는 것이 포함된다. 이런 단단하고 기형적인 혈구는 좁은 혈관을 통과할 수 없어서 조직으로의 혈류를 감소시킨다.

SCD의 임상적 소견은 심리사회적 요인들과 더불어 겸상적혈구의 유전자형, 동반이환(예 : 천식)의 존재 및 처방된 약물 섭생에 대한 충실성에 달려 있다(Lemanek & Ranalli, 2009). SCD가 있는 많은 아동과 청소년의 경우에는 인지적 및 학업적 기능의 손상뿐만 아니라 통증, 감염성 합병증, 폐/심장의 합병증 및 뇌졸중/다른 CNS의 합병증을 일으킨다. 다른 합병증에는 골격의 합병증(예 : 약해진 뼈), 남성의 지속 통증 발기 및 여성들 사이의 무월경과 불임이 포함될 수 있다. 아래에서 우리는 인지적 및 학업적 기능뿐만 아니라 통증과 통증 관리에 관한 문헌들을 개관하는데, 이런 문제들이 특히 SCD가 있는 아동들 사이에서 두드러진다.

만성/재발통증과 그 관리

SCD의 임상적으로 현저한 한 가지 특징은 통증 일화가 재발하는 것 또는 '혈관폐색 위기(vaso-occlusive crises)' 이다. 이런 위기는 전형적으로 강도, 위치 및 질에 따라 다양하다. SCD가 있는 아동과 청소년은 평균 일지에 기록된 날의 7~39%에서 통증을 보고하는데, 평균 지속 기간이 2.5일이다(Dampier, Ely, Brodecki, & O'Neil, 2002). 통증은 흔히 사지, 엉덩이, 복부에서 일어나고, 흔히 지속적이고 불쾌한 것으로 기술된다. 통증은 자연적이거나 환경적 요인(예 : 냉기나 열기에 노출), 생리적 요인(예 : 탈수, 감염), 심리사회적 스트레스 요인(예 : 또래 갈등)에 의해 일어날 수도 있다. 통증이 흔히 집에서 관리되기는 하지만, 입원을 한 SCD가 있는 아동과 청소년의 2/3가 혈관폐색 위기이다. SCD의 의학적 관리에는 진통제 정맥주사, 수분 섭취, 휴식 및 가벼운 운동이 포함된다.

약물치료와 행동적 중재 둘 다가 SCD의 관리에 효과

가 있는 것으로 드러났다. SCD에 대한 개업의들의 한정된 지식, 부적절한 통증관리 및 내성과 잠재적인 신체적 의존성/중독에 기인하는 진통제 사용에 대한 공포가 SCD가 있는 아동들 사이의 효과적인 통증관리에 대한 주요 장애물임이 관찰되어 왔다(National Heart, Lung, and Blood Institute, 1996). 관심을 끄는 것은 경구 투여 진통제가 돌보는 사람들에 의해 약간만 효과적인 것으로 평정되었다는 점이다(Beyer & Simmons, 2004). 통증 일화 예방이나 통증 악화 중지를 겨냥한 노력들(예 : 경구 진통제 투여, 열을 가하거나 손으로 만지기 및 수분 투여)도 효과가 있는 것으로 드러났다. 불행하게도 사실상 SCD가 있는 청년 사이에서 통증관리를 위한 행동적 및 사회적 지원 중재의 효능을 조사하는 통제된 임상시험이 없었다. 자기진술을 차분하게 하기와 점진적인 근육이완을 포함하는 인지행동적 기법들이 SCD가 있는 아동들 사이에서 통증관리에 아마도 효과가 있는 것으로 나타나기는 했지만, 그 이상의 경험적 증거를 제공하기 위해서 추가적인 연구가 필요하다(Lemanek & Ranalli, 2009).

인지적 및 학업적 기능

상당 부분의 연구가 SCD가 있는 청소년이 발달지연, 인지적 손상 및 학업적 기능문제의 위험에 처해 있음을 지적하고 있다(Kral et al., 2001). 수많은 영역의 결함이 여러 연구에 걸쳐 드러났다. 이런 결함에는 전반적 지능, 시각운동기술, 순차적 기억, 언어능력, 실행기능 및 주의가 포함된다. 그런 인지적 손상을 감안하면 학교기능도 영향을 받는다는 것이 놀랄 일이 아니다. 사실상 Schatz, Brown, Pascual, Hsu 및 DeBaum(2001)은 그들의 표본에서 1/3 이상이 학업기술에 결함이 있다는 증거를 발견했다. SCD를 위한 의학적 관리의 향상과 이런 아동들의 기대수명이 더 길어지는 것과 함께 연구는 인지적 기능과 학업 성취를 강화하도록 고안된 중재 노력에 연구의 초점이 맞추어졌다. 예를 들면 Daly와 동료들(2012)이 수행한 최근의 한 통제된 임상시험에서 ADHD 관리를 위해 널리 사용된 흥분제 약물인 메틸페니데이트(methylphenidate, MPH)의 사용이 SCD가 있는 아동들 사이의 주의집중력결핍과 동반되는 기억손상을 호전시키는 데 약간의 가망성이 있음을 보여주었다. 인지적 손상을 관리하기 위한 프로그램에 입각한 노력들은 여전히 풍부한 결과를 낼 수 있는 장래의 연구 영역으로 남아 있다.

소아암

5년 생존율이 이제 80% 이상이라는 의학기술에서의 기념비적 진보가 이루어졌지만, 암은 아동 사망의 주요 원인이다(Vannatta, Salley, & Gerhardt, 2009). 이 질병 집단을 치료하는 데 있어서의 발전은 화학요법, 방사선치료 및 수술, 또는 이 세 치료의 조합을 포함하는 매우 과감한 의학적 치료 지침을 야기했다. 많은 젊은 성인들이 현재 아동기 암의 생존자이기는 하지만 많은 아동들과 젊은 성인들에게 상당한 이환율을 초래했다. 최근의 조사는 이런 아동과 가족의 단기 및 장기 둘 다의 삶의 질 문제에 상당한 주의를 집중했다. 이런 암들 중에서 가장 널리 퍼져 있지만, 가장 예후가 좋은 암 중의 하나인 급성 림프모구성 백혈병(acute lymphoblastic leukemia, ALL)을 포함하는 많은 상이한 유형의 아동기 암이 존재한다. 유사하게 호지킨병도 생존율이 매우 높은데, 대부분의 아동과 청소년의 경우에 90%를 넘는다. 대조적으로 뇌와 뼈의 종양은 생존율이 더 낮고 더 오랜 치료기간이 필요하다(Vannatta et al., 2009).

대략 15년 전까지 많은 문헌들이 골수 흡인, 요추천자 및 손가락 찌르기를 포함하는 의학적 절차와 그런 절차와 관련된 통증에 초점을 맞추었다(Dahlquist & Swithin-Nagel, 2009). 그러나 이 질병의 향상된 예후와 통증관리 영역에서 이루어진 장래성이 있는 발전을 감안하면, 최근의 연구는 치료 중단에 뒤이어 나타나는 신체적 및 기능적 이환에 초점을 맞추어 왔다(개관을 위해서는 Brown, Daly, & Beidas, 2010 참조). 생존과 관련된 그런 건강에의 도전에 초점을 맞추어 왔던 또 다른 연구 경향이 등장했다.

화학요법 및 방사선치료와 관련된 몇몇 신체적 이환이 나타났는데, 성장장애, 호르몬/내분비장애 및 치료가 중단된 이후 또는 성인기가 되어도 실제로는 분명하게 드러나지 않을 수도 있는 심장 독성이 포함된다(Ness & Gurney, 2007). 따라서 이런 이환 또는 '후기효과'의 관리는 필연적으로 여러 분야에 걸친 것이 되고, 암 생존자들은 흔히 소아종양 전문의뿐만 아니라 많은 전문가들로부터 치료를 받는다. 가장 중요한 것은 장기적인 후기효과의 잠재적 확인과 그 후속 관리 둘 다에 지속적인 감독이 필요하다는 것이다.

소아종양학 문헌에 대한 주요한 기여가 추후에 암 세포가 CNS로 증식하는 것을 막는 수단으로써 예방적으로 이용해 왔던 CNS 지향적 치료뿐만 아니라 CNS 악성 종양의 영향을 확인한 임상심리학자들과 신경심리학자들에 의해 이루어졌다(Mulhern & Butler, 2004). 이 영역에서의 많은 연구가 작업기억, 처리 속도, 주의 및 실행기능을 포함하는(한정되는 것은 아닌) 중요한 신경인지적 기술의 감퇴를 보여주었다. 이런 감퇴는 흔히 발달 진행의 일반적 결여 또는 인지적 및 학업적 기능의 전반적 손상을 초래한다. 예를 들면 ALL 아동들을 위한 예방적 CNS 방사선치료에 관한 문헌들은 상당한 지적 및 학업적 손상을 시사해 왔다. CNS 예방 조치로서의 화학요법의 후속 사용에 관한 연구는 일반적으로 주의와 처리 속도를 포함한 특정한 신경인지적 기능의 손상을 시사했다(Brown et al., 2010). 후속연구는 방사선치료의 조사량(照射量), 치료 시의 연령, 성별 및 인구통계학적 특징을 포함하는, 방사선치료와 화학요법과 관련된 독성을 예측하는 변인들을 확인하려고 시도했다. 일반적으로 문헌들은 치료 시의 연령, 화학요법의 복용량이나 방사선치료의 조사량 및 성별이 CNS 치료와 관련된 신경인지적 후유증에 대한 가장 강력한 예측요인임을 보여주었다(개관을 위해서는 Brown et al., 2010 참조).

아주 최근에 암에서 생존한 아동의 인지적 손상과 심리사회적 손상을 연결하여 생각하는 연구가 등장했다. 일반적으로 신경인지적 후기효과와 심리사회적 결과 간의 연관성을 설명하는 기제에 대한 연구가 특히 한정되어 있기는 하지만, 연구들은 인지적 요인들이 심리사회적 영역에 일부 영향을 미침을 시사해 왔다(개관을 위해

Vannatta et al., 2009 참조). 한 연구집단(Campbell et al., 2007)은 흔히 고차적인 인지처리에 의존하고 있는 대처전략을 바꿈으로써 신경인지적 후기효과가 실제로 행동적 기능에 영향을 미칠 수 있음을 시사했다. 이 가정된 연관성이 추후의 경험적 지지를 얻어야만 이런 아동과 그들의 가족이 암 체험의 지속적인 스트레스 요인에 대처하는 것을 지원하는 프로그램을 개발하는 데 가치가 있음을 입증할 가능성이 있다. 마지막으로 지난 30년 동안 Kazak과 그녀의 동료들(Kazak, Schneider, & Kassam-Adams, 2009 참조)은 암치료가 가족 기능에 미치는 영향을 문서로 기록하기 위한 귀중한 자료를 제공했다. 인지적 및 심리사회적 후기효과가 가족 기능에 미치는 장기적 영향을 조사하고, 암 생존자들 사이의 가족 기능을 강화하도록 고안된 중재 프로그램을 개발하는 추후연구에 중요할 것이다.

아동기의 암 생존자들은 잠재적인 인지적 및 정서적 후기효과와 결합된 신체적 후기효과를 경험하는 것과 더불어, 건강한 또래들보다 잠재적으로 장래에 악성종양이 생길 위험이 더 크다(Vannatta et al., 2009). 이것은 암 생존자들이, 특히 청소년기에 도달하면서 나타나거나 떠오르는 부적응적 건강행동을 확인하고 중재하는 연구가 급증하는 결과를 초래했다(Tercyak & Tyc, 2006). 그 결과는 청소년기 동안 흡연과 다른 위험 감수 행동들을 다루고 완화시키려는 노력의 발전이었다(Tyc et al., 2005). 신체활동과 건강에 좋은 영양을 포함하여, 더 건강한 행동의 증진도 이런 암 생존자를 위한 생활의 질을 강화하는 데 있어서 중요한 목표이다.

마지막으로 소아종양학 문헌에서의 신체적·인지적·심리사회적 후기효과의 식별과 병행하여, 이런 후기효과들의 관리와 치료에 관한 문헌이 등장했다. Butler와 동료들(2008)은 소아 악성종양으로부터 아동기에 살아남은 사람들을 위한 일부 성공을 거둔, 인지적 교정 프로그램에 대해 여러 센터에서 이루어진 무작위 임상시험을 수행했다. 두 가지의 다른 최근의 여러 센터에서 이루어진 소아암 생존자 사이에서 주의문제를 다루기 위한 흥분제 약물의 효능을 조사하는 임상시험이 수행되었다(Conklin et al., 2009, 2010). 중요한 자료가 이런 생존자들 사이의 주의 지속 향상을 시사하는 데 제공되었다. 암으로부터의 생존이 증가하면서, 중재 프로그램이 이런 생존자들과 그들의 가족을 위한 생활의 질을 강화하는 데 더 큰 강도로 초점을 맞추게 될 것을 희망한다.

인간면역결핍 바이러스(HIV)/후천성 면역결핍증후군(AIDS)

인간면역결핍 바이러스(Human Immunodeficiency Virus, HIV)는 후천성 면역결핍증후군(Acquired Immune Deficiency Syndrome, AIDS)에 이르게 할 수 있는 바이러스이다. HIV는 질병과 싸우는 결정적 면역세포인, CD4+T 세포를 파괴한다. HIV는 감염성 질병이고 혈액, 정자, 질분비물, 모유를 통해 감염된다. 아동에서의 가장 흔한 감염 통로는 HIV가 임신, 분만, 또는 모유 수유를 하는 동안 어머니에게서 자식에게 전달되는 출산 전후의 전달이다. 행동적으로 감염된 청소년과 젊은 성인은 HIV를 무방비의 성 행위와 (덜 흔하게) 약물을 사용하는 동안 주삿바늘 공동 사용으로 발생한다. HIV 관리에는 HIV 1차 진료 방문 약속에 규칙적 출석과 항레트로바이러스 치료(antiretroviral therapy, ART), 이상적으로는 바이러스를 혈액검사에서 탐지할 수 없을 때까지, HIV 복제 감소를 위해 결합되어 사용된 투약에 대한 좋은 충실성이 포함된다.

ART의 효율성 때문에 대부분 출산 전후로 HIV에 감염된 미국 아동은 청소년기와 성인기 초기로 접어든다(Hazra, Siberry, & Mofenson, 2010). 그리고 임신을 하고 있는 동안의 전달 예방을 위한 ART의 효율성 때문에 새로운 출산 전후의 감염 비율은 극적으로 떨어졌다. 그러나 HIV의 비율은 위험한 행동을 통해 감염된 청소년들과 젊은 성인들 사이에서 증가하고 있다. 8,294명으로 추정되는 청년들이 2009년에 장기적 보고를 제공하는 40개 주에서 HIV 감염으로 진단되었다(CDC, 2011). 아프리카계 미국인은 불균형적으로 감염되었고 이 연령 집단에서의 새로운 HIV 진단의 65%를 설명한다. 남성과 섹스를 하는 젊은 아프리카계 미국인 남성 사이에서 새로운

HIV 감염은 2006년부터 2009년까지 48%까지 증가했다.

지난 몇 년 동안 치료 개시 지침, 섭생의 간소화 및 전체적인 ART의 효율성에서 극적인 변화가 나타났다. 역사적으로 HIV 관리는 복잡한 다수의 약물, 하루 중의 특정한 시간에 투여, 금식 또는 식후에 약물 복용 여부에 대한 지시를 흔히 필요로 했다. 현재 많은 약물에 내성이 있는 청년은 여전히 복잡한 섭생을 따르지만, 약물 섭생은 하루에 한 번 복용할 수 있는 고정 복용량 조합 ART로 상당히 간소화되었다. 오래된 약물에 대한 연구들은 바이러스 억제를 달성하는 데 95%의 충실성이 필요했음을 시사하므로 더 새롭고 강력한 약물이 더 관대한 것으로 보인다(Raffa et al., 2008). 그러나 충실성은 특히 청소년들과 젊은 성인들에게 계속 큰 도전을 야기한다. 가장 새로운 지침이 건강상태에 관계없이 진단 직후에 ART를 시작할 것을 권고하면서(Panel on Antiretroviral Guidelines for Adults and Adolescents, 2012), 비충실성이 흔한 발달기간에는 젊은 성인들이 ART를 시작하는 사람들 중에서 가장 큰 집단이 될 것이다.

몇몇 심리사회적 문제는 HIV에 특유한 것이다. 첫 번째는 공중위생의 함의이다. HIV는 성적 접촉을 통하여 가장 흔하게 전달된다. 청소년과 젊은 성인의 경우에 특히 염려가 되는데, 이 발달기간에 무방비 섹스가 절정에 달하기 때문이다. 더 나은 투약 충실성을 통하여 바이러스의 부하가 억제될 때 사람들 간의 HIV 전달 가능성이 더 적기 때문에, 투약 충실성을 향상시키는 중재는 개인의 건강을 향상시키는 중재일 뿐만 아니라 이제 공중위생의 중재로 간주된다(Cohen et al., 2011). 건강과 관련된 낙인이 HIV/AIDS에만 특유한 것은 아니지만, 이 경우의 낙인은 HIV의 감염성 질병상태가 빈곤, 성적 습관 및 물질사용과 같은 다른 심리사회적 문제를 뒤덮음으로써 혼합되었다. HIV/AIDS의 낙인은 청년의 우울증 상승과 관련되어 있고(Tanney, Naar-King, & MacDonnel, 2012) 성인의 ART 충실성과 돌보기 유지를 방해하는 것으로 나타났다(Mahajan et al., 2008).

소아 류머티스 관절염(JRA)

소아 류머티스 관절염(Juvenile Rheumatoid Arthritis, JRA)은 아동의 가장 흔한 류머티스성 질병이다(Gowdie & Tse, 2012). 이것이 아동의 류머티스성 질병의 대략 70%를 차지한다(Brown, Daly, & Beidas, 2010). 미국에서는 유아기에서 17세까지의 대략 300,000명의 아동이 JRA나 다른 류머티스성 질병에 걸려 있는 것으로 추정된다(Helmick et al., 2008). JRA의 병인은 알려져 있지 않지만, 병리적 자가면역 반응을 초래하는 요인들 ─ 유전적 민감성 조건하의 촉발 자극(바이러스, 스트레스)에 대한 환경적 노출과 같은 ─ 이 결합되어 일어나는 것으로 생각된다.

JRA에는 소수관절형(oligarticular disease), 다수관절형(polyarticular disease), 전신형(systemic disease)의 세 가지 유형이 있다(Rapoff, 2006). 소수관절형은 JRA가 있는 아동의 40~50%에서 일어나고 질병의 첫 6개월 동안 4개나 그 이하의 관절이 관련되는 것으로 정의된다. 무릎, 손목, 또는 발목과 같은 큰 관절들이 가장 흔하게 관련된다. 이 하위유형에서는 눈의 염증(포도막염)도 흔하다. 다수관절형은 JRA가 있는 아동의 약 40%에서 일어나고 작은 관절과 큰 관절 둘 다를 포함하여, 5개나 그 이상의 관절이 관련되는 것으로 정의된다. 이 하위유형은 심하고 진행성인데, 성인기까지 상당한 기능적 장애를 일으킬 잠재적 가능성이 있다(Gowdie & Tse, 2012). 마지막으로 전신형은 JRA가 있는 아동의 대략 40%가 걸린다. 전신형에서는 관절염 외에 특징적인 발진 및 또는 주기적 발열이 나타난다. 장막염, 또는 심장, 폐 및 복부 기관 내면의 염증도 나타날 수 있다.

JRA가 있는 아동이 공통적으로 경험하는 증상에는 통증, 지속적인 염증/관절의 구축, 경직/이동성 감소 및 성장지연이 포함된다(Brown et al., 2010). 경직은 잠에서 깨어난 아침과 같은 부동성 기간 이후에 악화된다. JRA가 있는 아동의 대략 1/4~1/3이 중등도에서 고도에 이르는 범위의 통증 강도를 보고한다(Schanberg, Lefebvre, Keefe, Kredich, & Gil, 1997). 게다가 통증과 염증 다음으로 피로와 식욕부진이 일어날 수 있다.

JRA의 관리는 통증과 염증 감소 및 병에 걸린 관절 기능의 유지를 위한 약물 복용을 필요로 한다(Rapoff, McGrath, & Lindsley, 2003). JRA가 있는 대부분의 아동을 위한 최우선의 치료는 비스테로이드성 항염증성 약물치료이다. 병이 더 심하거나 치료 반응이 좋지 못한 아동의 경우에는 코르티코스테로이드나 메토트렉세이트와 같은 질병 수정형 항류머티스성 약물이 치료법에 사용될 수 있다. JRA가 있는 아동은 전형적으로 둘 다 통증을 관리하고 관절의 가동성과 전반적인 힘을 유지하기 위한 작업치료나 물리치료에 참여할 것으로 예상된다. 비약물적인 통증관리 전략의 숙달이 JRA가 있는 아동이 재발성 및 또는 만성적 통증을 관리하도록 도울 수 있다(Brown et al., 2010). 최근의 연구도 수면 건강법을 증진하는 것이 JRA가 있는 아동의 통증관리의 중요한 구성요소가 될 수 있음을 시사한다. JRA가 있는 아동은 건강한 아동보다 유의미하게 더 많은 수면장애가 있고, 그런 수면문제가 통증 평정과 관련되어 있다고 보고되었다(Bloom et al., 2002; Passarelli et al., 2006). JRA와 관련된 통증이 수면 곤란을 초래할 수 있기는 하지만 사실상 연구들은 부적절한 수면으로 통증이 악화된다는 가설에 대한 지지를 더 많이 제공한다. Bromberg, Gil 및 Schanberg(2012)는 JRA가 있는 8~16세 아동의 한 표본(*N*=51)을 대상으로 2개월 동안 통증, 수면의 질 및 기분을 추적하는 데 일지 방법을 사용했다. 더 빈약한 수면의 질이 그다음 날의 더 높은 통증을 예측한다. 그러나 매일의 통증 평정은 야간 수면의 질과는 관련이 없었다. 기분도 통증과 수면 간의 관계를 중재함이 발견되었다. 긍정적인 기분이 증가할수록, 더 빈약한 수면의 질과 더 높은 통증 간의 관계가 약화되었다.

심장혈관질환

진보한 수술기법에서의 기념비적 진전 때문에 심장혈관질환이 있는 아동은 이제는 흔히 상대적으로 정상적인 삶을 살 수 있다. 아동의 심장혈관질환에는 선천성 심장병, 후천성 심장병, 부정맥 및 전신성 고혈압이 포함된다. 선천성 심장병에는 심장 자체나 관상혈관의 구조적 결함과 관련되는 다수의 장애가 포함되는데, 많은 결함

이 태내발달 동안 일어난다. 선천성 심장결함의 유병률은 정상적으로 출산된 1,000명당 5~8명 사이이고, 많은 사례가 실제로 출생 이전에 진단된다(Bernstein, 2004). 가벼운 선천성 심장결함의 경우에는 중재가 필요 없거나 조금만 필요한 반면, 중간 또는 심한 선천성 심장결함의 경우에는 수술이나 심장이식이 필요할 수도 있다.

심장혈관질환을 앓고 있는 아동에 대한 진단이 향상되었기 때문에 연구자들은 최근에 그런 아동들, 특히 선천성 심장병이 있는 아동들 사이의 심리적 및 인지적 영향에 관심을 갖게 되었다(Delamater & Jent, 2009). 최근에 몇몇 연구들이 선천성 심장결함이 있는 아동의 인지적 발달과 행동적 기능을 조사했다. 그 결과는 전반적으로 결함의 유형, 질병의 심한 정도, 수술 전의 요인, 수술의 유형, 수술 후의 요인 및 가족의 역학이 그런 결함이 아동의 인지적 및 행동적 기능에 미치는 영향을 완화시킴을 시사했다. 일반적으로 연구는 심장혈관 수술이 필요한 선천성 심장결함이 있는 유아들이 문제가 되는 부모-유아 상호작용과 해로운 신경발달적 결과의 위험성이 증가함을 보여주었다(개관을 위해서는 Delamater & Jent, 2009 참조). 이런 손상에는 더 심한 철수와 강렬한 부정적인 정서적 반응뿐만 아니라 부모의 단서에 덜 반응하는 것이 포함된다(Lobo, 1992). 게다가 이미 존재하는 유전적 이상(터너증후군과 다운증후군을 포함하는)이 신경발달적 결과에서의 더 큰 손상과 관련되어 있었다. 산독증, 저산소증, 대뇌산소 포화도 및 발작활동을 포함하는 수술 이전에 일어난 요인들도 선천성 심장병이 있는 아동들 사이의 해로운 신경발달적 결과와 관련되어 있었다. 마지막으로 일부 연구들은 선천성 심장병이 있는 아동들 사이의 심장 수술 도중과 이후의 특정한 생명 유지장치(즉, 초저체온 순환정지 및 심폐우회)의 인지적 및 행동적 후유증을 조사했다. 대규모 무작위 임상시험에 대한 한 추적조사에서 초저체온 순환정지 대 심폐우회수술을 받았던 아동들 사이에서 운동기술, 표현적 언어 및 신경학적 손상의 더 높은 유병률이 발견되었다(Bellinger et al., 1995; Bellinger, Rappaport, Wypij, Wernovsky, & Newburger, 1997). 수술을 하는 동안의

심장 정지 시간도 신경발달적 손상과 관련되어 있었다 (Wray, 2006).

심장이식과 관련해서는 이식 이후에 인지적 및 심리사회적 문제가 나타날 수 있음을 시사하는 일부 연구가 있었다. 인지적 상태가 이식 자체나 이식을 필요로 했던 의학적 상태와 관련된 요인으로부터 영향을 받는 정도가 분명치 않지만, 일부 연구들에서 심장이식을 받았던 아동들이 정상 범위 내의 인지적 발달을 보여주었지만, 발달 및 운동지연이 증가하였음을 발견하였다(Freier et al., 2004; Wray & Radley-Smith, 2004a, 2004b). 심장수술을 받았던 아동들을 대상으로 자기공명영상을 이용한 한 연구는 수술 이후에 새로운 뇌손상이 존재한다는 결과를 보여주었다(Miller et al., 2007). 더욱 중요한 것으로는 발달장애가 수술 후의 뇌손상에 의해 예측되었다는 것이다(Limperopoulos et al., 2002). 마지막으로 심장이식을 받았던 아동들은 스포츠와 다른 오락활동의 참여 곤란, 학교에서의 사회적 기능 곤란 및 또래관계의 곤란을 포함하여 학교에서 더 큰 문제가 생길 가능성이 크다. 앞에서 언급한 많은 연구가 작은 표본 크기, 주로 유럽계 중산층 표본 및 심장결함에 관한 이질성을 포함하는 방법론적인 문제 때문에 한계가 있음에 주목하는 것이 중요하다(Delamater & Jent, 2009). 더욱이 연구들 중에서 소수만이 비교 통제집단을 이용했거나 수술 전의, 수술 및 수술 후의 요인들로 설명을 해왔다. 분명히 이 매우 중요한 영역에서는 더 많은 연구, 특히 시간 경과에 따라 이런 아동들을 평가하는 종단연구가 필요하다.

떠오르는 연구 영역

정신약물학

이 장에서 개관했듯이 만성적인 의학적 상태가 있는 아동들은 정서적·행동적·인지적 문제의 비율이 유의미하게 더 높다. 이런 것들은 그 상태의 스트레스하에서 자신을 드러내는 기저의 장애인, 만성적 질병 그 자체, 또는 적응문제의 결과일 수 있다. 아동과 청소년에게 쓰이는 많은 향정신성 약물에 대한 약력학과 약동학에 관

한 연구가 제한적일 뿐만 아니라 소아의 만성적 상태에 이미 영향을 받은 생물학적 체계에 미치는 약물의 영향이나 그런 상태를 치료하는 데 사용된 약물과 많은 향정신성 약물의 상호작용에 대해서도 덜 알려져 있다.

현재까지 연구가 제한적이기는 하지만 몇몇 예가 장래의 노력을 위한 길을 닦고 있다.

1. 암과 SCD : 2개의 무작위 임상시험에서 ADHD가 있는 아동 사이의 주의 문제를 다루는 데 널리 사용되는 흥분제인, MPH의 아동 암치료의 신경인지적 후기효과를 개선하는 효능을 조사했다(Mulhern et al., 2004; Thompson et al., 2001). 두 연구 모두 주의 지속에서의 향상을 시사하는 자료를 제공했고, MPH의 복용량을 비교한 한 연구에서는 낮은 MPH 복용량에 비해 중간 정도의 복용량일 때 더 큰 향상을 발견하지 못했다. 이 장의 앞에서 언급했듯이 Daly와 동료들(2012)은 뇌혈관 합병증이 있었던 SCD가 있는 아동의 인지적 수행과 주의를 향상시키는 데 MPH를 사용하는 예비시험을 했다. 이 중맹검으로 통제된 한 시험에서 3주 동안 MPH의 복용량이 낮음, MPH의 복용량이 중간 및 위약을 비교했다. 암 연구들과는 달리 결과는 MPH의 복용량이 중간인 경우에만 심각한 해로운 부작용이 없이 주의의 향상을 보여주었다.

2. HIV/AIDS : HIV가 있는 사람들의 30~40%가 우울증을 겪는 것으로 추정되지만, 현재까지의 정신약물학 연구에서는 성인에 초점을 맞추어 왔다(Ferrando, 2009). 미국 국립보건원의 HIV/AIDS 중재를 위한 청소년 의학시험 네트워크(www.nichd.nih.gov/research/supported/Pages/atn.aspx)에서는 HIV가 있는 청년의 우울증에 대한 인지행동치료와 의학적 관리를 결합한 첫 타당성 연구를 완료하고 있는 중이다. 전염과 관련된 성적으로 위험한 행동이 우울증의 맥락에서 일어날 가능성이 더 높기 때문에, 그 결과는 이런 청년의 정신건강뿐만 아니라 대중의 건강에도 영향을 미칠 것이다(Kahn et al., 2009).

분명히 만성적인 의학적 상태에 있는 청년을 위한 안전하고 효과적인 정신약물치료를 결정하기 위해서는 더 많은 연구가 필요하고, 만성적 질병관리의 맥락에서 그런 약물에 대한 충실성에 대한 연구가 치료의 효능을 확실하게 하는데 결정적으로 중요할 것이다.

정신신경면역학

정신신경면역학(psychoneuroimmunology, PNI) 분야는 생물학적 및 심리사회적 과정 간의 양방향의 상호작용, 특히 한편으로는 심리사회적 요인들 간의 경로와 다른 한편으로는 면역체계와 질병에 초점을 맞춘다. 예를 들면 실험적 연구가 부족하기는 하지만, 소아질병에서의 스트레스와 건강 결과 간의 연관성은 분명하게 입증되었다(Helgeson et al., 2010; Howland et al., 2000; Turyk et al., 2008). 최근 연구는 스트레스가 성인의 면역체계와 질병 감수성 및 진행에 영향을 미치는 생물학적 기제를 밝혀주었다(Cohen, Irby, Boles, Jordan, & Skelton, 2012). 장기간의 스트레스 조건하에서 면역세포는 코르티솔의 조절효과에 둔감해져서 통제되지 않는 염증을 초래한다. 이것은 천식, 당뇨병, 비만 및 HIV를 포함하는 많은 소아질병의 발병과 진행을 촉진시키는 것으로 여겨진다(Cohen, Fouladi, & Katz, 2005). 따라서 스트레스가 소아의 급성 및 만성적인 의학적 상태에 영향을 미치는 기제를 밝히는 연구가 필요하다. 또 다른 결정적 연구 영역은 임신 중의 PNI이다. 스트레스 반응성은 임신 동안 증가하고, 장기간의 아동 결과뿐만 아니라 태아에게 미치는 염증의 영향은 대부분 알려져 있지 않으며 추후에 풍부한 결과를 가져올 연구 영역이다(Christian, 2012).

소아의 PNI 중재 연구에 대한 유일한 개관(Nassau, Tien, & Fritz, 2008)에서는 면역기능을 향상시키기 위한 심리적 중재를 검증했던 극소수의 무작위 임상시험을 확인했다. 이런 중재에는 이완 훈련, 최면 및 인지행동 스트레스 관리가 포함되었다. 대부분의 연구들이 면역기능에 미치는 영향을 보여주었지만, 모두 작은 표본의 예비시험이었고, 대부분 만성적인 의학적 상태에 있는 청년

을 배제했다. 이런 연구는 아직 초기단계이고, 만성적인 의학적 상태에 있는 청년의 면역기능과 건강 결과에 미치는 심리적 중재의 효과를 측정하는 추가적인 연구가 필요하다. 더욱이 소아의 PNI 중재 연구는 아직 인지행동치료의 발전을 이용하지 않고 있다. 인생 사건에 대한 비판단적 수용과 스트레스에 대한 내적 반응의 인식을 증진시키는 새로운 접근(즉, 마음챙김)이 만성적인 의학적 상태에 있는 성인에게 효과적인 것으로 나타났다(Chiesa & Serretti, 2010; Merkes, 2010).

유전체학

모집단에 근거한 유전적 검사의 전통적 사용은 출생 시의 희귀한 유전상태를 확인하거나 그런 정보를 아이를 낳을 준비가 된 성인에게 제공하는 것이었다. 이 과정에는 의사의 감독과 유전학 상담가와의 상호작용이 포함되었다. 그 후에 증상이 없는 성인으로 하여금 특정한 질병이 발병할 위험성을 평가하게 해주는, 예측적 유전검사가 과학적 진보로 허용되었다. 인간 게놈(인간 염색체의 완전한 집합)의 지도를 제작한 이래로 10년간, 더 광범위한 질병의 위험성을 확인하는 것이 가능하다. 다수의 민간기업이 한 개인의 다양한 질병의 발병 가능성에 대한 정보를 제공하는 예측적 게놈 검사를 소비자에게 직접 호소하는 마케팅을 시작했지만(Lenzer & Brownlee, 2008), 의사의 감독이나 상담은 없었다.

이런 발전은 부모와 자녀의 안녕에 중요한 함의를 가지고 있다. 그런 정보가 사람들로 하여금 예방적 건강 행동을 하도록 권장하기는 하지만, 많은 정보가 쉽게 해석될 수 없고 불필요한 심리적 고통을 일으킬 수 있다. 부모는 자신의 자녀에게 이 정보를 언제 어떻게 알릴 것인가를 결정하는 추가적인 부담을 진다. 미성년자 대상의 예측적 게놈 검사에 대한 찬반 주장이 검증할 수 있는 가설이기는 하지만, 지침이나 정책을 지지하는 최소한의 자료만 남아 있다(Mand, Gillam, Delatycki, & Duncan, 2012). 따라서 이 분야는 예측적 게놈 검사에 대한 반응으로서의 부모와 자녀의 태도, 심리적 결과 및 건강 행동의 채택에 대한 연구에 널리 열려 있다.

또 다른 결정적 문제는 건강관리 체계가 게놈 정보를 다루고, 증거에 근거한 임상적 결정을 하며, 가족을 지원하도록 준비하는 것이다(McBride & Guttmacher, 2009). 다시 한 번 말하자면 이 분야의 연구는 부족하다. 청소년 의료 제공자들을 대상으로 수행되었던 한 연구(O'Neill et al., 2009)에서는 제공자들이 검사를 1차적인 예방적 접근으로 제공할 가능성이 없음을 발견하였다. 오히려 제공자들은 검사를 이미 존재하는 조건(예 : 천식 환자 사이의 니코틴 중독 가능성 검사나 이미 흡연자인 환자의 폐암 가능성 검사)에 제공할 가능성이 더 높았다. 이런 자료는 가까운 미래에 일어날 것으로 예상되듯이, 제공자들이 게놈 검사를 아동기와 청소년기의 1차적 질병 예방 전략으로의 활용을 준비하는데 상당한 중재를 필요로 할 것임을 시사한다(Tercyak, 2009).

유전체학의 또 다른 함의는 환경적 노출과 게놈과 질병 연관성 간의 상호작용에 대한 지도를 만듦으로써 유전과 환경의 영향을 분리하는 기회라는 것이다(Murcray, Lewinger, & Gauderman, 2009). 다음 10년간 전국아동연구는 환경적 영향이 100,000명 이상의 아동의 건강과 발달에 미치는 효과를 조사하기 시작할 것이다. 그 연구는 게놈 정보를 사회적, 환경적, 문화적, 경제적 영향으로부터 구별하기 위해 고안된 것이다. 이런 혁신적이고 과학적인 발전을 아동의 건강 증진과 미래의 질병 예방을 위한 새로운 중재로 옮기는 데 여러 분야 간의 협력이 필요할 것이다. 실제로 국립보건원에서는 전환 1 ('실험실에서 병상으로') 행동과학연구, 즉 기본적인 행동과학에서의 발견을 질병을 치료하고 예방하는 새로운 방법으로 전환하는 조치를 발표했다(Czajkowski, 2011).

팀으로서의 과학

'팀으로서의 과학'은 국립보건원의 미래 주제 연구팀의 로드맵의 세 가지 핵심 발의 중의 하나이다. 앞에서 언급했듯이 생물의학 및 행동연구에서의 도전적이고 복잡한 문제들(예 : 비만, 당뇨병, 심장혈관 질환, 뇌혈관 질환, HIV/AIDS)을 다루는 데에는 여러 분야의 관점 수렴이 필요하다. 팀으로서의 과학은 세 가지 협력 수준으로

분류된다(Adler & Stewart, 2010). (1) 연구자들이 어떤 문제에 관해서 여러 분야에서 독립적으로 연구를 한 다음에 최종적으로 그 결과들을 결합할 때 '다학제(multidisciplinarity)'에 도달한다. (2) 서로 다른 분야의 연구자들이 함께 연구를 하고 공통의 문제에 관한 연구에 자신들의 관점을 제공할 때 '학제간(interdisciplinarity)'이 성취된다. (3) 학제간 팀이 개별 분야를 초월하는 새롭고 모든 것을 포함하는 모형이나 틀을 개발할 때 '초학제(transdisciplinarity)'가 이루어진다. '팀으로서의 과학에 대한 과학(science of team science, SciTS)'은 연구에 대한 이런 접근들의 과정과 결과를 연구한다(Stokols, Hall, Taylor, & Moser, 2008). SciTS는 개인에서 기관에 이르는 다양한 수준에서의 협력연구의 장애물과 촉진물에 초점을 맞추고, 협력 증가와 궁극적으로 총체적 건강문제에 대한 초학제적 해결책을 촉진하기 위한 중재를 검증하기를 바란다(Falk-Krzesinski et al., 2010). 국립암연구소는 세 가지 네트워크에서 SciTS의 연구 방식을 선도하고 있다 : (1) 초학제 담배 사용 연구 센터 계획, (2) 에너지학과 암에 관한 초학제 연구 계획, (3) 모집단의 건강과 건강 차이 센터 계획. 이런 계획들 내에서 연구자들은 팀으로서의 과학을 연구하기 위한 새로운 방법, 측정수단 및 분석도구를 개발하고 있다. 네트워크들이 성인과 아동 모집단 둘 다를 목표로 삼게 되면서, 다음 10년간은 팀으로서의 과학이 아동의 건강과 안녕을 어떻게 향상시킬 수 있는가에 관한 새롭게 떠오르는 연구를 보게 될 것이다.

소아건강심리학에서의 e-Health 문제

치료에서 유효 성분을 제공하는 기술, 또는 'e-Health'는 점차 소아건강심리학 연구의 초점이자 최근의 개관과 메타분석의 주제가 되고 있다. Stinson(2009)은 그때까지의 인터넷에 근거한 소아 충실성 중재에 관한 증거를 개관했다. 9개 연구가 메타분석을 위한 적격 기준을 충족시켰고, 대부분 질병관리 및 또는 건강 결과를 향상시키는 데 중재가 효과적이었음을 시사했다. 그 후에 Cushing, Jensen 및 Steele(2011)은 그 개관을 인터넷에 근거하지

않은 e-Health 중재를 포함시켜서 확장했다. 충분한 수의 연구들(N=33)이 메타분석 개관을 위한 적격 기준을 충족시켰다. 체중조절이 가장 공통적인 주안점이었고(n=14), 그다음이 천식이었다(n=9). 결과는 작지만 유의미한 총괄효과(omnibus effect)를 보여주었다. 기술과 대면접촉의 서로 다른 조합을 이용한 중재들 간에 차이가 나타나지는 않았지만, 자기감시나 목표 설정과 같은 행동적 구성요소가 포함되었던 e-Health 중재가 교육에만 초점을 맞추는 중재들보다 효과의 크기가 더 컸다.

이 두 개관은 건강행동 변화에 초점을 맞추었고 가상현실 주의분산과 같은 기술이 떠오르는 영역인 소아의 통증을 위한 중재들을 포함시키지 않았으며(Li, Montano, Chen, & Gold, 2011) 인터넷에 근거한 인지행동치료가 일부 강력한 지지를 받았다(Palermo, Wilson, Peters, Lewandowski, & Somhegyi, 2009). 더욱이 디지털 격차가 남아 있으므로 연구표본의 다양성을 확보하는 것이 필요하다. 예를 들면 저소득 가정과 고등학교를 마치지 않았던 부모는 인터넷을 이용할 가능성이 더 적고, 소수민족 가정은 '스마트폰'을 이용할 가능성이 더 크다(Zickuhr & Smith, 2012). 따라서 건강 차이를 감소시키기 위한 e-Health 중재도 유선 인터넷으로 전달되는 중재와는 대조적으로 모바일 기술을 고려하는 것이 필요할 것이다.

긍정심리학

긍정심리학은 새천년의 초반에 손상치료에 관한 전통적인 주안점과 대조되는 긍정적 인간기능과 지역사회 번영에 대한 과학으로서 소개되었다(Seligman & Csikszentmihalyi, 2000). Kirschman, Johnson, Bender 및 Roberts(2009)는 네 가지 주요 주제로 아동과 청소년을 위한 긍정심리학 연구를 체계화하고 있다 : 희망, 낙관주의, 이점 발견, 삶의 질. 건강문제가 있는 아동에 대한 연구가 오랫동안 삶의 질 문제를 다루어오는 동안(Payot & Barrington, 2011), 다른 구성개념들은 주목을 덜 받았다. 소아심리학에서의 초기 연구들은 희망을 천식과 장기이식에서의 치료 충실성과 관련지었고(Berg, Rapoff, Snyder, & Belmont,

2007; Maikranz, Steele, Dreyer, Startman, & Bovaird, 2007), 청소년 화상 환자의 행동문제의 수준이 더 낮은 것과 관련지었다. 그러나 긍정심리학 분야에서의 방법과 측정수단에서의 발전을 활용하고 광범위한 소아건강 상태를 목표로 삼는 더 많은 연구가 필요하다. 희망 중재가 위험성이 높은 도시 청년(Kirschman, Roberts, Shadlow, & Pelley, 2010)과 대학생(Berg, Snyder, & Hamilton, 2008) 사이에서 효과적일 수 있고, 소아의 건강과 안녕을 향상시키기 위한 중재 발전을 위한 새로운 패러다임에 이르게 할 수 있음을 시사하는 증거가 나타나고 있다.

긍정심리학에서 낙관주의는 긍정적 사건을 내부 원인('내가 했다'), 영구 원인('그것은 계속될 것이다'), 지속 원인('그것은 다른 사건들로 확장될 것이다') 때문이라고 귀인을 하는 설명방식이다. 낙관주의는 또한 성향적인 것이 될 수 있는데 미래를 긍정적으로 예상하는 패턴이 그것이다. 건강한 성인과 만성적으로 아픈 성인 양쪽 표본에 대한 83개 연구의 메타분석에서, 그 관계가 주관적 측정의 경우에 더 강하기는 했지만, 낙관주의는 주관적 및 객관적 건강 결과 둘 다와 유의미하게 관련되어 있다. 소아심리학 내에서 귀인방식에 대한 연구의 역사가 있기는 하지만, 아동의 낙관주의와 건강 결과에 관한 연구는 거의 없다. 그러나 최근의 한 종단연구(Patton et al., 2011)는 청소년들의 낙관주의가 더 낮은 비율의 우울증, 물질사용 및 반사회적 행동을 예측했음을 보여주었다. 더욱이 펜실베이니아 탄력성 프로그램 — 더 낙관적인 설명방식을 증진하기 위한 인지행동치료를 이용한 집단 중재 프로그램 — 은 청소년 낙관주의의 상당한 향상과 여러 번의 시험에 걸쳐서 우울증상의 감소를 가져왔다(Brunwasser, Gillham, & Kim, 2009).

'이점 발견(benefit finding)', '상황 파악(sense making)' 및 '외상후 성장(posttraumatic growth)'은 사람들이 외상적 사건과 결과로 생긴 긍정적 결과를 해석하기 위해 사용한 긍정적 인지를 가리키는 데 호환성이 있게 사용된 용어들이다(Kirschman et al., 2009). 소아질병에서의 외상후 성장에 대한 연구들은 암에 대한 반응을 기술하는 데 초점을 맞추어 왔다. 이런 연구들은 대부분의 아동들이 이점 발견의 증거를 나타냄을 보여주었지만, 뜻밖에 외상후 성장이 외상후 스트레스의 증상들과도 관련되어 있음을 발견했다(Phipps, Long, Hudson, & Rai, 2005). 이런 연구들은 횡단적이었기 때문에 암치료를 받는 동안 더 큰 외상을 경험하는 아동들이 또한 가장 큰 성장을 보이는 아동들이라는 점이 가능하므로 인과관계를 결정할 수는 없다. 아동의 서로 다른 유형의 외상에 대한 반응으로서의 성장에 대한 25개 연구의 개관에서(Meyerson, Grant, Carter, & Kilmer, 2011), 대부분의 연구들은 외상후 성장과 외상후 스트레스 증상 간의 유의미한 관계를 보고했다. 일부 연구들은 중간 수준의 외상후 스트레스 증상이 외상후 성장과 관련되어 있다는 곡선적 관계를 시사했다(Levine, Laufer, Hamama-Raz, Stein, & Solomon, 2008). 확실히 그 관계를 분명하게 밝히고, 다른 만성적 상태의 맥락에서 외상후 성장을 이해하며, 외상적 건강 사건에 직면하여 이점 발견을 증가시키는 중재를 개발하는 데 추후연구가 필요하다.

새로운 연구 방향에 대한 요약

지난 수년 동안 건강관리의 전달뿐만 아니라 아동건강과 건강 관련장애 분야에서 주요한 연구 성과가 있었다. 어느 정도 이 연구는 아동과 청소년 사이에서 흔히 발견된 많은 질병들의 예후가 좋아지는 정점에서 계속되어 왔다. 더욱이 건강 서비스 연구와 충실성 영역에서의 발전으로 미국의 많은 아동들은 적절한 건강관리를 받을 수 있게 되었다. 이런 변인들이 심리사회적 변인에 영향을 미치기 때문에, 유전적 및 생리적 요인들을 조사하는 최근의 연구 경향이 있었다. 거꾸로 심리사회적 변인들이 생물학적 요인들에 영향을 미치기 때문에 그런 변인들을 조사하는 경향이 있었다. 그러나 최근까지도 아동건강심리학에서의 연구는 주로 상관관계의 수준에서 이루어졌다. 증거에 근거한 의학의 중요성이 커지면서, 다양한 심리치료의 경험적 효능을 증명할 뿐만 아니라 상관연구를 타당화하기 위한 통제된 임상시험의 사용이 더 크게 강조되어 왔다.

아동건강심리학 영역에서의 연구가 지난 15년 동안 급상승했지만, 여전히 이 분야에는 엄청난 미래의 연구 노력을 할 기회가 있다. 이런 기회에는 e-Health의 이용과 다양한 치료의 컴퓨터 전달을 포함하는, 치료와 관련된 새로운 전달 접근이 포함된다. 과학기술은 이제는 아동기 질병에 이용할 수 있는 다양한 치료법에 대한 더 나은 충실성을 촉진하는 것뿐만 아니라 치료에 관한 더욱 정확한 의사결정 관리에 잠재력을 가지고 있다. 건강관리의 심리사회적 측면의 전달에 대한 연구는 '팀으로서의 과학' 쪽으로 방향을 잡았다. 아동과 청소년의 만성적 질병에 대한 심리적 순응에 관한 대부분의 연구가 생리적 및 심리적 종속변인 둘 다와 관련되어 있음을 감안하면 협력 노력이 필수적이다. 전형적으로 대부분의 연구들은 특정한 연구 영역에 자신의 전문적 지식을 제공하는 각 분야의 구성원들과 함께, 의사, 간호사 및 연구심리학자가 동시에 연구를 하는 팀의 노력으로 수행된다. 건강관리에서의 기념비적 발전과 아동이 전년도의 예후가 매우 조심스러운 비참한 질병에서 살아남는다는 사실로 보아, 앞으로 다가올 세월 동안 아동과 청소년의 건강 및 발달문제를 연구할 중요한 기회가 있을 것이라는 점에는 의심할 여지가 없다. 이것은 병태생리학에서의 임상건강전문가 훈련의 중요성과 성질상 생리적인 종속 측정방법의 사용을 강조한다. 이것은 아동과 청소년의 질병 연구를 선택하는 행동과학자들에게는 흥미진진한 시간이다. 우리는 이 개관이 소아 장면에서 연구를 하는 행동과학자들에게 수많은 연구 기회를 강조했기를 바란다. 더욱 중요한 것으로 우리는 이 연구가 이런 아동과 청소년 및 그들 가정의 삶의 질을 높일 것이라고 기대한다.

참고문헌

Achenbach, T. M. (1991). *Manual for the Child Behavior Checklist/4–18 and 1991 Profile*. Burlington: University of Vermont, Department of Psychiatry.

Achenbach, T. M., & Rescorla, L. A. (2001). *Manual for ASEBA School-Age Forms and Profiles*. Burlington: University of Vermont, Research Center for Children, Youth, and Families.

Adler, N. E., & Stewart, J. (2010). Using team science to address health disparities: MacArthur network as case example. *Annals of the New York Academy of Sciences, 1186*(1), 252–260.

Agency for Healthcare Research and Quality (AHCRQ). (2011). *National healthcare disparities report.* Rockville, MD: Author.

Agrawal, S. K., Singh, M., Mathew, J. L., & Malhi, P. (2005). Efficacy of an individualized written home-management plan in the control of moderate persistent asthma: A randomized, controlled trial. *Acta Paediatrica, 94*(12), 1742–1746.

Alfano, C. A., Ginsburg, G. S., & Kingery, J. N. (2007). Sleep-related problems among children and adolescents with anxiety disorders. *Journal of the American Academy of Child and Adolescent Psychiatry, 46*, 224–232.

American Academy of Sleep Medicine (AASM). (2005). *International classification of sleep disorders: Diagnostic and coding manual* (2nd ed.). Westchester, IL: American Academy of Sleep Medicine.

American Psychiatric Association (APA). (1994). *Diagnostic and statistical manual of mental disorders* (4th ed.). Washington, DC: Author.

American Psychiatric Association (APA). (2013). *Diagnostic and statistical manual of mental disorders* (5th ed.). Arlington, VA: Author.

Amiel, S. A., Sherwin, R. S., Simson, D. C., Lauritano, A. A., & Tamborlane, W. V. (1986). Impaired insulin action in puberty: A contributing factor to poor glycemic control in adolescents with diabetes. *New England Journal of Medicine, 315*, 215–219.

Ammerman, R. T., Kane, V. R., Slomka, G. T., Reigel, D. H., Franzen, M. D., & Gadow, K. D. (1998). Psychiatric symptomatology and family functioning in children and adolescents with spina bifida. *Journal of Clinical Psychology in Medical Settings, 5*, 449–465.

Anderson, B., Ho, J., Brackett, J., Finkelstein, D., & Laffel, L. (1997). Parental involvement in diabetes management tasks: Relationships to blood glucose monitoring adherence and metabolic control in young adolescents with insulin-dependent diabetes mellitus. *Journal of Pediatrics, 130*, 257–265.

Anderson, S., He, X., Schoppe-Sullivan, S., & Must, A. (2010). Externalizing behavior in early childhood and body mass index from age 2 to 12 years: Longitudinal analyses of a prospective cohort study. *BMC Pediatrics, 10*, 49.

Annett, R. D. (2004). Asthma. In R. T. Brown (Ed.), *Handbook of pediatric psychology in school settings.* Mahwah, NJ: Erlbaum.

Archer, E., & Blair, S. N. (2012). Physical activity, exercise and non-communicable diseases. *Research in Exercise Epidemiology, 14*(1), 1–18.

Auslander, W. F., Thompson, S., Dreitzer, D., White, N. H., & Santiago, J. V. (1997). Disparity in glycemic control and adherence between African-American and Caucasian youth with diabetes. *Diabetes Care, 20*, 1569–1575.

Aylward, G. P. (2002a). Cognitive and neuropsychological outcome; More than IQ scores. *Mental Retardation and Development Disabilities Research and Reviews, 8*, 234–240.

Aylward, G. P. (2002b). Methodological issues in income studies of at-risk infants. *Journal of Pediatric Psychology, 27*, 37–45.

Aylward, G. P. (2005). Neurodevelopmental outcomes of infants born prematurely. *Journal of Developmental and Behavioral Pediatrics, 26*, 427–440.

Aylward, G. P. (2009). Neonatology, prematurity, and developmental issues. In M. C. Roberts & R. G. Steele (Eds.), *Handbook of pediatric psychology* (4th ed., pp. 241–253). New York: Guilford Press.

Banez, G. A., & Cunningham, C. L. (2009). *Handbook of Pediatric Psychology.* New York: Guilford Press.

Banis, H. T., Varni, J. W., Wallander, J. L., Korsch, B. M., Jay, S. M., Adler, R., et al. (1988). Psychological and social adjustment of obese children and their families. *Child: Care, Health and Development, 14*(3), 157–173.

Barber, B. K., Stolz, H. E., & Olsen, J. A. (2005). Parental support, psychological control , and behavioral control: Assessing relevance across time, culture, and method. *Monographs of the Society for Research in Child Development, 70*(4, Serial No. 282), 1–137.

Barlow, S. E. (2007). Expert committee recommendations regarding the prevention, assessment, and treatment of child and adolescent overweight and obesity: Summary report. *Pediatrics, 120*, S164–S192.

Barnes, M. A., Wilkinson, M., Khemani, E., Boudesquie, A., Dennis, M., Fletcher, J. M., et al. (2006). Arithmetic processing in children with spina bifida: Calculation accuracy, strategy use, and fact retrieval fluency. *Journal of Learning Disabilities, 39*, 174–187.

Baron, R. M., & Kenny, D. A. (1986). The moderator–mediator variable distinction in social psychological research: Conceptual, strategic, and statistical considerations. *Journal of Personality and Social Psychology, 51*, 1173–1182.

Bellinger, D. C., Jonas, R. A., Rappaport, L. A., Wypij, D., Wernovsky, G., Kuban, K., et al. (1995). Developmental and neurologic status of children after heart surgery with hypothermic circulatory arrestor low-flow cardiopulmonary bypass. *New England Journal of Medicine, 332*, 549–555.

Bellinger, D. C., Rappaport, L. A., Wypij, D., Wernovsky, G., & Newburger, J. W. (1997). Patterns of developmental dysfunction after surgery during infancy to correct transposition of the great arteries. *Journal of Developmental and Behavior Pediatrics, 18*, 75–83.

Bender, B. G., Annett, R. D., Ikle, D., Duhamel, T. R., Rand, C., & Strunk, R. C. (2000). Relationship between disease and psychological adaptation in children in the childhood asthma management program and their families. *Archives of Pediatric and Adolescent Medicine, 154*, 706–713.

Benninga, M. A., Voskuijl, W. P., & Taminiau, J. A. (2004). Invited review: Childhood constipation: Is there new light in the tunnel? *Journal of Pediatric Gastroenterology and Nutrition, 39*, 448–464.

Berg, A. T., Smith, S. N., Frobish, D., Levy, S. R., Testa, F. M., Beckerman, B., et al. (2005). Special education needs of children with newly diagnosed epilepsy. *Developmental Medicine and Child Neurology, 47*, 749–753.

Berg, C. J., Rapoff, M. A., Snyder, C. R., & Belmont, J. M. (2007). The relationship of children's hope to pediatric asthma treatment adherence. *Journal of Positive Psychology, 2*, 176–184.

Berg, C. J., Snyder, C. R., & Hamilton, N. (2008). The effectiveness of a hope intervention in coping with cold pressure pain. *Journal of Health Psychology, 13*, 804–809.

Bernstein, D. (2004). The cardiovascular system. In R. E. Behrman, R. M. Kliegman, & H. B. Jenson (Eds.), *Nelson textbook of pediatrics* (17th ed., pp. 1475–1598). Philadelphia: Saunders.

Beyer, J. E., & Simmons, L. E. (2004). Home treatment of pain for children and adolescents with sickle cell disease. *Pain management in Nursing, 5*, 126–135.

Biddle, S. J., & Asare, M. (2011). Physical activity and mental health in children and adolescents: A review of reviews. *British Journal of Sports Medicine, 45*(11), 886–895.

Blair, C., & Raver, C. C. (2012). Child development in the context of adversity: Experiential canalization of brain and behavior. *American Psychologist, 67*(4), 309–318.

Bloom, B. J., Owens, J. A., McGuinn, M., Nobile, C., Schaeffer, L., & Alario, A. J. (2002). Sleep and its relationship to pain, dysfunction, and disease activity in juvenile rheumatoid arthritis. *Journal of Rheumatology, 29*(1), 169–173.

Borowitz, S., Cox, D. J., Sutphen, J., & Kovatchev, B. (2002). Treatment of childhood encopresis: A randomized trial comparing three protocols. *Journal of Pediatric Gastroenterology and Nutrition, 34*, 378–384.

Borrelli, B., McQuaid, E. L., Novak, S. P., Hammond, S. K., & Becker, B. (2010). Motivating Latino caregivers of children with asthma to quit smoking: A randomized trial. *Journal of consulting and clinical psychology, 78*(1), 34–43.

Boucher, J. L., Pereira, R. F., Graham. K. J., Pettingill, R. P., Toscano, J. V., & Henry, T. D. (2008). The heart of new ulm: A vision for the future. *Journal of Cardiovascular Translational Research, 1*, 310–316.

Boyer, B. A., Knolls, M. L., Kafkalas, C. M., Tollen, L. G., & Swartz, M. (2000). Prevalence and relationships of post-traumatic stress in families experiencing pediatric spinal cord injury. *Rehabilitation Psychology, 45*, 339–355.

Bradley, R. H., & Corwyn, R. F. (2004). "Family process" investments that matter for child well-being. In A. Kalil & T. DeLeire (Eds.), *Family investments in children's potential: Resources and parenting behaviors that promote success* (pp. 1–32). Mahwah, NJ: Erlbaum.

Brannan, A. M., Heflinger, C. A., & Bickman, L. (1997). The Caregiver Strain Questionnaire: Measuring the impact on the family of living with a child with serious emotional disturbance. *Journal of Emotional and Behavioral Disorders, 5(4)*, 212–222.

Brazzelli, M., Griffiths, P. V., Cody, J. D., & Tappin, D. (2011). Behavioural and cognitive intervventions with or without other treatments for the management of faecal incontinence in children. *Cochrane Database of Systematic Reviews* (Article No. CD002240). doi: 10.1002/14651858. CD002240.pub4

Brinn, M. P., Carson, K. V., Esterman, A. J., Chang, A. B., & Smith, B. J. (2010). Mass media interventions for preventing smoking in young people. *Cochrane Database of Systematic Reviews, 11*, CD001006.

Britz, B., Siegfried, W., Ziegler, A., Lamertz, C., Herpertz-Dahlmann, B., Remschmidt, H., et al. (2000). Rates of psychiatric disorders in a clinical study group of adolescents with extreme obesity and in obese adolescents ascertained via a population based study. *International Journal of Obesity, 24*(12), 1707–1714.

Brody, G. H., Yu, T., Beach, S. R., Kogan, S. M., Windle, M., & Philibert, R. A. (in press). Harsh parenting and adolescent health: A longitudinal analysis with genetic moderation. *Health Psychology.*

Brogan, K., Idalski Carcone, A., Jen, K. L. C., Ellis, D., Marshall, S., & Naar-King, S. (2012). Factors associated with weight resilience in obesogenic environments in female African-American adolescents. *Journal of the Academy of Nutrition and Dietetics, 112*(5), 718–724.

Bromberg, M. H., Gil, K. M., & Schanberg, L. E. (2012). Daily sleep quality and mood as predictors of pain in children with juvenile polyarticular arthritis. *Health Psychology, 31*(2), 202–209.

Bronfenbrenner, U. (1979). *The ecology of human development: Experiments by design and nature.* Cambridge, MA: Harvard University Press.

Brown, R. T. (2002). Society of Pediatric Psychology presidential address: Toward a social ecology of pediatric psychology. *Journal of Pediatric Psychology, 27(2)*, 191–201.

Brown, R. T., Daly, B. P., & Beidas, R. S. (2010). Rheumatology. In R. J. Shaw & D. R. DeMaso (Eds.), *Textbook of pediatric psychosomatic medicine* (pp. 353–365). Washington, DC: American Psychiatric Publishing.

Brown, R. T., Wiener, L., Kupst, M. J., Brennan, T., Behrman, R., Compas, B. E., et al. (2008). Single parents of children with chronic illness: An understudied phenomenon. *Journal of Pediatric Psychology, 33*(4), 408–421.

Brunwasser, S. M., Gillham, J. E., & Kim, E. S. (2009). A meta-analytic review of the Penn Resiliency Program's effect on depressive symptoms. *Journal of Consulting and Clinical Psychology, 77*(6), 1042–1054.

Burdick. J., Chase, H. P., Slover, R. H., Knievel, K., Scrimgeour, L., Maniatis, A. K., & Klingensmith, G. J. (2004). Missed insulin meal boluses and elevated hemoglobin A1c levels in children receiving insulin pump therapy. *Pediatrics, 113*(3, Pt. 1), e221–e224.

Burke, H., Leonardi-Bee, J., Hashim, A., Pine-Abata, H., Chen, Y., Cook, D. G., et al. (2012). Prenatal and passive smoke exposure and incidence of asthma and wheeze: systematic review and meta-analysis.*Pediatrics, 129*(4), 735–744.

Butler, J. M., Skinner, M., Gelfand, D., Berg, C. A., & Wiebe, D. J. (2007). Maternal parenting style and adjustment in adolescents with Type I diabetes. *Journal of Pediatric Psychology, 32*(10), 1227–1237.

Butler, R.J., Golding, J., Northstone, K., & ALSPAC Study Team. (2005). Nocturnal enuresis at 7.5 years old: Prevalence and analysis of clinical signs. *British Journal of Urology International, 96*, 404–410.

Butler, R. W., Copeland, D. R., Fairclough, D. L., Mulhern, R. K., Katz, E. R., Kazak, A. E., et al. (2008). A multicenter, randomized clinical trial of a cognitive remediation program for childhood survivors of pediatric malignancy. *Journal of Consulting and Clinical Psychology, 76*, 367–378.

Campbell, L. K., Cox, D. J., & Borowitz, S. M. (2009). Elimination disorders: Enuresis and encopresis. In M. C. Roberts & R. G. Steele (Eds.), *Handbook of pediatric psychology* (4th ed, pp. 481–490). New York: Guilford Press.

Campbell, L. K., Scaduto, M., Sharp, W., Dufton, L., Van Slyke, D., Whitlock, J. A., et al. (2007). A meta-analysis of the neurocognitive sequelae of treatment for childhood acute lymphocytic leukemia. *Pediatric Blood and Cancer, 49*, 65–73.

Cannell, J. J. (2008). Autism and vitamin D. *Medical Hypotheses, 70*(4), 750–759.

Caprio, S., Daniels, S. R., Drewnowski, A., Kaufman, F. R., Palinkas, L. A., Rosenbloom, A. L., et al. (2008). Influence of race, ethnicity, and culture on childhood obesity: Implications for prevention and treatment. *Diabetes Care, 31*(11), 2211–2221.

Carson, K. V., Brinn, M. P., Labiszewski, N. A., Esterman, A. J., Chang, A. B., & Smith, B. J. (2011). Community interventions for preventing smoking in young people. *Cochrane Database of Systematic Reviews, 7*, CD001291.

Castro. A. A. (1999). Is there a best single source of reliable evidence about the effects of health care? *Sao Paulo Medical Journal, 117*, 231–232.

Cayley, W. E., Jr. (2009). Interventions to help patients reduce or eliminate the use of smokeless tobacco. *American Family Physician, 80*, 1226.

Centers for Disease Control and Prevention (CDC). (1996). Asthma mortality and hospitalization among children and young adults—United States, 1980–1993. *Morbidity and Mortality Weekly Report, 45*, 350–353.

Centers for Disease Control and Prevention (CDC). (2000). Measuring childhood asthma prevalence before and after the 1997 redesign of the National Health Interview Survey—United States. *Morbidity and Mortality Weekly Report, 40*, 908–911.

Centers for Disease Control and Prevention (CDC). (2008a). *CDC childhood injury report: Patterns of unintentional injuries among 0–19 year olds in the United States, 2000–2006.* Retrieved from *www.cdc.gov/safechild/images/CDC-childhoodinjury.pdf.*

Centers for Disease Control and Prevention (CDC). (2008b). *Preventing obesity and chronic diseases through good nutrition and physical activity.* Retrieved from *www.cdc.gov/nccdphp/publications/factsheets/prevention/pdf/obesity.pdf.*

Centers for Disease Control and Prevention (CDC). (2011, February). *HIV surveillance report: Vol. 21. Diagnoses of HIV infection and AIDS in the United States and dependent areas, 2009.* Retrieved from *www.cdc.gov/hiv/surveillance/resources/reports/2009report.*

Centers for Disease Control and Prevention (CDC). (2012a). *National action plan for child injury prevention.* Atlanta, GA: CDC, National Center for Injury Prevention and Control.

Centers for Disease Control and Prevention (CDC). (2012b). Vital signs: Unintentional injury deaths among persons aged 0–19 years—United States, 2000–2009. *Morbidity and Mortality Weekly Report, 61*, 1–7.

Centers for Disease Control and Prevention (CDC). (2012c). Youth risk behavior surveillance, 2011. *Morbidity and Mortality Weekly Report, 61*(4).

Chan, G., & Chen, C. T. (2009). Musculoskeletal effects of obesity. *Current Opinion in Pediatrics, 21*(1), 65–70.

Chapman, L. A., Wade, S. L., Walz, N. C., Taylor, H. G., Stancin, T., & Yeates, K. O. (2010). Clinically significant behavior problems during the initial 18 months following early childhood traumatic brain injury. *Rehabilitation Psychology. 55*(1), 48–57.

Chiesa, A., & Serretti, A. (2010). A systematic review of neurobiological and clinical features of mindfulness meditations. *Psychological Medicine, 40(8),* 1239–1252.

Christian, C. W., & Sege, R. D. (2010). The Committee on Child Abuse and Neglect, the Committee on Injury, Violence, and Poison Prevention, and the Council on Community Pediatrics: Policy statement—child fatality review. *Pediatrics, 126,* 592–596.

Christian, L. M. (2012). Psychoneuroimmunology in pregnancy: Immune pathways linking stress with maternal health, adverse birth outcomes, and fetal development. *Neuroscience and Biobehavioral Reviews, 36*(1), 350–361.

Cicchetti, D., & Rogosch, F. A. (2002). A developmental psychopathology perspective on adolescence. *Journal of Consulting and Clinical Psychology, 70*(1), 6–20.

Clark, N. M., Cabana, M. D., Bin, N., Gong, M., Slish, K. K., Birk, N. A., et al. (2008). The clinician–patient partnership paradigm: Outcomes associated with physician communication behavior. *Clinical Pediatrics, 47,* 49–57.

Cohen, D. M., Lumley, M. A., Naar-King, S., Partridge, T., & Cakan, N. (2004). Child behavior problems and family functioning as predictors of adherence and glycemic control in economically disadvantaged children with Type 1 diabetes: A prospective study. *Journal of Pediatric Psychology, 29*(3), 171–184.

Cohen, G. M., Irby, M. B., Boles, K., Jordan, C., & Skelton, J. A. (2012). Telemedicine and pediatric obesity treatment: review of the literature and lessons learned. *Journal of Clinical Gynecology and Obstetrics, 2,* 103–111.

Cohen, L., Fouladi, R. T., & Katz, J. (2005). Preoperative coping strategies and distress predicted postoperative pain and morphine consumption in women undergoing abdominal gynecologic surgery. *Journal of Psychosomatic Research, 58,* 201–209.

Cohen, M. S., Chen, Y. Q., McCauley, M., Gamble, T., Hosseinipour, M. C., Kumarasamy, N., et al. (2011). Prevention of HIV-1 infection with early antiretroviral therapy. *New England Journal of Medicine, 365*(6), 493–505.

Commission on Adolescent Eating Disorders. (2005). Treatment of eating disorders. In D. L. Evans, E. B. Foa, R. E. Gur, H. Hendin, C. P. O'Brien, M. E. P. Seligman, et al. (Eds.), *Treating and preventing adolescent mental health disorders: What we know and what we don't know—a research agenda for improving the mental health of our youth* (pp. 283–301). Oxford, UK: Oxford University Press.

Compas, B. E., Jaser, S. S., Dunn, M. J., & Rodriguez, E. M. (2012). Coping with chronic illness in childhood and adolescence. *Annual Review of Clinical Psychology, 8*, 455–480.

Conklin, H. M., Helton, S., Ashford, J., Mulhern, R. K., Reddick, W. E., Brown, R. T., et al. (2009). Predicting methylphenidate response in long-term survivors of childhood cancer: A randomized double-blind, placebo-controlled, cross-over trial. *Journal of Pediatric Psychology, 34*, 144–155.

Conklin, H. M., Reddick, W. E., Ashford, J., Ogg, S., Howard, S. C., Morris, E. B., et al. (2010). Long-term efficacy of methylphenidate in enhancing attention regulation, social skills and academic abilities of childhood cancer survivors. *Journal of Clinical Oncology, 28*, 4465–4472.

Connelly, M., Rapoff, M., Thompson, N., & Connelly, W. (2006). Headstrong: A pilot study of a CD-ROM intervention for recurrent pediatric headache. *Journal of Pediatric Psychology, 31*, 737–747.

Contento, I. R., Basch, C., & Zybert, P. (2003). Body image, weight, and food choices of Latina women and their young children. *Journal of Nutrition Education and Behavior, 35*(5), 236–248.

Cox, D. J., Morris, J. B. J., Borowitz, S. M., & Sutphen, J. L. (2002). Psychological differences between children with and without chronic encopresis. *Journal of Pediatric Psychology, 27*, 585–591.

Crain, E. G., Mortimer, K. M., Bauman, L. J., Kercsmar., C. M., Weiss, K. B., Wissow, L., et al. (1999). Pediatric asthma care in the emergency department: Measuring the quality of history-taking and discharge planning. *Journal of Asthma, 36*, 126–138.

Cushing, C. C., Jensen, C. D., & Steele, R. G. (2011). An elevation of a personal electronic device to enhance self-monitoring adherence in apediatric weight management program using a multiple baseline design. *Journal of Pediatric Psychology, 36*(3), 301–307.

Cystic Fibrosis Foundation Patient Registry. (2009). *2008 annual data report.* Bethesda, MD: Cystic Fibrosis Foundation.

Czajkowski, S. M. (2011) News from NIH: Using basic behavioral science to develop better behavioral interventions. *Translational Behavioral Medicine, 1*, 507–508.

Dahlquist, L. M., & Swithin-Nagel, M. (2009). Chronic and recurrent pain. In M. C. Roberts & R. Steele (Eds.), *Hand-

book of pediatric psychology* (4th ed., pp., 153–170). New York: Guilford Press.

Daly, B., Kral, M. C., Brown, R. T., Elkin, D., Madan-Swain, A., Mitchell, M., et al. (2012). Ameliorating attention problems in children with sickle cell disease: A pilot study of methylphenidate. *Journal of Developmental and Behavioral Pediatrics, 33*, 244–251.

Dampier, C., Ely, B., Brodecki, D., & O'Neil, P. (2002). Characteristics of pain managed at home in children and adolescents with sickle cell disease using diary self-reports. *Journal of Pain, 3*, 461–470.

Davison, K. K., & Birch, L. L. (2001). Childhood overweight: A contextual model and recommendations for future research. *Obesity Reviews, 2*(3), 159–171.

Davison, K. K., & Birch, L. L. (2002). Obesigenic families: Parents' physical activity and dietary intake patterns predict girls' risk of overweight. *International Journal of Obesity and Related Metabolic Disorders, 26*(9), 1186–1193.

Davison, K. K., Francis, L. A., & Birch, L. L. (2005). Reexamining obesigenic families: Parents' obesity-related behaviors predict girls' change in BMI. *Obesity, 13*(11), 1980–1990.

Deidrick , K. K. M., Grissom, M. O., & Farmer, J. E. (2009). Central nervous system disorders: Epilepsy and spina bifida as exemplars. In M. C. Roberts & R. G. Steele (Eds.), *Handbook of pediatric psychology* (4th ed., pp. 350–365). New York: Guilford Press.

Delamater, A. M., & Jent, J. F. (2009). Cardiovascular disease. In M. C. Roberts & R. G. Steele (Eds.), *Handbook of pediatric psychology* (4th ed., pp. 381–390). New York: Guilford Press.

Delamater, A. M., Kurtz, S. M., Bubb, J., White, N. H., & Santiago, J. V. (1987). Stress and coping in relation to metabolic control of adolescents with Type 1 diabetes. *Journal of Developmental and Behavioral Pediatrics, 8*, 136–140.

Delamater, A. M., Smith, J. A., Lankester, L., & Santiago, J. V. (1988). *Stress and metabolic control in diabetic adolescents.* Paper presented at the 9th Annual Meeting of the Society of Behavioral Medicine, Boston.

Dennis, M., Landry, S. H., Barnes, M., & Fletcher, J. M. (2006). A model of neurocognitive function in spina bifida over the life span. *Journal of the International Neuropsychological Society, 12*, 285–296.

Devine, K. A., Wasserman, R. M., Gershenson, L. S., Holmbeck, G. N., & Essner, B. S. (2011). Mother–adolescent agreement regarding decision-making autonomy: A longitudinal comparison of families of adolescents with and without spina bifida. *Journal of Pediatric Psychology, 36*(3), 277–288.

Devitt, H., Holland, P., Butler, R., Redfern, E., Hiley, E., & Roberts, G. (1999). Plasma vasopressin and response to treatment in primary nocturnal enuresis. *Archives of Disease in Childhood, 80*, 448–451.

Dewey, D., Crawford, S. G., Creighton, D. E., & Sauve, R. S. (1999). Long-term neuropsychological outcomes in very low birthweight children free of sensorineural impairments. *Journal of Clinical and Experimental Neuropsychology, 21*, 851–865.

Diabetes Control and Complications Trial (DCCT) Research Group. (1993). The effect of intensive treatment of diabetes on the development and progression of long-term complications in insulin-dependent diabetes mellitus. *New England Journal of Medicine, 329*, 977–986.

Diabetes Control and Complications Trial (DCCT) Research Group. (1994). Effect of intensive treatment on the development and progression of long-term complications in adolescents with insulin-dependent diabetes mellitus: Diabetes Control and Complications Trial. *Journal of Pediatrics, 125*, 177–187.

Diabetes Control and Complications Trial (DCCT)/Epidemiology of Diabetes Interventions and Complications Research Group. (2001). Beneficial effects of intensive therapy of diabetes during adolescence: Outcomes after the conclusion of the Diabetes Control and Complications Trial (DCCT). *Journal of Pediatrics, 139*, 804–812.

Diette, G. B., & Rand, C. (2007). The contributing role of health-care communication to health disparities for minority patients with asthma. *CHEST Journal, 132*(5, Suppl.), 802S–809S.

Dreer, L. E., Elliot, T. R., Shewchuk, R., Berry, J. W., & Rivara, P. (2007). Family caregivers of persons with spinal cord injury: Predicting caregivers at risk for probable depression. *Rehabilitation Psychology, 52*, 351–357.

Drotar, D. (1997). Relating parent and family functioning to the psychological adjustment of children with chronic health conditions: What have we learned and what do we need to know? *Journal of Pediatric Psychology, 22*, 149–161.

Drotar, D. (2006). *Psychological interventions in childhood chronic illness*. Washington, DC: American Psychological Association.

Drotar, D., Stein, R. E., & Perrin, E. C. (1995). Methodological issues in using the Child Behavior Checklist and its related instruments in clinical child psychology research. *Journal of Clinical Child Psychology, 24*(2), 184–192.

Duncan, G. J., & Brooks-Gunn, J. (2000). Family poverty, welfare reform, and child development. *Child Development, 71*(1), 188–196.

Eckschtain, D., Ellis, D. A., Kolmodin, K. & Naar-King, S. (2010). The effects of parental depression and parenting practices on depressive symptoms and metabolic control in urban youth with Type 1 diabetes. *Journal of Pediatric Psychology, 35*. 426–435.

Edinger, J. D., & Means, M. K. (2005). Cognitive-behavioral therapy for primary insomnia. *Clinical Psychology Review, 25*, 539–558.

Ellis, D. A., Podolski, C., Moltz, K., Frey, M., Naar-King, S., & Wang, B. (2007). The role of parental monitoring in adolescent health outcomes: Impact on regimen adherence in youth with Type 1 diabetes. *Journal of Pediatric Psychology, 32(8),* 907–917.

Ellis, D. A., Templin, T. N., Moltz, K., Naar-King, S., Dekelbab, B. & Carcone, A. I. (2012). Psychometric proper-

ties of the revised Parental Monitoring of Diabetes Care Questionnaire (PMDC-R) in adolescents with Type 1 diabetes. *Journal of Adolescent Health, 50*(3), 289–295.

Ellis, D. A., Templin, T., Naar-King, S., Frey, M. A., Cunningham, P. B., Podolski, C., et al. (2007). Multisystemic Therapy for adolescents with poorly controlled Type I diabetes: Stability of treatment effects in a randomized controlled trial. *Journal of Consulting and Clinical Psychology, 75*, 168–174.

Emmons, K. M., Hammond, S. K., Fava, J. L., Velicer, W. F., Evans, J. L., & Monroe, A. D. (2001). A randomized trial to reduce passive smoke exposure in low-income households with young children. *Pediatrics, 108*(1), 18–24.

Ernst, M. M., Johnson, M. C. & Stark, L. J. (2010). Developmental and psychological issues in cystic fibrosis. *Child and Adolescent Psychiatric Clinics of North America, 19*, 263–283.

Evans, R. (1992). Asthma among minority children: A growing problem. *Chest, 101*, 368S–371S.

Ewing-Cobbs, L., Barnes, M., Fletcher, J. M., Levin, H. S., Swank, P. R., & Song, J. (2004). Modeling of longitudinal academic achievement scores after pediatric traumatic brain injury. *Developmental Neuropsychology, 25*, 107–133.

Falk-Krzesinski, H. J., Börner, K., Contractor, N., Fiore, S. M., Hall, K. L., Keyton, J., et al. (2010). Advancing the science of team science. *Clinical and Translational Science, 3*(5), 263–266.

Farmer, J. E., Kanne, S. M., Grissom, M. O., & Kemp, S. (2010). Pediatric neuropsychology in medical rehabilitation settings. In R. J. Frank, M. Rosenthal, & B. Caplan (Eds.), *Handbook of rehabilitation psychology* (2nd ed.). Washington, DC: American Psychological Association.

Farrell, S. P., Hains, A. A., Davies, H. W., Smith, P., & Parton, E. (2004). The impact of cognitive distortions, stress, and adherehce on metabolic control in youths with Type 1 diabetes. *Journal of Adolescent Health, 34*, 461–467.

Feldman, W., McGrath, P., Hodgeson, C., Ritter, H., & Shipman, R. T., (1985). The use of dietary fiber in the management of simple, childhood, idiopathic, reccurent abdominal pain. *Archives of Diseases of Childhood, 139*, 1216–1218.

Ferrando, S. J. (2009). Psychopharmacologic treatment of patients with HIV/AIDS. *Current Psychiatry Reports, 11*(3), 235–242.

Finkelstein, J. A., Lozano, P., Farber, H. J., Miroshnik, I., & Lieu, T. A. (2002). Underuse of controller medications among Medicaid-insured children with asthma. *Archives of Pediatrics and Adolescent Medicine, 156*(6), 562–567.

Fiorino, E. K., & Brooks, L. J. (2009). Obesity and respiratory diseases in childhood. *Clinics in Chest Medicine, 30*(3), 601–608.

FitzSimmons, S. C. (1993). The changing epidemiology of cystic fibrosis. *Journal of Pediatrics, 122*(1), 1–9.

Flores, E., Tschann, J. M., Dimea, J. M., Pasch, L. A., & de Groat, C. L. (2010). Perceived racial/ethic discrimination, posttraumatic stress symptoms, and health risk behaviors among Mexican American Adolescents. *Journal of Counseling Psychology, 57*(3), 264–73.

Forbes, D., Withers, G., Silburn, S., & McKelvey, R. (1999). Psychological and social characteristics and precipitants of vomiting in children with cyclical vomiting syndrome. *Digestive Diseases and Sciences, 44*, 19S–22S.

Foxcroft, D. R., & Tsertsvadze, A. (2012). Universal alcohol misuse prevention programmes for children and adolescents: Cochrane Systematic Reviews. *Perspectives in Public Health, 132*(3), 128–134.

Frank, N. C., Blount, R. L., & Brown, R. T. (1997). Attributions, coping and adjustment in children with cancer. *Journal of Pediatric Psychology, 22*(4), 563–576.

Frank, R. G., Thayer, J. F., Hagglund, K. J., Vieth, A. Z., Schopp, L. H., Beck, N. C., et al. (1998). Trajectories of adaptation in pediatric chronic illness: The importance of the individual. *Journal of Consulting and Clinical Psychology, 66*(3), 521–531.

Freier, M. C., Babikian, T., Pivonka, J., Aaen, T. B., Gardner, J. M., Baum, M., et al. (2004). A longitudinal perspective on neurodevelopmental outcome after infant cardiac transplantation. *Journal of Heart and Lung Transplantation, 23*, 857–864.

Frey, M. A., Templin, T., Ellis, D. A., Gutai, J., & Podolski, C. L. (2007). Predicting metabolic control in the first five years after diagnosis for African American and European American youths with Type 1 diabetes: The role of ethnicity and family structure. *Pediatric Diabetes, 8*, 220–227.

Friedman, D., Bryant, F. B., & Holmbeck, G. N. (2007). Brief report: Testing the factorial invariance of the CBCL Somatic Complaints scale as a measure of internalizing symptoms for children with and without chronic illness. *Journal of Pediatric Psychology, 32*(5), 512–516.

Friedman, M. J., & Sharieff, G. Q. (2006). Seizures in children. *Pediatric Clinics of North America, 53*, 257–277.

Friman, P. C., Jones, M., Smith, G., Daly, D. L., & Larzelere, R. (1997). Decreasing disruptive behavior by adolescent boys in residential care by increasing their positive to negative interactional ratios. *Behavior Modification, 21*(4), 470–486.

Fuemmeler, B. F., Moriarty, L., & Brown, R. T. (2009). Racial and ethnic health disparities and access to care. In M. C. Roberts & R. G. Steele (Eds.), *Handbook of pediatric psychology* (4th ed., pp. 575–585). New York: Guilford Press.

Gardiner, P. S. (2001). African American teen cigarette smoking: A review. In *Changing adolescent smoking prevalence: Where it is and why* (Smoking and Tobacco Control Monograph No. 14, pp. 213–226). Bethesda, MD: National Cancer Institute.

Garrison, M. M., Katon, W. J., & Richardson, L. P. (2005). The impact of psychiatric comorbidities on readmissions for diabetes in youth. *Diabetes Care, 28*, 2150–2154.

Gartstein, M. A., Short, A. D., Vannatta, K., & Noll, R. B. (1999). Psychological adjustment of children with chronic illness: An evaluation of three models. *Journal of Developmental and Behavioral Pediatrics, 20*(3), 157–163.

Gauthier, J. G., Ivers, H., & Carrier, S. (1996). Nonpharmacological approaches in the management of recurrent headache disorders and their comparison and combination with pharmacotherapy. *Clinical Psychology Review, 16*, 543–571.

Gavin, L. A., Wamboldt, M. Z., Sorokin, N., Levy, S. Y., & Wamboldt, F. S. (1999). Treatment alliance and its association with family functioning, adherence, and medical outcome in adolescents with severe, chronic asthma. *Journal of Pediatric Psychology, 24*(4), 355–365.

Gearhardt, A. N., Corbin, W. R., & Brownell, K. D. (2009). Preliminary validation of the Yale Food Addiction Scale. *Appetite, 52*(2), 430–436.

Georgopoulos, P. G., Brinkerhoff, C. J., Isukapalli, S., Dallarco, M., Landrigan, P. J., & Lioy, P. J. (in press). A tiered framework for risk-relevant characterization and ranking of chemical exposures: Applications to the National Children's Study (NCS). *Risk and Analysis*.

Gergen, P. J., Mullally, D. I., & Evans, R. (1988). National survey of prevalence of asthma among children in the United States, 1976 to 1980. *Pediatrics, 81*, 1–7.

Gepertz, S., & Neveus, T. (204). Imipramine for therapy resistant enuresis: A retrospective evaluation study. *Journal of Urology, 171*, 2607–2610.

Gibson, P. G., & Powell, H. (2004). Written action plans for asthma: An evidence-based review of key components. *Thorax, 59*, 831–836.

Gillespie, N. A., Zhu, G., Heath, A., Hickie, I., & Martin, N. (2000). The genetic aetiology of somatic distress. *Psychological Medicine: A Journal of Research in Psychiatry and the Allied Sciences, 30*(5), 1051–1061.

Glazener, C. M., & Evans, J. H. (2002). Simple behavioural and physical interventions for nocturnal enuresis in children. *Cochrane Database of Systematic Reviews*, (2):CD003637.

Golan, N., Shahar, E., Ravid, S., & Pillar, G. (2004). Sleep disorders and daytime sleepiness in children with attention-deficit/ hyperactivity disorder. *Sleep, 27*, 261–266.

Goldstrohm, S. L., & Arffa, S. (2005). Preschool children with mild to moderate traumatic brain injury: An exploration of immediate and post-acute morbidity. *Archives of Clinical Neuropsychology, 20*, 675–695.

Gowdie, P., & Tse, S. (2012). Juvenile idiopathic arthritis. *Pediatric Clinics of North America, 59*, 301–327.

Gracious, B., Finucane, T., Friedman-Campbell, M., Messing, S., & Parkhurst, M. (2012). Vitamin D deficiency and psychotic features in mentally ill adolescents: A cross-sectional study. *BMC Psychiatry, 12*(1), 38.

Grant, E. N., Alp, H., & Weiss, K. B. (1999). The challenge of inner-city asthma. *Current Opinion in Pulmonary Medicine, 5*, 27–34.

Graue, M., Hanestad, B. R., Wentzel-Larsen, T., Oddmund, S., & Edvin, B. (2004). The coping styles of adolescents with Type 1 diabetes are associated with degree of metabolic control. *Diabetes Care, 27*(6), 1313–1317.

Gray, M. R., & Steinberg, L. (1999). Unpacking authoritative parenting: Reassessing a multidimensional construct. *Journal of Marriage and Family, 61*, 574–587.

Hadjistavropoulos, T., Owens, K., Hadjistavropoulos, H. D., & Asmudson, G. J. G. (in press). Hypochondriasis and health anxiety among pain patients. In G. Asmudsonm, S. Taylor, & B. J. Cox (Eds.), *Health anxiety: Clinical and research perspectives on hypochondriasis and related conditions.* New York: Wiley.

Hains, A. A., Berlin, K. S., Davies, W. H., Parton, E. A., & Alemzadeh, R. (2006). Attributions of adolescents with type 1 diabetes in social situations: relationship with expected adherence, diabetes stress, and metabolic control. *Archive of Diabetes Control, 29*, 818–822.

Hains, A. A., Berlin, K. S., Davies, W., Sato, A. F., Smothers, M. K., Clifford, L. C., et al. (2009). Attributions of teacher reactions to diabetes self-care behaviors. *Journal of Pediatric Psychology, 34*(1), 97–107.

Hanson, C., DeGuire, M., Schinkel, A., Henggeler, S., & Burghen, G. (1992). Comparing social learning and family systems correlates of adaptation in youths with IDDM. *Journal of Pediatric Psychology, 17*, 555–572.

Hanson, C. L., Henggeler, S. W., Harris, M. A., Mitchell, K. A., Carle, D. L., & Burghen, G. A. (1988). Associations between family members' perceptions of the health care system and the health of youths with insulin-dependent diabetes mellitus. *Journal of Pediatric Psychology, 13(4)*, 543–554.

Harris, M. A., Greco, P., Wysocki, T., Elder-Danda, C., & White, N. H. (1999). Adolescents with diabetes from single-parent, blended, and intact families: Health-related and family functioning. *Families, Systems and Health, 17*, 181–196.

Hauser, S. T., Jacobson, A. M., Lavori, P., Wolfsdorf, J. I., Herskowitz, R. D., Milley, J. E., et al. (1990). Adherence among children and adolescents with insulin-dependent diabetes mellitus over a four-year longitudinal follow-up: II. Immediate and long-term linkages with the family milieu. *Journal of Pediatric Psychology. 15*(4), 527–542.

Hauser, W. A., & Beghi, E. (2008). First seizure definitions and worldwide incidence and mortality. *Epilepsia, 49*, 8–12.

Hazra, R., Siberry, G. K., & Mofenson, L. M. (2010). Growing up with HIV: Children, adolescents, and young adults with perinatally acquired HIV infection. *Annual Review of Medicine, 61*, 169–185.

Helgeson, V. S., Escobar, O., Siminerio, L., & Becker, D. (2010). Relation of stressful life events to metabolic control among adolescents with diabetes: 5-year longitudinal study. *Health Psychology, 29(2)*, 153–159.

Helgeson, V. S., Lopez, L. C., & Kamarck, T. (2009). Peer relationships and diabetes: Retrospective and ecological momentary assessment approaches. *Health Psychology, 28*(3), 273–82.

Helgeson, V. S., Siminerio, L., Escobar, O., & Becker, D. (2009). Predictors of metabolic control among adolescents with diabetes: A 4-year longitudinal study. *Journal of Pediatric Psychology, 34*(3), 254–270.

Helgeson, V. S., Snyder, P. R., Escobar, O., Siminerio, L., & Becker, D. (2007). Comparison of adolescents with and without diabetes on indices of psychosocial functioning for three years. *Journal of Pediatric Psychology. 32*(7), 794–806.

Helmick, C. G., Felson, D. T., Lawrence, R. C., Gabriel, S., Hirsch, R., & Kwoh, C. K. (2008). National Arthritis Data Workgroup: Estimates of the prevalence of arthritis and other rheumatic conditions in the United States. Part I. *Arthritis and Rheumatism, 58(1)*, 15–25.

Hermann, C., & Blanchard, E. B. (2002). Biofeedback in the treatment of headache and other childhood pain. *Applied Psychophysiological and Biofeedback, 27*(2), 143–162.

Hilliard, M., Guilfoyle, S., Dolan, L., & Hood, K. (2011). Prediction of adolescents' glycemic control 1 year after diabetes-specific family conflict: The mediating role of blood glucose monitoring adherence. *Archives of Pediatrics and Adolescent Medicine, 165*(7), 624–629.

Holden, E. W., Deichmann, M. M., & Levy, J. D. (1999). Empirically supported treatments in pediatric psychology: Recurrent pediatric headache. *Journal of Pediatric Psychology, 24*, 91–109.

Holmbeck, G. N. (1997). Toward terminological, conceptual, and statistical clarity in the study of mediators and moderators: Examples from the child-clinical and pediatric psychology literatures. *Journal of Consulting and Clinical Psychology, 65*, 599–610.

Holmbeck, G. N. (2002). Post-hoc probing of significant moderational and mediational effects in studies of pediatric populations. *Journal of Pediatric Psychology, 27*, 87–96.

Holmbeck, G. N., Gorey-Ferguson, L., Hudson, T., Seefeldt, T., Shapera, W., Turner, T., et al. (1997). Maternal, paternal, and marital functioning in families of preadolescents with spina bifida. *Journal of Pediatric Psychology. 22*(2), 167–181.

Holmbeck, G. N., Johnson, S. Z., Wills, K. E., McKernon, W., Rose, B., Erklin, S., et al. (2002). Observed and perceived parental overprotection in relation to psychosocial adjustment in preadolescents with a physical disability: The mediational role of behavioral autonomy. *Journal of Consulting and Clinical Psychology, 70*(1), 96–110.

Holmbeck, G. N., Westhoven, V. C., Phillips, W. S., Bowers, R., Gruse, C., Nikolopoulos, T., et al. (2003). A multimethod, multi-informant, and multidimensional perspective on psychosocial adjustment in preadolescents with spina bifida. *Journal of Consulting and Clinical Psychology, 71*(4), 782–795.

Holmbeck, G. N., Zebracki, K., & McGoron, K. (2009). Research design and statistical applications. In M. C. Roberts & R. G. Steele (Eds.), *Handbook of pediatric psychology* (4th ed., pp. 52–70). New York: Guilford Press.

Holmes, C. S., Yu, Z., & Frentz, J. (1999). Chronic and discrete stress as predictors of children's adjustment. *Journal of Consulting and Clinical Psychology, 67(3)*, 411–419.

Hood, K. K., Butler, D. A., Anderson, B. J., & Laffel, L.

(2007). Updated and revised Diabetes Family Conflict Scale. *Diabetes Care, 30*, 1764–1769.

Horton, D., Berg, C. A., Butner, J., & Wiebe, D. J. (2009). The role of parental monitoring in metabolic control: Effect on adherence and externalizing behaviors during adolescence. *Journal of Pediatric Psychology, 34(9)*, 1008–1018.

Howland, L. C., Gortmaker, S. L., Mofenson, L. M., Spino, C., Gardner, J. D., Gorski, H., et al. (2000). Effects of negative life events on immune suppression in children and youth infected with human immunodeficiency virus type 1. *Pediatrics, 106(3)*, 540–6.

Ingerski, L. M., Anderson, B. J., Dolan, L. M., & Hood, K. K., (2010). Blood glucose monitoring and glycemic control in adolescence: Contribution of diabetes-specific responsibility and family conflict. *Journal of Adolescent Health, 47(2)*, 191–197.

Institute of Medicine. (2006). *Preterm birth: Causes, consequences, and prevention* (R. E. Berman & A. Stith Butler, Eds.). Washington, DC: National Academies Press.

Institute of Medicine, Committee on Accelerating Progress in Obesity Prevention. (2012). *Accelerating progress in obesity prevention: Solving the weight of the nation.* Washington, DC: National Academies Press.

Isnard, P., Michel, G., Frelut, M. L., Vila, G., Falissard, B., Naja, W., et al. (2003). Binge eating and psychopathology in severely obese adolescents. *International Journal of Eating Disorders*, 34(2), 235–243.

Israel, A. C., & Shapiro, L. S. (1985). Behavior problems of obese children enrolling in a weight reduction program. *Journal of Pediatric Psychology, 10*(4), 449–460.

Ivanenko, A., Crabtree, V. M., & Gozal, D. (2005). Sleep and depression in children and adolescents. *Sleep Medicine Reviews, 9*, 115–129.

Jacobson, A. M., Hauser, S. T., Lavori, P., Willett, J. B., Cole, C. F., Wolfsdorf, J. I., et al. (1994). Family environment and glycemic control: A four-year prospective study of children and adolescents with insulin-dependent diabetes mellitus. *Psychosomatic Medicine, 56*, 401–409.

Jandasek, B., Holmbeck, G. N., DeLucia, C., & Zebracki, K. (2009). Trajectories of family processes across adolescent transition in youth with spina bifida. *Journal of Family Psychology, 23*(5), 726–738.

John, J., Wenig, C. M., & Wolfenstetter, S. B. (2010). Recent economic findings on child obesity. *Current Opinion in Clinical Nutrition and Metabolic Care, 13*, 305–313.

Johnson, S. B., Perwien, A. R., & Silverstein, J. H. (2000). Response to hypo- and hyperglycemia in adolescents with Type I diabetes. *Journal of Pediatric Psychology, 25*, 171–178.

Joinson, C., Heron, J., Butler, U., von Gontard, A., & AL-SPAC Study Team. (2006). Psychological differences between children with and without soiling problems. *Pediatrics, 117*, 1575–1584.

Juvenile Diabetes Research Foundation Continuous Glucose Monitoring Study Group. (2008). Continuous glucose monitoring and intensive treatment of Type 1 diabetes. *New England Journal of Medicine, 359*, 1464–1476.

Kahn, M. R., Kaufman, J. S., Pence, B. W., Gaynes, B. N., Adimora, A. A., Weir, S. S., et al. (2009). Depression, sexually transmitted infection, and sexual risk behavior among young adults in the United States. *Archives of Pediatrics and Adolescent Mediciine, 163*(7), 644–52.

Kazak, A. E. (1992). Family systems, social ecology, and chronic pediatric illness: Conceptual, methodological, and intervention issues. In T. Akamatsu, M. Stephens, S. E. Hobfoll, & J. H. Crowther (Eds.), *Family health psychology* (pp. 93–110). Washington, DC: Hemisphere.

Kazak, A. E., Schneider, S., & Kassam-Adams, N. (2009). Pediatric medical traumatic stress. In M. C. Roberts & R. G. Steele (Eds.), *Handbook of pediatric psychology* (4th ed., pp. 205–215). New York: Guilford Press.

Kazak, A., Simms, S., & Rourke, M. (2002). Family systems practice in pediatric psychology. *Journal of Pediatric Psychology, 27*, 133–143.

Keenan. H. T., & Bratton, S. L. (2006). Epidemiology and outcomes of pediatric traumatic brain injury. *Developmental Neuroscience, 28*, 256–263.

Kipke, M. D., Iverson, E., Moore, D., Booker, C., Ruelas, V., Peters, A. L., et al. (2007). Food and park environments: Neighborhood-level risks for childhood obesity in East Los Angeles. *Journal of Adolescent Health, 40*(4), 325–333.

Kirschman, K. B., Johnson, R. J., Bender, J. A., & Roberts, M. C. (2009). Positive psychology for children and adolescents. In S. J. Lopez & C. R. Snyder (Eds.), *The Oxford handbook of positive psychology* (2nd ed., pp. 133–148). New York: Oxford University Press.

Kirschman, K. J. B., Roberts, M. C., Shadlow, J. O., & Pelley, T. J. (2010). An evaluation of hope following a summer camp for inner-city youth. *Child and Youth Care Forum, 39*(6), 385–396.

Kohl, H. W., & Hobbs, K. E. (1998). Development of physical activity behaviors among children and adolescents. *Pediatrics, 101*(Suppl. 2), 549–554.

Kovacs, M., Goldston, D., Obrosky, S., & Lyngar, S. (1992). Prevalence and predictors of pervasive noncompliance among youth with insulin-dependent diabetes mellitus. *Journal of the American Academy of Child and Adolescent Psychiatry, 31*, 1112–1120.

Kral, M. C., Brown, R. T., & Hynd, G. W. (2001). Neuropsychological aspects of pediatric sickle cell disease. *Neuropsychology Review, 11*, 179–196.

Kriemler, S., Meyer, U., Martin, E., Van Sluijs, E. M. F., Andersen, L. B., & Martin, B. W. (2011). Effect of school-based interventions on physical activity and fitness in children and adolescents: A review of reviews and systematic update. *British Journal of Sports Medicine, 45*(11), 923–930.

Kubik, M. Y., Lytle, L. A., & Story, M. (2005). Schoolwide food practices are associated with body mass index in middle school students. *Archives of Pediatrics and Adolescent Medicine, 159*(12), 1111–1114.

Kumar, J., Muntner, P., Kaskel, F. J., Hailpern, S. M., & Melamed, M. L. (2009). Prevalence and associations of 25-hydroxyvitamin D deficiency in US children: NHANES 2001–2004. *Pediatrics, 124*(3), e362–e370.

Kung, H. C., Hoyert, D. L., Xu, J. Q., & Murphy, S. L. (2008). Deaths: Final data for 2005. *National Vital Statistics Reports, 56*(10), 1–120.

Kuo, D. Z., Cohen, E., Agrawal, R., Berry, J. G., & Casey, P. H. (2011). A national profile of caregiver challenges among more medically complex children with special health care needs. *Archives of Pediatrics and Adolescent Medicine. 165*(11), 1020–1026.

Laessle, R. G., Uhl, H., & Lindel, B. (2001). Parental influences on eating behavior in obese and nonobese preadolescents. *International Journal of Eating Disorders, 30*(4), 447–453.

La Greca, A. M., & Hanna, N. (1983). Diabetes related health beliefs in children and their mothers: Implications for treatment. *Diabetes, 32*(Suppl. 1), 66.

Larsson, B., Carlsson, J., Fichtel, A., & Melin, L. (2005). Relaxation treatment of adolescent headache sufferers: Results from a school-based replication series. *Headache, 45*, 692–704.

Lavigne, J., & Faier-Routman, J. (1992). Psychological adjustment to pediatric physical disorders: A meta-analytic review. *Journal of Pediatric Psychology, 17*, 133–157.

Lavigne, J., & Faier-Routman, J. (1993). Correlates of psychological adjustment to pediatric physical disorders: A meta-analytic review and comparison with existing models. *Journal of Developmental and Behavioral Pediatrics, 14*(2), 117–123.

Lawrence, R. A. (2010). Does breastfeeding protect against overweight and obesity in children?: A review. *Childhood Obesity, 6*(4), 193–197.

Lazarus, R. S., & Folkman, S. (1984). *Stress, appraisal, and coping.* New York: Springer.

Leatherdale, S. T. (2010). Factors associated with communication-based sedentary behaviors among youth: Are talking on the phone, texting, and instant messaging new sedentary behaviors to be concerned about? *Journal of Adolescent Health, 47*(3), 315–318.

Leatherdale, S. T., & Wong, S. L. (2008). Modifiable characteristics associated with sedentary behaviours among youth. *International Journal of Pediatric Obesity, 3*(2), 93–101.

LeBovidge, J. S., Lavigne, J. V., Donenberg, G. R., & Miller, M. L. (2003). Psychological adjustment of children and adolescents with chronic arthritis: A meta-analytic review. *Journal of Pediatric Psychology, 28*(1), 29–39.

Lee, C. C., & Middaugh, N. A., Howie, S. R., & Ezzati, M. (2010). Association of secondhand smoke exposure with pediatric invasive bacterial disease and bacterial carriage: a systematic review and meta-analysis. *Public Library of Science*, 7(12), e1000374.

Leishman, J. M. (2010). *Individual and family predictors of the caregiver burden of parents rearing a child with diabetes.* Unpublished master's thesis, Brigham Young University.

Lemanek, K. L., & Ranalli, M. (2009). Sickle cell disease. In M. C. Roberts & R. G. Steele (Eds.), *Handbook of pediatric psychology* (4th ed., pp. 303–318). New York: Guilford Press.

Lenzer, J., & Brownlee, S. (2009). Knowing me, knowing you. *British Medical Journal, 336*, 858–860.

Leonard, B. J., Jang, Y., Savik, K., Plumbo, P. M., & Christensen, R. (2005). Adolescents with Type 1 diabetes: Family functioning and metabolic control. *Journal of Family Nursing, 11(2)*, 102–121.

Levine, M. D. (1975). Children with encopresis: A descriptive analysis. *Pediatrics, 56*(3), 412–416.

Levine, S. Z., Laufer, A., Hamama-Raz, Y., Stein, E., & Solomon, Z. (2008). Posttraumatic growth in adolescence: Examining its components and relationship with PTSD. *Journal of Traumatic Stress, 21*(5), 492–496.

Lezner, J., & Brownlee, S. (2008). Knowing me, knowing you. *British Medical Journal, 336*(7649), 858–860.

Li, A., Montaño, Z., Chen, V. J., & Gold, J. I. (2011). Virtual reality and pain management: current trends and future directions. *Pain, 1*(2), 147–157.

Li, B. U. K., & Misiewicz, L. (2003). Cyclical vomiting syndrome: A brain-gut disorder. *Gastroenterology Clinics of North America*, 32, 997–1019.

Libman, I., Songer, T., & LaPorte, R. (1993). How many people in the US have IDDM? *Diabetes Care, 16*(5), 841–842.

Lieu, T. A., Lozano, P., Finkelstein, J. A., Chi, F. W., Jensvold, N. G., Capra, A. M., et al. (2002). Racial/ethnic variation in asthma status and management practices among children in managed Medicaid. *Pediatrics, 109(5)*, 857–865.

Limperopoulos, C., Majnemer, A., Shevell, M. I., Rohlicek, C., Rosenblatt, B., Tchervenkov, C., & Darwish, H. Z. (2002). Predictors of developmental disabilities after open heart surgery in young children with congenital heart defects. *Journal of Pediatrics, 141*(1), 51–8.

Linscheild, T. J. (2006). Behavioral treatments for pediatric feeding disorders. *Behavior Modification, 30*, 6–23.

Linscheid, T. R., Budd, K. S., & Rasnake, L. K. (1995). Pediatric feeding disorders. In M. C. Roberts (Ed.), *Handbook of pediatric psychology* (2nd ed., pp. 501–515). New York: Guilford Press.

Liss, D. S., Waller, D. A., Kennard, B. D., Mcintire, D., Capra, P., & Stephens, J. (1998). Psychiatric illness and family support in children and adolescents with diabetic ketoacidosis: A controlled study. *Journal of the American Academy of Child and Adolescent Psychiatry, 37(5)*, 536–544.

Liu, X., Buysse, D. J., Gentzler, A. L., Kiss, E., Mayer, L., Kapornai, K., et al. (2007). Insomnia and hypersomnia associated with depressive phenomenology and comorbidity in childhood depression. *Sleep, 30*, 83–90.

Lobo, M. L. (1992). Parent–infant interaction during feeding when the infant has congenital heart disease. *Journal of Pediatric Nursing, 7*(2), 97–105.

Loening-Baucke, V., & Swidsinski, A. (2007). Constipation as cause of acute abdominal pain in children. *Journal of Pediatrics, 151*, 666–669.

Lozano, P., Connell, F. A., & Koepsell, T. D. (1995). Use of health services by African-American children with asthma on Medicaid. *Journal on the American Medical Association, 274*, 469–473.

Lumeng, J. C., & Chervin, R. D. (2008). Epidemiology of pediatric obstructive sleep apnea. *Proceedings of the American Toracic Society, 5*, 242–252.

Mackay, R., & George, P., & Kirk, J. (2006). Sweat testing for cystic fibrosis: A review for New Zealand laboratories. *Journal of Pediatrics and Child Health, 42*, 160–164.

MacLean, W. E., Perrin, J. M., Gortmaker, S., & Pierre, C. B. (1992). Psychological adjustment of children with asthma: Effects of illness severity and recent stressful life events. *Journal of Pediatric Psychology, 17*(2), 159–171.

Mahajan, A. P., Sayles, J. N., Patel, V. A., Remien, R. H., Ortiz, D., Szekeres, G., et al. (2008). Stigma in the HIV/AIDS epidemic: A review of the literature and recommendations for the way forward. *AIDS, 22*(Suppl. 2), S67–S69.

Maikranz, J. M., Steele, R. G., Dreyer, M. L., Startman, A. C., & Bovaird, J. A. (2007). The relationship of hope and illness –related uncertainty to emotional adjustment and adherence among pediatric renal and liver recipients. *Journal of Pediatric Psychology, 32*, 571–581.

Mamun, A. A., O'Callaghan, M. J., Cramb, S. M., Najman, J. M., Williams, G. M., & Bor, W. (2009). Childhood behavioral problems predict young adults' BMI and obesity: Evidence from a birth cohort study. *Obesity, 17*(4), 761–766.

Mand, C., Gillam, L., Delatycki, M. B., & Duncan, R. E. (2012). Predictive genetic testing in minors for late-onset conditions: A chronological and analytical review of the ethical arguments. *Journal of Medical Ethics, 38*(9), 519–524.

Martin, M. A. (2008). The intergenerational correlation in weight: How genetic resemblance reveals the social role of families. *American Journal of Sociology, 114*(Suppl. 1), S67–S105.

Maslow, G. R., Haydon, A., McRee, A. L., Ford, C. A., & Halpern, C. T. (2011). Growing up with chronic illness: Social success, educational/vocational distress. *Journal of Adolescent Health, 49*(2), 206–212.

Mathisen, B., Skuse, D., Wolke, D., & Reilly, S. (1989). Oral-motor dysfunction and failure to thrive among inner-city infants. *Developmental Medicine and Child Neurology, 31*, 293–302.

McBride, C. M., & Guttmacher, A. E. (2009). Commentary: trailblazing a research agenda at the interface of pediatrics and genomic discovery—a commentary on the psychological aspects of genomics and child health. *Journal of Pediatric Psychology, 34*, 662–664.

McDaniel, S. H., Rolland, J. S., Feetham, S., & Miller, S. M. (2006). Psychosocial interventions for patients and families coping with genetic conditions . In S. M. Miller, S. H. McDaniel, J. S. Rolland, & S. L. Feetham (Eds.), *Individuals, families and the new era of genetics: Biopsychosocial perspectives* (pp. 173–196). New York: Norton.

McLaughlin, S. E., Diener-West, M., Indurkhya, A., Rubin, H., Heckmann, R., & Boyle, M. P. (2008). Improving transition from pediatric to adult cystic fibrosis care: Lessons from a national survey of current practices. *Pediatrics, 121*(5), e1160–e1166.

McMillen, R., Maduka, J., & Winickoff, J. (2012). Use of emerging tobacco products in the United States. *Journal of Environmental and Public Health, 2012*, 989474.

Mellon, M. W., & McGrath, M. L. (2000). Empirically supported treatments in pediatric psychology: nocturnal enuresis. *Journal of Pediatric Psychology, 25*, 193–214; discussion, 215–218.

Mellon, M. W., Whiteside, S. P., & Friedrich, W. N. (2006). The revelance of fecal soiling as an indicator of sexual child abuse: A preliminary analysis. *Journal of Developmental and Behavioral Pediatrics, 27*, 25–32.

Meltzer, L. J., Davis, K. A., & Mindell, J. A. (2008). Sleep in hospitalized pediatric patients and their parents. *Sleep, 31*, A89.

Meltzer, L. J., & Mindell, J. A. (2009). Pediatric sleep. In M. C. Roberts (Ed.), *Handbook of pediatric psychology* (2nd ed., pp. 491–507). New York: Guilford Press.

Merkes, M. (2010). Mindfulness-based stress reduction for people with chronic diseases. *Australian Journal of Primary Health, 16*(3), 200–210.

Merlo, L. J., Klingman, C., Malasanos, T. H., & Silverstein, J. H. (2009). Exploration of food addiction in pediatric patients: A preliminary investigation. *Journal of Addiction Medicine, 3*(1), 26–32.

Meyerson, D. A., Grant, K. E., Carter, J. S., & Kilmer, R. P. (2011). Posttraumatic growth among children and adolescents: A systematic review. *Clinical Psychology Review, 31*(6), 949–964.

Miller, S. P., McQuillen, P. S., Hamrick, S., Xu, D., Glidden, D. V., Charlton, N., et al. (2007). Abnormal brain development in newborns with congenital heart disease. *New England Journal of Medicine, 357*, 1928–1938.

Miller, W. R., & Rollnick, S. (2013). *Motivational interviewing: Helping people change* (3rd ed.). New York: Guilford Press.

Mindell, J. A. (2005). *Sleeping through the night: How infants, toddlers, and their parents can get a good night's sleep* (rev. ed.). New York: HarperCollins.

Mindell, J. A., Kuhn, B. R., Lewin, D. S., Meltzer, L. J., Sadeh, A., & Owens, J. A. (2006). Behavioral treatment of bedtime problems and night wakings in infants and young children. *Sleep, 29*, 1263–1276.

Mindell, J. A., & Owens, J. A. (2003). *A clinical guide to pediatric sleep: Diagnosis and management of sleep problems*. Philadelphia: Lippincott Williams & Wilkins.

Misra, M., Pacaud, D., Petryk, A., Collett-Solberg, P. F., & Kappy, M. (2008). Vitamin D deficiency in children and its management: Review of current knowledge and recommendations. *Pediatrics, 122*(2), 398–417.

Mitchell, L. E., Adzick, N. S., Melchionne, J., Pasquariello, P. S., Sutton, L. N., Whitehead, A. S., et al. (2004). Spina bifida. *Lancet, 364*, 1885–1895.

Moens, E., Braet, C., & Soetens, B. (2007). Observation of family functioning at mealtime: A comparison between families of children with and without overweight. *Journal of Pediatric Psychology, 32*(1), 52–63.

Moran, A., Jacobs, D. R. Steinberger, J., Hong, C. P., Prineas, R., Luepker, R., et al. (1999). Insulin resistance during puberty: Results from clamp studies in 357 children. *Diabetes, 48,* 2039–2044.

Morgan, C. M., Yanovski, S. Z., Nguyen, T. T., McDuffie, J., Sebring, N. G., Jorge, M. R., et al. (2002). Loss of control over eating, adiposity, and psychopathology in overweight children. *International Journal of Eating Disorders, 31*(4), 430–441.

Morgenthaler, T. I., Owens, J., Alessi, C., Boehlecke, B., Brown, T. M., Coleman, J., et al. (2006). Practice parameters for behavioral treatment of bedtime problems and night wakings in infants and young children: An American Academy of Sleep Medicine report. *Sleep, 29,* 1277–1281.

Morgenthaler, T. I., Lee-Chiong, T., Alessi, C., Friedman, L., Aurora, R. N., Boehlecke, B., et al. (2007). Practice parameters for the clinical evaluation and treatment of circadian rhythm sleep disorders: An American Academy of Sleep Medicine report. *Sleep, 30,* 1445–1459.

Morrongiello, B. A., Bell, M., Butac, M., & Kane, A. (2014). What features of images affect parents' appraisal of safety messages?: Examining images from *A Million Messages* programme in Canada. *Injury Prevention, 20,* 16–20.

Mulhern, R. K., & Butler, R. W. (2004). Neurocognitive sequelae of childhood cancers and their treatment. *Pediatric Rehabilitation, 7,* 1–14.

Mulhern, R. K., Khan, R. B., Kaplan, S., Helton, S., Christensen, R., Bonner, M., et al. (2004). Short-term efficacy of methylphenidate: A randomized, double-bind, placebo-controlled trial among survivors of childhood cancer. *Journal of Clinical Oncology, 22,* 4795–4803.

Mullins, L. L., Fuemmler, B. F., Hoff, A., Chaney, J. M., Van Pelt, J., & Ewing, C. (2004). The relationship of parental overprotection and perceived child vulnerability to depressive symptomology in children with Type 1 diabetes mellitus: The moderating influence of parenting stress. *Children's Health Care, 33,* 21–31.

Mullins, L. L., Wolfe-Christensen, C., Chaney, J. M., Elkin, T., Wiener, L., Hullmann, S. E., et al. (2011). The relationship between single-parent status and parenting capacities in mothers of youth with chronic health conditions: The mediating role of income. *Journal of Pediatric Psychology, 36*(3), 249–257.

Murcray, C. E., Lewinger, J. P., & Gauderman, W. J. (2009). Gene–environment interaction in genome-wide association studies. *American Journal of Epidemiology, 169*(2), 219–226.

Musey, V. C., Lee, J. K., Crawford, R., Klatka, M. A., McAdams, D., & Phillips, L. S. (1995). Diabetes in urban African-Americans: Cessation of insulin therapy is the major precipitating cause of diabetes ketoacidosis. *Diabetes Care, 18,* 483–489.

Naar-King, S., Podolski, C. L., Ellis, D. A., Frey, M. A., & Templin, T. (2006). A social ecological model of regimen adherence in urban youth with poorly controlled Type 1 diabetes. *Journal of Consulting and Clinical Psychology, 74,* 785–789.

Nadeau, K. J., Maahs, D. M., Daniels, S. R., & Eckel, R. H. (2011). Childhood obesity and cardiovascular disease: Links and prevention strategies. *Nature Reviews Cardiology, 8*(9), 513–525.

Nassau, J. H., Tien, K., & Fritz, G. K. (2008). Review of the literature: integrating psychoneuroimmunology into pediatric chronic illness interventions. *Journal of Pediatric Psychology, 33,* 195–207.

National Asthma Education and Prevention Program (NAEPP). (2007). *Expert panel report 3: Guidelines for the diagnosis and management of asthma, full report 2007* (NIH Publication No. 07-4051). Bethesda, MD: National Heart, Lung, and Blood Institute.

National Center for Health Statistics. (2006, February). *Summary health statistics for U.S. children: National Health Interview Survey, 2004* (Vital and Health Statistics, Series 10, No. 227). Washington, DC: U.S. Government Printing Office.

National Heart, Blood, Lung Institute (NHLBI). (1996). *Sickle cell anemia* (NIH Publication No. 96-4057). Washington, DC: U.S. Government Printing Office.

National Heart, Lung, and Blood Institute. (2013). What is hemophilia? Retrieved March 23, 2014, from *https://www.nhlbi.nih.gov/health/health-topics/topics/hemophilia/printall-index.html*

National Institute of Diabetes and Digestive and Kidney Diseases. (2011). National diabetes statistics, 2011. Retrieved March 23, 2014, from *http://diabetes.niddk.nih.gov/dm/pubs/statistics/?control=Pubs*

National Institute of Neurological Disorders and Stroke (NINDS). (2003). *Spinal cord injury: Hope through research* (NIH Publication No. 03-160). Bethesda, MD: National Institutes of Health.

National Institutes of Health. (2012). *Office of Behavioral and Social Science Research Scientific Areas: Behavior change and maintenance.* Retrieved from *http://obssr.od.nih.gov/scientific_areas/health_behaviour/behaviour_changes/index.aspx*

National Research Council. (2008). *The National Children's Study Research Plan: A review.* Washington, DC: National Academies Press.

Neff, J. M., Clifton, H., Park, K. J., Goldenburg, C., Popalisky, J., Stout, J. W., et al. (2010). Identifying children with lifelong chronic conditions for care coordination by using hospital discharge data. *Academic Pediatrics, 10,* 417–423.

Nelson, T. D., & Steele, R. G. (2009). Evidence-based practice in pediatric psychology. In M. C. Roberts & R. G. Steele (Eds.), *Handbook of pediatric psychology* (4th ed., pp. 99–113). New York: Guilford Press.

Ness, K. K., & Gurney, J. G. (2007). Adverse late effects of childhood cancer and its treatment on health and performance. *Annual Review of Public Health, 28,* 279–302.

Newacheck, P. W., & Halfon, N. (1998). Prevalence and impact of disabling chronic conditions in childhood. *American Journal of Public Health, 88*(4), 610-617.

Newacheck, P. W., Rising, J. P., & Kim, S. E. (2006). Children at risk for special health care needs. *Pediatrics, 118*, 334–342.

Nolan, M. A., Redoblado, M. A., Lah, S., Sabaz, M., Lawson, J. A., Cunningham, A. M., et al. (2004). Memory function in childhood epilepsy syndromes. *Journal of Paediatrics and Child Health, 40*, 20–27.

Nolan, T., & Pless, I. (1986). Emotional correlates and consequences of birth defects. *Journal of Pediatrics, 109*, 201–216.

Northam, E. A., Rankins, D., Lin, A., Wellard, R. M., Pell, G. S., Finch, S. J., et al. (2009). Central nervous system function in youth with type 1 diabetes 12 years after disease onset. *Diabetes Care, 32*(2), 445–450.

Noyes, B. E., Weber, T., & Vogler, C. (2003). Pericardinal cycts in children: surgical or conservative approach? *Journal of Pediatric Surgery*, 38(8), 1263–1265.

Ogden, C. L., Carroll, M. D., Kit, B. K., & Flegal, K. M. (2012). Prevalence of obesity and trends in body mass index among us children and adolescents, 1999–2010. *Journal of the American Medical Association, 307*(5), 483–490.

O'Neill, S. C., Luta, G., Peshkin, B. N., Abraham, A., Walker, L. R., & Tercyak, K. P. (2009). Adolescent medical providers' willingness to recommend genetic susceptibility testing for nicotine addiction and lung cancer risk to adolescents. *Journal of Pediatric Psychology, 34*(6), 617–626.

Oude Luttikhuis, H., Baur, L., Jansen, H., Shrewsbury, V. A., O'Malley, C., Stolk, R. P., et al. (2009). Interventions for treating obesity in children. *Cochrane Database of Systematic Reviews, 1*(1), CD001872.

Palermo, T. M., & Owens, J. (2008). Introduction to the special issue: Sleep in pediatric medical populations. *Journal of Pediatric Psychology, 33*, 227–231.

Palermo, T. M., Wilson, A. C., Peters, M., Lewandowski, A., & Somhegyi, H. (2009). Randomized controlled trial of an Internet-delivered family cognitive–behavioral therapy intervention for children and adolescents with chronic pain. *Pain, 146*(1), 205–213.

Palmer, A. J., Roze, S., Valentine, W. J., & Spinas, G. (2004). The cost-effectiveness of continuous subcutaneous insulin infusion compared with multiple daily injections for the management of diabetes: Response to Scuffham and Carr. *Diabetic Medicine, 21*, 1372.

Palta, M., LeCaire, T., Daniel, K., Shen, G., Allen, C., & D'Alessio, D. (1997). Risk factors for hospitalization in a cohort with Type 1 diabetes: Wisconsin Diabetes Registry. *American Journal of Epidemiology, 146*, 627–636.

Panel on Antiretroviral Guidelines for Adults and Adolescents. (2012). *Guidelines for the use of antiretroviral agents in HIV-1-infected adults and adolescents.* Washington, DC: U.S. Department of Health and Human Services. Retrieved from *http://aidsinfo.nih.gov/content-files/lvguidelines/AdultandAdolescentGL.pdf.*

Pareek, N., Fleisher, D. R., & Abell, T. A. (2007). Cyclical vomiting syndrome: What a gastroenterologist needs to know. *American Journal of Gastroenterology, 102*, 2832–2840.

Passarelli, C. M., Roizenblatt, S., Len, C. A., Moreira, G. A., Lopes, M. C., Guilleminault, C., et al. (2006). A case–control sleep study in children with polyarticular juvenile rheumatoid arthritis. *Journal of Rheumatology.* 33(4), 796–802.

Patton, G. C., Tollit, M. M., Romaniuk, H., Spence, S. H., Sheffield, J., & Sawyer, M. G. (2011). A prospective study of the effects of optimism on adolescent health risks. *Pediatrics, 127*(2), 308–316.

Payot, A., & Barrington, K. J. (2011). The quality of life of young children and infants with chronic medical problems: Review of the literature. *Current Problems in Pediatric and Adolescent Health Care, 41*(4), 91–101.

Pearce, M. J., Boergers, J., & Prinstein, M. J. (2002). Adolescent obesity, overt and relational peer victimization, and romantic relationships. *Obesity, 10*(5), 386–393.

Perrin, E. C., Newacheck, P. W., & Pless, I. B. (1993). Issues involved in the definition and classification of chronic health conditions. *Pediatrics, 91*, 787–793.

Perry, C. L., Bishop, D. B., Taylor, G. L., Davis, M., Story, M., Gray, C., et al. (2004). A randomized school trial of environmental strategies to encourage fruit and vegetable consumption among children. *Health Education and Behavior, 31*(1), 65–76.

Petrass, L., Blitvich, J. D., & Finch, C. F. (2009). Parent/caregiver supervision and child injury: A systematic review of critical dimensions for understanding this relationship. *Family and Community Health, 32*(2), 123–135.

Peyrot, M., McMurry, J. F., & Kruger, D. F. (1999). A biopsychosocial model of glycemic control in diabetes: Stress, coping and regimen adherence. *Journal of Health and Social Behavior, 40*, 141–158.

Phipps, S., Long, A., Hudson, M., & Rai, S. N. (2005). Symptoms of post-traumatic stress in children with cancer and their parents: effects of informant and time from diagnosis. *Pediatric Blood and Cancer, 45*(7), 952–959.

Pinquart, M., & Shen, Y. (2011). Depressive symptoms in children and adolescents with chronic physical illness: An updated meta-analysis. *Journal of Pediatric Psychology, 36*(4), 375–384.

Powell, P., & Holmes, C. (2008). Single parents of children with chronic illness: An understudied phenomenon [Letter to the editor]. *Journal of Pediatric Psychology.* 33(7), 797–798.

Power, T. G., Dahlquist, L. M., Thompson, S. M., & Warren, R. (2003). Interactions between children with juvenile rheumatoid arthritis and their mothers. *Journal of Pediatric Psychology, 28*(5), 213–221.

Pretlow, R. A. (2011). Addiction to highly pleasurable food as a cause of the childhood obesity epidemic: A qualitative Internet study. *Eating Disorders, 19*(4), 295–307.

Raffa, J. D., Tossonian, H. K., Grebely, J., Petkau, A. J., DeVlaming, S., & Conway, B. (2008). Intermediate highly active antiretroviral therapy adherence thresholds and empirical models for the development of drug resistance mutations. *Journal of Acquired Immune Deficiency Syndromes, 47*(3), 397–399.

Rapoff, M. A. (2006). Management of adherence and chronic rheumatic disease in children and adolescents. *Best Practice and Research: Clinical Rheumatology, 20*(2), 301–314.

Rapoff, M. A., McGrath, A. M., & Lindsley, C. B. (2003). Medical and psychosocial aspects of juvenile rheumatoid arthritis. In M. C. Roberts (Ed.), *Handbook of pediatric psychology* (3rd ed., pp. 392–408). New York: Guilford Press.

Rasquin, A., Di Lorenzo, C., Forbes, D., Guiraldes, E., Hyams, J. S., Staiano, A., et al. (2006). Childhood functional gastrointestinal disorders: Child/adolescent. *Gastroenterology, 130*, 1527–1537.

Ratliffe, C. E., Harrigan, R. C., Haley, J., Tse, A., & Olson, T. (2002). Stress in families with medically fragile children. *Issues in Comprehensive Pediatric Nursing, 25*(3), 167–188.

Rausch, J., Hood, K., Delamater, A., Shroff Pendley, J., Rohan, J., Reeves, G., et al. (2012). Changes in treatment adherence and glycemic control during the transition to adolescence in Type 1 diabetes. *Diabetes Care, 35*(6), 1219–1224.

Reynolds, K. A., & Helgeson, V. S. (2011). Children with diabetes compared to peers: Depressed? Distressed? *Annals of Behavioral Medicine, 42*(1), 29–41.

Ritterband, L. M., Cox, D. J., Walker, L. S., Kovatchev, B., McKnight, L., Patel, K., et al. (2003). An internet intervention as adjunctive therapy for pediatric encopresis. *Journal of Consulting and Clinical Psychology, 71*, 910–917.

Roberts, M. C., & Steele, R. G. (Eds.). (2010). *Handbook of pediatric psychology* (4th ed.). New York: Guilford Press.

Rose, B. M., & Holmbeck, G. N. (2007). Attention and executive functions in adolescents with spina bifida. *Journal of Pediatric Psychology, 32*, 983–994.

Ruottinen, S., Lagström, H. K., Niinikoski, H., Rönnemaa, T., Saarinen, M., Pahkala, K. A., et al. (2010). Dietary fiber does not displace energy but is associated with decreased serum cholesterol concentrations in healthy children. *American Journal of Clinical Nutrition, 91*(3), 651–661.

Saigal, S., & Doyle, L. W. (2008). An overview of mortality and sequelae of preterm birth from infancy to adulthood. *Lancet, 371*, 261–269.

Salmon, J., Booth, M. L., Phongsavan, P., Murphy, N., & Timperio, A. (2007). Promoting physical activity participation among children and adolescents. *Epidemiologic Reviews, 29*(1), 144–159.

Salvy, S. J., Romero, N., Paluch, R., & Epstein, L. H. (2007). Peer influence on pre-adolescent girls' snack intake: Effects of weight status. *Appetite, 49*(1), 177–182.

Schanberg, L. E., Lefebvre, J. C., Keefe, F. J., Kredich, D. W., & Gil, K. M. (1997). Pain coping and the pain experience in children with juvenile chronic arthritis. *Pain, 73*(2), 181–189.

Schatz, J., Brown, R. T., Pascual, J. M., Hsu, L., & DeBaum, M. R. (2001). Poor school and cognitive functioning with silent cerebral infarction and sickle cell disease. *Neurology, 56*, 1109–1111.

Schlundt, D. G., Pichert, J. W., Rea, M. R., Puryear, W., Penha, M. L. I., & Kline, S. S. (1994). Situational obstacles to adherence for adolescents with diabetes. *Diabetes Educator, 20*(3), 207–211.

Schneider, M., & Stokols, D. (2009) Multilevel theories of behavior change; A social ecological framework. In S. A. Shumaker, J. K. Ockene, & K. A. Riekert (Eds.), *The handbook of health behavior change* (3rd ed., pp. 87–105). New York: Springer.

Schober, E., Wagner, G., Berger, G., Gerber, D., Mengl, M., Sonnenstatter, S., et al. (2011). Prevalence of intentional under- and overdosing of insulin in children and adolescents with Type 1 diabetes. *Pediatric Diabetes, 12*(7), 627–631.

Schofield, P., & Dunham, M. (2003). Pain assessment: How far have we come in listening to our patients? *Journal of Professional Nursing, 18*, 276–279.

Schreir, H. M., & Chen, E. (2013). Socioeconomic status and the health of youth: A multilevel, multidomain approach to conceptualizing pathways. *Psychological Bulletin, 139*, 606–654.

Schroeder, S. A. (2007). We can do better—Improving the health of the American people. *New England Journal of Medicine, 357*, 1221–1228.

Schwebel, D. C., & Gaines, J. (2007). Pediatric unintentional injury: Behavioral risk factors and implications for prevention. *Journal of Developmental and Behavioral Pediatrics, 28*(3), 245–254.

Schwebel, D. C., Roth, D. L., Elliott, M. N., Visser, S. N., Toomey, S. L., Shipp, E. M., et al. (2011). Association of externalizing behavior disorder symptoms and injury among fifth graders. *Academic Pediatrics, 11*(5), 427–431.

Seibold, E. S., Knafl, K., & Grey, M. (2003). The family context of an intervention to prevent Type 2 diabetes in high-risk teens. *Diabetes Educator, 29*(6), 997–1004.

Seligman, M. E. P., & Csikszentmihalyi, M. (2000). Positive psychology: An introduction. *American Psychologist, 55*, 5–14.

Silverman, A. H., & Tarbell, S. (2009). Feeding and vomiting problems in pediatric populations. In M. C. Roberts & R. G. Steele (Eds.), *Handbook of pediatric psychology* (4th ed., pp. 429–445). New York: Guilford Press.

Sleath, B., Carpenter, D. M., Ayala, G. X., Williams, D., Davis, S., Tudor, G., et al. (2011). Provider discussion, education, and question-asking about control medications during pediatric asthma visits. *International Journal of Pediatrics, 2011*, 212160.

Smith, C. P., Firth, D., Bennett, S., Howard, C., & Chisholm, P. (1998). Ketoacidosis occurring in newly diagnosed and established diabetic children. *Acta Paediatrica Scandinavica, 87*, 537–541.

Snell, C., & DeMaso, D. R. (2010). Adaptation and coping in chronic childhood physical illness. In D. R. DeMaso & R. Shaw (Eds.), *Textbook of pediatric psychosomatic medicine* (pp. 21–31). Washington, DC: American Psychiatric Publishing.

Standards of Practice Committee of the American Academy of Sleep Medicine (AASM). (2004). Practice parameters for the dopaminergic treatment of restless legs syndrome and periodic limb movement disorder. *Sleep, 27*, 557–559.

Stein, R., & Jessop, D. (1984). Relationship between health status and psychological adjustment among children with chronic conditions. *Pediatrics, 73*, 169–174.

Stein, R. E., & Jessop, D. R. (2003). The impact on family scale revisited: Further psychometric data. *Journal of Developmental and Behavioral Pediatrics, 24*(1), 9–16.

Stewart, S. M., Rao, U., Emslie, G. J., Klein, D., & White, P. C. (2005). Depressive symptoms predict hospitalization for adolescents with Type 1 diabetes mellitus. *Pediatrics, 115*(5), 1315–1319.

Stinson, J. N. (2009). Improving the assessment of pediatric chronic pain: Harnessing the potential of electronic diaries. *Pain Research and Management, 14*(1), 59–64.

Stokols, D., Hall, K. L., Taylor, B. K., & Moser, R. P. (2008). The science of team science: Overview of the field and introduction to the supplement. *American Journal of Preventive Medicine, 35*(2), S77–S89.

Stradmeijer, M., Bosch, J., Koops, W., & Seidell, J. (2000). Family functioning and psychosocial adjustment in overweight youngsters. *International Journal of Eating Disorders, 27*(1), 110–114.

Stuart, S., & Noyes, R., Jr. (1999). Attachment and interpersonal communication in somatization. *Journal of Psychosomatic Research, 40*, 34–43.

Substance Abuse and Mental Health Services Administration. (2009). Tobacco cessation. Retrieved March 23, 2013, from *www.integration.samhsa.gov/health-wellness/wellness-strategies/tobacco-cessation-2*.

Tanney, M. R., Naar-King, S., & MacDonnel, K. (2012). Depression and stigma in high-risk youth living with HIV: A multi-site study. *Journal of Pediatric Health Care, 26*, 300–305.

Tanofsky-Kraff, M., Yanovski, S. Z., Wilfley, D. E., Marmarosh, C., Morgan, C. M., & Yanovski, J. A. (2004). Eating-disordered behaviors, body fat, and psychopathology in overweight and normal-weight children. *Journal of Consulting and Clinical Psychology, 72*(1), 53–61.

Targonski, P. V., Persky, V. W., Orris, P., & Addington, W. (1994). Trends in asthma morbidity among African-Americans and whites in Chicago, 1968–1991. *American Journal of Public Health, 84*, 1830–1833.

Tercyak, K. P. (2009). Introduction to the special issue: Psychological aspects of genomics and child health. *Journal of Pediatric Psychology, 34*(6), 589–595.

Tercyak, K. P., & Tyc, V. L. (2006). Opportunities and challenges in the prevention and control of cancer and other chronic diseases: Children's diet and nutrition and weight and physical activity. *Journal of Pediatric Psychology, 31*, 750–763.

Thomas, A. M., Peterson, L., & Goldstein, D. (1997). Problem solving and diabetes regimen adherence by children and adolescents with IDDM in social pressure situations: A reflection of normal development. *Journal of Pediatric Psychology, 22*(4), 541–561.

Thomas, R. E., Baker, P., & Lorenzetti, D. (2007). Family-based programmes for preventing smoking by children and adolescents. *Cochrane Database of Systematic Reviews, 1*, CD004493.

Thompson, A. L., Gerhardt, C. A., Miller, K. S., Vannatta, K., & Noll, R. B. (2009). Survivors of childhood cancer and comparison peers: The influence of peer factors on later externalizing behavior in emerging adulthood. *Journal of Pediatric Psychology, 34*(10), 1119–1128.

Thompson, R. J., Armstrong, F. D., Link, C. L., Pegelow, C. H., Moser, F., & Wang, W. C. (2003). A prospective study of the relationship over time of behavior problems, intellectual functioning, and family functioning in children with sickle cell disease: A report from the Cooperative Study of Sickle Cell Disease. *Journal of Pediatric Psychology. 28*(1), 59–65.

Thompson, R. J., & Gustafson, K. E. (1996). *Adaptation to chronic childhood illness*. Washington, DC: American Psychological Association.

Thompson, S. J., Leigh, L., Christensen, R., Xiong, X., Kun, L. E., Heideman, R., et al. (2001). Immediate neurocognitive effects of methylphenidate on learning-impaired survivors of childhood cancer. *Journal of Clinical Oncology, 19*, 1802–1808.

Tran, K. M., Johnson, M. P., Almeida-Chen, G. M., & Schwartz, A. J. (2010). The fetus as patient. *Anesthesiology, 113*(2), 462.

Trasande, L., & Chatterjee, S. (2009). The impact of obesity on health service utilization and costs in childhood. *Obesity, 17*(9), 1749–1754.

Tremblay, M. S., LeBlanc, A. G., Kho, M. E., Saunders, T. J., Larouche, R., Colley, R. C., et al. (2011). Systematic review of sedentary behaviour and health indicators in school-aged children and youth. *International Journal of Behavioral Nutrition and Physical Activity, 8*(1), 98.

Tse, E., Hamiwka, L., Sherman, E. M. S., & Wirrell, E. (2007). Social skills problems in children with epilepsy: Prevalence, nature and predictors. *Epilepsy and Behavior, 11*, 499–505.

Tuchman, L. K., Slap, G. B., & Britto, M. T. (2008). Transition to adult care: Experiences and expectations of adolescents with a chronic illness. *Child: Care, Health and Development, 34*(5), 557–563.

Turyk, M., Hernandez, E., Wright, R. J., Freels, S., Slezak, J., Contraras, A., et al. (2008). Stressful life events and asthma in adolescents. *Pediatric Allergy and Immunology, 19*(3), 255–263.

Tyc, V. L., Huang, Q., Nicholson, J., Schultz, B., Hovell, M. F., Lensing, S., et al. (2013). Intervention to reduce secondhand smoke exposure among children with cancer: A controlled trial. *Psycho-Oncology, 22*, 1104–1111.

Tyc, V. L., Lensing, S., Rai, S. N., Klosky, J. L., Stewart, D. B., & Gattuso, J. (2005). Predicting perceived vulnerability to tobacco-related health risks and future intentions to use tobacco among pediatric cancer survivors. *Patient Education and Counseling, 62*, 198–204.

Uong, E. C., Epperson, M., Bathon, S., & Jeffe, D. B. (2007). Adherence to nasal positive airway pressure therapy among school-aged children and adolescents with obstructive sleep apnea syndrome. *Pediatrics, 120*, e1203–e1211.

Urbach, S. L., LaFranchi, S., Lambert, L., Lapidus, J. A., Daneman, D., & Becker, T. M. (2005). Predictors of glucose control in children and adolescents with Type 1 diabetes mellitus. *Pediatric Diabetes, 6*(2), 69–74.

U.S. Census Bureau. (2012). Most children younger than age 1 are minorities, Census Bureau reports. Retrieved from *www.census.gov/newsroom/releases/archives/population/cb12-90.html*.

U.S. Department of Health and Human Services (USDHHS). (2008). *2008 physical activity guidelines for Americans.* Washington, DC: USDHHS, Office of Disease Prevention and Health Promotion.

U.S. Department of Health and Human Services (USDHHS). (2013). *Healthy people 2020.* Retrieved from *www.cdc.gov/nchs/healthy-people/hp2020.htm*.

Van Cleave, J., Gortmaker, S. L., & Perrin, J. M. (2010). Dynamics of obesity and chronic health conditions among children and youth. *Journal of the American Medical Association, 303*(7), 623–630.

van der Lee, J. H., Mokkink, L. B., Grootenhuis, M. A., Heymans, H. S., & Offringa, M. (2007). Definitions and measurement of chronic health conditions in childhood. *Journal of the American Medical Association, 297*(24), 2741–2751.

Vannatta, K., Salley, C. G., & Gerhardt, C. A. (2009). Pediatric oncology: Progress and future challenges. In M. C. Roberts & R. G. Steele (Eds.), *Handbook of pediatric psychology* (4th ed., pp. 319–333). New York: Guilford Press.

Varni, J. W., Babani, L., Wallander, J. L., Roc, T. F., & Frasier, M. D. (1989). Social support and self-esteem effects on psychological adjustment in children and adolescents with insulin-dependent diabetes mellitus. *Child and Family Behavior Therapy, 11*, 1–17.

Varni, J. W., Katz, E. R., Colegrove, R., & Dolgin, M. (1994). Perceived social support and adjustment in children with newly diagnosed cancer. *Journal of Developmental and Behavioral Pediatrics, 15*, 20–26.

Varni, J. W., Setoguchi, Y., Rappaport, L. R., & Talbot, D. (1992). Psychological adjustment and perceived social support in children with congenital/acquired limb deficiencies. *Journal of Behavioral Medicine, 15*, 31–44.

Vitale, M. G., Goss, J. M., Matsumoto, H., & Royce, D. P., Jr. (2006). Epidemiology of pediatric spinal cord injury in the United States: Years 1997 and 2000. *Journal of Pediatric Orthopedics, 26*, 745–749.

Von Gontard, A., Schaumburg, H., Hollmann, E., Eiberg, H., & Rittig, S. (2001). The genetics of enuresis: A review. *Journal of Urology, 166*(6), 2438–2443.

von Weiss, R. T., Rapoff, M. A., Varni, J. W., Lindsley, C. B.,

Olson, N. Y., Madson, K. L., et al. (2002). Daily hassles and social support as predictors of adjustment in children with pediatric rheumatic disease. *Journal of Pediatric Psychology. 27*(2), 155–165.

Wade, S. L., Taylor, H. G., Drotar, D., Stancin, T., & Yeates, K. O. (1998). Family burden and adaptation following traumatic brain injury (TBI) in children. *Pediatrics, 102*, 110–116.

Wade, S. L., Walz, N. C., & Bosques, G. (2009). Pediatric traumatic brain injury and spinal cord injury. In M. C. Roberts & R. G. Steele (Eds.), *Handbook of pediatric psychology* (4th ed., pp. 334–349). New York: Guilford Press.

Wagner, J. L., & Smith, G. (2006). Psychosocial intervention in pediatric epilepsy: A critique of the literature. *Epilepsy and Behavior, 8*, 39–49.

Walker, L. S. (1999). The evolution of research on recurrent abdominal pain: History, assumptions, and a conceptual model. In P. J. McGrath & G. A. Finley (Eds.), *Progress in pain research and management: Vol 13. Chronic and recurrent pain in children and adolescents* (pp. 141–172). Seattle, WA: IASP Press.

Walker, L. S., Garber, J., Smith, C. A., Van Slyke, D. A., & Lewis Claar, R. (2001). The relation of daily stressors to somatic and emotional symptoms in children with and without recurrent abdominal pain. *Journal of Consulting and Clinical Psychology, 69*, 85–91.

Walker, L. S., Smith, C. A., Garber, J., & Van Slyke, D. A. (1997). Development and validation of the Pain Response Inventory for Children (PRI). *Psychological Assessment, 9*, 392–405.

Wallander, J., & Varni, J. (1992). Adjustment in children with chronic physical disorders: Programmatic research on a disability-stress-coping model. In A. La Greca, L. J. Siegel, J., Wallander, & C. E. Walker (Eds.), *Stress and coping in child health* (pp. 279–298). New York: Guilford Press.

Wallander, J., & Varni, J. (1997). Appraisal, coping, and adjustment in adolescents with a physical disability. In J. Wallander & L. J. Siegel (Eds.), *Adolescent health problems: Behavioral perspectives* (pp. 209–231). New York: Guilford Press.

Wallander, J. L., Varni, J. W., Babani, L., Banis, H. T., & Wilcox, K. T. (1989). Family resources as resistance factors for psychological maladjustment in chronically ill and handicapped children. *Journal of Pediatric Psychology, 14*, 157–173.

Warren, C. W., Sinha, D. N., Lee, J., Lea, V., & Jones, N. R. (2009). Tobacco use, exposure to secondhand smoke, and training on cessation counseling among nursing students: Cross-country data from the Global Health Professions Student Survey (GHPSS), 2005–2009. *International Journal of Environmental Research and Public Health, 6*, 2534–2549.

Waters, E., de Silva-Sanigorski, A., Hall, B. J., Brown, T., Campbell, K. J., Gao, Y., et al. (2011). Interventions for preventing obesity in children. *Cochrane Database of Systematic Reviews, 12*, CD001871.

Weiss, K. B., Gergen, P. J., & Crain, E. F. (1992). Inner-city asthma. The epidemiology of an emerging US public health concern. *Chest, 101*(6, Suppl.), 326S–367S.

Weissberg-Benchell, J., Glasgow, A. M., Tynan, W. D., Wirtz, P., Turek, J., & Ward, J. (1995). Adolescent diabetes management and mismanagement. *Diabetes Care, 18*(1), 77–86.

Wiebe, D. J., Berg, C. A., Korbel, C., Palmer, D. L., Beveridge, R. M., Upchurch, R., et al. (2005). Children's appraisals of maternal involvement in coping with diabetes: Enhancing our understanding of adherence, metabolic control, and quality of life across adolescence. *Journal of Pediatric Psychology, 30*(2), 167–178.

Wiggs, L., & Stores, G. (2004). Sleep patterns and sleep disorders in children with autistic spectrum disorders: Insights using parent report and actigraphy. *Developmental Medicine and Child Neurology, 46*, 372–380.

Williams, J. (2003). Learning and behavior in children with epilepsy. *Epilepsy and behavior, 4*, 107–111.

Wissow, L. S., Roter, D., Bauman, L. J., Crain, E., Kercsmar, C., Weiss, C., et al. (1998). Patient-provider communication during the emergency department care of children with asthma: The National Cooperative Inner-City Asthma Study, National Institute of Allergy and Infectious Diseases, NIH, Bethesda, MD. *Medical Care, 36*, 1439–1450.

World Health Organization. (2011). *Global status report on alcohol and health 2011*. Geneva: Author.

Wray, J. (2006). Intellectual development of infants, children, and adolescents with congenital heart disease. *Developmental Science, 9*, 368–378.

Wray, J., & Radley-Smith, R. (2004a). Depression in pediatric patients before the 1 year after heart or heart-lung transplantation. *Journal of Heart and Lung Transplantation, 23*, 1103–1110.

Wray, J., & Radley-Smith, R. (2004b). Developmental and behavioral status of infants and young children awaiting heart or heart-lung transplantation. *Pediatrics, 113*, 488–495.

Wysocki, T. (1993). Associations among parent-adolescent relationships, metabolic control and adjustment to diabetes in adolescents. *Journal of Pediatric Psychology, 18*, 443–454.

Yeates, K. O., Loss, N., Colvin, A. N., & Enrile, B. G. (2003). Do children with myelomeningocele and hydrocephalus display nonverbal learning disabilities?: An empirical approach to classification. *Journal of the International Neuropsychological Society, 9*, 653–662.

Yeung, C. K., Sit, F. K., To, L. K., Chiu, H. N., Sihoe, J. D., Lee, E., et al. (2002). Reduction in nocturnal functional bladder capacity is a common factor in the pathogenesis of refractory enuresis. *British Journal of Urology, 90*, 302–307.

Zickuhr, K., & Smith, A. (2012). *Digital differences*. Washington, DC: Pew Internet & American Life Project.

Eric J. Mach 박사는 캘거리대학교 심리학과의 명예교수이자 오리건보건과학대학의 정신의학과 겸임교수이다. Mash 박사는 오랫동안 많은 과학전문학회지의 편집자, 편집위원을 역임했으며, 아동·청소년 정신병리, 평가 및 치료에 관한 많은 도서와 논문을 편저하고 저술하였다.

Russell A. Barkley 박사는 미국전문가심리학위원회(American Board of Proferrional Psychology, ABPP) 및 미국임상신경생리학위원회(Amerian Board of Clinical Neurophysiology, ABCN) 회원이며, 찰스턴의 미국 남캐롤라이나의과대학의 정신과 및 소아과의 임상교수이다. Barkley 박사는 전문가와 대중을 위한 수많은 인기 도서의 저자이며 35년간 아동·청소년 및 가족을 대상으로 일해 왔다. Barkley 박사의 웹 주소는 www.russellbarkley.org 이다.

Jamie L. Abaied, PhD, Department of Psychology, University of Vermont, Burlington, Vermont

Guillermo Perez Algorta, PhD, Department of Psychiatry, The Ohio State University, Columbus, Ohio

Tracy Alldred, MD, Department of Medicine, Queen's University, Kingston, Ontario, Canada

Michael G. Aman, PhD, Department of Psychology, The Ohio State University, and The Ohio State University Nisonger Center, Columbus, Ohio

Russell A. Barkley, PhD, ABPP, ABCN, Departments of Psychiatry and Pediatrics, Medical University of South Carolina, Charleston, South Carolina

Karen Barnes, PhD, Seattle Children's Autism Center, Seattle, Washington

Diane Benoit, MD, FRCPC, Department of Psychiatry, University of Toronto, and Department of Psychiatry, Hospital for Sick Children, Toronto, Ontario, Canada

Kaitlin Bountress, MA, Department of Psychology, Arizona State University, Tempe, Arizona

Ronald T. Brown, PhD, Office of the President, University of North Texas at Dallas, Dallas, Texas

Christine B. Cha, MA, Department of Psychology, Harvard University, Cambridge, Massachusetts

Susanna Chang, PhD, Department of Psychiatry and Biobehavioral Sciences, Semel Institute for Neuroscience and Human Behavior, University of California, Los Angeles, Los Angeles, California

Laurie Chassin, PhD, Department of Psychology, Arizona State University, Tempe, Arizona

Bruce F. Chorpita, PhD, Department of Psychology, University of California, Los Angeles, Los Angeles, California

Megan Crisler, PhD, Department of Psychology, University of Alabama, Tuscaloosa, Alabama

Geraldine Dawson, PhD, Department of Psychiatry and Behavioral Sciences, Duke University School of Medicine, Durham, North Carolina

Josephine Dunston, MD, Department of Family and Community Medicine, University of Toronto, Toronto, Ontario, Canada

Deborah Ellis, PhD, Department of Pediatrics, Wayne State University, Detroit, Michigan

Kenneth E. Fletcher, PhD (deceased), Department of Psychiatry, University of Massachusetts Medical School, Worcester, Massachusetts

Sarah E. Francis, PhD, Department of Psychology, Memorial University of Newfoundland, St. John's, Newfoundland, Canada

Paul J. Frick, PhD, Department of Psychology, University of New Orleans, New Orleans, Louisiana

Moira Haller, PhD, Department of Psychology, Arizona State University, Tempe, Arizona

Constance L. Hammen, PhD, Department of Psychology, University of California, Los Angeles, Los Angeles, California

Elizabeth P. Hayden, PhD, Department of Psychology, Brain and Mind Institute, University of Western Ontario, London, Ontario, Canada

Charmaine K. Higa-McMillan, PhD, Department of Psychology, University of Hawaii at Hilo, Hilo, Hawaii

Eva R. Kimonis, PhD, School of Psychology, University of New South Wales, Sydney, New South Wales, Australia

Laura Grofer Klinger, PhD, TEACCH Autism Program and Department of Psychiatry, University of North Carolina at Chapel Hill, Chapel Hill, North Carolina

Jon Kuniyoshi, MD, PhD, Department of Psychiatry, University of Washington, Seattle, Washington, and Child Study and Treatment Center, Lakewood, Washington

Kathy Lawton, PhD, BCBA-D, Department of Special Education, The Ohio State University, and Early Childhood Education, The Ohio State University Nisonger Center, Columbus, Ohio

Lawrence J. Lewandowski, PhD, Department of Psychology, Syracuse University, Syracuse, New York

Benjamin J. Lovett, PhD, Department of Psychology, Elmira College, Elmira, New York

Karlen Lyons-Ruth, PhD, Department of Psychiatry, Harvard Medical School, and Department of Psychiatry, Cambridge Hospital, Cambridge, Massachusetts

Sheri Madigan, PhD, CPsych, SCAN Program, Hospital for Sick Children, Toronto, Ontario, Canada

Eric J. Mash, PhD, Department of Psychology, University of Calgary, Calgary, Alberta, Canada

Jon M. McClellan, MD, Department of Psychiatry, University of Washington, Seattle, Washington

Robert J. McMahon, PhD, Department of Psychology, Simon Fraser University, Burnaby, British Columbia, Canada

W. Roger Mills-Koonce, PhD, Department of Human Development and Family Studies, University of North Carolina at Greensboro, Greensboro, North Carolina

Sylvie Naar-King, PhD, Pediatric Prevention Research Center and Department of Pediatrics, Wayne State University School of Medicine, Detroit, Michigan

Kathleen Nader, DSW, Two Suns Childhood Trauma Program, Cedar Park, Texas

Joel T. Nigg, PhD, Oregon Health and Science University, Portland, Oregon

Matthew K. Nock, PhD, Department of Psychology, Harvard University, Cambridge, Massachusetts

John Piacentini, PhD, ABPP, Department of Psychiatry and Biobehavioral Sciences, Semel Institute for Neuroscience and Human Behavior, University of California, Los Angeles, Los Angeles, California

Karen D. Rudolph, PhD, Department of Psychology, University of Illinois at Urbana–Champaign, Champaign, Illinois

Rebecca L. Shiner, PhD, Department of Psychology, Colgate University, Hamilton, New York

Ivar Snorrason, MA, Department of Psychology, University of Wisconsin–Milwaukee, Milwaukee, Wisconsin

Jennifer L. Tackett, PhD, Department of Psychology, University of Houston, Houston, Texas

Kristin M. von Ranson, PhD, Department of Psychology, University of Calgary, Calgary, Alberta, Canada

Laurel M. Wallace, MSc, Department of Psychology, University of Calgary, Calgary, Alberta, Canada

Frances Wang, MA, Department of Psychology, Arizona State University, Tempe, Arizona

Christine Wekerle, PhD, Department of Pediatrics, McMaster University, Hamilton, Ontario, Canada

Andrea N. Witwer, PhD, Department of Psychiatry, The Ohio State University, and The Ohio State University Nisonger Center, Columbus, Ohio

David A. Wolfe, PhD, CAMH Centre for Prevention Science, London, Ontario, Canada

Douglas W. Woods, PhD, Department of Psychology, Texas A&M University, College Station, Texas

Eric A. Youngstrom, PhD, Department of Psychology, University of North Carolina at Chapel Hill, Chapel Hill, North Carolina

Charles H. Zeanah, MD, Department of Psychiatry, Tulane University School of Medicine, New Orleans, Louisiana

역자 소개

김혜리

충북대학교 심리학과 교수
이화여자대학교 영어영문학과 학사
서울대학교 대학원 심리학과 석사
미국 브라운대학교 심리학 박사

박민

나사렛대학교 심리재활학과 교수
경북대학교 심리학과 학사
경북대학교 대학원 심리학과 석사
경북대학교 대학원 심리학과 박사

박영신

경북대학교 심리학과 교수
이화여자대학교 심리학과 학사
이화여자대학교 대학원 심리학과 석사
미국 퍼듀대학교 심리학과 박사

정명숙

꽃동네대학교 사회복지 · 상담심리학부 교수
이화여자대학교 영어영문학과 학사
이화여자대학교 대학원 교육심리학과 석사
호주 모나쉬대학교 대학원 심리학과 박사

정현희

계명대학교 교육학과 교수
이화여자대학교 교육심리학과 학사
이화여자대학교 대학원 심리학과 석사
미국 뉴저지주립대학교 학교심리학 박사

하은혜

숙명여자대학교 아동복지학부 교수
연세대학교 심리학과 학사
연세대학교 대학원 심리학과 석사
연세대학교 대학원 심리학과 임상심리학 박사